中国改革开放新时期年鉴

1980年

中国民主法制出版社

2015 · 北京

图书在版编目（CIP）数据

中国改革开放新时期年鉴．1980年／王振川主编．—北京：中国民主法制出版社，2015.1

ISBN 978-7-5162-0736-9

Ⅰ．①中…　Ⅱ．①王…　Ⅲ．①改革开放—中国—1980—年鉴 Ⅳ．①D616-54

中国版本图书馆CIP数据核字（2015）第029214号

图书出品人：肖启明
图 书 策 划：刘海涛
责 任 编 辑：石　松　董　理

书　名／中国改革开放新时期年鉴（1980年）
作　者／王振川　主编

出版·发行／中国民主法制出版社
地　址／北京市丰台区玉林里7号（100069）
电　话／63055259（总编室）　63057714（发行部）
传　真／63055259
http: //www.npcpub.com
E-mail: mzfz@ npcpub.com
经　销／新华书店
开　本／16开　787毫米 ×1092毫米
印　张／67.125　**字数**／2010千字
版　本／2015年1月第1版　2015年1月第1次印刷
印　刷／涿州市星河印刷有限公司印刷

书　号／ISBN 978-7-5162-0736-9
定　价／800.00元

《中国改革开放新时期年鉴》编委会

日期索引

【三月】

【四月】

【五月】

【六月】

【九月】

【十月】

1月1日

中共中央主席华国锋在北京看望人民解放军指战员

上午,华国锋同志和韦国清、谷牧、林乎加同志来到北京卫戍区的一个营区。华国锋同志询问了一些干部和战士的年龄、籍贯以后,和大家一起举行了座谈,并征求了指战员们对今后工作的意见。座谈结束后,华国锋同志为这个团写了"军民团结如一人,试看天下谁能敌"的题词。下午,华国锋同志来到基建工程兵某部九中队工地。在这里,他同指战员们一起座谈,询问了大家的工作和生活情况。华国锋同志还为这个中队题了词:"认真执行劳武结合,能工能战,以工为主的方针",并参观了战士们的宿舍和厨房。

华国锋同志在看望时说,我们的军民关系是鱼水关系。我们要发扬光荣革命传统,加强军政军民团结。军队要拥政爱民,地方党、政府和人民群众要拥军优属。在新的一年中,我们要把军政军民关系搞得更加密切,要为加快四个现代化建设共同努力,作出更大的成绩。华国锋同志指出,军政训练很重要。解放军要练好本领,保卫祖国,保卫社会主义建设,保卫社会治安。

全国政协在全国政协礼堂举行1980年新年茶会

有300多人出席了在政协礼堂举行的这个茶会。

茶会由政协全国委员会副主席、中央统战部部长乌兰夫主持。全国人大常委会副委员长邓颖超在会上讲话。她讲述了过去一年中我国政治战线、思想战线和经济战线的巨大成就以及有利于我国进行四化建设的国际条件。她希望在80年代中,能够实现台湾归回祖国、完成祖国统一大业这个心愿。她说,我个人相信,在80年代的某一个日子里,能够在台湾会见台湾的兄弟姐妹们、朋友们,在台湾问候我过去的同事、友好,同大家畅叙衷情。

民革中央副主席朱学范、民盟中央副主席胡愈之、民建中央主任委员胡厥文、民进中央副主席雷洁琼、农工民主党中央副主席沈其震、致公党中央副主席伍禅、九三学社中央副主席金善宝、台盟总部副主席李纯青,先后在茶会上发言。他们代表各自党派的中央和广大成员,表达对实现四化和争取台湾归回祖国、完成祖国统一大业的坚强信心和决心,对1700万台湾骨肉同胞表示亲切的问候,对港澳同胞、海外侨胞致新年祝贺。他们指出,实现四化和争取台湾归回祖国、完成祖国的统一大业,是中华民族每个子孙的共同心愿和根本利益所在。在中国共产党的领导下,巩固和发展安定团结的大好局面,充分利用当前有利的国际条件,为四化建设和实现祖国统一而努力,这是每个中国人的神圣职责。他们表示愿为这两项根本任务而竭尽心力。

茶会最后,政协全国委员会主席邓小平向大家祝贺新年,并发表了重要讲话。

全国政协主席邓小平在1980年全国政协新年茶会上发表讲话(摘要)

邓小平同志在政协全国委员会举行的新年茶会上指出,80年代是十分重要的年代,我们一定要在这十年中取得显著的成就,以保证在本世纪末实现四个现代化。

邓小平同志强调指出,搞社会主义现代化建设,必须要有安定团结的政治局面;而要做到安定团结,就必须保证党的领导。他说,我们之所以能经得起风浪,党的领导是最根本的一条保证。只有坚持党的领导,才能保证我们政治路线、思想路线和组织路线的统一,工作效率才能提高。林彪、"四人帮"搞"踢开党委闹革命",就是不要党的领导。党的领导,是四项基本原则中带根本性的一条。

邓小平同志说,去年元旦我讲了三件大事,即全国工作着重点的转移、中美建交和台湾归回祖国提到重要议事日程上来。如果说去年元旦很有意义,那么今年元旦意义更大,因为这个元旦是跨入80年代的第一天。80年代是十分重要的年代,是我们实现四个现代化的重要年代,因为我们要实现四化还有两个十年,如果在80年代这个十年中我们不能取得显著成就,那么我们在本世纪末实现四化的目标就会告吹。在80年代中,我们要在国际事务中起到自己的作用,还要把台湾归回祖国、完成祖国统一大业始终放在重要议事日程上。这就说明,我们在80年代的任务是十分繁重的。

邓小平同志说,在80年代里,我们最根本的工作就是要把自己的事情办好。国内的事情最重要的是把经济建设搞好。这就需要我们做好四件事:第一,一定要坚持党的政治路线。我们的政治路线或者叫根本任务,就是要团结全国各族人民,调动一切积极因素,同心同德,鼓足干劲,力争上游,多快好省地建设现代化的社会主义强国,我们要把这条政治路线贯彻始终,团结一致、坚定不移地按这条路线干下去。要保证这条政治路线的实现,还要有一个正确的、坚定不移的、始终一贯的思想路线和组织路线来保证。第二,必须要有一个安定团结的政治局面。没有安定团结的政治局面,就不可能有四个现代化,因为没有安定团结的政治局面,大家就不可能安下心来搞建设。所以,我们不赞成那些搞动乱的人和事。例如"西单墙"的那种搞法,当然那里面有许多人是好人,但有些人思想不对头。我们的国家经不起动乱了,过去动乱,人民吃了苦头,国家吃了苦头。我们一定要全心全意地爱护和维护安定团结,采取一切措施巩固和发展安定团结的形势,保证大家能够团结一致、聚精会神地搞四化。而要做到安定团结,最根本的一条是保证党的领导。第三,要有艰苦奋斗的创业精神。我们要搞中国式的现代化,我们还很穷,我们就是要老老实实地创业,就是要吃点苦,否则不可能有今后的甜。人民生活只有随着生产的不断发展,才能得到逐步改善。第四,要建立一支坚持社会主义道路的、有专业知识的干部队伍,没有这样一支干部队伍,要实现四个现代化是不可能的。

邓小平同志指出,不管国际风云如何变化,我们一定要坚定不移地把自己的事情办好。现在在许多问题上暴露了我们工作中的一些弱点、缺点和错误,那不要紧,有缺点、错误,我们可以实事求是地改。改了,我们就有希望,就能增强信心。今后我们还会遇到曲折和困难,还可能出现错误,但我们会在党的领导下克服它。我们一定要满怀信心地向着20世纪末的总目标前进。

《人民日报》发表社论《迎接大有作为的年代》

1980年来到了,20世纪的80年代开始了。回顾过去,展望未来,我们欢欣鼓舞,满怀着向四化目标前进的坚强信念和决心跨入80年代。

在70年代,中国共产党和中国人民扭转乾坤,粉碎了"四人帮",从深重的灾难中挽救了我们的国家。一个伟大的历史转折时期开始了。1978年年底的十一届三中全会,宣布了工作重点转移到四个现代化建设上来的重大决定。去年一年间,我们在各条战线都取得了重大的胜利。我们初步总结了新中国成立以来的历史,在社会主义革命和社会主义建设的一系列重大问题上,统一了认识。我们解决了历史上遗留下来的一些原则性的是非问题,平反了大批冤、假、错案,落实了各项政策,有力地促进了安定团结、生动活泼的政治局面的形成和发展。我们认真总结了经济建设的经验教训,研究了国民经济中存在的问题,实行了调整、改革、整顿、提高的方针,把它作为工作重点转移以后实现四个现代化的第一个战役。实行调整方针第一年的成果是令人鼓舞的。中共中央关于农业问题的两个文件的执行,使农村形势发展很快很好,大部分地区做到增产增收。由于提高农副产品收购价格,减免部分税收,农民收入增加,也就是说,全国大部分人口的收入有了增加。原来过长的基本建设战线已有所缩短。工业内部,轻纺工业的增长速度,到下半年已经超过了重工业的增长速度,支农工业进一步加强。国内市场情况良好,许多城市副食品的供应有明显改善;进出口贸易也有较大增长。党和政府经过艰巨努力,采取各种措施,安排了700多万城镇待业人员就业,并且提高了相当一部分职工的工资。这不但使城镇人民生活得到改善,而且使城镇社会秩序得到安定。科学战线取得了一批新的研究成果。文化艺术出现了繁荣的景象。教育、卫生、体育事业也取得了新的进展。我们胜利地进行了对越南侵略者的自卫还击作战,巩固了边境的安全。我们在扩大国际交往,坚持反霸斗争,争取有利的国际条件方面,也打开了新的局面,取得了新的成就。

这一切说明,我们在实现四化建设的第一个战役中已经取得良好的开端。社会主义中国这条巨轮,已经向着现代化的目标胜利地航行了!

80年代是光明的,充满希望的,也是严峻的,充满考验的。这是我们向四个现代化乘风破浪前进的年代,大有作为的年代。我们既要充分看到我们已取得的胜利,也要足够估计到我们面临的重重困难和问题。在我们祖国这条巨轮的伟大航程中,水面会遇到风浪,水下会出现暗礁,而我们的船身和机器也还有许多创伤需要修补。我们必须兢兢业业,扎扎实实,把我们的工作比以往做得更好。1980年,是国民经济调整的第二年,这一年工作好坏,对调整目标的实现具有重大影响。我们必须从今年一开始,就振奋精神,鼓足干劲,去夺取新的胜利。经过三年的努力,特别是去年已取得初战胜利,我们相信,今年完全有条件把工作做得比去年更好,1980年将为整个80年代揭开灿烂辉煌的第一页。

实现四个现代化,这是我们今后相当长时期的中心工作。其他工作都要围绕这个中心并为这个中心服务。国家的巩固,社会的安定,人民物质文化生活的提高,归根结底,都取决于生产的发展,取决于现代化建设的成功。如果抓不住这个中心,一切美好的设想、计划、许诺都会落空,我们就要严重地脱离群众,就要犯极大的错误。为了把经济搞上去,我们要继续坚定不移地贯彻"八字方针"。调整、改革、整顿、提高这四个方面,调整是关键,这是因为国民经济比例严重失调是当前经济发展的主要障碍。在调整过程中,国民经济要有一个扎扎实实的发展。今年要在去年农业丰收的基础上,争取农、林、牧、副、渔五业有一个新的全面的增长。要争取轻纺工业和其他消费品的生产有一个较大的增长。要经过努力增产和厉行节约,使燃料动力和交通运输的紧张状况逐步有所缓和,使工业交通生产的经济效果有一个显著的提高。要继续压缩基本建设投资,加强基本建设管理,使战线长、效果差的状况有一个决定性的改变。要努力扩大出口,充分利用并善于利用国外资金和技术设备,促进经济的发展。要在发展生产的基础上使城乡劳动人民的收入继续有所提高。为了实现1980年的国民经济计划，我们要特别注意抓好厉行增产节约和广开生产门路这两个环节。必须在一切企业中，依靠广大群众人人献计献策，千方百计地增加生产，降低消耗，降低生产成本，大大提高劳动生产率，加速国民经济的发展。同时，继续解决几百万城镇人口就业问题仍然是今年的一项重要任务。只要我们进一步解放思想，开动机器，充分发挥生产单位和劳动者的积极性和主动性，就可以打开许多大大小小的生产门路。

要加快国民经济的发展，加快四化建设的速度，就一定要继续保持和发展安定团结、生动活泼的政治局面。我们要大力加强工农团结、干群团结、军民团结、各民族团结、新老干部团结、工农干部和知识分子团结、党和非党团结，同心同德搞四化。我们国家过去折腾得够多了，好不容易现在稳定下来，我们必须十分珍惜这个局面。我们已经处理了并正在继续处理历史上特别是“文化大革命”期间遗留下来的问题，从而消除了和正在清除大量不安定的因素。但是我们的困难和问题是长期积累下来的，不是一下子可以完全解决的。在调整国民经济和实现四化的过程中，还会遇到许多新的矛盾和问题。在处理这些困难和矛盾时，一定要有利于安定团结。这就必须首先坚持四项基本原则，防止和克服一切背离四项基本原则的“左”的和右的干扰。要坚持解放思想，实事求是。要坚持正确处理国家、集体和个人三者之间的关系。同志之间、部门之间、上下之间，要互相学习，互相支持，取长补短，共同提高。人民内部的不同意见，一定要用民主的方法来解决，用“团结——批评——团结”的方法来解决，用百花齐放、百家争鸣的方法来解决。安定团结和坚持民主集中制是一致的。发扬民主才能正确处理各种矛盾，才能调动群众积极性，才能实现在民主基础上的集中，才能有真正的安定团结。发扬民主和健全法制也是一致的。民主必须法制化，必须加强法律的权威，而我们的法律是保护人民，保护人民的民主权利的。五届人大二次会议通过的刑法等法律，从今天起生效。我们每一个公民，不论干部和群众，都要遵纪守法，干部和共产党员更要做遵纪守法的模范。在法律面前人人平等，不允许任何人有超越法律以外的特权。要坚决反对无政府主义、极端个人主义，对于一小撮聚众闹事，破坏社会秩序，严重犯罪分子，一定要予以法律制裁。总之，我们要求全党学会用正确的方法来处理各种矛盾，使全国人民又有集中，又有民主，又有纪律，又有自由，又有统一意志，又有个人心情舒畅、生动活泼。这样的政治局面，也就是真正安定团结的政治局面，是最有利于发展经济的政治局面。

1980年，我们要努力提高科学教育文化水平。没有科学技术和文化知识的发展，就不可能实现四个现代化。我们要尊重科学，尊重知识。我国的知识分子是工人阶级的一部分，要十分重视这支不可缺少的宝贵力量。我们要努力改善科研工作的物质条件和知识分子的待遇。要认真贯彻执行“双百”方针，造成有利于发展学术、繁荣文化的气氛。

当我们跨入1980年的时候，国际紧张局势正在继续加剧。苏联军队大举入侵阿富汗，粗暴地干涉阿富汗的内政，和侵略柬埔寨的越南军队大举向泰国边境推进，构成了国际形势的新的严重危机，引起了全世界爱好和平独立的人民和国家的密切注意。这再一次提醒各国人民：80年代的世界将呈现更加紧张复杂的动荡局面，各国人民必须作好准备。我们是在战争威胁的条件下进行四化建设的。我们一定要坚持党的三个世界的战略思想和外交政策，加强同社会主义国家、世界工人阶级和进步力量的团结，加强同第三世界各国的团结，联合世界上一切可以联合的力量，反对霸权主义，努力推迟世界大战，维护世界和平。我们要进一步发展和各国的科学技术交流和贸易往来，认真向外国一切先进的东西学习。我们要在发扬自力更生、艰苦奋斗的革命精神的同时，继续认真做好先进技术的引进工作，积极利用国外资金，以加速四化建设。光荣的人民解放军和全国各族人民应该提高警惕，努力加强国防，严守边疆，保卫四化，促进祖国统一大业的实现，把我国建设得更加伟大坚强，为全人类的和平进步事业作出更多贡献。

中国共产党是领导我们事业的核心力量。没有党，就没有今天的新中国。党的发展，像一切事物的发展一样，是曲折的。我们有在正确道路上顺利前进的时候，也有犯错误遭到挫折的时候。粉碎“四人帮”和三年来取得的成就，再一次充分证明了我们的党不愧是伟大的、光荣的、正确的党。现在我们的党正领导着全国人民为在本世纪末实现四个现代化这个宏伟的目标而奋斗，我们一定要加强党的建设，进一步用马列主义、毛泽东思想武装我们的党，使我们的党能领导全国人民顺利前进。党的领导靠党的路线、政策的正确，还靠党员的模范带头作用。每一个党员，包括领导干部，都要意识到自己肩负的历史重任，振奋革命的献身精神，全心全意为人民服务，以自己的行动影响和带动广大群众为实现四化贡献自己的力量。广大工人、农民和知识分子也要在党的领导下，积极投入这个宏伟的事业，为全国人民的共同利益而奋斗。

让我们团结一致，紧张努力，以光辉的成就来迎接80年代的到来！

国务院评选委员会在西苑旅社举行新年招待会

农业、财贸、教育、卫生、科研战线全国先进单位和全国劳动模范国务院评选委员会举行新年招待会，招待先进单位代表和全国劳动模范。

国务院副总理余秋里、王震、陈永贵、谷牧、康世恩、陈慕华、薄一波、姚依林，政协全国委员会副主席康克清和国务院各有关部、委、办的负责人来到先进单位代表和劳模的住地——西苑旅社，同大家欢聚一堂，庆贺新年。

康世恩副总理致祝词，预祝大家在新的一年里取得更大的胜利。祝农业战线在去年取得丰收的基础上，夺取今年农、林、牧、副、渔五业更大的丰收；祝财贸战线进一步做好工作，活跃城乡市场，改善人民的生活；祝科研战线在向四化进军中取得新的成果；祝卫生、教育战线在提高人民的文化水平，搞好人民的身体健康，增强人民的体质方面，获得优异的成绩。先进单位代表和劳动模范表示，要把党、国家和人民给予的崇高荣誉，作为前进的动力，在新的一年里为四化建设再立新功，为人民作出更大的贡献。

国家民委在北京民族文化宫举行新年茶话会

国家民委副主任杨东生主持茶话会。全国人大常委会副委员长乌兰夫，全国人大常委会副委员长、全国人大常委会民族委员会主任阿沛·阿旺晋美，政协全国委员会副主席、国家民委主任杨静仁，政协全国委员会副主席李维汉、班禅额尔德尼·确吉坚赞等参加茶话会并讲了话。他们在讲话中向全国各族人民，向全国民族工作战线的全体同志，致以热烈的新年祝贺。他们回顾了过去一年里，在党中央的领导下，我国各族人民在落实党的民族政策、增强民族团结方面取得的可喜成绩，强调了认真开展民族政策再教育的重要意义，要求各族人民和民族工作者认真学习周恩来同志在青岛民族工作座谈会上的讲话，为积极发展民族地区的经济、文化建设事业，为建设祖国边疆作出新的贡献。

这次茶话会共有400多位各族代表出席。

正在北京的少数民族的先进单位代表和劳动模范也在茶话会上讲话，他们表示，一定要以团结一致、艰苦奋斗的姿态，迎接80年代的到来。

参加茶话会的有在京的少数民族同志和民族工作者，还有参加农业、财贸、教育、卫生、科研战线授奖大会的少数民族先进单位代表和劳动模范，参加民族语文科学讨论会的各民族代表和语文工作者，还有统战、民委系统的负责干部和工作人员。

人民银行扶持扩大轻纺生产发放中短期专项贷款

《人民日报》报道，1980年，中国人民银行决定对轻纺工业发放中、短期专项贷款20亿元，以扩大人民生活急需的轻工业品和纺织品的生产能力。这是不久前国务院财政经济委员会讨论决定的。

据中国人民银行有关部门说，这项贷款主要用于全民所有制和集体所有制轻纺企业进行老厂的挖潜、革新、改造，以及与这些项目有关联的小量扩建、改建工程，贷款期限一般为一年到两年，最长不超过三年。在发放贷款时，将按照择优扶持的原则，优先贷给那些花钱少、见效快、积累多或创汇多的项目，以加速贷款的周转和充分发挥贷款的效用。

中国冶金进出口公司在北京成立

经国务院批准，中国冶金进出口公司在北京正式成立。它直接对外办理补偿贸易和合资经营的冶金项目的谈判、签约和进出口业务；办理日常零星的冶金技术、设备等的进出口业务以及经营部分冶金产品的出口业务。

中国广州对外贸易中心正式成立

广州外贸中心设在原广州交易会大楼。它的主要任务是：(1)为我国各外贸公司举办中国出口商品交易会服务。在交易会闭幕期间，为各外贸公司举办一些专业性的小型交易会服务。(2)举办长期出口商品陈列馆，供各国来华外宾、华侨和港澳同胞参观。(3)开设外币商场。这个商场也可为购买者办理邮购和托运业务。(4)交易会闭幕期间，接受外国厂商举办商品展览。(5)设置外宾餐厅、电影馆、汽车队、承办商品广告牌等服务性设施和项目。

天津劝业场恢复老牌号

新华社报道，天津市最大的商场——劝业场恢复名称后，经营商品由去年年初的1.8万种增加到2.7万多种。劝业场建于1928年。1966年，"劝业场"改成"人民商场"。去年，这个商场为了恢复"劝业场"的老牌号，恢复传统经营，与20多个省、市的568个单位恢复、建立了商品购销关系。

十六种机电产品实行浮动价格

第一机械工业部征得国家物价委员会的同意，从1980年1月1日起，对16种机电产品实行浮动价格。这16种机电产品是：机床、空压机、高中压阀门、量具刃具、磨具、液压件、气动件、千斤顶、电动葫芦、仪器仪表及元件、汽车配件、电焊机、绝缘材料、低压电器元件、机床电器和硅元件。

我国第一套六磷胺生产装置在浙江投产

这套装置设在浙江省建德有机化工厂内，它是杭州化工研究所、建德有机化工厂和杭州红卫化工厂共同协作取得的科研成果。

福州——上海百杂货恢复海上“一条龙”运输

中断了十年之久的福州——上海百杂货“一条龙”运输线,从今日起正式恢复通航。福州——上海间百杂货海上运输线是在“文化大革命”期间于1969年被迫停航的,从那时起,上海调给福建和福建调给兄弟省区的日用百货、针棉织品等商品,只得靠铁路运输,不仅商业部门多花了很多运费,而且经常因为运输不及时造成货物积压。

福州——上海百杂货“一条龙”海上运输线,拥有三条船只,产、供、运、销部门相互配合,实行定运量、定船舶、定船舶周转时间、定泊位、定货物在库时间的“五定”办法,使百杂货运输基本上做到了环环紧扣,畅通无阻。

《人民日报》发表陆南泉的文章《对扩大企业自主权的几点看法》

现在,越来越多的人同意,我国经济管理体制的改革应从扩大企业自主权入手。在这个问题上,有几个问题值得研究。

一、最主要的是计划权

扩大企业权力,要解决生产计划权问题。可以有三种做法。一种是坚持由国家给企业下达指令性指标的办法,下达的计划指标企业必须执行。一种是根据国内外市场需要由企业自订计划,全国性的社会计划,只供企业参考。另一种是介于二者之间,偏于后者。企业根据国家计划的目标有权自己制订计划,不必由国家批准,如发生国家计划与企业计划有矛盾时,采取协商办法解决,协商解决不了,又涉及国家重大利益时,采取行政手段来解决。

长期来,我国对企业管得过多过死。目前正在搞试点,逐步扩大企业的权力。扩大企业自主权,应该让企业有更多的计划权,国家只控制最基本的指标。企业的计划权不扩大,改革不可能有很大进展。

二、要解决好企业的法律地位

企业的独立性,应在法律上给予明确规定。否则,来自横的、竖的各方领导,都参与企业的生产经营活动,造成我们常说的“婆婆多”的现象。

要改变“婆婆多”的情况,真正能保证企业的自主性,应该明确:第一,每个企业只能有一个上级领导机关;第二,上级机关对企业的一切指令都应该有法律依据,企业有权拒绝执行违反有关条例的任何指令;第三,其他与企业发生各种经济关系的单位,都是平等的伙伴关系,相互之间只能通过经济杠杆对对方起作用。

三、要使广大职工对企业拥有管理权

在扩大企业自主权问题时,能不能从根本上解决广大职工拥有企业管理权的问题,是应该十分重视的一个问题。

要使广大职工直接地、真正地参加企业的管理,一方面要使企业经营的好坏和职工的物质利益密切结合起来;另一方面,通过经济改革,应该进一步健全职工代表大会和职工大会的制度,实行基层干部直至厂长的选举制度。这样用扩大经济方面的民主去推动和发展政治方面的民主,又用扩大政治民主的办法,来保证经济民主的实现。

四、加紧经济管理干部的培养工作

加紧经济干部特别是厂长这一层领导干部的培养工作,是当务之急。这是因为:第一,最好的改革方案和措施,最终是要人去执行的,而企业又是最具体的执行单位,因此,改革搞得好坏,与企业领导这一层人关系甚大;第二,企业权力扩大后,企业领导能不能正确地应用赋予他们的权力,这对能否达到改革的预期效果有直接关系;第三,从我国的实际情况来看,目前厂长这一层领导的经济知识水平、文化程度是不高的,内行的专家当厂长的更少,这种情况很难适应改革的需要。

为了迅速改变上述情况,可以采取下列的措施:

第一,在目前已有的综合性大学和经济院校,积极创造条件,扩大和增设经济管理系,轮训现有企业的领导干部。

第二,争取尽快建立一所国民经济管理学院,专门培养经济领导干部。

第三,各级党校在大力培训各级领导干部的同时,是否把重点放在培养经济管理干部上面。

第四,所有参加学习的经济干部,都要有严格的考试制度,不合格的不分配工作,或调任其他工作。

中国自行设计研制成功中大型通用电子计算机DJS200系列

我国自行设计的中大型通用电子计算机DJS200系列220—1型计算机,在北京有线电厂试制成功。经过技术考核和鉴定,性能良好,稳定可靠。DJS200系列,包括大型、中型、中小型和小型,分为260、240、220和210四种型号。260型机早已在华北计算技术研究所研制成功,交付使用;240型机目前正在贵州南丰机械厂调试;210型机已在江苏常州第二无线电厂试制成功,投入生产。220—1型电子计算机系统的设计定型,整个DJS200系列研制成功,它标志着我国电子计算机工业开始进入一个新阶段,对进一步搞好电子计算机的系列化、标准化,加快计算机的发展及其推广应用，有着重要意义。

中国光通信研究获得可喜成果

《人民日报》报道，最近在武汉闭幕的我国第一次光通信学术会议宣布：我国的光通信研究工作已取得可喜的成果，让光为人们的通信服务已不再是遥远的事了。

参加这次会议的代表们，在邮电部武汉邮电科学研究院参观了一项饶有兴趣的光通信试验系统。这个系统的传输距离为5.7公里。使用这个系统打“电话”，人们的话声不是靠电波传输，而是靠激光的光波传送；电话线不是传电波的金属电线，而是可以传送光波的玻璃丝线。两个打“电话”的人，靠激光通过用光导纤维制作的外形和电缆一样的光缆传输信息，话声和普通电话一样洪亮。用它来传真书写电话，图像也非常清晰。学术会上提出的报告表明：像这样的试验系统，上海、北京还有两处，上海的为1.8公里，北京的为3.3公里。所有这三个系统使用的光缆、光电器件、设备、仪器等都是由国内制造的。

1月2日

全国先进单位代表和劳模座谈会在人民大会堂召开

农业、财贸、教育、卫生、科研战线全国先进单位代表和全国劳动模范评选委员会，邀请全国先进单位的代表和劳动模范在人民大会堂举行座谈会。

国务院副总理方毅、陈慕华、姚依林和国务院各有关部、委、办的负责人出席座谈会。中华全国总工会副主席康永和主持座谈会。

国务院副总理方毅在讲话中说，进入80年代，希望我国科学技术繁荣昌盛。俗话说：“十年树木，百年树人。”现在四化建设要求加快培养人才，百年树人太慢了，要十年树人。教育战线要通过多种途径，下苦功夫，发现、培养、提拔各种人才，尽快实现科学兴旺、人才辈出的新局面。陈慕华副总理在讲话中，要求卫生战线更好地贯彻“预防为主”的方针，搞好中西医结合，以增强人民的体质。同时，要把计划生育工作进一步抓紧抓好。姚依林副总理说，80年代是大有作为的年代。当前，最重要的是要抓紧生产工作，把今年的生产搞好。过去由于林彪、“四人帮”的严重破坏，国民经济还有不少困难和问题，但这些困难和问题，只能在发展生产过程中加以解决。希望各行各业的同志们，解放思想，团结一致，共同努力，坚决完成1980年国民经济计划，尽快把生产搞上去。

来京参加国务院召开的农业、财贸、教育、卫生、科研战线全国先进单位和全国劳动模范授奖仪式的各地先进单位代表和劳动模范，在京期间还瞻仰了毛主席遗容，参观了周恩来同志纪念展览。从明天起，他们将陆续返回自己的工作岗位。

台盟总部在全国政协礼堂举行新年茶话会

茶话会由台盟总部主席蔡啸主持。林丽韫、陈逸松、苏新、陈俊、蔡子民、林国祥、吴克泰、陈仲颐、陈文彬、陈炳基、陈木森先后在会上发言。他们都认为当前国内外形势对我们极为有利，一定要群策群力，为实现祖国的四个现代化，为台湾归回祖国、完成祖国的统一大业贡献力量。

在今天举行的茶话会上，许多人激动地说，两位中央领导同志的讲话，充分反映了包括台湾人民在内的全国各族人民的共同心声。他们表示，一定要努力工作，争取这一天早日到来。不少人在发言中，对不久前台湾高雄市发生的军警与群众大规模冲突的事件表示关切，认为台湾当局企图以镇压台湾人民的办法来维持其统治，是不会有好结果的。他们希望台湾同胞，同大陆人民一起，为台湾归回祖国，完成统一大业作出贡献。

中央统战部副部长童小鹏、刘宁一，政协全国委员会副秘书长聂真出席茶话会。

中国与厄瓜多尔建立外交关系

国务院副总理谷牧在北京会见日本国土厅顾问综合研究开发机构理事长下河边淳一行

我国第一座以矸石为燃料的发电站在鸡西建成

这座电站建于鸡西滴道矿洗煤厂附近，以洗煤厂的舍弃物——黑矸石为燃料。第一期工程计划安装两台装机容量为2.5万千瓦的汽轮发电机组，建设年处理100万吨的矸石粉碎系统，以及供发电用水的一座小型水库。现在，矸石粉碎系统、水库和其他附属设施全部建成，1号机组已安装完毕，经过试行，运转状态良好，即将开始试验性生产。

诗集《献给陈毅元帅》出版

《人民日报》报道，诗集《献给陈毅元帅》由四川人民出版社出版。这本诗集共有诗词100篇，分上、下两编。收有各界人士给陈毅同志的赠诗赠词和悼念他的诗词。作者中有朱德、董必武、林伯渠等老一辈无产阶级革命家，也有郭沫若、柳亚子、赵朴初等著名诗人，还包括一部分群众的作品。

诗集扉页上刊有陈毅同志的照片和墨迹，诗集中另有朱德、董必武、张茜等同志诗词的手迹数幅。

"人民大会堂——邮集纪念册"制作完成

为纪念宏伟壮丽的人民大会堂建造二十周年而设计的"人民大会堂——邮集纪念册"已经制作完成。这个纪念册将成为参观中国最高权力机构——全国人民代表大会常务委员会所在地历史建筑物的礼品和纪念品。

在这个装潢精美的纪念册封面上，是已故朱德委员长的题词；纪念册里边，装着印有大会堂建筑物图案的邮票。

儿童时代社短篇小说征文评奖揭晓

《人民日报》报道，中国福利会《儿童时代》社举办的庆祝中华人民共和国成立30周年短篇小说征文评奖活动最近揭晓，有31名作者分别获得了一、二、三等奖。一等奖4篇，它们是：罗辰生的《一张电影票》，张微的《他保卫了什么》，夏有志的《买山里红的孩子》，方国荣的《失去旋律的琴声》；二等奖9篇；三等奖18篇。评奖委员会主任巴金赞扬这次征文中，好文章不少，生活气息浓，反映的生活面广。

朱泱正式担任商务印书馆译著编辑

双腿残疾的初中生朱泱，刻苦自学英语和科学文化知识，破格当上了商务印书馆英语译著的编辑，最近被评为商务印书馆的青年突击手和国家出版局系统的青年突击手标兵。

朱泱正式担任商务印书馆的编辑，已有一年多。他翻译、校订了不少有关经济、政治著作，连同前两年他翻译和校订的译著，总共有150多万字，大部分已经出版。目前他正在从事美国的《生存之路》一书中译稿的校订工作。商务印书馆有关单位的同志说，朱泱还为即将出版的美国工具书《现代经济学词典》做了20多万字的翻译和20多万字的校订工作，译校质量都很好。

1月3日

《人民日报》发表社论《大力开展群众性合理化建议活动》

开展群众性的合理化建议活动，是发挥群众的积极性、创造性的一个好形式，也是发扬人民民主，搞好四化建设的一个重要保证。自从华国锋同志在五届人大二次会议上号召"开展群众性的社会主义劳动竞赛和合理化建议运动"以来，已经有越来越多的职工群众、科技人员和理论工作者解放思想，开动机器，为四化献计献策。各级党政领导和企业事业单位的负责人，一定要爱护群众的这种积极性，尊重人民群众的民主权利，大力支持群众的合理化建议活动，使它更加广泛、深入、持久地开展下去。

我们党历来注意爱护群众的积极性、创造性，尊重群众的民主权利。革命战争年代，在部队和地方，实行政治民主、军事民主和生活民主。新中国成立后，党和政府制定了许多政策措施，鼓励和保护群众发扬当家做主的精神。1950年和1954年，人民政府先后颁布了奖励生产发明、技术改进及合理化建议的决定和暂行条例，全国范围的群众性合理化建议活动蓬蓬勃勃地开展起来。从1950年到1957年，全国职工共提出合理化建议599万件，采纳实施的有262万件。群众性合理化建议活动取得了巨大的经济效果，促进了生产的发展，增强了职工的主人翁责任感，提高了文化技术水平，涌现了大批全国知名的劳动模范和技术革新能手。回顾这段历史，我们完全有信心把当前这场新的群众性合理化建议活动开展得更加活跃，更富有成效。

经过林彪、"四人帮"十多年的大破坏，当前我国经济工作和生产建设中存在许多问题、许多困难。当然，这仅是问题的一个方面。另一方面，广大群众经过长期的正反对比，分辨是非的能力大大提高；党的十一届三中全会和五届人大二次会议作出的重大决策，提出的四个现代化的奋斗目标，极大地调动了广大群众的积极性。合理化建议活动，就是职工群众自觉地参加社会主义建设的生动体现。群众中有很多"智多星"、"诸葛亮"。一些在领导者看来是难以解决的生产上、技术上和管理上的问题，往往可以从群众的合理化建议中找到答案。各级工会正在围绕增产节约这个中心，积极组织、发动一个新的群众性合理化建议活动，一批厂矿企业已经收到了明显效果。许多厂矿企业通过"招贤榜"，发动大家出谋献策，攻克难关。不少企业单位，把开展合理化建议活动作为社会主义劳动竞赛的一个重要内容，成立了"合理化建议委员会"，专门组织和管理合理化建议活动。还有不少企业定期召开职工代表大会，发动职工提建议。这些经验和做法，都值得提倡。

发动职工群众开展合理化建议活动，也是实行企业民主管理的重要形式。职工是企业的主人，参加企业管理是职工群众的权利。林彪、"四人帮"横行时，职工群众的民主权利得不到保障，当家做主成了一句空话。粉碎了"四人帮"，党和政府十分注意保护人民群众的民主权利，要求各级领导采取切实措施，发扬生产民主、技术民主和管理民主，虚心听取并且采纳他们的合理化建议。由于林彪、"四人帮"的长期破坏和极左思潮、无政府主义的影响，现在还有少数青年职工不懂得如何珍惜和运用民主权利。我们要做耐心细致的工作，引导他们逐步认清怎样才是真正行使自己的民主权利。要用50年代初期许多青年人作出杰出成绩、成为劳动模范的事例向他们说明，青年人只有把自己的聪明才智用到生产建设和学习科学文化上来，用到多动脑筋提合理化建议上来，才能大有作为。离开四化建设，离开企业的生产实践和本职工作，空谈什么“民主权利”、“美好抱负”，只能浪费光阴，贻误青春。

在当前兴起的群众性合理化建议活动中，广大科技工作者、教育工作者和经济理论工作者表现得十分积极、主动、活跃。中国科协所属80多个学会，积极开展各种活动，一年多来为发展工农业生产、保护自然资源、恢复和发展科学文化教育等事业，提出了上百条重大建议。许多农业科技人员和农业工作者积极参加农业思想和农业现代化的讨论，为广开门路，加速发展农业生产谈设想、提建议。最近，国家科委所属部分学术团体，联合组织八百多位理论工作者和实际工作者，从技术经济的角度，实事求是地探讨我国社会主义经济建设的经验教训，对如何贯彻“调整、改革、整顿、提高”的八字方针，怎样以较少的人力、物力、财力取得最理想的经济效果，提出了不少很好的建议。所有这些，说明我国广大知识分子，正在以工人阶级主人翁的姿态履行自己的光荣职责。各级党政领导要充分重视这一新情况，十分爱惜这种难能可贵的积极性。

当前经济工作中的问题，可以摆出几十条、上百条，但很重要的一条，是不算经济账，不讲经济效果。不论是生产建设还是流通领域，都存在着大量的、惊人的浪费。不认真解决这个问题，不把我们经济工作真正转到讲究经济效果的轨道上来，就不可能顺利地完成经济调整的任务，更谈不上加快四化的进程。讲究经济效果，就要重视职工群众和各行各业专家的意见。我们一定要记取过去批判所谓“专家路线”的教训，千万不要被所谓“专家路线”的桎梏束缚了自己。要真心诚意地拜专家为师，向他们请教。当然，职工群众和专家们的建议，有尽管合理但目前实行不了的，也有不尽合理甚至完全不合理的。这并不奇怪，也不应当苛求。只要人家是出于加快四化建设的好心，并且有几分正确可行，就一定要听，并且尽可能采纳其正确的部分，付诸实施。

列宁说过，生气勃勃的社会主义，是由人民群众自己创立的。在中国实现四个现代化的伟大事业，必须依靠亿万人民群众的自觉努力。社会主义制度为广大群众表现进取心和发挥首创精神提供了广泛的、真正普遍的条件。我们相信，只要各级党委加强领导，积极发挥工会的作用，鼓励和支持群众的进取心和创造精神，并且尽可能帮助理论工作者深入实际，多作调查研究，和从事实际经济工作的同志取长补短、互相学习，一个新的更加广泛的群众性合理化建议活动定会迅速开展起来。

上海机电工业在调整中转变生产方向

《人民日报》报道，去年以来，上海机电一局合理调整机电工业内部的布局，确定新的经营方向，改变产品结构，采取了一些有效措施：

从重点为基本建设服务，转到更多地为老企业挖潜、革新、改造服务。过去上海机电工业主要靠为基本建设提供设备“吃饭”。现在，基本建设缩短战线，机电产品的订货减少了。但是大批老企业需要技术改造，急需机电工业提供更新装备。根据这一新的经济动向，他们承接了大批老企业设备更新的订货。仅最近一次订货会，3天之内就同用户签订了3200多份供货合同。

从重点为重工业服务，转到为各行各业特别是为农业、轻工业服务。这个局及时改变产品结构，截长补短，增产轻工业机械。造纸、印刷、食品、制糖、卷烟、火柴、制革等行业需要的各种机电设备，去年都扩大了生产。他们还特别注意产品升级换代，用新设备来代替陈旧设备。

从主要为国内制造的设备配套服务，转到进一步为引进设备的配套服务。我国引进的一批项目，不论是已经投产或是准备投产的，都需要配套设备和备品备件。上海有一定的制造能力。于是，他们主动地把可以承担的任务承担下来，其中有上海石油化工总厂、宝山钢铁总厂和其他一些大型化肥厂的配套设备和备品备件，以节省外汇开支。

内蒙古认真落实三中全会精神牧业油料与甜菜获得丰收

《人民日报》报道，去年内蒙古自治区认真落实党的三中全会精神，加上自然条件较好，畜牧业获得近十几年来未曾有过的大丰收。全区总增牲畜892万头(只)，总增率达到25.5%，纯增牲畜352万头(只)，纯增率达到9.9%。牲畜的总增、纯增和仔畜成活率，都是近十几年来最高的一年。牲畜总头数达到3902万头(只)。全区86个旗县，有79个增产。在夺得今年牧业丰收之后，各地继续扎扎实实进行物质、思想等各方面的准备工作，积极为1980年牧业丰收创造条件。一是大力打储饲草。据不完全统计，全区打饲草达50亿斤，比上一年多7亿多斤。这些饲草大部分已经运到冬季牲畜放牧营地。4300多万斤精料也正在积极调运。二是狠抓牲畜疫病防治。绝大部分畜群普遍进行了药浴、注射和驱虫。三是科技人员和牧民紧密配合，做好大畜小畜的配种工作。各地去年配种及时,怀胎率高。四是认真实行按劳分配的原则。根据去年年初建立的“两定一奖”生产责任制,坚决实行分配兑现,超产者奖,减产者罚,并大张旗鼓地表彰和奖励劳动模范。五是为了避免冬春季节牲畜大量死亡,除部分出售给国家或分给社员食用外,有的用集体和个人分成的办法,分给社员饲养。有的作价给社员做自留畜。

去年,自治区党委按照自然规律和经济规律指导生产。各级党组织尊重生产队的自主权,由生产队因地制宜地安排种植计划,确定增产措施,普遍实行了联系产量计算报酬的生产责任制,以及提高油料、甜菜收购价格和超购加价的政策,调动了生产队和社员的生产积极性。1979年,全区油料总产量达3.7亿多斤,比1978年增长42%;甜菜总产量52万吨,增长21.6%。

《人民日报》发表周叔莲的文章《重视培养经济管理人才》

当前,我国国民经济存在着一个突出的矛盾:一方面,实现四个现代化要求提高经济管理水平;另一方面,经济管理干部无论在数量上的质量上远不能满足提高管理水平的要求。大量事实表明,我国社会主义经济有着巨大的潜力,经营管理得好,潜力就能充分发挥;经营管理不好,潜力就不能发挥。而经营管理好坏,又在很大程度上决定于管理干部水平的高低。我们现在贯彻“调整、改革、整顿、提高”的八字方针,更迫切要求提高广大管理干部的水平。大力培养经济管理人才,提高管理水平,是我们面临的一项重大任务。

社会主义生产是社会化大生产。马克思一再说过,社会化大生产需要指挥和管理。社会化程度愈高,企业规模愈大,对管理的要求愈高。我国当前生产的社会化程度比马克思所处的时代要高得多,企业规模要大得多。我国现在有30多万个企业,每个企业少则数十人,多则数百人、数千人甚至数万人,企业内部和外部都存在着复杂的分工协作关系。没有一定数量、具有较高水平的管理干部,是难以管好这些企业的。同时,社会主义生产是要建立在高度技术基础上的。而发展技术就有一个管理问题,管理好坏,对技术进展的影响很大。技术愈发达,对经济管理的要求也愈高。而且,发挥社会主义制度的优越性也要求提高管理水平。社会主义经济中虽然不存在无产阶级和资产阶级的对抗,但仍旧存在着各种人民内部矛盾,必须通过管理恰当地解决这些矛盾,才能调动劳动者的积极性,发挥社会主义制度的优越性。

培养经济管理人才之所以重要,还由于管理已经发展成为科学。学会管理,不仅要有一定的实践经验,而且要掌握比较系统的理论知识。管理科学是随着资本主义生产的发展而形成、发展的。在资本主义初期,企业规模小,技术发展慢,产品变化小,那时建立在经验基础上的管理方法还是可行的。后来随着企业规模的扩大,技术的迅速发展和竞争的加剧,管理就不能单凭经验,而必须建立在科学的基础上,必须经过系统的学习,以适应生产发展的需要。资产阶级的管理科学是由美国人泰罗奠定基础的。列宁称泰罗制是“资产阶级剥削的最巧妙的残酷手段”和“一系列的最丰富的科学成就”的结合,认为应该在苏维埃俄国“研究和传授泰罗制”。泰罗以后,资产阶级管理科学又有了很大发展,出现了“行为科学”(着重研究人的行为和人与人的关系),“现代管理理论”(包括运筹学、系统工程、信息管理、决策理论、电子计算机技术)等理论。列宁对于泰罗制的分析,其精神适用于泰罗以后的资产阶级管理科学。管理社会主义经济,不仅应该有分析有批判地研究和学习资产阶级管理理论,而且应该掌握社会主义经济理论和管理理论,例如应该掌握社会主义基本经济规律的理论,国民经济有计划按比例发展规律的理论,商品生产和价值规律的理论,计划调节和市场调节相结合的理论,按劳分配的理论,经济核算的理论等等。另外还应该学习必要的科学技术知识和近代数学方法,以及其他先进的管理技术和管理方法。专业管理人员还要掌握专业的管理知识。显然,培养社会主义经济管理人才是一项艰难的事业。

新中国成立以后,我们曾经从中央、地方和部队抽调大批干部从事经济建设,他们很多人是现在经济管理和企业管理的骨干。我们还在有些综合性大学中,在财经院校中,在许多工业、农业、交通院校中,以及在各种业余学校和函授学校中,培养经济管理人才和轮训经济管理干部。这些干部对我国经济建设作出了宝贵的贡献。但是,在以后的一段长时期内,由于林彪、“四人帮”的破坏,大搞什么“政治建厂”,大批所谓“管卡压”,几乎停办了全部财经院校和管理专业,使经济管理和培养管理人才遭受到极大的损害。

粉碎“四人帮”以后,我们又开始注意培养经济管理人才,财经院校正在恢复,各地方、各部门都在轮训经济管理干部。但是,从目前情况看,还需要提高对这项任务的认识。我们许多干部对管理理论和方法原来就缺少系统的学习,新成长的一批干部对基本知识也学习得很不够。而且,现代管理知识和其他科学知识一样,发展很快,因此在职管理干部都有一个“学习、学习、再学习”的问题。而在过去很长一个时期内在职干部没有进修、轮训的机会。他们掌握的管理知识,已经远不能适应70年代工业大生产的要求。我国管理人员不仅有一个提高管理水平的问题,而且有一个提高文化水平的问题。根据鞍钢的调查,厂处级以上管理干部中,大学水平的占14.2%,中专和高中水平的占17.2%,其他都是初中和初中以下水平;科级管理干部中,大学水平的占6.5%,中专和高中水平的占26.3%,其他都是初中和初中以下水平。而在经济发达国家,大公司的各级管理人员几乎都受过高等教育。我们现在的管理干部轮训班,主要是学习党和政府的方针政策,这当然是必要的,但系统学习管理科学则嫌不够。还有一个发展和提高学校管理教育的问题。我国现在有财经院校20多所,学生9600多人,加上综合大学的经济系和工科大学管理专业的学生,也只有18000多人,占在校大学生总数的2.6%,同加强经济管理的需要很不相称。美国现在有600所大学设有管理学院或系科。本科学生70万人,研究生10万人,合计约占全部在校大学生总数的8%。我国经济管理院校现在主要是培养会计、统计、计划、劳动等职能部门的初级管理人员,缺少培养中、高级管理人员(如工厂、企业的厂长、经理)的院校和系科。现在一些资本主义国家管理教育的重点是培养公司一级的高级管理人员,公司把受过高等教育、有长期管理经验、在工作中表现出才干和有培养前途的管理人员送到管理学院继续深造,培养他们成为公司的总经理、副总经理和其他高级管理人员。企业是我国国民经济的基本单位;我们也应该大力培养厂长、经理等企业一级的管理干部,同时还要培养能够管好一个地区、一个部门经济工作的管理干部,使他们能够适应新的形势,有能力处理好各种问题,发挥社会主义制度的优越性,实现社会主义经济规律的要求。

有一些现象阻碍我们充分认识培养经济管理人才的重要性、迫切性。例如,现在我国缺少技术人才,这使得有些人往往重视培养技术人才而忽视培养管理人才。诚然,培养技术人才是重要的,但现代化大生产既要求先进的技术,也要求科学的管理,管理工作跟不上,先进技术也不能充分发挥作用。我国有些企业的设备和技术很先进,但生产效率却比国外同类企业差得多,一个重要原因是管理落后。我国引进的年产30万吨合成氨、48万吨尿素的大化肥厂,国外定员是240人,设计时考虑到我国情况,增加到800人,实际上则达到1500人,比国外增加五倍半,管理人员占1/3以上,比国外增加10多倍。我国的经营管理不适应现有的生产技术,更不能适应加速四个现代化的要求,可见培养管理人才和培养技术人才一样是当务之急。有人把技术和管理比做现代化的两个轮子,这是很有道理的。美国很早就重视发展管理教育,第一所管理学院已有将近100年的历史,由于培养了大批管理人才,保证了科学技术的迅速发展。日本在第二次世界大战后也非常重视培养管理人才,到50年代末已经培养了一批具有高度经营管理水平和生产技术知识的专家,他们在60年代的高速现代化中起了决定性的作用。我们应该吸取他们的经验。我们还要使技术人员学一些必要的管理知识,就像使管理人员学一些必要的技术知识一样,这样做,才能有利于现代化建设。

现在我国经营管理体制上存在不少问题,这使得有些人往往重视改革经营管理体制而忽视培养管理人才。有人说,体制不改革,培养了人才也不能发挥作用。我们认为,现行经营管理体制妨碍企业发挥主动性,也不利于培养管理人才,因此这种管理体制必须改革,重视此项改革是正确的。但是,也要看到管理干部水平低带来的种种严重后果,不能忽视培养管理人才的意义。许许多多先进企业的事例表明,在现行体制下,只要努力改进经营管理,我们在增加品种、产量上,在提高产品质量上,在降低成本增加盈利上,在改进技术提高劳动生产率上,以及在其他许多方面,都是大有可为的。而且,为了克服经营管理体制上的缺陷,我们更加应该重视提高经营管理水平,因为,体制上的缺陷,也正是经营管理水平差的结果和表现。如果我们培养出大批掌握先进管理理论和方法的管理人才,提高了经营管理水平,这就会推动体制改革沿着正确的道路前进。还要看到,改革经济管理体制已经在一些地区和企业试点,取得经验后将逐步推广,而实行体制改革对经济管理和企业管理都提出了更多的要求,如果不重视培养管理人才,提高管理水平,是难以适应这种形势的。因此,为了促进经济管理体制改革的健康发展,为了适应新的管理体制的要求,同样必须重视培养经济管理人才。

我国封建社会延续了几千年,而封建制度是以自然经济为特征的,这就难免形成一种轻视商品生产、轻视经济管理、从而也轻视培养经济管理人才的传统观念。随着社会主义经济的发展和科学社会主义理论的传播,这种传统观念本来是应当逐步克服的。但由于近十年来林彪、"四人帮"疯狂破坏社会主义经济建设,故意把经济管理和"资本主义"、"修正主义"混淆起来,炮制了种种谬论,流毒既深且广,使得那些封建的传统观念也复活并滋长了。我们要进一步清算这些错误思想和谬论,做好培养经济管理人才的工作。这项工作无疑会遇到许多困难,但只要大家在思想上真正重视了,并在工作中进行妥善的安排,有些困难是可以克服的。我们要把这项工作当作实现社会主义现代化的重要组成部分来抓。要像抗日战争时期为了抗战胜利而大规模培养干部那样,要像解放战争时期为了解放全中国而大规模培养干部那样,下决心,花力气,来完成当前培养管理人才的任务。

全国人大常委会副委员长邓颖超在北京会见哥伦比亚经济界人士

国务院科技干部局负责人就认真做好技术职称的评定提升工作发表谈话

国务院于1979年12月10日颁发了《工程技术干部技术职称暂行规定》(以下简称《暂行规定》),要求各省、市、自治区和各部委按照《暂行规定》的精神,结合本地区、本部门的实际情况,制定出具体实施办法贯彻执行。

国务院科技干部局负责人就此发表谈话说,全国科学大会以后,各省、市、自治区和国务院各部委所属单位,分别对工程技术干部进行了技术考核和晋升技术职称的工作,取得很大成绩。但由于缺乏全国统一的规定,技术职称不一致,技术职称同技术管理职务混淆,晋升的标准、条件以及考核办法和审批手续也很不统一,给工程技术干部管理工作带来困难。这种状况,不利于工程技术干部的培养、考核、选拔、调配、统计和工资福利等方面的工作,也不利于调动工程技术人员的积极性。

《暂行规定》把工程技术干部的技术职称定为高级工程师(相当于教授、副教授)、工程师(相当于讲师)、助理工程师(相当于助教)、技术员和技师五种,并对这五种技术职称的标准和评定办法,作了具体规定。

科技干部局负责人指出,《暂行规定》的发布,有利于生产、科研、教学等各方面的工程技术人员的统一管理和组织人员交流,也便于同国外交往。负责人说,全国科学大会以来,凡经过相应技术(学术)组织考核评定,作为技术职称确定、提升为"总工程师"的工程技术人员,如符合《暂行规定》中高级工程师的标准,即改称"高级工程师"。1966年以前确定和提升为1—6级工程师的,一律称为高级工程师,7—9级为工程师,技术员一律改为助理工程师。1966年以后经过相应技术(学术)组织考核评定,标准与《暂行规定》相同,确定为技术员的,改为助理工程师。1966年以后确定或提升技术职称而没有经过相应技术(学术)组织考核评定的,应补行考核评定。经补行考核、评定,符合《暂行规定》标准的,正式授予原定的职称;经补行考核评定,条件尚不具备但经过一定时间努力可以达到的,暂时保留原有职称,但不发给证书,待再一次考核合格后发给,如一年或最多两年补行考核评定仍不符合标准,即取消已定职称;经考核评定,条件太差的,不保留已定职称。

科技干部局负责人说,《暂行规定》要求,确定和提升工程技术干部的技术职称,必须经过严格的技术考核,以便真正把有真才实学的人提升上来。对各级工程技术干部的考核,是在平时业务考绩的基础上,每1—3年进行一次,对有突出成就的工程技术干部,可以随时考核,破格提升。确定和提升工程技术干部的技术职称,必须以他们的工作成就、技术水平和业务能力为主要依据,适当考虑学历和从事技术工作的资历,不能采取领导指定和按工作年限,或规定比例晋升的办法。工程师、高级工程师证书的颁发,由各级科技干部专管机构办理具体手续。过去工程技术干部以工资级别区分技术水平,但由于目前工资级别已不能反映工程技术干部的实际技术业务水平,因此确定和提升职称不应受工资级别的限制。

在公布《暂行规定》同时,国务院科技干部局下发了关于执行《暂行规定》的说明。

全国气象局长会议在北京闭幕

党和国家领导人华国锋、邓小平、李先念等在会议开幕时接见了出席会议的全体代表。国家农委负责人听取了会议情况的汇报,并在会议结束时讲了话。

这次会议本着解放思想,开动机器,实事求是,团结一致向前看的精神,回顾了30年气象事业发展的历程,肯定了气象工作取得的显著成绩;同时,也指出还有重要的教训值得记取。代表们认真讨论了气象部门在三年调整期间的任务和措施。会议提出,要紧紧围绕调整这个中心,把提高气象业务和服务质量放在第一位,并要求在80年代的第一年——1980年,兢兢业业,抓紧时间,在调整方面作出成绩来。

会议认为,主要由于林彪、"四人帮"极左路线的干扰破坏,以及工作指导上的缺点错误,当前在气象事业发展中还存在一些问题。例如,现行气象管理体制与气象工作特点、气象工作现代化不相适应;天气预报和气候资料的质量不能适应服务的需要;气象科研和教育工作跟不上,气象科学技术水平和人员技术水平不高;气象仪器装备比较落后等等。大家认为,这些问题必须在调整期间采取有力措施,切实加以解决。

这次会议提出了全面提高气象业务和服务质量的一些原则措施,主要是:积极稳步地改革气象管理体制;整顿好各级气象机构的领导班子;抓紧在职气象人员的业务培训;加强气象科研和教育工作,特别是要搞好高等和中等气象教育工作;调整好气象站网的布局、改善仪器装备;在重点做好气象工作为农业服务的同时,进一步提高气象工作为各行各业服务的质量。

我国万吨级远洋科学调查船正式交付使用

我国第一艘万吨级远洋科学调查船"向阳红10号"经过近海试航,正式交付使用。它将促进我国海洋、水文、气象、生物、水声、地质地貌、地球物理等学科的发展。

南京电讯仪器厂制成的计算计数器和微波频率自动置换装置达到国际水平

《人民日报》报道，这两种仪器可广泛应用于卫星通信、远程雷达等高精度快速测频的领域，可一次完成测量、统计分析和数据处理等工作。

广州第三制药厂生产的异烟肼药全部达到优级

《人民日报》报道，广州第三制药厂生产的异烟肼药，优级品率连续18个月达到100%，在最近的产品质量评比中被命名为市名牌产品。异烟肼是一种治疗肺结核病的药，从1978年6月以来，这个厂生产的异烟肼全部达到优级，名列全国前茅。

常德市中医院帮助老中医总结经验

《人民日报》报道，湖南省常德市中医院组织专门班子，帮助老中医整理临床经验，已先后编写了《简便脉诀》《麻科防治百方》《痔瘘二十四种疗法经验介绍》《灸疗经验介绍》《常德市中医秘方验方汇编》等中医药书籍和资料，为继承祖国医学遗产作出了贡献。

武汉医学院第一附属医院首创成功检查心血管病的新方法

《人民日报》报道，这种检查心脏血管疾病的新方法名叫双氧水心脏声学造影法，这种诊断方法，显影效果好，对患者无任何损伤，并且技术操作简单，仪器设备要求不高，造影药源广、价格低，因此很受临床医师的欢迎。

宁波发现宋代海运码头遗址和古船

《人民日报》报道，这处海运码头遗址位于宁波市东门口，埋在离地表2米以下的淤泥层中，目前已清理出3个码头，用块石或条石叠筑而成。码头遗址中出土的古船，据判断是能载重约15吨位以上的外海船。宋代海运码头遗址和外海船的发现，为研究古代宁波的对外交通贸易和造船工业提供了新的实物例证。

1月4日

全国物价会议在北京召开

会议确定1980年物价工作的方针和中心任务是：从安定团结的大局出发，保持物价的基本稳定，切实加强物价管理，继续开展物价的检查整顿。农产品价格、原材料价格要严格控制，人民生活必需品的价格一般不作变动，少数极不合理的价格作必要的调整。同时开展对物价改革的调整研究和试点工作。

这次会议是在1月4日到23日召开的。29个省市自治区、国务院有关部门以及有关大专院校和研究所的代表共200人，参加了会议。会议期间，国务院领导同志讲了话。

会议指出，由于过去长期积累下来的物价问题很多，去年调价后，又产生了一些新的矛盾。解决这些问题需要有一个过程，要有计划有步骤地进行。经过1979年较大幅度地调整工农业品价格以后，市场物价需要保持基本稳定。因此在新的一年里，必须从安定团结的大局出发，切实加强物价管理工作，严肃物价纪律，处理好物价的基本稳定和合理调整的关系。

会议强调指出，稳定物价是关系到国家四化建设和千家万户生活的大问题，决不能掉以轻心。当前有些地区、有些单位不按党的物价政策办事，擅自提价，巧立名目，变相涨价，在市场上造成了很坏的影响，必须采取有效措施，坚决制止。

会议决定，今年对农产品的价格和原材料的价格，都要严格控制，能不调价的坚决不调，以免引起连锁反应。特别是有关人民生活必需品的价格，更要从严控制，确保市场物价的基本稳定。少数产品价格极不合理迫切需要调整的，各地区、各部门一定要同物价综合部门共同研究商量，统筹安排。重大问题要报请国务院批准，决不能各行其是，搞无政府主义。由于原材料提价和职工工资、补贴增加等因素，致使生产和经营部门成本提高的，应当通过开展增产节约运动，从发展生产、减少消耗、减少经营环节、提高管理水平等方面努力降低成本，增加收入，不能在提高价格上打主意。经过各种努力，仍然不能解决问题的。要尽量把调价的影响控制在工业、商业内部，按照具体情况，采取工商互相让利或在财政方面采取一些措施加以解决。对于议购议销的商品，各地物价部门也要会同主管的经济部门，严格控制其范围，积极给以指导，不能放任自流。经营部门不得因议价销售而减少平价供应的数量。平价销售要同议价销售严格区分开来。

为了确保群众生活不受影响，会议提出今年要继续深入开展物价大检查，切实整顿物价。既要检查基层执行物价的单位，又要检查上级定价单位；既要检查经营单位，又要检查生产单位。重点是检查同人民生活关系密切的必需品和主要原材料的购销价格。检查工作要经常化，要成为一种制度，防止“检查一阵风，过后一场空”。

会议要求各地区、各部门把执行物价政策和纪律的情况作为评价企业、考核职工、提取和计发奖金的重要标准。对于严格执行物价政策，模范遵守物价纪律的单位和个人，应给予表扬和奖励，突出的好的要命名为先进单位和个人，先进个人在晋级提薪时要优先考虑。对于违犯物价政策纪律的主管部门、企业和个人，应按情节轻重，有的通报批评，有的给予经济制裁，不给奖，不升级，甚至扣发部分工资。多收的货款和非法收入要退还，不能退还的，应当收缴财政，不能计入企业利润，不得依此计发奖金。利用价格进行贪污、掺杂掺假损害人民健康、对坚持政策反映情况者进行打击报复后果严重的，物价综合部门有责任提请检查部门提起公诉，由司法部门给予法律制裁。

会议还研究了改革价格结构和管理体制，加强物价工作的领导，充实物价机构人员，培训物价干部等问题，要求各地区、各部门尽快建立起一个强有力的物价工作系统。

地质部为适应四化需要调整找矿部署

在1月4日至18日举行的全国地质局长会议上，来自各省、市、自治区的地质部门负责人和专家，专门讨论了地质部门如何进一步贯彻调整国民经济的八字方针问题。大家认为，为了适应四化建设和国民经济调整的新形势，一定要对地质找矿部署进行必要的调整，大力加强能源、农业、轻工业、建筑材料工业、化学工业以及对外贸易所需矿产资源的普查勘探工作。首先，应当把能源地质工作放在第一位。石油普查，近期要以四川、松辽南部、江苏北部、珠江口外、东海西部等地区作为重点，争取有新的突破。煤田地质工作着重抓好区域煤田远景调查和煤质的研究，逐步掌握全国煤炭资源远景和聚集变化规律。地热勘探以京津、闽粤、滇藏为重点，力争有较大的进展。为了更好地为农业服务，要努力加强农牧业的供水勘探和化肥资源的普查，在开展河西走廊、河套地区、苏北平原、吉林中部、黑龙江省等商品粮基地的供水勘探的同时，要抓好北方旱涝盐碱地区的综合治理、南方三角洲及湖网地区排水水文地质工作，还要在成矿条件好的地区，积极寻找品位较高的磷、硫、钾盐矿。我国矿产资源丰富，品种齐全。今年要进一步加强有色金属、稀有金属的普查勘探，加快膨润土、蓝晶石、石墨、石棉、重晶石等非金属矿产的找矿步伐，为轻工业、建筑材料工业、化学工业和对外贸易提供更多的矿产资源。对国家需要较迫切的铜、金、铬、铂、金刚石、玉石等，也要积极开展普查工作，尽快提供新的勘探基地。考虑到钢铁工业发展的长远需要，在过去铁矿勘探取得丰硕成果的基础上，要继续做到铁矿及钢铁工业配套资源的普查勘探工作；做好重点工矿区和重要大城市的供水勘探和环境、工程地质工作。

各地地质部门的负责人和专家指出，要实现上述地质工作调整任务，必须采取一系列有效措施。首先，必须对地质勘探力量的部署进行相应的调整。初步确定：要缩减和结束220多个成矿地质条件不好的普查勘探项目，腾出力量重点加强有色金属、稀有金属、建筑材料和非金属矿产的地质工作。这些矿产资源今年开动的勘探钻机将比去年分别增长10%—30%。石油普查和海洋地质工作，要相对集中兵力，打好地质条件较好地区的歼灭战，力争早日有所突破。还要加强对地质队伍的整顿、建设和管理体制的改革。

全国抗旱防旱电话会议在北京召开

国家农委副主任李瑞山主持这次会议并讲话，水利部部长钱正英、农业部副部长朱荣在会上介绍当前的旱情，并提出要求。

中共四川省委进一步落实政策继续搞活农村经济

《人民日报》报道，中共四川省委在研究和制订1980年农业生产计划时，决定继续批判极左路线，进一步落实农村经济政策，促进农业生产持续发展，使农村逐步富裕起来。

四川省委认为，解放思想要落到实处。每一个生产队，都要结合当地的实际，研究怎样提高自己的生产力，怎样把每一块耕地、每一个山头、每一个水面、每一个田边地角都充分利用起来；研究怎样把各种人才的专长充分发挥出来，怎样把资源、人才同实行科学的管理办法和严格的责任制结合起来，做到地尽其利，物尽其用，人尽其才。为此，四川省委决定采取以下措施：

一是切实尊重生产队的自主权。这是调动生产队的积极性，把农村经济搞活的一项根本措施。

二是搞好农业发展规划。今春，每个生产队都要发动群众，讨论制定农业全面发展和农业基本建设的规划。县和公社要抓好典型，指导和帮助生产队把规划搞好。在这个基础上，再分别制定大队、公社和县的规划。

三是必须实行严格的生产责任制。实践证明，实行包工到作业组、联系产量计算报酬的生产责任制，更能调动社员的积极性，推动生产的发展。

四是社队企业要有一个大的发展。现有的社队企业，要着重解决如何使生产队得到实惠的问题。

五是生产队的规模一般不再变动，要保持稳定。个别规模过大、生产长期落后、群众很有意见的生产队，可以经过县级领导机关批准，适当划小。

六是鼓励社员经营好自留地和家庭副业。在不断壮大集体经济的前提下，适合社员家庭经营的养殖业、种植业和其他副业，要放手让社员去搞。

七是各行各业都要大力扶持生产队发展经济，使生产队尽快富裕起来。当前突出的是要调整好农商关系，为农副产品打开销路。

国务院副总理徐向前与耿飚在北京共同接见美国国防部部长哈罗德·布朗博士一行

全国卫生防疫工作会议在北京举行

《人民日报》报道，卫生部最近在北京召开的全国卫生防疫工作会议，着重研究卫生防疫工作如何进一步贯彻预防为主的方针，加强卫生防疫工作，更好地为提高全民族的健康水平，促进四个现代化服务。

会议讨论、部署了1985年前的各项任务。

卫生防疫专业队伍是开展卫生防疫工作的骨干力量。目前，我国卫生防疫机构普遍存在着技术力量薄弱，业务技术水平同新形势下防病灭病任务不适应等问题。会议着重研究了加强卫生防疫专业队伍的建设问题。会议要求，必须加强对卫生防疫工作的领导，选择熟悉业务，有组织能力，有实干精神的干部担任领导职务。对现有的不太熟悉业务的领导干部，要进行业务培训，使他们尽快由外行变成内行。对各级卫生防疫专业人员，要采取多种形式，分期分批地进行培训，不断提高他们的技术水平。医学院校和研究单位要举办进修班，为省、市、自治区培养一批高级的技术骨干力量。在抓好业务建设的同时，还要进行政治思想建设和物质上的建设。从现在起到1985年，要集中力量抓好1/3县的医药卫生机构的整顿和建设，其中包括县卫生防疫站的建设，使其真正成为开展农村卫生防疫工作的技术指导中心。此外，还要抓好预防医学的科研工作。

会议指出：农村、城市、工矿企业的建设和管理，都要贯彻预防为主的方针，必须重视搞好卫生防疫工作。会议要求重视建立、健全卫生法制，不断完善各项卫生标准、条例、法令和制度。卫生防疫部门要努力提高政策法令和业务水平，搞好卫生监督。各级卫生机构也要把贯彻预防为主方针，看成是自己的光荣职责。公社卫生院因搞好本地区预防工作，病人减少，而影响收入的，应保证其人员工资，并给予奖励。

1月5日

中共中央副主席李先念在北京会见美共(马列)主席迈克尔·克朗斯基一行

民革中央在全国政协礼堂举行新年茶话会

民革中央在政协礼堂举行新年茶话会。到会人士畅谈祖国四化建设的成就，展望未来的美好前景，希望台湾当局和在台湾的亲朋故旧共同为实现祖国统一大业贡献力量。

民革中央主席朱蕴山，民革中央副主席、常务委员及部分中央委员出席茶话会。

茶话会由民革中央副主席屈武主持。他向到会人士，向台湾同胞和在台湾的老朋友，向港澳同胞和海外侨胞致新年祝贺，希望大家为祖国的四化建设和实现祖国的统一大业继续贡献力量，希望台湾当局和在台湾的老朋友，勿忘中华民族子孙肩负的完成祖国统一的历史重任。

中国伊斯兰教协会发表声明谴责苏联入侵阿富汗的霸权行径

声明指出，苏联的这一霸权主义侵略暴行，激起了世界各国人民、各伊斯兰国家和全世界穆斯林的无比愤慨。声明指出，苏联采取这一严重步骤，不仅侵犯阿富汗的主权和独立，而且严重威胁着亚洲和世界的和平与安全。

声明说，中国伊斯兰教协会和全中国穆斯林坚决拥护中国政府就此发表的声明，坚决要求苏联无条件地立即全部撤出其侵略军，停止对阿富汗内政的罪恶干涉。

声明说："安拉在《古兰经》中诏告我们：'被攻击的人已经得到抗战的许可，因为他们受到侵略'。阿富汗人民和穆斯林英勇反抗苏联入侵是完全符合伊斯兰教精神的。"

声明说："阿富汗是我国的邻邦，阿富汗人民和穆斯林同我国人民和穆斯林有着悠久的传统友谊和亲密关系。我们决不能容忍苏联霸权主义肆意侵占中国的邻邦阿富汗，野蛮屠杀和镇压阿富汗穆斯林弟兄。"

声明重申：中国穆斯林同中国人民一起，坚决站在阿富汗人民和穆斯林兄弟一边，同世界爱好和平、主持正义的人民和穆斯林一道，同苏联霸权主义野蛮侵略行径进行坚决的斗争。

国务院同意并批转中国人民银行《关于维护人民币统一市场禁止外币在国内市场流通的报告》

国务院的文件指出：维护人民币的统一市场，禁止一切外币在国内市场计价流通，维护社会主义的金融秩序，这是关系到国家主权和实现四个现代化的重大问题，在筹集资金、引进外资工作中必须引起足够注意。决不能为了多得一些外汇，而本末倒置，因小失大，破坏统一的人民币市场。各省、市、自治区如有流通外币的，要进行一次清理和整顿。极少数单位有必要直接收取外币的，应由各省、市、自治区人民政府(革命委员会)进行审查,并提出意见报国务院批准。要把收取外币的单位压缩到最小限度。

国务院批转的中国人民银行的报告规定,除经国务院批准的专门接待外宾的宾馆和机场设立的外币商店外,其他地方一律不得以外币计价和收取外币。中国银行发行外汇兑换券以后,所有现在经过批准可以直接收取外币的单位,也不得以外币标价和计收外币,应改用人民币标价,收取外汇兑换券。

这个报告还要求中国银行加强口岸的外币兑换工作,办好发行旅行支票和外汇兑换券的工作,以方便华侨、外宾。外币的黑市买卖,必须严格取缔。未经批准擅自用外币标价和在交易中直接收取外币的应以扰乱金融论处。

1979年中国工业总产值比上一年增8%以上

1979年中国工业总产值比1978年增长8%以上,超过了计划规定的增长8%的要求。这是各地工业部门贯彻执行党的十一届三中全会和五届人大二次会议精神,把工作着重点转移到生产建设上来,落实“调整、改革、整顿、提高”八字方针所取得的可喜成果。

1979年,全国各省、市、自治区的工业生产普遍增长,其中浙江、湖北、江苏、湖南、四川、江西、北京、福建、天津、贵州、上海、安徽、河南、西藏十四个省、市、自治区增长的幅度超过了8%,最高的达17%。全国轻纺工业的产值增长了9%,超过了重工业增长7.4%的速度。据18个省、市、自治区的统计,轻纺工业去年试制成功和投入生产的新产品有13000多种。

据统计,电力、化工、冶金、铁道四个消耗能源较多的大行业,1979年一年节约的煤炭、石油、电力,约折合标准煤1100万吨。由于燃料、动力消耗下降,1979年全国能源生产总量虽然增加不到1%,却保证了工业增长8%的需要。

1979年中国食油收购量比上一年多5.3亿斤

1979年我国食油收购量大幅度增加。到1月5日,全国已经收购食油26.6亿斤,超额完成了全年国家收购计划,比上一年度多收购了5.3亿斤。增长幅度之大,是历史上没有的。

去年全国各地普遍重视了油料作物生产,总产量比上一年增产1500万担,加以国家提高了油脂油料收购价格25%,超购部分加价50%,使收购量大大增加。有13个省、市、自治区超额完成收购任务,其中安徽、四川、湖南、浙江等省的收购量都创造了新纪录。许多地区在完成统购任务后,集体和社员个人手中还有不少油脂油料,粮食部门普遍开展了议价收购。

由于食油收购量增加,去年以来一些城市食油供应有了改善。北京、天津、上海等大城市还敞开供应议价食油、花生、葵花籽、芝麻酱等,丰富了人民副食。

中国常驻联合国代表陈楚在联合国安理会紧急会议上发言强烈谴责苏联入侵阿富汗严重威胁亚洲与世界和平

陈楚在会上强烈谴责苏联对阿富汗的赤裸裸的武装侵略,要求苏联立即停止这种侵略,并从阿富汗撤出其全部武装部队。

陈楚说:“苏联政府对阿富汗的赤裸裸的武装侵略和干涉,不仅粗暴地侵犯了阿富汗的主权和独立,而且是对联合国宪章和国际关系准则的公然践踏,构成了对亚洲和全世界和平与安全的极其严重的威胁。苏联的武装侵略和干涉也是对全世界人民的公然挑衅。它激起了世界各国和公众舆论的极大愤慨和严厉谴责。”

陈楚说:在1978年12月几乎同一个日子里,苏联策动越南当局对民主柬埔寨发动了大规模的武装侵略,威胁和企图控制整个南亚。目前,在越南当局仍在苏联支持下扩大对柬埔寨侵略的同时,苏联又悍然发动对阿富汗的武装侵略。显而易见,这些都是它妄图称霸世界的全球战略的重要组成部分。是它加紧推行霸权主义的严重步骤。

陈楚说:如果说苏联指使越南侵略柬埔寨和它这次武装侵略阿富汗有什么不同的话,那就是,它已从幕后使用代理人,升级到由它自己赤膊上阵,直接出兵,武装占领一个主权国家,以暴力改变它的政府。值得引起严重注意的是:苏联的行动充分表明,它准备在今后按照同样的借口和逻辑,侵略和占领它所企图侵略和占领的任何国家。它已经把它那个臭名昭著的“有限主权论”,从它所谓的“大家庭”,扩大到第三世界的不结盟国家和伊斯兰国家。

陈楚说:“苏联在本届联大曾装模作样地提出反对霸权主义。但是联合国大会通过的反对霸权主义的决议墨迹未干,苏联就以赤裸裸的军事侵略撕破了它的一切伪装,使人们更加认清这个自我吹嘘的所谓第三世界的‘天然盟友’,原来是不折不扣的第三世界和全世界人民的最凶恶的敌人。”

陈楚说:对于苏联的疯狂侵略行为,安理会必须认真严肃地对待。中国代表团主张:安理会不仅应当最强烈地谴责苏联当局对阿富汗的军事侵略和干涉,而且应当毫不含糊地要求苏联当局立即停止这种侵略和干涉,坚决要求苏联当局立即把它的武装部队全部撤出阿富汗。

中国科学院排除思想障碍提升三青年为副教授副研究员

《人民日报》报道，最近，中国科学院有关单位在3位青年科学工作者升职问题上发生了争论：有的赞成，有的反对。中国科学院有关单位，本着有利于四化，有利于科学事业发展的原则，按照升职考核标准，根据3位青年科学工作者的学术水平、工作能力和成绩贡献，分别提升他们为副教授、副研究员。

这3位青年科学工作者是：中国科技大学青年教师彭家贵，1965年科技大学毕业生，留校担任数学教师。中国科学院数学研究所青年科学工作者李邦河，1965年科技大学毕业生，从事数学研究工作。中国科技大学青年教师温元凯，1968年南京大学毕业生，在科大从事量子化学的教学和科研工作。

《人民日报》发表评论员文章《欢迎后来者居上》

围绕彭家贵、李邦河和温元凯三名青年教学、科研人员该不该晋升职称的争论，反映了当前选拔科教人员的工作中还有不少思想障碍。表现之一，就是论资排辈的保守思想。

确定和晋升科教人员的职称，主要应该根据学术成果、技术水平和工作能力。学历和资历只能作为参考。只要作出了贡献，合乎研究员、教授的标准，哪怕他只有二三十岁，也要把他们提拔到研究员和教授的岗位上来，授予应有的学位和职称。论资排辈，必然埋没人才。这一点，许多老一辈科学家是很有体会的。他们在年轻的时候作出了贡献和成绩，得到前辈人的赏识，被及时授予了相应的职称和学位。因此，他们现在对于中青年科技、教学工作者的提升，一般都比较积极。温元凯等三位青年科教人员最后能被晋升，就得助于他们的大力推荐。这就是所谓“慧眼识英雄”。我们要向这些老科学家学习，不能做自称好龙的叶公。

世界科学发展史表明，在科学技术上作出重大贡献的往往是青年人和中年人。诺贝尔科学奖金获得者和中外许多著名科学家的发明创造，绝大部分集中在25岁至45岁这个“最佳年龄”期内。按照人才成长的这个规律，我们应该把培养使用和提升职称的重点放在中青年科技人员身上，让他们在精力旺盛时期作出更大的贡献。要看到，由于林彪、“四人帮”的长期破坏，我们损失了许多宝贵时间，少培养了一两百万科技人才。现在全国较高级的科技人员的平均年龄，比“文化大革命”以前高出了15岁。如果再不采取有力措施，根据晋升标准，从中青年科技人员中选拔一批人才，我国科技队伍老化、青黄不接的局面就难以改变。

中国人并不笨。我国广大中青年科技教学工作者，事实上已经成为科教战线的工作骨干，发挥着承上启下的关键作用。他们克服种种困难，坚持工作，不少人作出了成绩，有的并不比国外的专家、教授、研究员的水平低。由于林彪、“四人帮”的长期破坏，也由于我们的工作没有跟上去，没有适时地建立一套完善的推荐人才和考核晋升的制度，至今仍有不少人才没有被发现，有的甚至还受着压制。这是十分可惜的。

我们反对论资排辈，并不是排斥老一辈科学家，更不是提倡中青年翘尾巴。相反，我们提倡中青年科技人员向老科学家学习，提倡新老科学家团结合作，取长补短，共同提高。老科学家是攀登科学高峰的带头人，应当受到尊重。希望科学教育战线的各级党政领导同志大力支持老科学家们积极发现、推荐、培养更多的中青年科技人才，完成历史赋予自己的重任。只要各方面共同为中青年科技人员搭桥铺路，热烈欢迎后来者居上，我们伟大的中华民族，一定会人才辈出，群星灿烂。

广州粒子物理理论讨论会在广东从化开幕

粒子物理理论是高能物理学的重要组成部分，是当前科学发展的前沿科学之一。早在50年代后期，我国就开展了这方面的研究工作，60年代创立了具有先进水平的层子模型理论。后来，由于林彪、“四人帮”的严重破坏，研究工作遭受了很大的摧残。粉碎“四人帮”以后，中国科学院和有关高等院校重新组织力量，加强了基础理论研究工作。两年多来，取得了一些较有意义的研究成果。

这次参加讨论会的有来自美国、英国、西德、澳大利亚、马来西亚、新加坡的近50位华侨、华裔学者和来自香港的学者，以及国内各科研单位、高等院校的100多位科学家和研究工作者。

开幕式由钱三强教授主持。周培源教授在会上讲话。会议经过协商，组成顾问委员会。

教育部在北京召开全国教育工作会议

会议本着实践是检验真理的唯一标准的原则，对30年来教育工作正反两方面的经验进行了讨论分析。代表们认为，总的看来，在过去30年的大部分时间里，我国教育工作的路线是正确的，成绩是主要的，为今后教育事业的发展奠定了可靠的基础。事实证明，17年中并没有一条所谓“刘少奇的修正主义教育路线”，也不是资产阶级知识分子统治学校。17年中从各级学校毕业的学生，是我国社会主义的建设者，绝大多数人已成为今天四化建设的骨干力量。

会议总结了四条基本经验：一、社会主义的教育事业必须有计划按比例地发展；二、社会主义学校的办学方针，必须坚持培养又红又专的人才的原则。要使受教育者，在德、智、体几方面都得到发展，成为有社会主义觉悟的有文化的劳动者，成为社会主义现代化的建设者。各级各类学校都要坚持以教学为中心，不断提高教育质量。三、必须正确地、坚决地执行党的知识分子政策。广大知识分子是工人阶级的一部分，是党的依靠力量；各级党组织必须对知识分子采取信任、关心和帮助的态度。要在可能的范围内努力改善他们的工作条件和生活条件，充分发挥他们的作用。应当使广大教师中越来越多的人确立共产主义世界观，日益紧密地团结在党的周围，继续沿着又红又专的方向前进。四、要加强党对教育事业的领导，任何削弱党的领导的做法都是有害的。

会议指出，当前教育战线要抓好八项工作：大力加强学校的思想政治工作；继续普及小学教育；进行中等教育结构的改革；集中力量办好重点中、小学和重点中等专业学校，发展高等教育；积极开展国际间的科学文化交流；加强边疆和民族地区的教育工作；发展成人业余教育。会议认为，在当前和今后一个时期，教育战线必须抓好师资队伍、教材和教学、科研仪器设备这三项基本建设，这是办好教育的重要条件。

会议还对如何办好高教、普教、中专以及成人教育等许多具体问题进行了专题讨论。

教育部部长蒋南翔在会上讲了话。

会议于1月23日闭幕。

教育部与国务院科技干部局联合在北京召开全国出国留学人员工作会议

《人民日报》报道，教育部、国务院科技干部局最近在北京联合召开全国出国留学人员工作会议，总结交流选派出国留学人员的经验，研究确定今后选派工作的方针、任务和方法。

国务院副总理方毅在会上作了重要讲话。

会议指出，派出留学人员不仅是现阶段为解决四化急需的高级科技和管理人才，加快缩短与世界先进水平差距的一项重要措施，也是今后必须长期坚持的一项方针。今后，即使我国的科学技术有了高度发展，生产水平有了很大提高，仍然还要博采各国之长，继续促进我国经济文化向更高的水平发展。因此，我们必须充分认识扩大派出留学人员的重要意义，切实把这项工作做好。

会议提出，今后选派留学人员的方针是：在确实保证质量的前提下，根据国家的需要和可能，要广开渠道，力争多派；要充分发挥中央各部门和地方及基层单位在派出工作中的积极性。在选派工作中，必须坚持“三个为主”的原则，即：选拔留学人员应以培养高等教育师资为主，并兼顾其他方面的需要；派出专业应以自然科学为主，同时派人学习社会科学和外国语言；自然科学方面应以技术科学为主，但也不应忽视基础科学和应用技术的需要。

会议还提出，目前留学人员的学习方式，以进修人员和研究生为主，同时派出一定数量的大学本科生。将来逐步做到以派出研究生为主。会议要求，要把那些拥护党的路线，热爱祖国，有革命事业心和干劲，真正愿意为实现四化攻关献身，思想品质好，身体健康，有一定外语基础，业务基础好，确有培养前途的优秀人才选送出国学习。

会议要求各单位要本着对国家、对四化高度负责的精神，认真做好这一工作。

《珠穆朗玛峰地区图》出版

《人民日报》报道，我国冰川学家绘制的第一幅《珠穆朗玛峰地区图》，最近已由科学出版社出版。这幅地图是采用地面立体摄影测量方法绘制的。与以往国外同行绘制的珠峰地区图相比，具有精确度高、图面分色多、明暗分明、立体感强等特点。图中，珠峰的高程为8848.13米，这是我国科学工作者测定的珠峰新的高程。

1966年，根据我国著名科学家竺可桢的建议，我国科学工作者组成100多人的“珠峰地区图测绘组”，在中国登山队的配合下，登上珠峰6000多米以上的冰雪世界，进行实地考察和测绘。经过10年野外和室内作业，制出了这幅珠峰地区图，为研究珠峰的成因、演变及其冰川积雪奠定了基础，也为我国极高山地区的地形测绘提供了科学依据和方法。

吴纪安改革创新儿童游戏教材

上海知识青年、青年体育教师吴纪安坚持研究儿童游戏14年，先后编写出300多万字的《中小学体育教学游戏》1—10集书稿，创作和改编了570多个儿童游戏教材，800多幅插图。他改革、创新的游戏教材，具有时代新意，渗透科学、生产、生活等方面的知识，适合儿童特点。如《航空护林》《遗传工程》《投递信件》《小导弹兵》《纸飞机》《皮球射水》等，深受少年儿童欢迎。他的研究成果受到了有关方面重视，并受到了全国学校体育卫生工作会议的表彰和奖励。

中国武术协会致电台湾体育协进会并国术会邀请台湾选派运动员参加今年5月在山西太原举行的全国武术观摩交流大会

电报中说，为发扬光大我中华民族武术的优良传统，互相切磋技艺，1980年5月22日至28日将在山西省太原市举行全国武术观摩交流大会，请你们选派运动员参加这一盛会，运动员名单望于4月25日前报中华全国体育总会。

1月6日

国务院副总理邓小平在人民大会堂举行晚宴欢迎埃及副总统胡斯尼·穆巴拉克并讲话

邓小平副总理在谈话中指出，面对霸权主义的侵略、威胁和种种阴谋，作为维护中东和非洲地区和平的一支重要力量的埃及人民，进行了坚强不屈的斗争。他说："我们高度评价埃及政府对苏联侵略阿富汗的暴行所采取的严正立场。我愿借此机会重申，在反对霸权主义、维护世界和平的神圣事业中，中国政府和人民将始终站在埃及人民、巴勒斯坦人民、阿拉伯各国人民以及全世界人民一边，永远是他们最可信赖的朋友和兄弟。"

谈到中东问题时，邓小平副总理指出："尽管由于超级大国的争夺和以色列顽固坚持侵略立场，使中东问题长期得不到解决，但是，放眼全球，形势的发展越来越有利于阿拉伯人民和巴勒斯坦人民的正义事业。他们为收复阿拉伯国家被占领土和恢复巴勒斯坦民族权利的斗争，正得到日益广泛的同情和支持。完全可以相信，只要阿拉伯各国人民和巴勒斯坦人民以大局为重，努力消除分歧，加强团结，坚持斗争，并且采取正确的政策和策略，就一定能够最终实现自己崇高的民族目标。"

邓小平副总理重申：中国政府和人民坚定不移地支持埃及人民、巴勒斯坦人民和阿拉伯各国人民的正义斗争。"我们一贯主张，以色列必须撤出它占领的阿拉伯领土，巴勒斯坦人民的民族权利、包括建立自己国家的权利应该得到恢复。这是导致中东问题公正解决的必要条件。"

国务院副总理兼国防部部长徐向前在人民大会堂举行宴会欢迎美国国防部部长布朗一行并讲话

徐向前副总理在宴会上的讲话谴责了苏联武装入侵阿富汗的野蛮行径。

徐向前副总理指出："苏联这一霸权主义行径引起了世界各国的严重警觉和广泛谴责。人们更加清楚地看到，苏联的侵略与扩张是使世界和平和各国独立、安全受到严重威胁的根源。一切主持正义的国家和人民都要联合起来，采取切实有效的措施，为反对霸权主义，维护世界和平而奋斗不懈。"

徐向前副总理强调指出，中国人民愿意和平，中国需要加强防务力量完全是为了自卫，不威胁任何人。中国人民希望有一个长期的和平国际环境，集中力量实现四个现代化、建设社会主义强国的宏伟目标。世界各国人民也都反对侵略战争，希望在各自的独立主权受到充分尊重的和平环境中幸福地生活。他说："但是我们不能不看到，现在世界各地特别是中东、南亚、东南亚，以至非洲和加勒比海等地正在增长中的动荡不安局势，影响和威胁着世界整体的和平与稳定。对此，我们不能不感到十分关切。"

在谈到中美关系时，徐向前副总理说："中美两国社会制度不同，政治信仰各异，但是，只要我们从世界的全局着眼，用长远的政治和战略观点来看待和处理中美关系问题，中美两国就能够在和平共处五项原则的基础上继续发展双方各方面的关系。我们希望双方为此作出共同的努力。"

国务院副总理姬鹏飞在北京宴请赤道几内亚政府友好代表团

国务院副总理姬鹏飞举行宴会，欢迎由赤道几内亚最高军事委员会成员、比奥科省省长欧洛希奥·奥约·里克萨率领的赤道几内亚政府友好代表团。

我国第一艘硅太阳能游船在西湖正式试航

这是我国第一艘试验利用太阳能作动力的硅太阳能游船。它是宁波半导体材料厂在鄞县福明船厂、鄞航船厂等单位协作下，试验制造的。在太阳光直射下，晴天日照所采集的电能，可供游船连续3个小时全速航行，时速约6千米。

福州市与港商合作经营海关埕华侨新村

福建投资企业公司福州分公司与香港恒光发展有限公司合作经营的福州市海关埕华侨新村，已在月初动工兴建。海关埕华侨新村总面积1.19万平方米，全部由恒光公司以外汇投资，福州投资企业分公司只负责组织工程施工。在总建筑面积中，65%归恒光公司，由该公司在港澳和国外向华侨出售，35%归福州投资企业分公司支配。

1月7日

国务院副总理邓小平在北京同埃及副总统胡斯尼·穆巴拉克举行会谈

国务院副总理邓小平在钓鱼台国宾馆回答埃及《金字塔报》等报纸记者提问

邓小平副总理在钓鱼台国宾馆回答埃及《金字塔报》和其他报纸记者提问时表示，苏联在阿富汗的行动“是非常粗暴地赤裸裸地对一个主权国家的侵略和占领。这是国际关系准则绝对不能允许的”。

邓小平副总理说,中国政府和人民,将同全世界爱好和平、尊重国际关系准则的国家和人民一道,同这种侵略行径进行不懈的斗争。

他强调指出,阿富汗事件不是一个孤立的事件,它是苏联霸权主义全球战略的一个组成部分。这同它在中东的所作所为,和它通过越南对柬埔寨实行军事侵略和占领,具有同样性质。

谈到美国国防部部长布朗对中国的访问时,邓小平副总理说:“我还没有见到布朗部长,我准备明天同他会谈。我们的会谈将会涉及加强中美两国关系的问题,自然也会谈到阿富汗问题。双方将会协商对阿富汗事件的态度。”

在问到中埃关系的时候,邓小平副总理指出:“我们两国的关系是非常友好的。应该说,我们两国人民对于彼此的了解是很深的。埃及政府同中国政府对国际事务的许多看法是一致的,或者是近似的。我们彼此都清楚,埃及和中国在维护世界和平方面自己应该负的责任;尤其是在反对霸权主义、维护世界和平方面,今后需要进行广泛的合作。两国和两国人民之间的友好关系将会不断发展。”

有记者提到中国的开放政策时,邓小平副总理说:“开放政策完全符合中国的实际,也符合中国人民的长远利益,中国人民是赞成的。中国需要发展,但现在中国发展所取得的成就同它在国际事务中应该起到的作用还不相称。如果中国能够得到比较快的发展,将在国际事务中,在支持反对霸权主义、维护世界和平,特别是支持阿拉伯人民、巴勒斯坦人民的斗争中,作出更大的贡献。我们相信,中国的发展,不但符合中国人民自己的利益,也符合世界人民的利益。”

国务院副总理李先念在北京会见赤道几内亚政府友好代表团

中共中央纪律检查委员会第二次全体会议在北京举行

中央纪律检查委员会第二次全体会议于1月7日至25日在北京举行。会议总结了中央纪律检查委员会成立一年来的工作,确定了今年纪律检查工作的任务;会议还修改和充实了即将提交党中央通过的《关于党内政治生活的若干准则(草案)》,并对历史上遗留下来的几个重大是非问题进行了严肃认真的讨论,为全党正确处理这些问题做了必要的准备。

中央纪律检查委员会第三书记胡耀邦同志主持会议。中央纪律检查委员会第二书记邓颖超、常务书记黄克诚等同志出席了会议。

黄克诚同志在会上讲了话。他说,党的纪律检查机构的主要任务,就是通过抓党风、党纪,保证党的思想路线、政治路线和组织原则的贯彻执行,保证全党按照党中央提出的四项基本原则胜利前进,这比抓一般的违法乱纪、检查官僚主义、特殊化、破坏财经纪律等更为重要。他强调指出,现在党中央的路线、方针和政策是正确的,党的各级纪律检查机构必须从纪律上保证党的路线的贯彻执行。他还要求从事纪律检查工作的同志要带头遵守党的纪律,做遵守党纪的模范。

会议确定1980年党的纪律检查工作的任务是:

(1)把纪律检查工作的重点,进一步转移到以保证党的三中全会路线、方针、政策的贯彻执行,保证实现四化建设上来。实现四个现代化是党的政治路线,是带动一切的政治任务。我们党的纪律检查工作,必须坚定不移地服从于并服务于这个中心任务,因而必须从严肃党的政治纪律上,保证党的政治路线、思想路线的贯彻执行。要围绕这个中心任务搞好党风、严肃党纪;必须同一切否定四项基本原则,妨碍、抵制和破坏四化建设的错误思想和违法乱纪行为作斗争,保证安定团结、促进四化建设,是党的纪律检查工作的方针。特别要注意维护党的十一届三中全会以来党的重大决策和各项方针政策的贯彻执行。要把保证全党政治思想上、组织上的统一及行动上的一致,作为搞好党风、严肃党纪的首要任务。党的纪律检查工作不仅要检查官僚主义,检查特殊化等等工作作风与生活作风方面的问题,同时更要着重检查顽固地搞派性,搞无政府主义,以及对党的路线、方针、政策阳奉阴违的两面派行为。

对于历史遗留的问题还要继续抓紧处理,党的各项政策还要继续认真落实,平反冤错假案一定要善始善终。

(2)协助各级党委监督、保证《关于党内政治生活的若干准则(草案)》和《关于高级干部生活待遇的若干规定》,作为党规党法,在全党贯彻执行。《关于党内政治生活的若干准则(草案)》,总结了我党几十年来处理党内关系正反两方面的经验,特别是近十年同林彪、“四人帮”作斗争的经验。它对于保证党的十一届三中全会路线、方针、政策的贯彻执行,对于教育党员,恢复和发扬党的优良传统,治愈林彪、“四人帮”给党所造成的创伤,克服各种不良倾向,搞好党风、严肃党纪,巩固安定团结的政治局面,都具有重大意义。首先要以这些准则为教材,结合实际情况和各项工作,在全党进行广泛深入的宣传教育,以提高认识并身体力行。《关于高级干部生活待遇的若干规定》,对搞好党风、克服特殊化,有十分重要的意义,必须严肃、认真地抓,认真落实,坚持不懈,严格执行。

(3)继续加强纪律检查委员会的自身建设,吸收中青年优秀干部,增加新的血液,进一步建立和健全党的纪律检查机构,使各级党的纪律检查机构在搞好党风,加强党纪,保证四化建设中发挥更大的作用。

会议回顾和总结了中央纪律检查委员会成立一年来的工作。与会同志一致认为,在党中央的领导下,中央纪律检查委员会坚决执行党的十一届三中全会的政治路线、思想路线,同各级纪律检查机构一道,紧紧围绕党的纪律检查工作的基本任务,积极开展工作,取得了成绩。审理、复查了几个关系重大的案件,平反、纠正了一些大的冤错假案;制定了一些必要的党规党法,又针对一些倾向性的问题发出了一些通告或通报,为搞好党风、严肃党纪做了大量工作;深入实际,对有关贯彻党的十一届三中全会路线,对平反冤错假案,消除派性和违法乱纪等问题,进行了调查研究,积极做好信访工作;会同中央组织部督促和推动了全党各级纪律检查机构的组建。

中央纪律检查委员会副书记王鹤寿同志代表中纪委作了工作报告。

各省、市、自治区党委纪律检查委员会、国务院各部党组纪律检查组(或纪委)的负责同志,以及中央有关部门的负责同志,列席了会议。

公安部长赵苍璧发表《严格依法办事 维护法制尊严》的广播讲话

赵苍璧同志说,刑法和刑事诉讼法是保护人民,打击敌人,惩罚罪犯的有力武器。为了准确地运用这个武器,公安机关必须做到以下几点:

第一,要有法必依。每个公安干警都要树立坚强的法制观念,正确理解依法办事和做好公安工作的一致性,克服轻视法制和认为法律束缚手脚的错误思想。我们一定要以事实为根据,以法律为准绳,坚持调查研究,重证据而不轻信口供,严禁逼、供、信等违法乱纪的行为,保证办案质量。

第二,要执法必严。一般说来,公安工作处在司法实践和刑事诉讼的第一道关口,更要执法必严。我们一定要分清罪与非罪、反革命罪与其他刑事罪的界限,正确运用法律,惩罚犯罪分子,保障无罪的人不受刑事追究。无罪受罚是执法不严,有罪不罚也是执法不严;轻罪重判是执法不严,重罪轻判也是执法不严。对于一切敢于以身试法的现行犯罪分子,都必须依法予以严惩。

第三,要违法必究。所有公民在法律面前人人平等,这是一项极为重要的社会主义法制原则。我们党的性质和社会主义国家制度,决定了人人都要守法。任何人都没有凌驾于法律之上的特权。不论什么人,只要是触犯刑律构成犯罪的,都必须追究刑事责任,依法制裁。只有这样,才能维护法律的极大权威性。

第四,要恢复和发扬公安机关遵纪爱民的优良传统,进一步密切警民关系。公安干警必须全心全意为人民服务,虚心听取群众的批评,接受群众的监督。我们严格依照法律办事,把社会治安搞好了,把四化建设保卫好了,就是为人民办了最大的好事。这样,人民群众就会更加信赖公安机关,积极支持公安机关和干警的工作。

第三次全国财政理论讨论会在广东佛山闭幕

全国财政理论讨论会是在1979年12月27日开幕,由财政部、中国财政学会筹备委员会、中国会计学会筹备委员会组织。参加讨论会的有全国高等财经院校,各综合大学经济系,财经研究机构,中国人民建设银行,中央和地方各有关部门、企业,各省、市、自治区财政局,各地财政学会、会计学会,和新闻出版单位的代表。特邀代表,财政界、会计界的老前辈、领导干部和专家,共360余人。讨论会的目的是为了组织和推动财政、会计理论研究工作,更好地为四个现代化服务。会议从总结新中国成立30年来财政、会议工作的经验教训入手,讨论了财政在国民经济中的地位、作用,财政、信贷、物资、外汇的综合平衡,财政体制和财务管理体制的改革,会计在国民经济管理中的地位、作用,会计核算和簿记监督等问题,交流了论文160多篇。

国家实行"六个优先"确保轻纺工业更快发展

国家决定今年对轻纺工业实行"六个优先"的原则,确保轻工业、纺织工业、手工业加快发展步伐。六个优先是:原材料、燃料、电力供应优先;挖潜、革新、改造的措施优先;基本建设优先;银行贷款优先;外汇和引进新技术优先;交通运输优先。

全国人大常委会副委员长邓颖超在北京举行宴会欢迎秋山长造副议长和夫人以及由他率领的日本参议院代表团

邓颖超副委员长在宴会上强烈谴责苏联悍然出兵入侵阿富汗。她说:"这是苏联霸权主义的又一次大暴露,也是它加紧侵略扩张的一个严重步骤。"

邓颖超副委员长说,中国政府坚决要求苏联立即停止对阿富汗的侵略和干涉,撤出它的全部武装部队。"我们认为,一切爱好和平、主持正义的国家和人民都应作出不懈的努力,以挫败和遏制苏联在全球的侵略和扩张。”

她在谈到中日关系时说，不久前，大平总理大臣访华，使两国关系又向前推进和发展了一大步。我们两国关系能够这样顺利发展，完全是两国政府和人民共同努力的结果。长期以来，贵国领导人和贵国国会以及日本各界朋友们为促进中日友好和发展两国友好合作关系，作出了不懈的努力和重大的贡献。对此，我们表示由衷的感谢和敬意。

中国作家协会主席团会议决定成立作家权益保障等七个委员会

《人民日报》报道，中国作家协会最近举行主席团会议，强调1980年全年要以繁荣文学创作、活跃理论批评为中心，扎扎实实地开展工作。

中国作家协会今年将采取多种形式陆续组织作家到四化建设第一线去，参观访问，深入生活，努力反映四化建设的伟大斗争。元旦前后，作协已同农垦部共同组织第一批作家赴海南岛、西双版纳等地参观访问。同时，对有创作计划而又缺少必要的工作条件的作家，将进行妥善安排，预计年内将有100多名作家应邀分别到黑龙江、吉林、安徽、甘肃、青海等省从事创作。

中国作家协会主席团会议讨论决定成立作家权益保障委员会、创作委员会、儿童文学委员会、青年文学工作委员会、民族文学委员会、理论批评委员会、外国文学委员会，分别由夏衍、丁玲、严文井、刘白羽、铁衣甫江(维吾尔族)、陈荒煤、冯至担任主任委员。

贵阳市人口增长率降到5‰

贵阳市1963年人口自然增长率曾高达36‰。经过十多年开展计划生育工作，特别是粉碎“四人帮”以后，各级党组织和政府部门大力加强对这项工作的领导，采取各种有效措施，使全市的人口自然增长率出现了逐年下降的趋势。“多子多福”的传统观念越来越受到人们的鄙弃，晚婚、晚育、少生的新思想新风尚逐步在广大群众中树立起来。去年年初，有23对育龄夫妇向全市育龄夫妇提出只生一个孩子的倡议后，得到广泛响应。全市有独生子女的育龄夫妇中，到年底已有2000多对领取独生子女证。

中国红十字会致电台湾红十字会慰问“李王锦”号遇难船员家属

停航28年的上海——香港直达客货班轮恢复航班

中国共产党代表团原驻沪办事处“周恩来将军寓邸”旧址动工修整

“周恩来将军寓邸”也称“周公馆”，是上海思南路上一座西式花园洋房。1946年，周恩来同志率领中国共产党代表团在南京同蒋介石的国民党政府进行了针锋相对的谈判斗争。周恩来同志曾利用谈判的空隙时间数次来到上海，在这里召开中外新闻记者招待会，接待来访的各界民主人士和革命群众，揭露国民党“假和谈，真内战”的阴谋，宣传中国共产党的方针、政策，动员千千万万的人民大众投入革命斗争。同时，还进一步指导白区地下斗争。

“周公馆”是周恩来同志领导上海人民进行革命斗争的一个公开场所。1947年3月，蒋介石撕毁和谈协议，在“周公馆”以及《新华日报》驻沪办事处工作的全体同志被迫撤离上海。

王逢原逝世

国家经济委员会党组成员、顾问王逢原同志因心脏病突然发作，经抢救无效于1月7日逝世，终年68岁。

王逢原是吉林省长春市人，1932年参加革命，1933年加入中国共产党，历任中共天津市委秘书长、中共河北省委巡视员、山西青年抗敌决死二纵队政治部副主任、晋绥军区军工部部长、东北军区军工部副部长等职，1945年被选为党的“七大”代表；新中国成立后，王逢原先后担任过国家物资总局副局长、国家经委副主任、黑龙江省副省长等职。

1月8日

国务院总理华国锋在人民大会堂会见埃及副总统胡斯尼·穆巴拉克

华国锋总理在人民大会堂会见埃及副总统胡斯尼·穆巴拉克时，强烈谴责苏联直接出兵侵略阿富汗。他说，苏联出兵侵略捷克斯洛伐克的时候，借口捷克斯洛伐克是“社会主义大家庭”的成员。这次苏联出兵阿富汗，是对一个第三世界的不结盟的伊斯兰国家进行直接的侵略和占领。苏联为此所做的一切辩解都是徒劳的。

华国锋总理指出，苏联的这一行动在全世界人民的面前大大暴露了它的社会帝国主义的真面目。

华国锋总理同穆巴拉克副总统还谈到了中东、南亚等国际问题，中埃双边关系，以及中国的国内情况。

国务院副总理兼解放军总参谋长邓小平在北京会见美国国防部部长哈罗德·布朗

邓小平副总理说，对全球战略问题，中国的看法是一贯的,国际局势的动荡、对和平与安全的威胁主要来自苏联。苏联的霸权主义政策和全球扩张主义政策不会因为这样或那样的因素发生任何变化。大家要联合起来,认真对待苏联的全球扩张主义的政策。

邓小平副总理指出,中美两国应该做一些扎扎实实的工作,来维护世界和平和对抗苏联霸权主义。他希望美国加强同西欧的联合。

邓小平副总理同布朗部长还谈到了苏联入侵阿富汗事件和它所产生的影响、印支局势、中美双边关系以及共同关心的其他问题。

宾主在谈到中美关系时,邓小平副总理说,自从1972年中美发表联合公报和两国关系正常化以来,两国关系保持了发展的势头。他说,布朗先生作为美国国防部部长这次来中国访问的本身,就具有十分重要的意义。布朗部长说,我是在一个关键的时刻来中国的,我认为我的访问是有成果的。

最高人民检察院检察长黄火青就刑法与刑事诉讼法的生效实施发表广播讲话

黄火青同志在题为《运用法律武器打击敌人,保护人民》的讲话中指出,为了保障刑法、刑事诉讼法的正确实施,各级人民检察机关要依照法律规定,认真做好批捕、起诉、出庭工作,运用法律武器,及时准确地打击反革命分子和其他刑事犯罪分子。该捕的要及时批准逮捕,该起诉的要及时向人民法院提起公诉,决不能放任这类犯罪分子继续为非作恶。检察机关在打击反革命分子和其他刑事犯罪分子的工作上,要做到不枉不纵,防止或减少错漏案件发生。还要努力办好那些依照法律规定应由人民检察院直接受理、自行侦查的刑事案件,使违法乱纪、残害人民、侵犯国家财产、破坏社会主义经济的犯罪分子得到应有的惩处。要认真做好对监狱、看守所和劳动改造、劳动教养单位的检察工作,做好对执行刑事判决、裁定的监督工作,以协助公安机关做好对犯罪分子的看管和劳动改造工作,把犯罪分子逐渐改造成为自食其力的新人。

黄火青同志说,要做好检察工作,必须依靠党委领导,必须依靠人民群众。各级人民检察机关都必须置于党委的领导之下,检察工作中有关方针政策的重大问题必须及时向党委请示报告。至于具体案件,则应以事实为根据,以法律为准绳,积极主动依法办理。同时,各级人民检察院在独立行使自己职权的工作过程中必须广泛倾听群众的意见,接受群众的监督,依靠广大人民群众同违法犯罪行为作斗争。

全国畜牧业1979年取得可喜成果

《人民日报》报道,全国农业战线在贯彻党的三中全会精神和中央关于发展农业的两个文件中,普遍加强了对畜牧业生产的领导。农业部先后召开了全国牧区草原建设现场会议和全国农区畜牧业会议。各省、市、自治区比较普遍地对调整农业内部比例关系、加速发展畜牧业,作出了初步规划,采取了有效措施。在发展养猪的同时,注意发展牛、羊、兔等草食牲畜,开始建立一批畜牧业基地。1979年全国的猪、羊、大牲畜和畜产品,普遍比1978年增产。据有关部门初步统计,情况如下:

(1)猪的存栏数比1978年增加800多万头。肥猪收购量比上一年增加近2000万头,加上农民自宰自食、集市贸易成交数,1979年生猪的出栏量比上一年有较大幅度的增长。

(2)绵羊、山羊存栏数比上一年增加700多万只,收购了1070万只,比1978年增加11%。

(3)大牲畜的繁殖和收购,扭转了前些年连续下降的局面,开始有所回升。菜牛的收购量达150万头,比上一年增长10%。

(4)家禽和鲜蛋显著增产。鲜蛋收购了16.5亿万斤,比上一年增加48.1%,在前年历史最高纪录的基础上再创新纪录。

(5)蜂蜜收购量达10.5万吨,比上一年增加8000吨,增长8%。

全国人大常委会副委员长邓颖超在北京会见日中友协全国本部副会长 东京都日中友协会长宇都宫德马一行

国防部在北京举行招待会欢迎出席国际军体理事会代表大会的各国代表

国防部副部长粟裕在招待会上祝酒,对来自世界各地的朋友们表示热烈的欢迎,并强烈谴责苏联出兵入侵阿富汗的霸权主义行径。他说,最近苏联悍然发动对阿富汗的大规模军事入侵,不仅粗暴地侵犯了阿富汗的主权和独立,而且严重地威胁着亚洲和世界的和平与安全。我们将坚决同阿富汗人民和一切爱好和平、主持正义的国家和人民一道,为挫败苏联的侵略和扩张而努力奋斗。

国际军体理事会副主席迪克森上校(巴西)、沙克巴佐夫准将(叙利亚)、摩克里·姆巴波少校(喀麦隆),常任秘书长莫莱先生(比利时),以及参加这次大会的执行委员会成员,出席了今晚的招待会。

1月9日

国务院总理华国锋在人民大会堂会见美国国防部部长哈罗德·布朗

国务院副总理邓小平在北京会见秋山长造副议长以及由他率领的日本参议院代表团

在谈话中，邓小平副总理指出，80年代不是更加缓和而是更加动荡不安的年代。面对当前的严峻形势，中日两国应进一步加强合作。他强烈谴责苏联霸权主义对阿富汗的侵略。他说，我们对苏联霸权主义侵略政策不能掉以轻心。他相信，世界人民是有力量来迎接80年代的风波的。

最高人民法院院长江华就刑法与刑事诉讼法实施发表广播讲话

江华同志讲话的题目是《正确运用刑法、刑事诉讼法，行使好审判权》。他说，人民法院是国家的审判机关，实施刑法、刑事诉讼法是法院的职责。审判权是国家权力的一个重要组成部分，只能由特定的国家机关即人民法院行使。人民法院独立进行审判，严格依法办事，是行使好审判权的前提。人民法院审判案件必须以事实为根据，以法律为准绳。离开犯罪事实谈定罪量刑就可能造成新的错案。背离法律规定任意判决是不允许的。人民法院审判案件只服从法律，除法律之外，任何个人意志都不是判决的依据。犯罪分子的出身、成分、职权等等，都不是定罪量刑的根据。在法律面前人人平等是社会主义法制的一个重要原则。我们必须排除各种干扰，坚持这个原则。

江华同志指出，人民法院要行使好审判权，关键在于加强党对司法工作的领导。国家法律是党领导人民制定的，它反映了全国人民的意志，代表了人民的利益，体现了党的政策。人民法院独立进行审判，只服从法律，同服从党的领导是一致的。没有党的领导和支持，要实现独立审判是不可能的。党对司法工作的领导主要是方针政策的领导和监督，切实保证与支持人民法院独立进行审判。各级人民法院的党组织要在党委领导和支持下，保证行使好国家的审判权。

江华同志说，人民法院的审判权是人民赋予的。人民群众对审判工作的批评和建议，与干涉人民法院独立进行审判是有原则区别的。人民法院应当认真听取人民群众的意见，接受人民群众的监督，人民群众也应当积极支持人民法院独立进行审判，行使好审判权。每一个审判工作人员都应该牢牢记住，我们是人民的公仆，要忠实于法律，忠实于人民的利益，为实施刑法、刑事诉讼法，加强社会主义法制，保障社会主义现代化建设的顺利进行而努力工作。

国务院副总理兼国防部部长徐向前在北京参加美国国防部部长哈罗德·布朗举行的告别宴会

徐向前副总理兼国防部部长在美国国防部部长哈罗德·布朗举行的告别宴会上强调指出：一切关心国际和平与安全的国家，有必要联合起来，对付苏联的侵略扩张，使之不能为所欲为，并受到应得的惩罚。

徐向前副总理说："布朗部长先生的来访以及两国负责国防事务的领导人进行的会谈和建立的联系，在当前形势下，更显示出其特殊的意义。它不仅反映了我们两国关系的新发展，而且对维护亚洲和世界和平将发生不可忽视的影响。我们之间的会谈是富有成果的。"

徐向前副总理指出，苏联对阿富汗的武装入侵已经激起全世界人民的极大义愤。得到安理会压倒多数成员国支持的一项反对武装干涉阿富汗的提案，只是由于苏联行使否决权才被阻止通过。人们清楚地记得，一年前越南在苏联支持下对柬埔寨发动大规模武装入侵，同样是苏联在安理会行使否决权，阻挠了要求越南从柬埔寨撤军提案的通过。苏联的这些行动一再证明，它是恣意践踏别国主权、破坏世界和平的侵略者，它的可耻罪行是任何诡辩也推卸不了的。

徐向前副总理说："苏联推行谋求世界霸权的战略，是对世界和平的主要威胁。现在，已有越来越多的国家从苏联的实际行动中得出相似的结论。面对苏联霸权主义对世界的严重威胁，我们认为，一切关心国际和平与安全的国家有必要联合起来，协调行动，采取有效措施，来对付苏联的侵略扩张，使之不能为所欲为，并受到应得的惩罚。"

国际军事体育理事会第三十四届代表大会在北京开幕

国防部副部长粟裕在开幕式上致辞，代表我国国防部和中国人民解放军全体指战员向代表大会表示热烈的祝贺。他说，国际军体理事会从1948年成立以来，不断发展壮大，现在已成为具有广泛代表性的国际军事体育组织。我们相信，这次会议在执委会的领导下，通过代表们的共同努力，一定能够为发展各成员国军队的体育运动，为增进各国人民和军队之间的相互了解和友谊，为维护世界和平作出新的贡献。

国际军体理事会主席马萨里尼海军少将(意大利)在开幕式上说，第三十四届大会将作为国际军体理事会的一个里程碑载入史册。

国际军体理事会常任秘书长莫莱先生(比利时)，在开幕式上介绍了军体理事会的概况。

国际军体理事会副主席迪克森上校(巴西)、沙克巴佐夫准将(叙利亚)、摩克里·姆巴波少校(喀麦隆)和执行委员会成员出席了开幕式。

《解放军报》发表社论《发展友谊 保卫和平——热烈祝贺国际军事体育理事会第三十四届代表大会在京开幕》

在我国军民豪情满怀，欢度80年代第一个新年的喜庆气氛中，国际军事体育理事会第三十四届代表大会，今天在北京隆重开幕了。参加大会的有来自亚洲、非洲、拉丁美洲、欧洲、北美的60多个国家的朋友，他们带来了各国人民和军队的珍贵友谊。这是对向四个现代化进军的中国人民和中国人民解放军的支持与鼓舞。新年逢盛会，京城聚嘉宾。我们向各国朋友表示热烈的欢迎！

国际军事体育理事会的宗旨，是促进各成员国军队之间的友谊和体育运动的发展，为世界和平作出贡献。它创立30余年来，不断发展壮大，现在已成为具有广泛代表性的国际军事体育组织，迄今共有78个成员国，另外有30多个国家被邀参加这个组织的竞赛活动。这个组织每年举行40多次世界性或地区性的活动，为增进各国军队之间的友谊，为提高运动技术水平，做了大量有益的工作。

我们非常感谢国际军事体育理事会的友好盛情，多次邀请我军参加会议和竞赛活动，并通过了邀请我军入会的决定。去年1月，我军体育代表团正式宣布参加国际军事体育理事会。并根据第三十三届代表大会的委托，我国防部承担了本届大会的组织工作。我们衷心希望这届大会达到预期的目的，预祝大会圆满成功！

中国人民解放军的体育活动是有优良传统的，体育锻炼对于增强广大指战员的体质和提高部队的战斗力，起了重要作用。我军运动员在国际体坛上日益活跃，并取得了可喜的成绩。但是，我们许多项目的水平还是不高的。参加国际军事体育理事会的活动，给我们提供了新的学习机会。我们相信，在各国朋友互相学习互相帮助下，我军体育运动水平必将有所提高。

中国是一个热爱和平的社会主义国家，中国人民解放军是一支保卫祖国、反对侵略的人民军队。我们一贯奉行维护世界和平的对外政策，遵照和平共处五项原则发展同各个国家的友好关系，坚决反对霸权主义。最近，苏联对阿富汗的武装侵略和占领，是国际关系准则绝对不能容许的，是它霸权主义的又一次大暴露。中国人民将同爱好和平的各国人民一道对苏联霸权主义的侵略行径进行不懈的斗争。

各国朋友在中国的日子里可以看到，中国人民在粉碎了林彪、“四人帮”反革命阴谋集团以后，正团结一致、信心百倍地进行四个现代化建设的新长征，到处是火热的劳动，到处是欣欣向荣的景象。为了实现四化，我们需要一个长期的和平国际环境。我们愿意通过同各国人民和军队之间的交往，增进相互的了解和友谊，为共同维护世界和平的崇高事业而奋斗。

我国血防科研人员研制出防治血吸虫病的新药

《人民日报》报道，我国血防科研工作者合成了一种治疗血吸虫病的新药。用这种叫吡喹酮的新药治疗了血吸虫病患者1200多例，服药两天后，成人的疗效达98%，儿童的疗效在90%以上。对急性血吸虫病、晚期血吸虫病和有夹杂症的患者的疗效都比较显著。

谭余保逝世

中国共产党优秀党员、久经考验的无产阶级忠诚的革命战士谭余保同志因病医治无效，于1月9日在北京逝世，终年81岁。

谭余保1899生于湖南茶陵，1926年10月参加农民运动，被推为乡农民协会委员长兼财委主任。1927年2月加入中国共产党，同年12月上井冈山，随即被派回茶陵。先后担任区委书记兼区苏维埃政府主席、茶陵县苏维埃政府主席、湘赣省苏维埃政府主席、中共湘赣边特委书记。抗日战争胜利后，奉命赴晋察冀边区，任中共热河省委副书记。1948年到中共中央组织部工作。新中国成立后，先后任湖南省人民政府副主席、湖南省委纪律检查委员会书记、湖南省委副书记、书记(当时设有第一书记)等职。1963年任中共中南局常委、中央监察委员会中南局监察组长。1977年当选为湖南省第五届人大常委会副主任。1978年3月，在第五届全国人大第一次会议上当选为全国人大常委会委员。

1月10日

中共中央发出《关于为谭震林同志平反的通知》

《关于为谭震林同志平反的通知》说：谭震林同志历史清楚，没有政治问题。“文化大革命”运动中，林彪、“四人帮”诬陷谭震林同志为叛徒等一切不实之词，应予推倒，彻底平反。

国务院总理华国锋就葡萄牙亚速尔群岛发生地震致电慰问葡萄牙共和国总统安东尼奥·拉马略·埃亚内斯

国务院副总理王震在北京会见新加坡中华工商总会副会长陈共存一行

中国常驻联合国代表陈楚在联合国大会第六届紧急特别会议上再次严厉谴责苏军入侵阿富汗

陈楚在发言时指出：“苏联对阿富汗的军事侵略是

苏联对外侵略的严重升级,也是它在第三世界的扩张活动发展到一个新阶段的标志。”

陈楚在发言中严厉谴责苏联对阿富汗的侵略行动并且强调指出:“霸权主义者必将和历史上所有赫赫一时的侵略者一样,逃脱不掉玩火自焚和玩水灭顶的下场。”

陈楚说,苏联入侵阿富汗,“不是一个孤立的事件,而是苏联企图南下印度洋,控制海上通道,攫取战略要地,迂回欧洲,威胁亚洲,进而称霸世界的全球战略的重要组成部分。人们还记得,在1978年12月的几乎同一个日子里,苏联策动越南对民主柬埔寨发动了大规模的武装侵略。时隔一年,它又悍然亲自发动了对阿富汗的大规模武装侵略,新沙皇从使用代理人到赤膊上阵,使得它用以粉饰自己的‘和平’和‘缓和’的伪装完全撕破。人们可以清楚地看出,苏联社会帝国主义是新的世界战争的最危险的策源地。”

他接着说:“苏联政府为了掩盖自己赤裸裸的侵略行为,编造了一些根本无法取信于人的神话。”

他说,但是,“在安理会的辩论过程中,苏联代表始终回答不了这样一个最简单的问题:苏军入侵阿富汗是应谁的邀请和怎样邀请的?是阿明先生邀请的吗?显然阿明先生不会这样愚蠢。是卡尔迈勒先生邀请的吗?卡尔迈勒先生当时还远在东欧某地,而且他也不是阿富汗政府的首脑。答案只有一个,那就是苏联政府自己‘邀请’苏联军队去入侵阿富汗的。人们也未忘记这同一年前苏联唆使越南侵略柬埔寨时所使用的借口有惊人的相似之处。两个谎言,如出一辙:都是外来侵略军攻占被侵略国的首都在先,而由侵略军所扶植起来的傀儡向它发出所谓的‘邀请’在后。”

他说:“今天构成对阿富汗及其周围邻国的外来侵略和威胁的,不正是进入阿富汗并大量惨杀当地人民的苏联侵略军吗?”“苏联的所作所为不是已经充分证明它是当今世界上最大的霸权主义者和最大的侵略者吗?”

陈楚接着指出,如同希特勒当年所做的那样,“苏联今天的侵略扩张也是采取乘虚而入、各个击破的策略。今天吃掉一个,看一看如果没有强烈的反应,明天再吃掉一个;如此下去,至于无极。如果听之任之,加以姑息纵容,让苏联的侵略目的得逞,它的胃口就会愈来愈大,这就不只是它的邻国,而凡是苏联的力量能够达到的地方,就没有哪一个国家会有什么真正的安全可言了。”

陈楚强调说:“退让和惧怕只能招来更大的灾祸。只有一切主持正义的国家和人民进一步联合起来,采取实际行动,挫败苏联霸权主义的侵略和扩张,才是维护世界和平、保卫各国人民独立和安全的可靠途径。”

他说:“安理会六个第三世界成员国提出的决议草案,反映了广大第三世界和不结盟国家反对苏联侵略、维护世界和平的共同愿望。但这样一个决议草案,竟然为苏联所悍然否决,这就进一步说明了苏联对联合国宪章的极端蔑视和对世界各国人民的严重挑衅。但是,全世界人民反抗苏联侵略的坚强意志是谁也否决不了的。”

他说:“联合国为了顺应世界人民的意愿,履行自己的职责,应当最强烈地谴责苏联当局对阿富汗的军事侵略和干涉,毫不含糊地要求苏联当局立即停止这种侵略和干涉,坚决要求苏联当局立即和无条件地把它的武装部队全部撤出阿富汗,并坚决支持英勇抵抗苏联侵略的阿富汗人民。”

他认为:“联合国大会还应当责成苏联当局停止对阿富汗邻国的威胁,停止它在世界各地推行的侵略扩张政策,并且号召各国政府和人民采取一切有效措施,坚决反对和挫败苏联当局的侵略扩张行为。”

广州粒子物理讨论会闭幕

这次讨论会,海内外150多位科学家和研究工作者经过6天的学术交流,就粒子物理理论领域进行了广泛深入地探讨。

几天来,共有85位海内外学者分别在大会和小组会上作了报告,取得了令人满意的成果,有些工作达到了国际上比较高的水平,受到与会科学家们的普遍重视。在大会上作学术报告的有(按报告时间为序):朱洪元教授的关于层子模型的回忆,李政道教授的量子色动力学与强子的口袋模型,彭桓武教授的阻尼谐振子的量子力学处理,吴大峻教授的量子场论和统计力学,李华钟教授的近年来国内关于经典规范场的一些工作,姚若鹏教授的短距离物理中因子化与重整化群,周光召教授的闭路格林函数,华家照教授的强子现象学——硬过程,陈匡武教授的强子唯象理论——软过程,霍安祥教授的近年来国内宇宙线工作报告,陈敏教授的马克捷小组(由丁肇中教授领导)工作报告,王祝翔教授的费米实验室中微子小组工作报告,杨振宁教授和他的合作者的强子碰撞的几何模型,徐一鸿教授的巨统一理论及其现象学结论,章义朋教授的巨统一理论评述,阮图南教授的束缚态场论,等等。

胡宁教授在今天的闭幕式上作了总结报告。

钱三强、杨振宁、李政道、郭汉英、王乔玲丽、陈匡武、吴锦铉、潘国驹、徐一鸿等海内外学者在闭幕会上先后即席讲话。

由中国社会科学院主编的综合性哲学社会科学杂志《中国社会科学》创刊

民族历史学术讨论会在贵阳召开

这次学术讨论会是由贵州省民族研究所主办的,中国社会科学院民族研究所、中央民族学院和四川、云南、湖南、广西等省(自治区),以及贵州省有关单位的民族史学专家、民族工作者 150 多人参加了会议。我国著名的民族史学专家王静如教授在会上作了关于民族历史研究的学术报告。

贵州是我国苗族、布依族、侗族、水族、仡佬族主要聚居的地区,仅这 5 个民族的人口就将近 500 万。学术讨论会着重讨论了《苗族简史》《布依族简史》《侗族简史》《水族简史》《仡佬族简史》的修改工作。这五部民族简史,是在对新中国成立前的社会历史进行了普查,搜集整理了 300 多万字的资料的基础上写成的。大多数作者是本民族出身又从事民族史研究 20 来年的专门学者。

参加学术讨论会的人员解放思想,畅所欲言,学术民主空气浓厚,对苗族等五部民族简史的修改提出了许多很好的意见。

1 月 11 日

国务院总理华国锋在人民大会堂会见赤道几内亚政府友好代表团

《人民日报》发表评论员文章《为四化广揽人才》

有科学技术专长和现代化管理才能的人才不足,是我们进行四化建设的一大困难。怎样克服这个困难呢?哈尔滨通江晶体管厂提供了一个好办法:破除错误观点,大胆地招贤纳士、广揽人才。

招贤纳士、广揽人才,需要打破“招降纳叛”的精神枷锁。“四害”横行时,反动的血统论泛滥成灾,谁用过出身不好、历史和社会关系复杂的专业人员,都被扣上“重用坏人”、“招降纳叛”的大帽子横加批斗,以致今天不少同志还心有余悸。可是,通江晶体管厂厂长杨之滨不顾这些。他根据党的一贯政策,大胆聘请和重用有技术专长的各类人员,哪怕他历史上有过这样那样的问题。这是具有无产阶级胆略的行动。无产阶级是人类历史上最伟大的阶级,可以而且应该团结最广泛的群众为人类壮丽的事业共同奋斗,也可以把那些原来属于敌对营垒的人改造过来为自己服务。事实正是如此。经过 30 年的实践,即使是那些原来以占有剩余价值为生的资产阶级分子,绝大多数已经发生了很大的变化,逐步改造成自食其力的社会主义劳动者,资产阶级知识分子逐步改造成为工人阶级的知识分子;就是解放后犯过严重错误的人,经过教育,绝大多数也已与错误决裂,决心为社会主义建设服务。把他们放到适当的岗位上发挥专长,让他们为四化建设出力,不是好得很吗?

招贤纳士需要有求贤若渴的精神。通江晶体管厂厂长杨之滨,当初为什么不顾一切非议去聘请被人视为有问题的人?原因很简单:不这样做,他那个厂子就无法存在,更谈不上发展。这叫作形势逼人。今天,国内外的形势也逼着我们广揽人才,以加快四化建设的步伐。如果有更多的同志像杨之滨那样,不仅有求贤若渴的愿望,而且有“三顾茅庐”的行动,那么,我们是可以发现和起用大批人才的。在这方面,我们不妨翻一翻中国历史。历史上有作为的统治者,多数是“唯才是举”、求贤若渴的。我们是无产阶级,应该比剥削阶级的代表人物更高明。

招贤纳士、广揽人才,需要改革现行科技干部管理制度中某些不合理的部分。现在那种“大而全”、“小而全”的“单位所有制”,不知埋没、浪费了多少人才。当然,制度的改革必须谨慎,但并不妨碍先在局部地区和某些单位进行试点和摸索。条件具备的一些地区和单位,能不能先作一番变革的尝试呢?

国家农委在北京召开全国农村人民公社经营管理会议

在会议上,安徽省代表以《联系产量责任制的强大生命力》为题介绍了安徽农村实行包产到户的情况和好处,但多数与会代表表示还是要按现行的中央文件规定办,即“不许分田单干”,“也不要包产到户”。

1 月 31 日,中共中央政治局听取了会议情况汇报。邓小平说:到本世纪末达到小康目标,每人收入 1000 美元。我们要按照这个目标,考虑我国经济发展的速度,考虑农村经济的发展。

会议至 2 月 2 日结束。

1979 年全国棉花收购计划超额完成

截至今天共收购棉花 4042 万担,比上年度多收购了 50 万担。棉花主产区之一的江苏省,棉花收购量突破了 1000 万担,比上年度增加 100 万担,创该省收购量最高纪录。湖北省已经收购 848.7 万担,比上年度增加 160 万担。陕西、上海、浙江、江西、辽宁等省,也都完成了收购计划。

中国人民保险公司根据国际惯例开办“履约保险”“政治风险保险”业务

《人民日报》报道,中国人民保险公司根据国际惯例和国外商人要求,最近开办了“履约保险”和“政治风险保险”两项新的保险业务。

“履约保险”是指由于承建工程一方的过失或其

他原因不能履行契约而造成另一方的损失,由保险公司负责赔偿。"政治风险保险"是指由于战争、类似战争行为、罢工、暴动以及因政府有关部门征用、没收或禁止造成保险财产的损失,由保险公司负责赔偿。但被保险人及其代表的故意或犯罪行为导致政府有关部门征用、没收或禁止造成的损失除外。

"履约保险"、"政治风险保险"和其他许多国外保险新业务的开办,将使我国的保险工作更好地为对外贸易和国际交往服务。

全国骆驼育种协作会议在内蒙古自治区阿拉善左旗召开

会议讨论制定了全国养驼业的发展方向和规划,提出双峰驼的选育方向应以绒肉为主兼顾使役和产乳。目前,全国有骆驼60万峰,在世界上居第二位,年产绒毛400万斤,出口600吨,在国际驼毛市场占有一定位置。我国有110万平方公里荒漠和半荒漠地区,适于养驼。大力发展养驼业,对满足社会和人民生活需要,繁荣牧区经济,支援国家建设,促进畜牧业现代化都有重要作用。

烟台3座万吨级泊位投产

烟台港3座万吨级泊位,包括所有配套工程最近都已全面投产。这3座万吨级泊位是1973年年底开始兴建的。有关部门对整个工程进行了验收,质量都达到了设计要求。

全国人大常委会副委员长阿沛·阿旺晋美在人民大会堂会见由澳大利亚国家图书馆总馆长钱德勒博士率领的代表团

《人民日报》发表特约评论员文章《苏联争霸世界的军事战略》

过去十多年中,苏联一直在大力扩军备战,并依仗日益膨胀的军事实力加紧对外扩张。最近发生的阿富汗事件,开创了苏联直接出兵第三世界国家的先例,预示着80年代苏联军事扩张的势头将继续发展,更加富于冒险性。这对世界和平与安全构成现实的威胁,不能不引起各国舆论的严重关注。因此,从世界全局出发,看一看苏联奉行什么样的军事战略,看一看这个战略的实质和意图,将有助于我们估量国际战略形势的变化,加强反对霸权主义、维护世界和平的斗争。

建立全面超过美国的军事力量

苏联的主要竞争对手是美国。从某种意义上讲,近十多年来苏联军队建设和发展的历史,实际上是一部与美国进行军备竞赛的历史。在这场持续而激烈的军备竞赛中,苏联追求的目标究竟是什么?是要谋求与美国的均势,还是夺取优势?

观察近十多年来苏联与美国进行军备竞赛的过程,可以看出两个特点。

第一,投资大。从1965年到1978年的14年中,苏联的实际军费开支从326亿美元增加到1200多亿美元,平均每年增长8%左右(近5年约为5%),而同期美国的实际军费却逐年下降,只是1975年起才开始有所增长(不超过3%)。苏联军费在国民生产总值中所占比重已从1965年的7%上升到1978年的9%左右,而同期美国却从8.4%下降到5.3%。从1973年起,苏联的军费开支就超过了美国。

第二,发展快。从1965年到1972年苏美签订第一阶段限制进攻性战略武器协定期间,苏联平均每年新部署洲际导弹150余枚、潜艇弹道导弹50余枚,仅以六七年的时间就使它的战略导弹在数量上超过了美国,实现了以量补质、从劣势转为均势的目标。苏美核军备竞赛进入以质量竞争为主的新阶段后,苏联集中主要力量发展分导式多弹头导弹,提高导弹的命中精度,其进展之快往往超过西方的估计。更值得注意的是,尽管总的说来苏联在军事技术上与美国有一定差距,但在某些具体项目上苏联却领先于美国。例如苏联的洲际导弹"冷发射"技术,苏联在研制拦截卫星和粒子束武器方面取得的进展,已经超过美国。即使在一些美国新开创的领域,如巡航导弹,苏联也在迅速取得进展,追赶上来。至于各种常规武器,苏联的产量更是远远超过美国,质量上的差距也日渐缩小,有的甚至领先于美国。

总之,苏美军备竞赛的结果,美国在一些领域的优势一再被苏联打破,而苏联在一些方面的优势却继续保持着,并不断得到加强。美国的一些武器发展和部署计划,如中子弹,往往由于国内外各方面的牵制和苏联的反对,迟迟不能付诸实施,而苏联却基本上不受国内外的干扰,全力执行自己庞大的扩军计划,迅速取得成效。苏联这种不惜工本、迅速追赶美国的势头,特别是苏联已经在军事上取得对美国的大体均势后仍然继续保持这种势头,这就不能不使人得出一个结论:苏联扩充军备的目标是要在技术上、质量上赶超美国,最终夺取对美国的全面优势。

采取先发制人的进攻战略

60年代中期勃列日涅夫上台后,特别是进入70年代以来,苏联对外政策的一个重要特征就是推行进攻性全球扩张战略。与这种政策相适应,苏联在军事上也摈弃了过去的防御战略,奉行进攻战略。苏联军事著作明确宣布:"苏联的军事学说具有进攻性。""苏联军事战略将是坚决的,积极的,进攻的。"

当然,苏联在奉行进攻战略的前提下,并不否认战争中的防御行动,特别是并不放弃对核袭击的防御。但是,他们认为,这种防御的主要作用在于加强对敌进攻的效果,基本着眼点仍然是放在战略进攻的决定性作用上。

苏联军事战略的进攻性质在部队的建设和发展的许多方面都有着明显的反映。近十多年来,苏军建设的基本方针就是全面加强各军兵种的进攻作战能力。例如战略火箭军重点是发展SS-17、SS-18、SS-19分导式多弹头弹道导弹,提高命中精度,增强对美国军事目标特别是"民兵"洲际导弹的袭击能力。陆军换装了T-72坦克、BJM步兵战斗车等新型武器装备,重点是提高部队的火力、突击力和快速机动能力。海军在继续发展"D"级弹道导弹核潜艇和SS-N-18导弹的同时,建造了"基辅"号和"明斯克"号航空母舰、"苏联"号核动力导弹巡洋舰、"伊凡·罗戈夫"号登陆舰等大型水面舰只,重点是提高远洋进攻能力。空军部署了"逆火"式轰炸机,换装了米格-27、苏-17、苏-19等新型战术飞机,增加了伊尔-76等中、远程运输机,使其远程奔袭、地面攻击和战略空运能力都有了显著的提高。总之,经过近十余年的经营,苏军不仅继续保持了传统的地面部队的优势,而且逐步弥补了自己在战略核力量和海、空军方面的缺陷,发展成为一支能够初步适应苏联对外扩张多方面需要的全球性武装力量。

人们记得,在过去几年的一些局部冲突中,例如1973年的中东战争、1975年的安哥拉战争、1977年的欧加登战争,苏联都进行过引人注目的大规模空运和海运,在很短时间内把几万吨武器装备输送到受援国,一再显示出它在第三世界支持一场代理人战争的能力。最近,在入侵阿富汗的行动中,苏联在几天之内就出动数百架次的大型运输机,向阿紧急空运了大量作战部队和武器装备,迅速控制了喀布尔,用武力推翻了阿明政权。现正在继续增兵,陆空并进,分路前推至阿伊、阿巴边境,企图一举扑灭阿富汗军民的抵抗,实现对阿富汗全境的军事占领。这又一次显示了苏联对邻近国家实施空中机动、地面进攻的作战能力。很明显,建设这样一支军队,决不是为了单纯进行防御,而主要是出于进攻的需要。

苏联进攻性军事战略的另一个突出表现,是在作战指导思想上强调突然袭击,先发制人。他们明确宣布:"突然袭击是进行未来战争的最有效的方式。""我们应当时刻准备着以先发制人的行动去对付侵略者的阴险行动。"正是基于这种突然袭击的作战思想,苏联给各军种都明确规定了对敌实施突然袭击的任务,并使之贯穿在平时的演习训练中。例如,苏联战略导弹部队的演习大多选择在节假日进行,而且往往是在午夜至凌晨开始。远程航空兵也主要是在夜间进行演习。1968年苏联的侵捷行动就是其突然袭击思想在常规战争中的一次具体的、实际的运用。在这次行动中,苏联采用突然袭击的惯用手法,以谈判麻痹对方,以演习为名集结部队,大量使用空降兵,以坦克和摩托化部队实施快速突击,仅用六个小时即控制了捷克的战略要点,3天之内实现了对捷克的武装占领。可以看出,苏联的上述作战指导思想,实质上是过去德国对苏联的闪击战略、日本对珍珠港的偷袭战术在现代条件下的翻版,深刻地反映了苏联军事战略的进攻性和对外政策的侵略性。

准备打各种样式的战争

赫鲁晓夫时期,苏联一度把火箭核大战视为唯一的战争样式,认为"任何战争,即使由常规战争、非核战争开始,也会变成毁灭性的火箭核战争"。勃列日涅夫时期,苏联逐渐改变了上述估计,认为"战争的样式既可能是核战争,也可能是常规战争;既可能是世界大战,也可能是局部战争"。苏联不仅肯定了常规战争的可能性,而且把核战争区分为世界核大战和有限核战争两种,进而肯定了有限核战争的可能性。

与上述估计相联系,苏联对核战争的态度也与过去有所不同。他们对核战争的基本态度是既要搞核威慑,以遏止核战争,同时也进行实战准备,以便在必要时打赢这一场战争。正是出于实战的考虑,苏联不仅大力发展进攻性战略核武器,而且十分重视本土的民防建设,积极调整工业布局,以求得在核战争中的生存能力。在战略袭击目标的选择上,他们把"消灭敌人的核打击手段,消灭大量敌军及其军事基地"作为战略火箭军的"使命",实际上早就奉行了美国前几年提出的"对付军事力量"战略。

苏联对常规战争的态度大体经历了从否定到肯定,从肯定到积极准备的变化过程。赫鲁晓夫时期,苏联曾一度否定常规战争,放松常规武器的发展。勃列日涅夫上台后,特别是进入70年代以来,苏联越来越明显地加强了常规战争的实际准备。在部队建设上,采取协调发展各军种的方针,使得各种常规兵力兵器都得到很大发展。近十余年中,苏军总兵力增加了100多万人,陆军扩充了近30个师,特别是加强了坦克部队的建设。近几年来,陆军采用了新编制,增加了陆军师的人员和武器装备,进一步提高了部队的火力、突击力和机动力。在保持常规兵力、兵器对西方的数量优势的同时,大力改进常规武器的质量,强调"要在研制新式的和改进现有的常规武器方面下大功夫"。在军事演习中,越来越重视演练非核条件下的作战行动。从1965年到1978年,苏军在欧洲举行的大规模军事演习约有80%是在非核条件下进行的,亚洲地区非核条件下的演习在全部演习中所占比重高达80%以上。

上述情况表明,苏联无论是对核战争,还是对常规战争都十分重视实战准备。他们的军事战略是既准备打核战争,也准备打常规战争,"准备进行使用任何武器的战争"。这种立足于实战、准备打各种战争的军事战略与赫鲁晓夫时期立足于威慑的火箭核战略有着明显的区别。

加强全球军事部署加紧南下扩张

由于政治、地理等方面的原因,苏联在战略上一直存在着东西两线的问题。近十多年来国际形势的变化,使得苏联东西两线作战的问题更形突出。同时,随着军事力量的发展,苏军的活动范围已经超出传统的欧亚大陆,出现了面向海洋、南下扩张的新问题。在这种形势下,苏联的军事力量如何部署?这也是苏联军事战略中的一个重要问题。

苏军在各个战略方向的部署和活动是有明显的区别和主次之分的。

在欧洲,苏军集中部署了总兵力的3/4,共320余万人。全苏陆军的68%,海军的70%,空军和防空军的74%配置在欧洲地区。中程导弹的绝大部分也对准西欧目标。苏军在欧洲的地面部队编成110多个师,拥有坦克31000余辆,具有强大的装甲突击力。驻东欧的31个陆军师是苏军最精锐的部队,全部为满员师,坦克师的比重高达50%。仅在东德一地,就集中了10个坦克师和10个摩托化步兵师,采取前出态势,直接威胁西欧的心脏地区。多年来,苏军的人员和装备都是优先供应驻欧部队。苏军的编制主要是按照欧洲作战的需要制定的。苏军大规模的军事演习中,曾多次假想对西欧发动大规模的地面闪击,这在一定程度上反映了苏军在欧洲战区的作战意图。

在亚洲,苏军部署的兵力共达110多万人,约占总兵力的1/4。陆军编成50多个师,拥有坦克14000余辆。苏军在亚洲的兵力与欧洲相比,数量、突击力量都比较低。武器装备的更新速度也慢于驻欧部队。值得注意的是,1979年苏在远东战区建立了新的指挥机构,海军实力有明显加强。1978年从欧洲调来一些潜艇、大型水面作战舰只和辅助舰只,1979年又把"明斯克"号航空母舰正式编入太平洋舰队。我自卫还击越南以来,苏太平洋舰队的舰只在南海加强了活动,并在越南的金兰湾、岘港、胡志明市、海防等地取得了海空军基地使用权。而且,SS-20中程导弹也开始在远东地区部署。苏军在亚洲的这些备战活动,不仅是针对中国的,而且也有针对美国和日本的一面,其中海军实力和活动的加强主要是针对美、日的。这也是苏联加强全球军事部署的一个组成部分。

在南线,即东西两线的侧翼,苏军的海上扩张活动也很引人注目。在这个战略方向,苏军突出的活动是攫取海空军基地,加强海军的部署和活动。目前苏联在地中海的常驻分舰队一般保持各型舰只50余艘,印度洋分舰队经常保持水面舰只20艘左右,其活动之频繁都大大超过美国海军。到目前为止,苏联已在地中海、印度洋、大西洋和太平洋沿岸取得了40多个海空基地使用权。

总之,当前苏军兵力部署的重点仍然在欧洲,亚洲地区的军事部署有调整和加强的趋势,南线的海上扩张十分活跃。根据这种部署和活动特点,可以看出,苏联在战略上仍以欧洲为主要作战方向,亚洲为次要方向。在当前欧亚地区军事对峙和僵持的局面一时不易打破的情况下,苏联的一个重要动向就是加紧南下扩张,通过利用古巴、越南等仆从国家打代理人战争、直接进行军事侵略等手段逐步扩大势力范围,抢占战略要地,力求在海外建立一套比较完整的变相基地网,以便从海上包抄整个欧亚大陆,威胁西方战略原料的供应和海上交通,使苏联在当前与美国的争夺和未来的战争中处于比较有利的战略地位。

通过以上几个方面的分析,可以清楚看出,苏联的军事战略是为其进攻性的全球扩张战略服务的。这一战略在今后一个时期将继续推行下去。其结果只能是导致世界局势的动乱,加剧战争的危险。在一般情况下,苏联仍将以"缓和"为掩护,以实力为后盾,力求不战而实现其扩张目标。但是,随着苏美争夺的加剧和国际危机的发展,一旦有机可乘或有利可图,苏联就有可能赤裸裸地直接进行新的更大规模的战争冒险。这是需要各国人民密切注视和认真对待的。

当然,另一方面,也不能过高估计苏联的力量。应当看到,苏联在战略上存在着一系列重大弱点。它野心很大,但力不从心。它战线漫长,顾此失彼。它在国内面临着经济增长率下降,民族矛盾加深等重重困难。它的对外侵略扩张活动遇到日益强大的阻力。特别是世界反霸格局的形成和发展,以及第三世界国家人民的日益增大的阻力和抵制,将使它陷于更加不利的地位。所有这些,都是制约苏联推行其军事战略,实现其霸权野心的重要因素。因此,只要世界各国和人民对苏联的军事威胁保持警惕,切实加强防务,加强联合反霸斗争,并及时采取有力措施制止苏联的侵略行动,就可以挫败苏联的战略,有利于保障世界的和平与安全。

中国科学家首次登上南极洲

今年1月,澳大利亚政府根据中澳科技合作协定邀请中国国家海洋局第二海洋研究所的海洋物理学家董兆乾和中国科学院地理研究所的地质和地貌学家张青松,前往澳大利亚南极凯西站访问。1月11日,他们从新西兰南岛的克赖斯特彻奇乘飞机抵达罗斯冰架上的洲际机场。他们踏上南极大陆的第一站是麦克默多,人们称它为“南极第一城”。美国在南极的最大的科学考察站就在这里。“第一城”里有100多座建筑物和一个小教堂,一个原子能发电站和一个供1000人用水的海水淡化厂,还有供探险家和旅游者居住的旅馆。中国科学家于1月14日飞达澳大利亚的凯西站,该站位于南极大陆东部,距麦克默多2000千米。

广州至香港海上客运航线通航

航行于这条航线的是广东省港澳航运公司所属的“星湖”轮。“星湖”轮总排水量为3600多吨,可载旅客700多人。轮上设有贵宾房、特等客房、一等客房和二等客舱,房间铺位舒适。所有客房均附设有卫生间、播音系统、电话和空气调节设备。船上还设有游泳池、酒吧间、大餐厅、小卖部,以及阅览室、电视室和医疗室。这艘船还装有防摇装置,可减轻船身的摇摆程度。“星湖”轮从广州至香港航程约7个小时。每逢单日从广州开往香港,双日从香港开回广州。

1月12日

国务院副总理王震在北京会见国际民航组织理事会主席阿萨德·柯台特博士一行

全国总工会主席倪志福在人民大会堂会见以加纳工会大会总书记伊西夫为团长的加纳工会大会代表团

河南农村粉坊 油坊 磨坊 豆腐坊重新开张营业

《人民日报》报道,最近,在豫东、豫北农村许多被关闭多年的粉坊、油坊、磨坊、豆腐坊重新开张营业,农村市场更加活跃起来。“四坊”是河南农村的传统副业。党的三中全会以来,落实了农村经济政策,生产队有了自主权,加上农业获得全面丰收,“四坊”有了充足的原料,粉坊、油坊等陆续恢复、发展起来。“四坊”的大发展,使集体和社员增加了经济收入。1979年11月份全省就收购粉条、粉面、粉渣8000多万斤,价值达870多万元。

1月13日

全国冶金工业1979年利润增长

《人民日报》报道,1979年冶金工业实现利润55亿元,比前年增长18%,是全国工业部门中利润增长幅度比较大的一个行业。

在1979年里,重点冶金企业利润普遍大幅度增长。据统计,在141个重点企业中,利润增长30%以上的有44个。重庆特殊钢厂、抚顺钢厂、西宁钢厂增长60%—80%。上海冶金企业去年实现利润达13亿元。

中型冶金企业去年开始扭亏为盈。地方中型钢铁厂从1979年9月份起由亏损变盈利。50个中型钢铁厂中,有盈利的由1978年的16个增加到22个。

小型冶金企业的亏损显著减少。1979年,冶金系统关停了消耗多、成本高的一批小高炉,但小钢铁企业的产量仍有提高,亏损也减少了2亿元。

1979年冶金企业增产短线产品,降低能源消耗,还采用经济手段,全面展开经济核算,使成本下降,利润增加。

福建省1979年全省甘蔗平均亩产超万斤

《人民日报》报道,我国主要蔗糖产区福建省由于执行甘蔗和粮食挂钩政策(对蔗农口粮和因扩大甘蔗面积而缩减粮食面积实行粮食补助),调动了蔗农种植甘蔗的积极性,1979年全省战胜严重干旱,62万亩甘蔗喜获丰收,平均亩产首次突破万斤大关,1979年至1980年榨季,蔗糖总产量预计可达35万吨,比执行这项政策前的1975年增加两倍以上。

国务院副总理王震在北京会见国际民航组织理事会主席阿萨德·柯台特博士和他的随行人员帕拉塔先生

双方就经过南海上空的A—I国际航路问题进行了商谈。双方本着友好合作的精神,对这次商谈已取得一致的意见,并认为协商一致的办法将有助于保障国际飞行安全、便利国际航行,同时对于有关国际航空公司经济地飞行也很有利。

香港队夺得本届“省港杯”足球赛奖杯

在“省港杯”足球比赛的第二场比赛中,广东足球队同香港足球队踢成平局。由于香港队在第一场比赛中净赢广东队一个球,从而夺得了本届“省港杯”足球赛的奖杯。

1月14日

国务院总理华国锋在人民大会堂会见参加在北京召开的国际军事体育理事会第三十四届代表大会的代表

华国锋总理说,国际军事体育理事会成立30多年来,对促进各成员国军队的相互了解和友谊,推动各国军队体育运动的发展,作出了积极的贡献。他说,通过友好协商和积极接触,这届大会对进一步促进各成员国军队体育运动的发展,增进各国军队之间的团结和友谊,维护世界和平,必将产生深远的影响。他请各位代表回国以后,向本国的领导人转达他的问候。

华国锋总理在谈到苏联最近对阿富汗进行的野蛮侵略和占领时指出,这一霸权主义行径,比当年入侵捷克斯洛伐克更为恶劣。这是它的社会帝国主义真面目的进一步大暴露,是对外侵略扩张的升级,是对亚洲和世界人民的疯狂挑衅,是对世界和平的严重威胁。苏联的这一罪恶行径已经激起阿富汗人民的英勇抗击,引起很多国家的强烈谴责。

被会见的有来自56个国家的代表和他们的夫人共200多人。他们当中还有国际军体理事会前任主席、意大利的马萨里尼将军,理事会副主席迪克森上校(巴西)、白拉密将军(法国)和摩克里·姆巴波少校(喀麦隆);执委会委员贝卡·阿卜德一努尔少校(阿尔及利亚)、莱德斯玛海军少将(阿根廷)和新当选的执委会委员韩复东(中国)、沙克巴佐夫准将(叙利亚)、策希纳中校(奥地利),常任秘书长莫莱(比利时),以及为理事会的创建发展作出了贡献的人士。

国务院副总理邓小平在北京会见并宴请海外科学家

邓小平副总理在会见并宴请参加广州粒子物理理论讨论会的李政道、杨振宁、陈匡武、潘国驹、陈耀华等40多位海外科学家时说,广州粒子物理理论讨论会在粒子物理领域进行了广泛的学术交流,取得了大家认为满意的结果,并增进了海内外学者之间的相互了解,加深了友谊,这是值得祝贺的。这次讨论会之所以成功,是和海外学者的努力分不开的。李政道、杨振宁教授为筹备这次会议做了不少工作,对于他们的努力和贡献表示真诚的感谢。

在谈到我国粒子物理理论的研究工作时,邓小平说,中国粒子物理理论研究在60年代做过一些工作,提出了层子模型理论,由于"四人帮"的干扰破坏,中断了好多年。现在看,不论是深度和广度与国际先进水平相比,都有相当差距。为了不断提高研究水平,一方面要抓紧研究工作,同时要经常吸取外国的先进经验,学习海外学者的先进经验。我们可以派人出去学,也非常欢迎海外学者们来进行学术交流,你们什么时候来都欢迎。

参加会见的海外学者还有(以姓氏笔画为序):马绍强、王乔玲丽、刘克非、卢遂现、冯润棠、冯戬云、李灵峰、吴大峻、吴汝哲、吴锦铉、余永贤、杨炳麟、张帆、张绍进、陈方正、陈载澧、孟大中、周尚真、郑大培、段三孚、胡比乐、胡祖协、胡斑比、姚若鹏、章义朋、章礼南、徐一鸿、谢家雄、蔡天赐、戴自海等,以及他们的夫人。

会见时在座的有关方面负责人和著名科学家有:李昌、周培源、严济慈、钱三强、胡克实、郁文、秦力生、钱学森、朱光亚、高登榜、章文晋、黄辛白、王淦昌、张文裕、王顺桐等。

国务院批转国家科委《关于我国建立专利制度的请示报告》

报告指出,要做好建立专利制度的几项工作,起草专利法;成立中华人民共和国专利局;建立专利代理机构等。

国务院指出,为了促进和保护我国的发明创造,促进国际间的科技交流,为引进外资和引进技术创造条件,有必要在我国建立专利制度。专利工作是涉外工作,在正式对外宣布建立专利制度以前,要尽快制定专利法及相应的规章制度。

国务院同意并批转国家经委中国人民银行等单位《关于批准轻工 纺织工业短期专项贷款试行办法的报告》

该项贷款主要用于老厂的挖潜、革新、改造和与之有关的小量改造、扩建工程等固定资产投资领域。

《人民日报》发表评论员文章《提倡合同制》

河北省晋县试行合同制的办法,一年以来,效果很好。这是在农业生产管理上一项有重大意义的改革。

长期以来,我们许多同志领导农业生产,比较习惯于采用行政命令的办法,不注意考虑上级的要求是否切合实际,往往只是向社、队下达计划,要求完成一定的生产和征购任务,却不同时提出关于生产资料供应以及某些土特产品销售方面的保证。有些同志看不到这种不尊重经济规律和不尊重农民的做法给农业生产带来的危害,反而认为对社、队管得越多越好,统得越死越好。多年来的事实证明,这种做法伤害农民的生产积极性,束缚群众的手脚,效果是不好的。

试行合同制,改变了单用行政命令抓生产的办法,改善了过去国家企业事业单位与农民间的关系。人民公社、生产大队、生产队,本来是独立核算的集体经济组织。国家同集体单位签订合同,双方在产、购、供、销等方面,都是平等互利的经济关系,集体单位的自主权就会进一步得到保障。党中央关于加快农业发展若干问题的决定中指出:"粮、棉、油等统购物资和其他农副产品的统购、派购和议购都应签订合同,遵守合同。不准强迫命令。"有了合同制,生产队在保证按照合同完成国家所需要的主要农副产品的前提下,在种植方面可以因地制宜,合理安排。这样,既能满足市场多方面的需要,又能为集体增加收入,城乡人民都高兴。将各社、队的粮食征购和超购任务用合同形式固定下来,追加任务时,按照国家、集体、个人三兼顾的原则,按比例分配,这对于调动社员群众力争粮食超产的积极性,也很有好处。

有的同志认为,实行合同制,对集体经济发展生产、增加收入是有利的,怕的是农民不执行合同,不能完成国家计划,还担心有的社队不接受国家计划的指导。从根本上说,国家所需要的农副产品计划的完成,要依靠集体经济生产的不断发展,扩大再生产的能力日益雄厚。集体经济富裕起来了,壮大起来了,国家所需要的农副产品就会源源而来。只有发展生产,才能保证供给。因此,当我们说完成国家计划的时候,不只要考虑到保证当年国家对某些产品的要求,还要考虑到有利于集体经济发展生产、增加收入、改善社员生活,扩大再生产的能力。只有这样,才能使生产队不仅有力量完成当年计划,而且有利于满足以后若干年国家对农副产品的要求。如果只考虑国家的要求而不顾集体经济的发展,那是竭泽而渔的办法,我们吃过这方面的苦头,不应当再重复这方面的教训了。

订了合同,双方都必须严格遵守,维护合同的严肃性。我们应当相信广大农村干部和社员群众有很高的爱国主义觉悟,一般都懂得应当在国家计划指导下安排生产,把支援国家社会主义建设、满足城乡人民的需要,作为自己的光荣任务。如果个别社、队由于工作上的过失不能完成合同所规定的任务,或者有意不按照合同办事,那就要区别情况,严肃处理。不论是国家企业事业这一方,或集体经济这一方,在合同面前是平等的,该奖则奖,该罚则罚,一定要树立合同的信誉。如果双方都不承担经济责任,合同流于一纸空文,那样的合同对于实现国家计划,对于发展集体经济,就会丧失它的积极意义。

《人民日报》发表惠中权的文章《充分发挥森林的功能》

这是原林业部党委副书记、林业部副部长惠中权同志的一篇遗作。惠中权同志受林彪、“四人帮”的迫害,于1968年4月1日不幸逝世。

中国又一条卡车装配线在济南汽车制造厂正式投入生产

这条装配线可以装配济南汽车制造厂生产的“黄河”牌8吨载重汽车和用从罗马尼亚进口的零部件装配“罗曼”牌10吨、12吨、19吨载重汽车,还可以装配同样型号的牵引车、自卸车和吊车。

这条卡车装配线,包括主装线和发动机、散热器、轮胎、驾驶室、前后桥与钢板等分装线,以及车架输送线、车厢装配线、加油加水设施等部分。主装线全长124米,共13个工位,自动化程度较高,装配速度可以根据生产需要进行调节。速度最快时,每12分钟可以装配一辆。按照设计能力,每年可以装配“黄河”牌卡车5000辆,装配“罗曼”牌卡车6000辆。

国防部在人民大会堂举行招待会招待参加国际军体理事会会议的代表

国防部部长徐向前在招待会上祝酒。他说,这次会议的圆满成功,将为发展各成员国军队的体育运动,为增进各国人民和军队之间的相互了解和友谊作出积极的贡献。徐向前部长在谈到最近苏联对阿富汗的侵略和占领时重申,一切主持正义的国家和人民应该联合起来,坚决反对苏联霸权主义的侵略行径,为共同维护世界和平而努力奋斗。

徐向前部长说,中国人民和中国人民解放军坚定地奉行反对霸权主义、维护世界和平的对外政策,遵照和平共处五项原则发展同各个国家的友好关系。我们愿意通过与各国人民和军队之间的友好交往,增进了解,发展友谊,保卫和平。他希望朋友们回国以后,向各国人民和军队转达中国人民和中国人民解放军的亲切问候。

国际军体理事会新任主席、突尼斯的莫卡登将军在招待会上致辞,他感谢中国为这次代表大会的组织工作所做的一切努力。

国际军体理事会副主席:巴西的迪克森上校、喀麦隆的摩克里·姆巴波少校、法国的白拉密将军,理事会的常任秘书长、比利时的莫莱先生和原任主席、意大利的马萨里尼,以及参加这次代表大会的50多个国家的代表,出席了今晚的招待会。

中共中央军委授予人民解放军空军某团副团长滑俊与王昂“科研试飞英雄”荣誉称号

1月15日

国务院总理华国锋电贺英迪拉·甘地夫人就任印度总理

《人民日报》发表评论员文章《严格财经纪律是实现四化的重要保证》

中央和地方各级党、政部门认真整顿财经纪律以来,总的形势是好的。但是,在一些地方和部门,仍有违反财经纪律的现象继续发生,其主要表现有:一、擅自改变国家规定，挖走国家财政收入，计划内基建明减暗不减，继续拉长基建战线；二、化大公为小公，例如把赚钱的企业放到预算外，归自己支配，把亏损的企业放到预算内，由国家补贴，或把国营企业的设备、车间甚至整个工厂无偿转为地方集体所有制企业，变相截留应当上缴给国家的税款和利润；三、乱挤企业成本费用，抽调生产资金，搞计划外基建，甚至挥霍浪费，等等。这种情况说明，严格财经纪律，同经济工作中的无组织、无纪律的现象作斗争，这是财政金融战线上的一项十分紧迫、艰巨的任务。

“搞建设，办事业，方向是正确的，违反一点财经纪律不算啥。”说到正确的方向，在经济工作方面，就是实现四个现代化，在当前，就是认真贯彻执行党中央制定的调整、改革、整顿、提高的方针。国家的财经纪律是实现党的路线、方针、政策和国家计划的保证。在国民经济的调整过程中，要把原来“重轻农”倒置的状况调整到“农轻重”的轨道上来，要把基本建设项目过多、战线过长的状况调整到国家财力、物力许可的范围之内，并且逐步解决劳动就业、职工工资、公用事业、职工住宅等人民生活方面遗留下来的许多“欠账”问题，更加需要强调统筹兼顾，全面安排，更加需要强调维护财经纪律的严肃性。如果只顾本地区、本部门建设搞得快一点，口子开得大，资金抓得多，而不顾国家财经纪律，甚至随便挖走国家收入，挪用国家资金，那就必然打乱国家计划，破坏财政平衡。这是绝对不能允许的。

“财经纪律框框太多。”的确，国家的财经纪律是很严格的，什么事情允许办，什么事情不允许办，界限规定得很明确；超过一定的界限，都是明令禁止的。比如，必须划清全民所有制资财和集体所有制资财的界限，全民所有制不许平调集体的，集体所有制也不许占用全民的；必须划清财政资金和信贷资金的界限，不许随意拿银行的钱搞财政性开支；必须划清流动资金和固定资产的界限，不许随意拿流动资金搞基本建设，等等。如果这些资金可以随意混着用，势必造成经济生活的混乱。多年来，基本建设到处乱挤规定专门用途的资金和各项事业经费，使得企业挖潜革新改造实现不了，生产上不去，城市建设搞不起来，职工生活也改善不了，这个教训是很深刻的。

“我们并不愿违反财经纪律，许多事情是上级机关逼出来的。”对这种说法要作分析。有“不自愿的”，也有“自愿的”，不可一概而论。拿“不自愿的”来说，在经济工作中，多年来确有这样一种不正常情况：有些地方和部门任意侵犯企业的自主权，向企业摊派和抽调资金，把本来应当由企业支配使用的资金调走，逼使企业乱挤成本费用，或者截留国家的税款、利润。这类违反财经纪律的事，不能完全怪企业，上级机关应负主要责任，这是一个方面。另一方面，面对这种情况，企业的同志应当怎么办？应当坚持原则。一切被迫违反财经纪律的企业，以及经营管理自主权受到侵犯的企业，都要坚决顶住任何地方和部门搞“摊派”、“抽调”等不正当的行为，并同这类现象进行不懈的斗争。

各级领导干部，特别是高级领导干部，要带头遵守财经纪律。在一切经济领域里，我们不仅要加强财政监督，把财政、银行部门和企业财务的专业监督同依靠广大职工群众监督结合起来，而且要建立和健全财政制度和监督制度，做到有章可循，有章必循，违章必究。

1月16日

国务院总理华国锋在人民大会堂会见杨振宁等40多位海外科学家

华国锋总理在会见参加广州粒子物理理论讨论会的杨振宁、李政道、陈匡武、潘国驹、陈耀华等40多位海外科学家时，向他们介绍了我国国内的政治、经济形势和实现四个现代化的方针、政策，回答了他们提出的问题。

在谈到国际形势时，华国锋总理指出，80年代总的国际形势将是更加动荡、更加紧张。他说，苏联入侵阿富汗，说明它已把“有限主权论”，从它的所谓“社会主义大家庭”里扩大到了一个第三世界的不结盟的伊斯兰国家。这是苏联霸权主义彻底的大暴露，它教育了全世界人民，让大家更进一步看清了苏联社会帝国主义的真面目。这次在联合国紧急特别会议的投票表决证明了这一点。

参加会见的海外科学家还有(以姓氏笔画为序)：马绍强、王乔玲丽、刘克非、卢遂现、冯润棠、冯戳云、李灵峰、吴大峻、吴汝哲、吴锦铱、余永贤、杨炳麟、张帆、张绍进、陈方正、陈载澧、孟大中、周尚真、郑大培、段三孚、胡比乐、胡祖协、胡斑比、姚若鹏、章义朋、章礼南、徐一鸿、谢家雄、蔡永赐、戴自海等，以及他们的夫人。

中共中央副主席邓小平在中共中央召集的干部会议上作题为《目前的形势和任务》的讲话

同志们，元旦我在政协讲了大概一刻钟的话，胡耀邦同志和其他的同志要我向更多的同志谈一谈，作为对大家一年工作的希望。现在在我们党内和人民当中，也确实有一些问题需要得到解答。当然，今天的讲话不可能什么问题都谈到，有些问题也不一定能谈得很好。既然大家希望讲一讲，我就讲一讲。

我想讲三个部分。第一部分，讲一讲80年代我们要做的三件大事和我们进入80年代的形势，主要是讲国内形势。第二部分，讲一讲实现四个现代化必须解决的四个问题，或者说必须具备的四个前提。第三部分，讲一讲坚持党的领导，改善党的领导。

第一部分，讲讲我们在80年代要做的三件大事和进入80年代的国内形势。

先从我们80年代究竟主要要做些什么事说起。80年代我们要做的主要是三件事。

第一件事，是在国际事务中反对霸权主义，维护世界和平。全世界都估计到，80年代是个危险的年代。反对霸权主义这个任务，每天都摆在我们的议事日程上。80年代的开端就不好，发生了阿富汗事件，还有伊朗问题，更不用说早一点的越南问题、中东问题。这样的问题以后还会很多。总之，反对霸权主义的斗争，始终是作为一项严重的任务摆到我们国家和全国人民的日程上面就是了。

第二件事，是台湾归回祖国，实现祖国统一。我们要力争80年代达到这个目标，即使中间还有这样那样的曲折，也始终是摆在我们日程上面的一个重大问题。

第三件事，要加紧经济建设，就是加紧四个现代化建设。四个现代化，集中起来讲就是经济建设。国防建设，没有一定的经济基础不行。科学技术主要是为经济建设服务的。

三件事的核心是现代化建设。这是我们解决国际问题、国内问题的最主要的条件。一切决定于我们自己的事情干得好不好。我们在国际事务中起的作用的大小，要看我们自己经济建设成就的大小。如果我们国家发展了，更加兴旺发达了，我们在国际事务中的作用就会大。现在我们在国际事务中起的作用并不小，但是，如果我们的物质基础、物质力量强大起来，起的作用就会更大。台湾归回祖国、祖国统一的实现，归根到底还是要我们把自己的事情搞好。我们政治上和经济制度上比台湾优越，经济发展上也要比台湾有一定程度的优越，没有这一点不行。四个现代化搞好了，经济发展了，我们实现统一的力量就不同了。所以，在国际事务中反对霸权主义，台湾归回祖国、实现祖国统一，归根到底，都要求我们的经济建设搞好。当然，其他许多事情都要搞好，但是主要是必须把经济建设搞好。

今天是1980年1月16日，进入80年代16天了。80年代无论对于国际国内，都是十分重要的年代。国际上很难预料会发生什么问题，但是，可以说是非常动荡、充满危机的年代。当然，我们有信心，如果反霸权主义斗争搞得好，可以延缓战争的爆发，争取更长一点时间的和平。这是可能的，我们也正是这样努力的。不仅世界人民，我们自己也确确实实需要一个和平的环境。所以，我们的对外政策，就本国来说，是要寻求一个和平的环境来实现四个现代化。这不是假话，是真话。这不仅是符合中国人民的利益，也是符合世界人民利益的一件大事。

我们要在本世纪实现四个现代化，从今年元旦起，只有20年，就是80年代和90年代。如果四个现代化不在80年代作出决定性的成绩，那它就等于遭到了挫折。所以，对于我们的建设事业说来，80年代是很重要的，是决定性的。这个10年把基础搞好了，加上下一个10年，在今后20年内实现中国式的四个现代化，就可靠，就真正有希望。20年，时间看起来长，一晃就过去了。所以，我们从80年代的第一年开始，就必须一天也不耽误，专心致志地、聚精会神地搞四个现代化建设。搞四个现代化建设这个总任务，我们是定下来了，决不允许再分散精力。

进入80年代，我们国内的形势怎么样呢？我们的目标提出来了，任务提出来了，需要把我们的形势观察一下，估计一下。有些群众，有些党员，甚至有些干部，对于我们粉碎"四人帮"以后，究竟做了多少事情，不大清楚。他们感到进度太慢，不满足；因为不满足，就对我们所制定的政治路线能不能实现，四个现代化能不能实现，觉得把握不大。当然，对现在我们的思想路线、政治路线和组织路线抱有敌视态度的人还有，我不讲那些人的问题。我想主要针对一些觉得我们的前途还不够明朗，心里还不够踏实的同志，讲一些意见。

应该说，我们的形势是很有利的。这里首先要看到，打倒"四人帮"以后3年零3个月，特别是三中全会以后一年多来，全国形势发展非常快，超过了全党的预料。粉碎"四人帮"以后三年的前两年，做了很多工作，没有那两年的准备，三中全会明确地确立我们党的思想路线、政治路线，是不可能的。所以，前两年是为三中全会做了准备。三中全会不但解决了"文化大革命"十年的问题，也在很大程度上解决了20多年的问题。大家可以回顾一下，经过这三年的工作，我们党的状况是不是发生了根本的转变，领导班子是不是发生了根本的转变，思想路线是不是发生了根本的转变。不是说所有的问题统统解决了，但是发生了一个根本的转变，这是最重要的事实。问题当然还很多，都要解决，现在也正在逐步地解决，以后还要继续解决。总之，决不能怀疑这种根本转变。三年来拨乱反正，做了大量工作，成绩是非常巨大的，估计不足是错误的。

我们现在从政治方面、经济方面、外交方面来回顾一下我们做的主要工作。

我们说，政治状况发生了根本转变，有些什么根据呢？首先，我们清查了"四人帮"，在全国范围内展开了对"四人帮"帮派体系和他们的罪行的清算，基本上整顿了全国各级组织的领导班子。这是我们三年来取得各项成就的政治保证。其次，国内和党内的民主生活，已经开始走上了轨道。民主制度一年比一年健全，民主生活一年比一年扩大。尽管许多重要问题还要深入研究，还要努力兴利除弊，但要看到主流，看到实质。在新中国成立以来的29年中，我们连一个刑法都没有，过去反反复复搞了多少次，三十几稿，但是毕竟没有拿出来。现在刑法和刑事诉讼法都通过和公布了，开始实行了。全国人民都看到了严格实行社会主义法制的希望。这不是一件小事情啊！第三，这三年内，特别是最近一年，中央和全国各地都平反了一大批冤假错案。已经得到平反的，据不完全的统计，总数已经有290万人。没有立案审查而得到平反的，比这个数字还要大得多。我们平反了天安门事件，平反了包括彭德怀、张闻天、陶铸、薄一波、彭真、习仲勋、王任重、黄克诚、杨尚昆、陆定一、周扬等同志在内的一大批同志的冤假错案，并且不久就要为刘少奇同志恢复名誉。我们还改正了1957年一大批被错划为右派分子的案件。这里我要顺便说一说，1957年的反右是必要的，没有错。同志们可以回想一下，1957年的问题是个什么问题呢？1949年到1957年，我们用8年时间基本上完成了农业、手工业和资本主义工商业的社会主义改造，进入社会主义。这个时候出来一股思潮，它的核心是反对社会主义，反对党的领导。有些人是杀气腾腾的啊！当时不反击这种思潮是不行的。问题出在哪里呢？问题是随着运动的发展，扩大化了，打击面宽了，打击的分量也太重。大批的人确实处理得不适当，太重，他们多年受了委屈，不能为人民发挥他们的聪明才智，这不但是他们个人的损失，也是整个国家的损失。所以，给右派分子全部摘掉帽子，改正对其中大多数人的处理，并给他们分配适当的工作，就是一件很必要的、重大的政治措施。但是不能由此得出结论，说1957年不存在反对社会主义的思潮，或者对这种思潮不应该反击。总之，1957年的反右本身没有错，问题是扩大化了。第四，我们摘掉了知识分子"臭老九"的帽子，摘掉了全国绝大多数地主、富农、资本家的帽子。这不是全国人民政治生活中的大事情吗？第五，我们基本上总结了"文化大革命"和三十年的经验教训，恢复了党的第八次全国代表大会的名誉和传统。叶剑英同志代表党中央发表的国庆讲话，不单是带有总结"文化大革命"的意义，实际上总结了、或者说基本上总结了新中国成立以来三十年的经验教训。大概我们的党史就要根据这个调子来写了，太细恐怕也不妥当。我们不是说解决过去的问题要粗一点，不要太细吗？今后也还是要掌握这个分寸。评价人物和历史，都要提倡全面的科学的观点，防止片面性和感情用事，这才符合马克思主义，也才符合全国人民的利益和愿望。可能年内我们还要对若干历史问题作出正式的决议。第六，在这三年的时间内，我们对毛泽东思想作出了正确的解释，恢复了毛泽东思想的本来面目，这是大家知道的。我们通过实践是检验真理标准问题的讨论，确立了我们党的思想路线，或者说恢复了马克思列宁主义、毛泽东思想的思想路线。因为这样，毛泽东同志多年提倡的正确区别和处理两类不同性质的矛盾的方针、"双百"方针、"三不主义"，也得到了认真的正确的实行。第七，我们的教育、科学、文化工作，开始走上了正轨。第八，我们的公安、检察、司法工作，民族工作，统一战线工作，工人、青年、妇女工作，以及其他许多工作，都开始走上了正轨。我并没有举全，就举这么一些事情。这么多的问题，在这样短的时间内得到解决，确实不容易，在三年以前是难于想象的。解决了这些问题，我们的党和国家就改变了面貌，政治局面就转入了安定团结、生动活泼。这样我们才能够转移工作着重点，安下心来集中力量搞社会主义现代化建设，否则就根本不可能。事实证明，我们三年来在政治方面确是做了大量的紧张的工作，取得了伟大的成绩。

在经济方面，三年中也有不小的成绩。我们经常说，我们的经济工作受到林彪、"四人帮"的十年干扰破坏，而且这十年以前也存在着许多混乱。经过三年的努力，恢复到现在的状况，这是一个重大的成绩。过去20多年，工作重心一直没有认真转到经济建设方面来，经济工作中积累的问题很多。现在有人议论、责怪我们过去的经济工作。好多事情我们过去没有经验，已经取得的好经验也没有条理化、制度化，还有很多问题始终没有得到很好的解决，特别是"文化大革命"期间，林彪、"四人帮"的十年横行，把一切都搞乱了。因此，说句公道话，我们过去的经济工作没有搞好，首先不能责怪经济部门，除了林彪、"四人帮"的破坏以外，责任首先在中央。当然，经济部门的工作也有缺点，应该总结经验教训。现在大家都要着重向前看，提出积极的建议，不要埋怨、责备。这三年中，我们要看到，一方面，从上到下，在经济部门担负各级领导工作的同志，做了大量的工作。另一方面，有不少同志过去靠边站，一靠边就是好多年，对情况的了解中断了，重新回到工作岗位上来还不久，就是原来在岗位上的同志，也面临新的问题，一下子还不熟悉，摸不透，对于国内外的情况不很了解，工作中有这样那样的缺点是难免的。只要大家都虚心研究新情况、新问题，工作就会不断改进。

经过两年多的工作以后，我们对国民经济提出了"调整、改革、整顿、提高"的八字方针。这个八字方针不是偶然提出的，是总结了过去的经验，分析了当前的情况，为了今后的工作发展得更好、更快而提出的。今天看得越来越清楚，提出这个八字方针是完全必要，完全正确的。

三中全会在农村工作方面，作出了两个决议，规定了一系列政策措施，决定提高粮食和其他农产品的收购价格。三中全会以后，提了职工工资，开辟了相当规模的多种多样的就业门路，去年一年就安排了社会待业人员700万人以上，今年还要继续安排。同时，加强了轻纺工业，缩短了基本建设战线，实行了企业自主权的试点。财政体制在逐步改变，其他体制也决定了逐步改变的试行办法。我们要解决的问题还很多，今后还要继续调整，还要继续改革。但是应该说，我们在经济方面，这三年，特别是近一年来，成绩是巨大的。我们看看农村。我们这个国家的特点，现在还是80%的人在农村。现在全国绝大部分农村面貌一新，农民心情相当舒畅。这不是我们党的政策、国家的政策在发生作用吗？城市方面的情况比较复杂，特别是物价方面有些混乱，但是大多数工厂企业的生产秩序有了很大的进步，人民生活由于工资调整、就业增加、住房增加，也开始逐步有所改善。以上这些，都是我们做了大量工作的结果。

我们在发展经济方面，正在寻求一条合乎中国实际的，能够快一点、省一点的道路，其中包括扩大企业自主权和民主管理，发展专业化和协作，计划调节和市场调节相结合，先进技术和中等技术相结合，合理地利用外国资金、外国技术等等。我们付了学费，也吃了一些亏，但是重要的是，我们正在积累本领，而且已经开始取得效果。现在需要总结经验，搞快一点、好一点，需要制定经济体制改革的原则，需要制定长远规划。这些都是大事，我们不能急躁，也不能耽误时间。中央希望经济战线上做实际工作和做理论工作的同志，和衷共济，通力协作，取长补短，调查研究，反复讨论，少说空话，年内共同拿出几个切实可行的方案来，拿出一个长远规划来，提给中央。

就外交方面来说，这三年期间，我们实现了中美建交，缔结了中日和平友好条约，对日、美两国进行了国事访问；华国锋同志访问了朝鲜、罗马尼亚、南斯拉夫，访问了欧洲四国；李先念同志和我访问了亚洲、非洲一些国家；还有大量各种级别的外事访问，去了五大洲的十个国家。我们的副总理差不多都出去过，副委员长好多都出去过。这三年，特别是去年一年，我们外事出访空前多，外国领导人员来访也几乎每月不断。这些活动，奠定了我国外交上的新格局，使我们实现四个现代化有了比较好的国际条件，在反对霸权主义的斗争中也扩大了阵容。我们同第三世界国家的合作继续增强。对越自卫还击战，在军事上、政治上都得到了胜利，不仅对于稳定东南亚局势，而且对于国际反霸斗争，已经起了重大的作用，将来还会起作用。

我从政治、经济、外交方面，大致谈了这三年、特别是三中全会以后的一年，我们做了一些什么工作。应该看到我们的成绩。应该看到，我们用了三年的时间，在各个领域，在国内的政治和经济方面，在国际事务方面，为进入80年代打下了一个很好的基础。

总之，我们进入80年代的形势是好的。我们从各个方面准备了胜利前进的阵地。我们是满怀信心进入80年代的。对于国内的形势和四个现代化的前途抱怀疑态度，是完全错误、没有根据的。当然，因为林彪、"四人帮"十年横行，一部分群众受害中毒，也因为我们所进行的教育不够，他们对许多情况不了解，以至有些人一时对党和社会主义有某些失望情绪，是可以理解的。我们应该有耐心、有信心，逐步去改变他们的精神状态。但是我们的干部，特别是高级干部，必须有充分的觉悟，在根本问题上毫不动摇。只有这样，我们才能够去团结、教育全党和全国人民，使大家都充满信心地进入80年代。

第二部分，讲讲实现四个现代化所必须解决的四个问题，或者说必须具备的四个前提。

这个讲法是在政协提出来的，大家觉得这样讲法还可以。这四个问题是：第一，要有一条坚定不移的、贯彻始终的政治路线；第二，要有一个安定团结的政治局面；第三，要有一股艰苦奋斗的创业精神；第四，要有一支坚持走社会主义道路的、具有专业知识和能力的干部队伍。当然，这四条不能包括一切，但是它大体概括了我们主要应该做些什么事，指出了当前努力的方向。

第一，要有一条坚定不移的、贯彻始终的政治路线。

这条路线我们已经制定出来了。叶剑英同志的国庆讲话，这样表述我们的这个总任务，或者叫总路线：团结全国各族人民，调动一切积极因素，同心同德，鼓足干劲，力争上游，多快好省地建设现代化的社会主义强国。这是第一次比较完整地表述了我们现在的总路线。这就是当前最大的政治。总路线还不是最大的政治？这是一个长期的任务。如果发生大规模战争，要打仗，只好停一停了。除了发生这种情况，我们一定要按照这条路线专心致志地、始终如一地干下去。近三十年来，经过几次波折，始终没有把我们的工作着重点转到社会主义建设这方面来，所以，社会主义优越性发挥得太少，社会生产力的发展不快、不稳、不协调，人民的生活没有得到多大的改善。十年的"文化大革命"，更使我们吃了很大的苦头，造成很大的灾难。现在要横下心来，除了爆发大规模战争外，就要始终如一地、贯彻始终地搞这件事，一切围绕着这件事，不受任何干扰。就是爆发大规模战争，打仗以后也要继续干，或者重新干。我们全党全民要把这个雄心壮志牢固地树立起来，扭着不放，“顽固”一点，毫不动摇。如果过去没有“左”的干扰，没有1958年的波折，尤其是没有“文化大革命”，不要说像我们现在这样吸收世界先进经验，不要说好多的雄心壮志，只要老老实实按部就班地干，我们的工农业生产和科学、教育一定有了很大发展，人民的生活一定有了较大的改善。拿钢来说，平平稳稳地发展，起码也可以生产5000万吨到6000万吨，而且合用。我们现在有很好的国际条件，全党同志、全国人民真正做到同心同德，坚决地按照中央制定的政治路线走下去，可以充满信心地说，我们是很有希望的。

为了建设现代化的社会主义强国，任务很多，需要做的事情很多，各种任务之间又有相互依存的关系，如像经济与教育、科学，经济与政治、法律等等，都有相互依存的关系，不能顾此失彼。我们过去长期搞计划，有一个很大的缺点，就是没有安排好各种比例关系。农业和工业比例失调，农林牧副渔之间和轻重工业之间比例失调，煤电油运和其他工业比例失调，“骨头”和“肉”(就是工业和住宅建设、交通市政建设、商业服务业建设等)比例失调，积累和消费比例失调。今年的计划好了一些，但要根本扭转这种状况，还要经过很大努力。除了这些比例以外，还有一个重要的比例，就是经济发展和教育、科学、文化、卫生发展的比例失调，教科文卫的费用太少，不成比例。甚至有些第三世界的国家，在这方面也比我们重视得多。印度在教育方面花的钱就比我们多。像埃及这样的国家，人口只有四千万，按人口平均计算，他们在教育方面花的钱，也比我们多几倍。总之，我们非要大力增加教科文卫的费用不可。今年因为财政困难，只能首先照顾到重点，但是，从明年、至迟从后年开始，无论如何要逐年加重这方面，否则现代化就化不了。现代化建设的任务是多方面的，各个方面需要综合平衡，不能单打一。但是说到最后，还是要把经济建设当作中心。离开了经济建设这个中心，就有丧失物质基础的危险。其他一切任务都要服从这个中心，围绕这个中心，决不能干扰它，冲击它。过去20多年，我们在这方面的教训太沉痛了。

现在，特别是在青年当中，有人怀疑社会主义制度，说什么社会主义不如资本主义，这种思想一定要大力纠正。社会主义制度并不等于建设社会主义的具体做法。苏联搞社会主义，从1917年十月革命算起，已经63年了，但是怎么搞社会主义，它也吹不起牛皮。我们确实还缺乏经验，也许现在我们才认真地探索一条比较好的道路。但不管怎么样，社会主义制度的优越性已经得到了证明，不过还要证明得更多更好更有力。我们一定要、也一定能拿今后的大量事实来证明，社会主义制度优于资本主义制度。这要表现在许多方面，但首先要表现在经济发展的速度和效果方面。没有这一条，再吹牛也没有用。要取得这样的成果，就必须坚定不移地、毫不动摇地始终贯彻执行我们的政治路线。

第二，要有一个安定团结的政治局面。

没有一个安定团结的政治局面，就不能安下心来搞建设。过去20多年的经验证明了这一点。去年一年的经验也证明了这一点。现在我们有了、或者说基本上有了一个安定团结的政治局面。这个安定团结的政治局面来之不易，现在还很不巩固，还有来自不同方面的不安定因素。在各个岗位上工作的同志，一定要共同负起责任，维护、保障和发展这个安定团结的政治局面。

要安定团结，也要生动活泼。生动活泼也来之不易，但它是随着安定团结发展起来的。在我们的社会主义制度下，这两者是统一的，从根本上说，它们没有矛盾，也不应该有矛盾。如果在某些时候、某些问题上生动活泼和安定团结竟然发生了矛盾怎么办？那就一定要在不妨碍安定团结的条件下实现生动活泼。现在，我们有些同志在这个问题上思想有点混乱，好像把我们吃过的苦头忘记了。我们过去在社会主义改造完成以后，仍然搞这个运动、那个运动，一次运动耽误多少事情，伤害多少人。发挥社会主义的优越性，归根到底是要大幅度发展社会生产力，逐步改善、提高人民的物质生活和精神生活。如果没有一个安定团结的政治局面，这一切都不可能，连生动活泼也不可能。

现在有一些社会思潮，特别是一些年轻人中的思潮，需要认真注意。例如去年“西单墙”的许多东西，能叫它生动活泼？如果让它漫无限制地搞下去，会出现什么事情？世界上的例子有的是，中国的例子也有的是。不要以为这样搞就不会出乱子，可以掉以轻心。少数人可以破坏我们的大事业。所以生动活泼和安定团结如果发生矛盾，只有在不妨碍安定团结的条件下实现生动活泼，才能让大家有秩序地前进。“文化大革命”的经验已经证明，动乱不能前进，只能后退，要有秩序才能前进。在我国目前的情况下，可以说，没有安定团结，就没有一切，包括民主、“双百”方针等等，统统谈不上。过去我们已经吃了十来年的苦头，再乱，人民吃不消，人民也不答应。反之，我们在社会主义安定团结的基础上，就一定能够有计划、有步骤地实现可能实现的一切，最大限度地满足人民的要求。

我们已经说过，现在还有不安定的因素。“四人帮”组织上和思想上的残余还存在。我们不能低估这些残余的能量,否则就要犯错误。派性分子还存在。新生的打砸抢分子也有的是。还有各种流氓集团、刑事犯罪分子。还有同外国势力和台湾特务机关联系进行地下活动的反革命分子。还有公然反对社会主义制度和共产党领导的所谓“民主派”,以及那些别有用心的人。对这些人也不能低估。他们那个旗帜是相当鲜明的。尽管有时也说拥护毛主席,拥护共产党,实质上是要反对共产党的领导,反对社会主义。这批人,其真实思想就是认为社会主义不如资本主义,大陆不如台湾。当然,他们也并不了解什么是资本主义,台湾的真情实况如何,不少人是误入歧途的,需要教育挽救。但是对这些所谓“民主派”的总的倾向和真正目的是什么,一定要认识清楚,不要天真。还有破坏社会秩序的无政府主义分子和极端个人主义分子等等。这些都是不安定的因素。尽管这几种人的性质不同,但是在一定的情况下,他们完全可以纠合在一起,成为一股破坏势力,可以造成不小的动乱和损失。这种情况去年就发生过,今后还可能发生。有人说,剥削阶级作为阶级消灭了,怎么还会有阶级斗争?现在我们看到,这两方面都是客观事实。目前我们同各种反革命分子、严重破坏分子、严重犯罪分子、严重犯罪集团的斗争,虽然不都是阶级斗争,但是包含阶级斗争。当然,我们必须坚决划清两类不同性质的矛盾的界限,对于绝大多数破坏社会秩序的人应该采取教育的办法,凡能教育的都要教育,但是不能教育或教育无效的时候,就应该对各种罪犯坚决采取法律措施,不能手软。现在还有少数地方、少数同志对这些人手软。一部分地方对这些人采取措施很不得力,下不了手。容忍这些人,容忍这些“四人帮”残余、反革命分子和其他刑事犯罪分子,人民对我们很不满意。我们最近采取了一些措施,对犯罪分子打击了一下,但还只是初步收效,还要对各种犯罪分子继续坚决打击,努力保障和巩固健全的、安定的社会秩序。我们要学会使用和用好法律武器。对违法犯罪分子手软,只能危害大多数人民的利益,危害现代化建设的大局。

共产党员,党的干部,尤其是高级干部,在这场反对各种犯罪分子的斗争中必须立场坚定,旗帜鲜明。决不允许宣传什么包括反革命分子在内的言论出版自由、集会结社自由;决不允许任何人背着党同这些人发生联系。这里所说的,是指对他们抱同情态度的那种联系,至于有的同志是为做他们的工作才去发生的联系,当然不在此列。对他们抱同情态度的那种联系,的确是有的。举例说,有些秘密刊物印得那么漂亮,哪儿来的纸?哪个印刷厂印的?他们那些人总没有印刷厂吧。印这些东西的印刷厂里边有没有共产党员?支持那些人活动的有一些就是共产党员,甚至于还是不小的干部。对这些党员要讲清楚,他们的立场是非常错误、非常危险的,如果不立即彻底改正,就必须受到党的纪律处分。总之,在对反革命分子、破坏分子和各种犯罪分子作斗争的问题上,各级党组织直到每个支部的态度都要十分坚定,不能有任何游移不定、含糊不清的表现。

也许有人会说,这是不是又在“收”了?在这样的问题上,我们从来就没有“放”,当然也谈不上“收”。什么时候我们说过要容忍反革命分子和各种破坏分子的活动?什么时候我们说过要取消无产阶级专政?老实说,对于这样一些活动,现在应该从重处理,不是从轻,乱得太不像话了。国家不管是不行的。对这类分子的法律措施要从严,从严了才可以教育过来一批青年。要讲法制,真正使人人懂得法律,使越来越多的人不仅不犯法,而且能积极维护法律。现在我们严肃处理这样一批人,不但对绝大多数犯罪分子是一种教育,对全党、全国人民也是一种教育。我们要在全国坚决实行这样一些原则:有法必依,执法必严,违法必究,在法律面前人人平等。

真正要巩固安定团结,主要地当然还是要依靠积极的、根本的措施,还是要依靠发展经济、发展教育,同时也要依靠完备法制。经济搞好了,教育搞好了,同时法制完备起来,司法工作完善起来,可以在很大程度上保障整个社会有秩序地前进。但是法制要在执行中间逐步完备起来,不能等。现在这样一大批犯罪分子不严肃处理,那还说什么法制?对于各种破坏安定团结的人,都要分别情况,严肃对待。

为了实现安定团结,宣传、教育、理论、文艺部门的同志们,要从各方面来共同努力。毫无疑问,这些方面的工作搞好了,可以在保障、维护和发展安定团结的政治局面方面起非常大的作用。但是如果出了大的偏差,也可以助长不安定因素的发展。我们希望报刊上对安定团结的必要性进行更多的思想理论上的解释,这就是说,要大力宣传社会主义的优越性,宣传马克思列宁主义、毛泽东思想的正确性,宣传党的领导、党和人民群众团结一致的威力,宣传社会主义中国的巨大成就和无限前途,宣传为社会主义中国的前途而奋斗是当代青年的最崇高的使命和荣誉。总之,要使我们党的报刊成为全国安定团结的思想上的中心。报刊、广播、电视都要把促进安定团结,提高青年的社会主义觉悟,作为自己的一项经常性的、基本的任务。报刊、广播、电视三年来都有很大的成绩,总的来说是好的,但是也有不足之处。在这些部门工作的同志,也需要经常倾听来自各方面的不同意见,分析和改进自己的工作。文艺界刚开了文代会,我们讲,对写什么,怎么写,不要横加干涉,这就加重了文艺工作者的责任和对自己工作的要求。我们坚持"双百"方针和"三不主义",不继续提文艺从属于政治这样的口号,因为这个口号容易成为对文艺横加干涉的理论根据,长期的实践证明它对文艺的发展利少害多。但是,这当然不是说文艺可以脱离政治。文艺是不可能脱离政治的。任何进步的、革命的文艺工作者都不能不考虑作品的社会影响,不能不考虑人民的利益、国家的利益、党的利益。培养社会主义新人就是政治。社会主义新人当然要努力去实现人民的利益,捍卫社会主义祖国的荣誉,为社会主义祖国的前途而英勇献身。文艺工作对人民特别是青年的思想倾向有很大影响,对社会的安定团结有很大影响。我们衷心地希望,文艺界所有的同志,以及从事教育、新闻、理论工作和其他意识形态工作的同志,都经常地、自觉地以大局为重,为提高人民和青年的社会主义觉悟奋斗不懈。

要求安定团结,是不是会妨碍百花齐放呢?不会。我们要永远坚持百花齐放、百家争鸣的方针。但是,这不是说百花齐放、百家争鸣可以不利于安定团结的大局。如果说百花齐放、百家争鸣可以不顾安定团结,那就是对于这个方针的误解和滥用。我们实行的是社会主义民主,不是资本主义民主。所以,我们坚持安定团结,坚持四项基本原则,同坚持"双百"方针,是完全一致的。有人说,三中全会是放,四项基本原则是收。这完全是歪曲。共产党员决不能够容忍这种歪曲,而且必须坚决反对这种歪曲。四项基本原则首先要求坚持社会主义,难道我们能够不坚持社会主义吗?不坚持社会主义,还有什么安定团结,还有什么社会主义的四个现代化?三中全会就要求安定团结,就要求在安定团结的基础上进行社会主义现代化建设。这是全国人民的最大利益。"双百"方针当然要为这个最大利益服务,而决不能反对这个最大利益。

我们坚持发展民主和法制,这是我们党的坚定不移的方针。但是实现民主和法制,同实现四个现代化一样,不能用"大跃进"的做法,不能用"大鸣大放"的做法。就是说,一定要有步骤,有领导。否则,只能助长动乱,只能妨碍四个现代化,也只能妨碍民主和法制。"四大",即大鸣、大放、大字报、大辩论,这是载在宪法上的。现在把历史的经验总结一下,不能不承认,这个"四大"的做法,作为一个整体来看,从来没有产生积极的作用。应该让群众有充分的权利和机会,表达他们对领导的负责的批评和积极的建议,但是"大鸣大放"这些做法显然不适宜于达到这个目的。因此,宪法有关"四大"的条文,根据长期实践,根据大多数干部和群众的意见,党中央准备提请全国人大常委会和全国人大审议,把它取消。

第三,要有一股艰苦奋斗的创业精神。

中国搞四个现代化,要老老实实地艰苦创业。我们穷,底子薄,教育、科学、文化都落后,这就决定了我们还要有一个艰苦奋斗的过程。过去,一些比较小的工资很低的国家和地区,由于有些发达的大国为了自己的利益在资金、技术等方面支持了它们,它们的廉价产品在一定时期的国际市场上也比较容易钻空子。资本家把高额利润分一点给这些地方的劳动者,劳动者的生活就显得改善很快了。中国这样的社会主义大国,不可能走"捷径"。我们要利用外国的资金和技术,也要大力发展对外贸易,但是必然要以自力更生为主。林彪、"四人帮"提倡什么穷社会主义、穷过渡、穷革命,我们反对那些荒谬反动的观点。但是,我们也反对现在要在中国实现所谓福利国家的观点,因为这不可能。我们只能在发展生产的基础上逐步改善生活。发展生产,而不改善生活,是不对的;同样,不发展生产,要改善生活,也是不对的,而且是不可能的。

我们提倡按劳分配,对有特别贡献的个人和单位给予精神奖励和物质奖励;也提倡一部分人和一部分地方由于多劳多得,先富裕起来。这是坚定不移的。但是也要看到一种倾向,就是有的人、有的单位只顾多得,不但不照顾左邻右舍,甚至不顾及整个国家的利益和纪律。比如去年我们疏忽了一点,出了一股滥发奖金风,奖金一项发了约50亿。其中大部分是发得对的,也有相当部分发得不对,不是小数。有些生产、利润都没有完成计划的单位也发了奖。有些商品乱涨价,也与一些企业追求多得奖金有关。好多地方工人的实际收入成倍地增长,就是由于滥发奖金长上去的。另一方面,好多行业得不到奖金,特别是教育、科学研究机构、政府机关和军队,这就造成不合理的苦乐不均,造成新的社会问题。如果去年少发20亿奖金,今年大家的日子要好过得多,基本建设的好多项目就可以不下马。这股滥发奖金风,"改善"了少数人的生活,但是增加了全国人民很多的困难。顺便说,我们提高农产品收购价格的措施是非常正确的,确实起了刺激农业生产的巨大作用,但是如果进一步总结经验,也许分两步走,对财政、物价的影响要小一点。在我们的工作中,今后还可能出现类似的问题。因此,必须再一次向干部和群众进行教育,我们是个穷国、大国,一定要艰苦创业。逐步改善人民的生活,提高人民的收入,必须建立在发展生产的基础上。多劳多得,也要照顾整个国家和左邻右舍。解决这类问题,步子一定要稳,要对群众很好地进行引导,千万不能不负责任地许愿鼓动。比如最近有个简报,讲到北京一个电视机厂,去年年产九英寸黑白电视机两万台,平均日产50多台;后来搞了一条日本的12英寸黑白电视机生产线,设计能力日产600台,现在已经日产400多台。因此人们就议论要多得奖金。如果按照它的劳动生产率的增长倍数来发奖金，那个奖金就发不起。当家做主的劳动人民，不能不给国家创造更多的利润，增加国家的财政收入，来用之于其他方面，用之于扩大再生产，用之于基本建设，进一步加快我们发展经济的速度。多劳应该多得，但是必须照顾整个社会。就这个厂的例子说，只是一条生产线，在本厂也要考虑别的车间。这样的现实问题，越来越多地摆在我们面前，是任何人都不能不考虑的。

我们对于艰苦创业，要有清醒的认识。中国这样的底子，人口这样多，耕地这样少，劳动生产率、财政收支、外贸进出口都不可能一下子大幅度提高，国民收入的增长速度不可能很快。所以，我在跟外国人谈话的时候就说，我们的四个现代化是中国式的。前不久一位外宾同我会谈，他问，你们那个四个现代化究竟意味着什么？我跟他讲，到本世纪末，争取国民生产总值每人平均达到1000美元，算个小康水平。这个回答当然不准确，但也不是随意说的。现在我们只有二百几十美元，如果达到1000美元，就要增加3倍。新加坡、香港都是3000多。我们达到那样的水平不容易，因为地广人多，条件很不一样。但是应该说，如果我们的国民生产总值真正达到每人平均1000美元，那我们的日子比他们要好过得多，比他们2000美元的还要好过。因为我们这里没有剥削阶级，没有剥削制度，国民总收入完全用之于整个社会，相当大一部分直接分配给人民。他们那里贫富悬殊很大，大多数财富是在资本家手上。

我们要经常记住，我们国家大，人口多，底子薄，只有长期奋斗才能赶上发达国家的水平。例如煤产量，1978年，美国商品煤5.99亿多吨，苏联原煤7.24亿吨。我们去年的原煤也达到6.3亿多吨，似乎不算少。但是，按每人平均占有量计算，我们就少多了。又如钢，日本差不多1个人1吨钢，美国和苏联是2个人1吨钢。现在欧洲的许多国家，比如法国、英国、西德，大体上也是2个人1吨钢。如果我们要达到2个人1吨钢，到本世纪末，就算只有12亿至13亿人口，也要6亿吨钢。这不可能，也不必要。如果我们达到1亿或2亿吨钢，那我们也是12个人或6个人1吨钢。总之，我们拥有各种有利条件，一定能够赶上世界上的先进国家；但是也要认识到，为了缩短和消除两三个世纪至少一个多世纪所造成的差距，必须下长期奋斗的决心。在相当长的一段时间里，我们不能不提倡和实行艰苦创业。

艰苦创业，首先要我们党员、干部，特别是高级干部带头。我们不是反对特殊化吗？这是一场严肃的斗争。特殊化不只是部分高级干部，各级都有，各个部门都有。总之，我们一些干部成了老爷就是了。我们的党员、干部，特别是高级干部，一定要努力恢复延安的光荣传统，努力学习周恩来等同志的榜样，在艰苦创业方面起模范作用。中央已经作了一些规定，今后还要作更多更严的规定。对于违反中央规定的党员干部，一定要进行认真的教育，教育无效的就要实行组织措施以至纪律处分。

反对特殊化只是艰苦创业中的一个问题。最大的问题还是要杜绝各种浪费，提高劳动生产率，减少不合社会需要的产品和不合质量要求的废品，降低各种成本，提高资金利用率。要使大家懂得，我们的资金来之不易，我们生产出来的东西来之不易，任何浪费都是犯罪。生产有了发展，还要照顾到以后的发展，要搞基本建设，要实现国民经济的综合平衡，补偿多年来的欠账。比如，我们的城市需要建设，搞下水道、房屋、交通，办学校。我们的教师、科学工作者的生活有许多困难迫切需要解决；只有几十块钱收入的知识分子，很多很得力的人，能够有稍微好点的工作条件和生活条件，就可以为国家和人民解决好多的问题，创造大量的财富。如此等等。所以无论是在生产建设以前，生产建设过程中间，还是在生产建设得到了产品以后，都不允许有丝毫的大手大脚。去年增产节约有了很大成绩，这很好，但是浪费还是不少。这方面的责任主要在干部，包括刚才说的滥发奖金在内。前不久，国务院有关部门拟定了一个关于奖金问题的新章程，正式下达以后，要严格按照章程办事。现在这样各行其是不行，这样干，四个现代化就没有希望。

第四，要有一支坚持走社会主义道路的、具有专业知识和能力的干部队伍。

我们要在中国社会主义制度下实现四个现代化，理所当然的，我们的干部队伍一定要坚持社会主义道路，要有马列主义的基本观点，要遵守党的纪律和国家的纪律。应该说，我们党内、国内本来就有一些非社会主义思想，由于林彪、“四人帮”十年横行和其他种种原因，加上我们同资本主义国家存在着外交关系、外贸关系，并且还在发展这些方面的关系，所以，资产阶级思想影响的渗透是不可避免的。因此，有必要反复强调，我们的干部队伍，必须坚持社会主义道路。今天重申这一点，有特别重要的意义。决不允许把我们学习资本主义社会的某些技术和某些管理的经验，变成了崇拜资本主义外国，受资本主义腐蚀，丧失社会主义中国的民族自豪感和民族自信心。最近有一位华裔学者说，希望中国无论如何不要走台湾的道路，不要像台湾那样搞现代化，那里的经济实际上是美国控制的经济。我们选拔干部，必须要注意了解他是不是坚持社会主义道路。不符合这个条件的干部，要加强教育，必要时要调动。我们一定要在全党和全国范围内有领导、有计划地大力提倡社会主义道德风尚，热爱社会主义祖国，提高民族自尊心，还要进行坚持社会主义道路、反对资本主义腐蚀的革命品质教育。现在有一部分青年有忽视政治的倾向，全党必须看到这个问题的严重性，一定要分析原因，找出办法，认真有效地加以解决。

但是，只靠坚持社会主义道路，没有真才实学，还是不能实现四个现代化。无论在什么岗位上，都要有一定的专业知识和专业能力，没有的要学，有的要继续学，实在不能学、不愿学的要调整。我们要按照专业的要求组织整个领导班子，充分发挥专业人才的作用，并且领导广大群众，按照专业的要求，去学习和工作。

这里要说一说红与专的关系。专并不等于红，但是红一定要专。不管你搞哪一行，你不专，你不懂，你去瞎指挥，损害了人民的利益，耽误了生产建设的发展，就谈不上是红。不解决这个问题，不可能实现四个现代化。现在国际国内普遍都感觉到我们人浮于事，官僚主义，办事拖拉，到处靠开会画圈过日子，许多问题一个电话就可以解决的，拖到半年解决不了。这样还搞什么四个现代化！所以好多外国人说，中国这样搞四个现代化没有希望。国内的人民也有这个议论。这是真的，不是假的。办法是什么？就是要改变干部缺少专业知识、专业能力的状态。现在我们的干部是不是多，像我们这么大的国家，各行各业，1800万干部，就绝对数字来说，并不算多。问题是干部构成不合理，缺乏专业知识、专业能力的干部太多，具有专业知识、专业能力的干部太少。比如现在我们能担任司法工作的干部，包括法官、律师、审判官、检察官、专业警察，起码缺100万。可以当律师的，当法官的，学过法律、懂得法律，而且执法公正、品德合格的专业干部很少。又如我们的教师，合格的大中小学教师，全国如果增加200万、300万，不算多。我们的学生，中小学生多；大学生很少，在校的不过100万。拿美国来说，在校大学生1000万，它是2.2亿人口，22个人中就有1个。如果我们有200万到300万在校大学生，我们培养的专门人才就会比较多。这就要求增加办学校的人才，增加教师。我们中小学教师也不够，很多教师负担太重，影响到教学水平。我们也需要大量的、合格的学校管理人员，这也是专业人员。比如学校党委的领导同志，应不应该是个专业人员呢？应该是。他可以不是教学人员，但至少应该是懂得教育的有管理学校专长的专业人员，会管某一类学校。总之，目前重要的问题并不是干部太多，而是不对路，懂得各行各业的专业的人太少。办法就是学。一个是办学校、办训练班进行教学，一个是自学。要下苦功夫学。在哪一行的，不管年龄多大，必须力求使自己学会本行。学不会的或者不愿学的，只能调整，没有别的办法，你耽误事业嘛。今后的干部选择，特别要重视专业知识。我们长期都没有重视，现在再不特别重视，就不可能进行现代化建设。没有专业知识，又不认真学习，尽管你抱了很大的热心建设社会主义，结果做不出应有的贡献，起不到应有的作用，甚至还起相反的作用。现在的事情与过去不同了。过去我们相当一个时期常搬战争年代军队的经验。其实我们真正好好研究一下战争年代军队的经验，还是红与专的统一。在座的好多战争年代参加革命的同志，哪一个不专于军事？你不懂打仗就不行。当然，打仗有多种手段，包括后勤，搞后勤也是为了打仗。那个时候，红与专是统一的，也比较容易统一。现在就不同了，搞建设，行业非常多，每一项都需要有专门知识，还要不断增加新知识。就是现在的军队也不同了。过去的军队是小米加步枪，懂得射击、刺杀、扔手榴弹就可以上阵了。现在海军就得有海军的专业知识，空军就得有空军的专业知识。参谋业务也同那个时候不同，知识面要宽得多。现在军队沿用过去的经验是不行的，而这正是我们要努力解决的问题。至于搞经济建设、搞教育、搞科学、搞政法等等，应该说，我们的专业人才太缺乏了。所以，我们需要建立一支坚持社会主义道路的、具有专业知识和能力的干部队伍，而且是一支宏大的队伍。

我们需要有越来越多的专门人才，但是，是不是说，我们现在就没有人才呢？不是，是我们的各级党委，特别是一些老同志，在这方面注意不够，没有去有意识地发现、选拔、培养、帮助一批专业的人才。前几天，在广州开了个粒子物理理论讨论会，有个消息很值得高兴，我们的粒子物理理论的水平，大体上接近国际先进水平。就是说，我们已经有相当先进的水平，而且有一批由我国自己培养出来的取得了成就的年轻人，只是人数比一些先进国家少得多。这就说明，我们并不是没有人。好多人才没有被发现，他们的工作条件太差，待遇太低，他们的作用不能充分地发挥出来。我们一些老同志要有这样的觉悟，不要看不起年轻人，总觉得年轻人不如我们行。其实，我们过去干工作多大岁数？还不是二十几岁就做大工作了。现在的人就比我们蠢一些呀？我看还是要开明一点，要从大局着眼，要从我们事业的前途着眼。有能干的人，我们要积极地去发现，发现了就认真帮。我们要逐渐做到，包括各级党委在内，各级业务机构，都要由有专业知识的人来担任领导。现在特别要注意从40岁左右的人中间选拔。40岁左右是一个什么含义？大体上是50年代进大学的人。新中国成立30年了，如果说1961年到1966年毕业，那个时候是25岁左右，现在就是40岁左右到45岁左右。当然，选拔干部也要包括50岁内外的。这批人是我们的重要财富。在座的恐怕这样年龄的不算多,这是一件很遗憾的事情。如果有一天在座听报告的同志中,40岁左右的占了主导地位,那是我们的事业兴旺发达的标志。我们不能够用我们还可以马马虎虎过得去来安慰自己。我们要看到我们事业的前途。我们的人才本来就少,决不能再浪费人才,我们经不起这个浪费。老同志的最主要的任务,第一位的任务,是提拔年纪比较轻的干部。别的事情搞差一点,这件事情搞好了,我们见马克思还可以交得了账,否则是交不了账的。

第三部分,讲讲坚持党的领导,改善党的领导。

上面说的80年代的三件大事和四个前提,任务都是很繁重的。但是,我认为,只要坚持并且改善党的领导,由此带动其他工作,我们的任务就能够完成。我们坚持四项基本原则,就是坚持社会主义,坚持无产阶级专政,坚持马列主义、毛泽东思想,坚持党的领导,这四个坚持的核心,是坚持党的领导。我们这个党是马列主义、毛泽东思想的党,是领导社会主义事业、领导无产阶级专政的核心力量,是无产阶级的、有社会主义和共产主义觉悟的、有革命纪律的先进队伍。我们党同广大群众的联系,对中国社会主义事业的领导,是六十年的斗争历史形成的。党离不开人民,人民也离不开党,这不是任何力量所能够改变的。确实,在这个问题上,现在也很有些思想混乱。有些青年,迷信资本主义社会的所谓民主。1957年就有个"轮流坐庄"的说法,现在那些所谓"民主派","西单墙"那批人,也在做这个文章。所以,现在要把这个问题讲清楚。从根本上说,没有党的领导,就没有现代中国的一切。当然也就没有刚才我们说的三件大事和四个前提。没有党的领导,就没有一条正确的政治路线;没有党的领导,就没有安定团结的政治局面;没有党的领导,艰苦创业的精神就提倡不起来;没有党的领导,真正又红又专、特别是有专业知识和专业能力的队伍也建立不起来。这样,社会主义四个现代化建设、祖国的统一、反霸权主义的斗争,也就没有一个力量能够领导进行。这是谁也无法否认的客观事实。那些对此暂时抱有某些怀疑态度的纯洁的青年,只要多经历一些时间,最后还是会同意这一点的。

可以回顾一下我们走过的道路。中国革命,没有中国共产党,能够成功吗?不可能的。不要小视我们的党。最近我看到一个材料,党的四大时只有九百多个党员,就那么九百多人的一个党,实现了国共合作,推进了北伐战争。以后革命失败了,只有我们的党才能够经得住十年的血腥恐怖,百万大军的"围剿",二万五千里的长征。因为有党的领导,中国人民经过千难万苦的奋斗,终于建立了中华人民共和国。我们党也犯过严重错误,但是错误总还是由我们党自己纠正的,不是别的力量来纠正的。就是粉碎"四人帮",也是由我们党代表人民的利益和要求来实现的。中国一向被称为一盘散沙,但是自从我们党成为执政党,成为全国团结的核心力量,四分五裂、各霸一方的局面就结束了。只要我们党的领导是正确的,那就不仅能够把全党的力量,而且能够把全国人民的力量集合起来,干出轰轰烈烈的事业。资本主义国家的多党制有什么好处?那种多党制是资产阶级互相倾轧的竞争状态所决定的,它们谁也不代表广大劳动人民的利益。在资本主义国家,人们没有也不可能有共同的理想,许多人就没有理想。这种状况是它们的弱点而不是强点,这使它们每个国家的力量不可能完全集中起来,很大一部分力量互相牵制和抵消。我们国家也是多党,但是,中国的其他党,是在承认共产党领导这个前提下面,服务于社会主义事业的。我们全国人民有共同的根本利益和崇高理想,即建设和发展社会主义,并在最后实现共产主义,所以我们能够在共产党的领导下团结一致。我们党同其他几个党长期共存,互相监督,这个方针要坚持下来。但是,中国由共产党领导,中国的社会主义现代化建设事业由共产党领导,这个原则是不能动摇的;动摇了中国就要倒退到分裂和混乱,就不可能实现现代化。

另一方面要看到,为了坚持党的领导,必须努力改善党的领导。林彪、"四人帮"对我们党损害极大,现在应该说,我们党在人民当中的威信不如过去了。过去,我们克服困难,党的一个号召,党中央的一句话,全国照办,非常顶事。1959年、1960年、1961年那样的严重困难,在党的统一领导下面,很快就克服了。那是很值得回忆的。两千多万职工下放,走群众路线,讲清楚道理,大家并不埋怨。现在就不那么容易了。为什么呢?林彪、"四人帮"横行时期,踢开党委闹"革命",党被打乱了,"四人帮"实行的是帮领导、帮统治。现在摆在我们面前的迫切问题,是要恢复党的战斗力。党应该是一个战斗的队伍,是无产阶级的先锋队,应该是统一的、有高度觉悟的、有纪律的队伍。只有恢复到这种状态,党才能有战斗力。

这里有几个问题。首先,我们的党员现在有一部分不合格。在"文化大革命"期间入党的新党员中,有一些因为一直没有受到党的教育,不能成为群众的模范,不合格。我们有些老党员长时期很合格,现在也不能成为群众的模范,不那么合格了。我们提倡党性,反对派性。有些人就是死抱着那个派。派性高于党性的大有人在,包括我们某些老党员在内。这还怎么合格?过去我们党的威力为什么那么大?打仗的时候我们总是说,一个连队有30%的党员,这个连队一定好,战斗力强。为什么?就是党员打仗冲锋在前,退却在后,生活上吃苦在先，享受在后。这样他们就成了群众的模范，群众的核心。就是这么个简单的道理。那个时候当个共产党员不容易。当个共产党的干部，比如当个连长、当个排长，行军时候一个人要背两三支长枪。现在有些共产党员不同了，他们入党是为了享受在先，吃苦在后。我们反对特殊化，其实就是反对一部分共产党员、一部分党员干部特殊化。所以现在我们提出，我们这个党要恢复优良的传统和作风，有一个党员要合格的问题。合不合乎党员的资格，合不合乎党员的条件，这个问题不只是提到新党员面前，也提到一部分老党员面前了。所以，我们党确实存在一个整顿的问题。现在，我们的党员有了3800万。如果这3800万都合格，那将是一支多么伟大的力量！问题是有一部分党员不合格，要在教育的基础上进行整顿。中央正在考虑修改党章。九大、十大搞的党章，实际上不大像党章，党员有些什么权利和义务，究竟怎么样才算个共产党员，不合条件怎么办，都没有规定好，需要修改。对党员的要求一定要严格。我们需要通过讨论党章草案，对全党进行教育，然后在十二大正式通过党章。

我们要改善党的领导，除了改善党的组织状况以外，还要改善党的领导工作状况，改善党的领导制度。这是个复杂的问题。大家知道，刚进城的时候，毛泽东同志就讲过，我们过去熟悉的东西有些快要闲起来了，现在面临的是我们不熟悉的东西。由于很长时间没有认真解决，现在这个问题更迫切更严重了。现在领导一个地区、一个部门，领导一个工厂、一个学校、一支部队，工作都比过去复杂多了，困难多了。比如经济工作，我们当然总还是做了不少好事，但是，我们真正有系统地学会了有计划地建设社会主义的经济没有呢？在全国范围内有计划地建设社会主义经济，这和解放区的经济工作很不同。现在的经济工作，问题比50年代又复杂得多。条件不同，面临的任务也不同。现在科学技术发展了，国际交流发展了，我们的经济一定要在国际上有竞争力，要拿国际水平的尺度来衡量一下。在不断出现的新问题面前，我们党总是要学，我们共产党人总是要学，我们中国人民总是要学。谁也不能安于落后，落后就不能生存。但是共产党员中具有专业知识的人究竟有多少？特别是我们的领导干部中具有专业知识的有多少？目前的状况不改变行吗？当然，党员就是具有了专业知识，党也不能够代替一切，包办一切，现在尤其不能这样。党应该居于领导的地位，但是，上面说的这些问题必须认真研究解决。我想，我们党的下次代表大会必须着重地研究这些问题，现在就要做准备，大家来讨论，要系统地、切实地解决这些问题。

关于改善党的领导，现在需要解决的问题很多。比如，我们历来说，工厂要实行党委领导下的厂长负责制；军队是党委领导下的首长分工负责制；学校是党委领导下的校长负责制。如果今后继续实行这个制度，那么，工厂的车间是否也要由党总支领导？班组里边是否也要由党支部或者党小组领导？同样，大学的系是否也要由党总支领导？这样是不是有利于工厂和大学的工作？能不能体现党的领导作用？如果这个问题解决得不好，可能损害党的领导，削弱党的领导，而不是加强党的领导。共产党实现领导应该通过什么手段？是用这种组织形式，还是用别的办法，比如共产党员的模范作用，包括努力学习专业知识，成为各种专业的内行，并且吃苦在前，享受在后，比一般人负担更多的工作。一个工厂的党委，总必须保证在产品的数量、质量和成本方面完成计划；保证技术先进、管理先进、管理民主；保证所有管理人员有职有权，能够有效率、有纪律地工作；保证全体职工享受民主权利和合理的劳动条件、生活条件、学习条件；保证能够培养、选拔和选举优秀人才，不管是党员非党员，凡是能干的人就要使他们能充分发挥作用。如果能够保证这些，就是党的领导有效，党的领导得力。这比东一件事情、西一件事情到处干预好得多，党的威信自然就会提高。

总之，怎样改善党的领导，这个重大问题摆在我们的面前。不好好研究这个问题，不解决这个问题，坚持不了党的领导，提高不了党的威信。

为了坚持和改善党的领导，必须加强党的纪律。"文化大革命"期间，党的纪律废弛了，至今还没有完全恢复，这也是党不能发挥应有作用的一个重要原因。由于纪律相当废弛，许多党员可以自行其是，对党的路线、方针、政策，党的决定，党规定的任务，可以不执行或不完全执行。一个党如果允许它的党员完全按个人的意愿自由发表言论，自由行动，这个党当然就不可能有统一的意志，不可能有战斗力，党的任务就不可能顺利实现。所以，要坚持和改善党的领导，必须严格地维护党的纪律，极大地加强纪律性。个人必须服从组织，少数必须服从多数，下级必须服从上级，全党必须服从中央。必须严格执行这几条。否则，形成不了一个战斗的集体，也就没有资格当先锋队。

这里我要说，这几条里面，最重要的就是全党服从中央。中央犯过错误，这早已由中央自己纠正了，任何人都不允许以此为借口来抵制中央的领导。只有全党严格服从中央，党才能够领导全体党员和全国人民为实现现代化的伟大任务而战斗。任何人如果严重破坏这一条，各级党组织和各级纪律检查委员会就必须对他严格执行纪律处分，因为这是党的最高利益所在，也是全国人民的最高利益所在。我们要坚决发扬党的民主，保障党的民主。党员对于党的决定有意见，可以通过组织发表，可以保留自己的意见，可以通过组织也可以直接向中央提出自己的意见。从中央起，各级党组织都要认真考虑这些意见。但是，中央决定了的东西，党的组织决定了的东西，在没有改变以前，必须服从，必须按照党的决定发表意见，不允许对党中央的路线、方针、政策任意散布不信任、不满和反对的意见。党报党刊一定要无条件地宣传党的主张。对党的工作中的缺点和错误，党员当然有权利进行批评，但是这种批评应该是建设性的批评，应该提出积极的改进意见。现在不是讲什么这样那样的问题可以讨论吗？可以讨论，但是，在什么范围讨论，用什么形式讨论，要合乎党的原则，遵守党的决定。否则，如果人人自行其是，不在行动上执行中央的方针政策和决定，党就要涣散，就不可能统一，不可能有战斗力。因此，必须坚决肃清由“四人帮”带到党内来的无政府主义思潮以及在党内新出现的形形色色的资产阶级自由主义思潮。只有坚决保证党的统一和战斗力，才能完成我们今天所提出的各项任务。

上面所说的几件大事，几个必须实行的原则，归根到底，是说要有一个好的党来领导。我们历来说，中国共产党是伟大的、光荣的、正确的党。由于历史上的曲折，产生了一些差距。但是经过三年来的奋斗，这些差距已经基本上消除了，或者正在努力消除。我们在今后的工作中将力求做得比较正确，或者说力求少犯错误，避免大的曲折，大的错误，有了错误尽快纠正。我完全相信，我们党，我们党的中央，一定能够做到这一步，我们是充满信心的。中国现代化建设需要我们的党，中国在国际反霸权主义斗争和争取人类进步事业中的重要地位，需要我们党。我们一定要坚持党的领导，改善党的领导，加强党的纪律和战斗力，使我们能够胜任对于整个国家和各族人民的巨大领导责任。

《人民日报》发表社论《健全基层群众自治组织加强政权建设》

最近，第五届全国人民代表大会常务委员会第十二次会议，通过了关于新中国成立以来制定的法律、法令效力问题的决议。新中国成立初期颁布的《城市街道办事处组织条例》《城市居民委员会组织条例》《人民调解委员会暂行组织通则》和《治安保卫委员会暂行组织条例》，人民出版社已重新出版发行。居民委员会、治保委员会、调解委员会都是群众自治性的组织，街道办事处则是城市市、区人民政府为密切政府与人民的联系而设的派出机关。这些基层组织自50年代初期建立以来，起了很好的作用。林彪、“四人帮”践踏人民民主权利，废弃行之有效的法律法规，破坏党和政府从根据地到新中国成立以来人民政权建设的优良传统，严重摧残这些基层群众自治性组织。因此，重申这些条例、通则的有效性和重要性，全面恢复、整顿、健全这些基层组织，是当前政权建设中一项十分重要而紧迫的任务。充分发挥这些组织的作用，对于保障人民民主权利，加强社会主义法制，整顿社会治安，巩固和发展安定团结的政治局面，有重大的意义。

建立与健全这些基层群众自治性组织，是我们实行社会主义民主的一个重要环节。

我们国家的社会主义性质，决定了我国人民享有最广大的民主权利。我们要实现四化，要治理好国家，必须充分发扬民主，贯彻民主集中制，把9亿人民的积极性充分调动起来。这就要保证人民自由地行使选举权利，通过自下而上的民主选举产生的人民的政权机关，执行人民的意志，管理国家。要使我们的政权具有更广泛、更坚实的群众基础，还必须建立基层群众自治性组织，把人民群众组织起来，协助政权机关工作，自己管理和解决群众之间的事情和问题。正如列宁所指出的，只是通过选举，“委托人民‘代表’在代表机关中实行民主是不够的。要建立民主，必须群众自己立刻从下面发挥主动性，实际参加一切国家生活”（《列宁全集》第二十四卷第141页）。“不仅自己来参加投票和选举，而且自己来参加日常管理”（《国家与革命》第105页）。毛泽东同志也曾强调指出，我们不能够把人民的权利问题，了解为国家只由一部分人管理，人民在这些人的管理下享受劳动、教育、社会保险等等权利。他认为管理国家的权利，是社会主义制度下劳动者最大的权利，最根本的权利。居民委员会、治保委员会、调解委员会这样一些群众自治性的组织的重要作用，就是把9亿人民组织起来，自己管理自己的事，这是人民群众当家做主，直接参与国家管理的一种很好的组织形式，体现了我国社会主义的有组织的民主制度的优越性。

由人民群众自己用民主的办法组织起来，依靠自己的力量，管理好自己的事，举办为居民服务的各种福利事业，解决政府力所不及或照顾不到而又事关本地区居民切身利益的问题，正是这些群众自治性组织的特殊作用。这些组织的办事人员由居民直接选举产生，是群众熟悉和信赖的人。他们来自群众，和居民朝夕相处，了解和熟悉群众的情况。他们与居民邻里相依，守望相助，和群众有深厚的感情联系，在群众中享有威信。他们依靠群众，宣传、贯彻党和政府的政策，向政府反映群众的意见与要求，解决群众的各种困难，处理人民内部的纠纷，往往更为切合实际，周到细致，入情入理，为群众心悦诚服。他们起着协助政府管理本地区社会生活，加强政府与人民群众联系的桥梁和纽带作用。

恢复、整顿和健全这些基层群众自治性组织，也是我们加强社会主义法制的重要依靠。社会主义法律是人民意志的体现,它的实施与维护,也必须依靠人民群众。要把法律这个武器交给9亿人民,通过居民委员会、治保委员会和人民调解委员会这些群众自治性组织,向居民进行法制的宣传教育,做到家喻户晓,人人明白,是一个有效的渠道。要搞好社会治安,必须依靠全社会的力量。实行专门机关和群众相结合,历来是我们在同反革命分子和其他刑事犯罪分子作斗争中行之有效的方针。这些群众性组织也是协助政府维护社会治安的有力助手。

当前,我们在打击刑事犯罪分子、整顿城市社会治安工作中,更需要依靠群众,充分发挥这些基层群众组织的作用。那些严重危害社会治安的犯罪分子,不可能生活在真空之中,他们进行偷盗抢劫、流氓滋扰、行凶斗殴、扰乱治安的犯罪活动,群众是最清楚的。他们有些什么"团团伙伙",有个什么"黑窝子",他们的头子是个什么人,都逃不脱群众的眼睛。把街道、基层的群众工作做好了,群众发动起来了,大家都来检举、监督和依法管制破坏社会治安的犯罪分子,就会造成"老鼠过街,人人喊打"之势,使这些犯罪分子难逃人民的法网。

对于那些有一般违法犯罪行为的失足青少年实行教育、挽救、改造,是综合治理社会治安的迫切任务,更需要群众基层组织开展积极的工作。现在,在违法犯罪的人中,青少年占很大比重。他们是害人者,又是林彪、"四人帮"极左路线的受害者。对于大量有轻微不法行为的青少年,党和人民政府要尽力加以挽救,要给他们以教育改造的环境和条件。必须依靠学校、工厂、街道等社会力量,依靠居民委员会、治保委员会等群众基层组织来进行帮助教育。这是群众基层自治性组织应尽的一项重大任务。当然,对少数严重违法犯罪的青少年,需要依法处理或采取行政管教措施,进行改造。要解决青少年违法犯罪,需要把进行思想政治教育和解决实际问题结合起来。街道办事处、居民委员会应当配合政府劳动部门,在安置待业青年就业的工作中充分发挥作用,特别要注意帮助那些犯过错误而已经有所改悔的青年解决就业问题,以利于巩固对他们改造的成果,变消极因素为积极因素。

调解民事纠纷,也是群众基层组织的一项重要任务。群众之间有了矛盾,由群众组织出面,依照人民政府的政策法令进行调解,不经诉讼,不上公堂,不伤感情,就把问题解决了。这是我们从国内革命战争年代起到新中国成立以来行之有效的办法。现在发生的不少伤害案件,事后查明,主要就是人民群众之间发生了纠纷,得不到及时解决,矛盾激化,造成了不应该发生的严重后果。如果把群众调解工作做好了,把群众之间的矛盾、纠纷解决在萌芽状态,就会增进人民内部的团结,减少许多危害社会治安现象的发生。当然,调解委员会是群众性的组织,不是政权机关,调解民事纠纷必须取得双方当事人的同意,不能强迫调解。而且调解不是必经程序,不能因未经调解或调解不成,而阻止当事人向人民法院起诉。

恢复、整顿和健全居民委员会、治保委员会、调解委员会等是当前一件很重要的事,各级党委和人民政府应当把它摆在日程上,给予积极的关心和扶持,并采取切实措施,扭转过去一段时期中"好事没人夸,坏事没人抓",关系居民切身利益的事没人管的局面。这些群众组织的委员会,要由群众直接选举产生,保证这些组织掌握在办事公道、作风正派、善于联系群众的人手里。要大力表彰积极热心为群众服务、工作作出显著成绩的居委会、治保会、调解会的积极分子。对于胆敢对群众治安积极分子进行打击报复的犯罪分子,要依法从严惩处。在恢复、整顿、健全这些基层组织的时候,还要尽可能帮助它们解决一些实际问题,例如工作经费、误工补贴等等,以利于工作的开展。

我们相信,广大居民委员会、治保委员会、调解委员会的积极分子,努力做依靠群众,实行民主管理的模范,做热心为人民服务的模范,做积极维护治安的模范,做带头守法执法的模范,这就一定能够得到人民的支持和拥护,把最广大的群众团结在党和政府的周围,为保障人民民主权利,加强社会主义法制,搞好社会治安,保障四化建设,作出自己积极的贡献。

全国人大常委会副委员长阿沛·阿旺晋美在北京会见以熊本市市长星子敏雄为团长的日本国熊本市友好访问团一行

经廖承志副委员长提议,我国桂林市同日本国熊本市于1979年10月正式结为友好城市。星子市长这次亲自率领访问团来我国,主要是同桂林市领导人商讨两个友好城市进行友好合作交流项目事宜。

国务院科技干部局座谈会提出要重视选拔和合理使用科技人才

《人民日报》报道,选拔、培养和合理使用科技人才,是四个现代化建设的当务之急,各级领导应有足够重视。这是最近国务院科技干部局召开的一次工作座谈会提出的要求。

方毅副总理和国家科委副主任童大林在座谈会上讲了话。

座谈会上许多同志谈到,粉碎"四人帮"以后,特别是全国科学大会以后,各地各级党、政领导机关在培养、选拔、使用科技人才方面,做了大量的工作,成绩是显著的。但目前在培养、管理和使用科技人才方面,也还存在不少问题。这就是浪费人才、埋没人才的现象还没有引起各方面的重视,管理制度上的缺陷还没有及时纠正,论资排辈的思想还严重阻碍着一批有真才实学的人走上适当岗位。因为工作条件和生活条件方面缺乏必要的照顾和安排,影响一些科技人员不能专心致志地从事本职工作。这些都不利于四化建设和早出、多出人才和成果。

座谈会与会者认为,解决这些问题,首要的是统一各级领导干部对科技工作和科技人员的认识。这里的关键是要认识科学技术是生产力,科技队伍是实现四个现代化的骨干力量。

其次,还要认识到,现代科学技术的发展是非常迅速的,"技术老化"、"人才老化"的过程很快,这就需要大力加快人才培养的过程,创造各种条件方便科技人员增进新知识。

最后,要尊重科技工作的特点和科技人才的成长规律。要贯彻百家争鸣的方针,鼓励科技人员发表独立见解和创造精神。要创造条件让科技人员开阔视野和扩大活动"舞台",使他们有一定的流动性。要特别重视培养、发现和扶持有才能的中、青年科技人才。

国际儿童年世界儿童绘画赛最佳作品展览在中国美术馆开幕

1979年全国最佳运动员发奖大会在北京举行

《体育报》《中国青年报》、中央人民广播电台、中央电视台举行大会,向评选出来的1979年度最佳运动员发奖。当选的十名最佳运动员是陈肖霞、陈伟强、葛新爱、吴数德、容志行、聂卫平、栾菊杰、邹振先、宋晓波、吴忻水。

运动员邹振先等在讲话中说,成绩和荣誉应该归功于党,归功于人民。他们表示要继续努力学习,刻苦锻炼,争取在今年的奥运会上,在80年代里,创造好成绩,为祖国争光。

国家体委副主任徐寅生在发奖大会上勉励运动员保持荣誉,攀登体育高峰,不仅争当国内体育明星,更要争当世界体育明星。

北京9名运动员骑自行车历时1个月抵达昆明

北京自行车队的9名男运动员,骑自行车从北京出发,经河北、河南、湖北、湖南、贵州,历时1个月,行程3000多千米,于1月16日抵达云南昆明。

北京自行车队是我国自行车运动的一支劲旅,在去年第四届全运会上曾荣获公路自行车多日赛男子团体冠军。他们这次长途训练,是去年12月15日开始的。他们将在昆明参加4月举行的全国公路自行车多日赛。

1月17日

中央党政机关决定压缩办公大楼等非生产性建筑设施建设

中央党政机关认真落实八字方针,严格控制非生产性建筑,在国民经济调整时期,将不建、少建或缓建办公大楼和招待所等设施。

近两年来,中央党政军机关约100多个单位,纷纷要求在首都新建办公大楼招待所等建筑。有些单位要求兴建的办公大楼规模大(有的在10万平方米以上),标准高,追求现代化的设备。这一情况,已引起中央领导同志注意。中央领导同志提出,对于办公大楼、招待所等建设项目要"大砍一下","从严掌握,实在要建的可建,大部分应停止建设,一年或两年、甚至三年再看,还有根本不应建的,就坚决砍掉"。

国务院和中共中央直属机关所属各部门认真讨论了中央领导同志的意见。现在,初步决定,除农业部、最高人民法院、中国文联等8个单位确实急需,经国家计委批准兴建一批办公楼外,其他绝大多数单位已决定把申请建设的项目推迟或不建。

《人民日报》发表社论《关心后进地区 扶助困难社队》

浙江省委和山东德州地区采取具体措施,帮助困难社队恢复和发展生产,近一年来,相当一批社队的农、林、牧、副、工各业都有较大发展。这件事办得合时宜、顺民心。我们应该在全国范围内努力做好这件事,帮助一批批穷队先后赶上来,我们的社会主义农业,就会更加发达兴旺。

当前,为了加快农业的发展,我们要有重点地抓一些条件比较好的地区和社队,使他们尽快富起来。同时,我们也要尽一切努力,帮助为数不少的困难社队早早摘掉"穷"帽,逐步赶上富队,这也是摆在我们面前的一个不可忽视甚至更为紧迫的任务。目前,全国有近四分之一的生产队,集体生产、社员生活非常艰难,广大干部、群众迫切要求改变经济落后的面貌。这些地方的生产上不去,群众的积极性得不到发挥,势必影响整个农业的发展步伐。特别值得注意的是,困难地方、困难社队大都位于边远山区,其中很多是革命老根据地,那里的人民对新中国成立事业作出过重大贡献和牺牲。新中国成立30年了,如果继续听任他们处于艰难困苦之中,我们何以对得起牺牲的先烈?怎么能说服群众相信社会主义制度的优越性？迅速改变这些困难地方、困难社队的面貌，问题很尖锐，任务很紧迫。各级党政领导部门，即要允许、鼓励一部分社队和社员先富一步，总结他们致富的经验，又要采取切实步骤，帮助困难社队，分析贫穷的原因，领导他们打开由穷变富的门路。

做后进地区、困难社队的工作，首先要对这些地方有个正确的认识，采取正确的态度。一个地方处于落后状态，生产发展缓慢，原因是多方面的，最根本的是林彪、"四人帮"极左路线的干扰破坏，也有工作中的失误，自然条件的影响，以及上级领导不力、帮助不够，等等。总之，有主观的、客观的，历史的、现实的，下面的、上面的多种原因，要进行具体分析。过去，有些地方不是实事求是地分析贫困的根源，总是"从阶级斗争上找原因"，简单地采取换班子、换干部的做法。有些地方的干部几进几出，批来斗去，不但改变不了面貌，往往是越斗越穷。这种教训应该记取。我们必须清醒地认识，困难地方的干部、群众，绝大多数是好的和比较好的，他们中间蕴藏着极大的社会主义积极性。多年来，为改变当地的贫困面貌，他们吃过千辛万苦，作过巨大努力。要充分看到这些积极因素，总结当地先进社队的经验，采取一些适应当地生产水平、能够调动社员积极性的措施，制定适当的方针、规划和办法，鼓励他们艰苦奋斗，自力更生，改变落后面貌。

改变困难社队的面貌，主要依靠当地人民自力更生。这些地区的一些先进典型，不论是老的、新的，都是自力更生、艰苦奋斗改变了面貌的。但是，困难社队集体家底薄，国家从资金、物资上加以必要的扶持，也是不可少的。党中央、国务院历来重视帮助困难社队解决生产生活问题，并将此列为加快农业发展的重大政策措施之一。新中国成立以来，国家用于扶持穷社穷队的无偿投资和农村救济、救灾的拨款，总数已近300亿元，近几年每年都在15亿元以上。去年，国家又对收入低的社队减免了农业税，同时减免了社队企业的工商税，为一些困难社队发展生产，休养生息，创造了有利条件。我们应当合理利用国家的支援，决不要有任何依赖思想。我们国家目前财力物力有限，短期内还不可能拿出更多的钱扶助困难社队。在这种情况下，必须合理使用现有资金，严格防止浪费挪用。各级业务部门特别是经济部门，要把支援困难地方和社队当作义不容辞的责任，保证有限资金确实用于穷队，用于生产建设。要认真纠正"支川不支山"、"支富不支穷"等现象，多搞些"雪中送炭"，不要只去"锦上添花"。这是困难社队干部、群众的呼声，也是党的要求。

新中国成立30年了，至今还有部分地区人民生活处于贫困之中，这是一件应该引起全党重视的大事。抓不抓困难社队，实际上是对群众疾苦采取什么态度的问题，是一个共产党员应有的群众观点和阶级感情问题。德州地区有个县委书记，看到粉碎"四人帮"后，群众还有缺粮外流的，想到自己在这个县工作多年，连群众的吃饭问题也未解决，深感内心有愧，对不起老百姓，他下定决心改变这里的落后面貌，为群众办好事。经过努力，贫困面貌有所改变，近两年连续增产增收，不少困难社队开始走向富裕。我们各级领导同志，只要具有这样的思想感情，这样的态度和决心，必然会取得同样的效果。"邑有流亡愧俸钱"，唐朝诗人韦应物是个封建统治阶级的地方官，看到自己管辖范围内的老百姓不能安居乐业，领取薪俸感到惭愧。我们是共产党人，是为人民谋利益的，如果自己领导的地方，群众生活仍然很贫苦，难道能够心安理得、无动于衷么？希望各级领导同志都从思想上重视这个问题，把群众的疾苦真正记在心上，关心后进地区，扶助困难社队，扎扎实实做工作，力争使贫困的地方尽快富裕起来！

1979年中国农村储蓄存款总额超78亿元

《人民日报》报道，1979年是我国农村储蓄存款增加幅度最大的一年。储蓄存款总额达到78.4亿元，比1978年增长40.87%；全国每个农业人口平均每人存款9.68元，广东、内蒙古、辽宁、山东、北京、山西等省、市、自治区平均每人在16元以上，上海市郊区平均每人存款42元多。

1979年各地农村贯彻党的三中全会精神，落实党在农村的各项政策，农业生产和社员家庭副业都有了发展，加上农副产品收购价格提高，集体和社员收入普遍增加。银行方面从1979年4月1日起提高了储蓄利率，进一步调动了群众参加储蓄存款的积极性。恢复成立了农业银行，加强了组织领导，也对农村的储蓄存款工作起了促进作用。

中共陕西省委关于长城电磁线厂改为秦川拖拉机厂的情况报告(摘要)

长城电磁线厂是在"三五"期间，一机部同我省商定迁来的一个项目。到1974年年底，五年共完成投资817万元。1974年生产电磁线120吨，裸铝线346吨，总产值275万元，当年亏损30万元。

1975年，为了加快农业机械化步伐，省机械局提出，将现有工厂加以改造后生产拖拉机，可以省投资，上得快。经过对几个工厂分析比较，选定了长城电磁线厂。当时考虑，国家安排我省电磁线全年生产任务五百吨，加上地方来料加工总共为1000吨左右，而西安电缆厂和西安新城电磁线厂已有电磁线生产能力1600吨，长城电磁线厂改产拖拉机，不影响电磁线生产任务的完成；长城电磁线厂系省属企业，省里可以调整生产方向。这个方案，经当时省委肖纯等同志和省计委同意，省机械局于1975年3月发出通知，将长城电磁线厂改为秦川拖拉机厂，同时抄报了一机部。同年秋季，一机部的同志来西安，对改产问题正式提出不同意见，省机械局在说明有关情况之后，表示不好再作变动。

在选择拖拉机机型时，原打算采用“铁牛—55型”。后据一机部技术部门介绍，这种机型落后，我国新设计的60马力拖拉机指标先进，且配套的柴油机准备安排在西安生产，因此按60马力的机型安排了设计和试制工作。1977年11月，一机部负责同志讲，60马力拖拉机虽然指标先进，但制造技术不过关，不如“铁牛—55型”性能可靠，“铁牛—55型”的专用设备可按天津拖拉机厂的仿制，可以缩短试制时间。于是又改按“铁牛—55型”进行调查研究。不久，第三次全国农业机械化会议确定，“铁牛—55型”为过渡产品，山东“泰山—50型”轮式拖拉机为定型中的发展机型。根据国家有关部门的安排，西北五省、区组织会战，协作生产50马力轮式拖拉机。由于机型设计的变更，原来为生产60马力拖拉机和配套发动机的专用设备和部分在制品积压闲置，造成损失约600多万元。

在长城电磁线厂改为拖拉机厂的问题上，我们认为，根据当时具体情况，改变产品方向，在今后的地方工业调整上也是难免的。当然，在改变原定产品方向的时候，事前未同一机部商议，直到发改产通知时才抄报一机部，这是不妥当的。在试制拖拉机过程中，由于机型选择多变，造成了严重的损失。这个教训，我们要认真记取。

《人民日报》发表评论员文章《必须讲求经济效果》

新建起来即将投产的陕西长城电磁线厂，竟被拆得七零八落，改建为工艺技术不相近的拖拉机厂。花十年时间，耗资数千万元，至今没有建成一条能够拿出合格产品的生产线，形成综合生产能力。工人群众批评得对，这样穷折腾，怎么搞社会主义现代化建设？

我们的国家底子薄，还很穷。建设资金都是亿万劳动人民节衣缩食积累起来的，来之不易，应当十分珍惜。花每一元钱都应精打细算，把钱用在刀刃上。每一个建设项目，都要力争尽早竣工投产，形成生产能力，发挥投资效果。决不能瞎折腾，使大量的财力、物力、人力白白浪费掉。林彪、“四人帮”十年大破坏，曾把我国国民经济折腾到了崩溃边缘，全国各族人民吃够了“穷折腾”的苦头。目前，新长征已经开始，人民热切向往四个现代化。我们一定要争取国民经济有一个较快的发展速度，但应该是实实在在的速度。要做到这一点，就必须避免瞎指挥，决不能再乱折腾。这要作为一条重要的指导原则，在我们同志的思想上牢固地树立起来。

不再折腾，这是全国人民的愿望，是使我们国家早日富强起来的一个重要条件。人民的这一愿望，反映了经济发展的客观规律，是不能违背的。大的折腾要防止，小的折腾也力求避免。像陕西长城电磁线厂发生的那样折腾，是应当尽量避免的。尽管当时有这样那样的客观原因，但是，经济效果总是不好的。在调整国民经济、实现四化过程中，会遇到各种各样的矛盾。处理这些矛盾时，必须从有利于全党全国人民的团结，有利于加快现代化建设这个大局出发。要正确贯彻执行党的民主集中制，加强组织纪律性。下棋要看三步，搞经济建设更要看得远一点，瞻前顾后，兼顾当前和长远的利益，局部和全局的利益。各方面都要严格要求自己，努力做到取得最好的经济效果。

社会主义生产的目的是满足社会和人民生活的需要，经济工作搞得好坏的标准，归根到底是看经济效果好不好。我们有些同志在基本建设中，盲目地争投资、争项目，重复建设，敞开口花钱，或者朝令夕改，一个项目今天上明天下，等等，造成了巨大的损失和浪费。我们热诚希望这些同志好好想一想，搞经济工作，要不要讲经济核算？应不应当担负经济责任？工作中发生一些缺点错误是难免的，但不能不从中吸取经验教训。“吃一堑，长一智”。花了学费，总得有所进步，不能一次又一次地重复付学费。

进行国民经济的调整，无论决定一个项目“上马”还是“下马”，一个企业改组还是转产，都要从取得最好的经济效果出发，方向明确，思想端正。一个地区、一个部门，如果不从经济效果着眼，不从国家需要和全局利益出发，不搞专业化协作，各搞一套，那就必然“大而全”、“小而全”，这会使得长线更长，短线更短，浪费人力、物力、财力，严重阻碍技术进步和劳动生产率的提高，严重影响调整、改革、整顿、提高方针的全面贯彻执行。

在贯彻执行国民经济调整、改革、整顿、提高的方针中，为了缩短基本建设战线，在建项目已经停建缓建了一批，今年还将停建缓建一批。各主管部门、单位都要从实际情况出发，有组织有秩序地搞好资金、物资的调剂调度工作。有些项目将来如需改变原来的设计方案，实行改建，也要持慎重态度。要遵循工艺技术相近的原则，广泛听取各方面的意见，进行多方案比较，择优选定。

越军继续在我边境制造流血事件

《人民日报》报道，1月上旬，越南武装人员继续在我云南、广西边境制造流血事件，打死打伤我边防军民多人。据有关方面统计，从1月1日至10日，越军向我云南、广西边境武装挑衅事件共达92起，其中云南边境14起，广西边境78起。

元旦下午，越军疯狂炮击我云南马关县金厂公社水头寨，炸死我边民1人，炸伤多人，毁坏房屋数间。

1月5日，越军用炮火、机枪疯狂袭击我云南河口瑶族自治县的坝洒农场，打死我学生3人，打伤职工、学生4人，炸坏房屋40多间，损坏橡胶林、农田、茶园300多亩。同日，越军炮击我广西宁明县板兰边境扣黎山，打伤我边防战士1人。

1月7日，越军向我广西防城各族自治县峒中公社那心生产队正在田间劳动的社员疯狂扫射，打伤我社员两人。

国家体委 教育部 共青团中央发出《关于在全国中小学生中积极开展足球活动的联合通知》

足球运动是世界上开展最广泛、影响最大的运动项目之一。足球运动水平的高低，关系到国家的荣誉，反映一个国家的体育发展水平。

积极号召和组织更多的中、小学生参加足球活动，有利于青少年德、智、体全面发展，对四个现代化建设和对促进我国足球运动技术水平的提高，都具有十分重要的意义和作用。

遵照国务院批准的《关于提高我国足球技术水平若干措施的请示》和《中、小学体育工作暂行规定(试行草案)》的精神，现提出在全国中、小学生中积极开展足球活动的建议：

一、各级体委、教育、共青团部门，要密切配合，加强领导，积极宣传和贯彻国务院批准的《关于提高我国足球技术水平若干措施的请示》，大力椎动和倡导广泛地开展足球活动，把足球活动纳入学校体育计划和团、队体育活动的一项内容。有人分管，定期研究，解决在开展活动中出现的问题，做好宣传动员工作。注意抓好典型，总结经验，以点带面，逐步推广。凡有条件的学校，应尽力开展此项活动；已经开展了此项活动的学校和地区要坚持经常，不断提高水平。

二、开展足球活动要和学校其他体育工作很好结合，做到合理安排。具备师资、场地设备、群众爱好等条件的学校，要把足球活动作为重点，并逐步形成传统。重点小学要注意跟本地区的重点中学对口挂钩，互相衔接，使学生连续多年进行系统训练。

三、重点开展足球活动的学校，可在群众活动的基础上建立班级、年级或校级运动队。要切实关心学生的文化学习和思想品德教育。校运动队要制订系统的训练计划，坚持长年训练。一般每周训练2—3次，每次60—90分钟左右为宜。训练课主要提高学生对足球运动的兴趣、爱好和锻炼的自觉性，逐步地学到一些技术知识和各项技术要领，注意打好基础。运动量要因人、因时制宜，循序渐进。要经常进行安全教育，严防受伤和事故。

各省、市、自治区的足球队和业余体校要与开展足球活动的学校挂钩，采取切实措施，以多种形式，定时定点到校进行辅导，并作为制度固定下来。

四、要提高担任足球专项训练的体育教师的业务水平。各级体委和足球协会教练委员会要认真抓好体育教师的业务进修工作。利用课余或假期举办师资培训班和技术讲座，积极组织对口项目的体育教师研究业务和观摩在本地举行的重要比赛。

五、积极地、有计划地举办足球竞赛活动，提倡一个城市中对口学校和一所学校内利用周末、节假日经常开展比赛，逐步形成稳定的竞赛制度。通过比赛达到互相学习、取长补短、共同提高的目的。各级足球协会裁判委员会要选派水平较高的裁判员担任裁判。过去几个城市之间自愿组织的邀请赛，是交流球艺、提高运动水平的可行办法，应予鼓励。国家体委、教育部、共青团中央，每年将有计划地组织全国若干单位(开展活动好并形成传统的地区)基层学校冠军队的比赛。各级各类比赛中，都要认真贯彻"友谊第一、比赛第二"的方针。对已形成传统、培养和输送优秀运动员后备人才取得显著成绩的学校、团委以及有关的学校领导、体育教师和班主任、团干部，给予表彰。

六、开展足球活动所需的场地、器材、设备等，要贯彻勤俭办事业的精神，发动群众，因陋就简，修旧利废，自力更生去解决。尽可能利用或改造现有的场地、器材、设备。各级体委所属体育场地，要为开展中、小学足球活动创造条件，免费开放。国家体委、教育部、共青团中央将积极与有关部门协商，解决小足球的生产问题。

文化部发出通知要求各级文化部门积极组织好春节文艺演出活动

通知号召各地文化部门及文化部直属艺术表演团体，要大力组织专业和业余文化队伍，运用各种文化工具，组织各种艺术形式各种题材的优秀传统剧目和现代剧目，协同当地文联、工会、共青团、妇联等部门，深入农村、厂矿、边防地区，特别是要深入到革命老根据地、少数民族地区及常年看不到文艺演出的边远地区进行慰问演出。

通知说，文化部决定在节日期间向全国供应23部新影片，以及新闻纪录片和科学教育影片，以保证节日期间上映节目的丰富多彩。同时，还洗印了3万部16

毫米及8.75毫米的拷贝,发行到广大农村,以满足广大农民看电影的要求。

通知最后强调指出,各地在开展春节慰问演出活动中,必须注意贯彻勤俭节约的方针,坚持和发扬老八路文工团的光荣传统和演出作风,因陋就简,自力更生,努力减轻人民群众的经济负担,坚决反对和制止各种名目的铺张浪费行为。

中国射击运动员在第二届亚洲女子和青年射击锦标赛中获女子四项冠军

在女子气手枪10米40发团体赛中,由高建敏、陆顺芳和杜宁生组成的中国队,以1119环的成绩获得冠军。在个人比赛中,高建敏以378环的成绩夺得冠军。

由金东翔、冷桂英和庞立勤组成的中国队,在女子标准小口径步枪50米60发卧射团体赛中,以1775环的成绩获得冠军。金东翔以594环的成绩夺得个人冠军。冷桂英和庞立勤的个人成绩分别为593环和588环,也分别打破了亚洲纪录。

第十三届冬季奥林匹克运动会中国体育代表团组成

这是我国第一次派运动员参加冬季奥运会。中国奥林匹克委员会副主席李梦华任团长,副秘书长何振梁任副团长。在这次冬季奥运会的比赛中,中国运动员将参加速度滑冰、花样滑冰、高山滑雪、越野滑雪和现代冬季两项共5个项目的比赛。

1月18日

《解放军报》发表评论员文章《各级领导干部要带头艰苦奋斗》

祖国的现代化建设,军队的现代化建设,要求我们大家艰苦奋斗。不言而喻,各级领导干部要走在头里,带头艰苦奋斗。

领导干部艰苦朴素,在当前意义是很大的。(一)有利于带领大家集中心思精力,也集中财力物力搞四化建设。(二)在大家的心目中被看成是同自己一样的人,上下之间、官兵之间容易打成一片。(三)官僚主义会减少。(四)下边铺张浪费,搞不正之风,他的发言权就大了,就敢说敢管也好抓好管了。(五)对改变林彪、"四人帮"破坏造成的社会上的不好风气,是一个有力的推动。(六)对本人保持旺盛的革命精神包括身心健康有利,对家属、子女、亲友的教育有好处。(七)有利于四海为家而不至于留恋大城市,也有利于我们军队同志转到地方工作。(八)社会上有人借所谓反特权搞动乱,就难以借这个题目做文章了,安定团结的政治局面就会得到进一步的巩固发展。总之,从整个国家和军队的大局出发,一定要艰苦奋斗。各级领导干部都能够带头艰苦奋斗,这对于恢复和发扬我党我军艰苦朴素、密切联系群众的优良传统,调动广大干部和群众的社会主义积极性,同心同德地搞好国家和军队的现代化建设,意义都是十分重大的。这是最实际最好的宣传:我们共产党和党领导下的解放军,是全心全意为人民谋利益的,不是为个人谋私利的。这样,我们党和我们军队的威信就会大大提高。

我们是从苦里过来的。我们革命成功后三十年来的事实证明,我们党和我们军队,包括各级领导干部,一直保持着艰苦朴素与人民群众同甘共苦的优良传统,涌现出一大批苦在人前,乐在人后,艰苦奋斗为人民的好干部。毛泽东同志、周恩来同志就是艰苦奋斗的楷模,受到亿万人民的衷心爱戴。已经去世的我军几位功勋卓著的领导人朱德、彭德怀、陈毅、贺龙、罗荣桓等同志,在艰苦奋斗方面,是我们这支与人民群众血肉相连同甘共苦的军队的集中代表。

今天我们提倡艰苦奋斗,主要是要求我们各级领导干部保持和发扬优良的传统和作风,当然也是针对着有少数领导干部忘记和丢掉艰苦奋斗传统问题的。如果大家都做得很好,就无需如此郑重其事地来讲艰苦奋斗,这道理是很明显的。由于封建特权思想和资产阶级思想的侵蚀,特别是林彪、"四人帮"的破坏和毒害,我们确实有少数领导干部滋长了贪图享受的思想。他们利用职权,谋取私利,生活特殊,影响恶劣,人们对此不满意、有意见,是对的。少数这样的领导干部应该去掉这些不好的东西,恢复他们过去曾经有过的好思想好作风。

艰苦奋斗不光是指生活作风。是不是肯动脑子,兢兢业业努力工作,学习是不是刻苦钻研,也是有没有艰苦奋斗的革命精神问题。这方面我们领导干部应该带好头。但是除此而外,最好连许多所谓小节都能注意到,例如住房、用车、文化娱乐、生活安排等都能遵守有关的规定,不搞特殊。我们的国家还很穷,底子薄,经济文化落后,搞四化和办其他一切事情,不能摆开场面,只能老老实实,发扬艰苦奋斗的创业精神。两个界限应该划清。一个是我们讲艰苦奋斗不是搞绝对平均主义。在制度规定的范围内,给领导干部必要的生活照顾、必需的工作条件,这不能叫特殊化。我们军队要准备打仗,考虑问题总要从有利于战备这个角度出发。另一个是我们讲艰苦奋斗不是要大家去当苦行僧,好像越穷才显得越革命。然而,在我们国家目前的经济情况下,领导干部的生活待遇显然不能够也不应该跟人民群众差距太大。人民群众物质生活的改善,只能逐步来,而且必须在发展生产的基础上去改善。发展生产而不改善生活是不对的，生产不发展而想改善生活也是不可能的。我们要教育群众懂得这个道理，我们的党员、干部特别是领导干部，尤其要懂得这个道理，带头艰苦奋斗。如果不是这样，甚至利用职权追求超出制度规定之外的生活享受，这就很不对了。

发扬艰苦奋斗的革命精神，主要靠自觉。领导干部不但自己自觉，而且要做好自己的亲属、子女的工作，使有关的一些规定真正生效。我们军队里的各级党组织要过问这件事。既然国家、党、军队对于领导干部的生活待遇有规定，违反了就是违反了纪律，所以军队各级纪律检查委员会和政治机关要检查这方面的问题。还有后勤部门、行政管理部门要坚决按照制度规定办事。

商业部发通知要求各地商业部门积极做好春节城乡肉食供应工作

通知要求在春节前后各大中城市敞开供应猪肉。对集体食堂和饮食业，要满足供应。对工矿、林区、部队的肉食供应，要切实安排好。要努力增加熟制品的花色品种，增加销售网点，延长营业时间，方便群众购买。

通知说，生猪产区要做好县城和县以下广大农村的猪肉销售工作，要提倡就地收购，就地屠宰，就地销售。特别是肥猪存栏量较多的重点产区，要增设零售网点，积极销售。

煤炭部召开电话会议要求全国煤矿采取措施制止煤矿恶性事故

煤炭部最近召开全国煤矿电话会议，要求全国煤矿采取切实有力的措施，制止重大恶性事故的发生，大幅度地降低一般事故。

经过全国煤矿职工共同努力，去年改变了几年来煤矿事故上升的状况，淮南李二矿、北京城子矿、邯郸义井矿等33个安全生产先进单位，全年没有死亡事故，受到了表扬。但是，煤矿安全状况还没有根本好转，各矿差异很大，有的长期忽视安全生产，发生恶性事故。

会议要求各煤矿从5个方面贯彻执行安全生产的方针。

(1)坚持安全生产第一。生产必须安全，不安全不能生产。各单位要把安全工作放在第一位。要把执行安全规程、安全状况，作为考核提拔干部和评选先进以及奖励、晋级、调资的条件。

(2)按照安全第一的精神处理事故，在第一季度内要把1979年的事故全部处理完。通化矿务局和枣庄矿务局发生恶性重大事故，煤炭部建议吉林省和山东省取消对其大庆式企业的命名，并考虑给予经济上的处罚。

(3)按照安全第一的精神制定奖励政策。

(4)在生产调整中，把安全措施摆在第一位。

(5)部、局、矿三级建立安全监察机构，监督安全第一方针的贯彻执行。

国务院副总理姬鹏飞在北京会见由美国众议院外交委员会亚太事务小组委员会主席莱斯特·沃尔夫众议员率领的议员团

姬鹏飞副总理在会见议员团时谈到了苏联近几年来在世界各地进行侵略扩张所造成的严重局势。他指出，最近，苏联赤膊上阵，直接出兵侵略和占领阿富汗，这决不是一个局部地区问题，也不是只为了它的暂时利益，而是进一步暴露了它妄图称霸世界的长期战略目标。姬鹏飞副总理说，苏联全球扩张主义的野心对世界和平和亚太地区的稳定构成了很大威胁，这就要求中美双方提高警惕，作出扎扎实实的努力来对付这一严重局面。

梅龚彬追悼会在北京举行

梅龚彬同志是第三届全国人民代表大会常务委员会委员，政协第四届全国委员会委员兼副秘书长，民革第四届中央常务委员会委员、秘书长。“文化大革命”中，梅龚彬同志遭到林彪、“四人帮”极左路线的迫害，于1975年8月1日不幸逝世，终年75岁。

梅龚彬同志是湖北省黄梅县人，1924年参加青年团，1925年转为中国共产党党员。早在五四运动时期，梅龚彬同志就积极投身于学生运动，开始接受马克思主义，参加了五卅运动。第一次国共合作时期，梅龚彬同志被派担任国民党上海市党部党团书记。1927年蒋介石叛变革命，梅龚彬同志遭到通缉，1929年在东京被捕。在狱中，梅龚彬同志英勇地与敌人进行了斗争，1931年回国，1933年参与了组织福建人民政府的活动，曾先后任暨南大学、中山大学、香港达德学院教授，长期从事统一战线工作，团结了一些上层民主人士同我党合作，进行反蒋抗日。1948年，龚彬同志在香港与李济深、何香凝、陈铭枢、蔡廷锴先生等，组成中国国民党革命委员会。同年冬，梅龚彬同志陪同李济深先生等由香港到东北解放区。梅龚彬同志积极地贯彻执行了党的统战政策，对争取、团结爱国民主人士做了不少工作。新中国成立后，历任政协第一届全体会议代表，政协第二、三届全国委员会委员、副秘书长，中央财经委员会委员，第一、二、三届全国人民代表大会代表，第二、三届全国人民代表大会常务委员会委员，民革中央委员会历届中央委员、常务委员、秘书长等职。

曾一凡追悼会在北京举行

曾一凡同志是政协第四届全国委员会副秘书长、第三届全国人民代表大会代表、国务院参事室主任，1967年5月被林彪、“四人帮”极左路线迫害致死，终年60岁。

曾一凡同志是四川青神县人，青年时代就接受革命思想的影响，参加反帝反封建的革命斗争。1925年，曾一凡同志积极投入“后援会”工作，在大革命高潮中经受了锻炼。1927年在成都读书时，积极参加革命运动，1937年12月参加中国共产党。新中国成立以后，他在国务院工作期间，为社会主义革命和建设事业作出了积极贡献。在统一战线工作中，他认真贯彻执行党的路线、方针和政策，注意团结各民主党派和各界爱国人士，为党的统一战线工作作出了贡献。曾一凡同志热爱党，热爱社会主义，热爱毛泽东同志、周恩来同志、朱德同志等老一辈无产阶级革命家。他认真学习马列主义、毛泽东思想，积极钻研社会科学，坚持理论联系实际、实事求是的革命学风。他服从组织，遵守纪律，工作积极热情，勤勤恳恳，认真负责，严于律己，宽以待人，襟怀坦白，谦虚谨慎，善于团结同志，密切联系群众，始终保持艰苦朴素的优良传统。

1月19日

中国人民银行行长李葆华在全国小水电现场会上称赞县社联办入股分红共同经营是农村办小水电站的好办法

李葆华最近在全国小水电现场会上回答代表们提出的问题时说：实践证明，县、社联办的小型水力发电站，采用县、社投资，社队投入的劳动力折成资金，然后入股分红，共同经营，这是农村办电的好办法。

李葆华说，县办的小水电站，包括县社联办的小水电站的贷款，由人民银行办理，社队办的小水电站的贷款由农业银行办理。在水力资源充足，有一定比例的自筹资金和财政资金，有设备和建设材料，又有还款能力的地方，办小电站的装机容量可以适当增加，不受原来1.2万千瓦的限制，银行就可以有计划地根据贷款条件相应地增加一定数额的贷款。

农垦部同日本日绵实业株式会社在黑龙江省合作建设一个现代化的农场

这个农场计划开垦荒地两万公顷，主要种植大豆和小麦，将于1981年形成生产能力。这是我国利用外资同外国合作开发荒原的第一个项目。

国务院副总理姬鹏飞在北京会见由上田俊二社长率领的日本日绵实业株式会社访华团

上海5所大学开展校际协作

复旦大学、上海师大、上海交大、同济大学、上海第一医学院的负责人日前举行联席会议，决定由每个学校的校(院)长、党委书记各一人联合组成“五校校际协作委员会”，广泛开展校际协作。

五校准备先从以下几方面进行协作：互聘专家和优秀教师兼课，互派中、青年教师进修学习，拍摄基础课和基础实验课的电视教学录像，建立研究生和高年级学生跨校选听专业课的互惠制度，合作创办新专业和边缘学科，组织若干重点科研项目的会战，加强图书馆际互借和科技情报资料交换工作。并决定各校邀请专家讲学时，要为其他学校的教师听讲提供方便。

1月20日

中国和科威特民航协定在科威特签字

中国政府民航代表团团长、民航总局顾问陈瑞光和科威特政府民航代表团团长、科威特民航局局长贾比尔·阿兹迪分别代表本国政府在协定上签字。协定为中国和科威特两国建立定期航班，发展民航方面的相互关系奠定了基础。

水利部等部门联合召开全国小水电现场会加强小水电的建管供用

《人民日报》报道，水利部、中国人民银行和中国农业银行最近在成都联合召开全国小水电现场会，来自各省、市、自治区的代表在会上总结交流了经验，就如何进一步加强我国小水电的“建、管、供、用”问题进行了热烈讨论。

现在，全国小水电站总数已接近9万座，总装机容量超过630万千瓦，相当于新中国成立初期水、火电站装机容量总和的3.5倍。为了进一步发挥小水电的作用，代表们建议抓好以下三方面的工作。

(1)在搞好国家办、社队集体办的同时，大力推广县社联办这一好形式。四川省从实际出发，对农村骨干电站采取“县社联办，投劳折资，入股分红，共同经营”的办法，既照顾了社队的经济利益，又能调动没有水力资源的社队办电的积极性，解决建设骨干电站资金不足的困难，社队还可以得到红利。

(2)狠抓原有电站的设备配套，巩固发展办电成果。湖南去年狠抓资金落实和设备配套，新增装机容量157000千瓦，成为去年新增装机最多的一个省。

(3)坚持“谁建、谁有、谁管、谁受益”和“以电养电,建管统一”的方针,在大小电网并网工作中,本着互助互利、调剂余缺原则,注意保护农村办电的积极性。广东省委为了加快小水电的发展,去年专门作出决定,将小电网输入大电网的电费标准由每度四分半提高到六分,支持了小电网,提高了小电网设备利用率。

高级科普杂志《科学》由科学技术文献出版社重庆分社出版

孟继懋逝世

全国人大常务委员会委员、中华医学会常务理事、中华外科学会全国委员会名誉主任委员、北京积水潭医院院长、北京市创伤骨科研究所所长孟继懋同志,因病医治无效,于1月20日逝世,终年82岁。

孟继懋原名公伟,1897年12月出生在天津,1912年毕业于天津私立第一小学后,考入北京清华学堂,1920年毕业。公费赴美留学时,就读于芝加哥拉什医学院,1925年获医学博士学位。学成归国后,在北京协和医院任外科住院医师。1929年任南开大学校医。1930年协和医学院派他赴美波士顿马萨诸塞州总医院和艾奥瓦大学医院专攻骨科。1935年又赴欧美考察骨科,1936年任协和医学院骨科主任和襄教授。1937年中华医学会成立骨科学组,他是6名成员之一。“卢沟桥事变”后,他当即与协和医院同道组成医疗抢救组,辗转于北平郊区,为抗日将士治伤。1942年年初协和医院关闭后,他曾任中和医院骨科顾问及副院长、北京大学医学院教授。中华人民共和国成立后,历任北京人民医院副院长、外科主任,中国协和医院骨科教授。1957年,任北京市积水潭医院院长,创建了中国规模最大、专业最全的创伤骨科。

何基沣逝世

政协第五届全国委员会常务委员、原农业部副部长何基沣同志,因病于1月20日在北京逝世,终年82岁。

何基沣于1939年1月加入中国共产党。1948年以前,长期在冯玉祥、宋哲元、冯治安部担任旅长、师长、军长、副总司令等职。1948年11月起义后,先后担任中国人民解放军第三十四军军长,南京警备司令部副司令员,第一、二、四届全国人民代表大会代表,政协第一、三届全国委员会委员和政协第五届全国委员会常务委员,华北行政委员会委员兼水利局局长、水利部副部长,国务院水土保持委员会副主任兼秘书长,农业部副部长、党组成员等职。

1月21日

国务院总理华国锋电贺联合国工业发展组织第三次大会在新德里召开

电报全文如下:

新德里联合国工业发展组织第三次大会:

我谨代表中国政府和中国人民,对联合国工业发展组织第三次大会的召开表示祝贺。

联合国工业发展组织第三次大会是继1975年利马会议之后,工业发展组织的又一次重要会议。发展中国家加速工业化是广大第三世界国家人民的强烈愿望,是建立新的国际经济秩序的重要组成部分。我们希望,这次会议为加强国际经济合作,促进发展中国家的工业发展,推进新的国际经济秩序的建立,作出积极的贡献。

预祝会议成功。

中华人民共和国国务院总理 华国锋

1980年1月21日

国务院发出《关于不准在今年春节发放年终奖的紧急通知》

关于1979年不再实行年终奖的问题,国家劳动总局和财政部曾于1979年12月9日发出通知,不少地区已认真贯彻执行。但是,目前仍有一些地区和部分企业、事业单位或国家机关,无视国家规定,继续发放年终奖,甚至用不正当的手段,乱拉资金,巧立名目,以救济费、困难补助费等名义,变相发放年终奖。有的单位还准备在春节前继续发放去年终未发完的奖金。已发年终奖的,少则十几元,多则几十元,甚至上百元,而且单位之间互相攀比,失去控制,这种无视国家规定,滥发奖金,是违反财经纪律的,已给国家财政带来了严重困难。为此,国务院决定:不论企业、事业单位或国家机关,一律不准在今年春节发放年终奖。凡是违反本通知规定,已发放了年终奖的,或者以其他名目,变相发放年终奖金或实物的,都要坚决纠正。各级银行要严格进行监督。对违反纪律情节严重的单位领导人和有关人员,要给予必要的纪律处分,望接此通知后立即检查,认真贯彻执行。

《人民日报》发表特约评论员文章《坚持社会主义民主的正确方向》

民主问题,是我国人民政治生活中最重要的课题之一。

若干年来,我们国家的民主生活,遭到了严重的破坏,它在实践上和思想上造成的创伤,至今还需要继续医治。民主问题,也就是人民群众当家做主的问题,是社会主义政治生活中的一个根本问题。没有政治的民主化,就没有经济的现代化。叶剑英同志在纪念国庆三十周年的讲话中指出:“要依靠群众,调动群众的积极性,首先必须充分发扬社会主义民主,保障人民群众真正享有参加管理国家事务和本单位事务的权力。”现在,民主不是多了,而是很不够。民主必须大大发扬,对于这一点,应当坚定不移。但是,民主历来就是一个复杂的问题。有各种各样的人,追求各种各样的民主。我们究竟需要什么样的民主?应当怎么样发扬民主?不能说人们的认识已经完全一致。这里,我们想就这方面的问题,发表一点议论。

正确理解民主的关键问题

按照马克思主义的观点,民主是一种国家形式,一种国家形态。列宁曾经把民主发展的辩证过程表述为:“从专制制度到资产阶级民主;从资产阶级民主到无产阶级民主;从无产阶级民主到没有任何民主。”(《马克思主义论国家》第 24 页)这也就是说,民主是一种历史的范畴,是社会发展到一定历史阶段的产物,是同一定阶级的统治相联系的,并且将随着阶段的消亡而消亡。所谓“抽象的民主”,“永恒的民主”,是根本不存在的。

同时,民主作为上层建筑,是为一定的经济基础服务的。正是在这个意义上,毛泽东同志指出:“民主这个东西,有时看来似乎是目的,实际上,只是一种手段。”(《毛泽东选集》第五卷,第 368 页)

以上是我们理解民主的关键问题,不可以不首先弄清楚。

在同封建专制制度的斗争中,资产阶级首先提出了近代意义的民主口号。资产阶级需要民主,是为了摆脱封建等级特权和神权的束缚,能够自由地发展资本主义,自由地剥削无产阶级。资产阶级举起民主的旗帜,从封建地主阶级手中夺取政权。在资本主义社会,资产阶级把民主作为一种政治手段,用来巩固自己的统治地位。资产阶级提出的民主,虽然在形式上是普遍的,包括了一切人,但在实质上,决不可能包括一切人,它只能是资产阶级享受的民主。在资本主义社会,资产阶级占有生产资料,他们就可以自由平等地剥削无产阶级。而无产阶级却一无所有,他们所享受的“民主”,实质上只能是自由平等地出卖劳动力。列宁说:“在最民主的资产阶级国家中,被压迫群众随时随地都可以碰到这个惊人的矛盾:一方面是资本家‘民主’所标榜的形式上的平等,一方面是使无产者成为雇佣奴隶的千百种事实上的限制和诡计。”(《列宁选集》第三卷,第 633 页),资产阶级在夺得政权以前,利用民主的口号吸引人民群众充当反封建的主力军,在夺得政权以后,又利用民主的幌子掩护人类历史上最后一种剥削制度,这就使得资产阶级不敢把民主的阶级内容、民主手段的真实目的公之于世,他们高唱“绝对民主”,以虚伪的装饰,使资产阶级民主发出“至高无上”的灵光,用来欺骗无产阶级和其他劳动人民。

小资产阶级的民主观点同样反映了他们的经济情况。小资产阶级的个体私有制,一方面,同陈旧的封建家长制相联系;另一方面,又同资本主义相联系。他们为了避免破产和向上爬,容易激发一种民主的狂热。实际上,小资产阶级追求民主,不过是为了维护或扩张他们那一点生产资料,他们那一小块土地。他们心目中的理想王国是个人主义和平均主义。

小资产阶级的民主要求和资产阶级的民主要求虽然有所不同,但本质上都是为私有制服务的。他们民主观的核心,都是个人主义。

当资产阶级用民主作为手段把自己组织成为统治阶级的时候,无产阶级在这个过程中也逐步学会了用民主作为政治手段,同资产阶级作斗争,以便从资产阶级手中夺取政权,把自己组织成为统治阶级。但是,无产阶级同资产阶级根本不同,它敢于公开声明,民主是手段,而不是目的。恩格斯说过:“无产阶级为了夺取政权也需要民主的形式,然而对于无产阶级来说,这种形式和一切政治形式一样,只是一种手段。”(《马恩全集》第三十六卷,第 131 页),在反封建的斗争中,无产阶级争取民主,是为着把资产阶级民主革命搞彻底,争取社会主义的前途。在取得社会主义革命的胜利以后,无产阶级需要民主,是用它来达到建设社会主义和实现共产主义的目的。对无产阶级来说,当我们为争取人民的民主权利而斗争的时候,当我们为建立人民共和国而斗争的时候,当我们为巩固人民政权而斗争的时候,我们是在争取民主,保卫民主,为民主而奋斗。这就是说,从一个局部来看,从一个时期来看,民主是一种目的。但是,从根本上说,我们并不是为民主而民主,而是运用民主的手段,同剥削阶级作斗争,争得无产阶级的统治;运用民主的权力,保卫人民的利益,扫清前进道路上的障碍,最后达到消灭阶级、解放全人类的目标。

社会历史的发展告诉我们,第一,民主总是属于一定阶级的。世界上从来没有什么抽象的民主、一般的民主、超阶级的民主,而只有具体的民主、阶级的民主。无论是无产阶级还是资产阶级,争得民主,就意味着争得统治。统治阶级争得民主,就是被统治阶级丧失民主。前者的争得民主,是以后者的丧失民主为前提的。抽掉民主的阶级性,就等于混淆甚至抹杀了无产阶级民主和资产阶级民主的界限。正如列宁所指出的:“搬弄关于自由、平等和民主的笼统词句,实际上等于盲目背诵那些反映着商品生产关系的概念。用这些笼统词句来解决无产阶级专政的具体任务，就无异完完全全转到资产阶级的理论和原则立场上去。从无产阶级的观点看来，问题只能这样提出：是摆脱哪一个阶级的压迫而取得的自由？是哪一个阶级与哪一个阶级的平等？是以私有制为基础的民主，还是以力争废除私有制为基础的民主？如此等等。”(《列宁选集》第四卷，第93页)

第二，民主作为一种上层建筑，它总是服务于一定阶级的经济利益，服务于一定的经济基础的。列宁说：“任何单独存在的民主都不会产生社会主义，但在实际生活中民主永远不会是‘单独存在’，而总是‘相互依存’的，它也会影响经济，推动经济的改造，受经济发展的影响等等。这是活生生的历史的辩证法。”(《列宁选集》第三卷，第238页)历史正是这样：资产阶级争得民主在经济上的结果，是建立资本主义经济制度；无产阶级争得民主在经济上的结果，是建立社会主义公有制，并且逐步消灭一切剥削制度。在近代革命的历史上，无论无产阶级或资产阶级，都是把民主运动作为他们经济要求的前导，而一定的民主运动的成效如何，归根结蒂，又总是以一定的经济结果来衡量的。

今天，我国的历史已经发展到一个崭新的阶段。我们的中心任务，是实现四个现代化。健全和发扬社会主义民主，不是为了其他，正是为了实现四化的大业。民主的成效如何，归根结蒂，要以有利于还是有害于我们的现代化事业来衡量。我们要运用民主这个手段，更好地为社会主义的经济基础服务，促进生产关系的合理调整，同时要促进上层建筑的不断完善，在目前特别要促成和维护国家的安定团结，从而有利于生产力的高速发展，以达到建设社会主义现代化强国这个总目标。离开现代化事业这个总目标来侈谈民主，就会背离民主的社会主义原则，背离无产阶级和广大人民的根本利益。如果有一种“民主”，它不是促进四化，保卫四化，而是削弱四化，干扰四化，那么，它决不是社会主义民主，而是一种反社会主义民主的行为。

对我们来说，民主原则与社会主义原则是紧密联系的，离开了民主原则，社会主义就会走样，变质；离开了社会主义原则，民主就失去了目的、方向。

从两个方面划清界限

作为国家形态的社会主义民主制，是伴随着无产阶级专政的诞生而诞生的。自从十月革命胜利以来，它已经有了六十多年的历史。如同一切新生事物都必然会遭遇各种各样的困难和曲折一样，无产阶级的社会主义民主制，也遭到了来自各种社会力量、各种社会思潮的干扰和破坏。如何排除这些干扰和破坏，使社会主义民主得到健康发展，直到今天，仍然是我国社会主义实践中一个重要课题。为了不断地健全和发扬社会主义民主，我们必须从两个方面划清界限，一方面同封建专制思想划清界限，一方面同资产阶级、小资产阶级民主思想划清界限。

发扬民主，必须同封建专制主义作坚决斗争。

我国封建主义的历史很长，而又没有经过资产阶级民主阶段。3000年的封建社会，100多年的半封建半殖民地社会，造成了经济、文化的极端落后。直到今天，还保留着这种痕迹。在这种情况下，专制主义、家长作风等封建主义的东西，就很容易滋长。这正是林彪、“四人帮”能够在我们的国家横行一时的一个重要社会条件。

列宁在十月革命胜利以后，曾经分析说，无产阶级专政在俄国的实现，首先表明了“俄国的落后和它向最高形式的民主的‘飞跃’(即越过资产阶级民主而达到苏维埃民主或无产阶级民主)之间的矛盾”。(《列宁全集》第二十九卷，第275页)由于这种矛盾，就出现了这样的状况：“苏维埃政权在原则上实行了高得无比的无产阶级民主，对全世界作出了实行这种民主的榜样，可是这种文化落后性却贬低了苏维埃政权并使官僚制度复活。”(《列宁全集》第二十九卷，第152页)今天，我国的状况同当年的俄国十分近似。一方面，我们有世界上最先进的无产阶级民主制；另一方面，反动愚昧的封建残余和经济文化的落后，又时刻干扰和破坏着无产阶级民主制的贯彻执行。这就是我国在实行社会主义民主过程中所遇到的一个尖锐的矛盾。我们必须承认这个矛盾，正视这个矛盾，同时，以极大的努力克服这个矛盾。

用什么办法解决这个矛盾？向资产阶级民主求救兵？还是加强、完善社会主义民主？正确的答案当然只能是后者，而不是前者。

资产阶级民主曾经在反封建的斗争中起过积极作用，但是，它早已走向腐朽没落和反动。除了某些民主形式以外，从根本上说，无产阶级一定不能用它。中国自从鸦片战争以来，无数先进分子向西方寻找救国救民的真理，经过了多少曲折和反复！一切办法都试过了。一切办法都失败了。只有当马克思列宁主义传到了中国，才使中国革命的面貌为之一新。资产阶级共和国必须让位给无产阶级领导的人民共和国，这是一百年来，中国人民用鲜血换来的一条最宝贵的经验。中国人民不能容忍封建专制主义的复活，也不能容忍为资产阶级统治或资本主义复辟效劳的资产阶级民主粉墨登场，招摇撞骗，愚弄人民。

究竟应当怎样对待我国社会的封建专制余毒，这在当前的历史条件下，有其特殊的意义。

粉碎“四人帮”以后，人们对如何医治多年来造成的创伤，十分关切。十年的浩劫，在人们的精神上留下了许多伤痕，痛定思痛，仍然使人感到悲愤。这种现象，是可以理解的，人们不能不考虑，如何才能使这种历史悲剧不再重演。但是，这种精神上的伤痕，可以朝着两个相反的方向发展。它可以使人们感奋起来，以积极的态度推动社会主义民主的恢复和发展，肃清流毒，做好工作，夺回损失；但是，它也可以走向另一极端，使人消极，对我们的党、我们的社会主义制度产生某种疑虑。在这种情形下，资产阶级民主思想就很可能乘虚而入。在这个问题上，作为无产阶级的革命战士，作为人民民主的真诚拥护者，实在有必要保持应有的警觉。要记住列宁的一句话："只要再多走一小步，仿佛是向同一方向迈的一小步，真理便会变成错误。"（《列宁选集》第四卷，第257页）如果不警惕这种沉沦的危险，反而认为是"忧国忧民"、"众人皆醉我独醒"，那就会越走越远。

尽管林彪、"四人帮"在我们党内，在我们的国家横行十年之久，但是，必须肯定，我们这个党，我们的人民，是有光荣的民主传统的。在近代，中国人民为争民主，反帝反封建，流血牺牲历一百多年。我们的党，在中国的土地上，第一个举起了彻底的、不妥协的反帝反封建的民主大旗，领导全国人民，进行了翻天覆地的斗争，取得了新民主主义革命的彻底胜利。党领导下的工人运动、农民运动、学生运动，都曾为争取民主而冲锋陷阵，创造了光辉的业绩。就连手执武器的人民解放军，也坚持了行之有效的政治、经济和军事的"三大民主"，从而达到了政治上高度团结，生活上获得改善，军事上提高技术、战术的"三大目的"。这些，都是我们引以为自豪的光荣的民主传统。没有这个传统，我们党也不可能领导全国人民粉碎封建法西斯的"四人帮"。如果无视我们传统的民主精神，就是无视我们民族、我们国家、我们党的光荣历史。今天，我们的任务，就是要作出巨大的努力，同封建遗毒进行坚持不懈的斗争，恢复和发扬光大我们党光荣的民主传统和民主精神，并把社会主义民主推进到一个崭新的阶段。我们必须做到这一点，我们也一定能够做到这一点。

其次，发扬民主，必须反对资产阶级民主思想，同时要用大力把小资产阶级思想引导到无产阶级的轨道上来。

无产阶级专政的历史告诉我们，在无产阶级掌握政权以后，资产阶级民主思想，常常是资产阶级用来向无产阶级进行斗争的一个重要思想武器。如果说，在资本主义制度下，无产阶级向资产阶级作斗争，可以利用资产阶级民主，那么，应当看到，在社会主义制度下，资产阶级向无产阶级作斗争，同样可以利用无产阶级民主。他们利用无产阶级民主的合法形式，混淆无产阶级民主和资产阶级民主的根本区别，用以干扰、削弱无产阶级的革命和建设事业。在这方面，它最突出的特点，是高唱"一般民主"、"绝对自由"，把社会主义的集中制诬蔑为封建专制主义，在政治上、思想上要求资产阶级自由化，声言不要任何政治的干预，企图使社会主义制度下的民主运动脱离共产党的领导，背离无产阶级专政的轨道。当他们宣扬的这种"自由"、"民主"一旦受到干涉，他们就诬蔑无产阶级专政侵犯人权，扼杀民主，声言要按照资产阶级民主制的模式，建立他们的理想王国。一些天真幼稚的人，他们热爱民主，这是很好的。但是他们不懂得社会主义民主和资产阶级民主的本质区别，也误以为那一套虚伪腐朽的货色真是治国的良方。因此，我们面临着一项严肃的任务，就是要向这些人进行耐心细致的说服工作，帮助他们克服错误思想的影响（其中包括肃清"四人帮"在民主问题上所散布的恶劣影响），划清无产阶级民主和资产阶级民主的界限。

克服小资产阶级思想的影响，把小资产阶级思想引上无产阶级的轨道，这是一项更为艰巨复杂的工作。列宁在讲到俄国的情形时，曾经说过："布尔什维主义是在同小资产阶级的革命狂热作长期斗争中成长、形成和得到锻炼的。"（《列宁全集》第三十一卷，第13页）我国曾经是一个小资产阶级如汪洋大海的社会，小资产阶级的思想影响仍然是我国人民一个很长时期的历史负担。小资产阶级思想在民主问题上的反映，更值得我们注意。

小资产阶级热衷于"一般民主"、"绝对民主"，是由他们小生产者的狭隘眼光决定的。他们对民主赋予至高无上的价值，是因为他们要固势地保持他们那个个人中心不受侵害。在他们看来，凡是损害他们个人中心的东西，就是违反民主。当封建阶级、资产阶级侵犯他们的个人利益的时候，他们要向封建阶级、资产阶级争民主，在这种情形下，小资产阶级民主是有进步作用的。在社会主义革命和社会主义建设中，当无产阶级集体主义、社会主义的集中制妨碍他们个人中心的时候，他们也会向无产阶级闹"民主"。在这种情形下，小资产阶级民主就成为损害整体利益从而最终也损害个人利益的东西了。由于小资产阶级的散漫性、无纪律性，他们的民主思想，常常表现为一种过激的情绪、无政府主义的行动，从而在一定条件下，会被资产阶级所利用。正像列宁所说，小资产阶级"容易激发一种极端的革命狂热，而缺乏坚韧性、组织性、纪律性和坚定精神。""这种革命狂热动摇不定，华而不实，有一种很快就转为俯首听命、消沉颓丧、耽于幻想，甚至转为'疯狂地'醉心于这种或那种资产阶级的'时髦'思潮的特性"。（《列宁全集》第三十一卷，第14页）在革命队伍中，小资产阶级民主思想排斥统一意志，反对集中领导。它是一种腐蚀剂，对社会主义民主起着消极、破坏的作用。在那十年的动乱中，林彪、“四人帮”利用小资产阶级思想，竭力煽动无政府主义，曾经给我们的国家造成严重的灾难。直到今天，这种流毒仍不能低估。怎样“在无产者群众中间造成能够防御小资产阶级自发势力和小资产阶级习惯势力的腐蚀影响的屏障和堡垒”(《斯大林全集》第六卷，第158页)，这的确是无产阶级民主能不能得到正常发展的一个关键问题。

必须坚持的几条原则

当前，我们的社会主义实践，已经发展到一个新时期。社会主义的经济基础，要求社会主义民主进一步为自己服务。社会主义民主并不是一种思维中产生的模式，它要靠人们在实践中不断研究、总结。我们应当为发展社会主义民主探索出更多更多的途径和方式，以利于人民管理自己的国家，以利于广大群众积极性、创造性的发挥。这种探索，有几条原则是不能违背的。这些原则不但不妨碍民主的发扬，而且是保障社会主义民主所必需的。

第一，无论在任何情况下，民主作为一种制度，一种设施，一种方法，都必须以符合社会主义的总利益，以能够保障大多数人的利益为主要标准。对于共产党人来说，除了人民的利益以外再没有其他任何至高无上的东西。一八四七年，恩格斯在分析无产阶级革命进程的时候，曾经预言：“首先无产阶级革命将建立民主制度，从而直接或间接地建立无产阶级的政治统治。”“假如无产阶级不能立即利用民主来实行直接侵犯私有制和保证无产阶级生存的各种措施，那么，这种民主对于无产阶级就会毫无用处。”(《马恩选集》第一卷，第219、220页)恩格斯在这里所说的“民主制度”，是无产阶级借以建立自己政治统治的制度，是无产阶级和劳动人民用来谋取和维护自身利益的制度。巩固无产阶级的政治统治，维护无产阶级的根本利益，是实行社会主义民主的基本原则。削弱、破坏无产阶级政治统治的“民主”，违背无产阶级根本利益的“民主”，不是我们所需要的民主。如果离开人民的根本利益，假借“民主”这个手段，去谋取个人私利，那么，这种“民主”，决不是社会主义民主，它或者是资产阶级、小资产阶级民主，或者简直就是官僚主义、专制主义的一种变形。

第二，坚持民主和集中、自由和纪律的统一。民主和集中，自由和纪律，都不是绝对地、孤立地存在的，它总是互相联系、互相制约的。我们必须从它们的互相联系和互相制约上，来考察如何健全社会主义民主。

有的人总认为强调集中和纪律，就是没有“民主”和“自由”。这就是不懂得事物互相联系、互相制约的道理。社会主义民主是大多数人享受的民主，不允许少数人独断专行，但是也决不等于每个人都可以随心所欲，为所欲为。在社会主义社会，为了保证社会的正常生活秩序、生产秩序、工作秩序，对某些人的行为进行某种程度的限制，不但不违背社会主义民主，它恰恰是社会主义民主发展的正常情况，是发展社会主义民主所必需的。社会主义民主既然是占社会绝大多数人的一种统治，那么，由于社会主义民主的发展，一切属于社会主义民主反面的东西，一切有害于绝大多数人利益的东西，自然要受到限制，甚至受到排除。例如，社会主义民主的产生，就是资产阶级民主的被排除；有了劳动的自由，就没有资本的自由；人民要过安定团结的生活，集中精力搞四化，就不允许少数人捣乱破坏，危害社会秩序。

把自由说成是随心所欲，这是对自由的曲解，是根本不懂得客观事物的发展规律。毛泽东同志说：“自由是对必然的认识和对客观世界的改造。只有在认识必然的基础上，人们才有自由的活动。”(《在扩大的中央工作会议上的讲话》)在同自然的斗争中，人们不能为所欲为，必然受自然规律的制约。两位数学家，最自由的不是在演算时犯错误的那一位，而是演算正确的那一位。在社会斗争中，人们同样要受社会规律的制约，不能为所欲为。这就要求人们的行动，必须接受统一的指挥，必须接受革命法制的约束。我们之所以要坚持民主和集中的统一，自由和纪律的统一，从根本意义上来说，就是这个道理。

第三，民主的形式必须服从民主的内容。社会主义民主总要采取一定的形式，社会主义民主的形式，是由社会主义民主的内容决定的。当然，这种形式不只是消极被动地反映内容，它总要反过来影响内容，促进或阻碍内容的发展。因此，能不能采取恰当的民主形式，是社会主义的人民民主能不能正常发扬，人民群众利益能不能得到保障的大问题。

三年来，我们恢复并且发展了许多行之有效的民主形式。如各级人民代表大会，企业和生产队的自主权，选举基层领导干部，等等。这些，凡是搞得好的，都有利于人民行使当家做主的权利，在实践中起了积极的作用。但是，还有一些所谓的民主形式，实践证明，它不利于社会主义民主的发扬，有害于安定团结局面的巩固，作为国家的主人，应当考虑它的后果，在行动上一定要谨慎从事。

民主既然是一种国家形式，一种国家形态，就应当使它制度化，法律化。这就是说，社会主义法制，应当保障人民的民主权利，同时，发扬社会主义民主，也必须遵循一定的法律程序。

随着社会主义事业的不断前进，社会主义民主势必要不断发展扩大,这是不能阻挡的历史潮流。一方面,我们决不能因为少数人的捣乱破坏,就在民主面前退缩,不敢在人民内部充分发扬民主,或者不尊重人民应有的民主权利。我们应当相信绝大多数群众,依靠绝大多数群众,坚信他们能够正确运用自己的民主权利。另一方面,我们一定要坚持社会主义民主的正确方向。要认真学习领会马克思主义理论,包括党的十一届三中全会以来中央的重要言论,使自己有一个坚定的信念和清醒的头脑,不被那些错误思潮所左右。还要以各种方式向那些在实际工作岗位上的同志们学习,要了解工人、农民、知识分子在想些什么,干些什么,看看他们是怎样实际地而不是抽象地去对待社会主义实践中出现的各种问题的。总之,我们应当像列宁所说的那样,"彻底发展民主,找出这种发展的形式,用实践来检验这些形式"(《列宁选集》第三卷,第238页),让社会主义民主更好地为我国的现代化建设服务。

我国潜水科学技术取得两项重要突破

潜水员在64米水深处巡潜时间已长达217分钟,相当于目前同样深度常规潜水时间的8.7倍。另一项是潜水员在相当于165米水深的压力下,工作1小时。这两项科研成果,创造了我国潜水史上最新纪录,为我国救助打捞、海洋考察、石油开发、国防建设创造了有利条件。

中国数学会计算数学分会在广州召开首届年会

中国科学院金属研究所副所长郭可信受聘为瑞典皇家工程科学院国外院士

瑞典驻华使馆科技一等秘书聂橡叶夫妇专程从北京到沈阳,向郭可信递交了聘请书并祝他取得更大成就。郭可信表示,要为中瑞两国科学院和人民之间的友谊,为加强两国科学技术的交流作出贡献。

林业部第二期林业领导干部训练班结业

林业部在东北林学院帽儿山分院举办的林业领导干部第二期训练班结束。来自云南、四川、甘肃、陕西、辽宁、吉林、黑龙江、内蒙古等省、区的160多名林业局长领到了结业证书。

林业部从1978年11月委托东北林学院举办林业干部训练班,以提高学员的企业管理水平与专业知识为主要内容。第二期训练班从去年9月开始,按学员的专长,分成林学、采运两个专业。在课程设置上,除了共同讲授的政治经济学、企业管理、林业经济、综合利用课外,还根据专业特点,分别讲授林学概论、集运概论等多种专业课。由于课程安排合理,4个月就完成了教学任务。

周恩来《关于我国民族政策的几个问题》单行本由民族出版社出版发行

这是周恩来1957年8月4日在青岛民族工作座谈会上的讲话,原刊载于《红旗》杂志1980年第一期。民族出版社1980年1月出版单行本。这是周恩来全面阐述中华人民共和国民族政策基本原则的一篇重要著作。

南宁等市新建一批住宅向私人出售

《人民日报》报道,广西壮族自治区南宁、柳州、桂林、梧州等市新近建成134套、共9000多平方米的住宅,并开始向私人出售。这是国家在广西试行的一种新办法。

1月22日

国务院总理华国锋在人民大会堂会见几内亚人民革命共和国驻中国大使达乌达·库鲁马

国务院批转国家经委 财政部《关于国营工业企业利润留成试行办法》

1979年7月,国务院颁发了《关于国营企业实行利润留成的规定》,财政部、国家经委、人民银行又发了《关于贯彻国务院改革企业管理体制文件试点中几个具体问题的意见》,这两个文件试行以来,对发挥企业的主动性,促进企业关心生产、努力增加盈利,起了积极的作用。为了进一步搞好试点工作,保证完成国家财政收入任务,兼顾国家、企业和职工个人三方面的利益,根据试点中各地反映的问题和意见,经全国计划会议讨论,对国营工业企业利润留成办法修订如下:

一、经过整顿,生产秩序和管理工作正常,实行独立经济核算,并有盈利的国营工业企业,经过批准,可以按照本办法试行利润留成。

二、把原规定的全额利润留成办法改为基数利润留成加增长利润留成的办法。企业当年利润高于上年利润的,其中:相等于上年利润的部分,按核定比例提取基数利润留成资金;比上年增长的利润部分,另按国家规定比例提取增长利润留成资金。企业当年利润低于上年利润的,则按当年利润和核定比例提取基数利润留成资金。计算基数利润留成和增长利润留成时,都应包括用折旧基金和自筹资金搞的技措项目增加的利润。

企业可用基数利润留成和增长利润留成资金,作为生产发展基金、职工福利基金和职工奖励基金。

三、企业基数利润留成的比例,在批准试点时,参照上年下列几项资金占同年利润总额的比例核定:

(一)有新产品试制任务的企业,一般可按利润总额的1%计算新产品试制费;少数新产品试制任务较多的企业,按利润总额的2%计算;机械工业企业按利润总额的3%计算。没有新产品试制任务的企业,如煤矿、油田、电厂、电站、森林采伐、铁路、交通以及其他矿山等,不计算此项费用。

(二)科研经费和职工技术培训费,按国家拨给企业的实际数额计算(不包括国家专项拨给的科技三项费用和措施费)。企业在成本或营业外列支的上述费用,仍按原规定执行。

(三)从成本中提取的职工福利基金,按照工资总额的11%计算。

(四)从成本中开支的职工奖金,一般企业按标准工资总额的10%计算;少数先进企业可以适当提高,但最多不得超过标准工资总颊的12%。

(五)基层企业从利润中提取的企业基金,在最多不超过工资总额百分之五的范围内,由企业主管部门根据企业的不同情况,分别确定。

以上第(一)、(二)两项的数额,为生产发展基金;第(三)项的数额和第(五)项中80%的数额,为职工福利基金;第(四)项的数额和第(五)项中20%的数额,为职工奖励基金。这三项基金,都要分别核定利润留成比例。

计算基数利润留成比例的利润总额,为扣除归还技措贷款后的利润数。原来从成本中列支的职工福利基金和职工奖金改为从利润中提取后,计算基数利润留成比例的利润总额应作相应的增加。

试行利润留成办法后,凡属应在利润留成资金中开支的费用,国家一律不再拨款,企业也不得在成本中列支,也不再提取企业基金。

四、企业增长利润留成的比例,按照不同行业,分别规定为:

(一)石油、电力、石油化工和国外引进成套设备等盈利水平较高的企业10%;

(二)冶金、机械、电子、化工、轻工、纺织、建材、森工、铁路、交通运输和其他企业20%;

(三)煤炭、邮电、民航、农机企业30%。

五、企业基数利润留成比例的核定,采取自上而下、逐级核定的办法。各省、市、自治区和中央主管部门总的利润留成比例,由国家经委和财政部核定。各省、市、自治区和中央主管部门,可以在国家核定总的利润留成比例范围内,分别核定所属企业(或公司)的利润留成比例。

六、基数利润留成比例核定以后,原则上三年不变。如遇有以下情况,可以做相应的调整:

(一)国家调整产品价格,调整主要原材料价格,改革税制,使企业利润有较大增减的;

(二)工业改组中,企业进行调整,使企业利润有较大增减的;

(三)国家投资新建、扩建的车间、分厂和附属工厂投产后,企业利润有较多增加的;

(四)企业因交纳固定资产税和支付定额贷款利息而减少利润的。

七、工业企业必须完成产量、质量、利润和供货合同四项计划指标,才能按照核定和规定的留成比例提取全部利润留成资金。四项计划指标中,每少完成一项,扣减其应提利润留成资金(包括基数利润留成资金和增长利润留成资金)的10%。

铁路、交通运输、邮电、民航企业的考核指标,由各主管部门和财政部另行商订。

八、企业提取的基数利润留成资金,完成月度计划指标的,可以按规定提取,没有编制或没有完成月度计划指标的,可以按月预提80%。增长利润留成资金,上半年完成全年计划在50%以上的企业,可以按规定预提50%,完成年度计划不到50%的企业,不能预提。企业应提的利润留成资金,年度终了后列入决算,经企业主管部门和同级财政部门审查后进行结算,多退少补。

企业提取利润留成资金时,应按归还技措贷款后的利润数计算。

九、企业从基数利润中提取的利润留成资金,按照核定的生产发展基金、职工福利基金和职工奖励基金的留成比例分别提取,分别管理和使用。企业从增长利润额中提取的利润留成资金,用于发展生产的部分不得少于60%,用于职工福利设施和职工奖金的部分不得超过40%。生产发展基金可以与更新改造资金结合使用,但不得用于职工福利和奖金方面。发给职工的奖金,除国家规定的节约奖外,都在职工奖励基金中开支。职工奖励基金,应坚持先提后用,不得超支。职工奖励基金较多的企业,当年发放的奖金总额,以企业为单位计算,最多不得超过本企业职工两个月的标准工资;节余的奖金,可留作下年使用,"以丰补歉"。

十、企业对利润留成资金的使用计划和使用情况,必须经本企业职工代表大会讨论,充分听取意见,实行民主管理,接受群众监督。

十一、企业用利润留成资金安排生产措施和福利设施,所需的材料、设备,应报各级计委和物资归口管理部门纳入计划,予以解决。

十二、实行利润留成制度,必须认真贯彻执行党的方针、政策和国家计划，遵守财经纪律，严禁弄虚作假。如有违反，主管部门应当根据情节轻重，扣减其应提取的利润留成资金，或在一定时期内停止提取利润留成资金，并对企业领导及有关人员追究责任，严肃处理。

本办法从1980年起在批准试点的国营工业企业中试行。已经按地方自定办法试点的，从1980年起，都要改按本办法试行。

全国电力工作会议在北京举行

电力工业在全面完成今年国家发电量计划和基本建设计划的基础上，要用较少的资金和燃料，争取多发电一百亿度，并创造条件多装机100万千瓦，以适应国民经济发展的需要。这是这次全国电力工作会议提出的任务。

按照以往的经验，全国工业总产值每增长1%，发电量就要增长1.2%，装机容量也要有相应的增加。但是，今年国家计划全国发电量增长的速度低于工业总产值增长的速度，装机容量比去年还要减少52%。这样，电力工业就同整个工业的发展不相适应，矛盾比较突出。为了解决这个问题，全国电力工作会议经过充分讨论，决定除完成国家计划外，千方百计挖掘企业潜力，争取多发电100亿度，并争取多装机100万千瓦。

来自各省、市、自治区电力部门和主要电厂的领导干部、工程技术人员认为，要完成超发100亿度电的奋斗目标，主要途径就是广泛深入地开展增产节约运动，大力推广省煤节电的新技术，从节约中求增产。

出席会议的同志们认为，在国家投资少、材料缺口大的情况下，争取多装机100万千瓦，是一项十分艰巨的任务。因此，在电力建设中更要强调集中力量打歼灭战，凡具备今年投产条件的项目要抓紧施工，争取多装机，早发电。凡施工条件不完全具备的水力、火力电站项目要坚决停建和缓建，没有列入今年投产计划，但已经有了设备、有了厂房，其他条件也具备的建设项目，要千方百计抢时间把设备安装上去。

全国人大常委会副委员长阿沛·阿旺晋美在北京会见以加纳工会大会总书记伊西夫为团长的加纳工会大会代表团

中美科技合作联合委员会在北京举行全体会议

联合委员会中方主席、国务院副总理、国家科委主任方毅和联合委员会美方主席、美国总统科学技术顾问、科学技术政策办公室主任弗兰克·普雷斯博士在会议上讲了话。他们在回顾过去一年来中美两国科技合作情况时指出，合作是富有成效的，进展也是顺利的，超过了人们的预料。联合委员会的两位主席在讲话中表示希望，在新的一年里双方要广泛地进行接触，不断开辟新的途径，采取多种方式，来进一步加强和扩大两国之间的科技合作和交流。

第四届亚洲射击锦标赛和第一届亚洲飞碟射击锦标赛在马尼拉举行

中国射击选手在24个单项比赛中沉着冷静、团结奋战，夺得12枚金牌、5枚银牌和2枚铜牌，创4项、平3项亚洲纪录。这是中国队在参加的历届亚洲射击锦标赛中获得金牌最多的一次。

北京名厨赴马尼拉表演烹饪技术

由北京萃华楼、同和居饭庄的8位著名厨师组成的北京厨师小组，应菲律宾凯悦酒店国际公司和菲律宾航空公司邀请，飞往马尼拉，参加由这两家公司主持举办的"北京节"活动。

1月23日

国务院托幼工作领导小组在北京召开会议

会议认为，全国托幼工作会议以后，在各级党委的重视下，托幼工作的发展情况是好的，广大保教工作者，正为进一步办好托幼工作而努力。会议指出：1980年领导小组的主要任务是，贯彻执行《全国托幼工作会议纪要》的精神，根据四化建设的需要，组织力量有计划地深入城市、农村进行调查研究，了解托幼工作的新情况、新问题，总结交流先进经验，推动托幼工作的开展。

国务院托幼工作领导小组由教育部、卫生部、全国妇联、中国人民保卫儿童全国委员会、财政部、国家计委、国家建委、国家农委、商业部、民政部、国家劳动总局、国家城市建设总局、全国总工会等部门的有关负责人员组成，下设办公室，负责日常工作。国务院副总理陈慕华担任领导小组组长，董纯才、栗秀真、吴全衡、王程远为副组长。陈慕华同志主持了今天的会议。

国务院计划生育领导小组国家科委卫生部在北京联合召开全国计划生育科技专业会议

共青团第十届中央委员会在北京召开第二次全体会议

到会同志学习了邓小平同志关于形势和任务的重要报告，受到很大的鼓舞，都感到精神振奋，方向明确，信心倍增。

全会认为，共青团作为党的助手，历来是把实现党的政治路线作为自己最崇高的任务的。现在，党为实现四化已经确立了一条坚定不移的政治路线，共青团就要下定决心，排除干扰，毫不动摇，把社会主义现代化建设作为自己全部工作的中心，为巩固安定团结的政治局面，为加强我国的经济和物质基础，为培养造就一代新人，竭尽自己的全力。

全会一致通过了共青团中央第一书记韩英向全会所作的《团十大以来的工作和一九八〇年的任务》的报告。

全会还通过了关于开展创先进团支部活动的决定和关于恢复少年先锋队队长、队委标志的决议。

全会增补、增选李瑞环为团十届中央委员会委员、常委、书记处书记。

会议结束时，胡耀邦同志到会讲了话。

胡耀邦同志说，共青团已经有近60年的历史了。这是一部光荣的历史。共青团为了国家、民族和无产阶级的利益，前仆后继，英勇奋斗，作出了突出的贡献。我们党对青年工作历来是爱护和支持的。现在，在实现四化的新时期中，共青团要用自己扎扎实实的工作，作出新的贡献。要在4个方面发挥团的积极作用，即：为四化英勇奋斗的积极作用，向科学技术进军的积极作用，维护安定团结的积极作用，提倡社会主义道德风尚的积极作用。

会议期间，蒋南翔、周扬同志也先后到会，就青年的教育问题讲了话。

全会号召全体共青团员和全国青年，团结一致，齐心协力，在各自的战斗岗位上创造第一等的成绩，为四化作出更大的贡献。

共青团中央第一书记韩英在共青团十届二中全会上作题为《团十大以来的工作和一九八〇年的任务》的报告

报告要求各级共青团组织坚定不移地以四化为中心，把全团工作活跃起来。要在党的"同心同德，鼓足干劲，力争上游，多快好省地建设现代化的社会主义强国"的总路线指引下，围绕安定团结和增产节约，加强、改进思想政治工作，关心青年的物质文化生活，发挥团的组织作用，把青年紧紧地团结在党的周围，为完成和超额完成1980年的国民经济计划而努力奋斗。

韩英回顾了共青团过去一年的工作。他指出：过去的一年，是共青团工作在拨乱反正中不断发展的一年，是在工作着重点转移中阔步前进的一年。一年来，全团围绕四化这个中心，集中抓了开展争当新长征突击手的活动、共产主义道德教育、加强团的自身建设三件大事，使团的工作打开了局面，取得了较好的成绩。

为了在新的一年里使共青团的工作能有新的突破，韩英在报告中提出共青团要在1980年抓好四项主要工作。

继续加强对青少年的教育，维护安定团结，改造社会风气。当前，思想教育的核心问题，仍是坚持四项基本原则。只有坚持四项基本原则，才有社会主义现代化。要教育青年懂得，只有中国共产党才能领导9亿中国人民胜利地到达四化的彼岸，要坚决同损害党的威信、削弱党的领导的言行作斗争。要教育青年维护四化建设和安定团结的大局，在不妨碍安定团结的条件下，实现生动活泼。要教育青年树立以四化为己任的思想，同心同德，艰苦创业，一步一步把四化变为现实。要在青少年中大力提倡：热爱祖国，勤奋学习，热爱劳动，关心集体，助人为乐，诚实谦虚，文明礼貌，遵守法纪，艰苦奋斗，英勇对敌。

深入开展争当新长征突击手活动，带领青年为打好四化第一个战役立功。各条战线团的组织要把工作深入到经济领域中去，从增加经济效果和培养锻炼人才上努力提高争当新长征突击手活动的水平。

关心青年切身利益，活跃青年业余文化生活。要通过万紫千红的活动，联系青年，组织青年，吸引青年，把教育寓于活动之中。要协助党和政府积极地、有计划地安置待业青年。要关心青年的婚姻恋爱，做好晚婚和计划生育工作。

切实加强基层建设，进一步健全团的系统领导。要恢复和坚持"六级办支部"的有效做法，各省、地、县团委都要由领导动手，办一两个团支部。通过开展创先进团支部的活动，争取在今年内有10%左右的团支部进入先进行列，使团的基层组织面貌有所改观。

韩英在报告中强调指出，要完成1980年的任务，全团上下必须振奋革命精神，转变工作作风。要把团干部的积极性调动起来，把团组织的作用发挥出来。要按照党中央对共青团提出的要求，积极主动、独立负责地进行工作。要创造新时期开展团的工作的新经验，使1980年成为我国青年大有作为、大显身手的一年。

《人民日报》发表评论员文章《社队企业的一项重要使命》

我国社队企业诞生的历史比较短，而发展的速度相当快，特别是最近几年尤为迅速。现在，全国的社队企业已经达到150余万个，平均每个公社30多个，几乎涉及各行各业。它已经成为我国国民经济的一个重要组成部分。

过去这些年来，从各级领导部门来说，对社队企业主要是侧重于抓发展，没有来得及认真抓管理。而企业干部又主要来自农村，缺乏企业管理知识。因此，企业的经营管理成了一个突出的薄弱环节，在不少企业中存在着劳动效率低，产品质量差，生产成本高，利润收入少,资金周转慢的现象。

我们当前正在调整国民经济,社队企业要在调整中前进,在整顿中提高,认真抓经营管理是一个关键。社队企业通过调整和整顿,今后还要因地制宜地积极兴办新的企业,这是毫无疑义的。但是,充分发挥现有企业的潜力,使人力、物力和财力得到充分合理的利用,实现生产的持续、稳定和高速度发展,应该说更为迫切。目前社队企业由于不重视管理,全员劳动生产率一般只有一二千元,利润率一般也很低,有的甚至长期亏损。有些骨干企业远远达不到设计能力。许多事实说明,经营管理抓好了,产量往往大幅度上升,利润成倍增长,一个厂可以顶得上几个厂。即使设备条件差的企业,只要在经营管理上狠下功夫,把好产品质量关,也能创造出新的生产水平。把现有企业的巨大潜力发掘出来,也就为发展新的企业创造了条件。

社队企业生产的目的,是为了满足城乡人民不断增长的物质和文化生活需要。它的产供销是在国家计划指导下,很大程度上要依靠市场调节作用。因此更要及时了解群众的需求和市场动向,制造出丰富多彩、价廉物美、适销对路的产品。现在社队企业由于设备条件差,技术基础薄弱,加上经营管理不善,有些产品质次价高,在市场上没有竞争能力,产品滞销积压,造成极大的浪费。产品质量的好坏,是关系到社队企业能否生存发展的大问题。我们必须通过认真加强经营管理,抓好技术管理和质量管理,增加花色品种,搞好产品升级换代,不断创名牌优质产品。

一切都说明,社队企业的发展,已经进入了以改善经营管理为重点的阶段。要使社队企业有个新的大发展,就要认真抓住这个环节,并且一抓到底,争取使我国现有的成千上万个社队企业的生产水平,有一个显著的提高。

解放军各部队贯彻城市治安会议精神积极协助地方维护社会治安

《人民日报》报道,人民解放军各部队认真贯彻全国城市治安会议精神,在加紧整顿部队内部秩序的同时,采取有力措施,积极协助地方整顿和维护社会治安。

参加全国城市治安会议的各大单位的同志回去后,立即向本单位党委传达了会议精神。各大单位党委十分重视,根据会议精神做了相应的部署。总参谋部召集了有1200多人参加的师以上干部会议,副总参谋长杨勇、迟浩田就有关问题作了动员。北京部队司令员秦基伟在该部召开的动员大会上强调指出:部队一定要协助地方搞好社会治安;如果看见坏人进行残害人民群众的现行犯罪活动而袖手旁观,无动于衷,就要追究责任。基建工程兵政治部向所属部队发出通知,号召全体干部、战士向与犯罪分子搏斗而英勇牺牲的徐相国烈士学习,坚决维护人民群众的生命财产。

许多单位采取有力措施,积极协助和支持地方整顿社会治安、打击刑事犯罪分子。第二炮兵警卫连以1个排的机动兵力,随时准备支援地方公安机关完成紧急治安任务。上海警备区从去年10月份以来,组织12个小队,加强市区主要街道的巡逻警戒,并且将进一步充实巡逻力量。

在协助地方加强社会治安的同时,各单位加强了对干部和职工子女的教育和管理。政治学院、国防工办等单位采取办合作社、文化补习班、夜校等方法,把子女中的待业青年组织起来学习。

越南武装人员侵入云南边境枪杀我边防军民遭到我边防军民奋起痛击

一股越南武装人员在12时侵入我云南省金平县大保寨龙吉河地区,疯狂向我村寨开枪扫射。打死打伤我边民各2人,打死我边防战士1人。我边防军民奋起还击,击毙越军2人,其余狼狈逃窜出境。

中国剧协 中国作协 中国影协在北京联合召开全国剧本创作座谈会

座谈会由作家协会副主席贺敬之主持。中共中央宣传部部长胡耀邦在会上讲了话。中国文联主席周扬、副主席兼影协主席夏衍、作协副主席陈荒煤、剧协副主席张庚等也讲了话。还邀请国家计委副主任房维中,理论工作者李洪林分别作了关于经济形势和理论问题的报告。代表们学习了邓小平同志代表党中央、国务院在第四次文代会上所作的祝辞和周扬同志的报告。座谈会贯彻"百花齐放、百家争鸣"的方针,实行"三不主义",与会者回顾了粉碎"四人帮"三年多来的文艺创作情况,满意地指出,在党的正确的政治路线和思想路线指引下,文学艺术界的形势很好,创作空前活跃,很有成绩,必须继续解放思想,进一步繁荣创作。与会者就话剧剧本《假如我是真的》(又名《骗子》)、电影剧本《在社会的档案里》《女贼》等作品,开展了热烈讨论。这几部作品的作者也在会上讲了创作意图,参与论争。会上既有肯定意见也有否定意见,多数同志则在肯定作者们的良好愿望的同时,指出作品存在的缺陷。座谈会还讨论了当前文艺创作中的题材、真实性与倾向性、作家的职责、作品的社会效果、正确认识时代和更好地为四化建设服务等问题。

会议于2月13日结束。

1月24日

国务院副总理邓小平在人民大会堂会见中美科技代表团

邓小平副总理在会见时说，中美科技合作协定签订一年来，两国科技合作发展得很快。这次，双方又就更广泛的合作领域进行讨论，取得了积极的成果。对此，我们双方都很满意。

在谈到当前国际形势时，邓小平副总理说，80年代将是一个多事的年代。苏联悍然出兵占领阿富汗就是一个明证。在这种情况下，中国要加强自己，美国也要加强自己，世界各国也要加强自己，但这还不够，我们大家还需要联合起来，认真对付苏联霸权主义。他指出，这种联合要有具体内容，要作扎扎实实的工作。在这次会议上，中美双方达成了许多协议这就是做了一件很好的事情。

他说，我们多次表明，中国不希望打仗，需要真正的和平。我们要搞四个现代化建设，没有一个和平的国际环境不行。我相信，美国人民也希望和平，世界各国人民也希望和平。

国务院副总理邓小平在人民大会堂出席中美技术合作签字仪式

联合委员会中方主席、国务院副总理、国家科委主任方毅和联合委员会美方主席、总统科学技术顾问、科学技术政策办公室主任费兰克·普雷斯博士分别在《中美科学技术合作联合委员会第一次会议报告》上签字。

报告指出，联合委员会回顾了在十个领域里第一年双边合作的成果，讨论了有关正在进行的合作计划的总政策和具体问题，并且推荐了这些计划领域的未来活动。联合委员会决定双方将积极地探讨新领域合作的可能性，包括环境、运输、基础科学、统计学、核能(包括核物理和核聚变)、电子学、通信、航空，以及建筑和城市规划；鼓励和支持两国学术界的学术交流活动。

双方还签订了地震研究科学技术合作议定书、地学科学技术合作议定书、农业方面年度合作计划书，以及中国科学院和美国全国科学院谅解备忘录、中国科学院和美国国家航空和宇宙航行局关于在中国建立陆地资源卫星地面站的谅解备忘录。

中共中央发出《关于成立中央政法委员会的通知》

其任务是在中央领导下，研究处理全国政法工作中的重大问题。中央决定：彭真、黄火青、江华、赵苍璧、程子华、魏文伯、武新宇、黄玉昆、刘复之为中央政法委员会委员；彭真任书记，刘复之任秘书长。在这一通知所明确的政法委的六项职能中，确立了中央政法委对于立法工作的领导，把握好立法工作中的政治方向问题，不干涉具体的司法工作。

中共中央 国务院发出《关于节约非生产性开支反对浪费的通知》

粉碎“四人帮”以来，在党中央的领导下，经过全党全军和全国客族人民的共同努力，我国国民经济迅速恢复和发展，情况一步一步向好的方面发展。国民经济的调整工作，也已开始见到成效。但是，目前我们的生产水平和生活水平还很低，在财政经济上还存在不少困难。特别是由于林彪、“四人帮”的长期干扰，党的作风受到极严重的破坏，许多地方在人力、物力、财力上存在着相当普遍的严重浪费现象。很多组织机构臃肿，人浮于事，工作效率很低。有些地方和单位，无视国家规定和财经纪律，乱支滥用，任意铺张浪费。这不仅给生产建设增加了困难，而且助长不正之风，腐蚀干部思想，挫伤群众积极性，严重损害了党和政府同群众的联系。我们一定要认识到，节约是我们勤俭建国的长期方针，不能认为只是“贪污有罪”而“浪费无妨”。投有艰苦创业的革命精神，没有扎扎实实地把生产搞上去的思想和劲头，调整国民经济和逐步实现四化，都无从谈起。因此，采取严格的措施，厉行节约，反对浪费，恢复和发扬艰苦朴素、密切联系群众的优良传统，既是一个重大的经济问题，也是一个极其尖锐的政治问题，必须引起我们的高度重视。除了工业、交通、基本建设和商品流通方面的增产节约问题，中央、国务院将另行作出规定以外，现对控制和节约行政、事业单位的公用经费和企业管理费的问题，作如下通知：

一、节约公用经费

1980年各单位的行政经费、事业经费，除去应发个人部分的开支(如人员工资、职工福利费、人民助学金等)以外，其他公用开支部分，一律按上年预算指标节减20%，并由财政部门从各地方、各单位的当年预算指标中扣减下来。具体核定节减指标时，要根据具体情况，区别对待，有的可以多节减一些，有的可以少节减一些。企业的管理费用，要按上述比例多节减一些，由主管部门核定，严格控制，大力节约。

二、精简各种会议

(一)1978年，全国会议费开支比1965年增加了两倍。会议一定要精简，开会一定要讲实效。可开可不开的会一律不开。必须开的会，代表人数、工作人员人数和开会天数，也要压缩到最低限度。国务院各部门的会议计划，应按规定报国务院审批。地方也要按此精神，规定审批制度。

(二)各种会议必须节省开支。各地区、各部门开会,不得占用接待外宾和旅游的饭店。当地与会代表一般不安排在宾馆、招待所住宿。尽量减少会议用车和夜餐费。各种会议不得擅自提高伙食补助或其他开支标准,不得用公费招待看戏、看电影,不得以任何借口滥发奖品。

(三)除了专业性的订货、配件、物资分配、产品验收、鉴定、评比会议和小型调查研究会以外,其他会议的开支,一律由召集单位支付,不得让参加会议的人员回本单位报销,以堵塞变相增加会议费开支的漏洞。

(四)各级领导单位到地方召开会议,各种开支一律自理,不得挤占地方经费,地方也不要给以贴补。

(五)今后两三年内,各级行政机关和企业、事业主管部门的会议费,要求以1979年的实际开支为基数,节减30%到40%。

三、控制差旅费

(一)出差要有计划地安排和严格掌握。出差与外出开会的费用,要严格执行国家财政制度。违反规定的,不准报销。

(二)严格控制外出参观学习。必须组织外出参观学习时,人员要少而精,出省(市、自治区)境的须报经省(市、自治区)人民政府批准。未经批堆的,财务部门不予借款和报销。

(三)不准借出差和开会之机,用公款游山玩水。如经揭发查实,应予批评教育,并追回已报销的有关费用。

四、压缩购置费开支

(一)1978年,全国社会集团购买力总额一年达到140多亿元,比1965年增加了1.8倍。各单位必须严格控制非生产性的购置。可买可不买的坚决不买,必须购买的也要精打细算,尽量少买。

(二)各单位对核定的社会集团购买力指标,要严格控制,不得突破。严格禁止用职工个人的名义代集体套购商品的错误做法。对于国家规定的27种专项控制商品,除新建单位或特殊情况外,1980年内暂时停止审批、停止供应。

(三)商品供应单位向社会集团销售非生产性商品,必须坚持凭证限额供应的办法。要积极开展专项控制商品和设备的租赁业务,以解决一些单位开大会、办展览和接待外宾等临时需要。对此,商业部门要严格把关,认真贯彻。

五、节约办公费用

(一)各地区、各部门要对文件、简报、报表、刊物,切实认真地进行一次清理。要减少数量,提高质量,反对"四多"。国务院各部门的清理工作,由国务院办公室负责,地方的清理工作,由省、市、自治区人民政府(革命委员会)办公厅负责。

(二)县级以上各单位职工阅读的书报刊物,除图书馆、资料室和阅报牌等正常需要及必不可少的以外,应自费订购。

(三)各企业、事业和行政单位,应当发动群众,提出措施.大力节约各种办公用品,节约电报费和长途电话费,节约用水、用电、用煤。职工宿舍用水、用电,由个人自理。如果与公家用水、用电分不开的,要按比例合理收费。

六、控制小汽车使用

(一)到1978年年底,全国行政机关拥有的小汽车、吉普车,总数已达43000辆,比1965年增加了两倍多,必须进行一次清理和整顿,并在此基础上,制定配备标准。中央级单位的配备标准,由国务院机关事务管理局规定,地方各单位的配备标准,由省、市、自治区人民政府(革命委员会)指定有关部门规定。超过规定标准的小汽车、吉普车,一律暂时封存,或者作价调给交通运输部门使用。

(二)企业、事业单位的汽车,也要进行清理和整顿。严格划清生产用车和非生产用车。任何人都不得把生产用车作为个人私车使用。因私事用车,必须按规定收费。到外地开会或工作,在有火车等其他交通工具的情况下,严禁长途使用专车。

(三)各单位都要订出节约汽车用油的措施。凡超过指标用量的,供油单位不供应,财务部门不报销。严禁用"走后门"等不正当手法套购汽油。在节约用油办法尚未订出来之前,从1980年1月1日起,国务院各部门一律按现有的用油指标削减30%。各地区、各单位也应按此精神,规定自己的节油指标。

七、勤俭办外事

(一)为避免重复出国考察,而造成人力、物力、财力的浪费,今后党政机关、经济部门和事业、企业单位的出国计划,应当归口审查,统一审批。未经批准,一律不得出国。具体审批程序,国务院将另作规定。

(二)出国考察团的人数和时间要掌握控制,以节约外汇开支。考察人员要力求精干,熟悉本行业务。严禁借出国之机,增加途中停留点或绕道游览。

(三)接待外宾、外商,要友好热情,接待适度,不可过分。要严格执行财政部、外交部、国务院办公室规定的接待外宾费用开支标准。严禁借接待之机,大量购买专项控制商品,擅自请客送礼。违反规定的,要给予纪律处分。

(四)接受和处理外国赠送的礼品,必须严格按照国务院〔1973〕174号文件"关于接受和处理外国赠送礼品的规定"办理,各级领导干部都要以身作则,带头执行。应当交公而不交公,或者私自处理的,以违反财经纪律论处。

八、严禁用公款请客送礼

召开各种会议,或者接待上级机关和兄弟单位来的领导人员,一律不得用公款宴请和送礼,不得用公款招待烟、酒、糖、水果、点心,不得用公款请看电影、看戏,更不得组织群众和车队迎送。违反规定的,其费用开支不予报销,谁出"主意"谁付钱。各地区、各部门、各单位过去自定的招待标准,同本通知规定精神不符的,应一律废止。

上级领导同志到地方开会,或到基层做调查,陪同人员要尽量减少,吃饭要按规定标准交钱交粮票。

九、严禁私分产品和国家财物

一切企业、事业单位和部门,不得私分或者变相低价私分商品和国家财物。企业试制的新产品,送给上级主管部门审查的样品,审查后应即收回。不得赠送给单位和个人,或者以试听、试用,试看为名,化公为私。对于违反规定的,除给以纪律处分外,应当按商业部门的牌价追回私分商品和物资的全部价值。

十、整顿宾馆、招待所

(一)宾馆、招待所要挖掘潜力,扩大接待,提高房间使用率,努力增加收入。

(二)宾馆、招待所的各种设施,要力求简朴实用,整洁卫生,反对贪大求洋、豪华浪费。除经批准用于接待外宾的以外,一律不得购置高级消费品。

(三)严格收费制度。各地的收费标准,统一由省、市、自治区审订。收费标准过高的要降低。要坚持收费制度,不得少收费或不收费,不得免费供应烟、酒、糖、茶、水果和免费使用小汽车,不得用收入请客送礼和补贴伙食费。各级领导干部不准占用宾馆、招待所的房间和在宾馆、招待所内食宿,不迁走的要个人付费。

(四)宾馆、招待所要精减管理人员,扩大服务项目,加强经济核算。亏损单位要在一两年内逐步做到自负盈亏,否则国家财政不予补贴。有条件的地方,要把宾馆、招待所交给商业服务部门或旅游部门,实行企业化经营。宾馆、招待所要按时编报预算和决算,主管部门和财政部门要对他们的财务收支加强监督和管理。

十一、对行政、事业单位试行"预算包干"办法

(一)从1980年起,国家对文教、卫生、科学、体育等事业单位和行政机关试行"预算包干"办法,节余留用,增收归已,以调动努力增收节支,提高资金使用效果的积极性。具体办法按财政部规定执行。

(二)一切有条件组织收入的事业单位,都要积极挖掘潜力,从扩大服务项目中,合理地组织收入,以解决经费不足的问题,促进事业的发展。应用科研单位和设计单位要积极创造条件,改为企业经营,不仅不用国家的钱,还要力争上缴利润。

十二、整顿劳保福利开支和奖金、津贴

(一)切实执行国家规定的劳保用品领发制度。任何单位和个人都不得自作主张,扩大发放劳保用品的范围,增加劳保用品的项目和数量,或者用高档商品代替一般劳保用品。要实行收旧换新,提倡修旧利废,发扬艰苦奋斗精神。

(二)切实执行国家规定的福利待遇制度。任何单位和个人都无权滥发福利费,更不准私分福利费。违反规定的,应当如数追回。

(三)鉴于目前有些地方和单位滥发奖金、津贴的情况,国务院责成财政部和国家劳动总局进行必要的整顿,并制定具体实施办法。

十三、整顿人员编制

(一)从1980年1月起,一切行政单位的职工人数,除中央和国务院批准增加的以外,均暂行冻结,不准增加,并着手进行整顿。

(二)今后,国务院各部门和各地区增加人员编制,必须经国务院审批。各级人民政府要指定一位负责同志主管这项工作。从上到下,实行一支笔审批,其他领导同志不要随意审批。凡是没有经过批准的编制,财政一律不予拨款。

(三)所有临时办事机构都要进行整倾,该撤销的撤销,该合并的合并,人员回原单位或另行分配。必须保留的,配备也要精干。今后,各级领导机关因工作需要必须增设临时机构的,要严格控制。

(四)各级领导机关不得从所属基层单位长期借调人员,变相增加编制。基层单位有权拒绝上级单位长期借调人员。

厉行节约,反对浪费,关键在领导。关于高级干部的生活待遇标准,中央和国务院已有专门的规定,各地区、各部门要坚决贯彻执行。各地区、各部门、各单位的领导干部,要以身作则,带头坚持执行各项开支规定,并加强对这一工作的领导,大力支持财会部门履行职责。各单位行政部门的负责人,要协助本单位的领导同志严格执行国家有关规定,当好后勤,切不可以关心、照顾领导同志为名,搞不正之风,给领导同志帮倒忙。各单位的财会人员要以对党对人民高度负责的精神,坚守岗位,忠于职守,把好口子,发现违反本通知各项规定和国家其他有关规定的,应当迅速报告领导机关,及时纠正。对情节恶劣的,要立即检举揭发,并可越级上告。任何人不能对他们进行打击报复,对打击报复的,要加重处分。要实行经济民主,财务公开,发动和依靠群众揭矛盾,提建议,搞措施,加强监督检查,共同把反对铺张浪费,厉行节约的工作搞好。

各地区、各部门接到本通知后,要指定一位领导同志负责抓这项工作,结合本地区、本部门的情况,研究制定具体办法,迅速贯彻落实。各地党的纪律检查委员会要加强督促检查。财政、银行和财务部门要切实做好促进和监督的工作。执行中发现的问题,要及时研究,进行处理。

军队系统由军委总后勤部根据本通知的精神,结合节约公用经费20%的要求,制定有关规定和办法。

各地报刊要配合有关部门,宣传本通知精神,表扬在厉行节约、反对浪费方面作出显著成绩的单位和个人。

本通知要向机关职工群众宣读,做到家喻户晓,人人皆知,以利发动群众,监督执行。

国家经委在北京召开会议专门部署1980年节约能源工作

会议指出,尽管去年各地区、各部门节约能源的工作取得了很大成绩,但节能的潜力还很大。现在,我国能源的消耗总量约合6亿吨标准煤,同日本差不多,而日本的国民总产值却比我国约高3倍。在国外,不少国家的热能利用率已达到50%以上,而我国仅利用30%左右。从管理水平看,目前全国还有大约一半企业,能源消耗高于本企业历史上的最好水平;在同一行业中,条件大体相同的企业,能源消耗相差也很大。

国家经委指出,按照我国国民经济1980年的计划安排,工业、农业都要有一定的增长速度,速度从何而来?一个重要方面就是节约能源。为此,国家要求1980年各行各业必须节约石油10%,节约煤炭5%,节约电3%。为此,必须狠抓把烧原油的锅炉改烧煤炭的工作,要通过改造锅炉,在今年形成压缩烧原油400万吨的能力;全年要求节约煤炭2300万吨,汽油、柴油300万吨,燃料油150万吨,焦炭150万吨,电力70亿度。各个能源生产部门也要大力节约自身的能源消耗和损耗。

1月25日

全国冶金工作会议在北京召开

这次会议的主要议题是冶金工业部门要坚持又让又上,全面提高。又让又上的具体方针是,1979年冶金工业部门根据党中央、国务院关于调整、改革、整顿、提高的方针,从全局出发,从本行业的实际情况出发提出来的。让,就是服从全局,不争投资,坚决按国家计划压缩冶金工业的投资,缩短基本建设战线,腾出资金、煤、电、石油和运输能力,用于发展农业、轻纺工业和加强工业内部的薄弱环节。上,就是要大力降低能源消耗和其他消耗,用节约下来的原料、材料、燃料努力增加生产;就是把国家分配给冶金工业的投资和冶金工业内部的资金,用于提高质量、增加品种和加强矿山这个薄弱环节;就是在投资有限的情况下,保证重点工程的建设;就是要充分利用外资,加快我国冶金工业的发展。

来自各省、市、自治区和重点企业的负责干部、技术专家和劳动英雄、英雄集体的代表认为,在1980年,冶金部门要做好十件事:一是要比1979年增产100万吨短线钢材;二是把用户复验合格率作为衡量冶金产品的质量标准;三是主要冶金产品要达到进入国际市场的水平;四是武钢一米七轧机要正常的生产,拿出合乎世界先进水平的钢材;五是抓好宝钢及江西铜基地、贵州铝厂3个大型引进项目的建设;六是搞好矿山调整;七是解决一批军工所需金属材料的品种、质量问题;八是钢材成材率再提高1%;九是重点钢铁企业节约150万吨标准煤;十是利润超过1979年的水平。

在北京的全国人大常委会委员和政协全国委员会常务委员在人民大会堂座谈拥军 优属拥政爱民工作

大家指出,80年代是一个重要年代,进一步做好拥军优属、拥政爱民工作,加强军政军民团结,对于发展安定团结的政治局面,对于建设四化、保卫四化,具有特殊重要的意义。中华民族的每个成员都要像爱护自己的眼睛一样,珍惜军政军民团结,发扬革命传统,争取更大光荣。

全国人大常委会和政协全国委员会举行的联席会,由全国人大常委会副委员长、政协全国委员会副主席韦国清主持。民政部部长程子华、中国人民解放军总政治部副主任梁必业,在会上分别作了关于拥军优属和拥政爱民的工作汇报。

全国人大常委会副委员长赛福鼎、阿沛·阿旺晋美、周建人、许德珩、胡厥文、朱蕴山、史良,政协全国委员会副主席康克清、王首道、庄希泉、胡子昂、荣毅仁、胡愈之、王昆仑、班禅额尔德尼·确吉坚赞,出席了联席会。董其武、康永和、康克清、韩英、席国光、陈此生、程世才、胡厥文、林丽韫、楚图南、胡子昂、谢冰心、班禅额尔德尼·确吉坚赞、严济慈、赵朴初、史良等在会上发了言。

四川省粮食议购议销公司在成都成立

《人民日报》报道,最近两年来,四川农村在完成国家统购任务后,每年还有20亿斤议价粮上市。这对调剂品种、满足城乡人民需要、保护农民利益起了很大作用。但是,由于农村集市贸易的范围小,地区之间、季节之间比较大宗的粮食调剂不能及时进行,议购议销的优越性没有充分发挥。成立全省议购议销专业公司后，就可以在较大范围内进行议价粮食的流通和品种调剂。

解放军总后勤部作出号召部队后勤战线干部群众立即开展向吕士才学习活动的决定

决定指出，吕士才同志是在新的历史时期涌现出来的英雄模范人物，他的事迹具有建设四化、保卫四化的时代特点，是鼓舞人们奋发向上、大干四化的巨大精神力量。决定说，广泛深入地开展向吕士才同志学习的活动，教育广大干部、战士像吕士才同志那样生活、工作和战斗，树立起共产主义的远大理想，振奋起革命的献身精神，坚定不移地投身于伟大的时代洪流，在四化建设中大显身手。

决定要求每一个同志都要经常用吕士才同志的先进思想和模范事迹对照自己，寻找差距，认真想一想自己是不是在一心一意干四化；是不是自觉地把个人利益服从了党的利益；是不是树立了全心全意为人民服务的思想；是不是发扬了艰苦奋斗的创业精神。

决定要求各级党委和政治机关要把向吕士才同志学习的活动，作为政治思想工作的一项重要内容，采取有力措施，加强组织领导，切实搞出成效。

在北京召开的全国人事局长会议研究进一步解决夫妻分居问题

粉碎“四人帮”以来，全国各级党政机关积极地有步骤地解决干部和职工夫妻两地分居的问题。据初步统计，各地有16万余名夫妻两地分居的干部已经团聚。许多分居两地的职工家庭也得到团聚。

为了完成革命和建设任务，干部夫妻之间有时需要两地分居。但长期两地分居会给干部家庭生活带来困难。这是一个长期积累下来的需要认真解决的问题。这几年，各级人事部门贯彻执行党中央的指示，深入调查研究，以关心干部疾苦为出发点，同时遵守有利四化建设、严格控制大中城市人口和职工总数的原则，采取多种措施加以解决。上海市采用对调和照顾性单调相结合的办法，动员可以调出的干部到外地和亲人团聚；对工作需要，确实不能调离上海的，也分别轻重缓急逐步解决。北京市采取的办法是，从实际情况出发，有进有出，进出基本平衡，分期分批解决。

各级人事部门进行这项工作，注意优先为科技骨干解决困难。天津市去年解决了300名科技骨干的夫妻分居问题。上海市解决干部分居时，重点照顾科研单位和大专院校的科研、教学骨干。

目前，全国干部中夫妻两地分居的数量还不少，逐步解决这些干部的困难仍是各级党组织、人事部门的一项重要工作。最近，全国人事局长会议认真研究了这个问题，决定根据社会主义现代化建设和当前国民经济调整的需要，在保证重点，充实基层，加强科研、生产第一线和严格控制大中城市人口的原则下进一步做好这一工作。凡属本省、市、自治区范围内的要抓紧尽快解决。对跨省、市、自治区的干部夫妻分居问题，经各省、市、自治区商定：今年由民政部政府机关人事局分片组织调整工作，以便协作解决。第一季度先在部分地区试点，取得经验后全面展开。

中共中央国务院拨专款为高级知识分子建住宅

专项拨款为3000万元，为中国社会科学院、文化部、全国文联、中国作协的部分高级知识分子建一批住宅，以改善他们的住房条件。

1月26日

国务院副总理谷牧在北京会见由朝方理事长李忠成率领的参加中朝鸭绿江水力发电公司理事会第三十二次会议的朝方代表团

著名物理学家严济慈和著名数学家华罗庚被批准加入中国共产党

《人民日报》发表评论员文章《靠科学技术 找生产门路》

上海市水产研究所同上海自然博物馆协作，人工试养蚯蚓成功的消息，给我们很多启发。蚯蚓，人们通常只知道它能松土，对农作物的生长有好处，殊不知它还有很大的经济价值。这个过去不为人所注意的小东西，现在也成为一种很有可为的生财之道。这个例子能够帮助我们解放思想，打开眼界，看到在我们国家里，增产节约的门路是很宽广的。

我们的国家幅员辽阔，资源十分丰富。在祖国大地上，生长着占世界2/3以上的植物品种，栖息着各种已经驯化的家禽家畜和许多野生的珍禽异兽。我们祖国不仅有丰富的农、林、牧、渔和副业资源，有丰富的矿藏，而且我国劳动人民在长期的生产劳动中，创造了数不尽的门路，有的曾经达到很高的水平。例如闻名全球的蚕丝，在我国已有几千年的生产历史，到20世纪30年代，蚕茧年产量已达400多万担，而我们现在年产才接近这个水平。现在我国拥有牛的头数，还没有达到历史的最高水平。我国有些驰名中外的土特产和手工业品，新中国成立前就大大衰落了。至于轻纺工业和其他工业，生产门路更广，增产节约的潜力更大。这一点，群众是十分清楚的，他们的积极性也很高。那么，为什么这些增产节约的潜力不能充分挖掘出来，为人民造福呢？主要是由于林彪、“四人帮”的极左路线的破坏干扰，他们动不动就扣上“卖国主义”、“洋奴哲学”、“走资本主义道路”等等罪名，使人们这也不敢想，那也不敢动。同时，小生产的因循守旧的习惯势力，一些干部的官僚主义、主观主义作风，某些不适应的政策和制度，也影响了人们的积极性、主动性。结果，不仅对当代科学技术的发展和国际市场的情况了解甚少，许多生产门路和增产节约的办法，不能及时开辟利用，就是原有的许多门路也不能发展，甚至萎缩下降，货弃于地，白白浪费掉。因此，要增产节约，广开门路，首先要继续解放思想。

解放思想，不是毫无根据的胡思乱想。“大跃进”时有句口号，叫“不怕做不到，只怕想不到”。从鼓励人们勇于思考这个意义说，这个口号反映了部分真理。如果对增产节约的门路连想也不敢想，怎么能取得成果呢？但是，如果以为只要想到了，就必定能做到，因而毫无根据地瞎想，不顾主客观条件的可能，硬着头皮去干，那就非碰壁不可。过去的经验教训，我们要认真汲取。

解放思想，广开门路，是个科学的问题，要有科学的态度。例如养殖蚯蚓，如果缺乏这方面的科学知识，就不可能找到这种门路；同样，如果对发展这种养殖业不采取科学的方法，也会失败。只有对客观事物的认识越多越深，增产节约的路子才会越走越宽广。所以，提倡解放思想，广开门路，一定要调动各方面的积极性，开动机器，大兴调查研究之风，从本地区、本部门、本行业、本单位的实际出发，实事求是，因地制宜，联系历史上以及当前国内外的情况，考虑到原料、销路、经济价值以及对左邻右舍的影响等等因素，对可以增产节约的门路，仔细地一个个进行调查、排队；还要瞻前顾后，权衡利弊，有步骤、有把握地去做。对于在当地没有搞过的一些新门路，要经过试验，开始搞得少一些，搞好搞对了再逐步推广，不要“一窝蜂”，盲目上阵。对于某些卡得过死，不适应生产发展的制度和政策，也要认真研究改正。不然，即使门路找到了，还是办不成。总之，只要我们把敢想敢做的革命精神和严格的科学态度结合起来，想得宽一些，细一些，我们就一定能够在新的一年中，广开生产门路，取得增产节约的更大胜利。

驻马店等地90%的灾民住进新房

曾在1975年遭受特大洪水灾害的河南省驻马店地区以及许昌、周口、南阳地区的部分县和公社，现在已建成房屋289.9万多间，360多万人搬进新房，平均每人住房0.8间。

驻马店等地区在1975年8月遭到特大洪水灾害后，党中央、国务院对灾区人民极为关怀，调拨大量救灾款和物资，帮助灾区人民恢复生产，重建家园，其中先后拨来建房专款达2亿元，木材39万立方。但在“四人帮”横行时期，驻马店地区原主要负责人不关心灾区人民群众生活，违犯国家财经纪律，擅自挪用救灾专款，致使建房速度缓慢，大批灾民仍住在临时搭盖的棚子里。1978年，在党中央、中共河南省委的领导下，驻马店等地区开展财经纪律检查，纠正了错误，灾区建房进度大大加快。目前，灾区90%的灾民搬进新居。

广州至香港水路客运航线正式通航

周凤鸣逝世

国家经委党组成员、副主任、中共中央纪律检查委员会委员周凤鸣同志因患胆管癌，于1月26日在北京逝世，终年60岁。

周凤鸣1919生于直隶(今河北)景县，1933年参加反帝大同盟，同年6月加入中国共产主义青年团，1934年2月加入中国共产党。抗日战争和解放战争期间，曾任山西省岢岚、河曲、交城、太原等县县长、晋中三专区公安局副局长、副专员、专员兼地方武装总指挥等职。新中国成立以后，历任北京市民政局副局长、人民武装部部长、机电局局长、国际部第十研究院副院长、四机部党委委员、第十四研究院院长、党委书记等职。

1月27日

中共中央主席华国锋致电慰问南斯拉夫社会主义联邦共和国总统南斯拉夫共产主义者联盟主席约瑟普·布罗兹·铁托

我国第一座地下水库在河北省南宫县初步建成

利用平原地区古河道兴建的我国第一座地下水库——南宫地下水库，经过科学工作者和河北南宫县人民的艰苦努力，已初具规模，并发挥作用。

这座大型地下水库，总蓄水量为4.8亿立方米，可调蓄水量达1亿立方米以上。在200平方公里的库区，已经初步建成了提水、输水、拦洪、扬水和部分引渗工程等2000多项工程设施。1977年到1979年，南宫县已提取了1亿多立方米水，浇灌了库区内外12个公社、100多个大队的20多万亩农田。通过降雨回渗等，地下水库被提走的水大部分已得到相应的补给。

1月28日

全国党校工作座谈会在北京召开

适应全党工作着重点的转移，进一步办好各级党校，用马列主义、毛泽东思想的基本原理和各种业务知识重新武装干部，保证全党在思想路线和政治路线上的统一。这是最近举行的全国党校工作座谈会的中心议题。

华国锋、邓小平、李先念等中央领导同志，接见了参加座谈会的同志。

座谈会在分析当前干部队伍的思想状况时指出，林彪、"四人帮"一伙肆意歪曲、篡改马列主义、毛泽东思想，混淆了理论是非界限，搞乱了干部队伍的思想。粉碎"四人帮"以后，经过拨乱反正的严重斗争，我们党在新时期的政治路线已经确立，党内干部的思想状况已发生根本转变，这是应该首先肯定的。但是应该看到，有的同志的思想仍然处于僵化半僵化状态，没有完全从极"左"的思想枷锁中解脱出来；有的同志理论水平不高，不善于运用马列主义、毛泽东思想的基本原理研究解决四化中遇到的新问题；有的同志对理论学习的重要性认识不足，认为学不学理论关系不大。鉴于这些思想状况，会议认为，办好各级党校，重新武装党员干部，加强干部的培训工作，在当前具有重要的意义。

参加座谈会的同志肯定了过去各级党校取得的成绩。座谈会认为，为了适应四化的需要，必须大力办好党校，在组织上、物质上给予必要的保证，切实解决当前党校工作中存在的问题。党校是在党委领导下培训党的干部的学校，是宣传、捍卫马列主义、毛泽东思想的重要阵地。各级党委要加强对党校的领导，把党校工作摆在党委的重要议事日程上。

会上，大家提出，党校工作要以教学为中心。教学内容要按照四化的任务和当前的形势来确定。目前要围绕着党的思想路线、政治路线和组织路线，有重点地学习马列主义、毛泽东思想的基本原理，学习党的重要文件。在整个教学过程中，要坚持学习理论、联系实际、解放思想、实事求是。理论研究是教学的基础，要组织教学人员和理论研究人员，努力把马列主义、毛泽东思想的普遍真理同社会主义现代化建设的具体实践结合起来，不断丰富教学内容，提高教学质量。

《人民日报》发表社论《加强党纪 搞好党风 保证四化建设》

中央纪律检查委员会于今年元月7日至25日举行了第二次全体会议。会议充分讨论了党的十一届三中全会以来党和国家政治生活中发生的重大变化和在各方面所取得的重大成就，与会同志严肃认真，满怀信心。会议总结了一年来中纪委的工作，确定了1980年纪律检查工作的任务，决定工作重点进一步转移到保证党的三中全会以来的路线、方针、政策的贯彻执行，保证实现四化建设上来。会议还修改和充实了即将提交党中央的《关于党内政治生活的若干准则(草案)》，并审议了党中央交办的几个重大历史案件和现实案件。这是一次重要的会议。会议所解决的重大历史遗留问题和所确定的纪律检查工作的任务和方针，对于进一步搞好党风，加强党的政治纪律和组织纪律，保证四化建设的进行，必将产生积极的重要的作用。

中央纪律检查委员会和党的各级组织的纪律检查机构，是在三中全会之后建立起来的。这是党中央决心搞好党风，维护党规党法，恢复和发扬党的优良传统和作风的重大措施。一年来中央纪委在一面建立机构，一面进行工作的情况下，一手抓研究解决历史遗留的重大案件，一手抓制定和重申一些多年来已被忽视的党规党法，做了大量的工作。同时，为了纠正不正之风和教育广大党员和干部，还及时发出了许多通知和通报，处理了一些现实问题。

在经历了林彪、"四人帮"十年浩劫之后，党的纪律检查工作在恢复的初期，把主要力量放在解决重大历史遗留问题和重建党规党法上面，是完全必要的和正确的。这实际上是为搞好党风，加强党纪，做了清理基地和打好基础的工作。这次清理历史遗留问题，解决了"文化大革命"期间的若干重大问题；重建党规党法，实际上是总结了新中国成立30年来党的政治生活方面的正反两方面的重要经验，意义是十分重大的。二次全体会议完全肯定了中纪委一年来工作的成绩。

党的纪律检查工作，不只是要保证党的组织纪律，更重要的是要保证党的政治纪律，也就是保证党的路线、方针、政策的贯彻执行。当前就是要保证三中全会以来的政治路线和一系列方针、政策、决定的贯彻执行。三中全会所确定的政治路线是：团结全国各族人民，调动一切积极因素，同心同德，鼓足干劲，力争上游，多快好省地建设现代化的社会主义强国。一句话，就是要搞四化建设。这是社会主义革命在所有制的问题解决之后的历史任务，是我党30年来几经波折才终于在粉碎"四人帮"之后定下来的正确的路线。全党和全国人民在新的历史时期中，要专心致志，聚精会神，贯彻始终，坚定不移地搞这件事。特别是80年代，是实现四化建设的关键性的10年，我们一定要加紧努力，在这10年中取得决定性的胜利。为此，我们的一切工作必须为这个中心任务服务。中央纪委从它的建立起，就是根据三中全会确定的政治路线布置自己的工作的。今年纪律检查工作将进一步围绕四化建设搞好党风，严肃党纪，同一切妨碍、抵制和破坏四化建设的错误思想和违法乱纪行为作斗争。当然，这并不是说，历史遗留的问题可以放松处理了。历史遗留的问题还要继续抓紧处理，党的各项政策还要继续认真落实，平反冤假错案一定要善始善终。忽视或抵制落实政策，忽视或抵制平反冤假错案，是决不能容许的。各级党组织一定要妥善安排好这方面的工作。

实现四化建设，要坚持党的领导，要加强党的战斗力。党的纪律是党的战斗力的保证。林彪、“四人帮”横行10年，“踢开党委闹革命”，实际上就是不要党的领导，以帮代党。现在摆在我们面前的问题是要坚持党的领导，恢复党的战斗力。为此，我们要重申和加强党的纪律。我们党的纪律的根本原则是：“个人服从组织，少数服从多数，下级服从上级，全党服从中央”。这四句话里，最重要的是“全党服从中央”。党的纪律检查工作一定要使这些原则，特别是“全党服从中央”的原则，在全党贯彻执行。

我们党是容许党员向党组织，一直到党中央，提出不同意见的。但是在执行党的路线、方针、政策的问题上，却绝对不容许各行其是，不论是哪一级党组织，也不论是资格多老、地位多高的党员，都不容许这样做。所以，党的纪律检查工作固然要检查官僚主义，检查搞特殊化等等工作作风与生活作风方面的问题，同时更要着重检查顽固地搞派性，搞无政府主义，以及对党的路线、方针、政策阳奉阴违的两面派行为。林彪、“四人帮”在组织上、思想上的残余还存在，这是妨碍和危害安定团结的政治局面，阻挠和破坏四化建设的一个重大因素，对此决不能低估。对那些继续搞派性、继续搞无政府主义和对党两面三刀的人，决不能失去警惕，必须坚决地按党的纪律严肃处理，一定不能手软，该下手的就要下手。我们要特别注意维护三中全会以来党的重大决策和各项方针政策的贯彻执行，要把保证全党政治思想上、组织上的统一和行动上的一致，作为搞好党风、严肃党纪的首要任务。

中纪委关于纪律检查的工作方针是：预防为主，先立法，先教育，有法必依，违法必究。这是符合我们党的传统政策和切合实际的方针。我国有一句称赞良医的话，叫作“妙手回春”。林彪、“四人帮”横行期间，我们党的党规党法被践踏得不成样子，组织纪律完全废弛了。在这个期间入党的许多新党员，不懂得或者不大懂得什么是党规党法，不懂得什么是党的传统；一些老党员经过这十年的动乱，党的观念和组织纪律观念也非常淡薄了，党内的不正之风大大滋长起来，这是我们党害的一场重病。医治这种病也需要“妙手”。这个“妙手”就是对症下药，先教育，先立法，对广大党员先打预防针。所以，我们要在全党进行长期的、普遍的、深入的教育，以加强党员遵法守纪的观念，同时要树立起为四化建设服务的观念，这样来恢复和加强我们党的战斗力。即使对在林彪、“四人帮”横行期间犯了严重错误的同志，也是看他们现实的表现，对他们采取“惩前毖后，治病救人”的方针。但是，先打预防针和着重教育，并不意味着可以放松党的纪律。我们还有一条，就是“有法必依，违法必究”，“过去从宽，现在从严”。对那些违抗党中央的方针政策坚决顶着不干的人，对那些坚持派性、破坏团结的人，对那些顽固地胡作非为、违法乱纪的人，对那些违反财经纪律、阻碍四化建设的人，一定要抓住典型，深入调查，严肃处理。总之，维护党规党法，严肃党纪，既要稳妥，又要坚决。这样做有利于医治好党的创伤，巩固安定团结的政治局面，有利于发挥广大党员的积极性，切实搞好党风。

党风的问题，说到底是个党性问题。搞好党风，从根本上来说要靠提高广大党员的觉悟，要靠加强党性。我们党历来是重视党员的党性锻炼的，在毛泽东同志和其他老一辈无产阶级革命家的倡导和身教言传之下形成了党的优良传统和作风。可是，由于林彪、“四人帮”疯狂地诋毁和破坏，十多年来党的思想教育和党员的党性锻炼根本谈不上了，谬误流传，祸党误国，为害不浅。所以，我们有一个加强党的思想建设和整顿党的问题。《关于党内政治生活的若干准则(草案)》和党中央以及中央纪委制定和重申的其他重要党规党法，就是我们加强党的思想建设，搞好党风的强大思想武器。我们要通过对党员的思想教育，恢复和发扬党的优良传统和作风，增强党员的党性锻炼。我们的党员要坚持四项基本原则，要在四化建设中发挥先锋模范作用和艰苦创业精神。在这方面，老党员和党的高级干部，要自觉地起带头作用。

粉碎“四人帮”以来，特别是三中全会以来，我们党的状况已经发生了根本的变化，正在率领着全国各族人民向着四化建设进军。用一句文学的语言来说，我们的党和我们的国家已是春意归来。我们对前途充满信心。但是，也应该看到，尽管春意甚浓，可是余寒还未退尽。我们还要进行极大的努力，从党的工作来说，就是要坚持不懈地抓党风，抓党纪，抓党的思想建设，来保证四化建设的进行。把这些事情搞好了，四化建设的实现就大有希望了。

共青团十届二中全会关于恢复少年先锋队队长队委标志的决议

(1980年1月28日通过)

根据1965年4月19日团的九届二中全会通过的决议，在全国少年先锋队组织中取消了队长、队委标志。团的十届一中全会决定恢复少先队的名称以来，很多地方团委和少先队组织要求恢复队长、队委标志。

佩带队长、队委标志，适合儿童组织的特点，有利于更好地开展少先队活动，可以使少先队积极分子更严格地要求自己，也便于队员监督。因此决定：恢复少年先锋队队长、队委标志。

全国人大常委会副委员长宋庆龄在北京会见美中友协全国委员会会长尤尼塔·布莱克韦尔等美国朋友

全国人大常委会副委员长乌兰夫在北京接受荷兰王国新任驻中国特命全权大使柯楠葆递交的国书

中朝国境河流航委会十九次会议协议书在沈阳签字

中朝国境河流航运合作委员会第十九次会议最近在沈阳举行，双方就两国国境河流航运合作的有关问题取得了一致意见。中方首席代表张绍仪和朝方首席代表朴云善签署了这次会议的协议书。

解放军驻京各大单位领导干部带领指战员开展为人民群众做好事活动周

在新年春节期间首都军民开展的拥军优属、拥政爱民热潮中，人民解放军驻首都各大单位的领导干部带领广大指战员，从今天起开展为人民群众做好事活动周。

在各级领导干部的带动下，指战员不畏天寒地冻，不怕苦，不怕脏，以实际行动为首都人民做好事。他们有的到大街、小巷、公园、车站等公共场所打扫卫生，清除垃圾；有的到车站、货场帮助装卸和运输货物；有的到郊区农村社队帮助搞农田基本建设和积肥、运肥；有的到工厂参加辅助劳动；有的到商店、菜场等单位做服务工作。有些部队还组织了农机修理组，到郊区社队帮助修理农业机具；组织医疗组深入街道、农村社队为人民群众防病治病；组织理发组为人民群众理发。一些由共青团员组成的学雷锋小组，为烈军属和五保户搞卫生、担水、劈柴。

今天参加为群众做好事活动的各总部、各军兵种、国防科委、国防工办、军事科学院、各院校和北京军区、北京卫戍区的主要领导同志中，有李达、张震、何正文、刘华清、迟浩田、黄玉昆、颜金生、朱云谦、华楠、张元培、饶正锡、贺彪、李元、叶飞、张廷发、高厚良、莫文骅、谭善和、陈再道、旷伏兆、宋时轮、秦基伟、袁升平、潘焱、吴烈、杨俊生等。这些年过半百的老同志，在劳动间隙和休息时还给身边指战员讲述战争年代军爱民、民拥军，军民鱼水情的光荣传统，勉励干部、战士在新的历史时期，永远牢记人民军队的建军宗旨，继承和发扬我军光荣传统，自觉地做好拥政爱民工作，增强军政军民团结，同心同德搞四化。

北京市党政干部和人民群众热烈赞扬指战员为人民群众做好事的实际行动，纷纷表示一定要更好地开展拥军优属工作，以实际行动密切军政军民关系，支持部队的革命化现代化建设。

北京市法学会正式成立

北京市法学会是一个研究法学的群众性学术团体。在北京市法学会成立大会上，一致通过了《北京市法学会章程》，选举了法学会理事会。陈守一当选为理事会会长，王斐然、谢飞、曹海波、贾潜、李源、李焕昌当选为副会长，肖永清当选为秘书长。我国政法部门和有关方面负责人参加了成立大会。

第一条中美海上杂货运输定期航线通航

上海远洋运输公司同美国波特兰港商定开辟的第一条中美海上杂货运输航线今天通航。今天，满载1.8万吨货物的"荣城"号货轮今天从上海港起航，开往美国西海岸的波特兰港。根据双方协定，美国的波特兰港将承担中国向美国出口的杂货转口运输任务。

1月29日

中共中央发出《关于成立中央党史委员会及其工作机构的通知》

通知指出：早日编辑和出版党史，是全党的迫切需要，为此决定成立中央党史委员会，负责审定党史编辑计划，决定对党史中的某些重大问题的看法和最后审定全书书稿。中央党史委员会由华国锋、叶剑英、邓小平、李先念、陈云、聂荣臻、邓颖超、胡耀邦组成。在中央党史委员会领导下，成立党史编审委员会，负责党史编辑工作中的各项重要问题，初步审定全书书稿。党史编审委员会由胡耀邦、彭真、粟裕、胡乔木、陆定一、李维汉、程子华、杨尚昆、王鹤寿、安子文、姚依林、冯文彬组成。在党史编审委员会领导下成立党史研究室，直接负责党史资料的收集、研究、编写工作。胡乔木任党史研究室主任。

《人民日报》发表社论《整顿社会治安 巩固安定团结》

全国人民在党中央的领导下，满怀胜利信心跨入80年代。这个年代，是我国四化建设的关键性年代。全党全军和全国人民必须同心协力维护安定团结的政治局面，保障四化建设的顺利进行。

在80年代开始的时候，我国第一部社会主义刑法、刑事诉讼法正式付诸实施；不久前，全国人大常委会又通过关于建国以来法律法令效力问题的决议，批准了《国务院关于劳动教养的补充规定》，重申了包括《国务院关于劳动教养问题的决定》《中华人民共和国治安管理处罚条例》在内的一批法律法令继续有效。这是不断完善和加强我国社会主义法制的一件大事。它对于保障人民的民主权利，维护社会治安，巩固安定团结，保障四化建设，实现80年代的历史任务，必将起到十分重要的作用。

粉碎"四人帮"以后，特别是党的十一届三中全会以来，解决了一系列具有重大历史意义的问题，出现了安定团结、同心同德搞四化的政治局面。我们一定要十分珍惜它，坚决维护它。建国30年来正反两方面的经验证明：安定团结才能加速发展社会生产力，提高人民的生活，保证社会主义建设有秩序地胜利前进。动乱只能倒退，这是一个极其深刻的教训。

前一时期，在某些大中城市，刑事犯罪活动相当猖獗，严重地破坏社会治安，妨碍安定团结，干扰四化建设。去年11月全国城市治安会议以后，各地采取措施，依法打击刑事犯罪分子，社会治安秩序已经有所好转。广大人民群众和公安司法干警积极同各种违法犯罪行为作斗争，涌现了许多临危不惧、奋勇擒拿罪犯的英雄人物。一些犯罪团伙开始分化瓦解，被迫投案自首。事实证明，只要党委重视，领导亲自动手，正确运用法律武器，把人民群众和社会各方面的力量动员和组织起来，同各种违法犯罪分子作斗争，就能大大减少以至逐步消除危害社会治安、破坏安安团结的因素。

但是，我们也应当看到，前一段对刑事犯罪分子的打击还是很有限的，当前社会治安还存在不少问题，还有来自各方面的破坏和干扰。例如，林彪、"四人帮"在组织上思想上的残余还存在，还有新生的打砸抢分子，还有流氓集团和各种犯罪分子，也还有同国外和台湾特务机关秘密联系进行阴谋活动的反革命分子和特务分子。这些人虽然是极少数，但他们敌视社会主义，活动猖狂，危害很大，我们决不可掉以轻心，低估他们的能量。因此，整顿社会治安，在任何时候都不能放松，必须继续抓紧，抓好，抓到底，并注意总结经验，不断改进工作，采取强有力的措施，才能大见成效。

整顿社会治安，就要坚决做到有法必依，执法必严，违法必究，严厉打击各种犯罪分子。现在的问题，主要是有些同志心慈手软，对犯罪分子打击不力，客观上助长了坏人的嚣张气焰，人民群众对此表示不满，是完全可以理解的。我们决不能宽容犯罪分子，损害法律的尊严。对杀人犯、抢劫犯、强奸犯、犯罪集团的头头和教唆犯，以及其他严重破坏社会秩序的犯罪分子，必须依法从重判处，严惩不贷。对那些投案自首、或者坦白交代好的、有检举立功表现的犯罪分子，可以依法从宽处理。对那些犯罪情节轻微、不需要判处刑罚的人，有些应依照《国务院关于劳动教养问题的决定》及其补充规定，把他们收容起来，实行劳动教养；有些则应采取其他行政管教措施。对于那些违反治安管理的人，也应当依照《中华人民共和国治安管理处罚条例》，分别给予警告、罚款或行政拘留的处罚。惩罚本身是一种带强制性的教育措施。我们严肃处理违法犯罪分子，不但是为了教育改造他们本人，而且是为了挽救失足者。同时也可以使人懂得什么是违法犯罪，违法犯罪应当受到什么惩罚，这对于提高人们的遵纪守法观念，维护安定团结，是大有好处的。

林彪、"四人帮"长达十年的反革命大破坏，把社会主义民主和法制践踏无遗，极大地败坏了社会风气。少数意志薄弱的人尤其是一些青少年深受其害，他们的无政府主义、个人主义很严重，盲目追求资本主义的民主、自由和生活方式，有的甚至走上了违法犯罪的歧途。因此，整顿社会治安，必须加强对青少年的工作，把治标与治本结合起来，实行综合治理。这就要求各厂矿、企业、机关、学校、街道里弄和农村社队的党政领导和工、青、妇组织，坚持党的路线和方针政策，大力加强思想政治工作。要针对青少年的特点，以正面教育为主，以表扬先进为主，采取各种形式，向他们进行共产主义道德教育、社会主义法制教育和革命传统教育，引导他们奋发向上，自觉抵制各种非无产阶级思想的侵蚀。对于有一般违法犯罪行为的失足青少年，必须依靠工厂、学校、街道等社会力量，依靠居民委员会、治保委员会等基层群众自治性组织，一个一个地落实帮教措施，尽力加以教育、挽救、改造，把他们从邪路上拉回来。解决青少年违法犯罪问题，必须把进行思想政治教育和解决实际问题结合起来，随着社会主义经济、文化事业的发展，不断扩大升学就业面，特别要注意帮助那些犯过错误已有悔改的青年解决就业问题，以利于巩固对他们教育改造的成果。当然，对少数严重破坏社会秩序的犯罪青少年，也应当依法处理或采取行政管教措施，进行改造。大中城市办工读学校，是教育改造违法犯罪青少年的行之有效的好办法，应当加强领导，继续把它办好。

为了整顿社会治安，巩固和发展安定团结的政治局面，还要继续深入批判林彪、"四人帮"的极左路线，在广大共产党员、干部和人民群众中，进行反对派性，反对无政府主义，反对极端个人主义的教育，加强组织性纪律性，树立社会主义的新风尚。对于那些不顾安定团结的大局，不顾四化建设的大业，至今还在闹派性、闹无政府主义、闹极端个人主义的人，要严肃批评教育,对拒绝接受教育的,要坚决采取纪律措施。共产党员和干部,决不容许背着党,同一些制造动乱、进行秘密活动的坏人发生联系,甚至纵容支持他们,否则就要受到党纪国法的制裁。这样才有利于发扬正气,打击邪气,整顿社会治安,巩固安定团结。

让我们以整顿社会治安的实际行动,巩固和发展安定团结的大好形势,迎接80年代四化建设的伟大胜利。

全国人大民族委员会在北京召开会议强调加强民族方面的法制建设

会议强调,为保障和实现民族自治地方自治权利,发展少数民族地区的经济、文化,必须加强民族方面法制建设。

出席会议的委员们指出,由于林彪、"四人帮"的干扰、破坏,民族方面的法制很不健全。在有些民族自治地方,宪法和其他法律、法令所规定的自治权利,没有得到应有的保障。今后,民族委员会和有关部门应当依照法律的程序,制定多种法规,使党和国家的民族政策用法律的形式固定下来。这样,才能保证各少数民族人民充分发挥自己的积极性,发展本民族的经济、文化事业,较快地赶上和接近先进民族的水平,逐步消除历史上遗留下来的事实上的不平等,共同建设现代化的社会主义祖国。

乌兰夫副委员长出席会议并讲了话。他强调要搞好民族问题的立法,保障民族自治地方自治权利,调动各族人民积极性,团结一致,为四化做贡献。会议由阿沛·阿旺晋美副委员长主持。

台盟福建省首次代表大会全体代表致函台湾亲人

信中说,当来自全省各地的盟员代表欢聚一堂,共商实现祖国现代化和统一事业的时候,我们十分怀念可爱的故乡和在家乡的父老兄弟姐妹们。我们企望亲人早日团聚,真是望眼欲穿,思断肝肠!思乡怀亲,是人之常情,然而福建和台湾只有一水之隔,两岸亲人却不能团聚,甚至不能互相来往,互通音信,倾诉思情,这是多么令人痛心啊!我们相信,从大陆去台湾的同胞也和我们一样,不会愿意这种阻断骨肉情谊的局面再继续下去了。

信中说,现在,厦门与香港间的定期客轮正式通航了。我们热烈欢迎父老兄弟姐妹们和各界人士到福建各地或经福建到全国各地旅游参观,探亲访友,或进行经济、科学技术、文化、体育等交流活动。无论是团体还是个人来,祖国政府都将热情接待,并保证来去自由;同样,我们也迫切希望有机会到自己的故乡探亲访友,亲自观赏一下家乡的建设,以增加彼此间的交往,增进了解,尽情地倾吐我们阔别以来的一片衷情。

信中最后说,亲爱的父老兄弟姐妹们,再过不久春节就将来临了。"每逢佳节倍思亲",在80年代的第一个春节里,预祝大家新春康乐幸福,生活愉快,事业进步。让我们同心同德,并肩携手,为早日实现通邮、通商、通航而努力,进而为实现祖国统一事业共同贡献力量。

中国向日本移交"阿波丸"死难者第二批遗骨遗物

日本"阿波丸"沉船死难者第二批遗骨、私人遗物交接仪式今天上午在上海举行。这次移交的遗骨和遗物是中国救助打捞公司于1979年从日本"阿波丸"沉船的残骸里打捞起来的。经中日双方共同核实,确认遗骨为153具以上,私人遗物58项697件。

"阿波丸"是在第二次世界大战末期沉没在中国福建平潭附近海域的。

大熊猫"欢欢"启程赴日本

大熊猫"欢欢"上午11时从首都机场启程赴日本。它将同"康康"结成伴侣,在友好邻国日本国土上安家落户。

"欢欢"乘坐的是一架日航货运喷气飞机,将飞行4小时后抵达成田新国际机场。据日本报道,"欢欢"将于2月6日迁入有空调设备的熊猫馆,和"康康"一起同观众见面。

"欢欢"是在去年年底大平首相访问中国时,作为中国人民的珍贵礼物被赠送给日本人民的。

1月30日

全国人大常委会委员长叶剑英电贺阿布·哈桑·巴尼萨德尔荣任伊朗伊斯兰共和国总统

外交部发表题为《中国对西沙群岛和南沙群岛的主权无可争辩》的文件

西沙群岛和南沙群岛,是中国南海诸岛中两个较大的岛群,它们和东沙群岛、中沙群岛一样,自古以来就是中国的领土。这不仅有古今中外的大量史料、文件、地图和文物可作证明,而且也为世界上许多国家和广泛国际舆论所承认。在近代历史上,这两个群岛虽曾一度被外国非法侵占,但并不能改变它们属于中国的历史事实和法理基础。

越南当局怀着地区霸权主义扩张野心,在向印度支那和东南亚加紧侵略扩张的同时,一反过去承认西沙群岛、南沙群岛属于中国领土的立场,在1975年非法占领了中国南沙群岛中的一些岛屿,并公然对中国西沙、南沙两群岛提出领土要求。1979年九月二十八日,越南外交部公布一份题为《越南对于黄沙和长沙两群岛的主权》的白皮书,拼凑和编造了一些自相矛盾的、根本站不住脚的所谓"证明资料",妄图为其非法占领和扩张野心寻找法理依据,这是徒劳的。

历史事实不能伪造,国际法原则不容践踏。我们在这里引用确凿的史实记载和官方文件,以揭穿和驳斥越南当局所编造的谎言,明白无误地证明中华人民共和国对西沙群岛和南沙群岛享有无可争辩的主权。

一、西沙群岛和南沙群岛自古以来就是中国的领土

早在公元前两世纪的汉武帝时代,中国人民就开始在南海航行。中国人民通过长期的航海实践,先后发现了西沙群岛和南沙群岛。三国时代(公元二二〇年至二六五年)万震的《南州异物志》和康泰的《扶南传》,就已对西沙群岛和南沙群岛的地形地貌特征作了描述。

中国人民在发现西沙群岛、南沙群岛之后,克服种种困难,陆续来到这两个群岛,辛勤开发经营。我国宋代的《梦粱录》,元代的《岛夷志略》,明代的《东西洋考》《顺风相送》,清代的《指南正法》《海国闻见录》以及历代渔民的《更路簿》等著作,记载了中国人民千百年来到西沙群岛、南沙群岛航行、生产的情况和这两个群岛的位置及岛礁分布状况。这些著作不仅相继把西沙群岛和南沙群岛命名为"九乳螺洲"、"石塘"、"千里石塘"、"万里石塘"、"长沙"、"千里长沙"、"万里长沙"等,而且给这两个群岛的各个岛、礁、沙、滩起了许多形象生动的名字。近些年来,在西沙群岛发现了我国唐、宋时代的居住遗址和陶瓷器皿、铁刀、铁锅等生活用具,以及明、清时代的水井、庙宇、坟墓等历史文物。这些事实证明:中国人民至少自唐、宋以来就已经在西沙群岛和南沙群岛生活和从事捕捞等生产活动。

随着中国人民对西沙群岛和南沙群岛的开发经营,中国历代政府对这两个群岛进行了管辖。

早在北宋(公元九六〇年至一一二七年),中国的海军就已巡海至西沙群岛一带。北宋仁宗皇帝(公元一〇二三年至一〇六三年)亲作"御序"的《武经总要》记载:北宋朝廷"命王师出戍,置巡海水师营垒"于广南(即今广东),"治舠鱼入海战舰","从屯门山用东风西南行,七日至九乳螺洲"。"九乳螺洲"就是今天的西沙群岛。这表明北宋朝廷已把西沙群岛置于自己的管辖范围内,因而派出海军"战舰"去该处巡逻。

元代初年在全国二十七个地方进行了天文测量。至元十六年(公元一二七九年),元世祖忽必烈亲派著名天文学家、同知太史院事郭守敬到南海进行测量。据元史记载,南海测点"南逾朱崖","测得南海北极出地一十五度"。"南海"这个天文点就在今天的西沙群岛上。这说明西沙群岛在元代是在中国的疆域之内。

明、清时代,由中国官方修纂的《广东通志》《琼州府志》和《万州志》,都在"疆域"或"舆地山川"条目中记载:"万州有千里长沙、万里石塘"。这表明,西沙群岛和南沙群岛当时属广东省琼州府万州(今海南岛万宁、陵水县境)所有。

清康熙四十九年至五十一年(公元一七一〇年至一七一二年)间,广东水师副将吴升曾率领水师巡海,"自琼崖,历铜鼓,经七洲洋、四更沙,周遭三千里,躬自巡视"。这里所称七洲洋即今西沙群岛一带海域,当时由广东省海军负责巡逻。一八七六年赴任的清朝驻英国公使郭嵩焘在其所著《使西纪程》中记载:(光绪二年十月)"二十四日午正行八百三十一里,在赤道北十七度三十分,计当在琼南二、三百里,船人名之曰齐纳细(按即CHINA SEA),犹言中国海也。……左近柏拉苏岛(按即PARACEL ISLANDS,即西沙群岛),出海蔆(参),亦产珊瑚而不甚佳,中国属岛也。"

光绪九年(公元一八八三年),德国曾对西沙、南沙群岛进行调查测量,清朝政府提出抗议后,德国不得不停止调查。

西沙群岛、南沙群岛自古以来就是中国的领土,这不仅见诸大量的史籍志书记载,而且有许多官方舆图可资佐证,如清乾隆二十年(公元一七五五年)绘制的《皇清各直省分图》、嘉庆十五年(公元一八一〇年)绘制的《大清万年一统地理全图》和嘉庆二十二年(公元一八一七年)绘制的《大清一统天下全图》等。

宣统元年(公元一九〇九年)四月,两广总督张人骏派遣广东水师提督李准率领海军官兵一百七十余人,分乘伏波、广金、琛航三艘军舰巡海视察西沙群岛,查明岛屿十五座,命名勒石,并在永兴岛上升旗鸣炮,重申主权。

一九一一年,中国广东省政府宣布把西沙群岛划归海南岛崖县管辖。一九二一年,中国政府内务部批准广东省商人何瑞年在西沙群岛开办渔业、垦殖、采矿等实业。后发现何瑞年竟将经营权转让给日本商人,即撤销其经营权。

一九二八年五月,广东省政府派出军、政官员和科技专家组成调查队,乘军舰到西沙群岛作实地调查,并提出详尽的调查报告书。

上述大量历史事实充分证明:西沙群岛和南沙群岛是中国最早发现、最早开发经营、最早管辖的。千百年来,中国历代政府对这两个群岛一直行使着管辖权,中国人民是这两个群岛无可争辩的主人。

二、中国捍卫西沙群岛和南沙群岛主权的斗争

法国于十九世纪末在越南建立殖民主义统治之后的一段时间内，仍然是承认中国对西沙群岛的主权的。

一九二一年八月二十二日，法国内阁总理兼外长白里安在西沙群岛问题上承认："由于中国政府自一九〇九年已确立自己的主权(按：指上述李准巡视西沙群岛事)，我们现在对这些岛屿提出要求是不可能的。"一九二九年法国驻印度支那署理总督也承认："根据多方报告，帕拉塞尔群岛(按：即西沙群岛)应认为属中国所有"。

但是，那时觊觎中国领土的法国殖民主义者看到西沙群岛具有的战略重要性，便乘一九三一年日本发动九·一八事件，侵略中国东北的时机，企图侵占这些海岛。同年十二月四日，法国政府向中国驻法国公使馆发出照会，声称安南帝国对西沙群岛拥有所谓"先有权"，公然对中国的这些岛屿提出了领土要求。当时中国政府曾给予严正批驳，指出西沙群岛早已属中国管辖。一九三二年十一月三十日，中国政府外交部视察专员朱兆莘在给法国驻广州领事的公函中又严正指出："西沙群岛隶属中国版图实无疑义"。

一九三三年，当时的法国当局进一步侵占了中国南沙群岛的九个岛屿。对此，中国人民群起抗议，当时中国政府也通过外交途径向法国当局提出了严正交涉。

由中国外交部、内政部、海军部等部门组成的"水陆地图审查委员会"，于一九三四年至一九三五年专门审定我国南海诸岛各个岛名，编印《中国南海各岛屿图》，明确标绘东沙、西沙、中沙、南沙群岛属中国版图。

第二次世界大战期间，日本于一九三九年侵占了西沙群岛和南沙群岛。一九四五年日本投降后，当时中国政府于一九四六年十一月、十二月指派高级官员，乘军舰分赴西沙群岛、南沙群岛进行接收，在岛上举行了接收仪式，并立碑纪念，派兵驻守。随后又重新命定东沙、西沙、中沙、南沙四个群岛及各个岛、礁、沙、滩的名称。这样，一度被外国非法侵占的西沙群岛和南沙群岛又重新置于中国政府的管辖之下。

中华人民共和国成立后，周恩来外长于一九五一年八月十五日发表《关于美英对日和约草案及旧金山会议声明》，庄严指出：西沙、南沙群岛和东沙、中沙群岛一样，"向为中国领土"，"在日本帝国主义发动侵略战争时虽曾一度沦陷，但日本投降后已为当时中国政府全部接收"，中国对西沙群岛、南沙群岛的主权，"不论美英对日和约草案有无规定和如何规定，均不受任何影响"。

此后，针对外国对中国西沙、南沙群岛主权的侵犯，中华人民共和国政府及外交部曾多次发表严正声明，重申中国对西沙群岛、南沙群岛拥有不可侵犯的主权。

中华人民共和国成立以来，中国政府和人民继续对西沙群岛和南沙群岛进行管辖和经营建设。一九五〇年至一九五六年，广东省琼海县大批渔民不断前往南沙群岛进行渔业生产。广东省海南行政区有关部门不断派遣人员到西沙群岛调查勘测、捕捞水产、开采磷肥、建立气象台，并对西沙群岛的渔民进行管理。一九五九年三月，海南行政区在西沙群岛的永兴岛设立了"西、南、中沙群岛办事处"。一九六九年三月，该办事处改称"广东省西沙、中沙、南沙群岛革命委员会"。

一九七四年一月，中国人民解放军和民兵驱走了入侵西沙群岛的南越西贡当局军队，捍卫了中国的领土主权。

多年来，中国台湾当局一直派军队驻守在南沙群岛的最大岛屿太平岛。

三、中国对西沙群岛和南沙群岛的主权得到国际上的广泛承认

世界上许多国家和国际舆论都承认西沙群岛和南沙群岛是中国的领土。

一九三〇年四月，在香港召开的由中国、法国、菲律宾和香港当局代表参加的远东气象会议，曾经通过决议，要求中国政府在西沙群岛建立气象台。

一九三八年法国殖民当局的安南警察入侵西沙群岛后，日本外务省发言人曾说：安南警察登上的西沙群岛，"我们承认是属于中国领土"。

一九五一年旧金山对日和约会议规定日本应放弃西沙群岛和南沙群岛。当时，苏联代表团团长葛罗米柯在会上曾发言指出：西沙群岛和南沙群岛等岛屿是中国的"不可分割的领土"。虽然美英起草的对日和约没有提及西沙、南沙群岛在日本放弃后归谁所有，但就在签署旧金山对日和约的第二年，即一九五二年，由当时日本外务大臣冈崎胜男亲笔签字推荐的《标准世界地图集》第十五图《东南亚图》，就把和约规定日本必须放弃的西沙、南沙群岛及东沙、中沙群岛全部标绘属于中国。因为这些岛屿本来就是中国领土，理所当然要归还给中国。

一九五五年十月，国际民航组织在马尼拉召开会议，美国、英国、法国、日本、加拿大、澳大利亚、新西兰、泰国、菲律宾、南越和中国台湾当局派了代表出席。会议通过的第二十四号决议要求中国台湾当局在南沙群岛加强气象观测，而会上没有任何一个代表对此提出异议或保留。

二十世纪以来，世界上许多国家权威性的百科

全书都承认西沙群岛和南沙群岛是中国领土。例如：一九六三年美国出版的《威尔德麦克各国百科全书》说：中华人民共和国各岛屿"还包括伸展到北纬四度的南中国海的岛屿和珊瑚礁，这些岛屿和珊瑚礁包括东沙(普拉塔斯)、西沙(帕拉塞尔)、中沙和南沙群岛。"一九七三年出版的《苏联大百科全书》和一九七九年日本共同社出版的《世界年鉴》也都明确指出西沙群岛和南沙群岛是中国领土。

世界许多国家出版的地图也都标注西沙群岛和南沙群岛属于中国。例如：一九五四年德意志联邦共和国出版的《世界大地图集》、一九五四年至一九六七年间苏联出版的《世界地图集》、一九五七年罗马尼亚出版的《世界地理图集》、一九六八年法国国家地理研究院出版的《世界普通地图》、一九六八年德意志民主共和国出版的《哈克世界大地图集》、一九七〇年西班牙《阿吉拉尔大地图集》、一九七三年日本平凡社《中国地图集》等等，都把西沙群岛和南沙群岛标注为中国领土。总之，现代世界上许多国家出版的图籍都公认西沙群岛和南沙群岛是中国领土的一部分。

四、越南当局出尔反尔的恶劣行径

必须指出，中越双方过去在西沙群岛和南沙群岛的归属问题上，本来并不存在争议。在一个相当长的时期内，越南方面无论在其政府的声明、照会中，还是在报刊、地图和教科书中，都正式承认西沙群岛和南沙群岛自古以来就是中国的领土。

一九五六年六月十五日，越南民主共和国外交部副部长雍文谦接见中国驻越南大使馆临时代办李志民，郑重表示："根据越南方面的资料，从历史上看，西沙群岛和南沙群岛应当属于中国领土。"当时在座的越南外交部亚洲司代司长黎禄进一步具体介绍了越南方面的材料，指出："从历史上看，西沙群岛和南沙群岛早在宋朝时就已经属于中国了。"

一九五八年九月四日，中华人民共和国政府发表声明，宣布中华人民共和国的领海宽度为十二海里，并且明确指出："这项规定适用于中华人民共和国的一切领土，包括……东沙群岛、西沙群岛、中沙群岛、南沙群岛以及其他属于中国的岛屿。"九月六日，越南劳动党中央机关报《人民报》就在第一版显著位置报道了中国政府这一声明的详细内容。《人民报》说："一九五八年九月四日，中华人民共和国政府发表了关于领海问题的声明。声明规定：中国领海的宽度为十二海里(约二十二公里多)。这项规定适用于中华人民共和国的一切领土，包括中国大陆及其沿海岛屿和台湾及其周围各岛，澎湖、东沙、西沙、中沙、南沙各群岛，以及其他远离中国大陆和远离中国沿海岛屿的属于中国的岛屿。"同年九月十四日，越南政府总理范文同照会中国国务院总理周恩来，郑重表示："越南民主共和国政府承认和赞同中华人民共和国政府1958年九月四日关于领海决定的声明"；"越南民主共和国政府尊重这项决定"。范文同的照会清楚地表明越南政府承认西沙群岛和南沙群岛是中国领土。

一九六五年五月九日，越南民主共和国政府就美国政府确定美军在越南的"作战区域"问题发表声明，指出："美国总统约翰逊把整个越南和越南海岸以外宽约一百海里的附近海域，以及中华人民共和国西沙群岛的一部分领海规定为美国武装力量的作战区域"，这是"对越南民主共和国及其邻国安全的直接威胁"。越南政府在这里再次明确承认西沙群岛是中国的领土。

越南方面在报道外国侵犯西沙群岛的行动时，也曾明确承认西沙群岛属于中国。例如，越南《人民报》一九六九年五月十三日报道说："五月十日，美国军用飞机一架侵犯了中国广东省西沙群岛永兴岛和东岛领空。"越南报纸还曾多次作过类似的报道。

越南出版的官方地图和教科书都曾明确承认西沙群岛和南沙群岛是中国的领土。例如，一九六〇年越南人民军总参谋部地图处编绘的《世界地图》，按中国名称标注西沙群岛和南沙群岛，并在这两个群岛名称之后，括注属于中国。一九七二年五月越南总理府测量和绘图局印制的《世界地图集》，也仍用中国名称标注西沙群岛和南沙群岛。又如，一九七四年越南教育出版社出版的普通学校九年级《地理》教科书，在《中华人民共和国》一课中写道："从南沙、西沙各岛到海南岛、台湾岛、澎湖列岛、舟山群岛，……这些岛呈弓形状，构成了保卫中国大陆的一座'长城'。"

越南方面煞有介事地强调，要想证明领土主权，必须拿出"属于国家的正式材料"和"具有法理价值的文件"。我们上面所引证的恰恰都是越南方面"属于国家的正式材料"和"具有法理价值的文件"。这清楚地说明了越南政府在一九七四年以前一直承认西沙群岛和南沙群岛是中国的领土。现在，越南当局竟出尔反尔，自食其言，完全背离了它原来承认西沙群岛和南沙群岛是中国领土的立场，这是国际法所绝对不能允许的。

五、越南《白皮书》的论据是根本站不住脚的

越南外交部《白皮书》中所引用的十九条所谓"证明资料"大体可分为两部分，前一部分(一至五条)搜罗了一些越南的"古籍资料"，后一部分(六至十九条)列举一九三三年以后法国殖民当局和南越西贡当局侵占中国西沙群岛、南沙群岛的一些材料，妄图以此证明中国的西沙群岛和南沙群岛是越南的领土。但只要认真地研究分析一下，就不难看出：这些"证明资料"的前一部分不过是玩弄指鹿为马的手法，而后一

部分则是根本站不住脚的,在法律上也是无效的。

越南当局把史籍上记载的黄沙滩和黄沙渚,说成是今天越南所指的黄沙群岛、西方所称的帕拉塞尔群岛,因此也就是中国的西沙群岛。他们提出的最主要的“历史根据”,就是十七世纪一个名叫杜伯的越南人所编制的“越南地图中的广义地区图”和十八世纪的黎贵敦撰写的《抚边杂录》。越南《白皮书》引用这两个材料对黄沙滩和黄沙渚有如下描述:

“海中有一长沙,名(左“土”右“罢”)葛鐄(意即黄沙滩),…… 自大占门越海至此一日半。自沙淇门至此半日”。

“广义府平山县安永社居近海,海外之东北有岛屿焉。群山零星一百三十余嶺(岭)。山间出海相隔或一日或数更。山上间有甘泉,岛之中有黄沙渚,长约三十余里,平坦广大,水清彻底”。

越南当局搬出这两段文字作为“最早、最具根本性”的两个材料,但上述记载恰恰说明:越南所说的黄沙群岛根本不是中国的西沙群岛,二者是完全不同的两个地方。

一看地理位置。越南的材料说,从大占门(今越南广南——岘港省的大海门)渡海至黄沙滩只要一天半,从沙淇门(今越南广义省平山县附近海口)渡海至黄沙滩只要半天。而中国的西沙群岛距离越南中部海岸远达二百海里,按当时的航海技术,乘帆船航行半天或一天半是无论如何也到达不了的。

二看长度、面积。越南的材料说,“黄沙渚”“长约三十余里”,且“平坦广大”。而中国的西沙群岛中最大的永兴岛,也仅长不到两公里,面积不过一点八五平方公里。

三看地形地貌特征。越南的材料说,黄沙群岛有“群山零星一百三十余嶺”。而中国的西沙群岛各岛屿海拔只有五、六米,最高处也不过十五点九米,且地势低平,根本不存在所谓“群山”。西沙群岛全部岛、礁、沙、滩一共只有三十五个,更谈不上“一百三十余嶺”。

上述种种对比清楚地说明,越南所说的黄沙群岛根本不是中国的西沙群岛,而只能是越南中部沿海的一些岛屿、沙洲。

越南《白皮书》声称《大南实录正编》“记载了嘉隆于一八一六年占有黄沙群岛的事件”,但遍查这一史书,却不见有“占有”的记载。所谓嘉隆皇帝“占有黄沙群岛”之说,源出自法国殖民主义者路易·塔伯尔主教所写的《交趾支那地理札记》。它说:“普拉塞尔,又名帕拉塞尔群岛,是由一些小岛、岩石和沙滩组成的迷宫,位于巴黎算起的东经107°上,似乎一直延伸到北纬11°。”还说一八一六年嘉隆“庄严地在那儿插上它的旗帜,并正式占有这些岩石,大概不会有任何人同他就此发生争议。”巴黎子午线东经107°就是格林尼治东经109° 10',离越南中部海岸不远,而我国的西沙群岛在东经110° 10'以东。塔伯尔说的帕拉塞尔,一直延伸到北纬11°,而西沙群岛的最南点仅在北纬15° 47'。很明显,塔伯尔主教所讲的帕拉塞尔,是指越南中部沿海的一些岛屿、沙洲,而不是我国的西沙群岛。

至于越南方面所说的“长沙群岛”,也决不是中国的南沙群岛。《白皮书》说“长沙群岛”以前称“大长沙”。在中、越许多史籍中都有关于“大长沙”的记载,其位置显然不是在中国的南沙群岛,而是指越南沿海的一些岛屿和沙洲。越南《白皮书》找不出任何有价值的史实材料来证明“长沙”就是中国的南沙群岛,于是搬出了一张来历不明的所谓《大南一统全图》。但是,从这张地图中人们可以清楚地看到,“黄沙”和“万里长沙”是标绘在同越南中部海岸相平行、距离越南海岸不远的地方,而不在中国西沙群岛和南沙群岛的地理位置上。

越南当局妄图用指鹿为马的手法来为其领土野心寻找依据,欺骗世界人民,这是枉费心机的。

至于越南《白皮书》列举一九三三年以后法国殖民当局和南越西贡当局侵占中国西沙群岛和南沙群岛的材料,来证明今天越南当局对中国西沙群岛和南沙群岛提出领土要求的合法性,更是站不住脚的。根据国际法,侵略行为不能产生主权,对侵占得来的别国领土的所谓“继承”,当然也是非法的,因而也是无效的。

西沙群岛和南沙群岛自古以来就是中国的领土,这是具有充分法理根据的。人们通过上面列举的大量事实和材料,可以得出公正的结论。越南当局非法占领中国南沙群岛部分岛屿,对中国西沙、南沙群岛提出领土要求,只能暴露他们地区霸权主义和侵略扩张的野心。中国对西沙群岛和南沙群岛的主权是无可争辩的。

由李梦华率领的第十三届冬季奥林匹克运动会的中国体育代表团到希腊达普莱西德湖并召开记者招待会

李梦话记者招待会上说:“自从国际奥林匹克委员会恢复中国奥林匹克委员会的合法权利以来,这是中国第一次参加冬季奥运会,也是历史上第一次参加冬季奥运会。”他指出:“我们目前冰雪运动项目的水平是低的,但是我们要赛出自己最好的水平,并且希望在五年或十年之内达到较高的水平。”

在谈到抵制在莫斯科举行奥林匹克运动会的问题时,他说,苏联入侵和武装占领阿富汗,违反了奥林匹克友谊和和平的精神。“我个人认为,在苏联占领阿富汗的情况下,让莫斯科主办夏季奥林匹克运动会是不适宜的。”

在谈到台湾参加冬季奥运会的问题时，他说：“我们希望来自台湾的运动员按照国际奥林匹克委员会的有关决议参加冬季奥林匹克运动会，我们愿意和他们一起对这次运动会作出贡献。”

1月31日

全国新成立5个自治县

经国务院批准，我国在1979年又成立了5个自治县。这5个自治县是：云南省的寻甸回族彝族自治县、墨江哈尼族自治县、元江哈尼族彝族傣族自治县、新平彝族傣族自治县、湖北省的来凤土家族自治县。

全国妇联等五单位发出通知号召全国各族姐妹要为四化争做贡献（摘要）

据新华社消息，今年3月8日是国际劳动妇女节70周年纪念日。最近，中华全国妇女联合会、中华全国总工会、中国共产主义青年团中央委员会、中华全国青年联合会、中华人民共和国科学技术协会发出了纪念这个节日的联合通知。通知说，实现社会主义的四个现代化，是当前最大的政治，是我们国家民族的根本利益所在，是妇女彻底解放的必由之路。1980年是调整国民经济的第二年，做好今年的各项工作，对实现国民经济的调整任务，促进四化建设的发展，具有极为重要的意义。全国各族姐妹要在党的领导下，坚持四项基本原则，坚定不移、贯彻始终地执行党的路线、方针、政策，进一步肃清林彪、“四人帮”极左路线的流毒，发扬艰苦创业的精神，为胜利完成今年的各项任务争做贡献。

通知向全国各族妇女提出了四项要求：

一、聚精会神、专心致志搞四化。各族姐妹要继续深入学习和认真贯彻执行党的三中全会、四中全会、五届人大二次会议的精神，充分发挥自己的特长和智慧，千方百计地为四化创造物质财富和精神财富。希望战斗在农业战线上的姐妹们进一步发挥各自的特长，坚持走农林牧副渔全面发展，农工副综合经营的道路，广开生产门路，积极参加四级科学网活动，实行科学种植、科学养殖，努力促进农村经济的繁荣兴旺，使国家、集体、家庭尽快地富裕起来；工业、交通战线上的姐妹们要进一步投入以优质、高产、多品种、低消耗、安全生产为主要内容的增产节约运动中去，挖掘生产潜力，完成和超额完成工交生产计划，特别要努力促进轻纺工业和手工业的发展；从事科学技术工作的姐妹们要充分发挥自己的聪明才智，为解决四化建设的新课题，多出成果，快出成果；战斗在国防、文教、卫生、体育、商业、服务等各条战线的姐妹们，都要在各自的岗位上，为保卫四化、实现四化，贡献最大的力量。

各条战线上的姐妹们要奋发努力，学习马列主义、毛泽东思想，学习党的路线、方针、政策，学文化、学科学、学技术、学管理，努力精通本行业务，掌握专业知识，立志改革，敢于创新，千方百计地促进生产力的发展。

各条战线的妇女劳动模范、先进工作者、新长征突击手、“三八红旗手”、“三八红旗集体”的姐妹们，要戒骄戒躁，不断作出新的优异成绩。各族姐妹都要向模范人物、先进集体学习，努力争当劳动模范、先进工作者、新长征突击手和“三八红旗手”，以实际行动迎接今年秋季全国劳动模范大会的召开。

二、维护妇女的合法权益，关心妇女生活。各级妇联、工会、共青团、青联、科协要在党的领导下，努力成为各自联系的广大群众的重要代表者，一切从实际出发，为实现四化，积极主动地、独立负责地、创造性地开展工作。要维护她们当家做主的权利。当前，男尊女卑的封建思想残余还没有彻底肃清，有的地方歧视、摧残、迫害妇女和儿童的现象还相当严重。我们群众团体要理直气壮地伸张正义，维护妇女儿童的合法权益，监督法律的实施。要密切联系群众，深入调查研究，配合有关方面，切实解决一些经过努力可以解决的妇女切身问题，为妇女群众办好事。

各族姐妹要自觉地树立崇高的革命理想和革命的道德风尚，用社会主义思想正确处理恋爱、婚姻、家庭问题；要遵纪守法；要破旧俗，立新风。要提高对计划生育重要意义的认识，自觉地实行计划生育，一对夫妇最好只生一个孩子。要加强家庭教育，用“爱祖国、爱人民、爱劳动、爱科学、爱护公共财物”的精神，精心培育好我们的下一代。家庭成员之间，要团结互助，尊老爱幼，建立和发展民主和睦的新家庭。

妇联、工会、共青团、青联、科协要积极主动协助党委做好培养提拔各条战线上的女干部的工作，为她们又红又专创造有利条件，使大批坚持社会主义道路、有专业知识的各族女干部，特别是中年、青年女干部，在新长征中不断成长。

三、扩大妇女界统一战线，巩固发展安定团结的政治局面。各民族、各界妇女要进一步团结起来，扩大妇女革命的爱国的统一战线，发展安定团结的政治局面，同心同德，保证四化的胜利实现。我们要增进同台湾女同胞、港澳女同胞、海外女侨胞的团结。在“三八”节即将来到的时刻，我们更加怀念台湾骨肉姐妹，欢迎她们回到祖国大陆探亲访友，参观访问，通过各种途径，同祖国大陆的姐妹，互相加深了解，共同为祖国的统一大业作出贡献。

四、联合世界各国妇女，扩大国际妇女反霸统一战线。我们要联合全世界各国人民和妇女，强烈谴责苏联侵略阿富汗、粗暴干涉别国内政的霸权主义行径，苏联当局必须立即从阿富汗撤出它的一切武装部队；坚决支持阿富汗人民和妇女反侵略的正义斗争。我们坚决支持柬埔寨人民和妇女反抗越南侵略者的斗争。我们要坚持无产阶级国际主义，加强同社会主义国家妇女和第三世界各国妇女的团结，加强同全世界一切爱好和平的人民和妇女的团结，发展国际妇女反帝、反殖、反霸统一战线，为反对霸权主义，反对侵略战争，保卫世界和平，保卫妇女儿童的权利而斗争。

通知说，各级群众团体在组织“三八”节纪念活动时，要共同协商，密切配合，因地制宜，讲求实效，力求俭朴。要采用多种多样的方式，宣传各界妇女先进人物、先进集体的光辉思想和模范事迹，使今年的“三八”节成为广大妇女群众生气勃勃的学先进、赶先进、超先进，为实现四化团结战斗的节日。

全国人民代表大会常务委员会公报复刊

1966年停刊的《中华人民共和国全国人民代表大会常务委员会公报》，在1980年1月正式复刊，由全国人民代表大会常务委员会办公厅编辑出版，计划从1980年第二季度起公开发售，由邮电部北京市邮局发行。

国家经委 国家农委和工商行政管理总局就抓紧搞好工业企业普查登记发出联合通知

《人民日报》报道，国家经济委员会、国家农业委员会和工商行政管理总局最近已联合发出通知，要求各省、市、自治区抓紧这一普查登记工作，今年6月底以前务必完成。

通知规定工业企业登记的范围是：工业部门所属的国营、地方国营工业企业；非工业部门所属的国营、地方国营工业企业；一、二轻工业部门和其他工业部门所属的集体所有制工业企业，城镇街道和农村社队办的工业企业；国防工业部门所属的独立经济核算的民用工业企业；机关、团体、部队、学校和企事业单位等兴办的工业企业。

通知说，凡属登记范围的工业企业，都必须严肃认真地、如实地填报普查登记表，反映企业的真实情况。各地在汇总统计的同时，要根据普查登记材料，结合当地的实际情况，有重点地进行一些典型调查，搞好综合分析，了解工业调整中的症结所在。按照国家计划和社会需要，经过综合平衡，提出哪些企业需要关、停、并、转，哪些企业需要整顿，哪些企业需要发展的初步意见，向党委和人民政府汇报，为工业调整提供资料。

通知规定，在这次普查登记中，要把颁发营业执照同工业调整结合进行。

国务院批转国家经委 财政部《国营工业企业利润留成试行办法》

国务院为此发出的通知说，各地原来按照地方自定的办法进行试点的企业，从1980年起，原则上都要按这个办法改过来。如果个别地区确因情况特殊，需要按自定办法试点，要报国务院批准。

经国务院批准的试行办法规定，从1980年起，企业改革试点的国营工业、交通企业，它们的利润留成一律由全额利润留成改为基数利润留成加增长利润留成。这样做，企业从增长利润中得到的好处将比原来提高一倍。为了促进企业全面完成国家计划指标，试行办法还规定，企业只有完成产量、质量、利润和供货合同四项计划指标，才能提取全部应提的利润留成资金；没有全面完成四项计划指标的企业，每少完成一项，即扣减应提利润留成资金的10%。

国务院在通知中还指出，鉴于利润留成办法试点时间不长，各地区、各部门1980年要集中力量抓好已经批准试点企业的工作，一般不要再扩大试点面。个别地区批准试点的企业很少，需要适当增加的，要按规定报国家经委、财政部批准。

商业部发出通知要求各地商业部门抓紧收购工业品

通知指出，今年国家计划下达比较早，为了安排好市场，国家采取了一系列措施，各地商业部门要主动同工业部门搞好产销衔接，签订合同，及时收购。同时，要积极扩大销售，组织好工业品下乡。经常向工业部门反映市场需要，促进工业部门生产更多的适销对路的产品。在购销工作中如果发生争议，要按地方党、政领导机关决定执行。

黑龙江社员存款达3亿多元

《人民日报》报道，黑龙江省去年农业丰收，集体收入增加；社员家庭副业也有了较大的发展，社员现金收入大大超过了往年。到1月底为止，黑龙江农村社员储蓄存款已达到3.4亿元，比去年同期增加72.96%，平均每个社员存款19.31元，有10个县存款突破1000万元。

国务院副总理康世恩在北京会见由商业航运部副部长奥尔伯率领的挪威官方航运代表团

中国常驻联合国代表陈楚在安理会讨论罗得西亚问题的会议上要求英国严格按照伦敦协定的条款处理罗得西亚的局势

中国广西 云南边境今年1月遭受越南武装人员武装挑衅和入侵活动达207起

越南一方面装模作样地提出所谓“春节期间停止武装冲突”的建议,一方面大大加剧了在中越边境的武装挑衅。据有关部门统计,今年头一个月,越南对中国广西、云南边境的武装挑衅和入侵活动已达207起。其中,仅1月下旬的10天中就有77起。

越南武装力量白天晚上向中国境内打枪打炮,不断派遣武装人员和特工人员侵入中国领土,抓捕以至行凶杀人,闹得中国边境地区不得安宁。

1月21日17时,越军向我广西龙州县水口公社峒桂、板斗村和平居民开枪扫射,打伤社员罗保荣,打坏房屋多处。我公安干警和民兵赶去抢救群众,途中又遭越军开枪袭击。

1月22日16时,广西宁明县峙浪公社那党大队三名社员赶着20多头水牛到50号至51号界碑之间我侧放牧,越军开枪将他们打伤,并打死打伤水牛十几头。

1月26日10时40分,一股越军侵入我广西防城各族自治县那良公社大河生产队附近,猛烈向我村庄和正在田间劳动的社员开枪射击,正在积肥的社员李德杜(男,61岁)被打死,十几名社员被打伤。我民兵奋起自卫,敌人逃窜。

1月21日16时至18时,越军用六零炮和高射机枪向我云南麻栗坡县者阴寨一带射击,炸毁房屋数十间,毁坏田园几十亩。

仇鳌等五人的追悼会在北京举行

政协第四届全国委员会委员仇鳌、楚溪春、黄雍、张振汉、康心之追悼会,今天下午在北京全国政协礼堂举行。

仇鳌、楚溪春、黄雍、张振汉、康心之5位同志在“文化大革命”中,都曾遭受林彪、“四人帮”极左路线的迫害,先后在北京逝世。仇鳌同志于1970年2月9日逝世,终年94岁。楚溪春同志于1966年9月12日逝世,终年70岁。黄雍同志于1970年2月8日逝世,终年70岁。张振汉同志于1967年5月26日逝世,终年69岁。康心之同志于1967年12月21日逝世,终年73岁。

仇鳌是湖南省湘阴县人,同盟会会员,早年毕业于日本明治大学,新中国成立前曾任国民党政府铨叙部次长、湖南省政府委员、省参议员、国民参政员等职。新中国成立前夕,对湖南和平解放有一定的贡献。新中国成立后,历任湖南省军政委员会委员、省临时人民政府委员、中南行政委员会委员及参事室主任,政协第二、三、四届全国委员会委员,民革中央委员等职。

楚溪春是河北省蠡县人,毕业于保定军官学校,新中国成立前曾任国民党河北省政府主席等职。1949年随同傅作义先生起义,对北平的和平解放有所贡献。新中国成立后历任政务院参事,政协第三、四届全国委员会委员,民革中央委员兼副秘书长等职。

黄雍是湖南省平江县人,毕业于黄埔军校第一期。新中国成立前,曾任国民党中央军官学校调查处副处长、黄埔同学会负责人等职。1949年春与中国共产党的地下组织有联系,参加了湖南和平解放的工作。新中国成立后,历任湖南省人民政府参事,中南军政委员会参事,政协第二、三、四届全国委员会委员,民革候补中央委员等职。

张振汉是江苏省徐州市人,毕业于保定军官学校,曾任国民党军队师长、指挥等军职,第二次国内革命战争时期,与工农红军作战被俘,即留在红军中工作,并随军长征到延安,抗日战争爆发后,由党组织送回国民党统治区。1949年曾为湖南省的和平解放做过一些工作。新中国成立后历任长沙市人民政府委员、湖南省人民代表、省政协常务委员,政协第二、三、四届全国委员会委员,民革中央团结委员等职。

康心之是陕西省城固县人,曾任国民党政府四川省粮食储运局局长、四川省银行总经理、中央银行顾问以及私营美丰、永利银行董事,重庆国民公报社长及董事长等职。新中国成立前他与中共方面和上层民主人士有接触,同情和支持过民主运动,新中国成立后曾任重庆市第一届各界人民代表大会代表,政协第二、三、四届全国委员会委员,他还是民革、民建的成员。

2月1日

《人民日报》发表评论员文章《做四化的坚定促进派》

我们党和全国人民在80年代的主要任务，就是集中精力，同心同德，聚精会神搞四化。做四个现代化的促进派，这是党中央的号召，这是80年代的召唤。我们每一个共产党员，每一个共青团员，每一个革命军人，每一个有志气、有抱负的中国人，都应该焕发革命精神，用自己的实际行动，促进四个现代化的实现。

自从粉碎“四人帮”，我们党重新提出实现四个现代化的战斗口号，已经三年多了，全党工作的着重点转移到四化轨道上来，也已经一年多了。时间的河流奔泻而去，现在，我们又在20世纪80年代的跑道上起步了。在这场伟大的进军中，我们有没有足够的信心，如何更好地发挥自己的作用，为党为人民作出最大的贡献？这是每一个革命者都应当深思的。

三年多来，特别是十一届三中全会以来，我们党领导全国人民，踏踏实实，一步一步地走上了四个现代化的征途。这种脚踏实地、埋头苦干的革命精神，给我们的国家带来了无限生机和希望。三年间，我们深入进行了揭批林彪、“四人帮”的斗争，粉碎了他们的帮派体系，批判了他们的极左路线；我们认真开展了真理标准的讨论，坚持辩证唯物主义的思想路线，打开了各个领域的许多禁区；我们在各条战线进行了大刀阔斧的拨乱反正，一大批冤假错案得到平反昭雪，一大批历史遗留问题得到实事求是的解决；我们调整和整顿了很多地方的领导班子，使党的路线和各项方针政策能够比较顺利地贯彻执行了；我们大力落实关于农业的两个文件，使农村经济活跃起来，整个农业战线的面貌正在改观；我们着手调整国民经济，已经取得可喜的成果和成功的经验；我们广开门路，解决了几百万待业青年的就业问题；我们在国家财政还很困难的情况下，几次调整部分职工的工资，使人民生活开始有所改善。在短短的三年里，我们做了大量的实实在在的工作，林彪、“四人帮”横行十载的累累伤痕正在愈合，三十年来的是非功过逐步澄清。神州大地出现了安定团结、齐心奔向四化的新局面。

三年的成就，为我们迈入80年代准备了胜利前进的阵地。中国人民实现四化的政治条件、经济条件和国际条件，从来没有像今天这样有利。我们对伟大祖国的社会主义现代化事业充满了信心。当然，在我们前进的道路上还会有这样那样的困难。林彪、“四人帮”给我们国家造成的堆积如山的问题，需要相当长的时期才能根本解决。他们在思想上和组织上所留下的流毒，对于我们解决前进中的问题造成重重阻力。有些同志对这一点认识不足。他们心急如焚，总希望一下子把一切问题统统解决。一旦面对现实生活中这样那样的问题和困难，看到工作中的某些缺点和不足，便忧心忡忡，甚至悲观失望。这些同志的愿望不能说不好，他们的忧虑也并不是毫无根据的。但是，他们看问题的方法不对头，他们那种从急躁到消极的情绪是有害的。这种同志当然是少数，并且主要是在一部分青年中。我们应该帮助这些同志纠正思想上的片面性，站得更高一些，看得更远一些，把忧国忧民之心变为实干苦干的促进四化的蓬勃革命热情。

例如，有的同志认为，现在思想有点乱，议论比较多，因而信心不足。这样来看待思想战线的形势，显然是错误的。粉碎“四人帮”以后，在广大人民群众中间，那种万马齐喑的沉闷空气为之一扫，思想的大闸打开了，思想活跃起来了，这无疑是一件大好事，是我们打碎精神枷锁、破除迷信、解放思想的成果。至于人们中间出现某些意见分歧，或看法不尽一致，这并不奇怪。林彪、“四人帮”颠倒黑白、混淆是非，流毒非浅。肃清流毒，统一思想，要有一个过程。尤其是对四化建设中碰到的一些新问题，更不能强求思想认识上一开始就完全一致，应该允许有异议，有争论，相信各种意见在实现四化的实践中可以日趋统一。当我们刚刚提出开展真理标准的讨论时，思想不统一，阻力不可谓不大，两个“凡是”的观点有相当的市场，可是经过一年多的讨论，现在实践是检验真理的唯一标准这个马克思主义的基本观点，已经为绝大多数党员、干部所接受，取得了粉碎“四人帮”后最根本的拨乱反正的胜利。对于“调整、改革、整顿、提高”的八字方针，开始也有一些同志想不通，有抵触，经过近一年的讨论和实践，认识到八字方针重大意义和作用的同志也越来越多了。事实证明，只要党的路线方针是正确的，就必然会被党内外群众所接受，全党全军全国人民的认识就一定能统一到党的正确路线上来。

又例如，有的同志认为，现在官僚主义太严重了，积重难返，举步艰难。这种认识是不对的，至少是不全面的。的确，在我们的一些领导部门，至今还存在着不同程度的官僚主义作风。但是，我们党历来是反对官僚主义的，我们不仅把它当作一个作风问题来反对，还把它同我们现存的具体体制联系起来，加以整顿和改革。现在已经有越来越多的人认识到，机构庞杂，组织臃肿，部门重叠，人浮于事，互相扯皮，严重地束缚了我们的手脚，很不适应社会主义现代化的大生产。五届人大二次会议提出的八字方针，就包括“改革”二字。当然，在这些方面进行改革，涉及很多问题，不是轻而易举的。新中国是从一个半殖民地半封建的旧社会脱胎出来的,因袭的重担年深日久,沉重地压在我们肩上,不是一朝一夕能够抛弃的。这使我们哪怕是向前迈出一小步,都要付出很大的努力。正因为这样,对于我们的每一步前进,都应该给予支持和鼓励,怎么能够因此而泄气,而却步不前呢?共产党人总是要能动地改造世界。我们很欣喜地看到,近一年来在改革管理体制、改善经济工作等方面,各地作了很多大胆的尝试,企业改革的试点在有些省已经由几个扩大到几十个、几百个、几千个,取得很多可贵的经验。“千里之行,始于足下”。我们应该从这些试点中看到希望。决不能认为,只有官僚主义都克服了,体制都适应了,一切都改好了,才能去干四化。这要等到哪一天呢?我们只能边干边改,边改边干。只有在干的当中才能确切地验证我们的弊病,找到行之有效的改革方案。离开了四化实践,闭门造车,以为能够开出妙手回春的百应灵丹,这种改革家是不会成功的。

再例如,有的同志看到少数领导干部搞特殊化,就摇头叹气说四化没有什么希望。这也是似是而非,值得研究的。领导干部搞特殊,确实是严重脱离群众,很使人失望的。但是,我们决不能把领导干部和特殊化画等号。利用职权谋私利的领导干部毕竟是少数,大多数领导干部是严格要求自己,一心一意搞四化,勤勤恳恳干四化的。这一点应该给予充分的肯定。如果不是这样,我们怎么可能有今天这样的局面,怎么可能开始新的长征呢?而且,就现在群众议论的某些领导干部的特殊化而言,有的当然是作风问题,甚至是违法乱纪问题;但是,也应当看到,有的是由于我们一些制度的规定不合理、不完善造成的,不能完全归咎于干部本人。粉碎“四人帮”以后,党中央已经采取很多措施来制止特殊化。第一,就是造舆论。大会小会讲,内部文件讲,在报刊上有选择地公开揭露某些领导干部的特殊化,借以敲起警钟,引起全党的警惕。第二,党的各级纪律检查委员会做了很多工作,纠正和处理特殊化的问题。第三,中央纪律检查委员会已经制定了包括党内生活准则、干部生活待遇的若干规定,有些措施已经开始实行。这些都说明,党中央是了解民意的,是有决心解决少数干部特殊化的问题的。我们应当相信,在党中央领导下,各级干部一定能恢复和发扬党的艰苦奋斗、密切联系群众的优良传统,和群众同甘共苦,一齐奔向四化。

气可鼓而不可泄。当我们迈步新长征时,这一点非常重要。一鼓作气,保持旺盛的斗志和蓬勃的热情,才能克服艰难险阻,胜利地攀上四化高峰;一味泄气,必然人心涣散,在困难面前一蹶不振,败下阵来。从来的革命,没有靠发牢骚取得成功的。悲观失望、无所作为、牢骚满腹的情绪,对四化是有百弊而无一利的。这种种消极情绪,如果不加注意,很可能像瘟疫一样蔓延。特别值得警惕的是,现在确有林彪、“四人帮”组织上、思想上的残余在捣乱。他们正在制造谣言,制造事端,在我们前进的道路上设置障碍,使我们正在解决、本来也容易解决的一些问题变得复杂起来。他们是唯恐天下不乱,唯恐四化实现的。我们一些同志的消极情绪和牢骚,很容易被他们利用。这难道不值得警惕吗?不利于安定团结的话不说,不利于四化的话不说,这应该是我们的生活准则。我们要做四化的坚定促进派,而不能做妨碍四化的消极力量。在80年代这个十分重要的年代,我们必须眼光向着未来,鼓舞信心和勇气,敢冲敢闯敢革新,把实现四化的事业推向前进。

共产党人和无产阶级历来是革命的乐观主义者,历来坚信自己所从事的事业必胜,不论在什么样的困难条件下,都能够看到光明、看到前途,决不动摇自己的信念,丧失革命热情,总是对未来寄予无限的希望和信心。具有这种蓬勃向上的朝气和乐观精神,任何困难吓不倒我们,任何艰险压不垮我们。我党在历史上曾经遇到过几次大的困难和挫折。大革命的失败,使党领导的民主革命处在生死关头,整个中国几乎是一片黑暗。“但是,中国共产党和中国人民并没有被吓倒,被征服,被杀绝。他们从地下爬起来,揩干净身上的血迹,掩埋好同伴的尸首,他们又继续战斗了”,经过二十二年不屈不挠的斗争,终于取得了新民主主义革命的胜利。林彪、“四人帮”这一伙反革命阴谋家,给我们党和国家制造了多少危难!他们已经篡夺了许多重要权力,已经把一大批党、政、军领导同志打翻在地,把我国投入阴谋与迫害、分裂与混乱的血腥恐怖之中,把整个国民经济破坏到崩溃的边缘。但是,党和人民还是粉碎了他们,治乱兴废,取得了今天不可抹杀的成绩和胜利。

我们新的长征刚刚开始,很多困难和问题摆在我们面前。对此,我们需要有清醒的认识和足够的勇气。如果以为在我们这样一个人口众多、底子很薄,遭受了林彪、“四人帮”的浩劫正在恢复的国家,从事四个现代化的崭新事业,可以不经过什么艰难困苦而能一帆风顺获得成功,那只是一种不切实际的幻想。有困难,有问题,这是客观事实。我们在工作中还会出现错误和缺点,这也是很难避免的。但是,困难再大、问题再多,也不应该动摇我们的信念和决心。我们的困难和问题,是前进中的困难和问题。我们毕竟在前进,而且前进的步子很快,超出了我们自己的预料,也超出了很多外国朋友的预料。我们的潜力大得很。我们是大有作为的一代。经过几十年艰难曲折的战斗历程,锤炼了我们的党,提高了广大人民群众的觉悟。我们的党和人民更加成熟了。这是我们实现四化的一个具有决定意义的条件。我们共产党人和全国人民通过正反两方面的教育,深深懂得社会主义现代化事业是千百万群众生气勃勃的创造性事业,充分发挥人民群众的主动性对我们的事业是多么重要。现在,各条战线上已经涌现出和正在涌现出很多四化的闯将,很多新长征的突击手,很多“三八红旗手”以及其他先进生产者和先进工作者。这些英雄模范人物使我们打开新的眼界,使社会主义事业获得新的活力。我们有这样一个千锤百炼的党,有这样好的人民,我们完全有信心达到自己的光辉目标,有能力把四化的蓝图变成瑰丽的现实。

国务院下达《实行“划分收支,分级包干”财政管理体制的暂行规定》并发出通知

通知指出,实行“划分收支,分级包干”,是国家财政管理体制的重大改革。它不仅涉及财政收支结构、财权划分和财力分配的调整和改进,而且也涉及计划、基建、物资、企业、事业等管理体制的调整和改进。

中美贸易关系协定开始生效

中国外交部和美国驻中国大使馆在北京互换照会,确认各自已经完成必要的法律手续,从而使《中华人民共和国和美利坚合众国贸易关系协定》即日起开始生效。

这个协定是我国外贸部长李强和美国驻中国大使伍德科克分别代表各自政府于1979年7月7日在北京正式签署的。

协定规定:为了使两国贸易关系建立在非歧视性基础上,缔约双方对来自或输出至对方的产品应相互给予最惠国待遇。

缔约双方同意采取一切适当的措施,为在各方面加强两国经济贸易关系创造最好的条件,以促进两国贸易持续和长期地发展。为了力争双方经济利益的平衡,缔约双方应尽一切努力促进双边贸易的相互扩大。

协定规定:缔约双方认定政府贸易机构对发展它们之间的贸易和经济关系起重要作用。双方同意对这些机构的贸易促进活动给予鼓励和支持,并根据各自的实际可能对这些机构的业务活动提供尽可能有利的便利。

这个协定有效期为3年。协定规定:缔约任何一方如未在有效期满前至少30天将终止本协定的意愿通知对方,则本协定有效期延长3年,此后仍可依此方法延长。

国务院副总理方毅在北京会见以日本国立高能物理研究所加速器部主任龟井亨教授为团长的日本高能物理访华团

中华人民共和国政府和日本国政府将分别在札幌市 广州市设立总领事馆

中华人民共和国政府和日本国政府就分别在札幌市、广州市设立总领事馆事,于2月1日在北京通过换文达成协议。中日双方在换文上签字的是中国外交部部长黄华和日本国驻华大使吉田健三。中国驻札幌市总领事馆领区为札幌市,日本驻广州市总领事馆领区为广州市。

外交部新闻司发言人指出当前不适宜在莫斯科举行奥运会

外交部新闻司发言人今天发表谈话指出,在苏联入侵阿富汗的情况下,在莫斯科举行第二十二届夏季奥林匹克运动会显然是不适宜的。中国政府支持敦促国际奥委会作出改变地点或取消举行的决定。谈话全文如下:

苏联入侵阿富汗是明目张胆地践踏国际关系准则,是对世界和平的严重威胁。在苏联公然无视联合国大会决议,继续侵占阿富汗的情况下,在莫斯科举行第二十二届夏季奥运会显然是不适宜的。我们支持敦促国际奥委会作出改变地点或取消举行的决定,并将为此努力。

如果国际奥委会不作出这样的决定,中国政府将要求中国奥委会认真考虑不参加在莫斯科举行的第二十二届夏季奥运会的问题。

中国政府愿与各国就这一问题进行磋商,共同采取必要的行动。

国务院批准恢复重建中南民族学院

经国务院批准,国家民族事务委员会和湖北省人民政府决定恢复并重建中南民族学院。

复办的中南民族学院将设置政治、语文、历史、数学专业,以及干训部和预科。学院扩建时再增设物理、化学专业。本科学制四年,干训部和预科一至二年。学院由国家民委和湖北省双重领导,以国家民委为主。

2月2日

《人民日报》发表社论《在大有作为的年代大显身手》

我们已经进入了80年代。80年代,对于我国的社会主义现代化建设来说,是十分重要的年代。我们实现四化还有两个十年。我们如果在80年代作出了显著成绩,把基础打好了,下一个十年内实现四化就真正有把握了;反之,我们如果不能在80年代取得决定性的胜利,到本世纪末实现四化就可能告吹。我们究竟能不能在80年代大有作为？到本世纪末实现四化，究竟有没有希望？这个问题是大家很关心的。要正确地回答这个问题，首先必须对粉碎“四人帮”三年以来的工作有一个正确的估计。

看一看粉碎“四人帮”三年多来，我们干了一些什么事情，迈出了怎样的步伐吧：

这三年多来，我们粉碎了“四人帮”的资产阶级帮派体系，批判了他们的极左路线，澄清了一大批政治上、理论上、政策上的是非，解决了历史遗留的一些重大问题，平反了大批冤案错案假案，落实了各项经济政策和人的政策，调动了亿万人民的积极性。

我们制定了符合历史发展要求和广大人民利益的实现四个现代化的政治路线，把工作重点坚决地转移到现代化建设上来，实现了20多年来由于种种原因未能实现的历史性的伟大转折。

我们在党和国家生活中恢复了遭到严重破坏的民主集中制，党内民主和人民民主开始走上健全发展的道路，“三不主义”、“双百”方针得到贯彻，社会主义法制正在加强，全国人民渴望已久的安定团结、生动活泼的政治局面已经成为现实。

我们打破了现代迷信的精神枷锁，坚持了毛泽东思想的科学体系，恢复了实事求是、一切从实际出发的马克思主义的思想路线，带来了全党全国人民思想上的大解放，激发了广大工人、农民、知识分子生气勃勃的创造力。

我们把由于林彪、“四人帮”的破坏，已经到了破产边缘的国民经济迅速恢复起来，并且基本上摸清楚了经济建设的情况和问题，实行了调整、改革、整顿、提高的方针，为整个国民经济稳定地持久地向前发展做了大量艰苦细致的工作，取得了可喜的成就。我们正在摸索一条从中国情况出发、具有中国特点的现代化道路。

我们在外交方面也做了许多工作。我国领导人访问了许多国家，发展了同各国的友谊，开展了贸易往来和科技文化交流，加强了同第三世界国家的友好关系，实现中美建交，缔结中日和平友好条约，争取到了新中国成立以来从未有过的有利的国际条件。

三年多来我们做的事情很多，以上不过是举其大者。从这里可以看出，三年多来我们迈出了多大的步子；我们取得了多么不平常的成绩！我们不但认真地总结了十年动乱的教训，并且认真地总结了新中国成立30年来的基本经验。我们所解决的问题都是带根本性的大问题，这将在我们党和国家今后的发展中发生重大而长久的作用。全国的形势发展这么快，这么好，超出了人们的预料。对这三年的工作，我们切不可以低估。这三年为我们进入80年代打下了一个非常好的基础，从各个方面准备了胜利前进的阵地。

经过三年的拨乱反正，可以说，我们党的状况发生了根本的转变，领导班子的状况发生了根本的转变，思想路线发生了根本的转变。当然，在我们面前还有许多困难、麻烦和问题。这主要是，林彪、“四人帮”长期破坏造成的严重后果，不可能在短时间内完全消除。同时，在历史的转变时期，在调整国民经济和实现四化的过程中，不可避免地会遇到一些新的矛盾和问题。但是，历史遗留下来的麻烦已在一个一个地解决，解决一个就少一个。林彪、“四人帮”的流毒已在一点一点地清除，清除一点就少一点。列宁在十月革命胜利后说过：“重要的是，坚冰已经打破，航路已经开通，道路已经指明。”用这句话评价我们三年来的工作，也是很恰当的。看形势，要看本质，看主流，看发展的趋势。看不到困难和问题，就会盲目乐观，自满停滞；只看到困难和问题，看不到成绩，或者对成绩估计不足，甚至把支流当主流，就会一叶障目，灰心丧气。有的同志觉得刚刚粉碎“四人帮”时一切都比较顺利，现在似乎反倒问题更多了。这种看法是不符合实际的。拿今天同三年前粉碎“四人帮”时比较一下，我们在政治、经济、文化各方面的形势是更好了还是更差了？我们的困难和问题是在迅速大量地解决还是堆积得更多了？我们建设四化的有利条件是增加了还是减少了？比较一下，结论是明明白白的。我们确实在不断前进。如果再拿三中全会以前的两年同以后的一年比较，更可以看到最近这一年里我们做了多少工作，前进得多快呵！

有的同志实现四化心切，总希望林彪、“四人帮”的流毒一个早上就能肃清，我们工作的发展从此一帆风顺，不出任何差错，一旦事与愿违，就忧心忡忡，信心动摇。这些同志的主观愿望是好的。但是林彪、“四人帮”的流毒既深且广，要在一个早上全部肃清是不可能的。我们在工作中确实要尽可能避免差错，但在四化建设这个崭新事业中要求不发生一点失误，不花一点学费，那也是不切合实际的。我们既要防止无所作为的观点，也要防止急躁情绪。急躁情绪很容易转化为丧失信心。

正确估计形势，对于革命的政党、革命的人民来说，从来都是一个重要问题。在历史的转折关头，尤其是这样。1930年1月，毛泽东同志写了《星星之火，可以燎原》这篇通信，有力地批判了当时党内的一种悲观思想，揭示了革命高潮一定要到来的必然性。1938年5月，毛泽东同志写了《论持久战》这篇文章，批判了亡国论和速胜论两种错误观点，正确地指导了中国人民的抗日战争。在进入80年代这个重要年代的时候，我们所处的情况同上述两个时期完全不同，我们正处于胜利前进的形势。但全党全国人民对形势也必须有一个正确的、统一的认识。粉碎“四人帮”后，我们党恢复了实事求是的传统，有一是一，有二是二。我们既讲实现四化的有利条件，也讲不利条件；既讲工作中的成绩，也讲缺点；既报喜，也报忧。我们如实地摆出困难和问题，这对于全党全国人民正视矛盾，同心协力战胜困难有好处。但是我们决不能因此对三年来取得的基本成绩估计不足。我们说80年代是大有作为的年代，大有希望的年代，正是基于对三年来工作的正确估计，基于对形势发展的客观的实事求是的分析。

我们对四化前景所以充满信心，从根本上说，是因为我们相信广大人民是坚决要求实现四化的，相信我们党是能够领导全国人民实现四化的。周恩来同志曾经说过，我们的党多灾多难，千锤百炼。经过千锤百炼的中国共产党，汲取了历史的经验教训，现在在政治上更成熟了，更聪明了，领导水平更高了，党已制定了一条正确的政治路线、思想路线和组织路线，完全有能力领导全国人民创建四个现代化的千秋大业。鲁迅说过：我们从古以来，就有埋头苦干的人，有拼命硬干的人，“这就是中国的脊梁”。中国人民是有志气、有抱负的。别人能够在几十年时间内实现现代化，我们也一定能做到。当然，我们人口多，底子薄，又遭受过林彪、“四人帮”的长期破坏，困难要多一些。但是困难并不能吓倒我们，只能激发我们以加倍的努力完成历史赋予的重任。人们提出“实现四化要从自己做起”，“被耽误了的中国要靠我们来改造”，就是这种雄心壮志的生动表现。

一切共产党员、共青团员，一切革命的人们、爱国的人们，让我们鼓足干劲，在这个大有作为的年代大显身手吧！

国务院直属机关和北京卫戍区等单位举行拥军优属 拥政爱民联欢大会

国务院直属机关的领导同志、工作人员和北京卫戍区、五七〇〇三部队的干部战士代表欢聚一堂，举行拥军优属、拥政爱民联欢大会。

国务院副秘书长、办公室主任吴庆彤主持联欢大会。国务院副秘书长郑思远、北京卫戍区副司令员邱巍高同志先后在会上讲话。

新疆维吾尔自治区在乌鲁木齐举行拥军优属 拥政爱民大会

新疆维吾尔自治区人民政府、乌鲁木齐市革委会和驻乌鲁木齐部队联合举行了5000多各族军民参加的拥军优属、拥政爱民大会。

中共新疆维吾尔自治区第一书记、乌鲁木齐部队第一政委汪锋，自治区人大常委会主任铁木尔·达瓦买提，自治区人民政府主席司马义·艾买提，自治区政协主席张世功，自治区党委书记、政府副主席宋致和，乌鲁木齐部队司令员肖全夫，政委谭友林，乌鲁木齐市委第一书记任戈白，出席了大会。

大会由铁木尔·达瓦买提主持。司马义·艾买提和乌鲁木齐部队政委谭友林在会上发表讲话。

全国人大常委会副委员长乌兰夫在人民大会堂接受孟加拉人民共和国新任驻中华人民共和国特命全权大使礼萨·卡里姆递交的国书

我国自制航空发动机地面试车台正式投入使用

我国自行设计的新的航空发动机地面试车台，经过两年多时间的努力已经建成。这座结构新颖、布局紧凑、测试手段比较先进的装置，鉴定结果表明，运行正常，性能良好，现已正式批准投入使用。这个现代化项目的建设，不仅培养和锻炼了一批技术人才，而且还比从国外引进成套设备提前一年完成了建设任务，同时大大节省了国家的投资。仅试车台台架和系统设备部分的投资，只占引进价格的3.6%，为国家节约了一大笔外汇，受到中央领导同志的赞扬。

《人民日报》发表肖灼基的文章《应该把教育看作生产部门》

一、教育是重要的社会生产力

长期以来，人们把教育看作非生产部门。这个传统观念应当破除。在现代化大生产中，教育是一种重要的社会生产力，它作为生产部门的特点越来越突出了。

生产部门，生产劳动，生产工人，这些都是历史的概念。马克思说：“随着劳动过程本身的协作性质的发展，生产劳动和它的承担者即生产工人的概念也就必然扩大。”（《马克思恩格斯全集》第二十三卷，第556页）这些概念，“决不只包含活动和效果之间的关系，工人和劳动产品之间的关系，而且还包含一种特殊社会的、历史地产生的生产关系。”（《马克思恩格斯全集》第二十三卷，第556页）在资本主义社会，只要能够为资本家提供剩余价值的劳动，就是生产劳动。因此，无论教员或演员，都可以成为生产劳动者。

社会主义生产的目的是为了满足社会成员的物质和文化生活需要。凡是能够实现这个目的的活动，都是生产劳动。社会成员的需要，包括生活资料、享受资料、发展资料。教育部门的产品没有独立的表现形式，是一种精神产品，但它直接满足了社会成员的文化需要，满足了发展劳动能力的需要，是一种发展资料。从这点来说，它也是一种最终产品，与第二部类有类似的特点。

教育部门主要是培养熟练劳动力。劳动力本身也是一个自然物质要素。教育部门从培养劳动力，即从生产活机器这一点来说，同第一部类有类似的特点。这就是说，(一)它的产品是生产过程的物质要素；(二)生产这个产品所耗费的劳动量，通过新的生产过程，再现在新产品中。

随着科学技术的发展及其在生产上的应用，国民收入的增长，越来越依靠劳动生产率的提高。劳动生产率取决于许多因素，其中包括：劳动者的平均熟练程度，科学技术的发展和应用程度，生产过程的组织程度，生产资料的规模和能力，以及各种自然条件等等。在这些因素中，除了自然条件以外，其他因素都与教育有关。随着科学技术的发展，教育对提高劳动生产率，从而对创造国民收入的意义越来越大。1929—1957年，美国国民收入的增加，有56%直接或间接与教育部门有关。日本文部省发表的《日本的成长和教育》一书指出，战后日本经济迅速增长的原因，是过去几十年教育成果的积累。可见，教育部门对于提高劳动生产率，促进生产发展的重要性越来越大。另一方面，教育部门拥有大批熟练劳动力和实验室、实验工厂等物质手段，它可以直接生产大量物质产品，特别是尖端产品，和其他部门一样，教育部门也能够为社会提供物质财富。

综上所述，把教育列为重要的社会生产力是符合社会主义生产的性质，符合科学技术在生产过程中的作用，符合教育部门的劳动特点的。

二、把教育看作非生产部门的弊病

第一，教育部门不按经济规律办事，工作不讲效率、不计成本、不顾质量。以1968年教师与学生的比例来说，美国是1:15.4，日本1:25.6，苏联1:17.4，英国1:7.9。70年代以来，随着教育手段进一步现代化，这个比例还有所扩大。我国的情况怎样呢？以北京大学为例，现有教员2800多人，学生只有8000多人，大约1:3。学校培养每个学生的劳动耗费究竟是多少，没有进行核算。

第二，不能贯彻物质利益原则。兼顾国家、集体和个人物质利益的原则，不仅适用于其他生产部门，也应该适用于教育部门，以便调动教育部门广大劳动者的积极性。但是，由于把教育部门看作非生产部门，学校没有经营管理的自主权，分配中的平均主义比其他部门还要严重。不管学校办好办差，教员、干部工资照发，干好没有多得，干差不会少得，也不必承担经济责任。

第三，使用复杂劳动力不必付费。教育部门培养复杂劳动力的过程，虽然耗费大量劳动，但使用复杂劳动力的部门却不必偿付培养费用。因此，许多单位要人时宽打窄用，多多益善。有的单位积压大量专门人才，有的让专业人员做非专业工作，学非所用，造成人才浪费。

第四，教育工作者待遇低下，享受不到生产部门劳动者的福利待遇。由此造成了一种反常的现象：在劳动报酬上体力劳动一般比脑力劳动高。从同等学力来看，同是大学毕业，在生产部门工作比做教育工作，收入相差约20%—30%(其中附加工资12%，奖金12%)。这种情况，影响了教育工作者的积极性。

三、几点建议

第一，把发展教育放在优先地位。当前世界各国科学技术和社会生产力的发展表明，国民经济各部门对复杂劳动力的需要是不断增加的。我国在实现四个现代化的过程中，也迫切需要大批科技人员、管理人员和其他复杂劳动者。当前我国的教育事业、特别是高等教育，无论数量和质量都远远不能适应四化的需要。这些年，人们只看到国民经济各部门的比例失调，而忽视了教育事业与经济建设的比例失调。培养一个高级复杂劳动力，需要15年至20年。为了在若干年后形成新的生产力，必须把发展教育放在优先地位，提前安排教育发展计划。

第二，逐步增加教育投资。当前世界经济较发达的国家，都把教育投资当作非常重要的生产性投资，教育经费绝对数及其在国民生产总值的比重在不断增加。而我国教育经费，无论绝对数或在财政预算中所占比重都相当低。这种比例失调的状况，应当尽快改变过来。既然教育投资是生产性投资，增加教育投资，就能够在若干年后形成新的生产能力，这对于加速实现四个现代化，有着重大的意义。

第三，用经济方法办教育。教育部门要讲究效率，提高质量，降低培养每个学生的费用。应该在经营管理上给学校一定的自主权。中等专业学校和高等学校经费的来源不应全部由国家财政拨款，而应该有几个来源：(一)向使用单位收取学生培养费；(二)向有关单位收取委托研究的科研费；(三)发明创造专利、实验工厂利润和其他事业收入；(四)政府补贴和社团捐款。还要把学校工作好坏与教职工的物质利益结合起来。各校职工升级面可以不同，奖励工资也可以不同，以便调动教职工的积极性。当然，这些改革要有一个过程，要经过调查研究和试验，但态度一定要积极。

第四，改善教师生活条件。列宁说："应当把我国人民教师提高到从未有过的，在资产阶级社会里没有也不可能有的崇高的地位。这是用不着证明的真理。为此，就必须进行有步骤的、坚持不懈的工作，来提高他们的思想意识，使他们具有真正符合他们的崇高称号的各方面的素养，而最最重要的是提高他们的物质生活条件。”（《列宁选集》第四卷，第678页）现在，大、中、小学校教师任务重，待遇低，工作和生活条件十分艰苦。妥善地解决这些问题，将有利于教育质量的提高。

中国曲棍球协会被接纳为国际曲棍球联合会会员

国际曲棍球联合会理事会2月2日和3日在法国戛纳市举行。理事会一致同意接纳中华人民共和国曲棍球协会为国际曲棍球联合会会员，并将按照国际奥林匹克委员会对于中国代表权问题的决定，处理台湾在国际曲联的会籍问题。

中国曲棍球协会的代表参加了这次理事会的会议。

国务院计划生育领导小组等单位在人民大会堂召开婚姻家庭计划生育新风尚座谈会

座谈会强调指出，把计划生育工作重点放到抓一对夫妇最好生一个孩子上，是解决我国人口问题的一项战略任务。

来自北京、天津、河北等地方和部队的计划生育先进单位和先进个人代表共200多人，参加了座谈会。有10名代表在会上介绍了他们在处理婚姻、家庭、计划生育问题上破旧立新、移风易俗的体会和经验。

余秋里、王震、谷牧、陈慕华、薄一波、王首道、钱信忠等同志参加了座谈会。他们赞扬了代表们在婚姻、计划生育等问题上，自觉地服从四个现代化需要，勇于向旧思想、旧习惯势力作斗争的革命精神。陈慕华说，我们在座谈会上所提倡的晚婚、晚育、少生的精神，与实现四化的总任务密切相关。提倡一对夫妇最好生一个孩子的目的，就是为了使人口增长与物质资料的增长相适应。只有逐步做到城市95%、农村90%的育龄夫妇只生一个孩子，到本世纪末，我国总人口才能够控制在12亿左右。这样才有利于使国民经济得到大的发展，人民生活得到明显改善，全民族的科学文化水平和健康水平得到更大的提高。陈慕华算了这样一笔账：在一个世纪内，如果青年人20岁结婚，就有五代人；25岁结婚，就是四代人。她说，少一代人，对于控制人口增长有很大意义。而且，青年时期正是精力旺盛的时期，应该专心致志搞好学习和工作，为四化多做贡献。因此，晚婚、晚育和少生，无论对国家、对个人都有很大好处。

这次座谈会是由国务院计划生育领导小组、全国总工会、共青团中央、全国妇联、北京市计划生育领导小组联合召开的。国务院计划生育领导小组副组长兼办公室主任栗秀真主持座谈会。

2月3日

1979年全国建成大中小商业冷库100多座

据新华社北京电，去年全国商业部门竣工投产大、中、小型冷库121座，新增冷藏能力10万吨，其中地方自筹资金建设的小冷库81座，冷藏能力3.7万吨。这是我国从1959年以来建设冷库最多的一年。这些冷库主要用来储存猪、牛、羊肉及禽肉、鲜蛋等食品。对支持农牧业生产发展，增加城市肉食蛋品的供应，改善商业部门的经营管理，都具有重要的作用。

江西医学院女教授符式珪被评为全国劳模

《人民日报》报道，妇产科专家符式珪对防治女性尿瘘病作出重要贡献，最近被评为全国劳动模范。符式珪教授从事妇产科临床工作已36年，对女性尿瘘病的防治有较长时期的研究，在巨大复杂女性尿瘘的修补术方面，达到国内先进水平。她的《女性尿瘘的手术治疗》一书，在国内妇产科学界被认为是我国第一本关于尿瘘的较为全面而又有创见的专著，并于1978年全国医药卫生科学大会上获得奖励。1979年《中华医学杂志》外文版发表了符式珪的有关405例尿瘘手术的论文，引起国外的重视。

山东省交通厅海运局“鲁海65号”轮首航香港

2月4日

《人民日报》发表评论员文章《广开生产门路》

广开生产门路，是调整国民经济，贯彻增产节约方针的一项重要措施，是今年经济工作的一件大事。这件事决不是权宜之计，而是发展国民经济，满足人民日益增长的生活需要，是扩大对外贸易的需要，是完全符合经济发展趋势的。随着科学事业的发展，我国科学工作者和劳动人民将开辟更广阔的生产门路，为四化作出更大的贡献。

生产门路广，有心遍地财。从国际市场的需要来说，香花异草、珍禽奇兽可以出口，马肉、兔肉可以出口，蚯蚓也可以出口。芜湖天河羽绒厂以鸭鹅毛做原料，生产出口标准羽毛和鸭绒被、鸭绒枕等羽绒制品，远销亚、欧17个国家和地区，一年为国家换取外汇1700多万美元，平均每个职工创汇近3万美元。可见，无论大厂、小厂，军工厂、民用厂，轻工业、重工业，只要多动脑筋，调查研究，千方百计找活干、揽买卖，都可以使产品在国内外市场上打开销路。

我国地大物博，气候温和，有平原，有山区，有森林，有草地，有江河湖海，适宜各种动植物的生长，还有上百种重要矿产资源。利用我国优越的自然条件，可以开辟出数不尽的生产门路。

从根本上说，广开生产门路，就是想各种办法按照人民和社会的需要组织生产。由于需要是多种多样的，必然形成门类众多的工业、商业、交通运输业、建筑业、旅游业以及各种各样的服务性行业。据 1953 年调查，成都市有 96 个行业。许多行业的厂、店、作坊、服务点遍布全城，对居民提供各种服务。有的修理业作坊，只要顾客通知，即可到现场修理；需要拿回修理的，还管接管送。然而这些与人民生活密切相关的行业，由于不适当地合并、上收和“过渡”，后来“四人帮”更把其中一些当作“资本主义尾巴”来割，如今虽然恢复了一些，但不能满足需要。我们必须彻底肃清林彪、“四人帮”极左路线的流毒和影响，深入了解市场情况，了解人民群众的需要，凡是利国利民的好事，都要有计划有步骤地逐步兴办起来。

我们人口多，底子薄，如何安置大批城市待业青年？广开生产门路是一个现实可行的好办法。当前，一方面，不少青年等待分配工作；另一方面，又有很多国内国际市场需要的生产、服务事业没有得到应有的发展，甚至有些事情没有人去干。这种情况是要努力改变的。安排就业不能只在国营企业、机关找出路，应该鼓励、支持待业青年参加自负盈亏、集体所有制的生产、服务小组或工厂、商店。同国营经济比较，集体经济有它自身的优点，经营方式灵活多样，对市场需要适应性强。城镇集体所有制经济不仅不应该“升级”“过渡”，而且应该有一个较大的发展。

广开生产门路，一定要紧紧围绕八字方针，压长线，拉短线，进一步协调工业内部的结构，把市场调节和计划调节结合起来。对不利于广开门路的限制过死、束缚过多的制度和政策，有关部门要认真研究，提出切实可行的办法，报请上级直至中央批准进行改革。在保证完成国家计划的前提下，企业可以根据用户的要求和市场的需要，具体安排产品的品种、花色，并利用自己多余的生产能力和节省的原材料，接受用户订货。有条件的企业可以直接参与外贸活动。在保证完成国家物资调拨计划的前提下，地区之间可以签订协议，互通有无。

广开生产门路，一定要依靠广大职工群众，发挥企业的主动性。开辟新生产门路，可以利用现有设备或加以适当改造，不需要很多投资，就可以加工制造。同时要加强指导，交流情报，防止盲目性。有些地方因电风扇一时缺货，众多工厂蜂拥而上，加以准备不足，粗制滥造，以致造成新的积压。这种情况应该力求避免。

各地区、各部门都要认真调查研究，凡是产品符合社会需要，质量好，消耗低，能赢利的各种生产事业；凡是能更好地为人民服务而又能开辟财源的各种事业，都要积极支持。对于能进入国际市场，为国家创造更多外汇的生产事业，更要大力扶植其发展。只要加强领导，群策群力，生产的门路一定越来越多，增产节约的办法一定会越来越多。在新的一年里，我们一定会在经济战线上取得更大的成就。

中国政府代表团团长韩念龙在给越南政府代表团团长丁儒廉的复信中指出越南方面提出的“春节期间停止武装冲突”的建议是别有用心

复信说：“在目前越南侵略军正对柬埔寨发动旱季攻势的时候，越南方面这样做，显然是妄图转移视线，掩盖其侵柬战争的罪恶行径，逃避世界人民的强烈谴责，同时，推卸越南当局长期以来在中越边境制造紧张局势的罪责，掀起新的反华宣传。”

复信说：“中国方面坚决驳斥来信中对中国进行的无理指责。来信说中越两国边界形势紧张是由中国方面造成的，这是完全不顾事实的捏造。众所周知，中越边界纠纷是越南当局一手制造的。长期以来，中国政府和人民一贯努力维护两国边境地区的和平与安宁。必须指出，越南在中越边境上的武装挑衅和入侵活动，近几年一直没有停止过。就在今年将近一个月的时间里，据不完全统计，越方对中国的武装挑衅和入侵事件即达 200 多起。越军经常向中国境内开枪开炮，并派遣武装人员和特工侵犯中国领土，威胁中国边境地区的安全。”

复信指出：“如果越南方面果真愿意确保中越两国边境地区的和平与安宁，那就应该立即停止对中国边境地区的一切武装挑衅和入侵活动，就应该从柬埔寨撤出越南侵略军。”复信说：“除此以外，任何虚伪的、别有用心的花招，都是徒劳的。”

中国社科院在人民大会堂举行迎春茶话会

中国社会科学院院长胡乔木在讲话中说，社会科学工作者要做党和政府的得力助手。他说，我们要响应中共中央副主席邓小平最近在关于目前的形势和任务的重要报告中发出的号召，在 1980 年科学研究的成果，为四个现代化作出贡献。

胡乔木同志今天在社会科学院迎春茶话会上还说，在经济工作方面，实际工作者和理论工作者要通力合作，经过调查研究，共同提出实现四个现代化的长远规划。他指出，这是一项光荣的任务。

茶话会在人民大会堂举行。中国社会科学院各所学术委员、正副所长，老年的中年的和青年的研究工作人员，参加第一、二次国内革命战争的老战士代表，从海外归国的学者代表，院内各民主党派的代表，行政后勤工作人员的代表，院部负责人和党政工作人员的代表，共七百多人参加了茶话会。

胡乔木同志在讲话中回顾说，过去一年中，中国社会科学院不论在学术研究方面，还是组织、行政工作方面都作出了很大成绩。他说，1980年社会科学院要做好两件事：第一，确定各学科的全国性规划，使今年的科研工作走上一条更加平稳、健全发展的道路；第二，社会科学工作者不仅要在经济研究方面对国家的四化进程作出贡献，而且在政治方面，要研究新情况、新问题，为保持社会的安定团结作出贡献。社会科学工作者要用马克思列宁主义、毛泽东思想研究今天社会上提出的各种问题，并且有说服力地回答这些问题。这是社会科学工作者义不容辞的责任。

在茶话会上，严中平、吕叔湘、费孝通、罗大冈、陈元晖、李学勤、高秀霞、温济泽、张仲麟、王光美也发了言。他们欢欣鼓舞地指出，80年代是我国社会主义发展历史上一个伟大的年代。每一个社会科学工作者都要奋发努力，推动我们伟大祖国这艘航船乘风破浪地前进。一些年近古稀的社会科学家表示，他们要同青年、中年社会科学工作者们开展竞赛，在新的一年里要做更多的工作，要拿出更多的科研成果来献给人民和国家。

中国社会科学院副院长邓力群、于光远、武光、许涤新、宦乡、张友渔、马洪以及夏鼐、冯至、刘大年、余冠英、贺麟、许立群、张政烺、芮沐、朱光潜、裴文中、季羡林、陈荒煤、吴世昌、王瑶、安岗、李普、李健吾、杨向奎、邓广铭、瞿同祖等出席了今天的茶话会。

2月5日

五届全国人大常委会第十三次会议在人民大会堂召开

会议讨论并通过了会议议程。议程包括讨论邓小平同志关于目前的形势和任务的报告，听取关于全国进行县级直接选举试点工作情况和今年选举工作布置的汇报，讨论中华人民共和国学位条例等。

全国人大常委会副委员长乌兰夫、韦国清、彭真、谭震林、赛福鼎、阿沛·阿旺晋美、周建人、许德珩、胡厥文、朱蕴山、史良等出席今天的会议。

中共中央批转《全国党校工作座谈会纪要》

《全国党校工作座谈会纪要》肯定了各级党校恢复以来的成绩，强调为推进"四化"进程，必须建立一支坚持社会主义道路、具有专业知识的宏大干部队伍。各级党校的任务是，定期轮训和培训干部，用马列主义、毛泽东思想的基本理论和各种业务知识重新武装干部，保证党在思想路线和政治路线上的统一，以利于加强党的领导，改善党的领导。

《人民日报》发表特约评论员文章《大有希望的80年代》

中国无产阶级领导的人民革命事业从五四运动开始，已经过去了60年。30年人民民主革命，30年社会主义革命和建设。两个时期，都经历了胜利、挫折、胜利的曲折道路。在社会主义革命和建设的30年中，受到挫折的时间更长，教训更深刻。过去有20多年，我们的工作重心没有认真转移到社会主义建设上来，违反了社会主义社会发展的客观规律，损失了大量的时间，浪费了大量的人力和物力。到1978年年底十一届三中全会，明确地解决了这个问题。三中全会是我国社会主义时期重要的历史转折点，不但解决了1966年以来10年中一系列大是大非问题，而且在很大程度上解决了20多年中积累的许多问题。经过三中全会，党的政治路线、思想路线、组织路线发生了根本转变，牢固地转上了马克思主义的轨道，坚决地纠正了林彪、"四人帮"的极左路线。中国人民在马克思列宁主义、毛泽东思想的正确路线指引下，迈步跨进了新的年代。

中国形势的重大变化

20世纪80年代是重要的年代。国际国内的繁重任务摆在我们面前。

第一，苏联社会帝国主义在80年代一开始就大举侵略阿富汗，国际形势更加动荡，加重了我们在国际事务中反对霸权主义、维护世界和平的责任。

第二，实现祖国统一，争取台湾归回祖国，是80年代摆在我们国家议事日程上的大事。

第三，加紧社会主义建设，在80年代取得四个现代化建设的决定性成绩。

三件大事，最核心的是经济建设。这是解决国际国内问题的主要前提。

实现这样的目标和任务有没有希望？

有些同志对我国形势和前途缺乏正确的估计。我们应当进行实事求是的形势教育，帮助人们对形势有一个比较符合客观实际的全面的认识，鼓舞全国人民全体干部的信心和斗志，同心同德为实现80年代的历史使命而奋斗。

粉碎"四人帮"三年多来，我国形势究竟怎样？

公正地说，在我国历史上，这三年是全国人民为克服林彪、"四人帮"造成的巨大灾难紧张战斗的三年，是我们各方面工作卓有成效的三年。前两年的工作，为党的十一届三中全会做了积极的准备。三中全会以后的一年,全国形势发展非常之快。政治、经济、思想、文化、外交等各条战线,都发生了重大变化。

政治方面:党内、国内民主生活开始走上正轨。平反了天安门事件和所谓"反击右倾翻案风";平反了包括彭德怀、陶铸等一大批同志的冤案、假案、错案;平反了1959年的所谓"反右倾运动"和改正了1957年错划的右派;恢复了1956年党的第八次全国代表大会的名誉;摘掉了"资产阶级知识分子"的帽子,重申我国广大知识分子是工人阶级的一部分,是党的一支重要的依靠力量,等等。由于这一切,全国已经形成了一个基本上安定团结的政治局面。

经济方面:正在实行调整、改革、整顿、提高的方针,扭转了国民经济停滞、混乱的局面。中央关于农业问题两个文件的执行,加强了农业的基础地位,提高了农副产品收购价格,使农村形势发生根本变化,农村兴旺局面开始出现;在城镇安排了700多万人就业,调整了部分职工的工资;工业内部加强了轻纺工业,缩短了基本建设战线;部分企业开始试验扩大自主权,其他体制改革也正在试点。这些都对国民经济起了积极作用。

思想文化方面:通过真理标准问题的讨论,对毛泽东思想作出了正确的解释,恢复了马克思主义的思想路线,这是粉碎"四人帮"以后思想领域最根本的拨乱反正;文化领域贯彻执行了"百花齐放,百家争鸣"的方针,科学、教育、卫生、体育事业都取得了新的成绩,文学艺术出现了繁荣景象。

外交方面:实现了中美建交,缔结了中日和平友好条约,加强了同社会主义国家、第三世界和欧洲共同体的关系,奠定了外交上的新格局;对越南进行自卫反击战的胜利,稳定了东南亚的局势;我国坚持反霸斗争的方针,获得世界上越来越多的国家和人民的支持。所有这些,都为我国四化建设创造了有利的国际条件。

三中全会后一年来我国形势的重大变化,已经从各个方面为进入80年代打下了坚实的基础,为多快好省地进行现代化建设准备了前进的阵地。对国内形势和四化前途缺乏信心是没有根据的。有的青年同志由于不了解情况,缺乏实践经验和思想方法片面,容易把党和人民生活中存在的问题看得过于严重,一时对社会主义事业前途缺乏充分的信心,这是可以理解的。我们应当对他们进行耐心的思想工作。当前更重要的是党的干部,特别是各级领导干部,要有清醒的头脑和坚定的立场,在对待形势和前途这个根本问题上不应有任何动摇。只有领导者自己毫不动摇,才能团结教育广大群众,满怀信心地前进。

在前进中扫除障碍

为了坚决贯彻三中全会确定的路线,为了继续前进,当前要十分注意消除来自各方面的干扰和障碍。

中央指出,实现四化有四个前提:一条马克思主义的政治路线;一个安定团结的政治局面;一种艰苦奋斗的创业精神;一支坚持走社会主义道路、有专业知识和业务能力的干部队伍。凡是干扰或破坏四化建设,干扰或破坏这四个前提的消极因素,都要努力消除。

对于来自外部的干扰破坏,我们不能放松警惕。如果外国入侵,发生大规模战争,我们就打败侵略者,重新建设。

对于来自国内的干扰破坏,更不能低估,特别要注意林彪、"四人帮"组织上思想上残余势力的作怪。

三年多来我们基本上查清了林彪、"四人帮"的帮派体系,然而他们组织上思想上的残余势力还存在。这些人数量虽然极小,但是能量还相当大。他们坚持极左路线,抵制三中全会以来党的重大决策。对于党的路线,他们不是一般地不理解,而是格格不入,甚至满腔怨恨,咬牙切齿。对于平反冤假错案,他们顽固对抗,顶住不动。他们拼命地维护个人和帮派势力的既得利益,达到胡作非为、违法乱纪的地步。我们的安定团结局面来之不易。全党全国人民都要珍惜这个局面,不允许任何人破坏。为了维护安定团结,对于破坏党的路线,胡作非为,违法乱纪,制造动乱的极少数人,决不能纵容姑息,养痈遗患,要坚持原则,坚决处置。如果对这极少数人不敢坚持原则,处置不得力,就会危害大多数人民的利益,危害四化建设的大局。我们应当从大局出发,认真对待林彪、"四人帮"组织上思想上的残余势力。对他们的斗争,既要旗帜鲜明,又要讲究政策,能够教育争取的尽量教育争取,教育无效、继续为非作歹的坚决采取组织纪律和法律措施,不能手软。

要注意区分林彪、"四人帮"组织上思想上的残余势力和极左思潮在一部分干部和群众中的流毒和影响。极左思潮的流毒和影响,也是当前阻碍四化建设的消极因素。然而不同程度地存在这种流毒和影响的同志,主观上并不反对党的路线,他们愿意为四化作出贡献,只是由于思想认识不清而偏离党的正确路线。这种历史上长期形成的极左思潮的流毒和影响,并不是短时间能够彻底肃清的,需要我们花极大的气力,坚持不懈地进行思想理论工作和实际工作,求得逐步地解决。现在无论经济工作问题,政法工作问题,文化教育问题,文学艺术问题,知识分子问题,等等方面,都存在极左思潮的各种表现。我们要紧密结合四化建设的实践,采取拨乱反正、正本清源的办法,一个问题一个问题地进行调查研究,通过民主讨论,把思想统一到马克思主义的方针路线上来。

另外,还有各种刑事犯罪分子,公然煽动反对共产党领导和社会主义制度的反动分子,以及那些闹无政府主义和极端个人主义的人,都属于破坏或干扰四化建设的消极因素。我们要注意区别不同的情况,或采取法律制裁,或通过思想教育,进行适当的处置。不能放任自流,任其危害国家和人民。前些时候有的地方对于刑事犯罪分子处置不力,人民是很不满意的。我们在整顿社会风气、打击歪风邪气的工作中,要善于把法律制裁和思想教育结合起来。法律武器和教育武器都要使用得好,使它们有效地为四化建设服务。

领导者应有的精神状态

过去革命战争年代,共产党领导人民战胜强大的民族敌人和阶级敌人依靠什么?靠马克思主义的路线,靠共产党员特别是领导者的模范作用。

现在共产党领导人民胜利地进行四化建设依靠什么?还是这两条。

第一条,马克思主义的路线,三中全会已经确定了,当然还要在今后的实践中不断丰富发展。

第二条,共产党员和领导干部的模范作用,在路线确定以后,这一条就是决定我国四化建设成败的关键。今天,共产党员和领导干部的模范作用,比过去革命战争年代的要求是更高了,不是更低了。譬如说,四化建设要有一支坚持社会主义道路、有专业知识和业务能力的干部队伍,共产党员和领导干部就要带头做到又红又专。特别是在林彪、"四人帮"破坏我们党在人民群众中的崇高威信之后,共产党员和领导干部在精神状态、思想作风、工作态度、钻研业务,以至日常生活等各方面的模范作用,对于吸引和带动人民群众奋不顾身地投身四化建设具有更加迫切的意义。

这里,就领导者的精神状态提出三个问题。

一、解放思想,实事求是,献身改革。我们党要领导全国人民向四个现代化的目标前进,必须造就大批懂得马克思主义基本原理,解放思想,实事求是,献身改革的共产党员和领导骨干。我们的经济,我们的政治,我们的文化教育,我们的国家机关等等,其中某些环节不适合社会生产力发展的,都要有领导、有步骤地进行改革,使之不断地完善起来,促进我国物质生产和精神生产的发展。实现我国历史上这一空前伟大的改革,没有大批具有献身精神的改革家是绝对不行的。我们的领导者,无论领导物质生产也好,领导精神生产也好,都要锐意改革,善于总结历史的和现实的经验,敢于正视缺点错误,改正缺点错误,敢于提出新的见解,创造新的经验,闯出新的路子。要成为这样的改革家,就要在尊重客观规律、尊重马克思主义原理的前提下,发扬敢想敢说敢做的大无畏精神,勇敢地率领共产党员和人民群众在四化建设的征途上,披荆斩棘,建立功勋。

二、善于学习,又红又专。我们党在革命战争年代,红与专是紧密结合的。党的领导者个个钻研军事,不会指挥革命战争就不能当领导者。人民共和国成立前夕,毛泽东同志曾提醒全党必须向一切内行的人们学经济工作。三十年来,我们党内确实有了一批精通经济工作的领导者,并且依靠他们渡过了多次经济困难的岁月。但是我们党内确实也有不少长期安于外行,搞瞎指挥的经济工作领导者,使我们吃过很大的苦头。一个四化建设的领导者,无论在什么岗位,除懂得马克思主义外,有必要认真学习和掌握专业知识,学经济,学科学,学技术,学文化,学政治,学法律。要学习,必须有毅力,有刻苦钻研的精神。毛泽东同志讲过:"钻进去,几个月,一年两年,三年五年,总可以学会的。"(《毛泽东选集》第四卷,第1485页)从80年代第一个春天开始,要把业余时间集中用到学习方面来,努力使自己在最短时间内成为又红又专的领导者。

三、俯首甘为孺子牛。四化建设的领导者,应当自觉地做人民的牛。"牛",就是勤勤恳恳、全心全意为人民服务的公仆,而不是凌驾于人民之上的主人。为人民服务,就要与人民同呼吸,共命运,同甘共苦。四化建设需要全国人民发扬艰苦奋斗的创业精神,首先领导者要带头艰苦创业,不能特殊化。为自己和家属谋求特殊待遇的领导者虽然人数不多,但是影响不好,不纠正就不利于恢复我们党在人民群众中的崇高威望。我们的党有了大批立志改革,又红又专,勤勤恳恳为人民服务的领导者,全国人民一定真心实意地拥护党的领导,把实现四化当作自己无上光荣的旗帜。

800年前,辛弃疾写过一首《汉宫春》,咏立春日的。第一句就是"春已归来"。今天是80年代第一个立春日,我们党,我们国家,我们人民的春天已经归来。然而正如同辛弃疾写的,"无端风雨,未肯收尽余寒",所以我们还要继续克服干扰四化建设的消极因素,如极左思潮之类。"却笑东风从此,便熏梅染柳,更没些闲"。我们从此也要像立春后的东风那样紧张工作,又熏梅,又染柳,为四化建设呕心沥血,不得清闲了。"清愁不断,问何人会解连环?"辛弃疾在困难面前毕竟有点信心不足,不大相信自己的力量。我们队伍中,犯"清愁不断"病的人极少,因此,这两句可改为:问清愁客,何日学会解连环?我们共产党人是坚信能学会克服前进道路上一切困难的本领的。让我们鼓舞起更大的信心和干劲,迎接80年代第一个战斗的春天吧!

国务院副总理谷牧在北京出席国务院环境保护领导小组办公室和美国环境保护局环境保护科技合作议定书签字仪式

议定书规定,双方同意在平等、互利和互惠的基础上,在研究空气、水、土壤、海洋、环境的污染对人体健康和生态的影响,以及城市环境的改善、大自然的保护等方面进行合作。

中苏国境河流航行联合委员会在黑龙江省黑河镇举行例会

从今日至3月19日,中苏国境河流航行联合委员会举行第二十二次例会。双方讨论了黑龙江和乌苏里江等中苏国境河流上存在的航行和航道业务问题,达成部分协议。双方同意第二十三次例会在苏联举行,具体日期另行商定。双方就上述协议签订了会议纪要。

出席联合国裁军谈判委员会会议的中国代表团团长章文晋在会上强调争取真裁军联合反霸推迟战争爆发

章文晋在委员会全体会议上发言时说:在第二个"裁军十年"的最初日子里,"人们听到的不是和平的音响,而是武装入侵者的隆隆炮声。这是不祥之兆。人们不能不预感到,80年代将是充满危机、动乱和险情的年代。"

章文晋说:"中国决定从今年起参加委员会的工作,我们愿抱积极的态度,同大家一起,探讨问题,为促进裁减军备以有利于和平作出自己的努力。"

章文晋在发言中对过去十年许多国家在裁军领域内提出的不少合理主张和建议以及取得的某些积极成果表示赞扬。但他指出:"第一个'裁军十年'并没有给各国人民带来什么令人欣慰的成果。相反,超级大国在扩充军备、研制和发展武器方面不断升级,特别是那个竭力宣扬扩充军备如何危险的超级大国,其迷信武力,热衷于扩军的程度,更非他人所能比拟。十年来,这个超级大国每年至少提出一个所谓新裁军建议,但每年又都在扩军的道路上跨进一大步。""'裁军十年'实际上是加速扩军的十年。"

章文晋说:"随着扩军备战活动的加剧,对世界霸权的争夺也愈演愈烈。超级大国军事力量对比的改变,导致它们各自的总的战略态势也发生变化。一个超级大国力图保持和稳住其现有阵地,而另一个超级大国则在'缓和'、'同等安全'和'不使用武力'等动听口号的掩盖下,咄咄进逼,大力推行迂回包抄欧洲的战略,一面在亚非拉许多地区加紧进行侵略、干涉和颠覆活动,从策划代理人战争,制造政变,培植傀儡政权,直到亲自出兵,各种手段无所不用其极。对阿富汗的武装干涉,说明行使军事侵略和占领的模式已经从'大家庭'以内扩大到第三世界和伊斯兰国家。这是其霸权活动升级到一个新阶段的危险信号。"

他指出:"为了防止世界战争,有必要要求两个超级大国率先采取行动,均衡地、大规模地裁减军备。在它们的军备确已切实地、大规模地,而不是敷衍地、徒有虚名地裁减以后,才谈得上让其他核国家和军事上有相当实力的国家同它们一道按照合理的程序和比例进一步裁军。至于爱好和平的广大中、小国家,它们一般处于防御力量不足甚至微不足道的地位。一般说来,它们不是裁军工作的对象国家。对情况和性质截然不同的国家,如果不作任何区别,而简单地要求它们一律按照同一比例和规则裁军,那显然是不合理的,也无助于维护世界的和平和裁军工作的真正目标。因此,我们认为,超级大国率先裁军,是裁军的一项根本原则,也是衡量是否真能实现裁军的重要标志。"

他说:"如果各国经过协商,达成一些有利于维护各国独立主权、有利于维护世界和平与安全的局部裁军协议,我们认为是可取的。"他还说:"广大不结盟国家积极要求制订一项包含裁军原则和具体措施的《综合裁军方案》。我们赞成本委员会对此加以讨论。这样的一个方案的制订应能充分反映各国的合理主张,有利于今后争取实现真裁军的努力。"

章文晋说:"广大无核国家反对核威胁,要求得到有关核武器的安全保证,要求一切核国家承担不对它们使用核武器的义务。这些要求无疑是正当和合理的。我们始终认为,消除核战争和核威胁的根本办法,是全面禁止和彻底销毁核武器。"他重申中国在任何时候和任何情况下都不首先使用核武器,并表示支持缔结一项保证无核国家安全的国际公约。

在谈到核裁军问题时,章文晋说,"核裁军正确的第一步,应是让拥有最庞大核武库的核国家首先裁减核武器,直到它们同其他核国家间的巨大差距缩小到最低限度,以至接近消除,然后,才应是所有核国家一起参加裁减和销毁核武器。"他还指出,仅仅停止核试验并不能制止超级大国的核扩军,更削减不了它们的核武库,因此,停止核试验本身并不能带来核裁军。

他还说,常规战争是人们面临的现实威胁,因此,对常规武器的裁减也不应被忽视。他认为,"适当的办法是,把常规裁军同核裁军放在同等重要的地位,并结合起来进行——我们就持这样的主张。"

章文晋说:"在第二次世界大战前,当一些国家的人民已经惨遭侵略铁蹄蹂躏的日子里,人们也曾集合在这个'裁军首都'——日内瓦,就在这个国联大厦的会议厅中,热烈讨论争取裁军和保卫和平的问题。但是美妙的言词以及各种独出心裁的公式,并未能阻止住大战的爆发。战争给全世界带来的空前浩劫和创伤,人们至今记忆犹新,人们决不希望这段悲惨的历史重演。"

他接着说,霸权主义确实是世界战争的温床。"裁军的讨论,并不能使霸权主义者放下武器,抛弃它们的扩张、侵略野心。为了维护世界和平,一切爱好和平的国家和人民,现在比以往任何时候都更有必要联合起来,进行扎扎实实的工作。我们要把战争的危险告诉人民,提高人们的警惕。要采取切实措施和实际行动,不断打乱战争策划者的侵略扩张计划。还要对侵略势力进行针锋相对的斗争,决不妥协、决不退让。我们相信,全世界人民进行坚持不懈的努力,推迟世界战争的爆发是有可能的。”

重庆制成离心式制冷机组

《人民日报》报道,我国自行设计的每小时能制造冷气240万大卡的离心式制冷机组,最近在重庆通用机器厂试制成功,并已提交用户使用。这套制冷机组可以用于化纤、纺织、化工、电子等工业部门及大型建筑作空气调节设备。在设计、研制过程中,广泛采用了国内外先进技术。

中国国际法学会在北京成立

中国社会科学院副院长宦乡在成立大会上讲话。他说,在实现四化的进程中,我国与外国的经济和文化交往日益增多,在交往中所发生的各种涉外民事关系,例如与外国共同开发资源,引进先进技术,吸收外国投资,开办合资企业,以及借贷、外贸、海事、旅游等方面,都必然要通过各种法律形式加以规定和调整,与此有关的一些国际公约或规则,也需要抓紧研究,否则就无法适应开展国际经济文化交流、贸易往来和技术合作的需要。

大会选举42名理事组成中国国际法学会理事会。宦乡当选为中国国际法学会会长。

国务院发出文件要求有关部门和地方政府严格管理易燃易爆危险品保证春节期间客运安全

文件指出:当前,春节临近,探亲访友、休假回家人员日益增多,保证客运的安全,是关系到国家财产和人民生命安全的大事。铁道、交通、民航等部门必须把这项工作搞好。地方各级政府和有关部门要加强对易燃、易爆危险品生产的管理,对非法生产单位要坚决取缔,经批准生产的企业,产品质量必须达到要求,不合格的不得出厂。要积极做好宣传工作,教育广大群众自觉遵守交通运输部门的规章制度,严禁携带易燃、易爆危险品进入车站、港口、机场和上车、上船、上飞机。在春节旅客运输繁忙期间,各地要协助铁道、交通部门维护车站、港口秩序,做好危险品的查堵工作。

在这以前,国家经委和国家劳动总局联合发出了《关于加强鞭炮火药安全生产管理的通知》。通知要求有关主管部门迅速督促各制造鞭炮、火药的厂矿(包括农村社队)企业,务必在今年春节前进行一次安全检查,查领导、查思想、查制度、查纪律、查安全措施,切实做好工作,消除事故隐患。

2月6日

《人民日报》发表评论员文章《进一步提高对抓好党风的认识》

中国共产党是领导我们进行社会主义建设的核心力量。粉碎“四人帮”以来,特别是党的三中全会以来,党中央领导全党做了大量的卓有成效的工作,大力恢复和发扬党的优良传统,使党风有了很大的改善。但是,党风问题,仍然是干部和群众关心的重要问题之一,广大干部和群众渴望进一步端正党风以利四化建设。人民群众的呼声和要求,值得我们十分重视。

我们的党,是全心全意为人民服务的党。党在长期斗争中形成的传统作风,本来是很好的。取得全国政权以后的三十年里,情况怎么样呢?正如有些老工人评论的:“解放初期,党风最好。”当时,尽管国民党反动派长期造谣诽谤,新解放区不少群众不了解我们党,但是,他们看到党的干部吃苦在前,享受在后,一心为人民,当官不像官,从心底里拥护共产党。党和群众之间的血肉联系,保证我们顺利完成了从民主革命到社会主义革命的伟大转变,生产恢复和发展很快,人民生活逐步改善。1957年以后,党的工作出现了某些失误,干部中的不正之风也有所滋长,但是,还能够通过较正常的党内生活加以纠正,党风也还是比较好,使我们经受住了三年经济困难的考验。十年动乱期间,林彪、“四人帮”疯狂推行极左路线,党的传统作风受到空前严重的破坏,广大群众看在眼里,痛在心头。粉碎了“四人帮”,尤其是三中全会以后,人民对党满怀希望,他们越是渴望早日实现四个现代化,就越期望我们尽快治好党风方面的创伤,充分发挥党在四化中的领导作用。我们要下决心再经过几年的努力,把党风恢复到解放初期那样,并力争在一些方面比那时更好。这就要在全党着重提倡对人民高度负责、多务实事的精神,克服官僚主义;提倡艰苦创业、和群众同甘共苦的精神,反对特殊化;提倡遵纪守法,严于律己的精神,反对违法乱纪,充分发挥共产党员的先锋模范作用。

搞好党风建设,关键在于路线,在于领导。党中央已经制定了马克思主义的政治路线和思想路线,重建了各级纪律检查机构,并且花了很大的力量健全党规党法,开展遵纪守法教育,狠抓违法乱纪案件的处理,为全党作出了样子。各地党委愈来愈重视端正党风,维护党纪的工作。我们在恢复和发扬党的优良传统作风方面取得的进步,人民是知道的,高兴的。现在的问题是,有的地方和单位的党委,对党风建设还重视不够,“光打雷,不下雨”,说得多,做得少,既不得力,又不得法。有的党委书记在发表讲话时,常常不触及本地区、本单位的不正之风;他们也经常检查工作,却不检查干部的思想作风。要改变这种情况,最重要的是解决好各级领导干部的思想认识问题;指导思想对头了,工作方法就好办了。

搞四化建设,是全国人民的根本利益,是当务之急,党委一定要集中主要精力去抓。应当了解,实现社会主义的四个现代化,没有党的领导不行;而党内某些干部的不正之风,常常阻挠党的路线、政策的贯彻执行,妨碍党在四化建设中实行正确的领导,这就产生了一个如何处理好抓四化建设和抓党风建设的关系问题。如果把工作重点转移当成只管经济事务,等到把经济搞上去以后再抓党风,党风问题迟迟解决不了,经济也就搞不上去。反过来,如果认为党风既然重要,就先集中抓党风,等搞好了党风再搞四化,就会贻误四化的进程,抓党风也难以收到好的效果。因此,唯一可取的办法,只能是在坚决转移工作重点的过程中,紧紧围绕四个现代化的实践,从本地区本单位实际出发,有计划有步骤地解决当前影响四化建设最突出的不正之风,把它们转变到马克思主义作风的轨道上来。这样,抓党风,就不仅不会妨碍四化,而且正是为了保证四化的顺利发展。党委的同志要学会“弹钢琴”,不要“单打一”。从经济到经济,党不管党,四化是搞不好的。这里还需要澄清一个问题,就是端正党风不搞运动,决不意味着不去纠正不正之风,而是要求我们以四化为中心,积极地扎扎实实地做好经济工作。在这个问题上,任何消极的理解或误解都是不对的。

有的同志担心抓党风会伤害一部分干部的积极性。而当前的情况,恰恰是林彪、“四人帮”肆虐十年中滋长起来的不正之风给一些干部造成的内伤,束缚着这一部分同志大干四化的积极性。因此,很有必要通过正常的党内生活,一方面表扬好人好事,恢复和发扬党的优良传统;一方面批评错误的落后的脱离群众的思想行为,纠正和制止不利于四化建设的歪风邪气。这完全是为了爱护干部,帮助某些同志洗净身上的污浊,是做振奋革命精神,化消极因素为积极因素的工作。这怎么会伤害干部的积极性呢?何况,我们的方针是以教育为主,预防为主,“惩前毖后,治病救人”,不搞林彪、“四人帮”那种混淆打击对象和教育对象,动不动把干部“批倒批臭”的做法。当然,林彪、“四人帮”这种极左政策的流毒,有时还可能出现,但是,大家吃够了它的苦头,一经发现,就会加以抵制,加以纠正。还有另外一种流毒,叫作“多栽花,少栽刺”,难听一点的说法叫“卖乖”、“讨好”。这种放弃党的原则,放纵以至迎合不正之风的态度和做法,不单害了确有不正之风的干部,还会挫伤其他干部和广大群众的积极性,当前尤其要注意防止和克服。

“其身正不令而行,其身不正虽令不从”,是古人兴国安邦的经验之谈。这个经验,对于我们今天端正党风、严肃党纪也是很重要的。有的党委领导同志,一讲抓党风,就把眼睛盯着别人,对自己班子里的不正之风却视而不见,听而不闻,因此,他讲端正党风即使头头是道,也仍然没有力量。应当帮助这些干部,使他们懂得,抓党风,要先从自己、从领导班子、从身边的工作人员抓起,这样才会对端正党风实行真正有力的领导。作为一个共产党员,更要严于律己,不应借口别的领导干部还有某些不正之风,因而原谅自己的不良思想和作风。

全国政协法制组在北京召开座谈会呼吁加强法制教育

这次座谈会是专门就我国刑法、刑事诉讼法实施后,如何加强社会主义法制、维护社会治安、加强对青少年教育等问题而召开的。参加座谈会的许多委员针对近年来青少年犯罪的情况,强调对青少年加强法制教育。座谈之前,法制组成员参观了北京市监狱、北京市少年犯管教所、北京市西城区工读学校。

国家计委副主任杨波在日内瓦对记者表示欢迎欧洲中小企业同中国进行经济技术合作

参加达沃斯欧洲管理论坛讨论会的中国代表团团长、国家计划委员会副主任杨波6日举行记者招待会和单独接见瑞士记者时说,中国欢迎欧洲中小企业同中国企业进行各种方式的经济和技术合作。

他说:“我们进行建设主要靠自己的力量来积累资金,但也要加强国际的经济合作。”

他说,中国当前引进和吸收外国资金的重点放在煤炭、石油、有色金属的开发上,放在电站、交通运输的建设上。对农业、林业、畜牧业、轻工纺织、机械、化工等部门的先进技术和关键设备的进口也要作适当安排。

杨波说:“在近几年内,我们除了兴建少数大项目外,主要力量将放在对现有企业的技术改造上。我们欢迎外国的企业界,特别是欧洲的中小企业同我国现有企业进行各种方式的经济和技术合作,包括合营、合作生产,补偿贸易、来料加工、来样加工、加工装配、培训技术人员和管理人员等。”

他说,中国将充分保证外国投资者的合法权益。去年中国颁布了中外合资经营企业法。目前正在研究制定实施合资企业法的一些具体政策法规。他说:“我们对合资企业中外国投资者所获得的利润将采取优惠的办法,使他们有利可图,并将经过合资双方协商,任用具有经营管理经验的外籍职员,包括高级职员。"

他说,中国发展生产主要是为了国内市场的需要,当然也要积极发展对外贸易,但欧洲企业界不必担心中国这个竞争对手。

国家科委负责人就因地制宜大力推广农业科技成果争取今年农林牧副渔全面增长发表谈话

《人民日报》报道,国家科委负责人在谈话中,回顾了去年7月份以来在《人民日报》《光明日报》上展开的关于农业思想和农业现代化问题的讨论。他认为,这个讨论,对加速发展农业生产和如何实现我国农业现代化的一些重大问题,发表了各种不同意见,进行了有益的探讨,有助于人们解放思想,开阔眼界。现在,不少地区已注意和开始改变不符合自然规律和经济规律的农业经济结构和生产布局。领导农业生产的同志,也开始重视如何恢复和建立新的生态平衡问题。对于农业基本建设和农村全面建设问题,对于如何实现农业机械化问题以及如何把农工商科教卫结合起来等等问题,许多地区都有了一些好的设想和措施。在这个基础上,进一步推广农业科学技术成果,以便广开门路,发展多种经营,增加各种农产品的产量、产值,迅速发展农业生产力,就完全必要和有可能了。

多年来的实践经验证明,要搞好我国的农业,简单概括地说,一要靠党的政策,二要靠科学技术。现在,政策落实已有一定进展,但潜力也还很大。科学技术的作用,则还远远没有被人们普遍重视。实际上,一项先进的农业科技成果,一旦在较大范围内得到推广,就会迅速获得大幅度的增产。据初步了解,如水稻、小麦、玉米、大豆、棉花等优良品种,东北地区的小黑杨,湖北的固氮蓝藻,西北的牧草沙打旺,福建的柑橘矮化,流水高密度养鱼,养殖蚯蚓,适用良好的农机具和排灌技术,等等,这些实例都证明,搞科学种植,科学养殖,科学造林,科学用水,都会使农业科学技术成果直接变成巨大的社会生产力。

国家科委负责人希望,各级科委迅速会同有关部门、单位,对本地区今年内可能和需要推广的农业科技成果,加以选择,列入计划,采取有力措施,大力进行推广。为使推广农业科技成果真正收到成效,国家科委负责人特别强调必须因地制宜,因时制宜,因人制宜。

第一,所推广的成果,一定要在当地经过试验、示范,绝对不能搞"一刀切"的办法,不问具体条件,强行推广。推广成果,必须尊重生产队的自主权,真正贯彻自愿原则,不能强迫命令。

第二,要选择那些见效快,经济效益高的科技成果,优先推广。反对任何不讲究经济效益,追求形式主义的错误做法。

第三,所推广的成果,必须不失时机地紧紧抓住,一抓到底,抓出成效。

第四,推广成果,必须紧紧依靠农业科学技术专家和战斗在农业第一线的广大农业技术人员,听取他们的各种意见,采取他们的可行建议,为他们提供必要的工作条件和生活条件,并建立严格的责任制和必要的奖惩制度,以保证科技成果推广工作的顺利进行。

一年之计在于春。希望在春耕大忙季节即将到来之时,就能抓紧推广农业科技成果这项工作。只要一环扣一环地抓紧,必将大大促进今年农林牧副渔新的全面增长。

北京新闻学会成立

学会名誉会长胡乔木在成立大会上祝贺学会的诞生,并谈到了加强新闻学术研究的重要性。他强调指出,报纸、刊物要成为实现国家和社会安定团结的思想中心,这是摆在我们面前的一项重要任务。他说,新闻工作者是社会舆论的向导。我们要紧密团结在党中央的周围,运用手中的新闻工作的武器,为实现四个现代化的光荣任务,为促进和巩固整个社会的安定团结努力作出贡献。

大会通过了北京新闻学会的章程,选举产生了学会的领导机构。

北京新闻学会名誉会长是胡乔木,顾问有胡愈之、张友渔、王芸生、朱穆之、夏衍、陈克寒、吴冷西、廖盖隆、吴克坚、萨空了、梅益、徐迈进、温济泽、范瑾、廖沫沙、刘尊棋、石西民、戈宝权、顾执中、石少华;会长胡绩伟,副会长安岗、熊复、李普、金照、王揖、戴邦。

胡乔木在会上的讲话中还指出,我们要团结在党的周围,通过我们每天的勤奋工作使全国人民在思想上团结一致,充满信心地为实现四化而奋斗。我们的事业一定会胜利。

中国体育工作者要求改变奥运会举办地点维护奥林匹克精神

在世界比赛和亚洲比赛中取得优异成绩的中国运动员、教练员和广大的体育工作者最近几天表示,坚决拥护中国外交部新闻司发言人2月1日的谈话。新闻司发言人在这次谈话中宣布,在苏联入侵阿富汗的情况下,中国政府支持敦促国际奥委会作出改变第二十二届夏季奥运会的地点(莫斯科)或取消举行的决定。

中国运动员、教练员们在他们的谈话中指出,要求改变这届奥运会的地点是为了维护奥林匹克精神。如果国际奥委会不作出这样的决定,他们将不参加这届奥运会,但是将继续刻苦训练,创造优异的成绩为祖国争光。

邮电部决定从7月1日起在全国推广"邮政编码"制度

我国自从有邮政通信一百多年来,信函分拣方式一直是手工操作,分拣员每天在分拣台前,用手将一封封信件,按照信面上书写的寄达地址分拣到表明各地区的各个格子里,不但工作效率低,劳动强度大,而且很不适应信函业务量的发展需要。实行"邮政编码"以后,各地邮局根据信封上书写的编码进行分拣,不仅简化了信件分拣手续,使信件传送迅速、准确,而且也为使用机器自动分拣提供了有利条件。

为了取得在我国推行"邮政编码"制度的经验,邮电部于1978年1月1日起,在江苏、上海、辽宁三省市进行了推行"邮政编码"制度的试点工作,两年多来的实践证明:实行"邮政编码"制度是可行的。最近邮电部召开全国编码会议,总结交流了经验,研究制定了即将在全国推行"邮政编码"制度的方针和措施。

北京 郑州 武汉等地集会纪念"二七"大罢工57周年

2月7日

中共中央主席华国锋在北京会见南斯拉夫工会联合会主席团

五届全国人大常委会第十三次会议在北京举行

全国人大常委会副委员长乌兰夫、韦国清、彭真、谭震林、赛福鼎、周建人、许德珩、胡厥文、朱蕴山、史良出席了会议。国务院副总理方毅列席了会议。

民政部部长程子华在会上代表国务院汇报了全国进行县级直接选举试点工作的情况。去年下半年,各省、自治区、直辖市根据五届人大二次会议通过的《中华人民共和国全国人民代表大会和地方各级人民代表大会选举法》《中华人民共和国地方各级人民代表大会和地方各级人民政府组织法》,进行了县级直接选举的试点工作,并取得了积极的效果。据最近统计,全国已有66个不设区的市、市辖区、县和自治县进行了县级直接选举试点。鉴于县级直接选举是一项新的工作,为了切实把这项工作搞好,国务院建议,今年上半年,各省、自治区、直辖市继续做好准备工作,扩大试点范围,以便取得更多的经验;下半年分期分批开展县级直接选举。

在今天的会议上,教育部部长蒋南翔作了关于《中华人民共和国学位条例(草案)》的说明。为了促进我国科学专门人才的成长,促进各门学科学术水平的提高和教育、科学事业的发展,以适应社会主义现代化建设的需要,这个条例(草案)规定:凡是拥护中国共产党的领导、拥护社会主义制度,具有一定学术水平的公民,都可以按照本条例的规定申请相应的学位。学位分学士、硕士、博士三级。

在今天的会议上,公安部部长赵苍璧向委员们作了关于《中华人民共和国国籍法(草案)》的说明,并请各位委员提出修改意见。

民政部部长程子华在五届全国人大常委会第十三次会议上汇报县级直接选举试点情况

程子华说,各地的试点,总的来说是成功的。试点工作搞得好的地方,都发展了安定团结的政治局面,调动了广大群众和干部的积极性,促进了生产的发展,改进了干部的思想作风,密切了政府同人民群众的联系。但是,选举工作的经验还很不足,特别是多数行政公署还没有取得直接经验。为了把这项工作搞好,今年上半年要继续进行试点,下半年再分期分批地进行县级直接选举,争取今冬明春基本完成县级的选举任务。

程子华向委员们着重汇报了各地进行县级直接选举试点的几个步骤和经验:第一,在选举工作开始前,要组织参加选举工作的干部深入学习选举法和地方组织法,以保证选举工作严格按照两法进行。第二,要运用各种宣传工具向群众宣传选举法和地方组织法,简单明了地讲明基本问题,要做到家喻户晓,使群众明确选举的意义和重要性。第三,选区划分应该便于选民参加选举活动和选举的组织工作,便于选民了解代表候选人和代表联系选民,便于选民监督代表和罢免代表。在一般情况下,选区划分不宜过大,以能产生一名至三名代表为宜。在人口稠密地区也可稍多一些。第四,选民登记要注意把好两关:一是选民必须是到选举之日止为年满十八周岁的公民;二是要保障有选举权和被选举权的公民,行使他们应有的民主权利。还要通过登记清理一批积案,落实政策,使应该享有选举权的人都能获得选举权。对于因种种原因不能回户口所在地或原工作单位参加选举的人,在弄清选民资格并征得户口所在地或工作单位的同意之后,应当允许在临时居住地进行选民登记并参加选举。第五,代表候选人的提名,要根据民主集中制和不等额选举的原则,充分发扬民主,通过自下而上、几上几下的民主协商办法,广泛听取群众的意见,最后确定正式代表候选人的名单。第六,各选区正式代表候选人名单确定后,要做好代表候选人的宣传介绍工作,尽可能组织代表候选人和选民见面,使选民更好地了解代表候选人。

开好人民代表大会。各试点县的主要经验是:要有一个鼓舞人心的政府工作报告;要开展批评与自我批评,检查上届政府工作;要认真研究处理代表的提案,切实解决当地生产和群众生活上的迫切问题;要选好县人大常委会和县人民政府的领导班子。

程子华说,县级人民代表大会直接选举县级政权,是直接关系到9亿多人民的大事,县级政权在各级政权中所处的地位十分重要。因此,县级直接选举,要确保质量,不能图形式,不能走过场。

会议认为,为了做好县级直接选举工作,必须认真按照《中华人民共和国全国人民代表大会和地方各级人民代表大会选举法》和《中华人民共和国地方各级人民代表大会和地方各级人民政府组织法》的规定,有准备、有计划、有步骤地进行。决定今年上半年全国各地应继续做好各项准备工作,各省、自治区所属各行政公署、自治州和直辖市应当进一步进行试点,下半年分期分批地全面开展,争取在今冬明春基本完成县级直接选举的任务。

全国总工会 共青团中央 全国妇联发出在春节期间广泛开展拥军优属活动的通知

通知要求在广大职工、共青团员、青少年和妇女当中开展学习解放军的活动,为四化建设多做贡献。全国总工会在通知中建议各省、市、自治区总工会在积极参加当地党和政府组织的拥军优属活动的同时,于春节期间,在广大职工中开展学习解放军的革命精神,为四化多做贡献的活动。通知还要求各省、市、自治区总工会的领导同志主持召开军民团结座谈会,邀请当地驻军的战斗英雄、功臣、模范和各条战线的劳动模范、先进生产者、先进工作者参加座谈,畅谈党的三中全会以来所取得的伟大成就和1980年的任务;批判林彪、"四人帮"破坏军民团结的罪行,加强军民团结,号召广大职工学习解放军的光荣革命传统,以解放军战斗英雄为榜样,积极开展为实现四化而立功的活动,夺取80年代第一年的新胜利。

共青团中央的通知说,拥军优属是共青团的优良传统,是广大团员和青少年向解放军学习的一种好形式。各级团组织要动员广大团员、青年认真学习党中央关于拥军优属、拥政爱民的指示,在春节前后,采取各种生动、切实的办法,开展一次大规模群众性的拥军优属、向解放军学习的活动。

全国妇联在通知中说,在春节期间,各级妇联要积极组织妇女群众参加当地党政安排的拥军优属活动,配合有关方面组织军民联欢会、座谈会,组织慰问团、写慰问信,慰问当地驻军,特别要慰问坚守在边防、海岛和高寒地区的驻军,慰问山区、老区的退伍老红军、烈军属、革命残废军人和复员退伍军人,关心他们的生活。各级妇联干部要在拥军优属活动中起模范带头作用。

《人民日报》发表评论员文章《重视市场调节的作用》

在国民经济调整的第一年里,全国各地的社队企业有较大发展。去年社队企业总收入的增长速度,超过全国工业增长的速度。有些地区恢复和发展速度之快,超出人们的预料。在去年年初开始调整的时候,有的人表示悲观,认为社队企业面前困难重重,似乎是"山重水复疑无路"。可是没有过多久,就出现了"柳暗花明又一村"的喜人前景。

社队企业一年来的变化从何而来?有许多因素,其中有一条重要经验,就是根据社队企业的特点,在生产和经营上实行计划调节与市场调节相结合,充分重视市场调节的作用。

党中央领导同志在去年的一次重要讲话中曾经提出,在经济工作中要实行计划调节与市场调节相结合,以计划调节为主,充分重视市场调节的作用。这是从我国的具体情况出发,遵循客观经济规律,把国民经济搞活,大大加快经济发展的一项重要决策。社队企业一年调整的成果,充分证明党中央的这个决策是正确的,它不但适用于全民所有制的经济领域,也适用于劳动人民集体所有制的社队企业。

我们许多工厂,长期习惯于埋头生产,不问市场需要,生产往往与市场脱节,与国家建设和消费者的实际需要脱节。社队企业里也不同程度地存在这种情况。有些社队工厂,由于产品由国家包销,就躺在国家计划的安乐椅里,不注意研究市场动向和人民需要的变化,不钻研新技术,不制造新产品,于是出现了这样的情况:市场不需要的东西,工厂在大量生产;市场迫切需要的东西,却没有工厂制造。去年国民经济开始调整之后,形势迫使社队企业必须进行改革,它们"船小掉头快",迅速改变了被动局面,面向市场,面向消费者,根据市场的需要组织生产,使生产很快由停滞、下降变为上升,闯出了一个生气勃勃的新局面。江苏无锡县的社队工业,在调整初期遇到了很大困难,不少同志曾经为它的前途担忧。后来,无锡县委深入调查市场情况,及时改变产品方向,停止生产市场已过剩的通用机械,着手生产国家迫切需要的建筑机械、运输机械、轻工机械等产品。由背向市场变为面向市场,情况立即改观,去年全县社队工业产值比前年增长27.6%,工厂生产任务几乎应接不暇。无锡的这个情况,可以说是各地社队企业发展状况的一个缩影。

重视发挥市场调节的作用，是我国经济发展的客观要求，符合国家的利益和人民的愿望。当然，我们是社会主义国家，必须以计划经济为主，通过计划调节来促进国民经济有计划按比例地发展。但是，我国生产力水平毕竟还相当低。在国民经济中，全民所有制经济和劳动人民集体所有制经济并存，还有少量的个体经济(例如家庭副业、自留地等)。这些因素决定了我们的经济活动，必须在计划调节为主的前提下，充分发挥市场调节的作用。集体所有制的社队企业与国营企业性质不同，在这方面更应该让它们有较大的活动天地，这对国家和集体更为有利。

过去有一种说法，认为我们既然是搞计划经济，社队企业的供、产、销也应当全部纳入国家计划，不允许有计划外的生产，否则就会助长盲目性，冲击国家计划。这种把社队企业生产全部直接纳入国家计划的主张，既做不到，也不该做。社会主义经济是计划经济，我们理所当然地要不断加强计划工作。但是，社会需要复杂多样，市场情况日新月异，国家计划怎么可能无所不包？更不要说目前我们的计划工作还不够健全了。在这种情况下，社队企业通过市场调节进行的计划外生产和交换，不但是不可避免的，而且是不可少的。社队企业的特点是机动灵活，适应性强，国家大工业不搞的产品，它能够搞；国家工厂不愿意接受的科研成果的试制，它乐于接受。社队企业的灵活性和适应性，就是它的强大生命力的所在。搞一些适当的计划外生产，有什么不好呢？

毫无疑问，社队企业的产、供、销，凡是有条件、有需要的，应当争取纳入国家计划。有的产品可以纳入部门和地方的计划，比如为大工业协作加工，为商业、外贸部门搞来料加工，等等，这是属于间接纳入计划。对那些没有条件也不必要纳入计划的部分，也应当允许他们存在，并且为他们创造条件，利用市场调节作用进行生产和交换。把市场调节与计划调节截然对立起来的观点是不正确的。其实，正确地运用市场调节，不是削弱了计划调节的作用，正是计划调节的补充。同时，运用市场调节，也要加强指导和必要的管理。

中国和哥伦比亚建立外交关系

我国政府和哥伦比亚共和国政府经过友好会谈，决定建立两国大使级外交关系。这一决定符合两国人民的利益，反映了两国人民的愿望。双方签署的建交联合公报全文如下：

中华人民共和国政府和哥伦比亚共和国政府根据两国人民的利益和愿望，决定自1980年2月7日起建立大使级外交关系。

哥伦比亚共和国政府承认中华人民共和国政府是中国的唯一合法政府。中国政府重申：台湾是中华人民共和国领土不可分割的一部分。哥伦比亚共和国政府注意到中华人民共和国政府的这一立场。

中华人民共和国政府赞赏哥伦比亚共和国政府和人民为捍卫民族独立和国家主权，维护民族资源，发展民族经济所作的不懈努力，并支持哥伦比亚政府和人民促进拉美团结和合作的立场。

两国政府同意在互相尊重主权和领土完整、互不侵犯、互不干涉内政、平等互利、和平共处的原则基础上发展两国之间的友好关系。

中华人民共和国政府和哥伦比亚共和国政府商定，将在短期内互派常驻大使，并将在各自首都为对方建立使馆及其执行任务提供一切必要的协助。

中华人民共和国	哥伦比亚共和国
常驻联合国代表	常驻联合国代表
特命全权大使	特命全权大使
陈　楚	因达莱西奥·利埃瓦诺

1980年2月7日于纽约

中华人民共和国和阿拉伯也门共和国在萨那签订贸易议定书

国防科技大学教授高伯龙等研制成功DF透反仪

高伯龙从我国目前科技水平出发，用普通氦—氖激光作光源，采用差动测量法，创造一种新型的透反仪。经过四年坚忍不拔的努力，DF透反仪诞生了。它的测量精度达到万分之五以上。这在国际上也属于先进水平

由文化部举办的庆祝中华人民共和国成立三十周年献礼演出结束

这次献礼演出自1979年1月5日开始，历时13个月，共分18轮持续进行。来自全国29个省、市、自治区和人民解放军的128个文艺团体参加演出，节目共137台，其中话剧61台，戏曲30台，音乐歌舞17台，歌剧12台，舞剧7台，歌舞剧3台，曲艺3台，杂技2台，木偶1台，音乐会2台。这些节目有90%是近三年来的新作，是我国文艺界揭批林彪、“四人帮”，拨乱反正，解放思想，勇于创新取得的可喜成果，也是粉碎“四人帮”以来舞台艺术创作演出的一次交流和检阅。

献礼演出活动不仅直接带动了各种舞台艺术形式创作的蓬勃发展，而且还推动了文艺队伍的建设，培养了人才，促进了各项文艺政策的落实。

话剧艺术近年来取得了迅猛的发展，在献礼舞台上得到了充分的反映。当前社会上对于反映新时期社会矛盾的文艺作品，尤其是对于反映青少年犯罪和批

评官僚主义、封建特权的作品，争论较多。献礼舞台上演的有关这类题材的剧目，如《未来在召唤》《报春花》《权与法》《向前、向前》《救救她》等，由于作者能够以应有的社会责任感和积极的态度正面地反映这些矛盾，并且指出解决这些问题的正确途径，对社会主义制度和人民群众的力量坚信不移，对生活充满信心，为这类剧目的创作提供了较好的经验。

献礼演出对于戏曲、歌剧、舞剧、音乐舞蹈和曲艺等艺术品种的现代题材节目的创作，也起了推动作用。各地大力扶持和组织现代题材的创作，产生不少好的现代戏，在艺术上也取得了新突破，出现了像秦腔《西安事变》、越剧《三月春潮》、京剧《南天柱》《一包蜜》和常德汉剧《发霉的钞票》等作品。

在传统节目的推陈出新和历史传统题材的创作方面，也取得了很好的成绩。有关创作和演出人员以认真严肃的态度，对一些封建糟粕较多的戏，进行了严格的整理加工。像莆仙戏《春草闯堂》、越剧《胭脂》、吕剧《姐妹易嫁》和高安采茶戏《孙成打酒》等，都为传统剧目的推陈出新作出了好的榜样。同时，各种艺术品种有了新发展，舞剧艺术有了新的突破，产生了像《丝路花雨》这样的优秀的剧目。

人民文学出版社在政协礼堂举行迎春茶话会

在茶话会上，全国文联主席周扬在会上讲话时，肯定了我国文学艺术事业三年多以来的成绩，对文学出版工作提出了希望。

周扬说，三年多以来，我国文学艺术事业取得了很大成绩，社会主义文学艺术事业出现了繁荣景象。文艺出版工作是整个文学艺术事业的一个重要部分，今后要努力提高。文艺书籍应有一定的数量，更重要的是要提高出版物的质量，用更丰富的更有益的精神食粮，来满足人民日益增长的文化生活的需要。

周扬强调说，文学出版工作，首先要为广大读者服务，为作家服务，特别要为培养青年作者服务。出版社应当成为文艺事业活动的中心。出版社是企业单位，要按社会主义经济规律的原则办事，但不应把赚钱放在第一位，而应该把文学艺术作品的思想价值、艺术价值放在第一位。这样，才能使我国的文艺出版事业更好地为四化和文化建设服务。

出席茶话会的有国家出版事业管理局和有关负责人，以及文艺界知名人士等400多人。

2月8日

农业部在北京召开的全国农牧局(厅)长会议闭幕

在历时10天的会议上，各省、市、自治区参加会议的农业牧业局(厅)长和农业科学院长一致反映，粉碎“四人帮”以后，特别是党的三中全会以来，我国农业生产得到迅速恢复和发展。1978年战胜历史上罕见的大旱，夺得农业丰收；1979年又获得全面增产。粮食和棉花、油料、蚕茧、茶叶、主要水果等样样丰收；畜牧业也全面增产。社队企业总收入有较大幅度的增加。人民公社集体经济进一步壮大和发展。社员收入增多。预计平均每人从集体分配的收入比上年增加10元多，口粮也普遍提高。农业丰收带来了经济繁荣。粮食、棉花、油料都超额完成了国家征购、统购计划。社员的家庭副业也蓬勃发展。广大农村出现了多年未见的繁荣兴旺、农民心情舒畅、安定团结的新局面。

会议认为，要完成今年的农业生产任务，应当抓好这样几项工作：第一，继续贯彻中央关于发展农业的两个文件，准确地、全面地贯彻农村各项政策，并要结合经济工作做好思想政治工作。加强人民公社的经营管理，在坚持生产资料公有制、坚持按劳分配和统一调配劳力的前提下，因地制宜地推行各种生产责任制，调动广大农民的社会主义积极性。第二，根据“农、林、牧、副、渔五业并举”和“以粮为纲，全面发展，因地制宜，适当集中”的方针，继续调整农林牧副渔和各种作物的布局，实事求是地发挥各地不同条件的优势，广开生产门路，挖掘生产潜力，全面发展农业生产。第三，要立足于抗灾夺丰收。我国自然灾害多，对农业的威胁大，要常备不懈地抓好抗灾、防灾工作。去年9月以来，全国大部地区少雨，出现了新中国成立以来罕见的秋冬连旱，造成夏粮、油菜、绿肥等作物播期推迟，面积减少，也严重威胁一部分地区的春播、春插。因此，要加强抗旱备耕工作，千方百计保夏收，保春播。历年雪灾严重的新疆、内蒙古、西藏，要把抗灾保畜作为第一位的工作来抓。第四，在抓好高产地区的同时，要突出地抓好低产地区、低产社队的生产。在安排农业投资和生产资料方面，要重点扶持低产地区和低产社队，加强对这些地区和社队的领导，使他们的生产水平迅速提高。第五，要因地制宜地狠抓关键性的增产措施，推广新的科研成果，推广行之有效的科学技术和先进的生产经验。要主攻当地增产潜力最大的重点作物。

国务院副总理、国家农委主任王任重在会上作了报告。

参加会议的还有党中央和国务院有关部、总局的负责同志。

《人民日报》发表特约评论员文章《调整国民经济中要广泛寻找生产门路》

党的十一届三中全会以来，我们对国民经济的比例关系进行大幅度的调整。消费基金大大增加，基本建设投资大大减少。比例关系的这样大的调整,当然不能不出现一些新的问题,新的困难。最突出的表现,一方面是市场商品供应可能比较紧张;另一方面是缩短基本建设战线,机器设备等类生产资料的需要量大大减少,机器制造工业和一部分基建队伍有可能闲置起来。调整本身就是国民经济结构的改组,决不是单纯的资金分配的变化。如果不相应地改革我们的经济结构,特别是工业内部的经济结构,生产和需要之间的矛盾是无法解决的。我们有必要使一部分重工业生产,转移到为人民生活需要服务的轨道上来。不但要大量制造轻工业品,而且要为农业和轻工业的迅速发展创造物资条件。

工业生产发展方向的调整,除通过生产计划来实现外,还必须广开生产门路,要发挥企业的主动性;同时也要加强指导,交流情报,进行协调,防止盲目性。许多工厂的需要,特别是人民生活的需要种类繁多,其中大部分根本不可能列入国家计划。我们必须给企业以按照市场需要灵活安排生产的机动权,鼓励生产任务不饱满的企业,在完成生产任务以后,自找门路,生产各色各样生产单位和人民所需要的产品。最近华国锋同志号召我们各经济部门、基层企业广开生产门路,指出这样做潜力很大,大有可为,这是1980年经济工作中一个重要任务。

在国民经济调整中,最困难的恐怕是机械制造工业。我国机械制造工业工厂多,设备多,工人多,生产效率很低,这已经是长期积累下来的老问题。在压缩基本建设规模以后,机器设备的需要量减少,产销之间的矛盾将要更加突出。但是,机械产品是否没有销路呢?显然不是。现在的情况是,一方面有许多计划内的产品大量积压;另一方面有许多计划外的产品大家都不生产,用户要四出奔走,到处请求,才能找到一个工厂替它制造。现在中央号召挖潜、革新、改造,执行这个方针,就需要更换或者添置一些机器设备,这些机器设备绝大部分没有列入生产供应计划,而且大多数是小批量生产,在过去,一般大工厂是不肯接受的。为着研究试制新产品,改造老产品,生产奇缺的工矿备件,也需要各种计划外的机器设备。如果各工厂都只管生产计划内的产品,就肯定会吃不饱。如果利用多余的生产能力,广开生产门路,增产计划外的产品,情况就会大大变化。无锡市县工业以至社队工业中机械制造工业占很大比重。1978年下半年由于中央号召停止生产积压的机械产品,许多工厂面临着下马的危险。1979年中央各部和外省纷纷要求它们制造各种计划外的产品,结果变"吃不饱"为"吃不了"。市县负责同志说,他们的机械产品,计划内的只占40%,计划外的占60%。在各工厂的挖潜、革新、改造大规模展开以后,计划外产品的需要还会大大增加,在这方面真是大有可为。

我国有些机械工业产品质量好,可以外销。印度机械工业不如我国,外销机械产品不少。外贸部门应当努力向国外推销我国的机械工业产品,并允许工业部门到香港等地去举办展销会,为我国的机械工业产品在国外打开销路。

机械制造工业还可以改产市场需要的缝纫机、自行车以至铁制家具等消费品。现在军工厂也兼产民用产品,不但满足国内市场需要,而且争取出口,这也是一个重要的发展方向,今后要支持、鼓励。对计划外产品所需要的钢材和其他物资,要尽可能供应。这样是不是会使钢材供应过于紧张呢?只要安排得好,这个困难是可以解决的。前几年钢材供应年年有很大的"缺口",但吃钢材最多的机械工业往往超额完成生产任务,钢材库存不但没有减少,而且大量积压,这说明有些"缺口"是虚假的。往往生产机械的部门领了一份钢材,需要机械的部门也要领到一份钢材。无锡生产计划外的机械产品不缺钢材,就可证明。其次,钢材的需要不是固定的,常常随基建投资的多少而增减。1979年、1980年压缩基建投资,钢材需要也会随之减少。只要我们想方设法利用1900万吨库存钢材,问题是不难解决的。当然,这样做会牵涉到现行的生产管理体制和物资供应体制问题,因此调整和改革必须相辅而行。广开生产门路和广开就业门路一样,不改革经济管理体制,打破许多条条框框的束缚,是会到处碰壁的。

在调整中还会发生许多基本建设队伍没有活干的问题,也应当设法解决。解决办法,首先是把下马项目的力量调去支援未下马的项目,加速工程进度,完成收尾配套工程。其次是,现在许多城市的住房建设十分紧张,许多工厂挖潜、革新、改造,也需要一些建筑安装等临时工。可以考虑由劳动局和有关部门来共同商量,把这些暂时闲置的劳动力尽可能利用起来。

不但重工业要广开生产门路,轻工业更要广开生产门路。从1956年国民经济的三大改造完成以来,市场商品的品种花色是大大减少了。这同商业部门的统购包销有关系,今后必须逐步扩大选购和自销的范围。去年上半年轻工业生产增长速度曾经下降,下半年已转变过来。轻工业生产下降的重要原因之一,是商业部门实行选购以后,许多质次价高的产品不收购,只能停产整顿,这是必要的。也有许多产品实际上有销路,商业部门认为无销路,不收购。准许企业自己销售,很快就卖光了。所以选购与自销不能分离,凡是商业部门不收购的产品,应当准许工厂自销,不要商业部门一家包办,更不要层次重叠,要准许工厂同零售商店直接挂钩。要奖励工厂生产新产品，改进产品质量，增加品种花色。确实畅销的新产品，准许工厂自销一个时期，或者商业部门提价收购。

为着鼓励轻工业、手工业、服务业广开生产门路，必须改革工商关系。三大改造时期实行加工订货，统购包销，目的是通过国营商业来控制私营工业。三大改造完成以后，工业也是社会主义工业，同商业应当处于同等地位，再用商业来管工业，就会把工业管死。以服装生产为例，现在服装生产都由商业部门向工厂加工订货，有些地区商业部门规定的式样过于陈旧，销路不畅，要求工厂压缩产量。工厂自己生产新式服装，供不应求，但是布匹由商业部门统一分配，工厂自己无权扩大生产。由于成衣式样、规格过于单调，人民要求量体裁衣，排队异常困难。有些城市提倡广泛发展服装生产合作社，但合作社没有缝纫机的分配指标，更没有布匹的分配指标，办不起来。穿衣是人民生活中仅次于吃饭的大问题。人民生活改善以后，再不能老是这样单调，总要慢慢地做到丰富多彩。这就需要在经济管理制度上扩大工厂的自主权，不要把它们的手脚捆起来，使它们有可能放手广开生产门路，生产适销产品。在轻工业、手工业生产中，这是一个相当普遍、必须迅速解决的问题。

要广开生产门路，还要解决生产和需要双方如何能够见面的问题。资本主义国家工商企业都大做广告，推销人员满天飞。我们多年来实行统购包销制度，工厂不关心产品的销路，只关心原材料的供应。不是推销人员满天飞，而是采购人员满天飞。在实行选购自销制度以后，工厂就必须关心市场的需要，加强产品的推销工作。有许多工厂生产的产品，往往找不到销路；而需要这种产品的单位或个人则到处奔走，难于采购。为把产需双方连接起来，有必要恢复广告业务。最近报载“一张广告救了一个工厂”，说湖北有个保温材料工厂，由于产品没有销路，将要关闭。登了一个广告，各地纷纷前来订货，滞销品变为畅销品。这样的情况在全国各地相当普遍。北京西单商场最近销售机电产品，生意兴旺，用户、工厂和商场都很满意。最近有许多工业部门举办“展销会”，效果很好，也可以提倡。但一个渠道显然是不够的，有必要采取多种多样的形式在产需之间传递消息。旧社会有“跑街”、“掮客”之类专为产需双方牵线的人员，现在也可以专设某种公司，接受产需双方的委托来解决产需不能直接见面的困难。

广开生产门路还有可能受到现行工商管理、税收制度、价格政策等方面的限制。只要有利于发展生产，保证市场供应，就应当允许跨行业生产，跨地区销售，允许在一定范围内自产自销，某些新产品在一定时期内准许减税免税，不属于统配、统销的产品，在一定范围内准许由产需双方自己议订价格。滞销商品应当采取薄利多销政策。北京酒精厂生产的红宝石，一公斤成本220余元，售价1100元，大量积压，准备停产。后来把售价降到490元，比进口价格低，立即变为畅销品。上海生产的台式电子计算机也曾经因售价太高，严重积压，停止生产。降价以后，存货全部卖完，现正增设工厂扩大生产。

现在各主管部门制定的许多规章制度，不是广开生产门路，而是堵塞生产门路。例如山区利用竹木废材制造各种小商品，由于主管部门在运输、销售方面设置重重障碍，当地积压，外地脱销。现在许多地区已经有所改进，但是仍很不普遍。当然，广开生产门路，也要加强领导，以免盲目发展。

城市要广开生产门路，乡村也要广开生产门路。我国耕地少，人口多，而且80%以上的人口仍然生活在乡村中。在这样的情况下，许多农村中也出现劳动力的安排问题。解决办法，不是叫农民进城，而是在乡村中广开生产门路，向生产的深度和广度进军。由于受林彪、“四人帮”极左路线干扰，许多正当的家庭副业甚至社队副业被当作“资本主义尾巴”割掉了。许多地区执行“以粮为纲”的方针有偏差，山区毁林造田，牧区毁草种粮，水乡围湖造田，把林、牧、渔业破坏了。有些经济作物区也要粮食自给，使许多种赚钱多的经济作物也受到破坏。这样，生产的门路愈缩愈少，这是目前农村劳动就业问题日益严重的一个重要原因。所以，农村也要广开生产门路，让农林牧副渔全面发展。有条件的地区还要发展社队工业，把单一从事农业生产的乡村改造成为农工商联合的社会主义新乡村。

无锡县是人多地少的地区，每人平均只有八分耕地。近十年来由于发展社队工业，工业的产值已经显著地超过农业的产值。由于用社队工业的积累支援农业，农业生产的发展仍然快于其他地区。无锡县靠近上海，无锡市本身也是一个老工业区，退休的老工人多，发展社队工业有其他地区难于比拟的优越条件。特别落后的山区、牧区能不能发展社队企业呢？我们到皖中、皖南山区调查，发现山区的资源非常丰富，很容易利用来发展社队工业和手工业，这里有许多山货土产在大城市是难于买到的。在这里发展社队企业，条件也很优越，关键是要解决运销问题。根供销合作社的负责同志说，安徽省的葵花籽、蓖麻籽和其他山货的产量，比解放初期减少80%以上。主要原因是那时候有小商贩来收购运销，现在小商贩没有了，供销合作社人少面广，产品种类繁多，无力独家包办。再加上前几年“四人帮”的党羽在安徽大砍“资本主义尾巴”，连农民扎扫帚都要禁止,使安徽的社队企业降落到全国倒数第三位。

农村当然应当以农业为主,增产粮食,发展多种经营,因地制宜发展各种种植业、养殖业。同时应当利用当地特殊条件,靠山吃山,靠水吃水,靠草原吃草原,除发展林、牧、渔业外,还要发展这些产品的加工工业。这些生产事业发展起来以后,必须解决产品的运销问题,改变目前流通渠道堵塞的现象。供销合作社应当大力收购运销各种农副土特产品,人民公社自己也可以设立运销机构,来销售自己的这些产品。应当组织社员收集各种土特产品,卖给供销合作社,或者由自己的运销机构送到城市中去销售。现在不论城市和乡村,商业都是一家独办,这样恐怕不行。城市应以国营商业为主,乡村应以供销合作社为主,建立几个流通渠道,在统一领导下有一点自由竞争,借以克服目前“官商”的官僚主义作风。这样做,会不会削弱社会主义统一市场呢?决不会的。国营商业和供销合作社本大腿长,只要管理得好,它们的领导地位决不会动摇。它们是社会主义统一市场的主体,其他商业(公社商业、工厂自销、集市贸易等)只能成为它们必要的助手和补充。

在国民经济调整时期,为着整顿国民经济的混乱状态,提高生产的经济效果,生产增长幅度暂时降低一点是必要的。但是,大量机器设备和劳动力的闲置应当尽量避免。广开生产门路,把城乡的生产能力充分利用起来,确实大有可为。这一件工作做得好,今年工业生产的增长速度很可能超过原定的计划,农业也能够以较高的速度向前发展。我们说不要不计生产效果、单纯追求生产增长速度,这是对的。但是在保证生产效果的前提下,调整经济结构,广开生产门路,把工农业生产增长速度尽可能提得高一点,我们仍然应当为此而努力。

第三次全国财政理论讨论会在广东佛山举行

会议从总结新中国成立30年来财政、会议工作的经验教训入手,讨论了财政在国民经济中的地位、作用,财政、信贷、物资、外汇的综合平衡,财政体制和财务管理体制的改革,会计在国民经济管理中的地位、作用,会计核算和簿记监督等问题,交流了论文160多篇。

《人民日报》发表社论《切实加强管理 稳定市场物价》

最近召开的全国物价会议确定了1980年物价工作方针:从安定团结的大局出发,保持物价的基本稳定,切实加强物价管理,继续开展物价检查整顿。这个方针适应调整国民经济的要求,符合广大人民群众的愿望,不仅物价部门必须坚持,国民经济各部门也应当统一认识,协同动作,认真贯彻执行。

物价问题,是当前经济生活中的一个尖锐问题。党的十一届三中全会以后,我们调整了农副产品收购价格,收到了很好的效果。农业生产增长,农产品收购、供应情况显著改善,轻纺工业的发展也取得了较快的速度。全国各地市场日趋繁荣。一年来的实践证明,这次调整价格是必要的、成功的。与此同时,由于调价品种多,幅度大,引起的连锁反应相当广泛,出现了一些新的矛盾,需要我们认真研究,统筹兼顾,妥善解决。

我国社会主义建设的历史经验说明:我们的物价,一定要保持基本稳定,否则会引起经济生活的紊乱;但也要及时进行必要的调整,否则也不利于生产的发展。就是说,要在保持物价基本稳定的前提下,对某些不合理的价格,作必要的调整。稳定和调整是辩证的统一,在某一段时间侧重调整,某一段时间又侧重稳定。1979年较大幅度调整工农业品价格以后,市场物价需要稳定一段时间。从政治上说,这是安定团结的需要;从经济上说,是国民经济综合平衡的需要;从工作上说,在经过一次比较大的调整以后,需要总结经验,巩固成果,整顿提高。因此,1980年物价工作的中心任务,就是要把上年调价遗留下来的问题处理好,把连锁反应控制在最小范围内和最小程度上,确保市场物价的基本稳定。计划价格的变动,一定要十分慎重。可调可不调的坚决不调,必须提价的也要尽量少提,决不能再开大的口子。

由于林彪、“四人帮”长期干扰破坏,加上过去工作中的一些错误和挫折,现行的价格体系,包括工农业产品的比价关系,农产品和工业品内部的比价关系,都有不合理的地方。从某一种商品的具体情况看,要求适当调价,可能是有道理的。但从全局看,为了避免连锁反应,为了整个国民经济的综合平衡,调价是不适当的。一些具体商品的价格问题,需要随着经济的发展,分期分批解决。只有承认和暂时保留局部的不合理,才能保证全局的大合理。只有保证全局的大合理,局部的不合理才能更快地得到解决。这是局部服从整体,小道理服从大道理的问题。各地区、各部门,特别是经济部门的同志,一定要把思想认识统一到稳定市场物价,促进安定团结的大局上来,决不能自行其是,因小失大。当然,稳定物价不是冻结物价。生产经营单位由于原材料提价,经过多方努力仍然发生亏损的,可以通过工商互相让利或在财政方面采取一些措施加以解决;实行以上办法仍然不免亏损的极少数商品,可以按照物价管理权限的规定,经过批准适当提价。这种个别产品的提价,要尽量和降价商品配合进行,以保持市场物价总水平的基本稳定。

生产是基础,稳定市场物价,归根到底靠增产节约。工商企业要千方百计发展生产,降低消耗,提高管理水平,减少经营环节,降低生产和经营成本。只有这样,市场上才能有物美价廉的商品。

纪律是执行政策的保证。为了保持市场物价的基本稳定,必须严肃物价纪律,加强物价管理,继续开展物价大检查,落实物价政策。目前各地随意提价,变相涨价,乱收费用等违反物价政策的现象相当严重。这种无政府主义状况绝对不能再继续下去。价格是国民收入再分配的杠杆之一,它本身并不创造价值。任何一项价格变动,必然是一方增加收入,另一方增加支出。随意提价,变相涨价,实质上是欺骗群众,损人利己的行为,同社会主义企业的性质水火不相容,是党纪国法所不允许的。各级党和政府一定要加强物价政策的宣传教育,提倡遵纪守法,反对以邻为壑,唯利是图。工商企业负责人和业务员、物价员、售货员,都要树立全心全意为人民服务的好思想、好作风,认真执行物价政策,维护物价纪律,坚决抵制违反物价政策的错误决定和措施,检举在价格上违法乱纪行为。要把认真执行物价政策,作为评比企业、考核职工、提取和计发奖金的重要标准。对于模范遵守物价纪律的单位和个人,应当给予表扬和奖励。对于违反物价纪律的单位和个人,要按照情节轻重,通报批评,或者给予经济制裁;对于利用物价上下其手,进行贪污,掺杂使假,损害人民健康,造成严重后果的,应给予法律制裁。只有严明纪律,奖惩分明,才能伸张正气,煞住歪风。

当前物价管理工作的任务很艰巨。但是,随着国民经济的调整和各项经济政策的落实,工农业生产情况越来越好,副食品、轻纺工业品的供应状况必将进一步改善,稳定物价的物质基础正在逐步加强。各级物价管理部门在党和政府领导下,必须勇于负责,把物价工作管好,把市场物价稳住,这是巩固和发展安定团结大好形势的需要,也是加快四化建设进程的需要。

国务院副总理姬鹏飞在北京会见多米尼加共和国议员团

全国海洋计划工作会议决定进一步开发利用海洋资源

加强中国周围海区的调查研究,是今年海洋工作的重点。这个为进一步开发和利用我国海洋资源创造条件的决定,是在今天闭幕的海洋计划工作会议上宣布的。

海洋基础调查,海洋资料的搜集整理,海洋基本情况的研究等,是搞好海洋工作的前提。国家海洋局召开的这次会议,在进一步贯彻国民经济调整方针中,把加强近海的调查放到了应有的位置。

这次会议在总结过去经验的基础上,部署了今年的海洋工作任务,主要是围绕近海基本资料调查这一重点,组织全国海岸带与海涂资源的调查;继续开展东海的地质基础调查;加强近海水文气象等断面调查;搜集和整理我国近海海区的调查资料。同时,根据上述任务安排了海洋科研以及仪器、设备、出版等方面的工作。

会议要求所属海洋系统的各级党委,加强领导,抓好新形势下的政治思想工作,维护安定团结的局面;组织好在职人员的业务学习;搞好各有关方面的协作关系,千方百计把1980年的海洋工作搞好。

2月9日

全国人大常委会第十三次会议在北京举行全体会议

全国人大常委会副委员长乌兰夫、韦国清、彭真、谭震林、赛福鼎、周建人、许德珩、胡厥文、朱蕴山、史良出席会议。最高人民法院院长江华、最高人民检察院检察长黄火青列席会议。

会上,黄火青代表最高人民检察院、最高人民法院提出关于刑事诉讼法实施问题的建议。委员们还听取国家经委副主任袁宝华关于1979年工业交通生产情况和1980年任务设想的汇报,外国投资管理委员会副主任顾明关于中外合资经营企业法实施以来的情况汇报,公安部副部长凌云关于整顿城市治安的情况汇报和今后工作的意见。

国家经委副主任袁宝华向五届全国人大常委会第十三次会议汇报工交战线今年任务的设想

国家经委副主任袁宝华说,1979年我国工业总产值比1978年增长8%以上,其中轻工业增长9%,超过了重工业增长7.4%的速度,实现了1979年的国家计划。

袁宝华说,1980年是国民经济调整的第二年。今年的工作,对于夺取四个现代化第一个战役的胜利,具有重要的意义。工业交通战线一定要坚持党的领导,巩固和发展安定团结的政治局面,发扬艰苦奋斗的创业精神,继续认真贯彻国民经济调整、改革、整顿、提高的方针,广泛深入地开展增产节约运动,确保完成和超额完成今年的国家计划。

袁宝华在谈到1979年全国工业交通的生产情况时指出,这一年全国工业交通战线一面调整,一面前进,获得了可喜的成绩。全国100种主要产品的产量,有79种提前完成和超额完成了国家计划。一些短线、缺门产品，如小型钢材、线材、薄板、焊管等，比1978年增长16%以上。交通运输完成国家计划的情况也比较好。

接着，袁宝华汇报了全国计划会议讨论过的1980年工业交通生产的五条任务，根据农轻重的方针，积极安排适销对路的化肥、农药、农业机具和农民需要的建筑材料等产品的生产，搞好技术服务工作，大力支援农业；优先保证轻纺工业的生产，并动员各行各业增产市场需要的产品，使轻纺工业生产的增长高于整个工业生产的增长，努力适应城乡购买力大幅度增长和增加出口的需要；狠抓降低能源消耗，在基本上不增加煤、油、电的条件下，从节约中求增产，从节约中求速度；调整各个行业内部的比例关系；把质量、品种摆在第一位，根据国家建设、人民生活和外贸出口的需要，增加花色品种，提高产品质量，使所有工业产品都要适销对路、合格合用。

为了实现以上任务，袁宝华汇报了工交战线准备着重抓好的几项工作：

——按照“六个优先”(即原料、材料、燃料、电力供应优先，挖潜革新改造措施优先，基本建设施工力量安排优先，银行贷款优先，外汇的分配和技术引进优先，交通运输优先)的原则，确保轻纺工业生产有一个较快的发展速度。

——狠抓能源的节约，确保今年工业生产的增长速度。今年要进一步开展“节约能源月”活动，要求各行各业必须做到节油10%，节煤5%，节电3%。

——大力加强矿山工作，尽快改变矿山的落后状况。

——多方采取措施，力争机械工业保持一定的生产水平。由于国民经济正在进行调整，今年机械工业生产任务不足，一定要千方百计地广开生产门路，使机械工业能够保持一定的生产水平。同时，根据国家计划的安排，要利用现有生产能力，制造和储备一些将来有用的大型设备，为今后的大规模建设做好准备。

——从加强运输组织工作、改善经营管理和狠抓技术改造方面，挖掘运输潜力，加强交通运输这个薄弱环节。1980年，铁道、交通和邮电生产工作，主要以西煤东运、外贸物资运输和增加市内电话通信能力为重点，努力提高铁路“卡脖子”区段和主要港口的通过能力，既要完成当年运输生产任务，又要为今后承担更大运输任务创造条件。

——有计划有重点地进行老企业的挖潜革新改造。

——坚持质量第一的方针，继续大打产品质量的进攻仗。

——继续抓好扭亏增盈，全面开展清产核资。

——继续搞好扩大企业自主权的试点，进一步搞好工业改组和企业性公司的试点工作。今年内，要按照国务院的规定，逐步在计划、产销、物资、价格、劳资、人事等方面扩大试点内容，并进一步总结经验，为明年全面推广做好准备。

——认真整顿企业，继续坚持工业学大庆。要学习大庆的好经验，还要学习本地区、本行业的先进经验，广泛开展比学赶帮超活动，评选出一批向现代化进军的先进单位和个人，迎接全国劳模大会的召开。

袁宝华强调说，我们花大力量来抓企业整顿，首先要按照中央的要求，在企业中建立一个团结一致搞四化的、精干的领导班子。对于至今还在那里闹派性的人，要坚决调离领导岗位；要把那些坚持社会主义道路、年富力强、懂业务技术、有干劲的优秀干部提拔到领导岗位上来。其次，要建立严格的责任制度。在党委领导下，生产的组织指挥由厂长全权负责；生产技术工作由总工程师负责；财务工作由总会计师负责。三是要普遍实行厂内经济核算制。四是整顿和改进奖励办法。要制止滥发奖金，克服平均主义。五是要办好技工学校、业余教育和各种训练班，大力加强职工培训。

袁宝华最后说，工业交通战线1980年的任务是十分艰巨的。我们一定要兢兢业业地做好工作，认真地研究解决工业交通生产中的经济政策问题，协调好各方面的关系，促进工业交通生产的调整和增产节约运动的深入发展，保证完成和超额完成1980年的国家计划。

公安部副部长凌云在五届全国人大常委会第十三次会议上汇报关于整顿城市治安的情况和今后工作的意见

公安部副部长凌云在五届全国人大常委会第十三次会议上说，当前要继续整顿社会治安。必须继续坚决打击各种犯罪分子特别是严重危害社会治安的犯罪分子，以巩固健全的安定的社会秩序，保证四化建设的顺利进行。

凌云受国务院委托，在会上汇报了整顿城市治安的情况。他说，去年11月以来，各地根据中央召开的全国城市治安会议的统一部署，结合本地的实际情况，积极开展了打击刑事犯罪分子、整顿城市治安的行动，使犯罪分子受到了一定程度的打击，治安秩序有所好转，广大群众说，整顿治安抓得好，反映了人民群众的心愿，巩固了无产阶级专政，为聚精会神搞四化创造了条件。

凌云说，我国剥削阶级虽然已经消灭，但阶级斗争依然存在，在某些领域里斗争还相当激烈。当前治安问题还是严重的，其原因是多方面的，有政治、思想方面的问题，也有社会方面的问题，这些主要是林彪、“四人帮”严重破坏造成的恶果。要彻底清除林彪、“四人帮”的流毒和影响，从根本上解决社会治安问题，只靠公安司法机关还不行，需要各个部门从发展经济、搞好教育、加强宣传和完备法制等方面做共同努力。这是积极的根本的措施。

凌云说，为了进一步整顿好社会治安秩序，我们正在采取下列措施：

（一）进一步宣传、动员和组织群众同犯罪行为作斗争，抵制各种危害社会秩序的不良现象，表扬勇于同违法犯罪作斗争的好人好事，大力恢复和发扬社会主义的良好风尚。

（二）坚决打击刑事犯罪分子的活动。对抓获的犯罪分子和群众检举的犯罪线索，要抓紧查证、审讯和处理。要坚决摧毁犯罪团伙。对现行犯要依法从重判处。对杀人犯、抢劫犯、强奸犯、放火犯、流氓集团头子、教唆犯和其他严重破坏社会秩序的犯罪分子，包括殴打执勤人员、报复检举人的现行犯，一定要严惩不贷，决不宽容，决不手软。对那些犯罪情节轻微不够判刑的人，要采取劳动教养和其他行政处罚措施，加强教育改造。

（三）整顿公共场所和内部治安秩序。公共复杂场所和电车汽车上是犯罪分子经常活动的地方，要下功夫整顿好秩序。对投机倒把、黑市交易、赌博、封建迷信等违法活动，要依法取缔。

（四）抓紧落实对违法犯罪青少年的教育改造措施。青少年犯罪是个值得各方面重视的社会问题，党政军民学要密切配合，做好对违法犯罪青少年的教育、改造工作，为了教育、改造、挽救违法犯罪青少年，对少数犯有严重罪行的首恶分子，必须坚决打击，对大多数要依靠社会力量进行帮助教育，把他们挽救过来。要满腔热情地帮助他们，不要歧视他们。为了保证青少年一代健康地成长，还必须加强对广大青少年进行前途教育、理想教育、法制教育和社会主义道德教育，加强政治思想领导，并为青少年提供更多的活动场所。要继续广开门路，解决待业青年的安置就业问题。

（五）充分发挥基层群众自治组织维护社会治安的作用。搞好社会治安，要依靠社会力量，实行专门机关同群众相结合的方针。城市街道办事处、居民委员会、人民调解委员会、治安保卫委员会等基层群众组织，是协助政府维护社会治安的有力助手，是党和政府联系群众的纽带。当前整顿治安，要充分发挥这些组织的作用，使维护社会治安有可靠的群众基础。

凌云说，搞好社会治安，还必须加强公安机关的基层工作和基础工作，进一步加强公安队伍的整顿和建设，提高战斗力。

凌云最后说，我们完全相信，在党中央的正确领导下，有全国人民的大力支持，通过各部门的共同努力，整顿社会治安的工作一定会取得新的更大的成绩，为四化建设创造更加良好的社会秩序。

《人民日报》转载《党的生活》丛刊发表的陈云的文章《共产党员的标准》

第一　终身为共产主义奋斗

共产党是为人类的彻底解放，为共产主义和无产阶级事业而奋斗的政党。因此，一个愿意献身共产主义事业的共产党员，不仅应当为共产主义奋斗，而且应当确定自己为共产主义的实现而奋斗到底的革命的人生观。但是怎样才能建立和坚定自己的人生观呢？首先必须认识到人类社会历史发展的规律和坚信共产主义社会必然实现的前途。这就是说，一个共产党员应该从他的阶级觉悟，从他的实际革命锻炼中，从他对于马克思主义的素养中，深切了解到无产阶级在社会上的历史地位和作用，懂得无产阶级利益及其解放事业，洞悉共产党及其党员在最近将来的政策和目的。只有这样，他才能确定自己的人生观，终其一生，为他的信仰的实现而奋斗到底。同时，中共每一个党员应当深刻知道，中国的革命是一个长期的艰苦过程，在弯曲险阻的革命道路上，革命者必须经历长期的艰苦与波折；并且在每一事变的紧急关头，还有被牺牲的可能。因此，每个共产党员不仅要坚信共产主义的必然实现，而且必须对于工人阶级与中华民族中国人民的解放事业，有不怕牺牲、不怕困难与奋斗到底的决心。

第二　革命的利益高于一切

我党是以彻底解放中国无产阶级和全中华民族与全国人民、建立共产主义社会为职志的政党，因此，民族的与人民的利益和党的利益是一致的。共产党员是在党的领导下为共产主义的事业而奋斗的战士，所以党员的利益同民族的与人民的与党的利益也是一致的。每个党员必须对于民族、对于革命、对于本阶级、对于党，表示无限的忠诚，把个人利益服从于民族的、革命的、本阶级的与党的利益。

但是在革命工作上，在党的工作上，可能发生党员个人的利益与党的利益的不一致。在这样的时候，每个党员必须依靠他对革命对党的无限忠诚，坚决的牺牲个人利益，服从革命的与党的整个利益；把革命与党的利益放在第一位，以革命的党的利益高于一切的原则来处理一切个人问题，而不能把个人利益超过革命的与党的利益。

革命的与党的利益高于一切，这不是一句空话。

党不仅要求党员懂得这一条，特别是要求每个党员能在实际行动和日常生活的每个具体问题上来坚决的毫不疑惑动摇的执行这一条。只有党内有了这样为革命为党的利益而牺牲一切的党员，才能保证党胜利的完成革命。

第三 遵守党的纪律，严守党的秘密

十八年来党的斗争经验，证明了纪律是执行党的路线的保证。在过去，由于克服了陈独秀路线、李立三路线、张国焘路线等错误路线和破坏行为，保证了党在各个时期的革命任务的实行以及现在抗日民族统一战线的成立与抗日战争的进行。在今后，党仍应坚持这种纪律，“才能团结全党，克服新的困难，争取新的胜利”（党的六中全会决议）。因此，一个共产党员坚决的自觉的遵守党的纪律是他的义务。他不仅应当与一切破坏党纪的倾向作斗争，而且要着重与自己一切破坏纪律的言论行动作斗争，使自己成为遵守党纪的模范。不要以为自己能够在会议上或稠人广众之前声明拥护并举手赞成了党的路线，就算遵守了党的纪律，这是十分不够的。一个真正能自觉遵守纪律的良好党员，就在于他的实际行动和日常生活的每个具体问题上，表示出自己是坚决的遵守党的铁的纪律的模范。

革命能力的增长，共产党威信的提高，使敌探、汉奸、反共分子更加倍的进行破坏共产党的活动。因此，在党的工作中，不但丝毫没有减轻秘密工作的重要性，相反的，党应该特别加紧自己的秘密工作，提高秘密工作的纪律，与破坏忽视秘密工作的现象作斗争，党应该指出，在今日的某些地方党部，还竟以为在现在环境下可以忽视秘密工作，这是十分危险的。每个党员应该不忘记许多年来由于疏忽秘密工作而受到牺牲的血的经验教训。为了保持抗战的力量，为了保证革命和党的事业的胜利完成，每个党员必须高度的提高政治警惕性，每个党员必须严守党的秘密工作的纪律并且和一切忽视破坏党的秘密工作的危险倾向作斗争。任何党内的不准对外公开的事件，不准任意向党外宣布；任何对其他党员没有必要说出的秘密事件，不准在其他党员中乱说，一切破坏秘密工作的行动，必须受到党的纪律的制裁，直到开除党籍。

第四 百折不挠执行决议

一个共产党员不仅只是口头上拥护了党的决议就算完事，他的责任是在于坚决的执行决议，在实际工作中实现这些决议。实现党的决议时，在工作中不可免的会遇到一些挫折和困难，共产党员必须有大无畏的精神，百折不挠的精神去克服这些困难。在工作中委靡不振和用雇佣劳动的态度来对付党的工作，是绝对不允许的。中国革命是艰苦的长期奋斗的事业。中国共产党的特色之一，就是它具有不怕困难、牺牲奋斗的作风。每个中国共产党党员，他必须具有艰苦奋斗的精神，承继与发扬党的优良传统。

共产党员不仅在日常工作中要忠实于党的决议，而且要在困难中，在生死关头时，忠实于革命，忠实于党的决议；不仅在有党监督时，而且要在没有党监督时忠实于革命与党的决议；不仅在胜利时，而且要在失败时坚持执行党的决议；只有这样坚定与顽强的英雄气概，才配称为一个好的共产党员。

第五 群众模范

党的政治影响越是扩大，党的威信越是提高，则工人阶级和人民大众对于我们党员的要求越多越大。因为他是共产党员，是群众所信仰的先进队伍中的一分子，所以群众对于他就有特别的要求。群众常常根据我们党员的行动来测量我们的党，所以党员无论在何时何地的一举一动，都必须给非党群众一种好的影响，使他们更加信仰我党，更加敬重我党。

党的六中全会号召全党党员在民族解放战争中应该起先锋的模范的作用：“共产党员在八路军与新四军，应该成为英勇作战的模范，执行命令的模范，遵守纪律的模范，政治工作的模范和内部团结统一的模范。共产党员在和友党友军发生关系的时候，应该坚持统一团结的立场，坚持统一战线的纲领，成为实行抗战任务的模范；应该言必行，行必果，不傲慢，诚心诚意地和友党友军商量问题，协同工作，成为统一战线中各党相互关系的模范。共产党员在政府工作中，应该是十分廉洁，不用私人，多做工作，少取报酬的模范。共产党员在民众运动中，应该是民众的朋友，而不是民众的上司；是诲人不倦的教师，而不是官僚主义的政客。共产党员无论何时何地，都不应以个人利益放在第一位，而应以个人的利益服从于民族的和人民群众的利益。因此，自私自利，消极怠工，贪污腐化，风头主义等等，是最可鄙的。而大公无私，积极努力，克己奉公，埋头苦干等等精神，才是可尊敬的。”每个共产党员应该积极的在实际行动与日常生活中，真正以模范党员的姿态，响应这一号召。

共产党员的模范作用，还表现在对于革命利益严肃的立场上面，对于一切为国为民的事业，应该始终不变的坚持自己的立场。任何威胁，任何利诱，都不能动摇自己的立场。谁要是放弃了革命的与党的立场，谁就丧失了共产党员的资格。

在中共的历史上有过无数的模范党员，他们为了共产主义的事业斗争，在任何困难的环境下，百折不挠，在种种威胁利诱下，表示对于党与革命无比忠诚。成千成万的优秀党员及党的领袖，在火线上、刑场上和监狱中，英勇牺牲。他们在全世界和全中国劳苦大众的面前，显示了中华民族优秀子孙的至高无上的气节，而他们一生的丰功伟业，更是光辉千古。他们是一切革命者的模范。我们党的党员不但要敬仰他们，而且应该学习他们。

第六　学习

革命事业是一种伟大的艰巨的工作，特别是中国革命的环境和革命运动更是万分复杂，变化多端，而领导革命的共产党，它之所以能在变化的、复杂的环境中把握一切伟大的革命运动，并且指导这个运动使之向着胜利，是因为他有着革命的理论。所以共产党员要有革命的理论，才能从复杂万分的事情中弄出一个头绪，从不绝变化的运动中，找出一个方向来，才能把革命的工作做得好。不然，就会在复杂的、不绝变化的革命环境中，迷失道路，找不出方向，不能独立工作，也不能正确的实现党的任务和决定。所以每个共产党员要随时随地在工作中学习，努力提高自己的政治水平、文化水平，增进革命的知识，培养政治的远见。

根据目前的环境，我们应当学习什么呢？

（一）我党是马克思列宁主义的战斗的党，首先，我们要学习马克思列宁主义的理论，才能培养自己成为一个真正有能力的有坚强党性的共产党员。我们是学习马克思列宁主义的精神，学习马克思、列宁他们观察问题的立场和方法，而不是教条主义者。

（二）要研究中国的历史与时事政治的情况，不然也就不能规定当前的革命工作的任务和方法。

（三）要学习军事知识与军事技术，特别是游击战争。在今日，“党员军事化”已成为全党的战斗口号。

（四）文化程度低的党员，首先要长期的进行识字与读书读报的工作，以提高自己的文化水平，只有文化程度的提高才能求得政治上的更加进步。

（五）尤其重要的是，每个共产党员要随时随地在实际工作中学习，向群众学习。一切实际工作中的群众斗争中的经验教训，是我们最好的学习的课本。

自我批评是共产党员学习的宝贵的武器，虚心的接受党的批评是一个党员进步的必要条件。好的共产党员，对党的每个批评都必须以诚恳的态度、愉快的态度去接受与了解，以改正自己的错误。

学习的敌人，是自己的满足，或者不愿学习。我们反对那种“自高自大”、“自称高明”的倾向，反对那种不愿学习或者对学习没有信心的党员。一个共产党员是难得机会长时期在课堂上学习的，因此，必须善于在繁忙的实际工作中争取时间去自己学习，这一点必须有坚持的精神才能做到。

共产党员的口号是“学习学习再学习”，全党应该热烈的响应党六中全会“对自己，学而不厌；对人家，诲人不倦”的口号！

只有具备以上的六个条件，才不愧称为一个良好的共产党员，才不致玷污了这伟大而光荣的党员称号。

（原载上海人民出版社《党的生活》丛刊 1980 年第一辑）

国务院发出《关于改革海关管理体制的决定》

海关工作具有对外统一性和全国统一性的特点，为了充分发挥海关的监督管理职能，必须改革现行以地方为主的海关管理体制，加强集中统一领导。根据多年来的实践经验，并参考外国海关体制情况，现就改革海关管理体制的若干问题，特作如下决定：

一、全国海关建制收归中央统一管理，成立中华人民共和国海关总署，作为国务院直属机构，统一管理全国海关机构和人员编制及其业务。要加强和充实海关总署的领导力量，行政编制暂定 220 人。各地海关机构的设立、撤销，由海关总署会同有关部门报国务院审批。

二、海关的方针、政策、法律、法令、规章，由海关总署拟订。为维护国家法制的严肃性，对海关现行有效的法令、规章必须严格遵守和执行。属于地区性的海关管理规定，应报国务院或国务院授权的部门批准。

三、各地海关受所在省、市、自治区人民政府监督指导。省、市、自治区人民政府负责监督当地海关贯彻执行国家统一制定的方针、政策、法律、法令、规章，协调海关与当地有关部门的关系，指导当地的反走私群众工作。

四、关税收入统一归中央。关税应单独计征，与外贸利润分开交库。关税的征收和减免（包括临时减免），由海关总署会同财政部制定办法，经国务院批准执行。关税减免的报批手续由海关总署统一办理。　海关罚没收入地方留成百分之五十，其余作为海关查私费用。

五、全国海关经费、基建、物资、外汇由海关总署统一管理。海关的行政经费由海关总署向财政部领报。海关的技术设备、船只车辆、制服、武器、印刷和培训干部等所需关务费和外汇，从关税收入和外汇收入（指进口旅客行李税和船舶吨税兑收的外币，这部分外币应作为非贸易外汇收入处理）中提成解决，　具体提成比例，由海关总署分别同国家计委、财政部、中国银行商定。海关所需基建投资（不包括车船购置和技术设备）和相应材料及交通工具等物资，由海关总署分别向计委和物资总局申请拨给。

六、北京、天津、上海、广州、九龙、大连、青岛、昆明、南宁九个海关为局级机构，其余海关为处级机构，并配备相应的干部。

根据海关工作性质和任务的特点，海关专业干部需定期或不定期由海关总署予以调整、调动，调整、调动过程中遇到的问题，如户口迁移等，请地方予以支持解决。

七、加强对海关干部的培养训练。大力办好海关专业院校，积极培养海关专业人才，认真组织在职干部的学习和轮训，提高海关干部的政治、政策、业务、技术和外语水平，建设一支思想觉悟高、政策业务强、工作干劲大、纪律作风好的海关干部队伍。

八、鉴于广东省内海关机构多，任务重，为便于领导，在广东设立海关分署，为局级单位，作为总署的派出机构。其任务是监督检查广东各关的工作，组织交流经验，协调海关与地方和各关之间的关系，协助管理和调整干部，以及海关总署交办的其他事项。广东海关分署受广东省人民政府监督指导。

九、大力整顿和建设好海关领导班子。要按照适应四个现代化的要求，对各级领导班子作必要的整顿和调整。要解放思想，大胆选拔坚决拥护党的政治路线和思想路线，大公无私，严守法纪，坚持党性，有革命事业心和政治责任心，有工作能力的干部，充实领导班子。力争在一两年内把海关的领导班子整顿好。

中宣部部长胡耀邦参加在北京饭店举行的首都出版界迎春茶话会

胡耀邦迎春茶话会上提出，我们应当提倡大胆地抓好本职工作；大胆地联系群众，有组织地向各级政府部门反映情况；大胆地有组织地对国家大事发表自己的意见；大胆地搞创作，为人民特别是为青少年写出更多更好的作品来。他说，我国出版界有20万职工。三年以来，为繁荣社会主义科学文化事业作出了很大成绩。在新的一年里，出版界的同志要更加努力，进一步提高出版物的质量，多出书，出好书，为提高整个中华民族的科学文化水平和四化建设服务。

党和国家领导人王震、方毅、许德珩出席茶话会，并讲了话。王震同志和方毅同志谈到，科技书籍在整个出版物中占有很大比重，要不断提高质量，缩短出版周期，使科技图书的出版工作，适应四化要求。方毅同志还说，科普作品要有一个很大的发展，希望今后有更多的科普作家涌现出来。

出版界老前辈胡愈之、叶圣陶也讲了话。

这次茶话会，由中国出版工作者协会主席陈翰伯主持。有关部门负责人、科学文化界、出版界知名人士共900多人参加了茶话会。他们当中有：朱穆之、严济慈、高士其、许立群、王惠德、罗章龙、萨空了、夏衍、吴作人、林默涵、陶钝、陈荒煤、周而复、姚雪垠、侯宝林、华君武、庞勋琹、黄胄、徐伯昕、黄洛峰、王子野、许力以、陈原、姜椿芳、曾彦修等。

《人民日报》发表社论《祝贺我国同哥伦比亚建交》

我国政府和哥伦比亚共和国政府经过友好会谈，决定建立两国大使级外交关系。这一决定符合两国人民的利益，反映了两国人民的愿望。我们对此表示热烈的祝贺。

80年代第一个春天，我国连续同厄瓜多尔和哥伦比亚两个拉丁美洲国家建立了外交关系。这标志着我国同拉丁美洲的关系将进入一个更加发展的时期。我国人民同拉丁美洲各国人民的友谊与合作将会得到新的推动，展现出美好的前景。

哥伦比亚是拉丁美洲幅员比较大、人口比较多、发展比较快的国家之一。哥伦比亚政府和人民，在捍卫民族独立和国家主权、维护民族资源、发展民族经济等方面，做了不懈的努力。图尔瓦伊总统1978年8月执政以来，采取了一些新的推动经济发展的措施，使这个国家的工农业生产和进出口贸易都有新的增长。哥伦比亚执行独立自主的对外政策，维护各国人民自决权和不干涉原则，主张发展中国家联合起来为建立国际经济新秩序而共同努力。它一贯支持拉美一体化，特别在推动安第斯地区一体化方面作出了积极的贡献。成立安第斯条约组织的第一次会议就是在哥伦比亚举行的。中国政府和人民对于哥伦比亚政府和人民取得的成就感到由衷的高兴。

拉丁美洲是一个资源十分丰富和拥有巨大发展潜力的地区。发展中的拉丁美洲国家，在世界政治、经济中的地位日益显著。在国际事务中，它们正在发挥着越来越重要的作用。近年来，拉美各国人民反对外来干涉、发展民族经济、争取民主权利的斗争正在取得进展。中国政府和中国人民一贯同情和支持拉丁美洲国家和人民捍卫民族独立、发展民族经济的斗争。中国和更多的拉丁美洲国家建立正式外交关系，发展友好合作，必将有利于维护世界和平的伟大事业。

全国人大常委会副委员长邓颖超在泰国清迈拜会泰国国王普密蓬·阿杜德

中国决定释放越入侵军事人员

外交部亚洲司副司长张德维通知越南驻中国大使馆临时代办陈曰河，中国政府决定释放去年4月10日侵入中国西沙群岛领海而被拘留的24名越南军事人员。

中国方面将于2月14日把他们送到友谊关至同登公路零公里处，让他们出境回国。中国方面建议越南方面派人在上述时间和地点办理接收手续，将他们领回。

中国科学院颁布《中国科学院研究所暂行条例(草案)》

这个条例是在1961年制定的《中国科学院自然科学研究所暂行条例(草案)》(简称《七十二条》)的基础上,广泛听取了科学家和各方面工作同志的意见修订而成的。它保留了原来条例的基本内容,又根据近20年来正反两个方面的经验和科学事业发展的实际需要,做了许多重要的修改和补充。条例在形式上继续保持了72条的数目。

条例明确规定,研究所是从事科研劳动的基层组织,构成研究所的主力是科技人员。要办好研究所,发展科学事业,必须依靠科技人员。对于科技人员,首先要求他们专心致志地搞科研,作出成果,同时赋予他们参与决策之权,要求他们参与科研的领导。研究所的所长、室主任必须由科学家担任,而且他们应当有职、有权、有责。

条例规定,在科学研究工作中要贯彻百花齐放、百家争鸣的方针,充分发扬学术民主。研究所要建立学术委员会,作为学术评议机构,负责审议本所科学研究规划和计划,审议重大研究课题的开题报告,评议科研成果,评价科技人员的学术水平,推动学术交流等。为了执行这些任务,在工作中可以运用同行评议的方式。这是发扬学术民主的好形式,也是科研工作中群众路线的体现。

条例规定,研究所的工作方针是侧重基础、侧重提高,为国民经济和国防建设服务。这条方针是根据中国科学院在全国科学事业中的地位和作用确定的。

条例规定建立一整套科研工作秩序。比如各级领导人应当职责分明,课题上下马要有一定的程序和手续,经费开支要有审批制度,实验设备要有操作规程,人员要有考核标准和办法,干部培养要有要求,编制要有定额,技术资料要建立档案,等等。多年来的经验证明,只有建立良好的工作秩序,才能有较高的工作效率。

条例对于扩大研究所的自主权作了明确的规定。研究所是在科研第一线独立作战的单位,在计划、人事、经费、物资、外事等方面有一定的自主权,才能机动灵活进行战斗。科学研究是一种探索性的劳动,不同于一般的工农业生产。要提倡自由思想、自由探索、支持创见、允许失败。在这方面作出明确规定将有利于发挥研究所的主动性和积极性。

条例还就研究所如何坚持党的领导和改善党的领导提出了一些基本的要求。研究所党委应该保证党的路线、方针、政策的贯彻,做好思想政治工作,发挥群众的积极性、创造性,加强党的建设,关心并改善群众的生活。业务工作,应由所长、副所长分工去抓,党组织要支持所长执行领导职权。

教育部在北京召开全国研究生招生工作座谈会安排1980年招生工作

《人民日报》报道,教育部最近召开全国研究生招生工作座谈会,提出1980年研究生招生意见、章程和招生办法。会议号召各单位要从大局出发,积极支持符合报考条件的人员报考,努力为国家输送人才。

1980年招收研究生的办法是:凡高等学校本科毕业(含应届毕业生),或具有同等学力,思想进步,业务优秀,身体健康,年龄在35岁以下(1945年9月1日后出生)者,经所在单位同意,均可报考研究生;对基础较好,有专业特长和具备一定科研能力的,年龄可放宽到38岁(1942年9月1日出生)。高等学校在校的进修生,符合上述条件,经原单位同意也可报考。在校大学生不能报考。解放军干部、战士报考研究生,按解放军总政治部规定办理。符合条件的台湾、港澳青年均可报考,报名手续由广东省招生委员会办理。

中国乒乓球选手在1980年威尔士乒乓球公开锦标赛中获得6项冠军和5项亚军

中国女子射箭队在第一届亚洲杯射箭锦标赛上夺得5项冠军

宋乃德追悼会在北京举行

原轻工业部党组书记、第一副部长、中共八大代表、第二届全国人大代表宋乃德同志在林彪、“四人帮”极左路线的摧残下,于1967年2月23日被迫害致死,终年62岁。宋乃德同志的追悼会,于2月9日下午在北京八宝山革命公墓礼堂举行。

宋乃德1905年生于山西省沁源县,原名守先,字念僧。1924年毕业于山西省第一中学,1926年加入中国共产党。1931年任沁源县委书记,1939年任晋城县抗日县长,1940年5月随八路军赴豫皖苏地区任八路军第五纵队供给部部长,1941年兼任江苏阜宁县抗日县长,1942年至1945年任中共苏北财委书记。1945年11月后,历任辽宁通辽地区专员兼通辽县县长,吉江行署主任,中共嫩江省财委书记兼财政厅长。1948年至1949年历任黑龙江省财政厅长,东北人民政府税务总局局长,中共冀察热辽财委副主任。1949年2月天津解放后任天津市军管会财经接管部部长。新中国成立后,历任湖南省财委副主任兼财政厅厅长,中华人民共和国轻工业部党组书记,第一副部长。先后当选中共八大代表和全国人大二届代表。

2月10日

中共中央召集在京党政军干部在北京举行有关当前经济问题的会议

李先念在会上作《关于当前经济问题》的报告，指出：当前的经济形势是，我们终于开始实现工作重点转到社会主义现代化建设上来的伟大战略转移，并及时提出了调整、改革、整顿、提高的指导国民经济的正确方针，明确了战略转移之后第一个战役的目标和任务。当前存在的困难是工农业发展水平大大落后于人民生活的需要，基建规模过大，财政收入减少，涨价商品过多，经济管理水平低，等等。报告阐述了1980年、1981年经济工作各个方面的主要任务和基本要求，强调了经济工作中必须坚持贯彻的方针和原则。3月15日，中央转发了李先念的报告。

全国人大常委会副委员长邓颖超在泰国曼谷会见旅泰华侨和泰籍华人代表时希望他们为增进中泰友谊多做贡献

天津和美国费城结成友好城市

天津市革命委员会主任陈伟达和美国费城市长威廉·格林互致贺电，从而使天津、费城正式结为友好城市。去年11月美国费城友好代表团来天津访问时，就两市结成友好城市有关事宜进行了商谈。

《庆祝中华人民共和国成立三十周年全国美术作品展览》在中国美术馆开幕

这次展览的作品来自29个省、市、自治区，包括中国画、油画、版画、雕塑和其他画种共计417件，作者481人。这些作品绝大多数是近三年来创作的，反映了广大美术工作者在双百方针指引下解放思想，努力创作的初步成果。展览会预计在3月9日闭幕。展出期间还将举办优秀作品评奖活动。

中国第一条陶瓷杯生产自动线研制成功

这条陶瓷杯生产自动线由江苏省宜兴陶瓷科研所、宜兴陶瓷机械厂、宜兴日用精陶厂等单位协作研制，每4秒钟就能成型一件陶瓷杯。

哈尔滨100对青年在哈尔滨青年宫集体举行婚礼

这次集体婚礼是由共青团哈尔滨市委文体部和哈尔滨青年宫联合举办的。1月下旬，他们在《哈尔滨日报》上登出通知后，立刻在青年中引起了强烈反响，纷纷表示要勤俭节约，婚事新办。

2月11日

全国县级直接选举试点工作经验交流会在北京召开

新华社消息，五届人大二次会议召开以后，各省、自治区、直辖市根据《中华人民共和国全国人民代表大会和地方各级人民代表大会选举法》《中华人民共和国地方各级人民代表大会和地方各级人民政府组织法》，进行了县级直接选举的试点工作。目前，全国已有66个不设区的市、市辖区、县、自治县进行了县级直接选举试点。

会议期间，全国人大常委会副委员长、法制委员会主任彭真听取了各地选举试点工作情况的汇报，并在大会上作了重要讲话。他说，选举是各级政权实行民主集中制的基础。这次把直接选举扩大到县一级，意义很重要。县级直接选举，使县级人民代表大会直接掌握在人民手里，再由县级人代会选举县级人民政府和省级人民代表大会代表，省级人代会选举省级人民政府和全国人民代表大会代表，这样9亿人民就可以通过代表管理国家大事，掌握自己的、民族的、国家的命运。他希望各地继续抓好选举的试点工作，创造经验，以推动全国县级直接选举的顺利进行。

彭真同志指出，这次选举制度有两项很重要的改革，一个是县级代表直接选举，一个是候选人和应选人不等额。只要领导班子纯洁，没有帮派的干扰，加上这两条，就可以保证选举结果一般会是比较好的。他说，选举的过程，是干部、群众批评和自我批评的过程。群众的提名和选举是一面很好的镜子，是对干部的工作和各个候选人表现如何的一种鉴定。采取选举的办法来选拔干部，要比只由领导指定、选拔可靠得多，选拔错了也比较容易得到改正。这样选举产生的各级政权机关，比较能够胜任，比较能够经得起风浪。

彭真同志着重指出，在选举过程中，要加强党的领导，要相信群众，依靠群众，走群众路线。他说，我们的党不是为了少数人的利益，而是为大多数人的利益而工作的，是全心全意为人民服务的。国家的法律是代表人民利益、保护人民利益的。所以，法、人民和党的领导是一致的。党在选举中的领导，就是要严格依法办事，严格按照法律规定进行选举，充分保证人民自由行使选举权利。

民政部部长程子华在会上作了民政部参加5个县级单位选举试点工作的报告。他在谈到这些单位的选举试点经验和问题时指出，进行县级直接选举，首先要有一个正确的指导思想，就是为了调动全国各族人民的积极性和创造性，改革干部管理制度，促进安定团结,巩固无产阶级专政,加速实现四个现代化。

在这次会议上,来自全国各地试点单位的代表交流并讨论了选举中的经验和教训。大家认为,在选举过程中,要向群众宣传选举法和地方组织法,培训好干部,从实际出发划分好选区,严肃认真地进行选民登记,做好代表候选人的提名和选举投票工作,开好人民代表大会。代表们指出,加强党的领导是搞好选举工作的根本保证。要把搞好选举、开好人代会、健全人民代表大会制度的问题,摆到党委工作的重要议事日程上,实行全党动员、全民动员,认真监督选举法和地方组织法的贯彻实施,同时教育党员、干部在贯彻执行两法中起模范带头作用。与会同志认为,随着选举工作的开展,这些经验将进一步得到补充和完善。

全国人事工作紧紧围绕四化建设开展取得可喜成绩

《人民日报》报道,全国各级人事部门在恢复和建立人事机构的同时,紧紧围绕四化建设这个中心积极开展人事工作,取得了可喜的成绩。

近两年来,特别是党的三中全会以后,各级人事部门为了促进和确保四化建设的实现,同有关部门密切配合,着重抓了科技、外语人员的调整归队工作。经过普查,全国有用非所学的外语人员大约3.3万多人,闲散在社会上的外语人员约1.28多万人,还有一大批用非所学的科技干部。根据调查了解的情况,各地人事部门制订了调整方案,积极进行了调整工作。到目前为止,全国已调整归队的科技人员有16万多人。上海市人事局对调整、录用外语人员的工作一直抓得较紧,全市已调整使用不当的外语人员412人,占应调整总数的60%,并且录用了社会上闲散的外语人员168人。

安徽、辽宁、天津等省、市还解放思想,打破框框,从刑满释放、劳教期满、留场就业人员中录用了428名技术人才。这些被调整、录用了的科技、外语人员,现在正在自己的岗位上为四化建设出力。

与此同时,各级人事部门积极开展各项人事工作。各地人事部门根据国民经济调整的需要,给四化建设重点部门的新建、扩建单位和农业、科研、政法、教育等部门调配了40万名干部;接收安置了三批军队转业干部和随军家属;和教育部门一起,调配派遣了52万多名大专毕业生。在工资福利方面,各地人事部门抓了干部的退休退职、福利制度改革和工资调整升级工作。为了调动广大干部的积极性,北京市人事局和各地人事部门还解决了一些干部夫妻两地分居的问题。东北、华东的几个省、市的人事部门正在进行调查、登记工作,准备分片开会,集中解决一批可以解决的干部夫妻两地分居的问题。

为了适应新的形势,广大人事干部纷纷深入基层调查研究,发现新情况,解决新问题。浙江、江苏等省在调查中发现,随着国民经济调整工作的开展,集体所有制单位的干部管理问题急待解决。于是,他们经过反复的调查研究,提出了加强集体所有制单位干部管理工作的意见。有些省、市还对退休干部的管理,大、中专毕业生的分配,外语人员和一般行政干部的职称、考核晋升等问题进行了调查研究,初步提出了解决办法。

民进中央和北京市委在北京举行迎春联欢茶话会

九三学社在人民大会堂举行迎春茶会

九三学社主席许德珩在会上讲了话。他希望大家按照邓小平同志关于目前形势和任务的报告中提出的要求,努力保持和发扬艰苦奋斗的创业精神,为建设现代化的社会主义强国而奋斗。他说,九三学社成员都是科学文教、医药卫生、工程技术工作者,肩负着四化建设的重任,在新的一年里,要更快更多地出成果、出人才,立志创新,勇攀高峰,为四化建设作出贡献!

中国科学院云南天文台副台长张柏荣和太阳物理研究室主任丁有济谈日全食的观测以及我国日食观测方面的成就等问题

他们说,世界各国所以十分珍惜日全食,是因为观测这种天象可以为探索太阳的奥秘提供极为有利的条件。例如研究太阳色球和日冕,对于了解太阳和日——地物理现象具有重要意义。日全食时,可以用白光拍摄日冕的照片,能清楚地记录下太阳日冕大气的许多细节形状;可以用摄谱仪把色球和日冕光谱拍摄下来,为人类提供比较准确的许多物理数据。在色球和日冕层,经常发生太阳的耀斑爆发现象,它发射的高速粒子和高能辐射,会引起各种强烈的地球物理效应。日全食也为研究日——地关系提供了好机会。日全食时,射电望远镜可以比较仔细地探明太阳表面上每个黑子群上空磁场结构的特点,可以仔细考察太阳附近天区恒星视位置的微小移动,以及研究地球磁场和引力等的变化。

他们说,1968年9月22日,我国科学工作者曾在新疆地区进行了一次日全食的光学、射电、地磁和电离层的联合观测。那次观测获得了日全食时不同波段的日冕象;获得了很好的日冕凝聚区照片;得出了太阳上射电局部源的各种参数;分析了日全食时的地磁效应;观测了日全食时电离层E层的效应等。

两位天文学研究者认为,2月16日的这次日全食,将在我国云南境内日落前看到,延续时间较短,观测条件是不理想的。但是,这次观测准备工作做得好,观测人员的信心都很足,估计这次观测会达到预期结果的。

深圳至香港长途电话实现半自动拨号

今年年初,深圳市邮电部门从香港引进了一套长途电话半自动拨号电路设备,在香港大东电报局的大力支持协作下,只用了6天时间就成功地安装了10条电路,并于2月11日正式投入使用。现在从深圳市打电话到香港,发话人只要在长途电话营业处挂号后,通过营业员直接拨动香港受话人的电话号码,不用1分钟,即可通话,而且自动计时计费。今年春节期间,深圳长途台的香港电话通话量达6300多人次,超历史最高纪录。

中国医学科学院在北京民族文化宫举行迎春茶话会

《人民日报》发表社论《一定要有计划地控制人口增长》

有计划地控制我国人口的增长,使人口的增长速度同国民经济的发展相适应,是直接关系现代化建设速度和中华民族兴旺发达的一件大事。全党同志、全国人民要高度重视这件大事,为此作出新贡献。

对于计划生育工作,党和政府十分重视,多次发出号召,本报也曾作过论述。现在为什么又重申这个问题呢?这是因为实现四个现代化的宏伟目标,要求我们继续把人口出生率降下来。1949年,我国人口是5.4亿多万,1978年增加到9.7亿多万(包括台湾省)。30年间,人口净增4.2亿多万,自然增长率平均高达20‰。人口增长太快,影响建设资金的积累,妨碍科学文化水平的提高,也不利于人民生活的改善。在20世纪所剩的20年内,如果不大力控制人口的增长,就很难达到我们预定的四个现代化的目标。从我国现有人口的构成来看,我们在这20年中还不可能使人口不增长,只能控制人口出生率,逐步降低自然增长率,争取到2000年时使人口自然增长率降到零,也就是人口不再增加,把总人口稳定在12亿左右。这是根据我国的实际情况提出来的必须做到的战略任务。

为了确保这一战略任务的实现,当务之急,是尽快地把计划生育工作的重点放到提倡一对夫妇生一个孩子的工作上来。我国人口基数大,过去多胎率比重大,所以人口出生率长期降不下来。在现有的总人口中,21岁以下的青少年和儿童占了一半,2000年前,他们当中平均每年有两千万人陆续进入婚姻生育期。今后若干年内,1963年、1964年和60年代后期生育高峰中出生的人口进入婚姻生育期,将再度出现生育高峰。因此,我们从现在起就必须大力提倡一对夫妇生一个孩子。这是降低人口出生率、缓解人口出生高峰的唯一的最好的办法,也是保证2000年时我国人口不增加的根本措施。

提倡一对夫妇生一个孩子,进一步把人口自然增长率降下来,任务是很艰巨的,但是可能实现的。近几年来,在党中央、国务院的关怀下,各级党委切实加强了对计划生育工作的领导,我国人口自然增长率以较快的速度从1971年的23.4‰,降到现在的12‰左右,涌现出像四川、江苏、上海、北京、浙江、河北等一批人口增长率持续下降的省、市。我们有了这些年工作的基础,群众计划生育的自觉性也有了提高。据有关部门的初步统计,全国自愿报名并已领取独生子女证的育龄夫妇已达500多万对,占已有一个孩子的育龄夫妇的29%左右。最近,国务院计划生育领导小组、全国总工会、全国妇联、共青团中央、北京市计划生育领导小组联合召开了婚姻、家庭、计划生育新风尚座谈会,计划生育先进代表的发言生动地说明,广大群众是把生育子女与实现四化、与子孙万代的幸福生活紧密联系在一起的。只要我们把情况如实地告诉大家,把道理讲清楚,更多的群众就会愉快地接受一对夫妇生一个孩子的办法。

当然,在现有的基础上进一步降低人口出生率,工作量比过去大,困难也会更多。这就要求各级党委和人民政府加强领导,把计划生育、控制人口增长的工作提到党和政府的重要议事日程上来,各个群众组织也要花大力去抓。宣传、教育和卫生行政机关有责任采取多种形式,大力宣传计划生育同实现四化的关系,宣传我国控制人口增长的目标和措施,继续破除多子多福、重男轻女的陈腐观念,宣传一对夫妇生一个孩子的好处。希望每一对育龄夫妇,都从实现四化这个大局出发,以生一个孩子为荣。我国8亿人口在农村,要重点抓好农村的计划生育工作。各省、市、自治区制定的计划生育条例或办法,应该继续宣传执行。遇到习惯势力的障碍,不能用简单的行政手段和强迫命令,要通过细致的思想工作和典型示范相结合的办法,积极引导,同时要宣传节育的科学知识,推广多种节育措施,研制高效、安全、简便、经济的避孕药具,做好避孕药具的供应工作。还要培训和考核节育手术人员,提高节育手术质量。为了使更多的群众坚持生一个孩子,要特别注意加强妇幼保健工作,努力做好孕期、产期保健,关心婴幼儿的身心健康,办好托幼组织,做到生一个,壮一个,让独生子女的父母放心。对无子女的老人,要办好社会保险,做到"老有所养"。

少数民族的计划生育工作,应从有利于少数民族的发展出发,对不同地区、不同民族区别对待,不要

"一刀切"。

生育计划、节育措施要落实到人，工作要抓早，抓细，抓实。我们相信，只要全党同志和全国人民共同努力，1980年人口自然增长率是可以控制在10‰以内的。在这个基础上，争取明年降到8‰，1985年降到5‰，以后继续努力，逐步降低到零就有较大的把握了。

2月12日

中共中央副主席李先念等出席在政协礼堂举行的首都医药卫生界茶话会并讲话

中共中央副主席李先念，国务院副总理余秋里、陈慕华到会，并先后讲话。李先念同志和余秋里同志期望医药卫生界的同志们在80年代的头一年里，为人民作出新的更大的贡献；亲切祝贺大家春节愉快，身体健康。

陈慕华同志在茶话会上说，在我国四个现代化的建设中，卫生界的任务是非常繁重的。把社会主义建设大军维持在最好的健康水平上，这就是医药卫生工作者对四化的最直接的贡献。她在谈到要加快中西医结合工作的步伐以后，着重强调了做好计划生育工作，使人的生产和物质资料生产相适应的重要性。她说，我们现在从事计划生育工作的队伍，还不能满足实际需要。为了加强节育技术指导，加强计划生育的宣传，加强妇幼保健，普及节育知识，卫生界必须进一步壮大这支队伍，并认真进行培养训练，不断提高有关人员的业务水平。我们要大力提倡一对夫妇只生一个孩子，就必须更加重视保护孩子们的健康，让他们发育好，成长好。要开展优生学的研究。

卫生部部长钱信忠也在会上讲了话。

出席茶话会的各部门负责人和卫生界知名人士还有：冯文彬、吴庆彤、王伟、马海德、柯麟、贺诚、徐彬如、萨空了、崔月犁、裴丽生、高士其、黄家驷、林巧稚、米勒、傅莱、赵锡武、钟惠澜、薛愚、诸福棠、张孝骞、蔡翘、陈坤惕、辛育龄、郭士魁等。

茶话会是由卫生部、中华医学会、中华全国中医学会、全国政协医药卫生组、农工民主党中央医药卫生工作委员会以及其他几个卫生界的学会联合举办的。

五届全国人大常委会第十三次会议在北京闭会

在全体会议上，委员们听取了国务院副总理薄一波所作的关于设立国务院机械工业委员会议案的说明，通过了《关于县级直接选举工作问题的决定》《关于刑事诉讼法实施问题的决定》，通过了《中华人民共和国学位条例》，通过了《关于中华人民共和国国籍法草案的决议》《关于设立国务院机械工业委员会的决议》，还通过了任免事项。

乌兰夫、彭真、谭震林、赛福鼎、周建人、许德珩、朱蕴山、史良副委员长，出席了会议。最高人民法院院长江华、最高人民检察院检察长黄火青列席了会议。

国务院副总理薄一波在五届全国人大常委会第十三次会议上作设立国务院机械工业委员会议案说明

薄一波副总理说，新中国成立三十年来，我国机械工业从修配到制造，从仿制到自行设计，从制造单机到生产成套设备，发展很快。但是，在发展过程中，也存在不少弱点。主要是这样大的一支力量没有很好组织起来。为了加强对机械工业的统一领导，建议设立国务院机械工业委员会。其主要任务是：在机械工业中更好地贯彻执行调整、改革、整顿、提高的方针，以及有关的经济政策和技术政策，按照专业化和协作相结合的原则，统一规划，合理调整，军民结合，分工协作，把我国的机械工业充分组织起来，搞好产品标准化、系列化、通用化，大力提高机械产品的质量(包括发展新产品、新技术)和成套设备的自给率，以加速我国四个现代化建设的进程。

第五届全国人民代表大会常务委员会第十三次会议决定，为了加强对机械工业的统一领导，设立国务院机械工业委员会。

五届全国人大常委会第十三次会议关于国务院提请全国人大常委会决定任免的名单的决定

一、任命薄一波副总理兼任国务院机械工业委员会主任。

二、任命姬鹏飞副总理兼任国务院秘书长，免去金明的国务院秘书长职务。

三、任命高扬文为煤炭工业部部长，免去肖寒的煤炭工业部部长职务。

四、任命赵辛初为粮食部部长，免去陈国栋的粮食部部长职务。

五、免去张劲夫的国务院财政经济委员会副秘书长职务。

六、任命云北峰为全国人民代表大会民族委员会秘书长。

第五届全国人民代表大会常务委员会关于县级直接选举工作问题的决定

第五届全国人民代表大会常务委员会听取了民政部部长程子华关于全国进行县级直接选举试点情况和今年县级直接选举工作部署的报告。会议认为，为了做好县级直接选举工作，必须认真按照《中华人民共和国全国人民代表大会和地方各级人民代表大会选举法》和《中华人民共和国地方各级人民代表大会和地方各级人民政府组织法》的规定，有准备、有计划、有步骤地进行。决定今年上半年全国各地应继续做好各项准备工作，各省、自治区所属各行政公署、自治州和直辖市应当进一步进行试点，下半年分期分批地全面开展，争取在今冬明春基本完成县级直接选举的任务。

第五届全国人民代表大会常务委员会关于刑事诉讼法实施问题的决定

第五届全国人民代表大会常务委员会根据最高人民检察院、最高人民法院关于刑事诉讼法实施问题的建议，决定：

一、1979年12月31日以前立案尚未判决的刑事案件，仍然依照刑事诉讼法实施以前有关刑事诉讼的政策、法规和办案程序办理。

二、1980年1月1日以后受理的刑事案件，应依照刑事诉讼法的规定办理。如果案件过多，办案人员不足，不能依照刑事诉讼法规定的关于侦查、起诉、一审、二审的期限办理的，在1980年内，可以由省、自治区、直辖市的人民代表大会常务委员会批准延长办案期限。

第五届全国人民代表大会常务委员会关于中华人民共和国国籍法草案的决议

第五届全国人民代表大会常务委员会对国务院提出的《中华人民共和国国籍法（草案）》进行了审议，决定将这一草案印发各省、自治区、直辖市的人民代表大会常务委员会和人民政府征求意见，再审议修改后，提请全国人民代表大会审议。

五届全国人大常委会第十三次会议审议通过《中华人民共和国学位条例》

《中华人民共和国学位条例》，已由中华人民共和国第五届全国人民代表大会常务委员会第十三次会议于1980年2月12日通过，现予公布，自1981年1月1日起施行。

委员长 叶剑英

1980年2月12日

中华人民共和国学位条例

第一条 为了促进我国科学专门人才的成长，促进各门学科学术水平的提高和教育、科学事业的发展，以适应社会主义现代化建设的需要，特制定本条例。

第二条 凡是拥护中国共产党的领导、拥护社会主义制度，具有一定学术水平的公民，都可以按照本条例的规定申请相应的学位。

第三条 学位分学士、硕士、博士三级。

第四条 高等学校本科毕业生，成绩优良，达到下述学术水平者，授予学士学位：

（一）较好地掌握本门学科的基础理论、专门知识和基本技能；

（二）具有从事科学研究工作或担负专门技术工作的初步能力。

第五条 高等学校和科学研究机构的研究生，或具有研究生毕业同等学力的人员，通过硕士学位的课程考试和论文答辩，成绩合格，达到下述学术水平者，授予硕士学位：

（一）在本门学科上掌握坚实的基础理论和系统的专门知识；

（二）具有从事科学研究工作或独立担负专门技术工作的能力。

第六条 高等学校和科学研究机构的研究生，或具有研究生毕业同等学力的人员，通过博士学位的课程考试和论文答辩，成绩合格，达到下述学术水平者，授予博士学位：

（一）在本门学科上掌握坚实宽广的基础理论和系统深入的专门知识；

（二）具有独立从事科学研究工作的能力；

（三）在科学或专门技术上作出创造性的成果。

第七条 国务院设立学位委员会，负责领导全国学位授予工作。学位委员会设主任委员一人，副主任委员和委员若干人。主任委员、副主任委员和委员由国务院任免。

第八条 学士学位，由国务院授权的高等学校授予；硕士学位、博士学位，由国务院授权的高等学校和科学研究机构授予。

授予学位的高等学校和科学研究机构（以下简称学位授予单位）及其可以授予学位的学科名单，由国务院学位委员会提出，经国务院批准公布。

第九条 学位授予单位，应当设立学位评定委员会，并组织有关学科的学位论文答辩委员会。

学位论文答辩委员会必须有外单位的有关专家参加，其组成人员由学位授予单位遴选决定。学位评定委员会组成人员名单由学位授予单位确定，报国务院有关部门和国务院学位委员会备案。

第十条 学位论文答辩委员会负责审查硕士和博士学位论文、组织答辩，就是否授予硕士学位或博士学位作出决议。决议以不记名投票方式，经全体成员三分之二以上通过，报学位评定委员会。

学位评定委员会负责审查通过学士学位获得者的名单；负责对学位论文答辩委员会报请授予硕士学位或博士学位的决议，作出是否批准的决定。决定以不记名投票方式，经全体成员过半数通过。决定授予硕士学位或博士学位的名单，报国务院学位委员会备案。

第十一条 学位授予单位，在学位评定委员会作出授予学位的决议后，发给学位获得者相应的学位证书。

第十二条 非学位授予单位应届毕业的研究生，由原单位推荐，可以就近向学位授予单位申请学位。经学位授予单位审查同意，通过论文答辩，达到本条例规定的学术水平者，授予相应的学位。

第十三条 对于在科学或专门技术上有重要的著作、发明、发现或发展者，经有关专家推荐，学位授予单位同意，可以免除考试，直接参加博士学位论文答辩。对于通过论文答辩者，授予博士学位。

第十四条 对于国内外卓越的学者或著名的社会活动家，经学位授予单位提名，国务院学位委员会批准，可以授予名誉博士学位。

第十五条 在我国学习的外国留学生和从事研究工作的外国学者，可以向学位授予单位申请学位。对于具有本条例规定的学术水平者，授予相应的学位。

第十六条 非学位授予单位和学术团体对于授予学位的决议和决定持有不同意见时，可以向学位授予单位或国务院学位委员会提出异议。学位授予单位和国务院学位委员会应当对提出的异议进行研究和处理。

第十七条 学位授予单位对于已经授予的学位，如发现有舞弊作伪等严重违反本条例规定的情况，经学位评定委员会复议，可以撤销。

第十八条 国务院对于已经批准授予学位的单位，在确认其不能保证所授学位的学术水平时，可以停止或撤销其授予学位的资格。

第十九条 本条例的实施办法，由国务院学位委员会制定，报国务院批准。

第二十条 本条例自1981年1月1日起施行。

第五届全国人民代表大会常务委员会关于设立国务院机械工业委员会的决议

第五届全国人民代表大会常务委员会第十三次会议决定，为了加强对机械工业的统一领导，设立国务院机械工业委员会。

第五届全国人民代表大会常务委员会关于最高人民检察院副检察长秘书长等任命名单

一、最高人民检察院副检察长关山复；

二、最高人民检察院秘书长杨子谦；

三、最高人民检察院检察委员会委员黄火青、喻屏、张苏、王甫、李士英、陈养山、郗占元、关山复、杨子谦、王桂五、江文、侯政、程超明、贺志仁、徐意(女)。

第五届全国人民代表大会常务委员会关于最高人民检察院提请批准任命的名单

山东省人民检察院检察长刘干；四川省人民检察院检察长秦传厚；湖南省人民检察院检察长马纯一；安徽省人民检察院检察长刘廉民；陕西省人民检察院检察长高步林；山西省人民检察院检察长李景文；甘肃省人民检察院检察长王国；广东省人民检察院检察长寇庆延；内蒙古自治区人民检察院检察长韩是今；上海市人民检察院检察长秦昆；北京市人民检察院检察长魏彬；江西省人民检察院检察长陈克光；宁夏回族自治区人民检察院检察长杨生桂；贵州省人民检察院检察长盛北光；云南省人民检察院检察长王立中；湖北省人民检察院检察长房昭义；江苏省人民检察院检察长韦永义；浙江省人民检察院检察长张世祥；福建省人民检察院检察长孙伟；辽宁省人民检察院检察长蔡恩光；黑龙江省人民检察院检察长李兴昌；广西壮族自治区人民检察院检察长张复海；河北省人民检察院检察长孙光瑞。

全国政协在全国政协礼堂举行春节茶话会招待已故历届政协委员和知名人士的亲属

中央统战部部长乌兰夫，政协全国委员会副主席胡子昂、王昆仑，以及有关方面负责人，出席了茶话会。

政协全国委员会副主席康克清在会上讲了话。她说，“每逢佳节倍思亲”。特别是在我国进入了新的历史时期，跨入了大有作为的80年代的第一个春节，我们更加怀念已故的亲人，怀念老战友们、老同志们。饮水思源，我们今天的安定团结，共同进行四化建设的大好局面，是靠党的领导，靠无数先烈和仁人志士抛头颅、洒热血，努力奋斗得来的。在座的同志的亲人中，有的为中华民族的独立、解放，为祖国的繁荣富强奋斗终生；有的为实现国共合作，增进全国人民大团结作过特殊的贡献；有的为我国社会主义革命和社会主义建设出过大力；有的为发展我国科学、文化、教育、卫生等方面的事业作出了显著的成绩。中国人民会永远铭记他们对中华民族、对祖国所作的贡献。这其中，也有你们的辛勤努力，有你们的一份功劳。

康克清同志说：实现四化和完成祖国统一大业，是全民族的根本利益，是全国人民的共同心愿和神圣责任，也是我们亲人的遗愿。在座的同志中，很多人在台湾有亲朋故旧，希望你们用一切机会向他们表达祖国人民怀念台湾同胞的深厚感情，欢迎他们回来探亲、访友、参观，为实现祖国统一大业共同奋斗！

茶话会上，乌兰夫、康克清同志等同出席茶话会的已故历届政协委员和知名人士的夫人和女儿，亲切会见，一一握手，向她们表示节日的问候。

参加茶话会的,有郭翼青(程潜夫人)、罗西欧(蔡廷锴夫人)、傅学文(邵力子夫人)、郭秀仪(黄琪翔夫人)、钟复光(施复亮夫人)、高真(闻一多夫人)、王定国(谢觉哉夫人)、陈兰(邓子恢夫人)、黄葳(欧阳钦夫人)、郁素云(李烛尘夫人)、杨蕴光(刘文辉夫人)、韩咏华(梅贻琦夫人)、陈汲(竺可桢夫人)、王立芬(吴有训夫人)、高君箴(郑振铎夫人)、杨景任(张奚若夫人)、胡絜青(舒舍予夫人)、姜菊缘(熊庆来夫人)、薛文淑(李书城夫人)、廖望月(熊克武夫人)、王乃文(载涛夫人)、李淑贤(溥仪夫人)、果素英(程砚秋夫人)、陈慧琏(马连良夫人)、陈慧(陈叔通的女儿)、柳无非(柳亚子的女儿)、张素我(张治中的女儿)等,共170多人。

国务院侨办全国侨联和北京市侨联在人民大会堂举行首都归国华侨春节联欢会

国务院副总理王震、方毅、姬鹏飞,全国侨联主席庄希泉出席联欢会,并会见了参加联欢的各界知名人士。王震等同志向广大归侨、侨眷和海外侨胞等表示亲切的问候。他们祝愿广大归侨、侨眷和海外侨胞在80年代里,为广泛团结国际朋友、反对霸权主义、维护世界和平,为台湾归回祖国、完成祖国统一大业,为建设伟大的社会主义现代化强国作出新的贡献。

国务院侨务办公室副主任林一心、林修德,全国侨联副主席庄明理、陈宗基,北京市副市长叶子龙、雷洁琼也出席了今天的联欢会。

国家经委号召广大职工打破常规保证完成春节期间工交生产任务

根据国务院指示,国家经委发出号召,要求全国工交部门广大职工春节期间打破常规,确保完成既定的节日生产计划,做到节前不松散,节日不减产,夺取2月份工交生产的新胜利。

会议要求各地工交部门对春节前后的生产安排再一次进行检查落实,同广大职工一道,从五个方面确保春节期间生产、运输任务的完成。

一、各工交部门和各地区经委,要立即落实春节期间组织生产、运输的各项措施,力求严密的按预定计划执行。对可能出现的薄弱环节和漏洞,必须果断地予以加强和补救。

二、加强春节期间生产的领导工作,实行主要领导同志值班的制度。国家经委、国务院工交各部门、各省、市、自治区经委的负责同志,都要轮流值班,指挥生产。值班的领导干部应做到何时找,何时在,及时处理生产、运输和其他有关的问题。

三、春节期间,在全国范围内,电要发足,煤要运够,油要供好,出口装运工作不能削弱。春节期间客运减少,要充分利用这段有利时机抢运支农物资和轻纺物资,突击煤炭、矿产和外贸物资的运输。各有关方面要抓好车船的调度,加强物资装卸,搞好协作。

四、工交系统各企业主管生产和运输的领导干部,要在第一线组织生产,指挥生产,发现问题,就地解决。节日期间从事生产、运输工作的职工们,要坚守岗位,遵守劳动纪律,严格操作,确保安全生产。

五、加强职工和家属的政治思想工作,积极搞好均衡生产。不能把2月份的生产任务推迟到3月份去完成,以避免给一季度的生产造成困难。同时,各级领导要切实关心职工的生活,鼓舞职工的干劲。

文化部在北京举行迎春晚会招待各国驻中国的外交使节和夫人观看中央歌剧舞剧院芭蕾舞团演出的舞剧《鱼美人》

中国人民银行中国造币公司和美国佛芒特州国际硬币与货币公司共同发行奥运会纪念币协议签字仪式在北京饭店举行

协议规定,中国造币公司独家铸造第十三届冬季奥运会和中国奥运会的金、银和铜纪念币,美国佛芒特州国际硬币与货币公司独家在世界范围内经销。

中国造币公司铸造的第十三届冬季奥运会硬币共四个图案,分别是速度滑冰、花样滑冰和高山滑雪、滑雪射击。中国奥运会纪念硬币图案分别为中国古代射箭、足球、马术和摔跤等运动。

卫生部在政协礼堂为马海德等三位医学专家举行欢庆会

卫生部顾问马海德、北京医学院副院长米勒、中国医学科学院医学情报研究所副所长傅莱三位同志,是在30年代分别从美国、德国、奥地利,来到我国的。四十多年来,他们为我国革命和建设事业作出了可贵的贡献。

卫生部部长钱信忠高度赞扬了三位同志的国际主义和共产主义精神。他说,这三位同志不远万里来到中国,并且以对革命事业的忠诚和模范行动,光荣地加入了中国共产党。在我国革命和建设的每一个时期,他们一直为发展我国的医药卫生事业奋斗不懈。同时在发展我国人民与世界各国人民的友好交往中,做了大量工作。他祝愿马海德、米勒、傅莱同志今后继续发扬革命传统,争取更大光荣。并且希望卫生战线的同志们学习他们的革命献身精神,为把我国建成社会主义现代化强国而奋斗。

马海德、米勒和傅莱在欢庆会上分别讲了话。他们回顾了参加革命四十多年的实践,感谢党的深切关怀和爱护。他们表示，要同全国人民一道，为在中国实现四个现代化和医药卫生现代化，继续贡献自己的力量。

柯麟、李资平、苏博一分别代表马海德、米勒、傅莱的所在单位，介绍了他们的经历和事迹，使与会者深受鼓舞和教育。

医药卫生界1200名医务工作者参加了欢庆会。

2月13日

国务院发出《关于拟定长期计划的通知》

国务院决定，从现在起，着手进行1981年至1990年发展国民经济十年规划的制定工作。

党的三中全会已经确定把全国工作的着重点转移到社会主义现代化建设上来。从现在到本世纪末，还有20年的时间。把80年代的经济建设搞好，对于在本世纪内将我国建设成为现代化的社会主义强国，具有决定性的意义。为了使今后十年的经济工作做得更有成效，保证国民经济经过调整以后，能够按比例地、稳步地、较快地发展，必须有一个经过周密平衡的、切合实际的长期计划。

制订发展国民经济的长期计划，是一件十分复杂的事情，要有比较充裕的时间，经过认真的研究，反复平衡。国务院要求各地区、各部门共同努力，在今年内先搞出一个1981年至1990年发展国民经济的十年规划纲要草案。内容包括：经济发展的方向、速度和目标，达到这个目标的基本方针和主要比例关系，各行各业必须采取的技术政策，建设重点和地区布局，工农业生产主要指标，各项事业发展和人民生活改善的设想。这个规划纲要经过党的第十二次全国代表大会讨论通过以后，再广泛发动群众，从公社、企业到县到省、市、自治区和国务院各部门，上下结合，条块结合，在明年进一步制订出一个有分地区、分部门具体指标的十年计划方案，其中1981年至1985年的第六个五年计划还要有分年度的指标。

各地区、各部门在切实抓好当前生产建设的同时，要迅即组织力量，成立一个精干的专门班子，由主要负责同志主持，进行研究制定十年规划的工作。首先要系统地总结社会主义建设正反两方面的经验，全面地分析当前经济的基本状况，科学地估计经过三年调整后的经济形势，然后研究十年规划需要解决的一系列重大问题。比如：(一)我们要在本世纪末实现四个现代化，这个中国式的现代化，包括什么内容，标准是什么？前十年的奋斗目标是什么，要为后十年打下个什么样的基础？(二)速度问题是长期计划中的一个重大问题。怎样从实际出发，根据需要和可能，确定一个合理的速度。怎样保证国民经济在互相协调发展、全面讲求效果的前提下，有一个持续的、较快的增长速度。(三)国民经济各方面的比例关系，包括消费和积累、农业和工业、轻工业和重工业、燃料动力原材料工业和加工工业、军事工业和民用工业、生产和运输、生产和内外贸、沿海和内地、“骨头”和“肉”、经济建设和文化建设等等，应当怎样正确处理？(四)怎样根据我国的具体条件，因地制宜地实现农业的现代化？今后十年的发展重点应当放在哪里？怎样搞好农业的合理布局和专业分工？怎样搞好农工商结合和城乡结合，避免农村人口大量向城市集中。(五)我国的工业已经有了相当基础，对各行各业的生产技术水平要进行分析，作出一个正确的估计。“六五”期间发展的重点，是不是应当放在现有企业的技术改造上？应当采取什么样的技术政策和更有成效地采用、引进先进技术，来实现这个要求。(六)整个经济要有一个大的发展，一个重要问题是解决好能源的开发和合理使用。我们应当采取什么样的能源政策和重大措施？(七)搞建设需要大量的投资，资金怎样积累，各方面的资金怎样统筹使用，国外资金怎样利用和偿还？怎样防止拉长基本建设战线？(八)进行现代化建设，必须把发展科学技术、培养专业人才放在十分重要的地位。要采取一些什么措施，来加快教育和科学事业的发展，包括提高现有职工的科学技术和文化水平。(九)怎样进一步搞好计划生育，有效地控制人口的增长？80年代我国人口将达到10亿以上，怎样广开生产门路，做到广泛就业？怎样适当解决10亿多人口的衣、食、住、用、行和文化、卫生等方面的问题，十年内达到一个什么水平？(十)80年代的国际局势将更加动荡、更加紧张，怎样在加快经济发展的基础上加强国防？(十一)为了更好地按经济规律办事，如何改进价格政策、税收政策、信贷政策？如何改进劳动制度、工资制度、奖励制度？(十二)为了保证计划的科学性和严密性，要研究制订计划的正确方法和程序。先研究这些带有全局性的问题，再研究本地区、本部门的一些问题，在这个基础上再考虑规划的具体指标。在制定长远规划的同时，要研究经济管理体制的改革问题，使两者互相衔接。

国务院确定，在今年3月份召开一次长期计划座谈会，请各地区、各部门主管经济计划工作的主要负责同志，以及一些做经济理论工作的同志、做科学技术工作的同志参加，总结经济建设和计划工作的主要经验，研究上面提出的这些问题，初步拟订出1981年至1990年发展国民经济的目标和重要的方针、政策，并对制定十年规划工作的进度和要求作出具体部署。望各地区、各部门抓紧做好有关准备工作。

《人民日报》发表评论员文章《做好县级直接选举的试点工作》

五届人大二次会议通过的《中华人民共和国全国人民代表大会和地方各级人民代表大会选举法》和《中华人民共和国地方各级人民代表大会和地方各级人民政府组织法》公布以后，各省、市、自治区于去年下半年，先后在六十六个县、自治县、不设区的市、市辖区进行了直接选举试点工作，取得了积极的效果。最近，全国人大常委会又就民政部长程子华同志关于全国进行县级直接选举试点工作情况和今年选举工作部署所作的汇报通过决议，决定在1980年上半年，在全国范围内扩大试点范围，以便取得更多的经验，为下半年分期、分批普遍开展县级直接选举，做好准备工作。

这两个法令是保障全国各族人民行使当家做主权利和加强政权建设的重要法律。它是根据我国宪法的原则和党的十一届三中全会精神，为适应四个现代化建设的需要而制定的。实行县级人民代表大会代表的直接选举，建立县级人大常委会和人民政府，是我国选举制度和地方政权建设的一项重大改革，是改进和完善我国人民代表大会这个根本政治制度的重大措施。它对于加强社会主义民主与法制，健全民主集中制，调动全国各族人民的社会主义积极性，发展安定团结的政治局面，加速四个现代化建设，都具有重要的意义和作用。

选举是各级国家权力机关实行民主集中制的基础。新颁布的选举法把由选民直接选举地方人民代表大会的范围扩大到县一级，意义十分重大。县级(包括县、自治县、不设区的市、市辖区)直接选举，使县级人民代表大会直接掌握在人民手里，再由县级人民代表大会选举县级人民政府和省级人民代表大会的代表，省级人民代表大会选举省级人民政府和全国人民代表大会的代表，这样，9亿人民就可以通过人民代表管理国家大事，掌握自己的、民族的、国家的命运。所以，县级代表的选举，是省级、全国人民代表大会选举的基础，是当前政权建设中的一个重要环节。

根据1979年下半年试点的经验，在县级直接选举中，大体要经过培训干部、宣传群众、划分选区、登记选民、推荐候选人、投票选举代表和召开人民代表大会等步骤。培训干部是选举工作的首要步骤。我国的基层选举十多年没有进行了，新干部缺乏经验，老干部也对选举法增加的新内容不熟悉，特别是林彪、“四人帮”破坏民主选举制度的流毒尚未肃清，致使在试点工作中出现了一些问题。我们必须认真做好干部的培训工作，使干部，特别是县、社的领导干部充分认识实行县级直接选举的重大意义；使干部真正掌握选举法和地方组织法的基本精神和具体规定，明确树立依法办事的思想。通过培训，教育干部摆正主人与公仆之间的关系，充分发扬民主，坚持从群众中来到群众中去的群众路线，使广大人民群众真正感觉到自己是社会主义国家的主人翁。经验证明，只有干部、特别是领导干部的认识提高了，指导思想明确了，选举过程中的其他各个步骤，才能一一做好，整个试点工作才能胜利完成。

县级直接选举，是一项涉及全国各族人民权利的工作，各级党委一定要把它作为一件大事，列入议事日程，切实加强党的领导。法律代表人民的利益，是党的政策的定型化。党在选举中的领导，就是要严格依法办事，按照法律规定进行选举，充分保证人民自由行使选举权利。

民建中央全国工商联和政协全国委员会工商组联合在北京举行新春茶话会

全国人大常委会副委员长、民建中央主任委员胡厥文首先在茶话会上讲话。他说，一年之计在于春。在新的一年里，我们应当更加坚定地在中国共产党的领导下，专心致志，争分夺秒，为四化建设贡献力量。

政协全国委员会副主席、全国工商联主任委员胡子昂在讲话中，表达了工商界对台湾归回祖国、完成祖国统一大业的关切和愿望。他说，我们在大陆的工商界热忱欢迎台湾各界人士，到大陆来参观访问，探亲访友，开展贸易往来，进行文化、技术交流。我们也热望能早日去台湾参观访问，拜会亲友故旧，畅叙阔别之情。他说，面对祖国无限光明的前途，我们应当在有生之年，为国家民族的利益，为子孙后代尽心竭力，争取做祖国统一的功臣。

民建中央副主任委员孙晓村、周士观，全国工商联副主任委员吴雪之、罗叔章、古耕虞、刘念智出席了茶话会。出席茶话会的还有中央统战部副部长张执一，政协全国委员会副秘书长李霄路等。

致公党中央和全国政协华侨组在全国政协礼堂联合举行茶话会共庆新春佳节

致公党中央委员会主席、政协全国委员会华侨组组长黄鼎臣在会上讲了话。他说，在大有作为的80年代，我们归侨、侨眷也是大有可为。我们应当和全国人民一道，为祖国实现四化，为台湾归回祖国贡献力量。在座的同志中，多数人都有亲戚朋友在海外，这使我们能够为祖国实现四化做更多的事情。广大海外侨胞和港澳同胞，具有热爱祖国的光荣传统，对祖国建设事业十分关心，我们应当积极推动海外亲友努力为祖国的建设事业多做贡献。

中央统战部副部长童小鹏、国务院侨办副主任林修德在会上讲话。

台盟总部和台盟北京市支部在北京举行新春敬老茶话会

台湾民主自治同盟总部理事会和台湾民主自治同盟北京市支部，今天上午在台盟总部举行新春敬老茶话会。在京的70岁以上的台湾籍同胞和已故台湾籍同胞的夫人共十多人，在会上亲切交谈，互致节日祝贺，表示要为台湾归回祖国、实现祖国统一的事业贡献力量。

台盟总部副主席田富达在讲话中祝愿大家健康长寿，晚年生活幸福。

台盟总部秘书长徐萌山主持茶话会。中央统战部以及全国政协有关方面负责人也参加了茶话会。

在京台湾籍青年在北京举行春节座谈会表示愿和台湾青年携手完成祖国统一大业

今天举行的在京台湾籍青年春节座谈会上，宣读了首都的台湾籍青年给台湾省青年朋友的一封信。信中希望祖国大陆和台湾的青年"携手并肩，共同为早日实现台湾归回祖国，完成祖国统一大业作出贡献！"

信中还说："今天祖国政府提出在本世纪内实现四个现代化的伟大目标，这是我们全民族的崇高愿望，也是全国青年不可动摇的意志。""为民族的繁荣，为国家的富强，我们必须尽快地结束当前国家分裂的局面。我们国家必须统一。这样，大陆和台湾两地人民和青年的力量就合在一起，建设祖国的力量就更大了。"

首都200名台湾籍青年参加了座谈会。会上，6位台湾籍青年相继发言。他们热情地赞扬祖国社会主义制度的优越、欢迎台湾青年朋友来祖国大陆旅行观光、访亲探友、讲学读书。

全国妇联、共青团中央、台湾民主自治同盟总部、北京市政协、北京市委统战部、共青团北京市委及台盟北京支部负责人林丽韫、胡启立、田富达等出席了座谈会。

国务院宗教事务局在民族文化宫举行春节茶会

茶会由国务院宗教事务局局长肖贤法主持。有关方面负责人杨静仁、张执一、李贵、熊向晖、方知达、彭友今、江平出席了茶会。

乌兰夫同志首先向大家致节日祝贺。他在讲述了80年代的形势和任务，回顾了一年来统战工作的成绩后说，粉碎"四人帮"后，在宗教工作方面，党和政府重申了宗教信仰自由政策，并采取了一系列措施，使宗教界的一些冤假错案得到了平反；对宗教界人士的政策正在逐步落实；恢复了基督教三自爱国运动委员会、天主教爱国组织和道教协会的活动，加强了中国佛教协会和中国伊斯兰教协会的机构与工作，各地还先后开放了一些寺庙、教堂、解决信教群众的宗教活动场所。与此同时，各宗教团体还开展了一些对外友好活动。通过以上工作，密切了党和政府与宗教界人士以及信教群众之间的联系，加强了团结，从而调动了他们建设社会主义的积极性，维护和发展了我国安定团结的政治局面，促进了国际反霸统一战线，在国内外各方面起到了良好作用。今后，我们还要帮助和推动宗教事务部门和有关方面采取有效措施，坚定不移地使党的政策进一步得到落实。

著名佛教人士班禅额尔德尼·确吉坚赞、中国佛教协会代会长赵朴初、中国伊斯兰教协会主任包尔汉、中国基督教三自爱国运动委员会副主席丁光训主教、中国天主教爱国会副秘书长杨高坚主教、北京市伊斯兰教协会主任安士伟阿訇、天主教北京教区傅铁山主教、基督教殷继增牧师先后发言。

中国道教协会负责人王伟业也出席了今天的茶会。

国务院副总理姬鹏飞在北京会见孟加拉人民共和国新任驻中国特命全权大使礼萨·卡里姆

中国驻联合国大使俞沛文在联合国人权委员会上强烈谴责苏联武装入侵阿富汗

俞沛文说，在苏联的武装侵略和军事占领下，阿富汗的国家主权、国家统一和领土完整受到粗暴蹂躏，阿富汗人民的生命、自由、人身安全和民族尊严遭到严重侵害。奋起反抗苏军占领的广大阿富汗人民群众，遭到了苏联军队的血腥镇压。手无寸铁的平民也惨遭镇压。50万阿富汗男女老幼，被迫沦为饥寒交迫的难民。这是苏联继越南一年来大规模驱赶印支难民后，制造的又一出人间惨剧。

俞沛文在发言中说："在这几天的人权委员会会议上，许多国家代表仗义执言，对苏联的侵略进行了强烈的谴责。"

俞沛文说，现实使人们清楚地看到苏联全球战略的侵略性和冒险性，同时也看清楚它鼓吹"缓和"、"尊重基本人权"等等的虚伪性。

俞沛文最后说："第六届紧急联大决议要求苏联停止侵略，立即从阿富汗全部撤军，本届人权会有责任为该决议的切实执行采取行动。"

国务院副总理王震等在北京参加为国防尖端事业科技人员举行的茶话会

在京的400多位为国防尖端科技事业作出突出成绩的科学家、教授、总工程师及部分科技人员，今天下午举行茶话会，欢庆80年代第一个新春佳节。他们互相勉励，决心为发展我国的国防尖端科研事业作出更大贡献。

党和国家领导人王震、方毅、耿飚，中国人民解放军副总参谋长、国防科委主任张爱萍出席茶话会，并讲了话。他们回顾我国国防尖端事业已取得的成就，热烈赞扬科技人员发扬艰苦创业精神，在导弹、核武器研制、试验、生产方面所做的巨大努力，希望大家再接再厉，奋发图强，充分发挥自己的聪明才智，争取新的胜利。

出席茶话会的专家、教授、工程技术人员纷纷讲话，热情洋溢地表示，决不辜负党和人民的期望，一定团结协作，总结经验，在大有作为的80年代，为加速国防尖端事业的发展，促进四化建设作出新的成绩。

茶话会由国防科委政委李耀文主持，到会的还有中共北京市委书记、北京市副市长王纯和国防工业有关部门的负责同志。

会上，国防科委政治部文工团演出了精彩的文艺节目。

国务院科技干部局在全国政协礼堂举行新春茶话会招待新中国成立后派出的留学生代表

国务院科技干部局负责人艾大炎在讲话中指出，新中国成立以来派出的留学生都是经过严格认真选拔的青年学生和在职干部。他们在国外期间，大都勤奋学习，成绩优异，回国后为社会主义建设事业作出了有益的贡献。在当前的四化建设中，他们仍然是一支承上启下、攀登科学高峰的骨干力量。

茶话会上，还宣读了中共中央组织部、国家科委批转的国务院科技干部局的一个通知。通知说，对新中国成立以来派出的留学生在“文化大革命”中遭受的诬陷、迫害和由此造成的冤假错案要彻底平反，遗留问题要妥善解决。今后，对他们在政治上要充分信任，工作上要合理安排使用；要承认他们在国外获得的学术称号，在国内授予相应的技术职称；还应该妥善地解决工资等遗留问题，关心并注意改善他们的物质生活和物质待遇。

国家科委副主任武衡出席茶话会并讲话。留学生代表在发言中表示，在祖国实现四化的新长征中，要继续勇挑重担，作出更大的贡献。

中国科学院所属各单位今年将有350多个专业招生

《人民日报》报道，中国科学院所属66个研究所和中国科技大学、浙江大学等四所院属大学，共350多个专业，今年将招收研究生。

今年科学院各单位招收研究生的积极性很高，招生分布的地区比去年广，除北京地区中国科技大学研究生院及各研究所外，还有上海、南京、广州、昆明、西安、兰州、成都、沈阳、长春、武汉分院各研究单位，都将招收研究生。生物学方面，包括生物物理、遗传、植物、生理等专业，有11个单位招生；物理、数学、天文有13个单位招生；化学有11个单位招生；地学有12个单位招生；新技术方面，其中包括电子计算机、光学、精密机械、光学仪器、半导体、能源等；地震专业方面，今年也有3个单位招生。

2月14日

李先念等党和国家领导人在人民大会堂与各兄弟民族群众欢度新春佳节并接见部分少数民族先进工作者和劳模

党和国家领导人李先念、乌兰夫、余秋里、赛福鼎、谭震林、阿沛·阿旺晋美、许德珩、胡厥文、朱蕴山、史良，政协全国委员会副主席杨静仁、班禅额尔德尼·确吉坚赞以及最高人民法院院长江华，最高人民检察院检察长黄火青等出席了联欢会，同各兄弟民族群众一起欢度新春佳节，祝贺大家节日愉快。

参加联欢会的，还有全国人大常委会、政协全国委员会、中央统战部、国家民委、北京市民委和其他有关方面的负责人。

联欢会是由全国人民代表大会民族委员会、国家民委、北京市民委联合主办的。

国务院副总理王震参加在政协礼堂举行的中国作家协会迎春茶话会

王震副总理在迎春茶话会上，衷心祝愿作家们在大有作为的80年代有更多更好的作品问世，为教育全国人民、鼓舞人民同心同德搞四化，作出更大贡献。

茶话会在政协礼堂举行。中国作家协会副主席丁玲、冯至、艾青、刘白羽、沙汀、李季、陈荒煤、贺敬之，文化部副部长刘复之、周而复，以及在北京的作家、文学工作者五百多人出席了茶话会。会上，大家畅谈创作和深入生活方面的情况和体会，共勉在新的长征路上，把最好的精神食粮贡献给人民。

中国文联主席周扬即席讲话。他说，在80年代里，希望中国文联和各个协会，都要努力创造一种创作上自由讨论的民主空气。为推动文艺创作健康而蓬勃的发展，要加强对马克思主义文艺理论和美学问题的研究。他建议文艺理论家们自由结合，成立这方面的研究组织。

全国人大常委会副委员长彭真请茶话会主持人李季转达他对作家们的新春祝贺。

国务院办公室在国务院会议厅举行春节招待会招待国务院参事中央文史研究馆馆员

国务院副总理王震、国务院副总理兼国务院秘书长姬鹏飞,同出席招待会的国务院办公室副主任兼参事室主任刘毅以及其他与会的参事、馆员一一握手,向他们表示节日的问候,赞扬他们在过去一年取得的成绩,希望他们在新的一年里,不仅自己做四化的促进派,也要促进自己的儿孙们为四化建设和完成祖国统一大业作出新贡献。

有关方面负责人吴庆彤、郑思远、李步新、方知达、蔡啸等出席了招待会。

《人民日报》发表评论员文章《坚定不移地贯彻执行党的政治路线》

在80年代,在今后一个相当长的历史时期,我们党的根本任务,就是团结全国各族人民,调动一切积极因素,同心同德,鼓足干劲,力争上游,多快好省地建设现代化的社会主义强国。这个根本任务,也可以说,就是党的政治路线,全党同志,全国人民,一定要坚定不移地贯彻执行,毫不动摇地贯彻始终。

本来,这个政治路线的基本点,毛泽东同志、周恩来同志早就提出来了。在新中国成立初期到第一个五年计划期间,按照党的七届二中全会的决议,我们一直是把生产建设作为一切工作的中心,党的其他工作都围绕这个中心进行。尽管当时国际国内阶级斗争尖锐复杂,社会主义改造任务艰巨繁重,并没有妨碍我们紧紧抓住这个中心。只是由于对阶级斗争和党内斗争的形势几度作出错误的估计,我们没有能够始终如一地坚持这样的政治路线,牢牢抓住经济建设这个中心不放。特别是林彪、“四人帮”和那个顾问多年的干扰破坏,大批所谓修正主义的“唯生产力论”,更把这个问题完全颠倒了。现在,我们党终于在这个根本问题上澄清了是非,把建设现代化的社会主义强国确定为奋斗目标,确定为根本任务。这是拨乱反正的一个重大胜利。它表明我们党的政治路线重新回到马列主义、毛泽东思想的轨道上来,毛泽东同志主持制定的鼓足干劲,力争上游,多快好省地建设社会主义的总路线得到了继承和发展。

政治路线是党的生命线。在我们党的历史上,政治路线对党的事业的发展从来是起决定作用的。政治路线正确,党员拥护,群众拥护,党的事业就兴旺发达。政治路线错了,党员不拥护,群众不拥护,党的事业就受挫失败。我们现在有了正确的政治路线。这条政治路线反映了无产阶级革命和无产阶级专政的历史要求,体现了革命先烈的遗志,集中了全体党员和全国人民的愿望。把这条政治路线坚定不移地贯彻下去,社会主义的优越性就能够充分地发挥出来。我们社会主义社会优越于一切剥削阶级占统治地位的社会,一个重要方面是我们有共同的利益。全国人民,这一部分与那一部分之间,人民与党、政府、军队之间,基本的利益是一致的。人民内部当然也有矛盾,但这种矛盾是在人民利益根本一致的基础上的矛盾。不但今天大家利害相同,休戚与共,而且对将来利益的追求也是一致的。这就决定了我们有共同的理想,而这个理想的实现具有必然性,因而就有共同的信念和信心。这种共同利益、共同理想、共同信念的结晶,就是我们党的马克思主义的政治路线。这也就是这条政治路线的强大威力之所在。我们完全应当和能够把全国人民的智慧、力量都动员组织到执行党的政治路线上来,变成巨大的物质力量,使我们的四化事业得到更快的发展。

30年来,我们的社会主义建设事业取得了伟大的成就,但也曾几经周折,走过一条曲折的道路,其所以如此,是同我们没有坚持正确的政治路线有关的,是同我们自己反复折腾,几番背离经济建设这个中心分不开的。经济的发展,需要有一个循序前进的连续过程,经不起冲击和折腾。一次大的折腾,往往需要几年时间才能恢复过来,更不用说林彪、“四人帮”这种毁灭性地破坏了。如果没有这一次又一次的折腾,我们的经济即使是平平稳稳地向前发展,还不用说有雄心壮志地干,鼓足干劲、力争上游、多快好省地干,今天我们的经济状况就会大不一样。有了30年正反两个方面的经验教训,今后我们一定要专心致志、聚精会神地按照党的政治路线指引的方向干下去。除非发生了侵略我国的大规模战争,我们就要不受任何干扰地坚持下去。就是发生了这种战争,我们打完了仗以后还是要继续干,重新干。每一个革命干部,每一个共产党员、共青团员,每一个爱国人士,都要把这个雄心壮志牢固地树立起来,不建成现代化的社会主义强国誓不罢休。在这个问题上,就是要扭着不放,顽强地坚持到底,再也不允许偏离党的政治路线,再也不允许乱折腾了。

党的三中全会以来,全党工作的着重点转移到社会主义现代化建设上来,党的政治路线得到广大干部和群众的坚决拥护,一年多来形势的发展是很好的。为了更加有力地贯彻执行党的政治路线,我们要进一步批判林彪、“四人帮”的极左路线。这条极左路线横行十年,流毒很深,不可低估。至今还有一些同志未能摆脱它的影响,对党的政治路线表现出一种动动摇摇、犹豫观望的精神状态。还有极少数顽固坚持林彪、“四人帮”反动思想体系的人,对党的政治路线和各项方针政策心怀不满,肆意攻击诋毁。他们非难党的政治路线的论调,不是别的,还是林彪、“四人帮”挥舞了多少年的大棒,即所谓的“阶级斗争熄灭论”、“唯生产力论”,等等。这都是些胡说。我们什么时候也没有主张过“阶级斗争熄灭论”,只是宣布再不应该进行大规模的急风暴雨式的群众阶级斗争,不应当搞阶级斗争扩大化。这是对我国阶级状况进行实事求是的估量,得来的正确结论。阶级斗争已经不是目前我国社会的主要矛盾,把目前很低的生产力水平迅速提高到现代化水平,才是现阶段所要解决的主要矛盾。我们的根本任务早就应当由解放生产力变为在新的生产关系下面保护和发展生产力。今后的阶级斗争完全应当围绕着社会主义现代化建设这个中心,并为这个中心工作服务。在这个问题上,党中央的决策是非常坚决的,再也不能有任何疑虑和动摇。经受了多年折腾、吃了很多苦的人民群众,也不允许再走回头路了。

另一方面,也要注意来自右的方面的干扰。例如,去年“西单墙”上的许多东西,就反映了一种右的社会思潮。有些人以为社会主义不如资本主义,要想改变我们国家的政治方向。他们追求现代化,但是不要社会主义,以为这样能发展得更快。这是完全错误的。中国人民积六十年的经验得到一条不可动摇的真理:只有社会主义才能救中国,别的道路早已证明是行不通的。有些同志分不清什么是林彪、“四人帮”鼓吹的普遍贫穷的假社会主义,什么是马克思主义的科学社会主义。他们不满林彪、“四人帮”的假社会主义,却动摇了对科学社会主义的信念。我们要耐心对他们进行帮助和教育。对极少数蓄意反对社会主义制度,反对共产党的领导,反对无产阶级专政,制造动乱的人,要依法加以惩处。这对于保证我们党的政治路线的贯彻执行,是完全必要的。

党的政治路线的贯彻实现,要靠全党同志齐心协力,全国人民齐心协力。我们认清了目标,就要齐心来干,鼓足劲地干。当前,困难和问题确实不少。林彪、“四人帮”种下的恶果,造成的创伤,留下的疙瘩,不可能一下子完全消除。在复杂的经济调整中,不可避免地还会出现新的矛盾和问题。越是在这样的情况下,越是需要大家同心同德,在执行党的政治路线上团结一致,互相支持。同志之间,部门之间,工作中有不同的意见,这是正常现象,应该反复讨论,取长补短,通力协作,和衷共济,而不应该妨碍我们同心同德搞四化。建设现代化的社会主义强国,是中国人民的最大利益。一切有觉悟的同志,都要把自己的思想和精力用到执行党的政治路线上。

建设现代化的社会主义强国,任务是多方面的,各项任务有相互依存的关系,不能顾此失彼,但主要目标是四个现代化,核心是经济建设,这是必须十分明确的。去年一年,我们的工作任务的确很多,不少地方上半年揭批查的群众运动还没有结束,落实政策的工作量很大,这些都牵扯了很大的领导精力,影响了工作着重点的迅速转移。做好这许多工作是很必要的,是为集中精力搞四化创造条件的。这些工作也还没有完全搞完,还需要善始善终地搞到底。其他各项工作,例如教育、文化、政法等等方面,今后要有所加强。根据我们党的历史经验,只要思想明确,善于弹钢琴,是能够紧紧抓住中心的,各项工作是可以围绕中心进行的。我们决不能再借口别的工作忙,而不把领导精力高度地集中到四化建设,集中到经济建设上面来了。

党的政治路线是照耀一切工作的灯塔。它规定了全党工作总的方向,需要认真地贯彻到各级党委、各条战线、各行各业的实际工作中去,成为广大党员、干部和群众自己的行动路线。达到这个要求,需要用这样的标准来衡量,即是不是较快地适应了四个现代化;是不是紧紧地围绕着四个现代化;是不是认真地服务于四个现代化;是不是坚决地服从于四个现代化。拿这个标准来衡量,我们许多部门的工作还需要有大的改进。任何一个部门都不能脱离党的政治路线去工作,否则,你干你的,我干我的,都搞自己的一套东西,而不能集中到总的目标上,那就把党的政治路线架空了。

党中央领导我们实现党的政治路线的决心之大,是有目共睹的。只要我们认真记取30年来几经波折的经验教训,以更高的觉悟和坚定性坚持党的政治路线,坚决排除来自“左”的和右的两方面的干扰,努力把它贯彻到一切实际工作中去,建设四化的伟大事业必然取得胜利。

民革中央和民革北京市委在北京吉祥戏院举行春节联欢会

全国人大常委会副委员长、民革中央主席朱蕴山出席了联欢会。政协全国委员会副主席、民革中央副主席王昆仑在联欢会上讲了话。他说,我们高高兴兴地送走了调整国民经济卓有成效的1979年,满怀信心地迎来了大有作为的80年代的第一年。我们民革同志一定要和全国人民一道,以更高的革命和爱国的热情,作四化的促进派,作争取台湾归回祖国、完成祖国统一大业的促进派。

联欢会上,北京京剧院演出了传统京剧节目。演出前,老先生们握手相贺,亲切叙谈,表达他们新春的快乐和对台湾故友、同胞的怀念。民革中央副主席屈武、朱学范、刘仲容、钱昌照、郑洞国、甘祠森、吴茂荪等出席了联欢会。

邮电部部长王子纲在中央统战部和邮电部联合举办的春节茶会上重申愿与台湾邮电同行进行通邮通电商谈

茶会在人民大会堂举办,由中央统战部副部长童小鹏主持。有关方面负责人罗青长、朱学范、平杰三、方知达、彭友今、朱春和、成安玉、罗淑珍、李临川、阎晓峰、侯德原，邮电部门的一些老前辈、劳动模范、先进工作者，近百人出席了茶会。

王子纲在茶会上重申："我们愿意在任何时间和任何地点，与台湾邮电部门进行通邮通电商谈，尽快建立直接的邮电通信联系，并为通邮通电提供一切方便。"

王子纲在讲话中，首先向台湾的邮电同行们以及台湾的骨肉同胞们，致以亲切的问候和节日的祝贺。他说，台湾是我们伟大祖国神圣领土的一部分，自古以来，台湾与大陆山水相连，骨肉相关，海峡两岸的人民都是相望相依，连为一体的。30年来，台湾与大陆人为分离，隔海相望，亲人不能团聚，信息不能传递，文化科学不能交流，这是非常令人痛心和遗憾的。台湾归回祖国、实现祖国的统一大业，祖国大陆和台湾的邮电工作者，负有共同的光荣任务。祖国大陆和台湾的邮电工作者，在过去的各个历史时期，都曾经与祖国共命运，与人民同呼吸，在争取民族独立和国家富强的长期奋斗中，作出过很大的贡献。我相信，台湾的邮电同行，在80年代中，一定能够肩负祖国的重托，实现人民的希望。也希望港澳同胞，海外侨胞同我们一起共同促成通邮通电的实现。爱国一家，同行相助。让我们携起手来，尽快打破30年来海天远隔，音讯断绝的局面，共同为海峡两岸的千家万户传佳音，让骨肉同胞天涯海角紧相连，为台湾归回祖国、完成祖国统一的大业贡献力量。一些在新中国成立前就从事邮电工作的老邮电工作者纷纷发言，表达他们对台湾同事和老友的怀念之情，叙述他们切望祖国大陆与台湾早日实现通邮通电的愿望。全国总工会副主席、民革中央副主席朱学范还即席朗诵了一首短诗："风云沧海托同根，一水相间骨肉亲。若得天涯相问讯，全凭传信绿衣人。"

《人民日报》发表评论员文章《促进科学专门人才成长的重大措施》

五届全国人大常委会第十三次会议通过了《中华人民共和国学位条例》，这是发展我国教育和科学事业的一项重要立法，也是我国教育界和科学界盼望已久的一件大事。

学位与文凭互相补充，是反映高等教育各个阶段所达到的不同学术水平的称号，是评价学术水平的一种尺度，也是衡量高等教育质量的一种标志。新中国成立以来，我们曾进行过两次拟订学位条例的工作。粉碎"四人帮"以后，经过一系列拨乱反正工作，现在着手建立学位制度的条件已经成熟。它将激励人们的学术进取心，促进科学专门人才的成长，有利于提高我国的学术水平和教育质量，也有利于促进中外学术交流。

实行学位制度，是一件严肃的事情，必须坚持标准，保证质量。对各级学位学术水平的要求，应该反映在基础理论、专门知识、科学研究能力和科学研究成果等几个方面。既要重视学位论文和科学研究成果的评定，又要重视基础理论知识和专门知识的考核。授予学位的中心环节是考核、评定工作。要依照学位条例的规定，认真建立学位评定委员会和有关学科的学位论文答辩委员会，充分发挥专家的作用。

实行学位制度，高等学校和科学研究机构负有重要责任。实行了学位制度，国家对大学生和研究生的质量要求更高了。高等学校和科学研究机构需要采取有力措施，千方百计地提高大学生和研究生的质量，逐步使他们中的大多数人能够分别达到各级学位应具有的水平，为国家多出人才，快出人才。经国务院授权授予学位的高等学校和科学研究机构，不仅要搞好本单位人员的学位授予工作，还要负责外单位申请学位人员的考核评定工作。这是自己的光荣，又是义不容辞的责任，一定要认真抓好。

实行学位制度，在学术上为广大热爱科学的中青年指出了努力目标。目前正在就学的大学生和研究生，国家已为他们提供了较好的学习条件，应该珍惜这个机会，扎扎实实地打好基础，不断提高自己的水平和能力，争取优异成绩，努力达到各级学位的要求。教育、科研、文化、工业交通、农林卫生、财经政法等部门中，有不少人虽然没有经过研究生阶段的学习，但通过长期的工作实践和刻苦自学，已作出优异成绩，达到了较高的学术水平。这些同志在做好本职工作的前提下，可以根据自己的条件，争取获得硕士或博士学位。

我们是社会主义国家，对我国公民获得学位应该坚持一定的政治标准，以鼓励他们坚持又红又专的方向。这个政治标准在学位条例中已有规定，即拥护中国共产党的领导、拥护社会主义制度。在执行过程中，既不能降低这个标准，又不应附加其他条件。为了鼓励人们争取学位和正确对待学位，我们要把思想政治工作做得更细致、更扎实。

学位授予工作，政策性强，学术性强，涉及面广，工作量大，我们又缺乏经验。全国人大常委会决定，学位条例从1981年1月1日起施行。从现在起，各有关部门和高等学校、科学研究机构就应该抓紧时间做好准备工作。各级党委和有关部门、有关单位的党组织，要加强对这项工作的领导。我们相信，实行学位制度，将在我国造成一种尊重科学，尊重学有成就的知识分子的社会新风尚，将会激励人们奋发上进，促进我国四个现代化建设事业。

全国人大常委会副委员长乌兰夫接受卢旺达共和国新任驻中国大使西尔韦斯特·卡马利递交的国书

中国驻美国大使柴泽民在华盛顿出席讨论美中贸易的会议上希望美国继续消除贸易中的某些障碍

在谈到中美两国的贸易和经济关系时，柴大使说："两国建交后的第一年，我们两国政府之间的贸易经济往来活动大为加强，在此情况下，两国贸易也得到迅速的发展。"

他在谈到外国在中国的投资问题时引用谷牧副总理的话说："我国将充分保证外国合营者的合法权益；他们在我国投资所得的收益，将不会低于在其他国家投资的收益，我们还将创造良好的条件，使他们的经营管理经验和技术专长得到充分的发挥。"

他在讲话中还表示希望美国政府和工商界人士将继续采取积极的态度，进一步消除两国贸易中还存在的某些障碍，使两国贸易按照平等互利的原则，逐步缩小中国方面的逆差，以促进两国贸易更大规模的发展，为建立持久和牢固的贸易经济合作打下物质基础。

柴泽民大使强调说："国际经济贸易合作交流，要求有一个和平、安全的国际环境。但是在当前，我们这个星球上充满着各种动乱的危机。"他说："喀布尔上空的隆隆炮声，彻底地暴露了苏联霸权主义的侵略性、冒险性和疯狂性，再一次证明了苏联是危险的战争策源地。""反对霸权主义、维护世界和平是我们两国人民的根本利益所在，也是我们两国经济贸易界的共同愿望。"

美中贸易全国委员会理事长菲利普斯也在会上讲了话。他说："我认为，20世纪80年代将是美国获得与中国贸易良好时机的新时代。"

中国全部释放侵犯中国领海被扣的越南军事人员

中国方面今天上午全部释放了上士船长范明雄等24名侵犯中国领海而被扣留的越南军事人员，让他们回家同亲人团聚，欢度春节。

释放以前，中华人民共和国友谊关边防检查站与越南红十字会代表在友谊关至越南同登公路零公里处进行了会晤，就有关交接事项达成协议。

这批越南军事人员是1979年4月10日驾驶三艘武装船只侵入我国西沙群岛海区侦察挑衅，在距岛岸500至700米处被我海军部队扣留的。船上配有火箭筒、机枪、冲锋枪等作战武器。他们被扣留后承认他们是隶属越军第五军区的，"侵犯了中国领海"，"是对中国人民有罪的"。

2月15日

《人民日报》转载《陕西日报》特约评论员文章《共产党人必须诚实》(有删改)

诚实，就是要讲真话，反对说假话。共产党人说话要有根据，批评要尊重事实。在政治生活中，是就是是，非就是非，决不模棱两可，丧失原则。在经济工作和其他工作中，有几分成绩和缺点，就说几分成绩和缺点，决不夸大或缩小。尊重客观事实，说真话，这本来是一个起码的道德准则，但是，林彪、"四人帮" 却鼓吹什么"不说假话不能成大事" 等谬论。在他们的煽动和威胁下，假话丛生，是非混淆，严重地腐蚀和毒害了人们的心灵。

诚实，就是说了要干，说到做到，反对言行不一。我们民族有一个优良传统，就是讲信用，把背信弃义的人，看作没有道德的"小人"，尽管在这些人中，有的官高禄厚，声势显赫，群众对他们并不买账，常常嗤之以鼻。我们党之所以在群众中享有崇高威望，不仅因为有正确的政治路线和方针、政策，而且说话算数，言行一致，我们的党员能以身作则，在一切工作中，起模范带头作用。

诚实，就是表里如一，不搞两面派，反对玩弄阴谋和权术。在同志之间，应当开诚布公，互相交心，有意见摆到桌面上谈。有些看法一时统一不了，也无妨求同存异，通过实践检验，逐步统一认识。同志之间，上下级之间，要互相信赖，互相支持，互相谅解。不要互相猜疑，互相戒备，互相拆台，更不许当面说得好听，背后却在搞鬼。

诚实，就是要有批评和自我批评的勇气，反对文过饰非。有些人不愿讲，也不让别人讲自己的缺点错误，好像工作中的问题，思想作风上的毛病，只要采取不承认主义，就不存在了。这是一种鸵鸟政策。文过饰非，一害人民，二害自己。能够承认并改正错误的人，才会得到群众的信任和拥护。

诚实之风，过去在我们党内一直良好地保持着，并且深刻影响着社会风气。现在一谈起革命战争时期和解放初期那种忠诚淳朴的党风和民风，人们都悠然神往。但是，这种良好风气遭到林彪、"四人帮" 的严重破坏。他们为了达到篡党夺权的目的，竭力欺上瞒下，颠倒是非，借以打击坚持原则、敢于讲真话的群众和干部，特别是打击老一辈无产阶级革命家。他们利用人们不明真相，利用"大字报" 和其他舆论工具，进行一夸大、二歪曲、三捏造的政治陷害，并用同样的手段为自己涂脂抹粉、文过饰非。正是这种拼命造假的恶劣作风，在人们中造成了一个极坏的印象：似乎讲大话、空话、假话的人，才是“路线觉悟高”，“革命性强”，“工作成绩大”；而那些勤勤恳恳、踏踏实实工作的同志，却是“只拉车不看路”的所谓“唯生产力论者”，那些敢于坚持真理、敢于讲真话的同志，却是“否定大好形势”的“反党分子”，等等。这样，就使一些巧言令色之徒得逞其能，使一些青少年深受其害，使许多好同志，慑于他们的淫威，噤若寒蝉，甚至不得不违心地讲自己不愿讲的话。

当然，不说真话的不良风气，不是一朝一夕形成的，这同我们在一个时期内的“左”倾思潮有关。比如：在经济工作中，盲目追求高指标，逼出了浮夸风和瞎指挥；在社会改革中，急于求成，引起了共产风；特别是在政治运动中，不能正确对待不同意见，把出于好心的批评，视为别有用心的攻击，动辄就剥夺了一个革命者为党、为人民工作的权利。政治生活的不正常，使好多同志蒙受不白之冤，很多人就望而生畏，不敢讲真话了。

一个党，必须具有一种正确和优良的精神力量，才能团结一致，奋发有为。诚实就是一种好的精神力量。它可以使人们坦率交心，相互信任，增强革命团结；它有助于按照客观事物的本来面目去认识客观事物，制订出合乎实际的工作方案；它能够消除人们的后顾之忧，集中精力，专心致志地搞工作。总之，诚实之风，可以增长克服困难的勇气，增强夺取胜利的信心。

健康的社会风气的恢复和发扬是很不容易的。正像恩格斯所说：任何一种意识一经产生，便作为某种独立的东西与现实相对立而存在，它并不随着产生的条件消亡而马上消亡，特别是“道德影响、因袭的观点和思想方式”，还会保存很久。事实正是如此。粉碎“四人帮”三年多了，说假话的风气尚未扫尽。这不仅因为极少数人在林彪、“四人帮”横行时期说假话得了利，总认为这一套还吃得开，可以邀功请赏。还因为有一部分人，至今心有余悸，他们虽然不满意林彪、“四人帮”那一套手法，但却被打怕了，还要看一看。有一部分人对林彪、“四人帮”那一套，习以为常，一时也不易改正过来。加上我们工作中存在某些官僚主义，上面下达任务不切合实际，下面不得不讲假话来应付，或者由于工作不深入，把假话当真话，自己受了骗又不自觉地去骗别人。这些，都妨碍着诚实之风的恢复和发扬。

林彪、“四人帮”把许多人的思想搞乱了，把社会风气搞坏了。我们必须彻底肃清林彪、“四人帮”的流毒，克服与诚实相对立的各种错误思想和倾向。只有这样，才能把社会风气彻底纠正过来。

改变一种社会风气，要有舆论的力量。但是光靠舆论还不够，需要有切实的措施和具体的行动。

现在，群众最反感的是：“说假话的升官，说真话的受批判”。我们要从根本上改变这种被林彪、“四人帮”颠倒了的关系，彻底纠正是非不清、功过不分、赏罚不明的现象。要从制度上和实际工作上树立一个明确的是非标准，对于讲实话、办实事的人，给予表扬和奖励，有突出才能和贡献的，可以越级提拔。对于弄虚作假的人，要进行批评教育，造成不良后果的，要追究责任，问题严重的要给以必要的处分。一定要使诚实这种美德，不仅在舆论上受到赞扬，而且在实际工作和日常生活中受到支持和尊重。现在有些人好写诬告信，甚至制造流言蜚语，搞谣言攻势。这是利用大字报搞诬陷在新情况下的变种。我们一方面要坚持“三不主义”，创造一个使大家敢于讲真话的良好环境，一方面要严肃法纪，诬告的要反坐，严重的要负刑事责任。制裁诬陷者也是提倡人们讲真话、保障人民民主权利的一项不可缺少的措施。我们还应当提倡那种敢于承认并改正错误的诚实作风。对于勇于进行自我批评的人，即使工作中有缺点、错误，也可以既往不咎，并且给予表扬。从自我批评中寻找整人的材料，是林彪、“四人帮”惯用的破坏党内外诚实风气的阴谋手段，这种流毒必须坚决肃清。

在纠正不正之风的时候，我们要特别注重领导机关、领导者以身作则的表率作用。常言说“上梁不正下梁歪”，“上有所好，下必甚焉”，是值得我们注意的。唐太宗李世民在一个罪己诏中说，他自己有三条毛病：一是知人不明，二是以私乱公，三是善善不能赏，恶恶不能罚。一个有作为的封建统治者还懂得是非分明、赏罚分明的重要，难道共产党人不应该比古人做得更好吗？

党风和社会风气的健康，是一个党、一个国家兴旺发达的标志，粉碎“四人帮”以后，在搞好党风和社会风气方面，我们做了大量工作，取得了很大成绩。我们还要继续努力，使诚实蔚然成风。我们要依靠诚实这种精神力量，调动广大干部和人民群众朝气蓬勃的活力，人人争当一心奔四化的实干家。

中国人民政治协商会议全国委员会致台湾同胞春节慰问信

亲爱的台湾同胞们：

今年的春节，是80年代的第一个春节。在中华民族传统的喜庆节日，我们谨向台湾的父老兄弟姐妹致以亲切的问候和良好的祝愿，谨向海内外为中国统一事业作出贡献的朋友们致谢。

台湾和祖国大陆都是我们祖先辛勤劳动开发起来的，浸透了我们先辈的血汗。100多年来，台湾同祖国大陆各族人民一道，为了寻求救国救民的道路，为了建立独立、统一、富强的新中国，进行了前仆后继的英勇斗争。为中华民族的解放事业而牺牲的烈士们，永远值得我们怀念。他们是中华民族的英雄，应当受到人民的尊敬。

台湾同胞具有爱国的光荣传统。反对“两个中国”，反对“台湾独立”，反对分裂，争取祖国统一，这是全国各族人民，包括台湾同胞在内的共同意志。30 多年来，台湾当局对台湾同胞的正当要求，百般限制，残酷镇压。去年 12 月，台湾当局又借“高雄事件”大肆逮捕爱国同胞和非国民党人士，激起了全国人民，包括台湾同胞、港澳同胞和国外侨胞的极大愤慨。我们向被台湾当局逮捕的无辜同胞和他们的家属，表示亲切慰问。台湾当局必须停止镇压台湾同胞的暴行，释放被捕的无辜同胞，以便他们早日同家人团聚。

祖国大陆已经解放 30 年了。今天 9 亿人民意气风发，同心同德，正为实现四个现代化而努力。展望前景，我们可爱的祖国大有希望，大有可为。然而，台湾尚未归回祖国，台湾同胞还不能同祖国大陆同胞团聚，此情此景，于心何安？亲莫过于骨肉，痛莫大于分离。台湾海峡本来是中国人民往来的通道，现在却成为隔绝我们的鸿沟，这种状况再也不应继续下去了。

去年元旦，全国人民代表大会常务委员会《告台湾同胞书》，提出了解决台湾问题的基本方针和政策，尊重台湾现实，对各方有利，引起广大台湾同胞和港澳同胞、国外侨胞的积极响应。希望台湾各界人士继续努力，敦促国民党当局接受中国共产党关于和平解决台湾问题的主张，首先实现通邮、通商、通航。希望港澳同胞、国外侨胞继续发挥积极作用。大家都做中国统一的促进派。我们也希望台湾当局认清形势，顺应民意，给台湾同胞以民主爱国的权利，共同走爱国统一道路。

亲爱的台湾同胞们！血浓于水，骨肉情深。台湾大陆，唇齿相依。我们这个时代是一个充满希望的时代。让我们高举爱国主义旗帜，更加团结一致，为争取早日完成统一祖国的神圣事业而努力。我们坚信，在 80 年代一定能够同台湾同胞共度新春佳节。

敬祝台湾各族同胞节日愉快，身体健康。

中国人民政治协商会议全国委员会

1980 年 2 月 15 日

首都党政军民在人民大会堂举行联欢晚会

首都党政军民 3 万多人今晚在人民大会堂举行盛大联欢晚会，华国锋主席，邓小平、李先念副主席等党和国家领导人和大家欢聚一堂，共度 80 年代第一个新春佳节。

联欢晚会是民政部、文化部、人民解放军总政治部和北京市人民政府联合举办的。

中华人民共和国海关总署成立

为了充分发挥海关的监督管理职能，改革现行海关管理体制，国务院最近决定成立中华人民共和国海关总署，作为国务院直属机构，统一管理全国海关机构和人员编制及其业务。

国务院在决定中指出，海关是代表国家在口岸行使监督管理职权的机关，是贯彻执行国家有关进出口政策、法律、法令的重要工具，是进行对外经济斗争的一个武器。在全党工作着重点转移到社会主义现代化建设的新时期，海关工作更为重要。做好海关工作，对于保护国家经济建设，维护国家主权，争取团结国内外一切可以团结的力量，制止进出境的政治经济破坏活动和违法行为，促进对外贸易、旅游事业和科技文教事业的发展，积累建设资金，加强无产阶级专政，保卫和促进社会主义现代化建设，都有积极作用。海关工作具有对外统一性和全国统一性的特点。根据多年来的实践经验，必须改革现行海关管理体制，加强集中统一领导。

国务院决定中规定，以后有关海关的方针、政策、法律、法令、规章，由海关总署拟订。为维护国家法制的严肃性，对海关现行的有效法令、规章必须严格遵守和执行。属于地区性的海关管理规定，应报国务院或国务院授权的部门批准。

北京高校学生思想政治工作会议强调要引导青年学生又红又专献身四化

《人民日报》报道，最近结束的北京高等学校学生思想政治工作会议强调指出，切实加强学生思想政治工作，引导他们沿着又红又专方向健康成长，是高等学校一项重要而紧迫的任务。

会议认为，当前学生思想政治教育的重要内容，就是要根据邓小平同志关于目前形势和任务报告的精神，引导学生充分认识到，粉碎“四人帮”三年来，特别是党的十一届三中全会以来党的领导、政治路线、思想路线都有了根本的变化，在政治、经济、外交等方面的成绩是巨大的；帮助他们进一步树立为四化刻苦学习的思想，努力使自己成为党和人民所需要的人才。

在中共北京市委召开的这次会上，各学校负责学生思想政治工作的党、团干部，根据邓小平同志报告的精神分析研究了学生的思想状况和特点，一致认为，这一代青年学生的主流和本质是好的。他们向往四化，学习热情高，有良好的学习风气；思想比较活跃，爱独立思考，敢于探讨问题，追求真理。但是，也应该看到，这一代青年是在“文化大革命”中长大的，不同程度地受到林彪、"四人帮"极左路线和无政府主义思潮的影响。这些虽然是支流,但必须引起学校党、团组织足够重视,通过强有力的思想政治工作,加以正确引导。要对他们进行无产阶级思想教育,帮助他们逐步树立无产阶级的阶级观点、劳动观点、群众观点和辩证唯物主义观点;要深入进行爱国主义和四项基本原则的教育,帮助他们自觉地服从党的领导,热爱社会主义祖国,坚持走社会主义道路,努力学习马列主义、毛泽东思想;要进行共产主义道德品质和革命理想教育,帮助他们养成良好的共产主义道德风尚,遵纪守法,自觉地为人民服务,逐步树立为实现四化而奋斗、为共产主义事业而献身的精神。

会上,清华大学、北京大学、北京化工学院、北京师范学院介绍了加强学生思想政治工作的经验。清华大学等校的经验表明,三年多来,特别是近一年来,各校党委在开展学生思想政治工作的过程中,一方面发扬党的政治工作的优良传统,恢复"文化大革命"以前行之有效的做法;另一方面又从实际出发,针对历史转折时期出现的新情况、新问题,逐步摸索和总结新的经验,取得了较好的效果。他们的经验主要是,思想政治工作一定要面对全体学生,围绕德智体全面发展、又红又专的培养目标来做,决不能把它和教学、科研工作对立起来,不能只抓教学、科研而忽视思想教育和体育锻炼;坚持正面教育,以表扬为主,通过民主讨论、群众自己教育自己的方式,以理服人,循循善诱;加强学生党、团支部的建设,把工作重点放在抓好学生班集体上,以班为单位开展各种形式的思想政治教育活动;一定要坚持提倡教师既教书又教人,充分发挥广大教师在思想政治教育中的重大作用;最关键的是,党委重视,切实加强对学生思想政治工作的领导。

《北京晚报》复刊

《北京晚报》创刊于1958年3月15日。"文化大革命"初期,被迫停刊。复刊后的《北京晚报》将根据党的工作着重点转移到四化建设的新形势,力求办出新的特点。

《羊城晚报》复刊

《羊城晚报》自1957年创刊以后,受到广大读者欢迎,订户普及全国各地。然而,这家晚报却被林彪、"四人帮"加上许多罪名,于1966年12月遭封闭。复刊后的《羊城晚报》,每天仍出一大张,形式基本保持原来的特色,内容以文化、教育、科学、艺术和经济生活报道为主,力求把思想性、科学性、知识性、趣味性很好地结合起来,做到反映生活,引导生活,丰富生活,以适应四化建设新形势的要求。

《翻译通讯》正式创刊

《翻译通讯》是一份交流翻译研究成果和工作经验,普及翻译知识的专业性双月刊,主要内容是研究探讨英译汉各类文体和专业的翻译理论和技巧,介绍翻译知识和评介译本,同时酌登一些探讨汉译英和反映国内外翻译界动向的文稿。

在创刊号上,国家出版局代局长陈翰伯撰写了代发刊词,我国翻译界前辈张仲实、范存忠、师哲、朱光潜、美国专家爱德乐和一些长期从事翻译和翻译教学的同志发表了文章。

2月16日

华国锋等同志在中国农业科学院与农业科学家座谈并听取加速农业现代化建设的意见

国务院总理华国锋、国务院副总理王任重同30多名农业科学家座谈如何进一步加速我国社会主义农业现代化建设的步子。

华国锋同志在座谈会开始时说,中国是一个人口众多的国家,绝大多数人从事农业生产,农业是我国国民经济的基础。要想加速我国社会主义建设的步子,农业这个基础必须要搞好。农业现代化搞得好不好,对工业、国防和科学技术三个现代化建设关系极大。他说:"今天是年初一,是中国人民的传统节日,我和任重同志一起来看望大家,同大家一起欢度春节,更重要的是来听听你们对加速农业现代化建设速度的想法,请大家谈一谈,到本世纪末,我国农业现代化到底能搞到什么程度,我国那时候的农业情况会变成什么样子?"

华国锋同志说,我们对20年后农业发展到什么程度有一个设想,这很重要,这样,我们心里就有数,才能明确在今后五年或十年里,我们应该重点抓住一些什么问题。

华国锋同志在谈话中指出,更加快农业建设的速度,必须抓住农林牧副渔全面发展这一环。中国地域辽阔,情况复杂,要搞好农业生产,必须因地制宜,对不同地区要有不同要求。

科学家们在座谈会上对如何加速农业现代化的步子纷纷提出自己的想法和建议。他们指出,1979年我国农业战线上取得了很大成绩。国家对农业基本建设投资比以前增多,农业科研活动很活跃,并取得了显著的成果。他们认为,要把农业搞上去,科研必须走在前头。大家都表示决心要为祖国实现四个现代化作出自己的最大努力。

华国锋同志指出，我们要有一支从事科研的专业队伍，但这支队伍必须同人民群众相结合，帮助广大群众掌握科学技术，这也有利于科研成果在生产上广泛推广。

国家农业委员会第一副主任张平化，农业部部长霍士廉，以及其他有关负责同志参加了座谈会。

参加座谈会的科学家中包括小麦育种专家、农业科学院院长金善宝，兽医专家、农业科学院副院长程绍迥，以及戴松恩、鲍文奎、邱式邦、郑丕留、徐冠仁、王守纯、尹莘耘等。

党和国家领导人华国锋 邓小平 李先念等出席中央统战部在人民大会堂举行的联欢茶会

华国锋主席，邓小平、李先念副主席，以及党和国家其他领导人，在中央统战部举办的联欢茶会上，同各民主党派负责人、各界知名人士欢聚一堂，共庆新春佳节。

中央统战部部长乌兰夫讲了话。他说，为了实现四个现代化，我们要和全国各族人民一起，在党的领导下，坚定不移地贯彻执行党在新的历史时期的总路线，团结全国各族人民，调动一切积极因素，同心同德，鼓足干劲，力争上游，多快好省地建设现代化的社会主义强国。

乌兰夫同志说，我们的任务是艰巨的，困难也是不少的。但是，我们已经从各方面准备了胜利前进的阵地，形势对我们是有利的。我们相信，我国各族人民、广大的知识分子、各民主党派、各界爱国人士都将会在不同岗位上，为祖国、为社会主义事业作出新的更大的贡献！

乌兰夫同志说，在祖国喜气洋洋迎春的日子里，我们向台湾同胞、港澳同胞、国外侨胞致以节日的祝贺和亲切的问候！让我们紧密地团结起来，共同为实现四化、实现祖国统一的大业而努力。

出席联欢茶话会的还有：党和国家领导人王震、方毅、邓颖超、余秋里、张廷发、胡耀邦、倪志福、彭真、陈慕华、赛福鼎、谭震林、阿沛·阿旺晋美、许德珩、胡厥文、朱蕴山、史良、王任重、谷牧、薄一波、姚依林、姬鹏飞，政协全国委员会副主席宋任穷、康克清、王首道、杨静仁、胡子昂、荣毅仁、陆定一、李维汉、胡愈之、班禅额尔德尼·确吉坚赞，中央军委常委杨得志、韩先楚、王平，最高人民法院院长江华，最高人民检察院检察长黄火青，北京市市长林乎加。

应邀出席今天联欢茶会的还有：在京部分人大常委、人大代表，部分政协常委、委员，各民主党派部分常委、中委，部分少数民族人士和民族研究工作者，宗教界人士，科技、教育、文化界人士，国务院参事等共约四百人。

邓小平 胡耀邦 姬鹏飞等同志与黄文欢同志互祝新春快乐

中共中央副主席、国务院副总理邓小平，中共中央政治局委员、中共中央秘书长胡耀邦，国务院副总理、中共中央对外联络部部长姬鹏飞，今天上午同黄文欢同志欢乐聚会，互相祝贺新春快乐，并一起共进了午餐。

参加今天聚会的还有中共中央机关负责同志李一氓、冯铉、冯文彬、乔石等。

全国人大常委会副委员长彭真与政协全国委员会副主席宋任穷等同志参加中国文联在北京饭店举行的春节团拜会

首都三万军民在人民大会堂举行拥军优属 拥政爱民联欢会

2月17日

《人民日报》发表评论员文章《发扬艰苦奋斗的创业精神》

我们要在80年代取得四化建设的决定性胜利，要在本世纪末实现把我国建设成社会主义现代化强国的伟大理想，有一个重要条件，就是举国上下大大发扬艰苦奋斗的创业精神。

创业是不容易的。中国共产党领导广大人民群众，经过千辛万苦，千难万险，终于推翻了压在中国人民头上的“三座大山”，创建了人民共和国。现在我们要在中国的大地上实现四个现代化，这也是一种创业。创建这个千秋大业，同革命战争年代相比，过去那种枪林弹雨、出生入死的危险是不存在了。但是，就其艰巨性以及它对革命者的要求来说，并没有什么两样。大家知道，我们的国家大，人口多，底子薄，经济、技术和教育本来比较落后，又遭受林彪、“四人帮”长期的破坏，损失了一段时间，在这种情况下，实现四个现代化决非轻而易举。我们必须老老实实地艰苦创业，艰苦奋斗的优良传统不但不能丢掉，而且要在新的长征中继续发扬，大大发扬。我们现在进行四化建设，国际条件比较好，可以利用外国的资金和技术。但是，争取外援不能代替自己的努力，我们的立足点始终必须放在自力更生上。我们是一个将近10亿人口的大国，不可能买来一个现代化，而只能干出一个现代化。我们要在相当长的一段时间里实行艰苦创业，广大干部和群众一定要有这个认识，要有这个决心。

提起艰苦创业，有人可能会说，这主要是经济部门的事。不错，现在我们国家集中主要力量搞经济建设。在经济建设中如果计划不周，管理不善，大手大脚，就会造成极大的浪费和损失。我们必须精打细算，增产节约，杜绝各种浪费，减少废品，降低成本，提高劳动生产率，提高资金利用率，讲究经济效果。这方面的任务非常艰巨，需要经济战线的同志花大力气抓紧抓好。但是，艰苦创业决不只是经济部门的事。一切机关、部队、学校、人民团体、事业单位，毫无例外，都必须执行勤俭建国的方针，力求用较少的钱办较多的事。革命战争时期，毛泽东同志曾经提出："节省每一个铜板为着战争和革命事业，为着我们的经济建设。"今天我们也要提倡：节省每一元钱用于四个现代化建设。现在我们的事业规模很大，单位很多，开支的数额也很大。大家都注意节约，几亿、十几亿元就可以节省下来。不注意节约，这里浪费一点，那里浪费一点，全国加起来就是不小的数额。由于林彪、"四人帮"的破坏，这些年来铺张浪费、大吃大喝、请客送礼等不正之风有所滋长。尽管我们国家还很穷，但是有的单位办起事来比经济发达的国家还要讲排场、摆阔气，这是不能容许的。在某些同志看来，贪污可耻，贪污有罪；至于浪费，似乎并不可耻，也谈不上有罪。其实，任意挥霍国家宝贵的资金，挥霍人民辛勤劳动的成果，怎么不可耻呢？贪污盗窃固然损害了国家利益，浪费，特别是重大浪费事件给国家造成的损失往往更大，同样是对人民的犯罪。我们要坚决批判各种"浪费无妨"、"浪费有理"的论调，要严肃处理重大损失浪费事件，要在整个社会造成节约光荣、浪费可耻的风尚。

我国人民现在生活水平并不高，本来就比较艰苦，还要提倡艰苦奋斗，有这个必要吗？回答是肯定的。我们既要改善人民生活，又要提倡艰苦奋斗。林彪、"四人帮"鼓吹什么穷社会主义、穷过渡、穷革命，好像只有穷才革命，普遍贫穷才是社会主义，一直穷下去才能实现共产主义；富了就要变修，就要走上资本主义道路，导致资本主义复辟。这是对科学社会主义的歪曲和污蔑。我们进行社会主义革命和社会主义建设，就是要解放生产力，发展生产力。搞四个现代化，就是要使我们国家富裕起来，强大起来，使广大人民的物质生活和精神生活大大提高。我们历来主张改善人民生活，问题是如何改善生活。十分明显，只有发展生产，才能改善人民生活；只有不断发展生产，才能不断改善人民生活。除此以外，没有别的出路。这就要正确处理生产和生活的关系，不能离开生产讲生活。要正确处理积累和消费的关系，积累太多，人民生活得不到应有的改善，不行；积累太少，不利于人民的长远利益，也不行。如果把生产出来的东西分净吃光，就不可能进行新的建设，不可能扩大再生产，生产的发展就此止步，生活的继续提高也就没有指望。我们的人民是不会同意这种杀鸡取卵，竭泽而渔的做法的。

当然，由于林彪、"四人帮"的严重破坏，我们过去工作中也有某些缺点错误，长期以来我国人民的生活几乎没有得到什么改善，现在人们要求把生活多改善一些，是合情合理的。党和政府在粉碎"四人帮"以后，对解决这个问题已经做了很大的努力，而且还要继续作出努力。这几年国家新增加的财政收入，很大部分都用在改善人民生活方面了。但是，要在短短几年内还清十多年来的欠账，是不可能的。因此，改善人民生活不能要求过高过急。这不是一个短期的任务，而是一个长期的任务。归根到底，要靠不断发展生产，靠加快四化建设，靠全体人民进行长期的艰苦的努力。人们往往谈论某些经济发达国家的生活水平高，其实，它们的人民也是吃过苦的。第二次世界大战以后，西德人民、日本人民都曾经勒紧裤带奋斗。我们国家本来底子薄，要缩短和消除同发达国家相当大的差距，更离不开艰苦奋斗。在实现四化的过程中，老老实实地走艰苦创业的道路。

发扬艰苦奋斗的创业精神，首先要求党员、干部特别是高级干部带头。共产党员要起先锋模范作用，少不了吃苦在先、享受在后这一条。我们的高级干部都是从苦里过来的，是经历过许多困难局面的。我们深深懂得，只要干部和群众同甘共苦，打成一片，那就什么困难也能战胜。现在调整国民经济，进行四化建设，仍然有许多困难。我们还是要和群众同甘共苦，这样，举国上下才能同心同德，艰苦奋斗，搞好四化。许多老一辈无产阶级革命家，在艰苦奋斗方面为大家作出了光辉的榜样，给我们的党、我们的民族留下了一份极其宝贵的精神财富。我们一定要经常想想过去走过的道路，不要忘掉延安精神、老八路作风。要多关心群众的痛痒，不要只关心自己的生活，当然更不能搞特殊化。搞特殊化的，在干部中虽然只是极少数，但是这种行为损害党的威信，破坏党和群众的联系，挫伤群众的积极性，败坏社会风气，必须坚决克服。

唐代诗人李商隐在《咏史》一诗中写道："历览前贤国与家，成由勤俭破由奢。"这话有一定的道理。历史上新兴的社会力量、打天下的君王、有作为的政治家，大都是比较讲勤俭，讲艰苦奋斗的。我们无产阶级是创业的阶级，我们又处在创建四化大业的时代，要充分发扬艰苦奋斗的创业精神，为把我国建设成为社会主义现代化强国而努力！

台盟春节致信慰问台湾乡亲

信中说，在这家家围炉、户户团圆的过年时节，想起我们台湾同胞多少家人分隔在海峡两岸，天长音信断，亲人不相见，我们想念家乡的亲友，亲友们也在想念着我们。我们三十载分别，望眼欲穿，在这新春佳节的日子里，更是于心难忍。我们都在盼望着台湾和大陆之间能够早日恢复正常的往来，进而实现统一，使骨肉团圆，同享天伦，亲友聚首，共叙衷情。

信中说，现在，完成祖国统一的神圣使命，已经进一步摆在我们面前，全国人民包括台湾同胞都在为此而努力。我国政府关于台湾归回祖国的大政方针，在国内外得到了各方面的积极响应。我们台湾同胞历来具有爱国的革命的光荣传统，有多少先辈为了台湾回到祖国怀抱而前仆后继，英勇献身。今天，在新的形势下，我们要进一步和所有爱国的台湾同胞联合起来，为实现祖国统一的宿愿而共同努力。

台湾民主自治同盟在信中向因“高雄事件”而被迫害的台湾爱国同胞表示亲切的慰问，并要求台湾当局立即停止抓人，停止一切倒行逆施，释放被拘捕的非国民党人士和爱国同胞。

信中说，过去台湾和大陆之间，一向来来往往，十分方便。这些年往来断绝的情况再也不能继续下去了。祖国政府提出的双方通邮、通航、通商的建议是切实可行的，也是我们台湾同胞的热切愿望。希望台湾当局赶快响应。我们欢迎乡亲们来信，欢迎你们到祖国大陆来参观、旅游以及寻访亲友，政府和祖国人民都会热情接待。

慰问信最后说，亲爱的父老兄弟姐妹们，当前祖国大陆已经出现了一个政治上安定团结，经济上稳步发展的欣欣向荣的局面。国际国内形势的发展，对实现台湾归回祖国十分有利。春天到了，燕子就要回来。我们坚信，台湾一定会回到祖国怀抱，我们也将回到亲爱的故乡！

全国人大常委会副委员长邓颖超在北京邀请黄文欢同志共同欢度春节

中国赴日留学生预备学校首届学员结业

我国赴日留学生预备学校首届97名学生顺利通过了日本文部省考试组主持的考试，已在春节前夕举行了结业典礼。

这所留学生预备学校是经中日双方政府协商，由教育部委托吉林师范大学举办的，主要教学工作由日本教师担任。刚结业的这批学生，是从19所重点高等院校七八级选拔出来的。

中国红十字会向巴基斯坦红新月会赠送价值30万元人民币的物资

2月18日

国务院副总理方毅代表党中央国务院参加在人民大会堂举行的教育系统春节联欢晚会

出席联欢晚会的党和国家领导人邓小平、王震、方毅、胡耀邦，在晚会开始前接见了首都教育界各方面的代表，同他们进行了亲切的交谈，并且一起照了相。

政协全国委员会副主席胡愈之，首都教育界有关方面负责人蒋南翔、杨秀峰、顾大椿、方明、叶圣陶、周培源、董纯才和北京市市长林乎加等，也出席了联欢会。

中共中央政治局委员、国务院副总理方毅在联欢晚会上讲话，他首先代表党中央和国务院向到会的同志，向全国的教育工作者和广大的人民教师，表示亲切慰问和感谢。

方毅说，粉碎“四人帮”以来的短短两三年间，我们的教育事业有了迅速的恢复和发展。同过去十多年间的混乱局面相比，今天的教育战线可以说是气象一新，或者说是进入了一个欣欣向荣的发展时期。这是党中央正确路线领导的结果，也是全国广大的教育工作者、广大的人民教师辛勤努力的结果。

方毅在强调“尊师爱生”的重要意义时说，毛主席、周总理都提出过“尊师爱生”的口号，今天我们仍然要遵照执行。学风扫地，必然导致世风败坏。没有良好的教育，就不可能培养出大批栋梁之材。而搞好教育工作的关键，又在于德才兼备、足以为人师表的教师。任何一个人的成长，都需要有教师的启发、诱导和指点。一代人才的成长，在很大程度上正是教师辛勤劳动的结晶。教师历来是一个光荣的称号。我们无产阶级的教育事业，是要培养建设共产主义的一代新人。无产阶级的教师比历史上其他任何一个阶级的教师负有更为崇高的职责和更为艰巨的任务。他们也应该比历史上任何一个社会的教师受到更大的尊敬。过去“四人帮”大反所谓“师道尊严”，对教师百般摧残，不但败坏了一代学风，也造成了空前的教育危机。现在，我们拨乱反正，就是要反其道而行之，要大力提倡“尊师敬道”，恢复和提高教师的社会地位，在青年中和社会上培养起尊师敬长的新风。没有这样的社会风气，就不可能充分发挥教师在教学工作中的主导作用，就不利于教学质量的提高，就不利于人才的培养。

方毅最后说，80年代是我国四化建设的关键时期。我们的教育事业必须有一个大的发展。教育战线上的全体同志，一定能够坚忍不拔、信心百倍地来完成历史赋予我们的这个紧迫而光荣的任务。

首都文艺工作者在联欢晚会上为辛勤的教师们演

出了舞剧《文成公主》、京剧折子戏、木偶、相声、杂技魔术等。联欢会上,还放映了电影、电视录像;并举办了各种有趣的游艺活动。

参加联欢晚会的,还有教育部、全国总工会、中国教育工会、民盟、民进、九三学社、中国教育学会和北京市有关方面的负责人。

联欢晚会是由教育部、中国教育工会、民进中央、中国教育学会、全国政协教育组、北京市高教局、北京市教育局、民进北京市委会、北京市政协教育组、北京市总工会文教科卫工作委员会联合主办的。

中国影协在北京民族文化宫举行春节茶话会

“五年迈进一大步,80年代末接近世界水平,创作出更多的无愧于我们国家的优秀影片。”中国电影家协会主席夏衍在该协会举行的电影界春节茶话会上这样热切希望电影艺术家们不断巩固发展当前安定团结的大好形势,全心全意、同心同德把我国电影搞上去,使我们的电影不但要满足国内观众的需要,而且要在世界影坛上赢得应有的荣誉和地位。

北京市举行春节环城赛跑

由近3000名北京市运动员参加的1980年北京市春节环城赛跑,上午在天安门前举行。日本东京都14名男女长跑选手也参加比赛。14岁的北京市运动员杨秀凤以18分58秒3的成绩,打破了女子5000米环城比赛的最高纪录,并取得了这个项目的冠军。26岁的东京都选手佐藤健二夺得男子1.3万米环城比赛的冠军,他的成绩是42分15秒3。

这次北京市春节环城赛是新中国成立以来的第十七届。参加比赛的运动员是来自北京市各区县、高等院校、中等专业学校和驻京部队的业余长跑选手。日本东京都长跑代表团远道而来参加这次比赛,是作为东京—北京友好城市的体育交流项目之一。

2月19日

国家经委就做好扩大企业自主权试点工作提出三条意见

新华社报道,国家经委最近研究了各地工业企业进行扩大自主权试点工作的情况,对今年按照国务院有关文件的规定进一步搞好这项工作提出三条意见:

第一,把扩大企业自主权试点工作同整顿企业结合起来。整顿是改革的基础,企业整顿好了才能保证试点工作的顺利进行。领导班子健全,生产秩序正常,管理有基础,这是试点企业必须具备的先决条件。具备了这些条件,才能进行试点;批准试点的企业,要订出新的奋斗目标,花大气力继续抓好企业整顿,提高生产水平、技术水平和管理水平。

第二,试点企业要正确处理国家、企业、个人的三者关系,保证国家多收,企业多留,职工多得。“三多”要建立在增产增收的基础上,一定首先要保证国家多收。企业要以扩大自主权为动力,把功夫下在实行全面经济核算、改善经营管理、开源节流上,决不能单纯靠加大利润留成比例来取得好处。

第三,一定要按照国务院今年年初下达的有关文件的精神,进一步搞好利润留成的试点工作。同时,今年要在计划、产销、物资、价格、劳资、人事等方面扩大企业自主权试点的内容,这需要总结实践经验,订出具体实施办法。

国家经委负责同志指出,各地正在进行扩大企业自主权试点的工厂企业有3000多个,占全国全民所有制重点工业企业总数的7%,工业总产值的30%以上,工业利润的45%左右。这些企业,在全国具有举足轻重的地位。一定要加强对这些企业试点工作的领导,把企业的经济责任、经营效果和经济利益结合起来,使经验不断完善,为明年进一步推广做好准备。

“陈毅杯”老同志围棋邀请赛在北京结束

出席闭幕式的有国务院副总理、中国围棋协会名誉主席方毅,全国人大常委会副委员长阿沛·阿旺晋美,中共河北省委第一书记金明,国家体委主任王猛、副主任荣高棠,中华全国体育总会主席钟师统,以及许多爱好围棋的老同志。

闭幕式上,方毅同志向获得这次邀请赛第一名的叶飞同志发了“陈毅杯”奖杯,向获得前12名的同志发了云南围棋子。

这次围棋邀请赛从去年12月16日开始,历时两个月,共进行了三轮200多场比赛。

2月20日

全国人大常委会法制委员会主任彭真在人民大会堂同春节期间执勤的首都公安干警联欢

联欢会是公安部和北京市公安局联合举办的。最高人民法院院长江华、最高人民检察院检察长黄火青、公安部部长赵苍璧、中共北京市委第一书记林乎加等领导同志和有关方面负责人参加了联欢。

《人民日报》发表社论《满怀信心夺取今年农业丰收》

在全国上下喜气洋洋欢度春节时,我国8亿农民高高兴兴欢庆去年丰收,准备今年争取农业全面增长。

去年，继1978年大丰收之后，我们又获得了比较全面的好收成：粮食增产200亿斤以上，油料增长一成多，畜牧业有较大发展，棉花等经济作物都有不同程度的增产，社队企业在调整中继续前进。由于生产的发展，农副产品收购价格的提高，国家征购粮食任务的稳定，人民公社集体经济进一步壮大，社员的收入和口粮普遍增加。被林彪、“四人帮”搞得乱糟糟的农村经济，重新活跃起来了。多年盼望的农业兴旺发达的局面，在大部分地区开始出现。农村情况一天比一天好起来，8亿农民高兴，全国人民高兴，这对于促进全国的安定团结和整个国民经济的发展，具有决定性的意义。

一年多来农村形势发展得如此之快，如此之好，超出了许多人的预料，有力地推动了我国实现四化的历史进程。对于农业战线的重大成就，我们应当有一个足够的估计。但是，也要指出，我国农业的好转毕竟是初步的，在很大程度上是恢复性质，还不能说是根本上的改变。我们的粮食还很不宽裕，按人口平均占有的粮食在世界上还是低水平。农业的劳动生产率和商品率都相当低。农、林、牧、副、渔的比例还很不协调。抗御自然灾害的能力不强，农业生产还不稳定。这些都说明，我国的农业还是一个薄弱环节。我们对此必须有清醒的认识，继续作极大的努力，争取早日把农业搞上去。

目前，我们面临的一项紧迫任务，就是力争今年的农业继续有一个全面的丰收。今年是国民经济调整的第二年，是大有作为的80年代的开端，农业的收成如何，对全局影响甚大。争取今年农业丰收的条件是具备的，最重要的是，党的三中全会关于农业的两个文件经过一年的实践，日益深入地为广大农村干部和群众所掌握，正在发挥越来越大的威力。由于农业两年丰收，多数地区的农民得到了一定程度的休养生息，许多社队扩大再生产的能力增强了，广大农民对发展生产，尽快使农村富裕起来，表现了很高的积极性。党的三中全会以后一段较长时间里，各地的领导机关不得不用很多的时间和精力处理历史遗留问题，当然，这是完全必要的；今年这方面的任务已大为减轻，可以真正把工作着重点转移到经济建设上来，用主要的精力来抓农业。我们清醒地看到，我们面前的困难和问题还不少。林彪、“四人帮”极左路线的流毒和影响，还没有完全肃清。有一部分地区，这两年农业生产起色不大，经济还比较困难。去秋以来，全国大部分地区严重干旱，有的地方旱情至今仍在发展，直接威胁着今年的夏季粮油丰收。我们要振作精神，鼓足干劲，带领干部和群众，同包括自然灾害在内的各种困难作斗争。去年和前年，我们都曾经同特大干旱和低温冷害进行艰苦的搏斗，排除了前进路上的种种阻拦，夺得了丰收。今年我们的条件更好，完全应该有信心战胜困难，完成国家计划规定的农业增产指标。

加快农业发展，主要靠党的方针政策，靠科学技术，靠科学管理，靠农业基本建设。这是我们多年来的经验总结。夺取今年农业丰收，也必须紧紧抓住这几条。前两年农业增产，党的政策起了决定性作用，今后我们仍然要依靠党的政策，调动千军万马，夺取农业的更大胜利。决不能认为现在政策已经落实得差不多了，可以放一放了。正确的政策是我们一切工作的生命线，任何时候都放松不得。事实上，这两年各地贯彻执行党的政策的状况很不平衡，工作中问题不少。我们必须把全面、准确地落实两个农业文件，作为今年第一件大事来抓，一项一项地检查，一项一项地落实，通过检查和落实政策，继续巩固和发展农村的大好形势。

在新的一年里，我们还要进一步调整农业内部的布局，对全年农业生产计划作出通盘安排，搞好综合平衡。

过去，许多地方努力抓粮食，忽视发展经济作物和林、牧、副、渔各业，没有注意保持生态平衡。去年各地调整了一部分不合理的作物布局，效果是好的，对促进粮食、经济作物的丰收和畜牧业的发展，都起了重要作用，证明这是发掘农业潜力的正确方向。今年我们要按照“农、林、牧、副、渔五业并举”和“以粮为纲，全面发展，因地制宜，适当集中”的方针，积极而稳步地继续做好工作。还要通过合理的调整布局，充分利用各地自然条件的优势，做到地尽其力，物尽其用，广开门路，发展各项生产事业。我国不合理的农业经济结构是在长期历史条件下形成的，不可能在短期内彻底改变过来，尤其是我国目前粮食还很紧，我们必须在保证粮食总产增加的前提下，积极而稳妥地进行调整，对削减粮食种植面积更要持慎重态度。发展农业生产，要把着眼点放在全面提高单产和非耕地的利用上，不要光强调扩大面积，在现有耕地上互相挤占。确实需要在面积上作调整的，也要因地制宜，不可操之过急，免得造成今后工作的被动。

在我国目前财力、物力有限的情况下，农业战线要把开展增产节约，挖掘内部潜力，作为夺取今年农业丰收的一项重大措施。农业的各个方面，增产节约大有可为。目前的产量水平，地区之间、作物之间、品种之间高低悬殊很大，有的相差几倍甚至十几倍。在现有的生产条件、技术措施、科研成果、经营管理等方面，只要把工作做得更好些，可以挖出很大的潜力。全国万亩以上的灌区，如果把配套和节约用水搞好，就可以扩大1亿多亩灌溉面积。各种作物品种多、乱、杂的问题解决了，就可以增产粮食百把亿斤。搞好科学施肥，减少肥效损失，一年相当于增加化肥五六百万吨。我国有几亿亩低产田，采取综合措施加以改造，每亩增产几十斤到百把斤粮食是不难做到的。这些都是明摆着的潜力。今年，我们要采取一些切实有效的办法，把挖潜、节约这两个环节抓好。

我国自然灾害比较多，新中国成立以来历年受灾面积中85%以上是旱涝灾害；旱涝灾害中，旱灾又占3/4。近几年低温冷害对农业生产威胁也很大。我们要坚定不移地树立抗灾夺丰收的思想，常备不懈地抓好防灾抗灾工作，立足于抗多灾、抗大灾。当前要以抗旱为中心，加强小麦、油菜、绿肥的管理，促使苗情不断向好的方面转化，千方百计夺取夏季粮油丰收。当前不少地方春旱正在发展，要做好抗春旱保春耕的准备，保证春耕春播能正常进行。提高抗灾能力，从根本上说，要依靠农业基本建设，改善生产条件。这项工作最近两年有些放松，我们要把它放到应有的重要位置上来，加强领导，全面安排，坚持不懈地为农业的大发展创造条件。

夺取今年农林牧副渔的全面丰收，是全党的大事，国家的大事。各行各业都要积极支援。各级党委要把它作为第一位的任务来抓。领导干部要切实改进领导作风和工作方法，精简会议，不尚空谈，走到群众里去，到基层去研究问题和解决问题。要加强对干部群众的政治思想工作，引导他们正确处理国家、集体、个人三者的关系，同心同德，艰苦创业，为逐步实现农业现代化的宏伟目标，作出自己应有的贡献。

《解放日报》发表评论员文章《把学习吕士才的活动再深入一步》

评论指出，上海全市各条战线迅速掀起了“学习吕士才，献身新长征”的热潮，“学英雄，见行动，出成效”，成为大家共同的口号和自觉的行动，涌现出了许多吕士才式的好人好事。榜样的力量是无穷的。学习吕士才已经成为80年代第一春鼓舞我们进行新长征的巨大力量。当前，我们应该把学习吕士才的活动再深入一步，推动千千万万个吕士才的出现和成长。

评论强调各级党的领导一定要认真把学习吕士才摆在议事日程上，当作一项重要的思想政治工作抓紧抓好，抓出成效。要发扬光大吕士才献身新长征的革命精神，培养造就千千万万吕士才式的新人，这是进行四化建设的一个重要保证。

评论指出，我们要在四化建设中坚持党的领导，改善党的领导，很重要的一条，就是要使广大共产党员都能在各自的战斗岗位上发挥先锋模范作用。从一定意义上来说，党员的模范作用，实际上就是党的领导作用。吕士才同志为我们提供了一个新长征中的好榜样。如果我们的共产党员都能做到像吕士才那样，那就堪称是充分发挥了先锋模范作用的共产党员，是真正合格的无产阶级先锋战士。各级党的领导干部应该毫无例外地带头认真学习吕士才。同一般党员相比，党的领导干部能不能起先锋模范作用，关系更大。如果我们的党员，尤其是党员领导干部都能像吕士才那样处处起模范作用，那我们党的威信、党的战斗力就会大大提高，党的领导作用就会大大加强。

评论指出，最近，邓小平同志作了关于目前形势和任务的报告，吕士才同志的模范事迹，正是有助于我们加深理解邓小平同志报告的一份生动形象的辅助材料。我们学习邓小平同志的重要报告，对照吕士才同志的模范事迹，联系本地区、本部门、本单位以及本人的实际，进行对比和分析，就可以比较深刻地领会邓小平同志报告的精神，提高贯彻执行的自觉性。

评论最后说，深入学习吕士才，最重要的是要学出成效，见诸行动。要把学英雄和做好本职工作结合起来，通过广泛、深入地开展学习吕士才的热潮，在各行各业造就千千万万吕士才式的英雄模范人物。这样，我们的四化事业就大有希望！

广西 云南边民在春节期间不断被越军开枪开炮打死打伤

春节期间，越南武装人员不断向我广西、云南边境村寨开枪开炮，打死打伤我边民多人。据有关方面统计，从2月11日至20日，越南武装人员对我边境进行武装挑衅共达62起，其中广西方面34起，云南方面28起。

2月21日

国务院副总理李先念在北京会见孟加拉人民共和国常驻联合国代表凯瑟

《人民日报》发表评论员文章《发展安定团结的政治局面》

80年代，我们能不能取得经济建设的决定性成就，进而在本世纪末实现四化的宏伟目标，一个重要的前提，就是看我们能不能保持安定团结的政治局面。政治上安定团结，经济建设才能节节发展。政治上动乱不安，四化就难以实现。这是举国上下积三十年之经验，特别是在经历了林彪、“四人帮”的十年浩劫，付出了昂贵的学费以后得到的共同认识，是永远不应该忘怀的。

三年多来，我们国家发生了巨大的变化。这种变化，概而言之，就是结束了林彪、“四人帮”的动乱，由乱入治，开始了安定团结的新局面，开始了同心同德奔四化的新长征。这是一个了不起的成就，得来很不容易。回想林彪、“四人帮”猖獗的时候，打倒一切，全面内战，弄得人人自危，老少不安。现在，林彪、“四人帮”这个乱我中华的总祸根挖掉了，党中央的思想路线、政治路线和组织路线，重新回到马列主义、毛泽东思想的原则基础上来，这就从根本上保证了我国政治上的安定团结。当我们进入80年代时，工人能够做工，农民能够种地，战士能够练兵，学生能够上学，青年能够就业，国家的四化有了希望，人民的生活有了改善，这是多么令人欣喜，多么值得珍惜的大好局面啊！

但是，这并不是说，我们国家已经没有不安定的因素了。居安思危。我国安定团结的政治局面仅仅是开始，或者说只是基本上有了一个安定团结的政治局面，这个局面现在还不巩固，还有来自不同方面的不安定因素。粉碎“四人帮”才三年，我们还来不及把所有的问题都解决得很周到、很完备。林彪、“四人帮”十年浩劫所留下的痈疽，也不是短时期内能够根治的。现在，“四人帮”组织上和思想上的残余还存在，派性分子还存在，还有新生的打砸抢分子，还有各种流氓集团，刑事犯罪分子，还有与外国势力和台湾特务机关联系进行地下活动的反革命分子，还有公然反对社会主义制度和共产党领导的人，还有破坏社会秩序的无政府主义分子和极端个人主义分子等等。这些都是不安定的因素。尽管这几种人的性质不同，但是在一定的情况下，他们完全可以纠合在一起，成为一股破坏势力，可以造成不小的动乱和损失。对这种情况，我们决不能掉以轻心。特别是不能低估“四人帮”残余的能量，否则就要犯错误。

为了维护和发展安定团结的政治局面，我们要坚定不移地贯彻执行党的路线、方针、政策。我们的安定团结是在贯彻执行党的路线、方针、政策的基础上取得的。党的三中全会和五届人大二次会议确定把全党、全国的工作着重点转移到现代化建设上来，今后再不需要也再不应该进行大规模的急风暴雨式的群众阶级斗争，再不需要也再不应该进行脱离四化、损害四化的政治运动了。这是长效的安定剂。沿着这条路线坚定不移地走下去，我国政治局面的安定团结才有保障，才能够长期持续下去。在这方面，我们还有很多工作要做。要继续批判林彪、“四人帮”的极左路线，提高执行党的正确路线的自觉性，决不能再搞阶级斗争扩大化，再自己折腾自己。要坚决执行“实事求是，有错必纠”的原则，继续平反冤假错案，落实党的各项经济政策和人的政策，调动一切积极因素。这方面的工作做好了，安定团结的局面一定能巩固，一定能发展。

有人说：“剥削阶级作为阶级消灭了，怎么还会有阶级斗争？”现在我们看到，这两方面都是客观事实。剥削阶级作为阶级消灭了，这是客观事实；还有阶级斗争，这也是客观事实。忽视那一方面，都是错误的。目前我们同各种反革命分子、严重破坏分子、刑事犯罪分子和犯罪集团的斗争，虽然不都是阶级斗争，但是包含阶级斗争的成分。当然，我们必须坚决划清两类不同矛盾的界限。对于绝大多数破坏社会秩序的人，凡能教育的都要教育；不能教育或教育无效的时候，就应该对各种罪犯坚决采取法律措施。现在还有少数地方、少数同志对这些人手软，这是不能允许的。对林彪、“四人帮”的死党和骨干分子，更应该绳之以党纪国法，决不能让他们逍遥法外。对追随林彪、“四人帮”犯了严重政治错误的人，应该根据他们对错误的认识和悔改的表现，扩大教育面，缩小打击面；但是对其中那些至今并无悔改表现，思想上还坚持林彪、“四人帮”那一套，对党的三中全会的精神和各项政策就是顶着不办的人，一定要严肃处理，决不能姑息养奸。容忍林彪、“四人帮”的残余，容忍反革命分子和其他刑事犯罪分子，只能危害安定团结，危害现代化的大局，危害绝大多数人民的利益，人民对我们就不满意。

还有必要谈一谈安定团结和生动活泼的关系。生动活泼也来之不易，它是随着安定团结发展起来的。在我们的社会主义制度下，这两者是统一的，从根本上说，它们没有矛盾。没有安定团结，到处动乱，就没有生动活泼；没有生动活泼，万马齐喑，也不可能安定团结。但是，现在有一些社会思潮，特别是一些年轻人中的思潮，例如去年“西单墙”的许多东西，能叫它生动活泼？他们的真实思想就是认为社会主义不如资本主义。当然，他们也并不了解资本主义的实际情况，不少人是误入歧途的，需要教育挽救。但是对这些东西总的倾向和真正目的是什么，一定要认识清楚，不要天真，不要以为让他们漫无限制地搞下去不会出乱子。少数人可以败坏我们的大事业。安定团结是大局。只有在不妨碍安定团结的条件下实现生动活泼，才能保证大家有秩序地前进。“文化大革命”的经验已经证明，动乱不能前进，只能后退。有秩序才能前进。在我们目前的情况下，可以说，没有安定团结，就没有一切，包括民主、“双百”方针，包括生动活泼，统统谈不上。过去我们已经吃了十来年的苦头。再乱，人民吃不消，人民也不答应。我们有些同志在这个问题上思想有点乱，好像把我们吃过的苦头忘记了。这些年来，我们已经耽误了多少事情，现在再也耽误不起了。只有在社会主义安定团结的基础上，我们才能有计划、有步骤地实现可能实现的一切，最大限度地满足人民要求。

也许有人会说，这是不是又在“收”了？我们要问：什么时候我们说过可以容忍反革命分子和各种破坏分子的活动？什么时候我们说过可以取消无产阶级专政？对这样一些问题，我们从来是态度鲜明的。坚持社会主义道路，坚持无产阶级专政，坚持共产党的领导，坚持马列主义、毛泽东思想，是我们的基本原则。对于蓄意反对这四项基本原则、有罪恶活动的反革命分子和各种破坏分子，应该依法从严处理。我们严肃处理这样一批人，不但对绝大多数犯罪分子，对全党，全国人民也是一种教育。还有人说，三中全会是放，四项基本原则是收。这也是一种歪曲。四项基本原则首先要求坚持社会主义，难道我们能够不坚持社会主义吗？不坚持社会主义，还有什么安定团结，还有什么现代化的社会主义强国？三中全会就要求安定团结，就要求在安定团结的基础上进行社会主义现代化建设，这是全国人民的最大利益。至于发展社会主义民主和法制，百花齐放、百家争鸣，这是我们党坚定不移的方针，是要永远实行下去的。发扬社会主义民主，健全社会主义法制，实行“双百”方针，是能促进安定团结、促进四化建设的，决不应该把它们对立起来。当然，如果以为发扬民主、实行“双百”方针就可以不顾安定团结的大局，这也是对民主和“双百”方针的误解和滥用。

巩固安定团结政治局面的根本措施，还是要依靠发展经济，发展教育，同时也要依靠完备法制。经济搞好了，教育搞好了，法制完备了，才能从根本上保障整个社会有秩序地前进。宣传、教育、理论、文艺部门的同志们，也要从各个方面来共同努力。这些方面的工作搞好了，可以在保障、维护和发展安定团结的政治局面方面起非常大的作用。叶剑英同志在庆祝新中国成立30周年的讲话中，号召全党、全军、全国各族人民都来做解放思想的促进派、安定团结的促进派、四个现代化的促进派。让我们肩负起这个历史的重任，用实际行动来促进安定团结，促进四化建设！

《人民日报》发表评论员文章《发展外贸促进“四化”》

搞好“四化”建设，是全国人民的根本利益所在。闭关锁国是难搞“四化”的。不加强国际经济合作，不引进先进的科学技术，不努力扩大对外贸易，一个国家的经济和技术就不可能迅速发展。我们搞“四化”，当然要立足于自力更生，但也必须重视利用外国资金、技术和市场，两者相辅相成，利用外力恰恰是为了增强我们自力更生的力量。

引进先进技术，进口必要的设备，必须有足够的支付能力。支付能力的基础是千方百计地扩大出口。1979年，外贸的收购额和出口额都超额完成任务，成绩是可观的；今年的外贸出口收汇计划，增长幅度比工农业生产总值的计划增长幅度大一些。对此，有人有点信心不足。其实，目前我国外贸收购总额只占工农业生产总值的5%左右，比重很小，而世界上许多国家都在10%以上。应当说，我国发展外贸的潜力是很大的。新中国成立30年来，我国的工农业生产具备一定的基础，科学技术也有一定的发展，粉碎“四人帮”后的三年，在拨乱反正、百废待举的过程中，外贸尚能有明显的进步，现在政治、经济形势越来越好，我们应当有足够的信心把我国的外贸事业加快发展起来。

在新的起点上，劲往哪儿使？总结以往经验，必须在超、挖、挤、让、活字上大做文章。

超，就是要力争超产，扩大出口。我国的出口额近几年虽然有很大的增长，但还是低水平的，不到世界出口总额的1%，这同我们的国际地位很不相称。所以，凡是国外有销路的商品，都要在超字上下功夫。有些国家和地区面积不大，人口不多，资源很少甚至没有资源，但出口额并不低，有的还能搞出几个“世界第一”的出口商品来。我国地大物博，人口众多，只要想方设法，艰苦奋斗，逐步搞出一批打得响的出口商品，是完全可以办到的。我们要胸怀大志，脚踏实地，埋头苦干，按照国际市场的要求，拿出一批有竞争能力、收汇大的骨干商品和名牌商品。各部门、各地区可以来个比赛，看谁走在头里，看谁贡献大，看谁为国多争光！

挖，出口货源是扩大出口的基础，一定要广开门路，挖掘货源。光是坐在办公室里算账，出口货源往往等不够；如果迈开双脚，深入实际，勤于调查，采取有效措施，出口货源就多了。在我国960万平方公里的国土上，各种矿产，五谷杂粮，飞禽走兽，花鸟鱼虫……都能出口。只要认真抓，有的不一定要花多少投资，就能多出口，多收汇。

挤和让，主要是处理好内贸和外贸的关系。像我们这样的大国，国内有巨大的消费量，不提倡挤一点，让一点，就可能没有多少东西可以出口。挤、让，并不是不顾国内市场和人民生活的需要，对国计民生关系大的物资，必须在各地区、各部门反复协商的基础上，坚持实行限量出口的原则，除此之外，就要尽量多挤一点，多出口一点。这几年，依靠多出口，不仅换回了先进技术和装备，还换回了相当数量的同改善国内市场供应直接、间接有关的重要物资。挤得对，让得好，可以促进内外交流，活跃国内市场，可以促进我们千方百计增产节约，挖掘潜力。在这方面，要有统筹兼顾、合理安排的全局观点，做到内贸外贸相互促进。

活，就是要把生意做活。近两年，我国对外贸易在活字上是下了功夫的，是有成绩的。但现行的外贸体制以及与之有关的经济管理体制，还有不适应我们把生意做活的地方，因此必须加以适当的改革。由于外贸体制同国民经济的其他体制紧密相连，改革要持积极慎重态度。有些看准了的事情，就要有所突破，在改革上先行一步。

发展对外贸易的道路宽广,大有用武之地。胜利属于不畏艰难,勇于实践,善于总结的人们。让我们振奋精神,鼓足干劲,争取在不长的时间内,使我国的对外贸易事业有一个较大较快的发展。

2月22日

《人民日报》发表社论《纺织工业要阔步前进》

去年我国纺织工业有了很大发展,取得了很大成绩。总产值、利润税金、出口换汇等的增长幅度,都在整个工业平均增产水平之上,对国家作出很大的贡献。在新的一年里,希望纺织工业战线广大职工乘胜前进,继续努力,使纺织工业有一个更大的发展。

实践使人们越来越深刻地认识到纺织工业在满足人民生活需要、繁荣城乡市场、增强国际支付能力、提供建设资金方面的重大作用。进行四个现代化建设,遇到的最突出的问题就是资金。我们的建设资金,在目前以至今后一个时期内,轻纺工业的积累是一项重要来源。纺织工业的利润、税金近年来占国家财政收入的1/10,出口换汇占国家换汇总额的1/5以上。许多工业发达国家工业化的历史,就是从发展纺织工业起家的。历史经验证明,要想使重工业发展得多些和快些,就要多发展轻纺工业。让轻纺工业上得快些,是符合国民经济全局需要的。

为了把轻纺工业搞上去,今年国家采取了一系列有力措施,明确规定对轻纺工业实行“六个优先”,发展纺织工业的有利条件,是多年来少有的。如何抓住时机,在现有资金和物资的条件下,取得纺织工业的更大发展,是摆在纺织工业职工面前的一个重大任务。有关部门要坚决保证落实对轻纺工业的“六个优先”。纺织系统要抓住“六个优先”不放,哪里没有落实就大喊大叫。要靠自己努力争取,不要单纯地靠“保”。

搞好纺织工业生产建设,主要靠纺织工业全体职工的努力。最近中央提出,今年经济战线上必须做好三项工作,一是搞好长远规划;二是制订整个经济体制改革方案;三是认真落实今年的生产计划。纺织系统一定要结合自己的实际,把这三项工作抓紧抓好。

纺织工业要更好更快地前进,必须继续认真做好调整工作。原料资源的情况在变化,社会购买力在变化,国际市场在变化,科学技术在变化,工业协作条件在变化……这就要求纺织工业对于行业结构、原料结构、产品结构、加工结构等进行必要的调整。要通过老企业的挖潜、革新、改造和必要的新建,使内部的各种经济结构更合理,创造条件向生产的广度和深度进军。

我国的纺织工业包括棉、毛、麻、丝纺织和印染等十几个行业,主体行业是棉纺织。目前,纺织工业最大的问题是原料供应。要广开原料来源,充分挖掘毛、麻、丝的潜力。我国有广阔的草原,是大力发展畜牧业的有利条件,以羊毛为原料的毛纺织业潜力很大。要大力发展蚕桑业,以便进一步发展丝绸工业。麻纺织行业当前原料比较充裕,但加工能力不足。我们要努力改变目前棉纺织一枝独秀的面貌,不仅要继续大量生产精美的棉布、棉针织品,而且要向国内外市场提供精美的呢绒、丝绸、麻布和各种新型的化纤纺织品,质量、品种不仅要和先进国家媲美,而且要创造更多的具有我国传统特色的精致美观的纺织产品。在原料方面,要在继续发展各类天然纤维的同时,大力推进化纤工业的建设,逐步提高化纤在纺织原料中的比重。在产品结构上,要发展经济价值高、换汇多的高水平产品,增加高中档产品的比重。同时要注意安排好价廉物美的纺织品的生产。总之,纺织工业一定要从实际情况出发,一手抓好当前生产,一手抓好长远发展,在广开生产门路、广开财源方面,找到一把把“金钥匙”。

各地区发展纺织工业时,着重发展哪些行业?如何布局?这些问题都要认真研究,选择最佳方案。我国幅员广阔,各地情况不同,要发挥各地特长,发展当地最合适的行业。适当发展适应本地需要的某些行业是可以的,但不能片面追求“地区自给”,那样做是既不合理,也不合算的。在目前棉花原料不足,先进的大企业吃不饱的情况下,如果发展小纺织厂,一定要在当地纺织工业部门统一规划下,不要和已有的大工厂争原料。为了解决这个问题,要总结、推广组织专业公司的经验。原料产地和加工厂怎样联合起来?也要认真研究。比如,可以搞丝绸公司,从制作蚕种到收购蚕茧、缫丝、织绸、出口,实行统一经营,让大家都得到好处,事情就会办得兴旺发达。

纺织工业要按照现代化建设的要求,做好企业的整顿工作。在前进的道路上会出现许多新的矛盾,“老工业”也会遇到新问题。这就需要按照四化的要求,培养一支坚持社会主义道路、有专业知识的干部队伍。干部要学会生产和经营管理的知识,建立和执行严格的责任制度。今年纺织工业形势好,任务重。纺织工业广大职工一定要鼓足干劲,同心同德,坚定信心,艰苦创业,做好工作,让纺织工业在调整中阔步前进!

国家经委确定1980年要抓好五个方面的工作

这五个方面都是对企业进行整顿,具体是:第一,调整好领导班子;第二,建立严格的责任制度;第三,普遍实行厂内经济核算制;第四,开展全员培训工作;第五,改进奖励制度。

关于80年代世界经济发展前景讨论座谈会在北京举行

座谈会由《世界经济》主编钱俊瑞同志主持，主要讨论了三个方面的问题。

(一)战后特别是70年代世界经济发展的主要特点和趋势

有些同志认为，战后世界经济的发展大致可分为两个阶段。1973年以前的二十多年，是资本主义国家经济发展比较迅速的时期，在这个时期，就业人数大量增加，失业率较低；物价上涨率较低，货币汇率相对稳定；资本不仅在国内，而且向国外迅速扩张。1973年以后，世界经济发生了巨大的转折。西方经济进入了增长率全面下降、失业率上升、物价上涨加剧、各国的货币汇率变动频繁的时期，也就是通常所说的“滞胀”时期。

西方经济在70年代为什么会发生这样的转折？主要因素是：一、第三次科技革命的高潮已经过去了，技术进步的速度显著放慢了。二、廉价而丰富的石油供应成为过去，随之而出现的是能源危机和石油价格猛涨。三、非工业化趋势(制造业就业人口相对或绝对下降，服务业就业人口明显增长)的影响。四、固定资本投资的增长速度显著放慢。五、贸易保护主义浪潮的发展。

有的同志认为，战后美国经济的停滞趋势一直存在，是30年代开始的停滞趋势的继续。战后的科技革命和国家垄断资本主义的一系列措施都未能根本扭转这种趋势。

大家还指出，70年代苏联、东欧国家的经济发展也遇到了困难，速度也在放慢。第三世界发展中国家的经济增长率虽然快于发达国家，但情况也比较复杂，各国发展很不平衡，总的说也存在不少困难。

(二)80年代世界经济面临的问题和发展前景

大家认为，上述导致世界经济在70年代发生转折的因素，在80年代将继续存在，甚全进一步加强。80年代将是资本主义经济继续动荡和困难重重的年代，包括美国在内的西方经济继续处于“滞胀”的局面，将继续在两高(高物价上涨率、高失业率)一低(低经济增长率)的崎岖路上缓慢发展，不会有多大起色。有的同志认为世界经济发展50年左右一个大周期的理论可能是符合实际的，从70年代初开始，世界经济又转入了低速发展阶段，80年代将继续处在这个阶段。80年代有可能爆发一次周期性的世界经济危机。但大家认为，从现在已知的各种因素分析，80年代还不至于发生像1929年到1933年那样的大危机。

发言的同志还认为，在80年代，苏联和东欧国家的前景也不妙，经济增长率将进一步下降，失业和物价上涨将进一步发展。尤其是苏联，将面临石油供应紧张和劳动力不足等一系列困难。但大家认为苏联经济的发展速度仍将超过美国，从而苏美经济实力的差距将进一步缩小。第三世界各国的前景差别比较大。石油生产国、原料加工国和一些金属原料生产国的经济情况较好一些，但也各有各的困难。其他的大多数发展中国家将受到石油涨价和工业品提价的双重打击，债务的压力也越来越大，原料要跌价，粮食不够吃，再加上政治动乱的影响，困难将是相当严重的。

大家强调指出，80年代有两个问题值得特别注意，即能源问题和战争问题。80年代能源问题将更加尖锐，对各国经济发展的影响将更加巨大，围绕能源和其他重要资源的斗争将更加激烈。由于对能源及其他资源争夺加剧，战争的因素在明显增长。苏联直接出兵阿富汗，美国增加军费和建立快速反应部队，就是这两个超级大国争夺世界霸权的重要步骤。而苏联社会帝国主义咄咄逼人的进攻态势，更清楚地表明了它是世界最危险的战争策源地。大家认为，在80年代，即使不一定发生第三次世界大战，但局部战争是很难避免的。

有的同志提出应当重视对生产关系方面可能发生什么变化的预测。如：80年代资本主义世界国家垄断资本主义将会有什么变化？主要资本主义国家的国际垄断调节将会有什么发展？苏联、东欧国家的经济改革将有什么新发展，它们的经济发展将产生什么影响？发展中国家在发展自己的经济中可能走什么样的道路，建立什么样的模式？对这些问题进行深入的研究，会有助于准确地预测世界经济的发展。

(三)80年代世界经济发展的前景与我国四个现代化事业的关系

与会同志指出，在80年代世界经济面临各种困难的情况下，我国四个现代化事业的发展，必将成为举世瞩目的大事，对世界经济将会产生越来越大的影响。总的看，形势对我们加速四化的发展是有利的。我国的对外经济联系将进一步发展，在更多引进外国的资金、设备和先进技术的同时，也需要出口更多的商品。中国的石油资源和人力资源对外国具有很大的吸引力，10亿人口的中国是个潜力很大的市场。中国需要世界市场，世界也需要中国市场。市场问题在80年代将显得更加重要。世界经济的发展变化，更确切地说，世界市场的发展变化与我国的关系越来越密切，对我国的影响也是巨大的。因此，我们应该加强对世界市场和整个世界经济形势的研究和预测，以便充分利用对我有利的条件，竭力避免对我不利的方面。

2月23日

中共十一届五中全会在北京举行

全会的主要议题是加强和改善党的领导，提高党的战斗力，以保证社会主义现代化事业顺利进行。会议于2月29日闭幕。

《人民日报》发表社论《国营农场要在调整中大进一步》

80年代的第一个春天来到了，全国国营农场以调整经营方针、改善经营管理为工作重心，开始新的一年的生产建设。这是国营农业加快发展速度，逐步实现现代化必走的重要一步。

过去的一年，国营农场执行调整、改革、整顿、提高的方针，取得了良好的经济效果。粮、棉、油、糖、干胶等主要产品全面增产，粮豆总产达到历史最高水平，盈利的农场增多，亏损的农场减少，盈亏相抵，略有节余。这是农垦战线多年来未有的可喜现象。

我们要看到这种好的形势，也要看到国营农场工作中的薄弱环节。从生产方面说，粮食单位面积产量较低，不少省、市、自治区农场的单产尚未达到当地的平均水平，多种经营也不发达。从经营方面说，亏损企业所占的比重仍有48%，盈利企业的管理水平也不高，扭亏增盈的任务还相当艰巨。这种状况远远不能适应农业现代化的要求，说明了需要继续端正经营方针，改善经营管理。这是办好国营农场的当务之急。

多年来，由于极左路线的干扰和工作中的缺点，国营农场的种植业和养殖业都有单打一的偏向，造成农、林、牧、副、渔各业的比例严重失调。1978年全国国营农场的畜牧业产值，仅占农业总产值的14%；几个大垦区的平均森林覆盖率，只有3%左右。据黑龙江垦区的调查，那里的农业内部经济结构很不合理：1978年种植业占总产值的85%，畜牧业、副业只有百分之几，林业、渔业低到千分之几。这是国营农场潜力难发挥、经济不活跃的大障碍，需要来一个大调整。

怎样调整呢？首先要进行科学考察，调查清楚当地一切可以利用的自然资源，据以作出发展生产的全面规划，实行“一业为主，多种经营，因地制宜，适当集中”的方针，宜农则农、宜牧则牧、宜林则林、宜渔则渔。每一个农场的主要生产项目，要合理布局，逐步实行专业化生产，发挥机械效能，改革农艺，实施生物技术科学化，争取大幅度提高劳动生产率和商品率，改变那种小而全的经营方式。需要适当解决种好现有耕地和开垦荒地的关系。目前，全国农场的灌溉面积只及耕地的1/3，稳产高产农田仅占7%，单产低而不稳。当前的首要任务是集中财力、物力、人力搞好现有耕地的生产建设。当然，在有国家投资或有自筹资金，其他条件也具备的情况下，可以开垦一定数量的荒地，但决不可贪多求大，盲目上马，影响当前的生产、生活。

调整经营方针，不止于调整农、林、牧、副、渔各业的发展比例，还要注意向农工商联合企业的方向发展。新疆石河子垦区早年的实践和各地近年的试点证明，国营农场在搞农业生产的同时，兴办农畜产品加工业，发展销售本场产品的商业，实行生产、加工、销售一条龙，农工商一体化，符合经济规律，可以促进农场经济兴旺发达，有利于城乡商品经济的活跃繁荣。这是现代化农业发展的趋势，要认真总结国内外先进经验，因地制宜，循序渐进，把联合企业办起来。国营农场首先要狠抓农牧业生产，打好办企业的物质基础。只有这样，加工才有原料，销售才有货源，生产、加工、销售这条“龙”才能活起来。各级党委和政府要积极扶持这一新生事物，指导和推动联合企业的顺利发展。那种以为农场只能务农，搞工业、办商业是不务正业的观点，是不利于农场经济的进一步发展的，现在该是彻底打破的时候了。

调整经营方针，迫切要求相应地改善经营管理，把农场办成企业，严格实行经济核算和定额管理。这就是说，要用经济手段办农场，不能滥用行政手段办经济。从过去一年的试验来看，扩大企业的自主权，实行财务包干和“三定一奖”，能较好地解决国家、企业和个人三者的关系，把三者的经济利益联系起来，初步解决农场多年来吃“大锅饭”的问题，对于调动企业和职工的积极性，改善经营管理，促进生产发展，起了积极作用。各级农场管理部门要认真总结这方面的经验，在国家分配的包干指标内，合理地核定各个企业的包干指标。指标既要积极可靠，又要留有余地，使包干单位经过努力，有产可超，有利可得。特别是对于亏损企业，要严格掌握亏损补贴，督促这些单位采取有效措施，在一两年内消灭亏损。亏损单位尤其应该很好地想一想：长期靠国家过日子行吗？国家办这种赔钱企业有什么用呢？！

调整经营方针，改善经营管理，逐步使国营农场实现管理现代化，关键是要有一支具有现代化科学知识、技能的干部和工人队伍。要造就和培养这支队伍，就要组织干部学习政治经济学、农业科学和现代化企业管理的基础知识，实行业务考核制度，注意把优秀的中青年业务、技术干部选拔到领导岗位上来。各级农场管理部门要改进领导作风和领导方法，深入实际，调查研究，坚持按经济规律办事。

我们深信，只要农垦战线的干部和职工同心同德，继续认真执行以调整为中心的八字方针，深入挖掘潜力，国营农场完全可能在今后两三年内把经营水平大大提高一步，向国家上缴财政利润，提供更多的粮食、肉蛋、其他食品、工业原料和各种出口土特产品，真正成为国家可靠的商品基地。

国务院副总理王震在人民大会堂会见由阿根廷海洋事务国务秘书卡洛斯·诺埃·阿尔维托·格瓦拉海军少将

中国男女乒乓球队双双获得在联邦德国举行的第二十九届国际乒乓球锦标赛团体赛冠军

这次在联邦德国吕塞尔斯海姆举行的国际乒乓球锦标赛，共有来自日本、瑞典、南斯拉夫、捷克斯洛伐克、匈牙利、法国、英国、美国、西德和南朝鲜等22个国家和地区的优秀选手参加了这次比赛。

长白山区万余人举行纪念杨靖宇同志殉国四十周年活动

纪念大会在杨靖宇同志1940年2月23日壮烈殉国的地方——靖宇县蒙江河边的一个山沟举行。东北三省党政军和有关地区、单位都献了花圈，并派负责同志或代表团参加纪念活动。一些抗联老战士也远道赶来纪念。大家为最近落成的杨靖宇同志纪念碑、纪念塔揭幕。

2月24日

全国人大常委会委员长叶剑英在中共十一届五中全会第一次会议上的讲话

同志们：

五中全会今天正式开幕了。华国锋同志的讲话，我完全同意。中央决定这次会议要讨论成立书记处的问题，现在我就这个问题讲一点意见，请同志们指教。

我同意成立书记处的决议，也同意决议中提出的书记处的职权范围。虽然我觉得职权范围稍小了一点，但目前只能如此。现在成立的书记处，可以说是新的机关，书记处的成员虽然有不少老同志，但对书记处的工作还是比较生疏的。在这种情况下，我们不能让书记处一下子承担过重的任务。我认为，书记处在中央政治局和它的常务委员会领导下，负责处理中央日常工作，它的工作范围将来可以稍为扩大一些，而且应该扩大一些。这个问题可以留在下一次中央全会讨论。

中央书记处，我考虑就是准备接中央的班的。书记处的特点之一就是比较年轻。老年人的今天，就是中年人的明天，因此他们要准备培养精干正派的青年人接自己的班。我们共产党的最终目标是实现共产主义，这是漫长而艰巨的伟大事业，不是一两代人所能完成的，需要世世代代奋斗下去，传下去！我们这些老一辈的同志，在毛泽东同志领导下，南征北战，度过了大半个世纪，现在已经七八十岁了。我在1978年春天曾经写过两句话："百年赢得十之八，老骥仍将万里行。"这大概可以代表我们这些老同志的心情。我们老同志都想为党多干些时间，多做些工作，但是年纪不饶人，自然规律不可抗拒，革命事业总有一个交班和接班的问题。因此培养和造就接班人尤其是中央的接班人，的确是摆在我们面前的十分重要而又紧迫的战略任务。

按照列宁的学说，党的领袖是一个集体，是由"最有威信、最有影响、最有经验、被选出担任最重要职务"的同志组成的。我们讲中央书记处接班，是接集体的班，而不是接哪一个人的班。这个问题，斯大林没有解决，他只看上一个马林科夫，但很快就被赫鲁晓夫篡了权。我们党"八大"以后成立的以邓小平同志为总书记的书记处发挥了很好的作用。但是"文化大革命"中搞了一个"中央文革"，把书记处冲掉了。我们党虽然在理论上提出了接班人的问题，但在实践中也没有解决好。毛主席他老人家对集体的交班、接班问题考虑得少，而是侧重于个人的交班、接班。"九大"把林彪当接班人写进了党章，林彪摔死了，又提出王洪文当接班人。实践证明，这样做是失败的，这个教训我们要牢牢记取。

我们现在重新建立书记处，既是组织上拨乱反正，恢复我党的传统，又是适应新时期的需要。中央书记处是培养锻炼党的高级干部的场所。通过处理中央日常工作的实践，书记处的成员就能够了解全面的情况，熟悉中央的工作方法和工作作风，锻炼独立处理国家大事、应付事变的能力。将来进入政治局和中央常委的同志，先在书记处工作一段时间，就比较容易驾轻就熟。当然，书记处的每个同志不一定都能进入政治局和中央常委，而且书记处的成员也不会是固定不变的，总是有进有出，新陈代谢，这是合乎辩证法的。我们老一辈的同志要很自觉地交好班，要万分热情地帮助他们接好班，让他们能够很好地代替我们这些人。他们经验不足，修养不够，最初可能跌跤子，也不要紧，我们有经验丰富的老同志满腔热情地给以帮助，指点，他们会很快成熟起来，形成坚强的党的领导集体。这样，即使有个别领袖人物去世或更换了，也无碍大局。

书记处是党中央的书记处，不是中央政治局的书记处，也不是中央常委的书记处。书记处处于第一线，中央常委、政治局处于第二线。这样做，除了有利于解决接班人问题外，好处很多：(一)可以使中央政治局和常委同志集中精力，研究国际国内大事，更好地解决国内外的重大问题,使中央工作更加主动,更加有预见性。(二)中央领导同志能有更多时间、更多机会下去同地方接触。我回忆1958年到1959年,在两年时间里,中央开的九次会议,只有一次会议在北京开,其余八次都在外地。现在,四个现代化是新的事业,对我们来说还有许多未被认识的必然王国,中央领导尤其需要更多更好地学习,要更多地接近群众,了解干部,了解地方,帮助地方,向地方学习。成立书记处之后,中央领导同吉就有更多时间到下面去,在实践中调查研究,探索规律,为四化服务。(三)便于中央科学分工,抽出一些领导同志到外国参观学习,把外国的经验当作一面镜子照照自己,更好地知己如彼,领导四化建设,在经济上、文化上较快地赶上和超过发达的国家。

党中央书记处的成立,不仅在国内具有重要意义,在国际上也会有很大影响,它向世界表明:中国共产党是后继有人的。

这里,我想对书记处的同志提三点希望:

一、要模范地贯彻执行党的政治路线、思想终线和组织路线,坚定不移,贯彻始终。要带头解放思想,敢说、敢做、敢于负责,创造性地进行工作,把马克思列宁主义、毛泽东思想的普遍真理,同四化建设的具体实践紧密结合起来,研究新情况,解决新问题。要始终坚持四项基本原则,坚决同违背四项基本原则的倾向进行不调和的斗争,保证我们的事业沿着正确的轨道胜利前进。

二、要坚持集体领导的原则。党的领导是集体领导,不是个人领导。共产党不同于其他政党,从来就是依靠集体的智慧和经验,个人不过是集体的一员,个人的作用只有通过集体,才能得到正确的发挥。拿书记处来说,所有成员都是平等的关系,都只有一票,要互相支持,互相谅解,识大体、顾大局,和衷共济,同心同德。“如果这‘一班人’动作不整齐,就休想带领千百万人去作战,去建设。”重大问题应当由书记处这个集体,而不是个人或者少数几个人作出决定。任何时候,都不能夸大个人的作用,不能个人说了算。要看到,像我们这样一个执政的大党,即使是天才,如果突出个人,独断专行,就一定要犯错误,给党的事业带来严重危害。在这方面,我们党是有惨痛教训的。

三、必须善于学习,勤奋学习。书记处担负的任务是很繁重的,我们的经验不足,知识不多,很多新的东西需要我们去学习。要认真读书,注重实践,学好马列主义、毛泽东思想,学会现代化的经济管理,掌握必要的专业知识。即使我们的工作有了一些成绩,也要谦虚谨慎,力戒骄傲。

我相信书记处的同志们,一定能很好地完成党和人民的重托,做到青出于蓝而胜于蓝,一代强于一代,长江后浪催前浪,一浪高于一浪,把我们共产党的事业一代一代地坚持下去,直到最后胜利!

我的讲话完了。

中共中央副主席陈云在中共十一届五中全会第一次会议上作《成立中央书记处是党的一项重要措施》的发言

我现在要讲两个问题:一个是关于成立中央书记处的问题,一个是关于汪东兴、纪登奎、吴德、陈锡联4位同志提出辞职的问题。

成立中央书记处,这是党的一项重要的措施。这个事情非常紧迫,非常必要。现在从中央到县委,大部分人头发都已经白了。所以,有它的紧迫性,有它的必要性。现在我们主动地来选择人才,还有时间,再等下去,将来就没有时间了。党的交班和接班的问题,在国际共产主义运动中间,在我们中国党内,有过痛苦的教训,这一点,我不说大家也知道。

中央书记处的工作范围,叶剑英同志讲应该扩大,我觉得这个意见对,但这个问题可以考虑留到下次中央全会讨论。书记处要管党、政、军、民各方面的工作,是一个工作班子。现在提出书记处13个人的候选名单,有的同志认为还要扩大一点。我认为,这个名单增加一点可以,不增加也好。这次提出的这13个人的名单,在现在的情况之下,是比较合适的。平均年龄是65岁,也不算年轻,再过五年就70岁了。但是,要求更年轻一些,我看现在办不到。所以,书记处和全党的一个重要任务,是要在各级选择合格的年轻干部。这些被选进的人,党性要强,要有干劲,要有一定的工作经验。还要培养一批技术干部到各级领导机关里来,这样才能搞四化。

书记处的工作方法,我认为应该采取办公会议的方式,就是叶剑英同志所讲的集体领导的方式。集体办公,大家都在一起,要办的事,或者开会决定,或者几个人商量,立即办,不要拖延。那就要身体相当好,年纪轻一点的。像基辛格那样,在中东搞穿梭外交,我是一次也穿不了。集体办公,碰到问题就解决。像现在这样传阅画圈圈的办法,要误事的,误四化的大事。当然,今后还是要画圈圈的,有些文件可以画圈圈。要认真实行集体领导制度。民主集中制,是既要有民主,又要有集中。党的任何一级组织,允许不同意见存在,我看这不是坏事。有不同意见,大家可以谨慎一些,把事情办得更合理一些。允许有不同意见的辩论,这样可以少犯错误。一个人讲了算,一言堂,一边倒,我认为不好。这是讲民主方面。但是,又必须要有集中,少数服从多数,全党服从中央,否则什么事情也做不了,一事无成。没有民主不好,没有集中也办不了事。

全党应该允许书记处或者书记处的某个同志犯错

误，准备他们犯错误。不犯错误的人是没有的。老同志和其他同志要帮助他们。

还提一条意见：开会不要开死人。今后的会议，一定是会有老年的，比较年轻的，还有40岁左右的同志参加。有的能上午、下午、晚上三班连续干。我连续不了，我也不赞成比较年轻的干部或者青年干部都是三班连续干，上午、下午、晚上都办事。必要的事情，必要的时候，要这样做。但是，三班都排得满满的，总不是个办法。胡耀邦同志当组织部长的时候，我给他讲过几次。我说，中央派你当组织部长，不是派你到“八宝山”。他到我这里来谈话的时候，没有一次电话不找他，都跟在屁股后面，这不得了。所以，我不赞成上午、下午、晚上都办事。林李明同志的死最大的原因是开会，当然不是唯一的原因，总之开会多就是了，如果开会没有那么紧张的话，不一定就死。60年代初期，允许朱总司令晚上开会到12点钟早退。我认为这是个好办法。那个时候我问过朱老总，我说，老总，你吃得消吧？他说，现在有了这一条，12点钟以后早退就可以了。将来找一些年轻力壮的人，能够搞穿梭外交的人，也有些老同志，一起开会。

关于4个同志辞职的问题。我同意他们提出辞职。他们检讨的内容，是表示一个同志对自己的错误现在的认识程度。他只能认识到这样的程度，不够，就把这个问题记录在案嘛，不要急。我们应该全面地考察一个干部。所谓全面是什么呢？我们看到这个同志犯了什么错误，也应该看到他在党内做过什么好事，这是一个方面。第二个方面，必须看到当时党内的整个情况，这些同志是在当时的情况之下犯的错误。就犯错误的同志来说，不要自己觉得委屈了。我说，应该想一想。想什么问题呢？想这样一个问题：我是否可以不犯这样的错误。有的同志看了犯错误的同志的检讨，不满意，可以提批评，被批评的同志应该听批评的意见。但我不赞成对犯错误的同志扭住不放。过去有过这样一个时期，检讨没有完没有了，批判没有完没有了，从来都不说可以过关，直到最后会开不下去，大家散会了，完不了也只好暂时算完了。我不赞成这样对犯错误的同志扭住不放。这种检讨没有完没有了的情况，我认为不是党的好作风。党接受了他们的辞职以后，在政治上要分配他们做工作，在生活上要照顾他们的需要。

中共中央就召开十一届五中全会邀请各民主党派负责人和无党派人士在人民大会堂举行座谈会

座谈会2月24日至27日举行，各民主党派和全国工商联的负责人、无党派人士及其他各界知名人士近100人出席。

中共中央主席华国锋出席了2月24日上午的座谈会，并代表中共中央就五中全会的各项议程作了说明。

华国锋同志在座谈会上指出，在座的许多同志有同党几十年合作的历史，同党一起经历了许多伟大的胜利，也经历过一些严重的困难和考验。他说，在粉碎“四人帮”以后，我们之间的政治基础更加牢固了，相信在新的长征中，我们一定能合作得更好。他代表中共中央，欢迎大家畅所欲言，对五中全会准备解决的问题充分发表意见。

座谈会由中共中央政治局委员、中央统战部部长乌兰夫主持。

在4个上午的座谈中，大家心情激动，精神振奋。荣毅仁、王昆仑、胡子婴、董其武、许德珩、孙起孟、史良、朱学范、严信民、刘仲容、胡厥文、胡子昂、赵宗燠、屈武、甘祠森、孙晓村、王雪莹、罗叔章、阿沛·阿旺晋美、徐萌山、黄鼎臣、朱蕴山等在会上相继发言，叶圣陶、钟惠澜、易礼容、周士观等作了书面发言。他们一致表示，完全赞同中共十一届五中全会讨论解决这些问题，热烈拥护中共中央为刘少奇同志平反。他们说，五中全会考虑解决的问题，都是人们十分关心并迫切希望解决的问题。刘少奇同志一贯忠于党和人民，是党和国家主要的、卓越的领导人之一，为我国的革命和建设事业建立了不可磨灭的功绩。中共中央为刘少奇同志平反，表达了全国人民的愿望。五中全会解决的问题，大得人心，一定得到全国人民的热烈拥护。事实说明，中国共产党是伟大的、光荣的、正确的。他们认为，党的十一届五中全会的召开，对于加强和改善党的领导，进一步密切党同人民群众的关系，对于加强全国人民的大团结，巩固和发展安定团结的政治局面，对于进一步落实党的政策，调动全国人民的积极性，同心同德进行社会主义现代化建设，都将产生不可估量的影响。他们表示，决不辜负共产党的信任，一定要奋发努力，为四化建设，为争取台湾归回祖国、完成祖国的统一大业，贡献自己的全部力量。

座谈会结束时，乌兰夫同志对大家就党的十一届五中全会发表的意见和建议表示感谢。他说，大家的意见和建议对党很有益处，一定把它反映到五中全会上去。他希望大家今后继续对党的工作提出意见和建议，同心同德，共同为我国尽快实现四个现代化的宏伟目标而奋斗。

《北京日报》发表署名元石的文章《共产党员要在政治上与党中央保持一致》

文章首先说，共产党员要在政治上与党中央保持一致，这是我们党的一个重要规矩，是共产党员高度党性原则的表现。所谓在政治上与党中央保持一致，主要是指在政治路线以及为实现政治路线所采取的政治行动方面，共产党员必须与党中央保持一致。当前，就是要坚决拥护党的三中全会以来中央确定的建设现代化社会主义强国的政治路线及一系列方针政策，并积极地为之实现而奋斗。

文章在阐明共产党员要在政治上和党中央保持一致的重要性时说，只有全党紧密地团结在党中央的周围，与中央同心同德，步调一致，党的路线才能真正得以实现。正因为如此，我们党早就把这一原则作为重要的政治纪律和组织纪律规定在党的章程上。党的八大通过的党章就规定了："党的决议必须无条件地执行。党员个人必须服从党的组织，少数必须服从多数，下级组织必须服从上级组织，全国的各个组织必须统一服从全国代表大会和中央委员会。""关于党的政策问题，在党的领导机关没有作出决议以前，党的下级组织和党的委员会的成员，都可以在党的组织内和党的会议上自由地切实地进行讨论，并且向党的领导机关提出自己的建议。但是党的领导机关一经作出决议，他们就必须服从。"

文章分析了过去很长一段时间里，林彪、"四人帮"践踏党规党法，给党的建设带来的灾难性的后果：一些党员党的观念淡薄了，某些党组织中政治纪律和组织纪律松弛了。有的党员中林彪、"四人帮"的毒害很深，思想、立场、感情不对头，还自以为是，动不动就认为中央的路线、政策"偏了"，因而产生抵触甚至对抗的情绪。有的人把林彪、"四人帮"的破坏带来的问题算在我们党的领导的账上，抓住现在还存在的一些具体问题，否定党的路线、方针、政策。更有甚者，有少数党员竟然违背党的纪律，搞非组织活动，公开煽动反对党的路线，等等。

文章强调说，今天的党中央在路线上是完全正确的，是值得信任的，轻易地怀疑中央的路线"偏了"，不愿在政治上与党中央保持一致，是大错特错。文章指出，林彪、"四人帮"一伙反革命野心家、阴谋家篡夺中央的部分领导权、推行修正主义路线的情况是一种特殊历史条件下的产物，在这种情况下，许多党员起来抵制和反对林彪、"四人帮"的倒行逆施，包括采取像天安门事件这样的行动，是完全正义的。但是，反对林彪、"四人帮"，并不是反对和否定党的领导，而正是为了维护党的领导；不是否定党员在政治上应该与中央一致，而正是要恢复党的优良传统，恢复党的政治纪律与组织原则。粉碎"四人帮"三年来，我们党的状况已经发生了根本的转变，领导班子已经发生了根本的转变，党的思想路线已经发生了根本的转变。今天的党内，民主生活的大发扬是空前的，纠正错误的魄力之大也是空前的。正是今天的党中央，在粉碎"四人帮"以后，及时地作出党的工作着重点转移的战略决策，把全国人民梦寐以求的在本世纪内建成现代化的社会主义强国的宏伟目标，规定为我们党在今后一个历史时期的政治路线；正是今天的党中央，通过实践是检验真理的唯一标准的讨论，在全党恢复了辩证唯物主义的思想路线；正是今天的党中央，以伟大的气魄，解决了一系列重大历史遗留问题，平反了大量冤假错案；正是今天的党中央，深谋远虑，励精图治，领导全国人民打响了实现四化的第一个战役，决定集中三年时间认真搞好国民经济的调整、改革、整顿和提高，并且已经取得了显著的成效。这样一个坚定地站在正确路线上，领导全党、全国人民沿着正确轨道不断前进的党中央，赢得了每一个爱国的中国人的衷心爱戴和拥护，我们每一个党员怎能不自觉地团结在党中央的周围，与它保持政治上的一致呢？

过去，林彪、"四人帮"别有用心地片面强调要以政治上正确与否作为是否与中央保持一致的先决条件，文章指出这是宣扬主观唯心主义的真理论。正确与不正确，不是由某个人自己认为怎样就能确定，而要经过实践的反复检验。如果自己认为正确就执行，自己认为不正确就反对，岂不要乱了套，哪里还会有党的统一行动？历史上党内不少机会主义路线头子，都是以"中央错了，我对了"的口号，来反对中央。可是中国革命的历史事实证明，错误的恰恰是他们，而不是中央。

文章分析了在党的路线出现偏差时，作为一个共产党员，应当采取的态度，既要在党内开展原则性的斗争，又要在组织上行动上与中央保持一致。因为只有这样，才能使党不致分裂，自己不离开党的队伍，也才有可能通过党内斗争纠正党的错误路线。我们是辩证唯物主义者，我们相信，只有依靠全党的努力，共同的实践，使更多的党员提高觉悟，认清路线上的是非，才能在得到多数同志的支持，特别是党中央本身的努力下，来纠正党的路线的偏差。我们党许多老一辈无产阶级革命家在当时就是这样做的。这样，既避免了党在组织上的分裂，又能通过实际工作的每一步骤去说服、争取多数，从而纠正了党的错误，挽救了党。

有的同志担心，强调在政治上与中央保持一致，会不会妨碍发扬党的民主，弄得人们不敢讲话。文章在提出这个问题后说，这种担心是不必要的。所谓党内民主，就是按多数党员的意志办事。今天，党的路线就是集中了全党和全国人民的意志制定的，是高度发扬党内民主的产物。坚决贯彻执行党的政治路线，正是按多数党员的意志办事，正是民主集中制的根本要求。当然，为了保证党的路线的贯彻执行，还要继续发扬党的民主，不断提高和发扬广大党员为贯彻执行并维护党的路线的主动性、积极性、创造性，勇于同违反党的正确路线的倾向作斗争，排除来自“左”的或右的方面的干扰，发挥党员的高度责任感，积极改善党在四化建设中的领导作用，对党的工作中的缺点错误提出建设性的批评，提出积极的改进意见，等等。党内民主，同强调与中央保持一致，是一点也不矛盾的。

文章反对离开党的根本利益，抽象地讲民主的倾向。文章说，民主，说到底，是手段，不是目的。发扬党内民主，不是为了别的，正是为了增强党的战斗力，全党团结一致地实现党的中心任务，即实现四化；民主的成效如何，最终要以是否有利于党的团结统一，是否有利于四化事业来衡量。不能设想，有一种党内民主，它不是增强团结统一，而是破坏团结统一；不是促进四化，保卫四化，而是削弱四化，干扰四化；不是有利于贯彻执行党的路线、方针、政策，而是妨碍贯彻执行党的路线、方针、政策。这样的所谓民主，违背了广大党员的意志，妨害了党的集中统一，决不是我们所需要的党的民主，而是对党的民主的破坏。

有的同志还担心，强调与中央保持一致，会不会提倡盲从，影响党员解放思想、独立思考。文章在提出这个问题后说，这种担心，同样是不必要的。

我们党一贯鼓励党员努力学习，解放思想，善于独立思考，善于识别正确路线和错误路线。党不需要党员的盲从，需要的是自觉的行动；不需要提倡奴隶主义，需要的是为真理献身的革命精神。但是，我们党又从来认为，解放思想必须有一个正确的方向。我们解放思想的根本目的，在于正本清源，拨乱反正，使我们的思想冲破林彪、“四人帮”设置的精神枷锁，回到辩证唯物主义的正确轨道上来；在于从实际出发，更好地解决前进中出现的新情况、新问题，不断探索社会主义的经济规律，探索中国式的现代化道路，多快好省地实现党在现阶段的历史使命。党的三中全会确定的政治路线及一系列方针、政策，就是党中央领导全党思想大解放的产物。党的工作着重点转移到四化建设上来，正是在思想解放的运动中开始实现的。因此，强调在政治上与中央保持一致，不仅不会影响解放思想，而且可以使思想解放有一个正确的方向。解放思想决不是胡思乱想，它必须符合党和人民的根本利益，尊重社会主义建设的客观规律。那种不从实际出发，不顾党的利益，乱想乱说，恰恰是没有从唯心论形而上学的枷锁下解脱出来，没有从资产阶级个人主义的束缚下解放出来。如果这样去“解放思想”，其结果就可能“解放”到资产阶级的怀抱中去。

有这样一种荒唐的论调，似乎只有不与中央保持政治上的一致，以至敢于向中央唱唱反调，才是所谓的“发扬民主”和“解放思想”。文章指出，这是对发扬民主和解放思想的歪曲。文章最后说，对持这样观点的人，我们应该向他们讲清楚，我们党的章程规定了，只有承认党的纲领，执行党的决议，遵守党的纪律的人才能参加党；只有在政治上把个人的愿望同党的理想融合一体，在政治上与党中央保持一致，同党一起奋斗的人，才能做一个名副其实的共产党员。否则，他将失去共产党员的资格。

中国乒乓球队选手在联邦德国举行的第二十九届国际乒乓球锦标赛上获得 4 个单项冠军

侯德封逝世

我国著名地质学家、矿床学家和地球化学家、中国科学院学部委员侯德封同志，因病于 2 月 24 日在北京逝世，终年 80 岁。

侯德封 1900 年 4 月 8 日出生在河北省高阳县，1917 年考入北京大学预科。1919 年进入北京大学地质系学习，1923 年毕业。1924—1925 年山东莱阳县中学任教。从 1926 开始历任河南中原煤矿公司钻探师、农矿部(实业部)地质调查所技士、山西太原晋绥矿产测探局矿产课技正及课长、四川省地质调查所技正、四川省地质调查所所长、兼任重庆大学地质系教授、南京中央地质调查所技正、兼陈列馆主任。新中国成立后，侯德封积极参加组建地质工作机构和主持地质科学研究，历任南京市人民政府委员、中国科学院地质研究所所长、中国地质工作计划指导委员会委员兼南京办事处主任、中国地质学会书记、中国第四纪研究委员会副主任、中国科学技术大学地球化学系系主任、中国科学院贵阳地球化学研究所所长、中国矿物岩石地球化学学会名誉理事、中国地质学会副理事长等职。

侯德封先后当选为第二届、第三届全国人民代表大会代表，第五届中国人民政治协商会议全国委员会常务委员。

2 月 25 日

中共中央发出《关于为所谓“习仲勋反党集团”平反的通知》

1962 年，康生指控小说《刘志丹》是为高岗翻案的反党文艺，并借此对给这本小说的创作提过意见、提供过材料的习仲勋、贾拓夫、刘景范等人进行审查，将他们说成是“习仲勋反党集团”。通知指出：党的十一届三中全会以后，中组部对这一历史遗留案件进行了复查，所谓“习仲勋反党集团”，纯属不实之词。强加给习仲勋、贾拓夫、刘景范的反党罪名应予推倒，彻底平反，恢复名誉。对因此案受株连迫害的干部群众，均应予以平反，恢复名誉。

中宣部 中组部发出《关于加强党员教育健全党的组织生活的意见》

《关于加强党员教育健全党的组织生活的意见》（以下简称《意见》）中指出：加强党员教育，健全各级党的组织生活，增强党性，端正党风，增强党的战斗力，以加强党对现代化建设的领导，是当前党的建设上一项重要和迫切的任务。

《意见》指出：要加强对广大党员的马列主义、毛泽东思想的教育，新时期形势任务与党的路线、方针、政策的教育，社会主义民主与法制的教育，共产主义伟大理想和党的优良传统的教育。要继续搞好实践是检验真理唯一标准的学习讨论。要以中央下发的党章修改草案、《关于党内政治生活的若干准则》为基本教材，还可参考人民出版社出版的《党的基本知识》。教育要从实际出发，采取多种形式，讲究实效，不要搞形式主义。各级党委要分期分批轮训党员。除认真办好各级党校外，基层单位要创造条件，采取业余党校、短训班和集中上课分散讨论等多种办法，教育训练党员。争取在两三年内，把党员普遍轮训一遍。各级党委的负责同志和有条件的老同志都应给党员讲党课。

《意见》指出：对党员的教育，要发扬理论联系实际的学风。要坚持正面教育，以理服人。要强调学好文件，提高认识，联系实际，总结经验，提倡开展批评与自我批评。

关于健全党的组织生活，《意见》指出，这是对党员进行经常性教育，提高党的战斗力的一项重要措施。健全党的组织生活，要严格遵循民主集中制的原则；要正确开展批评与自我批评。在党的生活中，功过是非要分清，纪律要严明。要宣传、学习老一辈无产阶级革命家、优秀党员的模范事迹和高尚品质。要大力表扬好人好事，批评教育消极落后不起作用的党员。对那些一直抵制党的路线、方针、政策，坚持派性，目无党纪国法，屡教不改的，必须绳之以党纪。要建立和健全党的组织生活的一些必要的制度。各级领导同志要以普通党员身份参加党支部的组织生活。县以上党委常委至少每半年单独过一次组织生活，认真开展批评与自我批评。

《意见》最后指出：各级党委都要把加强党员教育、健全党的组织生活这项工作列入重要议事日程，下大力气，争取两三年内把党的这一项基本建设工作搞好。县级以上机关，特别是中央、国家机关要带头做好。不重视党员教育，不抓党的组织生活，党不管党，是党组织的失职行为。各级党委要共同努力，为把我们的党建设得更加伟大、光荣、正确，更好地率领全党和全国人民为加快实现四个现代化而努力奋斗。

国务院审核批准1979年下半年全国县级以上行政区划变动情况

(1)天津市设立大港区，以南郊区的部分行政区域为大港区的行政区域。大港区领导机关驻上古林公社胜利村。

(2)内蒙古自治区设立阿拉善盟行政公署，驻巴彦浩特，领导阿拉善左旗、阿拉善右旗、额济纳旗三个旗。

(3)辽宁省恢复朝阳市，以朝阳县的朝阳镇等部分行政区域为朝阳市的行政区域。朝阳市由朝阳地区领导。

(4)辽宁省设立铁岭市，以铁岭县的银州镇等部分行政区域为铁岭市的行政区域。铁岭市由铁岭地区领导。

(5)黑龙江省恢复牡丹江地区行政公署，领导牡丹江、绥芬河二市和海林、宁安、穆棱、东宁、林口、鸡东、密山、虎林八县。

(6)黑龙江省撤销伊春地区行政公署，所属的嘉荫、铁力两县划归伊春市领导。伊春市改由省直接领导。

(7)黑龙江省安达市改名为大庆市。

(8)陕西省将渭南地区的耀县划归铜川市领导。

(9)新疆维吾尔自治区撤销伊犁地区行政公署，所属的伊宁、奎屯二市以及伊宁、霍城、巩留、新源、昭苏、尼勒克、特克斯七县和察布查尔锡伯自治县均由伊犁哈萨克自治州直接领导。伊犁哈萨克自治州领导机关由奎屯市迁回伊宁市。

(10)新疆维吾尔自治区伊犁哈萨克自治州代管的博尔塔拉蒙古自治州改由自治区直接领导。

(11)浙江省恢复湖州市，以吴兴县的湖州镇等部分行政区域为湖州市的行政区域。湖州市由嘉兴地区领导。

(12)浙江省恢复嘉兴市，以嘉兴县的嘉兴镇等部分行政区域为嘉兴市的行政区域。嘉兴市由嘉兴地区领导。

(13)浙江省恢复绍兴市，以绍兴县的绍兴镇等部分行政区域为绍兴市的行政区域。绍兴市由绍兴地区领导。

(14)浙江省恢复金华市，以金华县的金华镇等部分行政区域为金华市的行政区域。金华市由金华地区领导。

(15)浙江省设立衢州市，以衢县的衢州镇等部分行政区域为衢州市的行政区域。衢州市由金华地区领导。

(16)安徽省设立宿州市，以宿县城关镇的行政区域为宿州市的行政区域。宿州市由宿县地区领导。

(17)安徽省安庆地区的安庆市,改由省直接领导。

(18)江西省井冈山地区恢复原名为吉安地区。

(19)江西省设立宜春市,以宜春县的宜春镇等部分行政区域为宜春市的行政区域。宜春市由宜春地区领导。

(20)湖北省设立荆门市,以荆门县的城关镇等部分行政区域为荆门市的行政区域。荆门市由荆州地区领导。

(21)湖北省设立鄂城市,以鄂城县的城关镇等部分行政区域为鄂城市的行政区域。鄂城市由黄冈地区领导。

(22)湖北省设立老河口市,以光化县的老河口镇等部分行政区域为老河口市的行政区域。老河口市由襄阳地区领导。

(23)湖北省设立随州市,以随县的城关镇等部分行政区域为随州市的行政区域。随州市由襄阳地区领导。

(24)湖北省将咸宁地区的鄂城县划归黄冈地区领导。

(25)湖北省将咸宁地区的武昌县和孝感地区的汉阳县划归武汉市领导。

(26)湖北省设立来凤土家族自治县,撤销来凤县,以来凤县的行政区域为来凤土家族自治县的行政区域。

(27)湖南省恢复洪江市,以洪江镇的行政区域为洪江市的行政区域。洪江市由黔阳地区领导。

(28)湖南省恢复津市市,以津市镇的行政区域为津市市的行政区域。津市市由常德地区领导。

(29)广东省恢复潮州市,以潮安县的潮州镇等部分行政区域为潮州市的行政区域。潮州市由汕头地区领导。

(30)四川省设立西昌市,以西昌县的城关镇等部分行政区域和喜德县的四合公社为西昌市的行政区域。西昌市由凉山彝族自治州领导。

(31)四川省设立乐山市,撤销乐山县,以乐山县和五通桥区的行政区域为乐山市的行政区域。乐山市由乐山地区领导。

(32)四川省撤销绵阳县,将绵阳县的行政区域划归绵阳市。

(33)四川省将内江地区的荣县划归自贡市领导。

(34)四川省设立华云工农区(相当县级),以广安、岳池二县各一部分行政区域为华云工农区的行政区域。华云工农区领导机关驻双河公社,由南充地区领导。

(35)四川省设立白沙工农区(相当县级),以万源县的部分行政区域为白沙工农区的行政区域。白沙工农区领导机关驻白沙公社,由达县地区领导。

(36)四川省设立金口河工农区(相当县级),以峨边县的部分行政区域为金口河工农区的行政区域。金口河工农区领导机关驻和平公社,由乐山地区领导。

(37)云南省设立墨江哈尼族自治县,撤销墨江县,以墨江县的行政区域为墨江哈尼族自治县的行政区域。

(38)云南省设立新平彝族傣族自治县,撤销新平县,以新平县的行政区域为新平彝族傣族自治县的行政区域。

(39)云南省设立元江哈尼族彝族傣族自治县,撤销元江县,以元江县的行政区域为元江哈尼族彝族傣族自治县的行政区域。

国务院副总理余秋里在人民大会堂设宴欢迎以政府副总理科尔内尔·布尔蒂卡为团长的罗马尼亚社会主义共和国经济代表团

北京市和纽约市结成友好城市协议在人民大会堂签署

协议指出,北京和纽约两市根据中美两国建交公报的原则,为增进两个城市人民和两国人民之间的了解和友谊,决定建立友好城市关系。这两个城市在新的友好关系的基础上,将根据平等互利的原则,采取多种形式,在经济贸易、文化教育、科学技术、城市管理和市政建设方面进行广泛的交流与合作,以促进两个城市的繁荣和两国关系的不断发展。

北京市市长林乎加和纽约市市长科奇代表双方在协议上签了字。

中国核学会第一次代表大会和原子能科学技术如何为四化作出更大贡献讨论会在北京召开

著名核化工专家、第二机械工业部副部长姜圣阶在讨论会上发表题为《核能在能源中的地位及我国发展核能的途径》的报告中说,核能的应用是人类发展史中一件划时代的大事,核电站的出现对解决近期世界能源问题,有重大的现实意义。

姜圣阶在报告中共谈了三个问题:(1)核能在世界能源中的地位;(2)核能在我国能源中的地位;(3)我国的核电发展应该怎样起步。在谈到核能在我国能源中的地位时,他说,我国人口众多,按人口平均能量资源不是十分丰富。为了实现四个现代化,各种能源均需要加紧开发,对能源的节约应给以最大的注意,并且必须及早发展核电。

姜圣阶说,二十多年来,我国在研制核武器的过程中，已经成长起一支反应堆研究设计队伍和配套协作的科技队伍，积累了丰富的实践经验。我们不应看不到自己的力量，妄自菲薄。应该明确指出，核电站没有什么国内解决不了的技术难关，如果国外不给我们技术，靠我们自己的力量完全能设计出和建成核电站。为了有计划有步骤地发展我国的核能事业，他希望领导部门能抓紧组织力量研究和编制发展核电的规划。他在报告中还就我国发展核电应该怎样起步谈了自己的看法。他说，鉴于我国必须发展核电，应当抓紧搞科研。我们不能等规划、等条件、等引进，应当立即动手去做工作。建立核电站既是科研又是工程，二者应该密切结合，不能截然分开。他还谈了引进技术和国内实践的关系。他说，核电要在我国电力生产中占一定的比例，显然不能靠从国外买来。他认为"自力更生为主，争取外援为辅"是发展核电唯一正确的方针。

中国科协代主席周培源教授就邀请台湾省的科学技术团体和科学家参加中国科协第二次全国代表大会一事发表谈话

周培源教授说，中国科协在80年代第一个春天召开的第二次全国代表大会，是继全国科学大会以来我国科技界的又一次盛大集会。当我们科技界的同仁们将要在北京欢聚一堂的时候，我们更加想念台湾科技界的朋友们。为此，我已经代表中国科协主席团致电台湾省科学技术团体和科学技术工作者，邀请他们派出代表参加这次全国科技界的盛会。

周培源教授说，进入20世纪以来，我国老一辈的科学技术界同行，本着发展我国科学技术事业的宗旨，相继发起成立了许多科学团体，如辛亥革命前成立的中国药学会、中国地理学会；辛亥革命后到"五四"时期成立的中华医学会、中国科学社、中国农学会；二30年代创建的科学团体就更多了，如中国地质学会、天文学会、物理学会、化学会、数学会等等，都是这个时期发起成立的，这些科学团体为近代科学技术在我国的传播和发展作出了一定的成绩。中国科学技术协会和它的前身中华全国自然科学专门学会联合会(全国科联)、中华全国科学技术普及协会(全国科普)就是上述这些科学技术团体的继承和发展。三十年来，我们科学技术界在自己的团体里，通过各种形式交流思想，切磋学术，传播先进的科学技术知识，为发展我国的科学技术事业作出了自己的贡献。

周培源教授说，我们的这一次代表大会，将在回顾过去工作的基础上，商讨我们这个团体在祖国四个现代化建设中的作用和任务，制定我们这个团体的章程和民主选举全国科协的领导机构。我们在台湾科学界有许多老朋友，我们许多年不见面了，我们互相都惦记着，很想有机会见见面，畅叙友情，交流学术思想。因此，我们恳切希望台湾的科学技术界同行，能够接受邀请，前来北京参加大会，和大陆的科学家一起，为发展中华民族的科学技术事业，为实现四化献计献策。

《人民日报》发表评论员文章《党领导文艺的良好方法》

中国戏剧家协会、中国作家协会和中国电影家协会在党中央的亲切关怀下，在中央宣传部的指导帮助下，最近举行剧本创作座谈会，就去年发表、上演的几个话剧和电影文学剧本，进行了热烈的讨论。座谈会上，领导文艺工作的同志同有关的文艺工作者平等交换意见，互相交心；作家、艺术家和评论家在融洽的气氛中敞开思想，各抒己见，自由争论，畅所欲言。会议开得生动活泼，充满民主气氛。这是第四次全国文代会之后，一次商讨文艺创作问题的重要会议。许多参加会议的同志说，这是粉碎"四人帮"以后，文艺战线在党中央领导下坚决贯彻执行"百花齐放、百家争鸣"方针，认真发扬艺术民主的生动体现，是党领导文艺工作的良好的方法。

参加这次座谈会的同志，认真学习了邓小平同志代表党中央、国务院在中国文学艺术工作者第四次代表大会上的祝词及其他有关报告。"祝词"指出："各级党委都要领导好文艺工作。"最近邓小平同志在《目前的形势和任务》的重要报告中，又提出了"坚持党的领导，改善党的领导"的要求。我国的社会主义文艺事业，是党所领导的伟大事业的一个重要组成部分。党对文艺工作必须实行领导，广大文艺工作者也衷心拥护党对文艺工作的领导。在党如何领导文艺工作这个问题上，我们有过成功的经验，也有过不成功的或者说是有错误的历史教训。林彪、"四人帮"篡夺文艺的领导权以后，以帮代党，疯狂推行法西斯文化专制主义，使党的文艺事业受到严重的摧残。粉碎"四人帮"以后，我们批判了他们推行的封建法西斯文化专制主义和极左文艺路线，党和文艺工作者的关系更加密切了。文艺战线的形势，同全国的形势一样，充满光明和希望。为了使我们的文艺更好地适应时代发展的需要，我们要认真总结经验教训，坚持党的领导，改善党的领导，摸索出一套在建设四化这一新的历史时期党领导文艺工作的成功的经验和做法，以利于最充分地调动广大文艺工作者的积极性，最有效地发挥他们的智慧和创造精神，发展和繁荣社会主义文艺事业，使文艺在促进四化、推动四化方面作出更大的贡献。

努力发扬党的优良传统和作风，提倡党的领导者同文艺工作者平等地交换意见，互相交心，是这次剧本创作座谈会开得好的成功经验之一。毛泽东同志在延安召开文艺座谈会时，把文艺界的一些同志找到身边座谈，听取意见。周恩来同志领导文艺工作，经常同文艺工作者促膝谈心。许多文艺工作者都感到，同毛主席、周总理一起商讨文艺问题，心情舒畅，“如坐春风”。今天，邓小平同志又语重心长地指出：“我们提倡领导者同文艺工作者平等地交换意见；党员作家，应当以自己的创作成就，起模范作用，团结和吸引广大文艺工作者一道前进。衙门作风必须抛弃。在文艺创作、文艺批评领域的行政命令必须废止。如果把这类东西看作是坚持党的领导，其结果，只能走向事情的反面。”在这次剧本创作座谈会上，党中央领导同志、文艺界的领导同志，不摆领导架子，而是以革命同志的平等态度，同文艺工作者包括一些写了不成熟、不成功的剧本的作者，恳切商讨，互相交心。这种充分发扬民主，平等待人，做深入细致的思想工作，进行正面引导的做法，确实是党领导文艺工作的好方法，是值得推广和发扬，值得做领导工作、特别是做文艺领导工作的同志学习的。

这次剧本创作座谈会的另一个成功的经验，就是在坚持四项基本原则的前提下，发扬艺术民主，坚定不移地贯彻执行“双百”方针。发扬艺术民主，要求党的领导机关和做文艺领导工作的同志，不是在口头上，而是在实际上，坚持不打棍子、不抓辫子，不戴帽子的“三不主义”，切实保证人民群众有进行文艺创作和文艺评论的自由，保证文艺创作、文艺评论中竞赛和争论的自由，创造一种最适宜文学艺术蓬勃发展的气氛，广开文路，广开言路，广开才路，把广大文学艺术工作者的积极性和创造性充分调动起来，发展社会主义的和一切有利于人民的文学艺术。应当容许作家写不成功、甚至有缺点错误的作品，也应当容许批评家发表不成熟、有缺点错误的评论。当然，对于有错误的作品和言论，也要进行讨论和批评。这种讨论和批评，应当力求是真正同志式的，是入情入理、恰如其分、令人信服的。容许批评的自由，也应当容许反批评的自由。在艺术评价上的不同意见和理论问题上的不同见解，应当容许保留意见，一要说服，二要等待，不能采用少数服从多数的办法。我们要坚决摒弃那种无限上纲、罗织人罪、剥夺民主权利、甚至置人于死地的“四人帮”作风。党和人民都不容许这种作风。如果在文艺问题上确有敌对分子的敌对活动(三十年来的经验证明这种情况极少)，应该查实处理，不能随便给某一文艺作品和某一文艺工作者横加政治罪名。党对于正常的批评应该予以保护，不允许打击报复。对文艺上那些有争议的问题，更应当经过自由的充分的讨论，在实践中求得解决。这次剧本创作座谈会对某些作品所表现出的带倾向性的问题，进行讨论和评论，始终坚持“三不主义”，这正是贯彻党的“双百”方针的体现。

这次剧本创作座谈会开得好，还在于进行深入细致的思想政治工作，教育和引导广大文艺工作者顾大局，识大体，引导他们做安定团结的促进派，做四化的促进派。我们党和全国人民在80年代的主要任务，就是集中精力，同心同德，聚精会神搞四化。要顺利实现四化，必须有一个安定团结的政治局面。我们希望每一个有志气、有抱负的作家、艺术家和文艺工作者，都要识这个大体，顾这个大局，以党和人民的利益为重，时刻记住自己的职责，充分认识对党负责和对人民负责的一致性，继续解放思想，努力创作出深刻反映我们时代的矛盾和斗争，表现我们时代有革命理想和科学态度、有高尚情操和创造能力、有宽阔眼界和求实精神的四化创业者和人民群众的崭新精神面貌的作品，用崇高的理想来教育人民，影响生活，推动生活。要做到这一点，领导部门就要鼓励和创造条件，帮助作家努力学习理论和学习社会。无论是搞创作还是搞理论的同志，都要认真学习马列主义、毛泽东思想，力求完整地准确地运用马列主义、毛泽东思想的基本观点分析文艺问题，并在实践中丰富和发展马克思主义的文艺理论。要认真学习社会，深入到工农兵中去，到劳动人民中去，向工农兵学习，研究新情况，观察新问题，从广大人民群众中吸收智慧和力量，吸收丰富的创作素材，真正使我们的文艺创作同人民共命运，同呼吸，反映出伟大的时代精神。

80年代是充满光明、充满希望的年代，是大有作为的年代，也是严峻的充满考验的年代。在我们党驾驶的时代巨轮的伟大航程中，海面还会有狂风恶浪，水下还会有暗礁潜流，航船本身的机器也还有一些创伤要修补。我们文艺工作者既是这条航船的一名水手，又是这条航船上人们精神食粮的创造者。重任在肩，责无旁贷。我们一定要同党一道，同全国人民一道，手拉着手，心连着心，同舟共济，用我们全部的精力、全部的聪明才智和创造性的劳动，创作出丰富多彩的精神产品，提高人们的精神境界，保证我们祖国的航船乘风破浪，胜利前进!

由中国展览公司中国摄影家协会主办的美国著名摄影艺术家路易斯·威克斯·海因作品展在北京展览馆展出

这是中美建交后在我国举办的第一个美国文化艺术展览。出席开幕式的有文化部副部长周而复、对外友协副会长林林和首都的摄影界人士，正在北京访问的纽约市长爱德华·科奇，以及美国驻中国大使伍德科克和夫人等。专程前来主持展览活动的沃尔特和内奥米·卢森布勒姆，美国布鲁克林博物馆董事长罗伯特·莱维森和夫人,以及莱鲁逊夫妇等,也出席了开幕式。

2月26日

国务院副总理李先念在北京会见美国纽约市市长科奇一行

《人民日报》发表评论员文章《继续办好劳动教养》

根据五届人大常委会第十二次会议通过的关于新中国成立以来制定的法律、法令效力问题的决议,今天本报重新发表1957年《国务院关于劳动教养问题的决定》,以及不久前人大常委会批准的《国务院关于劳动教养的补充规定》。这是我们国家的重要行政法规。依照国家法律规定,继续办好劳动教养,是当前广大人民群众极为关心的一项重大决策。这对于完善和加强社会主义法制,保护人民民主权利,整顿社会治安,巩固安定团结,保障四化建设的顺利进行,具有十分重要的意义。

二十多年来,各地有关部门在党委和政府的领导下,按照《国务院关于劳动教养问题的决定》,先后收容了一批危害社会治安、犯罪情节较轻的人,实行劳动教养。通过对他们组织劳动生产和进行政治思想教育,绝大多数人已经改邪归正,成为自食其力的劳动者,在各条战线上努力工作,有的还被评为先进生产者;重新犯罪的只是极少数。实践证明,劳动教养工作,对于预防和减少犯罪,化消极因素为积极因素,起到了积极作用,成绩是很大的。

在全国人民迫切需要有一个安定团结的政治局面,聚精会神致力于四化建设的今天,继续办好劳动教养,是很有必要的。在我们国家里,虽然阶级状况已经发生了根本变化,社会治安总的是好的,但是,阶级斗争依然存在,危害社会治安、干扰四化建设的不安定因素依然存在。除了少数反革命分子、特务间谍分子和其他严重破坏社会秩序的犯罪分子,不时进行各种捣乱和破坏外,还有一批为数不少的大法不犯、小法常犯的人,经常扰乱社会治安,危害人民利益。尽管他们罪行较轻,尚不够追究刑事责任,但是严重妨害了社会秩序、生产秩序、工作秩序和人民群众生活秩序。对这些人如果不采取强制性的行政措施,对他们进行教育、挽救和改造,让其发展下去,就可能走上严重的犯罪道路,对国家和人民将会造成更大的危害。因此,要整顿好社会治安,对少数犯有严重罪行的反革命分子和其他刑事犯罪分子,必须依照刑法从重判刑;对有一般违法行为的青少年,必须依靠社会各方面的力量进行帮助教育或者送到工读学校;对介乎这两者之间,即那些大法不犯、小法常犯而又屡教不改的人,必须依照《国务院关于劳动教养问题的决定》及其补充规定,把他们收容起来,实行劳动教养。如果放任他们在社会上偷、骗、抢、打,搞流氓犯罪等,为非作歹,扰乱治安,那就是对社会、对人民和他们本人不负责任。所以,必须把他们收容起来实行劳动教养,使他们悔过自新,走上有益于社会的道路。这样做,既体现了我们社会主义国家对这些人的学习、劳动、生活、前途的关怀和负责的精神,也是保障绝大多数公民的权利、社会主义秩序不受侵犯和破坏的重要措施。

劳动教养,就其性质来说,是对被劳动教养的人员实行强制性教育改造的一种行政措施,也是对他们安置就业的一种办法。这是正确处理人民内部矛盾问题的一项有效的辅助手段,不同于罪犯的劳动改造。各大中城市对需要实行劳动教养的人,应当经过当地劳动教养管理委员会的审查批准,送到劳动教养场所,提供必要的环境和条件,一面组织他们劳动生产,一面对他们进行政治思想教育和文化技术教育。在教育管理方面,要同劳动改造的罪犯区别开来,既要规定他们必须遵守的纪律和制度,严格管理,又要对他们进行充分的说服教育,过一定的民主生活。要针对他们的特点,因人施教,帮助他们树立爱国守法和劳动光荣的观念,学习生产技能,养成劳动习惯。被劳动教养的人员,在劳动教养期间,表现好的,要表扬鼓励,有些可以提前解除劳动教养;表现不好的,要批评教育或者延长劳动教养期限;继续犯罪的,要送交司法机关依法惩处。劳动教养人员在解除劳动教养后,就业、上学都不应受歧视。对劳动教养人员的家属、子女不得歧视。

为了继续办好劳动教养,各省、市、自治区和大中城市党委和政府应当加强领导,统筹规划,切实整顿、建设好劳动教养场所。要选调一批有经验的干部去做这项工作,严格依法办事,正确执行政策,改进管教方法,提高改造效果,力求把劳动教养人员改造成为有社会主义觉悟的、参加社会主义四化建设的、自食其力的劳动者。

农工党中央和农工党北京市委及首都医药卫生界的著名人士在政协礼堂举行新春茶话会

大家认为在80年代中的主要任务是:贯彻中西医结合的方针政策、积极创造统一的新医学新药学;促进计划生育深入开展;努力攀登医学高峰。

全国人大常委会副委员长乌兰夫出席了这个新春茶话会,并在会上讲了话。农工民主党中央主席季方,副主席沈其震、严信民、徐彬如以及有关负责人出席了茶话会。

中国驻美国大使柴泽民在华盛顿设晚宴招待美国三十多个州的州长和夫人

这些州长正在华盛顿参加全国州长会议。他们大都在过去的几年里访问过中国或接待过中国客人。宴会上欢快的交谈引起了人们对互访时的美好回忆，进一步加深了友谊和了解。

柴大使回顾了中美两国在政治、经济、军事、科学和文化关系方面所取得的进展，特别回顾了美国一些州、市和中国的省、市发展友好关系以及中、美两国人民之间的其他友好往来和合作。他说，所有这些都是与中、美两国人民以及世界人民的根本利益一致的，所以也是有助于世界和平和稳定的。

中国常驻联合国代表陈楚要求安理会采取措施制止以色列侵占阿拉伯领土

陈楚在安理会上说："在哈利勒城建立定居点的决定，只是以色列当局向巴勒斯坦人民和阿拉伯人民发动的一连串猖狂挑衅之一。"

他说："以色列当局的罪恶行径只能激起阿拉伯人民更大的愤慨和斗争，使他们恢复民族权利和收复失地的一天更快地到来。"

陈楚说："以色列侵占阿拉伯领土和巴勒斯坦问题是阿拉伯—以色列冲突的核心问题。我们历来认为以色列占领区内阿拉伯人民和巴勒斯坦人民遭受的深重灾难完全是以色列的侵略扩张政策和超级大国在这个地区的争夺所造成的。因此，要解决中东问题，就必须坚决排除超级大国的干涉破坏，坚决反对以色列的侵略扩张政策；必须收复阿拉伯失地，实现巴勒斯坦民族权利包括重返家园和建立自己国家的权利。"

解放军三总部向全军发出关于搞好营区植树造林的通知

通知指出，植树造林是一项造福于人民的伟大事业。营(库)区绿化好了，既能涵养水源，保持水土，防风固沙，防止空气污染，搞好生态平衡，又能伪装军事设施，美化环境，增强身心健康。通知要求：(1)各单位营区(四旁)植树要达到《全军营区建设规划纲要》提出的在1980年实现按人平均20株的指标，营区空地要种满、种足。(2)营(库)区成片造林要切实按照规划，逐步抓好落实。宜林荒山荒地多、潜力大的单位要在近期作出显著成效。现有的林地要加强抚育管理，促进林木正常生长。(3)各级领导要对指战员进行一次贯彻《森林法》的教育，带领群众搞好营区植树，帮助地方绿化，并作为一项制度坚持下去。(4)要大抓育苗，提高植树成活率，加强林木管理，合理采伐，及时更新，注意经济效果，保证营区林木永续利用。

黄河下游封冻河段安全度过凌汛期

今年1月下旬至2月上旬，黄河下游连续受两次强冷空气的袭击，从河南台前县到山东入海口，黄河先后封冰河段累计长达300多公里，在流凌封河过程中，有些河段水位比封河前壅高2米以上，有些滩地串沟进水。沿河各级领导对防凌工作很重视。山东省军区和济南、德州、惠民等地、市以及山东省河务局的领导，先后赶赴黄河堤线察看凌情，部署防守，加强戒备。河南有关部门也采取有效措施和凌汛作斗争。

凌汛是黄河特有的水文现象。黄河基本上属于封冻河流，上游河道坡陡流急，只流冰不封冻，但地处河南、山东平原的下游河道，坡度缓，流速小，严冬季节就要封冻。立春前后，封冻渐融化，冰凌顺水流到还没有开冻的下游河段，往往出现卡冰限水，形成冰坝，严重时就会冲决大堤，泛滥成灾。历史上黄河凌汛造成的灾害很严重。新中国成立后，沿河军民在和凌汛的斗争中，曾采取了人工爆破、破冰船压碎等方法，收到一定效果。近几年来在凌汛期间，利用三门峡水库工程对流量进行控制，丰富了防凌工作的经验，取得了主动权。今年凌汛期中，在中央的统一安排下，三门峡水库根据下游防凌安全的需要，在半个月的时间内把下泄流量控制在每秒200立方米左右，保证了河水没有漫滩淹没耕地，为安全度过凌汛创造了有利的条件。

2月27日

国务院总理华国锋在人民大会堂会见罗马尼亚社会主义共和国政府副总理科尔内尔·布尔蒂卡率领的经济代表团

《人民日报》发表评论员文章《加强集中管理 增产节约电力》

全国电力工业去年打了一个胜仗，今年要乘胜前进，深挖潜力，增产节约，多发电，多装机，努力满足国民经济和人民生活的需要。

电力工业职工贯彻党的三中全会精神，开展增产节约运动，作出了很大成绩。1979年比1978年发电量增长8.7%。在节煤、节油、合理利用水能方面都有新成就。电能质量和安全生产水平不断提高。基本建设新机投产400多万千瓦，超额完成计划；一批重点工程加快了建设进度。葛洲坝水电站提前完成年计划，为夺取大江截流打下了基础。乌江渡水电站工程下闸蓄水成功，第一台机组投产发电。龙羊峡水电站工程提前完成了导流隧洞，胜利实现截流。在建的山西大同、安徽淮北、四川华蓥山、河南姚孟等大型矿区火电站，工程进展得也比较快。

由于国民经济发展对电力的需要不断增长,电力工业发展不适应国民经济要求的状况还没有扭转过来,今年电力工业计划发展速度落后于国民经济发展的总速度。一方面,国家分配给电力工业的资金还难以相应增长;另一方面,电力工业需要的燃料也不能增加。怎样解决这个矛盾呢?当前,既要按少花钱、多办事的原则,搞好电力工业建设,争取快装机、多装机以增产电力;同样重要并能早日见效的另一个办法,是要加强电网的统一管理,千方百计从节约中求增产,节约煤炭,节约石油,节约水能,节约厂用电,减少线路电损,减少事故,搞好安全经济发电。一句话:用较少的燃料、水能,发出较多的电能。

前几年,由于林彪、"四人帮"的干扰,电力工业实行多年的电网集中统一管理受到严重的破坏,几个大电网名存实亡,一些跨省或省内跨地区电网被肢解。电力工业生产中发生许多不合理不经济的现象。粉碎"四人帮"以后,由于按大电网集中统一管理的体制还没有完全恢复,管理工作中还存在某些问题,电力工业生产中不合理现象还有不少,大量水能白白流掉,不少先进火电设备不能充分发挥作用。今年要从组织上把电网恢复建立起来,实行集中统一管理,以便增产电力。

实行电网集中统一管理,是世界各国电力工业管理的共同趋势。为了合理利用能源资源,安全经济发电,有些国家的电网不仅打破了国内地区间的界限,并且打破了国界。实行电网集中统一管理,在一个电网范围内,省区之间,电厂之间,发电供电设备互为备用,减少备用机组,设备利用率高,建设费用节省。在电网内实行经济合理的调度,可以尽量发挥技术先进的火电机组和水电站的优越性,降低燃料消耗和节约水能,用同样的燃料和水能可以发出更多的电能。华东电网实行经济调度,尽量多使用技术先进的火电机组发电,每年节约煤炭46000吨。全国水电站去年初步实行经济调度,合理地控制运行水位,节约水能100亿立方米,仅此一项即可多发12亿度电。组成大的电网,在一个电网内,拥有的设备多,回旋周转的余地大,有利于设备的检查维修,有利于安全发电,出了异常情况和小大事故,也容易及时处理和排除。

增产节约电力的途径是很多的,在加强电网合理调度的同时,要坚持计划用电,节约用电,大力推广各行各业行之有效的节电措施,对各行各业都要坚持择优供电。电力企业要坚持设备计划检修,提高检修质量,把现有设备整修好。认真解决电力工业内部比例失调问题,狠抓发电供电设备完善化,挖掘发电供电潜力,提高电能质量。要整顿农业用电管理。搞好职工技术培训。提高安全生产水平。从各方面做好电力的增产节约,为加强电网集中统一管理创造良好条件,并使之发挥更大的作用。

加强电网的集中统一管理,是一项复杂的工作,需要统一认识,加强全局观念。各地区、各部门、各单位都要支持电网的集中管理,统一调度。在实行集中管理过程中,个别地区、个别单位与整体、全局可能有某些矛盾,要从有利社会主义生产建设事业出发,部分服从整体,局部服从全局。电力工业管理部门,要牢固地树立为人民服务、为四化服务的思想,克服"官电"衙门作风。集中统一调度,要按照党的方针政策办事,一切从人民的利益出发,时刻为生产建设着想,为人民生活着想,把服务工作做好,努力满足各方面的合理需要,使各地区、各部门、各单位从具体事实中看出集中统一管理电力的好处,同心协力,支持集中统一管理。

加强电网的集中统一管理,又是涉及许多方面的工作,要加强领导,针对不同情况,采取切实的措施,把工作做细。要搞好技术组织措施,也要有必要的制度和规定,要在考核指标、利润分配以及企业权限等许多方面,作出有利于加强电网集中统一管理的规定。这样,随着集中统一管理的加强,将为增产节约电力带来更多的好处,使电力工业更好地适应国民经济的发展,为实现四个现代化服务。

江苏省远洋货轮"雨花"号首航香港

经国务院有关部门批准,南京港、南通港和张家港于今年2月正式开放。最近,在这3个港口分别成立了中国外轮代理总公司的分公司,并由中国远洋运输总公司和江苏省交通局共同投资成立了我国第一个由中央和地方合营的远洋运输企业——中国远洋运输总公司江苏省公司。"雨花"轮就是这个公司开出的第一条船。

《人民日报》发表评论员文章《奇谈怪论露真情——再评苏联的"缓和"攻势》

阿富汗的隆隆炮声拆穿了苏联玩弄多年的"缓和"把戏。美国指责苏联破坏"缓和"协议,其他一些西方国家也表示怀疑苏联对"缓和"的诚意。国际舆论异口同声地指出,阿富汗事件宣告了"缓和政策的崩溃",意味着"缓和的结束"。但是,克里姆林宫的决策者却不甘心舍弃这个濒于失灵的法宝,于是挖空心思,发表一些奇谈怪论来支持他们重新发动的"缓和"攻势。但是,他们的这种攻势恰恰说明莫斯科的所谓"缓和"是什么货色。

苏联领导人和宣传机器首先在"谁破坏了缓和"这个问题上大做文章,振振有词地责骂西方国家"危害缓和成果",来个恶人先告状。按照他们的说法,苏联武装入侵阿富汗并没有破坏“缓和”，倒是西方国家对它入侵阿富汗作出强烈反应破坏了“缓和”。难道还有比这个更强词夺理的吗？

莫斯科有它一套奇妙的逻辑，就是所谓“改变某个国家的社会政治现状同破坏缓和根本不是一码事”。这就是说，苏联出兵阿富汗是为了改变这个国家的“社会政治现状”，它同破坏“缓和”毫不相干。人们知道，多少年来苏联就是一面鼓吹“缓和”，一面打着“支持革命”的旗号对别的国家进行干涉和侵略，用勃列日涅夫的话来说，就叫做“推进世界革命进程”。他们认为这二者是完全可以并行不悖的。如果接受莫斯科的这种“干涉侵略有理”的理论，就等于承认“缓和”不能妨碍苏联进行全球扩张。这样的“缓和”不是彻头彻尾的骗局吗？

不管怎么说，莫斯科当局也无法否认，在苏联入侵阿富汗之后，国际局势变得尖锐、紧张了。但是，它搬出了一个所谓“缓和可以分割论”，说什么“阿富汗事件不会危及缓和在欧洲的命运”，“尽管世界其他地区紧张局势增长，缓和能够在欧洲继续”。这完全是欺人之谈。

谁都知道，在当今的世界上，各个国家和地区的安危是息息相关的。任何一个地区的动乱，不能不对整个国际局势产生影响。何况中东波斯湾地区是对欧洲的能源供应密切有关的地区。苏联入侵阿富汗引起这个地区局势的紧张，怎么能对欧洲不发生严重的影响？而且，苏联在第三世界夺取战略要地、战略通道和战略资源的扩张行动，必然会引起激烈的对抗，而局部战争有导致全面冲突的危险。怎么能够说加剧一个地区的紧张局势不妨碍在另一个地区紧张局势的缓和呢？

不仅如此，苏联武装侵占阿富汗并不是一个孤立的行动，而是它推行全球战略的一个重要步骤。尽管莫斯科一再赌咒发誓，说什么苏联决没有“南下意图”，但是人们都看得清楚，苏联出动成十万的武装部队把阿富汗置于它占领之下，是要把阿富汗作为它南下的跳板，伺机向前推进，直达印度洋。这是它对欧洲这个争夺重点实行侧翼突破、迂回包抄战略的深谋远虑的行动。苏联最近除了继续向阿富汗增兵、陈兵巴基斯坦和伊朗边境之外，同时在波斯湾地区加强军事部署，都证明了这一点。如果苏联得以实现它的战略意图，它就可以控制西欧赖以生存的能源供应线，从而使西欧国家陷入欲战不能的绝境。西欧的一些政治家就纷纷指出，苏联入侵阿富汗对欧洲造成了危险；它不仅是对第三世界的挑战，而且是对美国和西欧国家的挑战。莫斯科想要打马虎眼显然是徒劳的。

事实上，苏联威胁国际和平和安全、加剧紧张局势的活动何止在南亚一个地区？从中东、非洲、红海地区到印度支那，甚至在加勒比地区，都可以看到苏联谋求霸权的活动闹得到处很不安宁。就是在欧洲，苏联的军事威胁也是有增无已。在这样的情况下，欧洲岂能成为一个“缓和不可逆转的”世外桃源？

尤其荒谬的是，莫斯科还给“缓和”规定了一个双重标准：对苏联来说，“缓和”是可以分割的；而对别人来说，则“缓和”又是不可分割的。塔斯社训诫西欧国家，“不能一面呼吁继续缓和，同时又表示支持美国破坏缓和的政策，抵制奥运会和限制同苏联的往来”，并且说“在这个意义上缓和则是不可分割的”。这是地地道道的“只许州官放火，不准百姓点灯”。这样的“缓和”究竟符合谁的需要，对谁有利，这不是十分清楚的吗？

莫斯科编造的种种歪道理是不值一驳的，但是人们倒可以从中领悟出一个真道理：苏联所鼓吹的“缓和”并不是别的，而是对西方国家的一服迷魂汤，一个紧箍咒。苏联霸权主义可以到处进行侵略扩张，胡作非为；别人却只能听之任之，反对不得。照这样的话，能有什么真正的“缓和”可言？所谓“缓和的进程”，不过是苏联称霸世界的进程罢了。这真是“太公钓鱼，愿者上钩”。

解放军总政治部向全军发出关于深入开展学习雷锋活动的通知

通知强调指出，深入开展学习雷锋活动，对于我们同心同德执行党在新时期的总任务，对于坚持四项基本原则，对于发展安定团结的政治局面，对于培养、发现和造就人才，对于促进现代化革命军队的建设，对于树立良好的社会风尚，进一步密切军政军民关系，都会起到极大的作用。

通知在回顾粉碎“四人帮”后开展学习雷锋活动取得很大成绩时说，这一学习活动，对于振奋干部战士的革命精神，发扬我军艰苦奋斗的优良传统，促进部队各项任务的完成，对于改变被林彪、“四人帮”破坏的社会风气，都起到了积极作用。三年多以来，部队中涌现出梁忠孟、陈大新、程志国、姚虎成等一大批学习雷锋的先进人物。在对越自卫还击作战中，又有许许多多干部战士经受了战火的洗礼，成长为新的雷锋式的人物；不少平时学习雷锋的积极分子，立了战功，成为战斗英雄。

通知说，为了完成党赋予我军建设四化、保卫四化的光荣使命，必须大力提倡学先进，赶先进，高度发扬革命英雄主义精神。雷锋同志“憎爱分明的阶级立场，言行一致的革命精神，公而忘私的共产主义风格，奋不顾身的无产阶级斗志”，体现了我们时代的精神。这种精神,在我们实现四化的新长征中必须坚持和发扬。

通知说,在新的历史条件下开展学习雷锋活动,要结合我国四化建设和我军现代化建设的新情况,密切联系本单位以及个人的思想实际和工作实际,学习和发扬雷锋的基本精神。我们的时代,是英雄辈出的时代,要善于发现和推广各行各业的雷锋式的先进典型,造成一个学先进,学英雄模范的浓厚气氛,引导广大指战员特别是青年,更加热爱党,热爱祖国,热爱人民,热爱社会主义,坚决拥护和执行党的路线和一系列方针政策,保持坚定正确的政治方向和艰苦奋斗的创业精神,发扬毫不利己专门利人的共产主义道德风尚,严格遵纪守法,维护社会公德。要在干部战士中,提倡勤奋学习,善于学习,努力学习马列主义、毛泽东思想,努力学习军事和科学文化知识,做到又红又专。

通知指出,各级党委和政治机关要加强领导,使学习雷锋活动开展得扎扎实实。要把学习雷锋活动当作教育和培养青年一代的战略任务。通知号召全军指战员积极行动起来,从自己做起,从现在做起,更好地学雷锋、学先进,鼓干劲,树新风,为实现四化,为加速现代化革命军队建设多做贡献。

全国高等学校招生工作会议在西安举行

各省、市、自治区高教(教育)局和招生办公室的负责同志,国务院各部委、总政、总后及部分高等院校和中学的同志参加了会议。会议于3月13日结束。

会议学习了五中全会公报和邓小平《目前的形势和任务》的报告,总结了粉碎“四人帮”以来招生工作的经验,研究了《1980年高等学校招生工作的规定》和《1980年中等专业学校招生工作的意见》以及其他有关问题。

刘禄长逝世

人民解放军炮兵顾问刘禄长同志,因病医治无效于2月27日在北京逝世,终年66岁。

刘禄长1914年出生于福建省上杭县丰稔区岐坑村一个贫农家庭,1929年加入中国共产主义青年团,1932年8月转为中国共产党党员。1930年8月参加中国工农红军,历任战士、指导员、团政治委员、旅政治部主任、师政治委员、军区炮兵司令员和军委炮兵副司令员等职。他是我党的优秀党员,是我军经过长期革命斗争考验的坚强战士。他参加了二万五千里长征。在长期的革命斗争中,他对党、对人民忠心耿耿,对革命事业充满信心,立场坚定,为人正直,襟怀坦白,作风正派,廉洁奉公,作战勇敢。他的一生是革命的一生、战斗的一生,是全心全意为人民服务的一生。

2月28日

中国共产党第十一届中央委员会第五次全体会议关于成立中央书记处的决议

(1980年2月28日通过)

鉴于全党工作着重点转移之后,社会主义现代化建设的任务异常艰巨和复杂,为了便于中央政治局和它的常务委员会能够集中精力,考虑和决定国内外事务中的重大问题,同时使党的各方面大量日常工作能够及时地有效率地得到处理,中央需要建立有系统地进行经常工作的机构,全会决定成立中央书记处。

中央书记处在中央政治局和它的常务委员会的领导下,负责处理中央日常工作。

中央书记处实行集体领导、分工负责的制度。

中央书记处设总书记一人,书记若干人,候补书记若干人。总书记、书记和候补书记由中央委员会直接选举产生。

由中国社科院财贸物资研究所和商业部教育局主办的全国商品流通理论讨论会在秦皇岛召开

这是中国商业经济学会筹备期间召开的一次大型学术活动,也是粉碎“四人帮”后为拨乱反正举行的首次全国性流通理论研讨会。会议后期,讨论了学会章程草案,并就学会组成和会长人选进行了酝酿。

《解放军报》发表评论员文章《做新长征中的新雷锋》

总政治部发出通知,要求全军进一步掀起学习雷锋的热潮,深入地开展学习雷锋活动,使雷锋精神在新的历史时期更好地发扬起来。

雷锋精神是我国社会主义时代的精神,是中国共产党在党、军队和人民群众中长期培育的一代新风的代表。雷锋的伟大形象和他的革命精神,在我国军民特别是广大青年中,已经扎了根。雷锋精神不只是在50年代、60年代,而且在80年代、90年代以至更长的时间里,都需要提倡和发扬。雷锋是在新中国的红旗下长大的,雷锋精神产生于50、60年代,是历史的必然。60年代的后期和70年代的大部分时间里,雷锋精神没有得到继续提倡和发扬,原因是林彪、“四人帮”歪曲雷锋的形象,破坏干扰学习雷锋活动。现在我们搞社会主义现代化建设,要坚定不移、贯彻始终地执行党的路线和方针政策,要巩固和发展安定团结的政治局面,要发扬艰苦奋斗的创业精神,要造就一支坚持社会主义道路的具有专业知识和能力的干部队伍,我们就非常需要提倡和发扬雷锋精神,非常需要千千万万新长征中的新的雷锋。

雷锋的精神，概括起来说，就是全心全意为人民服务。这种为人民服务的精神，又是通过一件一件的爱国家、爱人民、守纪律、讲道德、奉公守法、公而忘私、钻研业务、勤奋工作、好学上进、勤俭节约、见义勇为、助人为乐等等具体的事情表现出来的。不要看小了、看轻了这些所谓小事。正是这些所谓小事，显示出了人与人之间的新型关系，显示出了社会主义新人的精神面貌和道德品质，构成了我们社会主义社会的新风尚，从而成为一种力量，促使大家团结一致，同心同德地推动我们事业前进。人们为什么如此长久地怀念雷锋？最近龙潭湖上解放军战士和工人同志抢救落水学生的事迹，为什么广为传颂？就是热忱希望我们曾经有过的、后来被林彪、“四人帮”破坏的社会主义新风尚，恢复并且进一步发扬起来。在为人民服务这件事情上，我们当然希望做得多一点，做一些大的重要的事情，但是，如果不能做大的重要的事情，那么立足于本职，从现实情况出发，自觉地认真地做好一点一滴所谓小事，同样是光荣的。高尚与低下，美与丑，香与臭，荣与辱等等，不在于在什么样的岗位上，做什么样的工作，而在于对人民是否有益。有益于人民，这就是高尚；不利于人民，这才是低下。我们学雷锋，树新风，为社会主义中国的前途而奋斗，就要把什么是高尚什么是低下这个问题弄清楚，从一件又一件有益于人民的所谓小事做起，从眼前的工作做起，从自己能够做的事情做起。只要我们全心全意脚踏实地做好一件又一件工作，尽自己的力量在某些方面创造出优异的成绩，并在实践中不断提高觉悟，加强品德修养，这样日积月累，一步一个脚印地前进，就可以成为像雷锋那样的高尚的人。

雷锋精神必须发扬，但是怎样学雷锋，又必须适应今天的新情况。不能简单地表面地照着雷锋的具体事迹硬套，也不能照抄60年代学习雷锋的那些具体做法，而是要学习雷锋的基本精神，结合自己的实际，发扬光大。我们要把学习雷锋同当前国家和军队现代化建设的新情况紧密结合起来，同本单位以及个人的思想实际和工作实际紧密结合起来，还要同学习新涌现出来的英雄模范结合起来，用活生生的榜样在干部战士中培育雷锋那样的共产主义思想、道德情操和服役态度、劳动态度，发扬雷锋那种勤奋学习、善于学习、努力做到又红又专的革命精神，树立新的历史时期各行各业雷锋式的先进人物和先进集体。学习雷锋是培养和教育青年一代的战略任务，是树立社会新风的重要方面，也是对于现代化建设的一种推动力量，各级党委和政治机关一定要重视，切实加强领导，把学习雷锋的活动扎扎实实地富有成效地开展起来。

中国曲艺家协会在北京举行茶话会

中国文联副主席、中国曲艺家协会主席陶钝在茶话会上，希望广大曲艺工作者深入四化建设的沸腾生活，加强学习，努力创作和演出新曲目。

曲艺工作者、文艺界其他方面人士，以及正在北京参加全国省、市、自治区文化局长会议的代表共四百多人欢聚一堂，抒情叙志，决心为繁荣社会主义的曲艺事业多做贡献。中国文联副主席傅钟等出席了茶话会并讲话。著名曲艺家侯宝林、高元钧、常宝华和曲苑新秀孙伟、包长春、杨晶、郝莉、胡西亚、孟凡贵为茶话会助兴，演出了节目。

2月29日

中国共产党第十一届中央委员会第五次全体会议公报

（1980年2月29日通过）

中国共产党第十一届中央委员会第五次全体会议，一九八〇年二月二十三日至二十九日在北京召开。到会中央委员二百零一人，候补中央委员一百一十八人。另有各地方各部门负责同志三十七人列席会议。中国共产党中央委员会主席华国锋，副主席叶剑英、邓小平、李先念、陈云出席会议，并作了重要讲话。会议由华国锋同志主持。

五中全会的大部分议程是关于加强和改善党的领导，以适应发展社会主义现代化建设的。这部分议程包括：(一)讨论和通过关于召开党的第十二次全国代表大会的决议；(二)增选中央政治局常委；讨论和通过关于成立中央书记处的决议；(三)讨论和通过《关于党内政治生活的若干准则》；(四)讨论《中国共产党章程》(修改草案)。

全会认为，党的十一大以来，特别是十一届三中全会以来，国内外形势都有了重大的变化和发展。随着全党工作着重点的转移，社会主义现代化建设事业开始走上健全发展的轨道。三中全会和四中全会所确定的党的政治路线、思想路线和组织路线，广泛地深入人心；林彪、“四人帮”一伙的反革命罪行，他们所推行的极左路线和他们在组织上、思想上的残余，受到进一步的揭发批判；历史上遗留的大批冤假错案得到平反，党的各项政策在全国广泛地得到落实。在这个基础上，全党、全军、全国人民紧密团结在党中央的周围，为四个现代化的伟大事业和国民经济的调整、改革、整顿、提高方针的实施，艰苦奋斗，使农业、工业、财贸、教育、科学、文化、政法、国防、外交等各条战线上捷报频传，安定团结、生动活泼的局面正在发展。这些事实证明，党中央所执行的路线、方针、政策是正确的，我们的国家已经从林彪、“四人帮”十年横行所造成的严重混乱状态,基本上转变成为有领导、有秩序、有前进的方向和目标、有胜利的条件和信心的局面。这是我们党克服了巨大困难所取得的巨大胜利。全会指出:全国各族人民向四个现代化进军的伟大实践,现在向我们党提出了一系列需要不失时机地加以迅速解决的重大问题,包括确定国民经济发展的远景规划,确定适合国民经济发展需要的经济体制,确定适合国民经济发展需要的教育计划和教育体制。随着国内形势的转变,国家政治生活和党的生活中的一系列重要问题,思想上理论上的一些重要问题,也需要作相应的解决,以利于安定团结、生动活泼的政治局面的发展和巩固,以利于现代化建设的顺利进行。为了解决这些迫切的问题,都要求中央委员会提前召开党的第十二次全国代表大会。中央全会一致通过决定,提前召开中国共产党第十二次全国代表大会,召开这次大会的具体时间,由中央政治局决定。

五中全会认为,为了加强党对社会主义现代化事业的领导,党的各级领导机构必须努力吸收那些能够坚定地执行党的路线,具有独立工作能力而又年富力强的同志,参加领导工作。这不仅是为了适应现代化事业的繁重工作的需要,而且是为了保证党的路线、方针、政策的长期连续性,保证党的集体领导的长期稳定性的需要。全会经过充分的讨论,决定增加中央政治局常委的人数,并且选举胡耀邦、赵紫阳两同志为中央政治局常委。全会经过充分的讨论,决定恢复党的第八次代表大会所决定并在十年间证明是必要和有效的制度,设立中央书记处作为中央政治局和它的常务委员会领导下的经常工作机构,并且选举胡耀邦同志为中央委员会总书记,选举(以姓氏笔画为序)万里、王任重、方毅、谷牧、宋任穷、余秋里、杨得志、胡乔木、胡耀邦、姚依林、彭冲等十一位同志为中央书记处书记。

全会认为,中央政治局常务委员会委员的增选,中央书记处的建立,是党的重要决策,它表明毛泽东同志和其他老一辈无产阶级革命家所开创的伟大的社会主义和共产主义事业生机蓬勃,人才辈出。党中央领导机构的加强,将对全国的安定团结、生动活泼的政治局面的发展巩固,对社会主义现代化建设的顺利进行,起积极的促进作用。

全会讨论了《中国共产党章程》(修改草案)。这个文件,根据全会意见修改以后,即将发到全党广泛讨论,根据讨论中提出的意见再加修改,提请党的第十二次全国代表大会审议通过。党章修改草案对党员条件规定了严格的要求,同时对党的民主集中制作了比较完善的规定。党章修改草案总结历史经验,适应社会主义现代化建设时期的需要,对党的干部制度作了一系列新的规定,包括废止干部职务实际上存在的终身制。

全会讨论和一致通过了《关于党内政治生活的若干准则》。这个《准则》共有十二条,它的草案在一九七九年二月由中央政治局原则通过,三月以后在党内广泛征求意见,经过几次修改,由中央政治局再次通过后提交五中全会讨论。全会认为,这十二条准则总结了我们党几十年来处理党内关系的经验教训,特别是“文化大革命”十年间同林彪、“四人帮”斗争的经验教训,是对党章的必不可少的具体补充,它对发扬党内积极因素、克服消极因素,发挥党员的先锋模范作用,具有重要的意义。全会决定在会后公布这个《准则》,并在全党执行。全会要求,在贯彻执行《关于党内政治生活的若干准则》的过程中,结合对党章修改草案的讨论,在全党进行一次坚持党的政治路线和思想路线、加强党的团结和统一、加强党的民主集中制和组织性纪律性的思想政治教育。党的各级组织和每一个党员,都要对照准则的规定,认真检查自己的工作和作风,发扬成绩,克服缺点;凡是违背准则的规定的,必须及时地、切实地纠正过来,个别党组织和某些党员的无组织无纪律、继续闹派性和各行其是的现象,必须彻底改变。全会重申,坚持党员个人服从党的组织、少数服从多数、下级服从上级、全党服从中央的原则,就能使全党在中央的领导下,统一思想,统一行动,保证社会主义现代化建设的顺利进行。

为刘少奇同志平反昭雪,是五中全会的另一项主要议程。全会认为,前中共中央副主席、中华人民共和国主席、伟大的马克思主义者和无产阶级革命家刘少奇同志,几十年来一贯忠于党和人民,把毕生精力献给了无产阶级革命事业,在我国新民主主义革命、社会主义革命和社会主义建设中,建立了不可磨灭的功绩。“文化大革命”前夕,由于对党内和国内形势作了违反实际的估计,提出了党内存在一条反革命修正主义路线,随后又提出了存在一个以刘少奇同志为首的所谓资产阶级司令部,这些论断是完全错误和不能成立的。林彪、“四人帮”一伙出于篡夺党和国家最高领导权、颠覆无产阶级专政的反革命目的,利用这种情况,捏造材料,蓄意对刘少奇同志进行政治陷害和人身迫害,并把一大批党政军领导干部诬为刘少奇的代理人,统统打倒,造成了极其严重的后果。这是我党历史上最大的冤案,必须彻底平反。近一年来,中央纪律检查委员会针对一九六八年十月党的八届十二中全会提出的刘少奇同志的各项“罪状”,进行了周密的调查研究工作,反复核对材料,向中央作出了详尽确切的审查报告。中央政治局一致同意这个审查报告,据以作出了关于为刘少奇同志平反的决议(草案)。全会经过严肃认真的讨论，一致通过这个决议，决定撤销党的八届十二中全会强加给刘少奇同志的“叛徒、内奸、工贼”的罪名和把刘少奇同志“永远开除出党，撤销其党内外的一切职务”的错误决议，撤销原审查报告，恢复刘少奇同志作为伟大的马克思主义者和无产阶级革命家、党和国家的主要领导人之一的名誉；在适当时间为刘少奇同志举行追悼会；因刘少奇同志问题受株连造成的冤假错案，由有关部门予以平反；本着团结一致向前看的精神，把全会的决议向全党和全国人民进行传达，消除过去对刘少奇同志的错误处理所造成的影响，鼓舞全党同志和全国人民同心同德、充满信心地献身于实现四个现代化的宏伟事业。

五中全会庄严地向全党和全国人民宣告：为刘少奇同志平反，表明中国共产党是一个实事求是、有错必纠、严肃认真、光明磊落的马克思主义革命党，表明党决心恢复毛泽东思想的本来面目，不是一句空洞的口号，而是贯彻在党的全部实际活动中的坚定不移的原则立场。党在“文化大革命”期间犯了令人痛心的严重错误，这个错误被反革命阴谋家林彪、“四人帮”一伙所利用，造成了党的历史上前所未有的恶果。在粉碎了“四人帮”以后，党中央清算了林彪、“四人帮”的反革命罪行，清算了“文化大革命”的严重错误，同时对林彪、“四人帮”一伙所制造的一系列冤假错案，一一进行平反。五中全会为刘少奇同志平反，不仅是为了刘少奇同志个人，而且是为了使党和人民永远记取这个沉痛的教训，用一切努力来维护、巩固、完善社会主义民主和社会主义法制，使类似刘少奇同志和其他许多党内外同志的冤案永远不致重演，使我们的党和国家永不变色。

五中全会根据党内外广大群众的意见，决定批准汪东兴、纪登奎、吴德、陈锡联四位同志的辞职请求，免除或提请免除四位同志所担负的党和国家的领导职务。

为刘少奇同志平反，严肃而又恰当地处理犯有严重错误的同志，反映了全党同志和全国人民的愿望。全会要求各级党组织，本着这一精神，积极负责地继续解决类似的尚未解决或尚未完全解决的问题，并教育党员和群众，在党中央的领导之下，紧密团结，加强组织性纪律性，全心全意地为社会主义现代化建设事业的伟大前途努力奋斗。

全会认为，发扬社会主义民主和健全社会主义法制，保证群众有充分的权利和机会，表达他们对国家大事的意见，对党政领导提出建议和进行批评，是我们党的坚定不移的方针。但是经验证明，大鸣、大放、大辩论、大字报，即所谓“四大”，不是实现这个目标的好方法。“四大”作为一个整体，没有起过保障人民民主权利的积极作用，反而妨碍了人民正常行使自己的民主权利。为了有利于消除不安定的因素，全会决定向全国人民代表大会建议，把中华人民共和国宪法第四十五条中关于公民“有运用大鸣、大放、大辩论、大字报的权利”的规定，予以取消。

十一届五中全会是继十一届三中全会和四中全会以后的又一次重要的会议。会议的主题是坚持党的领导，改善党的领导，提高党的战斗力，这是使社会主义现代化建设得以顺利进行的最重要保证。会议没有专门讨论经济工作，这是因为，一九七九年十一月至十二月在党中央和国务院领导下举行的全国计划会议，已经制订了一九八〇年国民经济计划，并且在今年一月十六日邓小平同志作了关于目前形势和任务的报告以后，李先念同志又在二月十日作了关于当前经济问题的报告。现在全国经济战线的中心任务，就是按照党中央提出的各项方针，努力完成和超额完成今年的国民经济计划。很明显，一九八〇年全党在各条战线上的工作任务将是十分繁重的。完成这些任务，将对胜利召开党的十二大发挥巨大的作用。十一届五中全会号召全党同志，同全国人民在一起，紧密团结在党中央的周围，万众一心，紧张努力，在各条战线上创造出优异的成绩，来迎接党的十二大的召开。

中国共产党第十一届中央委员会第五次全体会议关于为刘少奇同志平反的决议

（1980年2月29日通过）

刘少奇同志，一八九八年生，湖南省宁乡县人。一九二〇年加入中国社会主义青年团，一九二一年加入中国共产党。历任党内重要领导职务。“文化大革命”前任党中央副主席、国家主席。

“文化大革命”前夕和初期，由于当时对党内和国内形势作了违反实际的估计，认定党内存在一条与中央路线相对立的反革命修正主义路线，存在一个资产阶级司令部，把刘少奇同志当作党内反革命修正主义集团的总头目和全国最大的走资本主义道路当权派；并且离开民主集中制的原则，采取错误的方针和方法，在全国范围内，对刘少奇同志进行了公开的、错误的批判和斗争，撤销了刘少奇同志党中央副主席的职务和实际上撤销了他的国家主席的职务。

林彪、江青、康生、陈伯达等人，出于他们篡夺党和国家最高领导权、颠覆无产阶级专政的反革命目的，不但对关于刘少奇同志的错误认识和错误处理的形成，起了极为恶劣的推波助澜的作用，而且利用这个错误，凭借其所窃取的权力，蓄意对刘少奇同志进行政治陷害和人身迫害，并把一大批党政军领导干部诬陷为“刘少奇的代理人”，统统打倒。

一九六六年十二月十八日，成立了专案组，在江青、康生、谢富治等人的直接控制和指挥下，一方面，采取弄虚作假、断章取义、逼供信等恶劣手段，拼凑虚构的、牵强附会的材料，伪造证据，报送中央；另一方面，又扣压了解真相的人的证词和被迫提供伪证的人多次更正的材料，于一九六八年九月，提出了一份所谓《关于叛徒、内奸、工贼刘少奇罪行的审查报告》。这份《报告》和附件《罪证》，是由党的八届十二中全会在当时党中央工作和党内生活处于极不正常的状况之下通过的。八届十二中全会公报，还宣布了中央“把刘少奇永远开除出党，撤销其党内外的一切职务，并继续清算刘少奇及其同伙叛党叛国的罪行”的决议。十一月下旬，上述公报、审查报告和附件，以中发〔68〕152 号和〔68〕155 号文件发至全党，口头传达到群众。这就造成了全国最大的冤案。

刘少奇同志本人，早在一九六六年冬即被隔离和批斗。在整个隔离、批斗过程中，被完全剥夺了申辩的权利。一九六九年十月，于重病中被强行从北京押送到开封“监护”，同年十一月十二日被迫害含冤逝世。

粉碎“四人帮”以来，党内外许多人向中央建议，对刘少奇同志案件进行复查。一九七八年十二月党的十一届三中全会，解决了历史上遗留的一批重大问题和一些重要领导人的功过是非问题以后，中央在一九七九年二月决定，由中央纪律检查委员会和中央组织部对刘少奇同志一案进行复查。现在，这个案件的问题已经逐项调查核实。中共十一届五中全会审查后，特将复查结果与决议宣布如下：

（一）所谓一九二五年在长沙“被捕叛变”问题

原审查报告说，刘少奇同志于一九二五年十一月，“借口养病”，“私自从上海潜逃长沙”，十二月被长沙戒严司令部逮捕。湖南军阀赵恒惕亲批“斩决”，迫使他完全接受“活命条件”，“投降了敌人，背叛了革命”。随后，“奉赵恒惕的旨意，捧着赵恒惕赏赐的《四书》离开湖南前往广州，怀着不可告人的目的，重新钻进党内来”。

据复查，刘少奇同志一九二五年冬在长沙曾经被捕，但根本不存在“私自从上海潜逃长沙”和投敌叛变的问题。

第一，刘少奇同志确是因病重从上海回湖南养病的。当时，《上海总工会三日刊》、广东《工人之路》等革命报刊及长沙《大公报》，对此均有报道。上海英租界工部局《警务日报》的情报上，也提到“刘华(上海总工会副委员长)说：刘少奇…… 在罢工斗争中很积极，现在病得很重，已经和他的家眷回湖南去了。”所谓“借口养病”、“私自潜逃”之说，起初是原专案组歪曲报刊材料，推断强加的；后来又仅凭康生一九六八年九月十七日写给江青的亲笔信上一段话(诬陷说此事他“完全可以证明”)，便予以肯定。这不但无任何旁证，而且中华全国总工会获悉刘少奇同志在长沙被捕，就电请赵恒惕“查明释放”的事实，也足以证明“潜逃”之说完全是虚构的。

第二，刘少奇同志在长沙被捕后，确是经过多方营救获释，由湖南转去广州工作的。据查，刘少奇同志被捕的消息一传开，中华全国总工会、全总上海办事处和全国各地工会，以及国民党第二次全国代表大会等，纷纷通电谴责赵恒惕，要求释放；湖南学生联合会联合各团体发出呼吁书，要求保释。同时，刘的亲友、同乡托请湖南上层人物洪赓飏(长沙禁烟局局长，刘少奇同志旧友，叶开鑫的干女婿)、叶开鑫、贺耀祖(均为赵恒惕手下的师长)、欧阳振声(湖南省议会议长)等人，以同乡身份进行营救。在外有各界压力，内有上层疏通和联名具保的情况下，赵恒惕不得不在一九二六年一月十六日将刘少奇同志开释，驱逐出境了事。此后，刘少奇同志在二月十九日抵达广州，还受到中华全国总工会的隆重欢迎。这段经历，当时《工人之路》《中国学生》等革命报刊均有报道，并有袁素(洪赓飏之妻)、李治安(刘少奇同志前妻何宝珍烈士的同学)等人证明。

第三，刘少奇同志在被捕期间，并无任何投敌叛变的言行。原审查报告认定为“投降”、“背叛”的唯一根据，是恶霸罪犯杨剑雄(当时任湖南省长署会计)一九五二年的一段笔供：“当洪赓飏，叶开鑫等具禀，保释刘少奇同志时，赵恒惕说：‘要他迅急离开湖南，不要在这里乱搞。要庶务股去买一册四书五经送给他，好好去读……’，‘交保开释’。”这段话，只能证明刘少奇同志确是经保释后被驱逐出境，原专案组引来作为他接受“活命条件”和“投降”、“背叛”的根据，是荒唐的。至于赵恒惕这样的旧军阀送《四书》的事，在当时封建军阀统治的历史条件下，不足为奇。这件事，连当时报纸的报道也认为是“最滑稽”的。原审查报告脱离历史背景，不顾历史事实，从赵恒惕送《四书》竟推断出刘少奇同志“奉赵恒惕旨意……重新钻入党内”，纯属捏造和诬陷。

第四，原审查报告还提到，赵恒惕于一九二五年六月发布“四斩”反革命布告和十月杀害安源工人俱乐部副主任黄静源同志两件事，以推断刘少奇同志被捕后，如不投降必然被杀。据查，“四斩”布告，是赵恒惕的戒严司令部针对六月初长沙市传说外国人杀了中国工人，群情激愤，惹起“一夜纷乱”，怕引起更大暴乱而发布的。黄静源同志是一九二五年十月十六日在江西省安源煤矿被赣西镇守使李鸿程杀害的；事后，工人群众将其遗体抢到长沙，举行送葬示威和追悼大会。这些事同后来刘少奇同志被捕和释放并不相干。如不投降必然被杀这一论断是没有根据的。所谓赵恒惕曾亲批将刘少奇同志“斩决”,仅来自黎泽泰(当时任湖南省长署文牍)一人一九六七年八月二十三日在逼供之下写的材料,而按他所写,他也是听杨剑雄说的,并非亲自看到,更何况杨剑雄的口供中,根本未提到赵恒惕亲批“斩决”的事,不足为凭。

第五,原审查报告还借杨剑雄一九五三年被处决之前,湖南省宁乡县公安局曾请示过刘少奇同志一事,认定刘少奇同志“对即将暴露他的叛变罪行的杨剑雄”“杀人灭口”。这完全是歪曲事实。

杨剑雄是恶霸地主,历史上有血债,民愤极大,新中国成立后畏罪潜逃外地,一九五二年逮捕归案。宁乡县人民政府根据其罪恶事实,在刘少奇同志毫无所知的情况下,于一九五三年一月十八日判处杨犯死刑,并报经湖南省人民政府于一月二十四日核准。由于审讯过程中,杨犯说过他曾经参加一九二四年刘少奇同志被捕后的营救活动,宁乡县公安局为慎重起见,才在执行前(一月二十六日)致函刘少奇同志进行核对,并要求在十日内电复。刘少奇同志于一月二十九日复电说明,杨剑雄“所称一九二四年在长沙营救我出狱等语,并无其事。我一九二五年在长沙被捕,因有很多人营救……得以出狱,但这与杨剑雄毫无关系。杨犯罪恶仍应按你们判决处理”。这个答复意见是正常的,并未对杨犯的判决有所干预。整个过程表明,宁乡县判处恶霸杨剑雄死刑,事前刘少奇同志完全不知道。如果这是出于刘的授意,宁乡县又何必在判决后再致函询问呢?!原专案组把这件事说成刘少奇同志蓄意“杀人灭口”,完全是强加罪名。何况已有充分材料证明,刘少奇同志根本没有投敌叛变,当然更不存在他害怕暴露“罪行”而“杀人灭口”的问题。

(二)所谓一九二七年在武汉和庐山进行“内奸活动”问题

原审查报告认定,刘少奇同志在一九二七年大革命紧要关头,窃据湖北省总工会秘书长的职位,充当内奸,破坏工人运动。列举的“罪名”是:1. 在“四·三”惨案发生后,为日寇保镖;2. 与汪精卫、陈公博勾结,被指定为“国民党中央工人运动小组长”,向敌人献策调走武汉工会骨干,解散工人纠察队;3. 为掩盖其“内奸面貌”,还演出了一场假逮捕的“苦肉计”;4. 在武汉“七·一五”事变前,受汪精卫指使,“躲往庐山”,“继续进行叛卖勾当”。据复查,这些罪名都与事实不符,或是诬陷,或是虚构,不能成立。

第一,“四·三”惨案问题。据查,在驻汉口日本水兵杀人惨案发生后,刘少奇同志代表工会出席各人民团体紧急会议和参与主持工会联席会议,在组织群众反日斗争中起过重要作用。对此,一九二七年四月五日的《汉口民国日报》曾有报道。各工会联席会议的决议和全省总工会的布告中,号召群众“遵守革命纪律”、“万勿骚动”、“不要打日本人的窗户”、“不要打日本人”等,经查阅中共八七会议《告全党党员书》和一九二七年四月五日《汪精卫、陈独秀联合宣言》等历史档案,这是根据当时党中央的指导方针和斗争策略制定,不是刘少奇同志个人决定的。原审查报告不问来由,颠倒是非,把这些当时见报的文告词句,拼凑成刘少奇同志“为日寇保镖”的罪名,显然是蓄意歪曲历史。

第二,所谓“担任国民党中央‘工人运动小组长’,充当特务,向国民党提供‘工运情报’”,以及“向陈公博献策”的问题。这一条,出自丁觉群(当时是共产党员,任国民党汉口特别市党部执行委员兼工人部长,一九二八年被捕以后脱党,参加过复兴社,已于一九七八年初病死)一人一九六八年十月六日的“书面交代”,并无其他证据。经查对原专案组审讯丁觉群的档案,发现一九六七年九月二十五日,丁在“监护”中交出一份笔供,附信公开说明:“为了批倒批臭刘少奇,我这个文件是打破事实框框写的。”同年十月十八日至十二月二十七日,丁四次翻供和申述,在十一月十三日的申述中特别提道:“首长已经向我揭开了盖子,反戈一击有功,且可免追既往罪过,否则交群众斗争,交公安机关治罪,停止退休金,以至促短自己有限生命,而落个遗臭万年。聆训后,我思想斗争剧烈,思想起伏,终夜无眠。”丁一九六八年十月六日的“书面交代”,就是在这之后,按照原专案组的提示编造的。又查到一九七二年丁被释放回家后的日记,其中写道:“我只说在党内我受刘的领导,而不提陈独秀当权的党中央对我的指示,和湖北省委书记张国焘对我面示,就是使刘贼无所躲闪,而我自己情愿把一切担负起来。”丁的儿子丁运隆交出这本日记时说明,其父生前对他说过:“我深深地知道,刘少奇早已被打倒了,现在只是要找到一些能够说明所以必须打倒的罪证材料公布于世,以求名正言顺。我不能使他们如愿以偿,我是下不了台的。”由此可以完全证明,丁觉群的口供是被迫编造的。又据调查,这个一名组长、一名组员(丁觉群)的所谓“工人运动小组”,根本就不存在。既然根本没有这样一个组织机构,当然刘少奇同志被指定为小组长是虚构的。这也证明,丁觉群的“书面交代”是捏造的。

第三,调动武汉工会干部问题。据李维汉、郭述申同志及李景明(当时任湖北省总工会宣传部主任)、郑超麟(当时任湖北省委宣传部长)等人证明,一九二七年六月初,我党中央鉴于汪精卫的武汉国民政府叛变革命,实行宁汉合流的步骤逐渐明显,遂决定疏散各地聚集在武汉的干部。湖北省总工会根据这一精神,将公开活动的党员干部,有的隐蔽、转移,有的派往贺龙、叶挺部队,又新调一些面目未暴露的干部来坚持工作。这种应变措施,在当时是必要的,也是完全正确的。原审查报告将此事歪曲为刘少奇同志"破坏革命的内奸活动",是十分荒谬的。

第四,工人纠察队缴枪问题。经查阅一九二七年七月共产国际执委会《关于中国革命目前形势的决定》、中共八七会议《告全党党员书》,以及一九二九年十二月陈独秀等人《我们的政治意见书》和一九二七年六月二十九日武汉国民党中央会议记录,这些有关材料都说明:当时以陈独秀为首的党中央屈服于汪精卫武汉政府的压力,为维持国共合作和所谓"兵、工团结",决定自动解除工人纠察队武装。这个错误是陈独秀推行右倾机会主义路线所造成,主要责任在中央的领导。刘少奇同志当时并非中央主要成员,凡是了解这一段党的历史的人,都知道这样重要的问题,决不是他所能决定的。至于他作为湖北省总工会秘书长,代表工会去作缴枪经过和意义的报告,完全是执行上级的错误决定的问题。原审查报告把这件事的责任推到刘少奇同志身上,是不公正的,也是不符合当时的历史事实的;把它又演绎成"特务内奸活动",则显然是栽赃诬陷。

第五,是否有所谓"苦肉计",即一九二七年在武汉曾否被捕的问题。1.当时在全国总工会和湖北省总工会(两处是隔壁)工作的林棣之、陈仲波、曾昭美、吴良福等多人证明,一九二七年六月二十八日晚,有一些国民党军队冲进全总和省总闹事,但没有见到和听说发生过向忠发、许白昊、项英、刘少奇等工会主要领导人被捕的事。2.一九二七年六月二十九日武汉国民党中央会议记录,一方面提到纠察队解散以后,发生了军队占工会房子,抓了工会的人;另一方面又提到李立三、刘少奇先后向武汉国民党当局报告,要请卫戍司令部派兵保护他们,等等。这里所说的"抓工会的人"一事,显然不是指刘少奇同志等全总和省总的主要领导人。如果当时刘少奇同志已经被捕,当然就不会有李立三、刘少奇同志向武汉国民党当局报告,要求保护的事。3.当时的《庸报》《申报》《时报》《顺天时报》等,有关这次军队一度"占领总工会会址",与工会发生纠纷的报道,不仅没有提到有工会主要领导人被捕,而且有的说:"经苏兆征与第八军李品仙交涉结果,此事乃双方意见有欠疏通之故,现经谈妥,军队已于午后撤退"(《申报》);有的说,"……今晨军队占领工会会所事,经双方解释,误会全祛。今晚军队已撤去,工会仍归纠察队防守"(《庸报》)。

原审查报告说刘少奇同志在一九二七年六月二十八日曾经被捕,主要根据是:当年六月二十九日汉口法租界巡捕房给法国驻武汉总领事的报告信。信上提到:昨晚卫戍司令部军官率领巡逻队,在总工会办事处逮捕了该会几个重要成员向忠发、刘少奇、许白昊、项英等。从上述各方面的材料,特别是与一些当时亲历其境者的证明相对照,该报告信的内容显然是不真实的。而且事实上向忠发、许白昊、项英等当时也都未被捕,更足以证明该报告信内容之不真实。

至于所谓假逮捕的"苦肉计"之说,其唯一来源是前面提到的丁觉群的那份虚构的"书面交代"。(据丁交代:刘少奇为了掩盖他与汪精卫、陈公博勾结出卖工人纠察队的罪行,将来更好地为汪效劳,于六月二十五日写一封密信,要丁送给陈公博,提出"来一次苦肉计"。在纠察队缴枪的头一天,刘少奇等人即被逮捕。次日上午由卫戍区司令部用小汽车密送刘到武汉国民党中央党部与汪谈话,决定下一步活动。)可是,大量事实已经确切证明,刘少奇同志并未被捕。既未被捕,何来"苦肉计"?!原审查报告引用这种在逼供下编造的谎言,滥定罪名,完全不足为据。

第六,所谓受汪精卫指使,"躲往庐山","继续进行叛卖勾当"问题,原审查报告仍是以丁觉群编造的那份"书面交代"为依据,别无任何旁证。而据聂荣臻同志以及罗章龙等人证明,当时党中央是知道刘少奇同志从武汉去庐山养病的;一九二七年南昌起义前几天,聂荣臻同志还曾经根据周恩来同志指示,两次到庐山向刘少奇同志当面传达过准备发动武装起义的决定。这说明,丁觉群的口供所说"躲往庐山"根本不能成立。

(三)所谓一九二九年在沈阳"被捕叛变"问题

原审查报告说,刘少奇同志一九二九年八月二十二日在沈阳奉天纱厂被捕后,供认自己是满洲省委书记,出卖了省委领导成员和所属党组织,并且向统治阶级"积极出谋献策",张学良"颇为赞赏",因而释放;由于他提供情报,"党组织遭到严重破坏,许多共产党员被捕被杀";还说他按照敌人旨意,"利用中东路事件配合进行反苏反共",等等。经复查,这些"罪名"都是无中生有的伪造。

第一,原专案组认定刘少奇同志在沈阳"被捕叛变",主要是根据孟用潜(当时任满洲省委组织部长,与刘同时被捕)、刘多荃(当时是张学良的卫队上校团长)二人的交代材料。现已查明,孟用潜同志早在刘少奇问题定案前就提出翻案(他在被关押期间,共写过二十次申诉材料,均被原专案组扣压,隐瞒不上报),纠正了原来在逼供情况下编造的假交代。刘多荃的材料也完全是虚构的。经查对原专案组案卷记录,刘多荃所说的"破获共产党案子",从被捕人数、被捕地点、关押时间,到释放的方式和过程等具体情节,同刘少奇同志被捕的案情无一相似之处。刘多荃也于一九七九年五月和十一月写了更正材料,说他确实没有听说过张学良同被捕的人“达成政治交易”的事,“一九六八年一月我所交待的关于‘奉天纺纱厂逮捕共产党人案’和同年八月以前所交待关于‘中东路事件’的两篇材料,是专案组从我到学习班被监护的整个期间,被逼所写的几十万字材料中,摘录要我抄写的”;并揭发了专案人员对他指供、诱供,炮制假证据的全部过程。原审查报告,把刘多荃被逼虚构的证词,作为刘少奇同志“叛变”的根据,是毫无道理的。

第二,原《罪证》中还有另外六个所谓“知情人”作证的笔供,都写得含糊不清,除一份是“听(别人)说”的之外,其余五份,只说被捕者是黑脸、白脸、黄脸、中等个、高个子或胖子、瘦子。这些“知情人”中,关辅金(原奉天纱厂副技师)、徐廉奎(原奉天纱厂庶务主任)、关庆云(原奉天省警察局行政科代理科长)三人已病死;还活着的丁基实(即丁君羊,在孟用潜同志调离后任满洲有委组织部长,后脱党)、刘青第(原奉天省高等法院检察处代理主任书记官)和陈元祯(原奉天警察局商埠地三分局差遣班长)三人,都否认了在逼供情况下写的假证词。陈元桢(现名陈冠英)一九七九年六月六日揭发(由他三儿媳代笔)说:他只记得一九二九年奉天纱厂因闹风波,抓过人,“以后的事情我就不知道了”。但是,一九六八年一二月间,沈阳军区有一个人把他叫去查问此事,威胁说,“你在(再)不说,就送你到公安局去”。“前后七八天连轴转,不让我睡觉,……实在受不了”。后来又换来另一个人,“对我说,那你都承认了吧。刘少奇已经倒了,没有啥,你立功了”。“一九六八年的那个材料是他们写的,我不认几个字,不会写字,未让我看,只念给我听一下,就让我签字盖手印的,随之就把我放回家了”。不料,“一九六八年十一月四日(注:党的第九次代表大会前不久),……把我带到吉林军区监护了起来”,起初“听说开完‘九大’了让我回家”,可是“一九七二年一月才把我放回来”。在江青、康生、谢富治等人直接控制和指挥下,专案人员如何搞逼供信和弄虚作假,于此可见一斑。

第三,除了以上虚构的证词已被否定之外,更重要的是,有大量的材料足以证明,刘少奇同志一九二九年被捕,并无任何叛变行为。

(1)现已查明,刘少奇同志是在奉天纱厂一次工潮中,同孟用潜同志一起去该厂找工人谈话,因厂内有叛徒向厂方密告厂内酝酿罢工的情况,致使地下党支部书记被拘留,刘、孟二人也在纱厂门口被该厂卫队怀疑而逮捕。以上被捕的经过和原因,满洲省委在一九二九年八月三十一日即向中央作了报告,有案可查。廖如愿(当时任满洲省委秘书长)也证明:“刘、孟到警察局后,外面送东西很方便,前往接见也不困难”,对刘、孟“没有作政治犯处理”,“所以当时省委态度镇静”;“刘、孟在警察局集中意志对警察局所作一般案件的应付,没听到政治态度有什么变动”。

(2)刘少奇同志被捕后,并未引起党组织受破坏和牵连其他同志被捕、被杀。据满洲省委一九二九年九月十九日向中央的报告说:“刘、孟被捕事,在工作上虽有很大的打击,但在同志倾向上没有多大的影响。”王鹤寿、杨一辰、何松亭等同志(当时均在满洲党、团省委及所属组织工作,是真正了解情况的)也都证明,刘、孟被捕后,他们所知道的党、团领导机关与负责同志的住址、他们所知道的一些学校、工厂的支部,没有一处遭到破坏,也没有任何一位同志受牵连被捕;王鹤寿、赵毅敏等同志还证明,在张作霖、张学良统治东北时期,除一位鼓动兵变的共产党员韩渊波同志被杀以外,直到九一八事变为止,东北地区没有任何同志被杀。这个历史事实,也是当时在东北工作的同志人所共知的。原审查报告说由于刘少奇同志被捕,有许多共产党员被杀,这完全是捏造的。

(3)原审查报告影射一九三〇年四月满洲省委大破坏,是刘少奇同志“提供情报”的结果。这是蓄意歪曲历史。根据党的历史档案(一九三〇年九月十八日中共满洲总行委第十二号《通知》)和敌伪档案(一九三四年日本大阪对支经济联盟编《苏联和满洲的共产运动》)、敌伪报刊(一九三〇年五月一日《盛京时报》)记载,以及上述当时在满洲党、团省委工作的赵毅敏、杨一辰、王鹤寿等同志一致证明,这次大破坏,致使党、团省委领导人及党、团员三十余人被捕,是由于杜兰亭(当时在团省委工作)四月十二日被捕后叛变,向敌人供出团省委机关的地址造成的(当时党、团省委负责同志正在那里开会,许多同志因而被捕)。当时刘少奇同志已经离开满洲去上海工作,这件事同他毫无关系。

(4)刘少奇同志是在被捕半个多月后,统治阶级没有取得任何证据的情况下,取保释放的。据孟用潜同志一九六七年六月五日“补充材料”说:“对我的判决是‘煽动工潮,证据不足,不予起诉,取保释放’;对刘少奇也是‘不予起评,取保释放’。”杨一辰同志一九六七年六月十七日和一九七九年四月二十四日两次证明,当时对刘少奇同志判决“检察却下,不起诉处分,取保释放”。还有饶漱石(当时任满洲团省委书记)、王广恩(原奉天纱厂协理)等人,也提供了类似的证明材料。

总之,刘少奇同志一九二九年在沈阳奉天纱厂被捕后,没有暴露政治身份,没有损害党的组织和党的事业,关押半个多月后,因案情不重,证据不足,即取保释放，继续从事党的领导工作，根本不存在投敌叛变的问题。原专案组仅凭搞逼供信编造的材料，就认定刘少奇同志"投敌叛变"，进而凭空捏造说："刘少奇积极地向……张学良提供情报，使满洲省委及其所属地下党组织遭到严重破坏，许多党员被捕、被杀"，"还按照帝国主义、国民党和……张学良的旨意，利用中东路事件，配合进行反苏反共"等"大叛卖"活动。这些完全是无中生有的"罪名"。

(四)所谓"其他反革命罪行"问题

原审查报告在以上三个问题之外，还列举了刘少奇同志的七项"反革命罪行"。经复查，这些"罪行"也都不能成立。

(1)指使薄一波、刘澜涛、安子文等六十一人"投降国民党、叛变共产党"的问题，已由中共中央一九七八年十二月十六日中发75号文件予以否定。

(2)一九三六年"勾结"蒋介石、陈立夫等，"阴谋消灭红军，取消红色政权"的问题。刘少奇同志作为党中央代表，于一九三六年初派人同南京国民党代表谈判联合抗日，是根据党中央的统一部署进行的。谈判过程和结果，党中央完全清楚。这根本不是什么同蒋介石、陈立夫的阴谋勾结。

(3)"与汉奸陈公博、周佛海勾结"的问题。抗日战争时期，新四军领导同志根据党中央"大力开展对敌伪政权上层分子的联络工作"的指示，曾派军部工作人员冯少白同志，利用亲戚关系，四次进入敌占区，进行分化、瓦解敌人的活动。冯于一九四一年第一次去敌区，在接受陈毅同志交给的任务后，行前曾请示过刘少奇同志。一九四二年以后冯再次去敌区时，刘少奇同志已离开新四军回延安。原审查报告把这件根据党中央指示进行的工作，说成是刘少奇同志"派遣投敌叛变分子冯少白作代表，与汉奸陈公博、周佛海勾结，向日寇乞降"，是蓄意篡改情节，颠倒是非。原中央专案组已于1978年十一月，给冯少白同志复查平反，撤销了原来诬称他是"投敌叛变分子"的结论。

(4)"和平民主新阶段"问题。从一九四五年八月抗日战争胜利到一九四六年一月国共两党签订停战协定期间，党中央、毛主席在一些文件、命令和社论中，已经指出国内形势的发展，进入了"和平发展的新阶段"、"和平建国的新阶段"、"和平民主新阶段"、"和平改革与和平建设的新阶段"。刘少奇同志在一九四六年一月底主持起草的《中共中央关于目前形势与任务的指示》中，和二月一日在延安干部会上作的《时局问题的报告》中，提出"和平民主建国的新阶段"、"和平民主的新阶段"，这同党中央、毛主席的提法是一致的。后来国民党撕毁停战协定，随着形势的发展，刘少奇同志也是同党中央一起改变了上述估计。对这件事，一九四六年七月，毛泽东同志在中央的一次小型会议上，用自我批评精神，代表中央总结过经验教训。本来，这是历史上早已解决了的问题，原审查报告又把它翻出来，作为刘少奇同志个人的罪名，是有意的陷害。

(5)通过孟用潜同司徒雷登"勾结"的问题。这是原专案组将孟用潜同志当作"相当大的美国特务"进行审讯时，靠逼供信搞出来的假口供，据中央有关主管部门证明，并无其事。

(6)"同美特王光美结合"的问题。这是妄加的罪名。经中共中央组织部复查，在1979年三月对王光美同志的历史已作出结论：王光美同志的政治历史清楚，没有问题。

(7)派王光琦去香港向美帝供给情报的问题。一九五三年香港的某特情提供假情报说：王光琦是美国中央情报局香港所属特务在大陆的重要情报来源。经公安部立案审查，已于一九五六年九月一日查明原情报是蒋特的反间计，即决定撤销对王光琦同志的怀疑。原专案组没有任何根据，即否定公安部早已销案的事实，仍依据原来的假情报给王光琦同志定罪，并说王是刘少奇同志派遣的，纯属政治陷害。

(五)所谓"坚持走资本主义道路"问题

原审查报告还认定，刘少奇同志在新中国成立后，犯有"坚持走资本主义道路，坚持资产阶级反动路线"，"阴谋颠覆无产阶级专政"，"破坏各国革命运动"等"罪行"，说他已经"成了党内反革命修正主义集团的总头目，资本主义复辟势力的总代表"。这是对历史的严重歪曲。实践证明，新中国成立以后十七年，我们党坚持社会主义道路，坚持无产阶级专政，坚持共产党的领导，坚持马克思列宁主义、毛泽东思想。刘少奇同志作为党的主要领导人之一，自始至终参加了党中央的领导工作，同样是坚持了四项基本原则，并且是对于我国的社会主义革命和社会主义建设作出了重大贡献的。这期间，尽管我们党在工作中取得巨大成就的同时也犯过一些错误，刘少奇同志也犯过一些错误，但这些错误一般地都在党中央领导下，按照民主集中制的原则，通过批评和自我批评纠正了，根本不存在一条以刘少奇同志为代表的"反革命修正主义路线"，不存在一个以刘少奇同志为"总头目"的"反革命修正主义集团"，不存在一个以刘少奇同志为首的"资产阶级司令部"，不存在一批以刘少奇同志为"最大"的"党内走资本主义道路当权派"。"文化大革命"初期，派工作组到一些单位指导运动，是我们党多年来解决基层问题的一种做法，不存在一条由刘少奇同志制定和推行的"资产阶级反动路线"。

在外事活动方面，刘少奇同志一向是按照党的对外工作方针、路线行事的。所谓“破坏各国革命运动”，纯系罗织“罪名”。

根据以上复查结果，中共十一届五中全会认为，原审查报告给刘少奇同志强加的“叛徒、内奸、工贼”三大罪状，以及其他各种罪名，完全是林彪、江青、康生、陈伯达一伙的蓄意陷害。八届十二中全会据此作出“把刘少奇永远开除出党，撤销其党内外的一切职务”的决议是错误的。

刘少奇同志是伟大的马克思主义者，是为共产主义奋斗终生的无产阶级革命家。几十年来，他作为党和国家卓越的主要领导人之一，对我党的建设，对我国民主革命、社会主义革命与社会主义建设，都有不可磨灭的功绩。他对党和人民的事业是忠诚的。他把毕生精力贡献给了我国的无产阶级革命和建设的事业。

过去对于刘少奇同志的污蔑、诬陷、伪造的材料以及一切不实之词都应完全推倒。为此，中共十一届五中全会特作如下决议：

（一）撤销中发〔68〕152号文件（即八届十二中全会公报）中加给刘少奇同志的罪名和对他的处理决议，相应地撤销中发〔68〕155号文件（即原审查报告）。恢复刘少奇同志作为伟大的马克思主义者和无产阶级革命家、党和国家的主要领导人之一的名誉。

（二）在适当时间，由中共中央商同全国人大常委会，为前中共中央副主席、中华人民共和国主席刘少奇同志举行追悼会。

（三）过去因刘少奇同志问题受株连的人和事，都应当由有关主管部门实事求是地进行复查和澄清，凡属冤假错案，一律予以平反。

（四）中央这个决议和附件，发至基层党支部，并按照先党内、后党外的步骤，传达到全体党员和全国人民群众，以消除过去对刘少奇同志的错误处理所造成的影响。

中国共产党第十一届中央委员会第五次全体会议关于召开党的第十二次全国代表大会的决议

（1980年2月29日通过）

一、在十一届三中全会决定把党的工作着重点转移到社会主义现代化建设方面来以后，党在政治、经济、国防、外交、思想、组织等各个方面，都取得了巨大进展，全党全军全国各族人民同心同德、力争多快好省地实现四个现代化的局面，正在迅速形成和向前发展。为了实现四个现代化这一伟大历史任务，党在实践中面临一系列新的重大问题，需要不失时机地迅速地加以解决。为此，五中全会决定，提前召开中国共产党第十二次全国代表大会。召开这次大会的具体时间，由中央政治局确定。

二、党的第十二次全国代表大会的主要议程

1. 党的中央委员会的工作报告；

2. 中央纪律检查委员会的报告；

3. 修改党章；

4. 关于发展国民经济的长远规划纲要；

5. 选举党的中央委员会。

三、党的第十二次全国代表大会的代表名额为1600名。各选举单位代表名额的分配，参照党员人数，以及经济、文化、科学技术发展状况和少数民族情况确定。

中央政治局各同志，部分在京的中委、候补中委和在党内有声望的老同志，分配到有关单位选举，其代表名额包括在有关单位的代表数之内。

各选举单位按代表人数1/10的比例选举候补代表，以备递补代表缺额。

四、出席党的第十二次全国代表大会的代表，由各省、市、自治区，中央直属机关，中央国家机关，解放军各总部、军兵种、大军区，分别召开党的代表大会或代表会议，经过充分酝酿，采取差额选举办法，以无记名投票方式选举产生。

代表中应包括有为四化作出贡献的经济、科学技术、文化教育、卫生等方面的专家，在全国有影响的劳动模范和战斗英雄。少数民族和妇女党员，应有适当的比例。

出席党的十二大代表，应于1980年11月底以前选出。

五、中央号召，全党同志要团结一致，努力工作，使各条战线的社会主义建设事业都有一个较大的进步，迎接党的第十二次全国代表大会的胜利召开。

中共中央副主席邓小平在十一届五中全会上发表《坚持党的路线 改进工作方法》的讲话

我今天讲三点：一、讲这次会议；二、讲党的政治路线、思想路线和组织路线；三、讲工作方法。

第一个问题，这次全会很重要，开得非常好。党的十一届三中全会、四中全会和这次全会，都是开得好的。我们党的政治生活，多年没有这么活跃了。这次全会，真正做到了大家畅所欲言，真正体现了中央委员会的集体智慧和集体领导，在党的生活中树立了很好的风气。应该在全党各级领导机构中把这种风气推广发扬下去。

这次会议解决的加强党的领导、改善党的领导的问题，包括加强中央常委领导的问题，建立中央书记处的问题，提出党章修改草案和制定党内政治生活的若干准则的问题等，是十分重要的。我们党是执政党。应该说，党的领导在相当一个时期受了损害。恢复我们党在全国各族人民中、在国际上的地位和作用，是摆在我们面前需要解决的非常重要的问题。我认为，这次全会为解决这个问题所通过的几个决定和文件，都是正确的。会议真正体现了我们党的实事求是的作风。刘少奇同志的平反是一件很大的事，我们解决得很好。这件事情可不可以早一点办呢？恐怕不行。但是，现在再不解决，就可能犯错误。全会建议全国人民代表大会修改宪法第四十五条，取消其中关于“四大”即“大鸣、大放、大字报、大辩论”的规定，这在保障国家政治生活的安定方面，也是一个很重要的问题。总之，这次会议提出讨论的问题都非常重要，都解决得很好。

会议的消息和文件公布以后，不仅在党内、在全国各族人民中，而且在国际上，都会引起很大很好的反响。在相当一段时间里，国际上议论纷纷，认为现在中国共产党、中华人民共和国的路线和政策是对的，但是怀疑它的继承性和稳定性。这次全会的文件和全会决定的一系列政治、组织措施，很好地回答了这个问题。我相信，全党全国各族人民对这次全会的决定是满意的。在国际上，肯定会进一步增加国外的同志、朋友和各种程度的合作者对我们的信任。这一点，对于我们实现四个现代化，对于加强国际反霸斗争，都是有利的。

第二个问题，关于坚持党的政治路线、思想路线和组织路线，我想多说几句。

我们从党的十一大以来，特别是经过三中全会、四中全会，逐步确定了现阶段党的政治路线。三中全会确立了或者说重申了党的思想路线。三中全会以后，党中央考虑，不进一步解决党的组织路线问题，政治路线、思想路线就得不到可靠的保证。这次会议的一个主要任务就是解决这个问题。当然，党的组织路线的问题，从粉碎“四人帮”以后，中央就已经在着手解决，也做了很多事，比如我和一批人出来工作。但是把它更明确地提出来，还是三中全会以后的事情。这说明我们的工作大大地前进了。

我们党在现阶段的政治路线，概括地说，就是一心一意地搞四个现代化。这件事情，任何时候都不要受干扰，必须坚定不移地、一心一意地干下去。许多问题，不搞四个现代化解决不了。国民经济的发展，国民收入的增加，人民生活的逐步提高，国防相应地得到巩固和加强，都要靠搞四个现代化。全会讨论了党章修改草案。修改党章是要进一步明确党在四个现代化建设中的地位和作用。执政党应该是一个什么样的党，执政党的党员应该怎样才合格，党怎样才叫善于领导？在解决这些问题方面，参加讨论的同志都反映，党章修改草案是有特色的，比较好的。这不是说它已经很完善。也许还要经过几次修改才能完善。修改草案中关于我们党的政治路线的表述中增加了高度民主、高度文明的内容，这比以前的提法更周到些，不过句子还太长。语句简短一点好记。但是不管怎样表述，实质是搞四个现代化，最主要的是搞经济建设，发展国民经济，发展社会生产力。这件事情一定要死扭住不放，一天也不能耽误。请同志们在处理各种繁忙的事务的时候，务必一天也不要放松经济工作。

一心一意地搞四个现代化建设，必须一心一意地维护和发展安定团结、生动活泼的政治局面。这始终是摆在我们面前的一个十分重要的问题。我们建议取消宪法中关于“四大”的规定，就是为了这一点。取消宪法中关于“四大”的规定，并不是说不要发扬社会主义民主，而是由于多年的实践证明，“四大”不是一种好办法，它既不利于安定，也不利于民主。发扬社会主义民主，健全社会主义法制，两方面是统一的。发扬民主可以经过很多渠道来实现。比如党内政治生活的准则就规定，要讲真话，有意见摆到桌面上。我们这次全会就是人人畅所欲言，包括中央常委讲的话，有不妥当的，大家纠正，这很好嘛。哪有什么金口玉言，即席讲几句话就句句准确？我们全会的风气很好，发扬这样的民主风气，就有利于维护和发展安定团结、生动活泼的政治局面。“四大”就决不能做到这一点。

要实现安定团结、生动活泼的政治局面，必须解决历史的遗留问题，弄清大是大非。我们已经解决了大量的这类问题，但是还有相当多的问题需要继续解决。解决历史遗留问题，如三中全会所说，是为了团结一致向前看。不能在旧账上纠缠，要把大家的思想和目光引到搞四个现代化上面来。如果不能得到团结一致向前看的结果，就说明我们的工作有缺陷。所以我们总是说，重大历史问题的解决宜粗不宜细。我这里不只是讲某一个具体的案子，而是讲总的历史问题，包括将来要写的若干历史问题的决议，太细了不妥当。

为少奇同志平反的决议讲，“文化大革命”前，党犯过一些错误，少奇同志和其他同志一样，也犯过一些错误。我看这样讲好，符合实际。不要造成一个印象，好像别人都完全正确，唯独一个人不正确。这个话我有资格讲，因为我就犯过错误。1957年反右派，我们是积极分子，反右派扩大化我就有责任，我是总书记呀。1958年“大跃进”，我们头脑也热，在座的老同志恐怕头脑热的也不少。这些问题不是一个人的问题。我们应该承认，不犯错误的人是没有的。拿我来说，能够四六开，60%做的是好事，40%不那么好，就够满意了，大部分好嘛。我们既然说毛泽东同志都会犯错误，少奇同志就没有错误呀？其他同志就不犯错误呀？平反的决议这样评价少奇同志，可以使党内党外、国内国外进一步认识到，中国共产党是实事求是的，是敢于面对现实讲真话的。否则不合乎事实。没有不犯错误的人，只是错误有大小轻重的区别。

历史遗留的问题还要继续解决。比如这次会上提到的瞿秋白同志，讲他是叛徒就讲不过去，非改正不可。在处理这些历史问题的时候，要引导大家向前看，不要过分纠缠。有些同志的问题已经实际上解决了，就不必再要求中央发文件，过多地发文件并不好。

其次，谈谈思想路线问题。三中全会确立了，准确地说是重申了党的马克思主义的思想路线。马克思、恩格斯创立了辩证唯物主义和历史唯物主义的思想路线，毛泽东同志用中国语言概括为“实事求是”四个大字。实事求是，一切从实际出发，理论联系实际，坚持实践是检验真理的标准，这就是我们党的思想路线。我们说重申，就是说把这条马克思主义的思想路线恢复起来。这条思想路线，有一段时间被抛开了，给党的事业带来很大的危害，使国家遭到很大的灾难，使党和国家的形象受到很大的损害。但是我们还是应该说，党的这条思想路线是毛泽东同志确立的，他在领导革命的大部分时间内是坚持这条思想路线的。我们贯彻这条思想路线，就要反对教条主义，反对修正主义，坚持四项基本原则。离开坚持四项基本原则，就没有根，没有方向，也就谈不上贯彻党的思想路线。我们提倡的实事求是，是马列主义、毛泽东思想的一个基本组成部分，因此提倡实事求是决不能离开马列主义、毛泽东思想的基本原理，决不能忽视毛泽东同志在这个问题上的伟大功绩。我们任何时候都不能损害毛泽东同志在整个中国革命史上的光辉形象，不能动摇高举毛泽东思想旗帜的原则。我们要有这个觉悟，要有这个认识。这不但是中国共产党的利益所在，中华民族的利益所在，而且是国际共产主义运动的利益所在。

关于真理标准问题的讨论，现在越来越显示出它的重要性。这个讨论是针对“两个凡是”的，意思是不要把马列主义、毛泽东思想当作教条。三中全会的提法，叫研究新情况，解决新问题。去年我们说，各地对于这个问题的讨论要结合实际，要结合具体情况解决问题。这就是说，坚持党的思想路线，也同样要求向前看。处理任何问题，都要使全党全国人民的注意力集中于怎样恢复和提高党的威信、加强和改善党的领导，怎样解决现在面临的国际和国内的新问题。

我们搞四个现代化，不开动脑筋，不解放思想不行。什么叫解放思想？我们讲解放思想，是指在马克思主义指导下打破习惯势力和主观偏见的束缚，研究新情况，解决新问题。解放思想决不能够偏离四项基本原则的轨道，不能损害安定团结、生动活泼的政治局面。全党对这个问题要有一个统一的认识。如果像“西单墙”的一些人那样，离开四项基本原则去“解放思想”，实际上是把自己放到党和人民的对立面去了。

解放思想必须真正解决问题。我们的思想懒汉不少，讲现话、空话的多。真正仔细地研究新情况，解决新问题，切实地想办法使我们的步伐快一些，使生产力发展快一些，使国民收入增加快一些，把领导工作做得更好一些，这样的同志还不多。比如现在很需要人才，对于一些优秀分子为什么不能上来，怎样解决挡路的问题，就非常需要认真想一想，采取有效的措施。我们这些老同志，包括我在内，要是办不好这件事，交不了账就是了。还有些事情，有的地方只会照搬，上面没有指示就不敢动，这能叫解放思想？我们多次讲过，就是一个生产队，也应该解放思想，开动脑筋，解决本生产队的具体问题。我看，一个生产队、一个工厂、一个车间、一个班组的党组织，如果能够面对自己单位的具体问题，走群众路线，同群众商量，提出很好的办法，由共产党员起模范作用，真正解决这些问题，那么，那里的党组织对四个现代化就作出了很可贵的贡献。

这次全会在组织路线方面作出了一系列非常重要的决策。但是，就全党来说，没有解决的重要问题还不少，我们要有清醒的估计。例如，我们现在的体制就很不适应四个现代化的需要。不过当前最重要的还是选好接班人。从中央起，我们各级党委，特别是老同志，一定要时刻不忘严肃地对待这个问题，承担起这个庄严的责任。时间紧迫，再不及早妥善解决这个问题不行。1975 年王洪文说：十年后再看。那个时候，我跟先念同志还有其他同志谈过这件事。1975 年我已经 71 岁了，从年龄上我们是斗不过他们的。所以当时我们就想，确实要有比较年轻的同志上来工作。这个问题很实际又很紧迫。五年以后再开中央全会，在座的相当一部分人不能工作了，那时再考虑接班人问题就晚了。

现在的问题有两个方面。一方面，现在确实还有一批帮派人物，奉行林彪、“四人帮”那套思想体系的，打砸抢的，头上长角、身上有刺的，这是造成不安定的一个重要因素。党的路线、方针、政策，在贯彻执行的过程中，总要遇到那么一些人，一下子就给卡住了。如果对林彪、“四人帮”的残余分子，对那些拒绝接受教育、不愿改变立场的分子手软，仍然把他们放在重要的岗位上，我们就要犯大错误。另一方面，我们确实已经有不少比较优秀的年轻人，在经济建设、科学技术、文化教育等各个领域中，都有不少有专业知识、有管理能力、很能干的人。政治思想好、党性强，又有见解、有本领的人，各部门各地方有的是。因此，一方面，对那些帮派体系人物，一定要严肃处理；另一方面，又必须注意从年纪比较轻、身体比较健康、各方面表现都比较好的同志里面选一批接班人。如果能够花三五年时间解决这么一个大问题，我们的事业就越来越有希望。

我想请在座的同志们考虑，下届的中央委员会，是不是可以选50个50岁以下的人。代表大会的代表应该有相当数量的50岁以下的人。如果做不到这两点，我们那个代表大会就不是成功的代表大会。再往后，我们的代表大会代表、中央委员会委员还应当更年轻一些。这是我们事业兴旺发达的重要标志之一。

我们党现在确实存在一个整顿的问题。这个问题，1975年就提出来了，现在还没有解决。3800万党员，相当一部分不合格。这次全会以后，需要结合讨论党章修改草案和贯彻执行党内生活准则，在全党进行一次教育。老干部都要参加，搞个小整风也好，无非是对照条文看合格不合格嘛。一个人9/10合格，或者十分之七八合格，这就很好。当然百分之百合格的人也有的是。不合格的就要实行批评和自我批评，要求他们转变。

第三个问题，注意工作方法，克服官僚主义。这也是摆在我们面前的一个迫切问题。克服官僚主义，首先还是要着重研究体制的改革，但是工作方法不改也不行，更不能因为等体制改革就无所作为。工作方法总要适应四个现代化的要求，改得好一点、快一点嘛。

我们要发扬民主，但是同时需要集中。也许现在和以后一个相当时候，更要着重强调该集中的必须认真集中，以便把效率提高一些。我们强调集体领导，这次讲接班也是集体接班，这很好，很重要。但是，同时必须把分工负责的制度建立起来。集体领导解决重大问题；某一件事、某一方面的事归谁负责，必须由他承担责任，责任要专。应该说，过去我们的书记处工作效率不算低，原因之一就是作出决定交给专人分工负责，他确实有很大的权力，可以独立处理问题。现在反正是画圈，事情无人负责，很容易解决的问题，一拖就是半年、一年，有的干脆拖得无影无踪了。办事效率太低，人民很不满意。这样能够搞四个现代化呀？我希望，从重新建立书记处开始，中央和国务院要带头搞集体办公制度，不要再光画圈圈了。书记处和国务院的某些工作，不一定全体成员都参与，有几个人一议，就定了。有些事情可以一面做，一面报告政治局和常委；要上面讨论的事情可以等，备案性质的就不要等。各级都要实行集体领导、分工负责。比如实行党委领导下的厂长负责制，党委只管大的政治问题、原则问题，厂里的生产、行政方面的管理工作，就应该由厂长负责统一指挥，不能事无大小都由党委包起来。厂长和几位副厂长也各有专责，有管技术的，有管科研的，有管财务的，有管后勤的，等等，需要商量的事也可以几个人商量决定。上下都要讲究工作效率。这样做，难免有时要犯一点错误，但这种错误比那种议而不决、决而不行、拖拖沓沓、长期解决不了问题的错误好得多，也容易纠正。

开会要开小会，开短会，不开无准备的会。会上讲短话，话不离题。议这个问题，你就对这个问题发表意见，赞成或反对，讲理由，扼要一点；没有话就把嘴巴一闭。不开空话连篇的会，不发离题万里的议论。即使开短会、集体办公，如果一件事情老是议过去议过来，那也不得了。总之，开会、讲话都要解决问题。

这次会议的效率不算低，几天解决了这么多的问题，而且解决得比较好。中央全会带了个好头，我看我们的事业大有希望。

《人民日报》发表特约评论员文章《他们是自己人》

在我们的职工队伍中，原工商业者以及当过资本家代理人的知识分子，有一个不小的数量，有些还担任着政府机关、企业事业单位和文教科研机构的负责职务。今天，对他们究竟是同志相待、一视同仁，还是当成外人、另眼相看，这是需要统一认识的一个问题。

一些有专长、有贡献、热爱祖国、心向四化的干部，仅仅因为新中国成立前夕继承父业当过资本家，有亲属在海外，不仅过去长期受到不公正的待遇，现在还受到党组织内一些同志的歧视，工作难做，技术难传，有志难酬，党的政策没有在他们身上真正落实。他们明明是干部，但不能享受同其他干部一样的待遇，有职称却没有职权。当行政领导，指挥不动被领导的人。搞科技工作，接触不到有关资料，参加不了有关会议。有了创造发明，得不到应有的荣誉和奖励。工作搞得再好，也受不到表扬，即使被群众评为先进，发奖状也不称同志。上述种种，反映了党对这类干部的政策在一些地方和单位还没有落实。这个问题的正确解决，对于调动一切积极因素，团结一切可以团结的力量，做到人尽其才，才尽其用，加快四化进程，显然是大有好处的。

解决这个问题的关键，在于把思想进一步统一到党中央制定的正确方针、政策上来。

首先需要弄清楚，干部中的原工商业者，以及当过资本家代理人的知识分子，今天能不能称作同志。所谓同志，从广义上讲，无非是志同道合的人们的一种互称，“同德则同心，同心则同志”。在我国，人民内部的成员以同志相称，已成为习惯。原工商业者中的小商小贩、小手工业者以及其他劳动者，都属于劳动人民的范畴，本来就是自己人。至于原来的资本家，绝大多数有劳动能力的人已经改造成为自食其力的劳动者。他们拥护党的领导，拥护社会主义制度，同工人阶级之间原来存在的阶级对立早已消失，建设社会主义现代化强国的共同利益和愿望，已经把他们同工人阶级联系在一起，形成了新的同志式的合作共事关系。在这种情况下，怎么可以把这一部分社会主义的劳动者和拥护社会主义的爱国者，排斥在同志的行列之外呢？华国锋同志在五届人大二次会议上明确宣布：我们这个社会的主人翁，是社会主义的工人，社会主义的农民，社会主义的知识分子，以及其他拥护社会主义的爱国者。现在担任公职的原工商业者和当过资本家代理人的知识分子，既然已经成为社会主义社会的主人，却不能或不敢对他们以同志相称，这是不公道不正常的。当然，共产党员和党外同志之间，是有区别有界限的。但是，这种区别和界限，只是因为共产党员是马克思主义者，应该具有更高的政治觉悟和政策水平，而丝毫不意味着共产党员可以歧视排斥非党同志。恰恰相反，它要求我们的党员，经常用自己的模范行动去影响和团结非党同志，为社会主义事业作出贡献。

真正以同志相待，最重要的是按党的政策办事，做到"一视同仁"。党和政府的有关部门，对干部中的原工商业者，包括当过资本家和资本家代理人的同志，应根据他们所任的现职，按照干部管理范围和权限，切实管理起来。凡是学有专长，熟悉业务，坚决拥护党的路线和政策，有高度革命事业心和责任心，有相当组织领导能力的优秀人才，要大胆提拔，合理使用；在实行民主选举行政领导干部的单位，应同党员干部一样参加提名，当选后要尊重民意，选为正职就任正职，选为副职就任副职。要保证非党领导干部在工作上有职有权有责，不能当作"摆设"。处于被领导地位的党员干部，应服从领导，尊重和支持他们正常行使职权。对这些非党干部的考核、晋级、调资、奖励以及生活待遇，应当与同级党员干部一样。要关心他们的学习和提高，确定参加技术会议、出国考察等问题时，必须给以应有的信任，不能歧视。如果这些问题不解决好，党的政策不落到实处，所谓以同志相待，就会成为一句空话。

这样做，是不是离开了党的立场，是不是右了？在我们党内，有人有这种疑虑，是不必要的。我们党是无产阶级的先锋队，不是为少数人谋私利的宗派集团。我们历来主张为了最大多数人民的利益而同非党人士平等相待、合作共事。在新的历史条件下，党中央以马列主义、毛泽东思想为指导，实事求是地科学地分析变化了的国内阶级状况，经过深思熟虑，决定在共同实现四个现代化的基础上，同党外人士包括干部中的原工商业者，实行社会主义的同志合作。这是一项重要的原则性的政策。这个政策，完全符合毛泽东同志关于正确区分和处理两类矛盾的学说，符合我国阶级状况发展变化的历史和现实，符合调动一切积极因素建设四个现代化的要求，同整个工人阶级和全国人民的根本利益是一致的。去年，浙江省杭州市评选先进职工，在职的原资本家中有一百多人被职工们评为先进工作者、优秀服务员等，证明广大群众是理解和接受党的政策的。一个共产党员，坚定地贯彻执行党的符合实际、符合人民利益的政策，正是坚持党性立场的表现。

在这个问题上，我们的党员同志一定要有正确的观点，要继续肃清林彪、"四人帮"极左路线的流毒，肃清宁"左"勿右、"左"比右好等错误思想的影响，牢固树立无产阶级只有解放全人类、才能最后解放自己的观点，努力把朴素的阶级感情提高到党的理论政策水平上来。这样，我们的思想境界高了，气魄大了，就能深刻理解党的政策，自觉执行党的政策，在遇到各种非议和干扰的时候，能够表现出应有的坚定性。

我们的党，是一个善于和党外同志合作共事的党。我们的党员干部，要主动关心非党同志，同非党同志谈心、交朋友。干部中的原工商业者和当过资本家代理人的知识分子，不少人具有经济管理经验和科学技术才能，党员干部要虚心学习他们的长处，特别是那些有益于社会主义建设的技能。这些同志也会有自己的短处，也会有缺点错误，党员干部要给以同志式的帮助，促使他们自觉改造思想，在实践中克服自己的弱点和不足之处。党的组织工作，一定要努力适应新形势的要求，不断加强党员与非党同志的团结，让一切拥护社会主义四个现代化的同志，让所有党外的志士仁人，都能报国有门，在新长征中大显身手。

国务院发布《关于将强制劳动和收容审查两项措施统一于劳动教养的通知》

国务院发出《关于改革进出口商品检验管理体制的通知》

通知指出，为了加强对全国进出口商品检验管理工作的领导，以适应对外贸易发展的需要，国务院决定改革现行的进出口商品检验管理体制。将对外贸易部所属的商品检验管理局改为中华人民共和国进出口商品检验总局(简称国家商检总局)，为国务院直属局，由对外贸易部代管。任务是：负责贯彻执行国家的有关方针、政策和法令；组织管理全国进出口商品(包括进口成套设备)的检验工作和国内外委托检验业务；制定和管理全国进出口商品检验工作规划、计划、规章制度、科研、检验标准、检验技术情报和检验技术引进工作；协调和处理进出口商品检验事宜。

到2月底全国城乡储蓄总额突破300亿元

据中国人民银行新提供的统计表明，到2月底为止，全国城乡储蓄存款总额已上升到300多亿元，其中仅去年一年就增加 47 亿元,相当于过去 30 年城镇储蓄余额的 1/4。

据分析,全国城镇存款中,定期存款占了 80% 以上。主管部门认为,储蓄存款是我国四化建设资金的重要来源之一,对调节货币流通、平衡信贷资金也有一定意义。为此,中国人民银行最近在北京召开了全国储蓄工作会议,总结了去年储蓄工作的经验,决定进一步扩大储蓄机构,培训和增加储蓄人员,改善工作方法,力求把今年的储蓄存款推向一个新高度。

国务院副总理余秋里在北京出席中华人民共和国政府和罗马尼亚社会主义共和国政府 1980 年交换货物和付款议定书的签字仪式

我国外贸部部长李强同罗马尼亚政府副总理兼外贸和国际经济合作部部长科尔内尔·布尔蒂卡,分别代表本国政府在议定书上签字。

全国人大常委会副委员长乌兰夫在北京主持纪念蔡元培先生逝世 40 周年筹备会议

会议决定,3 月 5 日在首都举行纪念蔡元培先生逝世 40 周年大会。

蔡元培先生,浙江绍兴人,1868 年 1 月 11 日生,1940 年 3 月 5 日在香港逝世。蔡元培先生是中国教育会、光复会的发起者,同盟会上海分会的领导者,曾任孙中山先生领导的临时政府的教育总长、国立北京大学校长等职。1932 年,他与宋庆龄等人在上海组织中国民权保障同盟,任这个组织的副主席。

在今天的会议上,委员们指出,蔡元培先生是中国现代史上的一位著名的民主革命家、教育家和科学家,一贯提倡科学与民主,为中国的教育事业奋斗了几十年,培养了不少人才,纪念蔡元培先生,就是要继承和发扬他的精神,把祖国建设好。

中国科协所属各学会积极为四化积极献计献策

中国科协所属 80 多个自然科学专门学(协)会,在 1979 年认真贯彻"百家争鸣"的方针,大力开展国内外学术活动,取得了可喜的成果。一年来,各学会共开展各种学术活动 500 多次,参加的科技工作者达 5 万多人次,发表论文 3 万多篇,为四化建设作出了积极的贡献。

去年的学术活动,不仅数量比前年增加两倍多,而且质量也有所提高,特别是发挥学会跨学科、跨系统、跨部门的特点,围绕着四化建设中的某些重点项目,献计献策。去年 9 月,中国农学会与东北三省科协,联合召开的东北三省农业现代化学术讨论会,集中了 30 多个学会、约 400 名科技工作者,对东北地区农业现代化的概念、标准、措施、途径等问题,进行了深入探讨。会议为科协如何组织多学科协作,开展咨询活动提供了经验。会上提出的某些重大建议,已被有关部门采纳。

各学会在学术活动中,注意通过学术论文发现人才。在矿物岩石地球化学学会的一次学术会议上,中国科学院贵阳地球化学所青年科研人员郭其悌,宣读了题为《N+4 相多体系的拓扑结构》的论文,引起一些专家的重视。他们认为多体系相平衡的图示,是一个难度较大的基础理论问题。过去,国内外从事这方面研究工作的许多科学家,虽然发表过一些论文,但仍悬而未决。郭其悌初步解决了这一问题,是一项突破性的成果,对于矿物学、岩石学和地球化学的研究具有重要意义。可是,这篇论文,在郭其悌所在的单位除个别专家外,并没有引起重视。学会为了进一步弄清这项成果的真正学术价值,提请吉林大学数学系进行推导和评价。吉林大学认为论文在理论上是成立的。现在这篇论文已在《中国科学》杂志发表。

去年,各学会除派出几十个代表团出席国际学术会议、到国外进行考察外,还邀请了一批国外学者来中国参加学术会议。这样,不仅交流了学术,还可以学习国外先进技术,了解国际学术动向。中华医学会召开的针灸针麻学术讨论会,邀请了 100 多名国外专家。原先,国内外不少人认为,我国在针灸针麻的临床应用方面处于世界领先地位,基础理论方面差一些。通过这次会议,国外一些学者反映,"想不到中国针灸针麻研究进展得如此迅速,如此深入","中国的研究工作的学术实力雄厚,水平处于世界领先地位,是符合实际情况的"。外国朋友对我国医学的重视和兴趣,大大激发了我国科技工作者的信心,他们决心继续努力,把针灸针麻研究推向新水平。

我国运动员创造的 3 项航空模型世界新纪录被国际航空联合会批准

这 3 项世界新纪录是:洪伟、董志斌以 9 小时 58 分 42 秒的成绩打破美国运动员理查德·韦伯的世界纪录;陈志健以 4400 米的成绩打破我国运动员朱耀周创造的发动机水上模型飞机飞行的世界纪录;叶家锭以 3284.02 米的成绩打破我国运动员敖维训、崔仁智创造的无线电遥控模型直升机直线距离的世界纪录。

这 3 项世界新纪录是第四届全运会以后在上海、陕西、广东等省、市举行的航空模型比赛和纪录飞行测验中创造的。

国务院环境保护领导小组决定 3 月举办"全国环境保护宣传月"活动

为了大力宣传贯彻全国人大常委会颁布的《中华人民共和国环境保护法》,加强环境科学知识的普及工作,国务院环境保护领导小组决定此项活动。

目前,我国大部分城市的环境保护工作做得不好,大气中有毒有害物质含量很高,降尘量每月每平方公里高达几十吨;许多大城市的地下水被严重污染;长江、黄河等20多条主要河流及湖泊内海,都受到不同程度的污染;与环境有关的癌症等疾病的发病率有所增长,威胁着人们的身体健康。我国自然环境的破坏也很严重。土地资源在不断丧失,水土流失面积占全国土地面积的1/6,黄河中游的河床每年增高3寸,长江中的泥沙也在逐年增多。土地沙化,草原沙化、碱化、退化,森林面积逐年减少,使生态平衡遭到了严重破坏。造成上述情况的原因是多方面的,其中重要的一条就是我国许多干部、群众不大懂得环境科学,在发展经济的过程中,只有生产观点,很少有生态观点;只注意发展生产,不注意保护环境;只算本单位眼前经济账,不算社会长远的经济账,甚至把生产建设与保护环境对立起来。

为了提高广大人民群众,特别是各级领导干部对环境保护工作重要意义的认识。在"全国环境保护宣传月"活动中,全国主要报刊、电台、电视台等宣传单位,将运用多种形式广泛宣传环境保护与四个现代化的关系,介绍环境保护与人民健康的关系,生产、生活与生态的关系,人口增长与环境污染的关系;宣传加强环境管理、防治环境污染和破坏的科学知识以及有关的经济政策。通过宣传,使广大干部、群众逐步掌握环境科学知识,自觉地遵守环境保护法,齐心协力,做好环境保护工作。

广泛、深入地宣传环境保护法,是广大群众的强烈要求。在去年12月份召开的第一次全国环境科学普及工作会议上,代表们提出了开展环境保护宣传月活动的倡议,得到国务院领导同志和中央有关部门的支持,并且要求把这一活动迅速开展起来。

西安试行出售住宅

《人民日报》报道,去年,国家城市建设总局从城市住宅建设补助投资中,拨给西安市一部分资金,建造住宅出售给居民。到今年2月份,西安市申请登记买房的有110多户。这次出售的38套住房,约2000多平方米,已经成交15套。西安市出售的住宅,是大模板结构7层楼房。有厨房、厕所、阳台,室内周围有挂镜线,内墙壁有塑料贴面。

3月1日

中共中央书记处书记胡乔木在北京参加首都美术家新春联欢茶话会

胡乔木鼓励大家在新的一年里，创作出更多更好的各种美术作品，把社会主义祖国装饰得更加美丽，更富有时代精神，以鼓励全国人民信心百倍地为实现四化贡献力量。首都著名美术家近600人出席了中国美术家协会主办的新春联欢茶话会。茶话会由中国美协副主席华君武主持，美协主席江丰在会上致辞。

《人民日报》发表社论《保护环境　建设四化》

国务院环境保护领导小组办公室接受中国环境科学学会的建议，在今年3月开展"全国环境保护宣传月"活动。这是普及环境科学知识、提高人们保护环境自觉性的一个重要措施，也是对经济工作的有力促进。

环境是指人类生存、发展的自然环境和社会环境。环境保护的中心任务，是促进人类生态系统向更高级、更科学、更合理的方向发展，保护人体健康和自然资源，保护和促进生产力的发展。过去相当长的一段时间内，我们对这个问题没有认识，处于盲目状态；后来，有了一些认识，也仅仅局限于工业"三废"的治理，没有从保护自然环境和保护自然资源这个大的环境概念来考虑问题，开展综合性的保护工作，因此，尽管环保部门和不少单位做了许多工作，我国整个环保工作的水平仍然不高，进展也不快。例如，上海市1979年通过治理，污染物比1978年减少1%，而同时排放的污染物却比上年增加3.5%，净增2.5%。辽宁省重点化工企业，近年来治理了两万多吨污染物，同时却增加了4万多吨污染物，净增两万吨。

80年代是我国社会主义现代化建设的关键时期。现代化建设需要有充足的自然资源和良好的自然环境。这就要求我们把发展经济同保护环境统一起来，保证在现代化建设中合理地开发利用自然资源，科学地改造自然环境，防治污染和生态破坏。但是，我国现在的环境状况很不适应经济建设的需要。目前，自然资源的破坏和污染情况相当严重。乱垦滥伐和不合理的种植，使我国土地资源在不断丧失，水土流失面积占国土面积的1/6，黄河中游的河床每年增高3寸，长江里泥沙也逐年增多。土地沙化面积新中国成立以来增加了65000平方公里。草原沙化、碱化、退化占草原可利用面积的1/5。森林面积每年平均减少250多万公顷。某些地区，特别是工业集中的城市，环境污染逐渐加重，空气污浊，水质恶化，环境质量下降。造成上述状况的原因是多方面的，不懂得环境科学知识，不知道怎样做才更合理，就是一个原因。因此，从现在起在全国范围内普及环境科学知识，就更为必要。要通过各种途径和各种形式的宣传普及，帮助各级领导干部和广大群众把生产观点和生态观点统一起来，在集中精力抓经济建设的同时，自觉地、扎扎实实地抓好环境保护工作。

保护环境与发展经济是相辅相成的。但是，在实际工作中，人们往往重生产、轻保护。这是认识上的片面性。发展生产，创造物质财富，关系到人民生活的直接利益，无疑应当重视。保护环境，保护人类生态系统，不仅可以创造物质财富，而且关系到人民群众的长远的根本利益，同样应当受到重视。目前我国的环境污染固然严重，但自然环境的破坏，生态平衡的破坏更突出，它比环境污染对国民经济的发展和人民生活的影响，更为广泛，更为深远。自然环境破坏以后，恢复很困难，有些甚至是不可能恢复的。所以，当前我们要特别强调自然环境的保护，大力宣传生态观点，宣传保护自然环境对于发展经济的促进作用。

保护好环境，对于发展经济具有积极的促进作用。自然资源保护好了，为工农业生产提供良好的物质条件，就可以充分发挥天时、地利、人和的协调作用；有了科学的环境规划，并把它纳入经济规划之内，经济规划的实现才有可靠的保证；加强环境的科学管理，防止跑、冒、滴、漏，提高原材料的利用率，大搞"三废"的综合利用，变废为宝，化害为利，本身就是发展经济的一个重要内容；合理的环境布局，逐步形成生产地域综合体，充分发挥环境因素的有利作用，就可以极大地提高经济效益。而要做到这一切，首先就要学习环境科学知识。有了知识，我们就可以做到像恩格斯所说的那样，"一天天地学会更加正确地理解自然规律，学会认识我们对自然界的惯常行程的干涉所引起的比较近或比较远的影响。"(《马克思恩格斯选集》第三卷，第518页)从而比较自觉地按照客观规律办事，加速经济的发展。

环境保护涉及许多部门和行业，是一项崭新的事业。环境科学是一门综合性很强的新兴科学。我国过去没有这方面的经验。由于社会制度和具体条件不同，不能完全照抄照搬国外的经验。由于过去宣传不够，仍有不少同志习惯于用旧的观念来看待和理解环保工作。这些都给环保工作的开展增加了困难。各级党组织、政府和群众团体，要支持环保部门的工作；各级宣传机关和各种宣传工具，要把宣传环境科学知识作为一项经常性的任务。全国人大常委会1979年9月通过的《环境保护法(试行)》，是环境保护的基本法，是开展环保工作的法律依据，要贯彻执行。只要我们坚忍不拔，百折不挠，共同努力，就一定能够为四化建设创造良好的环境。

共青团中央授予王继秀 陈秀华 努尔古丽 孙玉芳“优秀少先队员”光荣称号

共青团中央的决定指出，王继秀等四位少先队员学习雷锋和少年英雄刘文学，积极维护社会治安，保护公共财产，舍己为公、舍己救人，他们的英雄行为，是全国少年儿童学习的榜样。全国各族少年儿童都要向优秀少先队员学习，努力把自己锻炼成为献身人民、热爱科学和体魄健壮的新人，准备为四化建设作出贡献。

中国政府和孟加拉国政府在达卡签订一项为期五年的长期贸易协定及中孟1980年贸易议定书

中国物资经济学会在北京成立

来自全国的学者、专家和物资工作者欢聚一堂，交流情况和经验。与会同志酝酿协商，产生了第一届理事会，袁宝华担任中国物资经济学会名誉会长

上海文艺界人士举行纪念中国左翼作家联盟成立50周年纪念会

中国左翼作家联盟(简称“左联”)是第二次国内革命战争时期，中国共产党领导下的革命文学团体。1930年3月2日在上海成立。这次纪念活动由上海市文联、中国作家协会上海分会、上海市文化局联合举办。市委书记夏征农、市委副书记陈沂参加了纪念会并讲了话。上海市文联主席巴金、中国作家协会副主席冯牧以及上海文化、电影、出版部门负责人和文艺界著名人士共200多人出席了纪念会。

武汉医学院第一附属医院等单位成功研制出强效降压新药

武汉医学院第一附属医院和心血管病研究所研制出一种目前国内最强的降压新药——八厘麻毒素。这种药降压生效持续时间较长，药质稳定，使用方便。药效可与国外的速效、强效降压药硝普钠媲美。

3月2日

中共中央决定邓小平免兼中国人民解放军总参谋长与总参谋部党委第一书记职务

决定杨得志为中国人民解放军总参谋长、总参谋部党委第一书记、中央军委副秘书长、军委办公会议成员。

化学工业继续按照“八字方针”调整以便更好地为农业轻纺工业和市场服务

《人民日报》报道，化工部在进一步落实今年的生产计划时强调，要继续按照“八字方针”搞好调整工作，使化学工业坚定不移地执行“支持别人，发展自己”的方针，更好地为农业、轻纺工业、国民经济各部门、国内市场和出口服务。

对化肥、农药、农用薄膜、胶管要保证供应，有机化工产品乙烯联产的几十种化工基本原料，短缺的三酸两碱，要努力增加产量。

按综合经营、专业化协作和经济合理的原则，搞好现有企业的调整和整顿工作。对消耗高、质量差、长期亏损的企业，限期整顿；对煤、电、运输条件太差，经济效果不好的企业，要适当关停并转一批。化工基本建设要在去年压缩的基础上，再停建、缓建12个大中型项目，以便集中力量确保重点工程。

化工部特别强调要搞好科研、设计和人才的培养。

积极慎重地搞好体制改革。这方面准备做的工作是：搞好扩大企业自主权的试点；和地方共同研究，根据化工生产的特点，按综合经营和专业化的原则把大中小企业用经济合同等形式组织起来，进一步发挥生产能力；组织服务性公司，为地方和企业服务，如大化肥组织配件和检修服务公司。

化工部党组提出，今年要继续开展增产节约运动，要求化工战线全体同志继续树雄心、鼓干劲、学先进、抓措施。化工战线的广大干部、群众，要进一步解放思想，调查研究，扎扎实实做好工作，坚决完成今年调整和生产任务。

云南民族学院一批毕业生响应党的召唤到边疆参加四化建设

云南民族学院82名应届毕业生，响应党的召唤，最近前往边疆少数民族地区，参加四化建设。

这些毕业生是民族语文系七六级学生，来自汉、傣、基诺、白、景颇、傈僳6个民族，分别学习景颇族语、傈僳族语、西双版纳傣语和德宏傣语。这些学生在1977年年初刚入学时，有的汉语程度比较低，有的民族语文程度很差。在校期间，他们团结互助，刻苦学习，进步很快，有的还参加了《毛泽东选集》第五卷有关章节的翻译、审定工作，编写了《民汉对照成语词典》，翻译了几万字的文件资料。

文化部部长黄镇在全国省市自治区文化局长会议上讲话指出必须加强和改善党对文艺工作的领导

黄镇同志说，三年多来，文艺创作的发展是健康的，主流是好的，成绩显著。为使文艺创作在正确的轨

道上继续不断地向前发展，要继续解放思想，打破林彪、“四人帮”设置的精神枷锁，坚持正确的政治方向，保证文艺工作者能够充分发挥自己的聪明才智，创造出更多更好的文艺作品，为实现四个现代化做贡献。

黄镇指出，加强和改善党的领导，在政府文化部门，主要是坚持党的思想路线、政治路线和各项方针政策，搞好文化部门各级领导班子和文艺队伍的思想建设与组织建设；要坚持四项基本原则，团结广大文艺工作者，同心同德，鼓足干劲，力争上游，把文化艺术事业搞上去。文化部门的各级领导干部都要努力熟悉文艺创作与艺术生产的特点和规律，熟悉和掌握一些经济方面的知识，提高组织艺术创作和艺术生产、组织人民文化生活的能力，学会文化事业的经营管理。

黄镇在讲话中希望各级文化部门采取各种实际步骤，制定切实措施，进一步把文艺创作和艺术生产促上去，努力提高文艺创作和上演剧目的思想、艺术质量。

中国乒乓球选手在罗马尼亚国际乒乓球锦标赛中获得7项冠军和4项亚军

林巧稚主编的《家庭卫生顾问》出版

这是一本内容广泛的、普及卫生保健知识的家庭用书。内容有生儿育女，妈妈须知，健康成长，延年益寿，防治疾病，家庭护理，合理用药，急救知识，营养和饮食卫生，习惯与嗜好，生活用品卫生和祝您健康等。全书通过解答问题的形式，科学地、通俗地向广大读者介绍了有关人的生老病死和衣食住行等各个方面的卫生常识。

3月3日

《人民日报》发表社论《坚持党的领导 改善党的领导》

中国共产党第十一届中央委员会第五次全体会议胜利闭幕了。这次会议研究和解决了党所面临的一些重大问题，作出了一系列重要决议。会议解放思想，实事求是，畅所欲言，集思广益，开得非常好，非常圆满。全党全军全国各族人民热烈欢呼五中全会的巨大成功！

十一大以来，特别是三中全会以来，全国形势发展很快。安定团结、生动活泼的政治局面日益形成。四化建设已经开始走上健全发展的轨道，第一个战役——国民经济的调整工作已经初见成效。在我们跨进80年代的时候，形势是很好的，我们从各个方面准备了胜利前进的阵地。党中央对整个工作的部署，有一个总的指导思想和总的奋斗目标，这就是持久地巩固和发展安定团结、生动活泼的政治局面，充分利用国际国内的有利条件，艰苦创业，奋发图强，使我们的社会主义现代化建设事业，在80年代取得决定性的胜利。实现这一总目标的关键，是坚持党的领导，改善党的领导。这正是五中全会的主题。五中全会发展了三中全会以来在思想上、组织上的胜利成果，它所通过的各项决议，对于加强和改善党的领导，推进四化建设，具有极其深远的意义。

坚持和改善党的领导，要有正确的政治路线和思想路线，还必须有正确的组织路线加以保证，使党的路线、方针、政策长时期地、坚持不懈地贯彻下去。从全党的情况来说，组织路线的首要问题，是把我们党的首脑机构党中央的领导核心调整好、充实好。这次全会增选中央政治局常委和成立中央书记处，不仅可以更好地适应现代化建设的繁重工作的需要，也对保证党的路线、方针、政策的长期连续性，保证党的核心领导的长期稳定性有着重大的意义。因此，成立中央书记处，是一个高瞻远瞩、长治久安的战略决策。这次选出的政治局常委和中央书记处成员，都是久经考验，能够坚定地执行党的路线，具有卓越工作能力而又比较年富力强的同志，这充分显示我们党的事业后继有人，建设四化的政治路线一定能坚定不移地、贯彻始终地得到实施。

坚持和改善党的领导，就要继续解放思想，发扬实事求是精神。五中全会为刘少奇同志平反昭雪，党心大快，人心大快。刘少奇同志的冤案，是党的历史上最大的冤案。五中全会作出了为刘少奇同志彻底平反的历史性决议，恢复刘少奇同志作为伟大的马克思主义者和无产阶级革命家、党和国家的主要领导人之一的名誉，这表明我们党严肃认真，光明磊落，表明我们党要把实事求是的原则坚持到底。实事求是，是马列主义、毛泽东思想的根本原则。实事求是，有错必纠，是毛泽东同志提出的关于人的处理问题的方针。实事求是地为刘少奇同志平反，正是为了完整准确地坚持毛泽东思想的科学体系，恢复毛泽东同志培育的党的优良传统。这样做，大大提高了我们党在人民群众中的威信。毛泽东思想，是我们党和中国人民极其宝贵的精神财富，不但在今天，而且在今后的长时期内，都将对我们的事业发挥重要的指导作用。坚持马列主义、毛泽东思想，是我们在四化建设中不可动摇的原则。五中全会为刘少奇同志平反，再一次教育全党，在任何时候、任何问题上都必须坚持实事求是的原则，处理历史遗留问题如此，解决四化建设中的种种问题也是如此。坚持实事求是，可以保证党的领导比较正确、少犯错误。过去在这方面的经验教训是很多的。我们一定要把这个好传统好作风坚决恢复起来，并且发扬光大。

为了坚持和改善党的领导,必须健全党的生活,提高党的战斗力。五中全会做了很重要的党的立法工作,这就是讨论了《中国共产党章程》(修改草案),通过了《关于党内政治生活的若干准则》。这两个文件都是根据马列主义、毛泽东思想的建党原则,在深刻总结我党的历史经验特别是“文化大革命”中的严重教训的基础上产生的。我们党被林彪、“四人帮”破坏得很厉害,战斗力大大削弱了,现在虽然有所恢复,但是还不能适应四化建设的要求,确实存在着一个整顿的问题。这两个文件就是我们进行整顿的武器。要在贯彻执行十二条准则的过程中,结合对党章修改草案的讨论,在全党进行一次普遍、深入的思想政治教育。通过教育和整顿,使每个同志懂得怎样才算是一个真正合格的共产党员,提高广大党员坚持党的政治路线和思想路线的自觉性,加强党的团结和统一,加强党的民主集中制和组织性纪律性,把党的战斗力极大地提高一步。

五中全会是一次深得人心的、团结的大会。会议决定提前召开党的十二大,不失时机地解决党的建设和四化建设中的一系列重大问题,反映了全党全国人民的愿望。会议增选政治局常委、选举产生中央书记处,同时免除或提请免除四位犯有严重错误的同志所担负的党和国家的领导职务,所有这些措施,都有利于安定团结的政治局面的发展。对刘少奇同志的平反,激励着每个坚持真理的共产党员,作彻底的唯物主义者。我们可以自豪地向全党全国和全世界宣告:中国共产党和党中央的领导核心,更加坚强,更加团结了。中国的政局更加稳定了。

五中全会通过的一系列决议,进一步证明中国共产党是伟大、光荣、正确的党。我们的党,是有勇气有决心坚持真理,修正错误的;是善于总结历史经验,从失误和挫折中进行学习的;是面向未来,不怕抛弃一切因袭的负担的;是有胆有识,能够随着情况的变化,及时提出和解决新问题的。从十一大到三中全会,到四中全会,到五中全会,我们党是在稳步而坚毅地前进再前进。我们意识到自己肩负的历史重任,看到在我们面前还有许多困难和问题,我们一定要搞好党的建设,不断提高党的战斗力,提高党的领导水平。全党同志,响应五中全会的号召:同全国人民一起,紧密团结在党中央的周围,万众一心,紧张努力,在各条战线上都创造出优异的成绩,来迎接党的十二大的召开!

中共中央 国务院发出通知要求全国各地各单位严格节约非生产性开支并强调领导干部都要带头执行各项开支规定

通知指出,我国国民经济正在迅速恢复和发展,情况一步一步向好的方面发展。但是目前我们的生产水平和生活水平还很低,在财政经济上还存在不少困难。特别是由于林彪、“四人帮”的长期干扰,党的作风受到极严重的破坏,许多地方在人力、物力、财力上存在着相当普遍的严重浪费现象。很多组织机构臃肿,人浮于事,工作效率很低。有些地方和单位,无视国家规定和财经纪律,乱支滥用,任意铺张浪费。这不仅给生产建设增加了困难,而且助长不正之风,腐蚀干部思想,挫伤群众积极性,严重损害了党和政府同群众的联系。我们一定要认识到,节约是我们勤俭建国的长期方针。没有艰苦创业的革命精神,没有扎扎实实地把生产搞上去的思想和劲头,调整国民经济和逐步实现四化,都无从谈起。因此,采取严格的措施,厉行节约,反对浪费,恢复和发扬艰苦朴素、密切联系群众的优良传统,既是一个重大的经济问题,也是一个极其尖锐的政治问题,必须引起我们的高度重视。

通知对如何控制和节约行政、事业单位的公用经费和企业管理费,作了具体规定。主要内容是:1980年各单位的行政经费、事业经费,除去应发个人部分的开支(如人员工资、职工福利费、人民助学金等)以外,其他公用开支部分,一律按上年预算指标节减20%,并由财政部门从各地方、各单位的当年预算指标中扣减下来。

会议一定要精简,开会一定要讲实效。可开可不开的会一律不开。必须开的会,要经过有关领导机关批准。会议人数和开会天数,要压缩到最低限度。各地区、各部门开会,不得占用接待外宾和旅游的饭店。各种会议不得擅自提高伙食补助或其他开支标准,不得用公费招待看戏、看电影,不得以任何借口滥发奖品。今后两三年内,各级行政机关和企业、事业主管部门的会议费,要求以1979年的实际开支为基数,节减30%到40%。

出差要有计划地安排和严格掌握。必须组织外出参观学习时,人员要少而精,出省(市、自治区)境的须报经省(市、自治区)人民政府批准。未经批准的,财务部门不予借款和报销。不准借出差和开会之机,用公款游山玩水。如经揭发查实,应予批评教育,并追回已报销的有关费用。

各单位必须严格控制非生产性的购置。可买可不买的坚决不买,必须购买的也要精打细算,尽量少买。各单位对核定的社会集团购买力指标,要严格控制,不得突破。严格禁止用职工个人的名义代集体套购商品。

各企业、事业和行政单位,应当发动群众,提出措施,大力节约各种办公用品,节约电报费和长途电话费,节约用水、用电、用煤。职工宿舍用水、用电,由个人自理。如果与公家用水、用电分不开的,要按比例合理收费。县级以上各单位职工阅读的书报刊物,除图书馆、资料室和阅报牌等正常需要及必不可少的以外，应自费订购。

控制小汽车使用。全国行政机关拥有的小汽车、吉普车，必须进行一次清理和整顿，并在此基础上，制定配备标准。超过规定标准的小汽车、吉普车，一律暂时封存，或者作价调给交通运输部门使用。要严格划清生产用车和非生产用车。任何人都不得把生产用车作为个人私车使用。因私事用车，必须按规定收费。各单位都要订出节约汽车用油的措施。凡超过指标用量的，供油单位不供应，财务部门不报销。从1980年1月1日起，国务院各部门一律按现有的用油指标削减30%。各地区、各单位也应按此精神，规定自己的节油指标。

出国考察人员要力求精干，熟悉本行业务。严禁借出国之机，增加途中停留点或绕道游览。

召开各种会议，或者接待上级机关和兄弟单位来的领导人员，一律不得用公款宴请和送礼，不得用公款招待烟、酒、糖、水果、点心，不得用公款请看电影、看戏，更不得组织群众和车队迎送。违反规定的，其费用开支不予报销，谁出“主意”谁付钱。

一切企业、事业单位和部门，不得私分或者变相低价私分商品和国家财物。企业试制的新产品，送给上级主管部门审查的样品，审查后应即收回。不得赠送给单位和个人，或者以试听、试用、试看为名，化公为私。对于违反规定的，除给以纪律处分外，应当按商业部门的牌价追回私分商品和物资的全部价值。

宾馆、招待所要精简管理人员，扩大服务项目，加强经济核算。亏损单位要在一两年内逐步做到自负盈亏，否则国家财政不予补贴。有条件的地方，要把宾馆、招待所交给商业服务部门或旅游部门，实行企业化经营。各级领导干部不准占用宾馆、招待所房间和在宾馆、招待所内食宿，不迁走的要个人付费。

从1980年起，国家对文教、卫生、科学、体育等事业单位和行政机关试行“预算包干”办法，节余留用，增收归已。一切有条件组织收入的事业单位，都要积极挖掘潜力，从扩大服务项目中，合理地组织收入，以解决经费不足的问题，促进事业的发展。

切实执行国家规定的劳保用品领发制度。任何单位和个人都不得自作主张，扩大发放劳保用品的范围，增加劳保用品的项目和数量，或者用高档商品代替一般劳保用品。

切实执行国家规定的福利待遇制度。任何单位和个人都无权滥发福利费，更不准私分福利费。违反规定的，应当如数退回。

从1980年1月起，一切行政单位的职工人数，除中央和国务院批准增加的以外，均暂行冻结，不准增加。并着手进行整顿。所有临时办事机构都要进行整顿，该撤销的撤销，该合并的合并，人员回原单位或另行分配。必须保留的，配备也要精干。各级领导机关不得从所属基层单位长期借调人员，变相增加编制。基层单位有权拒绝上级单位长期借调人员。

通知最后强调指出，厉行节约，反对浪费，关键在于领导。各地区、各部门、各单位的领导干部，都要以身作则，带头坚持执行各项开支规定，并加强对这一工作的领导，大力支持财会部门履行职责。各单位的财会人员要以对党对人民高度负责的精神，坚守岗位，忠于职守，把好口子，发现违反本通知各项规定和国家其他有关规定的，应当迅速报告领导机关，及时纠正。对情节恶劣的，要立即检举揭发，并可越级上告。任何人不能对他们进行打击报复，对打击报复的，要加重处分。

全国妇联在人民大会堂召开妇女界关于台湾归回祖国完成祖国统一大业座谈会

台湾籍女同胞、归国女侨胞、各界知名妇女和原国民党军政人员的夫人、女儿等70多人欢聚一堂，纷纷表示衷心拥护党的十一届五中全会的各项决议，决心在80年代为台湾归回祖国，实现祖国统一大业，作出自己的贡献。

中共中央政治局委员、全国人大常委会副委员长邓颖超在座谈会上重申了我们党关于台湾归回祖国的方针、政策。她说，今天在座的同志大都是30年代就和我们一起共同战斗的战友，还有一些同志在20年代就和我们并肩奋斗。为了完成80年代的三大任务，我们更应该手挽手地团结在一起共同奋斗。她接着说，在过去的斗争中，我们曾分享过胜利，也共同遭受过浩劫。党的十一届五中全会公报中指出，为了加强党对社会主义现代化事业的领导，党的各级领导机构必须努力吸收那些能够坚定地执行党的路线，具有独立工作能力而又年富力强的同志，参加领导工作。这不仅是为了适应现代化事业的繁重工作的需要，而且是为了保证党的路线、方针、政策的长期连续性，保证党的集体领导的长期稳定性的需要。这段话，将会使海内外人士感到放心。邓颖超最后说，80年代的任务十分繁重，希望大家一天也不要耽误，继续努力，为实现祖国统一作出贡献。

全国妇联主席康克清主持了今天的座谈会。全国人大常委会副委员长史良、中共中央统战部副部长童小鹏、台湾民主自治同盟主席蔡啸以及各民主党派的有关负责人，参加了座谈会。谭惕吾、王碧云、李梅、沈性元、夏培肃、谌谟美、傅学文、卢莉、卓碧玉等在会上发了言。

国务院副总理谷牧在北京会见以工商部部长巴商特·拉伊为团长的毛里求斯政府贸易代表团

《人民日报》转载《经济管理》发表的文章《尊重科学 发扬民主》

搞好社会主义的企业管理,必须尊重科学,发扬民主。

所谓尊重科学,就是一切必须从实际出发,按照客观规律办事。经济管理是一门科学,而且是一门边缘科学。它既要遵循生产过程的自然规律,又要符合社会主义生产关系的社会经济规律。人们只有认识、掌握和运用客观规律,采取科学的态度和方法,才能真正地管理好企业。否则,靠主观武断,行政命令,搞瞎指挥,必然要受到客观规律的惩罚。

尊重科学,按照客观规律办事,是社会化大生产的客观要求。现代化大生产当然需要高度集中的指挥权威。但是,真正的权威只能是合乎科学的管理和指挥,而决不能搞无知加骄横的瞎指挥、假权威。因此,尊重科学,首先就是对企业中负有指挥责任的领导人员提出的基本要求。要尊重科学,就要懂科学,懂技术,懂经济,懂管理。在科学面前,来不得虚伪,要不得威风,只能老老实实按它办事。现在,有很多企业的领导人,已经认识到掌握技术科学和管理科学的重要性,正在积极地学习和钻研。有不少同志经过多年的艰苦努力,已经成为或即将成为本行业的内行、专家。但是,必须强调指出,还有一些企业的领导者,长期甘当外行,既不懂,又不学,甚至不懂装懂,瞎搞蛮干。更严重的,某些领导人强制推行错误的东西,对持有不同意见的人,则予以打击报复,这种行径是不能允许的。

尊重科学同发扬民主是联系在一起的。发扬民主是尊重科学的一个重要条件。人民群众是生产实践的主体。在社会主义条件下,人民群众是企业的主人。职工群众对企业行使直接管理的权利,是社会主义劳动者最基本的权利之一。因此,充分发扬民主,发挥群众的智慧和力量,是促进管理科学化,进而实现四个现代化的重要保证。

科学态度,民主作风,两者是相联系、相一致的。科学态度必须从实际出发,而群众比起领导者更接近实际,因此从群众中来和从实际出发具有一致性。作为领导者,要尊重科学,就必须发扬民主,依靠对生产实践有直接经验的职工,以便更加了解和掌握客观实际,按客观规律办事。

说到发扬民主,依靠群众,就要消除那种把科技人员和管理人员排斥在"群众"之外的极左思潮的余毒。群众是相对领导而言的。一个企业,对党政领导来说,所有的人都是群众,技术与管理人员当然包括在内,怎么能排除在外呢? 随着现代科学技术的飞速发展,科学技术人员和经济管理人员在现代生产中的作用,越来越重要。因此,依靠群众必须是依靠包括体力劳动者和脑力劳动者在内的全体职工群众。在技术工作中,则要更多地依靠具有专门知识技能的科技人员,发扬技术民主。特别是在目前领导干部对生产技术还不懂或懂得不多的情况下,更应重视技术人员的意见,充分发挥他们的作用。

当然,发扬民主,决不是否定集中,不能搞无政府主义。民主集中制是我们党的组织原则。我们讲的民主,是集中指导下的民主;我们讲的集中,是民主基础上的集中。对于那种极端个人主义、无政府主义的错误倾向,必须坚决反对。在某些干部中存在的不敢管、不愿管、放弃领导责任的倾向,对我们的事业也是十分有害的。

新成立的北京教育行政学院开学

100多名新学员——中学校长等参加了开学典礼。这个学院的办学目的是为了提高中小学教育质量,加强对区、县教育部门和中小学行政干部的培养训练。北京从去夏开始筹办教育行政学院,并且根据需要,在筹办期间招收一批学员,主要学习了教育学、心理学、哲学。另外还办了教育专题研究班。

北京市教育部门从各区县和学校抽调了一批有一定的办学经验和教育理论研究能力的干部、教师担任学院的教学工作。还邀请科研单位和大、中、小学等有专长的干部、教师到学院讲课。

中国美术馆举办美国普兰蒂斯·霍尔图书展览会

普兰蒂斯·霍尔是美国著名的大学教科书出版公司之一,在国际上是很有声望的。这次在这里展出的这个公司出版的1400多种图书中,绝大部分是近两年来出版的新书,其中包括理、工、农、医学科的大专学校教科书、参考书以及70多套视听教材,还有企业经营管理和法律等方面的图书。

《中国共产党第十一届中央委员会第五次全体会议公报》单行本由人民出版社出版并在新华书店发行

3月4日

《中国青年报》发表社论号召各级团组织深入开展学雷锋活动

社论说,伟大的新长征要依靠忠诚社会主义事业、有真才实学的人去完成,新长征战士更需要有雷锋那样憎爱分明、言行一致、公而忘私、奋不顾身的精神,也需要有雷锋那样刻苦钻研、勤奋学习、对业务精益求精的精神。雷锋是全心全意为人民服务、为共产主义理想奋斗的典范。雷锋同志也是今后广大青少年的学习榜样。

社论说,学雷锋,我们要为实现四化而英勇奋斗。我们今天比任何时候都更需要雷锋那种自觉地把"有限的生命,投入到无限的'为人民服务'之中去"的崇高思想;需要雷锋那种立足本职工作,胸怀共产主义大目标,干一行,爱一行、钻一行,艰苦奋斗的平凡而伟大的共产主义精神。我们一定不要说一套,做的又是一套,这山望着那山高;更不能浑浑噩噩过日子,浪费大好青春。我们一定要像雷锋那样,在四化建设中"从我做起,从现在做起",立足本职工作,聚精会神为四化英勇奋斗,在平凡的工作岗位上作出不平凡的事业来。

社论说,学雷锋,我们要勤奋学习文化科学技术。要像雷锋同志那样,发扬"钉子"精神,勤奋学习,刻苦钻研,努力掌握为人民服务的本领,做一个又红又专的社会主义建设人才。学雷锋,我们要自觉地做一个巩固和发展安定团结、维护社会治安的促进派。要像雷锋那样,憎爱分明,"对待敌人要像严冬一样残酷无情","对待同志要像春天般的温暖"。要像雷锋那样顾大局,识大体,处处维护人民的利益。学雷锋,我们一定要自觉地做一个树立社会主义新风尚的带头人,要以雷锋为榜样,在青少年中大力提倡,热爱祖国,勤奋学习,热爱劳动,关心集体,助人为乐,诚实谦虚,文明礼貌,遵纪守法,艰苦奋斗,英勇对敌。当前,要特别强调维护社会公德,培养文明行为,注意品德修养。

国务院副总理王震在北京会见挪威特隆汉姆工业大学副校长达格·卡夫里率领的挪威船模试验水池考察团

《光明日报》发表陆定一在访问上海交通大学时谈教育学习等问题的文章

陆定一同志前不久访问了上海交通大学。陆定一同志是上海交大1926届工科甲班毕业生,是交大的老校友。他这次到交大,向校党委、校务委员会以及部分教授、老同学讲了话。他在讲话中谈到党的教育方针等问题。

陆定一同志说:关于教育革命,1958年提出教育与生产劳动相结合的口号,对不对?这个口号还是对的,我们理工科大学还是要实行这种结合。可是提的时间不恰当,办法不对,没有详细规定具体办法,先在少数学校试验,然后推广。结果是全国一轰而起,实际上形成一个时期的停课。那年秋天,我到各省看一看,小学、中学、大学都不读书,上山去找铁、找煤、挖红薯……实际上把教育搞乱了。在这个问题上,我有很大的责任。搞教育革命,也需要安定的环境,还要措施得当,一哄而起,有害无益。我希望教育界的同志们今后还要接受过去的经验,把教育革命做好。

他说:林彪、"四人帮"捣乱十年,全国学校十年没有好好地上课,知识分子变成"臭老九",学校统统遭殃。老知识分子被打倒,中青年教师思想搞乱,青少年一代人没有读到书。三代人受了害,对国家遗患无穷。现在,拨乱反正,教育工作有了秩序,许多问题得到解决。但是,林彪、"四人帮"所造的孽,决不可等闲视之。1966年起,青少年十年没有学到知识,如不设法挽救,将来会有一个时期,找不到知识分子,没有工程师,没有科学家,没有教授、教师,没有又红又专的干部等等。四化上去了还可能退下来。所以,除了别的工作以外,用很大的力量,对这些青年人实行补课,十分重要。这件事,全国各行各业,都要下定决心,采取适当办法,把它做好。现在,青年想补课,想上进,学习很努力,这很好,要因势利导。同时,还要注意他们的健康,不要搞坏了身体。

陆定一同志在讲话中,还十分强调要加强党的建设,要认真学习马列主义、毛泽东思想。他说,在建党初期,我们党员人数很少,就那么几个人。当时帝国主义、北洋军阀力量那么大,我们不怕。靠什么?靠我们有反帝热忱,靠我们学了一点唯物史观,政治经济学,科学社会主义,唯物辩证法,因而手中有真理,不怕牺牲,艰苦奋斗。那时我们学习这些东西,多么困难啊,连中译本也没有,有的要看英文本,有的只能听讲,而且只能秘密地学。现在,你们的情况大不相同了。你们现在可以公开地学习马列主义、毛泽东思想。只要学了这些,你们就会懂得,它是一门严密的科学,比什么资本主义、人权主义、三民主义、无政府主义等等,高明百倍。

陆定一同志说:在学习问题上,我请同志们看一篇列宁的文章《青年团的任务》(见《列宁选集》第四卷)。这篇文章现在来看,真是好极了。时间有限,只说两点:

一、列宁说:"如果把学习共产主义的任务提得不正确,或者对这一任务理解得太片面,往往就会出现这种危险。"(第345页)

我到1966年为止,做宣传工作40年,对这句话不大了解。怎样才是"不正确"和"片面"?"危险"究竟是怎样的?有多大?这一次经过了林彪、"四人帮"的洗劫,才了解得比较深刻。

毛泽东同志向来反对本本主义,教条主义,强调学习马列主义的立场、观点、方法。打倒"四人帮"以后,党中央的提法，是完整地、准确地学习和运用马列主义、毛泽东思想的科学体系。大家知道，这些是正确的提法。

1964年，我主持中宣部工作，研究了当时的情况，对学习马列主义、毛泽东思想提出了“反对简单化、庸俗化、贴标签、实用主义”的口号。

林彪痛恨这个口号，他针锋相对，提出了“带着问题学，活学活用，学用结合，急用先学，立竿见影”。这里，头三句是装样子的，为了以伪乱真，第四五句就露出马脚，实际上是主张简单化、庸俗化、贴标签，实用主义。

林彪对于学习共产主义的提法，就是列宁所说的“不正确”和“片面”的最好例子。像林彪这样的反面教员，在共产主义运动中真是少有的。

林彪、“四人帮”还提倡什么“顶峰”、“天才”，主张只读毛主席的语录，只背诵“老三篇”，等等。

林彪、“四人帮”搞什么“早请示、晚汇报”，什么跳“忠字舞”等等，把共产党率性变成了宗教团体。

这种“不正确”的、“片面”的关于学习共产主义的提法，其作用是什么呢？就是腐蚀党的灵魂。党是以马列主义、毛泽东思想为自己的理论基础的，把错误的学习方法在全国推行，而且欺骗了一批人来强制推行，党的灵魂便被腐蚀了，“副统帅”或者“旗手”就容易篡党了，这样一来，自然出现“危险”了。这个“危险”就是全民族的十年浩劫。列宁真看得远啊，他在1920年就讲过这种危险了。

二、列宁说：

(一)“如果你们试图从这里得出结论说，不掌握人类积累起来的知识就能成为共产主义者，那你们就犯了极大的错误。如果以为不必领会产生共产主义学说的全部知识，只要领会共产主义的口号，只要领会共产主义科学的结论就已经够了，这也是错误的。马克思主义就是共产主义从全部人类知识中产生出来的典范。”(第347页)

(二)“如果你们要问，为什么马克思的学说能够掌握最革命阶级的千百万人的心灵，那你们只能得到一个回答：这是因为马克思依靠了人类在资本主义制度下所获得的那些知识的坚固基础；马克思研究了人类社会发展的规律，了解到资本主义的发展必然会走向共产主义，更主要的是他完全依据对资本主义社会所作的最确切、最缜密和最深刻的研究，借助于充分领会以往的科学所提供的全部知识而证实了这个结论。凡是人类社会所创造的一切，他都用批判的态度加以审查，任何一点也没有忽略过去。凡是人类思想所建树的一切，他都重新探讨过，批判过，在工人运动中检验过，于是就得出了那些被资产阶级狭隘性所限制或被资产阶级偏见束缚住的人所不能得出的结论。”(第347页)

(三)“只有确切地了解人类全部发展过程所创造的文化，只有对这种文化加以改造，才能建设无产阶级的文化……无产阶级文化应当是人类在资本主义社会、地主社会和官僚社会压迫下创造出来的全部知识合乎规律的发展。”(第348页)

(四)“只有用人类创造的全部知识财富来丰富自己的头脑，才能成为共产主义者。”(第348页)

(五)“我们不需要死记硬背，但是我们需要用基本事实的知识来发展和增进每个学习者的思考力，因为不把学到的全部知识融会贯通，共产主义就会变成空中楼阁，就会成为一块空招牌，共产主义者也只会是一些吹牛家。你们不仅应当领会你们学到的知识，并且要用批判的态度来领会这些知识，使自己的头脑不被一堆无用的垃圾塞满，而能具备现代有学识的人所必备的一切实际知识。”(第348页)

我故意多引一些，并且加了着重点，让同志们把列宁的话同林彪、“四人帮”(叫作“副统帅”与“旗手”的吹牛家)的胡说八道对比。

列宁说的是“人类”、“全部知识”，并且反反复复讲了多少次。是“人类”，就不只是“阶级”；是“全部知识”，就不只是一家之言或者一门学科。列宁主张要“了解”，还要“批判”；主张重要的是发展和增进思考力，而不是死记硬背。

“四人帮”说，只要学盗跖就行了，只要学法家就行了，别的东西，不应当去了解。只要了解奴隶的知识，农奴的知识，工人的知识就够了，这叫作“阶级立场”，否则就是“走资派”、“黑帮”、“臭老九”。

林彪、“四人帮”主张，只要学点他们的所谓“马列主义”、“阶级斗争”就够了。他们还胡说：“我们的学校只有一个专业，就是斗走资派的专业。”至于自然科学，牛顿和爱因斯坦都必须打倒，因为据说“自然科学是资产阶级的”。

林彪、“四人帮”认为，只要批判就行了，无须去了解什么，交白卷是英雄，“知识越多越反动”。

林彪、“四人帮”根本不想发展和增进学习者的思考力，只要死记硬背几句教条，顺从他们就行了。

诸如此类，不一而足。他们懂得什么马列主义？他们的“革命”是道道地地的一场浩劫。

中日柔道选手在北京举行两场友谊赛

日本成蹊大学柔道队3月2日和4日晚在北京分别同北京体育学院柔道队和中国青年柔道队进行友谊比赛。结果，北京体院队是八胜五负；中国青年队是六胜二平三负。

《拿破仑法典》在我国翻译出版

《拿破仑法典》是资产阶级国家最早的一部民法典。一个半世纪以来,这部民法典经过一些修改,仍施行于法国。这部法典对其他资本主义国家制定民法典也发生过重大的影响。它的翻译出版,对于我们研究法制、了解资本主义国家民法,将有一定的参考价值。

3月5日

国务院总理华国锋电贺炳·廷素拉暖就任泰王国政府总理

国务院副总理邓小平在北京会见美国赫斯特报系主编威廉·伦道夫·小赫斯特和该报系全国编辑约瑟夫·金斯伯里—史密斯一行

国务院副总理谷牧在人民大会堂会见以外交部经济事务副部长豪尔赫·爱德华多·纳瓦雷特为团长的墨西哥贸易代表团

代表团这次是前来参加在北京举行的中墨贸易混合委员会第四次会议的。会见时,爱德华多向谷牧表示,墨西哥希望进一步发展中墨两国的经济合作关系和在国际经济活动中加强联系。

《人民日报》发表评论员文章《为称霸世界创造有利条件——三评苏联的"缓和"攻势》

苏联最近发动"缓和"攻势,搞得活灵活现,有声有色。勃列日涅夫亲自出马,煞有介事地宣称:"在现今80年代也像以前的70年代一样,我们主张加强缓和,而不是破坏缓和",说得好不娓娓动听。

那么苏联在70年代究竟是怎么"加强缓和"的呢?这是人们记忆犹新的。

人们知道,在70年代,苏联凭借军事实力的膨胀,走上了谋求世界霸权的道路。它看到美国有人幻想通过"缓和"同苏联保持"均势"、保住自己的既得利益,西欧也存在着害怕战争、希望苟安的心理,就竭力标榜"奉行缓和政策",抛出一个又一个"缓和欧洲紧张局势"的倡议,并且表示愿意改善苏美关系。1975年开成了"欧安会"首脑会议,西方所得到的是一纸空文,而苏联却实现了固定欧洲边界现状、长期分裂德国、助长西欧绥靖思潮等所谓"政治缓和"的既定目标。从那以后,苏联更是加紧在"缓和"烟幕的掩盖下进行全面扩军和全球扩张。在70年代的十年间,它把自己的核武器和常规军事力量扩充到赶上和超过了美国,并且大大加强了在欧洲的军事部署,不仅部署了针对西欧的SS—20中程导弹和"逆火式"轰炸机,还不断增强在中欧的军事力量,步步加紧对西欧的武力威胁。也是在这十年间,它放手在第三世界进行扩张,在非洲大陆、中东、海湾地区、西南亚、印度支那以及加勒比地区,到处攫取战略要地、战略通道和战略资源。由于苏联采取"进攻性的战略"争夺霸权,闹得世界很不安宁,70年代是在紧张和动乱中度过的。勃列日涅夫的所谓"加强缓和"意味着什么,这不是很清楚的吗?

事情很明白,苏联的所谓"缓和",不过是它推行称霸世界的全球战略的一种手段。莫斯科的宣传机器有时候也并不讳言,"缓和"是苏联的"战略方针",是苏联"世界战略的一个组成部分"。勃列日涅夫甚至公开宣称:"缓和"是为苏联"创造更有利的条件的途径"。

对于苏联霸权主义来说,它所鼓吹的那种"缓和"对它确实是有百利而无一弊的。

第一,苏联可以利用"缓和"迷惑西方,夺取军事优势。它提出"缓和物质化"的"头等任务"是"裁军",指责西方在"缓和"的情况下增加军事预算"毫无道理",力图破坏西方增强防御力量的努力,瓦解西方的军事集团。谁主张加强防务,它就攻击谁"违背缓和的利益"。它大搞各种裁军骗局,以限制对手,加强自己。苏联同美国从1969年开始进行所谓战略核武器谈判,不到十年时间,苏联战略核武器的数量就翻了一番,改变了落后于美国的状况,在数量上取得了优势,在质量上也赶了上来。1973年开始的中欧裁军谈判,也成了掩护苏联不断加强在欧洲军事实力部署的屏风。在谈判期间,苏联在中欧增加13万的军队,而且大大更新了装备。

第二,苏联可以利用"缓和"掩盖扩张活动,一方面束缚西方的手脚,一方面巩固和扩大自己的地盘。它把"欧安会"确认"战后形成的边界不可更改的原则"说成是"缓和"的极大成就,实际上就是要别人承认它在东欧的势力范围"不可侵犯";而同时它又竭力叫嚷"缓和"并非"冻结社会现状",不能妨碍苏联"对其他国家人民争取自由和进步的斗争的支持"。这就是说,苏联可以在世界各地伸手。

第三,苏联可以利用"缓和"分化西方,助长绥靖思潮,培植姑息势力。它竭力宣扬要同西方建立"稳定的关系",鼓吹所谓"全欧合作",以图拆散西欧共同体,搞垮西欧联合抗苏的局面。苏联还通过同西方国家发展"经济科技合作",以此来套住西方,造成某些西欧国家在经济上对苏联的依赖,而它自己则从中捞取实惠。近十多年,苏联已从西方套取了200多亿美元的贷款,1亿多吨的粮食和大批先进的技术设备,既和缓了它的经济困难,也弥补了它的战略弱点。

第四,苏联可以利用"缓和"麻痹世界人民,争取时间，准备大战。它大肆宣传“缓和已成为主要倾向”，“苏联不需要战争”，竭力掩盖战争的危险，掩盖它是当今世界最危险的战争策源地，企图使各国人民产生一种虚假的安全感，不去认真对待苏联的威胁，在苏联发动战争时处于措手不及的境地。

苏联最近发动的“缓和”攻势，也无非是继续70年代的老把戏，抱着这些同样的目的。固然，它是想要借此摆脱由于入侵阿富汗而造成的孤立处境，应付国际舆论的谴责，并为下一步的扩张行动打掩护，然而更重要的是企图利用西方国家在如何对付苏联入侵阿富汗的问题上步调不尽一致和西方的某些绥靖思潮，软化西欧国家，特别是离间西欧和美国之间的关系。莫斯科的宣传机器一方面指责美国“破坏缓和”；另一方面威吓西欧国家说，如果它们追随美国，对苏联采取强硬路线，就将“使欧洲的缓和处于威胁之下”；并且竭力宣传“缓和与合作对西欧是生死存亡的大问题”，美国要西欧缩减对苏贸易是为了削弱西欧竞争者，西欧不要上当。在西欧各国之间，它也是极尽拉拢分化之能事，攻击这个国家充当“白宫制定的反缓和政策的鼓吹者”，称赞那个国家“采取克制态度和清醒立场”。显然，在克里姆林宫决策者看来，如果能够利用“缓和”实现挑拨离间的图谋，就能够打破联合抗苏的格局，而这对苏联推行其称霸世界的全球战略是至关重要的。

缓和国际紧张局势，是世界各国人民的共同愿望和要求，但是，那必须是有助于减少战争威胁，保障国际和平和安全的真缓和，而不是被苏联利用来掩盖全面扩军和全球扩张的那种假缓和。两者必须严格区分。特别是在苏联发动“缓和”攻势的今天，人们更需要认清这点。如果真假不分，按照莫斯科所摆布那样去搞所谓“缓和”，则决不可能真正实现国际紧张局势的缓和，而只能是为苏联谋求世界霸权“创造更有利的条件”。历史经验和现实情况都充分证明了这一点。

中共中央国务院发出《关于大力开展植树造林的指示》

一

在实现四个现代化的历史进程中，大规模地开展植树造林，加速绿化祖国，是摆在我们面前的一项重大战略任务。当前，林业是国民经济中一个极为薄弱的环节。我国的森林覆盖率只有12.7%，在全世界160多个国家和地区中占第120位。由于森林少，而且不断遭到破坏，使自然生态失掉平衡，不能有效地减免水旱风沙等自然灾害，保障农业高产稳产，木材和林副产品也十分短缺。但是，对于这种严重的情况，我们的许多同志却往往认识不足。应当指出，农林牧互相依赖，缺一不可，居于同等重要的地位。水利是农业的命脉，森林能够涵养水源。植树造林是一项根本的农业基本建设，林业没有一个大的发展，我国农业是过不了关的。搞好绿化，对于防治空气污染，保护和美化环境，增强人民身心健康也有着重大意义。因此，必须动员全党、全军和全国各族人民，发挥愚公移山、艰苦创业的精神，大搞植树造林运动，持久地坚持下去，扎扎实实地奋斗几十年，从根本上改变我国的自然面貌和经济面貌。

二

实行大地园林化，把森林覆盖率提高到30%，是全国人民一项建设社会主义、造福子孙后代的长期奋斗目标。第一步，到20世纪末，要力争使全国森林覆盖率达到20%。要坚忍不拔地抓好西北、华北北部和东北西部防护林体系，华北、中原、东北等地的农田林网化和“四旁”绿化，南方、北方的速生用材林基地和以木本油料为主的经济林基地，东北等林区的迹地更新等重点建设。

各地要结合农业区划，根据《森林法》对不同地区森林覆盖率的要求，尽快作出本省、本地区、本县的植树造林和森林覆盖率的规划，提出五年、十年和20世纪末分别达到的目标。五年规划，要做得扎实具体，并且层层落实。到1985年，要基本实现平原地区的农田林网化和“四旁”绿化；林区的迹地更新要跟上采伐，并还清旧账；主要经济林产品要达到或者超过历史最高水平；绿化居民点及其附近的宜林荒山荒地。

为了加速我国林业建设，尽快解决木材和经济林产品供应不足问题，各地应选择条件较好的地方和适宜的树种，大力营造速生丰产林，在资金和物资上给予重点保证，进行集约经营。少林缺材的省(区)，更要力争早日实现木材自给或半自给。在烧柴困难的地方，还应大办沼气和积极发展薪炭林。城乡各个单位和家家户户，有条件的都要种植干、鲜果树。

三

要坚持贯彻依靠社队集体造林为主，积极发展国营造林，并鼓励社员个人植树的方针，国家、集体、个人都来兴办林业。

集体的荒山荒地，要在统一规划下，实行社造社有，队造队有，合造共有的政策。所有集体造林，都要认真建立包栽、包活、包成林的责任制度，完成任务好的要进行奖励。对于零星分散的荒山荒地，可以由生产队向社员提供种苗，评记工分，在生产队指定的地方造林，林木归队，间作收入归户；也可以户造户管，林木收益比例分成。社队造林主要依靠自力更生、劳动积累。对营林任务大和贡献木材、林产品多的社队，国家要重点扶持，在粮食销购上也应尽可能给予照顾。

鼓励社员在房前屋后和生产队指定的地方植树造林。在社队荒山荒地多、群众缺柴的地方,还可以由省、市、自治区作出规定,在不影响集体林业发展的前提下,划给社员一定数量的自留山或荒沙荒滩,植树种草。这些树木和林产品,永远归社员个人所有,并可在集市上出售。

不论公社、大队、生产队所有的,还是社员个人的林木,都应明确林权,长期稳定不变。对于林权纠纷,各地党委和政府应组织专门力量,按照有利生产、有利团结的原则,及时抓紧解决。

尊重社队经营林业的自主权。国家的木材收购计划,要同社队协商,统一安排,适当留有余地。少林地区,社队自己的林木,可以自采自用或议价出售。集体林区,在合理经营利用森林资源的前提下,社队完成国家收购任务后,余下的木、竹及其制品,可以议价出售。林木采伐要经过审批。议价出售的木、竹,都应照章纳税。

国有林区范围内的社队和群众,都应积极参加护林防火,保护和发展国有林。国营林业企业应该组织他们参加各项林业生产活动,付给合理报酬,使林区社队和群众得到经济利益。

社队附近的国有荒山荒地,国家近期无力造林的,可由社队造林,地权不变,林木归社队所有,但不准开荒种粮或改作他用,以避免水土流失,也可以实行国社合作造林,比例分成。

各行各业都要积极造林。工厂、矿山、机关、学校等单位住地和部队营区,以及农场、牧场经营的地区,由各主管单位植树种草,自造自有。铁路、公路、河渠两侧,水库周围,由这些单位自造自有;也可以与社队合作造林,比例分成;或者由附近社队造林,林木归社队所有。上述各主管单位都应当按照当地人民政府规定的期限,完成造林任务。煤矿、造纸等用材较多的单位,要积极建立自己的用材林基地,也可以与国营或社队林场合作造林。提倡农村中、小学建立自己的林场或苗圃。提倡共青团、少先队开展热爱祖国、热爱社会主义的公益活动,发挥青少年的生力军作用。他们利用业余时间参加城郊、农村社队造林,可实行收入按比例分成或给予适当补助,作为青少年活动的经费。

加速城市绿化建设,发动群众大力种树、种草、种花,管理好园林绿地,美化市容。城市附近的国有荒山荒地,要在统一规划下,实行机关、团体、学校、部队等单位分段包干,义务造林,由林业部门组织管护,或者谁造谁管谁有。也可以组织待业青年专业队,参加城市和郊区的绿化工作。

新建的工业基地、水库、粮食和牧业基地,以及大中城市的市政建设,必须把植树造林列入建设规划,按期完成造林绿化任务。

为了鼓励群众发展林业的积极性,要通过调查研究,尽快改变目前木材价格不合理的状况。同时,应当改进育林基金的管理办法,保证用于更新和造林。

四

办好社队林场,实行群众造林和专业队管理相结合,加强经营管理,积极巩固和发展造林成果。凡有成片造林、营林任务的社队,都应该切实办好林场或专业队。要根据自愿互利、按劳分配的原则,合理解决办场所需土地、资金、劳力以及收益分配、场员报酬等问题。国营林场也要努力提高科学管理水平,充分发挥示范作用。国营林场和社队林场,都要坚决贯彻“以林为主,多种经营,长短结合,以短养长”的方针,搞好经济核算,努力增加收入,逐年扩大再生产。

林工商综合经营是建设我国现代化林业的方向。这种经营体制,可以适应林业生产长期性、连续性的特点,使营林、采伐、加工的全过程合理化,能够按照森林条件和社会需要,做到有计划地组织生产,增加国家和社队的经济收益,更好地实现采育结合,以林养林,越采越多,越采越好,青山常在,永续利用。各地应当积极试点,逐步把林场办成林工商联合企业。

五

实行科学造林、育林,切实加强技术指导,纠正植树造林只求数量,不顾质量的偏向。要搞好调查设计,因地制宜地确定林种、树种,落实技术措施,建立严格的检查验收制度,并认真加强抚育管理。

一定要按照造林计划,造育良种,培育壮苗。要建立布局合理的种子生产基地,努力实现种子生产专业化、质量标准化,造林良种化。要挑选热爱林业的积极分子,办好社队苗圃。国营苗圃要繁殖、推广优良树种,指导社队育苗。

大力培养林业科学技术人才和管理人才。在广大干部和群众特别是青少年中,普及林业科学技术知识,积极开展科学实验,提高造林质量和科学管理水平。

积极开展封山育林、封沙育草,并在有条件的地方,推广飞机播种造林、种草。在西北黄土高原等水土流失和风沙危害地区,要大力种草和发展灌木,做到乔、灌、草相结合。

六

各级党委和人民政府,都要把林业建设列入自己的议事日程,认真加强领导,主要领导同志要亲自抓。要大力宣传贯彻《森林法》。要健全和充实林业机构,并在财力、物力、人力上给予必要的保证。实践证明,各级领导,特别是县委,只要把林业摆在重要位置,狠下功夫,持之以恒,条件较好的地方三五年,差的地方十年左右,就能大见成效。全国有200多个造林绿化较好的县，像湖南的株洲，河南的鄢陵，山西的右玉，陕西的淳化，山东的兖州，黑龙江的绥化等，都这样办到了，为我们作出了榜样。我们共产党人是以改造社会、改造自然为己任的，如果我们的同志在一个地方工作多年，没有把那里的造林工作搞好，长期山河依旧，那就辜负了党和人民的期望。各级领导同志都应严肃地想一想这个问题，作出认真的回答。我们要树雄心，立壮志，带领群众，苦干实干，抓好典型，坚持不懈地大造其林。同时采取有效措施，坚决制止乱砍滥伐、毁林开荒，切实保护好现有林木，并且千方百计地节约木材。今后，从中央到地方，每个负责同志，除年老有病的外，每年要带头种树，养成一种人人植树爱林的良好社会风气。要把全国各行各业、各方面的力量都动员起来，为实现绿化祖国、美化我们伟大的社会主义江山这个宏伟目标而努力奋斗。

首都各界人士在全国政协礼堂举行集会纪念蔡元培先生逝世40周年

全国人大常委会副委员长、纪念蔡元培先生逝世40周年筹备委员会主任委员宋庆龄主持纪念大会，并在大会开始时致辞。

宋庆龄说，蔡元培先生是我国著名的民主革命家、教育家、科学家。他提倡科学与民主，主张“兼容并包”、百家争鸣，培养教育了一代人。他积极支持“五四”运动，对学生的爱国行动极表同情，并大力营救那些被捕的学生。蔡先生反对蒋介石的独裁统治和对日妥协投降，坚持保障人权，赞同国共合作，力主全面抗战。蔡先生和鲁迅先生之间，始终保持着深切的战斗友谊。蔡先生对中国的教育、科学事业和民主革命，作出了重要的贡献。毛主席和周总理都曾对蔡先生有过很高的评价。

宋庆龄说，目前，我国各族人民正在中国共产党的领导下，同心同德，充满信心地为实现四个现代化而努力奋斗。在这样的大好形势下，我们纪念蔡元培先生逝世四十周年，更有重要意义。他的精神可以激励我们教育、科学、文化等各界的知识分子，更加奋发图强，为实现四个现代化贡献自己的力量。他的精神对促进台湾归回祖国，实现祖国统一大业，也会起积极的作用。

全国人大常委会副委员长许德珩在会上讲了话。

首都各界人士王任重、王昆仑、乌兰夫、方毅、史良、叶圣陶、成仿吾、刘澜涛、严济慈、李维汉、杨晦、杨秀峰、吴觉农、陈翰笙、罗章龙、周扬、周建人、周培源、胡乔木、胡愈之、夏衍、梁漱溟、蒋南翔、雷洁琼、潘菽，北京大学毕业生、今香港中文大学教授王德昭，蔡元培先生的子女蔡睟盎、蔡怀新、蔡英多，杨杏佛先生的儿子杨小佛，出席了纪念大会。

许德珩在纪念蔡元培逝世40周年大会上发表题为《学习蔡元培先生的革命精神》的讲话

主席，各位同志，各位朋友：

今天我们在这里集会，纪念我国著名的民主革命家、教育家、科学家蔡元培先生逝世40周年。

四十年前，蔡元培先生逝世后，中国共产党中央委员会和毛泽东同志发出唁电，充分肯定蔡先生的功绩，党中央说他“为革命奋斗四十余年，为发展中国教育文化事业勋劳卓著，培植无数革命青年，促成国共两党合作”，毛泽东同志称他为“学界泰斗，人世楷模”，深致悼念，并派廖承志同志代表致唁。延安各界举行了千余人的追悼大会，周恩来同志撰写了挽联，内容是：

“从排满到抗日战争，先生之志在民族革命；从五四到人权同盟，先生之行在民主自由。”

蔡元培先生生于1868年。他在青年时代，接受进化论的观点，主张教育救国。1900年义和团运动失败以后，在民族危机进一步加深的情况下，蔡先生以一个清朝的名翰林，倾向于反帝反封建的革命，提倡民权，发起中国教育会，组织爱国学社，创办爱国女学和《俄事警闻》，创立光复会，并主持同盟会上海分会，积极从事于革命思想的宣传鼓动工作，发起和领导了我国最早的学生运动。

1912年，孙中山先生在南京组成了临时政府，蔡先生出任第一任教育总长。他宣布新的教育方针，改革学制，废止祀孔。蔡先生主张“教育救国”、“科学救国”，选派优秀青年十余人，赴欧美深造，后来大都成为我国著名的科学家，从事教育科学事业。1917年年初，蔡先生任北京大学校长，力图整顿改革，提倡“思想自由，兼容并包”，反对开倒车。他的主张为新文化、新思想争得了合法地位，起了保护新文化，传播新思想的作用。他在北大网罗各派学者，容纳各个学派，各抒己见，自由争论，对促进思想解放、百家争鸣的发展起了积极的作用。陈独秀、李大钊、鲁迅、胡适、刘半农等都是经他聘请到北大任教的。在蔡先生的积极推动下，北京大学气象一新，一变以前腐败沉闷的风气，成为五四反帝爱国运动和新文化运动的策源地。马克思主义在中国的传播，就是从北大开始的。

伟大的五四运动的主力是北京大学。蔡先生是五四运动最有力的支持者。第一次世界大战后的帝国主义分赃会议——巴黎和会决定要把德国强占我山东的“权利”转交给日本，并且拒绝取消北洋军阀和日本军阀签订的灭亡中国的二十一条卖国条约的提议，这个消息是蔡先生透露给我的，促进了五四运动的准备工作；5月4日北京学生到天安门前示威，蔡先生也是积极支持的；32名学生及市民被捕，是蔡先生等以身家作保获释的。五四运动以后，蔡先生发表了《洪水与猛兽》一文，主张以“五四”的洪水，冲卷北洋军阀那样的猛兽。他还奋力疾呼：救国不忘读书，读书不忘救国。

“九·一八”事变后，民族危机日益加深。蔡先生与宋庆龄、鲁迅、杨杏佛诸先生组织中国民权保障同盟，反对蒋介石“安内攘外”的反动政策，营救左派政治犯与被捕的爱国人士，并派代表视察各地监狱，呼吁废止种种侵害人权的反动法律、法令。1936年，蔡先生不顾强暴威胁，他和宋庆龄先生主持了鲁迅先生的葬礼，并赞助《鲁迅全集》的出版。抗日战争前夕，在中国共产党的号召和努力下，实现了第二次国共合作。蔡先生为促进国内团结工作，用力甚多。上海沦陷，蔡先生移居香港就医，忧念国事，抑郁寡欢。据北京钢铁学院教授谢树英谈，杨杏佛被蒋介石暗杀后，蔡先生异常悲愤，曾告谢“从此不再进南京城了”。后来他一直住在香港，也不到重庆。这证明蔡先生与反动派蒋政权彻底决裂。蔡先生去世前，有《满江红》战歌发表，爱国之切，情见乎词。蔡先生爱国主义的精神，数十年如一日。

蔡元培先生作为在他生活的时代的知识分子的一个代表，在政治思想上具有一定的历史局限性，但是他的民主主义思想对于当时新思潮的传播曾起过积极作用，他的教育思想对于当时旧教育的改革也起着先导作用，他的爱国主义思想对于当时团结全国人民、共御外侮起过促进作用。当然，历史发展了，时代不同了，半个多世纪以来，中国人民在中国共产党的领导下，以马列主义、毛泽东思想为武器，按照革命需要，对帝国主义、封建主义、资本主义的思想文化展开了英勇的进攻，在斗争中建立和发展了社会主义的新文化，从根本上改变了中华民族的精神面貌和社会风尚。变革的范围之广，程度之深，成绩之卓著，都是蔡先生当年所不能想象的。

蔡先生德高望重，是旧中国教育科学事业的领导人，培植了无数人才，“桃李满天下”。今天参加纪念会的有好多位就是蔡先生当年的学生，现在在台湾的科学文教界也有好多位是蔡先生的学生，我由衷地希望台湾科学文教界朋友们和我们携起手来，为促进台湾早日归回祖国，实现祖国统一的神圣大业，共同作出贡献。我相信，我们和台湾科学文教界朋友们济济一堂共同纪念蔡元培先生的日子，一定为期不远了。

今天，在我们纪念蔡元培先生的时候，回顾历史，我们看到民主与科学这两面大旗，仍然光彩夺目。蔡元培先生等革命先行者当年反封建的勇猛精神，至今仍历历在目，栩栩如生。在全国人民同心同德，充满信心，为四个现代化而奋斗的今天，我们继承和发扬五四爱国运动和新文化运动的革命精神，学习蔡先生要求民族独立、民主自由、国内团结、发展科学文化教育事业的有益经验，仍然是很有意义的。让我们和全国各族人民一道，更紧密地团结在中国共产党的周围，为祖国的四化大业和统一大业奋勇前进！

香港文化界 教育界 新闻界人士及专科学院的学联代表在蔡元培的墓前献花致敬

到蔡元培先生墓前献花致敬的人士中，有香港《大公报》社长费彝民、《文汇报》社长李子诵、新华社香港分社副社长谢文清，《新晚报》总编辑罗承勋、《中报》总主笔陆铿、香港大学中文系教授马蒙、中文大学教授郑德坤等。曾经在北京大学任职和生活过的费彝民社长和中文大学退休教授李棪等人士，在墓前追忆了蔡先生生前在学术上的成就和对当时的学生运动和民主革命所做的贡献。

北京大学集会纪念蔡元培先生逝世40周年

北京大学党委副书记王路宾在大会上讲了话。他说：蔡元培先生1917年年初至1923年年初任北京大学校长期间，提出“思想自由，兼容并包”的民主方针，一改以前腐败沉闷的空气，推动北大走上改革的道路。他还说：今天我们纪念蔡元培先生，要学习他的科学和民主精神，以及发展科学文化教育事业的有益经验。

北京大学教师梁柱作了题为《蔡元培先生在北大》的报告。蔡元培先生的女儿蔡睟盎、《蔡元培年谱》的作者高平叔也在会上讲了话。

出席今天大会的还有北大的负责人和著名学者。蔡元培先生和杨杏佛先生的亲属、香港中文大学教授王德昭也参加了大会。

武汉中学师生员工举行董必武创办武汉中学60周年纪念大会

湖北省和武汉市人民政府，以及省、市教育部门有关负责同志出席了纪念大会，并参观了“董必武同志创办武汉中学纪念室”。

武汉中学是董必武同志为适应中国革命需要，于1920年春创办的。我党著名活动家陈潭秋、李大钊、恽代英等同志，曾应董必武邀请，在这里任教和作过讲演。这所学校从1920年春开学到1928年被封闭的八年期间，培养了大批革命志士，在井冈山地区的革命斗争、南昌起义和湖北的“黄麻起义”，以及鄂豫皖根据地建设方面，发挥了重大作用，为中国革命建立了不朽功勋。

董必武同志的亲属以及在董老身边工作过的有关

人员，专程从北京来这里参加了纪念会。

湖北省博物馆举办“董必武同志纪念展览”

这次展览以近千件文物、照片和资料生动地介绍了董老为中国人民的革命事业所建立的不朽功绩。展览分四部分。前三个部分系统地介绍了董老在旧民主主义、新民主主义和社会主义革命时期的伟大革命活动。第四部分以大量实物突出地展示了董老艰苦朴素、刻苦学习的风貌。

抚顺市雷锋纪念馆重新开馆

辽宁省抚顺市雷锋纪念馆展出的内容经过修改，清除了林彪、“四人帮”的破坏和歪曲，恢复了雷锋事迹的本来面目。

抚顺市是伟大的共产主义战士雷锋生前生活和战斗过的地方。重新开馆的雷锋纪念馆共分“苦难的童年”、“党的阳光育英雄”、“为革命学好本领”、“伟大的共产主义战士”、“向雷锋同志学习”五个部分。

展品除保持“文化大革命”前的而外，增添了雷锋生前的珍贵照片近60幅，各种实物近60件；还有新绘制的雷锋生前活动的绘画107幅，新创作的《盼解放》《螺丝钉》《精益求精》《爱人民》《方向盘》《送亲人》《奋不顾身》雕塑七座。

安源路矿纪念馆重新开放

安源路矿工人运动纪念馆经过修改，恢复历史本来面目，最近重新开放。展出的内容，充分肯定了毛泽东、刘少奇、李立三等同志领导安源工人运动的历史功绩，及他们在安源工人运动中应有的地位。“文化大革命”运动中，由于林彪、“四人帮”极左路线的干扰和破坏，刘少奇、李立三等同志在安源工人运动中所起的重要作用，被严重地歪曲和篡改，产生了极为不良的影响。

党的十一届三中全会以后，安源路矿工人运动纪念馆的干部和工作人员，遵照全会的精神，坚持实事求是的原则，对馆里资料重新进行整理和研究，终于恢复了历史的本来面目。

3月6日

“三北”防护林建设领导小组在北京召开会议

这次会议的会期共12天，出席会议的有 “三北”防护林建设领导小组成员，国务院有关部委、解放军总政群工部以及“三北”地区十一省、自治区林业部门的负责同志，林业先进单位代表和新闻宣传部门的同志，共106人。

王任重、薄一波、余秋里同志等在会议期间接见“三北”防护林建设领导小组会议代表。王任重同志作重要讲话。

会议由“三北”防护林建设领导小组组长、国家农委第一副主任张平化同志主持。林业部部长罗玉川同志作了关于“三北”防护林体系建设情况和意见的汇报。会议交流了经验，研究了防护林体系建设中一些带有根本性的问题。张平化同志作了总结讲话。

会议认真学习了《中共中央、国务院关于大力开展植树造林的指示》和王任重同志在首都植树造林动员大会上的讲话，并起草了《“三北”防护林建设领导小组会议纪要(草案)》。

《人民日报》发表李锐的文章《必须优先发展水电——我国能源政策的一个重要问题》

现在大家已认识到我国能源也存在问题。

为了改变多年来电力供应不足的局面，从中央到地方都认为水电应当多搞快上，《人民日报》为此发表过不少文章。可是30年来直到现在，水电总是不能多搞快上，原因究竟何在？

50年代，从事水电建设的人就大声疾呼过：中国水力资源极其丰富，开发条件极其优越，而且实践已经证明，水电可以做到多快好省。1958年，甚至矫枉过正地提出过：中国长远的电力建设方针应当是“水主火辅”；还设想到1972年(即14年之后)，水电的比重争取超过火电。1957年水电电量比重为25%。这个设想当年似乎并非完全没有根据。60年代以来，电力建设方针就定为“水火并举，因地制宜，有水力资源的地方多搞水电”。可是，现实的情况仍旧是走30年来的老路：由于国家每年基建投资有限，电力建设在投资安排上，仍然不得不偏重首先满足见效快的火电。搞水电的人确实“不堪回首忆当年”：1979年水电电量比重降到17%！

水电没有能够多搞快上，没有优先发展，这个问题关系到能源政策。本文不免话说得长一点，而且还不得不旧调重弹。

我国能源资源是丰富的，水力和煤炭各占世界第一位和第三位，石油也大有希望。但目前能源供应紧张，煤电油均告短缺。电力能源构成现在以煤为主，次为石油，再次为水力。1979年全国发电量，煤电占62%，油电占21%，水电仅占17%。发电烧煤1.1亿吨，烧油1640万吨，都占煤炭、石油产量的1/6左右。由于煤、油供不应求，有一些火电厂不能满载运行。

石油、煤炭是目前换取外汇的重要物资。由于电力不足，生产得不到保证，不少耗电多的产品如铝、铅、锌以及特殊钢材和铁合金等，还必须从国外进口一部分。这也就等于进口能源。这种极不合理现象,电力工业有责任改变过来。

如何解决我国能源的合理开发和利用?如何改变长期的缺电局面?如何调整我国电力工业的能源结构?总之,从我国的实际情况出发制定合理的能源政策,是实现四化的关键问题之一。

电力工业中的火电是消耗煤、油等资源的一个主要部门。过去10多年,世界各国电力能源构成中的重大变化之一,是油电比重不断上涨,许多国家达50%以上。自1973年石油危机发生后,油电势头戛然而止。目前许多国家正在经历一次痛苦的能源结构的转变。1972年,我国也曾大力提倡烧油,不少原来烧煤的电厂改为烧油,并新建一批烧油电厂,油电比重很快赶上水电。1978年,发电烧油超过了2000万吨。可是,好景不长,现在不得不改回烧煤,一批烧油电厂还改不回来。这一能源政策上的折腾,自然带来经济上很大的损失。今后石油在电能结构中的比重自应尽力使之降低。火电燃料必须立足煤,这已成定论。但从煤源供应来看,实难以满足今后火电大幅度发展的要求。1957年全国发电用煤只占煤产量的7.5%,现在已超过1倍多。煤炭是我国主要能源,各方面需求与日俱增。按目前火电发展规划,到1985年,需增加煤炭用量约7000万吨,几乎等于同期统配煤的增产量。煤炭资源的勘探需时很长,且不易定案。兴建大型煤矿达到设计能力,需十年左右甚至更长。煤炭运输是一个长期存在的问题,今后也不可能很快好转。最近,国家科委召开能源会议,听说会上有这样的说法:愿意把某些煤矿的投资拿出来发展水电。这确反映了一种值得注意的情势。国家需要一个有远见的科学的能源政策。电力工业本身尤应制定一个合乎实际的长远电能规划。

考虑到我国能源资源特点,各方面的有利和不利因素,以及30年来电力建设的经验教训,多搞水电、优先开发水电,实为大势所迫,再也不能等闲视之了。

水电的优越性人所共知,是一种廉价、清洁和再生能源。世界各国不论资源多少,开发难易,造价高于火电(有的贵三四倍),都优先开发,尤其各工业发达国家,无不按此规律办事。在电能构成中,西方各国早期水电比重都比较大,只是在60年代以后水力资源开发过半或接近枯竭时,水电比重才逐渐下降。由于石油涨价而引起世界性能源危机以来,许多水力资源开发充分的国家,又重新研究过去认为不值得开发的资源。如美国调查了可供利用的4000万千瓦的小水电,准备予以开发。日本最近进行了第五次全国水力资源普查,又查出2000万千瓦资源。为了促进水电的开发,美国等国政府都规定了在经济上给予水电建设以补助的政策。

30年来,我国水电容量从16万千瓦增加到1978年1727万千瓦(包括装机500千瓦以下的267万千瓦小水电)。这应当说是一个不算小的成就。可是,此数只占可能开发水力资源(暂按理论蕴藏量60%计算)的5%。如果按照50年代的设想,能比现在多开发800万千瓦的水电,则水电装机比重在电能结构中将达到40%。这对我国能源平衡以及整个经济发展,无疑是有很大好处的。回头看30年走过的道路,一方面我们不能不慨叹未能优先发展水电;另一方面,实践充分证明我们完全可能多搞水电。跟火电比,一般对发展水电的顾虑有三:投资大、工期长和利用率低。现在,我们简单考察一下这三方面的基本事实。

一、投资问题。截至1978年,全国已建成的大中型水电站113座,总容量875万千瓦,总投资75亿元,平均投资每千瓦855元,每度电0.2元。刘家峡淹没少,造价更低,投资每千瓦506元、每度电0.1元。已建成火电厂投资平均每千瓦500元、每度电0.09元。如果计及相应煤矿、铁路和环境保护等投资,则水电投资接近甚至低于火电。水电投资中,移民费比重很大(趋势是越来越大),而防洪、灌溉、养殖等综合效益,却难以具体计算。1978年前,全部水电投资为136亿元,积累资金为230亿元。1978年,全国电力工业上缴利润中水电占1/3;而当年水电的发电量仅占全部电量的1/6。再举一个数字:新安江、新丰江、柘溪、盐锅峡、刘家峡、龚咀、西津7个水电站,总容量为395万千瓦,到1978年年底,累计发电量1340亿度,上缴利润67亿元,几乎等于投资的3倍。从产值积累率、产值利润率和成本利润率来看,水电都高于火电1倍到6、7倍。资金利润率水、火电相近,但如计及煤矿、铁路投资及煤价上涨等,则水电的资金利润率也高于火电。石油涨价已成严酷事实,估计煤炭今后也将涨价,这样,水电经济优越性将更为明显。

由此可见,经济上的结论是:我国水电造价并不高,而投资回收快,积累资金能力强,经济效益特别显著。应当指出,即使水电造价大于火电,由于运行成本大大低于火电,并具有其他综合经济效益,仍值得积极开发。这也正是世界各国优先发展水电的主要根据。

二、工期问题。从开工到第一台机组发电,新丰江为两年,柘溪、新安江、盐锅峡为3年左右,西津和龚咀为5年左右。全国已建大中型水电站,有2/3建设速度较快。10多年以来,水电站工期拖长,比50年代长1倍左右,这主要是由于政治干扰,其次是投资和材料不足造成的。当然,也存在工作上的缺点,有些大工程施工难度较大,协作关系复杂,影响了工期。经过整顿队伍、加强领导和发展机械化施工等措施,这种局面相信可以逐渐扭转过来。火电建设工期虽然比水电短,但相应煤矿建设工期甚至比水电还长。今后火电的发展,将日益受到煤矿发展和环境保护等方面的制约。

三、利用率问题。发电站的利用率可以从两个方面来看,一是容量的利用率,二是电量的利用率。我国水电比重小,水电站在系统中往往担任调峰、调频、调相和事故备用等任务,容量利用率并不比火电低多少,其机动灵活作用非火电所能相比。但电量利用率往往低于火电,也就是说水电的年利用小时往往低于火电,这正是发挥水电特性的正常反映,从而更好地保证了电网的安全经济运行。即使这样,我国目前全部已建水电站设计平均利用小时为4200小时,这个数字还是不算低的。由于水电站在电网中多担负调峰等任务,70年代中期以来,欧洲各国、苏联和日本等,水电利用小时一般在2000到3500小时之间,某些调峰水电站甚至低到1000小时。但是我国长期以来只是用利用小时数来衡量水火电站的利用率,而不讲容量的作用,这是不公平的,也是不合理的。

近年来,我国许多地方出现连续枯水年,加上某些水电站的正常经济运行多年受到干扰破坏,全国水电站的平均利用小时数有所降低,需要作具体分析。例如,新安江年发电量平均18.6亿度,投产20年,一直处于低水头运行,枯水期在死水位以下运行达13年之久,1979年只发电4.4亿度。这个电站的运行可说遭到破坏。水电装机占一半以上的国家,只要系统规划、电源布局以及运行调度恰当,一般并不发生枯水季节电量缺乏的情况。如法、意等国特别注意运行调度的合理,挪威、巴西等国水电比重达80%到90%,但这些国家遇到枯水年,供电方面并未发生特殊困难。

1979年1月5日《人民日报》评论员文章《水电建设要加快》中,有一段话说得很好:“开发水力,不单纯是一个电力问题,也是国家对能源的合理利用问题,要像开发煤炭、石油一样来建设水电站。”水力和石油、煤炭都是一次能源,但油、煤都是消耗性能源,水力则是再生性能源。60年代以来,国家用了很大的力量、巨大的资金(包括外汇)来开发石油,取得很大成绩。为了探明石油资源,成亿元成十亿元资金用于勘探工作,这是完全正确的。水力资源比石油资源容易查明得多,所需费用与石油相比微不足道,可是受到十年惨重破坏的水电前期工作,由于几个主要设计院的被拆散,至今还不能很好恢复。水电前期工作所需的极有限的资金和很少量外汇,也难以满足。石油可以出口,水电也可以“出口”。多搞水电,也就可多出口一些石油和煤炭。人们不能不这样叹息:“这样雄厚的水力资源没有很好地加以利用,等于每年白白流掉了几亿吨煤和油。”(见《人民日报》今年2月25日《要重视充分利用水力资源》一文)我们希望能够像重视开发石油那样,重视开发水电。再说一遍:水电三十年实践,可以多快好省,事实俱在。从上到下,都说要多搞水电,为什么老是多不起来?客观原因之一,可能还是习惯看法作怪:投资大,工期长,利用率低。电力部门投资不足,又要解决眼前严重缺电问题,自然偏重建设周期较快的火电,而不能从国家长远能源政策来考虑。不然,为什么那几年烧油电厂上得那么快,几乎听不到什么怀疑呢?这一情况是非常值得深思的。

东北电力发展的情况,也很值得回顾。50年代就已发现东北地区煤源不足,火电的发展会越来越困难。可是长期以来,东北的水电建设没有受到应有的重视,以致水电比重从1957年的50%下降到1978年的19%。东北电网的峰荷已占20%,现在迫使火电调峰,增加煤耗。因此,全网利润也大大减少,1979年只有1.6亿元。对比之下,四川电网发电量约只及东北的1/4,由于水电比重大(也像50年代的东北),每年利润达4亿元。全国最大的装机110万千瓦的清河火电厂,发电量占东北火电的1/5,现在用煤来自山西等10多个省市,根据估算,增加的运输每千瓦每年即达85元;单累计12年此项增加的运费,就可以建一座同容量的水电站。除黑龙江干流外,目前东北尚待开发的大中型水电站还有约600万千瓦,而且一般淹没损失较小,造价较低。华东多年来也存在类似东北的情况。

为什么会出现这种不合理的现象呢?这就是我们缺乏全面的综合的经济观点,不能将眼光放远一点,不善于算大账,即缺乏一个高瞻远瞩的合乎中国实际的能源政策,有关方面不能下大决心优先发展水电。

目前世界能源危机如此严重,面对我国优越的水力资源和开发程度之低,国外有关人士无不表示惊讶和惋惜。多年从事水电建设的同志,根据中国能源分布的情况,关于我国电能结构,从长远考虑有这么一个设想:西南、西北以水电为主。中南水火并重。华东、东北、华北火电为主,水电配合。西南、西北水电发展多了,自然就需要西电东送。30年来,水电在电能结构中一直长期在25%左右徘徊,近年来更是急剧下降。我们必须争取水电比重在10年左右有所提高。这叫作“亡羊补牢,犹未为晚”。当前确实是一个关键时刻,要下大决心认真解决优先发展水电、多搞水电的问题,有关方面应对水电作战略投资的考虑。即必须给水电吃点“偏饭”,做长远安排,并在年度投资中给予保证。不要10年之后,再来后悔。

中华人民共和国外交部照会越南社会主义共和国外交部建议结束中越第二轮谈判

照会说:“中越两国副外长级谈判第二轮会谈在北

京已举行十次全体会议。在此期间，中国方面始终怀着最大的诚意，一再重申中方提出的八项原则建议，反复阐述自己谋求解决中越关系问题的立场和主张，为促使谈判获得成果做了巨大努力。遗憾的是，越南方面毫无诚意，一味拒绝研究中国方面的合理主张，企图利用谈判欺骗舆论，为自己推行侵略扩张和反华仇华政策辩解。双方的立场观点迄今距离很大，致使谈判未能取得进展。目前，越南当局仍在变本加厉地进行反华仇华活动，强化侵略柬埔寨的战争，威胁泰国和东南亚地区的和平和安全。在这种情况下，很难设想第二轮谈判继续举行下去，能够取得进展。”

照会还说：“为使中越谈判能够达到预期目的，为恢复两国人民的传统友谊和实现两国关系正常化作出贡献，中国方面根据中越谈判现状，经过仔细研究，郑重建议：中越第二轮谈判至此结束，以便双方有一段必要的时间，认真研究对方的观点和主张，寻求解决争端的办法。第三轮谈判可于1980年下半年双方认为适宜的时间在河内举行。有关下一轮谈判的安排事宜，建议通过中越两国大使馆联系和磋商。”

全国电子工业领导干部会议在北京召开

在国民经济调整中，如何充分发挥地方电子工业的作用？参加最近召开的全国电子工业领导干部会议的同志们认为，最重要的是要对现有地方电子工业进行调整，改变厂点过多、力量分散的状况。

近几年来，全国地方电子工业发展很快，已经具备相当规模和一定的生产能力，承担着一部分军用产品和大部分民用电子产品的生产任务，成为我国电子工业中的一支重要力量。但是，地方电子工业厂点分散，力量不集中，骨干企业少，管理体制多样，产品有长有短，存在着比例失调现象，严重影响了地方电子工业进一步向前发展。因此，要充分发挥地方电子工业的作用，必须首先搞好企业的调整，对于那些产品重复、质量低、消耗大、成本高、生产条件差的工厂，要有计划、有步骤地实行关、停、并、转。辽宁省丹东市去年关、停、合并了一部分企业，全市电子工厂由24个减少到14个。结果，设备集中了，技术力量加强了，劳动效率有很大提高，取得了明显的经济效果。

上海、山东、江苏、北京等省、市的经验证明：在进行企业调整时，每个省、市都要有若干个骨干企业，以这些骨干企业为主，组织专业化生产。每个骨干企业周围都有若干个小厂与其协作，然后逐步走向联合。上海电子工业系统，将所属企业梳辫子，调整了产品方向，组织了电子元件、电子设备、电视机等七个专业公司，实行专业化生产，取得了较好的经济效果。

参加座谈的同志认为，由于上海、北京、天津三大市的电子企业比较集中，在调整中可以按不同的专业组织专业公司，并尽快使这些公司由行政组织成为经济组织。其他省和自治区一般不宜急于组织全省、区范围的公司，而要先集中力量搞好地、市范围的电子企业的调整和整顿，把基础搞好，然后根据可能条件，组织全省范围的专业公司。

中科院系统科学研究所在北京成立

中国科学院从事国防和国民经济中的控制理论研究和大系统的综合研究，以及有关数学边缘学科基础理论研究的专业研究单位——系统科学研究所，今天在北京正式成立。系统科学研究所的成立，说明我国数学及其边缘学科研究现在已经有了很大发展。

方毅同志出席了成立大会并讲了话。中国科学院副院长周培源、钱三强、华罗庚，国家科委副主任、中国社会科学院副院长于光远等出席大会表示祝贺。

系统科学研究所是为适应现代科学技术发展和社会主义现代化建设的需要，在中国科学院数学研究所有关室、组的基础上成立起来的，现在有控制理论、运筹数学、运筹管理、基础数学、数学物理、统计数学等研究室，共有80多名研究人员。研究所的负责人是数学家关肇直、吴文俊。

方毅同志在讲话中论述了我国当前的大好形势、党的五中全会的重要意义，热情鼓励广大科学家和科学工作者勤奋工作，认真学习五中全会精神，为实现四化贡献更大的智慧和力量。

新华社为新中国成立初期来华工作的英国专家夏庇若七十寿辰举行庆祝会

庆祝会由新华社社长曾涛主持。全国人民代表大会常务委员会副委员长邓颖超给夏庇若发来祝寿信，并赠送了一束鲜花。邓颖超在信中说：“您是我们的老朋友。30年来，您为中国人民的革命事业和增进各国人民对中国人民的了解作出了宝贵的贡献。”国务院副总理姬鹏飞也给夏庇若发来祝寿信。

曾涛在庆祝会上致祝词，向夏庇若表示热烈祝贺。他说：“30年来，夏庇若同志那种热爱中国、热爱中国人民、献身于中国人民革命事业的国际主义精神值得我们敬佩和学习。”国务院外国专家局局长杨放之也在庆祝会上讲了话。

夏庇若向曾涛和到会的其他同志和朋友们表示感谢。

应邀出席庆祝会的有：路易·艾黎、露丝·史密斯、马海德、艾泼斯坦、丘茉莉、柯如思、李敦白、艾琳等。中宣部副部长朱穆之，新华社副社长刘敬之等也出席庆祝会。

中国足球队在新加坡举行的奥运会足球赛亚澳区第三组预选赛中以 7:0 战胜斯里兰卡队

欢迎鉴真大师像回国巡展委员会在北京召开会议研究欢迎的有关事宜

欢迎鉴真大师像回国巡展委员会今天下午在中国佛教协会所在地——北京广济寺举行会议，研究欢迎鉴真大师像回国巡展的有关事宜。

最近成立的欢迎鉴真大师像回国巡展委员会由赵朴初任主任委员，委员有王笑一、正果、孙平化、叶枯泉、史林峰、任质斌、李连庆、杜仙洲、吴作人、陆恂如、肖向前、肖贤法、杨廷宝、杨振亚、林林、林散之、茅盾、明真、周而复、夏衍、耿鉴庭、莫宗江、能勤、谢冰心。

鉴真是我国盛唐时期的高僧，俗姓淳于，扬州江阳人。他应日本僧人的邀请，六次东渡，五次失败，历尽千辛万苦，终于在公元 754 年和其随行弟子到达日本。他在日本除弘传佛教外，还对汉文学、医学、雕塑、绘画、建筑等的交流，作出了重要贡献。在中日两国人民友好往来与文化交流的历史上，他是值得纪念的一位光辉人物。

这次回国巡展的鉴真像是供奉在日本奈良市唐招提寺的干漆夹苎坐像，这尊坐像是鉴真的弟子们根据鉴真生前仪容雕塑的，是日本的“国宝”。

鉴真像这次“回国探亲”，是邓小平副总理 1978 年 10 月访问日本时确定的，大平首相访华期间对此也作了高度评价。这对于促进中日两国人民的文化交流和友好往来，增进两国人民的传统友谊，具有重要的意义。

鉴真塑像将由日本有关方面人士组成的鉴真和尚像展览访华团护送回国，于 4、5 月间分别在鉴真的故乡扬州和北京展出。

3 月 7 日

李先念 胡耀邦等党和国家领导人出席在首都体育馆举行的首都妇女举行军民联欢大会

为纪念“三八”国际劳动妇女节七十周年，首都 1.7 万多名妇女今天下午在首都体育馆举行军民联欢大会。

中共中央副主席李先念，中共中央政治局常委胡耀邦等出席联欢大会。

联欢会上，各个革命时期从事妇女运动的知名人士，首都各条战线的妇女代表，女劳动模范、“三八红旗手”，中国人民解放军女指战员、各民主党派的女代表，港澳女同胞和党和国家领导人欢聚一堂，共庆节日。

全国妇联主席康克清在联欢会上讲了话。她说，当全国人民热烈欢庆党的十一届五中全会的胜利时刻，我们迎来了“三八”国际劳动妇女节七十周年。五中全会是我们党历史上具有重要意义的会议，我们广大妇女衷心拥护全会的各项决定，坚决以自己的实际行动贯彻执行，为四化建设多做贡献。她接着说，80 年代是大有作为的时代，因此加强军民团结有着更为重要的意义。我们各族妇女和解放军要团结在一起，互相学习，互相支持，共同奋斗，努力完成 80 年代的三大任务。

出席联欢会的党和国家领导人还有王震、韦国清、乌兰夫、方毅、李德生、余秋里、张廷发、陈永贵、耿飚、倪志福、彭冲、陈慕华、赛福鼎、万里、王任重、谷牧、宋任穷、杨得志、胡乔木、姚依林、阿沛·阿旺晋美、周建人、胡厥文、朱蕴山、薄一波、江华、黄火青、粟裕、韩先楚、杨勇、王平、王首道、杨静人、庄希泉、胡子昂、刘澜涛、班禅额尔德尼·确吉坚赞等。

联欢会是由全国妇联、中国人民解放军总政治部、国家体委联合举办的。中国人民解放军总政治部副主任黄玉昆主持了今天的联欢大会。

《人民日报》发表新华社评论员文章《中越谈判为什么陷于僵局》

中越副外长级第二轮谈判，已历时 9 个月，开了十次会，没有取得任何进展。而且，双方主张的距离迄无接近的迹象。

中越谈判陷于僵局的原因何在？

本来，中越谈判的目的，是为了恢复两国曾经长期存在过的友好关系，使中越关系正常化。要使谈判取得成果，双方就不能不认真地找出造成两国关系恶化的原因，并找出消除这种原因的途径。那么，究竟是什么原因使中越关系在越南统一后急剧恶化了呢？现在，世界上许多人都已经清楚，这是由于越南当局在战争结束后采取了一条依靠苏联的支持、以穷兵黩武的办法在印支和东南亚地区建立霸权的路线。中国不应当、也没有支持这种路线，于是越南当局就同中国翻了脸。特别是 1978 年年初越南大举进攻柬埔寨、中国站到了反侵略的柬埔寨人民一边之后，河内反华仇华就急剧升级了。这充分说明，河内推行地区霸权主义，是中越关系恶化的根本原因。

因此，中国政府代表团在谈判桌上提出八项原则建议，把和平共处五项原则和不谋求霸权原则列于首要地位，作为处理两国关系问题的总原则，并且指出，要恢复中越两国之间的正常关系，维护东南亚和亚洲的和平与安宁，就必须从反对霸权主义这个症结问题入手。如果越南当局对谈判确有诚意，当真想使中越关系正常化，当真想使谈判取得成果，就应当同中国政府一起对不谋求任何形式的霸权承担义务，并且立即停止在柬泰边境的大规模军事进攻，立即从柬埔寨和老挝撤出自己的占领军，立即停止对中国边境的挑衅。可是，越南方面却一直拒绝中国方面的建议，并且表示越南要坚持对柬埔寨的军事占领，甚至攻击联合国大会去年11月以压倒多数通过的要求立即从柬埔寨撤军的决议，是一项"干涉柬埔寨内部事务的"、"错误和无效的"决议。

值得注意的是，苏联入侵阿富汗以来，越南当局采取了配合苏联南下战略的行动，加紧了在柬泰边境的攻势。同时，也加紧了反华。越共总书记黎笋上个月在河内公开宣称中国是越南的"直接敌人"，要坚决打败中国。在今年头两个月中，越南武装在中越边境的挑衅活动已达360起。

由此可见，越南方面根本不打算解决任何争端，也根本不想改善中越关系。这就是中越谈判陷于僵局的原因。

但是，如果认为越南方面既然对谈判毫无诚意，就会干脆卷铺盖而去，那就大错特错了。他们还想利用谈判去干一些同谈判目标背道而驰的事情。第一，在世界上制造一些假象，来掩盖越南在柬泰边境的攻势和在中越边境上的挑衅活动。第二，利用谈判桌作为他们恣意反华的讲坛。第三，他们的代表团在谈判桌上尽管是心不在焉、骂一通中国了事，但在会外却以百倍的精神在北京这个外国人比较集中的地方进行反华活动和反华宣传。

很明显，第二轮谈判按照越南这种方针继续谈下去，只能是旷日持久，劳而无功。而且，对解决两国争端、改善两国关系只能是有损而无益。中国外交部已于3月6日照会越南外交部，建议结束中越第二轮谈判，以便双方有一段时间认真研究对方的观点和主张，寻求解决争端的办法，并建议第三轮谈判今年下半年在河内举行。这是一个切切实实的建议。如果越南方面经过一段时间的考虑，觉得确有解决问题的必要了，也许那时再坐下来谈判比现在这样谈有益些。

中国人在谈判问题上是有耐心的。我们过去同许多对手进行长期谈判的历史可以证明这一点。我们在耐心等待着河内拿出起码的诚意的那一天。

由香港《经济导报》主办的80年代中国经济研讨会在香港举行

以中国社会科学院副院长许涤新为团长的中国经济专家代表团应邀专程来港作了6个专题的演讲，受到与会者的欢迎。

参加这个研讨会的有港、澳银行、贸易机构、商会的负责人，以及17个国家和地区的金融界、贸易界、工业界人士，近200人。其中许多位是从新加坡、马来西亚、美国、意大利和澳大利亚等地专程前来参加的。

许涤新团长以《中国式的现代化建设与八十年代的展望》为题发表了讲演。代表团的其他成员董辅礽、刘国光、古念良、孙孺和蔡北华分别作了《中国的经济结构和调整》《中国经济体制改革的几个问题》《当前中国的技术引进及其前景》《广东特区经济的构想及展望》和《上海的对外经济关系》等专题讲演。他们还回答了与会者提出的问题。

研讨会由《经济导报》总编辑陈陌军主持。

新华社香港分社第一社长王匡在研讨会开始时讲话说，"香港同广东内地毗连，交通也颇称便利，香港、广州、厦门、上海之间的经济往来也很密切，但是长久以来，彼此之间却非常缺乏了解，甚至显得相当隔膜。这无论对香港经济的继续增长和发展，或同我国实现四个现代化的要求，都是极不相称的。经济专家代表团将在这里和香港朋友进行经济情况的交流，进行各种不同的经济观点的交流。希望这种交流能有助于缩短双方的距离和促进双方的了解，希望这个研讨会将会成为双方经济共同发展的催化剂。"

化工部在北京召开全国化工局长会议要求一二把手抓销售工作

《人民日报》报道，在最近召开的全国化工局长会议上，化工部部长孙敬文强调各省、市、自治区化工局和企业的一、二把手都要亲自抓销售工作。他说，搞好产销结合，就是按经济规律办事，更好地运用价值规律。要通过抓销售工作，学会做生意。

去年年初，不少地方反映许多化工产品出现滞销、积压现象，有的工厂甚至被迫停产，直接影响到增产节约运动的开展。为了摸清情况，化工部主要领导同志深入到华东、中南、东北、华北等地的一些省、市和化工企业进行调查，及时总结推广了上海、常州、重庆市化工局、岳阳化工总厂、重庆中南橡胶厂和天津染料厂等企业，在国家计划指导下，发挥市场调节作用，根据用户要求组织生产，主动推销产品，迅速扭转生产被动局面的经验和做法。同时召开了全国化工六大供销公司经理座谈会。在调查研究的基础上，决定将部产品分配司改为产品销售局，扩大了六大供销公司在推销产品方面的一些权利，明确了销售工作的任务。这些工作，不仅为基层开展销售工作创造了有利条件，而且有力地推动了企业增产节约运动的开展。据不完全统计，上海市化工生产去年比1978年增长8.7%，而在总产值中属于推销产品增加的产值约占16.5%。常州、重庆、武汉、哈尔滨、青岛、沈阳、南京、广州、西安、旅大10个市，在总产值中属于推销产品增加的产值平均占14.8%。

化工部认为，在推销产品方面仅仅是开始，今年各地区各企业要进一步解放思想，抓好产品销售工作，要抽调一些熟悉技术业务的干部充实销售部门。同时，要求在推销产品中严格执行国家的有关方针政策，保证完成国家计划。工业部门搞销售要从有利生产出发，通过市场调节及时调整生产计划。要搞好调查研究，注意分析销售工作中出现的新情况，解决新问题，把生产搞活，把经营搞活。

中国广西云南边境前两个月遭到越南武装人员武装挑衅360多起

据有关方面统计，今年头两个月，越南武装人员对我广西、云南边境进行武装挑衅事件共达360多起。仅2月下旬就有46起，严重骚扰和破坏了我边境各族人民的正常生活。

2月23日14时20分，越军四人侵入我广西防城各族自治县滩散公社百坎村边境，向我正在田间劳动的社员开枪扫射，社员李科民身受重伤。同日12时15分至14时10分，越军用枪炮袭击我防城各族自治县峒中一带边境。

2月27日，越军用炮火袭击我云南马关县金厂公社小作房和河口瑶族自治县山腰一带。

2月28日14时，越军8人侵入我广西防城各族自治县滩散公社那元村边境骚扰，我民兵发现后奋起还击，越军狼狈逃窜出境。

中国著名社会学家费孝通教授获得1980年度马凌诺斯基名誉奖

社会人类学是研究人类社会和文化的特征、类型及其变化规律的科学，在它的基础上发展起来的应用人类学，是将社会人类学的研究成果和方法用来帮助解决各种社会和文化问题的学科。英国著名社会人类学家马凌诺斯基是最早主张用社会人类学知识为人类社会服务的学者之一。马凌诺斯基名誉奖是应用人类学会为纪念这位著名学者而设置的一项国际性的奖励。每年授给一位对应用人类学研究有突出贡献的学者以名誉奖。应用人类学会为表彰费孝通在人类学研究中作出的贡献，决定将1980年度马凌诺斯基名誉奖授给他。

国务院副总理王震和王任重一同在北京工人体育场会见参加第十三届冬季奥运会的中国体育代表团全体成员

卫生部部长钱信忠就1980年卫生工作发表谈话

《人民日报》报道，卫生部部长钱信忠最近对《人民日报》记者发表谈话说，1980年卫生部门的工作，要在去年实行重点转移的基础上，进一步全面贯彻八字方针，明确八项任务，使卫生工作更好地适应新形势下经济发展的要求，为四个现代化建设服务。

钱信忠同志介绍了不久前召开的全国卫生局长会议，进一步明确的1980年卫生工作的八项任务。这八项任务是：一、继续加强农村卫生事业建设，着重抓好1/3县卫生事业的整顿建设，大力培训赤脚医生，努力办好合作医疗；同时认真做好城市、工矿卫生工作。二、继续贯彻预防为主的方针，加强卫生防疫工作，广泛开展爱国卫生运动，坚决控制和缩小严重危害人民健康疾病的流行。三、继承和发展祖国医学，发展现代医学，加快中西医结合步伐。四、认真加强计划生育工作，努力提高节制生育的技术水平，降低人口出生率，大力做好妇幼保健工作，保证妇女儿童的健康。五、积极培养提高各类医药卫生技术人员的技术水平和管理水平。六、继续开展增产节约运动，实行经济管理，按经济规律办事。七、提高药品器械的质量，搞好医药结合，保证防病治病的需要。八、加强党的领导，坚持四项基本原则，努力做好思想政治工作，巩固和发展安定团结的政治局面，同心同德，一心一意为四化做贡献。

钱信忠同志强调指出，要使卫生工作更好地为四化建设服务，必须继续打破思想上的“禁区”，克服思想上的僵化半僵化状态，勇于和善于研究医药卫生战线的新情况，努力解决现代化建设中遇到的新问题。要搞好调整，在我国城乡医疗卫生网已经普及的基础上，必须狠抓提高工作。在农村，特别是要把县级医疗卫生机构真正办成全县医疗卫生、计划生育的技术指导中心和人才培养基地，必须坚持普遍整顿、全面提高、重点建设的原则，根据国家财力物力的可能，在1985年前分期分批先把1/3左右县的卫生事业建设搞好，并推动整个农村卫生事业取得新的进展。希望各地把农村卫生建设纳入农业现代化建设规划，在各级党委领导下，逐步实现。

钱信忠同志说，要根据农村经济发展形势的要求，因地制宜地采取具体措施，巩固合作医疗，培训和提高赤脚医生队伍。合作医疗是解决8亿农民看病吃药问题的社会主义医疗制度，必须进一步总结经验，加强宣传。具体的办法，如举办形式、资金筹集、医药费报销比例等，要从实际出发，不要“一刀切”。赤脚医生担负着大量的医疗、卫生、预防等项任务，是农村卫生工作的一支重要力量。很多赤脚医生工作多年，经过多次培训，掌握了一定的业务技术，要保持他们的稳定性，不要轻易调动。当前农村在实行联系产量责任制和发展家庭副业的情况下,要合理解决好赤脚医生的工分报酬问题,他们的实际收入一般应相当于同等劳动力,技术水平高、服务态度好的,也可以高于同等劳动力。

为了使卫生工作适应新形势下经济发展的要求,必须在管理上实行必要的改革,使医疗卫生机构在经营管理上有一定的自主权,充分调动干部和群众办好卫生事业的积极性,但要注意防止和克服片面追求增加收入,不重视提高医疗质量的现象。要使卫生工作更好地为四化服务,就要大力培养人才,造就一支坚持社会主义道路、有专业知识的干部队伍。无论是卫生技术人员和行政管理人员,都要努力学习,做到又红又专。卫生部门的各级领导干部都应当带头努力学习,成为有真才实学、有科学管理能力的干部。要努力办好各级医药院校,培养合格人才。同时要把培训提高在职卫生技术干部作为一项紧迫任务切实抓起来,坚持下去,使中青年技术骨干人才辈出,使未经正式训练或专业训练不足的新增职工尽快掌握技术,胜任工作。要加强党的领导,进一步做好思想政治工作,恢复和发扬党的优良传统,充分发挥共产党员的先锋模范作用。要认真落实党的知识分子政策,从政治上、工作上、待遇上、生活福利上热情关心他们,使他们在工作中有职、有权、有责。

3月8日

国务院总理华国锋电贺津巴布韦非洲民族联盟主席罗伯特·穆加贝在津巴布韦独立选举中取得重大胜利

中共中央书记处举行第一次会议讨论并确定书记处成员的分工

在北京召开的全国人民法院院长会议决定及时严惩严重犯罪分子保障治安

会议认真学习了党的十一届五中全会公报,讨论安排人民法院1980年的主要工作。

最高人民法院院长江华在会上讲了话。他说,去冬今春,经过几次组织力量,狠狠打击了一批刑事犯罪分子,社会治安有所好转。当前,严重破坏社会秩序的重大案件还时有发生。我们不能松劲,必须再接再厉,善于运用法律武器,依法及时严惩那些严重危害社会治安的刑事犯罪分子。

江华指出,对那些严重危害社会治安的犯罪分子不能手软,手软了,只能危害大多数人的利益,危害建设四个现代化的大局。对那些杀人、防火、抢劫、强奸等严重危害社会治安的犯罪分子,必须依法及时惩办。这是搞好社会治安,巩固与发展安定团结的需要,是保卫四化建设这个大局的需要。但是,对于绝大多数破坏社会秩序的人凡能教育的都要教育,尽可能把他们挽救过来。

江华还说,各级人民法院要根据党的十一届五中全会精神认真复查纠正因刘少奇同志冤案受牵连而被判刑的案件。复查纠正这类案件,要行动迅速,态度端正,不留尾巴。

全国妇联名誉主席宋庆龄出席在人民大会堂举行的纪念“三八”国际劳动妇女节70周年联欢会

这次联欢会由全国妇联主席康克清主持,有3500多名中外妇女参加了联欢会。

全国人大常委会副委员长、全国妇联名誉主席宋庆龄在联欢会上致辞,向出席大会的中外妇女表示热烈的节日祝贺。

全国人大常委会副委员长史良,国务院副总理陈慕华,以及中央和国家机关、政协全国委员会、各民主党派的女负责人出席了联欢会。

各国驻华使节的夫人、女外交官、女专家、专家夫人及各国女留学生等外宾,应邀出席了联欢会。

出席今天联欢会的还有台湾籍女同胞、港澳女同胞和海外女侨胞、女劳动模范、女新长征突击手、“三八红旗手”、“三八红旗集体”的代表和女科学家、女人民教师等。

宋庆龄在全国妇联举行纪念“三八”国际劳动妇女节70周年联欢会的致辞

在这80年代的第一个春天,我们大家欢聚一堂,共庆全世界妇女的光辉节日——“三八”国际劳动妇女节70周年,请允许我代表中国妇女向在座的各国朋友和姐妹们,热烈地致以节日的祝贺!

1909年3月8日,美国芝加哥女工为争取自由平等,举行了规模巨大的罢工与示威。1910年在丹麦哥本哈根召开了第二次国际社会主义妇女代表会议,德国社会主义革命家、国际妇女书记处书记克拉拉·蔡特金,在大会上提议,为反对压迫者和战争挑拨者,加强国际劳动妇女的团结和解放斗争,订3月8日为国际劳动妇女节,参加大会的德国、奥地利、瑞典、丹麦、美国等17个国家的妇女代表,一致通过了蔡特金的提议。从此,3月8日就成为劳动妇女反对侵略战争,维护和平,争取解放的节日。

中国妇女第一次纪念自己的节日是在1924年。那时,广州市妇女在第一公园举行了盛大的纪念会,廖仲恺夫人何香凝先生在大会上发表了热情洋溢的讲话，揭露了帝国主义、封建主义对妇女的双重压迫，提出“打倒列强”、“打倒军阀”、争取男女平等、保护妇女权利的具体要求，大大振奋了妇女群众的革命精神。

今年，我们纪念“三八”国际劳动妇女节70周年，正值我国人民欢庆中国共产党十一届五中全会胜利闭幕的时候，我感到特别高兴。

我们中国妇女热爱和平，希望能够在和平安定的环境中，实现四个现代化，把国家建设得更加美好。但我们也注意到，大小霸权主义者，搞得当今世界很不安宁，危及世界和平，危及各国妇女和儿童的安全。我们中国妇女坚决和各国妇女在一起，谴责外来干涉和侵略，支持民族独立的斗争，保卫妇女和儿童的权益，为维护世界和平而贡献自己的力量。

我们中国妇女，决心和男子并肩战斗，同心同德，克服前进中的困难，继续发扬艰苦创业的精神，为建设社会主义现代化强国而努力。我要借今天这个聚会的机会，对关心我国社会主义现代化建设事业，给了我们支援和帮助的各国朋友表示衷心的感谢。

“每逢佳节倍思亲。”今天，我们更加深切怀念台湾的姐妹们。我们愿寄语台湾姐妹，热切盼望你们回来探亲访友，共叙骨肉之情，为台湾归回祖国，实现祖国统一大业而共同奋斗。

儿童是我们的未来，人类的希望。将来的美好生活要靠成长起来的一代又一代儿童去创造。培养、教育儿童和青少年，使他们成为身心健康的一代，是我们不可推卸的责任。有句谚语：“摇摇篮者，治理国家。”愿我们的妇女们为孩子树立一个良好榜样，担负起教育好子女的神圣职责，为祖国建设培养可靠的接班人。同时，愿全世界的姐妹们为制止侵略战争给儿童们造成的灾难作出共同的努力！

《人民日报》发表社论《全世界妇女光辉战斗的节日》

党的十一届五中全会胜利闭幕以后，我们怀着无比兴奋的心情，庆祝“三八”国际劳动妇女节七十周年。“三八”国际劳动妇女节，是全世界劳动妇女维护和平、反对侵略战争、反对剥削压迫、争取妇女解放的光辉战斗节日。我们谨向全世界各国妇女致以节日的祝贺！　向我国战斗在各条战线上的各族妇女致以节日的祝贺！

在纪念全世界妇女光辉节日七十周年的时候，维护世界和平，反对霸权主义的任务紧迫地摆在我们面前。我们要继续深入地向全国妇女进行国际主义教育，坚持无产阶级国际主义，加强同社会主义国家妇女和第三世界各国妇女的团结，加强同全世界一切爱好和平的人民和妇女的团结，为反对霸权主义，反对侵略战争，维护世界和平，保卫妇女儿童权利而斗争。

中国共产党诞生以来，一直重视妇女解放的工作。在党的领导下，在民主革命、社会主义革命以及我们党同林彪、“四人帮”进行殊死斗争的重要历史关头，都涌现出了许多坚持真理，为党、为人民、为无产阶级革命事业英勇奋战、不怕牺牲的英雄女儿。向警予、郭隆贞、杨开慧、刘胡兰、张志新等烈士就是其中的优秀代表，她们在中国革命历史上写下了壮丽的篇章。在社会主义建设事业中，各族妇女同样作出了重大贡献。国庆三十周年前夕，全国评选出了1042个“三八红旗集体”，8960名“三八红旗手”。事实证明，中国妇女是勤劳勇敢，有智慧有才干的。

80年代是我国建设社会主义现代化的重要年代。党的十一届五中全会又一次向我们发出号召，要求全体党员同全国人民在一起，紧密团结在党中央的周围，万众一心，紧张努力，在各条战线上创造优异的成绩。我们今天纪念“三八”节，要坚决响应党中央的这一伟大号召，坚定不移、贯彻始终地执行党中央的路线和方针、政策，发挥各族妇女的革命传统，为四化多做贡献。

实现四化是一场伟大的社会变革，任务更艰巨，情况更复杂。这就要求我们，要更加注意调动妇女的积极性，充分发挥她们半边天的作用。各族妇女们要勇挑重担，通过学习和实践，不断提高政治思想水平，提高建设四化的本领。要干一行爱一行，干一行钻一行，既要学习普通的文化科学知识，又要逐渐学到一门专业知识，培养专业能力，做到又红又专。

青年妇女更要趁自己年轻力壮，记忆力强的时候，把主要精力集中到工作和学习上；要有远大理想和抱负，争取做一个四化建设中的行家。

中国妇女富有勤劳勇敢、艰苦奋斗的优良传统。广大妇女都了解，我国今天还比较穷困，要百废待兴，许多事都要从头做起。我们要以有限的财力、物力办更多的事，必须珍惜国家和人民一点一滴的财富，使每一分钱、每一粒粮、每一寸钢都能用到最急需的地方。特别要珍惜大好时光，使每天每月都能有所进步，有所收获。我们提倡勤俭持家、劳动致富，实行计划生育，创建民主、和睦的新家庭。要坚决抵制那些办婚丧等事奢侈浪费的旧作风、旧习气，决不能让封建阶级、资产阶级的恶习侵蚀我们的思想，削弱我们的斗志。妇女干部、特别是担任领导工作的女同志更应在这方面起模范作用，严格要求自己，克勤克俭，不搞特殊，遵纪守法，带出一个好的风气来。

青少年是我们祖国的未来。广大妇女要关心青少年的健康成长，加强对子女的教育，使他们从小养成“爱祖国、爱人民、爱劳动、爱科学、爱护公共财物”的好品德；教育他们遵纪守法，尊老爱幼，尊重社会公德；

引导和挽救那些违法的青少年走上正道。许多做街道工作的妇女干部，过去为维护社会治安，打击坏人坏事出过大力。今天应发扬这种敢于和坏人坏事作斗争的精神，批判歪风邪气，扶持正气，成为维护安定团结、树立新风尚的模范。

我们要十分关怀台湾省的骨肉姐妹。我们要扩大妇女界的统一战线，增进同台湾女同胞、港澳女同胞、海外女同胞的团结，共同为祖国的统一大业和四化建设作出贡献。

各级党委一定要重视妇女工作，重视发挥妇女的作用。在四化建设的各项工作中，应当欢迎和支持妇女参加，为她们提供学习和锻炼的机会。要关心她们的切身利益，照顾她们的生理特点。对于有能力、有贡献的女同志，要选拔到领导岗位上来，使她们更好地团结和带领广大妇女参加四化建设。

大地春回，群芳吐艳。具有光荣传统的中国妇女，一定要认识自己在新的历史时期所肩负的重要使命，解放思想，破除旧习惯势力的束缚，破除自卑感和虚荣心。让我们在党中央领导下，在80年代展示出最优秀、最健康的风貌！

全国总工会发出关于试行《劳动模范工作暂行条例》的通知

现将《劳动模范工作暂行条例》发给你们试行。希在试行中不断总结经验，进一步提出修改意见，使“条例”更加完善。

中华全国总工会

1980年3月8日

劳动模范工作暂行条例

劳动模范和先进集体，对推动生产力的发展起了显著作用，对社会主义建设事业作出了贡献，他们体现了社会发展的方向，是先进生产力的优秀代表，是广大职工学习的榜样。为了在四个现代化的建设中，涌现更多的劳动模范和先进集体，不断提高他们的水平，充分发挥他们的带头、骨干和桥梁作用，工会组织必须在各级党委领导下，与有关部门紧密配合，负责做好劳动模范的经常工作。

一、劳动模范工作的基本原则和要求

第一条　评选劳动模范的根本标准，必须是在推动生产力发展方面起了显著作用、对社会主义现代化建设事业作出了较大贡献的个人和集体。

第二条　评选劳动模范的方法必须坚持民主评选的原则，由群众充分讨论，反复酝酿，民主评选产生。要严防包办代替，弄虚作假。

第三条　劳动模范是先进生产力的优秀代表，各级工会组织要保护他们的社会主义积极性和革命的首创精神，敢于为他们说话撑腰。要积极宣传他们的模范作用。认真总结和推广他们的先进经验，支持他们的革新创举，在人民中造成尊重、爱护的学习劳模的风气，形成争当先进光荣、甘居落后可耻的社会舆论。

第四条　加强劳模队伍建设。劳动模范应该成为贯彻执行党的路线、方针、政策的带头人，并能带领群众一起前进的人。因此要教育劳模认清自己在新长征中肩负的重任，始终保持同人民群众的血肉联系，使他们一刻也不脱离群众。各地可根据具体情况适当地提出具体要求，尽量减少他们的兼职，适当控制他们的非生产性活动。要给他们创造各种学习条件，使他们不断提高政治、技术、管理、文化科学水平。要不断壮大劳模队伍。

第五条　要经常了解和掌握劳模的学习、生活和工作情况，定期与不定期的召开劳模座谈会，注意听取他们的意见和要求，经常分析他们的思想状况，针对不同对象制定培训规划，不断提高劳模的水平。

第六条　各级工会组织要密切同劳模的联系，关心他们的生活，帮助他们解决工作生活中的实际困难；对劳模的伤、残、病、亡等要妥善处理。

第七条　劳模是群众评选出来信得过的人，他们是干部队伍的后备军。各级工会组织有责任积极认真负责地向党和行政部门推荐适合而又能胜任的劳模到适当的领导岗位上，充分发挥他们的作用，为四化作出更大贡献。

第八条　取消荣誉称号要慎重，除主要事迹是伪造，以及因犯罪受刑事处分或因犯严重错误受到开除、留用察看者外，一般不应取消其荣誉称号。凡取消荣誉称号的，必须经过授予单位批准。

二、坚持分级负责的管理原则

第九条　劳动模范的管理工作要坚持分级管理原则，基层和基层以上单位以基层管理为主，地方和产业以地方管理为主。

第十条　基层工会要掌握本单位先进生产(工作)者的基本情况，经常调查了解，定期分析研究。要定期向党委和上级工会汇报有关工作情况，提出培养、教育、使用以及改进工作的建议。对劳模的重大情况变化(提干、调动、退休、处分、死亡)，要及时报告有关上级工会。

第十一条　省、市、自治区、县总工会掌握本地区评选上来的劳动模范的基本情况，注意总结经验，研究解决管理工作中出现的问题。

第十二条　全国产业工会负责全国产业一级的劳动模范管理工作。

第十三条　中华全国总工会负责做好中华人民共和国劳动英雄和全国劳动模范的管理工作。

三、工作制度

第十四条 定期检查。基层单位半年结合评比进行一次全面检查；省、市、自治区每年检查一次，总结经验，找出问题，提出改进意见，分别报告本单位本地区党委和上级工会组织。

第十五条 建立劳模档案。档案应包括：登记表、先进事迹、重大情况变更：如提干、退休、死亡、取消荣誉称号等。

第十六条 中华人民共和国劳动英雄、全国劳动模范、省、市、自治区、产业系统、省辖市劳动模范以及先进生产(工作)者调离本单位时，应将劳模有关材料移交新的单位。

第十七条 各级工会都要设专人或指定人员兼管劳动模范的工作。

国务院副总理方毅在人民大会堂会见美籍科学家朱传榘夫妇

国务院副总理姬鹏飞在人民大会堂会见卢旺达共和国新任驻中国大使西尔韦斯特·卡马利

刘少奇在延安的旧居经过整修重新开放

中国工艺品展览在香港中国出口商品陈列馆展出

这次展出的展品有千余件，分别由北京、上海、大连、广东、天津、江苏、福建等地运来。展场分古玩和工艺品两部分。古玩部分中有31件是向北京故宫博物院借来的珍藏品，其中有瓷器、玉雕、雕漆、漆器、明代四大名画家的真迹及清朝八旗盔甲等。

李季逝世

我国著名诗人、中国作家协会副主席、政协全国委员会委员李季因心脏病突发，于3月8日在北京逝世，终年57岁。

李季于1922年8月出生于河南省唐河县。1937年年初在河南南阳敬业初级中学读书，1938年9月进入中国人民抗日军政大学总校第六大队学习，1938年11月26日加入中国共产党，于1942年被调到晋东南抗日根据地鲁迅艺术学校工作，同年9月18日到达延安，1946年年底发表长篇叙事诗《王贵与李香香》。1952年冬任玉门油矿党委宣传部长，并创作长诗《生活之歌》和短诗集《玉门诗抄》《玉门诗抄二集》《致以石油工人的敬礼》。1955年到1957年担任中国作家协会创作委员会副主任，出版了《幸福的钥匙》。1958年后任中国作协兰州分会主席，1959年出版了长篇叙事诗《杨高传》。1962年年初，任《人民文学》副主编，并担负着中国作家协会外事委员会、作协党政等多方面的工作。1964年春创作长篇叙事诗《钻井队长》。“文化大革命”期间受到批判、下放。1972年秋担任石油勘探开发规划研究院副院长，1975年被任命为《诗刊》主编。

3月9日

国务院总理华国锋在北京宴请民主柬埔寨政府总理乔森潘及其率领的民主柬埔寨代表团并讲话

华国锋说，一年多以前，越南当局在苏联的支持下，对柬埔寨发动了一场野蛮的侵略战争，给柬埔寨人民带来了极其深重的灾难。在柬埔寨民族生死存亡的严重关头，柬埔寨爱国军民不畏强暴、不怕牺牲，奋起抗战，在极其艰苦的条件下，广泛开展游击战争，挫败了侵略者的多次进攻。他指出，柬埔寨人民进行的这场正义斗争，不只是捍卫着本国的独立和民族的生存，而且，对于维护东南亚和亚洲、太平洋地区的和平与稳定，也具有重要与直接的影响。

华国锋说，当前，侵略扩张继续扩大的危险性还在增长。越南当局为了实现地区霸权的野心，为苏联推行在亚洲、太平洋地区的战略部署效劳，正强化侵柬战争，加紧控制老挝，猖狂反华仇华，严重威胁着东南亚地区的和平与稳定，激起了全世界人民，特别是印度支那和东南亚各国人民越来越强烈的反对。

他指出，解决柬埔寨问题的症结，是越南必须按照第三十四届联大通过的决议，从柬埔寨撤出全部侵略军队，让柬埔寨人民在没有外来干涉的情况下，自己决定自己的命运。这是解决柬埔寨问题的正确途径。

华国锋赞扬民主柬埔寨政府在外敌大举入侵，国内各种关系发生新的变化形势下，颁布的爱国、民主、民族大团结阵线政治纲领。他说，这一政治纲领对内主张团结一切爱国民主力量，组织广泛的抗越民族统一战线，对外坚持独立、和平、中立和不结盟政策，并决定中止1976年宪法，以阵线纲领作为自己一切行动的指针。这一正确的重大的决定赢得了国际上的赞扬和支持，它必将促进柬埔寨人民和各种爱国力量的团结。我们坚信，柬埔寨人民坚持长期抗越救国战争，定能打败侵略者，实现保卫国家独立和主权的神圣的民族愿望。

华国锋在谈到当前动荡的国际形势时指出，苏联霸权主义在加紧向东南亚和西太平洋地区扩张的同时，又直接出兵侵略阿富汗，威胁巴基斯坦、伊朗和整个海湾地区，加速推行南下战略。它把在欧洲的战略部署同在亚洲、太平洋的战略部署连接了起来，逐步形成一个互相策应的态势。很明显，苏联的侵略扩张已经达到一个新的阶段。苏联入侵阿富汗，是加剧亚洲和世界紧张局势的根源。中国人民坚决同世界各国人民一道，为反对霸权主义、保卫世界和平进行不懈地努力。

《人民日报》发表社论《热烈欢迎来自反侵略斗争前线的柬埔寨贵宾》

由民主柬埔寨国家主席团主席、政府总理乔森潘率领的民主柬埔寨代表团，应中国政府和华国锋总理的邀请，前来我国进行正式访问，今天到达北京。中国人民怀着非常高兴的心情，热烈欢迎柬埔寨人民光荣使者的到来，并向正在为反抗越南侵略者英勇斗争的柬埔寨人民致以崇高的敬意。

越南当局为了拼凑“印支联邦”、推行地区霸权主义，在苏联支持下野蛮入侵柬埔寨，占领了柬埔寨的大片领土，屠杀了数以百万计的柬埔寨人民，给柬埔寨人民带来了极大的灾难。英勇不屈的柬埔寨人民，在民主柬埔寨政府领导下，克服极端的困难，顽强地坚持反侵略斗争，不断打击越南侵略者，使它陷于不能自拔的困境。柬埔寨人民的反侵略斗争，不仅挫折了越南当局的地区霸权主义野心，而且打击了苏联超级大国霸权主义利用越南向东南亚扩张的图谋，为捍卫东南亚和亚洲太平洋地区的和平与安全作出了宝贵的贡献，已经成为当前世界反霸斗争的重要组成部分。民主柬埔寨政府领导柬埔寨人民进行的抗击越南侵略者的正义斗争，正在赢得世界上一切反对霸权、主持正义的国家和人民越来越广泛的同情和支持。

柬埔寨人民的正义斗争经受了严峻的考验。越南当局原来妄图用大量侵略军发动速决战，迅速侵占柬埔寨。但是，柬埔寨人民在民主柬埔寨政府领导下，没有被貌似强大的敌人所吓倒。他们英勇顽强，坚持战斗，并且在新的历史条件下，总结经验，吸取教训，继续前进。去年9月，民主柬埔寨政府公布了柬埔寨爱国、民主、民族大团结阵线纲领草案，号召柬埔寨国内外一切爱国民主力量团结起来，组成强大的民族统一战线，表现了民主柬埔寨政府坚持反抗越南侵略的决心和信心。去年12月，民主柬埔寨政府进行了改组，成立了以乔森潘为首的新政府，并明确宣布中止执行民主柬埔寨宪法，以柬埔寨爱国、民主、民族大团结阵线政治纲领草案作为组织抗越斗争的行动指南。在柬埔寨爱国、民主、民族大团结阵线政治纲领的指导下，柬埔寨人民的反侵略斗争进入了一个新的阶段，越南当局吞并柬埔寨的阴谋不断遭到挫折，柬埔寨抵抗力量取得了可喜的进展。

中柬两国人民有着悠久的兄弟友谊。在维护民族独立、反对外来侵略的长期斗争中，两国人民一贯相互同情，相互支持，结成了牢固的战斗友谊。在反对霸权主义、维护民族独立和亚洲和平的斗争中，中国人民将一如既往，继续坚决支持柬埔寨人民的正义斗争。我们相信，乔森潘总理率领的民主柬埔寨代表团这次对中国的访问，必将为进一步巩固和发展中柬两国人民之间的团结和友谊，作出新的贡献。

由中外学者及各方面人士联合发起组成的“汉字现代化研究会”在北京成立

中国社会科学院副院长张友渔到会讲话，对研究会的成立表示祝贺。

汉字难认、难记、难写，必须改革；而要改革，得走拼音化的道路，这是语言文字学界比较一致的看法。早在1931年，瞿秋白、吴玉章同志等就曾在海参崴倡导汉字的拉丁化。50年来，国内外语言文字工作者为此进行了大量的研究、实验工作。1958年，国务院颁布了集中这方面研究成果的《汉语拼音方案》，在全国广泛推广，为创制拼音文字积极创造条件。

成立大会选举袁晓园为研究会的会长，卢遂现、祖炳民(美国旧金山大学副校长)、孔宪忠(新西兰籍华人哲学博士)、杨刚毅、李庚、林焘为副会长，郭绍虞为名誉会长。

张仲瀚逝世

人民解放军炮兵顾问张仲瀚同志，因病于3月9日在北京逝世，终年65岁。

张仲瀚1915年生于河北沧县，1933年加入中国共产党。抗日战争爆发后，任河北民军司令员、冀中军区津南抗日自卫军司令、八路军一二〇师津南自卫军司令员、三五九旅七一九团团长。1944年冬奉命随三五九旅南下，任支队长、军分区司令员。解放战争时期，任第一野战军第一兵团旅长、师长。新中国成立后，任中国人民解放军第九军政委和第三兵团政治部主任、新疆生产建设兵团第二政委、新疆军区副政委、农垦部副部长、中国人民解放军炮兵顾问。

3月10日

国务院总理华国锋在北京同民主柬埔寨国家主席团主席 政府总理乔森潘举行会谈

国务院副总理邓小平在北京会见民主柬埔寨国家主席团主席 政府总理乔森潘和他率领的民主柬埔寨代表团

邓小平副总理说，越南想要消灭民主柬埔寨是不可能的。事实证明,民主柬埔寨经受了越南侵略军大规模的进攻,保存了自己的力量。我相信,柬埔寨军民坚持持久战争,取得人民的支持,就一定能够打败侵略者。

乔森潘总理说,柬埔寨的形势在向好的方向发展。我们决心同人民群众一起,同心协力,坚持长期斗争,争取最后胜利。

国务院副总理李先念在北京会见美国宾夕法尼亚州州长索恩伯格和由他率领的美国宾夕法尼亚州技术贸易代表团

李先念副总理在会见时说:“解决阿富汗问题首先是苏联无条件地从阿富汗撤军。”他还说,解决阿富汗问题的另外两条是:让阿富汗人民自己解决他们自己的问题;世界各国支持阿富汗人民反对苏联侵略的斗争是完全正义的,不能把它说成是干涉阿富汗内政。他指出:“离开这三条,所谓政治解决和其他解决办法都是不现实的。”

索恩伯格州长在谈到阿富汗问题时说:“我对苏联对阿富汗的行动怀有很大义愤,我相信所有的美国公民都会同意我的这个观点。”

李先念在谈到中美关系时说,中美两国友好关系的发展前景是很好的,两国经济技术合作的领域是广泛的,在政治上也有不少共同点。他希望中美两国在平等互利的原则基础上,继续加强友好往来和发展贸易关系。

《人民日报》发表社论《一项重要的迫切的战略任务》

党的十一届三中全会,十分明确地确立了党的政治路线和思想路线。有了正确的政治路线和思想路线,还必须有正确的组织路线来保证。毛泽东同志说过:“政治路线确定之后,干部就是决定的因素。”当前,组织路线中最重要、最迫切的问题,就是注意培养和选拔好各级领导班子的接班人。

这次党的五中全会,调整充实了党中央领导机构,增选中央政治局常委,成立中央书记处,吸收一批久经考验、能够坚定地执行党的路线、富有经验而又比较年富力强的同志参加中央领导工作,这是一件很大的事情。这样做,不只是为了适应四化建设中日益繁重的工作的需要,尤其是为了保证党的路线、方针、政策的长期连续性,保证党的集体领导的长期稳定性的需要。正是在这个意义上,我们说成立中央书记处,是一个高瞻远瞩、长治久安的战略决策。

培养和选拔接班人,是一个非常重要的问题。这关系到毛泽东同志和其他老一辈无产阶级革命家开创的革命事业是不是后继有人,关系到我们能不能沿着实现社会主义现代化的正确道路坚定不移地走下去。从长远说,我们要实现共产主义,这不是一代人、两代人所能完成的,需要多少代人坚持不懈的努力。从本世纪末实现四化来说,也需要进行20年的艰苦奋斗。在这个过程中,不可避免地要有新老干部的交接。从当前来说,林彪、“四人帮”横行十年,使党的正确的组织路线受到极大破坏,严重影响了接班人的成长、培养和选拔,致使今天各级领导班子年龄偏大,他们中间年富力强而又具有专业知识的干部比较不多。因此,培养和选拔接班人,不仅是一个十分重要的任务,而且是一个十分紧迫的任务。对这一点,全党同志和全国人民都是十分关切的。

选拔接班人的问题,特别是选拔党的领导核心的接班人,无论在国际共产主义运动中还是在我们党内,都有过痛苦的教训。主要的问题,是怎样才能选拔好接班人。过去着重的是个人接班,而不是集体接班。党的领袖人物是在实践斗争中由群众根据历史经验推举出来的。按照列宁的学说,党的领袖人物是一个集体,是由“最有威信、最有影响、最有经验、被选出担任最重要职务”的同志组成的。因此,我们讲接班,是指逐步形成的新的领导集体逐步接替原有的领导集体的健康稳定的自然演变过程,不是某一个个人接替另一个个人的孤立的突变过程。真正知人善任,选好一批接班人,一定要走群众路线,采取领导挑选和群众挑选相结合的方法。既要充分尊重群众意见,又要依靠党委集体研究,这样上下结合,充分酝酿,反复讨论,民主选举,才是正确的方法。这次五中全会就是采取了这种方法,取得了圆满的成果,得到党内外的普遍称赞。

五中全会以后,各级党委都要把选好接班人的大事,更加切切实实地抓起来。这里十分重要的是,我们的老干部一定要增强责任感和迫切感。我们的老同志在长期的革命斗争中,做过许多有益的工作。粉碎“四人帮”以后,大批老干部重新走上工作岗位,对拨乱反正、扭转乾坤起了重大作用,现在还在为四化建设辛勤工作,日夜操劳。“百年赢得十之八,老骥仍将万里行。”叶剑英同志这两句诗,充分表达了许多老同志希望为党为人民多做贡献的心情。但是,年岁不饶人,自然规律不可抗拒,革命事业像世界上的万事万物一样,总有个新陈代谢的问题。中央领导同志一再语重心长地说:老同志要把培养接班人作为“庄严的责任”,“第一位的事情”,“最大、最重要的任务”。为什么这样说呢?因为这是一个战略问题,是关系到我们党和国家长远利益的大问题。选好、培养好接班人,党的正确路线才能延续下去,实现四个现代化才会有可靠的组织保证。这确实是百年大计。

我们的老同志要胸怀全局,放眼未来,高度自觉地把党和人民给他们的这个历史责任担当起来。他们在培养选拔接班人方面作出贡献,那是比什么都更宝贵的贡献。

选拔接班人,不可能也不应该是一蹴而就的。这有一个逐步交接的过程。特别是由于林彪、"四人帮"的长期破坏,干部成长脱节,这就更增加了老同志的责任,需要老同志搞好传帮带。传帮带的好办法是让一批经过选拔的年轻人站到第一线,老同志退居二、三线。不要怕年轻人犯错误,只要及时帮助,总结经验教训,经过一段时间的锻炼,他们就成熟了。老同志是我们党和国家的十分宝贵的财富,采取一、二、三线的办法,不仅使他们可以用更多的精力来思考党和国家的重大问题,帮助掌好舵,而且有利于他们的健康。他们能多工作几年,这是全党全国人民的幸福。从这一点来说,比较年轻、比较后起的同志不仅要十分尊重老同志,而且要勇于挑重担,为老同志分担责任,以保护他们的健康,使他们能更长久地运用长期积累下来的宝贵经验,为党和人民作出更多贡献。

培养选拔革命接班人,必须全面坚持德才兼备的干部标准,当前,就是要坚持叶剑英同志在国庆三十周年大会的讲话中提出的三条标准:一是坚决拥护党的政治路线和思想路线;二是大公无私,严守法纪,坚持党性,根绝派性;三是有强烈的革命事业心和政治责任心,有胜任工作的业务能力。这三条是德才兼备原则在新的历史条件下的具体化。看一个干部合乎不合乎接班人条件,不是看他说得如何,而是看他在实践中的表现,是不是真心实意地拥护和坚定不移地贯彻执行三中全会以来的路线、方针、政策。对于那种在政治上投机取巧、看风使舵,在原则问题上按领导脸色办事、任何时候都"一边倒"的人,要提高警惕。当然,为了担负起领导四化建设的重任,选拔接班人还要注意有真才实学,真知灼见,德和才两个方面不可偏废。许多情况表明,现在人才是有的。只要我们认真走群众路线,到实践中去考察,大批优秀的中青年干部就涌现在我们面前。

培养选拔接班人的工作,刻不容缓。在五中全会的推动下,各级党委都要把这个工作切实抓紧。我们要经过三五年的努力,把党的各级领导核心调整好、建设好,使各级领导班子逐步年轻化,拥有更多坚决执行党的路线,年富力强,而又有专业知识的干部,更好地担负起领导四化建设的任务。

中宣部 中组部联合发出《关于加强干部教育工作的意见》

《人民日报》报道:为了重新教育干部,以适应四个现代化的需要,最近,中宣部和中组部联合发出了《关于加强干部教育工作的意见》(以下简称《意见》)。

《意见》指出,政治路线确定以后,干部就是决定的因素。我们的干部队伍,总的来说是好的,在我国长期的革命和建设事业中,作出了巨大的贡献。但是,搞四个现代化建设,对于我们还是新的课题,许多新东西我们不懂、不熟,这是当前最大的困难。大规模地组织干部重新学习,使他们不断提高马克思主义理论水平,增长新的知识,学会新的本领,是战胜这一困难的主要办法。另一方面,林彪、"四人帮"对我们干部队伍建设的严重破坏,使一些干部在不少重大问题上是非不清,思想僵化、半僵化,妨碍了对新时期党的路线、方针、政策的学习、理解和贯彻执行,使许多人业务荒疏,不能适应四化建设的要求。因此,当前加强干部教育工作已成为当务之急。各级党委和各条战线的领导机关,必须把干部教育工作当作实现四个现代化的根本大计来抓,迅速改变那种不抓培训干部或抓而不紧的状况。

《意见》提出的新时期干部教育的方针是:以马列主义、毛泽东思想为指导,以解决我国四化建设问题为中心,学习有关的理论和实践知识,培养一支懂得马克思主义基本知识和党在新时期的路线、方针,坚持社会主义道路,具有专业知识,富于艰苦创业精神的干部队伍,从中造就一大批各行各业的专家。在学习的内容和要求上,要坚决改变对不同行业、不同程度的干部不加区别"一刀切"的做法,实行干什么学什么,缺什么补什么的原则。各部门的干部都必须努力学习马列主义、毛泽东思想和党的路线、方针和政策,但对不同的干部应有不同的要求。各行各业的干部努力使自己成为内行,是每个干部应尽的职责,不努力学习业务,安于当外行,就是失职。各级领导干部要带头学好,作出榜样。在学习中要提倡理论联系实际,实事求是,解放思想,坚持真理,修正错误的好学风。文化程度低的干部,主要应当学习文化。

《意见》指出,重新教育干部应采取灵活多样的形式。各级党委必须十分重视和加强党校和专业干校的工作,逐步建立以党校、专业干校为支柱的干部教育网,逐步实行正规的干部教育制度。还要有准备地举办优秀中青年干部的培训班,并创造条件,开设领导干部的各种专业进修班。当前要办短期轮训班,普遍轮训干部,争取在三五年内把自己管理的干部轮训一遍。要尽先轮训各级党政领导干部和企事业及人民公社的业务骨干。

《意见》要求必须重视和加强在职学习的领导,要克服形式主义,放任自流和松松垮垮的现象。要认真组织干部学政治、学理论、学业务。

《意见》对干部教育工作中存在的经费、校舍、师资队伍和教材等问题，都提出了改进的意见。

《意见》要求各级党委把干部教育工作列入重要议事日程。对各级各类干部的培训，要统筹安排，制定规划，并检查规划的落实情况。要加强思想领导，正确认识和处理搞四化与重新学习的关系，表扬好的，帮助差的，不断推动干部学习运动普遍、深入地开展下去。必须逐步建立起各类干部的学习考核制度。学习考核的结果，要记入干部档案，作为衡量干部是否胜任现职及提级的重要依据。

首都植树造林动员大会在人民大会堂召开

为了迎接我国80年代第一个植树节，把首都和全国各地今年的植树造林活动蓬蓬勃勃地开展起来，今天下午，在人民大会堂召开了有1万多人参加的首都植树造林动员大会。

大会由林业部部长罗玉川主持。

国务院副总理王任重，在会上作了题为《人人植树，年年造林，为加速绿化祖国而奋斗》的报告。

解放军总政治部副主任颜金生、共青团中央书记处书记高占祥、国家城市建设总局副总局长秦仲方等在大会上讲了话。

李先念、胡耀邦、王震、韦国清、乌兰夫、余秋里、陈永贵、陈慕华、谷牧、阿沛·阿旺晋美、康世恩等出席了大会。

在京参加"三北"防护林建设领导小组会议的领导成员和代表100余人也出席了大会。

这次植树造林动员大会，是由林业部、解放军总政治部、共青团中央、国家城市建设总局和北京市人民政府联合召开的。

国务院副总理王任重在首都植树造林动员大会上发表《人人植树 年年造林 为加速绿化祖国而奋斗》的讲话

同志们：

后天就是我国80年代第一个植树节了。林业部、解放军总政治部、共青团中央、国家城市建设总局和北京市人民政府，今天在这里联合召开这个植树造林的动员大会，是一个很有意义的大会。我相信，通过这个大会，一定会有力地推动首都和全国各地的植树造林活动生气勃勃地开展起来。

去年2月全国人大常委会决定，每年3月12日为我国植树节。这是我国各族人民一个劳动的、战斗的节日，是一个建设祖国、绿化祖国的节日。我们一定要使这个节日，家喻户晓、妇孺皆知，成为我国人民生活中的一个传统的节日。今后，每年这个节日的前后，各地都要以多种多样的形式，宣传植树造林的重要性，报告上年植树造林的成果，布置本年植树造林的任务，开展植树造林的竞赛，表扬和奖励植树造林、爱树护林的英雄模范和先进单位。我们每年一定要通过这个节日，坚持做好有关的各项工作，在全党全军全国各族人民中逐渐养成一个植树造林、爱树护林的社会风气，使绿化祖国的活动年年岁岁、世世代代地开展下去。

最近两三年来，我们党和国家特别重视植树造林、发展林业。1978年，华国锋同志写了"植树造林，绿化祖国"的题词；国务院作出了在我国"三北"地区营造防护林体系的重大决定。1979年，全国人大常委会颁布了我国第一部《森林法》，规定了我国的植树节。现在，中共中央和国务院又发出了《关于大力开展植树造林的指示》。中央领导同志和许多地方的党政军领导同志都亲自带头种树。我们党和政府对植树造林、发展林业如此高度重视，是因为这个问题在我国具有非常的重要性和紧迫性。

森林是国民经济的宝贵资源，它不但可以提供木材、能源和多种林副产品，更重要的是，森林在保持自然生态平衡中具有极为重要的作用，是保障人们良好的生存环境和农牧业高产稳产的重要条件。森林对人类社会发挥的功能很多，它在涵养水源，保持水土，防风固沙，调节气候，减少污染，净化空气，降低噪音等各方面，都起着非常重要的作用。因此，植树造林，发展林业，是一项根本性的农业基本建设，是一项改造大自然的战略措施，是一个有益当代、造福后代的伟大事业。

新中国成立以来，我们的林业建设有了很大成绩。历年累计植树造林保存面积4.2亿亩，森林总面积达到18亿多亩，森林覆盖率已由解放初期的8.6%，提高到12.7%。除地方和社队自用材外，累计为国家提供木材8.5亿立方米和大量的林副产品。这些对改善我国的自然面貌，保障农牧业生产，支援社会主义建设，解决人民生活需要作出了重要贡献。但是，必须看到，由于旧社会长期破坏所造成的恶果，我国林业的发展是比较落后的，远远不能适应我国社会主义四个现代化建设的需要。我国仍然是世界上森林最少的国家之一，森林覆盖率在160个国家和地区中排列第120位，而且分布极不均匀，西北地区有的省森林覆盖率还不到1%。目前，全国2200多个县，植树造林搞得好的和比较好的也不过1/10。相当多的地方依然是光山秃岭，不少地方缺林少材的面貌没有什么改变，城市绿化水平还很低。

特别值得注意的是，长期以来，由于林彪、"四人帮”极左路线的干扰，加上我们工作中的某些缺点和错误，我国原有的一些森林遭到了严重的破坏。有些老林区森林面积显著减少，森林资源的采伐量大大超过生长量。目前，一些地方乱砍滥伐、毁林开荒和森林火灾还在继续发展。这就使得不少地区自然生态不平衡的状态变得更加突出了。如不迅速地坚决地改变这种状况，其后果将是非常严重的。

从国家建设对木材的需要量来看，由于我国森林资源少，又大多分布在偏远山区，开发困难，木材供需矛盾十分突出。随着社会主义四个现代化的进展，各方面对木材的需要还会大大增加，供需矛盾将更加尖锐。总之，我国林业这种落后的状况，再也不能继续下去了。我们对于发展林业的重要性和紧迫性必须有充分的认识，赶快行动起来，尽快地使我国的林业有一个大发展，使我国的山河面貌有一个大改变。

现在是80年代的第一个春天，到本世纪末，我们还掌握有整整20年的时间。在这段不算短的时间里，我们在“植树造林，绿化祖国”方面，是完全可以大显身手，大有作为的。从今年开始，我们一定要人人动手植树，年年抓紧造林，努力奋斗，勇往直前，把我国“三北”地区的防护林体系建设起来，把一座座光山秃岭、一片片荒坡空地逐步绿化起来，把每块可以种树的土地都种起树来。

我们的战略目标是，一定要绿化祖国，把森林覆盖率提高到30%左右，使广阔的国土郁郁葱葱。这是一个改造自然、造福子孙的长期奋斗目标。作为实现这个目标最重要的第一个步骤，就是要在本世纪末，把我国森林覆盖率由现在的12.7%提高到20%。就绝对数字来说，就是今后二十年的造林保存面积要达到10亿亩，相当于新中国成立三十年来造林保存面积总和的两倍多。这当然是一个非常光荣、非常艰巨的历史任务。我们有没有条件完成这个任务呢？应当说是有条件的。三十年来，我们在林业建设上已经奠定了一定的物质基础，并且，积累了正反两方面的丰富经验，这些我都不详细讲了。这里要特别强调的是，我们已经有了一批很有说服力的先进典型。下面我举几个例子。

湖南省株洲县是个丘陵地区，过去到处是荒山秃岭，从1965年以来，坚持年年治山造林，现在造林保存面积已近100万亩，绿化了90%的宜林荒山，森林覆盖率由13.6%提高到43%。

河南省鄢陵县是豫东平原的老灾区，1966年以来，发动全县群众大搞植树造林，1969年基本上实现了“四旁”绿化，目前已做到了农田林网化，风沙灾害减少，自然面貌大为改观。

山西省右玉县，过去被称为“不毛之地”，现在变成了“塞上绿洲”。这个县只有8万人，经过三十年坚忍不拔地植树造林，使森林面积从原来的8000亩，发展到76万亩，每人平均近10亩，森林覆盖率从0.3%提高到27.6%。

我国各行各业都有一些绿化的好典型。山东省菏泽地区、河南省周口地区的公路绿化，柳州、南昌等铁路局的铁路绿化，湖北省汉江大堤的绿化，吉林省海龙县海龙水库、浙江省嵊县南山水库库区绿化，辽宁省煤炭工业局的煤矿造林等，都取得了显著效果。不少部队造林也取得很大的成绩。如北京军区52843部队、福建军区32430部队等，多年来所造的林木，已超过部队规定的平均每人成活20株的标准，驻地出现了绿树成荫，环境宜人的新景象。

有些城市的绿化也搞得很好。郑州市绿化覆盖率已达到30%。鞍山市的公共绿化面积，已由新中国成立前的每人平均0.16平方米提高到5.8平方米。南京、湛江、新会等城镇的绿化成果也很显著。

各方面的典型经验告诉我们，只要把亿万群众充分发动起来，具有“愚公移山，改造中国”的英雄气概，发扬自力更生，艰苦创业的革命精神，把造林、育林、护林的工作切实做好，就能够加速绿化步伐。条件好的地方三年、五年，条件差的地方十年、20年，就可以大见成效。

为了加快林业的发展，要坚决贯彻《森林法》和中共中央、国务院《关于大力开展植树造林的指示》中规定的方针和政策。我国林业发展的历史经验说明，什么时候坚持执行正确的方针、政策，植树造林就多，森林也保护得好；什么时候违反了正确的方针、政策，新林子造不起来，老林子还要遭到破坏。搞林业是一项群众性的生产建设，特别需要通过制定和执行正确的方针、政策，来调动一切积极因素，兼顾各方面的经济利益，真正做到国家、集体、个人一齐上。林木生产周期长，没有连续多年的辛勤经营，是得不到成果的。因此，比起其他行业来，尤其需要在一个较长的时间内，保持方针、政策的稳定性。要坚持依靠社队集体造林为主，积极发展国营造林，鼓励社员个人植树的方针。集体的荒山荒地，在统一规划下，实行社造社有，队造队有，合造共有的政策。要鼓励社员在房前屋后和生产队指定的地方植树造林，在社队荒山荒地多、群众缺柴的地方，在不影响集体发展林业和保持水土的前提下，可以划给社员一定数量的自留山，这些树木和林产品，永远归社员所有。要尊重社队经营林业的自主权。国家的木材收购计划，要同社队协商，统一安排，适当留有余地。缺林少材地区，社队造林成材后，可以自采自用，或议价出售。竹木集中产区，社队自有的林木，在合理经营利用的前提下，完成国家收购任务后，可以议价出售一部分木、竹及其制品。社队采伐林木，要经过审批，议价出售的木、竹，都应照章纳税。国有林区范围内的社队和群众，都应积极参加护林防火，保护和发展国有林。国营林业企业应该组织他们参加林业生产活动，付给合理的报酬，使林区社队和群众得到经济利益。对那些林权还没有划分清楚，存在纠纷的地方，各地党委和政府应组织专门力量抓紧解决，以利于促进生产，加强团结。要积极办好国营林场和社队林场，大力提倡集约经营，使林木速生丰产，不断发展壮大各种用材林基地和经济林基地。

各行各业都要积极参加植树造林。工厂、矿山、机关、学校等单位，农场、牧场经营区内，都应按照当地人民政府规定的限期，完成植树造林任务。在铁路、公路、河流、水库周围，可以由有关单位植树造林，自造自有，也可以与社队合作造林，比例分成；或者组织附近社队造林，林木归社队所有。煤矿、造纸等用材较多的单位，要积极建立自己的用材林基地，或者与林业部门、社队林场合作造林。

人民解放军全体指战员，要大力宣传《森林法》，模范地执行《森林法》，积极参加植树造林、育林护林。要在搞好营区绿化的同时，把支援地方植树造林作为参加社会主义建设的一项重要内容。驻城市部队，要积极参加城市绿化工作。驻“三北”地区的部队，要为建设“三北”防护林体系作出贡献。

广大青少年是一支朝气蓬勃的生力军，是我国林业建设上一支积极活跃的力量。去年在全国青年造林大会精神鼓舞下，仅营造“青年林”即达1000多万亩，占全国造林面积的15%。青少年要树立绿化祖国的光荣感和责任感，争当绿化祖国的突击手，争当保护林木的哨兵。

大中城市要认真执行国家城市建设总局1980年1月20日《关于大力开展城市绿化植树的通知》，加强对园林绿化地的管理，保证绿化用地的面积，发动群众种树、种草、种花，搞好环境保护，美化市容。城市附近的荒山荒地，要组织社队、机关、团体、工厂、部队等单位分段包干、义务造林，由林业部门或社队负责保护管理。北京郊区西山、十三陵等地，过去也曾划分过造林责任区，取得了不小的成绩，可惜后来中断了。请北京市尽快统一规划，重新作出安排，各方面要大力支持。北京是祖国的首都，应该在绿化上起带头作用，给全国各大中城市作出示范。

我们在大力植树造林的同时，还必须切实加强对现有森林的保护管理，认真做好森林的防火、灭火工作，坚决刹住破坏森林的歪风，严禁乱砍滥伐，对盗伐滥伐山林树木，捕猎珍稀野生动物的犯罪分子，要坚决打击。

三十年来林业建设的实践证明，林业要有一个大发展，关键在于各级党委和政府要加强对植树造林的领导。那里的党政领导同志对发展林业的重要性有足够的认识，坚持不懈，年年抓紧，那里的林业建设的效果就显著，发展就快。反之，那里的领导同志对林业缺乏正确的认识，没有下定决心去抓，或者松松垮垮，三天打鱼，两天晒网，那里只能是年年造林不见林。有些地方彼此毗连，但绿化情况却大不一样。有的是满目青山，绿树成荫，泉水长流，十分可爱。有的是光山秃岭，赤地连片，实在糟糕。为什么条件差不多，景况却如此不同呢？根本原因就在于当地的领导对发展林业是不是真正重视、真正抓紧了。全国当前二百来个林业搞得比较好的县和许多造林绿化先进单位，无一不是那里的领导有了认识，下了决心，才把林业搞上去的。前面讲的山西右玉县，前后换了九任县委书记，但县委狠抓林业的这个指导思想一直没有变，因而终于把“不毛之地”变成了“塞上绿洲”。各级党委，特别是各个县委一定要认识发展林业的重大意义，真正树立起农林牧互相依赖，缺一不可的思想，正确处理好当前利益与长远利益的关系，把林业摆到重要的工作日程上来，切实加强领导。今后检查农村工作，不仅要看粮棉油增产的幅度，还要看林业搞上去了没有。如果林业没有搞上去，这个单位的领导人就不能算是一个好的领导者。如果我们的同志在一个地方工作多年，没有把植树造林搞上去，山河面貌依旧，甚至越来越坏，那就辜负了党和人民的期望。周总理曾经指出：“从中央到地方，每个负责同志，除年老有病的外，每年都要带头种种树，要养成一种风气，并对此事作出相应的规定。”只要我们这样做了，就能够有力地推动植树造林的群众运动持续地向前发展。

加强对林业的领导，就要结合农业区划，根据《森林法》对不同地区森林覆盖率的要求，切实抓好本省(市、自治区)、本地区、本县的植树造林和森林覆盖面积规划，明确提出五年、十年和20年的分期规划和实施步骤，并且层层落实、步步落实。老林区还要切实掌握森林资源消长情况，做好经营利用规划，合理地利用森林资源。我国幅员广大，自然条件千差万别，规划工作要坚持因地制宜的原则，确定适当的林种和树种。各级党委和各地、各部门的领导同志一定要抓好典型，树立榜样，不断地推广先进经验，促进植树造林运动蓬勃发展。要深入宣传和贯彻执行《森林法》，坚决落实党的各项林业政策法令，用党的政策把广大群众和各方面植树造林的积极性充分调动起来。要健全和充实林业的管理机构和科研机构，依靠林业科技人员，开展科学研究,加强技术指导,大力提高造林质量,造一片,活一片,成一片。各级领导同志一定要有一个扎扎实实的工作作风,要讲求实效,千万不可图虚名,搞瞎指挥。我们国家现在还很穷,造林主要靠艰苦创业,靠劳动积累。但对发展林业所必需的财力、物力,各地、各方面也应给予积极的支持。

同志们,我们革命者是以改造社会、改造自然为己任的。植树造林、绿化祖国就是改造自然的一件大事。毛泽东同志和老一辈无产阶级革命家都非常重视林业,对发展林业作过许多重要的指示,对我们寄予殷切的期望。我们一定要不辜负他们的期望,大力开展植树造林运动,把伟大祖国的山河建设得更加美丽富饶。我们一定要不怕艰苦,不惜劳累,大种其树,大造其林,为子孙后代造福。全党全军全国各族人民积极行动起来,为加速实现绿化祖国这个宏伟目标而努力奋斗。

民革中央在全国政协礼堂举行纪念孙中山先生逝世55周年座谈会

座谈会由民革中央副主席屈武主持。参加座谈会的有民革中央成员和其他人士。

民革中央主席朱蕴山在座谈会上首先讲话。他说,我们怀着崇敬的心情,纪念孙中山先生在辛亥革命时期领导全国人民推翻帝制,建立共和国的丰功伟绩;纪念他在第一次国共合作时期,接受中国共产党的帮助,毅然改组国民党,实行"联俄、联共、扶助农工"三大政策的丰功伟绩。朱蕴山说,我们作为孙中山先生的追随者和继承者,今天更要紧密地团结在中国共产党的周围,一心一德,全力以赴,为台湾归回祖国,实现四化而奋斗。

九三学社主席许德珩在书面发言中说,孙先生逝世前还抱病北上,为谋求祖国南北统一,耗尽了毕生的精力。当前,统一祖国大业是关系到我中华民族前途、子孙后代命运的大事,是摆在我们面前的神圣任务。我愿借此纪念中山先生逝世55周年的机会,掬诚奉告台湾当局,一定要高瞻远瞩,顾念全局,顺从民意,捐弃成见,以民族大义为重,继承孙中山先生的遗愿,为台湾归回祖国,完成祖国统一大业作出贡献。

农工民主党主席季方说,我们这些老人,都是中山先生生前领导的民主革命的参加者,又是这段历史的见证人。孙先生为了改造中国,反对帝国主义,可以同中国共产党联合起来共同奋斗;今天,为了建设现代化的新中国,台湾国民党当局也应接受中国共产党的倡议,共同努力,完成祖国统一大业。这才是真正继承和实现孙中山先生的遗愿。

民革中央副主席陈此生说,我在闽南海军学校求学时,听过孙先生一次讲演,中心意思是要为中国的统一与富强而奋斗。我们这些人,与台湾的一些亲朋故旧,都是孙先生的生前追随者,我希望在台湾的朋友们与我们一起,重温孙先生的教诲,身体力行地为祖国统一而共同努力。

民革中央副主席刘斐说,孙先生为祖国的富强和统一奋斗了一生,我们纪念他,就应当继承他这种高度的爱国主义精神。1949年,我曾参加了国共和谈,遗憾的是当时国民党当局拒绝在和平协定上签字,使得祖国至今未能统一。他说,完成祖国的统一,这是每个黄帝子孙的神圣职责,我坚信中华民族不能长久分裂,祖国统一是大势所趋。台湾当局应当识时度势,为台湾归回祖国作出贡献。我希望在有生之年亲见祖国的统一。

杜聿明说,我在黄埔军校聆听过中山先生的讲话,后来孙先生抱病北上,谋求实现祖国南北统一。他逝世前,我在怀仁堂他的病榻前,亲耳听过他讲"革命尚未成功"的话。水流千里归大海。祖国大陆在中国共产党的领导下完成了统一。台湾有我的老师、朋友和同事,他们当年都曾信奉中山先生,我希望他们遵循中山先生的遗训,为祖国的统一,作出自己的努力。

民革中央副主席郑洞国说,中山先生在临终遗言中说过这样的话:和平、奋斗、救中国。台湾当局既然同是黄帝子孙,中山先生的信徒,为什么不能从国家民族利益出发,考虑祖国和平统一的问题呢?统一对双方有利。实现通航、通邮、通商,这是台湾海峡两边同胞的强烈愿望,希望台湾当局能够顺从人心,认真考虑这个问题。

宋希濂和民革中央常委李平衡、民革候补中委方贤旭等,也在座谈会上发了言。他们指出,孙先生毕生为之奋斗的是祖国统一、中华富强。现在令人欣慰的是,中华子孙在中国共产党的领导下,同心同德地进行社会主义现代化建设;深感遗憾的是,祖国的大陆和台湾,一水相隔,骨肉同胞不得团聚。中华富强,通过社会主义现代化建设完全可以实现;祖国的统一大业,应当通过大陆和台湾双方的共同努力来实现。我们相信,海峡之水,阻隔不住两岸骨肉同胞求团聚的强烈愿望,祖国统一的日子一定会到来。

出席座谈会的民革中央成员还有王昆仑、朱学范、钱昌照、甘祠森、吴茂荪、侯镜如、廖运周、聂轰、焦实斋、孙越崎、谭惕吾、覃异之。

平杰三、刘宁一、聂真、李毅等应邀出席。

全国商业局长座谈会在北京召开

座谈会根据全国物价会议确定的"从安定团结的

大局出发,保持物价的基本稳定,切实加强物价管理,继续开展物价检查整顿"的方针,提出了确保今年市场物价基本稳定的八项措施:

(一)一、二类工业品,要按照物价管理权限,严格进行管理,不准随意提价、变相涨价,不能搞议购议销。

(二)三类小商品,包括大部分三类工业品、小食品和饮食业中以小宗农副土特产品为原料或辅料的食品的价格,今年应当从严控制,由各省、市、自治区人民政府根据具体情况,采取必要的管理措施。

(三)有些商品有条件降价的,经过批准可以适当降低销售价格。

(四)工业自销的产品,要保证质量,不能降低标准,要执行国家统一规定价格,不得任意提价或削价。

(五)为了避免发生随意涨价和变相涨价的情况,要按照"工大于商"的精神,合理调整工业利润和商业利润的分配。商业利大,工业利小或无利的,商业坚决让利;工业利大,商业无利或赔钱的,工业也应当适当让利。工商都无利或赔钱的,建议调整税率或用补贴的办法,使工商企业都能够正常生产和经营。

(六)商业企业、商办工业和饮食服务行业,要严格遵守物价纪律,不准随意提高或变相提高商品的销售价格和收费标准。

(七)大中城市的信托公司,经营废旧物资、副次商品和残损商品,要坚决按质论价;经营正常商品,要严格执行国家的统一规定,不得随意提高价格。

(八)各级商业行政部门,对主管的商品要坚决贯彻物价政策,对基层企业的物价要加强管理。如果其他部门有违反价格政策和物价管理制度的情况,商业部门有责任及时向上级主管部门反映,提出意见。要建立检查度量衡具和商品价格、收费标准的制度。要组织街道居民对商业饮食服务业进行监督检查。对违反物价纪律的行为,要追究责任,严重的要给以处分。

座谈会要求全国各级商业部门,要同工业部门一道千方百计保证完成和超额完成今年轻纺工业的生产计划。始终不渝地抓紧工业品收购工作,是商业部门支援工业生产最直接最有效的一个环节,要用很大力量做好这一工作。同时,要根据国家要求和市场情况,协同工业部门搞好生产调整,多生产城乡人民需要的价廉物美的商品。要协同二轻系统,搞好小商品生产,恢复传统品种,保证市场供应。商业部门也要满腔热情地多方支援军工、重工业部门生产民用商品。

座谈会认为,商业部门要大力支援农业,促进农、林、牧、副、渔五业有一个新的全面增长。随着农村经济政策的进一步落实,要注意研究农业生产的新情况和新问题,协调农商之间关系。要坚定不移地继续支持生猪生产的发展,积极做好各方面的工作,在生猪生产上要继续贯彻现行方针政策,不能轻易变动;在收购上要设法满足农民的出售要求,不能停收拒收,不能压级压价,也不能提级提价。要依靠地方党委,对大中城市、工矿区的蔬菜生产作出妥善安排,既要保证数量,又要兼顾品种,以适应人民群众和饮食业的需要。

座谈会认为,今年一开始,市场的形势就较好,一二月份商业部门收购的工业品总额比去年同期增长21.8%。商品销售额比去年同期增长25.4%。农村市场也很活跃,农民购买力继续上升。现在农业增产潜力很大,轻纺工业产品也可望比去年有进一步增加,要积极做好工作,充分发挥有利条件,争取商品供应量的增加同社会购买力增长的需要相适应。

座谈会于3月25日结束。

全国人大常委会副委员长乌兰夫在北京接受赤道几内亚共和国新任驻中国特命全权大使萨尔瓦多·埃拉·恩森·阿贝格递交的国书

国务院副总理姬鹏飞在北京会见以尼泊尔记协主席曼朱·拉特纳·沙克亚为团长的尼泊尔记协代表团

姬鹏飞副总理向尼泊尔新闻界朋友介绍了我国国内政治经济形势和对当前一些国际问题的看法。

中国美术馆举行美国招贴画插图展览

这个展览的展品由美国友好人士弗·泰勒先生推荐、由美国招贴画、插图协会提供的。这里展出的400多幅作品都是1979年得奖作品,主要有美国当代各种报刊、杂志上的插图,以及各种商业广告画印刷品等。展览由中国展览公司主办。在京展出两周后,还将在上海和成都继续展出。

3月11日

国务院总理华国锋 副总理耿飚 姬鹏飞等到机场为民主柬埔寨国家主席团主席政府总理乔森潘率领的民主柬埔寨代表团送行

国务院批准中国人民银行关于调整储蓄存款利率和逾期贷款加收利息的报告

中国人民银行根据国务院领导同志关于可适当提高储蓄存款利率,对放款利率一般不动,逾期贷款和积压贷款要加收利息的指示,调整利率的具体情况如下:

一、调整储蓄存款利率的方案

存款项目		现行利率	调整后利率	增加 %
城乡个人储蓄存款	1. 城乡居民活期储蓄存款	1.8	2.4	33.3
	2. 城乡居民定期储蓄存款			
	零存整取	3.0	3.6	20.0
	半年定期	3.0	3.6	20.0
	一年定期	3.3	4.5	36.4
	三年定期	3.75	5.1	36.0
	五年定期	4.2	5.7	35.7
华侨人民币存款	华侨人民币定期储蓄存款			
	一年定期	3.9	4.8	23.1
	三年定期	4.2	5.4	28.6
	五年定期	4.5	6.0	33.3

二、对各种贷款仍按原定利率执行，不作变动。只以下三种情况实行加收利息制度：

1. 对逾期贷款加收利息 20%；

2. 对超过核定的流动资金总额(包括核定的自有流动资金和正常超定额贷款)的贷款和未核资企业划出的积压物资占用的贷款均加收利息 30%；

3. 对企业由于搞基本建设或更新改造超支而挤占挪用的贷款，加收利息 50%。

加收利息的具体办法由人民银行总行另行制定。

三、调整储蓄定期存款利率和实行贷款加收利息制度，均从 1980 年 4 月 1 日起实行。活期储蓄存款因计息比较复杂，须准备账表，从 7 月 1 日起实行。

3 月 12 日

国务院副总理邓小平在人民大会堂会见美国波音飞机公司董事长威尔逊一行

中共中央副主席邓小平在中央军委常委扩大会议上发表题为《精简军队 提高战斗力》的讲话

军队的问题，最近我和一些同志谈过，主要有四个问题：第一是"消肿"，第二是改革体制，第三是训练，第四是加强政治思想工作。

第一，讲"消肿"。

这次会议主要是研究军队"消肿"这个老问题。我们军队有没有战斗力？一旦有事行不行？我讲的不是像对越自卫还击战这样的事，这样的事好应付。如果从我们面临的更强大的对手来说，衡量一下我们的战斗力，可靠性怎么样？当然，我们还有很多不利的因素，比如有好多干部没有打过仗，缺乏指挥作战的经验，装备又比较落后，等等。但是经过对越作战可以看出，勇敢这两个字我们还是有的。军队勇敢，这很好。仗打起来，开始可能吃些亏，经过一段时间情况就会变化，有勇敢这一条，我们就能学会打仗。这一点我们是有信心的。然而我们必须清醒地看到，我们存在的一个最大问题，就是军队很臃肿。真正打起仗来，不要说指挥作战，就是疏散也不容易。现在提出"消肿"，主要是要解决军队机构重叠、臃肿，以及由此带来的各级指挥不灵等问题。这件事在 1975 年我们就提出过，做了一些工作，也见效，后来由于遇到曲折，停了下来。经过这几年，军队的各级机构又加大了，随之官僚主义现象也发展了起来。现在解决问题很难，好多问题一拖就是好长时间。因此，军队要提高战斗力，提高工作效率，不"消肿"不行。还有，我们国家现在支付的军费相当大，这不利于国家建设；军队人员过多，也妨碍军队装备的现代化。减少军队人员，把省下来的钱用于更新装备，这是我们的方针。如果能够节省出一点用到经济建设上就更好了。冷静地判断国际形势，多争取一点时间不打仗还是可能的。在这段时间里，我们应当尽可能地减少军费开支来加强国家建设。总之，搞四个现代化也好，把军队搞精干、提高战斗力也好，都需要"消肿"。

我们这次精简，主要是减少不必要的非战斗人员，减少统率机构、指挥机构人员。最主要的是减少干部。这次的措施比 1975 年更进了一步。比如，各级指挥员人数，过去保留得多一点，这次要力求少一点。很多同志提议，一个团两个副团长、一个副政委就可以了，这个意见好。师也可以这样做嘛！现在领导班子实在太大。这个问题如果不果断处理，再过几年，不晓得问题会变成什么样子！请大家对比一下 1975 年和 1979 年的情况。1975 年时，军队要包起来的干部已经相当多了，现在，相隔 4 年之后，要养起来、要退休的人就更多了。如果我们现在还不下决心解决，再过几年，问题会更多、更大，处理起来会更困难。所以不下这个决心不行了。特别还要看到这样一个情况：军区一级、军一级、师一级干部，年龄大体差不多，都相当大了。过几年，统统老了，不但不能到军、师工作，到军区、总部工作也不好办。这是自然规律。在座的同志再过 5 年怎么样？恐怕到那时不说所有的人，就说大部分人，要坚持工作也困难了。再过 7 年、8 年，都 70 岁出头了，你还能在战场上见分晓啊？真正打起仗来，三天三夜不睡觉行不行啊？所以，现在的"消肿"也有利于我们干部的更新。我们下面的干部之所以上不来，就是因为上面盖住了。这不只是军队，地方也一样。今天，主要的岗位还只能由老同志来搞，再过几年总不行了嘛！所以，这次精简要把盖子揭一层，包括团级的、营级的、连级的都要揭,为提拔新生力量创造一个条件。

对减下来的干部,我建议组织各种训练班进行训练。训练什么呢?就是准备到哪个行业就专门学习哪一行的业务。地方上没有房子,可以利用军队的营房,教员请地方出。这些干部往哪里安置,可以同国务院有关各部门商量。地方上也有可以容纳的行业。比如,与军队干部的特长比较接近的政法工作,就需要大批干部。现在,警察不够,警官更不够,法院院长、法官、律师、检察官、审判员都缺乏。一般资本主义国家考法官、考警察,条件很严格,我们更应该严格,除了必须通晓各项法律、政策、条例、程序、案例和有关的社会知识以外,特别要求大公无私、作风正派。按道理,军队的干部应该比较合格。这方面军队可输送一大批干部。又比如,我们现在缺乏教员,可以安排一批军队转业干部去教书。当然,转业干部中能当大学教员的,即使有也是极个别的。但是,能当中学、小学教员的还有的是。要说服这些同志去当教员。大家提到,大专学校设军体教员,这方面名额有限。全国大专学校只有几百所,每所学校假定平均用10个人,顶多能容纳几千人、万把人。但对中小学教员的需要是大量的。如果我们培训一批合格的教员,地方上可以容纳。还有,各行各业缺乏管理人员,只要经过训练,条件相宜,也可以安排一批。军队干部指挥部队,也是管理,总有管理知识嘛。为什么世界各国的各行各业都愿意接纳军队的人呢?因为军队人员的科学知识和文化水平比较高,还有管理方面的知识。我们军队转业干部中会管企业的人不多,但是总有管理军队的经验嘛!问题就是需要培训,转到哪一行就学哪一行。训练时间,有的半年,有的一年,有的一年半。经过训练,再转到地方,地方就比较容易安置。过去从军队转业到地方,无非去当政治部主任,搞政治工作或一般工作。现在这些人不缺,还有多余的。所以,要根据地方需要,按专业办训练班、速成学校等培训干部,解决"消肿"后的干部安排问题。

第二,讲改革体制。

体制问题,实际上同"消肿"是一个问题的两方面。要"消肿",不改革体制不行。现在我们的体制有很多问题。比如,总参谋部、总政治部、总后勤部三大总部为什么机构这样大?过去,每提出一个新的任务都要增加机构,增加人员,从来没有说减少人员。大家对公文旅行、解决问题慢,意见很多,这些也都和体制问题有关。

体制、制度问题中,很重要的是建立军官服役、退役制度。50年代搞了个军官服役条例,一直没有行通,后来放下了。其实那个条例基本上是个好设想、好办法。如果那个东西执行了,就不会有现在的困难。这次会议后,就要着手研究这个问题。要有退休制度。不仅军队要有,地方也要有,国务院也要办这件事。军队干部的退休年龄要比地方干部小一些,因为军队要打仗。当然规定要切实可行。国家不建立退休制度会影响到整个国家的生气,军队不建立退休制度,也就不能保持自己的生气。有了退休制度,人人都知道自己到哪年该怎么样,这就比较好办。否则一个人一个人地处理问题,处理不下去。军队老同志退休,办法是军队把房子盖好,再转给地方。现在只能这样做,因为地方一下子接管还很难。还有,军队有些方面的工作人员可以改成文职人员、雇佣人员,不穿军服。军事院校的好多教员,也可以用文职人员,不一定用军人。教数理化的为什么一定要军人呢?该当教授就当教授,该当讲师就当讲师。军队医院也可以实行医务人员的制度,定技术职称,搞那么多行政职务干什么?这些问题都要制度化。制度化以后,编制就不会臃肿,该用一个人就是一个人,该用几个人就是几个人。总之,这一套制度要建立起来,要好好地找些人来专门研究。

这次精简,有了一个编制方案。但是还要进一步研究我们的编制、体制。有些同志提了一些很好的意见,很值得我们思考。比如,有的同志提出,根据各战区特点,根据军队装备不断改进的情况,搞些合成军、合成师。这样便于平时合成训练,便于指挥员熟悉特种兵的指挥,就能把平时训练和战时使用结合起来,免得临时配属不习惯。这些问题都要当作制度问题、体制问题提出来,作进一步的研究。研究时可能还要接触到别的体制问题。

第三,讲训练。

1975年我们就提出要把训练提高到战略地位,因为不打仗,部队军事素质的提高就得靠训练。这一段时间做了许多工作,但是这个问题还是没有解决好,现在重新提出来,并作为一个制度问题加以解决。

现在打仗,我们的军官没有现代化战争的知识不行。当个连长,不是过去的连长,当个团长,不是过去的团长,要有知识,天上、地下,陆上、水下,包括通信联络都要懂得。要从制度上考虑,从排长起,各级军官都必须经过军官学校的训练。排、连干部要初级步兵学校毕业。毕业后,一般的当排长,好的当连长。营团干部要进过中级军官学校。从排长、连长里选好的来学,经过一定时间学习才去当营长、团长。军和师的领导干部也要进过高级军官学校的才能当。这个要制度化。我们现在有条件这样做。过去是在战争中训练,从战争中学习,而且那个学习是最过硬的。但是现在,即使有战争,不经过学校学习也不行,因为装备不同了,指挥现代化战争需要多方面的知识。如果连地图都不认识,那怎么行啊!现在还不是会不会识图的问题,那个还容易解决。现代化战争非常复杂,连通信联络都不容易。一个连作战，配属你几辆坦克、几门火炮，你怎么指挥？你连长没有这个知识是不行的呀！所以非学习不行。军官的晋升也要制度化。每个阶段的晋升都必须经过学习，掌握现代化战争的知识。特种兵也应该如此。徐向前同志每次都讲要多办学校，这个意见很好、很对。宁肯少几个兵，少几个机关人员，也要把学校办好，让多一点人进学校。

平时部队的训练，大家也还是在抓，确实也需要抓紧。但是不能总是停留在练射击、刺杀、投手榴弹的水平上，现在单练这些就不够了。怎样对付坦克、飞机等等，每个战士都得学会。怎样把天上地下协同起来，我们也要学会。刚才我说要编组合成军，就是要逐步地把部队合成起来，通过平时训练，使大家熟悉这方面的知识，学会这方面的本领。

最后，讲一讲加强政治思想工作。

同志们在发言中也接触到了这个问题。有人反映现在兵难带，特别是城市兵难带。城市里有的把一些不大守规矩的青年往军队里塞，这个问题以后征兵的时候要注意。但是，不管怎么样，军队里的政治思想工作需要加强。现在这方面的工作有相当的削弱，政治工作人员不懂得做政治思想工作。其实军队的政治思想工作，军队所有的军事人员、政治人员都要做。今天上午我看了清华大学一个报告。清华大学提出一个很重要的问题，就是学生从到学校第一天起，就要对他们进行政治思想工作。学校的党团组织和所有的教员都要做学生的政治思想工作。他们这样做很见效，现在学校风气很好。清华大学的经验，应当引起全国注意。又红又专，那个红是绝对不能丢的。一个学校都如此，我们军队就更应当加强政治思想工作。要从战士入伍第一天起就注意这个问题。

首都各界人士在中山公园纪念孙中山逝世55周年

纪念活动由民革中央副主席陈此生主持纪念仪式。到会各界人士在孙中山先生遗像前肃立、静默。

庄希泉代表政协全国委员会，平杰三代表中央统战部，廖梦醒代表廖承志，朱蕴山代表民革中央，王笑一代表北京市人民政府，侯镜如代表民革北京市委员会向孙中山先生遗像献了花篮。

全国人大常委会副委员长乌兰夫、胡厥文，政协全国委员会副主席刘澜涛、王昆仑，有关方面负责人罗青长、张执一、童小鹏、李贵、方知达、刘宁一、彭友今参加了纪念仪式。

《人民日报》发表刘少奇的文章《做一个好的党员 建设一个好的党》

本年7月1日为中国共产党成立的19周年纪念日，《抗敌报》《前锋报》及《迈进报》(注)均要我写篇文章。我想，我们的党已成立19年了，在这19年中，它经过了“二七”运动，经过了第一次国共合作与大革命，又经过了10年苏维埃运动与土地革命及10年的秘密工作，今天再经历着第二次国共合作与人类历史上最伟大的民族解放战争，就是说，在这19年中所有中国历史上一切伟大的事变与群众的革命运动，我们的党都是站在群众斗争的最前线。每一次都表现着我们的党和无数的党员是具备着无产阶级政党之革命的英雄气概，牺牲精神和坚忍卓绝的模范，表现着我们党在中国政治生活与历史事变中的伟大作用，表现着我们党是有能力继承并忠实于马克思、恩格斯、列宁、斯大林事业的布尔什维克的党，同时也表现着我们的党是最坚决最彻底最能为中国民族独立解放事业而奋斗，最能与压迫中国民族的帝国主义战斗的党。

我们最大多数的党员，他们那种为公共事业而牺牲奋斗的精神，那种为民族独立与社会解放而艰苦工作的精神，那种既不想升官发财，又不为名为利，而一心为了劳苦大众与人类解放事业而不疲倦地埋头苦干的精神，表现了他们有人类中最崇高的道德，他们是中华民族最优秀的子孙，因此也就吸引了并且吸引着无数千百万的诚实的人们对于我们的党，对于我们那些最好的党员的敬仰。不论我们的敌人是如何造谣诬蔑我们的党，如何说我们是“洪水猛兽”，如何用一切残暴手段对待我们及对待接近我们的人，然而无数千百万的人们还是把他们最大的也是最后的希望寄托在我们党的身上。他们在无形中对我们的党下了这样一道委任令：你们共产党人，是真正能够牺牲自己为中国民族与劳苦大众的解放而战斗的人们，中国之所以能得救，中国之所以必能走上富强、独立与自由的光明前途，就赖有你们这样一批人的努力，因此，给予你们以救中国，创造独立、自由与幸福的新中国之任务。这就是说，我们的党在19年来赖有无数先烈的英勇牺牲与无数党员最好的努力，已经使我们的党大大地发展了，它已成为全中国的群众的党，它已与中国广大的群众建立了密切的联系，它已在广大的群众中有了极高的威信，而且它在19年来经历了比世界任何一国的共产党都更多的重大事变，有更丰富的革命斗争的经验。不论公开的与秘密的，武装的与非武装的，国内战争的与国际战争的，经济的与政治的，思想的与群众的，党内的与党外的……各种复杂形式的革命斗争，我们的党都经验过了，都有丰富的经验。我们有许多党员十余年来，一直就没有放下过武器。这是19年来为世界任何一国革命政党所不及的。所以我们中国的共产党虽然只有短短的19年，即已成为共产国际中最好的支部之一。这是我们伟大的党在伟大的19年中在伟大的中国所已获得的成绩。这些成绩，不独是对中国一个国家有它极重大的意义，对于世界，特别对于世界各殖民地与半殖民地国家，亦有其重大的国际意义。

然而，这些成绩，并不是那样容易得来的，而是经过了整整19年的苦战与艰苦工作，牺牲了数十万最好共产党员与非党革命者的头颅和热血，克服了党内各种错误和机会主义的思想，淘汰了党内各种腐烂的渣滓，并用马克思主义的理论原则武装我们许多党员的头脑，才能锻炼出如我们今天这样的党，才能获得这样伟大的成绩。这是为无数革命者的热血所浇灌而成长起来的中华民族的鲜艳之花。不久，它将结成为中华民族赖以得救赖以自由的无价之果。从我们党过去19年的历史证明：不论我们党的一切敌人如何痛恨、咒骂、诬蔑、枪杀、陷害、蹂躏与围剿我们，——如何采用一切残暴的手段来对待我们，他们终究是不独不能消灭我们的党，甚至连阻止我们党的发展亦是不可能的。我们的党，就是在和这些敌人的这些残暴手段之斗争中，生长、壮大与坚强起来的。因为我们的党，是马克思主义的布尔什维克党，是与群众有密切联系的党，是代表着历史上最进步的无产阶级的党，因此，我们是永远不会被消灭的，我们是不可被战胜的。世界上已经没有任何一种力量能战胜我们的党，相反，我们将战胜世界上一切的反动势力，将把世界改造成为最进步最美满最合于我们理想的共产主义世界。

在纪念我们伟大的党之19周年的今天，我们无数的新老党员，应该是如何来估量我们党所以获得的成绩及我们党在中国的与世界的革命运动中所已取得的重要地位！应该是如何来看清与笃信我们党的光明前途！应该是如何来保护我们的党，为了党的每一个利益(就是为了中华民族与人类解放的利益)而牺牲奋斗，尽我们最善的努力！党的建设，达到今天我们中国党这样的程度，已经是一件很不容易的事情，今大我们的新老党员，接受了我们先烈遗留下来的这一份无价的遗产，应该是如何地宝贵它！如何在我们党已有的成绩和阵地之基础上推动我们的党再向前进，建设它，加强它，发展它，以至于达到最高级最完善的程度！我们要建设一个最好的党！要达到这个目的，固然需要我们各方面的努力，需要中央与各级领导机关正确的领导，但是最基本的还需要我们有很多很好的党员。因此，我们党员在此党的19周年之伟大节日，应该诚心地来检查一下自己，应该问问自己：你为了党的利益、党的发展与胜利，曾经尽了你何种努力？你预备怎样在今后来尽你的努力？你是否曾经有过违反党的利益之思想，言论与行动？怎样才能在今后不会再有违反党的利益之思想，言论与行动？我想，党员向自己提出这样的问题，是使自己进步的出发点。我们每个同志都应该在党内做一个好党员，而不应该做一个不好的党员，做一个有毛病、有错误、思想意识不正确的党员，尤其不应该做一个半途的党员。我们每个同志怎样才能做一个好的党员？这有马克思、恩格斯、列宁、斯大林来作为我们的模范，这在《论共产党员的修养》一篇文章上已说了许多，这里不来详说。但我最近在党内某些同志中发现了一些不正确的思想和行动，有了这些思想和行动，就决不能成为好的党员，并且还要影响其他的党员及阻碍我们党的进步。今特利用党的19周年纪念之便，略论之如下：

第一，要尽心负责地为党工作，爱护党的每一个事物，如自己的事物一样。

我们共产党人，是今天世界上一种特殊的人物。我们是为了公共事业，即共产主义与人类谋解放事业而奋斗的一种人物，为了大众的利益与解放，为了我们大家的长远的幸福，我们有时不能不暂时地有所牺牲，不能不牺牲自己。我们共产党人就是决心牺牲自己(当着为了整个党的利益而不得不牺牲自己的时候)，为了大众解放的公共事业而奋斗的一种人物。这是我们党员大家所知道的，也是我们大多数党员所能身体力行的。然而我们的某些党员，在一些最平常的事物上，常常暴露出他们并不能这样做。

这些同志常常用了两种不同的态度来对待属于他自己个人的事物和属于党的公共事物。就是说，当某种事物如果是他个人的，他把这一事物看作是自己的，他对于这种事物就爱惜，节省，尽心，负责。但是当某种事物并不属于他个人，而是属于党的公共的事物，他把这一事物看作是党的、公家的，不是他自己的，如是他对于这种事物就不爱惜，不节省，不尽心，不负责，或者甚至把党的事物暗中窃取作为私有。就是说，他对自己的私人事物的态度，是与对公共事物的态度不同的。他对党的公共的事物，认为这不是他自己的东西，所以他不爱惜，浪费，不尽心，不负责地去照顾。为什么？因为这不是他自己的，因为这是公共的。他不把公共事物当作他自己的事物一样尽心负责地去照顾与努力。这类现象，在我们某些党员的日常生活中工作中是经常可以看到的，并且常常成为各种浪费现象及各种不负责任现象的产生之根源。

这种观念，很明显，是与共产主义不相容的，是一种旧社会的私有观念的残余。有这种观念的人，不了解党员自己的事物与党的公共的事物之间的矛盾一致的关系。他认为党的公共的事物，不是他自己的事物，所以对党的公共的事物之态度，不同于对自己的事物之态度。很明白，这对于一个党员来说，是一种根本上错误的观念。我们的党员必须改正。

我们应该说：只有属于党的属于劳动者全体所有

的公共的事物，才是我们自己最重要的事物。此外，对于我们党员来说，对于劳动者来说，都不是最重要的。

当着工人在资本家的工厂中做工，工人自己觉得这是为他自己，为他自己的家庭的生活而工作的时候，列宁曾经说：这些工人都不是为他们自己工作，而是为资本家的利润而工作。只有当着工厂已因革命的胜利而属于工人阶级国家所有，成为社会的劳动阶级全体所有的公共财产的时候，列宁才说，只有在这时候，工人才是有史以来头一次的为他们自己工作，为他们自己生产。

当着农民们在地主的或“自己的”土地上工作，农民们自己觉得这是为他们自己，为他们自己的家庭生活而劳动的时候，列宁曾经说：这些农民都不是为他们自己劳动，而是为了地主的地租，为了高利贷者的利息，为了政府的税收而劳动。只有当着土地已经收归国有，当着国家已是社会主义的国家，当着地主富农及私人商业已经消灭，当着农民已成为国营农场与集体农场即公共农场上的劳动者时，只有在这时候，农民们才是为他们自己劳动。

列宁说：苏联是工人自己的国家。但这个国家是工人阶级所共有的，而不是任何个人所私有的。当着俄国的工人们在十月革命后，为自己的国家在公共的工厂中自动努力工作，提高生产，节省材料，而表现出工人们为公共事业而努力生产的劳动热忱时，列宁曾经对着这种情形说，这就是真正的共产主义。因为工人们已经不是为资本家，而是为他们自己而劳动了。他们用了新的态度，来对待他们新的劳动。

由此看来，在存在着剥削阶级的社会中，表面上属于自己的事物，常常不是我们自己的，而是别人的。党的，公共的，为工人阶级与劳动者全体所共有的事物，就恰恰是我们自己的事物，并且是我们自己最重要的事物。公共的与自己的，在这里表现其一致性。所以我们共产党人及一切觉悟的劳动者，应该把属于党的公共的事物，当作自己的事物，应把公家的东西当作自己的东西一样来爱惜它，把党的公共的工作当作自己的工作一样尽心努力负责地去做。只有这样，我们才能有为公共事业而牺牲奋斗的高尚的精神，才能成为可靠的党的工作者与负责者，才能成为好的党员。

从这里看来，某些同志的本位主义，也是一种根本上错误的观念。犯这种本位主义错误的同志不了解他自己负责的一部分工作与党的整个工作之矛盾一致的关系。他只认为他那部分工作是他自己的，而不认为别人负责的工作及党的整个工作都是我们自己的。他对自己负责的工作与别人负责的工作根本上用了不同的态度，所以也形成他只顾自己而不顾别人不顾整体的错误。这种本位主义的发展，对党的工作是很有害的。犯本位主义错误的同志为了部分的个别的利益而牺牲妨害整个的全体的利益，他违背着部分的利益要服从全体的利益之马克思主义的基本原则，所以要不得。好的共产党员是不应该有本位主义的。

固然，没有部分，也就没有全体，部分的利益，常常与全体的利益是一致的，所以我们不主张完全不要部分，而只主张部分服从全体。即是当部分的利益与全体的利益发生冲突时，我们应该牺牲部分的利益，而不应该牺牲全体。所以我们有时为了更大、更长远的全体的利益，而主张牺牲某一部分，这是应该的。

第二，为党的与劳苦大众的公共事业而牺牲，是最值得的。

在某些同志中说到牺牲，就提出了所谓值得与不值得的问题。要怎样牺牲对于一个共产党员才是值得？又怎样才是不值得呢？在这个问题上某些同志有不同的观点，这种观点是由于他们不同的非共产主义的人生观而来的。他们具有旧社会的甚至剥削者的享乐的人生观（如所谓“人生行乐耳”，“浮生若梦，为欢几何”等），认为他们没有享到快乐的生活就牺牲，是不值得的。认为一生没有大吃大喝过，没有过过舒适的奢侈的生活，没有嫖过女人，没有出过风头，没有威风凛凛干过一下……而牺牲了，对于人生是不值得的；如果这些事都做过了或各门都经过许多，那么对于人生就是值得的。他们说：干过这些事，那么死了都值得。这是中国目前社会上相当普遍的一种人生观。这种人生观也多少反映到我们一些落后党员的思想意识中，如是在我们某些党员中就发生享乐的观念，对目前艰苦生活艰苦工作发生厌倦的心理，如是他们就想了要去贪污、腐化、动摇以至堕落而脱离党与革命。他们想了，做一个地主、资本家、富人、剥削者，是很舒服，很值得的。他们没有去经验过，他们想要去经验一下，如是他们就从无产阶级的队伍中跑到剥削者的队伍中去。剥削者的特务机关也就利用我们某些落后分子的这个弱点，从而加以威逼利诱，如是某些人就这样地堕落为反革命了。但是在富人剥削者那里，那种腐败、堕落、黑暗的生活与家庭，那种暗淡的前途，也并不是舒适的，他们的苦闷，无出路，无生气，也是十分严重。他们与我们前进的革命党人根本不能相比。因为他们是属于必然要死亡的阶级，这个阶级已为自己掘下了坟墓，这个阶级中的许多人明知他们的末日是很悲惨的，然而他们又无法不向自己掘好的坟墓中钻进去并活埋自己。世界上最悲惨的事，莫过于此！然而，偏还有人说：他们是“最值得的”。这不奇怪吗？剥削者不劳而食，倚靠别人的劳动而生活，养得像肥猪一样，一点事不做，对世界人类社会一点好处也没有，还要在世界上作威作福，危害无数千百万劳动的人们，这是世界上最可鄙最可恶的事情。从来一切正义的历史家，就鄙薄那些不劳而食的剥削者，就尊敬那些高尚的劳动的人们。正因为是这样，所以剥削者中明白自己的前途与历史进化的人，尤其是剥削者的青年子弟，他们不满意自己家庭那种腐败黑暗的生活，他们为了自己的将来，而丢弃了自己的家庭，跑到劳动者队伍中，同情或者加入前进的革命政党，已有不少了。他们厌倦那种剥削者的猪一样的生活，他们无所留恋地丢弃了那种生活，他们很对！然而，在我们前进的革命政党中之某些落后分子，还有人想要去尝一尝那种生活的滋味，还以为这或许是很值得的。这对我们党员来说，难道不奇怪吗？很明白，这是一种倒退落后的思想。这与共产党员的党籍是完全不能并存的。

那么，做一个人，特别做一个共产党员，要怎样才算值得呢？

我们说：一个人，特别是一个党员，为了党，为了社会进化与人类解放，为了无数千百万劳动人类的共同长远的利益，而牺牲奋斗到底，直至终身，甚至牺牲自己的生命，是最值得，最引起人们的敬仰，最为万世子孙所怀念所歌颂的。

这在我们党内已有无数的先烈，他们就是最值得，最为大众所景仰的人。如果是为了剥削者的利益，为了个人或少数人的优裕生活，为了反对社会的进步与人类的解放，而干坏事，或老死乡井田间与高楼大厦之中，那是最不值得最不应该的，那是永远要被大众鄙薄和唾骂的。从来的剥削者及为剥削者少数人的福利而奔走的人，都引起人们的咒骂。我想，一个有进步思想的有为的有出息的人，特别是一个共产党员，是完全应该明了这一点的。

所以在我们中，那些埋头苦干的党员，那些艰苦工作，不怕困难，不怕危险的党员，那些一心一意为了党与人类解放而坚决斗的党员，那些吃苦在前，享受在后的党员，是我们的好党员。虽然在某些个人享受上，他们暂时吃一点亏，然而他们是，或者最后是，为我们大家及群众所信任，所尊敬的。也就是说，他们是最值得的。相反，那些不愿埋头苦干，好出风头，怕困难，怕危险，不忠心为党为人类的利益奋斗的人，那些要求享受在前，吃苦在后的人，都不是好党员。虽然他们在某些个人享受上或者暂时讨了一点便宜，然而他们是，或者最后是，为我们大家及群众所不信任所反对的。也就是说，他们最不值得。

还有在最近有个别的党员要求到政府机关去做行政工作。原因就是因为政府机关一月有几块钱薪水，他们想要一月多几块钱，他们就要求调工作，要到行政机关去。同志们！这是什么观点？有人或者反对行政人员有薪水，如果他向政府提议取消或改正行政人员的薪水制度，那是对的，是一个党员应有的态度。然而某些人的反对，不是真正反对行政人员有薪水，他不反对，而是希望他自己也能得到这点薪水，他口头上的反对，只是借口而已。同志们！这也不是好党员所应有的态度。我们加入党，艰苦工作，不是为了几块钱，不是为了别的，而是为了民族的与社会的解放。所以我们自愿不要钱，即使几百元一月的事也不去做，而要来做这种无薪水的革命工作，比几百元薪水一月更值得的革命工作。这应该是我们每一个共产党员完全明白的问题，那些不明白的人，应立即改正他们的错误思想。

此外，我们有些党员中还常常有如下的现象：即在分配党员工作的时候，他们要求到最安全，最有保障，工作最容易最简单，而且是最富足，生活最好的地方去，而比较不安全，有危险，土地贫瘠，生活艰苦，工作困难，环境复杂的地方去工作，就不愿意去。即使这种工作对党对革命是重要的不可缺少的，他们为了痛快与好的生活而不愿去做。如果指派某个同志去，他会向你说，你强迫我去的，我的情绪不高，等等。同志们！这不是好党员所应有的表现。好的党员是不注意这些的，他只问这件工作对党对革命是否重要，他是否能够做。如果对党重要的，他能够做的，他不计较困难与否，环境复杂与否，他也去做的，他愿意担负最艰苦困难危险的工作，他不把困难的事情推给别人去做，自己做最容易最便宜的事情。这也是我们的党员所应注意的。

第三，要做一个终身的好党员。

做一个共产党员是最光荣的。我们每个同志要做一个终身的好党员，不应该做一个半途的党员。共产党员，是我们自己要做的，没有任何人来强迫我们做党员。也不只是我要做一个党员就是一个党员，这还不够，还要共产党接受我做一个党员，承认我的党籍，我才是一个党员。就是说还要其他的党员及党的组织承认我是一个党员，我才能是一个党员，否则，只有我自己的愿意，还不能是党员。

我们共产党员相信唯物辩证法，认为世界一切都是变动的，没有不变的东西。所以我们的战略策略工作方法等也讲究根据客观情况的变化而变化。但是对于我们共产党员来说，有一件事是终身不变的。这一件事就是我们要为党的利益、无产阶级战斗的利益亦即是人类最后解放的利益而奋斗到底。就是我们要做一个终身的党员。这对于我们是终身不变的，变不得的，变了，就叫动摇，变节或叛变，那是党员最大的耻辱。有了这一点不变，然后其他一切才可以根据情况的不同而千变万化，不变是变动的标准和尺度。即静止是运动的标准和尺度。我们一切战略策略的变动的标准和尺度，就是要看这种变动是否适合于无产阶级全体的战斗利益。适合于这种利益就应变动,不适合于这种利益就不应变动。所以,是否适合于无产阶级全体的战斗利益,是测量党的及党员个人的一切战略策略与工作方式之变动是否正确的标准和尺度。自然,这种不变,一般来说,也是相对的,仅仅对于我们共产党员来说,是绝对的。因为在几百年前或几百年后,世界还没有无产阶级或无产阶级已不存在时,人们自然不会有为无产阶级战斗利益而奋斗的事。所以在人类社会历史上来说,这也还是变动的。但对于我们党员来说,这是绝对不能变的。只有我们在主观上终身绝对的忠实于党与阶级的战斗的利益,在客观上,在我们一切思想言论行动的实践中总是适合于党与阶级的战斗的利益,我们才是好党员。

我们既要做终身的党员,我们对党就不要有什么秘密,不要把某些不利于党的思想言论行动对党隐瞒起来,或者明知某些思想、言论、行动对党是不利的,而暗中秘密地去做,以为这样党是不会知道的。其实,我们的党员如果要做一个终身的党员,那么他的思想、言论、行动,他是一个什么人,他有什么不正确的思想意识,他做过什么不适合党的利益的事,一年二年以至十年20年直至他死,那里不会被人知道的呢?最后总是会被人知道,被人了解的。结果,是隐瞒不了的。所以,我们党员,不要有对党隐瞒的不光明的事。过去做过的,自己讲出来好了,我们的党是注意将来,较少追究同志的既往过错的。讲出不要紧,不讲就不好。我们党员应该有"生平所作,无事不可对人言"的坦白。

自然,我们并不是要党员逢人便说自己的历史与过去的一切,不向任何人保守自己的秘密,更不是要党员不为党保守秘密,而是要我们党员不要秘密地去做那些违反党的利益的事,不要口是心非,不要做两面派。

既要做一个终身的党员,也就不要怕有什么事被人误会,被人怀疑。因为误会怀疑总是暂时的,真像总是在最后要暴露出来。一年二年被人误会,被人怀疑,十年20年直至终身,你如果是一个好党员,总是会被人明了的。暂时的误会怀疑,对于个人常常不一定是有损失的。因为误会怀疑一旦被人明了之后,不独能挽救你在误会中的损失,而且增加对于你的新的安慰和鼓励。

最后,我要说到,我们党的前途是光明的伟大的,我们党员的前途也是光明的伟大的。党的胜利,即是我们一切党员的胜利。党员只有在党的胜利中才会有自己的胜利。所以我们一定要建设一个好的党,一定要使我们的党不断前进。只有我们大多数党员努力工作,努力学习,努力提高与增进自己的品质,努力前进,才能建设一个好的党。我们的党整个说来已经很好,但还有缺点,还在某些环节中有错误,还有不中用的渣滓,还要继续改进,继续提高,继续布尔什维克化。这是战胜日本帝国主义,建设新的民主共和国的决定因素。在中国没有一个好的大的共产党,没有共产党中央的正确的领导与全体党员的正确的努力,要战胜日本帝国主义是不可能的,要建设新的民主共和国是不可能的。我们每个同志一定要做一个好的党员!我们一定要建设一个好的党!我们一定要战胜日本帝国主义!一定要建设一个新的中华民主共和国!一定要最后实现共产主义!

这就是我在党的19周年纪念日所要讲的话。就以此来回答《抗敌报》《前锋报》《迈进报》的征文要求。

注:这里说的《抗敌报》指《抗敌报》江北版,是当时中共中央中原局的机关报;《前锋报》是新四军五支队的机关报;《迈进报》是新四军某单位的报纸。(此文原载1940年7月1日《抗敌报》)

《人民日报》发表社论《愚公移山 绿化祖国》

80年代第一个植树节来到了。几天前,中共中央和国务院发布了大力开展植树造林的指示,明确了一系列林业的方针政策,号召全党、全军和全国各族人民,发扬愚公移山、艰苦创业的精神,大搞植树造林,把我国森林覆盖率提高到30%。在春回大地,全国人民欢庆党的十一届五中全会巨大成功的时候,党中央和国务院的指示,鼓舞广大群众为改造自然、绿化社会主义祖国江山而努力奋斗。这对于促进国民经济发展,实现四个现代化,具有十分重要的意义。

林业是国民经济的重要组成部分。森林可以为人类提供木材和其他林产品,更重要的是,它能够涵养水源,保持水土,防风固沙,巩固堤岸,调节气候,防治污染。在一定意义上说,造林就是造水、造粮,造林就是造轻工业和材料工业,造林就是造新鲜空气,造清洁、舒适、美好的生活环境。林业是同国计民生密切相关的大事业。

我国目前是世界上少林的国家之一。新中国成立以后,造林取得了一定成绩,但成活率低,现有森林破坏严重,乱砍滥伐,毁林开荒,火灾频繁,消耗了大量资源;全国现有森林18亿亩,每人平均两亩,相当于世界平均水平的1/6;每人占有林木蓄积量9立方米,不到世界平均水平的1/7;全国森林覆盖率12.7%,几乎比世界平均水平低一半,而且分布极不均匀。林业的这种落后状况,使我国不少地区气候恶化,水土流失,土地沙化,自然灾害频繁,农业产量低而不稳,木材和林产品供应极为紧张。这种状况如果长期继续下去,必将拖农业发展的后腿，拖整个国民经济的后腿，成为实现四个现代化的障碍。

为了尽快改变林业的落后状况，我们在当前和今后相当长的时期内，要持久深入地大规模地开展植树造林活动。绿化祖国是亿万人民的事业。把我们辽阔的国土披上绿色盛装，是很艰巨的任务，光靠林业部门是不行的，靠少数人也是不能完成的。一定要依靠9亿人民，靠工、农、兵、学、商各行各业，靠农村社队的力量。广大青少年是林业建设上一支最积极活跃的生力军，各级共青团组织和中小学校，要把青少年进一步组织起来，继续发挥绿化祖国的突击队作用。人民解放军要大力支援林业建设，积极参加植树造林运动。工厂、机关都要行动起来，分段包干，绿化环境。植树造林的伟大力量在于群众之中。地处塞上高原的山西省右玉县，仅8万人口，解放初期只有森林8000亩，是个风起沙滚的地方，经过30年持续不断的大规模的植树造林，如今森林扩大到76万亩，覆盖率从0.3%提高到27.6%，“不毛之地”变成了“塞上绿洲”。右玉县最重要的经验，一条是发动群众，一条是持之以恒。做到这两条，绿化祖国大地就不难。各地要向右玉县这一类先进典型学习，发动群众，坚持下去，干它10年、20年、30年，必有成效。

发动群众植树造林，要认真落实党中央和国务院指示的方针政策。要把群众的长远利益和眼前利益结合起来，既要有利于林业的长期发展，又要让群众得实惠，“解近渴”。要坚持贯彻社队集体造林为主，积极发展国营造林，鼓励社员个人植树的方针；实行国造国有，社造社有，队造队有，合造共有，社员在房前屋后和生产队指定地点种的树，永远归社员个人所有，并可在集市出售的政策。社队荒山荒地多、群众缺柴烧的地方，可以由省、市、自治区作出规定，在不影响集体林业发展的前提下，划给社员一定数量的自留山或荒沙荒滩，造薪炭林。要尊重社队经营林业的自主权。少林地区，社队自己的林木，可以自采自用或议价出售。集体林区，在合理经营利用森林资源的前提下，社队完成国家的计划收购任务后，余下的木、竹及其制品，可以议价出售。社队采伐林木，要经过审批，议价出售的木、竹，应照章纳税。国营林业企业应当组织林区社队和群众参加各项林业生产活动，付给合理报酬，使他们得到经济利益。所有集体造林，都要建立包种包活的责任制，落实到组或个人。这一系列方针政策，兼顾了国家、集体、个人三者利益，认真地贯彻落实，必将进一步调动各方面的积极性，促进林业的大发展。

当前，一个值得注意的问题是：有些地方乱砍滥伐林木的现象十分严重，违犯《森林法》的事件不断发生。我们一定要采取有力措施，迅速制止这种现象。各级领导干部和党政军机关，必须带头遵守《森林法》。对乱砍滥伐的人要坚决进行斗争。法纪必须严明，护林有功者奖，毁林者罚，破坏森林的重大案件和犯罪分子要严加追究，依法惩办。毁林现象如果不加制止，边造边毁，谈何绿化？

党中央、国务院规定的目标是：把我国森林覆盖率提高到30%；第一步，到2000年，力争全国森林覆盖率达到20%。各省(区)、地、县要根据这一总的要求，按照当地情况，定出各自的奋斗目标，制定本地植树造林的五年、十年和到本世纪末的规划。五年规划要切实、具体，要层层落实下去。要点面结合，突出重点。国务院有关部委和西北、华北、东北十一个省(区)，正在啃“三北”防护林体系建设工程这块“硬骨头”。啃下这块“硬骨头”，对现在风沙弥漫的“三北”广大地区农牧业生产条件和人民生活环境的改善，将起重大作用。各省、地、县，除了要广泛植树外，都要找出本地区的“硬骨头”，集中力量和投资，逐步啃它一、两块。

植树造林，绿化祖国，是改造自然、有益当代、造福子孙的伟大事业，是实现四个现代化的一项重大战略任务。我们要发扬愚公移山的精神，人人动手，年年植树造林不止；这一代人干不完，下一代人接着干，干它几年、十几年、几十年，辽阔的祖国大地必有实现绿化之日。那时，到处山清水秀，林茂粮丰，我国人民将在空气清新、风光美好的环境中工作、学习和生活。让我们为实现这个理想而艰苦奋斗吧！

彩色科教片《绿化祖国》上映

为迎接80年代第一个植树节，北京科学教育电影制片厂摄制的彩色科教片《绿化祖国》今天同广大观众见面。

这部影片用生动的形象，阐明了在生态平衡规律中森林与人类关系的科学道理。影片以中华民族的摇篮——黄河流域由山清水秀变成秃岭荒山、浊水洪流的史实为主线，说明森林是生态平衡的主体。一个国家森林面积如占国土的1/3以上并且分布均匀，就能保障农业发展和人们生活环境正常；而乱砍滥伐必将受到大自然的惩罚，出现沙漠化和各种灾害。影片概括介绍了全国的绿化情况，并以触目惊心的画面展示出奔腾不羁的黄河和千山万壑的黄土高原，记录了沙漠掩埋村庄、覆盖长城、包围城市甚至威胁北京的真实景象。影片还用一定篇幅阐述了林木净化大气、防御公害、减弱噪声、美化环境的重要作用。影片将激发人们为四化和人民生活抓紧植树造林。

国务院副总理方毅在北京会见美籍反应堆热工专家汤烺孙博士

外交部部长黄华及其一行在菲律宾总统府拜会菲律宾共和国总统马科斯

3月13日

中央军委授予陈宝俊“雷锋式的干部”称号

据《人民日报》报道,沈阳部队某部机枪连25岁的指导员陈宝俊刻苦学习,拼命工作,关心战士,热爱人民,做了大量好事,多次立功受奖,被中央军委誉为“雷锋式的干部”。

国务院工交商系统分别组成节能工作队赴各地帮助企业搞好节约能源工作

为了实现1980年国家节约能源计划,国务院工业、交通、商业各系统的部、委、总局,抽调350多人,分别组成节能工作队,前往各地帮助企业搞好节能工作。

为此,国家经济委员会召开了节约能源工作队队员大会,欢送队员去生产第一线。国务院副总理康世恩等出席会议并讲了话。

参加节能工作队的人员有各单位负责节能工作的干部和科学技术人员,并由各单位的副部长、司局长等带队。

节能工作队的具体任务是:协助企业落实节约能源计划,把节约煤、电、油的具体指标,落实到每个车间、班组和个人,并制定出实现这些指标的具体措施,协助企业审订、安排好1980年为节约能源而必须上马的挖潜、革新、改造项目。工作队要协助企业做好能源利用情况大普查,查清主要企业的能源消耗指标同国内外的差距,并分析造成差距的原因和解决办法。在此基础上,完善各项管理制度,充实计量测试手段,作出近期和远期的节能规划。工作队还要协助企业抓好全国第二次“节能月”活动的准备工作。

目前,冶金部、化工部、国家物资总局的一部分节能工作队已经到达基层帮助工作,其他各部的工作队,也将在近期内陆续出发。

《人民日报》发表评论员文章《今年的工交生产要抓得更紧》

第一季度很快就要过去了。我们从今年元旦就提出,应该一天也不耽误,集中精力抓经济建设。

今年1、2月份,工业交通生产继续保持较好的发展趋势,一起步就取得了新成就。但要看到,全面完成今年工交生产任务还很艰巨,还有很多工作要做。今年完成和超额完成国家计划,要注意全面发展;而不是只重视几项指标;要扎扎实实;而不能有水分;要均衡生产,而不是前松后紧。这样完成国家计划,才算对党和人民高度负责。我们必须不失时机地抓紧做好各方面的工作,争取第一季度和第二季度工交生产的增长大大高于全年的增长速度,今年就争得了主动。

今年是国民经济调整的第二年,任务十分艰巨。时间不等人,抓得越紧、越狠,就越主动。要按照农轻重的次序,积极生产适销对路的农业生产资料和农村建筑材料,搞好技术服务,大力支援农业。要优先保证轻工、纺织和手工业生产,使轻、纺、手工业生产的增长高于整个工业生产的增长,适应城乡购买力大幅度增长和增加外贸出口的需要。要进一步调整工业内部的比例关系,特别是要补上煤矿和其他矿山在掘进、剥离方面的欠账,加强石油勘探,增加储量,搞好现有电站的完善配套,加快现有铁路干线的技术改造,提高“卡脖子”区段的通过能力,搞好港口的挖潜配套,扩大吞吐能力。各行各业都要坚持把质量、品种放在首位,根据国家建设、人民生活和外贸出口的需要,增加花色品种,提高产品质量,使所有工业产品都能适销对路、合格合用。

今年国民经济计划各项指标的安排是积极的、稳妥的,必须落实。为了保证把轻、纺、手工业搞上去,要使“六个优先”不折不扣地落实。各级主管部门都要把轻、纺、手工业建设放在重要地位,优先满足轻、纺、手工业的需要。特别是原材料供应,尽量不留缺口,宁可使别的行业让一让,也要保证轻、纺、手工业生产 。

抓紧搞好工交生产,要经常研究社会的需要,广开生产门路。在加强市场调查和预测,搞好工商衔接的基础上,调整产品方向。在保证完成国家计划的前提下,企业可以根据用户要求和市场需要,具体安排产品品种、花色和规格。在完成国家收购任务后,企业可将商业、物资部门不收购的产品和新产品,举办展销会,直接同用户见面,促进产需结合。当前,一方面不少行业生产任务不足,许多劳动力没有充分利用;另一方面,国内市场需要的很多生产服务事业没有发展,有些事情甚至无人去干。

这就要充分发动群众,开动脑筋,努力开发和合理利用各种资源,广开生产门路,接受用户订货,增加生产,增加收入。要继续发挥集体所有制企业灵活多样、适应性强的特点,努力增产城乡需要的工业品。

发展工交生产要讲求经济效果,增加盈利,同时要防止片面追求产值。无论做计划,搞设计,安排生产,进行建设,都应当进行详细的经济核算,把取得最好的经济效果放在第一位。要把降低消耗,提高质量,产品适销对路,作为企业整顿的重要内容,普遍实行定额管理、质量管理和经济核算制度,把行之有效的经济活动分析广泛地开展起来。各个企业都要降低消耗,减少积压,节约开支,增加盈利,努力争取最好的经济效果。

如果花了大量人力、物力、财力，生产出来的东西不能吃，不能穿，不能用，质量很差，甚至是一些废品，只好堆在仓库里，这种产值、速度有什么意义呢？当然，完全搞无效劳动，这是极少数。但是消耗高，质量差，劳动生产率低，经济效果差，则是生产建设中普遍存在的严重问题。大量的财富在生产过程中浪费了，表面上产值不少，速度看来也不低，但水分很大，实际形成的财富同速度并不相称，这种情况必须防止和克服。对消耗高、浪费大、长期严重亏损的企业，要实行停产、关闭，老是赔钱的买卖再也不能干了。

节约能源，是工业交通战线迫切的任务。当前最重要的是把各方面的高消耗降下来，否则工交生产就不能发展。许多企业能源管理工作薄弱，消耗无定额，计量无手段，责任制度废弛，跑、冒、滴、漏无人过问，这种情况要尽快改变。各个企业都应制定节能规划，落实节能措施，推广节能新技术。

抓紧做好今年上半年的工作，对于夺取全年的胜利，具有重要的意义。我们一定要积极响应党的十一届五中全会号召，万众一心，紧张努力，坚决保证完成和超额完成今年的国家计划，迎接党的十二大的召开。

农业机械部在全国农机管理工作会议上要求把农机管理工作提高到新水平

会议对 1980 年农机管理提出了具体要求：几种主要机型拖拉机和排灌机械的完好率由过去的 70% 提高到 85%，拖拉机年马力作业量提高 5%，排灌、内燃机油耗降到预计定额水平，拖拉机作业每标准亩油耗全国平均降低 1 两，每标准亩三项成本(油料费、修理费、管理费)降低 2 分钱。这些计划指标如果实现，相当于全国增加了几万台大中型拖拉机，可节约上亿元的成本费，节省 30 多万吨油料。

会议总结交流了农机管理工作经验，表彰了一批农机管理工作作出显著成绩的先进单位和先进个人，讨论了今年农机管理工作任务。各地提交大会的典型经验表明，农机管理工作担负着提供质量好、价格低、品种对路的农业机械，以及管好、用好农业机械两大任务，在农业机械化事业中占有重要的地位。目前，我国农村已经拥有 1.6 亿马力的动力机械和数千万台配套农具，有了一支几百万人的农机队伍。当前全国正在为实现四个现代化而努力奋斗，迫切需要加强农机管理工作，使农业机械充分发挥作用。

为了实现今年农机管理工作任务，会议研究制定了以下一些具体措施：一、抓公社农机管理站的建设和整顿，加强机务管理，严格执行机务管理规程和维修保养制度。二、用经济手段管理农机站、农机队和车组，建立和健全责任制、核算制、奖励制。三、建立和执行农机人员考试和考核制度。对拖拉机手进行全面考试。合格者发证，不合格者不准开车。四、加强油料管理，抓好节约油料和油料净化工作。五、切实抓好培训工作。六、做好农机供应服务工作，搞好县级农机修造厂整顿和提高。

会议期间，余秋里、王任重、谷牧、薄一波接见了全体代表，国家农委第一副主任张平化、农机部部长杨立功在会上讲了话。

全国人大常委会副委员长乌兰夫在北京接受德意志联邦共和国新任驻中国大使修德递交的国书

中国印刷技术协会在北京成立

3 月 14 日

全国省市自治区文化局长会议在北京结束

中共中央书记处总书记胡耀邦今天上午在全国省、市、自治区文化局长会议上讲话，勉励大家狠钻新本领，甘当小学生，努力做一个合格的干部，把文化艺术工作进一步搞上去。

胡耀邦说，我们国家已进入了四个现代化建设的新时期。新时期要求每一个干部要有新知识，新本领，新套套。各行各业、各级干部都要重新学习，武装自己。他说，用什么精神，什么态度，什么方法取得新知识、新本领呢？就是要甘当小学生。要甘当专家的小学生，甘当普通劳动者的小学生；要向中国人民学习，也要向外国人的先进科学技术学习；要甘当现代先进人物的小学生，也要甘当古代先驱者的小学生。要努力做一个合格的干部和领导者。

胡耀邦最后强调指出，今天我赠给大家的是一副对联，上联是："狠钻新本领"，下联是："甘当小学生"，横批是："合格干部"。

中共中央书记处书记、中共中央宣传部部长王任重在会上讲话说，群众是真正的英雄。要向一切内行人学习，拜他们为师，老老实实、恭恭敬敬地学习。他说，文化艺术要为四化建设服务，要在前进中不断发扬成绩，克服缺点。他说，我们决不能像"四人帮"时期那样，动不动就打棍子。有些作品确实有不良倾向，损害党的形象，损害社会主义制度，这样的作品不应该批评吗？批评的方法是讨论的方法、说理的方法。要贯彻"百花齐放，百家争鸣"的方针，要坚持党的路线，要加强团结，把工作做得更好。

中国文联主席、中共中央宣传部副部长周扬在会上说，要把我们的党搞好，首先是整顿党风问题，要恢复和发扬党的优良传统和作风。领导干部要和知识分子通心，要和文学家艺术家通心，要善于引导他们，帮助他们。

历时21天的全国省、市、自治区文化局长会议今天结束。会议期间，代表们认真学习了五中全会公报，学习了邓小平、胡耀邦等同志的重要讲话。大家总结了粉碎“四人帮”以后三年多来的文化艺术工作，讨论了新时期文化艺术工作的方针、任务和政策，规划了今明两年的文化艺术工作，交流了加强和改善党对文艺工作领导的情况和经验。会议还就如何繁荣我国艺术事业、电影事业、群众文化和民族文化事业、艺术教育事业，搞好对外文化交流，进行了讨论。

中央书记处召开西藏工作座谈会讨论西藏建设的方针任务和若干政策问题

刘少奇著《论共产党员的修养》一书重新出版发行

中华人民共和国政府和朝鲜民主主义人民共和国政府关于1980年换货议定书在平壤签字

国务院副总理方毅在北京会见以吕·考契为团长的法国钢铁研究院代表团

国务院副总理王震在人民大会堂会见以奥莱特·雅卡斯博士为团长的希腊拉特西斯集团专家代表团

中国科协组织科技工作者积极参加科普活动

《人民日报》报道：近两年来，中国科协动员、组织广大科技工作者，积极参加科学技术普及工作，取得了良好的成绩。

1978年年底，中国科协同北京市科协联合举办了“四个现代化宣讲活动”。在短短的70天里，组织了26个全国性学会和有关的专家、教授、工程师等科技工作者，连续讲了36个专题，介绍了国内外在农业、工业、国防、科学技术以及医药、商业等方面的现代化情况和发展趋势。直接参加这次听讲的达30000多人。以后，他们又为100多个单位复制了报告录音，并将讲座稿汇编成册，发行达50万册。“四个现代化宣讲活动”受到广大干部和群众的欢迎，认为这是“及时雨”，“使我们扩大了眼界，增长了知识，提高了实现四个现代化的信心”。

去年以来，中国科协及一些全国性的学会，还组织科学家、科技工作者到一些省市作巡回报告，介绍本专业、本学科的新技术、新成果。为了满足广大干部对现代科学管理知识的需要，五个全国性学会联合筹办的“系统工程”、“全面质量管理”等电视科技讲座，将在今年年中由中央电视台正式播出。

为了有力地开展科普活动，充分发挥科学技术工作者的骨干作用，中国科协及所属组织进行了大量的组织建设工作。有40多个全国性的学会成立了普及工作委员会，负责普及本专业、本学科的科学技术知识。为了加强科普工作，中华医学会理事长钱信忠、中国航空学会理事长沈元、中国电子学会副理事长孙俊人、中国化学学会副理事长王序等分别兼任本学会普及工作委员会主任。中国科协还按照科普工作的范围，建立了中国科普创作协会、中国科学电影协会(筹委会)、中国自然博物馆协会(筹委会)等科学技术普及专业团体，帮助科技工作者同教育工作者、文艺工作者、宣传工作者建立广泛的联系，同心协力，繁荣科普创作，活跃普及工作。目前，这些专业团体都在积极工作，出版书刊、筹办展览、举办各种类型的短训班。中国环境科学会普及工作委员会还成立了环境科学宣传委员会，由著名相声演员侯宝林担任主任委员。这个委员会对发起今年的环境保护宣传月起了积极的推动作用。

《人民日报》发表于光远的文章《充分发挥科学技术群众团体在四化建设中的作用》

中国科协第二次全国代表大会即将举行，我想趁此机会就发挥科学技术群众团体在现代化建设中的作用问题提点意见。

新中国成立以来正反两方面的经验告诉我们，搞社会主义建设，不积极发展科学技术不行；发展科学技术不充分，发挥科技工作者的积极性创造性不行。对科学技术工作者在四化建设中的不可代替的作用，有任何怀疑和低估，将会给我国的现代化建设带来不可估量的损失。全国科学大会召开两年来，党和政府为了调动广大科技工作者的积极性，做了许多工作。但是，不少问题，还有待进一步解决：党的知识分子政策在一些地方和单位还没有得到落实，一些科技工作者的积极性还在受到不同程度的压抑；国家建设中许多重要科学技术和技术经济问题，还没有同有关的科学家和技术专家进行充分的、自由的讨论，倾听他们的意见；许多科技工作者、特别是中年科技工作者的工作条件、生活待遇等方面还存在许多应该解决、能够解决而又没有解决的问题，等等。因此，今天还有进一步强调充分发挥科技工作者及其群众团体作用的必要。

无产阶级夺取政权以后，在社会主义建设的整个组织体系中，有党的组织，有国家和各种行政管理的组织，有群众团体，还有经济的、文化的、科学的基层组织。这几种组织的性质、作用是不同的。党是无产阶级的最高组织形式。在党的领导下,其他各种组织各有不可互相替代的作用。我们进行四化建设,很需要不同性质的组织,用不同的方式进行工作。

我国的科协,包括全国科协和地方科协,是各种科学技术工作者群众团体的联合组织。在粉碎“四人帮”后,经过两年多的努力,科协和各种科学技术群众团体已经恢复了活动,并建立了许多新的科学技术群众团体,工作内容也有新的发展。科协刚刚恢复的时候,全国科协主席团为科协的工作和活动规定了一条根本的宗旨,要为实现祖国的四个现代化服务。经过三年努力,成绩是显著的。

科协及其所属组织的特点,表现在科技工作者是它的发起者、组织者和活动主体。这种性质在新中国成立初期,即在“科联”、“科普”两个团体时期,是比较清楚的。科技工作者亲自感受到这两个团体是自己的“家”。1958年合并为科协以后,在一段时间里,科协的工作和活动,或多或少地受到反右扩大化和1958年批判所谓“专家路线”、“拔白旗”的消极影响。例如,在组织上过分强调吸收工农兵群众,对专业科技工作者有所忽视;片面地强调政治挂帅及依靠政府有关部门,忽视了群众团体的应有的独立性;在工作和活动的内容、方式方法上行政化、机关化的毛病增多了。历史的回顾常常能够加深我们对某一个问题的认识,我们指出上面的问题,并不是为了否定科协的成绩,而是为了更加明确地认识科学技术群众团体的性质。

在我国的科学技术工作体系中,现在有领导和管理科学技术工作的政府机构(科委),有专门从事科学技术研究工作的研究机构(如中国科学院),为什么还要有科学技术群众团体?在发展科学技术事业中,科学技术群众团体有什么特殊的作用?

科学技术工作者成立自己的团体,首先是为了更好地进行学术交流。经常的学术交流是促进科学技术发展的重要条件。当然,研究机构甚至国家机构也可以搞学术交流活动。但是,由群众团体按照研究的范围或题目进行经常的、大量的学术交流活动,比较方便。例如,前年好几个部门都想召开自己的有限元法应用讨论会,要讨论的问题都差不多,邀请到会的大体上也是那么一些人。后来中国机械工程学会找有关部门商量,决定几个部门的会合在一起开,由学会召集,效果很好,大家都很满意。有些研究探索性课题的学术会议,由科学技术群众团体去召开,更有利于不同学派、观点的自由讨论。世界各国科学家之间的学术交流,通常也是由科学团体召集会议来进行的。为了参加这种对发展我国科学技术有重要意义的活动,我国科学技术工作者也需要成立自己的团体。

科学技术工作者成立自己的团体,也是为了通过自己的团体,做宣传工作,增进各界群众对科学技术的极端重要性的了解,把科学技术知识普及到群众中去。进行科普工作是国内外科学群众团体的好传统。科普这样一项量大面广、具有广泛群众性的工作,靠少数人,靠哪一个政府机关,靠哪一个群众组织,都是做不过来的,也是做不好的;靠科学技术群众团体同有关部门和其他群众组织一起协同来做,则比较合适。

科技工作者是我国四化这个伟大事业的积极成员,他们希望充分发挥自己的主动性,作出更多的贡献。除了在本单位积极做好本职工作以外,他们还希望通过自己的群众团体来交换对加速我国的科学技术事业和其他各项建设事业的意见,以便向党和政府有关部门提出自己的有科学根据的建议。这也是科学技术工作者要求成立自己的团体的一个重要原因。1978年以来,中国科协和某些地方科协开展科学技术工作者建议活动以来,许多科技工作者对发展我国的科学技术事业,对国家一些重大的建设项目提出了不少有价值的建议,受到了党和政府有关部门的重视。不过这个工作还刚刚开始,还没有受到普遍的重视。科协、学会要用有说服力的事实,向有关方面宣传科学技术工作者建议的重要性,要经常同有关部门联系,了解哪些建议被采纳了,哪些没有被采纳,不采纳的理由是什么。如果有的建议既有科学根据又应该采纳,但由于种种原因而没有被采纳,应再次提出来商量。对科技工作者的建议不加理睬,是不应该的。

科技界同工、青、妇以及文艺界一样,除了建设现代化的社会主义强国这个根本的、共同的利益以外,还有自己这一界的共同的特殊的利益,这就要求有个团体来反映他们的利益、要求和呼声。当然他们的意见,在本部门、本单位也可以反映,但是通过科学界自己的团体来反映也是很重要的一条渠道,他们往往乐于通过自己的团体来反映。

事实证明,科学技术群众团体是政府机构、科学研究机构、教育机构的有力助手。长期以来,人们对科学技术群众团体的作用往往估计不足,有一些同志往往把科学技术群众团体看作是可有可无的,或者事实上把它变成是某一部门或单位的附属机构。有些地方的科协、学会事实上也变成了行政机构。这种做法,是不利于发挥这些团体在现代化建设中的特殊作用的。叶剑英同志在国庆30周年大会上的讲话中指出:“社会主义国家的各种机构和党所领导的各种组织都应当有职有权有责,都不是装饰品。党的正确有效的领导,就是要保证这些机构和组织富有生气地、相互协调地工作,充分发挥它们各自的首创精神”。叶剑英同志这里所说的精神完全适合于科协和各种学会、研究会、协会等团体。

全国设一个统一的科学技术群众团体的联合组织，是我国所特有的。根据目前的情况，科协大体上由三种类型的团体组成。一种是按学科组织的学会，如物理学会、化学学会等。一种是按研究的范围或研究的题目成立的研究会，规模大一些的现在有自然辩证法研究会、中国技术经济研究会、管理现代化研究会等。一种是按某一项工作成立的各种协会。科学技术普及创作协会就是这一类团体。实践证明，有这三种类型的组织是必要的，是有利于群众团体工作的。

科学技术群众团体的性质，决定了在他们的内部生活中必须充分发扬民主。科学技术群众团体应该真正成为科技工作者自己的组织，成为"科学家之家"。根据科技界自己的要求发起成立的科学技术群众团体，本身就是生动活泼的社会主义民主生活的一个表现。要下决心克服科技群众团体的工作主要由办事机构的专职干部包揽、科学技术工作者很少参与讨论决定的状况。一个群众团体如果"官气"十足，它就不会有什么生命力。

国家和有关行政部门或单位，经常从经济上和干部上给予科学技术群众团体支持和帮助，是这些科学技术群众团体得以顺利开展工作和活动的重要条件。但是，这种支持和帮助。包括经费上的补助，都不应该使科学技术群众团体丧失自己作为群众团体的独立性。行政部门不应干预应由科学技术群众团体自己做主的具体活动。

为了更好地贯彻党的路线、方针、政策，使科学技术工作者把更多的时间用在科学技术研究和普及工作上，我们党派了一些干部到科协机关和某些科学技术群众团体去工作，受到了广大科技工作者的欢迎。只要这些同志对科学技术工作者有深厚的感情，尊重他们，就会和他们建立友谊，成为科技群众团体不可缺少的成员。科协机关以及各学会、研究会、协会的专职干部是为科学技术工作者服务的。只有充分反映科学技术工作者为四化作出贡献的意愿，并吸引广大科学技术工作者来参加科协、学会、研究会、协会的工作和活动，这种服务才是真正有成效的。

在科学技术群众团体中实行民主选举是一个起码的要求。应该提倡自由提名、不等额选举的办法。我们要研究适合于科学技术群众团体特点的民主程序。没有这种程序，民主生活就得不到切实的保障。有关科协和各种科学技术群众团体的工作和活动的重大问题，都应该由科技工作者参加的有关会议民主讨论审定。要改变有的学术会议主要由有关部门或单位的负责人做主的情况。总之，要一件一件地切实发扬民主，使民主制度化。

科学技术群众团体刚恢复组织和活动的时候，在科协工作的同志说过，并不是要把林彪、"四人帮"破坏摧残以前的一切都恢复过来。实践是检验真理的唯一标准。凡是实践证明是好的、今天还有用的东西，我们就应该保留下来；凡是实践证明是不好的，或今天已不适用的东西，就应该抛弃。我们是科学技术群众团体，要讲科学，按照科学技术群众团体的特点去做工作，讲究实效，不搞形式主义的东西。我国的现代化建设期待科学技术工作者和科学技术群众团体发挥巨大的作用，我国的科学技术工作者和科学技术群众团体也一定会发挥越来越大的作用。

特效农药——井冈霉素发酵工艺荣获上海市科研成果一等奖

《人民日报》报道，我国防治水稻纹枯病的特效农用抗菌素——井冈霉素的研究工作，出现了新的突破。这种抗菌素的菌种发酵单位比原来提高了四倍多，它的发酵工艺达到了先进水平。荣获上海科研成果一等奖。

新型客货轮"长松"号在上海下水

为了适应旅游事业发展的需要，上海沪东造船厂自行设计建造的7500吨新型客货轮"长松"号，最近胜利下水。"长松"号客货轮是一艘新型客货轮。与同类型客货轮相比，该轮客房面积增大，还设有舞厅、咖啡室、酒吧间等。船上前后甲板起货设备，采用较为先进的液压吊。该轮可载客754人，载货1900吨。

3月15日

中共中央公布《关于党内政治生活的若干准则》

党的十一届三中全会决定将全党工作的着重点转移到社会主义现代化建设上来。在新的历史时期，必须认真维护党规党法，切实搞好党风，加强和改善党的领导，在全党和全国范围内造成一个既有民主又有集中，既有自由又有纪律，既有个人心情舒畅、生动活泼又有统一意志、安定团结的政治局面。只有这样，才能充分发挥广大党员的革命热情和工作积极性，团结全党和全国各族人民胜利实现社会主义四个现代化的伟大任务。

我们党在长期的革命斗争中，特别是经过延安整风运动和党的第七次代表大会，全面总结了处理党内关系的正反两方面的经验，逐步形成了以实事求是、理论联系实际、党员和领导密切联系群众、开展批评与自我批评、坚持民主集中制为主要内容的党内政治生活准则。全党同志遵循这些准则，空前团结，步调一致，取得了抗日战争和解放战争的胜利。

新中国成立以后,在社会主义革命和建设中,广大党员基本上坚持了党的好传统好作风。但是,由于革命斗争胜利和党在全国处于执政党地位而在一部分同志中产生的骄傲自满情绪,由于党和国家的民主集中制不够健全,由于封建阶级和资产阶级思想的影响,党内脱离实际、脱离群众、主观主义、官僚主义、独断专行、特权思想等不良倾向有所发展,同时在党内斗争的指导上发生了一些缺点和错误,党内正常的政治生活在一定程度上受到损害。特别是在“文化大革命”期间,林彪、“四人帮”出于篡党夺权的需要,利用当时党所犯的严重错误,大搞封建法西斯主义、无政府主义和派性分裂活动,肆意践踏党规党法,取消党的领导,使党的组织,党员的党性观念,党的优良传统和作风,都遭到了极其严重的破坏。粉碎“四人帮”以来,党中央大力整顿党风党纪,党的优良传统和作风已经有所恢复。但是,治愈林彪、“四人帮”给党造成的创伤,还需要进行广泛深入的教育和艰巨复杂的斗争。为了全面恢复和进一步发扬党的优良传统和作风,健全党的民主生活,维护党的集中统一,增强党的团结,巩固党的组织和纪律,提高党的战斗力,中央根据目前党的状况,向全党重申党内政治生活的下列准则。

一、坚持党的政治路线和思想路线

坚持党的政治路线和思想路线,是党内政治生活准则中最根本的一条。党中央所提出的政治路线,其基本内容是,团结全国各族人民,调动一切积极因素,同心同德,鼓足干劲,力争上游,多快好省地建设现代化的社会主义强国(注)。这是一条反映全国人民最高利益的马克思列宁主义的路线,全党同志必须坚决贯彻执行。

思想路线是党制定和执行政治路线的基础。党的思想路线要求坚持社会主义道路,坚持无产阶级专政,坚持党的领导,坚持马列主义、毛泽东思想。我们党一贯倡导的辩证唯物主义的思想方法和工作方法,其根本点就是一切从实际出发,理论联系实际,实事求是。林彪、“四人帮”长期歪曲、篡改马列主义、毛泽东思想,违反它的精神实质,离开实践标准,把毛泽东同志所说的每句话都当作真理,都当作法律和教条,严重地束缚了人们的思想。所以必须强调破除迷信,解放思想,以实践作为检验真理的唯一标准,认真研究新情况,解决新问题。只有这样,才能发展马列主义、毛泽东思想,才是真正捍卫和高举马列主义、毛泽东思想的伟大旗帜。

坚持正确的政治路线和思想路线,必须反对两种错误的思想倾向。

一是要反对思想僵化,反对一切从本本出发。那种本本上有的不许改,本本上没有的不许说、不许做的思想,是一种反马克思主义的思想,是执行党的政治路线的巨大障碍。我们看形势、想问题、办事情,一定要从客观实际出发,一定要把马列主义的基本原理同当前的国内外形势发展结合起来;同社会主义现代化建设的具体实践结合起来,一定要把党的路线、方针、政策同本地区、本单位的具体情况结合起来,进行实事求是的研究,以解决当前革命斗争和现代化建设过程中的各种理论和实际问题。

二是要反对和批判否定社会主义道路,否定无产阶级专政,否定党的领导,否定马列主义、毛泽东思想的错误观点和修正主义思潮。社会主义是中国走向繁荣富强的唯一正确的道路;无产阶级专政是社会主义革命和建设胜利的保障;党是领导全国人民实现四个现代化的核心力量;马列主义、毛泽东思想是指导我们进行革命和建设的理论基础。在实现四个现代化的斗争中,必须始终坚持这四项基本原则。

党的各级组织、各部门、每一个共产党员,都要自觉地、坚定不移地执行党的政治路线和思想路线。对党的路线和党的领导采取对抗、消极抵制或阳奉阴违的两面派态度,是党的纪律所不容许的。

二、坚持集体领导,反对个人专断

集体领导是党的领导的最高原则之一。从中央到基层的各级党的委员会,都要按照这一原则实行集体领导和个人分工负责相结合的制度。凡是涉及党的路线、方针、政策的大事,重大工作任务的部署,干部的重要任免、调动和处理,群众利益方面的重要问题,以及上级领导机关规定应由党委集体决定的问题,应该根据情况分别提交党的委员会、常委会或书记处、党组集体讨论决定,而不得由个人专断。

在任何情况下,都不许用其他形式的组织取代党委会及其常委会的领导。党委成立的研究处理任何专题的组织,必须在党委领导之下进行工作,不得代替党委,更不得凌驾于党委之上。

在党委会内,决定问题要严格遵守少数服从多数的原则。书记和委员不是上下级关系,书记是党的委员会中平等的一员。书记或第一书记要善于集中大家的意见,不允许搞“一言堂”、家长制。

各个领导成员之间,要互相支持、互相谅解、善于合作。大家都要自觉地维护党委集体领导的威信。在开展批评与自我批评的时候,既要坚持原则,又要与人为善。

党委会讨论重大问题,要让大家畅所欲言,各抒己见。讨论中发生了分歧,既要认真考虑少数人的意见,又不可议而不决,耽误工作。

坚持集体领导,并不是降低和否定个人的作用,集体领导必须和个人分工负责相结合。要明确地规定每个领导成员所负的具体责任，做到事事有人管，人人有专责，不要事无巨细统统拿到党委会上讨论。

在分工负责中，书记或第一书记担负着组织党委的活动和处理日常工作的主要责任。不应借口集体领导而降低和抹杀书记或第一书记在党委会中的重要作用。

要按照马克思主义的原则，正确认识和处理领袖、政党、阶级和群众的关系。对领导人的宣传要实事求是，禁止无原则的歌功颂德。不许用剥削阶级的阿谀之词称颂无产阶级的领导人，不许歪曲历史和捏造事实来宣扬领导人的功绩。禁止给领导人祝寿、送礼、发致敬函电。对活着的人不许设纪念馆，对已故的领袖们不应多设纪念馆。禁止用党的领导人的名字作街名、地名、企业和学校的名字。除外事活动外，禁止在领导人外出时组织迎送，张贴标语，敲锣打鼓，举行宴会。

三、维护党的集中统一，严格遵守党的纪律

民主集中制是党的根本组织原则。林彪、"四人帮"搞极左路线和无政府主义，既破坏了民主，又破坏了集中；既破坏了自由，又破坏了纪律。这种无政府主义流毒，至今没有肃清。因此，必须严肃地重申"个人服从组织，少数服从多数，下级服从上级，全党服从中央"的原则。每个党员要把维护党的集中统一，严格遵守党的纪律，作为自己言论和行动的准则。

每个共产党员特别是各级党委的成员，都必须坚决执行党委的决定。如果有不同意见，可以保留，或者向上一级党委提出声明，但在上级或本级党委改变决定以前，除了执行决定会立即引起严重后果的非常紧急的情况之外，必须无条件地执行原来的决定。

必须反对和防止分散主义。全党服从中央，是维护党的集中统一的首要条件，是贯彻执行党的路线、方针、政策的根本保证。任何部门、任何下级组织和党员，对党的决定采取各行其是、各自为政的态度，合意的就执行，不合意的就不执行，公开地或者变相地进行抵制，以至擅自推翻，都是严重违反党纪的行为。

对于关系党和国家的根本利益和全局的重大政治性的理论和政策问题，有不同看法，可以在党内适当的场合进行讨论。但是，在什么时候、用什么方式在报刊上进行讨论，应由中央决定。党的报刊必须无条件地宣传党的路线、方针、政策和政治观点。对于中央已经作出决定的这种有重大政治性的理论和政策问题，党员如有意见，可以经过一定的组织程序提出，但是绝对不允许在报刊、广播的公开宣传中发表同中央的决定相反的言论；也不得在群众中散布与党的路线、方针、政策和决议相反的意见。这是党的纪律。

每个共产党员和党的干部，都必须按照党的利益高于一切的原则来处理个人问题，自觉地服从党组织对自己工作的分配、调动和安排。如果认为对自己的工作分配不适当，可以提出意见，但经过党组织考虑作出最后决定时，必须服从。

每个党员都必须严守党和国家的机密，并同泄漏党和国家机密的现象作坚决的斗争。一切党员看文件，听传达，参加党的会议，都要严格遵守保密纪律，严禁把党的秘密泄露给家属、亲友和其他不应该知道这种秘密的人。必须注意内外有别，凡属党内不许对外公开的事情，不准向党外传布。

共产党员特别是各级领导干部必须成为遵守国家法律，遵守劳动纪律、工作纪律，遵守共产主义道德的模范。

共产党员无论何时何事，必须顾全党的、国家的和人民的大局，并且用这种顾全大局的精神教育群众。这是共产党员革命觉悟的重要表现，也是巩固全国安定团结的重要保证。少数人闹事，党员必须按照党的政策向他们进行宣传解释，慎重处理，使事态平息；对他们提出的某些合理要求，要说服和帮助他们通过正常的途径解决。共产党员在任何情况下，都不得怂恿、支持和参加闹事。

四、坚持党性，根绝派性

党是无产阶级的先进分子所组成的统一的战斗的集体，必须坚持党在马列主义、毛泽东思想原则基础上的团结，反对破坏党的团结统一的任何形式的派性和派别活动。

在党内组织秘密集团是分裂党和颠覆党的犯罪行为。共产党员绝对不允许参加反对党的秘密组织和秘密活动。各级党的组织和每个共产党员，都要从林彪、"四人帮"煽动派性，组织秘密集团，阴谋篡党夺权的反革命事件中吸取教训，提高警惕，坚决防止这类事件的重演。

派性同无产阶级的党性是根本不相容的。搞小派别，结帮营私，是剥削阶级极端个人主义和无政府主义的表现，是封建阶级和小生产者的行帮思想在党内的反映。

一部分党员如果背着党有组织地进行与党的路线、决议相背离的活动，就是派性活动。进行派性活动，必然会阻碍党的路线、方针、政策的贯彻执行，破坏安定团结的政治局面，如果不加以坚决制止而任其发展，就会导致党的分裂。

目前党内虽然已经不存在公开的派别集团，但有些受林彪、"四人帮"影响较深的干部和党员仍然有派性，甚至仍在进行派性活动；在一些地区、部门和单位，"明无山头暗有礁"，派性的"幽灵"不散，派性分子经常抵制党的方针政策和上级决议的执行。

各级党组织和每个共产党员一定要坚持党性，为根绝派性进行不懈的斗争。对于坚持派性屡教不改的人，一定要给予严肃的纪律处分。不应该让这样的人进领导班子，已在领导岗位上的一定要撤下来。

党的干部特别是领导干部，在处理党内关系方面要实行“五湖四海”的原则，这就是说，要团结一切忠实于党的利益的同志，团结大多数。共产党员一定要有共产主义者的伟大胸襟，严于律己，宽以待人。在处理同志的关系上，只问他是否坚决执行党的路线，遵守党的纪律，不应因为私怨而耿耿于怀，排挤打击，不应由于亲疏而有不同的对待。绝对禁止搞宗派活动，搞小圈子；不允许拉拢一部分人，排斥一部分人；抬一部分人，压一部分人。不要纠缠历史旧账。

在党和群众的关系上，同样要防止和反对宗派主义倾向。共产党员在人民群众中是少数，必须把亿万群众团结在党的周围，同心同德地为实现四化而奋斗。共产党员必须在群众中起模范作用，吃苦在前，享受在后，满腔热情地团结非党同志一道工作。

在干部工作中要坚持正派的公道的作风，坚持任人唯贤，反对任人唯亲。严禁以派性划线，严禁利用职权在党内拉私人关系，培植私人势力。共产党员应该忠于党的组织和党的原则，不应该效忠于某个人。任何人不得把党的干部当作私有财产，不得把上下级关系变成人身依附关系。

五、要讲真话，言行一致

忠于党和人民的事业，说老实话，做老实事，当老实人，光明磊落，表里如一，是共产党人应有的品质。全党同志一定要努力肃清林彪、“四人帮”横行时期造成的假话盛行的歪风邪气，恢复和发扬党一贯倡导的讲真话，不讲假话，言行一致的优良作风。

共产党员要忠诚坦白，对党组织不隐瞒自己的错误和自己的思想、观点。对人对事要开诚布公，有什么意见，有什么批评，摆在桌面上。不要会上不说，会下乱说；不要当面一套，背后一套；不要口是心非，阳奉阴违。

要坚决反对拉拉扯扯，吹吹拍拍，看领导眼色说话办事，拿原则做交易，投机钻营，向党伸手要名誉地位的官僚政客作风和市侩行为。

共产党员无论何时何地、对人对己都要尊重事实，按照事物的本来面貌如实地向党反映情况。不可看领导需要什么就提供什么，报喜不报忧，更不许可弄虚作假，骗取信任、荣誉和奖励。不准以任何理由和任何名义纵容、暗示、诱使、命令或强迫下级说假话。

凡是弄虚作假给党和人民的利益造成重大损失的；凡是说假话骗取了荣誉地位的；凡是用说假话来掩饰严重过失或达到其他个人目的的；凡是纵容或诱迫下级说假话的，都必须绳以党纪。对于那些不怕打击报复，敢于为保卫党和人民的利益说真话的人，应该给予表扬。

各级党的领导机关和领导干部要做实事求是的模范。在工作中，各种不同意见都要听，成绩、缺点都要了解。要鼓励下级同志讲心里话，反映真实情况。要努力造成和保持让人当面提意见包括尖锐意见而进行从容讨论的气氛。

六、发扬党内民主，正确对待不同意见

发扬党内民主，首先要允许党员发表不同的意见，对问题进行充分的讨论，真正做到知无不言，言无不尽。只要不反对党的基本政治立场，不搞阴谋诡计，不在群众中进行派性分裂活动，不在群众中散布违反党的路线、方针、政策的言论，不泄漏党和国家的秘密，由于认识错误而讲错了话或者写了有错误的文章，不得认为是违反了党纪而给予处分。要严格实行不抓辫子、不扣帽子、不打棍子的“三不主义”。所谓不抓辫子、不扣帽子、不打棍子，就是禁止任意夸大一个人的错误，罗织成为罪状，并给予政治上、组织上的打击甚至迫害。

要纠正一部分领导干部中缺乏民主精神，听不得批评意见，甚至压制批评的家长作风。对于任何党员提出的批评和意见，只要是正确的，都应该采纳和接受。如果确有错误，只能实事求是地指出来，不允许追查所谓动机和背景。

必须注意区别：反对某个同志的某个意见，不等于反对这个同志，反对某个领导机关的某个同志，不等于反对这个组织，不等于反领导，更不等于反党。

领导干部利用职权对同志挟嫌报复、打击陷害，用“穿小鞋”、“装材料”的办法和任意加上“反党”、“反领导”、“恶毒攻击”、“犯路线错误”等罪名整人，是违反党内民主制度和违反革命道德品质的行为。对敢于坚持真理的同志妄加反革命的罪名，乱用专政手段，进行残酷迫害，这是严重违法的罪行，必须受到党纪国法的严惩。

党内在思想上理论上有不同认识、有争论是正常的。对待思想上理论上的是非，只能采取摆事实、讲道理、民主讨论的办法求得解决，决不能采取压服的办法。有些思想理论是非一时解决不了的，除了具有重大政治性的和迫切现实性的问题以外，不要匆忙作结论，留待以后进一步研究和经过实践来解决。

把思想认识问题任意扣上“砍旗”、“毒草”、“资产阶级”、“修正主义”种种政治帽子，任意说成是敌我性质的政治问题，不仅破坏党内正常的政治生活，造成思想僵化，而且易于被反党野心家所利用，破坏社会主义国家的民主秩序。这种做法必须制止。

七、保障党员的权利不受侵犯

各级党组织必须切实保障党员的各项权利。侵犯党员权利的行为，是严重违反党纪的。

党员有权在党的会议上和党的报刊上参加关于党的政策的制定和实施问题的讨论，有权在党的会议上对党的任何组织和个人提出批评。党员对党的方针、政策、决议有不同意见，可以在党的会议上提出，也可以向各级党组织直至中央作口头或书面的报告。党组织应当欢迎党员群众的批评和建议，并且鼓励党员为了推进社会主义事业提出创造性的见解和主张。

对于犯了严重错误拒不改正或不称职的干部，党员有权建议罢免或调换。

党员对党组织关于他本人或其他人的处理，有权在党的会议上、或向上级组织直至中央提出声明、申诉、控告和辩护。党组织对党员的声明、申诉、控告和辩护必须及时处理或转递，不得扣压，承办单位不得推诿。申诉和控告信不许转给被控告人处理。不许对申诉人或控告人进行打击报复。控告人和被控告人都不允许诬陷他人，对诬陷他人者，要按党纪国法严肃处理。

党组织对党员的鉴定、结论和处分决定，必须同本人见面。在通过处分决定的时候，如无特殊情况，应通知本人出席会议。党组织要认真听取和考虑本人的意见。如本人有不同的意见，应将组织决定和本人意见一并报上级党组织审定。

八、选举要充分体现选举人的意志

党内真正实行民主选举，才有可能建立起在党员和群众中有威信的强有力的领导班子。

各级党组织应按照党章规定，定期召开党员大会和代表大会。党的各级委员会要按期改选。每届代表和委员，应有一定数量的更新。选举要充分发扬民主，真正体现选举人的意志，候选人名单要由党员或代表通过充分酝酿讨论提出。选举应实行候选人多于应选人的差额选举办法，或者先采用差额选举办法产生候选人作为预选，然后进行正式选举。党员数量少的单位，可不实行差额选举或实行预选。候选人的基本情况要向选举人介绍清楚。选举一律用无记名投票。

选举人要注意把那些坚决拥护和执行党的政治路线和思想路线，大公无私，严守法纪，坚持党性，有强烈的革命事业心和政治责任心，有一定的专业知识和专业能力的干部选进领导班子。还要特别注意选举符合上述条件的中青年干部。不得规定必须选举符合上述条件的中青年干部。

不得规定必须选举或不选举某个人。个别有特殊情况的人，需要由组织上推荐选入的，也必须确实取得多数选举人的同意。要坚决反对和防止侵犯党员选举权利，使选举流于形式，妨碍选举人体现自己意志的现象。

在各级党的代表大会闭会期间，上级党委可以根据工作需要，任免、调动下级党委的负责人。

凡是需要整顿，暂不具备民主选举条件的单位，经上级党组织批准，可暂缓举行选举，其领导人由上级指派。

九、同错误倾向和坏人坏事作斗争

为了端正党风，巩固无产阶级专政，树立良好的社会风尚，团结全体人民同心同德搞好四化，必须同错误倾向和坏人坏事作斗争。

各级党组织要充分发挥战斗堡垒作用，率领党员和群众，坚决揭露和打击反革命分子、贪污盗窃分子、刑事犯罪分子和严重违法乱纪分子。

对于派性、无政府主义、极端个人主义和官僚主义、特殊化等错误倾向，要进行严肃的批评和斗争。

对社会上的歪风邪气、错误的和反动的思潮，必须进行批判和斗争。

对于错误倾向和坏人坏事，采取明哲保身的自由主义态度，不制止，不争辩、不斗争，躲闪回避，就是放弃了共产党员的战斗责任，就是缺乏党性的表现。

共产党员特别是各级领导干部在同错误倾向和坏人坏事作斗争中，要有大无畏的革命精神，敢于挺身而出，不怕得罪人，不怕撕破脸皮，不怕受到打击迫害。只有这样，才能使错误倾向得到克服和纠正，使犯错误的人得到挽救，使坏人受到应有的制裁。

十、正确对待犯错误的同志

在党内斗争中，对犯错误的同志，采取"惩前毖后，治病救人"、"团结——批评——团结"的方针，达到既弄清思想、又团结同志的目的，是我们党的优良传统。对于一切犯错误的同志，要历史地全面地评价他们的功过是非，不要一犯错误就全盘否定；也不要纠缠历史上发生过而已经查清的问题和历史上犯过而已经纠正了的错误。要在弄清事实的基础上，具体分析他们所犯错误的性质和程度，以热情的同志式的态度，帮助他们认识犯错误的原因，指出改正的办法，启发他们做必要的检查。要相信犯错误的同志大多数是可以改正的，要给他们改正错误、继续为党工作的条件。

在分析一个同志所犯错误的时候，首先必须严格分清两类不同性质的矛盾。不可把工作中的一般错误或思想认识上的错误说成是政治错误，不可把一般的政治错误说成是路线错误，也不可把犯了路线错误、但仍属于党内斗争性质的问题，同属于企图颠覆党、颠覆社会主义国家的反革命性质的问题混淆起来。企图颠覆党、颠覆社会主义国家的阴谋家、野心家、反革命两面派，同党和人民的矛盾属于敌我矛盾。这种人是极少数。要把跟着上级或主要领导人犯了路线错误的人,同参与篡党夺权阴谋活动的人加以区别。

党内斗争,不许实行残酷斗争、无情打击。对犯错误的同志进行批评是完全必要的,但是不可采取一哄而起的围攻、不让本人辩解、也不让其他同志发表不同意见的"斗争会"方式,因为这种方式实际上是以势压人,而不是以理服人。党内不准用超越党的纪律或违犯国家法律的手段对待党员。要绝对禁止采用林彪、"四人帮"的封建法西斯手段解决党内问题。严禁所谓揪斗,严禁人身侮辱和人身迫害,严禁诱供逼供。

对人的处理应十分慎重。敌我矛盾和人民内部矛盾一时分不清的,先按人民内部矛盾处理。凡涉及定敌我矛盾、开除党籍、提交司法机关处理的,更要慎重。任何情况下都不允许株连无辜的家属和亲友。

新中国成立以来的冤案、假案、错案,不管是哪一级组织、哪一个领导人定的和批的,都要实事求是地纠正过来,一切不实之词必须推倒。

犯了错误的同志,应该诚恳地接受党组织和同志们的批评教育和纪律处分。要吸取教训,认真改正,更好地为党工作。对于确实犯有严重错误、拒不承认而又坚持无理取闹的人,要加重处分。

十一、接受党和群众的监督,不准搞特权

各级领导干部都是人民的公仆,只有勤勤恳恳为人民服务的义务,没有在政治上、生活上搞特殊化的权利。按照工作需要,对领导人提供某些合理的便利条件并保证他们的安全是必要的,但决不允许违反制度搞特殊化。

在我们的国家中,人们只有分工的不同,没有尊卑贵贱的分别。谁也不是低人一等的奴隶或高人一等的贵族。那种认为自己的权力可以不受任何限制的思想,就是腐朽的封建特权思想,这种思想必须受到批判和纠正。共产党员和干部应该把谋求特权和私利看成是极大的耻辱。

必须坚持在真理面前人人平等,在党纪国法面前人人平等的原则。党内决不容许有不受党纪国法约束或凌驾于党组织之上的特殊党员。决不允许共产党员利用职权谋取私利。

任何领导干部都不允许超越党组织所赋予自己的权限,侵犯集体的权限和别人的权限。所有的党员都是平等的同志和战友,党的领导干部要以平等的态度待人,不能以为自己讲的话不管正确与否,别人都得服从,更不能摆官架子,动辄训人、骂人。由于上级领导人员的缺点和错误,使下级的工作出了问题,上级要主动给下级承担责任,首先作自我批评。

各级领导干部必须保持和发扬我党艰苦奋斗,与群众同甘共苦的光荣传统。要坚决克服一部分领导干部中为自己和家属谋求特殊待遇的恶劣倾向。禁止领导人违反财经纪律,任意批钱批物。禁止利用职权为家属亲友在升学、转学、晋级、就业、出国等方面谋求特殊照顾。禁止违反规定动用公款请客送礼。禁止违反规定动用公款为领导人修建个人住宅。禁止公私不分,假公济私,用各种借口或巧立名目侵占、挥霍国家和集体的财物。

党的各级领导人员必须自觉地严格遵守关于生活待遇的规定,同时加强对子女的教育。如果违反了有关规定,经过批评教育仍不改正的,必须给予党的纪律处分。

任何领导干部,不得违反党的干部标准和组织原则,将自己的亲属提拔到领导岗位上来;不得让他们超越职权干预党和国家的工作;不应把他们安排在身边的要害岗位上。

为了保持党和广大人民群众的密切联系,防止党的领导干部和党员由人民的公仆变成骑在人民头上的老爷,必须采取自下而上和自上而下相结合、党内和党外相结合的方法,加强党组织和群众对党的领导干部和党员的监督。要监督他们是不是认真学习和贯彻执行党的路线、方针、政策,是不是遵守党纪国法,是不是坚持党的优良传统和作风,是不是搞特权,是不是在生产、工作、学习和对敌斗争中起模范作用,是不是密切联系群众和为人民谋利益。要表扬那些觉悟高、党性强、表现好的同志,批评教育表现差的同志。

要在充分走群众路线的基础上,建立和完善对干部的考试、考核、奖惩,轮换、退休、罢免等一整套制度。通过实行这些制度,真正做到功过分明,赏罚分明,鼓励先进,激励后进。

各级领导干部要定期听取所在单位的党员和群众的意见和评论。各级党组织要重视群众来信来访中对领导干部、党员的批评和意见。党组织要将党员和群众的评论、批评和意见经核实后报送上级党委,作为考核干部的一个重要依据。

每个党员不论职务高低,都必须编入党的一个组织,参加组织生活。各级党委或常委都应定期召开民主生活会,交流思想,开展批评和自我批评。

十二、努力学习,做到又红又专

四个现代化建设的艰巨任务,需要培养和造就一支宏大的坚持社会主义道路的具有专业知识的干部队伍,同时要把适合于这个要求的中年和青年干部(包括党员和非党员)大胆地提拔到领导岗位上来,让他们在工作中发挥长处,弥补短处。这是摆在全党面前一项迫切、重大的政治任务。

共产党员必须成为实现四个现代化的先锋战士,

努力做到又红又专。"红"就是具有坚定正确的政治方向,坚持四项基本原则;"专"就是学习和掌握现代化建设的专业知识,成为本职工作的内行和能手。专不等于红,但红必须专。一个共产党员不认真学习专业知识,在本职工作上长期当外行,不能对四化建设作出真正的贡献,他的所谓政治觉悟和先进性就是空谈。

为了改善和加强党对现代化建设的领导,必须大大提高全体党员的文化、科学技术和业务水平。每个共产党员特别是各级领导干部,一定要以高度的革命进取精神,顽强刻苦地学习和掌握专业知识,必须成为本职工作的内行。干那一行就必须精通那一行。满足于一般化的领导,甚至长期安于当外行,不学无术,违反客观规律,搞瞎指挥,必然会给现代化建设带来严重损害。这样的人,经过批评教育,仍然不能改正的,要从领导岗位上撤换下来。

每个共产党员都必须以无产阶级先锋战士的标准,严格要求自己,努力学习和领会马列主义、毛泽东思想,不断提高觉悟程度和进行现代化建设的本领,以求对四化建设作出更大的贡献。某些党员和领导干部,革命意志衰退,不努力学习,不积极工作,不能在生产、工作、学习以及对敌斗争中起先锋模范作用,他们的行为不符合共产党员的光荣称号,损害了党在群众中的威信。对于这样的同志,必须进行严肃的教育和批评。经过长期教育不能改正的,不具备或者丧失了共产党员条件的人,应该劝其退党。

《关于党内政治生活的若干准则》是党的重要法规,全体党员要认真学习,自觉遵守,要对照"准则"的规定,认真检查自己的工作和作风。党的各级领导机关和领导干部要带头执行。任何党员如果有违反本准则的行为,要进行批评教育,情节严重的必须按照党的纪律给予处分,直至开除党籍。

各级党委和党的纪律检查委员会要定期检查本准则的执行情况,由纪律检查委员会向党的代表大会或党的委员会提出报告。

全党同志一定要振奋革命精神,彻底肃清林彪、"四人帮"的流毒,排除各种干扰和阻力,把维护党规党法,切实搞好党风这件关系到四个现代化的成败,关系到党和国家前途和命运的大事做好,使我们党成为更加团结一致,更加朝气蓬勃,更加具有战斗力的无产阶级先锋队组织。

注:党的政治路线的正式表述,以党的第十二次全国代表大会将要通过的党章总纲为准。

国务院副总理邓小平在北京会见法国文化与通讯部部长让·菲·莱卡和夫人一行

国务院副总理余秋里在北京出席中美两国政府水力发电和有关的水资源利用合作议定书附件一签字仪式并会见美国水电代表团成员

中国水电代表团团长、电力工业部副部长李锐和美国水电代表团团长、田纳西流域管理局主席斯·戴维·费里曼分别在附件一上签字。

附件一规定:双方在中国红水河水力发电和有关水资源利用、龙滩和大藤峡水电工程、三峡工程综合利用开发、二滩水电工程、长江口治理科研等方面进行科技合作。

签字以后,余秋里会见了由费里曼率领的美国水电代表团。

代表团由美国政府四个水电部门高级领导人组成。他们是中美两国政府1979年签订水力发电和有关水资源利用合作议定书以后,前来参加第一次工作会议并进行考察,于2月29日到达北京的。经过双方的共同努力,第一次工作会议已圆满结束。

会见时,双方对中美两国水电部门的良好合作关系表示满意,并希望这种关系不断巩固和发展。电力工业部部长刘澜波、美国驻中国大使伍德科克参加了签字仪式和会见。

国务院副总理方毅在北京会见美国麻省理工学院院长杰罗姆·威斯纳博士和学院理事会主席霍华德·约翰逊博士率领的代表团

外交部部长黄华在吉隆坡参加马来西亚外交部长里陶丁举行的欢迎宴会并讲话

黄华外长在讲话中说:"中国人民和马来西亚人民一样,热切地希望有一个和平的国际环境,好致力于各自国家的经济建设。但是,严峻的现实告诉人们,这个世界越来越不安宁。一些国家的独立和主权,接连遭到粗暴的践踏,千百万人民生活在水深火热之中。特别是去年来,民主柬埔寨遭到了外国军队的野蛮侵略和占领。阿富汗人民遭到了外国侵略者的残酷镇压。亚洲和世界的和平受到了严重的威胁。"他说:"面对这一形势,马来西亚和东盟各国,坚持原则,伸张正义。积极维护联合国宪章和国际关系准则,坚决反对侵略和干涉,博得了世界爱好和平人民的高度评价。"他指出:"联合国大会和伊斯兰国家外长会议通过了决议,强烈谴责侵略者,要求外国军队全部撤走,反映了所有爱好和平的国家和人民的正义立场。中国政府和人民坚决为实现上述决议而努力。"

黄华外长强调指出了马来西亚几年来为建立东南亚和平、自由、中立区所进行的不懈努力。他说:"东南亚国家联盟已经成为维护东南亚地区和平的一支重要力量。中国政府和人民真诚希望东盟国家繁荣、稳定，在保卫和平的事业中作出更大的贡献。”

周培源在中国科协第二次全国代表大会上作题为《同心同德 鼓足干劲 为实现我国科学技术现代化而奋斗》的报告

正当20世纪80年代第一个春天来临的时候，中国科协第二次全国代表大会胜利地召开了！

这次大会是在党的十一届三中全会以后，随着全党工作着重点的转移，社会主义现代化建设事业开始走上健全发展的轨道，科学技术事业面临更大发展的新形势下召开的，是在全国人民积极响应五中全会的号召，万众一心，力争在实现四化的伟大进军中创造出优异成绩的时刻召开的，是继两年前召开的全国科学大会以来我国科学技术界又一次具有历史意义的盛会。

现在，我代表中国科协第一届全国委员会，向大会作工作报告。这个报告共分三个部分：一、历史的回顾；二、经验的总结；三、今后的方针任务。

历史的回顾

中国科协第一次全国代表大会，是1958年9月召开的，至今将近22年了。科协连同它的前身“中华全国自然科学专门学会联合会”(简称全国科联)和“中华全国科学技术普及协会”(简称全国科普)，已经有了30年的历史。

早在新中国诞生的前夕，在党中央和毛泽东同志及其他老一辈无产阶级革命家的亲切关怀下，科学技术群众团体就已着手筹备。1950年8月召开的中华全国自然科学工作者代表会议上，正式成立了全国科联和全国科普。我国广大科技工作者在中国共产党的领导下，以新中国主人翁的姿态，怀着巨大的政治热情，积极投入抗美援朝、土地改革、镇压反革命等政治运动，积极投入国民经济的恢复工作以及第一个五年计划建设，与此同时，努力开展了科学技术群众团体的创建工作。许多知名科学家担任了全国科联和全国科普的主要领导职务。短短几年，各省、市、自治区(除台湾外)的绝大部分县、旗以上单位和许多厂矿、农村，都建立了协会或学会(学组)。当时全国科联着重于学术活动。各学会举行了一系列的学术会议，编辑出版了94种学术刊物，同44个国家的科学团体经常交换学术刊物，积极派出代表参加各种国际学术会议，从而促进了新中国科学技术事业的进步和水平的提高。当时科普协会主要是向人民群众普及科学技术知识。采取“结合生产，结合实际，小型多样，力求广泛”的方法，使各种科普演讲、科普展览、放映科教电影和幻灯等科普活动遍及城乡，接受这些宣传教育的群众多达几亿人次。全国科普兴建了北京天文馆，创办了科普出版社和科普模型仪器厂，一些地方科普协会也建立了小型的科技宣传馆和编辑出版机构。特别是在党的“八大”的正确路线指引下，广大科技工作者和科联、科普两个组织，在制定十二年科学发展规划和组织发动“向科学进军”等方面作出了贡献。可以这样说，我国科学技术群众团体的创建时期是健康成长、有所建树的。

1958年，全国科联和全国科普联合召开了第一次全国代表大会，两个团体合并成为中国科学技术协会，产生了全国统一的科学技术群众团体。这就有利于加强党的领导，更广泛地组织科技工作者队伍，更充分地发挥他们的积极性，同时，也使科学技术在普及与提高相结合的基础上更有力地开展起来。但是由于1957年反右派斗争扩大化错误的影响，以及1958年的“瞎指挥”、“浮夸风”、“共产风”、“拔白旗”、批所谓“专家路线”和1959年开展的反对所谓右倾机会主义斗争的影响，以致科协工作在一段时间内也产生了一些“左”的错误。在党的领导下，在广大科技工作者的支持下，我们逐步纠正了工作中的错误。特别是1961年党中央制定了“科研十四条”，周恩来同志、陈毅同志在广州会议上极为恳切的讲话，大大激发了广大科技工作者前进的勇气，提高了我们纠正“左”的错误的自觉性，并收到了较好的效果。总的来说，科协成立以后的工作取得的成绩是显著的：学术交流活动有所发展，并围绕国家建设中的重大课题，组织科技工作者进行专门考察和讨论，提出了不少的合理化建议。为了结合生产，深入实际，还发动科技工作者下厂下乡，开展直接为生产服务的技术上门、技术会诊、技术攻关等活动，推动了生产的发展，密切了科技工作者与工农的联系。通过典型示范、培训骨干、技术辅导、交流经验等方式，帮助和促进了城乡群众性科学实验活动的开展。举办各种业余院校、短训班和进修班，为各行各业培养了成千上万的科技骨干。国际学术交流活动也有新的发展，特别是1964年有44个国家、地区参加的北京科学讨论会和1966年有33个国家、地区参加的暑期物理讨论会，都取得良好的效果。与此同时，科协的工作条件也逐步改善。1963年，经中央政治局批准，在周恩来同志和邓小平同志的关怀支持下，中国科协在北京建立了科学会堂，一些省、市、自治区的科协也兴建了科技馆或科学宫，使科技工作者有了必需的学术活动场所。可以断言，如果当时我们的工作能沿着这个正确的方向发展下去，一定会取得比今天更大的成绩，对国家建设也会作出更大的贡献。

令人痛心的是，1966年以后的十年“文化大革命”中，我国广大科技工作者和我们科学技术群众团体的各级组织，遭到了空前的灾难。林彪、“四人帮”

出于篡党夺权的反革命目的，把广大科技工作者污蔑为“修正主义复辟基础”，当作“全面专政”的对象，把几乎所有的科学家、工程师、教育家、医学家，打成“反动权威”、“特务”、“反革命”，无所不用其极地加以诬陷、打击和迫害，使他们身心受到严重摧残。在这种情况下，我们科协组织被“砸烂”，活动被中断，干部被揪斗，人员被遣散。林彪、“四人帮”制造的十年浩劫，使我国科学技术事业遭受了无法估量和难以弥补的损失。

“心事浩茫连广宇，于无声处听惊雷”。广大科技工作者面对林彪、“四人帮”的封建法西斯专政，坚持真理，坚持正义，坚持科学，采取各种方式进行了英勇顽强的斗争。许多科学家在遭到严重迫害生命垂危的时刻，还倾诉对党的热爱和对发展科技事业的关注心情。在“四五”运动的洪流中，不少科技工作者奋勇当先，置个人安危于度外，热情歌颂周总理，愤怒声讨“四人帮”。真是“风雨如晦，鸡鸣不已”。严峻的考验，充分显示出我国广大科技工作者在国家民族处于危急之秋的高风亮节，对社会主义事业具有何等深厚的感情，何等强烈的责任心！事实无可辩驳地证明，我国广大科技工作者是党和国家完全可以信赖的依靠力量。

粉碎“四人帮”以后，党中央在百废待兴、百业待举的情况下，迅速批准了科协和学会恢复活动，各级党委及时派来一批得力干部，加强工作。特别是党中央提出新时期的总任务和全国科学大会发出向科学技术现代化进军的号召，指明了我们前进的方向，鼓舞了我们的斗志，尽管在主客观条件上还存在一些困难，但是在各有关部门的大力支持下，我们科协及其所属团体的工作，在各方面都取得了较大的进展。

科协各级组织及其所属各种团体，旗帜鲜明地围绕着实现四个现代化开展了各种活动。全国性学会1979年就召开了500多次学术会议，广泛开展了学术交流，对国家科技政策和重大建设项目发挥了重要的咨询、参谋作用。东北地区农业现代化学术讨论会，集中了30个学会和29个省市共约400名科技工作者，实行多学科联合作战，对东北地区农业现代化问题进行了深入探讨，提出了一系列的重要建议。在中国水利学会学术会议上一些科学家对南水北调工程的不同意见，上海市科协组织专家对上海宝山钢铁厂沙桩问题提出的建议，都得到了中央领导同志的重视。国际学术交流和友好往来方面，也有较大的进展。我们已同三十几个国家100多个相应的学术团体建立了交往关系，有20多个学会参加了国际学术组织，为了解国际科技发展动向，吸取外国先进经验，开辟了一条重要的渠道。

在党中央提出“极大地提高整个中华民族的科学文化水平”的号召下，科普工作也有了新的发展。科技培训活动，包括各种系统讲座、学习班、科技进修学院等，像雨后春笋般地开展起来。四个现代化的宣讲活动取得了良好的成效。全国34个省、市地区出版了《科技报》，对普及科技知识发挥了重要作用。新成立的科普创作协会和科学电影协会，正在为繁荣科普创作积极开展工作；在北京举行的科普美术展览在群众中反应很好，认为这是利用美术形式宣传科学技术的一项活动。青少年的科技活动十分活跃，科协与有关单位合办的青少年科技作品展览，各种科学竞赛以及航空、航海和生物的夏令营等活动，对帮助青少年树立爱科学、学科学、用科学的新风尚起了积极作用，得到了社会的重视和好评。

适应四化的要求，科协在组织上也有了新的发展。全国性的学会、协会和研究会已发展到95个，其中包括自然科学与社会科学相结合的自然辩证法、技术经济、现代化管理等五个研究会。有的地方还成立了科学技术顾问团、科普宣讲团等等。各级科协还积极协助党委平反冤、假、错案，落实知识分子政策，反映科技工作者的意见、要求和呼声，争取有关部门解决他们的困难。

代表们，同志们：我们的团体诞生以来，有过比较顺利的发展，也遭受过严重的挫折。总的说来，在过去30年的大部分时间里，我们的路线是正确的，成绩是主要的。经过几次曲折起伏，在正反两方面的经验中，我们锻炼得更加坚强，现在已经成长起来，显示出它本身所具有的强大的生命力。

经验的总结

回顾科学技术群众团体30年来的战斗历程，我们有哪些主要的经验教训呢？

第一，必须正确认识科协的性质

科协的性质是什么？30年来的经验说明，学会、研究会、协会是科学技术工作者自己的群众团体，科协是各种科学技术工作者群众团体的联合组织，而不是其他。正是从这一特定的性质出发，来确定我们的方针任务，明确我们的依靠力量和服务对象，才能使我们真正统一思想，统一行动，向着一个共同的目标前进。

多年来，人们对这个问题存在着许多模糊的认识，直到现在对科协工作上的一些分歧意见，都和对这个团体性质的不同认识有关。其根本原因在于对我国科技工作者在社会主义建设中的地位与作用，在理论和实践上存在着分歧。早在1956年，周恩来同志就指出了知识分子的绝大多数已经是工人阶级知识分子。两年前的全国科学大会上，邓小平同志代表党中央更明确地肯定了知识分子是工人阶级的一部分，从根本上澄清了长期以来在知识分子问题上的错误观点，解除了知识分子和科技工作者的精神枷锁。但两年来的事实说明，鄙薄知识、歧视知识分子的现象还较为普遍地存在，科技工作者的作用还没有得到很好的发挥。

我国广大科技工作者不但在政治上有光荣的革命传统，而且在科学技术上具有一定的水平，同时积累了从事社会主义建设的丰富经验，其中有真才实学、有创见、有成就的颇不乏人。可以说我们这支科技队伍，是我国现代化建设的骨干力量，是科学技术现代化的主力军。在吸取外国的先进科学技术方面，同样需要我国科技工作者作出努力，加以消化运用、有所创新。我们应该正确估计我国科技工作者的水平和潜力，充分发挥自己的作用，共同努力逐步造就一支高水平的、宏大的科技队伍，这是实现我国四个现代化的坚实可靠的基础。

科协及其所属团体，是科技工作者自己的组织，理所当然地在组织上和工作上都应以科技工作者为主体。对于这一点，我们科技工作者以及在科协和各学会、研究会、协会工作的同志应该有明确的认识。有人曾经错误地指责这么想、这么做的同志是走“专家路线”，我们说这正是党的群众路线在科协工作上的体现。事实教育我们：如果不旗帜鲜明地认定科协是科技工作者自己的组织，那它就失去了自己的特点，失去了自己的代表性，这样的组织还有什么存在的必要呢？

第二，充分发挥科学技术群众团体在社会主义事设中的作用

多年以来，有些人认为科协及其所属团体“可有可无”、“无足轻重”。这种认识，主要是由于不了解科学技术群众团体是时代的产物，是科学技术事业发展的需要，是科技工作者的共同愿望。30年的实践，越来越显示出它在社会主义建设事业中的独特作用。

其一，它具有跨行业、跨部门的特点，能起到科技工作者同行之间横向联系的作用。科学技术作为社会的共同财富，本来不应该因部门、行业等等限制而影响交流。多年来，科协及其所属团体把分散在各个生产、科研、教学、行政部门的科技工作者，按照学科横向地组织在一起，进行广泛的交流和探讨。最近，又开展了多学科、多专业围绕国家建设项目的综合性的学术活动，体现了社会主义协作的精神，适应了现代科学技术飞跃进步和高速度发展社会生产力的要求。

其二，它具有行政部门所不能代替的群众性的特点。它易于充分发扬民主，贯彻群众路线，在科学技术问题上，大家都以群众团体成员的平等身份，无拘无束，敞开思想，各抒己见。有争议的问题，可以反复探讨，自由争辩，不会用行政手段去强制解决。正因为如此，不少科技工作者在学术活动中，往往能比较敏锐地发现国家在科技政策、计划和重大工程建设方面的问题，提出自己的见解和建议，对国家行政管理部门起了有益的咨询和顾问的作用。科学技术群众团体的这一特点，还表现在科学普及工作上。科协及其所属团体可以打破部门以至地区的界限，动员组织各行各业的科技工作者和群众中的积极分子，形成群众性的科普队伍，满足广大人民群众对科学技术的需要。

其三，这种团体还具有使科技工作者同党组织建立密切联系的纽带和桥梁作用。党的方针政策可以通过科协及其所属团体结合实际活动，贯彻到广大科技工作者中去，科技工作者的要求、建议和呼声，可以通过自己的组织向党和政府反映，使他们正当的民主权利和切身利益得到保障。此外，科协及其所属团体的各种活动，还可为党政的各级领导同志和广大科技工作者一起商讨问题创造条件，促使科技工作者更紧密地团结在党和政府的周围，充分发挥他们的积极性。

再从科学技术群众团体的历史来看，这种团体的产生不是偶然的，不是哪一个人的主观意志所决定的。从16、17世纪欧洲出现了学会这种组织，几百年来世界各国的学术组织，有如繁星在天，处处闪烁着人类智慧的光芒。就是在新中国成立以前，尽管科学技术非常落后，科学家寥寥可数，但是科学技术的群众团体仍然在困境中陆续建立和发展。我国进入社会主义时期以后，科学技术群众团体在它的历史上开始了崭新的篇章，成为发展我国科技事业的一支重要力量。完全可以相信，在实现四个现代化的过程中，科协及其所属团体必将发挥出更大的作用。显然，那种认为科协“可有可无”或者“无足轻重”的说法，是不符合实际的。

第三，坚决贯彻“双百”方针，促进我国科学技术的繁荣发展

毛泽东同志指出：“‘百花齐放、百家争鸣’的方针，是促进艺术发展和科学进步的方针，是促进我国的社会主义文化繁荣的方针。”科协作为科学技术群众团体，具有贯彻“双百”方针的有利条件，可以发挥重要的作用。在这方面，我们过去既有成功的经验，也有过不少的教训。

一个值得注意的问题，是要防止把学术上的不同意见和争论，扣上种种政治帽子进行压制、打击。否则，将会严重地挫伤科技工作者的积极性。在学术活动中必须坚持“三不”主义(不扣帽子，不抓辫子，不打棍子)，才能真正贯彻落实“双百”方针，也才能有真正的社会主义民主和学术自由。

另一个值得注意的问题，是要防止用行政力量干预学术上的争鸣，强制推行一种学术观点或学派，压制、禁止另一种学术观点或学派。苏联40到60年代期间在遗传学方面强制推行李森科学派，曾经发生恶

劣影响。接受这样的教训,就要大力提倡独立思考,自由讨论,既要同违反科学的官僚主义、瞎指挥作坚决斗争,同时也反对任何人用行政力量压制不同意见的不良学风,切实保障“双百”方针的贯彻执行。

由于林彪、“四人帮”制造现代迷信,流毒所及,使科学技术领域也存在不少禁区,严重妨碍了“双百”方针的贯彻。通过真理标准问题的讨论,广大科技工作者解放了思想,敢于坚持真理,冲破禁区,作出了可喜的成绩。我们决不能在束缚人们的思想、阻碍科学发展的种种有形的或无形的禁区面前畏缩不前。在科学面前根本没有什么禁区。

第四,在党的领导下发挥首创精神

我们科学技术群众团体在三十年的工作实践中最深切的一条体会,就是一刻也不能脱离党的领导。从科联、科普到科协,都是在党的亲切关怀下成立和发展起来的。我们的工作成绩,是在党的领导下取得的;我们工作中的缺点、错误,是在党的领导下纠正的。党的领导是我们不断胜利前进的根本保证。

新中国成立以来,党在科技战线上制定了一系列有关的路线、方针和政策。作为科学技术群众团体的科协,我们的根本任务,就是要最大限度地发挥广大科技工作者的主动性和创造性,把党的路线、方针、政策和自己的特点具体结合起来,努力促其实现。这就是我们在党的领导下发挥首创精神的具体体现。正如叶剑英同志在新中国成立30周年的讲话中所说:“社会主义国家的各种机构和党所领导的各种组织都应当有职有权有责,都不是装饰品。党的正确有效的领导,就是要保证这些机构和组织富有生气地、相互协调地工作,充分发挥他们各自的首创精神。”回顾过去,我们在这方面的主要问题恰恰就是缺乏这种首创精神,因而没有能够把工作搞得更有生气,更有成效。尽管如此,林彪、“四人帮”还竟然把科协说成是“独立王国”。这完全是无中生有的恶毒诬蔑。1972年,“四人帮”一伙在全国科技工作会议的《纪要》中,抛出了一个所谓科协“不自成系统”的错误论调,其实质就是妄图从根本上取消科协。我们要按照党的十一届三中全会精神,在全国科技系统和科技人员中深入批判,拨乱反正,肃清流毒,加强科协的自身建设。

当前,全国工作着重点已经全面转移,科协面临的新形势和新任务,更需要我们在党的领导下充分发挥自己的首创精神,努力开拓新的工作领域,使各项活动开展得更加生动活泼,为实现四化作出新的更大的成绩。以往的经验还告诉我们:我们的工作所以能够取得成绩,是同各方面的支持分不开的。因此,在发挥我们的首创精神的同时,一定要和各有关方面大力协同密切配合。这样做,不仅和发挥首创精神并行不悖,而且可以互为促进,相得益彰,更能充分发挥科协的作用。

今后的方针任务

我们的国家已经进入一个新的历史时期。党的十一届三中全会、四中全会、五中全会确定了党的政治路线、思想路线和组织路线,提出了新时期的总任务。科协是中国共产党领导下的科学技术工作者的群众团体,是党团结和联系科技工作者的纽带,是党领导科学技术工作的助手。根据新时期总任务的要求,科协必须紧紧围绕四化这个中心,最大限度地发挥科技工作者的积极性和创造性,开展各种科学技术活动,广泛进行国内外学术交流,普及科学技术知识,促进我国科学技术事业和国民经济的发展,在提高整个中华民族的科学文化水平,把我国建设成为现代化的社会主义强国的伟大事业中贡献自己的力量。

一、广泛、深入地开展学术活动

学术交流活动是科学技术发展进程中的一个重要环节。在现代化建设中,存在着千千万万的科学技术问题需要研讨,不断涌现出大量的科学技术成果需要及时交流;而现代科学技术本身,也需要通过交流才能发展。因此,我们科协及所属学会、研究会、协会,都要努力做好工作,使学术活动更加广泛深入、生动活泼地开展起来。

学术活动的内容应当紧密结合现代化建设的需要,活动计划要力求与国民经济和科学技术发展计划衔接,同时,对基础理论的探讨和交流,也要给以足够的重视。地方科协要以更多的力量搞好为当地生产建设服务的活动。目前,要按照国民经济“调整、改革、整顿、提高”的方针,认真加强农业、轻纺工业以及原材料和能源方面的学术活动,积极配合企业的改造、革新、挖潜,提高企业的技术水平和管理水平。深入研究国外科技动态,协助评议引进项目,争取较快地消化引进技术。学术活动中要重视各学科、各专业的互相联系,加强学会之间、专业组之间的协作和配合。对现代化建设中带综合性的重大项目,要组织多学科协同作战。增进自然科学工作者与哲学、社会科学工作者的联系与合作,积极开展自然辩证法、技术经济与管理现代化等方面的研究和交流。在加强活动计划性的同时,还要保持一定的灵活性,为科技工作者提供自由交流的机会;对国家计划外的富有创造性的学术探讨和研究工作,也要给予支持,以利于活跃思想,繁荣学术。

开展学术活动一定要重视质量,讲求实效,目的性、针对性要强,克服形式主义,不搞表面文章。一般应以小型为主,不要单纯追求数量和规模。要珍惜科技工作者的时间和精力。

学术刊物是学术交流的重要工具和阵地。各学会都要充实和加强编辑委员会的工作，认真办好各种学术刊物。全国科协应尽快建立学术期刊出版社，切实加强这些刊物的出版发行工作。

开展好学术交流的核心问题，是进一步贯彻“百花齐放、百家争鸣”的方针。各个学术团体在各种学术活动中都要提倡科技工作者互相尊重，互相切磋，坚持真理，修正错误，取长补短，共同提高；都要鼓励和支持各种学派和不同的学术观点自由探讨。

二、大力做好科学技术普及工作

极大地提高全民族的科学文化水平，是实现四个现代化的一项根本性的战略任务。目前我国广大干部和群众的科学技术水平，与现代化建设的要求很不适应，各级科协要大力做好科学技术普及工作，用现代科学技术知识武装广大干部和群众。

科学技术普及工作，应当围绕四化建设这个中心任务，面向生产，面向群众，面向基层。普及的内容要从生产建设的需要出发，从群众的工作、生活、学习的实际出发，因地因人制宜，既要注意普及自然科学基础知识，也要注意有针对性地普及先进的工农业生产技术和科学管理的知识，以及有关计划生育、保障人民健康和破除迷信等方面的知识。当前，在城市职工中要协同工会，结合贯彻“八字”方针，配合企业的增产节约运动，广泛进行新技术、新工艺、新材料、新设备的宣传推广工作；协同有关部门开展发明创造活动，推动技术革新，为夺取优质、高产、低消耗，作出成绩。要大力加强农村的科普工作，积极推动农村群众性科学实验活动更广泛更深入地开展起来，促使农业现代化早日实现。对少数民族和边远地区的科普工作必须特别重视，大力扶持，尽快提高这些地区广大群众的科学文化水平。科普工作一般应以干部和群众中的技术骨干为重点，对他们的科普工作做好了，就能带动广大群众和青少年深入、持久地掀起一个学科学、学技术的热潮。

科普工作的涉及面很广，各级科协要协同有关部门及工、青、妇等群众团体，广泛发动和组织科技工作者联合教育工作者、文艺工作者、宣传工作者等，和群众积极分子一起，组成浩浩荡荡的科普大军。逐步形成一个遍及城乡的群众性的科普网。要善于采取多种形式，运用各种宣传工具以及各种文化阵地(包括文化馆、站、俱乐部、少年宫、影剧院等)，开展科学普及活动。要繁荣科普创作，组织编写更多更好的科普作品，大量出版各种自然科学知识的书刊，以满足群众日益增长的学习要求。对科技工作者和其他人员进行科普工作，都要给予热情的鼓励和支持。科普工作者的劳动和成果，应当同在生产、科研、教学中的劳动和成果同样受到尊重，同样列为晋级、考核的内容。对科普积极分子和优秀的科普作品，要给予表扬、奖励。

全国和各省、市、自治区科协以及有条件的地、县科协都要逐步建立科普事业和活动阵地，如科技馆、展览馆、博物馆等。要努力办好《科技报》和各种科普刊物，建立科普出版机构、科普器材供应机构以及科学电影放映队、管理站等。要重视发展电化科普事业，利用现代化工具更有效地进行科学普及活动。

三、积极发现与培养科技人才

目前人才问题已成为新长征中不容稍有忽视的严重问题。科协各级组织都要把发现和培养又红又专的人才、促进科技队伍的发展、壮大，作为一项经常性的重要任务，切实抓好。要打破论资排辈的旧习，对中、青年中有才能、肯钻研、勇攀高峰的后起之秀，要热情培养，大胆推荐。实践证明，最能发现科学技术人才的，往往是同学科、同行业的专家。一项科学成果水平的高低，一种科学思想价值的大小，往往在学术交流、讨论中能得到恰当的评价。要提倡广大科技工作者，特别是有经验的老专家，通过各种学术活动发现和培育优秀人才，在评选学术论文，选拔出席国内、外学术会议的人选等方面，都应考虑到有利于培养新生力量。

现在科学的发展日新月异，各种新学科、新成果大量出现。因此，广大科技工作者对业务的再学习，有着迫切的要求。有条件的地方都应积极举办科技进修学院或各种科技培训班、系统讲座等，为科技人员提供更多的进修机会。

青少年是我们的未来，开展青少年科技活动对我国科技事业的发展具有深远的意义。各级科协要积极协同有关部门开展多种形式的青少年科技活动，为选拔培养科技后备力量广开门路。各学会、研究会和科普团体应加强对青少年科技活动的指导。

四、在科学技术上当好党和政府的参谋和顾问

围绕四化献计献策，在科学技术上当好参谋、顾问，是科技工作者的一项光荣职责。各级科协都要把这项工作提到重要的议事日程，认真作好。要积极推荐科技工作者参与讨论国家建设计划和科学技术规划，研究、讨论科技政策，协助审议重大工程项目、科研项目或方案。要组织学会、研究会等所属团体协助讨论和草拟各种技术规范、标准，协助评价、鉴定科技成果，帮助总结提高实践经验，并协助教育部门研究高等、中等学校科学技术教育的改革问题。要努力办好《科技工作者建议》。我们科技工作者在提出意见、建议时，应力求全面、准确，争取有关部门的支持和采纳。

五、大力开展国际学术交流

为了更好地吸收国外先进科学技术，为我所用，赶超世界先进水平，科协必须加强国际学术交流。要与国际上相应的学术团体和科技工作者增强友好往来，有重点地派遣专家参加外国和国际的学术会议或进行

专业考察，积极创造条件争取在国内多开一些各种形式的国际学术会议。协助做好引进科技人才的工作。邀请国外有真才实学的专家来我国学会讲学；注意利用外国专家和华侨华裔学者来华旅游或探亲的机会，进行学术交流。支持和鼓励科学家个人与国外的科学家增进友好联系。

为了保证上述任务的胜利完成，我们必须贯彻辩证唯物主义的思想路线，坚持实践是检验真理的唯一标准，进一步解放思想，破除迷信，坚决冲破种种有形与无形的禁区，不断克服剥削阶级的思想影响以及小生产者狭隘、保守的思想和因循守旧的习惯势力，把蕴藏在科技工作者中的一切聪明才智充分发挥出来。

为了保证上述任务的胜利完成，我们还必须采取切实的措施，加强组织建设和物质建设，认真改进工作方法和工作作风。

当前，科协在组织建设中的一个重要问题，是如何充分体现群众团体的性质，使科技工作者真正能够当家做主。科协及其所属团体的领导机构，一定要通过民主选举产生，领导成员大部分应当是具有较高水平的专家。担任领导职务的专家，应当有职有权有责，同时也要发挥自己的主动性，勇于负责，大胆工作。为了便于专家分工负责地管理各项工作，可根据实际需要设立各种专门委员会，如学术委员会、普及委员会、组织委员会、编辑委员会和国际活动委员会等。学会、研究会、协会要加强与会员的联系。理事会要定期向会员或会员代表报告工作，听取意见。要制定一些条例，切实保障会员的权利和义务，充分发挥广大会员的积极性和主动性，提高他们的责任感和荣誉感。

科协要切实代表科技工作者的利益，从政治上、思想上、工作上、生活上多方面关心科技工作者，反映他们的呼声和要求。要敢于坚持原则，替科技工作者说话。对于任何打击、压制科技工作者，侵犯科技工作者正当权益的行为，科协要挺身而出，伸张正义，坚决斗争。要经常注意了解知识分子政策执行的情况和存在的问题，及时向党组织反映，协助贯彻落实。当前广大中、青年科技工作者工作、学习和生活条件很差，这是一个比较突出而又普遍存在的问题。科协要对上述情况给予关切，促使有关单位采取措施，认真地、逐步地加以解决。

现在，科协及其所属团体的领导成员很少更新，“老化”现象较为普遍，解决接班人的问题已成为迫不及待的重大问题。应当看到，在我国现代化建设的过程中，已经并将继续涌现出一大批又红又专的中、青年科技工作者，应当大胆地把他们及时吸收到科协及所属团体的各级领导机构中来。

目前，许多行政部门越来越重视学会工作，这是可喜的现象。但在学会组织建设上值得注意的是，有的部门对本学科队伍分布在许多单位的现状注意不够，要求按行政建制建立学会；有的分科学会也想单独成立一个学会。我们希望学会的建立要保持跨行为、跨部门、按学科建立的特点，避免把本来是一个学科的学术组织搞得重重叠叠，以利于这一学科学术活动的发展，加强科技工作者之间的协作和团结，防止在人力物力上造成浪费。

为了使科协工作更好地深入基层，深入群众，应有计划地、逐步地把组织建立到县和较大的厂矿企业。城乡基层单位的科技群众组织的形式，可以因地制宜，灵活多样，不强求一律，要防止成为脱产的行政机构。科协必须对基层科技群众组织积极给以指导和帮助。

目前，科协及其所属团体的工作任务日益繁重，因此，科协的工作机构在充实一批有专业知识的优秀人才的同时，也要求有一些热心党的科技事业，刻苦钻研业务，并愿真心实意为科技工作者服务的干部到科协来工作。现在各级科协及其所属团体中从事科技组织管理的干部，是科技工作者的一部分。他们中大部分同志积极响应党的号召，勤奋工作，积极学习，向着又红又专的目标努力。各级科协都要尽力创造条件，帮助这些同志进修提高。对这些同志要参照有关规定，相应地评定技术职称，优秀的要给予奖励，鼓励他们树立为社会主义科技事业服务光荣的思想，甘当四化的后勤后。

各级科协及其所属团体的经费、物资、器材不足，也缺乏必要的活动场所，条件确实困难。要在各级党委领导和各级人民政府支持下，努力加以解决。同时，要积极兴办一些为科技活动服务的事业。

科协及其所属团体必须按照群众组织的特点，切实改进自己的工作方法和工作作风。必须同广大科技工作者经常保持密切的联系，充分发扬民主，使科技工作者有什么意见和问题，都乐于向自己的组织畅所欲言，无所顾忌，真正感到科协及所属团体的亲切和温暖。这样才可以说科协确实是“科学家之家”。为此，我们要防止机关化、官僚主义的工作作风和形式主义、行政命令的工作方法。发扬勤俭节约、艰苦奋斗的精神，避免滋长大手大脚、铺张浪费的不良倾向。

代表们，同志们：我们现在已经进入20世纪80年代。这是世界上非常动荡、充满危机的一个年代。对我国来说，要在本世纪末实现四个现代化，这是具有决定性意义的一个年代。在80年代里，我们党将率领全国人民反对霸权主义，维护世界和平；争取台湾归回祖国，实现统一祖国的大业；加紧社会主义经济建议，为早日建成现代化强国奠定基础。在这三大任务中，我们广大科技工作者是战斗在前沿阵地、冲锋陷阵的战士,肩负着艰巨而光荣的历史使命。当前,在党的正确路线指引下,安定团结、生动活泼的政治局面正在发展。这种局面是发展科学技术事业、进行现代化建设必不可少的前提,没有这个前提,一切都无从谈起。我们广大科技工作者一定要像爱护自己的眼珠一样,竭尽全力地维护、发展和巩固这种安定团结、生动活泼的政治局面,和一切破坏安定团结的行为作坚决的斗争。这种局面是来之不易的。时间是非常宝贵的。时间就是胜利。我们必须争分夺秒,把损失的时间抢回来,不允许有任何的松弛或懈怠。我们相信,经过艰苦努力,我们就会创造出具有世界先进水平的科学成果,培养出世界上第一流的科学技术专家。中国人民是伟大的人民,中国的科技队伍是有志气、有能力的队伍。我们的祖先曾经在科学技术发展史上为人类作出过卓越的贡献,今天,在中国共产党的领导下,在优越的社会主义制度下,在安定团结的政治局面下,我们必将取得更加辉煌灿烂的成就。党在期待着我们,人民在期待着我们,让我们以"只争朝夕"的革命精神,再接再厉,迎接胜利的明天!

人工股骨置换手术在上海获得成功

《人民日报》报道,我国首创的人工股骨置换手术,在上海连续获得成功。这项具有国际先进水平的技术,为用人工股骨替代截肢闯出了一条新路。

著名教育家陶行知纪念馆在南京晓庄师范学校正式复馆开放

陶行知毕生致力于中国教育事业的改革。他早年留学美国。1916年回国后,他坚持开展平民教育和乡村教育。他是一名民主战士,热爱和拥护中国共产党,积极参加抗日救国运动,同国民党反动派进行过斗争。陶行知先生于1946年逝世。

重新整理开放的纪念馆,展出了120多幅照片,介绍了陶行知先生在各个历史时期的活动。馆内还陈列了他的遗物、遗著和诗文手稿200多件。周总理在重庆时赠送给陶行知先生的一件延安织的毛线衣,是第一次展出的珍品。

3月16日

国务院总理华国锋在北京会见日中友好议员联盟正副会长访华团

《人民日报》发表社论《一定要把党风党纪整顿好》

党的十一届五中全会讨论通过的《关于党内政治生活的若干准则》(以下简称《准则》)公布了。这是党的政治生活中的一件大事。

我国9亿人民正在进行新的长征,向着四个现代化的宏伟目标前进。在这个伟大的斗争中,需要党的坚强领导。现在摆在我们面前的迫切问题,是要恢复党的优良传统和作风。只有这样,我们的党才能担负起新的历史时期的伟大任务。三中全会、四中全会和五中全会已经确定了党的政治路线、思想路线和组织路线,现在是要通过全体党员的模范带头作用,贯彻执行党的路线。五中全会通过的《准则》正是适应这个需要而制定的。我们要按照五中全会的要求,在贯彻执行《准则》的过程中,结合对党章修改草案的讨论,在全党进行一次坚持党的政治路线、思想路线和组织路线、加强党的团结和统一、加强党的民主集中制和组织性纪律性的思想政治教育。

《准则》是党的一项重要法规,是党章的具体补充。它总结了我们党几十年来处理党内关系的经验,特别是吸收了十年动乱的沉痛教训,针对当前存在的党风党纪问题,对党内政治生活中必须遵循的各项原则作了明确的规定。这些规定体现了我们党的优良传统和作风,并且在许多方面有所发展。

我们党在长期的革命斗争中形成了一整套优良的传统和作风。新中国成立后,我们的党风影响了全国,使整个社会风气为之一新,我们党在人民中赢得了崇高的威信。但是,由于革命斗争胜利和党在全国处于执政党地位而在一部分同志中产生的骄傲自满情绪,由于党和国家的民主集中制不够健全,由于封建阶级和资产阶级思想的影响,同时在党内斗争的指导上发生了一些缺点和错误,党内生活出现了不正常的现象,党内不良倾向有所发展。在十年动乱期间,林彪、"四人帮"出于篡党夺权的需要,肆意践踏党规党法,把党搞乱了,把党的优良传统和作风败坏了。党内脱离实际、脱离群众、主观主义、官僚主义、特权思想、派性、违法乱纪、无政府主义、个人主义等不正之风的滋长,不但严重地损害了党的威信,而且给整个社会风气带来了不良的影响。对这个问题,我们一定要作足够的估计。现在要拨乱反正,移风易俗,还得首先从整顿党风党纪做起。三年来,党中央在这方面做了大量的工作,取得了良好的成绩。但是,要全面恢复和发扬党的优良传统和作风,还需要进行广泛深入的教育和严重复杂的斗争。《准则》就是给全体党员的一个重要教材,每一个党员都要对照《准则》的规定,认真检查自己的工作和作风,发扬成绩,克服缺点。同时,广大群众也应该以《准则》的要求来监督党组织和党员,帮助我们党加强党纪,搞好党风。

现在我们的党员已有3800万。绝大多数党员是好的,但问题并不少。我们要看到:大约有1800万是在十年动乱期间入党的,其中不少同志不同程度地受到极左路线和歪风邪气的影响,不能成为群众的模范。即使在老党员中也不能说没有问题,有的过去比较合格的现在也不那么合格了。转变社会风气要从转变党风做起,转变党风要从党的领导干部做起。在党纪面前人人平等,不论是普通党员还是领导干部都要自觉遵守党纪,不能有什么例外或者特殊。领导干部应该更加严格地要求自己。带头恢复和发扬党的优良传统和作风,是老党员特别是领导干部的光荣职责。党的各级纪律检查委员会要负起监督和检查《准则》贯彻执行的责任。任何党员如果有违反《准则》的行为,要进行批评教育,情节严重的必须按照党的纪律给予处分,直到开除党籍。

社会主义现代化建设是极其宏伟也极其艰巨的事业,不把亿万人民的积极性调动起来,是不可能完成的。在民主革命时期,我们党遵照马列主义、毛泽东思想,学习愚公移山精神,挖山不止,终于感动了"上帝"—人民群众,亿万人民和我们党一起把"三座大山"挖掉了。现在,全国人民都在搞四化,我们尤其要发扬愚公移山精神,以自己的艰苦创业的模范行动,进一步激发亿万人民建设新社会、新生活的热情。只要我们能和群众同甘共苦,群众就一定会和我们同心同德。有了党的正确而坚强的领导,有了亿万人民的共同努力,任何困难都阻挡不住我们前进的道路,我们的目标一定能实现!

安子文同志就《关于党内政治生活的若干准则》发表谈话

安子文同志说,在我们党的政治生活中,有两种传统。

一种是好的传统。这就是像延安整风那样,在党的会议上,对党所面临的实际问题和理论问题,认真进行讨论,不回避矛盾,不害怕不同的意见。来自五湖四海的同志,不分职务高低,大家都从共同的理想和目标出发,从人民的利益出发,从实际的情况出发,都可以说话,都可以充分地表达自己的意见。凡属大事,就坐下来集体讨论,反复审度,大家一起来分辨是非,衡量得失。在这样的基础上,作出决定,达到思想上和行动上的一致。从建党初期起,许多同志就是抱着这种精神工作的。当然,那个时候还没有自觉地把这个规矩定下来。使它成为党的传统,是在延安整风运动中。后来,尽管党的组织迅速地发展了,大量的新成分参加进来了,但是,从总体上说,我们党基本上保持了这个好传统。

但是,在我们党的生活中,也确实存在过另一种不好的传统。那就是搞"一言堂"、家长制,一个人说了算,容不得不同意见。对不盲目附和的同志,戴帽子、打棍子,残酷斗争,无情打击。这种现象,在党的幼年时期发生过。但那时党成立不久,还谈不上成为习惯势力。这种东西变成一股习惯势力,具有很大的强制力,主要是在两段时间内:一段是内战时期的某些时候,一段是1966年以后的十年间。人们的头脑被束缚得死死的,思维和行动的方式都被禁锢在固定的格式之中,党的生机被压抑了。当这种现象泛滥的时候,破坏,挫折,失败,就一一发生了。

他说,谈到党内生活的传统,有些同志有一种模糊的观念,似乎我们只有好的传统,没有不好的传统。其实,毛泽东同志在1944年召开的西北局高级干部会议上就批评过这种对党的传统不加分析的模糊观念。今天,我们对待党内政治生活的传统,也应该继续采取这种分析的态度,不要肯定一切,也不要否定一切。明确指出在党内政治生活中有过两种不同的传统,至少有两条好处:第一,对过去习以为常的东西,要开动机器,实事求是地想一想。好的,就坚持,不好的,要克服。不能因为做惯了,就照例做下去。第二,在大力发扬优良传统的同时,一定要大力克服不良传统。因为那些不好的东西是一种相当顽固的习惯势力,不是轻而易举就可以克服的。

他着重指出:"一言堂"、家长制那一套,是封建的东西,比资本主义还落后,是同我们党的性质不相容的。搞"一言堂"、家长制,势必侵犯广大党员的权利,这是同我们党的组织原则不相容的。我们的党是执政的党,党的生活搞不好,国家的政治生活也不可能搞好。从这个意义上说,"一言堂"、家长制那一套,也是同我们的国家制度不相容的。

安子文说,正反两方面的经验,都是我们的财富,使我们有了双倍的力量。最近召开的党的十一届五中全会总结了正反两个方面的经验,通过了《关于党内政治生活的若干准则》,把"不允许搞'一言堂'、家长制"作为一条党规党法肯定下来,这是非常必要的。立下了党规党法,并不等于问题已经解决了。上上下下,还要继续作很大的努力。从今以后,无论哪一级党委,无论哪一个人,如果搞"一言堂",搞家长制,在党内就是非法的,每一个党员都有抵制的权利和责任。

他指出,搞"一言堂"、家长制,其害无穷。在错误路线下搞那一套,会造成多大的灾难,这一点不必说了。即使在正确路线下,也不允许搞那一套。大家知道,列宁的路线是正确的。大家也知道,列宁是非常严格地执行民主集中制的。列宁之所以伟大,就在于他成为举世公认的伟大的革命家之后,继续认定自己是党的一员,继续把自己置于群众之中。这就使他同党内外群众始终保持着极其密切的联系。我们党的经验和国际共产主义运动的经验都证明,领袖也会犯错误,领袖如果脱离群众,也会犯严重的错误。要正确,就不能搞"一言堂",要不断保持正确,就必须坚持不渝地反对搞"一言堂"。这里有两点需要指出:第一,正确路线的形成和执行,必须靠集体的智慧和力量。正确路线是同"一言堂"、家长制那一套东西对立的。第二,路线正确,也不能保证在任何工作、任何环节上都不发生任何错误。错误总是难免的,重要的问题在于及时发现,及时纠正,如果搞"一言堂"、家长制,就会使这些局部的暂时的错误蔓延开来,小错误就会发展成为大错误。

不允许搞"一言堂"、家长制,会不会降低领导的威信?会不会影响党的集中统一?安子文同志说:毫无疑义,革命和建设都需要权威,都要同无组织无纪律现象作斗争。否则,会使党失掉战斗力。在"一言堂"和家长制的基础上,决不可能建立真正的持久的威信,决不可能有真正的持久的集中统一。搞"一言堂"和家长制,这件事情本身,就是一种无组织无纪律行为。在我们党的历史上,极端民主化常常是作为对"一言堂"和家长制的惩罚而出现的。搞家长制和"一言堂",表面上一呼百应,其实只是削弱了党的力量。我们是马克思主义者,组织革命同志,只能靠民主集中制,不能用家长制这条绳子把大家捆起来。毛泽东同志和刘少奇同志都反复讲过,党的民主集中制,是民主基础上的集中,集中指导下的民主,在处理领导和群众的关系的问题上,必须严格地遵循这条原则。如果领导不讲民主,不准群众说话,那只能叫作家长制,根本不是民主集中制。党的组织在作出决定的时候,首先是领导必须执行群众的意志,这样才能使决定符合群众的利益,领导才有代表群众的资格。在执行决定的时候,群众必须接受领导的统一安排、统一指挥。步调一致了,事情才能办好,群众的愿望才能实现。至于书记和委员,不是上下级之间的关系;在党的委员会上应当少数服从多数,不能书记一个人说了算。

安子文最后说,不允许搞"一言堂"、家长制,好处很多,可以使领导保持正确或比较正确,可以使错误及时纠正,可以使干部得到监督,可以使大家充分发挥积极性和创造性,可以切实地维护党在思想上和行动上的一致,等等。此外,还有一条很大的好处:可以使那些思想路线不端正,不实事求是,政治品质不好,甚至搞政治投机的人无所售其伎;使讲老实话、做老实事的同志得到党的保护。这对于搞好党风是非常重要的。

国务院副总理方毅在北京会见以日本学术会议会长伏见康治教授为团长的日本学术会议代表团

外交部部长黄华在吉隆坡拜会马来西亚总理侯赛因·奥恩

出席中国科协第二次全国代表大会的11个学会的代表联名提出一项关于恢复和加强生物教学的倡议

他们认为,前些年,由于林彪、"四人帮"的干扰破坏,中等学校里的生物课被无端取消。现在,有的地方虽然逐渐恢复了生物课,但是,师资、教材和教学、实验设备奇缺,很不适应社会主义现代化建设的需要。

他们说,希望教育部门充分重视生物科学,加强对中小学生的生物学教学。

提出倡议的一些专家说,中国地大物博,有丰富的动、植物和微生物资源,进行生物教学,可以培养学生的爱国主义思想。我国的社会主义现代化建设,以农业为基础,进行生物教学,可使广大干部、群众和青年懂得动、植物的生活规律,就能更好地从事农业现代化建设。生物学是医学的基础,与工业特别是轻工业,以及人们的日常生活,有着密切的关系,是"活的能源",研究哲学,也离不开生物学。总之,四化建设不能没有生物学。

为了加强生物教学,这11个学会的代表提出如下具体建议:

一、希望有关领导部门采取有效措施,让全国生物学教师迅速归队,同时对中学生物学教师和小学常识教师,进行短期培训;

二、尽快编写较为先进的、适合我国国情的中学生物学教材;

三、恢复和加强全国中等学校的生物学课程;

四、组织生物学教学标本及仪器生产;

五、在中学生中倡导有关生物学的野营、实习等有益活动;

六、恢复高等学校招生考试中的生物学内容,以鼓励中学生在智育上的全面发展。

代表们在提出这些建议的同时,还表示要为这些建议的实现,首先作出贡献。他们将把对中学生物学教师和小学常识教师的短期培训工作,列入各自学会的重要议事日程。

中国天文学家徐振韬蒋窈窕夫妇通过分析认为17世纪太阳活动不存在衰落期

中国广州队获得在香港举行的第二届亚洲城市国际象棋赛冠军

来自中国、日本、泰国、马来西亚、印度尼西亚等国家的12个城市的国际象棋队和香港的两个队参加了这次比赛。比赛从3月8日开始,经过3个小组的初赛后，每个组积分最高的两个队又进行决赛。在决赛中，广州队以积分15.5分荣获冠军，菲律宾马尼拉队得13分名列第二，中国上海队得12.5分名列第三。

3月17日

《人民日报》发表特约评论员文章《全党都要严格遵守党规党法》

《关于党内政治生活的若干准则》，经十一届五中全会通过，已经正式公布了。这是我们党几十年来处理党内关系和整顿党的作风的历史经验的结晶。它的公布与实施，对于坚持和改善党的领导，巩固党和人民群众的血肉联系，提高党在四化建设中的战斗力，将发生重大的作用。

我们党已经确定了新时期的政治路线，其基本内容是，团结全国各族人民，调动一切积极因素，同心同德，鼓足干劲，力争上游，多快好省地建设现代化的社会主义强国。要坚定不移地、贯彻始终地实现这条政治路线，最核心的问题，是建设好一个马克思列宁主义的无产阶级政党。

历史上正反两个方面的经验告诉我们，中国革命和建设的成功，必须依靠共产党的正确领导；而党的领导，在很大程度上，又必须依靠符合马克思主义和无产阶级先锋队性质的健全的党内生活和党的优良作风。离开党的正确领导，或者党内生活不正常，无产阶级的党纪党风被破坏，革命和建设就往往受损害，甚至遭受挫折。

大革命初期和中期，我们党虽然处在幼年阶段，但党的路线是正确的，党内生活是健康的、生动活泼的，革命事业发展很快。北伐战争开始前举行党的四大，那时全党只有九百多个党员。就九百多人的这么一个党，推进了北伐战争，说明党的正确领导在人民群众中和革命军队中能够动员起多么伟大的力量。到了大革命后期，陈独秀放弃党在统一战线和军队中的领导权，对国民党右派软弱退让，在党内实行家长统治，拒决不同意见，破坏民主集中制，终于把革命从胜利引向失败。

土地革命时期，党犯过三次“左”倾路线错误，都在不同程度上破坏了党内正常的政治生活和组织生活，尤以王明那一次为最严重，搞“残酷斗争，无情打击”那些东西，对革命事业造成极大损害。遵义会议纠正了王明的错误，才使中国革命转危为安，使我们的党重新发达起来。

抗日战争时期，毛泽东同志在延安集中了几十个高级干部开了几个月的整风会议，又领导全党进行了整风运动，不仅从政治、军事、思想和组织上清算了党内历次机会主义路线，特别是王明的“左”倾机会主义路线的错误，并且正确地总结了处理党内关系和整顿党的作风的方针、政策和办法，形成了一套党内政治生活的马克思主义准则。毛泽东同志那时指出：“中国的改革和建设靠我们来领导。如果我们把作风整顿好了，我们在工作中间就会更加主动，我们的本事就会更大，工作就会做得更好。”事实正是这样。

新中国成立以后，我们党成了执政的党，这是党的地位的重大变化，党的建设面临着一系列新问题。适应这种新的形势，我们在处理党内关系上，又积累了一些新经验，制定了一些好的制度。这些进步反映在八大的党章中。从七大到八大，是我们党历史上最有革命朝气的时期，也是我们党内生活最健康、最团结、最生动活泼的时期。这就保证了我们党能够同人民群众血肉相连，领导人民连续取得抗日战争、解放战争、恢复经济和社会主义改造、社会主义建设等一系列光辉的胜利。

1958年以来，我国的社会主义革命和建设事业发生过一些曲折。一方面因为没有经验；另一方面，党内政治生活不正常，也是一个相当重要的原因。特别是党内民主集中制的破坏，使我们党由于没有经验而发生的错误不能够及时得到纠正，或者纠正了又重犯；使某些野心家不能够受到党的集体的监督，得以夺取重要权力施展他们的阴谋；直到出现林彪、“四人帮”这样的大问题，害党害国害民长达10年之久。这次五中全会平反昭雪的刘少奇同志的重大冤案以及其他大量冤案，就是党内政治生活遭到破坏造成的严重恶果之一。

这些年由于党内生活准则遭到破坏而造成的是非颠倒、人妖颠倒，严重地损害了党的肌体，削弱了党的战斗力，破坏了党和人民的血肉联系，使党的事业遭受巨大损失，使党在人民群众中的威信下降。我们对于林彪、“四人帮”破坏党的优良传统和优良作风的严重性及其影响决不可以低估。

粉碎“四人帮”以后，特别是十一届三中全会以来，党的优良传统开始恢复，安定团结、生动活泼的政治局面开始形成。但是也要看到，由于多年来我们的党风和党内政治生活出了大毛病，要完全恢复七大到八大那个时期的好党风和党内生活，并且搞得更好些，还需要全党作出很大的努力。特别因为“文化大革命”中接收新党员很多，他们没有经过党的严格训练，如何对他们进行党风党纪的教育，使他们都能够达到共产党员的标准，是一个严重问题。我们的党员多数是好的或比较好的，第二、三年来又有不少进步。但是，确也有一些党员不那么合格。不但新党员中间有不合格的，老党员中间也有不合格的，包括某些领导干部，他们过去是合格的，现在不那么合格了。他们或者受了林彪、“四人帮”极左路线的毒害，派性高于党性，公然抵抗党的路线，或者搞特殊化，违法乱纪，官僚主义严重。这些人在我们党内虽然是极少数，但在人民群众中的影响很不好，对党和人民事业的危害很大。这种状况如果没有一个根本的转变，我们的党就不可能有效地领导人民实现四个现代化的宏伟目标。

我们目前所以要特别注意维护党规党法，端正党风，就是为了从根本上治愈林彪、“四人帮”给党的肌体造成的疾病和创伤，使我们党的政治生活状况有一个根本的改善。我们一定要把党重新整顿好，把我们党固有的优良作风重新发扬光大起来。我们要坚持党的无产阶级性质，坚持党性原则，克服党内各种不正之风特别是派性，使我们的党面目一新，朝气蓬勃，在领导人民进行四化建设中发挥出强大的战斗力。

在党规党法中，党章是最高法规，是党内的宪法。现在公布的《关于党内政治生活的若干准则》，是为了彻底纠正党内生活不正常的现象，并且适合在党的建设方面肃清林彪、“四人帮”残余影响的特殊需要，它是对党章的重要补充。

在我们党的历史上，七大和八大的党章就当时情况来说是比较完备的。九大和十大的党章，由于林彪、陈伯达、“四人帮”和那个“顾问”的干扰破坏，有许多错误。十一大的党章虽然纠正了一些错误，那个党章还是不完备的，特别是因为目前在党的建设方面遇到许多新情况、新问题，因此需要作较大的修改。现在中央已经着手起草新的党章草案，准备经过全党认真讨论，提交党的十二大审议。这个《关于党内政治生活的若干准则》，是党章中关于党内政治生活的基本原则的具体化。这十二条准则，一些基本的东西，是我们党在延安整风时期就提出来了的。毛泽东同志、刘少奇同志写的许多重要著作，如《改造我们的学习》《整顿党的作风》《反对党八股》《论共产党员的修养》《论党内斗争》《论党》等，都阐明过这些准则。现在我们从党内的实际情况出发，总结了处理党内关系的历史经验，特别是总结了同林彪、“四人帮”极左路线作斗争的经验，重新把这些准则加以整理和充实，形成具有约束力的法规。这是我们党在新的历史时期执行马克思主义建党路线的一个创造，对于在党的作风上拨乱反正，保证我们党内政治生活走上健康发展的道路，防止林彪、“四人帮”一类野心家破坏党内正常生活，具有深远的意义。

这个准则公布以后，全体党员、干部都要认真学习，联系实际进行讨论，切实执行。搞好党内政治生活和端正党风的基本方法，是实行批评和自我批评。我们共产党人是彻底的唯物主义者，对于一切不利于党、不利于人民的缺点错误、歪风邪气，要敢于斗争，彻底揭露，坚决改正。这个准则对领导干部提出了严格的要求。这对于当前健全全党的政治生活具有头等重要的意义。党的各级领导干部，尤其是党的高级领导干部，都要以身作则，成为遵守党内政治生活准则的模范。先正己，然后才能正人。领导机关和领导干部带头端正党风，作出样子，才有利于推动全党。党的作风整顿好了，全国人民就会跟着我们学，就会影响全社会、全民族，从而产生伟大的道义力量和物质力量。

这次我们采取把党的法规在报纸上公布的办法，目的是动员人民群众对党员和干部实行监督。人民群众从来没有像今天这样迫切关心党的建设和党员干部的作风。因为他们从林彪、“四人帮”横行十年的灾祸中深深懂得，建设一个好的党，党员和干部具有为人民服务的优良作风，是建设一个富强的社会主义新中国的最根本的条件。人民不满意我们有些党员和干部的不正之风，正是他们爱护党，关心党和国家的命运，对党员和干部严格要求的表现。我们应当鼓励人民群众主动地用这些马克思主义的准则来衡量我们的党员和干部，评论我们的各级党组织，从各个角度提出批评意见。这是我们搞好党风、实施党规党法的必不可少的保证。

端正党风，我们的办法是先建立法规，先进行教育，这是一个正确的方针。这些准则，是十一届三中全会前后就开始起草的。一年多来，吸收了各级党组织和广大党员的意见，作过七次修改。去年1月的中央纪律检查委员会第一次全体会议和今年1月的中央纪律检查委员会第二次全体会议，对几个稿子进行了认真的讨论，然后产生出初稿，提交十一届五中全会讨论公布。所以我们制定这部法规是比较充分地走了群众路线的，体现了全党的意志和要求。我们公开指出党风不正的表现，表明我们党有信心、有能力把党风端正过来。会不会有阻力？阻力总是会有的。同时，林彪、“四人帮”组织上思想上的残余势力还存在，他们虽然人数极少，但是对他们的活动能量不能低估。他们会千方百计继续保留或散布林彪、“四人帮”的各种毒素，用剥削阶级的腐败作风来腐蚀我们党，破坏党的正常生活。对此，我们应当提高警惕。我们还要看到，我国这样一个在历史上小生产长期占优势，经济和文化还不发达的国家，社会上落后的意识形态和习惯势力，往往也会成为实施马克思主义的政治生活准则的阻力。但是，只要我们采取正确的方针，领导干部以身作则，依靠广大人民群众的帮助和监督，善于运用批评和自我批评的武器，并且严肃党纪党法，我们一定能够排除阻力，使党内生活的马克思主义准则得到完全的实施。

粉碎"四人帮"三年多来，特别是十一届三中全会以来，我们党做了许多大事，把林彪、"四人帮"颠倒的乾坤基本上扭转过来了。这是很了不起的，说明我们的党是大有希望的。我们的党是9亿人口大国的执政党，在全世界处于举足轻重的地位。我们不但要领导我们的国家实现四个现代化，而且对世界共产主义运动负有重大的责任。为了很好地负起国内外的重任，一定要把我们的党建设好，把党的作风整顿好。从现在开始，我们要在全党进行一次深入的党风党纪教育，提高共产党员和各级干部的自觉性，为建设一个密切联系人民群众的、有坚强纪律的马克思列宁主义的党而努力奋斗。

中共中央政治局常务委员会决定成立中央财政经济领导小组并撤销原国务院财政经济委员会

赵紫阳任组长，负责经济方面的工作，余秋里、方毅、万里、姚依林、谷牧为小组成员。

县级直接选举试点工作在各地展开

全国人大常委会关于县级选举工作问题的决定公布后，各地积极部署县级直接选举的试点工作，截至目前，全国已有18个省、市、自治区先后开展县级直接选举的试点工作。

水产总局负责人谈水产事业在调整中前进

《人民日报》报道，国家水产总局负责的同志就目前市场上鱼少解释说，这是我国水产工作在调整中带来的暂时现象。我们吸取以往的教训，坚持不搞高指标，从水产资源的实际情况出发，适当控制捕捞量，这就为恢复水产资源，为以后的高产创造条件。这样做在当前的条件下是必要的，也是积极的。这是我国水产事业在调整中稳步前进的开端。

国家水产总局的负责同志说，从第一个五年计划以后，水产部门在指导渔业生产中，存在着"有水就有鱼，增船即增产"的思想，违背自然规律，长期搞"高指标"，盲目造船，酷渔滥捕，严重破坏了近海渔业资源，使几种主要经济鱼类的产量大幅度下降。如大黄鱼年产量由最高水平的19万吨下降到1978年的9万多吨，带鱼由57万多吨下降到30多万吨，小黄鱼由16万吨下降到两三万吨。淡水鱼的天然捕捞产量，也由50年代的年产六七十万吨下降到1978年的29.6万吨。

从1979年开始，我国水产部门坚决贯彻"调整、改革、整顿、提高"的方针，纠正了过去盲目追求高指标的做法，把工作重点从单纯捕捞、追求高产转移到保护资源、发展养殖、注重质量方面来，作出了初步的成绩。

首先是加强渔政管理。去年国家颁布了《水产资源繁殖保护条例》，许多地方重申或新规定了必要的禁渔区、禁渔期，调整了近海作业，减少了产量虽高但破坏资源严重的近海底拖网作业，发展围网、流网和钓业。这样做，虽然影响一部分产量，如浙江省去年7—9月3个月就少捕10万吨小带鱼，但是取得了保护资源的效果。

其次，发展水产品的养殖。淡水养殖着重抓商品鱼基地的建设。1979年全国已建成21万亩精养鱼塘，其中投产11万亩，上调鲜鱼3500吨，比1978年增加近2倍。海水养殖面积扩大1/10。对虾养殖发展较快，面积达11万亩，产虾1000多吨，比1978年增加2倍。

在保护资源的同时，改善了水产品的保鲜加工工作。1979年建成一批冷库，新增冷藏能力2万多吨。国营渔轮大部分恢复了船上冲洗分类装箱制度，机帆船带冰出海的也增加了，鱼货腐烂变质现象有所减少。

国家水产总局负责人说，在重点抓调整的前提下，去年水产品的总产量仍达410多万吨，数量虽比1978年减少，但经济鱼类的比重增加，鱼的质量也有提高。国家上调的鱼同1978年大致相等。水产品出口换回外汇3.3亿美元，比1978年增长近1/3。由于经济鱼比重和鱼货质量有了提高，加上调整水产品收购价，降低部分渔需物资销售价，多数渔业社队和渔民收入有较大增加。

总局负责人说，1980年我们将继续大力贯彻八字方针，为了保护资源，捕捞量还要适当压缩。但是只要我们千方百计加速养殖的发展步伐，采取有效措施提高鱼货质量，市场的供应状况，还是可以逐步改善的。

国务院副总理薄一波在北京会见英国48家集团主席斯隆与顾问伯杰

48家集团成立于1954年，在50年代就积极发展英中民间贸易。目前这个集团拥有120多家厂商，是对华贸易的一个重要团体。会见时，薄一波副总理回答了英国朋友提出的有关中国经济方面的问题。

国务院副总理姬鹏飞在人民大会堂会见并宴请卢旺达外交和合作部长恩加卢基英特瓦利·弗朗索瓦及其随行人员

姬鹏飞副总理赞赏哈比亚利马纳总统领导下的卢旺达政府在国际事务中所持的正义立场，以及在实现民族团结、发展民族经济和改善人民生活方面所取得的成就。他还对中卢建交以来两国友好合作关系的发展表示满意。

外交部部长黄华在新加坡与新加坡外交部部长拉贾拉南举行会谈

他们在亲切友好的气氛中就主要的国际问题，特别是柬埔寨和阿富汗问题交换了意见。他们在许多国际问题上的看法彼此接近或大致相同。他们对两国双边关系的发展表示满意，并认为它的前景是光明的。

外交部照会越南驻华大使馆要求越方立即停止一切对中国的挑衅行为

照会说："最近一个时期，越南当局在强化侵略柬埔寨战争，威胁东南亚地区和平与安全的同时，变本加厉地进行反华仇华活动，加剧中越边境的紧张局势。仅今年头两个月，越南方面对中国广西、云南边境的武装挑衅事件就达360多起，进入3月份，这种挑衅活动更是有增无已。"

"1980年3月3日，越南武装人员潜入中国广西壮族自治区防城各族自治县境内，对该县东兴公社北透生产队社员黄永成进行伏击，将黄永成打伤并抓走，其妻陈培玉闻讯赶来也被打伤。3月9日，越南武装人员向防城各族自治县峒中地区开枪射击，打伤中方多人。尤为严重的是，3月7日上午10时至下午4时30分，越南武装人员竟多次向中国云南省河口瑶族自治县小河口地区公路上行驶的汽车开枪射击，打坏中方汽车5辆，打死汽车司机1人，打伤2人。3月11日，越南武装人员又向云南省河口瑶族自治县老卡地区中国边民开枪射击，当场打死3人。"

照会严正指出："越南方面的上述行动充分证明，不断加剧中越边境紧张局势、蓄意破坏两国关系的正是越南当局。中华人民共和国外交部为此向越方提出强烈抗议，并要求越方立即停止一切对中国的挑衅行为，交还被抓走的中方人员，否则必须承担由此而引起的一切后果的责任。"

外交部副部长宫达非同卢旺达外交和合作部长恩加卢基英特瓦利·弗朗索瓦在北京举行会谈

恩加卢基英特瓦利部长在会谈中重申了卢旺达政府坚持的和平共处、不结盟、积极中立、睦邻友好和不干涉别国内政的对外政策。他还指出，卢旺达反对国际上某些人空谈"缓和"，但实际上谋求霸权的行径，主张工业发达的国家同发展中国家对话，来解决他们之间的问题。恩加卢基英特瓦利还介绍了卢旺达的国内情况。

宫达非副外长对卢旺达政府的对外政策表示赞赏。他介绍了中国政府反对霸权主义、保卫世界和平的对外政策的总方针。宫达非副外长还重申了中国对非洲国家和第三世界国家的一贯的方针政策。在谈到国际形势时，宫达非副外长列举大量事实说明，80年代的形势将会更加紧张、更加不安，各国必须保持高度警惕。

中央军委授予吕士才同志"模范军医"荣誉称号命名大会在北京举行

人民解放军总后勤部部长洪学智在会上宣读了中央军委的命令。命令说，吕士才同志在党的教育和培养下，刻苦学习，努力工作，在断指再植、"骨胶"和骨肿瘤的研究上取得了很大成绩，曾先后被评为社会主义建设积极分子和先进工作者，两次荣立三等功。特别是在对越自卫还击作战中，他抱病带领手术队奔赴前线，出色地完成了救治伤员的任务，荣立了二等功。当确诊吕士才同志患有严重的结肠腺癌后，他顽强地与疾病作斗争，表现了一个共产党员的高尚品质。

中央军委的命令号召全军同志特别是医务工作人员，认真学习吕士才同志热爱党、热爱人民、热爱社会主义，为共产主义事业竭尽心力、奋斗终身的高尚品德；学习他公而忘私，对同志极端热忱，对工作极端负责，对技术精益求精，敢于攀登科学技术高峰的革命精神；学习他勤勤恳恳、任劳任怨、艰苦奋斗的优良作风，为把我军建设成为现代化的革命军队而努力奋斗。

人民解放军总政治部主任韦国清在会上讲话时，阐明了学习吕士才同志的现实意义。他说，开展这一学习活动，对于落实党的十一届五中全会精神，教育广大干部战士和人民群众树立共产主义的远大理想，振奋革命精神；对于纠正不正之风，抵制资产阶级思想的侵蚀，进一步改变社会风尚，都将产生重大的影响。

他指出，雷锋同志是在60年代锻炼成长起来的全心全意为人民服务的革命战士的突出代表，吕士才同志则是当今继承和发扬雷锋精神的突出代表。吕士才同志之所以能从一个普通的战士成长为优秀的共产党员，是马列主义、毛泽东思想哺育和党培养教育的结果，也是他在军队这个革命大熔炉里勇于实践、刻苦钻研、加强思想修养的结果。

韦国清同志强调指出，现在摆在我们面前的重要任务，就是要恢复和发扬党的优良传统和作风，同心同德奔四化。党的十一届五中全会通过的《关于党内政治生活的若干准则》(以下简称《准则》)，是党的重要法规，是党章的具体补充。吕士才同志的献身精神和模范事迹，为我们树立了一个伟大的共产主义战士的光辉形象，是我们贯彻执行这个《准则》的好榜样。要实现向四化进军的宏伟目标，就需要有像吕士才同志这样的一大批英雄模范人物。

韦国清同志最后要求全军各级党组织和政治机关要加强领导，切切实实把学习吕士才同志的活动抓紧抓好。要紧密联系本单位和个人的实际,从自己做起,从现在做起,努力使各级党组织成为坚强的战斗堡垒,使自己成为一个合格的共产党员和革命者,把自己的全部精力和聪明才智献给建设和保卫社会主义现代化强国的伟大事业。

总后勤部政委王平在讲话中要求总后系统掀起一个人人学习吕士才、个个献身新长征的热潮,使总后各条战线涌现出更多又红又专的模范人物。

第二军医大学政委韩克宁,吕士才同志的妻子、全国"三八红旗手"潘荣文也在会上讲了话。

中央军委秘书长耿飚向潘荣文颁发了中央军委授予吕士才烈士的一级英模奖章、奖状,并向潘荣文本人赠送了纪念品。中共军委常委杨得志向吕士才同志生前所在的第二军医大学附属长征医院颁发了奖状。

大会由总后勤部副政委曹思明主持。中央军委和各总部、各军兵种、国防科委、国防工办、军事院校、北京部队的负责同志韩先楚、杨勇、张震、梁必业等,以及总后机关、驻京单位的干部、战士、职工2000多人出席了大会。

应邀出席大会的有卫生部以及北京市、上海市和吕士才同志家乡浙江绍兴县的负责同志。

许建国追悼会在北京举行

中国共产党的优秀党员、前中华人民共和国驻阿尔巴尼亚特命全权大使许建国同志因受林彪、"四人帮"的长期迫害,不幸于1977年10月4日于安徽省合肥市含冤逝世,终年74岁。许建国的追悼会,今天下午在北京中山公园中山堂举行。

许建国原名杜理卿,1903年生于湖北省黄陂县,1923年入团,同年转党,1930年参加中国工农红军,先后在红三军团担任团参谋长、师特派员、军团保卫局侦察部长、保卫局局长等职。他参加了二万五千里长征,到达陕北后,担任三纵队四师特派员、军团保卫局局长等职,以后长期做党的保卫工作。新中国成立后,许建国先后担任中央政法委员会委员,天津市副市长兼公安局长、华东军政委员会公安部部长、中共上海市委书记、上海市副市长兼公安局长、公安部副部长,中国驻罗马尼亚和阿尔巴尼亚大使等职务。许建国一贯忠于党、忠于人民,具有高度的阶级觉悟和坚强的党性。他的一生是革命的一生,战斗的一生。

3月18日

国务院总理华国锋在北京会见卢旺达外交和合作部长恩加卢基英特瓦利一行

华国锋总理在谈到当前国际形势时指出:解决柬埔寨问题和解决阿富汗问题的首要条件是一样的,即侵略者必须无条件撤军,让这两个国家的人民自己来解决自己国家的问题。但要迫使侵略者撤军是不容易的,要靠受到侵略国家的人民加强斗争,要靠世界各国人民的支持。全世界主持正义的国家和人民有义务支持他们的斗争。

恩加卢基英特瓦利部长说,卢旺达谴责一切违反国际关系准则的行为,不管这种行为发生在什么地方。

在谈到中卢两国关系时,华国锋总理说,我们在非洲有许多好朋友,卢旺达就是我们的好朋友之一。我们两国的关系建立在相互尊重、相互帮助、相互支持的基础上,友谊的基础很牢固,两国关系一直发展得很好。他指出,中国人民同卢旺达人民一样,都面临建设自己国家的任务。两国在国际斗争部国内建设方面有许多共同语言和共同要求。

华国锋总理希望非洲国家和人民加强团结,在争取国家主权和民族独立的斗争中不断取得新的胜利。

《人民日报》发表评论员文章《一定要重视农机管理工作》

我国农业机械逐渐增多,农机总动力已达1.6亿马力,大中小型拖拉机已有200多万台,排灌动力机械500多万台,粮、棉、油加工机械300多万台。随着农业机械的增加,我们已有一支几百万人的农机队伍。这是很重要的生产力。在向着农业现代化进军的今天,我们要十分重视和加强对农机的管理工作,充分发挥它的威力。

近几年我国农业不断增产,农业机械起了重要作用。1978年,江苏、湖北、安徽等11个省在抗旱斗争中,开动了总功率达2100多万马力的柴油机和1000万千瓦的电动机,共引水提水1700多亿立方,相当黄河三年的总流量。农业机械在抢季节、保农时方面,作用更加明显。南方"双抢"和北方"三夏",农活十分紧张,许多地方由于大量农业机械投入生产,解决了收、种、管争劳力的矛盾。东北地区一般春播要一个多月时间。吉林榆树县机械化程度高,大量采用机械播种,春播半个月即告结束。机械化还有利于精耕细作。许多地区选种、播种、施肥、用药、灌水等作业实现了机械操作,做到准确、精细。大量事实证明,农业机械在促进农业生产,促进多种经营,发展社队企业,繁荣农村经济,使农民富裕起来等方面,发挥着越来越重要的作用。

当前,要进一步发挥农业机械的作用,必须十分重视农机管理工作。粉碎"四人帮"后三年多来,各地恢复了被破坏的规章制度,初步整顿了农机队伍,涌现出一批管好用好农业机械的先进典型。但是,就整个农机战线来说,农机管理仍然是一个薄弱环节，最突出的问题是技术水平和管理水平低，先进和后进之间差距很大。有的地方农机完好率已达90%以上，不少地方仍然只有百分之五六十；有的地方拖拉机每马力作业量已达三四百标准亩，不少地方还不到一百标准亩；有的地方机械作业标准亩三项成本（油料费、修理费、管理费）只有三四角钱，有的地方则高达1元以上；有的地方每标准亩耗油半公斤左右，不少地方竟然耗油1公斤以上。差距就是潜力。我们算一笔账：如果全国大中型拖拉机完好率从目前70%左右再提高10%，全国就等于增加几万台拖拉机，大体相当洛阳拖拉机厂两年的产量。可见加强农机管理有着很大的潜力，我们一定要在“管”字上狠下功夫。

在50年代初，我国农机数量少，农机的经营形式，主要采取国营站的办法。现在，农机数量已大大增加，绝大部分由社队集体经营。农村人民公社要继续稳定地实行公社、大队、生产队三级所有，生产队为基本核算单位的制度，又实行多种生产责任制，这就给农机管理带来许多新情况，不断出现新问题。我们要深入研究新问题，总结新经验。农机管理工作是一门学问，各级领导干部要加强学习，按照党的要求，认真学经济、学技术、学管理，努力使自己成为农机管理的内行。列宁曾经说过：“任何管理工作都需要有特殊的本领。有的人可以当一个最有能力的革命家和鼓动家，但完全不适合做一个管理人员。凡是熟悉实际生活、阅历丰富的人都知道：要管理就要内行，就要精通生产的一切条件，就要懂得现代高度的生产技术，就要有一定的科学修养。这就是我们无论如何都应当具备的条件。”（《在全俄水运工人第三次代表大会上的演说》，引自《列宁全集》第三十卷，第394页）

各级党委要贯彻五中全会精神，按照现代化建设的要求，加强农机队伍的建设，加强对农机管理工作的领导。长期以来，有些领导干部往往习惯于用小农经济的思想和习惯来领导农业，不善于组织和运用现代化的机械来搞生产。这种状况要尽快改变过来。一定要把农机管理纳入整个农业经营管理范围之内，认真抓好。同时，要在农机管理部门认真落实有关政策，充分调动广大农机人员的积极性，关心他们的工作和生活，建立和健全农机管理机构，认真做好农机供应、修理等技术服务工作，切实把农机管理工作提高到一个新的水平。

由中国石油天然气勘探开发公司和联合国技术合作促进发展部共同发起的石油地质国际学术会议在北京开幕

全国人大常委会副委员长胡厥文在北京会见由索马里革命青年联盟主席萨拉德·奥斯曼·罗勃莱率领的索马里革命青年联盟代表团

国务院副总理陈慕华一行参加突尼斯国民教育部长穆扎利和夫人在迦太基宫举行宴会

3月19日

邓小平对《关于新中国成立以来党的若干历史问题的决议》的起草问题提出三条指导思想

第一，确立毛泽东同志的历史地位，坚持和发展毛泽东思想。这是最核心的一条。不仅今天，而且今后，我们都要高举毛泽东思想的旗帜。十一届五中全会为刘少奇同志平反的决定传达下去以后，一部分人中间思想相当混乱。有的反对给刘少奇同志平反，认为这样做违反了毛泽东思想；有的则认为，既然给刘少奇同志平反，就说明毛泽东思想错了。这两种看法都是不对的。必须澄清这些混乱思想。对毛泽东同志、毛泽东思想的评价问题，党内党外和国内国外都很关心，不但全党同志，而且各方面的朋友都在注意我们怎么说。

要写毛泽东思想的历史，毛泽东思想形成的过程。延安时期那一段，可以说是毛泽东思想比较完整地形成起来的一段。毛泽东思想中关于新民主主义革命的理论，包括党的建设的理论和处理党内关系的原则，在延安整风前后，都比较完整地形成了。六届七中全会通过的若干历史问题决议，主要是批判三次“左”倾路线，对照着讲以毛泽东同志为代表的正确路线，没有专门讲毛泽东思想的全部内容。现在这一次，要正确地评价毛泽东思想，科学地确立毛泽东思想的指导地位，就要把毛泽东思想的主要内容，特别是今后还要继续贯彻执行的内容，用比较概括的语言写出来。“文化大革命”的十年，毛泽东同志是犯了错误的。在讲到毛泽东同志、毛泽东思想的时候，要对这一时期的错误进行实事求是的分析。

第二，对新中国成立30年来历史上的大事，哪些是正确的，哪些是错误的，要进行实事求是的分析，包括一些负责同志的功过是非，要作出公正的评价。

第三，通过这个决议对过去的事情做个基本的总结。还是过去的话，这个总结宜粗不宜细。总结过去是为了引导大家团结一致向前看。争取在决议通过以后，党内、人民中间思想得到明确，认识得到一致，历史上重大问题的议论到此基本结束。当然，议论过去，将来也难以完全避免，但只是在讨论当前工作的时候，联系着谈谈过去有关的事情。现在要一心一意搞四化，团结一致向前看。做到这点不那么容易。决议要力求做好,能使大家的认识一致,不再发生大的分歧。这样,即使谈到历史,大家也会觉得没有什么不同意见可说了,要说也只是谈谈对决议内容、对过去经验教训的体会。

总的要求,或者说总的原则、总的指导思想,就是这么三条。其中最重要、最根本、最关键的,还是第一条。

中共中央发出《关于认真传达好为刘少奇同志平反的决议的通知》

全国人大常委会副委员长乌兰夫在人民大会堂接受阿拉伯也门共和国新任驻中华人民共和国特命全权大使艾哈迈德·穆罕默德·瓦迪迪递交的国书

全国人大常委会副委员长谭震林在北京会见英国前外交大臣乔治—布朗勋爵和他的秘书

国务院副总理康世恩在人民大会堂会见正在北京出席石油地质国际学术会议的中外学者和专家

国务院副总理姬鹏飞在北京宴请突尼斯布尔吉巴总统的特使社会事务部部长穆罕默德·恩纳赛和夫人

3月20日

国务院总理华国锋在人民大会堂会见香港环球航运集团主席包玉刚和副主席李伯忠

在北京召开的全国煤炭工作会议确定以调整为中心部署今年的工作

《人民日报》报道,在贯彻调整国民经济“八字方针”的第二年,煤炭工业既要努力生产,又要搞好本身的调整工作,这是最近在北京召开的全国煤炭工作会议提出的任务。

会议提出,目前采掘关系失调的96处矿井,今年要调整好26处,能力为1496万吨,要加快103项安全技术措施施工进度,以保证安全生产。要立即动手为扩大建设规模准备条件,并且把在建矿井的建设速度和质量搞上去。今年计划投人生产的26处在建矿井,要采取有效措施,确保质量,按时投。在调整中还要抓好老矿的挖潜、革新、改造和企业整顿工作,是企业管理达到新的水平,各项工作都有新的提高。

到会同志强调,在搞好煤炭工业本身调整工作的同时,生产千万不能放松,要通过开展学大庆、赶开滦的增产节约运动,推广22个先进单位的经验和50项先进技术,确保完成和超额完成今年国家下达的生产建设任务。

《人民日报》发表社论《我国能源要以煤为主》

能源问题,是当今世界瞩目的问题,也是我国实现四个现代化的重要问题,它在很大程度上影响着我国四个现代化的进程。客观情况决定了我国能源在相当长的时期内,要以煤炭为主。目前我国已经探明的煤炭储量有6000亿吨,连续两年的煤炭产量稳定在6亿吨以上。从这个基础出发,开创煤炭工业的新局面。

煤炭是我国当前主要的能源。我国的石油、水力资源虽然也很丰富,但作为国家主要能源,还应当靠煤炭。石油价值高,作为一般能源使用,是不经济、不合理的。我国石油储量虽然也多,但与煤炭储量比较相差很远,使用石油要十分珍惜,石油主要应该用做化工原料。以热值论,2吨煤炭等于1吨石油,要经济合理利用能源,可以用煤炭代替石油,不能用石油代替煤炭。我国水力资源虽然是世界第一,但是开发基础比较薄弱,目前水力开发数量很少,水电只占全国总发电量的17%。开发水力资源要有一个过程,即使从现在起加快开发水力,在较短时间里也不可能成为我国的主要能源。铀,作为能源,固然有广阔的前景,应当研究、开发,但是,发展核能,不仅需要技术,而且要耗费大量资金,在相当长的时间内,不可能依靠核能。煤炭的情况则非常理想。我国煤炭资源和产量均占世界头几位,而且品种齐全,我们掌握了一定的生产技术,有相当规模的煤矿设备制造能力,又有一支工人、技术人员和干部队伍。我国发展煤炭工业的条件相当好,煤炭作为我国当前主要能源最合理,也最现实可靠。

现在世界上正闹能源危机,对能源问题议论很多。煤炭曾经是世界性的主要能源,只是由于掠夺性的廉价石油的大规模开发,作为能源,煤炭才退居到次要地位。随着情况的变化和时间的推移,以煤炭为主要能源的趋势日益明显。现在已知的材料表明:在世界范围内,煤炭储量比石油储量多很多,而且有长期开采和使用的经验。因此,对于如何解决当今能源问题,大家又把注意力移到煤炭上来。许多国家调整能源政策,把主要能源由石油转向煤炭。一些石油资源不足的国家,不得不把能源从石油转向煤炭;一些石油、煤炭资源都丰富的国家,也开始把能源从石油转向煤炭,鼓励大力生产煤炭,打算在80年代用煤炭满足自己的能源需要。有人认为,进入80年代,煤炭的第二个黄金时代到来了。由此可见,大力开发煤炭,以满足日益增长的能源需要,不仅是由于我国具体情况所决定的必由之路,也是80年代或者更长一段时间,世界各国解决能源问题的共同趋势。不久的将来,煤炭很可能取代石油再次成为世界性的主要能源。这是我国煤炭进入国际市场的良好条件。我国煤炭能在国际市场上显露头角，将会有力地促进我国煤炭数量上质量上的迅速发展，煤炭对我国实现四个现代化会发挥更大的作用。

新中国成立以后，我国以煤炭为主要能源，煤炭工业发展较快。60年代以后，我国石油工业突起，摘掉了贫油国的帽子。由于缺少经验，对煤炭仍然应该是我国主要能源认识不足，对煤炭工业基本建设一度抓得不紧，煤炭基本建设规模至今仍然嫌小。

后来由于林彪、“四人帮”的破坏，再加上这几年煤炭需要量大，有些工作没有跟上，有些煤矿采掘、剥离失调的情况还是严重的。煤炭工业发展落后于国民经济的发展，与四个现代化的要求是很不相称的。从长远规划着眼，最核心的是能源问题，也就是我们常说的，燃料、动力的发展，与生产建设发展不相适应。为此，我们在大力发展能源的同时，要十分重视节约能源。就农村来说，全国一年烧掉秸秆约5亿吨，减少了农家肥料和轻工业造纸原料。我们要大力提倡发展沼气。能源是国民经济发展中带根本性的问题，值得我们深思熟虑。

煤炭工业今年要在稳产中狠抓调整，以调整为中心部署一切工作。煤炭工业要在保证国民经济需要的情况下搞好调整，今年全国煤炭产量计划指标与去年基本持平，是进行调整的有利条件，通过调整，协调煤炭工业内部和外部的比例关系，为煤炭工业发展打好基础。煤炭生产发展了，才能更好地满足国民经济发展的需要。

要下力量调整好煤矿掘进、剥离和采煤的关系。不打无准备之仗，不打无把握之仗，把握在哪里？关键在准备。掘进、剥离是为采煤做准备工作的，只有把落后的掘进、剥离改为先行，为采煤做好充分的准备工作，采煤工作才能争得主动。

在调整中要坚持安全第一的方针。由于生产不安全，煤矿伤亡人员多，生产损失也大。煤矿生产不安全的情况不能再继续下去了。要严格执行保安规程，要优先补还安全技术措施工程的欠账，这样，贯彻生产必须安全的方针才有可靠的保证。

提高煤矿劳动效率，根本出路在于机械化。矿井建设、掘进和采煤都要坚定不移地搞好机械化。搞机械化要因地制宜，实事求是。采煤综合机械化是方向。但是，根据我国情况，在一个时期内，我国煤矿要实行综采、普采、水采、炮采同时并存的方针。对普采、水采要积极发展，对炮采的改革也不能放松，对综采当前应该放在管好、用好现有的综采机组上面，解决好技术培训、配件供应和管理问题。

煤炭工业要改变产品落后结构。我国原煤入洗量只有17%，统配煤入洗量也只有31%，由于煤炭质量低，造成冶金、化工、电力等用煤单位消耗高，铁路每年要浪费运力100亿吨公里。因此，改变煤炭产品结构，要从扩大原煤入洗量入手，深挖现有洗煤设备潜力，有计划地增加新的设备，不断增加原煤入洗量。煤炭工业还要搞煤的气化、液化、综合利用，使煤炭热能得到充分利用，有益元素尽可能回收，这样便能最大限度地发挥煤炭的作用，也有利于环境保护。

随着国民经济的发展，国家对煤炭的需要数量是很大的，只有当前把调整工作搞好了，才为煤炭工业的加快发展打下良好基础。今年是煤炭工业调整的关键的一年，一定要把调整工作抓紧、抓细、抓好。

煤炭是我国的主要能源，煤炭战线的任务是艰巨的，从根本上改变煤炭工业的落后面貌，才能满足国家四个现代化的要求。四个现代化关系着我国的前途，煤炭又关系着四个现代化的前途，煤炭工业大有搞头，大有前途。在煤炭工业发展的进程中，还会遇到种种困难，要有积极的态度，把工作搞活，思想搞活，扎扎实实地做好工作。有光荣革命传统的煤炭职工，一定能够出色地完成国家的光荣任务。

全国农垦局长会议在北京召开

这次会议是农垦部重新组建以来第一次全国农垦局长会议。参加会议的有29个省、市、自治区的农垦局长，部分地区农垦局长和先进农场的代表，部分省、市、自治区华侨农场、劳改农场管理部门的代表，还有国家机关各有关部委、解放军总后勤部的同志，共200多人。会议制定了完成和超额完成今年工作任务的措施：一、继续调整经营方针和作物布局，按照“一业为主，多种经营，因地制宜，适当集中”的方针，安排生产建设，坚决地从单一经营的死胡同中走出来，对亏损企业、车间、项目进行彻底整顿。二、通过抓现有水利工程配套，发展喷灌，提高抗灾能力；抓提高机械化水平，抓绿肥作物的种植，实行科学施肥；抓种子工作和新技术的推广等办法，把现有耕地种好，使单产和总产量有较大幅度的提高。三、继续搞好企业的整顿工作，提高经营管理水平。要有计划地逐步把每一个农场、每一个生产队整顿好。对不称职和长期闹不团结的领导班子，坚决调整；对没有发展前途、不具备生存条件的农场，坚决关、停、并、转。对农场实行财务包干，一定要包死，并在包干范围内给企业以自主权，允许他们各显神通，广开生产门路，增加收入。要认真加强劳动管理，实行生产责任制和定员定编，对多余劳动力，要寻找新的生产出路，创造新的财富。对干部和职工实行奖惩制，严格执行。四、坚持“围绕农业办工业，办好工业促农业”的方针，抓好农垦工业的调整和整顿，把管理水平和盈利水平大大提高一步。五、办好并逐步扩大农工商联合企业的试点。为了加强对这项工作的领导，成立了中国农工商联合企业总公司，协助各地联合企业办理供、产、销方面的事务。六、抓好职工生活。逐步解决职工住房问题，允许职工家属有少量自用地，自己养猪、种菜、植树，收益归已。

在这次会议上，农垦部表彰了1979年全国农垦系统的红旗单位、先进集体和先进生产者。

王震副总理和国家农委第一副主任张平化出席了授奖仪式，并且讲了话。

这次会议于4月3日闭幕。

国务院副总理姬鹏飞在北京会见以泰国内政部副次长差隆·披耶普拉为团长的泰国府尹代表团

国务院副总理姬鹏飞在北京会见并宴请由几内亚和佛得角非洲独立党斗争执行委员会委员卡洛斯·科雷亚率领代表团

国务院副总理姚依林在北京会见西班牙商业旅游大臣加西亚·迭斯

中国的苏州和意大利的威尼斯结成友好城市

李立三 贾拓夫追悼会在北京中山公园中山堂举行

李立三同志是原中共中央华北局书记处书记，因受林彪、“四人帮”一伙的残酷迫害，于1967年6月22日逝世，终年68岁。

贾拓夫同志是原国家计划委员会副主任、党组副书记，因受林彪、“四人帮”和那个顾问残酷迫害于1967年5月7日逝世，终年54岁。

李立三原名隆郅，1899年3月生于湖南醴陵。1919年赴法国勤工俭学。1921年回国并加入中国共产党。1922年领导安源路矿工人大罢工。1923年任中共武汉区委书记。1924年任上海区委职工运动委员会书记。1925年任上海总工会委员长，参加领导了五·卅运动。1926年任中华全国总工会执行委员、组织部长，在武汉领导工人运动。1927年当选为第五届中共中央委员、政治局委员、中央工人部长。同年7月，中共中央改组，为政治局常委之一。参加了八一南昌起义，并担任中共前敌委员会委员、革命委员会委员和政治保卫处处长。同年12月任中共广东省委书记。1928—1930年在上海党中央工作，任中共中央常委兼秘书长、宣传部长等职。1930年犯过“左”倾冒险主义错误，被称为“立三路线”。1931年被派到苏联学习，曾任中共驻共产国际代表团成员兼中华全国总工会驻赤色职工国际代表、共产国际工人出版社中文部主任、《救国时报》主编。1945年当选为第七届中共中央委员。1946年回国，历任军调部东北三人小组成员、中共中央东北局委员、敌工部长、城工部长等职。1948年任中共中央东北局职工运动委员会书记，中华全国总工会副主席、党组书记。新中国成立后，历任中央人民政府委员、政务院政务委员、劳动部部长。1955年后，任中共中央书记处第三办公室副主任、中共中央工业交通工作部副部长。1960年任中共中央华北局书记处书记。是中共四至八届中央委员，六届中央政治局委员，第三、四届全国政协常委。

贾拓夫原名贾耀祖，曾用名贾元、拓夫、红光、虹光、关烽、绍先，字孝先，1912年生于陕西神木。1926年加入中国共产主义青年团，1928年转为中国共产党党员。他曾先后担任共青团陕北特委代理书记、陕西省团委委员兼西安市团委书记、中共陕西省委委员、秘书长等职，并负责组织、宣传工作。1933年他代表陕西省委到党中央报告工作，出席了中共六届五中全会。在中华苏维埃第二次全国代表大会上，他被选为中华苏维埃政府中央执行委员会候补委员，曾参加党的一些重要工作。在二万五千里长征中，他任工农红军总政治部白军工作部部长，红军到达陕北后，担任陕甘苏区中央局白区工作部部长，陕北省委宣传部部长，中央特派员，关中特委书记，三边特委书记。抗日战争和解放战争时期，他历任陕西省委书记，中央西北工作委员会委员，陕甘宁边区中央局统战部部长、调查研究局局长，中共中央西北局常委、秘书长，西北财经办事处主任等职。新中国成立后，他先后担任中共中央西北局常委，西安军事管制委员会第一副主任、中共西安市委书记、市长，西北财经委员会主任，中央财经委员会副主任、中央人民政府国家计划委员会副主席、国务院第四办公室主任兼轻工业部部长、国家经济委员会副主任、党组副书记等职。在中国共产党第八次代表大会上，他当选为中央委员。他还当选为第一届、第二届全国人民代表大会代表，第三届全国政协常务委员。

3月21日

国务院总理华国锋在北京会见突尼斯总统布尔吉巴的特使社会事务部长穆罕默德·恩纳赛和夫人

在同恩纳赛特使交谈中，华国锋总理重申了中国政府和人民坚决支持突尼斯政府和人民反对外来干涉和侵略,保卫民族独立、国家主权和领土完整的正义斗争,祝贺突尼斯人民在布尔吉巴总统领导下,在建设自己的国家、战胜外来入侵和颠覆所取得的胜利。

恩纳赛特使感谢中国政府和人民对突尼斯人民正义斗争的支持。他说,布尔吉巴总统十分赞赏突中之间的合作关系。

华国锋总理在谈到国际形势时,着重揭露了霸权主义在中东地区的扩张行径和破坏中东国家团结的阴谋。他希望中东各国人民以民族利益为重,识破阴谋,团结对敌。

福建省积极建设沿海港口

目前,全省港口的年吞吐量达到500多万吨,比1978年增多约100万吨。去年全省海运进出口货运量比上一年增长42%。福建省海岸线长达3300多公里,曲折多弯,形成许多天然的优良港湾。当前建设的重点是福州马尾港和厦门港。福建省除了加紧建设福州马尾港和厦门港外,目前正进一步着手建设泉州(后渚)、秀屿、赛岐、下寨等港口,为更快地发展进出口贸易创造条件。

国务院副总理薄一波在北京会见联邦德国下萨克森州经济交通部部长比尔吉特·勃洛伊勒夫人率领的联邦德国下萨克森州经济代表团

国务院副总理姬鹏飞在人民大会堂会见并宴请新西兰共产党(马列)筹备委员会访华团全体成员

我国自行设计建造的第一个现代化海岸消磁站——广州黄埔消磁站竣工

《关于党内政治生活的若干准则》由人民出版社出版并在全国新华书店发行

3月22日

国务院批转农业部《关于加速发展畜牧业的报告》

国务院在批转时说,畜牧业是农业中一个十分薄弱的环节,加速发展畜牧业,大力提高畜牧业在农业中的比重,提高肉蛋奶在食物中的比重,是我们的一项重要任务。各地要进一步加强对畜牧业的领导,把畜牧业摆到重要议事日程上,一年抓几次,及时研究解决生产上存在的问题,促进畜牧业的大发展。

中办转发中联部《关于中国共产党与意大利共产党恢复关系的通报》

工商行政管理总局邀请美术工作者座谈以提高商标设计水平

《人民日报》报道,工商行政管理总局最近邀请北京一部分工艺美术工作者,包括一些著名画家和设计专家,座谈商标设计问题。

参加座谈的同志一致认为,新中国成立以来,商标设计工作取得了一定的成绩。但总的说来,我国商标设计水平还比较落后,又受到林彪、"四人帮"极左路线的破坏,商标设计工作远远不能适应我国国民经济发展的要求,不能反映出我国欣欣向荣的面貌。许多商品的商标设计水平很低,牌名单调、雷同。例如,杭州的商标很多都取名"西湖",漳州的商标很多叫"水仙花",广州的则称"珠江""羊城"。商标口号化、标语化的现象仍然存在。还有不少商标图形设计十分粗陋:天鹅和大雁一个样,海鸥与海燕分不清。广大消费者对商标粗制滥造的情况很有意见,迫切要求改进设计。

参加座谈的同志们提出,为了提高我国商标设计水平,工艺美术工作者应当解放思想,推陈出新,既吸收国外商标设计的优点,又注意恢复我国优良的传统和风格。工商行政管理总局应当建立商标设计的研究机构,对各地进行指导,鼓励美术工作者大胆创新,并经常举办商标展览和设计评比,对好的设计给予奖励。大家希望各方面重视这个工作,组织力量,设计出更多的具有我国特色的、群众喜闻乐见的商标来。

中华人民共和国政府和捷克斯洛伐克社会主义共和国政府1980年交换货物和付款协定在北京签字

国务院副总理余秋里在人民大会堂会见日本日中经济协会前理事长渡边弥荣司和现任理事长井上猛等日本朋友

国务院副总理姬鹏飞在北京参加突尼斯总统布尔吉巴的特使社会事务部长穆罕默德·恩纳赛和夫人举行的答谢宴会

恩纳赛特使在宴会上祝酒时说,他这次在北京同华国锋总理和中国有关方面负责人的会晤,很有意义并一定会产生卓有成效的影响。他说,突中两国对当前国际形势的分析在许多点上非常吻合,两国的友好合作关系正在发展。他祝愿突中友谊与日俱增。

姬鹏飞在致答词时指出,恩纳赛特使这次圆满地完成了布尔吉巴总统托付的使命,为两国人民的友谊和两国关系的进一步发展作出了积极的贡献。他说,在当前国际政治风云急剧变幻的情况下,为反对霸权主义、保卫世界和平的共同斗争,中突之间的共同语言越来越多，两国的友好合作关系将会发展得越来越好。

中国科协第二次全国代表大会通过《中国科学技术协会章程》

第一章　总　则

第一条　本会定名为中国科学技术协会，简称：中国科协。

第二条　中国科协是在中国共产党领导下的各种科学技术工作者群众团体的联合组织，其宗旨是促进我国科学技术的发展和繁荣，普及和推广，为提高整个中华民族的科学文化水平，为尽快把我国建设成为现代化的社会主义强国作出贡献。

第三条　中国科协的主要任务：

一、按照百花齐放、百家争鸣的方针，组织和支持会员积极开展学术交流活动，编辑、出版学术书刊。

二、根据实现四个现代化的需要，采用多种形式，向广大干部和群众普及科学技术知识；开展对青少年的科学技术教育活动；协同有关部门积极开展技术交流和群众性的科学实验。

三、发动会员和科学技术工作者对我国的科学技术事业和其他各项建设事业提出建议；对政府部门和企业事业单位的科学技术问题发挥咨询作用，接受政府部门和企业事业单位委托的有关任务。

四、举办各种科学技术普及事业以及其他为会员和科学技术工作者服务的各种事业和活动。

五、经常向党和政府有关部门反映会员和科学技术工作者的意见和呼声。

六、加强和协调所属各种科学技术团体之间的关系；加强自然科学界和社会科学界之间的联系。

七、积极开展国际学术交流活动，发展同国外的科学技术团体和科学技术工作者的友好联系。

第二章　会　员

第四条　凡科学技术工作者群众团体(包括各种学会、协会、研究会和科普团体)，愿遵守本会章程者，经申请并得到常务委员会批准即可成为本会会员。会员可以声明退会。

第五条　会员的权利和义务

权利：

一、选派参加本会会议的代表，享有本会的选举权与被选举权；

二、对本会工作提出批评和建议；

三、向本会提出给予从事科学技术活动的必要支持和帮助；

四、优先参加本会举办的各项活动。

义务：

一、遵守本会章程，执行本会决议；

二、积极完成本会委托的任务；

三、缴纳会费；

四、每年至少向本会提出一份工作报告。

第三章　全国组织

第六条　本会最高权力机关是全国代表大会，代表由民主选举产生。代表大会每五年举行一次，无特殊情况必须按时召开。

全国代表大会的职责是：

一、讨论决定本会的工作方针和任务；

二、听取并批准全国委员会的工作报告；

三、制定、修改本会章程；

四、选举新的全国委员会。

第七条　全国代表大会闭会期间，本会的最高领导机构是全国委员会。全国委员会委员名额由全国代表大会决定。全国委员会选举主席一人、副主席和常务委员各若干人，组成常务委员会。全国委员会、常务委员会和主席、副主席均采取不等额、无记名投票的方法选举产生。主席、副主席连选连任一般不得超过两届。全国委员会根据会章和代表大会的决议领导会务活动；听取并批准常务委员会的工作报告。

全国委员会全体会议每年举行一次，无特殊情况必须按时召开。

第八条　常务委员会是全国委员会的常设机构。在全国委员会休会期间，常务委员会主持本会会务工作。

第九条　常务委员会决定书记若干人，组成书记处，在常务委员会领导下，处理日常工作。

常务委员会根据工作需要，设置普及工作委员会、学会工作委员会、国际活动委员会和相应的办事机构。

第四章　地方科协

第十条　省、市、自治区以下各级科协，是中国科协的各级地方组织，受上一级科协的指导。

第十一条　省、市、自治区以下各种科学技术工作者的群众团体，可申请加入省、市、自治区以下同级科协。

第十二条　省、市、自治区以下各级科协的代表大会每三至五年召开一次选举领导机构。各级科协可根据工作需要和事业的发展，设置必要的办事机构和专门委员会。

第十三条　地方科协的基层组织(如厂矿、公社)，其组织办法由省、市、自治区科协根据实际情况制定。

第五章　经　费

第十四条　本会经费来源：

一、国家拨款；

二、本会举办的各种企业、事业收入；

三、单位或个人捐赠；

四、会费收入。

第六章 附 则

第十五条 本章程经全国代表大会通过施行。

第十六条 各省、市、自治区科协可制定本章程的实施细则;各种科学技术工作者群众团体可制定本团体的章程。

3月23日

华国锋 邓小平等党和国家领导人在人民大会堂接见出席中国科协第二次全国代表大会的全体代表

参加今天接见的领导人有华国锋、邓小平、彭真、胡耀邦、韦国清、乌兰夫、方毅、余秋里、张廷发、耿飚、倪志福、赛福鼎、万里、宋任穷、杨得志、姚依林、谭震林、周建人、许德珩、胡厥文、朱蕴山、史良、康世恩、薄一波。参加接见的还有江华、粟裕、韩先楚、杨勇、康克清、季方、王首道、杨静仁、帕巴拉·格列朗杰、庄希泉、胡子昂、荣毅仁、班禅额尔德尼·确吉坚赞。

《人民日报》发表社论《各级党委都要坚持集体领导》

党的十一届五中全会再一次强调,从中央起,各级党委都要认真实行集体领导制度。这是健全党的生活,加强和改善党的领导的一个十分重要的问题,应当引起全党同志的高度重视。

列宁指出:“集体领导是党的领导的最高原则。”集体领导是由我们党的无产阶级性质决定的,是由我们党所坚持的历史唯物主义决定的。共产党不同于其他政党,从来就是依靠集体的智慧和经验。个人不过是集体的一员,个人的作用,只有通过集体才能得到正确的发挥。因此,在党委领导工作中,一切重大问题必须由党委集体讨论决定,而不能由个人或少数几个人擅自决定。粉碎“四人帮”以来,特别从十一届三中全会以来,党中央十分重视恢复遭到严重破坏的集体领导制度。继三中全会以后,五中全会又一次强调集体领导的问题。最近公布的《关于党内政治生活的若干准则》,第二条就是“坚持集体领导,反对个人专断”。我们一定要在全党进一步解决这个问题,使党的生活更加健全,党的领导水平更加提高。

集体领导是党的民主集中制原则在各级领导机构中的应用。实行集体领导,既要有民主,又要有集中,但要进行正确的集中,必须在党委内部充分发扬民主。党的各级领导机构,一般都是由各个方面比较优秀的代表人物组成的,他们不但对自己分管的工作比较熟悉,而且在相当的程度上集中了广大党员和人民群众的智慧和经验。只有充分发扬民主,讨论问题时让大家畅所欲言,各抒己见,有不同意见的交流和争论,有各种主张和方案的比较,才能集思广益,作出比较正确、比较周到的决定。也只有这样,才能真正统一认识,统一行动。

坚持集体领导,必须反对夸大个人作用。我们在充分肯定人民群众是历史创造者的同时,并不否认杰出的人物在历史上的作用。但是,我们坚决反对把个人作用夸大到不恰当的程度。列宁说得好:“在人民群众中,我们到底是沧海一粟,只有当我们正确地表现人民所意识到的东西时,我们才能管理。”夸大个人的作用,就会看不到或者看轻群众和集体的作用,势必背离民主集中制和集体领导原则。国际共产主义运动和我们党的经验都说明,任何领导人,即使是非常杰出的人物,如果突出个人,独断专行,就一定要犯错误,给党的事业带来严重的危害。三中全会以后,全党认真执行了少宣传个人的方针,各级党组织在实行集体领导方面也有不同程度的进步。但是,那种口里赞成集体领导,实际上爱好“一言堂”的现象还是不少的。有的党委内部没有充足的民主空气,重大问题不经集体讨论,或者虽有讨论的形式,但人们不能敞开思想,充分表达意见,不能提出异议,实质上是书记个人说了算。书记和委员之间的关系,成了上下级的关系。这是很错误的。毛泽东同志说:“党委书记要善于当‘班长’。”同时指出:“书记和委员之间的关系是少数服从多数,这同班长和战士之间的关系是不一样的。”党委所有成员都是平等的,都只有一票。当然,有些担任第一把手的同志,确实水平比较高,提出的见解和主张往往比别人高明,使人们很自然地信服。即使这样,搞“一言堂”也是很危险的。一个人不论怎样有经验有能力,都是有局限性的,个人的智慧如果不同集体的智慧相结合,难免要作出片面的甚至错误的决定。

在这里要注意一个问题:党的各级组织,允许不允许有不同意见存在?历史经验证明,允许不同意见存在,有不同意见的辩论,并不是坏事。有不同的意见,可以促使我们更深入更细致地分析和研究问题,想到事情的几种可能性,估计情况的几个方面,这样,大家就可以谨慎一些,把事情办得更周到一些,就可以少犯错误。过去我们不少党委会往往不允许有不同意见存在,甚至对持不同意见的同志随便扣帽子,结果就形成了在任何问题上都是“一边倒”的现象。我们不反对经过充分讨论而达到的真正的意见一致,但一切问题都“一边倒”,没有充分的讨论,没有任何不同意见,那就和“一言堂”一样,都是党内生活不正常的表现。搞“一言堂”,本人当然要负主要责任;但是那些在原则问题上唯唯诺诺,任何时候都赞成第一把手的意见的人,也不能辞其咎。很明显,如果大家不搞“一边倒”,

"一言堂"就会受到抵制,就不容易行得通。所以,我们要大力提倡开动脑筋,独立思考,提倡实事求是,坚持原则。看领导眼色说话办事,曲意逢迎,投其所好,是剥削阶级的庸俗作风,决不允许带到党的各级领导机构,来腐蚀无产阶级的战斗指挥部。

加强集体领导,决不是否定或者减轻个人的责任。党中央在1948年9月关于健全党委制的决定中,就曾明确指出:"集体领导和个人负责,二者不可偏废"。《关于党内政治生活的若干准则》重申了集体领导必须和个人分工负责相结合。目前在党的领导工作中,效率不高是一个突出的问题。效率不高,同缺乏明确的、严格的个人负责制有很大关系。如果把集体领导看成事无巨细统统都要拿到党委会上讨论解决,我们就会淹没在会议之中,而做不成任何事情。如果认为集体领导就是集体负责,个人没有什么责任,结果就会造成无人负责。真正搞好集体领导,党委每个成员都要按照分工,独立负责地、切切实实做好自己承担的工作。不要光说现成话,只知照搬上面的东西。不要遇事都要求书记点头或摇头。要敢于负责,敢于根据中央的精神和党委的决议,结合本地区或本单位的实际情况,大胆地研究和解决工作中的问题。凡是自己应该解决和能够解决的问题,都不要往上推,也不要拖到以后让党委去讨论。推和拖是要误事的,也不能增长才干。在集体领导下,每个成员都能独立负责地、创造性地进行工作,这个党委才会是充满活力的、富有工作效率和工作成果的。

民主集中制是我们党的根本组织原则。集体领导是民主集中制的一个基本问题。坚持民主集中制,坚持集体领导,我们党的生活就比较健全,广大党员和干部的积极性就高,党的领导就比较正确。违背了民主集中制和集体领导原则,我们党就要遇到挫折。林彪、"四人帮"横行时期,民主集中制和集体领导原则被严重破坏,我们党就遭到空前的灾难。历史的经验从正面和反面教育我们,要建设一个好的党,提高党的战斗力,坚持和改善党的领导,非认真实行民主集中制和集体领导制度不可。党中央在这方面已经带了个好头。各级党委都要按照五中全会精神,按照《关于党内政治生活的若干准则》,把民主集中制和集体领导制度进一步健全起来,使我们党更好地担负起领导社会主义现代化建设的重任。

中央书记处和国务院领导同志在中南海参加植树活动

中共中央书记处和国务院的一些领导同志,今天上午同中共中央和国务院机关的工作人员一起,在中南海的庭园、路旁,挥锹植树,绿化环境。

胡耀邦、王震、万里、王任重、宋任穷、杨得志、康世恩、姬鹏飞等同志和机关工作人员一齐动手,种植了一批毛白杨、悬铃木和紫薇,还种了一些芍药、牡丹等花卉。

胡耀邦同志在植树间隙对一起劳动的同志说,植树造林要提高质量,保证成活,讲求实效,不要图虚名。城市绿化,除了种树以外,还要种花、种草,美化环境,防止污染。他希望全国各地机关、部队、工厂、农村、学校和其他单位,一齐动员起来,开展群众性的植树造林活动,加速绿化祖国。

国务院批准商业部等单位将整顿行政和企事业部门招待所的报告

由商业部、财政部、中国人民银行、工商行政管理总局联合提出的关于整顿行政和企业事业部门招待所的报告规定,全国所有的国营旅社、饭店,不经省、市、自治区商业部门批准,不得随意改为招待所。任何行政和企业事业部门,凡是1966年以后将国营旅社、饭店改为招待所的,应逐步归还商业部门,恢复原来旅社、饭店的业务经营。凡是以旅社、饭店名义或动用饮食服务部门的资金新建、扩建的招待所,应一律交国营饮食服务部门管理。

报告还规定,全国所有行政和企业事业部门的招待所,都要严格执行国家规定的收费标准和财务管理制度,不得巧立名目,任意提高收费标准和任意开支。

湛江港至茂名市的输油管开始输油

这条输油管道贯穿湛江、遂溪、廉江、化州、茂名5个县、市,全长115公里,它的直径为529毫米,年输油量设计能力最高达1000万吨,最低为500万吨。湛江——茂名输油管既可输送黏性大、含蜡多的原油,也可输送含酸、含硫量大的原油,以适应加工国内外多种原油的需要。

全国人大常委会副委员长阿沛·阿旺晋美在人民大会堂会见以坂本刚二先生为团长的日本世界青少年交流协会代表团

国务院副总理方毅在人民大会堂会见英国牛津大学生物化学教授波特和英国医学研究委员会剑桥分子生物实验室桑格博士及他们的夫人

国务院副总理薄一波在北京会见以德意志联邦共和国不来梅州经济外贸和劳工部长卡尔·威尔姆斯为团长的不来梅州经济代表团

中国科学技术协会第二次全国代表大会闭幕

今天的闭幕式由周培源教授主持。参加会议的1500名代表和来自各条战线的3000多名来宾济济一堂，共庆这次科技界盛会的圆满结束。

中共中央书记处总书记胡耀邦代表党中央作了重要讲话。

方毅、余秋里、万里、王任重、宋任穷、杨得志、姚依林、谭震林、康世恩、薄一波、粟裕、康克清、王首道、杨静仁同志出席了闭幕式。

全体代表通过了大会决议和关于为四化建设开展建议活动的倡议书。

中国科协副主席裴丽生致闭幕词。他说，胡耀邦同志在讲话中提出了动员全国人民向科学进军的三大措施，指出了科技工作者的崇高责任，号召全党支持科学家和科技工作者大展宏图，这就为我们指明了继续前进的根本方向。他表示科协及其所属团体的各级组织和广大科技工作者，决不辜负党中央的要求和期望，在今后的工作中一定认真贯彻执行。

裴丽生说，这次大会一致通过了周培源所作的工作报告，通过了科协的章程和学会的组织通则，选出了新的机构。围绕国家建设和科技、教育政策，代表们提出了许多宝贵的建议或提案，通过了关于发动科技工作者开展提建议活动的倡议书。这充分表现了与会代表对国家昌盛、科学繁荣的高度热忱和强烈的责任心。他希望以这次大会为起点，发动科技工作者提建议的活动深入、广泛地开展起来，使之收到更大的成效。

中共中央书记处总书记胡耀邦在中国科协第二次全国代表大会上的讲话

同志们：

这次大会就要胜利闭幕了。我谨代表党中央，向你们，向战斗在各条战线上的科学技术工作者，特别是作出了重大贡献的科学技术工作者，致崇高的敬意！

整整两年以前，我们党中央在北京召开了全国科学大会。华主席、邓副主席都在大会上作了长篇讲话，阐明了科学和四个现代化的关系，提出了实现我国科学技术现代化的方针、政策；叶副主席为大会写了“神州九亿争飞跃”的诗句。两年来，我们的科研工作取得了一批新的成果，我们的科技队伍有了新的壮大。我们的科普工作重新活跃起来，我们党和政府对科技工作的领导有了改善。党和人民为科技战线取得的新成就，感到由衷的喜悦。

但是，我们是严格地实事求是的人，我们对一切问题都要讲真话，讲实话。应该说，我们还没有造成整个国家，整个民族爱科学，学科学的热潮；我们虽然有愈来愈多的同志向科学进军，但也还有不少的人在那里原地踏步。许多同志，特别是做科学工作的许多同志对这种状况是焦急的。

这是怎么一回事呢？

同志们知道，三年前，我们一举粉碎了“四人帮”，举国上下一片欢腾。我们大家很自然地产生了一种过分乐观的情绪，一方面，对林彪、“四人帮”十年破坏所造成的恶果有些估计不足，对党拨乱反正的阻力有些估计不足；另一方面，对在我们这样一个有9亿多人口的长期贫困落后的大国里实现四个现代化的进程，要求有些过高过急。对科学事业发展速度的设想也是如此。我们可以立即利用的能源、原料、材料和资金不足，技术人才和管理人才不足，有的资源和人才没有发现，或者使用不当。这种状况不是少数人在短时间内凭决心就可以改变过来的。正是为了有效地改变这种状况，我们提出了调整、改革、整顿、提高的方针。我们在实践中不断提高认识，我们始终紧张地工作，坚韧不拔地前进。

现在，大家都亲身感受到：从我们党的十一大以来，特别是三中全会以来，我国社会主义事业，生气勃勃地向前发展。我们在继续清除林彪、“四人帮”残余势力和思想流毒，继续大规模地落实党的各项政策的同时，坚决把全党工作的着重点转移到四个现代化建设轨道上来。我们争得了农业的连续丰收。我们调整国民经济的八字方针，已经开始显示威力。我们党的政治路线、思想路线和组织路线，广泛地深入人心。我们整个国家的安定团结，生动活泼的政治局面，日趋巩固，不断发展。一句话：我们的国家已经扭转了林彪、“四人帮”十年横行所造成的严重混乱局面，正在有领导有秩序地、满怀信心地向着四个现代化的目标前进。这是我们党克服了巨大困难所取得的巨大胜利。

我们并不满足于这些胜利，当然更不会在胜利面前停顿下来。我们清楚地知道，还有许多困难有待我们去克服。就是在这种情况下，我们党召开了十一届五中全会。同志们已经知道，十一届五中全会解决和提出了一系列的问题。这些问题的解决和提出，着眼于什么，围绕一个什么样的总的指导思想呢？这就是，为了使安定团结的政治局面能够持久地巩固和发展，保证党的路线、方针、政策和党的集体领导有长期的连续性和稳定性，使已经开始的四个现代化建设在80年代能够取得决定性的胜利。

这样，同志们就可以明白，这几年我们是在怎么样的一种极其艰难的环境中前进的。我们碰到的矛盾，纷繁复杂，我们要解决的问题，成千上万。我们只能分步骤地，一个一个问题来解决。先抓住那些重要问题中的最迫切需要解决的问题加以解决，而那些虽然同样重要的问题，就被稍稍挤到后排去了。这就是我们的科研事业和教育事业中，一些急待解决的重大问题在今天以前没有得到解决的主要原因。

我们的思想路线，一个很重要的要求，就是要研究新情况，解决新问题。随着最迫切问题的逐个解决，科学工作和教育工作的问题，理所当然地更加突出在我们党和我国人民的面前。我们必须不失时机地加以切实的解决。

科学是推动历史前进的巨大力量。科学愈来愈迅速地转化为巨大的生产力。没有先进的科学技术就没有四个现代化。掌握当代最先进的科学技术是关系我们国家前途的根本问题。这些道理，在我们党的许多文件中，在党中央领导人的言论中，说得非常之多了。你们比我懂得更多，体会更深。我们应该继续向广大干部和人民宣传这些道理，并且力求宣传得生动活泼，切实具体。但是，我们认为更重要的是如何通过切实的组织工作，使党中央向科学进军的伟大号召，变为我国亿万人民扎扎实实的自觉行动，变成我国亿万人民日常生活中的一个重大的组成部分。

有人说我们是务实派，这个说法并不正确。第一，我们党现在没有也不应该分什么派，我们党是一个团结统一的先进的战斗集体。第二，我们党不但务实，而且始终不离开我们的伟大理想。我们共产党人应当成为既有伟大理想，又能采取切实措施加以实现的人。

应当采取什么切切实实的措施，动员我国人民大踏步地向科学进军，发展我国的科学事业呢？

第一大措施，就是要坚决地建立一支能够真正坚持社会主义道路、具有专业知识和能力的干部队伍。这就是我们党的组织路线的一个主要内容，是实现四个现代化的可靠保证。

我们有没有这样一支干部队伍呢？我们现在有一支一千八百万人的干部队伍。但是这支队伍还不够理想，还有不少人不合格或者不大合格。一是政治上不合格或不大合格，二是能力上不合格或相当地不合格。所谓政治上不合格，就是我们有些干部对党的路线、方针、政策不完全理解，对我们的党规党法不认真执行。我们党正在采取一系列的措施来解决这个问题。通过这一系列的工作，我们相信会有更多的同志在这方面变成合格的人。

所谓能力上不合格，就是缺少专业方面的知识和能力。我们党中央的领导同志反复强调，我们的干部，无论在什么岗位，都要有一定的专业知识和专业能力。用什么办法来解决这个问题呢？要采取两个办法。

一个办法，就是要把那些热爱社会主义事业，又有专业知识和能力的优秀人才，大胆选拔到领导岗位上来。新中国成立以来，我们培养了几百万个中专以上的人才。这些同志，绝大部分人不但年富力强，而且经过一、20年的锻炼和考验，政治和业务水平都有了很大的提高，他们当中许多人比我们现在的某些领导干部更合格。但是，这些人中的绝大多数还没有被提拔到负责的岗位，以致他们的能力还没有得到充分发挥。

我们党中央常委前几天认真地议了这件事。我们认为，这件事有些地方办不起来，主要是不大了解情况和对选拔干部还是守住老框框。我们党内不少同志对有知识的人，仍然不大信任，往往把他们不盲从、爱动脑筋、爱提意见的优点看成是骄傲自大。我们必须认真地解决这个问题。我们应该把那些有科研能力、热爱科研事业但不擅长作领导工作的科研人才，放到他们专长的岗位上去，大胆放手地让他们发挥聪明才智，并虚心听取他们的意见和建议；同时，把那些既有科学技术专长又有组织领导才能的科技人才，大胆地有计划地提拔到党的、政府的、经济事业的、科学教育事业的领导岗位上来。我们希望科学界的同志积极而又负责地向各级党委推荐这两种人才。

另一个办法，就是要组织一切干部认真学习与自己工作有关的科学技术和管理知识。同志们记得，30年前我们进城的前夕，毛主席写的《论人民民主专政》一文中说过一段著名的话：“严重的经济建设任务摆在我们面前。我们熟习的东西有些快要闲起来了，我们不熟习的东西正在强迫我们去做。这就是困难。”“我们必须克服困难，我们必须学会自己不懂的东西。我们必须向一切内行的人们(不管什么人)学经济工作。拜他们做老师，恭恭敬敬地学，老老实实地学。不懂就是不懂，不要装懂。不要摆官僚架子。钻进去，几个月，一年两年，三年五年，总可以学会的。”我们成千成万个干部热烈地响应了毛主席这个伟大号召，学得很好，因而取得了社会主义改造和社会主义建设的巨大胜利。这是我们党历史上第一次重新学习。现在我们面临的情况，很类似那个时候，但是任务更加繁重，也更加紧迫。我们深信，我们党的广大干部，是有志气的人。我们将遵循毛主席的这个教导，掀起我们党历史上第二次更大规模的重新学习的热潮。历史将再一次表明，我们党的广大干部，一定能够学会我们现在不懂的东西！

在科学方面，我自己就不合格。叶剑英同志在五中全会讲话中，对我们书记处提出了三点要求。要求之一，就是希望我们勤奋学习。今天，我代表中央书记处正式向在座的科学家报名，我们准备邀请你们中的一些同志开开座谈会、专题研究会，请你们当我们的老师。

为了发展我国的科学事业，第二大措施，就是要大规模地培养我国科学技术的生力军和后备队。

什么是我们的生力军和后备队呢？这就是我们的

青少年。为了使他们能够真正成为我国科学技术的生力军和后备队,就要认真解决我国的教育问题。我们党的五中全会公报上提到了这个极端重要的问题,并且在全国人民中引起了强烈的反响。

办好教育,有两个很大的问题值得我们认真想一想。

一个是,1966年到1976年的10年期间,从8岁到18岁的青少年大约有1.6亿人。那时,他们本来都应该在小学和中学里好好学习,但是,由于林彪、“四人帮”的破坏,他们中的绝大多数人的学业基本上荒废了。林彪、“四人帮”煽动的“打砸抢有理”和“交白卷光荣”,毒害了我们整整一代青年。连国外许多朋友都清楚,在这场反革命大破坏中,受害最大和最深的就是这一代青年。现在他们一般是20岁以上到30岁左右的青壮年,大部分已走上了工作岗位,小部分还在学校学习。他们中的大多数表现不错,思想上受毒害较深的只是少数。无论如何,他们所受的思想上的毒害还比较容易消除,但要弥补他们文化科学知识上的损失,那就不是一个短期能够做到的事情。因为他们每天都担负着繁重的生产劳动,有的已经成了家,还要操劳家务。我们希望科协的同志协同教育部门、工会、共青团、妇联的同志用心研究这个问题;希望一切厂矿企业,农村人民公社的同志们,也都来认真考虑这个问题,看看采取什么最有效最便利最切实的办法,在继续帮助他们提高思想觉悟的同时,有计划、有步骤地帮助他们提高文化,提高技术,使他们真正成为适合四个现代化需要的一代新人。

另一个是,现在有2.1亿青少年在中小学校学习。他们是我们实现四个现代化的后备队。他们今天上课堂,明天就要上战场。现在课堂上的功夫如何,同今后战场上的战果有密切关系。我们要想得远一点。

我们现在的中小学校的情况如何呢?总的来说,比林彪、“四人帮”作恶时期好多了。但不够理想。无论在教育的体制和结构上,还是在培养学生的数量和质量上,都跟不上形势发展的需要。这倒不是我们的教育部门和学校的负责同志不努力,更不是老师们不努力。教育部门和学校的负责同志,特别是学校的老师们,绝大多数同志是非常尽心的。他们中的许多同志呕心沥血,把自己的一切默默无闻地献给了庄严的教育事业。如果说要致敬的话,我们大家都应该向这些真正的英雄致最大的敬意。

怎样把我们国家的教育事业,特别是中小学教育事业办得更好,我们还要专门讨论。我们一定要用更大的力量来办教育,但是我们的国家还很穷,不可能一下子增加大量教育经费,这是容易理解的。但我们一定要在教育的许多重大问题上求得显著的改进,这是必需的,也是可能办到的。

这里,我着重说一说尊师爱生的问题。我们有些同志把尊师爱生理解得太窄了,以为这只是学校中老师同学生的关系问题。爱生,首先是老师的问题,是学校领导同志和全体员工的问题,同时和我们整个社会的成员都有密切的关系。我们各级领导同志、教育家、科学家、科普工作者,应该拿出最大的热情,关怀学生和青年一代,给他们提供更多更好的学习课本、教科书,以及适合他们阅读的各种读物。至于尊师,不仅是学生的问题,我们整个社会的成员,所有学生的家长,特别是我们各级党和政府的负责人都要尊师。有人说,各级党委每年开了许多干部会,为什么不请老师们来开开会。这很有道理。我们的新社会一定要创造和形成一种社会风气,就是人人都要热爱青年、少年和儿童,人人都要尊敬在各级学校里辛勤培养一代又一代新人的老师。

为了发展我们的科学事业,第三大措施,就是我们全党都要充分支持科学家和科学工作者大展宏图。

我们国家已经有了一支水平相当高的科技队伍。这支队伍包括理论家、发明家、革新家、工程技术专家、农学和医学专家。在这支队伍里出过像李四光、竺可桢等同志这样的世界上第一流的科学家。这是中华民族的光荣。

但是,我们的这个队伍,毕竟美中不足,人数太少,水平也不够高。正因为如此,我们党对这支队伍寄以特别殷切的希望。一是希望他们带头攀登科学高峰;二是希望他们精心培育后继人才。这是历史赋予我国科学家光荣的双重任务。

我们的根本目的,是在建设高度的社会主义物质文明的同时,建设高度的社会主义的精神文明。两种文明是互相联系、互相促进的。物质财富、物质文明为精神财富、精神文明奠定基础;而精神财富、精神文明反过来又促进物质财富、物质文明向前发展。在我们实现四个现代化的征途上,要努力攀登精神文明的这三个高峰:思想理论高峰,科学技术高峰,文学艺术高峰。为了在80年代取得四个现代化的决定性胜利,有成就的科学家有责任带领大批的科学工作者去努力攀登当代科学技术的高峰。

我们党希望科技界树立和发扬科学的优良作风。科学所以成为科学,就是因为它能破除迷信,勇于探索;它反对因循守旧,敢于打破陈规陋习。科学家所以能够成为科学家,就是因为有严格的科学精神,也就是求实精神,革新精神,独创精神,反对夸夸其谈,华而不实,抱残守缺。科学家所以能够不断前进,就是因为他们永不满足,能尊重别人的成果,又能互相探讨,互相学习,既善于从劳动群众的实践中不断汲取智慧,又善于从外国的先进科学技术汲取营养。我们党希望我国的科学界精心培育和传播这种好作风，使我们的科学园地，百花盛开，永不凋谢。

我们的科学技术协会，在粉碎"四人帮"之后，经过大家的努力，又英姿勃勃地前进了。这使我们党和全国人民感到高兴。科协是科学家和科技工作者自己的组织，是同工会、共青团、妇联、文联一样重要的群众团体。在向四个现代化进军的征途上，科协尤其具有重要的地位。

周培源同志在大会上的报告，提出了科协今后一个时期的奋斗纲领和许多切实可行的措施。这是一个很好的报告。我们希望各级党组织都重视这个报告。

发展科学，发展教育，大力培养各方面的专门家，提高全民族的科学文化水平，是开发人类智力资源的伟大事业。四个现代化建设能否顺利进行，在很大程度上，要取决于这种资源的开发。科协在这方面一定会发挥它巨大的历史作用。我们党希望全国各级科协，奋发图强，为我们的伟大事业作出新的贡献。我们也希望各地党组织给予科协的工作以热情的支持。

同志们!

我们党反映和代表全国各族人民的意志，确定了一个伟大的奋斗目标——实现四个现代化。这个目标已经深深扎根在九亿人民的心坎中了。扎根于人民心坎中的最美好的东西，它的胜利是谁也阻挡不了的。

当孙中山先生以一个伟大的民主革命先行者出现在历史舞台上的时候，他曾经写下了十六个大字："世界潮流，浩浩荡荡，顺之则昌，逆之则亡"。他的这个远见卓识，激励了许多仁人志士为中国的民主革命事业而英勇献身。

现在的历史潮流，比孙先生的时候远远地向前推进了。我们有理由比孙先生看得更远，我们有条件比孙先生时代的人干得更好。当然，在我们的面前，还会有新的困难、新的障碍。但是，天下哪里有什么伟大的胜利是平平安安、舒舒服服，而不需要克服各种严重的困难就能取得的呢!

让我们同心同德地在克服困难中前进吧。胜利一定属于我们!

中国科协第二次全国代表大会关于为四化建设开展建议活动的倡议书

我们出席中国科协第二次全国代表大会的全体代表，围绕着如何为四化建设献计献策这个问题，进行了充分的讨论，大家一致认为，在科学技术上当好党和政府的参谋与顾问，是科技工作者的一项光荣职责。

全国科学大会以来，中国科协各级组织及其所属团体，通过各种方式，对国家现代化建设和各行各业的工作提出了许多意见和建议，受到党和政府有关部门的重视，起了很好的作用。今天，我们已进入了对实现四个现代化具有决定意义的80年代，我国的科学技术事业将出现繁荣昌盛、人才辈出的新局面。在四化建设的宏伟事业中，人民要求我们科技工作者要为祖国拿出丰硕的科学技术成果，期待在我们中间涌现出一批世界第一流的科学家、工程技术专家、农业和医学专家，同时希望我们对四化建设中的各种科学技术和技术经济问题，向党和政府提出有科学根据的建议，充分发挥咨询、顾问的作用。这是时代赋予我们科学技术工作者的光荣使命。为此，我们向全国科学技术工作者倡议，更广泛深入地开展建议活动。

我们科学技术工作者，应该主动关切国家建设计划和科学技术事业规划的制定；关切科技政策、重大建设项目和科研项目的确定与实施；关切科技人才的培养与使用；积极协助有关部门总结提高实践经验，改进科学技术的组织管理工作。

作为科学技术工作者的群众团体——各级科协及所属团体，要为开展这一活动做好组织工作，认真负责地把各项建议及时转送党、政有关部门研究采纳。

科技工作者建议活动的广泛开展，将有助于各项建设事业更具有科学依据，有助于加快四化的步伐。让我们以主人翁的态度和对祖国四化建设的高度责任感，把自己的全部聪明才智，贡献给实现四个现代化的宏伟事业，为建设现代化的社会主义强国而奋勇前进!

中国科学技术协会第二次全国代表大会决议

中国科学技术协会第二次全国代表大会一致同意周培源同志代表中国科协第一届全国委员会所做的《同心同德，鼓足干劲，为实现我国科学技术现代化而奋斗》的工作报告。

大会热烈赞颂党的十一届三中全会以来，随着全党工作着重点的转移，社会主义现代化建设事业正逐步健全发展，科学技术战线出现了喜人的形势。我们的这次大会，是科学技术群众团体一次承先启后、继往开来的具有历史意义的盛会。大会所取得的各项成果，对今后科学技术群众团体工作的发展，必将产生深远的影响。

大会要求各级科协及所属团体的全体成员同广大科技工作者一道，认真学习胡耀邦同志代表中共中央在大会上的讲话，并在今后工作中坚决贯彻讲话的精神。我们要在党的领导下，以四个现代化建设为中心，广泛开展国内外学术交流，大力做好科学技术普及工作，积极提出有科学根据的建议，在科学技术上当好党和政府的参谋与顾问，努力发现和培养科学技术的优秀人才，使科学技术群众团体在社会主义建设事业中发挥更大的作用。

大会号召本会全体成员和广大科技工作者一道，更紧密地团结在党中央周围，同心同德，紧张努力，专心致志，为四化贡献自己的聪明才智，以实际行动迎接党的第十二次代表大会的召开，为社会主义现代化的建设事业的伟大前途而努力奋斗！

由中国作协和中国音协主办的纪念左翼文化运动50周年朗诵演唱会在北京工人体育馆举行

朗诵演唱会在雄壮的《义勇军进行曲》中开始。接着，朗诵演唱了左翼文化运动中产生的优秀诗歌、散文和歌曲。其中，有鲁迅的《为了忘却的纪念》，瞿秋白翻译的高尔基的《海燕》，任光的《打回老家去》、冼星海的《救国军歌》，吕骥的《保卫马德里》，贺绿汀的《心头恨》，以及茅盾、殷夫、柔石、艾青、张庚、光未然等人的作品。晚会上还朗诵了郭沫若的诗《民族再生的喜炮》。这些作品当年像号角，曾鼓舞着人们奋起同帝国主义、封建主义进行英勇斗争，今天，它又激励着人们继承和发扬左翼文化运动的光荣传统和革命精神，为四化建设作出贡献。

王任重、周扬和周巍峙、王阑西、刘白羽等有关方面负责人出席了晚会。

3月24日

国务院总理华国锋在人民大会堂同扎伊尔共和国总统蒙博托·塞塞·塞科举行会谈并设宴欢迎蒙博托·塞塞·塞科一行

会谈时，双方一致认为，当前国际形势更加动荡、更加危急，威胁世界和平的根源来自霸权主义的扩张、侵略。双方对中扎两国关系的发展表示满意，一致认为，不断加强和发展两国关系符合两国人民的根本利益，也有利于第三世界的团结反霸事业。

华国锋总理在宴会上说，中国和扎伊尔关系正常化以来，两国友好关系得到了迅速的、令人满意的发展，两国人民之间的友谊是经得起时间考验的。

华国锋总理说，我们两国在政治、经济、贸易、文化等方面进行了广泛的、卓有成效的合作。在国际事务中，为维护第三世界正当权益，为反对帝国主义、霸权主义的侵略，我们两国一贯相互同情、相互支持。华国锋总理赞扬扎伊尔人民在维护民族独立、国家主权和建设自己国家的事业中，不断排除干扰，取得了一个又一个胜利。

他说，扎伊尔政府对外奉行不结盟政策，坚持反帝、反殖、反霸，致力于非洲国家的团结，维护非洲大陆的独立与和平，积极支持世界各国人民的正义斗争，赢得了世界的好评。

华国锋总理说："只要我们加强团结，不断挫败霸权主义的战略部署，就可以防止国际形势的逆转。"

华总理说，当世界进入80年代的时候，国际形势发展的趋势，不是更加稳定而是更加动荡，不是更加和缓而是更加紧张。苏联在支持越南侵占柬埔寨以后，不久前又无视公认的国际关系准则，悍然出兵侵占阿富汗。世界不得安宁的基本原因，就在于苏联变本加厉地推行霸权主义。

华总理说，苏联为了迂回包抄、最后夺取欧洲，早就把自然资源丰富、战略地位重要的非洲大陆，作为它力图掠夺的目标。它不择手段地在非洲国家之间挑拨离间，破坏团结，恣意地对它们进行干涉和颠覆，甚至公然通过雇佣军对非洲的主权国家进行占领和控制。事实擦亮了人们的眼睛，非洲人民越来越认清了苏联霸权主义的真面目。他们采取各种方式抗击它的扩张行径，使霸权主义在非洲的阴谋活动也像在世界其他地区一样不断受挫。

华总理赞扬蒙博托总统领导扎伊尔人民，在非洲和世界人民的正义支援下，接连两次粉碎了雇佣军的入侵，捍卫了国家主权和领土完整，破坏了霸权主义妄图控制非洲心脏，腰斩非洲大陆的战略部署。他说，扎伊尔人民的胜利，为保障非洲安全，为维护非洲大陆与世界和平，作出了重大贡献。

华总理代表中国人民热烈祝贺津巴布韦非洲民族联盟同津巴布韦所有爱国力量一道，经过长期艰苦卓绝的斗争，终于赢得了民族独立，结束了津巴布韦近百年的殖民统治。

华总理接着指出，非洲人民是世界人民反霸斗争中的主要力量。非洲人民正义斗争的节节胜利，极大地支援了世界各地人民的反霸斗争。

最后，华总理强调说，80年代尽管充满着考验，但是也充满着希望。世界的前途，归根到底是走向光明的。

《人民日报》发表社论《热烈欢迎扎伊尔贵宾》

应我国政府邀请，扎伊尔共和国总统蒙博托·塞塞·塞科定于今天到达北京，对我国进行友好访问。这是蒙博托总统对我国进行的第三次访问。中国人民怀着友好的心情，对来自扎伊尔的贵宾表示热烈的欢迎。

扎伊尔位于非洲中部，是个美丽而富饶的国家。勤劳勇敢的扎伊尔人民具有反帝、反殖、反霸斗争的光荣传统。独立以来，扎伊尔人民为维护民族独立、捍卫国家主权、发展民族经济和民族文化，进行了坚持不懈的努力。近三年来，扎伊尔遭到外国雇佣军的两次武装入侵。扎伊尔人民在蒙博托总统领导下粉碎了敌人的侵略，保卫了国家的独立和安全。中国人民对扎伊尔人民所取得的胜利感到由衷的钦佩。

在国际事务中，扎伊尔一贯奉行中立、不结盟和睦邻友好的政策。蒙博托总统积极主张非洲国家间的团结和合作，支持非洲的民族解放事业，强调"非洲是非洲人的非洲"，反对超级大国对非洲的侵略扩张和干涉。扎伊尔谴责苏联对阿富汗的军事占领，谴责它在阿富汗制造了极其危险的局势。扎伊尔在国际事务中主持正义，反对霸权主义和维护世界和平的立场，赢得了广泛的尊敬。

当前非洲各国人民正在根据自己的历史和自己的特点，建设他们的国家，并且为反对种族主义，争取南部非洲的解放而斗争。他们需要和平、安全和合作，反对任何人对他们指手画脚，把自己的意志强加于他们。一切违背非洲人民意志、干涉非洲国家内政、控制和操纵非洲国家的企图和行动，都是注定要失败的。蒙博托总统上次访华时曾经指出：非洲正加速获得解放，南部非洲的殖民主义者和种族主义者已是四面楚歌。今天人们看到，津巴布韦即将宣告独立，南部非洲的民族解放运动势不可当，非洲大陆4亿多人民在国际事务中起着越来越重大的作用。我们为扎伊尔和一切非洲独立国家在加强第三世界的团结、反对帝国主义、新老殖民主义、霸权主义的事业中所显示的伟大力量感到高兴和鼓舞。

中国和扎伊尔相距万里，但是，共同的反帝、反殖、反霸斗争把两国人民紧紧连接在一起。中、扎两国人民在这一斗争中互相支援，结下了深厚的友谊。我们相信，蒙博托总统这次访华必将使这种友谊得到进一步的加强。

全国政协五届委员会第九次全体会议在全国政协礼堂开幕

政协全国委员会副主席乌兰夫主持会议，并在会上作了关于学习和贯彻中国共产党第十一届五中全会精神的报告。

乌兰夫在报告中首先就关于提前召开中国共产党的第十二次全国代表大会、关于增选政治局常委和成立中央书记处、关于《中国共产党章程》(修改草案)、《关于党内政治生活的若干准则》、关于为刘少奇同志平反昭雪、关于免除或提请免除汪东兴等四位同志所担负的党和国家的领导职务、关于向全国人民代表大会建议把宪法中公民"有运用大鸣、大放、大辩论、大字报的权利"的规定予以取消等问题，作了说明。

乌兰夫同志说，五中全会的主题是坚持党的领导，改善党的领导，提高党的战斗力，进一步团结和动员全党、全军和全国各族人民同心同德建设四个现代化。如果说，三中全会、四中全会解决了在新的历史时期党的政治路线和思想路线的问题；那么，五中全会则是为了保证党的政治路线和思想路线的贯彻执行，而着重解决党的组织路线的问题。特别是成立了书记处，实际上解决了集体接班的问题，从组织上保证了党的路线、方针、政策的长期连续性和集体领导的长期稳定性。

乌兰夫同志说，在五中全会期间，我们党中央曾邀请各民主党派、无党派人士和部分人大常委、政协常委开了四个半天的座谈会，华国锋同志亲自到会向大家说明了五中全会要解决的重要问题，听取党外的意见。会上，大家畅所欲言，各抒己见，提出了许多重要的意见和建议，党中央对此很重视，在修改各项文件时已加以吸收，这说明统一战线的政治基础更加巩固，党同民主党派、无党派人士之间的相互信任更加强了。我们要继续发扬党同党外人士民主协商、民主合作的好传统，在实现四个现代化的宏伟事业中，在争取台湾回归祖国、完成祖国统一的大业中，在反对霸权主义、维护世界和平的斗争中，进一步发挥革命的爱国的统一战线的重要作用。

乌兰夫同志说，我们进入80年代的形势非常好，党的政治路线、思想路线、组织路线已经确定，深入人心，安定团结、生动活泼的局面正在发展，党的工作着重点转移已经顺利实现，国民经济的调整已经初见成效，社会主义现代化事业已经开始走上健全发展的轨道。五中全会的胜利召开，必将进一步加强和改善党的领导，提高党的战斗力，为四化建设提供了最重要的保证。当前摆在统一战线面前的重大任务，就是认真学习和贯彻五中全会的精神，坚决响应五中全会的号召，更加紧密地团结在党中央的周围，万众一心，紧张努力，在各条战线上都创造出优异的成绩，来迎接党的十二大的召开。

政协全国委员会副主席许德珩、康克清、季方、王首道、杨静仁、帕巴拉·格列朗杰、周建人、庄希泉、胡子昂、荣毅仁、刘澜涛、胡愈之、王昆仑、班禅额尔德尼·确吉坚赞出席了会议；全国人大常委会副委员长、政协全国委员会常务委员胡厥文、朱蕴山、史良也出席了会议。

政协全国委员会副主席刘澜涛在全国政协五届常委会第九次会议上作工作报告

刘澜涛指出，政协今后的工作要坚决贯彻中国共产党十一届五中全会的精神，坚定不移地执行党在新时期的政治路线和有关统战工作的方针、政策，进一步巩固和发展革命的爱国的统一战线，为实现四个现代化、争取台湾回归祖国、发展安定团结的政治局面、开展国际反霸斗争而努力。

刘澜涛在报告中说,从去年10月五届常委会第八次会议以来,政协在为社会主义四个现代化建设服务,为争取台湾回归祖国、完成祖国统一大业服务,积极开展人民外交活动,为发展国际反对霸权主义、保卫世界和平服务等方面,是做了不少工作的。

关于政协今后的工作,刘澜涛在报告中强调,要认真学习中国共产党十一届五中全会文件,今年上半年要以五中全会文件作为主要学习内容。通过学习,进一步认识坚持和改善党的领导的重要性、必要性,进一步认识五中全会为此所作出的一系列决定的重大意义,要密切联系工作实际、思想实际,本着实践是检验真理唯一标准的原则,进一步发扬解放思想、实事求是的优良学风,为四化献计献策,使学习收到更大的实效;进一步发挥政协在国家政治生活和社会主义建设中的积极作用,在中国共产党的领导下,坚持"长期共存、互相监督"的方针,开好双月座谈会、常委会,通过各种形式(座谈会、学习会、参观调查等),就国家大事进行充分协商讨论,广开言路,提出意见和建议;对台工作,对港澳同胞、海外侨胞的工作,要真正提到议事日程上,进一步组织力量,作出新的成绩;积极开展外事活动,进行人民外交;为政协五届全国委员会第三次会议的召开做好准备工作。

国务院副总理谷牧受中共中央国务院委托在广州召开广东福建两省会议

会议指出,中央决定对广东、福建两省在对外经济活动中实行特殊政策和灵活措施,是改革经济体制的一种试验;同意将原拟"出口特区"更改为"经济特区"。会议在3月24日至30日召开。

《人民日报》发表特约评论员文章《科学的认识方法和领导方法——从特殊到一般 从一般到特殊》

叶剑英同志在庆祝中华人民共和国成立30周年大会上的讲话中指出:"我们要从中国的实际出发,认真研究经济规律和自然规律,努力走出一条适合我国情况和特点的实现现代化的道路。"要实现这个伟大的历史任务,摆在我们各级领导干部面前的一个迫切问题,就是要深入学习马克思主义认识论,坚持在实践的基础上由特殊到一般、又由一般到特殊的认识论的基本原理,使我们在领导方法和领导艺术上有一个明显的改进和提高。

一

世界上的事物千差万别,各有其特殊的矛盾。这种特殊的矛盾规定着事物特殊的本质。在一般原则、原理指导之下,着重于矛盾特殊性的分析,才能区别事物,才能认识事物发展的特殊原因和特殊的运动规律,进而才能找到解决事物矛盾的方法。所以,认识事物的特殊性是我们认识事物的基础,是正确地改造事物的关键。

毛泽东同志在《中国革命战争的战略问题》一文中指出:"不了解中国革命战争的特点,就不能指导中国革命战争,就不能引导中国革命战争走上胜利的途径。"这一点,已为中国革命的历史所证明。现在,我们面临着在中国实现社会主义现代化的新的历史任务。我们同样可以说,不了解中国现代化建设的特点,就不能指导中国的现代化建设。毫无疑问,对于外国的经验,特别是他们先进的科学技术和科学的管理方法,我们必须认真学习;但是,这种学习应当采取分析的态度,只能借鉴,不能照搬。我们的现代化是社会主义的现代化,它与资本主义国家的现代化有着本质的区别。社会制度不同,实现现代化的目的、道路,必然是不同的。就是同其他社会主义国家比较起来,我们的现代化,也有着它自己的特点。我国是一个9亿多人口的大国,其中农民又占多数,地大物博、资源丰富,而原来的经济基础又十分薄弱。这就决定我们的现代化必然有自己的特殊性,只能走自己的实现社会主义现代化的道路。能不能走出这样一条道路来,是关系到我们的事业成败的一件带根本性的大事。

就全国来说是这样,对于一个地区来说也是如此。我国幅员辽阔,地区差别很大,经济建设的发展也很不平衡,因此,在国家统一计划的指导下,各个地区都应当从本地的实际情况出发,采取适合本地特点的步骤和方法,以达到实现四个现代化的总目标。

我们平常说,看菜吃饭、量体裁衣,一把钥匙开一把锁,到什么山唱什么歌,说的都是要区别情况,分别对待。世界上没有包医百病的灵丹圣药,也没有一成不变到处适用的公式。否认矛盾的特殊性,在工作方法上,不加区别地"一刀切",只能造成瞎指挥的错误。我们在一切工作中、特别是在领导经济工作中,必须注重矛盾特殊性的分析,学会因地制宜、因时制宜的领导方法。

就农业生产来说,各地自然环境、生产条件不同,在制定生产方针、进行农业基本建设、改革耕作制度、实现农业机械化等等方面,必然表现出很大的差别。南方和北方不同,平原和山区不同,产粮区和经济作物区不同,在要求上是不能整齐划一的。比如,在同样是以种植粮食为主的地方,在安排生产上有的应当是以粮、棉、油为序,有的应当是以粮、糖、油为序,有的还要以粮、林、油为序,等等。至于粮食,有的以水稻为主,有的以小麦为主,有的则是以高粱或玉米为主。在水稻地区,还有一个适合双季稻还是适合中稻加别的作物的问题。不问时间、地点、条件,不问具体情况如何,只能按照一种要求、一种安排、一个框框去做,就会违背客观规律,阻碍农业生产的发展。毛泽东同志说:“我们指导农业,要依各种不同地区而采取不同方法,……不但在大的区域之间要有分别,就是在一县、一区、有时甚至在一乡之内,也要有这种分别。”(《毛泽东论调查研究》,中国人民大学出版社1960年版第10页)这里谈到的是农业,但是就方法论来说,则有普遍的指导意义。我们从事任何一项工作都要坚持具体问题具体分析这个马克思主义的基本原则。

二

领导机关和领导人员的任务在于指导全盘。因此,发出一般的号召,制定一般性的方针,提出一般性的要求,是完全必要的。没有这些,就没有统一的领导,群众就没有共同的奋斗目标和统一的行动步伐。问题在于,这些一般性的东西不是凭空产生的。凡属正确的一般号召、方针、政策、口号,都只能从个别指导中取得,从许多个别单位的具体经验概括出来。坐在办公室里主观主义地发号施令,凭想当然决定和处理问题,或者根据未加详细审查的书面报告作结论、发指示,是必定要犯瞎指挥的错误的。我们常常见到的那种“情况不明决心大,心中无数点子多”的做法,正是这种主观主义的一种典型表现。

从特殊到一般,这是唯物主义认识论的原则。在实践中,人们总是同一个一个的具体事物打交道,首先认识到的是各种事物的特殊本质,然后才有可能进行抽象和概括,上升到一般,认识到诸种事物的共同本质。因为一般并不是孤立存在的东西,它就寓于特殊之中;没有特殊就没有一般,不认识特殊就无从发现一般。所以,毛泽东同志总是教导我们,看问题不要从抽象的定义出发,而应当从客观存在着的事实出发,从分析这些事实中找出解决问题的方针、政策、办法来。列宁在批判俄国主观唯心主义者米海洛夫斯基时指出:“从什么是社会、什么是进步等问题开始,就等于从尾开始。当你还没有研究过任何一种社会形态,甚至未能确定这个概念,甚至未能去认真研究事实和客观地分析任何一种社会关系的时候,你怎能得出关于一般社会和一般进步的概念呢?”(《列宁全集》第1卷第123页)马克思根本反对这种从尾开始而不是从头开始的唯心主义认识方法,他抛弃了关于一般社会和一般进步的抽象议论,而是对一种具体社会(资本主义社会)作了深入的分析,揭露了它固有的矛盾及其特殊的运动规律,从而进一步发现了人类社会发展的一般规律。列宁说,马克思的这种方法,是从分析事实开始,而不是从最终结论开始;从研究历史上一定的特殊的社会关系开始,而不是从关于什么是一般社会关系的一般理论开始。这种从具体问题具体分析入手,从中发现一般性原理、原则的方法,就是从特殊到一般的方法。

社会主义现代化建设事业,对于我们来说,是一项全新的事业。为了做好这项事业,凭我们已有的经验是远远不够的。可是,经验不会从天上掉下来,已有的马克思主义本本也不可能把我们所遇到的一切具体问题都事先做好具体的答案。唯一的办法是实践,在实践中学习,通过总结一个又一个的具体经验,从多次成功和失败的教训中摸索出一套在中国实现现代化建设的一般规律来。

比如,我们要对经济管理体制进行改革,其中的一个重要内容是扩大企业的自主权。但是,怎样扩大企业的自主权?扩大哪些权力?扩大到什么程度?企业如何运用这些权力?这些,都只能从经济管理体制改革的试点经验中去总结。四川省委从前年10月份起首先抓了6个企业进行试点,在总结了这6个企业试点经验的基础上,形成了一个体制改革的初步意见,随后,在去年1月,又把这个初步意见拿到100个不同类型的企业继续进行试点,使改革的方案逐步完善。去年,全国各省、市、自治区已有2600个企业开始了这种试点。我们相信,通过这种从特殊到一般、又从一般到特殊的反复实践,我们的经验就会越来越丰富,越来越具体,就会逐步形成一套适合我国情况和特点的经济管理的具体办法。在这个问题上,任何主观臆断,纯粹的推理,都是有害无益的。处理一切新问题,都要经过试验,有计划有步骤地进行各种试点,从特殊上升到一般,这是我们取得在中国实现现代化建设经验的唯一正确的途径;舍此,没有别的办法。

三

从特殊上升到一般以后,人们的认识并没有最后地完成,而且认识一般也还不是我们的目的。一般还必须回到实践中去,来检验、丰富和发展一般。

一切带有普遍性的方针、政策、办法,都是一般性的东西。即使那些正确反映了事物发展的一般规律的东西,也只能成为我们研究具体事物的向导和指南,我们在研究具体问题时,仍然要从特殊开始,而不能从一般开始。一般的重要性在于它能指导我们去进行具体分析,而不能代替我们去进行这种分析。

在实际工作中,有的同志对上级指示采取所谓“三照”方针,即照抄照转照搬,不注意同本地的实际情况相结合,以为既然文件传达了,原则话讲过了,也就万事大吉了。群众把这种人叫作“光会说原则话的干部”。这是一种懒汉思想和形式主义、不负责任的工作作风。上级的指示,除了个别情况外,一般地说,是综合全局情况提出来的,是共性的东西,带有普遍的指导意义。但是,各个地区、部门、单位的具体情况千差万别,我们要使上级的指示在基层得到落实,必须根据实际情况把它具体化。既要有原则的坚定性,不能借口情况特殊而不去执行;又要有因地制宜的灵活性,在具体要求、部署和做法上,应该有自己的特殊性。照抄照转照搬,上下一般粗,从一般到一般,结果还是一般,上级的指示并不能够真正的落实。毛泽东同志在《反对本本主义》一文中早就指出:“不根据实际情况进行讨论和审察”,“盲目地表面上完全无异议地执行上级的指示,这不是真正在执行上级的指示,这是反对上级指示或者对上级指示怠工的最妙方法。”我们党的路线、方针、政策在一些单位所以不能很好地落实,一个重要的原因就是这种一般化、形式主义的工作作风在作怪。比如,中央提出,为了加快国民经济的发展,各地、各行各业要广开生产门路。具体到一个单位,到底有哪些门路?在农村来说,是搞种、搞养、搞采、搞编、搞挖?还是搞加工?这都要从实际情况出发,根据自己的特点把它具体化,采取切实可行的实际步骤,真正把它落到实处。否则,空喊“广开门路”,还是既打不开门,也找不到路,到头来,所谓贯彻中央指示成了走过场。

学习和推广先进经验也有一个一般和特殊相结合的问题。任何一种先进经验都是在一定条件下产生的,其中既包含有某种共性的东西,又有其特殊性、个性的东西。我们在学习和推广这些先进经验时,必须加以分析:哪些是具有一般意义的,是应该学习、也可以学习的;哪些是特殊的东西。对于其中有一般意义的东西,在学习的时候,也必须同本地区、本部门、本单位的特点结合起来,必须从实际出发,有独创精神,不是简单地照搬照抄。有的地方搞农业基本建设,治山治水取得很大成绩,这种艰苦奋斗、大力改变农业生产条件的经验是应该学习的。但是,这种学习一定要从自己的实际情况出发,自然环境和生产条件不同,农业基本建设的主攻方向就不同,治理规划就不同,社队间互利形式也不同。这就需要开动脑筋,采取切实可行的具体办法。那种认为只要是先进经验,就必须统统照搬,照猫画虎,不许“走样”,不许有任何创造发展,这是一种错误的想法和做法,是不利于农业生产的发展的。至于把某项先进经验“神化”,把它的每一项具体措施都看成如同法律一样,用行政办法硬性推广;甚至把产生该先进经验的部门和地方的一切人和事,都看成是正确的,是“真理的化身”,不允许做一点分析,那更是一种蒙昧主义,只能使事情走向反面。

从一般回到特殊的过程,也是不断丰富、补充和发展一般的过程。从特殊中形成的一般并不是僵死的东西,在指导新的特殊的实践中,它将得到检验和发展。马克思主义并没有结束真理,而是在实践中不断开辟认识真理的道路。不随着实践的发展而发展马克思主义,也就不可能很好地坚持马克思主义。在我们中国这块土地上实现四个现代化,是我们的前人没有做过的新的伟大事业。在实现四化的新长征中我们必然会遇到许多新的问题、新的困难、新的矛盾。这就要求我们以马克思主义的一般原理为指导,勇于面对现实,不断地研究新事物、新问题,更好地掌握社会主义革命和建设的具体规律;而在这个过程中,我们也就一定能够把马列主义、毛泽东思想不断地推向前进。

四

在认识论上反对主观主义、形式主义,和在领导方法和领导作风上反对官僚主义,是完全一致的。毛泽东同志说:“我们共产党人无论进行何项工作,有两个方法是必须采用的,一是一般和个别相结合,二是领导和群众相结合。”(《毛泽东选集》第3卷第899页)领导和群众相结合,就是把群众中个别的、分散的、无系统的经验,化为集中的、系统的经验,变成一般性的指导方针;然后,又把这种一般性的指导方针变为群众的实际行动,去指导个别,并在指导个别的过程中去检验和充实一般。

多年来我们有些做领导工作的同志已经忘记了这条简单的原理。他们只对上级负责,不对群众负责,只习惯于向上摸气候、摸脾气,而不注意群众的呼声,群众的疾苦,拒绝研究群众所创造的任何新鲜的具体的经验。他们满足于画圈圈、发指示;或者照抄照转照搬,甘当“收发室”;或者搞强迫命令、瞎指挥。沾染上这种官僚主义作风的,有党性上的问题,也有认识上的问题。这些同志不肯从事深入细致的思想教育和具体周密的调查工作,不把上级的指示同群众的具体实践结合起来。领导干部本来是党联系群众的桥梁,在这些同志那里却变成了“中间梗塞”。毛泽东同志说:“我们的干部中,自以为是的很不少。其原因之一,是不懂马克思的认识论。因此,不厌其烦地宣传这种认识论,是非常必要的。”(转引自1979年12月25日《人民日报》:《介绍毛泽东同志有关理论学习问题的几件手稿》)

离开马克思主义的认识论,就是离开马克思主义的思想路线,这就容易在政治上造成危险。我们的社会已经发展到这一步,就是如果不紧紧抓住现代化建设这个中心环节,我们的社会就一步也不能前进。然而,在确定现代化建设任务以后,在有了这个一般原则以后,四个现代化是否就能够自然而然地实现呢?也不可能。这仍然需要从实际出发,对具体情况进行周密系统的调查研究,摸索出具体的办法和途径。不克服官僚主义,不注意工作方法,四化就没有希望。

今天,在领导干部中大兴调查研究之风,仍然是克服主观主义、形式主义,避免官僚主义的关键一环。没有调查研究,就不能认识任何特殊,就无法形成一般性的正确指导意见,更谈不上正确地指导特殊。调查研究一定要领导干部亲自动手,过去那种"领导干部选点,一般干部蹲点,秀才写点"的做法,是不可能得到真实、系统的材料的。自从开展真理标准的讨论以来,特别是党的三中全会以来,各级领导干部坚持辩证唯物主义的思想路线,认真转变领导作风,深入蹲点调查,亲自抓经济管理体制改革的试点,总结经验,越来越多地取得了工作的主动权和发言权。有些地方,已经通过大规模的调查研究,全面地了解本地区的经济结构、经济体制、经济政策以及在生产、流通、分配、消费等各个领域中存在的问题,提出了贯彻"八字"方针、加快"四化"步伐的系统意见和实际措施。这是一个十分可喜的现象。我们一定要把这个优良作风很好地发扬起来。只要我们坚持马克思主义的认识论,坚持从特殊到一般、从一般到特殊、"从群众中来,到群众中去"的科学的认识方法和领导方法,我们就一定能够走出一条中国式的社会主义现代化建设的道路来,就一定能够使我们的社会主义现代化建设乘风破浪,胜利前进。

国务院副总理王震在北京同英国国防大臣弗朗西斯·皮姆举行会谈

双方在会谈中就苏联入侵阿富汗以后的世界形势等问题广泛地交换了意见,并取得了一致的或近似的看法。双方对苏联全球战略部署的不断加强和军事力量的迅速增长表示关注。他们认为有必要从各自情况出发,努力加强防务,来对付霸权主义的威胁,为维护世界和平作出贡献。双方希望今后进一步加强中英两国人民和军队的友谊和双边经济贸易的合作。

国防部部长徐向前在人民大会堂举行宴会欢迎英国国防大臣弗朗西斯·皮姆一行

徐向前在讲话中说,不断发展中、英两国人民和两国武装力量之间的友好关系,既符合两国人民的利益,也有利于维护世界和平与安全。因此,这种友好关系有着良好的客观基础,同时也有着广阔的前景。

在谈到国际形势时,徐向前指出,当今的世界很不安宁。苏联霸权主义加紧扩军备战,它的侵略扩张行动严重地威胁着世界和平。它支持越南侵占柬埔寨,又直接出兵侵略阿富汗,威胁巴基斯坦、伊朗和整个海湾地区,加速推行南下战略。它把在欧洲的战略部署同它在亚洲、太平洋的战略部署联结起来,逐步形成一个互相策应的态势。苏联的侵略扩张已经达到一个新的阶段。苏联入侵阿富汗是它推行全球战略的一个重要组成部分,是加剧亚洲和世界紧张局势的根源。他说,解决阿富汗问题首先是苏联必须无条件地全部从阿富汗撤军,让阿富汗人民自己解决自己的问题,各国和各国人民有义务支持阿富汗人民反对苏联侵略的正义斗争。

徐向前在讲话中对英国人民在发展工业、科学技术和文化等方面所取得的卓越成就表示钦佩,对英国政府和军队在当前复杂的国际形势和霸权主义的严重威胁下,同西欧各国一道,保持警惕,加强防务,为保障欧洲和平和本国的安全进行的不懈努力表示赞赏。

《人民日报》发表社论《加强和改善党对科技工作的领导——热烈祝贺中国科协第二次全国代表大会胜利闭幕》

中国科协第二次全国代表大会,经过紧张而热烈的工作,昨天胜利闭幕。这次盛会,在党的十一届五中全会精神的指引下,开得生动活泼,很有成效。会议总结了1958年以来的科协工作,研究了新形势下的新任务,进一步明确了中国科协的性质和作用;民主选举了新的全国委员会,通过了中国科协章程。所有这些,都为科协在党的领导下,围绕四化建设这个中心,独立负责地开展各种富有生气的活动,提供了组织上和制度上的保证,对于进一步繁荣祖国的科学技术事业,促进现代化建设,必将产生深远的积极的影响。我们谨向来自全国各地的代表和全国的科技工作者,致以诚挚的敬意和衷心的祝贺。

以主人翁的高度责任感,积极主动地、认真负责地向各级领导机构和有关部门献计献策,发挥参谋、顾问和咨询作用,是中国科协及其所属学会、研究会的优良传统,也是这次大会的一个鲜明特点。一些科学家在大会开幕之前,就寄来了经过调查研究和深思熟虑的建议书;会议一开始,很多代表又满腔热情地对经济建设和科学教育事业,对多出人才、快出人才,提出了有科学根据的建议。会议还向全国科技工作者发出了开展建议活动的倡议书。事实证明,我国广大科技工作者不愧为四化建设中的尖兵,不愧为我们党的一支重要的依靠力量;也说明科协作为科学技术群众团体的联合组织,在动员、组织科技工作者方面,起着党政机关和其他群众组织所不能代替的作用。各级党委一定要真正把科协及其所属组织作为领导科技工作的重要助手,使它成为党联系和团结广大科技工作者的桥梁和纽带,从而把广大科技工作者空前高涨的社会主义积极性更好地组织起来,充分发挥他们在社会主义现代化建设中的骨干作用。

加强党对科技工作的领导,充分发挥科学技术群众团体在四化建设中的作用，首先要求各级党委和全党同志对科学技术在四化建设中的地位和作用有一个足够的认识。粉碎“四人帮”以来，经过大量的拨乱反正工作，科学技术是生产力，科学技术工作者是劳动者，知识就是力量等观点已为越来越多的人所承认。那种鄙薄科学技术，歧视、排斥科学技术工作者的愚昧、落后的现象，已经有了改变。但是，由于林彪、“四人帮”的长期破坏，也由于小生产习惯势力和传统偏见的长期影响，现在还不能说所有同志在行动上都能自觉地把科学技术当作生产力来抓；不少同志在实际工作和实际生活中还没有把科技工作者当作劳动者、自家人来对待。因此，当前仍有进一步强调重视科技事业、重视科技工作者的必要。

党在新的历史时期的总路线，要求我们在发展经济方面，寻求一条合乎中国实际的，能够快一点、省一点的道路，在关键的80年代为四化建设奠定坚实的基础。快一点、省一点地发展经济靠什么？一是靠正确的路线、方针和政策；二是靠科学技术。我们说，从现在起，一天也不能耽误经济工作，就包含了一天也不能耽误科技工作。四个现代化，实际上就是用先进的科学技术来武装我们的工业、农业和国防。科学技术现代化是四个现代化的关键和中心环节。抓经济而不抓科学技术，不能说是真正抓经济。那种把科技工作当作软任务，可以拖一拖、放一放的观点，那种因此而放松党对科技工作领导的倾向，是十分错误、十分有害的。

加强党对科技工作的领导，是我国广大科技工作者及其群众团体的强烈愿望。我国的科学技术事业，也只有在党的正确领导下，才能得到突飞猛进的发展。

所谓党对科技工作和科技群众团体的正确领导，最根本的，是在科技工作中贯彻执行党的正确的路线、方针、政策，而不是去干预属于专家职权范围内的事情，包办科技群众团体的事务，把科技群众团体变成行政部门的附属机构，更不是随意冲击和干涉科学研究工作。为什么许多科学家至今十分怀念1956年党中央召开的知识分子会议，怀念1962年的广州座谈会？为什么全国科学大会以后广大科技工作者的积极性空前高涨？因为这几次会议制定或坚持了党对发展科学技术事业的正确的路线、方针和政策，体现了党的正确领导。经过党的十一届三中全会以来的努力，我们党现在不仅制定了一条坚定不移、贯彻始终的正确的政治路线，而且在实践中逐步总结、制定出一套发展科技教育事业的具体路线、方针、政策、措施和条例，制定了发展我国科学事业的长远规划。这些都为各级党委领导科技工作提供了依据。各级党委要下功夫研究科技工作的特点和规律，了解广大科技工作者当前在想什么，干什么，他们有些什么意见、希望和要求，从而改善党对科技工作的领导。这方面，当前有大量的工作等待着我们积极地去做。

要十分爱惜科技人才。科技战线的根本任务是出成果、出人才。要出更多更好的成果，必须有大批出类拔萃的人才。人才难得，并不是没有人才，而是没有被发现、被放到应有的岗位上，并且为他们积极创造必要的条件，让他们发挥应有的作用。全国科学大会以来，党中央采取了包括落实党的知识分子政策在内的一系列重大措施，各地各部门在培养、选拔人才方面已经做了不少工作，取得了巨大成绩。但是，阻碍人才的发现和成长，压制和浪费人才的现象还到处都有。这有思想上的阻力，有具体制度和体制上的问题，也有经济条件的限制，需要我们认真分析研究，区别不同情况，积极地加以解决。这里最关键的是要有一个积极的态度和敢于面对实际、解决具体问题的勇气。当前应该解决、可以解决的，要抓紧解决；确实有困难的，也要积极创造条件去解决。千万不能在困难面前无所作为，谈来谈去还是一堆久拖不决的老问题。对于因为科技部门、科研单位领导工作上的缺点、错误和官僚主义作风所造成的浪费人才、压制人才的现象，则更应该迅速改变。我们的人才本来就少，决不能再浪费人才，我们经不起这个浪费。

要尊重科学家的意见和建议。科学家们比较多地掌握科学技术知识，熟悉科学技术规律，不仅在各种专门的科学技术研究和教育工作中，在某些管理工作中有着别人代替不了的作用，而且对于经济建设中的重大决策，有参与意见的义务和权利。在经济建设和各行各业的科学技术问题、技术经济问题上，专家们应该有更多更大的发言权。鉴于我们过去吃不尊重科学、不尊重科学家意见的苦头太多，经济建设中不讲经济效果、浪费严重等原因，当前要特别强调尊重科学家的意见和建议。发扬民主和尊重科学是一致的。对专家们的意见和建议敷衍了事，听了专家们与己不同的意见就恼怒等现象，不应该再发生。在这方面，我们不仅要坚持过去所说的言者无罪，而且要提倡言者有功，立大功者受奖。当然，专家们的意见和建议，也有不尽合理或完全行不通的，但是，作为领导者，一定要爱护他们提意见的积极性，要有虚心求教的态度。有了这种态度，才能对切实可行的意见和建议，及时采取措施，组织落实；对行不通的或暂时办不到的意见和建议，要做好耐心地说服解释工作，并允许人家保留意见。

要坚定不移地贯彻百家争鸣的方针。百家争鸣是我们党制定的繁荣科学技术事业，培养、发现杰出人才的唯一正确的方针。科学无禁区，在科学面前人人平等。要创造各种条件，支持中国科协及其所属组织的学术活动,让科技工作者自由探讨,踊跃争鸣,活跃学术思想,推动科学技术的发展。要尊重科技工作者的学术自由权利,提倡和鼓励科技工作者解放思想,勇敢地发表自己的学术见解,成名、成家、成学派。绝对不允许用行政手段来强行推行某一派学术观点,压制、禁止另一派学术观点。任何设置人为的障碍,压制学术自由的做法,都是犯罪的行为。

领导干部和共产党员,要努力学习科学技术知识,做到又红又专。党对科技工作的领导,要通过科技战线广大共产党员,特别是做党的工作的同志的模范作用来体现。广大共产党员和党的工作者,不仅要做贯彻执行党的路线、方针、政策的模范,而且要做带头刻苦学习科学知识的模范。这一点,在党的十一届五中全会上,已经列入《关于党内政治生活的若干准则》,全党同志必须坚决执行。科技战线的领导干部,一定要横下一条心,通过坚持不懈的学习,成为本职工作的内行。只有这样,才能和科学家们有更多的共同语言,成为他们的知心人;才能真心实意地依靠他们,帮助他们,充分发挥他们在四化建设中的骨干作用。

中国共产党是领导我们事业的核心力量。社会主义现代化建设事业是我们党的一切工作的中心,是决定我国命运的千秋大业。我们相信,通过中国科协第二次全国代表大会,广大科技工作者一定会像电子绕着原子核运动一样,紧紧团结在党的周围,为祖国的四化建设作出更大的贡献。

石油地质国际学术会议在北京闭幕

会议代理主席、联合国技术合作促进发展部副司长霍华德·勃兰德在闭幕式上讲话时指出,中国政府和联合国通过这次会议所表现的合作,是未来国际间技术合作的先例。他说:"这种国际科技会议集中世界各国的专门知识,为了全人类的利益而自由地交换知识和经验,这样就为一些条件不利的国家开拓了经济发展的前景,也为发展和繁荣世界经济,建立新的国际经济秩序,打下了良好的基础。"

有27个国家的学者和专家出席的这次会议,始终在增进友谊和互相学习的气氛中进行25个国家的42位学者和专家,在会上宣读和散发了43篇论文,介绍了各自的研究成果和经验。参加会议的巴基斯坦、伊朗、阿尔及利亚、墨西哥等发展中国家的学者和专家高兴地表示,这次会议很好地实现了它的目的,即交流石油地质科学的研究成果和石油地质勘探的经验,以推进发展中国家的石油地质科学,促进发展中国家石油工业的发展。

在这次国际学术会议上,中国科学院地质研究所所长张文佑教授、石油工业部总地质师阎敦实、闵豫,中华人民共和国石油公司总地质师翟光明和地质部石油普查勘探局总地质师关士聪等十几位中国学者、专家在会上发表了8篇论文,介绍了我国石油地质科学技术发展的情况和成果,这些论文引起了外国同行们的注意,其中关于陆相生油的理论,就受到了一些外国学者和专家的重视,他们提出:世界上有100多个非海相沉积盆地,迄今很少进行勘探,中国在陆相盆地找油的成果和由此形成的理论,启示人们可以在那些尚未勘探的非海相盆地里展开石油勘探活动。

这次会议也使我国石油地质工作者得到了一次向国外同行学习的机会。通过会上的学术交流和会下的广泛接触,他们开阔了眼界,看到了自己的差距,也坚定了搞好我国石油勘探工作的决心和信心。不少外国学者、专家指出,中国有丰富的石油资源,勘探找油的前景很好,关键是要加强石油地质的研究和勘探工作。由于地质条件复杂和技术手段的限制,有些时候、有些地方的勘探工作可能会付出很大代价而收效却很小,因此石油地质工作者要勇于承担风险,经受考验。外国同行的这些意见使到会的中国学者和专家深受鼓舞,他们表示要进一步解放思想,勇于实践,努力为我国的现代化建设找到更多的石油资源。

这次会议的两主席之一、中国石油工业部副部长阎敦实也在闭幕式上讲话,总结了这次会议的成果。

由中国水利学会和国际水文计划中国委员会共同发起召开的河流泥沙国际学术讨论会在北京开幕

参加今天开幕式的有澳大利亚、加拿大、中国、丹麦、德意志联邦共和国、法国、日本、荷兰、尼日利亚、挪威、瑞士、瑞典、英国和美国的专家、教授、学者110多人。参加开幕式的还有我国各有关方面的科技人员200多人。

联合国教科文组织的代表、水学司司长杜米特列斯库也在开幕式上讲了话。会上,还宣读了国际水力学研究协会会长肯尼迪给讨论会发来的贺信。

这次会议讨论的议题涉及以下五个方面:流域产沙与泥沙利用;河流动力学,包括高浓度输沙;河床演变与整治,包括河口与海岸泥沙问题;泥沙测试技术与模型试验。会议交流的学术论文有70多篇,其中包括罗马尼亚、南斯拉夫的学者送来的论文。

3月25日

国务院总理华国锋同扎伊尔共和国总统蒙博托·塞塞·塞科在北京就双边关系和共同关心的国际关系问题进行会谈

双方对两国关系的发展表示十分满意,对国际问题的看法是一致的。双方认为，两国领导人会谈的圆满成功，对两国友好关系进一步发展将起着重大的推动作用。

国务院副总理邓小平在北京会见扎伊尔共和国总统蒙博托·塞塞·塞科

邓小平副总理同蒙博托总统就广泛的国际政治和安全问题以及非洲大陆的形势，友好地交换了意见。双方高度评价了中、扎两国之间的友好合作关系。蒙博托总统说，我们高兴地看到这种关系正在巩固和发展。邓小平副总理说，我们的关系所以这样好不是偶然的，我们都坚持了独立自主的政策。

中华人民共和国政府和波兰人民共和国政府关于1980年货物交换和付款协定在北京签字

外贸部副部长崔群和波兰政府贸易代表团团长、外贸和海洋经济部副部长伏·格维亚兹达分别代表本国政府在协定上签字。

国务院副总理康世恩在北京会见美国斯坦福国际咨询研究所组织的美国工商界高级人士代表团

外交部部长黄华在北京会见卢旺达外交和合作部长恩加卢基英特瓦利一行

中国科协第二届全国委员会第一次会议在北京举行

这次会议至27日结束。参加会议的175名中国科协第二届全国委员会委员，采取不等额、无记名投票方法，选举周培源为中国科协全国委员会主席，裴丽生、钱学森、黄家驷、刘述周、严济慈、茅以升、华罗庚、张维、林兰英(女)、杨显东、杨石先、钱三强、金善宝、王淦昌、王顺桐等15人为副主席，并选出了35名常务委员。

国务院副总理方毅，同委员们见了面，讲了话。

到会委员一致通过高士其同志继续任中国科协的顾问。

新的常委会确定了中国科协书记处的成员，他们是：孙照寰、沈其益、林渤民、陶亨咸、王文达、王寿仁、聂春荣。

国务院发出关于充实和加强中国文字改革委员会的通知

为了加强文字改革的研究和审议工作，国务院决定增补马大猷、王竹溪、朱德熙、陈翰伯、张友渔、张志公、周有光、钱伟长，倪海曙、曾世英十人为中国文字改革委员会委员。由董纯才任主任委员，胡愈之、张友渔、吕叔湘、王力、叶籁士为副主任委员，倪海曙为秘书长。委员会仍直属国务院，但由中国社会科学院代管。委员会的工作机构，由中国社会科学院直接领导，它的主要任务是提出和执行工作规划、调查研究、审查科研成果，编辑资料和处理国内外联系事务等。有关普通话的推广工作(包括推广工作的机构)，划归教育部管理。

由中国作协举办的1979年全国优秀小说评选揭晓并在北京颁奖

1979年全国优秀短篇小说的评选仍沿用1978年的评选方法，采用群众推荐和专家评议相结合，评选委员会在充分听取群众意见的基础上，经过充分讨论作出最后评定。这次被评选上的优秀作品有蒋子龙的《乔厂长上任记》、陈世旭的《小镇上的将军》、茹志鹃的《剪辑错了的故事》、方之的《内奸》、高晓声的《李顺大造屋》、李栋与王云高的《彩云归》、母国政的《我们家的炊事员》、樊天胜的《阿扎与哈利》、张弦的《记忆》、王蒙的《悠悠寸草心》、张洁的《谁生活得更美好》、张天民的《战士通过雷区》、陈忠实的《信任》、叶蔚林的《蓝蓝的木兰溪》、邓友梅的《话说陶然亭》、孔捷生的《因为有了她》、刘心武的《我爱每一片绿叶》、陈国凯的《我应该怎么办？》、金河的《重逢》、中杰英的《罗浮山血泪祭》、包川的《办婚事的年轻人》、白族作者张长的《空谷兰》、冯骥才的《雕花烟斗》、周嘉俊的《独特的旋律》、哈萨克族作者艾克拜尔·米吉提的《努尔曼老汉和猎狗巴力斯》。

中国的针灸在奥地利被正式列为医学学科

3月26日

国务院总理华国锋在人民大会堂会见英国国防大臣弗朗西斯·皮姆一行

会见时，华国锋高兴地回顾了他去年访问英国时受到女王伊丽莎白二世和首相玛格丽特·撒切尔夫人热情接待的情景。他说，中英两国对国际重大问题的看法在许多方面是一致的。现在世界形势的发展，特别是苏联入侵阿富汗的事件，证明了双方对国际形势发展的估计是正确的。他表示相信，中英两国政府和军事领导人的不断接触以及皮姆大臣的这次访华，必将进一步加强两国人民和军队之间的友谊和合作。

华国锋还谈到了阿富汗问题和柬埔寨问题。他呼吁全世界一切爱好和平的国家和人民联合起来，支持阿富汗和柬埔寨人民反对苏联霸权主义和越南地区扩张主义的正义斗争。

国务院总理华国锋出席中华人民共和国政府和扎伊尔共和国执行委员会文化协定的签字仪式

国务院副总理姬鹏飞在北京会见随同蒙博托总统来访的扎伊尔人民革命运动4位政治委员

这4位政治委员是：政治局常务书记姆宾加·卡桑达、负责妇女工作的政治局常务书记莱塞吉纳·基亚巴·莱玛、马康达党校校长甘本博·富穆·瓦·乌塔迪以及利托·莫博蒂。

中央军委在北京授予人民解放军空军航空兵某部射击副主任孙安定"一心为革命的好飞行员"荣誉称号

3月27日

国务院总理华国锋在人民大会堂会见以朝鲜职业总同盟委员长金凤柱为团长的朝鲜职业总同盟代表团

全国外经工作会议提出今后要做好外经工作及开展经济技术合作

《人民日报》报道，最近在北京举行的全国外经工作会议提出的今后外经工作的任务是，继续坚持无产阶级国际主义，认真做好对外经济联络工作，广泛开展国际经济技术合作，为促进友好国家的经济发展，为实现我国四个现代化作出应有的贡献。

这次会议认真总结了过去的对外经济联络工作，认为我国外经工作的方针、政策是正确的，过去的对外经济联络工作取得了显著成绩。今后仍然要坚持无产阶级国际主义，坚持援外八项原则，认真做好对外援助工作。同时，要在平等互利的基础上，有出有进，广泛开展国际经济技术合作，进一步增强我国同各国人民的团结和友谊，以利于我国四个现代化的建设。

近几年来，我国已同一些国家在平等互利、互通有无、同等优先、进出平衡的原则下，通过联合生产、转让技术、产品补偿等多种形式，开展了生产技术合作。会议指出，今后要逐步发展这种生产技术合作关系。会议还研究了开展对外承包工程业务，开展对外科学技术交流等问题。

会议期间，中共中央副主席李先念，国务院副总理余秋里、陈慕华、康世恩、姬鹏飞接见了全体代表，并讲了话。他们在讲话中指出，外经工作是一项长期的重要任务，要求各有关部门加强对这一工作的领导，从各方面给予支持，共同完成这方面的任务。

国务院副总理王震出席在上海展览馆举行的英国航空设备展览会

国务院副总理康世恩在北京会见美国《商业周刊》总编辑路易斯·扬和能源编辑米歇尔·谢尔德利克

国务院副总理姬鹏飞在北京会见美国中华医学基金会主席维斯柯和夫人一行

国务院副总理姬鹏飞在北京会见新加坡卫生部长杜进才博士率领的卫生代表团及世界卫生组织西太平洋区办事处主任中岛宏博士

解放军总政治部发出《关于军队科技干部确定技术职称和技术等级的通知》

《人民日报》发表社论《坚定不移地贯彻执行党的中医政策》

最近，卫生部召开了全国中医和中西医结合工作会议。会议在党的十一届五中全会精神指导下，全面总结了新中国成立30年来中医和中西医结合工作的经验教训，研究了党的中医政策，分析了当前存在的问题，讨论了今后应该采取的措施，确定了中医、西医和中西医结合三支力量都要大力发展、长期并存的原则。这对于统一全国医药卫生战线的思想认识，进一步推动我国中医事业和中西医结合工作的发展，创造具有我国特点的新医药学，促进我国医药科学的现代化，必将产生积极的影响。

新中国成立30年来，我国的中医事业虽然几经波折，但总的说是前进的、发展的。早在新中国成立初期，党中央就制定了团结中西医，继承和发扬祖国医药遗产，为保障人民健康服务的方针，并采取了一系列措施促进中医的发展。但是，有一段时间，由于卫生行政部门对中医的地位和作用认识不够，党的中医政策没有得到认真贯彻，中医一度受到歧视和排斥。后来，在党中央和毛泽东、刘少奇、周恩来等同志的亲切关怀下，轻视和排斥中医的倾向逐步得到纠正，各地陆续建立了各种中医药机构，吸收了28万余名中医参加社会主义建设，培养了一大批中医药人才，号召并组织西医学习研究中医，开展了中西医结合科研工作，取得了不少重要的科研成果。旧中国那种"中医饱受欺凌摧残，祖国医药学日趋湮没"的境况，从根本上得到了改变。但是，十年动乱时期，在林彪、"四人帮"极左路线的干扰破坏下，中医队伍和中医事业遭到空前浩劫，备受摧残。周恩来同志力排干扰，支持中医和中西医结合工作，中医事业才得到一定的保护，并在某些方面有所发展。粉碎"四人帮"之后，特别是党的十一届三中全会以来，深入批判林彪、“四人帮”的极左路线，拨乱反正，党的中医政策重新得到贯彻执行，并做了大量的恢复、重建和整顿工作，中医事业及中西医结合工作重新展现美好前景。

回顾30年的历程，可以看出，发展我国中医事业及中西医结合工作的根本保证，是加强党的领导，坚定不移地贯彻执行党的中医政策。

党所制定的中医政策的基本要点是：继承遗产，发掘宝库，努力提高祖国医药水平；团结和依靠中医，发展和提高中医；坚持中西医结合，组织西医学习和研究中医；中医要逐步实行现代化；有计划按比例地发展中医和中西医结合事业，并为其发展提高创造良好的物质条件；保护和利用中药资源，发展中药事业。这个政策，是保障中医药队伍发展壮大，促进祖国医药学发展的政策。要保障中医药队伍的发展壮大，就一定要在政治上团结中医、尊重中医，给他们以应有的社会政治地位；在学术上依靠中医，注意发挥他们的学术专长，使他们有条件开展祖国医药学的学术研究。还要积极培养大批掌握现代自然科学技术知识的高水平中医人才，保证中医药队伍后继有人。提高祖国医药水平，促进医药科学的发展，首先应当重视祖国医药学遗产的继承，既要重视传统医药经典的继承，又要注意名医学术经验的继承，逐步做到去除糟粕，继承精华。当前，更应抓紧名医学术经验的继承，勿使失传。还要组织各方面的力量，共同努力发掘包括各少数民族医药学在内的祖国医药学宝库，应用现代自然科学的知识、技术和方法，研究它的内在规律，探索它的理论原理，不断提高它的科学水平。

加强党对中医及中西医结合工作的领导，正确贯彻执行党的中医政策，要求各级党委和各级卫生行政部门，高度重视祖国医药学在防治疾病和发展现代医药科学中的地位和作用。任何轻视或者歧视祖国医药学遗产的观点都是错误的。祖国医药学是一个伟大的宝库，是我国各族人民几千年来在同自然同疾病作斗争中，长期积累和创造的宝贵文化遗产，不仅对中华民族的繁衍昌盛和世界医药科学的发展作出过历史性贡献，直到今天仍然在保障我国人民健康，促进四化建设和现代医药科学的发展方面，发挥着巨大作用。当前，国际上有越来越多的学者和医药专家重视并研究中国医药学。作为中国医药学的发源地，我们更应高度重视，力争在继承和发扬祖国医药学方面，作出更大的成绩，为人类作出新的贡献。

中西医结合是我国医药科学的一个独创经验，应当坚持下去。各级党委和各级卫生行政部门，在重视发展祖国医药学的同时，还要大力倡导开展中西医结合工作，继续提倡和有计划地组织西医学习研究中医，并在政策上加以鼓励。20多年的实践证明，将祖国医药学的精华同现代医药学的精华结合起来，是卓有成效的。针刺麻醉及中西医结合治疗急腹症、肛肠疾病、骨折、烧伤等项科研成果，就是两种医学互相渗透、互相吸收、取长补短、不断创新的产物。不过，目前的结合还处在初、中级阶段，各项科研成果大多局限在医药科学的个别领域，没有形成完整体系，医药科学基础理论的结合刚刚开始萌芽，迫切需要各级党委和各级卫生行政部门的积极支持。要提倡和鼓励广大中医、西医、学过西医的中医、学过中医的西医和热心搞中西医结合工作的其他科学技术人员，互相尊重，紧密团结，共同研究，逐步实现祖国医药学与现代医药学的融会贯通。对于已经成熟的中西医结合研究成果，要及时组织推广应用，并在实践中不断加以充实。对于经受过实践反复检验的成果，要认真加以总结，及时纳入高等医药教材，争取尽快地通过高等医药教育，直接造就同时掌握祖国医药科学技术知识和现代医药科学技术知识的高水平医药人才。

各级党委和各级卫生行政部门在领导中医和中西医结合工作中，要注意将政治问题和学术问题区别开来。医药科学本身究竟应该如何发展，属于自然科学的学术范畴，不能当作政治问题对待，更不能采用行政命令的方式加以规定和限制。只能采取“百花齐放，百家争鸣”的方针，充分发扬学术民主，提倡不同学术观点和学派的医药卫生人员，本着实事求是的精神，各抒已见，畅所欲言，自由讨论，在探索医药科学发展规律的实践过程中，逐步取得比较一致的认识。

各级党委要切实地将中医及中西医结合工作列入议事日程，经常注意端正卫生行政部门对这项工作的认识，认真总结对中医和中西医结合工作加强领导和支持的经验教训，定期督促检查党的中医政策贯彻执行的情况。各级卫生行政部门在贯彻调整、改革、整顿、提高八字方针时，要特别关心中医事业机构的充实和中西医结合研究基地的建设，积极地、有步骤地采取切实可行的措施，为中医及中西医结合事业，创造良好的发展与提高的物质技术条件，使它日趋完善，更好地为祖国的四个现代化建设服务。

我国长白山 卧龙 鼎湖山被列为国际生物圈保护区

经国务院批准，并经联合国教科文组织人与生物圈理事会执行局通过，我国长白山、卧龙、鼎湖山3处自然保护区已被列为国际生物圈保护区。

人与生物圈国家委员会有关负责人说：今年1月10日，联合国教科文组织总干事阿马杜—马赫塔尔·姆博正式为我国长白山、卧龙、鼎湖山三个保护区签发了证书。3月15日,人与生物圈国家委员会将证书颁发给在北京出席人与生物圈国家委员会第二次会议的3处保护区的代表。

长白山和位于四川邛崃山东坡的卧龙以及位于广东肇庆市东北郊的鼎湖山,是我国现有50多处自然保护区中的3处。这3处保护区参加国际生物圈保护区网,是我国对世界自然保护事业的贡献,同时,也将促进我国自然保护事业的发展。

刘仲容逝世

政协第五届全国委员会常务委员、民革中央副主席、北京外国语学院顾问刘仲容同志,因病于3月27日在北京逝世,终年77岁。

刘仲容1903年湖南省益阳县人,早年留学苏联莫斯科中山大学。新中国成立前,他长期在李宗仁、白崇禧左右任参议,并与中国共产党有了联系。1936年"西安事变"时他在西安,做了有利于抗日民族统一战线的工作。抗日战争时期,他在武汉、桂林、重庆等地积极投入团结抗战的民主活动,并参加发起"中国民主革命同盟"。解放战争时期,他在中国共产党的指导下,往返于上海、南京、香港、北平之间,为和谈奔走,贡献了力量。新中国成立后,刘仲容历任北京外国语学院院长、副院长,第三届全国人民代表大会代表,政协第二、第三届全国委员会委员,政协第五届全国委员会常务委员,民革第三届中央委员、第四届中央常务委员、第五届中央委员会副主席等职。

3月28日

国务院副总理薄一波在人民大会堂会见出席河流泥沙国际学术讨论会的中外科学家

纪念"左联"成立50周年大会在全国政协礼堂召开

纪念大会由夏衍同志主持。王任重、许德珩、王昆仑、黄镇等出席了大会。

胡乔木同志在纪念大会上的讲话中指出左翼文艺和左翼文化运动的50年,是胜利发展的50年,是光荣伟大的50年,是值得热烈庆祝的。他说,关于左翼文艺和文化运动的意义,毛主席已经作过崇高的、热情洋溢的评价。这个评价今天仍然完全适用。60年代,林彪、"四人帮"之流企图推翻这个评价,迫害一切与30年代革命文化运动有关的人。但是,他们没有打倒30年代的革命文化,而他们自己却被打倒了,这就是历史的结论。

胡乔木说,30年代革命文化是中国革命文化的先驱者用血肉铸成的纪念碑。它与中国人民结成了不可分离的血肉联系。他说,30年代的革命文化不是没有缺点和错误,但是,它的基本方向是正确的,它的伟大历史功绩是永远不可磨灭的。

胡乔木强调说,我们现在的文艺和文化仍然是30年代左翼文艺和左翼文化运动的继续。我们的文艺和文化是为社会主义服务的,是为培养社会主义新人服务的,这难道不是左翼文艺和文化运动的理想吗!

胡乔木说,我们应该振奋革命精神,用革命的歌声,前进的歌声,健康的歌声来充满我们的生活。他说,要把50年前聂耳、冼星海等同志的战歌继续唱下去,用这种歌声来鼓舞全国人民建设祖国,保卫祖国,建设社会主义新生活,保卫社会主义新生活。音乐是这样,文学、戏剧、电影、美术、舞蹈、社会科学、新闻出版事业、教育事业以及其他各种文化事业都应该是这样。

会上宣读了茅盾同志的书面发言。茅盾说,"左联"在党的领导下,以鲁迅为旗手,在30年代,在继承"五四"文学革命的传统,创导无产阶级领导文学,介绍马克思主义的文艺理论,培育一支坚强的左翼、进步的文艺队伍等等方面,都作出了辉煌的成就,有着不可磨灭的功勋。后来在抗日战争中,解放战争中,以及新中国成立以后的文化艺术事业中,到处可以看到当年"左联"的同志在起着骨干的、核心的作用。因此,"左联"在我国现代文学史上,有着光荣的地位,它是中国革命文学的先驱者和播种者。他衷心地希望年青的一代一定能继续和发扬"左联"的革命传统,继承党所领导的文艺的战斗传统。

周扬同志在会上作了题为《继承和发扬左翼文化运动的革命传统》的长篇讲话,全面地回顾总结了左翼文化运动发生、发展的过程和左翼文化运动的伟大历史功绩。

阳翰笙、许涤新同志也在会上发了言。

当年参加过左翼文艺和左翼文化运动的一些老同志参加了纪念大会。他们是:于伶、王阑西、江丰、艾青、孙慎、孙席珍、刘白羽、司徒慧敏、吕骥、许幸之、沙汀、张庚、张香山、萧军、吴亮平、陈荒煤、陈克寒、苏灵扬、李凡夫、李初梨、李一氓、林林、林焕平、周而复、周巍峙、杨放之、秦川、钱俊瑞、梅益、赵一山、楼适夷、蔡若虹等。

参加纪念大会的还有朱穆之、宋侃夫、张承先、周桓、贺敬之、林默涵等有关方面负责人和文化艺术界人士1000多人。

纪念大会是由文化部、中国文联、中国社会科学院联合举办的。

文化部 中国文联 中国社科院联合主办的《纪念“左联”成立50周年展览》在中国美术馆开幕

田家英追悼会在北京举行

曾担任毛泽东同志的秘书、中华人民共和国主席办公厅副主任、中共中央政治研究室副主任、中共中央办公厅副主任等职务的田家英同志，因被林彪、江青、陈伯达一伙迫害于1966年5月23日含冤逝世，年仅44岁。田家英同志的追悼会3月28日在北京举行。

田家英1922年出生在四川省成都市一个小资产阶级家庭，由于贫困，曾在中药店当学徒。少年时代就接受了进步思想和我党地下组织的领导，参加抗日救亡运动。1937年，奔赴延安参加革命，1938年加入中国共产党。先后在延安陕北公学、马列学院、中共中央政治研究室、中共中央宣传部等单位工作。从1948年起，担任毛泽东同志的秘书。新中国成立后，又担任中央办公厅秘书室主任、中央政治局主席秘书、中华人民共和国主席办公厅副主任、中央政治研究室副主任、中央办公厅副主任等职务。1956年被选为“八大”代表；1964年被选为第三届全国人民代表大会代表。

3月29日

国务院副总理邓小平在北京会见日本《读卖新闻》董事兼社论委员长渡边恒雄为团长的代表团

会见时，邓小平副总理回答了日本新闻界朋友提出的范围广泛的问题。在谈到当前国际形势时，他说，苏联要争霸全球的长远战略目标是既定的、决不会放弃的。它不需要经过议会辩论，一有机会，就可以马上下手。他说，对苏联的长远战略目标，大家都要有一个清醒的认识，并更紧密地团结起来，挫败它的争霸世界的战略部署。

全国政协五届常委会第九次全体会议在政协礼堂闭幕

乌兰夫主持今天的全体会议，并且讲了话。

乌兰夫同志说，会议期间，有些委员对如何进一步做好对台湾回归祖国的工作提出了不少建设性意见，反映大家对祖国统一大业的高度重视和关怀。他希望大家充分利用在台湾同胞、港澳同胞和海外侨胞中的广泛联系和影响，按照党中央的方针、政策，积极参加这一工作，争取早日实现台湾回归祖国，完成祖国统一的神圣事业。

乌兰夫同志说，有些委员反映，目前在安排、使用知识分子上还存在一些问题，各级政协组织要把知识分子工作列为重点工作之一，积极配合有关部门做好这工作，广泛征求意见，反映问题，充分发挥政协是党和政府听取各方面意见的重要渠道的作用。

乌兰夫同志说，政协是革命的爱国的统一战线的重要组织形式，今后政协一定要进一步发挥协商、监督作用。他希望各民主党派、工商联继续发扬主人翁的精神，关心党和国家的大事，积极地、负责地发表意见，提出批评，做党的诤友。

经过反复讨论、修改，与会委员一致通过了政协第五届全国委员会常务委员会第九次会议决议。决议认为，中国共产党是全中国人民的领导核心，坚持党的领导，改善党的领导，提高党的战斗力，是我国社会主义事业取得胜利的根本保证。党的十一届五中全会决定提前召开十二大，增选政治局常委，设立中央书记处，提出党章修改草案，通过《关于党内政治生活的若干准则》，为刘少奇同志平反昭雪，免除或提请免除汪东兴等四位同志所担负的党和国家的领导职务，建议取消宪法中关于“四大”的规定，完全适应国内外形势发展的需要，充分反映了全国各族人民的愿望。

这些重要决定，对于坚持党的政治路线、思想路线和组织路线，加强党的民主集中制，巩固和完善社会主义民主和社会主义法制，进一步落实党的各项政策，彻底肃清林彪、“四人帮”的流毒，巩固和发展安定团结、生动活泼的政治局面，鼓舞全国各族人民加紧四化建设，必将发生十分深远的影响和作用。

决议满意地指出，党的十一届五中全会增选的中央政治局常委胡耀邦同志和赵紫阳同志，新选举的中央书记处成员胡耀邦等十一位同志，都是久经考验，深孚众望，能够坚定地执行党的路线，具有卓越工作能力而又比较年富力强的同志。这些同志参加中央领导机构，不仅能够担当起现代化建设事业的繁重任务，更重要的是能够保证党的路线、方针、政策的长期连续性和党的集体领导的长期稳定性。这是以集体方式而不是以个人方式培养接班人的创举，是一个高瞻远瞩、长治久安的战略决策。它生动地体现了中国共产党人才辈出，后继有人，党所领导的社会主义和共产主义事业日益兴旺发达。为刘少奇同志彻底平反，解决了党的历史上最大的冤案。刘少奇同志是我们党和国家的主要领导人之一，是伟大的马克思主义者和无产阶级革命家。刘少奇同志的冤案株连了许多同志、党员干部、爱国民主人士和广大无辜群众，这一平反昭雪，意义十分重大，它充分表明中国共产党是一个实事求是、有错必纠、严肃认真、光明磊落的马克思主义革命党，充分表明中国共产党完整地、准确地坚持和贯彻了马克思主义、列宁主义、毛泽东思想的科学体系，努力发扬老一辈无产阶级革命家所培育的优良传统。这种勇敢和果断的措施，赢得了全国各族人民的信任和爱戴，党的威望更加提高。

决议强调指出,人民政协是在中国共产党领导下的革命的爱国的统一战线组织。坚决维护党的领导,和党同心同德,群策群力,为建设现代化的社会主义强国而奋斗,是参加人民政协的各民主党派、各人民团体、各方面爱国人士的共同职责。80年代,我国人民面临着极其艰巨而又十分光荣的任务。人民政协必须进一步发挥统一战线组织的作用,在五中全会精神的指引下,充分发扬民主协商的优良传统,认真贯彻"长期共存,互相监督"的方针,广开言路,广开才路,调动各方面人士的积极性,为四化服务,把社会主义建设事业推向前进。台湾归回祖国,实现祖国统一,是包括台湾同胞在内的全国人民的殷切期望。我们寄希望于台湾同胞,也寄希望于台湾当局。人民政协要进一步做好对台湾各界人士的团结工作,增加同台湾骨肉同胞的联系和往来,为早日完成祖国统一大业发挥更大的作用。人民政协要积极地开展人民外交工作,继续增进同各国人民的友好关系,在反对霸权主义,维护世界和平事业的斗争中,作出更多的贡献。

会议听取了政协全国委员会代表团关于访问罗马尼亚的报告,听取了全国政协赴上海参观学习组关于上海市改进工业企业管理情况的汇报,听取了全国政协赴杭州、福州参观学习组关于杭州、福州安置待业人员情况的汇报,听取了政协全国委员会工作组关于召开知识分子问题座谈会的情况的汇报,听取了全国政协赴北京参观调查组关于北京市落实对原国民党起义投诚人员政策的情况汇报。

会议还通过了任免名单。

政协全国副主席许德珩、康克清、季方、王首道、杨静仁、帕巴拉·格列朗杰、周建人、庄希泉、胡子昂、荣毅仁、刘澜涛、胡愈之、王昆仑、班禅额尔德尼·确吉坚赞出席了会议,全国人大常委会副委员长、政协全国委员会常务委员胡厥文、朱蕴山、史良也出席了会议。

公安部通报嘉奖哈尔滨市公安局刑警侯培生

公安部向全国各省、市、自治区公安厅、局发出通报,嘉奖哈尔滨市公安局刑警侯培生在打击犯罪活动中的英勇表现,并给侯培生发了奖金。

中华人民共和国政府和保加利亚人民共和国政府1980年交换货物和付款协定在保加利亚的索非亚签订

国务院副总理姬鹏飞在北京会见澳大利亚新西兰科学促进协会理事会主席詹姆斯·达文波特率领的澳新科促会代表团

对外友协在北京举行纪念美国朋友斯特朗逝世10周年大会

宋庆龄出席了大会。邓颖超在大会上发表了书面讲话。

斯特朗女士于1885年出生在美国内布拉斯加州弗兰德城的一个牧师家庭。她一生为进步事业和我国人民的革命事业作出了贡献。从20年代中期起,她曾先后六次来华。1946年毛主席对她发表了帝国主义和一切反动派都是纸老虎的著名谈话。1958年她来我国定居。在华期间,她为宣传新中国写了大量著作和文章。1970年她在北京逝世,葬在八宝山。

今天的纪念大会由夏衍主持。

楚图南在会上首先讲话。他说,斯特朗女士的一生是战斗的一生,是孜孜不倦地追求真理并为之而献身的一生。她爱憎分明,反对帝国主义、修正主义,坚决支持各国人民争取民族解放的正义斗争,并为增进中美两国人民之间的了解和友谊作出了卓越的贡献。

楚图南在回顾斯特朗一生的战斗经历时指出,斯特朗在青年时代就向往社会正义和人类平等,积极投身于争取民主和女权的进步社会活动。十月革命后,她在苏联定居了近30年,向美国和世界其他地区人民报道了苏联人民英勇保卫第一个苏维埃政权和建设社会主义的真实情况,后来,尽管遭受冤屈和打击,但并没有动摇她对社会主义的信念。她坚信,十月革命开辟了她所向往的光辉道路,她认定社会主义比资本主义好。

楚图南说,自1925年起,斯特朗先后6次到过中国,并在1958年在北京定居下来。她的心和中国人民的革命事业紧紧地联系在一起。他说,斯特朗女士在中国期间,写了6本书,六十九期《中国通讯》。她以高昂的热情和犀利的笔锋向世界各地读者报道中国社会主义革命和建设的成就,支持民族解放斗争。她把对中国革命的同情和对中国人民的真挚友情全部从她的著作中倾泻出来。在中美两国关系正常化之前,她在两国人民之间起了积极的桥梁作用。她为促进美国和世界人民对中国的了解真正做到了"生命不息,战斗不止"。

王炳南在会上宣读了邓颖超的书面讲话。邓颖超说,斯特朗女士在半个多世纪里,经历了世界的风云变幻,也经历了个人的严峻考验,但是她始终不渝地追求进步,向往革命,对社会主义事业和人类的前途充满信心。她几十年如一日,排除各种障碍,为增进中美两国人民间的了解和友谊做了大量的工作。毛泽东、周恩来、陈毅等同志对她都很关怀和重视。在她80寿辰时,毛主席特地宴请她,为她祝贺,给予她很高的评价。

邓颖超说，斯特朗生于美国，死于中国，她是中美两国人民的共同骄傲，又是两国人民的友谊象征。中国人民对于凡是对中国革命和建设事业做过贡献的老朋友总是永志不忘的。

邓颖超指出，正当我国人民在为实现四个现代化进行新的长征时纪念斯特朗，学习她追求真理并为之献身的精神，学习她不计较个人恩怨、顾全大局的胸怀，学习她对工作一丝不苟、精益求精、不知疲倦、不顾病痛、坚持工作的作风，更加具有现实意义。

邓颖超说，1938年年初，在抗战初期的武汉，我就和斯特朗女士结识为朋友，今天我对她表示衷心的敬佩和无限的缅怀。我相信，斯特朗女士将永远活在中国人民的心中。

在京的美国朋友柯弗兰的夫人柯如思也在会上讲了话。她说，斯特朗对中国人民和中国革命的热爱，成为她生活中的动力。斯特朗曾在她的遗嘱里附了一封信，信中表达的遗愿之一是，希望发展中美两国人民的友谊，特别是开展两国间学生、知识分子和政治活动家的交往。她如果能够知道这个愿望已经开始实现，她一定会感到欣慰。

参加大会的有斯特朗生前友好黄华、刘宁一、马海德、路易·艾黎、查禾多等，美国驻中国大使馆政务参赞孙学理以及中国作家协会、新华社、北京图书馆等单位的负责人共300多人。

国家科委发明评选委员会审查批准28项发明和奖励等级

国家科委发明评选委员会于3月27日、29日召开了第五次评选会，审查批准了28项发明和奖励等级。

湖南省双峰县委举办蔡和森同志纪念展览

3月30日是我党早期卓越的无产阶级革命家和领导人之一蔡和森同志诞辰85周年。中共湖南省双峰县委举办的蔡和森同志纪念展览，于2月29日在双峰县城展出。蔡和森的童年和少年时代是在家乡双峰县度过的。这个展览除着重反映他青少年时期勤奋学习、追求真理的优秀品质外，还简要地介绍了他为革命奋斗终生的功绩。

这个纪念展览还展出了邓小平、陈云、聂荣臻同志为纪念蔡和森诞辰85周年的题词。邓小平的题词是："蔡和森同志是我党早期的卓越领导人之一，他对中国革命作出了重大的贡献，中国人民永远记着他。"陈云的题词是："向为革命而牺牲的蔡和森同志致敬！"聂荣臻的题词是："我党早期卓越的无产阶级革命家蔡和森同志永远活在我们心中。"

中国水球队在北京体育馆以11∶9战胜南斯拉夫"游击队"水球队

3月30日

国务院召开长期计划座谈会讨论编制长期计划的方针政策问题

在会议之前和会议期间，邓小平、陈云、李先念、姚依林等谈了一系列重要意见。主要有：(一)降低积累占国民收入的比重，确定积累率以25%为好，适当提高消费基金的比重，使人民生活有所改善；(二)基本建设投资总额两三年内控制在500亿元左右；(三)工业生产每年增长7%—8%，如果有困难，5%—6%也可以，主要是要求今后20年稳定增长，不走弯路；(四)经济结构要适当调整，使农业、轻工业发展得快一些，能源、交通、建筑业要加强；(五)在农村和城市的所有制问题上；要根据不同情况，搞得松动一些；(六)各项工作都要进行经济效果的比较，这要作为一条十分重要的方针；(七)要发挥优势，扬长避短，承认不平衡；(八)要在很大程度上利用对外贸易，促进国内经济的发展；等等。会后，根据这些意见，国家计委初步拟定了《制定长远规划的一些基本设想(汇报提纲)》。

全国轻工业厅局长会议交流经验提出要加强和改善党对轻工业的领导

出席全国轻工业厅局长会议的各省、市、自治区轻工业部门的负责人，在讨论如何把今年的轻工业搞上去的时候，一致要求各级党委进一步加强对轻工业的领导。

参加会议的同志，总结交流了加快轻工业发展的经验。他们认为，去年，我国轻工业所以能够获得较快的发展，关键是从中央到地方的各级党委，坚决贯彻了调整国民经济的八字方针，加强和改善了对轻工业的领导。去年，许多省、市、自治区党委的主要负责同志，都亲自抓轻工业，有些省、市委还专门成立了轻工业领导小组，及时召集各有关部门研究解决轻工业生产发展中的问题。中共浙江省委把加快轻工业发展列为经济调整的一项主要任务，在省委统一领导和支持下，各级计划、财政、银行、物资、物价、电力、交通和重工业等部门，在原材料、燃料、动力和资金的分配上，在价格、税收、信贷上，在运输安排上，都优先保证轻工业的需要，从而使全省轻工业出现了蓬勃发展的新局面。去年，浙江省的轻工业比上一年增长了18.5%，增长速度居全国首位。中共四川省委也曾多次讨论轻工业发展的问题，逐个行业落实了调整发展规划和措施，去年安排给轻工业的各项资金和贷款，比前年增长了2/3，在劳力、原材料供应方面,也给予充分的支持,促进了轻工业发展。

去年,许多省、市、自治区党委,还注意在调查研究的基础上,调整或制定合理的经济政策,对加快轻工业的发展起了很好的作用。集体所有制企业在轻工业中占很大比重,安徽、辽宁、四川、广东、山西、吉林、广西、宁夏等13个省、市、自治区,去年都制定了有关发展集体所有制经济的政策,合理地解决了国家对集体所有制企业的投资、贷款和原材料供应等一系列问题,调动了集体所有制企业发展轻工生产的积极性。辽宁省二轻系统130个集体所有制企业试行了自负盈亏后,每月的产值平均比自负盈亏前增长15.4%,为国家提供的税金增长了38%。广西、吉林、福建、山东等地,制定合理的经济政策,发展轻工业农副原料生产,解决轻工各行业的原材料问题,取得了显著效果。

各地轻工业部门负责人认为,今年是国民经济调整的第二年,国家要求轻工业有较快的发展,以协调轻重工业的比例关系,繁荣国内市场,满足人民生活需要,这就更加需要各级党委进一步加强对轻工业的领导,针对今年的新情况,继续采取一些行之有效的措施,促使轻工业更快地发展。如今年一开始,湖南省委和省人民政府从各方面采取措施,狠抓了对轻纺工业"六个优先"的落实,就有力地支持了全省轻纺工业的发展。各地轻工业部门的负责人表示,一定要在各级党委的领导下,发动轻工战线广大职工,大力开展增产节约运动,努力增加生产,厉行节约,提高产品质量,增加花色品种,为轻工业的发展作出贡献。

全国人大常委会副委员长谭震林在北京会见由希利女士和江涛教授率领的爱尔兰中国文化协会代表团

国务院副总理康世恩在北京会见联邦德国萨尔堡公司董事勃罗克教授率领的萨尔堡公司代表团

"中法医学日"开幕式在北京举行

为了加强中法两国医学学术交流,经双方协商定于1980年3月30日至4月14日为中法医学活动日。在这以前,中法两国各自成立了中国"中法医学日"荣誉委员会和法国"法中医学日"荣誉委员会。中国由国务院副总理邓小平任中国"中法医学日"荣誉委员会主席,法国总理巴尔任法国"法中医学日"荣誉委员会主席。

以路易·德·居兰戈为名誉团长、索万为名誉副团长,勒杰尔教授为团长、拉蓬丹医生、拉布朗教授为副团长的法国医学代表团出席了今天的开幕式。

中华医学会会长白希清在开幕式上致辞时,代表中国医学界对"中法医学日"的开幕表示祝贺。中国科学技术协会副主席、中国医学科学院院长黄家驷在讲话中指出,"中法医学日"是两国医学界增进相互了解、发展友谊、加强合作的新起点。

法国前外长、法兰西大使路易·德·居兰戈和勒杰尔教授也在开幕式上讲话。路易·德·居兰戈指出,"医学日"的开幕是法中两国合作的一个重要日子。

出席开幕式的有卫生部长钱信忠、中国"中法医学日"学术委员会、组织委员会在京委员以及首都医学界代表200多人。法国驻中国大使克洛德·沙耶也出席了开幕式。

开幕式上展出了法国医学书刊近20种500多本。

3月31日

全国人大常委会委员长叶剑英副委员长宋庆龄为庆祝《儿童时代》杂志创刊三十周年分别题词写贺信

叶剑英委员长的题词是:"祖国未来　世界希望"。

宋庆龄副委员长贺信全文如下:

亲爱的孩子们:

今年4月1日是《儿童时代》创刊30周年。我表示热烈的祝贺,并借此机会向你们说几句话。

《儿童时代》自从创刊以来,以小说、故事、特写、散文、诗歌、童话和绘画等文艺形式反映广大少年儿童在学校、家庭、社会活动各个方面的飞快成长,反映祖国社会主义革命和建设的蓬勃发展,反映各国人民为和平、民主而斗争的沸腾生活。到1966年止,该刊总共发行了389期。由于林彪、"四人帮"极左路线的干扰、破坏,遭到中断;直到1978年4月,《儿童时代》方才复刊,发行量大增,成为你们欢迎的读物中的一种。《儿童时代》是为你们创办的,希望你们通过阅读它,来扩大你们的知识领域,发展智慧,丰富文化娱乐生活,并从中汲取思想上的营养。

在祖国为实现四个现代化进行新长征的时期,我希望你们更好地爱科学、学科学、用科学,为"四化"发奋学习。

发奋学习,就要有健康的身体。因此,希望你们爱清洁,讲卫生,坚持天天锻炼身体。

我还希望你们从小听爸爸妈妈的话,尊敬老师,有好思想、好品德。

总之,希望你们像雷锋叔叔那样,快快健康成长,成长为德、智、体、美全面发展的革命事业的接班人。

在80年代的第一年里,祝你们幸福愉快!同时,也祝祖国的宝岛——台湾的孩子们幸福愉快!并祝世界各国的孩子们幸福愉快!

国务院副总理邓小平在北京会见日本生产性本部副会长日产汽车公司会长川又克二率领的日本生产性本部高级经营者访华团

在同日本朋友交谈中，邓小平副总理指出，在社会主义建设中，中国不仅要学习外国的先进科学技术，而且要学习他们的经营管理经验。他说，我们在企业管理方面还很缺乏经验。我希望我们双方加强友好交流活动。

川又克二说，他们在北京同中国企业管理人士之间进行的交流经验活动，使双方都增加了知识。

《人民日报》发表社论《全党重视抓好轻工业》

调整、改革、整顿、提高“八字方针”的贯彻执行，为轻工业的发展开辟了宽广的道路。一年多来，轻工业生产、建设一直保持着很好的发展趋势。轻工业在国民经济中的重要地位和作用，已经被越来越多的人所认识。尽快把轻工业搞上去，对社会主义现代化建设关系极大。轻工业广大职工一定要继续努力，在第一季度取得较大成绩的基础上，再接再厉，夺取新的更大成绩。

党中央、国务院十分重视轻工业的发展，对轻工业实行“六个优先”，这是一项重大措施。中央部门、各地区都要认真落实对轻工业的“六个优先”，全党上下都要重视轻工业。轻工业生产建设所需要的各种条件，要采取有力措施予以解决。如轻工业所需要的原料、材料，大部分要靠省、市、区解决，但是国家物资部门也要主动帮助轻工部门进行规划、安排。对一些非帮助解决不可的问题，有关部门应该从国民经济的全局出发，想方设法给以帮助，优先解决。应当指出，当前仍然有些地方没有按“六个优先”进行安排，一些必要的条件还没有落实，如电力、燃料的供应没保证，这怎么能把轻工业搞上去呢？个别地方还有挤轻工业的现象，有的甚至随意挪用按计划拨给轻工业的材料，这就更不应该了，要坚决纠正，今后再不能出现类似情况。

努力增产节约，坚决完成和超额完成今年轻工业各项计划指标，是全党特别是轻工业职工的光荣任务。一定要开动脑筋，千方百计，广开生产门路，挖掘社会潜力。广辟原料来源是加快轻工业发展的基础。各地要有计划有步骤地办好农副业原料基地，同时还要“找米下锅”，充分利用分散的资源、野生资源和废旧物资，搞好综合利用。当前，有些地方小商品短缺，应该引起特别重视。要针对小商品品种门类多、批量小、产值小、利润低的特点，采取切实有效措施，确保小商品生产得到稳定的发展。

在轻工原料供应和产品销售的问题上，要特别提倡“全国一盘棋”的思想，地方的利益要服从国家的利益，局部的利益要服从整体的利益。要正确认识和处理因地制宜与产品自给的关系，在国家统一计划下，发挥两个积极性，充分发挥各地特有的经济优势。属于全国调拨的产品和原材料，要确保国家计划的完成，提倡为国家多做贡献，不能片面强调“地区自给”，违背全国统一计划。在原料生产与加工能力的关系上，要合理照顾和调整两者的经济收益，使双方都得到好处。认真解决落后的小厂同先进的大厂争原料的问题，彻底扭转一方面有些先进的大厂吃不饱，一方面有些落后的小厂又粗制滥造、浪费原料的局面，保证消耗低、质量好、产品受群众欢迎的大厂吃饱开足。为了适当照顾原料产地的利益，有的可以采取企业联营、合营、“补偿贸易”等方法，发挥各自的优势和特长，把经济搞活。地区之间、企业之间原有的供应渠道、销售渠道和协作关系不能任意中断，更不能“画地为牢”。整个国家是一个统一的大市场，在当前世界各国形成国际市场的情况下，怎么能搞一个省、一个市的小市场呢？如果那样搞，就会严重妨碍整个国民经济的发展，造成不良后果。

抓好各项资金的使用，搞好挖潜、革新、改造，是把轻工业搞上去的一个重要环节。今年给轻工业的基建投资、银行贷款、技术措施费用等资金不算少，各地要认真管好用好。特别是银行贷款9亿多元，要下功夫抓好。使用贷款要同挖潜、革新、改造相结合，同专业化协作、企业和行业调整相结合。各地要抓好建设项目的设计，材料、设备、施工力量等条件的落实，尽快建成投产，发挥经济效益。

统筹安排、归口管理是当前发展轻工业过程中一个非常重要的问题，要认真解决。办新厂原料有无保证？社会上已经有多少这类工厂？产品在市场上的需求量究竟有多大？能不能在国际市场上打出去？都要统筹安排，慎重考虑。这就要调查研究，摸清现状，做到心中有数。现在有些地方不注意统一规划，综合平衡，结果一哄而起，遍地开花，盲目性很大。一个省就搞上千个塑料厂、几千个小酒厂，小卷烟厂、小肥皂厂到处都是。这些行业本来就存在原料不足的矛盾，不需要再搞小厂了，如果搞的过多，将来势必要关掉一批。有些地方出现了盲目设厂、盲目生产的现象，如落地灯、电风扇、洗衣机等，产量过多，造成人力、财力、物力的浪费，最后是自己受损失，国家吃大亏。过去已有这方面的痛苦教训，我们应该认真记取。办事一定要瞻前顾后，统筹规划，对生产的发展要有科学的预测，力求事前预见到可能出现的新矛盾和新问题，及时防止某些不健康的东西发生。

努力搞好增收节支，为国家提供更多的财政收入。现在，我们国家的资金积累和外汇收入，相当大一部分靠轻工业。去年,轻工业实现的利润、税收约占全国财政收入的19%,轻工业品出口换回的外汇占整个外贸出口的22%。轻工业职工要千方百计为增加国家财政收入和外汇收入做贡献。一要搞好经营管理,节约燃料、电力和原材料,既要增加产量、提高质量,又要减少消耗、降低成本。二要大力扭亏增盈,搞好清产核资。各地要抓紧落实扭亏增盈规划,抓紧消灭经营性亏损。对那些质量差、消耗高、浪费大、亏损严重的企业,要坚决进行调整和整顿。盈利企业要进一步挖掘潜力,为国家多积累资金。所有轻工企业要抓紧搞好清产核资工作,加速资金周转,建立健全财产、物资和资金的管理制度,巩固清产核资的成果。要整顿和改进奖励制度,纠正滥发奖金的现象。

为加快轻工业的发展,省、市、区党委必须加强领导。由于轻工企业分散在各地,就要靠地方党委加强领导。去年以来,浙江、湖北、四川、天津等省、市的主要负责同志亲自抓轻工业,研究方针、政策,采取有力措施,轻工业得到较大增长。浙江省委在能源、物资供应上给轻工业优先保证;在资金分配上给轻工业开辟多种渠道;在产供销上,抓原料基地、质量品种、产品推销;在管理上,尽量搞得活一些,有力地促进了轻工业的发展。去年,浙江省轻工业总产值比上年增长18.5%,居全国首位。一年来的实践说明:发展轻工业的潜力很大,只要全党重视,加强领导,切实摆正轻工业的位置,采取有力措施,轻工业是能够比较快地搞上去的。

财政部开始在广西柳州市进行工商税制改革调查试点

全国工商行政管理局长会议确定今年任务是在贯彻调整方针中加强工商行政管理

在北京闭幕的全国工商行政管理局长会议确定,今年工商行政管理工作的任务是支持生产,促进流通,协调关系,方便群众;保护合法经营,制止非法活动,同危害社会主义经济秩序的行为作斗争。

会议提出,要结合国民经济的调整,进一步开展企业登记管理,特别要联合有关部门搞好对工业企业的普查登记工作,为调整国民经济和制定长远规划提供比较完整的资料。经批准筹建的企业,必须向工商行政管理部门备案,开业前要向工商行政管理部门申请登记,领取营业执照。未经核准登记的企业银行不予开户,不得购买或印制发票,不能刻公章、注册商标和签订经济合同。一定要切实纠正那种不经核准登记就随意开办企业的现象。已登记开办的企业,要改变和扩大经营范围的,除主管业务部门审批外,也需经工商行政管理部门核准,未经核准的,工商行政管理部门有权制止。

在开展对外活动的地方应当加强对合资企业和外商驻华机构的登记管理。

会议指出,去年在全国范围内对商标进行了全面清理,恢复了统一注册,今年要着手解决商标的混同问题,以保护商标专用权,健全商标法制。

会议强调要积极推广合同制度,使之更好地为维护计划、促进协作、提高产品质量、改善企业经营管理服务。要坚决纠正任意提高商品价格或变相抬价的现象,制止短尺少秤、粗制滥造、掺杂使假、欺骗群众等不正当行为。

会议认为,开放城市农副产品市场是国家的一项长期的经济政策,城市农副产品市场同农村集市一样,是社会主义经济的必要补充,是城市商业网点的组成部分。应当允许在市内适当的地点建立农副产品市场,并把它纳入城市规划,搞好市场建设,逐步修建一些室内商场或棚顶商场。

会议重申国务院关于农村集市由工商行政管理部门统一领导管理的规定,各种交易所应当加以整顿。各地工商行政管理部门要进一步加强打击投机倒把的工作,以维护社会主义的经济秩序,保卫四化建设。

中国食品总公司在湖北荆州地区召开鲜蛋经营工作座谈会

座谈会指出,近年来,由于党在农村的经济政策进一步落实,全国农村家禽生产发展很快,今年年初全国家禽存养量比去年年初增长12%。今年全国产蛋总量预计将比去年增长。但是总的来说,我国禽蛋生产和消费水平都不高,不同地区和不同季节之间还很不平衡。因此食品部门要坚定不移地继续促进禽蛋生产的发展,有关发展禽蛋生产的各项具体政策,要保持稳定,不要轻易变动。大中城市和工矿区要继续办好禽蛋基地,要继续办好种禽场,改进家禽品种,促进禽蛋生产的发展。

座谈会要求全国食品部门要正确执行收购政策,认真做好鲜蛋的收购工作,特别是要加强旺季的收购工作,设法满足农民的出售要求,以保护农民的生产积极性。要注意更多地运用经济手段,开辟多条经营渠道。正确运用季节差价,调节供求,指导消费。在鲜蛋收购旺季和夏天,要扩大加工贮存,城乡都要敞开供应。在农村所有基层食品站都应做到既购又销,供销社、生产大队的代购代销店也可以代销。城市里要增加销售网点;要增加花色品种,改进供应,既供应鲜蛋,又供应皮蛋、咸蛋、茶蛋等。

辽宁批准 13300 多个体工商业户开业

《人民日报》报道，辽宁省在最近一年里已批准1.33万多户个体工商业户开业。这些个体工商业户经营范围广泛，包括修理业、小饮食业、小手工业以及各项服务事业。凡是社会需要而全民和集体所有制企业又不便于经营的，个体工商业户尽量去拾遗补缺，使辽宁省商业服务业形成一个以国营企业为主体、集体所有制企业为助手、个体企业为补充的繁荣局面。

国务院副总理康世恩在北京会见以菲律宾社会科学理事会主席威尔弗里多·维拉柯尔塔博士为团长的菲律宾社会科学理事会代表团

中美合办的图书馆业务研讨会在北京大学开幕

中国图书馆学会和美国国际交流总署联合举办的图书馆业务研讨会在北京大学图书馆开幕。中国图书馆学会理事长、北京图书馆馆长刘季平和美国驻华大使伍德科克出席了开幕仪式。

研讨会将先后在北京、上海两地举行。各省、市、自治区的图书馆都有代表参加。中美两国图书馆工作者将在会上研讨的内容有：图书馆的科学管理、藏书建设和保管、书目服务的自动化和网络化、图书馆建筑和人员的业务培训等。

中国摔跤队以姜秉升为领队前往埃及亚历山大参加国际摔跤邀请赛

北京新闻学会举行学术座谈会学习刘少奇同志关于新闻工作的论述

座谈会由副会长安岗主持了座谈会。《人民日报》总编辑胡绩伟、《红旗》杂志总编辑熊复、新华社新闻研究部方言，在会上做了学术发言，分别介绍了刘少奇同志关于调查研究是一门学问，报纸工作人员是调查研究的专业人员，报上的一切报道和文章都应当是调查研究的结果的思想；关于在报刊上有领导地开展正确的批评和自我批评的思想；关于新闻应该客观、真实、公正、全面的思想。

他们在发言中指出，历史证明，刘少奇同志关于新闻工作理论与实践的论述是正确的，是我们无产阶级新闻学的重要教材。林彪、“四人帮”一伙在这方面对刘少奇同志所作的种种歪曲、诬陷，应该一律推倒。

4月1日

中共中央副主席李先念在人民大会堂会见洪都拉斯马列主义共产党中央代表团

最高人民检察院发布《人民检察院检察委员会组织条例》

(1980年2月21日最高人民检察院检察委员会第一次会议通过)

第一条　本条例根据《中华人民共和国人民检察院组织法》制定。

第二条　各级人民检察院设立检察委员会。检察委员会委员名额:

(一)最高人民检察院检察委员会委员为十三人至十九人;

(二)省、自治区、直辖市人民检察院检察委员会委员为九人至十五人;

(三)省、自治区、直辖市人民检察院分院和自治州、省辖市人民检察院检察委员会委员为七人至十一人;

(四)县、市、自治区和市辖区人民检察院检察委员会委员为五人至九人。

第三条　检察委员会讨论和决定下列事项:

(一)贯彻执行党的方针、政策和人民代表大会及其常务委员会的决议、命令;

(二)重大案件和疑难案件的处理;

(三)检察业务工作上的规定、条例和措施;

(四)检查、总结检察工作和其他有关的重要事项。

第四条　检察委员会讨论决定的事项,以检察院名义或检察长名义发布执行。

第五条　检察委员会会议,由检察长主持召开,检察长因故不能参加时,可指定一名副检察长主持。

第六条　检察委员会实行民主集中制。如果检察长在重大问题上不同意多数委员的意见,可以报请本级人民代表大会常务委员会决定。

地方各级人民检察院检察长,遇有上述情况,在报请本级人民代表大会常务委员会决定的同时,应抄报上一级人民检察院。

省、自治区、直辖市人民检察院分院的检察委员会开会,如果检察长在重大问题上不同意多数委员的意见,可以报请上级人民检察院决定。

第七条　检察委员会要建立会议制度,定期开会。必要时,根据工作需要可以请有关部门负责同志列席会议。

第八条　本条例上报全国人民代表大会常务委员会备案,并发各级人民检察院实行。

中国银行开始发行外汇兑换券

自外汇兑换券发行之日起,国内禁止外币的使用和流通。现在收取外币的商店及其他服务部门,一律改用人民币标价,收取外汇券,以维护人民币的统一。目前在国内的持有外币的外国人、华侨、港澳同胞、台湾同胞,购买物品和支付费用时,可以向中国银行兑换外汇券或人民币。外汇兑换券于1994年1月1日起停止发行,1995年1月1日起停止流通。

中国银行负责人说,目前外汇券使用范围主要是:各地专门接待外国人、华侨、港澳同胞、台湾同胞的旅行社、友谊商店、外轮供应公司、工艺美术服务部、文物商店、外贸中心、进口商品专柜和宾馆、饭店、俱乐部等;以及用于支付国内外航线的飞机机票和托运行李、物品的费用,去港澳地区的直通火车、船只票款及托运行李物品的费用;国际电讯、邮包的费用等。目前兑换外汇券主要是由中国银行和少数受委托的中国人民银行机构办理。外汇券不准私自买卖,严禁伪造,违者将按我国有关法令论处。

中国人民银行提高城乡个人储蓄存款和华侨人民币存款利率

这是继去年4月1日提高利率后,又一次调整储蓄存款利率。这次调整的利率,体现了存期越长利率越高的原则。

各种存款利率具体调整情况是:一年期的零存整取和半年定期存款的月息,由3厘提高到3厘6;一年定期存款的月息,由3厘3提高到4厘5;三年定期存款的月息,由3厘75提高到5厘1;五年定期存款的月息,由4厘2提高到5厘7。

华侨人民币的定期存款月息,一年的由3厘9提高到4厘8,三年的由4厘2提高到5厘4,五年的由4厘5提高到6厘。活期储蓄存款月息,将从7月1日起由1厘8提高到2厘4。

国家计委 国家经委 劳动总局下发《国营企业计件工资暂行办法(草案)》决定有条件地推行计件工资制

国家物资总局给上海等27个城市的燃料公司颁发奖状

这27个单位是上海、天津、北京、南京、常州、无锡、泰州、威海、济南、沙市、宜昌、武汉、丹东、鞍山、锦州、本溪、佛山、江门、合肥、杭州、牡丹江、四平、石家庄、柳州、厦门、呼和浩特、成都等城市的燃料公司。它们是在最近召开的全国燃料管理评比会议上评选出来的。

为了加强燃料管理，降低燃料消耗，去年3月，在中国燃料公司的组织下，北京、天津、南京、武汉、石家庄、济南、合肥、常州、锦州、旅大10个城市的燃料公司提出倡议，在大中城市之间开展以学习上海燃料公司经验、加强管理、降低消耗、节约燃料为中心的竞赛。倡议书发出后，很快得到了16个省、市、自治区72个城市燃料公司的响应。

在竞赛的推动下，这些城市的燃料公司普遍加强了燃料管理工作。他们组成服务队，深入生产第一线，调查燃料使用情况，帮助锅炉房、窑炉的工人搞好核算，实行按定额用煤。许多工厂做到燃料入库有验收，出库有计量，消耗有定额，班组有记录，月末有盘点，节超有奖惩。目前，这27个城市燃料公司负责供应的工厂企业，全部实行了燃料凭证定量供应，85%以上的工厂企业实行了燃料核销制度。这些城市的燃料公司还积极配合有关部门大力培训司炉工，开展先进锅炉房竞赛，推广先进的节约燃料技术。去年，他们共培训了7.2万多名司炉工，占司炉工总数的66%，还涌现出1600多个先进锅炉房。

燃料管理竞赛对促进这些城市的增产节约运动发挥了很大作用。这次评比会议在总结经验的基础上，进一步部署了今年的燃料管理工作，决定扩大竞赛范围，提高竞赛水平，把节约燃料的工作推向全国。

江西九江港正式辟为外贸港口

江西北部门户的九江港4月1日起正式辟为对外贸易港口。中国上海海兴轮船公司派来的新华五轮，首次装载着1400多吨江西景德镇的瓷器、瓷版和江西生产的猪肉、水果罐头，从这里起航前往香港，这些出口物资将从香港再转运到英国、西德、新加坡、意大利、伊朗和荷兰。

为搞好外贸港口的建设，中央和江西省有关部门在九江市内迅速建立了外贸、外运、海关、港务监督、船舶检验、卫生检疫、商品检验、银行、保险等十多个新机构，外商可以在这里直接办理外贸成交和结汇。

全国人大常委会就越南社会主义共和国主席孙德胜逝世致电越南国会常委会

中华人民共和国全国人民代表大会常务委员会4月1日发电报给越南国会常务委员会，对孙德胜主席逝世表示哀悼。唁电全文如下：

河内越南社会主义共和国国会常务委员会：

惊悉越南社会主义共和国主席孙德胜阁下不幸逝世，谨代表中国人民向越南人民表示哀悼，并向孙德胜主席阁下的家属表示慰问。

中华人民共和国全国人民代表大会常务委员会

1980年4月1日于北京

全国人大常委会副委员长邓颖超在北京会见并宴请诺罗敦·西哈努克亲王和夫人

全国人大常委会副委员长谭震林在北京会见菲律宾最高法院首席法官恩里克·费尔南多一家

国务院副总理薄一波在人民大会堂会见美中贸易发展公司主席吉尔伯特·鲁宾逊一行

会见时，薄一波感谢吉尔伯特·鲁宾逊一行为接待将于今年秋季赴美国旧金山、芝加哥和纽约展出的中国经济贸易展览会做了大量工作。他说：几年来中美两国的经济贸易关系有了很大发展。他表示相信，通过中国经济贸易展览会在美国的展出，两国的经济贸易关系必将进一步发展。

吉尔伯特·鲁宾逊说，中国的这次展览会将是具有历史意义的。他表示要尽力使这个展览会取得成功。中国国际贸易促进委员会主任王耀庭、美国驻中国大使伍德科克会见时在座。

全国妇联主席康克清在北京举行宴会欢迎以德国妇女委员会主席冯·迈博姆夫人为团长的德意志联邦共和国妇女代表团

中国音协理事 小提琴演奏家盛中国前往澳大利亚访问演出

这次访问是应澳大利亚广播公司邀请进行的，是中澳1980年文化交流的一个项目。盛中国是作为我国第一个出国访问的小提琴演奏家赴澳大利亚的。他将在6个城市举行12场音乐会，为观众演奏欧洲古典作品和中国乐曲。

全国春季游泳比赛北京赛区第一天有5人6次打破5项全国纪录

今年全国春季游泳比赛分别在北京、保定、武汉、长沙四个赛区进行。参加北京赛区比赛有180多名男女运动员，都在一级运动员标准以上。

15岁的上海女选手乐恩佩在女子200米蝶泳预、决赛中分别以2分23秒7和2分23秒4的成绩打破全国纪录；北京的女选手傅燕玲在晚上的女子800米自由泳预赛中以9分25秒2的成绩打破全国纪录；解放军选手王林在晚上的男子100米蛙泳预赛中以1分4秒8的成绩打破全国纪录；上海选手汤群以2分9秒1的成绩打破全国纪录；北京选手李忠在男子1500

米自由泳预赛中前800米的成绩是8分47秒7,打破男子800米自由泳的全国纪录。

中国美术馆展出奥地利女画家玛利访华作品

奥地利著名女画家埃达·玛利教授的60幅描绘中国风土人情的作品展是根据中国和奥地利两国政府间的协议举办的,这是中奥两国建交后第一个来华展出的奥地利艺术展览。奥地利共和国联邦总统鲁道夫·基希施莱格特为这个展览写了前言。

文化部副部长周而复在开幕式上讲了话。奥地利驻中国大使馆临时代办尼斯纳也讲了话。

玛利教授为了表达她对中国的友谊,把展出的油画《春雨》赠送给了中国人民。

中国民航波音747SP型客机首航巴黎

这是我国引进的第一架波音747SP型宽体客机。波音747SP型宽体客机,升限1.3745万米,巡航速度每小时950公里,最大续航时间15小时,最大航程1.4万公里。这种客机头等客舱分两层,全机共设客座291个,服务员座11个。

中共山西省委严肃处理诬陷迫害李桂花事件

中共山西省委决定,将进行诬陷迫害、制造冤案的《山西日报》副总编辑宋莎荫、《山西日报》摄影部主任王祥云开除出党;撤销他们的党内外一切职务,并建议司法机关追究王祥云的法律责任。

4月2日

邓小平同中央负责人谈建筑业和住宅问题

邓小平指出:从多数资本主义国家看,建筑业是国民经济的三大支柱之一,这不是没有道理的。过去我们很不重视建筑业,只把它看成是消费领域的问题。但是这种生产消费资料的部门,也是发展生产、增加收入的一个重要产业部门。要改变一个观念,就是认为建筑业是赔钱的。应该看到,建筑业是可以赚钱的,是可以为国家增加收入、增加积累的一个重要的产业部门。建筑业发展起来,可以解决大量人口的就业问题,可以多盖房,更好地满足城乡人民的需要。随着建筑业的发展,也就带动了建材工业的发展。在长期规划中必须把这个问题放在重要地位。邓小平还说:要考虑城市建筑住宅、分配房屋的一系列政策。城镇居民个人可以购买房屋,也可以自己盖。不但新房子可以出售,老房子也可以出售。可以一次付款,也可以分期付款,10年、15年付清。住宅出售之后,房租恐怕要调整。要联系房价调整房租,使人们感到买房合算。不同地区的房子,租金应该有所不同。将来房租提高了,对低工资的职工要给予补贴。这些政策要联系起来考虑。在谈到能源和交通问题时,邓小平说:长期规划第一位的问题是能源,把它规划好了,使它真正走在前面,就解决了长期规划一半的问题。这个问题不解决,各项事业寸步难行。各国解决能源问题,都有各自的侧重点。我们的侧重点,应该是煤的开发和利用。发展商品经济,交通必须走在前面。在谈到农业问题时,邓小平说:对地广人稀、经济落后、生活穷困的地区,政策要放宽,使他们真正做到因地制宜,发展自己的特点。要使每家每户都自己想办法,多找门路,增加生产,增加收入。有的可包给组,有的可包给个人。这个不用怕,这不会影响我们制度的社会主义性质。在这个问题上要解放思想,不要怕。在这些地区要靠政策,整个农业近几年也要靠政策。政策为农民欢迎了,即使没有多少钱搞农业投资,只要群众的积极性发挥了,各种形式的经济、副业发展了,农业增产的潜力大得很,发展余地大得很。农业问题,计划不要抠得太细,不一定要那么多投资,还是多从政策上考虑问题。最后,他说:总之,就是要从提高经济效果、增加人民收入方面考虑问题,要按这个精神搞长期规划,这是个最大的问题。

《人民日报》发表社论《因地制宜建立健全生产责任制》

党的三中全会后,全国农村80%以上的生产队在劳动管理上实行了生产责任制和定额计酬制,初步克服了干活"大呼隆"的现象和劳动计酬上的平均主义倾向。这是去年农业生产夺得全面丰收的一个重要因素。责任制的建立,使农业生产的秩序发生了可喜的变化:干活责任分明,记工有了标准,分配多劳多得,亿万农民集体生产的积极性大大高涨,劳动工效和农活质量普遍提高。有些地方利用节余的劳动力,发展多种经营,广辟生产门路,向生产的深度和广度进军。当我们为夺取1980年全面丰收而努力的时候,应当把普遍建立和进一步完善生产责任制,稳定当地行之有效的责任制,作为一项重要措施,加强领导,认真做好。当前春耕生产大忙季节已经到来,无论实行哪种责任制,都应该稳定下来,不再改变,抓好当前生产是当务之急。

党中央关于加快农业发展的两个文件,要求加强劳动组织,建立严格的生产责任制,认真执行按劳分配的政策,同时明确规定:可以按定额记分,可以按时记工分加评议,也可以在生产队统一核算和分配的前提下,包工到作业组,联系产量计算报酬,实行超产奖励。一年的实践证明,党中央的决定完全符合我国广大农村的实际情况,受到亿万农民的热烈欢迎。目前,全国约有半数以上的生产队实行小段包工,分组作业,定额计酬的办法。这种责任制和计酬的办法,过去在不少地方是行之有效的。现在恢复这种做法,群众欢迎,干部熟悉,效果明显,没有多大阻力。全国约有 1/4 的生产队实行联系产量计酬的生产责任制,群众简称为包产到组。这种办法,尽管中央决定中明确指出可以实行,当地情况也适于实行,有些同志还是心有余悸。看到一些地方在实行包产到组的过程中出现了一些问题,不是通过群众调查研究,加强领导,帮助解决问题,而是多方责备,甚至去"纠偏"。去年 3 月 15 日,本报曾在一篇编者按语中对包产到组作了不适当的指责,挫伤了一些基层干部和社员群众的积极性。实践是检验真理的唯一标准,有些规模较大的生产队,实行包产到组后增产效果显著,集体经济更加巩固。包产到组这种组织形式,没有改变所有制,而规模又较小,把个人的劳动报酬和集体的收入更为密切地联系起来,群众说是看得见,摸得着,解决了劳动数量和劳动质量、工分和产量的矛盾,显示了强大的生命力。当然,在不适于实行的地方不可强求推广,而在条件比较适合的地方,则应该继续发展。

各地生产队的规模大小、耕地多少、耕作制度、居住情况、机械化程度、管理水平和群众觉悟水平各不相同。不同的经营项目,也需要不同的劳动组织形式。推行生产责任制,一定要走群众路线,坚持因地制宜的原则,决不能搞"一刀切"。中央决定中提出了可以实行几种不同形式的责任制和计酬方法,同时,规定生产队有权决定经营管理方法。这就表明,在实行生产责任制的问题上一定要因地制宜,不可强求整齐划一。总结经验肯定某一种责任制的优越性的时候,一定要讲具体条件。某一种责任制,只有在一定的条件下,它的优越性才能够充分发挥出来。去年,实行两种不同形式责任制的地方,多数增产了,这证明不同形式的责任制,各自适应不同条件的需要。因此,继续推行责任制必须坚持因地制宜、群众自愿的原则。在全国范围内要因地制宜,在一个省、一个县范围内要因地制宜,就是一个大队的几个生产队,也要允许群众根据自己的条件而有所选择。不要看到一种形式的责任制在一些地方表现出了优越性,就不顾条件地强行普遍推广,甚至否定别的形式的责任制。对于领导机关的某些不符合当地群众需要、不切实际的要求,生产队有权进行抵制。既不要说实行包产到组是"右倾倒退",也不要说不实行包产到组就是思想僵化和保守。凡是有利于发展生产,有利于巩固集体经济,而又是群众愿意实行的办法,我们都应当予以肯定,满腔热情地加强领导,使其逐步健全完善。还没有建立生产责任制的生产队,应当尽快把责任制建立起来。

对任何一种形式的生产责任制,我们都要总结经验,进行整顿,使其更加健全和完善。必须坚持一分为二,避免绝对化,不要说好就绝对好,说不好就绝对不好。应当看到,不论是哪种形式的责任制,目前都还存在一些问题有待解决。不论包工或包产到组,都必须制定各种农活的劳动定额和不同农活的报酬标准。这些打基础的工作做好了,才能有效地克服平均主义,充分调动社员的社会主义积极性。

整顿和巩固生产责任制,要以稳定生产队的体制,发挥生产队统一经营的优越性为前提。集体经济中一定要有严格的生产责任制,不但要有集体的作业组的责任制,还必须有明确的个人的责任制。要明确认识:生产责任制是在集体经济统一经营下的分工协作,而不是变集体的统一经营为分散的个体经营,不是不要协作的各自为政。没有统一经营,没有协作,就谈不上分工,谈不上责任制。因此,随着集体经济的发展,作业组必然向专业化方向发展,"小而全"的包括副业生产在内的综合经营的作业组,不利于生产的全面发展,不利于稳定三级所有队为基础的体制,要尽可能避免采用这种组织形式。解决这些问题,要通过典型示范,使群众自愿地接受那些有利于发展生产巩固集体经济的办法,改正那些不利于发展集体生产和巩固集体经济的办法。要多教育,多引导;不要强制群众实行那些他们一时还不愿接受的办法,即使这些办法很好,如果群众对它还不认识,勉强去做,也难收到好的效果。

管理是一门科学。目前,我们的管理水平不高,在实行按劳分配和生产责任制方面,不熟悉的不认识的东西还很多。人民公社集体经济正在加快速度向农林牧副渔全面发展,向农、工、商综合经营的方向前进,机械化和科学种田的水平也在不断提高。新的情况将不断对劳动管理提出新的要求,群众在这方面也将不断地有所创造。我们一定要继续解放思想,努力学习,总结经验,逐步创造出完善的适合于各地实际情况的生产责任制,进一步调动群众的积极性,为夺取今年农业全面增产,为迎接党的十二大的召开作出新的贡献。

国务院批转农业部 商业部 粮食部要求坚持有关政策继续发展生猪生产加强购销的报告

国务院在批转农业部、商业部、粮食部关于当前生猪生产情况报告时指出:去年,我国生猪生产有了很大发展,商品猪大幅度增长,大部分地区已经敞开供应,这是一个十分可喜的现象。但是,千万不可因为猪多了一点,就放松领导,随意改变政策。希望各地及时研究生猪生产销售中的新情况、新问题,认真加以解决,使今年生猪生产有一个新的发展。

农业部、商业部、粮食部的报告中说，去年我国生猪生产有很大的发展，猪多肥多，也促进了农业生产的发展。但是，由于冷藏设备不足，以及加工等一系列措施没有跟上，肥猪收购工作出现了新的矛盾，有些地方存栏肥猪卖不出去，社员卖猪也受到一些限制；一些地区的领导人误认为猪肉问题已经解决，就放松了对生猪生产的领导。如果不迅速加以解决，今年生猪生产很可能掉下来。报告指出，去年我国生猪生产虽有很大的发展，但全国每人平均不过增加两斤多猪肉，我国人民的肉食水平仍然是很低的。大力发展包括养猪在内的畜牧业，逐步提高我国人民的吃肉水平，是今后农业发展的一个重要方面。因此，对生猪生产不是可以放松，而是必须继续抓好。

报告要求各地坚持有关养猪的政策。国家收购生猪的奖售粮，在国务院没有新的规定以前，要按原规定执行。关于社员的自留地、饲料地、饲料粮等项政策，要按中央和各省、市、自治区有关规定执行，不要轻易变动。

要千方百计做好购销工作。商业部门要正确执行价格政策，既不能压级压价，更不能因为猪多了一点就限购停收。产区、销区都要扩大城乡销售，开展生熟兼营，要积极增设供应网点，方便群众买肉。也可以委托供销社或生产大队、生产队代销，做到就地收购、就地宰杀、就地销售，以支持生产的发展。

要建立、健全生产责任制，办好集体养猪场，鼓励集体和社员多养母猪，稳定猪源，稳定猪苗价格。

在北京召开的全国建材工业工作会议强调把建材工业建成名副其实的先行工业

《人民日报》报道，最近召开的全国建材工业工作会议确定：1980年建材工业要在调整中前进，要在调整中提高。要充分发挥现有企业的作用，为经济建设和城乡人民住房提供更多的建筑材料，使建材工业逐渐成为国民经济中名副其实的先行工业。

会议指出，1979年我国生产的水泥、平板玻璃、玻璃纤维、石膏、面砖、地砖、水泥压力管、建材机械等产品，都比上年增长10%以上。产品质量也普遍提高了。新型建筑材料已从研究试制阶段发展到建设基地、批量生产阶段。但是，当前建材工业仍然是国民经济中的一个薄弱环节，供需矛盾仍然很突出。参加这次会议的各地建材部门负责同志总结了去年建材工业发展的经验，研究了新的情况，认为今年建材工业必须把生产和基本建设同时抓好，继续深入开展以优质、高产、多品种、低消耗为中心的增产节约运动。

会议强调，建材工业今年要抓好以下三方面的工作：

一、抓好现有企业的挖潜、革新、改造。现有大中型水泥企业要把挖潜的重点放在提高水泥窑的运转率和热效率上，达到优质、高产、低耗、长期安全运转。对小水泥，要加强领导，积极扶持，以提高质量和降低成本为中心，抓好整顿和改造。对平板玻璃，要有计划地选择资源和条件好的老厂，扩建新的生产线，做到投资少，见效快。

二、切实加强质量管理。要进一步健全质量和标准化管理体系，认真贯彻执行岗位责任制和工艺管理规程、操作规程以及产品质量标准，促使建材各项产品的质量都创出新水平。争取有更多的建材产品进入优质产品行列，并创出一些具有国际水平的产品。

三、大力抓紧节约能源工作。建材工业能源消耗量相当大。目前全行业全年耗用的能源折合标准煤约4300万吨，仅低于冶金、电力和化工部门，居第四位。所有建材企业一定要从思想上重视节约能源工作。要有专门的机构和人员管理能源，要进一步健全能源管理体系和制度，做到节能工作制度化、经常化，努力实现建材行业全年节煤250万吨的目标。

会议认为，应当在发展新型建筑材料上下功夫。发展新材料，要因地制宜，百花齐放。今年，要抓好新型建筑材料的巩固提高和推广应用工作。要加快北京、哈尔滨、沈阳、武汉、苏州、石家庄、无锡等城市的新型建材生产基地的建设。同时，要抓紧黏土砖瓦的生产，提高质量，增加品种，向机械化方向前进。

会议指出，通过基本建设扩大再生产能力，这是加快建材工业发展的一条重要途径。今年要继续下大力气抓好列入国家计划的基本建设项目。要采取有力措施迅速改变基本建设管理松弛、效率低、建设周期长、投资效果差的状况。

由国家经委 国家科委 国家计委联合召开的有关发展新产品采用新技术座谈会在北京举行

会议认为，要提高工业生产水平，必须采取技术措施，解决产品的更新换代问题。怎样才能搞好新产品呢？大家认为，这既要解决思想认识问题，又要解决新技术推广、新产品试制工作中的实际问题，特别是要制定相应的政策，在管理体制、资金供应渠道等方面采取必要的措施。考虑到这些问题比较复杂，又缺乏经验，国家经委、国家科委、国家计委商定今年在调查研究、认真准备的基础上，抓好以下三项工作：

第一，总结工交企业推广应用科学技术研究成果和发展新产品、采用新技术的工作，从中找出成功的经验和存在的问题，找出同国外先进水平的差距，明确发展目标。

第二，交流各部门、各地区1981年至1985年发展新产品、采用新技术的实施规划或目标、设想，主要是抓重点新产品和重大新技术的实施规划或目标、设想。

第三，讨论制定实现五年规划的措施，其中包括计划方面、组织方面和经济方面的措施，重点是制定扶持新产品生产，鼓励采用新技术的办法。

海关总署发言人谈通商中有关海关手续征税问题

中国海关总署发言人说，祖国大陆同台湾的贸易是地区间的物资交流，在目前特殊情况下，为了便于祖国大陆有关贸易公司和台湾工商贸易界人士进行通商，对来自或运往台湾的货物，可由大陆各有关贸易公司填写报关单向海关申报。对台湾当局及其属下机构出具的有关单证，海关可以接受。

发言人说，对向台湾公、私厂商、企业及其在港澳和国外的分支机构直接购买的台湾产品，直接从台湾起运，或是原装经过香港、澳门或外国港口转运的，不征收进口关税。至于向华侨、港澳商人或外商购买台湾已经出口到港、澳或外国的台湾产品，是属于国货复进口性质，则应按章征收进口关税。对大陆运往台湾的出口商品均免征出口关税。

他说，对台湾公私企业的船只进出大陆港口的海关手续，按本国籍国际航行船舶对待，不征收船舶吨税。对外国籍船舶，如果已经台湾当局海关征收了吨税，在吨税执照有效期内，我不再征收吨税，如执照已经期满，则应按章征收吨税。

他说，对台湾同胞来大陆探亲、旅游、洽谈各种业务往返所带的行李物品，海关在自用合理数量的范围内从宽验放。

对于在外国或港澳地区居留的台湾同胞进出境所带行李物品，海关凭其所持证件，分别按照华侨或港澳同胞的有关规定验放。

发言人最后说，对从台湾寄来的个人邮包(包括经香港或外国整包转寄来的)，属于自用合理数量范围内的，从宽验放。

中华人民共和国政府和德意志民主共和国政府1980年换货和付款协定在柏林签字

中国政府贸易代表团团长、外贸部副部长郑义山和德意志民主共和国政府贸易代表团团长、外贸部副部长欧根·卡特纳分别代表本国政府在协定上签字。

德意志民主共和国外贸部部长霍斯特·泽勒和中国驻德意志民主共和国大使陈东出席了签字仪式。

全国人大常委会副委员长阿沛·阿旺晋美在越南驻中国大使馆吊唁越南社会主义共和国主席孙德胜逝世

国务院副总理姚依林在北京会见加拿大议员前财政部长约翰·克罗斯比和夫人一行

会见时，姚依林向加拿大客人介绍了中国在粉碎“四人帮”后国民经济的恢复和发展情况，以及中国在利用外国资本、中外合资经营企业和发展能源的政策。约翰·克罗斯比先生说，我们访问了6个城市，有一个很好的机会了解中国的社会生活、工业、农业、学校、医院等方面的情况。他对中国取得的进步表示钦佩，并希望进一步加强加中两国的经济、贸易往来。

解放军总政治部文化部选定20部传统教育影片在全军放映

《人民日报》报道，人民解放军总政治部文化部最近选定20部电影片作为传统教育影片，并且通知全军各单位认真组织放映。这20部电影片是：音乐舞蹈史诗片《东方红》，故事片《从奴隶到将军》《红色娘子军》《白毛女》《战斗里成长》《平原游击队》《地道战》《钢铁战士》《我们是八路军》《董存瑞》《南征北战》《智取华山》《暴风骤雨》《上甘岭》《英雄儿女》《霓虹灯下的哨兵》《雷锋》《列宁在十月》《甲午风云》以及戏曲片《杨门女将》。

广东建立珍稀动植物自然保护区

《人民日报》报道，广东省最近在海南岛建立了东寨港红树林自然保护区和坝王岭长臂猿自然保护区。至此，广东省已建立10个珍稀动植物自然保护区。

东寨港自然保护区，保护对象主要是红树林。红树又称胎生树，是生长在热带、亚热带滨海沙滩上一种特有的植物群落。它的支柱根十分发达，能形成一座座立体的栅栏，具有挡风御浪、固堤护岸的作用，因而被人称作“海岸卫士”。它的种子成熟后，先在树上萌发，然后才离开母树，飞落地上，长成幼树。由于红树有这些特点，所以引起国内外科学界的重视。

坝王岭自然保护区，保护对象主要是长臂猿。长臂猿过着群居生活，每胎生一只，繁殖比较慢。划定坝王岭为自然保护区，为长臂猿的生息繁殖提供了有利条件。

4月3日

《人民日报》发表特约评论员文章《马克思主义和修正主义不容混淆》

十一届五中全会为伟大的马克思主义者刘少奇同志平反昭雪，表现出中国共产党坚持彻底唯物主义原则，果敢地纠正自身错误的伟大气魄。这个历史性的决定，对于我国政治生活必将产生深远的积极影响。

一个郑重的无产阶级政党，不应当掩盖自己的过失，必须从我党历史上这个最大冤案中记取教训，使这样的错误不再重犯。刘少奇冤案的教训，涉及党和国家政治生活的一系列重大问题，值得从许多方面进行认真的总结。这一冤案的重要内容之一，是把马克思主义当成修正主义大批特批，这种流毒影响极深，至今还有相当一部分人认为我党近年来的拨乱反正、恢复马克思主义的路线和政策是“右了”、“修了”。刘少奇冤案的平反，有利于澄清这个问题，把颠倒了的是非重新颠倒过来，真正划清马克思主义和修正主义的界限。

在反修的口号下，把马克思主义说成修正主义

1956年苏共二十大以后，由于赫鲁晓夫全盘否定斯大林，在国际共产主义运动中引起了极大的混乱。我们党和毛泽东同志提出了反修防修的问题。叶剑英同志在总结“文化大革命”的教训时指出，发动“文化大革命”的出发点是反修防修，但问题在于对什么是修正主义没有作出准确的科学回答。在“文化大革命”前的某些有影响的论战文章中，对修正主义的特征及其根源表述得不准确，甚至错误地把无产阶级政党在取得政权后应致力于发展社会生产力这个马克思主义的观点混同于修正主义。这种错误概念同对于阶级斗争形势的错误估计相结合，发展到“文化大革命”前夕，形成了对党内的修正主义危险的违反实际的估计。尤其错误的是，把伟大的马克思主义者刘少奇同志当作党内修正主义的代表人物，把执行党中央正确路线的各级领导干部当作主要的打击对象。林彪、“四人帮”正是利用这一错误，推行一条反马克思主义的极左路线，大批所谓“刘少奇的反革命修正主义路线”，株连全党各级干部，祸延全国人民，造成了马克思主义与修正主义的混淆。

所谓“刘少奇反革命修正主义路线”究竟包含着什么内容呢？首先是被当作这条路线的“理论基础”的所谓“阶级斗争熄灭论”和“唯生产力论”。这主要是指刘少奇同志在生产资料所有制的社会主义改造基本完成以后曾经说过“地主阶级已经消灭了，资产阶级也基本上消灭了”、“国内主要的阶级斗争已基本上结束了”、“我国社会主义和资本主义谁战胜谁的问题，现在已经解决了”、“今后国家最重要的任务是组织社会生活”、“党的主要任务，就是尽快地发展生产力”等等，以及八大关于政治报告的决议中所指出的：“我们国内的主要矛盾，已经是人民对于建立先进的工业国的要求同落后的农业国的现实之间的矛盾，已经是人民对于经济文化迅速发展的需要同当前经济文化不能满足人民需要的状况之间的矛盾”；“党和全国人民的当前的主要任务，就是要集中力量来解决这个矛盾，把我国尽快地从落后的农业国变为先进的工业国。”所有这些重要观点，无论从当时来看，还是从现在来看，都是正确的，是马克思主义的。应该特别说明的是，所有这些，当然决不只是刘少奇个人的思想。它们是我们党根据情况的变化，对生产资料所有制的社会主义改造基本完成以后的国内阶级状况、社会主要矛盾和党的工作重点等问题作出的新概括，是符合实际的、经得起历史考验的、马克思主义的科学结论。毛泽东同志1957年在《关于正确处理人民内部矛盾的问题》及同年3月下旬在山东、上海、南京几次讲话中，都讲了这个思想。实际上，这也就是党的八大路线的基本内容和对它的理论说明。林彪、“四人帮”一伙在“文化大革命”初期把八大路线的基本内容连同毛泽东、刘少奇当时讲过的正确思想，一概诬蔑为修正主义的“阶级斗争熄灭论”和“唯生产力论”，甚至把我们党诬蔑为“生产党”。按照他们的观点，无论在任何时候，任何情况下，“共产党的中心任务只能是搞阶级斗争”，“讲什么‘组织社会生活’，讲什么‘发展生产力’，这都是老修正主义的骗人把戏。”这是为了从根本上否定党的八大路线及其理论依据，而代之以他们永远以阶级斗争为中心的“全面专政”的反马克思主义的路线和理论。

按照这种“理论”，强加在刘少奇身上的这条所谓“反革命修正主义路线”在经济建设中的表现，便是所谓“反对突出无产阶级政治”，“搞资本主义复辟”。“根据”是：刘少奇反对用“行政办法管理经济”，而提倡“按经济办法管理经济”，主张搞“集市贸易”、“自负盈亏”；还反对“群众运动”，主张“依靠厂长、工程师和技师”，并制定了一整套“卡人的”条例和规章制度，等等。众所周知，所有这些，当然也不只是刘少奇个人的思想和主张，而是我们党从实践经验中取得的经济建设和经济管理的正确的方针和办法。林彪、“四人帮”一伙却把这些正确的方针和办法诬蔑为“修正主义”。他们在批判修正主义的名义下，全盘否定了1962年至1965年经济调整工作的成就，说是什么“刮下马风”，是“复辟资本主义”。他们否定了《农业六十条》，扼杀了《工业七十条》，批了经济核算和按劳分配。这样，就把农村搞乱了，把工商企业搞乱了，把整个经济搞瘫痪了，把我们的国民经济拖到了崩溃的边缘。在这个问题上，他们用所谓“突出无产阶级政治”来冒充马克思主义，似乎搞经济建设可以根本不顾客观经济规律，只要“突出政治”就够了。这正是彻头彻尾的经济建设中的唯意志论。必须指出，马克思主义者主张按经济办法管理经济，按客观经济规律搞建设，并不排斥思想政治工作和必要的行政办法。我们党，包括刘少奇在内，从来没有否定思想政治工作的必要性和重要性。问题在于经济建设中的思想政治工

作如果不是为着把经济建设搞好，并且和客观经济规律对立起来，那么，这种所谓的政治思想工作就纯粹是空话，经济建设也就无从谈起。

林彪、“四人帮”一伙攻击刘少奇的另一个重要方面，是关于党的建设问题。他们完全懂得刘少奇关于党的建设的思想对于我们党的意义。他们懂得，乱国必先乱党，而要乱党篡党，必须解除党的精神武装，破坏党内政治生活准则，摧毁党的民主集中制，扼杀共产党人的党性。谁都知道，刘少奇同志系统地总结了我党的建设经验，阐明了党的建设和党内政治生活的一系列原则、方针和方法，丰富了马克思、恩格斯、列宁、斯大林和毛泽东的建党学说。他关于党的建设的思想，特别是他的名著《论共产党员的修养》《论党》《论党内斗争》等，长期以来一直作为党员党性锻炼和修养的指南，培养和教育了整整一代共产党人。这是林彪、“四人帮”乱党篡党的巨大障碍。他们为了按照所谓“革命造反派”的面貌来改造党，实现以帮代党，就必然要仇视马克思主义建党学说。他们极尽造谣、歪曲之能事，提出所谓“黑修养”、“黑六论”之类，实际上就是诬蔑、丑化我们伟大的党，企图改变党的性质，使之变成一个适合他们需要的、半法西斯主义、半无政府主义的“造反党”。这就是林彪、“四人帮”大批所谓“刘少奇反革命修正主义建党路线”的实质。这一点，现在大家已经可以看得很清楚。党的十一届五中全会决定要整顿党，要在全党进行一次政治思想教育，其重要任务之一，就是在党的学说方面对马克思主义和修正主义，民主集中制和封建专制以及无政府主义，正确的党内斗争和错误的党内斗争，等等问题，作出科学的鉴别。

在不断反右的掩盖下，推行极左路线

十年“批修”，批来批去，集中到一点，就是批判所谓“右倾机会主义”或“右的修正主义”。长期以来，形成一种极其顽固的观念，就是认为“左”比右好，而且，似乎修正主义只有右的，没有“左”的。因此，“继续革命”，就是继续不断的反右。把正确的东西，把马列主义、毛泽东思想的方针、路线，当作“右的修正主义”来批，以掩盖“左”的修正主义。这是十年“革命大批判”的一个最重要的特点。

我们党长期以来有坚持两条路线斗争的传统，有右反右，有“左”反“左”，实事求是。多数干部也能分清什么是“左”，什么是右，并且懂得反右防“左”、反“左”防右的道理。这是在复杂的斗争环境中党的领导能够获得成功的一个重要原因。后来情况逐渐发生了变化，只反右不反“左”，反右变成了“革命的”常规，不仅正确的东西被看作右的，甚至“左”的东西也被看作右的。林彪、“四人帮”上台以后，这种倾向恶性发展，他们把我们党许多正确的东西指责为“右倾”或“右的修正主义”加以批判，造成思想上的极大混乱。直到今天，这种混乱在少部分人的头脑中还没有得到澄清。

在“文化大革命”的年代里，极左思潮、极左路线达到了登峰造极的地步，谁也不准反，只要一反“左”，就被认为是“右倾回潮”、“右倾翻案”。1962年，刘少奇同志作为党的副主席、国家主席，实事求是地总结了我们工作中的经验教训，在有限的程度上反对和纠正了某些“左”的错误。他在扩大的中央工作会议(即七千人大会)上的讲话中，严肃指出了1958年经济工作的指导上不实事求是、违反客观规律的“瞎指挥”、“浮夸风”、“共产风”和1959年不适当地开展反对所谓右倾机会主义斗争的“左”倾错误。他明确地指出：“庐山会议犯了个错误。那时候应该继续反‘左’，不应该反右，结果反了右”，“庐山会议后反右是不对的”，“中央要负责”，等等。就在这次讲话中，刘少奇同志还谈到第二个五年计划时期的错误及其原因，指出：“在第二个五年计划时期，我国社会主义改造已经胜利地基本完成，党的工作重点已经转移到社会主义建设工作方面来，我们对于建设工作，也有了一些经验。我们应该学会自己走路，应该根据中国的特点，采取适合中国情况的方法来进行建设。因此，我们确定了社会主义建设的总路线和一套两条腿走路的方针。但是，这时，一方面，我们的经验还是很不够，另一方面，我们不少领导同志又不够谦虚谨慎，有了骄傲自满情绪，违反了实事求是和群众路线的传统，在不同程度上削弱了党内生活、国家生活和群众组织生活中的民主集中制原则。因此，在第二个五年计划时期，我们在建设工作的某些方面就犯了一些严重的错误。”历史证明，刘少奇的这个讲话，是精辟分析我国社会主义革命和建设的经验教训的重要文献。然而，就是这篇文献，公然被当成修正主义的东西进行批判。

现在看得很清楚，在1966年以前，在我们党内并没有真的出现什么右的修正主义危险。事实恰恰相反，长期以来危害我们党和革命事业的主要倾向是“左”的东西。在“文化大革命”中，我们党内现实的最严重的危险，是林彪、“四人帮”一伙阴谋篡党夺权的野心家。他们利用我们党对反修防修还缺乏明确的科学概念，从极左的方面来修正、篡改和反对马克思主义，把真正的马克思主义当作修正主义或右倾机会主义来打倒，使他们那一条极左路线在中国横行了十年之久。

十一届三中全会以来，我们党进行了重大的拨乱反正工作，恢复了毛泽东思想的科学体系，在一些重大问题上恢复了历史的本来面目。某些人却指责说这是

“右了”、“修了”，是“刘少奇反革命修正主义路线的复活”。我们要请持这种观点的人好好回顾一下党的这段历史，并且认真思考一下：这种观点同林彪、“四人帮”的思想体系究竟相去多远？

总结历史教训，在马克思主义轨道上向前迈进

刘少奇的冤案已经平反昭雪，但是，它留给我们的经验教训却是十分深刻的。一个郑重的无产阶级政党，在纠正错误、总结历史教训的时候，决不能丝毫动摇自己的原则立场。这个立场，就是马克思列宁主义、毛泽东思想的立场。我们只要坚定地站在马克思列宁主义、毛泽东思想的原则立场上，认真分析错误，认真总结经验，我们的党就一定能够通过正确处理重大历史问题，更加巩固地团结起来向前进。

我们从刘少奇冤案总结教训的时候，要防止造成一种印象，好像所有的人都是正确的，唯独一个人不正确。这不是历史唯物主义的态度。过去对刘少奇的所谓“批判”，从根本上来说，是混淆了马克思主义和修正主义。这当然不是说，刘少奇在长期的工作中没有一点错误。世界上不犯错误的人是没有的。刘少奇本人就写过一篇论文《人为什么会犯错误》，从理论上阐明了这个问题。刘少奇和我们党内其他卓越的领导人一样，当然也犯过这样那样的错误。重要的问题在于对任何人的错误，都必须采取实事求是的科学态度，不夸大，不掩盖，更不允许颠倒黑白，混淆是非。例如，四清工作中的问题，长期被列为刘少奇右的修正主义路线的罪状。其实，四清工作中的问题，首先，不能归罪于刘少奇一人；其次，这是属于实际工作中的问题，而不是什么“修正主义”的问题；最后，从倾向性来看，这种错误正是“左”的，而不是右的。林彪、“四人帮”任意指“左”为右，指鹿为马，并且把实际工作中的一切倾向都上纲为“修正主义”，这种做法的流毒和影响至今还不可轻视。

历史是向前发展的，把颠倒了的历史再颠倒过来，决不是静止地、消极地恢复原样。决不是意味着要简单地回到“十七年”。十年的“批修”，是从极左的观点出发，批判了正确的东西，批判了正确路线，批判了马克思主义。但其中也有的是把我们实际工作中某些“左”的错误，当作右的东西加以批判。我们清算林彪、“四人帮”的所谓“批修”，从根本上来说，是要分清马克思主义和修正主义的区别，同时也要分清“左”和右，总结经验教训。我们要抛弃被实践检验证明是错了的东西，改变那些在新的条件下已经不再适用的旧东西，还要根据形势发展的需要，不断增添新的内容。总结历史经验，不仅是为了正确地认识过去，而且更重要的是为了认识现在和预见将来。经过长时间的严峻考验，取得了正反两方面的丰富经验的中国共产党，必然要在新的更高的起点上向前迈进。

国务院副总理余秋里在日本发表电视讲话

余秋里在谈到中国国内经济建设情况时说：“我国正在全力进行四个现代化的宏伟事业。我们要在80年代打下实现现代化的坚实基础。这个决心是不会动摇的。”

余秋里说：“我们正在研究、考虑制定从1981年到1990年的十年规划。这个规划的主要内容，我们的初步设想是：突出农业、能源、交通运输和文教科学事业，不仅要争取80年代经济有一个稳定的增长，而且要为在本世纪内实现四个现代化创造更好的条件。”

余秋里在谈到中日两国经济合作问题时说：“中国经济建设的方针，仍然是坚持独立自主、自力更生，同时在科学技术、经济贸易各方面广泛地发展国际合作。”他说，日本是中国的友好近邻。两国经济合作的前景是光明的。

余秋里在回答电视节目主持人提出的中国是否准备参加国际货币基金组织的问题时说：“国际货币基金组织在它成立的时候，中国就是创始国之一。现在是恢复我国会员地位的问题。目前条件已经成熟。我们准备恢复。恢复之后，我们将积极参加国际货币基金组织的各项活动。”

中国人民保卫儿童全国委员会主席宋庆龄在北京会见由联合国儿童基金会美国委员会主席查尔斯·劳埃德·贝利率领的代表团

国务院副总理陈慕华在达达喀尔拜会塞内加尔总统桑戈尔

国务院副总理姬鹏飞在北京会见以社会党中央统治委员加濑包男为团长的日本社会党第十次活动家访华团

国务院副总理姚依林在北京会见由国际货币基金组织亚洲部主任敦辛率领的国际货币基金组织代表团

会见时，敦辛向姚依林介绍了国际货币基金组织的基本情况。姚依林对他为恢复我国在国际货币基金组织的代表权方面所作的努力表示赞赏。他说，代表团访华期间，同我国有关部门合作得很好，访问是有成绩的。

代表团在京期间，同我国外交部、财政部、中国人民银行和中国银行等部门的负责人进行了友好会谈，就恢复我国在国际货币基金组织的代表权问题和双方共同感兴趣的其他问题进行了磋商。

南京部队负责同志亲自讲党课以加强对党员教育

人民解放军南京部队第一政委郭林祥，4月3日给1800多名党员干部讲党课，题目是：做一个合格的共产党员。杜平、张希钦、邓岳、周纯麟等领导同志也和大家一起听了课。

由领导干部讲党课，是南京部队党委为贯彻党的十一届五中全会精神，加强对党员教育所采取的一项措施。他们决定1980年每个季度都要由党委主要负责人给干部党员上一次党课。另外三课的题目是：关于民主集中制、党的纪律和党的实事求是的优良传统作风，分别由聂凤智、杜平、王展讲授。

中国作家代表团在东京参加日本各界知名人士举行的酒会

日中友好议员联盟会长古井喜实和代表团团长巴金等在酒会上发表热情洋溢的讲话。

古井说，中国的四个现代化不但对中国，而且对世界都具有重要意义。我们热切地期待中国四个现代化的成功，他希望有更多的中国朋友来日本访问， 不断地推动两国友好关系的发展。

巴金说，中日友谊大桥已经建成，来往的人越来越多。在座的朋友都是参加过建桥的人，今天看到我们亲手建起的这座友谊桥梁，心中无比高兴。

日本前首相田中角荣赠送的樱花树在淮安县及南京市栽种

《人民日报》报道，清明节前夕，日本前首相田中角荣赠送给我国的一批樱花树，已经在周恩来同志家乡江苏省淮安县及南京市栽种。

上午，江苏省省长惠浴宇，南京市革委会主任储江以及省、市其他领导同志和群众一道，将田中先生赠送的30株樱花树苗种植在周恩来同志当年战斗过的地方——南京市梅园新村周围。在这之前，淮安县的领导同志和群众把一批樱花树栽种在周恩来同志旧居旁。

去年11月，田中先生派人专程将樱花树苗送来北京，他希望这些树苗能种在周总理的故乡和生前工作过的地方。

4月4日

共青团中央在武汉召开现场会提出在全国青少年中开展健康有益的业余文体活动

团中央号召各级团组织在全国青少年中进一步开展健康有益的业余文体活动，使接班人茁壮成长。

到会的团中央和各省市自治区团委负责人以及中央有关部门的代表250多人，和武汉市的青少年进行了广泛的接触。全国新长征突击队之一的武汉市汽车运输公司五站的青年们，不仅以优异的工作成绩闻名全市，文体活动也在全市名列前茅。

全国人大常委会副委员长乌兰夫在人民大会堂会见香港新鸿基(中国)有限公司主席冯景禧

全国铁路水运民航超额完成首季运输计划

《人民日报》报道，我国铁路、水运、民航都超额完成了今年第一季度客、货运输计划。

铁路部门第一季度的货运量达2.6亿多吨，为全年货运计划的25.6%。完成全年计划的比例，是历史上同期最高的。在繁忙的春节运输中，全路共运送旅客2亿多人次，比去年多运送1000多万人次。

第一季度，全国远洋运输、沿海港口和长江航运的货运量完成3300多万吨，沿海和长江港口的货物吞吐量达7050多万吨，分别超额15.1%和12.4%完成了国家计划。

民用航空第一季度的货运量比去年同期增长3%，旅客人数比去年同期增长12.6%，运输总周转量也增长了14.2%。

国务院副总理余秋里在东京参加日中经济协会举行的酒会并讲话

余秋里副总理在讲话中说："我们希望通过这次访问，能够进一步加深我们两国之间的理解，促进友好合作关系的发展。"

余副总理在谈到中国的经济建设的方针时说："我们既要坚持独立自主、自力更生的原则，又要积极开展广泛的国际合作。在我国实现四个现代化的过程中，在开展中日两国的经济技术交流方面，有着广阔的领域，远大的前途，是大有可为的。"

余秋里表示相信："在当前复杂多变、很不安宁的国际环境中进一步加强两国的友好关系，密切两国的经济合作，不仅符合两国人民的根本利益，而且有助于维护亚洲和世界的和平。"

国务院副总理谷牧在北京会见英国《经济学家》杂志主编安德鲁·奈特和夫人

国务院副总理姬鹏飞在北京会见阿尔及利亚卫生部长布哈拉率领的卫生代表团

姬鹏飞在谈话中希望两国医务界加强来往。他说，我们两国都各有长处,要相互学习,取长补短,进一步加强在医疗卫生和其他领域的合作。布哈拉在谈话中对两国在医疗卫生事业方面的合作表示满意,并希望在阿尔及利亚的中国医疗队能进一步扩大。

全国妇联主席康克清在北京会见美国赫斯特报系杂志部总经理吉尔伯特·莫勒和赫斯特报系所属杂志《好管家》主编约翰·卡特一行

《外国历史小丛书》恢复后已出19种

《人民日报》报道,1979年8月,商务印书馆重新成立了外国历史小丛书编辑室,正式恢复出版《外国历史小丛书》。

迄今为止,这套书已经出版了《印度莫卧儿王朝》《斯巴达克起义》《哥白尼》等19种(其中14种是修订重版)。今年预计出版《古代印度》《文艺复兴》《英国工业革命》《爱因斯坦》《日共创始人——片山潜》等15种新书。

4月5日

国家建委等单位在北京联合召开大会表彰京津唐创全优工程的先进单位

国家建委、全国总工会、国家建工总局、国家劳动总局、中国人民建设银行4月5日联合召开北京、天津、唐山三市基建施工企业创全优工程竞赛表彰大会,给31个创全优工程的先进单位发了锦旗。

全优工程是指那些施工周期短、工程质量高、成本低、施工文明、发挥投资效果好的工程。创全优工程活动是由北京市第六建筑工程公司一工区二队在1977年首创的,以后逐步在北京、天津、唐山三市推广。

京津唐三市创全优工程竞赛活动中,涌现出一批创全优工程的先进单位。在这次大会上受到表彰的有北京市建筑工程局、天津市建筑工程局、唐山市施工指挥部、北京市第六建筑工程公司、天津市第二建筑工程公司、石油部第四工程公司、支援唐山建设的邯郸市第二建筑工程公司、唐山市第一建筑工程公司等单位。

表彰大会上,京津唐三市创全优工程竞赛领导小组还向全国各兄弟单位提出了开展友谊竞赛的倡议书。

国务院副总理谷牧出席大会并讲了话。他说,创全优工程竞赛活动是基本建设战线开展增产节约运动的好办法,要继续认真抓下去。他要求在开展创全优工程竞赛中增加扩大企业自主权的内容,并把整顿施工队伍、加强领导班子建设的工作切实抓紧抓好。

中华全国总工会主席倪志福、国家建委副主任张百发也在会上讲了话。

交通部在北京召开全国交通工作会议

这次会议的会期是4月5日至15日。参加会议的有各省、市、自治区交通(航运)局(厅)和部属各单位的领导同志,以及部机关各部门、在京各单位的负责人共400余人。国家计委、经委、建委的有关部门和中国公路工会、海员工会等有关负责同志也应邀出席了会议。

曾生部长在开幕会议上就会议的任务和要研究讨论的问题以及开好这次会议的指导思想,作了重要讲话。第一副部长彭德清作了题为《继续贯彻调整、改革、整顿、提高的方针,为实现交通运输现代化而奋斗》的报告。彭德清同志在报告中提出了全国交通战线当前要抓好的十项工作。并强调指出:今年是国民经济调整的关键一年,认真做好今年的工作,对于打好交通运输现代化建设的基础、加快交通运输现代化的步伐,具有极为重要的意义。

会议提出,今明两年全国交通工作的方针任务是立足于现有基础,边调整,边前进,在调整中前进,在调整中提高,把交通运输内部的各种比例关系逐步协调起来,为加速发展交通运输事业打下坚实可靠的基础。

会议认为,交通运输当前仍然是我国国民经济中的薄弱环节。现在全国港口吞吐能力,航道状况,公路的数量和质量,车船数量、性能和种类,都不能适应国民经济发展的需要。交通运输内部的港与航,路与车,运输和装卸,前方和后方,生产和生活等方面,都存在着比例不协调的现象。这些都是交通运输部门急待解决的问题。

会议要求交通部直属企业今年要集中财力物力,加强在建码头的收尾配套工程,同时通过老港挖潜改造,千方百计扩大港口吞吐能力600万吨。各地交通部门要大力改善公路状况,切实收好、用好、管好养路费,真正实行以路养路,并有计划、有重点地逐步改造现有公路。内河航道建设要尽快制定出一个内河航道管理办法,认真解决闸坝碍航问题。要根据现有条件,对一些重要航道进行整治,改善通航状况。远洋运输船队要努力提高技术业务水平和经营管理水平,尽快把我国远洋船队建成一支强大的、适应国民经济发展需要的航运队伍。会议提出,各地交通部门要认真抓好增收节支工作,把增产节约运动与扭亏增盈和清产核资工作结合起来。

全军后勤部长座谈会提出要加强后勤工作战斗化建设

这次会议是4月5日至16日在北京召开的。中央军委副主席叶剑英在谈到这次会议的召开时指出，在加速现代化革命军队的建设中，提出加强后勤工作战斗化的措施是积极的，希望在三四年内后勤工作的面貌来一个大改变。中央军委副主席聂荣臻也对后勤工作需要研究改进的几个问题提了意见。中央军委副主席徐向前、秘书长耿飚到会讲了话。总政治部主任韦国清出席了会议。

会议认为，后勤工作在国防现代化建设和未来反侵略战争中有着极其重要的地位和作用。当前，特别要注意加强后勤工作的战斗化建设。会议指出，后勤战斗化建设的中心问题是加强后勤战备。好的思想，好的作风，则是实现后勤工作战斗化的重要保证。一切后勤工作干部都要树立全局观念、战备观念、群众观念、政策纪律观念，提倡快、准、严的作风。就是说，军队的后勤工作，一定要服从国家的全局、军队的全局，优先考虑战备要求，时时处处想到群众，关心连队和基层，关心边防和海岛，把工作重点放在第一线。各级后勤工作干部，都要严格遵守党和国家的政策法令以及军队的各项规章制度，模范地执行财经纪律，做到艰苦奋斗，廉洁奉公，不徇私情，不搞特殊化，不搞歪门邪道。

会议要求在加强后勤战斗化建设中，一定要把勤俭节约、开源节流作为后勤战备的一个重要环节来抓。军工企业在完成军用品生产任务的前提下，要大力发展民用和出口产品的生产，加强经济核算，努力增加收入。

国家科委和陕西省科委座谈厂矿科研和技术革新问题

参加这次座谈会的西安市无线电八厂、西北国棉五厂、陕西精密合金厂以及其他一些企业的经验都说明，目前不少企业的产品陈旧落后，在市场上缺少竞争能力。因此，厂矿企业开展科学研究和技术革新，必须大力提高现有产品质量，发展新产品，创立名牌产品，争取更高的技术经济指标，使产品能适应国民经济发展和人民生活的需要，特别要争取有更多的产品打入国际市场。

有关工厂的经验还说明，要出优质廉价的产品，牵涉到一系列的技术问题。因此，厂矿企业开展科学研究和技术革新，要认真研究解决当前一些带有共同性的问题，如降低能源消耗，节约和合理利用原材料，改进设备，改革工艺流程，消除环境污染等，以便于提高劳动生产率，降低成本，增加产值和利润。

参加座谈会的同志们认为，无论从当前还是从长远来看，厂矿企业开展科学研究和技术革新，都同实现工业现代化息息相关。不对我国现有几十万个企业进行技术革新和技术改造，我国工业现代化就是一句空话。当前，为着使厂矿企业的科学技术工作在生产上迅速发挥作用，一定要使现有产品做到物美价廉。“优质低价”，并且不断地更新换代，这是一场技术上和经济上的竞争，它将标志我国工业现代化的一个新起点。

教育部聘请柯鲁克夫妇任北京外语学院顾问

教育部聘请英语教授大卫·柯鲁克和他的夫人、英语教授伊莎白·柯鲁克担任北京外国语学院顾问。授聘仪式今天下午在北京外国语学院举行。

柯鲁克教授是英国人，伊莎白教授是加拿大人。他们早在1947年10月就来到中国，进入晋冀鲁豫解放区参加了中国人民的革命斗争。1948年6月，他们到了在河北省定县举办的外语训练班(北京外国语学院的前身)工作。此后，他们一直从事外语教学工作，为新中国的外语教学事业作出了贡献。

教育部副部长浦通修在今天的仪式上代表教育部向他们颁发了聘书并讲了话。他指出，30多年来，柯鲁克和伊莎白两位教授始终如一地把中国人民革命事业当作自己的事业，他们是中国共产党和中国人民的老朋友、好朋友。北京外国语学院党委书记杨伯箴代表学院的师生员工向柯鲁克夫妇表示热烈祝贺。柯鲁克和伊莎白教授也讲了话。

北京外语学院师生员工代表200多人参加了仪式。国务院外国专家局局长杨放之，外交部有关单位负责人杨清华等也到场祝贺。

广西选手吴数德在南宁举行的全国举重锦标赛中以112公斤的成绩打破52公斤级抓举世界纪录

广东选手蔡俊成在南宁举行的全国举重锦标赛中以242.5公斤的总成绩打破52公斤级全国纪录

4月6日

中国盲人聋哑人第三届全国代表会议在北京开幕

参加这次会议的代表共297名，他们都是来自全国各条战线上的先进分子，有不少人是著名的劳动模范、先进生产者、工程师、教授、医生、音乐家、美术家等。

国务院副总理薄一波，民政部部长程子华，教育部部长蒋南翔，卫生部部长钱信忠，国家计委副主任、劳动总局局长康永和等出席了今天的大会。

大会由中国盲人聋哑人协会筹备组负责人吴绢主持。

程子华致开幕词。他说，党中央和国务院对我们盲人聋哑人非常关怀。粉碎“四人帮”后，我国盲人聋哑人协会组织重新得到恢复，到目前为止，全国有28个省、市、自治区成立了协会，西藏自治区成立了协会筹备组。今天，我们盲人聋哑人同志和盲聋哑工作者又欢聚一堂，共商有关盲聋哑的事业，这是我国盲人聋哑人政治生活中的一件大喜事。这对于进一步开展盲人聋哑人的工作，进一步发挥盲人聋哑人在各条战线上的作用，都具有十分重要的意义。

薄一波也讲了话。他代表国务院向大会和全国盲人聋哑人以及盲聋哑工作者致以热烈的祝贺。他说，全国盲人聋哑人大约有四百多万，做好盲人聋哑人的工作，对于实现社会主义现代化建设，也有重要的关系。他赞扬到会的盲聋哑人代表身残志坚，在建设四化中，为国家创造出许多优异的成绩。

蒋南翔、钱信忠、康永和也先后在会上讲了话。他们回顾了新中国成立以来在教育、医疗卫生、劳动就业等方面开展盲聋哑工作所取得的成就，指出了当前工作中还存在的一些问题，提出了今后进一步做好这方面工作的方针和措施。

大会主席台上前边两侧站着两位聋哑手语翻译。当他们把领导同志的讲话翻译成手语，传达给聋哑代表时，会场上不时爆发出热烈的掌声。

会议将交流各地盲聋哑工作的情况和经验，听取和审议中国盲人聋哑人协会的工作报告，修改并通过中国盲人聋哑人协会章程，选举产生中国盲人聋哑人协会第三届全国委员会。

国务院副总理薄一波在中国盲人聋哑人第三届全国代表会议上要求各有关部门进一步做好盲人聋哑人工作

薄一波说，要调动盲人聋哑人在四化建设中的积极性，就必须用马列主义、毛泽东思想和党的方针政策对盲人聋哑人进行政治思想教育，不断提高他们的社会主义觉悟。要彻底肃清林彪、“四人帮”的流毒，坚持党的领导，坚持社会主义道路，使每一个盲聋哑同志都能把自己的全部智慧贡献给四化这个伟大的事业。

薄一波要求有计划、有步骤地提高盲人聋哑人的文化科学技术水平。他说：盲人聋哑人本来生理上有缺陷，如果再没有文化，就会影响他们的就业，甚至无法行使自己的公民权利。因此，政府和教育部门要因地制宜，创造条件，有计划、有步骤地多办、办好盲聋哑学校，培养师资，逐步普及小学教育。各地协会组织也要努力举办各种学习班，进行扫盲和开展业余文化科学技术活动。

薄一波要求各地政府进一步安排好有劳动能力的盲人聋哑人就业。要像上海、天津、北京、辽宁、重庆、武汉、无锡等地的政府和有关部门那样，根据盲人聋哑人的生理特点，组织他们参加力所能及的劳动。对盲人从事按摩和曲艺，聋哑人从事美术、工艺等传统的就业门路，各地政府应该给予支持和帮助。对农村的盲人聋哑人，也要因地因人制宜，在分配农活时给予适当的照顾。

薄一波说，中国盲人聋哑人协会是党和政府联系盲人聋哑人的桥梁，要把协会真正办成“盲人聋哑人之家”。这就要求协会各级组织必须在工作中更好地贯彻执行群众路线的工作方法，经常向政府反映盲人聋哑人的利益、要求和呼声。要反对旧社会遗留下来的轻视、歧视盲人聋哑人的旧思想，提倡关怀盲人聋哑人的新风尚。要协助政府有关部门进一步发展社会福利生产事业和盲人聋哑人的教育事业，协助卫生部门开展盲症、聋症的防治工作。总之，要能够更好地团结盲人聋哑人，使他们在四化建设中尽可能发挥应有的作用。

国务院副总理谷牧在北京会见香港新鸿基证券财务有限公司主席冯景禧一行

中国伊斯兰教第四次代表会议在北京开幕

这次会议是讨论和确定中国伊斯兰教协会今后工作的一次重要会议，也是体现党的宗教信仰自由政策，讨论伊斯兰教人士和各族穆斯林如何发扬伊斯兰教好的传统，适应我国形势的发展，维护安定团结，为祖国四化建设多做贡献的一次会议。

出席会议的，有全国各省、市、自治区的十个民族的穆斯林和伊斯兰教爱国人士的代表250多人。

中国伊斯兰教协会主任鲍尔汉向大会致开幕词。他说，中国伊斯兰教协会自1953年成立到现在已经27年了。在中国共产党的领导和人民政府的关怀支持下，协会在协助党和政府贯彻党的宗教信仰自由政策；团结教育伊斯兰教人士；发扬伊斯兰教优良传统；团结各族穆斯林参加祖国社会主义革命和建设；开展同国外穆斯林的友好往来，支持各国穆斯林维护民族独立、反对侵略扩张的正义斗争和维护世界和平等方面做了不少工作，取得了良好成绩。他说，在林彪、“四人帮”横行的十年中间，中国伊斯兰教的工作几乎完全停顿。粉碎“四人帮”后，党的宗教信仰自由政策得到了重申和恢复，从而促进了各族穆斯林群众的团结，增强了建设四化的信心和决心。

中国伊斯兰教协会副主任张杰在会上作了工作报告。他在报告中总结了协会过去的工作后说，中国伊斯兰教协会的主要工作是协助中国共产党和人民政府贯彻宗教信仰自由政策。各族伊斯兰教人士和穆斯林享有宗教信仰自由的民主权利，同时也必须自觉地维护人民政府集中统一的领导，维护祖国的统一和各民族的团结,维护体现全体人民意志的政策、法令,维护正常的工作、生产和生活秩序。任何破坏团结,破坏和妨碍四化建设的行为都是错误的,不允许的;团结全国伊斯兰教人士及广大穆斯林群众,积极参加祖国的四化建设;联系港澳同胞、台湾同胞以及侨胞中的穆斯林,为台湾归回祖国,完成祖国统一大业而共同努力;收集和整理伊斯兰教文物史料,开展伊斯兰教的研究工作;开展对外友好往来活动,对外进行伊斯兰文化交流,增进互相了解,加强传统友谊;支持各国穆斯林的正义斗争,反对霸权主义,维护世界和平等。

政协全国委员会副主席、国家民委主任杨静仁,中共中央统战部副部长张执一,国务院宗教事务局局长肖贤法,国家民委副主任江平以及有关方面负责人出席了大会。中国佛教协会、中国天主教爱国会、中国基督教三自爱国委员会和中国道教协会的代表也出席了今天的大会。中国佛教协会代会长赵朴初代表各宗教团体向大会表示祝贺。

国家经委发出对轻纺物资实行优先运输的通知

《人民日报》报道,为了贯彻国家对轻、纺工业实行"六个优先"的原则,确保轻工、纺织工业有一个较快的发展速度,满足市场供应、出口和人民生活的需要,国家经委最近发出对轻工、纺织物资实行优先运输的通知。通知指出,凡属轻工、纺织产品,轻纺生产所需的原材料、燃料,用于轻纺工业生产设备维修所需的零、配件,都属于优先运输的范围。对重点轻纺工业企业所需物资,要给予重点保证。交通运输部门要将轻纺物资的优先运输,贯穿到运输过程的各个环节中去,做到优先安排运输计划,优先承运,优先进货,优先配车(船),优先装车(船),优先挂运,优先卸车,优先疏运。为了解决农村供应轻纺原料的运输,铁路部门要适当安排沿途零担、摘挂列车;沿海、内河、公路运输部门要做好小港、城镇货物集散的运输安排。

国务院副总理王任重在人民大会堂会见前来参加中美合办的图书馆业务研讨会的美国图书馆学专家

由中共中央农村政策研究室和国务院农村发展研究中心主办的《中国农民报》在北京创刊

4月7日

中共中央主席华国锋在人民大会堂会见由几内亚和佛得角非洲独立党斗争执行委员会委员卡洛斯·科雷亚率领的代表团

华国锋对几佛非洲独立党第一次派代表团来访表示热烈欢迎。他赞扬这个党领导几内亚和佛得角人民在反帝、反殖、反对种族歧视的斗争以及在发展民族经济方面取得的成绩。华国锋表示相信,代表团的这次来访必将进一步增强双方党和国家的友好关系。

华国锋说,国家要独立,民族要解放,人民要革命,这是不可抗拒的历史潮流,非洲的前途是光明的,非洲是大有希望的。

科雷亚团长说,我们同中国人民和中国党的友好关系存在已久。我们这次访问进一步加强了我们之间的相互了解和友谊。

中共中央发转发《西藏工作座谈会纪要》并发出通知

各省、市、自治区党委和人民政府党组,各大军区、省军区、野战军党委,中央各部委,国家机关各部委党组,军委各总部、各军兵种党委,各人民团体党组:

中央同意《西藏工作座谈会纪要》,现发给你们。

西藏地处我国的西南边疆,和尼、印等国接壤,国境线近4000公里,战略地位十分重要。全区地域辽阔,自然资源丰富,生产潜力很大。藏族人民是我国主要少数民族之一,大部住在西藏,藏汉人民在历史上和睦相处的历史很悠久,但因历代统治阶级的错误政策,也发生过不少隔阂。所以对西藏自治区各项问题的处理,必须十分重视和慎重。

西藏是祖国神圣领土不可分割的一部分,是政治、经济、文化和自然条件都具有特殊重要性的民族自治区。藏族人民勤劳、朴实、智慧、勇敢,热爱祖国、热爱共产党、热爱解放军。藏族人民在历史上,对整个中华民族的形成和发展,曾起过重要作用。近30年来,在党中央领导下,自治区党委和各级党组织,带领全区藏汉等各族广大党员、干部、驻藏解放军,发动和组织藏族和其他各族人民群众,团结藏族爱国民主人士,建设西藏,保卫边疆,维护民族团结,捍卫祖国统一,取得了很大成绩,作出了很大贡献。但是也应指出,由于林彪、"四人帮"极左路线对于党的民族政策、经济政策、宗教政策、统战政策、干部政策等方面的严重破坏,西藏人民和全国其他地方的人民一样遭受了苦难。中央对于西藏各族同胞表示亲切的关怀和慰问。

在新的历史条件下,西藏自治区的中心任务和奋斗目标是:以藏族干部和藏族人民为主,加强各族干部和各族人民的团结,调动一切积极因素,从西藏实际情况出发,千方百计地医治林彪、"四人帮"造成的创伤,发展国民经济,提高各族人民的物质生活水平和文化科学水平,建设边疆,巩固边防,有计划有步骤地使西藏兴旺发达、繁荣富裕起来。这对于逐步实现藏汉各族人民在经济和文化上的事实上的平等,进一步密切党和藏族人民的关系,建设社会主义现代化强国,胜利地进行国际斗争,都具有极其重要的意义。

各民族的存在,多数是千百年历史形成的,在今后很长期间也将继续存在。在我国各民族都已实行了社会主义改造的今天,各民族间的关系都是劳动人民间的关系。因此,所谓"民族问题实质是阶级问题"的说法是错误的(马恩列斯和毛主席都没有说过这样的话。毛主席在支持美国黑人斗争时所说"民族斗争,说到底,是一个阶级斗争问题",是指美国广大黑人同美国垄断集团和反动派之间的矛盾是阶级矛盾,广大黑人同白人劳动者联合起来,才能实现自己的解放。毛主席这个论断,完全不能适用于新中国成立后的民族关系),这种宣传只能在民族关系上造成严重误解。如果进藏干部和解放军在帮助藏族人民完成社会改革以后,以"恩人"和当然的"领导者"自居,不努力培养本地干部并帮助他们真正当家做主和正确处理民族关系(既反对大汉族主义也反对地方民族主义,巩固祖国各民族的民主平等的团结统一),轻率地把历史上遗留下来的民族隔阂说成是阶级斗争,那么我们就不但不能加强民族团结,而且必然要给内外敌人以可乘之机。这是所有进藏同志都必须充分了解,万万不可粗心大意的。

发展西藏建设,仍然应当主要依靠西藏党政军和各族人民,艰苦创业,共同努力。同时,中央各部门也要加强对西藏工作的正确指导,并且根据实际需要和可能条件,组织全国各地积极给他们以支援和帮助。考虑到西藏的特殊情况,总结过去的经验,今后必须注意以下八项方针:

一、中央各部门都要注意了解、研究西藏的实际情况,根据那里的自然条件、民族特点、经济结构、各族人民的思想觉悟和生活状况,制定有关工作的方针、任务和政策,实行具体指导。一切决定和措施,必须首先确实得到藏族干部和藏族人民的真心同意和支持,否则就要修改或等待。切忌主观、片面、一般化、"一刀切"的领导作风和工作方法,不要盲目地、硬性地推广内地的和汉族的工作经验。

二、中央统战部和国家民委要积极协助中央和国务院,系统调查研究西藏工作情况,主动提出建议,协同有关部门处理好西藏工作中的一些具体问题。对于有关西藏工作的重大问题,要事先征求西藏自治区党政领导机关的意见,并请示报告中央决定。

三、中央和中央各部门制定的方针、政策、制度,发往全国的文件、指示、规定,凡是不适合西藏实际情况的,西藏党政群领导机关可以不执行或变通执行。但重要的问题要事先请示,一般的问题要事后报告。西藏地广人稀,脱产人员的编制和财政支出决不能照搬内地的一套,目前必须精兵简政,以便把有限的资金用到确实最必需的地方。中央各部门召开的和西藏工作无关或关系不大的会议,西藏可不派人参加。

四、大力培养藏族和其他少数民族干部,积极帮助他们把建设西藏的主要责任承担起来。内地调往西藏的干部,要根据实际需要,坚持少而精的原则。除了调派必要的领导骨干外,主要应有计划地输送大专院校和中等专业学校的毕业生,及其他有专门知识和能力的人才,如医生、教员、科学技术人员等。

五、中央各部门,特别是计划、经济、文教、卫生部门,在制定长远规划和年度计划时,要照顾西藏的特殊需要,尽可能满足他们的合理要求,在物质、技术等方面给以积极的支援。

六、全国各有关地方和单位都要根据上级的指示,认真做好支援西藏的工作。要注意关心和照顾进藏干部和职工的家属子女,帮助他们解决某些实际困难;对调回内地的进藏干部和职工,要妥善安排和解决好他们的工作、学习、疗养和生活等问题。要严格控制各类人员自行流入西藏。

七、中央各部门和各省、市、自治区,对于《纪要》中提到的和自己工作有关的问题,要专门研究,制定措施,抓紧解决。并将落实情况报告中央。

八、西藏自治区党委要按照党的十一届三、四、五中全会和《纪要》的精神,认真总结过去工作,发扬成绩,克服缺点,纠正错误。重新审订全区经济建设规划,对发展农、牧业生产,发展对外贸易,调整、改善经济管理体制,在自留地、自留山、自留畜、家庭副业等一系列问题上纠正各种"左"的偏向,落实党的农牧业、财贸、文教、民族、宗教、统战等各项政策,要认真调查研究,制订具体的实施方案,抓紧解决当前迫切需要解决的重大问题,力争在短期内取得比较显著的成效。

中央相信,西藏的广大党员、干部、驻军指战员、职工群众和各族人民,一定能够加强团结,根除派性,顾大局,向前看,坚决贯彻执行党的十一届五中全会的精神,和中央关于西藏工作的方针、政策、指示,在发展西藏建设,保卫祖国边疆的斗争中,作出更大贡献,夺取更大胜利。

中央着重指出,巩固汉族同藏族、维族、蒙族和其他边疆以及内地的各少数民族的团结,改善各少数民族的政治经济文化状况,是一个具有伟大历史意义和战略意义的重要任务。由于林彪、"四人帮"的十年浩劫,我们党的民族政策(包括宗教政策)受了很大摧残,汉族和许多少数民族之间又产生了相当的隔阂,必须用极大的努力才能恢复各民族间的相互信任和团结。我们新中国成立已经三十多年了,加以目前国际形势复杂,我们如再不抓紧时间迅速大力改善民族关系,就将犯极大的错误。全党对于这个问题的严重性必须有统一的充分的认识。

中央认为,本通知的基本精神,同样适用于全国其他民族自治区和自治州、县。由于各民族自治地方又各有自己的特殊情况,所以《西藏工作座谈会纪要》的各项具体内容,只供参考。中央希望,各有关地方党委根据这个文件的基本精神,结合本地区的实际情况,检查一次自己的领导工作和执行民族政策的情况,并且拟定今后改善党的领导、落实民族政策、做好各项工作的措施。如有重要问题和意见,望报告中央。

中共中央

1980年4月7日

西藏工作座谈会纪要

中央书记处于1980年3月14日、15日,召开了西藏工作座谈会。中央书记处部分同志听取了西藏自治区在京的几位负责同志的工作汇报,并作了重要指示。中央有关部门负责同志参加了会议。

根据党的十一届五中全会的精神和中央书记处同志的指示,与会同志经过座谈讨论,进一步明确了今后西藏建设的方针、任务和若干政策问题。一致认为,这次会议充分体现了党中央对西藏各族人民的关怀,对今后的西藏工作有重要的指导意义。

(一)

在党中央的正确领导下,自从人民解放军进军西藏和西藏和平解放以来,全区的广大党员、干部、驻军指战员、职工群众和藏族、门巴族、珞巴族等各族人民,紧密团结,并肩战斗,经过平息叛乱,民主改革,建立民族区域自治政权,永远结束了封建的农奴制度,使百万农奴在政治上得到彻底翻身解放。但是,在十年"文化大革命"中,由于林彪、"四人帮"推行极左路线,严重阻碍和损害了西藏各项建设事业的发展,破坏了党的民族政策和亲密团结的民族关系,给农牧业生产和群众生活造成了很大困难。

粉碎"四人帮"以来,自治区党委和各级党组织,团结藏族、门巴族、珞巴族等各族人民,坚决执行党中央的路线、方针、政策和指示,深入开展了揭批林彪、"四人帮"的斗争,纠正了大批冤假错案,逐步落实了党的民族、统战、宗教等各项政策,恢复和发展了农、牧、工业生产,各方面的工作都取得了很大成绩。广大农牧民生活也有了不同程度的改善。但是,由于历史上封建农奴制度的反动统治,林彪、"四人帮"的干扰破坏,加上自然灾害的影响,以及我们工作中的某些缺点错误,所以,至今西藏的农、牧、工业生产水平仍然很低,交通运输仍很困难,文化教育还很落后,群众生活还很贫困。各族人民渴望尽快改变这种状况。在新的形势面前,有许多紧迫的工作需要我们抓紧做好,有许多重要问题需要我们认真解决。我们必须振奋精神,努力工作,团结一致向前看。

(二)

当前和今后长时期内,全区的中心任务和奋斗目标是:以藏族干部和藏族人民为主,加强各族干部和人民的团结,调动一切积极因素,千方百计地发展国民经济,提高各族人民的物质生活水平和文化科学水平,建设边疆,巩固边防,有计划有步骤地使西藏兴旺发达、繁荣富裕起来。全区党政军和各族人民都要围绕这个中心努力工作,为实现这一目标共同奋斗。

要根据西藏的自然条件、民族特点、群众生产和生活的需要,安排和发展国民经济。

以发展农、牧业为主,逐步地调整好农、牧、林、副、渔业生产的布局,建设好生产基地。农业生产,要改善耕作方法,合理安排种植计划,适当恢复青稞、豆类的种植面积,努力提高产量。要特别重视牧业生产,调整畜群结构,提高养畜质量,增加畜产品。大力保护各种自然资源,保持生态平衡。重视植树造林,开发渔业生产。每个地区和县、社,都要真正做到因地因时制宜,区别不同情况,宜牧则牧、宜农则农、宜林则林。无论牧区、农区或半牧半农区,都要以一业为主、多种经营、全面发展;有计划有领导地发展副业生产,进行土特产品的种植、采集、狩猎和加工。

发展工业,首先要调整、整顿好现有工业企业,挖掘潜力,发挥效用。要充分利用当地的自然资源,着重发展轻纺工业,决不要搞无米之炊。要调动手工业工人的积极性,普遍发展手工业和修理业。还要充分利用水力、地热等资源,发展动力和燃料工业。

发展交通运输业,要积极改善内地和西藏之间的交通运输状况。除了加强青藏、川藏公路的养护和维修,尽快铺完青藏公路的黑色路面外,要努力创造条件,改善交通手段,发展航空运输。还要按照国家兴办、群众自办和民办公助相结合的方针,采取土洋结合等有效办法,发动和组织群众修筑便道、公路,架设索道、桥梁,特别是建筑和养护好区内的几条主要公路,尽快做到拉萨到阿里和昌都两地能够常年通行汽车。

发展商业、民族贸易和对外贸易,要加强政策观点和群众观点。国营商业要不断改善经营管理,努力做到把群众需要出售的农、牧、林、副、渔产品和各种土特产品收购起来,把真正适合藏族和其他少数民族需要的生产、生活资料供应给群众。在相当长的时期内,坚持总的不赔不赚的方针,保持物价的相对稳定。从生产建设和群众生活需要出发,积极发展对外贸易;按照平等互利和以物易物的原则,开放和发展边境小额贸易。

发展文教卫生事业,首先要采取有效措施,逐步普及小学教育,扫除藏文文盲,藏汉各族学生都要学习藏文。尽快地把民办小学转为公办,有计划地发展初、高中学校。编印藏文课本,提高教学质量。自治区的各大专院校和中等专业学校,主要应当招收藏族和门巴族、珞巴族等少数民族的学生,为建设西藏培养专业人才。积极发展民族的、科学的、群众性的文化体育和医疗卫生事业。继承和发展藏医藏药和藏历、气象学。继续实行各族群众和学生免费医疗、免费看电影的制度。

各项建设事业的发展,都必须分别轻重缓急,主次先后,统一计划,加强领导。要大力发扬艰苦创业、勤俭节约的精神,紧缩非生产性开支,紧缩吃商品粮的人口。一切不应该办的事坚决不办,一切不应该花的钱坚决不花,一切不应该设的机构坚决不设,最大限度地把人力、物力和财力集中到经济建设上来。

要在发展生产的基础上,逐步改善各族人民的物质生活。特别注意组织、安排好边境地区群众的生产和生活。对现有十多万缺衣少吃、生活特殊困难的群众,要采取有效措施,积极扶持他们发展生产,克服困难,尽快改变贫穷落后的面貌。

(三)

要加快西藏建设,必须进一步解放思想,落实政策,紧密结合实际,深入批判林彪、"四人帮"的极左路线,坚决肃清他们的流毒,调动一切积极因素,并且变消极因素为积极因素,努力巩固和发展安定团结的政治局面。

继续落实党在农村、牧区的经济政策。要充分尊重生产队的自主权,建立健全生产责任制,坚持按劳分配、多劳多得的原则,积极稳妥地调整、改善管理体制。在社员自留地、自留山、自留畜和家庭副业等一系列问题上,要坚决纠正各种"左"的偏向。林木果树,谁种谁有。坚持低税政策。粮食征购,一定几年不变。在坚持社会主义道路的前提下,一切有利于加快生产发展的组织形式和管理办法,只要经过群众讨论同意,重要的报告县以上领导机关批准以后,都可以试行或采用。

坚决执行党的民族政策。密切各族人民的关系,加强各族人民的团结,始终是西藏必须非常重视的大问题,是我们各项工作成败的关键所在。要经常对党员、干部、军队、职工群众和各族群众进行党的民族政策的教育,既要着重反对大汉族主义,也要防止地方民族主义。今后每年都要定期检查一次民族政策的执行情况,发扬成绩,纠正错误,解决民族关系方面存在的问题,消除一切不利于民族团结的因素。要特别注意:(1)积极培养藏族和其他少数民族干部,逐步做到自治区县级以上党政群机关以藏族干部为主体。对他们要大胆提拔,放手使用,热情帮助,具体指导,使他们有职有权有责,充分发挥作用。同时,要关心他们的生活,解决他们的困难。(2)认真继承和发展民族文化,重视使用藏文藏语,尊重民族的风俗习惯。自治区党政机关行文必须使用藏汉两种文字,要培养翻译人员,设立翻译和印刷机构。汉族干部要学习藏语藏文,民族干部要学习汉语汉文。(3)提干、征兵、招工、招生,都要合理分配,并保证藏族和其他少数民族应有的名额。工交、财贸、文教、科研等单位,都要尽量吸收藏族干部和职工,培养民族知识分子和职工队伍。

全面贯彻党的宗教政策。信奉喇嘛教,是历史上长期形成的,在西藏人民群众中有深远影响,必须慎重对待。如果处理不当,就会脱离群众,影响民族团结。既要尊重信教群众的正常宗教生活,又要积极对他们进行思想政治工作和科学文化教育。要加强对宗教活动的管理,坚决反对利用宗教进行各种非法活动。为了团结广大信教群众,对现有寺庙要保护、维修;对佛学和宗教经典有研究、造诣的喇嘛,应作为知识分子对待,在继承和发展藏族文化的优良遗产方面,充分发挥他们的才能。少数还俗喇嘛自愿回寺时,可予同意并给以必要的协助。对已散失或残损的藏族文物典籍,应注意收集、保护和整理。还可以培养一些思想进步、遵守法纪的青年喇嘛,边生产、边学习、边从事宗教活动;但要防止他们搞宗教特权,不许他们干预政治。

要继续做好落实人的政策的工作。对"文化大革命"中的冤假错案和重要的历史遗留问题,凡是没有纠正、解决的,要抓紧处理。切实纠正平叛扩大化、错划富农成分等问题。

要认真做好团结、教育、改造民族宗教上层爱国人士的工作。政治上给予关心,生活上适当照顾,给他们学习和为人民做好事的机会,巩固和发展革命的爱国的统一战线。

对达赖集团及外流藏胞的情况,要加强调查研究,实行争取分化的方针。对他们留在国内的亲属,要加强思想政治教育,注意安排他们的子女学习或就业。对回国参观人员,要热情接待,坚持原则,做好工作;对少数人的错误以至反动的言行,要给以批评、驳斥;警惕和防止他们的非法活动。

(四)

要加快西藏建设,必须坚持和改善党的领导。自治区各级党委和党的领导干部,都要认真学习、坚决执行五中全会的精神,努力提高思想、政治和领导水平,刻苦学习各种专业知识和管理能力。按照党的干部条件,坚持"任人唯贤"的方针,认真培养、大胆提拔优秀的中青年干部,加强领导骨干,重视专业人才,调整健全党的各级领导核心，发扬民主作风，加强集体领导，实行集体领导和个人分工负责相结合的制度。按照三中全会的精神，进一步解放思想，坚持实践是检验真理的唯一标准，加强调查研究，认真总结经验，发扬成绩，克服缺点，纠正错误。真正做到一切从实际出发，按照民族区域自治的特点和宪法规定，行使权力，实现领导，进行工作。加强党的建设，提高党组织的战斗力，有计划地轮训党员，进行党的基本知识的教育，提高党员质量，在建设西藏、保卫边疆的斗争中，充分发挥共产党员的先锋模范作用。坚决精简机构，转变作风，领导干部带头深入实际、深入群众。一切重要方针、政策的制定和重大工作的部署，务求慎重稳进；要广泛征求党内外群众和民族宗教上层人士的意见，经过反复考虑和典型试验后，再逐步推广。坚决克服主观主义、官僚主义、瞎指挥、“一刀切”等脱离群众、脱离实际的领导作风和工作方法。

（五）

加快西藏建设，内地进藏干部、职工和驻藏解放军肩负着庄严责任。所有新老进藏同志都要明确认识，调派他们参加西藏建设，是党和人民对自己的信任和重托。这些同志一定要牢固树立长期建藏、边疆为家的革命思想，努力发扬英勇顽强、艰苦奋斗的革命精神，模范地执行党的民族政策，全心全意地为西藏各族人民服务。要把内地进藏同志培养、锻炼成为一支热爱西藏、熟悉西藏、同西藏各族人民同甘共苦、血肉相连的精干坚强的干部和职卫队伍，在建设社会主义新西藏的事业中，长期发挥积极作用。驻藏解放军要发扬进军西藏和西藏解放初期的光荣传统，继续执行战斗队、工作队的光荣任务。要加强军政训练，提高军政素质，保持高度警惕，严守战斗岗位，坚决打击国内外敌人的破坏和捣乱。同时，要严格执行三大纪律八项注意，尊重民族的风俗习惯，积极做好驻地群众工作，尽可能帮助群众搞好生产和生活，支援地方建设。地方党政机关和各族群众要关心军队，热爱军队，帮助军队。军爱民、民拥军，军民团结如一人，共同建设好西藏，保卫好边疆。

加快西藏建设，是光荣、艰巨的任务。只要全区广大党员、干部、驻军指战员、职工群众和各族人民更紧密地团结起来，坚持四项基本原则，坚决贯彻执行党的十一届五中全会的精神，和中央关于西藏工作的方针、政策、指示，我们就一定能够为加快西藏建设、保卫祖国边疆，作出新贡献，夺取新胜利。

《人民日报》发表社论《量力而行的指导思想十分重要》

粉碎“四人帮”三年多来，特别是党的三中全会以来，由于贯彻执行调整、改革、整顿、提高的方针，国民经济得到了迅速的恢复和好转。随着主要农副产品收购价格的提高和职工工资的调整，城乡人民生活有了初步的改善，保障了全国范围内安定团结、生动活泼的政治局面的巩固和发展。应当说，在短短三年多的时间里，我们确实办了许多有目共睹的、令人高兴的好事。

但是，由于林彪、“四人帮”的长期破坏，国民经济中还存在着不少问题，一些重大的比例失调状况还没有改变过来；生产、建设、流通、分配领域中的一些混乱现象还没有消除；城乡人民生活中多年积累下来的一系列问题还有待进一步解决。可以说，今后若干年内确实是百废待兴、百业待举，有许多事情等待着我们去办。而要办这许多事情，没有相应的财力和物力是不行的。现在，在某些地区和某些部门存在的一个突出问题是，减收增支的事情多，开源堵漏、增收节支的措施少；讲发展需要的多，讲客观可能的少。面对着这种情况，我们应该怎么办呢？应当有一个什么样的指导思想呢？是不顾客观可能，求多求快呢，还是从实际出发，分别轻重缓急，有计划、有步骤地量力而行呢？这是在全党和全国人民中必须引起注意的一个重大问题。

在国民经济调整过程中，我们要按照量力而行的指导思想办事。全心全意为人民服务，为国家和人民办好事、谋利益，这是我们的神圣职责。从主观愿望来说，人们都希望把好事办得更多一些，更快一些，如果一个早上就实现四个现代化，谁不高兴？但主观愿望是一回事，客观可能是另一回事。毛泽东同志说，要“有多少钱办多少事”，“少花钱多办事”，前者是尊重客观规律问题，即量力而行；后者是发挥主观能动性问题，即尽力而为。这是一个把需要和可能、客观和主观、量力而行和尽力而为结合起来的正确方针。只有主观和客观相符合的时候，主观愿望才能变为客观现实。因此，我们办事情，想问题，订计划，必须从实际出发，考虑客观的可能性，循序渐进。

当前，我们面对的实际是什么呢？一方面，我们有党中央的正确领导，有优越的社会主义制度，有9亿多勤劳、勇敢、智慧的人民，有丰富的资源，有三十年来建设起来的相当可观的物质基础和正反两方面的经验，再加上很好地利用有利的国际条件，我们的四个现代化一定能够实现。在这个基础上，我国人民的生活也一定能够不断地得到改善和提高，这是不应当有疑问的。另一方面，我们也必须看到，我们的财力、物力是有限度的。我们搞建设、改善人民生活，都只能在生产发展的基础上，在国家财力、物力可能的范围内做文章。如果超过客观允许的条件去办事情，实际上是办不到的。办不到的事情，就要老老实实地对人民群众讲现在还办不到，讲清楚为什么一时办不到的理由，千万不要开空头支票，更不能没有根据地许愿。还有些事情，从一个局部一个地区来看是有道理的，也是应当办的，但从国家的全局来看，一时还没有条件办的，也只能不办或者缓办。如果不顾国家财力、物力的可能，硬要去办一些还做不到的事，就会出问题，就会冲击国家计划，冲击国家财政，就会扩大市场商品可供量和社会购买力之间的差额，其结果必然是同主观愿望相反，不利于贯彻执行国民经济调整的方针，不利于人民生活的稳定和改善。古话说，欲速则不达，是很有道理的。叶剑英同志说过：不怕慢，只怕弯。这是总结了过去二三十年正反两方面经验，所得出的很深刻的道理。我们再也不能忽视这个道理，再也不要反复折腾了。

从实际出发，从全局出发，就是说办事情要量力而行，有计划、有步骤地来办。安排国家建设是这样，安排人民生活也是这样。调整国民经济比例，应该是有上有下，有进有退，十个胖子同时进一个小门是挤不进去的。国家财力、物力就那么多，而要办的事情却很多，这就必须经过综合平衡，做到有主有次，有轻有重，有先有后，有缓有急，有取有舍，只有这样，我们才能够真正把事情办好。这样做看起来似乎慢一点，实际上不会慢，反倒是能够把好事办得多一些和快一些。

按照量力而行的指导思想，就要坚持财政收支"当年平衡，略有节余"。这是新中国成立以来所采取的行之有效、违之有害的财政方针，也是正确的经济工作方针。贯彻执行这一方针，在当前尤其重要。做到这一点，需要国民经济各个部门共同努力，通力协作，做艰苦细致的工作。从中央到地方，都要严格按照计划和规定的制度办事，而不能随意突破和违反。在经济建设中，国家的投资只能是按照农、轻、重的次序来安排。我们要把轻纺工业搞上去，把轻纺工业所需的燃料、动力、原材料和运输条件摆在首位来安排落实，就不能不挤掉一些别的方面的需要。要缩短基本建设战线，集中力量保证一些急需的项目尽快竣工投产，就必须停建、缓建一些项目，严格控制新项目上马。要有所为，必须有所不为，齐头并进，一拥而上，是万万不行的。我们的同志要懂得这个上与下、进与退、全局和局部的辩证关系。多年来的实践教育了我们，量力而行是一个十分重要的指导思想，全党同志务必要遵循这个正确的指导思想。按照这个正确的指导思想办事，也是改进我们党风的一个重要内容。

江西省探明一批稀土矿

《人民日报》报道，江西南部蕴藏着丰富的稀土资源。最近几年间，仅在赣州地区探明的有开采价值的大型矿点就有7处。勘探结果证明，这些矿点的矿藏中，铈族稀土和钇族稀土元素齐全，矿的品质优异。这些矿床规模都比较大，矿体露出地面，可以露天开采。

国务院副总理余秋里在日本东京首相官邸拜会日本首相大平正芳

余秋里副总理转达了华国锋总理、叶剑英委员长、邓小平副总理对大平首相的亲切问候。余秋里副总理说："大平首相为实现中日邦交正常化及发展两国在政治、经济等各方面的友好合作，作出了卓越的贡献。大平首相作为中国的老朋友，受到中国人民的尊敬。"

国务院副总理陈慕华在努瓦克肖特拜会毛里塔尼亚救国军事委员会主席 国家元首兼政府首脑海德拉

国务院副总理万里在人民大会堂会见美国著名农业科学家左天觉博士和夫人吕幼仪等人

4月8日

国务院总理华国锋在人民大会堂会见由澳大利亚新南威尔士州政府总理兰恩率领的友好代表团

在友好的交谈中，华国锋说，1972年中澳建交以来，两国关系发展得很好。他表示深信，这种关系今后还将继续得到发展。兰恩说，澳大利亚人民很赞赏澳中两国友好关系的发展。双方还就当前的一些国际问题进行了交谈。澳大利亚驻中国大使邓安佑参加了会见。会见时在座的有对外友协会长王炳南、外交部副部长章文晋等。

国务院副总理邓小平在人民大会堂会见由马来西亚文化青年体育部部长阿卜杜勒·萨马德·宾·伊德里斯率领的文化代表团

邓小平说，中马两国相距很近，是友好邻国。我们的交往正在不断增多，两国的友好关系在不断发展。他说，中国同马来西亚和东盟其他国家的友好关系还要继续发展下去。

萨马德·伊德里斯说，自从去年邓小平副总理访问马来西亚以后，马中两国的友好关系和相互了解得到了加强。马来西亚人民高度重视邓副总理为发展两国关系所作出的努力。

国务院副总理邓小平在人民大会堂会见美国麦克唐纳·道格拉斯公司总裁麦克唐纳和夫人一行

五届全国人大常委会第十四次会议在北京举行

全国人大常委会委员长叶剑英主持今天的全体会议。

这次会议的主要议程：讨论关于1979年国民经济计划执行情况和1980年国民经济计划安排的报告，听取邓颖超副委员长关于出访几个国家的报告，关于分期分批实施刑事诉讼法规划的报告，通过关于召开第五届全国人民代表大会第三次会议的决定，讨论《中华人民共和国婚姻法(修改草案)》和《中华人民共和国国籍法(草案)》，以及通过任免事项等。

在今天下午的全体会议上，国家计委副主任李人俊汇报了1979年国民经济计划执行情况和1980年国民经济计划安排。

全国人大常委会副委员长宋庆龄、聂荣臻、乌兰夫、韦国清、彭真、谭震林、李井泉、邓颖超、阿沛·阿旺晋美、周建人、许德珩、胡厥文、萧劲光、朱蕴山、史良出席了今天的会议。

国务院副总理姚依林，最高人民法院院长江华、最高人民检察院检察长黄火青，以及各省、自治区、直辖市人大常委会的负责人，列席了会议。

李人俊在五届全国人大常委会第十四次会议上汇报去年国民经济计划执行情况

国家计委副主任李人俊今天下午在第五届全国人大常委会第十四次会议上说，1979年我国工农业总产值达到6174亿元，完成计划的101.5%，比上年增长8.2%；国民收入总额达到3370亿元，按可比价格比上年增长7%。

李人俊受国务院的委托，向全国人大常委会汇报了1979年国民经济计划的执行情况和1980年国民经济计划的安排。他说，1979年国民经济计划规定的各项主要指标，完成情况是好的或者比较好的。

——农业总产值和粮、油产量超额完成计划，农民收入有较多增加。去年全国虽然灾害比较严重，但由于贯彻执行中央关于农业问题的两个文件，认真落实党在农村的各项政策，大部分地区农业生产做到了增产增收。去年国家用于提高农副产品收购价格的开支，达108亿元左右(包括超购加价、议价收购在内)，调价幅度是新中国成立以来最大的一次。这是国民收入和国家财政分配的一个大调整，也是工农关系的一个大调整。全国粮食产量达到3.249亿吨，比上年增产1510万吨。粮食征购已经完成5200多万吨，比上年增加400多万吨，国家的粮食库存有所增加。油料产量达到643万吨，比上年增产122万吨，创造了新中国成立以来的最好水平。棉花虽受气候影响，产量仍然达到220.7万吨，比上年增产4万吨。猪的出栏数超额完成计划，收购量达到1.3亿头，比上年增加2000多万头，而且每头猪的重量平均增加了12斤，等于又多增加了1000万头猪。社队企业和社员家庭副业也有了比较大的发展。农业总产值达到1583亿元，完成计划的104.1%，比上年增长7.3%。初步计算，每个农民平均从集体分得的收入，由上年的74元增加到84元。广大农村开始出现农民高兴、农村经济活跃的局面。

——工业生产增长8.5%，轻工业的增长速度达到9.6%，超过了重工业增长7.7%的速度。主要日用工业品的产量都超额完成了计划，人民生活迫切需要的棉布、自行车、缝纫机、手表、收音机、电视机、合成洗涤剂等，比上年增长10%甚至20%以上。重工业在更好地为农业、轻工业服务方面，在直接生产为社会需要的耐用消费品方面，有了新的进展。无论轻工业和重工业，随着企业的整顿工作进一步展开，许多产品的质量有了提高，品种有了增加，消耗有所降低。全国钢产量达到3448万吨，比上年增加270万吨，而钢材产量增加了289万吨；国家急需的小型材、线材、薄板、焊接钢管、优质型材等品种，产量比上年增长了17%。去年全国的煤炭、石油、水电等一次能源增长近3%，而整个工业的增长速度达到8.5%，超过了增长8%的计划，这反映出工业部门节能的效果有了提高。

——基本建设项目有所减少，效果有所提高。经过各方面的努力，全国已经停建缓建了300多个条件不具备或者国家不急需的大中型项目，把部分财力、物力腾了出来，使一些重点、急需项目的建设进度加快了。去年有128个大中型项目全部建成投入生产，有340个单项工程建成投产，形成了一批新的生产能力。城镇和工矿区住宅建设竣工面积达6200多万平方米，比上午增长66%，创造了新中国成立以来的最高水平，职工的居住状况开始有了一些改善。

——商品购销两旺，市场活跃。由于工农业生产的增长和适当进口了一部分消费品，市场商品供应增加。全国农副产品收购总额达到587亿元，剔除收购价格提高的因素，增长4.5%。工业品收购总额达到1389亿元，比上年增长近10%。社会商品零售总额达到1752.5亿元，比上年增长14.7%。年末库存总额比上年同期增长11.6%。

——对外贸易发展较快。1979年出口总额达到212亿元人民币，比上年增长26%。进口总额达到243亿元人民币，比上年增长近30%。在利用外资和引进技术方面有了新的进展。除了前年已签订的成套设备和单机进口合同78亿美元以外，到去年年底又签订了中、小型补偿贸易140多项，来料、来样加工和加工装配等业务2000多项，并且开始谈判一些大型补偿贸易和合资经营项目。

——经济管理体制的改革开始起步。

——科学、教育、文化、卫生、体育事业也有进展。

——大力安排了城镇待业人员就业，城市人民的生活有所改善。去年在城镇全民和集体所有制单位中共计安置了800多万人就业，这是有利于整个社会安定的一个重大成绩。由于扩大就业面、提升40%职工的工资级别和调整部分工资区类别，全年国家用于增加工资奖励的开支约有60亿元。职工的年平均工资，由上年的644元增加到704元。

李人俊说，上面这些情况表明，1979年的经济工作是循着党中央确定的调整、改革、整顿、提高的方针前进的。特别是在调整积累和消费、工业和农业、轻工业和重工业的比例关系方面，在改善国家、集体和个人的关系方面，迈出了较大的步子。这对于调动广大群众的积极性，巩固和发展安定团结的政治局面，促进国民经济的发展，起了很好的作用。事实证明，调整国民经济的方针是一个正确的、积极的方针。

他指出，由于林彪、“四人帮”十年动乱在经济方面所造成的恶果极为严重，调整国民经济的任务十分艰巨、复杂，不能设想在一年内就把各方面的问题都解决好。现在，我们的调整工作只是有了一个良好的开端，国民经济各方面比例关系严重失调的状况还没有从要根本上改变过来，还存在着不少需要进一步解决的问题。

他说，在生产建设方面，首先是农业的发展还很不平衡。在一些经济发展水平比较低和自然条件比较差的地区，生产仍然很落后，还有相当数量的农民生活困难。各种农作物和农、林、牧、副、渔各业的发展也不平衡。工业生产，轻纺工业虽有了一定的发展，但不论在数量上还是在质量、花色品种上，都还大大落后于人民的需要，有些商品的供应还是比较紧张的。大力节约能源，合理组织运输，加强铁路和港口的技术改造，还是一项十分艰巨的任务。整个工业的合理改组，工作还刚刚开始，任务更是十分艰巨。基本建设，地方和部门用自筹资金搞的建设规模仍然过大，全国在建项目仍然过多，投资效果仍然很差。这些问题如果不在调整中继续加以解决，我们的各项生产建设事业就不可能有一个更大的发展。

李人俊在谈到去年物价管理和奖励制度方面的问题时说，去年的物价调整是完全必要和基本正确的。问题是在调整的过程中，由于我们管理不严，检查不够，出现了随意涨价和变相涨价的现象。有的地方涨价的商品过多，幅度过大，影响了职工生活。在奖励问题上，粉碎“四人帮”之后，我们逐步实行奖励，这也是完全必要和基本正确的。但有些地方和单位奖金发得滥了。问题发生之后，我们纠正得不及时，不得力。结果，去年奖金多发了一些，对促进生产没有起到应有的作用。我们一定要进一步搞好当前的物价检查，加强物价管理，坚决纠正随意涨价和变相涨价的现象，涨得不当的一定要退回到原价。所有企业单位只能在改善经营管理的基础上增加利润，而不能用随意提价的办法增加收入。要坚决地纠正当前滥发奖金的现象，有关部门正在对奖金的发放制定具体办法。

他说，在人民生活方面，还有一部分人的生活没有什么改善。从农民方面来看，在一些经济长期发展缓慢和受灾的地区，生活还很困难。从职工方面来看，一部分没有奖金收入或者奖金很少的科研、教学、医务人员，以及机关工作人员等，他们的收入或者没有增加，或者增加不多，有的实际收入还有所下降。对于这种情况，党和政府是了解的，但由于目前财政状况还很紧张，只能在今后生产发展的基础上积极解决。至于多年积累下来的职工住宅、城市公用事业、文教卫生事业、环境保护等方面的问题，也由于国家财力、物力的限制，不可能一下子都得到解决。

李人俊说，对于以上这些问题，我们将采取果断有力的措施，逐步地妥善地加以解决。

李人俊汇报1980年国民经济计划安排情况时说1980年国民经济计划 预计工农业总产值比1979年(预计完成数)增长5.5%。其中 农业总产值增长3.8%工业总产值增长6%。

接着，李人俊汇报了为实现1980年的计划将要采取的10条主要措施：

第一，努力争取农、林、牧、副、渔五业有一个全面的增长。实现这个要求的关键，就是要继续全面贯彻中央关于发展农业的两个文件，认真落实党在农村的各项经济政策，充分调动广大农民的生产积极性。要切实尊重社队的自主权。要从实际出发，建立发展农业生产和巩固集体经济的各种责任制度。

第二，争取轻工业和其他消费品的生产有一个较大的增长。要求轻工业继续以超过重工业增长的速度前进。

第三，努力增产和厉行节约，使工业生产和交通运输的经济效果有一个显著的提高。

第四，合理调整冶金、机械、化工、建材等重工业的生产，更好地为农业、轻工业和整个国民经济服务。

第五，控制基本建设投资，减少项目，加强管理，使建设规模同国家当前的财力、物力的可能相适应，使战线长、效果差的状况有一个明显的改变。

第六，进一步搞好商品流通，活跃城乡市场，这对于促进工农业生产的发展，保障经济调整任务的顺利实现和社会安定,关系极大。今年城乡购买力提高的幅度较大,必须大力增加商品供应。

第七,大力加强进出口贸易,扩展对外经济技术交流。要继续采用多种形式,积极利用国外资金,引进先进技术。引进要有利于促进我国现有企业的技术改造,提高国内的制造水平,增强自力更生的能力。

第八,广辟财源,紧缩开支,坚持国家财政收支平衡的原则。

第九,发展科学教育事业,积极培养建设人才。

第十,在发展生产的基础上,进一步安排城镇待业人员,使人民生活继续有所改善。去年已经安排就业800多万人,今年还要安排700万人就业。在扩大劳动就业的同时,随着工农业生产的发展,全国农民从集体分得的平均收入和职工的平均工资也将继续有所提高。全国城镇和工矿区职工住宅的竣工面积,今年大体上将保持去年的规模,使城市人民的住房情况进一步有所改善。

李人俊说,从今年第一季度的计划执行情况来看,生产建设继续保持了去年下半年以来的好势头,这对完成和超额完成1980年计划是十分有利的。

《人民日报》发表韦国清的文章《发挥共产党员的先锋模范作用》

国务院宗教局局长肖贤法在中国伊斯兰教第四次代表会上指出宗教信仰自由是长期的基本政策

国务院宗教事务局局长肖贤法今天在中国伊斯兰教第四次代表会议上说,我国有多种宗教存在。基督教、天主教、佛教、道教、伊斯兰教在我国有悠久的历史,有相当多的群众信仰宗教。特别是伊斯兰教,传入我国已有1300多年的历史,是10个兄弟民族中不少群众共同信仰的宗教,同民族问题紧密相连,在国际上影响也很广泛。我们党和政府历来十分重视宗教问题,并在宪法中作了明文规定。这一政策的全面理解是信教有自由,不信教有自由,信不信教的社会地位、政治地位都是平等的,不得歧视和排斥。由于林彪、"四人帮"的干扰破坏,使部分宗教界人士和信教群众对我们党和政府的宗教信仰自由这一政策一度产生了怀疑,把"四人帮"的那一套误认为是我们党和政府的政策,这是一个误会,必须澄清。同时他又指出,要警惕和防止少数坏人挑拨宗教人士、信教群众与党和政府的关系。

肖贤法说,为什么共产党人,无神论者还让人民群众有信教的自由?第一,唯物主义者是尊重客观事实,从实际出发决定政策的。宗教是历史的产物,还有相当的一部分人信仰宗教,我们要尊重这个事实,并在可能的条件下,帮助群众像解决日常生活中其他问题一样,解决精神生活方面的问题。第二,宗教信仰是思想领域的问题,不能用强制的办法和手段对待信仰问题。第三,人民群众信仰上有差别,但建设繁荣富强的祖国,实现四化的目标和根本利益是一致的。采取宗教信仰自由的政策,有利增强信教群众和不信教群众之间的团结。第四,当前世界上许多国家的人民信仰宗教,伊斯兰教在西亚、北非等广大地区和第三世界国家中有广泛影响。尊重人民的宗教信仰,对加强各国人民的团结,增进彼此间的了解,有着积极的意义。

肖贤法强调指出,为了贯彻宗教信仰自由政策,必须妥善处理好信教与国家、民族以及四个现代化的关系。不论哪个民族,不论信什么教,都必须服从祖国的统一、民族的团结和实现四个现代化这个中心任务,并且围绕四化贡献自己的力量,这是各族人民的根本利益。信教和不信教的,都要互相尊重,互相团结,互相照顾。宗教信仰自由必须坚持走社会主义道路,维护共产党的领导,维护无产阶级专政。

肖贤法说,在落实宗教政策的同时,要加强宗教活动的管理。管理是按照政府的政策法令来维护人们享受信教或不信教的权利。强制人信教或不信教都是不对的。没有必要的管理,是不行的;宗教信仰自由,决不意味着可以让少数坏分子借用宗教信仰进行不法活动。对此必须严肃处理。对宗教职业者之间,以及宗教职业者与信教群众之间的关系应该是团结的、密切的;对教派和教派之间,也应该互相尊重,互相团结,有问题应通过协商,用民主讨论的办法妥善处理。

中共中央国务院发出《关于加强物价管理,坚决制止乱涨价和变相涨价的通知》

中央和国务院认为,从安定团结的大局出发,确保市场物价的基本稳定,这是当前物价工作中必须坚定不移地贯彻执行的方针。为着实现这个方针,最根本的是要依靠群众努力发展生产,降低成本,生产更多的价廉物美的商品供应市场;要厉行节约,控制货币投放,争取市场商品供需平衡。同时,还要大力加强物价管理,切实纠正一切违反物价政策的现象,坚决刹住乱涨价、变相涨价的歪风。为此,中央、国务院特作如下通知:

一、计划规定的商品价格,任何部门和单位一律不准自行提高。价格极不合理必须调整的,应按照物价管理权限的规定,报经物价部门统筹安排。

二、1979年11月以来,凡是应该经过而没有经过物价主管部门批准,由各单位自行提高的价格和与群众生活有关的收费标准,应在接到本通知后一个月内,按物价管理权限报批,不应提价的,限期退回原价,所有擅自增加的收费项目,一律取消,必须保留的,应重新报批.

三、任何部门和企业事业单位,不得用提价或变相涨价的办法,扭亏增盈、增发奖金。凡是违反物价政策、破坏物价纪律的企业事业单位或个人,一律不得发放奖金。

四、偷工减料、粗制滥造而造成质量下降的产品,要限期恢复和提高质量。逾期没有恢复的,要按质论价,适当降价。质量虽然没有下降,但巧立名目,变相提价的产品,应坚决恢复原价。

五、收购农产品的超购加价和价外补贴,除国务院规定的以外,各地区、各部门不得自行增加品种和提高幅度。

六、议购议销的商品范围,限于三类农副产品、工业品中的小商品和允许完成收购任务以后上市的一、二类农产品。一、二类日用工业品不准议购议销。各省、市、自治区人民政府要对议价商品的品种范围作出具体规定,并向群众公布。议价商品要贯彻薄利多销的方针。商业部门要改善经营,调剂余缺,避免价格暴涨暴落。

七、大中城市和工矿区的党委和政府,要认真安排好蔬菜的生产和供应,把销售价格稳定下来,大宗蔬菜不搞议价。

八、供应外宾的商品价格和服务项目的收费标准,目前各地自行其是,许多订得偏高,影响很不好,不利于进一步发展我国同外国的经济、文化交流活动,特别是不利于旅游业的发展。有关部门要共同商量,订出一个统一的、适当的标准。

九、切实加强市场管理,坚决打击投机倒把活动。对套购倒卖、哄抬物价、扰乱市场的不法分子,要依法从严惩处。

十、要加强物价政策的宣传教育。既要把部分商品必须提价的道理讲清楚,也要把部分商品降价的情况告诉群众,对市场商品涨价要作具体分析。除了国家规定的物价正常上涨外,有的商品由于原材料涨价,成本增加,有的城镇集体所有制企业,由于副食品涨价,需要自行担负职工的价格补贴。在这两种情况下,经过物价部门审批,适当提高有关的商品价格和服务项目的收费标准,也是合理的。只要解释清楚,是会得到群众谅解的。对于议购议销商品的具体政策,要随时向群众说清楚。报刊、广播应加强有关物价政策全面的宣传报道。

稳定物价、活跃市场是当前经济生活中的大事,各级党委和政府要加强对物价工作的领导,在最短时间内刹住涨价风。各地区、各部门、各企业事业单位接到本通知后,应立即开展一次物价大检查,发现问题,及时解决。不论哪个单位,违反国家规定,任意提价得到的非法收入,要收缴财政。对有关人员要按情节轻重,分别给予批评教育、行政处分和经济制裁,以至依法惩办。对模范遵守物价纪律的单位和个人,应予表扬和奖励。物价检查要由各级党委和政府组织有关部门进行,并且邀请人大代表、政协委员和工、青、妇等群众组织参加。一年要检查几次,做到经常化、制度化。

国务院副总理王震在人民大会堂会见并宴请美国麦克唐纳·道格拉斯公司总裁麦克唐纳和夫人一行

国务院副总理谷牧在天津参观日本自动化工业技术展览会

中国史学会代表大会在北京召开

这次会议的会期共五天,来自全国各地的125名史学工作者参加了这次成立史学会的代表大会。他们通过认真讨论,制定了学会章程,选举了61名理事和15名常务理事,选举了郑天挺、周谷城、白寿彝、刘大年、邓广铭5人为主席团成员。

香港中文大学教授牟润荪、香港大学文学院院长李锷、香港大学中文系中国历史教授赵令扬也应邀参加了大会。

会议期间,有关方面还介绍了大百科全书历史分册编纂情况,中国历史大辞典编纂情况以及中华民国史编写等情况。

大会通过了致台湾历史学界书,希望台湾史学界同仁阐发台湾人民同祖国大陆人民之间的骨肉渊源,研讨中华民族发展历史,促进祖国统一早日实现,并邀请他们回大陆探亲访友。大会还在理事会中给台湾省和港澳的史学工作者保留了名额。

中国社会科学院院长胡乔木在成立史学会的代表大会开幕时应邀讲了话。

庆祝中华人民共和国成立30周年献礼演出评奖揭晓

这次评奖总共评选出231个节目分别获得优秀创作奖和优秀演出奖。

这次还设立了创作荣誉奖,授给了话剧《茶馆》的作者老舍、京剧《谢瑶环》的作者田汉、京剧《海瑞罢官》的作者吴晗,以纪念他们在戏剧创作上的历史功绩。

创作和演出都获得一等奖的节目有十六个:话剧《陈毅出山》《曙光》《丹心谱》《报童》《大风歌》《王昭君》《报春花》,现代秦腔《西安事变》,莆仙戏《春草闯堂》,豫剧《唐知县审诰命》,黔剧《奢香夫人》,京剧

《红灯照》,舞剧《丝路花雨》,歌剧《启明星》《壮丽的婚礼》《窦娥冤》。

获创作一等奖的还有话剧《西安事变》(甘肃省话剧团)《东进东进》《向前向前》《泪血樱花》《未来在召唤》《权与法》《救救她》《滚滚的黄河》,京剧《南天柱》《一包蜜》,越剧《胭脂》,吕剧《姐妹易嫁》,采茶戏《孙成打酒》,舞剧《召树屯与娚木婼娜》,歌剧《星光啊星光》《忆娘》《刘三姐》,舞蹈《看水员》《观灯》《为了永远的纪念》《泉边》《保育员》《彩虹》《达拉根巴雅尔》《鹤舞》《难忘的泼水节》《出征》《送夫参军》《小丫驯马》《割不断的琴弦》《火中的凤凰》,音乐歌曲节目《我们的理想长翅膀》《我们的生活蒸蒸日上》《一束山茶花》《再见吧,妈妈》《想起周总理纺线线》《祝酒歌》《请允许》《边疆的泉水清又纯》《英雄的诗篇之二——娄山关》《北京喜讯到边塞》《忆战友》《南疆凯歌》《十里长街送总理》,相声《假大空》,杂技节目《滚杯》。

获演出一等奖的节目有话剧《茶馆》《西安事变》(西安话剧院)《出色的答案》《童心》《神州风雷》《奇怪的"一〇一"》《吉鸿昌》《沉浮》《伽利略传》,京剧《谢瑶环》,昆曲《蔡文姬》,绍剧《于谦》,京剧《佤山雾》,舞剧《文成公主》,吉林省延边朝鲜族自治州歌舞团、新疆维吾尔自治区歌舞演出团分别演出的音乐舞蹈综合节目,总政治部歌舞团、军乐团、广州、昆明、济南部队联合演出的自卫还击保卫边疆的歌舞节目,总政治部文工团歌舞团、济南部队前卫歌舞团、东方歌舞团分别演出的音乐舞蹈综合节目,辽宁省沈阳曲艺团演出的曲艺节目,天津市曲艺团、北京曲艺曲剧团合演的曲艺节目,沈阳、广州、昆明、铁道兵部队政治部杂技团(队)联合演出的杂技,广东省广州杂技团青少年队演出的杂技,木偶剧《火焰山》。

获创作二等奖的有142个,创作三等奖的有64个;获演出二等奖的有69个,演出三等奖的有44个;获翻译奖的有2个。

评奖工作从献礼演出一开始就着手进行,在18轮的演出过程中,曾邀请了400多位专业和业余的评论员举行评论座谈会,对所有的节目进行评论;还邀请了各省、市、自治区和人民解放军选派驻会评论员,逐台进行评议;并汲取各报刊的评论文章和观众的评价意见。在此基础上,进一步征询各协会以及有关单位的意见,拟定出初步评选方案,最后由文化部审定批准。

庆祝中华人民共和国成立30周年献礼演出颁奖大会在政协礼堂举行

黄镇代表文化部向获奖的231个节目演出单位的代表,颁发了奖状和奖金。获奖的优秀节目中,包括话剧、歌剧、戏曲、舞剧、音乐舞蹈、曲艺、杂技、木偶等各种舞台艺术形式。这是三十年来我国文艺界规模最大、范围最广的一次全国性评奖活动。

国庆三十周年献礼演出是一次蔚为壮观的文艺盛会。从1979年1月5日开始,到1980年2月9日结束,共进行了18轮,有29个省、市、自治区和人民解放军、工矿系统的127个艺术表演团体参加,演出137台、1428场,观众达183万多人次。

王任重、周扬、赵守一、张香山、傅钟、宋侃夫、白介夫以及文化部、全国文联和各协会的负责人,出席了大会。出席大会的还有获奖单位的代表和首都文化界人士1000多人。

周巍峙致开幕词。黄镇代表文化部在大会上讲了话。

黄镇说,这次献礼演出的作品90%是三年来,特别是1979年中的新创作。献礼演出集中了全国范围的大部分好作品,是各种舞台艺术形式的一次大检阅、大交流、大竞赛。通过献礼演出可以看出,当前文艺舞台总形势是非常好的,艺术创作的主流是健康的,整个文学艺术战线呈现出初步繁荣兴旺的局面,生机勃勃的景象。许多献礼演出节目在题材、体裁、风格、样式的多样化上,反映生活的广度和深度上,塑造各种生动感人的艺术形象上,都有新的发展,新的突破。

黄镇高兴地说,为了准备献礼,不少搁笔已久的老作家,又挥笔写出了新作;许多知名的老导演、老演员又焕发青春战斗在第一线。特别可喜的是新涌现出一批生气勃勃的有艺术才华的新人,他们有一定的创作能力和生活积累,思想敏锐,勇于创新,为创作队伍注入了新鲜血液和创作活力。在献礼舞台上还涌现出许多扮演老一辈革命家艺术形象的演员,在形神兼备上取得可喜的成绩;各种艺术形式和剧种,也都涌现出一大批有前途的青年演员。

黄镇说,取得上述成绩,根本原因是党的三中全会确定的政治路线、思想路线的无比正确,为文艺的解放和发展创造了政治前提。第二是广大文艺工作者在党的感召下,时代的感召下,发挥了积极性和创造性,自觉地担当起自己的社会职责,努力反映人民的心愿和需要而辛勤劳动的结果。第三是各地党委和部队党委,遵循文艺创作的规律,对文艺创作实行正确而坚强的具体领导。许多好作品的诞生,许多艺术家创作才能的发挥,都和各地党委的重视、关怀、支持和进行大量组织工作、提供各种必要条件紧密相关的。黄镇最后说,新的历史时期也向文艺工作者提出了新的更高的要求,希望同志们努力学习马列主义、毛泽东思想,认真学习党中央的文件和指示,并把刻苦读书和深入生活结合起来,努力创作出无愧于我们伟大时代的作品，为社会主义现代化事业作出更大的贡献！

获奖者代表、话剧《陈毅出山》的作者丁一三和舞剧《丝路花雨》中英娘的扮演者之一贺燕云，在大会上表示，要在党的领导下，继续努力提高思想和艺术水平，努力攀登文学艺术高峰。

4月9日

国务院总理华国锋在人民大会堂宴会厅举行宴会欢迎赞比亚总统肯尼思·戴维·卡翁达

华国锋总理和卡翁达总统先后在宴会上讲话，共赞中国和赞比亚两国之间的深厚友谊。

赞比亚驻中国大使姆翁德拉和夫人以及在京的其他赞比亚朋友出席了宴会。

国务院总理华国锋在欢迎赞比亚总统肯尼思·戴维·卡翁达宴会上的讲话

尊敬的肯尼思·戴维·卡翁达总统阁下，
尊敬的赞比亚贵宾们，
朋友们，同志们：

卡翁达总统阁下是中国人民熟知的老朋友。总统阁下曾在60年代和70年代先后两次访问我国，为建立和发展中、赞两国的友谊作出了卓越的贡献。在这80年代的第一个春天，我们又能在北京同总统阁下欢聚一堂，感到格外高兴。我代表中国政府和人民，并以我个人的名义，对总统阁下和全体赞比亚贵宾们的来访，表示热烈的欢迎。

总统阁下和赞比亚贵宾们来自南部非洲解放斗争的前线。全世界都看到，那里的形势正在发生令人鼓舞的深刻变化。一个新兴的、独立的津巴布韦共和国即将诞生。这是津巴布韦人民在非洲各国人民特别是包括赞比亚在内的前线国家共同支援下，经过长期斗争赢得的结果。津巴布韦人民的胜利雄辩地证明，一个被压迫的民族只要团结一致，在友好国家的同情和支持下，经过不屈不挠的斗争，就一定能够赢得自己的独立和解放。津巴布韦人民的伟大胜利必将进一步鼓舞纳米比亚和阿扎尼亚人民的斗志。殖民主义和种族主义已经日薄西山。我们坚信，纳米比亚和阿扎尼亚人民坚持团结，加强斗争，也一定能够挣脱殖民主义的枷锁，取得自己的完全独立和彻底解放。新兴的非洲大陆在当代世界反帝、反殖、反霸、维护正义与和平的斗争中是一支强大的主力军，正在发挥着巨大的积极作用。

卡翁达总统阁下一向关心我国人民的革命和建设事业。从总统阁下上次访问我国以来，六年已经过去了。在此期间，中国人民经历了严重的斗争，并且取得了伟大的胜利。中国的形势正在发生新的巨大的变化，我国人民开始了一个新的长征，我们要在本世纪末把我国建设成为一个具有现代化农业、工业、国防和科学技术的社会主义国家。不久前召开的具有重大意义的中国共产党十一届五中全会，再次显示了我们的这一坚定不移的决心。现在，我国各族人民在中国共产党和中国政府的领导下，正在同心同德、聚精会神地从事四个现代化的建设。诚然，在我们前进的道路上还存在这样和那样的困难和问题，但是我国人民有充分信心排除各种干扰和困难，努力前进。我们的目的一定要达到，也一定能够达到。

我们高兴地看到，赞比亚人民在卡翁达总统的领导下，在独立自主发展的道路上继续前进。你们不畏强暴，挫败了外来的侵略和一次又一次的颠覆阴谋，胜利地捍卫了国家主权和民族尊严。在建设民族经济方面，你们在继续发展矿业生产的同时，重视农业生产，使国民经济向多样化的方向发展。你们在国民经济建设方面已经取得了可喜的成就，现在又开始实施第三个国家发展计划。我们衷心祝愿你们取得新的、更大的成就。

总统阁下：中国和赞比亚同属第三世界，都是发展中的国家。我们都面临着维护国家独立、发展国民经济、改变贫困落后状态、逐步改善人民生活的紧迫任务。我们十分渴望保持一个和平的国际环境来从事我们的国家建设事业。但是，当进入80年代、综观五洲风云变化的时候，人们不能不看到，这个世界还是很不安宁的，动荡紧张的形势日益加剧。世界动乱的主要根源，是霸权主义。它正在威胁着全世界的和平，而第三世界更是直接遭到它的干涉、颠覆和武装侵略。世界现实要求我们第三世界国家同一切主持正义的国家和人民联合起来，进行坚持不懈的斗争，不断揭露和挫败霸权主义的侵略计划和战争部署。只有这样，才能维护世界的安宁与和平。

中国和赞比亚两国人民之间存在着深厚的友谊，我们两国的友好合作关系取得了全面的、令人满意的发展。共同的历史遭遇和现在所面临的相同任务，使我们双方都充分认识到，不断巩固和加强我们之间的友好和合作，不仅符合两国人民的根本利益，而且有利于维护世界和平。我相信，总统阁下这次访华，必将进一步加深我们两国领导人之间的相互了解和两国人民的友谊，为中、赞两国友好合作的历史增添新的一页。

现在，我提议：

为中赞两国友好合作关系的不断巩固和发展，

为赞比亚共和国的繁荣昌盛、人民幸福，

为卡翁达总统阁下的健康，
为全体赞比亚贵宾们的健康，
为在座的朋友们和同志们的健康，
干杯！

《人民日报》发表社论《热烈欢迎卡翁达总统访华》

赞比亚共和国总统肯尼思·戴维·卡翁达博士阁下应邀对我国进行正式访问，定于今日到达北京。这是卡翁达总统第三次来我国访问。我们对这位来自反对种族主义、殖民主义斗争前线的中国人民尊敬的老朋友表示热烈的欢迎。

赞比亚位于非洲中南部，是一个土地辽阔、资源丰富的内陆国家。勤劳勇敢的赞比亚人民具有光荣的反帝反殖斗争传统。1964年独立以来，赞比亚人民在卡翁达总统的领导下，不畏强暴，敢于斗争，一次又一次地挫败了帝国主义、殖民主义和种族主义的侵略颠覆、军事威胁和经济封锁，胜利地捍卫了民族独立和国家主权。近年来，赞比亚人民为了克服罗得西亚种族主义政权军队的疯狂袭击所造成的困难，在努力发展矿业的基础上，大力发展交通运输事业，并采取多种措施促进农业生产，使赞比亚的经济状况逐渐得到改善。赞比亚政府在国际事务中一贯奉行和平中立和不结盟政策，坚持反对帝国主义、殖民主义和种族主义，主张非洲团结和统一，积极加强和发展同周围近邻独立国家的关系。它反对南部非洲种族主义政权的种族歧视和种族隔离政策，热情支持南部非洲民族解放运动，为津巴布韦人民实现独立作出了自己的贡献。所有这些，都赢得了广大第三世界国家和人民的广泛赞扬。

当前，非洲人民反对超级大国的侵略、控制和干涉的斗争正在兴起。津巴布韦即将宣告独立，纳米比亚、阿扎尼亚人民争取民族独立的斗争不断高涨，使殖民主义和种族主义统治濒临崩溃的境地。广大非洲国家在巩固政治独立、争取经济独立的共同斗争中，互相支持、互相声援，形成了团结反帝、反殖、反霸的大好局面，从而在国际事务中发挥日益重要的作用。我们对赞比亚人民和非洲各国人民在团结战斗的事业中所取得的胜利感到由衷的高兴。

中国和赞比亚远隔重洋，但是我们两国人民在反对帝国主义、殖民主义和种族主义的斗争中一贯互相支持，结成了深厚的友谊。中国和赞比亚建立外交关系以来，两国之间的友好合作关系日益巩固和发展。1967年和1974年卡翁达总统对我国的两次访问，是我们两国人民友好发展史上的重要篇章。我们相信，卡翁达总统这次访华，必将使两国人民之间的友谊和友好合作关系得到进一步的发展。

《人民日报》发表吴象 张广友的文章《联系产量责任制好处很多》

4月2日《人民日报》社论指出："当我们为夺取1980年全面丰收而努力的时候，应当把普遍建立和进一步完善生产责任制，稳定当地行之有效的责任制，作为一项重要措施，加强领导，认真做好。"为了完善生产责任制，特别是完善联系产量责任制，本文准备就一些有关的问题做初步的探讨。

建立责任制的重要性和必要性

我国现阶段的农业生产，仍以牲畜耕作和手工劳动为主。劳动者积极性的高低，对能否增产起着决定性的作用。因此，加快农业的发展速度，关键在于调动广大农民的生产积极性。减轻农民负担，搞好分配兑现，调整领导班子，改进干部作风等等，对调动农民的积极性无疑都是很重要的。但是，还有一条根本措施，就是建立和健全各种生产责任制。没有明确的责任制，就不可能发挥社会主义集体经济的优越性，更不可能调动广大农民的生产积极性。

责任制并不是新东西。早在农业合作化初期，《农业生产合作社示范章程草案》中就曾经提出："农业生产合作社为了进行有组织的共同劳动，必须按照生产的需要和社员的条件，实行劳动分工，并且建立一定的劳动组织，逐步地实行生产中的责任制。"高级社时期曾经普遍推行"三包(包工、包产、包成本)、一奖(超产奖励)"的办法，实际上就是一种联系产量的责任制，对加强集体经济的管理、发展农业生产起过积极作用。可惜的是，人民公社化以后，这类行之有效的办法没有得到进一步完善，特别是在林彪、"四人帮"横行时期，竟被当作"资本主义"的货色，背上"倒退"、"复辟"的罪名，受到连续不断的批判。久而久之，造成了一种错觉，似乎生产可以不负责任，在一起干活的人越多优越性越大，凡提"包"字，方向、道路就有问题。在这种极左思潮的支配下，许多地方刮"共产风"，搞"穷过渡"，记"大概工"，吃"大锅饭"，干活"大呼隆"，名曰"一大二公"，实际是搞普遍贫穷的假社会主义，严重败坏了社会主义的声誉，严重挫伤了广大农民的社会主义积极性。

党中央关于农业问题的两个文件，总结了新中国成立以来我们党领导农业生产正反两个方面的经验，提出了建立责任制的重要性和必要性。《农村人民公社工作条例(试行草案)》强调要"加强劳动组织，建立严格的生产责任制"。并具体规定："农业、林业、牧业、副业、渔业、工业，不论是否实行单独核算，都要根据生产需要，建立小组的或个人的岗位责任制，实行定人员、定任务、定质量、定报酬、定奖惩的制度。"事实上，建立和健全各种责任制，乃是对合作化以来经营管理方面优良传统的继承和发展，是对林彪、"四人帮"极左路线在农业上的一系列错误做法的拨乱反正。

去年以来，在贯彻执行党中央关于发展农业两个文件的过程中，全国各地从实际出发，因地制宜地建立了各种不同形式的生产责任制。基本上可分为两大类：一类是不联系产量的责任制，其特点是按工计酬，包工不包产，其形式有的是以队集体劳动评工记分；有的是包工到组，组内评工记分；有的是小段包工、季节包工、田间管理包工到户；有的是定额管理，按件记工等等。另一类是联系产量的责任制，其特点是定产定工，包工包产或直接的包产制。其形式有的是定产到组，以产计工；有的是任务到组，大包干；有的是小宗作物定产到田、责任到人；还有些居住分散的偏僻山区或者长期低产落后的生产队，采取定产到田、责任到人的办法。这两类责任制都有许多好典型、好经验，在不同程度上发挥了促进生产的作用，受到群众的拥护。从实践中看，联系产量的责任制比不联系产量的责任制更有利于提高出勤率，提高劳动效率，提高农活质量，增产效果更为显著。

实行联系产量责任制更利于增产

联系产量责任制为什么比不联系产量的责任制增产效果更为明显？农业计酬为什么需要联系产量呢？

我们知道，如果不认真贯彻按劳分配的原则，给社员以看得见的物质利益，就不能充分调动他们的生产积极性，并使这种积极性持久。按劳分配的原则，只有通过一定的劳动报酬形式才能实现。劳动报酬的形式问题同按劳分配的计量问题是紧紧联系在一起的，尽可能准确地计量劳动，是贯彻按劳分配原则的必要条件。目前农村人民公社的计酬形式是工分。工分本身没有固定的价值，工分值的高低取决于年终总的生产成果。这种支付形式虽然体现了按劳计酬的原则，有助于提高出勤率，但不能准确地反映劳动的数量和质量，而且可能产生单纯追求工分，出勤不出力，挑肥拣瘦或贪多求快、不顾质量的现象，"只顾千分，不顾千斤"，使生产造成损失。

农业生产与工业生产不同，特点是生产周期长，日常作业和劳动的最终成果有相当长的间隔。以农作物为例，从种到收，有的几个月，有的一年甚至更长的时间。在农作物整个生长和发育期间，需要进行许多生产措施，如整地、施肥、播种、间苗、浇水、中耕、锄草等，这些措施任何一项都不可能计算出单独的产量成果，但又是互相紧密联系的，最终都要反映到产量上。如果某一项或某一些措施达不到质量要求或违背了农时，都必然影响到最终成果即产量。例如，棉花整枝，整得好可以增产，整得不好就会减产，甚至前功尽弃。实行联系产量责任制，把产量作为衡量劳动的尺度和计酬的依据，就能够使劳动者主动关心整个生产过程，关心最终的劳动成果，从而搞好每一项生产措施。这种效果是不联系产量的责任制所难以达到的。

农业生产还有一点也与工业生产不同，产品的数量和质量标准不容易检验。工业产品一般都有明显的数量和质量标准，能够及时作出比较准确的检验和鉴定。农业生产有较大的分散性和强烈的季节性，受自然因素的影响很大，生产过程中每项农活的质量标准又不大明显，因此质量不便于检查。出苗全不全，留苗是否合适，整枝是否合理等等，都不可能逐块、逐棵地去检查。比如，定苗不全，到底是定苗时不精心所致，还是播种质量不好，或者是受自然因素的影响，是很难及时检查和准确鉴别的。然而这些农活质量的好坏又都反映到最终成果——产量上。可以说，产量是各项农活质量的综合标志。实行联系产量责任制，把产量作为衡量劳动的尺度和计酬的依据，就能够使劳动者主动地重视提高农活质量，积极钻研操作技术。这种效果更是不联系产量的责任制所难以达到的。

由于联系产量责任制把集体生产的成果同社员个人的物质利益结合得更紧密，使多劳多得的原则在分配中得到更直接的体现，社员多年来被压抑的积极性迸发出来了，以主人翁的姿态，全面关心整个生产过程，关心每一项生产措施和农活质量，比较容易做到因地制宜，不违农时，增产效果普遍显著，对于低产落后的穷队的作用更为突出。安徽凤阳县历史上以"十年倒有九年荒"闻名，去年70%的生产队实行了"大包干"式的联系产量责任制，全年总产比历史最高水平增长19.9%，调出的粮食超过1953年以来26年调出的总和。这个县有个江山公社，年年吃返销粮，年年人口外流，近八年来换过四任公社书记。第一任书记刚到任，看到这里土地多，潜力大，满怀信心地说："江山如此多娇。"干了一年，感到没法搞好，要求调走了。第二任书记记取教训，埋头苦干，生产还是上不去。群众说："公社书记累断了腰，江山还是穷面貌。"第三任书记勉强受命到任，"来到江山试试瞧"。1978年冬，县委又派来第四任书记，他看到灾情严重，开始信心不足，实行联系产量责任制后，粮、油成倍增长，一举甩掉了落后帽子，他兴高采烈地说："实行大包干，产量翻一番，再干三五年，请看新江山。"这并不是个别公社的情况，许多地方都可以看到类似的例子。这就使联系产量责任制具有了不可抗拒的吸引力。

集体经济比较巩固、机械化水平比较高的生产队，实行责任制一般采取不联系产量的形式。这是符合实际情况的。也有少数地方试行过联系产量责任制，即大队对生产队或生产队对组采取三包（包工、包产、包成本）一奖（超产奖励）等办法，效果同样很好，特别对降低生产成本、坚持勤俭办法的方针作用更大。随着农业现代化的逐步发展,生产费用尤其是种子、化肥、农机维修和水电费等必然逐步增加。有不少生产队缺乏严格的科学管理制度,没有树立经济核算观点,大手大脚过日子,往往使生产费用不合理地猛增,加之生产上只搞粮食单一经营、忽视因地制宜全面发展,或干部多吃多占、铺张浪费以及其他外部原因,造成了增产不增收的现象,有的甚至成为"高产穷队"。产量很高,但可分配收入和社员每人平均收入却很低。这对于农业的高速度发展和实现农业现代化是很不利的。实行联系产量责任制,可以有效地改变增产不增收的现象,使干部、社员普遍树立经济核算观点,建立民主理财和成本核算制度,发挥社会主义集体经济的优越性,使干部和社员逐步学会管理现代化的农业生产设备和技术。

党中央《关于加快农业发展若干问题的决定》明确指出:"确定农业政策和农村经济政策的首要出发点,是充分发挥社会主义制度的优越性,充分发挥我国8亿农民的积极性。我们一定要在思想上加强对农民的社会主义教育的同时,在经济上充分关心他们的物质利益,在政治上切实保障他们的民主权利。离开一定的物质利益和政治权利,任何阶级的任何积极性是不可能自发产生的。我们的一切政策是否符合发展生产力的需要,就是要看这种政策能否调动劳动者的生产积极性。"根据这个原则,不论哪一种形式的生产责任制,只要有利于充分调动群众的生产积极性,有利于发展生产,符合群众的意愿,得到群众的拥护,都应当允许实行。联系产量责任制比不联系产量的责任制增产效果更为显著,是人民公社集体经济改进经营管理的一项带根本性的有效措施。

实行联系产量责任制决不是"倒退"

实行联系产量责任制,有利于充分调动社员的生产积极性,增产效果显著,这已是无可争议的事实。但是,还有些同志担心这样办下去,方向、道路有没有问题?是不是"倒退"?会不会"两极分化"?

什么是社会主义的方向和道路?列宁说:"人类从资本主义只能直接过渡到社会主义,即过渡到生产资料公有和按劳分配。"(《列宁全集》第二十四卷,第63页)由此可见,社会主义最根本的标志,主要有两条:一是公有制;二是按劳分配。只要坚持这两条,就是坚持了社会主义的方向和道路,就同资本主义和一切剥削制度有了根本区别。至于经营管理的方法,劳动组织的规模等,是可以灵活运用,可以根据实际情况变通的。实行联系产量责任制,定产到组、以产计工也好,包产到组也好,大包干也好,责任到人也好,从所有制看,土地、耕畜、大农具等生产资料仍然归生产队集体所有,可以根据情况加以调整,社员个人没有所有权,只有使用权,不能私自买卖或转让;从分配上看,包产以内的产品收入仍然归生产队统一分配,超产部分奖给社员,也是按劳分配的一种形式;从人与人之间的关系看,是生产队领导下的分工协作,不存在剥削与被剥削的关系。由此可见,无论从生产关系的哪个方面来看,都没有改变社会主义的性质。有人把包产制说成是刮单干风,这是不对的。任何一种形式的包产制都根本不同于分田单干。单干是以个体私有制为基础的,有的有轻微剥削,是处于"十字路口"的小农经济。而各种形式的包产制,都是以生产队为主体进行包产,其前提是"三级所有、队为基础",关键是社员必须完成包产任务,生产队必须抓好定产和交产,坚持统一分配。有的还规定生产计划(指粮、棉茬口)由队统一安排;粮食征购、贷款、电费由队统一交纳;林、牧、副业由队统一经营核算和分配;耕牛、农具由队统一购置、维修;兴修水利和集体用工由队统一调度;抗旱排涝由队统一指挥等"五统一"或"八统一"。无须讳言,包产制中责任到人的办法,形式上有类似单干之处。我们对它要有客观的全面的认识,既要看到这种形式在一定条件下增产效果显著的一面,又要看到它不利于统一经营、容易滑向单干的一面,因此不能不顾条件任意扩大范围,也不能放任自流。但是,它的性质是联系产量计算报酬的一种形式,是在生产队统一领导下实行包产的个人岗位责任制。这一点决不容许混淆。现在看来,有些生产队合作化时期就没有具备经济和思想条件,是在合作化高潮的洪流中"化"进来的,当时煮了"夹生饭",加上后来的极左路线的干扰和经营管理不善等多种原因,至今年年生产靠贷款,吃粮靠返销,生活靠救济,成为国家的负担。我们认为,为了使这些穷队迅速改变面貌,不仅可以包产到组,如果群众强烈要求,责任到人也可以允许。承认这种在特定条件下采取的特殊办法,承认这种责任制的特殊形式,是大有益处的。对这一类生产队,现在不是什么大搞农田基本建设的问题,而是首先解决农民的温饱,然后在这个基础上,才能继续前进。

生产关系一定要适合生产力的发展水平,这是马克思主义的一条基本原理。多年来在极左路线的干扰破坏下,片面夸大生产关系对生产力的反作用,在生产力状况没有多大改变的情况下,不停顿地变革生产关系,结果两者不相适应,"小脚"穿"大鞋",几乎走不动路。生产力没有得到应有的发展,反而受到压抑甚至遭到破坏。这个教训是很深刻的。衡量生产关系是前进了,还是后退了,应该看它对生产发展是起促进作用,还是起阻碍甚至破坏作用,而不能着眼于生产规模和组织形式。干活"大呼隆",搞"人海战术",并不意味着前进，而是真正的倒退。实行联系产量责任制，生产规模比原来小了，组织形式没有那么“高级”了，但是，生产关系更加适合当前生产力的发展水平，加强了集体经济的管理，可以有力地促进农业生产的发展。这有什么不好呢？如果说这是退，那正好是退到适合于生产力发展水平的状况，是人们的认识向符合实际的方向前进了一步，是经营管理向符合客观规律的方向前进了一步。

什么是“两极分化”？指的是在生产资料私有制的条件下，由于竞争和剥削，极少数人上升为资产者，大部分破产沦落为无产者。现在，我们实行联系产量责任制，由于劳动力多少、强弱不同，收入会出现差别，但这与因剥削关系造成的两极分化有本质的区别。而且由于实行联系产量责任制促进了生产的发展，生产队可以多提公益金，增加对困难户的照顾，社员之间生活上的差别，就不会越来越大；只会是一些人先富起来，带动大家，共同富裕。这里根本不存在剥削，因此也不会导致两极分化。至于收入的不平衡，是按劳分配原则的体现，能起鞭策落后、鼓励先进的作用。广大农民之所以欢迎联系产量责任制，实际上就是欢迎真正的按劳分配，多劳多得，反对平均主义，反对不计效果的劳动浪费、物资浪费。从已经实行联系产量责任制的地方看，劳力强、技术好的户收入大大增加，缺少劳力的困难户由于工效提高，辅助劳力的作用充分发挥，家庭副业搞得较好，多数收入都有增加，超支户显著减少，社员生活普遍有所改善，公共积累增加，集体经济更加巩固。实践证明，联系产量责任制并没有引起“两极分化”，而是为扩大生产、共同富裕创造了条件。应当相信，广大农民是愿意在共产党领导下走社会主义道路的。等到管理改善了，多种经营发展了，公共积累增加了，机械化水平提高了，小集体就会被大集体所代替。

要采取积极态度解决实行责任制发生的问题

有的同志提出，实行联系产量责任制，生产队的统一经营实际上已不存在，尽管规定了“五统一”或“八统一”，但往往流于形式，实质上仍然是退到单干。

实行联系产量责任制的生产队，由于规定了“五统一”或“八统一”，坚持了公有制，坚持了按劳分配，绝大多数都取得了大幅度增产的效果。当然，也有极少数地方，原来规定了几“统一”，后来没有执行，流于形式，甚至滑向单干。这样的例子不是找不出来。但是，这只是工作中的问题，而不是联系产量责任制本身的问题，更不是它的实质。我们应该尊重大量的基本事实，分清主流和支流，针对存在的问题，采取积极态度予以解决。任何生产责任制都不可能一开始就尽善尽美，都需要在实践过程中，不断研究、完善。各种责任制在实践过程中都会出现一些矛盾，解决这些矛盾的过程就是不断完善、提高的过程。旧的矛盾解决了，又会出现新的矛盾，迫使我们去解决。解决矛盾的办法集中起来就是经验。包产到组或者责任到人，用牛、用水麻烦是要多些，安排生产计划、远景规划也困难大些，但这并非不能解决的矛盾。包产之后农民仍没有脱离生产队的组织领导，用牛用水问题只要合理安排，并非必然发生纠纷；计划、规划问题只要善于同群众商量，因地制宜，符合客观规律，农民也不会不执行。关键在于领导，在于工作，不能认为既然实行联系产量责任制，把产量包下去了，就放松领导。恰恰相反，因为生产规模小了，单位多了，更需要加强和改善党的领导，做细致的工作，也需要其他各方面工作的配合，否则难收到预期的效果。现在有些地方，在实行联系产量责任制的过程中，出现了一些值得注意的倾向，忽视统一，放任自流，有的地方甚至出现分田单干，因此更需要加强领导，采取调整生产队领导班子、签订经济合同等办法，逐步纳入正确轨道。

生产责任制一定要建立，建立哪一种责任制一定要从实际出发。形式可以多种多样，同时并存。可以根据当地实际情况和群众意愿作出自己的选择，不要搞“一刀切”。现在春耕生产已经开始，无论实行哪种责任制，都应该稳定下来，不断完善，集中力量抓好当前生产。凡是领导班子强、生产条件好，连年增产、增收、增贡献的生产队，群众不要求改变现行责任制办法的，更应在稳定的基础上继续完善。有些地方以大队为核算单位，由于适合当地的生产力水平和管理水平，也搞得很好，显示了大集体的优越性，应当充分肯定，积极支持。在大队核算的条件下对生产也可以采取三包一奖等办法，完善责任制，防止“大呼隆”，进一步巩固和发展集体经济。完善联系产量责任制时一定要根据当地情况，采取不同的形式，同样不能搞“一刀切”。组内也还要评工记工，防止克服了“大呼隆”，又出现“小呼隆”。对某一种形式，赞成搞的不要说不搞的“思想僵化”，不赞成搞的也不要说搞的是“赶浪头”。应该确立实践第一的观点，充分走群众路线，越贴近实际、越贴近群众的人，思想越解放。农民的衣食温饱直接和农业生产的好坏联系在一起，他们比任何别人更关心农业的发展。支持绝大多数农民的正当要求，尊重农民的选择和创造，就可调动农民的生产积极性，更好地发展农业生产。

全国人大常委会副委员长乌兰夫在北京会见印度人民党议员斯瓦米

国务院副总理谷牧在人民大会堂同罗马尼亚政府第一副总理格·奥普雷亚举行会谈

国务院副总理薄一波在人民大会堂会见由院长马斯鲁尔·哈桑·汗率领的巴基斯坦文官学院代表团

我国天文工作者观测到太阳上出现两群大黑子

这个天文现象是云南天文台从4月3日以来观测到的。这两群大黑子,一群是4月3日由太阳东部边缘转到日面上来的,另一群是4月5日由小黑子快速发展而成。现在,这两群大黑子已几乎连在一起,正通过日面的中心地带,东移到太阳西部。今后一周内,这两群大黑子爆发的耀斑,会引起地球磁场的紊乱,无线电短波通信将受到不同程度的干扰和影响,大气层外的人造卫星、宇宙飞船,也可能受到危害。

中国青铜器时代文物在纽约大都会艺术博物馆举行预展招待会

纽约艺术界和其他各界知名人士800多人出席了招待会,并以很大兴趣观看了展出。

出席的还有:中国驻美国大使柴泽民、中国常驻联合国副代表赖亚力。

展出的105件青铜器、玉器和陶器都是近30年来出土的最重要的文物,其中许多最近刚被发掘出来。这些展品在年代上属于公元公元前1600年至前221年,它们生动地体现了中国古代的光辉灿烂的文化。

《体育报》发表社论《树立好风气》

社会风气,是当前人们普遍关心和议论的一个问题。社会风气好坏,不只影响人们的工作、学习和生活,影响青少年的成长,而且直接影响四化建设。树新风,煞歪风,扬正气,压邪气,是社会各方面的强烈要求和人民的普遍呼声。

在自然界,空气流动而成风。在社会上,某种爱好和习惯的流行,某种思想、意识、行为的传播和发展,就成为风气。好的社会风气,能使人走正道、务正业,精神振作,情趣健康,奋发向上。坏的社会风气,会使人意志衰退,沉溺于低级趣味,甚至陷入迷途,走上犯罪道路。总之,风气对人们的思想、情感、行为起着熏陶和潜移默化的作用,是一股无形的巨大力量。古人以诗和乐的情调来看国家的政治和人民的精神状态,主张重文化教养,注意移风易俗。今天,我们从一个国家的社会风气,可以观其民气国运;从一个单位的风气,可以察其工作优劣;从一个运动队的风气,可以见其战斗力的强弱。

目前,我们向四化的新长征,正在改造着自然,改造着社会,也在改造着社会风气。我们运动队伍的风气主流是好的。许多运动队保持坚定正确的政治方向和艰苦朴素的良好作风,一心一意奔四化,聚精会神搞体育事业,树立了为革命而打球的思想和攀登世界体育高峰的雄心壮志,勤学苦练,奋发图强,出现了一股健康的、向上的、奋进的良好风气。但是,我们的运动队伍生活在社会之中,又经常参加国际比赛,社会上的某些歪风邪气,资本主义世界颓废、没落、腐朽的意识形态和生活方式的影响,不能不反映到运动队伍中来,不能不侵蚀一些意志薄弱者。因此,树立新风,抵制歪风,必须从教育入手,积极引导,同时要采取措施,加强管理,褒善贬恶,使青少年运动员,能够明是非,辨香臭,趋利避害,择善而从,健康成长。

"运动队只抓技术就行了,风气问题无关紧要,不用管。"这是一些同志的观点。运动队要抓好技术,提高水平,这是毫无疑义的。但是,运动队风气的好坏,直接影响训练和比赛,影响技术水平的提高。一个运动队、运动员如果没有坚定正确的政治方向,对四化,对革命事业的前途失去信心,那就不可能有充沛的训练热情,也不可能有为国争光的坚强信念。如果政治不挂帅,没有确立为革命而练的思想,单纯靠奖金刺激积极性,奖金多就多练,少就少练,没有就不练,其干劲就不可能持久和巩固。如果不是好学上进成风,而是恋爱成风,自由散漫成风,追求穿着打扮成风,训练、比赛岂能不受影响,运动技术又怎能迅速提高?

"生活,作风各有所好,是个人私事,你管得着吗?"有的同志持这种观点。生活爱好、习惯等,的确可以由自己选择,不必强求一律。但是,这决不意味着在这方面可以搞自由主义,放任自流。当前,在我们社会上,资产阶级的、封建的、腐朽没落的风气和生活方式的影响还存在,随时侵蚀我们的青少年,侵蚀我们的运动员,并且常常在生活方面打开缺口,乘虚而入。广大青少年包括运动员,很多在政治上缺乏锻炼,鉴别能力较差,易于接受不良倾向和习气的影响。我们运动队的领导和有关方面,有责任积极引导他们。

"青春不再来,年轻人就是要赶时髦,及时行乐。"这也是一种很有害的观念。青春诚可贵。青春时期精力最充沛,思想最敏锐,正是掌握知识,增长才干,提高技术,成就一番事业的黄金时代。青春,对运动员来说,更具有特殊的价值。运动员的运动寿命短暂,能够创造世界水平成绩的时间就更为有限。良机一旦错过,就永不复返。真正珍惜青春,就应该把自己的全部精力和心思,高度集中到事业上去,而不是什么"赶时髦","及时行乐",虚掷年华。

一个时代有一个时代的风气。80年代是我们创大业的年代,是我国体育全面走向世界的年代,应当树立洋溢着时代精神的一代新风。我们的运动队,要进一步树立积极进取,奋发向上的风气:刻苦学习马列主义、毛泽东思想,钻研业务技术,又红又专。我们要树立革故鼎新,艰苦创业的风气:不怕困难,不怕挫折,勤学苦练,奋勇攻关,大胆创新,争当尖子、明星。树立勤俭节约,生活朴素的风气:以事业为重,工作为重,多讲贡献,少讲享受,并提倡积极、健康、生动活泼、丰富多彩的业余生活。还要树立讲文明、有教养的风气:守纪律,懂礼貌,讲公德,力戒粗鄙庸俗。树立良好风气,是移风易俗、培养和造就社会主义新人的伟大工作,也是运动队伍思想建设的一个重要课题。让我们体育运动队伍走在树立时代新风的前列,为发展体育运动,勇攀世界高峰而努力。

我国中学生代表队在英国举行的第九届世界中学生排球锦标赛中分别获得女子冠军和男子亚军

这次比赛分别在英国的布里斯托尔和巴思开始的,13日结束。来自奥地利、比利时、中国、塞浦路斯、丹麦、英格兰、芬兰、法国、爱尔兰、卢森堡、西班牙、瑞士、土耳其、美国、南斯拉夫等16个国家和地区的中学生代表队参加了比赛。

参加1980年上海国际乒乓球友好邀请赛的中国乒乓球代表队组成

我国进行大规模恶性肿瘤病亡者普查为防治癌症工作提供科学依据

《人民日报》报道,我国肿瘤流行病学工作者和各地医务人员通力协作,经过几年的努力,调查了1973年到1975年三年间全部恶性肿瘤死亡者病例,基本上摸清了14类常见癌症的死亡情况和分布特点,这为今后有计划地组织力量,进一步开展恶性肿瘤的流行病学和病因学的研究以及探索防治方法,提供了一定的科学依据。

4月10日

国务院总理华国锋同赞比亚总统肯尼思·戴维·卡翁达在人民大会堂举行首次会谈

中共中央主席华国锋在北京会见罗马尼亚共产党中央政治执行委员会委员 政府第一副总理格·奥普雷亚

国务院副总理邓小平在北京会见日本企业界朋友

邓小平副总理会见的这些朋友包括由中国人民的老朋友冈崎嘉平太率领的日中青年研修协会友好访华团和由黑川光博率领的日本东京青年会议所访华团。

邓小平对日本朋友说,中国搞四化建设的决心是坚定不移的。我们面临的一项重要任务,是要发现、培养和使用人才。他赞赏冈崎嘉平太等日本朋友热情帮助我国培养青年技术和管理人员所做的努力。

邓小平指出,中日两国人民有两千多年的交往。中日两国友好不仅对两国人民有利,而且有利于亚洲、太平洋地区和世界的和平。他希望两国青年、儿童懂得中日友好的重要性,把两国友好事业一代一代传下去。

五届全国人大常委会第十四次会议举行全体会议听取邓颖超副委员长关于出访几个国家的报告

第五届全国人大常委会第十四次会议今天下午举行全体会议,听取全国人大常委会副委员长邓颖超关于出访几个国家的报告。

邓颖超说,五届人大以后,她率领人大代表团访问了日本、泰国,她本人还访问了朝鲜民主主义人民共和国。在五届人大以前,她还访问了缅甸、斯里兰卡等国家。她向全国人大常委会委员转达了这几个国家的政府、议会领导人和人民对我国领导人和人民的亲切问候。她说,我们出国访问的任务,就是发展友好关系,增进相互之间的了解和友谊,学习别国的长处,实事求是地向外国朋友介绍我国的情况。我们这几次的访问是成功的。

乌兰夫、韦国清、彭真、谭震林、赛福鼎、阿沛·阿旺晋美、周建人、许德珩、胡厥文、朱蕴山、史良出席了今天的会议。

全国工业交通增产节约增收节支工作会议在南京开幕

这次会上,大家围绕着如何进一步把企业搞活、把生产搞上去的问题,展开了热烈的讨论。大家一致认为,去年,工交生产所以能够增长,很重要一条,就是由于各地区、各部门认真贯彻党的三中全会精神,解放思想,勇于实践,在扩大企业自主权、开展市场调节、搞好奖励制度等方面,摸到了一些路路子,开始把企业搞活了,把经济搞活了。今年要搞好增产节约、增收节支,关键还是把企业进一步搞活。这就要坚定不移地执行各项行之有效的经济政策,保持政策的连续性和稳定性。同时,也要加强领导,总结经验,研究新情况,解决新问题,使之更加健康地向前发展。

会议研究了有关把企业搞活的几项重大政策问题:(一)关于继续搞好扩大企业自主权试点问题。(二)关于市场调节问题。(三)搞好地区之间、部门之间的支援和协作。(四)发展专业化协作,加快工业改组的步伐。(五)要把生产搞上去,还必须把物资工作进一步搞活。

会议指出，我们的经济是社会主义经济，搞活经济不能离开国家计划的指导。在扩大企业自主权的时候，一定要从国家的全局出发，统筹兼顾，全面安排；在开展市场调节的时候，要坚持计划调节为主的原则；在进行物质奖励的时候，要重视加强政治思想工作；在当前大力发展轻纺、手工业的时候，要注意矿山、原材料、能源等基础工业和交通运输业的发展。这样，才能保证整个国民经济，沿着社会主义道路健康地持续地向前发展。

会议期间，中共中央副主席、国务院副总理李先念，接见了出席会议的各省、市、自治区人民政府主管工业的领导同志，国务院工交各部和有关部门负责人，以及参加会议的经济专家、学者。

会议于4月19日闭幕。

全国人大常委会副委员长乌兰夫在北京接受丹麦新任驻中国大使鲁道夫·安东·托宁一彼得森递交的国书

国务院副总理余秋里在东京日本记者俱乐部主持的记者招待会上发表讲话

余秋里说："中日两国紧密合作，不论就两国各自的利益来看，还是就全世界范围的需要来看，都有着重大的意义。"

余秋里说："当前的国际形势更加紧张和动荡，更加不安宁。反对霸权主义，保卫世界和平，是全世界人民的共同任务和共同利益。中国和日本发展友好合作关系，就能对维护亚洲以及整个世界和平与稳定，发挥积极的作用。"

余秋里在谈到中国的政治和经济形势时说："维护安定团结是中国人民的根本利益。为了巩固安定团结的局面，我们的党和政府采取了一系列措施。""从1979年起，中国工作的重点转移到了现代化建设上来。"

余秋里最后谈到了日本经济界所关心的中国关于中外合资企业的政策。

国务院副总理谷牧在北京会见由美国众议院外交委员会国际经济政策和贸易小组委员会主席乔纳森·宾厄姆率领的美国议员团

全国地质系统评功授奖大会在北京开幕

去年4月，为了表彰新中国成立三十年来在地质找矿工作中作出重大贡献的集体和个人，地质部发出了关于评选有功单位和劳动模范，召开评功授奖大会的通知。经过认真评选，全国地质系统共评选出功勋单位24个，作出重大贡献的单位和集体259个，作出重大贡献的地质工作者50名，劳动模范231名。今天，这些功勋单位、先进集体的代表和劳动模范从地质找矿第一线来到北京参加了大会。

国务院副总理方毅、薄一波，以及各有关部委负责人出席了今天的大会。

中国参加国际船舶水文气象测报交换

经国务院批准，我国海上船舶水文气象辅助观测情报，自1980年起参加国际交换。

近几年来，在各远洋和沿海船舶的积极努力下，我国海上船舶水文气象辅助观测工作，不断发展。现在，已有200多艘远洋轮、沿海轮、渔轮参加船舶测报，测报区域遍及我国沿海和各大洋主要航线。他们搜集了大量水文、气象资料，为我国海洋水文气象预报、海上安全和科学研究，作出了积极的贡献。

随着我国社会主义建设事业的蓬勃发展，对外贸易、渔业捕捞、海洋勘探开发以及科学研究，除要求进一步扩大测报范围、增加船只外，还迫切需要扩大国际间的观测情报交换，得到更多的观测资料。

目前，各国船舶提供的海洋水文气象情报资料，已成为保障海洋天气预报，特别是大洋天气预报的主要依据。现在，我国首批选送参加国际测报交换的40艘船只，已投入工作，并通报了世界气象组织。

教育部在北京举行全国中等专业教育工作会议

会议期间，国务院副总理方毅同志到会讲话，指出了中等专业教育在四化建设中的重要地位和作用。他说，新中国成立以来，中等专业学校为国家培养了大量人才。他们中的大多数人，现在已经成为各条战线的骨干力量，在我国各项建设中发挥了重要作用。在四化建设中，中等专业人才不仅必不可少，而且是科技队伍中极其重要的组成部分。方毅同志要求各地和有关部门领导，都要重视和加强对中等专业教育的领导，帮助他们解决办学中的问题，千方百计把中专教育办好。

方毅同志还强调指出要办好一批重点中等专业学校。他说，这些重点学校要出人才、出经验，起骨干、示范作用。

会议确定，当前中专的工作方针是：着重抓好现有学校的调整整顿和充实提高工作，并有计划地稳步发展，继续恢复老校，为今后的进一步提高打下坚实的基础。要求今后三五年内，新校初具规模，老校教学质量真正达到培养目标的要求，切实办好一批重点学校，做到学校布局合理，专业配套，努力建立适合我国现代化建设需要的培养中等专业人才的教育体制。

会议要求各地区、各部门根据党的五中全会精神制订中专教育发展计划，作为培养技术、管理人才的规划的重要组成部分，并使之纳入经济发展规划；调整当前中等专业学校不合理的布局；加强师资队伍建设，增强学校物质基础，建立稳定的教学秩序，搞好教材建设，提高教学质量；加强党的领导，健全学校的领导管理体制。

会议期间，代表们对新时期中专教育面临的新情况、新问题进行了热烈讨论。

会议讨论修改了《全日制中等专业学校领导管理体制的暂行规定(草稿)》《关于办好重点中等专业学校的意见》，以及《关于中等专业学校确定与提升教师职称试点工作的通知》等文件。

这次会议4月25日闭幕。参加会议的有各省、市、自治区高教、教育厅、局主管中专教育工作的负责人、国务院有关部委教育部门的负责人，以及部分中等专业学校的校长，共170多人。

蔡无忌逝世

全国政协委员、民盟北京市委委员、中国畜牧兽医学会常务理事、中国商品检验局顾问、一级工程师蔡无忌同志，因病于4月10日在北京逝世，终年82岁。

蔡无忌原籍浙江绍兴，1898年3月30日生于北京。1914年秋进入法国翁特农业学校学习。1917年又考入法国国立格里农学院继续深造，1919年获农业工程师学位。1924年毕业于法国国立阿尔福兽医学校，获兽医博士学位。自1927年历任中央大学教授兼农学院院长，农矿部上海农产物检查所副所长，实业部上海商品检验局副局长、局长兼上海兽医专科学校教授兼校长，经济部昆明商品检验局局长，农林部中央畜牧实验所所长，经济部上海商品检验局局长。新中国成立后历任华东局贸易部上海商品检验局局长，对外贸易部商品检验总局副局长。1966年至1979年受聘为中国国际贸易促进委员会、对外贸易部仲裁委员会委员。1979年任中国进出口商品检验总局顾问。

4月11日

国务院总理华国锋同赞比亚总统肯尼思·戴维·卡翁达在人民大会堂举行会谈

在会谈中，双方还继续就共同关心的国际重大问题进行了极其亲切、诚恳的讨论，并且取得了广泛一致的意见。双方认为，两国领导人的会晤和卡翁达总统访问的成功，不仅巩固和加强了久已存在的两国的友好关系，而且有助于反对侵略、维护世界和平的正义事业。

国务院总理华国锋在人民大会堂参加赞比亚总统肯尼思·戴维·卡翁达为他举行的答谢宴会并讲话

华国锋在讲话中说："我们双方就中赞两国关系进行了回顾和展望。双方对中赞关系的发展表示极大的满意，并对这种友好合作的巩固和加强充满信心。"他表示在今后的年代里，不管国际风云多么变幻莫测，中国人民都将同赞比亚人民在一起共同前进。

华国锋说："总统阁下在讲话中还多次提到了中国对赞比亚和南部非洲人民的支持和援助。我们一贯认为，援助是相互的。长期以来，中赞两国关系所以发展得如此之好，就是我们双方在和平共处五项原则的基础上，一贯相互同情、相互支持的结果。南部非洲人民的斗争和胜利，赞比亚共和国在国际活动中对我国的支持，都是对我们的巨大援助和有力的鼓舞。一个繁荣富强的非洲、一个繁荣富强的第三世界给予中国人民援助、支持和鼓舞，其重大意义那是无法估量的。"

华国锋指出："津巴布韦的独立使非洲特别是南部非洲出现了一个新的令人鼓舞的局面。但是，要取得非洲大陆的完全独立和解放，还需要进行坚持不懈的努力。我们愿继续与赞比亚进行良好的合作，愿同非洲国家继续进行友好合作，为实现这目标而尽我们的力量。"

国务院副总理邓小平在北京接见美联社驻京记者约翰·罗德里克

中华人民共和国政府和赞比亚共和国政府经济技术合作议定书在北京签字

国务院总理华国锋和赞比亚总统卡翁达出席了签字仪式。

国务院副总理姬鹏飞和赞比亚财政部部长穆索科特瓦内分别代表本国政府在议定书上签字。

中赞两国政府是本着互相支持和平等互利的原则，经过友好协商签署这一议定书的。它的签订有助于进一步发展中赞两国的经济技术合作关系。

与此同时，中国文化部部长黄镇和赞比亚外交部部长查库利亚签署了中赞两国政府间的文化协定。

根据协定，中赞两国将在文化、教育、科学、卫生、体育、出版和新闻广播等方面进行交流和合作。双方在文化艺术方面的合作范围包括：互派作家、艺术家访问，互派艺术团体访问演出，互相举办文化艺术展览。

《人民日报》重新发表《保守国家机密暂行条例》

第一条　为严格保守中华人民共和国的国家机

密，防止国内外间谍分子、反革命分子和破坏分子侦察、偷窃或盗卖国家机密，防止各种人员泄露或遗失国家机密，特制定本条例。

第二条　国家机密包括下列基本范围：

一、一切国防及军事的计划和建设措施；

二、一切武装部队的编制、番号、实力、装备、驻防、调动、部署及后勤兵工建设等机密事项；

三、外交机密事项；

四、公安机密事项；

五、国家财政计划，国家概算、预算、决算及各种财务机密事项；

六、国家金融计划，贸易计划，海关计划及金融、贸易、海关事务之机密事项；

七、铁路、交通、邮政、电信之机密事项；

八、国家的各种经济建设计划及经济建设事业之机密事项；

九、资源调查，地质勘察，气象测报，地理测绘等机密事项；

十、科学发明发现，文化教育及卫生医药之机密事项；

十一、立法、司法、检察和监察事务之机密事项；

十二、民族事务和华侨事务之机密事项；

十三、内务和人事之机密事项；

十四、档案、密码、印信及一切有关国家机密的文件、电报、函件、资料、统计、数字、图表、书刊等；

十五、一切有关国家机密的机构、编制、仓库、场所等；

十六、一切未经决定或虽经决定尚未公布的国家事务；

十七、其他一切应该保守秘密的国家事务。

第三条　国家机密的各种具体事项和范围，属于政务方面者，由中央人民政府政务院规定颁布；属于国防和军事方面者，由中央人民政府人民革命军事委员会规定颁布。地方如有特殊需要保守机密者，得做补充规定报告上级机关备案。

第四条　各级人民政府和各武装部队均须成立保密组织，负责领导保密工作。其组织通则另定之。各民主党派、各人民团体、各机关、学校、工厂、企业、矿山、仓库等，得视其需要建立保守国家机密的制度及保密组织。

第五条　各级人民政府、各武装部队、各民主党派、各人民团体、各机关、学校、工厂、企业、矿山、仓库等人员，对于国家机密均须严格保守，不得泄露。各单位应注意对所属人员进行保守国家机密的教育，加强其严格保守国家机密的自觉性和纪律性。各单位须根据具体情况，将保守国家机密随时向人民群众进行必要的宣传与教育；对需要严格保密的场所，得由当地政府组织人民保密，并得订立保密公约，互相监督执行。

第六条　经管及承办国家机密的工作人员须经过人事部门切实严格审查，选拔确属可靠者担任。

第七条　有关国家机密的电报、文件、资料、统计之缮校、印刷、监印、收发、传递、阅读、保管、销毁、档案，须建立严密的管理、检查制度，并供给其必要的物质设备。

第八条　凡重要会议，须依据工作需要确定出席列席人员并须经一定机关审查批准。对协助会议工作的人员，亦须严格审查并进行保密教育。会议场所须严密布置警卫。会议文件须由主管人员审查批准，始得印发，非经允许应于会后缴回；非经允许不得摘抄；不需收回的文件亦须登记清楚。非经允许，个人不得记录。会议情况，不准对外泄露。会议内容需要传达时，须指定专人负责传达，并须确定传达内容与传达对象。

第九条　各级人民政府使用之密码，由中央人民政府政务院及各大行政区人民政府(军政委员会)的机要部门统一制定和批准使用；各级武装部队使用之密码，由中央人民政府人民革命军事委员会及一级军区、野战军司令部的机要部门统一制定和批准使用。

第十条　各级人民政府及各武装部队必须设置无线电台者，政府系统须按级报经中央人民政府政务院或大行政区人民政府(军政委员会)批准，军事系统须按级报经中央人民政府人民革命军事委员会总参谋部或一级军区、野战军司令部批准。

第十一条　凡有关国家政策的新闻、论文、资料的公布或报道，属于政务范围者，由中央人民政府政务院统一规定发布办法；属于军事范围者，由中央人民政府人民革命军事委员会统一规定发布办法。

凡报刊公布、电台广播的新闻、论文、资料等，内容均不得涉及国家机密。各通讯社、报馆、广播电台、出版机关均应订定发布新闻、论文、资料的保密审查办法。

第十二条　凡政府系统所属单位出版刊物，须经中央人民政府政务院或各大行政区人民政府(军政委员会)分别批准；凡军事系统所属单位出版刊物，须经中央人民政府人民革命军事委员会总参谋部、总政治部及一级军区或野战军司令部、政治部分别批准。上述刊物不得登载国家的机密文件，泄露国家的机密，于付印前，须由主管首长作保密审查。

第十三条　凡有下列行为之一者，以反革命论罪，依惩治反革命条例惩处：

一、出卖国家机密于国内外敌人者；

二、故意泄露国家机密于国内外敌人者；

三、出卖国家机密于国内外奸商者。

第十四条　凡利用国家机密进行投机取利者，送司法机关或军事法庭依法惩处。

第十五条　凡因疏忽泄露国家机密或遗失国家机密材料者，应视其情节轻重予以处分。

第十六条　凡有下列成绩之一者，给以表扬或奖励：

一、在敌人面前英勇不屈，能坚守国家机密者；

二、在任何危急情况下，不顾艰险能保守国家机密者；

三、对非法利用、出卖、盗窃国家机密分子和案件能及时检举破获者；

四、发现遗失、泄露机密事件能及时补救者；

五、一贯遵守保密制度并能推动他人保护国家机密有显著成绩者。

第十七条　各级人民政府的监察机关，须将保护国家机密的监督工作，列为经常任务之一。

第十八条　各单位得根据本条例规定具体实施办法。

第十九条　本条例经中央人民政府政务院政务会议通过呈请中央人民政府主席批准后公布施行。

第二十条　本条例之解释权和修改权属中央人民政府政务院。

《人民日报》发表社论《提高警惕 加强保密工作》

今天，本报重新发表前中央人民政府政务院1951年公布的《保守国家机密暂行条例》。根据五届人大常委会第十二次会议通过的关于新中国成立以来制定的法律、法令效力问题的决议，这个条例在目前仍然适用，应当继续贯彻执行。

加强保密工作，严守党和国家机密，是关系到国家安危的大事，是巩固安定团结，保卫四化建设的大事，是全党、全军和全国人民一项经常的重要任务。在国内外还存在阶级斗争的情况下，敌对分子从没有停止对我们的窃密活动。国内的极少数反革命分子和其他坏人，国际上的霸权主义者和其他反动势力，都在时刻窥探我们的机密。他们不惜一切代价，使用各种卑劣手段，无孔不入地刺探、搜集我国政治、经济、军事、科技等重要情报，妄图阻碍我国四化建设的进程，颠覆我国的无产阶级专政。从国际和国内反映出来的一些情况看，科学技术飞速发展，各种现代化技术手段不断采用，窃密与反窃密斗争更为尖锐复杂，对保密工作尤须提高警惕，加倍重视，认真对待。

我们党和国家的保密工作，具有光荣的革命传统。无论是在革命战争年代，还是在新中国成立以后的较长时期里，我们的党、政府、军队、人民团体以及经济、文化等各个部门，都有比较健全的保密制度，严格的保密纪律，并有相应的保密机构，经常向干部和群众进行保密教育，工作做得卓有成效。有的同志为了严守党和国家机密，在敌人面前坚贞不屈，献出了自己的生命，表现了共产党人和中国人民的高尚气节。后来，由于林彪、"四人帮"十年横行肆虐，才使保密工作被破坏到了内外不分、无密可保的严重地步。

粉碎"四人帮"以来，许多地区、部门和单位，经过拨乱反正，保密工作有了初步的整顿。但是，由于林彪、"四人帮"煽动的无政府主义流毒还很严重，知密范围内外不分、上下不分的现象还相当普遍，而我们的不少同志，对在新的历史条件下保密工作的重要性和必要性缺乏认识，有些同志包括一些领导干部，缺乏敌情观念，对待党和国家机密漫不经心，因而重大失密泄密事件不断发生。例如，有的不遵守保密纪律，把机密文件给家属、亲友看，把机密事情给家属、亲友讲；有的传播、打听"小道消息"，把党和国家机密当作闲谈资料；有的擅自携带重要机密文件外出，以至被盗或丢失；有的还非法传抄、翻印机密文件、材料。这种思想麻痹、制度松弛、纪律不严、风气不正的状况，如不迅即纠正，等于是给敌人窃密大开方便之门，将会给党和国家造成难以估量的损失。

加强保密工作，首先要从领导干部和共产党员做起。这些同志接触党和国家机密多，更应遵守保密纪律，成为保密的模范。《关于党内政治生活的若干准则》第三条规定："每个党员都必须严守党和国家的机密，并同泄漏党和国家机密的现象作坚决的斗争。一切党员看文件，听传达，参加党的会议，都要严格遵守保密纪律，严禁把党的秘密泄漏给家属、亲友和其他不应该知道这种秘密的人。必须注意内外有别，凡属党内不许对外公开的事情，不准向党外传布。"共产党员都要严格按照上述规定办事，自觉执行保密条例，把严守党和国家机密提高到党性原则上来对待。尤其领导干部以身作则，带头做好保密工作，是对干部和群众最好的动员，对推动本地区本单位的保密工作有着决定性的影响。

保密工作必须依靠和发动群众才能做好。保守党和国家机密是全体公民应尽的义务，不是一部分人的事情。但是，有人认为，"只有党员、干部才接触党和国家的机密，保密只是党员、干部的事情。"这种认识是不对的。我们的国家是属于全体人民的，人民享有广泛的民主权利。人们所从事的工作，所接触的事物，所看到的文件，所听到传达的上级指示，有许多涉及党和国家机密，有些还是很重要的机密。这就要求每个公民都必须增强保密观念，做到人人重视保密，处处注意保密，养成良好的保密习惯。

加强保密工作，必须划清密与非密的界限，明确保密范围。《保守国家机密暂行条例》第二条，对党和国家机密的基本范围作了原则的规定，概括地说，凡属涉及党和国家的安全和利益，尚未公布或不准公布的政治、经济、军事和科学技术方面的重大事项，都是党和国家机密。各部门各单位，特别是机要部门、尖端要害和科研单位，要按照条例的规定，结合自己的实际情况，组织有关人员经过仔细的研究，确定保密的重点和范围，订出具体的保密规定和措施。确属保密范围的，一定要严格保密，切实做到在一定范围内可以知道的，决不许随意扩大知密范围；在一定时间需要保密的，决不许提前公布；只能对内公开的，决不许对外泄漏。不属于保密的事情，不必要保密的事情，当然不能随意扩大保密范围，把它神秘化，也不能借口保密，妨碍、限制正常的科学技术交流。只有这样，才能达到既保守机密，又有利于工作和开展协作交流活动，促进四化建设的目的。

各地区各部门的党组织，要结合整顿党风党纪，认真抓一下保密工作。今后每年要抓几次，持之以恒。要在对党员、干部和群众进行加强保密教育的基础上，对现存的各种失密泄密漏洞，不断进行检查，防止松懈，并积极采取措施，予以堵塞。以往的经验证明，要搞好保密工作，只强调教育，不实行严明的奖惩制度是不行的。对于保密工作做得好的单位和个人，要给以奖励表扬。对于重大的失密泄密事件，要认真追查，严肃处理；构成犯罪的，还要追究刑事责任。对反革命分子、特务间谍的窃密活动，公安司法机关应该依法予以严厉打击，决不使他们的阴谋得逞。

五届全国人大常委会第十四次全体会议听取最高人民法院院长江华作关于地方各级人民法院分期分批全面实行刑事诉讼法的说明

江华首先汇报了各级人民法院贯彻执行刑法和刑事诉讼法的情况。他说，各级党政领导机关对贯彻执行刑法和刑事诉讼法都很重视，给各级人民法院调配了一批干部，允实和加强了法院干部队伍。各级人民法院为实施刑法、刑事诉讼法，也做了大量的准备工作。首先，通过各种形式，组织干部认真学习了刑法和刑事诉讼法，培训了干部，初步提高了业务水平；其次，进行了全面实施刑事诉讼法的试点，取得了一些经验；第三，在党政领导机关的关怀和支持下，积极地做了一些物质方面的准备工作；第四，组织力量清理了刑事未结案。

他说，从今年1月1日开始，全国各级人民法院都认真贯彻执行了刑事诉讼法，积极开展了刑事审判活动。第一季度，各地人民法院审理的刑事案件，除涉及国家机密、个人阴私、未成年人犯罪案件外，有相当大的一部分刑事案件，是按照刑事诉讼法进行公开审判的。这些公开审判的案件，基本上做到了先出公告，有群众参加旁听；审判活动一般都符合刑事诉讼法规定的有关开庭的程序制度；集中主要力量办案，多数能在法定的审判时限内审结案件。刑事诉讼法的初步实施，已受到了广大群众的热情称赞。他们说：“公开审判好，当众见分晓，论罪有章程，判刑有条条，好人不冤枉，坏人饶不了。”因此，地方各级人民法院为了积极创造条件，根据当地实际情况，制定了在1980年内分期分批依法实行公开审判的进度规划。

江华最后说，我国颁布的刑法、刑事诉讼法，举世瞩目，能否切实贯彻执行，是一个取信于民的重大问题。我们一定要努力做到在年内分期分批实行刑事诉讼法。

五届全国人大常委会第十四次全体会议听取最高人民检察院检察长黄火青作关于实施刑事诉讼法的基本情况和意见的报告

黄火青在报告中说，各级人民检察院执行刑事诉讼法的基本情况是好的。首先，担负起审查批捕工作，及时打击了刑事犯罪活动。总的看，批捕的情况还是准确的。在批准逮捕的人犯中，杀人、放火、抢劫、强奸、盗窃以及其他严重破坏社会秩序的犯罪分子占批准逮捕总数的78.6%。逮捕拘留条例施行后，逐渐加快了办案速度。对公安机关拘留后要求逮捕的案件，有90%左右能在3天法定期限内作出决定。批捕工作的质量是好的，经过预审、起诉、审判几道程序的检验和复查，准确率达到95%以上。

其次，逐步担负了审查起诉工作。去年全国各级检察院审查终结了公安机关移送起诉案犯总数的83.4%。经检察机关审查终结的案犯中，决定起诉的占91.7%；决定免予起诉的占6%；决定不起诉的占2.2%。通过法院审判证明，审查决定起诉的质量是好的。去年法院对检察院提起公诉的案件作有罪判决的占95.8%；免予刑事处分的占3.6%；作无罪判决的只占0.6%。从1979年下半年起，各级人民检察院都抓紧建立了出庭支持公诉的工作。

黄火青说，刑事诉讼法规定检察机关直接受理一部分案件。各级人民检察院在大力配合公安机关、人民法院打击现行刑事犯罪活动，整顿城市社会治安的同时，积极开展了法纪检察和经济检察工作，直接办理了9000件违法乱纪案件和经济犯罪案件，对保卫国家经济建设和维护国家法律的尊严起了积极作用。

黄火青在报告中，还谈到关于实施刑事诉讼法的意见：即要尽快配备必要数量和质量的检察业务骨干，尤其要抓紧配备能胜任职责的检察员；加强检察业务建设，抓好检察干部的培训和轮训工作；严格按照刑事诉讼法规定的期限办案；加强出庭支持公诉工作，不断提高出庭支持公诉工作的水平；严格履行刑事诉讼法所赋予的侦查监督和审判监督的职能。

五届全国人大常委会第十四次全体会议听取公安部部长赵苍璧作关于各级公安机关实施刑事诉讼法规划的说明

他说，各级公安领导机关对全面实施刑法、刑事诉讼法都很重视，给各级预审办案单位调配了一定数量的干部，充实了预审队伍；组织全体公安干警特别是预审办案人员，认真地学习了刑法和刑事诉讼法，增强了法制观念，提高了依法办案的自觉性；狠抓了清理积案工作。今年2月12日，五届全国人大常委会第十三次会议通过了《关于刑事诉讼法实施问题的决定》以后，我们要求各地以积极态度，从当地的实际情况出发，提出了全面实施刑事诉讼法的初步规划。

赵苍璧指出，要全面实施刑事诉讼法对侦查工作的各项要求，严格依法办案，提高工作效率，有效地打击犯罪分子，保护人民，当前必须切实加强充实预审办案力量，以适应工作的需要。培训干部是当务之急，也是加强预审工作建设的一项根本大计。对于现有预审人员，除了坚持在实际工作中以老带新，总结交流经验，提高业务能力之外，还要有计划、有步骤地进行轮训，以尽快适应实施刑事诉讼法的需要。

赵苍璧说，各级公安机关的领导同志，要调动一切积极因素，充分发挥现有力量，努力创造条件，克服困难，以便及早全面实施刑事诉讼法。

全国总工会发出通知取消原定“五一”国际劳动节邀请少数劳动模范到北京汇报的活动

原通知是为了迎接今年秋季全国职工劳模大会，要求各地推选少数最突出的劳动模范于“五一”国际劳动节到京汇报他们的新贡献而发出的。近来，全总不断听到劳动模范反映他们的社会活动太多，影响了他们专心致志地参加生产，钻研技术，多做贡献。为此，全总决定取消原定的这一活动，改为由各地就地了解劳动模范的情况，及时总结，在报上认真宣传。

在这同时，全总还要求各地工会组织协同有关部门采取具体措施，解决劳动模范兼职多、会议多、社会活动多的问题，减轻劳模负担，保证他们能够聚精会神干四化，不断作出新贡献。

中国轻工业生产一季度取得了较大成绩

《人民日报》报道，轻工业的总产值也比去年同期增长了20.95%，完成了今年年计划的25.3%。纸、糖、卷烟、缝纫机、表、灯泡、合成洗涤剂、塑料制品、干电池等15种主要产品的产量创造了新中国成立以来同期最高水平。

一季度，轻工企业的增产节约和增收节支工作也取得了较好成绩。据47个大中城市1900个国营企业的统计，今年一二月份的总产值比去年同期增长26.4%，而税收和利润也比去年同期增长了21.2%。

一季度轻工业生产的显著特点是实现了持续均衡上升，扭转了过去“年初松、年末紧”的惯例。许多省、市、自治区对轻工业实行了“六个优先”，绝大多数轻工企业的动力、燃料供应基本上得到保证，原材料供应安排得较早，加上许多轻工企业在去年年底认真进行了设备维修检查，提高了设备完好的标准，因此今年一开始生产就比较主动。

全国人大常委会副委员长谭震林在人民大会堂会见由鲸冈兵辅等率领的日本鲸冈国会议员商工关系者友好访华团

国务院副总理方毅在人民大会堂会见联邦德国电子同步加速器研究所副所长沃斯教授和夫人

国务院副总理王震在北京会见英国运输大臣诺曼·福勒和夫人以及由福勒大臣率领的英国运输代表团

国务院副总理王震在人民大会堂会见美国王安电子计算机公司总裁交通大学美洲同学会总会会长王安博士一行

国务院副总理谷牧在北京会见欧洲国际合作中心代表团

中国常驻联合国代表陈楚在安理会紧急会议上强烈谴责南非武装入侵赞比亚

陈楚说：“中国政府和人民坚决支持赞比亚政府和人民维护民族独立、国家主权和领土完整的正义斗争，支持他们支援南部非洲人民斗争的正义立场，支持他们为反击南非种族主义当局武装侵略所采取的一切必要措施。”

他说：“今年年初以来，南非种族主义当局的军队从它非法占领的纳米比亚领土上，不断对赞比亚共和国发动武装骚扰和军事入侵，南非的军用飞机也频繁地侵犯赞比亚的领空，粗暴地破坏了赞比亚的国家主权，给赞比亚人民的生命财产造成巨大损失。中国代表团对于南非种族主义当局这种罪恶的侵略行径，感到无比愤慨,并予以强烈的谴责。”

陈楚谈到南部非洲的形势时说,津巴布韦的独立对南非种族主义势力是一个沉重的打击,使它陷入更加孤立的境地。“但是,南非当局决不甘心失败,相反,正在变本加厉地负隅顽抗。”

陈楚指出:“南非当局的种种倒行逆施都是企图继续维持它对纳米比亚的非法占领和殖民统治。”

他说:“但是,南非种族主义当局的罪恶图谋是注定要失败的。”

陈楚最后说:“中国代表团认为,安理会应当强烈谴责南非种族主义政权的侵略行径,要求它立即无条件地停止对赞比亚的侵略,并要求它立即从赞比亚领土上撤出其全部侵略军。”

中国医疗队成员刘玉荣和李书峰在贝宁工作时不幸牺牲

刘玉荣和李书峰是4月11日在执行任务时牺牲的。4月17日在科托努为他们举行了追悼会。参加追悼会的有由贝宁外交和合作部长奥古玛、公共卫生部长保罗·克波丰和其他四位部长组成的贝宁人民革命党和全国执行委员会代表团,中国驻贝宁大使张俊华和使馆人员,在贝宁工作的中国医疗队和技术组的代表等。

贝宁总统克雷库4月18日在总统府接见中国驻贝宁大使张俊华,对在贝宁工作的中国医疗队成员刘玉荣和李书峰的不幸牺牲表示深切的哀悼和亲切的慰问,并请张俊华向华国锋主席转交他的唁电。

云南傣族人民欢度泼水节

在西双版纳傣族自治州首府允景洪、德宏傣族景颇族自治州首府芒市,傣族人民和哈尼、拉祜、布朗、汉等族人民,欢度民族节日。

孟连、景谷、双江、耿马等县的傣族人民,以及云南民族学院的教职员工,也举行了各种活动,欢度泼水节。

4月12日

国务院副总理邓小平在北京会见赞比亚总统肯尼思·戴维·卡翁达

邓小平副总理在会见赞比亚总统卡翁达时说:我们的现行政策基本上还是遵循毛泽东制定的政策,可以说是恢复毛泽东思想的本来面目。在对外政策方面,我们还是坚持毛主席制定的三个世界划分的理论。当然在处理复杂的国际问题时,每个时期有每个时期的具体问题。改善同美国的关系、同欧洲的关系、同日本的关系,就是根据这个思想。

邓小平说,中华人民共和国成立三十年来,不论农业方面、工业方面,还是其他方面,都建立了社会主义的初步基础。但一个根本的问题是,我们耽误了时间,生产力的发展太慢。任何革命都是扫除生产力发展的障碍。社会主义总要比资本主义优越。社会主义国家应该使经济发展得比较快,人民生活逐渐好起来,国家也就相应地更加强盛一些。在这一方面我们经过了几次曲折。

邓小平指出,我们现在讲的四个现代化,实际上是毛主席提出来的,是周总理在他的政府工作报告中讲出来的。而“四人帮”怎么说呢?宁肯要穷的社会主义,不要富的资本主义。其本质就是说,社会主义就是穷的。马克思主义历来认为,社会主义要优于资本主义,它的生产发展速度应该高于资本主义。所以,林彪、“四人帮”完全背离了马列主义、毛泽东思想的根本原则。

邓小平说,中国是一个大国,它应该起更多的作用,但现在力量有限,名不副实。归根到底是要使我们发展起来。现在说我们穷还不够,是太穷,同自己的地位完全不相称。所以,从去年起,我们就把工作着重点转到了建设上。我们要把这条路线一直贯彻下去,决不动摇。经济发展对我们来说是一个新的问题,要付学费。现在我们正在摸索比较快的发展道路,我们相信这方面是有希望的。不解放思想不行,甚至于包括什么叫社会主义这个问题也要解放思想。经济长期处于停滞状态总不能叫社会主义。人民生活长期停止在很低的水平总不能叫社会主义。

新华社发表评论员文章指出扩大自主权给企业带来四大好处

我国工业部门从去年开始进行扩大企业自主权的试点以来,在经济上取得了增产增收的良好效果,这一点已经被越来越多的人所认识了。但是,从全国工业交通增产节约增收节支工作会议反映的情况看,比经济效果更具有深刻意义的是扩大企业自主权给企业带来的深刻变化。这种变化顺应社会主义经济体制改革的需要,在我国社会主义现代化建设中,必将长远地发挥作用。

扩大企业自主权给企业带来了什么深刻变化呢?

首先,它使企业由被动转为主动,开始成为一个具有内在动力的经济单位。长期以来,我国全民所有制工厂企业,计划由国家定,材料由国家给,产品由国家包,赚钱由国家收,赔钱由国家补,生产经营好坏同企业和职工的经济利益没有直接关系。扩大自主权的试点改变了这种情况,使企业有了一定的权力和一定的独立的经济利益,企业成了一个具有内在动力的经济单位,主动性、积极性高了,生产和经营管理活起来了。去年以来,许多试点企业都遇到了原材料不足和生产任务少、部分产品销路不畅的困难。过去碰到这种情况,企业只好躺在国家身上,自己无能为力。如今扩大了企业的自主权,情况就不同了。原材料不足,他们变“等食吃”为“找食吃”,自己“找米下锅”。国家给的任务少,他们就主动揽活干,生产计划外适销对路的产品。产品销路不好,他们就按照市场需求的变化“截长补短”,改进品种,提高质量,并且自己走出去推销产品。各地进行扩大自主权试点的企业去年所以能够增产增收,包括一些年初预计要减产的企业后来也实现了较大幅度的增产,根本原因就在这里。

扩大自主权给企业带来的另一个可喜变化,是企业开始有了自力更生扩大再生产的经济条件。“挖潜、革新、改造”这个口号提过多年,可是过去没有国家投资,就无法更新设备、改造老企业,有些中小企业甚至无力维持简单再生产。扩大自主权以后,企业在利润留成中有一定比例的生产发展资金,可以在不要国家投资的情况下自己去解决一些发展生产中的关键问题。据四川省52个试点企业统计,这些企业去年用于挖潜、革新、改造的自有资金共3800万元,当年就增加了生产,创造利润近1000万元。今年的经济效果将会更多。

扩大自主权给企业带来的第三个重要变化,是职工们更好地行使了当家做主的权利。过去我们也常讲职工是企业的主人,但是这个主人并没有行使多少主人的权力。现在试点企业有了一点计划权、部分产品自销权、扩大再生产权以及利润提留权、奖金支配权、部分人事权等等,把企业的经营好坏同职工的个人利益直接挂起钩来,职工就对企业经营的好坏主动关心起来。目前进行试点的许多企业中,职工们都普遍关心生产,关心产品质量、品种,关心是否有销路,处处注意精打细算,点滴节约,风气为之大变。

扩大企业自主权试点,还促进了有经营管理才干的社会主义企业领导干部的成长。在过去的体制下,大家都端“铁饭碗”,都吃“大锅饭”,没有才能的领导干部照样可以混下去,有才能的也被埋没了。现在,企业领导者能不能把生产经营搞好,既影响国家利益,又影响本企业和职工的利益,你不能让企业增长增收,职工就不答应。这样就促使企业的领导干部充分发挥自己的聪明才智,八仙过海,各显神通,非把生产搞好不可。在这一过程中,一批有经营管理才能的社会主义企业管理人才就会不断涌现出来。

扩大企业自主权的试点工作,对我国整个经济管理体制和上层建筑的改革也在发生着积极有效的推动作用。

在北京召开的人民银行全国分行行长会议确定今年任务

《人民日报》报道,这次召开的全国分行行长会议确定,今年人民银行要继续坚持按经济规律办事,进一步把银行工作做活,充分发挥银行在发展经济和革新技术中的杠杆作用,以促进国民经济调整,促进生产建设的发展。

1979年各地人民银行扭转了过去不重视组织资金的状况,各项存款和贷款都比上一年有显著增加,资金周转也加速了,工作比较活跃,成效比较显著。会议要求各级银行今年要同有关部门密切协作,努力搞好商品和非商品的货币回笼,严格控制信贷支出和不合理的货币投放,以确保金融、物价的稳定。在信贷工作中,要继续贯彻“区别对待,择优扶持”的原则。要优先支持短线产品的生产和收购,继续推行在国家计划的基础上按企业经济合同和市场需要发放贷款。要切实办好轻纺工业的中、短期专项贷款和其他中、短期设备贷款,促进轻纺工业的发展。要大力扶持集体所有制企业的发展,并在开户、结算和贷款上给予方便和支持。

国务院副总理谷牧在北京会见由商业部部长迪亚奥·巴尔德率领的几内亚政府贸易代表团

教育部部长蒋南翔勉励首都应届高校毕业生服从组织分配为四化贡献青春

蒋南翔今天给首都高等院校8400多名应届毕业生作报告,勉励他们把自己和四化联系起来,胸怀革命理想,脚踏实地,从我做起,从现在做起,努力使自己成为又红又专的合格的人才。自觉地做到个人利益服从集体利益、国家利益,坚决服从组织分配,到祖国最需要的地方去,为四化建设作出贡献。

蒋南翔说:“文化大革命”期间全国录取的大学生共有95万。这批学生入学前都具有一定的实践经验和工作能力,绝大多数是党团员。华国锋同志在五届人大第一次会议上作的政府工作报告中谈到这批学生时说:“最近几年,从工农兵和上山下乡知识青年中选拔了大批学生进入高等学校培养,为我国知识分子队伍增添了新的力量,我们应该热情地关怀他们,帮助他们更好地成长起来。”这就是党和国家对这批大学生总的看法和态度。在座的应届毕业生,你们是在粉碎“四人帮”后进校的,是在正确的政治路线和教育路线下开始学习的。这几年来,教育战线拨乱反正,消除林彪、“四人帮”的流毒和影响,广大学生政治思想觉悟有了很大提高,向往四化,拥护四项基本原则,维护安定团结的政治局面。不少同学对社会上出现的某些错误思潮也能识别和抵制。绝大多数同学认识到自己文化基础比较差,为了适应四化建设的需要,学习上加倍努力,付出艰苦的劳动。所以这届毕业生在学习上取得的成绩是很显著的,在原有的基础上有了很大的提高,并涌现了一批“三好”学生。

蒋南翔说,无论是“文化大革命”前的大学生、“文化大革命”期间的大学生,还是恢复高考制度以后的大学生,都是国家宝贵的财富,在组成向“四化”进军的梯队中,都是不可缺少的力量。

蒋南翔向应届毕业生提出三点希望:

一、希望同志们响应党中央的号召,紧密团结在党中央周围,同心同德,紧张努力,为四个现代化的伟大事业,贡献自己的青春。要在实现四化中成为自觉的建设者;要做安定团结的促进派。

建设社会主义现代化强国,这是历史赋予青年一代的最崇高的责任,老一辈无产阶级革命家为社会主义现代化建设奠定了基础,今后完成这一宏伟事业的重任必然落到你们年青一代的身上,这是比过去革命战争更艰巨、更持久的新的长征,需要多少代人的艰苦奋斗。希望你们向老一辈无产阶级革命家学习,向雷锋同志学习。要以更高的标准要求自己,提高马列主义水平,提高文化科学知识,把实现四化的历史任务,勇敢地担当起来。

二、希望你们抓紧在校的最后一段时间,勤奋学习,为参加四化建设做好知识上的准备。虽然快要毕业了,但仍然要安下心来,扎扎实实地学习。

三、希望同学们服从组织分配,到祖国最需要的地方去。同学们对分配要有思想准备,要实事求是地对待。有些同学回原单位也可能改行或做与本专业相近的工作;有些同学分配去的地方、单位也许不符合自己的理想。这就存在一个如何对待工作分配的问题。在这种情况下,就要求个人从大局出发,愉快地服从组织分配。把被“四人帮”破坏了的大学生服从分配的好传统恢复起来。

联合国粮食及农业组织委托我国农业部举办的沼气技术讲习班在四川省成都市开学

中国史学会在北京成立

这个由历史学研究和教学工作者组成的学术团体,将以马克思主义为指导,大力开展学术研究和交流活动,以促进我国历史科学的繁荣和发展。

中国史学会代表大会致函台湾历史学家

台湾历史学界诸先生大鉴:

全国各地历史学界代表于1980年4月8日聚集北京,举行中国史学会代表大会,旨在加强团结,切磋学术。此实我国历史学界之盛会。全国各地代表共聚一堂,情绪至为热烈。所可惜者,惟未能亲聆诸先生教益耳。史家之贵,在明治乱之迹,通古今之变。我中华民族历史悠久,文物灿然,夙具极大生命力与凝聚力,虽多经内忧外患,此种力量迄未消衰。每当国家统一、民族团结之时,国力即臻强盛,对世界文明贡献亦大。凡此皆诸先生所熟悉,无待赘述。阐发台湾大陆骨肉渊源,研讨中华民族发展历史,促进祖国统一早日实现,自为我历史学界同仁神圣责任,愿与诸先生共勉之。

我政府多次声明,欢迎台湾同胞回祖国大陆探亲访友,参观游览,保证来去自由。三十年间,神州大陆先民史迹与历代珍藏,多所发现,想有所闻。若能作祖国大陆之游,则获益快心,何可胜道。翘首云天,书不尽意。

中国史学会代表大会全体代表

1980年4月12日

4月13日

国务院总理华国锋在北京会见坦桑尼亚联合共和国副总统阿布德·琼布及其随行人员

会见时,华国锋同琼布谈到了当前非洲斗争的形势。他祝贺津巴布韦人民赢得民族独立的胜利,并且指出,在津巴布韦取得独立后,中国将和非洲国家一起继续支持津巴布韦人民建设国家,发展团结稳定的局面。华国锋还向坦桑尼亚朋友谈到了阿富汗和柬埔寨问题。双方对当前国际形势交换了看法。

琼布说,坦中两国在支持津巴布韦、支持纳米比亚和南非人民斗争方面的观点是一致的。在一些国际问题上也有同样看法。

华国锋请琼布回国后转达他对坦桑尼亚总统尼雷尔的问候。他称赞琼布三次访华,为发展中坦友好关系作出了贡献。

国务院副总理邓小平在北京会见法国医学代表团

邓小平副总理在会见前来参加“中法医学日”学术活动的法国医学代表团时表示,他赞成中法两国加强医学方面的交流合作。邓小平是为这项学术活动而成立的中国荣誉委员会的主席。法国总理雷蒙·巴尔是法国荣誉委员会的主席。邓小平对法国代表团名誉团长、前外长、法兰西大使路易·德·居兰戈,团长勒杰尔教授说,有两千多年历史的中国传统医学是个宝库,但没有充分发掘出来,而且在科学整理方面也还做得不够。他欢迎法国医学家同中国同行一道来做好这项工作。他说,中法之间的友好合作不仅限于医学,还应该扩大到其他方面。德·居兰戈说,“医学日”是扩大两国医学合作的一项很好的措施,他希望这样的交流活动今后将继续发展下去。勒杰尔教授说,法国医学家在访问期间不仅介绍了自己的研究成果,也了解到中国同行的工作。他说,中国医学质量如此之高,给他们留下了深刻印象。卫生部部长钱信忠、外交部部长助理宋之光、中华医学会会长白希清、中国医学科学院院长黄家驷、中医研究院院长季钟朴等会见时在座。

中国人民银行发行四种金属人民币通告

经国务院批准,我行发行一角、二角、五角、一元四种金属人民币。兹通告如下:

一、自1980年4月15日起陆续发行面额为一角、二角、五角、一元四种金属人民币。

二、四种金属人民币与现在市场上流通的同面额的纸币价值相等,同时在市场上混合流通。

三、严禁伪造或熔化金属币,违者依法论处。

四、四种金属人民币特征:

(一)壹角、贰角、伍角币

1. 图案:正面,正上方有国徽图案,下方有“中华人民共和国”字样。背面,分别有表示币值的“壹角”、“贰角”、“伍角”字样和“1”、“2”、“5”阿拉伯数码。文字的周围有麦穗,下方有齿轮和公元年号。

2. 色泽:三种角币均为金黄色。

3. 直径:壹角20毫米、贰角23毫米、伍角26毫米。

(二)壹元币

1. 图案:正面,正上方有国徽图案,下方有“中华人民共和国”字样和公元年号。背面,图景为长城,下方有“壹圆”字样。

2. 色泽:银灰色。

3. 直径:30毫米。

行　长　李葆华

1980年4月13日

外贸部改进出口商品交易会工作以适应对外贸易事业的发展

为了适应我国对外贸易事业发展,外贸部决定改进中国出口商品交易会工作。今后除继续在广州举办一年两届的进出口商品交易会外,有些商品可以通过其他形式在平时成交。

中国出口商品交易会自1957年在广州举办以来,在发展我国外贸事业上,起了重要作用,在国内外有较好的影响。它是我国对外贸易的一个重要的成交形式。随着对外贸易的发展,为了加强平时进出口商品的成交工作,外贸部决定,凡是能通过函电、举办专业性小型交易会和派出国小组成交的商品,或对港澳和其他国家有长期协议和合同的商品,以及可以通过我驻外贸易机构成交的商品,都可以由有关进出口总公司考虑不再拿到广交会上去成交。

从今年春季出口商品交易会开始,各进出口总公司要对国外客商说明,哪些商品不在交易会上成交,对专业经营这些商品的客户一律不邀请参加广州举行的两届交易会。对国内各地、各部门和广东有关的单位来交易会参观的人员,在交易会举行期间一律不予接待。我国各外贸专业公司将在广州外贸中心内举行中国出口商品长期展出,以供世界各国客人和国内有关人员在交易会闭幕后参观。

北京羊绒衫厂生产的“雪莲”牌羊绒衫首次进入美国市场

国务院副总理方毅同坦桑尼亚副总统阿布德·琼布在北京举行会谈

国务院副总理谷牧在北京会见世界银行行长罗伯特·麦克纳马拉一行

共青团中央在武汉举行十二城市青少年道德教育第三次座谈会

全国十二城市青少年道德教育第三次座谈会提出:当前要把对青少年的道德教育与坚持四项基本原则教育结合起来,使青少年能够自觉地抵制资产阶级意识形态的腐蚀和影响,树立革命人生观,立志为四化做贡献,为祖国献青春。座谈会于4月15日结束。

参加座谈会的同志指出,自去年十二城市举行第一次座谈会以来,全国青少年的道德教育出现了可喜的形势。仅半年多时间,对青少年的道德教育已从大城市发展到了中小城市,有些地区已从城市发展到了农村。由于普遍抓了学雷锋、树新风、维护社会公德的教育,抓了转化后进、挽救失足青少年的工作,抓了青少年活动阵地的恢复和建立,已经使社会风气有所好转,歪风邪气有所收敛,先进面不断扩大,后进面逐渐缩小,青少年犯罪率逐步下降。许多城市在道德教育活动中,坚持从大处着眼,从小事抓起,要求青少年从自己做起,从现在做起,雷锋式的好人好事不断涌现。上海市有400多万名青少年参加学习吕士才的活动。杭州市一个青年将拾到外宾的皮包归还失主时,外宾赞扬这种道德风貌“比西湖还美”。

参加座谈会的同志认为,半年多来,青少年教育工作能够取得这些成果,一个重要原因是各级党委重视和加强了领导。北京、辽宁、四川等16个省、市、自治区召开了青少年教育工作会议，多数省、市、自治区成立了青少年教育领导小组，不少地方还拨出专款，支持青少年开展业余文体活动，帮助建立活动阵地。到会同志热情呼吁整个社会继续关心青少年的健康成长，并建议从法律制度上保护青少年不受有害东西的污染。

鉴真大师像由森本长老等日本朋友护送到上海

鉴真大师像是由日本奈良唐招提寺森本孝顺长老和以清水公照为首的日本"国宝鉴真和尚像中国展"访华团等日本朋友护送到上海的。在虹桥机场举行的欢迎仪式上，欢迎鉴真大师像回国巡展委员会主任委员赵朴初致辞说，中国人民把鉴真大师像回国展出，当作鉴真大师亲自回来一样。离开了我们1227年的鉴真大师今天回来"探亲"，这是中日两国关系史上的一件大事。森本长老致辞说，1200多年前，鉴真和尚带着中国人民的友谊到了日本，在1200多年之后的今天，又带着日本人民的友谊回国"探亲"。他表示要为进一步加强日中两国的友好作出贡献。

4月14日

国务院副总理邓小平在北京会见日本综合人间科学研究会理事长田中清玄

《人民日报》发表社论《切实整顿人民公社的经营管理》

近两年来，我国农村在拨乱反正、落实各项经济政策的同时，对人民公社的经营管理工作进行了初步的整顿，收到了明显的效果。许多社队生产有较大的发展，集体积累、社员分配收入有所增加，是与经营管理工作的改进，尤其是劳动管理和各种生产责任制的建立分不开的。

我们党对农业集体经济的经营管理一向十分重视。从农业合作化时期开始，集体经济内部就逐步建立了比较完整的管理制度，培养了一支经营管理的专业干部队伍，树立了"勤俭办社"、"民主办社"的好传统，它对50年代我国农业的迅速恢复和发展起了极大的作用。但是，在以后一段时间里，尤其是林彪、"四人帮"横行期间，农村里政治运动不断，正常的工作秩序被打乱，社队经营管理工作受到了严重破坏，人们的思想被搅乱了，队伍被搞散了，经营管理的组织机构被搞垮了，规章制度被当作"管、卡、压"批判了，造成极为严重的后果。这两年对经营管理进行了初步的整顿，取得不小的成绩。但是，极左路线的流毒还未肃清，十年动乱留下的严重创伤并未彻底治愈，有些同志对整顿经营管理工作的重大意义还认识不足，经营管理工作仍然是农业战线上的一个薄弱环节。

中央领导同志指出："现在农业管理水平太低"，"农业没有科学管理不行。"多年来，我国人民公社集体经济发展速度不快，积累能力很差，社员分配水平较低。许多低产的困难社队无力积累，就是高产的社队积累能力也不高。不少地方出现了所谓高产穷队、高产穷县，那里粮食产量相当高，甚至亩产过千斤，可是集体经济和社员生活却不富裕，生产费用有时也要靠银行贷款维持。造成这种状况的一个重要原因，就是经营管理混乱，浪费现象严重。生产队没有经济核算制度，消耗没有定额，成本没有核算，财务和物资没有严格的管理制度，超支挪用、物资损坏丢失等现象严重。浪费大，成本高，加上经营单一，生产门路不广，资源没有充分合理利用，这就很难摆脱贫困的境地。人力的浪费是最大的浪费，吃"大锅饭"，记"大概工"，平均主义的分配制度，严重挫伤了农民的积极性。去年各地普遍建立了多种形式的生产责任制，劳动管理方面有了显著改进，但问题依然不少，还有很多工作要认真落实，要做深做细。

整顿经营管理，不仅关系着集体经济的发展，社员收入的增加，更关系着农业的现代化。实现农业现代化，对农业进行技术改造，需要大量资金。根据目前的实际情况，国家一时还不可能对农业进行很多投资，农业建设的资金，主要靠集体经济本身的积累。这几年，不少地区大力发展多种经营和社队企业，增加收入，实行以副养农、以工养农，积累发展农业生产所需要的资金。但是，农业生产毕竟不应当完全依靠工、副业来养，更不能以此掩盖由于管理不善而造成的浪费。农业生产浪费大、成本高，从反面证明了农业本身有积累的潜力。去年，湖北省黄冈县大抓经营管理，农工副业总收入增长近30%，成本大大下降，社社队队增产增收。由此可以看到整顿经营管理的必要。

实现农业现代化，意味着农业技术的不断改进和机械化程度的不断提高。但是，先进的科学技术和机械设备的使用，如果没有先进的科学管理，不但不能充分发挥作用，反而会造成莫大的浪费。现在，农村社队的农业机械相当普遍地存在着利用率低、浪费大的情况，增加了农民的经济负担。这里有农机质量和技术水平不高的原因，也与管理不善大有关系。为了适应农业技术改造的需要，必须学会这方面的科学管理，提高集体经济的管理水平。

整顿经营管理，提高管理水平，也是进一步落实农村经济政策，夺取今年农业全面丰收的迫切需要。落实党的农村经济政策，不仅要深入批判极左路线，从思想上拨乱反正,分清是非;而且必须恢复和建立能够体现政策的经营管理制度。去年,各地农村落实经济政策的过程,就是批判极左路线和整顿经营管理结合进行的过程。例如,在劳动管理问题上,在批判极左的平均主义倾向的同时,建立生产责任制和各种计酬办法,使按劳分配的政策落到实处。

整顿社队经营管理,归根结底,是要真正把人民公社集体经济当作企业来办。长期以来,各级党政领导机关习惯于单纯用行政命令的办法领导农业生产,下达指令性的计划指标,依靠行政命令推行增产措施,调拨生产资料,征购农副产品。领导机关关心较多的是农副产品的生产任务和征购、派购任务是否完成,而对集体经济的经济核算和经济效果、生产的发展和人民生活的提高,对人民公社经营管理好坏,常常关心不够。集体经济的生产计划和各项经济活动多听命于上级,很少有自主权。这种管理办法和体制,大大限制了干部和农民发展生产的主动性、创造性和经营的兴趣。现在是改变这种状况的时候了。本报介绍过的河北晋县实行产、购、供、销合同制,就是改变这种状况的一种好办法。

随着国民经济的调整,要逐步把人民公社集体经济办成农林牧副渔全面发展、农工商综合经营的企业。为此,不论是农业领导干部还是农村基层干部,都应当努力学习经济理论,钻研经营管理知识,掌握经营管理这门科学,成为这方面的内行、专家。要支持和鼓励干部在改进经营管理方面因地制宜,大胆创新,不但要恢复过去行之有效的规章制度,而且要不断探索新问题,总结新经验,如生产区域化、劳动组织专业化、国家和集体之间建立合同制,等等,努力使人民公社的经营管理能够在过去的基础上有所突破,有所前进。

国家经委等10个单位联合发出关于开展"安全月"活动的通知

国家经济委员会、国家基本建设委员会、国务院国防工办、国务院财贸小组、国家农业委员会、公安部、卫生部、国家劳动总局、全国总工会、中央广播事业局10个单位,今天联合发出了关于开展"安全月"活动的通知。

通知指出,去年,各地区、各部门贯彻执行《中共中央关于认真做好劳动保护工作的通知》和国务院批转的国家劳动总局、卫生部《关于加强厂矿企业防尘防毒工作的报告》,厂矿企业的伤亡事故比1978年有所下降,但从全国来看,安全生产、文明生产仍然是当前急需解决的一个突出问题。在国民经济调整过程中,必须下大决心,花大气力,做长期努力,认真抓好。为使安全生产、文明生产经常化、制度化,逐步深入人心,形成习惯,很有必要每年集中一段时间开展"安全月"活动。

这10个单位在通知中对开展"安全月"活动提出以下要求:要大张旗鼓地宣传、贯彻党中央和国务院有关文件的精神,提高各级领导干部和广大群众对安全生产、文明生产的认识;要建立、健全安全卫生机构和以岗位责任制为中心的安全生产基本制度;要发动群众查事故隐患,查尘毒危害,揭露矛盾,分析事故原因,加强劳动纪律和安全、卫生技术教育,使群众性安全活动形成制度,各级党政领导要把安全工作纳入重要议事日程,加强领导,切实解决实际问题。

通知还要求各有关单位在"安全月"活动中进行一次有领导干部、技术人员和职工群众参加的安全卫生大检查。对存在的问题要边查边改。要评选出一批本地区、本部门安全生产、文明生产的先进单位和个人,为明年总结、评比、表彰先进和开展第二次"安全月"活动做好准备工作。

全国基建工作会议讨论进一步贯彻调整方针以缩短基建战线

国家建委在召开的全国基本建设工作会议上对基本建设战线如何进一步贯彻调整、改革、整顿、提高的方针进行了深入的讨论和研究。

会议认为,压缩规模,缩短战线,是当前调整基本建设的首要任务。

会议认为,调整投资方向也是调整基本建设的一个重要内容。在调整期间,要把着眼点从新建逐步转到老企业挖潜、革新、改造上来。基本建设投资要用在刀刃上,切实加强农业、轻纺工业和那些国民经济中薄弱环节的建设。

会议还提出,基本建设战线要大力抓好施工队伍、施工现场的整顿工作;各地区、各部门要深入开展增产节约运动,加强政治思想工作,把广大职工动员起来,更好地完成今年的基本建设任务。

全国基本建设会议是3月21日开幕的。会议期间,谷牧、姚依林副总理到会讲了话。

基本建设投资由财政拨款改为银行贷款的改革工作已经取得成效

到目前为止,全国已经有150个建设项目,建设资金全部改为银行贷款,今年贷款金额达15.6亿多元。

吉林市石油化工试验厂的一个项目采用贷款建设后,企业为了减轻利息负担,想方设法挖掘内部潜力,利用库存旧设备,去年比原订计划少向银行贷款92万元。试点情况表明,实行银行贷款是个好办法,首先从思想上改变了过去那种花钱向国家报、不够向国家要的吃“大锅饭”的习惯，有利于促进建设部门和建设单位慎重地确定建设方案，注重经济效果。

全国人大常委会副委员长邓颖超在北京会见由德意志妇女委员会主席冯·迈博姆率领的联邦德国妇女代表团

国务院副总理方毅在北京会见由比利时国民教育大臣办公室主任吉尔贝·瓦尼埃科特率领的比利时知名人士代表团

国务院副总理谷牧在人民大会堂会见由联邦农业委员会副主席索科利·尼马尼率领的南斯拉夫农业代表团

全国地质系统评功授奖大会授奖仪式在人民大会堂举行

邓颖超、王震、倪志福、王任重、谷牧等出席了授奖仪式。

王震在仪式上讲话时代表中共中央、国务院向地质找矿有功单位和英雄模范致以热烈的祝贺。他说，搞经济建设，地质工作必须先行，大家要戒骄戒躁，继续努力，刻苦学习，勇于创新，使地质找矿工作在80年代得到新的发展。

授奖仪式由地质部部长孙大光主持。地质部副部长张同钰代表地质部宣读了关于表彰新中国成立三十年来地质找矿有功单位、集体和个人的决定：授予24个有特殊贡献的地质队和研究所以“功勋单位”称号，并向他们颁发嘉奖令；给229个有重大贡献的单位和集体颁发嘉奖令；给50名有重大贡献的地质工作者、231名劳动模范和3名报矿有功人员颁发奖章、奖章证书和奖金。

今天获奖的24个功勋单位，在地质找矿工作中作出了很大贡献。如甘肃省地质局第六地质队，发现和探明了金川特大型镍铜矿；原第二石油普查勘探大队和第二物探大队，先后发现了大庆、川北等石油、天然气构造；广东省地质局七〇五地质大队在花岗岩地区寻找铀矿方面取得较大突破。

在授奖仪式上，甘肃省地质局副总工程师汤中立代表全体受奖单位和劳动模范宣读了《紧张动员起来，在地质找矿中争做贡献》的倡议书。

国际水文训练班在南京开学

我国为联合国教科文组织举办的第一期多科性国际水文训练班，今天在设在南京的华东水利学院开学。

参加这期训练班的有来自孟加拉、塞浦路斯、印度、伊拉克、伊朗、利比里亚、尼日利亚、尼泊尔、巴布亚新几内亚、巴基斯坦、塞舌尔、斯里兰卡、泰国、加纳等14个国家的25名从事水文、水利工作的工程师、政府官员和工程技术人员。

青海省积极保护麝香资源

《人民日报》报道，青海省人民政府最近决定把香獐由原来的一般保护动物列为省内重点保护动物，并且划定了猎区和禁猎区。决定说，在猎区捕猎香獐，必须有主管部门发给的“特许狩猎证”，按规定的区域、季节和数量捕猎香獐。严禁任意捕猎。决定还规定，麝香由国营医药部门统一经营，严禁其他任何单位和个人收购、换购和出售。

4月15日

中共中央主席华国锋在人民大会堂会见并设宴招待由总书记恩里科·贝林格率领的意共中央代表团

在会见时，华国锋和贝林格一致认为，意共代表团访华和中意两党关系的恢复是国际工人运动中的一个重大事件。不仅中意两党、两国人民对此感到高兴，全世界许多国家人民也很重视和关心。

中共中央主席华国锋在欢迎意共中央代表团宴会上的祝酒词

亲爱的恩里科·贝林格同志，亲爱的贾恩卡洛·巴叶塔同志，亲爱的代表团同志们：

首先，请允许我代表中国共产党中央委员会、中国共产党和中国人民，向以总书记贝林格同志为首的意大利共产党中央代表团来我国访问，表示最热烈的欢迎。

意大利共产党是一个具有光荣斗争历史、广泛群众基础、丰富斗争经验和重大国际影响的党。几十年来，意共在反法西斯的斗争中，在捍卫民族利益、维护意大利工人阶级和劳动群众的权益、争取民主和社会主义的斗争中，作出了巨大的努力和积极的贡献。意共在长期的斗争中，不但同意大利工人阶级和广大人民群众取得了广泛的密切的联系，在意大利政治生活中发挥着巨大影响，而且由于它的独立的政治立场和争取国际工人阶级广泛团结的长期努力，在国际共产主义运动中占有重要地位。我们以极大的兴趣注视着意大利共产党和意大利人民的斗争，并对意共坚持独立自主、努力探索走向社会主义道路的精神表示赞赏和钦佩。

亲爱的同志们，我国在1976年10月粉碎“四人帮”后三年多来，特别是1978年年底的十一届三中全会以来，全国政治、经济、社会形势有了重大的发展和变化，安定团结、生动活泼的政治局面正在发展和巩固。目前，全党和全国人民积极响应今年2月举行的十一届五中全会的号召，紧密团结在党中央的周围，同心同德，为实现社会主义现代化，为改善党的素质和党的工作而努力奋斗。

中意两党和两国人民有传统的友谊。早在意大利人民反对法西斯和中国人民反对日本帝国主义斗争的时期，我们两党和两国人民就是互相支持和互相声援的。我国革命胜利后，中意两党关系是良好的和值得怀念的。在中意两党关系中断一个时期之后，现在贝林格同志率领意大利共产党中央代表团前来我国访问，我们双方就共同关心的问题，进行同志式的会谈，交流经验，交换意见，我们整个党中央委员会和全党同志都欢迎两党关系中的这个新的发展。我们两党在完全平等、独立自主、相互尊重的基础上，恢复关系，这不仅符合中意两党和两国人民的根本利益，也符合国际共产主义运动和世界和平事业的利益。

亲爱的同志们，在这春暖花开的美好日子里，对你们的远道来访，我们心里感到十分亲切，十分喜悦。希望你们在访问期间就像是在自己家里一样，到处遇到信任和谅解的同志感情。我预祝代表团同志们的这次访问取得圆满成功！

现在我提议：

为贝林格同志的健康，

为巴叶塔同志的健康，

为代表团同志们的健康，

为隆哥同志的健康，

为中意两党、两国人民之间的友谊，

干杯！

国务院总理华国锋总理就津巴布韦共和国诞生致电津巴布韦共和国总理罗伯特·穆加贝

华国锋发电报给津巴布韦共和国总理穆加贝，热烈地祝贺津巴布韦共和国宣告诞生和穆加贝就任总理。电报全文如下：

索尔兹伯里津巴布韦共和国总理罗伯特·穆加贝先生阁下：

在独立的津巴布韦共和国光荣宣告诞生，阁下就任津巴布韦共和国政府总理的时候，我谨代表中国政府和人民向阁下，并通过阁下向津巴布韦政府和人民致以热烈的、兄弟般的祝贺。我正式通知阁下：中华人民共和国政府决定承认津巴布韦共和国。

津巴布韦宣布独立，是英雄的津巴布韦人民在广大非洲国家和人民的支持下，经过长期不屈不挠的斗争而赢得的具有历史意义的伟大胜利，也是非洲国家和人民的共同胜利。我衷心祝愿，在阁下领导下，津巴布韦政府和兄弟的津巴布韦人民继续加强团结，坚持斗争，在巩固民族独立和建设新生的津巴布韦的事业中不断取得新的更大的胜利。

中国和津巴布韦人民在长期的共同斗争中，一贯互相同情，互相支持。我相信，津巴布韦赢得独立后，中、津两国的友好合作关系，必将在和平共处五项原则的基础上得到富有成果的发展。

中华人民共和国国务院总理　华国锋

1980年4月15日于北京

全国人大常委会委员长叶剑英电贺卡南·巴纳纳就任津巴布韦共和国总统及津巴布韦宣布独立

叶剑英发电报给津巴布韦共和国总统卡南·巴纳纳，热烈地祝贺津巴布韦宣布独立和卡南·巴纳纳就任总统。电报全文如下：

索尔兹伯里津巴布韦共和国总统卡南·巴纳纳先生阁下：

在津巴布韦光荣宣布独立，阁下就任津巴布韦共和国总统的时候，我谨代表中华人民共和国和中国人民，向阁下和津巴布韦人民表示热烈的祝贺。

祝津巴布韦人民在维护民族独立和建设国家的事业中，不断取得新的胜利和成就。祝中、津两国人民的友谊日益巩固和发展。

中华人民共和国全国人民代表大会常务委员会委员长　叶剑英

1980年4月15日于北京

国务院副总理邓小平在北京会见世界银行行长罗伯特·麦克纳马拉一行

邓小平在会见时说：看来国际上还要经历一些风浪，就我个人来说，看远一点，采取有效措施，80年代的危险可以度过，不是不能度过的。我们说争取20年的和平环境是可能的，这就需要联合努力，需要行动有力和有效，否则80年代的危险能不能度过要打个问号。对我们中国来说，考虑问题历来不从中国自身利益一个角度考虑，而是从全球战略来提出问题，考虑问题的。当然，这个考虑是有利于中国的。这就是说，我们需要一个比较长期的和平环境来发展。我们太穷了，要改变面貌。

中共中央书记处总书记胡耀邦在北京同意大利共产党总书记贝林格举行首次会谈

会谈开始时，胡耀邦同志代表中共中央、华国锋主席、几位副主席向贝林格总书记等意共同志再次表示热烈欢迎。他说，中意两党恢复关系和在完全平等、独立自主和相互尊重的基础上进行会谈，这是中共全党和全中国人民都支持的。

贝林格同志说，我们两党坦率地交换意见，有利于加深相互之间的了解。意大利共产党和人民对于恢复意中两党关系是满意的。这不仅有利于两党和两国人民，也有利于世界和平和进步事业。

中共中央书记处总书记胡耀邦在北京会见意大利记者并回答提问

胡耀邦在会见意大利记者时说，中国共产党和中国人民热烈支持中意两党在完全平等、独立自主、互相尊重的基础上加强团结和合作。

胡耀邦同志指出：中国共产党非常乐意同世界上一切独立自主的、坚持正确立场的工人阶级政党建立、恢复和发展关系，坚决反对某些打着共产党招牌，实际上欺负别的党，干涉别国内政，甚至出兵侵占别国领土的所谓“共产党”。他说，如果我们不同这样的党坚决划清界限并同它们进行坚决的斗争，那么，我们就没有严肃地维护国际共产主义运动的尊严，我们就不可能有效地动员全世界工人阶级和人民同那些霸权主义者和破坏世界和平的人进行斗争。

胡耀邦是在同意共总书记贝林格进入首次会谈之前，在人民大会堂会见随同意共中央代表团来访和在京的意大利记者的。

在回答记者提出的关于中国党是否会跟苏联党举行如同跟意共举行的会谈一样的会谈时，胡耀邦同志说：“我看不出有这样的可能。”

在问到中意两党存在的分歧时，胡耀邦同志说，我们两党都肩负着时代赋予我们的历史重任。我相信，我们两党对过去发生的小小的历史插曲，是没有多大兴趣去纠缠的。我们的重点是团结起来，面向我们的伟大的未来。中国有句著名口号：团结起来向前看。我们将本着这个精神同意共领导同志广泛地、无拘无束地、同志式地、平等地交谈双方共同关心的一切问题。

胡耀邦同志赞扬贝林格同志在意共的建议上所做的卓越贡献。他说，贝林格同志的思想和实践证明了他是意大利人民的好儿子，国际共产主义运动的优秀战士，当代维护世界和平、争取国际工人阶级团结和人类正义与进步事业的积极的活动家和政治家，也是中国共产党和中国人民的好朋友。

胡耀邦同志向意大利记者表示热烈欢迎。他说，你们的工作有助于加强中意两党、两国和两国人民之间的友谊。

全国海关关长会议强调当前中心任务是加强集中统一领导发挥监督管理职能

今天闭幕的全国海关关长会议指出，切实贯彻国务院关于改革海关管理体制的决定，加强集中统一领导，充分发挥海关监督管理职能，是当前海关工作的中心任务。

会议强调，在加强海关集中统一领导的同时，各地海关必须尊重所在省、市、自治区人民政府的监督指导。

姚依林副总理接见了会议代表并讲了话。

会议认为，在新的一年，海关要继续努力贯彻党的路线、方针、政策，保护国家经济建设，维护国家主权，争取团结国内外一切可以团结的力量，促进对外贸易、旅游事业和科技文教事业的发展。海关是国家大门的“钥匙”。我们一定要根据国务院关于改革海关管理体制的决定，把“大门钥匙”牢牢地掌握好、使用好，使它在保卫和促进四化建设中发挥更大的作用。会议指出，全国海关当前要着重抓好五项工作：抓紧改革和健全海关法令、规章制度，加强海关法制建设；加强对进出口货物和非贸易性物品的监督管理，堵塞漏洞，把好关；改进和加强征税工作，恢复编制海关统计；大力加强查私工作，坚决刹住走私歪风；努力把海关技术设施现代化搞上去。

会议重申，1951 年政务院通过实施的《暂行海关法》继续有效。

中国伊斯兰教第四次代表会议在北京闭幕

这次会议总结了中国伊斯兰教协会的工作，讨论和确定了今后工作的任务，修订了中国伊斯兰教协会简章，选举了新的领导机构。

会议期间，乌兰夫、彭冲等同志接见了出席会议的全体代表。国务院宗教事务局局长肖贤法和国家民委副主任江平分别向会议作了宗教政策和民族政策的报告，中共中央统战部副部长张执一在会上讲了话。

与会的全体代表十分怀念港澳、台湾同胞和海外侨胞中的穆斯林兄弟姐妹。这次会议为港澳和台湾的穆斯林保留了代表名额，代表们衷心希望加强相互之间的联系，为中国人民和穆斯林的共同事业，为台湾归回祖国，完成统一大业而共同努力。

会议要求全国伊斯兰教人士更加紧密地团结在中国共产党和人民政府的周围，坚持走社会主义道路，热爱社会主义祖国，维护安定团结，加强学习，不断进步，自觉遵守国家的政策法令，密切同当地穆斯林的联系，认真为群众办理宗教事务，为四化多做贡献。同时，加强同世界穆斯林的友好联系，为维护世界和平而努力。

会议号召全国 10 个兄弟民族的广大穆斯林携起手来，加强各民族之间和民族内部的团结，加强穆斯林之间的相互团结，同全国人民一道，同心同德向着祖国社会主义四个现代化的宏伟目标胜利前进，在各条战线上作出更大的贡献。

会议选举了中国伊斯兰教第四届委员会名誉主任、主任、副主任和委员。包尔汉当选为名誉主任，张杰为主任，白寿彝、言木力哈·木甫提、阿木提大毛拉、安士伟、马腾霭、沈遐熙、马松亭、刘品一、玉赛音阿吉、马进成、张秉铎、马贤为副主任，杨润身为秘书长。

政协全国委员会副主席、国家民委主任杨静仁，国务院宗教事务局局长肖贤法等有关方面负责人出席了闭幕式。

中国马恩列斯著作研究会和北京科学社会主义学会在北京举行纪念列宁诞辰110周年座谈会

今年4月22日，是列宁110周年诞辰。出席座谈会的理论界人士认为，今天，我们全党的工作着重点转移到社会主义现代化建设事业上，我们对列宁诞辰最好的纪念，就是要着重研究列宁关于社会主义经济建设的理论，推动我们四个现代化的伟大事业胜利前进。

座谈会上，大家联系新中国成立三十年来的经验和教训，重温列宁在社会主义革命和建设中多方面的理论和实践活动，认为列宁的许多论述，至今仍然保持着现实的指导意义。十月革命胜利以后，列宁就一再强调社会主义经济建设。他清醒地估计到，要在俄国这样一个经济文化落后的国家建成社会主义，这是一个非常艰巨的任务。因此，只要形势允许，他总是把经济建设作为首要任务，提到布尔什维克党的面前。他指出："无产阶级取得政权以后，它的最主要最根本的利益就是增加产品数量，大大提高社会生产力。""没有这个条件，劳动摆脱资本压迫的整个事业的成功就无从谈起，社会主义的胜利就无从谈起。"

座谈会的发言者认为，列宁关于无产阶级取得政权以后必须把工作重点放在经济建设方面的主张，是一条普遍的真理。本来我们党八大的路线是符合列宁这个思想的，但是以后有相当长的时间我们在理论和实践上偏离了这个思想。粉碎"四人帮"以后，我们从痛苦的经验中清醒了。我们党现在有了一条马克思主义的思想路线，也有了一条马克思主义的政治路线，我们的工作重点已经明确地转移到为社会主义创造物质条件的四个现代化上来了。我们一定要坚定不移地贯彻执行这条正确的路线。

座谈会的一些发言者说，列宁一再告诉我们：生产关系一定要符合生产力发展的需要，否则只能使生产力遭受破坏。三十年来，我们在这件事情上，既有成功的经验，也有失误的教训。我们一定要明确认识到，对生产关系的评价，只有在它与生产力的相互关系中才有意义，离开了与生产力的相互关系，就是毫无意义的。

今天，在向四化进军的历程中，我们党提出了必须坚持的四项原则。座谈会上一些发言者认为，就当前的具体情况来说，坚持社会主义就必须坚持加紧实现四化的经济建设；坚持无产阶级专政，就必须坚持人民当家做主管理国家，国家要领导进行社会主义经济建设；坚持马列主义、毛泽东思想，就必须坚持社会发展的决定性因素归根到底是生产力这一原理；坚持党的领导，就必须坚持党要特别加强和改善对经济建设工作的领导。

这次座谈会由范若愚主持。出席座谈会的有首都理论界、新闻界人士共50多人。

辽宁农科院稻作研究所同有关单位协作育成推广杂交粳稻

《人民日报》报道，辽宁省农业科学院稻作研究所同有关单位协作，培育成功杂交粳稻第一批组合，经大面积试种，一般比当地原有良种增产一至两成。今年全省积极推广这种杂交粳稻，种植面积将达到70万亩。

辽宁省稻作研究所是从1971年开始研究粳稻杂交优势利用的。参加这项研究的科技人员怀着为社会主义建设做贡献的强烈愿望，排除干扰，大搞协作，北育南繁，攻克了一个个技术难关。到1975年，他们终于选育出具有配合力高、恢复性强的广谱恢复系，取得了关键性的突破，并很快实现了三系配套。接着，他们在海南岛配制了几个优良杂交组合，并且开始在省内小面积试种。1979年，又在省内扩大试种达46万亩，在北京、上海、山东、江苏等省市试种约5万亩，均取得较好效果。在辽宁省试种的杂交粳稻大都比当地原有良种增产一至两成，还出现了不少大面积高产典型。由于杂交粳稻增产效果明显，而且出米率和大米所含营养成分与常规品种不相上下，因此深受群众欢迎。

1980年春季中国出口商品交易会在广州开幕

这届交易会展出了1万多种出口商品的样品，其中有些是第一次展出的新产品。为了适应外贸事业的发展，外贸部改进了中国出口商品交易会的工作，一些平时可以出口或者可以通过其他渠道成交的商品，都不在交易会上成交。交易会的展览面积虽然减少了，但是产品却更加集中、更具有代表性。

这届交易会将在继续做好农副土特产品出口工作的同时，努力提高工矿产品在出口中的比重。这次展出的出口商品中，机械、机械设备、轻工产品和矿产品等有了增加。

中华人民共和国政府和匈牙利人民共和国政府1980年交换货物和付款协定在北京签字

外贸部副部长王润生和匈牙利政府贸易代表团团长、外贸部副部长瓦什·亚诺什分别代表本国政府在协定上签字。

全国人大常委会副委员长乌兰夫在北京接受马来西亚新任驻中国大使塔拉拉递交的国书

对外友协和中国柬埔寨友好协会在北京举行招待会庆祝民主柬埔寨国庆五周年

全国人大常委会副委员长乌兰夫、对外友协会长王炳南等出席了招待会。他们向应邀出席招待会的民主柬埔寨驻中国大使毕姜和夫人以及其他柬埔寨朋友热烈祝贺节日。

国务院副总理方毅在北京会见美国马里兰大学动物系教授柯立思

国务院副总理薄一波在北京会见以日本全国农业协同组合联合会会长石川正平为团长的日本全农友好访华代表团

外交部部长黄华在达累斯萨拉姆拜会坦桑尼亚总统尼雷尔

中国美术家协会主办的新中国成立以来第一次粉画展览《粉画联合展览》在中国美术馆开幕

参加这次展出的作品共200多件。其中有已故著名画家徐悲鸿、李超士的粉画佳作，当代画家颜文梁、李咏森、陈秋草、翟翊、刘汝礼、卢鸿基等人的作品也参加了展出。

粉画是以彩色粉笔为绘画工具的西洋画种，“五四”运动前后从欧洲传入我国。多年来，粉画几乎濒于绝迹。这次展出对于扶持粉画艺术，将起积极的作用。

中国社会学研究会在北京举行扩大理事会

中国社会学研究会会长、著名社会学家费孝通在会上说，开展社会学研究是我国社会主义现代化建设的需要。为了制定正确的社会措施，克服不利于四化建设的社会因素，我国社会学工作者必须从中国的实际出发，大力开展社会调查研究工作。

中国社会学研究会扩大理事会，就如何开展社会学研究进行了讨论。60多名社会学工作者以及有关业务部门的人员参加了会议。

会议认为，社会矛盾是普遍存在的。我们研究社会问题的目的，是为了解决各种社会问题，以利于社会主义制度不断完善和发展。会议认真分析了我国目前存在的社会问题，如人口、婚姻、青少年犯罪问题等。社会学家们认为，青少年思想教育和道德教育是当前社会学研究的中心课题。会议总结了研究会成立一年来的工作，就制定社会学研究的五年规划提出了意见。

中国盲人聋哑人第三届全国代表会议在北京闭幕

大会经过充分酝酿，选举产生了中国盲人聋哑人协会第三届委员会。大会推选民政部部长程子华为协会名誉主席，选举吴绪为协会主席，黄乃(盲人)、李石涵(聋人)、李正为协会副主席。

大会通过决议，同意吴绪向大会作的工作报告和黄乃向大会作的关于修改中国盲人聋哑人协会章程的说明。大会并通过了《中国盲人聋哑人协会章程》。

民政部副部长王国权在今天的大会上讲了话。他希望大家回去以后，扎扎实实贯彻落实这次会议的精神，扎扎实实开展协会工作，扎扎实实起模范带头作用，在盲聋哑事业中作出新的贡献。

大会通过的决议号召全国各民族的盲人聋哑人和盲聋哑工作者更紧密地团结在党中央的周围，同心同德，紧张努力，在各自的岗位上为四化贡献自己的聪明才智，为建设现代化的社会主义强国而努力奋斗。李正在会上致了闭幕词。

《人民日报》发表社论《大家都要关心盲聋哑事业》

正当全国各族人民满怀信心地跨进80年代第一个春天的时候，在党和政府的关怀下，召开了中国盲人聋哑人第三届全国代表会议。这在中国盲聋哑事业的历史上，是一次继往开来的大会，对进一步激发广大盲人聋哑人的积极性，努力为四化建设多做贡献，将产生深远的影响。

新中国成立三十来年，我国盲聋哑事业同其他战线一样，也取得了重大的成就。随着我国国民经济的逐步发展，建立了不少生产自救组织，以后又逐步发展为社会福利工厂；一部分盲人聋哑人也被安排到其他企事业单位就业，使盲人聋哑人参加劳动的越来越多。他们的学习和生活条件，都得到了改善，广大盲人聋哑人和全国人民一样，真正成为国家的主人。但是，这项工作三十年来并不是一往直前的，特别是十年动乱时期，林彪、“四人帮”的干扰破坏，给盲聋哑事业带来空前浩劫。各级盲人聋哑人协会组织被扣上“福利主义”、“封建行会”等罪名，被迫撤销。协会干部被揪斗，队伍被解散，活动被停止，使我国的盲聋哑事业大伤元气。粉碎“四人帮”后，特别是党的十一届三中全会以来，深入批判林彪、“四人帮”的极左路线，拨乱反正，党的正确路线又得到贯彻执行，全国各省市的盲人聋哑人协会组织，重新得到恢复，并做了大量的工作，使协会组织重新起到了党和政府联系广大盲人聋哑人的桥梁和纽带作用。我国的盲聋哑事业，又重新展现出了美好的前景！

回顾三十年的历程，广大盲人聋哑人深深体会到：紧紧依靠党的领导，是盲聋哑事业不断前进的根本保证。没有共产党，就没有社会主义的新中国，更没有盲人聋哑人幸福的今天。盲人聋哑人的境遇，从一个方面有力地说明了社会主义制度的优越性。

党和老一辈无产阶级革命家对盲人聋哑人一向是十分关怀的。毛主席、周总理等党和国家的领导人，生前都亲切接见过盲人聋哑人代表和盲聋哑工作者。我国的盲人聋哑人有几百万，做好这些人的工作，对于调动他们及其亲属的积极性，促进社会的安定团结，变消费者为生产者，以及对我国早日实现四化，都有十分重要的意义。

无数事实证明，盲人聋哑人生理上虽然有缺陷，但是，在社会主义社会里，只要我们充分发挥他们的聪明才智，他们同样可以为四化建设作出应有的贡献。出席这次会议的许多代表的生动事迹告诉我们：有的同志是在战火纷飞的战场上英勇杀敌致聋致盲的。他们不居功骄傲，不吃老本，在盲聋哑事业的这个新的“战场”上，又带领无数的盲人聋哑人，艰苦创业，为民造福，为社会主义建设立了新功！有的代表是在青少年时因病致聋致盲的，他们不悲观、不厌世，排除万难，刻苦自学，终于使自己成为对祖国建设有用的画家、工程师、专家、音乐家和教授等。有的代表虽然是先天盲、聋，但是他们靠自己的双手，也在平凡的工作岗位上作出了不平凡的事迹。盲人聋哑人的聪明才智，在我国社会主义制度下，相信将会得到充分的发挥！

要做好几百万盲人聋哑人的工作，必须依靠各级党组织、各级政府和各有关部门的重视和关怀，同时还要依靠全国各行各业对盲聋哑事业的关心。我们党，历来把盲聋哑事业作为各级政府工作的一个重要内容，是全国人民和各行各业共同关心的一项事业。在经过林彪、“四人帮”一伙十多年的干扰破坏后，当前社会上还存在歧视盲人聋哑人的现象，我们要大力进行宣传和提倡关怀盲人聋哑人的新风尚，反对歧视盲人聋哑人的旧思想。各地党组织和各级政府，对城镇有劳动能力的盲人聋哑人，应该根据他们的生理特点，广开门路，妥善安排他们参加力所能及的生产劳动。对农村的盲人聋哑人，也要给予关怀，在安排农副业劳动生产时，应予以照顾。我国盲人聋哑人的文化科学水平普遍很低，还有不少文盲。我们应该创造条件，逐步解决扫盲问题。同时，还要努力办好现有的盲聋哑学校，并注意培养师资，逐步普及聋哑小学教育；有条件的盲聋哑学校对学生还应该进行职业训练，以便盲人聋哑人能更好地适应四化建设的需要。各地要积极开展盲症、聋症的防治工作，降低因病致盲、致聋的发病率。各地党组织和各级政府要把协会组织看成是做好盲聋哑工作的有力助手，要经常给予支持和帮助。我们希望，在这次代表会议之后，我国的盲聋哑事业能够迈出新的一步！

4 月 16 日

全国人大常委会委员长叶剑英和国务院总理华国锋电贺民主柬埔寨新中国成立五周年

电报全文如下：

柬埔寨民主柬埔寨国家主席团主席、政府总理乔森潘同志，柬埔寨人民代表大会常务委员会委员长农谢同志：

在民主柬埔寨新中国成立五周年的时候，我们代表中国政府和中国人民，向你们，并通过你们向民主柬埔寨政府和兄弟的柬埔寨人民表示热烈的祝贺和诚挚的敬意。

柬埔寨人民具有光荣的革命斗争传统，曾为自己的民族独立写下了不朽的历史篇章。一年多以前，越南当局在苏联霸权主义的支持下，公然践踏公认的国际关系准则，对民主柬埔寨发动了一场赤裸裸的侵略战争，妄图实现其地区霸权主义的野心，并为苏联在亚洲、太平洋地区的战略部署效劳。在面临民族生死存亡的严重关头，柬埔寨人民在民主柬埔寨政府的领导下，毅然奋起抗战，同入侵之敌进行不屈不挠的战斗，广泛地开展了游击战争，挫败了越南侵略军的旱季进攻，英勇地捍卫着国家独立和民族生存，并为维护东南亚和亚洲、太平洋地区的和平与稳定作出了重要贡献。

柬埔寨人民反抗越南侵略是正义的斗争。中国政府和人民将一如既往，坚决支持兄弟的柬埔寨人民的抗越救国斗争。我们深信，民主柬埔寨政府以爱国、民主、民族大团结阵线纲领为指针，团结一切爱国民主力量，结成最广泛的抗越民族统一战线，坚持斗争，定能击败侵略者，取得抗越救国斗争的最后胜利。

中华人民共和国全国人民代表大会常务委员会
委员长　叶剑英
中华人民共和国国务院总理　华国锋
1980 年 4 月 16 日于北京

第五届全国人民代表大会常务委员会关于召开第五届全国人民代表大会第三次会议的决定

（1980年4月16日第五届全国人民代表大会常务委员会第十四次会议通过）

第五届全国人民代表大会常务委员会第十四次会议决定：中华人民共和国第五届全国人民代表大会第三次会议于1980年8月在北京召开；拟定会议的主要议程是：听取国务院工作报告，审议修改中华人民共和国宪法第四十五条的议案，审议中华人民共和国婚姻法（修改草案）、中华人民共和国国籍法（草案）等，开会日期另行通知。

第五届全国人民代表大会常务委员会决定任免国务院副总理的名单

（1980年4月16日第五届全国人民代表大会常务委员会第十四次会议通过）

根据国务院华国锋总理的提议：

决定任命赵紫阳为国务院副总理，万里为国务院副总理；

决定免去纪登奎的国务院副总理职务，陈锡联的国务院副总理职务。

第五届全国人民代表大会常务委员会关于接受吴德辞去本届全国人民代表大会常务委员会副委员长职务的决定

（1980年4月16日通过）

第五届全国人民代表大会常务委员会第十四次会议决定：接受吴德辞去本届全国人民代表大会常务委员会副委员长职务的请求，并报全国人民代表大会下一次会议追认。

第五届全国人民代表大会常务委员会任免人员

决定任命：

林平为中华人民共和国兼驻巴布亚新几内亚特命全权大使；

刘春为中华人民共和国驻阿拉伯埃及共和国特命全权大使。

决定免去：

谢邦治的中华人民共和国驻芬兰共和国特命全权大使职务。

全国人大常委会副委员长乌兰夫在北京接受马达加斯加新任驻中国大使拉科托菲林加递交的国书

全国人大常委会副委员长邓颖超在北京会见英籍女作家韩素音

国务院副总理王震在北京会见联邦德国航空航天研究试验院理事会主席赫尔曼·约尔丹教授率领的代表团

联邦德国客人在北京期间同中国有关人士商谈了民用航空领域方面的合作事宜，并签署了《中国航空研究院与德国航空航天研究试验院在民用航空研究合作专门议定书》。在同客人交谈中，王震副总理祝贺议定书的签订，并希望中国、联邦德国双方不断扩大在民用航空领域方面的合作。

国务院副总理谷牧在北京会见日本前国土厅次官下河边淳一行

中国政府民航代表团和美国政府民航代表团在北京就签订两国间民用航空运输协定的问题举行第一轮会谈

双方就有关实质性业务问题阐述了各自的原则立场并充分交换了意见，增进了彼此间的了解，取得了积极的成果。双方初步商定，第二轮会谈将尽快在华盛顿举行。

越南当局不断向我境内驱赶难民

《人民日报》报道，越南当局继续用残暴手段将大批越南居民赶向中越边界中国一侧。从今年1月至3月，被驱赶到我云南省河口、金平两县的越南难民共有340多人。

越南黄连山省意地坪哈寨的苗族难民谈到，1月19日，越南武装人员用机枪、冲锋枪赶着这个寨的13户、96名难民向我金平县金水河大队独远寨奔来。在离难民队伍不远的后面，十多名武装人员还不时开枪。在子弹的呼啸声中，难民们扔掉简单的行囊，互相拉扯着、哭喊着，一些老年人和体弱者在国境线上跌跌爬爬，甚至晕厥过去，其状惨不忍睹。

2月13日，越南黄连山省金平寨20户109人在越武装人员的威逼和押送下，全部被赶入我河口县。进入3月，越武装人员驱赶难民进入我国境内的事件接连发生多次。

3月23日，被越南当局从黄连山省朗旦寨驱赶到我河口县的难民张开明控诉说：越南兵把我们寨的人都赶到中国。我不愿离开家乡，他们就在一天晚上把我们全寨的房子放火烧了，强迫我离开家园。

我国科学工作者和有关方面代表一致认为把黄土高原建成牧业林业基地是改变面貌控制水土流失的战略举措

《人民日报》报道，经过一年多的广泛探讨，对黄土高原的建设和治理方针，已经取得了比较一致的看法。在最近召开的黄土高原水土流失综合治理科学讨论会上，科学工作者和有关方面的代表共同认为，把黄土高原建设成为牧业和林业基地，这是改变黄土高原面貌，控制水土流失的战略措施。

从3月底到4月初在西安举行的这次科学讨论会，是由国家科委、国家农委和中国科学院联合召开的。代表们回顾了一年多来对黄土高原治理和建设问题的讨论。认为，党的三中全会以来，广大科学工作者和干部群众，解放思想，实事求是，作了大量的调查和研究，在许多场合和报刊上开展了黄土高原治理和建设方针的讨论，写出了数以千计的论文和调查报告，一度形成了黄土高原建设以林牧为主、以牧为主、以林为主和以农为主的四家争鸣的热烈局面。经过广泛、充分的探讨，大家的认识逐步趋向一致。最近，中央领导同志提出，要把黄土高原搞成牧业、林业基地，正是对一年多来讨论的概括和总结。

与会代表认为，把黄土高原建设成为牧业、林业基地，这是一个非常重要的战略思想，也是已经为许多地方的实践所证明了的正确方针。水土流失非常严重的陕北米脂县高西沟大队，过去想靠广种薄收解决缺粮问题，结果反而越垦越穷。后来他们一手抓农田建设，一手抓植树种草，逐步过渡到粮、林、草面积各占1/3。1979年，每个劳动力平均生产粮食9000斤；按人口平均，产值超过1000元，分配120元，口粮500多斤。

对于怎样调整黄土高原目前的农林牧生产结构，逐步建设牧业、林业基地，与会代表从各个方面阐述了自己的意见。他们认为，要把黄土高原搞成牧业、林业基地，这是就黄土高原的总体而言的，至于在各种不同类型的地区如风沙区、沟壑区、阶地区、土石山区和林区，如何因地制宜地具体贯彻这个方针，还有待于进一步探索。

讨论会上，科学家们和从事实际工作的同志，提出了许多有益的建议。一些同志提出，鉴于黄土高原的治理和建设，内容复杂，涉及面广，具有很强的综合性特点，从中央到地方，有必要建立一个统一领导黄土高原治理的专门机构；要把黄土高原治理工作纳入国民经济计划，用合同制的办法，把治理任务分期分批落实到县，集中治理，集中支援。在贯彻黄土高原生产建设方针方面，他们建议，既需要一个调整的时间，逐步向两个基地过渡，又要步步抓紧，并且要有相应的政策，保证过渡的实现。比如，可以试行农、工、商一条龙的办法，加快基地建设步伐；在向牧业、林业基地过渡期间，国家在粮食、燃料等方面切实给予政策保证，在资金、科技力量等方面给予必要的支持；明确这些地区将来主要向国家提供畜产品和林副产品；制定和严格执行有关水土保持、森林保护的法令，等等。

《人民日报》发表社论《学习地质工作者的艰苦创业精神》

“踏破铁鞋行千里，叩敲大地绘新图。”这是对地质战线英雄模范人物的写照。长年奋斗在深山荒漠、原野海洋，工作流动分散、条件艰苦的地质工作者，为人民作出了贡献。经国务院批准，地质部于4月14日举行了评功授奖大会，表彰他们的英雄事迹。

值得引以为荣的是，地质战线涌现出来一批勇于探索，大胆实践，取得新认识、新突破的地质工作者。我们能有李四光同志这样世界有名的科学家，是地质战线的光荣，也是中华民族的光荣。

地质队伍的艰苦创业精神值得各条战线广大职工学习。在深山沟、在密林中、在雪线边、在戈壁滩、在海岛上，到处都留下了他们艰辛的足迹和勤劳的血汗。他们向祖国提供了丰富可靠的地质资料和矿产资源，基本上保证了我国社会主义建设的需要。

丰富的矿产资源是我国十分宝贵的财富，是四个现代化建设的重要物质条件。无论发展农业，发展轻工业，开采石油煤炭，修筑铁路港口，兴修水利工程，建设黑色金属、有色金属、稀有金属及非金属矿等等，都必须首先弄清地质情况，探明矿产资源。就拿石油地质勘探工作来说，50年代中期，地质部门加强了石油普查，取得了一连串的突破，为石油工业的大发展提供了丰富的资源。正是根据李四光同志的建议，地质系统的石油普查队才向华北、松辽等沉积盆地进军。由韩景行同志率领的踏勘组，写出了石油地质概查报告。地质人员头顶青天，脚踏草原，冒着严寒，圈定了大庆长垣构造，为石油部门开发大庆油田创造了条件。后来，石油普查工作削弱了，不仅影响到石油工业的持续发展，也影响到整个国民经济的发展。正是在这个意义上说，地质工作是四化建设的基础，在国民经济的发展中，具有战略性的地位。

当前，地质工作虽然取得了很大的成绩，但为了适应四化建设和人民的各种需要，还需要更大的努力。应该看到，地质工作还是国民经济的一个薄弱环节，技术水平、装备水平和管理水平落后，许多矿产资源的远景不清，某些急需的矿产资源紧张、储量不足。地质工作要当好先行，就要不断分析资源形势，掌握四化建设对矿物原料需求的趋势，既要满足当前国家建设的需要，又要考虑长远建设的需要。要搞好成矿远景区和各类矿产资源的预测和总量估计，找到和评价更多的矿产地。一个矿从发现到查明，能够提供设计建设，需要经过一个较长的探索过程。因此，地质工作必须先行，这是经济建设的客观规律。

要建设一支又红又专的地质队伍，必须充分发挥科技人员的作用。搞地质工作的要特别强调学习地质业务技术，懂得地质工作的特点和基本规律，由外行变为内行。不少同志已经或者正在由外行变成内行。实践证明：由外行变为内行并非高不可攀。地质工作从始至终贯穿着艰苦复杂的脑力劳动和体力劳动，科技人员在地质工作中起着主导作用。充分调动科技人员的积极性，发挥他们的作用，真正做到有职有权，是做好地质工作的决定性条件。各级党的领导，要继续落实党的知识分子政策，正确认识科技人员在地质工作中的重要地位和作用，充分发挥他们的优点和专长，尽可能解决他们在工作中和生活中的特殊需要。所有科技人员都要不断提高技术专业水平，学习地质科学领域的新技术、新方法，掌握现代化的科学技术知识，贡献自己的才智和力量。

祖国的四化建设对于地质工作寄予很大的期望，地质工作的前程无限广阔。广大地质工作者要把已经取得的成绩和荣誉，作为继续前进的起点，千方百计多找矿，找好矿，多出成果，快出成果，从地面、海上、空中向大自然进军！

清华大学在校庆前夕向台湾清华师生和校友发出邀请信

《人民日报》报道，4月27日是清华大学69周年校庆日和校友返校节。最近，他们向台湾清华大学的师生和校友们发出了邀请信，热诚地邀请在台湾的师生和校友们派代表返校，同各届校友一起欢度节日。

邀请信中说，生活在祖国大陆的清华大学校友，时刻都在想念台湾清华大学的校友。我们都是骨肉同胞，去年校庆有很多校友包括国外的校友返校，今年将有更多的校友返校团聚，共叙校友之情，互勉在祖国建设中多做贡献。这不禁使我们想起在台湾的清华大学校友。我们中间不少人曾在祖国民族危亡的年代，同生死、共患难，为民族的生存奔走四方。今天，我们又为何不能并肩携手，为促进相互联系，进行学术交流，尽应尽之责呢！我清华学人应继承光荣的爱国传统，值此大好形势，打破长期隔绝的不幸局面，迈出互相往来的第一步。

邀请信最后说：让我们顺乎历史的潮流，共同努力，在20世纪80年代，为祖国统一大业作出应有的贡献。

4月17日

中共中央副主席邓小平在人民大会堂会见意大利共产党总书记贝林格和他率领的意共中央代表团

邓小平同志与贝林格同志早在15年前就见过面。会见的时候，邓小平同志亲切地说：15年是曲折的。你们有变化，我们也有变化。现在中意两党终于走到一起来了。这是整个国际局势的需要，也是全世界人民的需要。

他指出，意大利共产党是本国的重要政治力量，是欧洲的重要政治力量，也是国际共产主义运动、争取人类进步事业、争取国际和平和安全的重要力量。

贝林格同志说：我们意大利共产党广大党员都高度评价粉碎“四人帮”以后中国出现的积极变化。我们之间有许多问题要讨论。我们有愿望发展两党关系，了解彼此观点，寻求合作。意大利共产党、意大利广大劳动人民群众、进步民主力量，都极其满意地评价我们两党关系的发展。他祝愿中国实现自己的宏伟目标，尽快地建设起一个强大的、进步的中国。

中共中央副主席邓小平在人民大会堂会见意大利记者

邓小平说：“意大利共产党不仅在意大利占有重要的地位，而且在整个欧洲、国际共产主义运动和国际政治生活中也占有重要的地位。它是争取人类进步的重要力量，是争取世界和平安全和稳定的重要力量。”

邓小平接着说：“中国共产党的目标也是争取人类进步。在当前严峻的国际形势下，我们党面临的重要任务也是争取世界和平、安全和稳定。在这个意义上来说，两党在现在这个时刻恢复良好的同志关系，具有重要意义。所以，我们很重视贝林格同志、巴叶塔同志率领代表团来中国访问。我们两党有相当多的共同点，也有不同的意见，但这不要紧，重要的是寻求更多的共同点。”

五届全国人大常委会第十四次会议在北京闭幕

4月8日开始的这次全国人大常委会会议，经过一个多星期的工作，对各项议案进行了认真的讨论和审议。在今天下午举行的全体会议上，一致通过了下列议案：

(一)关于建议修改宪法第四十五条的议案；(二)关于召开第五届全国人民代表大会第三次会议的决定；(三)关于实施刑事诉讼法规划问题的决议；(四)关于婚姻法修改草案的决议；(五)关于接受吴德辞去本届全国人大常委会副委员长职务的决定；(六)决定任免国务院副总理名单；(七)法制委员会增加的副主任、委员名单。会议还通过了其他任免事项。

全国人大常委会副委员长彭真主持了今天的全体会议。全国人大常委会副委员长乌兰夫、韦国清、谭震林、李井泉、邓颖超、赛福鼎、阿沛·阿旺晋美、周建人、许德珩、胡厥文、萧劲光、朱蕴山出席了会议。

国务院副总理薄一波，最高人民法院院长江华，最高人民检察院检察长黄火青，以及各省、自治区、直辖市人大常委会的负责人列席了今天的会议。

全国人大常委会关于《中华人民共和国婚姻法(修改草案)》的决议

第五届全国人民代表大会常务委员会第十四次会议讨论了《中华人民共和国婚姻法(修改草案)》，决定将这一草案印发各省、自治区、直辖市的人民代表大会常务委员会和中央有关部门征求意见，修改后提请第五届全国人民代表大会第三次会议审议。

全国人大常委会关于实施刑事诉讼法规划问题的决议

第五届全国人民代表大会常务委员会听取了最高人民法院、最高人民检察院和公安部关于实施刑事诉讼法情况和规划的报告。会议认为，去年第五届全国人民代表大会第二次会议制定中华人民共和国刑法和中华人民共和国刑事诉讼法以来，各级法院、检察院和公安机关调进了大批干部，充实和加强了法院、检察院和公安机关，建立了司法行政机关；组织干部认真学习、宣传刑法和刑事诉讼法，培训了干部；纠正了大批冤假错案，清理了大量积案；并且在业务用房、交通工具、技术设备等物质方面，为实施刑法和刑事诉讼法做了大量的准备工作。今年1月1日起，全国各地除普遍实施刑法以外，正在根据各地的实际情况，逐步实施刑事诉讼法。会议对以上工作，表示满意，并批准最高人民法院、最高人民检察院和公安部关于在今年内分期分批全面实施刑事诉讼法的规划。

刑法和刑事诉讼法，是健全我国社会主义法制的大法。实施刑法和刑事诉讼法对于打击敌人、惩罚犯罪、保护人民、维护社会秩序、巩固和发展安定团结的政治局面、保障社会主义现代化建设，具有重要的作用。会议认为，1980年年底以前，除极少数交通十分不便的边远地区外，全国各地要逐步做到全面实施刑事诉讼法。为此还需要切实地、系统地进行大量的工作。各级人民法院、人民检察院、公安机关、司法行政机关和其他有关部门，都必须根据实际情况，制定今年实施刑事诉讼法的具体规划。在规划和执行中，必须注意抓紧解决下列几个问题：

(一)各级人民法院、人民检察院、公安机关都要根据全国人民代表大会常务委员会第十三次会议关于刑事诉讼法实施问题的决定，作出逐步实行刑事诉讼法关于侦查、起诉、一审、二审期限等规定的规划。

(二)公安机关要做到按照刑事诉讼法关于拘留、逮捕、侦查、预审的各项规定执行。

(三)人民检察院要依照刑事诉讼法的规定，进行批捕、起诉、出庭支持公诉。要加强对刑事案件的判决、裁定的执行和对监狱、看守所、劳动改造机关的活动是否合法实行监督。

(四)人民法院审理案件，要按照刑事诉讼法的规定，实行陪审、合议、辩护等各项制度，除依法不公开审判的案件以外，实行公开审判。

(五)法院、检察院、公安机关和司法行政机关要继续抓紧调配干部，举办各种政法干校和训练班，并和教育部门互相配合，尽量扩充和加强政法大专院校，大力培养、训练政法干部、律师，充实各级司法机关的力量，提高司法干部的业务水平，保证刑事诉讼法的全面实施和加强司法工作的需要。

全国人大常委会任免名单

任命王汉斌为全国人民代表大会常务委员会法制委员会秘书长，邹瑜、项淳一为副秘书长；

免去武新宇的全国人民代表大会常务委员会法制委员会秘书长兼法律室主任职务，免去刘复之的全国人民代表大会常务委员会法制委员会第一副秘书长兼政策研究室主任职务，免去王汉斌的全国人民代表大会常务委员会法制委员会副秘书长兼办公室主任职务。

全国人大常委会批准任命辛程为吉林省人民检察院检察长

全国人大常委会关于建议修改宪法第四十五条的议案

第五届全国人民代表大会常务委员会第十四次会议同意中国共产党中央委员会关于修改宪法第四十五条的建议：为了充分发扬社会主义民主，健全社会主义法制，维护安定团结的政治局面，保障社会主义现代化建设的顺利进行，建议将宪法第四十五条“公民有言论、通信、出版、集会、结社、游行、示威、罢工的自由，有运用‘大鸣、大放、大辩论、大字报’的权利。”修改为“公民有言论、通信、出版、集会、结社、游行、示威、罢工的自由。”取消原第四十五条中“有运用‘大鸣、大放、大辩论、大字报’的权利”的规定。决定提请第五届全国人民代表大会第三次会议审议决定。

全国人大常委会法制委员会增加的副主任委员名单

副主任　张友渔　刘复之　顾　明　王汉斌

委　员(按姓名笔画为序)

石　磊　李　普　邹　瑜　陈　卓　项淳一　秦　川　顾昂然　高西江

国际货币基金组织决定正式恢复中华人民共和国在该组织的代表权

长江沿岸开办8个外贸港

经国务院批准，我国在长江沿岸开办了8个对外贸易运输港口。这8个港口是：江苏张家港、南通、南京三港，安徽芜湖，江西九江，湖北武汉，湖南城陵矶，四川重庆五港。从今年3月份以来，有关部门已陆续在这些港口开始办理对外贸易运输业务。

这些港口开办外贸运输，对于利用长江水运发展我国对外贸易具有重要意义。现在，沿江各省的出口物资可以就近装船直接运往国外，这样就减少了中转环节，加快了出口物资的运输。为了把沿江各省的外贸运输组织好，有关部门已分别在8个港口所在地建立了外贸、外运、海关、港务监督、船舶检验、卫生检疫、商品检验、银行、外轮代理、供油供水等机构。

中华人民共和国政府和蒙古人民共和国政府关于1980年相互供应货物的议定书在北京签字

我国外贸部副部长王润生和蒙古政府贸易代表团团长、外贸部副部长奥其尔巴勒分别代表本国政府在议定书上签字。

全国人大常委会副委员长邓颖超在北京会见由日本东京都议会议长高桥一郎率领的东京都议会友好代表团

在友好的谈话中，邓颖超说，中日友好先驱者鉴真大师的像最近回国巡展，这是两国人民友谊中的一件大喜事。她希望中日两国人民在新的历史条件下，共同携起手来，为加强两国的友好事业继续努力。邓颖超还向日本朋友介绍了我国对当前一些国际问题的看法。

国务院副总理姬鹏飞在北京会见并宴请由阿尔及利亚民族解放阵线党中央委员拉赫达尔·布拉希米率领的代表团

姬鹏飞在宴会上祝酒。他赞扬阿尔及利亚人民在沙德利总统的领导下，在发展民族经济和改善人民生活方面所取得的巨大成就。他表示很赞赏阿尔及利亚党和政府在国际事务中奉行不结盟的对外政策，坚持反对帝国主义、新老殖民主义、种族歧视，支持民族解放的正义立场。

姬鹏飞说，中国共产党十分珍视中阿两党和两国人民之间的友谊。中阿双方将本着独立自主、互相尊重的精神进行会谈，这对于加强两党和两国之间的友好合作关系是非常有益的，也符合两国人民的共同愿望和根本利益。

布拉希米致答词时赞颂中国人民对阿尔及利亚人民长达七年半的艰苦卓绝的解放战争在道义上、物质上和政治上的援助。他说，阿中之间的良好关系，必将在独立自主、互相尊重、不干涉内政和互利的基础上，不断得到巩固和发展。

布拉希米介绍了阿尔及利亚人民在民族解放阵线党的领导下，在国内建设方面所取得的成就。他说，阿尔及利亚决心维护自己的独立性，勇敢地、态度明朗地捍卫正义事业，为解决国际问题作出卓有成效的贡献。

中国政府代表外交部部长黄华在索尔兹伯里分别会见西南非洲人民组织主席努乔马 博茨瓦纳总统塞雷茨·卡马和外交部长莫惠

解放军各总部和驻京部队掀起唱战歌学传统向四化进军的热潮

《人民日报》报道，连日来，革命歌声响彻人民解放军各总部和驻京各部队营区。指战员们唱战歌，学传统，更加意气风发地向四化宏伟目标进军。这一大唱革命歌曲的热潮是在总政治部文化部向全军发出《关于在全军开展大唱革命歌曲活动的通知》以后掀起的。

《庆祝中华人民共和国成立三十周年全国美术作品展览》获奖作品发奖大会分别在北京 成都等地举行

中宣部副部长、中国文联主席周扬出席了由中国美术家协会北京分会召开的授奖大会，并且讲了话。他说，文学艺术事业，是一种精神劳动；对于从事这种精神劳动而卓有成效者，应该给予奖励。

在谈到美术事业有着广泛的发展前途，还要大力发展时，周扬说，中国画、油画、年画、连环画、漫画等，都要发展、提高。他强调，要对搞雕塑和壁画创作的同志给予支持。

获得一等奖的优秀作品有3件：周思聪的中国画《人民和总理》；刘宇廉、陈宜明、李斌的连环画《枫》；徐匡、阿鸽的版画《主人》。

获得二等奖的优秀作品有27件：程丛林的油画《一九六八年 × 月 × 日雪》；王有政的中国画《悄悄话》；贺中令的雕塑《骨肉同胞》(木雕)；李焕民的版画《换了人间》；高虹、何孔德的油画《军委全会》；张洪祥、王笃正、赵玉琢的油画《斗霸》；黄唯一的水粉画《西藏寄情》；乔十光的磨漆画《泼水节》；沈佳蔚的油画《红岩》；王大同的油画《雨过天晴》；徐文华的油画《晨》；高小华的油画《为什么》；赵益超、张明堂的中国画《考试》；杜鸿年的版画《林溪》；詹建俊的油画《高原的歌》;叶星生的布画《赛牦牛》;曹国昌的雕塑《少女像》(木雕);林岗、庞涛的油画《峥嵘岁月》;石齐的中国画《人人都在幸福中》;郭全忠的中国画《万语千言》;谢振瓯的中国画《丝绸之路》;王亥的油画《春》;张京生、王元珍的油画《没有共产党就没有新中国》;高小华的油画《我爱油田》;张文新的油画《巍巍太行山》;陈逸飞、蔡江白的油画《寒凝大地——纪念周文雍、陈铁军二烈士》;晁楣的版画《春醒》。

还有52件优秀作品,获得三等奖。

分别出席北京和成都发奖仪式的,有中国美协主席江丰、副主席华君武等。

国际自行车联合会为我国教练员和裁判员举办的训练班在昆明结束

这是中国1979年重新加入国际自行车联合会后,国际自联为帮助中国开展自行车运动而举办的第一个训练班。

4月18日

中共中央主席华国锋视察唐山时要求调动各方面的积极因素加快住宅建设

陪同华国锋同志视察的有国务院副总理谷牧、中共河北省委第一书记金明、建筑材料工业部部长宋养初、国家建委副主任张百发。这是唐山1976年地震后,华国锋第四次到唐山视察。

18日下午,华国锋等同志来到唐山的一个居民区。他们看了一排排新建的楼房,访问了搬进新房的居民,征询了对住宅建设的意见。

华国锋等同志还视察了唐山市加气混凝土厂和两个预制构件厂。当晚,唐山地区和唐山市的负责同志向华国锋同志汇报了大规模开展住宅建设的情况。

四川继续落实政策促进春耕争取全面丰收

《人民日报》报道,中共四川省委负责同志最近在一次会议上说,要搞好春耕生产,夺取今年农业继续全面丰收,必须保持农村基本政策的稳定性、连续性。政策稳定,人心稳定,农业生产才能持续增长。

根据这个精神,现在四川省各级党组织正在把加强和改善党的领导,进一步贯彻落实党在农村的各项政策,当作搞好春耕生产的重要一环来抓。达县、绵阳、宜宾、南充4个地区,已有6500多名干部,在地、县委领导干部的带领下,深入春耕第一线宣传贯彻中央两个农业文件和省委的有关措施,帮助基层建立和健全各种生产责任制,保持政策稳定。

温江地委针对有的干部对执行政策心有余悸,对生产责任制不够熟悉等情况,在春耕大忙之前,由县、社采取短训班、现场会等形式,对基层干部和财会人员进行了轮训。全区出现了进一步学政策、讲政策的热潮。

中华人民共和国政府和津巴布韦共和国政府决定建立大使级外交关系

《人民日报》发表社论《一唱雄鸡天下白——热烈祝贺津巴布韦共和国诞生》

今天,津巴布韦共和国光荣诞生了。在迎接津巴布韦独立的日子里,饱尝殖民主义和种族主义压迫之苦的津巴布韦人民,以“天亮了,雄鸡叫了”这句形象的话,来表达自己的欢乐之情。“一唱雄鸡天下白”。津巴布韦的历史从此揭开了新的篇章。中国人民对津巴布韦人民的胜利感到衷心的喜悦,并向津巴布韦人民致以热烈的祝贺。

津巴布韦人民是通过今年2月的大选,实现他们的民族愿望的。而他们之所以能够在选举中取得胜利,则是长期英勇斗争特别是坚持武装斗争的结果。自从19世纪末英国在津巴布韦建立殖民统治以来,津巴布韦人民就为反对殖民统治而进行不懈的斗争。在白人种族主义者1965年片面宣布独立、建立了白人种族主义政权后,津巴布韦人民的解放斗争进入了一个新阶段。他们在1966年开始拿起枪杆子进行斗争。十多年来,津巴布韦人民没有被残酷的镇压所吓倒,也没有被所谓“内部解决”的骗局所蒙蔽,坚持开展武装斗争和群众运动,不断壮大自己的力量,使种族主义统治日益陷入困境。正是在这样的形势下,去年9月在英国的主持下,罗得西亚当局不得不同由津巴布韦非洲民族联盟和津巴布韦非洲人民联盟组成的津巴布韦爱国阵线举行和平谈判。三方代表于12月21日签订了伦敦和平协定。而在大选中,长期坚持武装斗争的穆加贝领导的津巴布韦非洲民族联盟在广大群众的支持下,终于赢得绝大多数议席,从而结束了少数白人的统治,使津巴布韦获得了新生。这告诉人们,被压迫民族只要团结一致,经过不屈不挠的斗争,就一定能够赢得自己的独立和解放。争取解放的人民在进行武装斗争的同时,也并不排斥通过谈判来谋求政治解决。但是,符合人民利益的政治解决,只有在长期、有效的斗争的基础上,才能取得。

津巴布韦人民的斗争,得到了广大第三世界国家,特别是非洲国家的有力支持。非洲统一组织不断给津巴布韦人民以各种援助。非洲前线国家对津巴布韦的解放斗争承担了光荣的国际义务,并为此而作出了巨大的牺牲。津巴布韦人民斗争的胜利,正是在这种广泛的国际支持下取得的。这再一次证明,第三世界的兴起,已经使当前国际力量对比发生了有利于人民的重大变化。对于一切正在为民族解放事业进行斗争的人民来说,加强同广大第三世界国家的团结,取得广泛的国际支持,是他们取得斗争胜利的一项重要条件。

津巴布韦的独立,是非洲和全世界一件具有历史意义和深远影响的重大事件。它对整个南部非洲的种族主义力量是一个沉重的打击,而对正在为民族解放而斗争的纳米比亚人民和阿扎尼亚人民则是一个巨大的鼓舞。可以预言,在津巴布韦独立以后,南部非洲的民族解放斗争将会出现一个新的高潮。不仅如此,津巴布韦进入独立国家的行列,对非洲前线国家巩固民族独立、发展民族经济提供了有利的条件,并对稳定这个地区的局势和维护整个非洲的安全有着重大意义。津巴布韦人民的胜利,是整个非洲的共同胜利,也是第三世界国家的共同胜利。

当然,津巴布韦共和国的诞生并不意味着津巴布韦人民斗争的结束。由于长期的殖民统治和战争的破坏,这个新生的国家面临着严重的经济问题。少数顽固的种族主义分子不甘心于他们的失败,还会进行破坏和捣乱。一个超级大国过去一直虎视眈眈地想向津巴布韦伸手,今后还可能用各种手段在这个国家制造动乱以便从中渔利。因此,津巴布韦人民前进的道路不是平坦的。但是,人们高兴地看到,穆加贝总理在最近发表的多次讲话中,提出了一系列有利于加强国内团结合作、维护民族独立和发展民族经济的实际和稳妥的政策。这使得津巴布韦的局势在选举后日益走向稳定。人们相信,经过长期斗争赢得了解放的津巴布韦人民,在以穆加贝总理为首的新政府的领导下,一定能够加强民族团结,维护民族独立,稳步前进地发展民族经济,并击败国内外敌人的破坏阴谋,建设起一个独立、和平和繁荣的国家!

全国人大常委会副委员长邓颖超在北京会见美国作家衣阿华大学"国际写作计划"主持人聂华苓和她的丈夫保罗·安格尔

全国人大常委会副委员长阿沛·阿旺晋美在北京会见斯里兰卡友好人士特加·古纳瓦达夫人

国务院副总理薄一波在北京会见以汉斯·察赫尔教授为团长的联邦德国马克斯·普兰克学会社会科学代表团

代表团是由联邦德国各著名大学、研究机构的法学、经济、中国文学、哲学、历史、语言学和考古等专业的教授组成的。薄一波和汉斯·察赫尔在谈话中,都表示希望发展在社会科学方面的交流和合作。

代表团是应中国社会科学院邀请前来我国访问。

中国常驻联合国代表陈楚在安理会会议上强烈谴责以色列最近对黎巴嫩犯下的新罪行

陈楚说:"最近几次对黎巴嫩的武装入侵,进一步暴露了以色列当局坚持同巴勒斯坦和阿拉伯人民为敌、推行侵略扩张政策的反动立场和藐视联合国安理会的狂妄态度。""以色列的这一新的侵略行动,不仅侵犯了黎巴嫩的独立、主权和领土完整,而且严重地危及中东和世界和平。"

他说,安理会必须主持正义,维护《联合国宪章》的宗旨和原则,除了严厉谴责以色列的侵略行径以外,还应采取切实有效的措施,制止以色列对黎巴嫩的入侵,并要求以色列立即从黎巴嫩撤出所有入侵部队。

爱尔兰、黎巴嫩、挪威、赞比亚、菲律宾和美国等国家的代表也一致谴责以色列的新罪行。许多国家代表要求以色列立即无条件撤出侵略军,取缔黎巴嫩基督教民兵。

安理会主席、墨西哥代表波菲里奥·穆尼奥斯·莱多会后发表声明说,安理会对以色列支持黎巴嫩基督教民兵杀害联合国维持和平部队士兵感到"震惊和愤慨"。

解放军总政治部在北京召开全军政治工作会议

要把现代化革命军队建设搞上去,一定要加强党的建设,充分发挥各级党委核心领导作用、党支部战斗堡垒作用和共产党员的先锋模范作用,来带动军队各方面的工作。这是全军政治工作会议的中心议题。

中共中央主席、中央军委主席华国锋在4月29日到会讲了话。耿飚、韦国清、张廷发、杨得志、韩先楚、杨勇、王平、萧克、张爱萍、张震、迟浩田、梁必业、傅钟、甘渭汉、黄玉昆、颜金生、朱云谦、史进前、华楠、洪学智、李耀文、高厚良、宋承志、金如柏、李水清、陈鹤桥、黄新廷、莫文骅、谭善和、陈再道、吕正操、周泰和、相炜、段苏权、林浩、唐亮、陈漫远、李聚奎、秦基伟、梅嘉生、黎光等出席会议。

华国锋同志说,这次会议着重研究在军队中坚持和改善党的领导,提高党的战斗力问题,抓住了当前军队政治工作的关键。他说,全党工作着重点转移以后,我们面临着社会主义现代化、包括国防现代化的任务,迫切需要通过强有力的政治工作,保证党的路线和方针政策的执行。他重申,在四化建设的新的历史时期,政治工作仍然是经济工作的生命线,也是军队工作的生命线。

华国锋同志指出,加强政治工作就要开展兴无灭资的教育和斗争。他说，我们讲“兴无灭资”，就是要搞好思想教育，使无产阶级的思想阵地越来越牢固，越来越扩大，使资产阶级思想以及封建思想等的影响范围越来越缩小。我们共产党人就是要兴无产阶级思想，就是要用马列主义、毛泽东思想去战胜资产阶级思想和一切剥削阶级的思想，希望军队在“兴无灭资”，改变社会风气方面带个好头，在加强政治工作方面带个好头。

中央军委副主席叶剑英对这次会议非常关怀。他说，这次政工会议把加强党的建设作为主题，很好。政治工作所以成为我军生命线，根本原因就是有党的坚强领导。在任何艰难困苦情况下，党组织和广大党员都能发挥自己的战斗作用。叶剑英同志强调在加强党的建设中，要严格党规党法，开展批评和自我批评，改进领导作风，搞好民主集中制，增强团结，提高组织纪律性，模范地执行党的路线、方针、政策。各级党组织要学习伯乐，善于发现人才，培养选拔干部。叶剑英同志希望会议以后，各单位要贯彻好，落实好，切实提高党的战斗力。

中央军委副主席徐向前、聂荣臻听取会议情况汇报后，认为会议开得很好。徐向前同志说，军队的政治工作就是保证军队打胜仗，在没有打仗以前，就是保证准备好打仗。不论过去、现在和将来，要打胜仗，没有干部战士的高度觉悟是不行的。政治觉悟不高，就不会有勇敢，也掌握不好现代化武器装备。再一条，就是政治工作要保证干部战士成为能适应现代化战争需要的合格的军人。政治工作要围绕着这个去做。他指出“兴无灭资”是个好口号，要搞好兴无灭资的思想教育。要大力提倡学习雷锋，学习英雄模范人物，要大唱革命歌曲。鼓舞斗志，振奋革命精神，发扬正气，压倒邪气。聂荣臻同志指出，首先把党整顿好，先解决脑袋的问题，躯干和四肢就好办了。他说，红军时期也是这样做的，先抓党的建设。那时，战斗频繁，对党员的教育抓得很紧，党员受到教育就在行动上表现出来，发挥出自己的先锋模范作用，军队的战斗力就强了。聂荣臻同志还指出，培养和选拔接班人这件事，要坚决办，这是刻不容缓的大事。老同志要用自己的行动来培养选拔接班人。聂荣臻同志说，现在国际形势还是很紧张的，有些地方已经是炮火连天。我们要加强战备。我们军队建设，处于重要时期，这一段工作很重要，大家务必同心同德把事情办好。

中央军委秘书长耿飚就国内外形势问题讲了话。

会议由总政治部主任韦国清主持。韦国清同志就如何加强部队的政治工作讲了话。

到会同志围绕会议的中心议题进行了认真讨论，明确了当前部队政治工作应该抓好党的建设这个关键问题，保证党对军队的绝对领导。坚决贯彻执行党的路线、方针、政策。每个共产党员都要遵守党规党法，特别是高级干部，一定要起模范带头作用，认真执行党的政治生活准则，恢复和发扬党的光荣传统。要旗帜鲜明地坚持四项基本原则，普遍深入地进行革命人生观教育，彻底肃清林彪、“四人帮”的流毒和影响，坚决抵制各种非无产阶级思想的侵蚀，提高政治工作的战斗性。讨论中，大家还一致认为，要按照党中央选拔干部的条件，把德才兼优、年富力强的中青干部大胆地提拔到领导岗位上来。要下功夫考察了解干部，要进一步办好院校和教导队，加强对干部的培训。要改善工作方法，大兴调查研究之风，着重研究解决部队现代化建设中出现的新情况新问题。要进一步搞好上下之间、官兵之间、各部队各部门之间、军政军民之间的团结。同心同德，加倍努力，把工作做好，以优异成绩迎接党的十二大的召开。

会议在 30 日闭幕。参加会议的有各大军区、各军兵种、各院校和其他单位的政治部主任、总政治部各部门负责同志。

全国中专学校发展到近 2000 所

据教育部新近提供的材料说，“文化大革命”期间受到林彪、“四人帮”严重摧残的我国中等专业教育现在又迅速恢复和发展起来了。据统计，全国中等专业学校到去年年底已恢复和发展到 1980 所（不包括中等师范学校），比 1965 年增加了 1.27 倍；在校学生 71 万人，比 1965 年增加 0.82 倍。目前我国的中等专业学校（中等师范学校除外）共有工、农、医、财经、政法、体育、艺术七大类，350 多个专业。

《人民日报》发表特约评论员文章《对待知识分子的马克思主义方针》

我国的社会主义建设依靠什么？依靠工人、农民、知识分子的联盟。这是党早已确定了的马克思主义方针。可是，多年来，由于党内存在对待知识分子宁“左”勿右的错误思想，由于社会上存在反映小生产者落后心理的鄙薄知识分子的陈腐偏见，特别是由于林彪、“四人帮”的极左路线把知识分子同党和工农兵群众对立起来，这个联盟遭到严重破坏，损害了我国的社会主义建设事业。粉碎“四人帮”后，党中央及时拨乱反正，重申我国广大知识分子是工人阶级的一部分，是党的一支重要的依靠力量。但是，直到今天，我们还缺乏系统的宣传和切实的措施来保证其贯彻执行。随着工作着重点的转移，现在亟须在全国范围内，从思想理论到具体实践明确地解决这个问题，以充分发挥广大知识分子的积极性、主动性和创造精神，为我国四化建设贡献伟大的力量。

认识知识分子在革命和建设中的重大作用

我国革命的两个阶段，即民主革命阶段和社会主义阶段，都存在对待知识分子的两种不同的方针。一种是大量吸收、培养和放手使用知识分子的马克思主义方针；一种是轻视、排斥、打击知识分子的关门主义、宗派主义方针。毛泽东同志和他的战友们历来重视知识分子在革命和建设中的作用，在各个重要的历史关头，都及时地为争取、培养和使用知识分子制定一系列正确的方针和政策，纠正各种错误倾向，主要是“左”的错误倾向。为了使我们的认识统一到马列主义、毛泽东思想基础上来，有必要对毛泽东同志和他的战友们关于知识分子问题的基本思想作一点历史的回顾。

在民主革命阶段，毛泽东同志从我国实际出发，对知识分子在革命中的地位和作用进行了马克思主义的分析。他指出：半殖民地半封建中国的知识分子不同于资本主义国家的知识分子，除去极少数接近帝国主义并为大资产阶级服务而反对民众的以外，一般地受帝国主义、封建主义和大资产阶级的压迫，有很大的革命性。在民主革命运动中，知识分子起着先锋的和桥梁的作用。马克思主义思想在中国的传播和接受，首先也是在知识分子和青年学生当中。革命力量的组织和革命事业的建设，离开革命知识分子的参加，是不能成功的。

土地革命时期，王明的“左”倾路线对知识分子采取排斥和打击的错误方针。毛泽东同志后来多次指出，这种“为渊驱鱼，为丛驱雀”的错误方针，今后决不应重复，“没有知识分子的参加，革命的胜利是不可能的。”(《毛泽东选集》第二卷，第611页)

解放战争后期，毛泽东同志进一步提出，“一切受迫害、受限制的知识分子”属于劳动人民，是革命的主体力量的重要组成部分。他说：“所谓劳动人民，是指一切体力劳动者(如工人、农民、手工业者等)以及和体力劳动者相近的、不剥削人而又受人剥削的脑力劳动者。”(《毛泽东选集》第四卷，第1285页)“全体工人阶级、全体农民阶级和广大的革命知识分子”是人民民主专政的“领导力量和基础力量”(《毛泽东选集》第四卷，第1438页)。在我国民主革命阶段，已经形成工人、农民和革命知识分子的联盟，保证了我们的革命事业取得伟大的成功。

新中国成立以后的一个时期，党在全国范围内对从旧社会来的知识分子实行团结、教育、改造的方针。经过1950年至1952年的知识分子思想改造运动、土地改革、社会主义改造等一系列重要的社会变革，我国知识分子的面貌发生了根本变化。1956年1月，党中央召开了具有重大历史意义的知识分子问题会议，周恩来同志代表党中央作了《关于知识分子问题的报告》，系统地提出了社会主义建设时期对待知识分子的马克思主义方针和政策，其要点是：

第一，着重指出建设社会主义，必须依靠工人、农民、知识分子的联盟。报告指出：建设社会主义经济的目的，是为了最大限度地满足整个社会经常增长的物质和文化的需要，为此，必须大大发展以高度技术装备起来的社会化大生产。社会主义时代比以往任何时代都更加需要充分地提高科学技术，利用科学知识。我们要多快好省地建设社会主义，必须依靠体力劳动和脑力劳动的密切合作，依靠工人、农民、知识分子的兄弟联盟。

第二，强调说明我国知识分子的绝大多数已经是工人阶级的一部分。报告指出：对于旧时代的知识分子必须帮助他们进行自我改造，使他们抛弃地主阶级和资产阶级的思想，接受工人阶级的思想。为了这个目的，党采取了一系列的步骤。经过这些步骤，他们中间的绝大部分已经成为国家工作人员，已经为社会主义服务，已经是工人阶级的一部分。在团结、教育、改造旧知识分子的同时，党又用了很大的力量来培养大量的新的知识分子，其中已经有相当数量的劳动阶级出身的知识分子。由于这一切，我国的知识界的面貌已经发生了根本的变化。

第三，关于在知识分子问题上的主要倾向。报告指出，在知识分子问题上的主要倾向是宗派主义，即低估知识界在政治上和业务上的巨大进步，低估他们在我国社会主义事业中的重大作用，不认识他们是工人阶级的一部分。为了克服错误倾向，最充分地动员和发挥知识分子的力量，报告提出了改善对知识分子的使用和安排，给以必要的工作条件、生活待遇和政治待遇等一系列具体措施。

这次会议提出的对待知识分子的方针、政策和具体措施，在今天还保持着重要的指导意义。

从1957年开始，在对待知识分子问题上出现了严重偏离党的马克思主义方针的“左”倾错误。当时一种有相当代表性的思想认为：“教师包括共青团员在内绝大多数是资产阶级知识分子，是剥削阶级”；“在社会主义革命时期，工农是革命主力，知识分子是革命对象”；“党的领导逐渐深入到业务领域，与高级知识分子的斗争就越来越尖锐”；“在知识分子中不能与在工农群众中一样走群众路线”等等。毛泽东同志曾经就这种极端错误的倾向指出，“要端正方向，争取一切可能争取的教授、讲师、助教、研究人员，为无产阶级的教育事业和文化科学事业服务。”(1958年12月对《清华大学物理教研组对待教师宁“左”勿右》一文的批示)

周恩来同志、陈毅同志等在纠正对待知识分子的“左”倾错误方面做了重要的工作。他们在1962年3月广州科学工作会议和戏剧创作会议上，重申知识分子的大多数是爱国的、进步的、为社会主义服务的知识分子，应该放在劳动者之中。陈毅同志指出：工人、农民、知识分子，是我们国家劳动人民中间的三个组成部分，他们是主人翁。接着，周恩来同志在人大二届三次会议政府工作报告中又着重指出：从旧社会来的知识分子已经起了根本的变化，他们是属于劳动人民的知识分子，如果还把他们看作是资产阶级知识分子，显然是不对的。

历史表明，我们党什么时候遵循了对待知识分子的正确方针，我们的知识分子就能心情舒畅地为国家卓有成效地进行工作，我国的革命和建设事业就增加力量，得到发展；什么时候违背了这个方针，我们的知识分子工作就被破坏，我们的革命和建设的力量就削弱，就受挫折。

林彪、“四人帮”推行极左路线的十年，是对我国知识分子最严重的一次摧残，也是对我国社会主义力量和社会主义事业最严重的一次破坏。现在我们面临建设现代化强国的新的长征，知识分子的重要性超过以往任何时候。在四化建设中，无论生产力的高度发展，生产关系的合理调整，上层建筑的不断完善，以至劳动者知识技能的提高和道德品质的陶冶，都离不开科学、技术、思想、理论、政治、经济、法律、教育、文学、艺术等各条战线上知识分子的辛勤劳动。因此，认真贯彻执行对待知识分子的马克思主义方针，充分发挥知识分子在现代化经济建设和文化科学建设中的巨大作用，在今天具有极其重要的战略性的意义。全党、全国人民必须明白：要在我国建立强大的社会主义经济，就不能没有强大的文化科学技术，而要有强大的文化科学技术，就不能没有强大的知识分子队伍。不依靠知识分子这支重要力量，离开工人、农民和知识分子的联盟，我国的四化建设是绝对不可能成功的。

贯彻执行党对知识分子的方针的主要障碍

当前贯彻执行对待知识分子的马克思主义方针的主要障碍是什么？第一是林彪、“四人帮”极左路线的流毒；第二是1957年以来对待知识分子宁“左”勿右的思想影响；第三是小生产的狭隘的政治视野和习惯势力。

有的同志认为，依靠知识分子就是削弱、放弃党的领导，甚至恐惧知识分子“向党争夺领导权”。这种观点实际上是把知识分子看作异己力量而不是依靠力量，其对社会主义建设的危害是非常之大的。

党对知识分子的领导权问题，在我国民主革命时期早已解决。知识分子不是一个独立的阶级，它或者依附于资产阶级，为巩固资产阶级的领导权服务；或者依附于无产阶级，为巩固无产阶级的领导权服务。由于我国革命的特殊条件和我党争取知识分子的方针的胜利，我国知识分子的多数在民主革命深入时期就靠近党或接受了党的领导。正像毛泽东同志指出的，数百万大小知识分子，帝国主义及其走狗中国的反动政府只能控制其中的一部分人，到了后来，只能控制其中的极少数人，其他都不能控制了。在社会主义阶段，党对知识分子的领导权在新的基础上进一步巩固地确立了起来。当然，除了国内外的反动派，个别的反动知识分子任何时候都有，但他们只能依附党内的野心家、阴谋家，并不能构成独立的力量。我们在社会主义建设中遇到的问题，不是知识分子向党争夺领导权，而是党不善于领导(在一个时期内甚至是粗暴地打击)知识分子。恐惧知识分子争夺领导权而不敢信任、信用他们，其结果恰恰是自动放弃或削弱党对知识分子的领导作用。

在党领导下，依靠教师、教授办教育，依靠各种科学技术专家办工程企业，这怎么能说是放弃党的领导呢？这恰恰是党加强对于知识分子的领导的一种表现。列宁曾指出，有人借口集体管理和发挥群众智慧而排斥专家、反对专家，这是“一种极愚昧的精神”，“有了这种精神是不可能达到胜利的”。并且提出，必须反对那种“貌似激进实则是不学无术的自负”。多年来，我们在经济、政治、文化教育各个领域都碰到这种愚昧精神，都碰到这种貌似激进实则是不学无术的自负。我们应当赶快把这种愚昧的、落后的、幼稚的东西丢掉。什么是在知识分子问题上的党的正确领导呢？这就是：充分估计知识分子在社会主义建设中的重大作用，信任他们，依靠他们，把他们的力量使用在一切应当使用的方面，并且关心和帮助他们在思想上、政治上不断获得进步。不这样，就谈不上党的领导。

我们党已经向全国人民提出攀登思想理论、科学技术、文学艺术三个高峰的目标，这首先是我国知识分子的历史使命。为了实现这样光荣而艰巨的使命，每一个爱国的知识分子都要努力把献身全民族事业的伟大理想同精通专业的卓越才能密切结合起来，也就是做到又红又专。在我们实现四个现代化的征途上，没有专业知识和能力是很难前进的；而没有为理想奋斗到底的献身精神也会迷失前进的方向。所以党的领导应当努力提高思想政治工作的水平，克服过去工作中形式主义和简单化的毛病，善于通过生动活泼的、有效的学习活动，提高广大知识分子特别是青年知识分子的思想政治觉悟。

还有的同志认为，建设社会主义靠工农群众大干苦干就行，不必靠文化知识和科学技术。他们排斥知识分子于群众路线之外。这种观点严重妨碍新时期工人、农民、知识分子联盟的巩固,妨碍社会主义建设事业的发展。

在人类文明的发展过程中,科学文化起着愈来愈显著的作用,相应地,知识分子也起着愈来愈重要的作用。有人以为,知识分子只创造精神财富,不创造物质财富,他们是靠工农养活的。这是一种糊涂观念。历史上,特别是近代以来,生产力的发展,物质财富的创造,在很大程度上取决于科学技术的发展。正像马克思早已指出的,科学技术是生产力,科学正在日益转化为生产力。社会主义要战胜资本主义,必须创造比资本主义更高的劳动生产率,而要做到这一点,不依靠先进的科学技术和科学管理是完全不行的。为了做到这一点,除了充分发挥现有从事科学、文化、教育等各项专业的知识分子的作用以外,还要使工人和农民越来越多地变成有文化有学识的人,即在工农群众中造就大批新的知识分子、科学技术专家。一句话,我国四化建设的成功,要依靠工人、农民、知识分子这三支大军的亲密合作,缺少任何一个方面都是绝对不行的。离开知识分子这支大军,制造工农和知识分子的对立,那就是制造落后、愚昧和野蛮,使我国社会的生产力长期原地踏步,离现代化社会主义强国的目标愈来愈远。

我国知识分子的大多数是主要从事脑力劳动的一部分工人阶级,他们与主要从事体力劳动的工人阶级只有分工的区别,不存在阶级的差别。他们是我国现代工人阶级队伍中专门从事于提高全民族的科学文化水平从而促进生产力发展的极具重要的组成部分。

多年来,由于林彪、"四人帮"极左路线的干扰,宣传所谓"知识越多越蠢"、"知识到手,人被夺走"之类,使"劳动人民知识化"的进程受到很大挫折,甚至在年轻人中制造了新的文盲。同时,这条极左路线利用"知识分子劳动化"和所谓"反对知识私有"来打击知识分子,驱赶知识分子放弃自己的专业去从事单纯的体力劳动,以此摧残我国的文化科学事业。我们要求知识分子和工农劳动群众相结合,并不要求知识分子放弃自己的专业,他们应当以自己的脑力劳动,以自己的知识特长来为社会主义服务。一部分搞科学技术的,他们的业务本身,就是同生产直接结合的一种劳动,是劳动生产力的一种形态。因此,如果要求他们放弃同专业结合的生产劳动去从事繁重的体力劳动,这不是使知识分子"劳动化",而是劳动形态上的一种退化,直接妨碍科学技术和社会生产力的发展。我们的未来目标,是要逐步缩小主要从事脑力劳动和主要从事体力劳动这两部分工人阶级之间的差别,最终消灭这种差别。而消灭这两部分工人阶级之间的差别的途径,只能是提高整个工人阶级和全民族的科学文化水平,而不是降低水平。

这里还要提一下严重影响我国知识分子和各方面杰出人才迅速成长的一种习惯势力,这就是平均主义。

平均主义是我国社会的一笔古老历史遗产。它来源于小生产者的狭隘保守观念,不仅表现在广阔的经济生活之中,而且表现在各个文化领域的精神生活之中。这种平均主义要求经济上的绝对平等,也要求知识才能上的绝对平等。当前在科学文化领域的知识分子队伍中,相当普遍地存在这种平均主义思想,对于从中青年中涌现出来的科学技术人才,文艺创作和表演人才,理论、宣传和教育人才等等,有一点出众的成绩,有一点与众不同的创见,不但不容易得到培育和奖掖,反而常常遭到一些人的倾轧。只准碌碌无能,不准崭露头角。"木秀于林,风必摧之;堆出于岸,流必湍之;行高于人,众必非之",是我国几千年封建社会的腐朽传统。鲁迅讲过:"我觉得中国有时是极爱平等的国度。有什么稍稍显得特出,就有人拿了长刀来削平它。"(《且介亭杂文二集·徐懋庸作〈打杂集〉序》)这把平均主义的刀,极大地妨碍了各个科学文化领域出类拔萃的优秀人才的生长。在所谓"三名三高"、"反动权威"之类的名目下,砍倒了多少科学文化界的精华!我国某些比较有成就的科学家往往被外国首先发现,而在本单位却受歧视,甚至对他们挥舞"白专道路"的大棒,难道不值得深思吗?

科学文化人才的涌现,常常是一个杰出人物突破了某一领域的旧水平,带动一大批人达到一个新水平,削掉一个,就是平掉一批。林彪、"四人帮"的所谓反对"尖子",就是专做这种"削""平"工作的。一般地说,杰出人才有比较高的天赋,这是不能完全抹杀的,但是他们的成长更需要有适宜的社会环境。而在一个平均主义思想盛行的社会里,正如鲁迅所说的,"纵有成千成百的天才,也因为没有泥土,不能发达,要像一碟子绿豆芽"(《坟·未有天才之前》)。所以,我们要为我国的四化建设造就大批"在思维能力、热情和性格方面,在多才多艺和学识渊博方面的巨人",必须反对平均主义,从社会舆论到物质条件创造出一个适宜于培育和扶植杰出人才的环境,不但要对作出重大贡献的人才给予相应的报酬和奖励,而且要在社会上形成对优秀人才采取尊敬和学习态度的道德风尚。

采取切实措施,认真解决问题

为了贯彻执行对待知识分子的马克思主义方针,除了从思想理论上端正认识以外,当前最重要的是要求各级党委和行政部门,从中央到基层,真正把知识分子问题重视起来,提到重要议事日程,组织各有关方面力量,采取切实有力的具体措施,解决工作中实际存在的问题。现在迫切需要实行的有三条。

第一条,真正把知识分子用起来。要用,首先要信任。“知人善任”,要“知”才能“任”。“知”就是了解他们,信任他们,真心诚意同他们结为知己朋友,凡具备共产党员条件而又积极要求入党的,应接收他们入党,决不应该把他们当作异己力量或借用力量。“任”,就是把学有专长的各方面专门家用到能充分发挥他们才干的岗位上去,量才委以经济文化建设的重任,不是摆在那些无所作为的地方。要选拔优秀的知识分子干部担任建设事业的领导管理职务,使他们有职有权有责,而不是徒具形式。我们在革命战争时期,是在付出了失败的代价之后,才懂得了吸收军事专家参加党的领导集体的重要意义的。我们从事社会主义建设已经三十年,付出的代价并不小于革命战争时期,现在应当懂得吸收科学技术和经济管理专家参加党的领导集体的迫切意义了。领导部门在制订经济文化建设大政方针计划方案的时候,要认真听取和吸收专家们的意见。对于探索性的问题,有时少数人甚至一个人的意见代表了真理,不应轻易否定。大政方针计划方案确定以后,要放手让专家们在各自的岗位上负起责任,不要乱加指责。现在许多地方一方面叫喊缺少专门人才,一方面又大批积压专门人才。许多留学生、大专毕业生,或者学非所用,或者虽在专业岗位而无事可做。这种专门人才的积压是极大的浪费。不少专门人才已经由于长期不能发挥所长而外流,难道我们竟熟视无睹吗?我国国民经济的调整、整顿工作应当包括对于专门人才使用方面的调整和整顿。我国国民经济的计划工作应当包括对于专门人才使用方面的计划。各条战线、各个部门、各个地方应当认真负责地把各种专门人才按系统、按地区进行一次全面的认真的调查,具体落实到每一个人,对于没有使用或使用不当的加以使用或调整,对于政策尚未落实的予以落实。今后对专门人才的分配、使用、考核、流动、进修、管理等要制定有利于四化建设的合理制度,需要立法的应由人民代表大会立法。在具备条件的地方,可以逐步实行对专门人才的招聘、报考制度。在积压或浪费专门人才的地方,或使用十分不合理的地方,应允许专家们提出请求,由上级组织改动其工作岗位。自己有人不用,还不许人家用,这种对待人才的不负责任态度,是社会主义国家不能允许的。使用得当,是当前调动知识分子积极性的第一位工作。使用得当了,广大知识分子参加四化建设的理想和热情有了寄托,解决其他困难就有了基础。

第二条,逐步解决必需的工作条件和生活条件。在知识分子尤其是中青年知识分子中,普遍存在经济收入不足、住房紧张等具体困难。这种物质方面的困难,已经严重地妨碍了广大知识分子聚精会神为四化建设贡献自己的聪明才智,必须采取切实措施逐步予以解决。当然我们应当看到,我国生产力发展水平还很低,财政经济上的困难很多,全国人民的生活都是低水平的,要求把知识分子的生活水平一下子提得很高,显然是不可能的。然而现在的问题,是知识分子的收入水平相当普遍地低于相应的主要从事体力劳动的工人收入水平,这是不合理的。根据许多部门和地方的调查,相当一部分知识分子既无奖金,又无附加工资,与同龄的主要从事体力劳动的工人相比,收入要低10%到30%。而知识分子从事脑力劳动时的个人物质消耗也是相当大的。工人劳动时用的工作服等物质消耗不需要个人负担,知识分子劳动时用的书籍、纸张、夜间耗电等等,却相当一部分要由个人负担。另外,知识分子主要从事脑力劳动,总要拥有较多的图书资料,需要夜间工作的地方,这就必须有较多的居住面积。因此,经济计划部门应当切实解决知识分子的工资和住房等问题,为他们创造必需的工作条件和生活条件。知识分子的工资、职称应当严格根据业务水平、工作态度和实际贡献,民主评定,坚决制止派性、“关系学”之类不正之风的干扰。

第三条,重视后继人才的培养。由于林彪、“四人帮”多年来对科学文化教育事业的摧残,严重地破坏了对青年专门人才的培养教育工作。目前全国的教育、科技、文艺、理论等各个方面的知识分子队伍,中年以上的多,青年少。如不及时注意,将会影响我国现代化建设事业的未来。除了加快教育事业的发展以外,各条战线都要重视青年专门人才的培养。对我国的青年知识分子应当有全面的合乎实际的分析。我们常常听到一种议论,说青年知识分子业务水平低,连起码的知识和文明行为都没有。这是一种片面的分析。青年知识分子中确有一部分由于林彪、“四人帮”极左路线的影响,他们的思想、业务的成长受到了一些损失。但是,更多的青年知识分子经受了惊涛骇浪的锻炼,其中相当一部分在思想和业务上取得了优异的成绩。这样的优秀青年知识分子在教育界、科技界、文艺界、理论界都有。他们因为年轻,政治上不成熟,可能有这样那样的缺点甚至错误,只要善于引导,是不难改正的,决不应对他们采取排斥态度。现在有必要迅速建立起对青年专业工作者的考试、录用、考核、提升等一系列的选拔和管理制度,使各条战线的青年专门人才能够突破各种障碍,充分涌现出来。

我国广大革命的爱国的知识分子,从1919年“五四”运动以来,经历过严峻的考验,继承了光荣的传统。他们在民族敌人和阶级敌人面前无所畏惧,前赴后继,与工农群众团结战斗在一起,为中国人民的解放事业贡献过宝贵的生命和伟大的力量。在这支知识分子队伍的最前列，有毛泽东、鲁迅、李大钊、刘少奇、周恩来、朱德、郭沫若、李四光等许多卓越的理论家、思想家、政治家、军事家、文学家、科学家，他们是引导人民前进的光辉旗帜。同我们祖国的命运一样，我国知识分子遭到的苦难也是深重的。在度过了漫漫的长夜以后，在革命胜利以后，甚至还遭受林彪、“四人帮”这样的反革命势力的袭击和摧残。尽管如此，我国的知识分子仍然忠于社会主义国家，信任党的事业，他们毫不丧气，不顾个人安危，克服一切困难，竭尽所能为社会主义作出贡献。这是一种崇高的精神，他们有志气，有骨气，无愧于党和人民的培养和教育。随着“四人帮”的覆灭，我们已经送走了“一年三百六十日，风刀霜剑严相逼”的灾难岁月，现在迎来了80年代的第一个春天。80年代是我国四化建设的创业时期，国家和人民面临的任务是艰巨的，困难也是很多的。我国的知识分子一定能够为民族的未来，继续发扬艰苦奋斗的创业精神，勇于肩负重任，同工人、农民并肩战斗，战胜前进道路上的一切艰难困苦，向现代化社会主义强国的伟大目标迈进！

江苏省暨扬州市在扬州市工人文化宫举行欢迎鉴真大师像回国巡展大会

江苏省省长惠浴宇，中国佛教协会代会长、全国欢迎鉴真大师像回国巡展委员会主任委员赵朴初以及扬州地区、扬州市等有关方面的负责人和各界人士1400多人出席了大会。

专程护送鉴真大师像的森本孝顺长老和以清水公照为团长的来华巡展寺院团，以木村仗治为团长的来华巡展展览团以及日本驻华大使吉田健三和夫人等日本朋友也出席了大会。

江苏省人大常委会副主任、江苏省暨扬州市欢迎鉴真大师像回国巡展委员会主任委员戴为然在会上讲话。他谈到鉴真大师东渡的历程和中日文化交流的历史后指出，中日两国人民的友谊是有着悠久传统的。中日人民都有一个共同的心愿，要通过这次鉴真像回国巡展，进一步发展中日两国人民的友谊。

79岁的森本孝顺在讲话中说，1200多年前，鉴真和尚在他家乡人民的支持下，带了唐代中国文化艺术的许多珍品到日本去，促进了日本文化的发展。使我钦佩的是，在鉴真和尚带去的珍贵礼品中，从来没有发现留有扬州人民的名字。这是中华民族的伟大的优点。他表示相信，鉴真像回国巡展这件事，将有助于促进日中两国人民的友好交往。

王凯追悼会在北京举行

中共中央办公厅机要交通局原局长王凯同志在“文化大革命”中遭到林彪、“四人帮”极左路线的迫害，于1970年4月9日在江西省进贤县中央办公厅五七学校含冤去世，终年69岁。王凯同志的追悼会4月18日在北京举行。

王凯1901年1月生于福建省闽侯县的一个城市贫民家庭，1923年6月加入中国共产党，1924年到莫斯科东方大学学习，1925年回国后，任全国铁路总工会上海总工会干事，从事工人运动工作，并兼任工人夜校校长。从1926年起，他就专门从事党内交通工作，历任党中央交通员、交通站长、科长等职务。1953年至1957年任国务院机要交通总局局长。1957年后任中央办公厅机要交通局局长。1956年被选为党的第八次全国代表大会代表，1964年被选为第三届全国人民代表大会代表。

4月19日

中共中央主席华国锋在天津视察

华国锋对至今还住在临时住房里的居民十分关切。他说，天津是唐山大地震的波及区，受到较大的破坏，要认真抓好居民住宅建设。他同天津的负责同志共同研究了大力发展新型建筑材料的生产，以及在国家投资的同时，吸收集体和个人投资等加快住宅建设的办法。

华国锋在视察中高度赞扬唐山、天津人民在抗震救灾中取得的成绩。他说，唐山和天津的人民群众以英雄气概同严重的地震灾害作斗争，在极其困难的情况下迅速恢复和发展了生产，重建家园，他们的表现是好的，觉悟是高的。

他说，人民是国家的主人，党和国家应当关心人民的疾苦。他要求各级领导干部和广大群众同心协力，努力增产节约，采用新技术、新材料，并在施工实践中锻炼出一支能掌握现代技术的建筑队伍。

国务院副总理邓小平在北京会见美国参议院外委会访华团

邓小平指出，中美两国关系正常化的基础就是只有一个中国，现在这个基础受到了干扰。中国对美国国会通过的《与台湾关系法》是不满意的。这个法案最本质的一个问题，就是实际上不承认只有一个中国。

《人民日报》发表邓小平的文章《一件具有深远意义的盛事》

在中日人民友好往来和文化交流的历史长河中，鉴真是一位作出了重大贡献，值得永远纪念的人物。他应日本留学僧荣睿、普照之请，以百折不回的毅力，经过五次东渡失败，双目俱盲之后，终于到达了日本，完成了他的使命。

我前年访日时，在奈良唐招提寺见到了鉴真塑像，诚如历代诗人学者所赞叹的，它具有非常高的艺术性，表现出鉴真的坚强意志和安详风度。1200余年来，日本人民把它作为国宝，精心保护和供奉到今天，值得我们敬佩和感谢。

现在，在日本政府支持下，日本文化界和佛教界人士，把国宝鉴真像郑重地送来中国供故乡人民瞻仰。这是一件具有深远意义的盛事。它必将鼓舞人们发扬鉴真及其日本弟子荣睿、普照的献身精神，为中日两国人民世代友好事业做不懈努力。

《人民日报》发表社论《基本建设要坚定不移地贯彻“八字”方针》

一年来，我国基本建设战线积极贯彻调整、改革、整顿、提高八字方针。经过初步清理，停建缓建了一批在建项目，使过长的战线有所缩短。战线有所缩短便于集中财力物力保重点、保投产，因此，去年基本建设计划完成得比往年好，新增加的生产能力也比上一年多，国家重点项目的建设进度也明显加快。改革基本建设管理的试点，在一些方面迈出了可喜的一步。整顿工作有了新进展，各项主要技术经济指标比过去都有提高。这是党的三中全会路线的胜利，是调整、改革、整顿、提高八字方针的胜利。

这些成绩的取得，在于认真执行了“八字”方针。基建战线过长，项目过多，规模过大，是国民经济中的一个突出问题。不把过大的建设规模压缩下来，国民经济比例严重失调的状况就改变不过来。中央领导同志多次指示要从建设方针上来一个调整，基本建设战线要坚决调整，决不能让步。在投资安排上，不能“推平头”，不能“大家打七折”。要先生产、后基建，先挖潜、革新、改造，后新建。基建投资和材料不能留缺口。留有缺口的计划，从来不是可靠的计划。经过一年来调整基本建设的实践，现在看得越来越清楚，中央提出的“八字”方针，确是切中时弊，非常必要，完全正确的。只要我们继续坚定不移地贯彻“八字”方针，基本建设就一定能搞得更好。

这些成绩的取得，在于解放思想，冲破了一些“禁区”。长期以来，经济领域里不按经济规律办事，高指标、瞎指挥盛行。在林彪、“四人帮”极左路线干扰下，各种反科学的口号层出不穷，是非不分。三中全会以来，通过实践是检验真理唯一标准的讨论，许多同志从现代迷信中解放了出来，敢于面对现实思考问题，实事求是地总结新中国成立三十年来基本建设的利弊得失及其经验教训。基建战线为什么越拉越长，为什么老是缩短不了？原因是多方面的，其中一个重要原因，就是什么“要搞积极平衡”，什么“上马是方法问题，下马是路线问题”等等束缚着人们的头脑。去年，基建部门不少的领导同志，同经济理论工作者一道，深入调查研究，在思想上理论上收获不小。这对于搞好基本建设的调整、改革、整顿、提高起了很大促进作用。实践证明，思想不解放，不敢冲破“禁区”，打碎精神枷锁，就什么事情也干不成。

这些成绩的取得，还在于不断提高执行调整方针的自觉性。缩短基本建设战线，决不是轻而易举的事，必然会遇到这样那样的阻力。而最大的阻力来自思想认识的不一致。60年代初的调整，面临的是天灾人祸，对经济困难大家都有切身感受，体会到非下马不可，不调整不能渡过难关。思想认识比较一致，阻力就小，行动就快，效果就大。这次调整，则是在粉碎“四人帮”之后国民经济全面恢复和前进中进行的。不少同志不仅对林彪、“四人帮”十年大破坏所造成的比例严重失调认识不足，甚至还为国民经济的迅速恢复和逐步上升所陶醉，因而总想“上”不愿“下”，有的还想“大上”。去年每压缩一个在建项目，总要经过一番艰苦工作，就是证明。基本建设属于积累，每年的基建投资一般占积累总额的一半。积累和消费的比例，综合反映了生产和建设、生产和生活、农业轻工业和重工业、“骨头”和“肉”等一系列比例关系。国民经济比例失调，必然表现为积累和消费关系的不协调。回顾三十年来的建设经验，大家认识到积累率占国民收入的四分之一较为合适。我国多年来积累率偏高，严重影响了人民生活的改善，也造成了建设规模过大、战线过长、投资效果很差，最后迟滞了整个国民经济的发展。当大家从思想上理论上明确了积累和消费比例协调的重要意义，认识到客观经济规律的时候，贯彻执行调整方针就比较自觉了，缩短基本建设战线也就比较顺利了。

当前，总的来说，基本建设战线仍然过长，项目仍然过多，总规模仍然过大。投资效果差，建设周期长，管理水平低，损失浪费严重的情况，还没有得到多大改变。管理体制改革的步子也不够大。要从根本上改变战线过长的状况，使基本建设的面貌有一个大的改善，必须继续坚定不移地贯彻“八字”方针。

要毫不动摇地进行基本建设的调整。基本建设的规模一定要同国家可能提供的财力、物力相适应，这是一条不以人们意志为转移的客观规律。违反了它，就会受到惩罚。新中国成立以来，基本建设出现过两次大的起落，都是由于建设规模过大造成的。这种大上大下，不仅给基本建设带来许多后遗症，造成巨大的损失浪费，而且严重影响了国民经济的发展速度。这个教训，我们应当认真记取，今年，要进一步清理在建项目,把所有在建项目、特别是大中型项目的情况弄清楚,下决心再停建缓建一批,把总的建设规模压缩下来。抓好在建工程的投产、销号,对那些已经建设多年,长期不投产、长期收不完尾的项目,要采取坚决的果断措施,有的缩小规模,有的削减内容,有的适可而止、建到一定程度不再续建。

要严格控制新上项目,所有新上项目都要坚决按照基本建设程序办事,一方面认真进行可行性研究,做好前期工作;另一方面必须充分考虑今后若干年内国家财力、物力的可能。任何单位和个人不得擅自批项目、上项目,各级综合部门要严格把关。对用自筹资金进行的基本建设要加强计划指导,做到统筹安排。坚决改变目前严重存在着的盲目建设、重复建设等不合理现象。那种为了“自成体系”,“遍地开花”,硬要在资源条件贫乏的地方开煤矿,建钢铁厂、化肥厂;或只从本地区、本部门需要出发,搞“大而全”、“小而全”,不考虑地区、部门之间的协作,各搞各的汽车厂、拖拉机厂、自行车厂、手表工厂,甚至一墙之隔也要各搞各的铸、锻、电镀、机修车间,都是不能许可的。要继续调整投资方向,重视农业和轻工业的发展,增强燃料、动力、建材和交通运输等薄弱环节,较多地提高城市建设和住宅建设,以及科学、文教、财贸等方面的投资比重,使农、轻、重之间,“骨头”与“肉”之间,能源工业、交通运输与其他工业部门之间的各项建设的比例关系,趋于合理。

积极进行基本建设管理的改革。一定要在调整期间闯出一条路子,切实建立起一套讲究经济核算、经济责任、经济效果、经济利益的,能够适应四化需要的基本建设管理体制和管理方法。在这方面,今年的步子要迈得大一点,看准了的就大胆进行试点,加快步伐前进,决不能裹足不前。基建投资实行财政拨款办法,是起过积极作用的,但是随着国民经济的发展,建设规模的扩大,只用财政拨款办法已远远不行了,而且越来越暴露出许多弊病,助长吃“大锅饭”的思想和瞎指挥的盛行。因此,必须改革基建投资办法。改革的途径是积极试行银行贷款,尽可能地扩大试点范围,以取得全面经验。基本建设的计划管理,也亟待认真改革。这些年来,由于没有一个经过综合平衡的比较稳定的中长期计划,建设项目总是一年一定,有些项目往往今年上,明年下,后年又上,建设方案经常变动,来回折腾。应当说,这是近些年来建设周期拉长,投资效果很差的一个重要原因。只有搞好计划管理改革,使基本建设项目从目前的一年一定改为五年一定,才能使基本建设工作逐步走上轨道。

我们要坚持勤俭建国的方针。抓好整顿,加强管理,克服混乱状态,特别是克服严重的浪费现象。要力争用最少的投资,取得最大的经济效果。我们的建设资金都是靠广大人民群众的辛勤劳动积累起来的,来之不易,应当十分珍惜,精打细算,用之得当。大手大脚,只管花钱,不问效果,造成损失浪费,就是对人民极大的犯罪。

基本建设要坚定不移地贯彻“八字”方针,任务是十分繁重的。各级党委和主管部门要加强领导,要讲究实效,不走过场,不搞形式主义,改进思想作风,不说大话、假话,扎扎实实地做好各项工作,以优异成绩迎接党的十二大的召开。

《人民日报》发表社论《中津友谊的新发展——祝贺我国和津巴布韦共和国建交》

我国政府和津巴布韦共和国政府经过友好协商,决定自1980年4月18日起建立大使级外交关系。津巴布韦刚获得独立,中津两国就决定建交,这是中津友谊的新发展,完全符合中津两国人民的共同利益和愿望。我们对此表示热烈的祝贺。

津巴布韦位于南部非洲,是一个资源丰富、战略地位重要的国家。津巴布韦人民具有反帝反殖斗争的光荣传统,他们同殖民主义作了近一个世纪的斗争,赢得了民族独立。现在,以穆加贝为首的津巴布韦政府,对内强调加强团结合作,逐步改革经济,改善人民生活;对外奉行“积极中立”的不结盟政策和睦邻政策。一个独立的不结盟的津巴布韦的存在,必将进一步推动南部非洲的解放和进步,南部非洲将会出现一个崭新的局面。

我国政府一贯主张的相互尊重主权和领土完整、互不侵犯、互不干涉内政、平等互利和和平共处的五项原则,应该成为处理国与国之间关系的准则。我们坚决反对任何国家对别的国家进行侵略、颠覆、控制、干涉。反对霸权主义,维护世界和平是我国坚定不移的方针。我们完全支持津巴布韦政府和人民致力于维护国家主权和民族独立、恢复和发展本国经济、巩固和发展和平事业所做的努力。

当前,非洲国家和人民维护民族独立和国家主权,反对帝国主义、殖民主义、种族主义和霸权主义的洪流滚滚向前。非洲独立国家的队伍日益壮大,已成为国际舞台上一支不可忽视的力量。新兴的非洲大陆在当代世界争取人类进步、维护正义与和平的事业中发挥着越来越重要的作用。

中津两国人民之间有着传统的友谊,中国人民对津巴布韦人民一向怀有深厚的感情。我们相信,中津建交后,在两国政府和人民的共同努力下,中津两国之间的友好合作关系和两国人民之间的友谊,随着岁月的增进,必将不断获得发展。

全国人大常委会副委员长宋庆龄在北京会见由团长朱莉·穆恩率领的“美国报界妇女俱乐部”访华团

会见时，宋庆龄同访华团的17位美国妇女朋友进行了友好的交谈，向她们介绍了我国妇女地位的变化和在国家建设中的作用，以及有关我国儿童福利事业的情况。

全国人大常委会副委员长谭震林会见由主席克朗内率领的挪威中国友好协会代表团

中国政府代表 外交部部长黄华在索尔兹伯里拜会津巴布韦共和国总理罗伯特·加布里埃尔·穆加贝并交谈

穆加贝总理欢迎黄华外长前来参加津巴布韦独立庆典，分享津巴布韦人民的欢乐。他说，这是津巴布韦人民和中国人民的共同胜利。他还回顾了津巴布韦人民和中国人民在津巴布韦人民争取独立的斗争中建立的亲密友谊和合作。

黄华代表中国政府和人民对津巴布韦人民经过长期艰苦的斗争所取得的伟大的历史性胜利，表示热烈的祝贺。

双方在会见中还强调需要共同努力，以加强两国之间政治、经济、文化和其他领域的合作。

广州部队结合青年指战员的思想实际进行革命人生观教育

据《人民日报》报道，这一群众性的教育活动，是广州部队领导机关先在一个部队进行试点，而后逐步开展的。进行教育以前，他们深入部队，对青年干部、战士的思想情况和道德风貌作了调查，深深感到我们这一代青年主流是好的。但是，林彪、“四人帮”造成的十年浩劫给他们心灵上的伤害不可低估，当前各种非无产阶级思想作风对他们的侵蚀不能忽视。要引导他们健康成长，必须采取“治本”的办法，对他们普遍进行革命人生观教育。他们针对当代青年大多缺乏马克思主义基本理论修养这一特点，专门编写教材，发到连队。

在对青年干部、战士进行教育时，广州部队不少单位突出抓好树立共产主义远大理想教育。把课堂讲授与课外辅导和深入讨论结合起来；把学理论、讲传统和联系个人思想实际结合起来；把敞开思想和积极引导结合起来；把学习为革命英勇献身的英雄模范和表扬本单位为四化忘我奋斗的优秀青年结合起来。这样学习，生动活泼，扎扎实实，解决问题。不少青年干部和战士经过学习，立志继承老一辈无产阶级革命家开创的革命大业，为实现四化做一代胸怀大志、艰苦创业、又红又专的社会主义新人。

4月20日

国务院副总理邓小平在北京会见由团长朱莉·穆恩率领的美国报界妇女俱乐部访华团

邓小平在会见时说，欢迎美国妇女朋友来访，这对发展中美两国关系很有必要。应美国朋友的要求，邓小平回答了她们提出的有关当前亚洲、太平洋、中东地区的形势和中美关系等问题。

台盟和在京台湾同胞在全国政协礼堂集会

这次集会是台盟总部主席蔡啸主持的。

蔡啸在发言中指出，高雄事件是台湾当局有计划迫害台湾同胞的又一起严重事件。我们在大陆的台湾同胞同在台湾的乡亲骨肉相连，休戚与共，自高雄事件发生以来，人人都在关注着事态的发展，关心被迫害的各界人士和群众的命运。现在，台湾当局不顾祖国大陆和国外广大台湾同胞的强烈反对，执意孤行，继续推行镇压政策，实在不能令人容忍。

蔡啸说，一年多来，台湾当局接二连三地制造种种事端，如迫害余登发等爱国人士，查禁主张爱国民主的书刊，破坏群众的集会等等，可以明显看出，他们的阴谋策划已久。高雄事件是对台湾各界人士的一次“围剿”。他们的目的是要镇压爱国民主人士，扼杀几年来蓬勃发展的台湾人民的爱国民主运动，抵制广大台湾人民群众的民主要求，压制日益高涨的爱国统一的正义呼声，以维持他们的独裁统治。

蔡啸说，台湾人民的爱国民主要求是正当的，不可阻挡的。台湾当局应该看到，你们制造的高雄事件，已经进一步引起广大台湾人民的强烈不满，引起了海外广大华侨的严正抗议。祖国9亿人民对你们的倒行逆施极为愤慨，你们的做法招来了一片谴责，你们的处境是很孤立的。对此，你们过去已有许多教训，在当今的形势之下，祖国统一的潮流势不可挡，更应该思之再三，识民族大义，顺民情潮流，走爱国统一的道路。我们要求台湾当局必须立即释放因高雄事件而被捕的所有人士，保证他们的安全，取消那个反动的束缚着台湾人民的不得人心的“戒严法”，保障台湾人民的民主权利，更不能阻挠台湾同胞走爱国统一道路。

蔡啸代表台盟和在祖国大陆上的台湾同胞，向因高雄事件而受到迫害的台湾各界同胞及其家属表示深切的慰问，对他们所处的困难环境表示同情和关切。他说，台湾的父老兄弟姐妹们，我们在大陆的台湾同胞和你们心连着心。我们支持台湾人民的爱国民主运动。我们相信，台湾一定会归回祖国。也请你们相信，只有当祖国统一的时候，台湾人民的民主权利和切身利益，才能有可靠的保障，台湾人民才有光明的前途。

在会上发言的还有台盟总部常务理事、理事，台盟北京市支部领导人和在京知名的台湾同胞陈逸松、蔡子民、田中山、陈文彬、吴克泰、陈炳基、林盛中、王万得、王华昱、叶纪东、魏正明。他们强烈谴责台湾当局倒行逆施，蓄意迫害台湾同胞，并且对台湾人民的爱国民主斗争表示坚决的支持。

外交部部长黄华对莫桑比克共和国进行友好访问

全国高等学校体育专业将提前招生

《人民日报》报道，教育部、国家体委最近联合发出了《关于1980年高等学校体育专业招生工作的通知》，要求招生工作认真执行党的招生政策，贯彻德智体全面考核，择优录取的原则，提高对录取新生的文化要求，坚决杜绝徇私舞弊、“走后门”等不正之风。

通知指出，体育专业的招生工作在各级招生委员会领导下进行。有条件的省、市、自治区，可采取单独命题提前进行体育、文化考试(考试科目与全国统一考试的科目相同)，提前录取的办法。尚不具备条件的省、市、自治区，采取提前考试体育，文化科目参加全国统考，提前录取的办法。在同一省、市、自治区招生的体育院、系，实行联合招生。

体育专业的招生对象是拥护中国共产党，热爱社会主义祖国，遵守纪律，热爱劳动；具有高中毕业或相当于高中毕业文化程度；有一定体育运动基础；身体健康；未婚；年龄不超过22周岁(1958年9月1日后生)的青年、优秀运动员、教练员，业余体育学校教练员，体育教师可放宽到25周岁(1955年9月1日后生)。

体育考试的科目为一百米跑、纵跳、男子引体向上(女子俯卧撑)和专项技术。

报考体育专业的考生，可根据本人志愿，参加理工科或文科的全国统考，考试科目和计算总分办法与理工科或文科相同(从1981年开始，按理工科考试科目进行文化考试)。

报考体育学院基础理论系的考生，参加全国理工科统一的文化考试，不进行体育考试。

对参加国际比赛获得前六名(集体项目前六名的主力队员)和参加全国性比赛获得前三名(集体项目前三名的主力队员)，文化达到高中毕业程度，由本人申请，单位推荐(被推荐者必须符合体育专业招生的条件，运动成绩是1978年1月1日至1980年6月30日取得的，获得名次项目，要与所学专业对口)，经招生院校进行文化(语文、数学)和体育考试，政审、体检合格，报省、市、自治区高等学校招生委员会批准，可以录取。

推荐报名时间从6月1日开始，至6月30日截止。具体推荐办法(包括那些运动会属于推荐范围)已下发各省、市、自治区高等学校招生委员会，推荐单位和考生可向各级招生委员会了解。

今年面向全国招生的有北京体育学院体育系、运动系、基础理论系和北京师范大学体育系。

面向大区招生的有上海、武汉、西安、沈阳、成都体育学院，华中师范学院、吉林师范大学、上海师范大学、西南师范学院体育系。其他体育院、系，均在本省、市、自治区招生。

新华通讯社主办的中国时事新闻综合性期刊《瞭望》在北京创刊

4月21日

国务院总理华国锋在人民大会堂会见日本新闻界朋友

日本新闻界朋友中有以日本经济新闻社社长大轩顺三为团长的日本新闻代表团，以《东京新闻》社论主笔广濑一郎为团长的日本记者俱乐部访华团，以日本广播协会报道局长土屋兴三为团长的日本广播协会采访团和常驻北京的日本记者，共59人。

华国锋在会见时赞扬日本新闻界朋友多年来在加深两国人民间的相互了解、促进中日友好方面作出的积极贡献。他说，中日两国人民间有很悠久、深厚的友谊。1972年中日建交以来，两国的友好合作关系在广泛的领域内获得了发展。在进入80年代前夕，大平首相访问我国，为两国的友好关系奠定了更加坚实的基础。再过一个多月，我将去日本访问，希望这次访问能达到加深了解、发展友谊、扩大合作的目的。访问期间，我除了将同大平首相等日本政府领导人进行会谈外，还将有机会会见许多老朋友，结识更多的新朋友，接触勤劳、勇敢、智慧的日本人民，并且亲自了解贵国在工业、农业、科学、文化等方面取得的成就和经验。

他指出，进入80年代，在世界形势更加动荡紧张的情况下，中日两国加强友好合作，不仅有利于两国人民，而且有利于亚洲、太平洋地区以至整个世界的和平事业。

接着，大轩顺三代表在座的日本记者向华国锋提出了一些有关当前国际形势和中国国内建设方面的问题。华国锋一一作了回答。

在谈到苏联入侵阿富汗问题时，华国锋说，现在世界上越来越多的人看清楚，阿富汗事件不是偶发事件，而是苏联争霸全球的战略部署的一个重要步骤。阿富汗问题的解决，必须按照联合国决议，苏联应无条件地从阿富汗撤军,同时在没有外来干涉的情况下,由阿富汗人民自己解决自己的问题。如果苏联拒不撤军,全世界爱好和平、主持正义的国家和人民有权谴责苏联的侵略,也有权在道义上和物质上支持阿富汗人民。他说,如果容许苏联继续肆无忌惮地推行其谋求霸权的全球战略,那么,80年代将是更加动荡、充满危机的年代。我相信,世界人民将会加强团结,同苏联的侵略扩张进行坚决的斗争。

当问到中国是否参加即将在莫斯科举行的奥运会时,华国锋说,我们认为,在苏联侵占阿富汗的情况下,去莫斯科参加奥运会是不适宜的。

关于中苏关系问题,华国锋说,我国面临着苏联霸权主义的严重威胁。在北边,苏联在中苏边界陈兵百万,包括在蒙古的大量驻军;在南边,苏联支持越南侵略柬埔寨、老挝,不断骚扰我国边境;现在,在西边,苏联又公开出兵侵占阿富汗。苏联的霸权主义政策不改变,中苏关系好不了。

在谈到印支半岛和朝鲜半岛的形势时,华国锋说,印支半岛的紧张局势是越南一手造成的,解决问题的关键是要越南放弃拼凑印支联邦的野心,从柬、老撤军,停止对柬埔寨、老挝的侵略和对东南亚扩张的企图。

华国锋接着说,朝鲜长期处于分裂状态是战争遗留下来的,是极不正常的。五千万朝鲜人民渴望祖国早日统一起来。中国政府和人民坚决支持朝鲜民主主义人民共和国政府提出的关于自主、和平、统一解决朝鲜问题的立场。他说,现在,南北双方总理同意亲自会晤。我希望会晤能够产生积极效果。

华国锋在回答有关中共五中全会为刘少奇同志恢复名誉和对"文化大革命"的看法时说,为刘少奇同志恢复名誉,是全党同志和全国人民的共同心愿,也说明中国共产党是坚持实事求是有错必纠这个马列主义、毛泽东思想的根本原则。为刘少奇同志恢复名誉,正是为了恢复毛泽东思想的科学体系,恢复党的优良传统。他说,关于"文化大革命",叶剑英委员长在去年国庆三十周年的大会上,已作过初步评价。我们准备在今后适当的时候,再对"文化大革命"作出更全面、更系统的总结。

华国锋还对日本记者谈到中国正在研究制定发展国民经济的长远规划。他说,在中国实现四化的过程中,我们希望同日本进一步发展扩大经济、贸易关系。我相信,在平等互利,互通有无的原则下,我们两国经济合作的前途是很广阔的。

中共中央副主席邓小平在北京会见以阿尔及利亚民族解放阵线党中央委员拉赫达尔·布拉希米为团长的代表团

邓小平在谈到社会主义建设时说,要充分研究如何搞社会主义建设的问题。现在我们正在总结新中国成立三十年的经验。总起来说,第一,不要离开现实和超越阶段采取一些"左"的办法,这样是搞不成社会主义的。我们过去就是吃"左"的亏。第二,不管你搞什么,一定要有利于发展生产力。发展生产力要讲究经济效果。只有在发展生产力的基础上才能随之逐步增加人民的收入。我们在这一方面吃的亏太大了,特别是"文化大革命"这十年。要研究一下,为什么好多非洲国家搞社会主义越搞越穷。不能因为有社会主义的名字就光荣,就好。

国务院副总理李先念在北京会见由新闻文化部部长叶海亚·侯赛因·阿尔希等率领的阿拉伯也门文化代表团

李先念说,自从中、也两国建立外交关系以来,两国的关系一直很好。他重申中国政府和中国人民坚决支持阿拉伯各国和巴勒斯坦人民正义斗争事业的立场。

《人民日报》发表铁瑛的文章《正确对待不同意见健全民主集中制》

中国持有前美商上海电力公司股票和债券的人员对该公司通告清偿其股票债券提出异议

随着中美两国政府解决冻结私人资产问题,前美商上海电力公司已要求美国特拉华州新开斯区衡平法院审理有关该公司的股票、债券价值问题,以便清偿其发行的股票和债券,并已于1980年3月22日在上海《文汇报》上刊载通告。

有关部门认为,从通告的内容看,该公司拟单方面规定只清偿其六两白银优先股票和1973年到期的未盖印文的五厘半第一次抵押债券两种,并限定于1980年5月26日以前提出申请,逾期将永远丧失领取清偿金的权利。有关部门表示,由于我国幅员辽阔,加以年代久远,变迁频繁,持有上述股票和债券的人中,有很多尚不了解美商上海电力公司的清偿办法和有关申请手续,希持有该公司股票和债券的人尽快向上海中国银行了解有关登记和清偿事宜,该行将给予必要的帮助和指导。

另外,全国各地持有该公司股票和债券的债权人也不断反映意见,对美商上海电力公司单方面指定的清偿办法并限定短期内申请的做法提出异议。他们迫切要求有关部门对这个问题予以重视,并根据持有人的要求迅速与该公司进行交涉,以取得合理的解决,确保我国公民的合法权益。

中国政府和菲律宾政府在马尼拉举行的中菲第四次联合贸易委员会会议上签署一项进出口商品议定书

根据这项议定书，1980年至1981年，中国将从菲律宾进口椰油、铜矿石、木材、粗糖和其他日用品。菲律宾将从中国进口原油、汽油、一定数量的机器和设备，以及矿产品等。

国务院副总理方毅在北京会见联邦德国施普林格出版社总经理海因茨·葛茨博士

施普林格出版社是世界上最大的科技出版社之一，尤以出版医学、数学书籍最为著称。从去年起，它开始出版我国科学家的作品。葛茨博士这次来访主要是同我国科技界、医学界商谈合作问题，并洽谈同我国有关部门联合翻译出版华罗庚的著作，以及有关遗传学的书籍。

国务院副总理谷牧在北京会见日本能源经济研究所会长向坂正男一行

政协全国委员会副主席荣毅仁在北京会见冰岛友好人士前国家建筑师赫·比约尔纳松一行

国家标准总局在武汉召开全国产品质量监督检验工作会议

会议于4月22日至28日召开。参加会议的代表有：国务院有关部、委、总局、各省、市、自治区标准局以及部分展品质量检验所等单位，主管产品质量监督检验工作的负责人。共计180名代表。会议的主要目的：认真贯彻全党工作着重点的转移和国民经济实行调整、改革、整顿、提高的方针。具体落实国务院颁发的《中华人民共和国标准化管理条例》，和国家经委颁发的《工业企业全面质量管理暂行办法》。调动一切积极因素，组织各方面的力量，发扬艰苦奋斗的创业精神，迅速把产品质量监督检验工作搞上去，把产品质量促上去，更好地为四个现代化服务。会议的主要议程：一、总结和交流产品质量监督检验工作的经验和情况。二、讨论和修改《产品质量监督检验管理试行办法(草案)》。三、研究今明两年产品质量监督检验工作的任务。

会议期间，国家标准总局副局长须浩风同志作了关于《发扬艰苦奋斗的创业精神，迅速把产品质量监督检验工作搞上去》的报告。会议最后由经委副主任，国家标准总局局长岳志坚同志作了总结发言。

天津市委作出关于蓟县县委书记马树魁在刘宝金冤案平反问题上所犯错误的处理决定

决定指出：原蓟县邦均公社党委书记刘宝金同志，"四清"运动中被错定为"蜕化变质分子"，开除了党籍。"文化大革命"初期又被以"坏分子"、"现行反革命"等罪名，拘留关押，开除公职，遣送原籍，监督劳动。1973年又被判处七年徒刑。十几年来，刘宝金同志受到严重迫害。经过调查证明，这是一起冤案。这一冤案是"左"的思潮和林彪、"四人帮"极左路线造成的，但在一些关键问题上，马树魁是负有重要责任的。1966年刘宝金同志被拘捕关押、1973年被判处七年徒刑，都是由马树魁主持决定和签发的。粉碎"四人帮"，特别是在中央作出解决天津问题的重要决定以后，1978年马树魁又一次制造借口，将刘宝金同志关押118天，继续进行迫害。

中共天津市委为保证切实贯彻执行党的三中全会精神，落实党的政策，作出如下决定：一、马树魁立即停职检查。二、县委必须在全全县范围内为刘宝金同志彻底平反，肃清流毒，挽回影响。三、责成蓟县县委通过处理刘宝金同志冤案，提高认识，并对本县所有冤假错案，迅速组织力量全面进行复查，做好平反工作。

决定号召，蓟县县委和全市各级党委，都要从中吸取必要的教训。要认真贯彻执行党中央所制定的路线、方针和政策，要严格遵守党的民主集中制原则，要切实做好落实党的政策的工作。对于党的路线、方针、政策进行公开抵制、阳奉阴违，对于严重破坏党的民主集中制原则的人，必须及时检查，严肃处理。

4月22日

国务院副总理李先念在北京分别会见澳大利亚新任驻华大使邓安佑和新西兰驻华大使弗里曼·格林

会见时，邓安佑对李先念说，我们对澳中两国关系的发展感到满意，我们期待着阁下的访问，以便进一步加强和扩大两国关系。阁下的访问对澳中关系来说，是一件十分重要的事。

弗里曼·格林向李先念转达了新西兰总理马尔登的问候，他说，马尔登总理对你即将访问新西兰感到十分高兴。

李先念分别向两位大使表示，他代表中国政府和人民即将到澳大利亚和新西兰访问，同两国政府领导人接触，就共同关心的问题进行会谈，感到很高兴。他希望这次访问能加深中国同澳大利亚和新西兰的相互了解，增进双方的友好合作关系。

中共中央书记处总书记胡耀邦在北京同以总书记恩里科·贝林格为首的意共中央代表团举行会谈

会谈时，双方一致表示，中意两党这次就共同关心的问题同志式地、平等地交换意见，增进了相互了解，加深了相互信任。两党会谈是积极的、富有成果的。双方认为，尽管彼此间存在着不同看法，但这不应当成为建立和发展相互关系的障碍。

中意两党会谈是在4月15日开始的。双方在会谈中介绍了各自在国内和国际问题上的路线、方针和政策，交换了关于当前重大国际问题的看法，探讨了两党关系发展的前景。

双方认为，在完全平等、独立自主和互相尊重的基础上恢复和发展两党关系，不仅符合中意两党和两国人民的利益，而且有助于维护和平，推进人类进步的事业。

中共中央书记处总书记胡耀邦在欢送意共中央代表团宴会上的讲话

亲爱的贝林格同志、巴叶塔同志和代表团的同志们：

你们的访问，即将圆满结束，明天就要离开我们的国家了。我们怀着深厚的同志情谊，现在同你们话别。

在过去的八天中，我们两党经过七次诚挚的、同志式的会见和会谈，加深了我们之间的在广泛问题上的相互了解，加强了我们之间的在许多重大问题上的相互信任。这次具有历史意义的行动，标志着我们两党的关系进入了一个新的阶段，同时，在我们两国人民友好关系史上增添了新的一页。我们卓有成效的努力，受到了我们两党全体成员和两国人民的热烈支持。

我们两党任何时候都不离开共同的伟大理想，都不放弃共同的伟大目的。这是我们能够长期团结合作的思想基础。我们决心在两党关系上，严格恪守完全平等，独立自主和相互尊重的基本准则。我们之间对某些问题认识和观点上的差异和不同，这只能激励我们互相启发，互相探讨，并通过不断的实践检验，求得在马克思主义基础上的共同进步和提高。我们党将本着这种态度，坚决维护和发展我们两党恢复起来的战斗友谊。

在这短短的日子里，你们对我国革命、我们党和我国人民正在进行的事业，给了崇高的评价，对我们党和我国人民表达了深切的同情和真挚的友情，对此，我们表示深深的感谢。

我要着重说的是：你们那种严格认真、平等待人的工作态度，你们那种独立思考、勇于探索的科学精神，给我们留下了深刻的印象。这是你们党在长期的斗争中培育起来的优良传统。具有这种强大生命活力的党，有什么困难不会被它一一打破和战胜的呢？我们坚信，你们党在意大利的国家政治生活中，在争取欧洲和世界的和平、安全和稳定的国际活动中，在为人类进步事业和社会主义事业中，必将发挥更大的作用，获得光辉的成果。本着这个信念，我请你们回国后，向意共中央、意共党员和意大利人民，转达我们党中央、华主席、各位副主席和我们全党全国各族人民这个最良好的祝愿。

亲爱的同志们！当你们即将飞往英雄的朝鲜民主主义人民共和国访问的时刻，我要举起这杯酒：祝你们在新的旅程中身心愉快，祝你们的党在80年代的第一个年度取得新的成就，祝愿我们两党、两国和两国人民的友谊不断发展。

中共中央国务院发出通知决定全国职工全国农业劳模代表会明年五一前后合并召开

通知说："今年全党全国的工作任务十分繁重。为了认真贯彻执行党的十一届五中全会的精神，积极做好提前召开党的第十二次全国代表大会的准备工作；为了集中力量，继续执行调整国民经济的八字方针，切实把经济工作这个中心抓紧抓好；为了减少各级领导干部、各条战线的先进集体代表和劳动模范的会议活动，使他们在今年的工农生产和各项工作中，更充分地发挥领导作用和骨干、带头作用，中共中央和国务院决定：将原定于今年国庆节前后召开的全国职工劳动模范代表大会，今年11月下旬召开的全国农业劳动模范代表大会，合并为全国劳动模范代表大会，延期到1981年'五一'国际劳动节前后召开。"

"中共中央和国务院希望，全国各条战线的职工同志们，农村人民公社社员同志们，坚决响应党的十一届五中全会的号召，同全国各族人民一起，紧密地团结在党中央的周围，万众一心，紧张努力，深入开展增产节约运动，开展社会主义劳动竞赛，争取农业生产的全面丰收，争取轻工业和其他消费品生产的较大增长，争取工业生产和交通运输的经济效果的显著提高，完成和超额完成今年的国民经济计划，创造出优异的成绩，迎接全国劳动模范代表大会的召开，迎接党的第十二次全国代表大会的召开。"

经国务院批准福州 厦门 漳州 泉州对外开放

《人民日报》报道，国务院最近批准福建省的福州、厦门、漳州、泉州四市对外开放。这四个市是我国著名的侨乡，物产丰富，风景优美，名胜古迹甚多，对外开放有利于进一步发展对外贸易和旅游事业。

《人民日报》发表社论《为保护近海渔业资源呼吁》

我国的近海渔业资源正在遭到严重破坏，如不采取有效措施保护和恢复，必将导致资源衰竭。我们有必要为此而大声疾呼！

我国东南两面临海，大陆海岸线长达18000多公里，海域辽阔，近海渔业资源是比较雄厚的。从50年代后期开始，由于在经济工作中不尊重客观规律，盲目追求高指标，水产工作中片面强调高产，大量发展底拖网渔船，作业渔场又没有相应扩大，集中在近海水域反复进行“扫荡”；加上从那个时期以来，有些地方片面强调发展粮食，盲目围海造田，破坏了一些鱼虾的产卵场，以致水产资源早在60年代就开始衰退。“文化大革命”期间，又大批特批什么“资源枯竭论”，酷渔滥捕，变本加厉，近海水域遭到浩劫。“竭海而渔”的结果，70年代近海拖网船马力数比60年代增长了247%，产量却只增长57%，单产还下降了55%；近两年来，就连总产量也连续下降了。现在，渤海的经济鱼已经基本绝迹；黄海的带鱼和小黄鱼，已形不成渔汛；东海的大黄鱼和小黄鱼，产量大幅度下降；南海渔产中绝大多数是幼鱼。在全国海洋水产品总产量中，带鱼、黄鱼等8个经济价值高、数量较大的品种，比重下降到28%，低值鱼、小杂鱼占了大半。情况是令人吃惊的。当前，问题的严重性还在于，有些同志并没有认识资源衰退的危险性，有的地方还在盲目增船添网，新建近海捕捞企业，提高捕捞强度。前年明确提出控制近海捕捞强度之后，去年全国的机动渔船仍以20万马力的幅度继续增加，这就不能不引起人们的焦虑和关注。

鱼虾是一种水生生物，有一个自然再生产的过程，大的生小的，小的长大了再生小的。合理的捕捞作业，应当在鱼虾产卵期后进行，抓大留小，使它们代代延续，持久不衰。如果不分时间，不分大小，一网打尽，长此下去，鱼虾就会绝种。有人认为，“大海茫茫，资源无限，取之不尽，用之不竭”。这是不对的。在渔船渔具现代化的今天，如果捕捞不当，资源的消耗会是很快的。我们一定要严格按照渔业资源自然再生产的规律来安排渔业经济的再生产，做到科学捕捞。当然，要下决心把近海捕捞指标降下来，减少底拖网渔船，淘汰严重伤害资源的定置网。各级领导部门要根据资源情况，合理确定捕捞指标，并逐步做到按捕捞限额安排生产，再也不要盲目表扬那种“超额完成捕捞生产计划”。只有这样，我们才能使近海渔业资源得到休养繁殖的机会，逐步恢复元气。

有些同志问：“是保护资源重要，还是保证渔民的生产和生活重要？如要减船减网，渔民吃什么？”这种把保护资源和渔民的利益对立起来的看法是片面的，也是缺乏远见的。由于长期单一发展捕捞作业，目前在调整中确实存在一些暂时的困难。但是，不减船减网，待到资源进一步衰退时，不是会更严重地影响渔民的生产和生活吗？20多年的酷渔滥捕，已经使资源衰退，产量下降，渔民收入日益减少，国家和集体的近海渔业已经出现了前所未有的困难，再不下大决心调整，近海渔业只有面临破产的结局。所以，目前的减船减网，正是为了今后的持续发展，同广大渔民的切身利益是完全一致的。

调整近海作业，是一项紧迫而又复杂的工作，既要解决好捕捞能力和资源可捕量之间、捕捞品种之间、捕捞和养殖之间的几个比例失调，又要在缩减捕捞作业的同时，安排好当前的生产出路。要支持企业和社队开展围、流、钓等多种作业；逐步改装渔船，向外海发展，开辟新的渔场；搞好保鲜，提高质量，发展水产品加工和其他工副业生产，走渔工商结合的道路；特别要积极发展人工养殖和资源增殖。总之，渔业生产也要广开门路，多辟财源，不能单打一。目前世界上渔业发达的国家，已把着重点放在发展养殖和增殖上，因为捕捞业以自然生长的鱼虾为采捕对象，不可能无限制地发展。从靠大自然的恩赐到人工养殖和增殖，是渔业生产的一个飞跃性的发展。这同人类在陆地上从采捕野生动植物向饲养家畜、栽培作物的发展趋势是一样的。它的特点是，产量稳定，见效快，收益大。我国渔业也应向这个方向发展。把我国可供人工养殖的740万亩左右的浅海和滩涂都利用起来，是一个多么辽阔的海洋农、牧场，将为人民增加多少水产品啊！

要恢复资源，必须大力贯彻国务院颁布的《水产资源繁殖保护条例》，切实加强渔政管理。要尽快建立起渔船作业登记和渔业许可证制度，坚决纠正捕捞生产上的各自为政。要协调好各省市区之间、国营和集体渔业之间保护资源的具体政策和措施。渔场要实行分级划区管理和划区生产。禁止厂矿等非渔业单位进行捕捞，限制跨海区作业。大力防止工业污染，保护鱼虾生长环境。去年，有些地方重申或新规定了必要的禁渔区和禁渔期，建立了渔政管理机构，多年来海上生产的无政府状态有所扭转，良好的生产秩序开始出现，这是有利于保护资源、发展生产的。海区各级领导部门都应当这样做。

对近海渔业的调整工作，我们还没有经验，要多做调查研究，多听取各方面的意见，从实际出发，总结新经验，解决新问题。只要各级领导认真重视渔业，切实加强领导，用科学态度办事，经过若干年的努力，我国近海渔业资源一定能够逐步恢复和发展，海洋渔业一定能够为人民提供越来越多的鱼虾和其他水产品。

舟山与长江口渔场查获违规渔船

中国渔政船22号和23号先后于3月中、下旬出航，协助浙江省、上海市渔政部门对舟山渔场北部和长江口渔场的禁渔区进行了监督检查，查获进入禁渔区拖网作业的渔船：山东省有12艘，江苏省有20艘。这些渔船在禁渔区内以捕捞幼鱼为主，伤害渔业资源。这些违规渔船被查获后，都在现场写了检讨书，承认了错误。为了严格执行国家保护水产资源的法规，对违规渔民进行教育，渔政船利用渔船进港避风机会，召集违规渔船船长学习保护水产资源的文件，加深认识保护资源的重要意义；同时，根据不同情况，按规定处以罚金。

中华人民共和国外国投资管理委员会批准我国有关单位同客商签订合资建造和经营3个企业的合同

《人民日报》报道，这3个企业是：同外商合作建造和经营的北京建国饭店、长城饭店，同港商合资经营的北京航空食品有限公司。

北京航空食品有限公司将由中国民航北京管理局和香港中国航空食品有限公司合资经营。它将在北京首都机场生产和经营飞机乘客需要的食品和饮料，为中国民航班机以及来我国的各国航空公司飞机提供服务。

最近，将在北京建国门外动工的建国饭店，由中国国际旅行社北京分社和香港中美旅馆发展有限公司合作建造和经营。它占地约1万多平方米，总建筑面积为3万多平方米，预计在一年半后竣工。

计划今年内动工的长城饭店，由中国国际旅行社北京分社和美国伊沈建设发展有限公司合作建造和经营。这座19层的旅游饭店将造在北京东环北路，共1000间客房，预计1983年建成营业。

全国人大常委会副委员长谭震林在北京会见联邦德国下萨克森州基督教民主联盟议会党团主席布鲁诺·布兰德斯一行

国务院副总理谷牧在北京会见并宴请由咨询局主席格洛斯特公爵殿下率领的英国咨询局代表团

谷牧在宴会上讲话时说，“近年来，中英两国在政治、经济、贸易、文化、科技等方面都进行了广泛的卓有成效的合作。”“咨询业务是两国进行合作的一个新领域。”他指出，“不断巩固和加强中英两国之间的合作，不仅符合两国人民的利益，而且有利于维护世界和平。”

格洛斯特公爵在讲话中说，在这次访华期间，我们同中国的同行们就双方感兴趣的技术问题交换了意见。他相信，双方可以在互利的基础上为促进英中两国之间的合作作出贡献。

中国社科院考古研究所所长夏鼐当选为英国学术院通讯院士

《人民日报》报道，这是英国学术院第一次选举我国学者担任通讯院士，这项选举是在英国学术院1974年院士大会上正式通过的。由于“四人帮”的横行，这件事被搁置起来。去年英国学术院代表团来我国访问，该院委托代表团团长埃克拉·凯恩克劳斯爵士正式向夏鼐授予通讯院士的证书。

由国家科委和国务院科技干部局主办的科技管理干部学习班在北京开班

学习班的学员都是各省、市、自治区科委和科技干部管理机构的负责人。两个多月来，学员们比较系统地学习了党的科技政策以及科技管理知识。到6月27日，共有109名学员得到结业证书。

叶圣陶被国务院聘任为文史研究馆馆长

以贝卓华为领队的北京市体操队前往突尼斯参加第三届突尼斯市国际体操邀请赛

邮电部发行《弗·伊·列宁诞辰一百一十周年》面值为8分纪念邮票一枚

4月23日

国务院总理华国锋在人民大会堂会见英国咨询局主席格洛斯特公爵殿下

华总理对格洛斯特公爵第一次来华访问表示热烈欢迎。他说，中英两国政府和民间的交往近几年不断增多，两国关系发展很好。格洛斯特公爵说，英国人认为中国是朋友。我希望双方尽可能互相帮助。华总理接着说，加强中英两国之间的相互了解和友好合作对双方都有好处。

会见时，华总理还向客人介绍了有关我国实现四个现代化的情况。

中共中央政治局通过《中共中央关于丧失工作能力的老同志不当十二大代表和中央委员候选人的决定》

决定指出：为了使出席党的十二大的代表和大会选举产生的中央委员，有相当比例的年富力强的同志，使党的领导机构能够适应社会主义现代化建设繁重任务的需要，保证党的集体领导的长期稳定性，中央决定，凡年事已高、丧失工作能力和生活自理能力的老同志，不当党的十二大代表和中央委员候选人。这是废除实际上存在的干部职务终身制和逐步更新领导班子的一个重要步骤。

中国工会代表王家宠在世界工会会议上谈实现发展的前提条件是维护国家独立主权并反对超级大国掠夺

中国工会代表王家宠在会上分析了发展中国家在争取建立新的国际经济关系中所取得的一些成就以后说，"总的看来，有关建立新的国际经济秩序的各项谈判只取得了有限的进展。某些发达国家，特别是超级大国不甘心放弃对国际经济、贸易体系的垄断和控制，它们仍在千方百计地对发展中国家的合理要求进行阻挠。它们极力转嫁经济危机，加强推行'保护主义'政策，在激烈的贸易战、货币战中使穷国蒙受重大损失。有的则以'无私'、'友好合作'为名，行掠夺、控制、干涉、支配之实。这一切不仅妨碍着发展中国家经济发展的进程，而且严重地影响世界的和平、安全稳定和经济的恢复发展"。

王家宠接着指出："值得注意的是，近来，霸权主义为了加紧攫取战略资源和控制海洋通道，公然践踏国际关系准则，严重威胁世界的和平和安全，而第三世界国家更是直接遭到它的干涉、颠覆和武装侵略。这是它搞假'缓和'的大暴露。发展中国家如果不能维护自己的独立、主权，民族生存都受到威胁，还有什么经济、社会的发展可言呢！因此，世界现实要求世界工人阶级同一切爱好和平、主持正义的人民联合起来，把争取发展的斗争同反侵略、反扩张、反霸权的斗争结合起来，不断揭露和挫败霸权主义的侵略扩张和战争部署，维护世界和平。这是各国实现发展和改善工人处境的前提条件。"

中华人民共和国政府和索马里民主共和国政府贸易协定在北京签字

外贸部部长李强和索马里贸易部部长艾哈迈德·穆罕默德·马哈茂德分别代表本国政府在协定上签字。协定规定：缔约双方在各自国家法律和规章范围内，为两国产品的交换提供最大便利，以促进两国间进出口贸易的平衡。

中华人民共和国政府和阿拉伯也门共和国政府文化协定在北京签字

根据协定，两国政府决定本着平等互利的原则，发展两国文化、教育、科学、卫生、体育、出版和新闻广播等方面的交流和合作。

文化部部长黄镇和阿拉伯也门共和国新闻文化部部长叶海亚·侯赛因·阿尔希，分别代表各自政府在协定上签了字。

同时，黄镇和叶海亚·侯赛因·阿尔希还签署了中华人民共和国文化部和阿拉伯也门共和国新闻文化部议定书。议定书规定了1980年和1981年，两国文化交流和合作的具体项目。

全国人大常委会副委员长邓颖超在北京会见两位意大利记者乌博耳迪和洛蒂

乌博耳迪是《时代》周刊罗马编辑部主任，这是他第五次访华。洛蒂是《时代》周刊的摄影记者，他于1973年访华时成功地为周总理拍摄了一张彩色照片。这张照片曾于1974年获得了美国密苏里大学最佳新闻照片奖。今天，邓颖超见到他时，赞赏他的摄影技术高超，并对他说，他为周总理拍摄的那张照片已在中国人民中广泛流传，受到了中国人民的喜爱。

邓颖超就乌博耳迪所提的问题，同他进行了友好的交谈。

国务院副总理王震在北京会见日本日立造船株式会社副社长汤口俊一一行

会见时，王震副总理征求了汤口俊一先生对改造大连造船厂使之现代化的意见，并希望中日双方进一步加强在造船工业方面的合作。汤口俊一先生表示要尽力作出自己的努力。

参加部分省市自治区民族民间唱法独唱二重唱会演的全体歌唱演员向全国歌唱家民间歌手们发出高唱革命歌曲倡议书

全国的歌唱家、人民的歌手们：

80年代是充满光明、充满希望的年代。为了鼓舞全国人民同心同德加快步伐为实现四个现代化的宏伟目标而奋斗，让社会主义的歌声响彻在新长征的大道上，我们应该开展大唱革命歌曲活动。高唱革命歌曲是我们的优良传统，在我国民主革命时期以及社会主义革命和建设时期，曾发挥过巨大的战斗作用，它曾激励我国人民消灭敌人，战胜困难，使我们的事业取得了一个又一个的胜利。今天在我们向四化进军的征途中，反映社会主义新时期的时代精神的歌曲，仍然是人民群众最需要的精神食粮，他们既需要昂扬激越的歌曲，鼓舞他们保卫祖国、建设祖国的革命豪情，又需要健康优美轻松愉快的歌曲丰富他们的精神生活，增添前进的力量。

粉碎"四人帮"三年来，我们音乐工作者创作与演出了一批优秀的群众歌曲和抒情歌曲，受到群众的欢迎。但是，无论从数量和质量上来看，都远远不能满足人民和时代的需要。特别值得注意的是，外来的某些不健康的流行歌曲在某些人们中间传播，它同我国人民的革命精神面貌是格格不入的。作为受党长期培养的文艺工作者，人民的歌手，我们要积极行动起来，用革命的、前进的、健康的歌声去抵制那些靡靡之音。我们殷切希望词、曲作家们多创作具有正确的政治思想内容，鲜明的战斗风格，浓郁的时代气息的歌曲去教育人民、团结人民、鼓舞人民。我们要把五十年前聂耳、冼星海同志所创作的战歌继续唱下去，要把我国革命音乐的光荣传统坚持下去，发扬光大！要在培养社会主义新人，树立优良的道德风尚的伟大使命中，履行我们社会主义文艺战士的职责。

为此，我们向全国的歌唱家和歌手们提出倡议：在演出舞台上，大唱革命的、前进的、健康的歌曲，并且要经常到群众中去，到工厂去，到农村去，到部队去，到社会主义建设的第一线去，教唱革命歌曲。让社会主义的歌声响彻祖国大地，踏着威武雄壮的步伐，昂首阔步向着四个现代化的宏伟目标进军！

部分省、市、自治区和中国人民解放军参加民族民间唱法独唱、二重唱会演全体歌唱演员

1980 年 4 月 23 日

4 月 24 日

国务院总理华国锋在北京会见日本创价学会名誉会长池田大作和夫人以及由池田大作率领的创价学会第五次访华团

见面时，池田大作说：我们创价学会 1000 万会员热烈欢迎您即将访问日本。

华国锋再次表示他很乐意去日本进行访问。他称赞池田大作是为发展中日友好事业作出贡献的中国人民熟悉的老朋友。华国锋说，发展中日友好不仅对维护亚洲和平，而且对世界和平都有利。在中国实现四个现代化的进程中，我们愿意在经济上同日本取长补短，加强合作，求得共同发展。

华国锋告诉日本朋友，中国目前正在研究国民经济十年发展规划。他说，制定这个长远规划，应从 10 亿人口出发。因此，我们把重点放在发展农业和轻工业上。重工业方面的燃料动力和交通运输是先行工业，也要优先发展。因为，离开它们，农业、轻工业和重工业都发展不起来。

华国锋还就池田大作提出的问题，谈到了克服官僚主义、加强对青少年教育、发扬革命传统和优良作风等方面的情况。

当池田大作希望华国锋谈谈他个人的情况时，华国锋说，在中国，我们强调集体领导，不提倡宣传个人。我们担负领导职务的人也是人民的勤务员。

国务院副总理李先念在出访澳大利亚前夕接受澳大利亚广播委员会记者和《悉尼先驱晨报》记者的采访

李先念对两位记者说，中澳两国关系的发展是令人满意的。我们两国对当前许多重大国际问题的看法有很多共同点，我们的观点很接近。

关于这次出访的目的，李先念说，我即将对巴布亚新几内亚、澳大利亚、新西兰三国进行友好访问。这三国政府的领导人曾先后访问过我国。我受中国政府的委托对你们国家和其他两个国家进行回访。在这次访问中，我将同三国政府领导人讨论共同关心的国际问题以及双边关系问题。

李先念提到澳大利亚总理弗雷泽最近在谈到阿富汗问题时所讲的话，“世界可能正面临着第二次世界大战以来最危险的国际危机”，“缓和的时代已一去不复返了”。李先念说，我们赞赏弗雷泽总理所持的立场，我们同你们有同样的看法。

记者问到有关中澳双边关系问题时，李先念说，近年来，中澳两国在政治、经济、文化、科技等方面的友好合作有很大发展。人员往来频繁，贸易也有很大增长。他指出，两国在采矿、畜牧业、农业等领域内可以进行广泛合作。李先念表示，中国将为进一步发展中澳关系而努力。

记者还问到有关中国国内经济建设方面的情况。李先念说，中国国内形势是稳定的。我们在四化建设中将坚定不移地坚持四项基本原则，坚持自力更生的方针。我们要努力发展生产，提高人民生活，活跃经济。他表示，中国愿意在平等互利的原则下积极发展同各友好国家的经济合作关系。

《解放军报》发表评论员文章《拒腐蚀 永不沾》

《解放军报》今天发表题为《拒腐蚀 永不沾》的评论员文章，强调共产主义者要永远发扬舍己为公、艰苦奋斗、保持洁白朴素的生活的美德，无论过去、现在以至将来，我们革命同志都要注意拒腐蚀永不沾这个问题。我们在思想上，应该保持辩证唯物主义世界观和科学共产主义的坚定信念，不被资本主义表面繁荣的种种现象所动摇。我们拿起我党我军优良传统作风这个武器，不仅是为了防御一切剥削阶级意识形态对我们的侵蚀，保持我们革命者政治上、思想上和生活作风上的纯洁，同时也是为了用无产阶级的思想包括无产阶级的道德风尚、生活情操，移风易俗，改造世界。

文章说，在我们的同志中间，现在要划清两个界

限。一个,允许在社会上存在的不等于就是我们提倡和鼓励的。另一个,社会上允许存在的不等于在我们军队里允许存在。军队是战斗组织,不能和地方老百姓一样要求。为了保卫祖国,保卫四化,我们军队必须有很强的战斗力,随时能够打仗。我们想问题,办事情,包括读什么书、唱什么歌、看什么电影,都要有利于巩固和提高部队战斗力,而不是损害部队战斗力。一个共产党员,一个革命军人,对腐蚀战斗意志的那些封建阶级、资产阶级的东西,那些宗教、迷信、旧的道德观念、不好的风俗习惯,以及极端个人主义、利用职权谋取私利等歪风邪气,绝对不可以不问不管,听其自然。我们应该站在坚定的立场上,用无产阶级的思想克服各种非无产阶级思想,同资产阶级的、封建阶级的东西划清界限,不应该采取自由主义的态度,更不应该同流合污。

还有一个问题也要讲清楚,就是我们的同志对待事物要学习马克思主义的具体问题具体分析的科学方法,不要采取简单地肯定一切或者否定一切的绝对态度。我们吃这种形而上学方法的亏已经很多了,再不应该继续吃亏下去了。对我们来说,林彪、“四人帮”那种普遍贫穷落后的假社会主义不能要,而科学社会主义则必须坚持;林彪、“四人帮”伪造、篡改、割裂、歪曲马列主义、毛泽东思想那一套我们要摒弃,而马列主义、毛泽东思想的科学体系则必须完整地准确地加以掌握。

文章说,为了抗拒剥削阶级意识形态对我们的腐蚀,关心群众生活的问题有必要再次强调地提出来。我们希望有关部门和各方面的同志多为连队写一些和出版一些好的书籍,创作一些好的电影和好的歌曲。最近各部队按照总政治部文化部的通知,大唱革命歌曲,这样做,壮军威,鼓士气,有利于振奋向现代化革命军队目标前进的革命精神。事情都有正反两面,风气也是既要纠正坏的又要树立好的。我们部队中先进的事迹,有先进思想和先进行为的同志是大量的,我们应该广为收集这方面的材料,加以宣传、提倡、推广,以树立好的风尚。

文章最后说,反对腐蚀是一项经常的任务。我们多年来的经验说明,第一,要重视。重视和不重视,抓和不抓是大不一样的,重视去抓,问题就不难发现也不难解决。第二,抓的时候要得法。因为是革命队伍内部的资产阶级思想影响问题,所以,训、斗、压,都不是解决问题的办法,而是要靠耐心的教育,多做深入细致的思想工作。在当前,我们的干部特别是共产党员,要认真学习党内政治生活准则,学习五中全会讨论过的党章修改草案,在对照、检查自己的工作、思想和作风的时候,也把反腐蚀的问题列为一个重要内容。

全国县级以上行政区划1980年第一季度变动情况

1980年第一季度国务院审核批准了若干县级以上行政区划变动:

(1)吉林省撤销东辽县,将东辽县的行政区域划归辽源市。

(2)安徽省将芜湖地区的芜湖县划归芜湖市领导。

(3)安徽省芜湖地区行政公署由芜湖市迁驻宣城县,并改名为宣城地区行政公署。

(4)安徽省撤销池州地区,将其所属的东至、贵池两县划归安庆地区管辖,太平、石台两县划归徽州地区管辖,青阳县划归宣城地区管辖。

(5)安徽省将徽州地区的宁国县划归宣城地区管辖。

(6)江西省九江地区的九江市,改由省直接领导。

(7)江西省撤销庐山现行的行政区划建制,将庐山的行政区域全部划归九江市管辖,并改设为九江市的一个区。

《人民日报》发表社论《发扬万隆精神 维护世界和平》

在战后亚非民族独立运动蓬勃高涨的鼓舞和推动下,1955年4月18日至24日在印度尼西亚的万隆举行了亚非会议。亚洲和非洲29个国家和地区参加了这次会议。周恩来总理率领中国代表团,本着求同存异、加强团结的精神参加了会议,对会议的成功作出了重要的贡献。

25年前由亚非国家自己召开的这次国际会议,是亚非人民历史上的一个转折点,这次会议冲破帝国主义的阻挠和破坏,讨论了反帝、反殖和维护民族独立的种种问题。与会各国代表经过充分协商,一致通过了《亚非会议联合公报》,确定了指导国际关系的著名的万隆十项原则。这次会议大大增进了亚非国家之间的相互了解和友好合作,对亚非民族解放运动的发展产生了深远的影响。万隆会议的旗帜,是亚非人民团结反帝的旗帜。

时代的车轮滚滚向前。万隆会议以后,亚洲、非洲、拉丁美洲民族解放运动不断取得重大胜利,亚非地区又有50多个国家升起了独立的旗帜。今天,除了南部非洲以及其他地方少数几个国家和地区以外,绝大部分亚非国家都取得了独立。它们在巩固政治独立的同时,积极发展民族经济,并同其他第三世界国家一起为争取建立新的国际经济秩序而进行不懈的斗争。

亚非拉人民的伟大觉醒,是当代世界历史上极其重大的事件。帝国主义的殖民体系土崩瓦解。亚非拉和其他地区100多个发展中国家组成的第三世界，已成为当代世界反帝、反殖、反霸、维护正义与和平的主力军，成为推动历史前进的主要动力。

历史的发展是曲折的。在过去的1/4世纪里，世界的面貌发生了巨大、深刻的变化，世界各种政治力量经历了急剧的分化和改组。万隆会议以后出现的社会帝国主义，野心勃勃，到处伸手，妄图称霸全世界。为了从侧翼包抄欧洲，苏联从70年代中期以来加紧了南下步伐，把对外扩张的主要矛头指向亚非地区。苏联霸权主义的侵略扩张已经成为世界动乱的主要根源，成为亚非国家和第三世界国家民族独立和国家安全的主要威胁。

万隆会议的十项原则中规定："尊重一切国家的主权和领土完整"，"不干预或干涉他国内政"，"不以侵略行为或侵略威胁或使用武力来侵犯任何国家的领土完整或政治独立"，等等。这十项原则是和平共处五项原则的引申和发展，它反映了亚非国家和全世界一切爱好和平、主持正义国家加强团结、维护和平的共同愿望，这同任何全球霸权主义和地区霸权主义是水火不相容的。苏联霸权主义竭力把自己打扮成第三世界的"天然盟友"和万隆精神的维护者，但是谁都看到，正是苏联一再践踏国际关系的基本准则，肆意干涉别国内政，侵犯别国主权，甚至悍然出兵侵占别的独立主权国家。曾经参加万隆会议的越南当局，也完全背弃了万隆精神，控制老挝，侵占柬埔寨，妄图在东南亚建立地区霸权。因此，要维护和发扬万隆精神，就必须同敌视万隆精神和亚非人民团结事业的大小霸权主义进行坚决的斗争。

万隆精神的一个重要方面，是亚非国家求大同，存小异，加强团结，增进合作。正如周恩来总理在万隆会议上所说的："在我们亚洲和非洲的国家中间，确实存在着不同的思想体系和不同的社会制度。但是，这并不能阻止我们寻求共同的基础，并团结起来"。共同的历史遭遇和面临的共同任务使亚非国家能够相互同情，相互支持，相互合作。历史上遗留下来的亚非国家之间的争端，应当而且可以根据和平共处五项原则和万隆会议十项原则，本着平等协商的精神，求得公平合理的解决。值得注意的是，苏联霸权主义正在玩弄种种阴谋诡计，挑拨离间，破坏第三世界国家之间的团结。因此，在大敌当前的情况下，必须识破霸权主义的分裂阴谋，通过和平协商解决第三世界国家之间的分歧和争端，使第三世界的团结反霸事业不断得到发展。

万隆会议已经过去了25个年头。回顾历史，展望未来，我们更加坚信，万隆精神是不可磨灭的。亚非人民通过自己的切身经历更加懂得，要争取和巩固自己的独立和发展，必须进一步加强亚非国家的团结，加强第三世界的团结，不断揭露和挫败帝国主义和霸权主义的侵略计划和战争部署。只有这样，才能使万隆精神继续发扬光大，有利于维护世界的和平和安宁。中国人民将一如既往，同亚非各国人民一道，同第三世界和全世界人民一道，为反对霸权主义、维护世界和平作出自己的贡献。

国务院副总理方毅在北京会见美国韦恩州立大学代表团

韦恩州立大学位于美国密执安州底特律市，是一所综合性大学。校长托马斯·波纳博士任代表团团长。代表团这次访华将探讨进一步加强同中国科学院的联系，讨论有关接受我国研究生，以及双方学者进行交流和合作等问题。

国务院副总理姬鹏飞在北京会见新西兰卫生部部长盖尔和夫人以及由盖尔率领的新西兰卫生代表团

国务院副总理万里在北京会见加拿大国家铁路主席班迪恩和夫人以及由班迪恩率领的加拿大国家铁路代表团

国家科委和国务院科技干部局举办科技管理干部学习班开学

为了适应科技现代化的需要，提高科技管理水平，国家科委和国务院科技干部局决定对各省、市、自治区科委和科技干部专管机构的负责人员，普遍进行一次为期两月的学习轮训。学习班采取讲授和自学相结合、自学与集体讨论相结合的办法，学习科技政策、科学知识、科技管理和科技干部管理等。

汉字拼音键盘和显示装置研制成功

《人民日报》报道，具有先进水平的汉字拼音键盘和显示装置，已在杭州市自动化研究所研制成功。这台汉字拼音键盘，具有结构简单、体积轻巧、成本低廉、易学好用的特点。在键位设计上把汉语拼音方案和传统的音韵双拼习惯结合起来，可以不经过编码，直接用拼音输入汉字词汇及单字，每个汉字只需按键一至二次。

高等学校函授夜大学工作座谈会指出刘少奇同志关于"两种教育制度"的思想完全正确

《人民日报》报道，最近召开的高等学校函授夜大学工作座谈会指出，经过十几年的实践检验，证明刘少奇同志提出的关于"两种教育制度"的思想是完全正确的。要发展我国的教育事业，必须"两条腿走路"，既要大力发展全日制的大中小学教育，也要大力发展半工半读、半农半读学校和业余教育。普通高等学校举办的函授教育、夜大学，是业余教育中的一种重要形式，是培养具有大学本科或专科毕业水平的各种专门人才的有效途径。在新的历史时期，就更应当重视发展这一类教育。

与会同志认为，高等函授教育和夜大学有许多优越性。函授教育不受时间、空间限制，简便灵活，适应性强。在我国目前暂时还不能大量发展普通高等学校的情况下，更具有十分重要的意义。

会议强调指出，办好高等函授教育和夜大学的关键，是要提高认识，引起重视。不仅教育部门和高等学校的领导要重视，有关部门和地方党政领导也要重视。其次是要认真建设一支师资队伍，建立必要的机构，配备精干的人员。教材建设是学校的一项基本建设，对举办函授教育和夜大学尤其重要，更要引起注意。

《法汉词典》出版

《人民日报》报道，上海外国语学院主持编写的《法汉词典》最近已由上海译文出版社出版。这是国内出版的规模最大的法汉语言工具书，共收词6.2万余条。其中科技专业词1.5万余条，约占词条总数的1/4。法语中常用的词组、成语和谚语，这本词典也收得比较多。

中国奥委会在北京召开全体委员会议决定我奥委会不派运动员参加莫斯科奥运会

会议决定：只要苏联当局拒绝尊重奥林匹克运动的崇高宗旨、在5月24日以前不从阿富汗全部撤出其武装部队，中国奥委会将不派运动员参加在莫斯科举行的第二十二届奥运会。中国奥委会仍将派运动员参加在苏联以外举行的各项奥林匹克预选赛。会议就第二十二届奥运会问题进行了认真的讨论。与会者注意到，正当我国运动员和体育工作者积极准备参加第二十二届奥运会的时候，发生了本届奥运会东道国苏联对另一个主权国家阿富汗的武装侵略。与会者指出，苏联的侵略行为严重地违背了奥林匹克运动的宗旨——“通过体育运动，以促进相互了解和友谊的精神教育青年，从而有助于建立一个更加美好和和平的世界。”

会议满意地回顾了中国奥委会在奥林匹克运动中的代表权得到恢复以来同国际奥委会合作关系的发展，决定进一步为宣传奥林匹克运动的宗旨和推动奥林匹克运动而努力。

会议最后强调，中国奥委会将一如既往，加强同国际奥委会的合作，为世界体育运动的发展作出我们应有的贡献。

中国奥委会主席钟师统主持了会议。

4月25日

《人民日报》发表评论员文章《从马树魁的错误看“顶着不办”》

中共蓟县县委书记马树魁同志，公然拒不执行天津市委和中央有关部门关于平反刘宝金冤案的指示，造成极坏的影响。最近，中共天津市委决定马树魁立即停职检查，并责成蓟县县委迅速组织力量，对全县所有冤假错案进行复查，做好平反工作。这是天津市委坚持毛泽东同志倡导的实事求是、有错必纠的原则所采取的果断措施，是完全必要，深得人心的。

马树魁身为县委书记，却歪曲事实，假以罪名，陷害同志，使刘宝金沉冤十数年。这是一个严重的错误。粉碎“四人帮”以后，马树魁本来是有很多机会来纠正这个错误的。从党的十一大开始，中央就反复强调平反冤假错案。具有历史意义的三中全会纠正了一批重大错案，明确指出要坚决抓紧完成平反冤假错案的任务。天津市委和中央处理上访问题检查组也曾四次实地调查，判明刘宝金的案件是冤枉的，指示蓟县县委予以平反。但是，马树魁却利用职权顶着不办。像这样明目张胆地对抗上级党委，阻挠落实党的政策的行为，是党的纪律决不允许的。

我们党是无产阶级的先进部队，是一个有统一意志、统一行动的战斗组织。党的路线、方针、政策一经确定，党的决议一旦通过，就必须坚决贯彻执行，决不允许任何党员从中阻挠。林彪、“四人帮”鼓吹“踢开党委闹革命”，鼓吹“对着干”，曾经使我们党遭受严重的伤害，几乎到了瘫痪的程度。“顶着不办”，就是林彪、“四人帮”极左路线的流毒在某些同志头脑中的表现。粉碎“四人帮”以后，中央用了很大的精力来整顿党。党的路线、方针、政策和一系列决策，得到全党和全国人民的拥护。“个人服从组织、少数服从多数、下级服从上级、全党服从中央”的民主集中制的原则正在恢复。这是主流。但是，也确有极少数党的组织，主要是其中的个别领导人，对中央的路线、方针、政策心存疑虑，甚至怀有不满。他不敢“对着干”了，就来个“顶着不办”、“拖着不办”。特别是在平反冤假错案这件工作上，对于他自己参与制造的冤案，总是不肯认账，顶了又顶，拖了又拖，以至年复一年，不能了结。这种人尽管为数不多，但掌有一定的权力。他挡着道，中央的政策贯彻不下去，群众的积极性调动不起来，怎么可能同心同德搞四化呢？

从马树魁顶着不办这件事上，可以看到他之所以有恃无恐，还在于他有人支持，有人紧跟，蓟县几乎成了“马家王国”。正因为这样，马树魁才敢于对抗中央和天津市委，主持县委党委扩大会，通过了“刘宝金一案根本不存在改正和平反问题”的决议。这种利用党的一级组织同上级党委对抗的行径，很发人深思。它说明在我们党的某些组织里，不是服从真理，服从中央，而是屈从第一把手的权势，已经发展到多么严重的程度。它也说明林彪、“四人帮”虽然打倒了，但是他们拉帮结伙的组织路线的流毒依然存在。一些小山头，小宗派，甚至一些林彪、“四人帮”的残余分子，仍然抱成一团，在同我们较量，在腐蚀着我们党的肌体。这个问题特别值得警惕。五中全会已经把党的组织路线提到重要议事日程上来。我们一方面要大力培养和选拔接班人，把真心实意拥护和执行党的路线、方针、政策，德才兼备、年富力强的中青年干部提上来；另一方面，要坚决把那些同党三心二意，拒不执行党的路线、方针、政策，经过长期教育，毫无悔改之意的人调整下去。这是关系到党和政府的各级组织的领导权掌握在什么人手上的大问题，决不能掉以轻心，决不能让那些同党离心离德的人钻空子，更不能让林彪、“四人帮”的残余分子混迹在我们的领导班子内。

像马树魁这样明目张胆顶着不办的人，当然是很少很少的，但也不是绝无仅有的。据了解，最近上访人员中，多数是重访的老户。其中确有无理取闹的，需要认真严肃地做教育工作，包括采取必要的行政措施；但是，也确有不少案件，是应该解决也能够解决，而由于顶着不办、拖着不办没有得到解决的。可见，在平反冤假错案这个问题上，不按照中央的政策办事，或者不完全按照中央的政策办事，仍然是一个不可忽视的问题。我们衷心地希望那些“顶着不办”的同志，认真学习三中全会、四中全会和五中全会的文件，同林彪、“四人帮”的极左路线彻底划清界限，坚决贯彻执行实事求是、有错必纠的原则，及早平反一切应该平反的冤假错案。如果继续顶下去，就要考虑后果了。中央的路线、方针、政策是坚定不移的，是一定要贯彻执行的。你再顶下去，党不会答应，群众也不会答应。你以为有个三朋四友就能帮你顶下去，那也是靠不住的。任何以权势和私利为媒介的结盟，在真理的阳光下，顷刻之间都会像冰雪一样融化。过去几年，党中央循循善诱，一看二帮，群众也耐心等待。时至今日，当然还可以再等待，但总不能无限期地等下去。马树魁的停职检查就是一个警告。党的各级干部，特别是领导干部，必须坚定不移地执行党的路线、方针和政策。如果顶着不办，屡教不改，那就只好让愿意办的人来办了。

拨乱反正，实现四化，是我国当今的伟大历史潮流。一切忠于党，忠于人民的同志，都要更自觉地站在这个历史潮流的前头，贡献自己的全部力量。

全国公安战线先进集体先进工作者表彰大会在北京开幕

131个先进集体和422名先进工作者，在会上受到公安部的表彰和奖励。其中成绩卓著的12个先进集体被授予全国公安战线模范集体称号，50名先进工作者被授予全国公安战线一级和二级英雄模范称号。

彭真、彭冲、薄一波、江华、黄火青、康克清，以及公安部和其他有关部门的负责人出席了大会开幕式。公安部副部长于桑主持开幕式。

公安部部长赵苍璧在会上讲话。他说，三年多来，我们结束了林彪、“四人帮”一伙“砸烂公检法”所造成的混乱状态，使公安工作开始走上健全发展的轨道。我们取得的成绩是初步的，但是是显著的。实践证明，公安机关忠实地履行了无产阶级专政的光荣职责，广大公安保卫人员是一支忠于党、忠于祖国和人民的有战斗力的革命队伍。

赵苍璧在总结了受表彰的先进集体和先进工作者的共同经验后说，在我们国家里，剥削阶级作为阶级已经消灭，但是，阶级斗争在一定范围内仍然存在。社会上确实还有“四人帮”在组织上和思想上的残余，有新生的打砸抢分子，有各种流氓集团和刑事犯罪分子，有与外国势力和台湾特务机关联系进行地下活动的反革命分子，还有公然反对共产党的领导和社会主义的所谓“民主派”、“持不同政见者”。虽然这几种人的性质不同，但都是不安定的因素，在一定情况下，他们就会纠合在一起，成为一股破坏势力，给国家造成动乱和损失。全体公安保卫人员，对这一点必须有足够的政治敏感和高度的警惕性，切不可掉以轻心。当前，要继续把社会治安整顿好，狠狠打击那些制造动乱、扰乱社会治安、危害人民的各种犯罪分子，积极做好劳动改造、劳动教养工作，协同有关方面做好教育挽救失足青少年的工作。

公安部副部长凌云宣读了公安部关于表彰公安战线先进集体、先进工作者的决定。并向先进集体和先进工作者颁发了奖旗、奖章，向特邀代表赠了奖状。

公安战线模范单位和一级 二级英模名单

在全国公安战线先进集体、先进工作者表彰大会开幕式上，被授予全国公安战线模范单位称号和一级、二级英雄模范称号名单。

模范单位：哈尔滨东莱派出所、重庆大阳沟派出所、上海延安中路派出所、陕西铜川市李家塔派出所、沈阳铁路局海城车站派出所、沈阳市启工消防中队、云南小坝子边防工作站、广西金秀瑶族自治县武装民警中队、山东临清县看守所、广州市公安局三处八科、北京市团河农场劳教二大队四中队、天津杨家柴厂治保会。

一级英模：丁乐昌(江苏)、卜东昌(广东)、马文贤(女,内蒙古)、王世和(山东)、王明海(辽宁)、叶志三(上海)、李本春(浙江)、余帮金(江西)、何天慈(河南)、杨桂芬(女,铁道部)、周连池(吉林)、侯培生(黑龙江)、高松岭(北京)、黄环英(女,山西)、彭满信(广西)、谢德蓉(女,四川)。

二级英模：丁国来(河北)、马林(宁夏)、马尽忠(河南)、毛子圣(辽宁)、邓水生(湖南)、尹铎天(甘肃)、王成德(新疆)、王学聪(女,贵州)、孙杰(交通部)、孙桂兰(女,吉林)、安全喜(湖北)、李元(山西)、李新建(天津)、李天臣(河北)、李振合(陕西)、杜宽义(西藏)、陈东才(福建)、肖庆池(北京)、阿旺次仁(西藏)、邬所清(湖北)、张忠武(浙江)、周荣金(四川)、赵锦(内蒙古)、荆复兴(江苏)、殷根元(青海)、陶祥林(上海)、高晓燕(女,湖南)、龚力春(天津)、谢青岱(黑龙江)、黄振胜(广东)、舒友宝(安徽)、廖永荣(广西)、蒋先进(公安部)、蒋晓春(云南)。

财政部发布《关于对安置待业知青的城镇集体企业进一步减免税的通知》

通知说,对安置待业知识青年的城镇集体企业进一步减免税收。原规定这种新办的集体企业从投产经营的月份起,对其实现的利润免征工商所得税一年,现改为免征工商所得税二年至三年。从事劳务、修理、服务等集体企业单位的业务收入,原规定从经营之日起免征工商税一年,现在也改为免征工商税二至三年。

财政部还规定,原有城镇街道办的集体企业,在当年新安置的待业知识青年达到企业职工总人数60%以上的,也可以免征工商所得税二年至三年。

中共广东省委决定成立广东省经济特区管理委员会

中华人民共和国政府从日本国政府贷款的换文仪式在北京举行

这项换文是根据日本国总理大臣大平正芳访华时于1979年12月7日发表的中日联合新闻公报的第八款,经中日两国政府代表谈判达成协议的。换文由韩念龙副部长和日本国驻华大使吉田健三互换。

中国—瑞典政府间工业和科学技术合作混合委员会第二次会议在北京开幕

会议期间,双方满意地回顾了第一次会议以来两国间工业和科技合作发展的情况,并探讨了两国间进行新的、扩大的工业和科技合作的可能性。

国务院副总理康世恩出席签字仪式,祝贺这次会议获得圆满成功。签字仪式后,康世恩会见了奥斯林大臣一行。

国务院副总理姬鹏飞在北京会见由团长中村龙平率领的日本"中国政经恳谈会"访华团

文化部电影局在北京召开电影音乐创作座谈会

来自全国电影战线的五十多名音乐工作者出席了会议。会议结合国庆三十周年献礼影片,就繁荣电影音乐创作、提高电影音乐质量使之适应新形势的要求等问题展开了热烈、广泛的讨论,总结成绩,交流经验,并对一些有争议的问题进行了探讨。座谈会于5月11日结束。

广东省部分地区暴雨成灾

21日到25日,广东省的韶关、惠阳、梅县、汕头地区连续降大雨和暴雨,引起山洪暴发,河水猛涨,造成局部性的洪涝灾害。

在5天之内降雨量达300毫米以上的,有紫金、龙川、河源、和平、兴宁、佛冈、清远、新丰、龙门九个县;其中的紫金县,降雨量达到561毫米。

由于连降大雨和暴雨,主要河流东江、北江、韩江和一些小河超过了警戒水位。据初步统计,全省有88万亩农作物受淹,1.4万多亩农田被沙石覆盖。一些桥梁被冲毁。广州至粤东、粤北一些县的公路交通受到影响。

4月26日

公安部在河南许昌召开全国麦收防火工作座谈会

会议提出,麦收防火工作的重点应当放在麦场上,而麦场防火的要害是机电。会议要求各产麦区采取有效措施,在麦收期间严防火灾发生。

近几年来,我国主要产麦省为了防止拖拉机、柴油机排气管喷火,试制了各种类型的"火星消除器"(防火帽),但使用还不普遍,有些"火星消除器"的效果也不好。座谈会期间,农机部选出河南焦作、许昌和陕西西安生产的三种"火星消除器",安装在拖拉机的排气管上作实际表演,这几种"火星消除器"的防火性能良好。会议认为,只要严格执行安全操作规程,使用拖拉机打场引起的火灾是可以避免的。

会议指出,要确保麦场安全,必须做好以下几方面的工作:

一、麦场应与铁路、公路、高压输电线,以及住宅、饲养室、邻队麦场和用火、用电场所保持一定的安全距离。

二、麦场由一名生产队干部负责防火安全工作。打场专业队要进行消防知识训练，坚持昼夜轮流值班，跟班守护机械，发现火险，及时消除。

三、打场用的机电设备，要保证性能良好，有防火、防护安全装置。

四、在机电人员中普及消防知识，明确防火责任，要求他们严格执行安全操作规程。

五、进麦场的电线要用套管，埋入地下；照明电灯和开关闸刀，要装在安全地点。

六、麦场内严禁烟火。不准小孩和有神经病的人进场。场内要备足消防用的水缸、水桶、脸盆、麻袋和棉被等，并责任到人，专管专用，一见火苗，立即扑灭。

《人民日报》发表社论《坚决刹住乱涨价的歪风》

在去年提高主要农副产品收购价格以后，中共中央和国务院决定提高8种副食品及其有关制品的销价，并对职工实行补贴。将近半年的时间里，有关部门做了大量工作，总的说来，市场情况是好的，特别是副食品供应，有了明显好转。这就有力地说明，中央的有关决定是完全正确的，对某些极不合理的价格，在做好充分准备的情况下，有计划有步骤地进行调整，也是完全必要的。广大群众对此表示了充分谅解和拥护。但是，我们又必须清醒地看到，当前各方面对市场物价的反映较多。尽管粮、油、棉、布、糖、盐、煤等主要消费品的价格没有变动，却有相当一部分商品出现了乱涨价和变相涨价的情况，有些单位任意增加收费项目，提高收费标准；有些地方议购议销的品种范围宽了，提价的幅度大了。所有这些，都增加了消费者的负担，引起广大群众的不满和关注。产生这些问题的根本原因，是林彪、“四人帮”的十年破坏，各方面的欠账很多。从经济上说，在调整过程中，市场上还有相当一部分商品供不应求；从思想上说，不遵守物价纪律、目无法纪、私自涨价、随意收费，就是无组织无纪律的思想在物价问题上的反映。解决这些问题的首要任务是，努力发展生产，厉行节约，降低成本，增加市场供应。同时，也要切实加强物价管理，加强物价政策的宣传教育，坚决同乱涨价、变相涨价、乱收费用等恶劣倾向作斗争。

关系国计民生的主要商品，是稳定市场物价的主体。这些商品价格的变动，必然牵动全局。因此，一、二类商品的价格管理权限，必须高度集中。国家规定的计划价格，非经物价部门同意，任何部门和单位都无权自行变动。去年中央已经明确宣布，同人民生活关系密切的粮食、食油销价不动；肉、蛋的定量供应部分，以及牛奶等，今后几年不再提价；棉布、糖、盐等若干主要商品的销价，以及房租、水电费、交通费、学杂费等，继续保持稳定。所有这些规定，都必须不折不扣地贯彻执行，不得降质减量，短尺少秤，不得巧立名目，变相涨价。这不仅是安定人民生活的经济问题，也是取信于民的重大政治问题。要看到，把主要商品的价格稳住了，就稳定了市场物价的大局。在这个前提下，对极少数一般消费品价格作必要的、有升有降的调整；对小宗农副土特产品和小商品允许议购议销，就比较容易为广大群众理解和接受。

把职工的物质利益，同企业的经营成果联系起来，实行利润留成和奖金制度，是促进企业改善经营管理的一项重要措施，必须肯定。但是，当前出现了新的问题，就是有些单位为了片面追求利润，多发奖金，滥发奖金，不惜违反物价政策和物价纪律，随意提价或变相涨价，严重损害了消费者的利益。这种做法是非常恶劣的，群众对此表示愤慨是理所当然的。增加利润，只能是改善经营管理、减少浪费和损耗、降低成本的结果，决不能采取损害国家和消费者利益的错误做法。发放奖金，是对超额劳动、节约物料的职工的奖励。因此，凡是违反物价政策、破坏物价纪律的企事业单位或个人，一律不得发放奖金。靠乱涨价增加利润，靠乱涨价扭转亏损，靠乱涨价发放奖金，都是不能容许的。

议购议销商品的价格，也是当前群众议论较多的一个问题。一些商品实行议价以来，对促进生产发展，活跃城乡经济，便利群众生活，都起了积极的作用。现在的问题是，有些地方和单位，扩大了议价商品的范围，随意把按计划供应的商品挪出来按议价出售；有一些议价商品又利润过高，等等，实际上都抬高了市场物价。所有这些做法，都要坚决制止，切实整顿。应当重申，议价商品的范围只限于三类农副产品、工业品中的小商品和允许完成收购任务以后上市的一、二类农产品。商业部门要改善经营，降低费用，贯彻薄利多销的方针。既不能以“有东西比没有东西好”为理由，任意抬高价格，也不要因为工作中出现一些问题而不敢积极经营。

物价问题是关系到国民经济各部门和人民生活的重大问题，牵涉面很广。贯彻执行中央和国务院关于加强物价管理，坚决制止乱涨价和变相涨价的通知，必然会遇到许多具体问题，工作任务相当艰巨。各级党政领导同志要亲自动手，认真抓好物价检查整顿工作。各市、县还要逐步建立由企事业单位和居民委员会等代表组成的物价检查小组，对工商企业实行群众性的物价监督。应当看到，群众对随意涨价、变相涨价的现象很不满意，很愿意积极参加物价监督。但群众这种可贵的积极性目前还没有受到应有的重视，以致使一些群众监督组织流于形式。这是有些地方不能有效地刹住乱涨价歪风的一个重要原因。在物价检查中，有关部门一定要坚持党的群众路线，加强群众对物价的监督，把群众监督和行政手段结合起来。物价检查不能一阵风，不能虎头蛇尾，要把物价检查经常化、制度化。对于违反物价政策和物价纪律的企业，应根据不同情况，给予必要的纪律处分。对知法犯法、一犯再犯而又情节恶劣的，决不能姑息，必须给予法律制裁，从严惩处。

全国人大常委会副委员长邓颖超在北京会见日本少林寺拳法联盟会长宗道臣一行

会见时，邓颖超赞赏宗道臣多年来为促进中日友好所做的贡献。她说，中日友好现在已深入人心。宗道臣说，我把在中国学到的少林拳带回到日本，现在日本各地都有少林拳组织，会员已超过90万。在日本，少林拳已成为通过锻炼身体促进日本人民团结的一项活动。邓颖超说，你们通过学得少林拳，发展为日本少林拳，这是中日友好结合的拳法。

中国观察员代表团团长邵天任在亚非法协为万隆会议25周年举行的“专题纪念会”上发表讲话

邵天任说，25年前在万隆召开的亚非会议，是第一次由亚非国家自己召开的会议。这是历史上的一个伟大创举。他说：“我国人民敬爱的周恩来总理亲自率领中国代表团参加了这次会议，同与会国领导人一起，就加强亚非国家的团结合作、争取民族独立、维护国家主权和世界和平等重大问题进行了广泛的、卓有成效的协商和讨论，共同为会议的成功作出了重大的贡献。”“伟大的万隆精神，也就是亚非国家团结合作、反帝反殖的精神，有力地鼓舞和推动了亚非国家和人民争取和维护民族独立、保卫世界和平的斗争。”

他说：“近年来，广大亚洲、非洲和拉丁美洲国家正在进一步联合起来，共同反对霸权主义的侵略和扩张。”他强调说，今天在庆祝万隆会议25周年的时候，不能不看到，这个世界还很不安宁。“特别是在过去一年多的时间里，在亚非地区接连发生的对第三世界不结盟国家武装侵略的严重事件，激起了全世界人民的义愤。这些国家的领土遭到侵占，主权遭到蹂躏，人民蒙受空前的浩劫和苦难，它们周围邻国的安全和世界和平也受到严重威胁。这是对万隆原则和《联合国宪章》的公然蔑视和粗暴践踏。”

新疆第一农机厂的联合收割机远销各地

《人民日报》报道，新疆第一农机厂生产的牵引式联合收割机，由于质量高、性能好，远销到了北京、山东、河南等12个省、市、自治区。今年，这个厂安排的联合收割机产量比去年增长1倍，还满足不了需要。

在北京召开的全国文学期刊编辑工作会议强调要把文学期刊办得更有生气

全国文学期刊编辑工作会议4月26日至5月10日在北京举行。出席会议的代表们满怀信心地表示，一定要坚持文艺的社会主义方向，坚持“百花齐放、百家争鸣”的方针，把文学期刊办得更有生气、更有战斗力，使之更好地为人民服务，为社会主义服务。

全国100多种文学刊物的主编、副主编、编辑和部分文学出版社的负责人出席了会议。

中宣部部长王任重到会讲话。他首先充分肯定了文艺战线三年多来取得的成绩。他说，对文艺工作党是称赞的，人民是高兴的，文艺工作的成绩是主要的，主流是好的。缺点是一个指头的问题。他指出，把社会上的一些不好风气、犯罪现象，不加分析地完全归罪于文艺界是错误的，也是不公平的。他说，当然不能忽视文艺的社会作用，其中包括不好的作用。他强调，贯彻党的“百花齐放、百家争鸣”的方针是坚定不移的。他热切地希望从事文学编辑工作的同志们振作革命精神，把刊物办得更好，发表更多更好的作品，鼓舞人民同心同德搞四化。

中宣部副部长周扬，中国文联副主席夏衍等，也在会上讲了话。

与会代表一致认为，粉碎“四人帮”后，特别是党的三中全会以来，文学战线的形势是好的，文学期刊编辑工作取得了很大的成绩。据不完全统计，短短三年多的时间里，省市级以上复刊和新创刊的文学刊物达108种之多；这些刊物发表的作品中，仅中短篇小说就有6000多篇，其中有许多深受读者欢迎的优秀作品。这些众多的文学作品社会效果总的说来也是好的，它们对揭批林彪、“四人帮”，对解放思想、拨乱反正，对帮助群众理解和贯彻三中全会精神，以及培养社会主义新人和促进四化建设，都起了积极作用。另外，据76种刊物统计，发行总额达到1405万份。其中《人民文学》《小说月报》两种刊物发行都在100万份以上。一般的刊物发行量在10万至30万份之间，发行最少的也有3万份。即使这样，仍然不能满足读者的需要。文学期刊拥有这样大量的读者，说明文学艺术与人民群众建立了血肉的联系，也是文学艺术走向兴旺发达的重要标志。

与会代表在总结经验、肯定成绩的同时，也分析了当前文学创作中存在着的一些值得注意的情况和问题。

这次全国文学期刊编辑工作会议是由中国作家协会召开的，陈荒煤、冯牧、孔罗荪等主持了这次会议。

4月27日

中共中央副主席叶剑英视察深圳市

叶剑英由深圳市委负责同志陪同来到新开辟的蛇口工业区。负责建设这个工业区的香港招商局负责人详细介绍了工业区的开发经过，汇报了这个吸引外资、从事以外销为主的工业区的第一期工程进展情况。

国务院副总理李先念在北京会见以美国报纸发行人协会执行委员会主席艾伦·纽哈思为团长的美国报纸发行人协会董事会访华团

会见时，李先念副总理在谈到中美关系时说，自从尼克松前总统访华以来，我们对中美关系的发展基本上是满意的。他指出，只要两国政府和人民按照中美联合公报的原则继续发展友好关系，中美关系的发展前景是很好的。

国务院副总理 中国科学院院长方毅在北京会见参加"核糖核酸在发育和生殖中的作用第二次国际讨论会"的中外学者

会见时，方毅同美国知名科学家牛满江，美国友好人士西格尔博士，诺贝尔奖金获得者、美国的塞维罗·奥乔亚和戴维·鲍尔蒂莫尔等科学家进行了友好的交谈。他祝贺这次讨论会的举行，并回答了外国科学家们提出的问题。

国务院副总理姚依林在北京会见以初级产品工业部部长保罗·梁棋祥为团长的马来西亚经济技术代表团

联合国粮农组织和我国林业部举办的林业遥感技术训练班在哈尔滨开学

训练班是培训用遥感技术进行森林资源调查、森林探火和林业病虫害防治的专业人员的。35名中国学员参加了学习。联合国粮农组织委派的5名专家将担任这个为期约1个月的训练班的讲课任务。

海内外校友与在校师生共庆清华大学建校69周年

从海外归来的和在京的校友近2000人在清华园与母校师生欢聚一起，共庆建校69周年和校友返校节。在校园的中央主楼接待室里，校长刘达、副校长张维、张光斗热情接待了台湾清华大学的校友和来自美国和香港的校友。

今天到校祝贺的老校友还有蒋南翔、荣高堂、杨述、高士其、罗邦杰、陈岱孙、钱端升、袁复礼，以及已故的前校长梅贻琦夫人韩咏华、张奚若教授夫人杨景任等。

陈景润结束在英讲学回国

中国著名数学家陈景润结束了他在英格兰中部诺丁汉大学为期4个月的讲学活动，今天上午离开伦敦途经巴黎回国。陈景润在英国期间，还曾在剑桥大学作了关于数学问题的报告，并且参加了4月在英格兰西南部的埃克斯特举行的一次国际数学家会议。陈景润是应诺丁汉大学哈伯斯坦教授的邀请在去年12月抵达伦敦的。

《中国共产党第八次全国代表大会文件》重印出版

这本书是根据1956年年初版本重印的。全书内容包括毛泽东同志的开幕词，刘少奇同志的政治报告，邓小平同志的关于修改党的章程的报告，周恩来同志关于发展国民经济的第二个五年计划的建议的报告，以及八大通过的党章、决议等。

1980年上海国际乒乓球友好邀请赛在上海体育馆开幕

4月28日

国务院总理华国锋电贺非洲统一组织经济首脑会议

华国锋总理代表中国政府和人民向非洲统一组织经济首脑会议表示热烈的祝贺。电报全文如下：

拉各斯非洲统一组织经济首脑会议：

在非洲统一组织经济首脑会议召开的时候，我谨代表中国政府和人民向会议表示热烈的祝贺。

非洲国家元首和政府首脑聚会一堂，集中讨论非洲经济发展问题，这充分表达了非洲国家和人民要求发展民族经济，加强经济合作，进一步巩固政治独立的共同愿望和决心。我深信，非洲各国经过共同努力，加强团结合作，一定能够把自己的国家和整个非洲大陆逐步建设得繁荣富强起来。

祝大会圆满成功！

中华人民共和国国务院总理 华国锋

1980年4月28日于北京

中共中央副主席叶剑英视察珠海市

叶剑英在珠海市香洲烈士陵园向55年前为人民革命事业牺牲的烈士墓献了花圈，并在珠海市委负责同志陪同下，视察了珠海市和拱北海关。

大庆市人民政府成立

大庆市第二届人民代表大会今天结束。大会选举薛国邦为大庆市人大常委会主任；决定王苏民为大庆市市长。过去的安达特区，经国务院批准业已改为大庆市。与市人民政府成立的同时，经上级批准，大庆油田党委改为大庆市委；大庆石油会战指挥部改为大庆石油管理局，由王苏民任局长。在市一级继续实行政企合一，由一个班子履行政府和企业的两种职能。

《人民日报》发表社论《增产节约 增收节支》

工交战线广大职工，积极开展增产节约、增收节支的群众运动，是为四化贡献力量的具体行动，是全面完成今年国家生产计划的有力保证。今年一季度，工交战线的生产继续保持着好的趋势，尽管生产发展不平衡，但是，只要坚持不懈，群策群力，就一定能够全面地、比较均衡地完成增产节约增收节支计划。

今年是国民经济调整的关键一年，必须一天不耽误地把生产抓紧。搞好生产是搞好国计民生的基础，只有生产发展了，才能增加收入。各行各业都要认真学习先进的经营管理经验和先进技术，搞好专业化协作，广开生产门路，努力增加生产。

要从节约中求增产。节约有了成效，增产就有可靠保证。要努力降低各项消耗，当前要特别注意节约能源。今年我国能源计划的发展速度低于工业生产计划的发展速度，也低于去年能源生产实际达到的水平。要满足发展生产的需要，必须节约能源，反对浪费。去年由于抓了能源节约，节煤、节油、节电成绩显著。今年还要用大力量抓好能源节约，当前首先要抓好管理。从对鞍钢的调查中表明，管理不善造成的能源浪费占40%。因此，认真加强管理，不花钱，或者少花钱，节约能源就会取得成效。同时还要采取措施，改造耗能高的旧设备，不再制造耗能高的新设备。

要做到增产增收，企业必须盈利。在正常情况下，企业生产效率的高低、质量的优劣、消耗的多少、流动资金周转的快慢，最终都会表现在利润上。盈利是企业经济效果的综合表现，也是国家财政收入和积累的主要来源。用最少的投资取得最大的经济效果，是一切经济单位的努力目标。所有搞生产的人不仅要有群众观点、生产观点，还要有财政观点，努力增收节支。收入，要力求增加；支出，要力求减少。各项支出指标，力求节约，不能突破。盈利的企业力争多盈利，亏损的企业要限期扭亏。要严格财经纪律，自觉遵守财政制度和各项规定，完成和超额完成国家上缴利润计划，为国家生产建设的发展和人民生活的改善积累资金。

要做到增产增收，就要把生产搞活，把企业办活，实行计划调节和市场调节相结合、以计划调节为主的方针。一年来各地实行市场调节，在许多方面有了突破。突破了生产资料不能进入市场的束缚，增加了生产，活跃了市场；突破了工业部门不能自销的限制，密切了产销关系；突破了地区之间的界限，改进了“画地为牢”的局面；突破了行业之间的界限，加强了轻重工业互相支援；突破了军工企业不搞民用产品的界限，发挥了这支重大技术力量的作用；突破了社会主义企业不搞竞争的束缚，促进了各个企业竞相生产物美价廉的产品。实行市场调节，有利于提高企业的管理水平、技术水平和生产水平，是搞活经济的积极因素，是应该继续坚持的正确方针。我们的市场调节，是国家计划指导下的市场调节，商业、物资和工业主管部门，要对本地区、全国以及国外市场进行调查研究，加强经济情报工作，搞好市场预测，通报产需情况，引导企业根据国内外市场需要，扩大产品品种，提高产品质量，加强产销衔接，密切工商协作，扩大地区之间的经济和技术交流，尽力做到各类企业发挥各自的所长，各得其所，防止盲目发展、重复生产，反对不正之风。

增产增收是调动企业职工积极性的结果。扩大企业自主权是调动企业职工积极性的重要途径。各地企业扩大自主权试点的情况证明，企业有了一定的经营管理的自主权和一定的独立的经济利益，更具体地体现了职工是企业的主人，有力地调动了企业领导人员、技术人员和广大职工的主动性、积极性和创造性，企业成了具有更大内在动力的经济单位，使企业发生一些根本性的变化，有些变化的影响超越了企业的范围。从生产、流通、分配领域，促进着社会主义商品经济的发展，它符合整个经济体制改革的需要，在一定程度上触动了原有经济管理体制和上层建筑中的某些环节，是进行经济改革的尝试和开端。扩大企业自主权的试点方向正确，政策对头，效果显著，应该沿着这个方向坚定不移地向前走。各地可根据情况，适当扩大试点的范围和内容，也可以选择一些后进企业进行试点，推动企业的整顿，增加企业的盈利。扩大企业自主权必须兼顾国家、企业和个人三者的利益，把整体利益和局部利益、长远利益和当前利益正确地结合起来。扩大企业自主权的结果，必须是企业和个人都增加收入，而国家的收入增加得更多。要继续正确实行奖励制度，坚持按劳分配、多劳多得的原则，调动职工的积极性，促进生产的发展。

企业是创造物质财富的基层单位，必须有一个坚决贯彻执行党的路线、方针和政策的、精干的、有战斗力的领导班子，才能担起繁重的生产任务。要把那些坚决执行党的方针、路线，有创造精神，懂业务技术，会经营管理的干部，提到领导岗位上来。对于林彪、“四人帮”的帮派人物，打砸抢分子；对于顽固坚持林彪、“四人帮”思想体系，对党的路线、方针和政策怀恨在心、坚持抵制的；对于坚持派性、拉帮结伙屡教不改的；对于胡作非为，违法乱纪，造成严重后果的，都不能让他们进入领导班子。还要改变一些企业领导成员太多、年龄过高、内行太少的局面，使企业领导班子真正成为能够领导职工搞四化的、生龙活虎的、工作效率高的领导班子。

所有经济工作者都要贯彻量力而行的指导思想。一切经济活动都要讲求经济效果，也就是说，要用最少的消耗取得最大的经济利益，力戒片面追求产值产量。坚决不再生产那些品种不对路、质量不合格、积压到仓库里去的东西。今年的生产计划，规定比去年增长6%，这是实事求是、量力而行的指标。这个6%，必须是没有水分的、扎扎实实的6%，必须是品种对路、质量合格，适应生产建设、人民生活和出口需要的6%，必须是增产增收、保证完成财政上缴任务的6%，必须是降低能源、原材料消耗、降低成本的6%，必须是全面地、均衡地完成国家计划的6%。完成这样的6%，并不是轻而易举的，需要千方百计克服困难，经过艰苦奋斗才能实现的。

商业部 铁道部 交通部联合发出通知要求车站码头积极供应熟肉 禽 蛋等食品

通知说，我国铁路、公路、航运交通沿线车站、码头，历来都有供应熟肉、禽、蛋等食品的习惯，很受群众欢迎。过去，由于“四人帮”的干扰破坏，很多地方停止了供应。

通知要求全国各铁路、公路车站和轮船码头，必须迅速把这项业务恢复起来。凡铁路、交通部门有能力设点的，要积极组织经营；铁路、交通部门设点有困难的，由商业部门设点供应；铁路、交通、商业部门都有困难的，可以组织合作店(组)进站售货。同时，要增加花色品种，提高质量，降低成本。积极恢复肴肉、烧鸡、扒鸡、卤蛋、松花蛋等传统风味食品的供应，并且搞好大饼、烧饼、面包等主食配套。多搞一些经济、方便的小包装，以适应旅客购买和携带。

国务院副总理余秋里 康世恩在北京分别会见日本通商产业大臣佐佐木义武一行

余秋里在同佐佐木义武的友好交谈中，探讨了双方在石油、煤炭、有色金属的开发和技术交流等方面进行合作的可能性。

国务院副总理姬鹏飞在北京会见日本北九州市议会议长吉田浩明和由他率领的日中友好北九州市议会议员联盟访华团

会见时，吉田浩明对姬鹏飞说，日本各界人民正热切地期待着华国锋总理访问日本，他的访问将对日中两国的和平事业、对两国的经济文化交流作出贡献。姬鹏飞对日本朋友的友情表示深切感谢。中国国际旅行社总社副总经理李权中等参加了会见。

孟昭亮逝世

公安部顾问孟昭亮同志因病于4月28日在北京逝世，终年64岁。

孟昭亮是湖北省石首县人，1930年参加中国工农红军，1934年加入中国共产党。他曾担任一二〇师三五八旅锄奸科长，延安中央党校三部组教科副科长，晋绥军区政治部保卫部长、组织部长，晋绥军区独立三旅政治委员，一野八师政治委员，政务院人事局副局长，公安部局长，中共青海省委常委、副省长等职。

4月29日

国务院副总理邓小平在北京会见以美国报纸发行人协会执行委员会主席艾伦·纽哈思为团长的美国报纸发行人协会董事会访华团

邓小平在会见时说，我们对1972年以来中美两国关系的发展是满意的，尽管双方之间也有些小的不同的看法。

邓小平在回答美国客人提出的有关中国的社会主义现代化事业的问题时指出，我们正在寻求适合中国特点的道路。我们不仅要学习外国的先进的科学技术，也要学习它们的管理经验，但是要同本国的实际结合起来。他希望这些有影响的美国报界人士在中国各地多看一看。他说，在互相了解的基础上，可以更好地发展互相之间的关系。

国务院副总理邓小平在北京接受卢森堡电视台制片主任鲍利等人的电视采访

邓小平就卢森堡朋友提出的关于中国的政治、经济和国际形势、国际共运等问题一一作了回答。

在回答关于中国现代化建设问题时，邓小平说：中国是一个大国，又是一个穷国。我们提出四个现代化的时候，必须看到这两个基本特点。中国既然是个大国；完全依靠外国资金来建设我们的国家是不可能的，必须立足于国内，立足于自力更生这个基本原则。就是立足于自己，也要照顾自己的特点，完全按照别的国家的模式来建设中国是不可能的。但是，中国自己关起门来建设也不行,必须充分吸收外国的先进经验,充分利用外国的资金,外国的技术,来加速我们的发展。我们欢迎国际资金来帮助我们发展。你们叫多国公司,我们叫合资经营,这种方式,我们是欢迎的。我们全国人民代表大会通过了《中外合资经营企业法》。当然,这个法律通过以后,据国际反映,认为还不充分。这方面我们还缺乏经验,以后还要逐步充实起来。我们希望外国朋友不要等我们法律完备以后再同我们合作。在合作中,逐步使我们的《中外合资经营企业法》完备起来。

卢森堡朋友拍摄的这部电视纪录片,将在欧洲电视联合会成员卢森堡广播电视台、英国广播公司、联邦德国电视二台、法国电视一台、意大利广播电视台和丹麦广播电台组织的电视联播节目中播放。在今天的采访结束时,他把这部电视影片的拷贝赠送给邓小平。

国务院发布《关于地名命名 更名的暂行规定》

第一章　总　则

第一条　为了加强对全国地名的统一管理,做好地名的命名、更名工作,以利于社会主义现代化建设,特制定本规定。

第二条　地名的命名、更名工作,关系到国家领土主权和国际交往,关系到国家的经济建设和国防建设,关系到民族团结和人民的日常生活,是一项政治性、政策性、科学性都很强的工作。必须严肃对待,认真做好。

第三条　地名是历史形成的,应当以历史唯物主义的观点正确对待,以保持地名的稳定性。地名的命名、更名要慎重对待,要从实际出发,深入调查研究,充分走群众路线,严格履行审批手续,不得擅自决定。

第四条　本规定适用于地理实体名称、居民地名称、行政区划名称和各专业部门使用的台站港场名称。

第二章　地名的命名

第五条　地名的命名,要注意反映社会主义革命和建设的成就,反映当地历史、文化和地理特征。

第六条　一般不以人名作地名。禁止用国家领导人的名字命名地名。

第七条　省以下各级行政区划的名称、各专业部门使用的台站港场名称一般要与当地地名统一,派生地名一般要与主地名统一。

第八条　全国县以上名称、一个地区内公社名称、一个县内生产大队名称不重名,一个市内的街道、胡同不重名。在上述范围内,避免用同音汉字命名地名。

第九条　公社、生产大队、生产队的名称一般按照当地地名命名,不用序数命名(一个自然村内有数个大队、生产队的情况例外)。

第十条　地名命名要简明确切。不用生僻字和字形、字音容易混淆的字。

第三章　地名的更名

第十一条　凡属于下列情况的地名,必须予以更改:

(1)有损我国主权和民族尊严的;

(2)带有民族歧视性质、妨碍民族团结的;

(3)带有侮辱劳动人民或极端庸俗性质的;

(4)其他违背国家方针政策的。

第十二条　凡不符合本规定第七、八、九、十条精神的,原则上应予更名。

第十三条　一地多名、一名多写以及少数民族地区的地名音译不准(译名还不稳定)、用字不当的,应予调整。

第十四条　纪念革命先烈,一般不更改地名。但已用烈士名字命名的地名,并履行了一定审批手续,群众称呼已成习惯的,仍可沿用。

第十五条　对于不是明显属于上述范围的可改可不改的地名,一律不要更改。

第四章　地名命名、更名的审批程序和权限

第十六条　地理实体名称的命名、更名按下列程序办理:

(1)凡位处边疆地区的或在国内外著名的山脉、河流、湖泊、岛屿、海湾、海峡等名称,由有关省、自治区、直辖市人民政府提出具体意见,报国务院审批;同时抄送中国地名委员会、民政部和外交部。

(2)涉及两个或两个以上的省、自治区、直辖市范围的山脉、河流、湖泊等的名称,由有关省、自治区、直辖市人民政府单独或共同报国务院审批;同时抄送中国地名委员会和民政部。

(3)位于一个省、自治区、直辖市范围内不属于本条(1)款情况的山脉、河流、湖泊等的名称,由所在省、自治区、直辖市人民政府审批;并抄送中国地名委员会和民政部。

第十七条　行政区划名称的命名、更名,按照行政区划变动的审批程序和权限办理,同时抄送中国地名委员会。

新中国成立以来还未签订新的边界条约的边境地区县、市以下地名的命名和更名,由有关省、自治区人民政府提出意见报国务院审批。

第十八条　各专业部门使用的台站港场名称,由各专业部门征求所在地县、市以上人民政府和所在省、自治区、直辖市地名领导小组的意见后,提出适当名称,报各专业部门的上级主管部门审批;并由主管部门定期汇总抄送中国地名委员会。

第十九条　各级人民政府和各专业部门在报批上述地名时,应将命名、更名理由,包括拟废止的旧名和拟采用的新名的涵义、来源等加以说明。

第二十条 认真做好更改旧名、启用新名的宣传教育工作，并将所命名、更名的地名及时通报有关部门。有些新改的地名群众不熟悉时，可加注旧名，作为过渡。

第五章 附 则

第二十一条 各省、自治区、直辖市人民政府，可以根据本规定，结合本地区的实际情况，制定具体实施办法，并抄送中国地名委员会。

第二十二条 本规定在实施中遇到的具体问题，由中国地名委员会会同有关部门研究答复。

第二十三条 本规定自颁发之日起实行。过去有关规定与本规定不符的，以本规定为准。

全国安全月广播电视大会在北京举行

国家经济委员会、国家基本建设委员会、国务院国防工办、国务院财贸小组、国家农业委员会、公安部、卫生部、国家劳动总局、全国总工会和中央广播事业局十个单位，在人民大会堂联合召开全国安全月广播电视大会，动员全国厂矿企业的干部和职工认真抓好第一个安全月的活动。

国务院副总理余秋里、陈慕华、姚依林、康世恩出席了大会。

康世恩在大会上讲了话。他说，安全生产，是我们党的一贯方针，是社会主义建设的一项基本原则。搞四化建设，对安全生产的要求越来越高。不把安全生产切切实实地搞好，就不可能保持正常的生产秩序，充分调动广大群众的积极性，保证四化建设的顺利进行。当前，搞好安全生产，要做的工作很多，但关键在于领导重视，发动群众，不断整顿和加强企业管理。企业的各项管理工作搞扎实了，职工的基本功过硬了，安全生产才有切实可靠的保证。能不能实现安全生产，这是衡量我们企业管理水平的一个重要标志。安全生产同增产节约、增收节支，同优质、高产、低消耗是紧密联系在一起的。决不能设想，一个企业事故频繁，会取得好的经济效果。那种只顾生产、不重视安全的观点，是十分有害的。

康世恩说，从当前发生的事故看，主要原因是企业管理问题。一是有些领导干部，玩忽职守，不负责任，不遵守安全制度，强迫命令、瞎指挥，明知安全生产没有保证，还强令工人冒险作业。二是有些操作人员不遵守纪律，不按操作规程办事，甚至自以为是地蛮干。三是有些企业忽视职工的技术培训，许多新工人没有经过训练、考核，不合格就上岗位操作。四是有些企业制度不健全，特别是仓库管理不严，设备维护不善，漏油、漏气、漏电严重，也往往导致事故的发生。只要我们真正把企业管理工作抓上去，各种事故就会大幅度降下来。

如何搞好今年五月份的安全月活动，康世恩在讲话中提出了五条要求：一、所有单位都要深入发动群众，开展一次安全生产大检查、大整改；二、建立和健全安全生产的各项规章制度，切实加强管理；三、从实际出发，有计划地改善劳动条件；四、加强职工的安全技术教育工作；五、加强法制观念、纪律观念，对伤亡事故必须严肃处理。

煤炭工业部部长高扬文、第一机械工业部部长周子健、交通部部长曾生就本系统如何搞好第一个安全月活动在会上发了言。北京耐火材料厂、南京塑料厂、黑龙江省交通局、淮南李二矿、北京铁路局北京车辆段的代表，在会上介绍了他们安全生产、文明生产的先进经验。

今天的广播电视大会由国家劳动总局局长康永和主持。全国工业、交通、基建、财贸战线厂矿企业、事业的广大干部、工人、工程技术人员和家属，农村社队的广大干部和社员，在收音机和电视机旁，收听、收看了大会实况。

《人民日报》发表社论《建立一支又红又专的干部队伍》

实现四个现代化需要一支坚持社会主义道路的、具有专业知识和能力的干部队伍，也就是又红又专的干部队伍。

社会主义作为一种先进的思想体系和新型的社会组织形态，是历史长期发展的产物。社会主义制度所以在中国出现，是中国历史发展的必然结果，是中国亿万人民在长期奋斗中所作出的决定性选择。新中国建立以后的头八年，基本上清除了旧社会遗留下来的污泥浊水和痈疽疮毒，我国的工农业总产值平均每年增长14.6%，保持了生产的高速度发展。我国人民生活也获得了显著改善。可见，社会主义制度同资本主义制度比较，有着极大的优越性。为什么现在把坚持社会主义道路作为一个问题提出来呢？这是因为从1957年以后的20年来，由于我们一段时期中在经济工作的指导上违背了客观规律，由于林彪、“四人帮”的干扰破坏，我们的经济建设曾出现过两次大的折腾，特别是后一次，整个国民经济几乎到了崩溃的边缘，致使一部分人对社会主义制度的优越性产生了怀疑。社会主义制度并不排除它可能遇到的种种挫折，而它的优越性，也表现在它最终能够克服任何严重的挫折。任何失误和挫折，都改变不了历史前进的方向，都动摇不了我们坚持社会主义道路的科学信念。

坚持社会主义道路当前要强调三条：一是坚决拥

护党的政治路线和思想路线；二是大公无私，严守法纪，坚持党性，根绝派性；三是有强烈的革命事业心和政治责任感。符合这三条的优秀干部，我们就要提拔重用。对于少数对党的现行路线、方针、政策不是一般的不理解，而是长期怀疑、抵触的人，对中央的重大决策、重要指示拒不执行的人，顽固地违法乱纪、胡作非为的人，打砸抢分子和坚持搞派性屡教不改的人，要严格防止他们参加各级领导班子。“四人帮”组织上、思想上的残余还存在，我们不能低估这些残余的能量，否则就要犯错误。

应该看到，在我们党内、国内本来就有一些非社会主义思想，由于林彪、“四人帮”十年横行和其他种种原因，资产阶级腐朽思想影响的渗透是不可避免的。今天重申这一点，有着特别重要的意义。决不允许把我们学习资本主义国家的某些科学技术和某些管理经验，变成盲目崇拜资本主义外国，受资本主义腐朽的思想意识的侵蚀，丧失社会主义中国的民族自豪感和民族自信心。特别是在青少年中间，要进行反对资本主义腐蚀的革命人生观的教育。

坚持社会主义道路，是我们的政治方向。但是，只靠坚持社会主义道路，广大干部没有真才实学，还是不能实现四个现代化。我们的干部，无论在什么岗位上，无论是搞经济建设、搞教育、搞科学、搞政法等等，都要有一定的专业知识和专业能力。我们要尽快改变干部缺乏专业知识、专业能力的状态。今天，科学技术不断发展，如果不了解、不掌握现代科学技术，没有一大批科学技术干部和专业干部，实现四个现代化就是一句空话。现代化大生产既要求先进的科学技术知识，又要求科学的管理能力，我们的科学技术干部严重不足，我们的经济管理干部也远远不能适应需要。我国有些企业的设备和技术水平相当先进，但生产效率很低，一个重要原因就是管理落后。可以设想，如果增加一大批有真才实学的科学技术干部、经济管理干部和专业干部，我们的工业、农业、各行各业就会有一个根本的变化。

为了适应四个现代化的需要，应该尽快地改变干部队伍的结构。我们的干部必须下苦功夫学习专业知识，已经具备一定专业知识的干部也要继续学习，力求逐渐跟上科学技术日新月异的发展。

今后选拔干部，要重视专业知识。过去我们长期都没有重视，现在再不重视，就不能进行现代化建设。没有专业知识和专业能力，不管你有多大的建设社会主义的热情，结果还是起不到应有的作用。我们要逐渐做到各级业务机关，都要有专业知识的人来担任领导，充分发挥专业人才的作用。各级党委的领导干部中也要适当增加一些有专业知识的人才。对于没有专业知识和专业能力、又不愿学习的干部，应当逐步进行调整。长期安于外行，沉醉于政治空谈，决不能治国，而只能误国。

当然，对各种不同类型的干部，如党政干部、经济管理干部、科学技术干部、文教政法干部，在红与专的具体要求上，也应该有所不同。对于科学技术干部，只要他们拥护共产党的领导，坚持社会主义制度，热爱祖国和人民，一心一意为四个现代化贡献力量，就可以说是红了。不能要求他们参加很多政治活动，阅读许多马列著作；也不能勉强要求他们参加与自己业务没有密切关系的体力劳动和群众工作。他们的主要精力，六分之五以上的时间，应该用在钻研和解决科学、生产、工程和技术问题上。他们的贡献主要表现在专业方面的成果，为社会主义现代化服务。对于经济管理干部，他们不一定是科学技术方面的专家，但应该是管理经济、管理企业的专家。比如做厂长的，他就应该熟悉计划、生产、工程、技术、设备、质量、劳动、物资、财务等方面的科学管理工作，使自己成为冶厂的专家。列宁说过：“要管理就要内行，就要精通生产的一切条件，就要懂得现代高度的生产技术，就要有一定的科学修养。这就是我们无论如何都应当具备的条件。”对于党政干部，就要求他们必须具备较高的马列主义水平和党政工作方面的专业知识，要求他们钻研如何做好组织工作、群众工作，特别是钻研如何做好思想政治工作，这方面也有很多专门知识，也有很大的学问，也必须刻苦钻研，精益求精。除此以外，党政干部也应该懂得一些有关本行业、本单位的管理知识和科学技术方面的专业知识。比如作工厂党委书记的，对管理、技术专业知识懂得太多有困难，但是完全不懂，就无法实现正确领导。党的政治思想工作是具体的。如果我们共产党员不关心工业，不关心经济，也不懂别的什么有益的工作，只会做一种抽象的“革命工作”，这种革命家是毫无价值的。我们决不做这种空头革命家。

逐步改变干部队伍的结构，一方面要采取有力措施，帮助我们的干部尽快地增加科学技术知识和各种专业知识，从现有干部中努力培养造就各方面的专门人才；另一方面则应从现有的科学技术、经济管理等方面人员中发现人才，大胆地提拔到各级领导岗位上来。

我们需要越来越多的专门人才，是不是说现在就没有人才呢？不是，是我们的各级党委在这方面注意不够，没有有意识地去发现、选拔、培养、帮助。新中国成立后我们培养的大专院校毕业生就有几百万，他们已经工作了十几二十年，有实际经验又年富力强，具有相当的专业知识和专业能力，是我国四个现代化建设的骨干力量。我们并不是没有人才，而是很多地方把人才埋没了,压在下面没有提拔上来。对人才的浪费,是一个不能容许的错误。在提拔干部问题上,我们一定要克服那种单纯挑剔什么出身成分不好、社会关系复杂、容易骄傲自大等求全责备的错误思想。我们要从事业的前途着眼,积极地去发现人才,发现了就认真帮助,选拔进各级领导班子。

建立一支又红又专的干部队伍,是历史赋予我们的使命,是一项刻不容缓的战略任务,各级党委务必把它放在重要的议事日程上。

广州电厂建立科学的管理规章制度创安全发电500天纪录

今天,广州发电厂创造了连续安全发电500天的先进纪录,超过了电力部对于大中型火力发电厂安全发电300天的要求。

国务院副总理方毅在北京会见由多伦多大学校长詹姆斯·哈姆率领的加拿大多伦多大学代表团

国务院副总理姬鹏飞在北京会见以众议员片冈清一为团长的日本自民党亚非问题研究会访华团和众议员水野清

中国常驻联合国代表陈楚在安理会会议关于巴勒斯坦问题的辩论上发言谴责以色列的侵略扩张政策

陈楚说:"中国政府和人民强烈谴责以色列当局的侵略扩张政策和阻挠中东问题全面解决的蛮横态度,并将始终不渝地支持巴勒斯坦人民为恢复民族权利——包括重返家园、自决和建立自己国家的权利——而进行的正义斗争,支持阿拉伯人民收复失地的正义斗争。"

他说,"巴勒斯坦问题是中东问题的核心。不解决这个问题,中东地区就不会有持久的和公正的和平。在当前世界各国人民要求联合起来认真对付霸权主义在西南亚、东南亚和海湾地区加紧扩张的形势下,必须有效地制止以色列的侵略扩张,努力促进巴勒斯坦问题的彻底解决。"

教育部 共青团中央印发《关于加强高等学校学生思想政治工作的意见》并发出通知

为了加强高等学校学生思想政治工作,现发去《关于加强高等学校学生思想政治工作的意见》,请你们结合实际情况研究执行。在执行中认真总结经验,并将在工作中遇到的问题和意见,及时告诉我们。

关于加强高等学校学生思想政治工作的意见

党的十一届三中全会以来,各校按照解放思想,开动机器,实事求是,团结一致向前看的精神,进一步批判了林彪、"四人帮"的极左路线,开展了真理标准的讨论,对学生进行了四项基本原则的教育、革命思想教育和共产主义道德品质教育,广大学生政治思想觉悟有了提高。但是,由于林彪、"四人帮"破坏造成的"内伤"极为严重,一些学生思想上的问题还比较多,学校的思想政治工作仍较薄弱。这种状况和新时期总任务的要求很不适应,必须采取有效措施,切实加以改变。

(一)

我国高等学校的培养目标必须坚持又红又专的方向,使受教育者在德智体几方面都得到发展,成为有社会主义觉悟的专门人才。今天的大学生将是明天各条战线的骨干,是干部队伍的后备力量。他们的政治质量和业务水平如何,是关系到我国现代化建设的重大问题。社会主义大学与资本主义大学的本质区别,就在于它培养出来的学生具有社会主义觉悟,拥护共产党的领导,热爱社会主义祖国,努力为人民服务,刻苦钻研业务,立志为建设社会主义现代化强国而奋斗。因此高等院校必须正确处理政治与业务、红与专的关系,把学生的思想政治工作放在重要的地位。

学校的思想政治工作必须紧密结合为"四化"培养人才这个中心来进行,决不能把思想政治工作和教学、科学研究工作对立起来或割裂开来。忽视和削弱思想政治工作,必将犯历史性的错误。要使师生员工懂得,专不等于红,但红一定要专。四个现代化建设是当前最大的政治,学生为祖国的四个现代化刻苦学习业务,是政治思想好的重要表现。要鼓励学生为"四化"努力攀登科学技术高峰。同时,要认识到,在现阶段,我国剥削阶级作为阶级虽然已不复存在,但是社会上还存在剥削阶级的残余和新生的反革命分子以及其他刑事犯罪分子,存在"四人帮"组织上和思想上的残余,剥削阶级的意识形态也还将长期存在。因此,只有加强学校的思想政治工作,才能不断提高学生的社会主义觉悟,自觉抵制各种剥削阶级思想的侵蚀和腐朽生活方式的影响,确立正确的政治方向和为人民服务的思想。

(二)

学生的思想政治工作,要从实际出发,正确地分析学生的特点。

现在的大学生是在"文化大革命"的动乱中长大的,具有明显的时代特征。总的来看,学生的主流是好的,是积极向上的,是大有希望的。他们对林彪、"四人帮"的倒行逆施、祸国殃民早已深恶痛绝,坚决拥护党中央粉碎"四人帮",拥护党的十一届三中全会、四中全会、五中全会所确定的党的政治路线、思想路线和组织路线,拥护社会主义制度,向往祖国实现四个现代化。但是,有些人过去受林彪、“四人帮”极左思潮的影响,现在虽已感到自己的天真幼稚,立场、感情转变得也比较好,但往往由于思想方法片面、偏激,容易受社会上“左”的或右的思潮的影响;有些人受了林彪、“四人帮”的毒害,不能正确地总结经验,自谓“看破了红尘”,对四项基本原则产生怀疑,对四个现代化缺乏信心;极少数人甚至打着“反特权”、“反官僚”的旗号,把矛头指向党的领导和社会主义制度。

思想解放,肯于思考问题,容易接受新鲜事物,勇于创新,这是青年的优点,应当予以肯定。但是他们对马克思主义的基本理论懂得不多,对党的历史和革命的优良传统不大了解,对旧中国和资本主义社会的腐朽本质缺乏认识,对社会主义的优越性没有实际体会。因而,有的人往往只凭一孔之见,就对事物作出结论,有的人以偏概全,夸大现实社会的阴暗面,热衷于“暴露时弊”,向往资本主义社会的自由民主和生活方式;有的人组织纪律性差,共产主义道德水平低,不能正确地处理个人与集体、个人与国家的关系,自由主义、个人主义比较严重。

绝大多数学生学习科学文化知识的热情很高。他们珍惜上大学的机会,学习刻苦、认真,成绩显著。但是在学习目的和动机方面也暴露出不少问题,突出的是不能正确地处理红与专的辩证关系,理工科的一些学生只是埋头学习专业知识,不关心时事政治,有的甚至连基本的政治常识和基本的历史、地理知识都不懂;哲学、社会科学专业的一些学生关心社会上宣传、理论、文艺等方面的动态,喜欢干预生活,往往容易忽视基论和专业知识的学习。这两种情况都要注意引导。

我们的思想政治工作,必须善于启发学生发扬优点,克服弱点,教育他们做解放思想的促进派,做安定团结的促进派,做四个现代化的促进派。

(三)

思想政治工作要旗帜鲜明地对学生进行系统的马克思列宁主义、毛泽东思想基本原理的教育、革命理想教育、共产主义道德品质教育,培养学生运用马列主义的立场、观点、方法分析问题和解决问题的能力,逐步树立辩证唯物主义和历史唯物主义的世界观。当前对学生进行思想政治教育,要深入贯彻党的十一届三中全会、四中全会和五中全会的精神,深入学习叶剑英同志在庆祝新中国成立30周年大会上的讲话和邓小平同志《目前的形势和任务》的重要报告,系统地对学生进行形势与任务的教育,进一步肃清林彪、“四人帮”在思想上的流毒,把大家的思想统一到党的政治路线、思想路线和组织路线上来,统一到党中央的一系列重大决策上来。

要切实改进和加强马列主义基本理论教育。开设马列主义理论课,是社会主义大学的特点之一,那种取消或削弱马列主义理论课的主张是错误的。教育行政部门要采取措施,培训教师,改革教材,交流经验,提高教学质量,恢复被林彪、“四人帮”败坏了的马列主义理论课的声誉。在教学中,既要讲清马列主义、毛泽东思想的基本原理,又要密切联系实际,深入浅出,努力解决学生思想上存在的问题,使学生爱听、爱读、爱学。要严格执行考试制度,把马列主义理论课的学习成绩作为考核学生能否升级和毕业的根据之一。

在进行马列主义基本理论教育中,要着重进行坚持四项基本原则的教育。四项基本原则是立国的根本,是今后长期对学生进行思想教育的重要内容。要通过马列主义理论课、形势教育课、党团组织生活和其他形式的教育活动,结合学生的思想特点,有计划地进行。坚持党的领导是坚持四项基本原则的核心。中国的历史经验证明,我们党不但有能力领导全国人民取得民主革命的胜利,而且也一定能够领导全国人民在本世纪末实现四个现代化。我们党有实事求是、群众路线、批评与自我批评的优良作风,有民主集中制的优良传统。我们党也犯过这样那样的错误,但是党在历史上的错误,也都是由党来纠正的。要教育学生热爱党,信任党,坚持党的领导。要教育学生正确认识我国三十年的成就和挫折、经验和教训,认识粉碎“四人帮”三年来各条战线取得的巨大胜利,懂得我国社会主义建设目前面临的困难主要是由于林彪、“四人帮”的长期破坏所造成的;坚信在党中央领导下,一定能够拨乱反正,不断解决前进中的问题,建成社会主义现代化强国。要教育学生热爱社会主义祖国,懂得社会发展规律,树立资本主义制度终将为社会主义制度所代替、共产主义必然胜利的信心。

要教育学生正确理解解放思想和坚持四项基本原则、民主和集中、民主和法制、自由和纪律的关系,划清社会主义民主和资产阶级民主的界限,反对无政府主义和极端民主化的倾向。要使他们懂得没有一个安定团结的政治局面,就不能安下心来搞建设。要引导他们自觉地维护、保障和发展来之不易的安定团结的政治局面。

要大力进行革命理想教育,教育学生把个人的理想同祖国的四个现代化建设联系起来,树雄心,立壮志,刻苦读书,把全部聪明才智贡献给壮丽的社会主义、共产主义事业。要使他们懂得,脱离祖国的四个现代化去追求个人的前途是不切实际的,树立服从祖国需要光荣、坚持个人主义可耻的革命风尚。还要使学生懂得,艰苦奋斗是无产阶级的政治本色,我国要实现四化,必须继承老一辈的革命传统,大力发扬艰苦奋斗的创业精神。

必须坚持进行共产主义道德品质教育。培养学生热爱祖国,勤奋学习,热爱劳动,关心集体,助人为乐,诚实谦虚,文明礼貌,遵守法纪,艰苦奋斗,英勇对敌等革命风尚。要继续开展"学雷锋,树新风,创三好"和"尊师爱校"等教育活动;发扬顾全大局,舍己为人的集体主义精神。

(四)

进行思想政治工作,要贯彻正确处理人民内部矛盾的方针。要坚持正面教育的原则。在学生中,除极个别屡教不改的反动分子以外,绝大多数人的问题,是属于人民内部矛盾。要对青年学生采取关心、爱护、信任的态度,对于他们合理的要求,要支持鼓励;有的暂时不能办的,要创造条件去办;有的确实办不到的,要做好解释工作;对于他们错误的意见,要积极引导,耐心教育。凡属思想认识问题,不能压服,不能采取简单粗暴的方法,只能采取民主的方法,说服教育,服之以理。

要发扬民主,贯彻百花齐放、百家争鸣的方针,允许各种不同意见的争论,但要帮助学生明辨是非。对学生中出现的自发社团和刊物,要积极引导,使他们遵循四项基本原则,并尽可能结合所学专业,面向校内;对于跨校、跨地区的社团、刊物,应该态度鲜明地表示不赞成;对于超出学生负担能力的刊物,要劝说他们不要勉强去办,应把主要精力放在学习上;对内容有错误的,要耐心教育,帮助他们提高认识。对党、团员要加强组织性、纪律性教育,不许自行其是。总之,即要强调解放思想,破除迷信;又要坚持四项基本原则,维护安定团结;要在学生中造成一个既有民主又有集中,既有自由又有纪律,既有个人心情舒畅、生动活泼又有统一意志、安定团结的政治局面。

党团组织要做深入细致的思想政治工作。既要运用过去行之有效的做法,又要注意总结新的经验。要精雕细刻,潜移默化,讲求实效,防止和克服形式主义。要区别不同专业、不同年级、不同类型学生的情况,因人制宜,一把钥匙开一把锁。要开展丰富多彩的有感染力的内容健康的课外活动,包括举办讨论会、专题报告会、讲座以及文娱、体育活动,以利于培养学生高尚的情操和广泛的知识兴趣。为了便于开展活动,根据教育部、财政部1979年12月17日《关于颁发(教育事业费"节"级科目)的通知》各校可在年度预算内按学生实有人数,安排一定数量的活动费,由学生会按有关财务开支制度掌握使用。

(五)

加强学生的思想政治工作,必须建立一支坚强的、有战斗力的政治工作队伍。不仅专职、兼职的政工干部要做思想政治工作,业务课教师也要做思想政治工作,特别要注意发挥马列主义理论课教师和各科骨干教师的作用。教师是政治思想和科学文化知识的传播者,学生尊重知识,尤其尊重把知识传授给他们的教师,这是教师做思想政治工作的有利条件。要提倡既教书又教人,那种认为教师只管教书的看法,是不全面的。

要充分发挥专职和兼职政工干部的作用。林彪、"四人帮"不仅败坏了政治工作的声誉,也败坏了政工干部的声誉。要历史地实事求是地看待政工干部。他们以往在培养又红又专的人才上,付出了辛勤的劳动,作了出色的贡献;粉碎"四人帮"以后,在拨乱反正、贯彻党中央的路线、方针的过程中,又做了大量工作,成绩是显著的。目前他们的任务重,矛盾多,学校党委应该鼓励他们大胆工作。政工干部也要不辜负党的信任,增强党性,努力学政治,学业务,学科学文化,提高政治水平和工作能力,振奋精神,切实做好思想政治工作。

各校要根据具体情况建立政治辅导员制度或班主任制度。政治辅导员和班主任应从政治、业务都好的毕业生中选留或从教师中选任。他们要既做学生思想政治工作,又要坚持业务学习,有的还要担负一部分教学任务。学校领导要从政治上和业务上关心他们的成长,帮助他们落实政治学习和业务进修计划。兼职政工干部做思想政治工作的好坏,应该作为考核、提职提级的重要条件之一。各校可根据情况,建立一支相对稳定的政工干部队伍,以利积累经验,改进工作;有的兼职政工干部,可依照本人的情况,工作几年以后进行轮换,并给予半年、一年或一年以上的脱产进修时间。

高等学校的学生政治工作干部,既是党的政治工作队伍的一部分,又是师资队伍的一部分,担负着全面培养学生的重要任务。他们和教学人员一样,都是办好高等学校不可缺少的重要力量。学校党委应该在看文件、听报告方面给予照顾,给他们创造搞好工作的条件。当前要组织政工干部学好叶剑英同志在庆祝新中国成立三十年大会上的讲话、邓小平同志《目前的形势和任务》的重要报告和党的十一届五中全会的文件。在一般情况下,政工人员的物质待遇应不低于同时期毕业的教学人员的水平。对于有专业知识并担任一定教学任务的政工干部,应与专业教师同样评定职称。对于不担任教学工作的专职政工干部,可以按照本人的条件,评为处级、科级,享受同级干部的工资福利待遇。

(六)

学校党委要加强对学生思想政治工作的领导,把它列入党委的重要议事日程。校系两级都要有一名副书记主管学生的思想政治工作;校党委可根据具体情况,设立学生政治思想工作的机构,如学生工作部或青年工作部。要把行政、共青团、学生会、工会、教师各方面的力量统一组织起来,共同做好工作。

加强学生的思想政治工作,关键是坚持和改善党的领导,提高党的战斗力,发挥党组织的战斗堡垒作用和党员的先锋模范作用。要按照党的十一届五中全会的要求,搞好党支部的组织建设和思想建设。在贯彻《关于党内政治生活的若干准则》的过程中,结合对《中国共产党章程》(修改草案)的讨论,对党员进行一次坚持党的政治路线和思想路线、加强党的团结和统一、加强党的民主集中制和组织纪律性的思想政治教育。要严格党的组织生活,对新党员要加强党的基本知识的教育。要使党员懂得,做好学生的思想政治工作,是学校全体党员义不容辞的责任。学校党委要关心和支持团的活动,定期研究团的工作,充分发挥共青团组织的作用,团干部的政治和物质待遇,应与其他学生政工干部一样对待。应根据学生人数多少配备团的干部。凡在校学生4000人以下的学校,校团委一般应配备专职团干部3—7人;4000人以上的学校,还应酌情增加;系团总支一般应配备专职团干部1人。学校各级共青团组织要经常向党组织汇报工作,努力当好党的助手。

学校党委要经常研究学生的思想动态,给教师和政工干部指出工作方向。要教育政工干部正确理解政治工作在高等学校中的地位和作用,善于把思想教育结合教学、科研去进行,并切实解决学生在学习、生活中的一些实际问题。党委要加强对政工干部的考核,经常注意总结经验,推动政治工作的深入开展。

高等学校的思想政治工作,必须在省、市、自治区党委统一领导下进行,学校党委应经常向上级党委汇报学生思想情况,争取领导上的帮助。教育部要建立相应的工作机构,经常研究和协助处理有关问题。

文化部在全国政协礼堂召开会议表彰和奖励1979年优秀影片和青年优秀创作人员

参加这次评奖的影片,都是1979年摄制完成的。各电影制片厂首先进行群众性的评选、推荐,然后经文化部评奖委员会反复研究、评议审定。获得优秀影片奖的有故事片22部,其中包括《从奴隶到将军》《泪痕》《吉鸿昌》《归心似箭》《啊!摇篮》《苦恼人的笑》《小花》《保密局的枪声》《生活的颤音》《樱》等;舞台艺术片独树一帜的《铁弓缘》;美术片《哪吒闹海》等三部入选。《舞台生涯》《追捕》等三部翻译片荣获优秀配音奖;《周总理和我们在一起》《奋起还击》《新起点》《骨肉亲》等八部纪录片和《生物进化》《地壳运动》《草蛉》《吸烟危害健康》《工厂防火》《鸟岛》《绿色净化器》等十五部科教片,也获得了优秀影片奖。获得优秀影片奖的还有七部新闻、科技杂志片。

获得1979年青年优秀创作奖的共有44人,他们当中有导演、演员、摄影、美工、作曲、编辑等。

文化部部长黄镇在授奖大会上作了题为《努力创作出无愧于伟大时代的电影作品》的长篇讲话。

授奖大会由文化部副部长王阑西主持。康克清、夏衍、贺敬之、傅钟、姚仲明、董纯才、韩英、邢芳群、刘述周和全国文联各协会负责人,以及文艺工作者1000多人参加了大会。

导演王炎,编辑陈光忠,演员宋晓英代表受奖的电影工作者发了言。

部分省市自治区职工业余曲艺调演在北京开幕

来自18个省、市、自治区和铁路系统的职工业余文艺积极分子,其他省、市、自治区的观摩人员和首都职工1000多人,出席了开幕式,兴致勃勃地观看了铁路代表队演出的相声、快板等节目。

我国职工业余文化活动近几年越来越活跃。各地都有一大批业余文艺工作者活跃在车间、矿山、工地,用歌声、戏剧、曲艺等文艺形式,热情歌颂工人们在四化建设中的忘我劳动,歌颂工人们崭新的精神面貌。这次调演是在去年各省、市、自治区进行调演或会演的基础上举办的。

中华全国总工会副主席宋侃夫和演员代表在开幕式上讲了话。他们指出,这次调演是我国职工文艺生活中的一件喜事,它将进一步促进职工业余文艺活动的开展。

黄镇、周巍峙、贺敬之、朱学范、康永和、黄民伟、王崇伦、陶钝等有关方面负责人出席了开幕式。

中国音协等单位向全国推荐十二首歌曲

中国音乐家协会、文化部、教育部、中华全国总工会、共青团中央、中央广播事业局,最近联合向全国人民推荐12首歌曲。这12首歌曲是:《青年,青年,早晨的太阳》《新的长征　新的战斗》《歌唱你啊,祖国》《从我做起,从现在做起》《上班路上》《青年矿工之歌》《我爱家乡山和水》《我爱我的称呼美》《再见吧,妈妈》《中秋月》《美丽的草原我的家》《森林之歌》。

第二次全国地名工作会议在北京结束

会议通过的《全国地名工作十年规划》确定,从现在起在我国进行全国范围内的地名普查,这项工作要求在1981年年底以前完成。

这次普查的对象包括全国农村人民公社生产大队以上的行政区划和驻地名称,城市中的街巷名称,以及主要的山峰、河流、湖泊、岛屿等自然地理名称。普查的内容包括地名的来源、含义、历史变迁和地理位置等。

地名普查工作是地名工作的重要组成部分。我国幅员辽阔,民族众多,历史悠久,地名上遗留下不少问题。“文化大革命”中,由于林彪、“四人帮”的干扰破坏,各地都出现过乱改地名,随意命名地名的现象。因为地名不标准化,影响了我国的交通、邮电、测绘、出版、科研等事业的发展,也给人民生活带来了不少不方便的地方。

由于地名工作与发展国民经济,实现四个现代化和人民的日常生活都有着直接的关系,会议要求在全国地名普查工作的基础上,实现我国地名标准化,做到全国范围内县以上名称,一个地区内公社名称,一个县内生产大队名称,一个城市内街道、胡同名称,都不重名,并逐步出版地名资料和地名辞典等工具书。

4月30日

华国锋 邓小平 彭真 邓颖超等同志参加首都群众在人民大会堂举行的庆祝“五一”联欢晚会

为庆祝“五一”国际劳动节,首都群众一万多人今晚在人民大会堂举行联欢晚会。

出席联欢晚会的党和国家领导人还有彭真、邓颖超、胡耀邦、赵紫阳、王震、韦国清、方毅、余秋里、张廷发、耿飚、彭冲、陈慕华、赛福鼎、万里、王任重、谷牧、宋任穷、杨得志、姚依林、阿沛·阿旺晋美、许德珩、萧劲光、朱蕴山、史良、康世恩、薄一波、姬鹏飞,最高人民法院院长江华,最高人民检察院检察长黄火青,中央军委常委韩先楚、杨勇、王平,政协全国委员会副主席康克清、王首道、杨静仁、胡子昂、荣毅仁、刘澜涛、陆定一、班禅额尔德尼·确吉坚赞。

首都的联欢晚会是由全国总工会、文化部、人民解放军总政治部、北京市人民政府联合举办的。参加晚会的有工农业各条战线的劳动模范、先进工作者,解放军指战员,少数民族参观团,以及前来观光的港澳同胞和海外侨胞。

应邀出席联欢晚会的有正在北京访问的塞拉利昂总统史蒂文斯的夫人丽贝卡·史蒂文斯,日本自民党前干事长中曾根康弘,阿拉伯联盟代表团团长、伊拉克外交事务部长哈米德·阿勒万,日本厚生大臣野吕恭一,罗马尼亚机器制造工业部副部长格·布尔杜尔,日本奈良唐招提寺森本孝顺长老,各国驻中国的外交使节,以及帮助中国进行社会主义建设的外国专家等1000多人。

国务院总理华国锋在北京会见日本通产大臣佐佐木义武和夫人一行

在交谈中,华国锋说,自从中日邦交正常化,特别是签订中日和平友好条约以来,两国的友好合作关系越来越密切。

在谈到中日经济技术合作问题时,华国锋说,中日两国在经济技术方面的合作已经开始,今后我们要在合作的深度和广度上继续努力。他说,中日合作不是临时措施。我们要从长远的战略眼光来考虑这个问题。我们两国政府都有长期合作的打算。我认为我们在经济技术方面合作的前途是很广阔的。

国务院总理华国锋在北京会见日本自民党前干事长中曾根康弘和随同他来访的5位日本众议员

中曾根康弘转达了大平首相期待并欢迎华国锋总理访日的口信。华国锋说:我希望在访问日本期间同大平首相就共同关心的国际问题和双边问题深入地交换意见。

华国锋同中曾根康弘就当前国际形势交换了看法。他们都认为,当前国际形势动荡,充满着危机,大家务必提高警惕。中曾根康弘说:日中两国对维护亚洲和世界和平都负有重大责任。鉴于这种情况,日本要进一步加强和充实防卫力量,尤其在北海道。中国要努力实现四个现代化。从这个意义上来讲,日本积极协助中国实现四化,是非常正确的。

华国锋在谈话中揭露了苏联企图称霸世界的野心。他说:只要苏联不改变推行霸权主义的政策,中国反对霸权主义的态度不会改变。他还说:在当前这种情况下,中国赞成日本加强防卫力量。一个拥有主权的国家应该有足够的防卫力量。我们中国希望日本繁荣强盛。我相信,日本也希望中国实现四化,日益繁荣强盛起来。华国锋强调,中日两国要在平等互利的基础上发展关系,要世世代代友好,互相尊重,互相帮助,互相学习,为亚洲和世界和平作出贡献。

全国人大常委会委员长叶剑英电贺荷兰贝娅特丽克丝陛下登基继位

中华人民共和国全国人民代表大会常务委员会委员长叶剑英今天发电报给荷兰女王贝娅特丽克丝陛下,祝贺她登基继位。贺电全文如下:

海牙荷兰女王贝娅特丽克丝陛下:

在陛下登基继位的喜庆时刻,我谨代表中国人民,并以我个人的名义,向陛下表示最热烈的祝贺和最良好的祝愿。祝贵国繁荣昌盛,人民幸福。祝中荷两国友好关系不断发展。

中华人民共和国全国人民代表大会常务委员会

委员长 叶剑英

1980年4月30日于北京

全国公安战线先进集体先进工作者表彰大会在北京闭幕

这次表彰大会是公安战线经过十年动乱，进行了三年多的恢复和建设之后召开的。这是一次表扬先进、交流经验的大会，也是一次动员全体公安保卫干部、人民警察和治保人员，同心同德保卫好四化建设的誓师大会。来自全国公安战线的英雄们，聚集一堂，交流了他们在各自的岗位上所取得的宝贵经验。他们的共同特点是：有较高的政治觉悟；英勇顽强，机智勇敢，敢于斗争，善于斗争；有高度的革命事业心和政治责任感；有坚强的群众观念，全心全意为人民服务；模范地执行政策，抵制不正之风；刻苦钻研技术和业务，勇于革新。到会的英雄们一致表示，要学习，再接再厉，继续努力，为保卫四化建设作出新贡献。

薄一波副总理代表国务院在闭幕会上讲了话。

薄一波副总理在讲话中说，搞好社会治安秩序，是一个紧迫的而又是长期的任务。要全党重视，动员各方面的力量同坏人坏事作斗争，采取有效措施，把社会治安搞好。

薄一波说，三年来，广大公安保卫人员在巩固安定团结的政治局面、保卫四化建设中做了大量工作，取得了很好的成绩。他指出，公安机关的重要任务，就是保卫国家安宁，搞好社会治安，巩固和发展安定团结的政治局面。前一个时期，城市社会治安不太好。去年召开专门会议做了部署后，经过近半年的努力，社会治安秩序有了一些好转，有效地打击了各种犯罪分子的破坏活动。但是，也应当看到，社会治安还不稳定，还有反复，有的地方，由于领导认识不足，破案率低，对罪犯判得轻、处理得慢，打击不力，以致凶杀、抢劫、强奸等重大案件仍有发生，威胁着人民生命财产的安全。因此，我们必须充分认识到整顿社会治安的艰巨性、长期性，决不能有丝毫的松懈。为了搞好社会治安，有力地保卫四化的顺利进行，公安机关要继续努力提高破案率，坚决打击反革命分子、间谍特务分子和其他刑事犯罪分子的破坏活动，特别是对那些进行凶杀、抢劫、强奸的罪犯，要狠狠打击，决不能手软。同时，要切实加强劳改、劳教工作，尽可能把服刑劳改的罪犯和劳动教养的人员，改造成为自食其力的守法的劳动者；做好对违法青少年的教育挽救工作，使他们成为建设社会主义的有用之材。

薄一波说，要完成这个艰巨的任务，就一定要把公安队伍搞好。当前，要特别提倡发扬敢于同坏人坏事作斗争的革命风尚；提倡刻苦学习业务技术，掌握过硬的斗争本领。有了熟练的业务技术，又有英勇善战的精神和较高的政策水平，我们公安队伍的战斗力就可以大大提高起来。

会上，公安部部长赵苍璧转达了中共中央书记处总书记胡耀邦的意见。胡耀邦希望先进人物今后不要骄傲，要谦虚，要和群众打成一片，搞好关系。每个公安干警都要把保护人民，保卫国家财产，看作是自己的首要任务。

新疆维吾尔自治区塔城县各族军民举行大会控诉苏军枪杀绑架我边民的罪行

去年7月16日，苏联边防军人在我塔城县铁尔沙地地区中苏边界上预谋设伏，对我在这一地区察看草场、进行正常活动的塔城县五星牧场干部李宝勤和柯尔克孜族兽医布荣布提格二人开枪射击，当场将李宝勤打死，将布荣布提格打伤，然后侵入中国境内，将李的尸体和受伤的布荣布提格劫往苏境，制造了一起严重的挑衅和流血事件。布荣布提格被苏军劫持到苏联境后，被无理扣押近7个月之久。经我国政府多次交涉斗争，今后2月14日，苏联当局不得不将他送还我国。

布荣布提格回到祖国后，当地政府对他表示了亲切的关怀和慰问。由于被苏军打伤和长期被关押、折磨，布荣布提格的身心健康受到极大摧残。回国后，政府及时给予他治疗。现在，布荣布提格的健康已经好转。昨天，他满怀着对苏联霸权主义的愤怒心情参加了控诉大会。

控诉大会由塔城县县委书记孙士俊主持。塔城地区和塔城县党政军负责同志及各族军民5000多人参加了大会。

国家统计局公布关于一九七九年国民经济计划执行结果的公报

（1980年4月30日）

一九七九年，全国工农业总产值达到六千一百七十五亿元，完成计划百分之一百零一点五，比上年增长百分之八点五。国民收入（工业、农业、建筑业、交通运输业和商业等物质生产部门的净产值）达到三千三百七十亿元，按可比价格计算比上年增长百分之七。这是我国各族人民在中国共产党和人民政府领导下，遵循党的十一届三中全会和五届人大二次会议精神，认真执行国民经济调整、改革、整顿、提高方针所取得的成果。

国民经济主要部门计划执行情况如下：

一、工业

一九七九年，工业总产值达到四千五百九十一亿元，完成计划百分之一百点六，比上年增长百分之八点五。其中，轻工业产值为一千九百八十亿元，比上年增长百分之九点六；重工业产值为二千六百一十一亿元，比上年增长百分之七点七。轻工业的增长速度超过了重工业。在一百种主要产品产量中，完成和超额完成计划的有原煤、原油、发电量、钢材、生铁、钢、水泥、化肥、汽车、拖拉机、化学纤维、棉纱、纸、糖、电视机等八十九种；没有完成计划的有铜精矿、锌精矿、硫铁矿等十一种。

一九七九年，全民所有制工业企业全员劳动生产率达到一万一千七百九十元，比上年提高百分之六点四。在全民所有制工业企业新增加的产值中，由于提高劳动生产率而增加的占百分之六十二，由于新增加职工人数而增加的占百分之三十八。全国有一百七十二种民用工业产品获得了国家金质和银质奖章。物资消耗有所降低，每生产一万元产值所消耗的标准燃料比上年下降了百分之五点一。但是，全国重点企业主要工业产品的质量指标中，还有平炉钢锭合格率、商品煤灰分等百分之四十的指标，没有达到历史最好水平。原材料、燃料、动力的消耗指标中，还有电石耗焦炭和转炉钢耗钢铁料等不少指标，没有恢复到历史最好水平。全国全民所有制工业企业中，还有百分之二十三点七的企业存在不同程度的亏损，影响了国家财政收入的增长。有些物资积压比较严重，一九七九年年末全国钢材库存比上年同期增长百分之二十二；机电设备库存总值比上年同期增长百分之十一点七。由于有些企业片面追求产量、产值，不讲究经济效果，生产了一些品种、规格不对路，质量不合格的产品，造成浪费和损失。

一些主要工业产品产量如下：

	一九七九年	一九七九年比1978年增长%
原煤	6.35亿吨	2.8
原油	10615万吨	2.0
天然气	145.1亿立方米	5.7
发电量	2819.5亿度	9.9
钢材	2497万吨	13.1
生铁	3673万吨	5.6
钢	3448万吨	8.5
焦炭(机制焦)	3354万吨	3.6
木材	5439万立方米	5.4
水泥	7390万吨	13.3
平板玻璃	2330万标准箱	16.3
硫酸	700万吨	5.9
纯碱	148.6万吨	11.8
烧碱	182.6万吨	11.3
化肥	1065.4万吨	22.6
其中：氮肥	882.1万吨	15.5
磷肥	181.7万吨	75.9
钾肥	1.6万吨	-23.8
化学农药	53.7万吨	0.8
乙烯	43.5万吨	14.5
塑料	79.3万吨	16.8
化学药品	4.17万吨	2.5
电石	140.7万吨	13.7
轮胎外胎	1169万条	24.9
矿山设备	26.4万吨	8.6
发电设备	621.2万千瓦	28.4
机床	14.0万台	-23.5
汽车	18.6万辆	24.8
拖拉机	12.6万台	10.5
手扶拖拉机	31.8万台	-1.9
内燃机	2908万马力	3.2
机车	573台	10.0
铁路客车	856辆	9.2
铁路货车	16042辆	-5.4
民用钢质船舶	80.9万吨	-6.0
电视机	132.9万部	157.1
收音机	1381万部	18.2
照相机	23.8万架	33.0
化学纤维	32.6万吨	14.4
棉纱	263万吨	10.5
	1467万件	10.5
棉布	121.5亿米	10.2
	114.3亿平方米	11.1
呢绒	9017万米	1.5
丝	29749吨	0.2
丝织品	66345万米	8.7
麻袋	3.44亿条	18.6
机制纸及纸板	493万吨	12.3
糖	250万吨	10.1
原盐	1477万吨	-24.4
合成洗涤剂	39.7万吨	22.5
自行车	1009万辆	18.1
缝纫机	587万架	20.8
手表	1707万只	26.4
灯泡	8.5亿只	11.8

注：化肥按有效成分百分之百计算，下同。

二、农业

一九七九年农业总产值(包括农业、林业、牧业、副业、渔业和队办工业产值)达到一千五百八十四亿元，完成计划百分之一百零四点二，比上年增长百分之八点六。在十二种主要农畜产品产量中，粮食、油料、甘蔗、黄红麻、蚕茧、猪、羊等七种完成或超额完成了计划；棉花、甜菜、茶叶、大牲畜、水产品等五种没有完成计划。

一些主要农产品产量如下：

	一九七九年	一九七九年比1978年增长%
粮食	33211.5万吨	9.0
棉花	220.7万吨	1.8
油料	643.5万吨	23.3
其中：花生	282.2万吨	18.7
油菜籽	240.2万吨	28.6
芝麻	41.7万吨	29.5
甘蔗	2150.8万吨	1.9
甜菜	310.6万吨	15.0
黄红麻	108.9万吨	0.1
蚕茧	27.1万吨	18.9
茶叶	27.7万吨	3.4

全国造林面积四百四十八万九千公顷，同上年持平，其中经济林面积比上年增长百分之六点二，防护林面积增长百分之二十九点三。造林成活率有所提高。

生猪、大牲畜、羊的年末存栏数和肉类产量都比上年同期增加：

	一九七九年	一九七九年比1978年增长%
猪(年末存栏数)	31970.5万头	6.1
大牲畜(年末存栏数)	9459.1万头	0.7
其中：牛(年末存栏数)	7134.6万头	0.9
羊(年末存栏数)	18314.2万只	7.8
猪、牛、羊肉总产量	1062.4万吨	24.1

水产品产量四百三十万五千吨，比上年减少百分之七点五。产量下降的一个重要原因是，调整海洋捕捞作业，保护水产资源。

国营农场一九七九年粮食产量比上年增长百分之八点九，棉花产量增长百分之九点一，油料产量增长百分之二十二，牛奶产量增长百分之十一点四。由于加强生产领导，改善经营管理，加上农产品收购价格提高等因素，全国国营农场总算起来已经转亏为盈。

一九七九年全国大中型拖拉机拥有量达到六十六万七千台，比上年增加十一万台；手扶拖拉机达到一百六十七万一千台，比上年增加二十九万八千台；农用排灌动力机械达到七千一百二十二万一千马力，比上年增加五百六十四万六千马力。机耕面积占耕地面积的比重，由上年的百分之四十点九上升到百分之四十二点四。平均每公顷耕地施用化肥一百零九公斤，比上年增加二十公斤。农村用电量二百八十二亿七千万度，比上年增长百分之十一点七。

一九七九年年底，全国累计共有大小水库八万四千座，库容达四千亿立方米；配套机电井达到二百一十万眼。

一九七九年各地气象台站对旱涝、台风、霜冻等重大灾害性的天气预报，准确率有了进一步提高。

三、基本建设

一九七九年，全国基本建设交付使用的固定资产为四百一十八亿元，比上年增长百分之十七点四；固定资产交付使用率达到百分之八十三点七，比上年提高百分之九点四。全年竣工房屋面积一亿二千万平方米，比上年增长百分之三十三，创造了新中国成立以来的最高水平。

一九七九年建成投产的大中型项目一百二十八个，比上年多二十九个；建成投产大中型项目的单项工程三百四十个，比上年多四十三个。新增加的生产能力主要有：煤炭开采一千三百九十三万吨，原油开采八百万吨，天然气开采十八亿三千万立方米，发电机组容量四百六十五万千瓦，铁矿石开采四百六十二万吨，炼钢二百一十万吨，化肥八十二万吨，化学纤维八万三千吨，水泥二百七十四万吨，糖二十二万五千吨，棉纺锭五十四万锭，新建和扩建港口吞吐能力九百四十一万吨，新建铁路干支线铺轨里程八百七十五公里。各部门都有一批重要项目和工程建成投产。

一九七九年，全国完成基本建设投资总额五百亿元，比上年增长百分之四点四。其中：国家投资三百九十五亿元，同上年持平；部门、地方和企业自筹投资一百零五亿元，比上年增长百分之二十五。在投资总额中，用于职工住宅、城市公用事业等非生产性建设投资的比重，由上年的百分之十七点四上升到百分之二十七；用于生产性建设投资的比重，由上年的百分之八十二点六下降为百分之七十三。

基本建设中存在的主要问题是，战线仍然过长，影响投资效果的进一步提高。一九七九年虽然停建、缓建了一批大中型项目，但年底在建的大中型项目仍有一千一百八十七个。一九七九年大中型建设项目投产率只有百分之九点七。列入国家计划的三十四种主要产品新增生产能力中，有合成氨、轮胎、化纤等十七种没有完成计划。

一九七九年探明的铁、煤、磷、硫铁矿等十九种主要矿产新增储量都超额完成了国家计划。其中，铁矿石新增储量二十四亿吨，煤炭一百四十九亿吨。新增加储量的还有稀土、钴、钒、钛、银、石墨、石膏等四十五种矿产。全年完成地质钻探进尺一千五百零六万米，新发现和扩大远景的主要矿产地有一百多处。石油、水文地质普查和勘探工作，也都有新的进展。区域调查和矿产普查还比较薄弱。

四、交通、邮电

一九七九年铁路货物周转量五千五百八十八亿吨公里,比上年增长百分之四点八;水运货物周转量四千五百六十四亿吨公里,比上年增长百分之二十点八;空运货物周转量一万二千三百四十万吨公里,比上年增长百分之二十七点二;输油、输气管道运输周转量四百七十六亿吨公里,比上年增长百分之十点八。交通部门公路货物周转量二百六十八亿吨公里,比上年下降百分之二点二,这是由于工商企业增加了自运量,交通部门货源减少。沿海主要港口货物吞吐量二万一千二百五十七万吨,比上年增长百分之六。一九七九年铁路旅客周转量一千二百一十四亿人公里,比上年增长百分之十一点三;公路旅客周转量六百零三亿人公里,比上年增长百分之十五点七;水运旅客周转量一百一十四亿人公里,比上年增长百分之十三点三;空运旅客周转量三十五亿人公里,比上年增长百分之二十五点三。

一九七九年全国邮电业务总量十二亿五千五百万元,比上年增长百分之七点七。在各类业务中,信件增长百分之八点六,电报增长百分之五点九,长途电话增长百分之十点八。

一九七九年,全国铁路每台货运机车平均每天完成的总重吨公里比上年提高百分之一点三,蒸汽和内燃机车每万吨公里消耗燃料,分别比上年下降百分之四和百分之五点一。铁路部门加强了对原有铁路干线的技术改造,建成陇海线东段郑州至商丘间的复线,提高了运输能力。目前交通运输仍然不能适应国民经济发展的需要,某些铁路干线的部分区段通过能力和某些沿海港口的吞吐能力仍较紧张。

五、国内商业

一九七九年,商业部门收购商品总额一千九百九十二亿四千万元,比上年增长百分之十四点五。其中,工业品一千四百零五亿六千万元,增长百分之九点八;农副产品五百八十六亿八千万元,增长百分之二十七点六,剔除收购价格提高的因素,实际增长百分之四点五。社会商品零售总额一千七百五十二亿五千万元,比上年增长百分之十四点七,剔除价格变动的因素,实际增长百分之十二点四。

各类消费品的零售量同上年相比,猪肉增长百分之二十五;鲜蛋增长百分之五十四点五;食糖增长百分之九点三;棉布增长百分之三点六;化纤布增长百分之五十二点七;针织内衣裤增长百分之十六点六;皮鞋增长百分之二十六;自行车、缝纫机、收音机、手表等耐用消费品分别增长百分之十八到百分之四十;电视机、录音机分别增长两倍和三倍。到一九七九年底,商业部门库存商品总额,比上年年底增长百分之十一点六。主要问题是:不少城市的水产品、牛肉、羊肉、蔬菜等副食品供应仍然偏紧;一些轻纺工业产品的数量、质量和花色品种,还不适应市场变化的需要。

一九七九年国家对粮、油、棉、麻、猪、牛、羊、鱼、蛋、甘蔗、甜菜、桑蚕茧等主要农副产品的收购价格,作了较大幅度的提高,全国农副产品收购价格总指数(包括牌价、议价和超购加价)比上年上升百分之二十二点一。从十一月份起,国家提高了猪肉、牛肉、羊肉、禽、蛋、水产品、牛奶等主要副食品的零售价格。一九七九年十二月份全国零售物价总水平(包括国营商业牌价、议价和集市贸易价),比上年同期上升百分之五点八。其中,国营商业价格(包括议价)上升百分之五点九,集市贸易价格下降百分之一点五。

为了使大多数职工和城镇居民不致由于调整某些商品的价格而影响生活水平,国家除继续保持城镇粮、油销价不动外,并从十一月份起,每月发给每个职工副食品价格补贴五元。

当前市场物价方面的主要问题是,不少地区和单位出现了擅自提价、变相涨价、乱收费用的现象。

六、外贸、旅游

一九七九年,进出口贸易总额四百五十五亿元,比上年增长百分之二十八。其中,出口二百一十二亿元,增长百分之二十六点三;进口二百四十三亿元,增长百分之二十九点六。进口大于出口三十一亿元,除用非贸易外汇顺差弥补外,还借用了一部分国外资金。

在出口商品中,重工业产品(包括矿产品)比上年增长百分之五十八,占出口总额的比重,由上年的百分之二十五点五上升到百分之三十一点九;轻纺产品比上年增长百分之二十一点二,占出口总额的比重,由上年的百分之四十六点九下降为百分之四十五;农副产品比上年增长百分之五点七,占出口总额的比重,由上年的百分之二十七点六下降为百分之二十三点一。

在进口商品中,新技术和成套设备比上年增长一点九倍;化肥、农药、种子等农用物资增长百分之二十点七;棉花、化纤、纸浆等轻纺原料增长百分之十五点六;粮食、动物油和植物油、食糖、电视机、录音机等消费品增长百分之三十;钢材、有色金属、生铁、铁砂等进口量,比上年有所减少。

一九七九年来我国旅游、参观、探亲、访友以及进行各种业务交往的外国人、华侨和港澳同胞共达四百二十万人,比上年增长一点二倍。全年收入外汇折合人民币六亿九千六百万元,比上年增长百分之五十四。全国对外开放的旅游点达到一百一十七个。

七、科学技术、教育、文化

一九七九年年底,全国全民所有制单位自然科学技术人员四百七十万零五千人,比上年增加三十六万人。一年中,全国取得重大科学技术研究成果达二千七百九十项。经国家批准的创造发明四十二项。

一九七九年全国高等学校达到六百三十三所,比上年增加三十五所,在校学生一百零二万人,比上年增加十六万四千人,其中当年招收新生二十七万五千人(包括地方扩大招生数),比上年减少十二万七千人;广播电视大学在校学生二十八万人,厂办大学和业余大学在校学生五十八万人。中等专业学校在校学生一百一十九万九千人,比上年增加三十一万人。中等教育开始进行结构改革,普通中学在校学生五千九百零五万人,比上年减少六百四十三万三千人。技工学校在校学生六十四万人。小学在校学生一亿四千六百六十三万人。在幼儿园受教育的儿童八百七十九万人。为了培养专门人材,教育部门全年共派出留学生一千七百六十二人。不少部门、地区和单位,积极举办各种类型的学校和学习班,对在职职工进行培训。

一九七九年,文学、戏剧、电影、曲艺、音乐、舞蹈、美术等各个方面都涌现出一批优秀作品。全年共生产故事片六十五部,发行各种新片(长片)一百三十九部,各地为庆祝新中国成立三十周年献礼而来京演出的节目有一百三十七台。全国共有各类放映单位十二万二千个,艺术表演团体三千四百八十二个,文化馆二千八百九十二个,公共图书馆一千六百五十一个。全国共有广播电台九十九座,发射台和转播台五百零二座,电视中心台三十八座,一千瓦以上的电视发射台和转播台二百三十八座。全国性和省一级地方性报纸全年出版一百三十亿零八千万份,各类杂志出版十一亿八千万册(份),图书出版四十亿零七千万册(张)。

科技、教育和文化事业还存在着科技人员数量少,校舍不足,仪器设备落后,中等教育结构不合理,小学还没有普及等问题。

八、卫生、体育

一九七九年全国医院病床达到一百九十三万二千张,比上年增长百分之四点一。全国专业卫生技术人员共有二百六十四万二千人,比上年增长百分之七点二。其中,中医二十五万八千人,西医师三十九万五千人,西医士四十三万五千人,护士四十二万一千人。全国农村赤脚医生一百五十七万五千人。各地开展了爱国卫生运动,一些疾病的发病率有所下降。

一九七九年体育运动员打破了举重、射箭、射击、航空模型等十二项世界纪录和三项举重世界青年纪录。在参加世界乒乓球、羽毛球、举重、体操等锦标赛中,我国运动员获得十一项世界冠军。全国举办县以上各级运动竞赛会二万一千次。全年打破了一百五十九项全国纪录和六十六项全国青少年纪录;有六百二十五万人达到了国家体育锻炼标准。

九、人民生活

一九七九年,城乡大多数人民的生活有了比较显著的改善。由于农业生产的发展和国家大幅度地提高了农副产品收购价格并实行超购加价,农村人民公社每人平均从集体经济分得的收入为八十三点四元,比上年增加九点四元;社员个人家庭副业收入也有较多增加。

一九七九年,全国城镇安置待业青年和其他人员以及国家统一分配的大中专应届毕业生共九百零二万六千人,同退职、退休等自然减员人数相抵消后,全国职工总数达九千九百六十七万人,比上年增加四百六十八万人。其中全民所有制职工七千六百九十三万人,增加二百四十二万人;城镇集体所有制职工二千二百七十四万人,增加二百二十六万人。

由于职工人数增加,加上许多企业实行计件工资和奖励制度,以及发给副食品价格补贴等,全年工资总额达六百四十七亿元,比上年增长百分之十三点七。其中全民所有制职工工资总额为五百三十亿元,增长百分之十三。国家决定从一九七九年十一月开始,对百分之四十的职工进行升级调资,并调整部分地区的工资类别,这项工作目前各地还在进行。

一九七九年全民所有制职工平均工资为七百零五元,比上年增长百分之九点五。扣除职工生活费指数上升因素后,全民所有制职工每人平均的实际工资,比上年增长百分之七点六。

一九七九年新建职工住宅六千二百五十六万平方米,比上年增长百分之六十六。人民生活方面存在的问题是:一些经济长期发展缓慢和受灾地区的农民,生活还很困难;一部分没有奖金收入或者奖金很少的科研、教学、医务人员以及机关工作人员等,生活也还有困难,有的实际收入有所下降;有些地方和单位没有正确贯彻按劳分配的政策,不该发奖金的,也发了奖金。

十、人口

一九七九年年底,全国人口为九亿七千零九十二万人,比一九七八年九亿五千八百零九万人,增加一千二百八十三万人。一九七九年人口出生率为千分之十七点九,死亡率为千分之六点二,自然增长率为千分之十一点七。

注:公报中各项数字,都没有把台湾省数字统计在内。

全国总工会九届常委第四次扩大会议号召各级工会组织开展增产节约运动

中华全国总工会最近召开的九届常委第四次(扩大)会议,通过了《关于动员职工为四化立功,深入开展增产节约运动,迎接党的十二大召开的决议》。决议号召各级工会组织在党的领导下,适应四化建设的需要,支持群众首创精神,积极开展为四化立功的群众活动,在全国掀起一个人人为四化立功,人人争当先进的热潮。

决议指出,为四化立功的群众活动,充分体现了新时期党的政治路线,反映了广大职工的高度觉悟,发扬了我党政治工作的优良传统。工会组织一定要在党的领导下,加强对这一活动的领导。

决议提出了开展为四化立功的群众运动的具体要求:

(一)开展为四化立功活动要以增产节约为中心。当前,要发动群众认真贯彻国民经济调整、改革、整顿、提高的方针,立足于现有企业的挖潜、革新、改造,大搞增产节约,广开生产门路,多方开辟财源,用最少的投资,取得最大的经济效果,做到增收节支,为国家多创造财富,保证完成和超额完成国家计划。工交、基建战线的职工,要以优质、高产、多品种、低消耗和安全生产为中心内容,根据本产业的生产特点,进一步深入开展增产节约劳动竞赛,保证工业生产扎扎实实地增长百分之六,并力争超过。财贸战线的职工,要坚持"发展经济,保障供给"的方针,改善服务态度,提高服务质量,改进经营管理,保持物价基本稳定,进一步搞好商品流通,活跃城乡市场。科研教育战线的职工,要围绕四化建设中心,认真贯彻党的科研教育方针,不断提出新课题,勇于探索,勇于发明创造,勇于攀登科学技术高峰,快出科学技术成果。

要努力提高教育质量,为四化培养更多的德、智、体全面发展的又红又专的建设人才。充分发挥知识分子在四化建设中的重要作用。其他各条战线的职工,都要根据本行业、本地区的具体情况,明确当前的主攻方向,提出具体要求,为加速四化建设服务。

(二)进一步开展小指标百分赛,把立功活动落到实处。开展小指标百分赛与实行计分计奖相结合,体现了经济责任、经济效果、经济利益的统一,做到了国家、企业、个人利益的三结合,是劳动竞赛的一个提高和发展。开展立功活动要和小指标百分赛统一起来,在竞赛中开展立功活动。要坚持奖赛结合,每月按照竞赛得分多少的结果来计算奖金,从物质利益上保证小指标百分赛的持久开展。要加强政治思想工作,把它贯穿到竞赛活动的全过程中去,不断提高群众觉悟,保证小指标百分赛的健康发展。

(三)有计划有组织地开展厂际竞赛,争创先进单位。在组织厂际竞赛中,要瞄准本行业和国内外的先进水平,解决本行业中的生产技术关键问题,大力改进企业管理。要把厂际竞赛和厂内竞赛结合起来,通过厂际竞赛促进厂内竞赛的开展。

(四)广泛开展合理化建议活动,为四化献计献策。开展群众性的合理化建议活动,是发挥群众积极性、创造性的一个好形式,是广大职工为四化立功的一个重要方面,也是搞好民主管理、促进四化建设的重要保证。为了迅速地开展一个更加广泛的群众性的合理化建议活动,当前要着重抓好四项工作:一要提高认识,加强领导,进行深入细致的发动工作,在各行各业和各类人员中把合理化建议活动广泛开展起来;二要以增产节约为中心,围绕企业挖潜、革新、改造的要求,针对生产、技术、安全、经营管理等方面存在的问题,广泛提合理化建议;三要有专门机构负责建议的登记、审查、实施、奖励等经常工作,做到条条建议有着落;四要解决合理化建议奖励问题,调动群众积极性。

(五)在立功活动中,充分发挥先进人物的作用。先进生产者是先进生产力的优秀代表,是广大职工学习的榜样。为了在立功活动中充分发挥他们的带头、骨干、桥梁作用,要大力宣传他们的先进事迹和先进思想,造成一个先进光荣,尊重、爱护和学习先进人物的社会风尚。要认真总结推广他们的先进经验,使少数人的先进水平,尽快地变成全企业、全行业以至全社会的水平。要加强对先进人物的选拔、培养、教育工作,教育他们认清自己在新长征中肩负的重任,谦虚谨慎,戒骄戒躁,始终保持同人民群众的血肉联系。领导上要注意减少他们的非生产性活动,减轻他们社会活动的负担。

决议最后指出:开展为四化立功活动,要从实际出发,因地制宜,因厂制宜,因车间制宜,因人制宜,创造多种多样、群众欢迎的形式,不要"一刀切"。要加强调查研究,善于"解剖麻雀",层层抓点,以点带面。工作要扎实,要讲实效,不务虚名,不搞形式主义。在立功活动中,要加强劳动保护工作,重视安全生产,并在财力物力可能的情况下,积极做好群众生活工作。

大庆原油产量连续四年稳定在五千万吨

大庆油田在全面进入中含水采油期的情况下,采用一整套相应的采油工艺技术,使原油产量连续四年稳定在5000万吨。目前,大庆油田原油的年产量占全国原油总产量将近一半,它已成为世界上年产5000万吨以上石油的少数几个特大油田之一。

中国外资管理委员会和日本海外经济协力基金之间关于1979年度日方给中方500亿日元贷款的协议在北京签字

这笔贷款将用于石臼所港建设工程、秦皇岛港扩建工程、五强溪水力发电站建设工程、兖州—石臼所铁路建设工程、北京—秦皇岛铁路复线和电气化工程与衡阳—广州铁路复线和电气化工程。

中华人民共和国政府和南斯拉夫社会主义联邦共和国政府在北京签订和平利用原子能合作协定

中华人民共和国政府和比利时王国政府关于比利时政府向中国政府提供政府贷款的协定在北京签字

协定规定，比利时政府同意向中国政府提供无息的政府贷款。1980年提供的贷款金额为3亿比利时可兑换法郎。这项贷款将由中国政府用于支付比利时企业所供应的资本货物或工业设备及有关劳务的部分费用。

我国财政部副部长王丙乾和比利时驻中国大使罗杰·德诺睦分别代表各自的政府在协定上签字。

全国人大常委会副委员长谭震林在北京会见由美国青年政治领袖理事会主席特里·桑福德率领的美国青年政治领袖理事会访华团

国务院副总理王震在北京会见以罗马尼亚机器制造工业部副部长格·布尔杜尔为团长的罗马尼亚航空工业代表团

国务院副总理陈慕华在北京会见以青年总联合会副主席萨拉赫·努里为团长的伊拉克青年代表团

北京大学聘请美国国家科学院院士美国伯克利加利福尼亚大学教授陈省身教授为名誉教授

《人民日报》发表评论员文章《创作更多反映时代精神的文艺作品》

最近，文化部召开了庆祝新中国成立30周年献礼演出授奖大会；文学、戏剧、美术、摄影等有关部门和单位举行了优秀作品的评奖活动；昨天文化部又举行了优秀影片奖和青年优秀创作奖的授奖仪式，分别表彰了近年来涌现的一批文艺作品和影片，给作出贡献的优秀文艺工作者以精神和物质奖励。这必将推动我国文学艺术事业的进一步发展和繁荣。

粉碎“四人帮”以来，我国的文学艺术创作，出现了蓬勃发展的生机，涌现了一批体现时代精神的优秀作品和有才华的作者。仅以电影战线在去年所取得的成就来说，就是十分令人兴奋和鼓舞的。这一年摄制完成了65部故事片，达到和超过了毛泽东同志生前所希望的要每周有一部新影片的要求，而且质量有所提高。包括电影在内的各种艺术形式的得奖作品，题材多样，内容丰富，在题材、体裁、风格、样式上体现了百花齐放，在艺术表现上也有许多新的探索，集中反映了当前我国艺术创作的主流是健康的。我国社会主义文艺创作的这些成就，是粉碎“四人帮”以后，批判林彪、“四人帮”的极左文艺路线，解放思想，发扬艺术民主，贯彻“双百”方针，落实党的各项政策，调动广大文艺工作者的积极性，解放文学艺术生产力的结果。文艺战线的形势是好的，成绩是巨大的。

当前，全党和全国的工作着重点已转到社会主义建设上来。为了使我们的意识形态工作适应新的形势的需要，在四化建设中发挥更大的作用，我们必须更好地贯彻执行党在新时期的政治路线、思想路线和组织路线，必须坚持四项基本原则。具体到文艺工作来说，就是要坚持文艺的社会主义方向，贯彻执行“百花齐放、百家争鸣”的方针；就是要在马列主义、毛泽东思想的指引下，加强和改善党对文艺工作的领导，进一步发展和繁荣我国社会主义文艺创作，产生更多更好地反映时代精神的优秀文艺作品，使我们的文艺更好地为人民服务，为社会主义服务。

为此，文艺界仍然需要继续解放思想。要在继续肃清林彪、“四人帮”思想流毒的同时，进一步冲破封建的、资产阶级和小资产阶级的各种腐朽思想的束缚，不断排除“左”或右各种形式的干扰和影响。文艺工作者要进一步用马克思主义的科学世界观武装头脑，要有共产主义的远大理想和崇高的精神境界，处处为人民利益和国家民族的前途命运着想。只有这样，才能方向明确，思想开阔，步伐坚定，在艺术实践上有比较大的突破，创作出表现我们伟大时代精神、有高度思想性和艺术性的优秀作品。如果离开了马克思主义世界观的指导，离开了党的政治路线、思想路线的轨道，口头上说解放思想，实际上是不能摆脱旧思想和旧传统的束缚的，社会主义文艺就不可能健康地发展，更不可能出现百花齐放、百家争鸣那种生机勃勃的繁荣景象。

进一步繁荣文艺创作，要求我们充分调动新老文艺工作者的革命积极性和创造能力。邓小平同志在第四次文代会的“祝辞”中指出：“文艺界是很有成绩的部门之一。文艺工作者理应受到党和人民的信赖、爱护和尊敬。斗争风雨的严峻考验证明，从总体来看，我们的文艺队伍是好的。有这样一支文艺队伍，我们党和人民是感到十分高兴的。”我们要十分珍视这支队伍，充分发挥这支队伍的战斗作用。我们要进一步落实党对文艺工作者的政策，调动和发挥老一代文艺工作者的巨大潜力，同时要特别注意培养革命文艺事业的接班人。现在有些艺术部门，特别是某些表演艺术部门青黄不接，甚至后继乏人的情况还是严重的，我们要注意发现人才，培养人才，充分发挥青年一代艺术工作者的积极作用，并注意创造必要条件，对他们进行教育培养，搞好传帮带。只要我们把新老文艺工作者很好地组织起来，同心同德，携手前进，我们文艺创作和文艺事业的更大发展是毫无疑问的。

积极开展文艺批评，是繁荣文艺创作的重要一环。鲁迅说过："文艺必须有批评，这才有新文艺和新的批评的发展。"我们的文艺批评工作必须遵循党的"双百"方针更好地开展起来。我们应该进一步鼓励艺术创作上不同风格和形式的自由发展，不同流派和方法的自由讨论，对于文艺工作者在艺术实践上的新的尝试和探索，应该积极加以支持；对于错误的、不好的东西应该展开积极的、实事求是的思想斗争，对属于人民内部范围的缺点错误，要采取与人为善、热情帮助的同志式的批评，而不能采取无限上纲、一棍子打死的粗暴态度。要看到在文艺创作中，特别是在那些表现新的题材，具有复杂的生活内容和尖锐的政治性主题的作品中，出现这样那样的问题，是难以避免的。对于不成熟的、有缺点的、甚至有错误的作品，在进行批评和指出缺点、错误的同时，要支持作者勇于探索的精神，肯定他们取得成绩的方面，要注意保护广大文艺工作者的社会主义的创作积极性和创作才能。要积极帮助文艺工作者更好地学习马列主义、毛泽东思想，不断总结实践经验，进一步和新时代的群众相结合，继续改造自己的主观世界，提高艺术表现力，创作出更多更好的作品。

春回大地，繁花似锦。在 80 年代第一个年头春光明媚的日子里，文化领导机关和有关文艺单位给优秀的文学艺术作品评奖，奖励先进，标志着我们社会主义文学艺术园地已是春意盎然、充满着勃勃生机。我们相信，在党中央的正确领导下，经过全体文艺工作者的努力，在文艺的百花园里，必将结出累累硕果！

卫生部部长同新华社记者谈人口问题

新华社报道，最近卫生部部长在谈到人口问题时说，目前中国人口的平均寿命已经达到 68.2 岁，而在 1949 年则只有 32 岁。

5月1日

国务院副总理李先念和巴布亚新几内亚总理朱利叶斯·陈在莫尔斯比港的总理官邸举行会谈

国务院副总理李先念在莫尔斯比港分别会见巴布亚新几内亚总督托尔·洛科洛科爵士和议会议长塞弗塞·莫雷亚

国务院副总理李先念在莫尔斯比港出席巴布亚新几内亚总理朱利叶斯·陈和夫人代表政府举行的宴会并发表讲话

李先念副总理在致答词时表示，他非常高兴有机会来到巴布亚新几内亚这个南太平洋美丽和富饶的国家进行正式友好访问。

他说："这是我第一次来到南太平洋。世界的这部分辽阔地区正经历着深刻和令人鼓舞的变化。一系列国家已经取得了独立，另一些即将取得独立，其他许多民族也正在为争取独立而奋斗。南太平洋的人民开始站立起来了。南太平洋在国际关系中的地位正在日益变得重要。一个远大的前景已展现在南太平洋各国人民的面前。"

"巴布亚新几内亚是南太平洋地区最大的新独立国家。在她独立后的短短几年中，巴新政府和人民为维护国家主权、促进国家统一、保护本国资源和发展民族经济作出了巨大的努力，获得了可喜的成就。巴新政府积极支持南太平洋地区和其他地区的民族独立运动，坚持睦邻友好，在'互利和安全'原则的基础上进行国际交往。巴布亚新几内亚在国际事务中，特别是在本地区事务中发挥着日益重要的作用。"

他接着说："中国和巴新都是发展中的国家，我们两国人民都热爱和平，都希望有一个安宁的国际环境，以能专心致志地建设自己的国家。但也不能不看到，当前国际形势的发展不是走向缓和，而是更加紧张，危机和动乱笼罩着世界的许多地方。印度支那变成霸权主义的前进基地，使东南亚和太平洋地区的安全和稳定遭到威胁。"

他说："中国政府和人民愿意同巴新以及世界各国人民一道，为维护各国独立和主权的尊严，为保卫世界和平，作出自己应有的贡献。"

《人民日报》发表社论《生产必须安全 生产必须文明》

近两年来，各地根据党中央、国务院的要求，加强了劳动保护工作，安全生产取得了一定成绩，伤亡事故有所下降。但是，当前的问题仍然相当严重，直接妨碍着当前生产和四化建设。

实现四个现代化的关键问题是发展生产力，改变我国经济和技术的落后面貌。列宁曾经说过："全人类的首要的生产力就是工人，劳动者。"发展生产力，就要保护生产力，首先是保护劳动者在生产过程中的安全和健康。搞好劳动保护，实现安全生产、文明生产，是我们党的一贯方针，是社会主义建设的一项重要原则。这直接关系着千百万职工能够有旺盛的精力、健康的身体来完成四化建设任务。广大劳动者是实现总路线的主要依靠力量，如果他们在生产中的安全、健康得不到保证，四个现代化建设就要受到严重影响。因此，生产必须安全，生产必须文明，应该引起各行各业的重视，想尽一切办法，采取各种措施，努力减少伤亡事故、职业病和职业中毒，为实现安全生产、文明生产而努力。

职业病严重、伤亡事故多，主要是前些年"四人帮"的干扰破坏。他们曾借口反对"管、卡、压"，大破规章制度。现在有些人无组织、无纪律，任意违反操作规程，就是"四人帮"的流毒在安全生产方面的表现。据统计，在多年的伤亡事故中，约有百分之七八十是由于缺乏必要的监督检查、违章作业和无章可循造成的。此外，就是有些领导干部不重视劳动保护工作，对职工的安全生产采取漠不关心的官僚主义态度。有的领导干部对党中央、国务院的规定，不是采取具体措施，认真贯彻落实，而是走过场多，空喊多；出了重大事故，往往不了了之，不作严肃处理。有的领导干部不是科学地组织生产，而是仍然用"高产会战"代替正常的生产秩序，破坏行之有效的规章制度，带头冒险蛮干，违章指挥；有的对机械设备不按制度修理保养，而是带病运转；有的对主管安全的工程技术人员，不能充分发挥他们的作用，而是有职无权。这些问题不解决，怎么可能搞好安全生产呢?

要改变我国劳动保护工作的面貌，还要经过长期的努力，做大量工作。首先要提高各级领导干部和广大职工的认识，牢固树立安全生产、文明生产的思想，克服只抓生产，不管安全，把安全工作看作可有可无的错误思想。应该懂得，生产必须安全，安全促进生产。伤亡事故不断，职业病严重，必然会挫伤职工的积极性，直接影响生产。安全和生产是一致的，安全搞好了，生产才会搞好。各级领导干部要坚决纠正不出事故不抓安全生产的现象。

要做好劳动立法工作，着手制定劳动保护的各种法令、规定。新中国成立以来，国家曾颁布过一些有关安全生产的规程和规定，实践证明是基本正确、行之有效的，应该继续贯彻执行。各部门、各地区也可制定或修改补充有关本行业的安全卫生的各种标准或设计规范。出了事故,不能姑息迁就,不作处理。要尽快建立劳动保护监察制度,建设一支监察员队伍,监督检查有关法令、规定的贯彻执行。

要广泛开展劳动保护的宣传教育。目前,厂矿中的青年工人占很大比重。许多人缺乏安全知识,违章作业。因此,抓好新工人的安全教育尤为重要。要坚持新工人的培训和考核制度,新工人要通过应知应会及有关安全、操作规程的严格考核,不合格的不能上岗位。针对本单位存在的问题,积极开展劳动保护的宣传教育,很有必要。要抓住那些玩忽职守造成重大伤亡事故的典型事例,严肃处理,引以为戒。对于重视安全生产工作的好典型,要广为宣传,以便大家学习。

只要我们通过全国"安全月"活动,加强宣传教育,提高对安全生产、文明生产的认识,发动群众进行安全检查,建立规章制度,使安全生产、文明生产经常化、制度化,不要走过场,防止一阵风,我们就会逐步加强安全生产,文明生产,在生产上出现新的面貌。

京通铁路交付国家使用

这条铁路起自北京郊区昌平,经过河北滦平、隆化,内蒙古赤峰,直抵哲里木盟的通辽,全长806公里。它的起点与京包铁路接轨,中间通过新建的承(承德)隆(隆化)及赤(赤峰)叶(叶柏寿)两条支线分别与京承、锦(锦州)承铁路相通,终点与大(大虎山)郑(郑家屯)铁路及正在修建的通(通辽)霍(霍林河矿区)铁路衔接。京通铁路建成之前,从华北到关外只有京沈铁路一条主要交通干线,京通铁路建成后,将与京沈线实行物资分流,减轻老线的运输压力。

新余钢铁厂用高炉从贫锰矿中冶炼高牌号碳素锰铁获得成功

《人民日报》报道,最近,全国各地的有关科技人员和专家对试验结果进行了鉴定,一致认为是成功的。冶金部已决定用这项新工艺生产上海宝山钢铁总厂所需要的锰铁合金。用高炉从贫锰矿中冶炼高牌号碳素锰铁的试验成功后,为扩大利用我国贫锰矿资源,实现以焦代电,克服电力供应不足带来的困难,开辟了新的途径。

全国妇联主席康克清在北京举行宴会欢迎塞拉利昂总统夫人丽贝卡·史蒂文斯及其随行人员

康克清在讲话中热情赞扬塞拉利昂妇女在争取祖国独立的岁月中和在建设国家的事业中所作出的贡献。她说,中国和塞拉利昂都是第三世界发展中的国家,我们都十分渴望有一个和平安宁的国际环境来建设我们各自的国家。作为妇女和母亲,我们更是期望我们的孩子们能够受到良好的教育,茁壮地成长,希望他们过上美好幸福的生活。

她指出,当今霸权主义者到处侵略扩张,中东、印支、西亚,都处都有它们的受害者。她说,我们认为和平是乞求不来的,只有我们第三世界国家和人民以及世界一切爱好和平的人民团结一致,坚持斗争,挫败它们的侵略扩张阴谋,才能维护世界和平,才能建设繁荣的国家,妇女和儿童的权利才有保证。中国妇女愿同塞拉利昂妇女一道,在保卫世界和平的这一崇高事业中并肩携手前进。

外交部部长黄华在北京宴请伊拉克外交事务国务部部长哈米德·阿勒万率领的阿拉伯联盟代表团

黄华在宴会上重申了中国坚决支持阿拉伯和巴勒斯坦人民正义斗争的一贯立场。

他说:中国政府和人民始终不渝地站在阿拉伯和巴勒斯坦人民一边,坚决支持他们为收复失地和为恢复民族权利,包括巴勒斯坦人民自决、建立自己国家的权利而进行的正义斗争;坚决支持他们反对超级大国干涉、颠覆、控制的正义斗争;强烈谴责以色列的侵略扩张政策和阻挠中东问题全面公正解决的蛮横态度。

他说,中国人民同阿拉伯各国人民之间的战斗友谊是建立在和平共处五项原则基础上的,是经得起时间考验的。

黄华说:只要阿拉伯国家以大局为重,互相谅解,消除分歧,加强团结,就一定能够挫败超级大国和以色列的侵略扩张,最终实现自己崇高的民族目标。

国家科委成立自然科学奖励委员会并决定今年奖励一批自然科学基础理论学科的研究成果

自然科学奖励委员会是按照1979年11月21日国务院发布的《中华人民共和国自然科学奖励条例》要求设立的。它将负责统一审核由中国科学院、教育部、中国科学技术协会、国家农业委员会、卫生部、国家经济委员会以及国防科学技术委员会、国务院国防工业办公室等单位经过初步评选通过的科学研究工作报告或著作,评定奖励项目和奖励等级,处理自然科学奖励工作中所提出的异议等问题,然后由国家科委核准、授奖。

在成立会议上,通过了《自然科学奖励委员会暂行章程》。会议决定今年内奖励一批自然科学(包括应用科学)基础理论学科的研究成果。

自然科学奖励委员会由武衡任主任,钱三强、黄辛白任副主任。委员有(按姓氏笔画排列)王淦昌、王志均、王元一、何东昌、贝时璋、李薰、沈元、汪胡桢、阎沛

霖、严济慈、华罗庚、周培源、茅以升、郑万钧、罗沛霖、苏步青、金善宝、冯德培、曾呈奎、张钰哲、张文佑、张龙翔、黄昆、唐敖庆、程绍迥、程裕淇、梁植权、杨石先、赵宗燠、钱人元、钱学森。

蒙古族恢复祭奠成吉思汗的活动

今年是成吉思汗逝世753周年。蒙古族人民在鄂尔多斯高原上的成吉思汗陵园隆重集会，祭奠成吉思汗的“苏鲁锭”(长矛)。当地干部和近万名各族群众一起参加了祭奠仪式。

泰山游览公路通车

新修建的公路从泰山脚下的岱宗坊通到中天门北面的快活三里，全长11.2公里。公路的上段和下段路宽8米，路面平坦，平均坡度为4.8%。

5月2日

国务院总理华国锋在人民大会堂举行宴会欢迎巴基斯坦伊斯兰共和国总统齐亚·哈克和夫人以及随同来访的其他巴基斯坦贵宾

华国锋总理和哈克总统先后在宴会上发表讲话，对中巴两国人民友谊的不断发展和两国在各个领域中的卓有成效的合作表示满意。他们在讲话中谴责苏联对阿富汗进行军事干涉，要求苏联军队无条件撤出阿富汗。他们表示中国和巴基斯坦坚决站在一起，反对外来侵略和干涉，为维护本地区和世界和平与稳定而共同努力。

国务院总理华国锋在北京会见塞拉利昂总统夫人丽贝卡·史蒂文斯及其随行人员

华国锋对72岁高龄的史蒂文斯总统夫人不辞辛劳前来中国访问表示热烈欢迎。他说，中国和塞拉利昂两国关系一直很好。我们两国有着共同的历史命运，我们都需要一个和平环境来建设自己的国家。我们要互相学习，互相帮助。他热情称赞史蒂文斯总统是中国人民的老朋友。他请总统夫人回国后转达中国政府、人民和他本人对史蒂文斯总统的问候，并祝愿塞拉利昂在80年代取得更大成就。

丽贝卡·史蒂文斯夫人说，史蒂文斯总统正在把全国人民团结起来，为国家利益而奋斗。她说，我们相信，我们建设自己国家的目标是能够实现的。

国务院副总理邓小平在北京会见以伊拉克外交事务国务部部长哈米德·阿勒万为团长的阿拉伯联盟代表团

在会见时，邓小平副总理说，中国在处理阿拉伯世界内部问题上的根本出发点是，真诚希望阿拉伯各国走到一起来。

他说，阿拉伯地区拥有丰富的战略资源和具有重要的战略地位。阿拉伯各国团结起来，对维护世界和平与稳定，将是一支重要的力量。

邓小平副总理重申，中国政府和人民坚定不移地支持阿拉伯和巴勒斯坦人民为收复失地、恢复民族权利、争取全面公正地解决中东问题而进行的正义斗争。他说：中国同阿拉伯各国之间只有友谊，不存在任何利害冲突。

他希望阿拉伯朋友警惕超级大国利用阿拉伯民族内部分歧而为自身利益服务。

邓小平副总理还分析了当前国际形势，介绍了中国反对霸权主义、维护世界和平的对外政策。

国务院副总理李先念在莫尔斯比港同巴布亚新几内亚副总理艾·奥库克举行会谈

《人民日报》发表社论《加强公安工作 保卫四化建设》

全国公安战线先进集体、先进工作者表彰大会，已于4月30日胜利闭幕。这次公安战线群英荟萃的盛会，是在我国向现代化前进的征途中，力争政治安定团结，经济稳步发展，整顿社会治安取得一定成效的形势下召开的。大会表彰了先进，交流了经验，动员全体公安保卫人员，在党和政府的领导下，团结广大人民，为保卫四化建设、巩固无产阶级专政而努力奋斗。这对于进一步加强社会主义法制，加强公安队伍建设，加强公安工作，必将产生积极作用和深刻影响。我们向与会代表，向战斗在公安战线上的同志们，致以敬意和亲切的慰问。

公安战线历来是我们党和国家十分重视的一条重要战线。在新中国成立以后的17年中，公安战线对于巩固我国社会主义制度，保卫社会主义革命和建设事业，保卫人民的幸福生活，作出了很大的贡献。那时候，良好的社会治安秩序，不仅受到全国人民的赞扬，也得到国外人士的称赞。正因为如此，在十年动乱期间，它就成为林彪、“四人帮”一伙破坏最严重的一个战线。粉碎“四人帮”后，特别是党的十一届三中全会以来，经过揭批林彪、“四人帮”的极左路线和他们的反革命罪行，拨乱反正，整顿和恢复了各级公安保卫机关和治保组织，重建了各项专门业务，公安工作重新走上了健全发展的轨道，公安队伍的精神面貌发生了深刻的变化。

三年多来，广大公安保卫干部，人民警察和治保人员，为了整顿社会治安，保卫国家和人民的利益，创造了许多可歌可泣的英雄事迹，涌现出一大批先进集体和先进工作者。有的临危不惧，同凶恶狡猾的犯罪分子搏斗；有的为了抓捕潜特和逃犯，排除万难，跟踪追击；有的常年坚守在边疆海岛、深山密林，警惕地监视着敌特的动向；有的在同火灾等治安灾害事故斗争中，赴汤蹈火，不畏艰险；有的甚至以身殉职，为社会主义事业献出了宝贵的生命。出席这次大会的500多位同志，就是全国公安战线成千上万个先进集体和先进工作者当中的优秀代表。

在新的历史时期，党和人民殷切期待公安战线的同志们，尽心尽力地做好公安保卫工作，为四化建设创造一个更加良好的社会治安秩序，巩固和发展安定团结、生动活泼的政治局面。现在，全国城乡社会治安情况基本上是好的，但是我们决不可以为天下从此太平了。剥削阶级虽然不存在了，但阶级斗争在一定范围内仍然存在。极少数“四人帮”的残余分子，新生的打砸抢分子，各种刑事犯罪分子和流氓集团，与外国反动势力、与特务机关秘密联系进行地下活动的反革命分子，还在以各种方式从事各种破坏和捣乱。我们千万不能麻痹大意，放松警惕，必须把整顿社会治安作为一项长期的艰巨的任务，坚持不懈地抓紧抓好。全国城乡都要健全群众性的治安组织，成为公安机关的强大助手。

要保卫好四化建设，当前摆在公安战线面前的任务是：一方面，要在各级党委领导下，依靠人民群众，大力加强侦查破案工作，坚决把犯罪分子的嚣张气焰打下去。对于重大的现行犯罪分子，包括杀人犯、抢劫犯、强奸犯、流氓集团头子、教唆犯，以及殴打执勤人员、报复检举人的凶犯，务必依法从重、从快惩处，毫不手软。对那些大法不犯、小法常犯而又屡教不改的人，要收容起来，实行劳动教养，改变过去那种捉了放、放了捉的做法。另一方面，要认真做好劳动改造、劳动教养工作，尽可能把绝大多数正在服刑的罪犯和劳动教养的人员改造过来。这两种人尽管性质不同，在管教上应当区别对待，但是，我们的基本方法，都是要通过劳动生产和思想教育，使他们懂得劳动的光荣，懂得纪律的重要，懂得法律的尊严，养成劳动习惯，学会一定的生产技能，真正改邪归正，不再继续犯罪。对那些有一般违法犯罪行为的青少年，不仅公安机关要管，各有关部门、学校、街道组织和做父母的，都要切实负起责任来，既要耐心细致地进行思想教育工作，又要逐步解决青年的升学、就业等实际问题，尽力帮助他们走上正道，成为建设社会主义的有用之材。

为了完成新时期公安战线艰巨而光荣的任务，各级公安机关必须切实整顿领导班子，整顿思想作风；大规模地教育训练公安保卫人员，恢复和发扬公安工作的好传统好作风，纠正不良倾向，建设起一支坚决执行党的路线、坚持四项基本原则、具有专业知识和能力、密切联系群众的公安队伍。在公安战线先进集体和先进工作者身上，集中表现了作为一个公安保卫人员应当具备的热爱党、热爱祖国、热爱人民的高尚品质，无私无畏、机智勇敢、顽强战斗、不怕牺牲的革命精神，联系群众、调查研究、实事求是、遵纪守法的优良作风。这些宝贵的精神财富，是广大公安保卫人员斗争经验和智慧的结晶，体现了公安队伍建设的方向。公安战线上的每一个同志，都要向先进学习，向先进看齐，不断提高自己的政治思想觉悟和斗争本领，学会做群众工作，做一个合格的公安保卫人员。全国各族各界人民，都要爱护和支持公安保卫人员，积极协助他们同一切犯罪分子作坚决的斗争。

公安战线先进集体、先进工作者同志们，你们为祖国为人民立了功，这是你们的光荣。希望你们保持光荣，发扬光荣，谦虚谨慎，戒骄戒躁，虚心向人民学习，在今后的斗争中继续发挥带头作用、骨干作用和桥梁作用，团结其他同志一道前进，为完成党和人民赋予的维护社会治安、保卫四化建设的神圣使命，作出新的贡献。

共青团中央授予11名青年“学雷锋树新风模范青年”光荣称号

这11名青年最大的25岁，最小的16岁，都是在各地、各条战线团组织积极开展共产主义道德教育活动中涌现出来的先进人物。他们是：

曹振贤，北京市公共汽车一场21路售票员；兰建业，广西壮族自治区宜山县矮山公社上魏生产队队长；唐荣忠，四川省江北县礼加公社初中二年级学生；沈生发，上海电器塑料厂工人；王卉，锦州铁路局第二建筑工程段女工；牟德新，旅大市1路无轨电车售票员；刘晓明，重庆市蔬菜公司棉花街商店营业员、团支部副书记；范杰霞，江苏省南通县平潮饭店女服务员；卜东昌，广州市海珠公安局滨江街派出所民警；阿不都·热合曼，新疆军区边防部队某部副班长，维吾尔族；边锋刚，天津市第二钢丝绳厂团委副书记。

共青团中央在决定中号召全国共青团员和广大青少年向他们学习。决定说，要像他们那样热爱祖国，忠于人民，忘我工作，献身四化；像他们那样公而忘私，关心集体，助人为乐，见义勇为；像他们那样爱憎分明，英勇对敌，舍己为人，奋不顾身；像他们那样立足本职，勤奋学习，艰苦奋斗，为祖国创造出优异的成绩。要以他们为榜样，胸怀大志，从我做起，从现在做起，在向四化进军的新长征中，把自己锻炼成为具有现代科学知识，具有高尚道德风貌的一代新人，为建设一个高度物质文明和高度精神文明的社会主义强国而奋斗。

决定还要求全国各级团的组织采取各种形式和方法，广泛深入宣传11名青年的高尚品德和模范事迹；组织团员、青年学模范，见行动，大力发扬共产主义道德风尚。

《人民日报》发表社论《热烈欢迎巴基斯坦贵宾》

巴基斯坦总统齐亚·哈克将军阁下和夫人，应我国政府邀请，前来进行正式友好访问，今天到达北京。中国政府和人民对来自亲密邻邦的巴基斯坦贵宾，表示热烈的欢迎。

巴基斯坦人民是有光荣革命斗争传统的人民。他们为了争取民族独立、捍卫国家主权和领土完整，曾进行了长期的、英勇的、不屈不挠的斗争。近年来，巴基斯坦人民在巴基斯坦政府的领导下，发扬自力更生的精神，在建设自己的国家、发展民族经济和文化等方面，进行了不懈的努力，取得了可喜的成就。

在国际事务中，巴基斯坦政府奉行独立、自主和不结盟的对外政策，积极发展同伊斯兰国家和广大第三世界国家的友好合作关系；努力改善和发展同邻国的关系；坚决反对超级大国的霸权主义和侵略扩张政策。去年年底，苏联当局悍然出兵侵略阿富汗，这种赤裸裸的侵略行径，不仅粗暴践踏阿富汗的独立主权，而且也直接威胁着巴基斯坦和其他邻国的安全。在这样的关键时刻，巴基斯坦政府和人民不畏强暴，严正谴责苏联入侵阿富汗，并采取一系列有力措施，加强自身的防御力量，决心为捍卫巴基斯坦的安全和领土完整而斗争。在今年1月伊斯兰国家外长特别会议上，巴基斯坦政府同广大伊斯兰国家一道，坚决要求苏联军队全部、立即、无条件地撤出阿富汗。最近，齐亚·哈克总统断然拒绝卡尔迈勒政权提出的就所谓阿巴关系正常化问题同巴基斯坦举行直接谈判的“建议”，并且重申巴基斯坦遵守伊斯兰国家外长特别会议决议，在苏联军队撤出阿富汗之前不承认喀布尔政权。巴基斯坦政府这种坚持原则的正义立场，赢得了世界上一切爱好和平与主持正义的国家和人民的赞赏。

当前，亚洲和南亚地区的形势引人注目。苏联武装入侵阿富汗，加剧了南亚地区的紧张局势，严重地威胁着这个地区各国的和平与安全。因此，缓和这个地区紧张局势的正确途径，在于迫使苏联从阿富汗撤出全部侵略军，让阿富汗人民在没有外来干涉的情况下自己解决自己的问题。只有这样，才能真正解决阿富汗问题，有效地遏制霸权主义者的侵略扩张。维护南亚地区和整个世界的和平、安全与稳定。

中巴两国是友好的亲密邻邦，两国人民有着悠久的传统友谊。在反帝反殖、争取民族独立和解放的长期斗争中，两国人民一向互相同情，互相支持。两国独立后，在反对霸权主义和扩张主义、维护民族独立、捍卫国家主权和领土完整的共同斗争中，这种友谊得到了进一步的巩固和发展。在当前国际形势急剧动荡的情况下，中巴两国人民加强团结和合作有着重大的意义。中巴两国的友好合作关系是建立在和平共处五项原则的基础上的，因而有着广阔的发展前景。今天，齐亚·哈克总统阁下来我国进行正式友好访问，同我国领导人就两国关系和共同关心的重大国际问题交换意见，这必将进一步推动中巴友好合作关系的发展。

中华人民共和国同芬兰共和国1980—1981年文化合作计划在北京签字

这是中芬两国建交以来签订的第一个文化合作计划。芬兰外交部新闻中心文化处处长克利斯托费尔·格莱斯贝克、中国文化部对外文化联络三司负责人卢耀武分别在计划上签字。文化部副部长周而复和芬兰驻华大使苏奥梅拉出席了签字仪式。

中国科学院院长方毅在北京会见美国国家科学基金会主管科技和国际事务的助理会长哈维·埃佛奇博士和由他率领的代表团

会见时，方毅就加强和发展中美两国在基础科学领域内的合作研究问题，同代表团进行了友好的交谈。代表团同我中国科学院等单位商谈了中美基础科学合作议定书的有关事宜，并就天然产物化学和微电子学等四个中美双边学术讨论会的题目、内容和安排进行了协商。通过商谈，双方已基本取得了一致的意见。

全国妇联主席康克清在北京会见日本庆应大学教授岩男寿美子和她的助手村松泰子

上海国际乒乓球友好邀请赛落幕

历时6天的1980年上海国际乒乓球友好邀请赛今晚结束。5个单项比赛的冠军全部由中国选手获得。男子单打冠军是王会元，女子单打冠军是曹燕华，男子双打冠军是李振恃和王会元，女子双打冠军是齐宝香和耿丽娟，混合双打冠军是王会元和曹燕华。

5月3日

国务院总理华国锋在人民大会堂宴请几内亚人民革命共和国总统艾哈迈德·塞古·杜尔和夫人

在宴会上，华国锋说：“非洲各国人民在获得独立以后，都在按照各自的民族特点，走自己选择的道路。他们在建设自己的国家中，在发展民族经济和民族文化等各个方面，都取得了可喜的成就。”

华国锋赞扬杜尔总统和一些非洲国家首脑一同倡导成立的非洲统一组织。他说：“这个组织在维护非洲的团结、巩固非洲国家的独立、支持民族解放斗争、伸张国际正义、促进国际合作等方面，作出了宝贵的贡献。”

华国锋说：“中国人民和非洲人民在长期的斗争中，一贯相互同情，相互支持。我们一直把非洲人民取得的胜利，看作是自己的胜利。”

在谈到国际形势时，华国锋指出，当前世界动乱的主要根源来自霸权主义，它以伪善的面目出现，实际上怀着贪婪的侵略野心。它无视起码的国际关系准则，随意推翻一个主权国家的合法政府，甚至公然派兵占领别国的领土。他强调说：“面对这样的现实，为了保卫我们的民族独立和主权，为了争取和平的国际环境，全世界一切爱好和平、主持正义的国家和人民应该团结起来，反对霸权政治，反对外来的侵略和颠覆，反对外国的军事占领。”

华国锋称赞杜尔总统是非洲民族解放运动的一位先驱者，对非洲民族解放事业有重要的影响。他说，独立以来，几内亚人民在杜尔总统的领导下，多次粉碎了外来的颠覆阴谋和雇佣军的入侵，捍卫了民族独立和国家主权。他祝愿几内亚人民在捍卫民族独立和建设自己的国家的事业中取得更大的成就，在维护和平、反对强权政治的斗争中作出更大的贡献。

《人民日报》发表社论《热烈欢迎杜尔总统访华》

应我国政府邀请，几内亚人民革命共和国总统艾哈迈德·塞古·杜尔阁下今天到达北京，对我国进行正式访问。这是杜尔总统继1960年访华之后对我国进行的第二次访问。中国人民怀着极为友好的心情，热烈欢迎来自非洲的老朋友。

几内亚位于非洲西部，是个自然条件优越、矿物资源丰富的国家。几内亚人民具有反对帝国主义、新老殖民主义的光荣革命斗争传统。自1958年独立以来，几内亚人民在杜尔总统的领导下，为巩固民族独立、维护国家主权，同帝国主义和新老殖民主义进行了顽强的斗争，曾多次挫败了外国势力策划的颠覆阴谋。几内亚人民为抵御外敌侵略、捍卫国家独立谱写的光辉篇章，赢得了世界各国人民的钦佩。

在国际事务中，几内亚一贯奉行中立和不结盟政策，反对帝国主义、新老殖民主义和强权政治，反对种族歧视和种族隔离。几内亚积极主张非洲统一和团结，杜尔总统是非洲统一组织的创建人之一。几内亚支持亚、非、拉各国人民争取民族解放和维护民族独立的斗争。杜尔总统主持正义、不畏强暴的立场博得了各国人民的赞扬。近年来，几内亚大力发展和邻国的睦邻友好关系，取得了积极的成果。

当前，非洲各国人民正在根据自己的历史特点，致力于自己的国家建设，他们需要和平、安全和合作。他们为巩固政治独立、争取经济独立，为反对种族主义、争取南部非洲的解放，需要加强团结，互相支援。他们反对超级大国对非洲事务的干涉。当今的非洲，团结反帝、反殖、反霸是国际事务中的主流，而一切违背非洲人民意志、干涉非洲国家内政、控制和操纵非洲国家的尝试和努力，都是注定要失败的。

20多年来，几内亚人民在杜尔总统的领导下，在发展经济建设国家的事业中，积累了丰富的经验。近几年来，几内亚政府积极调整了经济政策，在维护主权的原则下，注意吸收外国资本以促进国内经济的发展，取得了可喜的成效。

中国和几内亚相隔万水千山，但共同的斗争目标将我们两国人民的命运和感情紧紧地联结在一起。几内亚是黑非洲与中国建交最早的友好国家，杜尔总统是中国人民的老朋友，中国人民对几内亚人民的友谊和对杜尔总统的尊敬是由来已久的。我们深信，杜尔总统这次来华访问必将使两国人民的友谊得到进一步的巩固和发展。

国务院副总理邓小平同巴基斯坦总统齐亚·哈克将军举行第一次会谈

外交部部长黄华、副部长韩念龙，中国人民解放军副总参谋长伍修权，外经部副部长魏玉明，国防工办副主任邹家华，中国驻巴基斯坦大使徐以新等也参加了会谈。

共青团中央 全国青联 全国学联在全国政协礼堂举行五四青年节联欢会

在京的团中央委员、青联委员、全国新长征突击手、全国优秀辅导员以及首都青年、学生1400多人参加了联欢会。

中共中央书记处书记宋任穷，政协全国委员会副主席、全国妇联主席康克清，团中央第一书记韩英，全国青联主席胡启立，全国学联主席伍绍祖，以及从事过青年领导工作的王照华、路金栋、杨述、曾德林等，到会和青年们一起联欢。

《人民日报》转发《中国青年报》社论《发扬崇高的爱国主义精神》

社论说五四运动时期的我国青年，站在同帝国主义及其走狗英勇斗争的前列，表现出伟大的爱国主义精神。今天，青年一代继承和发扬五四运动的光荣传统，负起了崭新的历史使命。邓小平同志在《目前的形势和任务》的报告中勉励青年说："为社会主义中国的前途而奋斗是当代青年的最崇高的使命和荣誉。"这一辉煌壮丽的事业，一定会使我国青年更加激发起热爱祖国的崇高感情，自觉地为祖国的锦绣前程贡献自己的青春。

社论说，爱国主义精神是我国各民族人民的光荣传统。新中国成立以来，爱国主义的崇高思想，一直是推动我们国家前进的一股巨大力量，成为我国青年的普遍意识。青年们曾经为保卫和建设社会主义祖国创造了无数可歌可泣的英雄业绩。现在，当我们迈步在新长征路上的时候，爱国主义精神将同样激励我们阔步前进。

社论说，今天我们讲爱国，是热爱我们这个社会主义的新中国。今天青年的爱国主义精神，首先表现在关心祖国的前途和命运，胸怀远大理想，又能脚踏实地地努力工作，刻苦学习，掌握真才实学，勇于创新，为四化建设作出贡献。爱国主义精神还表现在勇敢地维护国家利益，在外敌入侵时英勇保卫祖国；在平时爱护和保卫国家财产，维护社会秩序、生产工作秩序和生活秩序。爱国主义精神还表现在正确处理个人利益同国家利益的关系，当个人利益与国家利益发生矛盾时，把国家利益放在第一位。

社论说，当前，我国青年的爱国主义精神，特别表现在具有高度的民族的自尊心与自信力。当然，我们的民族自信心不等于民族自大，闭关自守，拒绝向外国学习。我们要虚心、认真地学习和借鉴各种对我国四化建设有用的技术与经验，而且要长期坚持下去。但是，我们搞的是社会主义现代化，又是中国式的现代化。为了在发展经济方面寻求一条合乎中国实际的，能够快一点、省一点的道路，在向外国学习时不应该生搬硬套。决不应该把我们学习资本主义社会的某些技术和某些管理的经验，变成崇拜资本主义，受到它的腐蚀，丧失社会主义中国的民族自豪感和民族自信心。至于对外国的文学、艺术等意识形态方面的东西，更要进行分析，不能来者不拒，决不能对那些腐朽的东西开绿灯。

社论说，爱国主义精神是我国青年一代必须具备的一个基本品质。要努力学习马克思主义，培养革命的人生观和加强共产主义道德修养，坚定地走社会主义道路，献身社会主义祖国。我国广大青年一定要发扬崇高的爱国主义精神，并把它同国际主义结合起来，同无产阶级革命精神结合起来，成为有理想、有志气、忠实维护祖国利益和世界人民利益的新一代，努力创造社会主义祖国光明的未来，为人类作出应有的贡献。

在京台湾籍青年举行座谈会纪念五四青年节

来自首都各条战线的100多名台湾籍青年举行座谈会，有6位台湾籍青年在会上发言，表达了对台湾家乡青年的怀念，表示一定要发扬"五四"爱国主义精神，"从我做起，从现在做起"，抓紧时间，勤奋努力，同全国同胞一起，加速四个现代化进程，促进祖国早日实现统一。

台盟总部主席蔡啸，共青团北京市委副书记、北京市青联副主席王晋，台盟北京市支部主任委员陈炳基出席座谈会，并讲了话。座谈会是由台盟北京市支部主办的。

全国铁路领导干部会议确定今年要坚持抓好铁路旧线改造并加强运输薄弱环节

《人民日报》报道，最近召开的全国铁路领导干部会议指出，多年来由于对旧线改造抓得不紧，措施不力，致使旧线的运输能力很不适应工农业生产发展的需要。目前，京包、石太、同蒲、石德、京山、胶济、陇海、浙赣、京广南段以及通向西南地区和东南沿海等线的运输能力只能满足当前实际需要的50%左右。

会议认为，尽快提高这些线路的运输能力，已成为发展我国国民经济的当务之急。为此，会议对于今年铁路建设的重点项目作了具体安排。根据已经作出的安排，今年要加快进行的旧线改造工程有12条，其中复线工程就有6条。这6条复线是：陇海线商丘至徐州段，胶济线张店至益都段，石德线新城至衡水段，漳浦线徐州至沙塘段，京包线大同至包头段，京广线衡阳至广州段。在这同时，有4条铁路要加快进行电气化改造，这4条铁路是：石太线阳泉至太原段，陇海线天水至兰州段，襄渝线安康至重庆段，京包线丰台至大同段。

会议要求各级铁路部门继续清理在建项目，把铁路基建的人力、物力、财力重点放到旧线改造上。除了修建必要的为繁忙干线分流的联络线和重点工矿线、港口线外，一般不开新项目。

全国人大常委会副委员长邓颖超在北京会见巴基斯坦总统齐亚·哈克和夫人以及随同来访的高级官员和部分官员的夫人

会见时，邓颖超说：中巴友谊是建立在相互支持、相互谅解、相互帮助、相互关心的基础上的，是经得起风雨考验的。她说：中巴之间的友好、合作、团结大有希望，我们之间的友谊会对抵制霸权主义和维护我们这一地区的和平作出宝贵的贡献。

国务院副总理方毅在北京会见由联邦司法部议会国务秘书戴·维特率领的德意志联邦共和国专利代表团

国务院副总理姚依林在北京会见以加拿大国际事务学会副会长兼执行委员会主席约翰·盖尔·克林为团长的代表团

中国科协等单位联合举办"新长征优秀科普作品奖"评奖活动

为了提高科普作品的质量和创作水平,鼓励广大科技、文教、卫生工作者创作更多、更好的科普作品,以满足广大读者的需要,中国科协、国家出版局、中央广播事业局、中国科普创作协会联合发起举办"新长征优秀科普作品奖"评奖活动。

这次评奖的范围包括粉碎"四人帮"以来至1979年12月,公开出版和播发的各种体裁的长、短科普作品(不包括翻译和少儿科学文艺作品)。评选出的优秀作品,将分别发给一、二等奖金。

欢迎鉴真大师像回国巡展委员会在北京举行招待会

应邀出席招待会的有日本奈良唐招提寺森本孝顺长老,朝日广播社社长原清,日中文化交流协会理事长宫川寅雄、常务理事东山魁夷和白土吾夫,日本国驻中国大使馆公使加滕吉弥,以及鉴真大师像来华巡展展览团成员。

政协全国委员会副主席刘澜涛,文化部部长黄镇,欢迎鉴真大师像回国巡展委员会主任委员赵朴初和在京的其他委员,对外友协副会长夏衍,中日友协副会长张香山等,出席了招待会。

赵朴初在招待会上首先讲话。他说,鉴真大师是历史上伟大的友好使者。在座的各位日本朋友也都是出色的友好使者。诸位今天的辛苦耕耘,将会在长远未来的中日友好园地上获得越来越好、越来越丰富的收获。

原清、森本孝顺和宫川寅雄也先后在招待会上讲话,表示要通过鉴真大师像来华巡展的活动,进一步发展日中两国人民的友谊,促进两国的文化交流。

5月4日

国务院总理华国锋同几内亚总统艾哈迈德·塞古·杜尔在人民大会堂举行首次会谈

国务院总理华国锋在北京会见巴基斯坦总统齐亚·哈克将军

在会谈中,华国锋总理同哈克总统就中巴关系、亚洲形势和双方共同关心的重大国际问题进行了交谈。在谈话中,双方表示要继续保持密切联系,进一步加强两国友好合作。

中共中央副主席叶剑英视察广东省 海南岛和梅县地区

5月4日至13日,叶剑英由中共广东省委第一书记习仲勋陪同,视察了海南岛三亚镇、榆林港和梅县地区。

在三亚,叶剑英鼓励海南岛的干部、群众要充分发挥这里的有利条件,加速粮食和橡胶、胡椒、咖啡等热带作物的生产。要正确处理好国营农场和当地社队的关系,双方要互相帮助,互相支持,团结一致,巩固工农联盟,增进民族团结,共同把海南岛建设好。他还重访了国营兴隆华侨农场,听取了农场负责人的汇报。

在榆林港,叶剑英勉励当地驻军要努力搞好部队建设,加强训练,巩固国防,并要驻军负责人向全体指战员转达他对大家的问候。

在梅县地区,叶剑英提出,为了使梅县地区的工作做得更好,今后要做好两点:一、梅县地区绝大部分是山,要向山区进军,把山区建设好。山上可以种植林木,包括果树、茶叶、油茶、油桐和木薯;可以发展畜牧业,门路广得很。矿藏也在山区。在山要吃山,吃山要养山。有山必有水,无水不成山。要充分利用山区水力资源,把大小水电站搞起来。平原地区要办沼气,山区也可以办,沼气可煮饭,也可发电,这样就可以保护森林和水源。二、要搞好团结。南下干部、外省干部在梅县地区做了很多工作,经验丰富,本地干部要向他们学习。外省干部也要向本地干部学习,要学会讲当地语言。语言不通,就无法深入群众,工作起来就比较困难。外省干部和本地干部一定要互相学习,互相支持,加强团结,努力学习文化科学知识,同心同德搞四化。在梅县期间,叶剑英还视察了丙镇中学和东山中学,并观看了丙镇中学和东山中学女同学的足球表演赛。

国务院副总理邓小平同巴基斯坦总统齐亚·哈克将军在北京继续举行会谈

在会谈中,邓小平副总理通过苏联蛮横侵占阿富汗的严重事件,详细分析了苏联企图称霸世界的全球战略。邓小平指出,苏联全球战略的重点仍在欧洲。它的南下政策直接服务于它的全球战略。邓小平说,不从全球战略的眼光来看待阿富汗和柬埔寨的问题,就不能得出正确的结论,不会采取正确的态度和立场,不会制定出正确的政策。

邓小平副总理认为,苏联决不会因为在阿富汗得手而停止它的南下步伐。因此,各国必须对苏联采取针锋相对的方针。邓小平说,我们的目标是争取和平,但和平要通过斗争来赢得。

邓小平副总理表示中国坚决支持巴基斯坦在阿富汗问题上所采取的立场。

在今天的会谈中，双方还谈到了中巴关系和其他一些问题。会谈是在相互信任的气氛中进行的。

国务院批转《“三北”防护林建设领导小组会议纪要》

“三北”防护林建设领导小组会议于3月6日至18日在北京召开。出席会议的有，“三北”防护林建设领导小组成员，国务院有关部委、解放军总政群工部以及“三北”地区11省、自治区林业部门的负责同志，林业先进单位代表和新闻宣传部门的同志，共106人。

会议由“三北”防护林建设领导小组组长、国家农委第一副主任张平化同志主持。林业部部长罗玉川同志作了关于“三北”防护林体系建设情况和意见的汇报。会议交流了经验，研究了防护林体系建设中一些带有根本性的问题。张平化同志作了总结讲话。

会议认真学习了《中共中央、国务院关于大力开展植树造林的指示》和王任重同志在首都植树造林动员大会上的讲话。中央领导同志接见了与会代表，并作了重要指示。

一

中共中央、国务院最近再次强调指出，建设西北、华北北部和东北西部防护林体系，是实现四个现代化，加速发展林业，绿化祖国的一项重点工程。努力搞好“三北”防护林体系的建设，对于从根本上改变这一地区的自然面貌和经济面貌，改善生态平衡，促进农牧业稳产高产，壮大集体经济，提高人民生活，以及加强民族团结和边防建设，都有着极为重要的战略意义。

一年多来，在党的十一届三中全会精神的指引下，“三北”地区各级领导和广大群众，在防护林体系建设中做了大量的工作。1979年，“三北”地区造林1196万亩，超额完成了计划，质量也有显著提高。各地在健全林业机构，搞好规划设计，加强种苗工作，培训技术队伍，以及科学研究等方面，都取得了可喜的进展。形势是令人鼓舞的。

但是，我们的工作还存在着薄弱环节。各地进展很不平衡。某些地方和单位，领导认识不足，没有把林业建设真正重视起来，同工程建设的发展需要很不适应。一些带有方针政策性的重大问题和措施，还没有得到解决和落实。

会上，有32个先进单位介绍了经验。他们的经验和各地人民群众的实践证明，“三北”防护林体系建设规划，总结了30年来林业建设正反两方面的经验，是有科学根据的。只要把防护林建设作为从根本上改变本地农牧业生产条件的战略措施，切实加强党的领导，落实各项林业政策，放手发动群众，一切从实际出发，按照自然规律和经济规律办事，持久地坚持下去，这项伟大而艰巨的工程是完全可以成功的。

二

会议认为，国务院批准的“三北”防护林体系建设第一期工程规划，反映了这一地区广大人民群众的根本利益和愿望，一定要确保实现。今明两年的主要任务是，切实保护好现有森林植被，努力提高造林质量，完成造林计划。从组织、经济和技术等方面，采取得力措施，从根本上解决造得多、活得少、成林更少的问题。

1980年和1981年两年，造林保存面积要确保1000万亩，育苗300万亩，生产合格苗木150亿株。

（一）今年要全部完成县（旗）的规划设计和审批工作，并抓好今明两年的施工设计，将造林任务落实到山头地块。

（二）各地要根据造林规划，建立种子基地，选育良种，办好苗圃，培养适合当地生长的壮苗。“三北”防护林建设局，要重点扶持内蒙古红花尔基的樟子松、宁夏灵武的白柠条、陕西定边的花棒和踏郎等种子基地。

（三）整顿、巩固和发展社队林场、专业队。专业人员一般应占劳力总数的5%左右。以林为主的县（旗），应达到10%以上。

（四）制定造林补助费的使用管理办法，并把检查验收、施工合同、造林档案以及奖励等各种必要的规章制度建立起来。

三

会议认为，在“三北”防护林体系建设的战略部署上，必须统筹安排，突出重点。应当在农牧业生产迫切需要、自然条件又有可能的地区，选定一批党政领导重视、林业机构健全、社队林场和专业队办得较好的县（旗）作为重点，先行一步，作出样板，带动整个建设工作的顺利进行。对重点地（盟）县（旗），在人力、财力、物力等各方面要优先保证，以便在一个县、一个地区、一条山脉或一个流域的范围内，较快地形成一定规模的体系，取得明显的效益。对于列为重点但条件较差、造林较困难的多灾低产地区，则要狠下气力，选择若干社队，突破难关，取得经验，为扩大战果创造条件。

无论重点和一般地区，都要紧密结合群众当前生产、生活，先搞急需而又见效快的林种、树种。坚持由近及远，由易到难，有阵地地前进。近期营造林种的重点是农田防护林，农田边缘地带的固沙林，水土保持林和薪炭林。牧区防护林要列入基本草场建设计划。力争在三四年内，将风沙区1亿多亩的农田防护林建成；1985年前初步解决水土流失地区燃料、饲料、肥料短缺的问题。积极发展收益快的灌木、饲草和经济林，促进农林牧副各业的发展，使这一地区人民逐步富裕起来。

四

会议认为，必须认真贯彻落实党和国家的各项林业政策，坚定不移地执行依靠社队集体造林为主，积极发展国营造林，并鼓励社员个人植树的方针。

社队是建设防护林体系的主要力量。集体造林要坚持自力更生为主，国家也要在经济上给以必要的扶持。“三北”防护林专项投资，应当大部分用于集体造林事业。国营林场要搞好整顿，改善经营管理，起示范作用。在调整期间一般不发展新场。鼓励社员个人植树，在“三北”这一地多人少、燃料极为困难的地区具有特殊重要的意义。各地要抓紧贯彻落实有关的林业政策，使社员个人植树有一个较大的发展。

会议认真分析了“三北”地区和全国林业情况，建议各有关部门和各省、自治区，抓紧调查研究，尽快改变目前木材价格不合理的状况。关于育林基金的管理办法，会议认为，从收购单位提取的集体林育林基金，70%左右归还产材县(旗)，用于迹地更新的造林；30%左右由省、自治区安排，用于支援无林和少林地、县的造林。今后，不再从产材社队山价款中代扣育林基金。国有林育林基金的管理办法，林业部将另有规定。

五

“三北”地区的工厂、矿山、机关、学校、部队、国营农牧场以及铁路、交通、水利等单位和部门，都应把建设防护林体系作为自己的一项重要任务。要制订具体的造林计划，安排必需的投资，固定专人，办好苗圃，按照当地人民政府规定的限期完成造林任务。国营农牧场在1985年前，实现农田、基本草牧场林网化和“四旁”绿化。各级林业部门要加强技术指导，并及时掌握各部门造林情况。

“三北”地区的驻地部队领导机关和各级共青团、妇联、民兵组织，要组织解放军指战员、广大青少年、妇女、民兵，积极参加“三北”防护林的建设，发挥突击、模范、带头作用。

各级政府要把当地的各部门组织起来，协同作战，同心同德，为“三北”防护林体系建设做贡献。水利部门要像对待农牧业那样，安排林业小型水利工程的补助资金，并将林业用水列入当地供水计划。对于这一地区水土流失的治理，要特别加强生物措施。要从水土保持经费中划出一定比例，用于水土流失区造林种草，由水利水保部门掌握款项，林业部门进行技术指导和监督。

各级农委应组织农、林、水利、畜牧、农垦等部门，统一规划好农林牧土地的利用，把宜林地固定下来。在不适于农耕的坡地，还应当有计划地退耕还林还草，促进农林牧业的全面发展。

六

建设“三北”防护林体系，要实行科学造林、营林。要从实际出发，坚持因地制宜、因害设防的原则，认真贯彻适地适树、良种壮苗、细致整地、抚育保护等主要技术措施，实行防护林、用材林、经济林、薪炭林、“四旁”植树相结合，乔灌草相结合，网、片、带相结合。在大力开展人工造林的同时，积极抓好封山育林，封沙育草。要遵照中央领导同志的指示精神，在黄土高原地区，设立专门机构，有准备、有计划地组织实施飞播造林、种草。

要加强林业科研、教育工作。整顿和充实林业科研、教学机构，落实知识分子政策，提拔使用有实践经验、年富力强的科技干部，组织科技人员归队，不断壮大科技队伍。

要进一步明确各级科研单位的任务。现有地、县两级的科研单位，主要是推广先进经验和新技术，指导群众开展科研活动，做好科学普及工作。中国林业科学研究院要同林业院校、各省(自治区)林科院(所)密切协作，组织分工，重点扶持一批基础较好的科研单位，逐步形成按不同类型地区、不同专题的科研中心，系统地研究解决“三北”防护林建设中的重大科学技术问题。

要广泛开展技术培训。林业部和省(自治区)、地(盟)、县(旗)都要举办林业枝术训练班，提高林业干部、社队林场骨干的科学技术和经营管理水平。

七

“三北”地区现有森林植被是防护林体系极为重要的组成部分。当前，某些地方毁林大于造林、沙化超过绿化的严重状况，必须迅速扭转。滥垦、滥牧、毁林开荒、乱砍滥伐的行为，无论是个人、集体或机关、厂矿、部队都必须严格禁止。

会议认为，各级党政军领导机关，要模范地遵守和坚决贯彻执行森林法。要在广大干部群众中，广泛深入地宣传森林法，树立起护林光荣、毁林可耻的新风尚，落实护林有功者奖、毁林者罚的政策。坚决打击严重破坏森林的犯罪分子。

现有天然植被的保护，各地要制定具体规划，增加专项投资和设备。重点保护地区要恢复或建立护林机构。

在缺乏燃料的地方，所有社队、国营农牧场、厂矿、部队、机关、学校都要大力发展薪炭林，谁造谁有，逐步解决自己的烧柴。有条件的地方，要增加煤炭供应，努力发展沼气和太阳灶。

会议确定，祁连山、贺兰山、罗山、六盘山、子午岭、乔山、黄龙山和天山等林区为水源涵养林区，内蒙潮格旗的天然梭梭林、克什克腾旗的红皮云杉林、哲里木盟大青沟珍贵阔叶林、新疆塔里木河中游的胡杨林为自然保护区。有关省、自治区人民政府要制定水源涵养林和自然保护区的管理办法，严格执行。派入林区的远耕队和自流进住林区的人员，一律限期归还原单位，逾期不归者，查明情况分别处理。这些林区要设立公安派出所，配备森林警察，并根据需要，设立林业法庭。

这些林区，首先要在有条件的地方，选择宜农地块，建设基本农田，力求粮食自给有余。确实无法自给的，要根据各县(旗)的具体情况，报经省人民政府批准，分别由国家定量统销，严禁毁林毁草开荒。

兴修水利工程，要统筹兼顾，保证维持森林生存的水源，避免生态失调，造成大面积森林的枯死和草原的退化。

这些地区的建筑材料，要尽量少用或不用木材，在城镇要兴办新型建筑材料工业。用水泥、石膏、塑料、钢材等制品代替木材。在适宜建筑窑洞的地方，应研究这种建筑艺术的改进和推广。

八

会议认为，“三北”防护林体系建设，工程浩大、艰巨，而且多数地方经济基础薄弱，群众生活困难，应当列为国家重点建设项目，投资由中央管理。

林业生产周期长，计划和投资应该长期稳定。中央已批准今年的投资不低于去年的水平。建议从明年起，中央专项投资要有所增加；1982年到1985年，要求国家能按批准的第一期工程规划方案，确保投资。

中央对“三北”防护林体系建设的拨款，是在原有各项林业投资的基础上增加的。各地必须专款专用，不准挪用；也不得因有中央专项投资而抽减原有林业投资的基数。

“三北”防护林体系建设工程是国家的重点项目，也是各省、自治区的重点项目。在国家专项投资同时，各地应从地方财政上拨出必要数量的投资用于这项事业。老革命根据地、贫困地区、少数民族地区和边疆地区建设的补助经费，也要拿出一定的比例投入这项工程。同时，还可以按照中央的有关规定，使用长期微息或低息的农业贷款。

九

各级林业机构，急需进一步充实和加强。目前大体上还有1/3左右的领导班子不健全或不得力，有的地区甚至没有林业机构。各省、自治区要按照精简原则，充实健全各级林业机构，整顿和加强领导班子。特别要建设好专门负责“三北”防护林建设的机构。编制、人员、经费，由各省、自治区安排解决。

要保持林业队伍的相对稳定，加强思想政治工作，表彰、奖励先进分子和工作模范，切实解决好林业职工劳保福利、津贴补助、住房交通、子女上学、就业和夫妇两地分居等实际问题，充分调动他们的积极性和创造性。

十

搞好“三北”防护林体系的建设，主要依靠各个省、自治区。会议商定，各省、自治区都要成立防护林建设领导小组。各级人民政府要加强对这项工程的领导，切实做到：(一)把林业建设列入重要议事日课，定期研究、部署、检查和总结，各级政府要向本级人民代表大会报告防护林体系的建设情况；(二)主要领导干部亲自抓，并有热爱林业、懂得林业的领导干部具体分管；(三)广泛发动群众，组织各行各业大搞植树造林运动；(四)要深入调查研究，有计划地蹲点，总结推广先进典型经验，尊重专家和科技人员意见，坚持按自然规律和经济规律办事；(五)要作出决定，并责成有关部门和单位，在人力、财力和物力上，真正给林业建设以必要的保证；(六)对于林业建设中存在的实际问题，要按照规定的权限，在力所能及的范围内，认真解决好。各级林业部门(包括森工企业)都要在同级党委和政府的领导下，当好助手和参谋。

为了进一步推动“三北”防护林体系建设，会议决定在适当时机，召开“三北”地区县(旗)负责同志会议。

在党中央、国务院亲切关怀下，中央各有关部门和“三北”地区的各级领导，要下定决心，带领广大群众，发扬愚公移山、艰苦创业的精神，坚忍不拔地苦干实干，胜利完成防护林体系建设第一期工程规划，为实现四个现代化的伟大事业作出贡献。

共青团中央和共青团北京市委在人民大会堂举行纪念五四运动61周年报告会

中共中央书记处书记王任重在会上作了题为《为社会主义中国的前途而奋斗》的报告。

全国人大常委会副委员长许德珩，党中央、国务院、中国人民解放军、全国总工会、全国妇联、北京市等有关方面和部门的负责同志，以及五四运动以来从事过青年工作和共青团工作的老同志，也应邀出席了报告会。

报告会由团中央第一书记韩英主持。

中共中央书记处书记王任重在五四青年节报告会上发表《为社会主义中国的前途而奋斗》的讲话(节录)

首先，我代表党中央向青年同志们致以节日的祝贺！

下面，我想同大家谈三个问题，和同志们交换意见。

第一，正确地认识形势

粉碎“四人帮”以后我们国内的形势究竟怎么样？这个问题，青年同志们都很关心。我认为，讲形势最好的办法是摆事实。不是有一句名言，叫作“事实胜于雄辩”吗？我们先来看看，粉碎“四人帮”后我们党中央采取了一些什么措施，带来了一些什么变化。这些措施和变化，我把它概括成10件事：

第一件，结束了十年动乱，在全国范围内展开了对于“四人帮”帮派体系和极左路线的清算，整顿了各级组织的领导班子。

第二件，召开了党的十一大和五次中央全会，制定和确立了党的正确的政治路线、思想路线和组织路线，恢复、完善和发展了党的一系列方针政策，使各项工作逐步纳入了正确发展的轨道。

第三件，公开平反了一大批冤、假、错案，落实了对知识分子的政策，对民主党派和爱国人士的政策，对过去的地主、富农、资本家的政策，对少数民族的政策和对宗教界人士的政策。

第四件，党和国家的民主生活开始走上健全发展的轨道。党和国家的根本制度——民主集中制得到了恢复和实施。社会主义法制正在逐步健全。

第五件，党的十一届三中全会正式确定国内工作的着重点转移到社会主义建设上来，使我国进入一个新的历史发展时期，全国出现了多年未有的安定团结搞四化的新局面。

第六件，根据国民经济中存在的比例失调的情况，及时提出了调整、改革、整顿、提高的八字方针，缩短了基本建设战线，逐步实行经济体制的改革。

第七件，工农业生产稳步发展。去年，我国工农业总产值达到6175亿元，比前年增长8.5%。

第八件，科学、教育、文化事业取得了新的成绩。

第九件，人民的生活在生产发展的基础上逐步有了改善。

第十件，整顿党风党纪，重视并加强了对青少年的教育。整顿社会治安，巩固了正常的社会秩序、生产秩序和工作秩序。

总之，粉碎“四人帮”以来，特别是党的十一届三中全会以来，国内形势的发展比我们预想的好。我们的国家已经从林彪、“四人帮”十年横行所造成的严重混乱状态，基本上转变成为有领导、有秩序、有前进的方向和目标、有胜利的条件和信心的局面。这些成绩的取得，是全党和全国各族人民进行了巨大艰苦努力的结果，是来之不易的。虽然在前进的过程中，出现过这样或那样的缺点，也不是所有的工作都叫人那么称心如意，但总的来说，在三年多的时间里，我们毕竟是成功地实现了一个历史性的根本转变，在这个转变中不但没有出现大幅度的摇摆，而且生产一直稳步上升。这是一件很了不起的事情。每一个懂得用辩证观点观察形势的青年，不难得出正确的结论，并为这种巨大胜利而感到鼓舞。

目前，在某些青年中有这样的议论：三年来的进步有是有，但步子太慢。有的人甚至因此对实现四化信心不足。希望治理国家的步子更快一些，希望大刀阔斧地解决一切问题，很快实现四化。这种愿望是好的，心情也是可以理解的。但是我们是唯物主义者，我们懂得，人们的主观愿望只有同客观实际相符合，才能取得事业的成功；脱离实际的愿望，只能是空想，是实现不了的，正如人不可能一口吃成一个胖子一样。我们国家的建设速度，不能超越和脱离我国的客观实际。我们搞四化，既要看到自己的优越条件，也要看到自己的不利因素，比如我们国家底子薄，人口多，而且是在经历十年浩劫的“大病初愈”后起步的。在这种情况下，稳步前进可能得益更多，而急躁从事却可能重犯历史上我们犯过的盲目冒进的错误。现在国内形势最令人可喜之处，不仅表现为经济发展的那些数字和百分比，更重要的是我们已经把四化建设的规划真正建立在一个实事求是的稳妥可靠的基础之上。尽管我们面前还有许多困难，但祖国的航船已经驶入四化的航道，只要航向正确，又能在航行中逐渐修复动乱所造成的破损，今后的航速是一定可以加快的。“风物长宜放眼量。”我们要看到光辉的未来，坚定胜利的信心。

北京是五四运动的发源地，北京青年富有光荣的革命传统。我们在80年代继承和发扬革命传统，就是要正确地认识当前的形势，振奋革命精神，同心同德，为实现四化而努力奋斗。对于北京的青年来说，搞四化建设，首先应当根据北京市的特点把首都建设好。同志们知道，北京是全国的政治中心，也是我国进行国际交往的中心，是全国人民和世界人民所向往的地方。北京建设的好坏，反映着中华民族和社会主义祖国的面貌，对于全国的建设会有很大的影响。中央书记处最近初步讨论了一次北京市的工作，对北京市的工作方针提出了四条建议。这四条是：(一)在社会治安、社会秩序和道德风尚方面，北京要成为全国的模范，在全世界也应当是最好的；(二)改造北京市的环境，搞好绿化、卫生，利用有山有水有文物古迹的条件，把它建设成为优美、清洁、具有第一流水平的现代化城市；(三)要使我们的首都成为全国文化科学技术最发达、教育程度最高的城市；(四)经济要不断繁荣，人民生活要安定方便。北京市委、市人民政府正在参酌这些意见进行长远规划，争取做到三年一小变，五年一中变，十年至十五年有个大改变。

同志们，你们是四化的生力军，你们是新长征的突击队，在改变首都面貌的建设中，党中央和北京市委充分信赖你们，依靠你们，希望你们贡献出自已的一切才智和力量。北京青年，在五四运动、"一二·九"运动等革命斗争中，在社会主义建设中，曾经涌现了许许多多的英雄模范人物。在反对"四人帮"的四五运动中，又表现了大无畏的革命精神。可以预计，在今后的首都建设中，一定会涌现出更多的新长征突击手。新民主主义革命时期，党中央所在地延安的青年，在革命和生产方面，在团结和学习方面，曾经是全国青年的模范，受到党中央和毛泽东同志的赞扬。社会主义时期的北京青年，也是生活和战斗在党中央身边，你们应当以当年的延安青年为榜样，在学习、工作、团结、文明等方面，成为全国青年的模范。我们期待着青年同志们的捷报。

第二，青年要树立革命人生观

邓小平同志在关于目前的形势和任务的报告中提出，"为社会主义中国的前途而奋斗是当代青年的最崇高的使命和荣誉"。这是党中央的召唤，这是历史赋予这一代青年的重任。

担负崇高的历史使命，需要有为的一代青年。这一代青年是怎样的一代呢？现在，对这个问题有种种议论，需要有一个正确的估计和回答。我以为，简单地用一两句话来概括这一代青年的面貌是不适宜的。马克思主义告诉我们，任何有群众的地方，人总是有先进、中间、后进的区别。我们需要的是具体地分析情况，以便从各类青年不同的觉悟水平、心理状态和现实表现出发做好我们的工作，而不是要去作绝对肯定或绝对否定的结论。按照唯物史观，人类总是一代胜过一代，后人超过前人的。因此，我们党历来对青年寄予殷切的希望，包括这一代青年在内。应该说，这一代青年主流是好的，是蓬勃向上的，是大有作为的。不能只看到这一代青年遭受过的挫折，更要看到他们得到的锻炼。一般说，他们保守思想较少，追求真理，思想活跃，愿意独立思考，不大轻信、盲从；他们肯学习，关心国家大事，关心四化建设，希望生产有更快的发展、生活有更大的改善；他们要求改革，不满足现状，对新生事物比较敏感，对坏人坏事敢于斗争。

当然，青年也有弱点。他们没有经历过旧社会的苦难，不了解资本主义发展的历史，缺乏两种社会制度对比的具体感受。在社会上各种错误思想的影响下，有的人对社会主义制度的优越性，对党的领导的正确性，发生怀疑甚至动摇；有的青年缺乏远大理想，精神不够振作，甚至搞极端个人主义；还有极少数人追求资产阶级腐朽的生活方式，甚至违法乱纪。我们一定要大力加强对青年的思想教育，帮助他们通过实践和切身体验，逐步树立革命人生观。

在这方面，最重要的就是要遵循四项基本原则，密切结合四化建设的实际，坚持用马列主义、毛泽东思想和现代科学技术武装青年，引导他们顽强地坚毅地沿着又红又专的方向前进。在这里，我想向青年同志们提三点希望：

第一，要大大激发和唤起热爱社会主义祖国的崇高感情。五四以来，我国的青年运动、学生运动有着光荣的爱国传统。爱国主义是存在于我们人民中间、青年中间的一种极为普遍的感情，一种巨大的精神力量。现在，我们讲爱国主义，就是热爱社会主义祖国，它是以坚持社会主义道路、建设现代化的社会主义强国为目标为内容的。前不久，我看到北京市龙潭中学遇静同学的一个讲话材料，题目叫《把青春献给祖国》，那是很感人的。她是一个华侨学生，在全家遭受"四人帮"的迫害，随父母留居香港一段时间之后，作出了这样的抉择：我是祖国的女儿，是吸吮祖国的乳汁长大的。做儿女的谁不盼望母亲富有、健壮呢？但是因为母亲穷困，做儿女的就应该抛弃她吗？不能，我们祖先没有这样做，我们的前辈没有这样做。我虽然只是中国亿万青年的一分子，我的力量对于整个事业是微不足道的，但是在通向祖国未来的大道上，做一颗铺路石子，也是尽到了儿女对母亲的一颗赤诚的心。一个不到20岁的青年学生，毅然抛弃较高的物质享受，只身回到社会主义祖国，并以能为祖国做一颗铺路石子作为"追求的目标"，作为"生活的情趣"，这不是难能可贵的吗？她的话引起那么多青少年的共鸣和感动，决不是偶然的。应该说，这样的思想感情、精神境界，正是我们广大青年面貌的一个缩影和代表。这种对祖国的赤诚和热爱，一定会成为我们广大青年工作、学习、生活的一种力量源泉，成为我国各族青年共同一致的语言和广泛团结的基础。我们应该经常地用这种精神来激励和鞭策自己，努力用自己的劳动和创造为社会主义祖国争光。

为了建设社会主义，我们要吸取和利用资本主义国家积累的丰富知识、先进技术和管理方法。列宁对此曾经开了一个简单公式："乐于吸取外国的好东西，苏维埃政权+普鲁士的铁路秩序+美国的技术和托拉斯组织+美国的国民教育等等等等=总和=社会主义。"（《列宁全集》俄文第五版第三十六卷，第550页）这是非常正确的。近几年，我们在这方面迈出了很大的步子，我们的事业已从中得到了益处，这必须充分肯定。事实证明，对外国的东西一概排斥，闭关自守，夜郎自大，是完全错误的。但是，不加分析，来者不拒，也会造成有害的后果,至于个别人那种崇洋媚外,奴颜婢膝的心理和行为,则是可耻的堕落的。打开眼界之后,重要的是要学会分析。我们对那些有利于四化建设的东西,要采取“拿来主义”,并把学习和独创相结合,认真消化、吸收;对那些不健康的、不符合我们国家利益和民族精神的东西,要拒绝、抵制;对于那些腐朽的反动的“精神鸦片”,则要坚决反对和摒弃。我们的立足点是自力更生,洋为中用。我们的民族在历史上曾对人类作出过很大的贡献,现在也一定能够以自己的勤劳、勇敢和智慧创造出高度的物质文明和精神文明,自立于世界先进民族之林。我们的青年一定要有这样的民族自尊心和自信心。

第二,要用伟大的共产主义理想来指引我们的行动,鼓舞我们前进。青年人喜欢谈论理想、抱负,因为他们正在立志之年,处于人生观、世界观的形成过程中,他们要确立生活目标,要寻找前进的动力,或者用青年们习惯的话来说,要有一个“精神支柱”。这对于青年的成长,对于他们完成当前的任务,无疑是很重要的。现在我们遇到的问题是,人民和青年对林彪、“四人帮”无限夸大精神作用,完全否定物质利益,不顾人民死活那一套东西十分厌恶。作为对这条极左路线的一种惩罚,少数人又走向另一个极端,出现了一种单纯追求个人眼前利益的利己主义倾向。这种思想的存在有它的历史原因和社会原因,我们要加以分析,正确引导。我们希望青年们向前看,希望少数站得不高、看得不远的同志从单纯追求个人眼前私利的束缚中解放出来,树立起革命人生观,跟上时代的步伐。

这里还要强调,实现革命理想,要靠艰苦奋斗,要有求实精神。共青团十届二中全会提了这么几句话,说实现四化“需要的不是坐而论道的政治空谈,而是脚踏实地的创业精神;需要的不是评头品足、袖手旁观的观察员,而是身体力行、兢兢业业的实干家;需要的不是怨天尤人的情绪,而是勇于献身的气概”。我们的新一代应该有这样的理想、志气和行动。清华大学的共青团员和青年们提出了一个很好的口号:干四化“从我做起,从现在做起!”这个口号已经在全国青年中引起了强烈的反应,并且在各方面的实际工作中产生了积极的影响。我希望我们的共青团员、革命青年、爱国青年,我们的党员、干部,都要用这种精神从事自己的工作,脚踏实地地为四化奋斗。现在有的青年认为,只有上大学才有前途,这种认识是不全面的。上大学,当然可以为青年实现远大理想提供更好的条件。但是,通过孜孜不倦的业余学习和自学途径而在事业上、学术上得到成功的,在我国和外国,在过去和现在,不是都大有人在么?有人认为,搞电子,搞空间技术,搞其他尖端,那是搞现代化,自己的岗位太平凡,谈不到什么远大理想。这显然是不对的。三百六十行,行行出状元。在社会主义社会里,光明的前途对那些乐于为人民服务、勇于为革命事业献身的青年,是敞开着大门的。

第三,要注意加强共产主义道德品质的修养。我希望每个团员、青年都要好好地进行自我修养,树立革命人生观,用共产主义的道德规范来要求和约束自己。青年只有努力把自己锻炼成为具有高尚道德修养和文化教养的人,才能更好地肩负起为社会主义中国的前途奋斗的伟大使命。

加强共产主义道德修养,必须坚决抵制资产阶级及其他非无产阶级思想的侵蚀。现在我们的社会,地主阶级、资本家阶级作为阶级确实已经不存在了。但是,我们也要看到,阶级斗争还在一定范围内存在,尽管这种阶级斗争已经不完全是原来意义上的阶级斗争了。剥削阶级的残余势力和国外资产阶级同我们争夺青少年,这是一个不可忽视的客观事实。特别是在思想、文化和生活领域,资产阶级思想和种种旧意识形态,常常对缺乏生活经验和防御能力的青少年发生某些坏影响。我们应当正视这个斗争,经常了解、研究不断发展变化的情况,根据青少年的特点,采取生动活泼的方法,帮助他们正确分析和认识社会,减少盲目性,增强免疫力。

在整个思想战线,粉碎“四人帮”以来,我们批判林彪、“四人帮”的极左路线,是完全必要的、正确的。“四人帮”极左路线的流毒在一些问题上仍然存在,还要继续批判,这是不成问题的。但现在社会上确实出现了某些右的倾向,也要注意批判、纠正。对全党来说,对青年来说,都要按照三中全会、五中全会的方针,继续解放思想,克服思想僵化半僵化,本着实事求是和向前看的精神,研究新情况,解决新问题;同时,还要警惕和批判那种企图摆脱党的领导,削弱马列主义领导地位的错误倾向。我们一定要坚持马列主义、毛泽东思想的领导地位,坚持社会主义的思想阵地。周恩来同志1964年曾指出:“在社会主义时期,思想文化战线上还有反帝反封建的任务,但是最主要的任务是彻底反对资本主义,兴无产阶级思想,灭资产阶级思想。”因此,我们思想战线上长期的任务就是“兴无灭资”,现在的青年一代就要搞这个工作。当然,我们也要注意:批判资产阶级思想要细致地加以鉴别和分析。不能把资产阶级思想与生活上的不同兴趣爱好、学术上和艺术上的不同流派和风格、思想认识上的某些偏差和失误混为一谈。对于人民内部的思想问题,不能用简单粗暴的压服方法,只能采取民主的说服的方法,采取群众互相帮助的方法。只有这样,我们才能不搞片面性,更好地坚持四项基本原则,坚持社会主义思想阵地,坚持坚定正确的政治方向。

第三,全党全社会都来关心青少年的健康成长

我们党和老一辈无产阶级革命家历来重视青少年工作,关心青少年成长。加强对青少年工作的领导,培养造就一代新人,不仅关系到安定团结政治局面的长期巩固,关系到社会主义现代化建设的发展速度,而且关系到我们党和国家的前途,关系到我们民族的兴衰。因此,把青少年培养教育好,是全党和整个社会的任务。

去年党中央关于加强青少年教育的文件中强调指出,每个共产党员、国家职工和人民群众,都要为培养教育好我们的下一代尽到自己应尽的责任。本着这一精神,各级党委积极加强了领导,采取措施,为青少年健康成长办了不少实实在在的好事。为了教育子孙后代,为了培养革命接班人,在财力物力允许的情况下,我们要千方百计为青少年的健康成长创造必要的条件。党委主要领导同志要过问这方面的工作,满腔热情地关心青年的切身利益,包括学习、就业、娱乐、伙食、住宅、婚姻恋爱、计划生育,都要操点心,使青年们真正做到学习愉快,工作愉快,生活愉快。

在我们社会主义国家里,社会各方面和广大人民群众对青年一代的成长是极为关心的,积极性是很高的。为了培养教育青少年,各有关部门都做了大量的工作。广大教育工作者,勤勤恳恳,兢兢业业,努力履行着园丁的光荣职责;文艺工作者,创作了不少好作品、好歌曲、好电影、好戏剧;宣传、出版、广播、电视等有关部门,也积极为青少年提供了丰富的精神食粮。不少退休的老干部、老工人、老教师以及街道的老妈妈,都为培养下一代付出了心血,作出了贡献。这一切,都充分显示了我国社会主义制度的优越性。在这里,我谨向为热心教育新一代而辛勤劳动的同志们表示慰问和感谢!

青少年的培养教育,涉及社会各方面和千家万户,许多问题不是一两个部门能够解决的。一定要统筹兼顾,"综合治理"。各级党委要进一步组织教育、宣传、文艺、政法、财政、劳动和各人民团体等通力合作,齐心协力,打好青少年教育的"总体战",切实抓出更大的成果来。

在向四化进军的新长征中,共青团组织团结、带领全国各族青年,积极学四化,干四化,为国民经济的调整和发展作出了贡献。党希望共青团继续围绕四化建设这个中心,在积极宣传和认真执行党的路线、方针、政策,搞好现代化建设中起先锋作用。同时,用丰富多彩的形式和方法,开展适合青年特点的独立活动,协助党做好各项工作,积极创造共青团工作万紫千红的新局面。

共青团干部是我们整个干部队伍中比较年轻的部分,是党的干部的后备军。党中央的同志很关切你们,希望你们以及少先队辅导员、广大青少年工作者,热爱自己的工作岗位,忠诚青少年教育事业。要珍惜大好年华,刻苦学习,努力工作,严格要求,把自己锻炼成为忠于社会主义现代化事业、有真才实学的实干家。要同青年站在一起,成为他们的知心朋友,把广大青少年吸引到团、队组织的周围,为实现四化英勇奋斗。

同志们!青少年一代,是党的希望,祖国的未来。新中国靠你们来建设,四个现代化靠你们来完成。党和人民殷切地期望着你们早日成才。这是伟大的新时期对青少年一代提出的要求。在充满希望、大有作为的80年代,党和人民要求你们继承和发扬五四的光荣传统,树立崇高的理想和坚定的信仰,振奋大无畏的革命精神,从我做起,从现在做起,奋发学习,努力工作,把自己锻炼成为具有较高的科学文化水平,具有共产主义觉悟和道德的一代新人,为我国社会主义现代化建设事业作出伟大的贡献!

全国各地人民法院认真进行复查平反因刘少奇冤案受株连案件

《人民日报》报道,今年3月以来,各地人民法院按照全国高级人民法院院长会议的部署,组织专门班子,积极开展对因刘少奇同志冤案受株连被错判案件的复查工作。已清查出来的这类案件共2.2053万件,到5月初,已平反纠正1.9464万件,占这类案件的88%。

各地党委对复查纠正因刘少奇同志冤案受株连的案件,十分重视,抓得很紧。一些省、市、自治区党委对复查纠正这类案件专门发了文件,或召开会议进行部署。各地人民法院平反纠正这类案件,一般按照下列原则分别处理:一、为刘少奇同志鸣不平,或者同时说了一些对党和领袖的过激言辞而被判刑的,一律宣告无罪,彻底纠正。判处死刑的,予以平反昭雪,恢复名誉,并做好遗属的善后工作。如果确实兼有其他罪行,但不该处死而判了死刑的,也要实事求是地改判纠正,做好工作。二、犯有其他罪行,兼有为刘少奇同志鸣不平的,撤销涉及为刘少奇同志鸣不平的部分,按照其他罪行的具体情况,实事求是地重新定罪判刑。三、对过去已经复查纠正而仍留有"政治错误"尾巴的,要明确宣告无罪。

井冈山会师纪念碑落成

中共江西省委、省人民政府、省军区在砻市隆重举行了井冈山会师纪念碑落成典礼。井冈山会师纪念馆也在同一天开放。

华国锋同志为纪念碑题了字,谭震林同志为井冈山会师纪念馆题了字。

中共江西省委书记、省人大常委会副主任刘俊秀等党政军和政协的领导同志,同当地军民4000多人,参加了纪念碑的落成典礼。毛泽东同志的家乡韶山区以及井冈山革命根据地的各县代表,也参加了落成典礼。

全国人大常委会副委员长邓颖超在北京会见日本社会党众议员藤田高敏和夫人

国务院副总理余秋里在北京会见以罗斯·坎贝尔高级顾问为团长的加拿大原子能有限公司代表团

会见时,余秋里向代表团详细地介绍了我国能源构成的特点和发展能源的方针、政策,并就进一步发展两国的经济合作问题进行了友好的交谈。他希望中加两国的核能科技人员不断加深相互了解和交流经验。

国务院副总理陈慕华在北京会见由恩里克·德拉玛塔会长率领的西班牙红十字会代表团

会见时,陈慕华介绍了我国在印支难民问题上的立场、观点和采取的措施,并同客人就进一步加强和发展中西两国人民、两国红十字会之间的友好关系问题进行了亲切交谈。

全国妇联主席康克清在北京会见几内亚总统杜尔的夫人安德烈·杜尔等随同杜尔来访的其他几内亚女宾

北京景山学校举行建校20周年庆祝大会

全国重点学校之一——十年一贯制的北京景山学校师生,今天举行建校20周年庆祝大会,国务院副总理方毅出席大会并讲了话。

方毅同志说,北京景山学校是办得好的,搞了不少教学改革试验。他说:小学是基础,要培养大批优秀人才就要打好基础。景山学校办得好,重要一条是贯彻了尊师爱生这个原则。教师要安心做好工作,当教师是光荣的,社会上要造成尊敬老师的风气。老师也要爱学生,循循善诱,培养学生成为有用人才。景山学校要重视总结自己的经验,也要虚心学习其他学校的经验。

参加今天大会的,还有全国政协副主席陆定一,教育部、国家科委、中国科学院、中国社会科学院、北京市人民政府和有关单位负责人,以及一些科学家、教育家、文学家等。

学校党支部书记贺鸿琛和师生代表在会上讲话,回顾了景山学校建校后在教改试验方面取得的成就,特别是近三年来教改试验的情况和经验。他们表示再接再厉,为四化培养合格人才打好基础。

国家出版局在北京召开全国出版工作座谈会

会议讨论了新时期的出版工作。中央宣传部部长王任重同志会见了出席座谈会的全体同志。当他听取了会议情况的汇报和几位同志的发言之后,作了重要讲话。王任重强调,出版界当前要继续解放思想,继续贯彻"双百"方针,坚持质量第一。会议于9日结束。

1980年南京国际女子排球友好邀请赛在五台山体育馆开幕

参加这次比赛的有日本队、美国队和中国队。我国今年全国女子排球甲级联赛的前三名八一队、上海队、江苏队也参加这次比赛。

出席开幕式的有江苏省省长惠浴宇、副省长宫维桢,南京市革委会副主任房震,中国排球协会主席张之槐等。

亚洲排球联合会中区副主席肯·贝纳切克和日本队领队栗田正男、美国队领队肯·里布曼出席了开幕式。

开幕式由邀请赛组织委员会秘书长姚琮主持,组织委员会主任吴镇致辞。他热烈欢迎各国排球健儿来南京参加这次邀请赛,希望通过这次比赛,发展各国运动员之间的友谊,交流经验,为促进世界女子排球运动水平的提高作出贡献。

卫生部部长钱信忠传达全国爱卫会开展夏季爱国卫生运动的精神

《人民日报》报道,中央爱国卫生运动委员会副主任委员、卫生部部长钱信忠,最近就动员起来,开展夏季爱国卫生运动发表广播讲话,传达了不久前召开的全国爱卫会办公室主任会议和中央爱卫会第四次全体委员会议的精神,要求各级政府进一步加强对爱国卫生运动的领导,围绕除害灭病这个中心,坚持"标本兼治,治本为主"的原则,组织动员广大人民群众自觉地与疾病和不卫生的习惯作斗争,搞好环境卫生和环境保护工作,支援四化建设。

钱信忠指出,各地区、各部门要根据四化建设的需要和季节的特点,着重抓好以下几项工作:

一、城市爱国卫生运动应该结合整顿市容、整顿社会秩序,认真执行各级人民政府颁布的有关城市卫生管理的规章制度,做到违法必究。城市卫生基本建设要纳入城市建设规划,首先要解决城市污水排放,修建厕所和增设垃圾箱台、痰盂、果皮箱等卫生设施。要加强环境卫生工作，组织好清扫队伍，保持大街小巷的清洁卫生。环保部门要严格执行《中华人民共和国环境保护法》，工矿企业要结合企业管理和文明生产，治理三废，防止污染水系，污染空气。各级卫生防疫部门要认真做好环境监测工作。各行各业都要把爱国卫生运动列入奖评条件，发动群众，搞好劳动卫生、环境卫生，坚持经常化、制度化。

二、农村爱国卫生运动应该根据中共中央关于农村问题两个文件的精神，紧密结合农业生产，管好水、管好粪，改善环境卫生和饮水卫生，防止水源污染。农业、水利、卫生部门要密切协作，进一步解决农民饮水问题。要大力普及办沼气的科技知识和粪便无害化处理的有效办法，加快改厕所、改畜圈和大办沼气的步伐，改造环境，根除蚊蝇滋生地，消灭四害，防病保粮。要加强疫情报告，控制夏季传染病的发生和流行。要科学地使用农药，减少和消除农药的污染。

三、认真执行《中华人民共和国食品卫生管理条例》和食品卫生标准，搞好饮食食品卫生，保证人民身体健康。饮食行业、饭店、食堂、食品加工厂要按照食品卫生管理条例的要求，切实搞好操作间、生产车间和个人卫生，完善必要的卫生设施，把好卫生质量关。不符合卫生标准的产品不准出厂、出售。不符合卫生要求的单位要坚决进行停业整顿。要加强对出售食物的集市摊贩的卫生管理，严禁销售腐烂变质的食品。商业、公安、卫生部门紧密配合，搞好监督检查和食品检验工作，防止食物中毒。

四、大力开展卫生宣传教育和卫生科学知识的普及工作，把卫生知识交给广大群众，不断提高群众爱清洁、讲卫生的自觉性，恢复和发扬“以讲卫生为光荣，不讲卫生为耻辱”的优良传统和美德。

五、努力做好植树造林，绿化祖国的工作，进一步改善人们的工作学习和生活环境。

钱信忠说，北京是我国的首都，搞好北京市的爱国卫生运动是直接关系到人民的光荣，国家的荣誉的一件大事。他希望北京市力争在较短时期内使卫生面貌改观。

鉴真大师像在北京中国历史博物馆展出

全国人大常委会副委员长邓颖超、政协全国委员会副主席刘澜涛、班禅额尔德尼·确吉坚赞，以及各界群众3000多人参加了开幕式。

邓颖超副委员长为开幕式剪彩。

邓副委员长高兴地对森本长老说：去年我们答应在北京见面的愿望今天实现了！这次鉴真大师像回国巡展，是中日两国人民关注的事情，是一件盛大的喜事。它增进了两国人民的互相了解，唤起了两国人民对友好历史的回忆，将鼓舞我们今后为中日两国人民的友好事业而努力。她说，我作为奈良市的特别市民，请转达我对奈良市市长的祝愿，对奈良市市民的热烈祝贺。森本长老表示，多年来的夙愿得以实现，非常激动，将留下终生难忘的美好的回忆。

参加今天开幕式的，几乎包括了全国所有的少数民族的代表，他们异口同声地表示：鉴真大师是中国人民的光荣使者，也是我们各民族的光荣。全国政协副主席班禅额尔德尼在今天的开幕式上，还特意把一条洁白的哈达献在鉴真大师的坐像前。

《人民日报》发表社论《千载一时的盛举》

凝聚着中日两国人民深挚情谊的鉴真大师像，在日本政府和文化界、佛教界的支持和帮助下，于4月13日回国巡展。继在鉴真故乡扬州展出以后，今天将在北京举行隆重的剪彩仪式，以供首都人民瞻仰。日本人民精心保护和供奉了1200多年的鉴真大师塑像这次回国巡展，不仅仅是佛教史上的一件大事，也是中日文化交流和两国人民友谊发展史上的一件有重大意义的盛举。

在中日两国人民友好交往的历史长河中，鉴真大师是一位作出重大贡献、值得永久纪念的高僧。世所皆知，我国盛唐时期经济发达，政局稳定，文化艺术繁荣，出现过前所未有的中外文化交流的盛况。特别是地理相邻的日本，不断派遣使节、留学生到当时的长安来，观摩吸取唐朝的文化。经日本僧人荣睿、普照的恳切礼请，著名的律学大师、扬州大明寺住持鉴真毅然决然东渡日本。鉴真大师抵日后，受到日本政府和僧俗群众的盛情欢迎。日本皇室委托鉴真立坛授戒。他确立了日本的施戒制度，成为日本佛教律宗的开山祖。他在日本除传播佛教外，还积极介绍中国的文学、医药、雕塑、绘画及建筑等，对日本奈良天平时代宗教和文化的发展，作出了杰出的贡献。

今天，在新的历史条件下，中日两国人民在各个领域的交流和合作正在开创崭新的局面。既然1000多年前中日两国在科学文化方面的相互交流和借鉴能够如此密切，我们完全可以预期，在缔结了中日和平友好条约的条件下，中日两国的友好合作，包括经济、文化、科学技术等等，在独立自主、平等互利的基础上，必将向着新的广度和深度继续发展下去，以造福于两国人民，为东方的文明作出新的贡献。

鉴真大师当年是抱着“为是法事也，何惜身命”的献身精神去日本的。他历经艰险，六次东渡，五次失败，百折不挠，历时十一余载，以致双目失明，而终遂心愿。鉴真大师和日本僧人这种抱着坚强的信念，“踏破瀛海千层浪”，排除种种困难、阻力和障碍，全心全意完成自己使命的精神,应当发扬并值得我们学习。

日本人民出于对鉴真大师的尊敬,千余年来,完整地保护唐招提寺及其所珍藏的古代艺术品,日本政府把鉴真夹纻干漆像尊为国宝,使后代人有瞻仰和欣赏的机会。这种尊重文化遗产的态度,令人敬佩。同时,它也表达了日本人民对中国人民的友好感情,这是极其珍贵的。我们向日本人民表示诚挚的谢意。

中日两国的友谊大厦,由于鉴真大师坐像回国巡展而增添了新的琉璃宝瓦。我国华国锋总理应大平首相的邀请,将于杜鹃花盛开的5月访问日本。我们深信,通过中日两国人民日益频繁的友好往来,必将不断增进两国之间的相互理解和信赖,建立起更加牢靠持久的友好合作关系,为亚洲及世界的和平与安全作出应有的贡献。

5月5日

华国锋 叶剑英 邓小平同志致电南斯拉夫党政领导人沉痛哀悼铁托同志逝世

中共中央主席、国务院总理华国锋,全国人大常委会委员长叶剑英致电南斯拉夫党、政领导人,对铁托同志不幸逝世表示最深切的哀悼。电报全文如下:

贝尔格莱德南斯拉夫社会主义联邦共和国主席团主席拉扎尔·科利舍夫斯基同志,南斯拉夫共产主义者联盟中央主席团执行主席斯特万·多罗尼斯基同志,南斯拉夫社会主义联邦共和国议会主席德拉戈斯拉夫·马尔科维奇同志,南斯拉夫社会主义联邦共和国联邦执行委员会主席韦塞林·久拉诺维奇同志:

南斯拉夫社会主义联邦共和国总统、南斯拉夫共产主义者联盟主席约瑟普·布罗兹·铁托同志不幸与世长辞。南斯拉夫各族人民失去了自己的伟大领袖,国际共产主义运动失去了一位不屈不挠、富有经验的老战士,维护世界和平与争取人类进步的事业失去了一位卓越的活动家,中国人民失去了一位尊敬的老战友。我们以无比沉痛的心情,代表中国共产党中央委员会、中华人民共和国全国人民代表大会常务委员会、中华人民共和国国务院,代表全体中国人民,向你们,向南斯拉夫社会主义联邦共和国主席团、南斯拉夫共产主义者联盟中央主席团、南斯拉夫社会主义联邦共和国议会和南斯拉夫社会主义联邦共和国联邦执行委员会,向南斯拉夫各族人民,表示最深切的哀悼和诚挚的慰问。在此南斯拉夫举国哀悼的日子里,中国人民分担你们的悲痛,并紧紧地同你们站在一起。

铁托同志是伟大的马克思主义者,杰出的无产阶级革命家,他把他毕生的精力献给了南斯拉夫人民争取民族解放和建设社会主义的壮丽事业,建立了不朽的功勋。

在第二次世界大战的前夕,当欧洲上空阴云密布、法西斯的战争威胁日益临近的时刻,铁托同志肩负起领导南斯拉夫共产党的重任。他以卓越的才能,把南共建设成为一支坚强的、团结一致的、同本国人民血肉相连的无产阶级先锋队。他以钢铁般的意志,领导南斯拉夫人民,在极端困难的条件下举行武装起义,进行了坚苦卓绝的斗争,打败了法西斯侵略者,解放了自己的国家,在南斯拉夫的历史上写下了不朽的篇章,为世界反法西斯战争的胜利作出了光辉的贡献。铁托同志不仅受到南斯拉夫人民的衷心爱戴,而且受到全世界人民的普遍尊敬。

以铁托同志为首的南共联盟,把马克思主义的普遍真理同本国的实际相结合,创立了适合本国情况的社会主义自治制度,建立了强大的全民防御和社会自卫体系。铁托同志以自己创造性的实践,领导南斯拉夫各族人民,坚定不移地捍卫了南斯拉夫的独立、主权和领土完整,推进了南斯拉夫的社会主义事业,把一个落后的、贫穷的旧南斯拉夫建设为各民族友爱团结的、繁荣富强的社会主义国家,为国际共产主义运动提供了宝贵的经验。

铁托同志坚持无产阶级国际主义的相互支援必须同尊重各党各国的主权相统一的原则,坚持本国共产主义政党关系中独立自主、平等和每个党对本国工人阶级和人民负责的原则,为建立各党之间的正确关系作出了卓越的贡献。

铁托同志是当今世界上享有崇高声望的政治家。他在国际事务中一贯伸张正义,积极支持被压迫民族和人民的解放斗争。他倡导了不结盟运动,致力于加强不结盟运动的团结和信守不结盟政策的宗旨,坚持反对帝国主义、殖民主义和霸权主义的斗争方向。不结盟运动的发展壮大和它在维护世界和平与进步事业中发挥的重大作用,是同铁托同志始终不渝的努力分不开的。

铁托同志一向关怀和同情中国人民的革命斗争,以极大的热忱维护和发展中南两国人民的友谊。1977年铁托同志以85岁高龄,不辞万里行程,对我国进行了历史性的访问,从而使中南两党、两国和两国人民友好合作关系进入了全面、持久发展的新阶段,并在当代国际生活中产生了巨大影响。铁托同志政治上的远见卓识,为真理而斗争的献身精神,以及他的共产主义的高尚品德和宽广胸怀,都深深地为中国人民所景仰。铁托同志的逝世,在中国人民心中引起了极大的悲痛。

铁托同志的一生,是革命的一生,战斗的一生。他的影响,远远超越了南斯拉夫的国界。铁托同志虽然逝世了,但是,他的崇高形象,将永远活在南斯拉夫人民、中国人民和世界人民的心中。我们坚信，英雄的南斯拉夫各民族人民必将继承铁托同志的遗志，紧密团结，在社会主义的、自治的、不结盟的道路上胜利前进；中南两党、两国和两国人民的友谊，必将不断地巩固和发展。

敬爱的铁托同志永垂不朽！

中国共产党中央委员会主席

中华人民共和国国务院总理　华国锋

中华人民共和国全国人民代表大会常务委员会

委员长　叶剑英

1980年5月5日于北京

全国政协主席邓小平5月5日致电南斯拉夫劳动人民社会主义联盟主席托多·库尔多维奇，对铁托同志不幸逝世表示深切的哀悼。电报全文如下：

贝尔格莱德南斯拉夫劳动人民社会主义联盟主席托多·库尔多维奇同志：

惊悉南斯拉夫各族人民敬爱的领袖，中国人民的伟大朋友，世界共产主义运动的坚强战士，国际政治和不结盟运动的杰出活动家约瑟普·布罗兹·铁托同志不幸逝世，我怀着极其沉痛的心情代表中国人民政治协商会议全国委员会，并以我个人名义，向你并通过你，向南斯拉夫各民族的劳动人民致以深切的哀悼。我们深信，英雄的南斯拉夫人民必将继承铁托同志的遗志，紧密团结，在社会主义的、自治的、不结盟的道路上胜利前进。

中国人民政治协商会议全国委员会主席

邓小平

1980年5月5日于北京

党和国家领导人前往南斯拉夫驻中国大使馆吊唁铁托逝世

党和国家领导人华国锋、邓小平、胡耀邦、赵紫阳，今天晚上前往南斯拉夫驻中国大使馆吊唁南斯拉夫社会主义联邦共和国总统、南斯拉夫共产主义者联盟主席约瑟普·布罗兹·铁托同志逝世。

华国锋、邓小平同志分别在大使馆的留言簿上题了词。

华国锋的题词是："伟大的马克思主义者、杰出的无产阶级革命家、反法西斯战争的著名英雄、不结盟运动的创始人、南斯拉夫人民敬爱的领袖、中国人民尊敬的朋友铁托同志永垂不朽。"

邓小平的题词是："他是一个伟大的人，中国党和人民永远怀念他！"

前往大使馆吊唁的党和国家领导人还有彭真、邓颖超、王震、韦国清、乌兰夫、方毅、余秋里、张廷发、耿飚、彭冲、陈慕华、赛福鼎、万里、王任重、谷牧、宋任穷、杨得志、胡乔木、姚依林、康世恩、姬鹏飞。

外交部部长黄华，外交部和中联部的其他负责人，也前往吊唁。

国务院总理华国锋同几内亚总统艾哈迈德·塞古·杜尔在北京继续举行会谈

双方在昨天和今天的会谈中，满意地回顾了建交以来两国友好关系的发展，表示要进一步加强两国友好合作。双方就当前重大国际问题广泛诚挚地交换了意见，在很多方面的看法是一致的。发言人还说，这次会谈是十分有益和富有成果的，对于加深相互了解，推进两国友好合作关系以及维护世界和平事业，都有着积极的意义。

国务院副总理邓小平在人民大会堂会见几内亚总统艾哈迈德·塞古·杜尔

邓小平在会见时重申中国坚决反对霸权主义、维护世界和平的立场，表示中国永远不做超级大国，永远属于第三世界。

邓小平说还向杜尔介绍了中国社会主义建设成功的和不成功的经验。他说，在搞社会主义方面，毛泽东主席的最大功劳是将马克思列宁主义的普遍真理同中国革命的具体实践结合起来。我们最成功的是社会主义改造。那时，在改造农业方面我们提倡建立互助组和小型合作社，规模比较小，分配也合理，所以粮食生产得到增长，农民积极性高。对资本主义工商业，我们采取赎买政策，一方面把它们改造成公有制；另一方面也没有损害国民经济的发展。我们长期允许手工业的个体经济存在，根据自愿的原则，其中大部分组织成合作社，实行集体所有制。由于我们是根据中国自己的特点采用这些方式的，所以几乎没有发生曲折，生产没有下降还不断上升，没有失业，社会产品是丰富的。后来，在1958年，我们犯了错误，搞"大跃进"，开始不尊重经济规律了，这就使生产下降了。以后经过三年的调整，发生了变化，又较好地发展起来。但接着又搞"文化大革命"，这是一场灾难，经济方面完全乱了。所以我们现在搞四个现代化，不得不进行几年的调整。总之，我们现在强调要按经济规律办事。

首都部分理论工作者在北京举行座谈会

《光明日报》编辑部召开一次首都理论界的座谈会，座谈的题目是"坚持唯物主义思想路线、大兴调查研究之风、反对各种形式的唯心主义"。参加座谈会的有中国社会科学院、中共中央党校、《人民日报》社、红旗杂志社、解放军报社、人民出版社、中国人民大学、北京大学等单位的21位理论工作者。

与会同志充分肯定了开展真理标准问题讨论两年来在思想战线上所取得的决定性的胜利,并且赞颂坚持辩证唯物主义的思想路线,已经载入《关于党内政治生活的若干准则》,成为全党必须遵循的党规党法。

发言的同志着重指出,同两年以前相比,现在反对实践是检验真理的唯一标准的声音很少听到了;但是,不能认为思想路线问题,在干部包括领导干部中都已经完全解决。事实上,在经济、政治、思想、文化、教育、科学、外交各条战线,每前进一步,每进行一次较为认真的改革,都会遇到思想上的阻力,遇到辩证唯物主义和形而上学唯心主义两条思想路线的矛盾和斗争。因此,发言的同志认为,当前和今后,真理标准问题的讨论,应该继续在各个领域中深入下去,应该继续帮助人们进一步解放思想,更好地坚持辩证唯物主义路线,反对各种形式的唯心主义,解决实现四个现代化中出现的新问题。

在会上先后发言的有:廖盖隆、姚远方、孙长江、郭罗基、邢贲思、于光远、阮铭、曾彦修、张腾霄、韩树英、张显扬、童大林、何匡、吴江、熊复。参加座谈会的其他同志,因为时间关系,在会上没有来得及发言,会后也提交了书面发言,他们是:李洪林、林子力、冯兰瑞、张卓元等。

山东省兖州县黄屯公社开展经济分析活动来提高经营管理水平

《人民日报》报道,去年年初,黄屯公社的领导干部学习关于农业的两个文件,总结了过去的经营管理工作。1972年以来,这个公社的农业生产发展较快。1978年,粮食平均亩产达到923斤。但是,社员的分配水平却很低,每人平均收入只有62元,还有31.5%的基本核算单位没有现金分配。造成这种状况的主要原因是经营管理不善,农业生产成本过高。公社的同志认识到,要提高社员分配收入,必须改善经营管理工作,做到在发展生产的同时,尽量减少人力、财力和物力浪费。

为此,他们决定开展经济分析活动,揭露矛盾,制定措施,提高经济效果。黄屯公社通过经济分析发现,1976年至1978年,全公社总收入的平均年增长率是6%,多种经营收入的平均年增长率仅3.6%。在同一期间内,杨厂大队多种经营的平均年增长率为27.2%,总收入的平均年增长率则达到22.8%。从这些数据中得到启发,公社党委进一步分析了全公社农林牧副渔五业的生产状况,看到了各业之间相互促进的内在关系。于是,他们决定调整经营方针,合理安排人力、物力和财力,积极发展多种经营,做到一种二养三加工。这样不仅使生产得到发展,经济效果也明显提高。1979年和1978年相比,全公社多种经营收入增加了82万多元,粮食增产270多万斤;多种经营收入占总收入的44.6%。

黄屯公社在开展经济分析活动中,注意引导干部、群众在增加生产的同时,努力减少人力、物力和财力的消耗,降低生产成本。他们抓住各个生产环节,在耕耙、播种、浇水、施肥、打药、收获、运输等方面开展队与队比,组与组比,本单位现在的生产状况与过去的生产效果比,当前的生产实效与预定计划比,在比较中找出薄弱环节,采取改进措施。

为了促进经济分析活动的正常开展,这个公社成立了经济分析领导小组,同时抽调一些对经营管理和财会工作比较熟练的人员组成工作班子,抓点跑面,巡回指导。他们还组织生产队会计集中算账,以便于他们取长补短,共同提高。

《人民日报》发表评论员文章《学会经济分析 提高经济效果》

在农村里,人们经常议论"高产穷县"、"高产穷队"的问题。为什么"高产"和"穷"字结了缘?原因就是增产不能增收甚至减收。这必然严重挫伤农民的生产积极性。要发展农业生产,这是一个必须解决的问题。兖州县黄屯公社党委和黄冈县委对此开始有了认识,他们批判极左路线造成的混乱,发动群众开展经济分析活动,提高经营管理水平,收到了比较好的效果。这种做法值得提倡。

多年以来,有一种习惯的看法,讲一个单位或地区农业生产的好和差,几乎只是看产量指标,特别看粮食单产或总产指标。"要算政治账,不算经济账"、"粮食上了'纲',到哪都吃香"等等论调,盛行一时。当然,努力促使粮食和其他作物增产是对的,但是那种不计盈亏,不顾经济效果的做法,造成经营单打一,生产成本高,削弱了集体,苦了农民,这对发展生产是很不利的。办事违背经济规律,必然要受到惩罚,一些地方对此付出了很大代价,我们必须引以为鉴。

人民公社集体经济要向农林牧副渔全面发展,并且还要逐步实行农工商综合经营。随着农村经济的发展,没有一套科学的经营管理办法是不行的。这就要求从事农村工作的同志,要坚决抛弃过去那种单纯依靠行政手段指挥生产的老办法,对经济领域的问题,认真学习做好经济分析。诸如集体所有的土地、山林、水面等自然资源,怎样才能充分利用,合理开发?劳动力怎样合理安排、管理,以较少的劳动量获得较大的经济效果?生产资金用到什么地方才能发挥最大效益?农机、化肥、农药、水、电,怎样使用才经济合理,符合科学种田的要求等等,所有这些,都需要深入调查,掌握数据，分析对比，从中选择出花钱少、收效大的最优方案，加以实施和推广。这是一条十分重要的方针，过去不顾经济效果的毛病，一定要改变过来。

由于极左路线的多年干扰破坏，有些从事农村工作的同志，对于集体经济的经营管理工作已经很陌生了。在新的形势下，有的同志感到很苦恼，老办法不行了，蛮办法不灵了，应该怎么办呢？重要的问题在于学习。党中央号召农村干部“应该具备必要的科学技术知识和经济科学知识，学会先进的农业管理方法，努力把自己变成一定岗位的专门家”。通过开展经济分析活动，逐步掌握发展农业生产的特点和规律，这是学会农村经济工作的一项好办法。

改善集体经济的经营管理，题目很多，各地应从实际出发，发挥自己的特长，有所创新。总之，要在工作实践中加强学习，提高自己，训练群众，使大家都学会经营管理，学会经济核算，做到以最少的劳动和物资消耗，获得最佳的经济效果，促进农业全面发展，实现增产增收。

全国人大常委会副委员长阿沛·阿旺晋美在北京会见意大利—中国友好协会秘书长乔·祖凯蒂

国务院副总理王震在北京会见以日本国际贸易促进协会北海道总局会长西田信一为团长的日本北海道经济友好代表团

天津市和澳大利亚墨尔本市正式结为友好城市

1980年国际激光会议在上海开幕

中国光学学会、上海激光学会和北京光学学会联合举办的这次国际激光会议，由来自奥地利、英国、联邦德国、意大利、法国、日本、瑞士、美国等国的60多位激光专家和学者，以及我国各科研单位、高等院校和工业系统的60多位激光科研工作者参加。

中国光学学会理事长王大珩在开幕词中，向来自世界各国的科学家们表示热烈的欢迎。他说，这次会议是由美国加利福尼亚大学圣地亚哥分校教授王正平博士倡议召开的。王正平博士并对组织国外来客参加这次会议付出了辛勤的劳动，对此我们表示高度的欣赏和感谢。

前来参加这次会议的代表中，有不少是国际激光界著名的科学家。他们将在会上报告激光科研的新成就、新发展，共同探讨激光发展的方向和应用前景。

这次国际激光会议分两个阶段举行。第一阶段于5月5日至8日在上海举行，然后于5月19日至22日在北京继续举行。

《人民日报》发表社论《全社会都要尊师爱生》

尊师爱生是社会主义社会应有的公德，我们党历来就是这样主张的。学生要尊敬教师，全社会都要尊敬教师；教师要热爱学生，全社会都要热爱学生。有些同志以为尊师爱生只是学校里的师生关系，这样的理解太狭窄了。在整个社会形成尊师爱生的风气，才能够办好我们的教育事业，造就一代又一代的社会主义新人。

我们要搞社会主义现代化建设，就要用更大力量来办教育。不办好教育，不能培养出足够数量的、有社会主义觉悟、有真才实学的人才，现代化是化不了的。多年来，由于我们工作中的失误，长期忽视教育事业。我们过去搞计划，没有安排好各种比例关系，不仅是经济中各部门之间的比例失调，积累和消费之间的比例失调，而且经济和教育、科学、文化、卫生之间的比例也失调。教育经费太少，不成比例。学校培养的学生，无论是数量还是质量，都跟不上形势发展的需要。我们要用很大力量来扭转这种状况，增加教育经费的比例，加快教育事业的发展。但是，目前国家的财力、物力有限，各个地区经济发展也不平衡，有快有慢，教育事业的发展也会存在不平衡的状况，要允许有先后缓急，允许参差不齐，完全一个水平是不可能的。但无论如何，各地一定要想各种办法来办好教育，关怀教师。即使在经济物质条件暂时不能满足需要的情况下，只要领导真正把这件事重视起来，许多问题还是可以得到解决的。

办好教育，关键在教师。我们说学生今天是实现四化的后备队，明天就是四化建设的主力军，那么教师就是专门培养这支后备队、主力军的劳动者。我们说青年、少年、儿童是国家的未来，那么教师则是专门塑造未来的新人的巨匠。我们说要极大地提高全民族的科学文化水平，那么教师就是人类历史创造的科学文化知识的传授者。试想，哪一个政治家、科学家、艺术家，哪一个有文化的工人、农民，不曾受过教师的启发、诱导和指点，谁个身上不凝聚着教师辛勤劳动的心血？！因此，尊师爱生，首先是尊师。全社会人人都应该尊敬教师，提高教师的社会地位。有了这种社会风气，教师才能更好地教育学生，爱护学生，充分发挥在教学工作中的主导作用。列宁1923年在谈到俄国的教育问题时曾经指出：“我们没有做主要的事情。我们没有注意到或很少注意到提高人民教师地位的问题，而不提高人民教师的地位，就谈不上任何文化，既谈不上无产阶级文化，甚至也谈不上资产阶级文化。”他强调提出：“应当把我国人民教师提高到从未有过的，在资产阶级社会里没有也不可能有的崇高的地位。”请大家想一想，列宁是多么高度评价教师的作用啊！列宁把提高教师地位看作是教育工作中应该做的一件“主要的事情”,今天对我们仍然很有教育意义。

尊师爱生,我国本来是有好传统的。然而,林彪、“四人帮”十年横行,大反所谓“师道尊严”,使尊师爱生的社会风气遭到严重破坏。粉碎“四人帮”以来,情况已大有好转,但要造成全社会都尊师爱生的风气,还需作很大努力。

现在社会上还有相当一部分人轻视教师工作,特别是看不起小学教师。他们认为教师待遇低,工资少,教师工作没有什么了不起。这种思想十分错误。目前教师的经济待遇,一般说来,确实偏低,这是不合理的。党和国家已经注意到了这个问题,正在着手有步骤地解决这个问题。因为工资待遇低而轻视教师工作,与金钱市侩哲学还有什么区别呢?难道能以金钱为尺度,把劳动、把工作分成高低贵贱吗?我们的教师虽然工作和生活条件都比较艰苦,但识大体,顾大局,体谅国家困难,始终热爱党,热爱社会主义,忠诚党的教育事业,兢兢业业、勤勤恳恳地努力搞好本职工作,表现了很高的觉悟。这样真正的无名英雄,应该受到全社会最大的尊敬。

这里需要特别为广大小学教师说几句话。小学教育是整个教育的基础。没有好的小学教育,就没有好的中学教育;没有好的中学教育,就没有高水平的大学教育。广大小学教师担负着全民族最基础的教育任务。他们的工作更辛苦,他们的生活困难也更多一些。我们没有任何理由看不起他们,恰恰相反,应该更加尊敬他们,关怀他们。

尊敬教师,不仅对教师要有礼貌,更重要的是要尊重教师的劳动,支持教师的工作。教师的劳动就是教育学生,造就人才。因此,学生尊敬教师,就要认真听教师的指点,为四化勤奋学习,努力做到德、智、体全面发展。家长尊敬教师,就要严格要求、积极帮助教师教育好自己的子女。有些学生的家长,特别是有少数身为共产党员、国家干部的学生家长,不仅不同教师好好配合,对学生进行管教,反而纵容学生荒废学业、败坏道德和刁难教师等不良行为,这无论从做人的起码道德还是从党性修养上讲,都是不能容许的。党和国家的各级负责同志,都应该从各个方面关怀教师,到学校和教师家里探望教师,同教师交朋友;请教师们开开会,倾听他们的意见和呼声;扎扎实实地为改善学校的办学条件,为改善教师的生活、学习、工作条件办一些好事。

爱生的问题,也就是热爱和关怀青年、少年、儿童的问题,现在也还没有真正为全社会所重视。有些人甚至还以其错误的思想和行为影响学生。比如,有的学生家长,利用手中的权力走后门,把自己的孩子安排到条件比较好的单位工作。孩子反过来,再到学校向老师和同学夸耀。这样的家庭教育,这样的歪风邪气,怎能不在一些青少年学生中引起不满情绪?怎能不使一部分青少年学生沾染上极端庸俗的作风?这不是爱生,而是害生。我们希望所有学生的家长,都要以正确的思想和态度来教育孩子。共产党员、国家干部,应该在这方面起模范作用,做爱生的模范,做尊师的模范。

现在,常常听到对少数青少年学生堕落犯罪的叹息、抱怨和斥责声。对于这个问题,我们大家都必须十分关切。但是,光是叹息、抱怨和斥责是解决不了问题的。我们每个人都要问一问自己,你为青少年学生的健康成长做了些什么?提供了多少物质条件?提供了多少精神食粮?尽了哪些责任?我们每个人都要从自己做起,多做一起有益于青少年学生健康成长的事情。战斗在各条战线的共产党员、社会各方面的人士、教育家、科学家、科普工作者、作家、音乐家、美术家,各种文化设施、宣传机关,如影院、剧院、报纸、电台、出版社,都要拿出最大的热情,努力为青少年学生创造和提供有益于他们健康成长的物质条件和精神食粮。目前依然存在着国内外敌对分子同我们争夺青少年的斗争。在青少年的思想领域里,社会主义的思想不去占领,资本主义、封建主义的思想必然去占领;不为青少年提供进步的、健康的、为他们喜闻乐见、丰富多彩的精神食粮,腐朽的、反动的文化就必然侵蚀青少年一代。这是我们全党和全国人民应该十分重视的。

胡耀邦同志在中国科协第二次全国代表大会上的讲话中指出:“我们的新社会一定要创造和形成一种社会风气,就是人人都要热爱青年、少年和儿童,人人都要尊敬在各级学校里辛勤培养一代又一代新人的老师。”让我们大家都来为造成尊师爱生的社会风气,为造就群星灿烂、光华闪烁的新一代努力作出自己的贡献吧!

教育部 国务院侨办联合发出《关于华侨青年回国和港澳和台湾青年回内地报考大学的通知》

通知规定,华侨青年(包括1978年6月1日以后归国定居的)回国报考高等学校和港澳青年、台湾青年回内地报考高等学校,从今年开始都实行提前单独命题、考试和录取。报名日期为6月6日至10日;报名地点为广东省广州市、福建省厦门市集美镇、辽宁省丹东市、香港(由香港中国旅行社代办);考试时间是6月22日至24日。

通知说,华侨青年回国报考高等学校,港澳青年、台湾青年回内地报考高等学校,凡符合报考条件的,可向我驻所在国的使领馆、新华社香港分社提出申请,经批准签证入境。如需要进行文化补习的,可提前申请进入广州华侨补习学校和集美华侨补习学校补习。

通知中还规定：根据“来去自由”的政策，华侨、港澳、台湾学生毕业后，回原居住地就业，愿意参加祖国社会主义建设的由国家统一分配工作。

中国社科院外国文学研究所所长冯至教授被瑞典皇家文学 历史 考古研究院推选为该院外籍院士

新华社报道，冯至教授最近被瑞典皇家文学、历史、考古研究院推选为该院外籍院士。冯至教授现为中国社会科学院外国文学研究所所长、中国作协副主席，是一位著名的诗人。

中国曲艺家协会在北京召开相声创作座谈会

北京、天津、沈阳等地著名相声作者、演员，相声理论研究者，部分曲艺刊物编辑，共50多人出席了会议。

在座谈中，大家强调相声作者要继续解放思想，深入生活，努力创作更多的好作品。要充分发挥相声艺术长于讽刺的特点，同一切不利于安定团结、妨碍四化建设的东西进行斗争。他们指出，在对人民内部的缺点和错误进行讽刺时，要坚持以马列主义、毛泽东思想为指导，掌握好分寸，注意它的社会效果。同时，对于相声如何歌颂新的时代，新的人物，要进行认真的探索。要努力扩大相声创作的题材。要百花齐放，力求题材、风格、样式多样化。

到会同志还认为，相声创作的质量急需提高。他们指出，有的作品格调不高，甚至有某些低级趣味的东西，应当引起注意。他们说，相声是语言艺术，但对于观众为什么发笑，起到什么样的效果，必须严肃考虑。座谈会还强调了加强相声艺术的理论研究和创作评论的问题。

北京各界人士在全国政协礼堂举行欢迎鉴真大师像回国巡展集会

佛教界和文化、艺术、建筑、医药等各界人士1000多人今天下午在政协礼堂集会，热烈欢迎鉴真大师像回国巡展。

欢迎鉴真大师像回国巡展委员会主任委员赵朴初首先在大会上讲话。他介绍了鉴真大师东渡日本前后的事迹后说，今天我参加这个大会，和“鉴真和尚像中国展”访华团先生聚会一堂，使我回忆18年前中日两国有关各界人士共同举行的纪念鉴真大师圆寂1200年的盛况。18年时间，在历史长河中，只是一瞬。但中日两国关系，发生了多么巨大的变化？现在，我们的邦交正常化了，两国和平友好条约圆满签订了。几年来，我们同日本人民各方面的友好合作关系，越来越发展，越来越紧密，正迅速地向更加深广的领域进军，形势一片大好。这说明我们的先人奠定的中日人民友好的历史主流，正以不可阻挡之势滚滚向前。让我们和日本佛教界、文化、艺术等各界朋友，更加紧密地携起手来，把追怀鉴真大师的心情，化为共同前进的力量，在已经取得成果的基础上，为推动两国关系史上出现一个更加盛大的文化交流和友好合作而尽力。

日本文化交流协会理事长宫川寅雄在讲话中介绍了日本学者研究鉴真大师的概况后说，鉴真虽然是中国人，但他已经融化在日本的土地上。他希望日中两国学者团结起来共同研究鉴真，为进一步发展日中友好事业作出贡献。

大会是由欢迎鉴真大师像回国巡展委员会举办的。森本孝顺长老、原清、佐伯洋、东山魁夷、白土吾夫、木村仗治、河原崎长十郎以及日本驻中国大使馆参赞伊藤忠一等日本朋友应邀出席了大会。有关方面负责人夏衍、刘宁一、正果和欢迎鉴真大师像回国巡展委员会委员出席了大会。中日友协副会长孙平化主持了大会。

茨淮新河全面完工全线通水

解放以来我国最长的人工河、治理淮河的又一骨干工程——茨淮新河全面完工，全线通水。茨淮新河是国家重点建设的一项治淮骨干工程，也是新中国成立以来工程规模最大的一条人工河。它西自安徽阜阳县境内颍河上的茨河铺起，东至怀远县境内的淮河荆山口入淮，全长134千米。

5月6日

中共中央主席 国务院总理华国锋率领中国党政代表团前往南斯拉夫参加铁托总统的葬礼活动

华国锋5月6日下午在贝尔格莱德向南斯拉夫联邦主席团主席科利舍夫斯基递交了中国党政代表团对铁托同志逝世的悼词。悼词全文如下：

中国党政代表团对铁托同志逝世的悼词

哀悼约瑟普·布罗兹·铁托同志

中国党政代表团

1980年5月6日

尊敬的约瑟普·布罗兹·铁托同志同我们永别了。我们中国党政代表团怀着极其悲痛的心情，来到南斯拉夫，代表中国人民、中国共产党、中国政府、中国人民解放军，向南斯拉夫各族人民、南斯拉夫共产主义者联盟、南斯拉夫政府和南斯拉夫人民军，表示深切的哀悼和诚挚的慰问。

铁托同志是伟大的马克思主义者，杰出的无产阶级革命家，南斯拉夫各族人民敬爱的领袖。半个世纪以来，他领导南斯拉夫共产主义者联盟和南斯拉夫人民，战胜了无数的艰难险阻，从胜利走向胜利，为南斯拉夫的革命和建设事业建立了伟大的功勋。

铁托同志是第二次世界大战中举世闻名的英雄。他领导南斯拉夫人民，高举反对法西斯侵略者的旗帜，首先在南欧举行了武装起义，建立了人民的军队，在极端困难的条件下，主要依靠本国革命人民的力量消灭了法西斯占领者，解放了自己的祖国，为世界反法西斯战争的胜利作出了卓越的贡献。

在第二次世界大战的烈火中，南斯拉夫社会主义联邦共和国诞生了。从此，在南斯拉夫25万平方公里的土地上第一次建立起各族人民友爱团结的社会主义新国家。铁托同志领导南斯拉夫共产主义者联盟，创造性地把马克思主义同本国实际相结合，建立了一套适合本国情况的社会主义自治制度，战胜了国内外各种敌对势力的破坏和颠覆，为维护国家的独立、主权和领土完整进行了胜利的斗争。他为南斯拉夫的历史写下了光辉灿烂的新篇章。

铁托同志对国际共产主义运动的贡献是巨大的。作为一个卓越的共产主义战士，他始终坚持无产阶级国际主义的相互支援必须同尊重各党各国的主权相一致的原则，积极支持被压迫民族和被压迫人民的革命斗争。在党与党之间的关系中，他坚决维护独立、自主、平等和各党对本国工人阶级和人民负责的正确原则。铁托同志以他在国际共产主义运动中杰出的活动，赢得了世界无产阶级和进步力量普遍的称颂和尊敬。

铁托同志是不结盟运动的一位主要创始人。近20年来，铁托同志始终不渝地坚持不结盟运动独立、自主、非集团的宗旨和反帝、反殖、反对一切形式的外来统治和霸权的方向，这赋予不结盟运动以坚强的生命力，使不结盟运动队伍日益壮大。铁托同志为不结盟运动发展成为当今世界上的一支重要力量所建立的丰功伟绩，赢得了世界人民的赞扬，载入了保卫世界和平的史册。

铁托同志是中国人民的伟大朋友。他一贯关心和同情中国人民的革命斗争，为发展中南两党、两国、两国人民的友谊做了大量的工作。他在85岁高龄，不远万里，到中国进行了历史性的访问，使中南友好合作关系进入了全面发展的新阶段。铁托同志将永远活在中国人民的心里。

铁托同志的一生是无限光荣的战斗的一生。他具有无产阶级革命家的远见卓识，英明果断的卓越才干和一切从实际出发的求实精神，他坚持真理、不畏强暴；他热爱人民、联系群众。他的这些高尚品德为一切共产主义战士树立了光辉的榜样。

铁托同志的逝世不仅是南斯拉夫共产主义者联盟和南斯拉夫人民的巨大损失，也是国际共产主义运动、不结盟运动与世界和平事业的巨大损失。在此极端悲痛的时刻，中国人民同友好的南斯拉夫人民心连着心，紧密地站在一起。无论国际上出现什么样的风云，中国人民都将毫不动摇地信守和不断加强中南两党、两国、两国人民的友好合作关系。我们深信，南斯拉夫各族人民必将化悲痛为力量，紧密团结，把铁托同志开创的革命事业继续推向前进，在社会主义的、自治的、不结盟的道路上取得新的、更大的胜利。

敬爱的铁托同志永垂不朽！

国务院副总理邓小平在北京会见日本“国宝鉴真和尚像中国展”访华团全体成员

邓小平副总理感谢唐招提寺、朝日广播社和日中文化交流协会为鉴真大师像回国巡展所给予的大力支持，感谢日本朋友为发展中日友好关系所做的贡献。他说，鉴真大师像回国巡展是个盛举，这说明中日两国友好关系源远流长。他希望两国人民的友谊继续长远地传下去。

参加会见的有欢迎鉴真大师像回国巡展委员会主任委员赵朴初，欢迎委员会委员和有关方面负责人周而复、肖贤法、林林、王笑一等，以及日本国驻华大使馆公使加藤吉弥。

正在澳大利亚访问的国务院副总理李先念到南斯拉夫驻澳大利亚大使馆对铁托总统逝世表示哀悼

《人民日报》发表社论《深切悼念杰出的无产阶级革命家铁托同志》

从贝尔格莱德传来了南斯拉夫社会主义联邦共和国总统、南斯拉夫共产主义者联盟主席约瑟普·布罗兹·铁托同志逝世的噩耗，中国人民感到万分悲痛。我们对铁托同志的逝世，表示深切的哀悼。

伟大的马克思主义者铁托同志的一生，是杰出的无产阶级革命家光辉的一生，它同南斯拉夫人民争取自由、国家独立和社会主义建设的斗争紧密联系在一起。南斯拉夫现代史中的每一个重大胜利都是与铁托的贡献分不开的。铁托同志对南斯拉夫人民的民族解放、进步和幸福，建立了不可磨灭的功绩。

铁托同志领导南斯拉夫人民，依靠自己的力量取得了民族解放斗争的伟大胜利。几十年来，他为争取南斯拉夫人民的解放进行了坚忍不拔的斗争。1937年他担任南斯拉夫共产党的领导后，坚持使党的领导与国内实际斗争和广大群众密切联系，使南共成为一个团结的、坚强的无产阶级政党。在第二次世界大战期间，以铁托同志为首的南共领导南斯拉夫各族人民，举行了震撼巴尔干的武装起义，制定了开展游击战争的战略，创建了人民武装，在没有外援的情况下领导人民解放军和游击队坚持抗战，粉碎了敌人一次又一次的强大进攻，解放了大片国土，最后终于战胜了不可一世的德、意法西斯侵略者，打出了一个人民的南斯拉夫。

第二次世界大战后，铁托同志把马克思主义的普遍真理运用于南斯拉夫的具体实践，找出了一条具有南斯拉夫特色的建设社会主义的道路。在他的领导下，南斯拉夫人民建立和发展了适合本国情况的社会主义自治制度，迅速医治了战争创伤，不断发展国民经济，把落后的、贫穷的南斯拉夫建设成为一个各民族团结友爱的、现代化的工业—农业国家。铁托同志领导南斯拉夫各族人民，建立了全民防御和社会自卫体系，同国内外敌人的颠覆破坏活动进行了针锋相对的斗争，并且准备随时击退任何外来侵略者，保卫南斯拉夫的独立和主权。铁托同志是南斯拉夫社会主义联邦共和国的缔造者和南斯拉夫人民久经考验的领袖，但是他从不居功自傲，他深入群众，关心人民疾苦，为南斯拉夫人民的幸福鞠躬尽瘁，直至生命最后的一息。几十年来，铁托同志一直受到南斯拉夫人民的衷心爱戴。

铁托同志不仅是举世闻名的抗击法西斯的英雄，而且是在国际事务中坚持民族独立，不畏强暴的典范。尽管遇到了许许多多的困难，他始终顽强不屈。毛泽东同志生前曾赞扬铁托同志像铁一样坚强。铁托同志一贯坚持无产阶级国际主义的相互支援必须同尊重各党各国的主权相一致的原则，坚决主张各国共产主义政党应当独立、自主、平等，对本国工人阶级和人民负责。他对国际共产主义运动作出了巨大的贡献。

铁托同志是不结盟运动的创始人之一，多年来为捍卫不结盟运动的原则和加强不结盟运动的团结进行了不懈的努力，使不结盟运动在世界人民团结反帝、反殖、反霸斗争中起着日益重大的作用。他坚决支持被压迫民族和被压迫人民的正义斗争，反对一切形式的外来统治，维护世界和平。他在全世界享有崇高的威望。铁托同志的逝世，对于不结盟运动以及各国人民的进步事业，都是一个巨大的损失。

铁托同志是中国人民尊敬的老战友。早在战火纷飞的抗日战争年代，中国人民就以十分钦佩的心情注视着铁托同志领导的反抗法西斯侵略的斗争，并从南斯拉夫人民的斗争中得到鼓舞。铁托同志领导南斯拉夫人民进行社会主义建设的可贵经验，受到中国人民的高度重视。近年来，中南两国人民的友谊和团结，以及两国之间的友好合作关系，有了很大发展。铁托同志为增进中南两国人民的友谊和团结、加强两国之间的友好合作关系，花了不少心血。1977年他以85岁的高龄，不辞劳苦对中国进行了友好访问，使中南两党两国的关系进入了一个长期、全面、稳定发展的新阶段。他在生前曾经强调："我们要继续前进，把南中友好关系发展下去。"中国人民十分珍视中南两党、两国的友谊。在南斯拉夫人民为失去铁托同志而无限悲痛的日子里，我们紧紧地同南斯拉夫人民站在一起，坚决支持南斯拉夫人民维护独立主权、建设社会主义的正义事业，并且同南斯拉夫人民共同努力，把中南两国的友好关系不断推向前进。

铁托同志与世长辞了，但是他的教导将永远铭记在南斯拉夫人民的心中。我们深信，南斯拉夫人民一定会化悲痛为力量，继承铁托同志的遗志，在南共联盟中央的领导下，继续加强各族人民的兄弟团结，发展社会主义自治制度和进行社会主义经济建设，进一步加强全民防御和社会自卫，百倍警惕地保卫国家的独立与安全，并坚决为捍卫不结盟的原则而坚持斗争。社会主义的南斯拉夫，必将沿着铁托同志生前指明的道路大踏步地胜利前进！

《人民日报》发表特约评论员文章《坚持党的领导改善党的领导》

党的第十一届五中全会，研究和解决了我们党所面临的一些重大问题，作出了一系列重大决策。这次会议的主题是，坚持党的领导，改善党的领导，提高党的战斗力。这是推进四化，保证实现这个宏伟目标的关键，是全党全国人民最关心的问题。粉碎"四人帮"以后，党提出了要在本世纪内实现四化的宏伟目标，广大党员和人民群众充满信心，但也有不少忧虑，有些人则产生怀疑。这种忧虑和怀疑，实际上就是，我们党在遭到了严重破坏，党的领导和党的战斗力遭到严重削弱的情况下，还有没有能力领导中国实现四化？党为了完成这个历史任务，需要作出怎么样的艰苦努力？五中全会有说服力地、明确地回答了这个问题，这就大大地鼓舞了全党和全国人民的信心，更加自觉地沿着党指出的道路去争取胜利。

坚持党的领导的基本条件

没有共产党就没有新中国，这早已经不仅是理论问题，而且是活生生的现实。当我们党和党领导的人民武装刚刚诞生的时候，在党内外都有人认为，共产党没有足够的经过严格训练的军事干部和士兵，没有精良的武器装备，搞武装斗争，是必然要失败的。事实证明，这种悲观的估计完全错了。新中国成立初期，又有一种议论，认为共产党打仗可以，进入城市搞建设就要失败。事实证明，这种估计也错了。三大改造基本完成以后，党中央本来已经正确地提出了工作着重点的转移问题，但没有得到贯彻，反而在后来的工作指导上出现了失误。特别是林彪、"四人帮"的破坏，把国民经济拖到崩溃的边缘。我们的社会主义经济建设，确实走了一个曲折的道路。于是，又有了一种议论，认为共产党不能领导中国实现四化。

这其实并不是一个新的问题。从广义上说，要把一个贫穷落后的、本来是半殖民地半封建社会的中国变成为工业化强国，这是自从1840年鸦片战争以来，先进的中国人都为之努力奋斗过的理想。但是，各种方案都试验过了，都失败了。道理很简单，这是因为要建设一个现代化的国家，特别是像中国这样的大国，首先必须是一个独立的统一的国家。历史证明，这个任务，已经由于新民主主义革命的胜利而完成了。仅仅是因为我们已经取得了这个胜利，并且紧接着又取得了社会主义革命的胜利，才有可能来现实地而不是空洞地谈论四化问题。我们的一些同志，特别是青年同志，往往忘记了这个刚刚过去的历史，他们看到了西方国家的一些表面现象，看到了我们党和政府工作中的一些缺点错误，就产生了动摇，似乎在中国，还可以幻想什么别种力量能够领导我们实现四化。他们没有认真严肃地想一想，离开了共产党的领导，会是一种什么样的情景。他们不清楚我们民族已经走过来的道路，有些人本来是清楚的，后来又忘记了。

当然，我们党也犯过错误，甚至是严重错误。但是，事实证明，我们党是有足够的勇气来揭开自己身上的脓疮，有足够的力量来医治自己身上的创伤的。三年多来，在党中央的领导下，我们做了大量的拨乱反正工作。党的五中全会为刘少奇同志平反昭雪，更加令人信服地表明了，我们党是把实事求是的马克思主义原则坚持到底的。在这样短的时间内，解决了这样多、这样大的问题，可以说，这正是我们党经历了一次大的挫折以后所获得的巨大进步。实践证明，中国共产党确实是个伟大的党。在中国，只有共产党有能力有资格领导我们实现四化。

但是，多年来，林彪、"四人帮"在党的领导这个根本问题上，造成了极大的混乱。党要肩负起率领全党和全国人民实现四化的伟大历史任务，必须切实改善党的领导。

林彪、"四人帮"的罪恶活动，是从破坏党的领导开始的。他们提出"踢开党委闹革命"，冲垮了党的组织系统。他们破坏了党的组织生活和组织纪律，践踏民主集中制原则。他们推行了封建法西斯专政。这样的统治，居然横行了十年之久。这就不能不迫使我们认真思考：我们党的领导起了什么样的变化，以至于被林彪、"四人帮"这些野心家、阴谋家利用来鱼目混珠？

什么是党的领导，它靠什么来维持、检验和加强？列宁在《共产主义运动中的"左派"幼稚病》一书中说，第一，依靠无产阶级先锋队的觉悟，依靠他们对革命的忠诚、坚韧性和牺牲精神；第二，依靠党和广大人民群众的密切联系；第三，依靠党的政治领导的正确，战略、策略的正确，而这种正确的领导，只能由广大群众根据他们的切身经验来认识。列宁指出，这些条件不是一下子产生的，只有经过党长期的艰苦努力才能造成。列宁的这个论述，被公认为马克思主义政党关于怎样坚持党的领导的基本条件。

长期以来，我们党的领导正是建筑在列宁所说的三个基本条件的基础上的。我们党把马克思列宁主义同中国的具体实际相结合，制定了正确的路线、方针和政策，为人民群众所掌握；我们党依靠广大党员的模范作用，依靠党和人民群众的密切联系，夺得了胜利，获取了丰富的经验，并且总结出了一整套保证党实行正确领导的原则和方法。但是，当我们党成为执政党以后，党的地位变了。党领导一切，党享有崇高的威望。"听党的话"，这不仅对于全体党员而且对于全国人民都是无上光荣的。在这种情况下，在一些同志看来，似乎这就意味着党有"无限"的权力了。他们开始慢慢地忘记了党的威信是怎样形成起来的。权力大了，听不见群众的声音，脱离了实际。甚至以为，正确的路线、方针、政策，不是从群众中来，从实践中来，而是从拥有权力的人的头脑中产生的。在这种情况下，党的工作中开始出现了一些偏差。本来，人们对客观规律的认识有时产生错误，这是难于避免的，但是有些错误我们没有及时克服，或者暂时克服了，不久又以更严重的形式重犯了。党和群众的联系比以前疏远了。党的民主集中制原则得不到遵守，个人独断专行，甚至有领导地让无政府主义思潮泛滥起来。党的领导不像从前那样坚强了。正是这种情况，为林彪、"四人帮"提供了可以利用的条件来破坏我们的党。

粉碎"四人帮"以后，党中央卓有成效地逐步解决这个问题。三中全会恢复和发扬了我们党一贯坚持的辩证唯物主义的思想路线，进一步确立了党在新时期的政治路线。四中全会通过了叶剑英同志国庆30周年的讲话，总结了新中国成立后30年的历史经验，同时制定了正确的组织路线。五中全会继续贯彻并且发展了三中全会、四中全会所制定的正确的思想路线、政治路线和组织路线，从中央开始，进一步解决了组织路线的一系列重大问题。

党制定的路线、方针和政策，还要回到群众中去，使之为人民群众所掌握，为之奋斗到底。要做到这一点，不是靠行政命令，而是靠路线、方针、政策本身的正确，靠进行深入细致的工作，引导群众在他们的亲身经验中去认识、去掌握。从这个意义上说，党的领导，就是当着群众还没有自觉时，用一切有效的适当方法去启发群众的自觉性；当着群众已经有了某种必要的自觉性以后，就去指导群众，组织群众，使他们行动起来，同时在和群众的共同斗争中，检验党的路线、方针和政策，并且继续不断地提高群众为党的纲领而斗争的自觉性。“我们共产党人，以及一切任何群众中的先进分子和伟大人物，在一切人民群众事业中所起的全部作用，就只有这些。除开这些以外，不能再多一点。如果有人企图在这里再多起一点作用，一切错误都可能由此产生。”(刘少奇:《论党》)抹杀和否认人民群众自觉性的意义，无限夸大个人的作用，是完全错误的。那样，就会把群众(包括党员群众)当作只能按照既定的安排去举手、投票、游行、欢呼的无意志的芸芸众生，而把党的领导人当成是高踞群众之上，由他恩赐给群众包括“民主”在内的一切权利的救世主。既然人民群众的一切权利，都是个人恩赐的，那么，党的章程、纲领，党的组织原则、组织纪律，党内正常的政治生活就都失去了实际意义，党的领导也就无从谈起了。这个历史教训，我们要牢牢记取。

党的五中全会有力地解决了这个重大问题。全会增选了中央政治局常委，成立了中央书记处，在党的最高领导机关保证集体领导的实现。党的领袖，是一个集体；党的领袖的接班，也是一个集体的接班。这是解决接班人问题的正确可靠的办法。这个问题得到解决，使得一些时期以来党内外、国内外所担心的我们党的路线的稳定性和继承性问题，从党的制度上得到了保证。这是改善党的领导的极为重要的措施之一。

粉碎“四人帮”以后，在党中央的领导下，纠正了历史上遗留下来的大批冤、假、错案，同时为充分实行社会主义民主，健全社会主义法制做了大量工作。中央设立了纪律检查委员会，整顿党风党纪，严肃处理了一些违法乱纪、侵害群众利益的党员干部，教育全党，发扬党的优良作风，反对特殊化，克服官僚主义。这些重大措施，得到人民群众的热烈拥护，党和群众的关系改善了，联系密切了。林彪、“四人帮”那种把“党的领导”建筑在少数人的“无限”权力和群众的畏惧心理上面的专制主义流毒，虽然在某些同志的头脑中还可能存在着，但是已经没有多大市场了。

党的五中全会通过的《关于党内政治生活的若干准则》和《中国共产党章程(修改草案)》，对共产党员提出了严格的要求，强调作为执政党的中国共产党的党员，是劳动人民的普通一员，只有全心全意为人民服务的义务，力求作群众的榜样，决不允许享有制度规定以外的任何权益，决不允许享有职务权限以外的任何权力。这不仅是全体党员必须严格遵守的党纪党规，而且也是全国人民监督党员的工作和作风，帮助党进行整顿的依据和武器。这是进一步密切党和群众的联系，提高党组织战斗力的重大措施。

三中全会以后，党重新明确了今后工作的着重点是搞经济建设，全党全国要一心一意奔向四化。这就要求我们党的组织状况、党员状况、党的工作作风和工作方法都要适应新的环境。解决这个问题，是加强和改善党的领导的一项十分重要而又十分艰巨的任务。经济搞不上去，一切都将成为空话。我们要有信心，同时又要十分清醒地充分估计到我们的弱点，承认我们的知识和经验是很不够的，老老实实认真学习。学会充分发挥群众和专家们的智慧的工作方法，善于调动他们的积极性，避免去干扰他们，压制他们；学会发现人才，选拔人才，充实和更新干部队伍；学会所领导的部门的业务，变外行为内行。努力学习，做到又红又专。我们在战争中学会了战争，赢得胜利。现在，我们有了自觉性，只要能够坚持下去，也一定能够在建设中学会建设，领导全国人民，夺取实现四化的胜利。

要进行坚决的艰苦的斗争

我们不能设想，“四人帮”粉碎了，党的五中全会完满结束了，坚持党的领导，改善党的领导，就可以顺利进行，不会遇到困难甚至抵抗。

粉碎“四人帮”以后，党的路线、方针、政策得到了广大群众的拥护，但也遇到一小部分人的顽抗。我们不能低估林彪、“四人帮”在党的领导这个根本问题上所造成的恶劣影响。“四人帮”是垮台了，他们的组织残余和思想残余还存在，还在起作用。有的人继续活动，而且相当放肆，对党的路线、方针和政策，采取了节节抗拒的态度。他们或者公开抵制，咬牙切齿；或者阳奉阴违，消极对抗。对于这种势力，我们不能手软，只有坚决揭露，认真解决，才能保证党的坚强领导。

当我们党成为执政党以后，由于党的地位起了变化，党内一部分干部产生了骄傲情绪，产生了脱离群众的官僚主义倾向。这是一个老问题。党中央曾不断发出警告。新中国成立不久，中央就尖锐地提出，党内一部分干部滋长着一种极端危险的骄傲情绪，他们因为工作中的若干成绩就冲昏了头脑，忘记了共产党员所必须具有的谦逊态度和自我批评精神，夸大个人的作用，强调个人的威信，自以为天下第一，只能听人奉承赞扬，不能受人批评监督，对批评者实行压制和报复，甚至把自己所领导的地区和部门看作个人的资本和独立王国。这种错误倾向被林彪、“四人帮”所利用，发展到了登峰造极的地步。现在“四人帮”被粉碎了，但是这种思想毒素并没有完全肃清，还在起着影响党的团结统一、破坏党的领导的腐蚀作用。

在我们党内，确有一部分同志总是自觉不自觉地想摆脱党和群众的监督，总是以为他们的行为以及所负责的工作，是不必接受党和群众的监督的。他们把党和人民交给他们负责的工作，当作个人的事业，心目中既没有党的位置，也没有群众的位置；这种思想作风，是削弱党的领导的重大因素。在党的第八次全国代表大会上，中央就向全党提出过警告，指出，许多人并非在主观上没有为人民服务的愿望，但是他们仍然把工作做坏了，使群众受到重大的损失。这是因为他们自以为是先进分子，是领导者，比群众懂得多，遇事不向群众学习，不同群众商量，因而他们出的主意，经常在群众中行不通；但是，他们又不从错误和失败中取得教训，以为错误和失败只是由于群众落后和其他临时因素的影响，因而滥用党的威信，继续一意孤行，这就使他们的错误和失败愈来愈严重。今天看来，如果当时全党能够真的以此为戒，也许可以避免大的挫折或者少犯些错误。粉碎"四人帮"以后，重温中央的这个忠告也不是没有意义的。我们有的同志，并没有真正从这个挫折中接受应有的教训，他们总是以为，既然我是领导者，那当然就比群众懂得多。他们不仅不同群众商量，而且听到不同意见，就大发雷霆。如果坚持这种做法，就不能够保证党的工作的正确进行，结果就会败坏党的领导。

官僚主义是坚持党的领导、改善党的领导的重大障碍，也是实现四化的重大障碍，我们要同它进行严肃的斗争。但是，反对官僚主义是一个长期的斗争任务，简单急躁是解决不了问题的。列宁曾经批评过那种以为只有当我们彻底消灭了那个叫官僚主义的"肿瘤"以后，群众的主动精神才可能表现出来，并且抱怨同官僚主义者试作过两三次斗争，结果都遭到失败因而感到失望的小资产阶级幼稚病。列宁认为，官僚主义是不可以像肿瘤一样"立刻割除、彻底消灭"的，他指出，可以赶走沙皇，赶走地主，赶走资本家，但是，在一个农民国家中，却不能"赶走"、不能"彻底消灭"官僚主义，只能慢慢地经过顽强的努力使它减少。列宁说，"在一个农民的和极端贫困的国家中同官僚主义作斗争，需要很长的时间，要坚持不懈地进行这种斗争，不要一遭到失败就垂头丧气。"（《列宁全集》第35卷第491页）列宁的分析，也适合于中国的情况，我们要克服小资产阶级的幼稚病，准备作长期的艰苦的斗争。

同时，我们当然不能忽视从另一方面来的非无产阶级思想的干扰。不能忽视林彪、"四人帮"留下来的无政府主义思潮和资产阶级自由主义思潮。他们在形式上是官僚主义的对立物，并且总是宣称和群众在一起的。但是，其思想实质，都是蔑视组织，蔑视群众，突出个人。这种思潮也是败坏党的领导的重大因素。我们党所以能够成为不可战胜的力量，就是因为它根据马克思主义原则而形成的思想统一，是用组织的物质统一来巩固的。这种思潮正是破坏党的组织纪律，宣传对群众自发性的崇拜，否认党的领导。这种思潮的一些特点，和列宁当年所揭露的在组织问题上的机会主义观点，颇有相似之处。这些观点是：党不应该成为有组织的整体；党内应容许自由的团体的存在，个人可以自行其是；要求党员服从党的决议是一种"形式主义的官僚主义"；少数服从多数是"硬性压制"党员意志；全体党员服从党的纪律是在党内建立"农奴制度"；党内不要集中而要无政府主义的"自治制"；个人和各个党组织有权不执行党的决议，等等。所不同的是，我们今天的一些共产党员，还没有把自己的观点讲得那么坦率。党章规定，共产党员对于党的决定有意见，可以通过组织发表，可以保留自己的意见，可以通过组织也可以直接向中央提出自己的意见。从中央起，各级党组织都要认真考虑这些意见。可是，我们一些共产党员，却对中央决定了的东西，党组织决定了的东西，甚至对党中央的路线、方针、政策，不向党组织表示自己的意见，却不管场合，不管党的纪律，任意散布不满、不信任和反对意见。他们可以毫不负责任地随意抨击党的现行政策，抨击他们所认为的党的问题和错误，好像这个被抨击的党不是他们所参加的党，是和他们毫不相干的。他们可以在任何场合评议党的决议和政策，有的甚至就像一个反对党议员在抨击执政党的政策一样充满着讽刺和嘲弄。他们虽然组织上还要党员这个称号，但思想早已退了党；而组织上的保留也只是要享受党员的权利，却不愿意履行党员的义务，不愿意遵守党的纪律。这种看着自己的党遇到了困难和问题，而在一旁指手画脚、冷言冷语的行为，严重地涣散党的组织，破坏党的纪律，瓦解党的斗志，是一种腐蚀剂。我们要坚持和改善党的领导，提高党的战斗力，就必须同这种自由主义思潮进行不懈的斗争。

我们有些共产党员，他们忘记了党的性质，忘记了党是阶级的先锋队，它的任务决不是反映群众的一般情绪，而是引导群众前进。有些人，自以为是代表群众的，其实，他们的一些言论，正是在党遇到挫折之后产生的一种屈服于小资产阶级思潮的不坚定表现。这种思想和态度不克服，就无法坚持党的领导。和官僚主义的存在一样，这种思潮在一个时期内的泛滥，在我们国家是不奇怪的。问题是，我们要有自觉性，要主动地去克服这种思潮，要敢于去领导，去斗争，而不是放弃领导。事实证明，这种思潮越泛滥，人民群众就越是要求加强党的领导。为了改善党的领导，我们一定要进行坚决的、艰苦的不懈斗争，我们一定能够取得这个斗争的胜利，因为这是人民群众的要求。

湖南长岭炼油厂储运系统实现自动化

长岭炼油厂为实现储运系统自动化，组织了近百名技术人员和工人，并争取大专院校和兄弟单位的支援，经过5年多的努力，逐步实现了油罐区自动化、柴油管道调合自动化、油品装车半自动化，引起了全国炼油行业广泛的兴趣。石油工业部曾在这里召开全国炼油企业储运系统机械化、自动化经验交流会。

中国和澳大利亚政府科学技术合作协定在堪培拉的议会大厦签署

随同李先念访问的章文晋副部长和澳大利亚外长皮科克分别代表两国政府在协定上签字。这项协定规定，双方将在平等、互利和互惠的基础上加强在科学技术领域的合作。

全国人大常委会副委员长邓颖超在北京接受墨西哥新任驻中国大使维克托·曼萨尼利亚·沙费尔递交的国书

全国妇联主席康克清在北京举行宴会欢迎以苏丹社会主义联盟妇女委员会书记哈杜姆·阿瓦德为团长的苏丹妇女代表团

中国科普创作协会确定新时期围绕四化建设繁荣科普创作的工作方针

中国科普创作协会第一届第二次理事会于5月6日至8日在北京举行。与会理事们高兴地指出：继五四运动前后和第一个五年计划期间我国两次科普创作大繁荣之后，全国科学大会以来我国又出现科普创作大繁荣的时期。绝大多数省、市、自治区都已经成立了科普作协。两年来，全国已出版了科普书籍2000种、科普杂志50多种、科技报30多种。中央和地方的报纸普遍办了科学副刊。广播、电视节目中的科普节目日益增多。科普园地的一朵新花——科普美术，也正在绽放。

理事们认为，科普创作的任务是要把科学技术普及到群众中去，题材应该包括基础科学、应用科学技术和新兴科学技术。科普创作应十分注意作品的科学性、思想性和通俗化；科普作品的趣味性应从科学性本身去发掘，要使文艺的形式更好地为科学的内容服务。要提倡科普创作园地中有各种形式和流派，百花盛开，争芳吐艳。大家还提到，科普作品不仅要普及科技知识，还要帮助读者树立辩证唯物主义的观点，培养共产主义情操。

会议认为：为了繁荣科普创作，提高作品质量，应大力加强对作品的介绍和评论工作，对一些有争论的问题要展开学术讨论。各地科普作协都要注意发动科技人员与科普作品，并注意发现人才，努力培植中青年科普作家，使科普创作队伍不断发展壮大。

中宣部部长王任重在全国出版工作座谈会上指出要用更好的精神食粮鼓舞人民向四化进军

王任重在讲话中说，要把宣传马列主义、毛泽东思想这项重要任务抓好。毛泽东同志有关宣传工作的论述，《新民主主义论》中关于新民主主义文化部分和《在延安文艺座谈会上的讲话》一文中的基本观点，是正确的；出版工作要努力学习和掌握，认真贯彻执行。

王任重同志强调说，出版界当前要继续解放思想，继续贯彻“双百”方针；要坚持质量第一，多出好书，快出好书，用更好的精神食粮来提高人民的觉悟，增长人民的科学文化水平，培养青少年的共产主义道德风尚，鼓舞人民满怀信心地向四化进军。

座谈会上，与会同志回顾了三年多来，特别是党的十一届三中全会以来全国出版工作的情况。大家满意地指出：出版工作冲破林彪、“四人帮”的禁锢之后，立即提出新时期出版工作的方针和任务，很快出现了生气勃勃的气象。广大出版工作者积极动员著译力量从事创作、编著和翻译，出版为国家和人民所需要的图书，在宣传马列主义、毛泽东思想，传播、积累科学文化知识，丰富人民的文化生活方面，做了大量工作，取得了显著成绩。

座谈会在肯定成绩的同时，也指出工作中存在的缺点和问题。会议认为，出版工作在解放思想中，在前进过程中出现这样那样的缺点错误是难免的。近一个时期，有个别出版单位忽视出版物的思想性，考虑经济效果多了一些，甚至翻译、出版了少数没有多大价值的、猎奇的文学作品等，引起一些同志的批评和争议。

全国出版工作座谈会是5月上旬在北京召开。

刘秀峰追悼会在北京举行

原建筑工程部部长、党组书记刘秀峰同志因受林彪、“四人帮”极左路线的摧残迫害，于1971年3月29日在北京逝世，终年62岁。刘秀峰同志的追悼会，5月6日在北京中山公园中山堂举行。

刘秀峰1909年11月生于河北省完县(今顺平县)，1925年加入中国共产主义青年团，1926年转为中国共产党党员。第一次国内革命战争时期，曾任保定市委党的第一支部书记、市委职工运动委员会书记、完(县)满(城)县委书记等职。1928年，在顺直省委工作，1929年因叛徒出卖，被捕入狱。1935年刑满出狱后，任保定特委宣传部部长、代理书记。抗日战争和解放战争时期，任平汉线省委组织部部长，晋察冀区党委宣传部部长、张家口市市委书记兼卫戍司令部政委、冀中区党委书记兼军区副政委、石家庄市市委书记、市长等职务。新中国成立以后,他历任天津市委副书记兼副市长、中共中央华北局组织部部长、副书记兼工业部部长、华北行政委员会第一副主席。1954年后,调任建筑工程部部长、党组书记,并被选为党的八大代表、第二届全国人大代表,还担任第二届全国政协委员。

5月7日

中共中央主席 国务院总理华国锋在贝尔格莱德洲际旅馆会见朝鲜劳动党中央委员会总书记 朝鲜民主主义人民共和国主席金日成

中共中央主席 国务院总理华国锋在贝尔格莱德洲际旅馆会见罗马尼亚共产党总书记 共和国总统齐奥塞斯库与赞比亚总统卡翁达

中共中央主席 国务院总理华国锋在贝尔格莱德洲际旅馆会见意大利总理弗·科西加与孟加拉总统齐亚·拉赫曼

天津市人民检察院立案侦查"渤海2号"钻井船翻沉重大事故

石油部海洋石油勘探局"渤海2号"钻井船于去年11月25日凌晨在渤海湾迁移井位拖航作业途中翻沉,死亡72人,直接经济损失达3700多万元。这是天津市、石油系统新中国成立以来最重大的死亡事故,也是世界海洋石油勘探历史上少见的。事故发生后,天津市革委会组成调查组,对"渤海2号"钻井船翻沉事故进行了调查,国家经委、国家劳动总局、中华全国总工会等部门均派人参加。今年4月21日,天津市劳动局就此向市人民检察院提出控告,要求对事故的责任者追究刑事责任。5月7日,天津市人民检察院接受了市劳动局提出的控告,已经审查,立案,现正在侦查中。

中国政府发表声明指出日本政府决定同韩国政府在东海大陆架开始钻探试采是无视中国主权不以中日友好关系为重的行为

中华人民共和国政府今天发表声明,指出日本政府决定同南朝鲜当局在东海大陆架片面划定的"共同开发区"西侧开始进行钻探试采,是无视中国主权,不以中日友好关系为重的行为。声明全文如下:

中华人民共和国政府声明

据悉,日本方面决定于5月初在所谓"日韩共同开发大陆架协定"所片面划定的"共同开发区"的西侧开始进行钻探试采。中国政府曾多次严正声明,根据大陆架是陆地领土自然延伸的基本原则,中华人民共和国对东海大陆架拥有不容侵犯的主权权利。东海大陆架涉及其他国家的部分,理应由中国和有关国家通过协商加以划分。日本政府背着中国同南朝鲜当局签订"协定",片面划定所谓"共同开发区",这是侵犯中国主权的行为,对此,中国政府绝对不能同意。日本政府不顾中国政府多次表示的严正立场和反对意见,一味片面采取行动,现在又开始钻探试采,进入实际开发活动。这种无视中国主权,不以中日友好关系为重的行为,不能不引起中国政府和人民的关切和愤慨。中国政府再一次郑重声明:日本政府不同中国协商,背着中国而同南朝鲜当局签订的所谓"日韩共同开发大陆架协定"完全是非法的、无效的。中国政府对于侵犯我国主权和重大利益的行动决不能置若罔闻。任何国家和私人如果在该"协定"所片面划定的所谓"共同开发区"内擅自或参与进行开发活动,必须对由此产生的一切后果承担责任。中国政府保留对该区域的一切应有权利。

全国人大常委会副委员长谭震林在北京会见美国前参议员卡尔·柯蒂斯 休·斯科特一行

国务院副总理谷牧在北京举行宴会欢迎所罗门群岛政府副总理兼财政部部长本尼迪克特·基尼卡和由他率领的贸易代表团

谷牧在讲话中赞扬所罗门群岛人民经过坚持不懈的努力,赢得了独立,并在经济建设上取得了令人鼓舞的成就。他指出,中国一贯主张国家不分大小,一律平等,应该互相学习。他说,我们两国人民都面临着建设各自国家和发展国民经济的重大任务。我们愿意在互相尊重主权和领土完整、互不侵犯、互不干涉内政、平等互利、和平共处五项原则的基础上建立和发展我们两国间的友好关系,并且根据需要和可能发展两国的经济贸易关系,这是完全符合两国人民的利益的。

国务院副总理万里在北京会见阿曼苏丹国水电大臣哈穆德·阿卜杜勒·哈尔西以及随行人员

中国科学院奖励一批重大科技成果

《人民日报》报道,中国科学院最近奖励了232项重大科技成果,其中56项授予一等奖,176项授予二等奖。

中国科学工作者分析阿波罗17月球岩石样品

1978年5月,美国总统国家安全事务助理布热津斯基访华时,以卡特总统的名义向华国锋总理赠送了一块约1克重的阿波罗17月球岩石样品。这种月球岩石是1972年12月阿波罗登月舱在月球着陆点取得的。有关研究单位对其中0.7克样品进行了多学科的综合研究,共取得了12项研究成果。经过分析测试,主要的矿物有辉石、斜长石、钛铁矿、陨硫铁、金属铁等;次要矿物有橄榄石、磷灰石、方英石、锆石、尖晶石、铬铁矿等。岩石类型为高钛型月海玄武岩。研究人员测定了月岩中氧、硅、铝、镁、铁、钙、钛、镍、锰、钾、钠、硫、磷13种主量元素、十几种少量元素和30多种稀有、稀土微量元素的含量及其平均化学组成;确定了有关元素在月岩中的分布特征;观察了月岩的冲击效应、月岩的微细结构和矿物晶体的表面结构,并对月岩所处的物理化学环境进行了科学推断。

《刘少奇同志纪念展览》筹备就绪

中国革命博物馆、中国摄影家协会联合举办的《刘少奇同志纪念展览》,已基本筹备就绪,先进行内部预展,不久即可正式开放。

这个展览包括文物、照片等展品共计600多件。按照历史顺序,展示了刘少奇同志的伟大一生。

5月8日

以中共中央主席 国务院总理华国锋为团长的中国党政代表团出席约瑟普·布罗兹·铁托总统的葬礼

国务院总理华国锋在贝尔格莱德洲际旅馆分别会见出席约瑟普·布罗兹·铁托总统的葬礼的一些国家领导人

国务院总理华国锋会见的领导人有:坦桑尼亚总统朱利叶斯·尼雷尔,葡萄牙总理弗朗西斯科·萨·卡尔内罗和葡萄牙总统安东尼奥·拉马尔霍·埃亚内斯,马耳他总统安东·布蒂吉格,巴勒斯坦解放组织执行委员会主席阿拉法特,印度总理英迪拉·甘地,日本首相大平正芳,伊朗外交部部长戈特布扎德。

国务院副总理李先念副在堪培拉举行记者招待会

他说,访问期间,他同弗雷泽总理、安东尼副总理以及其他内阁部长进行了诚挚、友好的和有成效的会谈。双方就共同关心的国际形势和双边关系广泛地交换了意见。在许多重要问题上,双方的看法相同或接近。

李先念副总理说,"两国不仅在中央政府一级而且在澳大利亚的州和中国的省之间建立了友好联系,双方对中澳关系感到满意"。"刚开始的经济和技术合作将继续发展。"

关于柬埔寨问题,李先念副总理说,"解决柬埔寨问题的唯一的和绝对的前提是越南从柬埔寨撤走军队,让柬埔寨人民自己解决自己的问题和选择自己的政府。但是,目前还没有迹象表明越南准备从柬埔寨撤军"。"如果越南不从这个国家撤走军队,如果柬埔寨人民不能独立地和在不受外来干涉的情况下解决自己的问题,那么,实现政治解决的条件就不成熟。"

他还强调说,"所有维护和平与正义的人民和国家都应当全力支持民主柬埔寨的政府和人民,直到他们反对越南侵略的斗争取得最后的胜利。不应当以任何形式承认越南侵略柬埔寨所造成的既成事实,因为这种承认就等于使越南对这个国家的侵略合法化"。

关于阿富汗问题,李先念副总理指出,"苏联对阿富汗进行了赤裸裸的和直接的侵略。联合国大会紧急会议和伊斯兰外长会议都通过了决议,要求苏联立即无条件地从阿富汗撤军,以便阿富汗人民自己解决自己的问题。在苏联没有从阿富汗撤走军队的情况下,阿富汗人民当然要进行反抗斗争,而且有权要求其他国家给予支持,其他国家也有权利和义务支持阿富汗人民的斗争"。

中共中央书记处听取并讨论教育部党组关于《教育工作汇报提纲》和教育部部长蒋南翔的说明

5月8日、22日,中共中央书记处听取《教育工作汇报提纲》和蒋南翔的说明。在讨论中,中央领导同志指出:现在的教育状况很不适应四个现代化的要求。全党、全国人民都要重视,力争在80年代使我国的教育事业有一个很大的发展。教育要从中国的实际出发:第一,中国不提高教育水平,"四化"搞不成。第二,中国有10亿人口,经济不发达、不平衡,齐头并进提高教育水平不可能。在一定时期内,要下决心承认不平衡,要把重点抓好,把先进地区先搞上去。中等教育结构非改不可。高等教育结构也有改革的问题。教育制度的改革,要跟劳动制度、干部制度的改革紧密结合起来。要进一步落实知识分子政策,改善教师待遇,改革教育的领导管理体制。

国务院副总理谷牧在北京会见香港财政司夏鼎基爵士一行

国务院批准发布《农业技术干部技术职称暂行规定》

国务院发出通知,转发国家农委、农业部、农垦部、国务院科技干部局制定的《农业技术干部技术职称暂行规定》(以下简称《规定》),请各地、各有关部门遵照执行。《规定》的全文如下：

第一条 为了认真培养和正确使用农业技术干部，做好考核和晋升工作，充分发挥他们的积极性和创造性，建立一支勇于攀登科学技术高峰的宏大的农业科技队伍，适应农业现代化的需要，特制定本暂行规定。

第二条 农业技术干部的技术职称定为：高级农艺师、农艺师、助理农艺师、农业技术员。

第三条 确定和晋升技术职称的农业技术干部，必须拥护共产党的领导，热爱社会主义祖国，积极工作，钻研科学技术，又红又专，为实现农业现代化贡献力量。

第四条 确定和晋升农业技术干部的技术职称，以工作成就、技术水平和业务能力为主要依据，并适当考虑学历和从事技术工作的资历。

第五条 中等农业学校毕业，担任技术干部，经过一年见习期的考察，能初步应用本专业基础理论知识和技术知识，完成工作任务，或具有同等学力和同等技术水平的，定为农业技术员。

第六条 见习一年期满的高等农业院校本科毕业生、农业技术员或具有同等学力的，具备下列条件，确定或晋升为助理农艺师：

(一)掌握本专业基础理论知识和技术知识；

(二)能解决本专业有关生产、试验、示范、推广和设计等一般技术问题；

(三)能阅读本专业外文资料。

第七条 具备下列条件的助理农艺师，晋升为农艺师：

(一)掌握本专业比较系统的基础理论知识和技术知识，有较丰富的农业技术工作经验；

(二)有独立承担农业技术工作或技术管理工作的能力，能解决本专业范围内较复杂的技术问题，在工作中作出了成绩；

(三)善于总结经验，学习掌握新技术，能进行技术指导；

(四)掌握一门外语，能够比较熟练地阅读本专业外文资料。

第八条 具备下列条件的农艺师，晋升为高级农艺师：

(一)有系统、坚实的基础理论知识和技术知识；

(二)有丰富的农业技术工作或技术管理工作经验，能解决本专业重大的技术问题，在发展农业生产，应用国内外先进技术方面，有显著成绩，在学术上有独到见解的论著；

(三)在指导本专业技术工作，传授技术知识，培养技术人才方面，作出了成绩；

(四)熟练掌握一门外语。

第九条 确定或晋升农业技术干部的技术职称，必须经过考核。在平时考核的基础上，一年至三年进行一次考核。对有突出成就的，可随时考核，破格晋升。

第十条 对农业技术干部确定或晋升技术职称的考核，主要根据他们的工作成果、业务技术工作总结、技术报告或学术论著，进行评议。对其中不具备规定学历的，除评议其业务成绩外，还应当对本专业必须的基础理论知识、技术知识和外语程度进行测验。

第十一条 农业技术干部确定或晋升技术职称，按科学技术干部管理权限，经过相应的技术(或学术)组织评定。各级技术(或学术)组织的组成，由各级主管机关批准。

第十二条 申请授予技术职称的农业技术干部，必须填写业务简历表，提出业务技术工作总结或技术、学术报告，经过技术(或学术)组织考核评定后，按科学技术干部管理权限，由主管机关授予技术职称，记入人事和业务考绩档案。对取得农艺师以上技术职称的干部颁发证书。

第十三条 确定或晋升农业技术干部的技术职称，必须实事求是，严肃认真。对于营私舞弊和打击压制科学技术干部的，应当按情节轻重，严肃处理。对于伪造学历、资历，谎报成果，骗取技术职称的，应当撤销其所骗取的技术职称，并按情节轻重，严肃处理。

第十四条 畜牧兽医干部确定和晋升技术职称比照本暂行规定办理。畜牧兽医干部的技术职称定为：高级畜牧兽医师、畜牧兽医师、助理畜牧兽医师、畜牧兽医技术员。

农业、农垦部门的科研、教育、工程技术、财会、卫生等方面的科学技术干部，确定或晋升技术职称按有关部门的规定执行。

全国政协和中央统战部在全国政协礼堂举行文艺晚会招待五一节少数民族参观团

晚会开始前，政协全国委员会副主席康克清、季方、王首道、杨静仁、胡子昂、刘澜涛、王昆仑，中央统战部副部长平杰三、张执一、童小鹏、李贵、方知达、刘宁一等会见了15个省、自治区少数民族参观团的正副团长。康克清、刘澜涛、杨静仁讲了话。

10万吨级北仑港主体工程竣工

我国第一座10万吨级矿石转驳码头——浙江北仑港主体工程已在最近竣工。码头主体工程包括一个10万吨级泊位、两个2.5万吨级泊位，1公里长的栈桥和皮带输送廊道各1条，一个50万吨矿石堆场。现在，从日本引进的成套装卸设备的接运和安装工作，已经全面展开。

《人民日报》发表评论员文章《坚决维护我国大陆架主权权利》

日本政府无视中国政府的多次严正声明，和南朝鲜当局一起决定于5月初开始在所谓“日韩共同开发大陆架协定”所片面划定的“共同开发区”的第五区和第七区，进行钻探试采石油。这是所谓“日韩共同开发大陆架协定”“生效”后进入开发阶段的实际步骤，是进一步公然侵犯中国主权的严重行动。对此，我国政府再次发表声明表示坚决的反对。

所谓“日韩共同开发大陆架协定”，是1974年1月日本政府不顾国内和国际舆论以及中国政府的强烈反对，片面和南朝鲜当局签订的。1977年6月，日本国会批准了这一“协定”；1978年6月经日本和南朝鲜当局互换批准书后开始“生效”。对此，我国政府曾多次声明，根据大陆架是大陆自然延伸的原则，中国对东海大陆架拥有不容侵犯的主权权利；并且一再指出，东海大陆架涉及其他国家部分的划分问题，理应由中国政府同有关国家之间共同协商确定。但是，日本政府却不予置理，一味采取片面行动，竟于1979年3月进一步和南朝鲜当局就“共同开发区”勘探和开采经营方法达成“协议”，具体进入实际开发。这不能不引起中国人民的极大愤慨。

日本政府以所谓“共同开发区”未越过东海“中间线”为理由为其侵犯中国主权作辩护，是根本站不住脚的。众所周知，“中间线”并不是海域划界公认的国际法原则；相反，国际法要求国家间的海域划界问题，包括达成协议前的临时性措施，都必须通过有关方面的协议解决。更不用说日本方面所说的“中间线”完全是片面划定，没有任何法理的根据。日本政府的这种辩解，无助于掩饰它侵犯中国主权的实质。

我国政府7日声明再次严正指出，中国政府对于侵犯我国主权和重大利益的行动决不能置若罔闻；任何国家和私人如果在该“日韩共同开发大陆架协定”所片面划定的所谓“共同开发区”内擅自或参与进行开发活动，必须对由此产生的一切后果承担责任；中国政府保留对该区域的一切应有权利。这正当地表达了中国人民维护自己国家主权和海洋权益的坚强决心。

中日两国是一衣带水的友好邻邦。两国政府继1972年实现中日邦交正常化之后，又于1978年缔结了和平友好条约，为两国之间在广泛领域的友好合作开辟了广阔的道路。开发东海大陆架这样一个关乎国家主权的重大问题，日本政府理应同中国充分进行协商，而不应单方面行事。这种损害中国主权的行为，也是不符合两国人民的根本利益的。我们希望日本政府和有关方面，认真对待和慎重考虑我国政府声明和严正立场，不要做不利于两国友好合作关系的事。

全国人大常委会副委员长谭震林在人民大会堂会见日本全国都道府县议会议长会访华团

国务院副总理方毅在北京分别会见日本著名物理学家茅诚司博士一行与美国国家标准局局长欧内斯特·安布勒博士一行

国务院副总理谷牧在北京会见以查尔斯·德·费尔斯主席为团长的美国联邦通信委员会代表团

外交部部长黄华在曼谷拜会泰国总理炳·廷素拉暖并应邀出席泰国外长西提·沙卫西拉举行的欢迎宴会

中国政治学会筹备会议在北京召开

水利部发出通知要求各地抓紧做好防汛工作

《人民日报》报道，今年4月下旬，珠江水系的东江、北江一度涨水。它标志着我国南方的江河已经进入汛期，北方的江河也将陆续入汛。为了保障我国现代化建设和人民生命财产的安全，水利部专门发出防汛工作通知，要求各级防汛部门和水利部门要认真克服麻痹思想和侥幸心理，从最坏处着想，做到有备无患。

5月9日

中共中央主席 国务院总理华国锋在贝尔格莱德洲际旅馆会见民主柬埔寨国家主席团主席 政府总理乔森潘和负责外交事务的副总理英萨利

中共中央主席 国务院总理华国锋在贝尔格莱德洲际旅馆会见斯里兰卡外交部部长哈米德

中共中央主席 国务院总理华国锋在布加勒斯特同罗马尼亚共产党总书记 共和国总统尼·齐奥塞斯库举行会谈

双方对中罗两党、两国和两国人民之间友好合作关系的发展表示满意，并希望为了两国人民与世界和平的利益进一步加强这一关系。双方还就当前的国际问题广泛地交换意见。

浙江农村调整农业内部结构合理安排各项生产取得显著的效果

据《人民日报》报道，浙江省从1978年起，从实际出发,积极稳步地调整农业布局,在大力发展粮食生产的同时,因地制宜发展林牧渔业和经济作物,发展多种经营,全省出现了五业兴旺的景象。

浙江省七山一水二分田,自然资源丰富,但是,由于林彪、"四人帮"极左路线的干扰,农业经济的合理结构受到严重破坏。全省66种主要农副土特产品,严重减产的有44种,有的甚至比解放初期的产量还低。1978年林业产值只占农业总产值的2.6%,牧业占12.5%,渔业只占4.6%。

浙江省经过对农业结构的初步调整,收到了比较显著的效果。去年,全省粮食总产量突破了300亿斤,平均亩产达到1300多斤,油菜籽总产量达到443万担,比1977年增加269万担,大大超过了历史最高水平。桑蚕茧生产扭转了长期徘徊、下降的局面,总产量达到115万担,创造了新中国成立以来的最高纪录。猪、羊、兔、禽、蜂等都超过历史最高水平。淡水鱼总产量比上年增长一成。光蚕茧增产一项农民就增加了8000多万元收入。

《人民日报》发表社论《积极稳步地调整农业内部结构》

《中共中央关于加快农业发展若干问题的决定》指出:"要有计划地逐步改变我国目前农业的结构和人们的食物构成,把只重视粮食种植业、忽视经济作物种植业和林业、牧业、副业、渔业的状况改变过来。"一年多来,全国各地认真执行中央决定,调整农业内部的结构,单一经营粮食生产、忽视全面发展的状况有所改变,在继续抓紧粮食生产的同时,加快了林业、畜牧业和经济作物的发展。去年全国粮食播种面积虽然比前年调减了3000多万亩,由于提高了单产,粮食总产量却比前年增加500多亿斤。油料、甜菜、桑蚕茧、茶叶都比前年有较大增长,棉花的产量也开始有所增长。

但是,调整工作仅仅是开始,从全国来说,林牧副渔业合计在农业总产值中的比重还不到1/3;在种植业中,经济作物的产值还只占30%左右。农业不合理的结构还远远没有改变过来,它仍然严重地阻碍着资源的合理利用。我们应该在总结经验的基础上,把调整工作坚持下去。还没有开始实行调整的地方,更应该立即动手把这项工作抓起来。要力争三五年内把农业布局大体上调整好,为建立合理的农业经济结构打好基础。

调整农业内部结构,必须全面地正确地贯彻执行"农林牧副渔同时并举"和"以粮为纲,全面发展,因地制宜,适当集中"的方针。过去狠抓粮食生产是必要的,但是,不分别地区特点和自然条件,一律只强调粮食,不惜毁坏草原、森林、塘库,损害经济作物、林业、畜牧业、渔业的发展,使生态平衡受到严重破坏,自然资源的利用极不合理,有些地方粮食生产的发展速度也越来越慢,这是一个很大的教训。调整农业内部结构,一定要把过去一个时期单打一抓粮食所造成的不合理的布局逐步改变过来,结合农业自然资源普查,按照自然规律和经济规律,因地制宜安排农业布局,充分利用资源,发挥当地自然优势,挖掘各方面潜力,使农林牧副渔各业互相协调,互相促进,都有一个大发展,逐步创造出一个合理的生态环境,保证农业生产的稳定发展。

调整农业结构,要有一个明确的指导思想:努力发挥自己的优势,趋利避害,扬长补短,取得最好的经济效果。以粮为纲,全面发展,是就全国范围而言的,并不是要求各省、市、自治区,各个地区、县、公社、大队都要"以粮为纲,全面发展",并不是要求各地都要建立小而全的自给自足的经济结构。多年的实践证明,小而全的自给自足经济结构,经济效果很差,不利于经济建设的发展。各个地区应当根据各自的自然优势和经济优势,因地制宜,适当集中,建立符合当地条件的具有自己特点的农业经济结构。比如,吉林省中部适宜种植粮食,就要大力发展粮食生产;内蒙古草原适宜养畜,就要大力发展畜牧业;江苏、湖北适宜种棉花,就要大力发展棉花生产。一个省要注意发挥自己的优势,一个县、一个公社、一个大队也要注意发挥自己的优势。在因地制宜的基础上做到适当集中,实行区域化、专业化生产,这样做有利于提高单位面积产量,有利于提高农民耕种技术,有利于提高劳动生产率,有利于充分利用自然资源,提高农产品的商品率。

调整农业内部结构,必须坚持积极稳步的方针。能否做到态度积极、步子稳妥,关键在于正确对待粮食生产问题。粮食是人民生活的第一需要,也是实现全国安定团结的最重要的物质基础。目前,我们的粮食仍然比较紧张。当我们批判单打一抓粮食生产的错误做法的时候,对于必须抓紧粮食生产这一点决不能有任何动摇。我们说不能单打一抓粮食,目的是为了全面地完整地贯彻执行农业生产方针。只有因地制宜,才能使农业得到全面发展,也只有农业有了全面的增长,才能更有效地解决粮食生产的问题。

既要保证粮食生产稳定增长,又要调整农业的内部结构,这个矛盾怎样解决?各地的实践证明,首先要在提高土地利用率和土地生产率上下功夫。我国耕地仅占国土面积的10%强。一方面,我们要充分利用现有耕地,努力变广种薄收为高产多收,努力改造低产田。一方面,要打开眼界,充分利用自然资源。我们有大量的荒山荒地,宜林宜牧,潜力极大,充分加以利用,既可避害,又可兴利。我国劳力资源丰富,在正确生产方针的指引下，完全可以使农业生产的路子越走越宽。

有些同志对农业结构的调整抱消极态度。他们认为“粮食不过关，其他顾不上”。这是不对的。去年一年的实践证明，只要我们解放思想，跳出单一农业经济传统观念的框框，深入进行调查研究，充分认识单一经营造成恶性循环的深刻教训，在现有的条件下，调整工作还是大有可为的。当然，调整一定要从实际出发。不同的省、地区和县，自然条件不同，经济水平不同，工作基础不同，千万不可重复过去那种“这个地方能够做到的，别的地方为什么不能做到？”的主观要求和错误做法。不顾客观条件强求一律，必然事与愿违，违反自然规律，必然受到自然的惩罚。这样的教训再也不应该重复了。

调整农业内部结构，必须把国家计划指导同尊重社队自主权结合起来。过去习惯于自上而下地下达指令性生产计划，把种植面积卡得死死的，以致生产队不能因地制宜合理种植，调整农业内部结构的工作在一些地方实际上流于空谈。去年，有的地方改变了这种做法，只给社队下达粮食产量指标和征购任务，社队在保证完成粮食产量指标和征购任务的前提下，可以因地制宜、合理安排种植计划。计划体制的这种改革，有利于调整农业内部结构。某些粮食高产地区，在确保粮食稳定增长的前提下，适当调正增长幅度，以利于五业并举，发展经济作物和多种经营，这样做是必要的。对于各地行之有效的做法，应当加以总结，使它更加适应生产发展和农业内部结构调整的要求。

全国人大常委会副委员长韦国清在北京会见以板垣裕为团长的日本“中国归国者”友好会第三次访华团

国务院副总理方毅在北京会见由弗里茨·克吕克贝格教授率领的德意志联邦共和国数学和数据处理研究中心代表团

外交部部长黄华在泰国曼谷举行记者招待会

黄华部长说，中国将积极参加即将在日内瓦召开的关于柬埔寨难民问题的国际会议。有人反对召开这次会议，但是失败了。

黄华说，关于难民问题，中国政府认为，越南当局的侵略，特别是他们实行的饥饿政策，制造了大量难民。许多难民涌入泰国境内，使泰国承受了沉重的负担。我们很欣赏泰国政府尽了自己最大的人道主义的义务。他指出，很显然，如果要泰国政府和人民单独地承受这个沉重的负担，那是不公道的。国际社会有义务帮助解决在泰国国土上的难民问题。

关于以越南从柬埔寨撤军来换取对韩桑林政权的承认的问题，黄华说：“这里提出了一个问题，即：柬埔寨的命运是应该由柬埔寨人民自己决定，还是可以由外来的力量把他们的解决办法强加给柬埔寨人民？”他说，韩桑林政权是外国侵略者用刺刀扶植起来、强加给柬埔寨人民的傀儡政权。“不能容许拿人民的自决权来进行交易。至于柬埔寨将来成立什么样的政府，建立什么社会制度，这是柬埔寨人民自己的权利，这是在外国军队撤出柬埔寨以后，在没有外来干涉和压力的情况下，由柬埔寨人民自己决定的事情。”

关于有的国家建议召开解决柬埔寨问题的国际会议，黄华说：“联合国大会已经就柬埔寨问题作出决议，现在是如何贯彻的问题。解决柬埔寨问题的关键是外国军队从柬埔寨撤出。”

有记者问，民主柬埔寨有没有力量坚持下去并打败侵略者？黄华说：“1979年、1980年两个旱季，越南发动了大规模攻势，企图一举消灭民主柬埔寨的武装力量，但是都失败了。柬埔寨人民捍卫民族独立、生存和国家主权，他们的斗争是正义的。正义的事业必然得到世界主持正义的国家和人民的支持。只要坚持下去，他们一定能够取得最后胜利！”

有记者问黄华是否同意越南外长阮基石昨天所说的话：使东南亚成为和平、稳定的地区是可能的，黄华说：“大家都还记得，过去越南当局曾认为东盟是一个反动组织，是帝国主义的工具，是一个军事集团。1978年，范文同访问了东盟各国，大讲好话，并且保证不入侵柬埔寨。3个月以后，越南派遣大量部队入侵了柬埔寨，现在在柬埔寨的越南部队大约有20万人。所以，范文同也好，黎笋也好，阮基石也好，他们的话究竟值多少钱？不值一个铜板！从大家共同的经验来看，他们已经丧失了国际信任，他们的话是不可信、不可靠的。越南当局如果要证明自己有诚意使东南亚成为和平、稳定的地区，他们首先应该停止侵略扩张，并从老挝、柬埔寨撤出他们的军队。”

越南武装人员连续对中国边境进行武装挑衅

上午8时30分，8名越南武装人员侵入我广西龙州县彬桥公社绕秀大队以西六号界碑境内100多米，袭击我伏波山哨所；9时正，又有一个班的越南武装人员侵入我伏波山西侧六〇〇点九高地，架起六〇炮和机枪，向我伏波山哨所射击。我边防战士当即还击，击毙、击伤入侵敌人各1名，缴获冲锋枪1支、子弹30发、手雷1枚。

同日上午8时许，越南武装人员3人侵入我凭祥市西南东路十二号界碑我方一侧，被我边防部队击毙

1人。

中国将进行向太平洋发射运载火箭试验的公告

新华社受权公告：中华人民共和国将于1980年5月12日至6月10日，由中国本土向太平洋南纬7度0分、东经171度33分为中心，半径70海里圆形海域范围内的公海上，发射运载火箭试验。中国舰船和飞机将在该海域进行作业。为了过往船只和飞机的安全，中国政府要求有关国家政府通知本国的船只和飞机，在试验期间不要进入上述海域和海域上空。

天津 山西和吉林分别召开大会奖励有贡献的科技人员

国务院批准教育部关于高校中专招生工作的《1980年高等学校招生工作的规定》和《1980年中等专业学校招生工作的意见》

教育部最近在西安召开了高等学校招生工作会议，制定出《1980年高等学校招生工作的规定》(以下简称《规定》)和《1980年中等专业学校招生工作的意见》(以下简称《意见》)，并已经国务院批准转发各地研究执行。

1980年高等学校招生工作的规定要求，报考青年必须符合下面条件：拥护中国共产党，热爱社会主义祖国，遵守纪律，热爱劳动；具有高中毕业或相当于高中毕业文化程度；身体健康，未婚；年龄不超过25周岁(1955年9月1日后生)。工作表现突出、学习优秀的青年，经所在单位证明，可放宽到28周岁。报考外语院校和专业的考生，年龄不超过23周岁(1957年9月1日后生)；报考师范院校外语系(科)的考生，可放宽到25周岁(1955年9月1日后生)。国家和集体企事业单位的职工(包括中、小学公办教师)，须经所在单位批准，方能报考。中、小学公办教师限报师范院校。

下列学生不能报考：广播电视大学(仅限在职职工)、职工高等学校、农民高等学校等脱产和半脱产学制两年以上的在校学生；中学在校学生；1979年已被高等学校录取而不服从分配的考生；中等专业学校和技工学校的应届毕业生、在校学生以及无正当理由退学的学生。但中等专业学校和技工学校的毕业生工作满两年的，可以报考专业对口的高等学校。

报考青年应在户口所在县(区)报名。报考外语院校或系(科)的考生，可以兼报文科。报名日期，由各省、市、自治区确定公布。考生报考志愿，按院校、系填写。

《规定》指出：考生多的省、市、自治区应在全国统一考试前进行预选，选出成绩优秀的学生参加统考，具体办法由各省、市、自治区确定。预选方法如：高中毕业考试实行全省会考，按计划招生人数的三倍至五倍，选出成绩优秀的学生参加统考；由省、市、自治区按计划招生人数的三倍至五倍，参照各地应届高中毕业生人数、上届录取人数，给各地分配名额。

全国高等学校统一考试，定于7月7日至9日举行。文史类(包括外语)考政治、语文、数学、历史、地理、外语；理工农医类考政治、语文、数学、物理、化学、外语(从1981年起，农医院校和有关专业要加考生物)。今年外语考试的分数按30%计入总分，但报考专科学校的可作为参考分。报考外语院校、系科(专业)和师范院校外语系的考生，除笔试外语外，还应进行口试，笔试成绩全部计入总分。

今年的考试成绩，只通知考生本人，不张贴公布；取消考生查阅试卷的规定。

《规定》要求，考生所在单位，要按照党的政策和1979年招生政审文件精神，严肃认真地做好政审工作；健康检查，由县(区)招生委员会会同卫生部门统一组织，指定县级以上医院承担。医务人员应掌握体检标准，加强政治责任心，建立岗位责任制，切实做好体检工作。体检标准(包括军事院校招生体检标准)，由各地向考生公布。

要切实贯彻德、智、体全面考核、择优录取的原则。录取办法是：在政审、体检合格的前提下，从高分到低分，参照考生所填志愿顺序，注意相关科目成绩，分段择优录取。在一个分数段内要给学校一定的选择余地。应届高中毕业生中连续两年被评为“三好”的学生以及工作积极、表现突出的学生干部，在与其他考生同等条件下，优先录取。省、市、自治区举办的学科竞赛优胜者，不能免试入学。全国重点院校的录取分数线，由教育部根据考试情况统一划定。一般院校录取分数线，由省、市、自治区划定。全国重点高等学校的新生，9月1日入学；其他高等学校的新生，也应力争在同期入学。

1980年高等学校招生工作规定，民族自治区用本民族语文授课的高等学校或专业，由自治区命题、考试和录取。少数民族聚居地区的少数民族考生，可以用本民族文字答卷；报考用汉语授课的高等学校，语文试题要用汉语答卷(试题不翻译)。在录取新生时，除继续采取降低分数，对边疆、山区、牧区等少数民族聚居的少数民族考生予以照顾的办法以外，今年还将确定部分全国重点高等学校举办少数民族班；对散居的少数民族考生，在与汉族考生同等条件下优先录取。

《规定》要求，必须坚决反对和抵制徇私舞弊和“走后门”等不正之风。各级领导干部要以身作则，对于坚持原则，敢于抵制不正之风的人员，要给以支持和表扬；对于捏造罪名，诬陷好人的，要认真查处。招生工作人员(包括院校录取人员)和参加政审、体检的干部、医生，都要坚持原则，不得以任何形式徇私舞弊。对群众揭发检举的徇私舞弊和政审、体检中弄虚作假等事件，要认真调查，严肃处理，情节恶劣的，应给予纪律处分，直至依法惩办。为了确保新生质量，新生入学后，学校应该认真进行复查，凡不符合条件的，取消其入学资格。

《规定》还要求，各地要采用多种形式，加强宣传教育工作。要向广大考生和家长反复说明，由于林彪、“四人帮”的破坏，目前国家还有困难，大学招生数量有限，能上大学的还是少数。要教育广大考生从全局出发，做到“一颗红心，两种准备”，服从国家需要，正确对待升学问题。对学生报考志愿，中学要加以积极指导，鼓励报考十分重要而又是国家急需培养人才的师范、农林、水利、煤炭、地质、石油等院校。

《1980年中等专业学校招生工作的意见》中指出，今年中等专业学校仍招收两种对象，即初、高中毕业生。但同一学校应招收一种对象，以利于稳定教学秩序和提高质量。招收初中毕业生，学习年限为三或四年，个别为五年；招收高中毕业生，学习年限一般为两年，医科和工科等有些专业可为两年半或三年，在学习期间和毕业后的待遇，与招收初中毕业生相同。高中毕业生报考中专，必须本人填报志愿，以免给今后分配工作和在待遇上造成困难。今年录取的考生，不服从分配的，下一年不能报考。

今年中等师范学校，原则上应招收初中毕业生，学制为三年或四年。如确有困难，招生对象也可以适当变通。考试办法，可以由师范学校单独考试，也可参加重点高中统一招生考试，然后由师范学校进行面试和严格体检，择优录取。

为了贯彻小学教师地方化的原则和巩固、提高小学教师队伍，今年中等师范学校也可以招收民办教师，招收名额由各省、市、自治区决定。招收的条件是，教小学的民办教师，年龄可放宽到30周岁左右，确能坚持学习者。经过文化考试、政治审查和严格体检，择优录取。学制为两年。

联合国粮食及农业组织委托我国在成都举办的沼气技术讲习班结业

这个讲习班是4月12日开学的。在将近一个月的讲习期间，来自孟加拉国、尼泊尔、印度、菲律宾、斯里兰卡、泰国以及中国香港的农学家、工程师等，通过听中国沼气科研人员讲课，现场参观，学习了中国式的农村家庭用沼气池的建设技术和沼气发酵工艺及发酵机理等，加深了对开发利用沼气这一生物能源的认识，准备回去推广。讲习班还介绍交流了各国推广沼气的情况和经验。

5月10日

中共中央主席华国锋视察吐鲁番盆地

邓小平 彭真 胡耀邦等党和国家领导人在人民大会堂接见五一节少数民族参观团全体代表和政法干校即将毕业返回西藏的藏族学员

国务院副总理邓小平在北京会见所罗门群岛政府副总理兼财政部部长本尼迪克特·基尼卡和由他率领的所罗门群岛贸易代表团

邓小平对来自所罗门群岛的朋友说，国家不分大小，一律平等。小国有小国的长处，大国有大国的弱点。你们是新独立的国家，我们间没有矛盾，只有友好。他表示，中国同所罗门群岛间有很多领域可以进行合作，希望不断发展两国间的友谊和交往。

国务院副总理谷牧在北京会见荷兰运输和公共工程国务秘书斯密特·克鲁斯一行

国务院副总理薄一波在北京会见以丹麦总工会主席托马斯·西亚莫·尼尔森为团长的丹麦总工会代表团

薄一波向丹麦客人介绍了我国当前经济建设的情况，并有兴趣地听取了尼尔森先生有关丹麦发展国民经济的经验和措施的谈话。薄一波希望中丹两国工会加强接触，并共同努力来进一步发展两国友好合作关系。

国务院副总理王任重在北京会见以南斯拉夫《评论》出版社社长兼总编辑涅博扎·托马舍维奇为团长的南斯拉夫“评论之友”访华团

“评论之友”访华团是由南斯拉夫《评论》出版社邀请11个国家23个出版社的43人组成的。他们来自比利时、丹麦、西德、意大利、日本、荷兰、挪威、瑞士、英国、美国和南斯拉夫。

会见时，王任重欢迎来自不同国家的出版界朋友，他说，《中国》画册的出版，将增进世界各国对中国的了解和友谊。他对此表示感谢。

王任重还回答了各国出版界朋友提出的问题。他表示，中国不仅在经济方面而且将在出版事业等方面同各国进行合作。

中国人民保卫儿童全国委员会等单位发出《关于庆祝“六一”国际儿童节的联合通知》

正当全国人民同心同德向四个现代化进军的时刻，80年代第一个“六一”国际儿童节来到了。儿童是整个社会的财富，是国家、民族的希望与未来。今天的儿童，十年、二十年后，正是祖国社会主义现代化建设的生力军，新长征的接力者。把他们培养成才，直接关系到我们民族的兴衰和四化的进程。做好儿童的保健与教育工作是全党、全国人民的战略任务，是社会、学校、家庭的神圣职责。过去一年来，各条战线上的儿童工作者，在党的领导下，为适应社会主义现代化建设的需要，奋发图强，辛勤劳动，对培育儿童作出了重要的贡献。在庆祝国际儿童节这一欢乐的日子里，让我们向各条战线的儿童工作者致以崇高的敬意与亲切的慰问，并向所有直接和间接为儿童服务的同志们提出几点要求：

(一)要继续宣传贯彻全国托幼工作会议、全国儿童保健工作座谈会以及第六次全国少先队工作会议等一系列会议的精神，不断推动有关儿童事业的发展和提高。各方面的儿童工作者必须加强学习，不断提高政治和业务水平，了解儿童，做儿童的知心朋友；增强对儿童工作的责任心和光荣感，更加热爱本职工作，创造性地在各自岗位作出出色的成绩。

(二)要大力宣传儿童早期教育和保健工作的重要意义。儿童在婴幼儿时期，就可以接受教育，要及早地、有计划地进行教育工作，发展他们的智力，陶冶他们的性情，培养他们的卫生习惯。要普及科学育儿知识，加强儿童营养的研究和指导。要关心儿童的必需营养品的供应问题。做好这些工作是为培养建设人才打下基础，是做好计划生育工作的一个重要保证，同时也是分担家长对孩子养育的责任，帮助家长专心致志为四化建设多做贡献。

(三)要加强少年儿童的思想品德教育。教育少年儿童热爱共产党，热爱社会主义祖国，树立革命理想；培养他们讲文明，懂礼貌，守秩序的良好习惯；号召他们学习雷锋，从小关心集体，乐于助人，关心四化建设，长大成为合格的社会主义建设接班人。

要积极开展各种文艺、体育和科技活动，丰富儿童的生活，开阔他们的眼界。在注意提高教育质量，鼓励教育少年儿童学好科学文化知识的同时，要关心少年儿童的生长发育，注意保护他们的视力，减轻少年儿童过重的学习负担。从各个方面促进儿童德、智、体、美的全面发展。

(四)要大力宣传家庭教育的重要意义。广大家长要认识到把子女培育成合格的建设人才是对社会应尽的责任。父母的一言一行，对儿童的身体、智力、思想品德的发展起着重要的作用和潜移默化的影响，要以身作则，严于律己，做孩子们的好榜样。家长还要努力学习儿童教育、保健的知识和方法，要和学校、社会教育密切配合、协同一致，把子女教育好。

(五)社会各方面都要担负关怀儿童、热爱儿童、精心培育儿童的责任。都要从培养四化建设接班人这个前提出发，支持、扶助一切与儿童有关的工作，如托幼机构、校外教育场所的恢复和建立，以及儿童读物、电影、戏剧、玩具、教具、科技、体育活动等等。希望各厂矿、企业、机关、学校、城镇街道、商业部门、农村社队在“六一”儿童节前后检查一次儿童工作，关心和解决本地区、本单位一些迫切需要解决的问题和困难。希望各地通过节日活动更好地树立关怀爱护儿童的新风尚，因地制宜地动员社会各方面力量为儿童办好事。

各地可根据具体情况，组织儿童工作的经验交流或检查评比活动，表彰先进集体和个人，宣传儿童工作的成就和先进经验。

(六)各地的庆祝活动要因地制宜、多种多样、小型分散，注意节约、讲求实效，不追求形式。有外国儿童所在的城市，可组织中外儿童联欢。希望各地为儿童免费开放公园，在有条件的地方可以为儿童举办电影、戏剧、歌舞等专场。要根据儿童的年龄特点，把庆祝活动组织得生动活泼，尽可能让广大儿童都有机会参加一项活动，愉快而有意义地度过自己的节日。

中国人民保卫儿童全国委员会
中国共产主义青年团中央委员会
中华全国妇女联合会
中华全国总工会
中华人民共和国教育部
中华人民共和国卫生部
中华人民共和国文化部
国务院托幼工作领导小组
中国科学技术协会
中国文学艺术界联合会
1980年5月7日

音乐创作座谈会在北京闭幕

这次座谈会是在中共中央宣传部建议下，由中国音乐家协会、文化部艺术局、中央人民广播电台、中央电视台联合召开的。来自全国各地的音乐词曲作者、音乐理论工作者、指挥、演唱者以及有关方面负责人近百人出席了座谈会。座谈会历时半个月。

到会同志指出，粉碎“四人帮”三年多来，音乐创作——歌曲、各种电影音乐、舞蹈舞剧音乐、歌剧、交响乐和各种器乐曲等方面——成绩很大，歌剧创作方面的成绩更为显著。大家认为，这是主流，应该充分肯定。

但是,同时也要清醒地看到目前存在的问题,注意纠正创作和演出中的某些缺点和不足,以及群众音乐生活中的某些不良现象。

参加座谈会的许多同志希望领导音乐工作的有关部门,鼓励音乐工作者进行新的探索,满腔热情地帮助他们克服探索过程中遇到的困难、出现的缺点;帮助青年音乐工作者不断提高政治修养和文化素质;鼓励艺术形式、艺术风格的多样化;给音乐工作者深入生活创造便利的条件。

会议期间,到会同志听了王任重、周扬和夏衍同志的讲话。

中共中央宣传部委托新华社主办的《半月谈》杂志在北京创刊

《纪念鉴真大师书画展览》在北京北海公园展出

这次画展是由南京市文联、南京书画院与中国美术家协会北京分会联合举办的。展出的作品有国画、书法、版画、篆刻等100余件。

北京—上海电影宣传画联展在北京北海公园展出

5月11日

全国夏季粮油征购会议在北京举行

这次会议的会期是5月11日到19日。会议研究了今年粮油生产情况,发排了今年夏季粮油征购计划,并根据当前新的情况,讨论了征购中一些政策。会议认为,夏粮超购加价由过去年终付给改为分季付款,使生产队超额交售的粮食,可以及时得到超购加价款,有利于农业生产的发展,社员在夏季预分时也可以增加一些收入,也使国家多掌握一些小麦。但是在实行时需要分别不同情况,妥善安排。小麦主产区的生产队,要在原定的全年粮食征购基数中,合理规定夏粮征购基数。夏季交售的粮食超过夏粮征购基数的部分,先付给加价款的80%,秋后全年统一结算。没有核定夏粮征购基数的地区,仍执行过去的规定,即生产队夏季一季完成全年征购基数以后再多卖的粮食,可以按超购付款。还有个别省,前两年已经实行夏粮超购加价分季付款,可以继续执行。

会议还认为,在坚持粮油统购统销的原则下,粮食部门应当积极经营粮油议购议销。对于完成夏粮征购计划以后还有余粮的生产队,粮食部门既要继续搞超购,也可以到生产队协商议购。但议购必须坚持自愿原则,不能硬性摊派,不能因搞议购而挤超购,或挤社员口粮。粮食部门也应当在集市上积极收购落市粮油。但不能刺激粮价上涨。

全国人大常委会副委员长谭震林在北京会见以斯里兰卡全国职工工会总书记曼迪斯为团长的斯里兰卡工会代表团

全国妇联主席 政协全国委员会副主席康克清在北京举行宴会欢迎以日本主妇同盟议长牧野可祝为团长的日本主妇同盟访华代表团

外交部副部长韩念龙在北京举行宴会欢迎英国前首相詹姆斯·卡拉汉先生和他的夫人一行

在北京召开的全国发明工作会议要求各地进一步鼓励发明创造

1978年12月国务院发布《发明奖励条例》以来,在国家科委的组织和领导下,我国奖励发明创造的工作有了很大进展。除国家科委外,国防工办、石油部、冶金部、粮食部都建立了发明评审委员会,国务院有关部委配备了专职干部具体负责这项工作。申报的发明项目愈来愈多。

为了更好地贯彻执行《发明奖励条例》,进一步鼓励发明创造,最近在北京召开的全国发明工作会议认真讨论了国家科委拟定的有关《发明奖励条例》的部分实施细则,如:关于什么是发明问题、关于填写发明申报书的说明、划分发明奖励等级办法、关于科学技术保密的规定等。讨论认为,目前我国的发明工作尚处于创建的阶段,经过讨论、修改、补充,然后试行这些细则是很有必要的,这将会有利于发明奖励工作的进步完善。

会议向国务院各有关部门和各省、市、自治区科委提出两点要求:第一,凡是没有专职人员管理发明工作的,应尽快设置专职人员,并不断积累经验,提高业务水平。第二,凡是没有清理或没有清理完已有发明项目的单位,希望抓紧清理工作,争取年内完成这一任务。

国家科委副主任武衡、国家科委成果局局长王元一等在会上讲了话。国务院有关部、委、总局,中国科学院以及国防工业、科研部门共56个单位的100多位代表参加了这次会议。

全国第一届书法篆刻展览在沈阳开幕

这次展出的书法413件、篆刻90件,就是从全国29个省、市、自治区(包括台湾省籍、港澳同胞)送来的大量作品中选拔出来的佳作。这些作品流派纷呈,体式繁多,篆、隶、真、行、草各种字体都有。既有径尺大字，又有蝇头小楷，浓浸淡墨，龙飞凤舞，绚丽多彩。展出的作品中有已故著名书法家郭沫若、齐燕铭、沈尹默等人的遗墨，有领导干部的作品，有老一代书法家、篆刻家的杰作，也有初露锋芒的后起之秀和工农兵以及少数民族书法篆刻爱好者的佳作。

5月12日

国务院总理华国锋在人民大会堂宴请毛里塔尼亚伊斯兰共和国救国军事委员会主席 国家元首 政府首脑穆罕默德·库纳·乌尔德·海德拉

华国锋在宴会上讲话指出：我们两国在交往中，都始终不渝地遵循互相尊重主权和领土完整、互不侵犯、互不干涉内政、平等互利、和平共处五项著名的国家关系准则。两国在国际事务中，一向采取积极支持各国人民的正义斗争，促进第三世界团结，反对帝国主义和霸权主义的干涉、侵略的相似立场。他说，在这样的基础和条件上建立起来的中毛友谊，是能经受考验的，是有着强大生命力的。

华国锋指出，海德拉主席这次访问中国，是两国关系史上的一件大事，它必将推动两国友好合作关系和两国人民之间的友谊的进一步发展。

《人民日报》发表社论《热烈欢迎毛里塔尼亚贵宾》

毛里塔尼亚伊斯兰共和国救国军事委员会主席、国家元首、政府首脑穆罕默德·库纳·乌尔德·海德拉中校阁下应我国政府邀请，今天到达北京，对我国进行国事访问。我们怀着友好的心情，热烈欢迎来自西非的毛里塔尼亚贵宾。

毛里塔尼亚人民具有反帝、反殖的光荣革命斗争传统。英勇不屈的毛里塔尼亚人民经过长期的斗争，终于在1960年11月28日取得了独立。20年来，毛里塔尼亚在维护民族独立，发展本国经济和民族文化方面进行了不懈的努力，取得了明显的成就。近年来，毛里塔尼亚政府和人民在海德拉主席的领导下，正在为实现西撒哈拉和平、加强民族团结而努力。我们衷心祝愿毛里塔尼亚在前进的道路上，不断取得新的成就。

在国际事务中，毛里塔尼亚政府一贯奉行中立和不结盟政策，反对帝国主义、新老殖民主义和霸权主义，强调非洲统一和阿拉伯国家的团结，支持各国人民的民族解放运动，支持南部非洲人民争取民族解放和反对种族歧视的正义斗争，支持巴勒斯坦和阿拉伯人民反对以色列犹太复国主义的正义斗争。毛里塔尼亚政府这种主持正义的立场博得了广泛的赞扬。

国际形势进入80年代以后，更加紧张和动荡。世界动乱的主要根源来自霸权主义。战略地位重要、资源丰富的非洲一直是霸权主义者渗透扩张的地区之一。近年来，一个超级大国公然派遣雇佣军插手非洲内部冲突，策划入侵和颠覆活动，并伺机制造新的动乱，这对非洲的和平与安全造成严重威胁。面对这样的现实，非洲国家和人民正不断加强反对外来干涉、反对外来侵略和颠覆的斗争。目前，西撒哈拉问题受到非洲和阿拉伯国家的普遍关注，它们正在为这一问题的和平解决作出积极努力。我们希望有关方面通过耐心的和平协商，互谅互让，求得问题的合理解决，化干戈为玉帛，以防止霸权主义者挑拨离间、浑水摸鱼的阴谋。

中国和毛里塔尼亚两国相隔万里，但在共同的反帝、反殖和反霸斗争中，两国人民互相同情，互相支援，结下了深厚的友谊。我们相信，海德拉主席的访问必将使这种友谊更加发展，更加巩固。祝海德拉主席的访问圆满成功！

国务院总理华国锋在北京会见以内务部部长乔治·霍莫什特安为团长的罗马尼亚内务部代表团

华国锋在会见时说，我在参加了铁托总统的葬礼以后，应齐奥塞斯库同志的邀请对罗马尼亚作了短暂的正式友好访问。我同齐奥塞斯库同志进行了非常友好的会谈。我们双方对中罗两党和两国友好关系的发展，感到很满意。

国务院副总理邓小平在北京会见英国前首相 现工党领袖詹姆斯·卡拉汉

国务院副总理李先念到达克赖斯特彻奇开始对新西兰进行正式友好访问

地质部 煤炭部 冶金部 石油部 化工部 二机部 建工部 轻工部联合颁布《群众报矿奖励办法》

第一条　为了调动广大群众找矿报矿的积极性，以利发现更多的矿产资源，促进社会主义现代化建设，特制定本办法。

第二条　群众报矿，属首次发现的矿产地，应给予奖励，包括表扬，发给奖状、奖品、奖金等。

所报矿点及其线索经有关部门地质队普查评价，属小型矿床的，发给奖金十元至一百元；属中型矿床的，发给奖金一百元至四百元；属大型矿床的，发给奖金四百元至八百元。属国家当前急缺和贵重矿种如铬、铀、金刚石、金、铂、高档玉石（翡翠，青金，红、蓝宝石）等，可酌情提高奖金数额，其中大型矿床，发给奖金八百元至五千元。

第三条　所报矿石本身，经过鉴定，具有特高经济价值的，由接受部门酌情发给奖金。所报矿石对地质科学研究有重要意义的，也可酌情给予奖励。

第四条　报矿奖励费用，由普查评价单位在地质勘探费内支付。凡奖金在四百元以内的，由普查评价单位发给，报上级组织备查；超过四百元的，报请上级主管部门审批。发奖金前，应征求受奖人所在单位的意见。

第五条　群众报矿，应报就近地质队，如附近无地质队，可函报省、市、自治区有关部门。

第六条　群众报矿，应说明报矿人姓名、单位、职务、地址和矿点具体位置。

报矿要有矿石标本，以便鉴定和研究。一个矿点的标本不要同时报几个单位。矿石用纸包好(如为液体，可用瓶子装好)，分别编号，并按号注明采取地点，以免混乱。邮寄时应装在木箱或布袋内，连信一齐付邮，按国家地质总局、邮电部《关于接受群众报矿和报矿邮件邮寄问题的联合通知》的规定，在信封和包裹左上角注明"报矿"字样，即可免费邮寄。

第七条　接受报矿单位要填写群众报矿登记表，及时进行实地调查，并将结果回复报矿人；给予奖励的，由进行普查评价的地质队填写群众报矿评价表，报上级组织备查或审批。

第八条　本办法自发布之日起施行。1954 年 8 月 22 日中央人民政府政务院批准的《地质部接受群众报矿暂行办法》同时废止。

全国民航系统百日服务质量总结授奖会议在北京举行

会议表彰了 106 个安全生产好、服务质量高的先进集体和先进个人，并向他们分别颁发了锦旗和奖状。

去年 9 月至 12 月，全国民航系统广泛开展了百日服务质量竞赛活动。通过活动，促进了全国民航系统服务质量的提高。

在这次全国民航系统百日服务质量总结授奖会议上，有 21 个先进单位的代表和先进个人，先后在大会上发了言，总结交流了百日服务质量竞赛中取得的经验。会议还认真讨论研究了全国民航系统继续开展"安全、正常、服务好"百日竞赛活动的具体办法和措施。

会议结束时，国务院副总理耿飚、康世恩、陈慕华接见了出席会议的全体代表。耿飚同志在会上讲了话。

中国政府与欧洲 4 国在北京签订举办中国珍宝展览的协定

这 4 个国家是丹麦、瑞士、联邦德国和比利时。协定规定，为了发展中国同这 4 国的友好关系和文化交流，将在 1980 年 5 月 24 日至 1982 年 5 月 24 日先后在这 4 个国家首都的博物馆展出中国珍宝。展出的珍宝中有仰韶文化的彩陶、商至战国的青铜器、秦始皇陵随葬的兵马陶俑、西汉的彩绘陶兵马俑群、汉代的工艺品和石刻、南北朝石造像、隋代的工艺品、唐代石刻、唐三彩和彩绘陶俑、唐代的黑釉瓷器和金银器等。

在协定上签字的是我国国家文物事业管理局副局长齐光和丹麦驻中国大使鲁道夫·安东·托宁一彼得森、瑞士驻中国大使馆临时代办舒爱文、联邦德国驻中国大使修德、比利时驻中国大使罗杰·德诺睦。

国务院副总理余秋里在北京会见由阿尔弗雷德·瑙率领的德意志联邦共和国艾伯特基金会代表团

会见时，余秋里向客人介绍了我国国民经济建设的方针、政策、长远规划和近年来取得的成就。

美国购买中国杂交水稻技术专利

《人民日报》报道，最近，中国进出口管理委员会批准了中国种子公司向美国西方石油公司转让杂交水稻技术的合同。这是我国第一次出口农业技术。

我国农业科研的重大成果——杂交水稻良种，经大面积推广种植，增产效果显著，在世界上占领先地位。去年中国种子公司向美国西方石油公司提供少量杂交水稻良种试种，增产效果很好。该公司向中国种子公司提出购买杂交水稻技术专利，今年 3 月间，双方举行了谈判。

双方签订的合同，基本内容是：中国种子公司向美国西方石油公司提供繁育杂交水稻的三系种子(即产生杂交水稻的三个亲本)，派技术人员前往传授生产杂交水稻种子的全套技术。美国西方石油公司支付试验、生产、销售杂交水稻种子的全部费用。根据合同规定，在合同有效期内，西方石油公司向中国种子公司支付开始费和提成费，作为购买此项技术专利的费用。

中央决定成立中共中央文献编辑委员会

中央同时决定将原中共中央毛泽东主席著作编辑出版委员会办公室改名为中共中央文献研究室，作为中共中央文献编辑委员会的办事机构。胡乔木任中共中央文献研究室主任。

国际综合性月刊《环球》杂志创刊号出版发行

丁志辉逝世

第五届全国人民代表大会代表、人民解放军总后勤部卫生部副部长丁志辉，因病于 5 月 12 日在北京逝世，终年 62 岁。

丁志辉1918年生于江苏无锡,1939年6月参加新四军,1940年6月加入中国共产党。入伍后历任新四军卫生部休养所所长,东北民主联军二纵队五师医务主任兼后方医院院长,军卫生部医务主任,中南军区赴朝医疗手术大队大队长,中国协和医学院附属医院副院长,解放军总医院副院长等职。丁志辉同志曾被选为第一届全国政治协商会议代表,第一、二、三、五届全国人民代表大会代表。

5月13日

国务院总理华国锋同毛里塔尼亚伊斯兰共和国国家元首穆罕默德·库纳·乌尔德·海德拉主席在北京举行会谈

华国锋总理在今天会谈中介绍了中国对当前国际总形势的看法。华国锋着重指出,当前世界局势动荡和紧张是根源于霸权主义推行的侵略扩张政策。

关于中东问题,他说,由于超级大国的插手和挑拨,阿拉伯国家之间出现了不和与分裂。他重申中国政府和人民坚决支持阿拉伯人民和巴勒斯坦人民为收复失地和恢复民族权利所进行的正义斗争,支持中东问题的全面、公正解决。他真诚希望阿拉伯国家能够消除分歧,团结起来,共同反对霸权主义和以色列的侵略扩张政策。华国锋说,阿拉伯国家团结得越好,就越有利于加速胜利的到来。

国务院副总理邓小平在北京会见并宴请毛里塔尼亚伊斯兰共和国国家元首穆罕默德·库纳·乌尔德·海德拉主席以及随行人员

在亲切友好的交谈中,邓小平称赞毛里塔尼亚在执行国内外政策上所取得的成就。他说,中毛两国关系和两国人民的友谊一定会越来越密切。

在谈到国际局势时,邓小平强调了反对霸权主义、维护世界和平的重要性。他指出,当前,大国霸权主义加紧争夺和扩张,加剧了世界局势的动荡,首先受害的还是第三世界国家和人民。

邓小平还向贵宾们介绍了中国人民当前面临的主要任务。会见后,邓小平副总理设午宴招待海德拉主席等毛里塔尼亚贵宾。

国务院副总理李先念在惠灵顿会见新西兰总督基恩·霍利约克爵士和夫人

中国道教协会第三届代表会议在北京闭幕

各道派和道教学者代表共50多人,在历时7天的会上总结了中国道教协会过去的工作,讨论、确定了今后的工作任务,修改了协会章程,选举了新的领导机构,通过了《致台湾省道教界书》。

会议期间,乌兰夫、彭冲接见了出席会议的全体代表。中共中央统战部副部长张执一、国务院宗教事务局局长肖贤法到会讲了话。

会议认为,中国道教协会的主要任务是:协助党和人民政府贯彻宗教信仰自由政策,团结全国道教界人士积极参加四化建设,为台湾归回祖国,反对霸权主义贡献力量。同时指出,道教历史悠久,对我国的思想文化有相当影响,流传下来的经典文献十分丰富,中国道教协会应把道教研究作为今后的工作重点。

会议号召全国道教徒,在中国共产党和人民政府的领导下,遵守国家的政策法令,加强爱国主义和社会主义学习,促进安定团结,积极工作,不断进步。

大会选举黎迁航为中国道教协会会长,王教化、陈理实为副会长,王伟业为秘书长。

会议通过的《致台湾省道教界书》宣布,中国道教协会已为在台道友保留理事名额2名,待台湾归回祖国之日予以增补,并表示希望台湾省诸道长及道教学者能作大陆之游,与大陆道教界人士一起朝拜祖庭,切磋教义,共推爱国爱教之热忱,促祖国统一之大业。

中国伊斯兰教协会、中国佛教协会、中国天主教爱国会、中国基督教三自爱国委员会的负责人到会表示祝贺。

原美商上海电力公司发出的一则通告引起中国股票及债券持有者的不满

中国各地股票及债券持有人指出,通告规定的清偿办法并限期登记的做法,将使中国股票及债券持有者的权益蒙受极大损失,要求中国有关方面同美国方面进行交涉,以取得公平、合理的解决。

原美商上海电力公司的全部股权,中国人几乎占有一半,股票的户数占3/4。这家公司在没有中国股票和债券持有者代表参加协商的情况下,竟单方面与所谓股权代表协商了清偿办法,剥夺了大多数中国的股票和债券持有人的合法权益,这是非法的。

有关部门重申:希望上述股票和债券持有人尽快向上海中国银行了解有关登记和清偿事宜,上海中国银行将给予必要的帮助和指导。

全国人大常委会副委员长邓颖超在北京会见以牧野可祝为团长的日本主妇同盟代表团

国务院副总理余秋里在北京会见以静冈县日中友好协议会会长 县知事山本敬三郎为团长的日本静冈县日中友好协议会代表团

国务院副总理姬鹏飞在北京分别会见三国新任驻华大使

这三位驻华大使是：瑞典新任驻中国大使松德费尔特、阿拉伯也门共和国新任驻中国大使艾哈迈德·瓦迪迪、马达加斯加新任驻中国大使拉科托菲林加。

外交部部长黄华应邀出席英国驻中国大使柯利达和夫人为詹姆斯·卡拉汉和夫人访华举行的晚宴

在晚宴上，黄华外长说，英国前首相、现工党领袖詹姆斯·卡拉汉对中国的这次访问特别是同我国领导人的会见，对增进彼此的了解和发展双边友好合作关系无疑是十分有益的。

黄华还说，卡拉汉这次在北京同中国方面就当前国际局势中共同关心的问题广泛地交换了意见，对其中不少问题有着相同或类似的看法。双方还讨论了进一步发展双边关系的问题。他表示相信，卡拉汉在这次访问中将会看到扩大中英人民间友好合作的广前景。

中国常驻联合国副代表赖亚力在联合国裁军审议委员会上指出苏联扩张使世界战争危险增长

赖亚力在会议上指出："随着两个超级大国争夺世界霸权的加剧，世界战争的危险正在继续增长，发生局部战争的可能性也在增加。"他还指出："全世界人民在争取裁军、保卫世界和平的斗争中要提高警惕，加强团结，进行坚持不懈的努力。"

赖亚力说，当今的世界，与十年前相比，军备水平大大膨胀，局势更加动荡不安，国际和平受到更大的威胁，一些国家的独立与安全受到了越来越严重的损害和破坏。

他说："那个裁军口号喊得最响的超级大国，长时期以来，在扩军备战方面一直处于领先地位。""它以强大的军备为后盾，多年来，在国际上肆无忌惮地推行侵略扩张政策，手段无所不用其极。"

他指出，人们不能不注意到一个严酷的现实——苏联武装侵略阿富汗事件。"这是它多年来推行社会帝国主义侵略政策的恶性发展。就在一年多以前，它基于同样的目的，明目张胆地支持越南地区霸权主义者武装入侵民主柬埔寨。"他说，苏联的"野心远远不止一个阿富汗"。

他指出："值得注意的是，苏联的舆论工具一个时期以来，大力鼓吹实力地位政策，公然无视国际法准则，无视联合国宪章，鼓吹要保持'火药干燥'，声言在某种所谓'援助'的名义下，可以对外使用武力进行侵略。这就更进一步暴露了它的假缓和和假裁军的虚伪性。"

关于第二个裁军十年决议草案的主要内容，赖亚力说："必须吸取过去由于超级大国垄断控制裁军而致使裁军成效甚微的教训，广大第三世界国家和其他中小国家在裁军领域必须发挥更大的作用，拥有更大的发言权。"

他说，第二个"裁军十年"的决议内容应包括"任何国家都不得在世界任何地区谋求任何形式的霸权，不得对任何别国进行干涉、控制、颠覆和侵略，一切入侵别国的军队必须立即、无条件地全部撤回到本国领土"。

他还说："两个拥有最大核武库和常规武器库的国家必须承担义务首先裁军。"

中国科学院紫金山天文台发现的9颗新小行星被列入国际星表

中国科学院紫金山天文台在几年前发现的9颗新小行星，1979年下半年在国际上得到了正式编号和命名。其中有2颗是轨道特殊的近地小行星。

自1950年以来，紫金山天文台观测了6000余次小行星的位置，发现了700多颗未有编号的小行星，计算了130多颗新小行星的轨道。在1979年以前，紫金山天文台发现的4颗新小行星，曾得到国际上的编号和命名。

中国科技大学少年班继续招生

中国科技大学少年班今年将在北京、上海、江苏、浙江、福建、山东、江西、湖北、安徽9个省、市继续招生。到目前为止，中国科技大学少年班已招收117名少年大学生。这些学生在学校教师的精心培养下，大部分学习成绩优秀，正在健康成长。

主管部门说，今年报考的条件是：热爱中国共产党、热爱社会主义祖国、热爱劳动，遵守纪律，具有高中毕业文化程度的成绩突出的中学在校学生；年龄为14岁或15岁，身体健康。凡符合这些条件的少年，都可自愿报名，学校推荐，并经县(区)招生办公室批准，参加当地考试。考试科目、试题、记分办法与高考理工科相同。试卷由中国科技大学按教育部规定的标准评阅。

1979年全国出版各种图书17000余种

据国家出版局统计，1979年全国出版了科技图书、文艺作品、少儿读物、哲学社会科学著作及工具书等各种门类图书共1.7212万种，总印数达到40.7亿册，是粉碎"四人帮"以来最多的一年。

中国乒乓球队在加尔各答举行的第五届亚洲乒乓球锦标赛上获得男女团体赛冠军

著名人民音乐家聂耳的骨灰迁入新墓地

今天上午,聂耳的骨灰罐在《义勇军进行曲》《大路歌》等聂耳创作的歌曲声中被安放在昆明西山太华寺至三清阁之间山坡上的新墓中。新墓地是聂耳生前常到的地方。墓后面竖立的墨石上写着“人民音乐家聂耳墓”几个大字。

5月14日

国务院总理华国锋在人民大会堂会见日本日中友好议员联盟前任会长滨野清吾一行

会见时,华国锋赞扬滨野先生在担任日中议联会长期间,为促进缔结中日和平友好条约、发展中日关系作出的贡献。

华国锋说,1972年中日建交以来,两国的关系一直很好。不久,我将去日本访问,同大平正芳首相研究如何进一步发展两国人民的友谊和两国的合作问题。他说,中日友好关系是建立在完全平等、互相尊重、互相学习、互相帮助的基础上的。中日友好不是暂时的,而是要世世代代友好下去。

国务院总理华国锋在北京会见英国前首相现工党领袖詹姆斯·卡拉汉和夫人及其随行人员

华国锋同卡拉汉就国际问题交换了观点。华国锋指出,苏联全球战略的重点仍在欧洲。它侵略阿富汗,加紧向印度洋南下,在中东、波斯湾产油地区进行渗透和扩张,凡此种种,我们都不能看作是局部地区问题,而应看作是苏联企图迂回包抄欧洲、进而争霸全球的重要步骤。

国务院总理华国锋在北京出席中华人民共和国政府和毛里塔尼亚伊斯兰共和国政府经济技术合作协定签字仪式

国务院总理华国锋和毛里塔尼亚救国军事委员会主席穆罕默德·库纳·乌尔德·海德拉中校出席了签字仪式。

外交部部长黄华和毛里塔尼亚外交和合作部部长穆罕默德·莫克塔·乌尔德·扎迈勒分别代表各自政府在协定上签字。

签字仪式结束后,华国锋接受了毛里塔尼亚记者的采访。华国锋在评价中毛两国领导人的会谈成果时说,我们的会谈获得了圆满成功。我们双方对会谈的成果都感到很满意。

他说,海德拉主席这次对我国的访问,加深了我们双方的相互了解、友谊和合作。虽然我同海德拉主席是第一次见面,但我们却像老朋友一样。我们两国的关系是建立在相互尊重、互不干涉内政、互相帮助的基础上的。我相信,我们两国关系的发展会越来越好。今晚签订的中毛两国政府间的经济技术合作协定就证明了这一点。

国务院总理华国锋 副总理邓小平在北京分别会见日本国策研究会代表常任理事矢次一夫一行

国务院副总理李先念应邀出席新西兰总理马尔登和夫人在议会大厦宴会厅举行的国宴

在宴会上,李先念说:“中国和新西兰人民都是非常热爱和平的,都希望有一个和平的国际环境来建设他们的国家。但我们两国今天却处在一个充满紧张的世界里。特别是那个正在推行其全球战略的超级大国最近几年来不断加紧它的侵略和扩张活动,对亚洲和世界和平与安全构成了严重威胁。这个超级大国支持越南侵略柬埔寨,并且肆无忌惮地军事占领阿富汗。当前它正迫使国际社会接受这一既成事实,使它的侵略合法化。这是对联合国宪章和公认的国际关系准则的公然嘲弄。各国人民理所当然地严厉谴责和反对这种行径。”

他又说,中新两国虽然社会制度不同,但是“我们之间没有根本的利害冲突,我们双方都需要在很多方面增强接触和交流”。

《人民日报》发表社论《充分发挥政策潜力》

党的三中全会以来,在两个农业文件指引下,我国农村出现了前所未有的好形势。众多经济基础较好的社队,生产发展速度加快;不少长期处于贫困状态的社队,一年就翻了身。农民高兴地说:“政策暖人心,遍地是黄金”,“政策比老天爷都厉害!”

在这个期间,各地落实农村经济政策,做了五件大事:第一是尊重社队的自主权;第二是建立各种生产责任制、贯彻按劳分配的原则;第三是发展家庭副业和落实自留地;第四是开放农村集市贸易;第五是提高农副产品收购价格。这几件事,虽然有些地方还落实得不够,有的甚至还落实得很差,但是总的看来,政策已经发挥了推动生产的巨大作用,为恢复和发展农村经济、逐步实现农业现代化打开了局面。

在我们这个人多、耕地少、底子薄的国家里,实现农业现代化,必须从我国的实际出发,走自己的路子。实现农业现代化,要实行大规模的农业基本建设,要有现代化的机械。这就需要国家对农业大量投资。但是,我们现在还没有能力增加更多的农业投资，甚至工业品和农副业产品之间，还存在不等价交换，而且这种状况还不可能一下子改变。那么，在国民经济调整时期，以至今后一段时间内，我国农业能否在投资增加不多的情况下，取得较快的发展呢？一年多的实践证明，这是可能的。

为了把这种可能变成现实，关键在于发挥我国人多的优势，靠政策调动亿万农民的积极性，发挥各方面的潜力。为什么有些地方生产长期徘徊，一经落实政策就大步前进了呢？为什么有些地方经常歉收，农民要吃统销粮，一搞生产责任制就一变而向国家交售余粮呢？为什么有些社队仅仅有了一点种植的自主权，很快就突破单一经营的框框，出现了农林牧副全面发展的新局面呢？这都说明了落实政策的潜力确实不可低估。长期以来，我们贯彻以农业为基础、工业为主导的方针，经过农民的劳动积累和国家投资，农业和工业都打下了一定的基础。现在，地有潜力，资源有潜力，只要认真落实政策，解除多年来限制农业生产力发展、捆住农民手脚的那一套极左政策，把人的积极性调动起来，就能充分利用现有的设施，充分发挥科学技术的力量，开发自然资源的潜力，创造出大量的财富。

目前，就全国范围来看，各方面的潜力，特别是政策的潜力，发挥得还很不够，很不平衡，有些地方还刚刚开始，有的地方可以说还没有开始！我们必须看到，极左路线在农村造成的严重影响，虽然经过几年的拨乱反正，它的余毒至今并没有完全消除。过去指导农业的那一套“左”的思想、“左”的政策，使一些同志直到现在对发展农业仍然想得很窄、限得太死。他们对党的政策调动起来的人的积极性是农村最强大、最活跃的生产力这个根本观点理解不深，对长期被压抑的农民渴望落实政策使生产迅速发展、生活逐步富裕起来的心情体会不深，对继续落实政策的巨大潜力认识不够。有些同志看到少数地方落实政策过程中出点问题，就以为是政策“右”了，落实政策“过头”了，就不敢大胆按政策办事，甚至有意无意阻碍政策的落实。比如，有些同志把允许一部分农民先富起来所引起的富裕程度的差别，误认为是两极分化，因而不敢大胆落实有关政策。又如，中央文件中指出三种责任制都可以实行，但是增产效果显著、很受农民欢迎的联系产量计酬的责任制，还不断受到种种责难。再如，生产队的自主权的落实，更是差得很远，不少地方对种植计划、产品处理和加工等方面的权利老是抓住不放，生怕社队自主权多了，就“不好管了”，总想靠行政命令而不善于用经济手段办农业，等等。这些都说明，继续肃清极左流毒，解放思想，落实政策，仍然是农村中带根本性的问题。

全国有一部分地方，估计可能有一亿人口，有的从合作化以来基本上没有吃到多少甜头；有的三年困难时期垮下来以后，生产一直上不去。这些地方，人口增加了，粮食没有增产，国家每年要调给很多粮食，是一个很大的负担。究竟是什么问题呢？当然，自然灾害有，但不是年年有，根本问题是那套“左”的政策挫伤了农民的积极性，农民对集体经济失去信心。因此，在那些长期困难的地方，可以适当放宽些，采取一些能够调动群众积极性的政策，或者给予必要的扶助，首先解决农民的温饱问题，而后在这个基础上前进。这样，这些地方的农民得以休养生息，生产得以逐步恢复、发展，国家也能减少一部分负担，实在是一举两得的好事。

我们一定要坚持从实际出发，坚持实践是检验真理的唯一标准，对发展生产有利的政策就继续贯彻落实，并且根据当地实际，研究新情况，解决新问题，因地制宜地采取有效的政策措施，发挥人的潜力和土地的潜力，发挥自然资源的优势。特别是在地广人稀、经济落后、人民生活困难的地方，除了在经济上给予必要的扶助外，要适当放宽政策，把各队、各户的生产积极性都调动起来，使他们自己多想办法，开辟多种门路，实现增产增收。决不能在落实政策上搞“一刀切”，更不能无中生有地去“堵资本主义的路”，把发展生产的门路限死。

党的三中全会制定的一系列政策，是兼顾国家、集体、社员利益的，首先要在政治上切实保障农民的民主权利，在经济上充分关心他们的物质利益。当前我们的农业要增产，主要靠直接生产者和经营者的积极性，而这种积极性总是跟他们的切身利益密切相连的。离开了农民的物质利益，就无法调动他们的积极性，国家和集体的利益也会落空。

经过林彪、“四人帮”极左路线长期干扰破坏的农村，各方面都有巨大的潜力。我们一定要靠政策来保护和调动农民的社会主义积极性，持续地、坚定地执行党的政策，扎扎实实干它几年，并在实践的过程中摸索新的经验，作某些必要的调整和补充。思想要解放一些，办法要活一些。我们相信，政策潜力的进一步发挥，必将激发亿万农民巨大的创造力，农村经济定会出现一个新的更加活跃的局面。

全国妇联名誉主席邓颖超就联合国妇女十年活动回答记者所提的问题

记者：今年是联合国主办的1976年至1985年妇女十年活动的中期年，请谈谈您对这个活动的评价。

邓颖超：1975年联合国决定1976年至1985年为“联合国妇女十年”。妇女十年活动的主题是

"平等、发展、和平"。联合国的这一倡议有助于促进各国政府对妇女问题的关注,并有利于动员各国妇女参加本国的发展和维护世界和平的事业。

记者:中国是否将积极参加这个活动?

邓颖超:我国政府对联合国妇女十年的活动给予热情赞助和积极支持,并委托中华全国妇女联合会参加联合国妇女十年活动及筹备妇女十年世界会议。

全国妇联自1978年9月恢复工作以来,派遣了不少妇女代表团出席联合国妇女十年的各种会议。我国并将派中国妇女代表团出席今年7月在丹麦首都哥本哈根召开的联合国妇女十年世界会议,与各国妇女在一起,讨论我们共同关心的问题。

记者:请概括地说明一下中国妇女运动当前的中心任务。

邓颖超:在旧中国,妇女根本谈不上有平等权利。中国的妇女解放运动,一直是中国人民革命运动的一个组成部分。新中国诞生后,妇女运动和祖国的社会主义建设密切结合。中国政府一直把占人口一半的妇女看作是革命和建设的一支不可缺少的重要力量,并从法律上保证妇女在政治、经济、文化、社会、家庭各方面的平等权益。

今天,中国妇女运动的中心任务,就是动员、组织全国妇女的力量,为实现国家的社会主义现代化而努力,并在这个伟大的事业中进一步提高、发展妇女自身的能力和享受平等权益。

记者:请谈谈中国妇女对世界和平运动的立场。

邓颖超:世界各国妇女的处境和存在的问题不同。但是,全世界的妇女都是热爱和平的,更愿意看到孩子们能在和平安定的环境中健康地成长。

为了建设我国的四个现代化,中国人民和中国妇女更是衷心希望有一个和平的国际环境。

但是,我们不能不看到,当前的世界并不安定。维护世界和平,需要全世界爱好和平的国家和人民团结起来共同努力。中国妇女愿意和各国妇女团结一起,反对霸权主义的侵略和扩张,维护世界和平,争取一个稳定的和平的国际环境,为人类的发展和进步,为妇女、儿童的权益,而共同奋斗。

庆祝大庆石油会战20周年暨全国石油战线向现代化进军大会在大庆召开

全国人大常委会副委员长谭震林在北京会见澳大利亚民主党领袖 联邦参议员唐纳德·莱斯利·奇普和夫人

国务院副总理万里在北京会见日本大分县知事平松守彦和由他率领的日中友好大分县民之翼访华团领导成员

北京国际射击邀请赛开幕

参加这次邀请赛的有朝鲜、日本、马来西亚、中国澳门、菲律宾、罗马尼亚、新加坡、瑞典、泰国、南斯拉夫、中国和中国香港共12个国家和地区的射击代表队,有130多名男女运动员,共进行9个项目的比赛。

5月15日

国务院副总理李先念在惠灵顿举行的记者招待会上说中国发射火箭在于对付霸权主义

正在新西兰访问的李先念副总理在记者招待会上说:"中国一贯致力于维护太平洋地区的和平,反对超级大国在这个地区争夺霸权。"

李先念在回答记者的问题时说,中国在太平洋进行火箭发射试验的目的在于发展科学技术和加速国家的现代化,加强防卫能力,对付霸权主义大国的威胁。

李先念说,中国正要进行的试验将只是一枚运载火箭,不会造成污染。他说,"中国不打算在太平洋上进行任何核试验"。他说,中国理解某些太平洋国家对这次试验的关切。

李副总理在总结他在这里两天的会谈情况时说:"双方满意地回顾了双边关系的发展,并探讨了进一步扩大我们的合作和我们两国之间交流的可能性。"他说,"通过这次访问,我们更加深信,中国和新西兰的友好合作关系有着良好的基础,有着进一步发展的广阔前景。"他表示,双方将不断为此而共同努力。

李先念说:"双方就共同关心的当前国际形势,特别是亚太地区的形势交换了看法。我们在许多重大问题上有着共同或相似的看法。"

李副总理还就柬埔寨、阿富汗等问题回答了记者的提问。

刘少奇同志治丧委员会公告

为深切悼念已故原中共中央副主席、中华人民共和国主席刘少奇同志,定于:1980年5月17日在北京举行追悼大会。同日首都天安门,新华门,外交部,中央、国家机关,我国驻外使领馆和其他驻外机构,北京市和其他省、市、自治区政府所在地的机关、部队、企业事业、学校等单位,下半旗志哀,停止娱乐活动一天。

按照我国的惯例,决定不邀请外国的政府、政党和友好人士派代表团或代表参加悼念活动。

特此公告。

1980年5月15日

刘少奇同志治丧委员会名单

华国锋 叶剑英 邓小平 李先念 陈 云
宋庆龄(女) 刘伯承 徐向前 聂荣臻 彭 真
邓颖超(女) 胡耀邦 赵紫阳 王 震 韦国清
乌兰夫 方 毅 许世友 李德生 余秋里 张廷发
陈永贵 耿 飚 倪志福 彭 冲 陈慕华(女)
赛福鼎 万 里 王任重 谷 牧 宋任穷 杨得志
胡乔木 姚依林 黄克诚 谭震林 李井泉 张鼎丞
蔡 畅(女) 廖承志 阿沛·阿旺晋美 周建人
许德珩 胡厥文 萧劲光 朱蕴山 史 良(女)
康世恩 薄一波 姬鹏飞 江 华 黄火青 粟 裕
韩先楚 杨 勇 王 平 沈雁冰 康克清(女)
季 方 王首道 杨静仁 张 冲
帕巴拉·格列朗杰 庄希泉 胡子昂 荣毅仁 刘澜涛
陆定一 李维汉 胡愈之 王昆仑
班禅额尔德尼·确吉坚赞
(以下按姬氏笔画为序)
习仲勋 万 毅 马文瑞 马寅初 王 猛 王 谦
王 磊 王子纲 王芸生 王建安 王恩茂 王鹤寿
牛荫冠 毛致用 孔 原 巴 金 邓力群
帅孟奇(女) 叶 飞 白如冰 冯文彬 吕 东
吕正操 乔晓光 朱学范 任仲夷 刘 伟 刘 晓
刘志坚 刘澜波 江渭清 池必卿 安子文 安平生
成仿吾 孙大光 孙敬文 阴法唐 杨立功 杨成武
杨秀峰 杨易辰 杨尚昆 杨献珍 李 达 李 昌
李 强 李人林 李万余 李水清 李成芳 李志民
李学智 李卓然 李葆华 李聚奎 肖 华 肖望东
吴 波 吴克华 汪 锋 沙千里 宋 平 宋时轮
宋振明 宋养初 张 珍 张 震 张子意 张劲夫
张秉贵 张爱萍 陈丕显 陈伟达 陈国栋 陈福汉
武新宇 林 铁 林乎加 罗玉川 罗青长 金 明
金如柏 周 扬 周 桓 周 惠 周子健 周太和
周培源 郑天翔 赵苍璧 赵辛初 段君毅 洪学智
秦基伟 柴树藩 钱 敏 钱之光 钱正英(女)
钱昌照 钱信忠 钱 瑛 耿长锁 徐立清 郭林祥
郭维城 高 扬 高扬文 高厚良 唐 克 唐 亮
萧 克 黄 华 黄 镇 黄新廷 黄鼎臣 梁必业
梁灵光 梁步庭 韩 英 蒋南翔 程子华 焦若愚
曾 生 赖际发 蔡 啸 廖汉生 廖志高 谭 政
谭友林 谭启龙 谭善和 薛暮桥 霍士廉 魏文伯

《人民日报》发表社论《恢复毛泽东思想的本来面目——论为刘少奇同志平反》

中国共产党第十一届中央委员会第五次全体会议,经过严肃认真的讨论,一致通过了为刘少奇同志平反的决议,决定撤销党的八届十二中全会妄加给刘少奇同志的“叛徒、内奸、工贼”的罪名和把刘少奇同志“永远开除出党、撤销其党内外一切职务”的错误决议,恢复刘少奇同志作为伟大的马克思主义者和无产阶级革命家、党和国家的主要领导人之一的名誉。沉冤昭雪,正义伸张,全党拥护,举国称庆。人们再一次看到,中国共产党不但是一个勇于坚持真理、纠正错误的郑重的马克思主义革命党,而且这个党本身的团结和它同人民的团结都是巩固的。

五中全会庄严地向全党和全国人民宣告:为刘少奇同志平反,“表明党决心恢复毛泽东思想的本来面目,不是一句空洞的口号,而是贯彻在党的全部实际活动中的坚定不移的原则立场”。怎样理解五中全会的这一宣告?为什么说为刘少奇同志平反表明了党恢复毛泽东思想本来面目的决心?这是我们在学习五中全会公报时必须弄清楚的问题,也是党内外许多同志和国际上一些朋友很关注的问题。

一

刘少奇同志是我们党和国家的缔造人之一。几十年来,刘少奇同志忠于党、忠于人民,把毕生的精力贡献给了我国的无产阶级革命和建设事业,对我党的建设、对我国的民主革命、社会主义革命与社会主义建设,建立了不可磨灭的功绩。“文化大革命”初期,刘少奇同志被当作“党内反革命修正主义集团的总头目”和“全国最大的走资本主义道路当权派”,受到错误的批判和斗争。八届十二中全会在党内生活极不正常、不能进行切实讨论的情况下,对刘少奇同志作了完全错误的处理。林彪、江青及其一伙,利用他们以各种不正当手段制造的“调查材料”,对其他中央委员包括中央主要领导人肆行蒙骗,使不能出席的刘少奇同志蒙受了前所未有的冤屈。1969 年 11 月,刘少奇同志含冤病故。这是我党历史上最大的冤案。

为刘少奇同志平反,是中国共产党人和中国人民的共同心愿。早在刘少奇同志遭到公开批判的时候,就有不少正直的共产党员和党外群众,为刘少奇同志辩护。粉碎“四人帮”以后,特别是三中全会解决了历史上遗留的一批重大问题和一些重要领导人的功过是非问题以后,党内外越来越多的同志提出要对刘少奇同志的案件重新进行审查。党中央在1979年2月决定,由中央纪律检查委员会和中央组织部对刘少奇同志一案进行复查。现在这个案件涉及的各项问题已经逐项调查核实:所谓刘少奇同志1925年在长沙“被捕叛变”问题、1927 年在武汉和庐山进行“内奸活动”问题、1929 年在沈阳“被捕叛变”问题,都是污蔑不实之词;所谓刘少奇同志在新中国成立后“坚持走资本主义道路”、“阴谋颠覆无产阶级专政”,也是对历史的歪曲和捏造。五中全会据此作出了为刘少奇同志平反的决议，是对党和人民负责的态度，是对历史和子孙后代负责的态度。

平反刘少奇同志的冤案，是恢复我们党和国家的一位主要领导人的名誉，是恢复受到刘少奇同志冤案牵连的千千万万干部、党员、工人、农民和青年学生的名誉，也是恢复历史的本来面目，恢复我党和我国政治生活的本来面目。把刘少奇同志说成是“叛徒、内奸、工贼”，“中国最大的走资派”、“党内修正主义集团的总头目”、“资产阶级复辟势力的总代表”，不仅冤枉了刘少奇同志个人，而且歪曲了我们党和国家的历史真相，打击了为数众多的党员和社会各阶层群众。无数忠心耿耿的革命干部和英雄模范被诬陷为“刘少奇的代理人”、“黑干将”、“黑爪牙”、“黑样板”，无数勤勤恳恳的工人党员、农民党员，被诬陷为“刘修党员”、“生产党员”、“刘少奇的孝子贤孙”，许多专家、教授和长期同党合作的民主人士，被诬陷为“刘少奇修正主义路线的社会基础”，连千百万勤奋学习的青年学生，也被诬陷为“刘少奇修正主义路线的黑苗子”。全国各条战线的工作，都被诬陷为“刘少奇的黑线专政”。是非颠倒、黑白混淆，造成了全党和全国政治生活以及经济文化生活的极大混乱，造成了一代人思想上的迷惘，使全国人民直到今天仍然到处感觉到由此而产生的损失和困难。

五中全会为刘少奇同志平反的决议中指出：新中国成立以后17年，我们党坚持社会主义道路，坚持无产阶级专政，坚持共产党的领导，坚持马克思列宁主义、毛泽东思想。刘少奇同志作为党的主要领导人之一，自始至终参加了党中央的领导工作，同样是坚持了这四项基本原则，对我国的社会主义革命和社会主义建设作出重大贡献的。这期间，尽管我们党也犯过一些错误，刘少奇同志也犯过一些错误，但这些错误一般地都由党中央按照民主集中制的原则，通过批评和自我批评的方法纠正了，根本不存在一条以刘少奇同志为代表的“反革命修正主义路线”，不存在一个以刘少奇同志为“总头目”的“反革命修正主义集团”，不存在一个以刘少奇同志为首的“资产阶级司令部”，不存在一批以刘少奇同志为“最大”的“党内走资本主义道路当权派”。这才是历史的真相。如实地认识和说明历史，认识和说明现状，按照党和国家的民主准则有秩序地处理问题，这才是我党和我国政治生活的本来面目。

二

为刘少奇同志平反，是我们党的历史上和国家生活中的一件大事。对刘少奇同志作不公正的判断和不正常的处理，是我们党所犯的一项严重错误。列宁说过：“一个政党对自己的错误所抱的态度，就是衡量这个党是否郑重，是否真正履行它对本阶级和劳动群众所负义务的一个最重要最可靠的尺度。公开承认错误，揭露错误的原因，分析产生错误的环境，仔细讨论改正错误的方法——这才是一个郑重的党的标志。”我们党在总结斯大林同志的功过时，在《关于无产阶级专政的历史经验》和《再论无产阶级专政的历史经验》这两篇论文中，也曾对工人阶级的政党如何对待自己的错误，作出精辟的论述。但是，事到临头，要公开平反像关于刘少奇同志的这样重大的冤案，仍然是一个难以作出的决定，仍然是一个严峻的考验。

首先，刘少奇同志一案是不是冤案，并不是哪一个个人可以轻易判断的。从怀疑这案有错，到判明纯属冤案，不能不经历一个认真调查、反复核实的过程。所谓“以刘少奇为首的资产阶级司令部”，所谓“刘少奇的反革命修正主义路线”，这些是否存在，还比较容易判断。在粉碎“四人帮”，结束“文化大革命”以后，30年来在各条战线上工作的广大干部和群众，特别是那些曾被牵连陷害而现在已经“解放”了的干部和群众，都不难为刘少奇同志作证，证明这些罪名不能成立。但是，牵涉到50多年前所谓“叛徒、内奸、工贼”这样的历史问题，对这些问题党的八届十二中全会又根据“调查”作出了相应的决议，这就不是容易解决的了。尽管党内外的许多同志，包括中央的一些领导同志，对刘少奇同志一案早就有所怀疑，但是没有足够的确凿的证明，仍然不可能提出平反。即使原决议中的问题只有一部分属实，平反也不容易。粉碎“四人帮”以后，党中央平反大量冤假错案，是从比较容易判断和比较容易查明的案件入手的。在平反过程中揭露出来的林彪、“四人帮”一伙大肆刑讯逼供，制造伪证的不法行为，以及与刘少奇同志一案直接有关的人证在粉碎“四人帮”以后仍然得不到正确对待的不正常情况，使中央领导同志有理由怀疑原决议所根据的材料的可靠性。这样，重新审查刘少奇同志的案件才提到议事日程上来。经过大批同志进行了长时间严肃仔细的调查核实，证明原案的“根据”没有一项符合事实，才判断这是一件冤案。这充分说明，党中央为刘少奇同志平反，是极为郑重的，它完全是从事实出发，经过周密的调查研究，反复核对有关的人证物证，才作出结论的。

其次，要不要公开平反，下这个决心也很不简单。刘少奇同志的案件，牵涉到“文化大革命”的全局，中央在考虑为刘少奇同志平反时，不能不考虑它的后果。“文化大革命”期间，对刘少奇同志的批判曾经进行得非常广泛，非常持久。很多人，特别是年轻人，对刘少奇同志的历史不了解，或不详细了解，对于有关“文化大革命”的种种事实也难以完全究明真相。在这种情况下，为刘少奇同志平反当然会引起一定的震动，会产生各种歪曲的议论，国内外敌人会造谣，甚至党内外不了解真相的同志也难免有一些猜测。但是，党的政策只能是原则的政策，任何小道理都要服从大道理。大道理就是毛泽东同志为党制定的实事求是、有错必纠的原则，就是作为科学体系的毛泽东思想。刘少奇同志的案件既然是假的，就必须宣布是假的。如果中央明知是假的，由于计较暂时的利害得失，秘而不宣，不予平反或不予公开平反，那就背离了自己宣布的实事求是的原则，背离了毛泽东思想，就要失信于全党，失信于全国人民，失信于全世界。因此，中央宁可承担可能由此产生的某些风险，也不能不下决心为刘少奇同志平反。这是一个忠于马列主义、忠于毛泽东思想的革命党的唯一抉择。正是在这个意义上，五中全会宣告这一决定表明党决心恢复毛泽东思想的本来面目。

三

毛泽东同志在他的一生中，长期坚持实事求是，有错必纠，为了平反冤假错案作过长期的斗争。

在中央苏区的时候，他自己就蒙受过冤屈，遭到过错误的处理。长征到陕北，他和其他同志迅速地为刘志丹等一大批蒙冤被囚的同志平反。在“抢救”运动中，他规定了“一个不杀、大部不捉”，“防止逼供信”，“重证据不重口供”等重要原则，并且在纠正这一运动的严重错误时，亲自向受到冤屈的同志赔礼道歉。1957年，在《关于正确处理人民内部矛盾的问题》的讲话中，毛泽东同志提出“有反必肃，有错必纠”的正确方针。毛泽东同志说：“在肃反工作中，凡是已经发现了的错误，我们都已经采取了或者正在采取纠正的步骤。没有发现的，一经发现，我们就准备纠正。原来在什么范围内弄错的，也应该在什么范围内宣布平反。”“无论公安部门、检察部门、司法部门、监狱、劳动改造的管理机关，都应该采取这个态度。”1962年，在扩大的中央工作会议上的讲话中，毛泽东同志对正确处理冤假错案问题作了更加详尽的说明。

毛泽东同志在这篇著名的讲话中说：“司马迁说过：‘文王拘而演周易，仲尼厄而作春秋。屈原放逐，乃赋离骚。左丘失明，厥有国语。孙子膑脚，兵法修列。大韦迁蜀，世传吕览。韩非囚秦，说难孤愤。诗三百篇，大抵圣贤发愤之所为作也。’这几句话当中，所谓文王演周易，孔子作春秋，究竟有无其事，近人已有怀疑，我们可以不去理它，让专门家去解决吧，但是司马迁是相信有其事的。文王拘，仲尼厄，则确有其事。司马迁讲的这些事情，除左丘失明一例以外，都是指当时上级领导者对他们作了错误处理的。我们过去也错误地处理过一些干部，对这些人不论是全部处理错了的，或者是部分处理错了的，都应当按照具体情况，加以甄别和平反。……我在这里申明，我不是提倡对干部，对同志，对任何人，可以不分青红皂白，作出错误处理，像古代人拘文王，厄孔子，放逐屈原，去掉孙膑的膝盖骨那样。我不是提倡这样做，而是反对这样做的。我是说，人类社会的各个历史阶段，总是有这样处理错误的事实。在阶级社会，这样的事实多得很。在社会主义社会，也在所难免。不论在正确路线领导的时期，还是在错误路线领导的时期，都在所难免。不过有一个区别。在正确路线领导的时期，一经发现有错误处理的，就能甄别、平反，向他们赔礼道歉，使他们心情舒畅，重新抬起头来。而在错误路线领导的时期，则不可能这样做，只能由代表正确路线的人们，在适当的时机，通过民主集中制的方法，起来纠正错误。”

毛泽东同志的这段话，考察了历史，研究了现状，区别了在正确路线领导时期和在错误路线领导时期对待冤假错案的不同态度，应该说，是对于冤假错案这一历史现象的科学分析。这段话里也有一点不足，就是只谈到在社会主义社会，在正确路线领导时期，错误处理的事实在所难免，而没有谈到在社会主义社会、在正确路线领导时期，应该而且完全可能依靠加强社会主义民主和社会主义法制，依靠加强党内民主和党的纪律，使错误处理的事实减少到最低程度，使它的危害减轻到最小程度，这才能充分体现社会主义制度的优越性和正确路线的正确性。由于我们从长期实践特别是“文化大革命”的十年动乱中受到了教育，现在，我们理应做得比毛泽东同志当年说的更好些。

由此可见，平反一切冤假错案，包括经过八届十二中全会通过的关于刘少奇同志的冤假错案，是关系到是否真正高举毛泽东思想旗帜的重要原则问题。必须正确地认识，我们所说的毛泽东思想是指它的科学体系，这个体系，是马列主义同中国革命的具体实践相结合的产物，是毛泽东同志和他的战友们集中党和革命人民集体智慧的产物，是半个多世纪以来中国革命斗争经验和新社会建设经验的结晶，而不是指任何个人在这个场合或那个场合说的某一句话，做的某一件事。毛泽东同志历来认为，任何个人不可避免地或多或少地会说一些错话，办一些错事，这些都必须根据实践的检验来加以纠正。事实上，在“文化大革命”中，毛泽东同志就曾亲自平反了不少冤假错案。如为所谓“二月逆流”平反，为贺龙、谭震林、李井泉、乌兰夫、罗瑞卿、杨勇、杨成武、吕正操、孔原、杨奇清、刘景范、刘建章、周扬、蒋南翔、贺诚、傅连暲等一大批同志平反。“一切污蔑不实之词，应予推倒”这句话，就是毛泽东同志在为贺诚、傅连暲同志平反时提出来的。由于他的倡议和坚持而得到“解放”的中央、各部门、各地区负责干部更多。他参加陈毅同志追悼会的事实和情景，是大家都知道的。尽管有许多案件毛泽东同志曾经点过头，但是当他知道是假的，是逼供伪证逼出来，并且蒙冤的同志在狱中还受到迫害的时候，他表现了极大的愤慨，运用他的权威，冲破林彪、“四人帮”的阻挠，坚决纠正了对于这些同志的错误处理。当然，由于林彪、“四人帮”把持了党和国家的重要权力，由于他们那条极左路线的干扰，这种平反不可能贯彻始终。但是，毛泽东同志亲自过问了一批案件，解放了一批领导干部，使得后来解决其他同志的冤案比较容易了，使得打倒“四人帮”比较容易了，这也是历史的事实。至于毛泽东同志生前没有解决或不能解决的冤假错案，我们当然不能根据那些污蔑不实之词维持原案，而只能根据实事求是、有错必纠的原则，把那些污蔑不实之词推倒。这才是坚持毛泽东思想，恢复毛泽东思想的本来面目。

实事求是，这句话很平常，任何人都会说。在一些日常事务中，由于明显的直接利害，多数人往往也能这样做。但是，对一个党来说，在复杂曲折的政治斗争中，真正做到实事求是，就不那么容易了。在这方面，毛泽东同志作过长期的奋斗。他为此遭到过打击，受到过反对，被戴上过“机会主义”、“经验主义”等等帽子，忍受过革命离开了实事求是原则而遭到严重损失、付出巨大代价的痛苦。正因为这样，他在长期的革命活动中坚持实事求是的原则，坚持马列主义同中国革命的具体实践相结合的原则。在1942年的整风运动中，毛泽东同志把实事求是作为主要口号，给以马克思主义的解释，并且亲笔写了这四个大字，刻在当时中央党校大礼堂正门上面的墙上。确实，在这方面，毛泽东同志对我们党的胜利发展作出了最伟大的贡献。把实事求是作为毛泽东思想的精髓、作为毛泽东思想的基本原则之一，是完全有理由的。粉碎“四人帮”以来，特别是三中全会以来，我们在各条战线大刀阔斧进行的拨乱反正，包括平反大批冤假错案，包括这一次平反刘少奇同志的冤案，归结到一点，就是坚持毛泽东同志毕生倡导的实事求是的原则。这一切都是恢复毛泽东思想本来面目的必然的积极的结果。

让我们更高地举起毛泽东思想的旗帜，向前去夺取更伟大的胜利！

林业部 民航总局 林科院在河北省承德市召开联合会议推广飞播经验

参加会议的有河北、河南、内蒙古、陕西、甘肃、山西、宁夏、北京、湖北、安徽等省、市、自治区林业部门的负责同志和代表；民航北京、兰州管理局及有关省(区)局的代表；林业科研、教学、设计单位和编写飞播手册的同志；同时还邀请了农业部、中国科学院西北水保所、水利部黄委会和新闻出版单位的代表。

与会代表指出，北方有些地区雨量稀少、土质瘠薄，植被稀疏，而且人烟稀少、交通不便，开展大规模的人工造林比较困难，如果掌握北方飞播造林种草试验成功的规律，加以推广，对加快这一地区的造林绿化建设有十分重大的意义。

与会代表还讨论了飞机播种造林种草存在的一些问题，主要是：飞播任务没有列入国家计划，投资无保证，多数省区没有飞播管理机构；飞播树种单一，有些树种、草种种源不足；保护管理跟不上等等。

大家认为，要搞好飞机播种，应该做好以下几项工作：(1)制定飞机播种造林种草规划；(2)建立种子基地；(3)加强科学研究；(4)将飞播列入国家计划，安排投资；(5)建立飞播领导机构，充实飞播专业人员。

会议于5月20日结束。

中国春季出口商品交易会在广州闭幕

在这次广交会上，轻工业品、工艺品、化工产品、机械设备和机械产品等的出口成交额，超过了历届春季广交会，其中许多商品供不应求。

电池、布鞋、搪瓷制品、自行车、缝纫机、闹钟、羽毛球、玩具等，成交额比往届广交会有显著增加。传统出口的工艺品，如牙雕、景泰蓝、红木家具等十分畅销，绣花鞋、手绣抽纱则供不应求，草柳藤制品也大受客商欢迎。工艺品与日用品相结合的商品，客商订购踊跃，这标志着工艺品日用化、日用品工艺化，将成为国际市场上发展的一个方向。

由于国际市场上原油涨价，而合成纤维的价格又上涨，加上一些国家要求产品使用天然原料，具有天然色彩。所以在这届广交会上，羽毛和羽绒制品、兔毛、兔皮、绵羊毛、狗皮以及一些天然纤维产品，成了紧俏快货。这类商品扩大出口的前景很好。

在这届广交会上，我国各地生产的纺织机械、机床、冲床、轴承、电动机、电度表等商品的销路正在扩大。如果进一步提高产品质量，提供维修服务和保证零配件供应，我国的机械设备和机械产品出口将有广阔的发展前途。

这届交易会闭幕后，各外贸专业公司将在广州外贸中心举行中国出口商品长期展出，以供各国客人和国内有关人员参观。

中国船舶工业公司第一次签订船舶出口合同

全国人大常委会副委员长宋庆龄在北京会见美国友好人士小保罗·罗伯逊和夫人

小保罗的父亲保罗·罗伯逊是美国著名黑人歌唱

家。宋庆龄对小保罗说,中国人民对你们全家怀有友好的感情。许多人都收藏着你父亲唱的歌曲的唱片,我自己也珍藏着不少。小保罗把他父亲生前唱的部分歌曲录制成的一盘磁带赠送给宋庆龄。

全国人大常委会副委员长谭震林在北京会见英国工党下议院议员贝蒂·布思罗伊德 罗伯特·爱德华兹与托马斯·科克斯

世界银行正式恢复中华人民共和国在国际复兴开发银行、世界银行国际开发协会和国际金融公司的代表权。

国务院副总理方毅会见美国全国科学院院士 著名生物化学家艾米尔·史密斯教授和夫人

国务院副总理姬鹏飞在北京会见斯里兰卡统一国民党总书记哈夏·阿贝瓦德纳和这个党的青年团总书记国会议员阿努拉·巴斯提恩

1980年部分省 市 自治区职工业余曲艺调演圆满结束

这次曲艺调演共演出了99个节目。节目的内容丰富,形式多样,反映了我国职工业余文艺创作的兴旺景象。这些节目中有45个被评选为优秀节目,其中包括曲艺《秦腔、歌舞与离婚》《白发吟》《胖大嫂送饭》《清心酒》《我寄相思于燕子》《竞赛小曲》,独唱《妈妈,脸黑怕什么》《啊!我心爱的化工厂》,舞蹈《春》《花儿开了》,小戏《八月中秋》《鱼花曲》等。

会演期间,彭真、张廷发、王任重、谭震林、史良、韩先楚、季方、刘澜涛、王昆仑等观看了演出,并接见了演员们。

在15日下午举行的调演闭幕式上,文化部和全总的负责人向优秀节目的代表颁发了奖状。

中国科学院上海生理研究所一级研究员 著名神经生理学家张香桐获得1980年度茨列休尔德奖金

张香桐和他领导的研究室在针麻原理神经机制的研究方面获得了重大突破。这项研究是从1970年开始的。他首先提出了感觉相互作用学说以解释针刺镇痛的效果。他的学术思想和研究结果得到了国际上的广泛重视和高度评价。1979年,由美国卫生教育福利部全国卫生研究院福格提基金会提名,授予张香桐以该院常驻国际学者的最高荣誉。这次世界茨列休尔德基金会授予张香桐1980年度茨列休尔德奖金,就是奖励他在针麻原理研究领域所做的重要贡献。

5月16日

全国人大常委会委员长叶剑英电贺南斯拉夫社会主义联邦共和国主席团新任主席 副主席

中华人民共和国全国人民代表大会常务委员会委员长叶剑英致电南斯拉夫社会主义联邦共和国主席团新任主席茨维耶廷·米雅托维奇、副主席塞尔盖伊·克拉伊盖尔,祝贺他们就任南斯拉夫国家最高领导职务。全文如下:

贝尔格莱德南斯拉夫社会主义联邦共和国主席团主席茨维耶廷·米雅托维奇同志,南斯拉夫社会主义联邦共和国主席团副主席塞尔盖伊·克拉伊盖尔同志:

在你们就任南斯拉夫社会主义联邦共和国主席团主席和副主席的时候,我谨向你们表示最衷心的祝贺。祝你们在工作中取得新的成就。祝南斯拉夫在发展社会主义自治社会,加强各民族的友爱团结,捍卫国家的独立、主权和领土完整方面,在壮大不结盟运动和争取世界和平的斗争中,取得巨大的成就。祝南斯拉夫建设得更加繁荣昌盛。中南之间有着长期、稳定、全面的友好合作关系,我相信,这种关系必将得到进一步的巩固和发展。

中华人民共和国全国人民代表大会常务委员会
委员长 叶剑英
1980年5月16日于北京

全国青联五届二次常委(扩大)会议在北京举行

全国青联主席胡启立在会上报告了全国青联自五届一次会议以来的工作情况和今后的工作打算。他指出,全国青联和各地青联组织,根据党在新时期的路线、方针、政策,紧紧围绕社会主义现代化建设这一中心任务,开展各种活动,在团结各族各界青年参加四化建设、加强国际青年友好交往、促进台湾回归祖国的事业中,作出了自己的贡献。他还谈到了全国青联兴办青年旅游事业的意义和所取得的成绩,他希望各地青联组织继续奋发努力,巩固和发展我国青年的革命爱国统一战线,为祖国和人民作出更大的贡献。

会议期间,中共中央书记处书记宋任穷到会看望大家,鼓励青年们充分发挥自己的特长,在四化建设中发挥作用。

会议经过充分协商,一致同意增补李瑞环、荣鸿仁、刘汉良为全国青联副主席,增补王华(女)、范曾、金鉴、韩美林为全国青联常委。

中共中央 国务院批转《广东 福建两省会议纪要》

决定在广东省的深圳市、珠海市、汕头市和福建省的厦门市，各划出一定范围的区域，试办经济特区。《广东 福建两省会议纪要》认为，中央决定对广东、福建两省在对外经济活动中实行特殊政策和灵活措施，是改革经济体制的一种试验。其特点：一是财政和外汇收入实行定额包干；二是物资、商业在国家计划指导下适当利用市场的调节；三是在计划、物价、劳动工资、企业管理和对外经济活动等方面，扩大地方权限；四是试办经济特区，积极吸收侨资、外资，引进国外先进技术和管理经验。试办经济特区，必须采取既积极又慎重的方针，逐步实施。经济特区的管理，在坚持四项基本原则和不损害主权的条件下，可以采取与内地不同的体制和政策。特区主要是实行市场调节。中央批示指出：一年来的实践证明，中央决定广东、福建两省在对外经济活动中实行特殊政策和灵活措施是正确的，成绩是显著的。8月26日，第五届全国人大常委会第十五次会议决定：批准国务院提出的在广东省深圳、珠海、汕头和福建省厦门市设置经济特区，并批准《广东省经济特区条例》。

国务院批转国家统计局制定的《统计干部技术职称暂行规定》

《统计干部技术职称暂行规定》(以下简称《规定》)提出，统计干部的技术职称定为：高级统计师、统计师、助理统计师、统计员。确定和晋升技术职称的统计干部，必须拥护中国共产党的领导，热爱社会主义祖国，认真学习马列主义、毛泽东思想，积极钻研统计科学技术，努力为社会主义现代化建设服务。确定和晋升统计干部技术职称，以工作能力、业务水平和工做贡献为主要依据，并适当考虑学历和资历。

《规定》说，确定和晋升统计干部的技术职称，必须经过考核。在平时考绩的基础上，每两年至三年进行一次考核。对有突出成就的，可随时考核，破格晋升。对各级统计干部的考核，主要根据他们的工作成果、工作报告或统计学术论著进行评议。对其中具有同等学力的，还应当对统计理论知识和有关业务知识进行测验。晋升高级统计师的，还应当对外语程度进行测验。

《规定》说，确定和晋升统计干部的技术职称，由本人申请或组织推荐，提出工作报告或学术论著，经过评审组织评议审定后，由主管机关授予技术职称，并记入人事和业务考绩档案。

《规定》指出，确定和晋升统计干部的技术职称，必须实事求是，严肃认真。对于营私舞弊和打击压制统计干部的，应当按情节轻重，严肃处理。

这个《规定》还列举了授予各种技术职称的统计干部应该具备的条件。

全国人大常委会副委员长谭震林在北京会见尼日利亚前陆军参谋长特奥菲勒斯·雅库布·丹朱马一行

国务院副总理方毅在北京分别会见由校长黄维·勒·约翰斯顿率领的加拿大麦吉尔大学代表团和美国著名物理学家约翰·巴丁教授与夫人

国务院副总理姬鹏飞在北京会见德意志联邦共和国青年家庭卫生部部长胡贝尔率领的卫生代表团

国务院副总理万里在北京分别会见澳大利亚国立大学社会科学院和人文科学院代表团与由经济大臣伊瓦·诺高率领的丹麦农业代表团

我国第一座双向发电潮汐电站——江厦潮汐试验电站第一号机组开始发电

这座电站建在浙江温岭县境内乐清湾末端。这里是我国沿海潮汐能资源比较丰富的海湾，最大潮差为8.39米。按照设计，这里将安装6台发电机组，每台容量为500千瓦；目前已开始发电的，是第一号机组。

中科院半导体研究所所长 著名固体物理学家黄昆教授最近被瑞典皇家科学院聘请为该院物理学国外院士

教育部与解放军总政治部就今年军队院校招生问题联合发出通知

通知说，中国人民解放军今年有54所军事技术院校和指挥院校招生，从全国各省、市、自治区共招收1.5万多名高中毕业生。

通知指出，军队院校的招生条件和办法，按照教育部关于1980年高等学校招生工作的有关规定执行。

报考军队院校的考生年龄是17周岁至20周岁(1960年9月1日至1963年9月1日期间出生)。被录取到军队院校学习的考生，由招生院校按部队有关规定办理参军手续，由部队供给。

通知说，通信工程学院、工程技术学院、洛阳外语学院、南京外语学院、测绘学院、防化学院、电子工程学院、第一、二、三、四军医大学、后勤工程学院、高级军械学校、海军工程学院、海军第二炮兵学院、空军工程学院、空军第二高射炮兵学院、炮兵技术学院、第二炮兵技术学院、装甲兵技术学院、工程兵工程学院、铁道兵工程学院22所军事技术院校是全国重点高等学校，第一批录取新生；其他军事技术院校和指挥院校第二批录取新生。

各军事院校招生专业简介，由部队有关方面于5月25日前直接寄往有关省、市、自治区招生委员会。

邮电部电信总局和中国邮电通信学会在北京举办“世界电信日”报告会

这是我国第一次举办这种纪念活动。为此,“国际电信联盟”秘书长米里专门发来了贺电。

“国际电信日”纪念活动,是从1968年开始的。每年5月17日,世界各国和联合国,都要开展各种形式的纪念活动,以普及电信科学技术,培养青年一代对电信通信的兴趣。每届纪念活动都有一个主题。今年的活动主题是“农村通信”。

在今天的报告会上,邮电部电信总局副局长兼总工程师朱伯禄作了专题报告,介绍了我国农村通信概况。邮电部副部长侯德原介绍了国际电联的概况,并宣读了米里的贺电。

5月17日

刘少奇同志追悼大会在人民大会堂举行

党和国家领导人以及首都各方面代表一万多人参加了追悼大会。

参加追悼会的党和国家领导人有华国锋、邓小平、陈云、宋庆龄、徐向前、聂荣臻、彭真、邓颖超、胡耀邦、赵紫阳、王震、韦国清、乌兰夫、方毅、李德生、余秋里、张廷发、陈永贵、耿飚、倪志福、彭冲、赛福鼎、万里、王任重、谷牧、宋任穷、杨得志、胡乔木、姚依林、黄克诚、谭震林、李井泉、阿沛·阿旺晋美、周建人、许德珩、萧劲光、朱蕴山、史良、康世恩、薄一波、姬鹏飞。

参加追悼会的还有:最高人民法院院长江华,最高人民检察院检察长黄火青,中共中央军委常委粟裕、韩先楚、杨勇、王平,政协全国委员会副主席沈雁冰、康克清、季方、王首道、庄希泉、胡子昂、荣毅仁、刘澜涛、陆定一、李维汉、胡愈之、王昆仑、班禅额尔德尼·确吉坚赞,以及在京的中共中央委员、候补中央委员,全国人大常委会委员,政协全国委员会常务委员,中共中央和国家机关各部门负责人,中国人民解放军各总部、各军兵种、国防科委、国防工办、军事院校、北京部队、北京卫戍区的负责人,各民主党派、全国工商联负责人和其他爱国人士,各界知名人士,中共北京市委和市人民政府负责人以及部分劳动模范。

中共中央主席、国务院总理华国锋主持了追悼大会。

中共中央副主席、国务院副总理邓小平致悼词。

党和国家领导人向刘少奇同志的亲属王光美等致以亲切的慰问。

遵照刘少奇同志生前的遗言,他的骨灰将撒在祖国的大海里。

为悼念刘少奇同志,今天全国下半旗志哀,停止一切娱乐活动。

中共中央副主席邓小平在刘少奇同志追悼大会上致悼词

今天,我们怀着无比沉痛的心情,悼念伟大的马克思主义者和无产阶级革命家刘少奇同志。刘少奇同志为共产主义事业战斗了一生。他是受到全党和全国各族人民爱戴的、久经考验的、卓越的党和国家领导人。

“文化大革命”时期,林彪、江青一伙出于阴谋篡党夺权的反革命目的,利用我们党的缺点和错误,蓄意诬陷和残酷迫害刘少奇同志。1969年11月12日,刘少奇同志在河南开封不幸病故。这是我党和我国人民巨大的损失。党中央经过周密的调查研究,根据确凿的证据,在党的十一届五中全会上,彻底推倒了强加在刘少奇同志身上的种种罪名,郑重地为他平反昭雪,恢复名誉。我们党采取的这种实事求是、有错必纠的原则立场,受到了全党、全军、全国各族人民的衷心拥护。

刘少奇同志是中国共产党最早的党员之一。他于1898年生于湖南省宁乡县,青年时代参加了“五四”运动,1920年加入社会主义青年团,1921年加入刚刚创立的中国共产党。1922年到1932年,主要从事工人运动和党的地下工作。他先后参加领导过安源煤矿和铁路工人大罢工、五卅大罢工、省港大罢工及武汉工人夺回英租界的英勇斗争。1927年4月,在中国共产党第五次代表大会上,当选为中央委员。大革命失败后,他在严重的白色恐怖下,到上海、天津、东北、华北等地,从事党的地下工作,参加了顺直省委(即河北省委)的领导,担任过满洲省委书记。1931年1月,在党的六届四中全会上,当选为中央政治局委员。同年秋,担任党中央职工部部长、全国总工会党团书记。

1932年冬,刘少奇同志进入江西中央革命根据地,先后担任全国总工会委员长和福建省省委书记。他参加了二万五千里长征,担任过红军第八军团、第五军团党中央代表和第三军团政治部主任。1935年1月,在决定中国革命命运的遵义会议上,刘少奇同志坚定地支持了毛泽东同志所代表的正确路线。

1936年春,刘少奇同志任北方局书记,在华北地区正确地执行了党的抗日民族统一战线政策,巩固和发展了党所领导的“一二·九”运动的胜利成果。抗日战争初期,他深入敌后,按照党中央和毛泽东同志提出的开展独立自主的敌后游击战争的战略方针,放手发动群众,开展抗日救亡运动,卓有成效地领导了山西抗日新军和华北抗日根据地的创建工作。1938年冬,刘少奇同志南下担任中原局书记,组织和建立华中抗日根据地。1941年皖南事变后,他临危受命,任新四军政治委员,同年5月任华中局书记,同陈毅同志等一起,迅速改变了新四军的困难处境,恢复和壮大了华中地区的革命力量。

刘少奇同志长期以来,是我党的主要领导人之一。1943年,他回到延安,任中央书记处书记和革命军事委员会副主席。1945年,在党的第七次代表大会上,当选为中央政治局委员和中央书记处书记。1947年春,敌人进攻延安,毛泽东同志和周恩来同志、任弼时同志、彭德怀同志留在陕北指挥全国解放战争和保卫陕甘宁边区的战斗。在这种情况下,刘少奇同志受党中央和毛泽东同志的委托,担任中共中央工作委员会书记,转移到华北,和朱德同志一起,负责党中央的日常工作。

1949年9月,刘少奇同志在中国人民政治协商会议上,当选为中央人民政府副主席。1954年,在第一届全国人民代表大会第一次会议上,当选为全国人民代表大会常务委员会委员长。1956年,在党的第八次代表大会上,当选为中央委员和政治局委员、常委、副主席。1959年4月,刘少奇同志在第二届全国人民代表大会第一次会议上当选为中华人民共和国主席。他担任这个职务直到逝世为止。

刘少奇同志几十年如一日,为党的巩固和发展,为新民主主义革命的胜利,为社会主义革命和社会主义建设事业的胜利,为反帝反殖和国际共产主义运动的开展,进行了不懈的斗争,建立了不朽的功绩,赢得了全党全军全国各族人民的爱戴和尊敬。

刘少奇同志是我们党的马克思主义理论家。他一贯重视理论和实践的统一,勤于调查研究和总结经验,并且善于把实践经验提到理论高度。他对我们党的建设,对我国工人运动和党在白区的工作,在实践上和理论上,都有重要的建树。他在这几方面提出的理论观点和思想原则,是党和人民几十年英勇奋斗的经验结晶,是毛泽东思想科学体系的组成部分。

刘少奇同志为把我们党建设成为马克思列宁主义的党,为捍卫党在思想上和组织上的纯洁,为巩固和发展党的队伍,为维护党的团结和统一,为确立党的生活的基本准则,为加强党和群众的联系,付出了毕生的精力。他首先提出"毛泽东思想"的概念,并在党的第七次全国代表大会上进行了有力的宣传。他的《论共产党员的修养》一书和其他关于党的建设的著作,教育了全党的广大党员,是我们党的宝贵的精神财富。

刘少奇同志长期以来,是我国工人运动的主要领导者和组织者之一。他善于把党的政治任务同工人群众的切身利益紧密结合起来,组织群众进行有成效的斗争。他在我国早期职工运动中竭力倡导的重视工会组织作用、提高职工群众觉悟、关心广大工人切身利益的思想,至今仍然具有指导意义。

1927年大革命失败后,全国笼罩着白色恐怖。面对国民党的反革命镇压,党内一部分干部的盲动反抗情绪有所滋长。刘少奇同志主张在群众工作中尽可能地利用公开合法手段,利用敌人内部矛盾,争取同盟者,并且注意根据群众的觉悟程度,采取适当的斗争方式,以保存和发展党在白区的革命力量。他的这些正确主张当时虽然受到压制和诋毁,但是抗日战争前夕他关于白区工作的经验总结,却受到了全党的重视,并且在抗日战争和解放战争的白区工作中起了重要的作用。

刘少奇同志在新民主主义革命时期党内几次重大政治路线斗争中,坚持了正确的立场。他曾经同李立三的"左"倾冒险主义、王明的"左"倾机会主义、张国焘在长征中分裂党的罪恶活动以及王明在抗日初期的右倾机会主义,作过坚决斗争。历史事实证明,刘少奇同志不愧为坚定的成熟的无产阶级革命家。

新中国成立以后,刘少奇同志作为党和国家的主要领导人之一,积极参与制定和贯彻执行社会主义革命和社会主义建设的路线、方针、政策。他坚持社会主义道路,坚持无产阶级专政,坚持共产党的领导,坚持马克思列宁主义、毛泽东思想。在我国生产资料所有制的社会主义改造基本完成以后,他代表党中央在党的第八次代表大会所作的报告中,主张把党的工作着重点转移到经济建设上来,集中力量提高社会生产力。在60年代初经济困难时期,他深入了解实际情况,倾听群众呼声,深切关怀国家的安危和人民的疾苦,坚决支持调整、巩固、充实、提高的正确方针,并作了卓有成效的努力。

同任何一个无产阶级革命家都难免有这样那样的缺点、错误一样,刘少奇同志在工作中也有某些缺点和错误,但他总是忠实地执行党中央制定的路线和对内对外的政策,毫不动摇地坚持党的群众路线和民主集中制。

刘少奇同志是一位品德高尚的共产党员。

刘少奇同志一贯重视研究马列主义理论。他善于根据理论原则,联系实际,周密考察、具体分析问题,具有政治上的远见卓识。我们要学习他这种理论和实践统一的科学态度。

刘少奇同志和人民同呼吸共命运。他强调国家主席是人民的勤务员,革命工作没有高低贵贱之分,在任何岗位上都应该全心全意地为人民服务。对于工作中的缺点和错误,他总是从人民的利益出发,勇于纠正,勇于承担责任。在遭受林彪、江青一伙残酷迫害、处境异常艰难的时候,他始终保持共产党人的革命信念。我们要学习他这种对党对人民无限信任的革命品质。

刘少奇同志言行一致。他在《论共产党员的修养》

中对广大党员提出的党性锻炼的要求,自己都以身作则地实践了。他不隐瞒自己的观点,敢于坚持真理,抵制错误。他从来都把自己放在组织之中,尊重集体领导,服从组织决定。我们要学习他这种坚持原则、严守纪律的革命风格。

刘少奇同志在对敌斗争中机智沉着,立场坚定。他两次被反动统治阶级逮捕,都坚贞不屈。在革命紧急关头,他总是不避艰险,到最困难的地方去,挑最重的担子。我们要学习他这种英勇顽强的革命精神。

敬爱的少奇同志离开我们已经十多年了。林彪、江青一伙制造伪证,隐瞒真相,罗织罪名,企图把他的名字从中国革命的历史上抹掉。但是,正如少奇同志在处境最艰险时所说:"好在历史是由人民写的",历史宣告了林彪、"四人帮"一伙阴谋的彻底破产。历史对新中国的每个创建者和领导者都是公正的,不会忘记任何人的功绩。和毛泽东同志、周恩来同志、朱德同志一样,刘少奇同志将永远活在我国各族人民的心中。

在新的历史发展时期,四个现代化建设的艰巨任务摆在全党全军全国各族人民的面前。坚持党的领导,改善党的领导,提高党的战斗力,是实现这个历史任务的根本保证。我们悼念刘少奇同志,最重要的,就是要实现他的遗愿,把我们的党建设好,全面恢复和发扬党的优良传统和优良作风,使我们党真正成为中国社会主义事业的核心力量,领导全国各族人民,同心同德,为实现社会主义现代化的伟大目标而奋斗。

刘少奇同志永垂不朽!

《人民日报》发表新华社评论员文章《扬长避短才能多快好省》

在经济建设中如何从实际出发,扬长避短,充分发挥自己的优势,以取得最佳的经济效果?这个重要课题正越来越广泛地受到人们的重视。

我们搞的社会主义现代化,是中国式的现代化。在我们这样一个国家里进行现代化建设,有很多有利条件即长处,也有一些不利条件即短处。我们只有认真研究自己的特点,发挥我们的长处,避开我们的短处,才能做到事半功倍,真正收到多快好省的效果。

比如:我国幅员广大,人口众多,劳动力资源和自然资源丰富,这是我们的长处,而生产技术落后,资金有限,则是我们的短处。从这个特点出发,我们就应该多搞一些容纳劳动力多、投资少、经济效果好的产品,少搞一些用人少、投资多、经济效果差的产品。在技术政策上,也要与此相适应,就是要着重发展在中国的条件下能够取得最佳效果的适用技术,在一个相当长的时间内,让机械化、半机械化和手工操作同时并存,而不能片面追求全盘机械化。这样,扬我之长,避我之短,经济效果就一定会好得多。再比如:我国人口多,底子薄,这样在确定积累和消费的比例关系时,就不能把积累率定得太高,发展速度不能要求太急。如果忽视了这一点,主观上要求过高、过急,欲速则不达,想快而实际上却会是慢的。这一点我们过去是吃过亏的。

我们的国家大,在四化建设中需要集中全国的人力、物力、财力,建设一些关系国民经济命脉的重要项目,但不应该集中过多,统得过死。要使经济建设的速度加快,必须十分强调因地制宜,充分发挥各个地区的特长和优势。

应该说,我们国家的每一个地区,都有自己的长处,自己的优势。对青海、新疆、内蒙古来说,搞粮食生产固然比不上平原地区和"鱼米之乡",这是它们的短处;然而这些地区有广阔的草原和许多矿产资源,发展畜牧业和某些矿业生产,则具有其他一些地区所不及的有利条件,这又是它们的长处。对广东、广西、福建来说,搞钢铁工业确实比不上有铁矿、有煤矿的地区,这是它们的短处;然而这些地区适宜于种植甘蔗、橡胶、菠萝等亚热带经济作物,发展制糖工业、橡胶工业和其他以亚热带经济作物为原料的工业生产,却有着别的地方所不及的得天独厚的有利条件,这又是它们的长处。如果各个地区在经济建设中都能做到扬长避短,择优发展,宜粮则粮,宜糖则糖,宜纺则纺,宜钢则钢,干什么经济效果最好就干什么,我国现代化建设事业就会出现一个八仙过海、各显神通、竞相发展的大好局面。

要做到扬长避短,使各地区、各单位的优势很好地发挥出来,关键在于经济部门的领导人员有一条正确的思想路线,按照实际情况决定自己的工作。长时间来,由于林彪、"四人帮"极左路线横行,形而上学猖獗,加之我们自己不尊重客观经济规律,搞了不少不切实际的"一刀切"和主观主义的瞎指挥。说是要"以粮为纲",就山南海北都搞粮食,连那些宜林、宜牧、宜渔的地方,也要毁林开荒、弃牧种田、填海或围湖造地。说是要"以钢为纲",就到处大办钢铁,连那些传统的轻工业产区,没有煤炭、铁矿石的地区,也要大办钢铁。这种违背客观实际的做法,使不少地区的长处变成了短处,优势变成了劣势,不得不捧着金饭碗讨饭吃。这种教训太深刻了。

但是,认识到了在经济建设中注意扬长避短的重要性,并不等于就可以做到扬长避短。这里还存在着经济政策、经济体制方面的一些问题。比如:有些地方明明知道自己地区不适合搞煤搞铁,仍然不得已而为之。因为如果他们自己不搞,从别处又得不到,他们就没有煤烧,没有铁用。有些地方本来适宜种植经济作物,但如果国家不能保证供应他们口粮，他们也只好牺牲自己种植经济作物的优势，而去种植粮食。这些年来，一些地方搞"小而全"、"大而全"的经济体系，明知得不偿失，也要去干，政策和体制上存在着某些不合理，是一个重要原因。对于这些问题，应该认真地加以研究、探索，多想办法，逐步解决，以适应经济发展的需要。

为了使各地扬长避短，发挥自己的优势，还需要打破地区和部门的界限，走经济上联合之路，互通有无，密切协作。要加强一个地区内企业与企业之间，地方与地方之间，以及中央企业和地方企业之间的经济联系，组织各种形式的经济联合体。有的地方，有的企业，有的社队，在自然资源方面拥有优势；有的则在经济条件或技术条件方面拥有优势。如果各搞各的，都有局限性。但是，在自愿互利的基础上联合起来，就可以使各自的长处得以发挥，短处得以补偿。比如，不产煤的省、市，如果可以到有煤的地方去投资，通过联合经营，就可以使无煤区得到煤炭供应，产煤区得到扩大再生产的资金。当前，要特别注意创造条件，让那些有突出优势的地方首先把它的优势尽快发挥出来，把容易搞上去的地区先发展起来。

从自己地区的特点出发，扬长避短，会不会扩大地区之间经济上的差别？由于各地的经济条件不同，出现差别是必然的。我们要承认这种差别。这种差别是在经济发展中的快与慢的差别，总比那种"穷拉平"要好。而且，优势多的地方首先发展起来了、整个国家的经济实力强了，就可以更有效地帮助那些优势比较少的地方，这些地方的发展也就快了。差别就是不平衡，允许一个时期的不平衡，正是为了将来缩小这种不平衡。我们应该允许善于发挥优势的地方先富起来，从而带动全国经济建设的发展。

现在，我们正进一步贯彻执行"调整、改革、整顿、提高"的方针，经济改革工作已经起步。我们要继续解放思想，开动机器，不断地研究新情况，解决新问题，充分利用我国的有利条件，发挥我们自己的优势，趋利避害，把社会主义现代化建设搞得更好一些。

国务院 中央军委作出《关于民航管理体制若干问题的决定》

决定指出，民航总局不再由空军代管。民航的方针、政策、规定等重大问题，由民航总局拟定，报国务院审批。

国务院副总理谷牧在北京会见联合国副秘书长救灾署负责人伯尔柯博士及其助手

国务院发出《关于加强历史文物保护工作的通知》

我国历史悠久，保存在地上地下的历史文物极为丰富，是我国珍贵的文化遗产。做好对它们的保护管理工作，对于提高人民的民族的自尊心，进行历史研究和为创造社会主义的民族的新文化起着重要的作用。新中国成立以来，党和国家十分重视文物保护和管理工作，颁发了一系列的文物保护法令和指示，从根本上结束了近一百多年来我国文物被帝国主义任意掠夺和破坏的历史。但是，近十几年来，由于林彪、"四人帮"推行极左路线，煽动极左思潮，鼓吹历史虚无主义，严重破坏法制，使祖国历史文物经历了一场浩劫，很多历史文物遭到破坏。有的重点文物保护单位被夷为平地，有的地区以搞副业为名乱挖古墓，有的博物馆制度不严，造成文物损失、丢失。特别值得注意的是，这些现象至今在一些地区仍在继续发展，如不采取有力措施，加强管理，制止破坏，将使我国珍贵文化遗产遭到不可弥补的损失。为此，特作如下通知：

一、埋藏在地下的历史文物统属国家财产，任何单位、任何个人不得擅自挖掘古墓、古遗址。工农业生产部门在修建房屋和进行农田水利等基本建设时，如果发现古墓、古代遗址和其他重要历史文物，必须严加保护，立即上报，听候处理。对保护有功者奖，对破坏损失者罚。

二、一切历史文物，都不得进行黑市交易。私人出售其收藏的历史文物，都由国家开设的文物商店议价收购。严禁用历史文物进行贩卖走私和投机倒把活动，违者严惩。

三、珍贵历史文物一律不准出口，一般历史文物的出口必须严格按照国家规定的标准执行。少量特许出口的历史文物，必须经国家文物事业管理局批准，由国家开设的文物商店总店统筹办理。

四、认真保护各种有历史意义和艺术价值的古建筑、石刻、石窟等历史文物，未经原来规定为文物保护单位的机关批堆，不得对这些历史文物进行拆除、改建，严禁损伤或其他破坏活动，违者严惩。

五、各级政府的文物收藏管理机构，对各该管辖范围内的历史文物，要认真建立严格的统计制度、档案制度、保管制度。严禁贪污盗窃，严禁私相授受，严格防止因管理不善而发生各种损坏事故。要认真做好防火、防盗、防霉烂、防损伤的工作，违者按情节轻重严肃处理。

各省、市、自治区人民政府应定期组织力量对所属文物收藏单位、革命纪念馆和古建筑、石窟寺等进行清仓查库、安全防护大检查。

国务院副总理万里在北京会见参加北京国际射击邀请赛的各个国家和地区的代表团的领导成员

参加会见的有朝鲜民主主义人民共和国、日本、澳门、马来西亚、菲律宾、罗马尼亚、新加坡、瑞典、南斯拉夫、中国内地和香港地区等射击代表团的团长、领队以及教练员。

万里对朋友们前来参加北京国际射击邀请赛表示热烈欢迎。他希望通过这次邀请赛进一步增强各国人民和运动员之间的友谊,并祝运动员们在比赛中取得好成绩。

参加会见的还有应邀前来指导这次邀请赛裁判工作的国际射击联合会裁判委员会主席科瓦尔和亚洲射击联合会裁判委员会主席生田丰太郎。

5月18日

我第一座地下天然气贮气库在大庆投产

我国第一座地下天然气贮气库在大庆正式投入使用。这座贮气库是在1975年建成的,已经试用了5年,效果比较好,累计注气、采气将近5000万立方米,相当于回收利用了5万吨原油。

国务院副总理方毅在北京会见法国巴斯德研究所总所长弗·格罗教授和巴黎物理 化学 生物学研究所研究员汤明毅博士

国务院副总理姬鹏飞在北京会见瑞典克里斯蒂娜公主 马格纳松夫人和由她率领的瑞典舞蹈博物馆代表团

解放军总参谋长杨得志在北京宴请比利时军队总参谋长维利·贡捷中将并举行会谈

中国向太平洋预定海域发射的第一枚运载火箭获得圆满成功

我国激光核聚变研究取得重要的进展受到各国激光科学家们重视

用激光引发和控制热核聚变,将聚变释放的巨大能量用于建设,是当前国际上正在进行探索的一项重大科学研究课题。我国激光核聚变研究工作主要是由中国科学院上海光学精密机械研究所进行的。在这次国际激光会议上宣读的五篇学术论文中,有四篇是这个研究所的。副所长邓锡铭、副研究员徐至展代表全所激光核聚变研究人员在会上宣读了《用于核聚变的高功率激光系统的研究与发展》和《激光等离子体相互作用和靶压缩研究》两篇论文,详细报告了我国激光核聚变研究的发展情况和已取得的主要成就。副研究员谭维翰等的《均匀和非均匀等离子体中的受激散射与谐波理论》、助理研究员卢仁祥等的《激光等离子体X光线谱诊断》和中国核能研究所讲师陈雅琛的《关于孤立子的理论》3篇论文,则从不同侧面对激光核聚变进行了一些理论和实践方面的探讨。

我国首台稀释制冷机研制成功

我国第一台稀释制冷机已由中国科学院物理研究所研制成功。经有关专家鉴定,其主要技术性能已达到国外同类结构产品的水平。专家们说,这种制冷机是极低温研究的重要工具。物理所研制成功的国内第一台稀释制冷机,为我国低温研究工作开辟了新途径。

大型话剧《陈毅市长》在上海公开演出

这出由上海人民艺术剧院创作演出的10场话剧,真实地再现了陈毅在上海解放后带领上海人民改造"冒险家的乐园"——旧上海、建设新上海的感人事迹。

话剧《陈毅市长》由沙叶新编剧、胡思庆任导演,魏启明扮演陈毅。

中国乒乓球队在加尔各答举行的第五届亚洲乒乓球锦标赛上夺得男女单打 男女双打和混合双打五项冠军

北京国际射击邀请赛结束

1980年北京国际射击邀请赛9个项目的比赛今天全部结束,中国选手获得4个项目的第一名,瑞典选手获得2个项目的第一名,日本选手获得两个项目的第一名,南斯拉夫选手获得1个项目的第一名。

中国选手孙京环和王萍在罗马尼亚布拉索夫国际网球邀请赛上获得女子双打冠军

5月19日

中共中央主席华国锋在人民大会堂会见以朝鲜劳动党中央委员洪成龙为团长的朝鲜劳动党友好参观团

国务院副总理邓小平在北京会见参加国际激光会议的中外科学家

参加会见的外国科学家有:第十一届国际量子电子会议主席、美国加州理工学院教授业里夫,美国斯坦福大学教授、著名光谱学家汉斯,西德马普协会量子光学研究所所长沃尔特教授,美国辛辛那提大学医学中心教授戈德曼,美国太空公司高级科学家、加州大学圣地亚哥分校教授王正平,以及来自奥地利、英国、意大利、日本、瑞士、美国、西德7个国家的60多位激光科学家、技术专家和他们的家属。

王大珩、茅以升、张志三、干福熹等 100 多位中国科学家参加了会见。

中国与丹麦经济和技术合作协定混合委员会第一次会议在北京举行

会议期间，以丹麦外交部大使汉斯·克里斯坦森率领的混委会代表团和以外贸部副局长安东率领的中国混委会代表团就两国农牧业、工业和技术方面的合作项目、贸易发展前景以及丹麦向中国提供优惠贷款等交换了意见。

全国人大常委会副委员长乌兰夫在北京会见以稻岗觉顺为顾问 武田周彦为团长的日本净土宗友好之翼第三次访华团全体成员

全国人大常委会副委员长谭震林在北京会见以刚果与各国人民友好协会主席埃林加·埃马努艾尔为团长的代表团

国务院副总理姬鹏飞在北京会见孟加拉国共产党(马列)主席穆罕默德·土哈一行

《人民日报》发表新华社文章《怀念中越友谊的培育者胡志明主席》

今年 5 月 19 日是越南人民的领袖胡志明主席诞辰 90 周年。抚今追昔，使人深深怀念这位中越友谊之花的辛勤培育者。

胡志明主席是中国人民尊敬的革命老朋友，他那“越中情谊深，同志加兄弟”以及“恩深、义重、情长”等赞颂越中两党、两国人民之间长期亲密友谊的著名诗句和论断，是他生平同中国革命关系密切以及同中国共产党人并肩战斗的概括描绘，也是他毕生辛勤培育的中越友谊之花绚丽多彩的生动写照。

胡志明主席 1890 年 5 月 19 日生于越南义安省(今义静省)南坛县。原姓阮，幼时名阮必成；参加革命活动后取名阮爱国；40 年代初期又取名胡志明。早年当过教师、海员和杂役。1920 年在法国加入共产党。在此期间，他结识了当时在巴黎的周恩来、李富春、蔡畅等同志。这是他同中国无产阶级革命先行者接触交往的开端。1956 年周总理第一次正式访越时，胡主席在宴会上说：“30 多年来，由于有了中国共产党，已使得越中两国人民自古以来的善邻关系更加亲密起来”，并特别亲切地谈道：“周恩来是我的兄弟，我们曾在一起共甘苦，一起做革命工作，他是我 30 多年来的亲密战友。”

1945 年越南 8 月革命前，胡志明主席曾在国外从事革命活动，在中国的时间最长，他一方面为越南人民革命积极进行了重要的思想准备和组织准备工作；另一方面为中国人民的革命事业贡献了不少力量。其中较长的两段时间是中国大革命期间和 1938 年年底到 1941 年 2 月，也就是胡志明主席在《中国革命与越南革命》一文中所说的，“我个人方面，我曾经有过两个时期荣幸地参加中国共产党的活动”。他亲切地回忆说：当时，我在中国，“一面关注着我国的革命运动，一面做着中国共产党交给的工作”。

1945 年 9 月越南民主共和国的诞生和 1949 年 10 月中华人民共和国的成立，特别是 1950 年 1 月中越两国正式建交，两国人民的友好关系进入了一个崭新的阶段。从此到 60 年代，胡志明主席和毛泽东主席共同培育的中越友谊之花，姹紫嫣红开遍满园。

胡志明主席由于他同中国人民共过患难，对中国怀有特别亲切而深厚的感情。他常说：“越中两党之间互相很了解，有着亲密无间的传统关系，是唇齿相依、亲如手足的。”不论是在越南抗法战争和抗美战争的关键时刻，还是在抗法战争后医治战争创伤的时期，他都到中国访问，共商对策，要求援助。中国先后派出了军事顾问团、大批专家以及 32 万多名防空、工程等支援部队，为越南人民的胜利尽了自己的国际主义义务。胡主席在晚年，1960 年到 1962 年三次来中国过生日，1963 年到 1965 年每年都到中国度假和疗养，受到中国党、政府和人民的热情接待。1967 年和 1968 年，他长期在中国治病，中国政府抽调了最好的医生为他精心治疗。1969 年胡主席病重，根据他本人的愿望和越南党中央的要求，中国先后派出了四批医务人员到越南为胡主席治疗。他对中国同志也是完全信赖和十分关怀，亲如家人。

在此期间，中越两国各方面的代表团更是络绎不绝地进行了亲密友好的访问。

对待在越南的华侨，胡主席视为华越一家，并曾为华侨办的中文报纸命名《越华亲善》，亲题报头。1964 年 3 月胡主席《在特别政治会议上的报告》中还说：“华侨兄弟姐妹们同我国人民一起积极参加北方的社会主义建设，使越中友谊日益密切。”因此，华侨同越南人民融洽相处，团结战斗，为越南人民的革命事业作出了贡献。

但是，自从胡志明主席 1969 年与世长辞以来，中越两国关系每况愈下，发生了巨大变化。由于黎笋集团背叛胡主席坚持同中国友好合作的方针，在国内实行法西斯统治，对外推行地区霸权主义，大肆反华，已把胡志明主席毕生培育的满园中越友谊花朵统统踩在脚下。这是胡志明主席缔造的越南党的悲剧，也是十分珍视越中友谊的越南人民的悲剧。但是，人们相信，尽管黎笋集团倒行逆施，他们不可能整个毁坏毛主席和胡主席亲手缔造的中越友谊大厦。

国防部部长徐向前在北京会见比利时军队总参谋长维利·贡捷中将和夫人以及随行人员

在友好的交谈中,双方对中比两国建交以来,国家和军队之间友好关系的发展,表示满意。徐向前还向贡捷中将介绍了中国对当前一些重大国际问题的看法。他指出,苏联霸权主义已经构成了对世界和平的最大威胁,世界各国必须提高警惕,认真对待。

二机部和意大利全国核能委员会在罗马签署一项有关和平利用核能的科技合作议定书

议定书规定遵照各自国家的现行法规发展中意两国在和平利用核能方面的合作。

这项议定书是由中国第二机械工业部部长刘伟和意大利全国核能委员会主席乌·科隆博教授签署的。

双方同时还签订了有关在最初两年(即1980年和1981年)就和平利用核能进行科技合作的计划。

全国现有公路超解放初期12倍多

据交通部新提供的材料说,我国在最近两年里又增加公路干线2500公里,县社和山区公路5万多公里。

据统计,到去年年底为止,全国公路通车里程已达到89万公里,比解放初期增长12倍多。交通部说,除开西藏自治区墨脱县和四川省得荣县之外,全国2000多个县目前都已通了公路。

5月20日

中共中央发出《关于为罗瑞卿同志平反的通知》

中共中央决定,撤销1966年5月16日《中央批转中央工作小组关于罗瑞卿同志错误问题的报告》,对罗瑞卿同志诬蔑不实之词的材料一律按规定处理。因罗瑞卿同志问题而受株连的同志,也予以平反,恢复名誉。

《人民日报》发表社论《尽快把山西建成强大的能源基地》

尽快地把山西建设成为一个强大的能源基地,不仅对山西,而且对全国实现四个现代化都有重要的意义。

山西有丰富的煤炭资源,又有比较好的重工业基础,具有大规模发展能源工业的有利条件。如果把邻近的内蒙古准格尔和陕北的煤炭资源通盘考虑,则发展能源的条件更好,完全有可能建成我国最强大的能源基地。

我国和世界各国的经验都证明,充足的能源供应,是整个国民经济持久、稳定、较快发展的可靠基础。煤炭不论现在或将来相当长的时期内,都是我国能源构成的主要部分。因此,大规模地开发山西煤炭,这是全国实现四个现代化的一项紧迫的战略任务。

发展山西的煤炭工业,有许多有利条件:第一,储量大。山西已经探明的煤炭储量,占全国已探明储量的1/3。煤炭资源分布很广,遍及68个县。第二,煤种齐全。炼焦煤占已探明储量的一半。主焦煤、气煤、肥煤、瘦煤、无烟煤分别占全国已探明储量的一半左右。第三,开发条件好。一般储存在300米至400米之间,大部分煤田煤层稳定,结构简单,倾斜度小,建设投资只等于全国其他地区的2/3左右。其中地方小煤矿投资更省。如对现有煤矿进行技术改造,投资更少,只等于建设新井的一半。第四,地理位置比较适中,便于向全国输送。第五,煤炭工业已经具有相当的规模,占全国煤炭产量的1/6,而且技术装备较好。这些条件,为今后更大规模地开发打下了较好的基础。

但是,就煤炭论煤炭是不能解决问题的。煤炭工业的发展必须和有关工业的发展,特别是和农业的发展联系起来考虑。以煤炭为中心来发展工业,将引起山西整个经济结构的变化,促进各方面的发展,使山西成为我国一个具有独特面貌的工业基地。

煤炭工业大发展,就有条件来搞各种类型的坑口电站,这些新建电站将以廉价的电力,输送华北、华中,然后再转输东北、华东地区,从根本上解决这些地区严重缺电的问题,并减少煤炭外运,节约运输力。在建设大电站的同时,还可以因地制宜,在一些偏僻的小煤窑区,建立坑口小火电厂,既解决当地工农业用电,又就地烧用小窑煤。

煤炭工业大发展,就有更好的条件发展煤炭化学工业,发展以化工产品为原料的轻工业,使煤炭资源得到综合利用。利用煤炭为原料,可以发展合成肥料、合成纤维、合成塑料、合成橡胶及其他化工原料等产品。这样,除了供应农业所需要的大量化肥以外,还可使轻工业获得充分的原料、材料,增强目前山西经济结构中的这个薄弱环节。

煤炭工业大发展,就能使山西丰富的铝、铜、铁矿资源尽快地得到开发,使黑色和有色材料工业有一个大的发展。

山西煤炭工业的大发展,还为我国大幅度增长煤炭和煤炭化工产品出口创造条件,增加国家外汇收入。山西的煤炭,无论是动力煤、焦煤,还是无烟煤,质量都好,深受国外用户欢迎,有广阔的国际市场。山西的原煤、精煤、焦炭都可以增加出口。如果利用外资建设山西煤矿,有可靠的偿还能力。这也是加快山西煤炭工业建设的一个有利条件。

适应煤炭工业的发展,必须首先把铁路运输能力搞上去。还要建设相应的煤矿专用线。这样,不仅煤炭外运量可以增加,而且可以把一些偏僻地区的“死角煤”运出,增加这些地区的收入,改变这些地区的经济面貌。

随着以煤炭的开发和综合利用为中心的新的经济结构的形成,机械加工工业要按照专业化协作的原则相应地进行调整,真正转到为煤、电、化工、冶金、交通运输以及为农业服务的方向,充分发挥山西机械工业的现有能力。农业过不了关,是目前山西以煤炭为中心的有关工业发展的障碍,也是目前山西极为担心的一个问题。从眼前看,更大规模地开发山西的煤炭无疑将加重山西农业的负担,但是,这对全国有极大的好处。从长远看,以煤炭为中心的工业体系的形成和发展,对于山西农业的发展将起很大的促进作用。煤炭的发展,将生产大量的腐殖酸,这是极好的有机肥料,再配合以煤炭为原料的各种无机肥料,发展农业所需要的肥料,可以得到充分供应。

还应当看到,随着煤炭及其加工产品外调的增加,省内地方工业的发展,全省的财政收入必将大量增加,对农业的投资就会更多;加上交通便利、电力供应充分,对山西农业生产将会起很大的促进作用。

目前山西水力资源缺乏,这不仅对农业,而且对煤、电等工业的发展也是个大困难。山西应积极组织力量勘探水源,并适当安排工农业用水。

从山西看全国,可以看出经济调整工作,不能就事论事,就比例论比例,而应当从调整经济结构的高度来考虑问题。否则你有你的比例,他有他的比例,都说自己是短线,可能没有一个部门肯说自己是长线的。如果大家都向国家争投资,而长线照样长,短线照样短,总是不能解决问题。我们所要求的比例是和经济结构分不开的。有什么样的经济结构就有什么样的比例,不合理的经济结构有不合理的比例,合理的经济结构有合理的比例。我们的任务就是要选择一种比较合理的经济结构,逐步改变过去多年形成的、不合理的经济结构。由于各省的自然条件不同,工业的基础不同,应当根据各自的条件,发挥当地的优势,形成各具特点的、合理的经济结构。这样才能充分发挥自己的长处,争取最好的经济效果,为实现四个现代化作出自己的最大贡献。

全国财政工作座谈会在北京召开

会议着重讨论三件事:一是今年的预算平衡问题;二是今后财政上如何增收节支问题;三是工商税制和企业财务制度改革中的几个问题。各省、市、自治区财政厅(局)长参加了会议。姚依林副总理到会作了重要讲话,田一农副部长就今年1月至4月财政收支情况和实现今年财政收支平衡问题,吕培俭副部长就工商税制和企业财务制度的改革问题,先后作了发言,最后王丙乾部长作了总结发言。会议在5月29日结束。

五机部系统开始成批生产日用工业品

五机部系统在保证完成军工生产任务的前提下,积极生产轻工市场急需的日用工业品。今年以来,这个系统生产的缝纫机、家用电表、木钟、照相机、机动脚踏两用车、变色眼镜等产品都已经选样定型,开始批量生产。

五机部系统在发展民用产品的过程中,本着工艺相近、军民通用的原则,对产品逐类逐项地加以规划落实。如在安排木钟生产时,进行统筹规划,决定在木钟生产比较薄弱的西北、华北、西南三个地区,组织几家精密机械厂协作生产。

五机部的一些企业还利用军工产品的边角余料生产了折叠式望远镜、安全门链、照相机电子快门、自行车加快轴、洗衣机调速定时器等产品,投入市场后,受到消费者的欢迎。

国防部部长徐向前在人民大会堂会见由朝鲜劳动党中央委员 人民武装力量部副部长白鹤林中将率领的参观团

国防部在北京举行宴会欢迎由朝鲜劳动党中央委员人民武装力量部副部长白鹤林中将率领的朝鲜人民军友好参观团

中共中央书记处书记、国防部副部长、中国人民解放军总参谋长杨得志主持宴会,并在宴会上祝酒。他赞扬英勇的朝鲜人民军几十年来为祖国和人民,为世界和平事业作出了巨大贡献。他重申,中国人民和军队坚决支持金日成主席提出的自主和平统一祖国的三项原则和五点方针。他说,美国必须从南朝鲜撤出它的军队和一切武器装备,任何制造“两个朝鲜”的阴谋都是注定要失败的。他相信,朝鲜人民争取自主和平统一祖国的正义斗争一定会取得最后胜利。

国家标准总局和粮食部决定从今年夏征开始全面试行粮油国家标准

从今年夏季粮油征购开始,稻谷、小麦、玉米、大豆、大米、小麦粉、花生果、花生仁、花生油、菜籽油、大豆油、精炼棉籽油共12种粮油产品,将全面试行粮油国家标准。

国家标准总局和粮食部在联合召开的全国粮油标准化工作会议上决定,这些标准今明两年试行后,将争取在1982年修订为正式的国家标准。

增补了新委员的中国文字改革委员会在全国政协礼堂举行第一次会议

1977年12月公布的《第二次汉字简化方案(草案)》,初步试行后,证明是不够妥善的,因此,要根据各方面的意见,重新予以修订,再报国务院审批。这是增补了新委员的中国文字改革委员会的一致意见。

为了加强文字改革的研究和审议工作,国务院决定增补马大猷、王竹溪、朱德熙、陈翰伯、张友渔、张志公、周有光、钱伟长、倪海曙、曾世英为中国文字改革委员会委员,董纯才任主任委员,胡愈之、张友渔、吕叔湘、王力、叶籁士为副主任委员,倪海曙为秘书长。增补后的第一次全体委员会,今天下午在政协礼堂举行。委员们是在回顾和讨论文字改革工作时,对《第二次汉字简化方案(草案)》提出意见的。

现代化要求文字的标准化,不仅是电子计算机的广泛运用,在其信息处理中迫切要求汉字的标准化,而且人们在社会的交往中,也要求有稳定的标准化的汉字。在这次文字改革委员会的全委会上,王力、叶籁士、周有光、倪海曙四位委员提出了《关于研究和制订标准现代汉字的建议》和《制订标准现代汉字表的科研计划(草案)》,委员们讨论并原则通过了这个建议,希望在各方面的协助下,尽快制定出《标准现代汉字表》。

出席这次全委会的,还有胡乔木、叶圣陶、朱学范、季羡林、赵平生、傅懋勣等共20名委员。

在广西召开的全国当代诗歌讨论会提出让诗歌鼓舞人们创造幸福美好的未来

面对当代诗歌的种种疑问,全国各地100多名诗人、评论家、研究工作者最近聚集广西,举行了全国当代诗歌讨论会。

就新诗发展中的理论问题举行这样规模的学术讨论会,据与会的诗歌行家们说,还是30年来的第一次。

讨论会上,大家各抒己见,自由讨论,气氛热烈。会议在肯定三年来诗歌成就的同时,也探讨了新诗道路上的问题。大家感到,优秀的诗作还不够多,在对现实的反映方面,有些作品存在着不够深刻、准确的缺陷,极少数作品还出现了思想晦涩、情调不够健康的现象。

与会代表认为,诗人作为人类灵魂的工程师,应该追求真、善、美的统一,为履行文艺崇高的社会职责,为塑造社会主义新人作出贡献。要在帮助人们认识复杂的社会生活,鼓舞人们创造美好的未来方面,发挥诗歌的作用,让更多的充满时代精神的歌唱成为人们精神生活中的主旋律。

会议讨论了新诗形式的发展道路。绝大多数同志认为,应当强调百花齐放,鼓励诗人们大胆创造。在互相竞赛中接受实践的检验。

这次讨论会是由中国社会科学院文学研究所等单位联合主办的。

水资源综合评价和合理利用研究工作在淮河流域全面展开

《人民日报》报道,今年4月以来,以淮河流域为试点的水资源综合评价和合理利用的研究工作,已经全面展开。这是全国农业自然资源调查的重要组成部分,也是国家重点科研项目之一。这项研究工作,包括对地表水和地下水资源的调查估算和统计分析、水质的调查分析、水资源的合理利用和供需平衡的分析等。它涉及水文、气象、土壤、地质、水利等许多学科。

5月21日

我国向太平洋海域发射运载火箭获得圆满成功

中共中央 国务院 中央军委向参与太平洋海域运载火箭发射试验的全体同志致电祝贺

贺电全文如下:

参与我国发射运载火箭的全体科学工作者、工程技术人员、工人、解放军指战员和一切从事试验的同志们:

我们热烈祝贺你们向太平洋海域发射运载火箭成功的巨大胜利。

这次试验,标志着我国运载火箭技术达到了新的水平。这对于发展我国科学技术,加速实现四个现代化,具有重大的意义。对于为四化建设而忘我劳动的全国各族人民也是一个极大的鼓舞。

这次试验的成功,是参加研制、生产和试验的全国各地区、各部门、各部队,坚决执行党中央制定的路线、方针、政策,发扬自力更生、艰苦奋斗的革命精神,团结一致,大力协同,刻苦钻研,辛勤劳动,精心组织,精心指挥的结果。

希望你们认真总结经验,戒骄戒躁,再接再厉,为加速发展我国尖端科学技术事业作出更大的贡献。

中共中央

国务院

中央军委

1980年5月21日

新华社受权公告溅落海域和海域上空恢复正常航行

新华社受权公告:新华社1980年5月9日发布的中华人民共和国向太平洋南纬7度0分、东经171度33分为中心,半径70海里的圆形海域,发射运载火箭试验已经结束，从5月22日起上述海域和海域上空恢复正常航行。

国务院批准湖北来凤和鹤峰为自治县

经国务院批准成立的湖北省来凤土家族自治县和鹤峰土家族自治县，这两个县分别于5月21日和5月25日召开成立大会。

国家建工总局在北京召开全国建工局长会议

这次会议是5月5日至17日召开的，出席会议的有各省、市自治区建工局和直属工程局局长及勘察、设计、施工、科研、教育有关部门负责人共270多人。会议传达了邓小平关于必须“充分发挥建筑业在四化中的作用”的重要指示，贯彻了全国基建会议精神，讨论了全国建筑业今后发展的方向和调整时期的任务。会议明确了建筑业的发展方向，确定了调整时期的奋斗目标，达到了预期的目的。

这次会议还就建筑产品商品化的问题进行了探讨。代表们认为，建筑产品特别是住宅，实行商品化，建成的房屋可以卖给机关企业，也可以卖给职工个人，这是发展建筑业的一项重大改革。实现这一改革，必须以确认建筑业是物质生产部门为前提，给企业以独立商品生产者的地位，改变目前人、财、物分家，产、供、销脱节的状况，按照客观经济规律办事，正确解决建筑产品的价格、利润等问题。

国务院副总理谷牧在北京会见美国斯通·韦伯斯特公司董事长总裁雷·福斯特和夫人等客人

斯通·韦伯斯特公司是美国较大的设计、施工及管理咨询公司之一，其工程公司主要承建电力，石油和石油化工企业。美国客人这次来访主要是了解和探讨同我有关方面合作的可能性。会见时，谷牧介绍了我国电力工业的目前情况，并希望中美双方在平等互利的基础上进一步发展科技和经济合作。

国务院副总理康世恩在北京会见由董事长戴维·斯蒂尔爵士率领的英国石油公司代表团

国务院副总理康世恩在北京会见以伊拉克工人工会总联合会总书记萨曼·达乌德·纳杰鲁斯为团长的伊拉克工人工会总联合会代表团

康世恩说，伊拉克工人联合会同我国工会一直有着友好的交往。我们对你们坚持阿拉伯国家团结，坚持反帝、反殖、反对以色列侵略扩张，主张恢复巴勒斯坦人民的民族权利，维护民族独立和发展民族经济的立场，表示赞赏。

共青团中央 全国青联和全国学联致电朝鲜劳动青年同盟中央和学委会

中国共产主义青年团中央委员会、中华全国青年联合会以及中华全国学生联合会打电报给朝鲜社会主义劳动青年同盟中央委员会和朝鲜学生委员会，强烈谴责南朝鲜当局残酷镇压青年学生的罪行，并对正在进行英勇斗争的南朝鲜青年学生表示坚决的支持和声援。

电报说：“最近南朝鲜青年、学生为争取社会民主化掀起了声势浩大的群众斗争。数十万名青年学生纷纷举行集会、示威游行，要求保障校园民主、取消‘戒严令’和‘维新体制’。南朝鲜当局无视广大学生的正义要求，悍然宣布‘非常戒严令’，对他们争取民主的斗争进行法西斯镇压。”

电报指出：“中国青年、学生密切地注视着这一事态的发展，并强烈谴责南朝鲜当局残酷镇压青年、学生的行径。我们向正在进行英勇斗争的南朝鲜青年学生表示坚决的支持和声援。”电报最后说：“中国青年、学生坚信，只要南朝鲜青年学生和人民一起，加强团结，坚持斗争，就一定能够取得最后胜利。”

广州设计院总设计师佘畯南 副总设计师莫伯志等的白天鹅饭店设计方案博得中外赞誉

《人民日报》报道：广州设计院总设计师佘畯南、副总设计师莫伯志等同志设计的白天鹅饭店的设计方案，以它独特的构思，新颖的设计，博得了中外人士的交口称誉。世界当代最著名的建筑师之一、中国血统的美籍人贝聿铭说：“在江边建筑这样宏伟旅馆在世界上是很罕见的，中国有许多天才的设计人才。”

这次设计的成功，轰动了国内外建筑界。欧美许多国家的设计人员纷纷前来参观，他们十分感兴趣，并在如何适应欧美旅客特点方面出点子，想办法，帮助修改设计方案。

《人民日报》发表社论《有真才实学才能建设四化》

今天本报发表的关于西安交通大学副教授孟庆集，广州设计院总设计师佘畯南、副总设计师莫伯志，上海无线电管理处助理技术员赵乐等同志的三篇通讯，很值得一读。他们在有关方面的支持和配合下，以他们的志气和聪明才智，为四化作出了贡献，为祖国争得了荣誉。这些事，值得拍手叫好。它生动地告诉我们：一定要有真才实学才能建设四化；我国的许多知识分子是有真才实学的，他们的作用一旦得到发挥，就会作出重大贡献。

搞社会主义现代化建设，必须坚持社会主义道路，同时,必须重视专业知识,重视有真才实学的人才。现代化建设,行业非常多,每一门都有其专业知识,而且随着科学技术的发展,还会不断出现新的领域,新的知识。有专业知识,有真才实学,才有可能做好工作,有所创造,有所前进。不然,尽管你建设四化的热情很高,还是做不出应有的贡献,有时候甚至把事情办坏。我们的一些从革命斗争中成长起来的干部,应该下决心很好学习提高,使自己具有一定的专业知识和专业能力,否则,要领导好现代化建设,是不可能的。现在,我们的许多企、事业单位,技术水平、管理水平为什么长期落后?一个重要原因就是那里缺乏有真才实学的人,或者是虽有人才而没有受到重用。我们的许多领导机关,为什么人浮于事,官僚主义,办事拖拉?一个重要原因也是那里有真才实学的人太少,没有真才实学的人太多。我们的一些领导同志,为什么对某些建设项目作出错误决策?一个重要原因,是自己没有这一方面的专业知识,又不尊重、不信任、不重用那些有真才实学的人。我们过去长期没有重视这个问题,现在,一定要下决心改变这种状况,真正地把这个问题重视起来。

有些同志认为,搞四化,最重要的是资金。对于人才问题,他们却不重视,或者重视不够。这是不对的。资金固然重要,人才同样重要,甚至更加重要。资金不足,我们就更要勤俭创业,杜绝各种浪费;就更要注意资金的合理使用,使有限的资金能够最大限度地发挥经济效益。我们办一切事业,都必须讲究经济效果,找到花钱少、收效大的最好方案,也就是说,都要实行"优选法"。而要做到这些,关键就在于人才。孟庆集同志在同外商进行技术谈判中,所以能够使对方承认他们提供的设备在设计上有错误,同意更换新的设备,就是因为他具有真才实学,能够以无可辩驳的事实证据和科学理论,使对方心悦诚服。像孟庆集等同志这样有真才实学的人,我们发现得越多,使用越得当,就越能够少花钱,多办事,办好事,实现四化也就越有希望。相反,如果没有真才实学,即使有了资金,也会钱倍功半,甚至把资金白白浪费掉。这方面的教训,已经够多的了。可见,没有真才实学,没有人才,即使有钱,也办不好事;甚至投入的资金越多,浪费就越大,给国家造成的损失也越大。

有些同志只热心于从国外引进设备和技术,却不热心于发现、培养、使用、选拔人才。这也是不对的。引进先进的设备和技术,当然很必要。国外一切可以借鉴和学习的东西,在可能的条件下,都应该引来为我所用。但是,根据我国的实际情况,哪些要引进,哪些不要引进,哪些先引进,哪些后引进,就要依靠有真才实学的人,才能鉴别并作出正确的判断。设备和技术引进来了,如何合理使用,使其取得最大的效益;如何吸收、消化,使自己能够创造出更先进的设备和技术,也要依靠有真才实学的人。我们有不少引进的项目,确实对四化建设起了很好的作用。但是也有一些引进的项目,由于在决定是否引进和如何引进的时候,没有听取、采纳有真才实学的人提出的正确意见,以致不能收到应有的效果,甚至成为我们的"包袱",造成很大的损失。有些部门和单位从国外引进了设备,却没有使用这些设备的人才,或者这些设备根本就不适合在我国使用,只好让它在那里摆样子,睡大觉,实在令人痛惜。可见,只热心于引进设备,而不用更大的热心去发现、培养、使用、选拔人才,是搞不好四化建设的。

总之,我们搞四化建设,要重视资金、设备等等的作用,同时,一定要更重视人才的作用。俄国十月革命以后,列宁在谈到社会主义建设的时候,曾经强调指出:全部工作的关键在于人才问题。如果一切领导机关不能像爱护眼珠那样爱护一切真诚工作的、精通和热爱本行业务的专家,那么,社会主义建设事业就不可能取得任何重大成就。列宁的这些论述,对于我们是大有教益的。我们今天进行四化建设的关键,同样在于人才问题。我们全党都要用极大的热情关注这个问题,要像爱护自己的眼珠一样爱护一切有真才实学的人才。

现在,我们国家有真才实学的人,比起四化建设的需要来,确实太缺乏了。但是,人才毕竟是有的。不仅老一代中有不少世界第一流的专家,新中国成立以来,我们也已培养了几百万中专以上的人才,其中像孟庆集、佘畯南、奠伯志、赵乐等同志这样比较"拔尖"的人才也是有很大一批的。如果在这几百万人中,1/10是这样"拔尖"的人才的话,也就有几十万人。因此,人才是有的,问题是很多人才被"盖"着,特别是很多不知名的中、青年人才被"盖"着,难以施展他们的才华。应该懂得,从现在起到20世纪末,我们要实现四化。这20年间,能够在我国科学技术领域作出重大贡献的,主要将是现在我们大家还不知名的中、青年。我们国家一些新兴的科学技术领域,绝大部分骨干力量都是中、青年,决定这些新兴学科方向,推动这些学科前进的,主要也要靠他们。我们如果不移开"盖子",让他们破"盖"而出,为实现四化大展宏图,那将是对我们事业的犯罪行为。

究竟是什么东西把人才"盖"着呢?主要是我们一些同志的错误思想,以及某些不合理的制度把人才"盖"着。为了使大批被"盖"着的人才能够破"盖"而出,我们必须坚决清除林彪、"四人帮"极左路线的流毒以及多年来形成的对知识分子的各种偏见。对于一切有真才实学、愿意为四化建设服务的人,我们都必须充分信任他们,决不允许借口“家庭出身”、“社会关系”、“在‘文化大革命’时期有过某些缺点错误”等等而在政治上歧视他们。对于那些刻苦钻研专业知识,有科学态度和革新精神的人,我们应该鼓励和支持他们努力为祖国争名,为四化成家,决不允许再用什么“白专道路”的帽子去整治他们。对于那些不盲从、爱动脑筋、爱提意见的人,我们应该认为这正是他们的优点,不能把它看作是什么“固执己见”、“骄傲自大”。对于大批具有真才实学的中、青年人,我们应该放手使用,大胆提拔,彻底打破论资排辈、平均主义等等陈腐观念。对于现行的某些不利于发现、培养和选拔人才的政策和制度,我们应该在调查研究的基础上,积极进行改革,以便从制度上保证能够合理地选拔和使用蕴藏于人民群众中的一切有用之才。现在,群众中有这样的议论:“德才兼备的领导者爱护人才,有才缺德的领导者嫉妒人才,无才无德的领导者破坏人才。”我们的各级领导干部,应该从人们的这些议论中得到启发,做一个爱护人才的领导者,切不要做嫉妒人才、败坏人才的领导者。善于发现并且充分支持一切有真才实学的人大展宏图,这是历史赋予我们各级领导同志的重任。这件事做得越有成绩,我们的四化建设事业就越有希望。

中国自动化学会第三次全国代表大会在北京举行

代表大会于5月21日至26日在北京香山召开。出席这次代表大会的代表共196人,其中正式代表155人,特邀代表15人,列席代表26人,他们分别来自全国28个省、市、自治区的科研、教育、国防及生产战线。

学会原理事长钱学森同志、中国科协书记处书记林渤民同志出席了开幕式,并发表了重要讲话。

大会着重讨论了如何根据我们的国情和当前的具体情况,发展我国的自动化科学技术。

大会提出,发展中国的自动化科学技术,要从中国的实际情况出发。解放以来,我国的自动化科学技术在工业、农业、交通运输、文教卫生、财贸和国防建设方面都有广泛的应用。但是,从目前来看,由于我国的基础自动化工作没有做好,自动化元件、设备的可靠性较差,工人的自动化技术水平也较低,这就限制了自动化科学技术在四化建设中发挥更大的效用。为此,到会的自动化科技工作者建议:

一、根据我国人口多、底子薄、自动化基础较差的特点,应当研究以优质、高产、低耗、投资少、效果大为目标的自动化理论和可靠实用的自动化技术工具,远近结合、全面规划,有计划有步骤地发展我国的自动化科学技术。

二、发展自动化要注意经济效果。自动化工作的重点要放在提高产量,改进质量,改善劳动条件,保证生产安全可靠等方面,不要片面地从形式上追求省人或“无人化”。

三、以自动化促进管理现代化。把大系统理论、控制理论和计算技术方法应用到国民经济计划管理中去,为国家制定各项规划及确定重大经济建设项目当好参谋,提供可靠的科学依据和论证。

四、加强自动化应用研究,提倡控制理论研究同工程实际应用相结合。

五、搞好引进自动化设备的试点,总结经验,改善计划和管理工作,充分发挥这些设备的作用。

六、采取多种形式,加快自动化科技人才的培养。

大会还改选了学会的领导机构,选出了112名理事(其中为台湾省保留两个名额)。控制论科学家宋健当选为理事长。

西方史籍《高卢战记》由商务印书馆出版

这是一部最古老的战争史,也是古代高卢和日耳曼地区最古老的历史文献,书中对高卢和日耳曼各地从氏族公社逐渐解体到萌芽状态的国家出现这段时期里的政治、社会、风俗、宗教等方面的记述,成为我们研究古代社会和民族学的重要依据。

《刘少奇同志纪念展览》在中国革命博物馆开放展览

这是一个具有深刻教育意义和纪念意义的展览。这一展览以大量珍贵的历史文献、史料和实物,有力地驳斥了林彪、“四人帮”对少奇同志的污蔑和强加给他的一切不实之词,恢复了历史的本来面貌,重现了伟大的马克思主义者和无产阶级革命家刘少奇同志光辉的一生。

5月22日

国务院副总理邓小平在北京会见美国佐治亚州州长乔治·巴斯比和由他率领的贸易代表团

邓小平在同美国朋友友好交谈时说,我们正在进行四化建设,努力摆脱过去的落后状态。只要扎扎实实做工作,我们就有希望。

会见时,巴斯比表示希望要进一步发展佐治亚州同中国的贸易和技术交流,并向邓小平赠送了一本记录他访问亚特兰大时的照相册。

中共中央书记处总书记胡耀邦和国务院副总理万里受中央委托到西藏进行考察

同胡耀邦、万里先后一起前来考察的,还有全国人大常委会副委员长、西藏自治区人大常委会主任阿沛·阿旺晋美，政协全国委员会副主席、国家民委主任杨静仁，中央组织部副部长赵振清等。

胡耀邦、万里同志来到西藏后，连日召开各种座谈会，同正在参加自治区党委扩大会议的地、县委负责同志和基层干部以及上层爱国民主人士进行了广泛的接触，详细询问了他们的生产、生活情况，就西藏怎样由穷变富的问题交换了意见。他们还分别同自治区工业、财经、文化等部门和人民解放军西藏军区的负责同志交谈，了解情况，一起探讨如何搞好西藏的工作。与此同时，他们还深入到水电站、学校、街道、商店、工厂和居民家庭中访问，进行实地考察。

为了落实中央提出的建设西藏的任务和方针，改变西藏落后于全国其他地区的状况，胡耀邦、万里等同志在考察中，同西藏的同志一起提出，要同心同德地使西藏人民的物质、文化生活水平比较快地提高起来，为建设一个团结、富裕、文明的新西藏而奋斗。他们指出：这是当前西藏工作的总目标。西藏的党、政、军和全体人民，尤其是共产党员，都要为这个目标努力奋斗，贡献力量。为了实现这个总目标，应该做好下列六件大事：一、在中央的统一领导下，充分行使民族区域自治权利。二、根据当前西藏自治区相当困难的情况，要坚决实行休养生息的政策，大大减轻群众的负担。三、要在所有的经济战线上，包括农、牧、林、财政、商业、手工业、交通等所有的经济战线上，实行特殊的、适合西藏的灵活政策，目的是为了较快地促进西藏经济的发展。四、要把国家支援的大量经费，用到促进和发展农牧业生产，用到藏族人民日常生活的迫切需要上来。五、在坚持社会主义方向的前提下，大力恢复和发展西藏的文化、教育、科学事业。六、正确执行党的民族干部政策，要极大地加强藏汉族干部的亲密团结。

明确提出上述六件大事，目的是为了在两三年内扭转西藏贫困的局面。五年到六年要超过历史上最好的生活水平，十年要使西藏有比较大的发展，群众生活水平有大幅度的提高。胡耀邦、万里同志要求每个共产党员都要为这个目标而奋斗。他们说，我们共产党，就是要为西藏人民、为全国人民、为全世界人民谋福利、办好事，我们要尽最大的努力，为实现这个目标而奋斗。他们衷心希望在大有作为的80年代里，藏汉人民进一步加强团结，情同骨肉，永不分离。

《人民日报》发表余秋里的文章《纪念富春同志》

国家经委决定今年要更严格地评选国家质量奖

国家经委最近决定，今年要更加严格地进行优质产品国家质量奖的评选工作，通过评选把产品质量提高到一个新的水平。

去年，我国进行了第一次优质产品国家质量奖的评选工作，共有172项产品分别获得金质奖和银质奖。今年将继续给一批优质产品颁发国家质量奖。

为了搞好评选工作，国家经委最近要求，今年每个参加评选的产品，必须有用户的评价，依靠检验数据说话，凡是没有标准、没有检验机构提供质量数据的产品，评选机构拒绝评选。对去年已经获得金质奖、银质奖的优质产品，不搞“终身制”，要结合今年的评选工作，进行复查考核，不合格的要限期改进，超过限期仍不合格的则取消获奖资格。据了解，今年全国优质产品正式评选之前，将召开预评会议，先按地区、行业预评，然后全国预评，最后再正式评选确定。

中国农业银行在苏州召开的支持商品生产活跃农村经济交流会上强调要把支持农村商品生产作为今后农村金融工作的指导方针

交流会以大量的材料说明，党的三中全会以来我国农村形势已发生了可喜的变化，整个农村经济开始活了，农业资金也随着活了。1979年全国银行、信用社累计发放各项农业贷款193.9亿元，累计收回到期和逾期贷款172.7亿元，都超过了历史最好水平。农村存款和个人储蓄也大幅度增长。农村经济发展的情况说明，商品经济越发展，越需要银行调节资金，也为银行扩大了信贷资金的来源。大力支持商品生产，活跃农村资金，是发展农村金融事业，完成农业银行的基本任务的正确途径。

福建部分华侨农场和华侨工厂努力发展出口产品

福建省的8个华侨农场和3家华侨工厂，认真加强经营管理，努力发展出口产品，两年来的产值共达1000多万美元。

目前，福建省常山、双弟、北硿、赤港、长龙、丰田、东阁和福州北郊8个华侨农场，以及福州华侨塑料、泉州华侨塑料和厦门侨星化工厂3家华侨工厂，为外贸提供的产品包括茶叶、塑料制品、日用瓷器、粉干、柑橘、味精、生猪、食品罐头、胡椒和鳗鱼等。

国务院副总理余秋里在北京会见由董事长戴维·斯蒂尔爵士率领的英国石油公司代表团

国务院副总理薄一波在北京会见由加拿大—中国贸易理事会主席卡尔弗特·努德森率领的加中贸易理事会企业家代表团

国际激光会议在北京闭会

这次会议的第一阶段在上海举行。会上中外科学家宣读了 60 篇论文，举行了五个专题讨论会，广泛交流了有关激光核聚变、激光医学和激光通信等方面的研究成果。与会的外国科学家和技术专家应邀到上海的有关学校和科研单位进行了参观和学术交流。

第二阶段会议于 5 月 19 日至 22 日在北京举行。会议期间，中外科学家共宣读了 54 篇论文，着重交流了激光光谱学、新型激光器和激光化学等方面的研究成果。世界著名光谱学家、美国斯坦福大学教授汉斯，在会上作了题为《氢的激光光谱学》的特邀报告。从事准分子激光器研究的美国海军实验室韦纳特教授，从事可调谐激光器研究的美国麻省理工学院教授穆拉迪和该校从事激光陀螺研究的伊齐基尔教授等，在会上报告了他们在新型激光器方面的研究成果。第一届国际量子电子学会主席、美国加州理工学院亚里夫教授，美国贝尔实验室科格尔尼克和卡明诺教授，美国辛辛那提大学医学中心戈德曼教授等，都在会上作了有关集成光学、光通信、激光医学等方面的专题报告。美国洛斯·阿拉莫斯实验室激光核聚变计划负责人博耶教授和中国著名光学家王大珩也在会上分别作了激光化学和中国的激光应用等方面的特邀报告。通过广泛的交流，中外科学家增进了友谊，为今后在激光领域进行合作，打下了良好的基础。

会议期间，美国国际技术公司和中国科学器材公司联合举办了激光仪器展览，展出 100 多台(件)仪器，上海、北京两地共有 6000 多人参观。

北京市召开保护长城紧急现场会议

北京市副市长白介夫在会上讲了话。他指出，破坏长城，是犯罪行为，不能容忍。要从领导开始，提高认识，采取措施，下决心刹住毁城歪风。要向人民群众加强宣传教育工作。对于已经发生的破坏长城的事故，要区别情况，严肃处理。已经拆运下来的长城砖石，要全部封存，送回原处。各区、县本着精简的原则，成立保护长城的相应机构。

国家文物局副局长孙轶青在讲话中强调，保护长城，保护一切革命文物和历史文物，是每一个公民的责任和义务。保护长城，人人有责。毁坏长城，要严肃处理。北京市已经开始这样做了，全国其他有长城跨越的省和自治区，也都要行动起来。

延庆县宣布了对毁城事件的处理措施，决定所有拆运的长城砖石，一律限期运回垒回原处，拒不执行的，将实行经济处罚；情节严重，屡教不改的，要给予行政处分或诉诸司法机关。

中国书法协会筹备会成立

《人民日报》报道，在全国文联的领导下，最近召开了中国书法协会筹备会，并已积极开展工作。筹备会发起人有：王震、谷牧、陈丕显、郭化若、舒同、华楠、魏文伯、魏传统、许涤新、孙毅、张执一、林林、周而复、赵朴初等。王震、舒同已为中国书法协会筹备会题词。王震同志还把珍藏的《三希堂帖》全集赠给了中国书法协会筹备会。

1980 年全国技巧冠军赛在杭州结束

《人民日报》发表钟惠澜的文章《关于控制人口增长的几点建议》(摘要)

钟惠澜在文章中就我国计划生育工作提出七点建议：第一，对人口数字及有关数字的统计必须精确、及时。第二，建设一支善于工作的计划生育工作队伍，大力、深入开展计划生育的宣传教育工作。第三，不能只是提倡晚婚，而应当把重点放在避孕上。第四，制定政策及法律限制呆傻人、精神病患者和血友病、色盲病、各种血红蛋白病和先天性疾病的患者生育，以便逐渐提高我国的人口质量。第五，除提倡一对夫妇生养一个孩子之外，还提倡晚生育。第六，要制定政策，保证无子女的老年人在丧失劳动能力而又无人照料的情况下能够“老有所养”。第七，要向外国的先进经验学习，认真研究外国在这方面的政策、法律、具体做法、科学技术成就等等，为我们所用。

吕士才 陈宝俊 孙安定模范事迹展览在中国人民革命军事博物馆展出

这个题为《生命的赞歌》的展览以大量的图片和实物，介绍了荣获中央军委授予“模范军医”称号的吕士才、“雷锋式的干部”称号的陈宝俊、“一心为革命的好飞行员”称号的孙安定三位同志的模范事迹。他们是当代继承和发扬雷锋、焦裕禄精神的杰出代表，是我们贯彻执行《关于党内政治生活的若干准则》的典范。展览一共分四个部分。第一部分介绍了吕士才同志忠诚党的医疗事业，勤勤恳恳为人民服务的动人事迹。这里，有他填写的“入党不是为了一些什么，而是把自己的一切献身于党”的入党志愿书；有他抱病出征，在手术室连续工作 20 小时的图片；有他在前线为战士李刚文做血管缝合的手术器械和照明用的手电筒、马灯，还有他病中写的战伤救治小结和汇报发言稿等。第二部分陈列着陈宝俊同志为人民服务随身携带的三件宝：银针、折尺、玻璃刀；陈列着记录他学雷锋体会的 35 万多字的笔记、日记，以及他奋不顾身参加唐山丰南地区抗震抢险救灾活动，被群众称为“震区雷锋”的照片等。第三部分介绍了孙安定同志22年如一日，一心为革命，忘我为人民的又红又专的模范事迹。展览最后部分介绍了军内外群众开展向英雄学习的活动，向四化奋勇前进的情况。

5月23日

国务院总理华国锋在北京会见日本山岳会珠穆朗玛峰登山队

在会见时，华国锋总理说，尽管目前日本国内正在筹备众、参两院的选举，大平总理、内阁大臣们和各方面的朋友工作都很繁忙，但仍为接待我们进行了周密和细致的安排。我谨借此机会，向日本政府和日本人民表示由衷的感谢。

华国锋接着说：我期待并且相信，这次访问一定是成功的和愉快的，将促进我们两国和两国人民的友谊和合作，使中日友好这一伟大事业登上新的高峰。华国锋热情赞扬日本登山队不怕牺牲、不避艰险，终于成功地登上了世界最高峰——珠穆朗玛峰。他说，中国人民为你们的成功感到高兴。

华国锋应日本朋友的要求为他们登山成功题了词。华国锋的题词是："日本登山队沿中国一侧北壁路线成功地登上了珠穆朗玛峰，我谨向日本登山队表示热烈的祝贺。祝愿中日两国的友好合作关系在广泛的领域内获得更大的发展。"

我国水力资源超过6亿千瓦

电力工业部新提供的材料说，我国新查明的全国水力资源蕴藏量比50年代普查结果超出了将近1亿千瓦，达到6.8亿千瓦，其中可开发利用的为3.7亿千瓦。

据计算，如果把我国可利用的水力资源全部利用起来，每年可发电1.9万亿度。目前我国水电装机总容量只有1605万千瓦，仅占可以开发的水力资源的4.3%。

中国政府与罗马尼亚政府经济技术合作委员会第二次会议在布加勒斯特举行

会上，双方回顾了自第一次会议以来两国经济技术合作和贸易的进展情况和两国政府签署的一系列协议的执行情况，并对取得的合作成果作了满意的评价。双方还进一步探讨了扩大两国经济技术合作和贸易的可能性。

国务院副总理方毅在北京会见以美国施塔费化学公司研究开发部主任 化学家华家熙博士为团长的美籍高分子科技代表团

国务院副总理谷牧在北京会见加拿大友好人士麦吉尔大学东亚研究中心主任林达光教授和夫人陈恕

以外交部副部长何英为团长的中国代表团前往日内瓦参加向柬埔寨人民提供人道援助和救济的国际会议

参加全国大中城市煤气化途径学术交流会的专家提出挖掘气源潜力加快城市煤气化建设的建议

《人民日报》报道，参加最近在天津召开的第一次全国大中城市煤气化途径学术交流会的专家们强调指出，发展城市煤气对于节约和合理使用能源有着十分重要的意义。他们说，直接烧煤的热效率只有15%—18%，如果把煤转化为二次能源，热效率即可大大提高。他们建议加强城市煤气的科学研究，提高我国的制气技术和应用水平。

全国职工教育管理委员会正式成立

委员会由袁宝华任主任，宋侃夫、臧伯平任副主任，委员由国家经委、全国总工会、教育部等14个单位派出人员担任。

全国职工教育管理委员会统一规划、管理全国职工教育工作，协调各有关方面的步调，解决职工教育事业发展中的一些实际问题。

全国职工教育管理委员会第一次全体委员会议，已经举行。会议讨论了当前工作，决定从调查研究入手，摸清现状，制定规划，研究职工教育工作的方针政策和当前急需解决的领导管理体制、办学体制、师资、经费等问题。会后发出了《关于对职工教育工作开展调查研究的通知》，要求各省、市、自治区和国务院各部委，按地区和按系统进行调查研究，并写出有情况、有分析、有建议的报告。

中国电影"百花奖"授奖大会在全国政协礼堂举行

授奖大会由中国电影家协会书记处书记、《大众电影》主编林杉主持，中国电影家协会副主席袁文殊在会上讲话，向获奖者表示祝贺。

周扬、康克清、夏衍、傅钟、阳翰笙、陶钝、刘白羽、楚图南、韩英、宋侃夫、贺敬之，王阑西、林默涵、司徒慧敏、周而复、于伶、成荫等有关方面负责人、电影工作者、文艺界人士，以及观众代表1000多人参加了授奖大会。

《吉鸿昌》《泪痕》《小花》获得了最佳故事片奖。

获得其他12项最佳奖的是：《吉鸿昌》的编剧陈立德获最佳编剧奖，《甜蜜的事业》的导演谢添获最佳导演奖，在《泪痕》中饰演朱克实的李仁堂获最佳男演员奖,在《小花》中饰演赵小花的陈冲获最佳女演员奖,在《瞧这一家子》中饰演张岚的刘晓庆获最佳配角奖,《小花》的摄影陈国梁、云文耀获最佳摄影奖,《小花》的作曲者王酩获最佳音乐奖,《蓝光闪过之后》的美工黄洽贵获最佳美工奖,《敬爱的周恩来总理永垂不朽》《美的旋律》获最佳纪录片奖,《黄鼬》《红绿灯下》获最佳科教片奖,《哪吒闹海》《阿凡提》获最佳美术片奖,《铁弓缘》获最佳戏曲片奖。

中国珍宝展览在哥本哈根路易斯安娜艺术博物馆展出

这是中国在丹麦第一次展出出土珍贵文物。至9月7日闭幕,这个展览会总共接待观众超过28万人次,是这个博物馆多年来接待观众最多的一次。

丹麦女王玛格丽特二世及其丈夫亨里克亲王先后两次前往参观。他们仔细参观了并加以赞扬每件展品。女王的母亲英格丽德王太后也参观了这次展览。丹麦首相耶恩森以及政府其他高级官员出席了开幕式,耶恩森还发表了友好的讲话。

九龙江北溪引水工程建成通水

《人民日报》报道,为满足厦门市淡水需要而兴建的福建省最大的引水工程——九龙江北溪引水工程,最近建成通水,九龙江北溪引水工程建成后,每天向市区提供的淡水达17万多立方米,相当于原来市区供水量的4倍,这就从根本上解决了厦门市工农业生产、国防建设和24万名群众生活用水的困难,同时港口船舶的淡水供应和郊区近20万亩农田的灌溉用水也得到了满足。

5月24日

《人民日报》发表社论《积极推广合同制》

河北省晋县试行产、购、供、销合同制的办法,改进对农业生产的领导,是经济管理上的一大改革。这一改革引起了有关方面的重视。目前晋县合同制的经验正在河北一些县推广,受到广大基层干部的欢迎。

实行合同制,是我们学习用经济手段管理农业,用经济手段解决经济问题的一种好形式,是经济管理体制的一项重要改革。通过合同组织企业事业单位之间的经济活动,明确和协调它们之间的经济关系,使签订合同的双方,不论是全民所有制和集体所有制单位,不论是大单位和小单位,在经济上都处于平等互利的地位,都承担一定的经济责任。这种办法可以促使我们的经济活动符合客观规律。

管理现代化的大工业需要实行合同制,管理现代化的大农业同样需要推行合同制。目前,人民公社作为集体所有制企业,在实际上并没有取得和全民所有制平等的地位,许多同志习惯于单纯靠行政手段领导农业,生产队的自主权得不到切实保障。社队基层干部是农业生产的直接经营者,但对于应当向国家交售的农副产品以及国家能够向他们提供的生产资料,常常心里无数,这就很难实行计划管理,很难合理安排生产,影响了经营的主动性和责任心。通过订立合同,在国家企业事业单位和集体经济之间建立起平等的经济关系,使国家和农民的关系得到进一步改善,这是继续落实农村经济政策,加快发展农业生产的一个重大措施。

有些同志认为,目前签订的农业合同还不够完善,实行起来作用不大,因而怀疑当前有没有推广的必要。的确,目前的合同制确实还不够完善。但是,就是这样不够完善的合同制,在试行中已经初步显示了它的作用。比如,一部分生产资料的供应有了保证,粮食征购任务定死了基数。仅这两条,基层干部就很满意,对于调动群众的积极性大有好处。当然,推广合同制的作用并不止此。晋县试行只一年,县委开始摆脱了行政事务,能够更加认真地从落实经济政策、改进经济管理、实行科学种田方面加强领导;财贸系统盲目经营的做法和单纯任务观点有了明显的改变,为农业生产服务得更好了。

实行和推广合同制,必然会不断遇到新问题。能不能把合同制坚持下去,不断发展完善,关键在于有关党委能不能解放思想,开动机器,不断研究新情况,解决新问题。如果思想懒惰,安于现状,回避矛盾,害怕斗争,碰到问题就打退堂鼓,合同制就难以坚持下去。订了合同,社队要求自主权,县委领导靠过去的老办法行不通了,再搞瞎指挥和"一刀切",就会受到基层的抵制,这就需要打破领导思想上的许多老框框,改变领导作风,学会新的领导方法。

实行合同制,是经济管理上一个重大改革的开始,只要认真坚持下去,不断完善和充实,必将引起更多方面有利于农业生产的变化。晋县县委在试行合同制过程中所采取的各种具体做法,不一定都是正确的,也不可能都适用于各地的不同情况。但是,他们那种勇于探索、认真实践的革命精神,却是在推广合同制中所必须提倡的。

四川省山区公路通车里程居全国第一位

《人民日报》报道,四川省近几年间在少数民族聚居区和山区大力修建公路。到去年年底止,这个省已建成县以下的山区公路2.3万多公里,使过去没有公路的1600多个公社通了汽车。目前,全省已有87%

的公社通了汽车,公路通车里程居全国第一位。

全国人大常委会副委员长邓颖超在北京会见泰国工业部部长 泰中友好协会主席差猜·春哈旺一行

国务院副总理姬鹏飞在北京会见由林敬三会长率领的日本红十字会访华团

5月25日

《人民日报》发表社论《农业技术干部应当受到尊重》

国家农委、农业部、农垦部和国务院科技干部局制定的《农业技术干部技术职称暂行规定》,试行一年以后,最近已经国务院正式批准颁布执行。这是新中国成立30年来有关农业技术干部职称的第一个统一规定,是农业战线上的一件大事。它充分体现了党和政府对广大农业技术干部的重视和关怀,也是对我国数十万名农业技术干部的鼓舞和鞭策。

我国农业战线上的数十万名科技干部,绝大多数热爱本职工作,刻苦钻研业务,不怕苦,不怕累,风里来,雨里去,积极进行各项农业技术的研究和推广工作,为加快我国农业发展,促进农业现代化,作出了显著的成绩,其中不少人还有重大的发明创造。他们已成为我国农业战线的一支非常宝贵的不可缺少的技术骨干力量。毫无疑问,他们应当受到整个社会,特别是农业战线广大干部、群众的尊重。但是,由于林彪、“四人帮”极左路线的流毒没有肃清,由于我们一些领导同志缺乏科学知识,而且受着小生产习惯势力的束缚,也由于现行的某些政策和制度的缺陷,以致不少地区的农业技术干部还没有受到应有的重视,一些人的积极性还没有充分发挥出来。这种不正常的状况,对农业的现代化建设是十分有害的,应当尽快改变。

实现农业现代化,关键是农业科学技术的现代化。在近几年内,要使农业生产有个大的全面发展,主要靠党的政策和科学技术,进一步把群众积极性引导和运用在提高农业科学技术水平,实行科学种田上。这就要求我们在进一步落实各项农村经济政策的同时,花大力气建设一支庞大的又红又专的农业科学技术队伍。颁布和执行《农业技术干部技术职称暂行规定》,不仅是为了进一步调动现有农业科技干部提高业务水平的积极性,也是为了在全社会树立尊重农业技术干部的新风尚,鼓励更多的人学农、务农,不断发展壮大农业科学技术干部队伍。高级农艺师、农艺师、助理农艺师、农业技术员,这些职称既是他们技术水平的标志,也是他们应当得到的荣誉和地位。过去农业技术干部所以没有得到应有的重视,原因之一是国家没有制定统一的职称和考核、晋升办法;现在有了统一的职称和标准,就应当着手建立、健全岗位责任制,使他们真正有职有权有责。

尊重农业技术干部,是尊重科学的一个表现。搞农业生产,同大自然打交道,经验是很重要的,许多经验中包含了宝贵的科学知识。但是,经验并不能完全代替科学。要把我国广大农民群众在生产斗争中积累的丰富经验集中起来,加以科学的总结和提高,以便自觉地按照自然规律和经济规律办事,就必须充分发挥农业科技干部的作用。我们现在领导农业生产的一些同志,往往满足于靠经验办事,不太重视农业科技工作,不注意尊重农业科技干部。这是不对的。看起来我们许多人似乎有经验,其实多是老经验,缺少新鲜的适应我国情况的先进科学技术经验,特别是缺少发展农林牧副渔的先进科学技术知识,缺少广开门路的种植业、养殖业的知识,因而,迫切需要学习提高。不学习,不提高,还是按老经验办事,是领导不好现代化农业的。学习、提高的办法之一,就是虚心向农业技术干部请教,不懂就是不懂,不要装懂,更不能压制农业技术干部的正确意见。一个地区、一个单位,农业技术干部的积极性是否充分调动起来,是衡量这个地区或单位领导工作是否适应新形势需要的一个重要标志。现在不少地方的领导同志,已经开始注意听取农业技术干部的意见,吸收他们参加领导农业生产,有的还把优秀的农业技术干部充实进领导班子。这些好的经验应当推广。只要各级领导真正从思想到行动都尊重农业技术干部,并为他们解决那些应当解决又能够解决的具体困难,就可以带动全社会逐步树立起尊重农业技术干部的新风尚。

《农业技术干部技术职称暂行规定》参照了工程技术干部的技术职称,在职称的名称上,既照应了工程技术干部的相当职称,又体现了农业技术工作的特点。这说明党和政府对工农业技术干部是一视同仁的。各级党委和农业部门要加强对这项工作的领导,大力宣传考核、评定农业技术干部职称工作的意义,通过考核、评定工作,发现人才,合理使用人才,及时表彰和奖励作出显著成绩的科技人员,大胆地把优秀的中青年技术干部选拔到各级领导岗位上来。要积极热情地动员用非所学的农业技术干部回到农业战线上来。要从各方面为农业科技干部发挥技术专长、不断提高业务技术水平创造必要的条件,要逐步解决好农业科技干部的劳保福利、生活待遇等问题。

贯彻执行《暂行规定》,评定技术职称,也向农业技术干部提出了更高的要求。我们相信,广大农业科技干部经过考评,一定会进一步明确努力方向,更加刻苦钻研科学技术，攀登科学技术高峰，为实现我国农业现代化更好地发挥自己的智慧和才干。

国家经委向全国各地工业 交通部门通报甘肃省对现有企业进行挖潜革新改造的经验

国家经委认为，甘肃省挖潜、革新、改造的主要做法和经验有三条：

第一，领导重视，坚决贯彻“先生产后基建，先挖潜后新建”的方针。省计委、经委和各有关工业局经过研究，已决定把90个条件好的老企业列为今年的挖潜重点对象，大力抓紧挖潜、革新、改造工作。

第二，统筹安排，确保挖潜、革新、改造所需的资金和物资。在省委、省人民政府领导下，省经委、计委、财政局、银行今年同心协力，立足省内，从各种渠道筹集挖潜、革新、改造所需的资金。

第三，采用经济手段，使供老企业挖潜、革新、改造的资金，得到有效、合理的使用。

国家经委希望各地区、各部门参考甘肃省的做法，认真抓好现有企业的挖潜、革新、改造工作。当前要结合编制长远计划，根据国民经济调整和工业改组的要求，制定出本地区、本部门的挖潜、革新、改造规划，以利于这一工作更好地进行，取得更大的经济效果。

国务院副总理耿飚到达华盛顿开始对美国进行访问

国务院副总理方毅在北京会见联邦德国汉堡一海堡技术大学校长丹尼迈耶尔教授

青藏高原科学讨论会在北京开幕

来自澳大利亚、孟加拉、加拿大、法国、德意志联邦共和国、荷兰、印度、意大利、日本、尼泊尔、新西兰、瑞士、土耳其、英国、美国、南斯拉夫等国家的近80位科学家和180多位中国科学家共同参加了这次盛大的学术讨论会。各国科学家将在会上宣读200多篇学术论文，还将进行多学科的学术交流和参观研究单位的活动。

中国科学院副院长、青藏高原科学讨论会组织委员会主席钱三强致了开幕词。他代表中国科学院和青藏高原科学讨论会组织委员会，向到会的中、外科学家表示热烈欢迎。他希望各国科学家通过这次学术活动，进一步加强今后的相互了解和学术交往，共同促进青藏高原的科学研究工作。

科学讨论会组织委员会秘书长、我国地质学家刘东生在开幕式上作了《对我国青藏高原综合科学考察工作的回顾与展望》的报告。

5月26日

国务院副总理邓小平在北京会见泰国工业部部长泰中友好协会主席差猜·春哈旺一行

中共中央副主席邓小平题词希望全国小朋友做有理想 有道德 有知识 有体力的人

邓小平给《中国少年报》和《辅导员》杂志的题词：“希望全国的小朋友，立志做有理想、有道德、有知识、有体力的人，立志为人民做贡献，为祖国做贡献，为人类做贡献。”

电子工业科学技术委员会成立大会强调发挥专家作用培养人才

《人民日报》报道，最近召开的电子工业科学技术委员会成立大会提出，在我国电子工业建设中，应充分发挥专家作用，重视培养新的人才。

来自全国各地的70多位老、中、青电子技术专家认为，电子工业是一个知识密集的新兴工业部门。

为了把电子科学技术扎扎实实地搞上去，要特别重视发挥专家的作用、培养新的技术人才。当前，要继续落实党的知识分子政策，充分调动现有科技人员为电子工业现代化做贡献的积极性，广泛吸收科学技术专家参加电子工业现代化建设重大问题的决策，尽快地掌握70年代国际上业已成熟的先进技术。同时，不失时机地把握住世界电子科学技术发展的主要趋向，有计划、有重点地发展那些对电子工业具有深远影响的前沿技术，加强工业性生产基本工艺技术与装备的研究，使科研成果尽快地转变为生产力量。

中国现代史学会成立大会暨第一次学术讨论会在郑州举行

这是新中国成立以来中国现代史专业队伍的第一次盛大集会。来自全国各地的中国现代史教学、研究工作者180多人参加了会议。大会听取了学术报告，交流了教学与研究的经验，印发了40多篇论文。

大会讨论通过了现代史学会的章程，选举了学会组织机构。陆定一为中国现代史学会名誉会长，乔明甫为名誉顾问，黎澍为会长，孙思白、董谦等8人为副会长。学会常设机构设在郑州大学。

中国考古工作者发现仰韶文化早期基本完整的原始氏族村落基址

我国考古工作者对陕西临潼县姜寨村附近的一处距今六七千年的古文化遗址进行了历时8年的11次

科学发掘,成绩斐然。这是迄今我国新石器时代考古发掘中收获最丰富的。

谭生彬逝世

全国人民代表大会常务委员会法制委员会委员、前中共青海省省委书记处书记谭生彬因病医治无效,于5月26日在北京逝世,终年69岁。

谭生彬是陕西省延长县人,1927年加入中国共产主义青年团,1929年转为中国共产党党员。他参加革命后,历任陕西省延长县共青团区委书记、县苏维埃政府主席、县长,陕甘宁边区粮食局局长,延安大学行政系副主任,中国人民解放军西北军区政治部组织部部长,中共中央西北局纪律检查委员会副书记,监察部工业监察司司长、部长助理,中共青海省省委书记处书记,化工部锦西化工厂副厂长、原石化部石油化工科学研究院党的核心小组副组长等职。1945年被选为七大代表,出席了党的第七次全国代表大会。

5月27日

国务院总理华国锋乘专机离开北京前往日本进行为期6天的正式访问

华国锋是第一位访问日本的中国政府首脑。他在行前曾经表示,他希望同大平正芳首相等日本政府领导人就双方共同关心的国际问题和双边关系问题进行会谈,并同日本各界人士和人民群众广泛接触,以期达到“加深了解,发展友谊,扩大合作”的目的。

陪同华国锋访问的有:国务院副总理谷牧,外交部部长黄华,中国驻日本大使符浩(已在日本),国家建委副主任兼外资管理委员会副主任谢北一,公安部副部长高文礼,外交部亚洲司司长沈平、礼宾司司长卫永清、新闻司司长钱其琛,公安部警卫局局长杨德中等。

华国锋总理在访问期间,将会见裕仁天皇,同大平正芳首相就国际问题和双边关系进行会谈,出席中日科技合作协定的签字仪式,在日中友好团体主办的大会上发表讲话,和前首相田中角荣、福田赳夫分别举行会晤,并且会见从事日中友好的日本各界朋友。离开东京之前,华总理将举行记者招待会。双方将发表关于华总理访日的新闻公报。华国锋总理以及随行人员还将访问名古屋、京都、神户和大阪,参观一些工厂企业。华总理访问京都时,将去岚山瞻仰周恩来总理诗碑。

国务院总理华国锋在日本皇宫拜会日本天皇裕仁并出席天皇举行的欢迎宴会

裕仁天皇对华国锋的来访表示欢迎,并希望这次访问能够进一步加强日中两国的友好关系。华国锋说,中日两国有悠久的友好历史,两国关系正常化以来,特别是缔结中日和平友好条约以后,友谊的大桥已经架起,希望通过这次访问,使这座大桥进一步加强和巩固。天皇说,他也有同感,他希望两国关系越来越巩固,为世界和平作出贡献。

华国锋转达了叶剑英委员长、邓小平副总理和邓颖超副委员长对天皇的问候。天皇对此表示感谢,并请华国锋总理转达他对他们的问候。

华国锋向天皇赠送了一个中国景德镇瓷瓶,一座有景泰蓝底座的双面镜和一幅中国现代女画家临摹的隋朝画家展子虔的《游春图》。天皇向华国锋赠送了有本人签名的自己的照片和绘有松、竹、梅、兰、菊的漆花木盒。

晚上,天皇裕仁在皇宫为欢迎华国锋总理而举行的晚宴上祝酒时说:“总理阁下是访问我国的第一位中国总理。我确信,由于您富有意义的来访,日中交流的历史揭开了新的一页。”

“我衷心期望,贵我两国永远合作,为世界和平与繁荣作出贡献。”

他希望华总理借此机会观赏日本的初夏风光,并预祝访问顺利,取得丰硕成果。

华总理在祝酒词中指出:中日联合声明和中日和平友好条约总结了以往的中日关系,规定了今后的发展方向,标志着两国关系进入了友好合作的新阶段。

他说:“近几年来,我们两国在政治、经济、文化、科学技术等各个领域里的交流都获得了令人满意的发展。今后,我们更要相互尊重,加强信赖,在平等互利的基础上建立和发展更加广泛的坚实的友好合作关系,为亚洲和世界的和平作出贡献。”

《人民日报》发表社论《中日友谊史上的一件大事——预祝华国锋总理访问日本取得成功》

我国华国锋总理一行应日本国大平正芳总理大臣和日本政府的邀请,今天启程前往只有一衣带水之隔的友好邻邦进行正式访问。中国人民怀着欢欣的心情,祝愿这次历史性的访问获得圆满成功。

华国锋总理的访问,是有史以来我国政府最高领导人第一次对日本进行的国事访问,也是80年代伊始中日友好关系中的第一件大事。2000年来,中日两国人民克服种种艰难险阻,长期地进行友好往来,互通有无,取长补短,在历史上留下了许多可歌可泣的事迹。华总理一行这次访日,抱着继往开来、增进了解、发展友谊、扩大合作的崇高目的。访问期间,华总理除了同大平总理大臣及日本政界财界首脑进行会谈和接触、会见多年来的老朋友和结识更多的新朋友外,还将有机会亲身了解日本在工业、科技等许多方面所取得的成就，直接接触勤劳、勇敢、富有智慧的日本人民。中日两国之间的这一盛事，定将在两国的友谊史册上留下不可磨灭的篇章。

中国人民高兴地看到，中日建交以来，中日两国的友好关系获得了令人满意的发展。两国签订了和平友好条约，两国的领导人和各界人士不断互相访问，两国的经济、文化交流和合作也日益扩大。最近，日本人民精心保护了1200多年的国宝鉴真大师坐像，在日本政府和各界朋友的深切关怀下，在我国扬州、北京巡回展出，受到中国人民的热烈欢迎，生动地体现了中日友好关系的源远流长和中日两国人民希望世世代代永远友好下去的共同愿望。这次华总理访日必将在新的历史条件下，为进一步推动两国在各个领域里友好合作关系的发展，开辟新的更为广阔的前景。

中日两国都十分关心维护亚洲和太平洋地区的和平与安全。我们两国人民都希望亚太地区以及整个国际局势保持稳定，使两国能够在和平的环境中建设各自的国家。但是，"树欲静而风不止"。当前严峻的现实是世界局势越来越动荡不安。在亚洲，独立的主权国家柬埔寨和阿富汗公然遭到武装入侵和占领，一些奉行独立自主政策的主权国家受到大小霸权主义的严重军事威胁。霸权主义者在这一地区加紧推行它们的侵略扩张政策，引起了国际局势的动荡和紧张。对此，人们不能不感到严重关切和不安。

中日两国在当前许多重大国际问题上有着一致或相似的看法。中国人民赞赏日本政府和人民为反对侵略扩张、维护世界和平方面正在发挥的积极作用。去年12月，大平总理大臣在北京谈到中日关系的前景时说，应该使"日中关系发展成对亚洲以及世界的和平与安定作出贡献的关系"。中日两国缔结和平友好条约的目的，就是为了巩固和发展两国友好合作关系，维护亚洲及世界的和平与安全。华国锋总理访问日本，同大平总理大臣和日本政府就共同关心的国际问题交换意见，对亚太地区和世界的形势必将产生积极的影响。

华国锋总理不久前指出，一座宏伟的中日友好大桥已经架设起来，它将永远屹立在亚洲的东方。中日两国人民是具有2000年传统友谊的伟大的人民。可以预期，通过华总理一行的访问，中日两国人民精心培育的这一友谊之花，将会开得更加绚丽，两国友好合作关系在相互信赖的基础上，将更加扎扎实实地向前发展。

一机部和全国机械工会在北京联合召开思想政治工作座谈会

参加这次座谈会的除企业党委书记、厂长、工会干部、青年团干部、车间干部、班组长外，还有社会学研究所、心理学研究所和上海社会科学院的同志，高等学校研究企业管理的同志，中国机械工程学会管理现代化研究会行为学组的同志等。会议提出"思想政治工作要成为一门科学"。会议于6月6日结束。

中国与罗马尼亚科学技术合作文件在北京签字

中罗两国科学技术合作委员会第二十届会议议定书，中国科学院和罗马尼亚全国科学技术委员会、科学院1980年至1982年科学合作计划，今天在北京签字。

外经部副部长石林、中国科学院副院长钱三强和弗洛列斯库团长分别在上述两个文件上签字。

国务院副总理方毅和罗马尼亚驻中国大使杜米特列斯库出席了签字仪式。

国务院副总理耿飚在华盛顿出席美国国防部部长布朗举行的欢迎宴会

耿飚在宴会上讲话说，今年1月，布朗部长对中国的访问，通过多次坦率、认真的会谈，加深了相互了解，并在一些国际战略形势问题上增进了共同认识。

耿飚说："当前国际形势的发展正处在一个关键时刻。苏联侵阿、越南侵柬，不是什么邻国关系问题也不是什么地区性问题，更不是什么防御性问题。这是涉及世界斗争全局的问题，是蓄谋已久的战略进攻问题。既是战略的挑战，就必须给予战略的回答。我们现在就应当进行抉择，在坚持斗争、加强斗争和放弃斗争、削弱斗争之间进行正确的抉择。否则，将来就会没有抉择的余地，要么是屈服，要么是战争。"

耿飚说："中国的近代史是一部受侵略的历史，就是在今天，中国也还是处于苏联霸权主义侵略的威胁之下。""中国人民决心同包括美国人民在内的世界各国人民一道，同苏联霸权主义的侵略扩张进行坚持不懈的斗争，为维护世界的和平、安全和稳定作出应有的贡献。"

耿飚指出："中美关系正常化以后，我国领导人多次指出，发展中美关系决不是权宜之计，而是长远的战略性决策。中美建交以来，我们两国各方面的合作关系取得了迅速的发展。这不仅符合中美两国人民的根本利益，而且也符合亚洲太平洋地区以及全世界的和平与稳定的利益。我们相信，遵照两国建交联合公报的精神，通过双方共同努力，中美两国人民的友谊和各方面的合作关系一定会有广阔前景。"

国务院副总理方毅在北京会见以国家科学与工艺委员会部长级国务秘书米哈依尔·弗洛列斯库为团长的罗马尼亚科技合作代表团

关系重大。在去年提高粮油统购价格和超购加价幅度的基础上,今年部分地区又试行夏粮加价分季付款、全年统算的办法,将进一步调动农民交售粮油的积极性。完成今年夏季粮油征购计划,并争取超过是有可能的。

中国政府向国际货币基金组织委派理事和副理事

外交部部长黄华昨天发电报给国际货币基金组织总裁雅克·德拉罗西埃,通知他中华人民共和国委派的国际货币基金组织中国理事和副理事的人选。电报说:"中华人民共和国政府决定委派中国人民银行行长李葆华为国际货币基金组织的中国理事,国家外汇管理总局副总局长兼中国银行副行长王伟才为副理事。"

电报还说:"我期待,中华人民共和国政府和国际货币基金组织之间将能在相互尊重和相互信任的基础上建立起良好的合作关系。"

中国人民银行颁布修改后的《中国人民银行储蓄存款章程》

第一章 总 则

第一条 为发扬勤俭建国,勤俭持家,艰苦朴素的优良传统,发展人民储蓄事业,组织零散资金,支援社会主义现代化建设,特举办储蓄存款。

第二条 国家宪法规定保护公民储蓄的所有权,个人在银行的储蓄存款永远归个人所有,不得侵犯。银行实行存款自愿,取款自由,存款有息和为储户保密的原则。

第三条 储蓄存款是指个人存款和互助储金存款。

第四条 各种储蓄利率由国家统一规定,银行挂牌公告,各地不得自行变动。

第二章 储蓄存款种类

第五条 活期储蓄,开户时一元起存,多存不限,由银行发给存折,凭折存取,开户以后储户可以随时存取。

存取时,由储户填写存、取款凭条,每年结算利息一次,并入本金起息(元以下的尾数不计利息),未到结息期清户者,利息算至清户前一天止。

第六条 定期储蓄分整存整取,零存整取,存本取息,整存零取四种。

一、整存整取定期储蓄:

十元起存,多存不限,存期分半年、一年、三年、五年,一次存入,由银行发给存单,到期时凭存单一次支取本息。

二、零存整取定期储蓄:

这种储蓄分两种方式:(一)每月固定存额,一元起存,多存不限,存期分一年、三年、五年,存款金额由储户自定,每月存入一次,中途如有漏存月份,一般应在次月补存,未补存者,到期支取时按实存金额和实际存期计算利息。(二)积零成整,由储户选择到期本息合计可支取的整数(即百元、千元等),金额不限。利息事先算好得出每月应存金额,逐月存入。中途如有漏存,可以逐月补存,俟存足次数作为到期。未补存者,在到期时,应按实存金额和实际存期计算利息。

三、存本取息定期储蓄:

开户时本金一次存入(起存金额各分行自定)。存期分一年、三年、五年,由银行发给存单,到期一次支取本金,利息凭存单分期支取,可以一个月取利息一次,或几个月取一次,由储户确定。如到取息期不来取的,以后随时可取,但不计算复息。

四、整存零取定期储蓄:

开户时,本金一次存入(起存金额各分行自定)。存期分一年、三年、五年由银行发给存单,以后凭存单分期支取本金,支取期分一个月一次,三个月一次,半年一次,由储户确定,利息于期满结清时支取。

第七条 华侨(人民币)定期储蓄:

一、华侨、港澳同胞由国外或港澳地区汇入的或携入的外币、外汇(包括黄金、白银)售给中国人民银行或中国银行兑换所得人民币存储本存款。本存款暂规定定期整存整取一种。存款利息按规定的优待利率计算。

二、开户时凭"外汇兑换证明"或称"侨汇证明书"在规定的时间内办理存储手续,由银行发给存单。

三、存款到期,取款方式可凭存单或预留印鉴或加凭身份证件(护照、居留证、各级政府的证明文件等)由存款人在开户时选定。支取时只能支取人民币,不能支取外币或汇往港澳地区或国外。

四、存款到期后可以办理转期手续,支付的利息亦可加入本金一并存储。

第八条 各种定期储蓄,存款未到期储户如急需全部或部分提前取款时,可凭存单和存款人身份证,经核对无误后办理。如委托他人代取,还需验对代取人身份证件。

提前支取计息办法:整存整取储蓄、零存整取、存本取息均按实存期,不满半年者,照活期利率计息,存满半年不到一年者照半年期利率计算,存满一年不到三年者,照一年期利率计算,存满三年不到五年者,照三年期利率计算。部分提前支取,以一次为限,未提取部分仍照原存入日期和原利率开给新存单。零存整取、存本取息不办理部分提前支取。存本取息提前支取时,其已分期付给的利息,照原数扣回。整存零取如未按约定支取期次,要求部分提前支取时,可提前支取本金一次或两次,提取后则在以后月份内停取一次或两次,其余支取日期照原定不变。如全部余额提前支取时,

按其实存金额的实存时间计息。

第九条 各种定期储蓄存款，到期不取，以后来取，其过期部分的利息仍照原存款数和原存单所定利率，算至取款日的前一天止。如遇利率调整时，其过期部分利息分段计算。自调整日起，照原存单所定存期的新利率计算。

第十条 各种定期储蓄存款在原定存期内如遇调整利率，调高时其利息分段计算。调整日以前照原存单所定利率计算，从调整日起照原定存期的新利率计算。利率调低时，在原定存期内仍照原利率计算。

本存款章程所订储蓄种类，各省、市、自治区分行可根据需要选择举办，如拟举办新的储蓄种类，须先由省、市、自治区分行报送总行批准。

第三章 其 他

第十一条 为保障储户利益，各种储蓄均应记名，留印鉴者凭存单(折)和原留印鉴取款。

第十二条 储户的存单、存折或印鉴如有遗失，必须立即持本人身份证件(工作证、户口簿、工会会员证、退休证及其他足以证明本人身份的证件)并提供存款时间、种类、金额或账号等有关情况，用书面向原存款银行声明挂失止付，在存款确未被领取，由储户填写挂失申请书，办理挂失手续，并经银行核实无误，七天后补发新的存单、存折或更换印鉴，凭印鉴取款的储户挂失止付时，必须在书面上签盖原印鉴(印鉴挂失时除外)，储户挂失止付，不论定期和活期储蓄，如在声明前存款已被人冒领，银行概不负责。

第十三条 储户因工作调动或户口迁移时，可以凭存款凭证和迁移证明或足以证明本人户口迁移的其他证件，通过迁入银行办理整存整取和活期两种存款转移手续，在迁人地区支取或继续存储。

中华人民共和国政府和日本国政府科学技术合作协定在东京签字

中国外交部部长黄华和日本外务大臣大来佐武郎分别代表本国政府在协定文本上签了字。华国锋总理和大平正芳首相出席了签字仪式。

协定指出，中日两国政府鉴于两国间的友好合作关系在中日和平友好条约的基础上正在发展，确信两国政府在科学技术领域的合作将有助于两国间友好关系的进一步巩固和两国经济、社会的发展。

全国妇联名誉主席邓颖超在北京会见并宴请以南斯拉夫妇女社会地位问题代表会议主席韦拉·科瓦切维奇为团长的代表团

国务院副总理陈慕华和她率领的中国政府代表团在布加勒斯特拜会罗马尼亚共产党总书记、罗马尼亚社会主义共和国总统尼·齐奥塞斯库

中共中央书记处书记胡乔木在中国社科院第一次代表大会上谈社会科学工作者当前的任务

中共中央书记处书记、中国社会科学院院长胡乔木在中国社会科学院第一次代表大会上说：“一定要努力写出一系列充满事实、知识和创见的新颖生动的哲学社会科学著作，这些著作要根据历史和科学的最新发展，解答现实生活中的各方面问题，来帮助广大青年认识马克思列宁主义、毛泽东思想的基本原理，树立革命的世界观、人生观。这是当前哲学社会科学工作者的重要职责之一。”

胡乔木说：“中国社会科学院的全体党员和全体工作人员现在需要担负起三方面的任务：第一，努力为国家的现代化服务；第二，努力把中国社会科学提高到现代化水平；第三，努力使中国社会科学院的工作现代化。”

在谈到为国家现代化服务的时候，胡乔木解释了理论和实际结合的方针。他说，理论和实际结合，这是我们在研究工作中必须坚持的总方针。

胡乔木指出，中国社会科学院是研究哲学和社会科学理论的。理论联系实际，这是个总的要求。但各个学科的研究任务不一样，同一学科研究的不同题目性质也可以很不一样，我们不能提出简单划一的要求。如果提出这样的要求，那就行不通，那就要犯错误。我们过去三十年的经验，充分地证明了这一点。

他说，有同志说研究哲学的人常常受到这样的批评：哲学是从概念到概念，这样的哲学不受欢迎。哲学不应该也不可能脱离现实斗争。哲学家不但要解释世界，而且要改造世界。但是哲学确实要研究大量比较抽象的问题，其中许多问题确实并不是所有的人都理解，都有兴趣。实际上任何一门科学都有类似的情况。例如数学大家都承认它非常有用，但数学研究的问题不是都能够直接应用。我们要努力把哲学的规律性和方法性的知识运用到实际中去，这很重要。这是一方面的任务。但是，如果把哲学研究的任务缩得很小，认为哲学只能研究一些可以直接应用的问题，只能用来解释当前政治的形势和任务，这就不对了。世界是什么？人的认识是什么？人能不能认识世界和怎样认识世界？人的活动有没有规律，有没有自由，有没有意义？什么是真、是善、是美？这些永远是哲学研究的对象，我们永远不能满足于重复过去的答案。随着历史的前进和人类认识的前进，每个时代都要寻求和过去时代不完全相同的答案。我们不能停止在马列主义的现成书本上，而必须对人类的新经

验新知识作出总结。

胡乔木同志说，研究历史也遇到过一些非难。例如，有人批评某些历史研究者是“为历史而历史”。我们当然不赞成为历史而历史，实际上这也是不可能的。任何一门科学都是一座庞大的殿堂，需要有很多学者在很多方面进行不同种类的工作。如果一个人的研究得到有价值的成果，这个成果会成为科学殿堂的一个组成部分，成为对人民有用的精神财富，我们就要感谢他的工作。

胡乔木说，社会科学的工作任务、工作方法是各种各样的，不可能设想所有科学问题的解决都会对社会主义建设或人民的日常生活直接有用，我们不能对科学提出这样狭隘的、短视的要求。另一方面，我们也不能要求对实际问题的研究一定能做到正确无误地符合需要。只要是站在人民的立场上从事认真严肃的科学研究，就得到有足够根据、有周密论证、有系统和有创见的成果，就都是对社会主义科学事业的贡献。

胡乔木同志强调说，要繁荣社会科学，提高社会科学研究水平，必须加强研究人员的进修和青年研究人员的培养，并且改革目前研究机构组织臃肿而效率很低的状况，废除“铁饭碗”制度。各个研究所都要建立严格的考核制度，对所有科研人员的研究工作要有数量、质量和进度的要求，按期认真考核。工作成就优异的研究人员，应该增加工作报酬，或者提高级别，或者给予其他奖励。对于长时间没有研究成果，没有完成计划任务的人员，要准备调动到对他们比较适宜的工作岗位上去，以便让他们对社会主义建设作出切实的贡献。

第二次全国少儿文艺创作评奖揭晓

这次评选出的13名作家获得荣誉奖，212名作者的作品分别获得一、二、三等奖。

由中国人民保卫儿童委员会、共青团中央、中国作家协会、中国科学技术协会、教育部、文化部和国家出版事业管理局共同发起的这次少年儿童文艺创作评奖活动，是继1954年评奖以来的第二次评奖，也是新中国成立以来规模最大的一次少年儿童文艺创作评奖活动。

获荣誉奖的13人是：叶圣陶、冰心、高士其、张天翼、严文井、叶君健、陈伯吹、贺宜、包蕾、金近、张乐平、万籁鸣、孙敬修。

44名作者的作品获一等奖。这些作者和作品是，小说：肖平的《海滨的孩子》，任大星的《吕小钢和他的妹妹》，张有德的《妹妹入学》，杲向真的《小胖和小松》，袁静的《小黑马的故事》，任大霖的《蟋蟀》，刘真的《我和小荣》，徐光耀的《小兵张嘎》，杨朔的《雪花飘飘》，胡奇的《五彩路》，颜一烟的《小马倌和“大皮靴”》，袁鹰的《刘文学》，柯岩的《小兵的故事》；诗：任溶溶的《你说我爸爸是干什么的》，阮章竞的《金色的海螺》；童话：洪汛涛的《神笔马良》，葛翠林的《野葡萄》，黄庆云的《奇异的红星》，孙幼军的《小布头奇遇记》；科学文艺：叶永烈的《小灵通漫游未来》，郑文光的《飞向人马座》；低幼读物：方惠珍、盛璐德的《小蝌蚪找妈妈》，方轶群的《萝卜回来了》，包蕾的《幼儿歌舞》，彭文席的《小马过河》；剧本：邵冲飞、朱漪、王正、林克欢的《报童》，任德耀的《马兰花》，刘厚明的《小雁齐飞》；故事片：《祖国的花朵》的编剧林兰、导演严恭，《小兵张嘎》的编剧徐光耀、导演崔嵬、欧阳红樱，《小铃铛》的编导谢添、陈方千，《大闹天宫》的编剧李克弱、万籁鸣、导演万籁鸣、唐澄；美术：温泉源的《谁的小手帕》，詹同宣的《猪八戒吃西瓜》，沈培的《小虎子》；音乐：周郁辉、寄明的《中国少年先锋队队歌》，金帆、郑律成的《我们多么幸福》，乔羽、刘炽的《让我们荡起双桨》，管桦、瞿希贤的《听妈妈讲那过去的事情》，杨因、李群的《我们要做雷锋式的好少年》，管桦、张文钢的《我们的田野》，邬大为、魏宝贵、傅庚辰的《星歌》，金波、黄准的《在老师身边》，吴扬、马可的《燕子》。

中国儿童艺术剧院、上海儿童艺术剧院、中国木偶剧团，上海木偶剧团、上海美术电影制片厂获集体荣誉奖。

5月29日

国务院总理华国锋在东京举行答谢招待会

华国锋总理今晚在东京举行招待会，感谢日本政府和举国上下充满友好情谊的欢迎和热情周到的款待。他说，在东京的三天访问期间，一切非常顺利。

在中国驻日本大使馆宴会厅里，华国锋同应邀出席招待会的日本朋友一道，共祝中日友好关系又有了新的发展。

大平首相和日本内阁的大臣、前众议院副议长、执政党和在野党的领导人、工会和农民团体负责人以及经济、文艺、体育、新闻、科技、军事等各界著名人士出席招待会。

华国锋在致辞时说：“我们高兴地看到，中日友好深入人心，两国关系空前兴旺。但是，我们双方并不满足于已经取得的成绩，大平总理大臣去年访华和这次我来贵国访问，都表示要‘百尺竿头，更进一步’，为提高中日友好合作的水平，为发展两国人民千秋万代的友谊而继续奋斗。”他表示要把日本人民深情厚谊带回去，使它在中国土地上开花结果。

关于中华人民共和国华国锋总理访日的联合新闻公报

一、中华人民共和国国务院总理华国锋，自1980年5月27日到6月1日，作为国宾正式访问日本。华总理的随行人员有副总理谷牧、外交部部长黄华等。华总理一行在日期间还将访问名古屋以及关西地方。

二、华总理于5月27日，在皇宫受到了天皇陛下的接见。

三、华总理于5月27日和28日，同大平正芳总理大臣举行了会谈，就中日两国共同关心的广泛问题，在极为友好的气氛中，坦率地、建设性地交换了意见。

会谈时在座的，中国方面有副总理谷牧、外交部部长黄华等，日本方面有外务大臣大来佐武郎、官房长官伊东正义等。

两国领导人满意地认为并高度评价去年12月大平总理大臣访华和这次华总理访日，为迈向21世纪的中日友好合作关系建立了新的基础，具有深远的意义。

四、两国领导人就国际形势特别是去年12月以来亚洲—太平洋地区及中东地区的形势，坦率地、认真地交换了意见。两国领导人对在这些地区产生新的纠纷和紧张，使世界的和平与稳定受到威胁表示深切的忧虑，并一致认为在这些地区发生的问题，应遵照联合国宪章和联合国各有关决议尽快得到解决。两国领导人确认中日两国要从各自的立场出发，继续为维护这些地区和世界的和平与稳定作出努力。

五、两国领导人就中日关系全面地交换了意见，并且对于两国和平友好关系自1972年秋邦交正常化以来，通过中日和平友好条约的缔结和两国领导人相互访问等得到顺利的发展并巩固下来，再次表示满意。两国领导人确认，中日两国尽管体制不同，但是应该通过进一步增进交流，不断加深相互理解和相互信赖，发展和加深两国间的持久的、不可动摇的和平友好合作关系。

六、华总理向大平总理大臣说明了中国目前正在进行的社会主义现代化建设的方针和进展情况，并再次表示为了促进经济建设，希望在自力更生的基础上，根据平等互利、互通有无的原则，加强同日本和其他国家的经济合作。

大平总理大臣表示欢迎上述中国方面的方针，并确认日本也将坚持以往的方针，继续积极地与中国进行经济合作。

七、两国领导人满意地注意到中国政府恢复在国际货币基金组织和国际复兴开发银行的代表权，并一致认为这不仅对中国，而且对国际经济秩序的发展也将带来良好的影响。

八、两国领导人确认了在平等互利原则的基础上继续扩大两国间贸易等经济交流的重要性，同时一致认为，特别是鉴于目前的严重的资源、能源形势，根据两国当事者所达成的协议，长期并稳定地建立这一领域的两国间合作关系，包括石油及煤炭的共同开发，是可取的。两国领导人高度评价中日当事者之间即将签订关于勘探和开发渤海石油的合同和在中国其他地区正在落实同样的合作。

九、两国领导人就中日两国间经济合作的现状交换了意见，并对今年4月关于1979年度的日元贷款份额的换文表示满意。两国领导人确认，关于1980年度份额的日元贷款，在今年秋季举行两国政府事务当局的会议，进行具体的协商。

十、关于北京现代化医院的建设计划，大平总理大臣表明日本国政府将以无偿援助形式进行合作，为此准备在1980年度开始进行医院建设的详细设计，并愿为培养这个医院的人员进行技术合作。

华总理对于日本方面的这一积极合作的态度深表谢意。

十一、两国领导人对华总理访日期间签署了中日科学技术合作协定感到满意，并表示，愿在该协定之下，更进一步促进科学技术领域的合作。两国领导人同意为缔结候鸟保护条约尽早开始谈判。

十二、两国领导人对具有两千年的长远历史和传统的两国间文化交流，以去年12月缔结中日文化交流协定为新的起点，正在更加广泛地、顺利地进行，表示满意，特别是对两国间留学生的交流的顺利进展、促进中国的日语教学的计划定为今年夏季开始实施，给予高度评价。根据中日文化交流协定的政府间协商，决定于今年7月举行。

十三、两国领导人高度评价两国间的人员交流正在广泛、顺利地进行，并一致认为今后各方进一步做好接受来访者的准备是可取的。关于这一点，大平总理大臣谈到日本国内正酝酿在东京建设一座旨在促进中日交流的综合性设施。两国领导人确认今后为加强两国青年相互交流而开辟道路是特别重要的。

十四、两国领导人一致认为，为了以中日之间的双边问题为中心广泛地进行协商，今后根据需要在两国的首都轮流举行中国国务院成员和日本国内阁成员级会议是可取的，并确定第一次会议于今年秋季在北京举行。

十五、中国方面对日本方面在华总理一行访问期间所给予的热烈欢迎和盛情款待表示深切的谢意。

国务院总理华国锋分别参加6个日中友好团体主办的欢迎大会和日本6个经济团体在东京新大谷饭店举行的宴会

华国锋总理在参加由日中友好议员联盟、日中友好协会、日本国际贸易促进协会、日中文化交流协会、日中经济协会、日中协会主办的欢迎大会，回顾了源远流长的中日友好及其最新发展，介绍了中国国内的情况和社会主义现代化建设的道路，论述了当前动荡不安的国际形势和中国的对外政策。

国务院总理华国锋在迎宾馆分别会见日本前首相福田赳夫等公明党朋友

在会见福田赳夫时华总理说，1972年中日建交，是中日关系的转折点；1978年缔结中日和平友好条约，又把中日关系向前推进了一步。他说，福田先生是缔结条约时的首相，为中日友好作出了贡献，我们是不会忘记的。

国务院总理华国锋在东京举行记者招待会

华国锋总理在会上说，他这次访问日本使已经架起的中日友好大桥更加坚实巩固。

他说："刚才中日双方发表的新闻公报说明我们已经做到了这一点。我深信，中日友好不仅符合两国人民的共同愿望和根本利益，而且有助于亚洲、太平洋地区以至全世界的和平、稳定和繁荣。"

他说："在东京几天的停留，给我留下了十分美好的印象。我荣幸地会见了天皇陛下，同大平总理阁下进行了亲切友好的会谈。"

他说："我们见到了许多老朋友，也结识了不少新朋友。我们以钦佩的心情，看到勤劳、勇敢、智慧的日本人民生气勃勃、富于进取的求实精神。尽管中日两国社会制度不同，但日本人民在工业、农业、科学、技术、文化等各方面所取得的成就和经验，确实值得正在为实现'四化'而努力奋斗的中国人民学习和借鉴。"

华国锋在谈到中国经济建设的方针和进程时说，中国共产党第十一届中央委员会第三次全体会议确定了把全国工作着重点转移到社会主义现代化建设上来的方针。

他指出："我们总的仍然是坚持独立自主、自力更生的方针。但是一定要学习外国的好经验，其中包括学习科学技术，学习经营管理经验，开展广泛的经济合作。"

华国锋强调，中国的现代化要在现有的基础上进行。他说，中国有自己的特点，要发挥自己的长处，避免自己的短处。在建设过程中，要注意引进新技术、新设备，也要建立必要的新企业。但是"我们要在立足于现有的40万个工交企业的基础上前进，也就是说，要在这个基础上挖潜、革新、改造"。

在回答中国同外国、特别是同日本进行经济合作的问题时，华国锋说，中国和日本进行经济合作有特别有利的条件，因为两国仅有一水之隔，日本经济发达、技术先进。他指出，中日两国在平等互利、互通有无、取长补短的前提下，相互合作的领域是很广阔的。

有记者问社会制度不同会不会使中国与外国的经济合作有限度，华国锋回答说："我认为没有什么限度。要说有限度，那就是中国的消化能力，(还)要按中国的法律来办事。"他指出："中国的法律是照顾合作者的利益的。"

华国锋在回答关于日本防卫的问题时说："一个独立自主的国家有权利拥有自己的防卫力量，维护自己的独立主权。但是日本怎样办，我们不干涉日本的内政。"

华国锋还回答了记者提出的这次两国首脑会谈中是否着重讨论了加强日、美、中关系的问题。他说："我在同大平首相的会谈中，着重谈的是加强中日两国友好合作的问题。中日两国关系的发展是很好的，我们予以高度评价。日本加强同美国的同盟关系，也积极发展同欧洲的关系，对此我们是赞赏的。"

在谈到南朝鲜的局势时，华国锋首先指出："一个国家分成两个国家，长时期是不行的，终究是要合起来的。"他重申中国支持朝鲜民主主义人民共和国关于自主和平统一的主张，赞赏南北朝鲜对话，并且指出美国应该从南朝鲜撤军。

华国锋驳斥了南朝鲜当局散布的朝鲜民主主义人民共和国要"南侵"的说法。他指出："这种说法没有根据。"他说，只要南朝鲜当局不发动战争以转移人民的视线，就不会有所谓"南侵"。他谴责南朝鲜当局发布军事戒严令，逮捕大批民主人士，出动军队镇压要求民主的学生和人民。他强调说："实行军事专政、从民主化倒退，是不合朝鲜人民的意愿的。南朝鲜出现的问题加剧了朝鲜半岛不稳定的状况。"

华国锋最后谈到中国国务院的领导体制问题。他说，中国国务院的十几位副总理各有分工，其中要有一位副总理负责处理日常工作，同各位副总理保持联系，这就是常务副总理的任务。现在由赵紫阳副总理主管国务院的日常事务。

国务院总理华国锋在中国驻日本大使馆会见香港著名企业家 国际油轮船东协会主席 国际航运业知名人士包玉刚

国务院副总理邓小平在北京会见日 美 欧三边委员会日方委员长渡边武和夫人一行

邓小平副总理欢迎朋友们来中国，并很乐意同他们就共同关心的问题交换意见。他在谈话中介绍了中国对当前世界形势的看法。他指出，战争的危险确实存在,只有承认这一点,才能提高警惕,作出最大努力,以推迟战争的爆发;如果不承认或忽视这种危险,就会给世界和平带来损害。

渡边武先生表示,日、美、欧三边委员会很愿意同中国有关人士进行接触,加强相互了解,并在经济上进行合作。他指出,排除占世界人口1/4的中国来讨论国际问题,是不可能的。

《人民日报》发表王首道 习仲勋 杨尚昆的文章《革命一生无愧怍——纪念林伯渠同志逝世二十周年》

《人民日报》发表社论《重视和发展淡水渔业》

我国内陆江河纵横,湖泊、水库、塘堰星罗棋布,淡水水面达2.5亿亩。这是发展淡水渔业的很好条件。如果我们把可供养殖的水面充分利用起来,发展淡水渔业,和海洋渔业同时并举,就能为城乡人民提供丰富的水产品。

为什么发展淡水渔业的条件这样好,人们吃鱼却非常困难呢?这是因为淡水渔业和海洋渔业都遭到了极左路线的干扰。发展淡水渔业,被当作走资本主义道路来批判,大大打击了社队养鱼的积极性。由于盲目围湖造田、填塘种粮、拦河筑坝,破坏了江河湖海之间鱼类的洄游通道,以及工业污染等原因,使资源遭到严重破坏。淡水天然捕捞量50年代年产60万吨,60年代年产40万吨,70年代年产降到30万吨。要扭转这种连续下降的趋势,首先要在指导思想上彻底肃清极左路线的流毒。要进一步克服那种"粮食不过纲,渔业顾不上"、"以粮为纲,全面砍光"的片面观点,纠正那种认为农村社队广开门路、发展渔业是"走资本主义道路"等错误看法。渔业是整个农业的有机组成部分,农业和渔业是互相促进的。渔业发展了,对巩固和壮大集体经济、增加社员收入、改善市场供应、扩大出口货源、提高人民生活,都有好处。我们要把淡水渔业放在应有的位置上,对淡水渔业投入必要的财力、物力和领导精力,改变长期以来吃鱼困难的局面。

发展淡水渔业,必须从自然捕捞逐步转向人工养殖和增殖,这是渔业发展的必然趋势。单纯依靠大自然的恩赐,是远远不能满足人们对水产品日益增长的需要的。我国有悠久的养鱼历史传统,经过劳动人民千百年来的选育,已拥有一批适于人工饲养的优良品种,形成了一套比较完整、系统的繁育苗种和饲养管理的技术体系,应该继承和发展。目前已经养殖的水面不到可养水面的2/3,而且大多数已养水面的生产水平不高,这方面潜力很大,水产部门和水利部门要把这些水面充分利用起来,发展养鱼业。

发展淡水渔业,必须有正确的政策指导,调动各方面养鱼的积极性,特别是农村社队和农民的积极性。在淡水渔业总产量中,农村社队渔业生产的产量占到90%。发动农村社队和农民广泛地因地制宜地开展淡水养鱼业,就近供应各地城乡,减少运输环节,不但可以解决城市人民的吃鱼问题,也可以解决广大农民的吃鱼问题。

发展淡水渔业,要确定水面的使用权和经营权。国家所有的水面,经过有关领导部门和有关单位协商决定,可以由国家经营,可以由国家和社队合营,也可以划归社队使用。集体所有的水面,在一社一队范围内的,由所在社、队经营。跨界水面由上一级经营或组织联营。那些不便于集体经营的零星分散的小坑小塘,可以联系产量包给社员户养,有的也可以划给社员经营。有些地方的实践证明,把小坑小塘包给有养鱼经验的社员户养,产量可以成倍增加,对国家、集体和个人都是有利的。社员在不影响集体生产的前提下发展家庭养鱼,应当受到鼓励。养殖水面的使用权和经营权,包括划给连家船渔民定居的生活基地和养鱼的水面,一经确定,要取信于民,受到国家法律的保护,不能轻易变动。在鱼货分配和销售政策上,不论国营或集体养鱼,在完成国家上交计划和派购任务后,允许自行处理。社员家庭养鱼像饲养其他家畜家禽一样,归社员自己处理,可以自食,可以卖给国家,也可以进入集市贸易。

党的十一届三中全会后,各地认真贯彻党关于加快农业发展的方针和政策,有些地区开始重视渔业,淡水渔业的调整取得了一些成果。但发展不平衡,许多地方对淡水渔业还不重视,不少可养水面还在闲置着。解决淡水渔业中的问题,不光涉及水产部门,还牵涉到很多部门,需要采取综合性的措施。各级党委要加强对这项工作的领导,组织各有关方面的力量,齐心协力地把淡水渔业发展起来。

中国与日本双方关于联合勘探开发石油的第一个长期合同在东京签订

日本通产省资源能源厅长官森山信吾、日本石油公团总裁德永久次、日中石油开发有限股份公司董事长稻山嘉宽和中国石油工业部副部长兼中国石油公司总经理张文彬、中国驻日本大使馆参赞李长清等参加了签字仪式。

这个合同是根据1979年12月6日日本石油公司与中国石油天然气勘探开发公司协议书制定的。根据这个合同,日中石油开发有限股份公司与中国石油公司海洋分公司将在渤海南部及西部海域联合勘探开发石油。

中国政府和罗马尼亚政府经济技术合作委员会第二次会议议定书在布加勒斯特签订

议定书指出，在本次会议上，委员会本着继续发展两国经济技术合作的愿望，根据双方需要与可能及平等互利的原则，在亲切友好和相互谅解的气氛中，对于两国经济技术合作问题进行了讨论。会议就所讨论的问题取得一致意见，获得圆满成功。

中国和伊拉克政府关于1980年和1981年文化合作执行计划在北京签订

文化部部长黄镇出席了签字仪式并在签字后设宴庆贺这一执行计划的签订。

文化部副部长姚仲明和伊拉克文化代表团团长、摩苏尔大学校长穆罕默德·麦吉德·赛义德博士代表双方政府在执行计划上签字。

国务院副总理方毅在北京会见美国斯密桑宁学会秘书长 著名鸟类学家里普莱博士和夫人

国务院副总理薄一波在北京会见美国密苏里大学新闻学院院长罗伊·费希尔和夫人

美国政府决定向中国出售战术雷达等设备

美国助理国防部部长托马斯·罗斯今天下午在新闻发布会上宣布，美国政府已批准一些美国公司向中国出售某些军事装备的出口许可证。罗斯说，美国国防部部长布朗已将此事通知正在美国访问的耿飚副总理。

美国向中国出售的装备包括：战术防空雷达、运输直升机、用于检验喷气发动机的压力感测器、牵引车、早期警报雷达天线、战术无线电设备和运输机等。

罗斯说，美国政府还同意出售用于中国驻美国使领馆的安全通信设备。罗斯还说，美国政府已批准某些两用技术项目的出口许可证，并将报请巴黎统筹委员会批准。中国可以用这些技术来组建用于装配某些民用集成电路的设备和制造商业运输直升机的设备。

罗斯说，美国政府还批准了向中国出售与中国石油化学工业生产中已有的电子计算机相配合使用的辅助设备和中国冶金工业所需要的电子计算机。

“吸附型急救解毒装置”研制成功

《人民日报》报道，去年以来，天津市第一中心医院在临床中使用这种装置抢救20多个急性药物中毒病人，全部效果良好。这项科研成果，是天津第一中心医院主治医师赵之纲和他领导的研究小组，在天津市合成材料工业研究所协作下取得的。

同济大学通过函授教育为四化多培养人才

我国高等学校举办函授教育的老典型之一——同济大学，在粉碎“四人帮”以后，又比较早地恢复了高等函授教育。按照该校党委决定的近期内每年招收600名函授生的规模，今年本科函授生在学总人数预计将超过“文化大革命”前的总人数。

中国田径协会副主席郑凤荣邀请台湾省田径协会总干事纪政来京参观北京国际田径邀请赛

中国计划生育协会在北京成立

中国计划生育协会由王首道任会长，栗秀真、林巧稚、吴阶平、林佳楣、于旺任副会长，刘庆山任秘书长。该团体在协助政府实行计划生育基本国策、维护全国人民根本利益的同时，表达和维护育龄群众的个体利益，为控制人口增长、提高人口素质服务。

我国第一支农业航空服务队诞生

这支农业航空服务队，是经国务院、中央军委批准，由第三机械工业部组建的。农业航空服务队目前使用的是国产运—11飞机。这种飞机机动性能好，机场要求条件低，在30米宽、300米长的简易土跑道上就能起飞和降落。

5月30日

国务院副总理邓小平在北京会见爱尔兰前总理约翰·林奇和夫人一行

在友好的交谈中，邓小平副总理赞扬林奇先生为发展中国和爱尔兰两国关系做了许多有益的工作，并向客人们介绍了我国实现四个现代化的目标和采取的政策。双方还就当前的国际形势交换了意见。

《人民日报》发表社论《把交通运输放在先行地位》

不论是生产过程、流通过程，还是分配过程，都离不开交通运输，没有这个连接各方面的纽带，社会的生产就无法进行。尤其是现代，交通运输起着更加重要的作用。资本主义初期的生产大发展，是靠轮船和火车开路的。各国大中城市往往是有了良好的交通条件才形成的。我国一些重要工业城市多在沿江沿海，如上海、天津、广州、武汉等。交通运输方便的地区，经济发展的速度就快；交通运输落后的地区，经济发展就受到限制。

世界各个工业发达国家的经验,我国30年来正反两方面的经验,都说明现代交通运输应该处于国民经济的先行地位。在我国国民经济恢复时期和第一个五年计划期间,交通运输根据工农业生产的发展先行一步。当时一些厂矿企业、工业基地和西南、西北地区的建设,都是先修了铁路公路而展开的。在交通运输量的增长速度上,远远超过工农业产品的增长速度。可惜这个正确方针未能继续贯彻执行。长期以来,交通运输建设进展缓慢。据有关部门统计,我国工业产品增长1吨,交通运输能力实际上只增长0.9吨,日积月累,拖了国民经济的后腿。

当前,我国运输能力不足的矛盾非常突出。运输线路少,通过能力低,布局不合理,同国民经济的发展很不适应,成为一个突出的薄弱环节。解决这个问题,必须树立"电、路先行"的指导思想,从长期着眼,加强运输建设,为承担更大的运量做好准备。同时,要立足现有条件,改进运输管理,挖掘内部潜力,多运快跑,完成当前运输任务。

根据多年的经验,加强交通运输建设,要妥善处理几个关系。首先是交通运输同整个国民经济的关系。国家在考虑工业布局、资源开发、厂矿企业建设以及对外贸易的发展时,一定要考虑相应的交通运输建设,提前准备运输条件。其次是合理利用各种运输工具。铁路、水运、公路、航空、管道五种现代化运输方式,各有最有利的适用范围,要因地制宜,根据各个地区的地理条件和经济水平,宜水则水、宜陆则陆,在线路规划、运量分配上,从国家整体利益出发,组成社会主义的运输网。最后是调整好交通运输内部的比例关系。目前交通运输部门面临的问题很多。沿海港口码头泊位不足,又是整个国民经济和交通运输内部短线中的短线,必须着力加快港口建设。为了适应对外贸易的增长,需要大力发展远洋船队。在内河航运上,航道淤浅、闸坝碍航严重,这是迫切需要解决的问题。现有公路拥挤,地区间的"断头路"、城市及其郊区的"卡脖子"路段,更要有计划地进行改造。目前国家财力、物力有限,用于交通的投资不可能增加很多。这就要求交通部门有急有缓,有主有从,有步骤地予以解决。

改革现有的交通经济管理体制,是提高运输效率的一项有效措施。用行政区划硬性分割交通运输渠道,人为地层层设卡,阻碍了运输畅通,使得运输效率低,经济效果差。我们一定要按照交通运输规律办事,用经济办法管理经济,改变那种单纯使用行政手段的办法。当然,交通部门结构复杂,生产方式有现代化的,也有手工操作的,有全民所有制企业,也有集体所有制企业。改革体制政策性强,我们又缺乏经验,一定要进行调查研究和经过试点,稳妥进行。

目前车辆船舶周转、设备完好率和使用率方面都有很大潜力。要把这些潜力调动起来,发挥更大的效益,就要靠联合和协作。如在平等互利的基础上,把机关、企事业的一部分汽车组织起来成立联合企业,就能大大提高汽车运输效率。组织铁路、公路、水运和短途运输之间的联合运输,仅这一项,估计全国就可以提高运输能力10%以上,而且货主旅客也方便。

粉碎"四人帮"以来,国家不断采取措施,解决人民生活中的"衣、食、住、行"问题。作为交通部门,在做好"行"的工作上,如解决交通拥挤,提高服务质量,减少客运事故方面,有大量事情要做。各级交通部门要把解决城乡人民"行路难"的问题,作为一件关心群众生活的重要事情来抓,切实把客运组织好、经营好。要把旅客安全放在第一位,使旅客能够安全、及时、方便、舒适地到达目的地。

健全交通运输法规,是交通运输根本性的建设之一。我们要总结过去的经验,争取尽快地制定出比较系统的法规、规章、条例,以保证交通运输良好的秩序和安全管理,使交通部门和广大群众有法可依,有章可循。

交通运输建设周期长,修一条铁路、公路,建一个码头,治一条河道,少则两三年,多则七八年。总的看来,我国80年代仍将面临运力紧张的矛盾。搞好交通运输,不仅是交通部门的任务,也是国民经济各部门的共同责任。例如调拨物资注意合理流向,运送矿石提高洗选能力,等等,都能有效地减少运力的浪费,减轻运输的压力。只要大家都来重视交通运输工作,加强这个薄弱环节,交通运输先行是能够做到的。

《人民日报》转发《光明日报》特约评论员文章《更加自觉地坚持党的思想路线》

前年5月开始讨论真理标准以来,已经两年多了。党的十一届三中全会高度评价了这场讨论的重大意义,明确肯定了实践是检验真理的唯一标准这个马克思主义认识论的不可动摇的基本原则,重新确立了辩证唯物主义的思想路线。这是粉碎"四人帮"以后思想领域最根本的拨乱反正。从三中全会到五中全会,在这条马克思主义思想路线指引下,全国形势发展非常之快。今天,这条思想路线已经载入《关于党内政治生活的若干准则》,成为全党必须遵循的党规党法。同两年以前相比,现在很少听到公开反对党的思想路线的声音了,因而容易使人们发生一种错觉,以为思想路线问题已经一劳永逸地解决了。然而实际生活告诉我们,无论在政治、经济、思想、文化、军事、外交各条战线,每前进一步,实行任何一项较大的改革,都会遇到辩证唯物主义和唯心主义形而上学的矛盾和斗争。这种矛盾和斗争在经济战线表现得尤为突出。毫无疑问，这样的矛盾和斗争将会在我国四个现代化建设过程中长期存在。因此，每一个共产党员都应当更加自觉地坚持党的思想路线，切实做到完整地、准确地理解和运用马克思列宁主义、毛泽东思想的科学理论，一切从实际出发，理论联系实际，实事求是，不断地总结历史经验，周密地调查研究现实情况，科学地解决国内和国际事务中提出的新问题，反对修正主义和教条主义，反对唯心主义和形而上学。

从历史中吸取教训

每当革命到了某一重要关头，需要总结经验教训的时候，不可避免地要提出思想路线问题。这是因为，当革命到了这种关键时刻，最重要的问题就是能不能正确地认识尖锐地摆在革命者面前的客观实际。也就是说，能不能正确地解决主观和客观的矛盾。这不是一般的矛盾，而是决定革命成败的矛盾。在我们党的历史上，这样的斗争，大的有两次。第一次是延安整风运动。为了从思想上弄清过去几次路线斗争，特别是清算王明的"左"倾路线，毛泽东同志先写了《实践论》《矛盾论》等著作，然后通过整风使全党普遍受到了一次马克思主义的教育，把全党的思想统一在马克思主义的基础上，为民主革命和社会主义革命的胜利，奠定了坚固的思想基础。

第二次就是粉碎"四人帮"以后关于思想路线问题的讨论，这一次讨论，情况更加复杂。实际上，关于思想路线问题，毛泽东同志曾经多次提出过。"大跃进"以后，遇到了许多问题，需要认真总结经验。1959年7月，毛泽东同志在接见外宾时谈到对当时中国党的路线的看法。毛泽东同志说："我总是同外国同志说，请你们给十年时间，再来看我们是否正确，因为路线的正确与否，不是理论问题，而是实践问题，要有时间，从实践的结果来说明。"同年12月，毛泽东同志又说："大跃进"，总路线等等，是不是正确的，还需要经过若干年的实践检验才能证明。1961年1月，毛泽东同志在党的八届九中全会上又提出"搞一个实事求是年"的要求。1962年1月在扩大的中央工作会议上，毛泽东同志反复强调任何人的认识都不是一下子完成的，任何人提出的理论、方针、路线等等，都要经过实践检验才能证明其是否正确。毛泽东同志反复阐述的正是实践是检验真理的唯一标准这个伟大真理，正是马克思主义的唯物主义思想路线。可惜的是，在实践上这些话后来并没有坚持。十年动乱中，更是唯心主义泛滥、形而上学猖獗，造成严重的极左思潮，严重的"大树特树"，严重的是非颠倒、敌我颠倒，其结果是使得不少同志在很长时间内，甚至在粉碎"四人帮"以后，思想处于僵化半僵化状态。关于思想路线的讨论，面临的就是长期以来所形成的这种状况。而"两个凡是"，实质上正是不顾上述严重情况，对中央的拨乱反正工作的严重干扰。值得高兴的是，经过长期实践，花了重大代价，我们终于恢复了党的辩证唯物主义思想路线。

我们党的思想路线是毛泽东同志确立的。从遵义会议以来，很长时间是坚持了这条思想路线的。为什么后来没有能够贯彻始终呢？这是一个复杂的问题，原因是多方面的。就我们党的历史经验说，错误常常和正确联系在一起。失败往往由胜利引导出来（当然是在一定条件下）。回顾历史，我们党有一个辉煌胜利的时期，那就是1947年到1957年这十年间。1947年是我国革命的大转折，开始了战略反攻。其后，胜利一个接着一个。消灭了蒋介石几百万军队。夺取全国政权。民主革命不间断地转变为社会主义革命。抗美援朝胜利。第一个五年计划提前实现。三大改造基本完成。在中国这么一个大国，不断革命，不断胜利，几乎没有遭受挫折，这在世界革命史上是罕见的。这也是毛泽东思想的胜利果实最显著地表现出来的时期。在这种空前胜利的形势下，逐渐滋长起一种骄傲的情绪，逐渐形成了一种过分强调主观能动性，不大尊重客观规律，脱离实际、脱离群众的倾向，于是在革命的口号下，干出了刮共产风、搞阶级斗争扩大化一类损害革命的事。

辉煌的胜利还可能带来一种祸害（这种祸害在革命困难时期或者未取得胜利以前不易出现），那就是领导革命取得胜利的杰出人物，因为胜利及其他各种条件，包括人民的拥戴、欢呼，党内的"一言堂"、"一边倒"现象等，往往形成个人突出。少数野心家和心术不正的人则搞"应帝王术"。林彪、"四人帮"就是如此，他们把这种封建性的东西引入无产阶级政党，党内唯我独尊、个人独断的作风进一步发展了。如果他们的阴谋得逞，党的性质就要完全改变。

损坏集体领导，当然不仅是某一个人的责任。我们应当把它当作一种深刻的社会现象来分析。只有这样，才能全面地总结历史经验。粉碎"四人帮"以后，不是还有人想继续搞过去的那一套吗？党的十一届三中全会提出了"少宣传个人"、"领袖是一个集体，不是一个人"，这是马克思主义的原理，是历史上惨痛的经验教训的总结。我们一定要记住，今后凡是神化个人的那种"高举"，再也不能去"紧跟"，而应该加以抵制。

胜利本身是好事不是坏事，但如果因为胜利而冲昏头脑，忘乎所以，就可能产生坏事。这是毛泽东同志多次讲过的。因辉煌胜利而带来骄傲情绪，脱离群众、自以为是、主观主义，因辉煌胜利而造成夸大个人作用，这两者结合在一起，是我们党在一个历史时期内或者在一些重大问题上丧失实事求是传统、破坏民主集中制的重要原因。林彪、“四人帮”利用我们党这种弱点和错误，使事情达到登峰造极、荒谬透顶的程度。这是我党新中国成立30年历史中一项非常明显的无可否认的事实。

五中全会的公报指出，“党在‘文化大革命’期间犯了令人痛心的严重错误”。我们看问题不能只着眼于个人责任，要从总结党的历史经验出发，用历史唯物主义观点去分析复杂的历史现象。我们党公开承认错误，公开纠正错误，党的威信不是降低了，而是提高了。恩格斯说过：“伟大的阶级，正如伟大的民族一样，无论从哪方面学习都不如从自己所犯错误的后果中学习来得快。”（《马克思恩格斯选集》第四卷，第285页）他还说过：“要明确地懂得理论，最好的道路就是从本身的错误中、从痛苦的经验中学习。”（同上，第458页）可惜，我们过去没有从“所犯错误的后果中”认真学习，以致有些错误本来已经造成非常严重的后果，以后还一犯再犯，越犯越严重。经过这一二十年尤其是“文化大革命”，正反两方面的经验极其丰富，我们一定能够从中学习许多东西，包括弄清楚思想路线上的一些重要问题。

对于多少担负一点领导责任的同志说来，总结30年的经验教训，有一点必须注意，就是要尽可能地把自己摆进去，自觉地用实践标准来衡量自己的思想和工作。思想路线问题就是世界观问题。用实践标准来检验自己的思想行动，就是自觉地改造世界观。谈历史经验如果不把自己摆进去，大家只拿实践标准去检验别人而不检验自己，那就不可能得出全党共同认识的经验教训和结论，即使得出正确的结论，也缺乏全党共同执行的思想基础。这样，错误还可能重犯。

坚持思想路线和坚持四项基本原则

党的思想路线本来就包括在马克思列宁主义、毛泽东思想之中，是马列主义、毛泽东思想的一个重要内容。那么，为什么要特别提出坚持思想路线和坚持四项基本原则的关系问题呢？

这个问题是实践本身提出来的。当我们开始着手解决思想路线问题的时候，面对着的主要问题是思想僵化，被教条、本本、甚至被一句话、一个提法所束缚，使我们前进不得。有些事情甚至弄到非常荒谬的地步。在这种情况下，不强调破除迷信、解放思想，就根本不能实事求是。因此，坚持思想路线就必须破除迷信、解放思想。但是我们在解决这个问题时，又发现了另外一种背离党的思想路线的情况，就是在极少数人中间出现否定四项基本原则的思潮。所以，自然而然地提出了破除迷信、解放思想同坚持四项基本原则的正确关系问题。就是说，一方面，坚持四项基本原则不是搞本本主义。坚持四项基本原则必须从实际出发，四项基本原则本身也是发展的，所以，要真正坚持好四项基本原则，必须解放思想，反对本本主义。另一方面，破除迷信、解放思想，必须以四项基本原则为基础。这是保证我党在思想上保持高度一致的思想基础。无论坚持思想路线也好，坚持四项基本原则也好，都要反对两种倾向：一是要反对思想僵化，反对一切从本本出发；一是要反对和批判那种否定社会主义道路，否定无产阶级专政，否定党的领导，否定马列主义、毛泽东思想的错误思潮。这是《关于党内政治生活的若干准则》中所规定的。就是说，党要求我们进行两条战线的斗争。反对这两种倾向，已经成为我们的党规党法，不是一时的措施。这就要求我们给予重视，经常摆到思想政治工作的重要日程上来。既不能掉以轻心，也不能简单从事。

有没有借口坚持四项基本原则而反对解放思想、反对研究新情况、新问题的呢？有。这有两种人：

一种是不能摆脱林彪、“四人帮”思想体系影响的人。去年当中央重新提出四项基本原则以后，这种人就很活跃。他们说什么：思想解放过了头，引起思想混乱；发扬民主过了头，引起社会秩序混乱；落实政策过了头，引起阶级关系混乱；重点转移过了头，丢了纲和线。他们把坚持四项基本原则歪曲为“坚持阶级斗争为纲”，“坚持没收自留地、关闭集市贸易”等等。显然，他们想坚持的，基本上还是“四人帮”搞的极左路线那一套。这是对四项基本原则的恶意曲解。

另一种人是属于思想僵化，墨守成规。他们当中有些人的思想，还停留在很古老的时期，他们不是把资本主义社会和资产阶级思想中反动的腐朽的东西同可资借鉴的东西区别开来，而是盲目地不加分析地乱反一气，不愿意重新认识变化着的世界和我国的国情，不想学习和研究现代科学和现代管理，不屑于学习新事物，思考新问题，不懂得下面四条道理：

第一条，他们不懂得要真正坚持社会主义道路，必须不断研究、总结社会主义的实践经验，不但不能受失败经验的束缚，也不能受成功经验的束缚，而要根据新的情况提出解决问题的新办法。社会主义在实践中。不尊重实践经验，不研究新问题，不提出新任务，就不能真正坚持社会主义道路。例如，不提出四化的新任务，长期停留在经济不发达状态，不逐步提高人民生活水平，怎么同“普遍贫穷的假社会主义”划清界限呢？老百姓怎么会拥护这种社会主义呢？

第二条，他们不懂得真正坚持无产阶级专政，必须根据新的变化了的情况，完善无产阶级专政。我们现在实行无产阶级专政，当然不能和1956年以前完全一样。在我们国家里（除台湾省外）阶级关系发生变化了。

地主阶级已经不存在。资产阶级作为一个完整的阶级也已经不存在。专政的范围大大缩小了。但是,还有阶级斗争,还有新的剥削分子,还有流氓犯罪分子。当然,在进行这种斗争时,必须采取慎重态度,决不能再重复混淆两类不同性质的矛盾和斗争扩大化的错误。现在,坚持无产阶级专政,要特别强调无产阶级专政国家的经济职能,强调发扬社会主义民主和健全社会主义法制。这些都是新问题,都要认真研究。

第三条,他们不懂得要真正坚持党的领导,必须改善党的领导。我们所要坚持的是率领全党全国人民实现四化、最终实现共产主义伟大理想的无产阶级先锋队的领导。这就不仅要求恢复我们党的优良传统,而且还要重新学习,使得我们党的领导能够适应新形势的要求,适应现代化建设的要求。

第四条,他们不懂得要真正坚持马列主义、毛泽东思想,必须发展马列主义、毛泽东思想,或者根据新的情况,对马列主义、毛泽东思想的原理予以创造性地运用。否则,要坚持的就不是马克思主义,而是教条主义。这一点历史已经证明了。如果列宁不做发展马克思主义的工作,他就不能够在帝国主义时代坚持马克思主义;如果毛泽东同志不做发展马列主义的工作,他就不能够在中国的条件下坚持马列主义。同样的,如果我们现在不把马列主义、毛泽东思想同现代化任务相结合,同当前国内外的具体斗争实践相结合,运用它,发展它,我们也不能夸口说我们能够坚持马列主义、毛泽东思想。说空话,吹大牛,或者墨守成规,背语录,是不能坚持马列主义、毛泽东思想的。

不懂得这四条道理,采取本本主义的态度,就谈不上坚持四项基本原则。要不要坚持四项基本原则,这是我国革命和建设的实践已经作了结论,无须作为问题讨论的;但是如何坚持四项基本原则,却是需要研究的。所谓用辩证唯物主义的思想路线来对待四个坚持,就是这个意思。

有没有否定四项基本原则的呢?有。这也有两种人:

一种是离开四项基本原则,搞自由主义、无政府主义。他们破坏工作秩序、生产秩序、社会秩序和劳动纪律,追求资产阶级堕落生活方式和腐朽的文学艺术。对这种情况,不能等闲视之。一方面,我们必须加强思想政治教育,大力发展社会主义的文化艺术,占领思想文化阵地。同时,对于极少数反革命分子和刑事犯罪分子,要绳之以法。为了保卫四化,我们决不能放弃无产阶级专政对极少数敌视社会主义制度的破坏分子的镇压职能。

一种是在思想解放的道路上表现出某些左右摇摆。有一些人,长期以来没有受过系统的马列主义基本原理的教育,分不清什么是真马列主义,什么是假马列主义,而对林彪、"四人帮"那套假马列主义信以为真。当这套假马列主义理所当然地被否定的时候,他们由于厌恶而不加区别地怀疑马列主义本身。这就走向了另一个极端。

两种倾向都应该反对。但大量事实证明,目前,在我们的干部中间,总的说来,第一种倾向即思想僵化、本本主义的倾向,还是主要的。三中全会开过刚一年多时间,虽然形势的发展很快,但是,"积重难返",十年、20年积累起来的东西不可能在短期内清除干净。拨乱反正还有相当的阻力。例如,对三中全会以来党的路线、方针、政策和重大决策、措施,采取怀疑、抵制态度,甚至咬牙切齿的人,还是有的。我们对于这种阻力不能轻视,不能低估。第二种倾向当然也要注意,无政府主义、自由主义、对四化这个最大的政治采取冷淡态度、极端民主化等等倾向,各个方面都有表现,主要表现在政治上,表现在对待四项基本原则的态度上。对于这种倾向,要加强思想政治工作,做好引导工作。但是,进行这一工作的时候,切记要实事求是,要联系思想、联系实际,要有充分的说服力,大话、空话和老生常谈的话是无济于事的。解放思想是无止境的,不存在过头的问题,因此坚持这个方针是不能动摇的。既然要解放思想,那么,在"解放"出正确的东西、正确的意见、好的建议、新的理论观点的同时,也难免会有人说错话,会出现一些不正确的东西,这也不值得大惊小怪。毛泽东同志说过,不让发表错误的意见,错误的意见还是存在着。发表出来,就可以做工作,进行适当的批评,克服错误的意见。这个方针必须坚持。

形势发展很快,许多工作要求我们去做。只要我们能够更加自觉地坚定不移地坚持马克思主义的思想路线,坚定不移地坚持四项基本原则,我们就一定能够取得更大的成绩,夺取新的胜利。

全国农业系统干部培训工作交流会强调各级农业领导部门要把搞好干部培训放到农业现代化建设的重要位置

会议认为,一年多来,农业系统各部门的干部培训工作发展很快,出现了中央、省、地、县四级办培训班的新局面。全国不仅已有几十万名干部和农业科技人员受到训练,而且为今后大规模地开展干部培训工作积累了经验。第一,各级领导重视是办好干部培训工作的重要保证。第二,依托高、中等院校和企事业单位,充分利用现有条件,采取多种形式办学,是加快培训进度的有效措施。第三,妥善解决教师、教材等各种培训工作的实际问题,是使干部培训工作巩固、发展的重要条件。

这些经验和措施为进一步加快干部培训的步伐创造了有利条件。会议要求各部门和各地区在总结交流经验的基础上,认真研究制定近期和长远的培训规划,加强培训基地建设,提高培训质量,力争在三五年内把农业系统的现有各级领导干部普遍培训一遍,以适应农业现代化建设的需要。

国务院副总理耿飚及其一行到达美国印第安纳州和科罗拉多州进行参观访问

首都各界人士在对外友协礼堂集会纪念美国进步作家 记者史沫特莱逝世30周年

大会由夏衍主持。康克清在会上首先讲了话。接着,史沫特莱的生前好友马海德讲话。他说,史沫特莱生于美国,属于世界,她是一位为自由与和平而斗争的伟大战士。他回忆在30年代初他作为一个青年医生到上海时,史沫特莱给他的巨大影响和激励,使他真正了解中国人民和中国共产党,并决心在1936年参加了中国红军。他说,史沫特莱这位为世界各族人民献身的战士是美国人民真正的女儿,她堪称为那些珍视自由和新世界的男女老少的不可磨灭的楷模。她将像她墓前的花岗石墓碑一样,永远牢牢地铭刻在中国人民心中。

茅盾在会上发表了书面讲话。

参加纪念会的还有胡愈之、周扬、章文晋、朱穆之、王炳南等,以及美国驻中国大使馆一等秘书唐占晞在京的外国朋友。

全国妇联主席康克清在纪念美国进步作家 记者史沫特莱逝世30周年发表《经常忘了她是外国人》的讲话

美国进步女作家、著名记者史沫特莱离开我们已经30年了,但她那种敏锐机智、严肃认真、坚忍不拔的性格;她对中国革命的深切关注和满腔热情至今仍铭刻在我们的记忆中。

1937年春天,史沫特莱女士不辞艰辛,来到了中国革命圣地延安。她很快换上了灰军装,戴上了红五星八角帽,绑上了裹腿,腰间还扎上了皮带,精神抖擞地生活、工作在我们中间。她在工作之余,经常喜欢骑着一匹善跑的枣红马,驰骋在延安东门和南门外。后来,她还是骑着这匹枣红马,到了抗日前线。一个外国人,和我们一起战斗,同甘共苦,使我们经常忘了她是外国人;除了语言不同,一对蓝眼睛外,她和我们别无两样。史沫特莱女士和中国人民的感情早就融合在一起了。她不愧是美国人民的伟大女儿,中国人民的亲密战友。

史沫特莱女士在长期的斗争中,克服重重困难,向世界各国人民介绍中国革命,作出了卓越贡献。为中美人民的友谊谱写了光彩动人的篇章。

史沫特莱女士的一生是战斗的一生。她是中美两国人民和妇女的光荣,是中美友谊的象征。今天,中美已经建交,两国在文化、科学技术等方面的交流日益发展。史沫特莱女士将永远活在中国人民的心中。

茅盾在纪念美国进步作家 记者史沫特莱逝世30周年发表《斯人宛在 光鲜逾昔——史沫特莱逝世30周年》的讲话

她去世已经30年了,离开中国更早十年。这段时光不短,其间有许多着实煊赫过一阵的人和事都为历史草草抛却,但我一念及她,便觉得斯人宛在,光鲜逾昔。安格妮丝·史沫特莱是难忘的,无论你喜不喜欢她。我们中国人当然喜欢她,非常喜欢。在今天这个集会上我愿意说得更庄严些:我们敬爱她。我近来感觉到我们对她的这份感情确实是在与日俱增。这不是一句过场话;这是时间和实践赋予她最鲜洁的新色彩,令人心驰意远。

史沫特莱一生大部分工作同中国革命结下了不解缘。她20年代末到上海,然后在西安,在陕北,在山西抗日前线,在新四军,在武汉做各种各样的工作:帮助我们党做地下工作,维护作家,对外宣传联络,写通讯、写书报道抗日战争,写中国革命传记,办救济事业,募款买药,动手为老百姓看病。那是中国人极艰苦的岁月。她同前方的战士一个样。我们今天手头仅有的她的几张照片都是穿八路军粗布军装,打着裹腿的。但她说这是她一生最幸福的日子。她40年代之饱受麦卡锡主义迫害,最后不得不离开美国,贫病交加,死于伦敦,也正是为了中国的缘故。她的遗物、遗言无不浸透了对中国的深情。她常说:她总是忘记了自己不是中国人;而我们有幸同她在一起的人谁又想到她是外国人,“非我族类”呢,尽管她的眼鼻言笑大异于我们。在我们同史沫特莱的关系上“天下革命是一家”决不是一句空泛的豪言壮语。她是我所遇到的透彻到家的国际主义者。她深邃的目光不仅落在中国,而且遍及德国、苏联,以及印度。当然,她又是美国国内工会、妇女、少数民族运动中杰出的活动家。

史沫特莱作为作家、记者,有远大的历史眼光,锐敏的政治感觉,饱满的事业心,顽强的斗志,生动活泼的笔锋,为我们的文字工作者立下了很好的榜样。她为朱德同志写的《伟大的道路》是中国第一部革命历史传记。很惭愧,前几年我们的辞书竟不载此书。现在我希望我们的作家要学习安格妮丝的胆识、才学、文笔,在她为我们开辟的道路上更好地走下去。做到这点并不容易。史沫特莱的文学、新闻成就首先是建立在她作为革命者的尊严、独立思考、创造性和风骨之上的。在她身上,文不见半点封建气味来,这对我们中国人好比空谷足音,正是最具吸引力的。

近来我病中多暇。在说起要为我们敬爱的史沫特莱开纪念会后,我不禁回想她之为作家、记者、革命者、中国之友、妇女运动家、国际主义志士的哀乐一生,颇觉其犀利(时或近于刻伤)、绝俗(时或近于愤世)、创新(时或近于纵奇)、嫉恶(时或近于无恕)、利他(时或近于虐己),其中闪烁着高尚品格的光芒,可说是20世纪同辈人物中所罕见的。我静对夜窗,反复细味,感触很多,同时也在精神上获一安慰和启示,好比看到太空中一道彗星昂然而又悠然逝去。再来想想她所眷恋至死的中国和世界人民,就平添了几分勇气和信心。她写的作品(从《大地的女儿》到《伟大的道路》)和写她的作品应该是教育青年一代的极好材料。她自然不是什么"完人",这个概念她听了要跳起来抗议的。

她毕生的遗憾大概就是没有能重返解放了的中国了,曾说过:要亲一亲那里的土地。我们也怀念她。但事情并不结束。一个生气勃勃、又严正又温情的灵魂,将永远呵护和激励中国的后来者。我希望中国也将用自己的品德、行为、记录证明它将无负于人们的钟爱,无论本国的外国的,生者或死者。去八宝山史沫特莱墓前致敬的同志们,请将我这番意思带去,并一束盛开的五月花;她的生命就是这样旺盛、无拘束而美丽的。

中共中央书记处书记方毅主持座谈会贯彻中央书记处关于发展教育事业的指示时要求全党全社会要关心和支持教育事业

最近,中共中央书记处两次讨论教育问题,提出了80年代教育事业应该有一个大的发展。怎样才能达到这个要求呢? 5月30日在方毅同志主持召开的一次教育问题的座谈会上,就此展开了热烈地讨论。

参加这次座谈会的有教育部及有关部门、重点学校的负责同志,一部分中小学特级教师。

座谈会上,同志们热烈拥护中央书记处关于发展教育事业的指示。为了尽快改变当前教育事业同四个现代化需要严重不相适应的状况,大家对以下几点意见交换了看法:一、我们国家很大,经济、文化教育的发展很不平衡,自然条件也千差万别,千万不能"一刀切",千万不能搞全国性的整齐划一。二、要做到多种途径、多样化办学,广开学路。特别是高等教育尤其如此。三、要充分发挥各方面办学的积极性,大力发展教育事业。除了国家以外,地方上、各部门以至于公社都应当根据自己的条件,积极发展教育事业。四、要改革高等学校和中等学校的结构。多年来,我国高等学校理工科畸形发展,严重地忽视文、法、商等各种专门人才的培养。

参加座谈会的同志们强调指出,发展教育事业,除了要靠各级教育部门的努力外,需要取得全党全社会的关心、重视和支持。教育制度的改革,还必须同劳动招工制度、干部人事制度的改革结合进行。希望通过报刊和各种舆论工具开展一场关于教育问题的讨论。教育问题,实际上已成为我们实现四化和当前经济问题、社会问题有着极为密切关系的一个带全局性的问题,引起全党全社会的关心、重视和支持,是十分必要的。

全国少年儿童创作授奖大会在人民大会堂举行

王任重、宋任穷、康克清、周扬、黄镇、韩英等出席了大会。出席大会的还有全国第二次少年儿童文艺创作评奖委员会成员,获奖的212件作品的作者、作家、艺术家和业余儿童文艺工作者,以及来自全国各地的少年儿童读物的编辑。首都一些中小学的教师、辅导员和少年儿童6000多人参加了大会。

共青团中央书记处书记胡启立宣读了关于这次评奖工作的公告。

公告说,评选范围包括了自1954年第一次评奖以来,至1979年25年间我国专业和业余儿童文艺工作者所创作的小说、诗歌、散文、童话、寓言、电影、戏剧、音乐、美术、科学文艺以及低幼读物等各种形式的作品。经过一年来的评选工作,最后从全国推荐的1000多件作品中评定出获奖作品212件。

公告说,我们的老作家、老艺术家叶圣陶、谢冰心、高士其、张天翼、严文井、叶君健、陈伯吹、贺宜、包蕾、金近、张乐平、万籁鸣、孙敬修13人,数十年从事儿童文艺创作,对儿童文艺作出了出色的贡献,评奖委员会一致同意授予他们荣誉奖。公告还对一些不是主要从事少年儿童文艺创作但也给少年儿童写过不少好作品的著名作家、艺术家表示衷心的感谢,对其中已经去世的郭沫若、老舍、冯雪峰、李季等,表示深切的怀念。

大会宣读了全国全国人大常委会副委员长、中国人民保卫儿童全国委员会主席宋庆龄的《祝词》。

政协全国委员会副主席、中国人民保卫儿童全国委员会副主席、全国少年儿童文艺创作评奖委员会主任康克清,在授奖大会上发表了题为《为了孩子们的健康成长,大力繁荣儿童文艺创作》的讲话。

康克清说,加紧对少年儿童的培养和教育,是关系着四化前途的大事。做好这件大事,当然要靠全党和社会各方面的共同努力。文艺工作者在这方面也担负着义不容辞的历史责任。为此,我希望所有从事儿童文艺创作的同志,进一步解放思想,放眼未来,深入儿童生活的各个领域,关注孩子们德、智、体诸方面的发展,严肃地提炼主题,大胆地推陈出新,用自己的笔,为少年儿童的健康成长作出新的贡献。康克清还表示希望社会各界都来关心少年儿童的教育事业,关心儿童文艺创作的发展。她说,只要我们大家同心同德,都来为少年儿童的教育事业出一把力,都来为儿童文艺创作的繁荣尽一份心,我相信,我国儿童文艺的百花园地,必将呈现万紫千红、欣欣向荣的景象;今天的祖国花朵,一定会成长为社会主义现代化建设的合格人才。

中国文联主席周扬、全国少年儿童文艺创作评奖委员会副主任、中国作家协会儿童文学委员会主任严文井也在会上讲了话。

王任重、宋任穷、康克清、周扬、黄镇、胡启立等分别向获得一等奖的44件作品的作者授奖。被评为二等奖的61件作品、三等奖的107件作品的作者也都领受了奖品。获得集体荣誉奖的中国儿童艺术剧院、中国福利会儿童艺术剧院、中国木偶剧团、上海木偶剧团和上海美术电影制片厂的代表,也都登台受奖。

全国人大常委会副委员长宋庆龄在全国少年儿童文艺创作授奖大会上的祝词

1979年刚刚庆祝了国际儿童年,今天我们又来庆祝80年代第一个国际儿童节。在这个欢乐的节日里,第二次全国少年儿童文艺创作评奖宣布了结果,并对当选的优秀作品授奖。这是一次很有意义的活动。我衷心地祝贺这次评奖获得圆满成功。我深信,这些获奖的优秀作品,是献给这个节日的最好的礼物,一定会受到全国亿万名少年儿童,以及他们的家长、老师和一切热心于少年儿童教育的同志们的热烈欢迎。

从1954年第一次全国少年儿童文艺创作评奖到这次评奖,时间已经过去1/4世纪了。在这一段时间里,虽然政治形势不断变化,但是,不少少年儿童文学作家、艺术家以及其他业余作者,克服困难,坚持创作。特别是粉碎“四人帮”之后,少年儿童文艺的创作队伍扩大了,他们的创作热情高涨了,新的好的作品越来越多了。这是十分可喜的现象。

少年儿童是祖国大花园中初绽的花朵,他们身上寄托着祖国未来的希望。少年儿童文艺的创作者都是辛勤的“园丁”,都用自己的心血和汗水把亿万花朵培育得茂盛起来。他们中间,有几十年如一日坚持创作的老作家和老艺术家,也有茁壮成长的新一代的作者。当他们看到自己的创作受到热烈欢迎的时候,一定会感到无比的高兴和愉快,一定会受到莫大的鼓舞,从心中涌出更大的创作热情来。

今天,百花齐放的方针重新得到重视和贯彻,少年儿童文艺创作也随之繁荣起来了。但是,对于我们国家两亿名少年儿童来说,还是不能满足需要。因此,我们还需要呼吁社会上给予支持。我们希望:

一、除了作家、艺术家外,长期同少年儿童生活在一起的中小学教师,走在新长征前列的科学家,身经百战的老战士,以及各行各业热心少年儿童教育的同志们,能有更多的人加入少年儿童文艺创作的行列。

二、各有关部门,把大力培养少年儿童文学作家、艺术家的工作,提上比较重要的议事日程。经常从政治上、工作上、学习上、写作上和生活上关心少年儿童文艺作者,给他们以支持,并创造必要的条件,使他们能够尽快地成长起来。只有创作队伍扩大了,成长了,才能够说得上出版更多、更好的文艺书籍。

三、更广泛地开展少年儿童文艺创作评奖活动。除了在一定时间内举行全国性的评奖外,还可以由地方举行,或由文艺刊物和少年儿童报刊举行,一两年举行一次,以鼓励创作、繁荣创作。

希望我们的少年儿童文艺园地,在一切热心于少年儿童教育的作家、艺术家和其他业务作者的精心培育下,更加繁荣茂盛。

希望通过优秀的少年儿童文艺作品,宣传新风尚、好习惯、好人好事,让犯罪的儿童受到教育,去邪归正,让亿万名儿童从中得到思想营养,培养出更多的政治好、思想好、品德高尚的新长征的小战士,使他们能够接过前辈的革命火炬,向着灿烂的新世纪勇敢前进!

1980年5月30日

中国版画家协会在黄山举行成立大会

来自全国各省、市、自治区的59名著名的老版画艺术家和年青一代版画新秀的代表最近欢聚黄山,举行中国版画家协会成立大会。中国版画家协会是解放后成立的第一个全国性版画组织,它的成立标志着我国版画艺术事业的繁荣发展。

中国棒垒球协会致电台湾省棒球和垒球协会希望派队参加全国棒球和女子垒球联赛

中国棒垒球协会昨天分别打电报给台湾省棒球协会和台湾省垒球协会,期望台湾省派棒球队和女子垒球队参加全国棒球联赛和全国女子垒球联赛。

1980年10月6日至15日,将在福建永安县举行全国棒球联赛;9月15日至24日,将在天津市举行全国女子垒球联赛。中国棒垒球协会的电报殷切期望台湾省派遣球队参加上述联赛,以互相切磋球技,提高水平,并希望于8月底以前将名单送中国棒垒球协会。

中国天主教爱国会第三届代表会议在北京闭幕

会议确定了中国天主教爱国会的主要任务是团结

神长教友积极参加社会主义现代化建设；继续坚持独立自主、自办教会的方针，反对任何外来势力对我国教会的干涉和控制，警惕并制止少数坏人假借宗教名义造谣惑众、挑拨离间、制造分裂和进行违法活动，巩固和发展30年来反帝爱国运动的胜利成果；协助人民政府贯彻宗教信仰自由政策，同时向神长教友广泛地进行爱国守法教育，自觉地遵守国家政策法令；加强对外友好往来，为反对霸权主义、维护世界和平作出贡献。

来自全国26个省、市、自治区的代表，在历时9天的会议中，总结了中国天主教爱国会第二届代表会议以来的工作，修订了章程，选举了新的领导机构，通过了《告全国天主教神长教友书》和《告台湾天主教神长教友书》。

王芸生逝世

我国卓越的老一辈新闻工作者、无党派爱国人士王芸生同志，因病于5月30日在北京逝世，终年79岁。

王芸生1901年生于天津静海。1925年五卅运动时他参加了反帝斗争，担任宣传工作，因而受到北洋军阀的迫害。1926年他在上海继续参加反帝宣传活动。随后王芸生同志长期从事新闻工作，曾任天津《商报》总编辑、上海《大公报》总编辑。1948年年底，他响应中国共产党的号召从上海经台湾、香港进入华东解放区，参加革命。1949年3月他到达解放了的北平，发表了《我来到了解放区》一文，畅谈了自己的认识过程，随即和全国人民一道，参加建设新中国的行列。1949年5月他随军进入上海，发表了《大公报新生宣言》，随后作为全国新闻工作者的代表之一，光荣地出席了中国人民政治协商会议第一次全体会议。新中国成立后，王芸生同志历任华东军政委员会委员，上海市人民政府委员，中华全国新闻工作者协会副主席，政协第一届全国委员会委员、第二、三、四届政协全国委员会常务委员，第一、二、三、四届全国人民代表大会代表等职。

5月31日

国务院总理华国锋瞻仰京都岚山周恩来总理纪念诗碑以缅怀周总理为中日两国人民的友好事业作出的伟大功绩

国务院副总理邓小平 方毅在人民大会堂会见参加青藏高原科学讨论会的中外科学家

邓小平同中央负责工作人员谈话肯定了安徽农村的改革

农村政策放宽以后，一些适宜搞包产到户的地方搞了包产到户，效果很好，变化很快。安徽肥西县绝大多数生产队搞了包产到户，增产幅度很大。“凤阳花鼓”中唱的那个凤阳县，绝大多数生产队搞了大包干，也是一年翻身，改变面貌。有的同志担心，这样搞会不会影响集体经济。我看这种担心是不必要的。我们总的方向是发展集体经济。实行包产到户的地方，经济的主体现在也还是生产队。这些地方将来会怎么样呢？可以肯定，只要生产发展了，农村的社会分工和商品经济发展了，低水平的集体化就会发展到高水平的集体化，集体经济不巩固的也会巩固起来。关键是发展生产力，要在这方面为集体化的进一步发展创造条件。具体说来，要实现以下四个条件：第一，机械化水平提高了（这是说广义的机械化，不限于耕种收割的机械化），在一定程度上实现了适合当地自然条件和经济情况的、受到人们欢迎的机械化。第二，管理水平提高了，积累了经验，有了一批具备相当管理能力的干部。第三，多种经营发展了，并随之而来成立了各种专业组或专业队，从而使农村的商品经济大大发展起来。第四，集体收入增加而且在整个收入中的比重提高了。具备了这四个条件，目前搞包产到户的地方，形式就会有发展变化。这种转变不是自上而下的，不是行政命令的，而是生产发展本身必然提出的要求。

有人说，过去搞社会主义改造，速度太快了。我看这个意见不能说一点道理也没有。比如农业合作化，一两年一个高潮，一种组织形式还没有来得及巩固，很快又变了。从初级合作化到普遍办高级社就是如此。如果稳步前进，巩固一段时间再发展，就可能搞得更好一些。1958年“大跃进”时，高级社还不巩固，又普遍搞人民公社，结果60年代初期不得不退回去，退到以生产队为基本核算单位。在农村社会主义教育运动中，有些地方把原来规模比较合适的生产队，硬分成几个规模很小的生产队。而另一些地方搞并队，又把生产队的规模搞得过大。实践证明这样并不好。

总的说来，现在农村工作中的主要问题还是思想不够解放。除表现在集体化的组织形式这方面外，还有因地制宜发展生产的问题。所谓因地制宜，就是说那里适宜发展什么就发展什么，不适宜发展的就不要去硬搞。像西北的不少地方，应该下决心以种牧草为主，发展畜牧业。现在有些干部，对于怎样适合本地情况，多搞一些经济收益大、群众得实惠的东西，还是考虑不多，仍然是按老框框办事，思想很不解放。所以，政策放宽以后，还有很多工作要做。

从当地具体条件和群众意愿出发，这一点很重要。我们在宣传上不要只讲一种办法，要求各地都照着去做。宣传好的典型时，一定要讲清楚他们是在什么条件下，怎样根据自己的情况搞起来的，不能把他们说得什么都好，什么问题都解决了，更不能要求别的地方不顾自己的条件生搬硬套。

中共中央书记处总书记胡耀邦 国务院副总理万里在格尔木县对青海省各方面工作作重要指示

胡耀邦、万里同志从西藏返回北京途经青海省格尔木时，在详细询问青海情况后说，中央关于西藏工作的六条意见，基本符合青海情况，可以参照研究执行。并强调要把政策再放宽些；要搞好民族团结，要充分行使民族区域自治的自治权利。

中共广汉县委在向阳公社进行人民公社体制改革试点恢复建立向阳乡党委 向阳乡人民政府

北京市出口商品展览会在香港开幕

全国人大常委会副委员长乌兰夫在人民大会堂接受斯里兰卡民主社会主义共和国新任驻中华人民共和国特命全权大使马汉德伦递交的国书

全国政协副主席荣毅仁率领中国经济考察代表团前往美国参加大通银行在纽约举办的中国经济讨论会

解放军军事学院院长萧克在北京举行宴会欢迎泰国国防学院院长暖·信奇拉南中将率领的访华团

萧克谴责大小霸权主义在亚洲的侵略扩张使这个地区的局势充满着紧张和动荡。他指出，在这样的形势下，中泰两国之间加强往来，增进了解，互相支持，对于保卫各自国家的独立、主权和领土完整、对于维护本地区的和平与稳定，是十分有益的。

国务院科技干部局发出通知要求各地选拔科技尖子

国务院科技干部局最近发出通知，要求各地、各部门科技干部管理部门和学术组织，推荐自然科学技术优秀拔尖人才，名单于7月底前报送科技干部局。

通知附有《关于选拔自然科学技术优秀拔尖人才的意见(试行)》(以下简称《意见(试行)》)。它指出，选拔自然科学技术优秀拔尖人才是发展人才的重要途径，关系着我国四化建设，特别是科学技术工作繁荣昌盛的大问题。具有下列条件之一者，可选为优秀拔尖人才：

1. 有达到国际先进水平的成就或成果的科学技术专家。

2. 本专业、本学科技术上的权威或带头人。在本专业、本学科的科研工作或“双革四新”中，有达到国内先进水平的成就或成果，并有较高水平的科学论文或著作者。

3. 经国家科委发明评选委员会批准的重大发明创造者。

4. 专业基础知识较好，在学术上有独特见解，在生产实践中有刻苦钻研、勇于探索精神，能创造性地解决某些重大问题，有培养前途的中青年科技工作者。

《意见(试行)》还提出，优秀拔尖人才均由国务院各部、委、局，中国科学院，各省、市、自治区人民政府的科技干部管理部门和技术评定(学术)委员会，各学会、各专业或学科组以及中国科学院学部委员结合评定技术职称、发明创造奖、科技人员中评选先进代表、劳动模范和通过学术交流、技术革新等活动进行推荐。

中国的第一台可移式激光绝对重力仪与两种碘稳定激光器甲烷稳定激光器达到世界同类仪器先进水平

国家文物局负责人向新华社记者表示制止对文物古迹的破坏是当前的一项迫切任务

国家文物事业管理局局长任质斌说，粉碎“四人帮”以后，许多地方采取了一些措施，许多文物古建得到保护，一些文物古建正在修复。但是，由于“四人帮”极左路线的流毒还没有彻底肃清，也由于我们工作中还有不少缺点和薄弱环节，有些地区破坏文物古迹的事件仍不断发生，个别地方甚至有所发展。新华社目前报道的发生在北京、河北等地破坏长城的事件，就是一例。此外，有些地方采用各种手段破坏文物，长期占用、毁损古建筑，乃至盗卖文物等等，还时有所见。这种情况，必须引起各级人民政府的严重关注。

任质斌强调说，鉴于这种情况，采取积极有效的措施切实加强文物保护管理工作，制止对文物古迹的任何破坏行为，已经成为十分紧迫的任务。为此，国务院最近发出通知，要求各地加强对历史文物的保护工作，严格执行国家颁发的一系列文物保护法令和指示。

任质斌希望，各级人民政府认真领会、坚决贯彻国务院这一重要通知的精神。他说，制止破坏文物活动，首先要加强法制。凡是破坏国家历史文物的都要追究责任，情节严重的要依法起诉。各级人民政府在制定生产建设规划和城市建设规划的时候，要通盘安排，合理布局，因地制宜，本着既对基本建设有利又对文物保护有利的精神，由规划部门、建设部门、园林部门和文物部门密切协作，妥善安排，把保护文物纳入总体规划之中。

他还建议，新闻、出版、文化等部门与文物部门密切合作，通过报刊、杂志、电影、电视、文艺作品等大力宣传保护文物古迹的重要意义和有关的政策、法令，使广大人民群众认识到保护文物人人有责。

任质斌最后说，保护历史文物，保护祖国文化遗产，是全党、全国人民的职责，我们专职部门更是责任重大。希望各有关部门、各界人士和广大群众大力协助我们，经常对我们的工作提出批评与建议，共同与破坏文物的违法行为进行坚决的斗争，让我们中华民族的珍贵历史文物遗产世代垂留，辉煌万古。

6月1日

国务院总理华国锋结束对日本的正式访问回到上海

中共中央书记处在中南海怀仁堂举行庆祝“六一”国际儿童节茶话会

中共中央书记处书记方毅主持茶话会。

国务院副总理赵紫阳在会上发表讲话。

北京市中小学教师、少先队辅导员、幼儿园教养员，以及老教育家、儿童科普和文艺作家、幼托工作专家、共青团和少先队专职干部的代表200多人应邀出席了茶话会。

党和国家领导人胡耀邦、乌兰夫、方毅、余秋里、彭冲、万里、王任重、宋任穷、胡乔木，以及政协全国委员会副主席康克清出席了茶话会。

中共中央书记处总书记胡耀邦在茶话会结束时讲了话。他说，今天在座的都是教育战线的模范老师、模范少先队辅导员、模范保教工作者，你们把自己的精力献给了祖国、献给了人民、献给了我们的后代，你们所作出的贡献，将会留在广大人民的心坎里。你们是真正的无名英雄，真正的人民的英雄。你们肩负着双重任务：一方面要为四化贡献力量；同时又要培养为国家做更大贡献的新人。

胡耀邦在讲话中指出，当前教师队伍中存在着许多实际困难，这一点我们非常清楚。中央书记处最近已经讨论过两次，我认为要解决这些问题，可以采取四条办法：(一)把那些真正全心全意为教育事业服务，有本领有知识的同志，尽快提拔到领导岗位上来；(二)从明年开始适当提高教师的工资待遇；(三)要多开办进修班，帮助教师提高知识水平和教学能力，充实教师队伍；(四)要适当调动个别实在不合格的教师改做别的工作。

胡耀邦最后强调说，我们的党历来十分重视对少年儿童的培养教育工作。儿童是我们的未来和希望。每一个共产党员，每一个革命者，都应该热爱儿童，关怀下一代，这是每个共产主义者应有的品德。如果轻视儿童，对少年儿童不负责任，那就是一个不合格的共产党员，不合格的革命者。他号召大家为21世纪培养优秀的建设人才，同心同德努力奋斗！

出席今天茶话会的还有全国保卫儿童委员会、教育部、共青团中央、北京市、国家体委、卫生部、文化部、国务院托幼工作领导小组办公室、全国教育工会的负责人。

国务院副总理赵紫阳在“六一”茶话会上发表题为《培养教育下一代是一项伟大的事业》的讲话

同志们：

今天是80年代的第一个国际儿童节。在全国小朋友欢度自己节日的时候，中央书记处邀请中小学教师和少先队辅导员的代表到中南海来开茶话会，和大家谈谈心，目的是为了进一步恢复和发扬我们党重视教育工作、关心下一代健康成长的优良传统，并且借这个机会向全国的教育工作者，表示衷心的感谢和亲切的慰问。

培养教育下一代，是一项伟大的事业。随着全党工作着重点的转移和社会主义现代化建设的发展，党中央决定，在80年代要拿出更大的力量，采取更加有力的措施，来改善和发展少年儿童的教育工作，使它达到一个新的水平。大家知道，娃娃虽小，却关系重大。对他们的培养和教育工作做得好不好，直接关系到每一个家庭，牵动着亿万父母的心。把他们的事情办好，就会推动千军万马轻装上阵，专心致志、高高兴兴地去搞四化建设。办好娃娃的事情，不仅影响现在，还关系着未来。现在七八岁十几岁的孩子，再过十年20年，就要登上建设伟大祖国的大舞台，大批建设人才要在他们中间成长。能不能把他们培养教育好，关系着我们国家、民族的兴衰，社会主义现代化建设事业的成败。我们是以实现共产主义为奋斗目标的无产阶级政党，理所当然地要把培养教育下一代，使之成为社会主义新人，作为自己的神圣使命。每一个真正关心祖国命运、前途的人，也必然会十分关心少年儿童一代的健康成长。今天来参加茶话会的张挺同志是近80高龄的退休老干部，他把自己晚年的全部精力献给了培养教育下一代的伟大事业。16年来，他的足迹遍及1400多所大、中、小学校，他编写、收集的教育材料达100多万字，他为孩子们订报买书捐献了6000多元。群众称赞他是“夕阳无限好，辛勤育新苗”。像张挺同志这样热心于青少年教育工作的同志，应当受到我们党的称赞，受到人民的尊敬。

在这里，我们特别要感谢广大的中小学教师、少先队辅导员和幼儿教育工作者。你们战斗在培养教育下一代的第一线，担负着重大责任，工作十分辛苦，工作条件和生活条件一时也还比较差。你们毫无保留地把自己的智慧和力量献给了我们的孩子，为祖国培养了一批又一批建设者、保卫者，在他们所取得的每一分成绩中，都凝结着你们的心血和汗水。你们担负着培养人才的“育苗”工作，你们所从事的事业是崇高的，光荣的。“六一”前夕，邓副主席在给《中国少年报》《辅导员》杂志的题词中，要求少年儿童要立志为人民做贡献，为祖国做贡献，还要为人类做贡献。由此可见，你们的工作既牵动全国，还影响人类。因此，你们理所当然地受到全党和全国人民的尊重。今天，我们开这个会，也就是要来造这个舆论，使人们逐步懂得培养人才是建设社会主义强大祖国事业的一个极为重要的组成部分，懂得关心教育工作和关心教育工作者的重要意义，动员社会各方面都来关心和支持你们的工作。同时，也希望你们按照新时期、新任务的要求，进一步认识教育工作的重大意义，真正做到自爱——热爱自己的工作；自尊——尊重自己的事业；自豪——豪情满怀地献身于我们未来的主人。希望你们按照邓副主席题词中的要求，把我们的孩子培养成为有理想、有道德、有知识、有体力的一代新人。这是党交给你们的庄严任务，也是一项艰巨的任务。

建设高度物质文明和高度精神文明的社会主义现代化强国，要求我们的人民具有高尚的理想情操和共产主义道德品质。很难设想，一个目光短浅、胸无大志、极端个人主义的人，能够在现在的学业上和将来的事业中取得成绩，作出贡献。如果居里夫人是一个胸无大志的人，她怎么可能以自己的生命为代价，去换取人类的健康和幸福？如果她是一个拜金主义者，那镭又怎么能在全世界闪光，服务于全人类？我们国家的李四光，如果不是一个摒弃了低级趣味的人，又怎么可能抛弃在国外的优裕生活和很高的学位，毅然回到祖国的怀抱，在比较艰苦的条件下，为我国的地质、地震工作作出重大贡献呢？一个合格的四化建设人才，必须懂得并且坚信社会主义制度的优越性，懂得并且坚信共产主义的理想必定要实现，把这个伟大目标作为自己生活的目的和前进的动力。这样，才能不畏艰难险阻，不怕失败挫折，顽强地去学习、锻炼，尽快成才成器。因此，我们的教育工作者，一定要把理想教育、道德教育放在重要位置，要关心“小雷锋”、“小虎子”、“小红花”的健康成长。

进行理想、道德教育要切合少年儿童的特点。孩子们最富于幻想，对新鲜的事情很感兴趣，小脑袋里经常装着许多神奇、美妙的东西。对于他们天真幼稚的想法、愿望和广泛的兴趣，我们不能指责、限制，更不能扼杀、打击，只能循循善诱，因势利导。长春有三个9岁到11岁的小学生，看了一些科教片后，增强了对动物的浓厚兴趣，他们经常在家里摆弄鱼、鸟、虫、蛇，却遭到斥责。去年，三个小家伙偷偷出走，坐火车到大连，要去“蛇岛”捕蛇，还准备到西沙捉龟，到西双版纳去干一番“大事业”。由于没钱，步行了三天，又饿又累，被铁路工人送回了长春。这三个“小探险家”是多么天真，又多么可爱。如果我们善于引导他们把幻想变成伟大的理想，用革命的理想推动他们更好地学习、锻炼、成长，他们将来很有希望成为真正的探险家、动物学家。

为了消除林彪、“四人帮”造成的严重后果，尤其是全党工作着重点转移以后，急需培养现代化建设的人才，使我们更加重视了学校教学工作，重视了文化科学知识的学习。应该肯定，这是一个很大的进步。用人类的文化遗产、科学技术知识武装我们青少年的头脑，这是我们的责任。无论从哪个角度讲，我们都必须要求把青年一代培养成为有真才实学的人。现在的问题并不是知识太多了，而是怎样用更先进、更科学的方法使青少年和儿童获得更多的知识。我们搞四化建设需要各种各样的人才。大学当然是我们培养人才的重要渠道，但不是唯一的渠道。历史事实证明，许多有创造发明的杰出人才，有相当多不是从大学毕业出来的。我们不仅要求青少年立志开拓新的科学文化领域，攀登科学高峰，而且要求青少年根据自己的特点，学习、掌握各种生产技能、职业技巧，成为精通本行业务的工人、干部、管理人员、教师、律师、服务人员等等。我们是否拥有数量上、质量上都能满足需要的上述各类人员，将在很大程度上决定现代化建设事业能否顺利进行。按照这样的要求，“有知识”的含义就不只是书本知识，还包括从事各种职业的知识、技巧、才干和能力。因此，我们做教师的，要善于调动他们内在的积极因素，通过多种途径包括生产劳动和科学实验，开发他们的聪明才智，使他们能够充分发挥自己的特长，成长为符合社会主义现代化建设所需要的各行各业的专门人才，成为有知识、有觉悟、有体力的劳动大军。这样才能实现华主席提出的提高全民族科学文化水平的任务，也只有在这个基础上，才能出现更多的科学技术尖子，才能产生更多伟大的科学家、文艺家、思想家等等。普遍的、群众性的科学文化水平的提高，是产生杰出人才的土壤。当然，杰出人才愈多，反转来又会带动广大群众科学文化水平的提高。这是普及与提高的辩证关系。要完成这个任务，必须努力学习和研究教育学、心理学、教学法，在改革教材、改进教学方法、改革学制、扩大孩子们接受知识的活动天地等方面去下功夫。当然这是不能一蹴而就的。我们要总结已有的经验，创造新的经验，闯出一条新的路子。

把少年儿童培养成为有体力的人，这是一个常常被人们所忽视的问题。保卫儿童的健康和福利，同发展儿童教育事业一样，是我们社会主义制度本质的一种表现。少年儿童的营养问题，保健问题，开展体育活动问题，娱乐和休息问题，教室的照明问题，培养良好的生活习惯问题，课余活动和假期活动的安排问题，都应当引起我们的重视和关心。

培养德、智、体全面发展的社会主义一代新人，是一项艰巨、复杂的工作，需要各方面配合进行。除了抓好学校教育外，还要十分重视发挥少先队的作用。少先队寓教育于丰富多彩的活动之中，对孩子们有很大的吸引力，是一个更加广阔、生动的课堂。少先队开展的天文地理、动物植物、化学生物、文化艺术等等生动活泼、富有乐趣的各种活动，对发现、培养人才幼苗，有着无法代替的特殊作用。而做好少先队工作的关键是要建设一支优秀的辅导员队伍。教育部门、学校行政和社会各方面，都要关心、支持少先队和辅导员的工作。评奖，晋级，评选优秀教师，应当把是否关心和做好少先队工作作为一个条件。

恢复、发扬党的光荣传统，全党、全社会关心下一代的健康成长，这是历史赋予我们的重任。我们各级党团组织、社会各有关部门一定要实实在在地把这项工作抓紧抓好，抓出成效，造成一个人人当园丁，个个育新苗的社会新风尚，进一步恢复和发扬尊师爱生的优良传统，竭尽全力把我们的孩子们培养成为有理想、有道德、有知识、有体力的一代新人。那么，我们就可以满怀信心地说：我们的民族大有希望，我们的国家前途无量，我们的未来光辉灿烂！

《人民日报》发表社论《让祖国的花朵更加鲜艳——祝贺“六一”国际儿童节》

在全国政治安定团结、经济稳步发展的大好形势下，迎来了80年代的第一个国际儿童节。我们谨向全国各族儿童致以热烈的祝贺，向广大儿童工作者致以崇高的敬意！

我们的国家已经进入一个新的历史发展时期。在这个历史时期内，我们要实现四个现代化，把我国建设成为伟大的社会主义强国。这就要求我们，在改革和完善社会主义经济制度的同时，改革和完善社会主义的政治制度；在建设高度的物质文明的同时，建设高度的社会主义精神文明。这是空前伟大、艰巨的事业。完成这样的事业，只能依靠德、智、体、美全面发展，既具备高度的社会主义觉悟和高尚情操，又具备高度的现代科学知识和强健体魄的一代新人，也就是邓小平同志最近勉励全国儿童时所说的有理想的人，有道德的人，有知识的人，有体力的人。

现在的儿童是国家和民族的未来，四化建设的伟大预备队，21世纪的主人。为了使儿童在未来能够担负起继往开来的历史使命，我们必须一天也不耽误，认真抓紧抓好培养教育儿童的工作。这是全党、全国人民的一项战略任务。

当前，我们必须继续抓好儿童的科学文化知识的教育，教育儿童爱学习，爱科学。同时，必须加强对儿童的思想品德教育，运用适合儿童特点的生动活泼的方法，教育儿童从小树立革命理想，热爱党，热爱社会主义祖国，热爱人民。要在儿童中进一步开展“向雷锋同志学习”的活动，培养他们关心集体、助人为乐、讲文明、懂礼貌、爱劳动、守秩序的美德。有关的儿童教育部门，要从德、智、体、美全面发展的要求出发，做好自己的工作。教育部门要注意改进教学方法和教材，既要提高教学质量，又不使小学生负担过重；要支持和帮助少先队组织开展各种有益于儿童全面发展的活动。婴幼儿的早期教育，是小学基础教育的基础。抓好这一工作，对推动整个儿童教育事业的发展，培养现代化建设事业所需要的各方面人才，具有十分重要的意义。

培养和教育儿童的一个重要阵地是家庭。父母是孩子的第一任教师。父母的一言一行，都对孩子有着潜移默化的深刻影响。像教育青年要一讲二带一样，父母教育儿童，更要以自己的模范行为，为孩子树立好的榜样。大量事实说明，青少年误入歧途的重要原因之一，是缺乏家庭教育，或者家庭教育不当。这一点应当引起家长们的警惕，真正认识到自己肩负的重要责任，主动和学校、社会密切配合，把子女教育好。

教育儿童是全社会的神圣职责。各级党组织，要把儿童的教育、保健工作列入议事日程，要经常想到孩子们的事，经常关心和检查这一工作。要加强儿童工作队伍的思想、组织建设，鼓励儿童工作者不断提高政治思想水平和业务水平，帮助他们解决工作中的实际困难。各地应遵循中央的要求，抓紧恢复少年儿童的校外活动场所，还要因陋就简地多开辟一些小型多样的活动阵地。各地的妇幼保健机构，也应当进一步改进工作，加强责任心，更好地做好保健工作。生产部门和商业部门，应支持和方便儿童教育事业的发展，拿出更多更好更廉价的教育用品、娱乐用品和生活用品，满足孩子们日益增长的物质需要和精神需要。文化、出版部门和有志于儿童教育事业的文学家、艺术家、科学家，要为孩子们精心生产精神食粮，多创作一些优秀的儿童读物、电影、戏剧以及电视节目等，特别是要多拍一些儿童故事片。一切为儿童服务的部门和行业，都应当把自己的服务水平提高一步。那种无视儿童培养、教育工作的思想和做法，是目光短浅的表现。我们的同志，切不可在儿童保健教育事业上吝惜精力和物力。

目前，儿童教育工作中已经出现一系列新课题，随着社会的进步和我们事业的发展，还将不断出现新的课题。我们要不断去研究和探索，决不能停留在已有的水平上。努力钻研业务，认真学习和研究儿童营养学、儿童教育学、儿童心理学等科学知识，善于吸取和利用国内外教育科学的研究成果，是广大儿童工作者的光荣任务。在这方面，儿童工作者付出的每一份劳动和取得的任何成就，都应当受到党和人民的尊重和鼓励。

粉碎"四人帮"三年多来,在党中央的正确路线指引下,广大儿童工作者辛勤工作,为恢复和发展我国儿童教育事业,已经作出了显著成绩,祖国的亿万名儿童正在茁壮成长。我们相信,在党的关怀和"园丁"们的进一步精心培育下,祖国的花朵将开放得更加鲜艳!

胡耀邦 赵紫阳同志在"六一"茶话会上赞扬张挺同志晚年辛勤育新苗为党作出了贡献

年近80的共产党员、山西省临汾地区少先队特级辅导员张挺同志,今年6月1日在中共中央书记处召开的"六一"茶话会上,受到了胡耀邦和赵紫阳同志的赞扬和鼓励。

赵紫阳同志在谈到每一个真正关心祖国命运、前途的人也必然会十分关心少年儿童一代的健康成长的时候,特别提到:"今天来参加茶话会的张挺同志是近80高龄的退休老干部,他把自己晚年的全部精力献给了培养教育下一代的伟大事业。16年来,他的足迹遍及1400多所大、中、小学校,编写、收集的教育材料达100多万字,为孩子们订报买书捐献了6000多元。群众称赞他是'夕阳无限好,辛勤育新苗'。像张挺同志这样热心于青少年教育工作的同志,应当受到我们党的称赞,受到人民的尊敬。"赵紫阳同志讲完话后和张挺同志紧紧握手,勉励他说:"你给党、给青少年做了很多工作,值得我们学习,希望你坚持下去。"胡耀邦同志亲切地对他说:"你是大家学习的榜样,要把这个光荣保持下去。"

外交部部长黄华在大阪皇家饭店会见日本少年棒球联盟副会长佐佐木勇藏和5名少年棒球运动员

文化部主办的1980年部分省 市 自治区农民业余艺术调演在北京开幕

这次调演是1956年全国民间音乐舞蹈会演以后,第一次农民业余文艺活动分子的盛会。来自上海、吉林、浙江、山东、江西、福建、广东、湖南、湖北、四川、陕西、青海和宁夏的270多位农村业余文艺骨干,给首都群众带来了内容丰富、具有强烈时代精神、鲜明地方特色和浓郁生活气息的小戏、民间舞蹈、曲艺、声乐和器乐等各种形式的节目。这些节目将向观众展现出粉碎"四人帮"以后,特别是党的三中全会以来,我国社会生活的深刻变化和社会主义农村业余文艺繁荣发展的新景象。

周扬、朱穆之、张平化、张秀山等各有关方面负责人出席了开幕式。出席开幕式的还有中央和北京市的专业文艺工作者,北京市城区和郊区群众文艺工作者和各界群众共1000多人。

文化部副部长贺敬之在开幕式上讲话。他说,希望通过这次调演进一步推动反映农村题材的文艺创作的繁荣,更广泛地推动农村业余文艺活动的开展,使文艺为促进农业现代化建设作出更大成绩!

独幕话剧《屋外有热流》荣获全国总工会 文化部授予的"勇于探索 敢于创新"奖

《屋外有热流》描写的是兄妹三人之间两种人生观的矛盾冲突。这个戏主题鲜明,时代感强烈,不落俗套,大胆地塑造了大哥这样一个虽死犹生的形象,表达了作者鲜明的爱憎,引起观众的共鸣。这种革命激情浓烈和艺术上勇于创新的精神值得提倡。这个话剧的编剧马中骏和贾鸿源都是二十几岁的工人,导演苏乐慈曾导演过话剧《于无声处》,演员也都是青年工人。

6月2日

国务院总理华国锋视察建设中的上海宝山钢铁总厂

中共中央 国务院批转《关于第三次全国人口普查工作安排意见的报告》决定于1982年7月1日进行第三次全国人口普查

《人民日报》发表经济学家戎文佐的文章《论发展劳动密集行业》

在实现我国工业现代化过程中,要注重发展劳动密集行业,这是一个很值得研究的问题。

一

加速实现四个现代化是全国人民的共同愿望,但对怎样加速却存在着不同的认识。就工业现代化而论,不少同志曾经设想以日本和西欧一些国家在第二次世界大战后的经验为榜样,在较短时期内,大量引进先进技术,迎头赶上世界先进水平。按照上述设想来指导实践,一开始就碰到了两个尖锐的矛盾。一是采用的技术越先进,单位生产能力的投资就越大。引进技术是一项重要的政策,但这里有一个外汇来源问题。二是采用的技术越先进,单位投资能够提供的就业岗位就越少。提高劳动生产率和充分就业产生了矛盾。总之,刚开始起步,就感到行不通,问题就在于没有考虑到中国的特点。

我国有两个特点:一个是人口特多,劳动就业问题很突出;另一个是底子薄。1978年按人口平均的国民收入仅为美国、日本等工业发达国家的几十分之一,是世界上贫穷的国家之一。从上述实际出发,我认为在我国工业现代化过程中,应该注重发展投资少、周转快、容纳劳动力多、积累快、扩大出口大有前途的轻工业和手工业,特别是重点提倡发展劳动密集行业的生产和出口,以“轻”养“重”,以“手”辅“机”,以发展劳动密集行业来促进资金密集行业的发展。

二

劳动密集行业是和资金(资本)密集行业相比较而言的。像美国、日本、英、法、西德等高度工业化国家,资本的密集程度很高。从他们那里积极引进一些先进技术是必要的,但是引进多了我们搞不起。提倡发展劳动密集行业的生产和出口,并不等于否定适当发展资金构成高、技术上非常先进的行业和企业,而是为了从实际出发,更好地促进工业的现代化。发展劳动密集行业的生产和出口,对加速我国现代化建设极其有利。这里,以典型的劳动密集行业工艺美术品的生产和出口为例来加以说明。

第一,它需要的投资最少,能够容纳的劳动力最多,资金回收最快。

作为劳动密集行业的基本特征是资金的有机构成低。以单位固定资产容纳劳动力为例,在全国工业系统中,大体上是每万元可以安排一个劳动力。某些利用引进的先进技术装备起来的企业,高达几万元以至几十万元才能容纳一个劳动力。而工艺美术行业安排一个劳动力平均需要的投资则少得多。这个行业现有固定资产净值4亿元,固定职工队伍32万人,厂外加工人员达470多万,平均每万元固定资产净值容纳固定职工8人,厂外加工人员近120人,每年为国家实现的税收和利润远远超过固定资产的净值。这是其他行业不可能办到的。

第二,它需要的原材料用量较少,用工较多,消耗的能源也较少。

在轻纺工业产品成本中,原材料费用一般要占到60%—70%。工艺美术行业用料少、用工多,原材料费用平均只占20%—40%,像景泰蓝、苏绣、玉石雕刻等高档工艺美术品,用工的比重就更大。手工编织、挑补的高档台布,每平方米原料和辅料只用几元钱,但是经过精工细作,每平方米可换汇一百几十美元。多数行业的原材料,我国资源丰富,应有尽有;少数需要进口的原材料,采取进口原料、出口成品的办法,一般可以达到用1美元外汇,收入几美元外汇的效果。

能源紧张,将成为我国今后相当长的时期内的一个突出问题,而劳动密集行业,一般说来,需要消耗的能源比其他行业少得多。因此,多发展它,对于缓和能源紧张,也是很有好处的。

第三,它的出口市场很大,在对外贸易上有广阔的前途。

从1972年到1978年,我国出口工艺美术品换汇从2.15亿美元猛增到7.45亿美元,平均每年递增23%。1979年,工艺美术品出口换汇继续大幅度增长,超过了10亿美元。但是,它在国际市场上仍只占极小的比重。如根据有关部门对美国、西德、英国、法国、意大利、日本、中国香港7个国家和地区的调查统计,我国出口的抽纱、刺绣只占国际市场的8%,手工地毯只占6.3%,除竹藤棕草制品外,其他工艺美术品外销的只占国际市场比重的1%—3%。

目前,我国的主要贸易对象是日本、美国、西欧、港澳等国家和地区。发展这部分行业的生产和出口,正好发挥我国劳动力丰富、工资较低的长处,因此这些产品的外销潜力很大,换汇率一般较高,某些高档的工艺美术品尤其是如此。换汇率较高,意味着我们大量投放进去的凝固在这些产品中的集约劳动是国际上承认的必要劳动时间。

应该说明,劳动密集行业的含义要比工艺美术行业广泛得多。工艺美术行业的上述三个特长,其他劳动密集行业,诸如服装、皮革和革制品、裘皮和裘皮制品、日用五金、日用陶瓷、布鞋等,也都是具备的,只是在程度和范围上有所不同而已。特别是某些加工工业,不仅可以产品出口,而且可以大量接受来料加工、来样加工、来件装配和开展补偿贸易。在机械、仪表、电子等行业,这方面的潜力尤其大。从发展的观点看,这些行业更值得重视。总之,发展劳动密集行业产品的生产和出口,好处很多,一举数得,值得大力提倡。

三

有的同志认为:提倡发展劳动密集行业,实际上也就是提倡发展手工业。这种认识是片面的。劳动密集行业要吸收大量的活劳动,这一点和手工业是共同的。但是,劳动密集行业是以“集约劳动”为特点而和资金(资本)密集行业相比较而存在的,它同以手工操作为特点而和机械生产相比较而存在的手工业行业是有区别的。尽管许多劳动密集行业是在手工业基础上发展起来的,但是它并不等于手工业,而往往是必要的手艺操作和现代化的机械操作相结合。这一点在服装、制鞋等等行业中表现得尤其明显。

应该指出,我们说要注意发展的劳动密集行业的生产和出口,是以下列几项为条件的。

第一,它必须具有和现代机器工业产品相竞争的能力。因之,它应该在手艺上有特长,在品种、质量上有特色,可以在“精工细作”上大做文章。在国际市场上,手工地毯比机织地毯远为吃香,道理也就在此。

第二,它必须是在国际和国内市场上大有发展前途的。要发展就得有销路。这里讲的销路包括现在的销路,也包括有潜力可以开辟的销路。这几年,我国布鞋的生产和出口有了极迅猛的发展,就因为它在市场上打开了销路。

第三,它必须在原材料供应上有保证。发展劳动密集行业,同样不能搞"无米之炊"。需要广开原料材料来源,为发展这部分行业创造条件。原来出口原料的,今后应该尽可能出口加工制成品、精制品;某些国内确实很难保证的原材料,可以"以进养出"和通过发展来料加工、来样加工、来件装配的办法来解决。

四

有的同志认为:提倡发展劳动密集行业,实际上也就是实行"三个人的活五个人干",用降低劳动生产率的办法来解决劳动就业问题。这是一种误解。从理论上说,不同的产品,具有不同的使用价值,它们各自需要的社会必要劳动时间是各不相同的。不能简单地根据它们各自需要的活劳动的多少,来断定何者劳动生产率高,何者劳动生产率低,正如不能因为开采黄金比开采铁矿需要的劳动多,就简单地认为开采黄金的劳动生产率低一样。劳动密集行业的产品,包含较多的活劳动,是正常现象,是得到国际市场承认的。因此,不能简单地说它降低了劳动生产率。对此,应该有一个具体分析。

第一,我们是有条件地提倡发展劳动密集行业,而不是盲目地要求费工越多越好。凡是可以在"精工细作"上下功夫的,应该提倡密集劳动;凡是可以用机器代替的手工操作,应该向机械化、自动化的方向努力。对工艺美术制品,在对某些工序实行机械化时,整个产品必须保持它的手工艺品的特色。当然,即使是工艺美术品,也要注意提高效率。

第二,对发展劳动密集行业,既要看到它有费工较多的方面,又要看到它有利于整个社会劳动生产率提高的方面。发展这部分行业的生产和出口,可以为城镇待业青年提供大量就业机会,为农村社队提供大量工副业生产门路,为城镇街道居民和农村社员提供大量外加工工作量,所有这些都是把某些原来处在闲置状态的劳动力变成现实的从事生产的劳动力,从而有助于整个社会劳动生产率的提高。特别是通过发展这些行业的生产,为整个社会广开了生产门路和就业门路,减轻了劳动就业的压力,这就为有重点有计划地提高现有企业的劳动生产率创造了有利的条件。如果我们能在最近几年内,通过发展劳动密集行业的生产和出口,从中解决上千万人的就业问题,这对加速现代化建设,无疑将起着极其重要的作用。

第三,对发展劳动密集行业和发展资金密集行业的关系要有一个全面的看法。在现阶段,我们提倡发展劳动密集行业;从长远来看,随着现代化建设的开展,我国工业生产的有机构成必将逐步提高。从一定意义上说,努力发展劳动密集行业的生产和出口,以较少的投资安排较多的劳动力,为国家加速资金和外汇积累,正是为了加强技术引进的能力,更好地促进资金密集行业的发展。因此,把两者对立起来,显然是片面的、错误的。

中共中央政治局委员乌兰夫在北京会见以罗马尼亚共产党中央委员 阿尔杰什县委第一书记杨·塞尔布为团长的代表团

国务院副总理王任重在北京会见由英国广播公司总经理伊恩·特里斯旺率领的英国广播公司代表团

国务院副总理姚依林在北京会见菲律宾中央银行总裁格雷戈里奥·里卡洛斯和夫人一行

我国高等学校建立人口学研究与教育体系

《人民日报》报道,教育部最近决定在我国高等学校建立人口学研究与教育体系,积极开展人口理论研究和教学工作,培养人口学专门人才。

人口学是一门综合性的社会科学。它包括一整套的人口分支学科,如人口理论和方法、人口统计学、人口经济学、人口社会学、人口思想史、世界人口概论、人口生态学(环境学)、人口系统工程学等。过去,它在我国基本上是一门空白学科。

目前,我国高等学校的人口学研究与教育体系由17所高等院校组成,有专职和兼职研究人员200多名。教育部规定,除设立中国人民大学人口理论研究所为全国高等学校系统的人口学研究和教学中心外,还分别在全国六个大区的一所高等学校设立人口学研究分中心。复旦大学、北京大学、吉林大学、中山大学、四川大学和兰州大学的人口研究室,分别为华东、华北、东北、中南、西南和西北区的分中心。北京经济学院、河北大学、安徽大学、南开大学、南京大学、厦门大学、武汉大学、四川财经学院、河北师范大学、西安交通大学的人口研究机构面向本省、市,并协同所在地区的分中心开展研究工作。

最近,教育部在北京召开了高等学校人口机构负责人座谈会。会上制定了高等学校人口学1980年至1983年的研究工作规划,提出了320多个研究课题。

全国高等医学教育工作会议在北京召开

中国天主教代表会议在北京闭幕

会议期间，乌兰夫、彭冲、刘澜涛等接见了到会的全体代表。接见时乌兰夫讲了话。他希望代表们继续坚持中国天主教的反帝爱国运动和独立自主、自办教会的方针，为祖国的四化建设，为台湾归回祖国和反对霸权主义、维护世界和平作出贡献。

会议选举了张家树为中国天主教教务委员会主任兼中国天主教主教团团长。会议指出。中国天主教教务委员会是中国天主教全国性的教务机构。它本着独立自主和民主管理的原则，商讨并决定重大教务问题，办好中国天主教会。中国天主教主教团是由各教区正权主教组成，其任务是研究和阐明天主教的教义、教规、交流经验。

会议强调，全国的神长教友都要全面地、正确地理解党和政府的宗教信仰自由政策，自觉地遵守国家的政策法令，对极少数的坏人和来自国外的反动势力，假借宗教名义，散布谣言、进行非法活动的，要坚决制止。

中国天主教爱国会主席宗怀德、副主席杨高坚、傅铁山等出席了会议。

6月3日

国务院副总理邓小平在人民大会堂会见以罗伯特·法兹格拉夫为团长的美国外交政策分析研究所和美国全国战略新闻中心联合访华团

中共中央转发武汉市经验要求各级党委和政府把建设青少年活动阵地作为一项事业来办

党中央指出：开展有益的、丰富多彩的业余文化体育活动，对于抵制资产阶级和一切剥削阶级思想影响，促进青少年健康成长，维护安定团结，促进四化建设，都具有重要的意义。为了教育青少年，各级党委和政府要把建设活动阵地作为一项事业来办。要充分发动群众，依靠社会各方面的力量，艰苦奋斗，挖掘潜力，因陋就简，着重在基层建立起分散的、小型的活动阵地。同时，国家要把建立青少年活动阵地列入城市建设规划，在财力、物力、人力上给以必要的支持。原有的青少年活动阵地至今仍被占用的，应该由当地党委和政府，督促占用单位，尽可能退还。

党的十一届三中全会以来，中共武汉市委十分重视青少年的教育工作，把这项工作列为重要议事日程，动员整个社会力量打了一场青少年教育工作的“总体战”。他们认为，尽管目前地方财政比较困难，需要解决的问题很多，但是拿少量的钱办活动阵地，把青少年吸引住、教育好，是直接有利于促进社会安定、促进青少年健康成长的好事。武汉市委把青少年的教育设施、活动阵地列入市区建设规划，尽量挤点钱为青少年办活动阵地；要求作家、艺术家、科学家为青少年创作一些文艺、科普、美术等作品；要求各有关部门、社会各方面都为青少年健康成长创造条件，做些实实在在的好事。目前，全市已建各种青少年活动场所3108所，室内面积9.24万平方米，有图书192万册，电视机3494台。活动阵地的数量、使用面积和设施器材，都超过了“文化大革命”前的最高水平。区、街、居委会三级青少年活动阵地已经初步形成了“网”，工厂、农村的青年之家也逐步恢复和发展起来。一支比较稳定的办青少年活动阵地的专职和兼职辅导员队伍基本形成。全市青少年业余文化体育活动和进行共产主义道德教育以及其他方面的工作，促进了青少年德、智、体全面发展，促进了青少年道德风尚的转变，促进了社会的安定团结。

全国人大常委会副委员长阿沛·阿旺晋美 政协全国委员会副主席 国家民委主任杨静仁参加西藏政协召开的座谈会

阿沛·阿旺晋美在座谈会上讲话。他说，最近党中央提出了建设新西藏的任务和方针，目的是要使西藏尽快富裕繁荣起来；中共中央书记处总书记胡耀邦和国务院副总理万里亲自来西藏考察，为西藏工作规划了光明的前景。他要求大家在艰巨而光荣的任务面前，发扬为西藏人民服务的精神，把聪明才智贡献出来，积极做好工作。他还希望爱国人士积极向党和政府提出意见和建议。

杨静仁在座谈会上详细介绍了党的统战政策。他表示要在新形势下，进一步落实党的统战政策，广泛开展爱国统一战线工作，团结一切可以团结的力量，争取一切可以争取的人(包括宗教界人士)，为建设团结、富裕、文明的新西藏而奋斗。他希望西藏的统战工作不断向前推进，凡是政策没有落实的要尽快落实，要使西藏的统战工作赶上西藏工作的发展。

《人民日报》发表童大林的文章《重新认识国情和认识世界 调查研究工作也要社会化》

党的政治路线、思想路线、组织路线确立起来了。要坚持实践是检验真理的唯一标准这条辩证唯物主义思想路线，就要大兴调查研究之风，改造我们的调查研究，使调查研究工作也来一个社会化，以利于我们重新认识国情和认识世界。

大家知道，中国共产党领导中国革命早已取得了胜利，现在又担负起领导建设现代化的社会主义中国的历史任务。

在中国革命问题上，由于蒋介石“四·一二”叛变和血腥镇压，我们党认识了必须进行武装斗争。但在如何进行武装斗争的问题上，一开始党内的认识是不一致的。毛泽东同志做了大量的调查研究工作，对当时的国情，主要是对中国社会各阶级的状况和中国城乡的政治、经济状况作了深刻分析，提出了一条以乡村包围城市、最后取得全国政权的革命武装斗争的道路，解放了全中国。

在建设现代化的社会主义中国的问题上，也要求全党重新认识国情和重新认识世界，逐步地探索出一条取得胜利的道路。

建设中国需要了解的国情，比进行中国革命所需要了解的东西，广泛得多，复杂得多，而且随着经济、文化、科学、政治的不断进步，国情也是在不断变化和发展的，需要我们时时注意研究新情况、新问题。

搞四个现代化，要向地球开仗。那么在我们的国土上，无论是地下、地上、天空的自然资源，到底哪些东西多，哪些东西少，哪些宝贵，哪些不利，等等，总需要大致搞清楚吧！比如说，我们的矿产资源，据统计，产量占世界第一位的就有9种，占第二位的有5种。这该说是资源大国吧，但可惜不少储量还没有完全探明，分布也不平衡，它也有一个大特点，就是共生矿较多，宜于综合利用。根据这种情况，我们冶金工业的建设方针应该如何呢？

又如水利，我们对长江、黄河、珠江三大河流，了解得怎样呢？有人认为，长江中下游应该成为航运、造林、养鱼及观光旅游的主要水道，而不应搞那些破坏生态平衡的工程。黄河的祸害如能制服，中国一部饥荒、灾难、贫穷的农业史即可结束。珠江应做多目标的经济利用，这些看法对不对呢？

搞四个现代化，更必须根据国力（人力、物力、财力）来制定我们一系列的政策、措施。拿劳动力来说，现在我们重工业、轻工业的劳动力在工业劳动力中分别约为60%与40%。服务业（包括交通、运输、邮电）在整个劳动力结构中只占10%（美国占58%，苏联为34%）。这样的劳动力结构到底合理不合理？是否需要调整？对我们现在的社会经济结构，也必须认真研究。

我们在20世纪最后20年，要从经济和科学技术落后的状况下，急起直追那些科学技术和经济发达的国家。因此不但要重新认识国情，而且必须重新认识世界，特别是认识第二次世界大战之后世界经济发展状况，科学技术和教育在经济、社会发展中的作用，发达国家的社会结构和社会问题等等，以便从中吸取经验教训，取长补短，少走弯路。应该承认，长期以来，由于客观的和主观的原因，我们对当代世界各方面情况的认识是相当贫乏的，缺乏充分的调查研究，因而在指导工作中曾经发生不少失误。

要搞现代化，重新认识国情和重新认识世界是不可分离的。我们调查研究的任务是十分繁重的，既要了解国内，又要了解世界，因此仅仅满足于那些手工业方式的调查研究方法是不够了，仅仅依靠个别专家的建议也是不够了，仅仅依靠个别负责工作人员的经验更是不行了，而必须使我们的调查研究也来一个“社会化”。就是说，让我们各级领导机关、各个部门以至各种基层单位都注意开展调查研究工作，整顿、健全社会科学和自然科学以及这二者相结合的研究机构，加强政策研究机构和情报资料机构，成为“集体顾问（智囊）”，并互相配合沟通成“调查研究网”。在这方面，国外有不少经验是值得我们借鉴的。总之，同我们整个生产的进一步社会化相适应，调查研究工作也必须社会化。只有在强有力的社会化的调查研究的基础上，才有可能使领导机关作出比较实事求是的重大决策，并且逐步地走出一条比较符合中国实际的建设现代化的道路。

（首都理论界座谈会发言摘要，原载《光明日报》）

国家进出口管理委员会与外贸部公布《关于出口许可制度的暂行办法》

为了加强对外贸易管理，特制定本办法：

第一条　中华人民共和国实施出口许可制度是加强对出口商品的管理，协调各地、各部门对外成交、出口，以利统一对外的必要措施。中华人民共和国对外贸易部（以下简称对外贸易部）及其授权的有关省、市、自治区对外贸易局，是国家指定的执行出口许可制度的机关。

第二条　对外贸易部所属的进出口总公司和分公司，以及经进出口管理委员会批准经营出口业务的公司，有权经营在批准范围内的出口业务。需要经营某项出口业务的公司，必须事先提出申请，经上述批准机关批准后，凭批准文件向对外贸易部或所在的省、市、自治区对外贸易局和有关海关登记后才能经营出口业务。

第三条　按第二条规定，经批准经营出口的公司，在批准的经营范围内的出口商品，一般即视为取得出口许可，海关可凭公司填写的“出口货物报关单”放行，不必另行申领出口许可证，但有下列情况之一者，需另行申请出口许可证：

1. 输往国家、地区有配额限制的商品（具体办法由对外贸易部另定）；

2. 为了防止各地、各部门的出口总量超过输往国家、地区市场的容纳量，对外贸易部认为有必要实行出口许可制度，规定各地、各部门出口数量的商品；

3. 为了防止出口价格过低，对外贸易部认为有必要实行出口许可制度，规定最低出口价格的商品；

4. 国务院有关主管部门已明确规定控制出口或不准出口的产品；

5. 由于国际市场的变化或者国别政策的需要，对外员易部认为需要在一定时期内适当控制出口的商品。

第四条　下列情况，必须申请出口许可证：

1. 未经批准经营出口业务的企业、国家机关、团体、学校或个人运往国外的货物；

2. 各有关部门、企业、团体组织的出国展览的展销品和出卖品；

3. 各企业、厂矿与国外签订补偿贸易、来料加工和贷款合同，不通过外贸公司要求直接出口的商品；

4. 各外国使团、企业代表、外国公民和旅游者运出的货物；

5. 外国公民和旅游者带出超过合理自用数量的货物。

第五条　遇下列情况，对任何企业向任何国家或地区出口的任何商品，对外贸易部可随时通知其停止出口、暂缓出口或减少出口：

1. 不符合我国对输往国家、地区的国别、地区政策的；

2. 不符合我国和输往国家、地区签订的双边贸易协定、支付协定的内容和精神的；

3. 双边贸易中由于外汇平衡的原因，有必要推迟或减缓出口的；

4 经进出口商品检验总局检验，出口商品质量不符合国家规定的标准或不符合出口合同的规定的。

第六条　出口许可应由企业、机关、团体、学校、公社或个人分别提出申请。申请的内容包括出口商品(或货物)名称、规格、输往国别地区、数量、单价、总金额、交货期、支付方式(即出口收汇方式)等项目(申请出口许可的表式另发)，发货前报对外贸易部或经授权的省、市、自治区外贸局审批。

申请单位和申请人在申报出口许可时，其内容不得弄虚作假，骗取许可。如有违反，必须追究责任，情节严重者将依法惩处。

第七条　申报出口许可经审批机关审核同意后，发给“出口货物许可证”(以下简称出口许可证)一式三份。一份由申请单位或个人留存，两份随“出口货物报关单”送交海关，凭以查验放行，其中一份由海关留存，一份由海关签印后送当地中国银行凭以检查结收外汇。

第八条　中华人民共和国各级海关应按照本暂行办法和有关规定，对商品和货物出口执行监管。凡规定需申报出口许可的商品和货物，在向海关报关出口时，必须交验出口许可证。海关如发现出口商品和出口许可证不符，应督促有关单位补办出口许可证或纠正差错后，方可放行。对应申报出口许可的商品，在未取得出口许可证前，不予放行。

第九条　出口许可证的有效期，应根据合同交货期等实际情况确定，自发证日起，最长不超过六个月，过期失效。申报人如不能及时在有效期内出运所报的商品，除领取的出口许可证已规定不准展期的以外，可以申请展期。展期不得超过两个月，展证以一次为限。展证期内仍不能出运，申请人如仍需出口该项商品，应另行申请许可，审批机关视当时情况，重新审核。

第十条　本办法规定需要申报领取出口许可证的商品货单，由对外贸易部制定并按照实际情况随时予以调整，并向有关单位通报执行。

全国人大常委会副委员长乌兰夫在人民大会堂接受伊拉克共和国新任驻中国特命全权大使巴德里·卡里姆·卡齐姆递交的国书

全国人大常委会副委员长谭震林在北京会见斯里兰卡—中国友好协会主席森纳那亚克和夫人

国务院副总理方毅在北京会见美国科学院院士著名数学家陈省身教授

解放军总参谋长杨得志在北京会见由弗朗哥·巴尔博利尼中将率领的意大利高级防务研究中心访华团

中国常驻联合国副代表赖亚力在联合国印度洋特委会会议上发言揭露苏联的侵略行为和称霸野心造成对印度洋地区的严重威胁

赖亚力说：“苏联企图以它占领下的阿富汗为桥头堡，一旦时机合适，它随时准备将侵略战火引向南亚、波斯湾、印度洋等广大地区。苏联的侵略行为和称霸野心造成了对印度洋地区和世界和平与安全的严重威胁，引起了印度洋地区和世界各国人民的深切忧虑和强烈愤慨。”

他说：“中国代表团尊重和支持印度洋沿岸国和内陆国的愿望和要求，希望印度洋会议能够召开，以期促进联合国大会1971年通过的《宣布印度洋为和平区的宣言》的贯彻执行。”

赖亚力强调说：“在印度洋会议召开之前，必须要求苏联执行联大决议，从阿富汗撤军，以消除威胁印度洋地区和平与安全的主要根源，为会议的召开创造有利的国际环境。”他说：“不能设想我们能在苏联武装占领阿富汗的情况下召开一个有成效的印度洋会议，更不能设想在苏联占领军的威胁之下，印度洋会成为和平区。”

中国加入世界知识产权组织

我国于1980年3月3日向联合国世界知识产权组织递交了参加《建立世界知识产权组织公约》的文件。按照这个组织的规定，在递交上述文件后3个月，即1980年6月3日，《建立世界知识产权组织公约》正式对中国生效。

翦伯赞主编的《中外历史年表》重印出版

《人民日报》报道，《中外历史年表》是1958年由翦伯赞主编，齐思和、刘启戈、聂崇岐合编的一部大型历史工具书，最近已由中华书局重印。本书所收录的内容包括有：①生产工具和生产技术的改进，②经济制度、政治制度的改革和重要法令的颁布，③敌对阶级之间的矛盾和统治阶级内部的矛盾，④重要的科学技术的发明与发现，⑤国际间和民族间的相互关系，⑥著名历史人物的生卒年代。

柯弗兰逝世

中国人民的好朋友、美国进步人士、著名经济学家柯弗兰同志因患肺动脉栓塞，医治无效，于6月3日在北京逝世，终年73岁。

柯弗兰1907年生于美国弗吉尼亚州，1927年毕业于芝加哥大学，毕业后，他先后在美国从事研究、教学工作，并在财政经济部门任职。柯弗兰1958年夏天和家属来到新中国定居，任经济研究所和进出口管理委员会特约顾问，并参加了《毛泽东选集》第一卷至第五卷英译本的定稿工作。毛泽东同志曾亲切地称柯弗兰为“洋秀才”，是“到东方来帮助革命工作”的“西方革命者”。

6月4日

全国人大常委会副委员长宋庆龄在北京会见以玛丽—爱蕾娜·德冈夫人为团长的法国妇女代表团

国务院副总理余秋里在北京会见由李忠成副部长率领的朝鲜电力工业友好代表团

由中国社科院哲学研究所主持的全国首次美学会议在昆明召开

会议指出：加强对中、小学生的审美教育，是当前我国美学工作的一项重要任务。来自全国20个省、市、自治区的大专院校、科研单位、出版社、报刊编辑部的美学工作者及部分中、小学教师共90多人参加了会议。

会议认为，要培养青少年对自然界、社会生活、文艺作品等的审美观点，提高他们识别美与丑的能力，树立远大的革命理想。出席会议的大专院校和中、小学教育工作者认为，应该把审美教育贯穿到青少年的生活、学习、工作等各个领域中去，使青少年养成高尚的情操，具有健康文明的生活方式，树立共产主义人生观，做有益于人民的人。

会议强调指出，要抓紧整理我国几千年来的美学遗产，编出美学史料，建立起中国的马克思主义的美学体系。

在这次会议上，成立了全国美学学会。到会代表一致推举周扬同志为名誉会长，选举朱光潜为会长，王朝闻、蔡仪、李泽厚为副会长，齐一为秘书长。

这次会议从6月4日至11日召开。

中国体操队在都灵举办的第四届中学生运动会男子体操比赛蝉联团体冠军

6月5日

国务院总理华国锋在人民大会堂同阿根廷总统魏地拉将军举行首次会谈并宴请豪尔赫·拉斐尔·魏地拉将军和夫人一行

两国领导人都认为，魏地拉的这次访问是一次历史性事件，通过两国领导人对当前共同关心的问题直接对话，交换意见，对增进两国的了解和友谊是十分有益的。双方在会谈中介绍了为实现各自国家的繁荣富强，所做的努力。魏地拉还谈到了阿根廷的对外关系和对当前一些国际问题的看法。他重申了阿根廷维护国家主权，不干涉他国内政，坚持不结盟政策，谴责入侵别国的原则立场。

《人民日报》发表社论《热烈欢迎魏地拉总统访华》

阿根廷总统豪尔赫·拉斐尔·魏地拉将军阁下应华国锋总理邀请，定于今天到达北京，对我国进行正式访问。魏地拉总统是阿根廷前来我国访问的第一位国家元首。正像魏地拉总统所说的，这次访问是阿根廷和中国关系史上的一件大事，它对中国同阿根廷的关系将产生深远的影响。我们热烈欢迎魏地拉总统和陪同前来的其他阿根廷贵宾，预祝他们访问愉快而且成功。

阿根廷位于西半球的南部，是一个幅员辽阔、物产丰富的国家。它的农牧业闻名全球,工业有一定的基础,文化比较发达,科学技术也在迅速发展。由于它有大量的农产品和畜产品出口,被称为世界的“粮仓”和“冷藏库”。近年来,阿根廷政府采取一系列措施,使经济获得了稳定和发展。在国际事务中,阿根廷奉行不结盟和睦邻友好政策,坚持不干涉别国内政、和平解决国际争端、尊重各国主权和领土完整等原则,加强同世界各国、特别是拉丁美洲各国的团结和合作。它还积极主张建立公正、合理的国际经济新秩序,反对经济霸权,强调发展中国家联合起来共同维护经济权益。这一切,赢得了世界各国的赞扬。

当前,拉丁美洲地区的形势十分令人鼓舞。民族民主运动正在深入发展。拉美各国的合作和一体化事业得到广泛支持,许多地区性合作组织发挥着日益重要的作用。广大拉美国家和人民在捍卫国家主权、民族独立和发展民族经济的斗争中,互相支持,加强了联合和团结。但是,这个地区也存在着超级大国扩张渗透的威胁。在加勒比地区,超级大国的争夺正在加剧。在维护拉美国家民族利益、推进拉美国家一体化和反对外来势力的干涉和扩张方面,阿根廷同其他拉美国家一起,作出了积极的贡献。我们高兴地看到,阿根廷政府在捍卫拉美地区和世界的正义与和平方面正在起着日益重要的作用。

阿根廷虽然同中国隔着浩瀚的海洋,但是中阿两国人民的友谊和交往具有悠久的历史。中华人民共和国成立之后,两国人民之间的来往和双方在贸易、文化方面的交流更加频繁。1972年,中阿正式建交之后,两国政府先后签署了贸易、海运协定,关系又有了进一步的发展,友谊之花开得更加茂盛。我们相信,魏地拉总统的这次来访,必将使中阿两国人民之间的传统友谊和友好合作增添新的光彩,在中阿两国的国家关系史上写下美好的一章。

北京对个体工商户放宽政策

今日北京市工商行政管理局发出通知,对原来不准经营个体工商业的待业青年和退休职工,同意他们根据社会需要从事个体经营。个体户经营的范围,除原来允许的修鞋、修自行车、理发、缝纫等行业外,还可经营房屋修缮、擦皮鞋、三轮车运输、代写书信、报贩、茶水摊等。对于技术性强、社会需要的行业如服装加工、弹棉花等,允许退休职工带一两个待业青年,组成合作小组进行生产和加工。

联合国救灾协调专员法鲁克·贝科尔对瑞士国际电台发表谈话时表示中国政府在唐山发生地震后所进行的救灾工作是“非常成功的”

《人民日报》报道,贝科尔说,唐山发生地震后,中国政府立即派出了大约10万名解放军战士、3万个医疗队、2万名政府工作人员和3万名建筑工人奔赴灾区,进行救灾工作。“救灾工作是非常出色的。”

他在谈到唐山的重建时说,中国政府为100万人口的唐山市修建了10万个抗震棚。唐山人民现正在重建他们的城市。

他说,新建筑物的设计和施工都考虑到它们能抗强烈地震。

他在谈到中国的地震预报工作时说:“中国用简便的方法预测地震,中国在地震的预报方面具有悠久的历史。”他说,中国虽然没有预报1976年的唐山地震,但却在同一年内成功地预报了其他三次地震:一次在云南省,一次在四川省,另一次则在云南和四川的交界地区。因此这三次地震造成的损失不大。

6月6日

国务院总理华国锋在北京同阿根廷总统豪尔赫·拉斐尔·魏地拉将军继续举行会谈

华国锋在会见时阐述了中国对当前国际形势的看法和中国的对外关系,谴责了霸权主义在世界许多地区进行侵略扩张、干涉别国内政的行径,表示坚决支持各国人民为维护国家独立和主权而进行的正义斗争。

华国锋和魏地拉在昨天和今天两次会谈中,对国际形势和共同关心的其他问题充分交换了意见,并认为两国对许多重大国际问题的观点是一致的。双方还表示,要为进一步发展中阿两国的友好关系以及两国同其他拉美国家的友好关系,密切合作,共同作出努力。

国务院总理华国锋在人民大会堂会见津巴布韦副总理兼外交部部长西蒙·穆增达一行

在会谈中,华国锋总理对津巴布韦取得独立再次表示祝贺。他说,独立以来,以穆加贝总理为首的津巴布韦政府所执行的对内对外政策是好的,是明智的,得到了国内人民的拥护,在国际上赢得了更多朋友的支持。中国政府和人民对你们所奉行的政策给予高度的评价和赞赏。华国锋说,在津巴布韦建设自己的国家中,中国政府将给予积极的力所能及的支援。

《人民日报》发表评论员文章《竞争是好事》

一年多来经济工作的实践证明,社会主义企业之间开展竞争,是把经济工作搞活的必由之路。在坚持社会主义道路、坚持计划经济的前提下进行竞争,对经济发展是一个很大的推动力。它促使企业领导人为争优胜、求发展而改善经营管理,提高产品质量,降低生产成本，以物美价廉的产品争先进入市场。这与过去那种“产品有无销路照常生产”，“企业盈利亏损工资照拿”，躺在社会主义身上吃“大锅饭”的局面，形成鲜明的对照。

但是，由于林彪、“四人帮”极左路线的影响，某些人思想僵化、半僵化，冲不破旧的传统观念的框框，直到现在还把竞争、优胜劣败、淘汰看成是邪门歪道，好像社会主义根本不能与之沾边。

“竞争是资本主义。”竞争不能与资本主义画等号，竞争不是资本主义的特征，正如商品生产不是资本主义的特征一样。资本主义的基础是生产资料私有制。只有在私有制的前提下，竞争才会和资本主义发生联系。相反，在公有制的前提下，竞争却和社会主义发生联系。我们只要把视野放开，就会发现竞争是自然现象，到处都有的。在树林里，一些树木为了争得阳光，拼命向高处长，高于其他树木之上。在养鸡场，小鸡为了先吃到米和水，争先恐后抢在别的小鸡的前面。既然如此，在社会主义公有制的前提下，为什么不可以运用竞争，激励先进，鞭策落后，推动生产不断革新、前进呢？

“齐步前进，互相帮助，共同提高，不是更好吗？”过去我们提倡帮助落后赶上先进，共同提高，这些好经验都应该继续坚持，并在新的情况下加以发扬。与此同时，为了改变目前我国企业之间“好坏一个样”、“盈亏一个样”的不正常现象，我们还应该提倡竞争。竞争能够解决过去长期无法解决的问题，即用经济办法淘汰落后。过去有些企业长期亏损，吃“大锅饭”，还心安理得。对于那些非政策性亏损、而又长期不积极改进的企业，进行淘汰有什么不好呢？这种保护先进，淘汰落后的办法，对社会发展不是更有利吗？在原来互相帮助、共同提高的基础上，再用竞争的办法，促进优胜劣败，进行合理的淘汰，不是更符合新陈代谢的规律吗？当然，我们这里说的淘汰，与资本主义社会的“破产”是有根本区别的。

“竞争会出现无政府状态，出现投机倒把。”这是可能出现的情况。我们要认真对待竞争这个新事物，研究新情况，解决新问题。比如过去市场上小型电扇供不应求，后来许多企业竞相生产，有的省一下子建了几十个生产电扇的工厂、车间。类似的情况还有，需要防止盲目性。但不能因此害怕，更不能因噎废食。社会主义条件下的竞争，是计划经济指导下的竞争，是公有制企业之间的竞争，出现盲目生产的现象，可以通过统一规划，统筹安排来调整，通过加强市场调查研究，交流经济情报来解决。而且，竞争本身也是个调节手段。竞争，在社会主义条件下，可以起到优选法的作用。至于投机倒把，也要具体分析。偷工减料，以劣充优的现象，过去也是有的。这一类问题，要通过加强工商管理来解决。其实，能在竞争中获得胜利的，决不会是质次价高的产品。恰恰相反，在社会主义条件下，竞争的结果，将会促使产品物美价廉。

对竞争顾虑多端，归根到底是没有闹清楚竞争究竟是什么？竞争、优胜劣败、淘汰，是宇宙间普遍的规律，是新陈代谢运动的一种形态，它贯穿于人类社会之中。纵观人类历史长河，总是新的生产技术战胜、取代、淘汰旧的生产技术，总是代表新的生产力的先进阶级战胜、取代、淘汰腐朽没落的阶级。社会通过不断的取代、淘汰，不断进步。在私有制社会，这种取代、淘汰尽管是通过大鱼吃小鱼进行的，但也不能否定取代、淘汰的历史作用。马克思、恩格斯当年既无情鞭笞资产阶级通过竞争，把小生产者抛进破产、死亡的深渊，又从不支持行将破产、为保持落后生产方式拼命挣扎的小业主反对资本主义大工业，因为大工业是历史的进步。公有制的社会主义社会也不能没有竞争，不然，社会就不能进步。竞争是个客观存在，不管你承认不承认它。竞争可以为资本主义所利用，也可以为社会主义所利用。

当前，有的地区、有的部门对竞争所持的态度，是值得研究的。他们害怕竞争，画地为牢，自我封锁，不许外地物美价廉的产品进入所辖地区，使消费者无法择优选购，非买当地生产的质次价高的产品不可。这种保护政策，实际上是保护落后，排斥先进。淘汰引起一些人的担心，并不一定是坏事。它说明竞争的的确确触动了一些企业领导人。竞争的压力，正在逼着一些企业的领导人，开动脑筋，想方设法按照社会需要组织生产。

现在看来，竞争不但没有什么危险，而且会对社会主义经济的发展带来很多好处，因此，党的政策是保护竞争，也就是保护先进。

全国第一个安全月活动收到显著成效

《人民日报》报道，今年5月开展的安全月活动，受到许多地区、部门及企业的重视，采取了一系列有效措施，认真加强了安全生产的检查工作，解决了大量隐患问题。煤炭系统的84个统配局(矿)，在大检查中查出隐患问题6.8万多个，到5月31日为止，已解决了6.25万个，占92%。铁道系统20个铁路局的通信信号部门，在“安全月”的头10天内，就查出问题1.06万多个。他们根据先易后难的原则，边查边改，已解决6356个。

通过安全月活动，减少了伤亡事故。仅据28个省、市、自治区的统计，今年5月份工业、交通和基本建设职工因工死亡人数，比去年同期下降18.4%。冶金系统的死亡事故比去年同期下降32%，煤炭系统一次死亡3人以上的重大事故，比去年同期下降27%，铁道系统的行车事故也比去年同期下降27%，特别是行车中的重大事故和大事故下降得更多。

有关部门指出，尽管安全月活动取得了显著成效，但也有少数地区、部门和企业对安全工作抓得不紧，事故还在上升。全国安全月活动过去之后，各地工交基建部门要把安全工作转向经常化、制度化，进一步把安全生产工作搞得更好。

中华人民共和国政府和苏维埃社会主义共和国联盟政府1980年交换货物和付款协定在北京签字

全国人大常委会副委员长邓颖超率领全国人大代表团对法国与欧洲议会进行友好访问

这是全国人大代表团首次访问西欧，也是对法国国民议会、欧洲议会代表团访华的回访。访问期间，代表团将同法国国民议会、欧洲议会举行工作会议，并就共同关心的问题交换意见。代表团团员是全国人大代表汪锋、天宝、田富达，代表团顾问是全国人大常委会副秘书长曾涛。

国务院副总理姬鹏飞在人民大会堂会见斯里兰卡副外长费南多一行

国务院副总理谷牧在北京会见世界卫生组织副总干事兰波博士和夫人

北京航空学院聘请国际著名材料科学专家 美国麻省理工学院材料科学工程系院聘教授柯恩为名誉教授

《人民日报》发表评论员文章《有利于四化建设的一个重要方针》

当前，随着我国四化建设和科学文化事业的发展，各个方面，尤其是学术界、史学界，迫切要求各级档案馆积极地、系统地提供档案为他们服务。开放历史档案，已经成为各级档案馆、特别是省以上档案馆的一项刻不容缓的任务。

我国的历史档案，内容极为丰富，是党和国家宝贵的历史文化财富。为了集中统一地管理和利用这些历史档案，党和国家建立和发展了我国的档案馆事业，对于政治、经济、军事、文化等历史的研究，起了极重要的作用。在十年动乱中，档案馆及其保管的历史档案，受到林彪、“四人帮”一伙的严重破坏。粉碎“四人帮”以后，特别是党的十一届三中全会以来，党中央批准为档案工作中所谓“反党反社会主义黑线”的大错案彻底平反，恢复和发展档案事业。最近，党中央又根据社会主义现代化建设的需要，决定开放历史档案。这是实事求是、解放思想的又一重大成果，对繁荣和发展我国的科学文化事业，对社会主义现代化建设，必将产生深远的影响。

为了更好地贯彻执行党中央关于开放历史档案的决定，各级档案馆及其工作人员要进一步解放思想，采用多种形式，积极创造条件，开放历史档案。不仅要热情接待党政机关、群众团体、科研部门及各方人士阅览、摘抄、复制档案，而且要积极主动地汇编、出版档案史料。目前，有些档案馆已经具备了开放历史档案的条件。有些档案馆因基础工作太差，还不能适应开放历史档案的需要。要抓紧时间，做好历史档案的收集、整理、保管、编目等各项基础工作。我们要开放历史档案，以促进档案馆的各项基础工作；要通过加强各项基础工作，为开放历史档案积极创造条件。学术研究部门以及有关部门，也要大力协助和支持档案馆的工作。

中国选手在都灵打破两项中学生田径世界纪录

江西的彭琴云和山东的丛玉珍分别以17.18米和16.83米的成绩打破中学生女子铅球的世界纪录，河北的张英波以52.48米的成绩破中学生男子铁饼的世界纪录。

北京市人大常委会第五次全体会议向全市发出《开展爱国卫生运动 改造首都卫生环境》的号召

把大力开展爱国卫生运动作为实现中央书记处关于首都工作方针四条建议的一项重要任务来抓，从现在做起，从本地区、本系统、本单位和每个人做起，从不花钱或少花钱的事情做起，为改造整个首都的环境作出贡献。这是6月6日至7日召开的北京市人大常委会第五次全体会议向全市干部、群众提出的号召。

会议讨论通过了《关于深入开展爱国卫生运动的决议》。

会议要求，立即在全市掀起一个扑灭蚊蝇、禁止随地吐痰、不乱扔冰棍纸、不乱扔瓜果皮核，不损坏花草树木的卫生宣传活动。会议要求坚决贯彻执行《中华人民共和国环境保护法》《中华人民共和国食品卫生管理条例》等重要法规；北京市革委会1978年11月制定的《关于城市卫生管理的试行规定》实践证明总的是好的，要继续试行，总结经验，加以完善。要整顿好市容环境卫生，以条块结合的方式，一条街一条街地进行整顿。要健全卫生检查监督机构，监督和检查卫生法规、条例的贯彻实施。

会议要求全市各地区各单位每周规定一个卫生日，每月检查一次，并开展创清洁卫生无蚊蝇地区和单位的活动。

6月7日

国务院总理华国锋在北京出席中国和阿根廷两国政府关于经济合作和科技合作两个协定以及关于文化交流的两个换文的签字仪式

国务院副总理姬鹏飞和阿根廷外交和宗教事务部部长卡洛斯·华盛顿·帕斯托签署了经济合作和科学技术合作的两个协定，文化部部长黄镇和帕斯托部长签署了关于文化交流的两个换文。

国务院副总理邓小平在人民大会堂会见阿根廷总统豪尔赫·拉斐尔·魏地拉将军及随行人员

在会见时，邓小平副总理说，总统阁下同华国锋总理举行了两次很好的会谈，这对我们两国和两国人民之间关系的发展是很重要的。我们两国有许多共同语言，我们不仅要维护民族的尊严和国家的独立，而且要发展民族经济。我们需要和平，希望有一个较长时间的和平环境来建设自己的国家。

国务院总理华国锋 副总理姬鹏飞在人民大会堂参加阿根廷总统豪尔赫·拉斐尔·魏地拉将军和夫人举行的答谢宴会

华国锋总理在讲话中说，魏地拉总统的这次访问是富有成果的，为发展中阿两国的友好合作关系和加深两国人民的友谊，作出了重大的贡献。他说，这几天，两国领导人就当前的世界形势、共同关心的国际重大问题以及进一步发展双边关系问题，在诚挚友好亲切的气氛中，进行了广泛和深入的交谈，我们对此感到极为满意。

华国锋指出，双方对许多国际问题有广泛一致的看法。他说："当前国际形势是动乱的，世界许多地区的和平与安全受到威胁，这极为不利于发展中国家的建设事业。因此，我们两国都坚决反对一切形式的外来侵略和干涉，并全力维护世界和平。我们都决心，把各自的国家建设得更加繁荣、富强，进入世界先进发达国家的行列。为了有利于各自的经济建设，双方愿意通过各种途径互相帮助，互相学习，交流经验，加强合作。这是我们两国友好关系不断发展的有力保证。"

国务院副总理方毅在北京会见以劳伦斯·墨菲校长为团长的美国新泽西州西东大学代表团

国务院副总理薄一波在北京会见联邦研究技术部信息技术及生产技术司司长贡奇博士率领的德意志联邦共和国研究技术部代表团

中国运动员在首届亚洲水上锦标赛上获33枚金牌

这次为期四天的锦标赛共进行了7场比赛，包括29个游泳项目和四个跳水项目。在这次比赛中，中国运动员共获33枚金牌和21枚银牌。

中国运动员王浩在100米仰泳中创1分02秒的成绩，打破了第八届亚运会这一项目的纪录。中国选手林凡和梁虹在女子100米蝶泳中打破了这一项目的全国纪录。

6月8日

全国人大常委会副委员长阿沛·阿旺晋美参加在拉萨召开的建设新西藏动员大会并作动员报告

动员大会由中共西藏自治区委员会代理第一书记阴法唐主持。自治区党、政、军负责同志和干部、群众近2万人参加了大会。

阿沛·阿旺晋美说：西藏解放29年来，在党中央的关怀和西藏各级党委的领导下，在各族干部、工人、农牧民、上层爱国人士和驻藏解放军指战员的共同努力下，西藏经过和平解放、民主改革和社会主义改革，彻底推翻了封建农奴制度，进入了社会主义革命和社会主义建设的新的历史阶段，各项工作都取得了很大成绩。但是在"文化大革命"中，由于林彪、"四人帮"的严重破坏，西藏和全国其他地方一样遭到了十年浩劫。打倒"四人帮"以后，由于我们对党的三中全会精神领会不深，贯彻不力，对极左路线没有进行彻底批判，极左路线的流毒还很深，使西藏的面貌改变不大。

他说：现在党中央已把建设团结、富裕、文明的新西藏的战斗任务摆在我们面前，自治区党委也制定和采取了若干重大政策和措施。我们西藏历史上又一次新的进军就要开始了，我们要以高昂的战斗姿态，迎接这一新的伟大进军。

他说：我们要认真学好中央的指示和中央领导同志的讲话，继续解放思想，深入批判极左，端正思想路线和政治路线。中央指示和中央领导同志在西藏的讲话精神，是要我们在中央统一领导下，实现以藏族干部和藏族人民为主，充分行使民族区域自治权利；是要我们根据西藏的实际情况，大力发展经济，努力提高西藏人民的物质生活水平和科学文化水平。全区广大干部、群众、上层爱国人士和驻军指战员，都要立即行动起来，为实现这个目标贡献自己的一切力量。

他还强调要维护祖国统一，加强民族团结。他说，我们藏汉人民要亲如骨肉，情同手足，永不分离。不管是什么人，谁要破坏祖国的统一，破坏各民族的团结，都是违背西藏人民根本利益的，西藏人民是要坚决反对的。

阿沛·阿旺晋美最后说，在党中央的关怀下，最近我们西藏的形势飞快发展，我们坚信，有党中央的支持，有我们180多万人民的衷心拥护和辛勤劳动，我们建设新西藏的任务一定能够实现。

国家民委主任杨静仁在西藏日喀则地区上层爱国人士座谈会上指出建设新西藏要广泛开展统战工作

杨静仁在讲话中说，胡耀邦同志在西藏考察时指出，西藏最大的实际是穷。如何由穷变富，使西藏真正富裕起来，文明起来，必须加强民族团结，加强党与非党的团结，加强军民团结。要调动一切积极因素，并且变消极因素为积极因素，同心同德，发展生产，改善生活，达到我们的目的。我们要开展广泛的爱国统一战线工作，争取一切可以争取的人，团结一切可以团结的力量，为建设新西藏而奋斗。各位朋友可以为祖国的统一和民族团结，为发展西藏的经济建设，为发展西藏民族的科学文化教育事业，出智出力，献计献策。党和国家决不会丢掉任何为人民做过好事的人，这是党的长期政策。

日喀则地区政协副主席阿旺伯姆、洛桑措尼，政协常委、活佛姜巴赤列等人士纷纷发言。他们表示，今后一定在党中央领导下，在建设团结、富裕、文明的新西藏的斗争中，积极贡献自己的力量。阿旺伯姆在发言中说，党中央的亲切关怀，我们衷心感谢。她说，西藏是伟大祖国不可分割的一部分。在今后建设新西藏的斗争中，我们上层爱国人士要进一步团结战斗，尽自己的一份力量。她说，我们爱国，就是要爱在维护祖国的统一、维护民族的团结上。这是十分重要的。现在有些年轻人不懂得西藏的历史，对这一点，我们要做教育工作。有些爱国人士在发言中，还对党的统战工作提出了积极的建议。

参加今天座谈会的上层爱国人士和宗教界人士近80人。

外交部部长黄华应邀对瑞典进行正式访问

共青团中央 教育部发出通知要求在中学开展“班班有歌声”活动

共青团中央、教育部发出通知，要求各省、市、自治区团委、教育局认真推广上海市在中学开展“班班有歌声”活动的经验，振奋广大青少年的革命精神，活跃校园风气。

广州国际足球友好邀请赛开幕

湖北五峰县发现珍贵树种植物群落

《人民日报》报道，最近，湖北省宜昌地区高山造林考察组在五峰县后河林区峡谷两侧及陡坡上，发现了一处生长着水青、香果树、银鹊、领春木等珍贵树种的植物群落。

这处保持着原有自然生态的珍贵树种植物群落，由200种左右的灌木乔木混交组成，珍贵树种蓄积量占50%以上。它的面积约0.5平方公里，海拔1300米左右，处于面积近800多平方公里林区的中央地带，荒僻闭塞，因而自然生态未受到人为的破坏。

这处植物群落的发现，对地质考古和植物群落发生发展规律的研究，具有重要科学价值。

6月9日

国务院副总理邓小平在北京会见由州长哈里·休斯率领的美国马里兰州代表团

《人民日报》发表社论《量力而行是基本建设的重要方针——再论量力而行的指导思想》

本报发表社论《量力而行的指导思想十分重要》以后，在领导干部和广大群众中引起了普遍的重视。在不久以前召开的全国基本建设工作会议上，代表们联系基本建设工作实际，专门进行了学习、讨论。一致认为，量力而行应该是基本建设的重要方针。

量力而行，是党的辩证唯物主义思想路线在整个经济工作中的具体体现，也是坚持按经济发展的客观规律办事的必然要求。基本建设是扩大再生产的重要手段，是在国民经济发展中一个特殊的生产过程。同一般的工业生产相比，它具有两个明显的特点：一是产品的固定性。一个建设项目，建在那里就不能移动，要长期发挥作用，搞不好就会长期背包袱。二是周期比较长。一个大中型项目，在建设过程中要消耗大批资金、材料、设备和人工，一般需要几年时间才能建成投入生产。正如马克思早就指出的，基本建设在“较长时间内取走劳动力和生产资料，而在这个时间内不提供任何有效的产品”。由于这些特点，基本建设就比一般的工业生产更加不能战线太长，规模过大，不能只看需要，不考虑物力、财力等客观条件的可能。因此，量力而行这个指导思想，对于基本建设来说，更有直接的重要意义。

基本建设必须量力而行，这个经验是我们付出了高昂代价换来的。基本建设属于积累，积累不能过高，过高了，国民经济就要出毛病。30年来，我国基本建设发生了两次大的起落，损失浪费惊人，都是由于积累率过高，基本建设规模过大造成的，根本原因就在于没有量力而行。

第一个五年计划期间,我们比较谨慎,对积累和消费的比例关系处理得比较妥当,积累率不超过25%,国民经济发展速度相当快,人民生活也得到了相应的改善。1958年以后,经济建设中的“左”倾思想滋长起来,往往从政治需要出发,片面追求高指标、高速度,用所谓“积极平衡”代替实事求是的综合平衡,用任意扩大基本建设规模的办法去“保”那个高指标、高速度。1958年至1960年,积累率高达40%,1959年竟达到43%。大部分基建投资用于以钢铁为主的重工业方面,挤了农业和轻工业方面的投资,人民生活也受到严重影响。结果,国民经济各部门的比例严重失调,三年“大跃进”带来了三年大调整。高指标根本实现不了,“高速度”反而变成了低速度。1970年至1978年,积累率又提高到平均33%左右,其中1978年高达36.6%,基本建设规模也达到了历史最高峰。结果仍然是欲速不达,不得不再次进行调整,压缩基本建设规模。30年来,在全部基本建设投资中,有很大一部分投资没有经济效果。在已经形成的固定资产中,也还有相当一部分没有发挥作用。这个严酷的事实说明,那种只凭主观意志办事,不顾客观条件,只讲需要,不看可能,只图虚名,不考虑实际经济效果的做法,是极为有害的。如果再不改弦更张,量力而行,那么我们的经济发展速度就会越来越低。那才是误国误民,遗患子孙后代。

过去,在如何确定基本建设规模和怎样有效地扩大再生产的问题上,有不少糊涂观念。比如,有些同志总以为基建投资越多,积累率越高,经济发展速度就越快。结果造成盲目争投资,争项目。新工厂年年建,投入再多的人力物力也在所不惜,却不顾建起来究竟效果怎样。有些扩建工程没完没了,却不顾原料、能源能否供应得上,生产能力能否充分发挥。又比如,有些同志总是把基本建设和建设新工厂等同起来,认为不建设新的工厂,就不能扩大再生产。结果是拼命挤出钱来建新厂,却不让许多老厂机器设备得到正常维修,更很少更新。有些地方,某种生产能力已有富余,现有工厂已经闲在那里或开工不足,还千方百计地要投资建设新厂。他们不懂得充分利用现有企业,搞好挖潜、革新、改造,是增加生产极为有效的途径。这些同志大都出于好心,想把经济搞上去,想把速度搞得快一些,但由于违背了量力而行的原则,结果只能是事与愿违。

基本建设量力而行,关键在于老老实实地“量力”。要真正弄清楚我们的“力”究竟有多大。从这个实际出发,来安排建设的总规模和投资方向。在这里,我们必须明确一个基本观点,即按照马克思主义关于简单再生产和扩大再生产的基本原理和社会主义基本经济规律的要求办事。我们搞基本建设,既不能采取降低人民生活水平、削弱简单再生产的办法,又不能容许财力、物力留有缺口。否则,就根本谈不上量力而行。所以,必须联系整个国民经济的发展,解决好下列三个问题:

首先,要合理确定国民总收入中的积累率。前边已提及,我国多年来的经验证明,积累率在25%左右比较合适。当然,积累也不能全部用于基本建设,一般是用其50%。这样,才能切实地把基本建设规模控制在国家(包括地方)实有财力允许的范围之内。

其次,要看基建材料、设备供应的可能。既要避免基建物资的大量积压,又不可搞“无米之炊”。有人以为,有了投资就不愁物资。其实,那还要看什么物资,并不是有了投资就会要什么有什么,特别在一定时间内更是如此,比如木材就一直是很缺的。因此,搞基本建设,不仅要量财力,还必须量物力。这些年,许多工程建建停停,建设周期一再拖长,很重要的原因,就是停工待料,这是不量物力,搞“无米之炊”所造成的。

最后,要看资源、能源、运输条件和产品销路如何。否则,建成不能投产,或者勉强投产也要赔钱。这也是量力而行的极为重要的一个方面。有人认为,可以先把厂子建起来,原料、燃料供应不足可以等。这是吃社会主义的“大锅饭”吃惯了,不懂得算账,不懂得长期占用大量资金而不能创造新的价值,只会亏损越来越大,以致吃光亏光,造成极严重的结果。

总之,基本建设需要端正方向,要使建设规模同国家可能提供的财力、物力相适应,把有限的财力、物力用到刀刃上,争取最大的经济效果。要达到这个要求,在当前,必须下决心继续压缩基本建设总规模。去年经过清理,虽然停建缓建了一批项目,在缩短基建战线方面迈出了重要的一步。但是,目前全国在建的大中型项目仍然过多。要把这些项目全部建成,按今年大中型项目的投资水平,即使一个新项目不上,至少还需要六七年的时间。显然,建设总规模仍然超过了国家财力、物力的可能。应当承认,这是一个沉重的包袱。如果在调整期间,不能改善这种被动局面,我们在80年代就很难有大的作为,实现四化的时间就可能会受影响。因此,压缩基本建设总规模的决心非下不可。走过了头,就要从过头的地方退回来,而且要退够,才能更好地前进。下是为了上,有所舍才能有所取。能否做到这一点,关键在于决心下得够不够。决心的大小,又取决于对它的必要性是否认识清楚,思想是否一致。现在看来,有些同志对这个问题的认识还是不够清楚的,思想也还不完全一致。因此,必须进一步统一思想,把思想统一到量力而行这个方针上来。

基本建设必须量力而行,这是一个积极的稳步前进的方针。它包含有尽力而为的内容。只有量力而行,才能尽力而为。在量力的基础上尽力而为,基本建设才能做到以最少的投资,换取最大的经济效果。这实际上已牵涉到我们发展经济走什么路子的问题,也就是经济建设方针问题。重要的是,做经济工作的同志,包括全党同志,要有个统一的认识。与此同时,还必须严肃纪律,加强法制。今后,不论新建、扩建、改建项目,都要严格按照基本建设程序办事,任何个人不得擅自批条子、上项目。凡因违反基本建设程序,不实事求是,而造成严重后果的建设项目,原申报者和批准者,都应追究法律责任。只有认识统一了,又有纪律保证,量力而行的方针才能得到贯彻执行。

全国人大常委会副委员长邓颖超在巴黎机场欢迎仪式上发表讲话

她说:"在当前国际形势日益动荡紧张的情况下,中国同法国以及其他西欧国家的友好合作对于维护世界和平是十分重要的。"

她又说:"在我年轻时期,就向往着美丽的法兰西和世界著名的巴黎。在60年后的今天,终于实现了我的夙愿,使我感到格外的愉快和庆幸。"

她指出:"自建交以来,中法两国人民之间的友谊在两国政府的共同努力下不断增强,各方面的交往和合作越来越广泛。"她表示希望通过这次访问,增进对法国的了解和向法国人民学习。

国务院副总理康世恩在伦敦参加英国政府的欢迎宴会

康世恩在讲话中说,英国在开发利用本国煤炭和油气资源方面取得了可喜的成绩,发展了本国技术能力,积累了许多宝贵的经验,值得我们学习和借鉴。

外交部部长黄华在斯德哥尔摩参加瑞典外交大臣举行的欢迎宴会

黄华外长在讲话中指出,"历史的经验和目前的现实都表明,只有一切主持正义、爱好和平的国家和人民采取行动反对侵略和扩张,才能够维护世界和平。中国人民准备同瑞典人民一道为实现这一目的而努力。"他在谈到中瑞两国关系时说:"我们确信,通过我们两国的共同努力,进一步发展我们的友好关系和合作有着广阔的前景。"

国防部副部长萧克等在北京应邀参加朝鲜民主主义人民共和国驻中国大使全明洙为朝鲜人民军友好参观团举行的宴会

全国少数民族文艺会演小组第一次会议在北京举行

会议决定会演于今年9月在北京举行。会议指出,为了落实党的民族政策和文艺政策,抢救各兄弟民族的艺术珍品,促进各少数民族的文艺发展与繁荣,加强民族团结和各兄弟民族之间的文化交流,为我国社会主义现代化建设作出积极贡献,这次会演具有十分重要的意义。

会议认为,会演要坚持文艺为人民服务、为社会主义服务的方向和百花齐放、百家争鸣的方针。参加演出的自治区和省,要抓紧做好会演节目的准备工作。

会演的节目要内容健康、形式多样,富有本民族的特色,为人民所喜闻乐见。参加会演的节目,应以本地区的少数民族人员为主担任演出。要鼓励汉族文艺工作者满腔热情地帮助和培养少数民族的文艺工作者。

文化部部长黄镇,全国少数民族文艺会演领导小组组长周巍峙、副组长杨东生、贺敬之、江平,以及领导小组成员陶钝、吕骥等出席了会议。

国家民委和文化部负责人邀请台湾省高山族同胞参加少数民族文艺会演

文化部部长黄镇今天向新华社记者发表谈话,以国家民族事务委员会主任杨静仁和他本人的名义,邀请台湾省高山族文艺工作者回大陆参加全国少数民族文艺会演。

黄镇说:"自古以来,我国是一个统一的多民族的国家。各少数民族的文化艺术,历史悠久,丰富多彩,是祖国文化艺术宝库的重要组成部分。台湾省高山族是我国民族大家庭中的亲密兄弟,也有悠久的文化艺术传统。新中国成立后,在中国共产党和人民政府的领导与关怀下,大陆的各少数民族的文化艺术事业得到很大的发展。为了进一步加强民族团结,促进各民族间的文化艺术交流,中华人民共和国国家民族事务委员会、中华人民共和国文化部决定今年9月在北京举行全国少数民族文艺会演。我们特邀请台湾省高山族文艺工作者回大陆参加演出,和大陆上各民族文艺工作者欢聚一堂,畅谈发展少数民族文艺问题。同时,也欢迎台湾省高山族同胞和台湾省文艺界人士回大陆观看演出,探亲访友。我们保证以礼相待,来去自由,提供方便。"

中华书局的《太平经合校》重印出版

《太平经》是我国早期道教的一部经典,书成于汉成帝时代,全书共170卷。原书早已亡佚,现在所存的,只有明朝修撰的《道藏》里收进的《太平经》57卷。此外,还有一部节抄本,即唐人闾丘方远的《太平经钞》10卷。现在重印出版的《太平经合校》是王明将上述的两个本子及其他27种书的引文加以合编和互校,大体上恢复了原书170卷的面貌,从而为研究中国哲学史和道教史以及东汉中叶以后的社会情况,提供了一部很有价值的资料。

中国—南亚学者讨论会在北京友谊宾馆举行

中国社会科学院南亚研究所和斯里兰卡“道路社”共同主持的中国—南亚学者讨论会,今天上午在北京友谊宾馆开幕。

出席这次学术讨论会的有孟加拉、印度、马尔代夫、尼泊尔、巴基斯坦、斯里兰卡六国的学者20人,中国南亚研究者40多人。

开幕式由中国社会科学院副院长宦乡主持。他在致辞时指出,中国和南亚各国都是具有悠久历史文明的古国,在2000年的长期交流中,相互间建立了深厚的友谊。在近代历史上,我们都同样遭受过殖民主义、帝国主义的侵略,我们今天都同样是发展中国家,都在致力于本国的发展与世界的和平。我们七国面临许多共同的问题。如:经济全面发展的问题、民主的问题、吸收现代文明和保持民族文化的问题,如何不受外国剥削的问题、争取区域和平的问题,等等。我们各国的政治、经济、社会制度有所不同,解决上述问题的途径也不同,因此就有交流经验、相互学习的需要。

他说,这次讨论会既是我们七国悠久友谊的表现,又将推动我们各国学术界的友谊进一步发展。增进了解、发展友谊,交流学术,相互学习,共同发展,是与会者的共同愿望,也是这次讨论会的宗旨。

斯里兰卡“道路社”社长钱德拉·索伊萨在开幕式上致辞时说,我们发展中国家面临着许多共同的问题。有些过去面临的问题已经克服了,但我们之中有的还依然受到这些问题的困扰。我们解决这些问题的经验,对其他发展中的国家是有参考价值的。他说,中国对南亚的研究抱着非常严肃的态度,我希望,我们南亚的学者们在这个研究中共同合作。

巴基斯坦学者穆·拉·克内西代表南亚学者致辞,预祝会议成功。

开幕式后,上午的会议上中国学者季羡林作了题为《中国对南亚研究的回顾和瞻望》的学术报告,下午,许涤新、赵复三宣读了报告。他们的讲题分别为《中国式的现代化建设及其在80年代的展望》《社会科学在中国》。

中国杂技艺术家协会筹委会会议强调要发展健康的杂技艺术

《人民日报》报道,最近在北京召开的中国杂技艺术家协会筹委会第一次会议强调,杂技艺术要坚持正确方向,沿着健康的道路发展,杂技节目要日新月异,丰富多彩。

会议认为,在党的“百花齐放,推陈出新”、“古为今用,洋为中用”的文艺方针指引下,近几年来杂技园地又呈现出欣欣向荣的新气象。杂技队伍日益壮大、新人辈出。许多富有民族特色的优秀节目,受到国内外广大观众的欢迎和称赞,为开展文化交流、增进与各国人民的友谊作出了积极贡献。

到会同志在认真总结30年来杂技艺术经验、肯定成绩的同时指出,杂技艺术与新时期总任务的需要,与日益发展的对外文化交流的需要还很不适应。杂技艺术要有一个更大发展,杂技节目要不断有新的创造,节目的样式要多,表现形式也要多,努力避免雷同化。

到会同志还认为,杂技艺术要继承和发扬优良传统,要体现出机智、勇敢和健美。他们说,一些早已被唾弃的节目,如“吞宝剑”、“钉板打石”、“汽车过身”、“钢针刺体”等等,现在有些地方又演出了,使人感到残忍、恐怖、刺激、惊险,既无益于观众,又有损于演员身心健康。他们呼吁,要发展健康的杂技艺术,杂技艺术要在“双百”方针指引下,坚持民族化、群众化、革命化的正确方向。

会议期间,周扬、傅钟、周巍峙等到会讲了话。

6月10日

党和国家领导人出席在人民大会堂举行的成功向太平洋发射运载火箭庆祝大会

党和国家领导人华国锋、邓小平、李先念、陈云、徐向前、彭真、胡耀邦、韦国清、乌兰夫、余秋里、陈永贵、彭冲、陈慕华、赛福鼎、万里、王任重、谷牧、宋任穷、胡乔木、姚依林、谭震林、周建人、许德珩、萧劲光、朱蕴山、史良、薄一波等出席了庆祝大会。

出席庆祝大会的还有:最高人民检察院检察长黄火青,中共中央军委常委韩先楚,中共中央军委顾问李达、王建安、李志民,政协全国委员会副主席王首道、庄希泉、刘澜涛、陆定一、班禅额尔德尼·确吉坚赞,以及中共中央和国家机关各部门负责人,中国人民解放军各总部、各军兵种、国防科委、国防工办、军事院校、北京部队的负责人,中共北京市委、市人民政府、北京卫戍区负责人和各有关方面代表共8000多人。

庆祝大会由人民解放军副总参谋长、国防科委主任张爱萍主持。

中共中央书记处总书记胡耀邦在会上作了重要讲话。他代表党中央、国务院、中央军委,向参加研制、生产、试验和航海的全体科学工作者、工程技术人员、工人、解放军指战员以及所有参与这一工作的同志们表示热烈的祝贺,向在这次试验中作出重大贡献、为国家立功的同志们致崇高的敬意。

胡耀邦说,在我们刚刚进入80年代,祖国大地春意盎然的时节,你们试验成功,捷音首传,这对各条战线、各个地区所有向四个现代化英勇进军的人们,是一个巨大的鼓舞,也是一个巨大的启示。你们的光辉成就鼓舞和启发一切想为四个现代化出力的人们,使他们开动脑筋想一想,如何才能脚踏实地地为四个现代化作出更好的贡献。你们的成功还鼓舞和启发一切想为四个现代化作出贡献的领导机关和领导干部,使他们开动脑筋想一想,如何才能更有成效地完成自己领导的部门、地区和单位的四个现代化任务。他祝大家在攀登尖端技术高峰的进军中,取得更大的成绩。

胡耀邦说,让我们更加振奋精神,为建设四化、保卫四化而团结前进。

国防科委政治委员李耀文、海军副司令员刘道生也在会上讲了话。他们分别代表国防科委以及运载火箭科研、生产主管部门和海军向大力支援和密切配合这次试验的全国各有关单位表示感谢。他们表示要更加紧密地团结在党中央周围,在党中央领导下,戒骄戒躁,再接再厉,为进一步发展我国尖端科技事业贡献力量。

《人民日报》发表特约评论员文章《端正基本建设方向 严肃基本建设纪律》

最近,中央书记处对北京市的建设方针提出了四条建议。这四条建议,是在总结首都建设经验的基础上,重新认识首都的特点之后提出来的,它为今后北京市的建设确定了正确的方向。

每个省市、每个地区都有自己的特点。建设工作要从实际出发,在国家计划指导下,全面考虑一省一市的特点,充分发挥地区优势。只有这样,才能打开四个现代化建设的新局面。

我们的基本建设工作长期存在一个根本性、方针性的问题,除了违反量力而行的指导思想以外,就是没有很好地从实际出发,没有发挥地区优势。一些部门和地区由于不从实际出发,忽视地区特点,不注意发挥本地区优势,基本建设经济效果很差。对于这个问题,不少同志至今还没有深刻的认识。因此,要端正基本建设的方向,就要十分明确:基本建设工作一定要从实际出发,充分发挥地区优势,扬长避短,取得最好的经济效果。

基本建设首先必须摆脱一省一地"自成体系"的老框框。50年代后期,我们提出在全国范围内建立独立的、相当完整的工业体系,这个方针是正确的。后来各省也提出各自建立这样的工业体系,这就不对了。在这种思想影响下,有些省不顾本地区的资源情况和经济条件,投入大量的人力、财力和物力,大搞以钢为纲、以重工业为重点的工业基本建设。有的省为了扭转"北煤南运",大批所谓"江南无煤论",在缺少煤炭资源的地方,拼命投入力量,盲目大办煤矿,结果大部分矿井报废,劳民伤财,事与愿违。有的省一无铁矿,二无煤矿,运输条件又十分困难,却硬要从几千里之外调进铁矿石和煤炭,大办钢铁。这样办起来的钢铁企业,特别是小型钢铁企业,长期亏损,靠吃国家财政补贴过日子。有一些省,甚至地、县也搞自给自足的工业体系,不讲条件,不计成本,大办"五小"工业。这种不顾实际的做法造成的损失浪费,是巨大的、惊人的。

每个省都要建立独立完整的工业体系,不仅没有必要和可能,而且在经济上会造成不利的后果。各地为了自给自足,自成体系,势必把大量的人力、财力和物力用在自己的"短处",而不是主要用在自己的"长处",这样本地区的自然资源和经济优势就无法充分利用和发挥,劣势不但不能改变,甚至连本来是优势的也会变成劣势,从而造成经济不合理的一个地区的"大而全"。由于投资方向和投资结构不合理,把大量投资用在花钱多、见效慢的重工业建设项目上,不仅投资不能迅速见效,而且还会挤占农业、轻工业、运输业等部门的投资,影响这些部门的发展,造成农轻重比例关系失调,形成不合理的经济结构。强调自成体系,必然重复布点,盲目设厂,人为地割断专业化和协作的关系,结果是成本高、消耗大、浪费多,不可能取得较好的经济效果。所以,这种反映小农经济自给自足思想的自成体系的做法,违背社会化大生产的客观要求,束缚着生产力的发展。当然,由于缺乏经验,做些蠢事是难免的。但是,吃了亏应当增长知识,使我们变得聪明起来。如果不去认真总结经验,一味蛮干下去,一直蠢下去,人民就不会原谅我们了。

因此,基本建设必须打破各地区自成体系的框框,真正从实际出发。所谓从实际出发,就是要全面考虑各地区的自然资源、地理条件、现有的经济基础、科学技术水平以及它们在全国所处的地位,等等。这个问题正在引起人们的重视。现在,许多同志都在考虑各地区如何根据自己的特点和优势进行基本建设。例如,广东地处亚热带和南海之滨,自然条件好,气候温和,雨量充沛,是我国著名的综合性农业经济区域,特别是亚热带经济作物的产区,同时又毗邻港澳,具有对外经济联系的优越的地理条件。广东可以利用自己的特点,发挥自己的优势,逐步改变目前的以重工业为主的自给自足的工业体系,建立一个以农业和轻工业为重点,原材料工业、支农工业协调发展,科学技术先进,对外贸易和旅游事业发达的经济体系。辽宁有铁有煤,发展重工业的自然资源丰富，重工业的基础也比较雄厚，工业固定资产居全国第一位。辽宁可以根据自己的特点，更充分地发挥它作为重工业基地的作用，而过去却片面强调粮食、猪肉自给，其他农副产品自给。上海是我国历史悠久的综合性工业基地，有一支比较强的技术力量和工人队伍。上海可以根据自己的特点和现代化的要求，突出自己的主攻方向，向知识密集度高、能源消耗少、占地少、污染少、运量小的具有当代技术水平的高级、精密、尖端工业方向发展，努力把自己建设成为先进的工业基地、科学技术基地和对外贸易基地，为全国四化多做贡献。由于各省市的特点和优势不同，它们的建设方针、建设重点、建设布局也应有所区别，有所侧重。就全国来说，为了积极进入国际市场，也应扬长避短，发挥我国劳动力多、工资低、资源丰富的优势，在相当长时期内多发展劳动密集型的工业，少发展资金(技术)密集型的工业。我们的基本建设工作，应当与全国的和地区的建设方针相适应，按照各自的建设要求进行安排。

从各地区的实际情况出发进行基本建设，就是因地制宜，择优建设，有重点地发展最符合当地情况的经济合理的产业部门和企业。因地制宜，择优建设，有利于调动地方的积极性，挖掘各方面的潜力，加快经济发展速度；有利于使工业接近原料产地，充分发挥各种自然资源和经济条件的长处，物尽其用，地尽其力，用尽可能少的劳动消耗取得尽可能大的经济效果；有利于在各地区建立符合当地条件的、各具特点的工业体系，并逐步使全国的工业分布趋向合理。可以说，因地制宜，择优建设，是基本建设工作的一条根本性方针，是中国式现代化道路的一个重要内容。

因地制宜，择优建设，发挥地区优势，会带来各地区间发展不平衡。世界各国的实践证明，一个国家各个地区间经济发展的不平衡是一个客观规律。美国的经济是先从东北、西北部发展起来，而后转向南部和西部地区。日本是先发展了一个基础较为雄厚的京滨地区，才带动了其他地区经济的发展。我们社会主义国家，不同地区、不同省市，由于自然资源、经济基础以及科学技术、文化教育等条件的不同，经济发展也是不平衡的，也有快慢之分。经济发展快的地区，先富裕起来；经济发展慢的地区，后富裕起来。前一种地区，更有条件为国家多做贡献，更有力量带动并支援后一种地区，加快整个国家的经济发展。因此，应当看到，各个地区间富裕程度和富裕速度上的差别，是不可避免的，是正常现象，可以说是社会主义的共同富裕的必由之路。如果把共同富裕理解为各个地区“同时富裕”或“平均富裕”，否定发展的不平衡和富裕程度上的差别，那是平均主义，必然妨碍经济的发展。只有承认各地区经济发展不平衡这种客观实际，并针对这种实际制定出相应的方针、政策，才能扬长避短，加快经济发展。这当然不是说，长期让其自发发展，国家对落后的或较贫穷的地区不加照顾。国家对这些地区一向是给予大力支援的。但是，要根本改变它们经济上的落后状况，需要有一个过程。同时，由于实行因地制宜，择优建设，也有利于这些地区发挥自己的优势，使它们能够较快地赶上来。即便在全国经济普遍发展起来以后，各地区之间也仍然会有差别，仍然要有分工合作。

择优建设，发挥地区优势，还要有统一规划。社会主义的优势之一是计划经济。搞基本建设，无论在全国范围内还是在一省一市一县的范围内，都要实行统一规划、合理布局。多年来，由于缺乏统一规划，重复建设、重复生产的现象十分严重。一种是在现有企业生产能力尚未得到充分发挥的情况下，又建设生产同样产品的新厂；一种是在市场产品已经积压的情况下，再搞新厂重复生产同类产品；一种是在动力和原料不足的情况下，盲目设厂与现有企业争动力、争原料。结果形成这样一种反常的局面：老厂吃不饱，新厂还在搞；小厂与大厂争原料；技术差的厂，挤技术先进的厂。重复建厂、重复生产，破坏了计划经济，阻碍了技术进步，生产效果很差，造成了巨大浪费。这些事实证明，如果没有统一规划，一些地方就有可能把发挥自己优势的积极性变成盲目性，不仅不能发挥优势，反而造成损失。因此，只有在统一规划下，才能更好地发挥地区优势。

除了端正基本建设方向以外，还要进行组织性纪律性的教育，各地区、各部门要自觉地维护基本建设制度，严肃基本建设纪律。

所有经济工作干部，都要遵守基本建设纪律。一切建设项目，包括地方和企业自筹资金建设的项目，都要纳入各级计划之中。所有建设项目，都要履行规定的审批手续，任何单位或个人均不得擅自批项目、上项目。要严格按基本建设程序办事，所有建设项目都要做好可行性研究和前期工作。基本建设资金要由建设银行实行监督拨款或贷款。目前，在执行中央有关清理压缩在建项目的规定中，要特别强调组织性、纪律性。按照中央有关主管部门的规定，产品不急需，或资源条件太差，或技术条件太落后，或经济上不合理的项目要停建；建设条件不具备，或者近两年内财力无保证的项目和暂时可以不搞的单项工程要缓建。那些经济上不合理的重复建设项目，也要坚决停建。就建设项目本身条件来说，凡是属于国家计委规定的“六不搞”项目，一律不准搞。所有这些要求和规定，都要看作是基本建设纪律，要坚决遵守。

各地区、各部门都要坚决维护基本建设纪律，加强组织性纪律性,做到令行禁止。还要做好经济立法工作,有了经济法律之后,大家就有法可依。基本建设投资是全国城乡人民艰苦劳动、省吃俭用积累起来的,经济工作干部一定要有对党对人民高度负责的严肃态度。今后,对于少数造成国家财产重大损失,明知故犯、违反法律、情节严重的人,应该追究法律责任。

《人民日报》发表经济学家薛暮桥的文章《关于经济体制改革的一些意见》

1978年冬三中全会以来我们所进行的经济管理体制的改革,我认为方向是对的,步子是稳的,成绩是大的。产生一点混乱,遇到一些困难,这是改革过程中难以完全避免的。总的来说,还是破得不够,同改革的目标距离还很远。过去一年多只是在旧制度上突破一个缺口,我们必须乘胜前进。由于目前我们还没有完成国民经济调整的任务,今明两年还只能够步子走得稳一点,进行小改小革,为大改创造条件。

过去一年多的改革所以遇到很多困难,我认为原因有三:第一是许多同志思想认识跟不上,习惯于用旧经验来看待新问题,为此必须广泛进行理论上的研究和宣传;第二是少数单位的试点同现行整个管理体制互相矛盾,所以阻力很大,我们必须逐步扩大突破口,而不能从突破口退回来;第三是许多改革各搞各的,互不衔接,为此要作体制改革的全面规划,做好各种改革的协调工作。

经济管理体制实际上是社会主义公有制的具体化,它牵涉到一系列的理论问题和实际问题,现在世界上还没有一个国家把这个问题弄清楚,我们也是这样。所以我今天只是提出问题,还拿不出解决这些问题的具体方案。

过去一年的体制改革试点,我们是从两个方面进行的:一个是从分配方面,兼顾中央、地方、企业、个人的物质利益,以调动大家发展生产、增加盈利的积极性;另一个是从流通方面,在统购包销,计划分配上打开一个缺口,逐步发挥市场调节作用,开始改变生产与需要互相脱节的情况。在这两个方面,都已经开始收到相当大的效果。但是,国民经济是一个整体,各种改革必然互相交错,有可能这一种改革妨碍那一种改革。比如,分配方面的改革是解决上下之间的关系,是纵向的改革。流通方面的改革是解决产需之间的关系,是横向的改革。纵横双方如何交织起来,这个问题过去没有好好研究,因此有可能互相矛盾。比如,财政上的分级管理(两级财政许多地区已经发展成为三级财政),这对调动各级政府管理财政的积极性无疑是起积极作用的,应该肯定。但是少数地区已经开始出现"割据"的苗头,不但上下争利,而且阻碍经济的横向的联系。如果这个苗头任其发展,则在经济上不是进步,而是倒退。怎样巩固积极作用,避免消极作用,这是需要大家开动脑筋,认真研究的问题。

其次,过去扩大企业自主权主要是搞了利润分成,也是从分配上来调动企业改进经营管理的积极性。一年来大多数试点企业,在这方面也是起了积极作用的,应该肯定。但是现在各类产品的价格与价值背离很大,企业盈利的多少主要不决定于经营管理,而决定于价格高低。因此各企业按利润分成,就产生苦乐不均的现象。解决这个问题的根本办法,应当调整价格。但因调价很复杂,暂时做不到,就采取按目前盈利多少来决定不同的分成比例,以减少苦乐不均的现象。这个办法一实行,就成为此后调整价格的一个障碍。一调价,就影响企业的利润分成。调高了财政吃亏,调低了企业吃亏。争来争去,按调整前的价格算账。这种办法不但计算复杂,争论不休,而且使调整价格起不了调整供求关系的作用。短线产品提价,企业不能多得,不愿增产。长线产品降价,企业不会少得,不愿减产。总之,通过分配方法进行体制改革,同利用市场调节,避免产需脱节发生矛盾。这个问题如何解决,也应当认真研究。

扩大企业自主权不能只要权利,不负责任。既然利润分成,国家的投资就应当有偿使用,定额流动资金要付利息。过去国家投资无偿使用,占用资金愈多愈好,机器设备可以备而不用。把国家拨款交给银行,改为银行投资,要付利息,建设单位就要精打细算,能少花钱就少花钱,努力缩短建设周期,早赚钱,少付息。上海有六个建设单位实行银行投资,有两个单位发现建成以后产品卖不出去,自动要求下马。现在原料、燃料、电力、技术、销路等等不落实的建设单位很多,我看这是压缩经济建设规模的好办法。我主张今年企业自主权的试点,不要只争权利,不尽义务。应当同时扩大固定资产有偿使用和定额流动资金付息(督促企业压缩库存)的范围,在这方面步子跨大一点没有危险。当然,这样就要增加企业的生产成本,财务制度必须作相应的改革。

第三,从分配上来改革管理体制,不利于改变经济结构,而且同缩短经济建设战线发生矛盾。现在30多万个工业企业,有许多工厂重复生产,有些行业需要按专业化协作原则合并改组。全国有几百个汽车、拖拉机工厂,加上协作工厂就有几千,显然太多。但它们分属于中央几个部、许多省、许多县,大家为着保收利润,不肯放手。勉强组织起来,每个厂有一个"婆婆",成为"婆婆公司",总公司无法统一指挥。组织丝绸公司、烟草公司也有类似的情况。财政实行分级管理以后,各级政府都想增加财政收入,办法是多办工厂。上面缩短经济建设战线,下面扩大,今年想生产电冰箱、电风扇、电视机、洗衣机、录音机等等的市县,就有几百上千。现在一哄而上,将来必然纷纷下马,给国家造成很大的损失。各企业为着多分利润,都想“挖潜、革新、改造”,争原料、争动力、争市场。调动积极性是好的,但现在新建、扩建的积极性已经太大,决不能再提倡盲目的积极性。这一点也是体制改革中必须慎重考虑的。

扩大地方和企业自主权的方针肯定是对的,必须继续搞下去。问题是如何巩固积极作用,避免上面所说的消极作用。我反复考虑,问题还出在按行政系统管理企业这一点上。不论是分部管理,还是分级管理,都是采取行政管理方法,不是按照经济方法(经济发展的客观规律)管理经济。许多资本主义国家财政也是分级管理的,为什么不发生这个问题呢?原因是他们的企业私有,国家无权过问。我们的企业是“全民所有制”。中央一个部门管不了,于是就分部管,分级管,实际上既是国家所有制,又是部门所有制和地区所有制。因为企业的利润是直接间接上交给中央财政部、各部门、各地区的,大家为着增加财政收入,都必须干预企业的经济活动,不但要使企业增加盈利,而且要在分配盈利时使自己能够多分一点。至于这样的干预会不会破坏国民经济的有机联系,破坏比例关系,他们就顾不上了。

要保持国民经济的有机联系和比例关系,就需要使各部门、各地区不要从本身的利益出发去干预企业的经济活动,就需要想出一个好办法来使这些政府机构同企业“脱钩”,使它们只监督企业执行发展国民经济的方针政策,而不去干预企业具体的经济活动。特别是在按照专业化协作原则改革经济结构的时候,尤为重要。在讨论中许多同志有这样一种设想,就是以税代利,逐步取消利润上交制度,企业向各级政府交工商税、所得税。资本主义国家是采取这种方法的,社会主义国家是否行得通,我们还没有实践经验。可否在几个中小城市进行试点。当然,采取税收办法,也会产生许多矛盾。问题是哪一种办法比较有利于按照经济发展的客观规律来管理经济。我们必须以计划调节为主,在计划指导下来发挥市场调节作用,在调整时期更要加强计划管理。

过去一年,在通过流通渠道的改革来把国民经济搞活方面,我认为所取得的效果是很大的。我们在产品交换中缩小了统购包销(消费品)、计划分配(生产资料)的范围,开始利用市场调节作用,开始改变长期以来无法解决的产需脱节现象。从三大改造完成以来,我们基本上只存在一个流通渠道,在城市是商业部门,在农村是供销合作社,对外贸易是外贸部。统购包销、计划分配,使生产和市场用户需要隔着一条万里长城,产需脱节造成了国民经济的巨大浪费。特别是生产资料的分配,许多积压产品还在那里计划分配,不肯敞开供应,宁可叫工厂停产减产,却不肯满足用户的需要。现在承认生产资料也是商品,可以通过市场调节以后,情况开始好转。

生产资料有几万几十万种,靠一个机关来分配显然是不可能的。每年开一两次万人订货会议,显然也无法解决。去年许多大城市自己召开订货会议,办展销市场(物资交易所),使生产单位和用户能够直接见面。许多局、公司、企业把仓库里多年积压的产品拿出来推销,许多种短线产品(如皮包线)变成长线产品,能够充分供应。机械工业由于压缩基本建设战线,进口外国设备,许多工厂吃不饱。另外许多工厂挖潜、革新、改造,需要更新机器设备,却因为没有列入国家计划,物资局不供应。通过订货会,产需双方直接见面,把多年来解决不了的难题很容易解决了。过去企业把分配到的物资统统运回,放在仓库里面。现在有些产品凭票供应,用户到需要时候才去领货,用多少领多少,发出的票证往往只领取一半,使物资局的存货大大增加。一年来,物资管理体制的改革已经开始找到一条门路,但要彻底改变,还要做大量的工作。

消费品的统购包销制度也部分地改变了。去年年初商业部对部分消费品实行选购,订货量减少,使部分轻工业被迫减产,1—4月只比上年增长1.4%。后来中央决定商业部增加收购数量,商业部不收购的准许工厂自销,下半年生产显著上升,超额完成原定计划。实行选购、自销以后,许多工厂减产长线产品,增产短线产品,并试产市场需要的新产品,使产需脱节的现象显著好转。上海等大中城市还准许本市或外省的公社把自己的产品运到市区来销售,既增加了农民的收入,又增加了城市的供应。目前对日用百货的选购自销,工商双方还有争论,有些工厂把短线产品自销,长线产品卖给商业部门。在城市中开放农副产品市场,多数地区仍然顾虑重重,怕扰乱市场秩序,发生投机倒把,不敢让公社到城市来销售自己的产品。要改变这种情况,还需要解放思想,并进行调查研究来解决各种矛盾。

生产资料和消费品的流通渠道的改革,虽然步子不大,但效果却很显著。过去统购包销,工厂不知道什么产品是长线,什么产品是短线,盲目地按计划生产。现在长线短线已经暴露出来,工厂需要增产短线产品,减产长线产品。但是按现行计划价格,许多长线产品价高利大,短线产品价低利小,调整生产计划与利润分成发生矛盾。要调整生产计划,按照市场需要进行生产,就必须调整价格(有升有降,可以不影响物价的稳定)。而要调整价格,又必须改变现在的利润分成办法。

有些产品除调整价格外,还要调整税率(如烟酒税大利小)。而且调价结果,必然要影响工商之间,中央与地方之间利润分配的比例,阻力是很大的。但是让这种现象继续存在下去,将造成国民经济的很大的浪费,严重地降低生产的经济效果。因此,体制改革不能单打一,碰到一个问题解决一个问题,必须通盘考虑,任何一项改革措施必须考虑它的连锁反应。所以有必要建立一个体制改革的综合研究机关,来合理解决各方面的矛盾。

今后的体制改革,我认为把经济搞活,从改革流通制度着手,似乎比从改革分配制度着手更为重要,但这反而被大家忽视了。改革流通制度,办法是增加流通渠道,减少流通环节,使产需双方有可能直接见面。在国家计划的指导下,要有一点竞争,非此不能打破国营工业、国营商业的官僚主义作风。实行这种办法,国营商业仍然是社会主义统一市场的主体,但不能没有集体所有制商业来做助手,也不能没有集市贸易(农副产品自由市场)来做补充。让许多种就地销售的小商品工商结合,自产自销,或者直接卖给零售商店。让公社把自己的农副产品运到城市里来销售,也可以卖给供销合作社。恢复货栈、代理商行、交易所等多种商业形式,恢复银行原有的各种业务活动,便利资金周转。总之,为着发挥市场调节的作用,要利用资本主义国家适应社会化大生产而发展起来的组织市场流通的某些经济形式,以利于发展我国社会主义经济。

我国是一个大国,完全统一管理是不可能的。但如果把29个省、市、区发展成29个独立的经济单位,那也不行。西欧9个国家要建立共同市场,各国都在建立跨国公司,说明按行政区划来分割经济活动,是违反社会化大生产的客观规律的。恢复大协作区也不行,仍然是行政区划,把原来是一个经济区的冀鲁豫三省划分在三个大协作区。在调查中,许多同志提出恢复历史上形成的经济中心。例如上海是东南地区的经济中心,而且联系全国。天津是华北的经济中心,联系到西北和东北。广州是华南的经济中心,重庆是西南的经济中心,汉口、西安是华中、西北的经济中心。各个经济中心不分疆划界,可以互相交错,按经济运动的客观规律组织起来。经济中心主要是贸易中心,也可以组织生产。工业先进地区可以到后进地区去建立联合经营的跨省公司,利用自己的先进技术和资金去开发利用后进地区的资源,使双方都得到好处。上海已经开始这样做了,我看大有发展前途,比财政上的支援更好,后者只供应资金而解决不了技术上的困难。建立经济中心和发展跨省公司,有可能打破行政区划所造成的人为的障碍。

现在国务院有几十个财经部门,单机械工业部就有8个,还划分军用民用,分工愈来愈细,协作愈来愈难。每一个部门都要自成体系,不与别的部门协作,又不愿与地方协作,造成严重的浪费。所以体制改革不但要打破块块的束缚,也要打破条条的束缚。过去争来争去,总是以条条为主,还是以块块为主来管理经济,离开了行政管理就没有别的办法。要想出一条新的路子来,按照适合于社会化大生产客观经济规律的办法来改组我们的经济结构和经济体制。这是一个难题,请大家都来动脑筋想一想。

全国人大常委会副委员长邓颖超率全国人大代表团抵达巴黎对法国进行友好访问

代表团将在巴黎访问一周,在此期间将会见法国总统吉斯卡尔·德斯坦、国民议会议长雅克·沙邦—戴尔马、参议院议长阿兰·波埃、总理雷蒙·巴尔和巴黎市市长雅克·希拉克。

代表团在访问巴黎和里昂之后,将应邀到斯特拉斯堡访问欧洲议会。

国务院副总理陈慕华在北京会见联合国工业发展组织执行主任凯恩博士一行

外交部部长黄华在斯德哥尔摩分别拜会瑞典国王卡尔十六世 古斯塔夫议长英·本特松和首相图·费尔丁

安徽省和美国马里兰州结成友好省州

中国 日本 美国金属有机化学学术讨论会在北京开幕

3个国家的近百名化学家通过这次会议沟通了学术思想,交流了科研成果,增进了友谊。挪威、西德各有1名化学家应邀参加了这次学术讨论会。谈论会于6月13日闭幕。

司法部开办在职干部司法业务学习班

《人民日报》报道,为了培养一支坚持社会主义道路并具有专业知识的干部队伍,司法部机关党委最近开办司法业务学习班,对在职干部分期进行专业训练。司法部副部长李运昌在开学典礼上讲了话。

这个学习班分两个组,未学过法律和未做过司法工作的同志参加第一组,学习法律的基本理论以及一般司法业务知识,为进一步学习各项法律和司法业务打好基础。学过法律或有一定司法工作经验的同志参加第二组,学习几个重要法律,联系实际,讨论有关司法业务问题。业务学习班学习期限为一年,至1981年5月底结业。

《中国青年》杂志开展人生意义的讨论反响强烈

《人民日报》报道，最近，《中国青年》杂志根据青年的思想状况，发起了"人生的意义究竟是什么"的讨论，拨动了在十年动乱中成长的一代青年的心弦。

5月出版的第五期《中国青年》，刊登了青年工人潘晓同志致编辑部的信——《人生的路呵，怎么越走越窄……》。信中真实地叙述了"文化大革命"以来自己的曲折经历——"一段由紫红到灰白的历程；一段思想的长河起于无私的源头而最终以自我为归宿的历程"。少年时代的潘晓对人生充满了美好的憧憬，相信"人活着，就是为了使别人生活得更美好"。十年动乱的种种现象却使她感到迷茫，在生活的一次次打击下，在失望与痛苦之余，她原有的信念破灭了，转而认为："人都是自私的，不可能有什么忘我高尚的人"，"在利害攸关的时候，谁都是按照人的本能进行选择的"，"任何人，不管是生存还是创造，都是主观为自我，客观为别人"。对于自己，她"不甘心浑浑噩噩、吃喝玩乐了此一生"，不甘心被社会看成是"一个无足轻重的人"。她喜欢文学，要用作品"来表明我的存在"，但认为没有人能理解她，没有人帮助她解除内心的苦闷……

这一期《中国青年》在《编者的话》中指出：我们在研究青年，青年在研究社会、人生。在人类历史上每一次较大的社会进步的前夕，差不多都发生过一场人生观的大讨论。应该说，彷徨、苦闷对于麻木、僵化是一种历史的进步。对于人生意义的思索和寻求，将成为年青一代在人生旅程中的新起点。

究竟应该怎样看待社会？怎样看待人生？一个人生命的价值何在？通过广泛的、平等的、科学的探讨，青年们会有所收益，会在各自不同的人生道路上找到自己前进的路标！

潘晓的信和人生意义的讨论在青年中引起了强烈的反响。仅仅25天时间，编辑部已收到参加讨论的稿件和致潘晓的信18603件。还有许多人通过电话、电报和直接来访表示支持、关心着这场讨论。

潘晓对人生的思索，激起了青年的"再思索"。一些过去抱着无所谓态度的青年，也开始问自己：怎样生活才更有意义？

许多青年对于潘晓的信，"同感，而不能完全同意；同情，但希望她奋起"。他们说："生活的坎坷使人颓唐，那是弱者，强者是把它看作一笔财富。生活中虽然有不少假和丑，但确有很多真和美。"

青年们在来信中提出：马克思主义怎样看待个人价值？无产阶级的人生观是否包括"为自我"？"为自我"与"为他人"是什么关系？应该怎样看待现实，怎样对待现实与理想的矛盾？等等。并围绕着这些问题坦率地发表了自己的看法。青年们希望报刊上多登一些密切联系现实的、有创见的、实事求是的文章，切忌空洞说教和回避现实问题讲假话。

6月11日出版的第六期《中国青年》，发表了《关于"个人价值"的探讨》《世界近代史上关于人生意义的三次论战》等文，就上述问题作了进一步探讨。

部分省 市 自治区党刊工作座谈会在大连举行

在辽宁大连举行了粉碎"四人帮"以来第一次基层党刊工作座谈会，交流各地办党刊的经验。参加会议的有22个省、市、自治区基层党刊的代表，中共中央有关部门以及首都一些新闻单位派人参加了会议。

会议认为：地方党刊要办得旗帜鲜明，尖锐泼辣，引人入胜，而又有本地区的特点。

会议还认为：由于林彪、"四人帮"的流毒和影响尚未肃清，党内有人把批评和"整人"画等号，因而在刊物上开展批评，常常受到来自各个方面的阻力。这就要求党刊工作者必须是执行《准则》的楷模，敢于坚持原则。

这次会议，由东北三省和天津市4家党刊主动联合发起，会期至17日结束，其他省、市自愿参加。

中国红十字会向柬埔寨难民捐赠物资

中国驻泰国大使张伟烈今天向泰国外长西提·沙卫西拉转交了中国红十字会捐赠给柬埔寨难民的一批物资。

这批物资价值约50万元，其中20万元的食品罐头，30万元的大米。中国红十字会要求中国驻泰国大使馆将这批捐赠物资交给泰国当局，由泰国方面移交给逃亡到泰国东部边境地区的柬埔寨难民。

中国远洋运输总公司分别与江苏 浙江成立合营轮船公司

经交通部和江苏省、浙江省人民政府批准，中国远洋运输总公司最近分别与江苏、浙江省交通局合营，成立两个轮船公司——中国远洋运输总公司江苏省公司和中国远洋运输总公司浙江省公司。这是交通部为发展我国远洋运输，更好地为对外贸易服务，积极扶持地方远洋运输事业所采取的一项措施。

中日民族服装交流会在北京民族文化宫举行

表演会上，日本朋友穿着各式各样的传统民族服装纷纷登台。展演的和服样式种类繁多，五光十色，琳琅满目。

中央民族歌舞团的艺术家们也在会上穿起了汉族、蒙古族、维吾尔族、彝族、藏族等50多种民族服装，为访华团和日本驻中国大使馆的朋友表演了优美的中国民族歌舞节目。中日民族服装交流会结束时，两国朋友还互赠了民族服装。

政协全国委员会副主席、全国妇联主席康克清观看了中日民族服装交流会，并在交流会前会见了山中典士等日本朋友。

6月11日

中共中央批转中央统战部《关于爱国人士中的右派复查问题的请示报告》

各省、市、自治区党委和人民政府党组，各大军区、省军区、野战军党委，中央各部委，国家机关各部委党组，军委各总部、各军兵种党委，各人民团体党组：

中央同意中央统战部《关于爱国人士中的右派复查问题的请示报告》，现转发给你们。关于1957年反右派斗争问题，需要着重指出以下几点：

(一)粉碎“四人帮”后，中央决定给尚未摘掉帽子的右派分子全部摘掉帽子，并按照实事求是、有错必纠的原则，对被划为右派的人进行复查，把错划的改正过来，这是中央根据毛泽东思想的科学体系，严肃处理历史遗留问题的一项重大政治措施。实践证明，我们党正确处理这个历史遗留问题，广大人民群众是衷心拥护的，在党内外是深得人心的。这对于发展革命的爱国的统一战线，维护安定团结、生动活泼的政治局面；对于调动一切积极因素，并且尽可能地化消极因素为积极因素为四化建设服务；对于台湾回归祖国，实现祖国统一的大业，都有重大的意义。

(二)对右派问题的复查结果表明：1957年确有一股反党反社会主义思潮，确有极少数资产阶级右派分子向党和社会主义制度猖狂进攻，对这种思潮进行批判，对这种进攻进行反击是完全必要的。1957年的反右派斗争，在全国人民中间澄清了根本的大是大非，稳定了新建立起来的社会主义制度。这是一个方面。但是随着斗争的发展，反右派斗争确实扩大化了，把一大批人错划为右派分子，误伤了许多同志和朋友，其中不少是有才能的知识分子。打击面宽了，打击的分量也太重，大批的人处理得不适当。许多同志和朋友因而受了长时期的委屈和压制，不能在社会主义建设中发挥应有的作用。这不但是他们个人的损失，也是整个国家的损失。这是又一个方面。中央认为，必须清醒地看到这两个方面，才是历史地全面地看待这场斗争，只看到一个方面，而否定另一个方面，是不符合实际的。

(三)为了消除反右派斗争扩大化造成的严重后果，根据1957年中央关于划分右派分子的标准，进行复查和改正工作，是完全必要的。属于改正的人大体上有三种情况：(1)一部分人出于善意，提出的许多批评意见，现在看来是有利于改进工作的。把他们划为右派，是完全搞错了，当然必须改正。(2)一部分人在涉及党的领导和社会主义制度等重大问题上，发表了一些错误言论，但不是在根本立场上反党反社会主义，把他们划为右派也是错误的，也应该改正。(3)还有一些人确有反党反社会主义的言行，但是考虑到他们同向党猖狂进攻的右派分子在程度上和情节上有所不同，也考虑到他们后来确有转变，在这次复查中，也给他们改正过来。因此，成当看到，改正的面是很大的，但其中有些人是属于可改正可不改正的，这次本着从宽的精神予以改正。

(四)应当指出，一段时间以来，党内外有一些同志由于看到改正面很大，因而对反右派斗争持全盘否定的态度，这是错误的。对这个问题的认识，不应离开当时的历史背景。当时确实存在资产阶级右服向党猖狂进攻的严重事实，我们坚决给以反击，是完全必要的，正确的。不进行反击，不取得这场斗争的胜利，全国就要陷于政治上思想上的大混乱，我们就不可能在社会主义道路上继续前进。

(五)反右派斗争的主要教训在于对当时的阶级斗争形势估计得过于严重，把大量的人民内部矛盾当作了敌我矛盾，以致造成扩大化的错误。今后全党对于某一时期出现的重大思想动向和社会思潮，一定要经过深入的调查研究，冷静地、细致地加以分析，查明来龙去脉，作出符合客观实际的判断。问题发生在什么范围、什么领域，就应当在这个范围和领域内解决，而不要任意扩大，更不能搞“一刀切”，发动带全局性的政治运动。一定要注意严格区分和正确处理同类不同性质的社会矛盾，如果矛盾的性质一时未能分清，要先作为人民内部矛盾处理，决不要把犯这样那样错误的人，轻易定为敌我矛盾。其次，1957年党提出要党外群众向党提出批评，帮助党整风，这是完全正确的。但是由于不适当地支持了党外有些人提出的所谓“大鸣大放”，以致逐步发展为全国范围的紧张的政治动乱气氛，这也是后来反右派斗争扩大化的重要原因之一。“大鸣大放”以后发展成为“四大”，被认为是发扬社会主义民主的好方法。但是作为一个整体的“四大”，并不能发扬民主，而只能妨害人民行使正常的民主权利，并且人为地破坏安定团结，妨害社会主义建设，甚至导致无政府状态。1957年的经验已经证明了这一点，“文化大革命”的经验进一步证明了这一点。因此，党的十一届五中全会已决定提请五届三次人大修改宪法有关条文。

(六)中央认为，肯定1957年反右派斗争的必要性，同时指出在反右派斗争中犯了扩大化的错误，并坚决加以改正,目的是为着团结一致向前看,同心同德搞四化。当前,属于错划、得到改正的党内外同志,绝大多数人表现是好的。但也有极少数同志还存在一些思想问题,有的甚至发表一些错误言论。这虽不是什么大事,但对团结一致向前看是不利的。有关党组织应对他们个别地进行耐心细致的教育工作。

对于维持右派原案、只摘帽子、不应改正的人(包括章伯钧、罗隆基等人),我们也要全面地历史地看待他们。他们中的有些人同我们党有过合作的历史,对人民做过一些好事,对这一点也应实事求是地加以肯定,不要因为他们在1957年犯了严重错误,就把他们一概否定。因此,中央认为,就是对不予改正的人,凡是在世的,也应该在政治上和生活上予以适当照顾,能够工作的予以适当安排,发挥他们的积极作用。特别是对不予改正的人的亲属子女,不得歧视。中央希望各级党委继续落实中央有关文件规定的各项政策,善始善终地把这项工作做好。

中共中央

1980年6月11日

国务院总理华国锋在人民大会堂设宴欢迎巴巴多斯总理约翰·迈克尔·杰弗里·曼宁厄姆·亚当斯

亚当斯总理是继刚刚结束访华的阿根廷总统魏地拉将军之后,又一位来自拉丁美洲的国家领导人。

华国锋在讲话时热情赞扬巴巴多斯政府和人民在亚当斯总理领导下,在捍卫民族独立和国家主权、发展国民经济和民族文化方面所取得的可喜成就。他说:"巴巴多斯政府对外奉行独立自主的政策,支持世界各国人民反对帝国主义、殖民主义和种族主义,支持建立国际经济新秩序的正义斗争,反对干涉别国内政,反对大国欺侮小国、强国欺侮弱国,对加强加勒比地区各国的团结,作出了积极的贡献。"

华国锋说:"我们历来认为国家不论大小,各有长处,应一律平等。他们的意见和权益应得到同样的尊重。一个国家不管幅员大小,只要坚持原则和真理,就能够在保卫世界和平与安全的正义事业中发挥有益的作用。"他说:"我们钦佩地看到,巴巴多斯政府不畏强暴,敢于在国际事务中伸张正义,赢得了广泛的赞扬和好评。"

华国锋在谈到当前国际形势时指出,霸权主义者在世界各地进行渗透、颠覆、侵略和扩张,使各国人民不得安宁。面临这种局势,受到霸权主义侵略、压迫、威胁和欺侮的国家,特别是第三世界发展中的国家,迫切需要加强团结,相互支持,共同来揭露、反对、阻止霸权主义的侵略行径,以维护世界和平。

《人民日报》发表社论《热烈欢迎巴巴多斯贵宾》

应我国政府邀请,巴巴多斯总理约翰·亚当斯阁下率政府代表团定于今天到达北京,对我国进行正式访问。中国人民刚刚欢送了前来我国访问的阿根廷总统魏地拉阁下,现在又高兴地迎来巴巴多斯的政府首脑,这表明中国同拉丁美洲国家之间的友好交往正在不断增长。

巴巴多斯是加勒比海一个风景秀丽的岛国。勤劳勇敢的巴巴多斯人民曾经遭受过几个世纪的殖民奴役和压迫。由于他们坚持不懈的斗争,巴巴多斯终于在1966年获得独立。独立以后,巴巴多斯政府致力于发展经济,取得了一定的成绩。它对外奉行独立自主和不结盟的政策,反对帝国主义、殖民主义和种族主义,支持第三世界国家要求建立国际经济新秩序和维护海洋权的斗争。巴巴多斯十分重视发展与拉美国家的关系,并且为推进加勒比地区的一体化作了许多努力。亚当斯总理曾一再声明,巴巴多斯的外交政策是与各国友好而不做任何人的"卫星国"。巴巴多斯所持的这一立场,博得了国内外的赞赏。

加勒比地区的民族民主运动正在不断高涨。一系列岛国获得了独立。剩下的一些殖民地上,要求独立的呼声也越来越高。在这个地区,不少国家中掀起了维护民族独立,反对外来干涉、颠覆、压迫、剥削,争取民主自由,反对独裁统治的浪潮。与此同时,超级大国在这地区的争夺也日益加剧。在这种情况下,巴巴多斯加强了同邻国的联合和团结,主张通过共同努力保卫本地区的安全,并号召加勒比国家"提高警惕,防止被当作外国大国争斗中的走卒和场所"。巴巴多斯国家虽小,在捍卫加勒比地区和世界的正义与和平方面却不畏强暴,刚正不阿,值得人们钦佩。

中国政府和人民一向关心和支持巴巴多斯人民争取和维护国家独立、捍卫民族权益的斗争。巴巴多斯宣布独立时,我国周恩来总理就曾致电祝贺并表示承认。1977年两国正式建交以来,相互之间的人员和经济贸易方面的往来日益增多,两国间的了解和友谊日益增进。这次亚当斯总理的来访,必将使双方已有的良好关系得到进一步的发展。

纺织部在武汉召开全国纺织工业质量品种会议

参加今年评比的全国各省、市、自治区纺织行业的优良产品共有3212种。有19个省、市、自治区的纺织品获得了名牌。其中,上海纺织品获得名牌最多,有56种,其次是江苏,有28种,北京和天津分别有24种和19种获名牌,继续在全国居领先地位。山东、湖北、辽宁、陕西、四川等地所获名牌数,也比去年大幅度增加。甘肃、广西、安徽、江西、内蒙古、黑龙江等地第一次获得了名牌。

会议于6月21日结束。

全国人大常委会副委员长邓颖超在巴黎分别会见法国总统吉斯卡尔·德斯坦和巴黎市市长雅克·希拉克

国务院副总理王任重在北京会见以阿曼苏丹国新闻部出版印刷司司长纳吉卜·欧曼尔·祖拜迪为首的阿曼苏丹国新闻代表团

中国与联邦德国科研计划管理讨论会在上海结束

中国、联邦德国科研计划管理讨论会在上海结束。我国一些部、委及20多个省、市、自治区的200多名科研管理人员和德意志联邦共和国研究技术部、会计局、德意志研究联合会等部门的8名科研管理专家，参加了这次讨论会。

会议期间，联邦德国专家作了16篇专题报告，从各个方面介绍了联邦德国科研管理的基本情况和成功的经验。两国科研管理工作者还就国家科研管理计划、企业的科研管理、科研管理中的数据处理、科研政策以及科研财政管理等共同感兴趣的问题，进行了广泛的交流和讨论。

《郭沫若遗墨》出版

《郭沫若遗墨》一书在郭沫若逝世2周年的时候出版。宋庆龄副委员长为此书题写了书名。

这是郭沫若第一部带有选集性质的书法作品。共辑录郭沫若所撰中堂、条幅、横幅、对联、扇面、册页等遗墨76帧，其中除较多见的行草外，还有一般读者很少见到的篆书、隶书、楷书等字体。集子中绝大部分书法艺术作品和一些诗文内容均为首次发表。

新疆兴建塔里木河大桥

它是西北地区目前最长的钢筋混凝土大桥，共有80孔，总长1600米；桥面宽9米，两边是人行道，中间能并行两部汽车。塔里木河上没有桥，两岸人民交往和运输全靠渡船摆渡。正在施工的塔里木河大桥，是为了从根本上改善这里的交通兴建的。

6月12日

国务院总理华国锋在人民大会堂同巴巴多斯总理约翰·迈克尔·杰弗里·曼宁厄姆·亚当斯举行会谈

会谈中，双方就当前国际形势交换了看法，对一些地区出现的紧张局势表示关注。会谈表明，两国在许多问题上有着相同看法。

巴巴多斯方面在会谈中赞赏中国主张国家不分大小和强弱，应该一律平等相待的立场，并希望进一步加强巴中两国的团结和合作。中国方面重申，中国坚决支持各国人民反对霸权主义的侵略、扩张和干涉别国内政的立场，坚决支持被压迫民族和人民争取民族独立和解放的斗争。中国方面还表达了中国愿意同巴巴多斯和加勒比地区其他国家发展友谊的愿望。

国务院总理华国锋电唁日本大平首相逝世

中华人民共和国国务院总理华国锋致电日本国内阁总理大臣临时代理伊东正义，对大平正芳首相不幸逝世表示深切的哀悼。电报全文如下：

东京日本国内阁总理大臣临时代理伊东正义阁下：

惊悉大平正芳首相不幸逝世，不胜悲痛，谨代表中国政府和中国人民表示深切的哀悼。

大平首相是国际上富有远见卓识的政治家，是中国人民尊敬的老朋友。他生前为日中两国邦交正常化、为发展两国和平友好合作关系付出了心血，作出了重大贡献。他的逝世是中日友好事业的重大损失。

大平首相去年访问我国和我最近应大平首相邀请访问日本，为迈向21世纪的中日和平友好合作关系奠定了坚实的基础。大平首相说，中日友好不仅是中日两国的共同财富，而且应该成为亚洲和世界的共同财富。我相信，大平首相的这一愿望一定能够实现。中日友好合作关系一定会不断发展并对亚洲和世界的和平与稳定作出贡献。中日两国人民一定能够世世代代友好下去。

谨向大平夫人和家属表示亲切的慰问。

中华人民共和国国务院总理　华国锋

1980年6月12日于北京

国务院副总理邓小平电唁日本大平首相逝世

中华人民共和国国务院副总理邓小平和卓琳同志致电日本国内阁总理大臣临时代理伊东正义，对大平正芳总理大臣不幸逝世表示深切的哀悼。电报全文如下：

东京日本国内阁总理大臣临时代理伊东正义阁下：

惊闻大平正芳总理大臣不幸病逝，不胜哀悼。大平总理多年来为发展日中关系、维护亚洲和世界的和平作出了重大贡献。中国人民将永远缅怀他。

请转致对大平总理的夫人和家属的亲切慰问。

邓小平　卓　琳

1980年6月12日于北京

《人民日报》发表社论《欲速则不达——三论量力而行的指导思想》

量力而行这个十分重要的指导思想，正在被越来越多的人所认识，所赞成。但是，对不少同志来说，原则上赞成这个指导思想是一回事，用这个指导思想解决问题和处理问题又是一回事。有些同志，总是强调本地区、本部门的需要，“你那里调整是压缩，我这里调整是发展”；“你那里要量力而行，我这里要照顾需要”，如此等等。说到底，无非是好大喜功，急于求成。这个问题如不解决，量力而行的指导思想就落不到实处。

长期以来，在“左”的思想影响下，我们经济工作中的一个大毛病，就是片面夸大人的主观能动作用，只讲需要，不顾可能；只凭主观意志，不顾客观条件，盲目追求高指标、高速度。似乎只有高指标、高速度才是马列主义，才是促进派，而实事求是地提出切合实际的指标和速度，则是机会主义，是右倾，是“促退派”。多少年来，正是这种违反客观实际的冒进思想，使我们吃了大亏。主观地追求高指标、高速度，万马奔腾，一拥而上，有的事情即使一时拼上去了，也决然难以为继，最后还是不得不退下来。实践已经再三再四地证明：“欲速则不达。”现在我们的国民经济再不能反复折腾了。我们要求的建设发展速度，应当是扎扎实实的避免大起大伏的速度，是稳定的、持续的速度。这样的速度看起来似乎慢，实际上将是快。

要达到稳定的、持续的发展速度，必须从实际出发，量力而行；必须使国家的建设规模同国家的财力（包括国内可以积累的资金和确实可以利用的外资）、物力（包括生产资料、消费资料）、人力（包括劳动者的数量和质量，以及科学技术水平和管理水平），即同我们的国力相适应。这个适应不适应，是经济稳定不稳定的界限。中央确定在当前实行“调整、改革、整顿、提高”的方针，正是针对我们的建设规模超过了国家财力、物力、人力的可能而制定的。所以，我们定方针，做计划，搞建设，改善生活，都要量一量财力、物力、人力的可能。要盖工厂，就要考虑资金、物资、设备和施工力量的来源，考虑建成后所需的流动资金、燃料、动力、原材料、劳动力和技术力量的来源，还要考虑相应的职工宿舍、生活福利设施和商业服务网点等“肉”和“骨头”的配合问题。在利用外资的建设项目上，也要注意量力而行。借钱是要还的，而且要加上利息拿外汇来偿还。因此，利用外资一定要考虑偿还能力，一定要考虑国内配套的资金和物资、设备的可能；引进技术设备，还要考虑国内的技术力量和管理水平。当前，经济建设中特别要考虑能源问题。由于能源不足，目前有不少工厂开工不足，有相当一部分生产能力发挥不出来。同样，改善人民生活，提高工资，增发奖金，就要量一量需要相应地增加多少消费品，新增的购买力同新增的消费品是否平衡。我们只能是在生产发展的基础上逐步改善人民生活。只有这样，把量力而行的指导思想落到实处，我们的事业才有稳妥可靠的基础，才能立于不败之地。

量力而行的指导思想不但是稳妥可靠的，也是积极有为的，它本身就包含发挥优势、扬长避短、尽力而为的内容。这是鼓实劲，不是鼓虚劲。量力而行要求搞好全局的统一规划和综合平衡。只有统一规划，才能发挥优势、扬长避短；只有经过综合平衡，才能做到有计划按比例地发展，才有切实可靠的高速度。量力，不但量我力之所短，也要量我力之所长，扬我之所长，避我之所短。我国国土大、人口多、底子薄，从这个特点出发，量其所短，因而积累率不可能太高；量其所长，就要考虑到我国自然资源和劳动力资源丰富的特点，尽力发挥这方面的优势。又如办教育事业，要求全国普遍地更快地发展，不能不受财力、物力、人力的限制。但是，如果考虑到各地情况不同，从不同条件出发，一些经济发展快的地区，财力、物力、人力有可能，就可以发展得快一些；反之，那些经济不发达的地区，目前力量不够，就只能是慢一些发展。这样量各地不同之力，允许有先有后，就可以使一部分地区的教育事业先发展起来，早出人才。这对其他地区也是支援。在向四化进军的新的历史时期，党中央提出要根据中国的国情和特点，搞中国式的现代化，这也是从中国的实际情况出发，量中国之力，扬中国之长。毫无疑问，这是一条唯一正确的道路。

好大喜功，急于求成，水多加面，面多加水，过去我们已经吃够了苦头。“吃一堑，长一智。”我们应当认真总结这方面的经验教训，把量力而行的指导思想落实到经济调整和四化建设的各个方面和各个环节上，这是四化建设事业沿着健康轨道前进的重要保证。

全国人大常委会副委员长邓颖超 外交部部长黄华分别电唁日本大平首相逝世

全国人大常委会副委员长邓颖超和黄华外长分别致电日本国内阁总理大臣临时代理伊东正义、日本国外务大臣大来佐武郎，对大平正芳首相不幸逝世表示深切的哀悼。

全国人大常委会副委员长邓颖超在巴黎中国大使馆举行答谢宴会

在答谢宴会上，邓副委员长讲话，谈到中国人大代表团同法国国民议会领导人和议员们的会谈。她说：“这些交谈进一步加深了彼此的了解。这不仅有助于加强两国议会之间的友好合作,也必将促进中法两国各方面关系发展。"

国务院副总理姬鹏飞在人民大会堂会见并宴请委内瑞拉争取社会主义运动总书记庞佩约·马盖斯和夫人

对外友协在北京举行招待会招待外国学者

中国人民对外友好协会今天晚上举行招待会,招待参加正在北京举行的中国和南亚学者学术讨论会的外国学者。

斯里兰卡《道路社》社长钱德拉·索伊萨和来自孟加拉、印度、马尔代夫、尼泊尔、巴基斯坦、斯里兰卡六国的学者20人出席了招待会。

王炳南会长代表中国对外友协,对参加讨论会的外国学者们表示热烈欢迎。

中国制成的大坝内部检测和数据处理系统为开发水利资源和水坝科研提供了先进工具

我国第一套"JCS—1型"大坝内部仪器自动检测及计算机数据处理系统,已由中国科学院成都计算站的科研人员研制成功。今年1月交付试用以来,效果良好。

过去,为了监督水电站大坝安全情况,都是人工背着沉重的仪器到坝内几十米深的廊道里检测,既费力,又费时,速度慢,精度差。"JCS—1型"系统研制成功,根本改变了这种状况。这套系统分为计算机数据处理和自动检测装置两大部分,通过电缆同坝内的检测传感器相连接。它具有灵活的检测处理方式,既可巡测,也可选测,检测精度超过万分之一,并通过专用软件可对混凝土内温度、渗透压力、应变、应力、接缝变形以及主应力等进行计算。这套系统使用方便,易于掌握,显著地改善了劳动条件,提高了效率。它为我国开发水力资源、大坝的科研提供了先进的工具,对于指导今后大坝设计、施工都有重要作用。

《人民日报》发表经济学家千家驹的文章《关于改革大学教育体制的一点意见》

《人民日报》开展"关于教育工作的讨论",这很好。就高等教育体制的改革问题,我谈一点意见,供大家参考。

新中国成立初期,我国在举办高等教育事业方面,强调过要学习苏联的经验,这在当时是必要的,也取得一定的成果。但是不能否认,学习苏联有片面性与盲目性,如理工科分家,专业划分过细等等。这些经实践证明都是不够妥当的。苏联在十月革命以后,因为形势的需要,着重抓科技人才,搞了庞大的科学院,形成科学院搞科研,大学搞教学,科研与教学脱节。我们亦照此办理,影响了培养高级人才的质量。发达的资本主义国家,基础科学与应用科学的理论研究,基本上在高等学校进行。我们认为,高等学校应该是教学中心,又是科研中心。高等学校是研究的重要方面军,它不仅要出人才,出科研成果,还要回答生产中提出的技术问题和各个学科提出的重大基础理论问题。科研在高等学校不是可有可无,而是必不可少。从某种意义上说,要提高教学质量,教师必须搞科研。照本宣读,"上课记笔记,下课对笔记,考试背笔记"的方式必须抛弃。如果教师不作科学研究,就不可能有启发式教学,也不可能使学习生动活泼。高等学校不同于中小学之处就在于不仅要传授知识,而且要探索新的知识领域。培养出来的人才不仅要有知识,还要有科学研究的能力。因此理工不能分家,教学与科研也不能分家。南京大学校长匡亚民同志到国外考察回来后说:"50年代我国进行的院系调整,理工分家,综合大学变成独立学院的做法是根本违反教育规律的。这一点我们不如资本主义国家,他们按教育规律办事。现代科学是向边缘科学发展,去年我到国外参观,他们说理工只能给人以知识,不能给人以智慧,强调学理工的还要加人文科学,理工学院要办文科专业,要学文科,人家在改变。"同时,文科学生也应该读些理科课程。

所以教学与科研不能分,理科与工科也不能分。关于这个问题,50年代即有争论。马寅初先生是主张大学既搞教学又搞科研的。他主张以科研成果教学生,这样科研才能不断有生力军补充进来,郭沫若同志则主张科研应由科学院专门去搞。双方互有争论,毛主席曾约马老、郭老和杨秀峰同志(时为高教部部长)一起谈了一个晚上,结果各论各的。实践是检验真理的唯一标准,看来马寅初先生的意见还是比较正确的。

当然也不要勉强把每个大学都搞成两个中心,要看具体条件,有条件的搞,没有条件的不搞。据说美国有3000多所大学,也只有300所既搞教学又搞科研。1957年,民盟几个朋友(曾昭抡、华罗庚、童第周、钱伟长与我),曾在《关于科学体制问题的几点意见》中对科学院、高等学校和业务部门的研究机构如何分工协作问题,提出过几点具体建议。我们主张:"(一)科学研究工作除少数必须集中外,应尽可能把研究工作'去就人',科学家在那里,研究工作就放在那里,不一定要摆摊子,主要要把工作真正搞起来,同时也应从全局观点,以协商方式来考虑各部门间彼此的需要,予以适当安排。这样才能取长补短,互助互利,并且要互通有无,互相兼职,互相聘为学术委员会委员等办法(只兼业务职,不兼行政职),来解决一部分人少事多的矛盾。(二)分工上,业务部门的研究工作应以当前业务上亟须解决的问题为主,科学院的研究工作应以科学上的基本问题和全国性、综合性的问题为主;高等学校的研究工作可以多样性,面也可以广泛些,包括科学上的基本问题,有关教材上的问题,解决生产实际问题等,应视各学校具体情况来决定。”殊不料这一意见,竟被视为“反党反社会主义”的科学纲领而受到批判,这一意见我今天仍认为基本上是正确的,值得有关部门认真考虑。

其次,应该实行学校后勤工作的专业化与社会化。目前我国的大学机构庞大,人员臃肿,要管所有教职员工的生老病死,衣食住行,这就不能不削弱了大学的中心任务——教学与科研的贯彻执行。我国的大学既要办研究院,又要办托儿所、幼儿园;既要办职工食堂、学生食堂,还要办家属食堂与饮食店;既要有职工宿舍、学生宿舍,还要有家属宿舍。不但如此,为了应付各式各样的会议,还不得不设招待所。许多学校还有外事工作,于是不得不设外籍专家宿舍。总之,学校成为一个庞大的服务公司,任务之繁重与复杂,远远超过一个县政府。学校有统战部、保卫处、外事部门,以及泥工、金工、木工、电工等等。这样还哪儿有精力搞教学与科研工作呢?有朋友告诉我:某大学党委第一书记对他说,调到学校半年来,接待群众达100多次,都是谈衣食住行等生活问题,从未有人与他谈过教学与科研工作。他的全部精力都陷在生老病死、吃喝拉撒睡这些日常事务中。

要把大学办好,就必须让学校行政当局从这些生老病死、衣食住行的事务性工作中解脱出来,把这一切包袱都卸掉。职工宿舍、住宅可交由城市房管局接管、收租和维修。食堂和饮食店,可交由饮食业承包,学校仅提供房屋。招待所可由旅馆业承担。扩大商业服务网,既能解决一批就业问题,还可促进提高这些方面的服务质量。总之,与教学、科研工作无直接关系的后勤工作都是“不务正业”,应尽量移交其他有关部门。当然,这样做在具体工作上有许多实际困难,例如学校是事业单位,对教职员工的收费标准,一般低于商业性行业,而后勤工作移交商业部门后,将变为企业单位,营业中必须提取一部门利润,因此收费标准就会高于事业单位。还有其他一些房屋、设备、领导管理等一系列问题,但这些决不是不能解决的。而且学校不搞社会服务工作在外国与我国解放前都有先例可循,用不着我们创造新经验。

要把大学办好,还急需紧缩机构,裁并一切与教学、科研无关的人员。我国大学机构臃肿,人浮于事,在世界各国均无先例。世界各国大学教职员工与学生的比例一般为一比二十,我国则为一比二,甚至一比一。某大学设校长、副校长9人,党委书记、副书记9人,其中有一人而二任的,总之光是领导班子就有十五六人之多。一方面是人员过多;另一方面是真正担任教学科研工作的教师又太少。像这样的大学真是史无前例的,不把这些不相干的冗员裁减,我敢断言办不好大学。应该把教职员工与学生的比例严格限制为一比二十,最多一比十五。例如10000名学生,教职员工的编制只能有500人,至多700人。把学校的后勤工作专业化、社会化以后,裁减员工是完全可以做到的,问题在我们有无实行改革的决心与魄力。

大学应恢复学分制度,这是各国大学行之早有成效的一种制度。还应该允许学生转系,转专业。一个学生考入某系或某专业,后来觉得不合适,要求转系或转专业,这是很平常的事。鲁迅与郭沫若原来都学医,后来转为学文艺,成为名闻中外的文学家,这是众所周知的事。对于不合格的学生,可以实行淘汰制,要求考入大学的每个学生100%毕业,是不符合客观规律的。

应该提高大学校长的独立自主权(人、财、物),应有解聘教职员工以及开除学生之权。至于党委领导下的分工负责制,如何避免党、政不分,机构臃肿的问题,可另作专题研究。

在发展高等教育中,还必须尽快改变目前严重存在的重理轻文的错误倾向。为了搞四化,我们重视自然科学是对的,但不能因此而重理轻文。应该指出,重理轻文是一种极为短视的功利主义思潮。要提高整个中华民族的科学文化水平,文科是基础,应该把人文科学放在它应有地位。文科包括语文、历史、地理、政治、经济、法律知识、社会学、形式逻辑和辩证逻辑、文艺、音乐、美术等等。不能设想:一个数典忘祖,不了解本国的历史、轻视自己文化传统的民族,能够成为一个现代化的文明国家。此外,还有许多边缘科学,介于社会科学与自然科学之间,亦非理科所能包括。现在许多人还没有认识到重视数理化不重视文科所造成的严重后果。这是十分令人遗憾的。

6月13日

中共中央主席华国锋电贺斯特万·多罗尼斯基当选南斯拉夫共产主义者联盟中央主席团主席

中国共产党中央委员会主席华国锋同志打电报给斯特万·多罗尼斯基同志,衷心祝贺他当选为南斯拉夫共产主义者联盟中央主席团主席。电报全文如下:

贝尔格莱德南斯拉夫共产主义者联盟中央主席团主席斯特万·多罗尼斯基同志:

在您当选为南斯拉夫共产主义者联盟中央主席团主席的时候,我谨向您表示最衷心的祝贺。祝您在工作中取得新的成就。祝南共联盟领导南斯拉夫人民在发展社会主义自治制度、加强各民族团结友爱、捍卫国家独立和坚持不结盟原则的斗争中，取得更大的成就。祝中南两党、两国、两国人民之间革命友谊和合作进一步发展和加强。

中国共产党中央委员会主席 华国锋

1980年6月13日于北京

国务院总理华国锋和巴巴多斯总理亚当斯在北京继续会谈并签署中华人民共和国政府和巴巴多斯政府文化协定

双方就进一步加强两国在经济、贸易、文化、体育等方面的合作关系和共同关心的其他问题交换了意见。双方共同认为，两国领导人的会谈增进了彼此间的了解和友谊，对促进今后两国关系的发展是很有益的。

文化协定规定：缔约双方应鼓励和支持两国的有关机构在文化、教育、科学技术、卫生、体育、出版和新闻、广播、电影、电视等方面的交流和合作。协定有效期为5年，但可以自动延长。

国务院副总理邓小平在北京会见由马文·瓦克曼校长率领的美国费城坦普尔大学代表团

会见时，邓小平对美国朋友说，坦普尔大学是最早同我国学术机构建立联系的美国大学之一。早在1972年，瓦克曼校长就支持牛满江教授同我国科学院进行合作研究，取得了很好的成果。

《人民日报》发表评论员文章《共产党员要讲真话》

我们共产党人是辩证唯物主义者。实事求是，是我们党的思想路线的根本之点，又是我们党长期形成的优良作风。坚持讲真话，不讲假话，是一个涉及共产党员政治品质的问题。《关于党内政治生活的若干准则》把“要讲真话，言行一致”列为一条党规党法，全党同志必须严格遵守。这不论对于搞好党的建设和搞好四化建设，都是十分重要的。

共产党员要讲真话，本来就是党的规矩、党的传统。我们党总是教育党员说老实话，做老实事，当老实人。毛泽东同志说过：共产党“靠实事求是吃饭”。党的八大通过的党章，在党员义务中特别列出了一条：“对党忠诚老实，不隐瞒和歪曲事实真相。”党中央制定并且多次重申的《党政干部三大纪律八项注意》，也明确规定要“如实反映情况”。长时期来，广大党员也都是这样做的。因此，党在群众中享有崇高的威信。

但是，20多年来，党的这个好传统遭到两次严重破坏。一次是50年代末60年代初。由于我们在经济工作的指导上急于求成，不顾客观可能，盲目追求高指标，刮起了一股“浮夸风”。这股“浮夸风”加上“瞎指挥”和“共产风”，使我们的经济建设受到重大挫折。另一次是“文化大革命”期间。林彪、“四人帮”一伙奉行“政治斗争无诚实可言”、“不说假话办不成大事”的反动政治哲学，在他们的毒害和影响下，说假话、作假汇报、搞假现场、造假典型、编假历史、写假报道之风大肆泛滥。在长达十年的时间里，假话充斥全党，充斥从政治到经济、到文化的社会生活各个领域。党的实事求是作风严重败坏，党的威信大降，社会主义事业遭到空前的摧残。在这里应当指出，50年代末60年代初的那股“浮夸风”，本报曾起了推波助澜的很坏的作用。“文化大革命”中，由于林彪、“四人帮”一伙篡夺了报社的领导权，《人民日报》更是假话连篇，贻害全国。

粉碎“四人帮”以后，特别是党的十一届三中全会以后，我们党坚决恢复实事求是的优良传统，逐步扭转了讲假话的恶劣作风。三中全会、四中全会、五中全会都是说实话、办实事的会议，为全党带了个好头。现在那种“理直气壮”地说假话，“光明正大”地说假话，说了假话不以为耻反以为荣的人，已大为减少了。但是，讲假话的风气远没有绝迹，在某些单位还很严重。这不仅表现在日常工作中，有人夸大成绩，粉饰缺点，弄虚作假，欺上瞒下；不仅表现在落实政策中，在经济调整中，在执行财经纪律中，有人隐瞒或封锁真实情况；不仅表现在新闻报道中，例如本报，还不时出现虚假的报道；尤其表现在有的地区和单位的领导人，对待历史和现状至今无实事求是之意，明明过去长时期内搞了一套极左的东西，总结经验教训却讳言一个“左”字，明明当前工作中存在着不少问题，甚至很严重，却偏偏大谈成绩，大谈自己一贯正确。这些同志自己讳疾忌医，不说真话，也影响到下面同志不敢如实指出工作中的问题，不敢对今后如何办提出中肯的意见。这样的同志又往往喜欢说大话，根据主客观条件明明是短期内办不到的事，偏要吹出去。这其实也是一种假话，因为那是兑不了现的，说话的人也不准备去兑现。由此可见，现在党中央重申共产党员要讲真话，很有必要。假话不除，党风难正。无论哪一个地区、哪一个单位，假、大、空那一套如不坚决纠正，那里要实现四化就会困难重重。

讲真话，包括两方面的要求。一是要如实反映情况，就是要尊重事实，按照事物的本来面目反映情况，一就是一，二就是二；好就是好，坏就是坏；人民群众对党和政府的工作有什么意见和要求，就说有什么意见和要求。只有这样，各级领导机关才能了解真实情况，并据以定出正确的方针、计划。过去盛行的那种迎合领导意图来汇报情况的风气，必须根绝。尊重事实，也包括尊重历史。如果我们不能按照历史的本来面目对待历史，就不可能总结出真正的经验教训，在今后的工作中就会重复曾经犯过的错误。在这方面我们吃过很多苦头，不应当忘记过去的教训。

讲真话的另一个要求，是不隐瞒自己的观点。就是说，对党要讲真心话，不讲违心的话。这是使党的生活健全起来的必不可少的条件。共产党员以革命利益为第一生命，应该襟怀坦白，光明磊落。无论对党的政策、党的工作，还是对党的领导、党内同志有什么意见，都要选择适当的场合，开诚布公地说出来。只有广大党员勇于提出问题，发表意见，批评缺点，党内民主才能发扬，党的生活才能生气勃勃，党的领导才能集思广益、少犯错误。在原则问题上模棱两可，调和折中，不是对党和人民负责的态度。看领导脸色行事，任何时候都“一边倒”，只能助长“一言堂”。而“一言堂”对党的生活和党的事业的危害，是大家都有深刻体会的。130多年前，马克思和恩格斯在《共产党宣言》中就说过：“共产党人不屑于隐瞒自己的观点和意图。”这句话，今天仍然应当是我们的座右铭。

讲真话，不讲假话，是对共产党员最起码的要求。但是在任何时候、任何情况下都做到这一点，并不是很容易的。一般说来，在党的生活比较正常的情况下，讲真话还比较容易；而在党的生活不正常的情况下，讲真话就不那么容易。但是，恰恰在这种时候，最需要广大党员坚持真理，坚持原则，敢于讲真话，而决不要屈从权势，迎合潮流。能不能这样做，是对一个共产党员党性的严峻考验。20多年来的历史表明，我们许多优秀党员，有高级领导干部，也有像张志新那样的普通党员，是经受住了这样的考验的。但是，也有不少党员没有能够经受这样的考验，这不能不是一个深刻的教训。现在，我们党的生活已经日益走向正常，但是，某些地区和单位党内生活不正常的情况，还是不同程度地存在着，党内还是有人不喜欢听真话，甚至给说真话的人坐冷板凳、穿小鞋或者公然压制。每一个党员仍然要准备接受考验，在原则问题上，在关系党和人民利益的问题上，在正确总结历史经验、搞好四化建设这样重大的问题上，一定要挺身而出，敢讲真话。

要在全党造成讲真话的空气，不仅要求广大党员说真话，尤其要求领导机关和领导干部听真话。各级党的领导机关和领导干部，首先是高级领导机关和领导干部要做实事求是的模范，这是关键所在。要看到广大党员是愿意讲真话的。

有些人所以说假话，除了本身的问题外，与领导干部思想作风不正有很大关系。“上有所好，下必甚焉。”你热衷于搞高指标，下面往往就虚报产量。你只愿意报喜，下面往往就不报忧。你只爱听顺耳话，下面往往就顺风倒、顺竿爬。所以，领导干部应当鼓励下级同志讲心里话，允许提不同意见，讲错了也不要紧，坚持三不主义。有的领导人口头上也这么说，实际上听不得不同意见，听了就不高兴。这只能证明，他们要听真话是假的，或者是半真半假的。这种态度应当改变。刘少奇同志曾经说过，领导干部要善于听闲话。这是很对的，因为闲话里面往往包含着人们想说而不敢说或不愿说的真话。我们不提倡背后说闲话，但是，作为领导干部，听到闲话不是火冒三丈，而是善于分析，却可以收到了解真情、改进工作的效果。

为了在全党造成说真话的风气，应当采取正确的政策，做到赏罚分明。若干年来，说真话的倒霉，说假话的升迁，不但有“闹而优则仕”，而且有“吹而优则仕”，“拍而优则仕”，这种是非、荣辱的颠倒，是假话盛行的一个重要原因。现在是坚决纠正这种现象的时候了。从每个党员来说，说老实话、做老实事是理所当然的，不应当考虑个人吃亏不吃亏的问题。从组织来说，从上级来说，却应当不使这样的同志受委屈，要热情地鼓励说真话的同志，即使某些话说得不恰当，也不要挫伤他们敢说真话的积极性。要信任他们，支持他们，鼓励他们。党的纪律检查机关尤其负有责任，保护那些敢于讲真话的同志不受打击报复。党组织对于那些爱说假话的人，决不要重用他们，而要批评教育他们；情节严重的，还要给以处分。凡是弄虚作假骗取到的荣誉、地位、奖励，都应当取消或收回。让说假话的人占便宜，得好处，无异于提倡和鼓励人们说假话。是非分明、功过分明、赏罚分明，才有利于发扬正气，克服邪气。

培养一个好的风气是不容易的，破坏起来则是比较容易的。要把诚实之风恢复到革命战争时期、新中国成立初期，还需要全党上下进行顽强的斗争。每一个正直的共产党员都应当为此而努力。我们一定要抓住讲真话、不讲假话的问题，把党风进一步整顿好，进而把整个社会风气整顿好。

我国各民主党派发展了一批新成员

《人民日报》报道，各民主党派于去年10月分别召开了全国代表大会，选出新的领导机构。他们协助政府落实各方面政策，发动成员和他们所联系的人为四个现代化贡献力量，并为争取台湾归回祖国等方面发挥了积极的作用。为了进一步开展工作，各民主党派从去年年底以来又发展了500多名成员。

《人民日报》转发《工人日报》特约评论员文章《发挥职工积极性的若干问题》

（一）发挥积极性的问题要从生产关系以至全部社会关系来考察

发挥劳动积极性从根本来讲，是一个生产关系即生产、流通、分配、消费诸方面的关系问题。因此，研究社会主义社会的劳动积极性问题，是决不可离开整个社会的经济关系的。

同时还应看到，生产关系以外的其他社会关系对于劳动积极性的发挥所产生的影响作用，主要为来自上层建筑方面的因素，如国家、法、意识形态，等等。再者，多种形式的宣传教育工作的力量也很重要。此外，还有一点要提及，人都是有各自的性格、爱好、习惯、志趣的，除了需要供消费的各种物质资料，往往还希望发挥自己的特长，保持自己的风格，实现自己的抱负，当取得一定成就时受到社会的承认和尊重。在社会主义国家里，个人的这些属于精神方面的要求能否合理地给予满足，与积极性的发挥也有很大的关系。

总之，发挥劳动积极性的问题是一个涉及很广的、有多种因素交织其间的重要问题。一个社会主义国家政治制度完善的程度、经济关系合理的程度、思想文化发展的程度、道德和社会风尚是否良好等等，都能在这个问题上有所反映。可以说，劳动积极性是整个社会关系的一个综合的、灵敏的显示仪，一般地说，社会关系中生产关系对积极性的影响又更基本、更直接。当然在一定时期，政治的、思想的原因也可能发生很大的作用。一些同志认为三年多来关于如何发挥职工积极性的讨论，就是辩论"'政'书记挂帅还是'钱'书记挂帅"的问题。如果所谓"钱"书记挂帅是指的要贯彻物质利益原则，反对林彪、"四人帮"所鼓吹的空头政治，还是有一定的积极的意义。然而，社会的利益关系是由各方面关系所构成的总体，远非一个"钱"字所能概括。仅从钱上，我们并看不出它体现怎样的经济关系，举例说，看不出它是依据劳动量来付给的还是平均分配的。所以，由哪个"挂帅"的说法，未免过于简单，不能算作科学的命题。我们讨论如何发挥积极性这样重大的问题，首先应该将之置于生产关系以至全部社会关系的高度，从总体上加以把握，然后对其主要的方面进行具体的分析。

（二）企业之间必须建立等价交换的商品经济关系

在社会主义商品经济中，企业作为商品生产的主体，具有自己一定的独立的经济利益。企业利益在发挥劳动者积极性这个问题中有着很大的重要性。在实行商品等价交换的条件下，一个企业的个别劳动量，就是联合在该企业中的所有劳动者提供劳动量的总和，这个企业所获得的劳动补偿除去应集中到国营经济总体的部分外，也就是该企业所有劳动者收入的总和。如果该企业付出的个别劳动量低于社会平均标准，企业就能较多地盈利，每个劳动者也就能够得到较多的收入。反之，企业亏损，劳动者也都少得。而企业的个别劳动耗费所以高于或低于社会平均水平，排除客观的因素外，决定于该企业全体劳动者劳动的数量与质量。这里面包括工人的勤勉与否，技术人员的刻苦钻研与否，管理者的经营好坏等等因素。为了企业利益即本企业成员的利益增进、再增进，联合体必然经常呈现紧张、奋发的状态。提高产量和质量、降低消耗、加速周转、革新技术、完善经营管理等目标，必然强烈地吸引着这部分劳动者，有力地激发着他们的兴趣、热忱，把蕴藏在他们中间的创造潜能源源不断地召唤出来。企业利益对于劳动者来说是非常实际、非常具体、非常敏感的东西。它同劳动者个人息息相关、荣枯与共。人们可以清晰地看见它、真实地触到它，用群众常说的话"是贴得紧、够得着的"，它能够促使劳动者积极性充分发挥的奥秘正在这里。代表全社会利益的国家利益尽管应当占首位，具有不可丝毫忽视的重要性，但是如果缺少企业利益作为中介，国家利益不能充分地在千千万万劳动者的个人利益中得到体现，那么对劳动者个人来说，就毕竟离自己远了一些，似乎难以挂上钩。因此谈劳动者的积极性是决不可脱离企业利益的，否则这个积极性必然会因缺少真实的对象性而不能得到应有的发挥。

需要强调指出的一点是，企业具有独立的经济利益是商品生产关系的概念。既然是商品生产者，不言而喻，必须有自己独立的资金循环和周转，有决定自己生产、流通、分配等经济活动的一定的权利。在社会主义国营经济中，企业作为劳动者的联合体，在接受国家计划和其他方针政策指导的同时，日常的一些经济活动的决策由本企业的劳动者们作出（当然是集体的才智而非哪个人的意志），他们能够支配和控制为他们占有的劳动的物质手段、劳动过程以及劳动成果，由此真正感到是企业的主人，自然而然地表现出极大的积极性。这里相当关键的是，企业要名副其实地具有商品生产者的相对独立地位，凡属于企业自己的事情，都应该由他们自己讨论决定。这样，国家、集体、个人利益统一起来，劳动者当家做主管理企业的权利，才不是一个空洞的原则，而是活生生的事实。

保证各个企业的利益丝毫不意味着可以忽略国家利益。国家在国民经济的方向、目标、速度、重大的比例关系等方面的计划调节对于整个社会生产经常地、自觉地保持平衡，对于企业的发展和企业的利益是完全必要的、不可缺少的。而且企业收入的一部分由国家集中起来，除投资建设一些大型骨干项目外，相当的部分用以发展城市公用设施，举办文化、卫生、教育事业以及国防建设，目的还是满足广大劳动者的需要。显然，这些都是使人们更加健康愉快、精力充沛地走上劳动岗位所不可缺少的。

（三）企业内部必须贯彻按劳分配原则

商品等价交换关系承认企业间的利益差别，保证各部分劳动者的利益能够实现。然而，在企业内部，由于每个劳动者提供的劳动量（包括质折合为量）不等，他们彼此的利益也还是有差别的。这是复杂劳动与简单劳动、熟练劳动与非熟练劳动的差别，它完全取决于各人的勤勉程度、特别是劳动能力。实行按劳分配就是承认这种差别。因此，决定劳动者积极性发挥的因素，从生产关系来说基本是两方面的因素。商品等价交换为其中之一。为了便于说明，我们在前一节将之抽出来单独作了分析。事实上，只有把另一因素即按劳分配加进来，即在实行等价交换的同时贯彻按劳分配，论述才是完整的。

粉碎“四人帮”以后，按劳分配的原则受到重视。但是，无论是在基本工资方面，还是奖金方面，那种劳动的差别与报酬的差别不相适应的现象仍然未能全部消除。我们多年来所实行的工资制度中，存在着不少不合理的东西，使得职工的劳动积极性受到很大的影响。逐步改革工资制度是贯彻按劳分配的一个重要的方面。从奖金方面来说，一年多来由于恢复了奖励制度，广大职工的积极性得到了较好的发挥，这是无可否认的事实。但是奖金在发放过程中也出现了不少混乱的现象，而这种混乱又是与奖金问题上的平均主义观点有直接的关系。

关于奖金的本质，目前存在着两种似是而非的说法：一种是“奖金是物质鼓励的一种形式”；另一种是“奖金实质上是针对我国目前职工工资过低的状况而发放的一种经济补助”。这两种说法都没能揭示奖金的本质。

奖金是对超额劳动的报酬或奖励。一个劳动者得奖或不得奖的差别，就在于他是提供了或是没有提供超额劳动；得奖多少的差别就在于提供超额劳动的多少。把奖金笼统地说成是物质鼓励的一种形式，不指明它是对什么样的劳动的鼓励，那么，凡属工作得好的职工都能够得奖。而工作得好或不好，离开了超额劳动这个客观的依据，就无法加以科学的测定。这在实际中势必会导致奖金发放的范围任意扩大，发放的数量失去控制。有些单位打着“物质鼓励”的招牌滥发奖金，实际上是利用了这种理论上的混乱。如果把奖金看成是对低工资职工的一种经济补助，那么，除了表现太坏的职工外，大家都有一份奖金，这种奖金实际上是变相的附加工资。基本工资过低应当随着生产的发展逐步加以解决，但是决不能用把奖金变为附加工资的办法来解决。奖金和“经济补助”根本是两回事，它们的性质和作用是截然不同的。为了照顾职工生活困难而发放的经济补助属于社会救济，主要根据生活状况发放。奖金是劳动报酬的一种形式，它必须排除超额劳动以外的任何标准或条件。劳动者家庭生活困难与否，本人工作年限的长短或觉悟的高低，都不能成为得奖的条件。劳动者在超额劳动面前一律平等，只有这样，才能激励人们努力向上，竞相提供超额劳动，从而收到奖励先进、增加生产的效果。

还有这样一种论调：按劳分配理论上是对的，但实际上行不通；平均主义理论上是不对的，但合乎我国的“国情民意”，能够调动全体职工的积极性，实际上行得通。这种论调等于否认了按劳分配理论的正确性。所谓按劳分配不符合“国情民意”，在实际中行不通的根据，无非是什么国家财力物力有限，定额不科学，多劳多得会损害职工内部的团结等。这些论据也是站不住脚的。国家的财力物力总是有限的，而不是无限的。正因为国家目前财力物力较紧张，更有必要把好钢使在刀刃上，使一部分职工由于劳动得好而收入先多一些，生活先富裕一些。这样就会带动其他职工向他们学习，使积极性得到普遍发挥，从而促进整个国民经济的发展，使国家和人民尽快地都富裕起来。否则，国家穷就搞平均主义，平均主义势必挫伤职工积极性，职工无积极性，生产上不去，这样国家就会更穷。如此恶性循环，我们就将长期不能摆脱贫困。定额不科学，也不能成为平均主义的理由。不科学的定额要加以改进，应该积极地去创造改进的各种条件。所谓按劳分配会损害职工内部团结的说法，也是不正确的。前一段有些单位搞评议奖金，在评奖的过程中出现过争得面红耳赤，甚至互相揭短的不良现象，影响了职工内部的团结。这种现象的出现是由于评议奖金这种形式或方法不对头。把评奖改为计奖以后，发奖有了超额劳动这个客观的依据，那种争吵揭短的现象也就消失了。

（四）政治上层建筑的调整和完善也是十分重要的方面

社会主义经济的成员，同时又是社会主义国家的公民，他们能否充分享有各项民主权利，在行使这些权利时，能否切实受到法律的保障，都在很大程度上影响到劳动者是否精神舒畅、意气风发。党政部门以及基层单位的领导职务是否由能力强、作风正、受群众信任和拥护的干部担任，群众是否有权对其实行监督，必要时将其罢免，与劳动者积极性的发挥也是密切相关的。

目前在我们的干部队伍中存在着一些不容忽视的现象。例如：有些干部不懂业务不会管理，习惯于瞎指挥，使所在企业的生产长期上不去，群众看了泄气；

有些干部用私人，走后门，官僚主义严重，不关心群众疾苦，自己生活上却搞特殊化，群众觉得憋气；还有些干部称王称霸，压制民主，对与自己意见不同的职工用“穿小鞋”之类的不正当手段泄私愤、图报复，群众感到受气，等等，都程度不同地影响着职工积极性的发挥。因此，我们应该认真地在一定范围实行企业领导干部民主选举制，按照党的“德才兼备”的干部标准，把那些优秀干部选上来，把不称职的干部选下去。广大职工实现了自己的民主权利，必然会以主人的姿态努力劳动，管好企业。可以说，加强干部队伍的建设与改革干部制度是坚持和改善党的领导的重要方面，它对于劳动者积极性的发挥有重要意义。

劳动者明确意识其利益所在，劳动的兴致与干劲自然大得多。所以，思想上的启发和通过某种活动的诱导，以及典型事例的示范都起着相当的作用。社会主义实行等量劳动相交换，参与社会主义经济的劳动者是否清楚地懂得劳动多少与利益(包括眼前利益和长远利益，个人利益和社会利益)大小的一致，对于他们努力贡献聪明才智、尽量发挥主动性与创造性关系是很大的。而要懂得这些，除了他们在生产和分配的实践中切身感受和体验以外，运用舆论工具进行宣传鼓动，通过思想工作加以教育引导，也是十分必要的。

在新的历史时期，企业的思想政治工作不是可以削弱，而是必须大大加强，这是肯定无疑的，不可动摇的。但是，首先必须从过去的“以阶级斗争为纲”转移到为社会主义现代化建设服务的轨道上来。现在我们的企业思想政治工作的一个经常性的任务，就是保证按劳分配原则在客观条件允许的限度内得到贯彻执行。我们不能把加强思想政治工作和实行按劳分配对立起来，认为加强思想政治工作就是为了限制、抵消按劳分配。按劳分配涉及劳动者的切身利益，它在贯彻过程中一定会出现各种各样的思想和行为，对于正确的、先进的思想和行为要总结、表扬、推广，对于错误的、落后的思想和行为要批评、帮助、教育。思想教育和宣传工作做好了，实行按劳分配就有了一个良好的思想条件。

进行思想政治工作必须切实纠正目前仍然存在着的简单化和形式主义的弊病。有些同志一提起思想政治工作，就是老一套，开会、学习、作大报告，讲一通大道理。当然，必要的会得开，正确的道理要讲，但思想政治工作的路子要越走越宽，内容要丰富多彩，形式要生动活泼，要提高它的实际效果。现在有些情况和解放初期有所不同，职工的文化水平提高了，收音机、电视机、报纸杂志得到了普及。如果我们的宣传教育工作还是停留在简单地重复职工能够自己了解的道理或知识上，群众就不爱听，这种宣传教育就没有吸引力。我们要根据新的形势、新的任务和新的特点，向群众提供有益于四化建设的精神食粮，开阔他们的视野，坚定他们的信仰，鼓舞他们的斗志，带动他们为实现工人阶级的远大理想而努力奋斗。杜绝那些不受群众欢迎的大话、空话、套话和过时的、错误的话。另一方面，要针对每个职工的特点，有的放矢地做好职工的思想教育工作。我们不仅要善于解除职工身上的“思想包袱”，并且要千方百计解决他们急需解决的实际困难。这样做了，思想政治工作才能如春风化雨，点滴入土，真正收到实效。此外，职工群众往往是用教育者本身的行动来判断教育者所宣传的道理的价值的。因此，从事思想政治工作的同志要以身作则，要求群众做到的，自己首先做到。

首都经济学界部分人士认为经济工作要把讲求经济效果放在首位

《人民日报》报道，首都经济学界部分人士最近在一次经济效果问题座谈会上提出，各项经济工作都要把讲求经济效果放在首要地位，大而至于国民经济计划的制订，经济结构的调整，经济体制的改革，小而至于某项建设方案的选择，个别企业经营管理的改进，都必须以经济效果的有无、大小来权衡其可行性。

这次座谈会是中国社会科学院经济研究所、《经济研究》杂志编辑部联合召开的，着重讨论了讲求经济效果与实现四化的关系，探讨了我国长期以来经济效果差的原因，以及如何提高经济效果等问题。参加座谈会的一些同志指出，过去把讲求经济效果当作资本主义来批是错误的。社会主义公有制的建立，对迅速提高经济效果不但提出了更为迫切的要求，而且提供了资本主义社会不可能有的可能性。社会主义基本经济规律所包含的目的和手段两个方面的完满结合，也只有通过好的经济效果才能表现出来。

与会者列举过去经济工作中经济效果差的事实，说明讲求经济效果同当前四化建设有着极其重大的关系。1979年全国每百元工业产值提供的利润和税金只有16.5元，比1964年的24.3元低1/3。“四五”期间平均建成一吨钢的综合生产能力需要的投资，比“一五”期间平均高80%，煤则高一倍多。我国的能源消耗与日本差不多，但生产的工业产品只及日本的1/4。由此不难看出，如果克服浪费，降低消耗，努力把经济效果提高到国内历史上的先进水平，并进一步赶上国外的先进水平，就一定能大大加快四化建设的速度。

怎样提高经济效果？座谈会的参加者分析了我国过去多年来经济效果差的原因，认为除了政治上要保持安定团结，经济上要调整结构、改革体制和制定必要的责任措施外，还必须扫除一些思想障碍，如不量力而行的急于求成的“左”的思想，自给自足、自成体系的自然经济思想，算政治账不算经济账的思想等。大家指出，长期以来造成经济效果差的一个主要原因，同一个“急”字很有关系。由于急于求成，不恰当地把“高速度”作为社会主义建设的“灵魂”，主观主义地制定高指标，提取高积累，结果欲速则不达，造成国民经济比例严重失调，带来社会劳动的巨大浪费。特别值得注意的是，上述指导思想在50年代末期的“大跃进”中曾经碰了壁，但后来又继续反复出现。因此，大家认为，要好好总结经验教训。

在探讨考核经济效果问题时，许多人提出，既要考核个别企业的微观的经济效果，更要考核整个国民经济的宏观的经济效果。微观经济效果是宏观经济效果的基础，这一点不能忽视，但是宏观经济决策是正确还是失误，影响远为重大。大家说，计划不周造成的浪费是最大的浪费。以基本建设为例，如果施工浪费以百万元计，那么设计浪费将以千万元计，而计划失算造成的损失就要以亿元计。为了提高宏观经济效果，大家认为必须注意以下一些方面的经济决策：正确认识和处理速度、比例和经济效果的关系；规定合理的积累率；合理地投放积累资金；以及实行专业化协作等。

中国电子器件工业总公司在北京成立

中国电子器件工业总公司，是我国电子工业试办的第一个企业性工业公司，它是在国家统一计划下实行独立核算，自负盈亏的经济组织，又是对所属企业实行统一领导和组织分工协作的管理单位。它对所属企业、科研单位的供、产、销、人、财、物实行统一管理，对国家和协作单位承担经济责任，具有法人资格。

全国人大常委会副委员长邓颖超在里昂出席法国总理雷蒙·巴尔主持的宴会

邓颖超副委员长在讲话中赞赏巴尔总理一贯重视中法关系的发展并为此作出的积极努力。她还说：“总理先生，您最近说过，80年代最大的挑战将是对和平的挑战。确实如此，80年代一开头就预兆不祥。继柬埔寨之后，另一个第三世界的不结盟国家又遭到了武装侵略。世界和平正受到严重威胁。不愿意再一次遭到世界大战浩劫的各国人民，不得不在侵略和扩张势力的挑战面前作出抉择。”

国务院副总理姬鹏飞在人民大会堂分别会见由阿尔及利亚红新月会会长贝拉万·穆卢德率领的代表团和新西兰中国友好协会主席杰克·尤恩

教育部在北京召开全国师范教育工作会议

教育部召开的这次会议，于6月13日至28日举行。

会议确定，师范教育的基本任务是培养教师。当前师范教育的工作方针是继续抓紧对各级各类师范院校进行调整、改革、整顿和提高，并在提高质量的基础上稳步发展，进一步完善我国的师范教育，建立一个健全的师范教育体系，使之成为向各类中等、初等学校和幼儿园源源输送合格师资的巩固基地，尽快地适应教育事业的需要。

会议要求各省、市、自治区根据需要和可能条件，统筹规划本省各级师范院校的设置。要求每个省、市、自治区应有一所或几所高等师范院校，还应办好一所幼儿师资学校。在经济发达的地方，一个专区应有一所师范专科学校、几所中等师范学校(包括幼儿师范学校或幼师班)。各省、地(市)应分别设置一所教育学院(教师进修学院)，县应设置一所教师进修学校，分工培训中、小学的在职教师和学校行政管理干部。各地可以根据多种形式办学的精神，因地制宜；利用广播电视大学，兴办函授、夜校、讲习班、短训班等，培养师资和干部；还要大力开展教育科学的研究工作。

出席这次会议的有各省、市、自治区教育(高教)厅(局)的负责人，高等师范院校、中等师范学校、幼儿师范学校、教育学院，以及国务院有关部委的负责人，共300多人。

中国文物立体摄影展览在北京开幕

这次展出的中国文物彩色立体照片共100幅，是由文物出版社、三联出版有限公司和香港艺源精华有限公司合作拍摄的，内容包括中国古代陶瓷器、青铜器、金银器、玉石雕刻、漆器及其他工艺美术珍品。

利用立体摄影技术，表现和宣传中国的珍贵历史文物，这还是第一次。立体照片可以使世界上更多的观众看到灿烂的中国古代艺术珍品。

6月14日

华国锋 邓小平 谷牧 姬鹏飞等到日本大使馆吊唁大平首相

华国锋和邓小平分别在大使馆的留言簿上题了词。

华国锋的题词是：“深切悼念中国人民尊敬的朋友大平正芳先生，中国人民永远怀念他。”

邓小平的题词是：“大平先生是一个卓越的政治家，他为发展中日两国的关系，作出了重要的贡献，我们永远铭记着他。”

国务院副总理邓小平在北京会见巴巴多斯总理亚当斯

在会见时，邓小平说，中国确定反对霸权主义、维护世界和平的对外政策，既是为了中国人民的利益，也是为了世界人民的利益。

邓小平还对亚当斯说，中国同巴巴多斯虽然在地理上相距很远，但是我们两国还是相互了解的。亚当斯总理在谈话中对他和他率领的代表团在北京所进行的会谈和参观感到满意。

邓小平在谈到国际形势时说，当前对世界和平的主要威胁来自苏联。中国确定反对霸权主义、维护世界和平为自己的对外政策，这个政策既是为了中国人民本身的利益，也是为了全世界人民的利益。

中共中央批转中组部 解放军总政治部《关于为"新疆马明方案"平反的报告》

政协全国委员会组织部分常委与委员分别到京津川苏皖湘粤参观调查

《人民日报》报道，政协全国委员会最近组织一些常委、委员分别到北京、天津、四川、江苏、安徽、湖南、广东等地，进行参观调查。

政协全国委员会副主席康克清、季方、王首道、班禅额尔德尼·确吉坚赞以及在京部分常委和委员，从11日开始在北京市进行参观访问。连日来，他们参观访问了北京工业大学、平谷县岳各庄大队和北京工艺美术学校、北郊农贸市场等。政协赴天津参观团从6月9日以来，参观了大港油田、天津石油化纤厂、天津监狱、南开大学等单位。

政协全国委员会副主席胡子昂和政协赴四川参观调查组同中共四川省委、省人民政府、省经委以及有关部门的负责人座谈了四川省扩大企业自主权的情况，还同成都量具刃具厂、四川省第一棉纺织厂等单位的干部、职工进行了座谈。在南京，政协赴江苏调查组与一些长期从事教育工作的老教授、教育工作者以及江苏省民盟、民进、九三学社的负责人进行了座谈。调查组对各类学校的学制、教材、加强基础知识的学习、师资培养、教学与科研、专业分科等问题，提出了许多积极的建议。调查组还访问了著名教育家陶行知创办的晓庄师范学校，与教师们就师范教育和职业教育问题，交换了意见。政协赴安徽调查组在听取了安徽有关方面负责人关于安徽农业生产形势和农业实行生产责任制的情况介绍以后，对当涂县、凤阳县、肥西县所实行的生产责任制进行了专题调查。湖南省有关部门负责人在向政协调查组汇报情况时说：湖南省已有80%应该落实政策的起义投诚人员落实了政策，希望调查组检查批评。调查组在常德召开了起义投诚人员座谈会，征求了他们的意见。

赴广东的政协调查组是由政协法制组负责人、法学家、法律工作者组成的。他们在广州、佛山、肇庆、深圳等市和四会、三水、高要等县进行调查时，深入到青年管教所、工读学校、劳改和劳教农场等单位，同在押的违法犯罪青少年谈了话。他们在同公安、检察、司法、教育、共青团、街道、工厂等方面负责人座谈时，还提出了改进挽救和改造违法青少年工作的建议。

《人民日报》发表评论员文章《倒车开不得》

在中美两国关系顺利发展的航道中，出现了一股小小的逆流。5月17日，美国共和党总统候选人里根公然宣称，如果他在今年的大选中当选为美国总统，他将使美国与台湾当局重建"官方关系"。此外，人们注意到，甚至有人鼓吹恢复卡特政府宣布废除的所谓美台"共同防御条约"，主张美国重新考虑在台湾驻军，说什么这是"符合中国人利益"的。美国政界和舆论界有地位的人士在中美关系上接二连三发出这种违背中美建交联合公报、企图重新制造"两个中国"的开倒车言论，不能不引起人们的注意。

经过近30年曲折和崎岖的路程，在中美两国人民和两国政府的持续努力下，中美终于建交并在许多领域内开展了有成效的合作。中美关系的正常化和两国合作的发展，对中国和美国来说，都不是权宜之计，而是从世界的全局着眼，从长远的政治和战略观点着眼的。这不仅符合中美两国人民的利益，而且也有利于亚洲和世界的和平与稳定。

人所共知，中美外交关系的建立以及中美合作的不断发展，是建立在美国承认只有一个中国、台湾是中国的一部分的原则基础上的。为此，美国政府承担了承认中华人民共和国政府是中国唯一合法政府因而同台湾只保持非官方关系的义务。这是经双方代表庄严签署的中美建交联合公报中明文规定的。如果按照里根声称的政策，美国和台湾建立"官方关系"，这就意味着中美两国关系正常化的原则基础被彻底破坏，中美关系将倒退到两国人民都不愿看到的状态。至于那种主张恢复美国在台湾的驻军、恢复美台"共同防御条约"的荒谬言论，那更是对中国内政明目张胆的干涉。

当前亚洲及太平洋地区的局势十分动荡。霸权主义正在把更多的军事力量部署到这里。从阿富汗到柬埔寨，从波斯湾到马六甲海峡，到处都可以看到苏联加紧推行全球战略的步伐。在这种形势下，凡是有现实感的人都懂得，一切破坏中美关系的言论和行动，究竟对谁有利。美国助理国务卿霍尔布鲁克6月11日在评论里根的主张时指出：美国如果同台湾恢复“官方关系”，这将破坏美国同中华人民共和国之间的关系，危害美国的战略利益，将是非常危险的。

在美国国内，绝大多数人是赞成和支持中美关系正常化和积极发展美中关系的，因为这符合中美两国人民的利益，也符合世界和平与稳定的利益。在中美关系发展过程中出现的小小逆流，终究不能阻挡中美两国人民友好相处和加强合作的历史潮流，这是毫无疑义的。

中华人民共和国政府和新加坡共和国政府关于互设商务代表处的协议在北京签字

外贸部副部长王润生和新加坡贸易及工业部常任秘书严崇涛分别代表本国政府在协议上签字。外贸部部长李强出席签字仪式并会见了严崇涛和由他率领的新加坡代表团。双方在谈话中表示相信，两国在对方首都互设商务代表处后，两国间的经济贸易关系将会进一步扩大。

近年来，中新经济贸易关系不断发展。去年两国进出口贸易总额已达4亿美元。两国在去年年底签订贸易协定以后，半年来贸易额比去年同期增长了30%。

国务院副总理万里在人民大会堂会见参加中 日美金属有机化学学术讨论会的科学家

越南武装人员频繁入侵中国云南边境地区抢劫和杀害耕牛骡马以图破坏当地春耕生产

《人民日报》报道，去冬今春以来，越南武装人员已抢走我耕牛119头。他们有时开枪开炮、埋设地雷残杀我耕畜；有时黑夜偷偷摸进我生产队的牛栏，劫走耕牛；有时在我社员放牧时窜进畜群，抢劫耕牛、骡马；有时竟在光天化日之下，公然持枪夺走我正在犁田的耕牛。3月26日，越南武装人员潜入我富宁县田篷公社苗坝大队中和生产队田间埋设地雷，将我2头耕牛炸死，一头炸伤。我社员赶往抢救，越南入侵者竟向我扫射机枪，阻止我社员前进，将我3头耕牛抢走。4月1日深夜，越南武装人员侵入我金平县中寨大队闸门生产队的牛栏，把14头耕畜全部抢走。越南武装人员的这些强盗行径，激起我边境居民的极大愤慨。

《人民日报》发表徐泽光的文章《及早确定核能在我国能源中的地位》

本世纪60年代以来，世界核能发展迅速，不仅所有发达国家都建造了核电站，连一些发展中国家或地区也建了核电站。现在全世界已拥有核电站200多座，总装机容量约1.2亿千瓦，正在建造或已订货的还有300多座。预计到2000年，核电装机容量将达到世界总发电量的百分之三四十。

核动力能获得这样迅速的发展，主要有以下几个原因：第一，经过几百年的大规模开发，世界上的主要有机能源资源已经有限。预计到90年代中期，石油和天然气产量将开始下降，在21世纪上半叶将渐趋枯竭。那时，煤作为化工原料的价值必将更加提高，因而应当珍惜。作为核燃料的铀、钍资源则比较丰富，尤其是在核增殖技术成熟后，可以提供比全部煤炭、石油还要多的能量。第二，因为核燃料密度大，体积小，只有同样规模火电站燃料的几万分之一，因而可以大大节省交通运输量。第三，发展核能还可减少环境污染。烧煤电站排出的氧化硫、氧化氮和飞灰严重地污染环境。煤中含有微量的放射性元素，随烟尘一起排出，放射性危害高于同等规模的压水堆核电站。即使核电得到了大规模发展，核电站及相关的核燃料工业排出的放射性废物，对居民的附加辐射剂量，也只相当于天然放射性的1‰—1%。许多国家公认核电是一种清洁的能源。第四，还因为核电是一种便宜的能源。核电站的造价比火电站大约要高50%左右。但衡量电厂经济效益的最终指标应该是发电成本。由于核电燃料费用低，核电的成本要比火电低得多。1978年美国一度电的成本：核发电为1.5美分；煤发电为2.3美分；油发电为4美分。

一些同志担心发展核电是否安全。其实，只要采取“纵深设防”的安全设计原则和对设备制造、安装的质量严格控制，核电站发生特大事故造成死亡的可能性远低于水坝决口、飞机失事等。事实上，经过全世界大批核能工作者30多年来的辛勤努力，核电站已积累了2000堆年(一座核反应堆运行一年为一堆年)以上的运行经验，从未发生过核伤亡事故。在引起轩然大波的美国三厘岛核电站事故中，受威胁最大的3个人所接受的辐射量，也只相当于每人进行两次X光透视。这一事件的最后结果，进一步证明了核电站的安全性。

展望我国未来燃料动力的结构，发展核能也是必要的。我国的传统能源虽然丰富，但按人口平均占有量来看，就不能算十分充裕。此外，由于分布很不均匀，开发、运输、利用都要消耗大量能源。这样看来，核能对于弥补能源的不足，均衡能源供应是不可少的。以华东电网为例，预计到本世纪末的火力发电每年所需的供煤量，无论从华东境内煤藏状况或是运输条件看，都难以满足，出路只有发展核能这一条。从大力发展水电的角度考虑，核电也是必需的。西南地区水力资源一经开发，为了调节和保证电网的稳定，必须配备一定比例的热力电站。在山高路险的西南边陲，只有核能才是稳定这一巨型电网的最佳手段。

我国已具备发展核电的基本条件。当初为国防需要而建立起来的核工业、核设备制造、特种材料工业，以及核技术力量都有很大潜力。发展核电可以使这些单纯的消费企业，变成盈利的生产基地，实行"军民结合"，既促进社会主义经济的发展，也使企业本身路子越走越宽。相反，如果不及早确定核能的发展方针，拖延下去，不仅对核工业的发展不利，也将造成核动力科技力量的浪费和散失，这个损失将是无法弥补的。

核能建设的周期很长，这是它的特点，因此需要及早安排。建议国家有关部门发动各方面的专家，进行广泛、深入的调查研究，反复论证和综合平衡，早日制定出2000年或更长远一些的能源规划，确定核电在我国能源中应有的地位。

加拿大水彩风景画在北京展览馆展出

根据中加两国政府文化合作协定，来华展出的43幅加拿大水彩风景画是加拿大一些著名画家运用不同手法和风格创作的艺术品，它代表了加拿大当代主要画派的艺术成就。

6月15日

《人民日报》发表社论《再也不要干"西水东调"式的蠢事了》

山西省昔阳县的"西水东调"工程，搞了四五年，投工近500万个，耗资达几千万元，最近终于下马了。这是农田水利建设工程中一个极为沉痛的教训，很值得我们深思。

所谓"西水东调"，就是从昔阳县境西部截住流入黄河水系的潇河水，通过人工开凿的隧洞穿过太行山，从地下引向东流，经过昔阳的5个公社，改入海河水系。这真是一项"改天换地"的大工程！近两年，它每年占用山西省水利经费1/10，征用的劳力包括昔阳县各社队的民工、机关厂矿企业事业单位的干部、工人和教师，还有阳泉矿务局的煤矿工人，解放军工程兵的指战员，真可谓不惜工本、不惜民力。据估算，全部工程完工后，每亩水浇地成本将高达1000多元。

这就向我们提出了一个问题：发展农业究竟靠什么？多少年来，我们搞农业，一靠运动；二靠"大干"。现在看得很清楚，没完没了的政治运动，极大地伤害了广大农民和农村基层干部的积极性，结果是"你整我，我整你，整来整去，大都挨过整；你上台，我下台，台上台下，大都下过台"。这种蠢事，我们不能再干了。至于"大干"，作为一种革命精神，当然很可贵，很需要发扬，不仅现在需要发扬，将来也需要发扬；问题是"大干"干什么？近十几年来，在农业战线的所谓大干，就是"大搞农田基本建设"，"大搞人造小平原"，"大搞水利"，"大搞围湖造田"等等。这些工程里边，当然有很多是搞得对，搞得好的。所谓搞得对，搞得好，就是说这些工程是切合实际，投资少、收益大的。但是，其中也确有很大一部分工程，是搞得很不好，甚至根本不该搞的。昔阳县的"西水东调"工程，就是其中的一例。这种工程，耗资巨大，劳民伤财，得益很少，甚至根本就是无效劳动、无效投资。如果我们把农业生产的发展寄托在这种"大干"上，我国的农业是永远没有指望的。

毛泽东同志常说："我们应该是老老实实地办事；在世界上要办成几件事，没有老实态度是根本不行的。"老老实实地办事，就是从实际出发，实事求是。搞农业，也靠实事求是。大干，必须量力而行，实事求是地干。我国幅员辽阔，地形、气候、土壤、植被、水利等自然条件千差万别，各不相同。从这个实际情况出发，发展农业生产应该鼓励各个地区因地制宜，发挥自己的优势，做到农林牧副渔五业并举。搞农业基本建设，也应该从各个地区的特点出发，扬长避短，把人力、物力、财力用在最能发挥效益的地方。可是，在过去很长的一段时间里，由于不问土质、地势、生产习惯、技术条件等具体情况，统统强调抓粮食，弄得宜林不林，宜牧不牧，宜果不果，宜渔不渔，不但不能扬其所长，反而强人所难，趋其所短，结果是"以粮为纲，全面砍光"。这种"一刀切"的错误方针，表现在农业基本建设上，突出的就是到处硬搞整齐划一的"旱地改水田"，硬搞"人造平原"、"水平田"、"海绵田"，硬搞"连成片，一条线"的园林化。大量的人力，大捆大捆的人民币，耗费在收益很小的黄土大搬家上，甚至不但没有收益，反而破坏了生态平衡，贻害了子孙后代。

我们国家还很穷，在一个相当长的时期内，我们不可能拿出很多钱向农业投资。无效投资我们花不起，有效投资我们也要精打细算。像昔阳"西水东调"工程，且不说它本身是不合理的，它实际上是抢占别人的水来浇昔阳的地；就算它有一点合理成分，但是花1000元建设一亩水浇地，也是我们花不起的。即便减去一半，用500元建设一亩水浇地，我们也建不起。用这种办法来搞农业，只能愈搞愈穷。我们国家人力资源丰富，是不是可以无限度地使用民力呢？也是不行的。中国农民历来能够吃大苦，耐大劳，愿意为了自己和子孙后代的幸福，为了家乡的建设，为了祖国的富强流血流汗。但是，中国农民也是讲实际的，懂得算账的。劳而无效、疲于奔命的事情，让他们干一回两回还可以，让他们长久地干下去，是不可能的。

粉碎"四人帮"以后，农业战线拨乱反正，革除积弊，是有很大成绩的。特别是党的三中全会以后，传达了中央两个农业文件的精神和规定,社队的自主权开始受到尊重,各种生产责任制和按劳分配的原则开始得到贯彻,社员的家庭副业、自留地和农村集市贸易受到保护,广大农民和农村基层干部的积极性调动起来了,党对农村工作和农业生产的领导实事求是了,整个农业经济活了。这是农业生产大有希望之所在。我们要坚定不移地沿着这条路子走下去,再也不能搞林彪、"四人帮"那套极左的东西,再也不能用一个模式来套所有的社队,再也不能搞"西水东调"这种劳民伤财的农田水利工程了。

昔阳"西水东调"工程弊端丛生,工程技术人员意见很大,为什么能够说干就干,并且一搞就是几年,直到粉碎"四人帮"三年以后才停下来呢?这里,另一个很重要的教训就是某些领导同志的封建家长式统治。我们有些做领导工作的同志,官做大了,自己不懂科学,不懂技术,又不听取专家的意见,偏要号令一切,指挥一切,甚至用个人的喜恶来左右一切。而上上下下,又有那样一些同志捧着他,护着他。明明他的主张荒谬,却要连声称赞,执行不误。于是,设计改来改去,坝址忽上忽下;真理被谬误取代,科学为献媚遮蔽。你要坚持不同意见,那就是"立场问题"、"态度问题",甚至是"搞阴谋出难题"。不幸,这样的事情,前些年在我们国家还是不少的。

家长式统治是一种封建思想。我国经历了漫长的封建社会的历史,虽然封建制度早就打倒了,但是封建传统根深蒂固,封建思想依然存在,它对我们的党造成的危害很深,对社会主义事业带来的损失很大。在我们党的生活中,仍有很多带着封建色彩的东西。它反映在我们的政治生活中,也反映在我们的经济建设上。我们要把反对封建思想作为思想战线上的一项重要任务。什么时候我们真正吸取了教训,不再搞容不得不同意见的"一言堂",不再搞违反客观规律的瞎指挥,也就再也不会干"西水东调"这类蠢事了,我们的事业就会办得好得多。

中国数学会理事长华罗庚教授率中国数学家代表团到香港参加东南亚数学会双年会议

以华罗庚教授为团长、王寿仁教授和梁之舜教授为副团长的中国数学家代表团一行14人今天中午乘火车到达香港,参加在这里举行的第五届东南亚数学会双年会议及研讨讲座。

这次是我国应邀派出代表团参加国际性数学会议中较大的代表团。华罗庚教授将应邀在会议中作《偏微分方程几何理论》的报告。中国数学家还将同来自东南亚地区和各国的学者交流学术和教学经验。

东南亚数学会成立于1972年,是由东盟五国和香港地区的数学家参加的区域性学术组织,其协会中心设在新加坡,每两年召开一次双年会。

西安电力电容器厂与武汉高压研究所 浙江省电力局合作设计并试制成功我国第一套35000伏级的串联电容补偿装置

1980年全国举重冠军赛在济南举行

参加这次全国举重冠军赛的共有130多名运动员,他们来自全国20个省、市、自治区和解放军代表队。其中山东运动员杨怀庆和马文广创造了两项亚洲新纪录。

在20日举行的90公斤级比赛中,山东省运动员马文广在第三次挺举时成功地举起191公斤,打破了由他自己创造的90公斤级挺举190.5公斤的亚洲纪录。

在21日进行的最后一场比赛中,山东运动员杨怀庆在100公斤级抓举中成功抓举起148公斤,从而打破了100公斤级抓举147.5公斤的亚洲纪录。

黄河防汛总指挥部在郑州召开晋 陕 鲁 豫4省黄河防汛会议

《人民日报》报道,最近召开的会议要求各地克服麻痹思想,认真处理堤防工程存在的问题,把防汛工作做好。

据长期天气预报,今年黄河流域的降雨量偏丰,中下游可能发生洪涝。历史经验证明,久旱必有大涝。黄河已有20多年没有发生过大洪水,黄河中下游近几年连续干旱,特别是去冬以来,气温偏低,雨雪稀少,气象方面出现异常现象,是可能发生洪水的一种征兆。有的科学工作者还认为,去年下半年到今年上半年的太阳黑子活动高峰期,对近几年一些江河发生洪水会有较大影响。会议认为,这种气象和天象条件很值得警惕,应当做到有备无患。

黄河堤防工程是抗御洪水的重要物质基础。现有堤防工程还存在不少薄弱堤段和险点。会议要求各地按照防御大洪水的要求,因地制宜地采取加固和防守措施,把不安全因素消灭在大水到来之前。

黄河防汛工作时间紧迫,任务艰巨,会议要求各地迅速建立、健全防汛机构,组织好防汛队伍,学习防汛抢险技术,并教育干部、职工加强防汛工作责任心,为防汛抢险全面做好准备。

北京第二次举办"换房集市"

《人民日报》报道,北京不少居民因住家距工作单位远,或由于其他原因很需要调换住房。主办"换房集市”的是北京西城区房地产管理局。5月间曾试办过一次，收效很好，这是第二次。举办“换房集市”是利用星期天请换房人来赶集，交流情况，组织洽谈，促成他们实现换房愿望。北京其他各区的换房管理员也赶来交流情况，因而集市成了全市性的。集市是借用一座中学，分不同情况把换房资料(地址、间数、面积、方向、要求等)用大字书写公布在各个教室里。西城区房地产管理局临时抽调来的170多名工作人员整日忙个不迭，协助需要换房的双方洽谈。这一天从早到晚来赶集的达2570多人，有16户当场就换妥了，约期搬家。有几百户需要相互看看彼此的房子再作决定。在当场换妥的16户里，大部分里因上班距离太远，也有的是为了就近照顾老人，还有的是家人必须分居的。凡换成的，每户交手续费三角；搬家有困难的，可委托西城区房管局搬运。许多人要求多办这样的“换房集市”。

6月16日

国务院副总理李先念祝贺澳大利亚芭蕾舞团到京

以彼得·贝恩为团长的澳大利亚芭蕾舞团一行68人今天晚上到达北京。这是澳大利亚芭蕾舞团首次访问中国。他们将在北京和上海为中国观众演出芭蕾舞剧《堂吉诃德》。访问演出的时间预订为12天。

澳大利亚总理马尔科姆·弗雷泽和国务院副总理李先念分别为这个芭蕾舞团访华写了贺词。

弗雷泽在贺词中说，澳大利亚政府对澳大利亚芭蕾舞团在中国作首次演出感到非常高兴。他指出，澳中两国之间不断发展的文化交流计划有利于促进两国人民的相互认识和了解。

李先念在贺词中说，澳大利亚芭蕾舞团对中国的访问不仅使中国观众得以欣赏它的精湛演出，而且也为两国的艺术家们提供了一个互相切磋、加强友好联系的机会。

国务院副总理赵紫阳在人民大会堂会见中国—南亚学者讨论会的中外学者

会见时，赵紫阳代表中国政府对南亚六国学者来我国参加学术讨论会表示欢迎。他说，中国和南亚六国虽然社会制度不同，但我们都受过侵略和奴役，都在致力于本国的经济、文化建设。中国是一个大国，但也是一个穷国。中国的现代化是一个长期的、艰巨的任务。中国人民需要一个长期的和平环境来建设自己的国家。中国人民的心同世界被压迫、被奴役人民的心是相通的，同世界上爱好和平人民的心是相通的。

他说，在座的都是学者，在探索我们各国自己的建设道路方面，担负着很重要的任务。人们期望着你们。我们愿意今后和各国学者交流研究成果。各国学者在一起讨论共同关心的问题，这种形式很好。这样的学术讨论会，可以促进学术的繁荣，可以加深互相的了解，增进友谊。

中央纪委在北京召开座谈会进一步贯彻《关于党内政治生活的若干准则》

这次座谈会由中共中央纪律检查委员会召开。中共中央书记处总书记胡耀邦到会讲了话。

《关于党内政治生活的若干准则》(以下简称《准则》)公布后，国家机关各级党组织普遍开办轮训班，组织党员认真学习《准则》，并联系实际，边学边改。党的高级干部和一般党员以《准则》为镜子，对照检查，严格要求自己，自觉地遵守《准则》。3个月来，在国家机关，恢复党的优良传统的步子正在加快。不少部门制定了贯彻执行《准则》的具体措施；有的部门健全了党的组织生活，加强了集体领导；有的部门参照中央的规定，对高级干部的生活待遇制定了具体规定。

参加座谈会的同志分析了上述情况，认为贯彻《准则》取得的这些成绩，还是初步的。要完全恢复党的优良传统和优良作风，还需要作很大努力。3个月来，国家机关各部、委贯彻执行《准则》，总的情况是好的，但也存在着一些问题。如有的部门贯彻执行《准则》决心不大，行动迟缓；有的部门对一些重大的是非问题旗帜不鲜明，一些不正之风还未有效地制止。为了推动《准则》在国家机关进一步贯彻落实，大家提出了以下几点意见：

一、贯彻《准则》，必须继续肃清林彪、“四人帮”的流毒，特别要扫除封建意识。到会同志谈到，很多不正之风都同封建意识有关，如干部制度上实际存在的终身制，个人迷信，任人唯亲，一言堂，阿谀奉承，搞特权，等等。这些封建意识不清除，党的优良作风难以恢复发扬，社会风气也难以带好。

二、贯彻《准则》，要敢于同不良倾向进行斗争。既要抓正面的好的典型，也要抓反面的坏的典型。通过正反两种典型，教育党员干部。

三、贯彻《准则》，领导干部必须以身作则。大家谈到，财政部部长吴波在生活上严格要求自己，一贯保持艰苦朴素的作风，在干部中产生了很好的影响。中国人民对外友好协会会长王炳南，关心群众疾苦，同大家一起商量改进职工伙食，以普通党员的身份按时参加党的生活，受到党员的称赞。

四、贯彻《准则》，要采取得力措施抓住不放，一抓到底。不能抓而不紧，或只抓一阵子。

这次座谈会是从6月16日到21日召开的。会议期间，中纪委副书记王鹤寿、刘顺元、张启龙、章蕴发了言。座谈会由王鹤寿主持。

《人民日报》发表社论《不留缺口是计划工作的重要原则——四论量力而行的指导思想》

国民经济计划应该根据实际情况和可能条件,经过综合平衡制订,应该是一个完全靠得住的计划,是经过努力能够实现以至超过的计划,而不是只凭主观愿望(哪怕是最良好的愿望),不顾客观条件,带有很大盲目性,怎样努力也无法实现的计划。因此,计划工作一定要坚持实事求是,一切从实际出发,量力而行,把指标订得符合实际,稳妥可靠。这里重要的一条是不留缺口。就是说,在制订基本建设和年度生产计划时,对必需的资金、材料、设备和生活资料等物质条件,不能留有缺口,要努力做到财政平衡、物资平衡、信贷平衡、外汇平衡。

不留缺口是计划工作必须遵循而不能违背的重要原则。三十年来正反两方面的经验证明,凡是生产资料、生活资料和资金留有无法弥补的缺口的计划,总是许多指标无法实现,其结果是,打乱了经济建设的部署,挫伤了干部和群众的积极性,造成严重的损失和浪费。缺口留得越大,为害越严重。

对于计划应不应当留缺口,要不要量力而行,这样一个几乎是常识性的问题,在一些计划工作和经济工作者中间,长期以来实际上并没有解决。有的同志认为,缺口在所难免,留一点也没有关系,反正总能过得去。有的认为,缺口是一种动力,还有积极作用。甚至认为,缺口越大,干劲越大,越积极,越革命,越马列主义。正如基本建设战线身受其害的职工所说的,缺口不是动力而是破坏力。给国家和人民造成了损失,那里还有什么马列主义呢?林彪、“四人帮”横行时期,反马列主义的极左路线达到了登峰造极的地步,造成了极大的破坏,并且毒害了广大干部。粉碎“四人帮”以后,党中央再三再四提倡实事求是,一切从实际出发。不少同志对经济计划工作中极左的东西开始怀疑并提出了一些批评。但是,还不能说,这个问题已经完全解决了。在某些部门、地方和单位,基本建设搞得越多越大越好,发展速度定得越快越急越好,生产指标订得越高越大越好,这样一些想法和做法,仍然束缚着某些领导人的头脑。近年来,基本建设战线缩短不了,以致不少部门和地方愈拉愈长,国民经济中一些比例关系失调的状况不能切实改变,不能说和这没有关系。

计划留不留缺口,直接关系到基本建设项目能不能如期建成投产,发挥投资效果,关系到生产计划能不能全面地均衡地完成,关系到市场的商品供应和物价能否平衡和稳定。“以百分之七八十的物资,完成百分之百的任务”,这种说法是违背量力而行精神的,是非科学的,是为计划留缺口制造舆论。无论是生产企业或基本建设单位,如果缺少原料、材料、燃料、动力、设备以至零部件,缺少其他必不可少的条件,生产和建设就不能正常进行,计划就不能如期完成,这是显而易见的。这里可以举基本建设的例子,第一个五年计划期间,基建计划与国家可能提供的财力物力大体适应,基本上贯彻了量力而行的方针,建成的大中型项目平均每项只需六年时间。长春第一汽车厂只用三年时间就建成了。而第四个五年计划以来,由于计划往往留有很大缺口,超越了国家财力物力的可能,建成的大中型项目平均每项要用十一年半,工期延长将近一倍。建设周期拖长,投资效果不能迅速发挥。因为战线太长,许多项目甚至一拖再拖,有的中途下马,设计、施工队伍长期窝工,工资要多花,费用要增加,工程要维护,设备要保养,结果造成惊人的浪费。

计划留有缺口的根子是高指标。过去往往是先提出一个高指标,然后为了“保”这个高指标,制订各条战线的大计划,这样的大计划,就必然留有大缺口。三十年来,我们总是吃高指标的亏,而且吃过的大亏不止一次,这还不值得我们深思痛改吗?为什么这么多年高指标老是解决不了呢?为什么计划经常留有缺口,经常不量力而行呢?从思想上来讲,实质是主观愿望违背客观实际。无论做什么工作,要获得成功,必须使自己的思想适合于客观外界的实际情况及其规律性,如果不合,就会在实践中失败。据辽宁省的同志反映,这个省前年建设规模很大,而材料、设备缺口更大。建筑材料、设备来源,或“渠小水少”,或“有渠无水”,或“无渠无水”。结果,建成投产的项目,只完成计划的41%。基本建设计划留有很大缺口的一个主要原因,就是不少项目是一些领导干部不顾客观实际,不尊重经济规律,不经过技术、经济主管部门的研究、平衡,不经过周密思考和反复比较,只凭主观愿望,轻易地作出决定造成的。有的还搞邪门歪道,这个项目下了,换了个名义又上,根本不顾客观可能性,这更是不能容许的了。

应当指出,量力而行,把计划建立在科学的可靠的基础上,使我们的认识符合客观实际,是不容易的。我们各级经济工作干部,都要很好地学习,特别是要认真总结三十年来正反两方面的经验。不仅要坚决批判和抛弃林彪、“四人帮”的极左路线,而且要敢于纠正“文化大革命”前就已存在的追求高指标的错误做法。在新的历史时期,我们必须解放思想,打破框框,脑筋要活,眼界要宽,思考要深,想的要远。但归根结蒂,还是要老老实实,严格遵循实事求是这一马克思主义的基本原则。我们共产党人的唯一目的是为人民谋利益,为人民做好事,但如果不量力而行,想一下子做得很多,很快,急于事功,超过了客观可能,结果必然适得其反,欲多反而少,欲快反而慢。如果做过头很多,好事就会变成坏事,反而会损害人民的利益。

经济建设是实打实的。有多大财力和物力,就制订多大的基建、生产计划。实在办不到的事情,硬要去办,是行不通、办不到的。当然,在目前比例关系已经失调的情况下,年度计划一点缺口也没有,也是很难的。但是,一定要力求缩小缺口,使之不致妨碍基本指标的实现。

计划不仅不能留有缺口,而且也不能打得满满的,而必须留有余地。在经济建设中常常会遇到一些预料不到的问题。留有充分的余地,才能应付各种情况。我国人口多,底子薄,农业生产又不那么稳定,更加要求我们在编制和执行计划时,在充分发挥有利条件的同时,认真估计到不利的条件和可能遇到的困难。只有这样,我们的经济建设工作才能取得主动,避免被动。有些事情,单看一个局部,既有需要也有可能,但从整体来看,并非如此。如果不顾其他,贸然大上,到头来不得不大下。这种状况今后必须坚决避免。特别是中长期计划,因为情况往往不能摸得那么准,预料不到的困难和不利因素比较多,更加必须切实注意留有充分的余地,把指标订得充分可靠。

由广东船舶工业公司 香港中华工业贸易顾问公司联合主办的国际船舶工业技术交流会在广州开幕

来自日本、美国、荷兰、西德、英国、法国、芬兰、丹麦、瑞士、瑞典、意大利、奥地利、西班牙和中国港澳等14个国家和地区的170多名厂商代表、科技人员,与我国船舶科研、设计、修造等部门的代表,将就船舶的船体、轮机、仪表、电器等方面的38个专题进行技术交流。交流会还展出了国际船舶工业的一些先进设备、材料和产品的实物、图片、模型。

安徽油菜籽超额完成收购任务

安徽省今年油菜籽生产在过去连续两年大增产的基础上又获丰收。全省油菜籽总产量比历史最高水平的1979年增产一成左右。各地还涌现了一批油菜籽平均亩产300斤以上的大队和平均亩产400斤以上的生产队。到6月16日,全省已收购油菜籽1.88亿多斤,超额7%完成了国家下达的统购和超购任务。

全国人大常委会副委员长邓颖超参加欧洲议会议长西蒙娜·韦伊夫人举行的欢迎宴会

邓颖超副委员长在讲话中说:“欧洲议会是欧洲联合的重要象征。”“西欧各国加强团结、协调一致、形成一支强大的力量,不仅对西欧各国人民的利益来说是必要的,而且对维护世界的和平与安宁来说也具有十分重要的意义。”她说,中国和西欧都渴望一个和平的国际环境来建设美好的未来,但是,它们又都受到侵略扩张的威胁。因此,“中国和西欧加强友好合作,互相支持,密切配合,不仅是我们双方的共同愿望,也是时代的需要”。

邓颖超还对欧洲议会在阿富汗问题和柬埔寨问题这些关系到世界全局的重大问题上采取的主持正义的立场表示赞赏。

全国人大常委会副委员长乌兰夫在北京分别会见世界宗教者和平大会秘书长荷马·杰克及其家人和由素察·科苏吉滴旺率领的泰国国际宗教联合会访华团

国务院副总理姬鹏飞在人民大会堂会见日本进步历史学家京都大学名誉教授井上清

外交部部长黄华在哥本哈根拜会丹麦代理国家元首英格丽德王后和首相安克尔·耶恩森并应邀出席外交大臣凯尔·奥勒森举行的宴会

黄华外长在宴会上说,当前世界上空正笼罩着一片乌云,很多地区的和平遭到破坏。他说,一些独立的主权国家遭到武装入侵和占领,奉行和平政策的国家受到严重的军事威胁,人们有理由对这一局势表示忧虑和不安。他强调,现在摆在我们面前的迫切任务是反对侵略扩张,维护世界和平。

国务院副总理方毅在安徽合肥传达和贯彻中共中央书记处两次讨论教育问题的精神并在中国科技大学进行调查研究和指导工作

方毅同志在合肥期间,由科技大学校长严济慈等人陪同,先后召开了学生、教师和学校负责人座谈会,广泛听取了师生员工对教学、科研和生活后勤等方面的意见和建议,听取了少年班的工作汇报。

在座谈讨论中,许多教师列举科大迁皖后取得的成绩,指出:“全院办校,所系结合”是办好科大的方针,在新的形势下应当继续贯彻执行。同时,还须发扬自力更生的精神,努力解决师资问题和教学科研中遇到的各种问题。方毅同志赞扬了科大师生员工的艰苦创业精神,肯定科大办学的成绩,他引用了李白的两句诗:“长风破浪会有时,直挂云帆济沧海。”方毅同志说,国外许多名牌大学并不是都设在首都,安徽是革命老根据地,有着光荣的革命传统,在党中央的关怀下,依靠省委和全省人民,在已经取得成绩的基础上,我相信科大今后一定会办得更好。

在学生座谈会上,同学们就教学、后勤工作、文体活动提出了许多积极的意见和建议,方毅同志听了很高兴。他说,大家提的意见很好,我都作了记录,回头要把它整理出来,和大家研究,逐步加以解决。当同学们谈到理工科大学生也应该读些文艺作品,以活跃思想时,方毅同志很同意这个意见。

在与少年班代表座谈时,方毅同志赠送给少年班李白的两名诗:"宣父犹能畏后生,丈夫未可轻年少。"并且讲了许多生动的事例,教育少年班学生,要谦虚谨慎,刻苦攻读,敢于创新,尽快成长。

方毅同志在参观学校各实验室、图书馆和食堂的过程中,讲了不少重要意见。在参观电子同步辐射加速器筹建组时,师生们兴奋地介绍说,在兄弟单位的大力支持下,加速器的预研制工作进展顺利。方毅同志说:"各科研单位就是要大力协同,互相交流,我们国家目前还在发展中,各方面的条件有限。一个单位不要一切都自己从头做,这样才能加快四化的进展,赢得时间。"在参观一些科研项目时,方毅指出,高等学校的科学研究要注意解决实际中的问题,努力为四化建设做贡献。方毅还勉励师生,一定要学好外语。

在合肥期间,方毅同志还视察了中国科学院合肥分院,参观了安徽光学精密机械研究所、等离子体物理研究所,同各单位的科技人员、干部座谈讨论了各方面的工作。

中国抗日战争时期文学国际讨论会在巴黎开幕

这次讨论会是由法国森日尔·波利尼亚克基金会组织的。法国司法部部长、法兰西学院院士、《当中国觉醒的时候》一书的作者阿兰·佩雷菲特和法兰西学院院士、基金会主席艾蒂安·沃尔夫出席了开幕会议并讲了话。

中国作家代表团以及来自美国、英国、西德、荷兰、意大利、巴西和香港的研究中国问题的学者和其他人士200多人参加了开幕会议。

中国作家协会副主席刘白羽在会上介绍了抗日战争时期的中国文学,阐述了作家与人民群众之间的亲密关系。他希望,这次讨论会能为维护世界和平、反对侵略作出贡献。

中美两国卫生部部长一致同意扩大两国医学科学和公共卫生方面合作

卫生部部长钱信忠和美国卫生、教育和福利部部长哈里斯今天上午在这里举行会谈后一致同意,中美两国将在3个新的领域内扩大合作以进一步发展两国医学科学和公共卫生关系。

两位部长决定,中美两国在生殖生理和计划生育技术、药物学、精神卫生3个新的领域内进一步合作。他们还一致同意,中美联合卫生委员会将于今年晚些时候召开会议,以便审核和确认这种合作。

台湾电视播映大陆风光引起强烈反响

《人民日报》报道,台湾"中国电视公司"(简称"中视")最近在社会教育节目中播映了取材自外国记者拍摄的大陆风光片段,受到观众的欢迎,并在从大陆去台湾的人员中引起了强烈反响。

6月17日

国务院总理华国锋等在首都机场欢迎西萨摩亚总理图普奥拉·埃菲

图普奥拉总理在访华期间,将同我国领导人就国际形势和进一步加强两国友好合作关系的问题交换看法。

《人民日报》发表社论《热烈欢迎西萨摩亚贵宾》

西萨摩亚独立国图普奥拉·埃菲总理和夫人应我国政府邀请,定于今天到达北京,对我国进行正式访问。我们以欢欣的心情迎接来自南太平洋的贵宾。

西萨摩亚地处南太平洋波利尼西亚群岛的中心,素有"波利尼西亚心脏"之称。这是南太平洋一个美丽富饶的群岛,有着悠久的历史和文化。在漫长的岁月里,西萨摩亚曾遭受殖民主义的统治。后来它又成为一个被托管的国家。热爱独立、自由的西萨摩亚人民,为了掌握自己的命运,进行了长期不懈的斗争,终于在1962年1月1日获得独立。

西萨摩亚政府在图普奥拉·埃菲总理的领导下,对外奉行"普遍主义",主张与世界所有国家友好,支持不结盟运动,反对殖民主义、种族主义、大国角逐和支配,主张大小国家一律平等,强烈要求建立国际经济新秩序,积极支持南太平洋地区的民族独立运动。西萨摩亚政府在对内政策上鼓励发展民族经济,在第三个五年计划中强调"重点发展经济的支柱农业,同时发展工业和旅游业",为改善人民的生活作出了显著的努力。

富有斗争传统的南太平洋地区人民,自60年代以来,掀起了蓬勃的民族独立运动,西萨摩亚、瑙鲁先后获得独立。70年代又有汤加、斐济、巴布亚新几内亚、所罗门群岛、图瓦卢和基里巴斯相继独立。这些独立了的国家和人民为保护南太平洋的渔业资源和维护海洋权,主张实行200海里经济区,这对霸权主义的扩张和掠夺是一个有力的打击。不久之后,新赫布里底群岛也将宣告独立。该地区还有一些岛屿也在争取独立,这说明南太平洋地区争取民族独立的斗争浪潮是不可阻挡的。

中国和西萨摩亚虽然远隔万里，但是，同一个太平洋的波涛拍打着我们两国的海岸。我们两国间的友好往来可以追溯到久远的过去。西萨摩亚独立时，我国周恩来总理曾致电热烈祝贺。自1975年11月两国建交以来，两国关系有了新的发展。近年来，两国代表团多次互访，双方签订了经济技术合作协定。我们深信，西萨摩亚贵宾们这次来访，必将对两国友好合作关系的发展作出新的贡献。

西藏自治区人大常委会成立法制小组

西藏自治区第三届人大常委会第三次会议决定加强西藏民族区域自治的立法工作，并通过了《关于成立西藏自治区人大常委会法制小组的决定》。

决定指出：根据《中华人民共和国宪法》和《中华人民共和国地方各级人民代表大会和地方各级人民政府组织法》的规定，为使西藏自治区在中央的统一领导下，充分行使民族区域自治权利，认真贯彻落实中央为西藏制定的新的历史条件下的工作任务、方针和政策，维护、加强祖国的统一和民族的团结，将西藏尽快建设成为一个团结、富裕、文明的新西藏，要从西藏的自然条件、历史条件、民族特点、经济结构、各族人民的思想觉悟和生活状况等特殊情况出发，制定西藏地方性的政治、经济、文化、教育、卫生、民族、民政等法令和条例。

全国人大常委会副委员长、西藏人大常委会主任阿沛·阿旺晋美就西藏人大常委会成立法制小组，并开始研究民族区域自治的立法问题在会上讲了话。

他说，解放以后，党中央非常尊重西藏的特殊情况，让西藏人民享有充分的民族区域自治权利。在这方面，毛泽东同志、周恩来同志都提出过许多重要意见。但是在"文化大革命"中，由于林彪、"四人帮"极左路线的干扰、破坏，这些权利遭受到很大破坏。最近，党中央提出了关于西藏工作的八项方针，中央领导同志也提出了许多重要意见。按照中央的方针，西藏人民将享有很大的民族区域自治权。现在，自治区人大常委会正在酝酿制定关于民族区域自治的具体条例、关于大力发展藏族科学文化教育和放宽经济政策的决定，以及一些其他的法令、法规，希望大家通过认真的调查研究，争取早日把这些法令、条例制定出来。

阿沛·阿旺晋美指出，西藏要行使好民族区域自治权利，必须处理好统一集中与民族自治的关系。我们所说的民族自治，是在中央统一领导下的自治，任何人不能离开中央的领导，滥用自治权利。会议还通过了《关于立即行动起来，贯彻落实中央对西藏工作的指示的决议》和其他决定。

《人民日报》发表评论员文章《抓紧建设"绿色万里长城"》

前年，党中央和国务院决定在西北、华北北部和东北西部建设大型防护林体系。一年多来，建设"绿色万里长城"的这项工程，取得了一些成绩，有了一个好的开端。

"三北"防护林体系是绿化祖国、发展林业、实现四个现代化的一项重点工程。这个地区，多种原因造成缺少森林植被、生态失调的严重状况，风沙和水土流失等自然灾害频繁。搞好这项建设，对于从根本上改变这一地区的自然面貌和经济面貌，改善生态环境，发展集体经济，提高群众生活水平，都将发挥重大作用，对加强民族团结和国防建设也会产生深远影响。

"三北"防护林工程浩大，国家能够用于这项建设的财力、物力却不可能很多。怎样把这项事业搞得快一些、好一些呢？关键是靠政策，靠落实党和国家的林业政策，充分调动各方面的积极性，动员国家、集体和个人的力量，发扬我们人口多、劳力多的长处，适当地增加劳动积累，克服财力、物力不足的困难。要积极发展国营造林，更要坚决执行依靠集体造林为主的方针，同时提倡社员个人植树。"三北"地区荒山荒坡荒沙面积较大，对于社员植树，应当更放手一些。只要我们领导得好，组织措施得当，这样做不会有什么危险，过多的担心是没有必要的。

各地建设防护林，要因地制宜，从实际情况出发，搞好适当的部署。要在统筹安排的基础上，突出重点，选定一批林业工作基础好的县(旗)先行一步，以便在重点地区首先形成一定规模的体系，带动整个地区的建设工作。县(旗)、社、队也要抓住重点，兼顾一般。要实行防护林、用材林、经济林、薪炭林、四旁植树相结合，乔木、灌木、草相结合。先搞那些群众生产、生活急需而又见效快的林种树种。这样做，就能把我们有限的人力、物力和财力真正用在刀刃上。

要把规划设计和科学营林提到重要地位，提高设计和营林质量，改变过去设计脱离实际，造的林多，活的树少，成林更少的状况。要按照自然规律和经济规律办事，尊重科学技术人员和有经验的群众的意见，不断培养壮大林业科技队伍，加强技术普及和推广工作。总之，必须讲求科学，注重实效，坚决不搞违反科学、追求形式、忽视质量、劳民伤财的蠢事。

在大力开展造林的同时，要十分注意保护好现有的森林植被。"三北"地区历史上曾经是林茂草丰的好地方，现在不少地方已经成了"不毛之地"。这个沉痛的历史教训，应当很好记取。当前还有一些地方，毁林大于造林，沙化超过绿化。对于滥垦、滥牧、毁林开荒、乱砍滥伐的行为，无论是个人、集体，无论是机关、厂矿和部队,都必须严格制止。

长期以来,“三北”地区涌现出了一批林业建设好的县(旗)、社、队。他们的经验都证明,只要党委和政府领导得力,路线、方针、政策对头,有健全的林业机构和林业专业队伍,有步骤,有措施,带领群众坚忍不拔地苦干实干,几年就能初见成效。这些典型的先进经验应当因地制宜地大力推广。

山西加速建设大型煤炭基地

《人民日报》报道,一对年产300万吨原煤的大型矿井目前正在山西加快兴建。这对矿井建在即将成为我国新的大型煤炭生产基地的山西古交矿区。按照已定的建设计划,古交矿区将建设五对大型的矿井。

现在,这个矿区的地面建设工程也在加速进行。矿区通往太原的专用铁路已经竣工。古交矿区位于山西省的吕梁山区。据称,这个矿区已查明的煤储量多达45亿吨,可采量为30亿吨。这里煤的品种以炼焦煤为主。

国务院副总理谷牧在北京会见日中青年研修会会长 著名日中友好人士冈崎嘉平太

国务院副总理薄一波在人民大会堂会见以美国联邦储备系统理事会主席保罗·沃尔克为团长的美国联邦储备系统代表团

著名科学家彭加木在罗布泊考察时失踪

彭加木于5月初率领一支20多人的科学考察队考察罗布泊。考察队的大本营设在新疆农垦总局米兰农场。据初步了解,彭加木失踪的经过是:前不久他带领4名考察队员,乘坐由2名司机驾驶的2辆汽车,离开米兰出发工作,原计划绕行罗布泊一周返回米兰,结束考察。6月17日凌晨,大本营的留守人员从无线电中突然收到他们发来的求救讯号,报告他们已迷失方向,汽车断油,人断饮水。留守人员将这一情况急电告人民解放军乌鲁木齐部队请求救援。18日上午,乌鲁木齐部队派出两架飞机前往罗布泊地区寻找营救,其中一架在库木库都克附近找到了6个人,向他们空投了饮水和食物、汽油等物资。后来通过无线电话得知,这6个人就是彭加木带领的4名考察队员和2名司机。彭加木于17日上午10时出去找水,曾给他们留下一张字条,写着:“我离此去东找水”,但一直未返回。新疆维吾尔自治区党委、人民政府和中国科学院等单位对彭加木同志的安全极为关心。中国科学院新疆分院已于18日派副院长陈善明带领一部分人员赶往出事地点。从19日到23日,乌鲁木齐部队和人民解放军空军部队又派出10多架飞机和一支地面部队到罗布泊地区寻找,但都没有发现彭加木的下落。

中国文联等单位在人民大会堂联合举行纪念瞿秋白同志就义45周年座谈会

中宣部副部长、中国文联主席周扬在会上讲话时指出,瞿秋白同志是中国共产党的一位才识卓越的领导人,他不仅挑起过革命实际工作的领导重担,而且在马克思主义理论建设和无产阶级文化事业建设上,做了大量开拓性、奠基性的工作。瞿秋白的革命的一生,将永远为人们所纪念。

谭震林、周建人、沈雁冰、王首道、刘澜涛、李维汉、胡愈之等参加了座谈会。参加座谈会的还有朱穆之、叶圣陶、曹瑛、帅孟奇、张启龙、傅钟、周巍峙、于光远等有关方面负责人和文化艺术、新闻、出版等方面的人士共300多人。瞿秋白的女儿瞿独伊也出席了座谈会。

周扬在题为《为大家开辟一条光明的路》的长篇发言中,高度评价了瞿秋白对中国革命的多方面贡献。

沈雁冰、谭震林、李维汉在座谈会上回顾了我们党革命斗争的光辉历史,介绍了瞿秋白同志为中国人民革命事业建立的历史功绩。

曹瑛在发言中介绍了瞿秋白的生平事迹,驳斥了林彪、“四人帮”一伙对瞿秋白的诬陷。他说,瞿秋白被捕以后,丝毫没有做危害党和革命的事,而是坚信马克思主义,大义凛然,宣传革命,痛斥敌人,最后壮烈牺牲。

在座谈会上发言的还有袁任远、温济泽等。

座谈会上宣布,中共中央已批准有关方面关于搜集瞿秋白同志的手稿、重新编辑出版瞿秋白文集的报告。

今天的座谈会是中国文联、中国作协、中国社会科学院联合举行的,由中国作家协会副主席贺敬之主持。

中宣部副部长周扬在纪念瞿秋白同志就义45周年座谈会上发表题为《“为大家开辟一条光明的路”——纪念瞿秋白同志就义45周年》的讲话

新中国成立以来,我们正式悼念瞿秋白同志的活动,只举行过一次,那就是1955年6月18日,秋白同志就义20周年的时候,我们在八宝山烈士公墓举行的秋白同志遗骨安葬仪式。在那个仪式上,陆定一同志作了关于瞿秋白同志生平的报告,同一天茅盾同志也在《人民日报》上发表了《纪念秋白同志,学习秋白同志》的文章。

匆匆又过了25个年头。这期间,一位杰出的革命先烈,在离开人世30年之后,也像我们许多活着的人一样,遭到了莫大的凌辱,经历了一场令人震惊的磨难。回忆当初我们怀着虔诚的崇仰之情,把他的遗骨从福建长汀迁葬北京的时候,哪里料想到秋白同志的"寂寞身后事"会是这个样子呢!但是,"四人帮"一旦被铲除,大家就立刻想起了秋白同志,为他身后所蒙受的冤屈愤愤不平。这个事实证明凡是为人民做了好事、立了功勋的革命家,中国人民是永远忘记不了的。

秋白同志是我们党的一位才识卓越的领导人,他不仅挑起过革命实际工作的领导重担,而且在马克思主义理论建设和无产阶级文化事业建设上,做了大量开拓性、奠基性的工作。秋白同志去世时,年仅36岁,从1923年年初回国算起,他为中国革命工作的时间,也不过是12年。可是在这不长的时间里,秋白同志却给我们留下了那么丰富的著述。他不顾当年环境的恶劣,个人遭遇的坎坷,竟能够以情文并茂的、数以百万字计的论述译做贡献给中国人民,表现出那样充沛的精力、渊博的知识和喷泉般的不竭才思,这是多么令人惊叹赞佩的业绩呵!

秋白同志之所以能够作出这样异乎寻常的卓越贡献,固然是由于他个人天资的聪颖,修养的深厚,治学态度的勤奋刻苦等等,但更重要、更根本的,还是因为他领受了世界和中国人民革命斗争的洗礼,有一颗为中国人民革命事业、为共产主义事业贡献一切的火热的心。他在早年所写的《俄乡纪程》中,曾经表达自己的志愿说:"我总想为大家开辟一条光明的路。"这是秋白同志的心愿和誓言。当然,这条路不是秋白同志一人的力量所能够开辟的,但他是最早的开路人和领路人之一。正如他自己所说,他"试探了自己的道路,锻炼了自己的力量"。在这条道路上,不管有多少风险,他坚持走到了底。他作为一个饱经风霜的敏感的文人学者,虽然有时也不免流露出低沉伤感的情绪,但他始终保持了对革命的忠诚信念,在敌人和死亡的威胁面前无所畏惧。秋白同志的革命的一生将永为人们所纪念。

秋白同志对中国革命的贡献是多方面的。首先是他对马克思主义宣传的贡献。秋白同志在"五四"时期开始接受马克思主义影响,当着他以记者身份在苏联实地考察两年之后,就彻底解除了对社会主义"隔着纱窗看晓雾"的朦胧状态,成长为一个忠诚的马克思主义者。1923年年初,秋白同志回国之后,首先就活跃在党的理论宣传工作战线上,成为我们党早期的最优秀的理论家之一。他从事《新青年》《向导》和《前锋》等刊物的编辑工作,并且在这些刊物上发表了大量论文,致力于介绍马克思列宁主义的基本理论。他运用马克思主义这个锐利的武器来分析国际国内大势,为刚刚建立的中国共产党的理论建设和理论宣传,作出了巨大的宝贵的努力。秋白同志对许多问题都有他的独到的精辟的见解。当然,其中也不免包含着某些不成熟或不正确的论点。特别是在大革命失败之后,面临以蒋介石为代表的大地主大资产阶级的反革命复辟和陈独秀右倾机会主义路线错误的后果,我们党内滋长了"左"倾盲动情绪,秋白同志当时就反映了这种情绪,犯了"左"倾盲动主义的错误。但是,秋白同志无论在理论上乃至路线上有什么错误,都是老老实实地摆在明处,当着他不知道错误的时候他坚持,知道错了就勇敢地承担责任,决不替自己辩护和推卸责任。后来他受到了王明"左"倾机会主义路线的残酷打击,但他对同志、对革命事业,仍然满腔赤诚,坚决维护党的利益,毫不动摇,这是值得我们永远学习的榜样。

秋白同志留给我们的理论著述,是一份很珍贵的革命遗产,值得我们认真进行研究。毫无疑问,秋白同志的论著中有不少见解,到今天也还是有生命力的。例如,他对于中国封建宗法社会的剖析,就是很有见地的。他指出,辛亥革命后的中国,仍然是封建势力的"僵尸统治",封建军阀、官僚买办,把宗法社会的旧道德,腐烂发臭的旧文化,奉为"国粹",竭力加以维护。他指出,封建残余并不会一触即溃,它可以改变形态,比如,在"僵尸"的血液里再注射一些"欧化"的什么主义而使之复活。他指出,封建宗法的文化、道德毒化着中国整个社会,连商人也要兼做绅士,中国的资产阶级虽然已是现代式的阶级,却仍旧带着等级气味。尤其值得重视的是,由于秋白同志对中国封建宗法制认识深刻透彻,所以他对于中国的农民问题倾注了极大的注意力。他是我们党最早认识农民问题重要性的领袖之一。他是毛泽东同志、彭湃同志从事农民运动的坚定支持者,他同陈独秀忽视农民运动的错误进行了坚决斗争。他以高度的革命热情,推荐和评价了毛泽东同志的名作《湖南农民运动考察报告》。秋白同志一方面认识到要想在中国完成反封建的民主革命,必须发动农民和依靠农民。但是同时,对于作为小私有者的农民的消极面,保持着清醒的头脑,注意到无产阶级教育农民的重要性。在当时共产国际的指导下,他同周恩来同志一起主持的我党的第六次代表大会,对于农民问题作过马克思主义的科学分析,既批判了忽视农民革命作用的错误,又指出了必须克服革命队伍中"农民意识笼罩一切"的危险。为了推翻封建制度,必须发动农民、依靠农民;为了彻底战胜封建势力,又必须教育农民,改造作为小私有者的农民。历史的经验已经证明,在我国,封建主义的确是不那么容易肃清的。这除了由于我国封建社会的历史太久的原因之外,也与我们是一个农民国家,"农民意识笼罩一切"分不开的。直到今天,我们在为社会主义现代化而奋斗的时候,重温秋白同志有关反对封建宗法制度的论述、有关克服革命队伍中农民意识的论述,并且大力加强这个没有完成的斗争,还是非常必要的。

至于秋白同志在文化战线上立下的不朽功绩,是众所公认的。他是我国无产阶级革命文学运动的主要奠基人之一。30年代初期,秋白同志与鲁迅先生一起,参与和指导了左翼文化运动,率领和团结广大文化工作者,粉碎了反革命的文化"围剿",促成了革命文学的空前繁荣。秋白同志以重病之身,忘我奋战,在上海的短短三年中,取得了极其丰硕的成果。他认真介绍马克思主义文艺理论,无情反击形形色色资产阶级的文艺思潮,同时深入探讨了有关发展无产阶级文学运动的许多重大理论原则问题,他写了许多锋利的杂感,创作了新形式的诗歌和曲艺,翻译了大量外国革命文艺作品和论著,并且对中国文字改革问题作了积极的努力。秋白同志在倡导文艺大众化的时候,对于"五四"新文化运动的伟大意义显得评价不足,只有毛泽东同志才第一次对"五四"以来新文化运动的历史功绩作出了最正确的论断。但是应当承认秋白同志当时所阐发的文艺理论和他所从事的文学实践活动,比起"五四"时期的新文化运动来,的确高出了很多。尽管他有时不适当地贬低了"五四"新文学的成就,但是30年代的左翼文艺运动还是很好地继承和发展了"五四"文化运动的进步传统,把我国文化战线上的革命推进到了一个崭新的阶段,这是与他的贡献分不开的。特别应当提到的是他为《鲁迅杂文选集》写了有名的序言,对鲁迅作了公正的、科学的评价。鲁迅为了表达他对为革命献身的生前战友的沉痛而深挚的纪念,他搜集秋白同志的文艺论著编成了《海上述林》,使他的文章永垂后世。鲁迅和瞿秋白之间的革命友谊是光照千古的。当然,今天和那时相距已经将近半个世纪了,我们国家的历史已经走过一段不寻常的曲折的道路,国际国内状况都发生了空前剧烈的变化,当年左翼文化运动中所提出的主张和论点,无疑都需要根据新的情况加以补充、修正和发展。但是,今天我们仍然应该说,当年秋白同志所热情支持的鲁迅的方向是完全正确的,他们在中国现代文化史上的开创性的功勋是不可磨灭的。

秋白同志当年对于革命的新文化运动,充满必胜的信念,他把这一事业比作永远不会"盛极而衰"的"从地心里喷出来的火山"。他说:"地底下放出来的光明,虽然还很脆弱,然而它的来源是没有穷尽的,它的将来是要完全改变地面上的景象的。这种光芒和火焰从地心里钻出来的时候,难免要经过好几次的尝试,试探自己的道路,锻炼自己的力量。"秋白同志用他的生花之笔表达的革命理想,他对革命进程的预测,是多么清醒呵!他对于革命前途的必胜信念,又是多么坚定呵!

从秋白同志就义到现在的45年中,我们党所领导的革命的文化运动,几经挫折,然而我们的力量确实得到了锻炼,我们"改变地面上的景象"的革命事业已经取得了举世共睹的伟大成就。当然,这工程还远远没有完全达到目的。我们文化战线上的战士们,现在在党中央的领导下,为实现社会主义现代化而努力工作,不正是为着实现先烈们"完全改变地面上的景象"这个宏伟遗愿而奋战吗!我们现在所做的,正是踏着先烈的足迹,继续试探自己的道路,锻炼自己的力量,努力攀登前人所未曾达到的高峰。为了这项崇高的事业,我们将不惜贡献自己的一切,这就是我们对于秋白同志等老一辈开路先锋最好的告慰。

全国伦理学讨论会在无锡举行

第一次全国伦理学讨论会于6月17日至25日在无锡举行。来自全国25个省、市、自治区的伦理学工作者,就当前如何加强道德教育问题,提出了不少好的见解和建议。

大家共同认为,必须迅速确立一个大家共同遵守的道德准则。他们说,在这个道德准则中,很重要的一条应该是为实现四个现代化而勤奋劳动和学习。有利于社会主义现代化建设的,就是道德的,应该受到赞扬;有损于社会主义现代化建设的,就是不道德的,应该受到谴责。大家还指出,在四化建设进程中,学习外国的先进科学技术,扩大国际交往,这是件好事,但是不能把垃圾也当成先进的东西拿来。科学技术成果是人类共同的财富,可以直接拿来;但道德要和社会的性质相适应,是不能采取"拿来主义"的。许多代表认为,我们的社会主义社会,是由半封建半殖民地的社会脱胎而来的。我们不能把封建道德、资产阶级的道德作为社会主义道德。否则,我们既不能建立高度的物质文明,也不能建立起高度的精神文明。

在这次伦理学讨论会上成立了中国伦理学会。经过民主讨论,冯定被推选为名誉会长,李奇被选为会长,三名副会长是周原冰、罗国杰和周辅成。

6月18日

国务院总理华国锋在人民大会堂同西萨摩亚总理图普奥拉·埃菲举行会谈

两国领导人在会谈中就共同关心的重大国际问题交换了看法。双方对中西两国自1975年建交以来在政治、经济和贸易等方面的友好合作关系的发展感到满意，并希望进一步加强这种关系。

国务院副总理李先念在天桥剧场观赏澳大利亚芭蕾舞团演出的传统舞剧《堂吉诃德》

中共中央书记处书记胡乔木到《中国青年》编辑部了解人生意义讨论情况并讲了话

中共中央书记处书记胡乔木同志，看了第五期和第六期《中国青年》后，对潘晓同志信中提出的问题和人生意义的讨论十分关心。6月18日下午，乔木同志来到《中国青年》编辑部，详细了解了讨论的情况，并讲了话。乔木同志说：

这个讨论引起了千百万人的关心和兴趣，我也是这千百万人中的一个。这是一场很有意义的讨论，凡是关心青年一代的成长的人都应该有兴趣。

青年们都想在一个适当的气氛中把自己的心掏出来，讲讲自己的经历，苦闷，失望和希望，寻求问题的答案。青年们讲讲自己的苦闷和失望没有什么不好，谁没有过苦闷和失望呢？感到苦闷和失望的青年把自己的心情讲出来，这表示他们对社会究竟还是抱着希望和信任，他们究竟还是在寻求答案，尽管许多现有的答案不能使他们满足。青年们伸出了手，难道能够把这伸出的手打回去吗？难道不应该把他们伸出的手紧紧地握住，然后再鼓励他们拿出勇气和信心继续前进吗？

潘晓提出的问题是当前很多青年的共同问题，所以会引起这样广泛这样热烈的讨论。潘晓的问题当然要答复，但是讲干巴巴的道理不行。你要答复她和其他许多青年的问题，首先得要同他们一道思想，感受，理解和同情他们所遭遇的一切，然后再学会说怎样的话才能让他们愿意听和听得进。

我们的社会有弊病，同时存在着同弊病作斗争的力量，而且这个力量已经走向上风。1976年到1980年的编年史说明，历史进步的潮流是不可逆转的。领导这个潮流的人并不是孤单的少数人，他们同大多数人结合在一起。虽然前进的道路上障碍还不少，但是要战胜这个前进的力量是不可能的，要这个前进的队伍放下他们手中的火炬是不可能的。现在各个岗位上还有各种各样的人，不少基层单位还有坏人坏事，但也都有打击这些坏人坏事的积极分子，好的共产党员和好的领导人。好人好事并不像一些青年同志所感觉的那样老是占劣势；相反，光明总是在斗争中不断增长，当然也永远不会有100%光明的极乐世界。这就是我们面前的一幅人类前进历史的图画。人生的道路是复杂和曲折的，如果人们的处境比较暗淡，我们通常就没有权利叫他们非按着快乐的调子唱歌不可。他们叹息了，或者发些错误的牢骚，我们不应该恼怒，也不应该置之不理，而应该弄清楚他们这样做的原因，并且认真地帮助他们找到希望的所在。这里最需要的是年长的一代人的耐心和热情。

全国人大常委会副委员长邓颖超在斯特拉斯堡记者招待会上发表讲话

邓颖超副委员长在同欧洲议会议长西蒙娜·韦伊和欧洲议会代表团团长马蒂内联合举行的记者招待会上说："只有团结起来并形成一个强大的保卫和平的力量，世界人民才能制止霸权主义者的侵略和扩张，并且推迟战争的爆发。"

邓颖超还说："在会谈中，双方对当前动荡不安的国际形势表示了极大的关切。我们赞赏欧洲议会在阿富汗问题和柬埔寨问题上主持正义的立场。这两个问题的根源都是霸权主义者推行南下战略，进行侵略扩张。一些第三世界国家首先身受其害，独立被破坏，国土被占领，人民遭到屠杀。但是南下战略的目的，是抢占战略要地，夺取战略资源，控制海上通道，迂回包抄西欧。由此可见，阿富汗问题和柬埔寨问题决不是仅仅限于亚洲的地区性问题，而是对世界的和平与安全的战略性挑衅。世界上一切爱好和平与主持正义的国家和人民有必要联合起来，认真对付。为了反对侵略扩张、维护世界和平，中国人民愿意同西欧各国以及世界各国人民共同努力，密切配合。"

邓颖超在回答有关阿富汗的问题时说："我们的立场是：苏联必须立即无条件地从阿富汗撤走它的军队，并且让阿富汗人民自己决定自己的命运。世界上所有爱好和平的力量和人民都有义务支持阿富汗人民反抗占领者的斗争。"

关于世界和平问题，邓颖超说："中国各族人民热爱和平。中国为实现四个现代化，尤其需要一个长时期和平与稳定的国际环境。但是，和平是不以我们的意志为转移的。只有团结起来并形成一个强大的保卫和平的力量，世界人民才能制止霸权主义者的侵略和扩张，并且推迟战争的爆发。"

国务院副总理薄一波在人民大会堂会见以日本第一劝业银行行长村本周三为团长的日本三金会友好访华团

中国科学院地理研究所所长黄秉维教授被选为英国皇家地理学会荣誉通讯会员

教育部决定在厦门大学设立台湾研究所

《人民日报》报道，教育部最近决定在厦门大学设立台湾研究所。研究所拟先设立台湾经济研究室、台湾历史研究室、台湾考古与民族研究室、台湾文学研究室、台湾教育研究组、台湾问题综合研究室(包括社会、宗教、人口等问题的研究)。

《泰国摄影作品展览》在中国美术馆开幕

国务院副总理王任重、外交部副部长何英以及首都200多名摄影家、摄影爱好者出席了开幕式。正在我国访问的泰国大理院院长巴博·提拉瓦也出席开幕式。

这次展览展出了30位泰国著名摄影家的100多幅优秀作品。这些作品题材广泛,生动地反映了泰国秀丽的风光、优美的文化艺术、人民的辛勤劳动和生活习俗。

卫生部颁布《国境口岸传染病监测试行办法》

为防止疫病传入和传出,保障进出境旅客、交通员工和我国人民的健康,促进国际友好往来,在卫生检疫工作上应加强疾病监测,注意收集和积累国内外疫情资料,认真总结分析,找出传播及流行规律,提出预防对策。现制定本办法。

第一章　总　则

第一条　卫生检疫机关监测的传染病是指流行性感冒、疟疾、脊髓灰质炎、登革热、斑疹伤寒和回归热(下称监测疾病),或卫生部指定的其他病种。

第二条　本办法所指监测疾病的潜伏期规定如下:

(一)流行性感冒三日;

(二)疟疾:恶性疟十二日,间日疟和蛋形疟十四日,三日疟三十日;

(三)脊髓灰质炎十二日;

(四)登革热六日;

(五)斑疹伤寒十四日;

(六)回归热八日。

第三条　本办法所称的交通工具是指船舶、飞机和车辆;所称查验的口岸,是指海港、机场、车站和关口;日的含义均与国境卫生检疫条例实施规则第二条相同。

第四条　卫生检疫机关在国际通航的港口、机场、车站、关口以及停留在上述处所的交通工具实施传染病监测。

第五条　监测的对象是进出我国国境的人员(包括过境人员)和交通工具;港口,机场、车站和关口内的人群和能传播监测疾病的病媒昆虫、动物、食品、饮水。

第六条　监测的内容有:

(一)疫情的收集与报告;

(二)首发病例的个案调查;

(三)暴发流行的流行病学调查;

(四)病原体的分离鉴定;

(五)病媒昆虫的调查;

(六)疫苗使用观察和效果的评价,以及人群免疫水平的调查;

(七)收集和调查当地监测疾病的发病率、死亡率以及与流行病学有关的其他资料;

(八)对监测疾病患者、疑似患者、密切接触者的管理;

(九)对被污染或污染嫌疑的交通工具、行李以及受感染或感染嫌疑的动物、昆虫实施必要的卫生处理。

第七条　监测工作应当统一领导,互相协作。疾病的监测由检疫科负责,传播媒介的监测和卫生处理由卫生科负责,病原体的分离、鉴定由检验科(室)负责。

第八条　检疫机关对监测疾病的疫情处理,应按照“中华人民共和国急性传染病管理条例”办理。检疫机关在疾病监测工作中提供防治医疗药物或实施卫生处理时,按国家规定标准收费。

第二章　疫情传递

第九条　停留在港口、机场、车站、关口的交通工具上发现监测疾病、疑似监测疾病时,该交通工具上的负责人应当向检疫机关报告。

第十条　港口、机场、车站、关口内的人群中,或在入境人员中发现监测疾病、疑似监测疾病时,上述处所的防疫机构、接待单位或医疗机构应当向当地卫生防疫主管机关报告,通知当地的或发放就诊方便卡的检疫机关。

第十一条　卫生防疫主管机关在所属区域内发现监测疾病的首发病例或传入病例时,应当立即通知当地的卫生检疫机关,并定期提供当地疫情资料。

第十二条　检疫机关应当主动地定期与所在地区的防疫主管机关、港口、机场、车站、关口的防疫部门以及有关单位联系,收集、了解有关监测疾病的疫情资料。

第十三条　检疫机关在监测范围内发现监测疾病暴发流行时,应当用最快的方法报告省、市、自治区卫生主管机关,并报卫生部。

第十四条　有关监测疾病的国外疫情,由卫生部指定有关单位收集、翻译、印刷、分发;有关国内的疫情,由卫生部通知有关单位向检疫机关提供。

第十五条　监测疾病的报告一律按传染病报告卡填报。

第三章　监测的一般规定

第十六条　检疫机关应当经常了解、分析监测疾病的国内外疫情,熟悉疫区和流行动态。

第十七条 检疫机关在对交通工具和进出境人员的查验中,应当加强监测疾病的流行病学询问。

第十八条 检疫机关在实施卫生监督和巡诊中,应当注意发现监测疾病、疑似监测疾病患者。

第十九条 检疫机关对患有监测疾病、疑似监测疾病者,应当进行病原学检验、个案调查,追踪传染源。

第二十条 检疫机关认为必要的时候,可以要求入境旅客写健康申明卡。具体发放办法可通过旅行社、航空公司或其他有关单位协助,事先发给入境人员在途中或到达前填写好,以节省入境时的查验时间。

第二十一条 对监测疾病的密切接触者、来自监测疾病流行区的入境人员,检疫机关应当分别或有选择地发给就诊方便卡。

第二十二条 检疫机关应当向出入境的旅客、交通员工宣传监测疾病的防治知识和提供必要的防治药物。

第二十三条 检疫机关应当随时与港口、机场、车站、关口的防疫部门协作配合,定期开展病媒昆虫、动物宿主的调查和人群免疫水平的调查。当上述处所有疫情暴发趋势时,应当报告上级防疫部门采取必要的预防措施。

第四章 监测疾病的管理

一、流行性感冒

第二十四条 检疫机关在查验、卫生监督或巡诊医疗中发现流行性感冒患者、疑似患者时,应当采取下列措施:

(一)及时采集咽喉洗漱液或鼻黏膜压印片标本,进行病毒分离;

(二)根据具体情况和病情,建议患者接受隔离治疗,或者发给防治药物;

(三)对患者或疑似患者居住的房间进行必要的消毒或通风。

(四)对密切接触者根据具体情况实施必要的医学观察或发给就诊方便卡。

第二十五条 检疫机关对有流行性感冒发生的交通工具上的家禽、鸟类、家畜和猿猴等会同动植物检疫所进行流行病学调查和采取适当的限制措施。

第二十六条 来自流行性感冒流行区或在到达前三天内有流行性感冒发生的交通工具在港口、机场、车站、关口停留期间,检疫机关应当加强对其卫生监督,并在巡诊医疗中及时了解该交通工具上人员的健康情况。

二、疟疾

第二十七条 检疫机关在查验、卫生监督或巡诊医疗中,发现有疑似疟疾的患者时,应当适时采血检查疟原虫并查明:

(一)一个月内与疟疾流行区的接触史;

(二)二年内有无疟疾发病史;

(三)目前有无发冷发热等典型的临床症状;

(四)有无肝脾肿大。

第二十八条 检疫机关在交通工具和出入境人员中发现疟疾患者时,应当:

(一)适时对患者采血片进行疟原虫分类;

(二)向患者提供抗疟治疗药物或送医院隔离治疗;

(三)对来自有抗性虫株的疟区的恶性疟疾患者给予抗药株的治疗药物。

第二十九条 来自疟疾流行区或载有疟疾患者的交通工具上发现活蚊时,检疫机关应当:

(一)检查交通工具的卫生状部,如发现有隐藏蚊子的地方应当及时灭蚊;

(二)采集标本进行蚊种鉴定和对药敏试验;

(三)督促交通工具的负责人进行彻底灭蚊,并在技术上给予指导。灭蚊后应作细致的效果检查。

第三十条 检疫机关对来自或前往高疟区的人员,可提供抗疟的预防药物。

三、脊髓灰质炎

第三十一条 检疫机关在查验、卫生监督或巡诊医疗中发现疑似脊髓灰质炎患者时,应当及时采取粪便、血液标本进行病毒分离和血清学检查。

第三十二条 检疫机关在查验、卫生监督或巡诊医疗中发现脊髓灰质炎患者时,应当采取下列措施:

(一)及时对患者采粪便及血液标本进行病毒鉴定和血清分型;

(二)建议患者隔离治疗或送传染病医院;

(三)对受污染或有污染嫌疑的环境、物品和患者排泄物实施消毒;

(四)对密切接触者发给就诊方便卡或实施从离开感染环境算起不超过十四日的医学观察。

第三十三条 检疫机关对到达前三个星期内有脊髓灰质炎患者或疑似患者发生的交通工具上的饮水、食品,应当采样检验,必要时实施消毒;对来自脊髓灰质炎流行区的交通工具上的饮水和食品,必要时也应当采样检验或实施消毒。

四、登革热

第三十四条 检疫机关在查验、卫生监督或巡诊医疗中发现登革热患者或疑似患者时,应当采取下列措施:

(一)将患者送医院隔离治疗并采血液标本作病毒分离及血清学检验;

(二)采集该病人曾经居住过的场所内的伊蚊标本

作病毒分离；

(三)患者应当在经过彻底灭蚊设备的病房内接受自发病之日算起不少于五日的隔离治疗；

(四)对密切接触者发给就诊方便卡或实施十四日的健康观察；

(五)对发现有登革热患者的港口、机场、车站、关口或交通工具立即进行灭蚊。

第三十五条　检疫机关发现来自登革热流行区的交通工具上有活蚊时应当：

(一)检查交通工具上的卫生状况，如发现有蚊子隐藏地方应当及时灭蚊；

(二)采集标本作蚊种鉴定和病毒分离；

(三)督促交通工具的负责人进行彻底灭蚊，并在技术上给予指导。灭蚊后应作细致的效果检查。

第三十六条　检疫机关对带自登革热流行区的动物如猴子等应会同动植物检疫所进行适当的管理。

五、斑疹伤寒和回归热

第三十七条　检疫机关在查验、卫生监督或巡诊医疗中发现有斑疹伤寒或回归热患者时，应当采取下列措施：

(一)对患者实施灭虱和隔离，并采集标本作病原学分离；

(二)对疑似患者实施除虫并从除虫完毕起分别实施十四日或八日的医学观察；

(三)对接触者实施灭虱后发给就诊方便卡，或从除虫完毕后分别实施十四日或八日的健康观察。

(四)对患者、疑似患者、接触者的衣服、行李和其他易于藏匿虱子的物件、场所实施灭虱，必要时进行消毒；

(五)对患者、疑似患者采集血液标本进行实验室检验；

(六)对患者、疑似患者及接触者采集身上的虱子标本作病原学分离和药敏试验。

第三十八条　检疫机关在来自斑疹伤寒或回归热流行区的交通工具上发现有虱子时，应当采集标本检验并进行除虫。

第五章

第三十九条　本办法自发布之日起试行。

税西恒逝世

第五届全国人民代表大会代表、九三学社中央副主席、九三学社重庆分社主任委员税西恒同志，因病医治无效，于6月18日在重庆逝世，终年92岁。

税西恒1889年生于四川泸县。1911年曾加入孙中山先生领导的同盟会，积极进行民主主义革命活动。抗日战争时期，他在中国共产党影响下，从事民主革命活动。1946年，他同许德珩等一道发起组织九三学社，团结了一部分爱国知识分子，在共产党领导下，为发展人民民主统一战线作出了积极的贡献。新中国成立后，税西恒历任第二、三届政协全国委员会委员，第三、五届全国人大代表。

6月19日

国务院总理华国锋在北京出席中华人民共和国政府和西萨摩亚政府经济技术合作协定议定书的签字仪式

中共中央副主席叶剑英在江苏视察

6月19日至24日，叶剑英在江苏进行视察，视察期间，他听取中共江苏省委和南京部队党委的工作汇报，并且在汇报会上讲话。

国务院副总理邓小平在人民大会堂会见西萨摩亚总理图普奥拉·埃菲

在亲切交谈中，邓小平说，粉碎“四人帮”以后，我们定了一个新目标——在本世纪末实现中国式的现代化。现在全国上下正在同心同德为实现这个目标而努力。他说，80年代是我们进行建设的关键年代，也是国际形势十分动荡的年代。我们搞建设需要一个和平的国际环境。我们要在维护世界和平以及其他国际事务中尽我们的义务。

他指出，对苏联霸权主义不斗争是不行的。在维护世界和平的事业中，需要大家合作，不论国家大小，都有自己的责任，都能作出自己的贡献。

中共中央发出《关于处理“文化大革命”中一些干部在报刊和文件上被点名批判问题的通知》

该通知说：对“文化大革命”中在中央、地方以及军队的报刊、文件上被错误点名批判的同志，宣布一律予以平反。对这些同志历史功过是非的评价，均以中央或相应一级党委最后作出的复查结论、平反决定为准。

中共西藏自治区委员会发出通知纠正划分富农(牧)错误

通知说，1970年西藏在农牧业的社会主义改造中，由于受林彪、“四人帮”极左路线的干扰，离开了西藏社会的实际，生搬硬套内地的做法，错误地在农牧区划了富农(牧)阶级，把一部分富裕农(牧)奴划成了富农、富牧。1979年，虽然为绝大多数富农、富牧摘了帽子，但他们的阶级成分没有改变，也还有少数人至今仍戴着富农、富牧分子的帽子。

通知指出，民主改革前的旧西藏是个封建农奴社会，不存在富农经济和富农阶级。因此，在西藏也和内地一样划分富农(牧)阶级，不论在理论上还是实践上都是错误的。

通知宣布，西藏自治区党委决定，凡是在农牧业社会主义改造中，被划为富农、富牧阶级成分的，或由富裕农奴被划为领主、牧主、代理人成分的，一律予以纠正，恢复原来的阶级成分。被定为富农(牧)分子或反动富农(牧)分子的，一律平反。

《人民日报》发表社论《坚持自负盈亏——论集体所有制企业的经营原则》

去年以来，不少地方的城镇集体所有制企业恢复了自负盈亏的经营原则。时间虽短，成效显著。今天本报介绍的辽宁省二轻系统80%以上的城镇集体企业实行自负盈亏，国家、地方、企业和职工个人都增加了收入，就是一个很好的例证。

城镇集体所有制企业的生产资料，属于企业的全体成员所有，它的生产过程、劳力调配、企业管理以及劳动成果的支配等方面，应当由企业的全体成员当家做主。这种独立自主的生产、交换和分配方式，是城镇集体所有制企业在经营管理上最鲜明的特点，是集体企业必须遵循的原则，也就是我们常说的自负盈亏的经营原则。

遵循还是违背这个原则，对城镇集体所有制企业的发展和巩固、对国计民生关系十分重大。二十几年来，我国城镇集体所有制企业走过了坎坷不平的道路。它一方面不断地遭到砍伐，一方面又在不断地成长。这种长了砍，砍了长，“野火烧不尽，春风吹又生”的艰难曲折过程，就是围绕承认还是否定自负盈亏这条经营原则进行的。1956年，经过对手工业和个体商贩的社会主义改造，诞生了我国第一代城镇集体所有制企业。虽然当时在改造的步子上快了一点，有些合作小组和合作社合并得多了一点，但是，由于普遍实行自负盈亏的经营原则，生产还是有了较快的发展，职工生活有所改善，就业问题得到妥善解决，充分显示了自负盈亏的优越性。然而没有多久，城镇集体所有制企业被推进1958年“升级过渡”的旋涡中，一部分合作社“过渡”到国营企业，一部分“升级”为合作工厂，自负盈亏的经营原则被统负盈亏、统收统支所代替，集体企业职工开始端起了“铁饭碗”，吃上了“大锅饭”。在人们还没有弄清楚这种变化属于什么性质的时候，在生活中就尝到了这种变化的苦头：日用工业品减少了，供销渠道阻塞了，服务行业削弱了，生活上到处遇到了不方便。针对这种情况，党中央在1961年6月发布了《关于城乡手工业若干政策问题的规定(试行草案)》，即《手工业三十五条》，重申集体所有制企业要实行自负盈亏的经营原则。根据中央规定，各地对城镇集体所有制企业进行了调整，“过渡”到国营企业的手工业，有一部分又退回到合作社；盲目集中起来的商业、服务业网点重新化整为零。这次调整收到了显著效果，我国集体所有制企业又出现了生机勃勃的繁荣景象。林彪、“四人帮”推行极左路线的十年期间，城镇集体所有制企业被说成是“每日每时都在产生资本主义”的“小生产”，《手工业三十五条》被扣上“复辟资本主义”的罪名。像“割韭菜”一样，集体企业的税后利润和其他财产被层层上收，劳动群众的集体所有制变成了各级政权所有，到了70年代，全国真正实行自负盈亏经营原则的集体企业几乎没有了。

自负盈亏，是与集体所有制企业的性质和生产力水平相适应的经营原则。但是，在过去二十几年间，始终有一股“穷过渡”的极左思潮干扰、破坏集体所有制企业。在一些人看来，集体企业实行独立核算、自负盈亏的经营原则是“落后的”，只有“统负盈亏”、吃“大锅饭”才是先进的。在他们看来，集体企业的规模越大越高级，核算范围越大越先进。于是，“小集体”变成“大集体”，“街集体”变成“区集体”，“区集体”变成“市集体”。随着集体企业隶属关系的“升级”，集体所有制的性质也就发生了根本的变化，真正组成集体所有制企业的普通劳动者不能对企业行使管理权，什么事情都由上级党委和行政部门说了算数，集体所有制企业根本不存在自负盈亏的经营原则了。这种把集体企业“拔高”或“升级”的做法，是不符合现阶段生产力发展水平的。这实质上是否定劳动人民有权支配一部分生产资料，同时否定社会主义生产组织形式的多样化。

我国人口多，资源丰富，就业问题十分突出。只有充分地利用我国的人力物力资源，尽快缩短我国生产技术和世界先进技术水平的差距，才能最迅速地提高整个社会的劳动生产率，加速四个现代化的进程。我们不仅要兴办采用现代技术和装备的国营企业，而且要兴办各种占用劳动力多的工业和服务事业——即兴办自负盈亏的集体所有制企事业，这是广开就业门路的最好途径。一般地说，国营企业安排一个劳动力，国家要成千上万元的投资，而兴办自负盈亏的集体企事业，国家只要很少投资或者不必投资，而且能较快地形成生产能力，服务于生产，服务于生活。对此，何乐而不为？去年一些省、市、自治区在这方面创造了一些好方法，值得认真加以总结。前些年，国家对劳动就业采取包下来的办法，不允许劳动者自己组织起来、自负盈亏、集体经营，结果造成了城市里极不正常的现象：一方面“有事无人干”,另一方面却“有人无事干”;一方面有大量的劳动力在那里闲置,另一方面广大在职人员又要为日常的生活琐事四处奔波。造成这种情况的原因固然很多,所有制形式和生产力的发展不相适应是主要原因。如果我们能够把自负盈亏的集体所有制企事业搞得活一些,现实生活中的很多问题就会比较容易地得到解决。

自负盈亏的集体所有制企事业,不仅可以容纳手工生产,而且可以容纳机械化、半机械化生产。发展这种经济形式,不是为了安排待业人员的权宜之计。这种经济形式,经营灵活,适应性强,经济效果显著,在一个相当长的历史时期内,具有强大的生命力,它可以同全民所有制长期并存。自负盈亏的经营原则,把生产者和企业的经营成果联系起来,生产者更加关心自己的企业,这就极大地解放了生产力;它的经营原则和经营方法,有许多是国营企业可以借鉴的。

城镇集体所有制企业要不要实行自负盈亏的经营原则,二十几年来,在理论上和实践上一直存在着矛盾和斗争。现在是认真加以总结的时候了。实践是检验真理的唯一标准。这个真理就是:集体所有制企业一旦真正坚持自负盈亏的原则,它就如虎添翼地兴旺发达起来。正如北京市一个集体企业的领导干部所说:“照这样办下去,我们的企业就可以飞起来了。”

全国总工会在北京召开会议要求各级工会加强劳动保护保障安全生产

工会要加强群众劳动保护工作,积极协助和监督企业行政,采取切实措施,把伤亡事故降下来,把尘毒危害治理好,保障工人安全生产。这是今天结束的全国第三次工会群众劳动保护工作会议对各级工会提出的紧迫任务。

鉴于目前安全生产和劳动保护工作还没有引起人们的足够重视,职工伤亡事故多,职业病严重的状况仍很突出,参加会议的工会工作者认为,工会是职工群众自己的组织,是群众利益的重要代表者,对保障工人身体健康和生命安全,负有重要责任。因此,加强群众性的劳动保护工作,是当前各级工会组织的一项刻不容缓的任务。

代表们强调,工会要做好群众劳动保护工作,除了协助行政对职工大力开展劳动保护的宣传教育,发动群众不断改善劳动条件以外,特别要组织群众做好自下而上的监督检查工作。新中国成立以来,党中央和国务院制定和颁发了一系列劳动保护的政策、法规和条例。但是,不少企业没有认真贯彻执行。有些单位不按科学办事,不顾实际可能,提高指标,瞎指挥,盲目蛮干。有的单位不按国家规定提取劳动保护措施经费,或挪用劳动保护经费去盖厂房、仓库等等。为了保证党和国家的劳动保护政策、法规和条例的切实贯彻执行,工会要组织职工群众,认真搞好监督检查工作。要组织职工代表审查企业有关劳动保护措施经费的提取和使用情况,如发现使用不当,应予追回。对新建、扩建、改建企业和挖潜、革新、改造工程项目的有关劳动保护设施,工会要参加审查验收,要求这些劳动保护设施与整个工程做到同时设计、同时施工、同时投产。如果不合格,工会不签字盖章;如果强行投产,可向上级控告。工会还要协助和督促行政建立、健全安全生产责任制,制定或完善各种安全操作规程,按照国家规定发放劳动保护用品,注意和加强女工特殊保护。对在安全生产上作出显著成绩的先进单位和个人要给予表扬和奖励,对违章指挥、违章操作的要给予批评教育和必要的处分。

为了做好工会的群众劳动保护工作,这次会议还要求各级工会把劳动保护机构健全起来,配备专职干部,并在今明两年内对劳动保护干部和积极分子普遍轮训一次,以提高他们的业务水平和工作能力。

会议期间,中共中央书记处书记、国务院副总理万里到会讲了话。

国务院副总理薄一波在北京会见以美国国家航空和宇宙航行局副局长洛夫莱斯博士为团长的美国国家航空和宇宙航行局代表团

中国代表在日内瓦裁军谈判委员会上建议缔结禁止化学武器公约

出席日内瓦裁军谈判委员会夏季会议的中国代表团,今天向会议提出关于禁止化学武器公约主要内容的建议。

中国的建议指出:“缔结一项全面禁止发展、生产、储存、获取、转让和使用化学武器并彻底销毁此种武器的国际公约是裁军谈判委员会面临的一项紧迫任务。”

中国代表的基本主张是:

一、禁止化学武器公约应该是全面的公约。它对有关化学武器活动方面的禁止范围,应包括化学武器的发展、生产、储存、获取、转让和使用。

二、应彻底销毁现有的化学武器储存和拆除现有的化学武器生产设施。

三、缔约国应在公约生效后的规定时间内宣布是否拥有化学武器储存和化学武器的生产设施。凡是拥有化学武器储存和化学武器生产设施的缔约国应宣布其拥有的数量和分布地点,以及在最短时间内彻底销毁和拆除它们的时间表。

四、为保证公约各项条款的切实执行,应有严格有效的国际监督与视察措施。为此,应建立适当的国际监督机构,它并有权对使用化学武器和其他违约行为的指控进行调查。

五、公约中应规定,对被指控并经调查属实的违约行动,将采取的适当的处理措施。

这是中国自从今年2月第一次参加裁军谈判委员会的工作以来就实质性问题提出的第一个建议。

《中国社会科学院和日本学术振兴会学术交流备忘录》在人民大会堂签字

中国社会科学院院长胡乔木出席了签字仪式。中国社会科学院副院长宦乡和日本学术振兴会理事长天城勋在备忘录上签字。签字仪式前,胡乔木会见了以天城勋为团长的日本学术振兴会访华团。

国家体委在北京召开体育理论专题座谈会

体育理论工作者、专家、教授以及有关方面的同志就体育基本词汇的科学概念、体育属于何种科学、社会主义社会中体育的特点、体育科学的体系等问题展开讨论。

中国铁路对外服务公司在北京成立

对外服务公司的主要业务是承揽商业广告,组织旅游,利用火车车厢组织商品流动展览,举行技术座谈。同时,它将承担翻译英、法、德、日、俄等文字的铁路专业知识资料等。

张锡昌逝世

民政部顾问张锡昌同志因病于6月19日逝世,终年78岁。

张锡昌1902年生于江苏省无锡县。1936年5月参加中国共产党,先后在无锡、上海、浙江、广西等地从事党的地下工作。新中国成立以后,历任上海中纺总公司军事代表,华东纺织管理局副局长兼华东纺织工学院院长,华东财委副秘书长,中财委秘书,中共中央交通工作部办公厅副主任,内务部办公厅主任、党组成员等职。

6月20日

国务院副总理邓小平在人民大会堂会见以院长巴博·提拉瓦为团长的泰国大理院(最高法院)代表团

国务院副总理李先念在人民大会堂设宴款待新西兰驻中国大使弗里曼·格林和澳大利亚驻中国大使邓安佑及他们的夫人

在宴会上,李先念说,我对不久前访问巴布亚新几内亚、澳大利亚和新西兰获得圆满成功,表示十分高兴。他说,我们的这次访问,加深了同上述三国的相互了解和友谊。他表示深信这种友谊将继续得到巩固和发展。

西藏自治区人民政府遵照党中央和国务院指示精神发布放宽经济政策的布告

遵照党中央和国务院指示精神,为减轻人民负担,实行休养生息,调动各族人民群众的社会主义积极性,发展生产,提高人民的物质文化生活水平,建设团结、富裕、文明的新西藏,现将有关政策规定布告如下:

一、在1980年、1981年两年内免征农、牧业税,不再向社队下达农牧副产品的派购任务。在群众自愿的基础上,国家通过议购、换购等办法,鼓励生产队和社员将多余的农、牧、副产品出售给国家。

今年新粮上市开始,国家收购的青稞价格高于冬小麦价格。

集体经营的民族手工业、建筑业、运输业、服务性行业等企业和个体手工业、小商小贩,免征工商业税两年。社队和社员个人上市出售,交换农、牧、副、手工业产品,一律不收税。

县、区、社队的农、牧用拖拉机、汽车,一律免收养路费。

二、废除一切形式的摊派任务,减轻群众负担。国家举办各项建设事业需动用社队劳力时,可同社队商议采用签订合同的办法,由社队承包。国家工作人员下乡执行任务雇用社队或社员的牲畜,要合理付酬。民办小学教师的生活待遇中由社队负担的部分及学校的公用经费,从今年7月1日起改由国家负担。

三、要充分尊重生产队、作业组和社员的自主权。今后各级政府不再下达指令性的生产计划、产量计划和种植计划。队和组、户可根据自己生活需要和社会需要,因地制宜,安排生产,适合种什么就种什么,愿意种什么就种什么。采取什么生产措施由自己决定。

生产队和组、户的劳力、财力和物资应受到法律保护,任何单位和个人不得平调或侵占。

四、生产队根据自己的情况建立、健全各种形式的生产责任制。可以固定常年作业组,包工到组,联系产量计算报酬;可以组织临时性、季节性作业组,实行小包工;可以分“口粮田”;可以包产到组;个别居住偏远的孤门独户,也可以包产到户。生产队规模过大、过于分散的,可根据群众意愿,经过县人民政府批准,在适当的时候划小。

五、认真落实自留地、自留畜、自留树和家庭副业政策。

自留地按现有人口调整,一般占生产队耕地面积的5%—7%,人均耕地不足二亩的,也可占到10%。有条件的地方,也可划给社员一定数量的饲料地。自留地、饲料地均由社员自己经营。

自留畜要落实到户,养什么,养多少,由社员自己决定。允许社员在房前屋后种植林木果树,谁种归谁所有。过去将社员小片林卡和房前屋后的果木树无偿收归集体的,应予退还。

有条件的社队可划给社员一定数量的荒山、荒坡、荒滩,植树种草,收入归社员自己所有。

允许和鼓励社员从事编织、养殖、缝纫、鞣皮等家庭副业和手工业生产。在不破坏自然资源的情况下,允许社员从事渔猎、采集生产。各种工匠可以串乡经营。

六、支持和鼓励社队发展民族手工业和副业生产,允许社队对外直接挂钩,订立合同,承包农、畜、林、副产品加工,承包运输、建筑等项目,允许社队开设饭店、旅店、骡马店、修理店等服务行业。

七、开展集市贸易,举办物资交流会。允许社队和社员直接出售、交换自产的农、牧、副产品。允许小商小贩串乡买卖。

积极恢复和发展农牧之间的习惯性交换,各级政府要帮助解决交换中的实际困难,在农牧交界地区设立交换市场。

八、大力发展边境贸易。允许尼泊尔、印度、不丹、锡金和缅甸的边民到我边境市场进行交换,也允许我区边民出境交换。取消过去有碍边民贸易的规定。

这一布告规定的事项自6月20日起生效。

《人民日报》发表社论《重工业靠挖潜》

过去多年,我们搞经济建设,口头上讲农、轻、重,实际上常常是搞重、轻、农。结果,挤了农业和轻工业,最后重工业也得不到很好的发展。现在看来,我们对于优先发展重工业的口号,过去在理解上和执行中都存在着一些问题。今后一段时间内,接受过去的经验教训,积累率不能太高,投资很难大量增加,适当发展重工业主要靠什么呢?就大部分重工业部门来说,主要是靠挖潜。这里所说的挖潜,是从广义上讲的,包括了挖潜、革新、改造。当然这不是说,所有重工业都不增加投资新建了。重工业中的能源、交通以及建材等薄弱环节,国家还是要较多投资的。

不能一说搞四个现代化,就想多要投资、引进投备、建设新厂、搞大项目。经过30年的建设,我们已经有了一个相当规模的重工业基础,有了几十万个工业企业。搞四个现代化,要从这个实际出发,充分利用这个基础,通过技术革新和改造,充分挖掘现有企业的潜力。这是我们实现中国式现代化的唯一正确的途径。

现有的企业负有两个方面的任务。它要为四化提供资金、设备、原材料等物质条件,从这个意义说,它是老母鸡,要不断地下蛋孵小鸡。它自己还要进行设备更新和技术改造,从这个意义说,它又是一只蛋,要变成小鸡并成长为大鸡,进入现代化的行列。要完成这两方面的任务,都离不开挖潜、革新、改造。今后的情况将会是这样:通过挖潜,现有企业为四化提供的资金、设备、原材料等物质条件越多,现有企业自身设备更新和技术改造的成绩越大,我国实现四化的时间就越快。

对现有企业实行挖潜、革新、改造,是我们进行经济建设的一贯方针。在这个方针的指引下,老厂"挖、革、改"取得了很大的成绩。许多企业利用有限的财力和物力,在原有基础上,几倍地扩大了生产能力;燃料、动力、原材料的消耗大幅度下降;产品质量提高,品种增加,上交利润成倍增长,为扩大社会主义再生产作出了很大的贡献。这是一方面。另一方面,也有些同志想得太偏,没有把主要注意力放在现有企业的挖潜、革新、改造上面,只想多建新厂,认为不建新厂就不能扩大再生产。其实,把老企业的"挖、革、改"搞好了,扩大再生产的效果并不比建新厂慢,往往可以起到事半功倍的作用。由于在这个问题上缺乏正确的认识,当前就不能坚持"先生产,后基建,先挖潜,后新建"的方针,优先考虑和安排企业挖潜、革新、改造的需要,甚至把用于简单再生产的人力、物力、财力,也用到新建企业的基本建设中去。这是我们长期以来经济发展不快、生产不能提高的一个原因。

对重工业、包括其他工业的潜力,要有足够的估计。最明显的是广大职工长期以来被"左"的政策和统得过死的体制束缚着的这股潜在的积极性。这方面并不需要增加什么投资,只要解放思想,纠正"左"的政策,在经济体制上进行一些改革,就能把多年没有发挥的潜力挖掘出来。过去统收统支在经济单位所造成的严重浪费,无人关心也无人负责。在一些试点单位扩大企业自主权以后,调动了直接经营者和直接生产者的积极性,很快增产增收,利润增加了,浪费减少了,经济效果是很显著的。

重工业产品大部分是生产资料,过去生产资料是不进入市场的。因此,产销互不见面,不管有没有需要,工厂可以照常生产,物资部门可以照常收购,仓库可以照常积压,表现了生产的目的性很不明确。工厂领导人只管生产,不问销售;只抓管理,不学经营。今后工厂应该根据市场需要组织生产,对用户负责。工厂要把经营提到重要的地位,主要领导人要管经营。现有的重工业企业只要真正明确生产的目的性,改进经营管理,无论在机械设备、还是技术力量方面,都能挖掘很大的潜力。

挖掘现有企业的潜力，进行技术改造和设备更新，要注意三件事。首先，要根据本地区本行业的规划，从本企业的生产方向和实际情况出发，针对生产经营、工艺技术和厂房设备方面存在的问题，制定经济合理和切实可行的"挖、革、改"规划。其次，所有"挖、革、改"项目，都必须贯彻调整精神，实行专业化协作，发扬本厂的优势，保证做到产品方向对路，不得增加燃料动力和原材料的单耗，不得搞"大而全"或"小而全"，不能重复生产。最后，要讲求经济效果，做到花钱少，工期短，收益大，效果好，所有"挖、革、改"项目，都要权衡轻重缓急，本着先易后难的原则，进行统筹安排。

我们的经济建设正在前进。如果说农业战线的极左流毒已经有所清除的话，那么，工业、财贸、金融领域里的极左流毒还有待严肃认真的加以清除。要搞好今后的经济建设，要挖掘重工业的潜力，首先要总结30年的经验教训，继续深入批判极左，解放思想。这一着抓紧，全局就活了。

全国人大常委会副委员长乌兰夫在北京接受秘鲁共和国新任驻中国特命全权大使吉列尔莫·费尔南德斯—科尔内霍·科尔特斯递交的国书

国务院副总理谷牧在人民大会堂会见以联邦德国霍尔兹曼公司董事长贝克为团长的霍尔兹曼—琼斯公司代表团

国务院副总理姚依林在北京会见阿拉伯也门共和国中央银行总经理阿里·纳赛夫和对外关系司司长欧迈尔·萨利姆·巴扎拉

外交部部长黄华在波恩分别拜会联邦德国总统卡尔·卡斯滕斯和总理赫尔穆特·施密特

外交部副部长韩念龙在北京宴请印度外交部秘书冈萨尔维斯一行时表示中国政府愿意在和平共处五项原则的基础上同印度改善关系

韩念龙说，中印作为亚洲的两个大国，对维护亚洲以及世界和平负有重大的责任。中印两国和平友好相处，不仅是两国人民长期的殷切要求，也是全世界一切爱好和平人民的真诚愿望。

韩念龙说："中印双方都希望有一个和平的国际环境来建设自己的国家，特别需要同邻国搞好关系。我们既然共同向全世界倡导了处理国与国之间关系的和平共处五项原则，也一定会为实施这些原则作出贡献。"

16名越南公民冲进中国驻越南大使馆要求迁往国外

6月20日上午10时50分，16名越南人趁中国大使馆正在接待客人大门敞开之机，乘一辆吉普车冲入中国驻越南大使馆。

他们向中国大使馆人员表示，由于不堪忍受越南当局的残暴统治，要求中国使馆协助他们迁往国外。

中国大使馆对这些越南公民给予了人道主义的接待，并且根据他们的要求，本着善意的态度，与越南外交部派出的官员进行了多次交涉，要求越方考虑这些越南公民的要求，并保障他们的生命安全。

与此同时，越南当局出动大批公安人员，对中国大使馆周围进行戒严，并在街口设置路障。

在交涉过程中，越南外交部代表竟诬蔑中国大使馆是"有计划地引诱越公民逃进中国大使馆"，说什么"中国大使馆大门不开，他们怎么会进得来"。中国大使馆代表当即予以驳斥。

当晚，越南方面不顾这些越南公民的愿望和要求，强行把他们全部拉走。

文化部邀请各国驻华外交使节在北京观看上海歌剧院舞剧团演出的神话舞剧《奔月》

中国田径运动员朱建华在墨西哥举行的国际青年田径运动会上创造了男子跳高2.25米的优异成绩

6月21日

国务院副总理邓小平在北京会见印度《国防新闻社》主办的《勇士》杂志主编克里相·库马尔

在会见时，邓小平副总理说：中国和印度都是人口众多的亚洲国家，我们都需要发展各自的国家。我们之间没有理由不发展两国的关系。

邓小平还说，我们注意到印度总理甘地夫人最近多次谈话，表示要改善和发展同中国的关系。邓小平指出：改善和发展中印两国关系是我们两国人民的共同愿望。

全国县级直接选举试点基本结束

《人民日报》报道，这次试点是从去年下半年开始分两批进行的。五届人大二次会议通过了《中华人民共和国全国人民代表大会和地方各级人民代表大会选举法》《中华人民共和国地方各级人民代表大会和地方各级人民政府组织法》以后，全国有28个省、市、自治区在92个县、自治县、不设区的市和市辖区进行了试点。今年年初，根据全国人大常委会关于在全国进一步进行县级直接选举试点的决定，各地又有460个县级单位继续开展试点。各试点县、市经过准备、宣传、划分选区、登记选民、提名代表候选人和进行投票选举等阶段，目前大多数已召开人民代表大会，选举产生了县级人大常委会及县级人民政府。总的来说，试点工作是成功的。试点县、市的广大干部群众，积极参加了选举。上海有个选民，选举期间正在国外访问，从万里之外写信寄回了选举委托书。一些盲、聋、哑人和许多八九十岁甚至上百岁的老人，也亲自参加投票选举。据统计，各地的参选率均在90%以上，有的高达98%。由于实行了直接选举和差额选举，各地选出的人民代表、县级人大常委会和县级人民政府，受到绝大多数干部群众的拥护。

在试点过程中，各地结合选举，进一步落实了党的各项政策，调动了各方面的积极性，发展了安定团结的政治局面。上海、云南等地的试点县，在提名推荐和民主协商代表候选人时，十分注意各民族、各方面的代表比例，认真落实党的民族政策、统一战线政策、宗教政策、知识分子政策和其他有关政策。各地在试点中，统筹兼顾，密切结合生产，促进了生产的发展。通过选举，恢复和发扬了社会主义民主，广大人民群众增强了当家做主的责任感，提高了参加管理国家政权的自觉性，广大干部也受到一次民主和法制的再教育。

试点工作为下半年全国普遍开展县级直接选举提供了经验。县级直接选举是关系到我国政权建设的一件大事，工作量大，涉及面广，政策性强。因此，党委和政府应定期讨论，并有专人抓这项工作。要提高干部群众特别是各级领导对实行县级直接选举重要意义的认识。要增强干部的法制观念和民主作风，防止领导划框框，群众划圈圈的现象发生，在选举过程中严格依法办事，充分发扬民主，坚持群众路线。这样，才能做好选举工作。

目前，许多省、市、自治区正在总结试点的经验。有些地方根据自己的实际情况，县级直接选举工作已经逐步全面展开。

《人民日报》发表新华社评论员文章《不要做有损于中美关系的事》

最近，美国国务院宣称，从1980年开始，美国已批准按新货单向台湾出售价值2.8亿美元的武器，并允许美国公司同台湾讨论出售新型的FX中程战斗机的问题。而在中美建交后的1979年，美国以“遵守过去已经承担的义务”的名义，向台湾销售的武器装备达8亿美元。

美国政府不断扩大对台湾的武器销售，显然是违背中美建交协议的原则，有损于中美关系的正常发展的。对此，中国人民不能漠然视之。

人所共知，在中美建交公报里，美方曾经明确表示：“美利坚合众国承认中华人民共和国政府是中国的唯一合法政府。在此范围内，美国人民将同台湾人民保持文化、商务和其他非官方关系。”基于这一条协议的原则，中国政府多次表明，中国坚决反对美国向台湾当局出售武器。

事实很明显，向台湾当局提供武器与美国人民同台湾人民保持正常的商务关系完全是两回事。不管美国政府在“遵守过去已经承担的义务”的名义下向台湾出售武器，还是在“恢复承担新的武器销售义务”的名义下扩大对台湾的武器销售，都不能不损害中美关系正常发展的进程。

美国不断扩大对台湾的武器销售，不断增强台湾当局的军事实力，势必加剧台湾海峡地区的紧张形势，有损于台湾和祖国大陆的和平统一事业。美国政府口头声称，他们不会阻碍中国大陆和台湾“双方和解的进程”，但在行动上却又把大批军火输往台湾，这种言行不一的做法，也是违背国际信义的。中国政府一再重申，台湾问题的解决是中国的内政，决不允许任何外来干涉。台湾回归祖国，完成统一中国的大业，是包括台湾人民在内的全体中国人民的共同心愿。中国人民立志要实现这个目标。但是，在美国却有那么一些人，总想在这个问题上插手，企图阻挠中国的统一，他们是永远不会得逞的。

中国对于中美关系的发展，从一开始就是从长远的、战略全局的观点出发的。任何损害中美关系的事情，不只违背中美两国人民的根本利益，而且也违背世界和平与稳定的利益。只要不是鼠目寸光的人，对中美两国关系的正常发展，都会采取积极的态度。中美两国人民为了共同的、长远的利益，应当继续努力，促进已经开始了的中美两国合作关系的发展，防止那些要开历史倒车的人做有损于中美关系的事。

中国人民强烈要求美国政府停止对台湾的武器销售。他们正密切注视美国在这个问题上以及在其他问题上将走多远。

国务院副总理谷牧在北京会见美国纽约《中东报道》杂志主编戴维·米兹拉希和他的夫人

谷牧同美国朋友就我国国民经济发展、中美经济合作情况和中国同阿拉伯国家的经济关系问题进行了交谈。

国务院副总理陈慕华在人民大会堂会见以德拉戈米尔·米里科维奇为团长的南斯拉夫电子工业代表团

根据中南工业合作委员会第二次会议纪要的精

神，代表团这次访问我国是同四机部、邮电部探讨双方在电子、电信工业方面进行合作的可能性。

国防部在北京宴请并会见由赞比亚联合民族独立党中央委员会国防和安全委员会主席祖卢率领的赞比亚军事代表团

全国人大常委会副委员长、中国人民解放军总政治部主任韦国清、国防部副部长萧克等出席了宴会。

韦国清在宴会上祝酒时赞扬赞比亚人民和军队在卡翁达总统领导下，为巩固民族独立、维护国家主权，进行了英勇的斗争，挫败了外来的侵略和颠覆阴谋。他指出，霸权主义到处推行侵略扩张政策，使国际局势更加动荡不安。他说：面对这一形势，我们不得不提高警惕，加强自己的防卫力量。

上海至香港直达定期航班正式飞行

这条航线全1354公里，中国民航使用三叉戟客机、香港国泰航空公司使用波音707客机飞行。中国民航每周往返飞行6次，国泰航空公司每周飞行2次。单程飞行时间需2小时。

6月22日

《人民日报》刊登周恩来同志关于处理亲属问题致淮安县人委的三封信

1956年10月29日致淮安县人民委员会

淮安县人民委员会：

前几日接到县人民医院一信，知我婶母的病最近又重复发，陶华来信说你们也常派人去看望和给治疗，谢谢你们亲切的关心和照顾。

我婶母的病我们知道是无法治疗，今后一切治疗还要麻烦你们。（请县人民医院治疗好了）不要向外地转治。如果治疗无效，一切后事也请你们代为办理。但要本着节约和简朴的精神办理。现寄去人民币200元作为治疗和办理后事的费用。如不够时，请你们先垫付，事后来信说明支付情况，我再补钱去。

此致

敬礼！

周恩来

1956年10月29日

（此信请转人民医院负责同志一阅，不另附信。）

1957年4月19日致淮安县人民委员会

淮安县人民委员会负责同志：

来信收到，几年来你们对我婶母的照顾与关怀，尤其在她患病、住院治疗期间，为了她的健康、住院治疗，的确给你们增添了不少的麻烦，今特向你们表示谢意。

我婶母家现还有陶华等人，今后她的生活费用均由我这儿接济，请当地政府对她勿再予照顾。

现寄去为安葬我婶母善后费用所尾欠垫款25元，请查收。

致

敬礼！

周恩来

1957年4月19日

1958年6月29日致王汝祥同志并转淮安县委

汝祥同志并请转淮安县委：

前接我家弟媳陶华来信，得知县人委准备修理我家房屋，我认为万万不可，已托办公室同志从电话中转告在案。

远在解放初期，县府曾经重修我家房屋，我已经万分不安，当时我曾考虑将这所旧屋交给公家处理，但由于我家婶母还在，又恐房子交给公家后，公家拿它作纪念更加不好，因而拖延至今。

现在正好乘着这个机会，由我寄钱给你们先将屋漏的部分修好，然后将除陶华住的房屋外的全部房院交给公家处理，陶华也不再收房租。此事我将同时函告陶华，并随此信附去人民币50元，如不够用，当再补寄。

在公家接管房院后，我提出两个请求：一是万不要再拿这所房屋作为纪念，引人参观。如再有人问及，可说我来信否认这是我的出生房屋，而且我反对引人参观。实际上，从我婶母当年来京谈话中得知，我幼时同我寡母居住的房屋早已塌为平地了，故别人传说，都不可靠。二是如公家无别种需要，最好不使原住这所房屋的住户迁移。后一个请求，请你们酌办；前一个请求，无论如何，要求你们答应，否则，我将不断写信请求，直到你们答应为止。

还有，我家有一点坟地，落在何方，我已经记不得了。如淮安提倡平坟，有人认出，请即采用深葬法了之，不必再征求我的意见，我先此函告为证。

个人家事，麻烦你们甚多，谨致谢意，顺祝健康！

周恩来

1958年6月29日

《人民日报》发表特约评论员文章《一切干部在亲属问题上都要坚持党的立场——读周恩来同志致淮安县人委的三封信》

周恩来同志致淮安县人委的三封信，为我们提供了一个典范：作为共产党员和执政党的领导干部，应当怎样正确对待自己的亲属。

1956年，周恩来同志的婶母病重，江苏省淮安县人委把她送到县人民医院治疗。周恩来同志得知后，复信表示感谢,并寄去200元作为治疗和料理后事的费用。后来周恩来同志的婶母去世,恰巧周恩来同志公出,邓颖超同志写信给淮安县人委,再次表示:“前寄用费,如有不足,请告知,当由我们寄还。”淮安县人委考虑到超支不多,就没有告知。可是周恩来同志不放过此事,1957年3月13日要办公室写信给淮安县人委:“总理婶母去年逝世后的善后费用,请你们将费用单据邮寄我室呈总理。总理说由他工薪扣除汇寄你们。”于是淮安县人委把实际开支情况告诉了周恩来同志。周恩来同志补寄了安葬费尾欠垫款25元,并说明,弟媳陶华的生活费用“均由我这儿接济,请当地政府对她勿再予照顾”。后来,淮安县人委准备修理周恩来同志旧居。周恩来同志得知后,亲笔写信给淮安县人委,坚决制止。

在处理公与私的关系上,周恩来同志对自己的要求一向是非常严格的。新中国成立后,周恩来同志对干部多次讲过“过五关”问题,即过好思想关、政治关、亲属关、社会关和生活关。他自己是始终以党的立场来对待亲属的。他给淮安县人委的三封信,就是其中的一例。从这件事,我们可以看到,周恩来同志身为总理,日理万机,昼夜为党和国家的大事操劳,但他并不忽视这些所谓生活琐事,坚持了党的优良传统和作风。他职务很高,权力很大,对党和人民贡献很多。人民对他非常尊敬。但他始终不忘自己是人民的公仆,把自己放在普通劳动者的地位,作为和群众平等的一员,对下级组织是这样尊重,对群众是这样谦虚,在亲属问题上是这样严格,公私界限是这样分明。周恩来同志不愧是全党的模范。

如何对待亲属问题,这是我们党成为执政党以后面临的一个新的考验。共产党员是工人阶级的优秀分子,抱着共产主义的远大理想,在现阶段为建设社会主义而奋斗,除了人民的利益外,决不谋求自己的特殊利益。正如马克思所说:“工人阶级的解放斗争不是要争取阶级特权和垄断权”(《马克思恩格斯选集》第二卷,第136页)。这就是党的立场,每个党员干部应有的立场。周恩来同志和我们党的许多领导干部,在亲属问题上公私分明,遵守制度,不谋特权,正是坚持了这种工人阶级的立场。

但是,我们有些领导干部并没有过好“亲属关”。有的人“官”做大了,手中有了权,当亲属向他们提出各种各样的不合理要求时,他们不但不教育制止,反而放弃原则,破坏制度,用不正当的手段解决亲属的升学、转学、留学、入党、提干、就业、升级、出国、留城、回城等问题。当亲属犯了错误或触犯刑律时,他们想方设法加以隐瞒、袒护,甚至以势压人,使纪律不能执行,国法不能实施。总之,他们把人民赋予的权力变成了谋取私利的特权,丧失了党的立场。他们在“亲属关”上打了败仗。

这些同志的这种行为,危害极大:一、从内部腐蚀干部队伍,损害了党和国家政权的肌体,削弱了党的战斗力;二、使得广大群众侧目而视,损害了党和群众的关系,降低了党在群众中的威信;三、也害了亲属,使亲属有所依恃而不求上进,甚至骄横跋扈,腐化堕落,走上毁灭的道路。

应当说,“文化大革命”前,在亲属问题上丧失立场的干部不能说没有,但比现在少得多。后来,十年动乱,剥削阶级思想大泛滥,一些人一旦掌握了权力,就公然违反政策和制度,把亲属关系放在革命利益之上,搞“裙带风”。特别是林彪讲的“有权就有一切”,把这种行为“理论”化了。于是那些乱七八糟的、为非作歹的东西,居然在有些干部中通行无阻,有些人竟不以为耻,反以为荣。粉碎“四人帮”三年多以来,这方面虽有了颇大的进步,然而十年的熏染,不但使有些新党员新干部对这种事习以为常,即便有些老党员老干部,过去长期对自己要求较严的,现在在这方面也不大合格了。

鉴于这种情况,《关于党内政治生活的若干准则》中明确规定:“要坚决克服一部分领导干部中为自己和家属谋求特殊待遇的恶劣倾向”,“禁止利用职权为家属亲友在升学、转学、晋级、就业、出国等方面谋求特殊照顾。”这对于纠正不正之风,恢复和发扬党的优良传统,改善党的领导,是十分必要的,必须坚决贯彻执行。

要使一切干部在亲属问题上坚持党的立场,首先,要加强思想教育。我们的国家封建制度虽然早就推翻了,但是封建思想的影响还是很深很广,很多干部在处理亲属问题上,表现得很明显。要肃清剥削阶级、特别是封建阶级的思想影响,确立马克思主义的世界观和荣辱观。应该看到,在亲属问题上搞特殊化,是一个革命者政治上蜕变的表现。有些领导干部大权在握,轻轻动一下嘴或笔,就把亲属照顾或袒护了。甚至不动笔不动嘴,也会有人主动迎合。殊不知正是这些“小事”,表明了他们的世界观,刻画了他们的精神状态和思想面貌。人民群众正是从这些“小事”着眼,来观察和评价我们的干部,来描绘共产党和社会主义形象的。当然,我们并不是说革命干部要对亲属冷酷无情,而是说亲属关系必须服从革命利益,对亲属的爱,要爱之得体,符合原则。

在亲属问题上,我们要向周恩来同志学习,向党的很多克己奉公的领导同志学习。要通过教育和学习,形成一种强大的持久的舆论监督力量,使得那种违反党的立场照顾亲属的现象,不但无人顺从迎合,而且有人挺身而出,敢于批评揭发,阻拦制止。

要使一切干部在亲属问题上坚持党的立场，还要严肃法纪。要切实贯彻执行《关于党内政治生活的若干准则》，凡是违法乱纪的，轻则批评教育，重则绳之以党纪国法，而不管他的官有多大。在这个问题上，要使我们的党规党法和国家法律，在任何地方，在任何人身上，都能显示出权威性。各级党委和纪律检查委员会，要敢于坚持原则，同一切徇私舞弊的不良现象作坚决斗争。

中共中央 国务院批转国家建委党组《全国基本建设工作会议汇报提纲》

该提纲指出：基本建设战线过长，浪费大，效果不好，已经成为国民经济中的一个突出问题。在这个问题上，全党必须认识一致，如果犹豫不决，拖延时日，势必妨碍国民经济的发展。

国务院副总理姬鹏飞在北京会见由朝鲜劳动党咸镜北道委员会书记张锋一率领的朝鲜劳动党咸镜北道代表团

中国驻越南大使馆向越南外交部递交照会抗议越南当局对中国大使馆周围进行戒严

照会说："1980年6月20日上午10时50分，16名越南人乘坐一辆汽车闯入中国大使馆。他们由于无法忍受越南当局的残暴统治和迫害，生活极端困难，来到中国大使馆要求协助他们离开越南。中国大使馆当即通知越南外交部，要求尽早会晤，迅速处理此事。越南外交部却故意拖延时间。"

照会说："在会晤中，中国大使馆本着善意的态度，向越南方面转达了这些越南公民的要求和愿望，希望越南方面考虑他们的要求，给予妥善处理和安排，并保障他们的生命安全。但是，越南方面蛮不讲理，竟然出动大批警察、便衣对中国大使馆周围进行戒严，强行把他们全部拉走。"

照会说："尤其令人愤慨的是，越南方面不仅对保卫中国大使馆的安全没有尽到责任，而且在解决问题时毫无诚意，施展倒打一耙的惯技，完全不顾事实，捏造谎言，对中国大使馆进行无理诽谤和攻击。中国大使馆坚决予以驳斥并向越南外交部提出严正抗议。"

照会最后重申，越南方面对保证中国大使馆的安全负有全部责任。

国务院批转国家出版局等8个单位《关于制止滥编滥印书刊和加强出版管理工作的报告》

报告要求各级政府抓紧督促有关主管部门认真检查，采取切实有效措施，迅速制止当前社会上出现的滥编滥印书刊现象。

报告根据国务院有关文件精神作出如下规定：一、党政机关、群众团体、学校、企业、事业等单位，一律不准自行编印图书出售。二、各单位和个人都应自觉维护著作权和出版者的版权，未经同意不得翻印出版社的图书。三、中央和地方创办的各类刊物，未曾登记的均应向所在省、市、自治区出版管理局办理登记手续。四、凡出售、出租和翻印业已经取缔的反动、淫秽、荒诞书刊、画册、图片的，按国家法律和治安管理规定处理。图书自由市场和黑市交易应予一律取缔。五、今后新办印刷厂，必须经过县以上人民政府有关主管部门同意，由工商行政管理部门核准登记，颁发营业证照，并报公安部门备案后方可营业。六、纸张和印刷机械等部管产品，均应按规定办法供应，不得为未经登记的印刷厂提供纸张和印刷物资。七、非出版单位不得向读者预收征订书款，银行财政部门不予开户立账。八、新华书店、邮局等发行部门都不得接受非出版单位编印的和未经批准出版的图书的征订或零售。九、新闻、广播等宣传单位不得登载、广播未经登记的出版单位所出版书刊的消息或广告。

6月23日

国务院总理华国锋在北京会见由赞比亚联合民族独立党中央委员会国防和安全委员会主席祖卢率领的赞比亚军事代表团

华国锋总理欢迎祖卢主席第四次来中国访问。他说，中国同赞比亚的友好关系发展得很好。不久前我们接待了卡翁达总统，我们双方会谈取得了很好的成果，为促进两国关系的进一步发展作出了贡献。

华国锋指出，中国和赞比亚在政治、经济等方面的友好合作有着广阔的前景。祖卢主席这次率军事代表团来访将加强两国军队之间的了解和友谊。

双方还就当前南部非洲民族解放问题进行了交谈。华国锋表示希望非洲繁荣昌盛起来。

全国人大常委会副委员长邓颖超到新疆石河子农工联合企业访问

邓颖超副委员长在会见各族职工时说：学习中共中央西藏工作座谈会文件，要注意联系新疆的实际，不要照样搬，合乎新疆实际的就应该学。要改进我们的民族工作，努力把民族地区建设得更美好，把各民族的团结搞得更好。

邓颖超同志在石河子八一毛纺织厂参观了染整车间和产品陈列室后，在厂区大道的林荫下，会见了这个企业的几千名各族职工。她说："今天到你们这个地方，我感到特别的高兴。听说你们工厂有三四个民族，那我们首先就要讲民族团结。我是汉族，在中国历史上，几千年都是我们汉族压迫剥削少数民族的，这是历史情况。现在，如果我们的民族工作没做好，我们汉族应该负责任；地方民族工作没做好，上边应该负责任。我们党中央成立了书记处，很快就抓了西藏的工作。”

邓颖超同志说，“新疆地处边疆，还有负责保卫祖国的任务。要保卫好边疆，最根本的保证是，要在党委的领导下，加强团结，消除派性，把‘四人帮’的余毒肃清。你们是工人阶级，工人阶级是先进阶级，希望你们起先进的模范作用，祝贺你们取得更大的成就。”

在访问中，邓颖超同志会见了农工联合企业工交战线和农牧战线的各族先进模范人物。

邓颖超同志等在乌鲁木齐参观了八路军驻新疆办事处旧址和乌鲁木齐市革命烈士陵园。

中共中央发出《关于调整中央保密委员会委员和加强保密办事机构的通知》

彭冲任中央保密委主任。

青海省根据中央关于西藏工作指示精神确定放宽政策大力发展畜牧业

《人民日报》报道，中共青海省委常委最近召开扩大会议，学习中共中央关于西藏工作的指示精神和胡耀邦、万里同志从西藏回来路过格尔木时的讲话，认真研究本地特点，确定今后青海省的国民经济要建立在畜牧业基础上。

中共青海省委第一书记梁步庭在讲话中提出，当前就是要进一步解放思想，放宽政策，照顾特点，因地施治，扬长避短，发挥优势，为加快发展青海的经济建设，走出一条正确的路子。

会议还讨论了全面落实民族区域自治政策问题，提出许多建议。省委将把这些建议集中起来，征求意见，形成文件，下达执行。

全国大中城市建立劳动服务公司组织待业青年进行劳动服务和就业训练

据国家劳动总局统计，目前全国已有26个省、市、自治区的大中城市和区、县建立了831个劳动服务公司，组织和安排了150多万名待业人员进行劳动服务和就业训练。

劳动服务公司是在去年安置待业青年工作中创办的一种事业性机构。一年来，各地的劳动服务公司根据社会需要举办了一批生产性和劳务性的厂、队、站、组，吸收待业青年从事工业生产、房屋修缮、装卸搬运、木器加工、锅炉检修等劳动。还办了一些修理、服务网点，方便了群众生活。对于一时还难于安排就业的青年，各地劳动服务公司尽量组织他们到一些企业和机关去参加临时性的劳务活动。有工做工，无工学习。有的地方还组织青年白天做工，晚上学习。

劳动服务公司还按照生产建设的需要和待业青年求学心切的特点，开办了专门的文化补习和技术训练班，为国家培训后备技术力量。

长江航运管理局提前完成上半年运输任务

到6月23日止，长江航运管理局的货运量、客运量、港口吞吐量、利润总额等六大指标，均已超过全年计划的一半。其中，货运量达到2251.8万吨，比去年同期增长6.8%，是新中国成立后历年来同时期运量最高的。

国务院副总理姬鹏飞在北京会见印度外交部秘书冈萨尔维斯一行

姬鹏飞在会见时对印度客人说，中印双方能够经常接触，增进了解，对发展两国关系是有好处的。他说，中印两国的人口加起来有16亿多，两国关系搞好了，对亚洲地区的稳定与世界和平有着重要的意义。他表示相信，只要中印双方都从大局着眼，中印关系中存在的问题是可以取得谅解的。

国务院副总理陈慕华在人民大会堂会见由尼泊尔教育助理大臣高昌率领的尼泊尔教育代表团

外交部在给越南驻华大使馆照会中指出越南反华侵柬对举行第三轮谈判极不利

外交部今天照会越南大使馆，指出目前越南当局变本加厉地反华仇华，坚持对柬埔寨实行军事占领，顽固推行地区霸权主义，这种情况和气氛对中越举行第三轮谈判是极为不利的。

照会说：“在中越两国副外长级谈判中，中国方面从一开始就提出了旨在恢复两国正常关系，维护中越两国人民传统友谊的积极建议，并为推动谈判的进展作了不懈的努力。”

照会指出：“但是，越南方面却一味拒绝中国方面提出的合理建议，毫无谈判解决问题的诚意，致使两国谈判未能取得进展。自第二轮谈判结束以来，我们本来期望越南方面能够以实际行动为谈判创造有利气氛。然而，令人失望的是，越南当局却变本加厉地进行反华仇华活动，不断侵犯中国领土主权，坚持对柬埔寨实行军事占领，顽固推行地区霸权主义、侵略扩张政策。事实表明，越南方面所关心的不是真想通过谈判解决问题，改善中越两国关系，恢复两国人民友谊，而是恣意歪曲事实真相，全面诬蔑、攻击中国，并企图利用谈判为其侵略柬埔寨进行诡辩。显然，这种情况和气氛对中越举行第三轮谈判是极为不利的。”

照会说：“中国方面仍坚持谈判解决问题的立场，愿意继续耐心等待，一旦出现哪怕是微小的有利于谈判进展的积极因素，中国政府代表团就准备去河内同越南方面举行第三轮谈判。”

中国为联合国举办的“粮食贮藏技术讲习班”在上海开讲

这个讲习班是以联合国粮农组织减少谷场收获损失官员卡萨斯先生带领的、由10个国家的12名成员组成。开讲第一天由3位中国专家、工程师和技术员分别讲授了中国“以防为主，防治并举”的保粮方针；保管好粮食的基本条件，并介绍了上海粮库的一些概况，其中包括对城市、农村粮食保管技术力量的培训。

世界卫生组织基层妇幼卫生保健民间讨论会在上海开幕

会议一致通过了关于保障妇幼的权利、享受健康和支持加强基层妇幼工作的文件。

孟加拉、缅甸、丹麦、埃塞俄比亚、莱索托、马来西亚、巴基斯坦、巴布亚新几内亚、葡萄牙、斯里兰卡、苏丹、民主也门和中国的代表以及世界卫生组织的官员，出席了这次会议。中国20名妇幼卫生专家、教授和医师也应邀以观察员身份列席了会议。

6月24日

中共中央副主席 国务院副总理李先念在北京会见并宴请由博茨瓦纳民主党总书记 共和国副总统奎特·马西雷率领代表团

这是博茨瓦纳民主党第一次派团访问我国，代表团这次来访主要是为了建立博茨瓦纳民主党同中国共产党之间的友好关系，并交流经济建设的经验。

李先念在祝酒时赞扬博茨瓦纳人民在卡马总统和民主党的领导下，在捍卫民族独立和国家主权、实现民族和睦所作出的不懈努力，以及在加速国民经济发展和改善人民生活等方面所取得的显著成绩。

他高度评价博茨瓦纳人民不顾白人种族主义政权的包围，坚决支持南部非洲人民的民族解放斗争，并为津巴布韦人民争取独立斗争的胜利所作出的积极贡献。他说：“当前，纳米比亚和阿扎尼亚人民正在为反对南非种族主义、争取民族解放进行着艰巨英勇的斗争。中国人民将一如既往，同博茨瓦纳和全非洲人民站在一起，坚决支持解放南部非洲的正义事业。”他接着说：“我们深信，任何力量也阻挡不了南部非洲人民的前进步伐，只要加强团结，坚持斗争，伟大的非洲人民一定能够赢得整个非洲大陆的独立和解放。”

李先念在谈到卡马总统访华以来，中博两国的友好合作关系取得富有成效的进展之后说，马西雷总书记这次率领党的代表团访问中国，为建立和发展中博两党之间的友好往来作出了良好的开端。他说：“我们将本着独立自主、平等、互相尊重的精神，就共同关心的问题交换意见、交流经验。这对增进我们相互之间的了解、进一步促进我们两党、两国和两国人民之间在共同事业中的友好合作将是十分有益的。”

《人民日报》发表评论员文章《坚持党性根绝派性》

派性在十年动乱中兴妖作怪，为非作歹，广大干部和群众深受其害。五中全会通过的《关于党内政治生活的若干准则》，把坚持党性、根绝派性作为一个重要内容提到全党面前，是十分必要的。

派性是林彪、“四人帮”豢养的一条毒蛇。他们竭力煽动派性，组织秘密集团，在党内制造分裂，阴谋篡夺党和国家的最高权力，给我们党和国家造成了极大的灾难。粉碎了“四人帮”，帮派体系瓦解了，公开的派别集团没有了，派性活动也遭到沉重的打击。但是，派性的流毒仍然远远没有清除，搞派性的仍然不乏其人。这是我们在新长征路上必须时刻警惕的隐患。

当前，是哪些人在搞派性，他们的派性活动有什么特点？由于各地区、各部门情况的差异，派性活动的方式和程度也各不相同。值得我们注意的是这样几种情况：

一是在帮派人物没有受到沉重打击的地方和部门，林彪、“四人帮”的残余分子以及思想上的极左路线流毒较深的人，暗中活动。他们对党的三中全会、四中全会和五中全会十分不满，有的甚至发展到咬牙切齿的程度。实践是检验真理的唯一标准的讨论，他们说是“砍旗”；平反冤假错案，他们说是“翻案”；贯彻执行两个农业文件，他们说是“搞修正主义”。他们唯恐天下不乱，唯恐四化取得进展，总想散布流言蜚语，不时制造事端。这类人物是极少数，但危害非浅。在他们控制的地区和部门，对党的路线、方针、政策，他们公然“顶着不办”、“拖着不办”，或者朝歪处干，直到把事情搞糟。

二是有的干部恢复了名誉，重新担任领导工作之后，也陷到派性里，没能坚持党的原则。这也是很少数。绝大多数领导干部都能坚持党的原则，大胆重用和提拔那些反对和抵制林彪、“四人帮”，坚决拥护党的思想路线、政治路线的同志进行工作，正确地贯彻党的组织路线。但是，有的沾有派性的领导干部，对那些政治表现不好、没有真才实学、品质很差、群众反对的人,偏偏要信任、重用,为的是曾经“保”过他;对那些政治表现好、确有真才实学、品质高尚、群众拥护的人,偏偏要歧视、排斥,为的是曾经反对过他。在这样的领导干部周围,总有一些“亲信”,相互援引、推荐,拉自己的一帮子,对领导施加影响。这些同志身居领导岗位,或者接近领导,是某些地区、部门派性活动的组织者和保护者。派的私利萦萦于心,个人恩怨耿耿于怀。他们实用主义地对待党的路线、方针、政策,合乎派的私利的则干,不合则软磨硬拖。在这样的地方,搞的是所谓以我划线。提拔干部,不是任人唯贤,而是任人唯派。对待缺点、错误和问题,不同派的,揪住不放,无限上纲,没完没了;对于同派同伙的,则视而不见,不追不查,甚至大事化小,小事化了。在调资、评奖、分房等关系到切身利益的问题上,亲者百般关照优待,为之力争不让;疏者则制造种种借口,万般刁难。这么搞,人心不平,纷争迭起,四化建设不能不受到干扰。

三是在一些党员和群众中还存在着浓厚的派性情绪。他们还相信“一荣俱荣”、“一损俱损”的封建信条。在他们的心目中,派性高于党性,党亲不如派亲。名义上的派别没有了,暗中还在搞小圈圈、抱团团。有什么消息,他们先在圈里传。搞民主选举,他们拉选票,非把自己人捧上去不可。遇到入党、提级、调资,同派的为之呐喊助阵,一旦得手,奔走相告;异派的竭力刁难阻挠,阻止不住,则嘀咕不休。这种情绪,像流行病毒,肉眼看不见,却能一下子蔓延开去,搞得不易收拾。

凡此种种,在一些地区、一些单位是当前派性的突出表现。派性活动和派性情绪尽管多数比较隐蔽,在全国范围来看也成不了什么气候,但是切不可掉以轻心。在派性活动比较厉害的地方,它确实已经成为我们前进道路上的绊脚石。派性腐蚀党的肌体,使组织涣散,纪律松弛,破坏党的集中统一领导,破坏安定团结的政治局面,严重妨害党的路线、方针、政策的贯彻执行,严重挫伤人民群众建设社会主义的积极性。因此,根绝派性还是全党特别是派性活动比较厉害的那些地方的党组织一项十分紧迫的任务。

党是无产阶级的先进分子所组成的,是为无产阶级和全人类的解放而斗争的统一的战斗集体。这就决定了共产党员必须坚持党的利益高于一切,必须坚持党的团结和统一。任何派性活动,都是同无产阶级的党性根本不相容的。派性,从阶级根源上说,是封建阶级和小生产者的行帮思想在党内的反映。中国是世界上封建社会历史最长的国家,又曾经是小生产者的汪洋大海。在封建时代,地主阶级人物为了自己政治地位的巩固和发展,为了掠夺更多的经济利益,经常利用亲戚朋友乡谊、门生座师同年、同僚部属上司等种种关系,互通声气,互相攀援,更需要依靠政治上、经济上的强者,以免被他人所排斥,并能排斥他人,形成排他性的宗派集团。这在历史上称为“朋党”,就是今天我们所说的宗派或派。朋党内部的关系,实际上是封建的人身依附关系。它是封建经济和政治制度的必然产物。尽管历代帝王也严令禁止,朋党之争仍不绝于史。连地主阶级的最高代表皇帝都不得不感叹:“去河北贼(指河朔军阀割据)易,去朝廷朋党难!”至于小生产者,家底薄,生产方式落后,没有力量保护自己,常常以地区或行业结成行会帮派等排他性组织,使自己的经济利益不被侵犯,不被吞并。漫长的封建统治的影响和小生产者的传统观念,是派性活动深刻的历史根源和社会原因。我们一定要充分认识根除派性是一场艰巨的斗争,把它抓紧抓好,进行到底。

解决派性问题,主要是加强思想政治教育。现在,全党正在贯彻执行《关于党内政治生活的若干准则》,正在讨论党章修改草案。在贯彻执行和讨论过程中,应特别着重进行加强党的团结和统一、加强党的民主集中制和组织性纪律性的思想教育。党的各级组织和每一个党员,都要响应五中全会的号召,对照准则的规定,认真检查自己的工作和作风,发扬成绩,克服缺点。凡是违背准则的规定的,必须及时地、切实地纠正过来。个别党组织和某些党员的无组织无纪律、继续闹派性和各行其是的现象,必须彻底改变。这对于沾有派性的领导干部,特别重要。党的各级领导干部, 定要以身作则,做坚持党性、根绝派性的模范。那里的领导干部消除派性了,那里的派性问题就比较容易解决。

对极少数坚持帮派立场的林彪、“四人帮”残余分子,以及坚持派性、累教不改的干部,应该采取必要的组织措施,给予严肃的处理。在派性严重的地方,应该由上级党组织派出党性强、作风好、大公无私的得力干部,进行深入细致的调查研究,对那里的领导班子进行必要的调整。在调整领导班子,在培养和选择接班人时,一定要选拔坚持党性,不搞派性的干部,决不能让派性人物钻了空子。

十年浩劫中,绝大多数干部和群众没有跟着林彪、“四人帮”走,很多是坚决反对林彪、“四人帮”的。这些同志在根绝派性的斗争中应该继续起积极作用。我们应该正确对待自己,千万不能自以为一贯正确。对过去不同观点、甚至反对过自己的同志,要坚持按照党的原则办事,一视同仁,团结起来向前看。

我们相信,只要全党坚持不懈地进行斗争,就一定能够制止派性活动,根绝派性,把我们党建设成一个更加富有战斗力的、能够团结广大群众前进的马克思列宁主义革命党。

《人民日报》发表邓力群的文章《真理的声音是窒息不了的》

这篇文章系统地介绍了《论共产党员的修养》的主要内容，有理有据地推倒了林彪、江青、陈伯达等强加给刘少奇同志和《论共产党员的修养》的种种罪名，并对刘少奇同志的伟大历史功绩和高尚品德作了科学评价。

陕西省委决定放宽政策调整布局将陕北建成牧业林业生产基地

《人民日报》报道，中共陕西省委常委会最近在研究陕北地区的建设问题时提出，要把陕北生产建设搞快，就要放宽政策，因地制宜调整生产布局，广开门路，实行农林牧综合发展。根据陕北的条件，这个地区完全可以尽快建成一个牧业、林业生产基地。

此外，省委还决定，要进一步广开门路，放手发展社队多种经营和社员家庭副业。县办的农副产品加工业，有些可以下放给社队去办，或与社队联办，收益按比例分成；国家拿出一定数量专款，作为扶持发展社队企业和多种经营的流动资金；对社员家庭副业，解除一切不合理的禁令，并从资金、种苗、技术等方面给予帮助和扶持。省委还决定打破行政区划界限，在省内外一些大城市开设陕北土特产品综合经销门市部。

国务院副总理谷牧在人民大会堂会见由日中经济协会理事长 日中长期贸易协议会事务局局长井上猛为团长的日本煤炭官民联合调查团

国务院副总理薄一波在北京会见以总书记穆克瓦卡尼·加洪古·穆加为团长的扎伊尔全国职工联合会代表团

西藏自治区人民政府决定今年自治区内高校招生以少数民族为主

西藏自治区人民政府根据党中央关于西藏工作的指示，决定今年区内高等院校招收新生以少数民族为主，保证藏族和其他少数民族学生占60%以上。

鉴于今年少数民族应届高中毕业生不足和广大少数民族在职人员急需培养的实际情况，确定西藏医学院、西藏农牧学院的农学系和牧医系、西藏师范学院的数学系，招收在职的少数民族职工。考生年龄可放宽到30周岁，婚否不限。

河南省人民政府明文规定解决科技 教学骨干家属户口问题

《人民日报》报道，河南省人民政府最近发出文件，规定解决一部分科技、教学骨干家属住在农村，长期两地分居的问题。

文件指出，为了更好地调动科技、教学人员的积极性，准予一些科技、教学骨干的配偶及15周岁以下的子女和丧失劳动能力必须依靠其生活的父母迁入市镇，转为吃商品粮人口。照顾对象：(一)正、副总工程师，正、副农(林)总技师，正、副教授，正、副研究员，正、副主任医师，正、副主任药师，正、副主任技师，体育总教练员，总会计师，特级教师，特级营业员，全省著名演员、艺人。(二)年龄在45岁以上、工龄满20年，工作成绩显著的工程师、会计师、技师、讲师、助理研究员、中小学一级教师、地市以上医院的主治医师。(三)对于有重大发明创造或有特殊贡献的人，只要其成果经省以上科技或主管部门认定并颁发证书的，不论职位高低，均可照顾。

6月25日

中共中央主席 国务院总理华国锋在北京会见由博茨瓦纳民主党总书记 共和国副总统奎特·马西雷率领的博茨瓦纳民主党代表团

在同贵宾们交谈时，华国锋回顾了他在1976年接待卡马总统访问中国的情况。他说，自从卡马总统访华以来，中博两国关系发展得很好。这次马西雷总书记率领党的代表团来中国，也将使中博两党的关系得到发展。

华国锋赞扬博茨瓦纳奉行独立自主、不结盟的对外政策和维护民族独立和捍卫国家主权的立场。他还高度评价博茨瓦纳民主党、政府和人民支持南部非洲人民争取民族解放斗争所做的贡献。

华国锋希望博茨瓦纳在卡马总统和民主党的领导下日益繁荣昌盛起来。

全国油菜籽收购计划超额完成

到今天为止，全国已收购油菜籽163987万斤，完成今年收购计划的107.3%。四川、云南、浙江、安徽、江西五省超额完成计划，贵州、湖南两省也接近完成计划。四川入库63900多万斤，比去年同期增加13000多万斤。贵州今年油菜籽获得好收成后，社员不忘国家的支援，积极向国家交售油菜籽。这个省入库进度之快，完成任务之好是近十多年来所没有的。现在，全省已入库11500多万斤，比去年同期增加一倍多。

中华人民共和国和基里巴斯共和国决定正式建立

外交关系

中华人民共和国驻斐济大使米国钧和基里巴斯总统耶雷米亚·塔巴伊于6月25日在基里巴斯首都塔拉瓦就此互换了信件。在换文中,双方确认,两国政府达成了如下谅解:中华人民共和国和基里巴斯共和国建立外交关系,并尽早互换大使级外交使节。

全国人大常委会副委员长谭震林在北京会见澳大利亚维多利亚州众议院议长西德尼·詹姆斯·普洛曼等澳大利亚客人

国务院副总理姬鹏飞同博茨瓦纳民主党总书记共和国副总统奎特·马西雷在北京举行会谈

这是中国共产党和博茨瓦纳民主党之间的第一次正式接触。在会谈中,他们相互介绍了各自党的情况,讨论了建立和发展两党友好合作关系的问题。他们都强调了党领导全体人民搞好经济建设的重要性。姬鹏飞向博茨瓦纳朋友介绍了1976年卡马总统来中国访问之后,中国国内情况所发生的变化,以及当前中国共产党领导人民进行社会主义现代化建设的路线、方针和政策。马西雷总书记介绍了博茨瓦纳独立以来,博茨瓦纳民主党领导人民在各个领域里所取得的成就。他对博中友好关系的进一步发展表示满意。双方还就共同关心的国际问题交换了看法。

国务院副总理万里在北京会见美国洛克菲勒基金会代表团

全国政协就纪念朝鲜祖国解放战争30周年致电朝鲜各政党和社会团体

中国人民政治协商会议全国委员会就纪念朝鲜祖国解放战争30周年致电朝鲜各政党、社会团体,表示坚决支持朝鲜人民广泛开展反美共同斗争月活动。电报全文如下:

平壤朝鲜各政党、社会团体:

在纪念朝鲜祖国解放战争30周年的时候,朝鲜人民广泛开展反美共同斗争月活动,我们中国人民政协以中国各政党、社会团体和中国人民的名义,表示坚决支持,并向兄弟的朝鲜人民致以崇高的敬意!

实现朝鲜自主和平统一,是全体朝鲜人民的一致愿望。美国军队长期驻在南朝鲜和美国、南朝鲜当局推行"两个朝鲜"政策,是朝鲜人民实现这一愿望的严重障碍。但是,全体朝鲜人民反对分裂、要求统一的崇高的民族感情凝聚而成的伟大力量是不可抗拒的,任何违反历史潮流的活动都是注定要失败的。

中朝两国人民是同呼吸,共命运,血肉相连,并肩前进的战友。在朝鲜人民为争取国家自主和平统一而进行的长期斗争中,中国人民一贯坚定不移地站在朝鲜人民一边。我们将一如既往,坚决支持朝鲜人民的伟大领袖金日成主席提出的三项原则和五点方针,坚决支持朝鲜人民要求美军全部撤出南朝鲜和反对制造"两个朝鲜"的正义主张,坚决支持南朝鲜人民反对独裁、争取民主的英勇斗争。我们坚信,在以金日成主席为首的朝鲜劳动党的英明领导下,朝鲜人民争取祖国自主和平统一的斗争一定会赢得最后胜利!

中国人民政治协商会议全国委员会

1980年6月25日于北京

《人民日报》发表社论《纪念朝鲜祖国解放战争30周年》

今天,中国人民怀着真挚的战友之情,同兄弟的朝鲜人民一道隆重纪念朝鲜祖国解放战争30周年。

1950年6月25日,美帝国主义悍然动用武装部队侵略朝鲜,接着,又侵占了我国的神圣领土台湾省。朝鲜人民经过历时三年多的浴血抗战,终于赢得了震撼世界的反侵略战争的伟大胜利。这一胜利,给世界被压迫人民和被压迫民族争取独立和解放的正义斗争以极大的鼓舞。停战以后,朝鲜人民发扬自力更生、艰苦奋斗的英雄气概,奋发有为地投入了重建家园的斗争,把战争所造成的废墟重新建设成为繁荣昌盛的社会主义国家。朝鲜人民通过自己的踏实努力,把国家的经济建设一步一步地推向新的更高阶段。今年是朝鲜人民实现国民经济第二个七年计划的第三年。朝鲜劳动党第六次全国代表大会将于10月份召开。奋战在各条战线上的广大劳动者正满怀信心地为迎接这一新的历史性任务而努力奋斗。中国人民衷心祝愿朝鲜人民在建设自己祖国的豪迈事业中取得新的更大胜利。

朝鲜人民在努力建设和保卫自己国家的同时,在国际事务中也正在起着越来越重要的作用,国际地位日益提高。近年来,朝鲜不断加强同第三世界国家和人民的团结,积极支持被压迫人民和被压迫民族的解放斗争。最近,朝鲜劳动党中央政治委员会和中央人民委员会联席会议指出,帝国主义同支配主义势力之间的争夺日益加剧,战争危险日益增大,因而庄严地呼吁不结盟国家团结起来,为捍卫世界和平与安全而共同尽力。

在朝鲜半岛实现停战已有27年的今天,全体朝鲜人民渴望已久的祖国统一事业至今未能得到解决。为了早日实现国家的统一,朝鲜劳动党和金日成主席长期以来进行了坚持不懈的努力,提出了自主和平统一朝鲜的三项原则和五点方针,为统一祖国指明了正确途径。今年年初,朝鲜北方主动向南朝鲜政党、团体的代表和当政人士发了信件,建议北方和南方的政治家举行多方面接触,共商国家统一问题,并建议双方总理首先正式会晤。但是,南朝鲜当局不断加以阻挠和拖延。它以所谓对付"假想的突发事态"为名举行军事演习,蓄意制造对北方的不信任气氛。目前,"少壮派"军人势力执掌南朝鲜军政大权,加强法西斯独裁体制,对要求民主、自由和主张祖国统一的青年学生和爱国人民实行镇压和迫害。历史事实已经并将继续证明,任何妄图制造"两个朝鲜"、使朝鲜分裂永久化、加剧朝鲜半岛紧张局势的行径,都是不得人心的,是全体朝鲜人民所决不能容忍的。

中国人民一贯坚决支持朝鲜劳动党和政府为统一祖国而提出的一系列方针和合理主张,并一贯主张朝鲜的统一问题应在没有外来干涉的情况下,让朝鲜人民自己来解决。问题的症结在于,数万名美国武装部队今天仍然驻扎在南朝鲜。这是解决朝鲜统一问题的重大障碍。今天的国际局势不同于50年代,世界的面貌发生了巨大、深刻的变化。朝鲜人民实现国家的统一,也是无法抗拒的历史潮流。美国必须从南朝鲜撤走它的军队和一切武器装备,停止对朝鲜的干涉。中国人民坚信,朝鲜的三千里锦绣河山一定能得到统一。

中朝两国人民在反对共同敌人的战争年代,写下了可歌可泣的壮丽篇章,用鲜血凝成了战斗的友谊。今天,在并肩进行社会主义建设以及维护亚洲与世界和平的事业中,这种友谊正在继续发扬光大。在纪念朝鲜祖国解放战争30周年的日子里,我们相信,中朝两国人民的友谊必将与日俱增,像鸭绿江一样永流不息。

中央军委战史委员会成立

中央军委战史委员会由华国锋、叶剑英、邓小平、徐向前、聂荣臻、耿飚、韦国清、粟裕、杨得志组成,负责审定全军战史编辑计划,决定战史中某些重大问题的提法,最后审定全文。

中共中央政治局委员 解放军总政治部主任韦国清在北京会见由宋镇玉馆长率领的朝鲜祖国解放战争胜利纪念馆代表团

韦国清说,不管发生任何情况,我们永远支持朝鲜人民争取自主和平统一祖国的斗争。宋镇玉说,过去中国人民用鲜血支援了我们,现在又支持我们统一祖国的斗争,对此,朝鲜人民和军队永远不会忘记。

中国水力发电工程学会成立

中国水力发电工程学会成立大会于6月25日至29日在新安江水电站召开。到会代表有科学家、教授、工程师和从事水力发电事业的领导干部共150人。电力工业部部长刘澜波给大会写了贺信,殷切希望科学家、教授、工程师和一切有志于发展我国电力事业的同志献计献策,充分发挥聪明才智,为发展水电科学技术,加快水电建设而努力奋斗。中国水利学会代表应邀出席了大会并致贺词。电力工业部副部长李锐到会并讲了话。

出席大会的许多水电专家、教授和高级工程技术人员大声疾呼:要充分发挥我国水能资源丰富的优势,优先发展水电,以改变我国能源结构中水电比重过低的状况。

任仲夷在《半月谈》杂志发表《注意从知识分子中选拔人才》的文章

文章说,当前,贯彻党的知识分子政策的一个突出问题,就是从知识分子中选拔人才。人才问题是百年大计,又是当务之急,是四化建设的紧迫问题。不解决人才问题,即使有了投资,还可能浪费掉,有了机器设备,还可能损坏掉,经济还是搞不上去。要想发展快,必须有人才。人才,比资金、设备还重要。人才到哪里去找?主要从知识分子中间找。中央领导同志最近讲,选拔各级领导班子的成员的基本条件是:坚持执行党的路线,坚持社会主义道路;具有专业知识和组织领导能力;年富力强,精力充沛。当前领导班子中普遍存在着两个突出的问题:平均年龄高,文化水平低。为了适应四化建设的要求,必须解决这"一高一低"的问题。

文章列举了破格提拔人才必须克服的几种思想阻力:

一是唯成分论,只看出身、成分、社会关系,不看真才实学。在坚持政治条件的同时,强调专业知识、文化水平,决不是"重才轻德",正是坚持了党的任人唯贤的干部路线。

二是论资排辈。这是当前发现、选拔人才当中遇到的一个很大的阻力。要采取各种措施,坚决打破论资排辈的框框,为大批优秀人才的成长鸣锣开道。

三是求全责备。有些人才,在德才主要方面都好,却往往由于一些细枝末节的问题受到责难,提不起来。人无完人,谁能无过。看人要看本质,看主流,不能要求人家没有任何缺点毛病。

四是妒贤嫉能。这种个人主义思想危害很大,是一种严重妨害人才成长的歪风邪气。

总之,要为人才的大量成长创造更好的条件,造成爱才、惜才、大胆使用人才之风。

文章指出,各级党组织要进一步加强对知识分子的思想政治工作。尊重、爱护知识分子,不等于光说顺耳好听的话。越是爱护,越不能放松对他们的思想政治工作,特别是对青年知识分子,不教育,光捧,等于害他。党组织要鼓励和引导知识分子学习马列主义、毛泽东思想,认真进行坚持四项基本政治原则的教育,组织他们学习党的方针政策。对少数人中出现的错误思想和不健康的现象,要引起重视,及时进行教育。党组织既要教育群众尊重专家,也要教育专家尊重群众,虚心向工农群众学习。名望、职位较高的知识分子,还要注意爱护新生力量,不只是官僚主义的领导可能埋没人才,名流学者也可能压制后起之秀。

文章最后说,各级党委对解决知识分子的生活实际问题,都要采取积极态度,不要因为暂时有困难就消极等待,一个办法不行,可以多想几个办法。我们要求各地、各部门和各单位,都要关心知识分子的生活,都要为解决他们的生活困难操心出力。

中国决定参加国际自然和自然资源保护联合会和有灭绝危险的野生动植物国际贸易公约

安子文逝世

我党杰出的组织活动家安子文同志因长期遭受林彪、“四人帮”、康生一伙的诬陷和残酷迫害,致成重病,经医治无效于6月25日在京逝世,终年70岁。

安子文1909年生于陕西省子洲县。1927年转为中国共产党党员,历任河南省委交通科科长,党中央交通员,中共中央北方局交通科科长,河北省省委秘书长,中共太岳区工作委员会书记,中共冀豫晋省委委员兼统战部部长,中共冀豫晋省太岳特委书记,中共晋冀豫区委委员兼统战部部长,中共太岳区委书记,中共中央党校二部副主任,中共中央党校教育长等职。新中国成立后曾任中共中央组织部部长、中央党校副校长、人大常委会法制委员会副主任。在党的第八次全国代表大会上当选为中央委员,党的十一届四中全会上被增选为中央委员。他是第二、三、四届政协全国委员会常务委员,第五届全国人民代表大会代表。

6月26日

中共中央副主席李先念在人民大会堂会见委内瑞拉争取社会主义运动总书记庞佩约·马盖斯和夫人

全国刑事检察工作会议在北京召开

由最高人民检察院召开的这次会议指出,刑事检察工作是检察机关打击敌人,惩罚犯罪,保护人民,维护社会治安的主要手段。各级人民检察院重建两年以来,已逐步全面地担负起审查批捕、审查起诉工作,并积极开展了出庭公诉活动,为维护社会主义法制,保障社会秩序,做了大量工作。广大检察干部坚持以事实为根据,以法律为准绳,重证据,重调查研究,提高了办案质量,赢得了广大群众的信任。

会议认为,去年11月全国城市治安会议以来,在各级党委领导下,检察机关同公安机关和人民法院密切配合,大力整顿社会治安,依照法律从重从快处理了一批刑事犯罪分子,各地治安情况程度不同地有所好转。但是必须看到,已经取得的成绩还是初步的,当前社会上仍然存在着各种不安定的因素,问题还是严重的。

会议要求各级检察机关继续把整顿城市治安作为刑事检察工作的首要任务,继续打击杀人犯、放火犯、抢劫犯、强奸犯和其他严重破坏社会秩序的犯罪分子,特别要着重打击犯罪团伙的头子、教唆犯和惯犯。要认真执行《刑法》《刑事诉讼法》,不断提高办案质量。同时要注意区别对待,该严的严,该宽的宽,以惩办少数,教育多数。要广泛开展法制宣传教育,挽救失足青少年。

会议强调,各级检察机关要把刑事检察工作和法纪检察工作结合起来,坚持在法律面前人人平等。对于徇私枉法、贪赃卖法的案件,不仅要把被放纵的犯罪分子逮捕归案,而且要追究枉法者的法律责任,以维护法律的严肃性,造成人人守法的好风气。

这次会议在7月5日闭幕。参加会议的有各省、市、自治区检察院、军事检察院、铁路运输和水上运输检察院的代表100多人。会议期间,最高人民检察院检察长黄火青,副检察长张苏、李士英到会讲了话。

《人民日报》发表社论《坚持什么 反对什么?——五论量力而行的指导思想》

在二三十年的经济建设中,我国人民吃够了不量力而行的苦头之后,深刻地认识到量力而行这个指导思想的可贵。本报已经写过四篇社论阐述这个指导思想。为了使这个指导思想真正贯穿到我们经济工作的各个方面去,现在再总结性地概括说明。我们应该坚持什么,防止什么,反对什么呢?举其大者,有以下几条:

坚持自力更生为主、争取外援为辅的方针。闭关锁国是完全错误、十分有害的。在实现四个现代化的艰巨任务面前,如果不努力争取、充分利用目前国际上一切有利条件,加快我国现代化的进程,就会丧失时机,贻误建设,犯极大的错误。但是,像我们这样一个9亿多人口的大国,从解决衣食住行到实现社会主义的现代化,如果不立足于国内,想样样依赖外国,同样要犯极大的错误。因为这种做法,既不可靠,也不可能。

在利用外国的资金、设备和科学技术成果等等方面，必须切实地量一量我们的偿还能力、配套能力和“消化”能力，认真地研究它们对我国国民经济发展有多大的助力，有没有副作用，会不会成为“包袱”。万万不能像有的同志所想的那样：资金、材料、设备国内安排不上，就向外国借，向外国买，眼睛望着外国，两手伸向外国。这种想法和做法，实际是放弃了自力更生为主的方针。就利用外资来说，根据国际经验，一个国家引进外资的多少，同一个国家出口收汇能力的大小是有一定比例的。超过了正常的比例，就会或者借不到，或者借到了但到期还不了。就利用先进技术来说，大量地重复地引进成套设备，不但一时消化不了，无助于提高我们的技术水平和制造水平，而且不利于发挥我国劳力密集的优势。在这个问题上，我们尤其不能搞主观随意性。盲目蛮干，已经使我们吃了很大的苦头。

坚持先生产后基建，先简单再生产后扩大再生产的方针。如果在资金和物资的分配上，违背这个符合马克思主义再生产理论的次序，用挤生产的办法搞基建，挤简单再生产的办法搞扩大再生产，拆东墙垒西墙，就无异“割肉以充腹”。生产得不到顺利发展，人民生活得不到逐步改善，就会偏离社会主义生产和建设的目的。目前在某些方面存在的只注意建设新厂，不注意充分利用老厂；只注意扩大基本建设，不注意老厂的挖潜、革新、改造，甚至“老厂吃不饱，新厂还在搞”等等不合理现象，必须注意防止，坚决改正。

坚持生产指标同燃料、动力和原材料供应相适应的方针。做计划要瞻前顾后，积极可靠，留有余地；执行中有产可超，才能使人们更有奔头。我们坚决反对超过实际可能的高指标，那样只能图虚名得实祸。目前能源供应比较紧张，生产计划特别是重工业部门的生产计划，要充分考虑燃料、动力的可能性，尽可能在节能的条件下增产。当然，我们也要防止只看不利因素，不看有利因素，消极等待的保守倾向。对“短线”产品，要在充分利用现有资源的条件下，千方百计地增产。

坚持合理的积累率，基建规模要同财力、物力的可能相适应，要“集中优势兵力打歼灭战”，建成一批，投产一批，再建一批。这样有利于早出产品，早收回投资，早提高技术，有利于巩固和扩大投资成果。“有所不为而后有所为。”我们坚决反对过高的积累率，反对不分先后缓急，齐头并进，拉长战线的做法，因为那样办，必然是劳民伤财，有害无利。当然，集中力量打歼灭战，并不是只搞少数重点工程，搞“单打一”，而是在突出重点的前提下，对重点和轻点，主体工程和配套工程，“骨头”和“肉”，生产性建设和非生产性建设，按照一定的比例统筹安排。

坚持在生产发展的基础上逐步改善人民的生活，使广大群众在衣食住行等方面得到实实在在的物质利益。只有这样办，群众干劲才会越来越大，建设速度不仅不会慢，反而会更快。要坚决反对只顾积累，不顾消费，“又要马儿跑，又要马儿不吃草”的做法。自然，那种离开生产的发展片面讲改善生活，离开长远利益片面追求眼前利益，离开整体利益片面追求局部利益，也是错误的，应该注意防止和纠正。

坚持财政、信贷、外汇、物资的各自平衡和综合平衡，保持市场和人民生活稳定的方针。要有多少钱办多少事。多少钱用于生产建设，要看有多少生产资料。多少钱用于人民生活，要看有多少消费资料。不能用挖库存、吃老本的办法求得暂时的平衡，因为今年吃了，来年就难以为继。更不能用打赤字、发票子的办法，来搞建设和改善生活，因为这是“画饼”，不能真正“充饥”。当然，执行中主观不符合客观实际的情况是会有的，有时候因为计算不准，有时候因为遇到意料不到的困难，偶尔挖点库存(积压商品除外)，出点赤字，这也很难避免。只要头脑清醒，并不要紧。但作为一种方针，必须坚持财政、信贷、外汇和物资的各自平衡和综合平衡，在这一点上，是丝毫不能动摇的。

以上几条，归结为一条，即：在量力的基础上，坚持国民经济有计划按比例地发展。我们说“欲速则不达”，这里的“欲速”是指主观主义地追求高速度、高指标，这是根本达不到目的的。有时一时勉强上去了，结果还是要退下来，并且造成很大损失。我们必须采取谨慎的态度，执行留有充分余地的方针。在这里，确实有一个“真想”和“假想”高速度的问题。如果真想快一点，那就要量力而行，循序前进，有计划按比例地搞经济建设。只有量力，只有按比例地搞经济建设，才会有真正的高速度。客观规律是不以人的意志为转移的。不量力，不按比例，光想快，一厢情愿，南辕北辙，哪能不事与愿违？ 在当前贯彻执行调整、改革、整顿、提高的方针中，我们所以强调调整是关键，改革、整顿和提高都要为调整服务，所以反对只想“上”不想“调”的思想，所以排斥一切侥幸“闯过去”的思想，道理就在这里。扎扎实实地进行调整，就是为着争取国民经济按比例持续高速度发展所必需的条件而努力，条件多具备一分，早具备一日，国民经济按比例持续发展的把握就多一点，到来的时间就早一点。

量力而行不是消极的方针，而是积极的方针。我们深信，坚决贯彻量力而行的指导思想，将使我们学会在经济的大江中游泳，而且能够比较快地胜利到达彼岸。

中国和泰国在人民大会堂签订《中华人民共和国

政府和泰王国政府民用航空运输协定》

根据协定,两国指定的空运企业享有以下权利:(一)沿缔约另一方航空当局规定的航路,不降停飞越缔约另一方领土;(二)在缔约另一方领土内对国际运输开放的地点作非运输业务性经停;(三)在协定规定的缔约另一方领土内的地点经停,上下国际旅客和货物。

协定规定,泰方将经营自泰国境内一点至广州,中方将经营自中国境内一点至曼谷的往返航线。

国务院副总理耿飚在北京会见以交通部部长阿蒙·赛里加亚海军上将为首的泰国民航代表团

耿飚指出,越南对泰国的军事入侵,不仅侵犯了泰国的主权和领土完整,同时也威胁着东南亚地区的和平与安全,加剧了东南亚地区的紧张局势。中国政府对此给予密切关注,并强烈谴责越南当局的侵略行径。苏联和越南对别国的侵略,彻底暴露了他们的丑恶面目。

国务院副总理方毅在北京会见国际水资源协会名誉主席 美国国家工程科学院院士伊利诺伊大学教授周文德

国务院副总理陈慕华在北京会见由孟加拉财政部对外资源局联合秘书穆罕默德·阿里率领的孟加拉科技合作代表团

国务院副总理陈慕华在北京会见由卢旺达农牧部部长弗雷德里克·恩扎穆兰巴霍率领的卢旺达友好代表团

外交部发表声明坚决支持泰国反对侵略的斗争

外交部6月26日发表声明,强烈谴责越南当局对泰国的武装入侵。声明正告越南当局,如果他们无视国际社会的正义要求,继续进行军事冒险行动,那将是十分危险的。声明全文如下:

中华人民共和国外交部声明

(1980年6月26日)

6月23日上午,侵占柬埔寨的越南军队悍然入侵泰国,袭击泰国边境村庄,使当地人民的生命财产遭到重大损失。越南当局这一侵略行动粗暴地侵犯了泰国的主权和领土完整,破坏了国际关系的准则,严重威胁着泰国和这一地区的和平与安全。中国政府强烈谴责越南当局对泰国的武装入侵,并且正在密切注视事态的发展。

越南当局在苏联的支持下,无视第三十四届联合国大会的决议,顽固拒绝从柬埔寨撤出其侵略军,继续强化侵略柬埔寨的战争,同时,陈兵泰柬边界,不断对泰国进行武装挑衅和威胁。最近以来,越南当局施展各种手段,妄图使它侵略柬埔寨合法化,摆脱其困难处境。越南当局这一行动,完全戳穿了它保证不入侵泰国的谎言,并且使人们更加看清了它统治印度支那,推行地区霸权主义的狂妄野心。

泰国政府已严正表明维护国家主权和领土完整的决心。中国政府和人民坚决支持泰国政府这一正义立场,坚决支持泰国政府和人民反对侵略的斗争。中国政府强烈要求越南当局立即停止对泰国的侵略行动,并从柬埔寨撤出其全部侵略军队。我们正告越南当局,如果你们无视国际社会的正义要求,继续进行军事冒险行动,那将是十分危险的。

《人民日报》发表评论员文章《重视农村题材的创作》

最近,在北京举行了部分省、市、自治区的农民业余艺术调演。来自各地的农民业余艺术代表队,以它们擅长的艺术形式,演出了40多个具有鲜明的时代色彩和浓郁的泥土气息的节目,给首都观众留下了十分深刻的印象。这次调演,不仅是对全国农村群众文化活动的一次检阅,对今后农村题材创作的繁荣,也将是一个有力的推动。

我国是一个农业人口占大多数的国家。农村的形势怎样,农民的状况如何,关系着整个国家的前途。今天,全国人民正在同心同德地向四个现代化进军。在这场伟大的进军中,8亿农民是一支人员最庞大的队伍,他们所战斗的区域,是一片最为辽阔宽广的天地。在那里,一场具有深远意义的历史巨变正在发生。这种沸腾的、动人的生活,理所当然地要求文学艺术去表现它、反映它。而文学艺术作为时代的一面镜子,也只有时刻让它对准社会生活中那些最重要、最有生气的部分,才能获得持久的生命力。所以,关注农村,重视农村题材的创作,在新的历史时期,应该是作家、艺术家的光荣职责。

同时,我们还要看到,8亿农民应该是我们的文学艺术重要的服务对象。我们永远不能忘记:在那战火纷飞的年代里,亿万农民曾用自己的血汗与身躯奠定了共和国的根基;在社会主义时期,他们又以艰苦奋斗的精神,为社会主义事业的发展立下了不可磨灭的功勋。我们民族每前进一步,无论是过去、现在,还是将来,都离不开农民的努力。因此,我们的文学艺术创作,一定要努力去表现他们,歌颂他们的业绩,反映他们的情绪、愿望,鼓舞他们的斗志,帮助他们更快地前进。

重视表现农村生活,是我国社会主义文艺创作的优良传统。在我们的文艺队伍中,许多作家致力于反映农村生活,有的把毕生的精力都奉献给了农民。粉碎"四人帮"以来,随着思想解放运动的深入,农村题材的文艺创作又开始兴旺起来,涌现了一批好的和比较好的作品。它们真实地表达了广大农民的思想感情,敏锐地揭示出社会主义农村建设中某些值得深思的经验教训,从而得到了好评。

但是,我们必须看到,与农村正在发生着的深刻变革的现实生活相比,与其他题材的创作相比,目前农村题材的文艺创作还是比较薄弱的,无论数量还是质量,都远远不能满足广大读者的需要。在某些艺术部门,例如电影、戏剧中,反映农村生活的作品就更少了。造成这种状况的原因是多方面的,其中一个重要方面,是由于近几年来,我国农村出现了一场从体制、结构到方针政策的变革,农村面貌特别是人与人之间的关系、农民的生活、心理状态都发生了深刻的变化。对于这些,我们的许多作家,要么由于十年动乱被迫脱离,要么还没有来得及重新深入,以致变得相对地陌生起来。长期生活在农村的青年业余作者中,确实涌现出了一些有才能、有发展前途的新人,但由于多年来没有得到很好的培养和扶植,这支队伍数量还不够大,成长也不够快。针对这种情况,我们呼吁广大的作家、艺术家关注农村、关注农民,尽可能多、尽可能快地深入到农村火热的现代化建设事业中去,体验、分析、研究近几年来农村所出现的一系列变化,热情地拿起笔来反映这种变化,塑造具有时代特点的社会主义新人形象。另一方面,我们要努力发现、积极扶植有着深厚生活基础而又有志于创作的农村青年业余作者,采取多种方式帮助他们提高文艺修养和理论水平,解决他们的实际困难,促使他们迅速地成长起来。我们不仅要培养出一大批业余的农民作家,而且要尽可能培养出一批专业的农民作家。我们希望各种文艺期刊提倡农村题材的创作,多发表一些表现农民生活、探索农村问题的文艺作品;评论界也要重视农村题材的文艺创作,加强这方面的评论和理论研究。

农村的天地是无限广阔的,农民的精神世界是非常丰富的。在当前这一历史大变动时期更是如此。现在正是广大作家、艺术家大显身手的极好时光。让我们为勾画出农村生活急剧变化的绚丽篇章,为农民及其他人民群众创作好的作品,一起努力吧!

6月27日

冶金工业部门贯彻国民经济调整方针增产短线产品取得新成绩

冶金工业部门根据国民经济调整的方针,今年上半年在增产短线产品、提高产品质量方面取得了新的成绩。

千方百计压缩长线产品,增产短线产品,是冶金工业贯彻调整方针的一项重大措施。今年1—5月份,冶金工业部门压缩了重轨、大型钢材、中厚钢板等长线产品的生产,使这些产品的产量比去年同期降低20.6%,少生产了43.6万吨。而为轻工市场、农业生产、民用建筑等所急需的小型钢材、线材、薄板、焊接管等短线产品,则有了较大幅度的增长。今年头5个月,短线产品比去年同期提高39.4%,多生产179万吨。产品质量进一步提高,较好地完成了与用户签订的订货合同。

全国人大常委会副委员长乌兰夫在北京会见朝鲜驻华大使全明洙

全明洙大使向乌兰夫副委员长转达了朝鲜最高人民会议23日给各国国会的信件。乌兰夫表示,中国人民完全支持信中所阐明的原则立场。他指出,我们历来主张所有外国军队撤出南朝鲜,朝鲜问题应该在没有任何外来干涉的情况下由朝鲜人民自己解决。

外交部副部长韩念龙在印度驻华大使馆吊唁印度前总统吉里逝世

中共中央在中南海举行师范教育座谈会

方毅、胡乔木以及周扬出席了座谈会,参加教育部在北京召开的全国师范教育工作会议的部分同志应邀出席了座谈会。

中共中央书记处总书记胡耀邦在会上讲话时指出:师范教育是非常重要的。它是教育事业中的"工作母机",是造就培养人才的人才基地。轻视师范教育是不对的。他号召大家努力办好师范教育,为四化建设作出更大的贡献。

胡耀邦在讲话中强调指出,我国四个现代化建设事业能否实现,主要靠两条,一是要有一条正确的路线;二是要有大批建设人才。这就要求我们认真地发现和培养人才,就要办好教育,特别是办好师范教育。我们需要有一支宏大的师资队伍。他为此向广大教师提出三点要求:一、要努力学习和掌握比较渊博的知识;二、要认真研究掌握教育科学,懂得教育规律;三、要有高尚的道德品质和崇高的精神境界,能为人师表。在这方面,鲁迅先生为我们作出了光辉的榜样。鲁迅先生曾任教多年,学识渊博,品德高尚,大家应该向鲁迅先生学习。

全国文物工作会议在北京召开

这次会议于6月27日至7月7日在北京举行。

会上传达了中共中央书记处关于文物、图书工作的指示。

中共中央书记处书记、国务院副总理王任重在全国文物工作会议上讲话说，文物工作是非常重要的一件工作，做好这项工作同实现四个现代化有密切关系。

王任重在指出30年来广大文物工作者努力工作，取得很大成绩以后说，做好文物工作，对于普及科学文化历史知识，提高我们的民族自尊心、自信心，提高我国的国际地位，都是很有意义的。他还强调说，要经常广泛地运用革命先烈、老一辈革命家的史迹和实物，来教育青少年一代继承和发扬光荣的革命传统，鼓舞广大干部、党员、群众为建设我们的国家发挥最大的积极性、创造性。

会议指出，加强法制，严格文物管理制度，采取有力措施制止目前依然存在的文物破坏活动，是文物工作中一项十分紧迫的任务，也是当前文物工作的重点。会议期间，与会人员认真讨论了《中华人民共和国文物保护法》草稿，提出了许多修改意见。

与会人员对当前文物出口量过大、文物多头经营、市场管理混乱的状况反映强烈。会议认为，文物商业应由文物管理部门统筹办理。当前，文物部门必须和外贸部门密切协作，加强海关文物出口鉴定和检查工作，严格控制文物出口数量，并与有关部门共同制定文物市场的管理办法，真正做到归口经营，统一收购，统一价格，坚决取缔黑市，打击文物走私和投机倒把活动。

会议要求各级文物部门同有关部门密切协作，动员各种宣传手段，包括报刊、电影、电视、图书等，在全体人民中进行保护文物的宣传教育，使“保护祖国文物，人人有责”的思想深入人心。

全国人大常委会副委员长谭震林在北京参加《新体育》杂志创刊30周年茶话会

谭震林在茶话会上说，新中国成立30年来，体育工作取得了很大成绩。随着四个现代化建设和国民经济的发展。要求体育有一个新的发展，广大运动员、教练员和体育工作者要奋发努力，再有30年，我国也一定要在世界上成为体育强国。

全国政协副主席许德珩、王首道，共青团中央书记韩英，以及廖井丹、王崇伦、黄树则、荣高棠、徐寅生、钟师统和首都部分中、小学体育教师，以及体育界、文艺界、科学界人士应邀出席了茶话会。

6月28日

国务院总理华国锋电贺第十七届非洲国家元首和首脑会议

中华人民共和国国务院总理华国锋发电报给非洲统一组织第十七届国家元首和政府首脑会议，代表中国政府和人民向会议表示热烈祝贺。电报全文如下：

弗里敦

非洲统一组织国家元首和政府首脑会议：

在非洲统一组织第十七届国家元首和政府首脑会议胜利召开的时候，我代表中国政府和中国人民，向会议表示热烈的祝贺。

当前非洲形势令人鼓舞。广大的非洲国家和人民遵循非洲统一组织宪章的宗旨，在反对帝国主义、殖民主义和种族主义的大道上阔步前进。不久前，津巴布韦光荣宣告独立，这不仅是津巴布韦人民、也是非洲国家和人民以及非洲统一组织历史性的共同胜利。这一胜利雄辩地表明，从非洲大陆根除殖民主义和种族主义、争取非洲大陆完全独立和解放的日子已为期不远了。

不久前，在拉各斯召开的非洲统一组织经济首脑会议，通过了关于建立“非洲经济共同体”及其“行动计划”等决议，决定加强非洲内部的经济合作，实行集体自力更生，以促进非洲国家经济的共同发展。这是一个具有深远历史意义的纲领，充分反映了非洲国家和人民改变贫穷落后面貌建设繁荣富强新非洲的共同愿望和决心。当然，前进的道路是不平坦的，但是我们相信非洲国家和人民继续加强团结合作，争取国际朋友，警惕外敌阴谋，再接再厉，共同努力，就一定能够实现非洲大陆的完全解放，并且在建设各自国家的事业中不断取得新成就。

中国和非洲国家都是发展中国家。我们都面临着反对外来干涉，发展民族经济，改善人民生活的共同任务。我们都需要一个和平的国际环境。中国政府和人民愿意同非洲国家和人民一道，为反对侵略政策，反对强权政治、维护世界和平而共同努力。

祝会议取得圆满成功！

中华人民共和国国务院总理　华国锋

1980年6月28日于北京

中央纪委发出通知要求各级党委杜绝接待工作中的不正之风

通知说，自中央发出有关整顿党风的若干文件以来，各级党委正在认真贯彻执行，不少领导干部严于律己、带头执行，在接待工作中出现了不少好的榜样，受到群众的称赞。但是仍有很多地方在接待领导干部或接待各种参观团、检查团、学习团、慰问团，或接待各种会议代表的时候，讲排场、图阔气；摆酒设宴、大吃大喝；并借机送人情、拉关系；巧立名目、乱用公款的现象仍十分严重。在接待的警卫工作中，有的层层设岗，戒备森严，甚至断绝交通。有些人还利用接待工作拉拉扯扯，阿谀奉承。

通知指出，这些低级庸俗的坏思想、坏作风，都是同《关于党内政治生活的若干准则》的要求背道而驰的。它严重地败坏了我党的优良传统，损害了党和领导干部的威信，破坏了党群关系，挫伤了群众建设“四化”的积极性。

通知要求各级领导对这些问题应当引起高度重视，并立即采取有效措施予以纠正，决不能泰然处之，任其蔓延发展。

通知要求：

一、各级领导干部，特别是高级干部，要以身作则，严格遵守《关于党内政治生活的若干准则》和关于高级干部生活待遇的若干规定。随行人员不得以领导干部的名义，向接待部门示意或提出额外的要求。对接待部门违反中央、国务院有关规定的招待，领导干部及其随行人员均应主动拒绝，坚决制止。

二、任何地区、任何部门、任何干部都不准以接待为名，或以照顾某种特殊需要为借口，巧立名目，铺张浪费。凡违反中央、国务院有关规定的开支，财会部门一律不予报销。如有违反，各级纪委和财政部门的监察机关应认真检查，追究领导责任，并由决定或指使搞这种违反制度的人，赔偿国家在经济上多开支的部分。对不顾党纪国法，不顾群众影响，错误情节严重的人，应坚决予以党纪国法制裁。

三、各地区、各部门同接待工作无关的领导干部，不要参加迎送，更不准组织群众迎送。

四、宾馆、招待所对领导干部及其随行人员住房、用餐和用车等，均应照章收费，分别由原单位报销或自理，接待部门不得补贴。

五、任何部门和个人都不准动用公款请客送礼。伙食费一律自理，除按规定报销住勤费外，宾馆、招待所不准补贴。

六、参加接待工作的人员要严格控制。警卫工作要同时注意保证安全和群众影响两个方面。戒备森严的做法应切实革除。

七、各省、市、自治区党的纪律检查委员会要在党委领导下会同财政、公安等有关部门，遵照《关于党内政治生活的若干准则》、关于高级干部生活待遇的若干规定和党中央、国务院的其他有关规定，对本地区的接待工作进行一次检查。

全国妇联发出《关于向共产党员公社妇联主任刘朝娟同志学习的通知》

全国妇联今天发出了《关于向共产党员、公社妇联主任刘朝娟同志学习的通知》(以下简称《通知》)，号召各级妇联干部学习她见义勇为，不顾个人安危，敢于同犯罪分子作坚决斗争的大无畏革命精神，学习她关心妇女群众疾苦，勇于维护妇女群众合法权益的好思想、好作风。

《通知》说，广西壮族自治区灵山县陆屋公社今年3月25日发生一起暴徒当众凌辱女青年的恶性流氓案件。年轻的共产党员、公社妇联主任刘朝娟同志在关键时刻，只身冲入重围，从暴徒手中救出受害女青年，送到公社卫生院检查治疗，并多次看望，表现了共产党员的高贵品德和先锋模范作用，得到了党政部门和广大群众的高度赞扬。全国妇联号召各级妇联干部学习刘朝娟的模范事迹。

《通知》说，由于十年浩劫，社会道德风尚遭到破坏，尤其在婚姻家庭问题上封建思想抬头，出现了一些妇女儿童受摧残迫害的严重现象。为了保障妇女儿童的身心健康，妇联干部要急群众之所急，树立全心全意为妇女群众服务的思想，努力为妇女群众办好事，解除她们的疾苦，做她们的贴心人，使妇联组织真正成为广大妇女群众利益的重要代表者。

《通知》要求各级妇联要对照这一事件，总结检查自己的工作。在党委领导下，配合有关部门，对那些严重残害妇女的犯罪分子进行打击，绳之以法；对那些能够临危不惧，保护妇女切身利益的干部进行表扬，以便打击歪风，树立正气，维护社会的安定团结，使广大妇女能集中精力为四化多做贡献。

中国经济贸易展览会的1万多件展品从天津新港启运美国

这些展品包括机械设备、石油化学产品、轻工业产品、纺织品、医疗器材、出土文物等。展品中的1000多种手工艺品有象牙雕刻、玉石雕刻、景泰蓝、瓷器、挂毯、刺绣、抽纱和各种首饰。从展品中可以看到中国悠久的文化艺术传统，以及30年来各方面所取得的成就。

这次展览会将在9月至12月先后在旧金山、芝加哥和纽约展出。这是新中国成立以来第一次在美国举办大型展览。

上半年全国发电量超额完成计划

到6月28日，全国电力工业已发电1455.4亿度，比去年同期增长9.6%，超额完成了上半年发电计划。

全国人大常委会副委员长谭震林在北京会见由印度奥里萨邦印中友协副主席曼姆汗·米什拉率领的印度奥里萨邦印中友协代表团

国务院副总理王任重在人民大会堂会见以吴奎泰

副总编辑为团长的朝鲜《劳动新闻》代表团

在交谈中，王任重向朝鲜新闻界同志介绍了粉碎“四人帮”之后，中国人民同心同德搞四化的情况。他说，中国地方大人口多，情况复杂，经济发展不平衡。什么时候我们的政策都不能“一刀切”。现在我们正在一边调整，一边前进。

王任重还谈到了我国经济建设的发展速度问题。他指出，中国不能只追求经济建设的高速度，以免影响其他事业的发展和人民生活的改善。中国的国民经济必须稳步地持续发展。

《人民日报》发表社论《论“破格”》

本报5月21日发表了《有真才实学才能建设四化》的社论和关于西安交通大学孟庆集同志事迹的报道以后，许多读者来信赞扬孟庆集确有真才实学，认为这样的同志应该得到提拔、重用。孟庆集同志原来是个讲师。西安交大很多同志认为，根据他的学术水平、业务能力和贡献，提升为教授完全够条件。但是，结果只被提为副教授。为什么呢？因为有人认为他是1956年的大学毕业生，而西安交大1953年以前的大学毕业生，还有50%是讲师，把孟庆集提为副教授，已经是“破格”了。还有人认为，西安交大在新中国成立前后的大学毕业生，有不少人现在还是副教授，如果只提孟庆集为教授，不容易摆平。

类似孟庆集同志提升中遇到的情况，是相当普遍的。尽管党中央一再提倡不拘一格选人才、用人才，但是，在实际生活中，还是有不少的“格”，束缚着人们的头脑和手脚。不少地区和单位要提拔一些年轻的、确有真才实学的优秀人才，很不容易。因此，很有必要弄清楚我们应该破除哪些“格”，坚持哪些“格”。

选拔、使用人才，提升学衔和技术职称，必须坚持正确的标准。这主要是看本人贡献的大小、学术水平和业务能力的高低，至于资历，只能作适当参考。但是，由于林彪、“四人帮”极左路线的干扰，加上多年来形成的陈腐观念和习惯势力的束缚，有不少同志不能坚持正确的标准，而搞了另外的标准，其中最主要的一条，就是“资历”，即“论资排辈”。这些同志特别热衷于在资历上搞平衡，选拔、提升人才，主要看资历深浅。要提拔一些年轻的优秀人才，生怕影响同等资历或者资历更深的人的情绪。孟庆集同志被提为副教授，有人已经认为是“破格”了，不就是明显的例子吗？这些错误的格、错误的标准，不知压抑了多少中华民族的精华，难道我们到今天还要死死抱住它不放吗？难道还不应该及时破除掉吗？当然，我们并不是一概反对讲资历。资历，或者说经历，在一定程度上反映了经验的积累。但是，资历同贡献、同业务能力之间并不能完全画等号。现代科学技术日新月异，即使资历很老，如果不学习，不提高，只凭过了时的经验来处理新问题，是不能适应新时期的要求的，是不合格的。

按照恩格斯的观点，科学是“按几何级数发展的”。100多年来的实践完全证实了恩格斯的论断。据有人统计：18世纪的科学技术更新周期为80年，19世纪到20世纪20年代缩短到30年，近50年来又缩短到15年，而最新的科学技术有的只要5年到10年就要更新了。由于上述原因，尽管资历的增长仍然伴随着知识量的积累，但是，人的知识水平和资历、年龄已经没有必然的正比例的关系了。现代科学技术的发展对人才的要求，不仅要具有丰富的知识，更要具有运用知识的高度才能和充沛的精力。一个人精力最充沛、最有创造能力、最有希望的时期，正是青年和中年这一段被人们称为“最佳年龄”的时期。近代科学史表明：一个国家科学的兴起，必须拥有一支杰出的科学家队伍，这个队伍的平均年龄不超过50岁。如果杰出科学家的平均年龄超过50岁，就可能孕育着科学的“病灶”。据1978年我国科技人员的统计调查，副研究员以上的科学家平均年龄已达58岁。由此可见，破除论资排辈这种错误的“格”，是科学技术人才成长的迫切需要，也是四化建设的迫切需要。我们应该对于那些热爱社会主义事业的、确有真才实学的中、青年人，趁他们精力最充沛、创造能力最强、最有希望的时期，多给他们鼓励和支持，及时授予同其水平和贡献相适应的职称，及时把他们选拔到相应的岗位上来。如果让论资排辈的错误做法把他们拖住，等到他们两鬓成霜，须眉皆白，才去提升、重用，就会妨碍了这一部分人的才能和积极性的充分发挥，对四化建设是很不利的。

应该怎样看和左邻右舍摆平的问题呢？一个人总不是孤立存在的，总是同周围的人、事发生联系，因此，考虑到左邻右舍的情况，是完全必要的。但是，考虑左邻右舍的情况，决不能脱离客观实际。首先要从本人的实际情况出发，看本人是否有真才实学，是否作出了重大贡献；其次要从左邻右舍的实际情况出发。比如西安交大，如果确实还有一些像孟庆集那样的优秀人才，为什么不可以考虑再提几个教授、副教授呢？有多少符合标准的人就提多少；谁符合什么标准，就提升什么职称。不应该因为怕多而规定什么比例。符合提升标准的人多，是好事不是坏事。我们就是希望有更多的人达到晋升、提拔的标准。当然，也不能降格以求，降低标准，滥竽充数。

论资排辈是一种保守的封建主义的陈腐观念。我国反帝反封建的民主革命胜利以后，虽然进行了社会主义改造，但封建主义的思想毒素并没有完全清除。在十年动乱期间，林彪、“四人帮”又使它大大地膨胀起来。以至到了新中国成立已经30年的今天,一些落后现象在许多方面仍然存在。比如,在一些科学技术发达国家的大学里,一个有成就的科研人员到45岁还不是教授是很少见的。而在我们国家,尽管像孟庆集已经47岁、确有真才实学、被许多人认为在某个方面是第一流的人才,提为副教授,居然还有人认为是"破格"!由此可见,论资排辈的习惯势力是多么根深蒂固,多么不容易打破,我们在思想战线上进行反对封建主义陈腐观念的任务,又是多么艰巨。

专讲论资排辈,也表现了一些同志主观主义、形而上学的思想方法。在人才问题上搞平均主义,统一划线,规定哪一年以前毕业的提讲师,哪一年以前毕业的提副教授,这种"一刀切"的做法,完全脱离了客观实际。任何事物的发展都是不平衡的,人才的成长也是这样。这个人、那个人成长的状况总是千差万别的,不可能齐头并进。有些人进步快,有些人进步慢,有些人比较突出,有些人比较一般。同等资历的人,差别也很大。资历浅的学问和贡献,超过资历深的,大有人在。青出于蓝而胜于蓝,这是正常现象,符合事物的发展规律。因此,承认不平衡,从这种不平衡的实际情况出发,应该是我们做一切工作的指导思想,在选拔、提升人才的问题上,也应该如此。对优秀的人才,应该提得快些;特别优秀的,应该越级提升;比较差的,应该不提升或者提升得慢些;少数实在不行的还应该被淘汰。可是,我们有些同志常常看不到这种差别,不承认不平衡。在提升、选拔人才上,这种形而上学的思想方法和习惯势力,今天仍然相当普遍,相当严重。他们不作具体分析,统统"一刀切",不仅切掉了拔尖的人才,压抑了人才的成长;还助长了一些人"吃大锅饭"、"熬年头,混资格"的思想。这不是鼓励先进,鞭策落后,而是打击先进,鼓励落后。这样,就不能做到人才辈出,就会使"熬年头,混资格"的人越来越多。

破除论资排辈的"格",是为了使人才快快成长,特别是使优秀的拔尖人才快快成长。现在,有些单位有一种风气很不好:谁冒尖,谁就孤立,甚至还受到歧视、打击,弄得有些有真才实学的人,不敢冒尖,害怕冒尖。有些关心人才成长的同志感慨地说,"千里马真不容易出来呀"!因此,我们一定要破除论资排辈思想,纠正"一刀切"的做法,在整个社会造成一种承认尖子,尊重尖子,鼓励和保护尖子的社会风气。谁有突出的才华和贡献,就应该允许谁冒尖。榜样的力量是无穷的。尖子出来了,就可以鼓励一大批人努力向尖子学习,为四化建设敢于冒尖,争相冒尖。这样的尖子越多,四化建设就越有希望。

要破除这些错误的"格",关键在于各级党政领导、组织和人事部门的同志要解放思想,真正搞清楚什么样的人是四化建设所需要的人才,搞清楚新时期选拔人才的正确标准,坚决摒弃那些妨害选拔人才的老框框。要加强调查研究,深入了解优秀人才的政治思想和业务水平。现在,有些组织、人事部门对党政干部比较熟悉,比较注意,对科学技术、文化教育、医疗卫生、工矿企业的专业人才的情况,特别是对于中、青年优秀人才的情况,就了解得很不够。我们应该采取切实措施,尽快改变这种状况,把蕴藏在9亿人民群众之中的一切有用之才尽快地发现出来,恰当地重用他们,使他们为四化建设贡献宝贵的力量。

参加全国高等医学教育工作会议的专家提出发展高等医学教育急需解决临床教学基地

从全国高等医学教育工作会议上获悉,我国113所高等医学院校和3所综合大学医学系,普遍存在着临床教学基地数量不足、质量不高的问题。切实扩大、充实医学院系的教学医院,是当前提高医学教育质量和培养合格医务人才的一项紧迫工作。

专家们指出,医学是一门实践性很强的科学。要使医学专业大学生都能成为合格的医生,临床教学具有重要的意义。有些国家对医学院校学生实习时间、教学床位数量,都有明确规定。目前我国医学院校在校学生数是12万多人,供学生实习的附属医院的床位只有5万多张,还有9所高等医学专科学校没有附属医院。中医院校在教学基地问题上的困难更大。现有的附属医院也大都设备陈旧,条件差,床位少。

医学界人士还提出,医学院校同地方医院实行教学合作,也是一项好办法。上海第一医学院在上海市卫生局的支持下,同18所医院建立了教学合作关系。其中有6所是市级综合医院和专科医院,有3所区级中心医院,有8所县级医院和1所企业职工医院。这些医院各有侧重地承担着医学院学生实习或临床教学的任务;医学院则承担着有计划地对这些医院的医务人员进行培训提高的义务,教授和医院医生还合作会诊疑难疾病,这对双方都有益。

会议认为,上海第一医学院的经验值得重视,这是发展高等医学教育事业和提高地方医院医疗技术水平的可行措施。希望各地卫生部门同教育部门协商,也作出这样的安排。

6月29日

安徽省凤阳县实行"大包干"责任制在大旱之年夺得夏粮丰收

《人民日报》消息,实行"大包干"生产责任制的安徽省凤阳县,全县今年夏粮总产量达到2亿斤,比实行"大包干"第一年的去年总产增产一成,比没有实行"大包干"的正常年景1977年总产增加一倍。

农业部成立中国种畜进出口公司

《人民日报》报道,经中华人民共和国进出口管理委员会批准,农业部最近成立了中国种畜进出口公司,统一经营种畜、种禽和牧草种子的进出口业务,实行企业管理,独立核算,自负盈亏。公司的日常工作由农业部畜牧总局领导。

中国种畜进出口公司的成立,是我国畜牧业经济管理体制上的一项改革,是用经济办法管理经济、加快畜牧业现代化的重要措施之一,它对于改良和提高我国畜禽品种,提高草原载畜能力,以及促进国际贸易往来,都具有重要意义。

国际货币基金组织代表团访问中国

由亚洲部主任助理奈斯率领的国际货币基金组织代表团6月29日至7月12日访问了我国。这是我国恢复在该组织代表权后,国际货币基金组织派出的第一个访华代表团。

《人民日报》发表社论《祝贺我国同基里巴斯建交》

我国政府和基里巴斯共和国政府经过友好协商,决定建立两国大使级外交关系。这一决定符合两国人民的利益,反映了两国人民的愿望,我们表示热烈的祝贺。

基里巴斯位于南太平洋地区,是世界上唯一地跨赤道、横越国际日期变更线的国家。全国由300多个小岛组成,分散在500万平方公里的辽阔海面上,地理位置十分重要。基里巴斯历史上曾是英国殖民地,1979年7月12日获得独立。基里巴斯共和国致力于发展本国经济和加强同南太平洋地区的经济合作。在国际事务中,基里巴斯主张通过国际合作,发展第三世界的经济力量,认为第三世界只有经济自立才能集体地在世界上发出强大的声音。基里巴斯同英国、澳大利亚、新西兰保持密切关系,重视同南太平洋各国的团结和合作。我们祝愿摆脱了殖民枷锁的基里巴斯人民在自己独立的土地上,为维护国家主权、保护本国资源、发展民族经济取得新的成就。

我国政府一贯主张国家不分大小,应该一律平等。各国不论社会制度如何,都应根据相互尊重主权和领土完整、互不侵犯、互不干涉内政、平等互利、和平共处的原则来处理国与国之间的关系。近年来,南太平洋地区人民争取民族独立的斗争不断取得进展。中国愿意同南太平洋各国一道,为反对霸权主义的侵略和扩张,保持亚太地区和全世界的和平、安全与稳定而共同努力。

中国和基里巴斯虽然地理上相隔遥远,但两国人民之间存在着友好的情谊。1979年7月基里巴斯独立时,我国华国锋总理曾致电祝贺,我国政府代表应邀出席了隆重的独立庆典。我们相信,中基两国建交以后,两国的友好合作关系和两国人民的友谊,随着岁月的增进,必将获得新的发展。

国务院副总理康世恩在北京会见由议会财政委员会主席贡纳尔·贝尔格率领的挪威议会财政委员会代表团

会见时,康世恩同挪威朋友就扩大中挪两国经济领域的合作事宜交换了意见。双方认为,在平等互利的基础上,扩大两国在石油开发、造船和利用水力资源方面的合作,有着广阔的前景。

中国云南边境边民多人被越南武装人员打死打伤

越南武装人员频繁向我云南边境地区进行武装挑衅,打死打伤我边境居民多人。据统计,从今年4月份以来,越南武装人员向我云南金平、河口、绿春等边境地区开枪开炮30次,造成我边民多起伤亡。

4月8日傍晚,金平县勐拉公社白石岩生产队社员邓永光正在田埂劳动,潜伏在我境内300多米处的3名越军突然从草丛中窜出来,用冲锋枪向他扫射,邓永光当场被打死。

4月20日,金平县十里村公社太阳寨二队杨正祥等社员在藤条河边刚撒网捕鱼,越入我境潜伏在河岸草丛中的3名越军猛扑过来,抓住杨正祥,杨正祥与敌搏斗,挣脱回跑,越军连开3枪,当场把他打死。

5月21日,绿春县坪河公社大头小寨瑶族社员邓老幺和邓大外出,经过距离中越边界2米处我侧时,越南武装人员向他们开枪射击,把邓大打死。邓老幺至今下落不明。

5月30日上午,河口农场四分场女职工陶贵玉在红河我侧岸边劳动,越南武装人员在河对岸用机枪连续向她射击,使陶贵玉右腿中弹负伤。

6月11日12时30分,越南武装人员30多人用机枪、冲锋枪向金平县马鞍底公社扎门生产队正在田里劳动的社员扫射,我边境民兵当还击,保护社员撤离劳动地点。

中美海洋科学家初步完成东海联合调查

《人民日报》报道,中美海洋科学工作者在长江口外及其附近陆架海区进行的有关海洋沉积作用过程的联合调查现已经结束,最后一批人员已于今日返回上海。这次调查历时半个多月。

80位中国海洋科学研究人员和23位美国海洋科学研究人员参加了这次海上联合作业。

通过联合作业,他们获得了关于长江口6月份淡水舌的时间和空间的变化、长江入海泥沙扩散的范围、长江口及其附近陆架的沉积结构和沉积速率等方面的第一手资料。

中美科学家初步商定,他们将在年内在各自的实验室分析这些海上取得的资料,并写出调查研究报告。明年年初,双方总结这次调查的结果,并于明年内再进行两个航次的海上联合作业,计划在1982年年底召开科学报告会。

华北等地降中到大雨

6月28日8时到29日14时,晋、冀、鲁、豫、陕和京津地区下了中到大雨。在这次降雨过程中,山西中部,河北南部,山东西部、北部,河南西北部,陕西中部和北京部分地区出现了大雨。山西的榆社,河北的南宫,山东的德州、济南、淄博,河南的安阳和陇西的西峰镇出现了暴雨,雨量均超过了50毫米,其中济南降雨98毫米。根据中央气象台的分析,近一两天,上述地区将仍是阴雨天气。

6月30日

中共中央主席 中央军委主席华国锋视察旅大市

华国锋同志由沈阳部队司令员李德生、第一政委廖汉生、中共辽宁省委第一书记任仲夷和辽宁省省长陈璞如陪同,于6月30日至7月4日,视察了辽宁省旅大市。

7月1日,他们乘坐中型客车,来到我国目前最大的现代化油港——大连新港。当时,我国自己建造的“大庆61”号油轮正在这里装油,华国锋走上甲板,同值班船员一一握手。他向这艘船的政委谢森香详细询问了“大庆61”号轮的生产情况。

7月2日,华国锋等一行在旅顺海岸炮兵阵地观看了海防战士的操炮表演。华国锋对指战员们说:“见到你们很高兴。你们守卫海防,辛苦了!”中午休息时,他挥笔写了“同心同德,努力工作,建设一支强大的人民海军”的题词。下午,华国锋等一行登上我国自己设计制造的519号护卫舰,参加了当天的航行。

7月4日上午,华国锋冒着细雨,先后视察了大连玻璃制品厂,旅大市人防工程和大连无线电十三厂。在这期间,辽宁省和旅大市主要领导干部先后向他汇报了三中全会以来辽宁省和旅大市的形势,以及发展经济建设的初步设想。华国锋表示,希望辽宁在国家的四化建设中发挥更大的作用。他还说,旅大的现有企业要搞好挖潜、革新、改造,提高产品质量,增加花色品种,轻纺、电子工业还要发展。旅大有山有水,要利用这一特点,大力发展渔业生产、经济作物和旅游事业。旅大是好地方,大有可为。

中共中央书记处总书记胡耀邦在北京拜会委内瑞拉争取社会主义运动总书记庞佩约·马盖斯和夫人

在拜会中,胡耀邦同志介绍了我国的国内形势。他告诉委内瑞拉同志说,中国共产党总结了历史经验教训,现在正在国内解决两个主要问题:第一,采取有效措施,比较快地消除贫困,实现我国的社会主义现代化;第二,健全党和国家的民主生活,健全社会主义民主和法制。

胡耀邦同志同庞佩约同志还对当前的国际形势交换了看法。

《人民日报》发表社论《发挥优势》

如何从我国的实际出发,扬长避短,趋利避害,发挥自己的优势,是搞中国式现代化首先应该考虑的大问题,也是中国现代化能否成功的关键。

什么是我国经济发展的优势,一般来说,主要是资源丰富,劳动力多。劣势是资金少,技术水平低。根据我国人多,资金缺乏这个特点,今后相当长的时期内,为了少投资,多就业,同经济发达的国家比较,应该更多地发展一些劳动密集型的工业,少发展一些资金(技术)密集型的工业。轻、纺、手工业等行业,包括工艺美术品,应该有一个很大的发展。我国城市、乡村的商业、服务业都很不发达。随着国民经济的发展和人民生活日益增长的需要,商业、服务业要大大增加网点,更加方便群众。为了发挥优势,把我们的经济搞得更活一点,就业的门路更广一点,要特别注意多发展一些集体所有制的工业、商业和副业。

扬长避短,就是哪种生产对我国有利就搞,哪种生产对我国不利就少搞或不搞。就是按照自然条件发展那些适宜发展的东西,不要勉强发展那些不适宜发展的东西。发挥优势,就是什么地方有什么优势,就要充分发挥。发挥优势要在国家计划指导下,注意综合平衡,防止盲目性。我国幅员辽阔,资源丰富,各地自然资源和自然经济条件千差万别,因此,各个地方都有自己最适宜发展的部门和产品。各个地区是一律建立一个自给自足的工业体系和经济体系,搞“小而全”、“大而全”呢?还是根据各自的特点和条件,发挥自己的优势,避开自己的短处,建立各具特色的经济结构和经济部门呢？30年的建设经验证明，一律搞成一种经济模式，往往阻碍优势的发挥，甚至把优势变成了劣势。

冀鲁豫地区是我国传统的重点产棉区。这3个省的特点是，日照时间长，比湖北、江西、江苏都长得多；每人平均占有耕地面积比南方一些省份多；广大农民有长期植棉的习惯，有比较丰富的栽培技术和棉田管理经验。据初步匡算，冀鲁豫棉花单位面积产量高，而粮食单位面积产量低，在冀鲁豫重点产棉区，每生产1斤棉花，只需要七八斤粮食作代价，而在有些地区，每生产1斤棉花，则需要13斤粮食作代价。另外，这三省现有的纺织工业能力较大，就近供应原棉比较经济合理。为什么不扬三省之长，发挥棉花的优势呢？黑龙江省耕地面积、粮食商品率居全国首位，粮食、大豆、木材、原油、鲜奶、皮革、羊毛、甜菜、亚麻、向日葵、芦苇等资源名列前茅。应该充分利用这些资源条件，把黑龙江省建成以商品粮为重点的、农林牧副渔全面发展的、现代化的农业基地，同时，应该加快轻纺工业、石油化工、木材加工工业的发展。

辽宁省是我国少有的重工业基地，应该充分发挥重工业的优势。这里重工业基础雄厚，科学技术力量较强，机械加工能力大，自然资源丰富，这些都是重要的优势。应该善于利用这些优势，积极支援全国的四化建设，同时武装本省的轻纺工业、电子工业，大力发展高中档的耐用消费品，改变"傻大黑粗"的状况。山西煤炭蕴藏量占全国1/3，煤的品种齐全，埋藏较浅，开采方便，投资节省，理应发挥山西煤炭的优势，把山西建成全国强大的煤炭供应基地。但是，这些年来，对山西煤炭的投资和所增生产能力比重不断下降。与此同时，却集中全国煤田地质勘探力量40%和几十亿元的投资，用于开发江南贫煤地区，硬要扭转北煤南运的局面，结果与主观愿望相反，浪费很大，收效甚微。浙江适合发展经济作物，就不要费劲发展钢铁、煤炭。最近浙江、山西用经济作物交换煤炭，扬长避短，互利互惠，发挥了各自的优势。

西北、西南广大宜牧地区，包括内蒙古、新疆、青海、西藏等省、区，应该充分发挥草原的优势，大力发展畜牧业和畜牧加工业，贯彻"以牧为主"的方针。我们有些同志，在长期以粮为纲的思想影响下，一提到种粮食，就认为是正确的，一想到种牧草，就认为是错误的。其实，这是一种形而上学。我们知道，英国在资本主义工业化初期，为了给毛纺工业提供原料，急于发展畜牧业，曾经把大批粮田改种牧草。内蒙古自治区草场面积达13亿多亩，这样一个大面积的天然草场，是我们发展畜牧业的极其丰富的资源，本来是个很大的优势。但是，由于林彪、"四人帮"极左路线的破坏，提出了"牧区口粮自给"、"牧民不吃亏心粮"等错误口号，畜牧业遭到破坏。这种做法实际上是扬短避长，把优势变成了劣势。桂林、杭州等风景名胜之地，应该利用大自然和历史赋予的好条件，大力发展旅游事业。"尺有所短，寸有所长"，就是条件差的地区，只要思想解放一点，办法灵活一点，都能找到、都能发挥自己的优势。反之，如果不从实际出发、不发挥自己的优势、违反客观规律，最后只会自己吃亏。

每个地区、每个部门都存在着自己的优势。怎样才能认识和发挥优势？要解放思想，实事求是。各级领导干部要敢于解决自己的实际问题，不搞"一刀切"。发挥优势，还有很多政策、体制方面的问题，比如供应缺铁地区以钢铁，供应植棉地区、甘蔗地区以粮食，这些问题都应该解决，否则也不能扬长避短，发挥优势。

海南岛问题座谈会在北京召开

参加会议的有广东省、海南行署、海南自治州的负责同志和省农垦总局等有关部门的负责同志，国家农委、国家民委、农垦部、林业部、水利部、民政部、财政部、交通部、国家水产总局、国务院侨办和解放军总后勤部的有关负责同志。在这次座谈会上，中央决定对海南的经济建设给予大力支持，并对海南开发建设时一些重大问题提出了具体措施。会议于6月30日至7月11日召开。

国家商品检验总局正式成立并开始办公

根据国务院决定，国家商品检验总局正式成立，并于今日开始办公。

为了加强对全国进出口商品检验管理工作的领导，改革现行的进出口商品检验管理体制，以适应对外贸易发展的需要，国务院决定成立中华人民共和国进出口商品检验总局(简称国家商检总局)，为国务院直属局。它的任务是：负责贯彻执行国家的有关方针、政策和法令；组织管理全国进出口商品(包括进口成套设备)的检验工作和国内外委托检验业务；制定和管理全国进出口商品检验工作规划、计划、规章制度、科研、检验标准、检验技术情报和检验技术引进工作；协调和处理进出口商品检验事宜。

全国农业税工作会议要求各地要把国家核减的农业税额保证用于减免贫困地区社队的负担

财政部6月下旬在河南开封召开全国农业税工作会议。会议要求各地要严格按照国务院的有关规定，把国家核减的农业税额，保证用于减免贫困地区社队的负担。

对那些确属自然条件差，长期低产缺粮，收入水平低,维持简单再生产和维持最低生活有困难,而且改善这种状况需要较长时间的生产队,会议认为,经民主评议,公社审核报县批准,从今年开始,可以按照实行起征点的办法,给予免税一定三年不变的照顾;由于其他原因,生产生活暂时下降,当年缴税有困难的,则仍可按当年实际情况酌情减免。

为了帮助经济条件较差的贫困地区和社队尽快改变面貌,加快农业生产的发展,国家去年对农业税实行起征点办法,减免农业税即公粮(包括地方附加)达473500万斤,折合人民币74600万元,约占去年全国农业税征收任务的18%。这对于减轻上述地区的负担,支持他们发展农业生产,起到了很好的作用。例如,山东省枣庄市得到减免税照顾的3300多个生产队,用减免的191万元税款,发展多种经营和工副业,一年可以增加收入600万元。

会议总结和交流了农业税实行起征点的经验,就如何进一步搞好这项工作,进行了专门研究。会议指出,各地生产队内部不论实行哪种生产责任制,农业税都应坚持以生产队为统一的纳税单位。凡是粮食分配和收益分配以生产队为单位统一核算,社员口粮和收入水平在起征点以下的,同样给予免征农业税的照顾;有些生产队,由于各种原因,对社员分配口粮和收入水平暂时无法算清,而缴税又确有困难的,各省、市、自治区可采取其他办法给予适当减免税照顾。

全国油田原油产量保持稳产高产

《人民日报》报道,全国各油田千方百计挖潜增产,使原油产量继续保持稳产高产。今年以来,全国各油田在加强地质勘探的同时,集中力量,搞好现有油田地下调查,弄清油、气、水的分布和运动情况,采取有力措施,使老油区保持稳产。到6月30日止,全国油田已超额4.68%完成了今年上半年国家计划,大庆、吉林、华北、胜利、玉门、青海、四川、延长等12个油田都完成全年计划50%以上,胜利实现时间过半,完成任务过半。

全国人大常委会副委员长谭震林在北京会见由众议员阿德马尔·帕拉迪尼·吉济率领的巴西众议院议员团

国务院副总理姬鹏飞在北京会见并宴请由罗共巴克乌县委书记拉杜·马诺柳率领的罗马尼亚共产党党的工作者友好访问团

国务院副总理陈慕华在北京分别会见两个欧洲代表团

陈慕华会见的代表团是:由罗马尼亚财政部副部长格奥尔基·布雷胡埃斯库率领的罗马尼亚财政部代表团、由突尼斯社会主义宪政青年组织代理总书记艾哈迈德·马拉维率领的突尼斯青年代表团。

政协全国委员会副主席王首道在北京会见以山地一寿为团长的日本计划生育考察友好访华团

越南武装人员连续向广西边民开枪开炮

越南武装人员不断在我广西边境挑衅,向我从事正常生产的边民开枪开炮,制造流血事件。据有关方面统计,一个多月来,此类事件多达59起。

5月5日下午,4名越南武装人员,越界潜入我西路96—97号界碑间共槽山150米处,向我手无寸铁的放牧边民开枪射击。5月13日上午,一批越南特工队员,潜入我谭里地区境内5公里处,袭击我正在从事生产劳动的13名社员,打死社员张秀南后逃遁。5月19日11点30分,越军在鬼墩向我防城县垌中公社垌尾生产队正在田间劳动的社员开枪射击,把我社员王仁凤打伤,左小腿骨折。5月24日12点,越军又开枪打伤我防城县东兴公社楠木山大队正在捕鱼的社员张宽录。5月27日上午,4名越方武装人员窜入我境,武装绑架我靖西县新兴大队正在放牛的女社员黄美莲,把她打得遍体鳞伤,幸我方民兵及时赶到救下。6月27日凌晨2点15分,越军9人竟潜入我上扬哨所40米处,甩手雷,埋地雷,散发了350多张传单,对我进行恶毒攻击和挑衅。

越南武装人员的连续挑衅活动,严重威胁我边境各族群众生命财产的安全,激起了我边境军民的无比愤慨。

首届全国世界民族研究学术讨论会在北京举行

这次学术讨论会是由中国世界民族研究会举办的。中国世界民族研究会是去年5月在昆明召开的全国民族研究工作规划会议上成立的。在这次讨论会上,共宣读了50多篇论文,其中大部分论文具有一定的学术水平和应用价值,受到与会者的好评。与会者就我国世界民族研究工作的对象和任务问题交换了意见。会议还就编写《中国大百科全书·民族卷》世界民族条目问题确定了分工。

卫生部颁发《关于评定卫生技术管理干部技术职称的规定(试行)》

现代科学技术的管理是一门科学。从事卫生技术管理工作的干部,是卫生技术队伍的一部分。为了提高卫生技术管理水平,适应医药卫生现代化建设的需要，充分发挥卫生技术干部在管理部门的作用，调动他们工作的积极性，促进卫生事业的发展，现对评定卫生技术管理干部技术职称的问题，特作如下规定。

第一条 评定技术职称的范围

在卫生行政部门、卫生企事业单位和学术团体，从事医疗、卫生、科研、教学、防治、保健、计划生育、药械等技术管理工作的干部，高、中等医药院校毕业，或具有同等学力的，可以确定或晋升卫生技术职称。

第二条 技术职称

卫生技术管理干部的技术职称，根据其所掌握的专业知识和管理水平，分别确定或晋升各类卫生技术职称：医(药、护、技)士、医(药、护、技)师、主管医(药、技)师、副主任医(药、护、技)师和主任医(药、护、技)师。

从事科研、教学管理工作的卫生技术管理干部，一般采用卫生技术职称，也可根据需要，按中国科学院、教育部的有关规定评定相应的技术管理职称。

第三条 政治条件

确定或晋升技术职称的技术管理干部，必须拥护共产党的领导，热爱社会主义祖国，执行党的路线、方针和政策；认真学习马列主义、毛泽东思想；积极钻研管理业务及专业技术，努力为实现四个现代化贡献力量。

第四条 业务技术条件

评定技术管理干部的技术职称，以技术管理水平、专业知识、组织能力、工作表现与工作成绩为主要依据，适当考虑学历和从事技术管理工作的资历。

第五条 各级技术管理干部的业务标准

一、中等技术学校毕业、见习一年期满，或具有同等学力，具备下列条件者可定为医(药、护、技)士。

1. 具有从事或所学专业的基础知识；

2. 对分管的技术管理工作内容、要求、方法和有关方针、政策，及其有关制度有基本的了解；

3. 在有关人员指导下能完成某一方面的技术管理工作。

二、高等医药院校毕业、见习一年期满，或具有同等学力，考核合格；或医(药、护、技)士具备下列条件者，可确定或晋升医(药、护、技)师。

1. 具有一般的基础理论知识和专门知识，对技术管理的基本理论和方法有一定了解，对分管的管理工作内容、要求、方法及有关制度规定，能基本掌握；

2. 具有一定的组织工作能力，能独立处理和完成分管范围内的一般工作任务；

3. 能贯彻执行党和政府的有关方针政策；

4. 借助工具书，能阅读一门外文专业书刊。

三、具有医师及相当职称的技术管理干部，具备下列条件者，可晋升为主管医(药、技)师。

1. 对管理范围内卫生技术的国内外现状和发展趋势有一定的了解，能参与制定、审议分管范围内的技术发展规划和有关工作计划，并能提出有一定水平的工作报告；

2. 具有一定的独立工作能力，了解管理范围内有关专业工作进程，有较好的组织、总结工作能力和写作水平，能提出切实解决问题的建议并较好地完成任务；

3. 能帮助和指导下级管理干部的工作和学习；

4. 工作中能掌握党和政府的有关方针、政策，有一定的政策水平；

5. 能阅读一门外文书刊。

四、主管医师及相当职称的技术管理干部，具有下列条件者，可晋升副主任医(药、护、技)师、主任医(药、护、技)师。

1. 对管理范围内的卫生业务技术有较广泛的知识，熟悉国内外有关科学技术的现状及发展趋势，能根据国家需要和科学技术的发展，对本专业有关科学技术的长远规划提出有价值的见解，能负责制定、审查本系统的有关技术发展规划；

2. 熟悉和掌握管理范围内的卫生技术工作的进展和存在的问题，能分析和提出有效的建议；

3. 具有丰富的实际工作经验，有较强的组织管理能力和较高的政策水平，在组织管理或完成重要科技任务中发挥较大作用，有显著成绩；

4. 具有培养下级管理干部的能力；

5. 掌握一门外文。

第六条 对卫生技术管理干部确定或晋升技术职称，必须严肃认真，坚持标准，保证质量。对实际技术水平好、管理水平高，工作有显著成绩或特殊贡献者，可提前或越级晋升。

第七条 确定或晋升技术职称，必须经过考核。考核主要根据他们的工作鉴定和考核申请书进行评议。考核申请书的内容除包括业务简历外，主要是提出工作总结或学术报告。

晋升主管医(药、技)师以上技术职称时，考核申请书应反映出本人业务知识的广度和管理水平的高度。

第八条 卫生技术管理干部确定或晋升技术职称，按科技干部管理权限，经过相应的技术(或学术)组织评定，由主管部门批准。

第九条 为了提高管理水平，各地要创造条件，做好对技术管理干部的培训、提高工作，同时要加强平时经常性的考核工作，作为今后晋升考核的依据。

第十条 卫生技术管理干部确定或晋升技术职称后，应享受同级卫生技术干部的政治和生活待遇。

水利部在北京召开座谈会强调要搞好长江中下游

防汛工作

当前长江正处于大汛期间，支流汉江和澧水已出现较大洪水，沿江地区要加强堤防等工程的管理，切实搞好防汛工作。这是于6月30日结束的长江中下游防洪座谈会，分析了长江的水情汛情之后提出的要求。

为了搞好今后长江中下游的防洪工作，水利部最近在北京专门召开了这次座谈会。会议着重讨论研究了近期长江防洪的措施，提出了最近十年的防洪工程安排意见。

历史上长江中下游的洪水灾害比较频繁。这次座谈会提出了长江近期的防洪任务，如果遇到1954年那样的大洪水，应当确保主要堤防安全，尽量减少损失。过去实行的“蓄泄兼筹，以泄为主”的防洪治理方针今后仍然适用。为保持湖泊调蓄洪水的能力和有利于发展多种经营，会议建议停止围垦湖泊。

在研究近期的防洪措施时，大家指出当前首先要加强现有工程的管理，搞好防汛工作。而现在有些堤段隐患不少，管理不善，有的防浪林被砍、防汛物料被盗，有的河道行洪障碍很多。目前长江正处于大汛期，随着都有发生大洪水的可能性，沿江各地切不可麻痹大意。

7月1日

《人民日报》发表社论《奋发图强 搞好党风》

今天是中国共产党诞生59周年纪念日。59年来，在我们党前进的道路上，有过辉煌的胜利，也受到过严重的挫折；每次挫折都教训了我们，使我们总结经验，改正错误，从而变失败为新的胜利。现在，我们党结束了十年动乱之后，经过三年多的拨乱反正，正在率领全国人民为建设现代化的社会主义强国而奋斗。

为了搞好四化建设，为了担负起摆在我们面前的各项繁重任务，必须用改善党的领导来加强党的领导，提高党的战斗力，提高党在人民群众中的威信。这是不言而喻的。党的威信从哪里来？一靠党的路线、方针正确，反映了客观实际和人民的利益；二靠党的优良作风和党员的模范带头作用。过去，我们党主要靠这两条取得了胜利，赢得了崇高的威信。十年动乱中，这两条被丢掉了，党的威信也大为下降。经过十一届三中全会、四中全会、五中全会，我们党已经确立了正确的思想路线、政治路线和组织路线，受到了广大人民的衷心拥护。但是，正确的路线必须有各级党组织好的党风和广大共产党员的先锋模范作用来加以保证，才能付诸实施、贯彻到底。现在，我们党的优良传统和作风确实在逐步恢复。有些方面，如实事求是地对待同志，从实际出发制定政策，就恢复和发扬得比较好。但是，也要看到，林彪、“四人帮”的流毒还远远没有肃清，我们党在历史上曾经有过的好传统好作风整个说来还远远没有恢复。对这一点，我们一定要有足够的估计。五中全会通过的《关于党内政治生活的若干准则》(以下简称《准则》)，正是适应这样的需要而制定的。我们一定要用整风的精神来学习《准则》，对照检查，边学边改，用实际行动来提高党的威信，提高党的战斗力。

现在，大家都在谈论发挥优势。什么是我们国家的优势呢？我们国家在经济水平和科学技术水平方面是比不过人家的，但是我们在另外一些方面，尤其是在社会制度方面是占优势的。这种优势最主要之点是什么呢？就是我们有一个饱受风霜、久经考验的马克思主义的党。在这个伟大的党的领导下，我们整个社会的精神面貌和道德水平，人民的团结一致和奋发图强的意志，是特别宝贵的精神财富。凭着这个优势，我们党曾经领导中国人民克服了许多物质条件的困难，包括解放初期和60年代初期那样的困难，取得了巨大的成就。现在，经过十年动乱而丧失的这个优势又在逐步恢复。我们要克服经济建设中的重重困难，除了要有正确的路线方针以外，特别要靠恢复和发扬这个优势。好些同志，尤其是一些青年同志，看不到这点，他们只看到好些国家现代化水平远远高过我们，物质财富远远超过我们，只看到我们在这些方面还处于劣势而心有疑虑，甚至有点悲观失望；他们看不到我们党在极为艰难困苦的条件下培育起来的优良传统和作风，这才是我们最可贵的优势，是我们的无价之宝，而这个优势的发挥是不需要巨大的资金和漫长年月的。只要我们真正上下一心，奋发图强，恢复我们党的光荣传统和优良作风是会比较快的，我们应该充满信心。

有的同志把目前党内存在的一些不正之风，归咎于物质条件的困难，这是根本不对的。我们现在的物质条件，不但和当年红军爬雪山、过草地时有天壤之别，而且比解放初期也不知好多少倍，为什么现在的党风反而不如那时呢？根本原因还在于我们党从一个受压迫的党变成了一个执政的党，地位变了，就容易脱离人民，而各种非无产阶级思想就乘机来侵蚀我们党的机体。早在新中国成立前夕，毛泽东同志就告诫全党：“因为胜利，人民感谢我们，资产阶级也会出来捧场。敌人的武力是不能征服我们的，这点已经得到证明了。资产阶级的捧场则可能征服我们队伍中的意志薄弱者。可能有这样一些共产党人，他们是不曾被拿枪的敌人征服过的，他们在这些敌人面前不愧英雄的称号；但是经不起人们用糖衣裹着的炮弹的攻击，他们在糖弹面前要打败仗。我们必须预防这种情况。”这个语重心长的告诫，不幸而言中了。在三大改造胜利完成、第一个五年计划顺利实现的巨大成就面前，党内的骄傲情绪，喜欢颂扬而听不得批评的情绪滋长起来了，我们党开始脱离群众了。林彪、江青一伙反革命阴谋家又用糖衣炮弹打中了我们党的领导，资产阶级、小资产阶级思想同根深蒂固的封建思想结合在一起，在党内泛滥起来，严重地败坏了我们党的优良传统和优良作风，我们最宝贵的优势也遭到一场浩劫。这是我们十年不幸的根本原因。所以，我们整顿党的作风，不但要抵制资产阶级的唯利是图、损人利己等极端个人主义思想的影响，而且要抵制封建意识的影响。我们国家经历了几千年的封建社会，新中国是从半封建半殖民地脱胎而来的。封建思想对社会生活各个方面的影响既深又广，对我们党也不例外。诸如终身制、“一言堂”、家长作风、个人迷信、官僚主义、帮派活动、特权思想、裙带风等等，都是封建的东西。有些东西虽然资本主义也有，但表现在我们这里，往往更带封建色彩。我们要用《准则》和新党章草案为思想武器，继续肃清林彪、“四人帮”的流毒，抵制一切非无产阶级思想的影响。

现在，已经有不少党的领导机关和领导干部以身作则，在学习《准则》和新党章草案中联系实际，开展批评和自我批评，切切实实地解决本单位和自身存在的问题。这是一个很好的开端。有些群众对实现四化信心不足,实际上是对我们能不能搞好党风信心不足。解决这个问题,当然需要做思想政治工作,但是更重要的,是切切实实把党风整顿好。党风整顿好了,思想政治工作也容易做了,党的威信也自然而然提高了。这是提高党的威信的根本之计。人民群众看我们党,固然也要"听其言",但更主要的是"观其行"。对每个党员来说,应当以"从我做起"来要求自己,不应当消极地等待别人带头。但是,从全党范围来说,领导干部更应当"从我做起",起模范带头作用。

贯彻《准则》,整顿党风,还要依靠群众监督,包括党内外群众的监督。这就需要进一步发展党内民主和人民民主。我们说中国社会封建意识的影响还很严重,就包括缺乏民主精神这一条。我们不但需要现代化,而且需要民主化。我们必须实现资产阶级永远不可能做到的真正的、全面的民主,即社会主义民主。有了这样的民主,才能防止党变质、国变色,才能防止人民的公仆变为人民的老爷。我们已经在健全党内外民主,在民主制度化方面,迈出了很大的步伐,我们将坚定不移地沿着社会主义民主的道路走下去。

我们党对自己是一分为二的:有优点,也有缺点;有光明面,也有阴暗面。但是,光明面总是要战胜阴暗面的。从1976年到1980年的编年史,说明我们党每年都在发生变化,光明面在扩大,阴暗面在缩小,正气在上升,邪气在下降。我们坚信,党和国家的前途会更加光明,越来越光明。党内一切立志改革的同志,一切有抱负、有骨气的同志,要进一步振起革命精神,奋发图强,为搞好党风,提高党的威信,增强党的战斗力而奋斗!

《人民日报》发表宋任穷的文章《加强修养 做一个合格的共产党员——中央人民广播电台举办〈共产党员的修养广播讲座〉开篇的话》

今天,我想着重谈一谈加强修养,做一个合格的共产党员的问题。

(一)为什么当前要特别强调做一个合格的共产党员

我们党历来强调坚持党员条件,提高党员质量。执政以后,我们党的地位发生了变化,这就对党组织和党员提出了更高的要求,要求我们更加密切地联系群众,进一步提高党的战斗力。而由于党在全国处于执政地位,一些同志却很容易居功自傲,脱离群众,个别的甚至蜕化变质。一些没有经过严格考验的人可能涌进党内来,也会有极少数投机分子、坏分子想尽办法钻入党内。这就容易造成党在思想上、作风上、组织上的不纯。正是由于这样,我们党为保证党员质量,纯洁党的队伍,进行了坚持不懈的努力。新中国成立初期,曾经明确提出了党员标准的八项条件。党的八大,对党员又提出了新的更高更严的要求。经过多次整党整风,整顿了党的组织,提高了党的战斗力,保证了我们事业不断向前发展。

但是,我们党遭到林彪、"四人帮"的干扰破坏长达十年之久,使党的优良传统败坏了,党的威信降低了,党的战斗力削弱了。党内确实有一部分党员不合格或很不合格。粉碎"四人帮"以来,党中央大力抓了党的组织建设和思想建设,经过全党的共同努力,党的优良传统和作风已经有所恢复,党的战斗力正在不断提高。当然,在这方面还存在着不少问题。要治愈林彪、"四人帮"给党造成的创伤,还要经过艰苦的努力。

现在,全党工作着重点已经转移。党在现阶段的总任务是:团结全国各族人民,同心同德,有计划、按比例,多快好省地发展社会主义经济,建设现代化的、高度民主、高度文明的社会主义强国。这是一个极其伟大而艰巨的事业,必将在经济基础和上层建筑的各个领域发生深刻的变革。面对新的形势,共产党员必须坚定实现社会主义现代化的信念,端正思想作风,研究新问题,学习新本领,成为这场伟大变革的促进派。因此,今天提出做一个合格共产党员问题,不只是要求那些不合格或不大合格的党员,努力使自己成为一个合格的共产党员;即使是对于那些现在合格的党员来说,如果不努力适应新时期、新任务的需要,那也会发生一个不合格的问题。所以,做一个合格的共产党员,是摆在全党和每个党员面前的一个十分重要的问题。

(二)做合格的共产党员,当前应当着重强调注意什么问题

要做一个合格的共产党员,就要按照党章修改草案规定的党员条件以及《关于党内政治生活的若干准则》,严格要求自己。就是说,党员必须具有高度的革命觉悟,拥护党的纲领,接受党的章程,履行党员义务,为共产主义奋斗终生。这是共产党员应当具备的基本条件,每个党员都必须为坚持和达到这些条件而努力奋斗。根据党员的现实状况,在当前要特别强调这样几个方面。

第一,要为四化贡献自己的一切。实现共产主义,是我们的崇高理想,是我们党为之奋斗的最终目标。"千里之行,始于足下。"要为共产主义奋斗,就要立足当前。一个共产党员,有没有共产主义觉悟,当前主要看他对实现四化抱什么态度,看他能不能为四化贡献自己的一切。

要实现四化,首先要有正确的态度,坚定的信心。全党工作重点转移以后,我们许许多多同志精神振奋,信心百倍,奋发图强,为实现四化积极贡献自己的力

量。但是，也有些同志对实现四化的艰巨性认识不足，对林彪、“四人帮”的破坏所造成的困难估计不足，对我们前进中出现的问题缺乏正确的认识，因而在困难和问题面前动动摇摇，怨天尤人，满腹牢骚。这些都不是一个共产党员应有的态度。应当看到，我们是在经过林彪、“四人帮”十年浩劫之后开展现代化建设的，而现代化建设又是前所未有的极其艰巨复杂的事业，不可能一帆风顺，必然会遇到这样那样的困难和问题。但是，我们遇到的困难，是前进中的困难。我们有党中央的正确领导，有正确的路线、方针、政策，有正反两方面的经验和一定的物质基础，有亿万勤劳智慧的人民，任何困难都是可以克服的。粉碎“四人帮”三年多来，我们做了大量的工作，克服了许许多多的困难，解决了不少麻烦和问题，各条战线取得了显著的成绩，四化建设开始走上了健康发展的轨道。我们党的特色之一，就是她具有不怕困难，艰苦奋斗的作风。共产党员是改造世界的人，一定要有百折不挠的精神，不论遇到什么困难和挫折，都必须坚定我们的信念，对我们的事业充满必胜的信心。

共产党员不只是拥护四化、关心四化，而且更重要的是要用实际行动扎扎实实干四化。这就要勤奋学习，钻研业务，提高本领，努力使自己成为本职工作的专家和内行；在生产、工作和一切社会活动中忘我劳动，勇于革新，充分发挥先锋模范作用。那种因循守旧、敷衍塞责、只好空谈、不干实事、把自己当作局外人的态度，都是与共产党员的高尚品质不相容的。

第二，要在政治上与党中央保持一致。党中央制定的同心同德搞四化的路线，代表着全国各族人民的根本利益，是完全正确的，受到了全党、全国人民的一致拥护。我们所说的在政治上与党中央保持一致，在当前，就是要坚定不移地贯彻执行党的政治路线、思想路线、组织路线以及一系列方针、政策，维护党中央的集中统一领导。这是共产党员党性的首要表现，也是党员应尽的义务。一个共产党员，如果对党的路线、方针、政策不信任，怀疑动摇，散布不满或反对情绪，那就是在政治上同党离心离德；如果在行动上拒绝执行党的路线、方针、政策，那就是违反党的纪律。共产党员都要维护党的路线、方针、政策的严肃性，都必须坚定不移、百折不挠地按照党的路线、方针、政策办事，并同一切背离党的路线、方针、政策的言行作斗争。

在政治上与党中央保持一致，还必须遵守全党服从中央的原则。全党服从中央，是维护党的集中统一的首要条件，是贯彻执行党的路线、方针、政策的根本保证。任何党组织、任何党员，都要维护中央的威信，服从中央的集中统一领导。决不允许离开党的领导，各行其是，各自为政。当然，我们强调集中统一领导，并不是说就可以不重视党员的积极性、主动性、创造性，并不是不允许党员有自己的见解和意见。恰恰相反，我们一贯主张调查研究，实事求是，一切从实际出发。各地区、各部门在贯彻党的路线、方针、政策的时候，要充分考虑各自的特点，切合各自的不同情况，创造性地进行工作，反对“一刀切”。只有把党组织和党员的积极性、主动性、创造性充分调动起来了，才能真正实现正确的集中统一领导；而只有坚持集中统一领导，才能更好地发挥和保护党员的积极性、主动性和创造性。

第三，个人利益必须服从党和人民的利益。全心全意为人民服务，是我们党的宗旨。个人利益服从党的利益，是我们党的好传统。但是，多年来，由于林彪、“四人帮”的干扰破坏，我们有些同志颠倒了个人利益与党的利益的关系。有的一事当前，先替个人打算，把党的利益抛在脑后；有的争名争利，争级别，闹待遇，甚至公开向党伸手；有的不服从组织分配和调动，只要组织照顾，不要组织纪律；还有的利用职权，搞特殊，“走后门”，假公济私，损公肥私，谋取私利；等等。这些个人主义的东西，严重地腐蚀党的肌体，破坏党在群众中的威信，挫伤广大群众的积极性。

我们共产党人是有革命觉悟的先锋战士，应该自觉地成为党和人民利益的代表者，吃苦在前，享受在后，公私分明，克己奉公。党的干部，特别是担负领导职务的干部，更应该在这方面起表率作用，决不允许利用职权搞不正之风，为个人捞取不正当的利益。党组织应当关心和照顾党员正当的个人利益。但是，共产党员必须把党和人民的利益放在第一位，个人利益服从党的利益，为了党的利益不惜牺牲个人利益；决不能在任何形式的掩护和借口之下，牺牲党的利益，坚持个人利益。否则，就不能成为一个合格的共产党员。

（三）怎样做一个合格的共产党员

实际生活常常有这样的情况，在大体一样的环境和条件下，有的党员进步快些，能够发挥先锋模范作用。有的党员进步慢些，先锋模范作用比较差，有的甚至落后倒退，根本起不到党员应有的作用。这是什么原因呢？重要的原因之一，就在于有的注意加强修养，自觉按照党员条件严格要求自己，而有的则忽视自我修养，放松思想改造。由此可见，共产党员的自我修养和思想改造，对于做一个合格的共产党员，是完全必要的，决不可少的。

要加强修养，就应当从我做起，从现在做起，从一点一滴做起，而且要修养一辈子，“活到老，学到老，改造到老”。要彻底肃清林彪、“四人帮”的流毒，不断抵制封建阶级、资产阶级思想的侵蚀，让克服小资产阶级思想的影响，努力改造世界观。要积极参加组织生活，认真开展自我批评，自觉接受党和同志们的监督。要按照党章修改草案规定的党员条件和《关于党内政治生活的若干准则》，经常检查、对照自己的工作、思想和作风，发扬优点，克服缺点，增强党性。要在实践中锻炼自己，提高思想水平和工作能力。

我们也希望各级党组织以党章修改草案和《关于党内政治生活的若干准则》为主要内容，采取各种办法，对全体党员进行一次思想政治教育。这是全党性的一件大事，必须抓紧抓好。

做一个合格的共产党员的问题，是一个至关紧要的问题，它直接关系到恢复和发扬党的优良传统，加强和改善党的领导，提高党的战斗力，加快四化建设，应当引起各级各部门党组织和每个党员的高度重视。

红旗杂志社在人民大会堂举行座谈会听取首都理论工作者的意见

红旗杂志社今天上午在人民大会堂新疆厅举行座谈会，就如何进一步提高这个刊物的质量，听取首都思想理论界同志们的意见。中宣部部长王任重、副部长周扬，以及吴黎平、冯定、刘宗卓、温济泽、张健、薛暮桥、钱俊瑞、马沛文、王若水、德林、张腾霄、刘克明等同志先后在会上发言。大家认为，《红旗》杂志是党的理论刊物，不仅要靠编辑部的努力，也要靠全党的关心、支持，才能办得更好。许多同志建议：在《红旗》上更多地就一些理论和学术问题展开讨论，要面对四化建设中和群众思想中的实际问题，有针对性地进行理论上的探讨和宣传；一些重大的理论、实际问题，应有计划地组织理论工作者深入研究，撰写文章；版面要更加活泼些，多登些短文章。

《红旗》杂志总编辑熊复主持座谈会。

中国纺织机械工业总公司在北京成立

这是经国家批准在纺织行业成立的第一个全国性专业公司。中国纺织机械工业总公司在国家计划统一指导下实行独立核算，自负盈亏。它对所属企业的产、供、销、人、财、物、技术、基建、进出口等，实行统一管理，对国家计划内安排的纺织机械和化纤机械产品实行统一经营。

陇海路商丘至徐州段复线开始铺轨

陇海铁路是横贯我国东西的一条交通大动脉，这条铁路的郑州至徐州区段，是沟通沿海和内地的重要通路，也是山西、河南、陕西等地煤炭东运的必经路线之一。长期以来，这段铁路是单行线，通过能力同经济发展的要求越来越不适应，成为全国铁路的一个“卡脖子”区段。为了改变这种状况，铁道部把建设这一区段的复线工程列为重点建设项目，从投资、材料、施工力量等方面予以保证。去年年底，郑州至商丘段197公里复线已正式交付使用。今天开始铺轨的商丘至徐州段复线工程，全长146公里。

全国猪皮制革新产品展销会在北京开幕

新中国成立以来第一次举办的全国猪皮制革新产品展销会今天在北京展览馆开幕。展销会共分序幕馆、展出馆、销售馆三个部分。在展出馆中陈列着除西藏、青海、新疆、台湾外的26个省、市、自治区的1000多种近万件猪皮革及猪皮革制品，包括鞋类、服装、箱包、球类、手套、工业配件、装饰品和各种小皮件等。

国务院副总理姬鹏飞在人民大会堂会见以青年和体育发展部副部长道罗休为团长的菲律宾体育技术代表团

国务院副总理万里在北京会见美国女作家於梨华和她的丈夫孙至锐

中国科学院吸收一批著名科学家入党

中国科学院在粉碎“四人帮”以来的几年中，吸收了一批为发展我国科学事业作出重要贡献的著名老科学家和在四化建设中刻苦钻研，努力攀登，科学上有造诣的青壮年科学家加入中国共产党。

这批新党员有严济慈、童第周(已故)、华罗庚、张文裕、贝时璋、尹赞勋、钱临照、张香桐、吴仲华、林兰英、曾呈奎、葛庭燧、郭可信、龚祖同、师昌绪、邹元(左火右西)、王大珩、唐九华、高由禧、吴文俊、林励吾、叶笃正、陶诗言、马大猷、陈世骧、张致一、郭慕逊、蔡邦华、林同骥、谷德振、王绶绾、张恩虬、王云章、阎逊初、徐仁、刘东生、杨乐、张广厚等。

中国古代农业科学技术成就展览在全国农业展览馆开幕

这次展览是全国农业展览馆和江西省科学技术协会、江西省历史博物馆联合主办的。展览根据历史文献资料，结合全国各地的考古发现，通过1000余件文物、照片、绘画、模型、雕塑等，形象而又系统地介绍了我国古代劳动人民在农业科学技术方面的贡献。

内蒙古边境地区10000多名中小学民办教师转为公办

《人民日报》报道，经国务院批准，内蒙古自治区18个边境旗(市)中的11000名中小学民办教师，经过考核，将分期分批全部转为公办教师。内蒙古自治区的这一措施，不但可以减轻边境地区农牧民负担，而且对稳定教师队伍，加速教育普及和提高都将发挥积极作用。到目前为止，第一批3600多名边境地区中小学民办教师已正式转为公办教师，其中蒙古族和其他少数民族教师1800多名，占这批转正教师的50%；用蒙古语授课的教师950名。

邮电部决定今日起在全国推广“邮政编码”制度

《集邮》杂志编辑部举办的30年最佳邮票评选揭晓并在全国政协礼堂举行颁奖大会

这次评选共有14套纪念邮票，14套特种邮票，2套普通邮票，被评为最佳邮票。另外3套邮票获“特授最佳邮票”称号。这些邮票，是从30年来我国发行的370套邮票和21枚小型张中选出来的。

7月1日下午，评选委员会在政协礼堂举行评选发奖大会，向最佳邮票的设计者、雕刻者和印刷单位颁发了证书。会上宣读了人大常委会副委员长宋庆龄为这次评选活动的题词：发展集邮，丰富文化生活，传播友谊。

这次30年邮票评选活动得到国内外广大集邮爱好者的热情支持。从3月下旬到4月底，评选委员会共收到选票5.7万多张，其中有从日本、美国、联邦德国、荷兰、英国、马来西亚、印度尼西亚、坦桑尼亚等国和中国港澳地区寄来的选票。

当选的14套最佳纪念邮票中，有《中华人民共和国成立十周年》(第五组)、《梅兰芳舞台艺术》《国际儿童年》等；当选的14套特种邮票中，有《奔马》《黄山风景》《牡丹》《西游记》等。

上海—宁波间新增加一对直达旅客快车

这趟旅客快车有11节硬座车厢和1节软座车厢，共有1300多个座位。上海到宁波的铁路全程354公里，快车单程运行7个多小时，比原来的旅客慢车缩短4个小时。

7月2日

民政部为建军53周年发出拥军优属进一步密切军政军民关系的通知

通知要求各省、市、自治区民政部门，在庆祝中国人民解放军建军53周年节日期间，各地在党和政府的统一领导下，要广泛、深入、扎实地开展拥军优属活动。进一步在人民群众中树立关心解放军、热爱解放军、支持解放军的社会风尚；进一步鼓舞部队士气，密切军政、军民关系，发扬拥军优属的光荣传统，调动广大优抚对象的积极性，团结一致为实现社会主义四个现代化服务。

通知要求各地结合当地情况，安排开展下列活动：

一、广泛深入地开展宣传、学习人民解放军的活动；二、积极做好走访、座谈、慰问活动；三、检查拥军优属公约；四、认真检查落实优待补助工作，切实保障优抚对象的生活。

通知要求各级民政部门特别是县和公社两级，应当抓紧在节日以前组织力量，对今年优待工分的情况，进行一次认真地检查。凡应当享受优待工分的优抚对象，一定要给以优待，并保证优待工分和自做工分一样，分到应得的夏粮和现金。对军属的优待工分，要通知军人所在的部队。对一部分社队实行包工到组、生产责任制以后，部分优抚对象在生产和生活上出现的问题，各地要根据具体情况，予以妥善解决。要及时组织力量，加强领导，尽快地把优抚对象的定期定量补助落实下来，切实保障他们的生活。对复员退伍安置工作也要进行一次检查，妥善安置好去冬今春回乡的退伍军人。他们当中存在困难的，要予以帮助解决。

国务院批转财政部《关于财政监察工作的几项规定》

国务院同意财政部《关于财政监察工作的几项规定》，现转发给你们，请依照执行。

做好财政监察工作，对于加强社会主义法制，维护财政纪律，正确贯彻国家财政政策，促进社会主义四个现代化建设，有着重要的意义。随着财政体制的改革，财政监察工作不仅不能削弱，而且还要加强。望各地区、各部门继续抓紧建立和健全财政监察机构，充分发挥这些机构的职能作用，同一切违反国家财政政策、法令、制度的行为作斗争。

财政部关于财政监察工作的几项规定

加强财政监察工作，是维护财政纪律，推动增收节支，促进社会主义四个现代化建设的重要保证。为了同贪污盗窃、铺张浪费和一切违反财政纪律的行为作斗争，正确执行国家的财政政策、法令、制度，顺利实现国家预算，特作如下规定：

一、财政监察机构的设置

财政部设财政监察司，省、自治区、直辖市财政厅(局)设财政监察处，行政公署、省辖市、自治州财政局设财政监察科，县(市)、自治县财政科设财政监察股或财政监察员。

国务院各部、各委员会、各直属机构和省、自治区、直辖市各厅、局的财务部门，可视工作需要，设财政监察处、科或财政监察员。

有条件的地方，财政部门可以在企业、事业单位和机关财务会计人员中,聘请财政监察通讯员。

二、财政监察机构的任务

(一)监督检查国家机关、团体、企业、事业单位贯彻执行财政政策、法令、制度的情况和存在的问题。

(二)监督检查财政、财务部门和有关人员遵守财政政策、法令、制度的情况和存在的问题。

(三)受理和检查有关破坏财政制度、违反财政纪律的案件,以及因坚持财政制度而遭受打击报复的案件。

(四)根据监督检查发现的问题,提出改进财政、财务管理工作的建议。

(五)开展遵守社会主义法制、维护财政纪律的宣传教育工作。

三、财政监察机构的领导关系

各级财政监察机构受同级财政部门的领导,业务上受上级财政监察机构的指导。下级财政监察机构应当定期向上级财政监察机构报告工作;必要时,可以越级向上反映情况。上级财政监察机构有权检查下级财政监察机构的工作。

各级财政监察机构主要负责人的任免和调动,应报上一级财政部门备案。

四、财政监察人员的职权

(一)有权要求被检查单位负责人和有关人员介绍情况,并参加有关会议。

(二)有权调阅被检查单位的预算、决算、财务收支计划、报表、账册、原始凭证和其他有关文书案卷、资料;必要时,可以对某些重要资料进行影印、复制。

(三)有权检查被检查单位的库存现金、实物和银行存款,并可到有关的工地、车间、仓库等现场进行调查。

(四)有权向案件涉及的单位进行调查和收集材料。

(五)有权向案件涉及的人员提出询问,要求其当面作出答复或写出书面材料。

财政监察人员在行使上述职权时,被检查单位和有关人员,应当主动配合工作,如实反映情况,不得以任何形式进行阻拦。

五、财政监察案件的处理

财政监察机构对受理的案件,要认真查明情况,及时写出检查报告,并根据案件的不同性质和情节,实事求是地提出处理意见,送请被检查单位或其主管部门处理。需要对有关人员作出行政处分的案件,应当按干部管理权限,送有关单位负责处理。案情严重、应受法律制裁的,送司法机关依法惩处。对坚持财政制度、爱护国家资财、敢于向违反财政纪律行为作斗争的人员,应建议有关单位给予表扬或奖励。

检查报告必须同被检查单位和被检查人员见面,并征求其意见;如有不同意见,允许申诉理由,提出书面意见,附在检查报告之后。

被检查单位或主管部门,在案件处理以后,应将处理结果抄报财政监察机构;如果财政监察机构对处理有不同意见,可向处理部门提出意见,或向上级反映。

六、对财政监察人员的要求

(一)认真学习国家的财政经济政策、法令、制度,熟悉财政、会计业务,热爱本职工作。

(二)紧密依靠广大群众,加强与有关部门的协作配合,把专业监察和群众监督结合起来。

(三)要坚持原则,遵纪守法,不畏权势,不徇私情,敢于同违反财政纪律的行为作斗争。

(四)工作中要实事求是,重证据,重调查研究,认真细致,一丝不苟,注意充分听取各方面的意见,包括被检查单位和被检查人员的意见。

从事森林调查工作的33位同志联名发出我国森林面积仍在下降的呼吁书

呼吁书说,我们参加了两次全国森林清查工作,第一次是在“四五”计划时期进行的;第二次是从1977年开始,现在大部分省(区)已基本结束,调查资料正在汇总分析中。从目前已上报的湖南、浙江、福建、河北、青海、辽宁6个省的调查数据分析,发现自第一次清查到现在约5年间隔期内,尚未成林的新造林地面积和经济林面积虽有较大幅度的增加,但是增加的森林面积远小于损耗的森林面积,两者相抵后,六省森林总面积净减10.7%。另据第二次调查资料已基本整理完毕的广东、广西,江西、贵州、云南、四川、安徽、江苏、山东、山西、甘肃11个省(区)的材料,森林面积也同样都有不同程度的下降,没有一个省(区)例外。

现在全国森林面积确实在普遍下降,问题是严重的。呼吁书说,森林对提供多种工业原料、保障农业丰收、保持水土、调节气候、改善环境、保持生态平衡,有多方面的重要作用。我国是个少林国家,迅速提高森林覆盖率是建设社会主义的需要,也是我国人民多年来渴望以求的事。新中国成立以后,党中央和国务院曾多次号召“绿化祖国”、“实现大地园林化”,要求尽快地把我国森林覆盖率提高到30%左右。现在我们却痛心地看到了相反的情况:我国本来已经很少的森林面积却正在迅速下降之中。这是关系到我们国家、民族和子孙后代切身利益的大事,决不可掉以轻心。

当务之急是:落实有关林业政策,严格执行森林法,提高森林经营管理水平,实行以经济办法和科学办法管理林业,大幅度增加营林投资和育林基金,建立以林养林的制度，以保证现有森林资源不再受到破坏。

在呼吁书上签名的有北京林学院教授范济洲，中国林业科学院研究员黄中立，林业部调查规划院副总工程师杨润时、易淮清等。

国务院副总理方毅在北京会见美国乔治亚理工学院地球物理科学院副院长江家驷和夫人玛里琳

国务院副总理薄一波在北京会见法国宇航公司总经理罗歇·谢瓦利埃与透博梅卡发动机公司总经理热拉尔·佩尔蒂卡等一行

薄一波欢迎法国朋友这次前来北京同我国有关方面商谈直升机及其发动机的合作生产问题。他希望中法双方在平等互利的基础上不断扩大经济技术合作。

外交部部长黄华在北京会见葡萄牙商业旅游部部长巴西利奥·奥尔塔

会见时，两位部长就当前国际上的一些重大问题和发展双边关系交换了意见。奥尔塔部长递交了葡萄牙副总理兼外长迪奥戈·弗雷塔斯·多阿马拉尔给黄华外长的一封信。葡萄牙驻中国大使加西亚在座。

刘少奇同志《关于作家的修养等问题》在新出版的《文艺研究》第三期上正式发表

《人民日报》报道，刘少奇同志1956年3月5日在中国作家协会第二次理事会扩大会议期间同周扬、刘白羽同志的这次谈话，虽然不长，但是涉及面较广。他针对当时文艺界的实际，就八个方面的问题谈了意见。这八个问题是：关于业余作家；关于作家的修养；关于减轻作家的文学行政工作；关于文学编辑；关于作家体验生活；关于党、政府和负责同志对作品的批评以及作家怎样对待这些批评，关于稿酬；关于社会主义的积极性和热情。

全国少数民族文学创作会议在北京开幕

会议将着重讨论我国少数民族文学创作中如何进一步坚持为人民服务、为社会主义服务的方向和贯彻"百花齐放、百家争鸣"的方针，如何进一步落实党的民族政策，充分调动各民族作家的创作积极性，增强我国民族文学队伍的团结等问题。

中国作家协会副主席陈荒煤主持了开幕式。中宣部副部长贺敬之，国家民委副主任胡嘉宾等出席。

中国作家协会副主席、民族文学委员会主任铁依甫江在开幕词中指出，这次会议必将促进我国各少数民族文学创作的大发展、大繁荣、大提高，迎来我国多民族社会主义文学百花盛开的春天。中国作家协会副主席冯牧在开幕式上作了题为《大力发展和繁荣我国各少数民族的社会主义文学》的报告。

与会代表认真地总结30年来发展和繁荣我国少数民族文学的基本经验，展望未来，满怀信心地表示，要紧密地团结在党的旗帜下，坚持文艺为人民服务、为社会主义服务的方向，深入民族地区四化建设第一线，写出既有强烈的时代精神又有浓郁的民族特色的更多更好的作品来。

在10日的闭幕式上，国家民委副主任胡嘉宾致闭幕词，中国作协副主席陈荒煤作了长篇发言。在全国少数民族文学创作会议期间，中宣部副部长周扬、国家民委副主任江平到会作了报告。

这次会议是由中国作协、国家民委联合召开的。

中国作协副主席冯牧在全国少数民族文学创作会议上作《大力发展和繁荣我国各少数民族的社会主义文学》的报告

我国是一个拥有50多个民族的多民族国家。各个民族都有自己的悠久历史和文化传统。他们在不同的社会历史条件下，共同创造和丰富了中华民族源远流长的光辉灿烂的文化宝库。新中国成立以后，在党的民族政策和文艺方针的光辉照耀下，我国各少数民族的文学进入了一个崭新的发展阶段。总结30年来正反两方面的基本经验，发扬成绩，克服缺点，努力使我国各少数民族的文学创作有一个更大的繁荣和提高，以便更好地担负起伟大时代赋予我们的光荣使命，这就是这次会议所要讨论和研究的中心议题。

巨大的成就

新中国成立30年来，在党的领导下，培养和造就了一支为数可观的少数民族作家队伍。据不完全统计，参加中国作家协会、中国民间文艺研究会和各地分会的少数民族会员，总数在千人以上。我国50多个少数民族中的大部分都已有了本民族的作家和作者。少数民族作家队伍的形成，是我国文学事业中一个不可低估的重大成绩，是繁荣少数民族文学创作的最基本的条件。在少数民族作家队伍中，有老舍这样的语言艺术大师，还有纳·赛音朝克图、玛拉沁夫、铁依甫江、李乔、陆地、康朗甩、金哲等为全国各族读者所熟悉的优秀作家。

30年来，我国出版了数以千计的用少数民族文字和汉文创作的少数民族作家的作品。这些作品，真实地反映了在党的领导下民族地区发生的翻天覆地的历史变革。讴歌伟大的祖国，维护祖国的统一，促进各民族人民的大团结，成为少数民族文学创作的一个共同的重要主题。随着题材内容的不断扩大，少数民族文学在体裁和样式上也有了很大的丰富、发展和变化。我国少数民族的英雄史诗、长篇叙事诗如《阿诗玛》《格萨尔王传》《英雄格斯尔可汗》等都是我国艺术宝库中的珍品；少数民族诗人创作出版的诗集如《幸福与友谊》《百鸟衣》《祖国颂》《生命的礼花》《流沙河之歌》，都是较有影响的作品，新中国成立前少数民族文学中少见的小说、散文、戏剧、电影等体裁，也有了很大的发展，其中为读者所熟知的有《欢笑的金沙江》《茫茫的草原》《美丽的南方》《遥远的戈壁》《没有织完的统裙》《火焰山的怒吼》《金鹰》《刘三姐》等。这些少数民族文学作品有的还被译成各种外国文字出版。

少数民族文学的翻译工作也取得了显著的成绩；少数民族文学的研究、评论工作，也已初步开展。特别应该提出的是，不少汉族作家，深入少数民族地区，创作了不少反映民族地区生活的好作品，对促进民族团结和少数民族文学的繁荣，起了很好的作用。

基本的经验

发展和繁荣我国少数民族文学有几条基本经验，值得我们在今后的工作中充分重视。

第一，正确地全面地贯彻党的民族政策。

30年来，我国少数民族文学的发展走了一个“马鞍形”。事实证明：认真贯彻执行党的民族政策，少数民族文学事业就发展，就繁荣；而当党的民族政策被忽略、歪曲甚至被破坏，少数民族文学事业就停滞，就衰败。必须明确指出的是，民族政策遭到的破坏，多半来自“左”的方面。因此，在少数民族地区要特别注意肃清以“左”的面目出现的大汉族主义破坏民族关系和民族政策的流毒和影响。我们要像保护自己的眼睛一样，保护各民族的大团结。民族大团结是我们事业胜利的保证，也是发展和繁荣少数民族文学的基本保证。我们任何时候都不要忘记我国的文学应该是多民族的文学，不能忘记执行党的民族政策。

第二，坚持党的文艺方向，执行党的文艺方针。

我国少数民族文学一定要始终坚持为人民服务、为社会主义服务的方向，贯彻执行“百花齐放，百家争鸣”的方针。林彪、“四人帮”全面破坏和废除了“双百”方针，疯狂推行封建法西斯文化专制主义，使得我国各民族文艺园地百花凋零，万马齐喑，这是最沉痛的教训。今后，不论出现什么情况，不管刮什么风，我们都应当毫不动摇地坚持党的文艺方向和方针，使我国各民族的文学事业，继续沿着社会主义文艺发展规律的轨道前进。

第三，保持和发扬民族特色。

每个民族都是在特定的历史条件下形成和发展起来的。每个民族的文学都有区别于其他民族的传统和特色。全部文学史告诉我们，愈是具有民族特色的作品，不但愈能得到本民族人民的喜爱，而且也愈能为全国各族人民乃至世界各国人民所接受、所珍视。愈有民族独创性的作品，愈有全国意义和世界意义。

第四，大力培养和扩大少数民族作家队伍。

培养和造就少数民族作家队伍的工作，是关系到我国50多个兄弟民族文学事业能不能持续发展、繁荣，更好地为四化服务的大事，关系到中国文学能不能真正成为多民族的文学的大事，也关系到是不是认真贯彻落实党的民族政策和文艺方针的重要问题。新中国成立初期，我国一批少数民族作家(在许多民族中是第一代作家)的成长，给各民族文学事业带来了蓬勃的生机，创造了受本民族人民以及各族人民喜爱的精神财富。但是，由于种种原因，在后来的一段年月里，新作家出现得很少，致使民族文学创作中，产生了青黄不接、后继乏人的严重现象。我们一定要把培养和扩大少数民族作家队伍，特别是培养能够运用本民族的语言文字进行创作的少数民族作家的工作，摆到重要议事日程上来。

迫切的任务

我国少数民族文学创作，虽然积累了不少经验，但也存在着一些问题，亟待很好解决。

第一，落实少数民族作家和文学工作者的政策，是当前一个迫切需要继续加以解决的问题。林彪、“四人帮”推行反动的民族政策所制造的大量冤、假、错案，虽已逐步得到解决，但极左路线在民族问题上的流毒并未彻底肃清，这种状况应该迅速改变。我国少数民族作家队伍的现有状况，与我国这样一个多民族的社会主义大国还不相称。因此，对于少数民族作家应该特别爱惜和保护。要善于发现和培养少数民族文学新人，也要充分发挥已有一定成就的少数民族老、中年作家的骨干作用。少数民族作家在历次运动中遗留的应当解决而尚未解决的问题，应予尽快解决；没有安排工作或工作安排不当的，应予安排和调整。总之，要给他们创造必要的写作和深入生活的条件，充分调动他们的积极性，为我国多民族的社会主义文学事业作出贡献。

第二，在发展少数民族文学创作中，要提倡题材、体裁、形式、风格的多样化。

第三，积极采取措施，努力创造条件，不断提高少数民族作家的思想水平和艺术修养。

中国作家协会要大力加强民族文学委员会的工作，民族自治区和少数民族较多的各省的文联和作协分会，也应设立类似的组织机构，定期研究发展少数民族文学创作、培养民族文学新人和帮助少数民族作家提高思想水平与文化艺术素养的问题，并有专人分管这方面的工作。在这些部门里，尽可能配备一定数量的少数民族专职干部。

作协举办的文学讲习所，在吸收学员时，少数民族作者应占一定的比例；同时，还应当积极创造条件，举办根据不同特点，专门培养少数民族作者的讲习班或读书班。希望各有关分会也都努力这样做。

要培养各种翻译人才，扩大文学交流。

第四，要为少数民族文学创作的发展，尽可能地多提供一些园地，并加强对少数民族文学的评论工作。

中国作家协会已经着手筹办一个全国性的刊物——《民族文学》，专门刊登各少数民族作家和作者的作品及有关的各种评论，也适当选拔少数民族的优秀的传统文学和民间文学作品。

第五，组织参观访问，帮助少数民族作家开阔视野，增长知识，以适应伟大时代的要求。要适当组织长期生活在边疆地区、很少有机会到外省外地的少数民族作家，出来作短期的参观访问。同时，在安排作家出国访问时，也应考虑少数民族作家。

我们伟大的祖国正在新长征的光辉道路上奋勇前进，我国各族人民生活正处在一个美好春天的早晨。我国各少数民族的作家、诗人、歌手及一切文学工作者，都应当树立雄心壮志，刻苦努力，为反映我们伟大的时代和各族人民的生活斗争，创作出具有鲜明的民族特色和强烈的时代精神的更多更好的作品，为使我国少数民族文学创作迅速出现更大更全面的繁荣而奋斗！

李六如追悼会在北京举行

最高人民检察署原副检察长、党组书记，第二届、第三届政协全国委员会常务委员李六如，在林彪、“四人帮”的迫害下，于1973年4月10日含冤病故，终年86岁。李六如同志追悼会7月2日下午在中直礼堂举行。

李六如1887年生于湖南省平江县。青年时期加入孙中山先生领导的同盟会，参加了辛亥革命。1921年经毛泽东、何叔衡介绍加入中国社会主义青年团，同年转党。1927年在平江开展党的工作，组织农民武装，参加秋收暴动。1928年受党组织派遣前往新加坡、香港等地从事革命活动。1930年回到中央苏区，曾任福建省苏维埃政府内务部部长、财政部部长，中华苏维埃中央政府国家银行总行副行长、代理行长等职务。1937年回到延安，先后担任毛泽东同志办公室的秘书长、行政学院代院长、中共中央财经部副部长等职。解放战争时期，他先后担任中共热河省委常委、热河省政府秘书长、东北财经办事处副主任、东北人民政府司法部部长和法院院长等职。新中国成立后，任中央人民政府政务院政治法律委员会委员，中央人民政府最高人民检察署副检察长、党组书记。

7月3日

《人民日报》发表社论《一切经济工作都要注意经济效果》

一切经济工作都要十分注意经济效果。无论做计划，搞设计，安排生产，组织商品流通，进行基本建设，都要把经济效果放在首位，实行严格的经济核算，进行经济效果的比较。不注意经济效果，实质上也就是生产目的不明确。每个厂矿企业都应该明白：我们搞生产是为了满足社会的需要，不能为生产而生产，不能为了生产报表上的红字而生产。否则，生产的东西再多，结果是增加了库存，那有什么意义呢？

各项经济工作都要进行经济效果的比较，从中选出花钱少、收效大的最优方案，要普遍实行这种优选法。马克思曾经指出，真正的财富就在于用尽量少的价值创造尽量多的使用价值，换句话说，就是在尽量少的劳动时间里创造出尽量丰富的物质财富。30年来，我们在经济建设中存在着不讲经济效果的毛病，付出了巨大代价。花了大量的人力、物力、财力，搞出来的不少东西，不能吃、不能穿、不能用，是一些废品，或者质量很差，或者不适合社会的需要，只好堆在仓库里，搞了无效劳动。消耗高，质量差，周期长，成本大，劳动生产率低，是多年来生产建设中普遍存在的严重问题。大量的财富，在生产过程中浪费了，在流通领域中积压、损坏了，或者工程建成后收不到效益。表面上产值不少，速度看起来也不低，但是水分很大，实际形成的财富同速度并不相称。不顾经济效果的速度，不是真正的速度。

以较少的消耗取得最好的经济效果，是社会经济发展的客观要求。在资本主义社会，资本主义生产的始终不变的目的，是用最小限度的预付资本生产最大限度的剩余价值或剩余产品。我们社会主义生产的目的，则是最大限度地满足人们经常增长的物质和文化需要。社会主义制度的优越性，最终表现在它比资本主义有更高的劳动生产率。只有在经济建设中十分注意经济效果，才能使社会主义具有高度劳动生产率这个可能变成现实，才能使社会主义制度的优越性充分发挥出来。

我们常说的经济原则，就是用最小限度的劳动消耗，取得最大限度的使用价值，即同样多的劳动消耗所取得的使用价值越多，经济效果就越大；等量的使用价值支出的劳动消耗越大，经济效果也就越小。经济效果也就是我们习惯说的“经济不经济”。显而易见，投资少，见效快，效果大，就是“经济”；反之，就是“不经济”。生产出来的产品,适合社会需要,价廉物美,就是最大的节约,经济上划算;生产出来的产品,不适合社会需要,就是最大的浪费,经济上就不划算。对外贸易也是这样,出口的东西应该是我们自己生产划算、卖出去又盈利多的,进口的东西应该是我们自己生产不划算、买进来又花钱少的,这也是个经济效果问题。总之,在经济建设成为全党全国中心任务的今天,各条战线、各项事业的一切经济活动,都有一个讲求经济效果的问题。

我们不注意经济效果由来已久,林彪、“四人帮”横行时期更加严重。搞钢铁、煤炭首先要考虑自然资源条件,不能每个省、区甚至地、县都搞小钢铁厂,不能那样不讲经济效果。搞小化肥厂也要根据原料和运输条件,不能每个县都建一个小化肥厂,结果是背上了包袱。过去每个省都要建立独立的、完整的工业体系,甚至一些县也搞自己的工业体系,既不可能也无必要。所有这些,都是不讲经济效果造成的。过去那种不顾经济效果的“供给制”思想、“大少爷”作风,一定要坚决改变过来。

改善经营,提高管理水平。经营的好坏,管理水平的高低,直接关系着经济效果的大小。

因为管理差,尤其是不会经营,我们现有企业的生产能力远远没有发挥出来。有人提出,我们的厂矿企业,其他条件不变,只要改善经营,提高管理水平,生产就可以大大提高,这不是没有道理的。许多工矿企业劳动生产率低,产品质量差,能源、原材料消耗大,成本高,利润少,主要原因就在于经营管理不善。在一个工厂内,行政工作、党的工作与工会工作,必须统一于共同目标之下,这个共同目标就是以尽可能节省的成本(原料、资金及其他开支),制造尽可能多、尽可能好的产品,并在尽可能快、尽可能有利的条件下推销出去。经营管理的作用就是合理地组织生产和销售,争取最好的经济效果。一个工厂是这样,一个行业、一个地区也是这样。所有厂矿企业都是经济组织,一切经济组织都必须算经济账,过去那种“只算政治账,不算经济账”的说法和做法是错误的。做经济工作不算经济账,是个天大的笑话,不算经济账还谈什么经济效果呢?

近来,我们采取了一系列的经济措施,不注意经济效果的情况已经有所改变。现在正在开始试点,把基本建设投资由财政拨款改为银行贷款,实行有偿使用后,建设单位开始注意精打细算,尽量节省资金,力争缩短建设周期,以期少付银行利息。扩大企业自主权的试点正在逐步开展,效果显著。扩大企业自主权以后,改变统购包销,部分产品实行选购自销以后,厂矿企业就得注意减产停产市场上积压的产品,增产畅销产品,试制市场需要的新产品,也就是说,要讲究经济效果。

我国商品经济很不发达,没有经过资本主义阶段,过去小农经济是汪洋大海,这在经济上以及意识形态上都会有所反映。“大而全”、“小而全”,就是在商品经济不发达的条件下,自给自足的小农经济思想的反映。另外,在很多地方,我们把农村根据地的经验搬到城市的经济建设中,有的甚至把它扩大了。这是我们长期不注意经济效果的原因之一,随着经济管理体制的逐步改革,我们要自觉地克服小农经济思想对经济工作各个方面的影响。

河北省安国县举行全国性中药材交流大会

《人民日报》报道,最近在素负盛名的中药材集散地——河北省安国县,举办了中药材交流大会,全国27个省、市、自治区的中药生产、经营单位和外贸部门代表,在这里签订了7300多份购销合同,成立总额达6600多万元。

交流会上产供销直接见面,不受行政区划的限制。交流的药材主要是三类药材。完成国家收购任务后的二类药材也可以自由成交。几天时间就调剂中药材920多万斤。其中既有常用的大宗药材,也有当前比较紧缺的药品,如天麻、杜仲、枣仁、麝香、牛黄、全蝎等。外贸部门的代表,积极与各地代表联系,为国内货源比较充足的菊花、丹参、蒌仁、甘草等共47万斤中药材,在国外找到了销路。许多地方的代表还主动拿出自己的名贵紧缺药材和名牌优质产品,互相支援,分担兄弟省市的困难。

中国政府和缅甸政府在仰光签订一项经济技术合作议定书

议定书规定,中国援助缅甸修建仰光—沙廉公路桥和其他7个项目。这项议定书是由正在这里访问的中国政府经济代表团团长魏玉明和缅甸政府经济代表团团长貌盛签订的。

全国人大常委会副委员长谭震林在北京会见由众议员欧克利德斯·斯卡尔科率领的巴西众议院议员团

谭震林副委员长向客人们介绍了中国革命的历史、中国的外交政策和当前的经济建设情况。中国人民外交学会秘书长谢黎,巴西驻中国大使阿卢伊济奥·纳波莱昂等会见时在座。

外交部部长黄华在北京会见美国国务院助理国务卿理查德·霍尔布鲁克

双方就国际上共同关心的问题和中美关系交换了意见。章文晋副部长、中国驻美国大使柴泽民和美国驻中国大使馆临时代办芮效俭会见时在座。

解放军海军举行宴会欢迎由阿尔及利亚国防部海军司长本·亚莱斯中校率领的阿尔及利亚海军代表团

海军副司令员杨国宇受叶飞司令员的委托主持了宴会。

中国地质代表团赴巴黎出席国际地质大会

以著名地质学家、中国地质学会理事长、中国地质科学院副院长黄汲清为团长的中国地质代表团，全部离京前往法国巴黎，出席7日在那里开幕的第二十六届国际地质大会。

国家体委授予胡祖荣“体育运动荣誉奖章”

国家体委为了表彰胡祖荣同志对体育事业的突出贡献，在人民体育出版社为胡祖荣编著的《身体训练1400例》一书出版而举行的作者、读者、编者会见面会上，授予他“体育运动荣誉奖章”。

胡祖荣是我国优秀的田径运动员，多次创造撑竿跳高的全国纪录，曾保持全国纪录达十年之久。1963年，他在新兴力量运动会上获得撑竿跳高冠军，为社会主义祖国赢得了荣誉。1971年，他不幸在训练中受伤致残。在下肢瘫痪的情况下，他振作精神，以顽强的毅力，克服伤残带来的痛苦和困难，著书立说。经过几年的艰苦努力，他搜集查阅了大量国内、国外体育资料，总结我国运动训练的基本经验，结合个人体会编写了《身体训练1400例》和《撑竿跳高》两本书，约25万字，为体育事业作出了新的贡献。

中共中央书记处书记、国务院副总理万里出席会见会，并讲了话。

万里副总理在讲话中说，当我知道胡祖荣同志的事迹以后，深受感动。现在，我们的国家就是要提倡胡祖荣同志这种胸怀大志，艰苦奋斗，不怕牺牲，不怕吃苦，为了祖国的荣誉，为了祖国体育运动的发展而奋不顾身的精神。这种精神恰恰是我们目前搞四化当中，各行各业的青年所要有的一种精神。如果我们在各条战线上能有千千万万这样的青年，我们的四个现代化就大有希望，我们的祖国就大有希望。

上海市区人口自然增长率已为-1.52‰

据最新统计，上海市今年第一季度人口出生率已经降到10.27‰，比去年同期下降了0.72‰；人口自然增长率为1.57‰，其中市区人口自然增长率已为-1.52‰。

今年第一季度，上海市郊区人口出生率也比去年同期下降了2.48‰。目前，上海市区4岁至16岁独生子女人家已有95%以上领取了独生子女证，郊区县75%领取了独生子女证。

邓华逝世

中共中央候补委员、中央军委委员、中国人民解放军军事科学院副院长邓华同志于7月3日在上海逝世，终年70岁。

邓华同志是湖南郴县人，生于1910年3月。他在中学读书时就积极从事革命活动。1927年3月加入中国共产党。1928年1月参加湘南起义，4月，坚决主张并积极参加了具有历史意义的井冈山会师，历任红军组织干事、宣传中队长、连党代表、纵队组织科长、团政治委员、师政治委员，在坚持井冈山斗争和二万五千里长征中，他坚决贯彻党的正确路线，同错误路线进行了坚决的斗争。他在抗日战争时期，历任支队、军分区司令员和政治委员，旅政治委员；解放战争时期，历任东北保安副司令兼沈阳市卫戍司令、辽吉军区司令员、纵队司令员、军长、兵团司令员。他直接参加组织指挥解放海南岛战役，开创了我军胜利渡海作战的先例，创造了用落后的木船战胜现代兵舰的奇迹。新中国成立后不久，他肩负中国人民的重托，担任中国人民志愿军第一副司令员兼第一副政治委员，和彭德怀等同志一起，率领中华儿女，抗美援朝，保家卫国，同朝鲜人民和人民军并肩作战，在彭德怀同志奉调回国后，任代司令员兼政治委员。回国后，任中国人民解放军副总参谋长、沈阳军区司令员，为我国国防和军队建设，不辞辛劳，作出了显著的成绩。

1959年，邓华同志由于所谓彭德怀同志“反党集团”的问题，受到了株连，被撤销了职务，并受到批判斗争。“文化大革命”中，林彪、“四人帮”又继续对邓华同志进行迫害。邓华同志同林彪、“四人帮”反革命阴谋集团进行了坚决的斗争。他立场坚定，旗帜鲜明，坚持真理，忠贞不屈，相信党，相信人民，对革命事业始终充满信心。在担任四川省副省长期间，顾全大局，不计较个人恩怨，仍然忘我地学习和工作。1977年担任中国人民解放军军事科学院副院长以来，虽然身体有病，还极为关心军事科学研究工作和我军革命化现代化建设。党的十一届三中全会后，党中央为邓华同志彻底平反，恢复了名誉。

邓华同志为共产主义事业奋斗了五十多年。他忠于党，忠于人民，坚决执行党的正确路线，是我党的优秀党员，是我军优秀的政治工作领导者和军事指挥员。在党内他曾任党的第八届中央委员，第九、第十、第十一届候补中央委员，中央军委委员。邓华同志的一生是革命的一生，战斗的一生，艰苦奋斗的一生，全心全意为人民服务的一生。

薛子正逝世

中共中央统战部副部长、政协全国委员会常务委员、第一副秘书长薛子正同志，因病于7月3日逝世，终年75岁。

薛子正生于1905年，四川省梁平县人。1925年参加共青团，1926年参加中国共产党。1927年他曾参加上海工人武装起义。“四·一二”反革命事变后，党派他到莫斯科东方大学、列宁格勒军政大学学习。从1930年秋至1935年秋，他历任赣东北红军第十军团长、闽北苏区特委委员、福建军区司令部副参谋长、江西军区参谋长等职。抗日战争时期，他开始在武汉八路军办事处工作，后随叶剑英同志去南岳游击训练班任教官。1940年5月到重庆八路军办事处，在中共南方局军事小组工作。1946年至1947年春，在北平军调处执行部任处长、参谋长。1948年任晋察冀军区军政大学办公室主任。新中国成立后历任北京市人民政府秘书长、副市长，国家经委副主任，中共中央统战部副部长兼秘书长等职。

7月4日

国务院总理华国锋电唁约旦首相阿卜杜勒·哈米德·谢拉夫逝世

国务院副总理李先念在人民大会堂会见葡萄牙商业旅游部长巴西利奥·奥尔塔一行

会见时，李先念向葡萄牙贵宾介绍了中国政府对当前国际形势的看法。他说，我们希望西欧各国加强团结，也希望美国同西欧建立平等的伙伴关系，以便对付霸权主义的威胁。

国务院副总理李先念在北京出席中华人民共和国政府和葡萄牙共和国政府贸易协定签字仪式

这是中葡两国政府间签署的第一个协定。我国外贸部长李强和葡萄牙商业旅游部长巴西利奥·奥尔塔分别代表本国政府在协定上签字。

协定规定，为确保两国贸易所需要的互利条件，在有关进出口货物的关税、国内捐税、费用以及在进出口许可证的颁发和海关放行手续方面应与缔约双方向第三国提供的最惠国待遇相同。缔约双方同意成立由两国政府代表组成的混合委员会，以检查贸易协定的执行情况和研究为发展双边贸易应采取的措施。

《人民日报》发表特约评论员文章《正确认识个人在历史上的作用》

党的十一届五中全会解决并提出了许多意义深远的重大问题，如集体接班、废除实际存在的干部领导职务的终身制、实行集体办公分工负责的工作方法，等等。这是党的三中全会、四中全会精神的直接继续和合乎逻辑的发展。贯穿这些问题的一个基本指导思想，就是马克思主义关于个人和人民群众在历史上的作用的科学原理。结合国际共产主义运动的历史，特别是我们党的历史经验，重温历史唯物主义的这个重要原理，对于领会五中全会的精神，坚持和改善党的领导，无疑是十分必要、十分有益的。

要坚信人民群众是历史的创造者

谁是历史的创造者？是人民群众，还是某些伟大人物？历史唯物主义从生产方式是各种社会形态存在和发展的基础这个基本原理出发，肯定人民群众是历史的创造者。马克思指出：“随着新的生产力的获得，人们便改变自己的生产方式，而随着生产方式的改变，他们便改变所有不过是这一特定生产方式的必然关系的经济关系。”（《马克思恩格斯选集》第四卷，第322页）历史上，奴隶主阶级、地主阶级、资产阶级都曾经起过进步的积极的作用，但是，归根结蒂，社会历史的发展，是由生产力的发展决定的，人类社会的历史就是生产发展的历史，就是生产者的历史。

那么，怎么看待伟大人物在历史上的作用呢？马克思主义不但不否认伟大人物在历史上的作用，而且认为这种作用是相当大的。在历史的进程中，如果没有杰出的思想家、政治家、军事统帅启发群众的觉悟，组织群众的力量，指出前进的道路，站在运动前列指导斗争，人民群众要取得斗争的胜利，是不可能的。伟大人物的作用是历史发展的客观需要。在今天这个人们日益自觉地创造着历史的时代，我们在充分肯定人民群众是历史的创造者的前提下，更要强调通晓社会发展规律、娴熟政治艺术的无产阶级领袖的重要作用，否则，就是有意无意地降低了唯物史观的意义。

恩格斯在给马克思的一封信中曾经说过：“只要我们的原则还没有从以往的世界观和以往的历史中逻辑地和历史地作为二者的必然继续在几个著作中发挥出来，人们就仍然不会真正清醒。”（《马克思恩格斯全集》第二十七卷，第6页）共产主义运动一百多年以来的历史表明，人民群众是历史的创造者这个历史唯物主义的重要原理，虽然革命导师已在许多著作中作了充分的阐述和发挥，但人们要在革命实践中对这个问题保持真正的清醒，仍然是很不容易的。因为这个问题本身有它的复杂性，再加上历来的统治者和唯心主义哲学家、历史学家，又在这个问题上制造了许多混乱。

唯心主义的历史观或者认为，伟大人物是历史的主宰，历史发展的进程完全取决于某些伟大人物的意志和活动；或者认为，世界上的一切都是由神安排的。

这两种观点都否定人民群众在历史上的作用,都否定人民群众是历史的创造者。由于神不能亲自出面干预世事,必须通过它的代表人物来执行自己的使命,所以,宿命论的历史观实际上还是主张伟大人物创造历史的,所不同的,是这种所谓伟大人物头上加了一个神秘的灵光圈而已。在实际生活中,这两种观点常常是糅合在一起的。这种情况在我国历史上是常见的。一个开国的皇帝,总是被说成是唯一的创世者,而且,这个皇帝不但是奉天命而行事,他本身就来历非凡,有的是其母吞食了神授药丸而生,有的直接就是龙种,如此等等。这种伟大人物创造历史的唯心主义观点,流传很广,影响很深。

在我们的队伍里,人们往往不自觉地夸大个人在历史上的作用,而且是很真诚的。这种情况是怎么产生的呢?应当看到,除了剥削阶级旧思想和传统观念的影响,别有用心分子的歪曲宣传等社会原因外,还有其认识上的原因。

社会历史发展的基本原因深藏在现象后面,伟大人物的活动却显露于历史前台,这就会使人们只看到伟大人物的作用,而忽视了历史发展的基本原因。在中国历史上,由战国时七雄纷争的局面到秦王朝的大一统,基本的原因是当时中国社会经济的发展需要统一,这是历史发展的必然趋势。这个统一由秦始皇来完成,当然有许多具体条件和偶然因素。秦始皇在完成中国统一大业中的历史功绩是应当充分肯定的。这个历史功绩就是他顺应了历史发展的要求,推进了中国由分裂走向统一的进程。如果秦始皇生长在春秋时期,纵然有更高的雄才大略,也是不能实现中国的统一的。因为在这个时期,实现统一的客观条件还没有完全成熟。可是,长期以来,许多历史学家却只看到秦王嬴政怎样用军事和政治手段,把六国一个个地灭掉,实现了统一,而忽视了历史走向统一的基本原因,从而夸大了秦始皇个人在统一中国这一历史进程中的作用。只有中国的马克思主义史学家,才对这个历史现象作出了科学的全面的分析。社会的飞跃,历史事变的发展,基本的原因是由生产力的发展所引起的生产方式内部的矛盾决定的,是由政治、经济等各种因素所决定的。在这些客观条件的基础上,伟大人物才能有所作为。而且,伟大人物本身也是这些社会历史条件的产物。但是,历史发展的基本原因和客观规律,却为纷繁而复杂的社会现象掩盖着,只有通过科学的抽象,才能为人们认识和掌握。活跃在历史前台的伟大人物,其特征,其活动,其作用(包括在一定社会条件下伟大人物的性格、爱好等各种偶然性因素对历史发展所起的作用),却为人们所一目了然。因此,人们往往离开一定的社会历史条件,片面地观察伟大人物的作用,甚至把历史归结为帝王将相、英雄豪杰随心所欲的活动。有些人曾经坚信,只要紧跟某个伟大人物,就可以立即扭转乾坤。这种认识实际上是认为,个人可以离开客观的历史条件而为所欲为。

人民群众的愿望与要求,要通过杰出人物集中表达出来,历史运动要由领袖人物发起和组织,这就很容易使人们把历史运动的成就都挂在伟大人物个人的名下。在同样的历史条件下,伟大人物比别人站得高些,看得远些,具有超过别人的组织才能。伟大人物是历史运动的发起人和组织者。伟大人物的这种作用,在历史的"风暴"时期,是十分明显的。在历史和现实的社会中,常常有这种情况,尽管社会经济的发展使实行变革的客观条件已经成熟,但由于暂时还没有出现合适的发起人和组织者,人民群众就仍然处于涣散状态,不能集合自己的力量来实现这个变革。但是,伟大人物对历史的发展,只能起推进或延缓的作用,只能决定历史事变的局部外貌,真正决定历史命运的,最终决定大局的,还是人民群众的力量。然而,人民群众人数众多,没有名位,没有头衔,都是默默无闻的"螺丝钉",似乎微不足道。那些充当时代要求和人民利益代表者、历史运动发起者和组织者的伟大人物,却是名声显赫、功勋卓著,特别是在胜利形势下,人们对领袖的欢呼、颂扬,又往往是过分的。由此就常常引起人们认识上的另一种错误,就是把决定历史命运的人民群众的力量和作用都归结于领袖人物。鲁迅说得很深刻:"有一回拿破仑过阿尔卑斯山,说:'我比阿尔卑斯山还要高!'这何等英伟,然而不要忘记他后面跟着许多兵"。(《鲁迅全集》第一卷,第153页)如果没有众多的优秀士兵,说这种话的拿破仑就是十足的疯子。但是,恰恰有许多人忽视了拿破仑登上历史舞台的社会条件,忘记了拿破仑后面的士兵,极端夸大了拿破仑个人的力量,"竟以为如果没有拿破仑,就根本不会发生拿破仑个人的力量和影响所凭借的那种社会运动。"(普列汉诺夫:《论个人在历史上的作用问题》第31页)在我们的队伍中,有些好心的人,总是把我们的一切胜利和成就都归功于个人,而不是首先地、主要地归功于广大人民群众,从而夸大了个人的作用,他们的这种认识不正是这样产生的吗?

还要看到,在一个大的历史运动过程中,总是会出现一批杰出人物,形成群星灿烂的局面。这些杰出人物以一两个伟大人物为中心,各自发挥其出众的特殊才能,放出自己的异彩。但是,也可能出现这样的情况,某一伟大人物掩盖了其他人物,或阻碍了其他人物发挥自己的才能。在这种情况下,也会造成人们的错觉,而夸大某一个人的智慧和作用。

神化个人、迷信个人,是从夸大个人的作用开始的。林彪、"四人帮"大搞现代迷信，除了利用人们的朴素感情外，也钻了人们在认识上的这些空子。

神化个人的深刻教训

共产主义运动和我们自己的经验说明，把领袖个人的作用夸大到极端的程度，就会出现对个人的迷信。

多年来，习惯于用迷信来说明我们的斗争历史，现在，应该像马克思说的那样，"用历史来说明迷信"。(《马克思恩格斯全集》第一卷，第425页)这就是说，应当从历史上看一看，人是怎样成为"神"的？人们是怎样神化个人、迷信个人的？这样，才能得出必要的经验教训。这是一项相当复杂而艰巨的任务。这里仅举几个例子，简略地说一下。

一、把革命理论神秘化。

中国共产党人把马克思列宁主义的基本原理同中国革命的具体实践相结合，从而发展了革命的理论，形成了毛泽东思想。党的"七大"确定毛泽东思想为我们党的指导思想，无论是对我们党的发展来说，还是对整个中国革命的胜利来说，都是一个巨大的历史功绩。

把马克思列宁主义在中国革命中的发展称之为毛泽东思想，是合适的，因为毛泽东同志对此作出的贡献最大最杰出。但是，毛泽东思想不止是毛泽东一个人智慧的产物，是半个多世纪以来中国革命斗争经验和新社会建设经验的结晶，是集体智慧的结晶。同其他伟大思想和学说的创立一样，毛泽东思想的形成也有着自己的历史必然性，而没有任何神秘的成分。恩格斯讲到唯物史观的发现时指出："如果说马克思发现了唯物史观，那么梯叶里、米涅、基佐以及1850年以前英国所有的历史学家就证明，已经有人力求做到这一点，而摩尔根对于同一观点的发现表明，做到这点的时机已经成熟了，这一观点必将被发现。"(《马克思恩格斯选集》第四卷，第507页)这是对理论发展的规律性所作的重要阐述。在这一点上，毛泽东思想的形成同唯物史观的发现，是相似的。我们党成立前后，李大钊、瞿秋白、蔡和森、邓中夏、周恩来等领袖人物，就在斗争实践中，努力用马克思主义宇宙观来观察中国革命问题，探索其规律性。他们在许多文章和文件中，对中国革命的基本问题，如革命性质问题、革命对象问题、无产阶级的领导权问题、农民问题、武装斗争问题，等等，都有不少正确的论述。可以说，毛泽东思想是中国共产党人在集体奋斗的历史过程中必然会形成的革命理论。党的十一届四中全会通过的叶剑英同志《在庆祝中华人民共和国成立三十周年大会上的讲话》，既充分肯定了毛泽东同志的不朽功绩，又对毛泽东思想作了科学的解释，具有深远的意义。但是，长期以来，人们常常把革命理论说成是个人的天才创造，离开了形成理论的客观基础，排除了集体努力的因素，似乎是众人在黑暗中摸索，某个全智全能者突然送来明灯。这样，就把革命理论的创造说得带有很神秘的性质。理论既然是由智慧无穷的天才人物创造的，当然是每字每句都是正确的，应当句句照搬照办。许多人曾经虔诚地相信林彪"句句是真理"的说教，这是毫不奇怪的。

二、把党的路线归之于个人。

我们的党是按照民主集中制的原则组织起来的。根据这个原则，党的路线必须由党的全国代表大会或中央权力机构讨论制定。党的路线尽管有时是由某个人提出来的，但一经作出决定，就成了党的路线，而不能归之于个人，称为某某人的路线了。当然，在总结历史经验时，把对立的路线分别称之为某某人的路线，加以对比分析，这样做，有利于分清是非，教育全党。但这是一种特殊的情况，从组织原则说，在党内，所有党员必须执行党的路线，而不是全党执行某一个人的路线。

但是，一个时期以来，人们却常常把党的路线归之于个人，而且，又把领袖个人的一切意见主张都上升为路线，或认为具有党的路线那样的权威性，全党必须无条件地执行。这样，在党的生活中，实际上就逐渐形成了某些不正常的准则：服从党的领导就是听某一个人的话，执行党的路线就是照某一个人说的去干，而且认为，只要"句句照办"，就能无往而不胜。这实际上是把个人看成为凌驾于全党之上的神圣权威了。

三、片面解释领袖、政党、阶级、群众的关系。

列宁在1920年写的《共产主义运动中的"左派"幼稚病》一书中指出：群众是划分为阶级的；阶级通常是由政党来领导的；政党通常是由最有威信、最有影响、最有经验、被选出担任最重要职务而称为领袖的人们所组成的比较稳定的集团来主持的。当时，德国的"左派"共产党人因厌恶机会主义的领袖而根本否认领袖的重要作用，不分青红皂白地反对一切领袖。列宁针对这种否定领袖的幼稚病，从领袖、政党、阶级、群众的相互关系的角度，强调了革命领袖的重要作用，这是完全必要的，正确的。

在上述同一著作中，列宁又着重指出，一个无产阶级的革命政党，如果"不学会把领袖和阶级、领袖和群众结成一个整体，结成一个不可分离的整体，它便不配拥有这种称号"。(《列宁选集》第四卷，第206页)可是，人们往往忽略了列宁这个极其重要的论断，没有科学地阐述领袖、政党、阶级、群众的概念及其相互关系，不但把领袖说成是一个人，而且用简单的推理方法，把领袖说成是决定一切的，并按照这样的逻辑叙述和解释我们的斗争历史，评价个人在历史上的功绩和作用。这样，就把领袖的地位和作用突出到了不可思议的高度。

既然领袖的智慧是无穷的，理论是绝对正确的，计谋是绝对灵验的，作用又是决定一切的，那么，这样的领袖，就不是社会的人，而是一个至上的“神”了。既然国家的安危、党的命运、民族和人民的前途都系于领袖一人，那么，忠于领袖，维护领袖就是全国、全党和全体人民最神圣的职责，就是最高的道德规范和政治准则，当然也是立法的最高原则了。所谓现代迷信、个人迷信，所信的东西，从根本上说，不就是如此吗？

在拨乱反正取得巨大胜利的形势下，对于个人迷信的后果，我们可以看得更清楚了。

由于个人迷信的流行，长时期来，生活中存在一种似乎是铁的逻辑：既然一切都由可以绝对信赖的领袖在运筹，在安排，那么，其他人的任务就是贯彻执行领袖的意图和指示。实际工作就是照搬照套，理论工作就是注经解经。开动自己的机器，独立地思考问题，研究问题，不但没有必要，而且未必被认为是好事。这样，就造成了普遍的思想僵化，窒息了党的生机。

从对个人的迷信出发，人们认为，党和国家的一切原则和规定，对领袖来说，可以例外，不受约束。不但公认或默认这些特权，而且还认为，把权力集中于一人，是符合党和人民的最高利益的。这个口子一开，民主集中制就成了形式，有时，甚至连形式也不存在了。在个人决定一切的情况下，党和国家的政治生活就可能为个人的意志所左右，甚至个人的脾气性格都能对全局产生影响，这样，不但错误难免，而且必然造成灾难。由于民主集中制被破坏，失去了必要的手段和能力，要纠正这样的错误是很困难的。

个人迷信必然要被野心家、阴谋家所利用。林彪的阴谋活动就是从搞个人迷信入手的。搞个人迷信，是他们打向领袖人物的糖衣炮弹。一个执政党的领导如果被阴谋家的糖衣炮弹打中了，党和国家就处在极其严重的危险境地。

在无产阶级政党内部，为什么会出现迷信个人的现象？这是一个需要深入研究探讨的问题。如前所述，个人迷信既有社会根源，又有认识根源，在一定条件下，就会在无产阶级政党内部滋长蔓延，成为严重的问题。同一切事物一样，胜利也具有两重性。作为一个领袖人物，如果陷入了盲目性，因为巨大的胜利而骄傲起来，由于多次的成功而过于自信，就会夸大个人的作用，对突出个人、神化个人的问题失去敏感，失去警觉。广大群众和干部对建立了伟大历史功绩的杰出人物的拥戴，往往是无条件的。如果没有明确而坚定的民主信念，没有一套完备而严密的民主制度，就必然会形成领导职务的终身制。在一个经济文化比较落后、封建主义影响很深、民主传统十分缺乏的国家里，这种终身制又往往同实际存在的家长制（“一言堂”就是它的突出表现）相结合。这种终身制和家长制的特点之一，就是崇尚个人权威，排斥集体权威。在上述情况之下，个人迷信就会随着个人权威的提高而日益盛行起来。

存在于我们党内的个人迷信现象，不是一朝一夕形成的，它有一个日积月累，长期发展的过程。林彪、“四人帮”出于反革命目的，推波助澜，使这种现象恶性发展，达到登峰造极的地步。突出个人、神化个人、迷信个人，作为一种社会现象，将会长期存在。因此，重要的问题，是要从思想上理论上拨乱反正，从政治上组织上总结经验教训，使这种悲剧不致重演。

牢固地确立群众观点和集体领导的观点

我们坚持唯物史观关于个人和人民群众在历史上的作用的科学原理，其目的不仅是要消除突出个人、神化个人的现象，而且，是要在新的历史条件下，处理好领导者与人民群众的关系，处理好领导班子中个人与集体的关系，改善党对四化建设的领导。

首先要正确认识和处理领导者与人民群众的关系。

社会主义消灭了剥削和压迫，为人民群众发挥自己的历史主动性开辟了广阔的天地。但是，人民群众的这种历史主动性能否充分地正确地发挥出来，真正成为创造历史的伟大壮举，与领导者能否正确地对待群众，关系极大。因此，我们的各级领导干部，要自觉树立信任群众、依靠群众的思想，牢固地确立马克思主义的群众观点。

我们讲群众路线，已有几十年了，但事实说明，要解决好这个世界观问题，并不容易。这些年来，突出个人，蔑视群众，已经成了一些人的思想模式，成了一种习惯势力。在他们的头脑里，占优势的，不是人民群众创造历史的唯物史观，而是英雄创造历史的唯心史观。一些人随着地位的升高，自觉不自觉地把自己看得高人一等，与群众离得越来越远。我们的某些具体制度、规定和做法，也总是以突出领导人为原则，想方设法把领导者与群众隔开。有一些人，对群众利益、群众情绪漠不关心，对来自人民群众的批评和建议，或是不理不睬，或是压制打击。尤其是在实际工作中，有些人不大相信农民、工人和知识分子的智慧和才能，自以为是，搞瞎指挥，命令或运动群众干这干那。在这种情况下的所谓群众运动，实际上是把人民群众当作实现“长官意志”的材料和工具。这种滥用群众的积极性，挫伤群众的历史主动性的教训，在四化建设中，不应当再重复了。

还有一个领袖与群众的关系问题。1928年，斯大林针对苏联党内的情况指出：“一方面，我们这里出现了、从历史上形成了一批威信越来越高的领导者，他们几乎成了群众所无法接近的人物。另一方面，一般劳动群众,首先是工人阶级群众,却上升得非常慢,他们开始眯着眼睛从下面向上望领袖,并且往往怕批评自己的领袖。”他强调指出,要防止“领袖脱离群众、群众离开领袖的某种危险”。(《斯大林全集》第十一卷,第28、29页)在这方面,斯大林在后期虽然没有身体力行,但他的这些话,今天读来,仍然很有教益。领袖人物的力量,在于他同群众的紧密联系。一个领袖人物如果离开了广大群众,就会变成茕茕孑立的孤家寡人。现在,我们的国家正处在继往开来的重要时期,根据党的五中全会的决策,大批年富力强、富有才干的同志,已经或者将要上升到高级的领导岗位。我们必须警惕斯大林讲的那种领袖脱离群众的危险。我们要以高度的自觉,采取各种措施,防止出现领导上层从上面向下看群众,而人民群众只能眯着眼睛从下面向上望领袖的状况,防止领袖成为普通群众无法接近的人物。党的五中全会通过的党内政治生活准则,对防止领导人政治上生活上的特殊化,防止对领导人无原则的歌功颂德,已经作了一系列具体的规定。这无疑是很必要的。但是,要做到列宁讲的,使领袖与阶级、领袖与群众结成一个整体,则还要做多方面的努力,还要有一系列有效的办法。比如,恢复我们党提倡的高级领导干部一年要有一定时间下基层的制度;建立领导者与人民群众直接对话的制度;把高级领导人放到固定选区保持与选民的经常联系并接受选民监督;取消在日常生活中(如住房、坐车、购物、娱乐等)把高级领导人与一般干部和群众完全分开的种种不合理规定;各种代表大会作为权力机构,要切实加强对领导工作人员的监督,并要利用报纸、广播,发挥舆论的监督力量,等等。总之,凡是过去行之有效的办法应当继续坚持,同时,要根据新的情况,不断采取一些新的办法。

坚持个人与人民群众在历史上的作用的科学原理,在各级领导班子,特别是高级领导机构里,要处理好个人与集体的关系。

集体领导是党的领导的最高原则之一。国际共产主义运动和我们党的历史经验反复证明,只有依靠集体的智慧和经验,实行集体领导的制度,才能实现党的正确领导。

要实现正确的领导,重要的是,必须坚持两个基本的原则。一个是理论与实践相统一的思想原则,一个是民主与集中相统一的组织原则。理论脱离实践,不可能得到正确的认识。我们所说的实践,是广大群众的实践,是全党的实践。要把广大群众和全党的经验、意见集中起来,形成正确的领导思想和领导意见,就必须通过民主集中制,通过集体研究讨论。那种“第一书记有绝对真理,第二书记有相对真理,其他人没有真理”的看法,是不符合事实的。对于这个问题,斯大林曾经正确地指出:“个人的决定总是或者几乎总是片面的。在任何委员会里,在任何集体中,都有发表值得重视的意见的人。在任何委员会里,在任何集体中,也都有发表不正确的意见的人。根据三次革命的经验,我们知道一百个没有经过集体审查和修改的个人决定中,大约有九十个是片面的。”(《斯大林选集》下卷第300页)我们党的实践经验也证明了这个论断的正确性。凡是重大的问题,不论是政治问题、经济问题,还是理论问题,如果不经过集体讨论,而是个人说了算,不管这个人的经验多么丰富,知识多么渊博,也是难免要出差错的。所以,一个领导班子,尤其是第一把手,要善于把我们党的思想原则与组织原则恰当地灵活地联系起来,才能执行好集体领导与分工负责相结合的领导制度,才能实行正确的领导。

在实行集体领导制度时,有几个问题要妥善处理好。

第一,集体领导一定要以群众路线为基础。如果领导班子脱离了群众,不能倾听群众的意见,或者是偏听偏信,就不可能作出正确的判断和决定。为什么有些领导班子,经过集体讨论研究作出的决定,却常常是不妥当的,甚至是错误的呢?重要原因之一,就是思想路线不端正,脱离了群众,脱离了实际。

第二,要正确对待一票的权利。在领导班子中,第一把手负有更多的责任,但并没有更大的权力,在决定重大问题时,他只有一票的权利,而其他成员也有同样一票的权利。为什么有的领导班子形成“一言堂”的局面呢?首先是第一把手缺乏民主作风,搞个人专断。同时,各个领导成员不能严肃负责地行使自己一票的权利,也是一个重要原因。如果每一个领导成员都能负责地行使自己一票的权利,特别是在某些人提出错误的主张时,大家都能坚持原则,不予支持,或给以否决,“一言堂”能搞得起来吗?个人专断能畅行无阻吗?那些错误的、颠倒是非的决定,能够轻而易举地作出来吗?因此,每一个领导成员,在决定重大问题时,一定要以极其郑重的态度行使自己一票的权利。

第三,要正确发挥领导班子中的专家的作用。随着干部结构的变化,将有越来越多的工程技术专家、经济专家、理论家等各种专家进入领导班子,这是大好事。领导班子在讨论问题时,要很好地听取有关专门家的意见,在领导工作中,要充分发挥他们的特长和作用。但是,另一方面,也要注意,切不可迷信权威。如果在讨论经济问题时,别人都不加思考,只是毫无保留地听经济权威的意见,在研究解决理论问题时,都是某一个理论权威说了算,那就非出偏差不可。要全面理解权威问题。有个人的权威,有集体的权威。马克思主义者要承认个人权威,重视个人权威的,但是,我们首先要强调的还是集体的权威。个人权威只有与集体权威相结合,才能更好地发挥其作用。

列宁曾经指出:“随着人们的历史创造活动的扩大和深入,作为自觉的历史活动家的人民群众在数量上也必定增多起来。”(《列宁选集》第一卷,第146页)在我国,建设现代化的社会主义国家,越来越成为广大群众自觉创造历史的活动。在工人、农民、知识分子中,已经涌现出了许许多多为四化呕心沥血、大有作为的先进人物,这是人民群众成为新时期自觉的历史活动家的重要标志。群众参与历史活动的积极性越高,就越是需要领袖和政党的领导和引导。只要我们认真吸取经验教训,遵循唯物史观关于个人和人民群众在历史上的作用的科学原理,坚持和改善党的领导,人民群众的历史主动性就能充分地发挥出来,各种各样的、多才多艺的杰出人物也能够不断地涌现出来,充分施展他们的才能。我们的四化建设将是一个十分壮观的历史场面。

宁夏回族自治区党委从宁夏实际出发学习贯彻中央对西藏工作的指示精神和中央书记处对宁夏工作的重要意见

《人民日报》报道,中共宁夏回族自治区委员会最近决定,自治区今后的中心任务和奋斗目标是:在中央统一领导下,从宁夏实际出发,充分发挥区域自治的作用,加强回汉各族干部和人民的团结,千方百计发展经济,提高各族人民的物质生活和文化科学水平,把宁夏建设成为各族人民团结友爱、兴旺发达、繁荣富裕的自治区,为建设社会主义现代化强国作出贡献。

自治区党委最近召开地、市、县委书记会议,学习贯彻中共中央对西藏工作的指示,并传达中央书记处的同志最近在北京听取宁夏区党委负责同志汇报工作时所提出的一些重要意见。区党委在会上经过认真讨论和广泛征求地、市、县委书记的意见,对今后自治区的工作作出了上述决定。

自治区党委提出,为了实现今后的中心任务,目前和今后一段时期内要突出地抓好以下几件工作:

一、坚定不移地执行党的民族区域自治政策。自治区党委认为,民族区域自治的核心,是选拔、培养少数民族干部问题。自治区党委要求全区各级党委今后要特别注意选拔优秀的回族中青年干部充实各级领导班子。自治区党政领导机关和各部门今后一两年内要配备一定数量的回族领导干部,其中有些部门要由回族干部担任主要领导职务,在回族聚居的地、县,领导班子要做到以回族干部为主,党政主要领导由民族干部担任,其他地、市、县领导班子中回族干部的比例也要不低于回族人口所占的比例。

自治区党委还要求各地切实尊重少数民族的风俗习惯,并为此提出了一些具体措施。自治区党委还提出,要尊重少数民族的宗教信仰自由,对群众正当的宗教活动不要干涉和限制,并逐步做好清真寺的开放工作。同时,也要经常对党团员进行无神论教育。

二、因地制宜,发挥优势,大力发展经济。宁夏引黄灌区素有“塞上江南”之称,这里耕地多,水利资源丰富,农业机械化程度较高,集体经济比较巩固。要尽快把整个引黄灌区建成商品粮基地,建成枸杞、甜菜、水果、蔬菜等生产基地。南部山区虽然雨量稀少,干旱严重,自然条件差,但这里有许多荒山草坡,发展林业、畜牧业和油料作物的潜力很大,经过努力可以建成为牧业、林业和油料生产基地。此外,还要根据宁夏的特产资源,积极发展轻工业,并与一些兄弟省市搞好协作、联合,把经济搞活。

三、放宽经济政策,以利群众休养生息,发展生产。

四、切实改进工作方法和领导作风。当前,各级领导首先是自治区党政领导同志要认真学习钻研民族工作和经济工作,同时还要坚持深入基层,深入群众,搞好调查研究。

京津沪等市出售台湾商品

《人民日报》报道,最近,在北京、天津、上海、广州、福州等地的商店里,有一些标明“产地:台湾”的商品出售。这些商品有电风扇、电视机、录音机、手表、纯涤纶布、折叠伞、仿象牙筷等。出售的这些台湾商品,批量还不大,都是经香港转口来的。这样一批台湾商品在祖国大陆上市,是近30年来的第一次。

600多货栈在搞好商品流通活跃城乡经济中大显身手

全国供销合作社系统的680多个县以上的贸易货栈,发挥它们联系面广、耳目灵通、交易灵活、买卖方便的特点,在活跃城乡物资交流中大显身手。

贸易货栈是一种传统的商品流通的好形式,特别适宜于经营零星分散、供求变化迅速的三类农副产品。十年浩劫期间,货栈贸易濒临绝境。党的十一届三中全会以后,大批贸易货栈恢复和建立起来。这些货栈普遍以“四代”(代购、代销、代运、代存)业务为主,同时适当开展自营业务。一年多来的实践证明,货栈在疏通商品流通渠道、增加市场供应、减少流通环节、平抑市场物价和促进农副业生产发展5个方面有明显的积极作用。

全国人大常委会副委员长谭震林在北京会见由伯恩斯率领的澳大利亚昆士兰州工党议员团

**解放军总政治部主任韦国清在北京会见由阿尔及

利亚国防部海军司长本·亚莱斯中校率领的代表团。

越南当局加紧在中越边境袭扰挑衅

《人民日报》报道，最近，越南当局加强了派遣武装人员对我国广西、云南边境地区进行袭扰寻衅的活动，危害我边境地区的安全，破坏我边境居民的和平生活。仅五六月份，这类边境入侵、挑衅事件即达114起。

值得注意的是，越南当局在中越边境增加军事袭扰的活动，是在越南军队加强在柬泰边境的军事行动、派兵入侵泰国的情况下发生的。

在这以前，越南当局一直没有停止在中越边境地区进行这类袭扰活动。在过去的十四个月当中，越南武装人员向我广西、云南边境入侵挑衅事件达2000多起，打死打伤和抓捕绑架我边民、边境工作人员达240多人。特别是最近一段时间里，他们的武装挑衅活动更加频繁起来。

越南武装人员不断侵入我边境地区，侦察军事情报，埋设地雷，炸毁汽车，劫掠财物，毁坏田林，散发传单，放火烧房子，直到抓捕和绑架边民，开枪打人。设在边界越方一侧的据点还经常向我方一侧开枪开炮，造成我边民生命财产的损失。

6月11日，越南武装人员30多人用机枪、冲锋枪向云南金平县马鞍底公社札门生产队的边民扫射。6月27日，越军约一个班潜入我境内40米处的凭祥地区上扬哨所，甩手雷，埋地雷，散发350多张传单。7月1日，3名越南军人携带苏制冲锋枪、军用地图和手榴弹等，侵入我境内四公里处的云南省麻栗坡县卡房脚，进行侦察和骚扰活动。7月2日，广西防城各族自治县东兴公社社员四人在河边捕鱼，遭到越军袭击，并被抓走。在这以前，在云南、广西边境地区都多次发生入侵越军打死打伤我边民的流血事件。

在天津召开的全国节能经验交流会指出把节约能源同企业的技术改造结合起来对今后的节约能源工作有重要意义

新华社报道：由全国总工会、中国科协、国家经委联合召开的部分城市群众能源节约利用工作经验交流会认为，在继续抓好节能管理工作的同时，改进技术装备、革新工艺对节能有着重要作用。目前我国已经推广应用的节能新技术，有远红外加热、新型隔热保温材料、新型烧嘴、锅炉窑炉改造、汽车节油、民用煤灶改造、太阳能和沼气利用等。有些新技术被用来改造设备以后，效果显著。据21个省、市、自治区统计，远红外加热新技术已在600度以下的79万千瓦电加热炉设备上推广和应用，推广面达61%，一年可节电8亿度，节约资金8000万元以上，而两年推广节能新技术只用了1600万元。

今年300多万人报名参加高校统考

《人民日报》报道，今年全国报名参加高等学校统考的人数为331万多人，其中应届高中毕业生为230万人，占考生总数的69.7%。

7月5日

国务院总理华国锋电贺卡赛姆·里马维就任约旦新首相

中共中央副主席叶剑英到湖北省进行视察

新华社报道，7月上旬，叶剑英到湖北省视察。在视察期间，叶剑英听取了中共湖北省委和武汉部队党委的工作汇报，并且在汇报会上作了重要讲话。他还接见了湖北省、武汉市的党政负责同志、武汉部队的负责同志以及省、市和武汉部队各部门的负责同志。

国务院副总理李先念在人民大会堂会见葡萄牙社会民主党主席议会议长阿尔梅达

李先念说，阿富汗事件不是孤立的，它是苏联霸权主义全球战略的一个组成部分。他指出，现在苏联正在搞和平攻势，目的是欺骗世界舆论，大家不要相信它。世界各国要团结起来，同它进行针锋相对的斗争。

阿尔梅达说，面对霸权主义的威胁，西方国家认识到如果不团结起来，国家就要遭到毁灭。他指出，对霸权主义必须采取坚决的态度，才能维护世界和平。

他们对中葡两国建交以来友好关系的发展表示满意，并就当前的国际形势交换了看法。

中共中央副主席李先念在北京会见黄文欢

李先念对黄文欢说：您去年毅然来到北京，在这里做了许多有利于中越友谊的事。他说：我不相信越南广大干部和人民会满意越南的现状。越南人民经过了30多年的战争，理应休养生息，建设自己的国家。可是黎笋集团在印支地区大搞侵略扩张，继续把越南人民拖进战争，越南人民怎么受得了啊。

黄文欢说，现在黎笋一伙跑到国外去求救。我相信，不管是谁，也救不了他们。

李先念希望黄文欢保重身体，继续为中越友谊作出贡献。

中办国办召开座谈会研究改善机关文书和档案工作

中共中央办公厅和国务院办公厅今天联合召开中

央和国家机关办公厅(室)主任座谈会,研究进一步加强和改善机关文书处理工作和档案工作,以提高机关工作的效率和质量问题。

中央办公厅副主任曾三、国务院副秘书长吴庆彤、国家档案局局长张中在会上讲话。他们指出,我们党和国家历来重视机关文书工作和档案工作。搞好这一工作,对于改进机关工作,搞好生产建设、科学研究有重要的作用。

新中国成立以来,我们的机关文书处理工作和档案工作形成了一套比较完整的制度。但在十年动乱中,文书处理工作和档案工作的正常秩序受到了严重破坏,直到现在这些工作仍存在不少问题。例如文书处理工作缺乏统一的管理制度。有些机关文件数量过多,乱抄乱送。有些机关没有文件催办制度。有些机关文件归档制度不健全,一些重要文件没有归档。有些机关档案工作的机构和人员不能适应需要。有些机关保管档案的库房和设备严重缺乏。这些问题,都需要各机关尽快加以解决。

曾三、吴庆彤、张中在讲话中还希望各机关把过去的文书、档案进行一次清理,该立卷归档的要立卷归档,规定保管期限;不需要保存的可在经鉴定后加以处理。立卷归档要贯彻平战结合的原则,既便于使用,又能保证安全。各机关要挑选合格的称职的干部来做好文书档案工作,干部要相对稳定,并从物质待遇上鼓励他们终生从事这项工作。各有关部门还要加强科学技术档案的建立和保管工作。

国务院批准公安部制定的《人民警察使用武器和警械的规定》

(1980年7月5日国务院批准　1980年7月15日公安部发布)

第一条　为了使人民警察依法有效地执行公务,以及时制止犯罪行为,保护人民群众和采取正当防卫,特制定本规定。

第二条　人民警察在执行逮捕、拘留、押解人犯和值勤、巡逻、处理治安事件等公务时,可以根据本规定,使用武器和警械。武器和警械是指:枪支、警棍、警笛、手铐、警绳和其他警械。

第三条　人民警察在执行公务中,遇有下列情形之一时,可以开枪射击:

(一)逮捕、拘留、押解人犯,遇有以暴力抗拒、抢夺武器、行凶或脱逃等非常情况,非开枪不能制止时;

(二)犯罪分子以暴力破坏社会秩序,危及人民生命安全,非开枪不能制止时;

(三)人民警察保卫的对象、目标,受到暴力侵袭或者有受到暴力侵袭的紧迫危险,非开枪不能制止时;

(四)犯罪分子劫狱或在押人犯越狱、行凶、暴动、抢夺武器,非开枪不能制止时;

(五)人民警察的生命安全遭到犯罪分子的暴力威胁,非开枪不能自卫时。

第四条　人民警察依照第三条的规定对犯罪分子开枪时,除遇到特别紧迫的情况外,应当先进行口头警告或鸣枪警告,犯罪分子一有畏服表示,应当立即停止射击。开枪射击后,应当保护现场,并立即向上级报告。

第五条　人民警察在执行公务中,遇有下列情形之一时,可以使用警棍:

(一)依法执行逮捕、拘留,遇到抗拒时;

(二)处理打砸抢、聚众骚乱和结伙斗殴事件,警告无效时;

(三)遭到犯罪分子袭击,需要使用警棍自卫时。

第六条　人民警察在使用警棍制止犯罪行为时,应当以制服对方为限度。当对方的犯罪行为得到制止时,应即停止使用。

第七条　人民警察在执行公务中,遇有下列情形之一时,可以使用警笛:

(一)需要呼唤正在巡逻、值勤的军警共同制止犯罪时;

(二)需要动员群众协助追捕正在逃跑的人犯时;

(三)需要用以警告正在犯罪的分子停止犯罪行为时;

(四)需要用以制止违反交通规则的行为时。

前款第一、二、三项的笛声为连续短促音,第四项的笛声为持续长音。

第八条　人民警察在押解犯罪分子过程中,为防止逃跑、行凶,可以使用手铐、警绳。

第九条　人民警察在追捕人犯或者制止打砸抢行为时,为了避免伤亡,对被围困后仍进行抗拒的犯罪分子,可以使用其他警械。

第十条　人民警察正在执行公务的各种警车,可以使用特殊音响警报器和红色回转警灯。对使用特殊音响警报器和红色回转警灯的警车,其他车辆应当避让。

《人民日报》发表评论员文章《学习范熊熊的斗争精神》

浙江省宁波海洋渔业公司镇海渔业基地党支部纪律检查委员范熊熊同志,为了履行自己的职责,在同不正之风斗争的过程中,英勇地献出了自己的生命。她的斗争精神感人至深,发人深思。正像范熊熊同志遗书中所说,自始至终,她的心是朝着党的。她热爱党,热爱共产主义的伟大事业。她把保持党的肌体的强壮、健全,维护党的崇高威信,看得比自己的生命还重要。

因此，她对于破坏党规党法，损害党和人民利益的行为，深恶痛绝，以至不惜牺牲自己的生命来进行斗争。她的死，毫无自私的目的，充分表现了无产阶级忠诚战士、中华民族优秀儿女无私无畏的高尚品质。她的死，激励我们进一步行动起来，为了捍卫党的纯洁性，积极同不正之风作毫不妥协的斗争。我们高度赞扬范熊熊同志的斗争精神，同时也应指出，她最后所采取的行动，是不可取的，是不应当效法的。

范熊熊同志曾经锐敏地观察到："党的健全肌体，经过五十多年的风吹雨打，病毒感染，不止只是一小块霉菌，如不及早医治，它会迅速蔓延。"是的，新中国成立以后，由于革命斗争胜利，党在全国已经处于执政地位，一部分同志产生了骄傲自满情绪；由于党和国家的民主集中制不够健全，以及封建阶级和资产阶级的思想影响，党内的不良倾向有所发展。特别在十年动乱期间，由于林彪、"四人帮"的倒行逆施，党的优良传统和优良作风遭到严重的破坏。粉碎"四人帮"以后，党中央大力整顿党风党纪，党的优良传统和作风确实有所恢复。但是，各种不良倾向、不正之风，在某些地方、某些部门的不少党员、干部身上，仍然表现得相当严重。像镇海渔业基地这种弄虚作假，招工开后门，为自己或亲友谋私利的事，在好些单位已经发展到了恶习难改的地步。不少负责干部明知不对，却偏偏要犯，一旦被检举揭发之后，总是千方百计地隐瞒、搪塞，甚至公然"顶牛"。特别恶劣的是，有些人竟敢无视党纪国法，对揭发检举者进行打击、报复。某些领导机关或纪律检查部门的个别领导人，又往往存在着姑息、迁就的情绪，或者本人就沾染了不正之风，以致不肯或不敢于严格执行纪律，使得一些案件"大事化小、小事化了"，或者公然顶着不办。这是某些不正之风不能得到迅速纠正的重要原因。从范熊熊同志在斗争中所遭受的阻挠和打击，可以看出宁波海洋渔业公司镇海渔业基地和有关上级机关的一些领导人违法乱纪多么严重。范熊熊的投海，可以说是向这种现象的挑战。因此，我们无论如何不能让这种状况继续下去了。全党同志应当立即行动起来，坚决同各种不良倾向、不正之风作斗争；纪律检查机关应当执法如山，铁面无私；那些热衷于搞不正之风的人，应当悬崖勒马，立即改正。只有这样，我们才能迅速端正党风，提高党的战斗力，提高党的威望，我们党才能卓有成效地担负起领导四化建设的历史重任。

当然，由于林彪、"四人帮"对党的破坏十分严重，它所造成的创伤，不可能在很短时期内完全治愈；同时，党并不是存在于真空之中，各种非无产阶级思想的影响，也不可能在短时期内消除。因此，整顿党风、党纪的斗争，还是一桩复杂、艰巨的斗争。每个维护党纪、党风的党员，不但要有再接再厉、顽强战斗的精神，而且要学会进行复杂斗争的艺术。特别是青年党员，更应该加强这方面的学习和锻炼。熊熊同志是党支部的纪律检查委员，她对待违法乱纪的行为进行了坚决的斗争，这是十分可贵的。一切正直的共产党员和共青团员都应当向熊熊同志学习。同时，我们对熊熊同志的死十分的惋惜，希望我们的同志在同违法乱纪作斗争中，不仅要敢于斗争，还要善于斗争，要在斗争中越来越坚强。应当看到，我们有党中央的正确领导，有《关于党内政治生活的若干准则》的强大武器，还有各级党的纪律检查委员会撑腰，只要全党动员起来，向各种不良倾向和不正之风进行坚决、顽强的战斗，真理就一定会战胜谬误，我们就会在整顿党纪、党风的斗争中，不断取得新的胜利。我们党的优良传统和作风一定能恢复和发扬，我们党一定能在领导四化建设的征程中阔步前进。

全国煤矿提前完成上半年国家计划

《人民日报》报道，今年上半年，全国煤矿已提前五天完成今年上半年国家计划，洗精煤提前18天完成上半年生产任务。回采工效率、原煤坑木消耗、工作面单产、机械化程度等7项经济技术指标，都创造了最好水平。

第二届国外新产品样品陈列会在北京劳动人民文化宫开幕

美国、英国、法国、日本、联邦德国、新加坡6个国家和香港地区的11家综合代理商(代理30多个专业公司)参加这次陈列会。陈列会以技术交流为中心，同时放映科技电影和录像。陈列的新产品有缩微检索计算机、航空电子计算机、模拟混合计算机、工业自动化电子模拟控制系统、多功能复印机和功率电缆生产设备等10余类、70多个品种。

国务院副总理姬鹏飞在北京会见以市政委员会主席西·皮徒尔松为团长的冰岛雷克雅未克市友好代表团

国务院副总理姚依林在北京会见美国经济学家劳伦斯·克莱因与特德·安德森等人

外交部照会越南驻华大使馆强烈抗议越当局在中越边境武装挑衅

照会指出，"越南当局在强化侵柬战争、公然出兵侵犯泰国领土和加剧东南亚地区紧张局势的同时，又在中越边境地区不断挑衅，加剧中越边境地区的紧张局势，这充分证明越南当局盲目迷信武力，凭借苏联支持，顽固坚持推行地区霸权主义和反华仇华政策。”

照会强调：“中华人民共和国外交部强烈抗议越南方面的武装侵犯和挑衅行为。越南方面必须立即停止对中国边境的一切武装侵犯和挑衅行为，交还被绑架的中国渔民，否则，它必须对由此而产生的一切后果承担全部责任。”

国务院副总理方毅在北京会见由地质学教授 校长弗兰克·罗兹率领的美国康奈尔大学代表团

聂轰逝世

政协第五届全国委员会委员、民革中央常务委员聂轰同志，因病于7月5日在北京逝世，终年62岁。

聂轰是江西省清江县人，1941年毕业于四川大学，1948年5月参加了“中国民主革命同盟”的民主活动，1948年8月加入中国共产党。新中国成立后，他在民革中央工作了近30年，为发展革命的爱国的统一战线做了许多工作，对党和人民的事业作出了贡献。

7月6日

中华人民共和国外国投资管理委员会批准有关单位同客商新近成立三个合资经营公司

这三个公司是：新疆天山毛纺织品有限公司，太阳宫饭店公司，中国迅达电梯有限公司。

由乌鲁木齐毛纺织厂与香港天山毛纺织有限公司合资经营的新疆天山毛纺织品有限公司，将以新疆的羊绒、羊毛为原料生产羊绒衫和羊毛衫，年产70多万件，在国内外销售。公司设在乌鲁木齐市。它所属的工厂预计1981年第二季度试车、投产。

太阳宫饭店设在北京太阳宫附近，由中国国际旅行社总社与香港益和有限公司合作建造和经营。这家饭店将建造一座26层的现代化大楼，预计今年年底动工，一年半后竣工营业。

中国迅达电梯有限公司由中国建筑机械总公司与瑞士迅达股份有限公司、怡和迅达(远东)股份有限公司合资经营。这个公司将生产、销售、安装和维修电梯、自动扶梯、自动人行道，7年内达到年产各种电梯2000台的生产能力。

《人民日报》发表社论《热烈欢迎刚果贵宾》

应我国政府的邀请，刚果人民共和国总统德尼·萨苏—恩格索定于今日到达北京，对我国进行正式友好国事访问。中国人民怀着喜悦的心情热烈欢迎来自刚果的贵宾。

刚果位于非洲中部、濒临大西洋，是个自然资源富饶的国家。勤劳勇敢的刚果人民具有反帝、反殖的光荣斗争传统。在赢得独立以后，刚果政府和刚果人民为捍卫国家主权、维护领土完整和民族权益进行了卓有成效的斗争。一年多来，在萨苏总统领导下，刚果政府为加强民族团结，克服经济和财政困难，建设自力、自主的民族经济作了很大努力，并已取得初步成果。中国人民对刚果人民在前进道路上不断取得的成就感到由衷的高兴。

在国际事务中，刚果奉行反帝、反殖、不结盟政策，坚持维护国家主权和民族独立，强调睦邻友好，主张非洲团结，支持南部非洲民族解放运动，反对外来势力对非洲的干涉。近年来，刚果政府强调在互利和平等基础上推行开放和国际合作的政策，也取得了良好的效果。

当前非洲形势令人鼓舞。津巴布韦的光荣独立，不仅鼓舞着非洲国家和非洲人民沿着反对帝国主义、殖民主义和种族主义的大道继续前进，而且预示着从非洲大陆根除殖民主义和种族主义、争取非洲大陆完全独立和解放的日子已为期不远。第十七届非统首脑会议通过的有关南部非洲的一系列决议必将加速南非种族主义的灭亡，加速非洲大陆非殖民化的进程。非统首脑会议和不久前举行的非统经济首脑会议决心加强非洲内部的经济合作，实行集体自力更生，必将促进非洲经济的发展与繁荣。中国人民衷心祝愿非洲国家和非洲人民在前进道路上不断取得新的成就。

中刚两国虽然相距万里，但是，共同的反帝、反殖斗争把两国人民紧紧连接在一起。中刚两国人民在这一斗争中互相支援，结下了深厚的友谊。我们相信，萨苏总统的这次访华必将使这种友谊得到进一步的加强。

国务院副总理姚依林会见哥伦比亚—中国友好协会代表团

中国心理代表团出席在莱比锡举行的第22届国际心理学大会

在国际心理学大会期间，心理学科学国际联合会召开了代表大会，决定接纳中国为会员国。以中国心理学专家、杭州大学校长陈立教授为首的中国心理学代表团首次参加代表大会，并出席国际心理学大会，受到各国专家同事们的热烈欢迎。

山东41个县遭暴风雨和冰雹袭击

《人民日报》报道，山东省41个县的244个公社在7月6日到7日遭到暴风雨和冰雹的袭击。灾害涉及昌潍、惠民、泰安、菏泽、临沂、德州、烟台、济宁、淄博、青岛、济南等11个地、市，受灾农作物510万亩，倒塌、损坏房屋4.1万多间。

灾害发生后，中共山东省委和受灾地区党政机关派出干部分赴灾区，组织群众奋力抗灾。省领导部门拨出60万元救济款、850万元贷款，调出2.7万吨化肥，各地、县也都筹集一些资金、化肥，支援灾区人民安排生产。现在，受灾重的98万亩农作物已全部翻种；受灾较轻的农作物经过管理，已基本恢复正常生长状态。

7月7日

国务院总理华国锋在人民大会堂会同刚果人民共和国总统德尼·萨苏—恩格索上校举行会谈并设晚宴招待刚果总统一行

会谈时，华国锋总理说，萨苏总统是中国人民的老朋友，这次访问将对发展两国人民的友谊作出重要贡献。

萨苏总统说，我怀着十分愉快的心情再次来到友好的中国访问。这次同华国锋总理和其他领导人的会晤，将会进一步发展两国和两国人民之间业已存在的友好合作关系。

晚宴时，华国锋首先在宴会上讲话。他指出近日在塞拉利昂首都召开的非洲统一组织第十七届国家元首和政府首脑会议取得了重大的胜利。他说，十七年来，非统组织为了支援非洲各国争取民族独立和解放的斗争，特别是目前为了推动非洲各国发展民族经济、加强经济合作、巩固独立、加强团结，都起了重大作用，作出了积极的贡献。他指出，非统组织已成为当前维护世界和平，反对帝国主义和殖民主义的一支重要的力量。我们衷心希望，非统组织在国际事务中发挥更大的作用，作出更大的贡献。他说："中国政府和人民一向把非洲人民取得的每一项胜利看作是自己的胜利。在非洲人民今天为捍卫民族独立和国家主权，反对外来干涉，维护世界和平斗争中，中国人民将永远是你们忠实可靠的朋友。"

在谈到中刚两国关系时，华国锋说，两国在维护民族独立、捍卫国家主权、反对帝国主义和殖民主义的长期斗争中，一向相互同情，相互支持，尽管国际风云变幻，中刚友谊经受住了时间的考验。我们两国友谊的加强和发展，不仅有利于中刚两国人民，而且也有利于第三世界和世界各国人民争取和维护世界和平的神圣事业。

华国锋说：今天第三世界发展中国家都面临着建设自己国家的共同任务，需要一个和平稳定的国际环境。中国政府一贯奉行和平外交政策，坚定不移地为维护世界和平，发展各国人民之间的友好合作和促进人类进步事业而努力。但是，我们也清醒地懂得，和平不能靠乞求来取得。只能依靠世界各国人民团结一致，共同斗争，才能遏制帝国主义、殖民主义和霸权主义的侵略和扩张，才能争得一个较长的国际和平时期。

国务院总理华国锋在北京会见由泰国上议院第一副议长甲蒙·德差东卡空军上将率领的泰国国会代表团

会见时，华国锋谴责了越南军队对泰国的入侵，并对泰国维护自己的独立主权和领土完整的立场表示赞赏。

华国锋说，他将去日本参加大平首相的葬礼，并将在那里会见泰国总理炳·廷素拉暖。他相信，这次会晤将会取得良好的结果。

在谈到中泰两国关系时，华国锋说，中泰两国有着悠久的友好历史，近年来两国关系发展得很好，我们两国要互相尊重、互相帮助、互相支持。

国务院总理华国锋在北京会见美国参议院民主党领袖罗伯特·伯德和夫人一行

华国锋说，关于美国政府邀请他访问美国一事，由于种种原因，未能成行。这次借去日本参加大平正芳首相葬礼的机会，能同卡特总统见面并进行友好会谈，他感到非常高兴。

华国锋在谈话中赞扬伯德参议员为发展中美关系和两国贸易所作的努力，并同他就进一步发展中美关系和亚洲形势等国际问题交换了看法。

华国锋说，中美两国在国际事务中有许多共同点。中国是从全球战略的观点来考虑中美关系的。他希望中美友好不断发展下去。

《人民日报》发表于光远的文章《对待社会主义所有制的基本态度》

为了在本世纪内实现适合中国条件的现代化，把我国建设成为伟大的社会主义强国，就必须采取有力措施，创设各种能促进这一历史任务得以完成的条件。正确对待社会主义所有制问题是其中很重要的一个。

我认为，马克思主义者对社会主义所有制问题的基本态度是：凡是最能促进生产力发展的，我们就赞成，就支持；凡是虽能促进、但这种促进作用不大的，我们就不能那么赞成，不能那么去支持；凡是不能促进生产力发展的，我们就不赞成，就不支持；凡是阻碍生产力发展的，我们就坚决反对。只有持这样的基本态度，才有利于社会主义现代化在我国的实现。

生产关系必须适应生产力发展的水平，这是任何社会里都起作用的客观规律。但是，在马克思主义诞生之前，人们对这个规律可以说基本上没有认识，更谈不上自觉地运用这个规律。而且在剥削阶级统治的社会里，甚至是在进行社会化大生产的资本主义社会里，即使这种生产关系已经成为生产力发展的桎梏，剥削阶级总要维护对其有利的生产关系。在那样的社会里，也不存在一个能够自觉运用这个规律来指导社会发展的中心。所以统治阶级中即使个别学者或政治家对这个规律有某些认识，也不能自觉地运用这个规律，改变生产关系，以适合生产力的发展。只是在十九世纪，马克思主义诞生之后，处于被剥削被压迫地位的、肩负着埋葬资本主义制度历史使命的无产阶级，才能够明确地认识到这个规律，依靠这个规律，自觉地进行推翻束缚生产力发展的资本主义生产关系的革命斗争。一个国家无产阶级革命取得胜利之后，阶级对抗的情况发生了变化，特别是在对旧的生产关系进行社会主义改造取得胜利之后，以马克思主义武装起来的无产阶级政党掌握了国家政权并成为指导社会经济发展的中心，经常地自觉地选择最适合生产力发展的生产关系，推动社会不断前进，才成为可能。

社会主义的经济制度从根本上说是适合生产力发展的，但是还需要解决具体的经济体制、经济政策的问题。只有经常地自觉地选择最适合生产力发展的生产关系，实行更好的经济体制和经济政策，社会主义的优越性才能得到发挥。无产阶级革命与社会主义改造的胜利，提供了这样做的可能性。为了利用这种可能性，就要对政治经济学社会主义部分进行深入的研究。我认为马克思主义这一重要学科的主要任务，就是要具体地研究：在什么样的生产力水平条件下，什么样的生产关系，会对生产力的发展起什么样的作用。只有对这种客观规律性的研究取得了成果之后，我们才可以据此寻找适合当前生产力水平的、最能促进生产力发展的生产关系，并把它确定下来，努力克服建立这种生产关系所遇到的各种阻力。今天我们中国正处在一个需要进行经济体制改革的历史时期，这种寻找适合生产力发展的生产关系的科学研究，尤为重要。由于生产力是不断发展的，生产关系虽然必须相对稳定，建立了这样的体制之后，它的基本点就要坚持几十年，但并不是绝对稳定不变的，因此这种寻求适合于生产力不断发展的各种生产关系的工作，是一直要做下去的。

衡量一种生产关系优越与否或何种生产关系更为优越的唯一标准，只能是它能否最好地促进当时当地的生产力的发展。这是历史唯物主义的基本观点。对于一个马克思主义者来说，除了这个标准之外，就再不能有其他标准了。

具体一点说，在一个社会主义国家里，不同的历史时期最能促进生产力发展的生产关系，就是当时当地最优越的生产关系。同时，在一个社会主义国家的某一个时期，可能同时并存着几种不同的社会主义所有制。它们对不同的部门，对规模不同的经济组织，对生产力发展水平不同的地区以及其他各种不同的情况，可以各有其特有的优越性。举例来说，社会主义国有制经济、社会主义劳动群众集体所有制经济和社会主义辅助经济这三种经济的同时并存，可能就是最适合于我国目前这个历史时期生产力发展状况的生产关系。而这三种社会主义经济对不同的生产力状况各自显示其优越性。国有制经济在我国今天的历史条件下，对于现有现代化的大工业生产来说，可能是最为优越的。但是对于广大农村而言，社会主义集体所有制显然优于国有制。对于城市的小经济来说，也很有可能社会主义集体所有制优于国有制。而为了发挥家庭内的劳动力的作用，社会主义辅助经济的作用，却是国有制和集体所有制经济所无法代替的，因而应该承认，自留地、家庭副业等，在这一点上也有其独有的优越性。

在我们干部的头脑中，除了能否最好地促进生产力发展之外，还有没有其他标准呢？以前有，现在也还不能说没有。例如，在一部分干部中流行这样的观点：社会主义国有制无条件地比社会主义集体所有制优越；在社会主义集体所有制的范围内，公社一级核算无条件地比大队一级核算优越，大队一级核算无条件地比生产队一级核算优越；在生产队一级核算的集体所有制范围内，实行工资制无条件地比实行工分制优越；在实行工分制的范围内，不采取联系产量的责任制，无条件地比联系产量的责任制优越。在他们的头脑中就有这样一张一种社会主义所有制比另一种社会主义所有制优越的序列表。他们在这么想的时候，显然是在能否最好地促进生产力发展这个标准之外还另有标准。这个标准看来一个是“大”，一个是“公”，就是所有者的范围越“大”越好，越“公”越好。不问生产力的水平，不去考虑何种生产关系更能促进生产力发展，不问当时当地具体情况，而是无条件地按照“大”和“公”的公式来评价各种社会主义所有制的优越程度。在社会主义所有制问题上的这种基本态度，是从前在有关所有制的政策上常常犯错误的根本原因之一。

为了讲清楚问题，我认为要把“优越性的大小”这个概念和“先进”或是“落后”这个概念加以区分。一种生产关系“优越性的大小”，指的是它对当时当地生产力促进作用的大小；“落后”和“先进”，指的是随着生产力的发展，与生产力水平相适应的生产关系变化的次序。这就是说，从人类社会历史发展的过程来说，随着生产力的向前发展，旧的生产关系被新的生产关系所取代，是必然会发生的。被代替的可以视作“落后的”，代替者可以视作“先进的”。“落后的”为“先进的”取代，可以称之为“前进”，反之，可以称之为“后退”。因此“落后”与“先进”这样的概念，一定要放到生产力与生产关系相互关系的历史发展中去考察，离开了对生产力的关系，关于生产关系何者“落后”、何者“先进”的任何谈论，都是毫无意义的。

从历史发展的过程来看，随着生产力的发展，社会主义所有制的前进将会是怎样的呢？

这是一个很复杂的问题。在上述序列内说到的那些所有制形式中，有的形式可能在今后一个相当长的时期内继续存在；但有的只会在不太长的时间内存在，经过一个时期就会被另外的形式所代替，有的甚至只会存在一个短暂的时间，不久就会改变；有的已经可以很清楚地看出它的前途，有的至今还看不准或者甚至根本看不出它的发展前途。在这张序列表中的各种所有制形式不一定都已经或都将要成为现实，而且很可能将来还会出现这张序列表中还没有的形式。总之，在社会主义所有制的未来发展问题上，要对哪一种所有制“先进”，哪一种所有制“落后”作出判断，就一定要进行周密的科学研究，甚至要等待历史经验的创造和检验。而进行这种研究，除了总结国内外历史经验之外，没有别的方法。在进行这种研究时，仍然要以生产关系必须适合生产力性质这一马克思主义原理为指导。

按照严格的科学态度的要求，上述“社会主义国有制无条件地比社会主义集体所有制优越……”这个序列，不但对于评价何种所有制更为优越是错误的，就是对于判断在所有制未来发展过程中何者“先进”、何者“落后”来说，也未必都如此。例如社会主义集体所有制将来未必一定向社会主义国有制发展，这两种社会主义所有制会不会都直接发展为第三种所有制，是我们学术界已经提出、已经在研究的一个问题了。很可能在这序列中只有一部分是正确的，另外一部分是不正确的。生产队核算一定要向公社一级核算过渡这一点就未必正确。

按照上述序列来判别“先进”和“落后”，唯一的根据也是“大”和“公”。按照上面讲的道理，不但“大”和“公”作为衡量一种所有制优越与否的标准不行，简单地用“大”和“公”来考虑所有制的发展也很值得研究。现在越来越看得清楚，即使在非常发达的经济中，“小经济”即小规模的经济，仍然是必要的，大小经济应该长期并存。社会主义的经济组织本身，既然不一定从小到大发展，所有制为什么“小”的一定就“落后”，“大”的就“先进”？同时，什么叫作“公”，也是一个值得研究的问题。在上述序列中，“公”指的也是所有者的外延，即指的只是所有者范围的大小，并没有说劳动者的集体在何种社会主义经济中更能充分当家做主，即没有从内涵方面去发展“公”的概念。因此用“大”和“公”的概念来看所有制，常常带有片面性。关于在历史发展中社会主义所有制何者“落后”、何者“先进”的问题，不应该受流行的观点的束缚，而应该解放思想，按照马克思主义的基本原理，认真地进行科学探讨。

国务院副总理谷牧在人民大会堂会见以日本丰田汽车贩卖公司社长山本定藏为团长的日本丰田汽车贩卖公司访华团

国务院副总理方毅在人民大会堂会见美国加利福尼亚州州立大学圣地亚哥分校计算机科学系主任胡德强教授项武忠和夫人

《人民日报》发表评论员文章《说假话者戒》

昔阳县自1973年到1977年的5年间，共虚报粮食产量2.7亿多斤。一个曾经名扬中外的县，在粮食总产量这个极其严肃、极其重要的问题上，说了五年假话，这是非常令人痛心的。

我们党历来强调忠诚老实，实事求是，说真话，办实事，历来反对言行不一，反对说假话、搞假汇报。多少年来，我们党以有这样一个优良的作风，博得全国人民的信任。十年动乱期间，林彪、“四人帮”彻底破坏了我们党的这个优良传统，把弄虚作假、撒谎吹牛弄到登峰造极的地步。农业明明减产，偏偏说“又夺得一个丰收年”，有些地方明明家无隔夜之粮，偏偏说“到处莺歌燕舞”。事情很清楚，靠说假话搞农业，势必断送农业的前途，乃至整个国民经济的前途；靠说假话治国，势必病国、误国。说假话误国、误党、害民，我们再也不能容忍各种各样的假话继续说下去了。

为什么说假话竟成了一时的风尚？根本原因是“上边要，下边造”。上边的某些领导人，为了骗取荣誉，飞黄腾达，逼下边造假。前昔阳县委主要负责人就是为了搞出一个昔阳创造了“没有见过的大旱，没有见过的大干，没有见过的大丰收”的奇迹，坐镇会场，逼着公社书记虚报，创造了这个“没有见过的大骗局”。难怪昔阳群众说：“他们出名升官，我们出力受苦，还得跟着遭饥荒。”真是一语中的！

昔阳县在粮食产量上弄虚作假，这个问题不是今天才提出来的。早几年就有人怀疑其中有假，而且昔阳县委个别领导开始也承认过，后来又矢口否认，还迫使别人改口赖账。为什么同说假话的行为作斗争，竟是这样的困难呢？原因也很清楚，有少数领导人依仗权势，竭力维护谎言。你要敢讲真话，那就给你扣上“反大寨”、“砍红旗”的帽子。这种政治陷害是封建专制的产物。它掩盖了事情的真相，才使谎言不得拆穿，假话横行无忌。

昔阳粮食产量年年大幅度增长的谎言，终于揭开了。这是不幸中之大幸。脓疮与其让它长在身上，危害人体的健康，不如把它戳破了好。这里有一条经验，如果不对造假话的主要责任者加以更换，要他们承认错误讲出真话是不容易的。昔阳县委正是在更换了主要领导人，端正了思想路线，学习和贯彻《准则》的过程中，才把说了五年的谎话纠正过来的。纠正比不纠正好，所以说这还是一件好事。

昔阳县虚报粮食产量，责任主要在前县委的主要领导人，昔阳的广大人民群众是好的，他们是说假话的受害者。原县委的个别领导人弄虚作假，不仅欺骗了党，欺骗了全国人民，同样欺骗了昔阳的人民群众。我们希望昔阳县委认真总结经验教训，继续揭批林彪、“四人帮”的极左路线在昔阳县的流毒，领导昔阳人民同全国人民一道，按照党的路线、方针和政策，努力生产，努力工作，作出新的成绩。

林业部发出通知要求各地争取全面完成今年造林育林任务

目前正值我国南北方多雨的盛夏，是造林、育林的大好时机。7 月 7 日林业部发出通知，要求各地充分利用雨季的有利时机，大力开展造林、育林，争取全面完成或超额完成今年造林、育林任务。

通知要求各地加强领导，大力宣传、深入开展雨季造林。要使广大干部群众认识到，我们不仅要搞春季造林，而且要开展一年两季或三季造林，特别是在北方干旱山区和黄土丘陵区，春季十年九旱，造林不易成活，而扬长避短，利用雨季造林，则可大大提高造林成活率。其他地区，乘雨后土软，大搞挖山整地，既可提高工效，节省劳力，又可蓄水保墒，改良土壤。为今年秋冬和明春造林创造有利条件。

通知还要求各地大力开展雨季育林工作。夏季是幼林抚育的主要季节。多年来，不少地区只抓造林，不管抚育，是造成“小老树”的一个重要原因。各地要下决心用抓造林的劲头来抓好育林，组织群众大力开展幼林地锄草、松土，促进幼林生长。

全国总工会 一机部和中国机械工程学会焊接学会联合举办的全国锅炉压力容器制造业手工焊接技术表演赛在哈尔滨举行

在全国范围内举行手工焊接技术表演赛，这是新中国成立后第一次。表演赛的场地设在哈尔滨锅炉厂。参加表演赛的 69 名能工巧匠，是从全国 28 个省、市、自治区的 18 万名电焊工人中选拔出来的。每个参加比赛的选手要在规定的 4 个半小时内，把 5 种工件按不同图纸的要求焊接成型，据此评定出实际操作考试分数。然后，还进行焊工基本理论知识的考试。

重庆成都两市成立住宅经营公司出售住宅

两市住宅经营公司是根据四川省人民政府的决定成立的，属国营企业，经营的住宅是去年以来新建的。

四川省人民政府有关部门指出，私人购买的住宅，属于公民个人生活资料，受国家法律保护，允许继承、转让、出租。企事业单位和公民个人购买住宅，数量不受限制，既可以成栋购买，也可以按单元或户室购买。

中国地质学家参加在巴黎举行的第 26 届国际地质大会

中国派出了由 40 名地质学家组成的代表团和由 10 名古生物学家组成的小组参加了大会。中国科学家向大会提交了 120 篇论文，其中 3 篇将在大会讨论会上宣读，20 篇将在分组会上宣读。这次会议将持续到 7 月 17 日。

国际足联决定恢复我合法席位

国际足球联合会第四十二届代表大会，今天在这里正式通过国际足联执委会去年 10 月作出的关于恢复中华人民共和国在国际足球联合会的合法权利的决定。大会要求台北足球协会改名为“中国台北足球协会”，并且不得使用“中华民国”的任何标志。

来自 103 个国家和地区的足球协会的代表参加了这次代表大会。中华人民共和国足球协会的代表也出席了今天的会议。

郑州市有关部门对郑州市第一木器厂多次破坏商代城遗址事件进行严肃处理

《人民日报》报道，郑州商代城遗址是新中国成立后发现的一处商代前期城市遗址，是全国重点文物保护单位之一。位于商代城遗址保护区内的郑州市第一木器厂，置国家法令于不顾，曾几次在遗址重点保护区内兴建房屋。为了制止类似事件发生，妥善保护国家文物，郑州市文化局、第二轻工局根据有关规定，最近决定：一、擅自修建在商代城文物保护区内的围墙必须全部拆除。二、未履行报批手续修建的车间必须补办手续。三、对该厂党支部书记、厂长和基建负责人各处以罚款。

7月8日

国务院总理华国锋同刚果人民共和国总统德尼·萨苏—恩格索在人民大会堂举行会谈

中刚两国领导人在会谈中就当前的非洲形势、共同关心的其他国际问题和双边关系问题等，坦率友好地交换了看法。双方认为，两国领导人直接对话，交换意见，对增进相互间的了解和友谊是很有益的。双方希望，两国间在政治、经济、文化等方面业已存在的良好合作关系不断发展。

国务院颁发《关于推动经济联合的暂行规定》

随着经济管理体制的初步改革，当前各地已开始出现一些经济联合的形式。这种联合，可以扬长补短，发挥各个经济单位的优势，提高经济效果，加快生产建设步伐；有助于把地方、企业的物力、财力吸引到国家建设急需的方面来；有助于按照经济规律沟通横向联系，打破地区封锁、部门分割；有助于按照专业化协作原则改组工业，避免以小挤大，重复建厂，盲目生产。走联合之路，组织各种形式的经济联合体，是调整好国家经济和进一步改革经济体制的需要，是我国国民经济发展的必然趋势。为了推动联合，特作如下暂行规定：

一、组织联合，一定要从生产发展的迫切需要出发，坚持自愿原则，不能用行政命令强行组织。一般应当自下而上与自上而下相结合，以自下而上为主，由易到难，循序渐进，逐步发展，不要一哄而起。

组织联合，不受行业、地区和所有制、隶属关系的限制。但不能随意改变联合各方的所有制、隶属关系和财务关系。参加联合的各方原有的收入解缴关系，以及同银行的债权、债务关系，不得改变，如果需要改变时，应当征得财政部门和银行的同意。

组织联合，要平等互利，兼顾各方的经济利益。根据各方提供的条件，包括资金、原料、技术、劳力、场地、设备、设施等，确定分享经营成果(利润、产品)的比例，签署协议或合同。

联合的形式，要从实际出发，允许多种多样，不要硬套某种模式。

二、各种形式的联合体，在保证完成国家下达的计划任务的前提下，超计划的产品和自己组织原材料生产的产品，有的可以由商业、物资部门收购，有的可以按国家政策自销，互通有无。

三、要推进原料产地与加工地区的联合。原材料必须首先保证完成国家下达的计划调拨任务。超过部分，经过协商，有的可以由加工区返还一部分利润或产品；有的可以由加工区与原料产区联合经营，就地加工。

联合企业内部自产自用原料的供应，不再经过商业、供销、物资等中间环节，实行直拨自供。国家分配的原料，目前仍按联合双方的隶属关系，根据经济合理的原则，有的直达供应；有的由商业、供销、物资企业就地就近组织供应。

四、各种经济联合体都必须保证国家税收和利润上缴任务的完成，履行对国家的义务，不得挤占国家的财政收入。

参加经济联合的各方，职工的工资福利待遇办法，应当各按原来的规定执行，不要轻易变动。

五、经济联合的组织领导，要体现协作配合、共同负责的精神，实行民主管理、科学管理。联合企业应由有关各方的代表组成联合委员会，作为权力机构。对联合委员会决议，联营各方无权加以改变，行政部门也不得任意干预。

经济联合的各方，原有的协作关系未经协商同意，不得擅自中断。在履行协作合同的条件下，可以与联合体外的其他企业发生业务关系。组织在专业化协作联合体内的企业，不能吃“大锅饭”，应当实行独立核算。

六、经济联合的各方，达成协议后，要报请各自主管部门和工商行政管理部门备案。联合各方签署的协议和合同，受国家法律保护；拥有的资金、设备、物资等，任何人、任何单位不得平调。不履行协议或合同，以及执行中发生的纠纷，由主管部门调解。调解无效的，由法院裁决。

七、跨省市区、跨行业的经济联合，有关行政领导、物资供应、产品分配的归口等问题，目前可以由联合各方协商一个暂行办法。

八、各级政府要加强对经济联合的领导。凡是有利于发展生产、沟通供销、繁荣经济的联合，都应当积极支持和鼓励。要尊重企业的自主权，不要搞不合理的行政干预。要善于引导企业把办联合企业的积极性和发展社会生产的合理性结合起来，加快社会主义建设的步伐。

随着各种形式的经济联合的形成，会带来一系列的新问题，需要各有关部门在政策、制度、办法上作相应的改进，以促进联合的巩固和发展。计划部门要加强综合平衡。工商行政管理部门要加强管理，使各种联合有利于国民经济的调整和发展。银行要运用信贷、利率等经济手段，实行区别对待，择优扶植，并根据各种形式的经济联合的特点，组织结算工作，试办各种信托业务。财政税务部门要改进税制，解决联合体内部协作配套产品重复收税等问题。促进经济联合，是我们国家的重要政策，各地区、各部门都要满腔热情地爱护它，支持它，不断总结经验，引导它健康地向前发展。

以上暂行规定，希各地区、各部门结合实际情况试行。

山西水利厅决定停建“西水东调”工程并给过去因持不同意见而受到打击的工程技术人员平反

《人民日报》报道，山西省水利厅党组决定，在停建“西水东调”工程的同时，给过去因持不同意见而受到打击的工程技术人员平反。一些工程技术人员曾在“西水东调”工程设计和施工中，坚持科学态度，提出不同意见，结果被指责为“对昔阳的态度问题”、“两条路线斗争问题”、“搞阴谋诡计”，有的还挨了整，使工程技术人员受到很大压力。省水利厅党组认为这种做法是错误的，决定给挨过整的同志彻底平反，恢复名誉。

中华人民共和国政府和刚果人民共和国政府两项合作协议北京签字

国务院总理华国锋和刚果总统德尼·萨苏—恩格索上校出席了签字仪式。

外交部长黄华同刚果外交和合作部长皮埃尔·恩泽分别代表本国政府在经济技术合作协定和纪要上签字。

文化部长黄镇和皮埃尔·恩泽分别代表本国政府在中刚两国政府文化合作协定上签字。这项协定规定，中刚两国本着平等互利的原则，发展两国在文化、教育、社会科学、卫生、体育、出版和新闻广播等方面的交流和合作。

国务院副总理方毅在北京会见美籍物理学家美国加州大学圣地亚哥分校热斐尔学院院长吴家玮教授

国务院副总理姬鹏飞在北京会见塞浦路斯外交部秘书长乔治·贝拉纪亚斯和驻联合国粮农组织大使福蒂斯·布利迪斯

陈冲在南斯拉夫“为自由而斗争”电影节上获最佳女演员奖

“为自由而斗争”电影节是为纪念7月7日塞尔维亚起义节而举办的。电影节每年从7月1日至7日在贝尔格莱德附近的索波特举行。中国影片《小花》在本届电影节上受到了热烈欢迎。《小花》中扮演女主角的陈冲获最佳女演员奖。

张天云逝世

政协第五届全国委员会委员、中国人民解放军总后勤部原副部长张天云同志因病于7月8日在北京逝世，终年67岁。

张天云1913年12月出生在湖北省红安县一个贫农家庭，1929年加入了中国工农红军，同年加入中国共产主义青年团，1931年转为中国共产党党员。他入伍后历任班长、排长、连政治指导员、团政治委员、旅长、师长、纵队副司令员、军长、兵团副司令员、福州军区副司令员、总后勤部副部长兼后勤学院院长等职，曾被选为中国共产党第九届中央委员会委员、第四届全国人民代表大会代表、第四届政协全国委员会委员。1955年获二级八一勋章、一级独立自由勋章、一级解放勋章。

7月9日

国务院总理华国锋代表中华人民共和国到日本参加日本首相大平正芳的葬礼并慰问大平夫人等

国务院总理华国锋在东京分别会见四国领导人

华国锋总理会见的四国领导人是：泰国总理炳·廷素拉暖、孟加拉国总统拉赫曼、澳大利亚总理弗雷泽和民主柬埔寨政府副总理英萨利。

中共中央副主席邓小平在四川视察

7月9日，邓小平在四川省委第一书记谭启龙陪同下，视察了四川峨眉机械厂。他听取了工厂负责人的汇报，观看了车间的生产情况。同参加航空表演的飞行员亲切握手。

7月10日，邓小平视察了成都市郊簇桥人民公社，看了公社的沼气池，还看望了两户社员家庭。他仔细地询问了沼气池的建设和管理情况。当他了解到这个公社采用因陋就简、土洋结合的办法，建一个沼气池只花40多元钱时说：很好，这是个方向，可以因地制宜解决农村能源问题。他对陪同视察的省市负责同志说：能不能在1985年全省实现农村沼气化？要好好规划，加快发展。

邓小平还视察了都江堰水利工程和峨眉山旅游区，并同山上的旅游者亲切交谈。当他看到山上有的地方森林被毁、种上了玉米时，非常惋惜地说：这么好的风景区为什么用来种玉米不种树？他对省委负责同志说：山区农民居住分散，生活很苦，政策要放宽，让山区尽快富裕起来。

邓小平在四川视察期间，还接见了四川省党政军负责同志，听取了他们的汇报。他在视察时指出四川形势很好，勉励广大干部、群众同心同德，鼓足干劲，把这个战略大后方建设好。

中央统战部 国家民委在拉萨招待西藏民族宗教上层爱国人士

9日下午，杨静仁以中共中央统战部、国家民族事务委员会名义在拉萨举行招待会，招待来自西藏各地的民族、宗教上层爱国人士。300多名各族各界朋友互相勉励，决心为建设团结、富裕、文明的新西藏贡献力量。

政协全国委员会副主席、中共中央统战部副部长、国家民委主任杨静仁在致祝酒词时，首先热情赞扬了西藏上层爱国人士在和平解放西藏、平息叛乱、民主改革、发展经济和整个社会主义革命和社会主义建设中，所发挥的重要的、进步的作用，并向出席招待会的上层爱国人士表示亲切的慰问，对那些遭受林彪、"四人帮"极左路线迫害、现已去世的朋友和同志表示深切怀念。他说，中央关于转发《西藏工作座谈会纪要》的通知中的八项方针和胡耀邦同志所讲西藏工作要做的六件大事，就是要使西藏尽快富裕起来。这是党中央对西藏工作的一大决策，是新的历史时期指导西藏工作的纲领。只要认真贯彻执行，西藏的贫穷状态就可以迅速得到改变，西藏就大有希望。在这场治穷致富的伟大进军中，我们希望，西藏进一步开展广泛的爱国统一战线工作，团结一切可以团结的人，争取一切可以争取的力量，去建设一个团结、富裕、文明的新西藏。我们也希望，一切爱国上层人士发挥自己的聪明才智，为巩固祖国统一和民族团结，促进西藏的经济、文化建设而努力。

全国人大常委会副委员长、西藏自治区人大常委会主任阿沛·阿旺晋美，政协全国委员会副主席、西藏自治区人民政府副主席帕巴拉·格列朗杰出席了招待会。

出席招待会的民族、宗教上层人士有：坚白赤列、桑顶·多吉帕姆、拉敏·索朗伦珠、吉普·平措次登、雪康·土登尼玛、金中·坚赞平措、拉乌达热·土登丹达、伦珠陶凯、吉仲·坚白江村、阿沛·才旦卓嘎、哈比布、多吉占东、地珠·降白洛桑、巴苏、土登曲吉、其美·丹吉、云中嘎瓦、朗甲、洛桑措尼、尊杰·索朗坚赞、雪古巴·加央克珠、团康·索朗多杰。

出席招待会的，还有达赖的亲属扎西措姆、拉旺多吉、原达赖保健医生阿旺曲扎等，以及老藏医、老画家、演员、作家、工程技术人员的代表和各少数民族的代表。

西藏自治区代理第一书记阴法唐等党政军负责人、以北京市副市长郭献瑞为团长的北京市经济协作代表团也出席了招待会。

各省市自治区和大中城市法院普遍建立经济审判庭

新华社报道，目前，各省、市、自治区高级人民法院和各大、中城市的中级人民法院，除个别外，已普遍建立了经济审判庭。各个地区的中级人民法院，也约有半数已经建立起经济审判庭。

由国家农委主持召开的农业教育座谈会在北京召开

《人民日报》报道，国务院副总理万里出席最近在北京召开的农业教育座谈会并讲了话。

万里同志讲话中支持参加会议同志提出的关于办好农业院校的意见。他说，我们发展农业要靠政策、靠科学；靠科学，就要造就大量掌握现代科学技术和经营管理知识的知识分子。没有大量农业各专业的高中级知识分子充当各级领导干部，和广大农民共同工作，农业现代化是实现不了的。农业科学，不仅当前重要，而且随着时间的推移，越来越显得重要。他说，要把眼光放得远些，要把农业教育当作关系到国家农业现代化前途的大事来抓。万里还就办好农业院校的方针问题，如何尽快解决农业院校校舍问题，增加必要的教学科研设备和仪器问题，以及充实和提高师资力量等问题，和与会同志交换了意见，提出了具体的解决办法。

农业部所属七个重点院校工作会议的全体代表也参加了这次座谈会。

全国人大常委会副委员长乌兰夫参加伯德参议员在京举行的答谢宴会

美国参议院民主党领袖罗伯特·伯德和乌兰夫副委员长今晚在北京重申美中双方应继续加强友好合作关系。

伯德在他举行的答谢宴会上祝酒时说，我热烈支持美国同你们合作，推进中国的四个现代化事业。一个安全而充满信心的强大的中国将为本地区和全球的和平与安全作出积极的贡献。

乌兰夫在祝酒词中说，中美关系在两国邦交正常化以后已在新的历史条件下不断得到发展。我们两国之间的友好合作是有广阔发展前景的。

全国人大常委会副委员长韦国清在人民大会堂会见并宴请由德意志联邦共和国联邦议院议长里夏德·施蒂克伦率领的汉莎航空公司首航团

国务院副总理方毅在北京会见美籍教授李远哲和夫人吴锦丽以及他们的子女

外交部新闻司发言人发表谈话表示印度承认韩桑林政权的行动令人遗憾

新闻司发言人说："印度作为一个不结盟大国，居然承认越南用武装在柬埔寨扶植起来的傀儡政权,客观上对越南侵略柬埔寨的行径起了纵容的作用,这是有损于它的形象的。”“在东盟各国和其他一切爱好和平的国家要求越南从柬埔寨撤军和谴责越南入侵泰国的时候,印度政府这一行动是尤其令人遗憾的。”

上海交通大学和上海第一医学院联合举办生物医学工程专业

上海交通大学和上海第一医学院联合举办一个跨校的新专业——生物医学工程专业,经有关领导部门批准,于今年7月正式招生。这是两所重点大学适应科研潮流正往边缘科学领域发展的趋势,冲破不同专业的大学各自为政、画地为牢的旧章法,联合起来进行一种新学科的教学、科研活动的一个创举。

《人民日报》发表评论员文章《总结历史经验 坚持“双百”方针》

最近,文艺界不少同志在一些会议上都谈到,繁荣社会主义文艺,关键在于加强和改善党对文艺工作的领导,而其中非常重要的一点,是认真总结历史经验,坚定不移地贯彻执行党的“双百”方针。“双百”方针提出已经二十四年了。这二十四年来,我们走过了一条曲折的道路。为了进一步贯彻好“双百”方针,我们确实需要很好地总结历史经验,切实从中汲取教训。

我们可以简单地回顾一下,在十年动乱之前,每一次在“双百”方针问题上出现反复,大约总要经历这样的过程:开始,由于某些文艺领导部门控制太死,调子太高,棍子太多,气氛被搞得很紧张,局面被弄得很僵硬,大家意见纷纷,于是有人出来大声疾呼,要打破条条框框,实行“百花齐放,百家争鸣”。随之就制定一些办法、措施,气氛就活跃了些,僵硬的局面也打破了些。但是,一旦“放”起来了,一些同志就越看越不顺眼,越搞越不放心,觉得许多东西是离经叛道的,甚至是毒草。他们不但看不顺眼,而且惊叫起来,似乎牛鬼蛇神大批出笼,形势岌岌可危,于是就要“收”,就要“反击”。既然“反击”,就讲不得客气,办法又是打棍子,扣帽子,抓辫子,直到把自己看不顺眼的东西压下去为止。类似这种“放”了又“收”的恶性循环,文艺界曾出现多次。

有的同志说,过去在贯彻“双百”方针上出现“左”的错误,首先由于对形势作了不正确的估计。这个意见有一定的道理。既然实行“放”的方针,就要在人民内部允许各种不同的思想表现出来,因此既会放出正确的东西,也会放出错误的东西。但是有些同志却不善于正确分析形势,缺少两点论,看到有一点缺点错误,就加以夸大,把支流当主流,甚至杯弓蛇影,把正确的东西也当成错误的,就得出“形势不好”的结论。为了扭转这种“不好形势”,就搞群众运动,大张旗鼓,群起攻之,轻则把对方压得喘不过气来,重则给对方以致命的政治打击。

形势很好,固然不能“收”;如果出现了一些缺点和问题,是不是“收”就是在所难免、就是合理合法的呢?如果错误思想确实形成一股潮流或一种倾向的时候,是不是就可以禁止人民内部不同意见的发表,就可以用粗暴的办法来对待精神领域的问题呢?我们认为,这也是不行的。

我们党提出“双百”方针的时候,毛泽东同志曾经郑重宣布,这个方针是党在思想文化领域的长期性、基本性的方针。这就是说,在整个社会主义阶段,不论遇到什么情况,出现什么问题,都要坚定不移地实行“百花齐放,百家争鸣”。形势是不断发展的,相对地说,总有比较好和比较不好的时候。例如60年代初三年困难时期,由于生产上出现了某种倒退,一些地区确实出现了某种思想混乱,甚至迷信活动也盛行起来。再如经过林彪、“四人帮”的大破坏,在少数人中,确实出现了从“左”的或右的方面违背四项基本原则的思潮。是不是因为出现了这一类情况,就可以把“双百”方针暂时收起来呢?中国这么大,各个地区、各个部门的形势发展总是不平衡的。比较起来,总是有一些地区相对地好一些,另外一些地区相对地差一些。是不是因为形势发展的不平衡,就可以在这个地区“放”,在那个地区“收”呢?人们对形势的认识经常会出现分歧,这是允许的。但是如果根据对形势的不同认识,这个人实行“放”,那个人实行“收”,那就要乱了套。

我们的“放”,是人民内部的“放”,是在宪法和法制范围内的放。对反革命的东西,对违反宪法和法制的东西,任何时候都是不允许放的,放出来都是非法的。在人民内部,不论形势有什么变化,都要保障人们进行艺术创造和学术探讨的自由。有不同意见,出现了错误的东西,可以争论,可以批评。但是争论和批评只能是民主的、平等的、说理的,决不能采取简单粗暴的办法,用专制的手段强加于人。“双百”方针既然是政策,就要不折不扣地贯彻执行。如果随着形势暂时的变化而频繁不断地改变政策,那么还有什么政策的稳定性!党的政策、政府法令不是等于一张废纸吗?

过去在执行“双百”方针上出现“左”的倾向,固然和对形势的错误估计有关系,但还有很重要的一点,就是没有真正把“双百”方针当成长期性、基本性的方针,而是把它当作权宜之计。时“放”时“收”,“放”了又“收”,就说明我们某些领导部门和领导人的不坚定性。“双百”方针,本来就是要 在竞赛和斗争中发展社会主义文艺,它既有利于树立正确的东西,也有利于战胜谬误的东西。怎么能因为出了错误的东西,就把这个方针暂时收起来呢?如果"双百"方针只能在风平浪静中贯彻,不能在有思想风浪的环境中贯彻,那么这个方针有什么生命力呢?如果只是在"黄道吉日"实行,时辰不好就把它收起来,那么它还算什么长期性、基本性的方针呢?一般地说,思想战线越是出了一些问题,越是出现复杂的情况,就越要做深入细致的工作。这就是说,正是要通过"双百"方针来解决问题。靠"收",靠压,靠简单粗暴地堵人家的嘴,打人家的棍子,是无济于事的。那样做只能使问题越来越多,情况越来越复杂,过去的事实已经充分地说明了这一点。

粉碎"四人帮"以来,党中央一再强调要坚定不移地贯彻"双百"方针,但这个方针真正得到比较深入的贯彻,还是近两年来的事情。近一个时期,人们在肯定三年来文艺工作所取得的巨大成绩的同时,也研究了文艺工作在前进过程中所产生的某些缺点和问题。这本来是很正常的事情。但是到了某些同志那里,却又产生了误解。他们一看到批评某些文艺现象,就认为又出了什么乱子,于是,"放过头了"、"应当收了"之类的声音,又出现在某些讲台上或会议桌上;好不容易打开的禁区门口,又出现一闪一闪的红灯;个别领导人甚至又抡起棍子来。似乎人们吃违背"双百"方针的苦头还不够,有的同志竟然主张有"放"有"收"才合乎辩证法。针对这种情况,好好地照照历史的镜子,重温一下历史经验,难道不是很有必要的吗?对于错误的东西,完全应该大胆地展开批评,放任自流是不好的;对于有争议的东西,完全可以提出各种不同的看法。一遇到批评,就听不进去,就说这是打棍子,这种态度是不对的。但是,如果因为出现了错误的东西,就任意夸大,对形势作出错误的估计,甚至采用压的手段对待作家、作品,那就要重犯过去的错误。二十多年来,我们在这方面的教训是很沉痛的,我们应该认真记取。

发展社会主义的文艺事业,一定要坚决贯彻执行党的十一届三中全会以来所制定的路线。贯彻党的方针政策,一定要言必信,行必果。我们一定要遵照党中央的指示,坚定不移地保障人民内部在艺术和学术上的自由创造和自由探讨,开展生动活泼的竞赛和争论,这样才有利于繁荣文学艺术创作,也有利于克服谬误的东西,扩大社会主义的、马克思主义的思想阵地。

由国家民委 中国作协联合举行的各族作家联欢茶会在北京民族文化宫举行

刘澜涛、朱穆之、贺敬之、傅钟,国家民委、文化部、中国文联和所属各协会等有关方面负责人,出席全国少数民族文学创作会议的代表,以及在京作家、文化艺术界知名人士共400多人出席。

乌兰夫在讲话中强调要抓紧落实民族政策,肃清林彪、"四人帮"极左思想的流毒。他指出,民族政策落实的彻底不彻底,快还是慢,往往影响到民族感情、民族关系,关系到民族团结、国防巩固和四化建设的大问题。他号召各民族作家、民族文化工作者积极深入到民族群众中,热情宣传党的民族政策,努力创作为少数民族喜闻乐见的文艺作品,不断丰富各民族的精神食粮。

中国作协副主席陈荒煤主持了今天的茶会。

文化部通知各地开辟暑假学生电影专场

为配合青少年教育活动,丰富学生暑假文化生活,最近文化部发出通知,要求城市影院在暑假期间每天可开辟学生电影专场,农村放映单位也要积极组织学生专场放映。通知要求各级文化主管部门,与当地团委、教育部门密切配合,共同抓好这一活动。通知指出,对那些在运用电影教育青少年的工作中获得显著成绩的发行放映单位和个人,应予以表彰和奖励。

供各地开辟暑假学生专场的影片有70部,是新中国成立三十年来摄制的比较优秀的故事片、儿童片。供学生专场放映的还有一部分比较好的新闻纪录片、科教片和美术片。

7月10日

国务院总理华国锋在东京会晤美国总统詹姆斯·厄尔·卡特

两位领导人就当前的国际形势和共同关心的问题,其中包括最近发生的危及西南亚和印度支那和平和安宁的事态发展广泛地交换了意见。

他们还回顾了自从中美建交以来两国关系的发展,并一致认为,两国关系正在取得令人满意的进展。

华国锋总理告诉卡特,在他们一起参加已故日本首相大平的葬礼时有机会会见卡特总统,他感到非常高兴。卡特说,我很高兴以这次我们的会见作为这次访问(日本)的结束。

全国城镇储蓄创造最新纪录

《人民日报》报道,今年上半年全国城镇储蓄存款增加了39.93亿元,创造了最新纪录。截至6月底,全国城镇储蓄存款户数已发展到1.2亿多户;按城镇人口计算,平均每一城镇居民在银行有存款200多元。

国务院副总理李先念在北京会见日本著名茶道大师千宗室一行

国务院副总理余秋里在人民大会堂会见由德意志联邦共和国联邦议院议长里夏德·施蒂克伦率领的汉莎航空公司首航团

国务院副总理方毅在人民大会堂会见美籍物理学家丁肇中和他的家属

国务院副总理姚依林在北京会见法国维埃纳省议会第一副议长雅克·格朗东率领的法国维埃纳省议员团

姚依林对四十多位法国朋友说，我们很欢迎德斯坦总统预定今年十月来中国访问。他说，中法两国所关心的问题非常广泛，有全球性的问题，也有双边性的问题。中国希望法国更加强大，在促进西欧联合方面起到更重要的作用。我们很高兴地知道，法国朋友也希望中国日益强大。一个强大的西欧和一个强大的中国，就可以在保卫世界和平方面各自发挥应有的作用。

国务院副总理薄一波在人民大会堂会见日本外务政务次官松本十郎一行

《人民日报》发表新华社评论员文章《有利于中越谈判的气氛何在？》

越南外交部7月3日照会中国外交部，表示"迫切要求早日"举行中越副外长第三轮谈判。越南《人民报》和《人民军队报》也就此发表评论，扬言越南已采取了"极其善意的态度"，中越"必须立即谈判，不让形势坏下去"等等。

越南当局果真采取了"极其善意的态度"吗？事实胜于诡辩：

——越南一直没有停止过在中越边境进行武装袭扰挑衅活动。最近以来，越南军队更加频繁地向中国边境进行武装挑衅，劫掠财物，毁坏田林，放火烧房，打死打伤我边民，制造新的紧张局势，严重地危害了中国边境居民的生命、财产与和平生活。

——越南当局还一面在柬埔寨西部发动攻势，一面派军队悍然入侵泰国，袭击泰国边境村庄，严重威胁着泰国和东南亚地区的和平和安全。

越南当局上述种种行径能说是"善意"吗？它只能说明，越南当局仍然盲目迷信武力，仗恃苏联支持，顽固坚持推行地区霸权主义和反华仇华政策。

中国外交部在6月23日的照会中指出，目前的气氛对中越举行第三轮谈判极为不利。现在，有利于谈判进展的积极因素不但没有出现，不利于谈判的消极因素反倒大大增加了。在这种情况下，怎么谈得上重开谈判呢？

越南当局最近为什么忽然表示"迫切要求"恢复中越谈判？其目的有三：第一、越南侵略泰国的行径受到国际社会的谴责。东盟各国纷纷指出越南的保证不可信，已一致决定中断同越南的对话。在这种情况下，河内表示"迫切要求早日"恢复中越谈判，装出一副"和解"的样子，是为了表示一下它同邻国还是想通过谈判改善关系的，以便进行欺骗宣传，改善它出兵入侵泰国后的孤立处境；第二、利用谈判作为烟幕，掩盖它在柬泰和老泰边境的军事行动，趁机加强它在老挝、柬埔寨的殖民统治，并准备进一步向东南亚扩张；第三、利用中越谈判掩盖它在中越边境制造紧张局势。河内在7月3日的照会中说，目前"存在着由中国制造的爆发性危机"，要求同中国讨论"保证边境地区和平与稳定"的"紧急措施"。很明显，它想把谈判作为反华讲坛，倒打一耙，反诬中国侵犯越南。

中国人民从来希望越南成为一个真正独立、富强的国家，不希望河内当局继续在穷兵黩武的危险道路上走下去。中国方面仍然愿意恢复两国的正常关系，仍然坚持谈判解决问题的立场。中国外交部6月23日的照会中说："一旦出现哪怕是微小的有利于谈判进展的因素，中国政府代表团就准备去河内同越南方面举行第三轮谈判。"现在的问题是，河内当局应当表现出起码的诚意，停止反华仇华和侵略扩张的行径，只有这样，才有可能出现有利于恢复中越谈判的气氛。

中美高能物理合作计划中文本在华盛顿签字

中—美高能物理联合委员会的美方主席詹姆斯·李斯博士和中方主席张文裕教授，今天分别在今后一年内两国高能物理领域合作计划的中文本上签了字。

在这以前，这项计划的英文本已经由中美高能物理联合委员会的中美双方代表在6月中旬于伊利诺斯举行第二次会议之后签了字。委员会回顾了截至今年6月为止的一年里两国合作计划的执行情况，并讨论了到明年6月为止的一年里合作项目的安排。

《洗冤集录》出版

《人民日报》报道，我国最早的法医学专著《洗冤集录》，最近由群众出版社出版。《洗冤集录》的作者宋慈，是南宋时福建建阳人，曾任广东、湖南提点刑狱官等职。他在任职期间，汇总当时和以前有关法医检验的经验，于淳祐丁未(1247年)写成这部专著。该书对法医学上的一些重要问题，诸如自杀与他杀，生前伤与死后伤，尸冷、尸斑等尸体现象，钝器伤、锐器伤等机械性损伤等等的论述，其中许多都是合乎现代科学原理的。

中国继续向尼日尔派遣医疗队

中国和尼日尔在尼亚美签订了关于中国继续向尼日尔派遣医疗队的议定书。中国驻尼日尔大使王传斌和尼日尔外交和合作部长达乌达·迪亚洛,分别代表本国政府在议定书上签了字。中国向尼日尔派遣医疗队的第一个议定书是在1975年签订的。

陈克寒逝世

我党新闻事业的杰出战士、北京市人民代表大会常务委员会副主任陈克寒,遭受林彪、"四人帮"和康生一伙的诬陷和迫害,终身致残,于7月10日在北京病逝,终年63岁。

陈克寒1917年生于浙江省慈溪县,1934年参加左翼作家联盟,同年加入中国共产党,先后在福州、上海、重庆、西安做党的情报工作。抗日战争和解放战争时期,先后担任新华日报华北分馆社长兼总编辑、中共中央中原局宣传部副部长、新华通讯社副社长兼副总编辑。新中国成立后,先后担任新华通讯社社长兼总编辑,新闻总署党组副书记,中共中央宣传部宣传处长,出版总署副署长、党组书记,文化部副部长、党组副书记,中共北京市委书记处书记。1977年被选为政协北京市第五届委员会副主席,1979年被选为北京市第七届人民代表大会常务委员会副主任。

7月11日

由粮食部在北京召开的全国饲料工业建设经验交流会议强调要因地制宜地发展饲料工业

会议指出,我国饲料工业在国民经济中是个薄弱环节,目前处于初创阶段。特别是饲料资源工业和添加剂工业(如工业蛋白及蛋氨酸、赖氨酸、抗菌素、维生素等)基本上还是空白点。发展饲料工业,对于促进我国畜牧业的发展,增加更多更好的肉、蛋、奶等畜产品,日益满足人们生活的需要等方面,都有重要意义。因此,必须把饲料工业建设纳入国家基本建设计划,加强领导,由点到面地发展,逐步形成我国饲料工业体系。会议认真讨论了今后发展饲料工业的任务和措施。

国务院副总理耿飚应邀出席朝鲜民主主义人民共和国驻中国大使全明洙在大使馆举行的为庆祝朝中友好合作互助条约签订19周年宴会

国务院副总理姬鹏飞欢宴中央执行局委员新闻和文化书记尤素福·特拉奥雷上校为团长的马里人民民主联盟代表团

姬鹏飞在宴会上祝酒时说,这次,尤素福·特拉奥雷率领第一个马里党的代表团前来我国访问,为建立和发展我们两党之间的友好关系作出了良好的开端。

姬鹏飞在祝酒时还赞扬马里人民民主联盟对内重视国家建设,对外奉行不结盟和睦邻政策,坚持反帝、反殖、反对种族主义,支持民族解放运动,致力于非洲团结,所取得的成就。

尤素福·特拉奥雷上校在致答词时说,代表团这次来中国的访问具有重大意义。访问的目的是为了加强新成立的党同已经成熟了的党之间的友好合作关系。

中国常驻联合国代表团在致联合国秘书长的一份照会中敦促联合国立即行使权力以制止越南当局的侵略行径

照会指出,越南当局不顾联合国大会在第34届会议上所通过的决议,顽固地拒绝从柬埔寨撤出其侵略军,继续强化他们在柬埔寨的侵略战争,与此同时,在泰柬边界集结军队,不断对泰国发出威胁并进行武装挑衅。最近,驻在柬埔寨的越南占领军公然侵入泰国,袭击泰国边界的村庄,使当地居民包括柬埔寨难民的生命财产遭受严重损失,并因此而破坏了联合国对柬埔寨的救济工作。

武汉试制成功新型矿用制冷设备

《人民日报》报道,武汉制冷设备总厂新近研制成功一种移动式矿用空气调节冷水机组。这是一种专供采掘工人在矿山井下作业时,用来降低掘进头和工作面温度的新型制冷设备。它同我国矿山井下普遍使用的活塞式井下空调机相比,制冷量大,体积小,重量轻,噪声小,操作方便。

《人民日报》发表评论员文章《发展和繁荣少数民族的文艺事业》

全国少数民族文学创作会议闭幕了。来自祖国各地的数十个少数民族的作家、诗人、评论家和翻译家,欢聚一堂,回顾新中国成立30年来我国少数民族文学创作的成就,总结经验教训,探讨少数民族文学创作的规律。这是一次空前规模的少数民族作家的盛会,对今后我国少数民族文学创作乃至少数民族整个文艺事业的发展,必将产生深刻的影响。

我国是一个多民族的社会主义国家。少数民族文艺是我国社会主义文艺的重要组成部分。30年来,我国少数民族文艺战胜了来自"左"的或右的干扰,特别是战胜了林彪、"四人帮"的干扰和破坏,在党的民族政策和文艺方针的照耀下,锻炼和造就了一支为数可观的少数民族作家队伍,涌现出大量优秀的文艺作品,取得了巨大成就。少数民族文艺对民族地区的革命和建设起了积极的推动作用,并且以其鲜明的民族特色丰富了我国社会主义文艺宝库。努力发展我国少数民族文艺创作,繁荣少数民族的文艺事业,应该引起我们充分的重视。

繁荣、发展少数民族文艺事业,有许多事情要做,其中首要的、迫切的任务是贯彻执行党的十一届三中全会以来制定的思想路线、政治路线和组织路线,全面落实党的各项政策,首先是民族政策以及文艺政策和方针,彻底解放文艺创作的生产力。在林彪、“四人帮”十年浩劫期间,我国少数民族地区的文艺事业受到了严重摧残,少数民族的作家和文艺工作者受到残酷迫害。粉碎“四人帮”,少数民族文艺工作者同全国文艺工作者一样,又一次获得了解放,特别是近年来,少数民族作家(包括民间诗人,民间歌手)中的冤、假、错案,大多已平反昭雪,少数民族作家文艺家的创作积极性正在极大地调动起来。但是也要看到,仍有少数地区和部门,由于林彪、“四人帮”极左路线的流毒和影响很深,或者由于受到派性等错误思想的干扰,某些少数民族作家或作品的问题,至今得不到解决,有些作家甚至被剥夺了创作和发表作品的权利。有的虽得到解放,却没有很好发挥他们的作用。因此,我们必须继续解放思想,拨乱反正,进一步落实党的各项文艺政策。各少数民族,由于历史发展的客观原因,新中国成立前文化比较落后。新中国成立后,在党的阳光雨露的滋润下,不少少数民族有了自己的作家和文艺队伍,这是极不容易、极可宝贵的。我们必须像珍惜新生的幼苗一样珍惜他们,爱护他们,使他们健康地成长,发挥他们的骨干作用。同时,还要注意发现和培养少数民族文艺创作的新生力量。

发展和繁荣少数民族的文艺事业,需要大力加强和切实改善党对文艺事业的领导。担任领导工作的同志要坚决执行党的路线和方针政策,特别要根据少数民族地区的特点开展工作,虚心向少数民族同志学习。同时还必须积极培养和选拔少数民族文艺干部。少数民族地区的各级文艺领导机构,都应配备一定数量有真才实学的民族干部,尤其是领导干部。要放手让少数民族文艺干部去领导少数民族文艺事业。

发展和繁荣少数民族的文艺事业,要坚定不移地贯彻执行党的“双百”方针。我们的文艺是党所领导的社会主义文艺,要坚持为人民服务、为社会主义服务的方向。在这个前提下,也要充分注意少数民族文艺本身的特点和具体情况。由于每个民族的历史发展进程和文化传统不同,每个民族的文艺都有自己的特点和发展规律。少数民族文艺创作要以马克思主义世界观为指导,大力反映本民族地区的社会主义革命和建设的斗争生活,反映本民族的历史上的光荣斗争传统,同时,根据本民族人民群众的需要,采取本民族人民喜闻乐见的形式和表现方法。发展少数民族文艺切忌“一刀切”,不能照搬汉族地区或其他地区的做法,更不允许对少数民族作家的创作设置禁区、横加干涉。文艺领导部门要深入了解少数民族地区和少数民族作家的具体情况,按照少数民族文艺发展本身的规律,去研究、解决少数民族文艺创作中存在的问题。少数民族作家也应努力探索自己的创作道路,发挥自己的长处,创作出更多更好的作品来。

发展和繁荣少数民族文艺事业,还要解决好继承传统和大胆革新的关系问题。少数民族文艺创作一定要继承本民族文艺的优良传统,保持和发扬民族特色。没有民族特色也就没有少数民族文艺。但是,民族特色并不是停滞的、不变的。随着时代的前进,社会的发展,随着少数民族生产方式、生活方式的变化,随着各民族之间和各国人民之间日益广泛的文化交流,少数民族作家在创作上应该解放思想,不断地进行大胆的探索、创新,勇于踏入新的文艺领域,一方面把时代精神同民族特点更完美地结合起来;一方面在继承本民族优秀的文化传统的基础上,努力学习、借鉴、汲取国内其他民族和外国文艺中一切优秀的、有用的东西。既要发展书面文学创作,也要发展口头文学创作;既要批判地继承本民族文艺中旧有的形式,也要吸收外来的形式,并在本民族人民生活和文化传统的基础上,发展成为自己民族的新的形式。只有这样,少数民族文艺创作才能跟上时代的脚步,变得更加丰富多彩,繁荣兴旺。

加强少数民族文艺的理论研究、评论和翻译工作,对于促进少数民族文艺事业的发展和繁荣,有着重要的作用。应该改变过去这一方面工作薄弱的情况。要在发展、壮大少数民族作家队伍的同时,尽快地培养和建设一支少数民族文艺理论家和翻译工作者的队伍。

新的历史时期赋予我国社会主义文艺以新的伟大使命,它要求我们的作家不断地创作出反映我们伟大的时代和各族人民的斗争生活的文艺作品。为了完成这一光荣使命,我们在民族工作中始终强调正确处理民族关系,既反对大汉族主义,也反对地方民族主义,巩固祖国各民族的民主平等的团结统一。汉族和少数民族之间要搞好团结;各少数民族之间要搞好团结;各少数民族内部也要搞好团结。团结就是力量,团结就是胜利。在我国各族人民向四化进军的斗争中,在我们攀登社会主义文艺高峰的征途上,各民族的文艺工作者要更加紧密地团结在党的旗帜下,同心同德,携手并进,为迅速发展和繁荣我国少数民族文艺事业作出自己的贡献！

7月12日

国务院副总理李先念在北京会见并宴请民主柬埔寨政府副总理英萨利

《人民日报》发表评论员文章《领导群众治穷是共产党的天职》

最近，党中央提出建设西藏的任务和方针，有计划有步骤地使西藏兴旺发达、繁荣富裕起来。中央指示的基本精神，就是调动一切积极因素，大力治穷。这个精神不仅适合于西藏地区，而且对于各个地区和各条战线都有启发思想的作用，它将激励广大干部和群众为治穷致富而奋斗。

我们国家已经解放30年了。在这30年中，我国在政治方面发生了翻天覆地的变化，在经济方面也取得了伟大的成绩，但整个说来，还是很穷的。个别省、区，特别是某些边远的少数民族地区和某些偏僻的老革命根据地，那里的农民更穷。他们辛勤劳动一年，所得却甚微。不少人家手头无钱，锅里少米，身上缺衣，连较低的生活都难以维持。这种令人痛心的局面无论如何不能再继续下去了，一定要领导群众大力治穷，使这些地区的人民尽快地摆脱贫穷状况，逐步富裕起来。

要治穷，首先要端正对穷和富的认识。

林彪、江青一伙把穷和富的关系搞得混乱不堪，认为穷是社会主义，富是资本主义，制造出“穷革命”、“富则修”的谬论。在这种“理论”指导下，他们把社会主义的东西当作资本主义来批，到处“抓走资本主义道路的当权派”，“割资本主义尾巴”，“堵资本主义路”，“反对集体经济内部的资本主义倾向”，等等。由于极左路线的影响，我们许多干部思想上怕富，政治上批富，措施上限富，门路上堵富，分配上卡富。那个时候，群众也怕讲富，怕露富，更怕把自己当成“暴发户”。于是，在干部和群众中普遍存在一种“恐富症”，盼富不敢富，大家只好绑在一块穷，似乎越穷越革命，越穷越光荣。

是不是越穷越革命？

在阶级社会里，穷或富，是同占不占有生产资料相联系的。地主资本家靠自己占有生产资料，剥削别人的剩余劳动而发财致富；劳动者则由于丧失了生产资料，遭受剥削而一贫如洗。在旧社会，穷是受剥削、受压迫的结果。处在一无所有地位的无产阶级是最反对现状，最强烈要求改变自己地位的，因此最有革命性；其次是半无产阶级。他们只有起来革命，推翻剥削阶级的政权，改变私有制，才能创造由穷变富的客观条件。所以那时说“穷则思变”，越穷越革命，是有一定道理的。

今天，在社会主义条件下，劳动者早已成为国家和生产资料的主人，大家都生活在集体之中，人人平等劳动，按劳分配，已经具备了由穷变富的客观条件。这时再说越穷越革命，越穷越光荣，就毫无道理了。在社会主义制度下，只能“送穷”，而决不应当“颂穷”。

富了会不会变修？

富和修之间根本没有必然的联系，认为富了就会变成资本主义，是完全错误的。资本主义的本质不在于富，而在于榨取剩余价值。我们共产党只反对剥削，从来不反对富裕。富裕作为对美好生活的一种概括，并不专属哪一个阶级，而是人类共同向往的。所以，在对待富的问题上，关键要看是劳动致富，还是剥削致富。在我们社会主义国家，群众靠自己的艰苦奋斗，劳动致富，不仅不应当指责和限制，而且应当大大鼓励和支持。劳动致富不会变成资本主义，更不会导致党变修、国变质。林彪、江青一伙不区别劳动致富和剥削致富，把二者混淆起来，胡说富就是修正主义，就是资本主义，这实际上是贩卖他们那套普遍贫穷的假社会主义。

害怕富裕是一种糊涂思想。四十多年前，斯大林就批评过苏联党内这种怕农民富裕起来的糊涂思想。斯大林说：“当有资本主义分子并且有受资本家剥削的穷人的时候，列宁主义者是依靠穷人的。但是当资本主义分子已被击溃，穷人已摆脱了剥削的时候，列宁主义者的任务就不是要巩固和保存已经被消灭了存在前提的贫穷现象和穷人，而是要消灭贫穷现象并把穷人提高到过富裕生活的水平。”（《斯大林全集》第十三卷，第318页）今天重温斯大林的这些话，对于我们克服那些怕群众富的“左”的思想障碍，仍然是很有教益的。

我们党的一切工作的根本目的，就是最大限度地满足人民经常增长的物质和文化生活需要。共产党领导人民治穷致富，是天经地义的。如果我们党不领导群众去治穷，去抓富，不能使群众由穷变富，过上富裕的生活，那么，群众就会觉得跟着共产党走没有意思，我们党就从根本上脱离了人民群众。多年来，由于我们没有把工作着重点转移到经济建设上来，没有领导好群众治穷，党的威信受到了很大的损害。这是一个深刻的教训。

大力治穷，由穷变富，也是社会主义制度的本质所决定的。社会主义制度实现了生产资料公有制，消灭了剥削，能够保证全体劳动者支配和享受自己的劳动成果，从而使大家共同富裕起来。列宁指出：“只有社会主义才可能根据科学的见解来广泛推行和真正支配产品的社会生产和分配，也就是如何使全体劳动者过最美好、最幸福的生活。只有社会主义才能实现这一点。我们知道社会主义应该实现这一点，而马克思主义的全部困难和全部力量，也就在于了解这个真理。”(《列宁选集》第三卷，第571页)我们一些同志并不真正了解这个真理，他们不懂得，穷是战胜不了资本主义的，穷也是建不成社会主义的。如果以为社会主义能够在贫困的基础上建成，那是愚蠢的。社会主义制度的优越性可以表现在许多方面，但最根本的是使人民群众富裕起来。如果社会主义不能使人民群众摆脱贫穷，过上富裕的生活，人民要社会主义干什么！如果这样，群众就不会欢迎社会主义，就不会为建设社会主义而奋斗。

总之，大力治穷，由穷变富，是共产党的天职，是社会主义基本经济规律的客观要求。把穷和社会主义联在一块，是地地道道的假社会主义，是对科学社会主义的极大歪曲。

治穷的当务之急，就是要抓那些经济上贫穷的、人民生活十分困难的少数民族地区和某些省份的长期落后的地区。

这些地区为什么长期没有根本改变贫穷面貌？尽管具体原因多种多样，但是根子是极左。当前，为了肃清极左的影响，必须从方针政策上加以调整。

在少数民族地区，要在中央统一领导之下，充分行使民族区域自治的权利(在汉族地区，也要适当扩大地方权利)。民族自治权就是民族自主权。没有民族自治权，就不能从本地的实际出发，因地制宜地发展生产。没有民族自治权，也就没有全国各族人民的大团结。因此，在少数民族地区，必须认真实行民族区域自治政策，尊重民族自治权利。这是调动一切积极因素，大力治穷的首要条件。

要坚决实行休养生息的政策，大大减轻群众的负担。在贫穷落后的地区，在处理人民群众和国家利益的关系上，要首先照顾群众的利益，尽力解决群众生产和生活中的问题。在这类地区，在最近三五年内，可以考虑减免征购任务，国家可以在群众自愿的基础上，通过议购、换购等办法，鼓励生产队和社员将多余的产品卖给国家，要免除一切形式的摊派任务，坚持等价交换，禁止无偿平调。

要实行特殊的灵活的政策，调整经济关系，把经济搞活。在所有制方面，在社会主义公有制占绝对优势的条件下，要允许几种经济成分和几种经营形式同时存在。除鼓励社员办好集体经济的积极性外，还必须利用他们个体经济或个体经营的积极性，认真落实自留地、自留畜、自留树和家庭副业政策。集体经济规模不适当的，可以在适当时候有组织地进行一些调整。生产队可以根据自己的情况建立各种形式的生产责任制，包括包产到组。个别居住偏远的独门独户，也可以包产到户。在城市里，除发展集体所有制外，有相当一部分可以搞个体经营，开设夫妻老婆店。工业、手工业、交通、财贸、外贸等方面，也都要放宽政策，实行灵活措施。

发挥优势，广开富路。比较贫穷的地区，大多是山区、牧区，这些地区一般都是人烟稀少，地域辽阔，资源丰富。要按照这些地区的自然条件，发展那些适宜发展的东西。如西北、西南广大地区，包括内蒙古、新疆、青海、西藏等省、区，应当充分发挥草原的优势，大力发展畜牧业和畜牧加工业。如果这些地区能认真地利用自己的自然条件的优势，逐步发展畜产品的粗加工，进而搞精加工，许多牧区人民的收入很快可以显著增加。

贯彻党的政策要从实际出发。贫穷落后的地区在自然条件和经济条件方面，与比较富裕的地区相比，差别很大。因此，对这些地区，决不能搞“一刀切”。什么工作都搞一个标准，一律照办，整齐划一，统一进度，“一刀切”，那是根本行不通的。过去我们最大的教训，恰恰是不从当地的实际情况出发，不论农区与牧区，少数民族地区与汉族地区，发展快的地区与落后的地区，什么都搞“一刀切”、一个样。这种不从实际出发，不承认差别的做法，是主观主义的思想方法，它使我们在实践中到处碰壁，使工作遭受巨大损失，给当地人民带来很大困难。这是这些地区长期没有摆脱贫穷的一个重要原因。

现在，我们常常听到这样一种呼声：“这个问题，中央没有指示呀！”“没有正式文件不好办呀！”等等。我们搞四化，党中央的路线、方针、政策是明确的，问题是你那个地方怎样结合自己的具体情况加以贯彻执行。党中央的大政方针只能从全国的普遍情况出发，各地执行中央的指示，必须结合本地区、本部门的具体情况。如果有了中央的东西，自己不是在调查研究的基础上，结合本地区、本部门的特点，提出实施的具体办法，而是生搬硬套，执行“不走样”，我们还会吃主观主义和片面性的苦头。因此，任何一个领导机关，任何一个领导者，首要的任务是了解和掌握自己领导的地区或部门的情况，从实际出发，把共性和特殊性很好地结合起来，才能正确地解决自己的问题。

现在，我们国家与经济发达的国家相比还是很穷的。我们全党，我们整个国家，都面临着治穷的任务，实现四化就是治穷的根本办法。在贫穷落后的地区，为人民群众谋利益，办好事，当前最紧迫的就是要领导群众千方百计治穷，使这些地区的人民在物质上和文化上尽快地提高起来。在正确路线的指导下，如果一个领导者在很长时期内还不能改变自己所领导的那个地区贫穷落后的面貌，就是最大的失职。今后，衡量一个领导者工作的优劣,主要应当看他所领导的地区是否生产年年有所发展,人民是否逐步富裕。只要我们把广大群众的积极性充分调动起来,同心同德,大干四化,治穷就会较快地收到显著成效。

中国财政学会和《财政》杂志编辑部邀请在北京的部分经济专家举行座谈会

座谈会分别在12日和19日举行。

大家一致认为,量力而行作为我们整个经济工作的指导思想,有十分重大的意义。过去我国经济发展的几起几落,都同遵循或违背这个指导思想紧密相连。大家认为,现在的问题就在于:在调整国民经济过程中,如何把这个正确的指导思想,真正贯穿到我们经济工作的各个方面,落到实处。

与会同志对什么是贯彻量力而行指导思想的障碍进行了热烈讨论。许多同志认为,当前影响量力而行指导思想落到实处的,有以下几个方面:第一,主要还是急躁冒进,急于求成的思想。第二,在基建投资上,盲目性很大。第三,有专业知识的适合四化建设需要的劳动力严重不足。第四,个人对重大开支批条子和“一窝蜂”作风,等等。有的同志还提出,经济结构不合理,部门和地区自成体系;经济管理体制不合理,助长争项目争投资;没有经济责任,不讲究经济效果,而且,官越大越没有经济责任,也严重妨碍量力而行指导思想的贯彻落实。

中国南京无线电公司正式成立

南京市38家工厂和研究单位联合起来,于7月12日正式成立中国南京无线电公司。

这个公司是我国电子行业中由部属企业和地方企业联合组成的第一个企业性公司。参加这个公司的有全国有名的生产熊猫牌收音机的南京无线电厂。在这38个单位中,全民所有制企业10个,集体所有制企业28个,共有职工3万多人。这个公司的经营范围,目前主要是生产各种通信设备,收音机、电视机、收录机等广播电视工业产品,以及测量仪器和电子元器件。今后根据国内外市场需要,还将增加其他高、中、低档消费类电子产品,并且将逐步发展成为科研、生产、销售、技术服务“四位一体”的综合性公司。

江苏是我国电子工业的重要基地之一。在这个省部属电子企业和地方电子企业,设备、技术力量都比较强。它们的技术水平、生产规模和配套能力等都居全国前列,有些产品的技术水平处于领先地位。但是,在经营管理上,由于缺乏统一的组织和规划,造成工厂分散、产品重复、领导多头,经济效果较差,许多工厂的生产潜力没有充分发挥出来。为了改变这种状况,四机部和江苏省、南京市有关部门共同商定,先把南京的这部分企业联合起来,成立南京无线电公司,按专业化协作原则组织生产,统一经营和管理;在取得经验以后,再逐步扩大。

四机部和江苏省人民政府审议通过的《中国南京无线电公司章程》规定,这个公司是在国家计划指导下实行独立经济核算的经济组织。经营活动的大部分权力集中在公司,但工厂和事业单位有相应的自主权。公司设董事会,决定公司的重大问题,然后由总经理、副总经理和总工程师、总会计师等分头负责执行。

在经营管理方面,这个公司将按计划调节和市场调节相结合的原则,在保证完成国家计划的前提下,根据市场需要组织计划外生产或接受来料加工。为了照顾各方面目前的利益,参加联合的各个工厂,不改变现在的所有制性质,不改变现在的财政渠道。各厂内都严格实行经济核算,分别计算盈亏。

7月9日,公司董事会举行第一次会议,部署了当前和今年内的主要工作,研究了制定公司经营活动的实施细则等问题。

这个公司的董事长由四机部副部长、国家广播电视工业总局局工李元如担任,南京无线电厂厂长黄健芝任公司总经理,原南京市电子仪表工业局副局长花育城任第一副总经理。

全国人大常委会副委员长乌兰夫在北京会见美籍副教授诺尔布及其家人

诺尔布是达赖喇嘛的哥哥,在美国印第安纳大学任教,专门研究藏学。

乌兰夫对他们回来参观访问表示欢迎,并向他们介绍了四个现代化建设和民族工作情况。乌兰夫说,中国是一个多民族的统一的国家。民族区域自治是党中央、毛主席制定的政策,实践证明是正确的。各民族只有团结一致,在共产党领导下走社会主义道路,才能得到繁荣和发展。

国务院副总理谷牧在人民大会堂会见以法国雷诺公司工业车辆公司董事长扎诺蒂为团长的法国雷诺公司工业车辆代表团

戏曲剧目座谈会在北京开幕

三年来,我国已有200多种地方戏得到恢复,上演了数以千计的各种传统剧以及新编历史剧和现代戏;老年、中年的戏曲演员恢复了艺术青春,一大批青年演员崭露头角,戏曲剧目是繁荣的,对丰富群众的文化生活起了很好的作用。上面这段对戏曲剧目工作的评价,是中国戏剧家协会副主席张庚在戏曲剧目工作座谈会开幕时宣布的。

张庚还指出，这次座谈会将交流和总结三年来戏曲剧目工作经验，在肯定成绩的同时，探讨存在的问题，以便进一步解放思想，明确戏曲剧目的方针、政策，繁荣戏曲剧目，使戏曲工作者立志改革，更好地为人民服务。

这次座谈会是由中国戏剧家协会、文化部艺术局和文学艺术研究院、戏曲研究所联合召开的。中国戏剧家协会主席曹禺主持了今天的会议。

7月13日

中共中央主席华国锋在北京会见美国麻省理工学院教授丁肇中和他的家属

国务院总理华国锋电唁博茨瓦纳总统塞雷茨·卡马逝世

哈博罗内博茨瓦纳共和国代总统奎特·马西雷阁下：

惊悉塞雷茨·卡马总统阁下不幸病逝，我代表中国政府和人民向你、并通过你向博茨瓦纳政府和人民，表示深切的哀悼。我并请你向卡马总统的夫人和家属转达我的诚挚慰问。

卡马总统是博茨瓦纳杰出的领导人，一贯致力于博茨瓦纳的民族独立和国家建设事业，并为支持南部非洲人民争取民族独立和解放的斗争进行了坚持不懈的努力，赢得了国际荣誉。卡马总统是中国人民尊敬的朋友，他为建立和发展中博两国人民的友谊和两国的友好合作关系作出了宝贵的贡献。我们将永远怀念他。

中华人民共和国国务院总理　华国锋

1980年7月13日于北京

国务院副总理方毅在人民大会堂会见以美国植物病理学家和生物化学家贝尔·特威迪博士为团长的美国植物保护代表团

江西发现我国最早古生物化石标本

新华社报道，距今800多年前的一块古生物化石标本最近由江西武宁县的干部涂兆庆发现。

经中国科学院南京地质古生物研究所鉴定，这块化石叫作中华震旦角石化石，是我国目前发现的最早的一块古生物化石标本。这块化石标本呈灰褐色，长19厘米，宽11.4厘米，厚2.5厘米，打磨得十分规矩精致。化石位于标本的正中，像一只白嫩笋。它是4亿年前生活在浅海中的鹦鹉螺类动物，就是现代墨鱼、鱿鱼的远祖。

在这块化石标本的左侧刻有北宋著名诗人黄庭坚的一首诗："南崖新妇石，霹雳压笋出。勺水润其根，成竹知何日。"诗中的南崖在现今江西修水县城东南。

7月14日

全国人大常委会致电朝鲜最高人民会议支持朝鲜实现自主和平统一建议

中华人民共和国全国人民代表大会常务委员会今天打电报给朝鲜民主主义人民共和国最高人民会议，表示坚决支持朝鲜民主主义人民共和国最高人民会议在6月23日信件中提出的关于实现朝鲜自主和平统一的各项建议。电报全文如下：

平壤

朝鲜民主主义人民共和国最高人民会议：

我们荣幸地收到朝鲜民主主义人民共和国最高人民会议1980年6月23日致世界各国国会的信。这封信表达了全体朝鲜人民的意愿，强烈要求美国军队撤出南朝鲜，要求实现南朝鲜社会民主化，并且重申关于美国同朝鲜民主主义人民共和国缔结和平协定以代替朝鲜停战协定的建议，这些都是正确的、合理的，中华人民共和国全国人民代表大会常务委员会代表中国人民表示坚决支持。

朝鲜分裂状态已长达三十五年之久。朝鲜人民渴望实现国家的自主和平统一，并且为此进行了坚持不懈的斗争。只是由于美国和南朝鲜当局的阻挠，特别是由于美国军队长期驻在南朝鲜，朝鲜人民神圣的民族愿望至今未能实现。但是，朝鲜三千里美丽河山一定要统一，这是任何势力也阻挡不了的。美国应当从南朝鲜撤出全部军队和军事装备，停止对朝鲜内政的干涉。同时，美国作为朝鲜停战协定签字的一方，对朝鲜民主主义人民共和国关于缔结和平协定以代替朝鲜停战协定的建议，应当作出响应。只有这样，才有助于朝鲜的持久和平与自主和平统一，也有利于维护亚洲和世界和平。

中朝两国是唇齿相依的社会主义兄弟邻邦。中国人民一贯深切同情并且坚持不渝地支持朝鲜人民争取国家自主和平统一的斗争，今后也将一如既往，坚定地站在朝鲜人民一边。我们深信，在朝鲜人民的伟大领袖金日成主席和朝鲜劳动党的英明领导下，在世界各国人民的支持下，朝鲜人民的民族愿望一定能胜利实现！

全国人大常委会委员长叶剑英致电祝贺"联合国妇女十年"世界会议召开

丹麦哥本哈根

"联合国妇女十年"世界会议：

值此“联合国妇女十年”世界会议召开之际，我谨代表中国政府向会议致以热烈的祝贺。

妇女是占人类半数的一支伟大力量。“联合国妇女十年”将促进各国政府对妇女问题的关注，有利于动员各国妇女争取进步、参加本国的发展和维护世界和平的事业。中国政府积极支持“联合国妇女十年”的活动，支持中国妇女加强同各国妇女的合作和交流，以从彼此的经验中取得裨益，共同前进。

当前的世界并不安宁，世界和平面临严重威胁。中国政府和人民愿和一切爱好和平的国家和人民团结一起，为维护各国的独立、主权、领土完整，为反对一切外来侵略干涉和扩张，为妇女、儿童的安全和权利，为维护世界和平而共同奋斗。

祝会议成功！

中华人民共和国全国人民代表大会常务委员会

委员长　叶剑英

1980年7月14日于北京

国务院决定在东北大力发展机械化加快建设商品粮豆生产基地

国务院的这个决定是从我国农业经济的全局出发的。现在各地都在利用本地优势，大力开展多种经营，使农业经济有了很大发展，农民的收益也增加了。但是，随着多种经营的发展，粮田面积势必相应减少。那么，我国现代化建设和人民生活需要的粮食从哪里来呢？很显然，不能光靠进口，而必须依靠我们自己的力量，在我们自己的土地上生产更多的粮食。这就必须从全局出发，选择最有条件的地方建设商品粮生产基地。东北三省特别是黑龙江省和吉林省，具备着发展商品粮生产的有利条件。那里地多人少，劳动生产率较低，生产潜力很大，还有大片的宜垦荒原，只要采取有力措施，是能够较快地把那里建设成商品粮基地，为国家拿出更多的粮食来的。如果几年以后，能拿出几十亿斤甚至上百亿斤的商品粮，我国的农业经济就更主动了。

加快东北商品粮基地建设靠什么呢？首先是靠政策。这就是说，要使东北各地和各地的农民从商品粮基地的建设中得到一些利益，使他们不但不会因为种粮食而减少收益，而且还要增加收益，同时，也只有农村的收入增加了，集体经济不断发展壮大，也才有能力筹措建设商品粮基地需要的资金。总之，要使商品粮基地的建设对国家、集体和社员个人都有利。

发挥东北农业优势，需要大力发展机械化。这是因为，东北人少地多，有了机械化就能提高劳动生产率，发挥出地多的优势，就能够适时播种，及时收获，避开霜冻，增产增收。还能够腾出大批劳动力，进一步繁荣农村经济。

《人民日报》发表评论员文章《发挥传统集中产区的优势》

在我国手工业发展的历史上，形成了许多传统集中产区，生产独具一格的名牌产品。重视这支传统的生产力量，发挥它的优势，对于继承和发扬历史遗产，发展商品生产，活跃城乡市场，扩大劳动就业，促进国家四化建设，都有重要意义。

传统集中产区生产的名牌传统产品，大都是质地优良、经久耐用、做工精细、物美价廉。江苏宜兴的紫砂茶壶，造型独特，泡茶不走味，贮茶不变色。安徽泾县的宣纸，质地绵韧，墨润清晰，有“千年寿纸”之誉。浙江绍兴的黄酒，具有芳香扑鼻，越陈越香等特点。这些产品都深受群众的喜爱。可见，强调发挥传统集中产区的作用，实质上是尊重历代劳动人民的经验积累，尊重固有的产销规律，尊重广大人民的消费习惯和生活需要。

传统集中产区通常具备某些特有的优越条件。第一，有历史形成的生产基础。拿苏州市来说，她是一个古老美丽的文化城市，有诗情画意的园林美景，有养蚕取丝的自然资源。这个城市生产的苏绣、缂丝、宋锦、绢扇、民族乐器等传统名牌产品，具有独特的风格。第二，有得天独厚的自然资源。如和田地区是新疆地毯的主要产地，向有“地毯之乡”的称号。这里的织毯手艺是世代相传，它以当地特产的优质羊毛为原料，织出有浓厚民族特色的地毯，在国内外久负盛名。广东肇庆生产的端砚所以名贵，主要是由于肇庆市端溪附近有一种水岩砚石。这种砚石温润如玉，磨之无声，发墨而不坏笔。有了这种砚石，再经过艺术加工，就制成“砚中至宝”。第三，有生产基础和传统技艺。以独特工艺驰名的江苏常熟花边，是当地农村的主要家庭副业，从事花边生产的达15万人。广东潮汕一带的抽纱，是传统的出口产品，参加抽纱的劳动妇女达100多万人，其中60%的女工能掌握二、三种抽纱技艺，抽绣各种花纹图案。第四，有传统的供销渠道和便利的交通运输条件。如温州雨伞所需的原料，伞头木来自福建，皮纸来自安徽，柿水来自山东。苏州的胡琴，要用广州、南宁的蟒皮和青海西宁的马尾以保证产品质量。

马克思指出：“劳动生产力是由多种情况决定的，其中包括：工人的平均熟练程度，科学的发展水平和它在工艺上应用的程度，生产过程的社会结合，生产资料的规模和效能，以及自然条件。”（《马克思恩格斯全集》第二十三卷，第53页）尽管许多传统集中产区的科学技术水平还不算高，但从上述优越条件分析，它比一般地区生产规模要大，商品率要高，竞争能力要强。充分发挥传统集中产区的优势，可以用最少的消耗取得最大的经济效果。

发挥传统集中产区的优势，首先要有通盘的规划和明确的发展方针。一个地区重点发展什么，不发展什么，不能凭自己的主观愿望，而要从当地的历史状况、资源条件和经济基础出发，特别是要了解局部在全局中的地位，扬己之所长，避己之所短。比如，有些传统集中产区，又是旅游胜地和文化城市，充分利用原来的生产基础，发展传统产品，比另起炉灶，发展当地缺乏资源、“三废”治理又过不了关的行业要有利得多。这样既可以发挥较大的经济效益，又可保持整洁、美丽城市的面目。

其次，发挥传统集中产区的优势，要鼓励商品交流，保护竞争。传统的合理的供销渠道、传统的合理的经营方式，在一定程度上反映了商品流通的客观要求。发挥传统产区的优势，就意味着要打破地区之间的画地为牢和自成体系，必然会受到一些自给自足思想和习惯势力的阻碍。因此，在经济政策、经济手段上要有相应的办法。比如，在煤、电、运和短线物资的平衡上，要择优安排；在价格管理上，要坚持优质优价；在税收政策上，要鼓励先进、鞭策后进；在处理传统产区与原料产地的关系上，要通过联合等方式，建立原料基地，兼顾各方的利益。

最后，发挥传统集中产区的优势，要正确处理继承和改革的关系。传统集中产区所使用的生产方法中，存在一些落后的、不合理的东西，需要吸取现代科学技术成就，有计划地加以改造和提高；但又决不能忽视继承和发扬那些合理的、有用的东西。这些年来，在林彪、“四人帮”极左路线的影响下，把许多传统的、合理的生产技艺和经营方式，一律当成旧东西加以否定，使经济工作遭到了破坏，人民生活遇到了很多的困难。这个痛苦的教训应该吸取。任何生产工艺、管理办法、核算形式、服务方式的改革，都要有利生产，方便群众，凡是改革不当的，就要加以合理调整。

全国人大常委会副委员长聂荣臻在人民大会堂会见日本“小姑娘”美穗子

现已年过八旬的聂荣臻拉着美穗子的手，对她看了又看，亲切地对她说，很高兴见到你和你的一家人。当年我见到你时，你还是个小女孩。

美穗子就像见到自己阔别多年的亲人那样，握着聂荣臻的手激动得哭了起来。她说：四十年前，充满人类友爱精神的中国人民拯救了我的生命。当我知道这件事后，一直在想念着聂将军的面容。这次我能踏上我的诞生国——中国，又见到你将军本人，我的心情是难以用语言表达的。她告诉聂荣臻，她们一家人这次来中国访问，再次亲身感受到了中国人民的友情和国际主义精神。她表示愿为两国人民友好关系的发展做一点贡献。

美穗子的丈夫栫昭男和他们的三个女儿也激动地同聂荣臻握手。他们对聂荣臻说：“衷心感谢您。”

聂荣臻还说，中日两国是一衣带水的邻国，没有理由不友好。今后两国人民不仅要友好往来，而且要团结起来反对霸权主义，保卫自己国家，我们两国人民要世世代代友好下去。

会见时，聂荣臻赠送给美穗子一幅中国国画《岁寒三友》作纪念，他在画上亲笔题词：“中日友好万古长青”。这幅画是聂荣臻得知美穗子即将来中国访问的消息后，特意请我国国画家程十发创作的。聂荣臻对美穗子说，寒冬的松树苍劲有力，梅花盛开而不凋谢，象征中日两国友谊经得起考验。

全国人大常委会副委员长乌兰夫在北京宴请澳大利亚参议院议长劳克和夫人一行

他说，中澳两国的文化交流已有相当规模，科技和经济合作有了良好开端，两国的贸易额增加了一倍。

乌兰夫指出，中澳两国关系的发展不仅是双方共同努力的结果，也是世界形势发展的需要。他说，当前世界形势十分动荡。最近，占领柬埔寨的越南部队又入侵泰国，再一次侵犯一个主权国家的领土，严重威胁着这一地区的和平与安全。

乌兰夫指出，当前形势要求世界上爱好和平的国家联合起来，采取坚决的措施，支持被侵略国家的正义斗争。

他说，中澳两国在许多重大国际问题上具有相同或相似的立场和态度，两国加强磋商和合作对于维护本地区的和平和安全是十分有益的。

以全国妇联主席康克清为团长的中国代表团出席在哥本哈根召开的联合国妇女十年世界会议

这次会议的主要议题是“平等、发展、和平”，其次是“就业、保健、教育”。有120多个联合国成员国的代表团出席了这次为时17天的会议。

会议日程的主要项目是：回顾过去十年中的前五年(1976—1980)所取得的成就，制订后五年(1981—1985)的行动计划，讨论种族隔离对南部非洲妇女的影响，以色列的占领对被占领土内外的巴勒斯坦妇女的影响，以及全世界妇女难民的情况等问题。

国务院副总理姬鹏飞在北京会见由欧洲青年理事会主席艾达·梅尔科特率领的欧洲青年理事会代表团

国务院副总理姬鹏飞在北京会见以泰国艺术大学研究生院院长苏帕德拉迪·迪沙军亲王为团长的泰国

考古代表团

文化部发出《关于加强群众文化工作的几点意见》

党的十一届三中全会以来,由于各项方针、政策的贯彻落实,工农业生产不断发展,群众物质生活逐步改善,我国城乡人民对文化生活的需要越来越迫切。在各级党和政府文化部门的领导下,经过广大群众文化工作干部、文艺骨干和群众文化活动积极分子的共同努力,群众业余创作和群众文化艺术活动有所发展。广大农村、城市、工矿的群众文艺演唱、美术、展览、图书、电影、电视、幻灯等丰富多彩的群众文化活动,广泛地开展起来;被"四人帮"扼杀的民族、民间艺术活动,又获得了新生,出现了百花争艳,欣欣向荣的景象。

粉碎"四人帮"以后,群众文化事业机构,也得到逐步恢复和发展。据1979年统计,全国有群众艺术馆170多个,文化馆2800多个,文化站22000多个(其中社办公助和社办文化站17000多个)。同"文化大革命"以前比较,群众艺术馆增加了90多个,文化馆增加了230多个,文化站增加的数量更多,特别是社办公助和社办文化站绝大部分都是近几年内建立的。这些群众文化事业机构,在辅导和开展群众文化艺术活动,活跃群众文化生活和促进四化建设中,做了大量工作。据了解,全国各省、市、自治区文化局相继召开了群众文化工作会议、文化馆长会议或文化站经验交流会;许多省、市、自治区举办了群众业余文艺调演或汇演;一些地方并举办了幻灯调映或汇映。这些措施对推动群众文化工作更好地为四化建设服务,起了积极作用。

粉碎"四人帮"以来,群众文化工作形势是好的。但是,农村的文化生活还很贫乏,特别是有些老区、山区、少数民族地区和边疆地区,更是如此。有些地方在贯彻执行群众文化工作的方针、政策方面还存在一些问题,例如:有的地方消极限制甚至粗暴干涉群众中的民族、民间文艺活动;有些地方对某些反动、淫秽和封建迷信等活动,听之任之,放任自流,等等。所有这些都与当前的新形势不相适应。为了加强群众文化工作,使之更好地为人民服务,为社会主义服务,我们提出以下几点意见:

一、认真贯彻群众文化工作的方针、政策

(一)群众文化工作必须为人民服务,为社会主义服务。

在本世纪末把我国建设成四个现代化的社会主义强国,是我国各族人民坚定不移、全力为之奋斗的伟大历史任务。

为了更好地为社会主义现代化建设服务,群众文化工作必须贯彻百花齐放、百家争鸣、推陈出新、古为今用、洋为中用的方针。要大力开展那些配合社会主义现代化建设,向人民进行宣传教育的群众文化活动,宣传党的路线、方针、政策和各个时期的任务;宣传社会主义建设的伟大成就;宣传老一辈无产阶级革命家的光辉业绩,宣传光荣的革命传统;表扬先进集体和英雄模范人物;批判落后和消极事物;普及科学技术知识,提高人民的科学文化水平;要教育人民、特别是青少年树立崇高的革命理想和革命道德风尚。与此同时,要积极开展丰富多彩的、群众喜闻乐见的民族、民间文艺活动。要坚决纠正有的地方对民族、民间文艺活动加以粗暴干涉的错误做法。但是,对那些传播有害的、不健康的、腐蚀人民思想的封建迷信等活动,不能听之任之,要通过说服教育,加以劝阻、制止。对那些无害的、娱乐性的活动要允许其存在。

为了更好地为社会主义现代化建设服务,群众文化工作要继承和发扬为中心工作服务的革命传统,要结合实际,为各地不同时期的中心工作服务。但是,应当指出:过去有的地方把为中心工作服务理解得太狭窄了,只准开展那些能直接为中心工作服务的群众文化活动,除此以外,一概加以排斥,这就大大缩小了群众文化艺术活动的广阔领域,群众也不满意,我们不应当重复这种做法。

(二)开展群众文化活动,应当与生产发展的水平相适应,超越或落后于生产发展的水平,都是不对的。过去,这两方面的教训我们都有,应引以为戒。例如1958年,对群众文化曾经提出过"八个人人"(即人人作诗,人人唱歌,人人画画,人人跳舞……)等错误口号,有的地方抽调大批劳动力脱离生产去搞文化活动。后来,在经济困难时期,又走到另一个极端,什么群众文化也不敢搞了,放弃了社会主义文化阵地。因而,一些宣传封建迷信、反动、淫秽的东西,便乘虚而入,毒害人民的思想。粉碎"四人帮"以后,有些地方也出现了类似的现象。这是一条规律:思想文化阵地,如果社会主义的健康的文化不去占领,封建主义、资本主义的活动就会滋长起来。

现在,广大农民随着物质生活的逐步改善,对文化生活的要求日益增长。目前存在的主要问题是,不少地方农村群众文化工作大大落后于生产的发展,农民对文化生活的正当要求得不到满足,这种状况应迅速改变。群众文化工作应把重点放到农村、兼顾城市。边疆地区、老区和山区的群众文化工作,更应加强,在财力和设备上应予以特殊照顾。在开展群众文化活动时,要照顾民族特点,不能强求一律。

(三)要坚持"业余、自愿、小型、多样、节约"的原则。

开展群众文化艺术活动的原则,是从各地群众文化活动的实践经验中总结出来的，它与我国现阶段的经济发展水平是相适应的，符合群众文化活动的客观规律。

"业余"是群众文化活动的一个根本特点。群众文化活动的参加者主要是工农劳动大众。他们的"业"是搞好工农业生产。他们的文化活动应该在业余时间进行。违背了"业余"原则，必然妨碍生产，损害群众的利益，遭到群众的抵制和反对。因此，开展群众文化艺术活动一定不能妨碍生产。在农村，更要注意适应农事季节性的规律，农闲多搞一点，农忙少搞一点，平时分散活动，节假日适当搞些集中活动。

现在，有的地方对"小型"原则有不同看法或提出异议。我们认为，"小型"是与"业余"的特点相适应的，又是受"业余"制约的，因为工农群众搞文艺活动只能在业余时间进行，而业余时间是有限的，在业余时间开展小型活动，比较切实可行。"小型"又是与"多样"相联系的，

"小型"容易"多样"。这也符合群众对文化活动多种多样的需要和爱好。因此，需要提倡小型。但是，并不排除在有条件的地方，于农闲期间和节假日适当搞些中型或大型活动。对于有创作才能的业余作者创作中型或大型的文艺作品，也应予以支持。

二、把公社所在地(小城镇)逐步建设成农村文化中心

随着农村经济的不断发展，要逐步把全国的小城镇建设成为政治、经济、文化中心，这对于改变农村落后面貌，缩小城乡差别，巩固工农联盟，具有重要的意义。

现在，许多地方小城镇的工业、财贸、卫生、教育等方面的建设，有了一定的基础，而文化战线既缺少设施，队伍也不健全，与农村新的形势和群众的需要很不适应。因此，必须采取有效措施，逐步把小城镇建设成农村文化中心。对这一工作，应予以高度重视。

近年来，有些地方选择一些经济、文化基础较好的公社(小城镇)进行试点，初步取得了一些经验。这些小城镇，自从兴办各项群众文化设施以来，面貌焕然一新，过去冷冷清清的状况变得热热闹闹，生气勃勃。广大社员十分满意。

农村文化中心的建设，主要依靠集体经济的力量，而不是单纯依靠国家投资。公社兴办各项文化设施，应在党委的统一领导下，统筹安排，互相支持，所得经济收入除必要的开支外，应用于发展公社文化事业，有步骤地、因陋就简地建设一些影剧场、图书室、展览室、文娱活动室、体育场等。对原有的一些群众文化娱乐场所，如书场、茶社等，应加强管理，组织好说书、曲艺等活动，更好地发挥其作用。

经济基础较好的公社，具备一定条件并安排得当的，可以试办半工半艺、半农半艺的文艺演出队(剧团)，农忙务农，农闲从艺，主要在本公社范围内为农民演出。

要帮助生产大队、生产队建设一些必需的业余文化组织，逐步建立和健全以小城镇为中心的农村文化网。

农村文化中心还在试办阶段，各地要从本地区的实际情况出发，加强调查研究，总结经验，使农村文化中心的建设逐步完善起来。争取到一九八五年全国有二分之一的公社所在地(小城镇)建设成农村文化中心。

三、加强文化馆、文化站和群众艺术馆的建设

文化馆、文化站和群众艺术馆遭受林彪、"四人帮"的破坏十分严重。粉碎"四人帮"以来，他们的工作虽在不同程度上有所恢复，但是仍存在不少问题。因此，要把加强文化馆、文化站和群众艺术馆的建设，作为搞好群众文化工作的中心环节来抓。

(一)整顿、加强、充实、提高文化馆。

目前，有些地方的城市市区文化馆和县文化馆，经过认真整顿、加强以后，在干部队伍、思想作风和工作面貌等方面，发生了显著的变化。但是，还有一部分文化馆干部对工作方针任务不够明确，影响了工作的正常开展。有些地方把不适合做文化馆工作的干部和"照顾对象"安置到文化馆。有些文化馆经费不足，开展文化宣传活动的设备不全。有些文化馆房舍破旧，没有开展群众文化活动的场所，有的连馆址也没有。

各级政府文化部门应当采取切实有效的措施，加强文化馆建设。对问题较多，工作没有走上轨道的文化馆，应加以整顿。要边工作，边整顿，抓工作带整顿，抓整顿促工作，使这些文化馆迅速改变面貌。

要大力加强文化馆干部队伍的建设。对不适合做文化馆工作的干部要加以调整，另行安排工作，把有业务专长、身体健康、并有一定政治水平和文化水平的干部充实到文化馆来。各省、市、自治区原有的文化干校，要恢复健全起来，要加强对文化馆干部的培训工作，要求在两、三年内把文化馆干部轮训一遍。文化馆干部要保持相对稳定，不要长期调去出"外差"，以至影响文化馆的业务工作。

为了加强群众文化工作，政府文化部门应当给文化馆适当增加经费，添置必要的文化宣传设备。文化馆举办的某些文化活动，如质量较好，群众欢迎，可酌量收费，把这些收入用于开展群众文化活动。没有馆址和房舍破旧不堪的，应予解决。

有少数地区还没有设立县文化馆，应当逐步建立起来，做到县县有文化馆。

(二)健全巩固、稳步发展文化站。

公社文化站是开展群众文化工作的基层机构。办好公社文化站,对加强农村文化工作,活跃农村文化生活,十分重要。文化部门要同公社党政部门配合,大力办好文化站。目前,全国各地文化站的工作状况不一样,发展很不平衡。对文化站应当采取健全巩固、稳步发展的方针。对办得好的文化站,应当扎扎实实地总结、推广他们的经验。对那些有名无实的文化站,要采取有力措施,使之健全巩固。现在全国约有三分之二的公社还没有建立文化站,要争取在一九八五年以前分期分批地建立起来。发展一批,巩固一批。文化站的人员要经过考核选拔,加强培训,不能滥竽充数。社办文化站工作人员可按大集体待遇,各地仍应请示地方党委、政府争取解决。文化站举办的某些文化活动,可以酌量收费,社办放映队可以和社办文化站统一管理,放映队的收入可以用于发展公社文化事业。但应注意加强经费管理和防止单纯追求经济收入,放松文化宣传工作和辅导工作。

城市街道文化站,在宣传党的方针、政策,加强青少年的思想教育和活跃群众文化生活等方面起着重要的作用。应当巩固充实,努力办好。

有些边防地区、偏远山区、重要口岸或大集镇,可建立国办文化站,以加强群众文化工作。

(三)整顿、充实、适当发展群众艺术馆。

目前,全国省(自治区、直辖市)级群众艺术馆,除个别外,已基本恢复,或者正在恢复筹建;地区(自治州、盟、省辖市)级群众艺术馆,已经恢复、建立了一百四十多个,比"文化大革命"以前有所发展。近年来,各地群众艺术馆在培训文化馆、站干部和业余文艺骨干,编写教材、供应演唱材料和搜集、整理民族、民间文艺遗产等方面,都做了不少工作。但是,群众艺术馆的性质、方针和任务还需要进一步明确;有些馆人员尚未配齐,组织机构不健全,领导班子弱,业务干部青黄不接,有的馆舍狭小破旧,设备很差。

已经恢复的群众艺术馆,要加以整顿、充实,使他们更好地开展工作;正在恢复、筹建的,应配备熟悉业务并有事业心的领导干部,还可从艺术院校分配或从专业艺术团体抽调适合作群众艺术工作的人员,充实群众艺术馆;尚未恢复或设立群众艺术馆的省、市、自治区和地区、省辖市,应积极创造条件,恢复或筹建。

群众艺术馆和文化馆虽然都有辅导群众艺术活动的任务,但机构的性质和业务范围则有区别。群众艺术馆是在业务方面从事研究和指导群众业余艺术活动的事业机构,而文化馆除开展、辅导业余艺术活动外,还有组织书刊借阅、科普讲座、举办展览、墙报、幻灯等各种群众文化娱乐活动的任务。现在,有少数地方国家举办的省、地级群众艺术事业机构的名称叫文化馆,而实际做的是群众艺术馆的工作。我们建议,一律改称群众艺术馆为宜。

四、切实加强和改善对群众文化工作的领导

各级政府文化部门对专业文化工作和群众文化工作应当全面领导,统筹兼顾,不可偏废。各类专业剧团都要规定一定的上山下乡演出任务,辅导社队开展文化活动。省、市、自治区以上的剧院、团,每年要制订上山下乡演出计划,主要演员都要有一定时间参加这类演出。专、县剧团要经常上山下乡为农民演出,如因此而减少收入,文化部门在核定政策性补贴时应予照顾。为农民演出成绩优异的表演艺术团体应予奖励。与此同时,要认真抓好群众文化工作,积极开展自教自乐的群众业余文化活动,以不断满足广大群众经常的文化需要。

为了加强群众文化工作,政府文化部门对文化馆、文化站、群众艺术馆应加强领导。对他们的工作要有要求、有检查。对他们的困难和问题,要帮助解决。对那些为社会主义现代化建设服务作出显著成绩的先进集体和个人,应予表扬、奖励,对他们的经验,应予以推广。

各级政府文化部门要同工会、共青团、妇联、教育、体育、科技、广播等部门密切配合,认真贯彻执行《关于活跃农村文化生活的几点意见》的文件精神,重新学习,深入实际,调查研究,总结新经验,解决新问题,使群众文化工作更好地为人民服务,为社会主义服务。

7月15日

国务院总理华国锋在北京会见澳大利亚参议院议长康多尔·路易斯·劳克和夫人

华国锋说,中澳两国友好合作关系发展得很快。我们两国在许多问题上有着共同的看法。我们都主张维护亚洲和太平洋地区的和平与安全,反对外来侵略。双方都希望有一个和平环境建设自己的国家。

他表示希望中澳两国互相尊重,互相帮助,取长补短。他说,中国希望看到一个繁荣昌盛的澳大利亚。

中共贵州省委发出《关于放宽农业政策的指示》

允许在全省农村普遍推行以包干到户为主的家庭联产承包责任制。早在60年代初期,包干到户就开始在贵州农村一些社队自发进行,群众称之为"包坨坨"。1978年3月起,关岭县顶云公社28个生产队中有16个队实行"定产到组;超产奖。励"的生产责任制。同年11月11日,《贵州日报》以《"定产到组"姓"社"不姓"资"》为题作了报道,由此引起了能否搞包干到户的争论。省委一度采取"纠偏"和禁止的措施,遭到许多地方和农民的抵制。1980年3月省委停止"纠偏",6月在全省地、州、市委书记会上宣布允许因队制宜,实行包产到户、包干到户等经营管理形式,7月15日正式下发文件。

全国总工会在旅大市召开职工思想政治工作座谈会

这次座谈会是从7月15日至26日在辽宁省旅大市举行的,出席会议的有各级工会和工矿企业的代表共50多人。会议首先分析了我国工人阶级队伍的变化和青年工人的思想状况。目前,我国职工队伍中青年工人约占一半,而在生产第一线,在建筑、煤矿、轻纺等许多部门要占到60%—70%。青年工人越来越起着主力军的作用。这一代青年是跨世纪的人,他们是建设四化的决定性力量。因此,工会把青工教育作为职工思想政治工作的重点,无论从现实和战略意义上看都是非常必要的。

对青工的思想状况如何估计?会议经过讨论,一致认为,从整体来看这一代青工,本质上、主流上是好的,他们是大有希望的一代。他们在动乱中经受了锻炼,思想活跃,肯学习、钻研,勇于思索、革新。对他们的思想问题,需要作具体分析,要看到他们受林彪、"四人帮"的毒害和剥削阶级思想的侵蚀。座谈会上列举的大量事实表明,即使是受"四人帮"毒害和侵蚀较深的青年工人,在正确的耐心的帮助教育下,也是能够转变和挽救过来的。

会议认为,工会抓职工的思想政治工作和青工教育,责无旁贷,不抓是失职。工会在教育青工方面,存在着优势,工会联系工人群众最广泛、最密切,最了解工人的疾苦和思想,便于有的放矢做好思想工作;工会可以依靠老工人、先进生产者、劳动模范的言传身教,促使青年工人更快地进步;工会有条件组织各种适合青年特点的文艺体育活动,寓教育于活动之中。工会应当充分发挥自己的这些优势,在党的领导下,与共青团等部门密切配合,把青工教育工作搞好。

座谈会上,许多同志强调指出,当面职工队伍特别是青年工人中的一些思想问题,是同存在着不正之风和一些实际问题没有解决分不开的。工会要敢于替工人讲话,想方设法解决青工迫切要求解决的实际问题,维护工人群众的经济利益和民主权利。这样,才能取得群众的信任,更好地引导群众前进。会上,一些单位介绍了他们搞好思想政治工作主要是青工教育的经验。

《人民日报》发表特约评论员文章《评所谓"民族问题的实质是阶级问题"》

"民族问题的实质是阶级问题"的说法,同1963年8月毛泽东同志在支持美国黑人斗争时所说"民族斗争,说到底,是一个阶级斗争问题",有原则的不同。很明白,民族斗争,是指被压迫民族反抗压迫民族统治阶级(或侵略势力)的斗争,所以说到底,可以说是一个阶级斗争问题,而民族问题的范围就广得多。社会主义国家中两个兄弟民族的劳动人民之间可以有、并且确实有民族问题,但是决不能说这些问题的实质一概是阶级问题。

60年代初,在批判统战、民族工作方面所谓"投降主义、修正主义路线"的过程中,"民族问题的实质是阶级问题"的说法在一些报刊的文章中出现和流行。这个说法如果只限于个别事件,本来并无不可,但是把它作为普遍原理和主要论据,从而把我们党解放以来执行的一整套行之有效的民族政策说成是"投降主义、修正主义路线",这就使问题的性质发生了根本变化。当时的批判者断言,这条路线最本质、最主要的东西,就是否认阶级问题是民族问题的实质,否认我们国家中阶级、阶级矛盾、阶级斗争和两条道路的斗争的存在是民族问题存在的根源,否认民族问题的解决是一个阶级斗争问题、革命问题。以此为根据,给我们党的各项民族政策扣上了"反对阶级斗争"、"反对革命"等等莫须有的罪名。一批民族工作干部也随之受到错误的批判和斗争。

十年动乱期间,林彪、"四人帮"一伙利用"民族问题的实质是阶级问题"的说法作为他们在民族地区推行极左路线、实行封建法西斯专政的理论基础。他们在各民族地区,严重地破坏了党的民族政策、经济政策、宗教政策、统战政策、干部政策;残酷地制造了大批冤、假、错案,把广大少数民族干部和群众当作阶级敌人加以打击,使少数民族地区的人民同全国其他地方的人民一样遭受了苦难。

粉碎"四人帮"已经三年多了,所谓"民族问题的实质是阶级问题"的说法,仍然有不小的影响,妨碍着党的民族政策和其他政策的落实。因此,对这个说法加以澄清,是十分必要的。

民族问题和阶级问题不能混淆

民族问题和阶级问题是两个不同性质的问题。在一定的历史时期,阶级问题和民族问题是有联系的;在一定的历史条件下,阶级斗争也可以反映在民族关系上,但是不能因此就说民族问题实质上是阶级问题。为了说明这一点,需要先弄清"民族问题的实质是阶级问题"这个说法的含义。

第一,这个说法是一个普遍的命题,没有时间、地点、条件的限制,普遍适用于一切历史时期和一切国家,似乎只要有民族问题,它的实质就是阶级问题。阶级和阶级斗争的存在是民族问题产生和存在的根源;

民族问题是现象,阶级问题是本质;阶级消灭了,阶级问题解决了,民族问题也就不存在了。这种说法,就是把民族和阶级说成同始同终,把民族问题和阶级问题混为一谈了。

第二,所谓"民族问题的实质是阶级问题",从字面上看,这似乎既包括剥削阶级的问题,也包括劳动阶级的问题。其实不然,它是有特定含义的。总的说来,就是指剥削阶级、压迫阶级、反动派、卖国贼的问题。应用到我国社会主义时期的国内民族问题,就是指少数民族剥削阶级进行统治、压迫、剥削、破坏、捣乱、复辟的问题,根本否认劳动人民间有民族问题。

在弄清"民族问题的实质是阶级问题"的含义之后,我们就可以清楚地看出,这个作为普遍原理的说法是不能成立的。

民族问题和阶级问题是两种性质不同的问题,决不能混为一谈。

按照马克思列宁主义、毛泽东思想的观点,民族和阶级都有各自发生、发展、消亡的规律。各民族(指广义的民族,下同)的存在,多数是千百年历史形成的,在今后很长期间也将继续存在。"阶级的存在仅仅同生产发展的一定历史阶段相联系",(《马克思恩格斯选集》第四卷,第332页)它比民族的存在,时间要短得多。在阶级消亡之后,民族还会存在很长的时间。列宁说:民族差别"就是在无产阶级专政在全世界范围内实现以后,也还要保持很久很久"。(《列宁选集》第四卷,第246页)毛泽东同志也说:首先是阶级消亡,而后是国家消亡,而后是民族消亡,全世界都是如此。据此,当阶级不存在了,显然就谈不上"民族问题的实质是阶级问题"。仅此一点,就足以说明"民族问题的实质是阶级问题"作为一个普遍命题,完全不能成立。

从原则上说,阶级和阶级斗争是属于各民族内部的问题,民族问题则是属于不同民族之间的问题。当然,各民族内部的阶级关系在一定条件下,又会影响到各民族间的关系。但这并不改变阶级问题和民族问题是两个性质不同的问题。当一个民族的统治阶级侵略、剥削、压迫其他民族,引起其他民族进行反抗民族压迫的斗争时,民族压迫、民族斗争就成为民族问题的基本内容。这种民族压迫,无疑是阶级压迫的一种表现;这种民族斗争,无疑是阶级斗争的一种表现。毛泽东同志在支持美国黑人斗争时所说"民族斗争,说到底,是一个阶级斗争问题",是指美国广大黑人同美国垄断集团和反动派之间的矛盾是阶级矛盾,广大黑人同白人劳动者联合起来,才能实现自己的解放。犹如我国解放前,外受帝国主义压迫,内有民族压迫制度,在这种历史条件下,各族劳动人民的共同任务,就是联合起来推翻帝国主义、封建主义和官僚资本主义在全国的统治,实现民族的解放。新中国成立以后,已经不存在民族压迫和反抗民族压迫的民族斗争。因此,毛泽东同志的这个论断,不能适用于新中国成立后的民族关系。如果生搬硬套,把这个论断用在我国社会主义时期的民族问题上,就不但混淆了民族问题和民族斗争及阶级斗争问题,而且混淆了新中国的社会主义民族关系和旧中国的民族压迫关系。至于林彪、"四人帮"及其极左路线曾严重伤害汉民族和其他兄弟民族长期间形成的团结,现在还留有伤痕,某些少数民族反对改革的人也有意挑起民族隔阂,某些在少数民族地区工作的汉族干部,还存在某些不够尊重兄弟民族的传统习惯,不够重视兄弟民族政治、经济、文化各方面特点的情况,也会造成某些隔阂。所有这些,都是在少数民族地区工作的汉族干部,必须严格按照党和政府的民族政策和其他有关政策,和兄弟民族干部团结一致切实解决好的问题。但是决不能因此认为民族问题的实质是阶级问题。混淆这两种不同性质的问题,是十分有害的。

列宁在著名的《论民族自决权》一文中说:"在分析任何一个社会问题时,马克思主义理论的绝对要求,就是要把问题提到一定的历史范围之内;此外,如果谈到某一国家(例如,谈到这个国家的民族纲领),那就要估计到在同一历史时代这个国家不同于其他各国的具体特点。"(《列宁选集》第二卷,第512页)

列宁、斯大林都把从民族运动观点看来根本不同的两个资本主义时代严格区别开来,一个是西方封建制度崩溃和资本主义上升时代;一个是帝国主义时代。这两个时代,都存在民族压迫和民族斗争,但是从民族运动的内容和意义来说,民族问题却发生了很大变化。在资本主义上升时代,民族问题是资产阶级民主主义世界革命的一部分,实质上是被压迫民族的资产阶级同压迫民族的统治阶级之间争夺市场的斗争。那时,资产阶级是主角。到了帝国主义和无产阶级革命的时代,民族问题已经成为无产阶级社会主义世界革命的一部分,成为附属国和殖民地被压迫民族摆脱帝国主义压迫的世界问题,而在那些农民占人口大多数的被压迫民族,实质上是农民问题。这个理论,斯大林在1925年《再论民族问题》一文中,解释得很清楚。他指出,在帝国主义时代,仍把民族问题说成是不同民族资产阶级之间的斗争,而不看成实质上是农民问题,那就是"过低估计了民族运动的内部威力,不了解民族运动的深刻的人民性和深刻的革命性"。(《斯大林全集》第七卷,第186页)违背"马克思主义理论的绝对要求",把帝国主义时代民族问题的实质仍然笼统地归结为剥削阶级问题,是错误的。何况在我国,已经到了民族压迫不再存在、剥削阶级作为阶级也不再存在的社会主义时期,在国内各民族内部的阶级状况和各民族间的关系都发生了根本变化的情况下，把民族问题的实质仍然归结为剥削阶级问题，那就更加错误了。

社会主义时期的民族问题，基本上是各族劳动人民间的关系问题

“民族问题的实质是阶级问题”的提出，是在我国各民族社会主义改造基本完成之后。这就表明，其目的是要用它来说明我国社会主义时期的民族问题是少数民族剥削阶级和反动派的问题。这完全不符合我国的客观实际。

众所周知，任何民族，绝大多数都是劳动人民，没有他们，就不能组成民族。从世界范围来说，在帝国主义和无产阶级革命时代，民族问题具有深厚的人民性和革命性，在我国社会主义时期，我们国内民族问题更是越来越成为各族劳动人民间的问题。

中华人民共和国的成立，标志着我们民族关系发生了根本变化。

随着工人阶级领导的工农联盟为基础的人民民主专政即无产阶级专政的建立，就根本废除了民族压迫制度，实现了各民族一律平等。正如毛泽东同志指出的：“从中华人民共和国成立的那一天起，中国各民族就开始团结成为友爱合作的大家庭。”人民政权的建立，从根本上改变了各族劳动人民无权的地位。在少数民族中，原来由国民党政府直接统治的地区，随着国民党反动政府的覆灭，就直接处在人民政权之下，从基本上说，已不存在少数民族剥削阶级的政权。在部分地区，解放初期虽然还存在土司、头人制度，但它们已处在人民政权的管辖之下。即使在西藏，尽管直到1959年还保留着封建的僧侣贵族政权，但由于解放军进驻与《和平解放西藏办法的协议》的约束，他们也不能像解放前那样为所欲为了。同时，党和人民政府在解放以后就逐步推行民族区域自治，并大力培养少数民族干部。到1953年已培养出脱产的少数民族干部10多万人，1958年又增加到40多万人。这都为少数民族人民实行当家做主提供了重要条件。

此外，党和人民政府、人民解放军，在少数民族地区广泛地开展交朋友、做好事、公平贸易、防病治病、修筑道路、社会救济等等有利于民族团结和统一的工作。经过这些工作，疏通和改善了民族关系，减少了民族隔阂。

上述这些变化，从阶级实质来说，就是掌握政权的工人阶级建立和发展同少数民族人民(主要是农、牧民)的联盟关系。

民主改革和社会主义改造，使我国的民族关系进一步发生了根本变化。

我国少数民族绝大多数处在资本主义以前的发展阶段，少数民族中的剥削阶级主要是封建主阶级和奴隶主阶级。因而，在少数民族中实行民主改革，消灭封建的、奴隶制的剥削制度，是一场主要的阶级斗争，是各民族发展繁荣的关键。这种改革，从根本上说，是各民族内部的革命问题，而不是民族间的关系问题。但是，各民族民主改革、社会主义改造的完成，又使我国民族关系奠定在新的基础之上。改革大体可分两种情况。大部分少数民族地区，包括内蒙古、新疆和内地的少数民族地区，同汉族地区一道，到1953年先后完成了民主改革，而后又开始了社会主义改造。在相当一部分少数民族地区，主要是云南、四川、青海、西藏的那些还停留在农奴制度和奴隶制度的少数民族地区，从1955年起先后实行民主改革，到1958年大部分完成，实行改革最迟的西藏也在1959年、1960年完成了。在这些地区，除西藏以外，都在完成民主改革以后，就进行了社会主义改造。

上述情况说明，到1953年就在全国大部分少数民族中，到1959年又在其余的少数民族中，推翻了剥削阶级的政治统治和经济剥削，共产党领导下的劳动人民先后在各民族中成了主人翁，主宰着民族的命运和民族之间的关系。各民族间的关系，基本上成为劳动人民间的关系。他们之间尽管存在这样那样的矛盾，但根本利益是一致的。在这个基础上，形成了团结友爱、平等互助的新型的社会主义民族关系。

那么，这是不是说民族问题中就没有阶级斗争了？

我们的回答是：我国的剥削阶级作为阶级已经消灭了，阶级斗争还在一定范围内存在。我们既要反对认为阶级斗争已经熄灭的观点，又要反对把阶级斗争扩大化的观点。具体说来，各民族内部都还有或多或少的阶级斗争，这种阶级斗争的某些部分也还会反映到民族关系上来。但是，我们也决不能因此就把各民族内部的阶级斗争问题同民族间的关系问题混淆起来。

社会主义时期民族问题的内容和根源

在社会主义时期，各民族间的关系基本上是劳动人民间的关系。在这种情况下，民族问题的内容是什么？根源又是什么？

社会主义时期是民族发展繁荣的历史时期。我国五十多个兄弟民族，都有很长的历史，但过去外受民族压迫，内受落后社会制度的束缚，仍然处于不发达状态。解放后，在社会主义制度下，各民族作为平等的成员，登上历史舞台，并将在实现社会主义现代化的历程中，逐步改变不发达状态，跻于先进民族的行列。随着民族的发展繁荣，民族自信心将会增强，民族文化将大为提高，其民族形式将更丰富多彩，民族间的交往将更加密切，民族间的团结将更加亲密。这就说明，在我国

社会主义时期,民族问题不但将长期存在,而且内容将更加丰富。

在今后很长的历史时期,我国的民族问题基本上将包括如下三个方面的内容。

(一)实行民族区域自治,巩固各民族民主平等的团结统一。民族区域自治,是我们党和人民政府处理国内民族关系的基本政策。所有民族自治地方,都有其共性和个性。共性就是每个民族都是祖国统一的社会主义民族大家庭的一部分,是无产阶级专政的地方政权。个性就是民族自治。实行民族区域自治,就要在中央统一领导下,充分行使自治权利。而要充分行使自治权利,就要实行民族化。由于种种原因,现在一些少数民族,还没有做到应有程度的民族化,需要继续努力,坚定不移地逐步实行民族化。在我们这个多民族的国家,没有民族区域自治,没有充分的民族自治权利,就没有民族平等,就没有各民族的大团结和祖国的统一。我们新中国成立三十多年了,民族关系已经起了根本的变化,大批民族干部也逐步地成长起来,我们有必要和可能更加充实和完善民族区域自治,并继续采取措施来消除林彪、"四人帮"破坏民族区域自治的严重恶果。

(二)逐步消除各民族间政治、经济、文化事实上的不平等。马克思列宁主义历来把消除这种历史上遗留下来的事实上的不平等,作为社会主义时期民族问题的一个根本任务。1953年中共中央讨论通过的过渡时期党在民族问题方面的任务中,也明确提出:"逐步地发展各民族的政治、经济、文化(其中包括稳步的和必要的社会改革在内),消灭历史上遗留下来的各民族间事实上的不平等。使落后的民族得以跻于先进民族的行列,过渡到社会主义社会。"

在当前新的历史时期,消除各民族间事实上的不平等,是社会主义现代化建设的一部分。社会主义新时期民族工作的中心任务,就是要团结各族人民为实现四个现代化而奋斗,并在这个过程中,大力扶持各少数民族发展经济文化建设,在生产发展的基础上,不断提高物质、文化生活水平,经过长时间的努力,逐步消除各民族间政治、经济、文化事实上的不平等。

(三)承认民族差别,照顾民族特点,正确对待和处理民族矛盾。列宁十分强调"考察、研究、探索、揣测和把握民族的特点和特征",并且要求在运用共产主义的基本原则时,"把这些原则在细节上正确地加以改变,使之正确地适应和运用于民族的和民族国家的差别。"(《列宁选集》第四卷,第246页)我国解放以来的全部经验证明,在少数民族地区,是一切从实际出发,按照民族特点和地区特点办事,还是生搬硬套汉族地区的方针、任务、办法,这是两种不同的思想路线和工作方针的表现,也是决定我们工作成败的关键。至今在民族地区存在的许多问题,究其原因,大多同这个思想路线和工作方针问题有关。我们必须解放思想,放宽政策,切实肃清极左路线的影响,克服一个样、"一刀切"的做法,真正做到因地制宜,切合民族地区的具体情况。当然,正确处理民族矛盾,决不是可以让潜伏在各民族内的极少数反动分子乘机煽动民族对立和民族分裂,破坏各民族之间的团结统一;事实上,也只有正确处理民族矛盾,依靠各民族的广大群众,才能孤立和打击这些反动分子,加强各民族之间的团结统一。一些少数民族群众对一些汉族干部所执行的错误政策和他们的一些错误言行表现不满,这是正常的,有时他们的不满表现造成了不利于安定团结的后果,这需要向他们做艰苦细致的说服教育工作,决不能不加分析地把他们说成是煽动民族对立和民族分裂。

所谓"民族问题的实质是阶级问题",实际上是用阶级、阶级斗争来取消、代替社会主义时期民族问题的这些基本内容和任务。它否认民族差别和民族间事实上的不平等是民族问题的根源,否认有民族差别就有民族矛盾。并且认为民族矛盾是敌我矛盾和阶级矛盾的反映。

这种观点,不仅在理论上不能成立,而且同客观实际完全不符。诚然,在民族矛盾中有或多或少的一部分是阶级矛盾和敌我矛盾。但是,民族矛盾决不等于阶级矛盾和敌我矛盾。特别是在社会主义改造完成之后,民族关系基本上成为各族劳动人民间的关系,民族矛盾基本上属于各族劳动人民内部的矛盾。在社会主义制度下,各民族劳动人民之间根本利益是一致的,同时仍然存在着一定的矛盾。例如:民族之间因为语言文字不同、生活条件不同、风俗习惯不同、心理状态不同、宗教信仰不同而产生的矛盾;民族之间经济发展程度不同而产生的矛盾,以及反映在国家利益、集体利益和个人利益三者关系上的民族矛盾,反映在农牧关系、农林关系、农商关系上的民族矛盾;民族自治地方同上级人民政府以及其他地区之间的矛盾,等等。所有这些都是民族矛盾,都是由民族差别、民族特点、民族间事实上不平等产生的矛盾。只要民族差别和民族特点还存在,民族间事实上不平等还存在,这类矛盾也将继续存在。这是非对抗性的矛盾(但是如果处理不当,也会形成对抗)。那种否认有民族差别就有民族问题和民族矛盾,认为民族问题只能是阶级问题,民族矛盾只能是敌我矛盾和阶级矛盾的理论,必然导致忽视民族差别和民族特点,搞一般化、汉族化;必然导致把劳动人民内部矛盾当作阶级矛盾和敌我矛盾来处理,把劳动人民当作阶级敌人来对待。历史已经证明,这种理论和做法,对我们的民族工作和民族关系,危害极大,教训极深，我们必须认真记取。

总之，“民族问题的实质是阶级问题”这个说法，客观上成为在我国社会主义时期的民族问题方面搞阶级斗争扩大化的理论根据，给我们的民族关系造成了很大的损害。本来，解放以后，我们党的民族政策“是比较稳当的，是比较得到少数民族赞成的”。(《毛泽东选集》第五卷，第277页)后来发生的令人痛心的曲折，除了其他原因之外，这个说法的传布也是原因之一。粉碎“四人帮”以后，党的民族政策得到重申，民族工作得到恢复，民族关系也正在得到改善。但是，“民族问题的实质是阶级问题”所造成的思想混乱还没有得到澄清。这篇文章是为了澄清这个问题而作的一点努力，说得不周到的地方，欢迎同志们批评指正。

《人民日报》发表社论《关系农业全局的战略措施》

国务院最近决定，在东北地区通过大力发展农业机械化，加快商品粮基地建设。并把这项任务列为国家计划的一个重点项目。这是关系到我国农业全局的一项战略措施，有十分重要的意义。

我们搞四个现代化建设，需要有越来越多的商品粮。由于各项经济、文化和社会服务事业的发展，非农业人口不断增加；为了改善城乡人民生活，增加肉蛋奶等副食品供应，必须发展饲料工业，这些都要求扩大商品粮生产。目前，全国各地因地制宜，发挥优势，调整作物布局，促进农、林、牧、副、渔全面发展，部分地区粮田面积有所减少，这就更需要重视发展商品粮生产。如果忽视这一点，商品粮缺口越来越大，必然会影响人民生活，拖四化建设的后腿，一旦国家有事，更会陷于被动。因此，加强商品粮基地的建设，已成为我们国家当前迫切需要解决的重大课题。

我们现有的商品粮基地，一般只有几个县或十几个县的范围，而且多数在粮食高产地区，如杭嘉湖、太湖地区，那里粮食单产水平已经相当高，虽然还有潜力可挖，但成本高，费力大。显然，单靠这些地方远远不能满足需要，必须选择产粮优势最大、最有发展前途的地区，建设劳动生产率和商品率更高的商品粮基地。从全国范围看，沃野千里、资源富饶的东北松辽大平原，是我国三大平原中最大的一个，耕地面积占全国的1/6，平均每个农业劳力负担24亩耕地，相当全国同一单位平均水平的五倍，此外还有大片宜农荒原可以开垦。由于地多人少，农业增产潜力极大，发展商品粮生产具有全国其他地区所没有的优势。现在国家已经确定在黑龙江省继续大面积垦荒，大力增产商品粮。东北现在很多地方粮食亩产只有200多斤，今后要继续提高单产水平，同时发展在我国国民经济中有特殊地位的大豆生产。从农业全局和东北的特点看，在这里重点建设商品粮基地，投资小，收益大，见效快。让适合生产商品粮豆的东北多搞粮食和大豆，支持其他适合生产棉花、甘蔗、油料等经济作物的地区多搞经济作物，经济上非常合算，有利于全国各地最大限度地发挥优势，对全国农业的调整和合理布局很有好处。

东北和关内的大部分地区情况大不相同，在那里要把农业搞上去，重点是要抓好农业机械化。目前我们国家受财力、物力和其他条件的限制，不可能全面搞机械化，不能平均使用力量，到处撒胡椒面，而必须选择最能发挥农业机械优势的地方集中使用力量。东北就是搞机械化最合适的重点地区。东北农业要扬长，就要发挥地多的优势，种好大片低产田，并变大片荒原为良田，扩大几千万亩耕地面积；要避短，就要改变目前生产力水平低的现状。东北农村劳力不足，无霜期短，在依靠人力、畜力耕作的条件下，春播要一个多月，农作物延迟了生长期，秋季很难躲过早霜，常常造成几十亿斤粮食大减产。因此，这个地方在农业上扬长避短，关键是机械化。只要机械化上去了，就可以扩大耕地面积，大大提高单产，提高农产品商品率和劳动生产率，还能腾出大批劳动力，发展多种经营，改变农业结构，繁荣农村经济，逐步建设起社会主义的现代化大农业。

东北加快农业机械化，建设商品粮基地，国家要在财力、物力方面给予支持。中央各部门要以积极态度大力支援。东北三省则要发扬自力更生的革命精神。人民公社农业机械化的资金要以自力更生为主。近几年，东北的农业恢复和发展较快，富裕社队较多，农民收入增加。为了解决社、队购买农业机械一次投资的困难，国家决定增拨必要的专项长期低息农机贷款，给予有力的援助。

东北农业机械化的基础也比较好，机械化水平居全国领先地位。要充分利用这些有利条件，进一步加强领导。东北的机械化要走中国式农业现代化的道路，立足于依靠国产机械。我国现有的近两千个农机企业，已经具有相当生产水平，完全有能力担负这个任务。使用国产机械，既能节约大量外汇，减少投资，又便于因地制宜进行配套和修配，并能在实践中积累经验，建设起一支自己办机械化的技术队伍。农机部门要把这项光荣任务承担起来，全力改进自己的工作。

我们要认真执行党的经济政策，靠政策的威力，充分调动东北广大农民搞粮食和大豆生产的积极性。现在，国家已经确立，粮食征购任务一定五年不变，超购加价，粮食完成征购和超购任务后，社队有权自己处理；还规定了有关的价格政策、信贷政策，对发展东北商品粮豆的生产非常有利。这些政策必须不折不扣地贯彻执行。要保证农民从生产商品粮豆中确实得到合理的经济收入,使他们安心生产粮食和大豆,为建设商品粮基地出力。政策执行好了,社队出卖商品粮豆收益有保证,公共积累很快增加,可以提高扩大再生产和偿还国家贷款的能力,使信贷资金加速周转,大大有利于加速发展机械化。

邮电部开办国际特快专递邮件业务

为适应我国对外交往和国际商业贸易的需要,邮电部从 7 月 15 日起,在北京、上海、天津、广州、福州、深圳 6 个城市同时开办国际特快专递邮件业务。

这项业务在 1971 年始于英国和美国。之后,参加的国家越来越多,目前已发展到 20 多个国家和地区。我国邮政总局已收到 10 多个国家和地区的来函,要求与我国建立特快专递邮件业务。

特快专递邮件的收寄、处理、发运和投递各个环节都优先于其他各类邮件,并由邮局指定专人专车负责,具有迅速、可靠、方便的特点。

特快专递邮件业务分“定时业务”和“特需业务”两种。“定时业务”要求寄件人事先与邮局签订合同,以后即按合同签订的时间、地点交寄邮件;“特需业务”是为不需要定时交寄邮件的用户开设的。用户可在需要时随时到办理特快专递邮件业务的邮局交寄邮件。这项业务为金融、商业、外贸等部门寄递时间性很强的商业性文件、合同资料、商品样本、工程图纸以及设备零部件提供了方便。

湖南发现特大型多金属矿床

《人民日报》报道,已经勘探的结果表明,这个矿床的钨矿储量多于苏联、加拿大,也多于钨矿储量较多的美国。湖南地质勘探者说,这个矿床的钼、铋、锡、萤石矿的储量也相当可观。此外,在这个矿床上还有铍、铜、铌、钽等几十种伴生元素。这个矿位于湖南省郴县境内,属于五岭山脉中段。

全国妇联主席康克清在联合国妇女十年世界会议上指出妇女是人类进步事业不可缺少的伟大力量

出席联合国妇女十年世界会议的中国代表团团长、中华全国妇女联合会主席康克清今天下午在大会一般性辩论时发言指出:“妇女是占世界人口半数的一支伟大力量。她们的觉悟,她们的奋斗和贡献,是全人类进步事业所不可缺少的。”

在回顾 1975 年在墨西哥城举行的国际妇女年世界会议以来的 5 年中妇女所取得的成就时,她说:“各国妇女为本国的进步和发展,为维护本民族和妇女自身的权利,为保卫世界和平,作出了贡献。”“特别是第三世界国家的妇女和人民,为维护民族独立和国家主权,为发展民族经济和建立国际新经济秩序,为反对侵略政策和战争政策进行了广泛的斗争。”

她概述了在过去的五年中,特别是最近三年多来,中国妇女在对国家发展的贡献和争取妇女平等地位方面所取得的进展。

她说,在 1978 年召开的中国第五届全国人民代表大会中,有女代表 741 人,占代表总数的 21.2%。在全国六万个农村人民公社中,有一万多名妇女担任着公社的正、副社长。女职工占职工总数的 33%。全国大学教师中,女教师占 25.2%。全国科技人员中,妇女占 1/3。

她说,中国“正集中力量进行四个现代化的建设。中国政府正从各方面帮助妇女努力提高文化和科技水平,使妇女更好地为四化贡献力量”。

她说:“中国属于第三世界,和广大第三世界的国家有着许多共同的经历,面临着许多共同的问题和任务。”

在指出“和平是发展的先决条件”后,康克清强调说,“我们不能不看到,当今的世界很不安宁,世界和平正受到严重威胁。在阿富汗和柬埔寨,由于外国军队的侵略和占领,几百万难民流离失所,挣扎在饥饿线上。这两个国家的人民,特别是妇女和儿童,正处在深重灾难之中。虽然联合国以压倒多数通过了要求外国军队撤出的决议,但这种外国占领至今还在继续着。如果任凭无视《联合国宪章》和国际法准则的侵略者为所欲为,不予遏制,今天发生在阿富汗和柬埔寨国土上的灾难,明天就会发生在其他国土上。许多事实说明,和平的主要威胁,来自霸权主义的侵略扩张。”

康克清最后说:“今天,为了建设社会主义现代化的祖国,我们更是需要一个安定和平的国际环境。我们愿和全世界爱好和平的国家和妇女紧密团结,加紧合作,为争取妇女的平等、发展,为孩子们的健康成长和光明未来,为人类的进步幸福,为维护世界和平而共同努力。”

国务院副总理姬鹏飞在北京设宴欢迎以总书记弗朗西斯科·莫斯克拉为团长的哥伦比亚革命独立工人运动代表团

国务院副总理姬鹏飞在北京会见西班牙共产主义联盟总书记西共中央执委会候补委员何塞波·帕劳·巴列特波

国务院副总理万里在北京会见美籍学者南京大学名誉教授钱致榕和夫人及他们的子女

国家科委在北京召开第五次全国科技情报工作会议提出科技情报工作要为四化建设服务

会议认为,当前我国科技情报工作,一定要紧密结合国民经济建设的需要,面向基层,面向生产第一线,为国民经济建设服务。

我国的科技情报工作自1956年建立以来,已经走过了24年的历程。现在,国务院各部门和各省、市、自治区已经建立72个科技情报研究所,还有全国性的、地区性的和基层的各种专业科技情报网(站)约3000个,全国专职科技情报人员有5万人。全国出版的各种科技情报刊物已有370多种。科技情报工作已在为制定科技政策、规划,技术引进,科研和设计工作,技术改造和革新,发展农业以及国防建设和人民生活服务等方面,发挥了显著的作用。这次情报工作会议上交流了这方面工作的经验。

科技情报工作是一项科学性、政策性、时间性、社会性都很强的工作。现代科学技术每日每时都在飞速向前发展,每日每时都有新的知识产生。收集、整理、报道、传播和分析研究最新的科技知识,这对于提高科研、生产的效率,促进出成果、出人才,加快实现四个现代化的步伐是十分重要的。

这次会议在总结24年科技工作经验和教训的同时,根据社会主义建设新时期的要求,特别强调了在新时期科技情报工作要紧密围绕国民经济建设和科学技术发展的需要,广辟情报来源,加强文献工作,深入调查研究,掌握国内外科学技术成就和动向,及时准确地为国民经济建设的各条战线提供科学技术情报资料和分析材料。在现阶段,科技情报工作的重点应该是:大力加强科技情报工作的基础——文献工作;针对国民经济调整有关的问题,围绕同本部门、本地方扬长避短,开展技术改造,合理引进技术,增加就业,改善人民生活,扩大出口等有关的技术与技术经济问题,开展情报服务。同时,必须加强情报工作的自身建设。

会议对今后科技情报工作任务进行了热烈的讨论。大家提出,现在我国已经参加了联合国教科文组织、粮农组织和世界卫生组织等国际组织,一些省、市与外国的一些地区和城市建立了友好关系,民间往来的渠道近年来也大有发展。这些,都为交流科技资料、学术与人员,提供了有利条件,我们的工作会更活跃和有成效。

国家经委国家建委国家科委和国家档案局联合在北京召开全国科技档案工作会议强调要为四化建设服务

召开这样全国性的科学技术档案工作会议,是新中国成立以来的第一次。

国务院副总理万里在会上讲了话。他说,科学技术档案是科学技术发展史的文字记载,是为经济建设和自然科学研究服务的,当代需要它,后代更加需要它。要提高认识,加强领导,健全机构,配备干部,恢复、整顿科学技术档案工作,总结过去的经验教训,提高对科学技术档案的管理水平,以适应四化建设的需要,保证生产建设和科学研究的连续性。在档案的管理和队伍的建设方面,要做到制度化、专业化、知识化、青年化。

中共中央办公厅副主任曾三、国家档案局局长张中、国家经委副主任袁宝华、国家建委副主任谢北一、国家科委副主任武衡也在会上讲了话。

会议认为,粉碎“四人帮”以来,科学技术档案工作已经得到了一定的恢复。但是,还存在不少与现代化建设不相适应的问题,主要是:有的部门对于科学技术档案工作在生产、建设和科学技术活动中的重要作用认识不足,致使科学技术档案工作长期无人过问;许多单位的科学技术档案工作同生产技术、基本建设和科研工作脱节,使一些重要的科技活动和一些重要项目,没有留存必要的科学技术档案,或者收集、保存起来的科学技术档案不完整、不准确、不系统;不少企业、事业单位没有实行统一管理档案的原则,许多科学技术档案仍然分散在个人和业务部门手中,对使用十分不利等等。这些问题必须认真加以解决。

会议提出了今后两年内科学技术档案工作的任务,建议着重做好以下工作:(1)科学技术档案工作的恢复与整顿,一定要同企业、事业的全面整顿工作结合起来;(2)中央和省一级的工业、交通、基建、科研等专业主管机关,都应当按照中央和国务院历来的要求,把科学技术档案的管理工作,当作自己的一项业务,切实地领导起来。国家档案局和地方各级档案业务管理机关,也应当加强对科学技术档案工作的指导、监督和检查;(3)要加强城市基本建设工程档案的统一管理,更好地为城市建设和城市规划管理服务;(4)积极开展科技档案的利用工作,更好地为四化建设服务;(5)管理好、利用好引进技术和引进设备的科学技术档案;(6)努力建设一支坚持社会主义道路的、具有专业知识和工作能力的科学技术档案干部队伍。

全国男篮锦标赛结束

1980年全国男子篮球锦标赛决赛经过3天、33场激战于15日晚上结束。拥有八名运动健将的北京队以七战全胜的优异成绩获得成年组冠军;广东青年队以八战七胜一负获青年组冠军。

7月16日

国务院副总理李先念在北京会见葡萄牙社会党总书记 前总理马里奥·苏亚雷斯和夫人

马里奥·苏亚雷斯曾为推动中葡建交作出积极贡献。他这次是应中国人民外交学会的邀请于7月14日抵达北京,对我国进行友好访问的。

李先念同苏亚雷斯今天就当前重大国际问题充分交换了观点。他们在许多问题上有相近或一致的看法。李先念在谈话中揭露了苏联企图称霸世界的野心,呼吁世界各国做扎扎实实的工作来反对苏联的扩张和侵略行径。他指出,现在越来越多的政治家已经识破了苏联这个全球战略的阴谋。

中国国际贸易促进委员会对外贸易仲裁委员会改名为对外经济贸易仲裁委员会

根据国务院决定,新改的对外经济贸易仲裁委员会,扩大受理案件的范围,受理有关中外合资经营企业、外国来华建厂、中外银行相互信贷、中外贸易、来料加工、合作生产、补偿贸易等各种对外经济活动中所发生的争议案件。

与此同时,1959年在中国国际贸易促进委员会内设立的海事仲裁委员会,也扩大了受理案件的范围,以适应我国远洋事业和对外经济合作的发展。

国务院批转宗教事务局 国家建委等单位《关于落实宗教团体房产政策等问题的报告》

提出宗教团体房屋的产权全部退给宗教团体,无法退的应折价付款。"文革"期间被占用的教堂、寺庙、道观及其附属房屋,属于对内、对外工作需要继续开放者,应退还各教使用。

国务院侨办认真落实侨务政策抓紧平反冤假错案

《人民日报》报道,国务院侨务办公室重视信访工作,抓紧平反冤假错案,推动了党的侨务政策的贯彻执行和侨务工作的顺利开展。1978年4月,侨办信访机构成立后,到1980年5月,在有关部门的积极配合下,已处理将近13000起冤假错案。

侨务办公室一成立,就把信访工作看作是政府联系广大归侨、侨眷、国外华侨和港澳同胞的一条重要渠道,是落实党的侨务政策的第一线。因此,除成立专门的信访机构外,从领导同志到有关的工作人员,都认真地处理来访来信。侨办主要负责同志看到一期"信访摘报"中反映:原北京外国语专科学校归侨、某教研室副主任、副教授王敬轩,在十年动乱中,因为一些诬蔑不实的材料被打成"国际特务",受到迫害,爱人和儿女也受到株连。他立即责成信访部门派出专人,配合北京市有关部门,经过认真调查,推翻了对王敬轩妄加的罪名,平反了这一冤案,重新为他安排了工作。侨办主任和几位副主任,对于直接寄给他们的信,要求做到件件有登记、事事有着落,并尽可能地利用各种机会处理群众的来信来访。今年年初,两位副主任到福建侨乡泉州后,收到群众要求落实政策的各种来信七十多封,都一一作了妥善处理,使一些问题很快得到解决,推动了当地侨务政策的落实。

为了更好地为侨胞、侨眷和归侨服务,加快处理群众信访中提出的问题,侨办领导注意发挥办公室的力量搞好信访工作。平时,各业务司都直接处理一些与本司业务直接有关的来信来访。在信访部门任务比较紧的时候,各业务司都临时帮助处理。在处理案件过程中,侨办还特别注意依靠各地侨务部门和有关组织,使问题解决在基层。

侨办信访部门在处理来信来访时,把重点放在纠正由于所谓"海外关系"问题所造成的冤假错案上。原辽宁大学已故教工张馥筱,是一位美国归桥,历史上曾任过伪处长、县长等职,但解放前就已脱离伪政府,并于1945年到美国哥伦比亚大学学习,1951年自愿回国参加社会主义建设。1957年他被错划为右派,不久又被定为"历史反革命分子"。前不久,侨办信访部门接到张馥筱的两个儿子的申诉,对张的问题做了历史的、全面的分析,认为张馥筱是解放初期在党的"爱国一家"、"既往不咎"的政策感召下,主动回国参加建设的,不但不应作为"历史反革命",而且应该被看作是爱国华侨知识分子。他的历史问题早已向组织作过交代,不应再追究。经过认真复查,对错划张馥筱的右派问题予以改正,对定为"历史反革命分子"的决定宣布撤销,张馥筱的成分改为革命干部;对其家属,在政治、经济和工作安排方面都做了妥善处理。辽宁大学召开了全校大会,公开为张馥筱平反昭雪、恢复名誉。

通过平反大量由所谓"海外关系"造成的冤假错案,使党的侨务政策逐步得到落实,侨务工作顺利开展起来。海内外寻亲觅友的信件成倍增加;海外侨胞回国旅游、探亲、讲学、接洽贸易的人数不断上升;政府关于华侨在国内房产权,归侨和侨眷出境,子女入党、入团、升学、就业、参军等各项政策正在逐步落实,进一步调动了广大归侨、侨眷和海外侨胞参加四化建设的积极性。

国务院副总理耿飚在北京会见马耳他总理办公室经济秘书约·萨木特并同他进行交谈

解放军总政治部发出关于纪念建军 53 周年的通知

《人民日报》报道,中国人民解放军总政治部最近发出关于纪念我军建军 53 周年的通知,要求各部队进行我军宗旨和政策纪律的教育,进一步改善军政军民关系,加强军政军民团结。

通知说,要通过走访、座谈、慰问等方式,对执行拥政爱民公约、群众纪律和支援社会主义建设规划的情况,普遍进行一次检查。驻在少数民族地区的部队,特别要认真检查执行民族政策的情况。基层单位还可举行小型的军民联欢会。

通知要求各部队要对干部战士进行简明的军史教育,发扬爱国主义和革命英雄主义的精神,并适当集中地表彰一些各行各业的先进单位和个人,宣扬他们的事迹和经验,鼓舞指战员学先进、赶先进,为保卫和建设四化作出更大的贡献。

解放军总政治部在北京召开“自卫还击 保卫边疆英雄赞”征文授奖大会

中共中央军委和总参谋部、总政治部、总后勤部负责人韦国清、杨勇、王平向征文获奖作者授奖。

这次征文获奖的作者有 78 人,作品 68 件。其中获一等奖的作品有 9 件,二等奖的作品有 18 件,三等奖的作品是 41 件。另外,还有 9 位年逾 60 的老作家获得了荣誉奖。

征文评奖委员会主任委员、总政治部文化部部长刘白羽向大会报告说,总政治部发起的“自卫还击、保卫边疆英雄赞”征文,在军内外得到了广泛而热烈的响应和支持。在去年的对越自卫还击战中,全军组织了近 400 名创作人员深入参战部队,有些同志直接参加了战斗。中国文联组织了 78 名作家、艺术家奔赴边防前线,深入参战部队。他们和前线军民甘苦与共,以饱满的政治热情,创作了许多鼓舞士气、振奋民心的作品。同时也有一大批生气勃勃的业余作者,一边参加战斗,一边拿起笔,写出了许多感人肺腑的作品。一年多来,在国内报刊上发表的反映自卫还击的文学作品有千篇以上。由各地推荐参加征文评选的比较优秀的作品有 500 多篇。

解放军总政治部副主任华楠在会上代表总政治部讲了话。受奖作者的代表雷铎和杨树芳作了联合发言。

联合国和中国在北京联合举办大型沼气讨论会

7 月 16 日至 19 日,联合国工业发展组织和我国沼气建设领导小组联合举办的大型沼气讨论会在北京人民大会堂举行,参加者有来自联合国和包括我国在内的 26 个国家的 45 名能源专家和官员。讨论会的目的,是要在全面了解我国沼气建设情况的基础上,互相交流经验,明确沼气发展的指导方针和计划,并提出在发展中国家进一步加强合作的建议。会前,他们在四川、江苏、上海、北京考察了利用沼气的情况。

在讨论会上,我国沼气建设领导小组介绍了我国沼气发展概况,我国专家们宣读了沼气科技论文。好多外国专家和官员在讨论中高度评价我国的沼气技术,认为我国不但能够就地取材建造经济适用的沼气池,而且能多方面地利用沼气作为能源。这样的技术,发展中国家能够效法。

在考察和讨论中,外国专家对我国沼气利用也提出了许多改进意见。

教育部在大连举办全国高等院校马列主义理论课教师暑期讲习班

来自全国各地的 500 多名高校政治理论课教师参加了讲习班。举办这个讲习班的目的,是为了提高高校政治理论课教师的教学水平和理论水平。讲习班于 8 月 2 日结束。

7 月 17 日

国务院 中央军委批转工商行政管理总局等部门《关于加强对华侨港澳台湾同胞进口物品管理和打击走私投机倒把活动的报告》并发出通知

各省、市、自治区人民政府,国务院各部委、各直属机构,各大军区、省军区:

国务院、中央军委同意工商行政管理总局、中国人民银行、商业部、中国银行、海关总署《关于加强对华侨、港澳、台湾同胞进口物品管理和打击走私、投机倒把活动的报告》,现转发给你们,望认真贯彻执行。

当前,私自买卖华侨和港澳、台湾同胞进口物品,走私、投机倒卖外货、金银、贵重药材的情况相当普遍,有的地方十分严重,已经影响到国内某些工业产品的销售,造成市场混乱,严重腐蚀一部分干部、职工和群众的思想,应当引起足够重视。越是放宽物资进口,越要严格纪律,加强管理。各地海关要坚决执行暂行海关法的规定,依法查处走私案件。银行、工商行政管理部门要迅速制定打击投机倒把和金融管理办法,以便加强管理。要向广大干部、群众、军人和侨胞进行宣传,使大家都能自觉遵守,共同维护社会主义的经济秩序。

关于加强对华侨、港澳、台湾同胞进口物品管理和打击走私、投机倒把活动的报告

国务院、中央军委:

近两年来,随着我国对外交往的扩大、旅游事业的发展和华侨、港澳同胞回国探亲携带、邮寄进口物品政策的放宽,大量外货流入国内。据海关统计,

1979年携带和邮寄进口电视机二十五万台，收录音机四十八万多部，袖珍电子计算器一百一十六万多部，手表十八万只。而且，数量逐月增加。汕头海关去年五月邮寄进口袖珍电子计算器六千多部，到十一月增到三万八千多部。另外，台湾渔民、沿海渔民和外轮华籍船员走私带进的外货数量很大。去年下半年仅进入广东汕尾、海门镇海面的台湾渔船二百多艘，走私进口手表就有二十万只。

外货流入以后，由于管理工作没有跟上，一些具体政策界限不清，出现了大量私自买卖外货的现象。一些机关、团体、部队、学校、企业事业单位，违反政策规定，千方百计地深入侨区抢购外货，其中以部队、科研单位和大专院校最为严重。为了买到"三机"（电视机、收录音机、袖珍电子计算器），有的部队派人专乘小车采购，有的用直升机转运，有的用国防木材兑换，有的为逃避检查竟在包装箱上贴上"国防物资"的封条，有的甚至对不愿出卖外货的侨属威胁利诱。广东海门镇驻军某部有四百余人，去年七月后，一度平均每天收到汇款六千余元，用于购买外货。该镇有个外货黑市场，平均每天有四五辆军车来买外货。一些机关、企事业单位，不顾控制集团购买力的规定，弄虚作假，不计价格寻亲托友购买私货。如二机部六局配套处，派采购员与潮阳县和平公社下厝大队一社员挂钩，以购买编织胶带为名，签订假合同，汇款六万四千八百余元，购买电子计算器五百四十八部，收录音机二部。

当前，走私、投机倒把活动相当猖獗，以广东、福建最为严重，并已蔓延到全国。一九七九年，全国海关查处的走私案件，达一万三千四百二十三起，比一九七八年增长百分之四十；私货估值七百三十一万余元，增长两倍多。广州市工商行政管理局一九七九年查获涉及走私的投机倒把案件，比一九七八年增加四倍。汕头地区工商行政管理部门查获千元以上的大案就有二百三十四起。由于国际金价暴涨，走私黄金、以金换购外货的情况也极为严重，去年全国海关查获的黄金就有一万多两。走私、投机倒卖案件之大，是20年来所罕见的。去年十二月至今年一月，广东海门港检查了十二艘台湾渔船，查出走私黄金二百一十多两、银器三百二十二斤、银元二千四百九十多个、收录音机七十二部、袖珍电子计算器三十六部、台湾手表一万八千六百五十只。今年一月，韶关市破获一起一百五十余人的走私、投机倒把集团案，涉及十个省，查获黄金一百二十四两，银元三万九千九百多个，麝香一百三十斤，其他贵重药材五百多斤，玛瑙二斤，现款一万八千三百元。投机倒卖外货，暴利惊人。如福建省安溪县蔡建成等三人，在福建购买袖珍电子计算器一百七十三部，每部七十至九十元，贩往四川平均每部售价二百五十元。

参与走私、投机倒把活动的，有华侨和港澳、台湾同胞，有外国人，国内有工人、干部、农民、现役军人，其中有些是党团员、高干子弟。他们组成集团，有收购、转运的，有窝赃、销售的。走私与投机倒把相勾结，沿海与内地相勾结，连成一线，遍及各省。广州、汕头、佛山、深圳、海门、汕尾以及福建的青阳、石狮、长乐等地，还出现了买卖外货的黑市场，多时聚集千余人。走私、投机倒卖活动已带来严重危害，国内一些产品的销售受到冲击，人们的思想受到腐蚀。海门镇外货黑市上，参与活动的大多是青少年。该镇一个生产队，有二百人签名要求弃农倒卖外货。这个镇上赌博、江湖卖艺、暗娼等也应运而生。由于出售外货有利可图，不少华侨、港澳同胞以物代汇，严重影响侨汇收入。

对华侨、港澳同胞进口物品进行管理，打击走私、投机倒卖外货活动，中央有关部门曾先后下达过文件，但收效不大。主要原因是收购经营单位太多，收购、销售外货的价格混乱。目前经营外货的单位有国营商业、合作商业，有社队、街道，还有个体商贩。国营商业的收购价格，一般高于国外价格加关税的百分之五十到一倍，助长了以物代汇。销售价格一般高出收购价格百分之五十以上，甚至高达几倍。一部日产乐声牌二十寸的彩色电视机，港澳价格折合人民币六百二十三元，国营商业加关税的收购价一千六百六十元，零售价三千零二十元。从私人购买，一般二千二百元左右。因而，有些人争相购买私人的，不愿到国营商店购买，投机倒把分子乘机倒卖牟利。

其次，对台湾渔民走私倒卖外货，认识不一。有的担心制止和打击台湾渔民的走私活动会影响"三通"（通航、通商、通邮），影响台湾渔民和我接触。

再次，打击走私、投机倒卖活动措施不力，有的具体政策界限不清，无法可依。

对华侨、港澳同胞进口物品加强管理，打击走私、投机倒卖外货活动，关系着维护国内工业生产、市场秩序和金融管理。为了加强这项工作，我们意见：

一、华侨、港澳同胞按海关规定带进的各种物品，应作为特殊物品对待，只限于自用或馈赠亲友，不准私自买卖，从中牟利。需要出售时，只能卖给指定的收购单位。省、市、自治区人民政府要责成商业部门明确收购单位，非指定的单位不准收购。这类物品必须按专业分工归口经营。收购经营这类物资的单位，均向县以上工商行政管理机关进行登记，由工商行政管理机关发给"经营许可证"。经过核准经营这类物资的商业批发单位和大型商场需要到口岸和侨乡进货的，应由其省、市、自治区商业行政部门介绍，经口岸、侨乡所在省、市、自治区商业行政部门同意，到指定的收购、经营单位进货，其他任何国营、集体或合作零售商店都不得深入口岸或侨乡采购华侨、港澳同胞携带进口的物品。

未经工商行政管理机关发给“经营许可证”的任何单位,都不得擅自经营华侨、港澳同胞携带进口的物品。违犯者,其非法利润,由工商行政管理部门没收上缴国库,或处以罚款,拒交的可通过银行划拨。如物品尚未出售,则由指定的收购单位收购。对重犯者可责令停业检查,并追究领导责任。

华侨、港澳同胞携带进口物品的购、销价格,仍按一九七三年外交部、外贸部、财政部、商业部联合下达的《关于收购华侨携带进口物品价格和管理问题的通知》规定的原则和办法执行。不准搞议购议销。同一市场的零售价必须统一,兼营价格要服从主营价格。

各省、市、自治区在贯彻执行中共中央〔1980〕32号文件中,要对华侨、港澳同胞携带进口物品的价格,一并检查整顿。

二、对台湾渔民向大陆出售物品要区别对待,如向我接待单位或指定的收购单位提出用工业品或生活用品兑换内地物品,这属于正当的民间贸易,商业部门和水产部门要积极协助解决。台湾渔船成批运进商品并逃避管理进行投机活动,在海上同我渔民直接交易或上岸私自出售者,可没收其私货,但不再罚款、扣人、扣船,进行教育后释放。对于零星走私,可给予教育后从宽处理。对渔民要进行教育,不准在海上同台湾渔民买卖交换物资,对串通走私倒卖的,要给予打击。公安部门要加强海上巡逻,协助海关进行查缉。

三、坚决取缔外货黑市交易,严禁金银、外币和“外汇兑换券”私自买卖。工商行政管理部门,要加强市场管理,在重点地区的车站、码头设立检查站,也可与有关部门设立联合检查站加强检查。机关团体和个人需要购买外货的,必须到指定的经营单位购买。对私自买卖外货,买卖金银、外币和“外汇兑换券”的,要根据情节,予以收购、补价、罚款或没收,直至追究单位领导责任。要坚决制止金银、珠宝、玉器以及麝香等贵重药材的外流,严格保护麝香等贵重药材资源。对走私、投机倒卖外货案件,海关和工商行政管理部门要认真查处,追根挖窝。非法收入必须追回。对惯犯、要犯和集团首犯,要狠狠打击。数额巨大、情节严重的,交由司法机关依法惩办。对参与、包庇纵容走私、投机倒把活动的国家干部、党团员、现役军人,要从严处理。

四、各省、市、自治区要加强领导。重点省、市人民政府,要有领导同志分管这项工作。其他省、市也要经常了解情况,抓紧解决存在问题。公安、海关、商业、财税、人民银行、中国银行、侨办、对台办、工商行政管理等有关部门,要紧密配合,密切协作。要积极做好宣传教育工作,发动群众检举揭发走私、投机倒把活动。为了加强对华侨、港澳同胞进口物品管理,打击走私、投机倒把活动,由工商行政管理总局和海关总署通告全国,使广大干部、群众、军人、侨胞,都能自觉地遵守。

以上报告如无不当,请批转各省、市、自治区和各大军区、省军区贯彻执行。

《人民日报》发表社论《农业增产靠科学》

几年之内,农业增产主要靠政策靠科学,这是从我国当前的实际情况出发,加快发展农业的正确的指导思想。主要靠政策靠科学,不是说其他增产措施不需要抓了,而是说几年内要着重抓这两项。就科学来说,它是长期发挥作用的,但由于它和农业增产的其他技术措施相比,花钱较少,收效较快,潜力很大,所以目前有必要把它突出出来。

我国农业多年来发展缓慢,最重要的原因,一是广大农民的积极性被极左路线严重地挫伤了,农业发展失去了根本的动力;二是很多生产方针和措施违反了客观规律,生产的发展失去了科学依据。靠政策,就是要调动农民的积极性;靠科学,就是要按照客观规律办事。人的积极性调动起来,运用科学技术和科学管理方法搞生产,把自然界的潜力发挥出来,我们的农业就好办了。

农业科学对农业增产有巨大的作用。当代农业的迅速发展,劳动生产率、土地生产率的成倍提高,主要靠科学技术。在现代农业中,农业自然资源的调查和农业区划,农林牧渔的有机结合和合理布局,良种的选育和推广,杂种优势的利用,农业化学的研究和应用,耕作制度因地制宜的调整和改革,科学的田间管理、森林管理、饲养管理和水产养殖等农业科学的研究和应用,增产的效果十分明显、巨大。农业生产要加快发展,不靠农业科学是不行的。实现农业现代化,关键是农业科学技术的现代化。

我们要广泛宣传农业增产靠科学的道理,这个道理还远远没有被人们普遍认识。旧中国的农业科技工作极其薄弱。解放后,党和人民政府开始重视农业科学,农业院校、农业科研机构和队伍比解放前壮大了,取得了一批科研成果,推动了农业生产的发展。但就整个情况来说,我们对农业科学技术是农业生产力,农业增产要靠科学,在认识上是模糊的,在实践上没有把它提到十分重要的位置。从50年代后期开始,由于我们不尊重科学,指挥农业生产犯了一系列主观主义的错误;由于我们不懂得科学,片面地把群众生产经验和科学看成一回事,实际上否定了农业科研专门机构存在的必要性;由于我们错误地认为政治工作者能够领导一切,就把大批农业科学工作者排斥在领导农业的岗位之外。在十年动乱期间，更有人胡说什么农业科研要依靠“七亿五”（即全国农民群众），不要依靠“七千五”（即农业科研人员），全盘否定了专业科研机构和专业科研队伍的骨干作用，农业科技战线遭到了一场空前的浩劫。为什么我们几亿人口长期搞饭吃，而粮食问题老是过不了关呢？为什么我国自然条件不算坏，农业搞了几千年，当前吃穿所需的棉、油、糖和林产品、肉食品、水产品却出现了全面紧张的状况呢？为什么我们偏要在宜林、宜牧、宜经济作物的地方去种粮食，还把宜渔的湖海填起来种粮食呢？原因是多方面的，其中一个重要原因，就是不尊重客观规律，不懂科学，否定科学。这使我们受到了大自然的严厉惩罚。如今我们要加快发展农业，完全有必要认真总结一下二十多年来这方面的沉痛教训，从中认识规律性的东西。只有这样，我们才有可能真正拨乱反正，真正把农业科学重视起来。

农业增产靠科学，首先要尊重和依靠农业科学工作者，各级领导农业生产的干部也要刻苦学习农业科学。有些同志认为：“我国有丰富的精耕细作的经验，这不就是科学吗？”“我在农村多年，还不懂得农业？”“种地没有奥妙，就是水、土、粪嘛！”这些思想造成了对农业科学和农业科学工作者的轻视，是错误的。

我国传统农业中精耕细作的经验确是比较丰富的，应当认真总结，继承和发展其中至今有用的、科学的部分。但要认识到，它是小农经济的产物，相当部分已不适用于现代农业的发展了。我们多数领导农业的干部比较熟悉的，正是这种传统农业，有些人甚至连传统农业也不懂。我们当前急需的，是把原来不懂得的现代农业科学知识掌握起来。实现农业现代化，靠土改经验，靠合作化经验，是实现不了的。抱住老经验，不学习现代农业科学知识的干部，必将被时代淘汰。要采取有效措施，切实改善农业科技人员包括技术推广人员的工作条件和生活待遇，稳定农业科技队伍，调动他们的积极性。要把一批农业科学工作者大胆地提拔到各级领导农业的岗位上来，让他们有职有权。有的地方现在开始把农业科学工作者组织起来，成立“生产技术参谋部”或“生产技术顾问团”，并规定党委对农业生产采取措施之前，先要得到“参谋部”或“顾问团”的研究同意，这个办法可供各地参考。具体做法各地可以不同，但长期以来“有权的人不懂行，懂行的人没有权”的局面必须改变。如果让甘当外行的人继续领导下去，我们的农业是没有希望的。

要大力加强农业科技的组织管理工作。一提到农业科学，人们往往想到科研这一部分，而忘了组织管理那一部分。农业科学的组织管理工作是一门学问，各地需要有一批人专门去做；做政治工作的党委书记们是不熟悉这项工作的，党委的工作也代替不了这项工作。没有这项工作，科研工作者各搞各的，容易发生项目的重复和力量的浪费，研究项目也不易组合配套，有了科研成果也不能及时推广，科学技术还是形不成生产力。目前世界上的农业先进国家，不但有力量雄厚的农业科研组织和队伍，还有一套完善的农业科技推广体系和队伍。我国目前各级农业科研机构不健全，推广工作尤为薄弱，有些科研项目早已有成果，却长期不能推广到生产中去。农业增产靠科学，这个科学还应包括水利、气象、地学、生物、能源以及现代技术在农业上的运用，等等。必须搞好农业科学和各门科学之间的综合运用和互相协作，克服各搞各的分散状态。这些问题迫切需要解决，各级领导部门要把它抓起来。

搞农业科学，理论科学必须搞，这是一项长期的基础性的研究工作，不能忽视。根据我国农业目前比较落后、急需搞上去的情况，应当多搞一些应用科学，力求收效快一点。对国外农业科技成果，包括理论科学方面的，提倡“拿来主义”，首先认真学习，然后根据我们自己的情况加以运用。当前我国农业科学中的最重要的问题，是如何把960万平方公里国土和一百多万平方海里海域的自然规律摸透，建立科学的农业内部结构和合理的作物布局，使不同地区的农业都能因地制宜，趋利避害，发挥优势。仅仅做到这一项，就会使我国农业大大地向前发展一步。

粉碎“四人帮”三年多来，党中央和国务院召开了全国科学大会，党的十一届三中全会发布了两个农业文件，全党对农业科学的重要性，在认识上有所提高，十年动乱中被极左路线冲散了的农业科研机构有所恢复。但是，不少领导干部对农业科学的重视还停留在口头上，对这项工作抓得很不得力，我国的农业科技工作还远远没有走上正轨，对农业增产更没有发挥巨大的作用。三中全会后，各项农村经济政策正在逐步落实，我国农村像50年代前期那样，又出现了喜人的兴旺景象。在这种形势下，政策问题要继续抓紧落实，不能放松。但是，农业生产要进一步加快发展，发展农业科学的问题已经日益紧迫地提到我们的面前。让我们加快开展农业科技工作的步伐吧！

国务院副总理姬鹏飞在北京会见以奥斯瓦尔多·贝契为团长的意大利统一共产党代表团

国务院批转国家测绘总局修订的《我国地图编制出版管理办法》

中国运动员在美国费城“自由钟”国际田径赛获得五项冠军

20岁的郑达真在女子跳高比赛中成功地越过了1.92米的高度，获得第一名；23岁的申毛毛在男子标枪比赛中以89米14的成绩获得冠军；邹振先以16米90的成绩获得男子三级跳远第一名；沈丽娟以17米09的成绩获得女子铅球第一名；谢建华以56米58的成绩获得女子铁饼第一名。

吕振羽逝世

我党优秀的无产阶级革命战士、著名的马克思主义历史学家吕振羽，因心脏病突发，于7月17日逝世，终年80岁。

吕振羽1926年由湖南大学毕业后即投身北伐战争。“九·一八”后，积极投入抗日救亡运动，1935年年底至1937年，曾根据党中央的统一部署，受委托去南京和国民党当局进行合作抗日的谈判，忠实地执行了党的方针。1936年3月加入中国共产党。此后，他曾在周恩来同志和南方局的领导下，在重庆从事理论战线、历史研究和统战工作。“皖南事变”后，调往苏北解放区，在华中局党校任教。1942年，他跟随刘少奇同志回延安，先后任刘少奇同志的政治秘书和学习秘书。解放战争时期，他在东北，曾任辽东省委常委等职。解放后，曾被选为第一届全国人大代表、第三届全国政协委员。

吕振羽是我国早期马克思主义历史科学的开拓者之一。他的《史前期中国社会研究》和《殷周时代的中国社会》，对中国古代社会的内部结构及发展规律进行了创造性的探索，提出了一些独到的学术见解。1937年，他写的《中国政治思想史》，第一次对于中国古代哲学思想和政治思想作了系统的阐述。他的《简明中国通史》和《中国民族简史》，也是我国较早系统研究中国通史和民族史的重要著作。解放后，他特别重视民族史的研究，曾发表《中国民族关系发展的历史特点》和《新疆和祖国的历史关系》等论文。

7月18日

国务院总理华国锋电贺铃木善幸就任日本国内阁总理大臣

中华人民共和国国务院总理华国锋7月18日致电铃木善幸，衷心祝贺他就任日本国内阁总理大臣。电报全文如下：

日本国内阁总理大臣铃木善幸阁下：

在阁下荣任日本国内阁总理大臣之际，我谨代表中国政府和中国人民，并以我个人的名义，表示衷心的祝贺。

中日友好是两国人民的共同愿望。我相信，在贵我两国的共同努力下，中日友好合作关系必将获得进一步的发展，这对两国的繁荣以及维护亚洲与世界的和平都是十分有益的。

中华人民共和国国务院总理　华国锋

1980年7月18日

《人民日报》发表特约评论员文章《封建主义思想遗毒应该肃清》

在党的工作重心实行转移后的一年半当中，人们在前进的道路上不难发现，不论是路线的贯彻，政策的落实，还是改革的推行，仍然不可避免地会碰到重重的阻力。这些阻力来自何方？溯本求源，其中有相当一部分，是同封建主义的思想遗毒紧密地联系在一起的。这就向人们提出了一个问题：为了排除四化建设的障碍，必须充分估量封建主义思想对我国社会生活，特别是党内生活的影响，并把肃清封建主义思想影响的斗争提到应有的战略地位上来，决不能对它掉以轻心。

我们的党，是按照马克思主义的思想原则和组织原则建立起来的无产阶级革命党。从党成立那一天起，我们就开始了同封建主义的生死搏斗，直到取得民主革命的胜利。但是，我们的党也受着封建主义思想的腐蚀和侵袭。腐朽的封建传统观念，在我们党内一直是一股不可低估的顽固的精神力量。家长制、一言堂等封建主义遗毒，经常不断地干扰、破坏着正确的政治路线和组织路线的制定和贯彻，影响、妨碍着民主集中制原则的顺利实行。十年动乱之际，封建主义的遗毒恶性发展，重新泛滥。它的反动性和破坏性充分暴露，在党内和社会上造成了难以想象的令人痛心的浩劫。

粉碎“四人帮”将近四年。徘徊在社会上的封建主义幽灵当然不可能随着林彪、“四人帮”的被埋葬而彻底消除。通过真理标准问题的讨论，对“两个凡是”思想的批判，政治、经济领域里某些改革的初步实施，封建主义思想遗毒在某些方面有所触动。但是，现在的问题是，它在社会上，特别是在党内，还没有引起人们足够的警惕，更没有得到有效地克服。例如，迷信个人；某些领导人员中的家长制、一言堂；某些干部在政治上搞特权，在生活上搞特殊；党内顽强存在的某些宗派行帮残余；干部制度上的终身制；干部作风上的官僚主义；经济领域里的闭关自守、官工官商作风；等等。所有这些，从根本上说，都是专制主义、帝王思想、皇权思想、特权思想、等级观念、宗法思想、蒙昧主义等封建意识形态在现代生活中的反映。它阻碍、破坏党的民主集中制、群众路线、实事求是作风的贯彻和发扬，阻碍、破坏各项改革的实施，搞得不好，就会把无产阶级政党、革命队伍内部同志之间、人民之间的关系，变成封建的君臣关系、主奴关系、行帮关系、人身依附关系。

为什么我们经过了近六十年的革命斗争，直到今天，还不能从根本上摆脱腐朽没落的封建主义思想如此强大而广泛的影响？其中，既有深刻复杂的历史原因，也有工作上的经验教训。

在我国，经历了两三千年的封建统治和一百多年半封建半殖民地的统治，封建意识形态根深蒂固。我们党领导的民主革命，消灭了封建主义的经济基础和政治制度。对于具有长久历史渊源的庞大的封建主义思想体系，虽然作过多次批判，却不可能在较短的时期内彻底清除掉。

民主革命胜利以后，我们遵循马克思主义关于从资本主义到共产主义的过渡时期的理论，建立了无产阶级专政的国家政权，及时地把革命推进到社会主义阶段，这是完全正确的。但是，在实际工作中，在对于中国特点的分析和阶级估量上，我们却忽略了一个最基本的事实，这就是：新中国成立前，我国并不是一个资本主义社会，而是一个半殖民地半封建的社会；在这种特殊的历史条件下，与其说，我们是从资本主义向社会主义过渡，毋宁更准确地说，我们是从半殖民地半封建社会向社会主义社会过渡。这就是说，我们在运用马克思主义关于过渡时期理论的时候，对我国的历史情况，还缺乏具体的、实事求是的分析。我们强调革命的主要对象是资产阶级，强调批判资产阶级思想，这是完全必要的。但是，对封建主义社会的痕迹，对封建主义思想在社会生活、特别是党内生活中的影响，对封建主义思想的腐蚀和侵袭，却缺乏足够的估计和警惕。这种脱离实际的分析，造成了我们实际工作上的失误。我们没有把反对封建主义思想影响的斗争，摆在应有的地位，缺乏长期地持久地肃清封建主义思想的准备。

在有些情况下，我们不但划不清无产阶级思想和资产阶级思想的界限，也划不清无产阶级思想和封建主义思想的界限，致使封建主义思想能够冒充无产阶级思想在党内和社会上合法存在。例如，把无产阶级的集中制和封建家长制混同起来，并把封建家长制当作无产阶级的集中制，加以保护；把自力更生和闭关自守混同起来，并把闭关自守当作自力更生，加以提倡。在十年动乱中，林彪、“四人帮”更是变本加厉。他们破坏无产阶级专政，推行封建法西斯专政，对干部和群众进行残酷镇压；他们把人民群众对无产阶级领袖的爱戴，同封建主义的忠君、膜拜加以混淆，大搞个人迷信，在堂堂社会主义国家，导演了规模空前的新的造神运动。

革命和建设的实践告诉我们，在经济落后、封建主义传统久远的国家里，工人阶级夺取政权以后，尽管革命已经进入社会主义阶段，但是，对于封建主义思想的影响，决不可忽视。因此，作为执政的工人阶级政党，一定要把反对封建主义思想腐蚀、侵袭的斗争放在重要的地位，并且长期持久地进行下去。否则，我们在这种侵蚀面前全打败仗，甚至亡党、亡国、亡头。这是需要认真记取的深刻历史教训。

我们重视对封建主义思想的批判，决不意味着放松对资本主义思想的警惕。在四化建设中，随着国际交往的增多，反对资本主义思想腐蚀的斗争，将愈益显得重要。当前，在一部分青年人当中，在某些涉外活动较多的地区，这种斗争，就更具有特殊的意义。当然，我们反对资产阶级思想，是要反对它唯利是图的世界观、腐朽没落的生活方式和思想作风。这丝毫不妨碍我们去吸取和利用资本主义国家积累的科学知识、先进技术和管理方法，用来服务于我国的四化建设。同样，我们反对封建主义思想，是要清除反动的地主阶级思想对革命事业的影响，这丝毫也不排斥我们对封建时代文化遗产在批判基础上的继承，从而达到古为今用的目的。

什么是我们反对封建主义思想影响的精神武器？

对于这个问题，历史已经作出了公正的回答：在当代，反对封建主义的精神武器是马克思主义。

小生产思想不可能战胜封建主义。作为个体经营的小生产者，只能产生平均主义。在反封建的斗争中，它不可能摆脱封建皇权主义的影响，不可能冲破封建意识形态的束缚。带着小生产眼光加入无产阶级政党的同志，在他们的世界观没有得到改造以前，往往划不清无产阶级思想和封建主义思想的界限，极其容易接受封建主义的影响。特别是随着他们地位的升高，权力的增大，就很可能沾染上一种封建特权思想和帝王习气，以至把自己置于同无产阶级利益相对立的地位。

资产阶级思想，也不可能彻底战胜封建主义。在历史上，它是比封建主义思想进步的东西。但是，在资本主义已进入没落阶段的今天，我们决不能因为反对封建主义而去赞美资本主义。

肃清封建主义的思想影响，应当从两方面来进行。

一方面，要进行思想教育。我们应当认真总结新中国成立以来，包括“文化大革命”前的十七年，“文化大革命”的十年，和粉碎“四人帮”以后近四年的历史经验教训，划清无产阶级思想同资产阶级思想、封建主义思想的界限，以提高反对封建主义思想影响的自觉性。千万不要再混淆是非，良莠不分，重蹈历史覆辙。封建主义思想，从本质上来说，是敌对思想。但是，反映在党内和干部队伍中，则属于人民内部矛盾。对于这些矛盾，应当采用适当的方法加以解决，而不能简单粗暴，随意打棍子，扣帽子。

一方面，要实行制度改革。我们早已用社会主义的政治制度和经济制度取代了旧的政治制度和经济制度。但是，思想上的封建残余的存在，必然反映在我们的制度上。在由我们自己制定的党和国家的某些成文的或不成文的制度和规定中，必然会打上封建主义的烙印。在现实生活里，它保护着某些封建性的东西，并为封建主义的滋长，留下了漏洞和缝隙。

我们应当认真地查一查，我们的政治、经济、组织等各种制度，有哪些还保留着封建主义的痕迹，有哪些为封建主义的存在和滋长留下了漏洞。要下定决心，认认真真地而不是马马虎虎地进行一番改革。决不允许在我们这一代人手里，再人为地保留甚至增添封建主义赖以滋生的条件，贻害子孙后代。

要彻底清除封建主义的思想影响，最根本的，还要靠努力搞好四个现代化，迅速发展生产力，发展社会化的大生产。封建主义思想是封建的经济基础以及社会经济生活、文化生活极端落后的产物。当前，封建主义思想之所以还能够继续存在，从根本上说，是由于我国的生产力还不够发达。因此，要从人们的意识中消除封建主义思想，最根本的，也只能靠发展生产力，尽快改变封建主义思想赖以存在的物质基础和社会条件。我们要集中全力，进行现代化建设。只有到了社会生产力高度发展，人民的科学文化水平极大提高，社会主义制度更加完善的时候，封建主义的思想遗毒，才能从我们党内，从我们的社会中彻底铲除出去。

中国共产党党史研究会在北京成立

中共党史研究会是一个群众性的学术团体。它的宗旨是：以马克思列宁主义、毛泽东思想为指导，坚持实事求是，理论联系实际的学风，贯彻双百方针，学习和研究中国共产党领导中国革命、建设的历史和经验，组织学术交流，不断提高党史研究和教学水平，为实现社会主义现代化贡献力量。

会议通过民主协商，选举产生了理事会。研究会会长冯文彬，副会长曾三、李新、廖盖隆、胡华、马齐彬、王实、董谦，研究会顾问李维汉、王首道、萧克、何长工、成仿吾、舒同、吴亮平、徐彬如、刘型、莫文骅、刘英、奎璧、李正文。

中国社科院经济研究所和马列主义毛泽东思想研究所在北京举行我国生产资料所有制结构问题座谈会

在首都经济学界举行的我国生产资料所有制结构问题座谈会上，许多经济学者认为，适应我国现阶段各地区、各部门存在高低不同的多层次的生产力水平的要求，在保持社会主义公有制占绝对优势的条件下，允许城镇个体经济在一定范围存在和一定程度的发展，对活跃市场，满足人民生活需要，扩大就业，都有好处。

不少人在座谈会上指出，要正确地对待个体工商户，必须从理论上弄清在社会主义社会里个体经济的性质。而分析个体经济的性质，又不能光是从所有制上看，还要从它周围所处的经济条件看，从它对公有制经济所起的作用看。即便从所有制来看，也不能不问当时当地生产力的具体情况，一概认为公有制无条件地优越于个体所有制。例如，分散的或流动的修理业、服务业，个体经营就比较好。另外，也不能把个体经营和资本主义等同起来，或者认为它必然产生资本主义。在我国现在的条件下，生产资料公有制已占绝对优势，劳动力不再是商品，在经营范围、原材料供应以及价格、税收等方面受公有经济和国家有关部门管理和制约的个体经济，一般说来是不会产生资本主义的。

为了适应国民经济调整的需要，一些经济学者还在发言中建议从政策上进行调整，把过去以限制、排挤为重点的政策转到积极引导、适当扶持并加强管理的政策上来。首先，对个体劳动者在政治上不应歧视，要肯定他们对社会主义的贡献，对他们本人及其子女的入党、入团、升学、参军，应和其他劳动者一视同仁。其次，帮助他们解决商品货源和原料材料供应，改变税收政策中不合理的部分，使个体劳动者能够多劳多得。

中国新辟四条集装箱班轮航线

《人民日报》报道，随着我国海上运输事业的发展，最近中国远洋运输公司先后开辟了经香港到东南亚、欧洲和澳大利亚等地的 4 条集装箱班轮航线，营运效果良好。

一条是由香港至菲律宾的集装箱航线，由广州远洋运输公司派船承担运输，每月往返四个航次，平均每个航次在香港装运 100 多个集装箱。第二条是今年六月开办的由黄埔港经香港加载集装箱直达欧洲的集装箱班轮航线，每月跑两个航次。一个航次由香港直达伦敦、汉堡、鹿特丹和安特卫普等港；另一个航次由香港直达不来梅等港。第三条是由上海或天津经香港加载集装箱至巴基斯坦、波斯湾的集装箱班轮航线，途经迪拜、科威特和霍拉姆沙赫尔等港，每月一个航次。第四条是原来开辟的由上海至澳大利亚的集装箱班轮航线，从今年六月底开始，途经香港装载集装箱开往悉尼和墨尔本，同时还承运往布里斯班的转运集装箱。

国务院副总理姬鹏飞在北京会见秘鲁新任驻中国大使费尔南德斯—科尔内霍

外交部部长黄华电贺尼加拉瓜人民革命胜利一周年

外交部长黄华今天发电报给尼加拉瓜民族复兴政

府外交部长米格尔·德斯科托，就尼加拉瓜人民推翻索摩查独裁统治胜利一周年(7月19日)，对尼加拉瓜政府和人民表示热烈祝贺。

江苏高邮发现一座大型汉墓

《人民日报》报道，最近在江苏省扬州市西北45公里的高邮县天山公社，发现一座大型汉墓，规模比长沙马王堆汉墓大得多。墓穴中发掘出的文物有玉器、铜器、漆器、陶器、木俑、木兽俑等，约有近千种之多，对研究我国古代社会的历史和科学技术有着重要价值。

天山公社汉墓的墓坑于山岩之中，墓坑底筑有大型木结构建筑，正中主体部分的棺椁南北长13米，东西宽11.2米，面积151平方米。四周是用40厘米见方、90厘米长的方木垒叠起来的。椁壁高4米左右。方木四面有阴阳榫扣住，两头正中心嵌有4厘米左右的小方木块。据考古工作者分析，这种椁壁结构，就是历史文献上记载的"黄肠题凑"。根据汉代的葬礼制度，只有天子及天子决定赐予的显贵，才能享有"黄肠题凑"这种葬具的殊荣。考古工作者推测，此墓可能是广陵王或其家属，墓葬时间为西汉中期以后。

安徽省定远县遭到特大暴雨袭击

7月18日晚，安徽省定远县池河流域遭到特大暴雨袭击，河水猛涨，泛滥成灾，河两岸19个公社、140个大队的群众被洪水包围。人民解放军南京部队某舟桥团闻讯后连夜赶到灾区，同地方干部一起昼夜抢救，使4万多受灾群众全部安全脱险。

7月19日

国务院总理华国锋电贺奎特·马西雷就任博茨瓦纳总统

中华人民共和国国务院总理华国锋今天发电报给博茨瓦纳总统奎特·马西雷，热烈祝贺他就任博茨瓦纳共和国总统。电报全文如下：

哈博罗内博茨瓦纳共和国奎特·马西雷总统阁下，

值此阁下就任博茨瓦纳共和国总统之际，我代表中国政府和人民，并以我个人的名义，向阁下，向博茨瓦纳政府和人民表示热烈的祝贺。

祝博茨瓦纳政府和人民在阁下领导下，在建设国家的事业中不断取得新成就。祝中博两国友好合作关系和两国人民的友谊日益发展。

中华人民共和国国务院总理　华国锋

1980年7月19日于北京

《人民日报》发表评论员文章《按照实际情况确定工作方针》

从实际出发，制定符合当地实际情况的工作方针，是我们基本的工作方法。早在延安整风时期，毛泽东同志就指出："我们要从国内外、省内外、县内外、区内外的实际情况出发，从其中引出其固有的而不是臆造的规律性，即找出周围事变的内部联系，作为我们行动的向导。"毛泽东同志把这种态度，称之为实事求是的态度，马克思主义的科学态度，是党性的表现。1948年，在晋绥干部会议上，毛泽东同志还说过："我们所犯的错误，研究其发生的原因，都是由于我们离开了当时当地的实际情况，主观地决定自己的工作方针。这一点，应当引为全体同志的教训。"可惜的是，在我们党夺得了全国政权之后，这个教训逐渐地被遗忘了。在50年代后半期，在60年代初国民经济调整取得显著成效后，特别在十年动乱期间，生搬硬套、强求一律的主观主义态度取代了实事求是、因地制宜的马克思主义态度。很多地区的工作长期搞得不好，这不能不说是重要原因之一。

粉碎"四人帮"以后，特别是党的三中全会以后，很多地方的领导同志思想解放了。他们根据三中全会的精神，敢于坚持实事求是的原则，按照实际情况确定自己的工作方针，采取果断的政策措施。在这些地方，拨乱反正比较彻底，群众积极性比较高，工作的进展比较大，面貌的变化比较快。四川是这样，安徽是这样，其他好些地方也是这样。可见，一个地方的领导机关，从省、地到县，是不是敢于坚持实事求是、一切从实际出发、理论联系实际的思想路线，能不能按照实际情况确定自己的工作方针，对这个地区工作面貌的改变，是一个决定性的因素。现在，在中央关于首都和西藏的建设方针的带动下，很多地方开始比较认真地研究本地区的实际情况，研究什么是他们应当采取的方针。这是一件很令人高兴的事情。只要各地都从本地区的实际出发，因地制宜，扬长避短，我们的四化建设就一定会快得多、好得多。

但是，目前确定还有一部分地方和单位的领导同志，对三中全会以来党中央一再强调的思想路线很不理解。他们已经习惯于用老办法"照章办事"，部署工作时，满嘴现话、套话，甲乙丙丁，ABCD，就是不结合实际情况。越是实质性的问题、有争议的问题，他们越是闪烁其词，模棱两可。总之是实际情况概不研究，上级指示照本宣科。结果，是把上级指示停留在口头上，什么问题也不解决。别的地区或单位从实际出发、大胆创新，闯出了不少好办法，他们也不学习。甚至上级党委的负责同志直接深入到他们所负责的地区和单位，提出了一些切合实际的办法，他们还阳奉阴违顶着不办。这种思想僵化、半僵化和不动脑筋、甘当思想懒汉的错误倾向,比之特殊化等等,对党对人民的危害更要大得多。它可以使得几十万人、几百万人、乃至几千万人的一个地方,一搞多少年,工作毫无起色,人民生活毫无改善。这样的问题不解决是不行的。

如果说,在过去很长的一段时间里,不能按照实际情况确定工作方针,主要不应该责备地方上的同志,这是对的。在合作化、公社化、大炼钢铁、大办水利、反右派、反右倾等等群众运动中,中央的部署都曾有过"一刀切"的偏颇,没有给地方的同志留下回旋的余地,以致有的地方没有铁也要炼钢,没有右派也要打出右派来。十年动乱中更是如此。今天批"大儒",明天批《水浒》,"无产阶级司令部"一声令下,你就得批,就得评,不批不评,就是弥天大罪。在那种情况下,当然根本谈不上从实际情况出发。现在,中央在制定方针、政策的时候,已经考虑到全国千差万别的实际情况,给地方留有因地制宜的充分余地,并且鼓励各个地方从实际出发,提出问题,解决问题。在这种情况下,如果仍然不把眼光看着实际,研究本地区本部门的新情况和解决新问题,那就只能从自己的思想上去找原因了。

在这里,一个很重要的问题,是要真正懂得向人民负责和向党的领导机关负责的一致性。我们有些同志常常把向党的领导机关负责和向人民负责对立起来,眼睛只看着上面而不看下面。毛泽东同志在《反对本本主义》中说过:"我们说上级领导机关的指示是正确的,决不单是因为它出于'上级领导机关',而是因为它的'指示内容'是适合于斗争中客观和主观情势的,是斗争所需要的。不根据实际情况进行讨论和审察,一味盲目执行,这种单纯建立在'上级'观念上的形式主义的态度是很不对的。"这种态度,也是党性不纯的表现。它既不是对人民负责,也不是真正对党负责。

在四化建设中,从上到下,各级都面临一系列理论的和实际的重大课题。这些问题不可能从马列和毛泽东同志的著作中找到现成的答案,也不可能都依赖中央和上级替我们思考,替我们去解决。唯一的办法,是靠我们自己把马克思主义的基本原理和党中央的路线、方针同当时当地的具体实际结合起来,创造新的实践经验,进行新的理论研究。我国是一个大国,各地的情况千差万别,无论在经济、政治、文化等方面,都存在着发展的不平衡。这个不平衡的特点,我们在民主革命时期是注意到了的,在社会主义建设时期同样需要加以注意。那种"一刀切"或用一个模式套到全国各地的工作方法,是不适合我国国情的。

党中央一再号召我们解放思想,开动机器,研究新情况,解决新问题,做敢于思考、敢于探索、敢于创新的闯将。很多地区和单位的同志正在调查研究自己的优势和弱点,大胆地采取各种适合当地情况的措施,八仙过海,各显神通,实际上形成了竞赛的局面,看谁先把自己所负责的地区和单位搞得更好。人民是我们国家的主人,是各地区、各单位工作好坏的最高裁判。一切不甘落后的同志都应当深入实际,大胆创新。如果自己那里比较后进,就赶快扭转形势,急起直追;如果自己那里比较先进,也要好上加快,保持和发展光荣的成果!

《人民日报》发表宋任穷同志给杨尊开同志的一封回信《关于今后脱产干部来源的几个问题》

杨尊开同志:

你5月21日的来信收到了。你在信中联系湖南锡矿山矿务局的干部情况,就脱产干部的来源问题恳切地讲了些意见。这个问题,涉及如何改革干部队伍结构以适应四化需要,是关系全局的一个重大问题,许多同志都非常关心,所以很有必要讨论清楚。

全国现在有脱产干部1800多万名。党的干部队伍,总是处在新陈代谢的过程中。要补充新干部,从哪里来呢?胡耀邦同志和我都曾讲过这个问题,中央组织部最近召开的选拔优秀中青年干部工作座谈会又进一步作了讨论。大家认为:社会主义的四个现代化,迫切要求我们的干部队伍逐步实现年轻化、专业化,因此,今年吸收脱产干部,应当十分注意文化程度和专业知识,严格按照新时期的干部条件,主要从大中专毕业生或具有同等程度的青年中择优选拔,一般不直接从文化低的工人、农民中选拔脱产干部。不是说工人、农民不能提,但必须挑选年轻、有文化、经过一定专业训练的。在战争年代和解放初期,我们党的干部大多数直接来自工农,干部中知识分子很少,那是当时的历史条件所决定的。新中国成立以来,党和国家培养出了几百万名大专院校毕业生,其中工农家庭出身的同志占了很大的比重,他们陆续当了脱产干部。还有许多工农干部,在长期的工作实践中,刻苦学习,掌握了一门或几门专业知识,有的还成了某个方面的专门家。即使如此,今天,我们整个干部队伍的文化科学技术和专业水平仍然普遍较低,年富力强而又懂得先进技术和现代化管理的人很少,尤其在领导干部中这个现象更加突出,同社会主义四个现代化建设形成了尖锐的矛盾。你来信表示,"解决干部队伍年龄大、水平低的状况非常必要"。看来,我们在这方面的认识是一致的。

那么,解决矛盾的出路何在呢?一是大力培训现有干部中文化水平不高和缺少专业知识的同志。这些同志辛勤工作几十年,有丰富的经验,是党的宝贵财富。他们过去学文化、学科技、学管理不够,责任主要不在他们自己。好多年来,政治运动不断,不提倡学习业务，而且动不动就批判“白专道路”，强调“外行领导内行”。现在，应当多方面创造条件，使他们获得从事四化建设所必需的文化和专业知识。二是从现在起，补充脱产干部必须十分强调具备一定的文化水平和专业知识。这是党中央已经决定的方针。不这样做，我们就无法根本改变目前不合理的干部结构，谈不上提高干部队伍的才能素质，势必会延误我们的事业，这显然不符合广大工人、农民和整个民族的利益。在这个问题上，由于某些旧观念的影响，有的同志一时产生疑虑，这是可以理解的，只要讲清道理，帮助他们面对现实、统观全局、放眼未来，相信这些同志是会想得通的。这里，还有一点需要提出：我们有些同志总觉得当了干部就比工人、农民高出一头，这也是一种陈腐的封建等级观念，是不正确的。工人、农民和干部只是社会分工不同，并无高低贵贱之别。在我们的社会制度下，工人、农民和其他劳动人民，都是国家的主人，而干部则是人民公仆，是为人民服务的勤务员，决不能把干部视为高人一等的特殊人物。

要求从具有一定文化水平和专业知识的青年中选拔脱产干部，是不是不要德才兼备的原则了呢？干部来源和选拔标准毕竟不是一回事。前者是指选拔干部的范围。将来，高等和中等专业教育普及以后，这个范围当然就不必要了。后者是指选拔干部需要掌握的标准。我们国家每年要花很多钱培养几十万名大专院校和中等专业学校毕业生，这是很不容易的。如果不注意发挥他们的作用，而去另找一些文化程度很低、缺少专业知识的人当干部，是不合理的。当然，在具体选拔谁来补充脱产干部队伍的时候，还必须按照德才兼备的原则办事，保证干部质量。至于德和才的内容，总是随着形势和任务的发展变化而有所不同，总是要符合现阶段党的政治路线的要求。在新的历史时期，党要求干部必须坚持社会主义道路；具有胜任工作的专业知识和业务能力；年富力强，能适应繁重任务的需要。这三条就体现了德才兼备的原则，体现了红与专的统一。有的同志认为，工人、农民有生产实践经验，大专院校和中专毕业生没有。这有一方面的道理。但是，我们也常常看到这样的情况，有不少生产实践经验丰富、受到人们尊重的劳动模范，由于缺少必要的文化科学技术知识和组织领导能力，一下子被提起来当了干部，特别是当了领导干部，经常为做不好本职工作而苦恼，也影响了他们在生产劳动中继续发挥长处。有些大中专毕业生，虽然暂时缺少生产实践经验，只要放到第一线去干几年，有计划地进行培养，他们就能够较快地成长起来。这说明，具有一定的文化科学技术知识，对于当好干部、做好领导工作和管理工作是很重要的。

四化建设对干部的文化程度和专业知识提出了较高要求，今后一般不直接从文化低的工人、农民中提拔脱产干部，这样做，在阶级路线上对不对？应当明确回答：是对的，因为符合整个工人阶级、农民群众和全体人民的根本利益。这里需要着重指出的是，我国的阶级状况早已发生了根本变化，作为阶级的地主和富农阶级已经消灭，资本家阶级也已不再存在。我国知识分子的绝大多数已经成为工人阶级自己的一部分。社会主义的工人、农民、知识分子都是我们国家和社会的主人，是四化建设的主力军。现在，党内和党外都还有为数不多的同志，他们憎恶林彪、“四人帮”把广大知识分子当成专政对象，把我们自己培养的、掌握了文化科学的人说成“资产阶级知识分子”，但是，当我们今天提出要注意从知识分子中选拔干部的时候，他们又把自己人当成“外人”。这种自相矛盾的心理状态是应当改变的。1928年苏联开始执行第一个五年计划时，斯大林就指出：“我们还有些人决心歌颂我们的没有文化。如果你不识字或者常写错字，并以自己的落后自夸，那你就是‘产业’工人，你就得到荣誉和尊敬。如果你摆脱了没有文化的状况，认识了字，掌握了科学，那你就不是自己人了，你‘脱离了’群众，不再是工人了。”他认为，“不消除这种对待科学和有文化的人的野蛮态度，我们就一步也不能前进”。这些话，可能有的同志听起来不那么顺耳，但却是真理。毛泽东同志为在延安出版的《文化课本》写的序言中也说过：“一个革命干部，必须能看能写，又在丰富的社会常识与自然常识，以为从事工作的基础与学习理论的基础；工作才有做好的希望，理论也才有学好的希望。没有这个基础，就是说不识字，不能看，不能写，其社会常识与自然常识限于直接见闻的范围；这样的人虽然也能做某些工作，但要做得好是不可能的；虽然也能学到某些革命道理，但要学得好也是不可能的。”今天在向四化进军的时候，这些话更加值得我们深思。

你在来信中讲到的“以工代干”的问题，这是一个历史遗留问题。现在，“以工代干”、“以农代干”、“临时工代干”的人员，有一个相当大的数量。这些同志的绝大多数，在过去几年、十几年中，工作是勤勤恳恳的、有成绩的，不少同志进步很快，成了工作骨干，有些还担负了领导责任。但是过去，特别是在“文化大革命”中，不少地方和单位在“代干”条件和手续方面问题不少，助长了吸收干部的无政府状态；还从“后门”进来了一批不够干部条件的人，特别是利用亲属关系，进来了一些很不够干部条件的人，使非生产人员和企业非生产性开支不断增多，干部和群众意见是很大的。因此，从现在起，再不要直接从工人、农民中抽人“代干”了。国家机关和企业单位需要补充脱产干部，可在定编定员的前提下，在经过批准的指标内，按照新时期的干部标准,从大中专毕业生或经过培训具有相当文化科学技术知识和业务能力的工人、农民中选拔,并要严格履行审批手续,杜绝任何“后门”。这样做,干部和群众是会欢迎的。至于原来的“以工代干”人员,由于全国数量不少,牵扯面广,情况复杂,需要通过调查研究,在适当的时候,按照上述精神,根据实际情况和本人条件,有步骤有区别地作出妥善处理。至于企业中工人参加管理的“几大员”等,本来就不是脱产干部,不要把这些人员列为“以工代干”范围。

有同志担心,如果今后一般不直接从文化低的工人、农民中提拔脱产干部,不再采用“以工代干”的办法,基层干部的来源会发生困难。这个顾虑是不必要的。从现状看,我们每年毕业的大中专学生数量还不大,但教育事业在发展。各地各部门和企业,正在采用各种形式抓紧培训干部和职工,这项工作将迅速普及。军队干部转业到地方之前,也要根据四化建设的需要,给以半年、一年或两年的专业训练。今后,不论是大专院校毕业生和中专毕业生,还是军队转业干部,都要尽量从基层工作做起,取得生产和管理的实践经验。随着干部制度的改革,实行民主选举领导干部的范围将逐步扩大,真正做到干部能上能下。所有这些,都将使社会主义制度的优越性得以在人才的成长和使用方面充分显示出来,源源不断地为四化建设提供合格的优秀干部。我相信,只要全党同志都能坚决贯彻执行党在新时期的组织路线,党的干部工作的路子必然越走越宽广,选拔干部的基础必然越来越雄厚,符合四化要求的年轻化、专业化的干部队伍一定会建设起来。

宋任穷

1980年6月26日

国务院副总理谷牧在人民大会堂会见美国麻省理工学院斯隆管理学院教授国际经济学家罗宾逊和他的夫人

我国第一个全国性电子计算机技术服务公司在北京成立

据称,这个公司的主要任务是为电子计算机用户提供各种技术服务,促进电子计算机的普及应用。它的产品主要是脑力劳动的成果,诸如计算机应用建议书,技术方案,程序包,解题结果以及咨询解答等,同时为用户培训技术人员,维修设备,并供应部分配件。服务公司成立后,将逐步为拥有国产或进口电子计算机的用户提供各种技术服务项目,改变电子计算机利用率不高的状况。

这个服务公司是由国家电子计算机工业总局组建的。它在国家统一计划下实行独立经济核算,自负盈亏。

我国运动员上半年共获得国际比赛冠军167个

今年上半年我国运动员参加的国内外各项体育比赛已于6月底全部结束,运动员们在刻苦锻炼,勇攀高峰,冲出亚洲,走向世界的思想指导下,意气风发,斗志昂扬,取得了良好的成绩,有1人打破1项世界纪录,52人3个队108次打破53项全国纪录,共获167个国际比赛冠军。

7月20日

《人民日报》发表社论《走联合之路——祝中国南京无线电公司成立》

随着企业自主权的逐步扩大,经济管理体制的初步改革,各地逐步出现了经济上联合的形式。经过较长时间酝酿和充分协商而成立的中国南京无线电公司,就是其中的一种。它是中央部属工厂和省、市地方管辖的工厂,全民所有制企业和集体所有制企业,整机厂与元器件厂,在隶属关系、财政体制和所有制性质不变的前提下,联合经营的企业性的公司。这种联合形式,是符合我国现实情况的。

不受所有制、隶属关系以至行业、地区的限制,根据自愿原则,实行平等互利,兼顾各方的经济利益,组织联合经营,好处甚多。过去,不少工厂重复生产,重复投资,产品标准不一,批量小,成本高,经济效果很差,不利于专业化分工协作,不适应社会化大生产。联合起来,可以扬长避短,发挥各个经济单位的优势,提高经济效果。联合起来,可以把地方、企业的财力物力吸引到国家建设急需的方面来,有助于按照经济规律沟通横向联系,打破地区封锁、部门分割,有助于按照专业化协作原则改组工业,避免盲目生产。总之,组织各种形式的经济联合体,走联合之路,是我国国民经济发展的必然趋势。

实现联合,首先要解放思想,冲破经济管理方面那些陈旧观念和习惯势力的束缚。现行经济管理体制和管理方法沿袭多年,使人们形成了一些不易改变的观念。过去习惯于“官”办工业、“官”办商业,把企业看作行政机关的附属物。军工民用生产分家,在两种企业之间划了一道界沟。由于小农经济思想的普遍存在,办工厂、搞生产总喜欢“大而全”、“小而全”,自给自足。因此,实现联合,必须在思想观念上有个转变,在工作方法上有个改进。组织各种形式的经济联合体,一般应当采取自下而上与自上而下相结合、以自下而上为主的方法,由易到难,循序渐进,逐步发展。要坚持因地制宜,形式灵活多样,不宜硬套某一种模式,不能搞“一刀切”。既不能用行政命令强行组织，更不要一哄而起徒具形式。要按照经济规律，在国家统一计划的指导下，把经济联合尽可能办得活一些。

没有各方的自愿和平等互利，就没有真正的联合。组织经济联合，必须坚持自愿原则，并且根据各方提供的资金、资源、技术、劳力、场地、设备、设施等条件，按照平等互利的原则，确定分享利润、产品等经营成果的比例，签订协议和合同。参加联合的各方，不改变各自的所有制、隶属关系和财务关系。职工的工资福利待遇，一般也按原来的规定执行。各方原有的协作关系，不能不经协商一致就擅自中断。组织在经济联合体内的企业，应当实行独立核算、自负盈亏，不能吃“大锅饭”。联合的各方经过充分协商制定的章程，签订的协议和合同，应受国家法律保护，拥有的资金、设备、物资等不得平调。公司要尊重联合各方应有的自主权，在保证完成公司总任务的前提下，在管理上还要确保各方的经济利益，不仅不能减少其联合前已有的利益，而且应当逐年有所增加。联合不仅要自愿互利，而且要注意发挥优势。要认真地把科研、生产、销售和技术服务工作做好，如产品的技术经济指标落后，必须限期改进，使自己具有竞争的能力，把推动联合和保护竞争结合起来，要在提高技术、发展生产、增加盈利和改善职工生活等方面取得实效。只有这样，才能不断地巩固联合，发展联合。各种形式的经济联合体，应当明确自己的权利和义务。在保证完成国家下达的计划任务的前提下，超计划的产品和自己组织原料材料生产的产品，有的可由商业、物资部门收购，有的可按国家政策自行销售，互通有无。同时，必须保证国家税收和利润上缴任务的完成，切实履行对国家的义务，不能挤占国家的财政收入。

当前，要特别注意推进原料产地与加工地区的联合。重要原材料在保证完成国家计划调拨任务前提下，超过部分，经过协商，有的可由加工地区返还一部分利润或产品，有的可由加工地区与原料产区联合经营，就地加工。

在国家计划指导下，发挥优势，保护竞争，推动联合，这是我们在经济工作方面采取的一项重大政策。各级领导同志要提高认识，跟上形势，因势利导，认真贯彻执行。组织经济联合，是一个新课题，我们还缺乏经验。凡是有利于发展生产，沟通供销，繁荣经济的联合，各地区、各行业、各部门都要积极鼓励，满腔热情地支持它，爱护它，引导它健康地向前发展，而不要用行政办法去阻碍它。各种形式的经济联合体的出现和形成，必然会引出一些意料不到的情况和问题，各有关部门要在政策、制度、方法上及时地作相应的改进。财政、物价、物资、商业、供销、外贸等部门，尤其要在各自职权范围内给以支持，以促进联合的巩固和发展。各级领导干部一定要扎扎实实地做好服务、协调、统筹、监督工作，把办联合企业的积极性和发展社会生产的合理性结合起来，使各种联合有利于国民经济的调整和发展，加快社会主义建设的步伐。

《人民日报》发表评论员文章《徒劳的恫吓与挑拨》

华国锋总理同美国总统卡特在参加日本已故首相大平正芳的葬礼期间进行了会晤，就当前国际形势和共同关心的问题交换了意见。这一正常的外交活动，竟然招来了莫斯科的攻击。苏联宣传机器立即无中生有地造谣说，这次会晤的目的“包括制订再次干涉印度支那的计划”，说什么中国“不断向越南施加压力”，“力图扫除”中国在“整个亚洲扩大势力范围道路上的障碍”，并诬蔑中国是“东南亚一个不稳定的因素”。苏共中央负责人波诺马廖夫和扎米亚京也出来攻击中国“实际上”“已改变了社会主义思想”，“决定惩罚”越南，扬言苏联要“确保友好的社会主义国家人民的安全”，要维护“整个国际安全”。越南当局马上同莫斯科配合，跟着攻击中美会晤，并且煞有介事地说什么“最近”中国在中越边界地区“增加三个师的兵力”，等等。

莫斯科为什么对中美会晤如此暴跳如雷呢？

越南入侵泰国以后，中国表示站在泰国一边，美国加强了对泰国的支持。这对正按苏联的教唆在柬泰边界张牙舞爪的越南当局不会没有影响。因此苏联需要威胁中国不得支持泰国，给河内壮胆，同时挑拨破坏中国同东南亚国家的关系，鼓励河内向东南亚积极推进。

苏联的这种宣传，能否使河内当局从此无所顾忌地去为莫斯科在东南亚卖命，人们尚不得而知，然而有一点是清楚的，那就是它对中国的恫吓威胁和挑拨中国同东南亚国家的关系，是完全徒劳的。莫斯科应该早就懂得，中国没有在别人威胁下放弃支持反侵略斗争的习惯。至于说中国要“扫除”越南，要向东南亚扩张，那谁都知道，完全是无稽之谈。

中国是奉行和平外交政策的社会主义国家，自己决不称霸，也反对大小霸权主义。中国一贯反对侵略，支持各国人民的反侵略斗争，决不侵略、威胁任何一个国家。中越两国人民有着悠久的传统友好关系。中国为了帮助越南人民的反侵略斗争和经济建设，向越南提供了价值数百亿元的武器、物资、设备，牺牲了数千名优秀儿女，但是并没有向越南要过任何好处。只有那些仇视中越友好的人，才昧着良心说什么“中国不希望有一个强大的越南”，中国要越南“跟着中国人走”。

今天，中越关系恶化了，那不是中国的过错。越南当局奉行侵略扩张政策，甘当苏联向东南亚扩张的马前卒，推行地区霸权主义，这违反公认的国际关系准则，危害亚洲和世界的和平与安全，也不符合越南人民的利益。中国理所当然要表示反对。只要越南当局改恶从善，从国外撤回它的军队，不再对邻国进行侵略和控制，中越两国仍然可以是和睦相处的好邻居。但是如果越南当局继续仗势欺人，在东南亚为非作歹，中国就要坚决反对。这是中国对越南政策的基本出发点，过去、现在和将来都是如此。

苏联竭力宣传中国要“扫除”越南这个“障碍”，无非是要在东南亚国家中煽起对中国的恐惧，使它们把中国同苏联等量齐观，这样它就达到了破坏和分裂东南亚国家同中国关系的目的，便于它各个击破。然而事实胜于莫斯科的造谣。中国反对越南在印度支那和东南亚推行侵略扩张政策，正是因为中国对东南亚并无野心，正是因为中国希望维护这一地区的和平和安全。去年中国边防部队在自卫反击战中攻克谅山以后，没有乘胜南下，而是立即撤回国境，这也是中国并不想“扫除”越南的最好的证明。中国古语说，道不同不相为谋。越南当局之所以反华、追随苏联，并不是由于中国要把越南当作侵略东南亚的跳板，而是因为它同中国在对外政策上没有共同语言，却同苏联有着称霸的一致要求。

越南入侵泰国，更加证明苏联和它支持的越南当局是威胁东南亚和平与安全的危险因素。莫斯科的老爷们现在装出一副悲天悯人的面孔说什么“最令人不安的事件中之一是东南亚的冲突”，似乎苏联在东南亚的动乱局势中是局外人、旁观者。这种丑恶的表演实在令人作呕。请问：你们同河内的党、政首脑们在克里姆林宫的密室里商量的难道是要给东南亚和印度支那以和平与稳定吗？

人们不能不注意到紧接着苏越莫斯科会谈之后，由河内当局策划召开的印支“三国”外长会议发出了要再次“惩罚”泰国的战争叫嚣。究竟是谁在“制订再次干涉印度支那的计划”，究竟谁是“东南亚不稳定的因素”，暴露得更加清楚了。这决不是莫斯科和河内的反华滥调所能掩盖得了的。

外交部新闻司发言人发表谈话指出苏联谣传所谓两名以色列官员访华纯系无稽之谈

外交部新闻司发言人今天就美国和以色列的个别报刊、电台散布的两名以色列官员访华的谣言和苏联塔斯社借此对中国进行的污蔑，发表谈话如下：

最近，美国和以色列的个别报刊、电台散布两名以色列官员访华的谣言。这纯系无稽之谈。但是，苏联塔斯社竟借此污蔑“北京和特拉维夫之间正在建立某种联盟”，甚至胡说什么中国还指望通过以色列同南非建立联系。

中国政府和人民一贯支持阿拉伯人民、巴勒斯坦人民和南部非洲人民的正义斗争，谴责以色列的侵略扩张政策和南非当局的种族主义政策。中国政府不同以色列政府建立关系，坚决反对南非种族主义统治，拒绝同它往来。中国这一严正立场是世所周知的。苏联企图挑拨中国人民同阿拉伯人民、巴勒斯坦人民和非洲人民的友好关系，用心险恶，但是，只能是枉费心机。

黑龙江省公开审判三起苏联间谍案

上半年全国职工住宅竣工面积1110万平方米

今年上半年，全国城镇、工矿区住宅竣工面积1110万平方米，比去年同期增长76%；上半年住宅建设开工面积7371万平方米，比去年同期增长54%。

全国除青海省住宅竣工面积保持去年的水平外，其他省、市、自治区住宅竣工面积都有较大幅度的增长。其中增长1倍至2.2倍的有山西、上海、甘肃、云南、广东、福建、湖北、内蒙古、贵州。

7月21日

国务院总理华国锋在人民大会堂举行宴会欢迎孟加拉国总统齐亚·拉赫曼和夫人

华国锋总理在宴会上强调指出，一切爱好和平和主持正义的国家和人民必须联合起来，坚决反对大小霸权主义的侵略、扩张，并对他们施加政治、经济等各种压力，迫使苏联和越南撤军，以便为阿富汗问题和柬埔寨问题的解决创造条件。

华国锋在讲话中说，中孟两国都面临着维护国家独立，发展民族经济，改变贫困落后面貌和改善人民生活的共同任务。我们都渴望有一个和平安定的国际环境来从事我们的事业。

他指出：然而，严酷的现实是，大小霸权主义者的疯狂扩张侵略使世界和平与各国独立和安全面临着严重的威胁。他说，一切爱好和平和主持正义的国家和人民必须联合起来，共同对付这种严重局势。

华国锋赞扬孟加拉国人民近年来在维护民族独立、国家主权和发展民族经济，特别是在发展农业方面所取得的可喜成就。

他说，孟加拉国政府奉行独立、不结盟的外交政策，主张在独立、平等、互不干涉内政的基础上同世界各国保持友好合作关系。在国际事务中，孟加拉国一向主持公道,反对侵略,伸张正义,发挥着积极的作用,深得各国人民的赞扬和钦佩。

华国锋在讲话中谈到了中孟两国人民的深厚传统友谊和建交后两国友好合作关系的发展。他指出,中孟两国在当今世界许多重大问题上,有着一致的看法。他表示相信,中孟两国将同广大第三世界和其他爱好和平的国家团结在一起,为世界和平和人类进步事业作出贡献。

《人民日报》发表社论《热烈欢迎孟加拉国贵宾》

加拉人民共和国总统齐亚·拉赫曼阁下和夫人,应我国政府的邀请,前来进行国事访问,定于今天到达北京。我们对来自友好邻邦的孟加拉国贵宾表示热烈的欢迎。

孟加拉国是一个富有朝气的年轻国家。以齐亚·拉赫曼总统阁下为首的孟加拉国政府,为捍卫国家的独立、主权和领土完整、发展民族经济和文化,进行了坚持不懈的努力,取得了可喜的成就。

在国际事务中,孟加拉国政府奉行独立和不结盟的政策,强调在主权平等、互不干涉内政的基础上,同一切国家建立和发展友好关系,特别注意加强同邻国和广大穆斯林国家的友好合作关系,支持第三世界国家人民反对殖民主义、种族主义、霸权主义和扩张主义的斗争,同时,积极发展同第二世界国家的友好关系。在越南侵略柬埔寨、苏联入侵阿富汗后,孟加拉国政府同世界上一切主持正义的国家和人民一道,对此进行了坚决地反对和谴责,强烈要求一切外国军队从阿富汗和柬埔寨全部撤出去,让这两个国家的人民在没有外来干涉的情况下,自己解决自己的问题。孟加拉国政府这种坚持原则,伸张正义的立场,对维护亚洲和世界和平的事业作出了宝贵的贡献,赢得了整个国际社会的尊敬。

当前,由于霸权主义者疯狂推行侵略扩张政策,使亚洲和整个世界的局势更加动荡不安。最近,苏联在所谓"部分撤军"的烟幕下加紧调兵遣将,进一步强化侵阿战争;越南当局在玩弄同东盟"对话"骗局的同时,悍然出兵入侵泰国。这就表明,霸权主义者侵略扩张野心是无止境的。这就需要一切反对霸权主义的国家和人民团结起来,同他们进行针锋相对的斗争。只有这样,才能有效地遏制霸权主义,维护世界和平。

中孟两国是友好的邻邦。两国人民有着传统的友谊。近年来,两国的经济、贸易和文化方面的交流和友好合作日益扩大。现在,齐亚·拉赫曼总统阁下和夫人前来我国进行正式友好访问,必将进一步推动中孟两国之间友好合作关系的顺利发展。

全国政协五届常委会第十次会议在北京举行

政协第五届全国委员会常务委员会第十次会议于7月21日至24日在北京举行,会议听取了全国政协赴四川、安徽、江苏、湖南、广东、承德6个专业调查组和赴北京、天津参观视察组的情况汇报。

政协全国委员会副主席乌兰夫、刘澜涛、杨静仁主持了会议。

今年6月至7月中旬,260多名政协委员,其中包括政协副主席季方、王首道、胡子昂、刘澜涛、班禅额尔德尼·确吉坚赞和37名常委,分赴各地参观调查,委员们对当地的工作提出了很多建议。

全国政协五届常委会第十次会议向全国人大常委会国务院建议抢救和保护祖国文物古迹

政协第五届全国委员会常务委员会第十次会议分别向全国人民代表大会常务委员会和国务院提出了关于抢救、保护文物古迹的建议。

建议说,我国历史悠久,有着珍贵的文物古迹和丰富的革命文物。党和政府历来重视文物保护工作,新中国成立以后,颁发过一系列政策和法令,在文物工作方面取得了巨大的成绩。但是,林彪、江青、康生一伙实行反革命法西斯专政,给文物工作带来一场浩劫,造成了不可弥补的损失。值得注意的是,至今流毒尚未肃清,破坏文物古迹的情况各地还不断发生。有些破坏是触目惊心的。

建议说,举世闻名的万里长城是我国最古老的文明标志之一,被誉为"人类的奇迹"。但是今年上半年北京、河北、甘肃都有拆毁长城的事(北京地区长城360多里多年来已拆毁108里)。全国重点文物保护单位北京市妙应寺白塔(俗称白塔寺)山门被拆除,周围环境搞得不成样子,去年,国家刚拨款几十万元修复并粉刷一新,又被旁边的工厂烟囱黑烟熏得逐渐变色。广州市驰名的陈家祠(以精美的木雕著称)长期被工厂占用。北京市有全国和市级保护单位77处现被占用的44处。占用和任意拆改文物古建情况,各地都有。

建议说,至于风景区的破坏,也非常令人不安,桂林清澈的漓江被污染,泉城济南的趵突泉看不到泉涌,杭州的浣纱河改为人防工程,苏州等江南水乡竟填河筑路,峨眉山砍树种玉米,昆明著名的"滇池"围湖造田,搞得面目全非。在城市建设中,不重视总体规划,乱摆乱建,许多古建筑旁出现了极不协调的现代建筑,古建环境和风格遭到破坏。在文物出口和市场管理方面,也存在严重混乱现象,亟应引起重视,迅速改革。

建议说,现在,党中央、国务院正在抓这方面的工作,文物管理机构也作了许多具体工作。为了做好这件大事,我们提出以下几点建议。

一、请党中央和国务院发一个通知，指出保护文物古迹是党的一贯政策，是从全国各族人民的利益出发，有利于社会主义四个现代化建设事业的。各级党组织和政府，特别是领导干部都应重视这一工作。

二、建议在国务院领导下成立国家文物保护管理委员会，作为统一领导全国文物工作的权威机构。因为，文物保护涉及文化、文物、考古、城建、旅游、外贸、园林、房管、民族、宗教等许多方面的工作，没有强有力的领导，是很难解决目前分散的、各自为政的现状的。

三、建议全国人民代表大会常务委员会尽快审核公布《文物保护法》，以加强法制，严格文物管理制度。首先要坚决制止破坏文物古迹的情况继续发生，并防止文物非法外流。对严重破坏文物古迹的单位和个人，应批评教育直至绳之以法。

四、现在我们对许多地上地下重要文物古迹的历史价值、艺术价值、科学价值以及科学保护方法都缺乏系统的研究。因此建议成立包含社会科学与自然科学在内的文物保护研究所。在有的大学里应设立文物保护专业，以加强科学研究，并培养专业骨干。

五、中、小学教材中要有中国古代文物的知识，从小培养爱护祖国文物古迹的思想，作为爱国主义教育的一部分。

六、要利用报纸、杂志、电影、电视等各种宣传手段，经常宣传报道这方面的内容，使"爱护祖国文物，人人有责"的思想深入人心。

七、吁请全国和各地人大代表和政协委员关心文物古迹的保护情况，组织一些参观调查，反映、督促搞好这方面的工作。

八、对全国重点风景区和旅游城市以及全国重点文物保护单位，在城市规划和文物保护方面，要加强领导，改善领导，健全管理体制，遴选有文化有现代城市建设知识的干部和专家，组成精干的领导班子来抓这项工作，以实现社会主义现代化建设赋予文物工作的光荣任务。

我国进行扩大自主权试点的工业企业已达6000多个

新华社报道：截至今年6月底，全国进行扩大自主权试点的工业企业已达6600多个，占全国全民所有制工业企业总数的16%，其产值和利润分别占60%和70%左右，上半年一般都实现了增产增收。

全国上半年商品上市量和成交额增加

据工商行政管理总局对28个省、市、自治区的200个集市的统计，今年上半年集市成交额比去年增加36%，主要商品成交量都比去年同期增加。其中粮食增加37%，食用植物油增加44%，猪肉增加52%，鸡蛋增加24%，蔬菜增加12%。

和去年同期比较，6月底集市价格平均下降5%，其中粮、油、肉、蛋价格继续下降，鲜鱼、蔬菜、干鲜果的价格上升；由于对耕牛、粪筐等农业生产资料的需求增多，这些商品的价格也有所上升。

黑龙江成立拖拉机工业联营公司

这个公司基本上是企业性质，它以松江拖拉机制造厂和牡丹江拖拉机厂两个厂为骨干，吸收省内八个生产柴油机和拖拉机配件的工厂，根据自愿互利和专业化协作的原则组成。公司的主要任务是组织各厂协作生产农业和林业用的大中型拖拉机和拖拉机零配件。公司对所属工厂的供、产、销实行统一管理，对松江和牡丹江两个骨干拖拉机厂的人、财、物也实行统一管理。公司和这两个厂在经济方面实行独立核算，自负盈亏，对其余原来属于市、县管的企业，目前隶属关系和财政渠道都不改变。

组织他们联合经营，可以不用国家投资，使农用拖拉机的年产能力由目前的200台增加到1000台，明后年可达到3000台到5000台，以后还准备进一步生产大型农用拖拉机。

国务院副总理姬鹏飞在人民大会堂会见以朝鲜国际旅行管理局副局长文基龙为团长的朝鲜友好参观团

国务院副总理姬鹏飞在北海公园会见并宴请以马克斯·克吕佐总书记为团长的法国革命共产党(马列)中央代表团

在交谈中，姬鹏飞向法国同志介绍了新中国成立30年来，我党在领导社会主义革命和建设中所取得的成功的经验和失败的教训，还介绍了我党当前的总任务。

外交部发言人就苏联和越南签订所谓"越南南方大陆架"合作勘探开采石油和天然气协定一事发表声明

外交部发言人今天就苏联和越南签订所谓在"越南南方大陆架"合作勘探、开采石油和天然气协定发表一项声明，全文如下：

最近，苏联和越南签订了一项所谓在"越南南方大陆架"合作勘探、开采石油和天然气的协定。中国方面认为有必要重申：西沙群岛、南沙群岛和东沙群岛、中沙群岛一样，历来就是中国领土的一部分，中华人民共和国对这些岛屿及其附近海域享有无可争辩的主权。上述区域内的资源理所当然地属中国所有。任何国家未经中国许可进入上述区域从事勘探、开采和其他活动都是非法的，任何国家与国家之间为在上述区域内进行勘探、开采等活动而签订的协定和合同都是无效的。

电脑汉字信息输入系统在北京问世

电子计算机汉字信息输入系统新近在北京问世。它是由北京东方科学仪器厂的技术员张琳翔和翻译葛雪娟共同研究成功的。

这个系统由简便汉字编码法和汉字输入键盘组成。据称，人们只要记住编码法所规定的每个汉字的笔画号码和汉语拼音号码，并通过键盘把号码输入电子计算机，就能进行科技情报的自动检索、报纸的自动编排、各种文字之间的机器翻译，以及通信工程自动化等工作。

7月22日

国务院总理华国锋与孟加拉国总统齐亚·拉赫曼在北京举行会谈

双方在会谈中强调指出，为了争取一个和平的国际环境，建设各自的国家，中孟两国必须加强团结和合作，并同世界上爱好和平的国家和人民联合起来，同殖民主义、扩张主义、霸权主义进行坚决的斗争。据我国外交部发言人透露，中孟两国领导人在两次会谈中就当前的重大国际问题和双边关系充分地交换了看法，取得了完全一致的意见。

华国锋对齐亚·拉赫曼总统和孟加拉国政府在维护国际关系准则、保卫南亚地区和世界的和平与安全等重大国际问题上所采取的原则立场和具体措施，表示赞赏。

华国锋强调指出，阿富汗问题的政治解决时机还不够成熟。苏联的所谓部分撤军是个骗局。只有苏联无条件全部撤军，让阿富汗人民决定他们自己的命运，才能真正解决问题。在此以前，全世界爱好和平、主持正义的国家和人民应当给抵抗苏联侵略的阿富汗人民以道义上和物质上的支持，并对苏联施加压力，促其撤军。

齐亚重申孟加拉国政府反对外国军队侵占阿富汗的立场，并强烈要求外国军队全部撤出阿富汗。

齐亚·拉赫曼还提到他建议召开的南亚国家首脑会议，并且指出，他希望这次会议能够研究南亚以及海湾地区的局势，以维护这一地区的和平与稳定。华国锋表示，中国一贯支持南亚各国在和平共处五项原则的基础上改善关系，共同反对外来干涉和侵略，维护这一地区的安全。

关于柬埔寨问题的政治解决，华国锋说，这只有在越南全部撤出其占领军，让柬埔寨人民决定其内部事务的条件下才能实现。各国人民应该支持民主柬埔寨的抵抗运动，迫使越南撤军。

齐亚·拉赫曼表示，孟加拉国决心同伊斯兰国家、东盟国家，以及其他不结盟和第三世界国家发展友好关系，共同对世界和平与安全作出努力。

在诚挚友好的气氛中，两国领导人还回顾了中孟两国建交以来双边关系的发展情况。他们对近年来中孟两国友好合作关系的迅速发展表示满意。华国锋和齐亚·拉赫曼一致认为，两国领导人直接讨论问题，交换意见，对进一步加强两国的友好关系是很有益处的。

国务院总理华国锋 副总理李先念在北京分别会见泰国社会行动党主席 前总理蒙拉差翁·克立·巴莫

中共中央书记处总书记胡耀邦在人民大会堂会见由南斯拉夫共产主义者联盟中央委员吉米尔·莎拉茨率领的南共联盟铁托政治学校代表团

会见在亲切的气氛中进行。胡耀邦同志在谈话中指出，中国共产党十分珍爱中南两党和两国人民的友谊。他说，我们两党相互信赖、相互支持，关系到中南两国人民的根本利益，也是我们两党为世界和平和正义事业作出更大贡献的重要条件。他希望中南两党的友好关系和两国人民的友谊不断得到发展。

由全国农业自然资源调查和农业区划委员会主持召开的全国农业自然资源调查和农业区划工作第二次会议在北京举行

国务院副总理万里在会上肯定了一年来全国农业资源调查和农业区划工作所取得的成绩，强调要进一步提高对这项工作的认识，各级党委和政府部门要加强领导，将此项工作与党中央集中力量抓好国民经济调整，搞长远规划等工作密切结合起来，为制定长远规划提供科学依据，为当前国民经济的调整服务。他指出，这是实现农业现代化建设的一个重要基础工作，是因地制宜领导农业生产的基本功，是花钱少收益大的好事情。只有搞好这项工作，才能真正做到扬长避短，使各地的优势发挥出来，才能在全国范围内建立起合理的农业结构和良好的生态系统。万里同志说，为了给建立合理的农业结构和良好的生态系统创造条件，当前要制定政策和法律，坚决制止那种滥垦、滥伐、滥樵、滥捕的掠夺式经营方式，争取用十年或者更长一些时间，使我国的农业由恶性循环变为良性循环，建立农林牧副渔全面发展的合理的农业结构。

会议提供的情况表明，全国农业资源调查和农业区划工作，一年来取得了较好成绩。全国农业区划委员会已经完成了全国综合农业区划报告初稿的编写工作，同时还编写了全国综合自然区划和全国农业机械化两个报告初稿。对几个重点地区的开发利用和综合治理问题，正组织进行调查研究。黑龙江省的三江平原在进行了多学科的综合考察之后，已提出了综合调查报告和综合农业区划报告。黄淮海旱涝碱地区、西北黄土高原、南方红黄壤山丘地区和海南岛、西双版纳等地区的资源调查和区划工作，都在积极进行中。各有关单位还开展了土壤普查，林业、渔业和重点草原、荒地的资源调查，农村能源和沼气资源的调查，作物生态适应性区划和主要农作物区划的研究。全国水利化区划和农业气候区划已经初步完成。用遥感技术进行太阳能辐射资源及水分资源的农业气候分析也有了初步成果。绝大多数省、市、自治区都开展了省一级的综合农业区划编写工作和县级农业区划试点工作。各地和各部门十分重视农业资源调查和区划工作成果的应用，及时为各级政府制定长远规划和调整国民经济提供了科学依据，为指导当前生产提出了科学建议，初步显示了这项工作对促进农业生产的重要作用。

会议上有11个单位介绍了它们开展农业资源调查和农业区划的经验，受到大家的重视。

会议要求，大致用两年时间，在全国范围内开展县级粗线条的区划工作，用5年或更长一点时间完成各省、市、自治区的详细的农业资源调查和农业区划工作，编制省、县两级综合农业区划；完成全国重点地区的农业资源调查和区划工作，因地制宜进行规划和具体计划的实施，为农业现代化打下良好的基础。

秦皇岛港新改建的八号煤炭码头正式投入使用

经过技术改造的八号码头，安装了由螺旋绞龙卸车机、接力皮带运输机和高架装船机等装卸机械组成的5条流水作业线，由各矿运来的煤炭，通过这些流水作业线，就可以直接装船运出。煤炭的年通过能力由过去的69万吨提高到400万吨，装一条万吨级的煤船，由原来的3昼夜缩短到10个小时。这个码头的改造成功，对保证华东地区各省市工业生产和人民生活用煤有重要意义。

八号码头改建工程是今年3月动工的，原计划今年年底建成。但根据形势发展的需要，秦皇岛港务局党委采取措施集中力量，加快了工程进度，使整个工程在4个多月时间内一气呵成，共挖土方32000立方米，砌石头3700立方米，并修建了铁路、水、电、通信等配套设施，提前5个月完成了改建任务。

国务院副总理陈慕华在北京会见以墨西哥全国科学技术委员会秘书长鲁道夫·菲格罗亚·阿拉摩尼为团长的墨西哥科技代表团

双方就进一步加强中墨两国科技合作问题，进行了亲切的交谈。会见后，陈慕华参加了中墨科技合作第五次会议的会谈纪要签字仪式。

外交部副部长何英在联合国会见巴勒斯坦解放组织代表时重申中国支持巴勒斯坦人民正义立场

外交部副部长、出席关于巴勒斯坦问题的紧急特别联大的中国代表团团长何英，今天在联合国总部会见了巴勒斯坦解放组织政治部主任法鲁克·卡杜米，双方进行了友好的谈话。

何英重申中国对巴勒斯坦人民正义立场的支持，并且希望这次关于巴勒斯坦问题的紧急特别联大对于促进中东问题的全面和公正的解决能够作出积极的贡献。

中国林业出版社恢复办公

《人民日报》报道，经国家出版事业管理局批准，中国林业出版社已在最近恢复。这个出版社成立于1952年，1961年曾并入农业出版社。

今年第七号强台风在广东省徐闻县南部登陆

这股强台风中心附近最大风力12级，阵风12级以上，风速每秒40米。台风登陆后往西移动，湛江地区和海南岛北部正面受到袭击。海南岛和雷州半岛降了暴雨、大暴雨，并引起了大海潮。台风中心经过之处，一部分来不及收割的水稻受到较大损失。海南岛北部和湛江地区的甘蔗、黄麻、胡椒等高秆作物和橡胶、果树等，受到严重的破坏。目前，灾区各地正全力以赴进行抢救工作和善后工作。

7月23日

《人民日报》发表社论《用好的党风带出好的社会风气》

本报七一社论曾经指出，一个好的党风，是我们最可贵的优势。只要全党同志奋发图强，恢复这种优势是会比较快的。党风搞好了，整个社会风气都会被带动起来。这里，关键的一点，是共产党员，特别是党的领导干部起带头作用。

现在的社会风气不如过去，这是大家都很忧虑的，也是平常议论很多的。怎样才能把社会风气整顿好呢？从党的作用来说，一个是“讲”，就是加强政治思想教育；一个是“带”，就是共产党员，特别是党的领导干部要起模范带头作用。一讲二带，而且要强调以带为主。

加强政治思想工作是很重要的。在十年浩劫中，林彪、江青一伙反革命阴谋家以其反动理论和反革命行径，把社会主义的行为准则和道德规范完全颠倒了，造成了剥削阶级思想大泛滥。资产阶级的极端个人主义、小资产阶级的疯狂性，特别是种种封建意识，披着“革命”的外衣风靡一时。于是，真理变成谬误，谬误变成真理；善变成恶，恶变成善；美变成丑，丑变成美。这场浩劫虽然已经成为过去，但是它的流毒远远没有肃清，至今还继续污染我们的社会空气，毒害人们的心灵。现在不少人特别是一些青少年，缺乏起码的法纪观念和道德观念，分不清是非、善恶、荣辱的界限，甚至不懂得最起码的礼貌。这就要求我们进行广泛的政治思想教育，继续拨乱反正，使人们懂得作为一个社会主义新中国的公民，应该遵循什么样的行为准则和道德规范，具备什么样的精神面貌和道德品质。目前我们的思想政治工作还比较薄弱。有些单位确实有放松思想政治工作的倾向；有一部分做政治工作的同志、教政治课的教师，还不善于根据新的情况，针对人们的思想实际，进行生动有力的政治思想教育；宣传工作有时也有一般化和片面性的缺陷。这些问题都应当引起注意，加以解决。

但是，转变社会风气，光靠讲，无论如何是不够的。现在有些青年对“大道理”不感兴趣，因为他们感到那些大道理同实际生活有很大距离。一位大学生来信写道：“说的那些大道理，从理论上讲都是站得住脚的，但近十几年来，站得住脚的理论却往往同实际生活对不上号。”“群众注重的不是精彩动人的文章，而是身边事物的变化。”有的政治课教师说，学生身边发生的一些败坏党风的事情，可以使老师长年累月政治思想教育的成果化为乌有。这些意见难道不值得我们深思吗？事实是最有力的宣传，宣传也只有以大量的事实为基础才有说服力。如果讲归讲，做归做，言行不一，那么，不管讲得如何头头是道，群众也是不爱听的，不但不爱听，而且会起反感。所以解决社会上的一些思想问题，移风易俗，鼓舞人们干四化的热情，最重要的是从加强和改善党的领导，搞好党风这一方面下功夫。

我们党是执政的党，党风如何，党员能不能起模范带头作用，对社会风气有决定性的影响。不妨回顾一下历史。新中国成立以前，一个国民党统治区，一个解放区，社会风气迥然不同。为什么不同？就因为国民党和共产党这两个党的党风有着天渊之别。新中国成立初期，为什么我们能够迅速地荡涤旧社会的污泥浊水，树立起崭新的社会风尚？也是因为党风好。我们党领导的军队在苹果产地行军，不拿老百姓一个苹果；半夜打进一个城市，宁愿露宿街头，也不住进民房；军代表接管一个工厂、商店，从不往自己腰包里塞一文钱、一件物……广大群众从这一个一个具体行动中懂得了什么叫为人民服务，什么是艰苦奋斗、廉洁奉公，受到教育和感染，于是整个社会风气就改变了。就像被称为十里洋场的上海，解放后没有几年时间，风气也有了根本的转变。50年代末60年代初，我们的国民经济遇到极大的困难，但是全国人民忍受了这种困难，并且团结一致，战胜了这种困难，人们的组织性纪律性很好，整个社会风气很好，并没有多少人搞不正之风。后来社会风气为什么坏了呢？首先是由于林彪、江青一伙把党风搞坏了。现在整顿社会风气，还是要靠搞好党风，靠广大党员，特别是领导干部起模范带头作用。共产党员特别是领导干部，要求别人做到的，首先自己做到；要求别人不做的，自己首先不做。拿艰苦奋斗来说，如果离开对领导干部的要求而单纯在群众中作号召，是不会有多大效果的，因为现在的主要问题并不是群众不艰苦。现在首先应该要求各级领导干部带头恢复和发扬艰苦创业的革命精神。上面带了头，讲话就灵了，思想工作也就好做了。

我们党的优良传统、优良作风，具体说来内容很多。毛泽东同志曾经概括地讲过三条，就是大家都很熟悉的理论和实践相结合的作风，和人民群众紧密地联系在一起的作风以及自我批评的作风。《关于党内政治生活的若干准则》和《关于高级干部生活待遇的若干规定》，把这些作风用具体的条文规定下来了。《准则》是我们党在长期革命斗争中正确处理党内关系的经验总结，很多领导干部都有过这方面的亲身体验；《规定》基本上是重申十年动乱前的有关章程，也是很多领导干部过去都做到了的。既然过去能够做到，现在只要决心去做，也是不难做到的。但对于那些喜欢搞“一言堂”、搞特殊化的同志来说，难免有这样那样的抵触。这里，重要的是政治觉悟，是把自己置身于人民之中，视自己为人民的公仆。把自己置于特殊的地位，“一朝权在手，便把利来谋”、“夫荣妻贵”、“父功子荫”，都是封建主义的东西。我们党的传统是“冲锋在前，退却在后”，“吃苦在前，享乐在后”，是全心全意为人民服务。事实上，从中央到地方，都有大批领导干部始终保持了革命者的这种艰苦朴素的本色。尽管这些同志不愿宣传他们个人，但是他们的事迹还是在群众中广泛流传，成为人们学习的榜样。

整顿党风，主要靠学习，靠教育，靠党内的自我批评，不搞政治运动，这一点是确定了的。但另一方面，也要靠党的各级纪律检查组织的督促检查，靠广大人民群众的监督和批评，此还要发挥宣传工具的作用。各地党委应该重视和利用报纸、广播、电视，好好地报道和表扬一些好典型、好事迹,同时揭露和批评党内的丑恶现象。要形成一种风气,该表扬的要表扬,该批评的要批评,该处分的要处分。有了制度上的明文规定,又有党和群众的监督,我们的3800多万党员是能够带好这个头,搞好党风,进而把整个社会风气带好起来的。

中国基本建设经济研究会在北京成立

这个研究会的主要宗旨,是研究社会主义基本建设的经济理论和方针政策,探索基本建设经济规律,为提高我国基本建设经济管理水平,提高投资效果,加速社会主义现代化建设服务。

这个研究会将有计划地在国内举办基本建设经济问题座谈会、讲座、学术讨论会和学术报告,加强与国际学术界的交流活动,并将出版学术刊物和有关资料。

国务院副总理谷牧为基本建设经济研究会名誉会长。国家基本建设委员会第一副主任韩光为理事长,著名经济学家于光远、薛暮桥等为副理事长。

国家经委国家农委和工商行政管理总局在北戴河联合召开全国工业企业普查经验交流会

会议要求各地加强领导,认真做好这次工业企业普查登记工作。

去年年底,陆续开展了工业企业普查登记工作。这次工业普查登记是新中国成立以来规模最大,最全面的一次。普查的范围,除国防工业的军品生产部分外,包括社队工业在内的所有工业企业。普查的内容,有工业企业的主要产品、资金、人数、原材料、燃料、劳力、销售、盈亏等方面的基本情况。企业登记后,要求以县、市为单位逐级汇总统计,然后进行综合分析,为工业调整提供全面情况和可靠依据。同时各地工商行政管理部门将在此基础上,建立工业企业的经济户口,核发营业执照,以便加强管理。

会议提出,为进一步做好工业企业普查登记工作,要抓好这样几件事:

一、摸清所有工业的产供销和经营情况。经过十年动乱,不少地方工业底数不清,特别是这两年社队企业发展很快,情况不明。通过这次普查,可以比较彻底地弄清工业企业的底数,为工业调整和加强工商管理打下基础。会议提出,对社队企业,凡是经过普查登记的,并经过当地社队企业局审查认可的,工商行政管理部门就可以核发营业执照。

二、各地在普查登记完毕后,一定要认真做好综合分析工作,从分析当地的地理条件,资源条件,技术条件,全面研究供、产、销和实际经济效果中,找出优势,发现劣势,避免工业发展的盲目性。有的地区在普查中建立工业企业开、转、歇业的月报制度,及时分析情况,发现问题,向有关领导部门提出经济预报,随时指导工业发展。

三、工业普查登记工作,政策性强,涉及的面广,一定要在当地党委和政府的领导下,组织有关部门的力量,同心协力,才能做好。特别是在综合分析阶段,不但要依靠各地经委、农委,发动各工业主管部门和社队企业局参加,还要有计委、统计部门参加,效果可以更好。

国务院副总理谷牧在北京会见以园城寺次郎副会长为团长的日本原子能产业会议代表团

谷牧对日本朋友说,你们作为原子能和平利用方面的一个代表团来中国访问,这还是第一次。他说,你们的来访弥补了中日双方全面合作的一个空白点。

解放军海军副司令员刘道生在北京举行宴会欢迎英国皇家海军参谋长利奇上将

南海舰队某部指战员救出湛江遇险群众156人

7月22日晚上8时半至23日凌晨3时半,广东湛江地区遭到26年未见的12级台风和汹涌海潮袭击。海军南海舰队某部指战员黑夜踏遍湛江市街巷,救出156名遇险群众。

苏联军舰飞机多次到北部湾珠江口和我南海诸岛进行侦察

新华社报道:自苏联海军总司令戈尔什科夫去年年底访问越南以来,苏联的军用舰船和飞机以越南为基地,日益频繁地在南中国海地区进行军事活动。今年2月和4月,苏联作战舰只甚至两次环绕中国西沙群岛进行侦察。

全国重点中学工作会议在哈尔滨举行

参加会议的重点中学代表和全国各省市自治区教育行政部门的负责同志、会议邀请的教育专家一起,总结交流办好重点中学的经验,研究了当前存在的问题,明确了办学思想,讨论了分期分批办好重点中学的规划和措施。教育部副部长张承先、董纯才出席并主持了会议。

张承先在会议上就当前中学教育中存在的单纯追求升学率的做法提出5条具体措施:(1)在全国,坚决不对各省、市、自治区搞高考分数排队;各省、市、自治区以及地、县,对学校也一律不搞高考排队。不得给学校下达高考指标,不得按升学率高低作为评定学校工作好坏的唯一标准,更不得按此对学校和教师进行奖惩。(2)坚决把学校和学生从频繁考试中解放出来。学校只实行期中、期末考试,省、地、市、县、区都不得实行统考统测,给学校排名次。这种做法影响学校从实际情况出发搞好工作。(3)严格按照教学计划、教学大纲的规定进行教学,不得搞突击,过早结束课程,不要搞大量复习题,影响正常教学。(4)必须对全体学生负责,不得只抓毕业班,放弃非毕业班;在毕业班,不得只抓少数"尖子"学生,忽视和放弃大多数学生。(5)必须保证学生每天有九小时的睡眠时间,保证学生的体育活动和假期。

会议于8月4日结束。

7月24日

国务院总理华国锋应邀参加孟加拉国总统齐亚·拉赫曼和夫人举行的答谢宴会

华国锋总理在宴会上说,中孟两国总是互相同情,互相鼓舞,平等相待,开诚相见。"我们都反对侵略、扩张和干涉别国内政,反对以大欺小,以弱凌弱;我们都为维护和平、独立和主权,为主持正义而斗争。因此,我们在国际事务中有许多共同点,一直进行着卓有成效的合作。"

齐亚总统指出,他们在中国受到的真挚而热情的接待体现了孟中两国人民之间经受了许多世纪考验的具有历史意义的友好关系。他说,只有在和平、稳定和不受外来干涉的环境中,我们才能巩固我们的独立、领土完整和主权,并为经济和社会的进步创造必要的条件。我们支持一切爱好和平的国家,特别是发展中国家人民的反对帝国主义、殖民主义、扩张主义、霸权主义以及各种形式的支配主义的斗争。

他说:"我们两国的关系是成熟的,它不仅将经得起时间的考验,而且对本地区的和平与稳定也将作出积极的贡献。"

华国锋在讲话中指出,中孟双方在会谈中对许多重大国际问题有着一致的看法。他说:"通过两国领导人的会见和会谈,加深了相互了解,增进了友谊,对加强两国之间的友好合作有着重要意义。"

华国锋说,中孟两国的关系是建立在符合两国人民根本利益的基础上的,充满着友好、谅解和合作的精神,两国建交以来,在双边关系中始终体现了这种精神。

华国锋请齐亚总统回国后,转达中国政府和人民对孟加拉国政府和人民的良好祝愿和崇高的敬意。

中共中央书记处总书记胡耀邦代表中央书记处邀请科学家给中央领导同志讲课

今天,在中南海开办了一个新的课堂,学生是中共中央书记处和国务院的领导同志。第一课的教师、著名科学家钱三强教授,以《科学技术发展的简况》为题,讲了世界科学技术发展的几个阶段及其对社会进步的影响。

中央书记处成立后,胡耀邦同志代表书记处正式邀请科学家们给书记处的同志当老师,讲科学。中央书记处和国务院领导同志听专家讲课的活动,将根据拟定的计划在今后继续进行。

应中共中央书记处的要求,中国科学院的专家们初步拟订了为中央书记处和国务院领导同志讲十堂课的内容。这十堂课的题目是:一、科学技术发展的简况;二、现代科学技术的特点和发展趋势;三、现代科学技术和大农业的发展;四、从能源科学看解决能源危机的出路;五、资源和资源的合理利用;六、人口的科学控制;七、现代化和环境保护;八、计算机和新的科学技术革命;九、空间科学技术和国防现代化;十、数学在现代化建设中的作用。

中共中央发出《关于为萧华同志平反的通知》

通知指出,对林彪"四人帮"强加给萧华同志的各种罪名和诬蔑不实之词予以推翻,彻底平反,恢复名誉。

国务院中央军委批转解放军总政治部 民政部 国家劳动总局《关于在落实政策中对离开军队的人员工作安置问题的请示报告》

报告对过去在部队被错误处理的人员,平反纠正后的安置、军龄和工龄计算、工资发放、家属和子女安排等问题作了规定。

全国妇联在北京召开的农村妇女工作会议闭幕

充分发挥妇女的优势,从实际出发,广开生产门路,发展多种经营,走农、工、副综合发展的道路,为农村尽快富起来立新功。这是全国妇联在今天结束的全国农村妇女工作会议上提出的要求。全国妇联副主席罗琼、书记田秀涓在会上分别作了《关于发动组织妇女参加生产为中心的工作方针问题》和《发动组织妇女为农村尽快富起来立新功》的报告。

会议认为,发动组织妇女为农村尽快富起来做贡献、立新功,是妇女的根本利益所在。妇女勤劳节俭,心灵手巧,细致耐心,她们中蕴藏着极大的建设四化的积极性。只要我们善于调动这支伟大人力资源的积极性,她们的作用是无可估量的。党的三中全会以来,广大农村妇女不仅在粮、棉、油等主要农作物的生产中发挥了半边天的作用,在多种经营和社队企业中也为国家和集体创造了大量财富,壮大了集体经济,为农业现代化积累了资金。特别是在棉、油、麻、丝、茶、果、药等经济作物的生产中，妇女往往比男子具有更多的长处。在出口的传统产品的生产中，如挑花、刺绣和其他手工艺品，妇女更是发挥了优势，为国家换取了大量的外汇。很多妇女还从事家庭副业生产，增加经济收入，改善家庭生活，增进家庭和睦，促进了社会风气的改变。这一切说明，农村尽快富起来需要妇女。充分发挥妇女的优势，为农村尽快富起来作出更大贡献，这是当前农村妇女工作最迫切、最重要的任务。

参加这次会议的有各省、市、自治区妇联的负责人，有部分地区、县、公社妇联的负责人和少数大队妇代会主任，共91人。到会同志还就妇联必须坚持以生产为中心的工作方针问题进行了热烈的讨论。

会议提出，今后农村妇女工作要着重抓好7项工作：(1)更深入、广泛地宣传党在农村的各项经济政策，用政策调动妇女的积极性；(2)做过细的调查研究工作。既要调查当地的自然资源，又要调查妇女劳力资源，了解妇女特长，发现人才，合理安排妇女劳动力，选定适合妇女经营的项目，帮助妇女解决供产销中的问题；(3)配合有关部门培训妇女技术骨干，提高妇女的文化技术和管理水平；(4)继续贯彻执行男女同工同酬政策；(5)关心妇女生活，保护妇女劳动力；(6)总结和推广劳动致富的先进集体和个人的典型，继续开展争当“三八”红旗手、“三八”红旗集体和“五好”家庭活动；(7)支持妇女从事家庭副业生产，不要加以限制和排挤。

国务院批转《海南岛问题座谈会纪要》

《海南岛问题座谈会纪要》分析了海南农业生产建设的成绩和存在的问题，提出了今后农业生产建设方针和正确处理场社关系的原则，是实事求是的，可行的。望广东省人民政府依靠海南各族社员、广大农垦职工，统一各个部门、各级干部的认识，全面贯彻会议精神，把海南岛的问题解决好。

处理场社纠纷问题，不能简单地就事论事。对极少数带头破坏国家财产的不法分子依法严肃处理，是完全必要的。但更重要的是，要着眼于总结历史经验，根据新的情况，合理调节国家与集体、国家与农民以及各民族的关系，着眼于端正农业发展方针，充分发挥海南地区的优势，使农场和社队共同发展，共同富裕，总之，要从方针、政策上根本解决问题。广大农垦职工，过去在开发建设海南的事业中是有重大贡献的，今后还要继续发扬党的优良传统，增强同农民群众的联系，不仅要把本场的生产建设搞好，而且要满腔热情地扶持社队发展橡胶和其他热带经济作物的生产，同海南各族人民一道，把海南建设得更好。

鉴于海南的特殊地位，中央和广东省决定要对海南岛的经济建设给以大力支持，各有关部门要切实办好这件事。同时，海南各族人民要继续发扬自力更生、艰苦奋斗的精神，充分发挥自己的优势，在各方面取得优异成绩。国务院相信，经过海南各级干部、各族人民和广大职工的努力，紧密团结，同心同德，海南建设的发展是一定会加快的。

国务院副总理余秋里参加在辽宁省本溪市召开的全国煤炭工作会议上并讲话

余秋里指出，党中央和国务院最近经过认真研究，确定了我国的能源方针是：实行开发和节约并重，近期要把节能放在优先的地位；大力开展以节能为中心的技术改造和结构改革。

他说，这个方针完全符合我国的实际情况。由于我国经营管理落后，工艺、技术落后，结构不合理，能源利用效率低，浪费大，近期把节能放在优先地位是完全必要的。实行以节能为中心的技术改造和结构改革，不仅是解决能源问题的重大决策，而且是实现现代化的重大措施、重大步骤。

余秋里在谈到能源工作部门的任务时指出，煤炭、电力和石油工业部门，贯彻开发与节约并重的方针时，则应把开发放在首位。因为只有加快开发，才能从根本上解决我国的能源问题。这些部门也要狠抓节能工作。一方面要在生产、生活中大力节约能源；另一方面要不断提高产品质量，为其他部门节约能源创造有利条件。

余秋里还指出，根据我国能源构成的特点，在相当长的时期内，要把开发煤炭和水电放在优先地位。水电投资多，工期长，近期内也不会提供大量能源。因此，今后一段时间内，国民经济发展所需要的能源，主要是靠煤炭来保证。煤炭工业上得快慢，直接关系到四个现代化的进程。

7部门在北京联合召开全国食品用化工产品生产管理会议研究解决食品用化工产品中存在的问题

食品用化工产品，包括食品化学添加剂（纯碱、小苏打、醋酸等）、饮用水净水剂（明矾、三氯化铁、碱式氯化铝等）、食品用合成包装材料（聚乙烯树脂、聚苯乙烯树脂、聚丙烯树脂等）和食品用橡脂制品（奶嘴、高压锅垫圈、输送食品用的橡胶管道等），这些化工产品质量的好坏，对食品的卫生、质量和人体的健康，有很大的影响。目前，食品用化工产品的生产比较混乱，不少企业技术力量薄弱，管理水平很差，设备简陋，缺少检验手段，卫生条件恶劣，很难保证产品的卫生质量，产品受到污染的情况时有发生。在产品包装方面,往往有一些粉状、粒状化工产品,采用麻袋单层包装,在储存和运输过程中不可避免地遭到污染。

在化工部、卫生部、轻工业部、商业部、国家物资总局、全国供销合作总社、国家工商行政管理总局最近联合召开的会议上,来自各部门和全国各地的有关专家和代表,对食品用化工产品的生产、运输、销售和使用过程中存在的问题,进行了认真的分析讨论,拟定了《食品用化工产品生产管理暂行办法》,要求各地生产食品用化工产品的企业,均需向所在地化工厅(局)申请,获得批准后才能进行食品用化工产品的生产,同时接受当地卫生防疫机构的卫生监督。如发现企业生产管理不善,产品质量不能保证食品用卫生要求,应通知主管部门责令限期整顿;在限期内仍不能达到质量要求,可提请原批准单位撤销批准书,对造成严重事故的责任者要追究法律责任。

中华人民共和国政府和孟加拉人民共和国政府在北京签订贷款和民航两个协定

我国外交部长黄华和孟加拉国财政部长穆罕默德·赛福尔·拉赫曼分别代表本国政府在协定上签字,国务院总理华国锋和孟加拉国总统齐亚·拉赫曼出席了签字仪式。

与此同时,黄华外长还同孟加拉国外长穆罕默德·沙姆斯·哈克教授签署了《中孟两国政府间民用航空运输协定》。

国务院副总理谷牧在北京会见以夏希·侯赛因副行长为团长的世界银行代表团

双方就今后合作的工作计划和世界银行将向我国提供第一批贷款项目等事宜,友好地交换了看法。谷牧对中国与世界银行的合作已有一个好的开端表示满意。他和夏希·侯赛因都期待世界银行将对中国实现现代化的长期计划作出应有的贡献。

国务院副总理姬鹏飞在北京会见以内政部副次长阿喃·阿喃达坤为团长的泰国府尹代表团

外交部副部长何英在关于巴勒斯坦问题紧急特别联大会议上发言重申中国政府和人民坚决支持巴勒斯坦人民的正义斗争

何英说,1/3世纪的历史和现实一再表明,巴勒斯坦问题,决不是一个难民问题,而是巴勒斯坦人民重返家园、实行自决、恢复自己民族权利的问题。巴勒斯坦人民的斗争是当代世界争取民族解放斗争的一个组成部分。巴勒斯坦问题得不到公正的解决,中东问题就谈不上全面解决,中东的和平和稳定就无法实现。

他说:"我们坚决谴责以色列的侵略政策;坚决谴责超级大国牺牲阿拉伯和巴勒斯坦人民的利益、在中东进行的扩张和争夺。我们认为,巴勒斯坦解放组织作为巴勒斯坦人民的唯一合法代表,理应参加中东问题的全面解决。毫无疑问巴勒斯坦人民的正义斗争,将继续得到中国政府和人民的深切同情和坚定不移的支持。"他说:"现在,世界上关心中东和世界和平的国家和组织,纷纷提出解决中东问题的倡议。他们的主张是:以色列必须撤出1967年占领的阿拉伯土地,其中包括耶路撒冷;恢复巴勒斯坦人民的民族权利,包括返回家园、民族自决和建立国家的权利;中东各国普遍享有独立和生存的权利。我们认为,为了谋求中东问题的全面和公正解决,这些倡议是值得重视和探讨的。"

他说:"关于耶路撒冷问题,我们认为耶路撒冷是世界三大宗教的圣地,各宗教教徒都有权自由前往朝圣。以色列妄图吞并耶路撒冷的任何措施,都是非法的、无效的,是不能予以承认的。"

他最后指出:"以色列的安全决不能通过霸占别人的领土来获得,迷信武力是靠不住的,也是危险的。以色列只有改弦易辙,放弃侵略扩张政策,同阿拉伯和巴勒斯坦人民和睦相处,化干戈为玉帛,才会有自己的前途。"

中国与法国科学家合作考察喜马拉雅山地区地质

法国科研中心地质学家代表团第一批12人,今天乘飞机离开北京前往西藏。他们将在那里同我国科学家一起对喜马拉雅山地区进行地质考察。

根据中法两国1979年10月在北京签订的《关于喜马拉雅山地质构造和地壳上地幔的形成和演化合作会谈纪要》和中法双方关于1980年工作协议,法方将先后分两批派来26名科技人员,参加今年野外地质工作和地球物理探测工作。这是中外科学家第一次合作考察喜马拉雅山地区。

《中国石器时代》修订再版

《人民日报》报道,我国著名考古学家、古生物学家裴文中教授所著的《中国石器时代》一书最近经过修订,由中国青年出版社再版。在这本著作中,作者根据几十年来广泛的地质学、古生物学和考古学的调查工作,特别是在北京周口店主持的发掘工作和著名的北京人头盖骨化石的发现,着重介绍了中国猿人的文化,山顶洞人的文化,等等。

7月25日

国务院副总理李先念在人民大会堂会见美国著名记者和作家哈里森·索尔兹伯里和夫人

李先念向他们介绍了我国的政治、经济情况以及对一些重大的国内外问题的看法。

他说，我国当前形势很好。安定团结的政治局面不断巩固、发展，经济上正在着手改革，以适应四个现代化事业的需要。

李先念在谈到我国的对外政策时说，我们对待同美国、日本、西欧以及第三世界国家的关系，都是从全球战略的眼光出发的。我们认为，只有全世界爱好和平、主持正义的国家团结合作，才能使苏联霸权主义者在推行侵略、扩张政策时，不得不谨慎从事。

李先念还谈到了中美、中苏、中越等关系，并回答了索尔兹伯里提出的有关问题。

在北京召开的第十八次全国邮电工作会议提出要加快邮电事业的发展

要走联合的道路来发展邮电通信事业。过去，由于邮电通信不能满足各部门通信联络的需要，交通、水利、电力、石油等部门自行建设了通信系统。这样，虽然便利了本部门，但从全局来看，这些通信设备利用率低，经济上浪费很大，而且造成了国家通信线路和频率的混乱。因此，有必要走联合的道路，就是由邮电部门通过各种渠道，吸收各方面的资金，采取与地方合资、与其他部门合资的办法来发展邮电事业。通信线路由邮电部门统一规划，统一建设，统一维护，邮电部门给予投资单位一定的优惠。

经过30年的建设，邮电部门在物质、技术和人员方面有一定的基础，潜力较大。会议提出，要逐步对现有通信网路进行整顿和改造，搞好补缺配套，增强通信能力。例如，逐步把主要干线的明线改为电缆，提高已建的微波网路的质量，以增强长途通信能力；合理调整邮电网路，适应国内新形成的经济区的需要；有计划、有重点地使用资金，充分利用积压物资，以最少的资金取得最大的经济效果。

会议还提出，要发挥邮电部门点多、线长、面广的优势，广开门路，把服务工作搞活。如放宽限制，扩大收寄商品包裹、扩大国际邮电通信业务，发展用户电报和快速传真等业务。

全国城镇居民肉蛋食油消费水平提高

《人民日报》报道，去年以来，我国城市居民的肉、蛋、食油等副食品的消费水平有显著增加，粮食消费量相对减少。

据中国食品总公司统计，1979年城镇人口平均消费猪肉38斤，比上一年增加7斤。其中北京市每个居民猪肉平均消费量增加10.7斤两，天津市增加12.5斤，武汉市增加10斤。去年全国鲜蛋销售116000多万斤，比前年增加42000多万斤，食油销售量增加3.7亿多斤，城市居民鲜蛋、食油的消费水平也有提高。

由于肉、蛋、食油等副食品消费量增加，城市居民粮食消费量减少。据粮食部统计，1979年我国城镇人口增加938万人，按1978年消费量计算，1979年需要增加粮食销售量47亿斤，而实际上只增加了14亿多斤。

在城镇粮食销售量减少的同时，居民储存粮票和购粮证上的存粮普遍增加。西安等城市居民在购粮证上的存粮，等于全市一个半月到两个月的销量。

国务院副总理陈慕华在北京会见由佛得角经济协调部长达席尔瓦率领的佛得角政府经济代表团并签订关于经济技术合作的议定书

中国和美国就中国六个品类的纺织品向美国出口的配额数量和管理办法在原则上达成协议

解放军总参谋长杨得志在人民大会堂会见英国皇家海军参谋长利奇上将一行

《翦伯赞历史论文选集》出版

《人民日报》报道，《翦伯赞历史论文选集》是北京大学历史系中国古代史教研室编选，由人民出版社出版的。编选时，以翦伯赞同志于1962年自编的《历史问题论丛》增订本为基础，增补了1961年冬以后所写的9篇文章，共收文章39篇。增补的文章中有《对处理若干历史问题的初步意见》《目前史学研究中存在的几个问题》《关于处理中国历史上的民族关系问题》《内蒙访古》《秦汉历史上的若干问题》等。

王建安逝世

全国人民代表大会常务委员会委员、中共中央纪律检查委员会常务委员、中共中央军委委员、中央军委顾问王建安，因患心脏病抢救无效，于7月25日在北京逝世，终年72岁。

王建安原籍湖北省红安县人，生于1907年，1927年参加中国共产党，1928年加入中国工农红军。在长期的革命斗争中，他曾历任我军班长、排长、连长、营长、团政治委员、师政治委员、军政治委员、华东野战军第八纵队司令员兼政治委员、华东野战军东线兵团副司令员、第七兵团司令员、第八兵团司令员兼政治委员、志愿军第九兵团司令员兼政治委员和沈阳、济南、福州部队副司令员等职。

7月26日

国务院今年第二季度批准县以上行政区划变动情况

1980年第二季度国务院批准了下列县级以上行政区划变动。

一、辽宁省恢复辽阳县。以辽阳市首山区的行政区域为辽阳县的行政区域。辽阳县由辽阳市领导。

二、辽宁省设立灯塔县。以辽阳市灯塔区的行政区域为灯塔县的行政区域。灯塔县由辽阳市领导。

三、甘肃省设立积石山保安族东乡族撒拉族自治县。以临夏县的大河家、刘集、石塬、柳沟、吹麻滩、关家川、胡林家、安集、寨子沟、居集、郭干、中咀岭、小关、癿藏、铺川、银川等16个公社为自治县的行政区域。自治县驻吹麻滩,由临夏回族自治州领导。

四、青海省设立格尔木市。以格尔木县的行政区域以及甘森草场等地为格尔木市的行政区域。格尔木市由海西蒙古族藏族哈萨克族自治州领导。撤销格尔木县。

五、湖北省设立鹤峰土家族自治县。以鹤峰县的行政区域为鹤峰土家族自治县的行政区域。撤销鹤峰县。

国务院公布施行《中外合资经营企业登记管理办法》

第一条 根据《中华人民共和国中外合资经营企业法》的规定,为了对中外合资经营企业进行登记管理,保障合法经营,制定本办法。

第二条 经中华人民共和国外国投资管理委员会批准的中外合资经营企业,应在批准后的一个月内,向中华人民共和国工商行政管理总局登记。

中华人民共和国工商行政管理总局委托省、自治区、直辖市工商行政管理局办理所管辖地区内中外合资经营企业的登记手续,经中华人民共和国工商行政管理总局核准后,发给营业执照。

第三条 中外合资经营企业申请登记,应提交下列证件:(1)中华人民共和国外国投资管理委员会的批准文件;(2)合营各方签订的合营协议、合同和企业章程的中外文副本各三份;(3)外国合营者所在国(或地区)政府主管部门发给的营业执照副本或其他证件。

第四条 中外合资经营企业申请登记时,应以中外文字填写登记表一式三份,登记的主要项目:企业名称,地址,生产经营范围,生产经营方式,注册资本及合资各方的份额,董事长、副董事长,总经理、副总经理或厂长、副厂长,批准文件的文号和日期,职工总人数,外籍职工人数。

第五条 从核发营业执照之日起,中外合资经营企业即告正式成立,其正当的生产经营活动,受中华人民共和国的法律保护。

未经登记的企业,不准开业。

第六条 中外合资经营企业应持营业执照,向中国银行或者经中国银行同意的银行开户,向当地税务机关办理纳税登记。

第七条 中外合资经营企业迁移、转产、增减或转让注册资本和延长合同期限时,应在中华人民共和国外国投资管理委员会批准后的一个月内向所在地的省、自治区、直辖市工商行政管理局办理变更登记手续。

其他登记项目变动时,应在年终向所在地的省、自治区、直辖市工商行政管理局书面报告。

第八条 中外合资经营企业在登记或变更登记时,应交纳登记费或变更登记费,其金额由中华人民共和国工商行政管理总局规定。

第九条 中外合资经营企业合同期满或提前终止合同,应持中华人民共和国外国投资管理委员会的批准文件,向所在地的省、自治区、直辖市工商行政管理局办理注销登记手续,经中华人民共和国工商行政管理总局核准后,缴销营业执照。

第十条 中华人民共和国工商行政管理总局和省、自治区、直辖市工商行政管理局,有权对所管辖地区内的中外合资经营企业进行监督检查。对违反本办法的,根据情节轻重,分别给予警告、罚款的处分。

第十一条 本办法自发布之日起施行。

国务院公布施行《中外合资经营企业劳动管理规定》

第一条 中外合资经营企业(以下简称合营企业)处理劳动管理问题,除《中华人民共和国中外合资经营企业法》第六条第二款已有规定者外,都按照本规定办理。

第二条 合营企业职工的雇用、解雇和辞职,生产和工作任务,工资和奖惩,工作时间和假期,劳动保险和生活福利,劳动保护,劳动纪律等事项,通过订立劳动合同加以规定。

劳动合同,由合营企业同本企业的工会组织集体地签订,规模较小的合营企业,也可以同职工个别地签订。

劳动合同签订后,须经省、自治区、直辖市人民政府劳动管理部门批准。

第三条 合营企业职工,或者由企业所在地的企业主管部门、劳动管理部门推荐,或者经劳动管理部门同意后由合营企业自行招收,都需由合营企业进行考试,择优录用。

合营企业可以举办技工学校和训练班,培训管理人员和技术工人。

第四条 合营企业对于因生产、技术条件发生变化而多余的职工,经过培训不能适应要求、也不宜改调其他工种的职工,可以解雇。但是必须按照劳动合同规定,由企业给予补偿。

被解雇的职工,由企业主管部门或劳动管理部门另行安排工作。

第五条 合营企业对于违反企业规章制度、造成一定后果的职工,可以根据情节轻重,给予必要的处分。开除处分,必须报请企业主管部门和劳动管理部门批准。

第六条 合营企业解雇、处分职工,工会认为不合理的,有权提出异议,并派代表同董事会协商解决,协商不能解决的,按照本规定第十四条的程序办理.

第七条 合营企业职工因有特殊情况,按照劳动合同规定,通过工会向企业提请辞职的时候,企业应予同意。

第八条 合营企业职工的工资水平,按照所在地区同行业的国营企业职工实得工资的百分之一百二十至一百五十确定。

第九条 合营企业职工的工资标准、工资形式、奖励、津贴等制度,由董事会讨论决定。

第十条 合营企业提取的职工奖励和福利基金,必须用于对职工的奖励和集体福利,不得挪作他用。

第十一条 合营企业必须按照国营企业标准,支付中方职工劳动保险、医疗费用以及国家对职工的各项补贴。

第十二条 合营企业外籍职工的雇用、解雇、辞职、报酬、福利和社会保险等事项,都应当在雇用合同中规定。

第十三条 合营企业必须执行中国政府有关劳动保护的规章制度,保证安全生产和文明生产,中国政府劳动管理部门有权监督检查。

第十四条 合营企业发生的劳动争议,首先由争议双方协商解决,通过协商不能解决的,可以由争议的一方或双方向所在省、自治区、直辖市人民政府劳动管理部门请求仲裁,如有一方不服仲裁裁决,可以向人民法院提起诉讼。

第十五条 本规定的解释权属于中华人民共和国国家劳动总局。

第十六条 本规定自公布之日起施行。

国务院发出通知重申纱布统购统销政策

通知说,棉纱、棉布及主要针棉织品实行统购统销,是国家的一项重要政策。20多年来,它对有计划调节供需,保障人民生活,稳定市场物价,起了重大的作用。

去年以来,一些地区和单位在销售布匹和针棉织品时,发生了一些违背国家规定,任意不收或减收布票的情况。当前,我国棉花、化纤和纱、布生产,不能满足需要。如果在纱、布销售方面,听任不收或少收布票的情况发展下去,必将影响布匹有计划地供应和布票有计划地回收。

通知规定,凡是用棉花纺织或用棉花、化纤两种纤维混纺交织的棉纱、棉布和收布票的化纤布、复制成品、针棉织品,除出口、军需和纺织工业系统内的织布用纱、针织用纱、印染坯布,仍按国家计划直接拨交有关单位外,其余产品均由国家委托当地商业主管单位统一收购和经管。各地要严格执行国家调拨计划。

新产品的试销,可由当地工商部门共同组织,也可以由工业部门自设门市部试销。有些品种,也可以由工业部门直接委托外地工业自销门市部、商业零售店代销,也可以通过展销会等多种形式试销,但须通过产销两地商业部门划转应收布票的指标。工业试销新产品,试销期限不超过一年,定型投产后,要及时交商业收购。

外贸库存的统购统销纺织品,需要转为内销供应时,可由外贸部门直接售予本地或外地的纺织品经营单位销售,也可以自设门市部零售,或者委托商业部门代为销售。但不得直接售予机关、团体、全民和集体工矿企业、事业等单位。

各级批发和零售部门经营的凭票供应的布匹、布制成品、针棉织品,不论货源来向,无论有无计划,都必须按照国家统一规定,收取布票。对于残损变质、冷背滞销的纺织品,需要减免收票标准时,应按商业部的统一规定执行。销售价格的制定和调整,按物价部门的规定办理。

工商行政管理部门要加强对棉纱、棉布的市场管理,严格禁止布票买卖。非国家指定的生产、经营单位,一律不准套购棉纱、棉布,转卖牟利,也不许从事加工,出售成品。违者要严加处理。

国务院副总理谷牧在北京会见以池田芳藏为团长的日本三井物产友好访华代表团

会见时,谷牧回答了客人们提出的有关我国经济计划、对外经济活动的立法等方面的问题。双方表示,中日两国都要作扎扎实实的工作,使两国经济和技术合作不断发展。

国务院副总理万里在北京会见由日本农林水产省农林水产技术会议事务局长川嶋良一率领的日本农林水产省访华团

解放军总参谋长杨得志在北京会见以托马斯·西尔瓦中将为团长的葡萄牙军事代表团

杨得志同西尔瓦就苏联在世界各地推行霸权主义等问题交换了看法。他们认为,为了对付苏联的全球争霸野心,中葡两国军队应该加强合作和联系。

《人民日报》发表社论《文艺为人民服务 为社会主义服务》

最近,党中央提出,我们的文艺工作总的口号应当是:文艺为人民服务、为社会主义服务。这个口号是在文艺界贯彻党的十一届三中全会方针,解放思想,拨乱反正,总结革命文艺运动历史经验的基础上提出来的,为我国社会主义新时期的文艺工作指出了正确的方向。我国各民族广大的文艺工作者,应当在这个统一的方向下,进一步团结起来,为繁荣社会主义的文艺事业而共同努力。

早在20世纪初,列宁就指出,无产阶级文艺应当"为千千万万劳动人民"服务。1942年,毛泽东同志在著名的《在延安文艺座谈会上的讲话》中指出,我们的文艺是"为着人民大众"的,第一是为工人,第二是为农民,第三是为人民武装,第四是为城市小资产阶级劳动群众和知识分子,"这四种人,就是中华民族的最大部分,就是最广大的人民大众"。中华人民共和国成立以来,我们党多次强调指出,文艺要努力为一切拥护和参加社会主义革命和建设的广大人民群众服务,要努力促进社会主义革命和建设的伟大事业。1962年5月,本报在《为最广大的人民群众服务》这篇社论中,曾经专门就这个问题作过论述。林彪、江青、康生一伙炮制所谓"黑八论"问题,其中一个"全民文艺论",就是以这篇社论作为主要"罪证"。他们强加给这篇社论的种种罪名,应该同所谓"文艺黑线专政"论和"黑八论"一道,予以彻底推倒。我们的文艺是整个无产阶级解放事业的重要组成部分。无产阶级只有解放全人类,才能最后解放自己,它代表了占人口绝大多数的广大人民群众的利益,没有任何褊狭的利益。为人民服务,这是一切革命工作的唯一宗旨。社会主义是现阶段人民利益的根本所在。人民的物质和文化生活的提高,依赖于社会物质生产和精神生产的不断发展,依赖于社会主义制度的巩固和逐步完善。离开了为人民服务、为社会主义服务,文艺工作难道还有其他的目的么?没有,这是我们唯一的目的。

为人民服务,就是为除一小撮敌对分子外的全体人民群众,包括广大的工人、农民、士兵、知识分子、干部和一切拥护社会主义、热爱祖国的人们服务,首先是为工农兵服务。为社会主义服务,就是为社会主义的经济、政治、军事、文化等各项事业的根本需要服务,在今天,就是为社会主义现代化建设的伟大事业服务。我们的文艺要培养社会主义新人,促进社会主义社会的进一步完善和发展,提高人民的社会主义觉悟和共产主义的道德风尚,满足人民日益增长的越来越多样化的文化需要,帮助人们认识和克服社会主义现代化进程中的障碍,抵制和克服封建阶级、资产阶级、小资产阶级思想的种种影响,振奋人们的斗志,鼓舞人们同心同德地投身于社会主义现代化的伟大事业。我们提倡文艺真实地、具体地反映当前这场社会主义现代化建设的客观进程,以及由此引起的人们的生活和思想的深刻变革。我们鼓励描绘党所领导的各个时期的革命斗争,也支持作家们描写其他各种历史题材和现实题材,塑造各种各样的艺术形象。我们主张在立足于现实的基础上广泛继承和吸收历史上人类文化的一切优秀成果,鼓励一切有利于人民群众、有利于社会主义事业、有利于人民审美需要的艺术探索。这是我们坚定不移的方向,又是一条无比广阔的道路。

过去,相当长时期我们曾经提出"文艺为政治服务"的口号。这个口号反映了文艺的一项十分重要的使命,在历史上起过积极作用。在这个口号下,无产阶级的革命文艺密切配合了长期的革命斗争和社会主义建设,产生了不少优秀的文艺作品,发挥了教育人民,打击敌人的战斗作用。但是不能不看到,这个口号曾经被不适当地夸大并绝对化了。由于有的人有时候把文艺与政治的关系简单化、庸俗化,由于在实际工作中要求作家无条件地去为某一项具体的政治运动、政治任务和政治口号服务,势必导致文艺内容、题材的单一化和艺术表现上的概念化、公式化,导致一些领导人利用组织手段不恰当地对文艺创作横加干涉,妨害文艺积极地、充分地发挥它的社会作用。为政治服务诚然是文艺的一项重要职责,但并不是它的唯一职责。文艺既然是人类社会生活的反映,它当然就要反映经济、政治、军事、文化以及其他各个生活领域;文艺既然要对生活产生反作用,它当然就会影响到经济、政治、军事、文化以及其他各个生活领域。把为政治服务作为文艺工作的总口号,作为文艺的唯一任务,要求一切文艺作品都要反映一定的政治斗争,都要配合一定的政治任务,这显然是不合适的。马克思说:"物质生活的生产方式,制约着整个社会生活、政治生活和精神生活的过程”。归根结蒂,作为上层建筑的政治也是一种手段,它也是为一定的经济基础服务的。把为政治服务作为文艺工作的最终目的,这显然也是不合适的。林彪、“四人帮”别有用心地利用了“为政治服务”这个口号,把文艺紧紧地绑在他们的反革命政治战车上,造成了极其严重的恶果。这个历史教训,是很深刻的。作为学术问题,如何科学地解释文艺与政治的关系,人们完全可以自由展开讨论。作为政策,党要求文艺事业不要脱离政治,坚持正确的政治方向,但并不要求一切文艺作品只能反映一定的政治斗争,只能为一定的政治斗争服务。为人民服务、为社会主义服务,这个口号概括了文艺工作的总任务和根本目的,它包括了为政治服务,但比孤立地提为政治服务更全面,更科学。它不仅能更完整地反映社会主义时代对文艺的历史要求,而且更符合文艺规律。我们希望各级党委严格地执行党的统一的文艺方针政策,坚定不移地贯彻文艺为人民服务、为社会主义服务这个方向。

既然我们的文艺是为人民服务、为社会主义服务的,那么毫无疑义,文艺工作者应当投身到社会主义现代化事业的伟大洪流中去,力求用马克思主义的科学世界观,用工人阶级的思想感情和审美观点,描写最广大人民群众的生活、斗争和理想,反映最广大人民群众的根本利益,永远紧密地和自己时代的群众相结合,作他们忠实的代言人。过去、现在和将来,这都是摆在文艺工作者面前的最重要的任务。作家应当写自己所熟悉的,但是,不断发展的生活潮流,总是扩大着他们的艺术视野,向他们提出熟悉新生活、跟上时代前进步伐的要求。文艺的题材是无比广阔的,但是作家不论写什么,都要熟悉自己的服务对象,永远扎根于群众之中。正像邓小平同志代表党中央和国务院在第四次全国文代会上所指出的:“人民是文艺工作者的母亲。一切进步文艺工作者的艺术生命,就在于他们同人民之间的血肉联系”。“自觉地在人民的生活中汲取素材、主题、情节、语言、诗情和画意,用人民创造历史的奋发精神来哺育自己,这就是我们社会主义文艺事业兴旺发达的根本道路。”我们希望文艺工作者们努力深入生活,努力学习马列主义、毛泽东思想,努力扩大知识面,努力钻研艺术技巧,做一个具有扎实的生活根基、较高的思想水平和艺术技巧的社会主义文艺家。我们希望文艺家树立全心全意为人民服务的思想,在改造客观世界的同时,不断改造自己的世界观,增强社会责任感,力戒粗制滥造,努力提高创作的思想和艺术质量。恩格斯说:“有的人往往以为(自己的)一切东西对工人来说都是足够好的。他们竟不知道马克思认为自己的最好的东西对工人来说也还不够好,他认为给工人提供不是最好的东西,那就是犯罪!……”我们多么需要学习马克思的这种精神,对自己提出更高的要求,精益求精,用思想和艺术质量最好的东西,去满足人民群众的文化需要。

为保证文学艺术沿着正确方向不断繁荣起来,一定要坚定不移地、始终不渝贯彻执行“百花齐放、百家争鸣”的方针。我们的目标是创造和发展社会主义的新文艺,我们的方法是走群众路线,在人民内部充分发扬民主。艺术上的不同风格和流派可以自由发展,学术上的不同见解和学派可以自由争论。艺术和学术方面的是非,不能简单地靠行政命令来解决,只能通过自由竞赛和自由争论,靠实践的反复检验来解决。我们要在党的正确领导和文艺为人民服务、为社会主义服务方向的指引下,通过“双百”方针的贯彻执行,促进文艺工作者在开拓社会主义文艺新领域、攀登社会主义文艺新高峰上勇于探索,勇于创新。我们要不断地排除各种干扰,把“双百”方针长期地坚持下去,切实保障人民内部的政治民主和艺术民主权利,通过生动活泼的竞赛和争论,发展正确和先进的东西,克服谬误和落后的东西,以不断扩大社会主义的文艺阵地,巩固和发展马克思主义在思想文化领域的优势地位。对于古代的和外国的文艺,我们要采取马克思主义的批判继承态度,继续坚持“古为今用”、“洋为中用”、“推陈出新”的方针,吸收和利用一切有益的东西,抛弃和否定一切无用或有害的东西,以利于社会主义新文艺的发展。

近三年多来,我们的文艺已经迈出矫健的步伐,取得巨大的成绩,赢得广大人民群众的热烈赞扬。我们要继续解放思想,总结经验,发扬成绩,克服缺点,继续前进。只要我们坚定不移地贯彻为人民服务,为社会主义服务的方向,不折不扣地执行“百花齐放、百家争鸣”的方针,我们的文艺一定能够取得更大的繁荣。

中宣部发出《关于期刊对外发行问题的通知》

《关于期刊对外发行问题的通知》指出,经中央、国务院各部委和省市区党委批准的,在国内公开发行的刊物都可对外发行。

在北京召开的全国中药广开生产门路座谈会确定要积极发展我国中药材和中成药生产

会议根据国务院和中央领导同志对广开中药生产门路的指示精神,重点研究了办好中药材和中成药生产基地的问题。会议要求药材基地和中成药基地不断提高质量,降低成本,改进包装,改进生产技术,增强竞争能力。中药材基地要因地制宜,适当集中;要按计划生产,保证质量。中成药厂要有计划地进行改造,搞好文明生产,提高产品质量,择优发展疗效显著的常用中成药和名牌中成药。会议认为，加强中药科研工作是一项紧迫任务。要有计划有步骤地勘察野生中药资源和分析中药材的有效成分，研究解决稀少动植物药源问题，创造更高疗效的中成药新处方、新品种、新剂型。

7月27日

中共中央副主席李先念在北京会见马里人民民主联盟中央执行局委员新闻和文化书记尤素福·特拉奥雷上校率领的代表团

李先念同特拉奥雷上校就两党共同关心的国内建设问题交换了看法。他们都强调，各国要根据自己的具体情况来建设各自的国家。

特拉奥雷上校指出，从将近20年的革命实践中，马里人民认识到，要克服自己国家的不发达状态，就必须避免一切形式的急于求成。他说，做事急于求成，人民就要对此付出很大代价。我们要建设好自己的国家，就必须从实际情况出发，首先要学会走路，然后再考虑跑步。

李先念表示非常赞同特拉奥雷上校的话，认为他的观点"非常正确"。李先念向马里客人介绍了中国共产党30年来领导人民从事社会主义革命和建设的情况。他指出，我们虽然在革命和建设中取得了很大成就，但也犯过不少错误，经历了挫折。我们的主要错误是太急了，"左"了。走路还没走稳，就想跑，有时把鼻子也摔破了。他向客人们谈到了当前我党从实际情况出发，认真进行经济管理体制改革的一些做法。

李先念强调指出，要建设好各自的国家千万不能照抄外国的经验，必须要调查研究，实事求是，在调查研究的基础上，一切从实际出发。在这一方面，我们要做扎扎实实的工作，决不能把它作为一句空洞的口号。

他们在交谈中还认为，这次中国共产党同马里人民民主联盟正式建立关系，必将对两国人民进一步加强友好合作关系起到积极的作用。

国务院发出通知要求各地认真检查企业经营性亏损问题

通知说，一年来许多企业扭亏增盈工作取得了较大成绩，国营工业企业亏损面有所减少，亏损额下降30.9%。但是，也有一些企业没有按期实现中央的要求。为了督促和帮助亏损企业改进经营管理，尽快扭亏为盈，国务院要求各地区、各部门在最近组织力量，对工业、交通、商业、农业企业的经营性亏损情况进行一次检查。在检查中，要认真贯彻中央的有关方针政策，发动群众实事求是地分析亏损原因，采取积极有力的措施，扎扎实实地进行整改。企业本身难以解决的问题，上级主管单位要认真负责地帮助解决。对过去长期亏损，近一年内扭亏为盈的企业，要总结推广他们的经验，给予表扬。对那些经过努力已接近扭亏为盈的企业，或者虽有经营性亏损，但生产的是短线产品，销路好，产品质量也合格的企业，可以帮助其订出扭亏计划，经过上级批准，限期在今年内消灭亏损。逾期不能消灭经营性亏损的，再采取停产整顿措施。

通知指出，对那些长期亏损，消耗高，产品质量又不好，至今仍然管理混乱的企业，要立即实行停产整顿。在停产整顿期间，国家不补贴，银行不贷款，不提取企业基金，职工不发奖金，还没有调资升级的暂缓调资升级。停产整顿的企业，必须制定整顿措施，经职工代表大会(或职工大会)讨论，付诸实施。

通知还指出，对政策性亏损的企业，也要实行严格管理，实行定额补贴，超亏不补。

通知最后要求各地区、各有关部门切实加强领导，认真把这次检查抓好。不仅企业主管部门要抓，各级经委和财政、银行等有关部门也要大力协同来抓。

国务院副总理谷牧在人民大会堂会见联合国副秘书长联合国人类居住中心执行主任艾格特·拉马昌特兰一行

谷牧在会见时谈到，中国在发展生产的同时将有步骤地改善人民的居住条件。他表示，在人类居住、城市建设和环境保护等方面，中国愿意同联合国人类居住中心保持联系、交流经验和进行合作。

谷牧说，中国很重视发展农村沼气，认为这对解决农村能源、改善农村环境很有好处。如果联合国人类居住中心感兴趣，中国在这方面可进行协作。

艾格特·拉马昌特兰向谷牧介绍了联合国人类居住中心的概况。

中国社科院坚持用科研成果的学术价值来权衡人才的水平

为了促进我国社会科学研究事业的蓬勃发展，中国社会科学院在评定研究人员学术职称中打破论资排辈的框框，大胆提拔"尖子"，使一批有真才实学的研究人员破格提升为研究员、副研究员。

这次提升的51名研究员中，有18名是由助理研究员越级提升的，占总数的35%以上，副研究员中有3名是由研究实习员破格提升的。

中国社会科学院在评定学术职称中，既注重学历，又不唯学历，坚持用科研成果的学术价值来权衡人才的水平。这次提升的研究员丁守和是一个初中毕业生，他在参加工作以后，勤奋自学，刻苦钻研，对中国现代史特别是对五四运动有较多的研究，写了不少论文和专著，有的发表后受到学者和读者的好评。

全国科学大会提出要恢复学术职称以后，中国社会科学院在调查研究的基础上，制定了评定学术职称试行条例。从1978年10月起，他们在哲学、经济、历史3个研究所进行了试点，去年2月开始在19个研究所全面展开评定职称的工作。现在，第一批已经评出了研究员51名，副研究员165人，助理研究员758人。此外，还评出了一批研究实习员和技术员。通过这次评定，全院42.6%的业务人员调整了学术职称，进一步调动了科研人员的积极性，促进了科学研究工作。

专为华侨港澳同胞外籍华人服务的综合性医院——广州珠江华侨港澳同胞医院正式开业

这所医院是由广州医学院附属医院和珠江华侨港澳同胞医院香港联络办事处有限公司以技术合作形式联合建立的。由广州医学院附属医院提供医疗技术力量及病房设备，由珠江华侨、港澳同胞医院香港联络办事处有限公司负责引进国外先进医疗仪器和通用设备，提供病房、门诊部的新建及装修的部分费用。

建立这所医院，是为华侨、港澳同胞和外籍华人回广州检查身体、诊疗疾病提供方便条件。服务内容以健康检查为主，有选择地开展一些疾病的治疗(包括手术治疗)、计划生育、新医疗法(针灸、中医中草药治疗)等。

7月28日

中共中央主席华国锋在北京会见中央执行局委员新闻和文化书记尤素福·特拉奥雷上校率领的马里人民民主联盟代表团

会见时，尤素福·特拉奥雷上校转达了马里人民民主联盟总书记、共和国总统穆萨·特拉奥雷的口信：马里十分重视发展同中国的关系。

华国锋说，中马两国建交很早，两国关系一直发展得很好。在这样的基础上，我们双方现在又建立起党的关系，这无疑将会使中马之间的友好合作关系发展得越来越好。

宾主就国际关系问题交换了看法。华国锋重申了我国反对霸权主义、维护世界和平的对外政策。尤素福·特拉奥雷上校说，马里反对对任何一个主权国家的侵略和干涉。

华国锋请尤素福·特拉奥雷上校转达他对穆萨·特拉奥雷总书记的热情问候，并祝愿马里共和国日益繁荣昌盛起来。

中共中央批转解放军总政治部《关于黄克诚同志的复查结论》

《关于黄克诚同志的复查结论》指出，给黄克诚同志强加的种种莫须有的罪名均属诬蔑不实之词，应予推倒，彻底平反，恢复名誉。

中共内蒙古自治区委召开常委扩大会议讨论尽快把内蒙古自治区经济搞活的问题

7月28日至8月7日，中共内蒙古自治区委召开常委扩大会议，讨论如何进一步解放思想，尽快把内蒙古自治区经济搞活的问题。根据自治区的实际，会议研究制定了放宽所有制方面的政策，确定："总的原则是，多种所有制经济成分和多种生产经营方式并存、保护竞争，互相促进"，"国家、集体、个人适合谁干，就让谁干，谁干有利，就让谁干。这里唯一的标准，就是发展生产力，增加社会财富。"会议明确提出，要允许"包产到户"、"包产到劳"和"口粮田"等一切可以增产的生产责任制长期并存。凡是群众要求搞责任制的都应该支持，而不应该"顶牛"，也不搞"一刀切"。

中国人民银行召开部分分行行长座谈会要求充分发挥银行在现代化建设中的作用

中国人民银行最近在厦门、成都先后召开部分省市自治区分行行长座谈会，对改革银行工作，充分发挥银行在现代化建设中的作用，提出了一些设想。

出席座谈会的银行工作者一致认为，银行要成为名副其实的银行，应该把它的全套本领都使出来。目前银行贷款供给制的办法必须改变。根据国务院领导同志最近对银行工作提出的意见，应把贷款完全交由银行自主发放。国家对银行贷款只规定使用的方向和政策，贷给谁，贷多少，贷款时间长短，利率高低，完全由银行审查决定，任何单位或个人不要干涉。贷得不对，由银行对后果负全部责任。

许多银行工作者提出，银行贷款的路子要宽一些。要改变银行只能对生产和流通领域的企业发放流动资金贷款的做法。事业单位、文化娱乐和服务性行业、建筑业、个体劳动者，只要具备贷款条件，有偿还能力，经济效果好，也应该贷款。对贷款项目要加强调查研究，进行严格审查，注重原料有来源、短期能见效的项目，要摸着石头过河，注意不要拉长基本建设战线，不要加重能源负担。

一些多年从事银行工作的同志强调，要发挥银行筹集资金的职能作用，把一切能够筹集资金的手段都用起来。有条件的银行可以办理代收、代付、代保管业务。还可以开展信托业务，接受企业、机关的委托，办理投资、贷款，发行股票，以增加银行的存款，促进企业联合。

银行利率是一个十分灵敏的经济杠杆。参加座谈会的银行工作者们都认为，应当重视运用这个杠杆。

这两年两次提高储蓄利率,储蓄总额大幅度增加。但是这些年来对机关、团体、学校等单位在银行的存款不给利息的规定,不利于筹集资金,应该分步骤地考虑这些单位的存款付息问题。

轻工部决定大力发展劳动密集型产品

《人民日报》报道,根据国务院的指示,轻工业部最近对发展劳动密集型产品做了研究,决定从我国人口多、底子薄的特点出发,积极采取措施,使这类产品有一个较大的发展。

劳动密集型产品,是与资金(技术)密集型产品相比较而言的。在各工业部门中,轻工业部门是投资最少,容纳劳动力最多的部门,其中尤以在手工业基础上发展起来的一些行业最为突出。轻工业部对所属的工艺美术、服装鞋帽、皮革皮毛及其制品、陶瓷、罐头、日用五金、工具及建筑五金等7个行业的13类产品进行了调查研究,认为发展这些劳动密集型产品,可以扬我所长,避我所短,好处很多。

首先,发展劳动密集型产品能大量安排劳动力。据了解,每百万元固定资产容纳的劳动力,重工业为94人,轻纺工业为257人,其中工艺美术、服装、日用五金和皮革4个行业平均为800人。

不少劳动密集型产品可以多出口,多换汇。

劳动密集型工业发展速度快,市场潜力大。目前我国服装出口只占全世界服装出口总额的1.3%,皮革皮毛及其制品只占世界出口额的6.2%,陶瓷只占8%,工艺美术品占的比例也很小;可见,发展这些产品,大量增加出口,余地很大,前景广阔。

劳动密集型工业耗用能源少。同样生产价值万元的产品,重工业要耗煤17吨和耗电5500度,轻纺工业耗煤3.5吨,耗电1780度,而工艺美术行业只耗煤0.96吨,不到重工业的6%,耗电540度,不到重工业的10%。

政协全国委员会副主席刘澜涛在北京以政协全国委员会和各阶层人民的名义谴责南朝鲜全斗焕集团实行法西斯暴政

刘澜涛今天专就南朝鲜当局最近将金大中等九名民主人士送交伪军事法庭审判,准备处以极刑一事向新华社记者发表了谈话。他指出,这是全斗焕军事法西斯集团继今年5月光州大屠杀之后,又一次镇压和迫害民主人士,镇压南朝鲜人民的法西斯暴行。

刘澜涛说,金大中是南朝鲜著名的民主人士。他一贯反对南朝鲜当局的法西斯独裁统治,主张实行民主政治,支持祖国的和平统一。"南朝鲜当局将金大中送交军事法庭的这一暴行,是他们妄图重建没有朴正熙的朴正熙'维新体制'统治的一个严重步骤,是对南朝鲜人民争取社会民主化斗争的一次疯狂反扑。"

他说:"中国人民对这一事态的严重发展表示极大的关注。"

他最后说,中国人民"坚决支持南朝鲜人民反对法西斯统治,争取社会民主化的正义斗争。全体朝鲜人民要求祖国统一,反对分裂;南朝鲜人民要求民主、自由,反对法西斯统治,这是不可抗拒的历史潮流。南朝鲜当局必须悬崖勒马,立即停止迫害金大中等民主人士和镇压南朝鲜人民的一切暴行,否则,他们将逃脱不了历史的惩罚"。

外交部部长黄华等应邀出席秘鲁驻中国大使吉列尔莫·费尔南德斯—科尔内霍举行的庆祝秘鲁民族独立159周年招待会

云南省成立热带作物专家顾问组

云南省热带和南亚热带面积达19万平方公里,占全省面积的48%,占全国热带和南亚热带面积的40%左右。近几年来,关于开发和利用丰富的热区自然资源的问题,引起了各方面的重视。成立这个顾问组,将集中专家们的意见,使上述问题得到更好的解决。云南省热带作物专家顾问组的成员包括植物、动物、生态、林业、土壤、气象等方面的专家共17人,组长是中国科学院昆明植物研究所所长吴征镒,副组长是云南林学院副院长杨志。

武汉建材学院在北京筹办研究生部

武汉建筑材料工业学院确定在北京开办研究生部,并且已经开始进行筹建工作。主管部门说,这项决定是经国务院批准的。筹建中的研究生部,将承担为国家培养高级建材技术人才的任务。武汉建筑材料工业学院的前身是北京建筑工业学院。

黑格尔《自然哲学》翻译出版

《人民日报》报道,《自然哲学》是黑格尔的主要著作——《哲学全书》的第二部分。《自然哲学》中译本由梁存秀、薛华、钱广华、沈真4人合作译出。译者兼收了各种原文版本和英译本、俄译本的长处,并加了许多学术性译注。

北京—巴格达航线开航

中国民航的新的国际航线北京—沙加/卡拉奇—巴格达的首航班机,今天上午满载着乘客离开北京。这条航线是根据中国与阿拉伯国家的政治、经济等方面的友好往来日益频繁而增设的。航程总长为8400

多千米,飞越巴基斯坦、阿拉伯联合酋长国、卡塔尔、巴林、科威特、伊朗等国,空中飞行时间为十个半小时。每星期往返一次,中间站分别为沙加或卡拉奇。

7月29日

国务院总理华国锋电贺瓦努阿图共和国独立

国务院总理华国锋昨天打电报给瓦努阿图独立共和国总理沃尔特·哈迪·利尼,对瓦努阿图独立共和国诞生和他就任共和国总理表示热烈祝贺。贺电全文如下:

维拉港瓦努阿图独立共和国总理沃尔特·哈迪·利尼阁下:

在贵国宣布独立和阁下出任瓦努阿图独立共和国总理之际,我谨代表中华人民共和国政府和人民,向阁下,贵国政府和人民表示热烈祝贺。我还愉快地通知阁下,中国政府决定承认瓦努阿图独立共和国政府。

祝中国、瓦努阿图两国的友好关系和两国人民的友谊不断发展,祝瓦努阿图独立共和国国家兴旺,人民幸福。

中华人民共和国国务院总理　华国锋

1980年7月28日于北京

中共中央副主席李先念在人民大会堂会见以总书记弗朗西斯科·莫斯克拉为团长的哥伦比亚革命独立工人运动代表团

在友好的交谈中,弗朗西斯科·莫斯克拉对中国粉碎“四人帮”以后,在各方面所取得的巨大成就,表示祝贺。

李先念向哥伦比亚同志介绍了我国在社会主义建设中的经验和教训。他说,我党正在实事求是地总结历史经验,调动全党全国的积极性,进行社会主义现代化建设,提高我国人民的生活水平。我们还要加强社会主义民主和法制。

李先念同弗朗西斯科·莫斯克拉还就当前的国际形势交换了看法。

《人民日报》发表评论员文章《人生观的讨论值得重视》

最近,一些报刊开展了关于人生观问题的讨论。其中《中国青年》第五期刊登的青年工人潘晓关于她“文化大革命”以来的经历和目前的苦闷的来信,和杂志就此开展的《人生的意义究竟是什么?》讨论,反应尤为强烈。(本报6月10日一版对此事曾作过报道)在不长的时间里,编辑部收到参加讨论的信稿达3万多件。这些讨论,反映了当前青年中带普遍性的思想问题,拨动了广大青年的心弦。一个时期以来,对于青年的指责甚多,而同青年同志在一起讨论思想、分析问题的切切实实的工作较少。这次有关人生观的讨论,恢复了我们党思想政治工作的好传统,很值得重视。

青年问题,是近年来社会上讨论很多,也是全党上下普遍关注的问题。林彪、江青一伙祸乱之时,青年一代受害深重。其中相当一部分经历过尖锐复杂的政治斗争。有很多像张志新、史云峰、遇罗克这样的优秀青年,在斗争中付出了自己宝贵的生命。更多的青年经受种种艰难困苦的生活磨炼,终于把自己的命运同党和人民的事业紧密地联系在一起,在震撼世界的“四五”斗争中,在新长征的万里征途上,作出了贡献。这些青年,阅历比较深,见识比较广,不仅从书本上学习,而且从生活中受到教育。他们不迷信,不盲从,敢于独立思考,敢于坚持斗争;他们对新鲜事物敏感,不满足现状,要求改革。我们要充分看到他们这个极大的优点,引导他们发扬自己的长处。那种把这一代青年看得满身是病,甚至把种种社会风气的弊病都归之于青年的看法,是不符合实际的。当然,也确有一些青年在人生的道路上彷徨。在这些青年看来,十年动乱,理想破灭,祖国的前途,共产主义的远大目标,都是虚无缥缈的。他们声言“看穿了”、“看透了”,对一切采取冷漠的态度。有的只讲享受,“人生一世,吃喝二字”。有的认为生活没有意义,人生就是痛苦,甚至厌世轻生。这是一种令人不安的社会现象,应该引起注意。忽视青年思想上的这些苦闷,听任他们在生活的漩涡中沉沦,我们就没有尽到应尽的责任。

怎样看待这些青年的迷惘呢?完全是他们不求上进,自甘沉沦吗?不是。回忆50年代和60年代上半叶,祖国安定团结,社会主义建设事业蒸蒸日上,现在的这批青年当年在少先队旗下宣誓的时候,胸前戴上团徽的时候,心里铺满了阳光,脑海中充满着憧憬!然而,一场“文化大革命”,十年大动乱,使他们失掉了一切美好的东西。在人妖颠倒、是非混淆、沉渣泛起的严酷现实面前,在他们思想中刚刚培育起来的革命人生观动摇了。他们崇敬的、决心终身效法的英雄人物一个个被打翻在地,变成了“牛鬼蛇神”。他们准备为之献身的种种理想被扣上“白专道路”、“修正主义”等等罪名。他们苦闷,他们彷徨,但这不是他们的过错。对于年长的同志,更不用说对于党团组织来说,与其责备青年,还不如反求诸己,改进自己的工作。长时间来,我们的思想政治工作中有一种通病,就是不从实际出发,不敢讲真话,说教多,启发少,批评多,引导少、空洞的大道理多,实事求是的分析少。这次人生观讨论的一个很大的特点,就是让青年同志敞开思想,说真话,各抒己见,互谈体会。没有棍子,没有说教。正因为这样，讨论刚一开始，就引起了青年们的兴趣，觉得“现在有了说心里话的地方”。这充分说明像这样平等的、结合实际的讨论，符合广大青年的需要。认真搞好这场讨论，毫无疑问会对广大青年提高思想觉悟产生巨大的作用。

从这次讨论来看，一个很重要的问题是引导青年怎样看待我们这个社会，特别是怎样看待社会的阴暗面。很多青年说，他们也曾有过良好的愿望和美好的理想，但是一接触社会，就看到种种不良现象，甚至认为“到处都充满了市侩气”，“一切都令人心寒”，于是得出结论：“人都是自私的”，“人生是丑恶的”。当然，我们可以指出这些青年对社会的观察是片面的，没有看到主流等等。但是，我们不能否认，在我们的社会中，确实有很多不合理的现象，确实有很多弊病。

社会主义社会不是从天上掉下来的，它不可避免地带有它脱胎而来的旧社会的痕迹。资产阶级极端个人主义的影响不能低估，特别是我们国家长期处于封建社会，反封建的任务远远没有完成，封建意识渗透在社会生活的各个方面。林彪、江青一伙横行十载，更使各种病毒泛滥。青年人不满这种现实，是完全可以理解的。我们的责任是教育青年不要停留在不满上，更不要悲观失望，而应该积极参加到党和人民为根绝这种社会弊病而进行的斗争中去。要使青年看到，在我们的社会里，既有弊端，更有敢于和善于与弊端作斗争的力量；既有十分阴险的骗子手，更有同这种骗子手作顽强斗争、终于战胜骗子手的高尚的人；既有黑暗，更有光明；而且后者是占上风的。历史在前进，党和人民也在前进。尽管每前进一步都要付出很大的努力，有时甚至会受到挫折，但是这种前进的步伐终究是不可逆转的。每一个献身于社会主义事业的革命者，都会从这种斗争的发展中品尝到人生的幸福。我们难道不应该这样勉励自己吗？

面对这样一场深刻的思想讨论，我们有些党委的领导同志却心存疑虑，觉得不讨论还好，一讨论会引起一大堆思想问题，怎么得了？这种想法是不对的。青年的思想问题是客观存在的。不组织讨论，假装不知，这些问题还是存在。不但存在，而且因为得不到正确引导，还会朝消极的方向发展。而把问题摆到桌面上，拿到报刊上，展开讨论，从中弄清楚青年们心里究竟想的是什么，哪些是正确的、合理的，哪些是错误的、站不住脚的，从而找出解决的办法。这有什么不好呢？

这次讨论为活跃党的思想政治工作提供了很可贵的新鲜经验。多少年来，许多人已经习惯于以“讨论”为名行“围剿”之实，也习惯于搞脱离思想实际的“正面教育”。实践证明，前者是错误的，因为思想问题只能用说理的方法，而不能用围剿的方法去解决；后者是失败的，因为回避思想实际，任何正面教育都会变成空洞的说教。这次关于人生观的讨论，特别是《中国青年》杂志的讨论，把青年思想深处的东西端了出来，进行真正同志式的讨论，是感人至深的。正如一位读者在给潘晓同志的信中所说：“要是在四年前，你的信所提出的问题决不会交青年自己来讨论，只会交法院审判。可是今天，像受了伤的孩子，我们可以在妈妈面前诉说自己的委屈，甚至发泄自己的怨气，敢于掏心里话了。这证明社会公德、民主权利正在恢复。当然，十多年的一场浩劫，我们民族的内伤不是能马上痊愈的，‘妈妈’还有难处。正是由于这一点，才需要我们继续奋斗。”

有少数青年怀疑这次讨论是否“引蛇出洞”，有朝一日，要来个“一网打尽”。这种顾虑是不必要的。我们吃“引蛇出洞”的苦头已经吃够了。在人民内部，在解决思想问题上，是不应该搞这种计谋的。人生观的讨论，完全是自愿的。愿意参加就参加，不愿意参加就不参加；愿意听一听，不准备发表意见，那就听一听，可以不发表意见。现在有少数单位对青年横加干涉，还是习惯于搞什么思想政治运动，还是想靠扣帽子、打棍子来解决问题，这是完全错误的，应该坚决改正。

青年问题是一个社会问题，需要综合治理。青年中一些思想问题的存在，有着历史的、现实的原因，有政治的、经济的等各方面的原因。在组织青年讨论人生观问题时，也要注意解决青年的升学、自学、就业、评资、升级、恋爱、婚姻、家庭等各种实际问题。这不是少数人的事情，也不是个别部门的责任，需要全党重视、全社会动手。各级党委要把青年工作放在重要的日程上，充分调动共青团、工会、妇联、政法机关以及组织、宣传、文化、教育、劳动、街道、家长等各方面的力量，热情地关心青年，帮助青年。成年人、老年人属于“过来的人”，有着丰富的生活阅历和经验，用自己的切身体会来教育青年，更有益于青年正确认识人生问题。可以相信，只要我们大家共同努力，青年一代一定会在革命人生观指导下茁壮成长。

中国进出口商品检验总公司成立

新华社报道，经国务院批准，中国进出口商品检验总公司最近成立。它的上海、广州、天津、青岛、大连、武汉、南京7个分公司也在同时成立，并且已经正式对外开展业务。这个公司的宗旨是，通过对商品质量、数量（重量）进行检验和鉴定工作，便于对外贸易关系人顺利进行商品的交接结算，合理解决索赔争议，以维护贸易关系人的正当权益，促进国际贸易的发展。

全国人大常委会副委员长谭震林在北京接受印度

共和国新任驻中国大使卡亚特亚尼·尚卡尔·巴杰帕伊递交的国书

国务院副总理谷牧会见以美国毕垂斯食品公司董事长詹姆斯·达特为团长的代表团

国务院副总理万里会见由泰国曼谷市市长操越·素拉帕率领的代表团

外交部部长黄华同泰国外交部部长西提·沙卫西拉在北京举行会谈

两国外长在会谈中就亚洲地区形势、双边关系和共同关心的其他问题，诚挚地交换了意见。他说，会谈气氛非常友好，体现了中泰两国和两国人民的亲密关系。

《人民日报》发表评论员文章《大力恢复和整顿科技档案工作》

在加强企事业单位的经济管理、技术管理和科研管理的过程中，有一项工作往往被某些同志所忽视，而这项工作对于生产建设和科学研究来说，又是必不可少的；少了它，生产建设和科学研究，要么无法进行，要么会造成巨大的经济损失。这项工作，就是科学技术档案的收集、管理和使用，简称科技档案工作。

最近，国家经委、国家建委、国家科委和国家档案局联合召集会议，就如何加快科技档案工作的恢复与整顿，充分发挥科技档案工作在四化建设中的作用等问题，进行了认真的研究和讨论，提出了很好的意见和具体措施，值得各部门、各地区、各单位重视。

一个工厂，一个矿山，一个基本建设单位，一个设计部门，一个科研单位，一个地质勘探队，等等，在进行生产、建设、科研、设计、勘探等活动中，都要形成图纸、图表、表报、文字材料、计算材料、照片等很多技术文件，把这些技术文件按照一定的归档制度集中保存起来，以备查用，就产生了科技档案。这些记录和反映着劳动成果、智慧结晶的科技档案，又是继续进行生产建设、科研活动以及基建工程的维修管理的依据和必要条件，毫无疑问，必须加以妥善保存，集中管理。这本来是常识范围以内的事，为什么现在竟然成了问题，需要恢复和整顿呢？原因是多方面的，但主要是由于林彪、江青一伙反革命分子制造的十年浩劫，给科技档案工作造成了灾难，大批的科技档案散失、毁坏了；有些现代化的基建工程，在"边设计、边施工、边投产"等根本无视科学的极左思想指导下，甚至连竣工图也不留，带来了严重后果。此外，也由于科技档案工作是一项年轻的事业，我们一些同志对它的重要意义还缺乏应有的认识，不少人自觉不自觉地以小生产的眼光看待现代化的大生产和科学技术研究，不懂得做过工作以后应当留下必要的原始记录，归档保存，以致在粉碎"四人帮"已经三年多的今天，仍然有相当多的工交企业、基建部门、科研单位，没有建立健全必要的科技档案工作制度，在政治上经济上造成了很大的损失。因此，当前恢复和整顿科技档案工作，就显得十分必要。

科技档案是科学技术思想的一种表达形式和存在形式，是发展生产力的一种科学技术资源。据一些单位的统计，在正常情况下，科技人员研究、设计、试制新产品，仅用在查找、阅读文献档案上的时间，一般都要占到全部时间的30%以上。在各个企事业单位，除了直接的生产、科研活动需要查找科技档案之外，其他如生产管理、计划管理、技术管理、质量管理，也都离不开科技档案。我们平常说，办事说话要有根据，科技档案就是办事说话的一种重要根据。新中国成立以来，我们在生产建设和经济工作中吃这种不要科学根据的苦头太多了。那种"不留档案根据丢，大量资金似水流"的现象，再也不应当、也不允许继续发生了。

把科技档案工作看作现代化生产、建设和科研活动的一个组成部分，从而自觉地把科技档案工作纳入到企事业单位的技术管理工作或科研管理工作中去，是当前做好科技档案的恢复与整顿工作的关键，也是今后发展和提高各项科技管理工作的基础。科技档案工作的基本原则是集中统一管理，档案部门当然责无旁贷。但是，仅仅靠档案部门的力量是不够的，还要发挥国民经济和科学技术各部门所有科研和工程技术人员的积极性才能做好。因此，科技档案工作的恢复与整顿，一定要同企事业单位的全面整顿结合起来。应当在党委的统一领导下，由总工程师或者分管生产技术的负责人直接领导科技档案工作，建立同本单位科技档案工作任务相适应的机构，配备合适的人员，并且把科技档案工作纳入计划工作的范围，列为检查、验收的一项内容，还要建立健全一套技术管理和科技档案工作的制度，进行必要的监督和考核。

经验证明，凡是涉及几个部门的事情，容易脱节。我们希望在国家经委、国家建委、国家科委和国家档案局四个部门这次共同商量科技档案工作之后，大家能同心协力地朝着一个共同目标，努力把这一工作做好。

对外友协举行纪念印度作家普列姆昌德诞生100周年纪念会

北京大学副校长季羡林在会上报告普列姆昌德的生平时指出，中国早在50年代和60年代初期就出版了印度这位伟大作家的小说《戈丹》《妮摩拉》和他的短篇小说集。他的作品深受中国读者的欢迎。季羡林说，今年为纪念他诞生100周年，中国计划出版他的成名之作长篇小说《舞台》和一个短篇小说集。季羡林今天在报告中赞扬他是现代印地语文学的奠基人和反帝、反封建的伟大文化先驱。

对外友协会长王炳南在会上讲话时说，恢复和发展中印友好关系是中印两国人民的共同愿望。他表示希望中印两国的文化交流不断加强，两国人民之间的传统友谊得到巩固和发展。

印度驻华大使巴杰帕伊在讲话中认为，中国举行纪念普列姆昌德的活动，有助于加深印中两国的相互了解和发展文化交流。

查国祯逝世

政协第五届全国委员会委员、人民解放军第二炮兵顾问查国祯同志，因病于7月29日在北京逝世，终年75岁。

查国祯同志出生在湖北省蕲春县一个贫农家庭，1926年从事革命活动，1930年参加中国工农红军，同年7月加入中国共产党，参加过二万五千里长征。他长期从事军队后勤组织领导工作，全心全意为部队服务，对部队的后勤保障工作和现代化革命军队建设作出了贡献，是我军优秀的后勤工作领导者。

黄长水病逝

五届全国人大代表、全国侨联副主席、民建中央常委、全国工商联副主任委员黄长水同志，因病于7月29日在广州逝世，终年76岁。

黄长水同志，福建惠安县人，早年侨居菲律宾，1949年代表爱国华侨人士出席中国人民政治协商会议第一届全体会议，历任福建省人民政府委员、福建省政协副主席、广州市副市长、广州市工商联主任委员、中南行政委员会委员、中侨委副主任、第一、二、三、四届全国人民代表大会代表。

7月30日

中共中央发出《关于坚持“少宣传个人”的几个问题的指示》

指示说，党的三中全会决定要“多歌颂工农兵群众，多歌颂党和老一辈革命家，少宣传个人”。实践证明，这个方针是正确的，三中全会以来执行这个方针总的说来是有成绩的。但是也还有一些问题。主要是对老一辈革命家的歌颂仍有一些过于突出个人，不够实事求是；纪念文章多了一些；一部分纪念文集重复积压；特别是许多纪念方法严重地流于形式，有时甚至为了收集个人文物，成立专门小组，跑遍全国。这些不适当的纪念方法不但造成铺张浪费，脱离群众，而且本身就容易使人产生个人创造历史的误解，不利于在党内外进行马克思主义教育，肃清封建主义的和资产阶级的思想影响。

为了改变这种状况，中央决定：

——从现在起，除非中央有专门决定，一律不得新建关于老一辈革命家个人的纪念堂、纪念馆、纪念亭、纪念碑等建筑。正在建设的和虽已建成但尚可改造的，应尽可能改建为其他社会经济文化福利设施。毛泽东、周恩来、刘少奇、朱德等少数领导人和一些革命先烈的纪念设施，以及革命历史的纪念设施，应当有，应当管理好，但是必须严格控制，防止多建滥建。各地已设者均应向中央报告，以便作出统一规定，并一律不许任意增设。其中很少历史价值、特别脱离群众的，如一时不能改建，宁可先行封闭。各地如有有历史意义而适宜集中保存的革命文物，应集中到中央或省市一级的博物馆纪念馆，以利长期保存。至于现尚在世的中央领导同志的故乡、母校和曾经活动的场所，一律不得进行任何形式的纪念布置，已有的布置一律撤销。

——关于老一辈革命家和其他革命英雄的斗争史，以及革命战争、革命运动、革命工作的历史，写成不事夸张的回忆录发表或保存，对于教育后代和研究历史，都是必要的。但出版个人传记或个人文集，则应比较慎重。

——报纸上要多宣传马列主义、毛泽东思想，多宣传社会主义优越性和工、农、兵、知识分子为四个现代化奋斗的成就，多宣传党的政策方针决议，少宣传领导人个人的没有重要意义的活动和讲话。同时，在宣传先进个人或先进集体时，也要掌握适当分寸，不要过于集中和绝对化，防止产生副作用。

——毛主席像、语录和诗词在公共场所过去挂得太多，这是政治上不庄重的表现，今后要逐步减少到必要限度。其他领导人像和题词也按同样原则处理。

——过去几年为许多受迫害致死的老同志昭雪平反，追悼会开得较多较隆重，现在这种情况已基本结束，不应再为开追悼会消耗过多的人力物力和分散群众建设四化的注意力。因此，除特殊情况中央另作规定者外，一般高级干部丧事应力求简单节约。例如，向遗体告别的仪式一般可取消；追悼会规模要缩小，送花圈和出席追悼会的负责人要减少；悼词要缩短和避免溢美之词；逝世后即发表简短消息，追悼会新闻要减少和缩短。

国务院总理华国锋在北京会见泰国外交部长西提·沙卫西拉

西提外长说：“中国坚决反对越南在印支地区搞

霸权。”

华国锋说：“中国政府和人民赞赏泰国在印支、阿富汗等重大国际问题上所采取的立场和政策。”

他说，最近召开的东盟国家外长会议开得很好。这次会议使东盟国家更加团结了。

华国锋说：“中泰关系是建立在互相尊重、互相帮助、互相支持的基础上的。建交后，我们两国的关系发展得很好。我相信，西提外长的这次访问，会进一步促进我们的关系。”

华国锋说：“中国政府和人民热切期待炳·廷素拉暖总理来中国访问。炳总理访华是一件大事，我们对此十分重视。”

西提外长说：“炳总理对发展泰中友好关系一直很关心。促进泰中关系是泰国政府和人民的共同愿望。”

全国司法行政工作座谈会在北京举行

这是新中国成立30年来第一次专门讨论司法行政工作的会议。参加会议的有各省、市、自治区司法厅(局)长，部分地、市司法局(处)长，各政法院、校及中央有关部门负责人共137人。会议进一步学习《中共中央关于坚决保证刑法、刑事诉讼法切实实施的指示》和党的十一届五中全会公报，分析了面临的形势，总结了司法行政机构筹建以来的工作，研究了当前的主要任务，制定了措施。

会议期间，中央领导彭真、胡耀邦、彭冲会见与会同志。

会议在提高思想、统一认识的基础上，明确了当前司法行政机关的主要任务。这就是：(一)积极创造条件，加强司法干部的培训工作；(二)发展法学教育，培养法律专业人才；(三)加强法院的组织、制度建设，切实保障国家法律的贯彻实施；(四)加强司法干部的管理工作；(五)积极建立和推行律师制度，认真开展公证工作；(六)加强司法助理员和人民调解委员会的工作；(七)大力开展法制宣传教育工作，提高广大人民的法制观念；(八)开展法学研究与国际交往活动；(九)迅速建立和健全各级司法行政机关；(十)切实解决司法机关的物质困难。

座谈会于8月9日结束。

国务院中央军委批转工商行政管理总局等部门《关于加强对华侨和港澳 台湾同胞进口物品管理以及打击走私投机倒把活动的报告》

近两年来，随着我国对外交往的扩大、旅游事业的发展和华侨、港澳同胞回国探亲携带、邮寄进口物品政策的放宽，大量的电视机、收录音机、袖珍电子计算器、手表等外货流入国内。由于管理工作没有跟上，一些具体政策界限不清，出现了大量私自买卖外货的现象，走私、投机倒把活动相当猖獗。为了加强对华侨、港澳同胞进口物品的管理，打击走私、投机倒卖外货活动，工商行政管理总局等部门在这一报告中决定，华侨、港澳同胞按海关规定带进的各种物品，应作为特殊物品对待，只限于自用或馈赠亲友，不准私自买卖，从中牟利。需要出售时，只能卖给指定的收购单位。省、市、自治区人民政府要责成商业部门明确收购单位，非指定的单位不准收购。这类物品必须按专业分工归口经营。收购经营这类物资的单位，均向县以上工商行政管理机关进行登记，由工商行政管理机关发给“经营许可证”。经过核准经营这类物资的商业批发单位和大型商场需要到口岸和侨乡进货的，应由省、市、自治区商业行政部门介绍，经口岸、侨乡所在省、市、自治区商业行政部门同意，到指定的收购、经营单位进货，其他任何国营、集体或合作零售商店都不得到口岸或侨乡采购华侨、港澳同胞携带进口的物品。

未经工商行政管理机关发给“经营许可证”的任何单位，都不得擅自经营华侨、港澳同胞携带进口的物品。违犯者，其非法利润，由工商行政管理部门没收上缴国库，或处以罚款，拒交的可通过银行划拨。如物品尚未出售，则由指定的收购单位收购。对重犯者可责令停业检查，并追究领导责任。

华侨、港澳同胞携带进口物品的购、销价格，仍按1973年外交部、外贸部、财政部、商业部联合下达的规定的原则和办法执行。不准搞议购议销。同一市场的零售价必须统一。

坚决取缔外货黑市交易，严禁金银、外币和“外汇兑换券”私自买卖。对私自买卖外货，买卖金银、外币和“外汇兑换券”的，要根据情节，予以收购、补价、罚款或没收，直至追究单位领导责任。要坚决制止金银、珠宝、玉器以及麝香等贵重药材的外流，严格保护麝香等贵重药材资源。对走私、投机倒卖外货案件，海关和工商行政管理部门要认真查处，追根挖窝。非法收入必须追回。对惯犯、要犯和集团首犯，要狠狠打击。数额巨大、情节严重的，交由司法机关依法惩办。对参与、包庇纵容走私、投机倒把活动的国家干部、党团员、现役军人，要从严处理。

各省、市、自治区要加强领导。重点省、市人民政府，要有领导同志分管这项工作。各有关部门要紧密配合，密切协作。要积极做好宣传教育工作，发动群众检举揭发走私、投机倒把活动。

《人民日报》发表社论《发挥天津的优势》

实现四个现代化，应该发挥中心城市的作用。中心城市是经过长期建设形成的，有较好的经济条件和科学技术基础。在四化建设中，要特别注意研究如何发挥这些中心城市的优势，逐步以中心城市为轴心，建立起大城市与中小城市、城市与乡村之间的广泛的经济联系、经济协作与经济交流。

天津是我国北方的经济中心。但长期以来，天津的作用没有充分发挥出来。一方面是林彪、江青一伙反革命集团直接插手破坏，推行极左路线，搞乱了天津；另一方面是长期来对天津这个中心城市的认识不够，不从天津的实际出发，不实事求是，犯了主观主义的毛病，没有很好认识和发挥天津的优势，阻碍了天津的经济发展。无论从当前或从长远考虑，正确地认识和充分发挥天津这个中心城市的优势，不仅对天津，而且对华北地区的现代化建设，都具有重大的意义。

发挥优势，就要大力发展社会主义的商品经济。天津在发展商品经济方面有得天独厚的条件。它是我国北方最大的商港，是重要的交通枢纽，海运、内河、铁路、公路、航空等，四通八达。另外，天津这个出口基地腹地辽阔，包括整个华北、西北的大部，山东的一部和河南的北部。历史上天津就以这些地区的农副产品出口、转口和工业品集散为主形成贸易中心。最高年份，天津进出口额曾经达到全国进出口总额的25%以上。目前，天津口岸已经同世界上148个国家和地区有贸易往来。

天津还是我国最老的工业基地之一。现在全市有大中小企业4001个，职工126万。天津工业的特点是综合性强，结构比较轻。天津工业门类较多，其中轻工业占一半。除一部分骨干企业外，中小企业占98%以上。天津加工工业能力很强，技术水平较高。这种经济结构的优点是：适应性强，组织生产灵活，便于按专业化原则组织起来，协作配套方便。这样，既能适应市场需要生产社会消费品，又便于突出重点，发展高、精、尖产品。

天津的资源条件也是好的。它濒临渤海，是著名的长芦盐的主要产地，石油、天然气和地热资源比较丰富，为发展海洋化工和石油化工提供了条件。另外，天津距其他资源产地很近，在二百公里范围内，可以利用的资源有：任丘、大港、渤海油田的石油，开滦的煤炭，唐山的建筑材料和耐火材料；在五百公里范围内，有山西的煤炭、内蒙古的皮毛等。天津郊区和附近农村，还有丰富的农副产品，可作为轻、纺、手工业的原材料。

天津市科学技术力量基础比较好，水平较高。有著名的南开大学、天津大学，工业研究所就有120个。全市共有科技人员近12万人，四级以上的技术工人30多万人。这是一支重要的科学技术力量。总之，天津优势很多，问题是如何发挥出来。

在党中央的关怀下，天津人民经过顽强的斗争，摧垮了林彪、江青一伙在天津的反革命政治势力；狠批了极左路线，贯彻了三中全会以来党的思想路线、政治路线、组织路线，为今后把天津建设得更好打下了基础。

现在，摆在天津市人民面前的任务是：从天津的实际出发，继续解放思想，认清天津的优势，扬长避短，努力达到：全国技术水平第一是上海，第二是天津，天津技术应该高于全国；企业管理和经营方面要走在前面，为全国提供成熟的经验；把外贸出口基地搞上去，对国家外汇收入作出贡献；对国家财政收入作出贡献。

天津是个工业城市，要在现有基础上发展提高。天津市发展工业要根据自己的特点和优势，突出重点，向高、精、尖方向发展。节能是发展经济的重大措施。天津要带头搞好以节能为中心的技术改造、设备更新和经济结构的改造，使整个工业从落后转向现代化。要充分发挥轻纺工业的潜力，加快机械工业的发展。要发展在国际市场有竞争能力、换汇率高的产品。天津要面向三北（华北、西北、东北），面向全国，注意发展那些国内市场，特别是三北地区需要的高中档的、短缺的轻纺产品和日用工业品，满足人民生活的需要。天津有发展石油化工和海洋化工的优裕条件，要突出发展石油化工和海洋化工，把石油化工和海洋化工结合起来，带动其他工业。中央有关部门要支持天津把这方面的优势发挥出来。天津在技术上要做好支援外地的工作。天津冶金工业不宜走鞍钢、上海宝钢的路子，应该根据天津小型钢材加工能力强的优点，发展中小型钢材、合金钢、优质钢。要把交通运输、邮电通信和建筑材料这几个短线搞上去。为了解决原料问题，除组织进口来料加工、自己办原料基地外，在互利互惠的基础上，天津要闯出一条联合的路子。除本市企业与企业、工业与商业、市区和郊县联合外，还要同华北、西北以及东北、山东等地区搞各种形式的联合。天津工业用水是个大问题，中央有关部门要支持天津同河北、北京协商，妥善解决好这个问题。天津水源不足，要特别注意节水。天津郊县农村有荒地30万亩，山地30万亩，水面30万亩，海滩30万亩，发展农、林、牧、副、渔潜力很大。

天津工业要努力进入国际市场，尽快建设成为国际竞争能力很强的出口贸易基地。在激烈的国际竞争中，天津的商品应该站得住、有声誉、多盈利。为此，要在发展高中档轻纺产品、农副产品和传统手工艺品的同时，发挥优势，搞好化工产品、机电产品和小型成套设备的出口，要全力抓好拳头商品。加强国际市场调查，建立对国际市场敏感的贸易体制，把外贸工作做好、做活、做大。在发展外贸的同时，内贸、金融以及各种服务业要有一个大的发展。已经存在的多种商品交流形式，如贸易货栈、物资交流会、小型交易会、城市农副产品市场和农村集市贸易等，要办得更活更好。

发挥天津的优势，当前主要不是靠大量的投资，而是靠党的政策，经济政策要松动一些，把人的积极性调动起来。党政领导机关要关心和逐步改善人民的生活。多年来，天津市建设上“骨头”和“肉”的关系比例失调，住房紧张，交通拥挤，用水困难，污染严重，再加上地震造成的破坏，积累下来的欠账很多。天津市要总结经验教训，把城市建设搞好。天津的城市建设方针，还是对老城市进行修复、整顿、改造，要注意三废处理，基本上是在老城区改造，也保留相当一部分建筑。城市建筑要保持一定的民族特色，又要吸收80年代的先进技术，民族形式同现代化相结合，洋为中用。当前关键的一个问题是集思广益，搞好城市建设规划。城市建设要像周总理讲过的那样，达到经济、实用、美观。

天津是大有希望的，一个社会主义现代化的新天津，一定会屹立在渤海之滨。

去年有1622个大队人均收入超过300元

新华社报道，1979年农村人民公社社员分配水平有了进一步提高，涌现出一批分配水平较高的“冒尖队”。据29个省、市、自治区统计，有1622个大队每人平均分配收入超过300元，占大队总数的2.3‰，其中有71个大队每人平均分配收入超过500元，最高的上海市崇明县渔业公社八滧大队，每人平均分配收入1055元，每个劳动力平均收入1301元。

国务院副总理谷牧全国人大常委会副委员长廖承志在人民大会堂会见香港联成轮船有限公司董事长包玉星和夫人一行

7月31日

海洋生物学家归国华侨郑守仪当选为山东省青岛市副市长

这位女科学家今年49岁，毕业于菲律宾东方大学，现在是中国科学院海洋研究所副研究员。她从1956年回国以来，和导师合作曾先后写出了几十万字的论文，在海洋生物科研方面作出了贡献。她曾多次被评为先进工作者、全国“三八红旗手”和全国劳动模范。

郑守仪是在最近举行的青岛市第八届人民代表大会第二次会议上被选为副市长的。代表们说，郑守仪担任副市长后，将对发展海洋科学研究和水产事业起到积极作用。

《人民日报》发表评论员文章《依靠集体致富大有希望》

我国农村人民公社中，有1622个生产大队的人均分配收入已超过300元，最高的达到千元以上。这是一个非常振奋人心的喜讯。它说明我国农业加快发展大有希望，我国农民依靠集体经济尽快富裕起来大有希望！

我们欣喜地看到，十年浩劫后的农村，在不太长的时间里，就有了如此迅速的变化。人均分配300元，大约相当于去年全国社员平均分配收入84元的四倍。这有力地说明，依靠集体经济，迅速提高社员的分配水平是完全可能的。只要路线对头，政策落实，农村蕴藏着的巨大潜力，就如雨后春笋，竞相破土而出。这种生机蓬勃的农村经济形势，使我们对加速四化充满了信心和力量。

前些年，在林彪、“四人帮”极左路线严重破坏下，农村中减产减收或者增产不增收的现象相当普遍，集体经济停滞不前，社员分配收入长期处于人均70元左右的低水平。集体空，社员穷，农民的社会主义积极性大受挫伤。粉碎“四人帮”以后，特别是党的十一届三中全会以来，经过拨乱反正，批极左，肃流毒，落实政策，广开门路，整个农村经济迅速得到恢复发展，越来越多的生产大队和生产队走上富裕的行列。今天报道的这批先进大队，为数虽然尚少，但遍布在城市郊区、农区、牧区、渔区、林区，具有在各种不同地区较快富裕起来的广泛代表性。

在这批先富裕起来的大队中，有一贯抵制极左路线、近两年来又加快前进步伐的老的先进集体，也有一批新的先进单位。它们共同的、主要的经验，概括起来是：一、敢于解放思想，深批极左，冲破禁区，落实政策，坚持按劳分配原则，建立各种适于当地的责任制，把劳动生产成果和社员经济利益紧密结合起来，充分调动了人的积极性；二、从实际出发，因地制宜，按照自然规律和经济规律办事，发挥本地的优势，农林牧结合发展，农工副、农工商综合经营，向区域化、专业化、企业化方向发展；三、发挥集体经济的优越性，依靠集体积累改变生产条件，实现切实可行、经济适用的机械化，提高了劳动生产率和商品率；四、这些队大都有一个懂生产技术、会经营管理的全心全意为群众谋利益的领导班子。

这些队的实践说明，在我们这样情况复杂、条件各异的国家里，农村要兴旺，农民要富裕，要有适合各种不同情况的灵活的政策措施，要靠国家、集体、个人一齐努力。国家对农业的扶持是不可缺少的，社员个人的小自由也是必要的，但是，集体经济有广阔的发展天地，靠社会主义集体经济的力量致富，是最有希望、最为可靠的富裕之路。当前，有些自然条件和经济条件较差、人民生活困苦的地方，因地制宜、放宽政策，千方百计让农民休养生息，度过困难，这是十分必要的，是治穷的好办法。随着生产的发展,生活的改善,这些地方也要学习这批率先富裕起来的大队的经验,创造条件,努力发展集体经济,引导农民走集体富裕之路。要相信,农民并不是不爱社会主义,而是“四人帮”那一套假社会主义把农民搞得太苦了!一旦集体经济具备了上述条件,农民们也一定能将自己的积极性倾注于集体事业之中。这样,就可以更好地联合起来,分工协作,做到人尽其才,地尽其力,物尽其用,使生产力得到更充分的发挥,创造出更高的劳动生产率。这是一条社会主义共同富裕之路,同“四人帮”搞的“穷平均”、“捆在一起穷”的假社会主义,有着本质的区别。

这批先富裕起来的大队,分布的地区虽广,但不平衡。据悉有57.7%分布在城市郊区,其中又有400多个大队集中在上海郊区,广东、黑龙江、浙江、辽宁等地各有100多个。同时值得注意的是,目前,全国农村中还有相当一部分地区,人均收入不到40元,人民生活相当困苦。这种差距和不平衡,与各地的自然条件、社会经济条件密切相关,与政策的落实和经营管理也有很大关系。但是,差距就是潜力,富裕队给我们信心和鼓舞。我们要继续鼓励条件较优越的地区的社队更加富裕起来,更要鼓励和支持其他地方,特别是困难地方发挥各自的优势,尽快摆脱贫困,走向富裕,你追我赶。富裕的集体一批一批地涌现,必将带动整个农村经济的发展,加快实现农业现代化的步伐。

截至七月底我国油菜籽收购超过22亿斤

今年油菜生长期间自然灾害较多,原来估计油菜籽收购量可能少于去年。但据有关部门统计,到7月31日为止,全国各地收购的油菜籽已达22.6068亿斤,不仅超过今年收购计划的48%,比去年同期还多3亿多斤。

对外友协举行中尼建交25周年招待会

中国人民对外友好协会今天下午举行招待会,庆祝中国同尼泊尔建交25周年。对外友协会长王炳南同尼泊尔驻中国大使卡纳尔在祝酒时,都以满意的心情回顾了25年来中尼友谊的发展。

外交部副部长何英在柴泽民大使的陪同下拜会美国副国务卿戴维·纽瑟姆

会见时,双方就目前的国际事件以及双方共同关心的其他问题交换了意见。

国防部在人民大会堂举行庆祝中国人民解放军建军53周年招待会

国防部部长徐向前主持了今晚的招待会。党和国家领导人韦国清、张廷发、杨得志、萧劲光出席了招待会。

徐向前在招待会上致祝酒词。他首先代表国务院、中央军委向全军指战员、民兵、转业复员军人和烈属、军属致以热烈的节日祝贺;向为国防现代化作出贡献的科学工作者、工程技术人员和工人同志们表示亲切的慰问;向出席今晚招待会的各国驻中国大使馆武官和他们的夫人表示热烈欢迎和衷心的感谢。

徐向前说,半个多世纪以来,我军在中国共产党的领导下,为中国人民的解放和社会主义建设事业作出了巨大的贡献。在向社会主义现代化进军的新长征中,我军面临着更加光荣而艰巨的任务。我们要认真贯彻党的十一届五中全会精神,切实加强党的建设,加强政治思想工作,带动军队调整、整顿工作的深入开展,努力把我军建设成为现代化的革命军队。我们要加速部队干部年轻化进程,造就一支坚持社会主义道路、具有现代作战指挥能力和专业知识的干部队伍。我们要加强军事训练,提高部队的军事素质;搞好国防科学研究工作,改善我军的武器装备。我们要发扬我军的优良传统,加强军政军民团结,搞好民兵工作,积极参加社会主义建设。我们要和全国人民一起,共同努力,争取台湾早日归回祖国,实现国家统一大业。

徐向前强调说:当前,国际形势日益动荡紧张,霸权主义肆无忌惮的侵略扩张行径,严重威胁着亚洲和世界的和平,威胁着我国的安全。我们必须提高警惕,发扬爱国主义和革命英雄主义精神,随时准备打击任何敢于来犯的侵略者,为保卫祖国,维护亚洲和世界和平作出应有的贡献。

出席招待会的还有:中央军委常委韩先楚、杨勇、王平、陈锡联;国防部副部长萧克;中国人民解放军各总部负责人张震、伍修权、何正文、刘华清、迟浩田、刘凯、韩怀智、梁必业、傅钟、甘渭汉、黄玉昆、颜金生、朱云谦、史进前、华楠、洪学智、张元培、饶正锡、张贤约、贺彪、李元、封永顺、范子瑜、曹思明、李耀、李真、白相国和各总部顾问;外交部副部长王幼平;北京市市长林乎加;国防科委、国防工办、各军种兵种、军事科学院、军事院校、北京部队、北京卫戍区的负责人。

正在北京的已离职休养的部分军队老同志,前国民党起义人员代表,中国人民解放军军人协会、体育运动委员会的负责人也出席了招待会。

全国高等学校文艺理论研究会在庐山举行大型学术讨论会

这次学术讨论会的会期是从7月31日至8月15日,是江西省文联、江西省文化局、江西大学等七个单位受《全国高等学校文艺理论研究会》的委托具体筹办的。

这次学术讨论会的中心议题是：总结革命文艺运动发展的历史经验，讨论文艺与政治的关系、文艺的真实性和倾向性以及文艺作品的社会效果等问题。这场讨论和争鸣，是联系文艺界的历史和现状，并结合当前创作实际开展的。

与会者认为，“文艺为人民服务、为社会主义服务”的文艺工作总口号，科学地概括了文艺的历史使命，为社会主义新时期的文艺工作指出了正确的方向。大家谈到，新中国成立30年来，由于对文艺与政治的关系缺乏全面的正确的认识与理解，又往往不注意文艺本身的特点和规律，给社会主义文艺事业带来极大的危害。因此，及时提出文艺工作总口号，有着重要的意义。

中国红楼梦学会成立会和全国红楼梦学术讨论会在哈尔滨举行

8月1日

全国上半年行政机关节约会议费1亿元

《人民日报》报道，1977年至1979年的行政会议费支出每年都在3.7亿元上下，比1965年增长近两倍。今年年初，中共中央、国务院在关于节约非生产性开支，反对浪费的通知中要求，行政机关会议费支出要比去年节减30%—40%，并且开始实行行政经费预算包干。

上半年全国七种轻纺工业产品的税收比去年同期增加11.1亿元

《人民日报》发表评论员文章《搞经济建设一定要尊重科学》

武钢孟宪成同志对一米七轧机工程所提的意见，十分中肯，很值得我们认真读一读，想一想。花费了全国人民节衣缩食攒下来的钱，引进了当代最先进的轧钢设备和技术，为什么收不到应有的经济效果？今后怎样减少以至杜绝这种得不偿失的建设工程？

我国是一个穷国，经济上还很落后。为了尽快改变这种贫穷落后的面貌，在本世纪内实现四个现代化，我们应当改变过去那种闭关锁国的状况，面向世界，引进一些必要的先进设备和先进技术，以生产自己急需的产品，培养自己的技术力量，促进我国技术和经济的发展。但是，引进什么，怎样引进，又得从我国的实际出发，要适合我国的需要，有利于我国经济的发展。一句话，要考虑经济效果。这就要求我们在决定引进什么之前，进行慎之又慎的科学分析。技术经济学把这种科学分析称为技术经济分析。如果我们对一米七轧机工程进行一番技术经济分析就不难发现，尽管这个引进项目有一定的必要性(比如，为了改变每年花外汇进口钢材的现状，自己生产合格的钢材)，但是在目前的经济、技术条件下，未必是合算的、合理的。费时五六年，投资几十亿，仅仅勉强能够生产，远远达不到额定的生产能力，能说合算吗？到开工之日，才发现原料和电力不足，缺胳膊少腿，能算是合理的吗？当然不能。这个工程，以及相类似的其他工程，再一次说明了一个简单而又不易遵循的道理：搞经济建设，一定要尊重科学。违背科学规律，凭想当然办事，就难免碰壁，给党和国家造成巨大的经济损失。

讲求经济效果，是搞好经济建设的一条十分重要的方针。而搞好技术经济分析和论证则是讲求经济效果的可靠办法。这项工作并不十分困难，也不要多少投资，关键在于把各方面的专家组织起来，进行系统周密的调查研究。目前国外大都是这样做的。他们管这叫可行性研究。我们是社会主义国家，更加有条件这么做。第一个五年计划时期，我们在实际工作中是比较注意这样做的。所以，尽管那个时候经济工作也有某些不足之处，但总的看来，经济效果是好的。只是到了1958年以后，特别是林彪、江青一伙反革命分子横行的十年，实事求是的科学态度被破坏殆尽，所谓"要算政治账，不要算经济账"的谬论到处泛滥。有的领导人说上一句话，就得照办不误，什么可行性研究，什么技术经济分析，什么经济效果，统统抛在一边。粉碎"四人帮"以来，这种状况逐步有所好转，但那种无视科学的封建愚昧和极左流毒，对我们的一些同志，至今还不无影响。这些同志自己不懂或不太懂科学，又不愿意听取专家们的意见，尤其是听不得尖锐的反对意见。他们习惯于凭个人或几个人的意志办事，碰了壁，造成损失之后，还习惯于用"没经验，缴学费"或"事已至此，只能如此"来原谅自己。应当说，这决不是对党、对人民负责的科学态度。

当然，学会做任何工作，都要有一个过程，付出一定的代价，或曰"缴一点学费"。过去打仗如此，今天搞经济建设同样如此。但是，打仗和搞建设，都要力求少付一点代价。缴了一定的学费，就要有一定的长进。决不能十年、20年甚至三十年地一直"缴学费"而很少进步。我们国家还很穷，积累一点钱很不容易。像一米七轧机工程这样的学费，不用说我们缴不起，就是一些发达国家的大企业主、大财团也缴不起。有没有办法能使我们少缴一点学费，或者缴了一点学费之后能有所收获呢？有。那就是搞经济工作的同志要学科学技术知识，学社会主义经济学和现代化的经济管理，注重技术经济的研究。如果精通有困难，至少也应该拜专家为师，发挥专家的积极作用，依靠他们，虚心听取并采纳他们的合理化建议。我国的科学技术界和经济学界，是不乏有识之士的。他们既懂科学技术，又懂经济，有着出主意、提建议的极大积极性，愿意把自己的所有意见倾囊奉献给祖国人民。关键是我们依靠不依靠他们。如果真正依靠他们，我们就不必费那么多冤枉钱去请"远路的和尚"，也不必一而再、再而三地付那么多冤枉"学费"了。

孟宪成同志在其感想中还认为：现代化是买不来的，培养人才重于一切。这个意见无疑是十分正确的。前一个时期，有一股引进风。同一种产品、设备，你引进我也引进，甚至国内明明有某种产品和设备，性能并不比国外的差，也要吵着引进，好像外国的月亮比中国的圆。这一点，连一些外国友好人士也察觉到，向我们提出了善意的忠告，而我们的一些同志还不觉悟。产生这种现象的原因，除了我们经济体制和政策上的某些缺陷之外,也同我们某些搞经济工作的同志不懂科学、不尊重科学有关。这些同志不懂得,外国的先进设备和技术在外国发生作用,是因为他们不仅有研究制造先进设备的科技人才,也有掌握现代化生产技能的工人和相应的组织管理力量。我们自己如果不抓紧培养科技人才、技术工人和管理人员,买多少先进设备也无济于事,甚至会成为负担。一米七轧机到了我们手里不能发挥它的作用,就是一个很生动的例证。我们一定要克服重机器轻人才的错误观念,把人才的培养、人的智力开发看得比引进先进设备更重要,抓得更紧。党中央已经多次指出,科学教育同整个国民经济不成比例的状况要尽快地改变。前不久,党中央书记处又专门讨论了教育事业的发展问题。这些指示,不仅科学教育部门要贯彻执行,其他各部门,特别是计划和经济部门也要贯彻执行。过去,我们讲,科学和教育事业受经济条件的制约,这是对的,但不够全面。应该说,科学教育事业既受经济条件的制约,又对经济建设起着促进或延缓的作用。如果说没有十年大破坏,武钢培养起一批现代化的技术力量和管理人员,一米七轧机的经济效果肯定会比现在好得多。积失败的教训,痛定思痛,我们再也不能延误科学教育事业了。“临渊羡鱼,不如退而结网”,“亡羊补牢,犹未为晚”。在国民经济调整时期,我们要下决心尽一切可能把科学教育事业调上去,至少要为80年代有一个大发展打下良好的基础。道理很简单,所谓四个现代化,就是用现代科学技术武装国民经济各部门。不大力发展科学教育事业,就根本谈不上现代化。

尊重科学,同尊重科技工作者,尊重学有专长的人才,是很难分开的。如果说从现在起培养人才还尚需时日才能收效的话(但不能放松),那么,我们就应当加倍爱惜现有的人才。粉碎“四人帮”以来,这方面的工作有很大的成绩,但仍不能尽如人意。压制人才、浪费人才的现象至今屡见不鲜。令人遗憾的是我们的一些同志对此漠不关心,即使关心了也无能为力,爱莫能助。这不能不说是我们干部制度和劳动制度上的一个大缺陷。研究改进干部制度和劳动制度,进一步落实党的知识分子政策,让一切有志于献身四化的人各显其能,是全党的共同任务。搞经济工作的同志也应在自己的职责范围内积极促进干部制度和劳动制度的改革,而不能把它完全推给组织人事部门。

恩格斯说过,伟大的阶级,正如伟大的民族一样,无论从哪方面学习都不如从自己所犯错误的后果中学习来得快。在经济建设中,我们所犯的错误不少了,后果大家也见到了,应该说,可以学到不少的东西了。但是,学习的成绩并不令人满意。究其原因,缺少实事求是的科学态度,恐怕是一个重要因素。我们希望,总结一米七轧机工程及其类似工程的经验教训时,大家都能采取实事求是的科学态度。

国务院批准公安部制定的《仓库防火安全管理规则》

第一章 总 则

第一条 为了加强仓库防火安全管理,保障国家和集体财产免受火灾危害,保卫社会主义现代化建设,特制定本规则。

第二条 全国各类仓库除法规有特别规定的以外,都适用本规则。

第二章 仓库建筑

第三条 新建、改建和扩建的仓库建筑设计,应当符合《建筑设计防火规范》的规定,并经公安消防监督机关审核。仓库建成后经公安消防监督机关验收。

第四条 库房、货场必须和生活区、维修工房分开布置。

第五条 易燃和可燃物品的露天堆垛与烟囱、明火作业场所、架空电力线等的安全距离应当符合《建筑设计防火规范》的规定。

第六条 储存易燃物品库房的地面,应当采用不易打出火花的材料。

第七条 库区的加工间和保管员办公室应当单独修建或者用防火墙与库房隔开,防火墙的耐火等级不应当低于库房的耐火等级。

第八条 仓库区域内应当按《建筑设计防火规范》第六章的规定,设置消防车通道。

第九条 储存易燃和可燃物品的库房、货场应当根据防雷的需要,装置避雷设备。

第十条 对原有超过最大允许占地面积或者防火间距不足的库房,应当增设防火墙。

第十一条 电瓶车充电室和机动车辆的油库,应当建在库区外的安全地点。

第十二条 储存石油、化学易燃物品、爆炸物品等专业仓库不准设在城镇人口聚集的地区。

第三章 储存管理

第十三条 库房内物品储存要分类、分堆,堆垛与堆垛之间应当留出必要的通道,主要通道的宽度一般不应少于两米。根据库存物品的不同性质、类别确定垛距、墙距、柱距、梁距。每个库房必须规定储存限额。

第十四条 露天存放物品应当分类、分堆。易燃、可燃物品堆场与建筑物的防火间距应当符合《建筑设计防火规范》第五十一条表19的规定。棉麻等物品的露天堆垛应当封垛苫盖。

第十五条 能自燃的物品、化学易燃物品与一般物品以及性质互相抵触和灭火方法不同的物品,必须分库储存,并标明储存物品的名称、性质和灭火方法。

第十六条　能自燃的物品和化学易燃物品堆垛应当布置在温度较低、通风良好的场所,并应当有专人定时测温。

第十七条　遇水容易发生燃烧、爆炸的化学易燃物品,不得存放在潮湿和容易积水的地点。

第十八条　受阳光照射容易燃烧、爆炸的化学易燃物品,不得在露天存放。

第十九条　闪点在四十五度以下的桶装易燃液体不准露天存放,如果需要露天存放,在炎热季节必须采取降温措施。

第二十条　化学易燃物品的包装容器应当牢固、密封,发现破损、残缺、变形和物品变质、分解等情况时,应当立即进行安全处理。

第二十一条　易燃、可燃物品在入库前,应当有专人负责检查,对可能带有火险隐患的物品,应当存放到观察区,经检查确无危险后,方准入库或归垛。

第二十二条　储存易燃和可燃物品的库房、露天堆垛附近,不准进行试验、分装、封焊、维修、动用明火等可能引起火灾的作业。如因特殊需要进行这些作业,事先必须经仓库防火负责人批准,并采取安全措施,调配专职或义务消防队员进行现场监护,备有充足的灭火器材。作业结束后,应当对现场认真进行检查,切实查明未留火种后,方可离开现场。

第二十三条　库房内不准设办公室、休息室,不准住人,不准用可燃材料搭建搁层。

第二十四条　在库房或露天堆垛的防火间距内,不准堆放可燃物品和搭建货棚。

第二十五条　库房内一般不应当安装采暖设备,如物品防冻必须采暖,可用暖气采暖。散热器与可燃物品堆垛应当保持安全距离。

第二十六条　库区和库房内要经常保持整洁。对散落的易燃、可燃物品和库区的杂草应当及时清除。用过的油棉纱、油抹布、沾油的工作服、手套等用品,必须放在库房外的安全地点,妥善保管或及时处理。

第四章　装运管理

第二十七条　装卸化学易燃物品,必须轻拿轻放,严防震动、撞击、重压、摩擦和倒置。不准使用能产生火花的工具,不准穿带钉子的鞋,并应当在可能产生静电的设备上,安装可靠的接地装置。

第二十八条　进入易燃、可燃物品库区的蒸汽机车和内燃机车,必须装置防火罩,蒸汽机车要关闭风箱和送风器,并不得在库区停留和清炉。仓库应当有专人负责监护。

第二十九条　进入库区的汽车、拖拉机必须戴防火罩,并不准进入库房。

第三十条　进入库房的电瓶车、铲车,必须有防止打出火花的安全装置。

第三十一条　运输易燃、可燃物品的车辆,一般应当将物品用苫布苫盖严密。随车人员不准在车上吸烟。

第三十二条　对散落、渗漏在车辆上的化学易燃物品,必须及时清除干净。

第三十三条　各种机动车辆在装卸物品时,排气管的一侧不准靠近物品。各种车辆不准在库区、库房内停放和修理。

第三十四条　库房、站台、货场装卸作业结束后,应当彻底进行安全检查。

第五章　电源管理

第三十五条　库房内一般不宜安装电器设备。如果需要安装电器设备,应当严格按照有关电力设计技术规范和本规则的有关规定执行,并由正式电工进行安装和维修。

第三十六条　储存化学易燃物品的库房,应当根据物品的性质,安装防爆、隔离或密封式的电器照明设备。

第三十七条　各类库房的电线主线都应当架设在库房外,引进库房的电线必须装置在金属或硬质塑料套管内,电器线路和灯头应当安装在库房通道的上方,与堆垛保持安全距离,严禁在库房门顶架线。

第三十八条　库房内不准使用碘钨灯、日光灯、电熨斗、电炉子、电烙铁、电钟、交流收音机和电视机等电器设备,不准用可燃材料做灯罩,不应当使用超过六十瓦以上的灯泡。灯头与物品应当保持安全距离。

第三十九条　库房内不准架设临时电线。库区如需架设临时电线,必须经仓库防火负责人批准。使用临时电线的时间不应当超过半个月,到期及时拆除。

第四十条　库区的电源应当设总闸和分闸,每个库房应当单独安装开关箱。开关箱应当设在库房外,并安装防雨、防潮等保护设施。

第四十一条　在库区及库房内使用电器机具时,必须严格执行安全操作规程。电线要架设在安全部位,免受物品的撞击、砸碰和车轮碾压。

第四十二条　电器设备除经常检查外,每年至少应当进行两次绝缘摇测,发现可能引起打火、短路、发热和绝缘不良等情况时,必须立即修理。

第四十三条　禁止使用不合规格的保险装置。电器设备和电线不准超过安全负荷。库房工作结束时,必须切断电源。

第六章　火源管理

第四十四条　库区内严禁吸烟、用火,严禁放烟花、爆竹和信号弹。

第四十五条　在生活区和维修工房安装和使用火

炉,必须经仓库防火负责人批准。

第四十六条　金属火炉距可燃物不应当小于一点五米。在木质地板上搭设火炉,必须用隔热的不燃材料与地板隔开。

第四十七条　金属烟筒距可燃墙壁、屋顶不应当小于七十厘米,距可燃屋檐不应小于十厘米,高出屋檐不应小于三十厘米。烟筒穿过可燃墙、窗时必须在其周围用不燃材料隔开。

第四十八条　不准用易燃液体引火。火炉附近不准堆放木片、刨花、废纸等可燃物。

第四十九条　不准靠近火炉烘烤衣物和其他可燃物。燃着的火炉应有人负责管理。

第五十条　从炉内取出的炽热灰烬,必须用水浇灭后倒在指定的安全地点。

第七章　消防设施

第五十一条　仓库区域内应当按照《建筑设计防火规范》第八章的规定,设置消防给水设施,保证消防供水。

第五十二条　库房、货场应当根据灭火工作的需要,备有适当种类和数量的消防器材设备,并布置在明显和便于取用的地点。消防器材设备附近,严禁堆放其他物品。

第五十三条　仓库应当装设消防通信、信号报警设备。

第五十四条　消防器材设备应当有专人负责管理,定期检查维修,保持完整好用。寒冷季节要对消防储水池、消火栓、灭火机等消防设备采取防冻措施。

第八章　组织领导

第五十五条　仓库的主管部门和仓库的领导人,应当把防火安全工作与其他仓库管理工作同计划、同布置、同检查、同总结、同评比。

第五十六条　国家储备库、各类专业仓库、中转仓库和大型附属仓库,应当建立防火安全领导小组。防火安全领导小组组长为仓库防火负责人,不建立防火安全领导小组的仓库,必须确定一名领导为防火负责人,负责本部门、本单位的防火安全工作。防火负责人的确定或者变动应当报当地公安消防监督机关备案。

第五十七条　防火负责人的职责:

一、贯彻执行消防法规和有关指示;

二、组织制定岗位防火责任制度,火源、电源管理制度,门卫制度,值班巡逻制度,安全检查制度和各项操作规程;

三、划分防火责任区,指定区域防火负责人,明确职责,逐级落实防火任务;

四、负责组织向职工进行防火安全教育,普及消防知识,提高职工的防火警惕性。对各种专业人员和新进库工作的职工,进行专业防火安全知识的教育;

五、定期组织防火安全检查,及时消除火险隐患;

六、领导专职、义务消防组织,加强其管理教育和业务训练,组织职工扑救火灾;

七、组织领导值班巡逻工作,防火、防盗、防止坏人放火破坏;

八、负责组织消防器材设备的配置、维修和管理工作。

第五十八条　各类仓库都应当建立群众性的义务消防组织,并根据防火安全工作需要,配备专职或者兼职防火干部。

火灾危险性大的大型仓库和距离公安消防队较远的大型仓库,应当建立企业专职消防队。无专职消防队的大型仓库,应当组织义务消防队轮流住库值班,负责本单位的防火和灭火工作。

第九章　附　则

第五十九条　各省、自治区、直辖市和国务院有关部门,可根据本规则制定实施细则,并送公安部备案。

第六十条　本规则自发布之日起施行。一九五九年五月二十六日公安部颁发的《仓库防火基本措施》即行废止。

国务院副总理方毅在北京会见荷兰教育科学大臣派斯和夫人一行

会见前,派斯大臣同教育部、中国科学院、中国社会科学院3个部门的负责人,分别签署了旨在进一步开展中荷双方教育、科学、技术合作和交流的备忘录。

国务院副总理姬鹏飞在人民大会堂会见以总书记道格拉斯·布拉沃为团长的委内瑞拉革命党代表团

由解放军总政治部和北京市人民政府在中山公园联合举行庆祝中国人民解放军建军53周年联欢晚会

《解放军报》发表社论《发扬爱国主义和革命英雄主义精神》

社论说,半个多世纪来,我军在创建和巩固中华人民共和国的长期艰苦卓绝斗争中,表现了空前的爱国主义和革命英雄主义,是我们可以引为自豪的极为宝贵的精神财富。今天,我们在实现四化的新长征中,在现代化革命军队的建设中,一定要珍惜这种精神,把它更好地发扬起来。

社论指出:爱国主义和革命英雄主义在不同的革命阶段有着不同的内容。我们现在讲爱国主义和革命英雄主义,就是要为在本世纪内实现四个现代化这个宏伟目标而奋发图强,艰苦奋斗,要为建设一支现代化的革命军队，为保卫祖国、保卫和建设四化而忘我工作，英勇战斗，贡献出自己的全部力量和聪明才智。80年代是国际局势更加紧张更加动荡的年代，战争的因素在不断增长。苏联社会帝国主义到处侵略扩张，不遗余力地推行它的全球战略。现在战争的主要策源地是苏联，战争的主要危险来自苏联。它千方百计要控制中东、北非和波斯湾石油产区。它加剧对阿富汗的侵略战争，竭力推行南下扩张战略。它支持越南当局强化侵柬战争，侵犯泰国边境。苏联社会帝国主义陈兵百万于我国边境，亡我之心不死，继续对我国进行军事威胁和破坏。我们要怀着对祖国的无限忠诚，提高警惕，继承和发扬人民战争的优良传统，做好一切反侵略战争准备。我军现代化建设的任务是十分繁重的。今年4月召开的全军政治工作会议，主题是贯彻党的五中全会和军委的指示精神，加强和改善党的领导，发挥各级党委的核心领导作用、党支部的战斗堡垒作用和共产党员的先锋模范作用，通过加强党的建设带动军队现代化建设各方面的工作。我们要紧紧抓住这个主题，坚定不移地扎扎实实地把全军政治工作会议的精神和规定的各项任务贯彻落实好。所有这些，都有赖于全军干部战士革命积极性和创造性的充分发挥，要求我们极大地激发起保卫祖国、保卫四化的高度热忱和革命责任感，激发起战争年代那种战必胜、攻必克的英雄气概。

社论说，爱国主义和革命英雄主义不是空洞的口号，而是具体的实践，是建立在正确思想和坚定信念基础上的自觉行动。一个真正热爱祖国的人，一定会热爱祖国的每一寸土地，一定会热爱祖国需要自己从事的任何一项工作，在自己的本职工作中兢兢业业，尽心尽力。我们军队所具有的革命英雄主义，也正是这样的英雄主义，既能在生死危难的关头挺身而出，保持气节，压倒敌人；也能在默默无闻的工作中勇挑重担，任劳任怨，呕心沥血。今天我们所进行的国家和军队的现代化建设事业，还有许多艰难险阻有待我们去战胜，有时还不可避免地要流血牺牲；同时，更多的是需要我们去钻现代化、搞现代化的各项工作中锲而不舍，埋头苦干，在掌握现代科学技术，包括适应现代战争需要的战略、战术、技术等方面的伟大进军中当"状元"，逞英豪。全心全意为人民服务，是我军的唯一宗旨。为人民为革命英勇献身是光荣的，在平凡的岗位上勤勤恳恳，一丝不苟，同样是宝贵的。我们要把爱国主义和革命英雄主义精神体现在实际行动上，振奋革命精神，坚定革命的事业心，集中全部心思和精力干四化。

社论指出，我们的国家是社会主义国家，热爱祖国同热爱社会主义是紧密地联系在一起的。热爱社会主义，不仅表现在对社会主义有着坚定的信念，尤其应该表现在从思想到行动，都能够在四项基本原则的指导下，不断地为巩固和逐步完善社会主义制度而研究新情况，解决新问题，接受新事物，坚决拥护和贯彻执行党的路线方针政策，做推进社会主义事业的促进派，做推进现代化革命军队建设的促进派。社会主义在实践中，要在实践中发展。我们要真正走出一条中国式的社会主义现代化的道路，走出一条现代化革命军队建设的道路来，需要有很大的勇气，要面对现实、实事求是、解放思想、勇于探索、大胆改革。

社论最后说，我军的广大干部战士中蕴藏着极大的爱国主义和革命英雄主义的热情。我们要大力扶植正气，表彰先进，共产党员和各级领导干部要在发扬爱国主义和革命英雄主义方面起模范带头作用，各单位要结合自己的实际情况，继续深入开展学习雷锋、硬骨头六连和空军航空兵一师等先进单位、先进人物的活动，继续学习地方各条战线的先进人物、先进思想、先进经验，在全军造成学先进、赶先进、超先进，争当英雄模范的热烈气氛。崇高的爱国主义和革命英雄主义精神是推动我军各项工作胜利前进的巨大动力。全军同志们，让我们把这种精神极大地发扬起来！有了这种精神，不断加强现代化革命军队的建设，我们这支伟大的人民军队必将无敌于天下。

第一届全国舞蹈比赛在旅大市举行

比赛由文化部和中国舞蹈家协会主办，参加比赛的有来自27个省、市、自治区，文化部及其他部委，中华全国总工会所属文艺团体，中国人民解放军等单位的31个代表队，有近300名舞蹈演员。比赛的节目共有220多个，绝大部分是粉碎"四人帮"以来创作的，也有经过加工整理的传统、民族民间舞蹈和芭蕾舞，这些作品，题材广泛，形式和风格多样。这次比赛分成年组（18—35岁）和少年组（13—17岁）进行。

比赛于8月17日结束。

《中国法制报》在北京创刊

8月2日

中共中央在北京召开全国劳动就业工作会议

会议提出解决劳动就业问题的根本途径。这就是：解放思想，放宽政策，发展生产，广开就业门路，实行在政府统筹规划和指导下，劳动部门介绍就业、自愿组织起来就业和自谋职业相结合的方针。

会议指出，要从根本上扭转上述状况，必须对我国经济体制包括劳动体制进行全面改革，并且有步骤地改革现行教育制度。要根据国家的总体规划，在控制大城市人口的前提下，逐步做到允许城镇劳动力在一定范围内流动；要逐步推行公开招工、择优录用的办法；要使企业有可能根据生产的需要增加或减少劳动力，劳动者也有可能把国家需要和个人的专长、志向结合起来，选择工作岗位。在解决劳动就业问题上，要解放思想，放宽政策，用正确的政策，充分发展国民经济，广开生产门路、就业门路、就学门路，打破劳动力全部由国家包下来的老框框，实行在国家统筹规划和指导下，劳动部门介绍就业、自愿组织起来就业和自谋职业相结合的方针。一些地区的代表在会上介绍的经验也证明，只要思想对头，政策对头，办法对头，就业问题是可以解决的。

会议强调，在解决今后几年劳动就业问题时，要大力发展自负盈亏的集体所有制经济，适当发展不剥削他人的个体经济，发展服务业、建筑业和劳动密集型产品。主要的就业门路有：一、大力扶持兴办各种类型的自筹资金、自负盈亏的合作社和合作小组。二、有条件的全民所有制单位应当积极支持待业青年办独立核算的合作社。三、在城镇郊区发展以知识青年为主的集体所有制场(厂)、队或农工商联合企业。四、鼓励和扶持个体经济适当发展，一切守法的个体劳动者，应当受到社会的尊重。五、某些行业或工种可以根据实际情况，改革用工制度和工时制度，例如在纺织行业中实行的“四班三运转”每天工作六小时的制度。六、改革中等教育制度，发展职业技术教育，逐步地把一部分普通中学改为职业学校，同时要广开学路，吸收待业青年参加各种职业技术学习。七、建立劳动服务公司，担负介绍就业，输送临时工，组织生产、服务，进行职业教育等项任务，并使它逐步发展成为社会上调节劳动力的一种组织形式，起吞吐劳动力的作用。

会议由万里同志主持。他在会议总结发言时指出，我国地域辽阔，各地条件差异很大。在贯彻执行中央的方针政策时，对于劳动就业工作中的具体问题要具体解决，不能强求一律。只要是有利于安定团结，有利于四化建设的就业门路，就要大胆地开辟。

会议到7日结束。出席会议的有全国28个省、市、自治区和中央有关部门的负责人，各省、市、自治区的劳动、知青工作部门及部分市、县的负责人共300多人。

《人民日报》发表社论《继续努力 更好地完成下半年工交生产计划》

今年上半年，我国工业交通战线出现了生产稳定、持续增长、增产增收的好形势。工业总产值和大多数工业产品的产量，按时完成了上半年计划。轻纺工业发展较快，轻重工业比例失调的情况有所改变。产品质量有所改进，适销对路产品增加，经济效果也比较好。这些成绩的取得，是坚决贯彻国民经济调整方针的结果，是积极执行新的经济政策的结果，是对经济管理体制初步改革的结果，为完成全年的增产节约、增收节支计划打下了良好的基础。

下半年的工交生产趋势如何？这是广大干部和职工都很关心的，也是人们议论较多的一个问题。当前，工业生产出现了不少新情况、新问题，有待于我们进一步解决。如某些企业生产任务不足，一些产品滞销，一些重要原材料供应不足，能源紧张，有些地区盲目布点、重复生产，等等。因此，要全面完成今年的增产节约、增收节支计划，任务是艰巨的，正需要作出更大的努力。我们决不能满足于上半年已经取得的成绩，掉以轻心。

摆在各级工交部门领导面前的课题是，要继续解放思想，紧密联系本地区、本行业的实际，认真贯彻中央提出的各项新的经济政策，扬长避短，保护竞争，推动联合，进一步把经济搞活，千方百计夺取今年工交生产的全胜。

某些企业生产任务不足怎么办？这个问题机械工业系统最为突出。上半年许多企业开展市场调节，取得了成绩。下半年要进一步检查一下“五个面向”做得怎么样，哪里还有潜力可挖？实践证明，在任务不足的情况下，更加需要做好市场调查，更好地为用户服务。谁的产品适销对路、物美价廉，谁就有出路；谁的产品“多年一贯制”、花色品种单调，质次价高，谁就会被淘汰。仅有200多人的北京焊切工具厂，在全国34家同类工厂中，以产品优质取胜，不仅迅速在国内市场上取得了信誉，还进入了国际市场。他们靠的是“五快”：情报快、决策快、试制快、投产快、销售快。可见，只要动脑筋，想办法，广开生产门路，是大有可为的。机械工业下半年的重点，应当是积极安排企业挖潜、革新、改造，制造轻纺专项贷款所需设备，努力增产各种节能设备，帮助企业改造耗能高的设备和装置，为重点企业安排制造计量、测试仪器仪表，广泛开展技术服务，并严格按需生产，防止新的积压。

某些企业原材料供应不足怎么办？这不仅是当前也是今后相当长时间内的一个突出问题。解决这个问题的出路，是广泛开辟原材料的新来源。如木材、皮革不足，就积极开展以塑料代木材，以钢代木，以合成革代皮革，以猪皮代牛皮，等等。要大搞综合利用，充分发挥野生动、植物资源。还要在经济政策上，鼓励增产原材料，积极利用库存物资，增加生产建设和城乡人民生活急需的产品。目前，棉纺生产受到原料的限制，各地纺织工业部门和企业一定要根据资源情况，瞻前顾后，按计划科学地组织均衡生产，要在节约用棉、改变产品结构、提高产品质量上下功夫,使有限的原料得到合理的使用,取得最好的经济效果。

能源紧张怎么办?最现实的办法是靠节约能源。今年上半年的能源生产只增长1.2%,依靠节约能源,保证了工业增长13.6%的需要,这是一个很大的成绩。下半年要继续推广节能的有效办法。各地区、各部门要加强领导,严格督促检查,持久地开展群众性的节能活动,保证今年各项节能指标的全面实现。

在下半年的工交生产中,各地区、各部门还要加强调查研究和计划指导,对某些竞相生产的热门产品,更要统筹安排,搞好市场预测,经常发布产需通报,防止重复生产、盲目生产。对那些利润较小、城乡人民生活必需的小商品,要组织好生产,在原材料供应和价格、税收等方面,给予积极扶植,保证市场的需要。总之,要以提高质量争优胜,扩大品种求发展,降低成本争销路,改善服务求信誉,进一步把企业搞活,把生产搞活,把经济搞活。

搞好下半年的工交生产,最根本的是靠政策。我们既要鼓舞士气,努力奋斗,勇于克服困难;又要实事求是,讲究实效,注重经济效果。要把扩大企业自主权试点和市场调节坚定不移地搞下去,进一步调动各方面的积极性。要认真贯彻中央提出的在国家计划指导下,发挥优势,保护竞争,推动联合的方针,促进经济管理体制的改革,努力搞好下半年的工交生产,更好地完成全年的国家计划。

《人民日报》报道中国民航上半年播种造林896万亩

国务院副总理谷牧在北京会见英国伦敦城市长彼得·加兹登爵士和夫人一行

谷牧对加兹登爵士为发展中英友谊所作的努力表示赞赏。他就英国朋友提出的有关中国调整国民经济的工作和利用外资等问题作了介绍。他指出,中国的经济调整工作已取得了很大成绩。随着这项工作取得越来越大的成果,中国利用外国资金也将会增多。

国务院副总理姬鹏飞在人民大会堂会见由葡萄牙中国民主友好协会书记处书记阿尔瓦罗·瓦斯康塞洛斯率领的葡萄牙知名人士代表团

第六十五届世界语大会通过决议正式接纳中国成为国际世界语协会团体会员

这届大会8月2日至9日在斯德哥尔摩举行。参加大会的有来自50个国家的约1700名代表。大会围绕种族歧视以及性别、经济、语言歧视等问题进行了广泛的讨论。国际世界语协会执委会通过一项决议,决定接纳中华全国世界语协会为国际世界语协会团体会员。会议还选举中华全国世界语协会秘书长张企程和常务理事叶君健为国际世界语协会执委会委员。

以著名作家巴金为团长的中国世界语代表团出席了本届大会。

肖新槐逝世

政协第五届全国委员会委员、人民解放军某军原军长、山西省军区原司令员肖新槐同志,因病于8月2日在北京逝世,终年71岁。

肖新槐同志是湖南省宜章县人,1927年参加中国工农红军,同年加入中国共产主义青年团,1929年转为中国共产党党员。他曾参加过我党领导的广东韶关起义、湘南暴动和二万五千里长征,是我军一位具有丰富作战经验的优秀指挥员,是我党的优秀党员。

8月3日

民政部部长程子华就县级直接选举工作发表广播讲话

程子华在讲话中强调说,在今年下半年普遍开展的县级直接选举工作中,各地要解放思想,放手发动群众,充分发扬民主,坚决按照选举法和地方组织法的各项规定办事,以保障广大人民群众真正行使自己的民主权利。

程子华在讲话中着重谈了四个问题:必须充分认识实行县级直接选举的重要意义;充分发扬民主,尊重选民权利;必须依法实行差额选举;正确处理好选举与生产的关系。

《人民日报》发表评论员文章《开展和保护社会主义竞争》

过去一年多来,随着"调整、改革、整顿、提高"方针的贯彻,特别是企业自主权的扩大,一些地区的工业之间、商业之间以及其他各个行业之间,围绕质量、品种、价格、服务条件开展了竞争。它打破了过去厂矿企业一潭死水的被动状态,开始把企业搞活,生产搞活了。据初步了解,竞争的好处主要表现在:促进企业增加花色品种,提高产品质量;推动企业改善经营管理,降低生产成本;增强企业干部的责任感,促使干部钻研业务,学技术,学经营。实践证明,在生产资料公有制的基础上,在国家计划指导下开展的竞争,是为社会主义经济服务的,它对于调动生产经营单位和劳动者的主动性、积极性,扬长避短,发挥优势,推动联合,提高经济效果有重大的作用。

竞争的效果是非常明显的。那么,为什么还有不少同志对此有种种疑虑呢?这主要是由于人们受习惯势力的影响。他们把社会主义条件下的竞争和资本主义条件下的竞争混为一谈。没有看到社会主义条件下的竞争和资本主义条件下的竞争有着本质的区别。二者的目的、手段、结果都是不同的。资本主义条件下的竞争是互相倾轧,弱肉强食。同行是冤家,打击别人,抬高自己。最后是你破产,我发财,你死我活。社会主义条件下的竞争,是在国家计划指导下,社会主义企业之间进行的,是有一定限度的。它能够鼓励先进、推动落后,保护先进、鞭策落后。使先进的企业首先搞好,上缴利润多一些,集体福利好一些,职工生活高一些。使落后的企业不得不改进经营管理,提高竞争能力。至于不是经营管理不善,而是客观条件确有困难的企业,有关部门更要多做具体帮助,使其逐步提高。当然,社会主义条件下的竞争也会淘汰一些企业。这里所说的淘汰和资本主义社会的破产完全不同。从企业来说,即使被淘汰也主要表现为转产和改产,从工人来说也没有失业的问题。

有一些同志也表示允许竞争,可是却担心竞争会乱,怕竞争冲击国家计划。这种担心是可以理解的,但这些问题是可以解决的。在竞争中,必须保证国家产销计划的完成,这个原则必须坚持。当然,竞争同计划也是有矛盾的,但在国家计划指导下,实行计划调节同市场调节相结合,这种矛盾不仅可以解决,而且还可以弥补计划的不足。因为市场需要千变万化,国家计划不可能对一切都安排得完美无缺。这就需要通过竞争和市场调节,使国家计划的不足之处得到补充。企业在竞争中按社会需要生产,进一步明确生产目的,为市场提供适销对路的商品,这是完全符合国家计划要求的。

还有些同志是从本地区本部门的局部利益出发,阻止竞争。例如,某地为了推销自己质量太差的拖拉机,不准社队到外地购买质优价廉的名牌产品,用银行不付款甚至买来了不供油等办法来限制农民。某城市开机械产品的订货会,开始几天生意兴隆,签订了许多合同。但是有些省怕自己的机械工业吃不饱,下令取消合同,使订货会最后两天变成退货会。显然这种做法不但对外地不利,对本省企业也是不利的。

开展和保护竞争的结果,会不会使许多中小企业被淘汰呢?这种顾虑也是不必要的。现在有极少数缺乏资源,浪费能源,产品质量差、成本高,根本无法改造的企业,只能让它淘汰。绝大多数中小企业,有些可以独立存在,有些可以与大企业联合。资本主义国家由于发展专业化协作,有些大工厂还能够把许多小工厂组织在自己周围,为自己生产各种零配件。我国是社会主义国家,组织大小企业的分工协作,是完全能够办到的。过去我们搞"大而全"、"小而全",工厂的产品全部由国营商业包下来,要他搞专业化协作,他是不愿意的。现在产品进入市场,择优选购,他的产品卖不出去,工厂办不下去了,也就愿意搞专业化协作了。只要我们按照经济规律办事,这种经济上的联合是完全可以实现的。

只要有商品生产,市场调节就起作用,价值规律就起作用,社会主义企业之间的竞争就不可避免。所以我们要允许竞争,保护竞争。现在开展竞争不但要克服思想上的障碍,而且必须打破地区封锁和部门分割。任何地区和部门都不准封锁市场,自行禁止外地商品在本地区、本部门销售;不准封锁原料,阻挠本地的原材料按国家计划调出。任何以行政手段保护落后,抑制先进,妨碍商品正常流通的做法都是不合法的,应当予以废止。

开展竞争必须切实尊重企业的自主权。在国家政策许可范围内企业拥有的生产、销售、财务等方面的权利,任何地区和部门不得任意干预。企业之间签订的合同和协议,应当受到国家法律的保护。

为了给竞争开辟场所,还必须广开商品流通渠道,除国家计划分配、统购统销及中央有明文规定统一管理的产品外,其他产品,不论生活资料、生产资料,都可以进入市场,允许企业采取多种经营方式,产需结合,加速商品流通。今后对一切侵犯企业自主权的做法,企业有权抵制,并且可以上诉。

社会主义企业之间开展竞争要严格遵守国家的政策法令,采取合法的手段。企业要树立好的信誉和道德。那种弄虚作假、投机倒把、损害国家和人民利益的做法是绝对不能允许的。在竞争中,各个企业之间还要提倡发扬社会主义协作精神,开展技术交流。为了鼓励新技术的发明创造,保障其经济利益,国家有关部门应制定技术转让的政策和法规。

现在竞争刚刚开始,在竞争中可能发生一些新情况、新问题,我们要因势利导。过去我们用行政的办法阻止竞争,已经使经济发展受到影响。我们应该看到竞争是客观存在,不允许竞争也是行不通的。各级政府和主管部门应该加强对竞争的领导,扎扎实实做好服务、统筹、协调、监督工作,及时解决竞争中出现的新矛盾、新问题,指导企业搞好生产和经营,避免由于竞争可能引起的生产建设的盲目性。

全国第二次畜牧业经济理论研讨会在西宁举行

来自28个省、市、自治区及中央有关单位150名畜牧业经济专家、学者、理论工作者和实际工作者,以及青海省、各州、县、重点畜牧场的70多位主管畜牧业的负责同志参加了会议。会议针对当前我国畜牧业发展中出现的新问题,围绕着畜牧业经济结构的调整、所有制和生产责任制及流通等问题,在理论上进行了具体的探讨和研究。会议于8月13日结束。

我国最大的露天煤矿——霍林河矿区加紧建设

《人民日报》报道,霍林河露天煤矿是我国80年代国家重点建设项目之一,总储量129亿吨,设计年产能力2000万吨,开发这个煤矿对解决东北、内蒙古燃料动力不足,繁荣国民经济,促进工农牧业生产,巩固边防,都有着重大意义。

担负煤矿建设任务的基建工程兵某部,1978年10月组建以来,投入了紧张的开发建设的准备工作。去年8月,开始了露天剥离试运转。今年4月以来,剥离生产全面展开。至7月23日,已超额完成500万立方米的全年剥离任务。

上海交通大学与美国宾夕法尼亚大学草签一项在上海合作举办管理与计算机科学双重硕士学位研究班的协议

这项协议是在上海交通大学校务委员会名誉委员、顾问教授、华裔美籍学者朱传榘的倡议下签订的。

研究班学制为两年。研究生将采取全国公开招生与有关部门推荐相结合的方法,要具备大学毕业或同等学力水平。在学习期间,凡修满计划规定的课程和学分,并通过论文答辩者,可以取得管理与计算机科学双重硕士学位。今年9月将首批招收70名研究生。

8月4日

《四川日报》发表特约评论员文章《按劳分配的一大进步》

文章首先指出,试行按工分分粮加照顾的办法,从初步实践的结果看,已经出现了以下变化:社员干活更展劲了,出勤率有很大提高,增产颇见成效。特别是一些长期后进的生产队,去年实行这一分配办法后,变化更为显著。有的生产成倍增长,有的比邻近其他条件相同而仅仅是没有改进口粮分配办法的队,增产幅度高出百分之几十。超支倒找户的比例大幅度下降。在生产水平不高,社员分配大部分以实物支付的情况下,收入按工分分配,同大部分口粮按人平均分配是一个突出的矛盾。有些超支倒找户正是这个矛盾的产物。粮食大部分按工分分配以后,这个矛盾就比较好解决,大大有利于分配兑现。大部分口粮按工分分配,不仅调动了劳强户的积极性,同时也调动了劳弱户的积极性。许多试点队的情况证明,一些原来超支倒找的劳弱户,由于积极投工、投肥,现在不但不超支倒找了,分的粮食还比原来增多。至于尽力参加集体生产,因为劳弱所得工分不多,口粮分配仍不能保证基本生活需要的困难户,则有妥善和合理的照顾,保证他们分得基本生活所需要的粮食。社员口粮大部分按工分分配,合理评工记分,促进生产队关心改善经营管理。

按工分分粮加照顾的办法,既能体现按劳分配的原则,又可保证劳弱困难户的基本生活需要,对于调动社员的集体生产积极性,推动生产的发展,使集体和社员尽快富裕起来,都起了很好的作用,值得加以提倡。

文章阐述了为什么现在提出要逐步推行按工分分粮加照顾的办法,这主要是基于下述两个方面的情况和理由:一是在粮食不富裕的情况下,两个市场、两种价格的存在短期内得不到解决。生产队按计划完成对国家的粮食交售任务以后,照国家牌价(或队内的分配计价)分给社员的粮食,既是社员的基本生活资料,又可以在农村市场出售。而市场价格往往要比国家牌价(包括队内分配计价)高。在一些地方现金分配较少的情况下,如果仍然实行大部分口粮按人平均分配,劳动力强、对集体生产贡献大的社员,就会觉得在经济上吃了亏,这势必挫伤劳动积极性。而大部分粮食按工分分配,使之同收入的分配基本一致起来,就能较好地体现按劳分配的原则。二是粉碎“四人帮”以来,我们适应当前农村生产力的发展水平,拨乱反正,调整农村经济政策,采取一系列为广大农民热烈欢迎、在恢复和发展生产上很见成效的措施,农村经济开始搞活了。在这种情况下,改进社员口粮分配办法,是一种必然的发展趋势。有的生产队长深有体会地说:“改进口粮分配办法,是在推行联产责任制以后,保证生产队尽快富裕起来的又一张王牌。”

文章最后指出:实行“各尽所能、按劳分配”的社会主义原则,是载入了我们国家宪法的。根据党的历次重要决定,在条件适当的地方,逐步推行按工分分粮加照顾的办法,这是完全符合各尽所能,按劳分配原则的。需要注意的是,生产队是否试行这种口粮分配办法,必须由本队干部、社员民主讨论决定,不要勉强从事,更不要单纯追求数量,在各地区、社队之间搞“一刀切”。试行的过程中,一定要过细地做工作,尤其要使应该照顾的社员户全部得到应有的照顾。有的生产队目前还不适于推行这种办法,而继续实行基本口粮和按工分、投肥分粮相结合,或者采取其他适当的分配办法,也要经过社员民主讨论同意,适当扩大实物部分按劳分配的比重。

《人民日报》发表社论《民航要走企业化的道路》

30年来,我国民用航空事业在民航广大职工的共同努力下,已经初具规模。在飞机数量、载运能力、通航里程、机场建设以及专业飞行等方面,都比新中国成立初期有了很大的增长。但是,我国民航工作无论在经营方针、管理体制、技术设备以及服务质量等方面,都还存在着许多亟待解决的问题。从经济效果上看,民航在相当长的时间内是亏损的。这说明了在经营管理方面还相当落后。这些问题不解决好,就不能适应四化建设和日益增加的国际友好交往的需要。

民航经营管理的落后局面,与林彪、"四人帮"直接插手进行干扰破坏有关,也是我们办民航的指导思想和经营方针不对头的结果。民航是国家的重要运输部门,如同铁道、航运部门一样,是一个企业单位。既是企业,本当按照办企业的方针来经营管理。可是,长期以来,却采取行政管理的办法,沿袭供给制的办法办民航,在经营中不计成本,不讲核算。在十年动乱期间,更发展到单纯强调所谓"政治需要",而不讲经济效果,造成了机构臃肿,人浮于事,工作效率极低的状况。这是个严重的教训。粉碎"四人帮"之后,民航开始按照办企业的方针进行调整和改革,走企业化的道路,明显地增强了领导的责任心,有效地调动了广大职工的积极性,去年一举扭转长期亏损的局面变为盈利。尽管取得的成果是初步的,但它有力地证明:企业一旦用经济的办法来管理,就显得生机勃勃,充满了活力。

民航要打开新的局面,必须走企业化的道路。实行企业化,关键在于努力提高经营管理水平和技术水平,不断地改进和提高服务质量。周恩来总理在50年代就说过:民航要"保证安全第一,改善服务工作,争取飞行正常。"这是一个非常重要的指示。检验民航经营管理水平的高低,不仅要看企业是否有盈利,而且要看安全运输和专业飞行的好坏,看国内外旅客对民航服务质量反映的好坏。由于林彪、"四人帮"的干扰破坏,我国民航服务质量差,工作效率低,国内外旅客意见很多,这严重地损害了我国的声誉。我们对工作中的缺点和问题,要采取严肃的态度。要承认比较落后的现实,下决心去改变它。随着国际贸易和友好往来的日益频繁,处在直接服务环节上的民航广大职工,肩负重任,一定要努力打开一个新的局面。

如何打开民航的新局面?首先,要改变某些领导人对存在的缺点和问题视而不见,见而不管,管而不力的状况。办好一个企业,没有一个坚强的领导班子是不行的。其次,要采取切实有效的措施,通过各种渠道,运用各种形式,加速培养一批合格的技术专业人才和高质量的服务人员。没有这样一支训练有素的队伍也是不行的。第三,要制定和完善各项规章制度,使之适应企业化的需要。只有严格做到以上三条,才能把"安全、正常、服务好"的要求,建立在科学管理和广泛的群众基础上。当然,还要注意把企业经营的成果同职工的经济利益正确结合起来。只有充分调动广大职工的主动精神和创造精神,民航经营管理落后的面貌才能有一个根本的改变,经营管理水平才能大大提高一步。

努力提高竞争能力,是打开民航工作新局面的一个重要方面。随着我国旅游事业的迅速开展,民航要进一步发挥航空运输快速、机动的优势,通过提供多方面的服务,为国家争取更多外汇和扩大企业盈利。目前,我国民航还缺乏竞争能力,需要下大气力来提高竞争能力。要放眼世界,解放思想,打破框框,改革经营管理制度,认真研究各国民航的新情况,虚心和善于学习一些国家民航的经营管理经验。除了努力做到使旅客对服务满意、感到方便舒适以外,还要降低成本,使票价合理。还要努力创造条件,开辟新的国际航线,并在国内相应地增加重点城市和旅游点之间的航班密度,扩大与加强国际间的代理经营机构,改善经营方式,以争取更多的客货运输。还要发展专业航空项目,扩大服务范围,更好地为工农业生产服务。

走企业化的道路,这是加快我国民航建设,加强民航竞争能力,把民航企业搞好的一个重要步骤。要办好民航,实现企业化,就需要打破条条框框,选拔有用的人才,让有经营管理能力的人来领导民航事业。要尽快使民航的干部队伍年轻化,知识化,专业化,还要有一定的制度作保证;要尽一切努力提高广大职工的科学文化技术水平。这样,我国民航事业才能在不远的将来有个大的发展。

国务院副总理姬鹏飞在人民大会堂会见以埃及最高青年和体育委员会主席阿卜杜勒·哈米德·哈桑·穆罕默德为团长的埃及青年代表团

在亲切友好的交谈中,姬鹏飞重申了中国政府和人民坚决支持埃及和阿拉伯人民反对以色列正义斗争的立场。他希望阿拉伯人民紧密地团结起来,排除外来干涉,谋求中东问题的全面解决。

阿卜杜勒·哈米德·哈桑说,埃及人民正在萨达特总统的领导下,为全面地解决中东问题而努力。他谴责超级大国破坏阿拉伯人民团结,企图控制阿拉伯国家的阴谋。他说,阿拉伯人民有义务对无论来自任何方面的控制奋起斗争。

《解放军报》发表评论员文章《赞丧事新风》赞扬中央军委顾问王建安同志和他的家属办丧事一切从俭节约的高尚情操

评论员文章说,我们队伍的同志在长期的革命斗争和建设事业中,为党和人民做了许多工作,不少同志还作出了重要贡献。他们逝世后,本着既严肃庄重、又俭朴的原则,适当举行悼念活动,包括开个追悼会,用以寄托我们的哀思,学习死者的美德,这是完全应该的。对领导干部,对每一个做了有益的工作的人,我们大家都应当纪念他、学习他。

评论员文章说,我们这个国家经历了几千年的奴隶社会和封建社会,在如何办理丧事的问题上,形成了一套铺张而又繁杂的制度,成为礼仪的一个组成部分。葬礼同婚礼,所谓红白喜事,被看成人生两件大事。历来的帝王将相、王公贵族、地主、资本家,总是把丧事看得重而又重,从古代的"棺椁必重,葬埋必厚,衣衾必多,文绣必繁,丘陇必巨",到现代的大讲殡仪排场,不惜耗费巨资。他们幻想这样就能到另一个世界再过豪华的日子,并借以炫耀自己的地位、权势和财富,甚至以此作为盘剥劳动人民的一种手段。我们共产党人是彻底的唯物主义者,是全心全意为人民服务的,生前为推翻旧世界、建设新世界而奋斗,处理身后事也要同一切剥削阶级的腐朽思想、同一切旧风陋俗决裂。我们党和老一辈无产阶级革命家正是这样倡导的。然而几千年来在丧葬问题上形成的习俗,不是短期内可以清除掉的。人们看到,有的追悼会排场越来越大,花钱越来越多。有的死者的家属,要求治丧的规模大、规格高,悼词写上不适当的评语,有的还提出一些不合理的要求。在社会上甚至借丧葬请客、收礼、搞封建迷信活动。这些,同我们党用开追悼会的办法纪念死者的目的背道而驰,同社会主义新时代应当具有的新风气是很不协调甚至不相容的。

王建安同志和他的家属对办理丧事树立了一个新风,值得学习提倡。它减少了烦琐的礼仪,贯彻了俭朴的原则,节省不少人力、物力、财力。它使人民群众看到,我们的干部不仅生前为人民谋利益,处理身后事也总是考虑到人民的利益,如鲁迅所说,"无论他生或死,都能给大家以幸福",这就有利于密切干部和群众的关系。一个人一生的评价不在于身后的"哀荣"和不适当的溢美之词,而在于身前的革命实践和作出的贡献;活着的人对死者的最好的纪念,也不在于悼念活动如何排场,而主要在于学习他的崇高思想和优秀品质,继承他的遗志,完成他未竟的事业。这才是实事求是、实实在在的好作风。王建安的丧事新办,对于封建思想遗毒和资产阶级思想是一个批判,对于在丧事问题上有着不正确的思想和做法的同志是一个教育,对于树立社会主义的新风尚是一个有力的推动。当前我们正在进行四化建设和现代化革命军队的建设,需要对包括社会风气在内的很多方面进行改革。不好的风气要我们去改变,好的风气要我们去树立。王建安同志和他的家属在这方面作出了榜样,我们应该向他们学习。作为无产阶级改革家的共产党人,应该在破旧习立新风方面起模范带头作用。正如毛泽东同志说过的,只要我们共产党员做好了,大家就会跟着学,整个社会的风气就会跟着改变。

教育部确定全国重点高等学校录取新生标准

理工农医类录取总分不低于360分,文史类不低于330分。这是根据全国高考的实际情况,由教育部召开的高等学校招生录取工作会议上讨论决定的。

教育部有关方面负责人说,这个录取标准的意思是:不够这个分数的考生一般不能被重点高等学校录取,但够了这个分数的考生,并不一定都被重点高校录取。一般高等学校的录取标准,由各省、市、自治区自定。要切实贯彻德智体全面考核,择优录取的原则。录取的办法是:在政审、体检合格的前提下,从高分到低分,分段择优录取,直至取满招生计划名额为止。边疆、山区、牧区等少数民族聚居地区的考生,录取分数可适当放宽。

7名运动员在乌鲁木齐举行的1980年全国射击对抗赛中打破8项全国纪录

8月5日

国务院副总理李先念在人民大会堂会见日中文化交流协会会长井上靖和已故前任会长中岛健藏的夫人中岛京子等日本朋友

李先念在谈话中称赞日中文化交流协会为促进两国文化交流做了十分有益的工作,并希望他们继续为中日友好事业努力。

《人民日报》发表社论《查明自然资源搞好农业区划》

农业增产靠政策、靠科学。靠科学,从哪里入手?首先要查明各地农业自然资源(土地资源、水资源、气候资源、生物资源等)和农业经济条件(人口、劳动力、畜力、农产品加工工业、农业技术装备、交通运输条件等),并从自然资源和经济条件的情况出发,划分不同类型、不同等级的农业区,搞好农林牧渔和农业内部各种作物的合理布局。这是农业增产靠科学的第一课,是制定农业发展全面规划、实现农业现代化的基础工作,也是因地制宜指导农业生产的基本功。

农业生产受自然条件和经济、技术条件的深刻影响和制约。无论是作物栽培、植树造林、畜禽饲养和水产养殖,都有强烈的地域性。我国幅员辽阔,东西南北中的自然条件和经济、技术条件差异极大,即使一省一县之内,不同方位之间,平原、丘陵和山地之间,也有差异,甚至差异很大。我国农业多年来发展缓慢的重要教训之一,就是在领导农业生产的工作中,否认这种差异,搞了不少违反客观规律的瞎指挥。不论林区、牧区、经济作物区,一概以粮为纲;不管山地、平原,南方、北方,都要学一个模式;不管生态的适宜范围,盲目引种,如此等等。这种只凭主观意志、同“老天爷”对着干的做法,使我们吃足了苦头。现在是我们吸取教训,老老实实照科学办事的时候了。我们一定要在查明自然资源的基础上,根据农业的地域分异规律和各地的经济、技术条件,因时因地制宜地指导农业生产,使各地农业生产扬长避短,发挥优势,尽可能取得最好的经济效果。

农业自然资源不同于矿产资源,它具有可更新性,利用得当,能够不断更新和提高,构成周而复始的良性循环,为人民群众提供越来越多的农产品;利用不当,取多于给,用多于养,就会导致资源衰退,破坏自然生态平衡,构成恶性循环,给当代人以至后代人带来灾害。过去,我们对合理保护和利用资源的重要性认识不足,很多地方存在着滥用资源、破坏资源的状况。在农业上重用轻养,广种薄收,并且盲目毁林毁草开垦和围湖造田,损害了林牧渔业;林业上重采轻造,集中过伐;牧业上靠天养畜,超载过牧;渔业上重捕轻养,酷渔滥捕。这种对自然资源掠夺式的经营方式,造成了地力下降、水土流失、土地沙化等种种恶果。现在是我们吸取教训,认识资源问题重要性的时候了。要查明全国各地各类农业自然资源的数量、质量,认清对它进行利用的适宜程度和局限性,了解各类资源之间的相互关系和生态系统平衡的规律,为合理利用资源提供科学依据。当前,对一些自然资源利用不当、生态平衡严重失调的地区,如黄土高原、黄淮海平原、亚热带和热带山丘地区、土地沙化地区,以及有待进一步开发的三江平原和沿海滩涂等,要开展重点的调查研究,及早提出综合治理和合理利用的方案。

要调整农业生产布局,建立合理的农业经济结构。目前要注意在发展粮食生产的同时,加快发展棉花、油料、糖料等经济作物;在发展种植业的同时,加快发展林牧渔业。从全国来说,粮食生产是关系到近10亿人民吃饭的大事,也是发展经济作物、林牧渔业以至全面发展国民经济的重要物质基础,必须继续抓紧。今后抓粮食生产,要坚决改广种薄收为提高单产和平衡增产,努力建设好商品粮基地。经济作物布局的调整,应根据因地制宜、适当集中的原则,巩固和提高基础较好的集中产区,积极发展具有优势、增产潜力大的地区;对生态条件不适宜地区的分散种植要逐步收缩。要充分和合理地利用各地的自然资源和劳动力资源,加快林牧渔业的发展,逐步提高集约化经营的程度,加强重点生产基地的建设。各个农业区,既要发挥地区优势,又要从全国、全省的整体着眼,统筹安排,逐步改变目前小而全、大而全的状况,有计划地逐步实行区域化、专业化生产,提高农业生产的社会化水平,提高农产品的商品率。这是实现农业现代化的一个重要方面。

农业自然资源调查和农业区划工作,要从发展农业生产的需要出发,着眼长远,立足当前,采取粗细结合、由浅到深、逐步完善的方法。工作有基础、科技人员力量较强的地区,这项工作要搞得细一点、系统一点。过去没有开展过这项工作、科技人员较少的地区,可以参照四川大邑的做法,根据现有条件,初步查明资源,搞粗线条的区划,以后再逐步深入、逐步系统化。大邑的做法,是区划工作的起步,目前在多数地区易于推广。这样做,虽然粗一点,也能帮助各级领导增加科学知识,总结历史经验教训,减少工作盲目性,避免瞎指挥,从而因时因地制宜地指导当前农业生产,并结合制定长期规划。搞粗线条的区划,同样要从实际出发,讲科学,讲质量,讲实效;不要一哄而起,粗制滥造,仅仅为了画几张图表在墙上挂挂,为了上报给领导,搞形式主义。这是我们有些同志多年工作中常犯的一种毛病,切忌重犯。

去年4月,国务院召开全国农业自然资源调查和农业区划第一次会议后,一年多来,中央有关部门和很多地区开展了这项工作,取得了较好的成绩。现在需要把这项工作更广泛更深入地开展下去。这是一门涉及面广、综合性很强的科学。全国要搞,各省区要搞,每个县也要搞。即使一个公社、一个大队,也有一个如何因地制宜、发挥优势的问题。各级党委要在认真总结30多年农业发展经验教训的基础上,切实加强领导,开展这项工作。负责农业的领导干部要亲自参加调查研究,广泛组织各有关单位的协作。要依靠群众,充分重视和发挥农业科技人员的作用。要积极地向广大干部和群众普及合理利用资源和因地制宜搞生产的科学知识。资源调查和区划工作的成果,要及时应用到规划和指导生产的实践中去,使农业生产扎扎实实地建立在科学的基础上。这项工作是大量的,但是,工作做好了,对加快发展农业一定会起重要的作用。

国家计量总局要求商业系统加强计量管理

目前商业系统使用的计量器具由于失准失修,出售的商品分量不足、尺寸不够的情况普遍存在。有些基层商店营业人员甚至故意用短斤少两、缺寸少尺等手段,克扣群众,牟取非法利润,严重损害了社会主义商业的信誉。

为了保证买卖公平,打击违法乱纪行为,各地计量、工商、物价、商业等部门，要加强计量管理，对用短斤少两办法克扣群众的违法行为必须严肃处理，情节恶劣者要予以党纪国法制裁。对失修失准的衡器，要抓紧检查维修。

国务院副总理姬鹏飞在人民大会堂会见以多米尼加爱国联盟主席富兰克林·佛朗哥为团长的多米尼加爱国联盟代表团

国务院副总理陈慕华在人民大会堂会见以美国红十字会主席杰罗姆·霍兰博士为团长的美国红十字会代表团

外交部发表声明强烈谴责以色列非法改变耶路撒冷地位

声明全文如下：

7月30日，以色列议会悍然通过法案，宣布耶路撒冷为以色列"永恒的与不可分割的首都"，以色列外长并声称，不久将把总理办公室迁到东耶路撒冷。在联合国讨论巴勒斯坦问题紧急特别会议通过关于巴勒斯坦问题的决议之后，以色列当局公然采取这一行动，是对国际社会的极大藐视，是对联合国宪章和联合国有关决议的粗暴践踏。对此，我们表示强烈谴责。

我们充分理解并同情阿拉伯国家和人民以及伊斯兰国家和人民对耶路撒冷所怀有的感情，我们坚决反对以色列当局非法改变耶路撒冷地位的行动。耶路撒冷问题是中东问题的一个组成部分，以色列必须从1967年以来占领的包括耶路撒冷在内的所有阿拉伯领土撤走，巴勒斯坦人民的民族权利必须恢复，中东问题必须得到全面、公正的解决。

中国作协 台盟总部和中央人民广播电台在全国政协礼堂联合举行纪念台湾著名爱国作家钟理和逝世20周年座谈会

钟理和出生在日本殖民统治时期的台湾，自幼向往祖国大陆，仰慕祖国文化，他的作品充满着热爱祖国、热爱人民的思想感情。今天在祖国大陆集会纪念他，这对促进祖国大陆同台湾之间的文学交流，鼓舞台湾同胞的爱国热情，促使他们同全国人民一道，为台湾归回祖国、实现祖国统一而共同努力，有着现实的意义。

座谈会由中国作协副主席冯牧主持。台盟总部副主席李纯青，中国社会科学院文学研究所副所长许觉民，中央人民广播电台对台部副主任温磊，中国作协河北省分会常委、台湾省籍作家周青在会上发了言。

冯牧在座谈会开始时致辞说，钟理和先生是在台湾现代文学史上有重要地位的作家，是台湾乡土文学杰出的奠基人之一。今天我们和在大陆的台湾同胞一起，怀着崇敬的心情，纪念他逝世20周年。他说，由于长期隔绝，祖国大陆和台湾的文学交流受到人为的阻碍，互相了解不多。近两年来，我们高兴地看到，这项沟通联系的工作已经有了良好的开端。祖国大陆的文学界已经开始关注台湾同胞的文学成就，出版界已经陆续出版了一些台湾作家的优秀作品；报刊上也先后发表了一批研究和评介台湾作家作品的论文。这项文学交流工作，在可以预期的时间里，必将有更大的发展。冯牧表示，欢迎台湾作家前来祖国大陆探亲访友、参观旅游、交流作品，为促进和平统一祖国、繁荣祖国文学事业作出新的贡献。

出席座谈会的有关方面负责人、我国著名作家、出版界人士和台湾籍同胞知名人士有：蔡啸、艾青、苏子蘅、田富达、罗清、臧克家、毕朔望、草明、张洁、谌容、蔡子民、陈木森、吴国桢、吴克泰、林盛中、王碧云、陈炳基、叶纪东等。共150人出席座谈会。

明清史国际学术讨论会在天津召开

8月6日

国务院副总理李先念和姬鹏飞在北京会见并宴请诺罗敦·西哈努克亲王和夫人

《人民日报》发表社论《重视农村能源建设》

在经济建设中，能源建设已被提到了重要地位，但目前人们往往只注意工业方面的能源，而对农村能源问题还不够重视。其实，农村能源问题同样是当前一个亟待解决的大问题。

随着农村各项生产事业的发展，随着农村人口的增加和生活的改善，农村能源的消耗愈来愈大，目前我国农村每年总能耗量折合标准煤已达3亿多吨，占全国总能耗量将近40%左右。8亿农民是使用能源的一个大户。当前突出的问题是农村能源供应严重不足，利用很不合理。今年，计划分配的农业动力用的燃料油，只相当于70年代初期的半数；农用电力也缺少约1/3。值得注意的是，农村生活用能，由于多年来重视不够，加上农村人口的急剧增长，矛盾更加突出。全国1.7亿农户，每年平均缺烧三个月左右，全部农作物秸秆都用作燃料还不够，有的地方竟扒树皮、挖草根、毁林木。四川省一年烧掉林木800多万立方，为全省采伐量的一半。由于植被遭破坏，秸秆不能还田，土壤愈种愈瘦，直接影响农、林、牧业的发展。

农村能源如何解决？出路有两条：开源，节流。

我国农村能源如小水电、生物能、太阳能、风能和地热等资源比较丰富,还可以大量营造薪炭林,可以在国家统一安排下开发一些小煤窑。但是,由于农村用能面广、量大,用能种类繁多而又分散,有待开发的新能源还很多,必须采取有力措施切实解决。首先是做好对农村自然能源的调查。这是我国农业资源调查、区划、规划工作的一个重要组成部分,也是搞好农村能源建设的前提条件,必须充分重视。农村能源调查主要有两项任务:一项是查清农村各种能源的分布、储量和可利用量。另一项是对农村能源结构和开发利用情况,进行调查分析,对近期、远期能源需求量作出预测,对开发建设利用能力作出正确的估价。在此基础上编制农村能源的单项和综合区划,提出建设的方向、步骤、方针政策和建设利用规划。这是一项带有战略性的基础工作,有关部门要加强协作,把它做好。再就是加强农村能源的科学研究,对一些研究成果,要采取积极慎重态度,先办好试点,作出示范,加以推广。

农村能源建设,要因地制宜,就地开发利用。目前主要是大力推广沼气,积极发展薪炭林,办好小水电和小煤窑。发展沼气对解决广大农村燃料问题有极为重要的现实意义。沼气的建设利用,越来越引起广泛的注意。特别是我国南方各省区和华北大部分地区,气候适宜,资源丰富。不少地方已有成功经验,应当作为解决农村能源的重点,大力推广。我国农村五口之家每户每天最低需要烧掉柴草10公斤,全国每天烧掉的柴草就是十几亿斤。如果全国有一半的农户使用沼气,每年有效利用时间为7至8个月,就将有2亿多吨秸秆可以还田变为有机肥料。同时,在有条件和资源丰富的地方,还可以兴建沼气动力站,利用沼气发电和烘干。

小水电具有投资少、收效快、成本低的优点,大力发展小水电是实现我国农村电气化的一个重要途径。许多地方小水电的作用是大电网代替不了的。目前我国已建有小水电站89000多座,装机容量630多万千瓦,年发电量100亿度以上,相当于我国农业总用电量的40%左右。全国已有720多个县主要靠自建的小水电站供电。但是,已经开发的小水电资源仅占已探明的资源量的5%,结合水利建设发展小水电,潜力很大,大有可为。

有计划地发展薪炭林也是一个极为重要的方面。如河南鄢陵县发展薪炭林,在3至5年内就改变了缺烧的困境。我国北方部分干旱地区和西北黄土高原,限于自然条件,搞小水电和沼气比较困难,可以大力提倡营造薪炭林,作为解决农民烧柴问题的重要出路。有条件的地方,可以适当划分一些荒山荒坡给社员营造薪炭林。

开发小煤窑也是利用我国资源的一项能源建设。全国有条件的一些社队已办起一批小煤窑,年产原煤约占全国原煤产量的1/6,除农村自用外还可以支援附近城镇。社队煤窑增产潜力很大,只要加强领导、统筹兼顾,合理布局,适当进行技术改造,并解决好运输问题,几年内产量可望大增。

太阳能、地热、风力,尽管在农村都有小规模的应用,如太阳灶、太阳能温室、烘干,小型风力发电等的试验与试点,使农村能源建设出现丰富多彩的前景,但是,目前在开发利用的经济与技术方面,仍处于科学研究阶段,还不可能大量普及。

能源开发很重要,节能也很重要。目前我国农村能源的浪费十分惊人。作物秸秆直接燃烧是一种原始的落后的用能方式,大约只利用了其中能量的10%。在煤、油、电的利用上,由于机具不配套,大马拉小车,布局不合理,线路长以及储油设备、动力机具渗漏,管理不善等缘故,浪费也很严重。提高常规能源的利用率,节约能源,这在农业机械行业和小化肥、小钢铁等企业中大有潜力。生产支农产品的单位能耗过高,是一个普遍性的问题,为此要大搞技术改造,努力节能增产。还要采取举办短训班和高等学校专业教育等办法,培养专门技术人才,以适应农业现代化发展的需要。

搞好农村能源建设,要认真落实有关政策,批判和肃清在能源问题上的极左流毒。前些年有些地区,由于不贯彻执行"谁建、谁有、谁用、谁受益"的政策,小水电建设进展缓慢,吃了大亏。要制定出鼓励发展农村新能源的各项政策、规定和办法,解决能源建设资金的补助、贷款、免税、收益分成等问题,把广大农民的积极性调动起来,把国家的统一规划同群众的积极性结合起来,农村能源建设就能够比过去做得快些、好些。

全国妇联副主席雷洁琼设宴招待以墨西哥众议员总统经济顾问利迪亚·卡马雷纳率领的墨西哥妇女代表团

中国人造血液在上海第一医学院附属中山医院临床应用中取得满意效果

中国和瑞士之间的电台电视合作议定书在伯尔尼签字

为期两年的议定书规定,双方将交换电台和电视节目,并为对方在自己国家内制作电台和电视节目提供方便和技术支援。在议定书上签字的是中国驻瑞士大使李云川(代表中国中央广播事业局)和瑞士广播公司总经理莫洛。

中国曲棍球协会在布鲁塞尔举行的国际曲棍球联合会代表大会上被接纳为正式会员

8月7日

《人民日报》发表社论《搞好党风离不开群众监督》

贯彻《准则》，搞好党风，是当前党内外十分关注的一个问题。《准则》第十一条规定，党的领导干部和党员必须接受党组织和群众的监督，这是“防止党的领导干部和党员由人民的公仆变成骑在人民头上的老爷”的有力措施，是搞好党风的重要保证。

每个共产党员，包括党的各级领导干部，以至党的领袖人物，都要自觉地把自己置于党内外群众的监督之下，这是我们党的无产阶级先锋队的性质和根本宗旨决定的。因为我们是为绝大多数人谋利益的，所以我们的一切言行，必须符合人民群众的最大利益并为人民群众的最大多数所拥护。通过党和群众的监督，随时发现和纠正我们自身的缺点和错误，是我们对人民群众高度负责的表现，也是保持无产阶级先锋队的纯洁性和战斗力的需要。

我们党是有接受群众监督的优良传统的。在战争年代，任何主观主义、官僚主义、不听取群众意见、脱离群众、损害群众利益的行为，都可能在与敌人的生死搏斗中造成对我们的不利和损失，甚至要为此而付出血的代价。严酷的斗争环境，使我们的同志时刻警惕自己必须和人民群众保持最密切的联系，一刻也离不开群众的支持和监督。当我们党成为执政党之后，许多党员担负着领导职务，掌握着一定的权力。地位的变化，威信的提高，使有些同志只看到自己是领导，而忘记了自己首先应该是公仆，接受群众监督的自觉性比以前降低了。从50年代后期开始，政治运动频繁，党内外的民主生活出现了很不正常的状况，群众监督变得很困难。尤其是“文化大革命”的十年浩劫，党受到空前严重的破坏，党内外群众监督根本谈不上。我们党之所以受到这么大的挫折，犯了这么大的错误，又持续了这么长的时间，这不能说不是一个重要原因。粉碎“四人帮”以后，党中央强调加强党的组织生活，强调开好各级党的代表会议，强调在日常工作中虚心听取群众意见，强调加强信访工作，强调在报纸上公开批评我们工作中的缺点错误，都是为了恢复群众监督的优良传统，把我们的党风搞好。但是，时至今日，仍有一些党的领导干部和党员，没有从历史的错误中汲取教训，对于自下而上的群众批评和监督，不是抱着热忱的欢迎和鼓励的态度，而是找出种种理由来推脱和排斥。这种态度是很不对的。

“领导层的问题在班子内解决就行了，党员的问题在党内解决就行了，何必要拿到群众中去呢？”看来，这些同志并不否认党的监督，但却对群众的监督不以为然。这种观点未免失之偏颇。党组织的监督是必要的，党内外群众的监督同样必不可少。因为领导班子的思想作风和工作作风，整个党的风气，不仅与每个党组织的领导成员、与每个党员密切相关，而且与广大人民群众密切相关。现在的党风问题，影响及于社会生活的各个方面。社会风气的好坏，在很大程度上取决于党风的好坏。党内的不正之风和有些人的违法乱纪，在群众中有议论，在社会上造成了不良影响，它已经不只是个党内的问题，而且是个社会问题了。何况现实生活中还有“官官相护”的事情发生，有些理当严肃处理的案件，或因为“你有错、我也有错”，互相包庇；或因为“抬头不见低头见”，怕撕破脸皮，处理起来轻描淡写，罚不当罪。这就说明，关起门来是搞不好党风的。因此，我们应该主动征求群众的批评意见，敢于在群众面前承认自己的缺点和错误，并在群众的监督之下进行改正。自觉地接受群众的监督，无损于党的威望，而有利于消除那些违犯党规党法的行为在群众中造成的不好影响。有些党员一听说要接受群众的监督，似乎就是对他的党性的不信任，是丢面子的事。其实恰恰相反，能够自觉接受群众的监督，是有觉悟的表现，是党性的表现。当然，对触犯党规党法的同志进行批评，乃至党的纪律处分的时候，我们并不反对根据不同的情况来确定解决问题的范围，但这决不意味着可以把自己的缺点和错误秘密起来，决不意味着可以不要群众监督。

“强调群众监督，是不是又要像过去那样发动群众来搞什么运动了呢？”当然不是。这是完全不必要的顾虑。粉碎“四人帮”之后，通过拨乱反正，总结搞“文化大革命”的教训，我们痛切地认识到，今后再也不能像过去那样搞政治运动了。十年“文化大革命”运动，一场史无前例的浩劫，不是救了我们的党，而是害了我们的党。在全党、全国工作重点转移到四化建设上来的今天，如果谁再把搞好党风的希望寄托在搞政治运动上，那无异于庸医开的药方。但是不搞政治运动，并不是群众监督也可以不要了。群众的监督确实也有一种压力，但这是一种正气，是好事，而不是坏事，可以起到约束和规劝的作用，有利于我们的同志克服缺点，改正错误。现在的情况往往是刚要反对一种错误的倾向，刚要办一件整顿党风、严肃党纪的事情，有人就马上联想到搞运动，甚至以“不要再搞运动”作挡箭牌，来反对群众正当的意见和呼声，抵制党的经常性的思想教育工作和纪律检查工作。其实，这些同志并不是不懂得用发动群众搞运动的办法来整党，同坚持群众监督的原则之间的本质区别，而是还缺乏把自己的缺点、错误暴露在光天化日之下的勇气。

"把党内的问题捅到报纸上去，今天披露一个违法乱纪的案子，明天刊登一条群众的批评意见，这不是给自己脸上抹黑吗？"这个看法也是错误的。当前，忽视群众监督必要性的一个突出表现，就是有些同志对利用报纸开展批评与自我批评的不了解和非难。粉碎"四人帮"以来，报纸在党委的领导下，注意反映群众的呼声，有选择地刊登了为数很少的一些揭露和处理违法乱纪的典型案例，体现了群众监督的力量，推动了各项工作，有利于端正党风，提高了党委的威信，广大群众是高兴的。应该看到，在党内外民主生活正在逐步健全起来的今天，广大群众有效地行使监督权的手段虽然比过去多了，但是还不够充分。群众对有些党的领导干部和党员违反党的路线、方针、政策的错误，对他们违法乱纪、搞特殊化的行为进行揭发批评，受到的并不都是欢迎，相反，有的遭到冷遇，甚至打击报复。群众热情地进行监督，却受到不公正的对待，上级领导机关和宣传舆论单位有责任给群众以支持，有义务帮助那些至今仍在败坏党风的同志猛醒。这是一件洗刷掉灰尘和污浊的好事，怎么是抹黑呢？在 报纸上开展批评与自我批评，是我们一向坚持的方针，早在延安时期就是这样做的。新中国成立不久，党中央在1950年4月19日作出《关于在报纸刊物上展开批评与自我批评的决定》，就特别强调在报纸刊物上展开对于我们工作中的错误和缺点开展批评与自我批评的重要性；在1954年作出的《关于改进报纸工作的决议》又指出："报纸是党用来开展批评和自我批评的最尖锐的武器。为了广泛地开展批评和自我批评，各级党委应充分地和正确地利用报纸这一有力的武器"。"各级党委要经常注意，把报纸是否充分地开展了批评、批评是否正确和干部是否热烈欢迎并坚决保护劳动人民自下而上的批评，作为衡量报纸的党性、衡量党内民主生活和党委领导强弱的尺度；要保证党委的机关报能够经常地开展正确的健全的批评和自我批评；要通过报纸广泛地吸收来自人民群众的意见，正确地负责处理人民来信。"这些指示，并未过时，对搞好报纸工作，加强群众监督，至今仍具有现实意义。现在有些同志怕登报批评，怕群众监督，恰恰说明群众监督是必要的，是起作用的，只是有些同志一时还不够习惯，报纸的这种作用发挥得还不够充分罢了。

人民群众对我们党的领导干部和党员敢于监督，乐于监督，是一种可喜的现象。这是我们党内外民主生活逐渐正常化的重要标志，是我们党兴旺发达的标志。当人民群众看到党的领导干部和党员都能自觉地接受党和群众的监督，这种监督足以制止那些违法乱纪的现象，各级领导又能自觉地集中群众的智慧，化成促进四化的力量，那么，谁还会对搞好党风心存疑虑？谁能不信心百倍地投入四化建设中去呢？搞好党风，离不开群众的监督，党风的好坏直接影响到人民群众实现四化的信心。每个党的领导干部和党员，都要自觉地把自己置于党内外群众的监督之下，时时意识到党和群众在监督着我们，一定要用模范遵守《准则》的实际行动，把我们的党风搞好。

徐向前为前国民党将军关麟征逝世向他的家属发唁电

关麟征字雨东，陕西户县人。黄埔一期毕业，曾参加北伐战争。抗日战争时期任国民党第五十二军军长、第九集团军司令；1948年辞去国民党陆军总司令职务，此后一直住在香港。关麟征将军8月1日在香港病逝，终年74岁。徐向前发的唁电全文如下：

香港九龙

关雨东将军家属礼鉴：

噩耗传来，至为悲恸。黄埔同窗，怀念不已。特此致唁，诸希节哀。

徐向前

1980年8月7日

国务院抽调干部核查1979年财政收支情况

为了检查核实1979年的财政收支情况，国务院从中央各部门抽调了一批干部，组成28个工作组，到各省、市、自治区协助当地党委和政府开展检查工作。通过检查，发现各地区在去年的财政收支中，违反财经纪律的情况相当严重。财政部最近把这次检查的情况向国务院作了报告。国务院批转了这个报告，要求各地区、各部门必须善始善终，对查出的问题，要一个一个地严肃处理。凡是确定应收回的钱，必须如数抓紧收回。

这样大规模地全面检查核实财政收支，是新中国成立以来的第一次。各级党委和政府对这次检查一般都很重视，注意广泛发动群众，采取上下结合，自查、互查和重点检查相结合的方法进行检查。

据参加检查的同志分析，产生上述问题的原因，从根本上来说是林彪、"四人帮"的十年破坏，党的纪律松弛了，法制观念淡漠了，无政府主义思潮和自由主义没有肃清。加上去年经济体制改革这个特殊因素，一些同志从本位出发，只顾局部，忽视整体，有意压基数、卸包袱，因而出现了对党和国家的方针、政策、法令、制度"各取所需"，自行其是。此外，好些地方的财政制度和财政管理本身也有不少缺陷，亟待加以改进。

《人民日报》发表评论员文章《维护法制 加强财政监督》

国务院最近批转财政部两个文件，一个是关于检查核实1979年财政收支情况的报告；另一个是关于财政监察工作的几项规定。这两个文件有一个共同点，都强调维护和加强财经纪律，要求认真贯彻执行国家的财政政策、法令和制度，以保证社会主义现代化建设的顺利进行。

林彪、江青一伙所制造的十年动乱，使财经纪律和社会主义法制遭受到严重破坏。尽管近几年来，加强了财经纪律和社会主义法制的宣传教育，同违反财经纪律的行为进行了不断的斗争，但是问题远远没有解决。这次财政大检查反映出来的大量事实说明，违反财经纪律的现象还相当普遍，而且不少是在一些领导单位、领导干部纵容或指使下发生的。这种现象不能不引起人们的严重关注。这次国务院批转财政部的两个文件，切中时弊，非常及时，十分必要。

法制观念淡薄和纪律松弛的现象，从根本上来说，是林彪、江青一伙反革命长期破坏造成的恶果，但是一些领导干部在经济工作中指导思想不对头，也是一个重要原因。例如，不少地方和部门在国家预算计划之外，层层加码，拉长了基本建设战线，扩大了财力和物资缺口，由于财力、物力不足，就去违反财经纪律。这是一些同志违反国家法令、制度而不以为非，做错了事而难以纠正的症结所在。因此，要维护和加强财经纪律，首先要在各级领导干部中大力宣传和牢固树立量力而行的指导思想，加强全局观念，带头执行财经制度。

有的同志认为，现在正在改革体制，下放权限，强调加强财政监督和检查，会捆住人们的手脚，不利于把经济搞活。这种把改革同遵守法制对立起来的看法是不妥的。通过改革体制、下放权限来调动地方、部门和企业的积极性，这是没有疑问的。但这个积极性必须是正确执行党的政策和国家计划的积极性，是正确处理局部与全局的关系、坚持局部服从全局的积极性，而不是相反。维护法制，加强财政监督和检查的目的，就是要限制和反对那种破坏党的政策和国家计划的盲目性，限制和反对那种损害全局利益的本位主义、小团体主义和分散主义。应当说，维护法制，加强财政监督同改革体制、下放权限是一致的；越是要把经济搞活，就越需要严格财经纪律，越需要维护法制和加强财政监督。

这次财政大检查，由于各地区各部门做了很大努力，取得了一定的成绩。但揭露矛盾，这还只是第一步。开展财政大检查的目的，不只是为了收回多少钱，更重要的是为了整顿纪律，总结经验，改进工作。群众说得好：“盼检查，检查不处理，不如不检查。”如果我们不能严肃认真地处理检查出来的问题，纠正缺点错误，那就无异于半途而废，广大干部和群众是不会满意的。因此，各地区、各部门的财政监察机构对查出的问题都要一个一个地严肃处理。好的要表扬，错了的要通过批评教育加以纠正；情节严重的，要给予必要的纪律处分乃至实行经济和法律的制裁；特别要为敢于坚持原则而遭受打击报复的好同志撑腰。总之，整顿财经纪律是会有斗争的，但只要我们认真地、持续不断地去抓，就一定会抓出成果来。

国务院副总理方毅在人民大会堂会见联邦德国奔驰汽车公司董事海因兹·霍佩一行

国务院副总理姬鹏飞在人民大会堂会见由比利时马列主义共产党中央主席弗尔南·勒菲弗尔率领的比利时代表团

国务院副总理陈慕华在北京会见缅甸第一工业部长丁瑞准将率领的缅甸工业代表团

陈慕华指出，中缅两国在经济、文化、贸易各个方面的合作发展得很好，这符合两国人民的愿望。丁瑞准将说，缅中两国间的友好合作在缅甸已产生了良好效果。

教育部在北京召开大学分校和基础大学座谈会

座谈会认为，办大学分校，办基础大学，是地方发展高等教育的一种形式，要总结经验努力办好，要在保证质量的前提下，准备条件，稳步发展，不断壮大。

座谈会认为，办大学分校、基础大学在我国目前还处于创办、试验阶段，工作中还有不少困难要克服，许多问题要解决，需要不断总结经验，逐步完善。已有的经验教训表明，办好这类学校，要加强领导，要贯彻全面规划，统筹安排，尽力而为，量力而行，瞻前顾后，因地制宜的方针，要注意总结经验，按照发展教育的客观规律办事，不断提高教学水平。

会议重申，大学分校和基础大学，是省、市、自治区领导的高等学校。各地应根据地方发展高等教育的设想和办学条件，对现有的大学分校、基础大学和教学点作必要的调整、充实和加强；要尽快确定规模、学制、专业设置和人员编制，积极进行必要的校舍建设。经省、市、自治区批准的大学分校和基础大学，同经过国务院批准的地方高等院校同等对待；教师职称按照高等学校教师职称规定评定，报有关部门批准。办有分校的高等院校要积极支持分校，包括调拨一部分教学设备和图书资料等；应当看作是老校“下蛋”、建设新校，发展高等教育的一种方法。

教育部副部长高沂主持了这次座谈会。教育部部长蒋南翔在会上讲了话。

会议于8月12日结束。

8月8日

国务院发布《革命烈士褒扬条例》

第一条　为了发扬革命烈士忘我牺牲的精神，教育人民为保卫祖国和建设祖国英勇奋斗，特制定本条例。

第二条　我国人民和人民解放军指战员，在革命斗争、保卫祖国和社会主义现代化建设事业中壮烈牺牲的，称为革命烈士，其家属称为革命烈士家属。

第三条　有下列情形之一的，批准为革命烈士：

(一)对敌作战牺牲或对敌作战负伤后因伤死亡的；

(二)对敌作战致成残废后不久因伤口复发死亡的；

(三)在作战前线担任向导、修建工事、救护伤员、执行运输等战勤任务牺牲，或者在战区守卫重点目标牺牲的；

(四)因执行革命任务遭敌人杀害，或者被敌人俘虏、逮捕后坚贞不屈遭敌人杀害或受折磨致死的；

(五)为保卫或抢救人民生命、国家财产和集体财产壮烈牺牲的。

第四条　革命烈士的批准机关：

因战牺牲的，现役军人是团级以上政治机关，其他人员是县、市、市辖区人民政府；

因公牺牲的，现役军人是军级以上政治机关，其他人员是省、自治区、直辖市人民政府。

第五条　本条例第三条规定以外的牺牲人员，如果事迹特别突出，足为后人楷模的，也可以批准为革命烈士。

前款革命烈士的批准机关，现役军人为中国人民解放军总政治部，其他人员为民政部。

第六条　经批准为革命烈士的，由民政部向革命烈士家属颁发《革命烈士证明书》。

第七条　各级人民政府应当搜集、整理、陈列著名革命烈士的遗物和斗争史料，编印《革命烈士英名录》，大力宣扬革命烈士的高尚品质。

第八条　革命烈士家属的抚恤，按照作战牺牲军人家属的有关抚恤规定办理。

第九条　本条例由民政部负责解释。

第十条　本条例自发布之日起施行。过去有关褒扬革命烈士的规定同本条例有抵触的，以本条例为准。

《人民日报》发表社论《机械工业要为国民经济技术改造服务》

机械工业是国民经济的心脏。努力为国民经济各部门提供现代化技术装备，为国民经济技术改造服务，是机械工业不可推卸的责任，也是机械工业健康发展的必由之路。

长期以来，我国机械工业的重点是为重工业服务，为钢铁工业服务的，重工业发展快，机械工业也发展快。第一个五年计划期间，重工业发展得较快，机械工业也有较快的发展，1958年提出大炼钢铁，机械工业上得很猛。矿山设备1959年比1956年增长6倍多，冶金设备1959年比1957年增长19倍。1961年、1962年国民经济被迫调整，许多重工业建设项目下马，机械工业生产也跟着下降，冶金设备由最高年产量28万吨下降到年产1万多吨。第二次机械工业大下是林彪、“四人帮”破坏的结果。从1972年到1979年，连续8年机械工业发展速度落后于工业发展速度。长期以来，机械工业主要是为新增生产能力服务，很少为已形成物质基础的技术改造服务。因此，每当国家基建战线拉长的时候，机械工业就拼命赶制设备，任务吃不了；每当国家基建战线缩短的时候，机械工业就吃不饱，生产能力大量闲置。这种大上大下、大起大落的状况，对机械工业生产能力的形成和技术水平的提高十分不利，并且使其结构很不合理，有的过长，有的过短，一般的设备过多，专用的设备过少，造成的损失很大。

抓紧机械工业的调整工作，努力提高机械工业技术水平，机械工业才能更好地为国民经济技术改造服务。

调整机械工业的内部结构和服务领域，使之不仅为重工业服务，还要为农业、轻工业、科学研究等许多部门服务；为重工业服务，也不仅为冶金工业服务，还要为煤炭、电力、石油、交通、化工以及电子仪表等许多行业服务。这样调整以后，机械工业不少企业“吃不饱”的问题便容易解决了。1979年国民经济进行调整，国家缩短基本建设战线，放慢重工业发展速度，机械工业又遇到任务严重不足的困难。近年来，通过计划调节和市场调节，机械工业初步调整了一些结构和服务领域，结果就战胜了不少困难，取得了较好的成绩。

机械工业为国民经济技术改造服务，要特别注意面向原有企业的技术改造和设备更新。30年来，我们已建立起相当可观的物质基础。我们不仅要增加新的生产能力，还要对原有的基础进行技术改造、设备更新；既要改造原有基础技术比较落后的部分，也要改造比较先进的部分。过去，我们只注意增加新的生产能力，新的摊子越铺越大，忽视对原有基础的技术改造，许多原有企业长期面貌未改，技术水平停滞不前，与先进水平差距越来越大,后果十分严重。搞四个现代化,要从我国的实际出发。不要一说现代化,就都想搞大项目,建新厂矿,引进设备。对原有企业进行技术改造、设备更新,从这里起步,对我国整个工业进行根本的技术改造,促使我国工业从落后转向现代化,这是实现现代化的一个重大方针。应该看到,不注意原有企业的技术改造,在世界各国技术突飞猛进的形势下,用不了多久,连新建企业也会落后。机械工业要把对原有企业进行技术改造的任务担当起来,不断地向国民经济各部门提供新的技术装备,使之及时更换那些已经陈旧、落后的装备,不仅促进国民经济的迅速发展,而且为机械工业的发展开辟越来越宽广的道路。这样也就把机械工业搞活了。

机械工业还要按照专业化协作的原则,逐步进行改组,不仅要解决重复设厂、重复生产的问题,还要解决机械工业技术水平低等问题。这样做,有利于提高产品质量,提高劳动效率,提高机械工业为国民经济技术改造服务的能力。机械工业在普遍提高技术水平的同时,要加强科学研究,努力掌握世界上各种先进技术,向高精尖进军,生产当前不能生产的产品,逐步解决机械工业"吃不了"的问题,更好地为国民经济技术改造服务。

制订一个实事求是的、稳定的长期计划,是确保机械工业顺利发展的前提,也是机械工业更好地为国民经济技术改造服务的必要条件。有了这样的计划,机械工业既有当年的生产依据,也明确长远的生产方向。机械工业许多产品的生产,特别是大型关键性设备的生产和某些新产品的试制,往往需要几年时间,有了这样的计划,机械工业才能够按计划及早动手作出安排。

当前,机械工业部门要运用计划调节与市场调节相结合的办法,积极与用户见面,根据使用部门的需要,发展对路产品,淘汰不适销产品。不断调整服务领域,是机械工业为国民经济技术改造服务的一个途径,应该总结经验,坚持下去。

我国国民经济现代化所需要的各种现代化技术装备,很大部分靠机械工业提供,因此,国民经济各部门都要为机械工业创造条件。但是,机械工业本身不能坐等别人创造条件,而要继续努力,不断提高技术水平和服务水平。

国务院副总理方毅在人民大会堂会见旅美华侨美国哥伦比亚特区大学教授赵鉴芳

中国记协恢复活动

中国记协今后的工作任务是积极组织我国新闻工作者学习、研究和交流工作经验,提高新闻工作者的理论水平和业务能力,并开展同国际新闻界同行的友好交往,增进我国新闻工作者和各国新闻工作者之间的友谊。

中国记协执行主席:曾涛。主席(按姓氏笔画为序):丁希凌、王维、华楠、杨西光、张香山、胡绩伟、曾涛。中国记协书记处第一书记王揖。书记(按姓氏笔画为序):左漠野、安岗、安文一、邢方群、陈迹、吕梁、佘世光、张大中。

中国体操选手姜薇在法国第九届昂蒂布世界女子体操赛中夺得个人全能冠军

肖应棠逝世

政协第五届全国委员会委员、人民解放军原内蒙古军区副司令员肖应棠同志,因病于8月8日在北京逝世,终年66岁。

肖应棠同志是陕西省长安县人,1929年2月参加中国工农红军,同年11月加入中国共产主义青年团,1932年7月转为中国共产党党员。他参加过二万五千里长征和许多重大战役,为中国人民的解放事业和我军现代化建设贡献了自己的一生。

8月9日

中央纪律检查委员会就上海毛麻丝绸公司仓库积压大量原料造成霉烂变质一事发出通报

通报强调指出,要加强经济战线的纪律检查工作,对那些严重不负责任、玩忽职守的官僚主义者要追究责任,严肃处理。

《人民日报》发表评论员文章《发挥海南岛热带农业资源的优势》

海南岛是我国少有的热带宝地之一,适宜种植橡胶、椰子、胡椒、可可、油棕、甘蔗、南药、香料、水果等多种经济价值高的热带、亚热带作物,还有很多珍贵树种和稀有动物,以及可供放牧的草山草坡和适宜捕捞养殖的海、淡水面。海南岛是我国可以发挥热带农业资源优势的重要地区。

解放前,海南岛开发建设极差。解放30多年来,国家投入了巨大的财力、物力、人力,组成一支农垦大军,与海南各族人民一道,艰苦创业,把海南建设成为我国最大的天然橡胶生产基地,对我国的社会主义建设事业作出了重要贡献。但是,由于长时期以来,除橡胶外,只重视粮食生产,没有能够重点地种植热带作物,橡胶的发展也还很不够,特别是社队种植橡胶很少，以致社队经济的发展和群众生活的提高都不快。加上森林资源遭到严重破坏，这就更不利于当地自然优势的发挥。

为了改变这种状况，海南岛发展农业的方针政策必须作重大的调整。要立足于发挥海南的优势，以加速发展橡胶等热带作物为重点，同时大力营造热带林木，提高粮食产量，全面发展农林牧副渔各业，逐步建立适应海南特点的新的生态平衡和农业结构。

要正确处理发展橡胶等热带作物生产和粮食生产的关系。目前，天然橡胶是源源不断的"摇钱树"。橡胶和其他热带作物，是海南的优势。凡适宜种植橡胶和其他热带作物的土地，应优先安排这方面的种植。但粮食问题不解决，优势就难以充分地长时期地发挥。海南粮食生产的潜力很大，从长远看，粮食自给是可能的，但要解决好水利建设，因此短期内不能强调粮食自给。最近中央和广东省决定，在海南努力提高粮食单产的同时，由中央和省给海南增加调进粮食，数量一定几年不变，以便海南放手发展橡胶和其他热带作物。这是发挥海南优势的重要决策。橡胶等热带作物发展了，就有资金大搞水利建设，粮食上去了，就有条件更快地发展橡胶等热带作物。

要正确处理橡胶和其他热带作物的关系。橡胶需要 6 至 10 年的时间才能收益，投资又大，社队生产应该坚持长短结合、以短养长的方针，把起点放在收益较快的热带作物上。许多地方提出："甘蔗、香茅起家，胡椒发家(三年)，橡胶当家，造林保家"。这是合乎实际的，有利于发挥优势，会促进农林牧副渔各业的全面发展，使农民尽快富裕起来。

为了更快地发展橡胶和其他热带作物，必须坚持国营和社队经营"两条腿"走路、农场大力扶持社队和场社联营的方针。联营可以采取多种形式，把办法搞活。各种联营都要自愿互利，签订经济合同，严格遵守。关键问题是要加强场社团结，搞好场社关系。近年来，海南一些地方场社矛盾比较突出，原因是多方面的，主要是历史遗留下来的问题，也有工作中的问题。农垦事业创建初期，不可能对长远发展中的问题考虑得十分周到，加上场社之间体制多变，遗留问题不少，加剧了矛盾。这是摆在各级党委面前的一个问题。根据一些地方的经验，处理场社关系决不能就事论事。加强法制，严肃法纪，依法办事，是完全必要的。但更重要的是，要从方针政策上，从调整各方面的经济利益上解决问题。要着眼于总结经验，根据新的情况，合理调节国家与集体的关系、国家与农民的关系，以及加强民族团结。要着眼于端正农业发展方针，充分发挥海南地区的优势，使农场和社队共同富裕。这样才抓住了问题的实质。搞好场社联营企业是调节这种关系的一个重要方面，是农场和社队的根本利益所在，也是海南优势能否充分发挥的重要环节，一定要积极试办。社队和农场都应持积极态度，作联营的促进派。

广大农垦职工，过去在开发建设海南的事业中有重大贡献，今后还要继续发扬党的优良传统，增强同农民群众的联系，不仅要把农场的生产建设搞好，而且要满腔热情地担负起扶持社队发展橡胶事业的光荣任务。

为了发挥海南的优势，根据海南的特殊地位，中央和广东省在财力物力上给以大力支持是必要的，各有关部门要切实办好这件事。当前主要靠发挥政策的威力，放宽政策，把海南的经济搞活。要在外贸上给以较大的权限；要调减粮食征购任务；农副产品的统派购要灵活；在财政体制上要有适当的机动权；要打破所有制界限、行业界限和省区界限，给以各种方便条件，同省内外经济单位联营，要搞橡胶等热带作物产品和林业、牧业、渔业多种形式的农工商综合经营。通过这些灵活措施，进一步发扬自力更生、艰苦奋斗的精神，就能使海南尽快富裕起来。

国务院副总理方毅在北京会见联邦德国电子同步加速器中心副主任埃米尔·罗曼教授

中国运动员吴文莉在法国第九届昂蒂布世界女子体操比赛中获平衡木冠军

5 名运动员在北京工人体育场举行的全国田径冠军赛中打破 5 项全国纪录

8 月 9 日至 11 日的这次比赛是我国的首次全国田径冠军赛。有 5 名运动员打破 5 项全国纪录，他们是：云南队的张国伟以 14 分 3 秒 2 的成绩打破男子 5000 米全国纪录；广西队的黄园以 51 秒 36 的成绩打破男子 400 米栏的全国纪录；陕西队的章会芬以 59 秒 64 的成绩打破女子 400 米栏的全国纪录；河南队的张秀嫩以 9 分 25 秒 2 的成绩打破女子 3000 米的全国纪录；河北名将李晓惠在女子铁饼比赛中以 59 米 10 的成绩打破全国纪录。

8 月 10 日

《人民日报》发表社论《加强地方政权建设的一件大事》

全国县级直接选举工作，经过试点，部分省市区正在全面展开。这是我国各族人民政治生活中的一件大事。

实行县级(包括县、自治县，不设区的市、市辖区)直接选举，是我国选举制度和地方政权建设的一项重大改革。县级人民代表大会的代表由人民直接选举产生,县级人大常委会、人民政府和县里的大事由人民直接选举的代表集体决定,使县级政权真正置于人民的监督之下。这样,县里的重大决策就真正代表人民的利益,得到人民的拥护。在一县之内,把广大人民的社会主义积极性调动起来了,这个县的事情就会办得更多更好。各个县的事情办好了,全国的事情也就比较好办,建设四化就大有希望。同时,县级代表的选举,是省级人民代表大会和全国人民代表大会选举的基础。人民直接选举县级人民代表,也是保证国家政权掌握在人民拥护和信赖的人手里,防止像林彪、"四人帮"那样的野心家、阴谋家混进国家各级权力机关的一个重要条件。因此,县级直接选举是一件意义重大的事情,一定要认真做好。

搞好县级直接选举,必须充分发扬民主,坚持群众路线。发扬民主,最主要的是在提名、确定代表候选人和选举县级领导班子的过程中,放手让选民和代表提名推荐候选人,经过几上几下的反复酝酿协商以至预选,按照多数选民和代表的意见,确定正式代表候选人和县级领导班子候选人名单,并且通过差额选举产生正式代表和县人大常委会、县人民政府领导班子。要做到这一点,就要坚决反对领导定名单、群众划圈圈等把持包办选举的做法。只有在选举的各个阶段相信群众,发挥民主,群众才能真正关心和积极参加选举,做好选举工作。应当看到,我国封建社会的历史很长,专制主义、家长作风的思想影响仍然存在,这是当前发扬民主,搞好选举的最大障碍。因此,为了搞好县级直接选举,各级党政领导机关和领导干部一定要坚决相信群众,依靠群众,充分发扬社会主义民主。同时,也要学会正确使用民主集中制的方法,及时地集中大多数群众的正确意见,防止放任自流。

1953年,我国第一部选举法颁布以后,根据当时的具体情况,我们一直实行的是等额选举,即候选人同应选人名额相等。随着我国阶级关系的新变化、社会主义经济的日益发展和人民文化水平的逐步提高,我们的民主将越来越扩大。因此,五届人大二次会议通过颁布的《选举法》和《地方组织法》,把过去实行等额选举改为差额选举。这是我国选举制度的一项重大改革。这样做,选民和代表有了更多的挑选余地,能够"花中选花,好中挑好",把最能为大家办事的人选为代表,把思想路线端正、坚持社会主义道路、具有一定专业知识和工作能力的年富力强的人选进各级政府。实行差额选举也有利于使干部置身于群众的监督之下,增强群众观点,努力当好人民的公仆。各地的试点实践证明,广大干部和群众对差额选举是非常拥护的。但是,应该看到,也有少数领导干部不喜欢差额选举,嫌差额选举麻烦。这种想法是错误的。广大干部特别是各级领导干部,要充分认识实行差额选举对于完善我国各级人民代表大会制度和加强地方政权建设的重要意义,自觉地以国家和人民的利益为重,耐心细致地做好工作,依法实行差额选举。当然,如果经过充分发扬民主,代表一致只提出某一个人作候选人,也可以实行等额选举。

在确定县级人民代表的名额时,要注意名额不要过多,特别是县级机关应选代表名额要适当控制。在确定人民代表的比例时,不仅要注意到代表的先进性,而且要照顾到各个方面,使之具有广泛的代表性。选区的划分,要从实际出发,不宜过大,也不要太小。要按照法律的规定进行选民登记。要开好人民代表大会,在会上要作一个好的政府工作报告,要选出一个思想政治路线端正、具有专业知识和组织领导才能、为绝大多数人所拥护的县级政府领导班子。

县级直接选举是一项新的工作,政策性强,牵涉面广,工作量大。各级党委一定要高度重视这一工作,把它摆到重要的议事日程上来,切实加强领导。各地要成立精干的选举机构,培训好工作骨干,广泛深入地扎扎实实地做好宣传教育工作。各级领导干部要亲自抓选举工作,深入基层,调查研究,及时发现和解决问题,总结和推广经验。加强党对选举工作的领导,最根本的是严格依法办事,认真监督《选举法》和《地方组织法》的贯彻实施。要教育广大党员、干部带头贯彻执行《选举法》和《地方组织法》,并与各种违背法律规定的做法作坚决斗争。要防止派性和无政府主义、极端个人主义的干扰、破坏。对于那些破坏选举工作的犯罪分子,要依法制裁,以保证选举工作的顺利进行。各级党委要统筹兼顾,全面安排,处理好选举同生产的关系,通过选举促进生产,促进四化建设。

国务院计划生育办公室负责人就为什么提倡和奖励一对夫妇只生一个孩子答《半月谈》记者问

问:为什么要提倡和奖励一对夫妇只生一个孩子?

答:我国实现四个现代化,将逐步提高人民的物质文化生活水平。如果到本世纪末,全国每人年平均收入要达到1000美元左右,就必须一方面积极发展生产;另一方面控制人口增长。根据有关部门研究和对人口增长的测算,到2000年时全国人口应控制在12亿以内。要实现这个目标,从现在起就要做大量工作,使人口出生率、自然增长率逐年按计划有所降低。我国人口组成的特点之一是儿童、青年人占的比例高。现在的儿童再过十几年也将进入生育年龄。所以,要降低出生率,就必须从现在起,提倡和奖励一对夫妇只生一个孩子(特殊情况,有计划安排二胎生育)。如果一对夫妇平均生两个,到本世纪末我国人口就要突破12亿。这就会给国家经济建设增加许多负担,达不到国民收入计划的要求,人民物质文化生活的改善和子孙后代的教养、就业,都会受到影响。

问:一对夫妇只生一个孩子,会不会出现扶养的人口增多,甚至会出现两个劳动力扶养4个老人和一个孩子的现象?

答:不会。提倡一对夫妇只生一个孩子,被抚养的老年人虽会慢慢增多,但被抚养的未成年人口也同时会下降,两项相抵,扶养人数在未来25年内将一直是下降的。1979年,每个劳动力负担的老年和未成年人口的抚养指数是0.93,即平均负担不到一个人。如果按照一对夫妇生一个孩子计算,到2000年时抚养指数为0.39,接近最低点。因为老年人口虽然由1979年的6700万上升到11400万,但未成年人口却由41000万降至18800万,两项相抵,抚养人口还减少16900万;加上劳动力由50300万增加到76100万,抚养指数便大大降了下来。同样的道理,到2017年抚养指数只有0.46。到2034年时,才能回升到我国目前一个劳动力抚养的0.91人左右的水平。另一方面,由于物质文化生活水平的提高,社会福利事业也会相应的改善,有些问题会得到妥善解决。

问:提倡一对夫妇只生一个孩子,会不会使我国人口老龄化,出现劳动力不足的情况?

答:不会。原因是我国目前人口年龄构成轻。据统计,29岁以下的占总人口的63%。如果在1985年做到每对夫妇只生一个孩子,劳动适龄人口在未来25年内仍会一直增长;未来50年内劳动力总数也不会少于目前的数量。到2010年,我国65岁以上的老人也还只占总人口的11.8%,相当于现在欧洲的平均水平。

问:一对夫妇只生一个孩子是长久之计吗?

答:不。这是根据我国人口组成的特点,即从现在起到二十一世纪初这段时间的方针政策。因为只有采取这样的方针政策,才能保证我国人口在2000年时不超过12亿。由于我国幅员辽阔,又是多民族的国家,我们提倡和奖励一对夫妇只生一个孩子,要根据具体情况区别对待。各省、市、自治区可以在总的方针指导下,结合本地区的特点,制订适应本地区情况的计划。

问:我国对独生子女家庭将给些什么照顾和优待?

答:华国锋同志在五届人大二次会议上的政府工作报告中指出:"要订出切实可行的办法,奖励只生一个孩子的夫妇,对无子女的老人逐步实行社会保险。"现在,各省、市、自治区根据本地区的人口构成和经济状况,制定了计划生育试行(暂行)规定条例或办法,其中有奖励独生子女父母的办法。目前正在讨论修改的国家《计划生育法》,也将作出适当的规定。

8月11日

《人民日报》发表社论《引进要为国民经济调整服务》

有步骤、有选择地引进国外先进的技术和设备,使引进工作更好地为国民经济调整服务,这是当前一项重大的经济方针。

国外先进技术和设备引进得当,技术、经济效益发挥好,可以使国民经济中某些薄弱环节、急需发展的部门在短时间内搞上去,从而有利于国民经济各种比例关系的调整。引进不当,则将影响国民经济的综合平衡,加剧比例关系的失调。这个极为重要的问题,必须引起全党的高度重视。

三十年来,我国的引进工作成绩是大的。不同时期的不同重点、不同规模的引进,对于建立和加强我国工业的基础,提高技术水平和生产能力,填补某些行业的空白,都发挥了重要作用。但是,林彪、江青一伙反革命制造的十年动乱,以及经济战线上长期存在着的"左"的倾向,贪大求快,使国民经济发展的比例几次严重失调。这对引进工作也产生了直接的影响。据统计,近三十年来,冶金工业的引进一直在引进中占相当大的比重,总金额为全部引进的四分之一强;而轻纺工业只占全部引进额的12%,其中轻工业只有1.4%;被称为国民经济"先行官"而又一直处于薄弱环节的交通运输业,三十年的引进总额只占全部引进的0.5%;直接用于农业的引进金额几乎等于零。当然,新中国成立初期重工业引进比例大一些是对的,长期如此就成为问题了。过去,我们把技术引进简单地理解为设备进口,设备进口又以成套引进为主,总金额达90%多,而真正用于引进技术的钱则寥寥无几。又由于一些引进项目仓促上马,久建不成,经济效果很差;有些项目无人负责,上百万、上千万元的设备闲置在仓库里,露放于荒野之中,任凭风吹雨淋,霉烂生锈,真是糟蹋人民的血汗!粉碎"四人帮"后特别是党的十一届三中全会以后,引进工作出现了一个新的局面。但在一段时间里,也存在着某些盲目性,步子迈得急了、大了一些。这个问题虽然很快被发现,并采取了一些纠正的措施,但带来的麻烦,也需要经过较大的努力才能消除。总结经验教训,要搞好引进工作,必须根据客观需要和可能,坚持引进工作更好地为国民经济调整服务的方针。

当前,引进为调整服务,首要的一条,是在引进的规模上,要贯彻执行量力而行的原则。引进是好事,但决不是引进越多越好,越大越好。国民经济是个有机的统一体,正像人的肠胃一样,能够容纳、消化、吸收多少东西,是有限量的。先进技术和设备的引进规模,受到国内配套能力、技术水平、管理水平以及外汇支付能力等方面的制约,一定要有多大力量办多大的事,也就是说引进的规模要适当。过去,由于盲目性很大,我们吃“高指标”(表现在引进上就是“大规模”)的亏的教训是够多的。今后在引进工作上,一定要循序渐进、稳扎稳打,再也不要“一拥而上”了。

坚持引进为调整服务,就是坚决贯彻执行农、轻、重的方针。近几年来,我们的主要任务是通过调整,加强薄弱环节,把我国国民经济基础打扎实。引进工作要服务于国民经济的投资重点,服务于发展能源(特别是我国储量丰富的能源资源的开发)和交通运输业等处于薄弱环节的工业,服务于发展农业和轻工业;还要着重用于发展那些投资少、见效快、创汇多的中小型项目,为扩大出口服务。发挥优势是发展我国经济的一个重要指导思想。引进国外先进技术和设备,应当充分注意这一点。例如,我国劳动力多,技术水平比较低,就应当多引进一些适宜的技术,着重发展劳动密集型产业,而不要片面追求那些花钱很多,以节省人力为主要目标的“最新技术”。

坚持引进为调整服务,还应当把引进的先进技术和设备,主要用于老厂的挖潜、革新、改造,而不能主要用于铺摊子、建新厂。一些老厂只要引进一点关键技术,对原有设备适当加以改造,就可以大大提高生产能力和产品质量。这样做,花钱少,见效快,事半而功倍。由于我国国力不足,人民生活水平不高,建设资金来之不易,在引进工作中一定要反复研究,权衡利弊,精打细算,讲求经济效果。

近些年来,国际上的技术贸易日益发展,专有技术的转让与各种形式的技术服务越来越普遍。在国民经济的调整时期,我们要十分注意引进国外科学的管理技术以及知识才能,尤其是管理技术的引进,更显得重要。单是把管理水平提高一步,经济效果就将抵得上引进价值多少万、多少亿元的项目。这方面的潜力是很大的。

粉碎“四人帮”以来,国民经济调整工作取得了显著的效果,前途光明!但摆在我们面前的任务还很艰巨,我们一定要清除各种思想障碍,切实解决实际问题,同心协力做好引进工作,进一步促进国民经济调整任务的顺利完成。

全国机电产品交易会在湖南省展览馆开幕

这是机电产品作为商品进入市场以来第一次举行的大型交易会。

由第一机械工业部、国家仪器仪表总局和各省(区)、市机械厅(局)销售技术服务部联合举办的这次交易会,主要是通过产需直接见面,了解社会需要,搞好市场预测,通过签订订货合同切实做到按照合同编制生产计划,使机械工业更好地为国民经济调整服务。交易会的特点是,择优选购,开展竞争,促进联合,当场洽谈业务,产需双方直接签订合同,改变过去那种手续繁杂的订货办法,减少中间环节。

参加交易会的有各省、市、自治区机械厅(局)的领导干部和全国2000多个机电、仪器仪表重点工厂的代表,国务院各部委、总局、各省、市、自治区有关厅局及所属单位,以及各地物资部门、科研单位和高等院校的有关人员等。会期预定为20天。

中华人民共和国和德意志联邦共和国经济合作混合委员会第一次会议在人民大会堂举行

以外贸部长李强为团长的中方代表团和以联邦经济部长格拉夫·拉姆斯多夫为团长的德方代表团出席了会议。两位部长同意将中国、西德经济合作混合委员会农业临时工作小组改为正式工作小组,并同意开始商签一项两国投资保护协定。

国务院副总理方毅在北京会见美国麻省理工学院物理学教授李·格罗德金斯一家

首次全国民族理论科学讨论会在北京开幕

在历时7天的会议中,来自15个省、市、自治区,17个民族的108位民族理论工作者,向大会提交了78篇论文。这些论文,内容丰富多彩,从不同角度探索了民族问题与四化的关系;民族区域自治与民族自主权;民族问题与阶级斗争的关系;社会主义时期的民族问题等方面,从理论上提出了一些很好的见解。同时对加强民族团结,调整民族关系,调动少数民族人民建设四化的积极性,提出了一些建设性的意见。

这次讨论会是由中国民族理论研究会召开的。它是去年成立的一个群众性的学术团体,以研究民族发展规律为基本任务。全国人大常委会、民族院校和民族研究机构的代表参加了会议。国家民委主任杨静仁出席了会议,中国社会科学院副院长张友渔和国家民委副主任江平在会上讲了话。

教育部和政协全国委员会教育组在北京邀请民主党派和全国工商联同志座谈教育问题

出席这次座谈会的有中国国民党革命委员会副主席钱昌照,中国民主同盟副主席、全国政协副秘书长萨空了,中国民主促进会副主席叶圣陶、雷洁琼、徐伯昕,九三学社副主席茅以升、王竹溪、孙承佩，致公党副主席伍禅，民主建国会中央常委王艮仲、吴大琨，农工民主党中央常委柯麟，全国工商联常委冯和法，以及政协教育组和有关方面负责人等共66人。教育部的负责人出席会议听取意见。

与会人员在发言中，强调对教育在社会主义建设中的地位和作用要有足够的认识，必须提高教育事业经费和基建投资在国民经济计划中的比重。目前，教育的地位同任务不相适应；教育的任务同经费也不适应。那种把教育事业看成可有可无的不正常状况，那种违犯规定任意挪用教育经费的错误做法，应该坚决改正和制止。

发言同志还对落实党的知识分子政策，提高教师的地位和待遇；加强和改善党对教育工作的领导，改革教育制度；培训师资队伍，提高教育质量；改进学校的领导体制，办好重点学校，改革教育结构，积极举办职业教育，以及多种形式办学等问题，发表了很多好意见，提出了一些建议。有两位同志作了书面发言。

会议由政协全国委员会教育组组长、教育部副部长董纯才主持。教育部部长蒋南翔、副部长张承先在会上讲了话。

广西贺县发掘大型汉墓出土一批文物

新华社报道，广西贺县文物管理所最近在甫门公社金钟寨北侧丘陵，发掘一座距今约2100多年历史的大型汉墓，出土珍贵文物160多件。在出土文物中，有陶、玉、铜、漆、铁、鎏金等器具以及珍珠、玉珠、玛瑙等宝物。从出土的一枚刻有“左夫人印”的玉印章看，说明此墓主人生前是一位贵族妇女。这批珍贵文物的出土，对于研究岭南地区西汉前期的政治、经济、文化提供了极其重要的实物资料。

8月12日

联合国援建的种子加工厂在北京通县投产

联合国粮农组织援助我国建设的一个现代化种子加工厂，今天在北京市郊区通县投产。另一个种子加工厂7日已在江苏省无锡县投产。这两个种子加工厂，是根据中华人民共和国农业部与联合国粮农组织签订的一项协定而建设的。去年10月动工兴建。这两个种子加工厂自动化程度高，每小时能分别加工5吨种子。

国务院副总理谷牧在人民大会堂会见德意志联邦共和国经济部长格拉夫·拉姆斯多夫和由他率领的代表团部分德方成员

刘少奇同志《论党》新版本出版

刘少奇同志的《论党》一书新版本，已由人民出版社出版，即日起在全国新华书店陆续发行。这本书包括刘少奇同志关于党的建设的三篇重要著作：《论党》（即中共七大关于修改党章的报告）、《论党内斗争》《作一个好的党员，建设一个好的党》。

我国17岁的跳伞运动员张建中在意大利以6秒8的优异成绩创造了我国男子个人特技跳伞全国纪录

国家医药总局在北京召开会议讨论广开中药生产门路

新华社报道：国家医药总局最近在北京召开的全国中药广开生产门路座谈会确定，要按照城乡医疗、防疫、保健、计划生育和出口的需要，积极发展我国中药材和中成药的生产，努力提高质量，增加品种。会议根据国务院和中央领导同志对广开中药生产门路的指示精神，重点研究了办好中药材和中成药生产基地的问题。

8月13日

中共中央 国务院发出《关于设置顾问的决定》

决定指出，为了爱护老同志，使他们能够健康长寿，并利用自己的经验在晚年尽可能地为党做一些工作，以保证党的优良传统和优良作风代代相传，党的各项任务能够更好地完成，中央决定，在县级以上单位设置顾问，并且作为一项制度长期坚持下去。顾问的工作主要是调查研究、了解情况，帮助党政干部出主意、当参谋。完成党政领导委托办理的任务，把党的好传统、好作风和自己的经验知识传给年青一代。

国务院总理华国锋在北京会见德意志联邦共和国经济部长格拉夫·拉姆斯多夫以及由他率领的代表团部分成员

华国锋指出，这次在北京召开的双方混合委员会会议，对增进相互了解，巩固和发展两国友好关系和经济合作是很有好处的。

拉姆斯多夫部长说，德意志联邦共和国政府和经济界很愿意同中国进行合作，我们要努力使业已存在的友好合作关系持久发展下去。

应拉姆斯多夫之请，华国锋谈到了我国企业经营管理和培养技术干部的问题。

华国锋还向西德朋友介绍了中国政府对当前重大国际问题的看法。他请拉姆斯多夫部长转告施密特总理，中国非常重视发展同西德的友好合作关系。

中共中央副主席李先念在人民大会堂会见以总书记道格拉斯·布拉沃为团长的委内瑞拉革命党代表团

在交谈中,李先念向代表团着重介绍了中国共产党所执行的路线和方针政策。他说,我们当前的工作重点是集中力量搞好经济建设、健全民主和法制以及干部年轻化。他说,妥善安排老干部和培养选拔中青年干部是一项艰巨而具有战略意义的任务。

《人民日报》发表社论《解决劳动就业问题的根本途径》

劳动就业问题是一件全国性的大事。新中国成立30年来,我国劳动就业工作取得了很大成绩,现在,职工人数比解放初期增加了5倍多。粉碎"四人帮"以后,在各级党委、政府和各部门的努力下,使多年来积累下的城镇待业问题,得到一定程度的解决,3年来全国共安排了约2000万人就业,对促进安定团结、经济发展和人民生活的改善,起了重要作用。但是,当前劳动就业工作还存在一些非解决不可的问题,必须高度重视,下很大的决心,拿出很大的精力,动员各行各业以及社会上各方面的力量,积极而又慎重地把这项工作抓紧、做好。

我国目前所以存在劳动就业问题,原因很多,涉及经济体制、人口布局以及教育制度等许多方面。在劳动制度上统得太多,限制太死,使劳动就业的路子越来越窄。特别是十年浩劫,使生产建设遭到严重破坏,国民经济濒临崩溃的边缘。结果一方面,需要就业的人员增加了,另一方面,吸收就业人员的能力又相对地小了。再加上城镇人口急剧膨胀,这就使劳动就业问题更为突出。

劳动就业问题的解决,根本上取决于生产的发展。通过调整国民经济比例关系,建立新的较为合理的经济结构,在建立某些技术先进、劳动生产率高的企业和部门的同时,大量发展容纳劳动力较多的行业和部门,如轻工业、纺织业、手工业、商业、服务业以及建筑材料工业和建筑业,这是安排劳动就业的重要途径之一。这样做不但就业量可以大大增加,我国丰富的劳动力资源还将成为具有竞争力的经济优势。但是,这有赖于社会经济关系的全面调整和改革,需要经过较长时期的艰苦努力。我们要积极创造条件,向这一方向前进。

当前,解决城镇劳动就业问题的根本途径是解放思想,放宽政策,发展生产,广开就业门路,实行在政府统筹规划和指导下,劳动部门介绍就业、自愿组织起来就业和自谋职业相结合的方针。在这个方针指导下,要大力发展自负盈亏的集体所有制经济,适当发展不剥削他人的个体经济。全民所有制和集体所有制是社会主义所有制的两种基本形式。个体经济是社会主义公有制经济的附属部分,是一种必要的补充形式。过去我国经济体制的主要毛病,是没有从我国的实际情况出发,在国营经济、集体经济占优势的条件下,允许多种经济成分并存;而是不适当地强调集体所有制向全民所有制过渡,限制乃至消灭个体经济。这样,劳动就业的许多门路就被堵死了,剩下的只有国营企业和带有国营性质的"集体"企业,而对国营经济又由国家一统到底,城镇劳动力只能由国家包下来统一分配,造成待业人员对国家的依赖,失去了自愿组织起来就业和自谋职业的可能性和积极性。结果,一方面年年有大批需要就业的人员等着国家分配,有人没事干;另一方面又有相当大量的生产和商业、服务业无人从事,有事没人干。这不仅影响了就业,也给人民生活造成极大不便。这种状况必须彻底改变。从目前国营企业的情况看,不少单位人员明显多余,今后一个时期,所能安排的劳动力数目也是有限的。因此,必须解放思想,放宽政策,充分调动地方、企业、劳动者和社会各方面的积极性,大力发展集体经济,广开生产门路、就业门路、就学门路。应当指出,把过去对资本主义工商业限制、改造的一些办法用之于今天的集体经济,不利于发展生产和劳动就业。现在,我们要认真总结经验,研究新情况,冲破旧的框框,改革不适应生产发展的旧制度,在税收、贷款、物资、口粮、劳动保护条件等方面给以积极扶持,促进其发展。这是经济改革中的一个大的变动,一个大的和长期的政策。

多年来的实践证明,集体所有制有许多优越性。由于它实行独立核算、自负盈亏的原则,把个人收入和企业经营效果直接挂钩,避免了吃"大锅饭"的弊病,更能调动劳动者的积极性,保持企业发展的内在动力,具有勃勃生机。过去,那种瞧不起集体所有制企业,甚至集体企业的干部和工人也觉得低人一等的不正常现象,是人为造成的。今后,对集体企业应当在政治上一视同仁,在经济上不搞平调,积极帮助集体企业解决各种困难,允许他们的工资福利待遇等与全民所有制企业基本相同,搞得好的集体企业在发展生产的前提下,工资福利可以高于全民企业。这样,才能使集体企业更快地发展,提供更多的就业门路。

去年以来,许多地区发展了一些待业青年自愿组合、自筹资金举办的集体所有制企业。这是在党和政府支持下,劳动群众自己创造的一种合作经济组织。举办这种合作社和合作小组,对于改善所有制结构,活跃经济,扩大就业门路,满足人民多方面的需要,都有重要意义,应当大力提倡。不少城市的全民所有制单位和远离城镇的大、中企业,利用自己的条件,积极扶持兴办集体企业,解决职工子女就业问题,起了积极作用,应当总结好的经验,支持其发展。但是,我们既要讲需要,讲条件,也要讲效果,不能硬压任务,搞"包干就业";同时要防止无偿占有国家设备、物资,不能一切依赖国营企业;也要防止国营企业对这种集体企业的平调。解决就业问题,"条条"与"块块"要主动协商,互相配合,同心协力,把这件事情做好。

在今后一个相当长的历史时期内,个体经济将起积极作用,应当适当发展。在十年浩劫中,个体劳动被当作"走资本主义道路"、"资本主义尾巴"横加批判,大砍大杀。这是完全错误的。现在应该为他们恢复名誉。宪法明确规定,允许个体劳动者从事法律许可范围内的、不剥削他人的个体劳动。像夫妻店、老师傅带一两个徒弟或带自己的孩子,生活来源主要靠自己劳动,这样的个体经济不能算剥削人,是允许存在的。当然,个体经济发展起来之后,也可能出现一些问题,只要制定一些法规和条例,加强管理,是能搞得好的。

解决劳动就业问题,要坚持实事求是,从实际出发,把中央的方针、政策和本部门、本地区的实际情况紧密结合起来。我国地域辽阔,各地条件差异很大,即使一省一地之内,情况也不尽相同,而且劳动就业问题涉及的面很广,政策性很强,情况也相当复杂,在解决这些问题时,一定要因地制宜,具体情况具体分析,具体问题具体解决,不能强求一律。

中国运动员姜薇在法国奥尔良市举行的"第三届奥尔良国际女子体操邀请赛"上获得自由体操和平衡木两个单项冠军

8月14日

华国锋 李先念等中央领导同志在中南海听专家讲能源课

这次学习由中共中央书记处组织的,讲课的专家及学习的课程是:我国著名工程热物理学家吴仲华教授讲了《从能源科学技术看解决能源危机的出路》,著名原子能物理学家王淦昌教授和煤化学家鲍汉琛副教授分别讲了《核能》和《从煤取能》。

今天听课的有:华国锋、李先念、胡耀邦、韦国清、方毅、余秋里、张廷发、倪志福、彭冲、陈慕华、万里、杨得志、姚依林。今天听课的还有:中央军委、政协全国委员会、最高人民法院、中共中央和国务院各部委、中国人民解放军各总部、各军兵种、国防科委、国防工办、军事院校和北京市的负责同志,共80多人。

《人民日报》转载《南方日报》评论员文章《坚定不移地建立轻型经济结构》

扬长避短,发挥优势,这是讲究经济效果,加速四化建设,走中国式现代化道路的一条重要方针。在工业建设上,如何结合广东实际,正确贯彻这条方针?根据30年来的实践经验,现在许多同志都认为,不能再去搞什么以重工业为主的自给自足的工业体系,而应当坚定不移地实行经济结构轻型化,集中更大的人力、物力、财力,优先发展轻纺工业和手工业。

在广东省建立轻型经济结构,具有极其有利的条件,概括起来说,有三大优势,即:资源优势,技术优势,外贸出口优势。充分认识这些优势,对于统一我们的思想,是很有好处的。

从资源优势来说,广东地处热带、亚热带,发展以热带、亚热带作物为原料的轻纺工业是大有可为的。目前广东以甘蔗为原料的制糖工业,具有岭南特色的水果罐头等食品工业,以丝、麻为原料的针织纺织工业,以草木纤维(主要是甘蔗渣)为主要原料的造纸工业,都已具有相当的规模,只要继续认真发挥这方面的优势,其发展前途将是不可限量的。广东还有资源丰富、品位高的陶土。陶瓷工业工艺精美,数量大,在国内外市场都有一定的地位。广东有漫长的海岸线,可以发展盐业和海产品加工业。地处热带、亚热带的海南,更是我国的宝岛,如果发展以热带经济作物橡胶、咖啡、可可、椰子等为原料的加工业,其资源优势在全国是独一无二的。广东的技术优势,表现在许多方面。广东的小商品和某些日用工业品,源远流长,与北京的同类产品齐名,被誉为"京广杂货",历来畅销国内外,已具有上百年的历史。广东的手工业品如潮汕抽纱、广州刺绣、象牙雕刻等等,更是历史悠久,技艺精湛,素负盛名。广州市是全国三大轻工业基地之一,在国内外市场上占有一定的地位。在41种主要轻纺产品中,广东有21种居全国前五位,其中食糖、干电池、陶瓷产量占全国第一位。总之,广东的轻纺手工业,门类齐全,各行各业都积累了较丰富的技术经验,培养了一支较强的技术队伍,而且还有许多名工巧匠。至于出口优势,那更是有目共睹的事实。广东许多轻纺手工业品多年来畅销港澳和东南亚,近年来进一步打进欧美市场。只要锐意图新,提高商品的竞争力,这方面的优势将越来越明显地显示出来。这一切说明,在广东,客观存在着三大优势,这对发展轻纺工业是极为有利的。

还要强调指出的是,发展轻纺手工业,能源消耗少,容纳劳动力多。大力发展这类劳动密集的商品生产,完全适合广东能源缺乏、劳力很多的特点;而且可以做到投资少,见效快,利润大,创汇率高。因此,坚定地走经济结构轻型化的道路,把发展轻纺手工业放在优先地位(当然要以合理调整农业结构,积极发展经济作物为前提),就能真正扬我之长,避我之短,取得较好的经济效果。30年的经验完全证明这一点。在第一个五年计划和1963—1965年的三年经济调整时期,是优先发展农业和轻工业的。正是在这两段时间里,建设速度快,城乡经济活跃,市场一片繁荣,被群众誉为“黄金时代”。而第二、第三个五年计划期间,尤其是1970年以后,我们违背了客观经济规律,甚至是趋短弃长,集中资金、人力、物力,优先发展重工业,提出了“钢铁自给”、“煤炭自给”、“建立支农工业体系”等不切实际的口号。虽然费了九牛二虎之力,却收效甚微。不切实际搞重型经济结构带来的恶果,是应当牢牢记取的教训。党的十一届三中全会以来,我们逐步改变了这种状况,对轻纺手工业坚决实行“六优先”,取得了良好成果。今年以来,轻工业的增长速度已超过了重工业,财政收入增加,出口和市场形势都大大好转,这是十分可喜的。

为什么广东省在过去较长的时间内不能扬长避短,甚至趋短弃长呢?这当然有历史的原因。在十年动乱期间,林彪、“四人帮”极左路线的干扰破坏,是一个带根本性的原因,其恶果也特别严重。但从经济建设的指导思想上来总结经验教训,则主要是对如何“避短”的看法有问题。过去,搞经济工作的同志较普遍的看法是:广东重工业基础薄弱,煤、油、电和原材料缺乏,不首先发展重工业,农业和轻工业也上不去。当时体现这种思想的有一句颇为流行的话:“有煤就有铁,有铁就有钢,有钢就有农机、化肥,就能把农业、轻工业保上去。”重工业基础薄弱、能源缺乏,这的确是我们的短处。但是,对短处是采取迂回战避开它呢?还是采取正面攻坚战的方法去攻克它?方针不同,效果迥异。相当一段时期,我们采取的是攻坚战,总想建立以重工业为中心的自给自足的工业体系,实际上是先补短,后扬长,因而集中全力夺煤保钢建化肥,还搞八大会战。当然,煤炭、化肥工业都是应该建设的,但应建在资源条件较好的地方。不问资源情况,到处开采小煤窑,县县办化肥,小钢铁遍地开花,这种不计成本,不算经济账的做法,造成了惊人的浪费。而且由于大批“煤老虎”、“电老虎”问世,本来紧张的能源就更紧张了,以致许多地方“保了一点红(氮肥),影响一片黑(轻工)”。结果是短处没补上,长处没发扬,事倍而功半。

那么,能不能采取迂回的办法避开我们的短处呢?如果我们敢于冲破极左路线和小农经济思想的束缚,不搞闭关锁国,不搞画地为牢、省自为战,通过跨省联合、国际合作,互通有无,是可以在很大的程度上避开我们的短处的。而且,轻工业优先发展了,积累了资金和外汇,也为我们搞省内外的联合和协作,搞国际间的互通有无,提供了实力。按此办理,将使我们有力量为开发我省储量丰富的油页岩和建设核电站作准备。当然,这都是长远的方针,远水救不了近火。解决能源问题,要坚决贯彻中央的指示,实行开发与节约并重,近期要把节能放在优先地位,大力开展以节能为中心的技术改造和结构改革。近期我们要靠节约来“避短”。要下一批“电老虎”、“煤老虎”,让出电力、燃料,发展耗电少、劳动密集的轻工业和手工业。这是最大的节约。还要采取积极措施,降低消耗,利用余热,等等。这些都是最切实可行的,可以收到“吹糠见米”之效。在力所能及的情况下,也要尽可能多办一些中小水电站和沼气发电。去年以来,我们正是这样做的。结果能源条件并没有很大的改变,而生产发展了,能源紧张的情况也有所缓和。这个事实有力地说明:把指导思想搞对头,对加速经济建设,对于取得应有的经济效果,是非常重要的。

还有一种说法也是值得商榷的。即所谓“广东‘重工不重’,重工、轻工都是短线,都要发展。”这也就是说,不必分轻重、长短,大家齐头并进,平衡发展。这种“平衡论”,用广东的一句俗话来形容它,叫作“生蛤拖死蛤”。即是宁可大家一起落后,也不允许有优势的地方或部门先发挥优势。这种形而上学的观点,早已使我们大吃苦头。搞经济建设一定要量力而行,有多少钱办多少事,少花钱多办事。经过十年浩劫,人民生活欠账很多,我们财力、物力都很有限,我们只能有所不为才能有所为。优先发展轻纺手工业,从广东来看,是最合算的,符合少花钱多办事的原则,因此在国民经济调整中,我们要压缩某些重工业,保证轻工业能更快地发展。在这方面我们决心应该下得更大些,步子应该迈得更快些。重工业本身也要轻型化,更好地为轻工业服务。

要在广东省建立轻型结构,涉及资金、原料、体制等一系列问题。但是,只要我们树立搞轻型经济结构的决心和信心,就能迅速地把轻纺工业搞上去。

中国与朝鲜1980年度文化交流计划在平壤签字

朝鲜对外文化联络委员会副委员长吴文汉和中国驻朝鲜大使吕志先分别代表本国政府在计划书上签字。

中朝1980年度文化交流计划包括科学、教育、文化艺术、通信、广播、电视、出版、卫生、体育和展览等方面的交流活动。

国务院副总理方毅在北京会见美国宾夕法尼亚大学校长马丁·迈尔森父子

国务院副总理姬鹏飞在北京会见由“十·一”西中友协主席费尔南多·普拉茨率领的西班牙知名人士访华团

国务院副总理万里在北京会见以秋田县副知事出口广光为团长的日本日中友好秋田县农业青年之翼访华团一行

国家民委主任杨静仁在民族文化宫会见并宴请由二十多名美国印第安人组成的代表团

这是来自美国的第一个少数民族代表团，代表团成员大多数是美国印第安人保留地部落推选出来的。杨静仁对客人们专程来中国了解少数民族的生活情况表示欢迎。代表团由团长帕姆·科罗拉多和副团长乔·科罗拉多率领。

解放军三总部发出对部队教育训练考核规定的通知

通知指出，为了检验部队贯彻军委教育训练方针、原则的情况，正确做人部队的军政素质物战备程度。表彰先进，找出薄弱环节，推动军事训练和政治文化教育的开展，加强现代化建设，各部队每年应有计划地进行军事训练和政治文化教育和考核。通知明确规定了考核的组织和分工、内容和重点、依据和奖惩、考核中应注意的问题等。通知强调，各级领导干部要加强对考核的领导，教育部队明确考核的目的；各级司、政、后机关要密切配合，统一计划，共同实施，把考核同调查研究结合起来，认真总结经验，做到一考二帮三提高。

8月15日

《人民日报》发表评论员文章《恭恭敬敬地学 老老实实地学》

中央书记处邀请科学家上课讲科学，7月24日讲了第一课，昨天又讲了第二课。这一次听课的人更多了，除了书记处的同志，还有政治局成员和国务院领导同志，以及中央各部门的负责人。近来，一些省、市和大企业的领导同志也请专家上课。越来越多的领导同志拜专家为师，虚心求知，学习科学。可以肯定，全党全国，一个聚精会神学四化、干四化的新风气日益形成，这是十分令人鼓舞的。

实现四化是一个非常艰巨的历史任务。我们面临的困难很多，一个突出的问题就是广大干部，特别是各级领导干部缺乏现代科学技术知识。建设四化，就是要用现代科学技术装备国民经济各部门，装备国防。领导现代化建设，不懂科学，是无法胜任的。多年来由于我们党没有把工作重点转到现代化建设上来，不重视科学技术的学习，许多领导干部不懂科学，至今还是“科盲”。有些同志虽然懂得一些科学技术，但是同现代化建设的要求相比，也是很不够的。又要领导四化建设，又缺乏搞四个现代化所需要的科学知识，这个矛盾怎么解决？只有靠奋发图强、虚心学习。不懂就学，这是我们增长领导才干，取得领导资格唯一的办法。

我们进行社会主义建设已经30年了。这30年我们没有能充分发挥社会主义制度的优越性，取得应有的成就，有种种原因，诸如总的工作指导上的偏差，林彪、“四人帮”的严重破坏，等等。其中不可忽视的一条是，领导干部缺乏知识，不尊重科学，不按照自然规律和经济规律办事，搞瞎指挥。有些同志用过去指挥打仗的一套办法来领导建设。他们不知道战争有战争的规律，经济工作有经济工作的规律，用打仗的办法来搞建设是行不通的。有些同志以当大老粗为荣，自己不学习，还轻视和排斥有专门知识、专门技能的人。有些同志片面夸大“外行可以领导内行”，心安理得地长期当外行，搞了多年经济工作还是昏昏然。这样来领导建设，我们的建设事业就不可避免地要走弯路，遭挫折。

我们应该深刻地记取历史的经验教训。各级领导同志，都掌握着一定的权力。高级领导同志，掌握的权力更大。这些都是人民赋予我们的。只有正确地运用这种权力，才能领导好四化建设。而要正确地运用这种权力，就得懂行。权大加无知，外行硬拍板，就会造成很严重的后果。现在不是有的同志还在蛮干乱干，还在瞎指挥干蠢事吗？还在缴那种本来可以不缴、或少缴、或者已经缴过的“学费”吗？可见我们一定要下决心学习。权越大，责任越大，越要学习。只有钻进去，学会按照客观规律办事，才能把事情办好，成为人民的好公仆。否则，我们纵有好心，也会把事情办糟，好心办坏事，也是对不起人民的。

毛泽东同志早在新中国成立前夕就说过：“我们必须克服困难，我们必须学会自己不懂的东西。我们必须向一切内行的人们(不管什么人)学经济工作。拜他们做老师，恭恭敬敬地学，老老实实地学。”30年过去了，今天这句话还具有极大的现实意义。坚定不移地照这样办吧！一定要谦虚谨慎，甘当小学生，不仅要请专家系统地讲课，而且在日常工作中要随时听取有专门知识的行家的意见，听取有实践经验的群众的意见。越是重大决策，重大措施，越要广泛听取意见，越要尊重科学。这样，我们一定可以把事情办得好些，四化建设就能够比较顺利地进行。

全国人大常委会副委员长 对外友协名誉会长宋庆龄在北京会见由加中友协联合会主席格雷菲斯夫人率领的加中友协联合会领导人代表团

全国人大常委会副委员长乌兰夫在北京接受意大利新任驻中国大使朱利奥·塔马尼尼递交的国书

国务院副总理方毅在北京会见并宴请美国国家科学院院士著名数学家陈省身教授和夫人

8月16日

中共中央发出《关于禁止在对外活动中送礼、受礼的决定》

随着我国四化建设的进展，许多党政军机关和事业单位、企业单位、人民团体，同外国人、华侨、港澳各界的各种工作交往日益增多。在这些交往中，有一个互相赠送礼品的问题。这是一个关系到国家尊严、民族道德风尚的重要问题。据各方面反映，在这一授受礼品的问题上，不断地发生了许多影响很坏、败坏国家声誉的现象，发生了许多违法乱纪事件。而且这种现象与事件有继续发展的趋势。有的单位和个人，不惜慷国家之慨，多向对方送礼，套取对方也多赠送礼品；收了对方礼品之后，压低标价在内部处理，名曰作价，实则私分；有时还因为"分配"不匀而闹不团结；还有一些品质不好的人，竟至提出或暗示要对方赠送彩色电视机、录音机、电子计算机、电子手表等等礼品。或者只拿出少量钱款，却要对方代为购买贵重物品。有的人接受所谓"礼品"之后，在对外经济谈判中，迁就外商，严重损害国家利益，等等。这股歪风，不仅引起了广大群众的不满，而且已经招致国际友人的批评，也引起一些资本主义国家商人、记者的讥讽；另一方面，有的外商则乐于借此歪风施行贿赂。

中央认为，这是一个严重问题，必须采取果断措施，从根本制度上彻底解决；否则，不仅会使某些干部蜕化变质，而且势将损害社会道德风尚，有辱国家、民族尊严。为此，特作决定如下：

一、今后，除党和国家领导同志（党中央主席、副主席、总书记，人大委员长，国务院总理，全国政协主席）在与外国领导人（国宾）的交往中，按照国际通例，代表党和国家互相赠送礼品外，其他任何单位和个人，都不得在对外活动中，以任何借口向外国人、华侨或港澳商人赠送礼品和接受对方赠送的礼品。只有外事单位和外贸机构的工作人员，可以按照工作需要，同对方互赠对等的礼品。

二、像我国的服务行业对内对外都不收"小费"一样，所有党政军民机关、团体和各行各业、各种出国代表团参观团等等，在对外活动中，除上一条规定者外，一概不接受礼品也不赠送礼品应当定为国家的正式制度。这样做，既体现我们国家、民族的良好风尚，又可防止各种行贿受贿事件。同时亦可有效地杜绝少数人在对外活动中，牟取私利，假公济私。因此这一制度只有利而无损。

三、在外国人、华侨或港澳商人主动赠送礼品时，应向其说明党和国家的制度规定，婉言谢绝。确实难以谢绝的，则所收礼品不论大小、多少，一律交公（包括外事单位和外贸机构按国外通例接受的礼品）；取消过去零星物品归个人，高级消费品按百分之几作价内部处理的规定。

过去已经分配处理了的礼品，一般不再重新处理。目前尚未处理的，不论是存放在各单位的还是由个人保管的，则应一律上交，不得再自行处理。如在此决定发出之后，仍不上交，私自处理者，应受处分。

四、绝对禁止在对外交往中，公开示意或暗示要对方赠予任何礼品，和以托对方代购物品为名，进行敲诈勒索、变相受贿。如有违犯，一律按党纪国法从严处分。

五、凡属于无法谢绝而收受的礼品，中央一级各单位，按系统分别上交中央办公厅、国务院办公厅和中央军委办公厅；各省、市、自治区的，分别上交省一级党政军机关办公厅，并报告中央和国务院办公厅请示如何处理。任何其他单位或个人，都不得自行处理。

六、国际上交换科研、书籍、技术资料，互相提供贸易样品；在特定的国际友好活动（体育比赛、艺术演出、举办展览、人民团体友好往来、友好城市交往等）中，交换纪念品（不包括消费品）；驻外人员和出国人员，按照国外习俗，给对方服务人员"小费"、小纪念品等，不在此列。

以上决定事项，除在党内传达贯彻外，另由国务院制定相应的决定，通告全国执行，并在报纸上公布。

据新华社报道在1957年被错划为右派的著名"六教授"曾昭抡 费孝通 黄药眠 陶大镛 钱伟长和吴景超已经全部得到改正

国务院副总理姬鹏飞在北京会见由艾哈迈德·马哈茂德·塔拉维奈率领的约旦全国协商会议代表团

姬鹏飞在会见时说："我们衷心希望阿拉伯世界能够更好地团结起来，进一步壮大自己的力量，以便更有效地反对以色列的侵略扩张行径。"

姬鹏飞重申：中国政府坚决谴责和反对以色列非

法改变耶路撒冷地位的行动。

塔拉维奈主席说："我们谴责侵略，不管侵略发生在什么地方。我们反对弱肉强食。"

他在谈到中东问题时强烈谴责以色列坚持侵略立场。他说："我们决不会放弃自己的权利，不会放弃巴勒斯坦人民的民族权利。"

在交谈中，姬鹏飞和塔拉维奈都表示要进一步加强两国友好合作的关系。

政协全国委员会副主席刘澜涛与艾哈迈德·马哈茂德·塔拉维奈率领的约旦全国协商会议代表团在全国政协礼堂举行会谈

第二届全国中学生运动会在山西太原举行

这次运动会的举办时间是8月16日至21日，由教育部、国家体委和共青团中央联合举办。全国有1800多名中学生运动员参加这届运动会。运动会举行田径、篮球两个项目的比赛。田径比赛按业余体校学生和非业余体校学生分甲乙两组进行。

8月17日

全国航海界知名人士座谈会在庐山召开

座谈会于8月17日开始，由交通部副部长、中国航海学会副理事长贺崇升主持。应中国航海学会邀请，来自全国各地的40多位航海界知名人士参加了座谈会。

贺崇升说，为了尽早实现祖国大陆同台湾通航，我们在这里重申：交通部愿意就开展海上运输业务问题与台湾交通部门协商。我们热烈欢迎台湾交通部门派出代表，约定时间到北京或其他地方同我们协商，我们也随时准备派代表去台湾协商。我们还欢迎台湾航海界同仁前来大陆参加中国航海学会举办的各种学术交流活动。

交通部科技局副总工程师、原中国商船驾驶员总会常务理事周启新在会上发言说，我愿意去台湾和台湾航海界同仁一起寻找有效途径，为实现大陆与台湾早日通航作出努力。

人民海军北海舰队副司令员、原国民党"重庆"号军舰舰长邓兆祥在发言中说，今天，从国家和民族利益出发，我希望台湾海军中的老同学、老同事能同我们一起努力，促使两地通航和祖国统一早日实现。

为了便于开展航海学术交流，共同发展祖国航海事业，会议希望台湾航海界同仁和团体，尽快选出代表就任中国航海学会为台湾省保留的理事和常务理事的职务。会议希望台湾航海界派出代表前来参加有关学术会议，宣读论文，介绍科研成果。

到会人士还表示，希望同台湾航海界开展人员互访、通信、交换学术资料和刊物等活动，以便增进双方的了解，更加广泛地加强协作。

会议最后一致通过了给台湾航海界同仁的一封信。信中建议双方可以先通过航海学会这一类民间学术组织进行接触，然后经过航海界同仁的共同努力，促成双方有关当局协商具体通航办法，力争尽快实现大陆与台湾之间的直接通航。

国务院副总理徐向前在人民大会堂会见意大利晚邮报《世界》周刊记者埃利高·纳西和马里奥·彼劳斯

国务院副总理方毅在人民大会堂会见美国著名科学家查尔斯·斯塔克·德雷帕教授

中国科协第二届全国委员会常务委员会第二次会议在北京举行

会议讨论并通过了《中国科学技术协会自然科学专门学会组织通则》，批准成立了普及工作、学会工作、国际活动三个委员会，并讨论、通过了它们的职责；讨论并通过了《关于积极开展在职科技人员专业培训工作的意见》。会议还批准18个新的自然科学专门学会、协会和研究会加入中国科协。这次会议由中国科协副主席裴丽生主持。

培训在职科技人员将成为各自然科学专门学会和协会、研究会经常的、基本的工作。这是中国科协举行的二届二次常委会提出的要求。

会议通过的《关于积极开展在职科技人员专业培训工作的意见》指出，科技队伍的培养和建设，必须坚持学校教育与在职教育同时进行的方针，即在教育部门大力培养科技队伍后备力量的同时，认真地不断地提高现有在职科技工作者的水平。这份"意见"接着指出，在现代科学日新月异的今天，为了适应四化建设的要求，不仅初级科技工作者，就是中年科技骨干乃至学有专长的高级科技专家，都有重新学习的迫切要求。为此，中国科协各学会、协会和研究会，应该责无旁贷地采取切实有效的措施，把在职科技人员的专业培训工作抓紧抓好，抓出成效来。

我国第一个报告文学创作研究会在武汉成立

新华社报道，报告文学创作研究会是全国报告文学作者、新闻、文艺、出版和大专院校等方面的宣传、教育工作者自愿结合的群众文化团体。它的宗旨和任务是：在中国共产党领导下，以马克思列宁主义、毛泽东思想为指导，努力繁荣报告文学创作，深入进行报告文学的理论研究、普及报告文学知识和交流写作经验，使报告文学更好地为人民服务，为社会主义服务。

报告文学创作研究会特聘请茅盾、穆青、田间、秦兆阳、秦牧、骆文、王蒙为顾问。推荐徐迟为会长，李蕤、柯岩、黄宗英、理由、碧野等 13 人为副会长。

刘仰峤逝世

教育部副部长、第五届全国政协委员刘仰峤，因患重病医治无效，于 8 月 17 日在北京逝世，终年 69 岁。

刘仰峤是山西岢岚人，青年时代就投身于中国人民的革命事业，参加过反帝大同盟、左联的活动。1936 年参加中国共产党。抗日战争时期和解放战争时期，刘仰峤同志先后担任过地委书记、军分区政委等职务；新中国成立后，曾任中共中央工业交通部副部长、武汉大学党委第一书记、副校长、中共湖北省委书记、中共河南省委书记、国务院高教部副部长、国家文物事业管理局临时党委书记、中国社会科学院党组副书记、秘书长。

8 月 18 日

中共中央政治局扩大会议在北京召开

这次会议的会期是 8 月 18 日至 23 日。18 日，邓小平在会上作题为《党和国家领导制度的改革》的讲话。8 月 31 日，政治局讨论通过了邓小平的讲话。这个讲话实际成为我国政治体制改革的纲领。

邓小平在中共中央政治局扩大会议上作题为《党和国家领导制度的改革》的讲话

同志们：

这次扩大会议，主要是讨论党和国家领导制度的改革以及一些有关问题。

一

国务院领导成员的变动，将是五届人大三次会议的主要议题之一。这次变动，包括华国锋同志不兼任总理，由赵紫阳同志接替；李先念、陈云、徐向前、王震同志和我不兼任副总理，由精力较强的同志担任；王任重同志因任党内重要职务，也不再兼任副总理。陈永贵同志请求解除他的副总理职务，中央决定同意。人大常委会副委员长和政协副主席的人选，经过与有关各方协商，也准备建议做一些变动。以上这些变动，是中央政治局常委反复研究过的。这次作为中央的正式建议，提交人大会议和政协会议讨论、决定。

关于国务院负责人人选的调整，中央做这样的考虑，原因是什么呢？

一是权力不宜过分集中。权力过分集中，妨碍社会主义民主制度和党的民主集中制的实行，妨碍社会主义建设的发展，妨碍集体智慧的发挥，容易造成个人专断，破坏集体领导，也是在新的条件下产生官僚主义的一个重要原因。

二是兼职、副职不宜过多。一个人的知识、经验、精力有限，左右上下兼职过多，工作难以深入，特别是妨碍选拔更多更适当的同志来担任领导工作。副职过多，效率难以提高，容易助长官僚主义和形式主义。

三是着手解决党政不分、以党代政的问题。中央一部分主要领导同志不兼任政府职务，可以集中精力管党，管路线、方针、政策。这样做，有利于加强和改善中央的统一领导，有利于建立各级政府自上而下的强有力的工作系统，管好政府职权范围的工作。

四是从长远着想，解决好交接班的问题。老同志是党和国家的宝贵财富，责任重大，而他们现在第一位的任务，是帮助党组织正确地选择接班人。这是一个庄严的职责。让比较年轻的同志走上第一线，老同志当好他们的参谋，支持他们的工作，这是保持党和政府正确领导的连续性、稳定性的重大战略措施。

中央的这些考虑，是为了对党和国家的领导制度进行必要的改革。五中全会决定成立书记处，中央已经迈出第一步。书记处成立以来，工作很有成效。这次国务院领导成员的变动，是改善政府领导制度的第一步。为了适应社会主义现代化建设的需要，为了适应党和国家政治生活民主化的需要，为了兴利除弊，党和国家的领导制度以及其他制度，需要改革的很多。我们要不断总结历史经验，深入调查研究，集中正确意见，从中央到地方，积极地、有步骤地继续进行改革。

二

改革党和国家领导制度及其他制度，是为了充分发挥社会主义制度的优越性，加速现代化建设事业的发展。

我们要充分发挥社会主义制度的优越性，当前和今后一个时期，主要应当努力实现以下三个方面的要求：(一)经济上，迅速发展社会生产力，逐步改善人民的物质文化生活；(二)政治上，充分发扬人民民主，保证全体人民真正享有通过各种有效形式管理国家、特别是管理基层地方政权和各项企业事业的权力，享有各项公民权利，健全革命法制，正确处理人民内部矛盾，打击一切敌对力量和犯罪活动，调动人民群众的积极性，巩固和发展安定团结、生动活泼的政治局面；(三)为了实现以上两方面的要求，组织上，迫切需要大量培养、发现、提拔、使用坚持四项基本原则的、比较年轻的、有专业知识的社会主义现代化建设人才。

我们进行社会主义现代化建设，是要在经济上赶上发达的资本主义国家，在政治上创造比资本主义国家的民主更高更切实的民主，并且造就比这些国家更多更优秀的人才。达到上述三个要求，时间有的可以短些，有的要长些，但是作为一个社会主义大国，我们能够也必须达到。所以，党和国家的各种制度究竟好不好，完善不完善，必须用是否有利于实现这三条来检验。

这里着重讲一下从组织上发挥社会主义的优越性，自觉地更新各级党政领导机关，逐步实现领导人员年轻化、专业化的问题。

多年来，我们没有在坚持四项基本原则的前提下，大胆提拔和放手使用比较年轻的有专业知识又有实际经验的人才。在"文化大革命"期间，我们的大批干部遭到林彪、"四人帮"的迫害，干部工作遭到严重破坏。这就造成了现在各级领导人员普遍老化的状况。人才问题，主要是个组织路线问题。很多新的人才需要培养，但是目前的主要任务，是善于发现、提拔以至大胆破格提拔中青年优秀干部。这是国家现代化建设事业客观存在的迫切需要，并不是一些老同志心血来潮提出的问题。

有些同志担心，在提拔中青年干部的时候，也许会把一些帮派分子甚至打砸抢分子选上来。这种担心有一定道理。因为至今还有一些地区、一些部门的领导班子没有整顿好，一些帮派分子可能利用提拔中青年干部的名义，把他们的党羽提拔上来。我在今年1月16日的讲话中说过，对"四人帮"的组织上、思想上的残余不可低估。我们在这点上一定要头脑清醒。跟随林彪、江青一伙造反起家的人，帮派思想严重的人，打砸抢分子，绝对不能提上来，一个也不能提上来，已经在领导岗位上的，必须坚决撤下去。如果不提高警惕，让他们占据领导岗位，重新耍两面派，扎根串联，隐蔽下来，即使是少数人，也可能给我们带来无法预料的祸害。

有些同志说，干部还是一个台阶、一个台阶地上好。1975年，针对"文化大革命"期间的错误做法，我说过这个话。用坐火箭、坐直升机的办法提拔干部，我们再也不能这么干了。干部要顺着台阶上，一般的意义是说，干部要有深入群众、熟悉专业、积累经验和经受考验锻炼的过程。但是我们不能老守着关于台阶的旧观念。干部的提升，不能只限于现行党政干部中区、县、地、省一类台阶，各行各业应当有不同的台阶，不同的职务和职称。随着建设事业的发展，还要制定各个行业提升干部和使用人才的新要求、新方法。将来很多职务、职称，只要考试合格，就应当录用或者授予。打破那些关于台阶的过时的观念，创造一些适合新形势新任务的台阶，这才能大胆破格提拔。而且不管新式老式的台阶，总不能老是停留在嘴巴上说。一定要真正把优秀的中青年干部提拔上来，快点提拔上来。提拔干部不能太急，但是太慢了也要误现代化建设的大事。现在就已经误了不少啊！特别优秀的，要给他们搭个比较轻便的梯子，使他们越级上来。这次我们提出减少兼职过多、权力过分集中的现象，目的之一，也是为了给中青年同志腾出台阶。台阶挤得满满的，他们怎么上来？台阶有了空位又不给他们，他们怎么上来？

有些同志担心，年轻人经验不够，不能胜任。我看，这种担心是不必要的。经验够不够，只是比较而言。老实说，老干部对于现代化建设中的新问题，不是也没有什么经验，也要犯一些错误吗？一般说来，年轻人经验少一些，这是事实。但是，同志们回想一下，我们中间许多人当大干部、做大事，开始的时候还不是二三十岁？应该承认，现在一些中青年同志的知识，比我们那个时候并不少。经过的斗争考验少一点，领导经验少一点，这是客观条件造成的。不在其位，不谋其政嘛。放在那个位置上，他们就会逐步得到提高。解放后大专、中专毕业的学生七八百万，其中大多数出身于工农家庭，经过了十年以上的锻炼。没有受过大专、中专教育的中青年干部有实践经验，缺点是文化知识水平低一点，只要有计划地训练和培养，很多人一定可以成为又红又专的干部。此外还有一大批刻苦自学的中青年优秀人才。上山下乡的青年中，也有不少深入群众、用功学习、很有才干的人。实际上，现在大批中青年干部已经成为各条战线上的骨干，同那些高高在上、不深入下层的干部来比，他们更了解群众，更了解实际。很多工作主要是依靠他们，只是因为没有提拔，他们没有决定问题的权力，遇事只好不住地请示报告。这就成为我们的官僚主义现象的一大来源。总之，我们决不要低估这一大批中青年干部。很多中青年干部政治本质很好，不是帮派分子，思想路子对，又有一定的专业知识，为什么不去选拔和破格使用？有些企业和单位，群众自己选举出的干部，一些毛遂自荐、自告奋勇担任负责工作的干部，很快就作出了成绩，比单是从上面指定的干部合适得多。这样的事实，难道还不能使我们猛省吗？好的中青年干部到处都有。"文化大革命"中长期对林彪、江青一伙的做法不满，进行积极或消极抵制，政治表现好，又肯干，有专业知识的中青年干部，各行各业、各地区、各单位都有，问题是我们没有发现和提拔他们。就是一度受过林彪、江青一伙的欺骗，犯过一些错误，后来确已觉悟转变而又确有真才实学的人，我们也不能抛开不用。不少同志只是看到周围熟悉的一点人，总在原来的一些人中打圈子，不会深入到群众中去选拔人才，这也是一种官僚主义。

我们一定要吸取"文化大革命"的教训，同时也一定要清醒地看到我们国家面临着现代化建设巨大任务的形势和现有大批干部不能适应现代化建设需要的实际，要坚决克服那种不从长远看问题的短视观点。我们有正确的思想路线、政治路线和组织路线，只要大胆而谨慎地工作，只要经过周密的调查研究，广泛听取群众意见，就完全有把握把大批优秀的中青年干部提拔起来，保证我们的事业后继有人，后来居上。

陈云同志提出，我们选干部，要注意德才兼备。所谓德，最主要的，就是坚持社会主义道路和党的领导。在这个前提下，干部队伍要年轻化、知识化、专业化，并且要把对于这种干部的提拔使用制度化。这些意见讲得好。许多同志除了不注意干部队伍的年轻化外，对干部队伍的知识化、专业化也很不重视。这也是过去在知识分子问题上长期存在的“左”倾思想的一种恶果。

目前的问题是，现行的组织制度和为数不少的干部的思想方法，不利于选拔和使用四个现代化所急需的人才。希望各级党委和组织部门在这个问题上来个大转变，坚决解放思想，克服重重障碍，打破老框框，勇于改革不合时宜的组织制度、人事制度，大力培养、发现和破格使用优秀人才，坚决同一切压制和摧残人才的现象作斗争。经过十多年的考验，中青年同志的政治面貌，领导和群众基本上都是清楚的。老同志还在，采取从上看和从下看互相结合的办法，是应当可以选好选准的。这项工作，当然要有步骤地进行，但是太慢了不行。错过时机，老同志都不在了，再来解决这个问题，就晚了，要比现在难得多，对于我们这些老同志来说，就是犯了历史性的大错误。

三

党和国家现行的一些具体制度中，还存在不少的弊端，妨碍甚至严重妨碍社会主义优越性的发挥。如不认真改革，就很难适应现代化建设的迫切需要，我们就要严重地脱离广大群众。

从党和国家的领导制度、干部制度方面来说，主要的弊端就是官僚主义现象，权力过分集中的现象，家长制现象，干部领导职务终身制现象和形形色色的特权现象。

官僚主义现象是我们党和国家政治生活中广泛存在的一个大问题。它的主要表现和危害是：高高在上，滥用权力，脱离实际，脱离群众，好摆门面，好说空话，思想僵化，墨守成规，机构臃肿，人浮于事，办事拖拉，不讲效率，不负责任，不守信用，公文旅行，互相推诿，以至官气十足，动辄训人，打击报复，压制民主，欺上瞒下，专横跋扈，徇私行贿，贪赃枉法，等等。这无论在我们的内部事务中，或是在国际交往中，都已达到令人无法容忍的地步。

官僚主义是一种长期存在的、复杂的历史现象。我们现在的官僚主义现象，除了同历史上的官僚主义有共同点以外，还有自己的特点，既不同于旧中国的官僚主义，也不同于资本主义国家中的官僚主义。它同我们长期认为社会主义制度和计划管理制度必须对经济、政治、文化、社会都实行中央高度集权的管理体制有密切关系。我们的各级领导机关，都管了很多不该管、管不好、管不了的事，这些事只要有一定的规章，放在下面，放在企业、事业、社会单位，让他们真正按民主集中制自行处理，本来可以很好办，但是统统拿到党政领导机关、拿到中央部门来，就很难办。谁也没有这样的神通，能够办这么繁重而生疏的事情。这可以说是目前我们所特有的官僚主义的一个总病根。官僚主义的另一病根是，我们的党政机构以及各种企业、事业领导机构中，长期缺少严格的从上而下的行政法规和个人负责制，缺少对于每个机关乃至每个人的职责权限的严格明确的规定，以至事无大小，往往无章可循，绝大多数人往往不能独立负责地处理他所应当处理的问题，只好成天忙于请示报告，批转文件。有些本位主义严重的人，甚至遇到责任互相推诿，遇到权利互相争夺，扯不完的皮。还有，干部缺少正常的录用、奖惩、退休、退职、淘汰办法，反正工作好坏都是铁饭碗，能进不能出，能上不能下。这些情况，必然造成机构臃肿，层次多，副职多，闲职多，而机构臃肿又必然促成官僚主义的发展。因此，必须从根本上改变这些制度。当然，官僚主义还有思想作风问题的一面，但是制度问题不解决，思想作风问题也解决不了。所以，过去我们虽也多次反过官僚主义，但是收效甚微。解决以上所说的制度问题，要进行大量的工作，包括进行教育和思想斗争，但是非做不可，否则，我们的经济事业和各项工作都不可能有效地前进。

权力过分集中的现象，就是在加强党的一元化领导的口号下，不适当地、不加分析地把一切权力集中于党委，党委的权力又往往集中于几个书记，特别是集中于第一书记，什么事都要第一书记挂帅、拍板。党的一元化领导，往往因此而变成了个人领导。全国各级都不同程度地存在这个问题。权力过分集中于个人或少数人手里，多数办事的人无权决定，少数有权的人负担过重，必然造成官僚主义，必然要犯各种错误，必然要损害各级党和政府的民主生活、集体领导、民主集中制、个人分工负责制等等。这种现象，同我国历史上封建专制主义的影响有关，也同共产国际时期实行的各国党的工作中领导者个人高度集权的传统有关。我们历史上多次过分强调党的集中统一，过分强调反对分散主义、闹独立性，很少强调必要的分权和自主权，很少反对个人过分集权。过去在中央和地方之间，分过几次权，但每次都没有涉及党同政府、经济组织、群众团体等等之间如何划分职权范围的问题。我不是说不要强调党的集中统一，不是说任何情况下强调集中统一都不对，也不是说不要反对分散主义、闹独立性，问题都在于“过分”，而且对什么是分散主义、闹独立性也没有搞得很清楚。党成为全国的执政党，特别是生产资料私有制的社会主义改造基本完成以后，党的中心任务已经不同于过去，社会主义建设的任务极为繁重复杂，权力过分集中，越来越不能适应社会主义事业的发展。对这个问题长期没有足够的认识，成为发生“文化大革命”的一个重要原因，使我们付出了沉重的代价。现在再也不能不解决了。

革命队伍内的家长制作风，除了使个人高度集权以外，还使个人凌驾于组织之上，组织成为个人的工具。家长制是历史非常悠久的一种陈旧社会现象，它的影响在党的历史上产生过很大危害。陈独秀、王明、张国焘等人都是搞家长制的。从遵义会议到社会主义改造时期，党中央和毛泽东同志一直比较注意实行集体领导，实行民主集中制，党内民主生活比较正常。可惜，这些好的传统没有坚持下来，也没有形成严格的完善的制度。例如，党内讨论重大问题，不少时候发扬民主、充分酝酿不够，由个人或少数人匆忙作出决定，很少按照少数服从多数的原则实行投票表决，这表明民主集中制还没有成为严格的制度。从1958年批评反冒进、1959年“反右倾”以来，党和国家的民主生活逐渐不正常，“一言堂”、个人决定重大问题、个人崇拜、个人凌驾于组织之上一类家长制现象，不断滋长。林彪鼓吹“顶峰”论，说毛主席的话是最高指示，这种说法在全党全军全国广为流传。粉碎“四人帮”后，还把个人崇拜的一套搬了一段时间。对其他领导人的纪念，有时也带有个人崇拜的成分。最近，中央发出了关于坚持“少宣传个人”的几个问题的指示，指出这些不适当的纪念方法不但造成铺张浪费，脱离群众，而且本身就带有个人创造历史的色彩，不利于在党内外进行马克思主义教育，不利于扫除封建思想和资产阶级思想的影响。这个指示还为纠正这一类缺点，作出了若干规定。这是一个很重要的文件。还要说道，1958年以后，到处给毛泽东同志和其他中央同志盖房子，“四人帮”垮台后，还搞中南海地面工程，都造成很坏的影响，很大的浪费。此外，至今还有一些高级干部，所到之处，或则迎送吃喝，或则封锁交通，或则大肆宣扬，很不妥当。以上种种严重脱离群众的事情，从中央到各级不许再做了。

不少地方和单位，都有家长式的人物，他们的权力不受限制，别人都要唯命是从，甚至形成对他们的人身依附关系。我们的组织原则中有一条，就是下级服从上级，说的是对于上级的决定、指示，下级必须执行，但是不能因此否定党内同志之间的平等关系。不论是担负领导工作的党员，或者是普通党员，都应以平等态度互相对待，都平等地享有一切应当享有的权利，履行一切应当履行的义务。上级对下级不能颐指气使，尤其不能让下级办违反党章国法的事情；下级也不应当对上级阿谀奉承，无原则地服从，“尽忠”。不应当把上下级之间的关系搞成毛泽东同志多次批评过的猫鼠关系，搞成旧社会那种君臣父子关系或帮派关系。一些同志犯严重错误，同这种家长制作风有关，就是林彪、江青这两个反革命集团所以能够形成，也同残存在党内的这种家长制作风分不开。总之，不彻底消灭这种家长制作风，就根本谈不上什么党内民主，什么社会主义民主。

干部领导职务终身制现象的形成，同封建主义的影响有一定关系，同我们党一直没有妥善的退休解职办法也有关系。革命战争时期大家年纪都还轻，50年代正值年富力强，不存在退休问题，但是后来没有及时解决，是一个失策。应当承认，在当时的具体历史条件下，这个问题也无法解决或无法完全解决。五中全会讨论的党章草案，提出废除干部领导职务终身制，现在看来，还需要进一步修改、补充。关键是要健全干部的选举、招考、任免、考核、弹劾、轮换制度，对各级各类领导干部(包括选举产生、委任和聘用的)职务的任期，以及离休、退休，要按照不同情况，作出适当的、明确的规定。任何领导干部的任职都不能是无限期的。

“文化大革命”中，林彪、“四人帮”大搞特权，给群众造成很大灾难。当前，也还有一些干部，不把自己看作是人民的公仆，而把自己看作是人民的主人，搞特权，特殊化，引起群众的强烈不满，损害党的威信，如不坚决改正，势必使我们的干部队伍发生腐化。我们今天所反对的特权，就是政治上经济上在法律和制度之外的权利。搞特权，这是封建主义残余影响尚未肃清的表现。旧中国留给我们的，封建专制传统比较多，民主法制传统很少。解放以后，我们也没有自觉地、系统地建立保障人民民主权利的各项制度，法制很不完备，也很不受重视，特权现象有时受到限制、批评和打击，有时又重新滋长。克服特权现象，要解决思想问题，也要解决制度问题。公民在法律和制度面前人人平等，党员在党章和党纪面前人人平等。人人有依法规定的平等权利和义务，谁也不能占便宜，谁也不能犯法。不管谁犯了法，都要由公安机关依法侦查，司法机关依法办理，任何人都不许干扰法律的实施，任何犯了法的人都不能逍遥法外。谁也不能违反党章党纪，不管谁违反，都要受到纪律处分，也不许任何人干扰党纪的执行，不许任何违反党纪的人逍遥于纪律制裁之外。只有真正坚决地做到了这些，才能彻底解决搞特权和违法乱纪的问题。要有群众监督制度，让群众和党员监督干部，特别是领导干部。凡是搞特权、特殊化，经过批评教育而又不改的，人民就有权依法进行检举、控告、弹劾、撤换、罢免，要求他们在经济上退赔，并使他们受到法律、纪律处分。对各级干部的职权范围和政治、生活待遇，要制定各种条例，最重要的是要有专门的机构进行铁面无私的监督检查。

我们过去发生的各种错误，固然与某些领导人的思想、作风有关，但是组织制度、工作制度方面的问题更重要。这些方面的制度好可以使坏人无法任意横行，制度不好可以使好人无法充分做好事，甚至会走向反面。即使像毛泽东同志这样伟大的人物，也受到一些不好的制度的严重影响，以至对党对国家对他个人都造成了很大的不幸。我们今天再不健全社会主义制度，人们就会说，为什么资本主义制度所能解决的一些问题，社会主义制度反而不能解决呢？这种比较方法虽然不全面，但是我们不能因此而不加以重视。斯大林严重破坏社会主义法制，毛泽东同志就说过，这样的事件在英、法、美这样的西方国家不可能发生。他虽然认识到这一点，但是由于没有在实际上解决领导制度问题以及其他一些原因，仍然导致了“文化大革命”的十年浩劫。这个教训是极其深刻的。不是说个人没有责任，而是说领导制度、组织制度问题更带有根本性、全局性、稳定性和长期性。这种制度问题，关系到党和国家是否改变颜色，必须引起全党的高度重视。

如果不坚决改革现行制度中的弊端，过去出现过的一些严重问题今后就有可能重新出现。只有对这些弊端进行有计划、有步骤而又坚决彻底的改革，人民才会信任我们的领导，才会信任党和社会主义，我们的事业才有无限的希望。

我们在讲到党和国家领导制度方面的弊端的时候，不能不涉及毛泽东同志晚年所犯的错误。正在起草的关于新中国成立以来党的若干历史问题的决议，将对毛泽东思想进行系统的阐述，也将对毛泽东同志的功过进行比较全面的评价，其中包括批评他在“文化大革命”中的错误。我们共产党人是彻底的唯物主义者，只能实事求是地肯定应当肯定的东西，否定应当否定的东西。毛泽东同志在他的一生中，为我们的党、国家和人民建立了不朽的功勋。他的功绩是第一位的，他的错误是第二位的。因为他的功绩而讳言他的错误，这不是唯物主义的态度。因为他的错误而否定他的功绩，同样不是唯物主义的态度。“文化大革命”所以错误和失败，正因为它完全违反了毛泽东思想的科学原理。经过长期实践检验证明是正确的毛泽东思想的科学原理，不但在历史上曾经引导我们取得胜利，而且在今后长期的斗争中，仍将是我们的指导思想。对于党的这样一个重大原则表示任何怀疑和动摇，都是不正确的，都是同中国人民的根本利益相违背的。

四

现在说一下肃清封建主义和资产阶级思想影响的问题。

上面讲到的种种弊端，多少都带有封建主义色彩。封建主义的残余影响当然不止这些。还有，如社会关系中残存的宗法观念、等级观念；上下级关系和干群关系中在身份上的某些不平等现象；公民权利义务观念薄弱；经济领域中的某些“官工”、“官商”、“官农”式的体制和作风；片面强调经济工作中的地区、部门的行政划分和管辖，以至画地为牢，以邻为壑，有时两个社会主义企业、社会主义地区办起交涉来会发生完全不应有的困难；文化领域中的专制主义作风；不承认科学和教育对于社会主义的极大重要性，不承认没有科学和教育就不可能建设社会主义；对外关系中的闭关锁国、夜郎自大；等等。拿宗法观念来说，“文化大革命”中，一人当官，鸡犬升天，一人倒霉，株连九族，这类情况曾发展到很严重的程度。甚至现在，任人唯亲、任人唯派的恶劣作风，在有些地区、有些部门、有些单位，还没有得到纠正。一些干部利用职权，非法安排家属亲友进城、就业、提干等现象还很不少。可见宗法观念的余毒决不能轻视。要彻底解决上述这些问题，还需要我们付出很大的努力。

我们进行了28年的新民主主义革命，推翻封建主义的反动统治和封建土地所有制，是成功的，彻底的。但是，肃清思想政治方面的封建主义残余影响这个任务，因为我们对它的重要性估计不足，以后很快转入社会主义革命，所以没有能够完成。现在应该明确提出继续肃清思想政治方面的封建主义残余影响的任务，并在制度上做一系列切实的改革，否则国家和人民还要遭受损失。

对待这一任务，要有实事求是的科学态度。要运用马克思列宁主义、毛泽东思想，对于封建主义遗毒的表现，进行具体的准确的如实的分析。首先，要划清社会主义同封建主义的界限，决不允许借反封建主义之名来反社会主义，也决不允许用“四人帮”所宣扬的那套假社会主义来搞封建主义。其次，也要划清文化遗产中民主性精华同封建性糟粕的界限。还要划清封建主义遗毒同我们工作中由于缺乏经验而产生的某些不科学的办法、不健全的制度的界限。不要又是一阵风，不加分析地把什么都说成是封建主义。

肃清封建主义残余影响，对广大干部和群众说来，是一种自我教育和自我改造，是为了从封建主义遗毒中摆脱出来，解放思想，提高觉悟，适应现代化建设的需要，努力为人民做贡献，为社会做贡献，为人类做贡献。肃清封建主义残余影响，重点是切实改革并完善党和国家的制度，从制度上保证党和国家政治生活的民主化、经济管理的民主化、整个社会生活的民主化，促进现代化建设事业的顺利发展。这需要认真调查研究，比较各国的经验，集思广益，提出切实可行的方案和措施。不能认为只要破字当头，立就在其中了。必须明确，不要搞什么反封建主义的政治运动和宣传运动，不要对什么人搞过去那种政治批判，更不能把斗争矛头对着干部和群众。历史经验证明，用大搞群众运动的办法，而不是用透彻说理、从容讨论的办法，去解决群众性的思想教育问题，而不是用扎扎实实、稳步前进的办法，去解决现行制度的改革和新制度的建立问题，从来都是不成功的。因为在社会主义社会中解决群众思想问题和具体的组织制度、工作制度问题，同革命时期对反革命分子的打击和对反动制度的破坏，本来是原则上根本不同的两回事。

在思想政治方面肃清封建主义残余影响的同时，决不能丝毫放松和忽视对资产阶级思想和小资产阶级思想的批判，对极端个人主义和无政府主义的批判。是封建主义残余比较严重，还是资产阶级影响比较严重，在不同的地区和部门，在不同问题上，在不同年龄、经历和教养的人身上，情况可以很不同，千万不可一概而论。此外，我国经历百余年的半封建、半殖民地社会，封建主义思想有时也同资本主义思想、殖民地奴化思想互相渗透结合在一起。由于近年国际交往增多，受到外国资产阶级腐朽思想作风、生活方式影响而产生的崇洋媚外的现象，现在已经出现，今后还会增多。这是必须认真解决的一个重大问题。

中国在经济上文化上落后，并不是一切都落后。一些外国在技术上管理上先进，并不是一切都先进。我们的党和人民浴血奋斗多年，建立了社会主义制度。尽管这个制度还不完善，又遭受了破坏，但是无论如何，社会主义制度总比弱肉强食、损人利己的资本主义制度好得多。我们的制度将一天天完善起来，它将吸收我们可以从世界各国吸收的进步因素，成为世界上最好的制度。这是资本主义所绝对不可能做到的。由于我们在社会主义革命和社会主义建设的历史上犯过错误，就对社会主义丧失信心，认为社会主义不如资本主义，这种思想是完全错误的；由于要肃清封建主义残余影响，就认为可以去宣扬资本主义的思想，也是完全错误的。我们一定要彻底批判这些错误思想，绝对不能让它们流行。我们提倡按劳分配，承认物质利益，是要为全体人民的物质利益奋斗。每个人都应该有他一定的物质利益，但是这决不是提倡各人抛开国家、集体和别人，专门为自己的物质利益奋斗，决不是提倡各人都向“钱”看。要是那样，社会主义和资本主义还有什么区别？我们从来主张，在社会主义社会中，国家、集体和个人的利益在根本上是一致的，如果有矛盾，个人的利益要服从国家和集体的利益。为了国家和集体的利益，为了人民大众的利益，一切有革命觉悟的先进分子必要时都应当牺牲自己的利益。我们要向全体人民、全体青少年努力宣传这种高尚的道德。

现在有些青年，有些干部子女，甚至有些干部本人，为了出国，为了搞钱，违法乱纪，走私受贿，投机倒把，不惜丧失人格，丧失国格，丧失民族自尊心，这是非常可耻的。近一两年内，通过不同渠道运进了一些黄色、下流、淫秽、丑恶的照片、影片、书刊等，败坏我们社会的风气，腐蚀我们的一些青年和干部。如果听任这种瘟疫传布，将诱使许多意志不坚定的人道德败坏，精神堕落。各级组织都要严肃地注意这个问题，采取坚决有效的措施，予以查禁、销毁，坚决不允许继续流入。在国内经济工作中，歪曲现行经济政策，利用经济管理工作中的漏洞而进行各种违法活动的个人、小集团甚至企业、单位，也有所增加。对于这种反社会主义的违法活动和犯罪分子，也必须严重警惕，坚决斗争。

总之，必须把肃清封建主义残余影响的工作，同对于资产阶级损人利己、唯利是图思想和其他腐化思想的批判结合起来。

对于资本主义、资产阶级思想，当然也要采取科学的态度。前些时候有的地方为了进行革命思想的教育，重提“兴无灭资”的口号。有关文件我是看过的，当时没有感觉到有什么问题。现在看来，这个老口号不够全面，也不很准确。有些同志因为没有充分地调查和分析，把我们现行的一些有利于发展生产、发展社会主义事业的改革，也当作资本主义去批判，这就不对了。什么是资产阶级思想中需要坚决批判和防止蔓延的东西，什么是经济生活中需要坚决克服和抵制的资本主义倾向，如何正确地进行批判，还有必要继续进行研究并作出妥善的规定，以防重犯过去的错误。

五

对党和国家领导制度的改革，中央经过多次酝酿，有一些已经在五中全会以后开始实施，有一些即将在五届人大三次会议上提出，其他也将在条件成熟时陆续采取具体步骤。除了前面已经说过的以外，现在正在考虑逐步进行的还有如下重大改革：

第一，中央将向五届人大三次会议提出修改宪法的建议。要使我们的宪法更加完备、周密、准确，能够切实保证人民真正享有管理国家各级组织和各项企业事业的权力，享有充分的公民权利，要使各少数民族聚居的地方真正实行民族区域自治，要改善人民代表大会制度，等等。关于不允许权力过分集中的原则，也将在宪法上表现出来。

第二，中央已经设立了纪律检查委员会，正在考虑再设立一个顾问委员会(名称还可以再考虑)，连同中央委员会，都由党的全国代表大会选举产生，并明确规定各自的任务和权限。这样，就可以让一大批原来在中央和国务院工作的老同志，充分利用他们的经验，发挥他们的指导、监督和顾问的作用。同时，也便于使中央和国务院的日常工作班子更加精干，逐步实现年轻化。

第三，真正建立从国务院到地方各级政府从上到下的强有力的工作系统。今后凡属政府职权范围内的工作，都由国务院和地方各级政府讨论、决定和发布文件，不再由党中央和地方各级党委发指示、作决定。政府工作当然是在党的政治领导下进行的，政府工作加强了，党的领导也加强了。

第四，有准备有步骤地改变党委领导下的厂长负责制、经理负责制，经过试点，逐步推广、分别实行工厂管理委员会、公司董事会、经济联合体的联合委员会领导和监督下的厂长负责制、经理负责制。还有党委领导下的校长、院长、所长负责制等等，也考虑有准备有步骤地加以改革。过去的工厂管理制度，经过长期的实践证明，既不利于工厂管理的现代化，不利于工业管理体制的现代化，也不利于工厂里党的工作的健全。实行这些改革，是为了使党委摆脱日常事务，集中力量做好思想政治工作和组织监督工作。这不是削弱党的领导，而是更好地改善党的领导，加强党的领导。这些单位的行政负责人要努力学习各种有关管理和技术专业，再不能长期泡在各种会议里，老是当外行，那样我们就永远实现不了现代化。这些同志大多数是党员，管理制度改变了，他们除了要受上级行政部门的行政领导以外，还要受上级党组织的政治领导和同级党组织的监督。同级党组织的任务也没有减轻，而是真正加强了党的工作。工厂、公司、院、校、所的各级党组织，要管好所有的党员，做好群众工作，使党员在各自的岗位上发挥先锋模范作用，使党的组织真正成为各个企业事业的骨干，真正成为教育和监督所有党员的组织，保证党的政治路线的执行和各项工作任务的完成。考虑到这个改革对全国广大的基层组织影响很大，现在还要广泛征求意见，到时机成熟时再作决定。

第五，各企业事业单位普遍成立职工代表大会或职工代表会议。这是早已决定了的，现在的问题是推广和完善化。职工代表大会或职工代表会议有权对本单位的重大问题进行讨论，作出决定，有权向上级建议罢免本单位的不称职的行政领导人员，并且逐步实行选举适当范围的领导人。

第六，各级党委要真正实行集体领导和个人分工负责相结合的制度。要明确哪些问题应当由集体讨论，哪些问题应当由个人负责。重大问题一定要由集体讨论和决定。决定时，要严格实行少数服从多数，一人一票，每个书记只有一票的权利，不能由第一书记说了算。集体决定了的事情，就要分头去办，各负其责，决不能互相推诿。失职者要追究责任。集体领导也要有个头，各级党委的第一书记，对日常工作要负起第一位的责任。在党委的其他成员中，都要强调个人分工负责。要提倡领导干部勇于负责，这同改变个人专断制度是两回事，不能混淆。

上述六条，都请同志们进行认真的讨论和研究，充分发表意见，包括发表不同的意见。有些问题，中央在原则上决定以后，还要经过试点，取得经验，集中集体智慧，成熟一个，解决一个，由中央分别作出正式决定，并制定周密的、切实可行的、能够在较长时期发挥作用的制度和条例，有步骤地实施。在中央制定并正式公布新的制度和条例以前，有关各方面的工作，仍照现行制度办事。

改革党和国家的领导制度，不是要削弱党的领导，涣散党的纪律，而正是为了坚持和加强党的领导，坚持和加强党的纪律。在中国这样的大国，要把几亿人口的思想和力量统一起来建设社会主义，没有一个由具有高度觉悟性、纪律性和自我牺牲精神的党员组成的能够真正代表和团结人民群众的党，没有这样一个党的统一领导，是不可能设想的，那就只会四分五裂，一事无成。这是全国各族人民在长期的奋斗实践中深刻认识到的真理。我们人民的团结，社会的安定，民主的发展，国家的统一，都要靠党的领导。坚持四项基本原则的核心，就是坚持党的领导。问题是党要善于领导；要不断地改善领导，才能加强领导。

社会主义现代化建设的极其艰巨复杂的任务摆在我们的面前。很多旧问题需要继续解决，新问题更是层出不穷。党只有紧紧地依靠群众，密切地联系群众，随时听取群众的呼声，了解群众的情绪，代表群众的利益，才能形成强大的力量，顺利地完成自己的各项任务。现在群众中需要解决的思想问题很多，党内需要解决的思想问题也很多。我们一定要把思想政治工作放在非常重要的地位，切实认真做好，不能放松。这项工作，各级党委要做，各级领导干部要做，每个党员都要做。要做得有针对性、细致深入和为群众所乐于接受。最重要的条件，就是凡是需要动员群众做的，每个党员，特别是担负领导职务的党员，必须首先从自己做起。因此，为了做好思想政治工作，也要求改善党的领导，改善党的领导制度。

同志们！改革并完善党和国家各方面的制度，是一项艰巨的长期的任务，改革并完善党和国家的领导制度，是实现这个任务的关键。对此，我们必须有足够的认识。毛泽东同志和其他已经去世的老一辈革命家，没有能够完成这个任务。这个担子已经落在我们的肩上。全党同志，特别是老同志，要为此付出自己的全部精力。党的三中全会以来，我们已经做了很多工作，解决了很多问题，取得了很多成绩。我们已经有了一个很好的前进阵地。现在提出改革并完善党和国家领导制度的任务，以适应现代化建设的需要，时机和条件都已成熟。这个任务，我们这一代人也许不能全部完成，但是，至少我们有责任为它的完成奠定巩固的基础，确立正确的方向。我相信，这一点是一定可以做到的。

《新华日报》发表评论员文章《充分尊重群众荐贤举能的民主权利》

评论说，为了在选拔干部工作上充分走群众路线，我们要破除这样一些思想顾虑：

一、怕泄密。选拔干部的工作，确有机密。但是，到底哪些是干部工作中应当保守的机密，哪些是应当破除的框框，必须搞清楚。现在的情况是，一方面，有些该保密的事情没有很好保密，“里外通”的情况并没有完全消除；另一方面，也确有一些不该保密的事情，却搞得相当神秘。应该看到，保守干部工作机密与选拔干部走群众路线不但不矛盾，而且是相辅相成的。我们讲保守干部工作的机密，完全是为了搞好干部工作，而不是要束缚群众的手脚。如果因为保密而妨碍了我们的工作，那么，这种保密就往往是束缚自己和群众手脚的老框框，正是应当加以破除的。

二、怕乱套。群众发动起来后，难免会七嘴八舌，众说纷纭，这是正常的现象，不足为怪。历史的经验证明，在任何问题上，完全的众口一词，一边倒，往往倒是一种不正常的情况。领导上对群众的不同意见，包括赞成的和反对的，正确的和错误的，等等，一是要兼而听之，借以从各个不同的角度全面地考察了解干部，避免片面性和盲目性。二是要积极做好工作，群众不了解的事情，要适当加以解释；对群众中的一些不正确意见，要做耐心细致的思想教育工作。事实证明，只要在群众推荐干部的过程中，始终加强党委的领导，而不是借口“群众说了算”，撒手不管、放任自流，那么，不但不会“乱套”，反而会给干部工作带来新的生气，把工作做得更好。

三、怕派性抬头。这个问题是很值得警惕的。有些单位的派性是“平时看不见，遇事有表现，关键时刻大表演”。选拔干部就是一个关键时刻，派性是很有可能跳出来表演一番的。我们决不可给派性以可乘之机，更不允许有人借此挑起派性。但是，也不能因为怕派性抬头，就缩手缩脚，对走群众路线产生犹豫和动摇。事实上只要大多数群众坚持党性，反对派性，即使有个别人坚持派性，企图浑水摸鱼，也是很难得逞的；而只会充分地暴露他们自己，更便于组织上有的放矢地做好工作，彻底解决派性问题。

四、怕领导看中的干部，群众不推荐。领导与群众一样，也有向组织推荐干部的民主权利。如果领导同志看中的干部确是出类拔萃的人才，相信大多数群众是会推荐的。即使一时没有推荐上，经过耐心地摆事实讲道理，把情况说清楚，群众也是会赞同的。如果领导同志看中的干部并不是优秀的人才，群众推荐出了更好的干部，应该表示欢迎。倘若领导同志看中的干部不符合条件，群众不推荐则是无可非议的。一切出以公心、不徇私情的领导同志，都应该从善如流，心悦诚服，热情支持群众的推荐。

许多单位的实践证明，大胆放手地发动群众推荐干部好处很多。它有利于打开眼界，解放思想，冲破老框框，广开才路。发动群众来推荐干部，容易把各方面的优秀人才发现和推荐出来。另一方面，大胆放手让群众推荐干部，还有利于调动干部群众的积极性。

《人民日报》发表社论《从“蔗粮挂钩”谈发挥优势》

福建省采取“蔗粮挂钩”的政策措施，安排“优中择优”的生产布局，发展蔗糖生产，体现了按最大经济效益办事的指导思想，充分发挥了闽南几个地区适宜发展蔗糖生产的优势。这对于各地逐步调整农业生产布局，是一个十分有益的启示。

按最大的经济效益办事，是我们办一切经济工作的根本指导思想。农业生产是同大自然打交道的事，受当地自然条件的约束和影响，当地的土壤、气候、雨量、日照、温度等适宜发展什么生产，就应当发展什么生产。因地制宜，才能发挥优势，获得最大的经济效益。闽南一带自然条件适宜发展蔗糖生产，全国平均三亩多地的甘蔗产一吨糖，闽南一亩七、八分地就产一吨糖。近几年福建省采取措施鼓励闽南种蔗，他们的优势得以发挥，产量成倍增加，每年上调给国家的糖从2万多吨增加到18万吨；农民收入增加，口粮充足，国家和农民都得到利益。

要做到因地制宜发挥优势，首先要从当地的客观条件出发，看看适宜生产什么，而不能单纯根据主观愿望。也就是说，要把需要和可能结合起来，才可能取得更大的经济效果。多年来，规划生产往往只强调国家需要，而不考虑当地的实际情况。国家需要粮食，不适宜生产粮食的地方也得种植粮食作物。结果路子越走越窄，既使林牧副渔各业和经济作物的生产受到严重的影响，粮食生产的发展也很缓慢。当然，社会主义经济必须接受国家计划指导,服从国家需要。但是,国家计划的指导应当体现在使各地善于因地制宜发挥自己的优势,而不能强使各地干违反自然规律和经济规律的蠢事。如果这样,那就不是计划指导而是瞎指挥了。我们不能把国家需要和发挥各地优势对立起来,而要懂得发挥地方的优势正是满足国家需要的保证,只有让各地的优势充分发挥出来,地尽其力,人尽其才,物尽其用,国家的各种需要才能得到充分的满足。

要做到因地制宜发挥优势,在指导思想上必须明确,发展农业生产,应该千方百计地提高农产品的商品率,而不能追求自给自足、自成体系,不能搞大而全或小而全的生产布局。比如,闽南适于发展蔗糖生产,就不能硬要他们搞粮食自给。事实证明,在当地实行"蔗粮挂钩",不但为国家提供了更多的商品糖,也更好地解决了当地农民的口粮问题。现代化的大生产是社会生产,不论是多么富庶的地方,当地生产、生活的需要都不可能自给自足、万事不求人,而必须依靠交换。

因地制宜发挥优势,生产发展了,产品丰富了,通过国家计划、市场调节以及奖售政策调剂余缺,可以满足各地的需要。

要做到因地制宜发挥优势,必须提倡算经济账,讲求经济效果。由于极左思潮的泛滥,前些年只强调算政治账,不允许算经济账。生产队只能讲为革命种田,不能讲经济效益,否则就会被认为是脱离社会主义轨道,滑到了资本主义,就是方向道路问题。把讲究经济效果同资本主义联系起来,这是根本的颠倒,必须拨乱反正。我们要提倡算经济账,提倡讲求经济效果,使大家敢于抵制那些习惯于用政治大帽子压人、习惯于瞎指挥的恶劣作风。不肃清这一流毒,就难以做到因地制宜发挥优势。

为了发挥优势,在农业生产布局实行较大调整的时候,必须采取相应的政策和措施,为调整创造必要的条件。否则,不管怎样强调发挥优势,实际上仍然会宜林者不能林,宜牧者不能牧,因地制宜只是一句空话。我国北方棉区前几年为什么棉花产量连续下降?主要原因是棉价太低,棉农口粮不足。今年国家解决了棉农的口粮和棉花价格问题,北方棉区的生产形势就大有好转。福建省的甘蔗生产近几年为什么发展这样快?主要是实行了"蔗粮挂钩"的政策。因此,提倡发挥优势,一定要有一系列政策措施,认真解决由此引起的群众生活问题,使农民有利可图。离开群众的经济利益,怎么能够发挥优势?这里要特别注意粮食问题。一个地方不论发挥什么优势,必须保证群众对粮食的需要,否则一切都无从谈起。

发挥优势,趋利避害,要落实政策,要讲究科学。各地应当认真分析自己的各种条件,发展什么生产可以扬自己的长,避自己的短,获得最大的经济效益,就采取必要的措施,发展什么生产。按照这个原则来调整生产布局,就是落实了最受群众欢迎的政策,讲究了花钱少、见效快的科学。

微分几何与偏微分方程北京讨论会在北京科学会堂开幕

中、美等9个国家和地区的50多位数学家,将在为期5周的这一国际数学学术活动中,共同探讨微分几何与偏微分方程以及与此有联系的数学问题。这次北京讨论会是美国著名数学家陈省身教授提议,由中国科学院、北京大学、复旦大学联合举办的。中国科学院副院长严济慈主持了开幕式。中国数学家吴文俊和美国代表团团长陈省身在会上讲了话。

8月19日

国务院副总理李先念在北京会见日本三菱重工业株式会社最高顾问古贺繁一一行

会见时,李先念指出,随着中国经济进一步调整发展,中国同外国在船舶制造工业方面的合作将会增多。他说,我国工业设备比较落后,更重要的是管理不善。他感谢日本朋友给予积极的合作。

龙云被错划右派问题得到改正

《人民日报》报道,前民革中央副主席龙云被错划为右派的问题,最近已得到改正。1958年1月,龙云被划为右派分子。龙云于1962年6月27日逝世,终年75岁。不久前,民革中央常务委员会经过复查和讨论,决定对龙云所定的右派予以改正。最近,民革中央副主席兼秘书长甘祠森,代表民革中央已向龙云在京亲属,正式作了宣布。

国务院副总理万里在人民大会堂宴请由政府行政和政治组织部长盖伊·弗·西农率领的塞舌尔人民进步阵线代表团

国务院副总理姚依林在北京会见尼加拉瓜外贸部部长亚历杭德罗·马丁内斯·昆卡博士和夫人以及由其率领的代表团

姚依林在谈话中指出,中国同尼加拉瓜相距遥远,彼此之间了解很不够。但是,贸易可以作为桥梁,通过贸易,两国可以加强往来,增进了解。他祝贺中尼双方今天下午就尼加拉瓜明年向中国出口1万多吨棉花原则上达成协议。

8月20日

我国边防部队在中国锡金边界释放因越境被我扣留的40名印度军事人员

这40名印军官兵是在8月7日越过中锡边界侵入我国西藏自治区亚东地区的。中国外交部为此向印度方面提出了抗议。印方在答复中称,这支分队是在进行日常的巡逻时,由于天气不好而误入中国境内。印方对此表示歉意,并希望中国方面尽早释放这批人员。中国政府同意这一要求。移交工作已顺利完成。

国务院副总理方毅在人民大会堂会见美国波士顿学院化学系教授中国科学院兰州化学物理研究所名誉研究教授潘毓刚和夫人及女儿

中央军委授予陆军某师6连副班长贺昌富"爱民模范"称号

贺昌富在3月5日外出执行任务途中,为抢救车上的哈萨克族儿童恩特玛克而牺牲。5月初,他被追认为中国共产党党员。

中国田径选手在丹麦首都哥本哈根举行的国际田径赛中获得男子标枪 撑竿跳高和女子跳高3项冠军

8月21日

五届全国人大常委会第十五次会议在北京举行

会议决定:中华人民共和国第五届全国人民代表大会第三次会议于1980年8月30日在北京召开。

今天的会议由全国人大常委会委员长叶剑英主持。

这次会议的主要任务是为召开五届人大第三次会议做准备。在今天的会议上,首先通过了关于五届人大第三次会议召开日期的决定。会议还听取了全国人大常委会法制委员会副主任顾明作的关于《中华人民共和国中外合资经营企业所得税法(草案)》和《中华人民共和国个人所得税法(草案)》的说明;司法部第一副部长李运昌作的关于《中华人民共和国律师暂行条例(草案)》的说明;进出口管理委员会副主任江泽民作的关于在广东、福建两省设置经济特区和《广东省经济特区条例》的说明。

出席今天会议的有全国人大常委会副委员长乌兰夫、韦国清、彭真、谭震林、赛福鼎、廖承志、周建人、许德珩、胡厥文、萧劲光、朱蕴山。国务院副总理谷牧,最高人民法院院长江华,最高人民检察院检察长黄火青,各省、直辖市和自治区人大常委会的负责人,列席了今天的会议。

中共中央副主席邓小平会见意大利记者法拉奇并回答她的提问

21日、23日,邓小平两次会见法拉奇。

在谈到对毛泽东的评价时,邓小平指出:毛主席的功绩是第一位的。他是中国共产党、中华人民共和国的主要缔造者,他为中国人民做的事情是不能抹杀的,他多次从危机中把党和国家挽救过来。没有毛主席,至少我们中国人民还要在黑暗中摸索更长的时间。毛泽东思想是我们党的指导思想。毛泽东思想主要是毛泽东同志的思想,但不是他一个人的创造,包括老一辈革命家都参与了毛泽东思想的建立和发展。在回答毛泽东的错误同林彪、"四人帮"的区别问题时,邓小平说:毛主席晚年有些不健康的因素、不健康的思想逐渐露头,主要是一些"左"的思想。错误是从50年代后期开始的,他在生前没有把过去良好的作风,比如说民主集中制、群众路线,很好地贯彻下去,没有制定也没有形成良好的制度,以致最后导致了"文化大革命"。毛主席犯的是政治错误,这个错误不算小。另一方面,错误被林彪、"四人帮"这两个反革命集团利用了。他们的目的是阴谋夺权。所以要区别毛主席的错误同林彪、"四人帮"的罪行。毛主席的错误是第二位的,我们要实事求是地讲他后期的错误。我们还要继续坚持毛泽东思想。当谈到周恩来时,邓小平说:周总理是一生勤勤恳恳、任劳任怨工作的人,是同志们和人民很尊敬的人。在"文化大革命"中,他所处的地位十分困难,也说了好多违心的话,做了好多违心的事。但人民原谅他。因为他不做这些事,不说这些话,他自己也保不住,也不能在其中起中和作用,起减少损失的作用。他保护了相当一批人。当谈到如何避免类似"文化大革命"那样的错误时,邓小平说:这要从制度方面解决问题。我们过去的一些制度,实际上受了封建主义的影响,包括个人迷信、家长制或家长作风,甚至包括干部职务终身制。我们现在正在研究避免重复这种现象,准备从改革制度着手。要认真建立社会主义的民主制度和社会主义法制。只有这样,才能解决问题。

全国人大常委会副委员长乌兰夫在北京接受奥地利新任驻华特命全权大使沃尔夫冈·魏德递交的国书

国务院副总理康世恩在北京会见欧洲管理论坛主席克劳斯·施瓦布和夫人

外交部部长黄华在北京会见乔治·布什一行

黄华外长对曾担任过驻华联络处主任的布什先生这次既作为老朋友、又作为一位美国政治家，在理查德·艾伦陪同下，来中国访问表示欢迎。他赞扬布什先生曾经参与了发展中美关系的工作。

外交部部长黄华在北京会见以“暴风”部队副总司令阿布·杰哈德为团长的巴勒斯坦民族解放运动(法塔赫)代表团

全国乒乓球锦标赛在大连开幕

参加这次锦标赛的有27个省、市、自治区和中国人民解放军的16个甲级男队和16个甲级女队，103名男运动员和99名女运动员。竞赛项目有男子团体、女子团体、男子单打和女子单打。锦标赛将对男女团体前3名和男女单打前3名给予奖励。

中国男子体操队在美国康涅狄格州首府哈特福德举行的国际体操邀请赛中以289.350分获得团体冠军

第二届全国中学生运动会在太原闭幕

这届中学生运动会是对我国中学生体育运动水平的一次检阅。参加运动会的1500多名男女中学生选手，6天来进行了田径和篮球两个项目的比赛。男女甲、乙组进行的63项田径比赛中，绝大多数项目的成绩超过了1973年第一届全国中学生运动会的最高纪录。有6名女选手的标枪成绩和一名男选手的跳远成绩，超过了世界中学生运动会纪录，还有一名男选手打破了手榴弹全国少年纪录。

这届中学生运动会组织委员会副主任、山西省军区副司令员程良相致闭幕词。

国家体委副主任黄中在闭幕式上讲话。他说，提高我们国家的运动水平，攀登世界体育高峰，为国争光，也要靠从中学生中不断涌现出来的优秀的后备力量。我们要认真贯彻党的德、智、体全面发展的教育方针，切实按照教育部、国家体委联合颁布的《中、小学体育工作暂行规定》的具体要求，积极开展中小学体育工作，增强青年学生的体质，为我国四化建设培养更多的人才。

这届运动会田径比赛男、女团体总分第一名至第六名的代表队，田径各个项目和篮球比赛第一名至第六名的选手代表队，在闭幕式上获得了奖杯和奖状。

《人民日报》发表评论员文章《造就生龙活虎的新一代》

荟萃中学体育精英的第二届全国中学生运动会闭幕了。1500多个英姿勃勃的青少年在激烈紧张的比赛中，创造出一批优异的运动成绩，展示了我国80年代青少年的崭新姿容。

四化大业，迫切需要把青少年造就成为德、智、体全面发展的生龙活虎的新一代，也就是说，要把他们培养成为有理想、有道德、有知识、有体力的新一代。体育，不仅仅是德、智、体这“三育”中的一个方面，而且是德育、智育的物质基础。青少年身体强健，有助于理想的形成，道德的修养，知识的获得。反之，体质孱弱，即使有远大美好的理想，也难以实现；即使有完善的道德，渊博的知识，也难以充分发挥作用。早在数百年前，上升时期的资产阶级的思想家，就提出了德、智、体三育并重的教育思想。我们以实现共产主义为奋斗目标的无产阶级政党，更应当重视体育的作用，把培养造就德、智、体全面发展的社会主义新人，作为自己的神圣使命。这是关系着国家强弱、民族兴衰、四化成败的重大问题。我们的青少年只有真正做到了德、智、体全面发展，才能英姿勃勃地登上四化建设的大舞台，更好地为人民做贡献，为祖国做贡献，为人类做贡献。

我国体育正在全面走向世界。在一些重大国际比赛中，我国体育健儿创造了好的成绩，为祖国争得了荣誉，牵动了新长征路上亿万人民的心，振奋了民族精神。实践证明，培养大批优秀体育人才，是四化建设的需要。这种人才从哪里来？目前我国中学生有6000多万，加上大学和小学，在校学生达2.1亿多。他们是群众体育活动中最积极、最活跃、最富有生气的部分。我们的学校是体育人才的藏龙卧虎之地，一个个体育新秀、明星，将在这块沃土上培育出来。现在，我国体育运动的不少项目，同世界水平还有较大差距，要彻底改变落后面貌，进入世界体育强国之列，抓好学校体育是一个战略性的措施。这一环抓好了，我们的体育运动水平的迅速提高就大有希望，广大群众体育活动的深入开展也必将出现一个新局面。

在党和国家的重视和提倡下，开展学校体育活动，把青少年培养成有健康体魄的全面发展的一代新人，越来越为教育部门和社会各有关方面所重视。但是，忽视体育的陈旧观念还在一些人的头脑里存在着，学校体育工作中还存在不少困难和问题。在一些学校中，有相当数量的学生，体质和健康状况不好，很值得注意。因此，各级党委，特别是教育行政部门和体育部门，要把搞好学生的体育活动，真正摆到日程上来。要认真地、切实地帮助学校解决一些实际问题，如体育经费、体育师资和场地器材等。要注意纠正那种忽视体育，甚至挤掉体育的倾向和做法。各个学校要全面贯彻党的教育方针，充分发挥自己的主观能动性，把学生的体育活动卓有成效地开展起来,为造就生龙活虎的新一代,源源不断地给国家输送四化建设的栋梁之材,作出自己的贡献。

陈昌浩追悼会在北京举行

我党忠诚的无产阶级革命战士、原中央编译局副局长陈昌浩在林彪、“四人帮”的迫害下,于1967年7月30日不幸去世的,终年61岁。陈昌浩的追悼会,今天在北京中央办公厅礼堂举行。

陈昌浩是湖北汉阳县人。他早年参加革命,1926年加入共产主义青年团,在武汉积极从事我党领导的学生运动。1927年蒋介石叛变革命后,他在武汉坚持地下工作,同年12月党派他去莫斯科中山大学学习。1930年他从苏联回国,并由共青团员转为共产党员。1931年4月,党派他到鄂豫皖苏区,任鄂豫皖中共中央分局委员兼共青团特委书记。1931年9月至1937年3月,他先后任红四军政治委员、红四方面军总政治委员和中共鄂豫皖分局军委副主席、西路军军政委员会主席,参加了举世闻名的长征。1934年1月,在党的六届五中全会上,他被选为候补中央委员。1937年8月他到中央宣传部工作,并在陕北公学、抗大和马列学院讲课。1939年8月,党批准他去苏联养病。他在苏联翻译了大量政治书籍、文艺作品,并编了《俄华辞典》,对促进中苏文化交流、增进中苏友谊贡献了力量。1952年他从苏联回国,担任中央马列学院副教育长,1953年起任中央编译局副局长。

8月22日

国务院副总理邓小平会见美国共和党副总统候选人布什

邓小平在会见时说:我们对里根先生最近一个时期发表的一些政见和共和党的执政纲领感到不安。不管你们哪个党执政,都涉及中美关系是停滞、前进还是后退这样一个根本性的问题。我们历来阐述的观点是,中美关系是全球战略的一个重要组成部分,这是一个关键性的问题,其他问题不能代替。邓小平请布什向里根转达中国政府的四点正式立场:(一)中国政府希望中美关系发展,不应该停滞,更不应该后退。任何从中美建交公报后退的言论和行动,中国政府都坚决反对。(二)不管美国1980年大选后哪一个党执政,中国政府评价和判断美国政府的战略决策和对外政策都将把对中国的政策视为最重要的标志之一,因为这是一个全球战略的问题,不是一个局部性的问题。(三)如果共和党竞选纲领中对中国政策部分(其中包括对台湾的政策)和里根先生最近发表的有关言论,真的付诸实施的话,这只能导致中美关系的后退,连停滞都不可能。(四)如果以为中国有求于美国,以致一旦美国共和党竞选纲领中的对华政策和里根先生发表的有关言论成为美国政府的政策付诸实行,中国也只好吞下,别无选择,那完全是妄想。这不只是对共和党执政而言,即使民主党这样搞,也一样。因为这是一个很严肃的问题,所以,我把话说清楚,把这几点写成文字交给你,请转告里根先生。

中日《船舶技术检验合作协议》在东京签订

中华人民共和国船舶检验局和日本海事协会8月22日在东京签订了《船舶技术检验合作协议》。日本海事协会已于今年1月20日正式终止了与台湾“中国验船协会”签订的协议。

国务院副总理谷牧在北京会见由池浦喜三郎行长率领的日本兴业银行访华团

国务院副总理陈慕华在人民大会堂宴请以“暴风”部队副总司令阿布·杰哈德为团长的巴勒斯坦民族解放运动(法塔赫)代表团

武汉市第二医院外科副主任陈信康受聘为美国神经外科学会会员

陈信康今年52岁,1955年毕业于上海第二医学院。1970年他参加了武汉市第二医院对痉挛性斜颈的治疗研究工作。陈信康等人根据自己的实践,设计出了治疗这种疾患的新的外科手术方案。今年8月20日,美国神经外科医生团的专家们在武汉市第二医院,观看了陈信康等人用这种新方案做的痉挛性斜颈外科手术,认为“这是在神经外科领域内的一项新的进展”。

当天,美国神经外科医生团团长威因斯坦代表美国神经外科学会向陈信康递交了聘书。22日陈信康把接受聘请的书信交给了威因斯坦。

美国神经外科学会是一个国际性的学术组织,目前拥有37个国家的2100多名会员。

中国女子体操运动员在哈特福德国际体操邀请赛上获得团体和个人全能冠军

《人民日报》发表评论员文章《重视农村的环境保护》

随着农村社队工业的日益发展,农村环境污染问题逐步突出了。本报经常收到一些社员来信,反映有些工厂(包括社队工厂和国营工厂)任意排泄有毒污水、有毒气体和其他有害物质,污染了水质,破坏了农田,甚至毒死了庄稼,人畜也受其害。农民的这类呼声,应当引起有关部门的重视。

这几年,不少地区实行农、副、工综合发展,社队工业增长很快,这是使农村走向富裕的一件好事。但是,这件好事也带来了环境污染这个新问题。有些地方由于不注意"三废"处理,往往办起一厂,污染一片。这种情况如果任其发展下去,就会使农村自然环境遭到破坏,严重影响农林牧副渔各项生产的发展,影响农民的健康,也会影响农村工业本身的发展。

有些同志对农村的污染问题不够重视。他们认为,在人口集中的城市,这个问题应当注意解决;农村天地广阔,人口分散,工厂不集中,排出一点污水、污物没什么要紧。这种看法是不正确的。工农业生产的发展,使城乡关系越来越密切,农村的污染问题处理得不好,既影响农村,也必然影响城市。比如,一些受到污染的农副产品运进城市,城市消费者就要受害。防止污染,既要重视城市,也不可忽视了农村。

有些同志说,社队办工厂是穷打穷闹,本小利微,处理"三废"的钱花不起。其实,处理"三废"虽然要花些人力物力,但处理好了,可以变害为利,不但周围的农民得利,企业本身也得利。今天报道的辽宁营口县一些社队企业,治理了"三废"之后,既净化了环境,又增加了收入,就是一个有力的证明。

当然,有些单位治理污染,确实要花不少力气,本单位得不到经济上的直接利益,或者得利不多。即使这样,也应该认真去办。在环境污染问题上,有利与无利,不能只看本单位的局部利益,而必须服从整个社会的利益。保护农村自然环境不受污染,是关系我们后代子孙幸福的一件大事,马马虎虎、不负责任的轻率态度,是不能允许的。

去年,《中华人民共和国环境保护法(试行)》已经颁布。这是维护城乡的自然环境,促进四化建设的一项重要立法,所有单位都应当严格遵守。在农村建设新的工厂企业,必须把防治环境污染列为一项重要内容,作出安排,不能只考虑生产,不考虑"三废"的处理。对那些造成了严重污染,使农民的健康和生产受到重大损失的单位,要依法追究责任。山东省淄博市有些工厂,任意向附近农田排放有毒、有害污水,使3万多亩小麦绝产和减产。最近淄博市人民政府依法做了严肃处理,责成有关工厂向社队赔偿经济损失并限期治理或停产解决污染问题。这样做是完全必要的。为了有效地制止污染的发展,保证人民有一个适宜的生活、劳动环境,城乡环境保护工作必须严格实行法治,做到有法必依,违法必究。

8月23日

中共中央主席华国锋在人民大会堂会见由总书记政府行政和政治组织部部长盖伊·弗·西农率领的塞舌尔人民进步阵线代表团

盖伊·弗·西农说,他这次对中国的访问加深了对中国的了解。他说,两国领导人之间的相互访问可以加强两国的关系和友谊。他说,我们是印度洋上的一个小国,但我们有决心把自己的事情办好。

华国锋说,中国一贯主张大小国家一律平等,国家与国家之间的关系应该建立在平等和相互尊重的基础上,要互相学习,互相帮助。他说,中国赞赏塞舌尔奉行不结盟的对外政策。中国支持塞舌尔关于印度洋成为和平区的主张。

《人民日报》发表新华社评论员文章《一定要把风气搞正》

搞社会主义现代化建设,需要有一个好的风气。各级干部带领群众坚持和发扬艰苦朴素、遵纪守法、胸怀全局等等好风气,使我们的国家蒸蒸日上,这是全国人民的殷切期望。

但是,当前在我们的干部中,还有一些同志风气不正。上海宝钢工程指挥部电力分指挥部及上级有关人员违反财经纪律进口旅行车和轿车的事件,就是一例。有关人员在四化建设中不是发扬艰苦朴素的作风,而是贪图享受;不是从国家建设的全局出发,处处精打细算,把国家的资金用到急需的地方去,而是想方设法乘机为本单位捞一把。他们甚至不惜弄虚作假,无视国家纪律到了胆大妄为的地步。当他们的错误被揭露之后,他们也不是老老实实地检查改正错误,而是为错误进行辩解。如果任这种坏风气发展蔓延,那么,我们积累下来的四化建设资金,就会被挥霍浪费,四化建设事业就有付诸东流的危险。

值得指出的是,上海海关和中国人民建设银行上海分行宝钢支行在这个事件中坚持原则的精神是可贵的。上海海关不顾所谓的"关系"、"情面",抓住违反财经纪律的行为不放。对有关部门不正确的批文,他们也敢于顶住。他们以国家的利益为重,称得上是为四化建设站岗放哨的人民海关。我们应当向他们的这种精神学习,在一切单位里大大提倡这种精神。

现在,宝钢电力分指挥部擅自动用外汇进口车辆的事件虽然已经过去,但是,就全党来说,这种歪风仍未刹住。同各种不正之风作斗争的任务,还是长期的,对此,我们不能有丝毫的松懈。完全可以相信,有党中央、国务院的正确领导,有各级干部和广大群众的高度觉悟,我们一定能够把风气搞正,保证四化建设的顺利进行。

中国人民银行发出《异地委托收款结算方式试行规定》

一、异地委托收款,是由收款单位向银行提供收款依据,委托银行向异地付款单位收取款项的结算方式。

办理委托收款结算,银行不承担审查拒付理由和代收款单位分次扣收款项的责任,不办理结算贷款。

二、国营和集体所有制的企、事业,以及机关、团体、部队、学校等单位之间的商品交易、劳务供应和其他应收款项,均可使用委托收款方式办理结算。

三、使用委托收款方式办理结算,不受金额起点的限制。

四、委托收款的款项划回,分邮寄划回和电报划回两种,由收款单位选用。

五、委托。收款单位委托银行代收款项,应填写委托收款凭证,提供足以证明委托收款的凭据:商品交易应提供有关交易单证(如发货票等)、商品发运证件(包括货物确已发运、自提的证明或确已收到商品的证明);劳务费用及其他应收款项应提供有关收款的依据,经银行审查后,凭以办理委托收款。

六、付款。付款单位开户银行接到收款单位开户银行寄来的委托收款凭证,经审查无误,应及时通知付款单位。付款单位接到通知和有关附件,应在规定的付款期限内进行审查,安排资金,及时付款。

付款期限为三天,从付款单位开户银行发出付款通知的次日算起(付款期内如遇法定假日顺延)。付款单位在付款期限内未向银行提出异议,银行即视同同意付款,并在付款期满的次日上午(遇法定假日顺延)将款项主动从付款单位账户内付出,按收款单位指定的划款方法,划给收款单位。如在三天付款期满前,付款单位通知银行提前付款,应即办理划款。

七、拒绝付款。付款单位审查有关单证后,对收款单位委托收取的款项如有异议,需要全部拒绝付款的,应在三天付款期限内出具全部拒绝付款的理由书,连同有关单证退回开户银行,银行据以将有关凭证及单证退回收款单位开户银行转交收款单位;需要部分拒绝付款的,应出具部分拒绝付款的理由书,银行据以办理部分划付款项,并将部分拒绝付款理由书通知收款单位开户银行转交收款单位。

八、无款支付。付款单位在三天付款期满,账户上没有足够的资金支付全部款项,可以允许延期五天(从三天付款期满的次日算起,延期付款期间遇法定假日不顺延),在此期限内,付款单位应积极筹集资金,一俟备足资金,银行应随时划付款项。

如果延付期满付款单位账户上仍无足够资金支付全部款项,银行应即通知付款单位于发出通知的次日起两天内(到期日遇法定假日顺延,邮寄的加邮程),必须将有关单证退回银行,由银行填制无款支付通知书,连同有关凭证、单证退回收款单位开户银行转交收款单位。如果逾期不退回有关单证的,为严格结算纪律,由其开户银行按每笔委托收款业务每天收取罚金5角,列为银行收益。此项罚金从银行发出通知的次日算起(邮寄的加邮程),直到退回有关单证时为止。

九、计算差错。付款单位审查收款单位附来的有关单证,发现有明显的计算差错,应该多付款项时,为避免往返退寄凭证,可由付款单位出具书面证明,银行据以划付款项。

十、划款顺序。付款单位在规定的三天付款期满或者五天延期付款期限内,如果其账户上的资金不足以支付多笔托收承付和委托收款的款项,应按收到凭证的先后顺序依次划款。

十一、交易纠纷。委托收款结算,由于付款单位对收款单位委托收取的款项,提出异议而发生全部或部分拒付,或者资金不足,收不到款项,以及其他交易纠纷,应由收付款双方自行协商解决。经双方商妥后,可以委托银行重新办理,或采用其他方式结算。如果在进行交易或提供劳务时,收付款双方互相缺乏足够的信任,可选用其他相应的结算方式。

十二、银行差错。由于银行在办理委托收款过程中发生差错,造成结算延误,而使单位在资金运用上受到影响的,由银行按照存款或贷款利率计算赔偿。对有贷款的单位按贷款利率计算;对无贷款的单位,按存款利率计算。

十三、异地委托收款结算方式,适用于在各专银行(包括农村信用合作社)开户的单位。

十四、本规定从1980年10月1日起在全国范围内试行。

8月24日

国务院总理华国锋在人民大会堂会见以"暴风"部队副总司令阿布·杰哈德为团长的巴勒斯坦民族解放运动(法塔赫)代表团

华国锋在会见时强烈谴责以色列坚持侵略扩张政策,炮击、轰炸黎巴嫩南部;谴责以色列当局不顾国际法准则和国际舆论的反对,悍然宣布将耶路撒冷作为以色列的首都。

他说,这不仅阿拉伯国家和伊斯兰国家不能接受,同时也遭到全世界主持正义的国家和人民普遍谴责。他还指出,以色列必须撤出1967年以后被它占领的包括耶路撒冷在内的阿拉伯领土;巴勒斯坦人民的权利,包括民族自决、建立自己国家的权利必须得到恢复。

五届全国人大常委会十五次会议举行全体会议听取全国人大常委会副委员长乌兰夫关于五届人大第三次会议议程草案和其他事项的说明

国务院批准卫生部关于《允许个体开业行医问题的请示》报告

为了研究解决个体开业行医的问题,我们于最近召开了座谈会,研究了一些省、直辖市报来的材料,并派人到辽宁、黑龙江的四个市作了调查,同各有关方面交换了意见.现将情况和我们的意见报告如下:

一、当前出现的新情况

新中国成立以来,根据我国的实际情况,在大力发展国家办和集体办的医疗卫生机构的同时,一直允许少数适合个体开业的医生行医。1963年,我部在总结经验的基础上,制定了开业医生暂行管理办法草案,发到各地参照执行。各省、市、自治区也制订了自己的管理办法和实施方案。截至1965年年底,全国城乡共有个体开业人员44000余人。他们在十年动乱中,大多数被当作"走资本主义道路",遭到打击,被迫停业。

最近两年来,随着城乡经济政策的放宽,各地广开门路安排闲散人员就业,许多地方又陆续出现了个体开业行医人员。他们除了少数是经过一定的领导机关批准者外,多数是自行挂牌行医的。同时,各地反映和群众来信来访中要求个体开业的也日渐增多。

当前出现的个体行医的是些什么人?(一)"文化大革命"前领有执照的开业医生。(二)过去被精简下来的,以及过去因故被开除或刑满释放,现在闲在社会上的医务人员。(三)这些年社会上出现的一些自称祖传中医或专治某种疾病的人,以及职工或待业青年中的业余医药爱好者。(四)近年来退休下来的医生,主要是中医,还有一些牙科技工。随着退休制度的建立,这一类人员今后将逐渐增多。他们行医的方式:一是自己挂牌看病或在药店坐堂;二是由街道组织管理的个体开业行医;三是在集市上摆摊看病,流动行医。

目前存在的主要问题是,个体开业行医事实上已经在许多地方出现和存在,但卫生行政部门的管理工作没有跟上去。结果是,不符合个体开业条件的,包括一些不懂医疗技术的人冒充医生看病,而合乎开业条件,正式申请的人,反而得不到行医的机会。同时,一些人自订收费标准,乱开药方,多搞收入。不少地区,个体行医人数剧增。所有这些情况表明,明确对个体开业行医的政策,加强对个体开业行医人员的管理,是当前一个急待解决的问题。

二、应该继续允许个体开业行医合法存在

我部1963年发布的关于开业医生暂行管理办法明确规定:"个体开业医生是独立脑力劳动者,是社会主义卫生事业的补充…… 可允许极少数适合开业的医生个体开业。"这条规定,阐明了在我国现有条件下允许和保护个体开业医生存在的政策及其在发展社会主义卫生事业中的作用。现在,为了发挥散在社会上的医生的技术作用,方便群众看病,为四化建设服务,仍然要执行允许个体开业行医的政策。

执行这项政策的基本依据,是开业医生依靠自身的医疗技术,在国家规定的范围内,从事不剥削他人的个体劳动,为病人服务,符合宪法规定,是应当受到保护的。允许这部分人个体开业,可以解决他们的就业问题,有利于安定团结。同时可以满足某些就诊病人的需要,对群众有利。各地开业医生中,中医、针灸、正骨、推拿、按康、镶牙等技术,是国家和集体医疗机构中比较薄弱的科目。到他们那里去看病,手续简便,随到随看,并且可以出诊,特别对一些儿童,老年人和慢性病人,就医方便,群众感到满意。事实上,一些比较有技术、能解决些问题的医生,即使不让他们开业,群众还是要找他们看病的。

从我国目前的情况出发,我们认为下列三种情况可允许申请开业:一是过去领有开业执照,现无工作,仍能继续行医者;二是由于各种原因,目前未在国家或集体医疗机构工作的中医(包括民族医)、西医、助产士和牙科技工;三是一部分原在国家或集体医疗机构工作现已退休的医生、助产士和牙科技工。

凡属下列情况不得申请开业:一是现在国家或集体办的医疗机构工作的医务人员;二是国家培养的医务人员不服从分配者;三是农村生产大队的赤脚医生。但在某些经济贫困、群众居住分散的地区,如成立医疗机构有困难,也可考虑根据当地的需要,允许经考核合格的赤脚医生个体经营,以解决群众的看病吃药问题。

在调查中,省、市卫生局的同志争议比较多的是退休医生个人开业问题。有的同志认为,如果允许退休医生开业,这些人既领了退休金,又从开业行医中得到收入,这样会对在职的医生有影响。我们的意见,对于合乎开业条件的退休医生,也要允许他们开业行医,继续为人民服务。退休金是他们过去长期从事医务劳动对社会所做贡献的应得的补偿报酬,而开业行医的收入是他们重新付出劳动所得的报酬。要允许和保护个体开业医生的正当收入,其诊费一般可与医疗机构的挂号费相同,但对非法收入必须加以制止。总之,在这个问题上,我们要从党的政策和人民群众的需要出发,做好各方面的工作。

三、统一认识,加强管理

当前迫切需要解决的问题,是对个体开业行医问题统一认识,制定切实可行的管理办法。要看到我们国家人口多,底子薄,卫生力量弱,在目前条件下发展卫生事业,光靠国家办、国家包,是包不下来的,还要靠集体办,并且要允许医生个体开业,以补充国家和集体力量的不足。这几种形式同时存在,是适合我国现阶段经济状况的,并将是长期的。

我们对个体开业行医既要放宽政策,允许合法存在,又要严格进行管理。制定管理办法的着眼点,一是对病人有利;二是真正把他们当作一支力量来使用。在做法上,不要"一刀切",不要强求一律,应当允许各地根据实际情况,因地制宜。

开业医生的审批权应属当地市(区)、县卫生行政部门,未经卫生行政部门批准不准开业。过去其他部门审批的开业医生,应由当地卫生行政部门重新进行审查核准。开业医生必须接受当地卫生行政部门的领导管理,业务技术指导和管理由指定的医疗机构负责。开业医生除进行医疗工作外,还要承担卫生宣传、卫生防疫、妇幼保健等方面的任务。对于目前某些地方乱开业的混乱状况,要进行整顿,擅自非法个体开业行医者,应予以取缔。

凡符合开业条件的医生,如自愿要求联合举办独立核算、自负盈亏的联合诊所,应根据他们的具体情况和当地群众的需要,酌情审批。

为了对人民的健康负责,对医生在技术上必须严格要求。允许个体开业的医生,必须在当地有正式户口,确有一定的技术水平,能独立进行一般诊疗工作,经过审查和技术考核合格有证明文件者。对于一部分散在民间,多年为群众诊病,确有一技之长或独特专长,在群众中有一定影响的非专业人员,各市(区)、县卫生行政部门也要在解决上述人员开业问题以后,在调查研究摸清情况的基础上,逐步通过考核、鉴定,解决他们在当地行医的问题。

开业医生在诊疗业务中只能按规定的收费标准收费,有简易治疗的(如针灸、推拿、按摩等)可收一定的治疗费,其处方由当地指定的医药机构给予配方。根据需要,经过批准,有的开业医生可允许配备少量应诊必需的急救药和常用药品。对于草药医,应按照当地习惯允许他们带药。

开业医生必须遵守政府的有关政策、法令和规定。服务态度好,工作认真负责,作出一定成绩的,应给予表扬和奖励。如有搞投机非法收入,卖假药,贩卖毒、剧药品,或在医疗工作中作风恶劣,不负责任,发生医疗事故者,市(区)、县卫生行政部门得依情节轻重,给予相应的处分,情节严重者,应依法处理。

各省、市、自治区卫生厅(局)可根据上述精神和国家的现行政策,结合各地实际情况,参照1963年卫生部和各省、市、自治区对开业医生问题的规定,制定具体的管理办袪,报经省、市、自治区人民政府批准施行。

以上报告如同意,请批转各地参照执行。

8月25日

政协五届常委会十一次会议在北京召开

会议决定中国人民政治协商会议第五届全国委员会第三次会议定于8月28日在北京举行。

常委会还协商通过了五届政协增补委员名单,通过了五届政协三次会议的议程(草案),议程(草案)中包括:听取并通过五届政协常委会的工作报告,通过提案审查委员会关于提案的审查报告和决议,列席五届人大三次会议,人事调整事项等。

今天的常委会由政协全国委员会副主席乌兰夫、胡子昂主持。政协全国委员会副主席刘澜涛对五届政协增补委员名单作了说明。

韦国清、周建人、许德珩、胡厥文、朱蕴山、史良、康克清、季方、王首道、杨静仁、帕巴拉·格列朗杰、庄希泉、荣毅仁、陆定一、李维汉、胡愈之、王昆仑、班禅额尔德尼·确吉坚赞等出席了会议。

中国人民政治协商会议第五届全国委员会增补委员名单

(政协第五届全国委员会常务委员会第十一次会议通过)

于秀民、马力可(女)、马次青、马松亭、王永浚、尤祥斋(女)、巨赞、卢竞如(女)、帅荣、叶培、叶青山、司徒辉、尧西·贡保才旦、朱敏、朱仲止(女)、任质斌、刘琦、刘鹏、刘文学、刘宗宽、江泽民、汤德全、孙作宾、苏新、苏务滋(女)、苏延宾、李新、李毅、李志方、李伯钊(女)、李迎希、李沐英(女)、李苦禅、李振邦、李温平、杨一波、杨秀峰、萧三、萧克、萧乾、吴克坚、吴秀峰、吴祖光、冷寅东、张天翼、张崇文、张素我(女)、陈纮、陈文瑛(女)、陈其挥、陈明绍、陈复礼、拉鲁·才旺多吉、林宗彩、罗承勋、罗明燏、周同宇、周谷城、宗怀德、赵伯平、胡松华、胡嘉宾、钟月林(女)、侯德原、涂俊明(女)、姚峻、聂绀弩、夏梦(女)、钱俊瑞、钱钟书、徐崇林、高鹏先、郭维彬(女)、郭翘然、陶大镛、黄苗子、黄环英(女)、黄现璠、黄忠诚、崔义田、崔科·顿珠次仁、康巴尔汗(女)、梁蔼然、嵇直、程子华、谢雪萍(女)、雷天觉、褚应璜、嘉雅、蔡斯烈、廖沫沙、赛甫拉也夫、黎玉、黎遇航、潘国定、霍英东、戴松恩。

国务院作出关于处理“渤海2号”翻沉事故的决定

石油工业部海洋石油勘探局“渤海2号”钻井船，1979年11月25日在渤海湾内翻沉，造成船上职工72人死亡和国家财产的重大损失。这是严重违章指挥造成的、我国石油工业史上最重大的责任事故。经国家经委、国家劳动总局、中华全国总工会、天津市劳动局、天津市经委、天津市公安局、天津市人民检察院、天津市总工会、塘沽区劳动局、塘沽区公安分局、塘沽区人民检察院共同组成的检查组查明，海洋石油勘探局在接受石油部命令“渤海2号”紧急迁移井位的难以完成的任务以后，采取了违反拖航安全的错误做法，冒险降船、拖航，是造成这次不应有的惨痛事故的主要原因。

这一严重事故发生以后，石油部迟迟不认真调查事故的原因，不如实向上级报告情况，也没有采取得力措施处理有关责任人员。事故发生8个月以后，石油部仍然没有严肃对待。只是由于党中央和国务院领导同志严格督促，全国总工会和社会舆论同声指责，石油部才作出了比较符合实际情况和比较深刻的检查。

“渤海2号”翻沉事故的发生，是由于石油部领导不按客观规律办事，不尊重科学，不重视安全生产，不重视职工意见和历史教训造成的。石油部领导对此负有不可推诿的重大责任。国务院领导对这一严重事故处置不当，也是重要的失职，应当向全国人民承认错误。国务院会议在听取石油部和其他有关各方的报告以后决定：(一)接受宋振明同志的请求，解除他石油部部长的职务，提请全国人大常委会批准。(二)国务院主管石油工业的副总理康世恩同志，对这一事故没有认真对待和及时处理，在国务院领导工作中负有直接责任，决定给予记大过的处分。(三)国务院对“渤海2号”死难的同志表示沉痛的哀悼，对他们的家属致以深切的慰问。

石油部的全体职工，尤其是大庆油田的职工，在艰苦条件下开发我国石油事业，作出了中外周知的光荣贡献。石油部在组织领导方面也做了大量的富有成效的辛勤工作。石油部提倡的“三老四严”作风，“二分法前进”原则，“岗位责任制”等管理制度，对全国工业的进步起了积极作用，今后也仍然适用。但是，由于石油部主要领导同志在成绩面前逐渐骄傲自满，不像过去那样谦虚谨慎，实事求是，以致一些石油企业在取得巨大成绩的同时，多次发生重大事故，而且没有从中得到应有的教训。国务院严肃处理这次事件，既是维护人民和国家的利益所必需，同时也是进一步加强和改善我们的石油工业所必需。希望石油部及所属单位各级负责同志振奋革命精神，切实总结教训，作出改进工作的具体决定。希望石油部门全体职工团结一致，在成绩和荣誉面前不要停步，在困难和挫折面前不要气馁，为完成和超额完成石油勘探和生产任务继续积极努力。石油部海洋石油勘探局和石油部其他企事业单位均应认真吸取“渤海2号”事件的教训，改善领导，尊重科学和民主，尊重技术人员和工人群众，坚持正确指挥，保证在今后的工作中取得显著的进步。

“渤海2号”的事故不仅是对石油部门的一个严重警告，也是对全国其他各部门和各企业事业单位的一个严重警告。安全生产是全国一切经济部门和生产企业的头等大事。各企业和主管机关的行政领导同志和各级工会，都要十分重视安全生产，采取一切可能的措施保障职工的安全，努力防止事故的发生，绝对不应采取任何粗心大意、漫不经心的恶劣态度。在生产斗争中，发生某些确实不能预料和不能抵抗的不幸事故是难以完全避免的，但是这决不能成为任何对职工安全不负责任的行为的借口。我们的社会主义国家和社会主义企业的神圣职责，就是要尽一切努力，在生产劳动中和其他活动中避免一切可以避免的伤亡事故，否则就是违背了我们的工人阶级立场和社会主义的革命人道主义原则。一切重大的责任事故，必须严肃处理，追究行政和法律责任，不得姑息宽容。各级劳动部门和各企业都要大力发挥职工代表工会、工会、保卫机构、纪律检查委员会等组织对安全生产的监督作用。对工人、技术人员和专家关于安全情况安全措施的建议和批评，必须认真对待。对于揭发控告忽视安全生产现象的职工，决不允许打击报复，如有打击报复者必须法办。一切重大事故均应及时如实报道，不得隐瞒和歪曲。国务院相信，通过上述各种措施，全国各部门职工和领导机关，一定能够齐心协力，使我国整个生产安全和劳动保护状况得到巨大转变，从而大大提高全体劳动人民的革命积极性，为实现四个现代化的伟大事业作出重要保证。

中国政府就苏联政府指使其特务公然对我外交人员进行威胁和策反提出强烈抗议

外交部苏欧司司长于洪亮约见苏联驻华大使馆临时代办吉列叶夫，面交一份照会，对苏联当局指使苏联国家安全委员会特务明目张胆地对中国外交人员进行威胁和策反、严重破坏国际法和国家关系起码准则的卑鄙行径，提出强烈抗议。

照会说：“中国驻苏联使馆随员王海燕和职员贾承溪二人因公务去德意志联邦共和国。1980年8月17日，王、贾在返回莫斯科途中抵达明斯克市。当地旅馆以无双人房间为由，坚持将王海燕等二人分别安排在两个单人房间。当天半夜，两名苏联人闯入王海燕的房间，说明他们是苏联国家安全委员会的人员，强要王答应与他们‘合作’。在王海燕拒绝他们的要求后，该两名苏联特务竟然以捏造的王在苏联搞情报工作和不正当男女关系的所谓证据相要挟，公然声称，如果王不同意，将在返莫斯科途中制造车祸，将王海燕和贾承溪二人撞死，迫王同意他们的要求。”

照会对苏联当局指使国家安全委员会特务明目张胆地对中国外交人员进行威胁和策反、严重破坏国际法和国家关系起码准则的卑鄙行径表示极大愤慨，并向苏联政府提出强烈抗议。照会说：“中国政府要求苏联政府采取措施，保证王海燕及其他中国驻苏联使馆人员的安全，并保证不再发生类似事件，否则，由此而产生的一切严重后果将由苏联方面承担全部责任。”

解放军总参谋部颁发“四会”标准和评定办法

为鼓励分队干部和班长努力学习技术、战术，提高教学水平和训练质量，总参谋部颁发《分队干部、班长任教的四会标准和评定方法》。

亚洲太平洋地区科技协商会议在北京举行

这次会议是联合国亚洲太平洋经济社会委员会举办的。参加会议的有澳大利亚、孟加拉、中国、印度、马来西亚、尼泊尔、新西兰、巴基斯坦、巴布亚新几内亚、菲律宾、斯里兰卡、泰国等12个国家和联合国有关机构的代表。亚洲太平洋经济社会委员会执行秘书马拉米斯主持了会议开幕式。中国国家科委副主任江明在会上致贺词。

李明灏逝世

政协第五届全国委员会委员、政协湖北省第四届委员会副主席李明灏，因病于8月25日在武汉逝世，终年83岁。

李明灏是湖南省醴陵县人，1922年毕业于日本东京陆军士官学校，曾任国民党军事学校的教育处长、教育长、主任，国民党部队的团长、师长、军长、警备司令等职。在30年代初，李明灏就与我党有联系，为人民做过有益的工作。1948年11月毅然奔赴我华北解放区，担任中国人民解放军华北军政大学第三总队总队长，中华人民共和国成立后，他历任湖南军政委员会委员兼秘书长、长沙军管会委员、中华人民共和国国防委员会委员、湖北省副省长等职，并当选为第一、二、三届全国人大代表。

8月26日

五届全国人大常委会十五次会议在北京闭会

今天结束的五届全国人大常委会第十五次会议通过了即将召开的五届人大第三次会议议程草案。这个草案将作为建议，提交五届人大第三次会议。

议程草案的主要内容有：

——听取和审议国务院关于1980年、1981年两年国民经济计划安排的报告，关于1979年国家决算、1980年国家预算草案和1981年国家概算的报告，并分别作出相应的决议。

——听取和审议全国人大常委会副委员长彭真关于全国人民代表大会常务委员会工作报告，并作出相应的决议；审议、通过关于修改中华人民共和国宪法第45条的决议；审议、通过中华人民共和国国籍法、中华人民共和国婚姻法、中华人民共和国中外合资经营企业所得税法、中华人民共和国个人所得税法。

——讨论和审议最高人民法院、最高人民检察院的工作报告，并分别作出相应的决议。

——华国锋总理讲话。

——关于国家领导工作人员的安排。

这次人大常委会经过认真讨论和审议，圆满地完成了即将召开的五届人大第三次会议的准备工作。会议通过了五届人大第三次会议议程草案。

在今天下午的全体会议上，通过了提请五届人大第三次会议审议的国籍法草案、婚姻法修改草案、中外合资经营企业所得税法草案和个人所得税法草案；通过了《中华人民共和国律师暂行条例》，通过批准了《广东省经济特区条例》；通过了人大常委会工作报告。

会议决定设立国家能源委员会，任命国务院副总理余秋里兼任国家能源委员会主任。

会议通过决定，任命姚依林副总理兼任国家计划委员会主任，免去余秋里的国家计划委员会主任职务；任命万里副总理兼任国家农业委员会主任，免去王任重的国家农业委员会主任职务；任命王丙乾为财政部部长，免去吴波的财政部部长职务。

新任命的财政部长王丙乾55岁。1939年参加革命，长期从事财政经济工作，曾任财政部司长、副部长等职。

会议根据国务院总理华国锋的提议，决定解除宋振明的石油部部长职务。

在今天的全体会上，余秋里代表国务院就设立国家能源委员会议案作了说明。他说，设立国家能源委员会，是为了加强能源的管理，统筹安排能源的开发和合理利用，其主要任务是：研究和拟定国家的能源方针、政策和法规；制定能源的长远规划和年度计划，并组织实施；组织国家大型综合能源基地的建设；会同有关部门进行新能源的科学研究、试验和开发工作；会同有关部门组织研究和推广开发、节约能源的新技术。

今天下午的全体会由全国人大常委会副委员长彭真主持。乌兰夫、韦国清、谭震林、赛福鼎、廖承志、阿沛·阿旺晋美、周建人、许德珩、胡厥文、萧劲光、朱蕴山、史良副委员长出席了会议。

最高人民法院院长江华，最高人民检察院检察长黄火青，各省、直辖市、自治区人大常委会的负责人列席了会议。

全国人大常委会关于设立国家能源委员会的决议

第五届全国人民代表大会常务委员会第十五次会议决定，为了加强对全国能源的管理，设立国家能源委员会。

第五届全国人大常委会决定任免的名单

一、任命余秋里副总理兼任国家能源委员会主任。

二、任命姚依林副总理兼任国家计划委员会主任；免去余秋里的国家计划委员会主任职务。

三、任命万里副总理兼任国家农业委员会主任；免去王任重的国家农业委员会主任职务。

四、任命王丙乾为财政部部长；免去吴波的财政部部长职务。

第五届全国人民代表大会常务委员会任免驻外大使名单

决定任命：

王殊为中华人民共和国驻奥地利共和国特命全权大使；

褚启元为中华人民共和国驻津巴布韦共和国特命全权大使；

丁国钰为中华人民共和国驻挪威王国特命全权大使，

凌青为中华人民共和国常驻联合国代表(特命全权大使衔)；

张世杰为中华人民共和国驻西班牙特命全权大使；

安致远为中华人民共和国驻保加利亚人民共和国特命全权大使；

孟钺为中华人民共和国驻突尼斯共和国特命全权大使；

杨公素为中华人民共和国驻希腊共和国特命全权大使；

米国钧为中华人民共和国常驻联合国副代表(大使衔)。

决定免去：

孟钺的中华人民共和国驻保加利亚人民共和国特命全权大使职务；

杨公素的中华人民共和国驻越南社会主义共和国特命全权大使职务；

米国钧的中华人民共和国驻斐济特命全权大使职务；

陈楚的中华人民共和国常驻联合国代表(特命全权大使衔)职务；

崔健的中华人民共和国驻突尼斯共和国特命全权大使职务；

彭华的中华人民共和国驻几内亚人民革命共和国特命全权大使职务；

马牧鸣的中华人民共和国驻西班牙特命全权大使职务；

何杨的中华人民共和国驻希腊共和国特命全权大使职务。

第五届全国人民代表大会常务委员会第十五次会议决定批准国务院提出的《广东省经济特区条例》

第一章　总　则

第一条　为发展对外经济合作和技术交流，促进社会主义现代化建设，在广东省深圳、珠海、汕头三市分别划出一定区域，设置经济特区(以下简称特区)。特区鼓励外国公民、华侨、港澳同胞及其公司、企业(以下简称客商)，投资设厂或者与我方合资设厂，兴办企业和其他事业，并依法保护其资产、应得利润和其他合法权益。

第二条　特区内的企业和个人，必须遵守中华人民共和国的法律、法令和有关规定。本条例有特别规定的，按照本条例的规定执行。

第三条　设立广东省经济特区管理委员会，代表广东省人民政府对各特区实行统一管理。

第四条　特区为客商提供广阔的经营范围，创造良好的经营条件，保证稳定的经营场所。一切在国际经济合作和技术交流中具有积极意义的工业、农业、畜牧业、养殖业、旅游业、住宅和建筑业、高级技术研究制造业，以及客商与我方共同感兴趣的其他行业，都可以投资兴办或者与我方合资兴办。

第五条　特区的土地平整工程和供水、排水、供电、道路、码头、通信、仓储等各项公共设施，由广东省经济特区管理委员会负责兴建，必要时也可以吸收外资参与兴建。

第六条　各特区分别聘请国内外专家和热心我国现代化建设的有关人士组成顾问委员会，作为该特区的咨询机构。

第二章　注册和经营

第七条　客商在特区投资设厂，兴办各项经济事业，应向广东省经济特区管理委员会提出申请，经审核、批准后，发给注册证书和土地使用证书。

第八条　客商可在特区内设立的中国银行或者其他经我方批准设立的银行开户，并办理有关外汇事宜。

客商的各项保险，可向特区内设立的中国人民保险公司或者其他经我方批准设立的保险公司投保。

第九条　特区企业的产品供国际市场销售；其产品如向我国内地销售，须经广东省经济特区管理委员会核准，并办理海关补税手续。

第十条　客商在特区内可以独立经营自己的企业，雇用外籍人员担任技术和管理工作。

第十一条　客商在特区所办的企业中途停业，应向广东省经济特区管理委员会申报理由，办理停业手续，清理债权债务；停业后，其资产可转让，资金可汇出。

第三章　优惠办法

第十二条　特区的土地为中华人民共和国所有。客商用地，按实际需要提供，其使用年限、使用费数额和缴纳办法，根据不同行业和用途，给予优惠，具体办法另行规定。

第十三条　特区企业进口生产所必需的机器设备、零配件、原材料、运输工具和其他生产资料，免征进口税；对必需的生活用品、可以根据具体情况、分别征税或者减免进口税。上述物品进口和特区产品出口时，均应向海关办理申报手续。

第十四条　特区企业所得税税率为百分之十五。对在本条例公布后两年内投资兴办的企业，或者投资额达五百万美元以上的企业，或者技术性较高、资金周转期较长的企业，给予特别优惠待遇。

第十五条　客商在缴纳企业所得税后所得的合法利润，特区企业的外籍职工、华侨职工、港澳职工在缴纳个人所得税后的工资和其他正当收入，可以按照特区外汇管理办法的规定，通过特区内的中国银行或者其他银行汇出。

第十六条　客商将所得利润用于在特区内进行再投资为期五年以上者，可申请减免用于再投资部分的所得税。

第十七条　鼓励特区企业采用我国生产的机器设备、原材料和其他物资，其价格可按我国当时同类商品的出口价格给予优惠，以外汇结算。这些产品和物资，可凭售货单位的销售凭证直接运往特区。

第十八条　凡来往特区的外籍人员、华侨和港澳同胞，出入境均简化手续，给予方便。

第四章　劳动管理

第十九条　各特区设立劳动服务公司。特区企业雇用中国职员和工人，或者由当地劳动服务公司介绍，或者经广东省经济特区管理委员会同意由客商自行招聘，都由企业考核录用，同职工签订劳动合同。

第二十条　特区企业雇用的职工，由该企业按其经营的要求进行管理，必要时可以解雇，其手续按照劳动合同的规定办理。

特区企业职工可按照劳动合同规定，向企业提请辞职。

第二十一条　特区企业中的中国职工工资水平、工资形式、奖励办法，以及劳动保险、国家对职工的各项补贴，按照广东省经济特区管理委员会的规定，由企业同职工签订合同。

第二十二条　特区企业应有必要的劳动保护措施，保证职工在安全、卫生的条件下进行工作。

第五章　组织管理

第二十三条　广东省经济特区管理委员会行使以下职权：

1. 制订特区发展计划并组织实施；

2. 审核、批准客商在特区的投资项目；

3. 办理特区工商登记和土地核配；

4. 协调设在特区内的银行、保险、税务、海关、边检、邮电等机构的工作关系；

5. 为特区企业所需的职工提供来源，并保护职工的正当权益；

6. 举办特区教育、文化、卫生和各项公益事业；

7. 维护特区治安，依法保护特区内人身和财产不受侵犯。

第二十四条　深圳特区由广东省经济特区管理委员会直接经营管理；珠海、汕头特区设立必要的办事机构。

第二十五条　为适应特区经济活动的开展，设立广东省经济特区发展公司。公司业务范围：承办资金筹集和信托投资业务；经营或者与客商合资经营特区的有关企业；代理特区客商与内地贸易往来的购销事宜，并提供洽商服务。

第六章　附　则

第二十六条　本条例由广东省人民代表大会通过，并报中华人民共和国全国人民代表大会常务委员会批准后施行。

全国人大常委会关于解除宋振明石油工业部部长的决定

根据国务院总理华国锋的提议，决定解除宋振明的石油工业部部长职务。

全国人大常委会任命王怀安为最高人民法院副院长

全国人大常委会批准任命樊青典为天津市人民检察院检察长

全国人大常委会副秘书长曾涛在北京就五届人大三次会议的召开举行中外记者招待会

他说，将于8月30日开始举行的这次大会，会期预定为两个星期。大会将讨论和决定我们国家的一些重大问题，包括今明两年国民经济计划的安排、几个重要法律的通过和国家领导工作人员的调整。他向记者们介绍了五届人大第三次会议的议程草案。

曾涛说，五届人大第三次会议将是中国人民政治生活中的一件大事。这次会议将进一步巩固和发展安定团结的政治局面，鼓舞全国各族人民的信心和工作的积极性，加速中国社会主义现代化建设事业的发展。

他说，驻京的外国使节和外国记者可以参加大会的开幕式、闭幕式和另外两次全体会议。

政协全国委员会副秘书长萨空了也在记者招待会上介绍了五届政协第三次会议的议程草案。他说，政协全国委员会主席邓小平将在开幕式上致开幕词。外国记者可以参加大会的开幕式和闭幕式。

全国人大常委会委员长叶剑英签署第五号令公布《中华人民共和国律师暂行条例》

《中华人民共和国律师暂行条例》，已由中华人民共和国第五届全国人民代表大会常务委员会第十五次会议于1980年8月26日通过，现予公布。

委员长　叶剑英

1980年8月26日

中华人民共和国律师暂行条例

第一章　律师的任务和权利

第一条　律师是国家的法律工作者，其任务是对国家机关、企业事业单位、社会团体、人民公社和公民提供法律帮助，以维护法律的正确实施，维护国家、集体的利益和公民的合法权益。

第二条　律师的主要业务如下：

(一)接受国家机关、企业事业单位、社会团体、人民公社的聘请，担任法律顾问。

(二)接受民事案件当事人的委托，担任代理人参加诉讼。

(三)接受刑事案件被告人的委托或者人民法院的指定，担任辩护人；接受自诉案件自诉人、公诉案件被害人及其近亲属的委托，担任代理人，参加诉讼。

(四)接受非诉讼事件当事人的委托，提供法律帮助，或者担任代理人，参加调解，仲裁活动。

(五)解答关于法律的询问，代写诉讼文书和其他有关法律事务的文书。

律师应当通过全部业务活动，宣传社会主义法制。

第三条　律师进行业务活动，必须以事实为根据，以法律为准绳，忠实于社会主义事业和人民的利益。

律师依法执行职务，受国家法律保护，任何单位、个人不得干涉。

第四条　律师担任法律顾问的责任，是为聘请单位就业务上的法律问题提意见，草拟、审查法律事务文书，代理参加诉讼、调解或者仲裁活动，维护聘请单位的合法权益。

第五条　律师担任诉讼和非诉讼事件代理人的责任，是在所受委托的权限内，维护委托人的合法权益。

律师在代理权限内的诉讼行为和法律行为，与委托人自己的诉讼行为和法律行为有同等效力。

第六条　律师担任刑事辩护人的责任，是根据事实和法律，维护被告人的合法权益。

律师认为被告人没有如实陈述案情，有权拒绝担任辩护人。

第七条　律师参加诉讼活动，有权依照有关规定，查阅本案材料，向有关单位、个人调查。律师担任刑事辩护人时，可以同在押的被告人会见和通信。

律师进行前款所列活动，有关单位、个人有责任给予支持。

律师对于在业务活动中接触的国家机密和个人隐私，有保守秘密的责任。

第二章　律师资格

第八条　热爱中华人民共和国，拥护社会主义制度，有选举权和被选举权的下列公民，经考核合格，可以取得律师资格，担任律师：

(一)在高等院校法律专业毕业，并且做过两年以上司法工作、法律教学工作或者法学研究工作的；

(二)受过法律专业训练，并且担任过人民法院审判员、人民检察院检察员的；

(三)受过高等教育，做过三年以上经济、科技等工作，熟悉本专业以及与本专业有关的法律、法令，并且经过法律专业训练，适合从事律师工作的；

(四)其他具有本条第(一)项或第(二)项所列人员的法律业务水平，并具有高等学校文化水平，适合从事律师工作的。

第九条　取得律师资格，须经省、自治区、直辖市司法厅(局)考核批准，发给律师证书，并报中华人民共和国司法部备案。司法部发现审批不当的，应当通知司法厅(局)重新审查。

第十条　取得律师资格的人员不能脱离本职的，

可以担任兼职律师。兼职律师所在单位应当给予支持。

人民法院、人民检察院、人民公安机关的现职人员不得兼做律师工作。

第十一条 高等院校法律专业毕业生或者经过法律专业训练的人员,经省、自治区、直辖市司法厅(局)考核批准,可以担任实习律师。

实习律师的实习期为两年。实习期满,依照本条例第九条规定的程序,授予律师资格;考核不合格的,可以延长其实习期。

第十二条 律师严重不称职的,得经省、自治区、直辖市司法厅(局)决定,报司法部批准,取消其律师资格。

第三章 律师的工作机构

第十三条 律师执行职务的工作机构是法律顾问处。

法律顾问处是事业单位,受国家司法行政机关的组织领导和业务监督。

第十四条 法律顾问处按县、市、市辖区设立。必要时,经司法部批准,可以设立专业性的法律顾问处。

法律顾问处之间没有隶属关系。

第十五条 法律顾问处的主要任务,是领导律师开展业务工作,组织律师学习政治和法律业务知识,总结、交流律师的工作经验。

第十六条 法律顾问处设主任一人,根据需要,可以设副主任。主任、副主任均由本处律师选举产生,报经省、自治区、直辖市司法厅(局)批准,任期为三年,连选得连任。

法律顾问处主任、副主任领导法律顾问处的工作,并且必须执行律师职务。

第十七条 律师承办业务,由法律顾问处统一接受委托,并且统一收费。

法律顾问处给律师分配任务,应当根据实际条件尽量满足委托人的指名要求。

第十八条 法律顾问处可以指派律师到外地进行业务活动,当地法律顾问处应当给予帮助。

第十九条 为维护律师的合法权益,交流工作经验,促进律师工作的开展,增进国内外法律工作者的联系,建立律师协会。

律师协会是社会团体。组织章程由律师协会制定。

第四章 附 则

第二十条 律师职称标准、律师奖惩规定和律师收费办法,由司法部另行制定。

第二十一条 本条例自1982年1月1日起施行。

五届政协常委会第十一次会议在北京结束

今天的会议通过了政协秘书处关于政协第五届全国委员会第二次会议提案处理情况的书面报告,政协全国委员会副秘书长蔡啸在会上对这一书面报告作了说明。会议还通过了五届政协三次会议提案审查委员会名单(草案),通过任命彭友今为政协全国委员会副秘书长。会议由政协全国委员会副主席王首道主持。

中共中央 中央军委批转《总政治部关于为李德生同志平反的报告》

该报告决定为在“文化大革命”期间“四人帮”制造的“放火烧荒”事件中遭受迫害的李德生彻底平反。所谓“放火烧荒”事件,是1974年3月5日,由江青伙同张春桥接见陈亚丁等人,抛出的“三·五”讲话,在军内制造的事件。

国务院批转财政部《关于执行农业税起征点办法的情况报告》(摘要)

财政部的报告说:去年国家为减轻穷队负担,支持他们发展生产、改变穷困面貌,对农业税实行起征点办法,得到免税照顾的农业人口13292万人,平均每人免税合人民币4.06元。经济条件差的革命老根据地、少数民族地区、边疆地区和山区,得到的减免照顾更多一些。一年来的实践证明,实行农业税起征点的办法,对巩固和发展安定团结的大好形势,促进农业生产的发展,起了积极的作用。

报告指出:在执行这个办法过程中,少数地方重点照顾穷队不够,有平均减免现象;有些县、社把起征点的口粮和收入标准定得过高,不该减免的也减免了;有的地方由于对各项集体提留没有统一标准,扣留多的减免得多,扣留少的减免得少。还有一些地方存在克扣截留农业税减免款的现象。

为了进一步贯彻执行农业税征收实行起征点的办法,财政部的报告提出,允许各地在国家统一的政策原则下,因地制宜地核定农业税的起征点。为了核定生产队每人平均口粮和收入水平是否在起征点以下,要对集体提留和摊销规定一个标准。对于确属自然条件差,长期低产缺粮,收入水平低,维持简单再生产和最低生活有困难,而且改变这种状况需要较长时间的生产队,凡符合起征点以下免税条件的,可以从1980年开始,实行免税一定三年的办法。去年国务院批准核减的各省、市、自治区的农业税额,从1980年开始,原则上一定五年不变。各民族自治区的农、牧业税减免政策如何适当放宽,由各民族自治区根据本地区的具体情况,在现行财政管理体制范围内研究决定,并报国务院备案。

中国和圣马力诺签署两国政府间的文化教育合作协定

中国政府代表、中国驻意大利大使张越和圣马力诺外交和政务部长焦尔达诺·雷菲在协定上签了字。

国务院副总理薄一波在渥太华会见加拿大总理特鲁多

国务院副总理兼国家计委主任姚依林在北京会见联合国统计司司长斯维恩·诺巴顿和夫人维茵教授

关于巴勒斯坦民族解放运动(法塔赫)代表团访华的新闻公报

(1980年8月26日于北京)

由巴勒斯坦民族解放运动(法塔赫)"暴风"部队副总司令、中央委员阿布·杰哈德率领的"法塔赫"代表团应中国政府邀请,于1980年8月21日至26日对中华人民共和国进行了友好访问。

华国锋总理、陈慕华副总理、黄华外长分别会见了以阿布·杰哈德为首的"法塔赫"代表团,并同他们进行了亲切友好的谈话。何英副外长代表中国政府同代表团就共同关心的问题进行了诚挚友好的会谈。双方对会见和会谈的结果一致感到满意。

一、中国方面重申,中国政府和人民将一如既往地支持巴勒斯坦人民和阿拉伯各国人民为恢复民族权利和收复被占领土而进行的正义斗争。巴勒斯坦方面赞赏中国在中东问题上、特别在巴勒斯坦问题和巴勒斯坦人民实现民族权利上所持的原则立场;感谢中国方面的真诚支持和援助。双方强调,今后将共同努力巩固和发展中国人民和巴勒斯坦人民之间的战斗友谊和早已存在的友好合作。

二、双方重申,巴勒斯坦问题是中东问题的核心,巴勒斯坦解放组织是巴勒斯坦人民的唯一合法代表。中东问题应该早日获得全面、公正解决。作为解决这一问题的首要前提是,以色列必须撤出占领的阿拉伯领土;必须承认巴勒斯坦人民的民族自决权利,包括建立独立的巴勒斯坦国;巴勒斯坦解放组织完全有权参加中东问题的全面、公正的解决。双方强调,伟大的阿拉伯国家和人民的广泛团结是实现阿拉伯民族目标的可靠保证。

三、双方强烈谴责以色列顽固坚持侵略扩张立场,以及对被占领土内巴勒斯坦人民采取种种迫害政策。双方谴责以色列对巴勒斯坦难民营进行袭击和不断对黎巴嫩南部进行侵犯。双方还谴责以色列当局宣布吞并圣城耶路撒冷,指出以色列当局改变耶路撒冷特征和地位的做法,是非法的,无效的。

四、双方高兴地看到并深信,由于巴勒斯坦解放组织和阿拉伯国家的共同努力,巴勒斯坦人民和阿拉伯人民的正义事业,已经得到并将继续得到伊斯兰国家、非洲国家、不结盟国家以及所有主持正义的国家和人民的深切同情和支持。

国务院批转农业部《兽药管理暂行条例》

第一章 总 则

第一条 为了加强对兽药的管理,保证兽药质量和防治畜禽疫病的需要,以适应畜牧业的发展,特制定本条例。

第二条 兽药管理工作,全国由农业部主管,地方由省、地、县级畜牧(农业)行政部门主管。农业部和省、自治区、直辖市畜牧(农业)局要设立相应的兽药管理机构。

农业部下设兽医药品监察所、省、自治区、直辖市畜牧(农业)局下设兽药检验所。

第三条 兽药的生产、供应、使用,都必须认真贯彻"质量第一"的原则,确保药品安全有效。

第四条 兽药生产、使用、科研单位要坚持中西兽医相结合的方针,积极开展兽药科学研究工作,为防治畜禽疫病作出贡献。

第二章 兽药生产

第五条 兽医生物药品和兽医专用化学药品,由农业部统一规划生产;人、畜共用的药品,由国家医药管理总局统一规划生产;中、西兽药制剂,由省、自治区、直辖市畜牧(农业)局和医药行政部门共同协商,纳入地方计划,归口安排生产。

第六条 生产兽药的工厂(或车间、下同),必须具备下列条件:

(一)有合格的制药和检验技术人员;

(二)有相应的制药设备和检验仪器;

(三)有防止有害物质污染环境的设施。

具备上述条件的兽药厂,由主管单位报省、自治区、直辖市畜牧(农业)局批准,并报经省、自治区、直辖市工商行政管理部门核发"营业执照"后,方可生产兽药。

第七条 兽药厂生产的兽药品种,必须报经省、自治区、直辖市畜牧(农业)局审核批准。

第八条 兽药厂必须建立质量检验机构,严格按质量标准检验出厂药品。不合格的药品,检验机构应拒发合格证。如有不合格的药品出厂,必须追查责任并严格执行包退、包换制度。

第九条 兽药厂必须制定工艺操作规程,建立检查、检验、成品留样观察、卫生管理等规章制度。

第十条 兽药中成药应注意临床验证。经长期应用,证明疗效确实的,其处方和配制方法不得任意改变;如需改变,必须通过临床验证,报省、自治区、直辖市畜牧(农业)局批准。检验机构应对处方中的药材,进行优劣真伪的鉴定。

第十一条　兽医医疗单位和群众要合理采集野生药材,注意保护药源,有计划地选种疗效显著、品种优良的中草药,不断总结经验,提高中草药的质量。

第三章　兽药质量标准

第十二条　兽药质量标准,是国家对兽药的质量规格和检验方法所作的技术规定,分为二类:第一类:部颁标准,即农业部制定颁发的兽药规范。第二类:地方标准,即各省、自治区、直辖市畜牧(农业)局制定颁发的兽药标准。

第十三条　通过临床试验,证明疗效确实,但一时还制定不出较完善的质量标准的兽药,生产单位可在严格执行操作规程的基础上,采用临时的、可能做到的检验检查方法,以保证药品安全有效,所用检验检查方法,应报省、自治区、直辖市畜牧(农业)局备案。

第四章　兽药新品种的审批

第十四条　对创制或仿制成功的、我国从未生产过的新兽药,必须向农业部报送新药的试制依据,制造方法、生产工艺、质量标准、检验数据、药理毒性及临床试验报告等有关资料和样品,经农业部兽医药品监察所进行核对试验,有关部门组织鉴定,证明确实安全有效的,由农业部批准安排生产。

第十五条　新研制成功的兽药中成药和中、西兽药制剂,必须向所在省、自治区、直辖市畜牧(农业)局报送新成药新制剂的处方及配制方法、质量标准、临床试验结果等资料,经兽药检验所核对试验,证明确实安全有效,由畜牧(农业)局批准安排生产,并报农业部备案。

第十六条　为了做好新兽药的临床试验、审批工作,农业部和省、自治区、直辖市畜牧(农业)局应指定有关单位作为新兽药临床试验基地,承担新兽药的临床试验、药理试验等任务。

临床试用和报检所用样品,由报检单位免费提供。

第五章　兽药供应

第十七条　中国医药公司所属省、地、县级医药公司应设兽药商店或专柜,公社级的供销店应指定专人兼营兽药,健全供应网点,方便购药。

第十八条　兽药供应单位应建立和健全收购、供应,保管、分装、配方复核等各项药品质量管理制度,加强对药品的检验、检查和质量验收工作。对违反本条例第六条、第七条规定生产的兽药,以及过期失效、霉坏变质、污染异物的兽药,均不得收购或销售。

第六章　兽药使用

第十九条　兽医工作人员用药,要注意安全有效,经济合理,防止浪费。

第二十条　兽医医疗单位应指定专人管理药品,建立药品质量检查、保管、核对等制度,严禁使用过期失效、霉坏变质、污染异物的药品。

人用不合格的药品,除经兽药检验所检验符合兽药质量标准者外,不得转为兽药。

第二十一条　兽医医疗单位应建立、健全药房管理制度,确保药品质量。对违反药房管理制度者,药房有权拒绝发药。

兽医医疗单位配制的供本单位使用的制剂,不得作为商品出售。

第二十二条　兽医医疗单位应按国家规定的药品价格收费,不得任意提高药价。严禁以伪劣药品冒充好药,弄虚作假。

第七章　兽药质量的监督、检验

第二十三条　兽药质量监督检验机构分两级:

(一)农业部兽医药品监察所主管全国性的兽药质量监督、检验工作。

(二)省、自治区、直辖市畜牧(农业)局兽药检验所主管本省、自治区、直辖市的兽药质量监督、检验工作。

第二十四条　农业部兽医药品监察所和省、自治区、直辖市畜牧(农业)局兽药检验所有权派出人员到中、西兽药生产、供应、使用单位检查了解有关药品质量的情况,并及时向农业部或畜牧(农业)局报告。

第二十五条　兽药生产,供应单位的检验科(室)是本单位药品质量监督、检验的专业机构,同时受省级兽药检验所的业务指导,并有责任向兽药检验所反映药品质量情况和存在问题。

第二十六条　进口兽药,必须经兽药检验所检验、认可。

第二十七条　出口兽药,必须经农业部审查批准,外贸部门要根据兽药厂的检验合格证进行验收。

第八章　麻醉药品和毒、剧药品

第二十八条　兽医科研、医疗等单位使用麻醉药品,应严格遵守《麻醉药品管理条例》的规定。

第二十九条　各级畜牧(农业)行政部门应经常检查麻醉药品和毒、剧药品的供应、保管、使用情况,发现问题,及时处理。

第九章　兽药宣传

第三十条　兽药生产、供应单位和兽医医疗单位要做好用药宣传工作,普及兽药知识,指导合理用药。要实事求是地向兽医工作人员和人民群众介绍药品成分、功效、应用范围、用法、用量、保存方法、禁忌事项等,在药品包装标签上应扼要说明。严禁乱取药名、夸大药效。

通过报刊、电台和广泛散发印刷品宣传介绍新兽药,其稿件须报经省、自治区、直辖市畜牧(农业)局审批。

第十章　奖　惩

第三十一条　贯彻执行本条例成绩显著的,各级畜牧(农业)行政部门应给予奖励。

第三十二条　违反本条例规定的,各级畜牧(农业)行政部门应给予批评教育或行政处分;造成损失的,并应视情况责令赔偿。情节严重的,由司法机关依法惩处。

第十一章　附　则

第三十三条　农业部和各省、自治区、直辖市畜牧(农业)局可根据本条例,制定实施办法。

8月27日

全国石油企业领导干部紧急会议在北京召开

中共中央书记处书记、国务院副总理余秋里讲了话。在讲到"渤海2号"翻沉事故的教训时,他说要正确对待中央、国务院的指示和决定,需要解决好以下几个问题。

一、要正确对待批评。对来自各方面和报刊的批评,都要抱欢迎的态度。包括像大庆这样的单位,都要一分为二看自己,既要看到成绩,也要看到不足;既要看到自己的优点,也要看到自己缺点、错误。要十分注意谦虚谨慎。不要一听到批评,就认为人家和自己过不去,把人家顶回去。这样,就会走向反面。

二、要勇于正视错误,决不可以护短,更不能文过饰非。哪怕批评得更重,也应当采取欢迎的态度。这样才能有改正错误的思想基础,才能正确开展批评和自我批评,认真总结经验教训,改进领导工作。

三、要充分发扬民主,广开言路,虚心征求和倾听广大工人、技术人员和基层干部的批评和建议,依靠群众,改正错误。决不能老虎屁股摸不得。

四、要振起革命精神,奋发图强,埋头苦干,兢兢业业,把工作做好。作为一个共产党员,作为一个革命者,既要经得起顺利情况下的考验,也要经得起挫折的考验。我们要力求不犯或少犯错误,更重要的是犯了错误以后能从党和人民的利益出发,有承认错误和改正错误的勇气和决心,善于从错误中吸取教训,把今后的工作做得更好。

余秋里同志在会上说,中央和国务院在严肃批评石油部领导上错误的同时,对广大石油职工和石油部的工作,给予了充分的肯定。国务院的决定中指出:"石油部的全体职工,尤其是大庆油田的职工,在艰苦条件下开发我国石油工业,作出了中外周知的光荣贡献。石油部在组织领导方面也做了大量的富有成效的辛勤工作。石油部提倡的'三老四严'作风,'二分法前进'原则,'岗位责任制'等管理制度,对全国工业的进步起了积极作用,今后也仍然适用。"这是中央和国务院对广大石油职工的鼓励和殷切希望。我们一些同志过去的错误,就错在不能坚持正确的东西,不能正确地对待成绩和荣誉,背上了沉重的包袱,不能正确地对待自己和群众,丢掉了好的传统和作风,造成了严重的后果。历史经验证明,骄傲就要停滞,骄傲就要摔跤子,骄傲就要脱离群众,骄傲就要走向反面。这是一个沉痛的教训。

余秋里同志指出,石油工业面临着艰巨而光荣的任务。石油工业战线的全体职工,特别是各级领导同志,一定要不辜负党中央、国务院和全国人民的期望,在新的历史时期,要在党中央、国务院的领导下,发扬过去艰苦创业的革命精神,实事求是,尊重科学,发扬民主,紧紧依靠群众,坚持正确指挥,肃清极"左"流毒,扎扎实实的工作,团结一致,同心同德,在发展我国石油事业中取得新的成绩。

在会上,各地石油企业负责人对石油部领导进行了严肃的批评,初步揭露了石油部领导同志在思想作风和工作中的严重错误。他们说,新中国成立以来,我国石油工业得到了很大发展,这是在党中央、国务院的领导下,在各兄弟部门的大力支援下,经过全体石油职工的艰苦奋斗取得的。当然,石油部在组织领导方面也做了许多有成效的工作。但是,石油部某些领导同志却居功自傲,滋长了严重的骄傲自满,在领导作风上,主观专断,自以为一贯正确,听不得一丝儿批评,容不得一丝儿不同意见,老虎屁股摸不得。特别是"渤海2号"事故发生之后,石油部领导同志不认真调查研究,不如实向上反映情况,不及时处理,不认真总结经验教训,而是一味怨天尤人,文过饰非,掩盖事故真相,态度恶劣,造成了很坏的影响。

许多同志提出,石油部的一些领导同志缺乏实事求是和"两分法"的精神,这是产生骄傲自满的一个重要原因。长期以来,他们总以为大庆是自己搞出来的,把广大职工的功劳和党的功劳都记在自己个人的账上;对大庆只能说好,不能说一个不字;总以为石油部是"先进部",石油部的领导班子是"好班子",看不到先进部也有落后面,好班子也存在问题,所以只许人家向自己学习,不许人家批评,一听到不同意见就火冒三丈,口大气粗。因此,到会的同志建议,石油部领导应当借这次东风开门整风,虚心听取各地、各部门同志的批评,进一步查骄傲自满的表现,挖骄傲自满的根子,制定克服骄傲自满的措施。

各地石油企业负责人初步讨论了如何贯彻国务院决定问题。他们认为,当前首先要积极组织全国石油企业的广大职工认真学习国务院决定，统一思想，统一认识，团结一致，振奋精神，总结教训，继续前进；各石油企业要立即组织有领导干部、工程技术人员和工人参加的安全生产大检查，对过去发生的重大事故至今尚未处理的，要查明原因，抓紧严肃处理，对安全工作中的各种问题，要采取有效措施解决，建立和健全安全生产的规章制度。

《人民日报》发表社论《深刻的教训》

全国人民关注的“渤海2号”钻井船翻沉事故，已经由国务院作了严肃处理。国务院根据各有关方面的调查结果，指出这是严重违章指挥造成的、我国石油工业史上最重大的责任事故，决定解除宋振明同志石油部部长的职务，给予主管石油工业而对这一事故没有认真对待和及时处理的副总理康世恩同志记大过处分。国务院领导就对这个严重事故处置不当，进行了自我批评。“渤海2号”事件的严肃处理，不仅使石油战线广大职工，而且使各条战线的同志受到深刻的教育和极大的鼓舞。

“渤海2号”翻沉事故发生已9个月了，到今天才得到处理，这说明有些问题处理起来还不那么容易。但是这件事终于得到正确处理，又说明中央在了解了事情的真相以后，解决问题是很严肃很果断的，是完全能够忠实实现全国人民的愿望的。党的十一届三中全会以来，形势发展很快；五中全会以来，形势发展更快。像西藏问题、首都建设方针问题、昔阳的“西水东调”问题，以及这次的“渤海2号”问题，都是在中央和国务院的直接领导下解决的。目前在我们面前既有许多长期积累下来的问题，又有许多四化建设中新出现的问题，应当承认是问题成堆。但是党中央是坚持实事求是的，是同人民心连心，坚决依靠群众的。过去的事情，无论是谁决定的，只要错了，就坚决纠正。现在工作中的问题，无论是谁负责的，如果确是重大过失，就要严肃处理。在党中央、国务院的正确领导下，我们面临的困难和问题纵然很多，何愁不能逐步得到解决？“渤海2号”事故得到严肃、果断的处理，大大地提高了党在全国人民中的威信，增强了全国人民实现四个现代化的信心。

“渤海2号”事故给予我们的教训是深刻的，需要从许多方面总结经验教训。从领导角度来说，我们认为最重要的教训，就是骄傲不得。在50年代前期，我们党对领导经济建设虽然并没有什么经验，但还是比较顺利，其所以如此，是因为我们当时还比较谦虚谨慎，勤于学习。后来，随着社会主义改造和社会主义建设的胜利发展，党内特别是党的领导滋长起骄傲情绪，于是，“一言堂”出来了，唯心论、形而上学的东西多起来了，我们的经济建设也就遭到挫折。但我们有些领导不但不从挫折中总结经验，虚心学习，汲取教训，反而用这样那样的帽子和棍子把正当的批评压下去。为了维持自己的权威和“一贯正确”的地位，这些同志可以不尊重科学，可以不管实际情况，可以违反客观规律，可以不听群众和专家的正确意见。这样，错误就得不到纠正，而且一犯再犯，越犯越大。这是我们党的历史上的一页伤心史。很多同志由此得到了教训，得到了进步。非常可惜，还不是所有的同志都愿意虚心地学习这个痛苦的教训。由于种种原因，他们还没有失败过，至少他们自己这样感觉。这次石油部的领导所以犯错误，正因为他们觉得他们从来总是正确的。石油战线全体职工，尤其是大庆油田的职工，在非常艰苦的条件下为开发我国石油事业作出了不可磨灭的光荣贡献，石油部在组织领导方面也做了大量有成效的工作，总结出了一系列成功的经验。但是，功劳再大，永远也不能成为骄傲的资本。石油部某些领导同志由于被成绩冲昏了头脑，认为过去的经验可以一辈子用下去了，再不需要向专家学习，向干部和群众学习了，再不需要研究不同的意见了，这就使他们不能不造成“渤海2号”的令人痛心的惨剧。本来，搞现代化建设，有许多东西我们不懂、不熟悉。就以海上石油勘探来说，这是一项新的事业，海上作业比陆上复杂得多，危险也大得多，应当更讲科学，更讲安全，更加重视科学管理。但是石油部有关领导既不认真学习，又不严格培训职工，建立起严格的规章制度。“渤海2号”从国外引进7年来，直到翻沉之日，竟连稳性计算书等一些重要资料也没有翻译过来！尽管如此，只要虚心听取干部和群众的意见，认识到这次迁移井位的种种不可克服的危险，那么，停止这一次冒险行动，避免这一次重大的不幸事故，还是完全可能的。但是比一切敌人更危险的是骄傲，骄傲使一些同志丧失了正确判断情况的能力，甚至也丧失了正确总结教训的能力。从1975年以来海洋石油勘探局发生了各类大小事故1042起，死亡职工33人，他们仍是无动于衷，终于发生了这次悲惨的事故。这个事实说明，一旦骄傲占了上风，就连自己过去提倡的“两论起家”、“三老四严”、“两分法前进”这类体现了正确思想路线和正确作风的好经验也丢掉了。多么令人痛心的教训啊！同志们可以想想，如果石油部某些领导能够用“两分法”对待自己，如果他们能够坚持调查研究，一切从实际出发，如果他们能够保持“当老实人，说老实话，做老实事”和“严格的要求，严密的组织，严肃的态度，严明的纪律”这种大庆的优良作风，像“渤海2号”这样的严重事故不是完全可以避免吗！

在生产建设中，发生某些不能预料和不能抵抗的事故，确实难以完全避免。但是，这决不能成为任何人对职工安全漫不经心、不负责任的官僚主义态度的借口。即使发生了难以预料和抵抗的事故，也要很好地总结经验教训，以便提高自己今后预防、抵抗的能力。如果是责任事故，特别是重大责任事故，那就更应当认真进行检查，并作严肃处理，以便深刻接受教训，切实改进工作。这才是对阶级、对人民、对国家负责的表现。应当指出，宋振明同志在8月23日给国务院的检讨报告的态度比过去有了很大的进步，这是值得我们欢迎的。我们热烈希望，石油部领导在国务院作出决定以后，能够进一步查明和处理对这一事故负有重大责任的人员，认真纠正石油部和海洋石油勘探局在这一事故中的种种错误，并且同广大干部群众一起总结出应有的教训，切实改进领导作风，以便团结一致，继续努力，积极完成1980年石油勘探和生产的艰巨任务。石油部过去工作的巨大成就掩盖不了石油部领导的严重错误，反过来也是如此。我们相信，在正确地认识和纠正了自己的错误以后，石油部的工作必将取得更光辉的胜利。

多年来，在我们党和国家的政治生活中，在一定程度上存在着赏罚不明、纪律废弛的现象。一个领导干部特别是高级干部，除了明显地触犯刑律，很少有因为工作上的错误和过失而受党纪、政纪处分的。即使由于瞎指挥和官僚主义作风造成重大安全事故和国家财产的重大损失浪费，也很少像在新中国成立初期那样受到处分。这种赏罚不明的现象，不但不利于各级领导干部兢兢业业做好自己的工作，也挫伤了广大群众的革命积极性，挫伤了他们对于党和社会主义事业的信心。我们并不主张惩办主义，不能把对干部的必要的处分作为推动工作的主要方法。对犯错误的干部，一般地仍然应当以教育为主。但是，犯有严重错误和过失，造成了恶劣后果的，就必须按照情况给予应得的党纪、政纪和法律处分。处分，也是一种教育。只有赏罚分明，纪律严明，才能使干部对自己严格要求，使正气上升，邪气下降，使广大群众相信我们的党纪、政纪和法律不是只对普通人才起作用。这次对宋振明同志和康世恩同志的处分，不但对石油部门，对整个经济工作部门，而且对全国全党全军，对每一个地区和每一个基层组织，都是一个有力的鞭策和推动。坏事可以变成好事。我国整个生产安全和劳动保护状况，我国整个党纪、政纪和法纪，都将会有一个大的进步。各条战线的广大职工，必将以更加出色的成就，为四化建设作出贡献。事实证明，我们的事业在不断前进，我们的事业是必然要胜利的。

国务院副总理方毅在人民大会堂会见美国知名高能加速器专家邓昌黎教授

8月28日

全国政协五届三次会议在人民大会堂举行

政协全国委员会主席邓小平致开幕词。

大会由政协全国委员会副主席乌兰夫主持。政协全国委员会2055名委员中，有1712人出席了今天的大会。大会主席台的帷幕上悬挂着中国人民政治协商会议的会徽，两边各有五面红旗。

在邓小平致开幕词后，大会通过了五届政协三次会议的议程和会议日程，通过了提案审查委员会名单。

政协全国委员会副主席许德珩在会上作了《中国人民政治协商会议第五届全国委员会常务委员会工作报告》。

出席今天大会在主席台就座的有：政协全国委员会副主席韦国清、彭冲、宋任穷、康克清、季方、王首道、杨静仁、帕巴拉·格列朗杰、周建人、庄希泉、胡子昂、荣毅仁、刘澜涛、陆定一、李维汉、胡愈之、王昆仑、班禅额尔德尼·确吉坚赞，以及政协全国委员会常务委员。

列席今天大会的有中共中央和各省、市、自治区统战部门负责人、国务院参事、政协全国委员会和各省、市、自治区政协负责人等。

各国驻中国的外交使节和外国记者旁听了今天的大会。

政协全国委员会主席邓小平在全国政协五届三次会议上致开幕词

各位委员，各位同志：

中国人民政治协商会议第五届全国委员会第三次会议，现在开幕！

这次会议，要审议政协常务委员会的工作报告，讨论和决定全国政协领导人员的调整，进一步研究在新的历史时期加强人民政协的工作问题。还要列席第五届全国人大第三次会议，参加有关国家政治生活和经济建设等重要议程的讨论。开好这次会议，对于调动全国人民的积极性，推进我国社会主义现代化建设，具有重要的意义。

为了把我国建设成为一个现代化的、高度民主、高度文明的社会主义强国，需要用极大的努力，发挥我国社会主义制度的优越性。重要的是：在经济上，要积极发展社会生产力，逐步改善人民的物质、文化生活；在政治上，要充分发扬社会主义民主，健全社会主义法制，发展安定团结、生动活泼的政治局面；在组织上，要大量发现、培养和提拔适应现代化建设需要的人才，广开才路，人尽其才。我国革命的爱国的统一战线具有空前的广泛性，它在社会主义和爱国主义的基础上更加巩固和发展了。我们要进一步加强全体社会主义劳动者、拥护社会主义的爱国者和拥护祖国统一的爱国者的广泛团结,使我国统一战线和人民政协在发挥社会主义制度优越性的实践中,作出积极的贡献。

人民政协是在共产党领导下实现各党派和无党派人士团结合作的重要组织,也是我们政治体制中发扬社会主义民主、实行互相监督的重要形式,它在我国各族人民中享有很高的威信。一年来,各级人民政协做了大量的工作,是有成绩的。今后人民政协要广泛联系各界人士充分发挥民主协商和监督的作用。要继续推动各界人士学习马列主义、毛泽东思想,学习专业知识。要组织视察参观和专题调查,深入实际,开展多方面的活动。要积极主动地开展国际友好往来。我们相信,人民政协在为发展我国社会主义现代化建设,实现台湾归回祖国和反对霸权主义、维护世界和平的事业中,必将发挥更重大的作用。

预祝会议圆满成功!

政协全国委员会副主席许德珩在全国政协五届三次会议上作常务委员会工作报告

许德珩在报告中回顾了一年来政协全国委员会常务委员会的主要工作。他说,1979 年 9 月,恢复了各民主党派和无党派代表人士座谈会,去年 12 月召开了第二次座谈会,与会同志在这两次会上就国家生活中的一些重要问题提出了不少很好的意见和建议。政协还在节日多次举行招待会、茶话会,邀集各民主党派、各界爱国人士、各少数民族、华侨、台湾同胞、港澳同胞和各方面委员参加,促进了团结,增强了相互了解。我们还接待了西藏自治区政协参观团,举行有关的报告会、座谈会,推动民族工作、宗教工作的开展。

许德珩说,政协 14 个工作组的工作得到进一步发展,一年来组织报告会 52 次、座谈会 71 次。委员们在座谈讨论中提出的重要意见和建议,都及时反映给党中央、国务院和有关领导部门,不少意见和建议得到了妥善处理。

许德珩说,工作组的活动比较集中地抓了落实知识分子政策问题、教育问题、青少年犯罪问题和保护文物古迹问题。政协和各民主党派联合召开了 24 次知识分子问题座谈会,200 多位专家、学者参加,着重反映贯彻执行知识分子政策中存在的问题,提出了很多积极的建议。一年来,政协除组织 200 多名委员在北京、天津进行了一般性参观视察外,还由少数委员组成小型专题调查组,到北京、上海、江苏、安徽、四川、广东、湖南、杭州、福州、承德就企业经营管理、经济体制改革、农业生产责任制、城市建设、教育体制改革、安置待业人员、落实对原国民党起义投诚人员政策等问题进行了比较深入的调查,发挥了人民政协的协商、监督作用。

许德珩说,一年来,政协继续开展了争取台湾归回祖国的工作。今年元旦政协举行的茶会上,邓颖超副委员长发表讲话,表达了对台湾归回祖国的坚强信念和决心。今年春节,政协全国委员会发出《致台湾同胞春节慰问信》,表达了祖国大陆人民对台湾同胞的深切怀念。政协还协同有关部门,多次为台湾同胞、港澳同胞举行招待会、茶会、联欢会,组织各界人士听取有关台湾问题的报告,积极地为台湾归回祖国的神圣事业贡献力量。

许德珩指出,政协在开展人民外交,反对霸权主义,维护世界和平方面,也做了许多工作,增进了中国人民和各国人民的相互了解和友谊。

许德珩说,五届政协二次会议时,委员们共提出 912 件提案。政协秘书处根据各案审查意见,分别送请有关部门处理。截至今年 8 月 6 日,上述提案已全部办理完毕,件件有了交代。

许德珩说,一年来,政协还组织在京委员和各民主党派、无党派人士 360 多人进行政治学习。继续开展了文史资料工作,征集稿件 1600 多篇,出版《文史资料选辑》9 期,成立了文史资料出版社。认真处理群众来信共 15000 多件,对原国民党起义投诚人员落实政策的情况进行了调查了解,帮助部分政协委员、爱国人士妥善解决"文化大革命"中的遗留问题,落实党的政策。

许德珩说,为了实现我们在 80 年代的任务,必须采取有效措施,充分发挥人民政协在国家政治生活和现代化建设中的协商、监督作用。首先要开好政协全国委员会的全体会议和常务委员会会议,对国家的大政方针问题,展开民主协商和自由讨论,进行对宪法和法律实施的监督。各民主党派和无党派人士座谈会是开国以来行之有效的重要协商形式,要及时举行,把各方面的意见、要求、批评和建议充分反映出来,将我们的各项事业推向前进。政协的工作组,今后要进一步密切同有关部门的联系,一方面在听取情况和政策的介绍中增进了解;另一方面充分发扬社会主义民主,广开言路,提出批评和建议,推动工作的改进,共同把国家的事情办好。

许德珩说,"长期共存,互相监督"是中国共产党对民主党派的基本方针,人民政协是贯彻执行这一方针的重要阵地。新时期的互相监督,一定要有利于改善和加强党的领导,发扬社会主义民主,维护和健全社会主义法制,巩固安定团结,一定要有利于促进社会主义现代化建设。

许德珩说,争取早日使台湾归回祖国,完成统一大业，已成为人心所向、大势所趋的历史潮流。我们应当高举爱国主义旗帜，努力扩大爱国统一战线，进一步发挥各民主党派、人民团体、各界爱国人士和委员的积极作用，并通过他们宣传群众、联系群众，为台湾归回祖国更加切实有效地开展工作。

许德珩说，为了反对霸权主义，维护世界和平，我们必须主动地、积极地开展人民外交活动。为了适应国家建设和形势发展的需要，我们要组织和帮助委员和各界人士不仅进行政治学习，还要学习有关的理论和专业知识。要继续组织参观调查和采取其他适当方式，着重了解新情况，研究新问题，反映群众的意见和要求，为做好我们各项工作打下扎扎实实的可靠基础。

许德珩在报告中建议成立政协章程修改起草委员会，在这次会议上作出有关的决议，并在今后适当时机提出全面的章程修改草案，提请全体会议审议。

许德珩最后说，在新的历史时期，人民政协在国家政治体制中占有重要的地位，担负着光荣的任务。让我们更加紧密地团结在党中央周围，同心同德，坚持四项基本原则，巩固和发展革命的爱国的统一战线，调动一切积极因素，团结一切可以团结的力量，克服前进道路上的困难和障碍，为把我国建设成为现代化的、高度民主、高度文明的社会主义强国而共同奋斗，为促进台湾归回祖国、完成祖国统一大业而贡献力量。

国务院副总理李先念在人民大会堂会见意大利社会党副总书记时指出里根关于美台关系的言论是中国人民绝对不能接受的

李先念在谈到中美关系时指出，美国共和党总统候选人里根先生最近关于美台关系的言论是违背中美建交公报的精神的。这种言论是鼓吹搞"两个中国"或"一个半中国"，是中国政府和中国人民绝对不能接受的。

李先念还指出，我国同美国发展关系不仅仅是从中国的利益出发，而且是从中美两国人民的共同利益和全球战略出发的。他说，处理中美关系必须以中美建交公报为依据，而不应该以所谓《与台湾关系法》为依据。李先念表示希望中美关系不要停滞，更不应该倒退，而应该继续发展。

李先念在谈话中，对业已存在的中意两国友好关系的发展，表示满意。他说，我们期待着佩尔蒂尼总统前来我国访问。他希望中意友好关系继续得到发展。

李先念同西尼奥里莱还就阿富汗事件、印支局势等重大国际问题交换了意见。李先念还向意大利朋友介绍了我国内情况。

西尼奥里莱说，意大利社会党人怀着友好的感情，注视着中国共产党人所做的一切事情。我们要坚持发展同中国的友好关系。

《人民日报》发表社论《学会用科学的办法管好现代化大企业》

上海石油化工总厂传来振奋人心的喜讯：去年6月竣工验收以来，18套生产装置，安全、稳定、持续地满负荷运行。这个投资二十几亿元、从国外引进许多先进技术和装备的全国最大化学纤维工厂，由于认真搞好经营管理，在较短时间内达到了预定的综合生产能力，获得了良好的经济效果。上海石化总厂提供的经验，值得重视。

上海石化总厂为什么能够按照预期的方案形成综合生产能力？首先，从建设一开始，就把决策、计划建立在科学分析的基础上。实践经验告诉我们：由于决策、计划不妥或不周密而造成的浪费是十分惊人的，而且事后很难补救。建设一个大型工程项目，起码要抓好三件事：

第一，要选好厂址。现代化大企业对资源能源条件、工业协作条件、交通运输条件、水源地质条件、职工队伍的技术和文化素质等，都有较高的要求。具备这些必要条件，建厂就比较顺利，正常生产也就有了基本保证。如果不经过科学分析，由少数人作出想当然的轻率决定，就会后患无穷。十年浩劫中由于极左路线的影响，不少工厂在选址方面搞得不好，造成了无可挽回的巨大损失，从反面证明了这个问题的重要。

第二，技术设备要选择恰当。从我国的实际情况出发，要把先进性与适用、可靠统一起来考虑。一般地讲，关键性的技术装备应该先进一些。但是，多采用些适用的"中间技术"，使投资省一点，工期短一点，投产顺当一点，很快就收到预定的经济效果，这样有何不好？国内能够设计、制造的技术设备，就要尽可能在国内配套，这样不仅可以节省投资，而且竣工投产后维修零配件等也有保证。如果脱离实际，片面追求自动化程度高、用人少的先进技术和设备，结果投资增大，技术难以消化，管理水平难以跟上，甚至不能做到正常开工生产，技术、设备再先进也难以发挥作用。这样的教训不能再重复了。

第三，要做到主体工程与辅助工程，生产装置与水、电、汽、气等公用工程，生产设施与生活设施，本厂建设进度与配套原材料、外协件安排的进度协调配合。要对构成一个现代化大企业的工程建设和生产运营的多种多样的因素，从整体上进行系统的分析。近年来我国一些科学家大力提倡的"系统工程"等现代管理科学，有助于把决策、计划搞得更妥当一点，更周密一点，我们要努力学习、运用。对于建设和管理现代化大企业，凭想当然、按老框框办事是根本不行的。

对先进的技术、设备,必须熟悉它、掌握它,才能充分发挥作用。这就要虚心地学,不仅要“知其然”,熟练地开动它,而且要“知其所以然”,能够掌握它的窍门。现代化的大工业企业,技术、设备很复杂,精密度很高。因此,从建设一开始,就要把掌握、吃透、消化先进的技术装备列为重要课题。对国内制造的技术装备需要这样,对引进的技术装备更需要这样。在建设阶段就要组织专门队伍从事引进技术、设备的掌握和消化工作;组织基层干部和生产工人参加设备安装、调试工作,通过现场培训把建设和生产紧密衔接起来。要充分发挥请来的外国技术人员的作用,在他们的帮助下,全面了解和掌握工艺技术、设备性能、操作要点。把外国的先进技术和科学管理一律视为“资产阶级的一套”,采取藐视态度、动辄批判的蠢事,现在不会有人去干了。但是,仍然有花外汇请来了外国技术人员而不注意跟他们合作共事、不认真向他们学习,以致对引进的先进技术装置及所提供的科学管理手段,不能很好地掌握和使用,造成很大的损失。这种情况应尽快改变。

管理现代化大企业,要搞好各项基础性工作,大力提高生产水平、技术水平和管理水平,实现安全、稳定、持续生产。管理现代化大企业靠科学。要有健全的、明确的岗位责任制,科学的、严格的工艺、操作规程;通过科学分析、科学测定,建立各种各样的工作标准;帮助职工迅速掌握基本的技术知识、工作技能,等等。通过这些方面的努力,把生产组织得科学合理,稳妥可靠。这样,产量也有了,质量也有了,经济效果也有了。

现代化大企业经营管理得好不好,对整个国民经济有极为重要的影响。经营管理现代化大企业,更应该有经济头脑和专业知识。从我国目前的情况看,企业的管理水平有待提高,经营的水平相差更大。懂管理的人才缺乏,善于经营的人才更少。因此,要在抓好生产技术管理的同时,努力提高“经营”的本领:把投资方向搞对头;把产品搞得适销对路;把资金周转得很快而且用得很活;把国内外市场的动向摸得很透并能成功地进行竞争。要做到这一些,就要使企业拥有较多的经营管理的自主权。对企业统得过多,限得过死,只能妨碍企业的发展。这种情况必须改变。

经过新中国成立以来30年的建设,我国各个工业部门都已拥有一批现代化大企业。随着四化建设的进展,我们将会拥有越来越多的现代化大企业。我们是发展中国家,全国人民省吃俭用,国家集中几千万、几亿以至几十亿元的投资建设一个现代化大企业,是很不容易的。如果工厂建起来之后,由于对先进的技术、设备“消化不良”,或是由于日常生产组织和经营管理混乱,长期达不到预定的生产水平和投资效果,甚至事故频频,将巨额投资付之东流,岂不是辜负了全国人民的期望吗?因此,全国所有的工业企业,特别是现代化大企业,都要认真总结经验,解放思想,实事求是,不断提高科学管理水平,攀登新的高峰。

国务院副总理谷牧在北京会见瑞士《新苏黎世报》记者兼评论员恩厄斯特·库斯

国务院副总理康世恩在北京会见以美国全国工程科学院外事秘书贝尔实验室副总裁布鲁斯·汉奈为团长的代表团

中国代表团团长李强在联大第十一届特别会议上发言

在谈到80年代世界面临的经济政治形势时,李强说,“80年代在经济上将是不稳定的、困难的10年。发达国家在可预见的时期内经济增长率将继续减慢,通货膨胀加剧,并面临新的经济危机。许多发展中国家的贸易条件将进一步恶化,制成品的出口遭到保护主义的日益严重的威胁,它们的债务负担越来越重。贫国和富国之间的鸿沟还将继续扩大。举世关心的能源问题会更加尖锐。”他指出,“在今天,要牺牲广大发展中国家的切身利益来求得少数发达国家的经济发展,这不仅理所当然地要遭到发展中国家的坚决反对,而且在实际上也是行不通的。那样做,只能使南北关系更加紧张,世界经济更加困难,国际政局更加动荡。”

他认为,“80年代在政治上将是危机四伏的10年。在南部非洲,种族主义者不会退出历史舞台,在加紧国内镇压的同时,还将继续威胁各邻国的安全。在中东,只要以色列坚持其扩张的行径,这个地区就不会有稳定。特别是,苏联武装入侵阿富汗和支持越南占领柬埔寨,充分显示出霸权主义凭借其日益膨胀的军事实力,正在加紧推行南下战略,加快扩张步伐,使全世界不得安宁,而首当其冲、受害最深的是第三世界国家。因此,要谋求第三世界国家经济和世界经济的发展,就必须同一切危害世界和平和各国安全的势力,特别是霸权主义,作针锋相对的斗争。不反对霸权主义,就不能维护世界和平。没有和平,也就谈不上什么经济的发展。”

中国代表团认为,国际经济领域中破旧立新的斗争,同政治领域中反对霸权主义的斗争,是密切相关的,相辅相成的。只有从战略上把这两方面的斗争处置得当,才能更好地迎接80年代的挑战,促进国际经济的发展,维护世界的和平。

关于南北对话问题,他说,“我们认为,要使南北关系朝着在公平合理、平等互利的基础上加强国际经济合作的方向发展,关键在于发达国家要作出新的重大努力,响应发展中国家的正当要求。”“事实很明显:南北双方在经济上既互相矛盾,又互相依存。发达国家要发展,就必须取得发展中国家的合作,而要取得这种合作,就必须改革现存的不公正的国际经济关系。发达国家应当改善发展中国家的贸易条件,维护它们出口收益的购买力,放弃保护主义;应当增加对发展中国家的援助,并减轻发展中国家的债务负担,对最不发达国家和有特殊困难的国家,应予特殊的照顾;应当取消在技术转让方面那些不利于发展中国家的歧视性和限制性的规定与惯例;应当同意对现存的国际金融机构和不合理的规章制度进行必要的改革,扩大发展中国家参与决策的权力。在这些方面,一切发达的工业化国家都应当作出必要的让步,承担相应的义务。我们认为,在国际经济领域中进行改革虽然在短期内会给发达国家带来一些困难和问题,但从长远来说,对南北双方都是有利的。”

李强说:“发展中国家进一步加强团结,是推动建立国际经济新秩序取得进展的十分重要的因素。”“发展中国家由于条件的不同,发展水平也参差不齐,彼此应当互相体谅对方的处境。条件比较有利的发展中国家,应该更多地照顾条件比较不利的发展中国家。对某些暂时的局部的分歧,应当通过内部协商,尽量求得妥善的解决。即使一时不能解决,也要善于等待。”

他还说:“发展中国家之间开展经济合作,加强集体的自力更生也是改革旧的国际经济关系,建立新的国际经济秩序的重要组成部分。它将减少第三世界国家对发达国家在经济上的依赖,增强发展中国家的团结与合作,提高它们在国际经济关系中的地位。亚非拉地区成立的许多区域性合作组织已经显示出它们的生命力。”

关于能源问题,李强指出,它是牵涉到经济、政治等多方面的战略问题。他说:“我们认为,能源问题的解决,应当充分尊重产油国的权益,包括维护其石油出口收入的购买力,有利于合理地保存和开发石油资源,大量浪费石油的现象应予纠正;应当使石油斗争继续为建立新的国际经济秩序开辟道路,有利于维护和加强第三世界的团结;应当反对霸权主义对油田和石油通道的争夺,有利于维护产油国的安全和世界和平;应当由有关各方充分协商、统筹安排,有利于第三世界各国经济和世界经济的稳定和发展。”

李强最后说:“中国属于第三世界,我们将永远同发展中国家站在一起,同甘共苦,互相支援。过去我们是这样做的,今后还将这样做。近几年来,尽管我国在经济上存在不少困难,仍然向其他发展中国家提供了一些力所能及的援助。我们相信,随着我国经济的发展和壮大,我国同第三世界国家进行经济技术合作的内容将更加充实,合作的范围将更加宽广。”

8月29日

五届全国人大三次会议在人民大会堂举行预备会议

预备会议由全国人大常委会副委员长彭真主持。他在讲话中指出,五届全国人大三次会议的各项准备工作已经就绪。他说,这次会议要充分发扬民主,集思广益,群策群力,以完成大会的各项重大任务。

会议选举了由255人组成的大会主席团,选举彭真为大会秘书长。

会议通过了五届人大第三次会议议程;通过了由张启龙为主任委员的五届人大第三次会议提案审查委员会人选。

会议还通过宋任穷为五届人大代表资格审查委员会主任委员,谭震林为五届人大预算委员会主任委员,增补顾明为五届人大法案委员会副主任委员。

五届全国人大三次会议主席团举行第一次会议

会议通过了五届人大代表资格审查委员会关于代表情况和补选的代表资格的审查报告。

会议推选叶剑英、宋庆龄、聂荣臻、刘伯承、乌兰夫、韦国清、彭真、谭震林、李井泉、张鼎丞、蔡畅、邓颖超、赛福鼎、廖承志、阿沛·阿旺晋美、周建人、许德珩、胡厥文、萧劲光、朱蕴山、史良为主席团常务主席。

会议还通过了五届人大第三次会议日程和执行主席分组名单,决定乌兰夫、彭冲、武新宇、朱穆之为五届人大第三次会议副秘书长。

会议由全国人大常委会副委员长彭真主持。

主席团会议前,举行了代表资格审查委员会会议。

五届全国人大三次会议主席团第一次会议审议和通过五届人大代表资格审查委员会关于代表情况和补选的代表资格的审查报告

会议一致同意补选马寅初等49人为全国人民代表大会代表,撤销8人的代表资格。

补选的代表是:北京市马寅初、王观澜;天津市陈伟达、阎达开、胡启立;河北省江一真、李尔重;山西省阮泊生;内蒙古自治区廷懋;辽宁省万福金、张国士、黄欧东、崔德志;黑龙江省赵德尊;宁夏回族自治区马信、马青年;青海省冀春光;新疆维吾尔自治区司马义·艾买提;上海市汪道涵、钟民、张家树;山东省赵林;安徽省张劲夫、顾卓新;江西省白栋材、谢象晃、何世琨；河南省段君毅、刘杰、赵文甫、杭惠兰；湖南省万达；广东省习仲勋、李坚真、杨尚昆；广西壮族自治区覃应机；四川省鲁大东、潘阳泰、平措汪杰；贵州省苏钢、徐健生；云南省刘明辉、缪云台；西藏自治区班禅额尔德尼·确吉坚赞；中国人民解放军叶飞、严政、刘志坚、饶守坤、谭友林。他们都是在五届人大第二次会议到第三次会议期间补选的。

被撤销代表资格的有：天津市2名，辽宁、江西、湖南、广东、云南省和中国人民解放军各1名。他们是由原选举单位撤销代表资格的。

代表资格审查委员会的报告说，在第二次会议到第三次会议期间，第五届全国人民代表大会的代表有34人逝世。现在，第五届全国人民代表大会代表共有3478人。

五届全国人大三次会议议程

（1980年8月29日第五届全国人民代表大会第三次会议预备会议通过）

一、国务院副总理兼国家计划委员会主任姚依林作关于1980年、1981年两年国民经济计划安排的报告

财政部部长王丙乾作关于1979年国家决算、1980年国家预算草案和1981年国家概算的报告

通过关于1980年、1981年两年国民经济计划安排，1979年国家决算、1980年国家预算和1981年国家概算的决议

二、彭真副委员长作全国人民代表大会常务委员会工作报告和关于几个法律草案的说明

审议关于修改中华人民共和国宪法第四十五条的议案

审议中华人民共和国国籍法草案、中华人民共和国婚姻法修改草案、中华人民共和国中外合资经营企业所得税法草案、中华人民共和国个人所得税法草案

通过关于全国人民代表大会常务委员会工作报告的决议

三、最高人民法院工作报告

最高人民检察院工作报告

通过关于最高人民法院工作报告和最高人民检察院工作报告的决议

四、华国锋总理讲话

中国共产党中央委员会关于国务院总理人选的提议

五、关于国家领导工作人员的调整

六、中国共产党中央委员会关于修改宪法和成立宪法修改委员会的建议

七、其他

五届全国人大三次会议主席团和秘书长名单

（1980年8月29日第五届全国人民代表大会第三次会议预备会议通过）

主席团（255名，按姓氏笔画排序）

丁光训 于光远 才旦卓玛(女) 万　达 习仲勋
马文瑞 马青年 马恒昌 马浩谦 马寅初 王　平
王世泰 王必成 王冶秋 王昆仑 王首道 王恩茂
王　铎 王淦昌 王　谦 王瑞昌 天　宝 韦国清
区棠亮(女) 尤太忠 贝时璋 毛文书(女)
毛迪秋 毛致用 乌兰夫 巴一恺 巴　金 邓初民
邓典桃 邓颖超(女) 玉　荣(女) 甘渭汉
石钟琴(女) 平措汪杰 卢盛和 叶　飞
叶圣陶 叶剑英 叶洪海 田富达 史来贺
史　良(女) 白如冰 白寿彝 朴春子(女)
毕　肯(女) 吕叔湘 吕　骥 朱光亚 朱学范
朱蕴山 乔晓光 伍　禅 任仲夷 华罗庚 向仲华
向腊玉(女) 庄希泉 刘田夫 刘志坚 刘伯承
刘明辉 刘念智 刘　斐 关山月 江一真 江渭清
安平生 许世友 许　杰 许涤新 许德珩 那木拉
廷　懋 阮泊生 阴法唐 严佑民 严　政 严济慈
严家安 芦国俊 克尤木·买提尼牙孜 苏步青
杜心源 李人林 李井泉 李亚敏(女)
李　贞(女) 李坚真(女) 李　昌 李瑞山
李福忠 李聚奎 李德生 杨永清(女) 杨成武
杨秀峰 杨尚昆 杨尚奎 杨易辰 杨　勇 杨得志
吴先锋 吴克华 吴冷西 吴承清 吴桓兴
汪月霞(女) 汪　锋 沙千里 沈雁冰 宋　平
宋任穷 宋庆龄(女) 张文裕 张正桃 张平化
张廷发 张启龙 张劲夫 张秉贵 张金榜
张桂珍(女) 张爱萍 张鼎丞 张福财
阿沛·阿旺晋美 阿依吐拉(女) 陈中伟
陈玉娘(女) 陈丕显 陈再道 陈伟达 陈此生
陈孝顺 陈逸松 陈景润 陈登科 陈福汉 武新宇
范忠志 茅以升 林一山 林巧稚(女) 林乎加
林兰英(女) 林丽韫(女) 林依平 林　铁
林慧卿(女) 罗青长 罗叔章(女)
帕巴拉·格列朗杰 季　方 岳美中 金如柏 周占鳌
周叔弢 周建人 周海婴 赵永焕 赵朴初 赵　林
赵忠尧 赵德尊 赵燕侠(女) 郝树才 荣毅仁
胡子昂 胡立教 胡乔木 胡绩伟 胡　绳 胡厥文
胡愈之 胡耀邦 奎　璧 段苏权 段君毅 侯占友
侯宝林 饶守坤 洪学智 祝星发 费彝民
班禅额尔德尼·确吉坚赞 秦基伟 袁任远 聂荣臻
莫文骅 栗又文 贾庭三 顾卓新 阎达开 钱三强
钱学森 铁木尔·达瓦买提 铁　瑛 倪志福
倪谷音(女) 徐健生 爱新觉罗·溥杰 高厚良

郭兰英(女)　郭林祥　唐克碧(女)　海玉琛
陶峙岳　措　姆(女)　萧　华　萧劲光　黄克诚
黄秉维　黄欧东　黄　荣　黄菊香(女)
常香玉(女)　盛　婉(女)　康克清(女)
梁必业　梁吉泉　彭　冲　彭　真　董天祯　董其武
粟　裕　曾思玉　谢冰心(女)　谢　明　谢铁骊
瑞　板　楚图南　裔式娟(女)　雍文涛
蔡　畅(女)　裴昌会　廖汉生　廖志高　廖承志
赛福鼎　谭友林　谭启龙　谭　政　谭善和　谭震林
缪云台　潘　多(女)　冀春光　戴念慈
秘书长　彭　真

五届全国人大三次会议提案审查委员会主任委员副主任委员与委员名单

(1980年8月29日第五届全国人民代表大会第三次会议预备会议通过)

主任委员　张启龙
副主任委员　罗青长　洪学智　严济慈　李世璋
黄　荣　秦力生　康永和

委员(按姓氏笔画排序)
丁光训　马志杰　马恒昌　扎西拉姆(女)
区棠亮(女)　方志纯　巴图巴根　巴　金
邓力群　申纪兰(女)　史怀璧　成仿吾　成盛三
任新民　华凤翔　华煜卿　庄明理　刘　毅　李富荣
肖隽英　吴国祯　吴学周　何　贤　张平化　陆榕树
阿衣奴拉·阿皮孜(女)　林巧稚(女)
林兰英(女)　林佳楣(女)　金明汉　周　里
周谷城　郑　英　赵发生　赵朴初　赵廷光　赵祖康
赵喜明　郝德青　施嘉明　莫乃群　贾庭三　钱三强
徐伯昕　徐眉生　凌　云　郭棣活　浦洁修(女)
陶峙岳　彭迪先　惠浴宇　傅秋涛　童少生
曾　志(女)　谢冰心(女)

广州——曼谷航线开航

根据中泰航空运输协定,今天广州——曼谷航线开航,中国民航班机首次飞往泰国曼谷。广州至曼谷每周飞行一班,使用波音707飞机飞行,空中飞行3个小时20分左右。每星期五13时15分,飞机从广州起飞,次日早上8时,自曼谷起飞。

国务院副总理方毅在北京会见并宴请澳大利亚射电天文学家国际无线电科学联合会主席克里斯琴森教授

中美人民友好协会年会在美国波士顿举行

参加本届年会的有来自120多个地方分会的500多名代表。会议通过了10多项决议,并选出了一个由17人组成的全国委员会。尤妮塔·布莱克韦尔再次当选为全国委员会主席。她在会上讲话时谈到了要为两国和世界和平的利益发展两国人民之间的友谊。

中国选手郭跃华在香港举行的第一届世界杯乒乓球赛中获得男子单打冠军

8月30日

五届全国人大三次会议在人民大会堂开幕

大会执行主席叶剑英主持大会并致开幕词。

姚依林作《关于1980、1981年国民经济计划安排的报告》。他的报告分三个部分:一、国民经济在调整、改革、整顿、提高中取得了新的进展;二、1981年国民经济计划的任务和主要指标;三、采取有力措施,保证1980、1981年计划的完成。

王丙乾接着就1980年国家预算草案和1981年国家概算作了汇报。

出席今天大会的人民代表有3255名。

今天的大会执行主席还有:宋庆龄、聂荣臻、乌兰夫、韦国清、彭真、谭震林、赛福鼎、廖承志、阿沛·阿旺晋美、周建人、许德珩、胡厥文、萧劲光、朱蕴山、史良。参加五届政协第三次会议的全体政协委员列席了会议。

列席会议的还有:国务院组成人员,人大常委会各委员会、中共中央和国务院各部门的负责人,中国人民解放军各总部、各军兵种、各军事院校的负责人,我国部分驻外使节。各国驻华使节和外国记者旁听了今天的大会。

全国人大常委会委员长叶剑英在五届全国人大三次会议上致开幕词

各位代表:

从五届人大二次会议闭幕以来,由于全国各族人民的共同努力,我国各个方面的工作都有了重大的进展。国民经济调整取得显著成效;社会主义民主和法制得到加强;安定团结的政治局面进一步巩固。社会主义四个现代化建设的伟大事业,正在稳步地向前发展。对于这种变化,全国人民是高兴的。在80年代的第一年,我们正在迈着胜利前进的步伐。

各位代表!

这次会议,将审查和批准国务院关于1980年、1981年两年国民经济计划安排的报告;审查和批准国务院关于1979年国家决算、1980年国家预算草案和1981年国家概算的报告。

这次会议，要审议全国人大常委会根据中国共产党中央委员会的建议提出的《关于建议修改〈中华人民共和国宪法〉第45条的议案》；审议中华人民共和国国籍法草案、中华人民共和国婚姻法修改草案、中华人民共和国中外合资经营企业所得税法草案和中华人民共和国个人所得税法草案。

这次会议，要听取和审议全国人大常委会的工作报告；审议最高人民法院和最高人民检察院的工作报告。

这次会议，还有一个重要议程，就是将听取国务院华国锋总理的讲话，根据中国共产党中央委员会的提议决定国务院总理的人选，并且决定和选举其他一些国家领导工作人员。还要审议中国共产党中央委员会另一个重要建议，即修改《中华人民共和国宪法》和成立中华人民共和国宪法修改委员会。

各位代表！

为了适应社会主义现代化建设的需要，必须进一步发展社会主义民主，健全社会主义法制。我们要陆续制定各种必要的法律，特别是加强经济立法工作和民族立法工作。为了加强和改善党和政府的领导，健全国家体制，提高工作效率，需要切实改变领导人员兼职过多、权力过分集中的状况，并把那些经过实践考验、得到群众拥护的年富力强的优秀干部选拔到领导岗位上来。这次大会将就中共中央所提出的调整全国人大常委会和国务院的部分领导人员的建议，进行审议。

这次大会将讨论和决定我们国家的重大问题，具有重要的意义。我相信，这次会议一定能充分地反映和集中全国工、农、兵、知识分子和一切爱国人士的意见，对国家的各项工作，提出批评和建议，对大会的各项议案详加审议，作出正确决定。让我们共同努力，把这次会议开好，完满地完成大会各项任务。

国务院副总理兼国家计委主任姚依林在五届全国人大三次会议所作《关于1980、1981年国民经济计划安排的报告》

各位代表：

我受国务院的委托，现在向大会提出关于1980、1981年国民经济计划安排的报告，请予审议。

关于1980年国民经济计划的安排，国务院委托国家计委副主任李人俊同志，于今年4月8日向人大常委会第十四次会议作了报告。1980年计划正在顺利执行，预计工农业总产值可以超额完成。这个报告已经印发大会，请审议，我在这里不再说明了。鉴于过去年度计划制订得比较晚，不利于各地区、各部门早日安排工作，国务院确定，今年提前制订1981年国民经济计划，提请这次大会审议。经大会批准后，再组织各地区、各部门编制各项具体计划。

现在，我着重报告1979年以来贯彻执行调整、改革、整顿、提高方针的情况和1981年国民经济计划的安排。

一、国民经济在调整、改革、整顿、提高中取得了新的进展

第五届全国人民代表大会第二次会议，号召全国各族人民在党和政府的领导下，坚决实现工作着重点转到现代化建设上来的伟大战略转移，贯彻执行国民经济调整、改革、整顿、提高的方针。经过一年多来全国各族人民的紧张努力，团结奋斗，在调整国民经济的各项工作中取得了显著的进展。

第一，重大的比例关系正在朝着协调的方向发展，国民经济持续增长。

农业、轻工业的发展加快了，农轻重的比例关系有所改善。党的十一届三中全会以来，由于在农村落实了一系列政策，国家在资金和物资上加强了对农业的支援，大幅度地提高了主要农产品的收购价格，减免了贫困社队的粮食征购任务，大大激发了广大农民的生产积极性，使农业生产有了较快的发展。1979年农业总产值比1978年增长8.6%。粮食产量33212万吨，比上年增加2,737万吨，这是在1978年粮食丰收的基础上实现的，1978、1979两年共增产粮食4900多万吨。两年这样大幅度的连续增产，是新中国成立以来没有过的。1979年油料产量644万吨，比上年增加122万吨；肉类产量1062万吨，比上年增加206万吨。增产的幅度都很大。棉、麻、丝、茶等经济作物，也有不同程度的增产。多年来农业生产发展缓慢的状况开始有了变化。

由于采取了在原料、燃料和动力供应等方面优先保证轻工业生产的措施，1979年轻工业总产值比上年增长9.6%，今年上半年又比去年同期增长24.2%，都超过了重工业的增长速度。轻工业主要产品，如棉纱、棉布、化纤、纸、合成洗涤剂、自行车、缝纫机、表等的产量，都有较大的增长，许多产品的质量和花色品种有显著改进。今年上半年，集体所有制工业产值比去年同期增长23.6%。

在重工业方面，对长线产品的生产进行了控制，增产了一批适销对路的产品，关停并转了一批消耗高、质量差、货不对路、长期亏损的企业，在调整中继续前进。1979年重工业总产值比上年增长7.7%，今年上半年又比去年同期增长6%。煤炭、石油工业，由于调整采掘、采储比例关系，生产增长速度减慢。电力工业，在发电量增长的同时，加强了管理，改变了多年严重低周波、低电压运行的状况。钢铁工业，1979年钢产量比上年增加270万吨，而能源消耗总量(按每公斤发热

量7000大卡的标准煤计算)，比上年降低了100万吨。每吨钢的综合能耗，由上年的2.51吨煤，降低到2.28吨煤。机械工业，在调整服务方向、改变产品结构上，做了许多工作，仅一机部系统就试制成功了重要的新产品945种，是近十年来新产品品种增加最多的一年。化学工业、建材工业的许多重要产品，如化肥、塑料、水泥、平板玻璃等的产量都有较大的增长。国防工业在整顿提高军品质量方面取得了成绩，同时在军民结合方面有所前进，1979年生产的民用产品已占国防工业总产值的20%左右。交通邮电、地质勘探也取得了新的成绩。

积累和消费的比例关系有所改善。1979年国民收入比上年增长7%。国民收入中，用于积累的部分为1120亿元，用于消费的部分为2211亿元。积累率由1978年的36.5%，降为33.6%。根据1980年计划，积累率可能进一步降到30%左右。积累率的降低，主要是由于提高了城乡人民消费基金，控制基本建设规模和节约流动资金。这对正确处理国家建设和人民生活的关系，促进国民经济有计划按比例地发展，起了积极作用。

在缩短基本建设战线、提高投资效果方面，取得初步成效。1979年国家预算内和预算外的基本建设投资总额完成500亿元，停建、缓建了大中型项目295个。计划建成投产大中型项目118个，实际建成128个，改变了多年来投产项目完不成计划的状况。1980年计划基本建设投资总额控制在500亿元，进一步停建、缓建大中型项目238个。在基本建设投资总额中，提高了职工住宅、科学文教卫生和城市建设等方面的投资比重。这个比重，1978年为17.4%，1979年达到27%，1980年将达到29%。

第二，在经济上开始采取了一些新的政策，开始进行经济管理体制的某些改革，整个经济比较活了。

农村在放宽政策、发挥优势方面，开辟了一些新的路子。根据党中央关于加快农业发展若干问题的决定，各地区在尊重社队自主权方面采取了一些措施，进一步落实按劳分配政策，实行了多种形式的生产责任制，发展多种经营和家庭副业，开放集市贸易，使农村经济大大活跃起来。根据因地制宜的原则，许多地区对农业内部结构和生产布局开始进行了调整。在增加粮食生产的同时，注意了林、牧、副、渔各业的发展。在种植业内部，经济作物的播种面积1979、1980两年都有增加。长期以来我国农业结构和布局的不合理状况开始有些变化。

工业在组织联合、按需生产方面，有了良好的开端。各地在不改变所有制和隶属关系的前提下，开始试行兼顾各方面经济利益的多种形式的联合，有的成立专业化协作总厂，有的打破行业界限实行联合投资，有的加工企业和原料产地实行跨地区联合经营，等等。通过联合，发挥了潜力，创造了新的生产力，开辟了原料来源，提高了经济效果。许多地方和企业加强市场调查，开展各种形式的展销、自销、代销等活动，促进了工商结合、产需衔接，使适销对路的产品逐步增加。钢铁工业根据市场需要，增产小型材、线材、薄板、焊管等短线钢材200多万吨。机械工业1979年计划任务不足，实行按需生产，自找门路，打开了销路，全年总产值比上年增长8.1%，出口额增长30.8%。

经济管理体制的改革，在调查研究的基础上，根据积极稳重的方针进行了试点。实行扩大自主权试点的工业企业，到今年上半年有6600个左右，产值约占全国全民所有制工业企业总产值的45%左右。扩大企业自主权的试点，对于调动企业和广大职工的积极性，增加经营观念、市场观念、服务观念和竞争观念，改善经营管理，发展生产，提高质量，增加盈利，起了很大的推动作用。试点企业的产量、产值和上缴利润的增长幅度，一般都超过试点前的水平，也高于尚未试点的同行业其他企业的水平。据四川省试点的84个地方企业的统计，1979年比上年产值增长14.9%，利润增长33%，上缴国家的利润增长24.2%。今年上海市纺织工业实行了全行业利润留成的试点，上半年产值比去年同期增长14.1%，上缴国家的利润增长16.3%，都高于全市总产值和上缴利润的增长幅度。在农村，在100多个国营农场和一些县试办了农工商联合企业，情况一般也是好的。财政体制实行了中央和地方“划分收支，分级包干”的管理办法，调动了地方增收节支的积极性。外贸体制开始进行了一些改革的试验，适当扩大了地方和一部分工业部门的进出口经营权，实行了外汇留成办法。所有这些改革的试点，都是为了体现计划调节和市场调节相结合的原则，体现中央、地方、企业和劳动者个人利益统筹兼顾的原则，体现把劳动者的物质利益同企业经营的好坏密切联系起来的原则，激发企业和劳动者改善经营管理、增产节约的积极性和主动性。总的说来，这些试点的效果是好的。试点中发现了不少新的问题，有待于今后进一步解决。

第三，随着国民经济比例关系的调整、经济管理体制改革和企业整顿的进展，各方面的经济效果提高了。

在农业生产和农业基本建设中，瞎指挥和无效劳动有所减少，不计工本的情况开始有了改变。1979年全国农业生产各项费用占农业总收入的比重有所下降。长期亏损的国营农场，1979年有了盈利，由上年亏损9000万元转为盈利3亿多元。在工业生产中，节约能源的工作开始取得成效。1979年在能源增长不到3%的情况下，工业总产值比上年增长了8.5%。今年上半年，在能源增长较少的情况下，工业总产值比去年同期增长了13.6%。全民所有制工业企业新增加的产值中，由于劳动生产率提高而增加的产值占62%。每百元工业固定资产净值提供的税收利润，1977年为31.5元，1978年为35.5元，1979年进一步提高到36.3元。流动资金周转加快，去年国营工商企业流动资金占用水平比上年减少64亿元，今年上半年又比去年同期减少160亿元。基本建设1979年交付使用的固定资产占投资的比重，由上年的74.3%提高到83.7%。

第四，党和政府尽了很大努力，增加城乡人民收入，改善广大群众生活。

通过发展农业生产和提高主要农业产品收购价格，1979年农民增加收入108亿元。由于减免农业和社队企业税收，减轻农民负担20亿元。1979年农民从集体分得的收入，每人平均达到83.4元，比1978年增加了9.4元，而1965年到1976年11年中，农民每人平均从集体分得的收入总共只增加了10.5元。这些数字都没有包括农民家庭副业收入在内。1979年全国在城镇安置了903万人就业，开始提升40%职工的工资级别，调整了部分地区的工资类别，发给了职工副食品价格补贴，企业普遍实行了奖励制度。1979年全民所有制职工全年工资总额(包括奖金在内)比上年增加60亿元；职工的年平均工资达到705元，比上年增加61元。1979年新建职工住宅6256万平方米，比上年增长66%，这是新中国成立以来新建职工住宅最多的一年。1980年上半年职工住宅施工面积7371万平方米，比去年同期又有所增长。

第五，商品购销两旺，城乡零售市场活跃，对外贸易有较大发展。

1979年商业部门收购商品总额1992亿元，比上年增长14.5%；今年上半年，收购商品总额又比去年同期增长17.9%。由于多数职工和农民的收入有所提高，社会购买力大幅度增长，1979年社会商品零售总额1753亿元，比上年增加225亿元，增长14.7%，这是多年来增加最快的一年。今年上半年，社会商品零售总额又比去年同期增长18.5%。去年以来，城乡居民主要消费品的消费水平都有提高。长期供不应求的猪肉已经敞开供应。针棉织品、自行车、缝纫机、收音机、手表、电视机、录音机等的销售量，也有较多增加。

1979年进出口贸易总额比上年增长28%，1980年上半年又比去年同期增长20.2%。旅游、侨汇、港口服务等非贸易外汇收入，也有较快的增长。

第六，科学、文教、卫生等事业有了新的发展。

1979年国家已批准的发明103项，全国取得的重大科学技术成果3000多项。在杂交水稻和沼气的大面积推广应用、农业自然资源的调查和区域规划等方面，都作出了新的成绩。工业部门试制成功上千种重要的新产品，攀枝花、包头和金川三大共生矿的综合利用，在科学研究方面取得了可喜的进展。国防科研方面，运载火箭、核武器、人造卫星等研制工作取得了新的进展。今年上半年，完成了向太平洋海域发射运载火箭的全程飞行试验，标志着我国科学技术达到了一个新的水平。社会科学领域思想很活跃，在社会主义经济理论和实践的研究方面，提出了许多有益的见解。

1979年大专学校在校学生102万人，达到历史最高水平。中等专业学校在校学生120万人，普通中学在校学生5905万人。各种形式的成人高教育在校学生达到86万人。文化、艺术、广播、电视、新闻、出版、卫生、体育等各项事业都取得了新的成绩。计划生育取得了进展，1979年人口自然增长率由上年的1.2%下降到1.17%。

今年国民经济计划的执行情况是比较好的。农业生产，由于不少地区自然灾害严重，夏粮减产一成以上。现在正是大秋作物的生长季节，如果不再发生严重的自然灾害，预计秋粮产量有可能接近去年水平。棉花、糖料的产量预计可以超过去年水平。油料、肉类、水产品的产量预计可以完成计划。工业生产，原煤、原油、发电量、钢、水泥、化肥、棉纱、化纤、纸、糖、自行车、电视机等主要产品的产量，预计都可以完成或超额完成全年计划。全年工业总产值计划比上年增长6%，预计可以超过。

一年多来，党和政府在经济方面采取的一系列方针政策，实践证明是正确的，广大群众是拥护的，经济调整工作进展顺利，群众对取得的成绩是满意的。但是，我们前进的道路上还存在不少问题。大多数农民、工人的生活有了改善，但一些经济长期发展缓慢的边远地区和少数民族地区，以及受灾地区的人民生活还很困难；一部分没有奖金收入或者奖金很少的科研、教学、医务和机关工作人员的收入增加不多，或者没有增加，有的实际生活水平还有所下降。城乡居民的购买力提高以后，由于产业结构的改变要有一个过程，有些商品还供不应求。长期积累下来的职工住宅、医疗卫生、城市公用事业和环境保护等问题，还要多年努力逐步解决。基本建设战线总的说来仍然过长，有些该压缩的大项目压缩下不去，有些该增加的，例如能源、交通、建筑材料和科学教育，由于财力不足，又难以满足要求。在调整过程中，一部分重工业企业，特别是机械工业开工不足，一部分生产资料积压的情况相当严重，财政还有赤字。国民经济的调整是一项极其复杂艰巨的任务，在调整过程中必然会出现一些矛盾和困难。只要我们认真执行党中央、国务院的各项方针政策，努力工作,增产节约,这些问题是可以逐步得到解决的。

二、1981年国民经济计划的任务和主要指标

1981年发展国民经济的主要任务,是继续贯彻执行调整、改革、整顿、提高的方针,促进工农业生产和各项事业协调地前进。具体说来,要努力加快农业、轻工业的发展,使消费品的供应同社会购买力的增长大体相适应,保持市场物价的基本稳定。大力加强能源的开发和节约,加强交通和建筑业,加快机械工业的改组和技术改造,合理调整冶金、化工等重工业生产,努力增产短缺的和新型的原材料,更好地为农业、人民生活、出口、国防和整个国民经济服务。继续严格控制基本建设规模,努力缩短建设周期,争取有更多的工程建成投产。进一步开展对外贸易,扩大国际经济交流。大力加强科学技术、教育卫生、城市建设、环境保护和劳动保护。全面讲究经济效果,努力开源节流,增加财政收入。进一步调整积累和消费的比例关系,使人民生活在生产发展的基础上继续有所改善。

根据上述要求,1981年国民经济计划主要指标安排如下。

工农业总产值,比1980年预计增长5.5%,其中,农业总产值增长4%,工业总产值增长6%。

农业,粮食产量34250万吨,比1980年预计增加1000万吨;棉花产量255万吨,比1980年预计增加25万吨。其他经济作物、肉类、水产品的产量和造林面积,也将有一个新的增长。

轻工业,总产值比1980年预计增长8%,继续高于重工业的增长速度。棉纱产量286.5万吨,比1980年预计增加9万吨;纸520万吨,增加20万吨;糖260万吨,增加10万吨;自行车1484万辆,增加224万辆,缝纫机860万架,增加140万架;表2360万只,增加260万只;合成洗涤剂48万吨,增加5万吨。其他轻工业品的产量,都将有不同程度的增长。

能源工业,煤炭产量62000万吨,比1980年预计增加1000万吨;石油产量10600万吨,保持近两年的水平;发电量3120亿度,比1980年预计增加120亿度。

原材料工业,钢产量3500万吨,10种有色金属108万吨,水泥7800万吨,化肥1230万吨,木材4910万立方米。

机械工业,拖拉机9.75万台,内燃机2000万马力,汽车16万辆,这是根据需要和油料供应的可能安排的。

交通运输业,铁路货运量10.6亿吨,轮船、驳船货运量3.9亿吨,汽车货运量5.4亿吨。民用航空客货运总周转量和邮电业务总量都将有所增加。

基本建设,国家预算内直接安排的投资,加上部门和地方的自筹投资、国内银行贷款、利用外资进行的建设等,总的投资额控制在550亿元左右。

对外贸易,进出口总额559亿元,比1980年预计增加42亿元。

国内市场,社会商品零售总额2200亿元,比1980年预计增加150亿元。

科学技术,列入全国科技计划的新产品试制、中间试验、重大科学研究项目共四百多项。

教育、高等学校由于1977年新生入学较晚,要推迟到1981年寒假毕业,校舍腾不出来,1981年招生数仍然安排27万人,保持近两年的水平。

劳动就业,在城镇安排600万人。

计划生育,人口自然增长率为1%。

人民生活,农村社队和农民收入将增加近100亿元。城镇居民收入将增加40多亿元,居住条件、集体福利和生活服务等方面,将继续有所改善。从1981年开始,要逐步解决没有奖金收入或者奖金很少的科研、教学、医务和机关工作人员适当增加收入的问题。

在1981年计划安排中,要注意解决以下问题。这些年经济作物发展缓慢,影响轻工业的增长。因此,农业要加强资源调查,搞好区域规划,因地制宜,全面发展。凡是适宜种经济作物的地区,要有计划地发展经济作物,首先把棉花、糖料等生产搞上去。同时,凡是适宜种粮食的地区,要努力增产粮食。要有计划地在黑龙江、吉林等省的产粮地区扩大商品粮基地,为国家多提供商品粮。林、牧、副、渔各业都要积极发展。轻工业生产的发展,跟不上社会购买力增长的需要,必须大力增加原料来源和加工能力,增加花色品种,提高高中档产品的比重。明年能源生产计划增长0.9%,而工业生产计划增长6%。必须大力节约能源,同时要把一些煤矿积压的煤炭及时运出来。在农村,要积极推广沼气和种植薪炭林。在交通运输方面,对通过能力薄弱的铁路区段和重要的港口码头,要抓紧进行改造和扩建。继续抓好现有企业的挖潜、革新、改造,重点要放在节约能源和原材料,增产短线、缺门和新型的原材料等方面。

各方面对基本建设投资的要求很多,国家财力、物力不足,必须量力而行,并对各种渠道的建设资金,加强计划指导,保证重点,合理使用。工农业生产中都要重视推广科研成果,积极采用新技术,要对经济建设中急需的关键技术和长远发展需要的科研任务,作出统筹安排。教育方面,要广开学路,加强高等教育,改革中等教育制度,发展职业、技术教育,继续普及小学教育,加强幼儿教育和托儿工作。卫生方面,要继续开展爱国卫生运动,改善城乡卫生条件,减少疾病,提高人民健康水平。劳动就业方面,要逐步改革劳动制度,放宽政策,广开门路,实行劳动部门介绍就业、自愿组织

起来就业和自谋职业相结合的方针。大力发展自负盈亏的集体所有制经济,适当发展不剥削他人的个体经济。加强劳动保护工作,所有生产、建设部门和企业、事业单位都要认真吸取"渤海2号"翻沉事故的深刻教训,健全和严格执行安全生产制度和各项责任制,尊重科学,提高技术,虚心听取广大职工和科技人员的意见,接受群众监督,保障职工人身安全。要把计划生育当作一项极其重要的战略任务,决不能丝毫松懈。要做深入细致的宣传工作,禁止强迫命令,不断提高节育技术,十分注意防止伤残事故。

三、采取有力措施,保证1980、1981年计划的完成

为了顺利实现1980、1981年国民经济计划,需要从实际情况出发,采取切实有力的措施。农业方面,各地方要认真贯彻执行党中央确定的各项政策,大力提倡和推广科学技术,加强国家对农业的支援,保证农业生产持续地全面发展。对轻工业,各方面都要继续重视,千方百计发展生产,使路子越走越宽。现在,我着重就能源的开发和节约、重工业的调整特别是机械工业的调整和改造、材料工业的加强、经济管理体制的改革四个方面需要采取的主要措施,作如下说明。

第一,实行能源的开发和节约并重,近期要把节能放在优先的地位,大力开展以节能为中心的技术改造和结构改革,明年就要起步。

在能源的开发和增产方面,将采取以下措施:

煤炭工业,通过国家基本建设投资、银行贷款和各种形式的联合,争取明年在建矿井规模达到1.2亿吨,投产井新增生产能力达到1000万吨。同时,从明年起,适当提高维持简单再生产的费用,以加强煤矿的挖潜改造。对煤矿职工的劳动制度和劳动保护,也要采取必要的改进措施。

石油工业,在海上勘探方面,已与国外一些石油公司签订协议,对我国南海、南黄海41万平方公里海域进行了地球物理普查。在这个基础上,将开始陆续招标合作勘探和开发。同时,还同国外石油公司签订了合作勘探开发渤海、北部湾部分海域油气的合同。在陆上石油勘探方面,除继续进行东部地区的勘探外,正在准噶尔、柴达木、塔里木、陕甘宁、四川等陆上沉积盆地进行勘探工作。

电力工业,通过国家基本建设投资、吸收一部分地方资金和增加一些银行贷款,争取明年新增发电装机达到300万千瓦以上。同时,加快几个大型水电站的勘测设计等建设前期准备工作。

继续加强核电、太阳能以及其他新能源的研究、试验工作。

在能源的节约方面,准备采取如下措施:

继续加强能源管理。明年要对年综合能耗5万吨标准煤以上的企业,加强定额管理,搞好热力平衡,并利用经济办法,促进企业进一步降低能源消耗。要做好这方面的工作,争取明年节约标准煤700万吨到800万吨。

逐步改变工业结构和产品结构。明年计划轻工业产值占工业总产值的比重,由今年预计的44%提高到45%,即提高1%,可以少用标准煤600万吨。生铁和钢产量的比例,明年计划从今年预计的1.03:1改为1:1,可以节约标准煤200万吨。各地区、各部门都要在改变工业结构和产品结构方面,采取有效办法,尽可能节约能源。

大力开展以节能为中心的技术改造。这是今后一个长时期的节能途径,也是向工业现代化前进的重大步骤。明年准备着手改造煤耗高的中低压发电机组,开展集中供热、热电结合,逐步代替小锅炉群,并在冶金、化工、建材、石油、交通等重点部门,安排一批见效快、效果好的其他节能措施。

逐步更新耗能高的动力机具。明年先从载重汽车试点,更新一批,封存一批,淘汰一批,以节约油料。

继续搞好烧油改烧煤的工作。重点是改那些原来设计烧煤,以后改为烧油的电站和工业锅炉。明年计划改造烧油250万吨的电站和工业锅炉。

制定法规,规定各种能耗标准以及有关的奖惩办法。

第二,进一步调整重工业特别是机械工业结构,更好地适应国民经济发展的需要。

现在的情况是:随着积累和消费比例关系的调整,基本建设规模受到控制,对一部分生产资料的需求减少;城乡人民收入不断提高,对生活资料的需求大幅度增长。现在的工业结构不能适应新的情况。一部分机械工业的生产能力闲起来了,一部分生活资料又供应不足,影响着整个经济的协调发展。解决这个问题的关键,是要主动地对重工业特别是机械工业的服务方向进行较大的调整。

机械工业,包括电机工业和电子工业在内,是为各部门提供技术装备的,它在实现四个现代化过程中肩负着重大的任务。为了充分发挥我国机械工业的生产能力,提高机械工业的生产水平和技术水平,必须全面规划,统筹安排,逐步打破部门之间、地区之间的各种界限,按照专业化协作和标准化、系列化、通用化的原则,加速机械工业本身的调整和改造。要加强科学研究和技术引进,逐步掌握世界上先进的生产技术和产品设计,大力提高基础件和基础工艺的水平,努力试制和生产当前急需的、效率高、质量高、能耗低、成本低的新型机械、电子工业产品和光学仪器设备(包括激光),以装备轻工业、重工业和其他各部门,并努力增加生活

资料的生产。把集成电路和电子计算机，特别是中小型计算机和微处理机等新技术，逐步推广应用到工农业生产和人民生活用品方面去。逐步使大规模集成电路转入大批量生产。机械工业要积极提高成套供应水平，加强技术服务工作。各行各业和全国人民都要关心我国的机械工业，积极选用我国自己制造的产品。要采取行政的和经济的办法，促进我国机械工业的发展，努力增加出口，减少进口。

机械工业要根据以节能为中心的技术改造的要求，大力发展省能的机电产品，加快耗能高的机电产品的更新换代。特别是对工业锅炉、内燃机、汽车、风机、水泵、电动机等消耗能源大的动力机具，要按省能标准积极进行研究、设计和制造。

要有计划地把重工业和国防工业的一部分生产能力和技术力量，转移到生活资料生产和其他为国民经济所迫切需要的商品生产方面来。各地区、各部门要做好市场调查和市场预测，根据经济合理的原则，考虑工艺相近和原料供应的可能，作出具体安排，并认真组织实施。

第三，加强材料工业，扩大品种，提高质量，大力开展综合利用。

材料是国民经济、国防建设和科学技术发展的重要物质基础。它的品种、质量和产量的发展水平，是衡量我国经济和科学技术水平的一个重要标志。我国以节能为中心的技术改造，工农业生产和科学技术的发展，国防的现代化，以及人民生活的逐步改善，将会对材料工业提出更多的、新的要求。因此，必须对材料工业的发展给予足够的重视。

金属材料的发展，必须根据社会需要，不断扩大品种，提高质量，逐步提高合金钢在钢的生产中的比重。同时，要根据我国丰富的多金属共生矿资源的特点，有计划地进行综合利用和综合开发。利用共生矿富有的钒、钛、镍、钴、稀土、铌等资源，扩大我国钢铁和有色金属的品种。

要有计划地安排钨、钼、锡、铝、铜等有色金属的综合利用和提高质量的工作，逐步变原料出口为产品出口。

根据可能条件，积极发展塑料、合成纤维、合成橡胶三大化工合成材料，逐步提高它们在工业特别是轻工业原料中的比重。

新型建筑材料，对建筑行业实现快速施工，减轻建筑物自重，降低造价，利用工业废渣，节约能源，有重要意义。对它的发展，要给予重点支持。

我国石墨、石棉、石膏、高岭土等非金属矿资源丰富，但勘察、开发和加工工艺落后，应采取措施，逐步改进和提高。

进一步发展新型材料。随着四化建设的进展，各方面对新材料的数量、质量、品种和性能要求越来越多、越来越高，任务十分艰巨。必须把新材料的发展作为一项重要任务，在财力、物力、价格、税收上给予必要的支持。

第四，在试点的基础上，加快经济管理体制改革的进程，发挥优势，保护竞争，推动联合，调动各方面的积极性。

在国营工业中全面推行扩大企业自主权。要使企业在国家计划指导下，在人财物、产供销等方面拥有比现在更大一些的自主权。企业在保证完成国家规定的供货任务的条件下，可以根据市场需要，安排生产计划，或承担协作任务。除国家按计划供应的物资以外，企业可以根据择优的原则，购买所需要的物资。企业之间签订的合同和协议，应当受到国家法律的保护。现行的各项规章制度，同扩大企业自主权不相适应的，要逐步进行改革。各企业、事业单位，要普遍成立职工代表大会或职工代表会议。职工代表大会或职工代表会议有权对本单位的重大问题进行讨论，作出决定，有权向上级建议罢免本单位的不称职的行政领导人员，并且可以逐步选举适当范围的领导人员。

积极组织各种形式的经济联合。各地区、各部门、各企业要发挥自己的特点和长处，走联合的道路，开展经济协作，互相补充，扬长避短，以最少的消耗取得最大的经济效果。组织联合，应当按照平等、互利、兼顾各方面经济利益的原则，不要受行业、地区、所有制和隶属关系的限制，但不能随意改变联合各方的所有制、隶属关系和财务关系。联合体内的各企业，应当实行独立核算，不能吃“大锅饭”。联合体超计划生产的产品，可以自销。联合体应当由有关方面的代表组成联合委员会，作为最高权力机构。

在国家计划指导下广泛地开展竞争。在坚持社会主义计划经济的前提下，各企业之间互相竞争，有利于促进企业改善经营管理，加强经济核算，改进产品质量，提高经济效果。开展竞争，就要打破地区封锁和部门分割，反对垄断，广开商品流通渠道。任何以行政手段保护落后、封锁市场、妨碍商品正常流通的做法，都是不对的，应当加以制止。在竞争中，要提倡社会主义协作精神，开展技术交流。对重要的新技术，要制定有偿转让的办法。

银行实行独立经营。要在国家计划指导下，充分发挥银行在经济发展中的作用。银行要有步骤地扩大自主权，根据国家规定的信贷政策、贷款总额和使用方向，决定发放贷款，并对贷款的使用进行监督。银行要加强工作，充分利用利率的作用，扩大信贷资金来源，支持生产的发展，协助企业精打细算，节约资金使用，加速资金周转。

逐步改革税制。要根据这次人大会议通过的法律，开征中外合资企业的所得税和个人所得税，搞好涉外征税工作。在机械、农机行业中试行增值税，解决某些工业产品的重要征税问题。还要修订城镇集体所有制企业的所得税法，适当调整它们的税收负担，以利于集体经济的发展。从1981年开始，在国营企业中试行征收固定资金占用费，以促进国家资产的合理使用。对国营企业扩大进行由上缴利润改为征收所得税的试点，并相应开征收入调节税和资源税。对有偿还能力的基本建设项目的投资，要实行改由银行贷款的办法。

实行国家计划指导下的市场调节。国家计划要搞好综合平衡，有一部分指标是指令性的，下达到企业，必须执行，这类指标将逐步减少。有一部分指标是指导性的和预测性的，国家通过经济政策、经济法令和经济杠杆的作用，对企业的生产和发展方向进行引导，以发挥企业的主动性，这类指标将逐步增加。生产资料除了一部分重要的和短缺的物资实行计划分配和由物资部门优先订购以外，其他都可以进入市场，自由流通。消费品除统购统销、统购统配的商品外，要改包销为计划收购、订购和选购。要减少流通环节，增加流通渠道。要打破行政部门和行政区划的限制，按经济区域合理组织生产资料和消费品的流通。各地区、各部门已经建立的流通形式，如物资交流会、批发市场、贸易中心、贸易货栈、自销门市部和展销部等，要总结经验，进一步办好，促进工农业生产，服务人民生活。

继续改革外贸管理体制。各地区、各部门的外贸经营权要进一步扩大，应切实加强经济核算。有的大企业和联合体，经过批准，明年可以开始试行直接经营对外贸易。要根据统一政策、统一计划、统一对外和扩大各级外贸自主权的原则，制定必要的法令规章，实行进出口商品许可证制度，并加强外汇管理。

加强经济立法和经济司法。随着经济管理体制改革的逐步展开，越来越多地运用经济办法管理经济，经济立法和司法工作急需加强。必须认真研究总结国内外经济建设方面的经验教训，按照党的路线、方针、政策，逐步制定社会主义经济管理和计划管理的法规，大力培养法律人才。要加强经济仲裁，建议加速建立和充实经济法庭。

以上这些经济改革措施，都是为了进一步促进国民经济的调整，调动各方面的积极性，发挥经济工作中的潜力，增加生产，厉行节约。这些改革措施，都还只是初步的。至于我国经济管理体制的全面改革，还需要进一步调查研究，总结经验，加强理论上的探讨，吸取世界各国在有关方面可资借鉴的长处，经过一段时间的酝酿和准备后再展开。

各位代表！一年多来，我们认真执行了调整、改革、整顿、提高的方针，国民经济取得了重要进展。实践证明，我国国民经济是能够在调整中稳步前进的。我们深信，在党中央的领导下，继续贯彻执行这个方针，进一步发挥广大人民的聪明才智，认真解决前进中出现的新问题，我国的建设事业将继续胜利前进。在本世纪末实现我国的社会主义现代化，是大有希望的。我们一定要解放思想，实事求是，同心同德，努力学习，奋发图强，满腔热情地、扎扎实实地做好工作，为完成和超额完成1980年、1981年国民经济计划而努力奋斗！

财政部部长王丙乾在五届全国人大三次会议上作《关于1979年国家决算、1980年国家预算草案和1981年国家概算的报告》

各位代表：

我受国务院的委托，现在向大会提出1979年国家决算、1980年国家预算草案和1981年国家概算的报告，请予审查。

一、1979年国家决算

1979年，我国各族人民在中国共产党的领导下，认真贯彻执行党的十一届三中全会的决策和第五届全国人民代表大会第二次会议的决定，实现了全国工作着重点的伟大转移，开始进行了国民经济调整、改革、整顿、提高的工作。国民经济比例严重失调的状况有了改善，各项生产建设事业有了新的发展。这一年的国家财政，无论在调整积累与消费的比例关系，促进工农业生产的发展和人民生活的改善方面，还是在改革财政体制，扩大地方和企业财权，调动各方面的积极性方面，都采取了一系列重大措施，取得了显著的成绩。在这个过程中，为了调整被林彪、“四人帮”破坏所造成的国民经济比例严重失调的状况，逐步解决生产和生活方面多年遗留下来的问题，国家财政付出了一定的代价。

去年五届人大第二次会议通过的1979年国家预算，总收入和总支出各为1120亿元，收支平衡。现在根据执行的结果，已汇总编成1979年国家决算。决算的主要情况如下：

1979年国家决算总收入为1103.3亿元，扣除原来预算中没有列入的国外借款收入35.3亿元，国内财政收入为1068亿元，完成预算的95.4%。其中：企业收入492.9亿元，完成预算的88.6%；各项税收537.8亿元，完成预算的99.7%；其他收入6.5亿元，完成预算的272.5%；中央财政集中的企业基本折旧基金24.6亿元，完成预算的112%。

1979年国家决算总支出为1273.9亿元，扣除原来预算中没有列入的利用国外借款安排的基本建设拨款等70.9亿元,国内财政支出为1203亿元,完成预算的107.4%。其中:国内基本建设拨款443.8亿元,完成预算的113.8%;企业挖潜改造资金和新产品试制费72亿元,完成预算的128.6%;增拨企业流动资金和银行信贷资金52亿元,完成预算的106.2%;支援农村人民公社支出和各项农业事业费90.1亿元,完成预算的127.8%;文教卫生科学事业费132.1亿元,完成预算的109.4%;国防战备费222.7亿元,完成预算的110.1%;行政管理费56.9亿元,完成预算的124.2%。

1979年国家决算总收入和总支出相抵,支出大于收入170.6亿元。为了弥补这个差额,我们动用了历年财政结余80.4亿元,向中国人民银行透支了90.2亿元。

1979年国家预算收入短收,支出超过,主要是为了配合经济的调整,采取了若干减收增支的措施,而这些又是为今后国民经济的持续发展打基础非办不可的,并且已经取得了有目共睹、令人高兴的成效,促进了全国安定团结、生动活泼的政治局面的巩固和发展。

(一)较大幅度地提高了农副产品的收购价格,减免了一部分农村税收,使农村得以休养生息,有利于较快地加强农业这个国民经济的基础。从去年夏收开始,国家提高了粮、棉、油、麻、甘蔗、甜菜、猪、牛、羊、鱼、蛋、蚕茧等18种主要农副产品的收购价格,并对粮、棉、油实行了超购加价。国家财政用于这方面的补贴,当年达到78亿元,比预算超过13亿元。同时,国家对低产缺粮地区规定了农业税的起征点,起征点以下的免税,共减征农业税47亿斤。此外,对农村社队企业还适当提高了工商所得税的起征点,适当放宽了新办社队企业减税免税的年限,并且规定民族自治县(旗)和边境县的社队企业免征工商所得税5年。各项减税免税的数额,全年共达20亿元,比预算超过3亿元。通过发展农业生产和提高农副产品收购价格,1979年农民从集体分得的收入,每人平均达到83.4元,比上年增加9.4元。当然,地区之间是不平衡的。这是新中国成立以来工农关系方面的一次重大调整,也是国民收入和国家财政分配方面的一次重大调整。它对国民经济的发展,具有积极的深远的作用。

(二)积极安排劳动就业,增加部分职工的工资和实行奖励制度,职工的收入水平有所提高。1979年,通过各种就业途径共安排了城镇待业人员和其他人员以及国家统一分配的大中专应届毕业生共903万人,提高了40%职工的工资级别,调整了部分地区的工资类别,在国营企业中普遍实行了奖励制度,还对职工发给了副食品价格补贴。全国全民所有制职工的年平均工资达到705元,比1978年增加了61元。这一年,国家财政用于这方面的资金,总数达到75亿元,比预算超过25亿元。同时,国家还从基本建设投资中拨出专款,同地方和企业的机动财力合在一起,用于建设职工住宅。到去年年底,城镇和工矿区住宅建设竣工面积共达6256万平方米,比上年增加66%,是新中国成立以来住宅建设最多的一年。应当说,1979年在国民经济调整中和国家财政比较困难的情况下,用于这方面的钱是不算少的,是尽了很大努力的。当然,目前还有一部分城镇待业人员需要继续安排;还有一部分没有奖金的科教卫生等事业单位和行政机关的人员收入增加不多,或者没有增加,有的实际生活水平还有所下降;城镇和工矿区的住宅还很紧张,这些问题尚有待今后继续解决。

(三)扩大了地方和企业的财权,增加了他们的机动财力,有利于把国民经济搞活,促进增产增收,并逐步解决"骨头"和"肉"严重比例失调的状况。1979年,国家确定全国49个大中城市可以从工商利润中提取5%的城市建设资金,地方可以从县办工业企业中提取一定比例的收入分成等,增加地方机动财力共20亿元。同时,在全国国营企业中普遍实行了提取企业基金的制度,并在四千多户工业企业和商业系统中试行了利润留成的办法,企业得到机动财力40亿元。以上两项,国家财政共拿出60多亿元,比预算超过20亿元。

(四)较多地增加了发展农业和轻工业的资金,有利于调整农轻重的比例关系,活跃市场,适应人民购买力提高的需要。1979年,支援农村人民公社支出和各项农业事业费,共计90.1亿元,比预算超过19.6亿元。同时,国家除了安排轻纺工业的基本建设投资23亿元以外,还增加了轻纺工业挖潜改造措施费和专项贷款15亿元。国家还在燃料动力和原材料方面采取了优先供应的政策,支持轻纺工业的发展。这一年全国轻纺工业的增长速度达到9.6%,而重工业增长的速度为7.7%。人民生活迫切需要的各种主要日用工业品,如棉布、化纤织品、纸、自行车、缝纫机、手表、电视机、合成洗涤剂等,都有较大幅度的增长,这是多年来少有的。

(五)增加了国防战备费支出。1979年,国防战备费共花了222.7亿元,比预算超过20.4亿元。为了反对霸权主义,保证有一个和平的环境来进行社会主义现代化的建设,去年我们在这方面多花一点钱是完全必要的。

(六)还要说到,党的十一届三中全会以后,在全国范围内实事求是地平反了大量的冤假错案。这对于巩固和发展安定团结的政治局面,调动全国人民同心同德、专心致志搞四化,有着重大的意义。国家按照规定对恢复名誉的干部和职工补发了工资，有特殊困难的给予了补助。用于这方面的开支，据不完全统计有十几亿元。

以上6个方面超过预算的数字，共计110多亿元。国家采取的这些重大措施，作用很大，成绩显著。在一年之内，我们办了这么多非办不可的事情，是多年来没有过的。由于国家用于调整价格、增加工资、扩大就业等提高人民生活方面的开支增加较多，而国内基本建设开支尽管做了压缩，但不可能一下子调整过来，战线仍然过长，决算比预算超过了53亿元。因此，1979年国家财政出现了赤字，付出了一定的代价。人们已经看到，国家采取这些措施以后，带来了国民经济的重大比例关系朝着协调的方向转变，带来了工农业生产和商品流通全面增长的大好形势，带来了城乡人民购买力的较大提高和生活的相应改善，各个方面出现了生机勃勃的新气象。当然，在1979年国家预算执行中，由于我们对林彪、"四人帮"破坏的严重性估计不足，我们的工作也是有缺点和失误的。例如，基本建设中的国外引进项目同预算安排脱节；降低企业成本和扭转亏损的工作抓得不紧，计划没有完成；财政管理不严，有些该收的利润和税收没有收上来，有些该节省的开支没有节省下来；财经纪律松弛，损失浪费的现象在一些方面还相当严重，我们检查处理也不力；等等。这是今后需要注意改进和克服的。

还需要说明的是，去年的财政赤字，有相当一部分是动用财政历年结余解决的，还有一部分是向银行透支解决的，但并未引起货币发行量的大量增加。这是因为：第一，去年全国农业总产值比上年增长8.6%，轻工业总产值增长9.6%，社会商品零售额增长14.7%，增长幅度之大，是多年来少有的。由于农业丰收，轻纺工业增产，市场上吃的、穿的、用的商品，除了某些商品以外，一般说来，供应比较充分，因而人心是安定的，市场基本上是稳定和繁荣的。第二，去年城乡人民在银行的储蓄存款比年初增加了97亿元，增加数额之大，也是多年以来所没有的。它一方面说明人民群众勤俭持家，积极支援国家建设；另一方面也说明人民币的信誉是高的。第三，体制改革以后，国家有一部分财力转为地方和企业的机动财力，但当年并没有花完，转化为银行的存款。去年年底，企业专项基金存款、地方预算外存款、基本建设单位和机关、团体、部队的存款比年初增加的数字，共有67亿多元。这部分资金对财政赤字起了缓冲作用。以上3条，是去年财政出现赤字而没有给经济生活带来严重影响的重要原因。当然，财政发生赤字，对经济生活终究是会有不利影响的。近年来某些商品的价格有所上涨，就是这种影响的一个反映。对此，我们决不能掉以轻心，必须高度重视，认真解决。

在处理财政问题上，我们历来的方针是：坚持收支平衡、略有结余，不打赤字预算。去年出现财政赤字，追根究底，是由于林彪、"四人帮"十年浩劫对国民经济所造成的严重破坏以及由此而积累下来的一系列问题引起的。我们在实践中深深感到，这些遗留问题，比原来预计的更为严重，不可能在很短时间内完全消除；加上我们建设中的某些缺点和失误，反映在财政上需要付出的代价，也比原来预计的更大一些。去年采取的许多重大的经济调整措施，包括调整价格、增加工资、发放奖金、安排就业等，都不是一次性的，都不是今年有了，下年可以没有的，它带有一定的连续性，不能不增加今后一两年内国家财政平衡的压力。今后我们必须继续抓好农业和轻工业生产，保持市场物价的基本稳定，在预算执行中采取有效的措施，努力挖掘潜力，增收节支，并且在解决财政体制上统收统支问题的同时，进一步改进有关的财政制度，使它同经济体制的改革相适应。把这些工作做好了，就可以逐步减少赤字，以致最后消灭赤字，做到财政收支平衡。我们相信，随着国民经济的调整和生产建设事业的发展，这是一定能够做到的。

二、1980年国家预算草案

1980年国家财政面临的任务是十分艰巨的。我们要继续贯彻执行调整、改革、整顿、提高的方针，进一步扭转国民经济比例严重失调的状况，同时，认真发挥优势、保护竞争、推动联合，努力把国民经济搞活。要积极促进生产的发展，挖掘潜力，开辟财源，增加收入；坚决控制基本建设投资，有计划有步骤地降低积累率，并在生产发展和劳动生产率提高的基础上，逐步改善人民生活；继续加强对农业和轻工业的支援，加强煤电油运和建材工业等薄弱环节，支持文教、卫生、科学事业的发展；继续本着积极而又稳妥的精神，抓紧财政体制、企业财务制度和税收制度的改革，进一步搞好财政工作。

根据上述要求，1980年国家预算的总收入安排1062.9亿元，总支出安排1142.9亿元，收支相抵，支大于收80亿元。这个差额，在执行中依靠增产节约，有可能缩小一些，不足的部分，准备通过向中国人民银行有息借款来解决。

今年4月人大常委第十四次会议上，国务院在《关于1979年国民经济计划执行情况和1980年国民经济计划安排的报告》中曾经估算，1980年财政收入982亿元，财政支出1022亿元，差额40亿元。现在根据上半年的执行情况和新出现的问题重新作了计算，并且增列了国外借款收入和用国外借款安排的基本建设拨款，以及当年还本付息支出，还考虑了追加电力投资、特大抗旱防汛经费，增加公检法机构人员必要的支出，以及猪肉削价补贴等，因此，收支数字都有所增加，差额也有扩大。

1980 年的预算总收入中，企业收入为 460.6 亿元，各项税收为 544 亿元，其他收入为 2.4 亿元，中央财政集中的企业基本折旧基金为 22 亿元，国外借款收入为 33.9 亿元。

1980 年的国家预算总收入，同上年比较，减少 40.4 亿元。这是因为去年提高农副产品收购价格、调整部分职工工资、扩大劳动就业等，都是在年度中间陆续执行的，因而它影响财政收入的数字，去年只是几个月的，今年则是全年的。而且今年还要调整棉花、医药、生铁、焦炭等产品的价格，提高试行利润留成制度的企业和铁道系统的折旧率。如果按可比口径计算，1980 年的财政收入则增加 64 亿元，增长 6%。它同工农业总产值计划增长 5.5% 的速度是基本适应的，也是打得比较积极和可靠的。

还需要说明的是，目前财政上负担的价格补贴较多，1980 年各种价格补贴共达 200 多亿元。其中，有的是基本消费品补贴，如粮、棉、油、肉、蛋、蔬菜、民用煤等，约 120 亿元；有的是农产品超购加价补贴，约 50 多亿元；有的是农业生产资料和支农工业品优待价补贴，约 30 亿元。如果加上房租补贴、交通补贴和其他补贴，数字还大得多。这些价格补贴，都是冲减财政收入的，这就不能不对财政收入的增长发生影响。但是应当肯定，在我国目前的条件下，这种价格补贴，对于保证人民生活的稳定和改善，促进全国安定团结，是非常必要的。我们应当把这件事办得更好。

1980 年的国家预算总支出，同上年比较，减少 131 亿元。各类主要支出的情况是：

（一）基本建设拨款 373.5 亿元，比上年减少 141 亿多元。其中，国家预算直接安排的基本建设投资 241.5 亿元，地方用机动财力安排的基本建设投资和唐山包干投资 21.3 亿元，基建储备等支出 47.4 亿元，利用国外借款安排的基建拨款等 63.3 亿元。需要说明的是，国家安排的基建投资减下来了，但地方和企业用预算外资金安排的自筹基建增加了，各种基建性质的贷款也增加了，因此，基本建设总的规模仍然维持 500 亿元的水平。这就需要把预算内和预算外、财政和信贷、国内资金和国外借款结合起来安排，把分散的资金引导到国家急需的生产建设上来，严格控制基本建设规模。今后，有必要建立综合财政计划，加强国家财力和物力的综合平衡。

（二）企业挖潜改造资金和新产品试制费 69.8 亿元，比上年减少 2.2 亿元。除了国家预算直接拨款的这部分资金以外，1980 年国营企业按规定提取的基本折旧基金和利润留成中用于发展生产的部分，还有 160 亿元，总的算账，企业挖潜改造资金和新产品试制费是不少的。只要统筹安排，合理使用，是可以发挥很大效果的。

（三）增拨企业流动资金和银行信贷资金 37.2 亿元，比上年减少 14.8 亿元。预算上安排的这部分资金，主要是用于新投产企业和某些特殊储备的需要。考虑到当前企业中物资积压严重、占用资金过多的情况相当普遍，原有企业增产所需的资金主要应当通过改善经营管理，减少物资积压，挖掘现有资金潜力来解决。

（四）支援农村人民公社支出和各项农业事业费 77.4 亿元，比上年减少 12.7 亿元。如果加上农业方面的基建投资、流动资金和农村救济费等支出 66.6 亿元，增加农业贷款 24 亿元，1980 年国家用于农业的资金共达 168 亿元，总的数字是不小的。

（五）文教、卫生、科学事业费 148.3 亿元，比上年增加 16.2 亿元。加快教育和科学事业的发展，是实现四个现代化的关键，而且多年来欠账较多，这方面的支出应该多增加一些。今年根据国家财力的可能，作了适当的增加。由于目前国家财力、物力有限，有些问题尚需逐步解决。

（六）国防战备费 193.3 亿元，比上年减少 29.4 亿元。

（七）行政管理费 57.8 亿元，比上年增加 9000 万元。

（八）支援经济不发达地区的发展资金 5 亿元。这是从今年开始设置的，重点用于革命老根据地、边远地区、少数民族自治地方和经济基础比较差的地区，加快发展生产。

（九）总预备费 18.8 亿元。

（十）国外借款还本付息支出 21.7 亿元，主要是前几年利用外资引进技术设备签订的合同，由国家财政统借统还的部分，从今年起陆续还本付息。

关于国外借款的情况，预计到 1980 年年底，扣除到期还本的部分，国家财政统借的数字为 34 亿美元。为了尽快地发挥国外借款的经济效果，我们必须切实加强引进先进技术和设备的计划和管理工作。特别是在最近几年，一定要同国民经济的调整相结合，同克服我们经济中的某些薄弱环节相结合，并且要充分考虑贷款条件、国内配套和偿还能力。今后凡是需要由国家财政统还的部分，都必须由国家财政统借，列入国家计划，并要建立明确的责任制，切实加强管理，坚决克服目前管理不严、互相脱节的现象。

各位代表：1980 年已经过去 7 个多月了。头 7 个月国民经济计划的执行情况是很好的。工业生产超过了计划的增长速度，特别是轻纺工业生产，比去年同期有较大幅度的增长。商业购销两旺，市场情况良好。随着人民收入水平的逐步提高，城镇储蓄比去年年底增加47亿元。从1—7月份财政收支来看，情况也是好的：收入577亿元，完成全年预算的54.3%；支出582.6亿元，完成全年预算的51%；收支相抵，支大于收5.6亿元。

根据历年的规律，支出的大头在下半年，特别是在第四季度；而今年收入减少的因素，如企业应当提取的利润留成、职工增加的工资和棉花的调价等，大部分要在年内后几个月里反映出来。我们不能因为头7个月财政收支情况比较好，而放松今后几个月的工作。为了实现全年预算任务，力争收入超过一些，支出节省一些，缩小收支差额，还需要做艰巨的努力。

三、1981年国家概算

1981年是我国发展国民经济第6个五年计划的第一年。根据国家确定的方针、政策和1981年国民经济计划安排的要求，国家财政必须在继续调整经济和进一步发展生产的基础上，合理安排各项收支，促进各方面事业的协调发展和人民生活的改善。必须在1980年财政收支差额缩小之后，1981年进一步缩小差额，为建立稳固和平衡的财政打下基础。必须配合经济体制的改革，继续改革财政、税收和企业财务制度，提高财政管理水平，适应四化建设的需要。

1981年的国家概算安排：总收入1154.6亿元，总支出1204.6亿元，收支相抵，支大于收50亿元。这个概算中，已经包括了国外借款收入和用国外借款安排的基建拨款，以及当年还本付息支出。

1981年的概算总收入，同上年比较，增加91.7亿元。这是按照工农业生产增长的速度计算的，并且考虑了企业降低成本、挖掘潜力而增加的收入。在总收入中，企业收入496.2亿元，各项税收590亿元，其他收入2.4亿元，中央财政集中的企业基本折旧基金21亿元。

1981年的概算总支出，同上年比较，增加61.7亿元。这是根据继续调整国民经济的要求安排的。其中，基本建设拨款375.8亿元，增拨企业流动资金20亿元，挖潜改造资金和新产品试制费67亿元，支援农村人民公社支出和各项农业事业费88亿元，文教卫生科学事业费169.5亿元，国防战备费201.7亿元，行政管理费60.6亿元，总预备费26亿元。

按照上述收支安排，1981年收入增加的数额大于支出增加的数额，这就比上年缩小了收支差额。尽管如此，1981年国家还将逐步解决没有奖金或者奖金很少的科研、教育、医务和机关工作人员适当增加收入的问题，继续安排几百万待业人员就业，城乡人民生活将进一步有所改善。

由于"六五"时期发展国民经济的计划正在编制，1981年的国家概算将来还要根据"六五"计划进行必要的调整。如果有较大的变动，再报请人大常委会审查。

下面，着重报告一下财政制度的改革问题。财政资金的集中和分配，必须同经济体制的改革相适应。目前我国的经济体制正在根据计划调节和市场调节相结合的原则逐步进行改革，扩大企业自主权，组织各种经济的联合，实行计划指导下的竞争。财政制度的改革，从1978年就开始了。这一年的下半年，对国营企业实行了企业基金和职工奖励制度；1979年在一部分国营企业中试行利润留成制度，在一部分基本建设单位中试行拨款改贷款的制度，在一部分行政事业单位中试行经费包干制度，在农垦企业中实行财务包干办法，对农业税和工商税收也作了一些调整和改进；1980年改革了财政管理体制，还进行了税制改革的试点工作。总的说，这些改革调动了各方面的积极性，效果是好的。但是，这些改革还是初步的，今后几年内还要继续进行改革，并且把财政制度改革同经济体制改革协调起来。在今明两年内，我们将着重抓好以下三个方面的改革。

（一）关于财政体制的改革。从今年开始，对广东和福建两省实行了定额包干的特殊体制，对其他省、市、自治区试行"划分收支、分级包干"的体制，即由过去所说的"吃大锅饭"改为"分灶吃饭"。地方多收了可以多支，少收了就要少支，自行安排资金平衡。对新疆、宁夏、内蒙古、西藏、广西五个民族自治区和云南、贵州、青海三个省，原有的特殊照顾仍予保留，中央补助的数额每年递增10%。1981年要在试行上述新体制的基础上，总结经验，加以完善。

（二）关于企业财务制度的改革。国营企业的利润留成制度，1980年已在6600户工交企业中试行，1981年将全面推广。国家拨给国营企业的流动资金，从今年下半年开始，由国家财政征收流动资金占用费；国营企业的固定资金，从1981年起，由国家财政试行征收固定资金占用费，以促进国家资产的合理使用。对基本建设投资，除行政事业单位和少数项目外，从1981年起，全面推行由财政拨款改为银行贷款的制度。根据联合企业的发展情况及其经营特点，还要研究制定联合企业的财务制度。

（三）关于税收制度的改革。1980年，要通过立法，开征中外合资企业的所得税和个人所得税，搞好涉外征税工作。在机械、农机等行业中试行增值税，解决某些工业产品的重复征税问题。还要修订城镇集体所有制企业的所得税法，以平衡和适当减轻他们的税收负担，促进集体经济的发展。从1981年起，对国营企业扩大进行由上交利润改为征收所得税的试点，并相应开征收入调节税和资源税。

以上这些改革，特别是税收制度的改革，关系到收入分配和经济的各个方面，政策性强，涉及面广，需要进行周密的调查研究，需要经过试验，需要同整个经济体制的改革相配合和协调。我们要本着积极而又稳妥的精神，抓紧这些改革，适应经济发展的需要。

四、狠抓增产节约，反对铺张浪费，提高经济效果，为实现今明两年的财政任务而奋斗

目前全国政治经济形势很好。经过一年多来的紧张工作，党的十一届三中全会以来确立的思想路线、政治路线和组织路线，正在得到深入地贯彻执行，国民经济的调整和改革工作正在顺利展开，并且已经取得了明显的成效。但是，目前财政经济工作中还存在若干薄弱环节，各方面损失浪费的现象还不少，增产节约的潜力很大。为了实现今明两年的财政任务，必须组织动员广大干部和群众，进一步抓紧增产节约，反对铺张浪费，大力提高经济效果，使国民经济有一个稳定的协调的发展。

生产是财政的基础。大力促进生产，实现增产增收，是完成今明两年财政任务的重要保证。目前在不少企业中，消耗高、浪费大、亏损多、盈利水平低的现象还相当普遍。国营工业企业每百元销售额所提供的税收和利润，1979年是25元，比1965年的30元降低了16%。今年上半年工业企业的亏损额还有14亿元，应当迅速加以消除。今后不论办工业还是办农业，办得好与坏，都要以经济效果的有无和大小作为衡量的标准，一切从实际出发，扬长避短，把人力、物力、财力用于最能发挥效益的方面。每个企业都要充分挖掘本企业的潜力，按照国家计划的要求，广开生产门路，保证完成国家下达的增产增收任务。要在原材料、燃料、动力等方面，进一步坚持优先供应的政策，保证轻纺工业增产更多更好的产品供应市场，保持市场物价的基本稳定。要积极采取措施，把能源消耗降下来，实现国家规定的节约能源的指标。要积极发展外贸、旅游和各项服务事业，认真做好侨汇方面的工作。要发动广大群众，加强企业管理，加强经济核算，进一步降低成本，增加盈利，为国家多做贡献。

在严格控制基本建设规模的同时，努力提高投资效果，对于加快生产建设的发展，具有十分重要的意义。“一五”时期的大中型项目，一般四五年可以建成，现在平均十来年才能建成。投资回收的年限，有些行业“一五”时期平均为三四年，现在平均在8年以上。有的建设项目建成以后，长期拖着不移交生产。还有的投产以后，年年发生亏损。如果一个大中型项目，要花10年才能建成，建成后国家的投资要8年以上才能回收，甚至有的还要国家来补贴它的亏损，那么，到本世纪末只有20年的时间，我们还能办多少事呢？我们搞四化需要的资金又从何而来呢？我们应当从基本建设战线长、浪费大、经济效果差这个铁面无情的历史事实中，认真吸取经验教训，下决心把那些条件不具备或者国家不急需的项目坚决压下来，把有限的财力物力用到刀刃上，用到经济效果最好的项目上去。现在很需要制定一个检验基本建设投资效果和严肃基本建设纪律的法令，其中要规定所有的基本建设项目包括利用外资引进的先进技术和设备，都必须事先研究它的可行性，提出几种方案进行比较，择优选用，并严格按基建程序办事。对严重不负责任、造成无效投资，或者在建设中造成重大损失浪费的，要追究经济责任，给予纪律处分，直至法律制裁，而不能任其逍遥法外。

企业流动资金的使用，也必须精打细算，努力提高经济效果。去年和今年上半年，企业流动资金周转加快，节约了很大一笔资金。但是总的来说，目前资金占用仍然过多，物资大量积压，损失浪费严重。工业企业每百元销售收入占用的流动资金，1979年为33元，比1965年增加8元。钢材和机电产品，年年要求压缩库存，却年年增加新的积压。目前全国机电产品库存已增加到600多亿元，钢材库存已增加到近2000万吨。商业各部门冷背呆滞的商品也不少，积压了很大一笔资金。一定要结合目前正在开展的清产核资工作，通过各种形式，发挥市场调节的作用，调剂处理多余积压物资，把物资和资金搞活。商业企业要按照经济区域组织商品流通，减少中间环节，降低流通费用，加速资金周转。

在非生产性领域里，应当继续厉行节约，反对浪费。今年以来，各地区、各部门、各单位贯彻执行了中共中央、国务院“关于节约非生产性开支、反对浪费的通知”，已开始收到良好的效果，出现了不少好的典型。但是，在一些企业事业单位和机关、团体、部队中，大手大脚、铺张浪费的现象仍然存在。有的单位利用外事活动的机会，购买高级消费品，挥霍浪费国家资金的情况还相当突出。有的领导干部利用职权搞特殊化的不正之风，也没有完全刹住。要继续大力贯彻中共中央、国务院文件的精神，把勤俭建国、艰苦奋斗的优良传统进一步发扬光大。要有计划有步骤地精兵简政，严格控制社会集团购买力，大力节约各种非生产性开支，切实改变目前存在的那种机构臃肿、办事效率很低的状况。

搞好增产节约，反对铺张浪费，提高经济效果，必须切实加强财政监督，严格执行财经纪律。今年四五月间，我们在全国范围内进行了一次大规模的财经纪

律的检查,收到了良好的效果。通过检查,发现一些地方、部门和单位存在着任意截留国家财政收入、擅自减免税收、随意提高价格、扩大成本开支范围、提高开支标准、滥发奖金和补贴等情况,有的情节相当严重。产生这些问题的原因,根子固然在于林彪、“四人帮”的长期干扰破坏,使党的纪律松弛了,法制观念淡薄了。而在一些领导干部中,不量力而行,急于求成和只顾局部、忽视整体的思想,也不能说不是一个重要原因。我们要加强财经纪律,首先要在各级领导干部中树立量力而行的指导思想,树立全国一盘棋的思想,加强全局观念。各级领导干部,都要从“渤海 2 号”事件中吸取教训,改进工作,都要以身作则,尊重科学,遵守法制,带头执行各项财经制度。对于违犯财经纪律的事件,一定要查明情况,严肃处理,做到有法必依,执法必严,违法必究。决不能以“下不为例”为借口,姑息纵容。因为“下不为例”实际上是“下可为例”,第二个、第三个继续违法乱纪的事情,就会接踵而来。要支持财政税务和财务会计人员履行职责,大胆工作;对于因坚持原则或者如实反映问题而遭到打击报复的同志,一定要给他们撑腰,从严惩办搞打击报复的人,以伸张正气,打击歪风。

各位代表:目前我国的政治经济形势,为实现今明两年的国民经济计划和国家预算提供了十分有利的条件。尽管我们前进中还有各种各样的困难,但是发展的前景是很好的,实现经济的稳定增长和逐步达到政财平衡是完全能够做到的。让我们在中国共产党的领导下,紧紧依靠全国各族工人、农民和知识分子,以及各民主党派、爱国人士和爱国侨胞,解放思想,实事求是,同心同德,团结一致,为更好地完成今明两年的财政任务而奋斗。

煤炭部在北京召开全国煤矿电话会议

电话会议指出,国务院关于处理“渤海 2 号”事故的决定,代表了人民的利益,得到了全国人民的拥护。它对于加强法制,对于促进经济部门各级领导干部转变思想作风,对于保护全体劳动人民的积极性,搞好安全生产,加快四化建设,都具有重要意义。“渤海 2 号”事故不仅是对石油部门的一个严重警告,也是对煤炭部门的严重警告。去年 11 月吉林通化矿务局松树镇煤矿发生了重大瓦斯爆炸事故,死亡 52 人。今年以来,又发生了多次重大事故,造成严重损失。这些事故表明,我们干部的法制观念要加强,精神状态要振作,群众观点要提高。

在电话会议上,煤炭部部长高扬文就松树镇等煤矿重大事故作了检查。他说,这些事故的不断发生,一次再次地暴露出我们在指导思想和工作方针上存在的严重问题。这些事故给党和国家造成了重大损失,给职工和家属带来了终身的痛苦和不幸。我们的心情十分沉痛。

高扬文说,煤矿事故多,伤亡人数多,职业病患者多,是一个长期存在的严重问题。尽管在客观上有一些实际问题,但是根本原因,还在于我们的工作没有做好。

在指导思想上,我们缺乏同煤矿事故作斗争的坚定信心和决心,缺乏果断有力的措施。在事故面前,我们对煤矿的特殊性看得多,有时甚至感到无能为力,因而放松了主观努力。事实证明,如果振作精神,千方百计把安全工作抓狠抓实,即便在困难的情况下,许多事故是可以避免的,损失是可以大大减轻的。

在安全与生产的关系上,长期以来我们没有摆正位置,没有坚决贯彻“安全第一”的方针,重产量轻安全。指挥生产,片面追求产量,不顾安全;制订计划,搞高指标,不安排安全工程。有些矿井是在安全条件不完备而又没有采取强有力的补救措施情况下生产的,有很大的盲目性和危险性。地方煤矿,特别是社队小煤窑,只要产量,不顾安全的情况更为突出。

电话会议指出,学习、贯彻国务院的决定,首要的问题是要提高煤矿各级领导干部的思想认识,真正树立起“安全第一”的思想,在生产中坚定不移地执行“安全第一”的方针。煤矿同其他行业相比,不安全因素多,发生事故的可能性大,正因为如此,就要求我们高度重视安全。要坚持做到生产必须安全,当生产与安全发生矛盾时,要服从安全,解决好安全问题再生产。一定要树立起战胜事故的信心和决心,时刻不要放松主观的努力。只要我们尊重科学,按照煤矿的客观规律办事,认真执行安全规程,加强对事故的预防措施,大量事故是可以避免的。

电话会议要求大力加强法制教育,增强法制观念,学习《刑法》中有关安全的条款,使大家树立法制观念,重视安全生产。对于玩忽职守,造成重大事故的责任者,一定要严肃追究法律责任。

电话会议决定,从 9 月中旬到 10 月中旬,在全国煤矿进行一次深入的安全大检查。

检查内容是:一、检查“安全第一”的方针是不是贯彻执行了;二、检查安全监察机构和业务保安制度是不是建立健全起来,发挥作用了;三、检查安全技术教育情况和制定执行《煤矿安全规程》实施细则情况;四、检查安全技术措施工程是不是按计划完成,是不是见实效了;五、检查重大事故隐患是不是采取措施,列入调整计划了;六、检查今年以来发生的重大事故是不是按“三不放过”的原则进行处理了。

全国总工会副主席金直夫、国家劳动总局副局长章萍参加了电话会议并讲了话。

中华人民共和国政府和朝鲜民主主义人民共和国政府科学技术合作委员会第二十届会议议定书在平壤签字

委员会中国组主席、煤炭工业部副部长贺炳章，委员会朝鲜组主席、国家科学技术委员会副委员长金应浩分别代表本国政府在议定书上签字。

议定书规定，两国就镁砂生产工艺及设备、城市园林绿化、养鹿技术和鹿茸加工、铬产品生产工艺、消灭玉米及水稻病虫害及处理地震资料磁带等19个项目进行合作。

1979年全国好新闻评选结果揭晓

由北京新闻学会与《新闻战线》编辑部发起，得到全国各新闻单位和广大读者积极支持的1979年全国好新闻评选活动揭晓，评出好新闻31篇，其中一等6篇，二等25篇。

这是新中国成立以来的第一次全国好新闻评选。目的在于推动新闻改革，多写新闻，写短新闻，写好新闻，更好地为四化服务。评选活动自今年年初开始，就得到全国各新闻单位和广大读者的积极支持，共推荐出好新闻632篇。其中全国省、市、自治区(省报、新华分社、省电台)和中央各新闻单位推荐的515篇，个人(编辑、记者、读者)推荐的117篇。全国30个省、市、自治区，除台湾、西藏未参加推荐外，有28个省、市、自治区参加了推荐工作。有的省省报、新华社分社、电台3家都各有推荐，计有26个省(市、区)报、17个新华社分社、9个省级电台推荐了自己的好新闻；中央12个新闻单位，有11个单位推荐了自己的好新闻。

解放军男队与浙江女队获得在旅大市举行的全国乒乓球锦标赛团体冠军

8月31日

五届全国人大三次会议和全国政协五届三次会议进行分组讨论

第五届全国人民代表大会第三次会议今天分组讨论叶剑英的开幕词，审议姚依林作的关于1980、1981年国民经济计划安排的报告和王丙乾作的关于1979年国家决算、1980年国家预算草案和1981年国家概算的报告。

五届政协第三次会议同时举行小组会。

国务院批转发布《中国银行短期外汇贷款办法》

为了加快社会主义现代化建设的步伐，在自力更生的基础上，利用银行吸收的外汇资金，发展出口商品生产和其他经济建设事业，增加外汇收入，特制定短期外汇贷款办法。

第一章　贷款的对象和使用范围

第一条　贷款的对象是生产出口商品和能给我国直接或间接创造外汇收入并具备贷款条件的单位。重点是支持生产出口商品的企业进行挖潜、革新、改造。

第二条　贷款的使用范围：

一、引进先进技术，进口设备、材料，扩大出口商品的生产能力，提高产品质量，增加花色品种，改进包装装潢。

二、进口原料、辅料加工出口。

三、发展交通运输、旅游事业，对外承包工程。

四、支持对外加工装配、补偿贸易。

五、支持直接或间接创造外汇收入项目所需的短期周转资金。

第二章　贷款的条件

第三条　使用外汇贷款，应具备以下条件：

一、经济效果明显。贷款项目花钱少、收效大、创汇高、还款快。使用贷款单位经营管理好，能充分发挥引进技术、设备、原材料的作用；能促进企业挖潜、革新、改造；能增强出口商品在国际市场的竞争能力；能为国家多创外汇增加积累。

二、还款确有保证。借款单位必须有外汇来源和按期偿还贷款本息的能力，并提出归还贷款本息的计划。搞出口产品的项目，使用贷款增加的产品，不列入国家的产品分配计划，优先提供出口。增加的收入和换回的外汇，首先用于归还外汇贷款本息。交外贸出口的商品，生产单位与外贸公司应签订产销、还汇合同或协议。其他贷款项目，必须持有有关部门同意使用其外汇收入归还贷款的批准文件。银行认为必要时，借款单位应由有外汇收入的单位担保，保证按期归还贷款本息。

三、国内配套落实。使用贷款进口的设备、物资，需要在国内配套的厂房、设备、水电气、燃料、原材料，以及相应的劳动力、技术力量、人民币资金等，须经计委、主管部门等有关单位综合平衡逐项落实，纳入有关计划或签订经济合同。

四、项目经过批准。需要报上级批准和拨款的基建项目、技措项目，必须按照报批程序，经有关领导部门批准。

第三章　贷款的申请、审批和使用

第四条　借款单位应向中国银行(在未设中国银行机构的地方向当地人民银行)办理申请贷款的手续，提出：使用外汇贷款的申请书；批准建设项目的文件和进口物资清单；已经落实的国内配套计划和有关的合同副本；经有关部门同意的归还进口设备所需的人民币资金计划。用出口商品还款的项目，要有生产单位和外贸公司签订的产销、还汇合同或协议。

第五条　国务院各部的贷款项目，由中国银行总行根据贷款条件逐项审查办理；地方的贷款项目，由各省、市、自治区中国银行的管辖分行在总行批准的计划数内，按照管理权限掌握审批。对需要总行和有关部委审查的贷款项目，应上报批准。银行审批贷款，要主动与有关部门联系，互相协作，密切配合。

第六条　贷款批准后，借款单位应到中国银行订立借款契约，开立贷款账户，并办理进口订货。对借款单位不及时签订借款契约或签订借款契约后不及时提出进口订货卡片的项目，超过批准贷款文件规定的期限，银行即按自动撤销贷款处理。借款单位提出的订货卡片需经银行盖章有效。银行根据批准的进口物资清单审查核对，未经银行同意，借款单位不能变更贷款用途和进口物资的品种、数量。借款单位向国外订货的进口合同副本要送给银行备查。银行要积极主动帮助借款单位用好贷款。

第七条　金额比较大的贷款项目，借款单位应提出按年分季的用款计划。银行按照用款计划组织资金，借款单位按照用款计划用款。因计划不周或情况发生变化，借款单位应该在季末一个月以前申请调整用款计划。借款单位不按计划用款，未用部分和未报计划或超过计划的用款，银行向借款单位要收取一定的费用，弥补对外筹措资金的损失。

第四章　贷款的期限和利率

第八条　贷款期限从开始用汇日算起，到还清本息止。用于进口原料、辅料加工出口的项目，一般为一年；用于进口设备(包括制造设备的材料)的项目，不超过三年；其他贷款项目，一般也不超过三年；使用买方信贷的贷款项目，不超过五年。

第九条　外汇贷款利率，由中国银行总行根据在国际市场上组织资金的成本加银行管理费确定公布。

第五章　贷款的偿还

第十条　借款单位应按照借款契约，在贷款期限内向银行还清贷款并按时支付利息。贷款到期，借款单位无力归还时，由担保单位偿还。必要时，中国银行或中国人民银行有权从借款单位和担保单位的账户中扣收外汇(或外汇额度和人民币)。

第十一条　有外汇收入的借款单位，用自有的外汇归还；不直接收入外汇的借款单位，用提供外贸出口商品应收的外汇归还，即凭外贸部门或其他承担还汇部门开给的“归还外汇贷款额度凭证”，用相应的人民币到中国银行购买外汇归还贷款本息。对外加工装配、补偿贸易使用贷款增加的外汇收入，应首先用于归还贷款。

第十二条　用外汇贷款建设项目，在归还贷款本息期间，国营企业可以用贷款项目所增加的产品利润、固定资产折旧基金和固定资产占用费归还。实行利润留成的企业可以按照国家核定的基数留成比例，先提取职工福利基金和奖励基金，然后再归还贷款，但不得提取生产发展基金和增加利润留成资金。城镇集体企业可以用贷款项目所增加的产品利润(指缴纳所得税前的利润)和固定资产折旧资金归还；企业的主管部门在归还贷款期间，不得从所属企业贷款项目提取利润和各项资金。

企业用上述款项归还当年应付贷款本息后，如有结余，其结余部分应照章缴纳所得税或上交利润；如有不足，其不足部分，报经税务机关同意，可以用贷款项目新增加产品应纳的工商税归还。

企业申请使用贷款时，须将有关文件抄送税务机关备查。

第六章　买方信贷的使用

第十三条　使用买方信贷的贷款项目，除本办法其他各条已有规定者外，应按以下规定办理：

一、借款单位必须向签订买方信贷协议的国家订货，并按中国银行与外国银行签订的买方信贷协议办理。

二、使用买方信贷的贷款项目，借款单位应在订货卡片上注明使用买方信贷。外贸公司同外国供货商签订的商务合同，应在支付条款中写明使用哪个银行的买方信贷。

三、与外商签订商务合同时，中国银行应同时与外国提供买方信贷的银行谈判，签订具体使用买方信贷的协议。对外签订协议的工作，根据具体情况由总行办理，或由总行授权分行办理。

第七章　贷款的管理

第十四条　择优发放贷款。借款单位使用外汇贷款一定要进行经济核算，讲究经济效果。银行对用汇省、效果好、创汇多、还款快的企业、部门和地方，优先给予支持；对使用贷款效果不好，到期不能还款的企业、部门和地方，在工作没有改进以前，不发放新的贷款。

第十五条　明确经济责任。使用贷款必须订立借款契约。银行保证按契约提供资金；借款单位保证按契约用款并实现经济效果。贷款到期不还，银行从过期之日起，在原利率的基础上向借款单位加收百分之十到五十的利息。贷款必须用于批准的用途，专款专用，不得挪作他用。发生挪用时，挪用部分在原定利率基础上加倍计收利息。

第十六条 实行信贷监督。银行对每个贷款项目都要进行贷前调查、贷时审查和贷后检查的工作。要协助借款单位实现经济效果,发挥银行信贷的促进、调节和监督作用。对比较大的项目,银行要参加对外谈判,在使用货币、支付方式等方面提出有利于我方的建议。借款单位应向银行提供所需要了解的情况、资料、报表和合同副本。

对违反国家政策法令,不按规定、合同、契约办事,浪费外汇资金,造成损失和拖欠贷款的单位,银行要追究经济责任,并采取停止发放贷款、提前收回贷款、提高贷款利率等经济制裁手段,直至向法院起诉。

第八章 附 则

第十七条 本办法自颁布之日起施行,一九七八年九月二十九日财政部制定的《短期外汇贷款办法》随即废除。在本办法实施以前批准的贷款、签订的贷款契约,仍按原来规定办理。短期外汇贷款实施细则,由中国银行另行拟订。

国务院批转中国银行《关于要求批准短期外汇贷款办法的请示报告》并发出通知

国务院同意中国银行《关于要求批准短期外汇贷款办法的请示报告》和《中国银行短期外汇贷款办法》,现发给你们,望贯彻执行。

实践证明,在自力更生的基础上,利用银行吸收的外汇资金办理外汇贷款,对于引进先进技术和设备,促进出口商品生产,发展对外贸易和远洋运输,支援社会主义现代化建设具有重要作用。当前,外汇贷款的重点是扶植投资少、见效快、创汇多、盈利大的轻纺项目,支持老企业的挖潜、革新、改造,发展出口商品生产。使用贷款一定要讲究经济效果,保证按时偿还贷款本息。各级政府要多注意发挥中国银行的职能作用。计委、进出口委、工业、交通、外贸、财政、银行等有关部门,要通力协作,密切配合,共同把外汇贷款工作做好。

中国银行关于要求批准短期外汇贷款办法的请示报告

为了贯彻执行"发展经济,保障供给"和"自力更生为主、争取外援为辅"的方针,1973年经国务院批准,利用中国银行吸收的外汇资金,试办短期外汇贷款。到1979年年底止,累计批准贷款55亿美元,实际用汇39亿美元,已经收回贷款32亿美元,正在办理进口订货的16亿美元。通过运用这项贷款进口关键设备、国内短缺的原材料和远洋船舶等,对发展出口商品生产和远洋运输事业,起了积极的促进作用。实践证明,在自力更生的基础上,利用银行吸收的国外资金办理外汇贷款,是为社会主义现代化建设服务的一个好办法。

去年以来,随着全国工作着重点转移和国民经济实行"调整、改革、整顿、提高"的方针,国务院下达了关于大力发展对外贸易增加外汇收入,开展对外加工装配和中小型补偿贸易,对广东、福建两省实行特殊政策、灵活措施和京、津、沪三市改革外贸管理体制、扩大出口等几个文件。我国的对外贸易和对外经济往来不断发展,外汇贷款工作面临许多新情况、新问题。为了适应形势发展的需要,更好地发挥外汇专业银行在国民经济中的促进、调节和监督作用,把外汇贷款用好用活,在国家进出口委、国家计委、中国人民银行、财政部、外贸部的指导和帮助下,经过反复协商研究,吸收了有关部门和中国银行经理会议的意见,我们对原来的《短期外汇贷款办法》进行了修改。现将修改情况报告如下:

一、短期外汇贷款的资金由银行自主运用。去年银行用于短期外汇贷款的外汇资金是同国家外汇合并在一起安排的,国家计划定不下来,银行贷款计划也定不下来,影响贷款工作正常进行。修订的办法规定银行可以用自营业务吸收的外汇资金作为发放外汇贷款的资金来源,在统一政策、统一计划下,由银行自主运用。至于国家引进的大型项目,则仍由国家外汇计划安排,不足部分由银行向外统筹,由国家指定的部门统借统还。

二、改进贷款计划管理办法。按原来规定,各地每年需要的贷款,由地方计委牵头,提出贷款计划上报审批,计划只列使用贷款的项目、额度和出口创汇金额,对还款的安排不够具体。这样,使贷款和还款脱节,不能调动地方归还贷款的积极性,不利于加速外汇资金周转。修订的办法扩大了各地分行发放贷款的权限,试行外汇信贷资金统一计划、分级管理、批用衔接、放收挂钩、余额控制、周转使用的办法。总行给分行分配一个可以周转使用的外汇贷款指标,1980年至1982年3年不变。各地每年审批、使用和收回贷款的计划由分行编制,经当地计委和进出口委综合平衡后报总行批准执行。贷款由各省、市、自治区一级的管辖分行按照管理权限,负责审批、发放和收回。各地银行应会同有关部门共同做好贷款的审查工作,帮助借款单位用好贷款。

三、扩大贷款的对象和使用范围。按原来规定,外汇贷款只贷给生产出口商品的企业,使用的范围也较窄。对国务院所属各部的贷款,不属于生产出口商品的贷款,与加工装配、补偿贸易相结合和的贷款,在生产、流通领域中需要银行支持的短期周转贷款,在原来的贷款办法中都没有规定。这次修订的办法把贷款的对象扩大到能给国家直接或间接创造外汇收入,有偿还能力并具备贷款条件的单位。同时,补充规定了使用外国银行买方信贷的办法。

四、修订贷款利率。贷款利率,按原来办法规定,为年息七厘。而现在从国际市场吸收欧洲美元的利率成本高达十几厘,银行如仍按年息七厘发放贷款,就要造成亏损,银行负担不起。因此,在这次修订的贷款办法中,改为由中国银行根据组织资金的成本加银行管理费计算贷款利息。因为贷款资金来自国外,所以利率亦应参照国际金融市场做法,实行浮动利率,定期进行调整。

五、用经济方法择优发放贷款。原来办法规定,企业申请贷款,须经计委、人民银行、建设银行和财政、外贸部门五家共同审批。办一个批准贷款的文件要五家盖章,环节多,时间长。这次修订的办法,改为用经济方法办理贷款。贷款由借款单位向银行办理申请,需要有关部门审查同意的事项,由借款单位提前办好报批手续,纳入有关计划,或签订经济合同解决。银行对有利于加快四化建设,能给国家多创外汇,确有偿还能力的贷款项目要积极支持,会同有关部门认真调查研究,按照贷款办法进行审查,择优发放贷款。任何部门、单位和个人都不得强令银行发放不符合条件的贷款和超过指标发放贷款。在修订的办法中,针对贷款工作中存在的问题,还规定了讲究经济效果,明确经济责任,采取经济制裁等用经济方法管理贷款的内容。

现将修订的《中国银行短期外汇贷款办法》送上,请审查。如无不妥,请将这个报告和办法批转各省、市、自治区和国务院各部门执行。

国务院副总理谷牧在北京会见以山内一郎为团长的日本邮电代表团

国务院副总理薄一波率领中国机器制造业代表团开始对美国进行为期一个月的考察活动

中美跳水队在福州举行首场比赛

秦皇岛——香港货运班轮正式开航

欧阳家祥逝世

政协第五届全国委员会委员、人民解放军总参谋部离职休养干部、原总参防化部顾问欧阳家祥同志,因病于8月31日逝世,终年71岁。

欧阳家祥同志是江西省吉安县人。1931年参加中国工农红军,1932年加入中国共产党,参加过二万五千里长征。他是我党的优秀党员,我军的优秀干部。在长期革命斗争中,他襟怀坦白,光明磊落,坚持原则,敢说真话;作战时出生入死,英勇善战;工作中勤勤恳恳,任劳任怨;为中国人民的解放事业和我军现代化建设作出了积极的贡献。

9月1日

国务院副总理李先念在人民大会堂会见马耳他大法官约翰·克利蒙纳教授及其女儿安妮·克利蒙纳医学博士

五届全国人大三次会议主席团举行第二次会议

会议讨论和通过了五届人大第三次会议关于1980年、1981年国民经济计划；1979年国家决算、1980年国家预算和1981年国家概算的决议(草案)。会议还决定将五届全国人大常委会关于建议修改宪法第45条的议案提请五届人大第三次会议审议。

五届人大预算委员会主任委员谭震林在会上作了关于国民经济计划和国家预算、决算的审查报告。他说，预算委员会认为，1979年国家财政贯彻执行"调整、改革、整顿、提高"的方针，做了大量的工作，成效是很大的。在一年之内，国家采取这么多的重大措施，办了这么多非办不可的事情，确实是多年来没有过的。尽管1979年国家决算出现了相当数量的赤字，执行中也有若干缺点和失误，但是总的说来，财政工作促进了国民经济的调整和发展，成绩是主要的。预算委员会认为，在1979年已经发生赤字170.6亿元的情况下，1980年的差额缩小到80亿元，1981年进一步缩小到50亿元，这是根据今明两年国家建设的需要和增收节支的可能安排的，是尽了很大努力的。今明两年要求做到逐步缩小赤字，以致最后消灭赤字的安排，是实事求是的。总的说，1980年、1981这两年收支的安排，体现了继续调整积累与消费的比例关系，逐步降低积累率的要求；体现了在生产发展的基础上，逐步改善人民物质文化生活的要求；体现了既保证当前生产建设事业的最低需要，又考虑为今后国民经济持续发展准备必要条件的要求。

谭震林说，预算委员会建议全国人民代表大会批准1979年国家决算和1980年国家预算，原则通过1981年国家概算，并且批准财政部长王丙乾代表国务院所作的《关于1979年国家决算、1980年国家预算草案和1981年国家概算的报告》。

谭震林说，为了实现1980年国家预算和1981年国家概算，并力争缩小收支差额，预算委员会建议这次全国人民代表大会，向有关部门、全体工作人员和全国各族人民提出如下要求：

第一，狠抓增产节约，广开生产门路，努力挖掘潜力，大力提高经济效果，使工农业生产有一个协调的稳定的发展，并且要积极发展外贸、旅游等事业，认真做好侨汇方面的工作，开辟新的财源。在这个基础上，确保今明两年收入任务的完成，力争超过。

第二，继续大力发展轻纺工业，增加市场商品的供应，适应城乡人民购买力不断提高的需要。要采取有力措施，保持市场物价的基本稳定，坚决纠正某些地方和单位擅自提高消费品价格，或者变相涨价的错误做法。

第三，贯彻执行勤俭建国、艰苦奋斗的方针，坚决反对铺张浪费。

第四，要在试点的基础上，按照发挥优势，保护竞争，推动联合的要求，加快体制改革的步伐，进一步把经济搞活。

第五，树立量力而行的指导思想，加强全局观念，加强综合平衡。

第六，加强财政监督，严格财经纪律。对于违反财经纪律的事件，对于严重不负责任造成无效投资、或者重大损失浪费的事件，一定要像对待"渤海2号"事故那样，认真检查，严肃处理，并教育干部引以为戒，努力提高对人民事业的高度责任心和遵守法纪的自觉性，把本职工作做好。

今天的会议由大会主席团常务主席乌兰夫主持。

全国第三次"质量月"广播电视大会在北京举行

国务院副总理谷牧在北京会见由意大利劳工联盟总书记本维努托率领的意大利劳盟代表团

国务院副总理姚依林与康世恩在北京共同会见以日本科技联盟理事长铃江康平为团长的日本质量管理访华团

中国选手陈肖霞在福州举行的中美跳水队比赛中获得女子跳台跳水第一名

9月2日

五届全国人大三次会议举行全体会议

全国人大常委会副委员长彭真在会上作了全国人大常委会工作报告和关于几个法律草案的说明。

彭真报告后，全国人大常委会法制委员会副主任武新宇、顾明分别就这四个法律草案作了详细说明。

会议宣读了全国人大常委会关于修改宪法第45条的议案，提请五届人大第三次会议审议。这个议案建议从宪法中取消关于"四大"的条款。

会议还听取了最高人民法院院长江华作的关于最高人民法院工作报告和最高人民检察院检察长黄火青作的关于最高人民检察院工作报告。

今天的大会执行主席是：宋庆龄、聂荣臻、谭震林、胡耀邦、张廷发、许德珩、班禅额尔德尼·确吉坚赞、杨秀峰、贾庭三、阎达开、江一真、阮泊生、廷懋、任仲夷、赵德尊、马文瑞、王世泰、马青年。

大会由谭震林主持。

出席五届全国政协第三次会议的全体委员列席了今天的大会。

列席今天大会的还有党、政、军各方面负责人，我国部分驻外使节。

各国驻华使节和外国记者旁听了今天的大会。

全国人大常委会副委员长彭真在五届全国人大三次会议上作常委会工作报告

各位代表：

我受全国人民代表大会常务委员会的委托，向大会报告本届人大二次会议以来常务委员会的工作。

加强立法工作，健全社会主义民主和社会主义法制，是全国人大常务委员会的一项主要任务。一年多来，主要做了以下工作：

一、通过了关于中华人民共和国新中国成立以来制定的法律、法令效力问题的决议。重申新中国成立以来制定的法律、法令，除同第五届全国人民代表大会和全国人大常务委员会制定的宪法、法律、法令相抵触的以外，继续有效。

中华人民共和国成立以后的17年，国家制定的法律、法令和行政法规，据大略的统计，有1500多件。其中许多法规现在仍然是适用的或者基本适用的。重申过去法规的效力，巩固了原有的无产阶级领导的人民的法律阵地，使我们可以运用已有的法律武器，保护人民民主权利，发扬社会主义民主，巩固安定团结，维护社会秩序，保障社会主义建设事业的顺利进行；使我们在立法任务十分繁重、力量不足的情况下，可以集中力量去制定那些当前最急需、而过去又没有的法规，特别是经济方面的法规。这是健全社会主义法制的一项重要措施。

过去制定的法律、法令和行政法规，大体可以分为三种情况：一是，由于历史的发展，已经完成了自己的历史使命，自然失去了效力。如土地改革法、私营企业暂行条例等。有些已为新的法律所代替，如1953年制定的选举法、1954年制定的人民法院组织法、人民检察院组织法等，已为第五届全国人民代表大会二次会议制定的相应的法律所代替。二是，现在仍然适用或者基本适用、但需稍加修改、补充的。属于这种情况的很多，如治安管理处罚条例、关于劳动教养问题的决定、关于国家行政机关工作人员的奖惩暂行规定、城市居民委员会组织条例等。三是，需要做根本性的修改或废止的。这种情况是比较少的。哪些法规现在仍然适用，哪些法规要加以修改或补充，需要进行大量的调查研究，按照当前实际情况来决定。全国人大常务委员会、国务院及其所属各主管部门正在根据这个精神审查整理。

二、通过了关于县级直接选举工作问题的决定。

五届全国人民代表大会二次会议通过的选举法规定，县级实行直接选举。这是我国政权建设的一个重要的改革。县级直接选举是县级以上全国各级政权选举的基础，也是实行民主集中制的重要基础。县级进行直接选举，使县级人民代表大会直接掌握在人民手里，再由县级人民代表大会选举县级人大常务委员会、人民政府和省级人民代表大会代表，省级人民代表大会选举省级人大常务委员会、人民政府和全国人民代表大会代表，这样9亿人民就可以通过代表、人民代表大会及其常务委员会和人民政府管理国家大事，掌握自己的命运、民族的命运、国家的命运。

过去我们对选举工作是有些经验的，但是中间中断了10年，没有进行选举。现在新的选举法总结过去的经验教训，进一步发扬民主，规定在选举中，中国共产党、各民主党派、各人民团体，可以联合或者单独推荐代表候选人，任何选民或者代表，有3人以上附议，也可以推荐代表候选人；代表候选人名额应多于应选人的名额，即实行差额选举制；候选人应由参加选举的选民或者代表反复酝酿讨论，民主协商确定，如果提出的候选人名额过多，可以进行预选，根据较多数选民或者代表的意见，确定正式候选人名单；选举人对于代表候选人可以投赞成票，可以投反对票，可以另选其他任何选民，也可以弃权；选民或者选举单位有权随时罢免和撤换自己选出或任命的代表或国家干部。这些规定，是为了保障人民自由行使选举权利和罢免权利，是人民当家做主、管理国家的重要保证。现在不少干部和群众对这些社会主义民主程序还不熟悉。特别是林彪、江青一伙实行法西斯专政的流毒和浓厚的封建残余的影响，使有些干部、包括一些领导干部对社会主义民主缺乏认识，缺乏民主习惯，嫌民主麻烦，嫌选举麻烦，甚至说什么“选举选举，多此一举”。在进行选举试点时，有的地方的领导人竟把群众依法推荐的候选人随便勾掉、换掉；甚至因为群众依法选出的代表不合自己心意，竟违法宣布选举无效，等等。为了认真执行选举法，保证人民行使民主权利，把县级直接选举搞好，需要在干部和群众中普遍进行社会主义民主和法制的宣传教育，做好各种准备工作，包括思想准备、组织准备和选举的技术、事务工作的准备。特别要进行试点，使干部、群众都取得一些经验，使领导和群众从实践中了解普选中会遇到些什么问题和问题的关键在哪里，应该怎样解决,怎样办。否则是很难领导好县级选举工作的。因此,全国人大常务委员会决定,今年上半年全国各地继续做好各项准备工作,进一步进行试点,下半年分期分批地全面开展,争取在今冬明春基本完成县级直接选举的任务。

三、关于刑事诉讼法的实施问题。

五届全国人民代表大会二次会议制定的刑事诉讼法,原定于1980年1月起实施。1979年下半年,各级人民政府、人民法院、人民检察院和公安机关等,为实施刑事诉讼法,调配干部,健全司法机构,加紧清理历史上遗留下来的积案等,进行了大量的准备工作。但是,由于林彪、江青一伙的破坏,公、检、法被砸烂,机构很不健全,干部缺额还很多,业务生疏,不少地方还遗留很多积案。许多地方在今年内很难完全按照刑事诉讼法规定的期限和程序审理案件。因此,全国人大常务委员会根据最高人民法院、最高人民检察院的建议,决定1979年12月31日以前立案尚未判决的刑事案件,仍依照过去的有关刑事诉讼的政策、法规和办案程序办理;1980年1月1日以后受理的刑事案件,应依照刑事诉讼法办理,如果案件过多,办案人员不足,在1980年内,可以由省、自治区、直辖市的人民代表大会常务委员会批准延长办案期限。

为了在今年内能够做好各项准备工作,创造条件,在明年全面实施刑事诉讼法,全国人大常务委员会又通过了关于实施刑事诉讼法规划问题的决议,要求各级人民法院、人民检察院、公安机关、司法行政机关和其他有关部门,除极少数交通十分不便的边远地区可以适当延长实施期限外,都必须根据实际情况,制定出今年内分期分批实施刑事诉讼法的具体规划。

建立律师制度,是实施刑事诉讼法的一个重要方面,是健全社会主义法制中的一项重要工作。全国人大常务委员会通过了中华人民共和国律师暂行条例。但是,只有条例还不能完全解决问题,还需要加强关于律师制度的宣传教育工作,训练培养大批律师。

四、五届全国人民代表大会二次会议制定的刑法,是打击刑事犯罪、保障人民权利、维护社会秩序的有力法律武器。但是,刑法只能适用于惩处刑事犯罪分子。对一些大法不犯、小法常犯、经常扰乱社会秩序、但又不够判刑的人,或者违反治安管理、危害社会治安的人,需要有相应的法规作为处理的依据。为此,全国人大常务委员会批准了国务院关于劳动教养的补充规定,重新公布了1957年颁布的国务院关于劳动教养问题的决定和治安管理处罚条例。

由于林彪、"四人帮"煽动、操纵的打砸抢和各种破坏、捣乱、为非作歹行为的毒害影响,不少青少年有较轻微的违法犯罪行为。对这些青少年,许多家庭管不了,所在单位也管不了,需要采取劳动教养或工读学校的办法,进行强制性或半强制性的教育改造。法制委员会专门召开了有教育部、共青团中央等部门和一些工读学校的负责人、教师参加的工读学校座谈会,认为工读学校是教育改造有轻微违法犯罪行为的青少年的一种好形式。工读学校要坚持耐心教育、挽救的方针,把学员看成"受了病虫害的花朵",以高度的耐心治病救人,坚决反对任何粗暴体罚和其他违法乱纪的做法。

整顿治安、维护社会秩序,必须发动群众,依靠群众。根据全国人大常务委员会关于新中国成立以来制定的法律、法令效力问题的决议,重新公布了"城市街道办事处组织条例"、"城市居民委员会组织条例"、"治安保卫委员会暂行组织条例"、"人民调解委员会暂行组织通则"。依照这些条例和通则,恢复、整顿、加强城市基层组织,把广大人民群众组织起来,加强基层政权同人民群众的联系,依靠人民群众管理社会事务。这是维护良好的社会秩序的不可缺少的群众基础。

五、适应四个现代化建设的需要,加强经济立法等工作。

五届全国人民代表大会二次会议制定中外合资经营企业法以后,各方面都希望早日制定实施中外合资经营企业法的有关法规。法制委员会与国务院外国投资管理委员会、计委、财政部、银行、劳动总局、一机部等有关单位多次进行座谈和研究,共同拟定了关于中外合资经营企业几个问题的规定,作为同外商谈判中外合营企业时内部掌握的方针,并据此进一步制定了中外合资经营企业劳动管理规定、关于中外合营企业建设用地的暂行规定、中外合资经营企业登记管理办法等。还拟定了中华人民共和国中外合资经营企业所得税法草案、中华人民共和国个人所得税法草案。

为了保护环境和自然资源,防治污染和其他公害,全国人大常务委员会原则通过了中华人民共和国环境保护法(试行)。这是一个保障生产正常进行,保障人民身心健康,有关子孙后代的重要法令。

全国人大常务委员会还通过了教育部拟订的中华人民共和国学位条例。这个条例规定设立博士、硕士、学士三种学位,并且规定,依靠自修达到同等学力的,也可以考取博士、硕士、学士。随着四个现代化建设事业的发展,经济立法工作已越来越迫切需要。五届全国人民代表大会二次会议以来,国务院有关部门已经颁布和正在起草的经济法规,有70多个。由于我国目前正在进行经济体制的改革,情况不断发生变化,一些重要改革还在实践检验和积累经验过程中,同时,我们对经济立法还缺乏经验。因此,经济法规的制定,还需要一个过程,只能在总结经验的基础上逐步制定,成熟一个，制定一个。今后随着经济的调整和体制改革工作的进展，需要进一步加强经济立法工作，特别是工厂法、合同法等，必须抓紧拟订。同时，文化、教育、卫生等方面的立法工作也要加强。

我国是无产阶级领导的以工农联盟为基础的人民民主专政的社会主义国家。全民所有制经济和集体所有制经济是国民经济的主体，个体经济是辅助的、补充的、又是必不可少的，在相当长的时期内，各在其一定范围内，有它的优越性。这是我们的历史条件决定的。我们的经济法规和民法，要按照党和国家的政策，切实保护这三种所有制经济不受侵犯。我们的法律、法令和行政法规，都要保障和促进在经济计划指导下，各个经济单位之间的协作和竞争，使他们在为人民服务的好坏方面，对社会的贡献大小方面，互相竞争，这样更容易使社会主义的优越性充分发挥出来。

民法和民事诉讼法是很重要的基本法律，牵涉到国家、集体、个人相互之间的关系，内容很广泛，问题很复杂。过去我们对民事案件的处理，主要是婚姻家庭纠纷等案件，并且多是根据政策，经过调解协商解决的。许多属于全民和全民、全民和集体、集体和集体、全民、集体和个人之间的纠纷，特别是经济纠纷，主要是由行政机关处理，很少提到法院判决或仲裁。因此，这方面的经验很少。现在起草民法，主观客观条件比刑法差得多。刑法在1957年就有了22稿，到1963年就有了33稿，总结了大量判例和丰富的审判经验。民法还需要从头摸索。法制委员会去年成立了民法、民事诉讼法起草小组，民法拟定了初稿，有501条，“民诉”已经搞了第二稿，有167条。这仅仅是起草工作的开始，准备征求各省、自治区、直辖市和中央各有关部门的意见。还需要经过较长的时间，进行大量的调查研究，进一步总结30年来的经验教训，参考我国历史的和世界各国的有关法律和经验，反复修改，才能逐渐拟订出较为成熟的草案。

计划生育法是迫切需要制定的一个很重要的法律。国务院计划生育办公室已经拟订了草案，并已经修改过多次，法制委员会也讨论过多次，本来打算和婚姻法一起提交这次大会审议。由于计划生育是一件新的工作，几年来的工作有很大成绩，有很多经验，但也有不少问题，各方面的意见还不很一致，现在制定法律的条件还不很成熟，这次大会还提不出来，只在婚姻法修改草案中明确规定了夫妻双方都有实行计划生育的义务和晚婚、晚育应予鼓励。今后将继续总结经验，征求意见，尽快制定。

少数民族自治地方的立法工作，是我国社会主义法制建设的一个重要方面，全国人民代表大会民族委员会正在积极协助一些民族自治地方进行这方面的工作。

一年多以来，全国人大常务委员会除抓了立法工作外，还做了以下工作：

一、加强全国人大常务委员会和省、自治区、直辖市人大常务委员会的联系，改进常务委员会本身的工作。

根据地方各级人民代表大会和地方各级人民政府组织法的规定，全国29个省、自治区、直辖市的人民代表大会都已建立常务委员会，经过直接选举产生的县级人民代表大会，也建立了常务委员会。过去，只有全国人民代表大会有常务委员会，地方各级人民代表大会没有常务委员会，现在县级以上地方人民代表大会设立常务委员会，开始建立起经常工作，是我国政权建设中的一项重大改革，对于健全国家制度有重要意义。全国人大常务委员会密切联系省级人大常务委员会，省级人大常务委员会密切联系县级人大常务委员会，就有了更好地联系群众的纽带，工作就有了更坚实的群众基础。全国人大常务委员会第十四次会议和第十五次会议邀请省、自治区、直辖市人大常务委员会负责人列席全国人大常务委员会会议，看来是加强联系的一种好形式。由于我们的会议作出决议、制定法令时，是经过充分协商、讨论，表决前尽可能取得一致意见，因此，各省、自治区、直辖市人大常务委员会负责人列席会议，实际上即共同参与了全国人大常务委员会关于国家大计和各项法案的制定。全国人大常务委员会还将重要的法律草案，如中华人民共和国国籍法草案、中华人民共和国婚姻法修改草案发给省、自治区、直辖市人大常务委员会征求意见。这样，通过各级人大常务委员会和人民代表，广泛听取全国各地、各民族的意见，使全国人大常务委员会决定的问题和制定的法令，可以更好地反映、代表全国各族人民的意志、利益和符合各地的实际情况。

二、明确地方人大常务委员会的职权、任务、工作、机构等，便于地方各级人大常务委员会工作的开展。

县级以上地方各级人大常务委员会的工作是新的工作。全国人大常务委员会负责同志与各省、自治区、直辖市人大常务委员会的负责人座谈了地方人大常务委员会的职权、任务、工作以及上下级人大常务委员会之间的关系等问题。大家认为：根据宪法和地方各级人民代表大会和地方各级人民政府组织法，地方人大常务委员会是地方国家权力机关，是工作机关，不是“清谈清谈”、“建议建议”的机关，是任务很重，有很多工作要做，有很多重大问题要负责决定的机关。省、自治区、直辖市人大常务委员会的任务、职权，主要是四条：第一，依法制定、颁布地方性法规。这是一项很重要的职权。立法的根据是各地的具体情况和实际需要。但不能与宪法、法律和中央的政策、法令、政令相抵触。第二,讨论、决定本行政区域的政治、经济、文化、教育、卫生、民政、民族工作的重大事项,审议批准本地区"国民经济计划和预算的部分变更"。第三,人事任免。这也是一项重要职责,决不是可有可无。对报请任免的人员,主要依靠报请单位的审查。但是,如果发现其中有的人有问题或不适当,委员们不同意,就可以不通过。同时还可以依法行使罢免或撤职的权力,将那些违法乱纪或者不称职的人员随时罢免撤换。这样就可以在防止林彪、"四人帮"一类坏人篡夺权力方面,多一层保障,从国家制度方面保证国家工作人员的政治纯洁和工作胜任,忠诚地代表群众的利益,为人民服务,做人民的公仆。第四,监督本级人民政府和人民法院、人民检察院的工作,主要是监督他们的活动是否违反宪法、法律、法令,是否正确执行党和国家的方针、政策。

三、听取国务院和最高人民法院、最高人民检察院的工作报告,讨论、决定国家重大问题。

这是全国人大常务委员会的一项重要任务。一年多来,全国人大常务委员会听取了国家经委关于1979年工业交通生产情况和1980年任务的汇报,国家计委关于1979年国民经济计划执行情况和1980年国民经济计划安排的报告,华国锋总理访问法国、德意志联邦共和国、英国、意大利和日本的情况报告,外交部关于日本内阁总理大平正芳访问我国情况的汇报,公安部关于整顿城市治安情况和今后工作意见的汇报,民政部关于全国进行县级直接选举试点工作情况和今年选举工作布置的汇报,最高人民法院、最高人民检察院、公安部关于刑事诉讼法实施问题和规划的报告,外国投资管理委员会关于中外合资经营企业几个问题的汇报等。委员们在讨论中,充分发表意见,既肯定了成绩,也对工作中的缺点和问题提出了批评和建议。一些委员对有些地方擅自提价、滥发奖金的现象等提出了批评,要求政府有关部门加强物价管理,切实纠正擅自提价、滥发奖金的现象。委员们对有一段时期,有些地方对现行刑事犯罪分子打击不力的问题提出了尖锐的批评,要求公安机关和人民检察院、人民法院采取有效措施,依法从重从快打击处理杀人、强奸、抢劫、放火和其他严重破坏社会秩序的犯罪分子,维护社会治安,保护人民权利,保障四化建设事业的顺利进行。在维护和整顿社会治安方面,过去一个时期,是有很大成绩的,但问题还是不少的和严重的,这方面的工作还需要继续抓紧,尽快地恢复和维护良好的社会秩序。委员们对国务院的工作,对人民检察院和人民法院的工作提出了许多批评和改进的建议。对国务院和最高人民法院、最高人民检察院的工作的监督,是全国人大常委会的一项重要工作,需要进一步加强。

四、决定国务院增设机构、任免国家工作人员。

五届全国人民代表大会二次会议以来,全国人大常务委员会根据国务院总理华国锋的提议,决定设立国务院财政经济委员会、国务院机械工业委员会、外国投资管理委员会、进出口管理委员会、国家能源委员会、第八机械工业部、司法部、地质部等。

全国人大常务委员会根据国务院总理华国锋的提议,为了加强国务院的领导,任命赵紫阳、万里、姬鹏飞为国务院副总理;免去纪登奎、陈锡联国务院副总理的职务。接受了吴德辞去副委员长职务的请求,请五届全国人民代表大会三次会议追认。通过了增加法制委员会副主任、委员。依法任免了一批国务院部、委的负责工作人员和驻外大使,以及司法机关的检察人员、审判人员。

一年多来,全国人大常务委员会还开展了外事活动。邓颖超副委员长率领我国人大代表团先后访问了泰国、法国和欧洲议会,并向全国人大常务委员会作了访问这些国家的报告。全国人大常务委员会还先后接待了来我国访问的苏丹、孟加拉、马耳他、巴巴多斯、加拿大、泰国、日本、美国、澳大利亚等国的议会代表团、议长或议员以及日本法界代表团。

此外,全国人大常务委员会还进行了大量的处理人民来信等工作。五届全国人民代表大会二次会议闭幕以来全国人大常务委员会历次会议通过的议案和任免案,已经发给各位代表,请各位代表审查。

以上是五届全国人民代表大会二次会议以来人大常务委员会的工作报告,是否妥当,请各位代表审议。

各位代表:

全国人大常务委员会通过了关于建议修改《宪法》第四十五条的议案,审议了4个法律草案,现在提请大会审议。

全国人大常务委员会经过认真讨论,一致同意中共中央建议,为了充分发扬社会主义民主,健全社会主义法制,维护安定团结的政治局面,保障社会主义现代化建设的顺利进行,建议将《宪法》第四十五条"公民有言论、通信、出版、集会、结社、游行、示威、罢工的自由,有运用'大鸣、大放、大辩论、大字报'的权利",修改为"公民有言论、通信、出版、集会、结社、游行、示威、罢工的自由。"取消原第四十五条中"有运用'大鸣、大放、大辩论、大字报'的权利"的规定。

四个法律草案,另有专题说明,我这里只把一些主要内容说明如下:

一、关于中华人民共和国婚姻法修改草案。

中华人民共和国婚姻法修改草案是在1950年婚姻法的基础上修改的。

关于法定结婚年龄,原婚姻法规定,“男20岁,女18岁,始得结婚”。修改草案改为,“结婚年龄,男不得早于22周岁,女不得早于20周岁”,比原婚姻法男女各提高2岁。各省、自治区、直辖市和中央各部门,绝大多数表示赞成,认为这样规定兼顾了城乡的实际情况,比较适当可行。有些农村、特别是少数民族地区认为婚龄定得高了,执行有困难。为此,修改草案规定,民族自治地方可结合当地民族婚姻家庭的具体情况和多数群众意见,制定变通的或补充的规定。至于对农村早婚习惯的改革,需要随着农村经济文化的发展,继续做工作,逐步在群众自愿基础上解决。另一方面,城市有些人认为婚龄定得低了,与提倡晚婚、计划生育等有矛盾。这里需要说明,法律规定的是结婚的最低年龄,即不到这个年龄,不应结婚,而不是到了这个年龄就一定要结婚。国家一贯鼓励青年适当晚婚。结婚与生育虽然有连带关系,但实际上又是可以分开的。修改草案增加规定,“夫妻双方都有实行计划生育的义务”和“晚婚晚育应予鼓励”。只要继续抓紧把计划生育工作搞好,就可以收到控制人口增长的效果。否则,结婚再晚,也可以多生孩子。从一些经济发达的国家来看,法定结婚年龄都比较低,例如西欧几个国家的法定婚龄,女的是15岁或16岁,男的是16岁、18岁或21岁,但人口并没有大量增加,而且多年来还有下降的趋势。

关于离婚。原婚姻法规定,男女一方坚决要求离婚,经“调解无效时,亦准予离婚”。这次改为“如感情确已破裂,调解无效时,应准予离婚”。由于我国废除封建婚姻时间还不太久,经济、文化水平还较低,有些社会舆论对提出离婚的一方往往不表同情,问题比较复杂,多年来法院在处理离婚案件时掌握大都偏严,就反映了这种社会情况。这次修改增加“如感情确已破裂”的条件,既坚持了婚姻自由的原则,又给了法院一定的依据和灵活性,比较符合我国目前的实际情况。

此外,关于军婚,仍维持原婚姻法的精神,规定“现役军人的配偶要求离婚,须得军人同意”。现在战士服兵役一般为3—5年,在服役期间多数不到或者刚到法定的结婚年龄,因此这个问题直接关系到的人数并不太多,直接影响不大,但在社会上和部队中的影响是较大的。因此,这次修改草案仍维持了原婚姻法保护军人家庭的精神。

二、关于中华人民共和国国籍法草案。

中华人民共和国国籍法草案的一个主要问题是,不承认双重国籍。草案规定,“中华人民共和国不承认中国公民具有双重国籍”,并在其他条文中作了相应的具体规定。这是我国一贯明确宣布的政策。有些原来的侨胞在国外已经取得了外国国籍,但仍希望同时保留中国国籍。他们的这种心情,是可以理解的。但是,为了国外华侨的长远利益,便于他们的工作和生活,为了有利于处理我国和有关国家之间的关系,还是以规定不承认双重国籍为好。将来如果他们中间的一些人自愿回来定居,并要求恢复中国国籍,也是不难解决的,因为国籍法草案有关于恢复中国国籍的规定。

三、关于中华人民共和国中外合资经营企业所得税法草案。

中华人民共和国中外合资经营企业所得税法草案规定,税率为30%,另按应纳税额征收10%的地方所得税,实际负担税率共为33%(开发石油、天然气和其他资源的合营企业的所得税税率,另行规定)。如把利润汇出国外,再按汇出额交纳10%的所得税。这同世界各国的同类税率相比,特别是同发达的资本主义国家的税率相比,是比较低的。我们允许和鼓励外国资本和我国合资在我国办合营企业,主要不是为了增加点税收,直接增加点财政收入,而是为了引进先进技术和设备,吸取管理企业的先进经验,促进生产发展,扩展对外贸易,加速我国的四个现代化建设,以便在生产发展的基础上,更好更快地提高人民生活水平。我国有丰富的资源、广阔的土地和勤劳勇敢的人民,有充裕的劳动力,有潜力很大的市场。但是,历史遗留给我们的是科学技术比较落后,生产力很不发达,国家和人民都还比较穷。我们的问题是,要在社会主义制度下采取各种办法,在尽可能短的时间内,充分发挥我们雄厚的人力和物力的作用,掌握先进的科学技术,实现四个现代化。这是经济落后的社会主义国家所面临的共同问题。列宁在苏联早就为此提出过采用租让制的办法。采用较低的税率,吸引外资,促使中外合资经营企业在我国有较快的发展,是符合我国各族人民的利益的。

四、关于中华人民共和国个人所得税法草案。

经济较发达的国家一般都征收个人所得税。我国过去因为经济不发达,国民收入水平较低,实行低工资制,一直没有征收个人所得税。现在有了中外合资经营企业,就不能不实行个人所得税制了。草案规定,每月工资、薪金收入超过800元的部分征收个人所得税,不论中国人和外国人都一样。我们国内职工的工资现在还没有这样高,因而还不必交纳工资所得税。今后凡每月工资薪金所得达到800元以上的,即应依法交纳个人所得税。

关于建议修改《宪法》第四十五条的议案和4个法律草案,已经发给各位代表,是否妥当,请大会审议决定。

最高人民法院院长江华在五届全国人大三次会议上作《最高人民法院工作报告》

各位代表:

去年五届人大二次会议通过了刑法、刑事诉讼法等7个重要法律，标志着我国的社会主义法制建设进入了一个新阶段。一年多以来，最高人民法院认真贯彻了这次会议的精神。在全国广大司法干警的共同努力下，各项工作都有了较大的进展。大多数人民法院复查纠正冤假错案工作已经基本结束，正在进行检查验收。在打击现行刑事犯罪活动、整顿城市治安的斗争中，大、中城市的人民法院依照刑法、刑事诉讼法审判了一批刑事案件，及时地准确地惩治了那些杀人、放火、强奸、抢劫等严重危害社会治安的刑事犯罪分子，保护了人民利益，维护了社会秩序。经过比较充分的准备以后，从今年1月1日起，各级人民法院开始实施刑法，情况基本上是好的。按照五届全国人大常委会第十四次会议的决议，各级人民法院制定了在今年内分期分批实施刑事诉讼法的具体规划，执行的情况也是好的。绝大多数刑事案件处理是恰当的。同时，还处理了大量民事案件、申诉案件和一批经济案件。在复查案件和实施两法的过程中，加强了人民法院的思想建设、组织建设和业务建设。各地人民法院陆续调进了一大批干部，加强了领导班子，充实了审判机构。高级人民法院和大多数中级人民法院都建立了经济审判庭。广大司法干警在贯彻第八次全国人民司法工作会议，特别是贯彻中共十一届三中全会精神，拨乱反正，解决思想的基础上，通过学习法律，执行法律，提高了以法治国的认识，增强了依法办案的信心，锻炼了审判工作能力。他们努力学习，积极工作，埋头苦干，精神面貌焕然一新。可以说，经过粉碎“四人帮”以后三年多来的努力，人民法院的工作已经开始走上依法办案的正常轨道，司法建设进入了一个新的发展时期。

各位代表，从1978年5月第八次全国人民司法工作会议以后的两年多来，复查纠正冤假错案一直是人民法院的一项十分重要的任务，各地人民法院做了大量的工作，进行了艰巨的斗争，收到了显著的成效。我现在就将这项工作向大会作一个简要的汇报，请各位代表审议指正。

“文化大革命”期间全国共判处了刑事案件120余万件，截至今年6月底，各级人民法院已经复查了113万多件(其中，反革命案件27万多件，普通刑事案件86万多件)。从中改判纠正了冤假错案25.1万多件，涉及当事人26.7万多人(其中，反革命案件17.5万多件、18.4万多人，普通刑事案件7.6万多件、8.2万多人)。反革命案件中冤错比例约占64%，有些地区达到70%或80%；普通刑事案件中冤错比例约占9%。上述已改判纠正的反革命案件中，包括因刘少奇同志冤案受株连被判刑的案件2.6万多件，2.8万多人。

此外，两年多来还处理了对“文化大革命”前后判处的刑事案件提出申诉的案件29万多件。

改判纠正冤假错案，使一大批受林彪、“四人帮”迫害的人昭雪了沉冤，重见了天日。很多案件改判后做了比较深人细致的善后工作，妥善地解决了许多受害人的一些困难问题。中国共产党和人民政府的政策温暖了千千万万受害人的心灵，激发了他们大干社会主义的积极性。他们努力工作，刻苦学习，对社会主义建设事业作出了积极贡献。大量的生动的事例说明，复查纠正冤假错案，是对林彪、“四人帮”封建法西斯专政的有力揭露和控诉，是贯彻执行中共中央政治路线的重要组成部分，对于治愈十年浩劫给人民造成的巨大创伤，对于促进安定团结、调动一切积极因素、同心同德搞四化，都发挥了积极的作用。

回顾两年多复查工作的历程，并不是一帆风顺的，而是在不断排除干扰和阻力，不断解放思想的过程中进行的。复查开始时，不少司法干部思想不解放，不敢实事求是地改判纠正冤假错案。开展真理标准的讨论以后，特别是贯彻中共十一届三中全会精神以后，广大司法干部逐步解放了思想，从实际出发，坚持实事求是、有错必纠的原则，把复查工作普通地开展了起来。但是，在那股抵制、反对三中全会精神的错误思潮影响下，复查工作时常受到一些人的指责和反对。他们把复查工作同坚持四项基本原则对立起来，说搞复查是“右倾”，是“刮翻案风”，有的人还把社会治安出现的某些问题也归咎于复查工作。有的人对复查工作横加干涉，对明显的冤假错案顶着不纠，有的人拒绝落实受害人的善后工作，以致有些人民法院的复查工作受到了一些影响。去年12月，中共中央对善始善终地完成复查任务，再一次作了重要指示，要求我们各级人民法院进一步解放思想，排除阻力，把复查工作进行到底，决不使受林彪、“四人帮”迫害的人冤沉海底。这一指示鼓舞了广大司法干警排除干扰的勇气，也明确规定了几类冤错案件改判的政策界限，从而加快了复查工作的进度，提高了复查案件的质量。

目前，全国大多数地区人民法院的复查工作，已经基本结束，正在进行检查验收，总结经验教训。通过检查验收发现，在某些地区已经复查的案件中，有一些是该纠未纠的；在已经改判纠正的案件中，有些案件留有尾巴，不少案件善后工作不落实。此外，少数地区的人民法院还有一些重大的疑难的案件没有复查完毕。我们一定力争在短时期内全部完成复查任务，务必做到善始善终，不可功亏一篑。

各位代表，十年动乱期间判处的大量冤假错案，是林彪、“四人帮”利用我们国家的民主生活不够健全、法制不够完善和历史上遗留下来的封建传统和思想影响，肆意践踏社会主义民主，破坏社会主义法制，造成的严重恶果。它从反面给了我们十分深刻的教训。

必须坚持实事求是，反对主观主义。这是十年浩劫中审判工作的一条重要教训。

要做到实事求是，首先要对对敌斗争形势作出符合实际的估计。在我国随着生产资料所有制的社会主义改造基本完成，各种阶级敌人的破坏活动虽然时起时伏，此起彼伏，斗争仍然存在，但专政的范围应该是越来越小。由于林彪、“四人帮”蓄意颠倒敌我关系，人为地制造阶级斗争，大搞阶级斗争扩大化，以致刑事审判工作严重地夸大了敌情，把大量的人民内部问题当作敌我问题处理，用“恶毒攻击”的罪名随意捕人判人，把许多革命干部、知识分子和人民群众当作反革命判刑。这是产生冤假错案的一个主要原因。

要做到实事求是，还要坚持调查研究，重证据，不轻信口供，严禁逼供信。林彪、“四人帮”一伙极力推行法西斯式的审查方式，先定性质，后找材料，任意罗织罪名，大搞逼、供、信，甚至蓄意制造假案，残害人民。在当时各级人民法院被“砸烂”的情况下，一些办案人员由于受了他们的恶劣影响，审判案件不是根据客观事实定罪量刑，而是偏听偏信，主观臆断，或是断章取义，无限上纲，以致案情失实，错判无辜，混我为敌，冤枉好人。

要做到实事求是，还必须克服怕右不怕“左”的思想倾向。长期以来，在多次政治运动中，司法战线不恰当地一股劲地反右，许多司法人员由于被批判为“右倾”而挨整。因此，怕右不怕“左”的思想倾向在司法人员中至今还普遍存在。有了这种错误思想倾向，就不能从实际出发，正确地估计形势；就容易把错误行为甚至正确行为当作犯罪行为，把好人当作坏人；或者由于怕被批判为“右倾”，对一些案件违心地作出违背事实和法律的判决。从两年多来的复查工作可以看出，怕右不怕“左”的思想倾向是在审判工作中违反实事求是的原则、造成冤假错案的思想根源。

人民法院审判案件必须正确地执行国家的法律，严格依法办事。这是另一条重要的教训。

在十年动乱中，林彪、“四人帮”恣意横行，无法无天，把国家的社会主义法制破坏无遗。各级人民法院一度被“砸烂”，不能行使审判权。判处刑事案件，特别是判处反革命案件，既不依法定罪量刑，也不执行法定的程序制度，以致混淆了罪与非罪的界限，错判了许多无辜的好人。以后，人民法院虽然陆续恢复，但在“四人帮”的恶劣影响下，有法不依的情况还相当严重。

严格依法办事，必须坚持人民法院独立进行审判，只服从法律，这是社会主义法制的一项重要原则。为了行使好国家交给人民法院的审判权，必须坚持反对任何外来的干涉，反对依言不依法的违法现象。要大力培养公正严明、不惜以身殉职的大无畏的人民法官。人民代表大会及其常务委员会、人民检察院、上级人民法院和人民群众对审判工作的监督十分重要。借口独立审判而拒绝接受合法的监督，是不对的。

各位代表，判处冤假错案的教训，集中到一点，就是审判工作必须遵循“事实为根据，法律为准绳”这个根本原则。我们一定要认真地牢记这个付出了巨大代价得来的沉痛教训，努力提高司法队伍的政治思想水平和专业工作能力，把人民法院的工作提高到一个新的水平，为我国的社会主义现代化建设作出新的贡献！

最高人民检察院检察长黄火青在五届全国人大三次会议上作《最高人民检察院工作报告》

各位代表：

现在，我就五届人大二次会议通过并公布刑法、刑事诉讼法和人民检察院组织法等重要法律以来检察机关实施法律的情况，向大会作一简要报告，请予审查。

第五届全国人民代表大会第二次会议通过并公布了刑法、刑事诉讼法等几项重要法律，揭开了我国社会主义法制建设的新篇章。依照人民检察院组织法的规定，人民检察院是国家的法律监督机关，对于维护社会主义法制，保障法律的统一实施，负有特定的责任。各级人民检察院为实施法律，进行了紧张的工作。去年五届人大二次会议闭幕后，最高人民检察院召开了全国检察工作座谈会，认真研究部署执行新的法律的准备工作。其后，各级人民检察院都抓紧健全机构，配备干部；采取各种形式，认真学习法律，培训干部；积极开展了法制宣传，提高人民群众的法制观念和同犯罪行为作斗争的积极性。各级人民检察院还会同公安机关和法院，选择条件较好的地方，进行了实施“两法”的试点工作，通过实践总结经验，研究解决实施新法律中的有关问题。各级检察院还配合有关部门，清理了大批积案。经过去年下半年的准备，各级检察院从组织上、思想上和业务工作上，为实施“两法”打下了基础。今年1月实施几项重要法律以来，各级检察机关以认真执行刑法、刑事诉讼法和人民检察院组织法，以保障社会秩序的安定，保卫现代化建设的顺利进行为中心工作，全面开展各项检察业务，发挥了法律赋予检察机关的职能作用。

社会秩序不安定，刑事犯罪增多，这是十年动乱积累下来的恶果之一。实施法律的迫切任务，就是惩治刑事犯罪，保障安定团结。为此，各级检察院按照法律规定，首先全面担负起审查决定是否批准逮捕和审查决定是否提起公诉的任务，并且积极开展出席法庭支持公诉的工作，配合公安机关和人民法院，及时打击各种犯罪活动，维护社会秩序的安定，保护人民生命、财产的安全。尤其是去年 11 月全国城市治安会议后，各级检察院积极参加整顿社会治安工作，集中力量打击现行的杀人犯、抢劫犯、强奸犯、放火犯以及其他严重破坏社会秩序的刑事犯罪分子。今年上半年，各级检察院经过批准逮捕并提起公诉的各类刑事案犯 8.4 万多人，其中重大现行犯罪分子占 50% 多。在工作中，各级检察院严格注意分清罪与非罪的界限，遵守法律程序和法定时限，提高办案质量。在检察机关决定起诉的案件中，法庭作出有罪判决的占 97% 以上。经过公、检、法三机关协同行动，认真整顿城市社会治安，打击了犯罪分子的气焰，今年 4 月以来，发案率逐月下降，社会秩序有所好转，群众开始有了安全感，整顿社会治安工作初有成效。实践表明，刑法、刑事诉讼法是惩罚犯罪、保护人民的有力武器，是适合目前形势和斗争需要的。坚持执行“两法”，就可以逐步把社会主义法制健全起来。目前治安形势还很不稳定，刑事犯罪时起时落，恶性案件还时有发生，社会治安问题仍然是严重的，必须运用法律武器，继续打击现行犯罪。为此，今年 6 月，最高人民检察院召开了全国刑事检察工作会议，交流执行“两法”的经验，总结和部署刑事检察工作，继续加强整顿社会治安，对重大的现行犯罪分子，坚决执行依法从重从快的方针，树立长期作战的思想，克服松劲情绪，严厉打击现行犯罪活动，为争取社会治安的根本好转而斗争。

在当前的刑事案件中，青少年犯罪占了相当大的比例，这是全国人民普遍关心的问题。各级检察机关在处理青少年犯罪案件中，认真执行教育、挽救和改造的方针，依据刑法的有关条款，坚持捕办少数，教育多数，主要依靠办好工读学校和劳动教养，把绝大多数失足青少年管好教好，而不是单靠法律惩办。更主要的是加强法制教育和道德教育，安置好待业青年，实行“综合治理”，减少和清除犯罪的根源，才能从根本上解决青少年犯罪问题和社会治安问题。

根据法律规定的公、检、法三机关互相配合、互相制约的原则，各级检察院初步开展了侦查监督和审判监督工作，对于侦查活动中的一些违法行为加以纠正；对于一些错判的案件提出了抗诉，并经有关人民法院改判。前些年司法以外的单位乱捕乱押人的情况，现已少见，并且一经发现就受到追究。上半年，各地检察院还会同有关方面继续抓紧了对冤假错案的复查平反工作，落实了党的政策，促进了安定团结，调动了一大部分人参加现代化建设的积极性。

加强对监狱、看守所、劳动改造单位的法律监督，是实施法律的重要方面，同时也是当前整顿社会治安的关键问题之一。各级检察院协同公安机关有重点地对劳改、劳教工作进行整顿，坚决纠正松懈麻痹和违法乱纪的行为，坚持社会主义法制原则，实行革命人道主义的待遇，促进犯罪分子的改造。

由于我国封建社会经历很长时间，封建思想对人们有深刻的影响，加上林彪、“四人帮”的破坏和毒害，以致一些国家工作人员民主与法制的观念薄弱，违法乱纪的情况相当严重。加强社会主义法制，同国家工作人员中违法犯罪作为作斗争，就成为检察机关的一项重要任务。按照《刑事诉讼法》第十三条规定的案件管辖范围，检察机关直接受理刑法分则中规定的贪污、渎职、侵犯公民民主权利等各种刑事案件。今年以来，各级检察院相继开展了这方面的工作。据 24 个省、市、自治区检察机关的统计，共受理违法案件 1 万多起，已办结 7000 多起。其中属于非法拘捕、刑讯逼供、诬告陷害等政治方面的犯罪案件有 3000 多起；属于贪污、行贿受贿、重大责任事故、盗伐森林等经济方面的犯罪案件有 4000 多起。这项工作，任务艰巨繁重。办理这方面的案件，涉及国家干部，往往阻力很大，各级检察院坚持法律面前人人平等的原则，积极办案，上下协同，各方配合，打破阻力，排除干扰，贯彻始终。尤其是，随着现代化建设事业的发展，同经济领域里违法犯罪行为作斗争，已越来越成为迫切的需要。在各级检察机关办理的案件中，有不少是案情重大的要案。上半年各级检察院受理的重大责任事故案件，即有 477 件。如石油部所属“渤海 2 号”钻井船翻沉案件，吉林松树镇煤矿瓦斯爆炸案件。在处理“渤海 2 号”案件中，曾遇到不小的阻力，在党和政府的正确领导下，在广大群众和舆论界的批评监督下，终于得到正确的处理。这对于整顿政纪和法纪，对于发扬民主和加强法制，都是有力的促进。在受理的经济犯罪案件中，贪污案件占 43%，比例最大。贪污万元以上的案件即有 89 件之多。通过查办经济案件，为国家挽回了一部分经济损失。河南省各级检察院，通过查处经济案件，仅今年 1—5 月即为国家挽回经济损失、收归国库 118 万多元。这项工作，对于维护经济领域中的法制，保卫现代化建设，起了一定的积极作用。

群众来信来访，是检察机关受理申诉和控告，接受人民群众对国家机关的监督的重要渠道。各级检察院普遍坚持了领导同志亲自定期接待处理来访的制度，对其中重大案件，派人携卷下去处理，实事求是地解决问题，满足群众的合理要求，防止拖延和积压。据统计，全国各级检察机关上半年共受理群众来信来访 68.4 万多件次，其中接待来访 10.3 万多人次。这些信访，由检察机关自行处理的共 4.9 万多件。通过信访工作，及时了解社会动态和人民群众反映，从中提供直接受理案件的来源和线索，揭发了坏人坏事，纠正了冤假错案。

各位代表！五届人大二次会议以后，面对大好形势，各级检察院执行法律的情况基本上是好的，工作是有成效的。但是，由于林彪、“四人帮”砸烂了公、检、法，无产阶级专政机关受到很大的破坏，工作完全恢复起来不是那么容易，尤其是各级检察院重建，仍然处在人手少、困难多、条件差的情况下。因此，我们还要进一步加强工作，认真贯彻执行全国人大常委会《关于实施刑事诉讼法规划问题的决议》，积极创造条件，克服困难，力争到今年年底以前，除极少数交通十分不便的边远地区和案情特别复杂的案件以外，全部承担起实施刑事诉讼法的任务。鉴于各少数民族聚居地区，情况特殊，同内地差异很大，法律条文不尽适用，建议根据当地的自然条件、民族特点、风俗习惯和生活状况，经过调查研究，提出执行“两法”的变通办法和意见，层报全国人大常委会审批决定。

当前面临的新形势新任务，对检察工作提出了更高的要求，必须进一步加强检察队伍的建设。全国各级检察机关现在已有8万多检察工作人员，可以初步担负起法律赋予检察机关的任务。但是，检察干部多数是新的，业务不熟悉，办案的骨干力量少，年龄偏大，需要继续选配一定数量的、能够胜任的干部充实检察工作队伍。对现有的检察干部要抓紧进行培训，加强业务学习，钻研法律，提高业务水平，尤其是要组织干部参加工作实践，使干部边干边学，在实践斗争中受到锻炼，取得经验。还要注意加强对检察干部的考察和了解，有计划地培养选拔优秀的中青年干部，充实各级领导，使检察机关领导成员年轻化、知识化、专业化，逐步建设一支坚强的检察干部队伍。

为了适应新形势和新任务的要求，各级检察院要坚持依法独立行使职权的原则，严格执法守法，同一切违法犯罪行为进行坚决的斗争。要走出去主动办案，不坐等办案，多深入实际，深入群众，注意调查研究，坚持实事求是，正确运用法律武器，准确、及时地打击敌人，惩办犯罪，保护人民。要正确认识形势，注意研究新情况，解决新问题，总结新经验，健全各项业务制度，把工作做深做细。通过学习和实践，提高我们切实实施法律和保卫现代化建设的自觉性，把检察工作向前推进一步，作出新的贡献。

以上工作报告，如有不当之处，请代表们批评指正。

全国人民代表大会常务委员会法制委员会副主任武新宇作《中华人民共和国婚姻法（修改草案）》和《中华人民共和国国籍法（草案）》的说明

《中华人民共和国婚姻法（修改草案）》和《中华人民共和国国籍法（草案）》，已经全国人大常务委员会审议，决定提请五届全国人大三次会议审议。我代表全国人大常务委员会法制委员会，对这两个法律草案说明如下：

一、关于《中华人民共和国婚姻法（修改草案）》

《中华人民共和国婚姻法（修改草案）》是由全国妇联会同最高人民法院、最高人民检察院、民政部、卫生部、计划生育领导小组、国家民族事务委员会、解放军总政治部、全国总工会和共青团中央组成的修改小组，在1950年颁布的《中华人民共和国婚姻法》的基础上，根据30年的实践经验和新的情况、新的问题修订的。在修订过程中，做了大量的调查研究，先后3次在全国范围内征求意见。经法制委员会讨论修改，提请今年4月全国人大常委会第十四次会议审议，决定印发各省、自治区、直辖市的人大常委会和中央有关部门以及全国政协征求意见。法制委员会和全国妇联又根据各地和中央有关部门以及全国政协的意见，进行了修改，并经全国人大常委会第十五次会议审议。

婚姻法是婚姻家庭关系的基本准则，关系到家家户户、男女老少的切身利益的重要法律。草案的主要内容和问题是：

第一，法定结婚年龄问题。原婚姻法规定“男20岁，女18岁，始得结婚”。草案改为，“结婚年龄，男不得早于22周岁，女不得早于20周岁”，即比原婚姻法规定男女各提高2岁。各省、自治区、直辖市和中央各部门，绝大多数表示赞成，认为这样规定兼顾了城乡的实际情况，比较适当。有些少数民族地区和经济、文化比较落后的农村感到婚龄定得高了，执行有困难。为了照顾少数民族地区的特殊情况，草案规定，民族自治地方可结合当地民族婚姻家庭的具体情况和多数群众意见，制定变通的或补充的规定。至于对农村早婚习惯的改革，需要随着农村经济、文化的发展，继续做工作，逐步在群众自愿基础上解决。另外，城市有些人认为婚龄定低了，与提倡晚婚、计划生育有矛盾。据我们了解的世界31个国家的资料，法定婚龄最高的为男21岁，女18岁，我们的规定已是最高的了。同时，法定婚龄是结婚的最低年龄，即不到这个年龄，不应结婚，而不是到了这个年龄就要结婚。我们国家一贯鼓励青年适当晚婚，认为这对国家、对家庭和个人都有好处。关于婚龄对计划生育工作的影响，关键是结婚年龄和生育年龄必须分开，必须搞好计划生育。因此，草案规定，“夫妻双方都有实行计划生育的义务”，“晚婚晚育应予鼓励”。只要把计划生育搞好，就可以达到控制人口增长的效果。否则，结婚再晚，也可以多生孩子。从一些经济发达的国家来看，法定结婚年龄比较低，如西欧一些国家的法定婚龄，女的是15岁或16岁，男的是16岁、18岁或21岁,但多年来人口基本上没有增加,甚至有下降的趋势,说明法定结婚年龄和控制人口并不是不能分开的。因此,婚姻法公布以后,必须继续抓紧进行思想教育工作,搞好计划生育,决不能松劲。并应抓紧早日制定计划生育法。

第二,离婚问题。原婚姻法规定,“男女一方坚决要求离婚的,经区人民政府和司法机关调解无效时,亦准予离婚。”现在看来还是适当的。在我们社会主义国家中,要提倡夫妻互相帮助,建立民主和睦的家庭,大力宣传共产主义道德,反对那种对婚姻关系采取轻率态度和喜新厌旧的资产阶级思想。但是,我们也不能用法律来强行维护已经破裂的婚姻关系,使当事人长期痛苦,甚至使矛盾激化,造成人命案件,对社会、对家庭、对当事人都没有好处。由于我国废除封建婚姻时间不太久,经济、文化水平还较低,有些社会舆论对提出离婚的一方往往不表同情,问题比较复杂。多年来,法院在处理离婚案件时掌握偏严,就反映了这种社会情况。根据一些地方和部门的意见,草案改为“如感情确已破裂,调解无效,应准予离婚”,增加了“如感情确已破裂”这个条件。这样规定,既坚持了婚姻自由的原则,又给了法院一定的灵活性,比较符合我国目前的实际情况。

第三,财产继承权问题。现在遗产纠纷越来越多,而且问题比较复杂,婚姻法不可能详细规定,草案只原则规定:“夫妻有相互继承遗产的权利”;“父母和子女有相互继承遗产的权利”。一些具体问题,将来可由民法或继承法加以规定。

第四,关于旁系血亲间禁止结婚问题。原婚姻法规定,“其他五代内的旁系血亲间禁止结婚的问题,从习惯”。许多地方、部门都提出,旁系血亲间结婚生的孩子,常有某些先天性缺陷,现在推行计划生育,孩子少了,更应讲究人口质量,要求在婚姻法中明确规定禁止近亲通婚。据此,草案改为“三代以内的旁系血亲”禁止结婚。即包括同一祖父母或外祖父母的“姑表”、“姨表”之间都禁止结婚。由于某些传统习惯的原因,特别在某些偏远山区,实行这一规定需要有一个过程,不宜简单从事,采取“一刀切”的办法。

第五,关于男方成为女方家庭成员的问题,也就是通常说的“入赘”问题。草案规定:“根据男女双方约定,女方可以成为男方家庭的成员,男方也可以成为女方家庭的成员”。这对于保障婚姻自由,推行计划生育,解决有女无儿户的实际困难,都有好处。条文中没有用“落户”的提法,因为这里指的是成为对方家庭成员,不是指迁移户口。如果要迁移户口,那就需要另行办理,不一定要和婚姻关系连在一起。而按约定成为对方家庭成员,就相应享有和承担了作为家庭成员的权利和义务,即使户口不在对方所在地,也一样有赡养老人的义务,享有继承遗产的权利。

第六,由于有些少数民族的风俗、习惯与汉族地区很不相同,经济、文化水平也不一样,草案规定,民族自治地方可以依据本法的原则,结合当地民族婚姻家庭的具体情况,制定某些变通的或补充的规定。

第七,婚姻法的实施,需要有一段宣传、准备的时间,建议大会审议通过公布后,于1981年1月1日起生效。

二、关于《中华人民共和国国籍法(草案)》

《中华人民共和国国籍法(草案)》是由公安部会同有关部门起草的。去年11月,法制委员会进行了讨论。今年2月,国务院提请全国人大常委会第十三次会议审议后,决定发给各省、自治区、直辖市人大常委会和人民政府广泛征求意见。根据各地意见,公安部、法制委员会又和外交部、侨办、民政部等有关部门,共同反复研究,进行了多次修改,经全国人大常委会第十五次会议审议。

国籍法既是国内法,又牵涉到国家关系和外交关系,是一个重要的法律。草案是根据我国处理国籍问题的政策和多年来的经验拟订的。主要内容和问题是:

第一,确定国籍的原则,世界各国做法不同。有的采取出生地主义,即出生在某国,即具有该国国籍;有的采取血统主义,即依据父母的国籍来确定一个人的国籍;有的是血统主义和出生地主义相结合。我国有大量华侨,情况比较复杂,完全采取血统主义或完全采取出生地主义,都有问题。草案采取血统主义和出生地主义相结合的原则,是比较切合实际的。

第二,关于双重国籍问题。我国政府一贯明确宣布,不承认双重国籍,鼓励华侨自愿加入侨居国国籍。周恩来总理曾明确宣布过:华侨在国外自愿加入或取得外国国籍的,即自动丧失中国国籍。按照这一原则,我国政府同一些国家妥善地解决了历史遗留下来的华侨的双重国籍问题。因此,草案明确规定:“中华人民共和国不承认中国公民具有双重国籍”,“定居外国的中国公民,自愿加入或取得外国国籍的,即自动丧失中国国籍”。草案又规定:“父母双方或一方为中国公民,本人出生在外国,具有中国国籍;但父母双方或一方为中国公民并定居在外国,本人出生时即具有外国国籍的,不具有中国国籍”,也是为了避免双重国籍。有些原来的侨胞总希望在取得外国国籍时,还保留中国国籍,这种愿望是可以理解的。但是,为了有利于国外华侨的长远利益,便于他们的工作和生活,也有利于友好地处理我国和有关国家之间的关系,还是采取草案的规定比较好。同时,草案对加入或恢复中国国籍也作了具体规定。如果将来有些自愿回来定居的原来的华侨或他们的子女要求恢复或取得中国国籍,也是不难解决的。

第三,草案规定“加入、退出和恢复中国国籍的申请,由中华人民共和国公安部审批。经批准的,由公安部发给证书”。这是因为,我国多年来都由公安部门主管国籍问题的处理,而且公安部门是管理户籍的,由公安部负责审批,较为方便。

第四,新中国成立以来,大量的国籍问题,都已经得到解决。草案规定“本法公布前,已经取得中国国籍的或已经丧失中国国籍的,继续有效”。这就是承认历史上已经解决的国籍问题,不需要因为国籍法的公布而重新处理。

以上两个法律草案,请大会审议是否可以通过公布实施。

全国人大常委会法制委员会副主任顾明作关于《中华人民共和国中外合资经营企业所得税法(草案)》和《中华人民共和国个人所得税法(草案)》的说明

我国中外合资经营企业法公布施行以来,外商前来洽谈合资经营的日益增多,而我国还没有相应的税法,一些外国政府、驻华使馆、外国公司企业和民间团体,经常向我探询中外合资经营企业所得税法、个人所得税法何时公布,税率多少,对投资者给哪些优惠等等。国内有关部门、企业也感到无章可循,迫切要求尽快制定、公布,以利于工作开展。

中外合资经营企业,在我国是一个新事物,我们还没有经验。本着维护国家权益,又有利于合资经营企业发展的精神,根据半年多来举办合资经营企业的实际情况,并参照国际惯例,我们起草了这两个税法(草案)。现在我受人大常委会法制委员会的委托,就这两个税法(草案)中的主要问题,作如下说明。

一、关于《中华人民共和国中外合资经营企业所得税法(草案)》

第一,征税范围。本法所规定的征税范围主要是设在中国境内的中外合资经营企业(以下简称合营企业),但考虑到合营企业的发展,今后在我国境内和境外可能设立分支机构的情况,我们采取国际税收通行的做法,对合营企业分支机构的生产、经营所得和其他所得,由总机构汇总缴纳所得税,并规定分支机构在国外缴纳的所得税可在总机构应纳所得税额内抵免,我国政府和外国政府订有避免双重征税协定的,即按协定规定办理。

第二,所得税税率。对合营企业采用比例税率,税率订为30%,另按应纳税额征收10%的地方所得税。这个税率,比发达国家低。许多发达国家的税率,都在50%左右。发展中国家的税率许多在35%至40%之间。只有一些“避税港”,情况特殊,有的低税,有的无税。我国所得税税率定为30%加上地方所得税,共为33%,也低于大多数发展中国家,是有吸引力的。

对开发石油、天然气和其他资源的合营企业,另定税率征税。这主要是考虑到中外合作开发石油等,不同于一般合资经营企业,情况比较复杂,各国税率普遍较高,有的国家还征收石油收入税或特别税。我们准备进一步研究,制定适合我国情况的税率。

关于外国投资者从合营企业分得的利润汇出国外的征税问题。为了鼓励外商将分得的利润在我国使用或转为投资,我们规定:汇出国外的,按汇出额缴纳10%的所得税;不汇出的,不征税。

第三,优惠待遇。据了解,许多发展中国家,对公司所得税大都作了一些减税、免税的规定,即对需要鼓励或发展的企业,在税收上给予优惠待遇。我国中外合资经营企业法也有原则性的减、免税规定。据此,我们参考一些国家的做法,采取了以下几条优惠措施:

(一)对新办的合营企业在一定时期内给予减免税。减免税时间的长短,各国规定不一。有的规定一年免税,两年减半征收;有的规定三年全部或部分免税;也有的规定前五年免税,后三年酌情减税。我们在税法(草案)中规定,合营期在十年以上的,从开始获利的年度起,头一年免税,第二、第三年减半征税。

(二)对农业、林业等利润较低的合营企业和在经济不发达的边远地区开办的合营企业,在税收方面给予特别优惠。一些发展中的国家大都有较长时间的减免税照顾。我们在税法(草案)中规定,对农业、林业和边远地区的合营企业,在获利的头三年减免税后,还可在十年内减征所得税15%至30%。

(三)鼓励再投资。不少国家都鼓励合营企业的外国合营者用分得的利润在国内再投资,规定给予减征税、免征税或延期纳税的优惠。我们税法(草案)中规定,合营企业的合营者,将从企业分得的利润在中国境内再投资,期限不少于五年的,可以退还再投资部分已纳所得税款的40%。对于再投资,有较大鼓励作用。

(四)在确定合营企业纳税所得额的计算方法上,还有两项优惠的规定。一是对固定资产除按一般规定年限折旧以外,对某些由于特殊原因需要快速折旧的固定资产,可以另行确定折旧年限(这项措施,准备在税法的施行细则中加以明确)。二是合营企业发生年度亏损,可用下一年度的所得弥补;下一年度弥补不完的,可自下年度起在不超过五年的期限内弥补。这两项规定也是许多国家通行的做法。

另外,对于合营企业的征收管理,如开业和停业登记,申报纳税,税务检查,违章处理等等,也根据惯例在税法(草案)中作了规定,不再一一说明。

二、关于《中华人民共和国个人所得税法(草案)》

个人所得税,是世界各国普遍开征的一种税收,它是国家预算收入的一个项目。我国因为实行低工资制度,居民的收入不高,以往没有开征个人所得税。但随着经济的发展,收入高的居民将会逐渐增多,他们应当对国家多作些贡献。特别是由于对外经济往来的开展,在我国取得收入的外籍人员日益增加,我国华侨是遵照所在国的规定缴纳个人所得税的;同时,在国外从事经济活动和其他劳务的人员也将越来越多,他们都要按所在国规定缴纳个人所得税。为了维护我们国家的经济利益,本着平等互利的原则,并根据国内实际情况,参照国外的习惯做法,草拟了《中华人民共和国个人所得税法(草案)》。

第一,征收范围。目前各国的个人所得税,大都对居民和非居民实行不同的征税范围。居民和非居民的划分,一般是根据居住时间的长短来确定。例如:有的国家规定居住不满半年的为非居民,居住半年以上的为居民。有的规定居住不满 1 年的为非居民,居住 1 年以上的为居民。对于非居民,只就国内的所得征税;对于居民,不论是本国人或外国人,对其在国内和国外的所得都要征税。我们参照多数国家的做法,结合我国的情况,在这个法律草案中规定:在我国境内居住满 1 年的,其国内国外的所得都征税;不在我国居住或居住不满 1 年的,只就从中国境内取得的所得征税。这样规定,有利于维护我国经济利益,行使税收管辖权,也符合国际惯例,便于同外国按照对等原则订立税收协定。

第二,征、免税项目。国外对征收个人所得税的项目规定不一。多数国家采取综合所得税的办法,一般包括:工资、薪金所得,津贴、奖金所得,退职所得,营业所得,利息、股息、红利所得,资产交易所得,特许权使用费所得,财产租赁所得,劳务报酬所得,其他所得,等等。根据我国个人所得项目不多,征税面比较窄的情况,税法(草案)列举征税的所得项目有以下五项:(1)工资、薪金所得;(2)劳务报酬所得;(3)特许权使用费所得;(4)利息、股息、红利所得;(5)财产租赁所得。另外,考虑到我国对外经济往来正在发展,今后还可能出现需要征税的新项目,增列了"经中华人民共和国财政部确定征税的其他所得"一项。有了这一条对其他所得征税的规定,在出现需要征税的新项目,而又没有单独立法以前,就可暂按个人所得税法征税。

为了在税法上体现国家对某些所得给予免税照顾的政策,参照国际税收上的惯例,税法草案明确列举了 8 个免税项目。其中第二项在中国的国家银行、信用社储蓄存款的利息免纳个人所得税的规定,是配合我国鼓励城乡居民储蓄存款,包括外币存款的政策。利息所得,按照国际税收上的通行做法,是应该征税的。第九项"经财政部批准免税的所得"是概括的规定,以便遇有需要特殊照顾的情况时,可以酌情处理。

第三,所得税税率。我国个人所得税采取分别计算征收的方法,规定了两种税率。一种是对工资、薪金所得按月征收,适用超额累进税率,共分 7 级,最低税率为 5%,最高税率为 45%。这个税率是较低的。不少国家个人所得税的最高税率都在 50%—75% 之间。外国来华的经济专家在我国缴纳所得税,按现在制定的税率测算,实际负担将低于其在本国的负担。

另一种是对劳务报酬所得,特许权使用费所得,利息、股息、红利所得,财产租赁所得,以及其他所得,按次征收,适用比例税率,税率为 20%。目前外国对居民一般都是把这些所得项目同工资、薪金所得加在一起,汇总计征所得税,并且适用较高的累进税率;而对非居民的外国人取得的这几项所得,一般是按 20%—30% 的比例税率征收。我国规定一律适用 20% 的比例税率,是从低的。

第四,所得的计算。各国计算所得,一般都要从收入中减除一些必要的费用。例如:对工资、薪金所得,多数国家允许减除保险费、捐赠等费用,并根据人口、已婚未婚、年龄大小等计算生计费,从所得收入中扣除;对劳务报酬所得、特许权使用费所得、财产租赁所得,一般是从收入中减除各种费用后计算。为了简便易行,我们采取了定额、定率减除办法。

对工资、薪金,这个法律草案规定每月定额减除 800 元,作为本人及其赡养家属生活费及其他必要费用,只就超过 800 元的部分征税,全年 12 个月共减除 9600 元。这比外国一般减除标准是从宽的。经过这样减除,需要纳税的只是少数人员,面是很小的。

对劳务报酬、特许权使用费、财产租赁等所得的计算,我们考虑到,这些项目在一般情况下,收入多的,所花费用也多,如果固定一个定额减除,不能适应收入悬殊的实际情况,使负担不够合理。我们参照有的国家的做法,采取了定率减除 20% 的必要费用,就其余额征税。考虑到多数个人的劳务报酬和财产租赁所得,数额很少,完全按定率减除会使征税面过宽,又规定了每次收入在 4000 元以下的,先定额减除必要费用 800 元,再就其余额征税。这样,不仅缩小了征税面,也照顾了那些所得较少而费用支出较多的纳税人。

对利息、股息、红利所得、其他所得,一般的做法是不扣除费用,我们的税法(草案)中也规定按收入全额征税。

第五,征收管理。个人所得税的征收,我们基本上采取控制源泉的征税办法。即:凡是有支付单位的,以支付单位为扣缴义务人,由支付单位在付给纳税人款项时代扣代缴税款；没有支付单位的，由纳税义务人自行申报缴纳税款。在中国境外有所得的纳税义务人，于年终一次报缴税款。

扣缴义务人和自行申报纳税人，除按期缴税外，并应向税务机关报送纳税申报表。对扣缴义务人可按照所扣缴的税款付给1%的手续费，以资鼓励。

这个法律草案还规定了税务机关对纳税情况有权进行检查，并规定了对匿报所得额、偷税、抗税等违法行为，可根据情节轻重，予以经济制裁，以至追究法律责任。

各位代表，以上是我对两个法律草案的说明。这两个法律草案，请全国人民代表大会审议。

天津市中级人民法院经济审判庭公开审判“渤海2号”钻井船翻沉事故案件

国务院批转国家经委《关于扩大企业自主权试点工作情况和今后意见的报告》

党的十一届三中全会以后，国务院于1979年7月13日下达了《关于扩大国营业企业经营管理自主权的若干规定》等5个改革管理体制的文件，即国发〔1979〕175号文件。国家经委、财政部等6个部门先在京、津、沪选择首钢等8个企业进行了试点。接着又在成都召开的全国工交工作会议上，介绍了四川100个企业试点的经验，扩大企业自主权的试点工作在全国逐步展开。一年来，在各省、市、自治区党委的领导下，试点工作进展很快，形势很好。

一、扩大企业自主权的基本情况

从1979年到今年6月底，据29个省、市、自治区和一些工交部(不包括军工)统计，试点企业总计为6600多个，这些试点企业约占全国预算内工业企业数的16%左右，产值占60%左右，利润占70%左右。其中上海、天津试点企业利润已达到80%以上，北京已达到94%。

一年来的实践说明，扩大企业自主权试点的方向是正确的，效果是显著的，对于调动企业和广大职工的积极性，搞好整顿，改善管理，发展生产，增加盈利，起了重要的推动作用。据各地上报的数字统计，1979年的试点企业完成工业总产值比1978年增长11.6%，实现利润比1978年增长15.9%，上缴利润比1978年增长12.6%。一般试点企业的产量、产值、上缴利润增长幅度都超过试点前的水平，也高于非试点企业的水平。在增产增收的基础上，总的来看都实现了“三多”(即国家多收，企业多留，职工多得)。去年4200多个试点企业总的利润留成额为21.3亿元，占全部实现利润的8.5%。按财政口径，即扣除试点前也应得的职工福利和奖励基金两项，企业所得为14.04亿元，占增长利润的40.8%。今年上半年，工业生产形势很好，试点企业的产值、利润继续大幅度增长。有些省、市试点企业利润增长幅度高于产值增长幅度。

随着试点工作深入发展，在利润留成的办法上，也创造了多种形式，绝大多数试点企业按国务院〔1980〕23号文件规定，实行基数利润留成加增长利润留成的办法，同时也有些地区和部门从实际情况出发，经过批准另订了一些试点办法。试点企业除了实行利润留成以外，在生产计划、产品销售、新产品试销、奖金分配、资金使用、机构设置和中层干部任免等方面，也不同程度地有了一些权利。扩大企业经营管理的自主权虽然只是初步的，但已经显示了党的政策成力，给企业带来了许多具有重要意义的变化。主要表现在：

第一，企业有了一定的经营管理自主权和独立的经济利益，开始成为一个具有内在动力的经济单位。扩大企业自主权，更好地把国家、企业、职工三者利益统一起来，把企业的经济责任、经济效果和经济利益结合起来，调动了企业的积极性。从领导干部到广大职工增强了责任感，提高了按经济规律办事的自觉性，促进了企业整顿和经营管理的改善。不少试点企业推行了全面质量管理和全面经济核算，使企业的经营管理水平有了显著的提高，促进了生产的发展。

第二，企业开始重视发挥市场调节作用，普遍增强了经营观念、市场观念、服务观念和竞争观念。广大干部和职工动脑筋想办法，广开生产门路，扩大财源，努力改变经营作风，进行市场调节。

第三，企业有了一定的发展生产的资金，可以用于挖、革、改，做到花钱少，收效快。如北京首钢、内燃机总厂、清河毛纺厂3个试点企业，去年利润留成总额中有31.5%，共808万元，用于发展生产，他们把这笔钱同折旧费等合并使用，共有6900多万元，安排了126项重点措施，加快了企业改造。

第四，企业领导干部、管理人员和技术人员为四化建设发挥聪明才智，有了更宽广的用武之地。一批有经营管理才干的企业领导干部正在涌现，并得到锻炼。

第五，推动了企业的民主管理。许多试点企业建立和健全了职工代表大会制度，并开始行使了讨论企业规划、决定资金使用、选举基层干部等民主管理的权利。

第六，企业在发展生产的基础上，逐步地改善了职工生活。许多试点企业在职工宿舍、食堂、澡堂、幼儿园等集体福利设施方面，都有所改善。试点企业，去年一般都本着按劳分配原则，发了相当两个月左右标准工资的奖金。这些看得见、摸得着的职工福利和实际利益，调动了广大职工的积极性。

二、当前扩大企业自主权试点中存在的主要问题

(一)国务院《关于扩大国营工业企业经营管理自主权的若干规定》还没有全面落实。

一年来的试点,主要是试行了利润留成办法,其他方面的规定,总的说来还很不落实。根本原因是由于现行经济管理体制和上层建筑的某些环节还不能适应企业扩权的要求。试点企业反映比较突出的有以下几个问题:

第一,企业的产量、产值、利润、劳动、物资等计划指标仍然是分头下达,互不衔接,使企业领导干部要耗费大量时间和精力奔波于众多"婆婆"之间,求平衡,争发展。

第二,由于思想认识不统一,和受现行体制、制度上的限制,开展市场调节仍然有不少阻力。

第三,企业参与外贸和外汇分成的规定至今没有兑现。关于"四联合、两公开"(即联合办公、安排生产、对外洽谈及派小组出国考察,外贸出口商品价对工业部门公开,工业生产成本对外贸部门公开)、外汇分成、出口产品作价等有关规定都未落实。

第四,企业还没有支配利润留成资金的充分权利。不少企业反映,"自筹自筹,有了钱发愁"。搞挖、革、改的审批手续繁琐,所需物资设备不易解决。特别是建职工宿舍和必要的房屋更难。

第五,企业用人的权利也不落实。关于任免中层干部和招工择优录取的规定,企业很难执行。不少企业反映,企业不仅不能按需要招工,相反还要接受当地硬性摊派的大量待业人员。

(二)现行的《利润留成试行办法》还不够完善。

一是普遍反映利润留成比例偏低,生产发展基金太少。现行办法规定的生产发展基金,实际上就是新产品试制费一项,新产品试制费又只按利润总额2%左右核定的,而且规定油田、电站、矿山、森林等企业还不提取这项费用。二是规定计算增长利润采取"环比"办法,当年的增长额到第二年就变成了新的基数,基数年年加大,增长越来越难。这对于原来经管管理较好、盈利水平较高的企业是不利的,形成"鞭打快牛","先进吃亏"。三是目前有些企业任务不足,产品结构发生变化,执行这个办法有一定困难。四是这个办法对当前存在的一批微利或亏损的企业基本上不适用,特别是矿山企业。

(三)物价不合理,是扩大企业自主权的一大障碍。

由于价格不合理,再加上税率等因素,造成企业之间利润悬殊。上海十一棉纺织厂和二十八棉纺织厂,两厂生产规模、职工人数基本相同,十一厂生产纯棉纺织品,每百米利润9元,二十八厂生产涤棉混纺织品,每百米利润56.6元,二者相差5倍多。这种情况在不同行业之间差别更大,如石油、化工行业的企业和煤炭、冶金的矿山企业利润悬殊,造成了企业之间的"苦乐不均"。

(四)企业的社会负担很重。

现在,企业社会负担很重,成本加大,利润减少,直接关系到企业的实际利益。实行利润留成后,矛盾更加突出了。特别是有的部门和单位,以各种名目向企业伸手,进一步加重了企业负担。北京市最近调查,企业负担有十几种之多,其中不少是很不合理的。这是造成有些企业增产不能增收的一个重要原因。

(五)矿山企业的扩权试点办法还没有很好解决。

矿山企业和其他工交企业相比,有不同的特点:地质、资源等条件变化大,不稳定的客观因素多开拓延伸、提升、运输、排水、通风、管线等费用逐年提高,加大成本。老矿山的资源和生产能力逐年递减,采掘失调严重,新井接续不上;过去开采一般是先富后贫,原矿品位逐年下降,矿产品价格太低。因此矿山企业亏损的较多,即使有盈利的企业,利润也是下降的趋势。所以普遍认为《利润留成试行办法》对矿山不大适合,靠有限的利润留成资金,无法实现"以矿养矿"的要求。

三、对进一步搞好扩大企业自主权试点的意见

要加强对扩大企业自主权试点工作的领导,深入调查研究,认真总结经验,扩大试点内容,及时解决前进中的问题。在此基础上,明年要把扩大企业自主权的工作,在国营工业企业中全面推开,使企业在人财物、产供销等方面,拥有更大的自主权,推动经济管理体制的进一步改革。具体意见如下:

(一)要改进现行的利润留成办法。

要把利润留成的办法搞得比较完善合理,最根本的是要对价格、税制进行合理的调整和改革。但在价格、税制没有全面调整以前,要从实际情况出发,采取不同的形式把利润留成的办法搞得相对合理一些,不搞"一刀切"。国务院〔1980〕23号文件下达的利润留成办法,基本符合多数企业的情况,因此仍要继续贯彻执行这个办法。少数企业,由于情况特殊,经过批准,可因地制宜采取一些变通办法:(1)为了解决"鞭打快牛"的问题,对少数经营管理好、盈利水平高、增长难度大、主要经济技术指标超过历史最好水平的企业,可采取利润留成基数一定几年不变,即"定比"的办法,也可以根据实际情况采取其他办法。(2)确因客观原因,生产任务不足、产品结构变化,造成利润大幅度下降的,可实行超计划利润分成办法,按下达的计划进行考核,超计划利润视同增长利润。(3)对微利和亏损企业,可采取利润包干或减亏分成的办法。(4)对矿山企业可本着"以矿养矿"的原则,采取全额利润留成的办法。根据矿山企业的开采程度和盈利水平,确定不同

的留成比例，把利润大部分甚至全部留给企业，使矿山企业有一个稳定的资金来源，能够维持简单再生产和有计划地进行部分扩大再生产。(5)有条件的可按企业性公司进行扩权试点。主管部、局要适当放一部分权利给公司，公司必须注意以扩大基层企业的自主权为基础。在公司内可实行内部结算价格，适当解决企业之间“苦乐不均”的问题。

(二)积极进行企业独立核算、国家征税、自负盈亏的试点。

这是从利润留成向前发展的必然趋势。目前只有个别省市在这方面进行了试点，四川的办法是企业向国家缴纳三种税，即工商税、固定资产税和所得税；上海的办法是企业向国家缴纳“五税、两费”，即工商税、收入调节税、房地产税、车船牌照税、所得税和固定资产、流动资金占用费，财政部税务总局在柳州试行的办法是，企业向国家级纳增值税、资源税、级差收入调节税、所得悦和固定资产、流动资金占用费。企业在上缴各种税款和归还贷款以后，所得收入可以自行支配，自负盈亏。各省、市、自治区，在今年内都要选择一、两个企业进行这方面的试点，做好准备，以便明年在一批企业中进行试点。试点的单位都要经过国家经委、财政部批准方能进行。

(三)试点企业在计划上要有一定的自主权。

试点企业有权根据国家下达的指令性计划、参考性计划和市场需要，以及本企业的生产能力编制自己的生产计划，经过自下而上、上下结合的绘合平衡后，按隶属关系由一个主管部门统一下达，并保证相应的物质条件。在企业制订计划之前，国家计划部门、各级主管部门有责任向企业提供指导性的方针原则和市场供需预测，以及年度控制数字。在执行计划过程中，发现计划与实际情况不相符合，企业有权进行调整，并报主管部门备案或批准。除国家计划外，企业可以根据市场需要和自己的嫩料、动力、原材料等条件，制订补充计划，广开生产门路，努力增产增收。

(四)要进一步扩大试点企业产品销售权。

企业在保证完成国家下达的计划任务和供货合同的前提下，有权销售超产的产品和自己组织原材料生产的产品，以及试制的新产品。其中属于国家短缺的统购统销或统配产品，首先由国家收购，也应允许企业按一定的比例自销一部分。棉纺织品的销售，要严格按国务院〔1980〕170号文件规定执行。企业有权本着择优、竞争、联合的原则。打破地区和行业的限制，销售自销产品和择优购买生产所需的材料设备。

(五)试点企业在物价方面也要有一定的自主权。

试点企业有权根据国家的价格政策，对一些利润过高和供过于求的产品，以及超储积压物资，实行浮动价格，向下浮动。国家物价部门应当确定一批产品价格的浮动幅度．以便企业有所依据。为了保持市场物价的基本稳定，消费品的价格，一般不动。

企业自销的产品，国家有统一价格的要按照统一价格销售，没有统一价格的，可以按照优质优价、薄利多销、有利竞争的原则实行浮动价格。新产品的试销价格，由企业参照同类产品的市场价格自定。

对某些出厂价格突出不合理，造成工商利润悬殊的产品，国家物价部门可按照“工大于商”的原则，适当进行调整。

(六)要进一步落实企业出口产品和外汇分成的权利。

工贸双方要认真贯彻“四联合、两公开”的原则，密切协作，统一对外。

试点企业可以申请出口自己的产品，有权参与外贸部门同外商的谈判并附签合同，有条件的试点企业，经过国家有关部门批准，也可以直接经营出口业务，在财务上自负盈亏，可以委托有关外贸公司办理出口业务，当地外贸部门不收购的出！产品，企业可以按照国家统一的外贸价格政策到其他口岸洽商出口事宜。

工贸利润分配要合理。有些出口产品，国内出厂价格偏低，出口越多企业盈利越少，甚至发生亏损，严重影响企业生产出口产品的积极性。对这部分产品，有关部门应该按照生产企业有适当利润的原则，给予价外补贴或者适当提高出厂价格。

有出口任务的试点企业，有权按国家规定取得外汇分成。用外汇贷款所上项目，能够用国内材料、设备把所需进口的材料、设备顶替下来的，提供材料、设备的企业有权取得应得的外汇。

企业有权根据国家有关外汇管理的政策条令，使用自己的外汇。批准权限要适当下放，手续要力求简化。

(七)企业对留成资金的使用，要有充分自主权。

这部分资金，企业有权根据国家政策法令自行安排使用，有关部门不得平调和过多干预。企业主管部门和银行要加强指导和监督，引导企业把这部分资金用好，避免乱花滥用、盲目生产。企业可以把这部分资金同折旧基金、大修理基金等结合一起使用，搞挖、革、改，节约能源，降低消耗，扩大生产能力，搞“三废”治理和综合利用。为消除污染，治理“三废”、开展综合利用所产产品实现的利润，按照国家规定，五年内不上缴，留给企业继续用于这方面的开支。企业暂时不用的留成资金，可以存入银行，由银行付息。企业也可以把这部分资金按自愿互利的原则和协商的办法，由主管部门组织起来有偿调剂使用，或者采取合营、联营、“国内补偿贸易”等经济联合的形式，使这些资金充分发挥作用。

(八)实行固定资产和流动资金有偿占用。

实行固定资产和流动资金有偿占用,要按照财政部的具体办法执行。

企业缴纳固定资产和流动资金占用费,影响利润下降,可相应调整基数利润留成比例。

企业封存的设备不缴占用费,也不提折旧费。企业对多余、闲置的固定资产,有权出租或有偿转让,所得的收入,用于设备的更新、改造。

由于多年来固定资产折旧率偏低,许多企业厂房、设备陈旧,欠账太多,影响了生产的发展。因此,要坚持在生产发展、降低成本的基础上,逐步提高固定资产折旧率的方针。

(九)试点企业有权决定自己的机构设置和人员配备。

企业可以根据生产需要和精简、效能的原则,有权决定自己的机构设置和各类人员配备,任免中层和中层以下的干部,有权根据国家下达的劳动计划指标,将招工改为招生。企业与学徒工要订立培训合同,学徒期间,可以发一些生活费,学业期满,经考试合格才能成为企业的工人,不合格的可以延长学习期限以至淘汰。企业要严格定员定额,对多余的职工,要组织学习培训。企业今后有权拒绝本单位并不需要而硬塞给的待业人员,有权对成绩优异、贡献突出的职工给予奖励,有权对严重违反劳动纪律,屡教不改的职工,根据情节轻重,给予处分,直至辞退。

(十)要减轻企业的额外负担。

除国家和省、市、自治区人民政府明文规定者外,企业有权拒绝任何单位和个人向企业摊派各种不合理费用,平调和索取各种产品、物资、设备和人员。今后要研究采取企业向当地政府缴纳地方税办法,加强城市建设,逐步减轻企业的负担。

(十一)要认真搞好民主管理。

试点企业要把职工代表大会制度建立健全起来,职工代表大会是企业实行政治民主,经济民主和生产民主的基本形式,是广大职工参加管理企业、监督各级干部的权力机构。

厂长要定期向职工代表大会作工作报告,接受职工代表大会的检查和监督。企业的重大问题,如重要规章制度的制定和修改,企业的长远发展规划、年度计划、生产技术改造规划,要经过职工代表大会讨论和审议,有关职工切身利益的问题,如职工福利基金和奖励基金的分配使用,调整工资的方案等,都必须经过职工代表大会讨论作出决定。

职工代表大会,有权监督企业各级干部贯彻执行党的路线、方针和政策,支持各级领导干部的工作,有权对领导干部提出表扬奖励和处分罢免的建议,提请上级领导机关审定。

企业车间、班组的主要领导干部要实行民主选举,有条件的试点企业,厂级领导干部也可以通过民主选举产生,报上级主管部门批准任命。

(十二)要改进各级领导机关的工作,推动扩权工作的深入发展。

扩大企业自主权是改革经济管理体制的基础。现在试点企业已具有相当规模,抓得好坏对整个经济体制的改革和发展生产关系极大。试点工作涉及面广,政策性强,又有不少新课题需要在实践中摸索解决。为了保证试点工作顺利进行,希望各级领导机关,特别是各级计委、经委和物资、商业、外贸、物价、财政、银行、劳动等部门要加强领导,大力协同,密切配合,把扩大企业自主权的工作当作自己的责任,改进工作,转变作风,把工作逐步地转到"服务、协调、统筹、监督"方面来,深入试点企业,研究新情况,解决新问题,总结新经验,积极主动地改革本部门不能适应扩权要求的某些规章制度,保证试点工作健康发展,推动经济管理体制的进一步改革。

以上报告如无不妥,请批转各地区、各部门研究贯彻执行。

《人民日报》发表经济学家薛暮桥的文章《为什么生产形势很好 财政会有赤字》并配发编者按

编者按:不少读者从报上看到姚依林同志和王丙乾同志在五届人大第三次会议上所作的两个重要报告以后,对去年经济形势比较好,为什么财政上会有这样大的赤字;今明两年经济形势愈来愈好,为什么财政上还有赤字,感到迷惑不解。对于这个问题,经济学家薛暮桥同志发表意见如下:

许多同志在看到姚依林同志和王丙乾同志的报告以后,感到自从第五届全国人民代表大会第二次会议提出"调整、改革、整顿、提高"八字方针以来,我国的国民经济是"多云转晴",现在的经济形势是一片光明。但看到财政上有这样大的赤字,似乎在万里晴空中仍有一片乌云。这片乌云究竟从何而来,会不会引起一场阴雨,感到有些担心。确实,这是30年来没有遇到过的新情况、新问题,我对这个问题也是想了又想,现在把我的看法讲一讲,供大家作参考。

为了搞清楚这个问题,我想首先有必要讲讲去今两年的经济形势如何估计比较恰当,能否说是一片光明的问题。

我的看法,前途的确是一片光明,对这一点我们是充满信心的;但去今两年,还说不上是"一片光明",而只是"阴转多云"。我们已经从"文化大革命"十年浩劫所造成的“崩溃的边缘”转过来了，而且开始纠正长时期来急于求成，盲目追求生产增长速度，不计经济效果的错误。但十年浩劫所造成的损失如此严重，困难问题堆积如山。这几年我们还处在开始清偿十年甚至20年来欠下来的各种老账的阶段，这笔账两三年内是还不清的，只能分期归还。现在我们国家和人民生活的困难还是很多，应当如实地把光明和困难、成绩和缺点这两方面的情况告诉全国人民。

但是另一方面，我们的经济形势一年比一年好，这也是事实。那么，怎样看待经济形势是一年比一年好呢？这也要有个科学的分析。比如，有些同志看到，我们工业生产的增长速度，1977年是14.3%，1978年是13.5%，去年一讲调整，就下降到8.5%，今年和明年的计划又下降到6%(今年的计划可以超额完成)，似乎一年不如一年。这种看法是不科学的。应当指出，1977年、1978年两年的增长速度属于恢复性质，而且里面有水分。多年来盲目追求生产增长速度、不计经济效果的缺点，在这两年基本上还没有转变过来。由于盲目追求工业生产的增长速度，不但基本建设战线愈拉愈长，许多建设项目多年不能建成投产，大大降低了建设的经济效果；而且为着完成生产任务，往往不讲产品质量，不讲生产成本，甚至不问产品是否适合国家建设和人民生活的需要。1978年流动资金增加了300亿元，其中有相当大一部分是库存积压物资。生产计划是超额完成了，利润也上交了，但东西积压在仓库里面，没有办法利用。这样，上交的利润中也就有一部分只是账面上的东西，是从银行贷款转为财政收入的。1979年开始清理积压物资，产品质量和生产成本稍好了一点。虽然速度下降一点，但水分减少了，生产的经济效果提高了。尽管如此，去年的情况仍然不能令人满意，因为我们一面处理了一批老的仓库积压物资，一面却又增加了新的积压。今年一定要下决心改变过来，凡是市场和用户不需要的物资，就坚决停止生产，宁可增长速度再降低一点。这样降低生产增长速度，不但能够提高现有企业生产的经济效果，而且有利于压缩过长的基本建设战线，提高建设的经济效果。从速度来看，似乎一年比一年低，从经济效果来看，却一年比一年好，比例关系严重失调的局面也一年比一年好转了。只要继续提高经济效果，在国民经济的调整工作完成以后，速度是会逐步提高的。

现在再讲讲大家提出的问题，即为什么调整开始收到一点效果，财政上却出现这样大的赤字。这个问题很复杂，需要从几个方面进行分析。

首先，就出现巨大财政赤字的直接的原因来说，我认为主要是一方面我们需要把基本建设投资总额大大压缩下来，但由于种种困难，实际上这两年收效不大；另一方面我们又必须拿出相当多的财力和物力，在人民生活方面开始偿还二十多年积累下来的欠账。这样一来，执行的结果就难免超出我们的预计，出现了巨大的财政赤字。

我们可以回顾一下近几年走过的道路。我认为，党中央下决心执行“调整、改革、整顿、提高”八字方针，并以调整为关键，这是完全正确的。但是，现在看来，这八字方针如果能早一年提出来，效果就会更好得多。1978年时，我们对多年来盲目提高生产增长速度、扩大基本建设规模的错误还没有认清，没有及时纠正，相反，由于工农业生产形势比较好，我们头脑又有些发热，于是又把预算内的基本建设拨款增加了50%，使本已过高的积累率又进一步上升到36.5%，接近三年“大跃进”的平均数字(39%)，结果，使多年来潜伏着的国民经济比例失调一下子暴露出来了。这一次工作上的失误纠正得比较快，1979年上半年就决定把国家预算内的基本建设投资压缩20%。但由于许多新建项目已经上马，开工订货，所以下马项目的投资实际上大部分已经收不回来。今年为着平衡财政收支，决定进一步压缩基本建设规模，又有一批新建项目要下马，国家预算内的基本建设投资比去年又减少30%。我们下的决心是很大的。但是许多下马项目上马已经一年多，投资更难全部收回。再加上我们对各级地方政府和企业的投资没有严格控制，它们这两年增加的投资比中央削减的投资还多。所以基本建设投资总额，去年还是略高于前年，今年仍然有可能超过去年。这种状况不仅是出现财政赤字的一个极其重要的原因，而且也很不利于把国民经济比例失调的局面从根本上调整过来。因此，这种状况必须尽快改变。这就需要全国上下一齐下更大的决心，共同努力把基本建设投资总额真正压缩下来，争取在今后一二年内把这种局势彻底转变过来。

另一方面，中央下决心改善人民生活，特别是农民的生活，开始逐步清偿20年的欠账。这是完全必要的，而且总的看来，不论从经济上还是从政治上看，效果都是好的。对农民，除纠正“四人帮”的极左路线，给生产队以充分的自主权外，去年把农产品的收购价格提高22%，绝大部分地区农民的生活有了显著的改善。对职工，在1977年提级40%以后，去年又提级40%(这次提级由于评选困难到今年才实行，有些单位至今仍未实行)，并发了不少奖金。中央原来预计这两项合计将增加财政开支100亿元，执行结果超过原定计划40多亿元。同时，由于去年的职工升级是从11月才开始，有些农产品去年没有提价或者提得不够，今年必须补提一点，所以这两项开支今年比去年更大。这是非还不可的老账，现在只不过才还了一小部分，今后在财政许可的条件下,还要继续还。对于中央在困难情况下所采取的这些措施,人民大多数是高兴的。但还有少数人,例如没有余粮出售甚至要吃返销粮的穷苦农村,没有升级和没有得到奖金的低工资职工,他们的生活还有困难。面对这种情况,我们一方面要关心他们的困难,在可能的条件下予以照顾;另一方面,我们又要毫无保留地向人民说明国家的困难,动员大家咬紧牙关,同心协力在比较短的时间内顺利完成国民经济的调整工作。只要及时总结调整工作中的经验教训,更好地贯彻执行三中全会以来中央所决定的调整方针,我们的前途是愈来愈光明的。

其次,出现这样大的财政赤字,是同我国现行的经济管理体制特别是财政金融管理体制分不开的。可以说,巨大的赤字暴露了我国体制方面的根本缺陷。

为了说清这一点,有必要先提出一个新的问题,就是过去我们常说财政是经济的集中反映,为什么经济形势开始好转以后,财政上会出现前所未有的巨大赤字呢?原因首先是我们现在的财政体制下,国家财政往往不能直接地全面地反映经济情况。三年"大跃进"时期生产了许多不具有或者很少具有使用价值的产品,生产增长速度很快,财政收入也不小,但产品压在仓库里面,很多是没有用的废物。1958年,是浪费最大的一年,财政上却有33.8亿元结余,1959年又有25.4亿元结余,到1960年才开始出现19.2亿元赤字。当时经济上的巨大困难,在金融上表现出来了,因为积压物资占用了大量的银行贷款。1960年货币流通量比1957年增加了82%,1961年比1957年增加了1.4倍。由于通货膨胀,人民提取银行存款排队抢购。这一次同三年困难时期不同的是,去年财政赤字多至170.6亿元,但货币发行量的增加远远小于此数。原因是城乡人民的储蓄存款不仅没有减少,反而增加了将近100亿元,此外,国营企业的存款增加了几十亿元,地方财政的预算外存款、基本建设单位和机关部队的存款也增加不少。由于市场供应(特别是食品供应)比过去几年充足,除某些高档和耐用商品外,没有排队争购,储蓄大大增加,许多职工甚至富裕地区的农民希望存了钱来购买电视机等高档耐用商品。今年上半年继续是这样的情况,货币还略有回笼。今年6月底与1978年年底比较,货币发行量的增加幅度,只是略高于商品流通量幅度(包括提高物价因素)。估计今年下半年货币发行量还会增加一些。去年由于提高农产品的收购价格,国家相应提高了肉蛋等的销售价格,计划价格因此上升了5.8%,为此国家对职工给了补贴。1960年和1961年由于通货膨胀和农业歉收,集市贸易价格飞跃上升。最近两年集市贸易价格不但没有上升,而且略有下降,有些地区猪肉、鸡蛋的集市价格低于计划价格,以致今年夏天国家不能不把肉蛋降价销售。但是与此同时也要看到,由于城乡人民购买力增加较多,有些商品的市场供应仍然相当紧张,加以某些企业在扩大自主权后用不正当的手段追求利润,使某些商品的涨价和变相涨价相当严重,人民对此是不满意的,国家正在采取措施予以制止。目前管得最不好的是蔬菜。农民嫌收购价低,职工嫌销售价高,国家还大量赔钱。如何解决这个问题,我看应当好好研究管理体制,杜绝购销过程中的巨大浪费。

现在我们的价格体制十分不合理,这也是在调整中出现巨大财政赤字的原因之一。从"文化大革命"起,为怕市场搞乱,有十二年冻结物价,使各类产品的价格同价值背离很大,这给我们目前利用市场调节作用造成很大的困难。物价的不合理状态也影响到财政收支的平衡。目前粮食等好几种农产品购销价格倒挂,使财政补贴一年超过200亿元。为着稳定物价,安定人民生活,国家还不可能提高这些产品的销售价格。因此许多地区粮、油等收购愈多,财政补贴也愈多。20年前,只要农业丰收,财政收入就显著增加。现在的情况不同,农业丰收了,一方面轻工业的原料增多了,轻工业生产增长了,会使财政收入增加;另一方面又会增加财政补贴,减少收入。这种情况不能长期保持下去。在国家消灭了财政赤字,有了真正的结余以后,我们有必要配合大幅度提高工资来提高这些产品的销售价格。现在国家还无力大幅度提高工资,只能下决心把这个补贴再背下去,不能轻易提高这些产品的价格。但这个问题不解决,对财政收支的平衡会造成一定的困难,我认为有必要把这个问题也向人民说清楚。

最后,还要讲讲现在的经济管理体制,特别是财政金融管理体制。吃"大锅饭"和包下来的制度三十年来根深蒂固,很难改变。现在统收的局面开始打破了,但统支的局面尚未改变,这也是目前难于消灭财政赤字的一个原因。现在我们的基本建设投资绝大部分是由财政拨付,连定额流动资金也要由财政来供给。如果这两项资金部分地用银行贷款来解决,财政赤字就可以大大减少。过去银行贷款不准用作基本建设投资,也不用作定额流动资金。由于基本建设投资和定额流动资金都是无偿占用,企业就缺乏必要的压力和动力去想办法节减基本建设投资,压缩库存商品,结果势必造成巨大浪费,在这方面所造成的损失每年多至几十亿元。国家已下决心从明年起开始试行固定资产投资拨作银行贷款,连同定额流动资金都要付息的制度,并准许银行发放少量基本建设特别是企业挖潜、革新、改造的贷款。今年财政上还拨出几十亿元作新建企业流动资金和老企业的挖潜、革新、改造资金,以后可以考虑把它移交银行去负担。这样财政开支就可以大大减少；基本建设投资的经济效果和企业生产经营的经济效果也都可以提高了，从而又有利于增加国家财政收入。

资本主义国家财政部是不负担投资责任的。企业的建设投资自有资金往往只占半数以下，其余利用银行贷款，企业流动资金则完全利用银行贷款。企业经常要还本付息，所以必须使这些资金迅速收回，资金的周转速度很快，更不能有任何浪费。现在南斯拉夫也采取类似的制度。我国沿用苏联50年代的资金管理方法，资金周转迟缓。人家是一个钱作两个钱花，我们是两个钱当一个钱用。更加严重的是在这种供给制的管理体制下，必然出现把大量的没有用的机器设备和没人要的产品堆积在仓库里面，任它霉烂变质。如果不下决心改变这种效率非常低、浪费惊人的资金使用方法，让财政年年背着这个越来越沉重的包袱，那么财政上的赤字就很难消灭，再过两三年仍可能有赤字。所以中央现正积极研究改革经济管理体制特别是财政金融管理体制，希望在两三年内作出比较重大的改革，为消灭财政赤字创造条件。

这里有必要强调一下发挥社会主义银行的杠杆作用的重要意义。大家知道，资本主义国家银行在经济发展中起重要作用。银行不但收集社会闲散资金来进行投资，而且通过提高或者降低利率，放宽或者抽紧信贷的方法来调节投资数额，引导投资方向，国家通过银行部分地起了计划调节的作用。我国的银行由于不准发放基本建设贷款，定额流动资金不付利息，因此实际上变成了财政部门的出纳机关、代理金库，根本不起经济调节作用。在只讲计划调节、不讲市场调节的体制下，这种制度被人们视为理所当然，甚至把它当作社会主义的优越性或“客观规律”。在广泛利用市场调节作用以后，银行同物价一样，必须成为一个重要的调节杠杆。通过银行调节，不但可以大大提高资金的周转速度，而且可以减少浪费，大大提高生产和建设的经济效果。当然，这不但需要从根本上来改变我们的经济管理体制，而且需要提高千百万经济管理人员的经济知识和经营管理水平。所以这种改革需要有一定的时间。要在两三年内完成这个改革是不可能的。经济体制改革既要方向明，决心大，又要稳步前进，披荆斩棘，开辟一条新的道路。

总起来说，我们的国家正在从多年沉疴中恢复过来，中央已经找到了医治沉疴的对症良药，但病体的恢复需要一些时间。目前横在我们前面的有两大任务，也是两大难题，一个是调整，一个是改革。调整工作还只做了一半，消除后遗症还要花几年时间。改革工作刚刚开始，虽然初见成效，但这样一个经济结构的根本的改革，虽然可以吸收世界各国的经验，却没有一个现成的完全适合我国情况的经济模式可供我们采用。面对这种情况，我们决不能再沿用50年代初期照抄照搬的办法，而要自己开动脑筋，闯出一条自己的道路。中央的正确方针还需要在实践中总结经验，使它不断完善。要使中央的方针为全国人民特别是经济工作领导干部所熟悉，同心同德地坚决执行，也还不是轻而易举的事情。但有一点是可以肯定的，我国的经济形势必将越来越好，我们的前途是十分光明的。

国务院副总理姬鹏飞与马达加斯加总统拉齐拉卡在塔那那利佛举行会谈

会谈后，拉科托阿里乔纳总理和姬鹏飞出席了马中文化协定签字仪式。安皮·波尔托代理外长和宫达非副外长分别代表两国政府在文件上签了字。

《人民日报》发表评论员文章《努力提高农村计划生育工作的水平》

湖北省咸宁县大桥公社控制人口增长的经验，值得各地特别是在农村工作的同志重视。他们的经验的成功之处，在于把控制人口增长同维护群众切身利益紧密结合起来，推动了计划生育工作的顺利开展。

计划生育是一场移风易俗的社会革命。我国经历了几千年封建统治，广大农村在生育问题上的旧思想影响还很深很广，需要我们深入、细致地做工作，耐心地反复地向群众说明国家在人口问题上存在的困难，说明控制人口增长同改善人民物质、文化生活的关系，使群众自觉地实行计划生育。大道理要与解决实际问题相结合。就我国当前农村的实际情况而言，还有种种实际问题使群众对只养育一个孩子心有疑虑。比如，老有所养的问题，独生子女的保健问题，节育手术的质量问题，等等，这些都涉及群众的切身利益。因此，我们除了依靠深入细致的思想工作以外，还应该体贴群众的疾苦，区别不同情况，有步骤地采取一系列积极措施，逐步解决好一对夫妇只生一个孩子所可能产生的实际问题，使群众消除后顾之忧。咸宁县大桥公社正是这样做的。他们一方面把思想工作做到群众的心坎上，一方面采取积极措施，帮助群众解决实际问题。这就使得计划生育工作得到群众真心实意的拥护。

我们党一切政策的出发点和归宿都是为了人民的利益。计划生育工作也是如此。正是考虑到当前改善人民生活的需要，考虑到子孙后代的健康和幸福，党和人民政府才决定有计划地控制人口增长，大力提倡一对夫妇只生一个孩子。因此，控制人口的增长与关心群众的切身利益，两者是完全一致的。我们在做具体工作的时候，不能忘记为人民谋利益这个唯一宗旨。

大桥公社党委站在保护群众利益的立场来认识计划生育工作，推行计划生育工作，体现了我们党的唯一宗旨。这种坚持对党负责和对人民负责一致性的作风，应该大大发扬。

近几年来，我国的计划生育工作取得了显著的成绩。人口自然增长率由70年代初期的25.95‰降到去年的11.66‰，初步扭转了人口猛增的局面。去年以来，数百万育龄夫妇带头响应党和人民政府的号召，志愿只生育一个孩子。1979年与1970年相比，少生1000万人。计划生育工作的这些成绩，同广大计划生育工作者和医务人员任劳任怨的工作是分不开的。各级党和政府，一定要爱护他们的积极性，支持他们的工作，帮助他们及时总结经验，努力提高计划生育工作的水平。要像大桥公社那样，从关心群众利益出发，把工作做深做细做扎实，使控制人口增长的工作成为广大群众的自觉行动。现在，有些同志虽然出于好心，想使人口出生率降下来，但在工作方法上欠妥当，引起群众不满，反而增加了计划生育工作的阻力。这些情况虽然是局部的、个别的，仍有必要引起重视并加以解决。要帮助他们增强群众观点，改进工作方法，使他们自觉地把控制人口增长与关心群众利益结合起来，把对上级机关负责和对群众负责一致起来。

当前，由于进入婚期和生育期的人数增加，很可能出现一个新的生育高峰。这给控制人口增长的工作带来了困难。各地对此要有足够的重视。我们相信，只要坚持党的群众路线，实事求是，通情达理，不断改进工作作风和工作方法，就一定能够克服困难，把计划生育工作提到一个新的水平。

由世界卫生组织和卫生部联合举行的生育调节新进展学术讨论会北京召开

这次学术讨论会有澳大利亚、英国、中国、印度、日本、瑞典和美国的100多位科学家参加，在为期四天的会议上，他们回顾了生育调节各个主要方面的科研成果，交流了经验，在涉及生育调节的基础理论、临床应用、新技术、新方法等重要问题上进行了广泛的探讨，并在会上宣读了18篇学术论文。

会议介绍的世界卫生组织关于人类生殖研究、发展和培训特别规划，反映了世界上许多国家最近几年在生育调节科研方面所做的努力。为推行这个规划，已有70个国家参加了协作。

长江1954年以来最大的一次洪峰安全通过武汉

于眉逝世

国家建委副主任、党组成员于眉，因患癌症于9月2日在北京逝世，终年66岁。

于眉生于山东省蓬莱县，1929年参加共产主义青年团，1936年加入中国共产党。抗日战争爆发后，曾任山东人民抗日救国军第三军第二路政治特派员、八路军山东纵队第五支队政治部主任，为胶东蓬莱抗日武装的建立和壮大作出了贡献。1945年，他参加了中国共产党第七次全国代表大会。解放战争时期，他任华东军区兵站部政委、山东公路运输总局局长等职，很好地完成了配合部队作战、保障供给的任务。新中国成立后，于眉曾任上海市军管会航务处处长、华东航务局局长、华东交通部副部长、交通部部长助理、副部长、部党委委员等职。

9月3日

国务院总理华国锋 副总理赵紫阳 谷牧在人民大会堂会见日本外相伊东正义

五届全国人大三次会议与五届政协三次会议分别举行分组会议

会议审议全国人大常委会副委员长彭真所作的全国人大常委会工作报告，婚姻法修改草案、国籍法草案、中外合资经营企业所得税法草案、个人所得税法草案，和最高人民法院院长江华作的最高人民法院工作报告，最高人民检察院检察长黄火青作的最高人民检察院工作报告。

各个分组会还继续审议国务院副总理兼国家计委主任姚依林所作的关于1980、1981年国民经济计划安排的报告，财政部部长王丙乾作的关于1979年国家决算、1980年国家预算草案和1981年国家概算的报告。

国务院副总理方毅在北京分别会见由所长保罗·迪安博士率领的英国物理研究所代表团和参加微分几何与偏微分方程北京讨论会的中外数学家

国务院副总理万里会见由泰国内务部检察厅副检察长素钦·丁素旺率领的泰国检察官代表团

在亲切的交谈中，万里说，中泰两国是近邻，现在两国的关系很好，进一步发展两国的友谊对维护亚洲和世界的和平是十分重要的。他强调指出，在泰国目前面临着地区霸权主义挑战的时候，加强中泰友谊有着非常重要的意义。他还赞扬泰国政府反对地区霸权主义的斗争。

国务院副总理姚依林在人民大会堂会见日本通商产业省事务次官矢野俊比古一行

9月4日

国务院副总理邓小平在北京会见日本外相伊东正义一行

国务院副总理李先念在人民大会堂会见由苏丹社会主义联盟中央委员 主席事务和组织部助理书记哈里法·霍杰里率领的代表团

《人民日报》发表顾锦屏的文章《马克思和恩格斯反对突出个人》

在人民群众的斗争中必然涌现出一批领袖人物，他们站在斗争前列，组织群众，指引方向，没有他们，人民群众要取得胜利是不可能的。但是，马克思主义始终认为，推动历史前进的决定力量是人民群众，他们是历史的真正主人。这是历史唯物主义的一个基本原理。因此，无产阶级政党一定要反对不恰当地夸大个人的作用，反对神化个人、迷信个人，反对把个人置于群众之上，置于集体之上。

马克思和恩格斯创立了唯物史观，坚持人民群众是历史的创造者这个基本原理，同鄙视群众、宣扬英雄创造历史的唯心史观作了不懈斗争。早在19世纪40年代初，马克思就批判了德国封建贵族的辩护士“把个别人物神圣化”，妄图使人们“拜倒在个别特权人物的神圣形象面前”。恩格斯批判了英国唯心主义历史学家卡莱尔把世界历史归结为伟人的历史的谬论，批判了他鼓吹的“英雄崇拜”，指出群众才是实现先进思想的力量。马克思和恩格斯还一起批判了青年黑格尔派的主要代表布鲁诺·鲍威尔及其同伙蔑视群众的错误观点。这些人把自己打扮成救世主，把群众污蔑为“没有批判头脑的”、“目光短浅的”群氓。马克思和恩格斯在《神圣家族》中痛斥了他们的妄说，论证了历史的真正创造者是人民群众，指出“历史上的活动和思想都是‘群众’的思想和活动”，“历史活动是群众的事业”。

马克思和恩格斯在创建无产阶级政党的过程中，十分注意清除唯心主义英雄史观对无产阶级政党的影响，防止无产阶级政党内部出现个人迷信。1847年，马克思和恩格斯参加了把德国无产阶级的秘密团体正义者同盟改组为共产主义者同盟的工作。他们坚持把科学共产主义理论作为共产主义者同盟的指导思想，在制定同盟章程时坚持民主集中制原则，抛弃章程中那些可能造成领导人权力过分集中、助长个人迷信的规定。马克思谈到这一点时说：“恩格斯和我最初参加共产主义者秘密团体时的必要条件是：摒弃章程中一切助长迷信权威的东西。”

马克思和恩格斯厌恶突出个人，鄙视沽名钓誉。恩格斯在1859年给燕妮·马克思的一封信中谴责了德国诗人弗莱里格拉特等人利用报刊吹捧自己，并表明了共产党人对这种做法的态度。恩格斯说，这些人总是希望别人在报刊上奉承他们，不停地向读者提他们的名字，把他们写的最蹩脚的诗看成比世界上最大的事件还重要，而我们共产党人“对成名感到一种几乎是犯罪似的厌恶”。(《马克思恩格斯全集》第二十九卷，第621页)马克思和恩格斯还同德国工人运动中曾一度流行的对拉萨尔的迷信作了坚决斗争。拉萨尔在世时，千方百计地突出他个人，不择手段地树他个人的威信，甚至大言不惭地授意别人为他写歌功颂德的诗文。一次马克思读到一首颂扬拉萨尔的诗，诗中说什么拉萨尔为德国无产阶级“开辟幸福之路”，“为民喉舌”，说什么“拉萨尔的豪言壮语，已经遐迩皆闻，响彻云霄”，等等。马克思极为愤慨，为了表示对这种可耻行径的蔑视，用了这样一句德国谚语：“这种东西臭虫都嫌臭！”拉萨尔死后，他的门徒又煽起对拉萨尔的迷信。他们在《社会民主党人报》上大肆吹捧拉萨尔，把他奉为偶像，向他顶礼膜拜。马克思和恩格斯多次严厉斥责对拉萨尔的迷信，一再警告《社会民主党人报》编辑部尽快地清除报上的这种幼稚的“偶像崇拜”。他们本来答应为该刊撰稿，但鉴于该报顽固地坚持拉萨尔派的立场，继续散布对拉萨尔的迷信，对他们的忠告置若罔闻，最后声明同该报断绝往来。

马克思和恩格斯始终如一地坚持唯物史观，同任何背离人民群众是历史创造者这个基本原则的言行作不调和的斗争。不仅如此，他们自己以身作则，在自己的行动中严格遵守这个原则，真正做到了言行一致。他们是国际无产阶级和社会主义者的公认领袖，但他们从不以领袖自居，始终置身于群众之中，自觉地把自己列入无产阶级战士的行列。他们为无产阶级解放事业建立了卓著的功勋，但他们从不居功自傲。他们在人民群众中享有崇高的威望，受到普遍的崇敬和爱戴，但他们从不谋求个人的声望，不允许突出他们个人的作用，反对无原则地颂扬他们个人的功劳。这方面的事例是不少的。这里举出若干事例，我们可以从中吸取教益。

马克思讨厌对他的歌功颂德。第一国际时期，马克思作为国际的“灵魂”，为国际无产阶级呕心沥血，日夜操劳。他为团结各国工人组织，发展壮大各国工人运动，传播科学共产主义思想，战胜各种机会主义派别，作出了巨大贡献。各国工人运动活动家和各种革命组织为了表示对马克思的敬意，给他写了大量信件。但是，马克思讨厌歌功颂德，不愿突出他个人的作用,这些信件都不予公布,甚至不予作复。他自己在一封信里就是这样说的:“我们两人都把声望看得一钱不值。……由于厌恶一切个人迷信,在国际存在的时候,我从来都不让公布那许许多多来自各国的、使我厌烦的歌功颂德的东西;我甚至从来也不予答复,偶尔答复,也只是加以斥责。”(《马克思恩格斯全集》第三十四卷,第286—289页)

马克思和恩格斯反对言过其实的推崇话。1867年9月,《资本论》第一卷出版了。《资本论》是马克思毕生辛勤劳动的结晶。它的出版是政治经济学中的一次革命。《资本论》第一卷出版后,资产阶级报刊用沉默来扼杀它,无产阶级则把它看作是争取自身解放的强大思想武器,热烈地欢迎它。他的许多朋友纷纷向他祝贺。一次马克思收到他的朋友库格曼的一封信,信中赞扬马克思,并转达了柏林的一位经济学教授汉森对《资本论》的评语,说它的出现是本世纪最重大的事件,等等。马克思对库格曼信中的溢美之词感到不安,写信给恩格斯说:“无论如何我要写信给他,禁止他今后再使用他那一切过甚其词的推崇话。”(《马克思恩格斯全集》第三十二卷,第177页)还有一次,库格曼给马克思寄去了他批评德国资产阶级民主主义者雅科比的信件。库格曼批评雅科比在关于工人运动目的的演说中抄袭了马克思的思想而不提马克思的名字,只提亚里士多德、德·梅斯特尔、欧文、约翰·穆勒等人的名字。他在信中向雅科比指出:这些人和马克思相比,除了亚里士多德,都是微不足道的,而您却不提这位被公正地称之为十九世纪的智星的思想家,等等。马克思看了库格曼的信,对他称颂自己的话很不满意,给他回信说:“你和雅科比的通信我基本上同意,但过分赞扬我的活动是十分令人厌恶的。一切总归有个限度。”(《马克思恩格斯全集》第三十二卷,第638页)恩格斯也一样,在他70寿辰时,马克思的女儿爱琳娜发表了《弗里德里希·恩格斯》一文,他看了很不高兴,在给友人的信中说:“对她也要训一训,因为她在《社会民主党人月刊》上过分地颂扬我。”

马克思不同意给自己写传记。1868年7月,库格曼得悉德国的一家小资产阶级的刊物《凉亭》同意发表一篇马克思的传记。他立即写信告诉恩格斯。他和恩格斯考虑到当时斗争的需要,劝说马克思同意写一个传记,由恩格斯亲自动笔。开始马克思被说服了。后来马克思在给库格曼的信中说明了对这件事的态度。他说:“由于您和恩格斯都认为有好处,我让步了,曾同意在《凉亭》上刊登这一广告。就我的本意来说是坚决反对的。现在我恳切地请求您彻底放弃开这种玩笑!……我认为这种事弊多利少,并且有损于科学家的品德。例如,迈耶尔百科词典的出版者早就写信来要我的传记。我不仅没有给,并且连信都没有回。”(《马克思恩格斯全集》第三十二卷,第561页)

恩格斯反对为他组织公开的庆祝活动。马克思逝世后,恩格斯继承他的事业,单独挑起指导国际工人运动的重担,深受各国劳动群众的爱戴。在恩格斯生日的时候,各国社会主义者为了表达对他的崇敬心情,用不同方式庆贺他的寿辰。恩格斯反对这种祝寿活动,认为完全是不必要的热闹,他感到不能忍受。1891年11月28日,伦敦德意志工人共产主义教育协会歌咏团为庆祝恩格斯71岁寿辰准备举行音乐晚会。他清早得知这一消息后立即写信加以制止。信中说:“马克思和我都从来反对为个别人举行任何公开的庆祝活动,除非这样做能够达到某种重大的目的;我们尤其反对在我们生前为我们个人举行庆祝活动。因此,如果我对准备为我举行这种庆祝会的事稍有所闻,我就会赶快预先提出最恭顺然而最坚决的请求,要求歌手同志们放弃这个意图。遗憾的是,我直到今天才知道这件事;既然我出于不得已而只好阻止你们这个对我如此深情厚谊的意愿,我只有尽可能用如下的保证作为补救:我将以我还余下的有限岁月,和我还保有的全部精力,一如既往地完全献给我为之服务已近五十年的伟大事业——国际无产阶级的事业。”(《马克思恩格斯全集》第二十二卷,第309—310页)事后恩格斯在给李卜克内西夫人的信中谈到,他对这个庆祝会未能举行感到满意,还说他一向厌恶这类场面,对这类场面过去顺利地避开了,希望以后也是如此。

恩格斯不赞成为他举行欢迎会。1893年8、9两月,73岁高龄的恩格斯实现了他回欧洲大陆旅行的宿愿,他到了德国、瑞士和奥匈帝国。他本打算只以个人身份旅行,但在苏黎世适逢第二国际召开第三次代表大会,在大会代表的坚决请求下,他只好答应参加闭幕式,并致了闭幕词。这件事,用他自己的话说,违背了他的愿望,打乱了他只以个人身份旅行的计划。后来他所到之处都受到当地社会主义者的热烈欢迎,在维也纳和柏林不得不参加了几次盛大的欢迎会。他虽然为革命同志的热情所感动,但他并不赞成这种排场。他对友人说:“所有这些,当然他们都是出于好意,但是完全不合我的口胃;好在这一切都已过去,下一次我要求有个书面协定,保证我不必在大庭广众之前露面,只作为个人因私事出来旅行。各处对我的隆重接待当时使我吃惊,现在仍然吃惊,我甘愿把这种接待让给议会活动家和演说家,这和他们的作用更加适称,和我的活动则未必相称。”

葬礼简单朴素。1895年8月5日,为无产阶级事业战斗了一生的恩格斯与世长辞了。在他生命垂危的时候,他仍把自己的一颗还在跳动的心献给劳动群众。他忍着癌症带来的剧烈疼痛,给马克思的女儿爱琳娜和劳拉写信,谈论英国工人运动的状况。至于他个人的后事,他嘱咐葬礼从简,把骨灰撒在大海里。根据他的遗嘱,葬礼举行得简单朴素。参加追悼会的,只有他的最亲近的朋友、学生和几个亲属,约80人。遗体也遵照他的嘱咐进行火化,骨灰罐被送到恩格斯心爱的休息地方伊斯特勃恩海边,抛入离海岸两英里的波涛汹涌的大海中。

马克思和恩格斯革命一生中的这些片段,反映了他们质朴谦虚的高大形象。他们能够把自己制定的关于个人和群众在历史上的作用的理论贯彻于自己的行动,自觉地抵制无原则的歌功颂德,反对突出个人,提防个人迷信。多少年来,由于个人迷信流行,我们党和国家的民主生活遭到破坏,人民群众的历史主动性受到压抑,人们的思想出现僵化,结果使社会主义事业蒙受极大损失。最近党中央作出的关于废除实际存在的干部终身制、少宣传个人等一系列重要决策,对消除个人迷信的严重后果,调动广大群众的积极性,有着十分深远的意义。在贯彻党中央的这些精神时,我们重温唯物史观的基本原理,学习马克思和恩格斯的模范行动,是很有意义的。

中国人民公社企业供销总公司正式成立

国务院副总理长方毅在人民大会堂会见由联邦德国亚历山大·冯·洪堡基金会主席鲍尔教授率领的洪堡基金会代表团

外交部副部长韩念龙在北京同尼泊尔外事秘书贾克迪什·舒姆谢尔·拉纳举行会谈

外国数学图书展览在北京开幕

这个展览是为了配合正在这里举行的微分几何和偏微分方程北京讨论会而举办的。

中国乒乓球队在东京举行的亚非拉乒乓球赛中双双获得男子和女子团体冠军

9月5日

中央统战部邀请参加五届全国人大三次会议和全国政协五届三次会议的港澳人大代表政协委员在人民大会堂举行座谈会

座谈会由中央统战部部长乌兰夫主持。

乌兰夫首先代表中共中央统战部向从港澳来的人大代表、政协委员表示热烈欢迎。他肯定了港澳同胞在支援祖国"四化"建设和促进台湾归回祖国等方面所作的贡献,并且欢迎在座的代表、委员对党和政府工作中的缺点和错误提出批评。香港《大公报》社长费彝民首先发言,他谈到这次回来看到国家越来越好,民主气氛活跃,人们思想解放,这使来自港澳的同胞对"四化"更充满了信心。

香港中华总商会副会长王宽诚在谈到党和政府的工作时说,我们国家这么大,人这么多,一点弯路不走是不可能的。虽然我们国家还很落后,但它在稳步发展,我们要团结起来向前看,同心同德搞四化。

澳门中华总商会理事长何贤在发言中提出,在过去的对外贸易中,国家浪费了一些时间和资金,这个问题应该引起重视。他在谈到台湾回归祖国的问题时说,我相信周总理生前说过的一句话,水到渠成。他说,台湾一定会回到祖国的怀抱,祖国统一的大业一定能实现。

广东省副省长郭棣活、香港有荣公司董事长霍英东、香港中华总商会会长汤秉达、香港长城电影公司演员石慧也在会上发言。

出席座谈会的有:中央书记处书记彭冲,全国人大常委会副委员长廖承志,政协全国委员会副主席、中央统战部副部长刘澜涛等。

国务院副总理万里在人民大会堂会见以南共联盟机关报《共产主义者》社长兼责任主编维利科·米拉丁诺维奇为团长的代表团

国务院副总理姚依林在北京会见日本外务省顾问牛场信彦一行

国务院批转教育部《关于大力发展高等学校函授教育和夜大学的意见》并发出通知

现将教育部《关于大力发展高等学校函授教育和夜大学的意见》转发给你们,请参照执行。

为适应我国国民经济发展的需要,教育事业在80年代应该有一个大的发展。发展高等教育应贯彻两条腿走路的方针,采取多种形式办学。高等学校除办好全日制大学外,还应根据自己学校情况积极举办函授教育和夜大学,这对于扩大高等教育事业的规划,改变我国教育发展与经济发展不相适应的情况,加速培养四化建设需要的各种专门人才,促进干部队伍的结构改革,提高全民族的科学文化水平,都有重要意义。各地区、各部门应把这方面的工作当作一项重要的事业,切实加强领导,充分发挥高等函授教育和夜大学在发展我国教育事业中的作用。

关于大力发展高等学校函授教育和夜大学的意见

党的十一届五中全会提出，要确定适合国民经济发展需要的教育计划和教育体制。这是实现社会主义现代化建设，需要不失时机地迅速解决的一个重要问题。我们要积极地稳步地发展高等教育，但是，单靠全日制高等学校，难以满足广大青年职工和高中毕业知识青年学习的要求，也适应不了国家培养人才的需要，因此，发展高等教育也必须继续贯彻执行两条腿走路的方针，采取多种形式办学。全日制高等学校举办函授教育和夜大学，是已为实践证明的既经济又有效的培养专门人才的一个重要途径，是提高全民族科学文化水平的一项重要措施，它应当成为高等教育事业的有机组成部分。在目前的新形势下，全日制高等学校应当充分挖掘师资和设备潜力，积极举办函授教育和夜大学，为更多地造就社会主义现代化建设的各种人才作出贡献。

我国高等学校举办函授教育和夜大学，曾经有过一定的规模，“文化大革命”中由于林彪、“四人帮”的干扰破坏，一度全部停顿。全党工作着重点转移以来，这项工作重新受到有关部门的重视，举办函授教育和夜大学的高等学校逐渐增多。但总的看来，这项工作尚处在恢复的过程中，还没有纳入教育事业计划，缺乏统筹安排，不少地区、部门和高等院校对开展这项工作的重要性和迫切性还认识不足，没有认真地抓起来，已经办的也存在不少问题有待解决。根据上述情况，现就恢复和发展高等学校函授教育和夜大学的几个主要问题，提出如下意见。

一、高等学校的函授教育和夜大学要有一个大的发展

高等学校举办函授教育和夜大学的工作，应当采取积极恢复、大力发展的方针。国务院各部门和各省、市、自治区要全面规划，凡有条件的高等学校，要分期分批地把函授教育和夜大学工作开展起来。到1985年全国高等学校举办的函授教育和夜大学本科、专科在校学生总数，要达到相当于全日制高等学校在校学生人数1/3以上。

国务院各部门和各省、市、自治区要选定一些条件较好的高等学校和专业作为函授教育和夜大学的重点，给他们提供一定的办学条件，发挥他们的优势，办好函授教育和夜大学，对其他高等学校起示范作用，推动这项工作的迅速发展。

目前，我国全日制高等学校招生人数有限，大多数高中毕业生不能升入全日制高等学校。今后高等学校举办的函授教育和夜大学的招生对象，应当包括具有高中毕业程度的在职人员和知识青年。高等学校函授教育和夜大学招收知识青年是一项新的工作，各省、市、自治区可以先选择一两所学校进行试点，取得经验后逐步扩大。

二、把函授教育和夜大学纳入高等教育事业计划

为了加强对高等学校函授教育和夜大学的管理，使之真正成为高等教育的组成部分，必须把高等学校举办的函授教育和夜大学纳入高等教育事业计划。国务院各部门和各省、市、自治区要在1980年内，提出所属高等学校恢复和发展函授教育和夜大学的规划意见，按照制定全日制高等学校事业规划的程序，汇总审核和批准下达。

高等学校举办函授教育和夜大学，要从加速培养人才着眼，多办一些专科，多办急需的适应面宽的专业，逐步做到把通用性大的专业基本上办起来。要注意着重发展文科，特别是财经、政法方面的专业。

为了更好地发挥函授教育的作用，需要统筹考虑地区的、部门的和专业的函授教育的布局，地区、部门、学校之间，要分工协作，合理安排，逐步形成函授教育网。

三、采取灵活多样的形式办学

高等学校举办函授教育和夜大学，要考虑业余学习的特点，在学习内容、课程安排和修业年限等方面，应当灵活多样。可以办本科、专科，培养高级专门人才；也可以开设若干单科，供参加学习的人根据需要选学；还可以开设一些新技术学科内容的课程，为在职人员提供接受新的科学技术教育的机会。本科和专科的修业年限可长可短，可以实行学年制，也可以实行学分制。有关部门有需要的，可以与有关高等院校协商，签订培养人才的合同。招收在职人员，一般应结合工作需要，对口培养。有些重点院校可以试行通过函授的方式培养研究生。

四、注意提高函授教育和夜大学的教育质量

高等学校举办的函授教育和夜大学，要参照全日制高等学校相关的教学计划和教学大纲进行教学，要建立严格的考试制度，保证毕业生达到相当于全日制高等学校同类专业的水平。

要抓好教材建设，逐步编写出具有函授教育和夜大学特点的教材。基础课教材由教育部会同有关部门组织编写、推荐；专业基础课和专业课教材由主管业务部门组织编写、推荐。在没有通用的函授、夜大学教材之前，可选用全日制高等学校的教材，另编学习指导书。要积极创造条件，采用电视、广播、幻灯、录音等电化教学手段辅助教学。

要认真建设好教师队伍。对函授教育和夜大学的教师，在评定职称、晋级、参加进修、科研和学术活动等方面，应与全日制高等学校教师同等对待。函授教育和夜大学教师要力求稳定，以便于积累教学经验，提高

教学质量。

举办函授教育的高等学校，要根据教学工作的需要，依靠有关单位建立函授站，或者采取巡回辅导等办法，加强对函授生的组织管理和学习指导，把函授教学落到实处。

五、解决好人员编制和经费问题

高等学校举办函授教育和夜大学，应当有“单独的人员编制，建立一支专职的干部队伍和专兼职结合的教师队伍”。专职人员的具体编制定额，在没有新的规定之前，本着精干的原则，根据实际需要配备，包括在院校的总编制之中。

高等学校举办函授教育和夜大学的经费，由各院校统筹安排，纳入院校预算，一并报主管部门审批，按照国家预算收支科目的统一规定，从有关项目中开支。函授站的人员编制和经费，由设站单位解决。

六、毕业生的使用和待遇问题

本科和专科的函授教育和夜大学生，学完规定的课程，考试成绩及格的，由举办的高等学校发给毕业证书，国家承认其学历。学完单科，考试成绩及格的，发给学习成绩证明书。规定可以授予学士学位的高等学校，对所举办的函授教育和夜大学毕业生，同样可以按照规定择优授予学位。

在职人员中的函授和夜大学毕业生，在工作使用、评定职称和进行套改等问题上，应与全日制高等学校同类专业毕业生同等对待。

知识青年中的函授和夜大学毕业生，可以由省、市、自治区人事、劳动、计划部门根据需要择优录用。具体考核录用方法，由各省、市、自治区自行拟订。

关于函授和夜大学毕业生的工资待遇问题，由教育部会同国家人事局、国家劳动总局研究制订方案，报国务院批准后实行。

七、切实加强对函授教育和夜大学的领导

各级教育部门和业务部门，应当在党委和人民政府的领导下，切实加强对高等学校举办的函授教育和夜大学工作的管理和领导，注意同有关方面密切配合，搞好协作。这项工作应由主管高等教育的机构负责管理。

举办函授教育和夜大学的高等学校，要正确处理日校与函授教育、夜大学的关系，真正做到两种形式并举。函授部、夜大学要配备又红又专、年富力强的相当于系或高于系一级的干部担任领导工作，要有一位校(院)级领导干部分工抓这项工作。要充分发挥系、教研室的潜力，并给函授教育、夜大学创造有利于教学的条件。

函授和夜大学学生所在单位，应当把组织职工参加函授教育和夜大学学习与本单位培养干部的计划结合起来，把它作为培训干部的一种形式。要保证函授生和夜大学学生的学习时间和必要的学习条件，帮助他们解决实际困难。要认真抓好思想工作，引导他们端正学习目的，走又红又专的道路，为实现四个现代化坚持不懈地奋发学习。知识青年参加函授教育、夜大学的组织管理办法，由各省、市、自治区在试点中根据具体情况决定。

中国女选手齐宝香和耿丽娟获得第四届亚非拉乒乓球友好邀请赛女子双打冠军

9月6日

五届全国人大三次会议主席团举行第三次会议

会议讨论和通过了中国共产党中央委员会关于修改宪法和成立宪法修改委员会的建议，决定将这一建议和宪法修改委员会名单草案提请大会审议。

会议讨论了全国人大常委会的人事问题。

会议还讨论和通过了关于修改宪法第四十五条的决议草案、关于全国人民代表大会常务委员会工作报告的决议草案、关于最高人民法院工作报告和最高人民检察院工作报告的决议草案。

会议讨论和通过了五届人大第三次会议进行选举、表决和通过议案办法草案，还通过了选举和决定国家领导工作人员监票人名单。

会议由大会主席团常务主席谭震林主持。

《人民日报》发表评论员文章《为青年成才创造条件》

邓小平同志在五届政协三次会议上的开幕词中指出：为了把我国建设成为一个现代化的、高度民主、高度文明的社会主义强国，需要用极大的努力，发挥我国社会主义制度的优越性。“在组织上，要大量发现、培养和提拔适应现代化建设需要的人才，广开才路，人尽其才。”把更多的青年培养成才，从青年中大量选拔人才，就是摆在我们面前的一个重要任务。如何看待这一代青年人？青年中有没有人才？能不能在青年中造就出大批人才？人们的看法不尽相同。在回答这个问题之前，我们不妨先看一些例子：

上海中医学院附属曙光医院沈幼棠，67届初中毕业生，今年28岁。长期以来，他对阻抗心输出量测定刻苦钻研，很有成绩，填补了我国医学科学这方面的空白，也受到国际上的重视。一些国家的医学专家向他函索有关的学术论文，国际血管学科学委员会邀请他参加该会。沈幼棠去年被提拔为上海中医学院讲师。

北京72届初中毕业生陈岭，今年25岁。刻苦自学8年，掌握英、德、法、俄4种外语。高教局招聘外语人才考试时，在100多名应试者中，他英语成绩名列第四。最近，被北京工业大学一分校聘为外文资料员。

黑龙江肇东县制酒厂工人粟永清，今年31岁。多年来，认真钻研业务，在酿造优质酒方面作出贡献。他撰写的《泸型白酒酿造浅谈》等4篇论文，发表在《黑龙江发酵》杂志上，并被聘为该杂志编委。去年担任了制酒厂厂长。

内蒙古自治区阿荣旗长安公社珍珠大队东升生产队下乡知识青年张元正，今年30岁。1978年担任队长，带领社员群众艰苦奋斗，使生产队两年大变样，人均收入每年递增100元，机械化程度达到60%。

湖南株洲市电子研究所情报资料室周继武，今年30岁。四年来，发表了40多万字的译文。他具有较强的情报活动组织能力，是我国微计算机情报网的发起人之一。最近，经株洲市电子学界的四名专家共同向上级推荐，已经破格提拔当工程师。

上面所举的例子，不过是近来报刊上介绍的许多事例中的很小一部分。实际上，像这样出类拔萃的青年，在全国各条战线、各个地区都涌现出不少。这些青年大都是50年代出生的。十年动乱确实耽误了这一代青年。但是，他们当中有许多人，即使在那动荡不安的年代不能接受更多的学校教育，也不肯荒废自己的学习。特别是粉碎“四人帮”以后，更加争分夺秒，加倍努力，因而在各自的岗位上作出了出色的成就。

事实证明，现在二三十岁乃至30出头一些的青年，虽然被耽误了，但并不是“垮掉的一代”、“失去的一代”。他们当中有人才，而且为数不少。问题在于我们要放开眼界，善于识别，看准以后，就大胆选拔。

共青团四川省委帮助临时工汪尹举进入理论编辑队伍的事例，很给人启发。汪尹举是一个有志于社会科学的青年。他在上高中时，用心收集资料，撰写了一部当时国内很少有人系统整理的《共产主义同盟史》，却被视为“狂妄”、“危险分子”，被迫停学。“文化大革命”中又因此而被认为“思想反动”，并被加上莫须有的罪名，被捕入狱。1972年释放后，当了临时工。1979年汪尹举上告。四川团省委认为汪尹举的案件是一起错案，汪尹举本人是一个很有才能的青年，满腔热情地帮助他解决问题。他们不仅协助公安部门为他平反，恢复名誉，退还文稿、资料，而且为他联系工作单位，推荐他为四川人民出版社理论编辑室编辑。四川团省委这种求贤若渴的精神，对发掘人才高度负责的态度，是很值得提倡的。

与此相反，有一些同志对四化需要人才没有迫切感，明明周围有可造之才，他们不关心、不培养、不使用，甚至以种种借口加以压制、糟蹋、埋没。浙江省兰溪县有个名叫李紫贤的青年，在养蜂方面很有作为。1975年以来，他在《中国养蜂》杂志上发表了十几篇在理论和实践方面具有一定价值的文章。只因他的出身不好，所在的大队把他赶出养蜂场，尔后县里又硬要他在食品站工作。李紫贤离开蜂群十分痛苦，几次呼吁回场，至今问题得不到解决。像这样不知爱惜人才，不是用其所长，而是强其所难，甚至无理压制人才的事例，在不少地区、不少单位都可以找到，应当引起各级领导的注意和深思。

有一些领导同志总是慨叹没有人才，慨叹“青黄不接”，但很少在培养人才方面下功夫。培养青年成才，对于许多人来说，确实有一个帮助他们把被耽误的时间夺回来的问题。现在，许多青年学习的积极性很高，希望通过各种途径多学到一些知识，这是很宝贵的。各级领导应当尽最大可能，为他们的学习提供方便，创造条件，这样，才能更快更多地培养出人才。有些领导只顾眼前生产和工作任务的完成，唯恐给青年一点学习时间要“耽误生产”。他们把生产和学习对立起来，看不到职工的科学文化水平不提高，生产效率也就不能提高，甚至根本不能掌握先进的设备和技术。这是一种不从长远看问题的短视观点。更严重的是有的领导干部对积极参加电视大学和业余学校学习的青年，不但不给予支持，还多方阻挠和打击。不少青年向报刊投书，揭发这类事情。最近《河南日报》发表了一机部郑州机器制造学校实习工厂工人张庆华的一封来信，说他在去年经领导批准，通过考试被录取为电视大学全科学员，白天学习，晚上回车间生产。后来党委要求他必须完成每月工时定额。他感到执行这个决定有困难，情愿每天上半班，扣一半工资。不久党委又说他没有干够工时定额，取消他的电大学员资格。为了干够工时定额，他晚上把小孩锁在家里，让爱人到车间帮他干活。即使这样，党委还派人从课堂往外赶他。他坚持听课，党委多次在大会指名批判，并让车间开会批判。以后又以他不能上白班、无法派工为名，停发工资8个多月，并给以警告处分。“我真不知我上电大犯了什么罪，为什么要遭受领导如此的打击？”这是这个青年向全社会提出的问题，发出的不平之鸣。这种现象发生在我们社会主义国家，发生在党中央号召提高全民族科学文化水平的时候，难道能够令人容忍吗？所幸这件事情已由有关领导机关作出正确的处理。像这种突出的例子，当然不是很多。但是，用种种办法“卡”青年人，不让他们多得到一些学习机会的现象，却是相当普遍的。希望各级领导机关都注意一下这个问题，纠正这种错误做法。

现在的青年一代被称为“跨世纪的一代”，我国现代化建设在很大程度上要靠他们去完成。因此，能不能把更多的青年培养成才，能不能从青年中大胆选拔人才，是关系到现代化建设成败的一个重要问题。在这个问题上，我们既要大力破除各种落后保守思想，又要从制度方面加以改革。诸如考试制度、招工用人制度、工人干部晋级制度，等等，都要有利于鼓励青年好学上进。要坚决解放思想，敢于打破一些老框框。中国科学院今年录取了193名研究生，其中有13人是中学或中专毕业生。按照规定，报考研究生一般要求正规大学毕业。为了不拘一格取人才，他们破格录取了一些虽然没有受过大学正规教育，但经过长期自学达到了同等学力，在考试中取得优异成绩的青年。这个"格"破得好。在使用、提拔干部方面，也需要这种破格精神。例如什么人可以当技术员、工程师、农艺师、主治医师、编辑、记者、讲师、教授、研究员等等，不能光凭学历，有人学历虽然不够，学力确够水平，就应当给以相同的职称，委以相当的职务。现在青年中可造之才、可用之才不少。只要我们各级领导有满腔热情的态度，坚持正确的方针政策，就一定会发掘出更多的人才，这对于加快四化建设非常必要。

全国人大常委会副委员长宋庆龄在北京会见泰国前教育文化部长蒙銮宾·马拉军和夫人一行

国务院副总理万里在人民大会堂分别会见尼泊尔外事秘书贾克迪什·舒姆谢尔·拉纳和以农林部副部长吴觉廷为团长的缅甸农业代表团

国务院副总理陈慕华在人民大会堂会见国际人口学会主席美国国家科学院人口和人口学委员会主席安斯勒·寇尔教授

中共中央书记处书记胡乔木在人民大会堂会见南斯拉夫塞尔维亚共产主义者联盟中央主席团书记什皮洛·加洛维奇

中国田径队在东京举行的田径对抗赛中以总分152分的成绩获得第一名

9月7日

五届全国人大三次会议举行全体会议

华国锋受中共中央委托，就国务院领导成员的调整问题作了说明。他宣布，他已向中共中央提出并经中共中央决定不再兼任国务院总理。中共中央经过慎重考虑，提议赵紫阳为国务院总理。中共中央同时决定，邓小平、李先念、陈云、徐向前、王震都不再兼任国务院副总理，王任重已担任党内重要职务，也不再兼任副总理。中共中央的这些建议都提请五届人大第三次会议审议。还有，陈永贵请求解除他的副总理职务，已经中共中央同意，也提请大会审议。

华国锋在长达两个小时的关于政府工作的讲话中概述了一年多来我国政治、经济、科教、外交等各条战线取得的成绩。他指出，我国国民经济，经过一年多来的调整、改革、整顿、提高，出现了不少新气象，整个国民经济比过去活了。实践已经证明，"八字"方针是正确的，它赋予我国经济以新的活力，推动着我国经济转上健康发展的轨道。

华国锋讲话以后，大会宣读了中共中央关于国务院总理人选的提议、中共中央关于修改宪法和成立宪法修改委员会的建议，请全体代表审议。

今天的大会执行主席是乌兰夫、韦国清、邓颖超、许世友、彭冲、朱蕴山、史良、黄克诚、冀春光、严佑民、杨尚奎、黄荣、董其武、铁木尔·达瓦买提、顾卓新、铁瑛、刘田夫。

大会由邓颖超主持。

参加五届全国政协第三次会议的全体委员列席了今天的大会。

列席今天大会的还有党、政、军各方面负责人，我国部分驻外使节。各国驻华使节和外国记者旁听了今天的大会。

华国锋在五届全国人大三次会议全体会议上的讲话

各位代表：

我们这次会议已经进行了9天。姚依林同志和王丙乾同志受国务院委托分别作了关于国民经济计划和国家预决算的报告。彭真同志、江华同志、黄火青同志、武新宇同志、顾明同志分别就人大常委工作、最高人民法院工作、最高人民检察院工作和几项法律草案作了报告或说明。我现在主要就政府工作说一些意见。关于计划和财政，大家认为，计划报告提出的今明两年经济发展速度和各项指标比较恰当，有利于继续调整国民经济，有利于取得较好的经济效果；财政报告中说明了1979年出现财政赤字和今明两年仍将出现赤字的原因，提出了进一步缩小以至消灭赤字的办法，大家认为，经过努力，逐步恢复收支平衡是可能的。今明两年的国民经济计划和财政收入计划都力求切合实际，但是为了加以实现，仍然需要全国各族工人、农民、解放军指战员、知识分子、广大干部和全体爱国人士的同心协力，积极奋斗。我国一些地区去年以来发生了或正在发生严重的自然灾害，我在这里谨向全国受灾的父老兄弟姐妹们和英勇救灾抢险的干部、群众、解放军指战员同志们,表示亲切的慰问。我和代表们一样,深信全国人民一定能够战胜自然灾害所造成的困难和其他的暂时困难,而在前进道路上取得新的光辉的成就。

在这几天的讨论中,代表们还对一年多来的政府工作和其他工作,肯定了成绩,指出了存在的问题,提出了许多重要的批评和建议。我代表国务院衷心感谢代表们对政府的信赖。国务院和有关部门应该认真研究代表们的批评和建议,该办的必须努力办,该改的必须努力改。

五届人大的上一次会议是在一年多以前召开的。从那个时候到现在,全国工作的着重点已经逐步转移到社会主义现代化建设上来。历史遗留的许多政治和社会问题继续得到处理,安定团结、生动活泼的政治局面进一步巩固和发展。尽管需要注意解决的问题还很多,现代化建设所要求的政治社会环境基本上是好的。由于公安部门、司法部门、教育部门、思想文化工作部门、青年团和整个社会的共同努力,我们的社会秩序比较稳定了,我们的道德风尚也开始显出令人欣慰的进步。在这个基础上,各级政府部门开始把主要精力集中于经济建设,研究新情况,解决新问题,在探索我国实现社会主义现代化的具体道路方面迈出了切实的步伐。

我国的国民经济,经过一年多来的调整、改革、整顿、提高,出现了不少的新景象。重大的比例关系逐步朝着协调的方向发展,农业生产长期落后的局面近两年开始有了转变,轻工业增长速度超过了重工业,重工业在调整产品结构、为农业、轻工业和人民生活服务方面有了进步,由国家拨款的基本建设规模得到控制,过高的积累率开始降低,城乡大多数人民的生活有所改善。经济体制做了一些初步的改革:保障农村社队的自主权,扩大工商企业经营管理的权限,部分地实行计划调节和市场调节的结合,鼓励企业之间在社会主义所允许的条件下的竞争和联合经营,扶植城镇集体经济的发展,允许合法的城乡个体经济的存在和一定限度的发展,实行中央和地方两级财政体制。这就开始改变了生产、流通、分配等方面过分集中的状况,整个国民经济比过去活了。企业的整顿取得了进展,许多企业的领导班子得到了充实和加强,企业的民主管理有了发展,各项技术经济指标有所进步,因经营管理不善而造成的亏损现象有所减少,在用较少的劳动力和物资消耗创造较多的社会财富方面开始取得较好的成就。许多地区、部门和企业,加强了对管理干部、技术人员和生产工人的培训,通过各种途径进行经济管理、企业管理和科学技术的教育,部分地开始了以节约能源为中心的技术改造和技术革新,组织管理和生产技术水平有所提高。以上所说的这些工作都还处在开始的阶段。我们要坚定不移地把它们继续进行下去。

调整、改革、整顿、提高方针的提出和执行,标志着我国经济建设的指导思想开始了根本性的转变。在过去相当长的一个时期里,我们的经济工作在许多方面有左的倾向。我们违反了毛泽东思想的根本原则,脱离实际,违背客观规律,盲目追求和轻率决定高指标。结果是:能源、交通以外的重工业投资过多,建设规模过大,不但速度和效率很低,而且严重妨碍了能源、交通、农业、轻工业、商业、科技、文教的发展和人民生活的提高,往往也严重影响甚至破坏了环境和生态平衡。体制上统得过多过死,压抑了基层管理机关、企业和广大劳动者的积极性,妨碍了生产环节和流通环节的运转。投资方法、工业收入分配、劳动管理、分配原则等方面也存在许多严重缺陷,有的实际上不是鼓励节约而是鼓励浪费,不是鼓励提高质量而是鼓励粗制滥造,不是鼓励先进而是鼓励落后,不是鼓励勤奋而是鼓励懒惰。这一切都大大妨碍了社会主义优越性的发挥,甚至歪曲了社会主义的基本原则。贯彻执行"八字"方针,从根本上来说就是要肃清"左"倾思想对经济工作的影响,在经济建设中贯彻执行毛泽东思想的从实际出发、实事求是、量力而行的原则,使一切经济活动比较符合经济规律的要求。实践已经证明,调整、改革、整顿、提高的方针是正确的,它赋予我国经济以新的活力,推动着我国经济转上健康发展的轨道。

一年多来,科学研究工作的条件有了改善,产生了一批重要的科学研究成果,科学普及工作也得到加强。在教育工作方面,小学、中学、大学的教学质量一般都比一年多以前有所提高。中等教育结构开始了一些改革,中等专业学校正在继续恢复。电视大学、函授大学、夜大学等有所增加。文化事业、卫生事业、体育事业都取得了新的重要成绩。所有这些成绩的取得,是同科学、教育、文化、卫生、体育战线同志们的辛勤劳动分不开的。

一年多来,在发展社会主义民主和社会主义法制方面有了新的进展。广大干部和群众在坚持社会主义道路、坚持无产阶级专政、坚持党的领导、坚持马列主义毛泽东思想四项基本原则的基础上,解放思想,实事求是,敢于说话、敢于批评的风气发展了,敢于办过去该办、想办而不敢办的事情了。不少政府机关进一步加强了同群众的联系,注意听取群众的批评建议,接受群众的监督。五届人大二次会议通过的7个法律的实施,对于发挥全国人民的社会主义积极性,打击刑事犯罪,维护人民利益,保障现代化建设的顺利进行,正在发挥重要作用。为了适应发展经济的需要,经济立法工作和经济司法工作逐步开展。国务院和有关部门颁布了40多个经济法规，正在拟订或审订的有20多个。这方面需要进行的工作很多，现在还只是开始。

这里，我想特别讲一下维护各少数民族的民主权利和经济利益，加强民族团结的问题。由于我们工作中的缺点错误，特别是十年动乱期间，林彪、江青两个反革命集团严重破坏了党和政府的民族政策、宗教政策和其他有关政策，使得许多少数民族的民族区域自治权利和其他民主权利受到践踏，经济、文化遭到摧残，群众生活困难。为了从根本上改变这种状况，党和政府正在采取一系列切实有效的措施，以便这些地区的人民得到休养生息，使他们的政治、经济、文化权利，特别是民族区域自治的权利得到切实的保障。我们大家坚决相信，依靠我们各民族的共同努力，一定能在比较短的时间内医治过去遗留的不幸创伤，使我们各族人民的亲密友谊和团结得到空前的巩固和发展。

一年多来，我们积极开展对外工作，发展了同一系列国家的友好合作关系和经济、科技、文化交流，增进了我国人民和各国人民之间的友谊。我们高举反对霸权主义、维护世界和平的旗帜，支持各国人民的正义斗争，为我国的社会主义现代化建设创造了有利的国际条件。

从政治、经济、科教、外交等各个领域的情况来看，我们可以有根据地说，由于全国各族人民、各级政府、各方人士的共同努力，五届人大二次会议通过的各项决议和提出的方针政策，是得到了或正在得到努力执行。今明两年的主要工作，总起来说，就是继续发展当前的有利形势，继续执行国民经济调整、改革、整顿、提高的方针，按照国务院向这次会议提出的计划，在现有基础上把现代化建设更好地推向前进。这是很复杂、很艰巨的任务，要做很多工作，解决很多问题。现在，我就下面五个问题，讲一些意见，请各位代表审议。

(一)制定长远规划。制定长远规划是发展社会主义计划经济的必要前提。新中国成立以来，紧接在三年经济恢复时期之后的我们的第一个国民经济五年计划，从制订到执行都是好的。第二个五年计划的内容也比较好，但是很可惜，由于受到1958年的“浮夸风”、“共产风”、“瞎指挥风”和1959年9月以后的“反右倾”的冲击，没有能够起应有的作用。1961年以后的几年，对国民经济进行调整的工作，进展顺利，在各方面取得了显著的成绩，积累了丰富的经验。但是因为这个时期的经济，基本上是恢复性质，没有制订发展经济的五年计划。1966年以后，整个国民经济连同国家计划委员会本身的工作都受到“文化大革命”的严重冲击，制订计划所必需的资料和机构都遭到破坏，计划工作几乎无法进行。因此，从1966年到1980年15年中的第三、第四、第五个五年计划，都只提出了纲要，不可能制订完整的计划。这样，在很长的一段时期里，我们的国民经济一直缺乏一个既有雄心壮志、深谋远虑，而又目标明确，步骤谨严，瞻前顾后，综合平衡的长远规划。由于全国工人、农民、解放军、知识分子和广大干部的辛勤努力，克服了重重困难，做了很多艰巨的工作，在这十多年间仍然取得了不少卓越的成就。但是终究由于我们在经济建设中无法实现正确的计划性，无法避免这样那样的盲目性，这就难免造成一些不应有的重要损失。在这种情况下，社会主义经济制度的优越性也就很难表现出来。毫无疑问，社会主义比之资本主义有它巨大的优越性，但是历史证明，为了发挥这种优越性，我们必须有正确的路线方针政策，并且在这种正确的路线方针政策之下制定正确的长远规划和年度计划。现在我们已经有了正确的路线方针政策，为了实现现代化，制定长远规划或长远规划纲要的任务就提到日程上来了。制定长远规划纲要在目前条件下困难还是很多的，但是又非制定不可，因为这是我们实现四个现代化的指南。

我在本届人大二次会议上作的《政府工作报告》中，曾经提出对1976年到1985年的十年规划纲要进行必要的补充和修订。国务院经过反复研究，认为粉碎“四人帮”后我们采取了一系列措施，做了大量艰苦工作，拨乱反正，使国民经济得到了迅速的恢复和发展。当时大家想要尽快地把十年动乱所造成的损失夺回来，这种革命积极性是应该肯定的。但原订的十年规划纲要，受当时历史条件的影响，对林彪、江青一伙和他们的极左思潮长期破坏国民经济所造成的困难估计不足，对30年来经济建设正反面的经验教训认识不够，有些指标过高，基本建设规模过大，许多项目没有经过综合平衡。这次会上，代表们对原定纲要提出了不少正确的批评意见。但是这个十年规划纲要时间已经过去了四年多，再修订也已失去意义。因此决定不再修订原来的十年规划纲要，而着手制定1981年到1990年的十年规划纲要，并据此制订1981年到1985年的第六个五年计划。

根据以往的经验教训，我们认为，制定好长远规划，一定要着重解决好以下几个问题。

从社会主义社会的客观规律出发。社会主义社会是一个相当长的历史阶段。在这个阶段中，商品经济的存在和发展，是客观的现实和客观的必然。当然，我们的商品经济是社会主义的、有计划的商品经济。我们的企业，是相对独立的商品生产者。

在国家统一计划的指导下，在国家的方针、政策、法令规定的范围内，企业应该有权按照社会的需要和价值规律独立地进行生产、交换等经济活动。在社会主义阶段的一定时期内，国营经济和集体经济是社会主义经济的基本形式，劳动者的受国家指导的少量个体经济是社会主义公有制经济的必要补充。这几种经济形式长期并存的局面将来如何变化，只能由社会生产力发展的状况来决定。过去我们经济工作中“左”倾思想的突出表现之一，就是否认充分发展商品生产和商品交换的必要性，否认在社会主义改造基本完成以后，上述几种经济成分的并存仍然有它的历史作用。在经济体制中统得过多过死的种种做法，不是努力扩大而是企图较快地缩小社会主义商品经济的思想，不是把充分发展社会生产力作为历史前进的主要动力，而是不顾客观实际，企图消灭必要的个体经济并尽快促进集体所有制向全民所有制过渡的思想，过去已经给我们造成了严重的危害，现在仍然给我们留下了许多困难。我们在制定长期规划时，一定要认真总结经验教训，肃清“左”倾思想和其他唯心主义、形而上学的影响，切实按照社会主义社会的客观规律办事。

从实际出发，量力而行。我国幅员辽阔，资源比较丰富，但各地区自然条件和经济发展很不平衡；人口众多，人民勤劳勇敢，富有智慧，但科学文化水平低；国民经济有了一定的规模，已经形成了独立的、比较完整的体系，但按人口平均的国民收入很低，商品经济不发达，技术和管理落后。我们制定十年规划纲要时，对于我国自然、经济、文化等方面的这些特点，必须充分加以考虑。一定要尽量利用我国的有利条件，广开生产门路，发挥优势，同时努力克服弱点。我们一定要艰苦奋斗，奋发图强。今后十年我们能够做些什么，十年以后能够达到什么水平，我们的主观努力是否积极、充分和有效当然有重大的作用；但是必须看到这种努力的作用不是无限的，而是有一定限度的。因为我们的努力所能依靠、利用和创造的条件，不能由我们的主观愿望任意决定，而只能由客观存在的实际决定。因此，在这次会议以后，国务院各部门和各级地方政府将继续对我国的国情，对今后十年可以利用和开发的各种资源(包括人力资源)，路子如何走，进行认真的系统的调查研究，使我们的十年规划纲要尽可能建立在科学的切实可行的基础上。

充分注意改善人民生活。我们从事现代化建设，根本目的就是要在发展生产的基础上逐步提高人民的物质和文化生活水平。国务院在着手制定十年规划纲要时，要充分考虑到这一点。我们把规划生产的发展同规划人民生活水平在生产发展的基础上逐步提高密切结合起来，使我们的十年规划纲要成为一个包括我国经济和社会发展的完整的综合平衡的规划。当然，为了提高人民物质文化生活水平，需要进行多方面的工作，有一部分工作看不出同改善人民生活的直接关系，而这些工作却是改善人民生活所决不可少的。例如，加强人民解放军的建设，巩固我们伟大祖国的国防，保卫我们的和平建设，就是这种决不可少的工作之一。某些基础科学的研究也是如此。这些都是不难理解的。无论如何，我们一定要使生产发展的最后结果在全体人民生活的改善上得到应有的实际的表现。这样，全国人民就能从规划中看到，在未来的十年中，我国的社会主义经济将会得到什么样的发展，自己的生活将会得到什么样的改善，从而了解现代化建设同自己的眼前利益和长远利益，局部利益和整体利益的关系，人人都把它当作自己的事业，继续发扬艰苦创业的精神，全力以赴地加以实现。

重视智力开发，积极发展科学、教育事业。一个国家的发达水平如何，在很大程度上决定于它的智力开发的水平如何。科学技术现代化是四个现代化的关键。科学研究要走在经济建设的前面，要解决现代化建设中提出的科学技术问题，特别是那些具有重大意义的关键性问题。要从管理体制、经济利益和思想认识等方面，采取必要的措施，使科学研究成果，广泛迅速地得到推广和应用。各级各类教育事业的发展，关系到现代化建设者的科学文化水平，包括全国城乡体力和脑力劳动者的知识技能、熟练程度、纪律精神和道德品质，关系到我国科学技术事业的发展。科学是生产力，教育作为培养提高劳动者的知识技能的手段，也是必不可少的生产力。靠文盲半文盲是不可能进行现代化建设的。各级政府和全社会，都要重视和关心科学教育事业，尊重幼儿园、小学、中学、大学的教师和科学家，要尊重他们的崇高而艰苦的劳动，要提高他们的社会地位。9月2日，叶圣陶等8位代表写信给《人民日报》，对大连两个饭店某些工作人员轻慢小学教师的错误行为，进行了严肃的批评，并且向社会各界呼吁尊重小学教师。我完全同意和支持这封信。希望政府工作人员和全国人民一道，共同努力，使尊重一切教师和一切科学家成为我们全社会的风气。不重视科学、教育，甚至认为可有可无，是过去“左”倾思想的一个重要方面，已经使我们受了很多的损失，必须坚决纠正。因此，科学、教育事业在现代化建设中的重要性，必须在十年规划纲要中得到应有的反映。国务院准备在今后的十年中，逐步增加科学教育经费，并且希望各省、市、自治区政府也这样做。我们要通过多种途径，努力使科学、教育事业获得较快较好的发展，以便能够逐步培养出有社会主义觉悟、有科学文化知识技能、有健康身体的一代一代的劳动者，培养出适应四化建设要求的科学技术、社会科学、组织管理、文学艺术等各方面一批一批的专家。

计划生育要列入长远规划。人口问题是目前全国人民普遍关心的问题。我们制定长远规划，不仅要规划物质生产的增长,并且要规划人口的增长,使两方面互相适应。由于过去我们在相当长的时期内(主要在60年代),放松了计划生育的工作,以致人口增长过快,今后还将继续大量增长。现在全国30岁以下的人,约占人口总数65%,达6.3亿人左右。他们一部分已经进入生育年龄,其余大部分在今后十几年到二十几年内将陆续进入生育年龄。如果不加控制,就将出现一个人口增长的特大高峰,使经济和整个社会生活无法适应。国务院经过认真研究,认为在今后二三十年内,必须在人口问题上采取一个坚决的措施,就是除了在人口稀少的少数民族地区以外,要普遍提倡一对夫妇只生育一个孩子,以便把人口增长率尽快控制住,争取全国总人口在本世纪末不超过12亿。一对夫妇生育一个孩子,在发达国家很平常,在我国农村中却确实是一场移风易俗的大事。要提倡这个要求,主要是靠宣传和执行党和政府的政策,靠思想政治工作,而不能用强迫命令的方法。应该指出,从70年代开始,特别是近几年来,计划生育的工作,不论在城市或农村,都取得了显著的成绩。各级干部,尤其是直接参加这一工作的各级妇女组织和卫生、计划生育等部门的同志,做了大量的工作。这些必须充分加以肯定。但是也要看到,在一些地方,由于多方面的原因,在工作中出现了一些强迫命令甚至违法乱纪的现象,这是必须坚决纠正的。国务院向全国人民宣布:为了全国人民自身的利益,计划生育的工作一定要继续进行,要继续提倡一对夫妇只生育一个孩子,党团员和干部要坚决带头。执行这一任务的政策措施一定要适当,一定要进行充分的说服教育,并且要保证节育技术的安全。我们希望,经过耐心的宣传教育,全国人民尤其是广大青年,能够认识到整个国家的利益,热烈响应这一重大号召。

群众路线,这是制定长远规划的一个基本方法。我们要采取上下结合的方式,广泛发动各级政府部门、各企业事业单位、广大工农群众和各方面的专家参加制定规划。社会主义经济以至每一个大企业、大工程都是由各种因素结合成的一个整体,它们的相互关系和可能造成的利害得失,是非常复杂和影响深远的,大都不是一眼可见,必须经过精密的计算和科学的预测。因此,无论重大项目、重大方案的决定,年度计划特别是长远规划的制定,都必须在多数专家进行反复调查、测算、研究、论证、争辩、对比之后,然后再由主管部门按照法定程序讨论决定,决不能仓促从事。错误、损失虽难以避免,但是一定要尽一切努力避免。为了充分发挥各方面专家在制定十年规划纲要中的作用,今年三四月间召开的长远规划座谈会,我们曾邀请包括经济学家、技术经济学家、技术专家和自然科学家在内的各方面专家参加。今后应该继续这样做。

(二)继续推进经济管理体制的改革。我国现行的国民经济管理体制,包括财政金融体制、劳动工资体制、价格体制、物资管理体制等等,很大部分是在我们缺乏经验的情况下,把外国的办法搬过来的,也有一些是从革命战争年代特殊历史条件下的做法沿袭下来的,一直没有按照我国社会主义建设发展的具体情况和社会主义的科学原则、民主原则加以必要的改革,以致积累的问题越来越多。我们的经济管理体制所存在的缺陷和弊端,主要表现为权力过于集中,统得太多,统得太死,不承认社会主义企业活动的必要的独立性,滥用国家政权(包括中央和地方)的直接决定和行政干预的手段,管理工作中党政不分,政企不分,使企业很难建立独立的生产指挥系统和独立的经营管理系统。在相当长的时间里,我们把经济管理体制中一些束缚甚至破坏生产力发展的办法,当作社会主义原则加以提倡和坚持,而不是加以改革。与此同时,也不承认工会组织应有的独立性和权利。结果使得企业(包括工业、交通业、商业、服务业、国营农业和占人口最多的集体农业)生产和经营的发展缺少内在的动力,劳动者的积极性、主动性、创造性受到束缚,社会主义制度的优越性得不到充分发挥。由于我们既忽视对于干部和职工的生产技术和经营管理知识的教育,又不重用具有专业知识的人才,致使瞎指挥盛行,技术水平和经营管理水平都难于提高。十年动乱,林彪、“四人帮”又把我们在长期经验中积累起来的多年行之有效的一些制度和政策破坏殆尽。他们在经济工作中推行的极左路线,以及与这条路线相适应的一套政策和做法,把本来已经存在很多问题的我国经济体制搞得混乱不堪。经过三年多的整顿,整个经济状况虽然有了重要的改善,但是存在的问题仍然很多。总之,我国经济管理体制的许多缺陷和弊端,严重地妨碍四化建设的进行,必须认真地加以改革。

我们经济管理体制改革的总方向,是改变过于集中的国家(包括中央和地方)管理体制,扩大企业的自主权和企业职工参加管理的权力;把单一的计划调节,改为计划调节与市场调节相结合;把主要依靠行政组织、行政办法管理经济,改为主要依靠经济组织、经济办法和法律办法管理经济。一年多来的改革只是沿着上述方向迈出了一小步。今后,我们对已经证明有效的改革,要加以保护、健全和完善,并且在已取得初步成就的基础上,把这一工作坚定不移地进行下去。但是,必须指出,体制改革非常复杂,牵涉面很宽,一定要做周密的考虑和准备。我们要制订出全面改革的方案,经过试验,审慎地、有步骤地加以实行。

改革经济体制,从根本上说,是为了充分发挥社会主义制度的优越性。当然,在改革中不可避免地会出现一些新的问题,我们要及时地进行调查研究,认真解决,但是不能因此惊慌失措,以至在改革的道路上止步或后退。我们各级政府的工作人员、特别是领导人员,要进一步解放思想,满腔热情地同广大人民群众一道,在调查研究、集思广益的基础上,既勇于创新,又谨慎从事,继续把经济体制的改革推向前进,改出一个社会主义现代化建设蓬勃发展的新局面。这种改革是为提高经济工作效率服务的,是为促进现代化服务的,是为巩固和健全社会主义制度服务的,归根到底,是为改善人民生活服务的。因此,我们相信,这个改革的事业必将得到全国人民的支持。

(三)克服官僚主义,改进政府工作。我们在改革经济体制的同时,必须努力改善各级政府的工作。当前,在各级政府机关中广泛存在的官僚主义现象是一个非常严重的问题。这种现象有很大一部分是同不合理的经济体制互相联系互为因果的,改革经济管理体制将克服一大部分官僚主义现象,但官僚主义又将妨碍经济体制的改革,甚至在新的体制中继续为害。因此,克服官僚主义必须同改革经济体制相辅而行。官僚主义不但妨碍经济改革和四化建设的进行,而且妨碍我们的一切工作,早已引起人民群众的强烈不满。不从制度上清除形形色色的官僚主义,我们的各级政府就不可能建立有效率的、有威信的工作系统,不可能充分发挥政府工作人员和广大群众的积极性,也不可能充分发挥社会主义制度的优越性。所以关于究竟怎样才能有效地克服官僚主义,我想稍为多说几句。

官僚主义是一种历史悠久的社会现象。我国现实生活中的官僚主义同旧社会的官僚主义有许多共同点,但是又有本质的区别。旧社会的官僚主义是为统治阶级对劳动人民剥削和压迫服务的,是旧社会所不可能消灭的,我们现实生活中的官僚主义使社会主义的优越性难以发挥,是违背社会主义制度利益的,社会主义必须克服它,也能够克服它。造成和助长我们政府机关中现在这种官僚主义现象的社会原因,除了旧社会恶习的遗留以外,更重要的是我们的社会主义制度本身还很不完善,我们对社会主义发展规律的认识还很不成熟。尽管我们历来作过多次努力反对官僚主义的现象,但是成效很少。为什么呢?这主要是因为,我们过去主要只是进行思想教育,只看到它是旧社会的遗留的一面,而没有从我们现行的各项制度中寻求产生它的原因和克服它的办法。事实上,在目前还很不完善的社会主义制度下,我们的政府机关不适当地用行政方法管理着社会生活的几乎所有方面,负担着历史上从来没有过的繁重复杂的任务,这种不合理的状态才是问题的关键所在。这种状况不改变,我们不但不可能集中力量清除旧式的官僚主义,而且不可避免地要产生新条件下的官僚主义。关于旧式的官僚主义恶习,关于平常所说的官僚主义的对待群众的种种恶劣作风,我现在不准备多说,我想着重说一说我们现有的国家管理制度中存在着的产生官僚主义现象的严重的缺陷和弊端。这些缺陷和弊端,主要的有以下几个方面:

一是权力过分集中。各个企业、各个生产单位没有独立地进行经济活动的合理权力,许多重要权力集中于这些企业、生产单位之上的多层次的行政管理机关,这就往往会发生离开生产活动越远、权力越大、机构越多、工作越难的现象。这种把企业、生产单位的权力不适当地集中于政府部门,地方的权力不适当地集中于中央,政府部门的权力不适当地集中于党委的局面,越来越严重地妨碍着社会主义建设事业的有效发展。经济以外的事业,情况也大体相似。诚然,在我们的社会主义国家中,特别是在它的早期发展阶段,管理工作一定的集中是必要的。本来,按照国民经济发展计划实行必要的统一管理,用行政的和党的统一领导来协调社会各方面的利益,这是社会主义制度优越性的重要表现。但是权力过分集中了,事情就走向反面。我们都遇到过这种情况:下面了解实际情况的人常常不能做应该由他做的决定,上面不太了解实际情况的人却常常要在来不及了解必要情况的条件下做决定。这不仅降低了工作的效率,妨碍了下级工作人员的积极性,也降低了上级工作人员的领导水平,使他们在工作中必然要犯错误。他们过多地被一些本该摆脱的烦琐事务所纠缠,却没有充分的时间对于重大的问题来进行调查研究和深思熟虑,以便作出妥善的解决。由于远离错综复杂的实际生活,在处理下面的具体问题时,也往往很难避免简单化、绝对化、“一刀切”的弊病。我们现实生活中新产生的许多官僚主义现象,就是出于这个重要原因。

二是权限职责范围不明。从国务院到地方各级政府,没有制定出系统的切合实际的行政法规,对各部门、各地方、各单位以至各个人的工作范围、工作权限、办事规则,没有明确的划分或具体的规定。这往往使得各部门、各单位在遇到某种缺少惯例的时候感到无章可循,不明职守,只好向上请示报告。这就造成了层层报批、公文旅行、报告成灾、会议成灾、互相扯皮、办事拖拉的一类现象。

三是干部制度很不适应社会主义建设时期的需要。各级政府对于干部的选拔、任用、考核、培养、奖惩、淘汰等等,没有一套健全的制度。各部门、各单位吸收使用干部很少采取严格的招考、招聘的方法,量才选用,大都由组织、人事部门委派。这种制度的形成有它历史的原因,也起过积极的作用,但现在已经越来越不能适应现代化的任务了。干部的培养缺乏切实的计划，往往同工作需要脱节。对于干部的工作状况缺乏经常的严格的考核奖惩，干好干坏一个样，合格不合格一个样。一个人当了干部就终身有了“铁饭碗”，即使工作得很不胜任，很不尽职，但除非被开除公职，也仍然是个干部。确实，这种制度可以防止一部分人的失业，保持他们的生活安定，但是所费的代价太大了。这种状况再不彻底改革，怎么能实现现代化呢?

四是机构臃肿，层次繁多，人浮于事，副职虚职过多，工作效率低落。以上所说的权力过分集中、工作职责不分明、干部制度不适当的三种状况，都必然造成机构臃肿。而机构臃肿，又必然使官僚主义的许多弊病更加发展起来。我们的行政机构往往设置重复，固定的和临时的机构以及机关工作人员都已超过了历史最高数字，这就说明了问题的严重程度。现在是必须认真研究解决的时候了。

我在这里必须着重指出，我们的多数行政机关为社会主义建设事业确是进行了大量的必不可少的工作，我们的一切成就同它们的努力是分不开的。就在今后，我们仍然必然要有强有力的国家机构，必须要有有权威的政府，而政府必然离不开各种必要的行政工作，这些工作根本上都是为人民服务的。我还要着重指出，我们的工作人员多数是任劳任怨、克己奉公的，而且，很多人具有相当的专业知识、实际经验，经常深入现场、善于联系群众。我们批评我们工作中的官僚主义，主要是要研究产生官僚主义的根源，是要改善我们的工作制度。不好的制度常常使我们的很多忠心耿耿的工作人员有力无处使，或者进行了许多效果很少的劳动。责任当然不在他们。确实也有一部分工作人员思想作风不好，但是制度不改，要改掉他们的弊病也往往难以奏效。要克服官僚主义，关键首先在于切实改革国家管理制度、机关工作制度、干部制度和机构组成方面存在的不合理现象。具体办法是：

第一，要对企事业单位实行权力下放。要让各个企业、各个事业单位拥有在国家统一领导下真正独立经营和独立活动的必要的自主权。这个试验，在去年已经在一部分企业中进行，效果一般很好，今后要逐步推广，还要继续扩大企业的自主权。在事业单位中，还只有少数单位试点，需要总结经验，稳步推广。企事业单位的自主权扩大了，许多行政部门的工作就可以大大减少。有些行政部门可以改为企业或事业组织，有些可以合并。这样，机构可以大大精简，可能产生官僚主义现象的地盘就大大缩小了。当然，自主权不能仅仅交给企业、事业组织的个别负责人，而必须同时交给它们的真正能代表广大职工的适当的民主管理机构和监督机构。权力下放一定要同民主管理结合起来。各企业、事业单位要普遍成立职工代表大会或职工代表会议，职工代表大会或职工代表会议有权讨论和决定自己职权范围内的重大问题，有权选举、建议任命和建议罢免本单位的行政领导人员。在日常工作中，凡是同广大职工切身利害有关的问题，一定要取得工会的同意和合作。权力下放，决不能削弱必要的统一管理。但是，这种统一管理的工作，对于企业来说，应该把过去那种主要用行政办法管理的情况，改为主要用经济办法管理。在企业内部，在实行民主管理的同时，无论在生产方面、技术方面、经济方面，也都必须有必要的统一管理和集中指挥，这是毫无疑义的。对于事业部门，原则上也是如此。

第二，要用行政立法来明确规定各个行政机构和各机构内各单位各个人职责范围。这个工作要从两个方面同时进行：一是各部门、各单位发动群众自己规定各种规章、条例，建立各种岗位的工作细则，使得人人明确应负的责任，事事明确应负责任的个人。如果人有多余，可以离职训练，或另行分配。现在有些单位已开始这样做了，实践证明很有成效。二是从国务院到地方各级政府，要组织专门的力量，制定系统的行政法规，明确划分各部门、各单位的职权范围和各种职权的行使原则，以及某些特殊问题的处理办法。有了这样的法规，请示报告就可以大大减少，大量的事情就可以由各部门、各单位按照自己的权限和工作原则独立解决。职权具体落实到各个单位、各个工作人员以后，就要建立严格的检查制度，做到功过分明，赏罚分明。严重失职的人员一定要依法追究责任。

第三，要努力改革干部制度。要在认真总结历史经验，深入调查研究的基础上，对各级各类干部的任用、考试、考核、奖惩、训练、提拔、调动、退休、解职等等，制定出具体的切实可行的制度。我们是社会主义国家，要尽量使所有工作人员在生活上有必要的保障，在他们应该退休、解职的时候，要作出妥善的安排。

第四，要建立和健全检查、监督制度。实行了以上所说的三条办法，就不但可以消除权力过分集中、权限职责范围不明、干部制度不健全的现象，而且也就可以消除机构臃肿的现象。这就会大大减少官僚主义现象的发生。但是，官僚主义既然是一种历史现象，同它的斗争也必须依靠持久而顽强的努力。对各级政府机关及其工作人员的工作必须进行经常的严格的检查、监督。现在，对于各级政府工作人员，进行检查和监督的形式、渠道、制度还不完备，人民群众实际上行使监督权还很不容易，很不普遍。这种状况必须改变。为了检查和监督各级政府机关和政府工作人员的工作，除了各级党组织和党的纪律检查委员会的监督以外，还要认真处理群众的来信来访和适当地运用报刊的揭发批评。人民代表的检查、上级政府的检查、下级政府的检举,都有很大的威力,值得多多提倡。有些机关试行对于干部的群众推荐、群众评选,也是一种成功的经验,可以推广。总之,各级政府要继续集中群众的智慧,努力创造出更多更便利更有效的检查、监督制度,以利于真正按照人民的意愿及时表扬、奖励、提拔那些对社会主义事业作出显著成绩的干部,同时揭发和纠正那些有过失错误的干部,以及撤换、罢免严重失职的官僚主义者。

我要声明:我在这里说的官僚主义的产生原因和克服方法都没有说完全。而且以上所说的克服官僚主义的方法,一部分是可以较快做到的,有相当大部分并不是马上就可以做到的,这需要对我们的工作制度以至组织制度进行比较全面彻底的改革,因此需要有一定的准备。但是我们既然下决心实现现代化,就必须下决心进行这些改革,否则我们的现代化计划必然被这些不合理的制度拖住后腿。当然,旧社会官僚主义习气的遗留,同社会生产力的发展水平有关,同人民和干部的教育文化水平有关,所以彻底克服官僚主义的一切表现,将是一个长期的、艰巨的任务。但是,只要各级政府充分认识了它的危害性,抓住了改革国家管理制度,改革各级行政机构工作制度,改革干部制度,加强干部检查、监督制度这四个基本关键,有计划有步骤地加以切实解决,同时加强有关的教育训练工作,官僚主义的主要弊病和其他弊病是一定能够克服的。它决不是什么社会主义的不治之症。社会主义一定会成为一种生气勃勃的制度,至少我们在中国一定要做到也一定能够做到这一步,马克思主义的基本理论本来就是这样要求的,我们又有群众路线的长期革命传统,我们能够依靠最广大的群众,这就使我们一定能够达到克服官僚主义的目的。我们把应该下放的权力切实而又稳妥地交给基层,交给群众,他们一定能够帮助和监督我们的政府进行各种必要的改革,适应现代化建设的要求,直至建成为一个历史上比较精干的、负责任的、有效率的、接近群众的社会主义现代化的政府。

(四)进一步发展社会主义民主和法制。进一步建立和加强民主制度,健全社会主义法制,使人民群众能够有效地行使管理政治事务、经济事务和其他社会事务的权利,而使任何妨害和破坏社会主义事业的不法活动受到迅速有效的制裁,这是社会主义现代化建设得以顺利进行的不可缺少的政治前提。

我们改革经济管理体制,改变权力过分集中,改变党政不分、政企不分的状况,增加地方和基层应有的权力,对企事业单位实行权力下放,扩大企事业单位独立经营和独立活动的必要的自主权,健全职工代表大会、工会等民主管理机构和监督机构,加强企事业单位的民主管理、民主监督;我们发展和保障少数民族的民族区域自治权利以及其他民主权利;我们反对官僚主义,改善政府领导,加强群众对政府机关及其工作人员工作的检查监督;我们废止领导干部职务的终身制,在各级领导机关中加强集体领导,反对个人专断,这些都是进一步发展社会主义民主的重要步骤和重大措施。

我们要真正使社会主义民主制度化,法律化,还需要继续进行巨大的努力。修改宪法,就是这些工作中最重要的一项。宪法是我们国家的根本大法,是政府一切工作的基本依据。五届人大一次会议对宪法曾经作了修改,但是,由于当时还没有来得及全面地总结新中国成立以来的经验教训,也没有来得及彻底清理和消除十年动乱中某些"左"倾思想的影响,以致现行宪法中还有不少不适当的地方。而且,作为国家根本大法,现行宪法的许多规定也不够完善和明确。因此,中共中央建议本次会议考虑和着手对现行宪法进行全面修改,使之能够更好地体现我国历史发展新阶段全国各族人民的利益和意志,更好地适应社会主义现代化和国家民主化的需要。

真正做到依法治国,这不仅是巩固和发展国内安定团结的局面的需要,而且也是保障现代化建设顺利进行的需要。这就要求继续加强立法和司法工作,首先是制定出比目前完备得多的法律,特别是在经济立法方面要做大量的工作。为此,建议人大常委会召集必要的人才,陆续把民法、民事诉讼法、民族区域自治法、计划法、工厂法、劳动法、合同法、能源法等重要法律制定出来。国务院也将积极参加有关法律的起草工作,并陆续制定和颁布各种法规,特别是各种规定各机关权限职责和改革用人制度等行政法规。各省、市、自治区人民代表大会及其常委会,也要按照法定原则,制定和颁布各种地方性的法规。这样才能使我们的干部和群众在各个方面办事都有法可依,有章可循。

对于已经颁布的法律、条例和命令,各级政府要坚决保证实施。最近,根据选举法的规定,县级人民代表的直接选举和由直接选举的县级人民代表产生县的领导人员,正在全国普遍进行。这是我国人民政治生活中具有深远意义的一件大事,它标志着我国人民民主制度的进一步发展。各级政府一定要认真把这项工作做好。

我们的干部,特别是高级干部,一定要带头遵纪守法,切不要以为自己有权有功,就可以把法律纪律置之度外。同志!那样是会犯大错误的!愈是权力大、功劳大的人,愈有政治的责任和道德的责任对人民、对下级工作人员、对子孙后代作出模范,带头使全国上下一心地树立一代的革命风气。同志们!我们一定要坚决打掉官僚架子和特权,树立起全心全意为人民的革命风气。这是我们对人民对青年的神圣职责，那些只知追逐个人和子女亲友的私利而不惜危害国家利益人民利益的人，终究会受到法律和纪律制裁的。我们的干部一定要同那些徇私枉法、官官相护等恶劣行为作坚决的斗争。在任何情况下，都要坚持“在法律面前人人平等”的原则，决不允许有任何“特殊公民”逍遥于法律和纪律之外。我们要切实保证公安机关独立行使侦查权，检察机关独立行使检察权，法院独立行使审判权，使之不受任何机关、团体和个人的非法干涉。只有这样，才能维护社会主义法制的尊严，使社会主义法制真正成为保卫社会主义民主的强大革命武器。

为了使得我们现在在经济制度、政治制度各方面的改革得到正确有效的执行，我们要在各级干部和广大群众中，加强思想政治工作，加强革命传统的教育、社会主义道德的教育、社会主义法制的教育、共产主义劳动态度的教育，努力克服封建主义思想残余影响，克服资产阶级和小资产阶级等各种非无产阶级思想的影响。还应当看到，由于国际交往的增多，在一些人中受外国资产阶级思想腐蚀的现象已经开始出现，崇洋媚外、丧失民族尊严的可耻行为也有所抬头。这是我们所必须警惕和反对的。清除剥削阶级和其他非无产阶级的思想影响，不仅现在而且是今后相当长时期内我们发展社会主义民主的一项必不可少的重要任务。

(五)实现各级政府领导人员的年轻化和知识化、专业化。全国工作重点开始转移以后，各级政府领导班子存在的许多同志年龄过大和缺乏专业知识的状况，与四化建设的要求越来越显得不能适应。现在，党的工作和政府的工作要分开，各级政府和各企业事业负责人直接担负着组织人民群众从事现代化建设的繁重工作。如果不把大批坚持四项原则、年富力强、具有专业知识的干部提拔到各级领导岗位上来，改变目前领导班子的状况，那就会严重影响现代化建设的顺利进行。因此，在坚持四项基本原则的前提下，实现各级政府领导人员的年轻化和知识化、专业化，直接关系到政府正确领导的连续性和稳定性，直接关系到现代化建设事业的成败。

去年以来，中共中央多次强调指出，要坚决选拔一大批坚持党的路线、有专业知识和能力、年富力强的干部，充实和加强各级党委的领导班子。这个精神，也适用于各级政府。就全国来说，这项具有战略意义的工作进展得不快，步子迈得不大。现在我们必须抓紧解决这个问题。中央提出选拔中青年干部的这三条标准，并不复杂。只要解放思想，走群众路线，按照这三条标准把合格的中青年干部提拔上来，并不那么困难。30年来，我们自己培养了三百多万大学毕业生和五百多万中专毕业生，此外，还有一大批工农出身的中青年干部，他们在长期的复杂的革命和建设实践中受到了锻炼，提高了科学文化水平掌握了一些专业知识。符合这三条标准的人才有的是，问题就是很少去选拔。很多人才用非所学，长期被压抑，但是主管人员置若罔闻，这是国家多大的损失！这也说明继续清除多年来流行的轻视知识、轻视知识分子的“左”倾流毒是多么重要。四十多年前，毛泽东同志在讲到选拔经济工作干部的时候曾说过：“丢掉错误的观点，干部就站在面前了。”这句话说得实在好，现在对于我们还是完全适用。

选拔、培养中青年干部，我们的老干部负有特别重要的责任。我们的大批老干部，在长期革命斗争和建设事业中，出生入死，艰苦奋斗，作出了巨大的贡献，是党和国家的宝贵财富，应当受到人民的尊敬和爱戴。我们说的干部年轻化，就是要在领导层中增加年轻的人，逐步使年轻的人占多数，并不是要把所有年纪大的人都从领导岗位上换下来，而且对各级领导干部年龄的要求，也应有所不同。能够继续工作的老干部仍然是我们的领导骨干。但是，有一部分老干部，毕竟年纪大了，身体差了，精力不够了，自然规律不饶人。要求这些老同志当参谋、当顾问是可以的，要求他们像当年那样在第一线担负紧张繁重的工作，就困难了。因此，我们要认真负责地安排一大批对国家对人民有贡献的、年老体弱的同志，退居第二线或第三线，保持他们原有的政治待遇和生活待遇，使他们在有生之年能继续为人民作出贡献。我们的老干部具有识别、选择、培养人才的丰富经验。积极地去发现和选拔优秀的中青年干部，主动把位子让给年富力强的同志，鼓励、支持和帮助他们大胆工作，这是历史赋予我们老干部无上光荣的重任，也是老干部为四化建设作出的一项最好、最宝贵的贡献。我们深信，我们的老干部一定不会辜负全国人民殷切的期望！

为了使大批在职的政府工作人员和各行各业的干部，掌握和提高四化建设所必需的文化知识和专业知识，应当为他们创造必要的学习条件，包括举办正规的专业学校和采取其他各种脱产的或在职的学习形式。在这方面，我们有正反两方面的经验教训。新中国成立初期，我们曾经运用多种形式来培训工农兵干部，提高他们的文化水平和专业知识水平，收到了很好的成效。这个具有重大意义的工作，可惜后来竟被抛弃了。现在我们必须把这项工作恢复起来，并加以发展，使一切能学习的工农兵干部都有条件采取各种可能的形式刻苦地学习各种专业知识，以适应四化建设的需要。政府各级领导人员和广大干部，一定要用顽强的进取精神，孜孜不倦地努力学习。我们相信，在这些同志中，一定会有越来越多的人，成为各行各业的又红又专的专门家！

毛泽东同志在中共七届二中全会上的报告中说："如果我们在生产工作上无知，不能很快地学会生产工作，不能使生产事业尽可能迅速地恢复和发展，获得确实的成绩，首先使工人生活有所改善，并使一般人民的生活有所改善，那我们就不能维持政权，我们就会站不住脚，我们就会要失败。"在取得全国胜利后，我们曾经出色地完成了这一任务。今天我们在新情况下，为了实现现代化，再一次面临着类似的任务，我们必须完成这一任务，我们一定能够完成这一任务。

各位代表！以上所谈到的几个问题，都是全国人民十分关心的问题。这些问题是新情况下的新问题，对于这些问题，我们的认识还是很粗浅的。现在请代表们共同来讨论，以求得共同的正确的认识。应该说，这些问题还只是提出，要解决，还必须作十分艰巨的努力。在这次会议以后，国务院和地方各级政府，应该采取有效办法，深入调查研究，从实际出发，提出切实可行的具体方针、政策和措施。各级政府的工作要首先厉行改革，克服官僚主义，真正成为领导四化建设，为人民服务的国家行政机关。

在这里，我受中共中央的委托，对国务院领导成员的调整问题作一说明。

不久前举行的中共十一届五中全会，为了加强和改善党的领导，以适应社会主义现代化建设的需要，提出了若干重大的措施，如努力吸收坚定地执行党的路线、具有独立工作能力而又年富力强的同志参加各级领导工作，加强集体领导，废止实际上存在的干部领导职务终身制等。这些基本精神，同样适用于加强和改善政府的领导工作。为了吸取历史教训，避免权力过分集中和兼职过多，为了把党的工作和政府的工作切实地明确地分开，中共中央决定，党委第一把手一般不宜兼任人民政府的省长、自治区主席、自治州州长、县(市)长，以便这些同志能够集中时间和精力处理党的重大问题，使国务院以下各级政府能够建立起从上到下的完善有效的工作系统。根据以上的原则，我向中共中央提出并经中共中央决定，我不再兼任国务院总理。中共中央同时决定，现任国务院副总理的党内的五位老同志——邓小平同志、李先念同志、陈云同志、徐向前同志、王震同志，都不再兼任国务院副总理，王任重同志已担任党内重要职务，也不再兼任副总理。现在一并提请大会审议。还有，陈永贵同志请求解除他的副总理职务，已经中共中央同意，也请大会予以审议。

中共中央经过慎重考虑，向大会提议赵紫阳同志为国务院总理。中共中央认为，赵紫阳同志任国务院总理是适当的，是可以信赖的。请大会审议决定。

这次国务院领导成员的调整，是改革我国的政府领导制度的一个良好开端。我们相信，通过这次调整，必将有助于加强和改善政府的领导，提高政府的工作质量和工作效率，促进现代化建设的发展。

各位代表！我国的现代化建设，需要一个长期的国际和平环境。反对霸权主义，维护世界和平，既符合我国人民的利益，也符合世界人民的利益。苏联霸权主义直接出兵占领阿富汗，支持越南继续侵占柬埔寨，不仅直接危及波斯湾、中东地区和东南亚地区的和平与安全，而且威胁全世界的和平与安全。我国政府和人民，坚决支持柬埔寨人民和阿富汗人民反侵略的正义斗争，并将一如既往地坚决和世界各国人民一道，为反对霸权主义、保卫世界和平进行不懈的努力。

中国人民解放军是无产阶级专政的坚强柱石，是社会主义祖国和四化建设的忠诚保卫者，也是维护世界和平事业的重要力量。最近几年，国防费用不可能有大的增加，但是国防建设仍然必须加强。人民解放军要继续加强军政训练、干部训练，加强政治思想工作，加强各项防御侵略的准备工作，发扬优良传统，巩固和提高战斗力。要继续搞好民兵建设，继续搞好各项拥军优属工作。各界人民代表，各级政府和各族人民群众要关心、爱护自己的子弟兵，积极支持和帮助解放军完成各项任务。我们一定要齐心协力，把我们的军队建设成为伟大的钢铁长城。

我们要大力促进台湾归回祖国，早日完成祖国统一大业。去年元旦，全国人民代表大会常务委员会发布的《告台湾同胞书》，已经在台湾上下、海外侨胞和各国人士中产生愈来愈大的影响。台湾的爱国同胞和世界各地的侨胞，在过去一年多的时间里，为了祖国的统一，作了很积极的努力。海峡两岸的同胞，尤其希望尽快实现大陆和台湾通邮、通航、通商。我们相信，祖国统一的历史潮流是不可阻挡的，祖国统一的神圣目标是必然会实现的。世界上只有一个中国，台湾是中国不可分割的一部分，这是中国政府和中国人民的不可动摇的一贯立场，也是中国和任何国家建立外交关系的一项基本原则。任何所谓"两个中国"或"一中一台"的论调，都必然受到中国政府和海内外全体同胞的一致反对。

同志们！朋友们！粉碎"四人帮"以来的形势证明，我们国家和人民的前途是光明的，这个事实现在更明显了。我们所以能够取得胜利，最重要的就是因为我们全国爱国同胞都紧密团结在中共中央的正确路线的领导之下。我们伟大的中国人民解放军和全国人民、全国各地方人民政府的团结一致，从来是、也永远是我国革命事业胜利的最可靠的保证。我国各民族永远亲密地团结在我们伟大祖国的大家庭中，无论什么力量也不能破坏我们经历过长久考验的崇尚的兄弟感情。我们的各民主党派和无党派民主人士，在近几年中为祖国的富强进步作了新的重大贡献，今后在四化建设中，将继续发挥重要的作用。毛泽东同志提出的“长期共存、互相监督”的口号将永远是中国共产党对待各民主党派关系的准则。爱国的宗教界领袖人士在领导全国各宗教信徒在爱国立场上维护信仰自由方面作了宝贵的努力。在祖国事业胜利前进的形势面前，我们必须用更大的努力来巩固和发展我们全体社会主义劳动者、拥护社会主义的爱国者和拥护祖国统一的爱国者的统一战线。我们要更紧密地团结在中国共产党和人民政府的周围，高举马克思列宁主义和毛泽东思想的革命旗帜，坚定不移地贯彻执行党和国家的路线、方针和政策。让我们大家携起手来，共同努力，争取社会主义现代化建设事业的伟大胜利！

中共中央建议全国人民代表大会成立宪法修改委员会

在五届人大第三次会议今天下午举行的全体会议上宣读了中国共产党中央委员会提出的关于修改宪法和成立宪法修改委员会的建议。

中共中央建议全国人民代表大会成立宪法修改委员会，主持宪法的修改工作，并于1981年上半年公布修改宪法草案，交付全民讨论，以求本届全国人民代表大会第四次会议能够通过，第六届全国人民代表大会能够按照修改后的宪法产生和工作。

中共中央的建议说，1978年第五届全国人民代表大会第一次会议通过的中华人民共和国宪法，由于当时历史条件的限制和从那时以来情况的巨大变化，许多地方已经很不适应当前政治经济生活和人民对于建设现代化国家的需要。为了完善无产阶级专政的国家制度，发展社会主义民主，健全社会主义法制，巩固和健全国家的根本制度，切实保障人民的权利和各民族的权利，巩固和发展安定团结、生动活泼的政治局面，充分调动一切积极因素，发挥社会主义制度的优越性，加速四个现代化建设事业的发展，需要对宪法作比较系统的修改。中共中央提请大会审议这项建议。

中共中央副主席李先念在人民大会堂会见意大利共产党领导机构成员书记处书记杰拉尔多·基亚罗蒙特

会见时，李先念向基亚罗蒙特介绍了正在北京召开的五届人大三次会议的情况。双方还就当前的一些重大国际问题交换了意见。

李先念请基亚罗蒙特回国后转达华国锋、叶剑英、邓小平、胡耀邦、赵紫阳同志和他本人对隆哥和贝林格同志的问候。基亚罗蒙特转达了隆哥和贝林格同志对中国共产党领导人的良好祝愿。

国务院副总理李先念在人民大会堂会见意大利《新闻报》记者费拉纳·巴尔比埃里

贵州发现世界稀有植物——银杉

《人民日报》报道，贵州农学院林学系讲师徐友沅最近在道真县相溪公社两处发现成片的世界上稀有的古老孑遗植物——银杉。这些银杉树干通直，树冠塔形，分枝平展，那暗绿而带银灰色的树梢，是高出同生的其他树种。

9月8日

国务院副总理邓小平在北京会见由公司总裁查尔斯·斯旺森率领的美国《不列颠百科全书》出版公司董事会代表团

邓小平在会见时说，我们全国人民对正在召开的五届人大三次会议的反映很好。这说明，中国人民实现四化的决心是坚定的，也是有信心的。同时也说明，粉碎“四人帮”以后，我们的事情一年比一年好。但是我们还面临着许多问题和困难，我们正在研究和解决。

会见时，邓小平接受了这个出版公司赠送给他的一套特别精装《不列颠百科全书》。

邓小平说，这部百科全书在世界学术界是有权威性的，对我们实现四化是有用的，中国的科学工作者会从中得到教益。

斯旺森说，我们已同中国大百科全书出版社建立了友好合作关系，这将有利于美中两国的文化交流和友谊的进一步发展。

五届全国人大三次会议今天举行分组会议讨论华国锋在全体大会上就政府工作所作的讲话

代表们在发言中普遍认为，这个讲话总结了新中国成立30年来的经验教训，讲得很深刻、很实在，听了使人充满信心。代表们热烈拥护中共中央提出的关于国务院领导成员调整问题的提议，认为对领导制度的这种改革，有着深远的历史意义。

华国锋讲话中关于克服官僚主义，改进政府工作，进一步发展社会主义民主和法制，实现各级政府领导成员的年轻化、知识化、专业化等问题，在各个分组会上反应热烈。有的代表指出，这些改革，实际上是一场革命。切实改革国家管理制度中存在着的严重缺陷和弊端，我们的国家一定会更加生气勃勃。

五届全国人大三次会议与全国政协五届三次会议提案委员会宣布提交提案数

五届人大第三次会议提案委员会截至9月7日中午12时，出席本次会议的代表共提出提案2300件，比上次会议多提了410件。

这次会议的提案，数量之多，内容之广，在人代大会历次会议中是空前的。这些提案中，属于农业方面的有231件，工业交通和职工生活方面的有903件，教育、科学、文化、卫生方面的有507件，财贸方面的有183件，政权建设、政法、国防、外交等方面的有476件。

五届政协第三次会议到9月7日止，共收到248件提案。政协委员们的提案的主要内容，集中在加强四化建设上，其中关于工业交通、文教、科技方面的问题约占1/3。

不少提案是经过多年实践、考察研究后提出的。

到目前为止，全国政协提案审查委员会已将248件提案审查立案189件。政协提案审查委员会的委员们表示，对能办的提案要努力协助有关部门办理。

中华人民共和国政府和美利坚合众国政府民用航空运输协定在北京草签

中国政府民航代表团团长、中国民航总局副局长林征和美国政府民航代表团团长、美国国务院交通与电信助理国务卿帮办波伊德·海特分别代表各自的政府在协定上签字。

中国民航总局局长沈图、美国驻中国大使伍德科克参加草签仪式。

国务院副总理谷牧在北京会见朝鲜民主主义人民共和国贸易部副部长李成绿

国务院副总理万里在人民大会堂会见由加拿大农业部长尤金·弗惠兰率领的加拿大农业代表团

中国农科院和国际水稻研究所共同举办的国际杂交水稻育种培训班在湖南省长沙市举行开学仪式

这期培训班是中国农业科学院和国际水稻研究所根据双方签订的科技合作会谈纪要商定举办的。湖南省农业科学院受中国农业科学院委托，负责这期培训班的具体工作。参加这期培训班的有国际水稻研究所的育种专家，印度、孟加拉、斯里兰卡、泰国和菲律宾等国的农业科学工作者，还有印尼的一位农业科学工作者将于近日到达。

中国选手孙秀萍在郑州举行的全国射击分区赛中以598环的成绩平射击女子标准步枪60发卧射世界纪录

9月9日

国务院副总理邓小平在人民大会堂会见联合国人口活动基金执行主任拉斐尔·萨拉斯一行

邓小平说，我们正在制定控制人口的规划，争取到本世纪末不超过12亿。这个任务虽然很艰巨，但我们必须这样做。否则，我们的经济就不能很好地发展，人民的生活也不能提高。他还对联合国人口活动基金同我国有关部门的成功合作表示满意，并希望这种合作不断发展。

国务院副总理邓小平在北京会见美籍学者陈树柏教授和夫人

邓小平在会见时说，凡是在海外的朋友愿意回国来参观、讲学，我们都热情欢迎。在台湾的朋友愿意回来看看，我们也同样欢迎。他希望在海外人士为祖国的统一大业作出贡献。

陈树柏是美国圣克勒拉大学电机工程和计算机工程系主任。他这次是应中国科学院邀请来北京研究生院讲授网络拓扑分析导论和线性网络及系统分析课程的。

在亲切的交谈中，陈树柏对邓小平说，我们在海外的中国人和华裔都希望能够看到祖国的统一，繁荣强盛。我们对中国正在进行四个现代化建设感到很高兴，并愿意为此作出自己的贡献。

国务院副总理李先念在北京会见美国国防部副部长威廉·佩里博士

李先念在会见时说，中国人民决心主要依靠自己的力量来实现四个现代化计划。当然，我们也愿意在可能的条件下同各友好国家进行合作。中国在处理各种事务时，不仅看到中国人民的自身利益，同时也看到世界人民的利益。在处理中美关系问题上，我们不仅从中美两国人民的利益出发，而且也从全球利益出发。

威廉·佩里在谈话中重申美国政府愿意同中国进一步加强关系。

五届全国人大三次会议主席团举行第四次会议

会议讨论和通过了五届人大第三次会议关于修改宪法和成立宪法修改委员会的决议草案。

会议还讨论和通过了法案委员会关于四个法律草案的审查报告，并决定将这四个法律草案提请大会审议。

关于四个法律草案的审查报告说，五届人大第三次会议全体代表认真讨论和审查了《中华人民共和国婚姻法(修改草案)》第四个法律草案和彭真、武新宇、顾明的说明,对这4个法律草案和说明表示赞同。代表们认为,《中华人民共和国婚姻法(修改草案)》总结和反映了30年来我国婚姻、家庭方面的经验和变化,体现了社会主义的婚姻家庭关系的基本原则。婚姻法的修订和实施,有利于进一步清除婚姻、家庭关系方面的旧影响、旧习惯,有利于发扬社会主义道德风尚、建立民主和睦的社会主义家庭关系。代表们认为,《中华人民共和国国籍法(草案)》总结了30年来处理国籍问题的实践经验,体现了我国处理国籍问题的一贯政策。国籍法草案明确规定不承认中国公民具有双重国籍,华侨自愿加入侨居国国籍,有利于国外侨胞的长远利益,有利于友好地处理我国和有关国家之间的关系。代表们认为,为了促进中外合资经营企业的发展,制定《中华人民共和国中外合资经营企业所得税法(草案)》和《中华人民共和国个人所得税法(草案)》,是必要的和适当的。

报告说,法案委员会根据各代表团的讨论意见,对四个法律草案认真地进行审查,对婚姻法修改草案和国籍法草案作了一些修改和补充。

会上,主席团成员就报告中建议的修改后的婚姻法施行的时间问题展开了热烈讨论。原修改草案提出1982年1月1日施行,代表们在讨论中意见不一致,有的认为应该在1981年1月1日施行,有的仍主张1982年1月1日施行。法案委员会建议改为1981年7月1日为宜。在今天的会上,康克清委员建议在1981年1月1日就施行,不要拖到明年7月1日。许多委员同意她的意见。会议就这个问题进行表决。表决结果,多数同意改为1981年1月1日施行,提请大会审议决定。

会议还通过了关于1980、1981年国民经济计划安排,1979年国家决算、1980年国家预算和1981年国家概算决议修改草案,和有关人大常委会、国务院领导成员调整的决议草案,提请大会审议。会议讨论和通过了五届人大第三次会议提案审查委员会关于提案的审查报告。这个审查报告说,五届人大第三次会议的代表们,受全国各族人民的重托,本着关心国家大事和四化建设的精神,以当家做主的态度,向大会提出了各种提案。截至9月7日中午12时,共提出提案2300件。提案数量之多,质量之高,内容之广,都是前所未有的。这些提案对国家机关各方面的工作提出了许多宝贵的意见、要求和建议。

报告说,各项提案,已经提案审查委员会审查通过。建议按照各项提案的审查意见,分别交由全国人大常委会、国务院、最高人民法院和最高人民检察院研究办理。

今天的会议由主席团常务主席韦国清主持。

五届政协全国委员会常务委员会举行第十二次会议

这次会议分别在于9月9日和9月11日举行。

会议讨论和通过了中国人民政治协商会议第五届全国委员会第三次会议政治协议(草案),五届政协全国委员会第三次会议关于常务委员会工作报告的决议(草案),和五届政协全国委员会第三次会议关于修改政协章程的决议和政协章程修改委员会名单(草案)。上述文件将提请大会审议。会议经过认真讨论,通过了增补五届政协全国委员会副主席、常务委员候选人名单(草案)。政协全国委员会副主席刘澜涛就这个问题在会上作了说明。他说,中共中央根据领导人员的调整需要,向全国政协常委会提出以下建议:韦国清、彭冲、赵紫阳、宋任穷、杨静仁,已担任其他领导职务,不再兼任政协副主席、常委和委员;政协副主席班禅额尔德尼·确吉坚赞已当选为全国人大常委会副委员长,提请辞去政协副主席职务,拟仍保留政协常委、委员。中共中央还建议增补八位同志为政协全国委员会副主席。他还说,最近一个时期,各有关方面提出建议增补一批政协常委的名单。经过分别同各有关方面负责人协商,现在提出了增补常委24人名单(草案)。另外,习仲勋和杨尚昆已在全国人大常委会担任工作,不再兼任政协常委和委员。刘澜涛说,准备增补的副主席和常委,将由大会选举决定。

会议还听取了提案审查委员会关于提案的审查报告,并通过了提案审查的决议(草案),提请大会审议。

这次会议充满了民主气氛。委员们对将提交大会审议的几个文件,以及如何进一步加强人民政协的工作、充分发扬政治协商和监督作用的问题,进行了热烈的讨论,提出了许多意见和建议,其中不少意见得到了采纳。

会议由政协全国委员会副主席乌兰夫主持。

五届全国人大三次会议继续举行分组会议审议华国锋同志的讲话

代表们一致拥护华国锋代表中共中央提出的关于国务院总理人选的提议,以及中共中央关于邓小平、李先念、陈云、徐向前、王震五位老同志不再兼任国务院副总理的决定。他们说,这五位老同志都是在全国人民中享有很高威望的老一辈无产阶级革命家,对国家、对人民作出过很大贡献。现在他们不再兼任副总理,用实际行动为改革国家领导制度作出了表率,应当受到人民的尊敬。他们不兼任政府职务,也便于他们能够集中精力处理党和国家的重大问题。代表们说,华国锋同志在讲话中对官僚主义的分析很深刻，并提出了克服官僚主义的措施，很得人心。有中国共产党的领导，有人民群众的监督，我们一定能克服我国国家管理制度中存在着的缺陷和弊端，建设起一个历史上最精干、负责任、有效率、接近群众的，适应社会主义现代化事业需要的人民政府。

《人民日报》发表特约评论员文章《认真实行社会主义民主制——谈作为国家形态的民主》

五届人大二次会议以来，社会主义民主正在扎扎实实地加强。全国县级直接选举，即将全面展开，这是完善社会主义民主制度的重要一步。但是，应当看到，在我们的国家，要达到高度的民主化，使广大人民能够有名有实地管理国家，管理各项事业，则需要在四化建设的进程中，经过长期的坚持不懈的努力。首先，对民主问题要有一个正确的理解和认识。民主是什么？对于这个问题，人们可以从不同的角度作出各种回答，比如：民主就是让人讲话，民主是一种手段，还有民主作风、民主方法，等等。从一定意义上说，这些回答都是有道理的，但又是很不完全的，还没有抓住问题的本质。

列宁说："民主是一种国家形式，一种国家形态。"（《列宁选集》第三卷，第 257 页）这个论断抓住了民主问题的实质。民主是个古老的概念，它的本意就是"人民的权力"。但是，从比较完整的意义上说，民主作为国家形态，是从历史的近代开始的。列宁曾经概括了作为国家形态的民主的辩证发展过程："从专制制度到资产阶级民主；从资产阶级民主到无产阶级民主；从无产阶级民主到没有任何民主。"（《马克思主义论国家》第 24 页）作为国家形态的民主，就是资产阶级民主和无产阶级民主两大类型。

怎样从国家形式、国家形态的角度看待无产阶级的社会主义民主呢？首先，这是一个国体问题，也就是无产阶级和其他各个阶级在国家中的地位问题。马克思和恩格斯早在《共产党宣言》中就指出："工人革命的第一步就是使无产阶级上升为统治阶级，争得民主。"（《马克思恩格斯选集》第一卷，第 272 页）以后，他们又提出了无产阶级专政的科学概念，肯定了无产阶级（以及一切被剥削劳动者）在未来国家中的统治地位，从而解决了无产阶级专政国家的国体问题。

新中国成立前夕，毛泽东同志就庄严宣布，我们的人民共和国是人民民主专政的国家。我国的宪法明确规定："中华人民共和国的一切权力属于人民。"这就是我们国家的国体。国体问题，是国家的根本性质问题。因此，对于社会主义民主制度的背离或破坏，必然要损害我们这个无产阶级专政的国家性质。这决不是夸大其词。林彪、"四人帮"横行期间，搞封建法西斯的"全面专政"，在某些地区和单位，人民当家做主的权利不是几乎被剥夺干净了吗？我们国家的根本性质不是已经受到了相当严重的损害吗？因此，我们要从维护我们人民共和国的国体的高度，自觉尊重人民的民主权利，完善和加强社会主义民主制度。其次，民主作为一种国家形式，一种国家形态，也是一个政体问题。国体固然决定国家的根本性质，但是，如果没有适当形式的政体，没有适当的管理国家的形式，国家的根本性质就不能得到很好体现，统治的阶级就难以达到自己的目的。因此，革命导师十分重视无产阶级国家的政体问题。

马克思、恩格斯总结了巴黎公社的经验，认为巴黎公社是无产阶级社会共和国的一定形式。列宁在俄国革命过程中，及时总结群众创造的苏维埃的经验，指出，苏维埃可以变成国家组织，苏维埃共和国是社会主义性质的新型民主国家，是无产阶级和劳动人民管理国家的一种好形式。毛泽东同志根据中国的实际情况，提出采取人民代表大会制度作为国家的根本政治制度，人民通过这种形式对国家实行管理。巴黎公社、苏维埃和我们的人民代表大会，虽然具体形式不同，但它们都是无产阶级专政国家的政体，都是人民当家做主管理国家的一种形式，其基本性质是相同的。

社会主义民主制度的具体形式，由于各个国家的情况不同，由于各个国家在不同历史时期情况的变化，是允许而且应当是多种多样的。但是，不管采取什么样的具体形式，都要服从一个基本前提或基本要求，就是列宁在《国家与革命》一书中提出的，无产阶级管理国家的具体形式必须"组织得同最完全最彻底地'争得民主'这点相适应"。（《列宁选集》第三卷，第 205 页）就是说，一定要使全体人民享有充分的民主权利，能够实实在在地行使对国家的管理。这也是我们今天完善和加强社会主义民主制度的根本出发点和基本的要求。

我们必须从无产阶级的社会主义共和国的国体与政体的高度，来认识和对待社会主义民主制度的问题。这样，才能抓住民主这个问题的根本。把社会主义民主理解为是个作风问题，方法问题，是很片面的。民主作风是贯彻执行民主制度的条件，用民主方法解决人民内部矛盾是民主制度的具体运用，这些都不是社会主义民主制度的本身。民主就是让人讲话，这种看法，如同瞎子摸大象，把一个小小的局部当作事物的全体。民主当然要让人讲话，不让人讲话，就根本谈不上什么民主。但是，仅仅是让人讲话，给予发言的机会，这远远不是社会主义民主的全部，更不是具有决定意义的东西。社会主义民主的基本含义，就是人民对国家的管理权，对各项事业的管理权。在民主问题上，不讲人民的权利，不讲民主制度，而把民主作风、民主方法等放到第一位加以强调，就是轻重倒置，只见树木，不见森林。

怎样从目的与手段的角度看待民主？这是人们经常议论的一个问题。

民主既然是一种国家形式，一种国家形态，那么，按照马克思主义的国家学说，到了共产主义社会，国家没有了，作为国家形态的民主当然也就不再存在了。正如列宁讲的："民主决不是一种不可逾越的极限，它只是从封建主义到资本主义和从资本主义到共产主义的道路上的一个阶段。"（《列宁选集》第三卷，第256页）我们共产党人政治上的最终目的是实现共产主义，解放全人类，而不是民主。把民主看得高于一切，当作最终目的，当作永恒的东西，这是资产阶级的欺骗宣传，是小资产阶级对民主的盲目崇拜和迷信。但是，应当承认，在一定的斗争阶段上，在某种意义上说，民主又是我们的一个重要政治目的。建立一个人民民主的新中国，不是中国人民长期以来梦寐以求的伟大理想吗？不是无数革命先烈为之奋斗而英勇献身的一个崇高目的吗？在现阶段，我们全党和全国人民要实现的总目标——建设现代化的社会主义国家，不是也包含了高度民主这一重要内容吗？从被压迫被剥削人民来说，消除政治上的压迫同消灭经济上的剥削是不可分开的两个方面，都是他们的目的。"生产者的政治统治不能与他们的社会奴隶地位的永久不变状态同时并存。"（《马克思恩格斯选集》第二卷，第378页）反过来也是一样，劳动者经济上的翻身解放同政治上的无权状态也不能长期并存。不可能设想，一个人只要求物质上过富裕的生活而在政治上却甘愿处于没有充分民主自由的地位。如果根本否定民主是我们的一个目的，就降低了今天完善和加强社会主义民主制度这一重大任务的意义。

可不可以说民主是一种手段呢？可以的。民主既然是一种国家形态，那么，按照历史唯物主义的原理，上层建筑是要为自己的经济基础服务的。恩格斯早就指出："假如无产阶级不能立即利用民主来实行直接侵犯私有制和保证无产阶级生存的各种措施，那么，这种民主对于无产阶级就会毫无用处。"（《马克思恩格斯选集》第一卷，第220页）从这个意义上，可以说，社会主义民主制度是无产阶级用来达到自己的基本目的的一种手段。但是，社会主义民主作为上层建筑，它对经济基础所起的这种积极作用，是客观的需要，是有它的规律性的。人们只有遵循这种客观规律，才能正确地使用民主这种手段，来形成、巩固社会主义的经济基础，促进生产的发展，为无产阶级和劳动人民谋取利益。如果否认民主作为上层建筑对经济基础的作用是客观需要，不是从维护、巩固社会主义的经济基础，从人民群众的利益和愿望出发，去充分发挥社会主义民主制度的这种积极作用，而认为民主这种手段是可有可无的，主观上认为需要时就讲民主，主观上觉得不需要时，就把民主丢在一边，或者从个人或小集团的某种需要出发去实行民主，就是对民主是一种手段这个观点的曲解，就是以实用主义态度对待社会主义民主。　总之，完善健全社会主义民主制度，实质上就是建设一个什么样的国家的问题。早在抗日战争时期，毛泽东同志就多次提出，我们的目的，在于建设一个具有民主政治的新国家。随着中华人民共和国的成立，我们初步实现了这个目的。随后，我们就提出了把我国建设成为一个伟大的社会主义共和国的总目标。我国的第一部宪法突出了社会主义和民主两大原则。这是完全正确的。遗憾的是，20多年来，我们在朝着这个目标前进时，发生了很大的曲折，民主原则非但没有得到全面的贯彻，竟让封建法西斯专政横行了一个时期。我们的教训是极其沉痛而深刻的。重要的教训之一，就是我们没有认真研究社会主义民主制度和马克思主义的国家学说，尤其是没有把健全社会主义民主制度同我们要建设一个什么样的国家这个问题联系起来，进行深入研究。也就是说，没有把实行社会主义民主制的问题提到应有的高度来认识，结果是吃了大亏。经过十年浩劫，付出了极大的代价后，我们终于对这个问题有了新的认识和体会。现在，我们已经重新确定了奋斗的总目标。我们要建设的现代化的社会主义国家，不但要有高度发达的经济文化，在政治上必须要有高度的民主。应当看到，我们的政治制度、干部制度和其他各项制度，存在着许多漏洞和弊病，同现代化和民主化的要求很不适应。因此，我们在集中主要精力搞四化建设的同时，要十分重视解决民主化的问题，惩前毖后，兴利除弊，对党和国家的各项制度实行认真的改革，使我们的社会主义民主制度不断完善。

《人民日报》刊登聂荣臻等人请求辞去全国人大常委会副委员长职务的信

全国人大常委会副委员长聂荣臻、刘伯承、张鼎丞、蔡畅、周建人向五届人大第三次会议提出了辞去中华人民共和国第五届全国人民代表大会常务委员会副委员长职务的请求。

聂荣臻副委员长的辞职信

第五届全国人民代表大会第三次会议：

我年已八旬，且体弱多病，请求辞去第五届全国人民代表大会常务委员会副委员长的职务。

此致

敬礼！

聂荣臻

1980年8月8日

刘伯承副委员长的辞职信

人大常委会转第五届全国人民代表大会第三次会议：

我由于年迈体衰，长期卧病，不能再履行人民委托给我的崇高职责，恳切请求批准我辞去人大常委会副委员长职务。

我坚信，粉碎“四人帮”以来，特别是党的十一届三中全会以来，我们的党和国家生机勃勃，团结兴旺，越来越多的优秀的年富力强的干部参加领导工作，老一辈革命家开创的无产阶级革命事业定能后继有人，社会主义现代化建设定能不断取得新胜利。

我祝愿代表大会成功。

刘伯承

1980年8月17日

张鼎丞副委员长的辞职信

人大常委会转

第五届全国人民代表大会第三次会议：

为了保证在本世纪内实现社会主义四个现代化的伟大目标，党和国家决定对干部制度进行改革，让更多年富力强的优秀干部担负各方面的领导职务。我认为这是一项富有远见的重要决策，并相信一定会得到全国人民的热烈拥护。

第四届、第五届全国人民代表选举我担任副委员长，我感谢人民对我的信任。由于我年已老迈，长期患病，难以继续担负这样的重任，我请求批准我辞去副委员长的职务。粉碎“四人帮”后，特别是党的十一届三中全会以来，党和国家做了巨大的工作，全国形势越来越好。尽管在我们面前还有不少困难，我对我们伟大社会主义祖国的前途充满了希望和信心。我深信，全国人民一定会在党中央的领导下，更加紧密地团结在一起，同心同德，为把我国建设成为一个繁荣昌盛的社会主义强国而努力奋斗！

张鼎丞

1980年8月16日

蔡畅副委员长的辞职信

人大常委会转

第五届全国人民代表大会第三次会议：

我因年老体弱多病，实难胜任人民交给我的工作，因此，恳请辞去人大常委会副委员长的职务。

现在我国正处在一个继往开来的时期。我深感我们这样大的国家，这么多的人民，必须有一大批优秀的、年富力强的同志参加领导，才能担负起这样的重任，尽早实现四个现代化的宏伟目标。因此我衷心拥护干部制度的改革。我希望从我们这一代人开始，彻底根除干部领导职务终身制等弊端。我们共产党人要为人民谋利益，不为自己牟私利。人老了，就要主动让位，这应该成为一个制度，使各级领导班子逐步年轻化，使我们的队伍永远朝气蓬勃，使国家的政治生活更加民主健全。看到我们为之奋斗终生的事业后继有人，这也使我感到最大的欣慰。

我辞职以后，仍要竭尽余力，为我国的革命事业贡献出微薄的力量。

此致

敬礼！

蔡畅

1980年8月18日

周建人副委员长的辞职信

五届人大第三次会议主席团：

我已年老，体力较差，请求退出人大常委会副委员长职务，让年富力强的同志担任，对工作有利。

此致

敬礼！

周建人

1980年9月2日

国务院侨办在北京举行人大归侨代表与政协归侨委员座谈会

全国人大常委会副委员长、国务院侨务办公室主任廖承志首先在会上讲话。他说，粉碎“四人帮”以来，侨务工作取得的成绩是主要的。但是由于“四人帮”对侨务工作干扰破坏所造成的问题太多，侨务工作有些还来不及做，有些还没有做好，有些还有阻力。对此，我们有决心克服困难，做好工作。他希望大家对侨务工作多提意见和建议。

参加座谈会的人大归侨代表、政协归侨委员共40多人。洪丝丝代表就中华人民共和国国籍法(草案)提出了修改的建议，并提出要认真做好华侨赡家汇款工作。徐四民委员提出要做好华侨、归侨、侨眷的出入国工作，要关怀海外侨胞。蚁美厚代表提出要继续落实党的侨务政策。中共中央统战部副部长童小鹏也在会上讲了话。出席今晚座谈会的还有：政协全国委员会副主席、全国侨联主席庄希泉，国务院侨务办公室副主任林一心、林修德、连贯、彭光涵等。

全国人大常委会副委员长廖承志在人民大会堂会见香港大学校长黄丽松

中国第一条复线电气化铁路——石太线石家庄至阳泉段通车

国务院副总理姬鹏飞在塞舌尔的国家大厦拜会塞舌尔总统勒内

国务院副总理万里在人民大会堂会见日中友好议员联盟副会长小林进一行

在友好的交谈中，小林进表明了日本方面对进一步加强日中双方在农业方面进行交流的具体设想，其中有农业技术交流；日中双方建立一个机构；互换优良品种；互相派农业方面的高级技术人员进行互访。

万里说，日本在农业方面有许多先进技术，我国也有不少经验。中日两国在这方面的合作有着广阔的前景。

中华人民共和国政府和联合国人口活动基金之间的方案协定在北京签字

协定规定：根据联合国开发计划署第二十七届理事会的决议，联合国人口活动基金在4年内向中国政府提供5000万美元的技术援助。援助包括人口普查、计划生育、人口教育等7个方面。

协定自签字之日起生效。方案从今年1月开始执行，为期4年。

国务院副总理陈慕华出席签字仪式。

外经部副部长石林和联合国人口活动基金执行主任拉斐尔·萨拉斯在协定上签字。

9月10日

五届全国人大三次会议在人民大会堂举行全体会议

大会执行主席叶剑英宣布开会。

出席今天上午大会的代表有3251人。本届人大代表共3478人。

大会执行主席彭真主持进行今天上午大会的各项议程。

大会通过决议，同意中共中央提出的对国务院部分组成人员进行调整的建议，接受华国锋辞去国务院总理职务，邓小平、李先念、陈云、徐向前、王震、王任重辞去国务院副总理职务的请求。大会决定接受聂荣臻、刘伯承、张鼎丞、蔡畅、周建人辞去全国人大常委会副委员长职务的请求。

大会还接受了陈永贵要求解除他国务院副总理职务的请求。

接着，大会进行了各项投票表决。大会决定赵紫阳为国务院总理。

随后，大会补选了彭冲、习仲勋、粟裕、杨尚昆、班禅额尔德尼·确吉坚赞为五届全国人大常委会副委员长，杨尚昆兼五届全国人大常委会秘书长；选举马寅初、王观澜、邓兆祥、平措汪杰、司马义·艾买提、费彝民、郭增恺、缪云台为五届全国人大常委会委员。

大会根据国务院总理赵紫阳的提名，投票决定增补杨静仁、张爱萍、黄华为国务院副总理。

根据全国人民代表大会组织法的规定，今天的选举、表决采用无记名投票方式进行，选票和表决票用汉、蒙古、藏、维吾尔、哈萨克、朝鲜6种文字印制。

大会执行主席还有李德生、倪志福、胡乔木、杨得志、阿沛·阿旺晋美、胡厥文、胡立教、赵林、栗又文、杜心源、徐健生、安平生、毛致用、林丽韫。出席五届全国政协第三次会议的全体委员列席了今天上午的大会。

五届全国人大三次会议在北京闭幕

大会主席团常务主席叶剑英在闭幕词中指出，这次会议是一次非常重要的会议，全国人民代表大会的职能进一步得到发挥。这次会议对国家的许多重大问题作了决定。各项决定的贯彻落实，必将对四化建设起巨大的推动作用。叶剑英宣布大会开始后，会议由执行主席彭真主持，依次通过了各项决议：

关于1980、1981年国民经济计划安排，1979年国家决算、1980年国家预算和1981年国家概算的决议；

关于修改《中华人民共和国宪法》第四十五条的决议；

关于修改宪法和成立宪法修改委员会的决议；

关于全国人民代表大会常务委员会工作报告的决议；

关于最高人民法院工作报告和最高人民检察院工作报告的决议。

大会通过了4个法律：《中华人民共和国国籍法》《中华人民共和国婚姻法》《中华人民共和国中外合资经营企业所得税法》和《中华人民共和国个人所得税法》。大会还通过了五届人大第三次会议提案审查委员会关于提案的审查报告。

叶剑英致闭幕词。今天大会的执行主席还有宋庆龄、聂荣臻、乌兰夫、韦国清、谭震林、邓颖超、赛福鼎、廖承志、阿沛·阿旺晋美、周建人、许德珩、胡厥文、萧劲光、朱蕴山、史良。参加五届政协第三次会议的全体政协委员列席了会议。列席会议的还有：国务院组成人员，全国人大常委会各委员会、中共中央和国务院各部门的负责人，中国人民解放军各总部、各军兵种、各军事院校的负责人，我国部分驻外使节。

各国驻华使节和外国记者旁听了今天的大会。

全国人大常委会委员长叶剑英在五届全国人大三次会议闭幕会上致闭幕词

各位代表：

第五届全国人民代表大会第三次会议经过12天的紧张工作，各项议程已经审议完毕，今天就要闭幕了。

这次会议，审议了华国锋总理的讲话；对国务院关于国民经济计划安排的报告、关于国家预决算的报告，对全国人大常委会工作报告、最高人民法院工作报告、最高人民检察院工作报告，也都进行了审议，并通过了相应的决议；通过了关于修改宪法第四十五条的决议；通过了修正的中华人民共和国婚姻法；通过了中华人民共和国国籍法、中外合资经营企业所得税法和个人所得税法；补选了全国人大常委会的部分组成人员，决定了国务院总理和几位副总理的人选；并通过了关于修改《中华人民共和国宪法》和成立宪法修改委员会的决议，通过了宪法修改委员会组成人员名单。

这次会议自始至终充满民主的气氛，开展了批评和自我批评，开得生动活泼。代表们认真行使自己的权利，畅所欲言，反映了全国各族工人、农民、知识分子、解放军指战员、台湾同胞、港澳同胞、海外侨胞和爱国人士的意见和要求；大家对政府的工作直率地提出批评、质询和建议，国务院有关部门负责人到会对提出的问题，作了说明和回答，发挥了人民代表对政府的监督作用。出席五届全国政协第三次会议的全体委员列席了这次会议，他们对政府的工作也提出了许多很好的意见和建议。我们希望国务院和有关部门对代表们提出的批评、质询、建议和提案，认真地作出答复和处理，全国人大常委会也要负责进行检查和督促。这次会议通过了几个重要法律，在健全社会主义法制方面又有所前进。这次会议是一次非常重要的会议，全国人民代表大会的职能进一步得到发挥。加强和健全人民代表大会制度，是发展和完善我国社会主义民主制度的一个重要内容。我们要继续发扬这次大会的民主精神，为充分发挥各级人民代表大会的作用而努力。

华国锋同志的讲话很重要。这个讲话无论是总结过去的工作，或提出今后国家工作中需要解决的重大问题，都贯穿了对人民高度负责和实事求是的精神。全国人民通过这个讲话和国务院的几个工作报告，可以清楚地了解，国务院和各级人民政府一年多来为贯彻执行五届人大二次会议的各项决议，做了大量的工作，取得了显著的成绩；可以看到人民政府把工作过程中存在的缺点和错误，遇到的问题和困难，如实地报告全国人民，并且提出了解决这些问题的方向和措施。这表明我们的政府是相信人民，依靠人民的，是有能力领导全国人民克服一切困难，把四化建设不断推向前进的。这次会议，对一部分国家领导工作人员所作的调整，是改革国家领导制度迈出的重要一步，对现代化建设事业具有重大的意义。这次会议决定不再兼任国务院副总理职务的党内的5位老同志，都是久经考验的、有卓越领导才能的老一辈无产阶级革命家，在全国人民中享有崇高的威望，现在他们年事已高，不再兼任副总理，有利于他们集中精力考虑党和国家的大政方针。这次会议还决定接受几位老同志辞去全国人大常委会副委员长职务的请求，他们也是久经考验的老一辈无产阶级革命家，有的是在开国元勋之列。这些老同志，对我国的革命和建设事业，都有过很大的贡献。现在他们以实际行动，为改革国家领导制度、为废除实际上存在的领导职务终身制、促进国家领导人员年轻化、提高国家领导机构和政府领导机构的工作效率，为全国作出表率。我向各位代表提议，我们全体起立鼓掌，谨向他们表示诚挚的敬意！对他们过去的辛劳工作表示谢意！

各位代表！我们这次会议已经对国家的许多重大问题作出了决定。大会以后，各位代表要把大会的精神向全国人民进行广泛深入的传达。我们相信这次大会各项决定的贯彻落实，必将对四化建设起巨大的推动作用。我们不仅要进行经济体制的改革，而且要进行国家领导制度和干部制度的改革。我们不仅要进行四化建设，而且要保卫四化建设。我们希望全国各族人民更加紧密地团结在党和政府的周围，高举马克思列宁主义、毛泽东思想的革命旗帜，为完成这次会议所提出的各项任务，为统一祖国和巩固国防，为把四化建设的伟大事业推向前进作出新的贡献。现在我宣布，第五届全国人民代表大会第三次会议胜利闭幕。

五届全国人大三次会议关于接受华国锋辞去总理职务的请求和接受邓小平等人辞去副总理职务的请求的决议

（1980年9月10日第五届全国人民代表大会第三次会议通过）

中华人民共和国第五届全国人民代表大会第三次会议同意华国锋同志代表中国共产党中央委员会提出的对国务院部分组成人员进行调整的建议，决定：

接受华国锋辞去中华人民共和国国务院总理职务的请求；

接受邓小平、李先念、陈云、徐向前、王震、王任重辞去中华人民共和国国务院副总理职务的请求。

五届全国人大三次会议关于接受陈永贵解除副总理职务的请求的决议

（1980年9月10日第五届全国人民代表大会第三次会议通过）

中华人民共和国第五届全国人民代表大会第三次会议决定：接受陈永贵解除中华人民共和国国务院副

总理职务的请求。

五届全国人大三次会议关于接受聂荣臻等辞去副委员长职务请求的决议

(1980 年 9 月 10 日第五届全国人民代表大会第三次会议通过)

中华人民共和国第五届全国人民代表大会第三次会议决定:接受聂荣臻、刘伯承、张鼎丞、蔡畅、周建人辞去中华人民共和国第五届全国人民代表大会常务委员会副委员长职务的请求。

全国人民代表大会公告

中华人民共和国第五届全国人民代表大会第三次会议根据中国共产党中央委员会的提议,于 1980 年 9 月 10 日决定赵紫阳为中华人民共和国国务院总理。

中华人民共和国第五届全国人民代表大会

第三次会议主席团

1980 年 9 月 10 日于北京

全国人民代表大会公告

中华人民共和国第五届全国人民代表大会第三次会议于 1980 年 9 月 10 日补选第五届全国人民代表大会常务委员会副委员长、秘书长、委员名单如下:

副委员长

彭　冲　习仲勋　粟　裕　杨尚昆

班禅额尔德尼·确吉坚赞

秘书长

杨尚昆(兼)

委员(按姓氏笔画为序)

马寅初　王观澜　邓兆祥　平措汪杰

司马义·艾买提　费彝民　郭增恺　缪云台

中华人民共和国第五届全国人民代表大会

第三次会议主席团

1980 年 9 月 10 日于北京

全国人民代表大会公告

中华人民共和国第五届全国人民代表大会第三次会议根据国务院总理赵紫阳的提议,于 1980 年 9 月 10 日决定任命国务院副总理名单如下:

副总理

杨静仁　张爱萍　黄　华

中华人民共和国第五届全国人民代表大会

第三次会议主席团

1980 年 9 月 10 日于北京

全国人民代表大会公告

中华人民共和国第五届全国人民代表大会第三次会议于 1980 年 9 月 10 日通过了关于修改《中华人民共和国宪法》第四十五条的决议,现予公布。

中华人民共和国第五届全国人民代表大会

第三次会议主席团

1980 年 9 月 10 日于北京

关于 1980、1981 年国民经济计划安排 1979 年国家决算 1980 年国家预算和 1981 年国家概算的决议

(1980 年 9 月 10 日第五届全国人民代表大会第三次会议通过)

中华人民共和国第五届全国人民代表大会第三次会议经过审议,批准 1980、1981 年国民经济计划安排和国务院副总理兼国家计划委员会主任姚依林所作的关于 1980、1981 年国民经济计划安排的报告。会议根据预算委员会的审查报告,批准 1979 年国家决算、1980 年国家预算和 1981 年国家概算,并且批准财政部部长王丙乾所作的关于 1979 年国家决算、1980 年国家预算草案和 1981 年国家概算的报告。

会议认为,1979 年国民经济计划执行情况基本上是良好的,整个经济在调整中稳步前进。国家财政在支持经济调整方面进行了大量工作,为扭转林彪、"四人帮"破坏造成的国民经济比例严重失调的状况,逐步解决生产和生活方面多年来遗留下来的问题,办了许多非办不可的事情,促进了全国的安定团结和国民经济的发展,使城乡大多数人民的生活有所改善。我国国民经济取得的成绩,证明中共中央和国务院提出的、五届人大二次会议通过的全国工作着重点的转移,国民经济调整、改革、整顿、提高的方针和一系列新的政策,是正确的,各方面的经济工作是有成效的。同时,会议认真研究了 1979 年国家决算出现的赤字问题,指出在执行中存在的若干缺点和失误。会议责成国务院有关部门,进一步贯彻执行从实际出发、量力而行、讲求经济效果的指导思想,在增产节约、反对浪费、缩短基本建设战线、加强财政监督、严格财经纪律等方面,采取有效措施,逐步做到减少财政赤字、实现收支平衡。会议认为,1980、1981 年国民经济计划安排、国家预算和概算,体现了继续调整国民经济和改善人民生活的要求,主要指标是积极稳妥的,措施是得力的。实现这个计划、预算和概算,我国社会主义建设事业必将取得新的进展,并为继续改革经济管理体制和今后国民经济持续增长创造有利条件。

大会号召,全国各族人民,在中国共产党和人民政府的领导下,解放思想,实事求是,同心同德,为完成

1980、1981年国民经济计划和财政任务而努力奋斗。

五届全国人大三次会议关于修改《中华人民共和国宪法》第四十五条的决议

(1980年9月10日第五届全国人民代表大会第三次会议通过)

中华人民共和国第五届全国人民代表大会第三次会议同意第五届全国人民代表大会常务委员会提出的关于建议修改《中华人民共和国宪法》第四十五条的议案,为了充分发扬社会主义民主,健全社会主义法制,维护安定团结的政治局面,保障社会主义现代化建设的顺利进行,决定:将《中华人民共和国宪法》第四十五条"公民有言论、通信、出版、集会、结社、游行、示威、罢工的自由,有运用'大鸣、大放、大辩论、大字报'的权利。"修改为"公民有言论、通信、出版、集会、结社、游行、示威、罢工的自由。"取消原第四十五条中"有运用'大鸣、大放、大辩论、大字报'的权利"的规定。

五届全国人大三次会议关于修改宪法和成立宪法修改委员会的决议

(1980年9月10日第五届全国人民代表大会第三次会议通过)

中华人民共和国第五届全国人民代表大会第三次会议同意中国共产党中央委员会关于修改宪法和成立宪法修改委员会的建议,同意中国共产党中央委员会提出的中华人民共和国宪法修改委员会名单,决定由宪法修改委员会主持修改1978年第五届全国人民代表大会第一次会议制定的《中华人民共和国宪法》,提出中华人民共和国宪法修改草案,由全国人民代表大会常务委员会公布,交付全国各族人民讨论,再由宪法修改委员会根据讨论意见修改后,提交本届全国人民代表大会第四次会议审议。

中华人民共和国宪法修改委员会名单

(1980年9月10日第五届全国人民代表大会第三次会议通过)

主任委员 叶剑英

副主任委员

宋庆龄(女) 彭 真

委员(103人,按姓氏笔画为序)

丁光训 万 里 习仲勋 王 震 王任重 王昆仑
王首道 韦国清(壮族) 乌兰夫(蒙古族) 方 毅
邓小平 邓颖超(女) 叶圣陶 史 良(女)
包尔汉(维吾尔族) 朱学范 朱蕴山 伍觉天
华国锋 华罗庚 庄希泉 刘 斐 刘念智 刘澜涛
江 华(瑶族) 许世友 许德珩 孙起孟 孙晓村
苏子蘅 李井泉 李先念 李维汉 李德生 杨秀峰
杨尚昆 杨得志 杨静仁(回族) 萧 克 萧劲光
吴贻芳(女) 余秋里 谷 牧 何长工 沙千里
沈雁冰 宋任穷 张 冲(彝族) 张廷发 张爱萍
陆定一 阿沛·阿旺晋美(藏族) 陈 云 陈此生
陈慕华(女) 茅以升 帕巴拉·格列朗杰(藏族)
季 方 周 扬 周谷城 周叔弢 周建人 周培源
赵朴初 赵紫阳 荣毅仁 胡子昂 胡子婴(女)
胡乔木 胡厥文 胡愈之 胡耀邦 费孝通 费彝民
姚依林 耿 飚 班禅额尔德尼·确吉坚赞(藏族)
聂荣臻 钱昌照 倪志福 徐向前 郭棣活 姬鹏飞
黄 华 黄火青 黄克诚 黄鼎臣 康世恩
康克清(女) 梁漱溟 韩 英 彭 冲 彭迪先
董其武 粟 裕 程子华 程思远 蔡 啸 廖承志
赛福鼎(维吾尔族) 谭震林 缪云台 薄一波

五届全国人大三次会议关于全国人大常委会工作报告的决议

(1980年9月10日第五届全国人民代表大会第三次会议通过)

中华人民共和国第五届全国人民代表大会第三次会议批准彭真副委员长所作的全国人民代表大会常务委员会工作报告。大会对常务委员会在第五届全国人民代表大会第二次会议闭幕以来的工作,表示满意。为了进一步发展社会主义民主,健全社会主义法制,保障和促进社会主义现代化建设,必须继续加强立法工作,特别是经济立法和民族立法工作,必须加强全国人民代表大会常务委员会对于国务院及其所属各部门和最高人民法院、最高人民检察院的监督,使国家的法律、法令和政策正确地贯彻执行,以进一步团结全国各族人民,充分发挥社会主义制度的优越性,为实现社会主义现代化建设的宏伟目标而努力!

五届全国人大三次会议关于最高人民法院工作报告和最高人民检察院工作报告的决议

(1980年9月10日第五届全国人民代表大会第三次会议通过)

中华人民共和国第五届全国人民代表大会第三次会议批准江华院长所作的最高人民法院工作报告,批准黄火青检察长所作的最高人民检察院工作报告。人民法院和人民检察院应当按照党和国家的方针政策,按照国家的法律、法令,进一步发挥审判机关和法律监督机关的职能,严格依法办事,独立进行审判,独立行使检察权;应当协同公安机关继续整顿、加强社会治安工作,准确、及时地打击现行犯罪活动,恢复和建立良好的社会秩序；应当建立和健全经济法庭和经济检察机构，加强经济司法工作，以保障我国社会主义现代化建设事业的顺利进行。

全国人大常委会委员长叶剑英签署第八号令公布施行《中华人民共和国国籍法》

中华人民共和国第五届全国人民代表大会第三次会议于1980年9月10日通过了《中华人民共和国国籍法》，现予公布施行。

中华人民共和国全国人民代表大会常务委员会

委员长 叶剑英

1980年9月10日

中华人民共和国国籍法

第一条 中华人民共和国国籍的取得、丧失和恢复，都适用本法。

第二条 中华人民共和国是统一的多民族的国家，各民族的人都具有中国国籍。

第三条 中华人民共和国不承认中国公民具有双重国籍。

第四条 父母双方或一方为中国公民，本人出生在中国，具有中国国籍。

第五条 父母双方或一方为中国公民，本人出生在外国，具有中国国籍；但父母双方或一方为中国公民并定居在外国，本人出生时即具有外国国籍的，不具有中国国籍。

第六条 父母无国籍或国籍不明，定居在中国，本人出生在中国，具有中国国籍。

第七条 外国人或无国籍人，愿意遵守中国宪法和法律，并具有下列条件之一的，可以经申请批准加入中国国籍：

一、中国人的近亲属；

二、定居在中国的；

三、有其他正当理由。

第八条 申请加入中国国籍获得批准的，即取得中国国籍；被批准加入中国国籍的，不得再保留外国国籍。

第九条 定居外国的中国公民，自愿加入或取得外国国籍的，即自动丧失中国国籍。

第十条 中国公民具有下列条件之一的，可以经申请批准退出中国国籍：

一、外国人的近亲属；

二、定居在外国的；

三、有其他正当理由。

第十一条 申请退出中国国籍获得批准的，即丧失中国国籍。

第十二条 国家工作人员和现役军人，不得退出中国国籍。

第十三条 曾有过中国国籍的外国人，具有正当理由，可以申请恢复中国国籍；被批准恢复中国国籍的，不得再保留外国国籍。

第十四条 中国国籍的取得、丧失和恢复，除第九条规定的以外，必须办理申请手续。未满十八周岁的人，可由其父母或其他法定代理人代为办理申请。

第十五条 受理国籍申请的机关，在国内为当地市、县公安局，在国外为中国外交代表机关和领事机关。

第十六条 加入、退出和恢复中国国籍的申请，由中华人民共和国公安部审批。经批准的，由公安部发给证书。

第十七条 本法公布前，已经取得中国国籍的或已经丧失中国国籍的，继续有效。

第十八条 本法自公布之日起施行。

全国人大常委会委员长叶剑英签署第九号令公布《中华人民共和国婚姻法》

中华人民共和国第五届全国人民代表大会第三次会议于1980年9月10日通过了修改的《中华人民共和国婚姻法》，现予公布，自1981年1月1日起施行。

中华人民共和国全国人民代表大会常务委员会

委员长叶剑英

1980年9月10日

中华人民共和国婚姻法

第一章 总 则

第一条 本法是婚姻家庭关系的基本准则。

第二条 实行婚姻自由、一夫一妻、男女平等的婚姻制度。

保护妇女、儿童和老人的合法权益。

实行计划生育。

第三条 禁止包办、买卖婚姻和其他干涉婚姻自由的行为。禁止借婚姻索取财物。

禁止重婚。禁止家庭成员间的虐待和遗弃。

第二章 结 婚

第四条 结婚必须男女双方完全自愿，不许任何一方对他方加以强迫或任何第三者加以干涉。

第五条 结婚年龄，男不得早于22周岁，女不得早于20周岁。晚婚晚育应予鼓励。

第六条 有下列情形之一的，禁止结婚：

一、直系血亲和三代以内的旁系血亲；

二、患麻风病未经治愈或患其他在医学上认为不应当结婚的疾病。

第七条 要求结婚的男女双方必须亲自到婚姻登记机关进行结婚登记。符合本法规定的，予以登记，发给结婚证，取得结婚证，即确立夫妻关系。

第八条 登记结婚后,根据男女双方约定,女方可以成为男方家庭的成员,男方也可以成为女方家庭的成员。

第三章 家庭关系

第九条 夫妻在家庭中地位平等。

第十条 夫妻双方都有各用自己姓名的权利。

第十一条 夫妻双方都有参加生产、工作、学习和社会活动的自由,一方不得对他方加以限制或干涉。

第十二条 夫妻双方都有实行计划生育的义务。

第十三条 夫妻在婚姻关系存续期间所得的财产,归夫妻共同所有,双方另有约定的除外。

夫妻对共同所有的财产,有平等的处理权。

第十四条 夫妻有互相扶养的义务。

一方不履行扶养义务时,需要扶养的一方,有要求对方付给扶养费的权利。

第十五条 父母对子女有抚养教育的义务;子女对父母有赡养扶助的义务。

父母不履行抚养义务时,未成年的或不能独立生活的子女,有要求父母付给抚养费的权利。

子女不履行赡养义务时,无劳动能力的或生活困难的父母,有要求子女付给赡养费的权利。

禁止溺婴和其他残害婴儿的行为。

第十六条 子女可以随父姓,也可以随母姓。

第十七条 父母有管教和保护未成年子女的权利和义务。在未成年子女对国家、集体或他人造成损害时,父母有赔偿经济损失的义务。

第十八条 夫妻有相互继承遗产的权利。

父母和子女有相互继承遗产的权利。

第十九条 非婚生子女享有与婚生子女同等的权利,任何人不得加以危害和歧视。

非婚生子女的生父,应负担子女必要的生活费和教育费的一部或全部,直至子女能独立生活为止。

第二十条 国家保护合法的收养关系。养父母和养子女间的权利和义务,适用本法对父母子女关系的有关规定。

养子女和生父母间的权利和义务,因收养关系的成立而消除。

第二十一条 继父母与继子女间,不得虐待或歧视。

继父或继母和受其抚养教育的继子女间的权利和义务,适用本法对父母子女关系的有关规定。

第二十二条 有负担能力的祖父母、外祖父母,对于父母已经死亡的未成年的孙子女、外孙子女,有抚养的义务。有负担能力的孙子女、外孙子女,对于子女已经死亡的祖父母、外祖父母,有赡养的义务。

第二十三条 有负担能力的兄、姊,对于父母已经死亡或父母无力抚养的未成年的弟、妹,有抚养的义务。

第四章 离 婚

第二十四条 男女双方自愿离婚的,准予离婚。双方须到婚姻登记机关申请离婚。婚姻登记机关查明双方确实是自愿并对子女和财产问题已有适当处理时,应即发给离婚证。

第二十五条 男女一方要求离婚的,可由有关部门进行调解或直接向人民法院提出离婚诉讼。

人民法院审理离婚案件,应当进行调解;如感情确已破裂,调解无效,应准予离婚。

第二十六条 现役军人的配偶要求离婚,须得军人同意。

第二十七条 女方在怀孕期间和分娩后一年内,男方不得提出离婚。女方提出离婚的,或人民法院认为确有必要受理男方离婚请求的,不在此限。

第二十八条 离婚后,男女双方自愿恢复夫妻关系的,应到婚姻登记机关进行复婚登记。婚姻登记机关应予以登记。

第二十九条 父母与子女间的关系,不因父母离婚而消除。离婚后,子女无论由父方或母方抚养,仍是父母双方的子女。

离婚后,父母对于子女仍有抚养和教育的权利和义务。

离婚后,哺乳期内的子女,以随哺乳的母亲抚养为原则。哺乳期后的子女,如双方因抚养问题发生争执不能达成协议时,由人民法院根据子女的权益和双方的具体情况判决。

第三十条 离婚后,一方抚养的子女,另一方应负担必要的生活费和教育费的一部或全部,负担费用的多少和期限的长短,由双方协议;协议不成时,由人民法院判决。

关于子女生活费和教育费的协议或判决,不妨碍子女在必要时向父母任何一方提出超过协议或判决原定数额的合理要求。

第三十一条 离婚时,夫妻的共同财产由双方协议处理;协议不成时,由人民法院根据财产的具体情况,照顾女方和子女权益的原则判决。

第三十二条 离婚时,原为夫妻共同生活所负的债务,以共同财产偿还。如该项财产不足清偿时,由双方协议清偿;协议不成时,由人民法院判决。男女一方单独所负债务,由本人偿还。

第三十三条 离婚时,如一方生活困难,另一方应给予适当的经济帮助。具体办法由双方协议;协议不成时,由人民法院判决。

第五章 附 则

第三十四条 违反本法者,得分别情况,依法予以行政处分或法律制裁。

第三十五条　对拒不执行有关扶养费、抚养费、赡养费、财产分割和遗产继承等判决或裁定的，人民法院得依法强制执行。有关单位应负协助执行的责任。

第三十六条　民族自治地方人民代表大会和它的常务委员会可以依据本法的原则，结合当地民族婚姻家庭的具体情况，制定某些变通的或补充的规定。自治州、自治县制定的规定，须报请省、自治区人民代表大会常务委员会批准。自治区制定的规定，须报全国人民代表大会常务委员会备案。

第三十七条　本法自1981年1月1日起施行。

1950年5月1日颁行的《中华人民共和国婚姻法》，自本法施行之日起废止。

全国人大常委会委员长叶剑英签署第十号令公布《中华人民共和国中外合资经营企业所得税法》

中华人民共和国第五届全国人民代表大会第三次会议于1980年9月10日通过了《中华人民共和国中外合资经营企业所得税法》，现予公布施行。

中华人民共和国全国人民代表大会常务委员会

委员长　叶剑英

1980年9月10日

中华人民共和国中外合资经营企业所得税法

第一条　在中华人民共和国境内的中外合资经营企业（以下简称合营企业），从事生产、经营所得和其他所得，都按照本法的规定缴纳所得税。

合营企业在中国境内和境外的分支机构，从事生产、经营所得和其他所得，由总机构汇总缴纳所得税。

第二条　合营企业每一纳税年度的收入总额，减除成本、费用以及损失后的余额，为应纳税的所得额。

第三条　合营企业的所得税税率为30%。另按应纳所得税额附征10%的地方所得税。

开发石油、天然气和其他资源的合营企业的所得税税率，另行规定。

第四条　合营企业的外国合营者，从企业分得的利润汇出国外时，按汇出额缴纳10%的所得税。

第五条　对新办的合营企业，合营期在10年以上的，经企业申请，税务机关批准，从开始获利的年度起，第一年免征所得税，第二年和第三年减半征收所得税。

对农业、林业等利润较低的合营企业和在经济不发达的边远地区开办的合营企业，按前款规定免税、减税期满后，经中华人民共和国财政部批准，还可以在以后的10年内继续减征所得税15%至30%。

第六条　合营企业的合营者，从企业分得的利润在中国境内再投资，期限不少于5年的，经合营者申请，税务机关批准，退还再投资部分已纳所得税税款的40%。投资不满5年撤出的，应当缴回已退的税款。

第七条　合营企业发生年度亏损，可以从下一年度的所得中提取相应的数额加以弥补；下一年度的所得不足弥补的，可以逐年提取所得继续弥补，但是最长不得超过5年。

第八条　合营企业所得税，按年计征，分季预缴。每季在季度终了后15天内预缴，每年在年度终了后3个月内，汇算清缴，多退少补。

第九条　合营企业应当在每次预缴所得税的期限内，向当地税务机关报送预缴所得税申报表；年度终了后3个月内，报送年度所得税申报表和会计决算报表。

第十条　合营企业的所得税以人民币为计算单位。所得为外国货币的，按照中华人民共和国国家外汇管理总局公布的外汇牌价折合成人民币缴纳税款。

第十一条　合营企业的开业、转产、迁移、停业以及注册资本的变更、转让，在向中华人民共和国工商行政管理总局登记后，应当持有关证件在30天内向当地税务机关办理税务登记。

第十二条　税务机关对合营企业的财务、会计和纳税情况，有权进行检查。合营企业必须据实报告，并提供有关资料，不得拒绝或者隐瞒。

第十三条　合营企业必须按照规定的期限，缴纳税款。逾期不缴的，税务机关除限期缴纳外，从滞纳之日起，按日加收滞纳税款的5‰的滞纳金。

第十四条　合营企业违反本法第九条、第十一条、第十二条规定的，税务机关可以酌情处以罚金。

合营企业偷税、抗税的，税务机关除追缴税款外，可以根据情节轻重，处以应补税款五倍以下的罚金。情节严重的，由当地人民法院依法处理。

第十五条　合营企业同税务机关在纳税问题上发生争议时，必须先按照规定纳税，然后再向上级税务机关申请复议。如果不服复议后的决定，可以向当地人民法院提起诉讼。

第十六条　合营企业及其分支机构，在国外缴纳的所得税，可以在总机构应纳所得税额内抵免。

中华人民共和国政府和外国政府之间订有避免双重征税协定的，所得税的抵免，应当依照各该协定的规定办理。

第十七条　本法的施行细则，由中华人民共和国财政部制定。

第十八条　本法自公布之日起施行。

全国人大常委会委员长叶剑英签署第十一号令公布施行《中华人民共和国个人所得税法》

中华人民共和国第五届全国人民代表大会第三次

会议于1980年9月10日通过了《中华人民共和国个人所得税法》,现予公布施行。

中华人民共和国全国人民代表大会常务委员会

委员长叶剑英

1980年9月10日

中华人民共和国个人所得税法

第一条 在中华人民共和国境内居住满一年的个人,从中国境内和境外取得的所得,都按照本法的规定缴纳个人所得税。

不在中华人民共和国境内居住或者居住不满一年的个人,只就从中国境内取得的所得,缴纳个人所得税。

第二条 下列各项所得,应纳个人所得税:

一、工资、薪金所得;

二、劳务报酬所得;

三、特许权使用费所得;

四、利息、股息、红利所得;

五、财产租赁所得;

六、经中华人民共和国财政部确定征税的其他所得。

第三条 个人所得税的税率:

一、工资、薪金所得,适用超额累进税率,税率为5%至45%(税率表附后)。

二、劳务报酬所得,特许权使用费所得,利息、股息、红利所得,财产租赁所得和其他所得,适用比例税率,税率为20%。

第四条 下列各项所得,免纳个人所得税:

一、科学、技术、文化成果奖金;

二、在中华人民共和国的国家银行和信用合作社储蓄存款的利息;

三、福利费、抚恤金、救济金;

四、保险赔款;

五、军队干部和战士的转业费、复员费;

六、干部、职工的退职费、退休费;

七、各国政府驻华使馆、领事馆的外交官员薪金所得;

八、中国政府参加的国际公约、签订的协议中规定免税的所得;

九、经中华人民共和国财政部批准免税的所得。

第五条 各项应纳税所得额的计算:

一、工资、薪金所得,按每月收入减除费用800元,就超过800元的部分纳税。

二、劳务报酬所得、特许权使用费所得、财产租赁所得,每次收入不满4000元的,减除费用800元;4000元以上的,减除20%的费用,然后就其余额纳税。

三、利息、股息、红利所得和其他所得,按每次收入额纳税。

第六条 个人所得税,以所得人为纳税义务人,以支付所得的单位为扣缴义务人。没有扣缴义务人的,由纳税义务人自行申报纳税。

第七条 扣缴义务人每月所扣的税款,自行申报纳税人每月应纳的税款,都应当在次月7日内缴入国库,并向税务机关报送纳税申报表。

从中国境外取得所得的纳税义务人,应当在年度终了后30日内,将应纳的税款缴入国库,并向税务机关报送纳税申报表。

第八条 各项所得的计算,以人民币为单位。所得为外国货币的,按照中华人民共和国国家外汇管理总局公布的外汇牌价折合成人民币缴纳税款。

第九条 税务机关对纳税情况有权进行检查,扣缴义务人和自行申报纳税人必须据实报告,并提供有关资料,不得拒绝或者隐瞒。

第十条 对扣缴义务人按照所扣缴的税款,付给1%的手续费。

第十一条 扣缴义务人和自行申报纳税人,必须按照规定的期限,缴纳税款。逾期不缴的,税务机关除限期缴纳税款外,从滞纳之日起,按日加收滞纳税款5‰的滞纳金。

第十二条 扣缴义务人和自行申报纳税人,违反本法第九条规定的,税务机关可以酌情处以罚金。

匿报所得额,偷税、抗税的,税务机关除追缴税款外,可以根据情节轻重,处以应补税款5倍以下的罚金;情节严重的,由当地人民法院依法处理。

第十三条 扣缴义务人和自行申报纳税人同税务机关在纳税问题上发生争议时,必须先按照规定纳税,然后再向上级税务机关申请复议。如果不服复议后的决定,可以向当地人民法院提起诉讼。

第十四条 本法的施行细则,由中华人民共和国财政部制定。

第十五条 本法自公布之日起施行。

个人所得税税率表

(工资、薪金所得适用)

级数	级 距	税率(%)
1	全月收入额在800元以下的部分	免
2	全月收入额801元至1500元的部分	5
3	全月收入额1501元至3000元的部分	10
4	全月收入额3001元至6000元的部分	20
5	全月收入额6001元至9000元的部分	30
6	全月收入额9001元至12000元的部分	40
7	全月收入额12001元以上的部分	45

中国加入国际上签订的《关于制止非法劫持航空器公约》和《关于制止危害民用航空器安全的非法行为的公约》

在加入时中国政府声明不接受《关于制止非法劫持航空器公约》第十二条第一款和《关于制止危害民用航空器安全的非法行为的公约》第十四条第一款的约束,声明台湾当局用中国名义对该两公约的签署和批准是非法和无效的。两个公约于1980年10月10日起对中国生效。

国务院副总理余秋里在人民大会堂会见以日中经济协会会长土光敏夫为团长稻山嘉宽为顾问的日本日中经济协会代表团

9月11日

国务院总理赵紫阳在人民大会堂举行宴会欢迎新西兰总理罗伯特·马尔登和夫人一行

国务院总理赵紫阳在欢迎新西兰总理马尔登的宴会上说:"刚刚结束的五届人大第三次会议,明确了我国在政治上和经济上进行改革的方向。"

他说,"我们要发展社会主义民主,健全社会主义法制,改善各级政府的领导,进一步巩固安定团结、生动活泼的局面。我们要积极扩大企业的自主权和企业职工参加管理的权力,逐步改革经济体制,实行计划调节和市场调节相结合,依靠经济组织、经济杠杆和经济立法管理经济。稳步地进行这一系列的重大改革,将进一步调动人民群众的积极性,把我们社会主义制度的优越性更好地发挥出来。"

他说,中国人民决心把自己的国家建设成为一个现代化的、高度民主和高度文明的社会主义国家。我们实行了一系列新的政策,取得了可喜的进展。

赵紫阳在谈到国际形势时指出:"当前的形势比以前更加动荡、紧张,战争的危险有了明显的增长。"他强烈谴责苏联对阿富汗和越南对柬埔寨的侵略行径。他说:"导致第二次世界大战的经验告诉我们:对侵略者的挑衅,除了坚决抵制以外,不应有其他的选择。这是关系到全人类命运的重大问题。这个经验对今天仍然具有现实意义。"

他赞扬新西兰奉行的外交政策。他说:"新西兰政府坚持联合国宪章的宗旨,坚持国家独立和主权不可侵犯的原则,反对对任何国家的外来干涉和外来统治。你们所持的这种正义立场,对维护世界和平的事业起了积极的作用。"

赵紫阳在谈到中国对外政策时说:"我们不仅关心自己国家的安全,而且十分重视维护世界和平的大局。我们将继续同一切爱好和平和主持正义的国家和人民一起,为反对霸权主义、维护世界和平而履行自己应尽的责任。"赵紫阳重申,中国"将根据平等互利的原则同其他国家继续发展广泛的合作和交流。这是我们长期的坚定不移的方针"。

赵紫阳在评价中新关系的发展时说,近年来"两国关系有了令人满意的发展。"他说,两国的贸易额去年比1972年增加了11倍,中国桂林市将同新西兰黑斯廷斯市正式建立友好城市关系。赵紫阳表示,他尤其感到荣幸的是能够在就任之初就与马尔登总理结识。

马尔登总理代表新西兰人民祝贺赵紫阳担任中国国务院总理,并祝他在工作中取得成功。国务院副总理陈慕华,国务院副总理、外交部长黄华,外贸部长李强,农业部长霍士廉,文化部长黄镇,卫生部长钱信忠,以及中国驻新西兰大使秦力真,出席了宴会。新西兰驻中国大使弗里曼·格林和夫人应邀出席了宴会。应邀出席宴会的还有在京的新西兰友好人士艾黎。

《人民日报》发表社论《热烈欢迎新西兰贵宾》

新西兰总理罗伯特·马尔登阁下和夫人应我国政府的邀请,前来我国进行正式访问,今天到达北京。我们对来自南太平洋的新西兰贵宾表示热烈的欢迎。

新西兰位于太平洋西南部,是一个美丽富饶的国家。勤劳智慧的新西兰人民在建设自己国家的事业中取得了显著的成就。

在国际事务中,新西兰政府重视发展同世界各国的友好关系,特别注重发展同南太平洋各国和东盟五国的友好关系。它关心世界和本地区的和平与安全,反对霸权主义的侵略扩张政策。它谴责苏联侵略阿富汗和越南侵略柬埔寨,反对一个国家武装干涉另一个国家的事务,反对用武力从外部把一个政权强加于人,要求外国军队从阿富汗和柬埔寨撤出去,让这两个国家的人民在不受外来干涉的情况下自己决定自己的前途,支持维护民主柬埔寨在联合国的合法席位。新西兰政府的这些原则性立场,不仅赢得了世界上一切爱好和平与主持正义的国家和人民的赞赏,而且为反对霸权主义、维护世界和平的事业起了积极的作用。

中国和新西兰建交以来,两国的友好合作关系取得了令人满意的发展。马尔登总理1976年曾经访问过我国,促进了两国之间的友谊。近年来,两国政府和民间的互访日益频繁,贸易、经济和文化的交流和合作不断扩大。两国在和平共处五项原则的基础上,发展友好合作关系,已展示出广阔的前景。我们深信,这次马尔登总理和夫人再次前来我国访问,必将为推动两国友好合作关系的进一步发展作出宝贵的贡献。

国务院总理赵紫阳在北京会见以土光敏夫为团长稻山嘉宽为顾问的日本日中经济协会代表团

赵紫阳在向日本朋友介绍五届人大第三次会议时说,这次会议主要有两方面的内容。一是进行政治制度,包括国家领导制度和干部制度方面的改革;一是经济体制的改革。这两项改革是相辅相成的。

他说,政治改革就是解决权力过分集中的问题,解决干部终身制的问题。从中国和其他一些国家的经验看,权力过分集中,不利于民主制度的建设。关于经济制度,我们认为社会主义制度有巨大优越性。但我们现在的经济制度有两个弊病,一是经济决策权过于集中,企业管理第一线的领导人没有权力。另一弊病是政府和企业不分。政府对企业的干预主要不是通过经济计划、经济立法和其他一些经济手段去领导经济,而是政府机关直接对企业内部进行干涉,这样使几十万个企业单位处于被动状态。

他说:我们现在的改革就是要解决这些问题。要进一步扩大企业自主权,让企业的活动靠企业和经济组织来进行。国家不过多地在企业内部进行行政的直接干预,而是通过价格、税收、信贷、利润、经济计划等手段进行引导。

他说,这种经济改革同工人阶级当家做主来管理企业的方针是一致的。

赵紫阳说,我们的改革只走了一小步,按照上述设想,实现彻底改革要用一段比较长的时间,这中间需要采取一系列过渡手段,以避免发生不必要的混乱。

赵紫阳说,这次大会虽然在人事上有变动,但中国的政策不变,中日友好的方针不变。他说,中日两国战略上有共同利益,经济上互相需要,因此,中日经济合作的前景是广阔的。

土光敏夫说,刚结束的五届人大第三次会议是一次具有划时代意义的大会,日本国民对会议的成功和赵紫阳先生担任总理感到高兴。中国的发展和稳定对邻国日本是很有好处的。我们日本将尽力协助中国实现现代化。

全国侨联在北京举行第二届委员会常务委员会(扩大)第四次会议

政协全国委员会副主席、全国侨联主席庄希泉在会上讲话时表示,全国侨联将为贯彻五届人大三次会议精神而努力。

庄希泉在讲话中谈到对今后侨联工作的设想时指出,各地侨联要根据我国现行的经济政策,从实际出发,采取多种方法,广开门路,把安排更多的归侨、侨眷和他们的子女就业作为重点工作来抓;要继续落实党的侨务政策;要为实现台湾归回祖国积极开展工作。

出席今天会议的有:全国侨联副主席庄明理、连贯、洪丝丝、苏惠、郭棣活、郭瑞人、钟庆发、林慧卿、刘念智、陈宗基、廖灿辉、蚁美厚等。参加五届人大第三次会议和五届政协第三次会议的全国侨联委员共七十多人。他们在发言中希望有关部门严重注意归侨、侨眷知识分子继续外流的问题,要求采取切实有效的措施进一步落实党的侨务政策,重视、信任和关怀归侨知识分子,解决归侨、侨眷的实际困难和合理要求;教育归侨、侨眷正确对待国家前进中的困难,同全国人民一道为社会主义现代化建设作出自己的贡献。

国务院侨务办公室副主任林修德、彭光涵也出席了会议。

中央统战部国务院宗教事务管理局在民族文化宫举行茶会招待出席五届人大三次会议和政协五届三次会议的宗教界人大代表政协委员

中央统战部部长乌兰夫在茶会上讲了话。茶会由中央统战部第一副部长刘澜涛主持。

中央统战部副部长张执一在茶会上讲话说,在五届人大第三次会议和五届政协第三次会议期间,宗教界的朋友们对国家的政治生活,对四化建设,特别是对落实宗教政策方面提出了不少好的意见和建议,这是值得欢迎的。他希望宗教界的朋友们以主人翁的态度,维护安定团结,关心四化建设,协助政府贯彻宗教政策,并教育宗教界人士和信教群众,遵守国家法令,爱国爱教。

中国佛教协会名誉会长班禅额尔德尼·确吉坚赞、中国伊斯兰教协会名誉主任包尔汉、中国天主教爱国会副主席张家树、中国基督教三自爱国运动委员会代主席丁光训、中国佛教协会代会长赵朴初、中国伊斯兰教协会副主任安士伟在茶会上发言,他们对落实宗教政策所取得的进展表示高兴,并迫切希望进一步落实这一政策。他们表示:一定要教育信教群众遵守国家法令,维护安定团结,为祖国的四化建设尽力。

中国上海工艺品展览会在日本横滨开幕

国务院副总理万里在北京会见加拿大前外长弗洛拉·麦克唐纳女士一行

国务院副总理兼外交部部长黄华在北京会见哥伦比亚共和国驻中华人民共和国大使馆临时代办里卡多·桑佩尔

中共中央书记处书记王任重在北京会见由南斯拉夫黑山社会主义共和国文化新闻委员会主席奥尔卡·佩罗维奇率领的会代表团

在亲切的交谈中，王任重谈了实现我国社会主义现代化在当前需要着重解决的问题。王任重说，我们要改革权力过分集中，改革经济管理体制，发扬社会主义民主，加强社会主义法制，克服官僚主义。我们要修改宪法。我们正在制定发展国民经济的长远规划，把发展生产和提高人民生活结合起来，加快农业、轻工业、能源和交通运输业的发展，把国民经济各部门不协调的比例调整过来，使国民经济沿着正确轨道稳步发展。

9月12日

全国政协五届三次会议在人民大会堂闭幕

大会通过的政治决议说，人民政协的工作要进一步开展、活跃起来，适应新形势、新任务的要求。决议号召全国各民族、各民主党派、各人民团体和一切爱国力量，为实现华国锋同志提出的各项任务，为完成我国今明两年的国民经济计划和全面进行经济管理体制的改革，共同奋斗。

大会增选了何长工、萧克、程子华、杨秀峰、沙千里、包尔汉、周培源、钱昌照为政协第五届全国委员会副主席，还增选了24名常务委员。大会决定韦国清、彭冲、赵紫阳、宋任穷、杨静仁、班禅额尔德尼·确吉坚赞不再兼任政协副主席，因为他们已担任其他领导职务。由于习仲勋、杨尚昆已担任其他领导职务，他们也不再兼任政协全国委员会常务委员和委员的职务。

鉴于1978年3月五届政协第一次会议通过的《中国人民政治协商会议章程》有些内容有明显的错误，有些内容已不能适应新形势发展的需要，大会决定对章程进行修改，并成立由91人组成的章程修改委员会。大会决定邓小平为章程修改委员会主任委员，刘澜涛、朱蕴山、史良、胡厥文为副主任委员。

下午3时半，政协全国委员会主席邓小平宣布大会开始。政协全国委员会副主席乌兰夫主持大会各项议程的进行。

大会依次通过了《中国人民政治协商会议第五届全国委员会第三次会议政治决议》《中国人民政治协商会议第五届全国委员会第三次会议关于常务委员会工作报告的决议》《中国人民政治协商会议第五届全国委员会第三次会议关于修改政协章程的决议》和章程修改委员会名单、《中国人民政治协商会议第五届全国委员会第三次会议提案审查委员会关于提案的审查报告》和决议。

在通过修改政协章程决议和修改章程委员会名单，以及提案审查报告时，各有1人弃权；在通过增补政协副主席名单时有2人弃权；通过增补常务委员名单时有5人弃权。

提案审查报告宣布，到9月10日已收到提案461件。这些提案，既着眼于当前存在的具体问题，又考虑到长远的规划和措施。对四化建设如何在更加稳妥、牢靠的基础上加快发展，提出了不少宝贵的意见和建议。

接着，乌兰夫致闭幕词。他说："我们这次会议经历了16天，在大家的共同努力下，现在已经完成了会议的各项议程。"

"在会议期间，全体委员，欢聚一堂，以国家主人翁的高度负责精神对国家的大政方针、政治生活、四化建设和文教、科技、民族、宗教、社会生活等各方面的重大问题，对新时期进一步加强人民政协工作问题，热烈地、认真地开展了讨论，提出了许多宝贵的意见、批评和建议，这次会议，大家解放思想，畅所欲言，敢于批评，充分发扬了社会主义民主，会议开得生动活泼，很有成效，发挥了人民政协的民主协商和监督作用。我们这次会议，是民主的团结的会议，是推进我国现代化建设的重要会议。"

"在我们祖国社会主义事业胜利发展的大好形势下，全国各级人民政协和全体政协委员，要更加紧密地团结起来，在中国共产党的正确路线指引下，为贯彻这次会议的政治决议，为实现国家当前的各项重大任务，为巩固和发展我国革命的爱国的统一战线，而共同努力奋斗！"

最后，邓小平宣布大会胜利闭幕。出席今天大会的委员共1656人。政协全国委员会副主席许德珩、康克清、季方、王首道、帕巴拉·格列朗杰、周建人、庄希泉、胡子昂、刘澜涛、陆定一、李维汉、胡愈之、王昆仑出席了大会。列席今天大会的有：中共中央和各省、市、自治区统战部门负责人，国务院参事，政协全国委员会和各省、市、自治区政协负责人等。各国驻华使节和外国记者旁听了今天的大会。

全国政协五届三次会议政治决议

（1980年9月12日中国人民政治协商会议第五届全国委员会第三次会议通过）

中国人民政治协商会议第五届全国委员会第三次会议是在生动活泼的民主、团结气氛中进行的。到会委员听取和讨论了邓小平主席的开幕词，听取和审议了许德珩副主席的常务委员会工作报告；列席了五届全国人大三次会议，听取了叶剑英委员长的开幕词和闭幕词、华国锋同志的讲话以及各项报告和法律草案。大家精神振奋，畅所欲言，对议程中的各项重大问题，进行了切实的讨论和认真的协商,提出了许多中肯的批评和有益的建议。这生动地反映了与会同志高度的爱国主义热情和对社会主义事业的责任心。会议对上述文件和决定表示热烈拥护;并号召全国各民族、各民主党派、各人民团体和一切爱国力量,为实现华国锋同志提出的各项任务,为完成我国今明两年的国民经济计划和全面进行经济管理体制的改革,共同奋斗!

会议认为,这次国家领导人员的调整,是改革我们国家领导制度的一个良好开端。这对于加强和改善政府的领导,健全国家体制,充分发挥社会主义制度的优越性,推进社会主义现代化建设,具有重大的意义。

会议认为,邓小平主席的开幕词对新形势下的政协工作具有重要的指导意义。人民政协是在中国共产党领导下实现各民族、各民主党派、无党派民主人士、各人民团体、各界爱国人士团结合作的重要组织,也是我国政治体制中贯彻社会主义民主、实行互相监督的重要形式。这是我国政治体制的特点和优点。参加政协的各党派、各团体都有宪法赋予的权利和义务范围内的政治自由、组织独立和法律上平等的权利,都有权在政治上、组织上对自己的问题作出决定,独立负责地开展工作。尊重和保障这种权利,充分发挥人民政协的重要作用,这完全符合我国社会主义事业的利益,也是巩固和扩大革命的爱国的统一战线的需要。

人民政协要充分发挥政治协商的作用,要对国家的大政方针和四化建设以及群众生活的重要问题,进行调查研究和自由讨论,积极地提出批评和建议,共同把国家的事情办好。

人民政协要充分发挥检查监督的作用,对宪法、法律、法令的实施,对政府工作和各级干部实行监督。

人民政协要充分发挥广开才路的作用,要积极参与干部制度的改革,努力为国家发现和推荐人才,要不怕阻力,积极地协同有关部门纠正浪费人才的现象,务使有用之才,特别是富有科学技术等专业知识、能力的人,各得其所,才尽其用。

会议着重讨论了反对官僚主义的问题。与会同志一致赞同华国锋同志关于克服官僚主义,改进政府工作以及进一步发展社会主义民主和法制等问题的科学分析和正确主张。大家认为,我国现实生活中的新型官僚主义,是发挥社会主义优越性的极大阻力。人民政协和自己的成员一定要在反对官僚主义的斗争中发挥应有的战斗力,并在遵纪守法方面起到积极作用!

会议认为,要把我国的现代化建设推向前进,必须把反对官僚主义和反对违法乱纪行为结合起来。为此,人民政协应当对官僚主义现象和违法乱纪行为进行揭露和批判,对群众反映的这方面的问题进行深入的调查研究,对由于官僚主义和干部违法乱纪造成的事故和贪污浪费,必要时进行专案调查,提出适当的处理意见;造成反对官僚主义和反对干部违法乱纪的舆论力量;结合这个任务,加强有关提案的工作。

会议热烈讨论了大力促进台湾归回祖国,早日完成祖国统一大业这一全国人民普遍关心的重大问题,一致认为,要继续高举爱国主义旗帜,积极开展这方面的工作。台湾人民是我们的骨肉同胞,台湾省是中国不可分割的一部分,实现祖国统一是不可违抗的历史潮流。会议强调指出,任何人重弹所谓"两个中国"或"一中一台"的滥调,都要受到中国人民的坚决反对。

人民政协面临的光荣任务向我们提出了更高的要求。我们一定要胸怀全局,以国家主人翁的高度责任感,把这次会议的精神和确定的任务贯彻到各个方面,发扬优点,克服缺点,使人民政协的工作进一步开展、活跃起来,适应新形势、新任务的要求。

在9亿多人口、经济落后的大国建设社会主义,这是极其壮丽而又艰巨的事业。经过我国各族英雄人民三十余年来的披荆斩棘、团结奋战,我国的社会主义事业已经取得了很大的成就。在我们前进的道路上还会有许多困难和问题。我们坚信,在中国共产党正确路线的指引下,全国人民同心同德,群策群力,一定能够战胜任何困难,为发展社会主义现代化建设,实现台湾归回祖国和反对霸权主义、维护世界和平,夺取新的胜利!

全国政协五届三次会议关于常务委员会工作报告的决议

(1980年9月12日中国人民政治协商会议第五届全国委员会第三次会议通过)

中国人民政治协商会议第五届全国委员会第三次会议一致同意许德珩副主席所作的常务委员会工作报告。

1979年7月全国政协第五届二次会议以来,政协常务委员会的工作取得了新的成绩,会议表示满意。工作报告中提出的今后工作方针和任务是正确的。会议认为全体委员,应该同心同德,充分发挥人民政协的民主协商和监督作用,进一步加强人民政协的工作,检查和克服工作中的官僚主义,克服前进中的各种阻挠和困难,为争取完满实现新时期人民政协的光荣任务而奋斗。

会议期间委员们提出的对常务委员会工作的批评和建议,对改进人民政协的工作是极为有益的,应在今后工作中认真研究、贯彻实施。

全国政协五届三次会议关于修改政协章程的决议

(1980年9月12日中国人民政治协商会议第五届

全国委员会第三次会议通过）

1978年3月政协第五届全国委员会第一次会议通过的《中国人民政治协商会议章程》，总的说来，对于巩固和发展我国革命的爱国的统一战线，推动各级人民政协的恢复、建立和工作的开展，起了重要作用。但是，限于当时的历史条件，这个章程有些内容有明显的错误，有些内容已不能适应新形势发展的需要。鉴于这种情况，中国人民政治协商会议第五届全国委员会第三次会议决定成立政协章程修改委员会，在中国共产党的正确路线的指引下，提出章程修改草案并广泛征求全体政协委员和政协地方组织的意见，然后提请政协全国委员会全体会议审议、通过。

全国政协五届三次会议增选副主席常委名单

（1980年9月12日中国人民政治协商会议第五届全国委员会第三次会议通过）

副主席(8人)

何长工　萧　克　程子华　杨秀峰　沙千里
包尔汉(维吾尔族)　周培源　钱昌照

常务委员(24人，按姓氏笔画为序)

王　力　扎喜旺徐(藏族)　尧西·贡保才旦(藏族)
任质斌　刘　英(女)　孙作宾　孙越崎
孙伯钊(女)　沈其震　周谷城　赵伯平　胡嘉宾
柯　麟　钱伟长　钱俊瑞　钱端升
崔科·顿珠次仁(藏族)　萧　三　章夷白　梁漱溟
韩幽桐(女、回族)　覃异之　黎　玉　霍英东

全国政协五届三次会议关于政协章程修改委员会名单

（1980年9月12日中国人民政治协商会议第五届全国委员会第三次会议通过）

主任委员　邓小平
副主任委员　刘澜涛　朱蕴山　史　良(女)
胡厥文

委员(按姓氏笔画为序)

马彦祥　王　力　王首道　王炳南　王昆仑
王福重(女)　丹　彤(回族)　乌兰夫(蒙古族)
古耕虞　叶至善　包尔汉(维吾尔族)　庄希泉　刘宁一
关瑞梧(女)　米暂沉　许德珩　孙孚凌　孙承佩
孙越崎　严中平　严信民　克力更(蒙古族)
苏　惠(女)　杜聿明　李　仙　李　琦　李子诵
李维汉　杨东生(藏族)　杨秀峰　吴　江　吴　波
吴世鹤　吴亮平　何长工　沙千里　沈雁冰　张　冲(彝族)　张友渔　张含英　陆定一　陈　宇　陈永龄
陈翰伯　武　衡　林默涵　罗　琼(女)
帕巴拉·格列朗杰(藏族)　季　方　周培源　周建人
郑敏之(女)　屈　武　赵朴初　赵访熊　郝中士
荣毅仁　胡子昂　胡子婴(女)　胡愈之　柯　麟
钟师统　钟惠澜　夏　衍　钱昌照　钱伟长　钱端升
殷明连　萧　克　萧　乾　黄凉尘　黄鼎臣
萨空了(蒙古族)　康克清(女)　梁华新(壮族)
彭桓武　董纯才　韩　英　覃异之　程子华
雷洁琼(女)　蔡　啸　裴丽生　熊天荆(女)
薛暮桥　戴爱莲(女)

《人民日报》发表社论《民主的大会 改革的大会》

举世关注的第五届全国人民代表大会第三次会议胜利闭幕了。

这次会议充满了民主的精神，充满了改革的精神，它给人民以很大的鼓舞，带给人民很大的希望。会议开得很好，代表们很满意，全国人民也很满意。这次会议比较显著地体现了人民代表大会作为国家最高权力机关的职能，标志着我国民主化进程大大向前跨进了一步。

这次会议开得生动活泼，党和政府同全国人民心心相印。国务院关于经济工作的两个报告、人大常委会的工作报告以及华国锋同志在大会上的讲话，都贯穿了实事求是的原则，向代表讲真话，向人民讲真话，既讲了我们的成绩，也讲了我们的缺点和失误。重要的计划数字，包括财政赤字，都向代表们和全国人民公开了，也向全世界公开了。人民作为国家的主人，有权知道国家的经济情况，有权知道政府工作的成败功过。这才是政府向人民负责的表现，也才是人民当家做主的表现。

人民代表把人民的意见带到这次会上来，肯定一年来政府在贯彻调整、改革、整顿、提高的方针、发展社会主义民主和法制等等工作中所取得的成就，也对经济工作中的失误提出批评和质询。为此，国务院一些部门的负责人就代表们的质询作出回答。这样的人民代表没有辜负人民的委托，这样的人代会确实是个国家权力机关。与人大会议同时进行的五届政协三次会议，也充分发扬了民主，对政府工作提出了很多宝贵的建议和批评。在这两个会议的进程当中，全国人民通过各种新闻工具比较迅速、比较具体地了解到大会进行的情况，会内会外心意相通，互相呼应。

五届人大三次会议的开法，也有很多革新，给人们留下了深刻的印象。中央领导同志同其他代表一起入座，不像过去那样，等代表们和主席团成员都入座以后，才登上主席台，全场起立鼓掌。主席台上不挂领袖像，而是挂国徽。一些领导同志作为普通代表在小组会上同大家一起讨论问题，而不是像过去那样，以领导人的身份去小组"探望代表"。尽管这些都是小事，但

是“于细微处见精神”,从这些小小的变化中,我们也可以感到民主化的春风拂面而来。

实现四个现代化,必须要有政治民主化。这是中国人民在粉碎“四人帮”以后,总结十年浩劫的沉痛教训,得出的一个重要结论。这些年来,农村扩大社队自主权和进行基层选举,工业扩大企业自主权和加强职工代表大会,促进经济顺利发展的无数成功经验,以及领导不听群众意见、单凭主观意愿瞎指挥造成经济损失的不少失败教训,一再从正反两方面教育我们,没有政治上的民主,就没有人民的积极性,就没有经济上的健康发展。没有民主,就没有社会主义。五届三次人代会,正是在社会主义民主和法制有很大发展的情况下召开的。它的民主精神反映了人民的愿望,反映了时代的需要,必将大大推进我国民主化的步伐,从而对现代化建设事业的发展产生积极的影响。

这次会议的革新精神,突出地表现在对国家领导制度的重大改革上。华国锋同志在会上的讲话,进一步总结了我们多年来的工作经验,从理论上和实践上阐明了改革国家领导制度的深远意义,提出了今后国家工作需要解决的许多重大问题,以及解决这些问题的基本原则和措施。会议接受中共中央的建议,批准华国锋同志不兼总理;批准五位老一辈无产阶级革命家不兼副总理;决定赵紫阳同志接任总理职务,完成了酝酿已久的国务院领导成员的调整。大会还批准了几位老同志辞去人大常委会副委员长的职务。这几位久经考验、贡献重大的开国元勋,为改革国家领导制度,为废除实际存在的领导职务终身制,为促进国家领导人员的年轻化和提高领导机构的工作效率,作出了光辉的表率。

我们党和政府的领导制度存在着比较严重的弊端,这是党内党外、上上下下早有议论的。为什么新中国成立30年,社会生产力发展很慢,人民生活改善不多?为什么林彪、江青一伙能够横行十年之久,使我们民族遭受如此巨大的灾难?这除了同一个时期政治路线的偏差,同某些领导人的思想作风有关以外,也同领导制度的弊病有关。长期以来,我们党和政府的领导权力过于集中,领导人兼职过多,从上到下,党政不分,以党代政。在加强党的统一领导、一元化领导的口号下,往往不适当地、不加分析地把一切权力集中于党委,党委的权力又集中于几个书记,特别是集中于第一把手。一个地区各行各业的工作不适当地集中到地方党委,又不适当地把全国各地各项工作集中到中央和国务院。权力过分集中,必然损害党和政府的民主生活,损害集体领导,妨碍民主集中制的贯彻执行,造成官僚主义,甚至发展成个人专断。这种现象,使我们吃了很多苦头,“文化大革命”期间更为此付出了沉重的代价。

粉碎“四人帮”以后,我们在各条战线拨乱反正,党的思想路线、政治路线和组织路线重新回到马克思主义的轨道上来,全党和全国的工作着重点转移到现代化建设上去。这是令人欢欣鼓舞的。但是,随着现代化建设事业的发展,人们也越来越感觉到,现行领导制度的改革刻不容缓。权力过于集中,一方面使多数办事者无权决定问题,造成层层请示、级级画圈、办事拖拉、互相推诿、不讲效率、不负责任;另一方面又使少数有权者负担过重,工作难于深入,容易脱离群众,脱离实际,难免作出错误的决断。中共中央已经决定把党的工作和政府工作切实地、明确地分开,各地党委第一把手一般已不兼政府职务。不久前举行的党的十一届五中全会,为了加强和改善党的领导,又提出努力吸收坚定地执行党的路线、具有独立工作能力而又年富力强的同志参加各级领导工作,加强集体领导,废止实际上存在的干部领导职务终身制,并决定成立书记处,这是党中央改革领导制度的第一步。现在国务院领导成员的变动,是改革政府领导制度的第一步。迈出了这一步,有利于党中央一部分领导同志集中精力管理党务,管党的路线、方针、政策,管党的思想政治工作和组织工作,从而用改善党的领导来加强党的领导。这样做,也有利于建立各级政府自上而下的强有力的工作系统,管好政府职权范围的工作。从长远来说,也有利于解决好干部年轻化问题,保持党和政府正确领导的连续性和稳定性。这是长治久安的战略大计。

人民代表大会制度,是我国的根本制度。这次会议对于加强和改进人民代表大会制度提出了很多好的建议。我们改革了党的领导制度,改革了政府的领导制度,还要改革人民代表大会的制度。这次会议接受中共中央的建议,决定修改中华人民共和国宪法和成立宪法修改委员会。我们相信,经过宪法修改委员会和全国人民的努力,一定能改出一部更加民主、更加完善的新宪法,充分发挥人民代表大会的优越性,充分发挥社会主义民主和法制的优越性。

五届人大三次会议以民主的大会、改革的大会载入了史册。落实会议的精神,贯彻执行会议的各项决议,克服官僚主义,改进政府工作,继续搞好国民经济的调整,进行经济管理体制和其他制度的改革,有大量的工作要做,有许多困难要克服。我们要抓紧有利时机,兢兢业业、扎扎实实地把各项工作做得更好。在五届人大三次会议精神的鼓舞下,全国各族人民同心同德向着建设现代化的、高度民主、高度文明的社会主义强国的宏伟目标前进!

中共中央副主席李先念和夫人在钓鱼台国宾馆会见新西兰总理罗伯特·马尔登和夫人

国务院总理赵紫阳在北京同新西兰总理罗伯特·马尔登会谈

赵紫阳在会见时说："五届人大三次会议以后，中国的对外政策不会改变。"中新两国总理就当前世界形势和重大国际问题，特别是阿富汗、印度支那问题交换了意见。双方还谈到了进一步发展中新两国的友好合作关系问题。

赵紫阳向马尔登介绍了五届人大三次会议的情况。

全国人大民族委员会 中央统战部 国家民委在北京饭店举行茶话会招待参加五届人大三次会议和政协五届三次会议的少数民族代表和委员

中共中央政治局委员、全国人大常委会副委员长乌兰夫出席了茶话会，并在会上讲了话。他说，刚刚结束的五届人大第三次会议和五届政协第三次会议是我国各族人民政治生活中的一件大事，它对增强全国各族人民的大团结，推进祖国现代化建设必将产生巨大的作用和深远的影响。

乌兰夫说，党中央最近对民族工作作了重要的指示和决策。华国锋同志9月7日的讲话，特别讲了维护各少数民族的民主权利和经济利益，加强各族人民团结的问题；叶剑英同志在人大的开幕词中强调了民族立法问题。这些都体现了党和政府对民族工作的重视。他接着说，会议期间各位代表和委员对民族工作提出了不少中肯的批评和意见，我们表示衷心的感谢。我们一定要加强调查研究，认真听取各族干部和群众的意见，改进自己的工作，努力贯彻落实中央的指示，把民族工作搞得更好。

今天晚上北京饭店宴会厅灯火辉煌，50多个民族的700多位代表，欢聚一堂，畅谈了在党中央和国务院的领导下，各族人民正在走向富裕和繁荣，民族团结不断得到加强的大好形势。

国务院副总理、国家民委主任杨静仁主持了今晚的茶话会。中共中央政治局候补委员、全国人大常委会副委员长赛福鼎，全国人大常委会副委员长阿沛·阿旺晋美、班禅额尔德尼·确吉坚赞出席了茶话会。阿沛、班禅等也在茶话会上讲了话。

出席茶话会的还有江华、帕巴拉·格列朗杰、李维汉、刘澜涛等。内蒙古、新疆、广西、西藏、宁夏、云南、青海等省区的负责人汪锋、覃应机、阴法唐、天宝、廷懋、马信等参加了今晚的茶话会。

中国经济贸易展览会在旧金山开幕

正在美国访问的薄一波副总理主持了开幕式。这是新中国成立以来在美国首次举行的大型综合性展览。展览厅占地面积5000平方米，连同销售中国商品的"友谊商店"、出售专为这次展览发行的中国纪念邮票的邮亭、电影放映厅、表演篆刻、剪纸、料器制作技艺及中国烹调技术的场地、小吃部等，总面积达15000平方米。

中国船舶工业公司为香港环球航运集团建造4艘散装货船的合同在北京签字

这4艘货船，有两艘载重量各为27000吨，将由上海江南造船厂建造；有两艘载重量各为36000吨，将由上海沪东造船厂建造。

中国船舶工业公司董事长柴树藩和香港环球航运集团主席包玉刚分别在合同上签字。

中国国际信托投资公司和意大利商业银行在北京签订一项关于发展业务合作的协议书

协议书规定为促进中国和意大利两国之间的经济合作与技术交流，中国国际信托投资公司和意大利商业银行将进行各种方式的业务协作，促进两国企业间的多种经济合作。双方同意在业务合作方面，相互提供便利。

全国人大常委会副委员长谭震林在北京会见由外交委员会主席阿兰·赫内留斯率领的瑞典议会外交委员会访华团

国务院副总理谷牧在北京会见前来参加在北京召开的国际联合船舶投资有限公司第二次董事会议的全体人员

参加会见的有国际联合船舶投资有限公司名誉顾问柴树藩、沈弼、池浦喜三郎，董事长包玉刚，副董事长鲍约翰、刘清、常务董事刘若明、高竹峰、袁随善等。

国际联合船舶投资有限公司于今年3月在北京宣布成立，是由中国船舶工业公司、中国租船公司和香港环球航运集团、香港上海汇丰银行、日本兴业银行合资经营的一个公司，今年4月在香港举行了第一次董事会议。

9月13日

中共中央主席华国锋在北京会见新西兰总理罗伯特·马尔登

华国锋在会见时指出，最近结束的五届人大三次会议上决定的国家领导体制和经济体制的改革，总的目的是加强社会主义民主和法制，促进现代化事业向前发展。

华国锋说，这次国家领导工作人员的调整是国家领导体制的重大改革。他说，我们要从中央到地方使党政分开。这次我和几位副总理辞去国务院的职务，就是为了使国务院形成比较完整的工作系统。

马尔登说，我很荣幸能在贵国进行重大改革的时刻来到中国访问。他说，你们的改革计划有着深远的影响，我祝愿中国获得成功。他表示，新西兰希望同中国建立坚实、稳定和更加密切的关系。

华国锋说，随着我国国民经济的发展，中新两国的经济合作会向深度和广度发展。他重申，中国要同新西兰、澳大利亚和南太平洋的所有国家发展友好关系。

中共中央副主席邓小平在人民大会堂会见新西兰总理罗伯特·马尔登

会见时，邓小平阐述了中国从战略的角度，对当前重大国际问题的看法。他赞赏新西兰政府坚决反对霸权主义侵略扩张的正义立场和坚定态度。

马尔登说，新西兰政府和他本人对国际形势的看法同邓小平的分析是一致的。

在谈到双边关系时，马尔登表示新中两国在经济领域里的许多方面可以进行合作。

邓小平表示，中国很乐意同新西兰加强经济合作。

中共中央副主席李先念在北京会见由冈比亚人民进步党中央委员登博·贾塔率领的冈比亚人民进步党代表团

国务院总理赵紫阳在北京出席马尔登总理和夫人举行的答谢宴会并讲话

赵紫阳说："形势的发展要求我们两国加强在国际事务方面的磋商和合作，为反对霸权主义、制止侵略扩张、维护本地区的和世界的和平与安全作出应有的贡献。"

他说："双方对国际形势的讨论，表现出对当前许多重大国际问题有着相同或相似的观点和主张。我们高度赞赏新西兰政府反对苏联侵略阿富汗，反对越南侵略柬埔寨，坚持苏、越撤军，继续支持民柬在联合国合法席位的鲜明立场。"

他说："刚才总理先生讲到了新西兰政府对干预你们内部政治的霸权主义者所采取的果断措施。我们对你们维护自己主权的坚定立场表示赞佩。"

赵紫阳说："我们愿意在和平共处五项原则的基础上，同更多的南太平洋国家建立和发展关系。中国政府将继续支持南太平洋地区各国发展民族经济，捍卫民族独立，加强区域合作，反对大国争夺，维护本地区的和平与安全的立场。"

赵紫阳还说："我们双方都对两国关系的发展感到满意。我完全同意总理先生的意见，我们要继续努力发展我们的双边关系。两国在经济、贸易和科学、文化方面的进一步合作是有很大潜力的。随着我国现代化建设的不断发展，中新两国合作的范围会越来越广阔。"

国务院副总理谷牧在北京会见由矶田一郎行长率领的日本住友银行访华团

国务院副总理兼外交部长黄华在北京会见丹麦文化大臣丽塞·欧斯督高女士一行

国务院 中央军委批转教育部《关于退还被占用校舍进展情况的报告》(摘要)

国务院和中央军委在批示中强调指出，当前高等院校校舍严重不足，如不抓紧认真解决，将会影响明年招生，这对安定团结不利。望各地区和各部门，对被占用的校舍，要采取切实措施，及早退还。要本着实事求是、有利发展生产、有利教育事业、有利加强团结的原则，作出通盘安排，把这件事办好。

9月14日

中共中央副主席邓小平在北京会见由公明党委员长竹入义胜率领的日本公明党第九次访华团

邓小平向日本朋友介绍了当前我国正在进行的政治制度和经济体制方面的改革情况。他指出，我国的改革工作刚刚开始，但取得的效果比预料的要大。这证明1978年召开的党的十一届三中全会所确定的政治、思想和组织路线，以及会议上所提出的要对经济管理体制和经营管理方法着手认真的改革，都是对头的。邓小平说，我们要进一步扩大企业自主权，保护竞争，克服那种吃"大锅饭"的现象，其目的是为了充分调动全国人民的社会主义积极性。也只有这样做，才能更有力地促进技术革新、提高企业管理水平，加快四化建设的步伐。

中共中央召开各省市自治区党委第一书记座谈会讨论加强和完善农业生产责任制问题

会议由中共中央书记处总书记胡耀邦主持。会议着重讨论加强和完善农业生产责任制问题，在会上，"包产到户"激起广泛的讨论，会议写出了座谈会纪要，即《关于进一步加强和完善农业生产责任制的几个问题》。9月27日，中共中央印发了这次会议纪要。会议于22日结束。

中共中央 国务院批转公安部《关于做好劳动教养工作的报告》

现将公安部《关于做好劳动教养工作的报告》转发给你们,望认真研究,贯彻执行。

我们在集中力量进行经济建设的过程中,对社会上一定范围内存在的阶级斗争仍然必须保持高度的警惕。我们一定要坚持无产阶级专政,加强社会主义法制,坚决而又准确地打击各种破坏社会主义的犯罪活动,以维护整个社会的政治安定,保障各项建设事业的顺利进行。加强和改善劳教管理,加强思想政治教育,做好劳动教养工作,是维护社会治安的一项重要措施,需要作为一项长期任务来抓。各省、市、自治区和大中城市的党委和人民政府,要切实加强领导,统筹规划,并督促有关机关、团体和解放军积极配合,大力支持公安机关做好这个工作。

目前的劳教、劳改工作,不少地方由于领导重视,是做得比较好的。但也有些劳教、劳改单位,管理很差,甚至采取很愚昧、很野蛮的办法对待劳教、劳改人员。这种现象不能再继续下去,必须通过整顿,切实加以纠正。

关于做好劳动教养工作的报告

不久前,我们召集各省、市、自治区主管劳教工作的公安厅、局长对做好劳动教养工作进行了座谈。现报告如下:

去年一个时期,城市治安情况不好,有多方面原因。从根本上说,这是林彪、"四人帮"十年破坏造成的恶果。从公安工作上看,原因之一,是我们没有充分运用劳动教养的手段,把应该收容劳教的人收容起来;有些劳教单位对收容起来的人也没有很好地进行教育改造,少数人解除劳教后又重新违法犯罪,使违法犯罪活动得不到有力的制止。我国社会上不仅有极少数反革命分子和其他刑事犯罪分子的破坏活动,而且还经常有一些大法不犯,小法常犯,屡教不改的青少年进行违法犯罪活动。这种现象是同我国在一定范围内还存在阶级斗争分不开的。所以我们不应把劳动教养看成只是目前整顿治安的权宜之计,而应看成是长时期内维护社会秩序,巩固无产阶级专政的一项重要措施。我们必须树立长期做好劳动教养工作的思想,把符合劳动教养条件应该收容的人尽可能地收容起来。劳动教养是一种强制性的教育改造措施,是处理人民内部矛盾的一种方法。对劳动教养人员必须实行教育、挽救、改造的方针,在严格管理的条件下,通过艰苦细致的政治思想工作、文化技术教育和生产劳动锻炼,把绝大多数人改造成为建设社会主义的有用之材。当前,劳动教养工作的任务是十分繁重和艰巨的,既要解决新收劳教人员所需场所、经费、干部、武装等问题,还要把现有劳教场所切实整顿好,逐步提高改造工作的水平。

为此,当前急需解决以下几个问题:

一、劳动教养场所问题。经调查,许多地区通过调整、改建、扩建现有的劳改、劳教、强劳场所,可以基本解决;北京、天津等一些省、市、自治区,由于场所缺得多,需要立即收回过去交出的一些劳教、劳改场所,才能适应当前的需要。至于从明年起陆续收容的劳教人员所需场所问题,现在也要抓紧解决。我们建议:凡是"文化大革命"中交出的监狱、劳改、劳教场所,原则上都应交回公安机关,特别是那些适合办劳教的场所,要尽快交回来。具体交回哪些场所,由各省、市、自治区公安机关提出方案,报请党委、人民政府批准,加以解决。

二、劳动教养经费和基建问题。各地反映,今年新收劳教人员所需经费大多未列入地方预算,所需基建大多未列入地方基建计划,迫切要求解决这些问题。经我们与财政部、国家计委、国家劳动总局共同研究,劳教场所是强制性的教育改造单位,收支、盈亏要列入地方财政预算,劳教的生产、生活和教育用房及设备等基本建设,要列入地方基建计划,由地方安排解决。

三、干部问题。除现有劳教工作干部外,拟主要从部队转业的营、连、排级干部和劳教、劳改单位现有职工中选拔。具体办法由中央组织部、国家人事局、财政部、国家劳动总局和公安部联合发文下达。

现有劳教、劳改工作干部大多数是50年代就开始从事这项工作的,他们中的绝大多数同志在工作中是作出了不少成绩的。但是,他们工作时间长,条件差,斗争复杂,工资福利待遇低,生活上有不少困难。为了调动这部分干部的积极性,使他们能安下心来做好劳教、劳改工作,必须合理解决他们工作上、生活上的具体困难和某些特殊需要。经与财政部、国家劳动总局商议:(一)对劳教、劳改工作干部实行岗位补贴,补贴范围和标准,由公安部商同有关部门作出规定。(二)劳教、劳改工作干部,应按照着装规定着民警服装,分期分批解决。

四、武装问题。目前,全国劳教单位劳教护卫武装人员和劳改看守武装人员较少,我们建议:中央批准我们在今明两年内增加武装民警的征兵名额,以补充劳教护卫武装和劳改看守武装的缺额。由国家编委、财政部、公安部联合下达编制和经费,由公安部向总参提出征兵名额,由总参代征。

五、劳动教养政策问题。

(一)收容劳教的范围。有的省提出对家居农村符合劳教条件的人,也要收容劳教。我们意见:仍应按1979年11月《国务院关于劳动教养的补充规定》第二条“劳动教养收容大中城市需要劳动教养的人”的规定执行。对家居农村而流窜到城市、铁路沿线和大型厂矿作案的人,可按今年2月《国务院关于将强制劳动和收容审查两项措施统一于劳动教养的通知》第二条规定办理,即:“对于有轻微违法犯罪行为又不讲真实姓名、住址,来历不明的人,或者有轻微违法犯罪行为又有流窜作案、多次作案、结伙作案嫌疑需要收容查清罪行的人,送劳动教养场所专门编队进行审查。”这样就基本上把农村流窜城市作案的犯罪分子管住了。

为了正确执行劳动教养政策,保证收容质量,要严格审批手续,不符合劳动教养条件的,坚决不收。决定收容劳动教养的,在送劳教场所前,要征求本人所在单位或街道组织的意见,向本人和家属宣布劳教的根据和时间。要认真处理本人和家属的申诉。

(二)劳教人员的生活待遇。有的地区提出,1957年《国务院关于劳动教养问题的决定》中规定:“对被劳动教养的人,应当按照其劳动成果发给适当的工资”,1978年中央批转的《公安部关于第三次全国治安工作会议纪要》中又规定给劳教人员发生活费,这两个规定不一样。今后对劳教人员是发工资,还是发生活费?我们意见:为了有利于改造,对劳教人员的生活待遇,应按今年人大常委重新公布的1957年《国务院关于劳动教养问题的决定》发给适当工资的规定执行。每月发多少工资,采取什么工资形式,由各地从实际情况出发,按照劳教人员参加的生产类型以及他们劳动的数量和质量确定。

(三)对劳教人员的管理问题。劳动教养人员与劳动改造罪犯性质不同,应当严格分开。对他们要单设场所管理,不能和犯人混在一起,更不能把他们当犯人看待。既要严格管理,又要允许他们对学习、生产、生活提意见,让他们过一定民主生活。

(四)送劳动教养前有工作的人,在劳动教养期间是否开除公职的问题。我们意见:为了稳定劳教人员的情绪,减少教育改造的阻力,便于劳教期满后的就业,一般应保留公职。劳教期间表现好的,回原单位安排工作;不适宜回原单位的人,或原来没有工作的人,到劳教前户口所在地的街道进行就业登记,由街道根据生产、事业的需要,逐步安置就业。

六、整顿问题。对现有劳教单位和强制劳动、收容审查场所,要一个个认真加以整顿,切实解决目前存在的问题。特别是对管理混乱、违法乱纪严重的收容审查站(所),要迅速整顿,加强领导和管理,建立起正常的改造和生活秩序,有计划、有步骤地改为劳动教养的场所。对劳教工作干部队伍要整顿、充实、提高。整顿,主要是思想整顿,提高干部对劳教性质、方针、任务的认识,使他们热爱劳教工作,同时要加强法制观念,改进工作作风。现在,有些劳教场所内随便打骂、体罚、虐待劳教人员的现象很严重,必须坚决纠正。充实,就是补充干部的缺额,特别要充实年富力强、政策水平较高、工作能力较强的领导干部,充实有教育经验又热心教育工作的青年教师和青年干部担任文化、技术教员,加强思想政治教育和改造工作。对年老体弱多病、不能坚持正常工作的干部,要妥善安置。提高,就是加强培训,提高干部的政策、业务水平。各省、市、自治区应建立从事劳教、劳改工作的干部学校,轮训干部。争取在三五年内,把干部轮训一遍。经过整顿,使劳教场所真正办成把违法犯罪的青少年改造成为新人的学校。

教育、改造劳教人员,实际上主要是教育、改造有轻微违法犯罪的青少年问题。我们能够把这一部分人迅速、有效地教育改造成为现代化建设的有用之材,这是社会主义制度优越性的一种表现。我们希望各省、市、自治区和大中城市的党委和政府,加强对劳动教养工作的领导。公安部成立劳动教养工作管理局,各省、市、自治区和大中城市公安机关亦应设立劳动教养工作机构,具体管理这项工作。希望检察、民政、财政、计划、劳动、生产、宣传、教育、工、青、妇和解放军等有关部门积极配合,大力支持公安机关,共同办好劳动教养场所,做好劳动教养工作。

以上报告,如无不当,请批转各省、市、自治区党委、人民政府研究执行。

国务院总理赵紫阳在人民大会堂与肯尼亚共和国总统丹尼尔·阿拉普·莫伊举行会谈

《人民日报》发表社论《热烈欢迎莫伊总统访华》

应我国政府的邀请,肯尼亚共和国总统丹尼尔·阿拉普·莫伊阁下今天到达北京,对我国进行国事访问。中国人民满怀真挚友好的感情,热烈欢迎远道而来的肯尼亚贵宾。

肯尼亚位于非洲东部,面临印度洋,横跨赤道,是一个美丽富饶的国家。肯尼亚人民酷爱独立、自由,不畏强暴。他们为了反对殖民统治压迫,曾长期进行英勇不懈的斗争。1963年肯尼亚终于结束了殖民统治,获得独立。肯尼亚人民争取独立斗争的英雄业绩,在非洲民族解放运动史中谱写了光辉的一页。

独立以后,肯尼亚政府和人民,从本国的具体条件和传统特点出发,建设自己的国家。经过十几年的努力,肯尼亚在经济建设方面获得了可喜的成就。

在国际事务中,肯尼亚奉行积极的不结盟政策,反对超级大国在非洲争夺势力范围,干涉非洲内部事务。肯尼亚重视非洲团结,积极主张遵照非洲统一组织宪章的精神,用和平的方式解决彼此间的分歧和争端。

它反对南非种族主义政权实行种族歧视和种族隔离政策,支持南部非洲民族解放运动,主张纳米比亚在联合国监督下举行自由、公正的选举,要求南非军队完全撤出纳米比亚。肯尼亚谴责苏联军队入侵阿富汗,支持联合国关于"要求外国军队立即无条件全部撤出阿富汗"的决议。它反对大国在印度洋进行军事竞赛,主张印度洋应成为和平区。它对阿拉伯人民和巴勒斯坦人民的正义斗争也给予热情支持,谴责以色列拒绝联合国有关巴勒斯坦问题的决议,要求以色列撤出1967年战争以来所占领的土地。肯尼亚政府在国际事务中主持正义、反对强权政治、维护世界和平的立场,得到各国人民的广泛赞扬。

中国和肯尼亚虽然远隔重洋,但是,我们两国人民之间的友谊是深厚的,共同的历史遭遇和面临的相同任务又把我们紧紧地联系在一起。我们相信,通过莫伊总统的访问,我们两国人民之间的友谊和友好合作关系必将得到进一步的发展。

国务院副总理方毅在人民大会堂会见以拉尔夫·斯穆克勒教务长为团长的美国密执安州立大学代表团

9月15日

宪法修改委员会在北京举行第一次全体会议

宪法修改委员会主任委员叶剑英主持会议,并在会上讲了话。他指出,根据中共中央的建议,五届全国人大三次会议决定系统地修改现行宪法,成立宪法修改委员会,主持宪法的修改工作。这是我们国家政治生活中的一件大事,它标志着我国社会主义民主和社会主义法制正在大踏步地向前发展。

叶剑英说,我国现行宪法,基本上是本届人大一次会议修改通过的。本届人大二次、三次会议都对宪法个别条文作了修改。而本届人大一次会议修改宪法的工作,是在粉碎"四人帮"之后不久进行的。由于当时历史条件的限制,来不及全面地总结新中国成立30年来社会主义革命和建设中的经验教训,也来不及彻底清理和清除十年动乱中某些左的思想对宪法条文的影响,以至现行宪法中还有一些反映已经过时的政治理论观点和不符合现实客观情况的条文规定。更重要的是,自本届人大一次会议以来,特别是中国共产党十一届三中全会以来,我们国家的政治生活、经济生活和文化生活都发生了巨大的变化和发展,特别是党和国家工作着重点的转移;中共中央对于国内阶级状况所作的新的科学分析;国家民主化的重大进展和进一步民主化的要求;国家领导体制和国民经济体制正在进行和将要进行的重大改革;各民族区域自治权的明确规定;等等,都没有也不可能在现行宪法中得到反映。而且,作为国家根本大法,现行宪法的许多条文规定也不够完备、严谨、具体和明确。总之,现行的宪法已经不能很好地适应我国社会主义现代化建设的客观需要,立即着手对它进行全面的修改,是完全必要的。

叶剑英说,这次修改宪法,应当在总结新中国成立以来我国社会主义革命和社会主义建设经验的基础上进行。经过修改的宪法,应当反映并且有利于我国社会主义的政治制度、经济制度和文化制度的改革和完善。在新的宪法和法律的保障下,全国各族人民应当能够更加充分地行使管理国家、管理经济、管理文化和其他社会事务的权力。法制的民主原则、平等原则、司法独立原则应当得到更加充分的实现。我国人民代表大会制度,包括全国人民代表大会和地方各级人民代表大会的权力和工作,它们的常务委员会的权力和工作,应当怎样进一步健全和加强,也应当在修改后的宪法中作出适当的规定。总之,我们要努力做到,经过修改的宪法,能够充分体现我国历史发展新时期全国各族人民的利益和愿望。

叶剑英强调说,这次修改宪法,一定要坚持领导与群众相结合的正确方法,采取多种形式发动人民群众积极参加这项工作,在明年上半年公布修改宪法草案,交付全民讨论。我们这次修改宪法要认真总结新中国成立以来制定和修改宪法的历史经验。一定要从我国的实际情况出发,以我们自己的经验为基础,同时也要参考当代外国宪法,尤其是一些社会主义国家的宪法,吸收其中好的先进的东西。一个是"领导与群众相结合";一个是"本国经验与国际经验相结合",这是毛泽东同志领导制定1954年我国第一部宪法时总结的两条立宪经验。我们应该仍然充分重视这两条经验。

叶剑英说,我们担负的修改宪法的工作是很艰巨的,但是我相信,只要我们抱着高度的对人民负责的精神,依靠中国共产党的领导,依靠群众,依靠专家,兢兢业业,谨慎从事,就一定能够把这一工作做好,如期完成全国人民赋予我们的光荣任务。

为了更好开展宪法修改工作,今天的全体会议决定设立宪法修改委员会秘书处,并通过了秘书长和副秘书长的名单。胡乔木为秘书长,吴冷西、胡绳、甘祠森、张友渔、叶笃义、邢亦民、王汉斌为副秘书长。

第五届全国人民代表大会民族委员会第二次会议在人大会堂开幕

全国人大常委会副委员长乌兰夫、赛福鼎、班禅额尔德尼·确吉坚赞，国务院副总理、国家民委主任杨静仁等，出席了今天的会议。

全国人大常委会副委员长、人大民委会主任委员阿沛·阿旺晋美致开幕词。他说，全国人大民委的主要任务是搞好民族立法工作和监督有关民族问题法规的实施。人大民委要以民族立法为中心来开展工作。他宣布了这次会议的各项议程。其中包括听取乌兰夫同志关于加强民族法制建设问题的报告；听取国家民委关于民族工作的报告；听取人大民委会一年来的工作报告；印发《内蒙古自治区自治条例(草案)》《延边朝鲜族自治州自治条例(草案)》《关于〈内蒙古自治区草原管理条例〉的修改意见》《延边朝鲜族自治州林业管理条例(草案)》，征求意见；讨论关于规定一个"民族节"的问题。

参加这次会议的除人大民委会全体委员外，还有17个省、自治区人大代表团团长(或他们指定的有关负责人)。

乌兰夫在他的报告中首先指出，在过去的一年里，民族工作的进展是迅速而巨大的。全国各民族人民在同心同德为社会主义现代化事业而奋斗的新时期中，迎来了民族工作的新阶段。他说，这次会议的主题是加强民族立法工作。我们所立的法，要吸收少数民族人民的合理意见，要符合少数民族的特点和需要，要体现少数民族的利益和愿望，因此必须组织少数民族同志参与民族立法工作。我们国家过去也做过一些立法工作——其中包括一些民族立法工作，这些立法工作曾起过一定的作用。

但是，总的看来，我们的社会主义法制还是很不完备和很不健全的，在民族问题上尤其如此。今后，我们一定要、而且一定能加强民族立法工作，把有关民族问题的社会主义法制建设搞好。

乌兰夫接着讲了四个问题：一、要重视民族立法工作；二、民族立法工作要坚持实事求是；三、民族立法工作要切实保障少数民族的平等权利和自治权利；四、要维护有关民族问题的社会主义法制的权威。

在讲到要重视民族立法工作时，他说，我们搞民族立法工作，经验不多，可是障碍不少。搞民族立法工作所遇到的障碍，主要来自封建主义的思想残余。"文化大革命"期间，林彪、江青两个反革命集团肆意践踏少数民族的平等权利和自治权利，甚至把实行民族区域自治说成是"人为地制造分裂"。他们在民族问题上奉行的路线和政策，是封建主义和法西斯主义相结合的路线和政策。林彪、江青两个反革命集团已经先后被粉碎了，但是我们为了彻底清除他们遗留下来的恶劣影响，还有大量的工作要做。他强调说，民族关系如何，历来是我国政局是否稳定、边防可否巩固和建设事业能否顺利发展的重要因素。对我们这个正在为社会主义现代化事业而奋斗的国家来说，加强民族立法工作，在民族问题上确立完备而健全的社会主义法制，不仅是当务之急，而且是久安之计。

关于民族立法工作要坚持实事求是的问题，乌兰夫指出，鉴于过去在民族工作上盛行一种"一刀切"的做法，恶习蔓延，弊端丛生，我们现在应该强调指出：为了做好民族立法工作，必须坚持采取党历来倡导的实事求是的态度。我们在制定适用于各少数民族的法规的时候，必须掌握各少数民族和汉族不同的特点，不能和适用于汉族的法规"一刀切"。每个民族自治地方在制定自治条例、单行条例和其他法规的时候，都必须掌握本民族自治地方的特点，既不能和汉族地方适用的法规"一刀切"，也不能和其他民族自治地方的自治条例、单行条例和其他法规"一刀切"。

在讲到民族立法工作要切实保障少数民族的平等权利和自治权利时，乌兰夫指出，民族立法工作的目的，是要切实保障国内一切少数民族享有真正的平等权利和充分行使民族自治权利。民族立法工作的内容，主要有三个方面：第一是关于保障聚居的少数民族充分行使自治权利的立法，第二是关于保障散居的少数民族成分享有平等的民主权利的立法，第三是关于保障少数民族享有平等地参与管理国家事务的立法。

民族的自治权利，集中体现在民族自治地方自治机关的自治权上。所谓自治权，就是民族自治地方自治机关的自主权。不保障充分行使自治权，民族自治地方就名不副实；保障充分行使自治权，民族自治地方才算是真正实行了民族区域自治。他说，自治权的行使离不开民族化，民族化有几个方面，而主要是干部的民族化。干部的民族化也涉及许多方面，而首先是自治机关干部的民族化。自治机关的组织和工作，应当以实行区域自治的民族的人员为主。他说，经过几十年革命和建设实践，在党的培育下，已经成长出大批有觉悟、有才干的少数民族干部，他们是党和国家的宝贵财富，他们能够把自治机关的工作担子挑起来，应该让他们去挑起来。他说，民族化还包括民族语言文字和民族形式在内。

乌兰夫说，当前，随着社会主义建设的发展，民族自治地方在经济管理方面和财政管理方面的自治权已成为突出的、亟须注意和亟待解决的问题了。这个问题，毛泽东同志早在24年前就提出来了，那时毛泽东同志说："在少数民族地区，经济管理体制和财政体制，究竟怎样才适合，要好好研究一下。"现在我们应该解决这个问题了，而且早解决比迟解决好。经济管理权，首先一个问题是资源管理权。牧民使用的草原，可以而且应该经立法程序确认为牧民集体所有。对于这个问题,要在短期内作出妥善的法律规定才好。他说,我们的政策要从实际出发,既有利于国家富强,又有利于民族繁荣。放得不够宽的要继续放宽,搞得不够活的要继续搞活。只要符合社会主义基本原则,放宽、搞活对生产发展和民族团结只会有好处,不会有坏处。他说,我们应当掌握这样的原则:上级国家机关需要在民族自治地方内设立企业、开发资源的时候,要听取自治机关的意见,要尊重自治机关的自治权,要在企业的隶属关系、职工来源、"骨""肉"关系、物资管理、产品留成、利润留成和税收分配等方面作出恰当的安排,以求既有利于整个国民经济的发展,也有利于民族自治地方经济的发展。在汉族地区的中心城市可以和少数民族地区广泛发展合营企业、补偿贸易、返回产品、返回利润和对口支援等经济合作关系,既保护竞争,又促进联合,这对双方都是大有利的。现在,民族自治地方在定员定额、开支标准和税收调节等方面,还是没有什么自治权的,因而往往不能因地制宜、因时制宜、因族制宜,这就是有待于改进的。

乌兰夫说,我国的少数民族,绝大部分地区实行了民族区域自治。还有一少部分没有实行民族区域自治,其中包括17个人口较少或居住较散的民族三百几十万人,以及居住在自己民族的自治地方之外的民族成员六百几十万人,合计一千多万人。这一千多万人有两种情况:一种是以后可以建立民族自治地方的;一种是不能构成县级以上行政单位的。对于前一种,要帮助他们尽快创造条件实行民族区域自治。对于那些只有相当于过去的乡级或者现在的公社级的聚居地区的少数民族成员,今后需要在地方政权的体制上作出某些改变,以保障他们行使自治权利。

在讲到要维护有关民族问题的社会主义法制的权威时,乌兰夫说,第一,法规本身必须有足够的明确性和严密性。我们制定的有关民族问题的法规,是非要分明,赏罚要严明。第二,要宣传民族立法工作的意义,要宣传有关民族问题的法规的内容,还要宣传"有法必依,执法必严,违法必究"。这个宣传工作,就是民族法制教育工作。我们要在少数民族和汉族的干部和群众中广泛而深入地进行民族法制教育工作,使人人知法守法。我们搞民族立法工作,是要由国家机关以成文法来确认民族政策的要求,并且由国家机关以强制力来保证民族政策的实施。只有做好民族立法工作,才能真正落实民族政策。第三,要监督国家行政机关、审判机关、检察机关、企业单位、事业单位、国家机关工作人员和一切公民遵守有关民族问题的法规。乌兰夫说,在各民族自治地方,不但要以全国通行的法规为准,还要以本民族自治地方制定的自治条例、单行条例和其他法规为准。上级的指令,如果违法,就是无效的,下级有权抵制。如果上级强使下级执行其违法的指令,下级有权控告。我们要坚持法律面前人人平等。这样,把周密的监督工作和完善的立法工作结合起来,就能使我们的有关民族问题的社会主义法制的权威不受损害了。

乌兰夫同志在报告中,最后指出民族工作的新阶段确实已经来到了,它将是党和国家的民族政策及时推进和全面落实的阶段,它将是少数民族享有的平等权利和自治权利得到牢靠的法律保障的阶段,它将是民族团结进一步加强和国家统一进一步巩固的阶段,从而也必将是少数民族和汉族一起在社会主义道路上实现共同繁荣的阶段。

政协全国委员会副主席包尔汉也参加了今天的会议。人大民族委员会副主任委员白寿彝(回族)、李贵、杰尔格勒(蒙古族)、杜易(壮族)、阿木冬·尼牙孜(维吾尔族)、吴运昌(苗族)、赵南起(朝鲜族)、伊尔哈里(哈萨克族)也出席了今天的会议。参加会议的,还有人大民委秘书长云北峰和国务院有关部门的负责人等,共600人。

国务院总理赵紫阳在人民大会堂会见香港《大公报》《文汇报》《新晚报》的负责人和记者

中国旅行社总社签证代办处恢复办公

该代办处恢复办公第一天,就接待了要求委托办理外国签证者30余人。中旅社总社原来就设有签证处,承办有关业务,1979年3月因故撤销。现在恢复办公的签证代办处,继续受理因私事出国探亲、定居、旅行、自费留学等归侨、侨眷及其他中国公民,向外国驻华大使馆办理入境、过境签证,并办理与此有关的各种事宜。包括代委托办理外国签证的申请人填写外文表格;指导申请人取得必要的证件和办理其他有关手续;根据有关大使馆的要求,安排申请人会见大使馆官员;对需要来北京的人员发给"来京证明",并安排在京的住宿;答复申请人提出的有关问题,如提供前往国家的交通路线和机、船、车票价等情况。

全国人大常委会副委员长谭震林在北京会见卢森堡议员团

国务院副总理方毅在人民大会堂会见由浮兹堡大学校长特奥多尔·贝尔歇姆博士率领的西德大学校长代表团

中国选手朱传高在太原举行的全国航空模型分项赛中以139.80公里/小时的成绩创造航空模型无线电

遥控模型飞机封闭速度(53号)世界纪录

杨朔追悼会在北京举行

中国人民对外友好协会、中国作家协会上午为原中国亚非团结委员会副主席、中国作家协会外国文学委员会主任、著名作家杨朔同志举行追悼会。

杨朔同志受林彪、"四人帮"极左路线的迫害,不幸于1968年8月3日含冤逝世,终年55岁。

杨朔同志是山东省蓬莱县人。他于1937年参加革命,在山西八路军总部担任文化宣传工作,曾先后在西北、广州、桂林等地参加抗日救亡运动。他写了许多文章和小说,深刻揭露和控诉日寇的凶残和国民党反动派的卖国投降政策,热情歌颂党领导的抗日战争,大大激励了广大人民的斗志。1946年,杨朔同志作为随军记者,投身于伟大的解放战争,勇敢地参加了解放石家庄的战斗和平津战役。1950年抗美援朝运动开始,杨朔同志奔赴朝鲜,写下了许多感人的文章及著名的中篇小说《三千里江山》。1958年以后,杨朔同志从事国际活动,曾任驻开罗亚非人民团结组织书记处中国书记,亚非作家会议中国联络委员会秘书长等。在从事国际活动期间,杨朔同志写了大量优美的散文、随笔,深刻描绘亚非国家的风貌,热情地歌颂了第三世界人民要求独立、民主、自由和解放的斗争,为增进中国人民与世界各国人民之间的了解和友谊,作出了积极的贡献。

9月16日

中共中央主席华国锋在人民大会堂会见肯尼亚共和国总统丹尼尔·阿拉普·莫伊及其主要随行人员

华国锋在谈话中称赞莫伊为发展中肯友好关系作出了重要贡献。他说,几天来莫伊总统同赵紫阳总理进行了卓有成效的会谈,同邓小平副主席进行了友好会见,相互通报了各自的国内情况,并对一些重大国际问题取得了基本一致的看法。他指出,两国领导人经常相互接触,对增进相互了解,发展彼此友谊,是很有好处的。他表示相信,中肯两国的友谊和友好合作关系一定会发展得越来越好。

莫伊转达了肯尼亚人民对华国锋主席和中国人民的兄弟问候。他说,今天下午我们签订了经济技术和文化合作协定,这是我们关系进一步发展的有力证明,今后,我们要用实际行动来努力发展和加强两国之间的友好合作关系。

中共中央副主席邓小平在人民大会堂会见肯尼亚共和国总统丹尼尔·阿拉普·莫伊及其主要随行人员

邓小平在会见时说,中肯两国有着共同的历史遭遇,都懂得取得民族独立和发展自己的国家是不容易的,这种历史和感情把两国自然地联结在一起。

莫伊说,为了发展我们各自的国家,我们要努力加强肯中两国之间业已存在的团结和友谊。

邓小平还向肯尼亚客人介绍了我国对一些重大国际问题的看法。

中国再次当选为国际民航组织理事国

9月16日至10月7日,在蒙特利尔举行的国际民航组织第二十三届大会全体会议上,中国再次当选为国际民航组织理事国。来自134个国家的680多个代表以及一些组织的观察员出席了会议。中国代表团团长、民航总局局长沈图在19日的全体会议上发了言。他主张,发展中国家的大多数应在平等和互利的基础上参加国际民航组织的活动。他还呼吁,必须对发展中国家提供更多的技术援助,以帮助他们加速航空工业的发展。

中美联合经济委员会在华盛顿举行第一次会议

会议由正在美国访问的中国副总理薄一波和美国财政部长威廉·米勒联合主持。据宣布,在为期3天的会议上,将对两国经济关系的发展进行全面的回顾,并将签订一系列新协定。

米勒在会议开始时讲话说,他对两国经济关系正常化过程进展迅速和两国贸易大幅度增加感到高兴。他说,这次会议将"回顾我们在经济关系正常化中已取得的进展和今后需要采取的步骤"。

薄一波说,对于两国经济关系中已经取得的进展,中国方面总的来说是满意的。尽管还存在一些问题,但是相信这些问题将是容易解决的。

中美联合经济委员会于1979年1月邓小平副总理访问美国时成立。该委员会负责协调和监督中美两国经济关系的正常发展。

中国政府和肯尼亚政府经济技术合作协定文化合作协定在北京签字

中国和捷克斯洛伐克科学技术合作联合委员会第二十二次会议议定书在布拉格签字

国务院副总理方毅在北京会见以加拿大国际发展研究中心主席伊凡·赫德为团长的代表团

全国首次自然保护区区划工作会议在成都召开

在会上,20多位著名自然科学家发出:"保护自然和自然资源已成为我国当务之急,各级领导和各部门以及全社会都要引起高度重视”的呼吁。

科学家强调指出，长期以来，由于人类对自然资源作违背客观规律的开发、利用所造成的破坏，已经或正在危及人类本身生存和社会经济繁荣。据有关的国际组织统计，近几年来，全世界平均每年约有500万公顷耕地，由于侵蚀、盐渍化和污染等人为原因的影响，不能再用于耕种；因滥垦、滥伐、滥牧等原因，造成土地沙化的面积平均每年约6万平方公里；地球上的原始森林由19世纪的55亿公顷左右，已急剧减少到约28亿公顷，生物物种也减少了500万到1000万种，现在平均每天至少要消灭一个物种。我国的情况更为严重，由于人口众多，自然资源按人口平均的相对数，大都低于世界平均水平；在森林植被遭到破坏后，水土流失相当严重，不少野生动植物已经灭绝或基本灭绝，水和矿产资源的破坏也很惊人。这就形成利用、消耗资源和保护、管理资源之间比例的严重失调，给工农业生产和人民生活带来损失和威胁。

一些专家、教授认为，保护自然环境和自然资源是关系到国家、民族和子孙后代的大事。做好自然保护区区划和管理工作，是保护国家自然环境和自然资源，特别是拯救和保存我国某些濒于灭绝的生物种源的重要措施。它对于开展科学研究，扩大和合理利用自然资源，监测人为活动对自然界的影响，促进生产、文教、卫生、旅游等事业的发展，实现四个现代化，都具有重要作用。他们说，国际上常以自然保护区总面积占国土面积的百分比，作为衡量一个国家自然和自然资源保护事业发展水平的标志。一些国家自然保护区的面积已占国土面积的20%以上，一般国家也占4%左右，而我国仅占0.17%。不仅数量少，面积小，而且类型单一。他们大声疾呼，要求各级人民政府切实加强领导，把自然保护区的区划、建设工作列入议事日程，对这次会议拟将我国自然保护区增至三百个以上、总面积扩大到国土面积1%的计划，应尽快落实，作为我国当前一项紧迫而又重要的任务来抓。

为了保护好自然和自然资源，到会的科学家们还结合我国实际，提出了许多合理化建议。有的建议大力做好宣传教育工作，运用各种宣传工具和方式，把自然保护工作的重要意义、方针政策和科学知识等，不断地向领导、群众和社会作广泛宣传，形成“爱护自然光荣，破坏自然可耻”的舆论，把学会掌握、运用自然规律和保护大自然变成广大干部群众的自觉行动。有的建议正确处理好自然保护区同当地社队的关系，根据国家、集体、个人三者兼顾的原则，及时采取切实可行的办法，努力解决当地群众生产、生活上的具体困难，从而促进自然保护事业向前发展。

《人民日报》发表社论《婚姻 家庭生活的准则》

五届全国人大三次会议经过热烈的讨论，通过了全国人民关心的新婚姻法，决定从1981年1月1日起正式施行。这是关系到每一个人、每家每户切身利益的重要立法，每一个公民、每一级政府都必须遵守，认真执行。

婚姻是人生的大事，家庭是社会的细胞。不同的社会有着不同的婚姻家庭制度。在我国，包办强迫、男尊女卑、漠视子女利益的封建婚姻制度和以男子为中心的封建家庭制度，贯穿了整个封建社会的始末，一直延续到解放前夕。新中国成立后，中央人民政府很快于1950年5月1日颁布了《中华人民共和国婚姻法》，确立了男女婚姻自由、一夫一妻、男女权利平等、保护妇女和子女合法利益的新的婚姻制度。这部婚姻法的施行，对于把广大群众特别是妇女从封建婚姻制度束缚和压迫下解放出来，建立男女相爱、以共同事业为基础的自由婚姻，结成和睦团结、尊老爱幼、劳动生产的家庭关系，起了巨大作用。但是，随着我国三十年来社会生活的发展变化，婚姻家庭关系中出现了很多新情况、新问题，1950年的婚姻法已不能完全适应。这次通过的婚姻法就是在原来婚姻法的基础上补充修改而成的，是符合群众利益和现阶段社会需要的。它所确定的结婚和离婚条件，夫妻间的权利和义务，赡养、抚养、扶养，财产继承等条文，是坚持、巩固新的婚姻制度，建立和健全新的家庭关系、新的社会生活、新的道德风尚的基本准则。按照婚姻法办事，切实保障公民在婚姻、家庭中的合法权益，对个人的幸福，家庭的和睦，乃至社会的进步，都是十分重要的。

实行婚姻自由，这是婚姻法的一个最基本原则。婚姻关系以男女双方的思想相通、感情相投为基础。感情越深，婚姻关系就越牢靠。无数事例说明，这样的夫妻，不受双方家庭、地位、职业、相貌、财产等差别的影响，而能相亲相爱，组成和睦的家庭。因此，婚姻问题一定要由男女双方自主、自愿地去处理，禁止任何形式的强迫包办。旧社会的婚姻，靠“父母之命，媒妁之言”，男女双方只能听凭摆布，不少人遗恨终生。解放后，婚姻自由了，但由于长期的封建婚姻制度根深蒂固，影响很大，加之“文化大革命”对经济和道德的破坏，结婚不能自主的现象仍然存在，因为不是“门当户对”，不能结婚；因为缺少“几大件”，不能结婚；因为出身不好，不能结婚，等等。这样一道道人为的篱笆使很多有情人难成眷属。有些男女婚前互不了解，谈不上有什么恩爱、感情，但却被包办、买卖、换亲、拐骗、索财、暴力等手段拉在一起。这种捆绑的夫妻，不知给多少人家带来不幸。另外，有的单位自立标准，搞结婚审查，强调出身、社会关系、政治面貌、思想作风等，干涉过多,也给不少青年男女带来痛苦。不自由的婚姻所造成的一幕幕的悲剧,不能再继续下去了。我们要通过新婚姻法的贯彻,保障婚姻自由,同包办婚姻、买卖婚姻和其他干涉婚姻自由的现象作斗争。

结婚必须遵守法定的年龄。过去,早婚是中国农村的习俗。1950年的婚姻法规定男20岁、女18岁始得结婚,对破除早婚,保护民族身心健康起了积极作用。现在,根据我国各方面的实际情况,适当提高婚龄已成为多数群众的愿望和社会的需要。为此,新婚姻法规定男22周岁、女20周岁才能结婚,这在现阶段是比较适宜的。它既考虑到青年生理的发育,学习、工作的状况,独立生活的能力,也考虑了对人口的控制。有人担心,这个婚龄比各地推行的晚婚、晚育年龄低,不利于计划生育。这里需要说明,法定的婚龄只是最低的结婚年龄,不是说到了婚龄就必须结婚。青年自愿适当推迟结婚年龄,国家是鼓励和提倡的。同时,婚龄与育龄虽有联系,毕竟不是一回事,关键是搞好计划生育。否则,晚婚仍然可以多生孩子。多年来的经验证明,只要抓好计划生育,就能有效地控制人口的增长。因此,新婚姻法规定:"夫妻双方都有实行计划生育的义务",决不能因为要控制人口增长就不许人家结婚。也有人担心,新婚姻法颁布后,有些地方可能出现"突击结婚"的高潮。这也要向群众讲清楚,婚龄一经法定,各地就不能再规定一个与此相违背的婚龄,即便是一些特殊职业需要晚婚的,也只能说服当事人,不能用行政命令。

婚姻自由,既包括结婚自由,也包括离婚自由。离婚涉及人的精神生活、物质生活、社会道德和子女、老人的利益,男女双方都要采取严肃慎重的态度,反对轻率离婚和喜新厌旧。但是,我们也不能用法律强行维护感情已经破裂的婚姻关系。如果夫妻感情确已破裂,婚姻关系难以维持,调解无效时应准予离婚。这样,可以把男女双方从痛苦中解救出来,使其有可能重建幸福的家庭,对本人、子女、社会都有利。

以婚姻、血缘为基础的家庭,是社会生活的一种组织形式,担负着多种社会职能。它既是人口再生产单位,人的教育单位,又是一个消费的经济单位。所以,建立一个幸福家庭十分必要。它不仅有利于一家人的生活、工作、学习,而且有利于国家,有利于社会。夫妻是共同生活的伴侣,在家庭中地位平等。婚姻法规定的夫妻平等的权利和义务,是建立幸福家庭的法律依据,双方都要履行。要用共产主义的道德品质去处理家庭事务。赡养老人,要做儿女的职责;管教子女,是当父母的义务。要保持和发扬我国劳动人民尊老爱幼的美德,决不能成了家立了业,就忘掉生养自己的爹娘。

新婚姻法公布以后,必将在全国产生强烈的反响。现在距施行新婚姻法只有几个月的时间了,各级政府及有关部门,要做扎扎实实的工作。首先要学习、宣传、解释好婚姻法,使群众家喻户晓,自觉执行。同时要健全婚姻登记、调解等必要的制度。要考虑到新婚姻法施行以后会出现的问题,并制定出相应的措施。对资产阶级损人利己思想特别是封建主义思想在婚姻、家庭中的反映,要加以批评教育。对于干涉婚姻、虐待老人、溺婴、残害婴儿、放纵子女犯罪等不道德或违法行为,要及时加以处理,构成犯罪的要追究刑事责任。计划生育是有关我们国家发展前途的大事,要继续抓紧抓好,不能松劲。可以相信,随着新婚姻法的公布和施行,新的婚姻家庭关系必将促进我国的四化建设。

9月17日

财政部在北京召开全国文教行政财务工作会议

这次会议是交流文教、行政单位试行"预算包干"和用经济方法管理文教事业财务的经验,研究增加文教事业经费,改革文教行政财务制度,全面推行"预算包干"办法,以及在新形势下如何进一步加强文教行政财务工作的问题。会议提出了三项具体措施:

一、今后各级计划、财政部门在安排计划预算时,一定要按照有计划按比例的原则,尽最大可能增加文教事业经费和文教事业的基建投资。在安排住宅区和住宅建设时,应同时兴建中小学校和卫生、文化设施;在安排机动财力、各项附加、城市维护费、支援不发达地区发展基金等资金时,都要拿出适当的数额用于文教事业。在今后几年内,文教事业特别是科学教育事业经费的增长速度应当高于财政支出的增长速度;文教事业经费占财政总支出的比重,应当逐步提高,力求做到当年不留缺口,并能每年解决一点遗留问题。对今年安排的文教事业经费,一定要用好,充分发挥资金的使用效果,同时严禁挪用。

二、各级财政部门要协同主管部门推动文教、事业单位发扬自力更生精神,开源节流,加强经济管理,增收节支,提高资金使用效果。通过增收节支,相对增加一些可用资金。

三、要贯彻两条腿走路的方针,根据我国经济现状和国家大、人口多以及举办各种事业不能统统都由国家包下来等特点和情况,必须充分发挥部门、企业和集体办事业的积极性,把国家、单位和集体的力量拧成一股绳,群策群力,认真解决文教事业多年积累下来的问题。

会议强调,全面推行"预算包干",是文教、行政单位财务管理制度的重要改革。实践证明,这个办法的方向是正确的。

这次会议于9月26日结束。

国务院副总理方毅在北京会见中美大气科技合作工作组美方代表团

国务院副总理谷牧在北京会见法国外贸部长让·弗朗索瓦·德尼奥一行

国务院副总理薄一波和美国总统卡特在白宫签署中美两国政府间的三项协定和一个条约

这三项协定和一个条约民航协定、海运协定、纺织品协议和领事条约。这些协议是在昨天举行的中美联合经济委员会第一次会议上最后达成的。

亚太地区防止海洋污染技术座谈会在北京开幕

1980年全国男子羽毛球单项比赛和女子羽毛球单项比赛分别在南京和上海结束

国务院批转卫生部等单位《关于加强药政管理禁止制售伪劣药品的报告》并发出通知

国务院同意卫生部、公安部、工商行政管理总局、国家医药管理总局《关于加强药政管理禁止制售伪劣药品的报告》,现转发给你们,望认真贯彻执行。

当前有些地方出现乱制乱售伪劣药品, 坑害人民, 破坏社会治安,对内对外影响很坏。望各地区和有关部门,加强对药品的管理,严格执行药品检验制度,未经省、市、自治区卫生厅(局)批准,不准随意制售。对制售伪劣药品者要严肃处理,情节严重的,要依法惩办。

关于加强药政管理禁止制售伪劣药品的报告

药品是防病治病的武器,如管理有方、用之得当,可为人民防病治病,如失之管理、粗制滥造、以伪充真、乱产乱代,使用混乱,则危害人民身体健康和生命。药品是特殊商品,政府曾颁发一系列法规、规定不准随意制、售。最近,据全国药政处长药检所长工作会议上反映,当前一些地方乱制、乱售伪劣药品的现象仍比较突出,人民群众对这种情况极为不满。许多群众干部要求政府取缔伪劣药品,维护人民健康和社会治安秩序。

鉴于这种情况,我们意见:

一、健全药事法制。由卫生部牵头会同有关部门,总结国内外经验,以1978年国务院批转的《药政管理条例(试行)》为基础,拟定“药政法”。应做到有法可依、有法必依、执法必严、违法必究。使药品生产、供应、使用、检验、标准和外贸进、出口等方面,有一完整的法规,以适应四个现代化的需要。

二、对违反《药政管理条例(试行)》规定,擅自乱办药厂,乱制、乱售药品者,由工商行政和医药管理部门会同卫生行政部门责令停产或取缔,已售出的药品应退货赔款。凡不经省、市、自治区卫生厅(局)批准的药品,医药生产单位不得生产,供应部门不得收购、销售,医疗单位不得使用。药品宣传要实事求是,不得夸大,不许弄虚作假,不得任意散发和张贴传单。凡向报刊、电视台、广播电台刊登广告散发印刷品,应按《药政管理条例(试行)》的规定办理。

三、关于个体开业行医问题,请按卫生部9月2日〔80〕卫办字第141号文件办理。任何机关、团体、部队、企业、事业单位、人民公社、生产大队、生产队均不得以任何借口为个人或单位出具证明,在本地或外地行医卖药,投机倒把(社员自采、自种的中药材可交药材部门收购,也可在集市上出售),违者由工商行政管理部门按政策规定处理,情节严重者要追究刑事责任。

四、各级人民政府和主管部门要加强对医药市场的管理。对以营利为目的、制售伪劣药品,借行医为名贩卖药品,套购倒卖、哄抬药价、诈骗钱财、欺骗群众、扰乱市场者,要根据情节,依法处理,以维护市场秩序,确保人民用药安全有效。

五、对骗取钱财、坑害人命的游医药贩要坚决取缔。对危害人命或贩卖麻醉药品、毒、限剧药者,要严肃处理,根据情节,由工商行政管理部门处以罚款或由公安、司法部门依照中华人民共和国刑法和治安管理处罚条例惩处。

六、鉴于药政、药检工作在十年浩劫中被诬蔑为“管、卡、压”,机构拆散、人员下放,设备坏损失散,造成药政、药检机构不健全,技术力量不足,设备简陋陈旧,检验手段落后,远不能适应四个现代化的需要。请各省、市、自治区人民政府充实加强卫生厅(局)药政局(处)、药检所的组织建设和适当解决人员、经费、设备和房屋等问题,以适应工作需要。

各地区医药管理部门和卫生药政、药检部门要密切联系,互通情报,大力协作,主动配合,共同努力完成上述任务。

以上报告如可行,请批转各省、市、自治区人民政府贯彻执行。

9月18日

全国人大常委会委员长叶剑英在北京会见意大利总统山德罗·佩尔蒂尼和夫人及其主要随行人员

《人民日报》发表社论《中意友谊的新篇章——热烈欢迎佩尔蒂尼总统访华》

应叶剑英委员长和我国政府的邀请，意大利总统山德罗·佩尔蒂尼偕夫人今天到达北京。这是意大利国家元首第一次对我国进行的正式访问。佩尔蒂尼总统曾经表示，他以极其向往和兴奋的心情期待来华访问。这表达了他对我国人民的深切感情。中国人民怀着美好的情意，热烈欢迎意大利贵宾的到来。

佩尔蒂尼总统是意大利反法西斯和抵抗运动的坚强战士，德高望重的政治活动家，也是中国人民的老朋友。早在反法西斯战争年代，他就密切关注中国人民革命的事业。中国人民取得革命胜利之后，他积极为发展中意友好关系而努力。中国人民对佩尔蒂尼总统在反法西斯斗争中的业绩、在意大利政治生活中的重要作用和主持国际正义的精神深表钦佩，并且高度评价他对发展中意两国关系所作出的贡献。

意大利素有地中海"心脏"之称，是联结欧洲、非洲和中东的桥梁。意大利政府主张维护世界的和平与稳定，致力于欧洲的联合和一体化的事业。意大利政府积极改善和发展同邻近国家的关系，主张开展南北对话，同第三世界发展关系。它强烈谴责苏联对阿富汗的野蛮入侵，维护民主柬埔寨在联合国的合法席位，主张公正、和平地解决中东问题。意大利政府的这种立场受到了各国的重视，赢得了世界人民的赞赏，同时对于捍卫意大利的安全和独立，发展本国经济也具有重要的意义。

中意两国有着悠久的历史联系，古代的"丝绸之路"就曾成为两国早期交往的通道，马可·波罗对中国的游历更在历史上留下了佳话。1970年中意建交之后，两国关系在新的基础上得到了迅速发展，友好合作日益密切。今天，佩尔蒂尼总统以84岁高龄，不辞辛劳，远道来我国访问，将在中意两国关系史中揭开新的篇章，也将为维护世界和平事业作出新的贡献。

我们衷心祝愿佩尔蒂尼总统访问取得圆满成功！

中共中央副主席邓小平在北京会见法国外贸部长让·弗朗索瓦·德尼奥一行

邓小平在会见时说，德斯坦总统不久将来中国访问，我们非常热切地期待着他的来访。我们赞赏法国在国际事务中所发挥的作用。德斯坦总统访华期间，我们将同他就广泛问题交换看法。

邓小平还谈到中法经济合作问题。他说，我们在经济建设方面缺乏经验，知识不够。我们要很好总结经验。他希望中法双方进一步发展两国的经济贸易合作关系。

全国人大常委会副委员长阿沛·阿旺晋美在五届全国人大民族委员会第二次会议上作人大民委工作报告

阿沛·阿旺晋美在作人大民委一年来的工作报告时说，通过一年来的工作，我们深切体会到，第五届全国人民代表大会第二次会议决定重新设立民族委员会，是完全正确的，充分体现了全国各少数民族人民的愿望。在新的历史时期，作为全国人民代表大会的民族委员会的重新设立，是拨乱反正的必然结果，是50年代设立的全国人大民族委员会的继续和发展。过去，我国社会主义法制很不健全，在民族工作领域更为突出。在"文化大革命"的十年浩劫中，党的民族政策横遭践踏，民族平等权利、自治权利、少数民族人民的民主权利，也遭到破坏，这固然与林彪、"四人帮"阴谋篡党夺权、蓄意破坏民族政策、民族团结有关，但是，法制不健全，少数民族的权利没有法律保障也是重要原因。

阿沛·阿旺晋美的报告分三个部分：一、以民族法制建设为中心开展工作；二、关于民族自治地方制定自治条例的问题；三、今后一个时期内民族委员会的主要工作。

阿沛·阿旺晋美指出，起草自治条例，要深切体会和认真贯彻党中央的路线和方针、政策，坚持从民族自治地方的实际出发，要认真总结民族自治地方建立以来的经验教训，深入调查研究当前的新情况和新问题；要充分体现自治机关民族化和自治权利；要处理好实行区域自治的民族与汉族的关系，也要解决好与其他少数民族的特殊问题和利益。他说，在制定自治条例过程中，要广泛宣传党的民族政策，广泛征求各民族各方面代表人物的意见，以达到保障和加强民族团结的目的。

国家民族事务委员会副主任江平在五届全国人大民族委员会第二次会议上作国家民委的工作报告

江平在报告中回顾了国家民委一年来的工作后指出：党中央对民族工作十分重视，对少数民族人民的疾苦十分关切。中央书记处成立不久，就在今年3月召开了西藏工作座谈会。在此之后，党中央发出了关于转发西藏工作座谈会纪要的通知，提出了西藏工作的中心任务和八项方针。中央关于西藏工作的指示，基本精神同样适用于其他民族地区。这个基本精神就是，认真总结历史经验，贯彻落实党的政策，在中央统一领导下充分行使民族区域自治的权利，改善民族关系，加强民族团结，调动一切积极因素，集中力量发展国民经济，提高各族人民的物质生活水平和文化生活水平，争取在十多年内，有计划有步骤地使西藏和其他少数民族地区兴旺发达、繁荣富裕起来。

江平说,中央的决策受到各族人民的衷心拥护。许多少数民族人民从中央决策中看到,虽然目前面临着许多问题,但是党中央是有决心、有魄力、有办法领导我们克服困难,解决问题的,从而大大增强了胜利的信心。

江平说,贯彻中央的指示,要采取积极而稳妥的方针,有领导、有步骤、有秩序地进行。要经过调查研究,结合当地具体情况和当前各项工作。一定要在贯彻中央指示的过程中,保持和促进安定团结,稳定大局。只有安定团结、稳定大局,才能很好地贯彻中央指示。

他说,民族区域自治,是我们党解决国内民族问题的基本政策,实践证明,没有民族区域自治,没有充分的民族自治权,就没有各民族人民的大团结。为了贯彻执行党的民族区域自治政策,他强调最根本的是要有充分的自治权利。比如在民族地区,什么办,什么不办;什么多办,什么少办;什么减,什么免,采取什么变通办法,应由自治区决定。这个问题要在将来修改宪法时作出正式的和准确的规定。为了贯彻执行党的民族区域自治政策,首先必须在思想上统一认识,需要做大量细致的工作。要在制度上、法律上作出必要的规定。

江平说,解决少数民族干部问题是实行党的民族区域自治政策,实现少数民族在本民族自治地方真正当家做主的核心。我们党在长期的革命斗争中,特别是新中国成立以来,培养了大批的少数民族干部。据不完全的统计,目前少数民族出身的脱产干部已达80多万人。50年代培养出来的一批民族干部,今天已成为各民族的领导骨干。这是一个伟大的成绩。今后要继续注意少数民族干部的培养提高。他说,必须采取积极可行的措施,逐步做到:各自治地方的自治机关以实行区域自治的民族人员为主要成分组成,同时应有适当数量的其他民族人员参加。国务院有关部门设民族司(局),并适当配备少数民族干部担任部、局领导职务。少数民族干部在干部总数中的比例应与少数民族在人口中的比例相当。当前选拔中青年干部,培养接班人,在少数民族地区应特别注意选拔培养少数民族干部。同时要大力培训现有的少数民族干部。

江平同志在讲到要注意发展民族经济和民族文化教育时强调指出,发展少数民族一切经济事业,必须遵循两个基本原则:一是为人民服务,特别是为少数民族人民服务。这是我们社会主义经济的目的。二是从实际出发,扬长避短,量力而行,讲求经济效果,决不能再干那种搞无米之炊,劳民伤财,无效投资的蠢事了。江平最后说,我们要认真贯彻落实中央有关民族工作的重大决策和这次人代大会的精神,加强调查研究,总结历史经验,广泛听取各少数民族干部和群众的意见,不断改进我们的工作,积极协助有关地区和中央、国务院有关部门,加强民族工作。在党中央、国务院的领导下,依靠各族人民的共同努力,力争在比较短的时间内,医治过去遗留下的创伤,使少数民族尽快走向富裕和繁荣,使我们各民族的亲密友谊和团结互助得到进一步的巩固和加强。

9月19日

中共中央主席华国锋在北京会见意大利总统山德罗·佩尔蒂尼及其主要随行人员

中共中央批转中宣部《关于三中全会以来的宣传工作向中央的汇报提纲》并发出通知

通知指出,三中全会以来,宣传工作取得很大成绩,对社会主义现代化建设起了重要作用,是我党历史上宣传工作做得较好的时期之一。但极左路线的流毒和影响决不可低估,封建主义和资产阶级的思想影响仍广泛存在,整个思想战线仍面临着繁重而紧迫的任务。

全国公证工作座谈会在北京召开

司法部于9月19日至25日在北京召开了全国公证工作座谈会。为健全和维护社会主义法制,新中国成立以来,各地相继开办了公证业务。公证工作的业务范围包括证明法律行为:如合同(契约)、委托书、遗嘱、财产继承、亲属关系等;证明法律事实:如身份、学历、经历、婚姻状况、生存、失踪、死亡等;证明有法律意义的文书:如文件的副本、节本、译本、影印本与原本相符,还有追偿债款、物品的文书等。也可根据当事人的需要办理其他公证事项。十年动乱中,这项工作停顿了。近两年来,逐步得到恢复和发展。当前,由于我国外交工作的发展,侨务政策的落实,国内外的交往日趋频繁,涉外公证事务越来越多。通过座谈,与会同志进一步明确了公证工作的重要意义和作用,提高了做好公证工作的信心。

《人民日报》发表社论《尊重科学 尊重群众 搞好安全生产》

国务院严肃处理“渤海2号”钻井船翻沉事故的决定,在全国引起了极大的反响,受到各行各业广大干部、群众的坚决拥护。这件事将会推动整个工业、交通、基本建设等战线尊重科学、按规律办事,成为一次历史性的重大转折。

从全国来说,安全生产问题还是相当严重的。“渤海2号”事故,不过是一个突出的例子。其他部门,如煤炭系统、铁路交通系统、基本建设系统、冶金系统等,安全生产问题也不少。这种情况说明,我们经济工作中长期存在的忽视安全生产,主观蛮干的思想作风和极左思潮的影响,已经到了非认真解决不可的时候了!

新中国成立以来,我国劳动保护工作几经折腾,大体上可以说有两好两坏:第一个五年计划期间,1957年情况比较好;经过60年代初的国民经济调整,1965年的情况也不错,基本上恢复到了1957年的水平。为什么1958年以后和1966年以后不好了呢?主要是因为1958年以后,高指标、瞎指挥之风盛行;1966年以后,"文化大革命"期间,用政治运动的办法指挥生产,什么"造规章制度的反"、"造管、卡、压的反",什么"只有想不到的,没有做不到的"等等,造成无政府主义大泛滥,组织纪律性废弃,规章制度、操作规程冲垮了,违章指挥、盲目蛮干恶性发展了,事故自然也就增多了。至今有些干部在领导生产时,仍然不按照科学办事,不遵守规章制度,违章指挥,无视工人兄弟的生命安全,这是绝对不能容许的。

极左思潮在经济工作中影响极其深远。鼓吹意志万能,不讲实事求是,把蛮干当成"干劲冲天",把浮夸看作"豪言壮语",把从实际出发说成"右倾保守",把遵章守纪、注意安全斥为"活命哲学"。这种是非的颠倒,造成了严重后果。当然,在与大自然作斗争中,会遇到某些人所预料不到的事故险情,要求一点事故不出也是不可能的。但是,这丝毫不能减轻由于违章指挥酿成重大伤亡事故负责人的责任。有的人竟说什么"要干就得违章,不违章就干不了",持这种观点指挥生产,怎么能不出事故呢?当前,必须继续努力肃清经济工作中的极左思潮影响,继续努力做好拨乱反正的工作,提倡尊重科学,按客观规律办事,反对主观主义,盲目蛮干,把思想路线搞端正,才能从根本上转变安全生产和劳动保护工作的面貌。

在四化建设中,各条经济战线都面临着艰巨的任务。广大职工热情很高,奋不顾身地献出才智和力量。有的单位少数领导干部不是千方百计珍重和保护广大群众的积极性,而是采取官僚主义态度,对不注意安全生产,对可能发生的事故事先麻木不仁,丧失警惕,事后又漫不经心,迟迟不作处理,也不向上级报告;有的领导为了骗取荣誉,弄虚作假,报喜不报忧,甚至打击反映真实情况的同志;更恶劣的是,有的还把丧事当作喜事办,把由于违章操作、违章指挥造成的责任事故,当成为革命而献身的英雄行为,搞什么敲锣打鼓、披红戴花、庆功领赏,群众讽刺说,这叫"事故出英雄,领导也光荣"。这些错误做法要坚决纠正。各级领导干部一定要汲取过去的沉痛教训,职工生产热情越高,干劲越大,领导同志越要关心群众,注意改善工作、生产条件,重视生产安全和劳动保护工作。

要搞好安全生产,还必须用法制来保证。过去国务院颁布的有关保护劳动者在生产中安全和健康的法令仍然有效,必须遵守。十年动乱,把人们的法制观念冲淡了。在某些干部的头脑里,竟想不到出了重大伤亡事故要追究法律责任。其实,国务院早在《工人职员伤亡事故报告规程》中就规定:"多人事故、重伤事故和死亡事故,应该由企业行政或者企业主管部门会同工会基层委员会组织调查小组尽速进行调查,当地劳动部门、工会组织和其他有关部门可以派员参加。调查后必须确定事故原因,拟定改进措施,提出对事故负责人的处分意见"。"企业对于职工伤亡事故,如果有隐瞒不报、虚报或者故意延迟报告的情况,除责成补报外,责任人应该受纪律处分;情节严重的,应该受刑事处分。"我们的干部一定要加强法制观念,经过多方面的努力,把安全生产、劳动保护工作做好。

建设一个现代化的、民主的、文明的社会主义强国,要求我们的工矿企业尊重科学,尊重群众。而要尊重科学,尊重群众,就得肃清极左思想的遗毒,克服官僚主义的弊病。各地工矿企业正在学习国务院关于"渤海2号"翻沉事故的决定,从中引出经验教训,加强企业的民主管理和文明生产。我们希望经过大家的努力,把这件坏事变成好事,促使大家把安全生产、劳动保护工作摆到重要的议事日程上来。

中国人民银行发出《关于积极支持个体工商业适当发展的通知》

各省、自治区、直辖区分行:

为了发展生产,活跃城乡市场,广开就业门路,弥补国营和集体经济的不足,满足人民人生活多方面的需要,积极支持城镇个体工商业适当发展,很有必要。

对于持有工商管理部门发给的营业执照,经营活动正当,符合政策的个体工商业者,在用自筹资金购置简单设备、工具或生产经营用的原料、小商品有困难时,银行可给予适量贷款支持。对这项贷款,银行要经过认真调查,逐笔核批,有偿还能力,按期收回。对贷款户信用无把握者,可取得有关单位"人格担保"。贷款期限超过一年,利率为月息四厘二,逾期加息20%。城镇个体工商业户可在银行开立存款账户,凭以结算营业收支,存款利率为月息一厘五。

为反映城镇个体工商业户存贷款,自文到之日起,会计科目增设"55个体工业存款"、"355个体工业贷款"科目,排列在"58黄金生产设备贷款"科目,排列在"66集体商业存款"、"369个体商业贷款"科目,排列在"66集体商业贷款"科目下面。信贷项目电报月报增设“86个体贷款”项目，会计科目归属“355个体工业贷款”和“369个体商业贷款”。存款方不再增设统计项目，“55个体工业存款”科目数额归并存“3集体工业存款”项目内；“69个体商业存款”科目数额归并在“5地方商业存款”项目内。从9月份报开始执行。

城镇个体工商业存款不列专项指标，由各行处在信贷差额包干范围内，根据实际需要调剂解决。贷款的具体方法，由各省、自治区、直辖市分行制定。

希与有关部门配合，根据当地实际情况，积极开展，认真掌握，把这项工作做好。

9月20日

中共中央副主席邓小平在人民大会堂会见意大利总统山德罗·佩尔蒂尼

《人民日报》发表社论《现行的商业体制一定要改革》

党的三中全会以后，我国经济领域出现了竞争、联合、讲求经济实效的活跃局面，已给我国人民的经济生活带来重大变化。在这种形势下，作为联系生产和消费纽带的商业工作，应当为工农企业提供通畅的流通渠道和广阔的交换市场，开创新的商品购销形式，把国民经济进一步搞活。因此，改革现行的商业体制，已成为当前的一项紧迫任务。

现行商业体制的弊病是我国整个经济体制一个方面的反映。这些年来，由于不按照经济规律办事，人为地割断部门之间、地区之间、企业之间合理的经济联系，造成流通领域中以行政命令为主要手段的管理体制。这种管理体制的弊病主要表现在购销统得过死，渠道太少，机构重叠，并由此形成了经营上的官商作风。诚然，三中全会以来，各地商业部门贯彻执行国民经济调整、改革、整顿、提高的方针，解放思想，放宽政策，对商业体制做了一些初步的改革，并取得了一定的成效。但是问题远未解决，我们必须进一步改革现行的商业体制。这里说的进一步改革，就是要根据计划调节和市场调节相结合的原则，在国家计划指导下，充分发挥市场调节的作用，逐步建立一个多种经济成分、多渠道、少环节的商品流通体制，从根本上改变官僚衙门式的经商办法。

在当前急待改革的有哪些方面呢？

第一，要改革统得过死的商品购销形式。新中国成立后，我们对粮、棉、油、布等基本生活资料实行统购统销，对工业品采取包购包销的办法，这对于保证人民生活、改造私营工商业、搞好社会主义建设起了重大的作用。现在看来，对某些供不应求的基本生活资料实行统购统销的政策仍然需要继续实行。对工业品的包购包销办法，在对私营工商业改造基本完成之后，本应随着情况的变化及时地加以调整，但在商品生产发展缓慢，市场供应长期紧张的情况下，国家对商品包购包销的范围却越来越大了。实践已经有力地证明，这种把一切都包下来的办法，是不利于商品生产发展的。相反，这种做法只能在经营部门和生产部门中造成一大批“五保户”，扼杀企业和职工的创新精神。我国商品生产发展缓慢，许多部门不讲经济核算，不讲经济效果，商品的花色品种单调，质量不求改进，同包购包销有极大的关系。因此，今后除粮、棉、油、布等少数基本生活资料外，应当尽量减少计划分配的商品，取消商业包购包销制度，分别不同商品，实行统购统销和统购统配、计划收购、订购和选购四种购销形式。同时，要重视发展多种经济成分，鼓励生产企业进入流通领域，扶持集体商业发展，允许个体商贩开业，广开流通渠道，用经济办法把商品流通搞活。

要大力发展城乡交流。我国农、副、土特产品品种繁多，数量颇大，由于生产分散，运输困难，加上一些地区只允许供销社独家经营，以致购销渠道严重堵塞。各地供销社一定要扶助社、队建立收购和推销这些产品的集体商业机构，允许集体商业和个体农民进城销售，在城市开放更多的农副产品市场。现在的问题仍然是流通渠道太少。只有大河，没有支流，边远农村和山区的物资就流不出来，就不能让这些宝贵的财富为国民经济服务。

第二，必须解决商品流转环节过多的问题。现行商业体制基本是按行政区划组织商品流通，按行政机关的办法管理商品。这样，一级行政一级批发，一道环节一道费用。流通环节过多，必然使商品费用和耗损增加，浪费社会财富，对生产者和消费者都没有好处。解决这个问题的有效办法有两条，一是按经济区划组织商品流通，开辟多种流通渠道，允许跨地区收购和销售。目前，国营商业独家经营的局面虽然有所改变，但是，货畅其流的局面远未形成。要采取切实的措施，造成国营、集体、个体的流通渠道相辅相成的活跃局面。这有利于克服官商作风，造就一大批有才干的商业管理干部。解决流转环节过多的第二个办法是，把调整商业内部结构作为一项重要任务，有效地调整批发机构的布局和职责。设置一定数量的批发站是必要的。但是，批发站要按照经济区划设置，批发环节能减少就减少，要办成简便、通畅的经济组织，不能搞成层层控制的行政机关。批发商店和零售商店可以到外地采购商品，可以同工厂直接挂钩，有些工厂也可以到外地销售商品，打破地区封锁，减少流转环节。目前商业零售网点严重不足，已成为影响人民生活的社会问题。商业网点是商品从生产到消费、实现使用价值的“入海口”。“入海口”不畅，整个流通环节就会堵塞，社会经济就会呆滞，必然遭到人民群众的埋怨，切切不可等闲视之。上述几个方面的工作应从体制改革的角度加以统筹考虑。

第三，一定要抓紧扩大企业自主权的工作。这是打破行政官僚机构和改变官商作风的良方。让各级商业机构都有一定的自主权，原来的行政关系就很容易被经济关系所取代，就能从根本上改变过多地用行政手段干预经济工作的状况，企业就有了内在动力。基层企业实行一定程度的自负盈亏，这是一项重大的经济改革。自负盈亏把经营中的责、权、利紧密地结合在一起，可以解决许多长期不能解决的问题。实行自负盈亏、以税收代替上交利润的办法，涉及面很宽，应通过试点，取得经验，逐步推广。

第四，建立社会对商业监督的制度，以保障生产者和消费者的利益，促使商业工作更好地为生产和生活服务。搞好社会监督，要建立一系列商业法规，使商业工作同其他工作一样，既接受法律的保护，又接受法律的制约。搞好社会监督的同时，还要在商业内部实行民主管理，让职工群众充分发挥自已的聪明才智，积极参加企业管理。

在改革商业体制过程中，将会触及计划、财政、价格、金融等现行管理体制。为了解决这一项复杂、艰巨的任务，必须照顾各方面的实际情况，处理好各种矛盾。从当前情况看，有不少工作是可以先从商业内部做起，在不长的时间内得到解决的。希望商业战线的同志们知难而进，勇于探索，都来当实践经济改革的革新家，同心协力做好改革经济体制的工作。

由文化部和国家民委主办的全国少数民族文艺会演在人民大会堂开幕

韦国清、乌兰夫、赛福鼎、王任重、阿沛·阿旺晋美、班禅额尔德尼·确吉坚赞、李维汉、鲍尔汉、黄镇等出席了开幕式。

国务院副总理兼国家民委主任杨静仁在开幕式上讲话。

这次会演是粉碎“四人帮”以后举行的第一次全国少数民族文艺会演，也是新中国成立以来规模最大的一次少数民族文艺会演。参加演出的2000余名代表，带来了21台、共300多个音乐、舞蹈、曲艺、戏剧节目。每个少数民族都有自己的代表和节目参加会演，显示了我国各民族在新的历史时期的亲密团结和各兄弟民族文艺走向繁荣的新景象。

文化部副部长周巍峙在开幕式上致辞。他说，这次会演充分体现了党中央和国务院对发展少数民族文艺事业的关怀与重视。他表示相信，通过这次文艺会演，必将进一步促进少数民族文学艺术创作的繁荣兴旺和少数民族队伍的提高壮大，推动少数民族地区文化艺术事业建设的发展。中国文联副主席吴作人代表中国文联、文艺界各协会和首都文艺界致祝词。他说，这次少数民族文艺会演，是少数民族文艺百花的一次集中的展览，也是祖国各民族文艺工作者互相观摩、互相学习的一个好机会。他希望各民族文艺工作者继承我国各民族优秀的文化遗产，保持和发展各民族文艺的特色和独特风格，创作出更多更好的具有社会主义内容和民族形式风格统一的作品，促进各民族文化艺术的繁荣，使我们祖国社会主义民族文艺更加绚丽多彩。

内蒙古、新疆、广西、宁夏、西藏五个自治区的各族文艺代表相继在会上讲了话。他们在讲话中表示，要珍惜这次机会，虚心向各兄弟民族学习，加强相互之间的联系和交流，为共同繁荣和发展少数民族文艺，为加强和巩固各民族的大团结作出贡献。

首都文艺工作者和在京工作的少数民族代表，也参加了今天的开幕式。

9月21日

第五届全国人民代表大会民族委员会第二次会议举行全体会议听取国务院有关部委负责人就有关问题所作的说明

国家计委副主任傅子和就边疆地区和少数民族地区的基本建设投资、边疆建设事业补助费和支援经济不发达地区发展资金的安排作了说明；林业部副部长梁昌武介绍了我国少数民族地区的林业情况；农垦部副部长张修竹就少数民族地区农垦事业的情况和今后的打算作了说明。

全国人大常委会副委员长阿沛·阿旺晋美、班禅额尔德尼·确吉坚赞和政协全国委员会副主席包尔汉参加了今天的会议。会议由人大民族委员会副主任委员杜易(壮族)主持。

全国人大常委会副委员长乌兰夫在人民大会堂会见以黑斯廷斯市市长奥康纳为团长的代表团

中国科技人员的论文在第四届国际高温合金会议上被评为最佳论文

北京钢铁学院副教授陈国良、谢锡善、讲师倪克铨、徐志超、王迪、上海第五钢铁厂工程师居玉英、上海钢铁研究所工程师张明，在总结多年教学、科研工作的基础上，经过反复研究和多种方法的实验，取得了大量数据，从中推导出铁基高温合金中 μ 相和 σ 相定量关系的数学公式，找到了控制或消除微量 μ 相、σ 相使铁基高温合金脆化的途径，从而提高了这种高温合金材料的使用寿命。他们的学术论文在美国匹兹堡举行的第四届国际高温合金会议上宣读后，受到许多与会学者的赞赏。第四届国际高温合金会议(在21日至25日美国宾夕法尼亚州召开)首席主席乌尔科和会议程序委员会主席、美籍华裔学者田家凯，先后向北京钢铁学院副院长及作者写信表示祝贺，赞誉他们的论文是具有创造性、技术精良性、可靠性以及对工业有直接应用效果的“最佳论文”。

全国皮划艇锦标赛在武汉结束

1980年全国潜水竞赛在广州举行

9月22日

中共中央批转最高人民法院党组《关于复查纠正“文化大革命”期间错判死刑案件的几点意见的请示报告》

中央在批转《报告》时并指出：对“文化大革命”期间判处的死刑案件应全部复查，对其中冤杀、错杀的案件，要按照全错全平，部分错部分平的原则，实事求是地予以改判纠正。

全国人民代表大会民族委员会第二次会议闭幕

这次会议在五届人大第三次会议的精神指导下，具体地研究了民族问题方面的法制建设问题。会议听取了全国人大常委会副委员长乌兰夫关于认真做好民族立法工作的报告，还听取了关于全国人大民族委员会一年来的工作报告、国家民族事务委员会的工作报告，以及关于延边朝鲜族自治州自治条例和林业管理条例的说明。会议并对《内蒙古自治区自治条例(草案)》《延边朝鲜族自治州自治条例(草案)》《关于〈内蒙古自治区草原管理条例〉的修改意见》《延边朝鲜族自治州林业管理条例(草案)》进行了讨论，提出了修改意见。

会议还讨论了关于规定一个民族节的问题。与会者还反映了有关民族工作和民族地区存在的问题。

全国人大常委会副委员长、人大民族委员会主任委员阿沛·阿旺晋美在闭幕词中说，通过这次会议，大家对民族法制建设的重要性和迫切性认识越来越清楚了。他说，我国的五十多个少数民族都各有特点。要真正保障自治地方行使自治权，制定自治条例和单行条例时就要从当地实际出发。他接着指出，关于进一步保证散居的少数民族人民的平等权利问题，《中央人民政府政务院关于保障一切散居的少数民族成分享有民族平等权利的决定》仍然适用，但是还不够，还要作更明确更具体的规定，应当组织力量进一步研究这个问题。

全国人大常委会副委员长赛福鼎、班禅额尔德尼·确吉坚赞，国务院副总理、国家民委主任杨静仁出席了今天的会议。参加今天下午会议的还有政协全国委员会副主席包尔汉等。

第五届政协全国委员会常务委员会在全国政协礼堂举行茶话会

政协全国委员会主席邓小平出席茶话会。

政协全国委员会副主席乌兰夫在茶话会上讲话说，人民政协一定要充分发挥民主协商和监督的作用；要对国家的大政方针和四化建设以及群众生活的重要问题，进行调查研究和自由讨论，积极地提出批评和建议；要对宪法、法律、法令的实施，对政府工作和各级干部实行监督。他希望人民政协大力贯彻落实五届人大第三次会议和五届政协第三次会议的精神和各项决议，团结、号召全国各民族、各民主党派、各人民团体和一切爱国力量，为实现中国共产党中央委员会提出的各项任务而共同奋斗。

屈武、钱昌照、孙晓村、胡子婴、董其武、酆云鹤、钱端升、黄汲清、周培源、赵朴初和苏子蘅在会上发言。

国务院批准施行《中国银行章程》

第一章 总 则

第一条 中国银行是社会主义国营企业，是中华人民共和国的国家外汇专业银行。

第二条 中国银行的任务是：组织、运用、积累和管理外汇资金，经营一切外汇业务，从事国际金融活动，为社会主义现代化建设服务。

第三条 中国银行设总行在北京。根据业务需要，在国内外的贸易、金融重要地点设立分支机构或代表处。

第二章 资 本

第四条 中国银行的资本为人民币壹拾亿元。

第三章 业 务

第五条 中国银行经营和受托办理下列各项业务：

(一)对外贸易和非贸易的国际结算；

(二)国际银行间的存款和贷款；

(三)华侨汇款和其他国际汇兑；

(四)外币存款、贷款以及与外汇业务有关的经中国人民银行准许的人民币存款、贷款；

(五)外汇(包括外币)的买卖；

(六)国际黄金买卖；

(七)组织或参加国际银团贷款；

(八)在外国和港澳等地区投资或合资经营银行、财务公司或其他企业；

(九)根据国家授权，发行外币债券和其他有价证券；

(十)信托和咨询；

(十一)国家许可和委托办理的其他银行业务。

第六条　根据国家授权，参加国际金融会议。

第七条　中国银行设在外国和港澳等地区的机构，得经营当地法令许可的一切银行业务。

第四章　组　织

第八条　中国银行设董事会，由名誉董事长一人，董事长一人，副董事长、常务董事和董事若干人组成，均由国务院委任。

第九条　中国银行董事会的任务如下：

(一)审定本行的业务方针和计划；

(二)听取和审查本行行长的工作报告；

(三)审查通过本行年度决算和盈余处理方案；

(四)任免本行的高级职员；

(五)审定本行国内外分支机构的设立和撤销；

(六)审议有关本行的其他重大事项。

第十条　中国银行设监事会，由首席监事一人、监事若干人组成，均由国务院委任。

第十一条　中国银行监事会的任务如下：

(一)监察本行对国家政策、法令和本行业务方针的执行情况；

(二)审查本行年度决算表报；

(三)调查重大案件，提出处理意见。

第十二条　中国银行设行长一人，副行长若干人，均由董事长提名，经董事会通过，报请国务院委任。

第十三条　中国银行行长负责全行的经营管理工作，定期向董事会提出工作报告。副行长协助行长工作。

第五章　会　议

第十四条　中国银行董事会每年举行一次会议，由董事长召集。

中国银行监事会每年举行一次会议，由首席监事召集。

上述会议，必要时可提前或延期召开；也可由董事长召集董事监事联席会议。

第十五条　中国银行董事会议、监事会议或董事监事联席会议，须有三分之二以上组成人员出席(包括委托代表出席)方得开会。决议事项由出席人员半数以上通过有效。

第六章　附　则

第十六条　本章程经国务院批准后施行，修改时同。

《人民日报》发表社论《热烈欢迎挪威贵宾》

挪威王国首相奥德瓦尔·努尔利阁下和夫人应我国政府邀请，前来我国进行正式访问，今天到达北京。这是中挪建交以来挪威政府首脑首次来访。我们对远道而来的挪威贵宾表示热烈欢迎。

地处斯堪的纳维亚半岛的挪威，是一个有着光荣历史传统的国家。勤劳勇敢的挪威人民在人类的航海史上曾经创造光辉的业绩。在第二次世界大战中，挪威人民为了解放祖国，同法西斯侵略者进行了英勇不屈的斗争。战后，挪威人民又在经济建设中进行了巨大的工作，使挪威成为世界上最富裕国家之一。中国人民对挪威人民在保卫祖国独立和发展国家经济中所作的努力表示钦佩，并为挪威人民取得的成就感到高兴。

当前世界局势激烈动荡，欧洲也不平静。挪威政府一贯反对侵略扩张、反对干涉别国内政，为维护世界和平与稳定，捍卫本国独立与安全作了一系列努力。努尔利首相曾强调，在一个紧张而又带有危机性的世界里，挪威必须保持“可以信赖的防务”，并加强同欧洲与北美国家的合作，寻求缓和国际紧张局势的道路。挪威政府重视同第三世界国家的关系，反对超级大国垄断国际事务。在阿富汗问题和柬埔寨问题上，挪威政府主持公道，谴责苏联和越南的侵略行动，要求从阿富汗、柬埔寨全部无条件地撤出外国占领军队。挪威政府奉行的这些政策对维护世界和平起了积极的作用，受到爱好和平和主持正义的人们的赞赏。挪威是最早承认新中国的国家之一。中国和挪威建立正式外交关系以来，双方的关系有了良好的发展。在中国人民为祖国的现代化建设而努力的今天，中挪两国在政治、经济、贸易、科技和文化等方面的合作和交流日益增多。我们两国友好合作关系的发展有着广阔的前景。我们深信，通过努尔利首相的这次访问，两国的友好合作将会揭开新的令人鼓舞的一页。

祝愿努尔利首相的访问圆满成功！

国务院副总理余秋里在北京会见以会长永山时雄为团长的日本石油联盟访华团

对外友协名誉会长宋庆龄在北京会见美国加利福尼亚州州务卿余江月桂女士一行

国务院副总理万里在北京会见时代公司总编辑亨利·格伦沃尔德率领的时代公司代表团

国务院批转国家经委等部门《关于全国科学技术档案工作会议的报告》并发出通知

现将国家经委、国家建委、国家科委和国家档案局《关于全国科学技术档案工作会议的报告》转发给你们。国务院同意报告中提出的关于加强科学技术档案工作的各项意见,请你们结合本地区、本部门的情况,认真研究执行。

在全国工作重点转移到社会主义现代化建设的新时期,搞好科学技术档案工作极为重要。国务院和省、市、自治区人民政府的工业、交通、科研、农林、地质、测绘、水文、气象、教育、卫生以及军事等专业主管机关,都要加强这方面的工作,把所属单位的科学技术管理工作,切实地领导起来。当前要把科学技术档案工作的机构设置,干部的配备和培训,必要设备的增加,以及业务制度的建立、健全等项工作抓好,认真解决存在的问题,使这项工作能够顺利地向前发展,更好地为社会主义现代化建设服务。

关于全国科学技术档案工作会议的报告

(1980年8月28日)

为了适应社会主义现代化建设的迫切需要,国家经委、国家建委、国家科委、国家档案局于7月15日至26日,在北京联合召开了全国科学技术档案工作会议。会议总结了20年来科学技术档案工作的基本经验,分析了当前恢复与整顿的情况,交流了经验,研究了工作中存在的问题,提出了今后一个时期的任务,还讨论了《科学技术档案工作暂行条例》。现将会议讨论的几个问题报告如下:

新中国成立以来,党中央、国务院对科学技术档案工作十分重视,从1960年至1964年,先后批准发布了9个有关科学技术档案工作的文件,确立了集中统一管理的原则,明确了科学技术档案工作的性质、作用、方针和任务。1961年党中央批准试行的《关于自然科学研究机构当前工作的十四条意见(草案)》和《国营工业企业工作条例(草案)》,都对科学技术档案工作提出了要求。在科学技术档案工作者的共同努力下,科学技术档案工作对科学研究、工农业生产、基本建设、交通运输等发挥了重要的助手作用,成为发展社会主义经济和科学技术的一项不可缺少的专门事业。

十年浩劫,科学技术档案工作遭到严重的破坏,机构被撤销,人员被削减,制度被废弃,大批档案被分散,丢失和损坏,严重地影响了经济管理、科研管理、技术管理等工作,影响了科研、生产、建设的顺利进行。

粉碎"四人帮"以后,特别是党的十一届三中全会以来,党中央、国务院作出了有关恢复档案工作的决定,全国的科学技术档案工作得以逐步恢复与整顿。不少档案业务管理机关和工业、交通、科研等专业主管机关,以及厂矿企业、事业单位;抓紧恢复了档案机构,确定了人员编制,配备了干部,建立了规章制度。有些单位结合企业、事业的整顿工作,对科学技术档案工作也进行了相应的整顿,并把科学技术档案工作作为科研管理、生产技术管理的一个重要组成部分,予以加强。

但是,由于我国科学技术档案工作基础差,恢复时间短,当前仍然是个薄弱环节,远不能适应社会主义现代化建设的需要。比较突出的问题是:第一,一些单位对科学技术档案工作的重要性认识不足,还没有把这项工作作为科研、生产、建设的一个重要组成部分来对待,没有摆到应有的位置上来,有的单位"重生产,轻管理",在整顿企业、事业时,没有结合整顿科学技术档案工作,致使科学技术档案工作与科研、生产、建设脱节。第二,科学技术档案工作的机构不够健全。有的中央专业主管机关,还没有按中发〔1980〕16号文件的要求,把本系统的科学技术档案工作管理起来。全国还有相当一部分企业、事业单位的档案机构尚未恢复,科学技术档案工作人员一少、二弱、三不稳定,致使不少地方科学技术档案处于管理不善或无人管理的状态。第三,科学技术档案不完整、不准确、不系统。一些重要的科学技术活动,高、大、精、尖项目和复杂的隐蔽工程,没有留存必要的档案,不编制竣工图,或者档案残缺不全,管理混乱,给科研工作和经济建设带来了严重的损失。第四,档案库房和设备严重不足,影响科学技术档案的安全保管。有的单位不得不把档案放在走廊、地下室、工棚、厕所,大量档案潮湿、霉烂,虫蛀、鼠咬、水淹,损失严重。

根据以上情况和社会主义现代化建设的需要,我们认为,应当抓紧时机,在1981年年底以前,基本上完成恢复、整顿科学技术档案工作的任务。当前急需要解决的几个问题是:

一、提高对科学技术档案工作的认识,加强对科学技术档案工作的领导。科学技术档案是科研、生产、建设的历史记录,是广大劳动人民、科技人员智慧的结晶,是科学技术资源储备的一种形式,是发展现代化科学技术和进行生产、建设的必要条件和依据。它对于更好地推广和利用科技成果,对于国际贸易、出让专利、组织工业生产、改进技术、节约能源、开发能源、战备和防御自然灾害等,都是十分重要的。科学技术档案产生并服务于国民经济各个部门,是科研、生产、建设的组成部分。其管理水平的高低,实际上是一个部门、一个单位经济管理、科研管理、技术管理水平高低的标志之一。要搞好社会主义现代化建设，提高企业、事业的管理水平，加快国民经济调整的步伐，必须把科学技术档案工作摆到应有的位置上来。至于城市基建档案对城市管理，特别是对突然事件后城市的恢复与建设，就更为重要。如唐山强烈地震后，由于保存有基建档案，对抗震救灾，恢复地上、地下工程，解决人民吃水、排水、供电、运输以及恢复生产等都起了重要的作用。

各级人民政府要加强对科学技术档案工作的领导。当前主要是要根据中发〔1980〕16号文件的规定，研究解决科学技术档案工作中急需解决的问题，如恢复、建立工作机构，配备足够数量和能胜任工作的干部，解决必要的库房、设备，实行集中统一管理，建立规章制度等，以保证工作的需要。

二、要把科学技术档案工作纳入科研管理、生产技术管理、城市建设管理的范围。中央各专业主管机关，要在召开有关的专业会议和制定法规性文件、专业技术规章、规范、制度时，对科学技术档案工作提出要求。各科研、生产、建设单位，要在科研、生产负责人或总工程的直接领导下，把科学技术档案工作同科研管理、生产技术管理结合起来，安排到适当的位置，列入有关的管理制度和科研、生产、建设程序和计划中去，采取有效措施保证档案的完整、准确、系统。要把科学技术文件材料的形成、积累、整理、鉴定、归档以及归档后的修改、补充工作，列入科学技术人员和工程技术人员的职责之内，并作为考核的内容之一。在鉴定验收科研成果、产品、基建工程或其他技术项目时，要检查验收科学技术档案。如档案不完整、不准确者，不算完成任务，也不能验收。要求做到组织上有保证，制度上有规定，职责上有分工，工作上有安排，管理上有考核。

当前，全国工交企业已从恢复性整顿进入到以生产为中心，以提高经济效果为重点，大力提高生产水平、技术水平和管理水平的阶段。凡是科学技术档案工作没有经过整顿，或虽经过整顿而工作不够完善的单位，都要在企业、事业的整顿中同时整顿和加强科学技术档案工作，从提高技术管理入手，统一计划，统一检查验收。

城市基建档案是城市规划、管理、维修、扩建、恢复的依据。各设计、施工、建设单位要严格按照国家建委的有关规定，认真积累设计、施工中的技术文件材料，在工程竣工时，整理和移交完整、准确的档案材料(包括竣工图)。大、中城市要以城市为单位，由市人民政府主管城建工作的领导人主持，由市建委或城建、规划部门，成立城市基建档案馆，集中统一管理城市基建档案。

三、科学技术档案工作必须按专业实行统一管理。中央和地方各级专业主管机关都应当加强对所属单位科学技术档案工作的领导。各级档案业务管理机关应当加强对科学技术档案工作的指导、监督和检查。由于科学技术档案专业性强，与科研、生产、建设关系密切，中央和地方各级专业主管机关，应当把加强科学技术档案的管理工作，作为自己的一项业务，切实地抓起来。当前，特别要注意解决所属单位的科学技术档案工作的体制、机构、人员配备、经费开支等问题，并研究制定科学技术档案工作的制度、办法、标准化方案等。各级专业主管机关和各级档案业务管理机关要互相沟通情况，互相配合，互相支持，做好工作。

为了妥善地保存各专业的科学技术档案，便于按专业集中使用，中央各专业主管机关可根据需要设立专业档案馆，保管本系统需要永久、长期保存的档案。

四、要努力建设一支坚持社会主义道路的，具有专业知识和能力的科学技术档案管理干部队伍。这是提高科学技术档案管理水平的关键。为了培养提高档案干部的理论水平和管理水平，除由中国人民大学继续办好档案系外，希望中央和省、市、自治区的专业主管机关，能在所属大专院校设立科学技术档案系(班)，或设立中等档案专业学校，积极培养科学技术档案工作人才，以适应社会主义现代化建设的需要。各单位都要配备一定数量的技术人员从事这项工作，其待遇与其他科技人员相同。科学技术档案人员，要热爱本职工作，积极主动地为科研、生产、建设工作创造条件，提供科学技术档案，为社会主义现代化建设服务。

为了鼓励科学技术档案工作人员钻研业务，提高管理水平，要实行考核制度，根据考核情况，评定和晋升职称。

五、要逐步用现代化技术管理档案。随着社会主义现代化建设的发展，科学技术档案与日俱增，各单位要逐步采用现代化手段来解决库房紧张和设备不足的问题，提高查阅、复制效率和保管技术。当前，首先要解决缩微的成套设备，并推广普及静电复印技术。电子计算机储存、检索等方面的技术，也请中央有关单位安排，加速研究、试制。各单位档案库房建设和购置设备所需费用，应在生产费和事业费中开支。

以上报告，如无不当，请批转各地和各部门参照执行。

澳大利亚电影周在北京开幕

电影周期间，北京、上海和广州将先后放映澳大利亚故事片《蓝鳍号》《凯迪》《悬崖下的野餐》和美术片《多蒂与袋鼠》。

中国与美国共同举办的北京环境管理座谈会在北

京举行

王效斌逝世

铁道部副部长王效斌,因患癌症于9月22日逝世,终年62岁。

王效斌同志,江苏省丰县人。1937年9月参加革命工作,同年12月参加中国共产党,先后担任过区委书记、县委统战部部长、县委书记、县长、地委委员、地委统战部部长等职;转到铁路工作以后,担任过铁路局局长、党委书记、铁道部局长、副部长等职务。

9月23日

中共中央主席华国锋在人民大会堂会见以朝鲜中央广播委员会委员长金时鹤为团长的朝鲜广播电视代表团

交谈中,华国锋强烈谴责全斗焕在南朝鲜实行军事法西斯统治的罪行。他指出,全斗焕判处著名民主人士金大中死刑必将激起南朝鲜人民更加强烈的反对。

国务院总理赵紫阳同挪威首相奥德瓦尔·努尔利在人民大会堂举行首次会谈

中共中央书记处听取中共广东省委负责人关于广东工作的汇报

中央书记处在听完汇报后并与9月28日形成《中央书记处会议纪要》(第50号),指出:中央在广东、福建两省实行特殊政策和灵活措施,目的是要充分发挥广东、福建两省的优势,使广东、福建先行一步富裕起来,成为全国"四化"建设的先驱和排头兵,为全国社会主义经济建设和体制改革探索道路,积累经验,培养干部。中央要求广东充分利用和发挥本地优势,尽快把广东的经济搞活,闯出一条道路,使广东成为我国对外联系的枢纽。中央授权给广东省,对中央各部门的指令和要求采取灵活办法,适合的就执行,不适合的可以不执行或变通办理。

政协全国委员会副主席乌兰夫 刘澜涛 萧克在全国政协礼堂同张学良将军在大陆的亲属和故旧一起欢度中秋佳节

出席宴会的有:张学良的弟弟张学铭及夫人朱洛筠,张学思的夫人谢雪萍,弟弟张学铨及夫人马蕴兰,妹妹张怀英、张怀卿,以及故旧刘澜波夫妇、吕正操夫妇、郭维城夫妇、刘多荃夫妇、何柱国夫妇、万毅、解方夫妇、陈大章、高存信夫妇、刘鼎等。

乌兰夫在宴会上讲话。他说,张学良先生是我国著名的爱国将领,他在停止内战、促成抗战的斗争中作出了巨大的贡献,全国人民十分敬仰他,怀念他。"每逢佳节倍思亲"。今天,我们格外想念张学良先生。

乌兰夫说:我们坚信,我国神圣的领土台湾一定会归回祖国。他希望张学良先生在大陆的亲属继续努力学习,努力工作,为祖国的四个现代化建设,为完成祖国的统一大业贡献力量。

西藏全部纠正1975年错划的资本家

新华社报道,西藏自治区党委最近宣布,1975年在全区城镇错划的资本家全部予以纠正,恢复其原来的成分。1975年西藏对城镇私营商业、手工业进行社会主义改造时,全区划了200户资本家,其中拉萨城区共划了140户。

区党委发出的通知说,在西藏城镇划资本家,后果是严重的。它破坏了城镇商业和手工业的发展,影响了城乡交流和群众生活,伤害了小商、小贩和小手工业者,影响了民族关系。造成这一错误的主要原因,是受了林彪、"四人帮"极左路线的影响,脱离西藏实际,生搬硬套内地做法所造成的。责任在区党委,下级党委和干部,积极分子是没有责任的。

外交部就目前仍不具备第三轮谈判条件致越南驻华大使馆的照会

越南社会主义共和国驻华大使馆:

中华人民共和国外交部谨就越南外交部1980年9月12日来照所提的举行中越第三轮谈判问题,申述如下:

中国外交部在1980年6月23日致越南驻华大使馆的照会中,已经明确地阐述了中国方面关于中越第三轮谈判的立场和主张。

中越就两国关系问题举行的副外长级谈判,自1979年4月以来,共举行了十五次正式会谈。但是,由于越南方面顽固坚持反华仇华和对外侵略扩张政策,对通过谈判解决问题毫无诚意,致使谈判陷入僵局。在结束第二轮谈判之后,中国方面曾经真诚地表示,中国方面仍坚持谈判解决问题的立场,愿意继续耐心等待,一旦出现哪怕是微小的有利于谈判进展的积极因素,中国政府代表团就准备去河内同越南方面举行第三轮谈判。然而半年多来,越南当局不仅继续加紧进行反华活动,不断对中国边境地区进行武装挑衅,而且仍无视第三十四届联大通过的关于"柬埔寨局势"的决议,拒不从柬埔寨撤军,强化对柬埔寨的侵略战争,甚至悍然武装侵犯泰国领土,进一步加剧了印度支那和东南亚地区的紧张局势。事实充分表明,越南方面目前所追求的是向外扩张和地区霸权，而丝毫没有谈判解决问题的诚意。在这种情况下，中国方面不得不遗憾地指出，目前仍不具备举行中越第三轮谈判的条件和气氛。越方提出的所谓谈判建议，只不过是在玩花招，搞宣传，妄图欺骗世界舆论而已。

尽管如此，中国方面仍愿意耐心等待，只要出现确实有利于谈判的积极因素，中国方面将随时准备同越南方面恢复两国的谈判。

中华人民共和国外交部

1980年9月23日于北京

《人民日报》发表社论《解决能源问题要开发和节约并重》

能源问题，是国民经济发展的一个关键问题。我国能源紧张的局面已持续了10多年，搞长期规划应该把能源问题摆在首位。

我国解决能源的方针是开发和节约并重，近期要把节能放在优先地位，大力开展以节能为中心的技术改造和结构改革。这不仅是解决能源问题的重大措施，而且是向工业现代化前进的重大步骤。

解决能源问题，在近期内为什么不把开发放在优先地位呢？这是因为我们国家穷、底子薄，要办的事情很多，要国家一时拿出更多的钱开发能源是困难的。能源建设周期长，一个大、中型项目从勘探、开发达到设计能力，需要8年到10年的时间。因此，解决能源问题，如果以开发为主，不仅是我国物力、财力做不到，而且，从时间上来说，也解决不了当前的问题。

由于我们的企业经营管理落后，工艺技术落后，结构不合理，能源利用率低，浪费大，近期内把节能放在优先地位是完全必要的，也是可能的。我国能源一方面供应紧张；另一方面又浪费惊人。到处都有“煤老虎”、“电老虎”、“油老虎”，到处都有漏油、漏气等浪费能源的现象。我国能源利用率同世界上发达的国家相比，差距很大。仅钢铁、火力发电、合成氨三项，如果能源利用率达到日本的水平，约少消耗8000万吨标准煤，占全年能源总消费量的13%以上。由此可见，我国节约能源的潜力很大，大有文章可作。

近两年来，我们在节约能源上，开始做了一些工作，取得了成效。过去，我们的能源增长速度和工业增长速度是相近的。这两年我国能源增长很少，但工业还能保持一定的增长速度，这主要是抓了节约能源，在工业结构上作了某些调整，降低了能源消耗。如果进一步采取措施，在10年内把能源利用率由现在的28%提高到40%，每年就可节约标准煤1.4亿吨。因此，节约能源直接关系到我国国民经济的发展，应当引起高度重视。

技术改造是实现四个现代化的重要途径，我国整个国民经济，要以节能为中心进行结构改革和技术改造。许多企业设备落后，耗能多，效率低。现有的5000多万千瓦发电设备中，约有1200多万千瓦是中、低压设备，如果改为高温高压设备，每年就可以节约煤炭1000多万吨。在工业结构上，过去以钢为纲，造成许多不合理的现象。重工业耗能多，轻工业耗能少，要努力发展轻工业。在工业布局上，一些耗能多的企业今后不能再放在缺煤缺电的地区，而要尽可能放在能源基地附近。凡是和大工业争燃料、争动力的“五小”工业，要逐步整顿。狠抓节能，开展以节能为中心的技术改造和结构改革，将会促进工业的现代化，并带动机械工业和冶金工业的发展、提高，有利于进一步把经济搞活，有利于四个现代化的建设。

我们狠抓节能，在近期内把节能放在优先地位，决不意味着放松能源的开发。在量力而行的原则下，我们要专心致志，千方百计为开发能源打好基础，力争几年之后能源工作有较大提高，逐步改善能源紧张的状况。对待传统能源和新能源，我们的方针是重点抓传统能源的开发和利用。在能源的内部结构上，应当优先发展煤炭和水电。能源的开发，一定要做好前期工作，尽可能缩短建设周期。在制定长远规划、确定建设规模时，一定要从实际出发，根据客观条件，量力而行，争取更好的经济效果。煤炭、电力、石油三个部门，贯彻开发与节能并重的方针则应把开发放在首位，以便从根本上解决我国的能源问题。这些部门也要狠抓节能工作，一方面在生产、生活中大力节约能源；一方面要不断提高产品质量，为其他部门节约能源创造条件。

贯彻开发和节约并重的方针符合我国的情况，是完全正确的。节能涉及各个方面，要在社会上全面开展节能活动，各行各业要一齐动手，作出成效。除了重点抓好技术改造、设备更新和工业结构、产品结构改革以外，还要十分注意提高经营管理和科学技术水平，合理使用各种能源，充分发挥经济效益。我们相信，只要坚定不移地按照这个路子走下去，我国的能源问题是能够逐步解决的。

上海从新学年开始调整中小学教育

新华社报道，从新学年开始，上海已有301所学校延长学制，高中由两年改为三年。到明年秋季，全市中学的高中将全部实行三年制。

这是上海市调整和改革中小学教育工作中的一项具体措施。

上海市把中等教育结构改革的重点放在高中阶段。从本学期起，中等学校从初中以后分为普通高中、中专、技校和职业学校。今年已在部分普通高中开设技术教育课或职业教育选修课。同时与工厂企业挂钩,在市区试办了5所职业学校和28个职业班,开设电子、仪表、会计、旅游、摄影、烹调、裁剪、美工和汽车司机等技术专业课。

小学的布局最近也作了合理调整。小学和初中学生基本上就近入学,一些师资、校舍和设备条件较差的完全中学逐步改为初级中学,规模有所缩小,以便于管理和提高教学质量。

1980年全国公路自行车锦标赛在兰州结束

广州中医学院创办中医业余大学

新华社报道,广州中医学院创办了一所中医业余大学,今年已招收650多名新生,于9月上旬正式开学。广州中医学院中医业余大学学制为3年半,主要是晚上和星期天上课。学习内容包括中医学院普通班中医部分的主要课程。学员学习期满,成绩合格,由学校发给结业证书。广州中医学院中医业余大学还开设了中医基础理论、针灸、正骨等短期进修班。

出席在兰州举行的全国地理学会沙漠分会成立大会的科学家建议贯彻“防重于治”的方针制止土地沙漠化趋势

这次会议是9月23日至27日召开的。

科学家们在会上指出,根据最近航测资料提供的数字,我国沙漠及戈壁的面积已达19亿亩。从60年代后期开始,土地沙漠化趋势迅速发展,出现这种现象的原因,除了气候干旱这个自然条件外,根本的是人为地破坏自然植被。

专家们指出,我国近代沙漠化最严重的是内蒙古中东部、东北西部及河北、山西北部,它的范围东起哈尔滨,西至贺兰山,南边以长城附近为中心,呈东北—西南走向的一个斜带。该带的特点是雨量较少,属半农半牧区,又是人类经济活动频繁的地区。

据专家们研究报告,土地沙漠化的趋势如果不加控制,一旦变成流沙,要加以改变就须花费更大量的人力、高昂的代价和至少50年至100年的时间。

会上,专家们提出五点建议:

(1)国务院尽快建立“国家自然资源保护委员会”,下设土地资源保护组,任务之一是管理干旱及半干旱区天然植被和土地合理利用,防治沙漠及沙漠化土地,制定类似森林法的有关法律。

(2)在沙漠化地区及其外围,实行林、牧为主的多种经营方针。对已经沙漠化的土地坚决退耕还牧,潜在的沙漠化土地也以经营牧、林业为主。为了保证这一方针的贯彻,国家要向牧区供应粮食,对于半农半牧区也不能一律要求粮食自给。

(3)发展畜牧业,应当鼓励发展对草场破坏小的绵羊、菜牛等。下达任务指标时要根据当地草场合理载畜量来计算。

(4)风沙线上严禁开荒,无论集体或个人如有违犯,必须追究法律责任。要坚决保护好沙区仅有的一点点天然植被,严禁打柴、烧山。为此,必须在沙区大量发展薪炭林,大力开展固沙造林种草工作,解决好沙区人民的燃料、肥料和饲料缺乏的问题。沙区林业的发展方针应当以发展薪炭林、防风固沙林和防护林为主,过去制定的沙区以用材林为主的方针是错误的,应当改变。沙区的灌木也是林。要建立完整的防护林体系。

(5)加强宣传教育,在沙漠和沙漠化地区举办地、县、公社、大队、生产队五级干部轮训班,请专业人员讲解沙漠化的危害及防治工作的科学知识,使他们提高认识,以便在自己负责管理的地区更好地贯彻“防重于治”的正确方针,迅速制止土地沙漠化的现象。

9月24日

《人民日报》发表评论员文章《谁在给恢复谈判制造障碍》

我国外交部昨天照会越南方面,答复越方9月12日关于举行中越第三轮谈判的照会,指出由于越方迄今丝毫没有谈判解决问题的诚意,目前仍不具备举行中越第三轮谈判的条件和气氛。中国方面的这一立场是完全正确的。

中越副外级谈判从1979年4月开始,先后在河内和北京进行了两轮共15次正式会谈。中国方面一贯主张通过谈判和平解决中越两国之间的争端,并从谈判一开始就提出了关于处理中越两国关系问题的八项原则建议,希望越南方面也拿出一点诚意来,使谈判取得进展。令人遗憾的是,越南当局顽固坚持反华仇华、侵略扩张的政策,竭力回避讨论中越关系恶化的根本原因,反而利用谈判肆意攻击、诬蔑中国。前两次中越谈判之所以毫无进展,责任完全在越南方面。中越副外长级第二次谈判结束时,中国方面曾经真诚地表示,一旦出现哪怕是微小的有利于谈判进展的积极因素,中国政府代表团就准备去河内同越南方面举行第三轮谈判。可是半年多来,越南当局不但没有采取任何行动为恢复谈判创造有利的气氛,反而变本加厉地反华和侵略扩张。它无视联合国决议,拒不从柬埔寨撤军,甚至悍然武装侵犯泰国,进一步加剧印度支那和东南亚的紧张局势。它一直没有停止在中越边境的武装挑衅活动,继续危害中国边境居民的生命、财产安全与和平生活。请问,在这种情况下,越南当局对谈判的所谓“善意”何在?究竟是谁在给谈判“制造新的障碍”,“想方设法拖延”谈判?这不是一清二楚的吗?

必须指出,越南当局选择这个时候再次提出进行第三轮谈判的建议,决不是出于真正改善中越关系的愿望,而是为应付本届联大而玩弄的又一个花招。联合国绝大多数成员国对越南当局拒不执行上届联大决议十分不满和愤慨。它们强烈要求把柬埔寨局势问题列入本届大会议程,要求越南军队从柬埔寨撤出去。越南当局为了逃避被置于被告席上,除了进行大量其他活动以外,又抛出恢复中越谈判的建议,妄图欺骗世界舆论,改善它的侵略者的形象和孤立处境,同时利用中越谈判作为烟幕,掩盖它在泰柬边境的军事行动,转移人们对它侵占柬埔寨的注意力。我国外交部的照会正是对越南当局这种图谋的有力揭露。越南当局如果真有通过谈判解决中越争端的“愿望”,那就应该拿出足以证明它改变了侵略扩张政策的切实的行动来。除此之外,玩弄任何花招都是骗不了人的。

《人民日报》发表杨立功的文章《农业机械化要在东北地区发挥优势》

中国第一座煤矸石发电厂一年来运转正常

新华社报道,我国第一座全部以煤矸石为燃料的发电厂——黑龙江省鸡西矿务局滴道电厂,自去年9月16日开始试生产以来,累计已发电6810万度,共利用煤矸石17万多吨,等于节约了4万多吨标准煤。

中国与联邦德国两国测绘科技合作议定书在北京签字

中国代表团团长黄华在第三十五届联大大会发言中提出公正合理地解决阿富汗和柬埔寨问题应遵循三条基本原则

第一,外来侵略者必须按照联合国的有关决议,立即、无条件地从阿富汗和柬埔寨撤出自己的全部军队,这是关键的一条,是解决问题的前提。第二,在外国军队撤出后,由阿富汗和柬埔寨人民在没有任何外来干涉的情况下,决定自己的命运。今年5月伊斯兰国家外长会议的决议,强调“尊重阿富汗人民决定自己的政府形式、选择自己的经济、政治和社会制度的不可分离的权利”。前不久,民主柬埔寨政府提出,在外国军队撤出后,“柬埔寨人民可以通过自由、直接、无记名的投票进行普选,如果有必要,可以在联合国秘书长或他的代表的监督下选举自己的国民政府”。中国政府支持这些主张。第三,恢复阿富汗和柬埔寨独立和不结盟国家的地位。在阿富汗和柬埔寨问题根据上述三条原则获得解决后,为了维护这两个国家的独立以及亚洲和世界的和平,中国愿意同有关国家共同参加一项国际保证:不占领阿富汗或柬埔寨的领土和利用这些领土去侵犯各该地区其他国家的独立和主权,不以任何方式干涉这两个国家的内政。

《人民日报》发表社论《为发展农业加速培养人才》

加速培养造就农业管理人才和科学技术人才,是当前摆在农业工作面前最突出、最紧迫的任务之一。

新中国成立以后,我国农业科研和农业教育事业发展较快。到60年代初,我国农业科学蒸蒸日上,有了一批世界第一流的农业科学专家,有些农业科技成果居于世界前列。十年浩劫,农业科教事业惨遭破坏,农业科技人员大量转业改行,外流失散;农业院校濒临崩溃边缘。林彪、“四人帮”的倒行逆施,把我国农业科教事业拉向后退,耽误了整整一代人才的教育成长,造成目前青黄不接、后继乏人的严重局面。

为了加快发展我国农业,需要造就一支农业科技队伍。每个公社应当有一定数量的农业大专生和中专生,每个大队应当有几个农业技术骨干,才能适应科学种田和农业现代化的起码需要。但是,现在我国平均10个公社才有1名大专生,两个公社只有1个多中专生,全国平均每万名农业人口只有3.7名科技人员,每万亩耕地不足两名。在领导农业工作的各级干部中,科技力量也很薄弱。据粗略调查,在各省、地、县主管农业工作的领导干部中,学过专业的只占3.6%。这是造成多年来领导上“瞎指挥”和“一刀切”的一个重要原因。

百年树人,刻不容缓。我们要尽快地扎扎实实地把农业教育恢复发展起来。要从实际出发,广开学路,改革教育制度,实行正规教育与业余教育两条腿走路的做法。积极办好现有的高、中等农业院校,特别是集中力量办好一批重点院校,是快出人才的一个重要环节。但是目前农业院校的恢复调整,面临着许多实际困难。各级党政领导部门要采取有力措施,支持学校克服困难,加快恢复、调整的步伐。要力争通过10年的努力,以这些院校为骨干,把整个农业教育带动起来;再后10年,达到我国农业教育事业的大发展。这是关系农业全局的大事。大力搞好在职农业干部特别是各级领导干部的培训,是迅速改变当前干部结构不合理,实现干部队伍知识化、专业化的一个切实可行、见效较快的好办法。60年代以后,我们没有把50年代开始的组织国家干部学科学、学管理、学业务、学文化这件大事坚持下来,没有分期分批地把一些参加革命较早的干部送进大学深造成为红色专家,是一个很大的失策。解决这个问题,我们的潜力很大,有利条件很多。依托高等农业院校和中等专业学校办培训班,是个好经验,不要很多投资就能较快地办起来。一年多来,全国农业系统采取多种形式办培训班,已培训县以上农业领导干部13000多人,约占同级干部总数的19%。许多领导干部经过学习,提高了运用自然规律和经济规律领导农业生产的能力。今后要坚持每年培训一批,把现有的有实践经验的干部普遍轮训一次。除此之外,我们还要特别注意从现有中、青年干部中,选拔一些能坚持四项基本原则和熟悉农业专业知识的人才到领导岗位上来。我们还要全面开展对广大农业干部、职工的业余科技教育,也要积极筹办长期农业干部学校或长期培训班,选送年富力强的中青年干部,使他们通过两三年的系统教育,在一定专业方面达到大专毕业水平,为培养又红又专的各级农业领导干部准备更充裕的后备力量。

广泛开展农民技术训练,普遍提高广大农民群众的科学文化水平,是加快发展农业的一项战略性任务。农业生产的地域性强,科技成果必须同各地农民创造性的劳动相结合,才能充分发挥效益。现代农业生产,要求农民学会使用越来越多的农机具、化肥、农药和良种,掌握经营管理知识和生产技能。要因地制宜,根据不同条件和不同需要,分别举办各种形式的训练班和学校。要特别注意对青年农民的教育,为那些中、小学毕业的农村青年创造更多的继续学习科学技术的机会。目前,各地试办农业中学和职业技术学校,全国每个省区挑选一个县试办试验示范、推广、培训三结合中心,等等,都取得了好经验。通过这些方式,可以扎扎实实地造就大批农民科学家和技术能手,大大提高一个县的农业科学技术水平。

为了加速培养农业科技人才,还要解决一些政策问题、认识问题和具体的实际困难问题。教育是为各行各业培养人才,是关系全局的大事,各行各业都要为教育出力,在经费的分配上尽可能为教育让些路。在国家的投资中,宁肯少办和缓办一些其他事,也要为教育多挤出一些经费来。省、地、县都要用这种“挤”的办法,尽力为农业教育多筹集些资金,尽快改变不重视农业教育的状况。现在的情况是,人们在口头上都说这件事很重要,可是分配经费时常常不那么重要了。有的人在别的方面浪费大量钱财不心疼,在花钱培养人才的问题上却很心疼。我们应当充分认识“智力投资”是最经济、最重要的投资。实际上,只要解决了认识问题,财政再困难,教育经费总是能够挤得出来的。现在有些地方的领导同志较有远见,“挤”出经费办农业教育,已经开始收到实效了。能不能真正做到加速培养人才,最终要看广大群众有没有学科学、学文化的很高积极性。当前有些干部、群众不愿学科学、学文化,认为学与不学一个样,甚至认为学了吃亏,不如及早参加劳动可以多得收入。在农村,50年代、60年代本来已经大大减少了的文盲,70年代又多了,青年一代的新文盲也在增加。责任不在群众,主要是十年浩劫造成的恶果,也反映了我们工作上存在问题。要发挥政策的威力,用政策调动广大干部、群众,特别是农村青年学科学、学文化的积极性。要对参加学习的人给予鼓励,包括物质上的鼓励,把参加学习同学习者的切身利益联系起来。对经过学习成为农业技术骨干的人,在待遇上要同学习前有所不同,要比同样情况下不学习的人高一些。有的县对公社以下农民技术员授以技术职称,也是好办法。总之各级领导要重视这个问题,多想办法,把广大群众、干部的学习积极性调动起来。

中国人是聪明的,是勤奋好学的。广大人民极其痛恨林彪、“四人帮”对科学教育事业的破坏,迫切要求学习,努力提高自己的科学文化水平。这是我们加速培养造就人才的一个很大的优势。现在党中央十分重视教育工作,给我们指明了前进的方向。只要全党重视,把方针、政策搞对头,大家都来支持农业教育事业的恢复和发展,争分夺秒,通过5年、10年的共同努力,农业战线必将出现人才辈出的局面,我国农业现代化的建设事业必能加快向前发展。

新疆2000多名少数民族子女考上大学

新华社报道,新疆维吾尔自治区今年有2134名少数民族子女考上大学。这是全国恢复高考以来,新疆少数民族子女考上大学最多的一年。

《人民日报》发表评论员文章《总结经验 立志改革——谈谈当前的戏曲改革工作》

中国戏剧家协会、文化部艺术局和文学艺术研究院戏曲研究所不久前在北京联合召开了戏曲剧目工作座谈会。各省、市、自治区文化部门主管戏曲工作的负责同志、戏曲工作者和理论家共聚一堂,总结戏曲剧目工作的经验,探讨当前戏曲工作中存在的问题,研究如何进一步繁荣和发展戏曲事业,使戏曲更好地为人民服务,为社会主义服务。这是我国戏曲界一次重要的集会,必将对今后戏曲工作的发展起很大的推动作用。

新中国成立以来,党和政府对于戏曲事业极为重视,戏曲改革工作尽管经过曲折的道路,但是取得了很大的成绩,经验非常丰富。在党的“百花齐放,推陈出新”、“古为今用”等正确方针指引下,产生于旧时代、绵延千百年的戏曲艺术,在新时代仍保持着强大的生命力,放射出令目的艺术光彩。十年浩劫期间,林彪、江青、康生一伙推行民族虚无主义和文化专制主义，对我国的戏曲进行了疯狂的摧残和毁灭性的打击，许多地方戏曲已经濒于灭绝的边缘。粉碎“四人帮”，特别是党的十一届三中全会以后，广大戏曲工作者解放思想，拨乱反正，振奋精神，克服困难，使我国古老的戏曲艺术又一次迎来了百花争妍的春天。3年多来，全国200多个剧种相继恢复，2000多个剧团重建起来，10多万流离失所的艺人重返戏曲舞台，1000多出传统剧目又与观众见面。同时，新编历史剧的工作和现代戏的创作也有所开展。我国戏曲舞台空前活跃，戏曲艺术重放异彩。曾经遭受严重摧残的戏曲，已经基本上得到恢复，目前戏曲艺术战线主流是好的、健康的。对于这3年多来戏曲工作的巨大成绩，不可低估。

但是，在前进和发展中的戏曲事业，目前也还存在一些需要我们认真去解决的问题。比如：现代戏和新编历史剧的新作较少，剧团大量上演的还是传统剧目；由于主观和客观的种种原因，一些剧团的演出质量还不够高；电视和电影事业的迅速发展，使有些剧种演出的上座率有下降的趋势。这些问题表明，目前戏曲剧目的演出，已经不能适应社会主义建设新时期的需要，不能满足人民群众对文化生活日益增长的需要。这就要求我们有关领导部门和广大戏曲工作者认真总结经验，解放思想，树立雄心，立志改革，使我们的戏曲迅速跟上时代的步伐。

我们要立志改革，首先要正确解决继承传统和革新创造的关系。戏曲的发展不能脱离我们民族的历史和传统的艺术基础，没有这个基础就谈不上革新和创造。对待传统的戏曲剧目，我们一定要贯彻党的百花齐放、推陈出新和古为今用的方针。30年来戏曲工作的实践已经反复证明：百花齐放则兴，一花独放则衰。我国戏曲历史这样悠久，剧种这样众多，传统剧目又是这样丰富复杂，当着各种不同思想倾向、不同艺术特色、不同情趣格调的千百出戏曲剧目纷呈在观众面前时，思想和艺术上的优劣、美丑、高下，必将交织在一起，出现强烈的对比；伴随着那些优美健康、给人以精神营养的剧目，也将会有一些思想贫乏、艺术平庸的剧目，少数低劣的，甚至含有毒素的剧目同时出现在舞台上，这是必然的现象。对于戏曲舞台上出现的一些问题，我们一定要采取严肃对待和审慎处理的态度，既反对粗暴，也反对保守。整理传统剧目，我们要运用马克思主义的观点和方法，不断修改、反复琢磨，努力使大批产生在封建社会的旧剧目，成为具有反封建思想内容与健康艺术风格的新作品。对于传统剧目的审定，1951年中央人民政府政务院《关于戏曲改革工作的指示》中提出的审定标准，仍可帮助我们今天对传统剧目进行区分判断。那就是：“戏曲应以发扬人民新的爱国主义精神，鼓舞人民在革命斗争与生产劳动中的英雄主义为首要任务。凡宣传反抗侵略、反抗压迫、爱祖国、爱自由、爱劳动、表扬人民正义及其善良性格的戏曲应予以鼓励和推广，反之，凡鼓吹封建奴隶道德、鼓吹野蛮恐怖或猥亵淫毒行为，丑化与侮辱劳动人民的戏曲应加以反对。”对于某些有争议的作品，我们应当运用民主的方法，通过广大群众的评定，通过戏曲工作者的自由讨论，通过实事求是的、充分说理的文艺批评，加以正确的引导。对个别确实有害的剧目，必须采取禁演办法才能解决的，一定要经过严格的批准手续。不加分析，实行简单粗暴的压制，或者轻易采用行政命令，都是有害的。

我们要立志改革，就要创作数量更多、质量更高的新剧目，通过各种戏曲形式大力反映我们的现实生活；以历史唯物主义的观点，编写新的表现历史故事和历史人物的剧目。新时期赋予社会主义文学艺术以崇高的使命，社会主义戏曲担负着培养社会主义新人、提高人民的精神境界、促进社会主义社会进一步完善和发展、满足人民日益增长的文化生活的需求的重大任务。因此，我们必须在加强传统戏的整理改编的同时，积极提倡现代戏和新编历史剧，努力创作反映现实生活的戏曲剧目。在戏曲剧目工作中实行传统戏、新编历史剧和现代戏三者并举、不可偏废的方针。任何一个剧种，如果只能表现古代生活，而不能表现现代生活，它的发展必然受到很大的局限。戏曲应当在反映现实生活中发挥自己的长处，显示自身的艺术特色。但是，在三类剧目中，不应当硬性规定比例，不应当将现代戏和传统戏对立起来，提什么“为纲”、“为主”的口号。但各个剧种、各个剧团可以有所侧重，有所不同，发挥各自的优点，扬长避短，目的是丰富上演剧目，提高艺术质量，给人民提供更多更好的精神产品，使我们的戏曲艺术的路子越走越宽广。

我们要立志改革，还要认真探索，进行舞台艺术的全面革新。反映新的思想与生活内容的新剧目，要求有与之相适应的表现形式。这就要求在传统戏曲艺术的基础上进一步推陈出新。戏曲是综合艺术，仅仅有了新的剧目还不够，还必须随着时代的发展和科学技术的进步，从表演程式、音乐唱腔、舞台美术等方面都进行改革，这样，整个演出才能成为和谐、统一、完整的艺术。

我们要立志改革，还必须注意培养和提高戏曲队伍。戏曲的发展问题，很重要的一个环节是培养和提高戏曲队伍问题。我们有一批经验丰富的老戏曲艺术家，30年来也培养了一批很有成就的戏曲作家和表演艺术家。但是，由于“文化大革命”的十年浩劫，我们的戏曲队伍受到了很大的摧残，当前确实存在着“青黄不接”的问题。许多剧团缺乏专业的编导人员，很多表演人员也缺乏基本功的训练。因此，有关领导部门要积极采取有效措施，培养和提高编导人才，加强对演员的技巧的培训工作。同时，还要注意继续落实党对知识分子、对戏曲艺人的政策，制定出一些具体措施，改善他们的工作条件和生活条件，提高他们的社会地位。还要根据他们的不同成就和贡献，给予适当的精神鼓励和物质鼓励。

不断加强和切实改善党对戏曲工作的领导，是繁荣社会主义戏曲事业的重要保证。我们希望各级文化部门的领导同志，要积极地加强与改善对戏曲工作的领导，把文艺事业包括戏曲改革工作搞活。要按艺术规律办事，既要反对粗暴简单的横加干涉，也要防止放任自流的自由主义。我们坚信，在党中央的领导下，认真贯彻执行党对戏曲工作的一系列方针政策，依靠广大戏曲工作者的努力，我国的戏曲艺术必将取得更大的成就，为广大人民群众、为社会主义事业作出更大的贡献。

湖北队获得在沈阳举行的1980年全国男子篮球甲级联赛冠军

北京队获得在天津举行的1980年全国女子垒球联赛冠军

9月25日

中共中央发出《关于控制我国人口增长问题致全体共产党员 共青团员的公开信》

全国的共产党员、共青团员同志们：

为了争取在本世纪末把我国人口总数控制在十二亿以内，国务院已经向全国人民发出号召，提倡一对夫妇只生育一个孩子。这是一项关系到四个现代化建设的速度和前途，关系到子孙后代的健康和幸福，符合全国人民长远利益和当前利益的重大措施。中央要求所有共产党员、共青团员特别是各级干部，用实际行动带头响应国务院的号召，并且积极负责地、耐心细致地向广大群众进行宣传教育。

新中国成立以来，由于卫生工作的进步和人民生活条件的改善，人口死亡率尤其婴儿死亡率大大降低，寿命大大延长。但是，我们长期对人口出生率没有适当控制，致使人口增长过快。旧中国从一八四〇年到一九四九年的一百零九年中，全国只增加人口一亿三千万。而中华人民共和国建立以后的三十年中，出生了人口六亿多，除去死亡，净增四亿三千多万人。人口增长得这样快，使全国人民在吃饭、穿衣、住房、交通、教育、卫生、就业等方面，都遇到越来越大的困难，使整个国家很不容易在短时间内改变贫穷落后的面貌。尤其严重的是，我国人口在一九六三年到一九七〇年这一段时间增加得最快，现在三十岁以下的人，约占全国人口总数百分之六十五，今后每年平均将有二千多万人进入结婚生育期。如果不从现在起用三四十年特别是最近二三十年的时间普遍提倡一对夫妇只生育一个孩子，控制人口的增长，按目前一对夫妇平均生二点二个孩子计算，我国人口总数在20年后将达到十三亿，在四十年后将超过十五亿。这将会大大增加实现四个现代化的困难，造成人民的生活很难有多少改善的严重局面。

解决这一问题的最有效的办法，就是实现国务院的号召，每对夫妇只生育一个孩子。

对每家每户来说，增加了人口，在他们不能干活以前，就会多用钱，多用粮，影响家庭生活的改善，这笔账一算就清楚。当他们能够干活以后，一方面对社会作出贡献，另一方面也要消费社会上生产的物资。对国家来说，如果工农业的劳动生产率还很低，物资的生产还不丰富，人口增长的快慢，就会直接影响现代化建设所需的资金的积累。人口增长过快，资金的积累就会减少，人口增长减慢，资金的积累就会增加。人口增加，除了家庭需要增加抚养费以外，为了解决他们的上学、就业等问题，国家还需要增加教育经费、设备投资和社会公用事业经费等。请想一想，从这些方面省下钱来发展经济和文化教育事业，将会起多么大的作用！

人口增长过快，人民生活水平很难提高。拿粮食供应来说，要保证城乡人民的口粮、工业用粮和其他用粮，将来每人每年平均用粮最少应该达到八百斤。如果多生一亿人口，就必须多生产八百亿斤粮食。现在我国每人平均大约两亩耕地，如果增加到十三亿人口，每人平均耕地将下降到一亩多。在目前条件下，在这样少的土地上，要生产出每人平均八百斤粮食，还要生产出足够数量的经济作物，是相当困难的。此外，人口增长过快，不但为就学就业增加困难，还会使能源、水源、森林等自然资源消耗过大，加重环境污染，使生产条件和人民生活环境变得很坏，很难改善。

那么，一对夫妇只生育一个孩子的号召能不能实现呢？只要大家齐心努力，达到这个目的是有可能的。一九七一年到1979年我国努力控制人口增长，九年累计少生婴儿五千六百万。1979年以来，几百万对青年夫妇响应党的号召，自愿只生育一个孩子。单是1979年一年，就比一九七〇年少生一千万人。事实证明，我们的人民是通情达理、顾全大局的，既能够体谅国家的困难，也能够为子孙后代着想。

有些同志担心，一对夫妇只生育一个孩子，将来会出现一些新的问题：例如人口的平均年龄老化，劳动力不足，男性数目会多过女性，一对青年夫妇供养的老人会增加。上述这些问题，有些是出于误解，有些是可以解决的。

人口“老化”的现象在本世纪不会出现，因为目前全国人口约有一半在二十一岁以下，六十五岁以上的老年人不到百分之五。“老化”现象最快也得在四十年以后才会出现。我们完全可以提前采取措施，防止这种现象发生。

现在我国约有五亿劳动力，预计20年后还要增加到六亿，就是到二十一世纪初，每年还会增加一千多万个劳动力。到三十年以后，目前特别紧张的人口增长问题就可以缓和，也就可以采取不同的人口政策了。因此，劳动力不足的问题可以不必担心。

解放以后，我国历年人口统计都证明，男女性别的比例大体上差不多，男孩稍为多一点。提倡一对夫妇只生育一个孩子以来，有关部门在一些地区对头胎生育的孩子的性别比例作了调查，结果也是男孩比女孩稍为多一点。女孩长大一样劳动，有些专业劳动可以干得很好，更会做家务劳动，还可以让丈夫住在女方家里。新中国的人民，特别是青年一代，一定要克服重男轻女的旧思想，如果只生了一个女孩，同样要把她抚养好。

实行一对夫妇只生育一个孩子，到四十年后，一些家庭可能会出现老人身边缺人照顾的问题。这个问题许多国家都有，我们要注意想办法解决。将来生产发展了，人民生活改善了，社会福利和社会保险一定会不断增加和改善，可以逐步做到老有所养，使老年人的生活有保障。尊敬老人、爱护老人、供养老人，使他们过好晚年，是子女应该担负的责任，也是我们社会的优良传统。我国人民一定要发扬这个优良的社会风气。那种不供养父母甚至虐待父母的行为，应当受到批评，触犯法律的还要受到制裁。

在提倡一对夫妇只生育一个孩子的同时，还要适当强调晚婚晚育。婚姻法规定的结婚年龄并不晚，但是为了学习和工作，适当的晚婚还是要提倡，适当的晚育更要强调。青年妇女如果二十岁开始生育，一百年内要生五代人，如果二十五岁左右生育，一百年内只生四代人，因此，晚婚特别是晚育对于减少人口增长数量，减慢人口增长速度，都有重大意义。对于青年夫妇自己，适当晚育也有很多好处。

为了控制人口增长，党和政府已经决定采取一系列具体政策。在入托儿所、入学、就医、招工、招生、城市住房和农村住宅基地分配等方面，要照顾独生子女及其家庭。要认真实行男女同工同酬的政策。要大力开展生殖生理、优生（就是不生育有残疾的婴儿）和节育技术的科研工作，培训大批合格的技术人员，做好节育技术指导、妇幼卫生和儿童教育工作，以保证节育技术的安全，减少出生有先天性遗传疾病的婴儿。有关部门要迅速采取有效措施，生产高质量的避孕药具，满足群众需要。

计划生育涉及家家户户的切身利益，一定要把思想工作放在首位，坚持耐心细致的说服教育。某些群众确实有符合政策规定的实际困难，可以同意他们生育两个孩子，但是不能生三个孩子。对于少数民族，按照政策规定，也可以放宽一些。节育措施要以避孕为主，方法由群众自愿选择。

实现一对夫妇只生育一个孩子，是一场移风易俗的大事。中央要求全体共产党员、共青团员特别是各级干部，一定要关心国家前途，对人民的利益负责，对子孙后代的幸福负责，透彻了解这件大事的意义和必要性，以身作则。党员干部必须带头克服自己头脑中的封建思想，去掉没有生育男孩子就不能传宗接代的错误观念。年轻的同志要从我做起，年老的同志要教育和督促自己的子女。每个同志都要积极地耐心地向周围的群众做工作，每个做计划生育工作的同志都要成为宣传员，帮助群众解决思想问题和实际问题，并且坚决不干强迫命令违法乱纪的事，也劝说别人不干强迫命令违法乱纪的事，以便正确地实现国务院的号召，促进社会主义四个现代化的实现。

中共中央

一九八〇年九月二十五日

中共中央主席华国锋 副主席邓小平在北京分别会见挪威王国首相奥德瓦尔·努尔利

华国锋在会见时说，两国建交以来，友好关系一直发展。他表示相信努尔利的这次访问，必将对两国友好合作关系的发展作出新的贡献。

华国锋和努尔利还就当前国际形势交换了看法。在谈到伊朗和伊拉克的武装问题冲突时，华国锋说，伊朗和伊拉克都是中国的友好国家。中国希望两国能够通过和平谈判，尽快解决争端。要注意防止超级大国插手。

邓小平在会见时对当前伊朗和伊拉克之间的武装冲突表示关切，希望他们能通过和平协商，解决他们之间的争端，不使事态进一步扩大。

邓小平说，尽管人们希望缓和、稳定和力量平衡，但是直到今天我们还没有看到世界局势有缓和的迹象，这使我们感到忧虑。

全国人大常委会委员长叶剑英在北京会见美籍人士前军事调处执行部国民党方面的代表兼参谋长蔡文

治将军和夫人

《人民日报》发表孙起孟的文章《发挥原工商业者在现代化建设中的积极作用》

人才不足,是我国实现四个现代化的一个尖锐的矛盾。为着解决这个矛盾,除了广开学路、加速培养人才以外,还要广开才路,做到人尽其才,才尽其用。在这方面,原工商业者包括其中的知识分子,是一支不可忽视的力量。我们应当把这部分力量充分调动起来,为现代化建设服务。

我们党创造性地运用马克思列宁主义的原理,成功地通过和平改造的途径消灭了资本主义所有制,并且把民族资产阶级中有劳动能力的绝大多数人改造成为自食其力的劳动者。这是世界社会主义史上的一件大事。我们这一改造工作,是把企业改造和人的改造结合起来进行的。在党的政策的指引下,原工商业者不仅接受了社会主义改造,而且参加了社会主义建设。现在,充分发挥他们在现代化建设中的积极作用,是他们的愿望,也是我们党和政府的责任。

在旧社会,我国民族资产阶级经营的企业,大多是中小企业。他们中间靠"剪息票"为生的人极少,基本上都参加企业管理。不少人还懂得生产技术或粗通生产技术。在管理中小企业,特别是经营某些传统产品或传统服务项目方面,有他们的特长。他们中一些当过资本家代理人的知识分子或技术人员,更是一批可用之材。

不可否认,原工商业者管理企业的经验,有落后的、陈旧的一面,特别是那些带有封建性质的东西,反映资本主义剥削本质的东西,我们完全应当予以否定。但是,民族资产阶级的管理经验,却有许多对我们是有用的。我国民族工商业是在中国条件下土生土长的,一般是在帝国主义、官僚资本主义、封建主义重重压迫的夹缝中生存过来的,因此它们保留了我们民族经济许多好的传统:一、它们对群众生活的需要,对国内市场的动向,具有较敏锐的观察力,懂得怎样因时、因地、因产品制宜办企业;二、它们和官商不同,有较好的服务态度和灵活的经营方法,能够随机应变地打开生产、交换和流通的门路,把生意做活;三、它们具有精打细算、修旧利废、拾遗补缺、讲究实效等经营作风和传统;四、它们一般能够兢兢业业地取得消费者的信任,努力为自己创造"名牌",有些代代相传的经营轻工业、手工业或服务事业的老字号,形成了自己的独特风格,有的还积累了自己的"绝招"。这些具有明显的中国特征的经营管理经验,是我们民族经济一笔宝贵的财富。我们没有理由把它扔掉,而应当把它继承下来,用于社会主义现代化建设。

能不能说原工商业者管理中小企业的经验,在我国现代化建设中派不上用场了呢?不能这样说。我国现有30多万个工业企业,绝大多数是中小企业。我们国家搞现代化,要建设一批大型的、技术水平先进的骨干企业,但是,更多地还是要建设中小企业,特别是某些劳动力密集的企业。这也是中国式现代化一项基本的要求。搞现代化并不一定要求多办大厂子。现在日本、西德、美国的工厂绝大多数也是中小企业。我国人口多,底子薄,更应当重视中小企业。以为搞现代化就是多办大厂,这是误解。我国民族工商业那些具有中国特色的管理经验,不仅对于中小企业,就是对于大型企业,也有一定的参考价值。

原工商业者中的有些人,同港、澳、台湾,以及美、英、日本等资本主义国家和第三世界一些国家有着某种经济的联系,对于那里的经济界、工程技术界的情况有所了解。有些人的家属、亲友至今还在那里经营着各种经济事业。这种联系渠道,我们如果能够有意识地加以利用,对于我们了解国外市场和科技动态,引进技术设备和资金,以及开展进出口贸易,都能发挥有益的作用。三中全会以来,党中央实事求是地分析了我国社会阶级状况的根本变化,明确宣布作为阶级的资本家阶级已不存在,并且制定了一系列与职工一视同仁的对原工商业者的政策,这使原工商业者受到了极大的鼓舞。他们说:"地位变了,责任也就重了";"党和人民称我们为自己人,我们就要以自己人的身份献身四化。"在他们当中,有越来越多的人把自己的生产技术和管理经验贡献给社会主义事业,并且作出了新的成绩。应当说,近几年来,对原工商业者的工作,有了很大的进展,但是,在思想认识、政策落实和组织管理方面,也都还有一些问题需要继续解决。

在思想认识方面,主要是进一步肃清极左路线的流毒和影响问题。在对待原工商业者问题上,部分干部中,极左路线的影响仍然很深。目前,仍然有一些同志对党中央关于这个方面的理论和政策,抱着怀疑以至抵触的态度。他们认为,宣称资本家阶级不再存在,"可能右了"。有的同志看到报纸上公开肯定原工商业者是自己人,内心接受不了,认为这不过是调动原工商业者积极性的一种手段。应当向这些同志讲清楚,党中央对待原工商业者的政策,是建立在对社会阶级状况的科学分析的基础之上的,是在新的历史条件下经过深思熟虑所采取的一项有原则的政策,它完全符合我国阶级状况变化的历史和现实。要向这些同志反复进行关于党的实事求是的思想路线的教育、党的统一战线的理论和政策的教育。贯彻执行党和政府对原工商业者的政策,企业基层党政领导是关键的环节,因此,应当把这项宣传教育工作一直做到基层,把宣传教育工作和帮助基层很好地安排使用原工商业者和搞好同他们的关系密切结合起来。

在落实政策方面，就当前的情况看，抓好安排使用政策的落实，还是一项重要的任务。目前这方面政策的落实情况，主流是好的，但还有问题，发展不平衡。就原工商业者中的技术人员和管理人员对比，后一类人落实得不如前一类人；就他们中的代表人物和一般人员对比，前一类人落实得较好；就他们所在单位对比，基层单位一般地不如上级领导部门。一些有条件担任行政管理职务或技术职务的人仍然让他们干体力活；或者虽然给以职称，但是有职无权，形同摆设；或者工作照做，责任要负，但是长期不定职称；或者不是同他们实行同志式的合作共事关系，而是加以歧视和冷遇。这种情况必须迅速加以改变。

目前，对原工商业者的安排使用问题所以解决得不够好，除了上面所说思想认识方面的原因，也还因为一些领导干部对原工商业者的专长和其他条件缺乏了解，对安排使用上究竟存在着什么问题心中无数，因而提不出切实的解决办法。为了更好地解决这个问题，可以参照1956年公私合营时采取过的办法，由原工商业者和民建会、工商联酝酿协商，提出安排使用的建议和解决问题的办法，协助有关部门、单位研究解决。

现在，原工商业者普遍要求和工人或干部一视同仁，凡是当干部的就不要放在党和政府的干部政策之外。他们的这个要求是合理的。以前，我们虽然也讲过一视同仁，但那时的"一视同仁"是"视同"。今天，原工商业者的绝大多数人已经走到社会主义劳动者的行列里来了，工人和干部受到什么对待，他们就应当受到什么对待。党和政府的干部政策和管理干部的措施，也适用于他们，从政策的指导思想上说，是变"视同"为一致。今后，固然仍要抓好对原工商业者的政策的落实，但是这毕竟已成为过渡性的工作。更加重要的是，把党和政府的干部政策、职工政策不折不扣地落实到原工商业者这一部分劳动者的身上，同时适当照顾历史情况和某些特点。

为了最大限度地发挥原工商业者、特别是与年俱增的退休的原工商业者的积极作用，要注意做好组织管理工作。各地有关领导部门、政协组织、民主党派、人民团体，可以按照行业或工种，经常组织本地区的原工商业者，就经济建设中的专业性问题共同研究，提出建议或改革方案。有些退休的原工商业者积极要求为现代化出力，也可以采取适当的方式把他们组织起来。对于这部分劳动力，不仅要善于利用，而且要注意保护。

最近，上海等地党政领导推动民建会、工商联，先后在退休的原工商业者中，成立了"四化服务组"，有的还按专业、按街道编成小组，为中小企业或街道集体企业献计献策，改革生产技术，改善经营管理。有的还协助街道兴办集体经济事业，安置待业青年。这些都收到了很好的成效。有些地区采取多种形式组织退休的原工商业者，把他们积累起来的专业技能和"绝招"传给后辈，使一些宝贵的民族工艺传统后继有人。这些做法受到了当地经济组织和退休的原工商业者的欢迎。为了实现现代化，我们应当采取切实有效的措施，把他们的潜力充分发挥出来。

中挪两国经济工业和技术合作协定在北京签字

根据协定，双方将建立由两国职能机构和经济组织代表组成的混合委员会，以促进经济、工业和技术方面的合作。协议的有效期为10年。

中国中央广播事业局和朝鲜中央广播委员会电视合作协定在北京签字

中美共同举办的国际矿山规划和开发技术讨论会在北戴河闭幕

中国空间科学学会在北京成立

中国空间科学学会是组织空间科学的学术活动，编辑空间科学书刊，开展国际学术交流，普及空间科学知识。吕保维为第一任理事长。

9月26日

中共中央副主席邓小平在人民大会堂会见以地区领导秘书局局长阿里·哈桑·马吉德为团长的伊拉克阿拉伯复兴社会党代表团

五届全国人大常委会第十六次会议在北京举行

根据最高人民检察院和最高人民法院的建议，全国人大常委会决定成立最高人民检察院特别检察厅和最高人民法院特别法庭，对林彪、江青两个反革命集团案公开进行审判。准备审判10名主犯江青、张春桥、姚文元、王洪文、陈伯达、黄永胜、吴法宪、李作鹏、邱会作、江腾蛟。特别法庭的判决是终审判决。

中共中央发出《关于审判林彪 江青反革命集团案的通知》

《人民日报》发表评论员文章《集中力量抓好秋冬种》

我国广大农村繁忙的秋冬播工作，即将展开。全国有4亿多亩粮食作物，4000多万亩油菜，1亿多亩绿肥，需要在秋冬季及时播种下去。这项工作抓得好不好，对夺取明年夏季丰收和完成全年农业生产计划，关系极大。特别是在今年粮食收成不太好的情况下，千方百计抓好秋冬种，力争明年夏季丰收，对安排好群众生活，巩固发展安定团结局面，保证国民经济继续进行调整，更有重要的意义。

我国以冬小麦为主的夏粮生产，在粮食生产中占有重要地位，发展速度比较快。70年代平均每年增产70多亿斤，有5年增产100亿斤以上，占全年粮食增产数的近一半。因此，正确总结这些年来夏粮生产的经验，继续把夏粮生产抓好，是加快整个粮食生产发展的重要保证。

在农业生产中，因地制宜，发挥优势，产粮区首先要发挥粮食的优势。如果没有粮食作保证，各方面的优势就很难发挥，农业内部结构的调整就很难顺利进行。我们进口一点粮食，只是为了解决少数地方调整布局、发展经济作物和林牧业生产的特殊需要。就全国多数地方而言，解决粮食问题必须靠自力更生，调整农业内部结构也要量力而行。这是发展农业带根本性的指导思想，应当认真贯彻到当前秋冬种的工作中去。

秋冬种布局，关系到全年农业内部结构的调整，一定要注意统筹兼顾，全面安排。既要考虑到这一季的需要，又要照顾到下一季以及全年的需要；既要考虑到粮食生产的需要，也要照顾到棉、油及其他经济作物的需要；特别要注意有重点地发挥各地的优势。黄、淮、海河和长江流域，热量和降水资源比较丰富，冬季气温不算低，比较适宜冬小麦生长，历来就是冬小麦的主要产区。这些地方，应当充分发挥小麦生产的优势，继续把小麦抓紧抓好。除少数不适宜种麦的地方，需要作适当的调整外，都应该稳定播种面积，着力提高单位面积产量。现在，有的地方不适当地缩减夏粮面积，值得引起注意。在大幅度提高单产还有困难的情况下，保证播种面积仍然是增产的重要基础，特别是今年受灾较重的地方，为了早接口粮，安排好群众生活，更不宜缩减夏粮面积。

当前农村工作很多，任务很重，由于各项生产的开展，劳力也比较分散。搞好今年秋冬种应当特别注意解决这个问题。农村各级领导必须下决心把主要精力和劳力，集中到秋冬种这个中心工作上来。农村的其他各项工作，都要围绕这个中心，集中力量投入秋冬种。已经建立生产责任制的，不管什么形式，在秋冬种期间都要稳定下来，不要等待观望，随便变动。

季节已经十分紧迫，各地必须加强领导，发动群众，组织各行各业，千方百计搞好秋冬种，为夺取明年夏季丰收打下一个坚实的基础。

中芬两国政府贸易协定在赫尔辛基签字

解放军总政治部发出通知要求全军指战员和职工家属响应党中央号召争做计划生育模范

通知指出，计划生育是一场移风易俗的大事，涉及千家万户，关系群众切身利益。各级领导要充分认识这项工作的艰巨性、复杂性和长期性，要引导大家从长远着眼，从全局出发，正确对待计划生育。通知还指出，计划生育是一项政策性很强的工作，必须坚决贯彻执行中央的方针和政策。各级领导要加强政策观念，坚持以思想教育和精神鼓励为主，以必要的行政和经济措施为辅；要坚持实事求是，做到合理合情，防止强迫命令，防止滥施奖惩；对少数民族的干部、家属要按照党的有关政策，区别对待。

通知要求全军各单位认真组织全体共产党员、共青团员和全体干部学习《公开信》的精神，做到家喻户晓，深入人心。要是大家深刻理解控制我国人口增长，对于实现四个现代化，提高人民物质和文化生活水平的重要意义和作用，自觉地响应党中央和国务院的号召，带头实行晚婚、晚育、每对夫妇只生育一个孩子，争做计划生育的模范。

通知还要求各级党委把计划生育工作列入议事日程，经常检查督促，表彰先进单位和先进人物，总结和推广他们的经验，发现偏差要及时纠正。要责成各有关部门，积极支持和配合计划生育办公室做好计划生育工作。要发挥党团组织的作用，动员全体党员、团员和干部，为完成控制我国人口增长这一具有战略意义的任务作出应有的贡献。

北京国际田径邀请赛在工人体育场举行

9月27日

中共中央印发《关于进一步加强和完善农业生产责任制的几个问题》并发出通知

各省、市、自治区党委，各大军区、省军区、野战军党委，中央各部委，国家机关各部委党组，军委各总部、各军兵种党委，各人民团体党组：

中央最近召开的省、市、自治区党委第一书记座谈会上，讨论了加强和完善农业生产责任制问题，并写出了讨论纪要。中央同意纪要的各项意见，现发给你们，望及时组织传达讨论，澄清思想，统一认识，结合当地具体情况贯彻执行，以利于动员广大农村干部和群众，做好工作，发展农业生产。

中共中央

1980年9月27日

关于进一步加强和完善农业生产责任制的几个问题——1980 年 9 月 14 日至 22 日，各省、市、自治区党委第一书记座谈会纪要

一、党的十一届三中全会以来，全国各地清除极左路线的影响，落实中央两个农业文件，从价格、税收、信贷和农副产品收购方面调整了农业政策，适当地放宽了对自留地、家庭副业和集市贸易的限制。特别是尊重生产队的自主权，因地制宜地发展多种经营，普遍建立各种形式的生产责任制，改进劳动计酬办法，初步纠正了生产指导上的主观主义和分配中的平均主义。这些措施，有效地调动了农民的积极性，使农业生产得到比较迅速的恢复和发展，绝大多数农民的收入有所增加，农村的形势越来越好。

我们今后的任务，仍然是坚定地沿着党的三中全会确定的路线，方针、政策继续前进，研究新的情况，解决新的问题，争取农业生产的全面高涨和农民生活的逐步富裕，实现农业现代化。

二、集体经济是我国农业向现代化前进的不可动摇的基础。它具有个体经济所不能比拟的优越性，这是 20 年来农业发展的历史已经证明了的。新中国成立以后，我们党领导广大农民实现了两项具有深远意义的伟大的社会改革。首先是消灭封建制度，实行土地改革。其次是在这个基础上，对小农经济实行了社会主义改造，引导几亿农民走上了集体化的道路。这就为工农联盟奠定了新的基础，解放了农村生产力，引导农民进入了农业社会主义建设的新阶段。

我国的农业集体化虽然经历过一些曲折和发生过一些失误，但总的说来，成就是主要的。我们说的曲折和失误，主要是在指导农业集体化的过程中，一则未能始终一贯地严格按照群众自愿互利原则办事，不少地方采用政治强制和行政手段多，示范和吸引的办法少；二则未能始终一贯地执行因地制宜，分类指导，循序渐进的正确方针，搞了“一刀切”、“一锅煮”的错误做法。这些问题，建立高级农业合作社的阶段在一部分地区已经出现，而人民公社化运动中，又在更大程度和更大规模上发展了，形成全国性的“共产风”、浮夸风、瞎指挥风，带来较大的损失。针对这些情况，党中央和毛泽东同志对农村人民公社的体制和政策进行了几次调整，才使集体经济逐步稳定下来。现在，经过了 20 多年的努力，农村集体经济在多数地方已经得到巩固，农业集体化的方向已为广大农民所认识和拥护。在农业集体化的基础上，农业的生产力有了较大的提高，农业的生产条件有了初步的改善。目前，全国灌溉面积已有 7 亿亩，大中型拖拉机 60 多万台，各种农业机器总动力 1.8 亿马力，社队公共财产 800 多亿元，社队企业总产值已占农业总产值的 1/3。主要依靠集体经济，农业生产不断提高，农业总产值比合作化初期增长两倍以上，农民生活也有所改善，社会主义工业化及其他各项事业的发展也得到必要保证。在我国条件下，不能设想可以在一家一户的小农经济的基础上，建立起现代化的农业，可以实现较高的劳动生产率和商品率，可以使农村根本摆脱贫困和达到共同富裕。因此，毫无疑问，农业集体化的方向是正确的，是必须坚持的。

当然，我们还要看到，由于集体化运动中的缺陷，由于有极左路线的干扰，由于很长时期党的工作重点没有转移到经济建设上来，目前集体经济的物质技术基础还是比较薄弱的，人民公社的体制、结构方面也存在需要改革和完善的问题，经营管理工作更是一个突出的薄弱环节。特别是在贯彻按劳分配原则和建立健全生产责任制方面，长期没有重大的改进和突破。这就使得农民的社会主义积极性受到压抑，集体化的优越性未能充分发挥。在少数落后贫困地区，因为集体经济没有办好，甚至使人们动摇了对农业集体化的信心。我们必须正视这些问题，积极地逐步地解决这些问题。在当前，应当把改善经营管理，贯彻按劳分配，加强和完善生产责任制，当作进一步巩固集体经济、发展农业生产的中心环节，下苦功夫，抓紧抓好。

三、在党的三中全会精神鼓舞下，两年来，各地干部和社员群众从实际出发，解放思想，大胆探索，建立了多种形式的生产责任制，总起来可分为两类：一类是小段包工，定额计酬；一类是包工包产，联产计酬。实行结果，多数增产，并且摸索到一些新的经验。特别是出现了专业承包联产计酬责任制，更为社员所欢迎。这是一个很好的开端。各级领导，应当和广大群众一道总结正反两个方面的经验，帮助社队把生产责任制加以完善和提高，把集体经济的管理工作，大大推进一步。

四、我国地区辽阔，经济落后，发展又很不平衡，加上农业生产不同于工业生产，一般是手工操作为主，劳动分散，生产周期较长，多方面受着自然条件的制约。这就要求生产关系必须适应不同地区的生产力水平，要求农业生产的管理有更大的适应性和更多的灵活性。在不同的地方、不同的社队，以至在同一个生产队，都应从实际需要和实际情况出发，允许有多种经营形式、多种劳动组织、多种计酬办法同时存在。随着生产力水平的提高，这些办法和形式，不同时期又会有相应的发展变化。因此，凡有利于鼓励生产者最大限度地关心集体生产，有利于增加生产，增加收入，增加商品的责任制形式，都是好的和可行的，都应加以支持，而不可拘泥于一种模式，搞“一刀切”。

五、专业承包联产计酬责任制,就是在生产队统一经营的条件下,分工协作,擅长农业的劳动力,按能力大小分包耕地;擅长林、牧、副、渔、工、商各业的劳动力,按能力大小分包各业;各业的包产,根据方便生产、有利经营的原则,分别到组、到劳力、到户;生产过程的各项作业,生产队宜统则统,宜分则分;包产部分统一分配,超产或减产分别奖罚;以合同形式确定下来当年或几年不变。

这种生产责任制,较之其他包产形式有许多优点:它可以满足社员联产计酬的要求,稳定生产队的经济主体地位,把调动社员个人的生产积极性和发挥统一经营、分工协作的优越性,具体地统一起来;有利于发展多种经营,有利于推广科学种田和促进商品生产;有利于人尽其才,物尽其用,地尽其力;有科于社员照顾家庭副业,对四属户和劳弱户的生产和生活便于做适当的安排。这种形式,既适用于现在的困难地区,也能随着生产力的提高和生产项目的增加,向更有社会化特点的更高级的专业分工责任制发展。

还有一些从事农业的生产队,在原来田间管理,责任到人的基础上,发展为联系产量计算奖赔,这也具有专业承包联产计酬责任制的某些优点,而且干部、群众比较熟悉,乐于接受。

在江、浙、东北等省区以及大城市郊区的一些社队,多种经营比较发达,机械化水平较高,有的已突破生产队范围,以生产大队为单位实行按专业承包联产计酬责任制,这就是一种新的发展。

各地应当根据群众自愿,加以引导,因地制宜地逐步推广以上各类形式。同时,帮助完善各项制度,解决发展中可能出现的问题。

六、当前,在一部分省区,在干部和群众中,对于可否实行包产到户(包括包干到户)的问题,引起了广泛的争论。为了有利于工作,有利于生产,从政策上作出相应的规定是必要的。

我国多数地区集体经济是巩固的或比较巩固的;但也有一些地区,主要由于"左"倾政策或其他领导工作上的原因,集体经济没有办好,生产力水平依然很低,群众生活十分困难。根据这种情况,对于包产到户应当区别不同地区、不同社队采取不同的方针。

在那些边远山区和贫困落后的地区,长期"吃粮靠返销,生产靠贷款,生活靠救济"的生产队,群众对集体丧失信心,因而要求包产到户的,应当支持群众的要求,可以包产到户,也可以包干到户,并在一个较长的时间内保持稳定。就这种地区的具体情况来看,实行包产到户,是联系群众,发展生产,解决温饱问题的一种必要的措施。就全国而论,在社会主义工业、社会主义商业和集体农业占绝对优势的情况下,在生产队领导下实行的包产到户是依存于社会主义经济,而不会脱离社会主义轨道的,没有什么复辟资本主义的危险,因而并不可怕。

在一般地区,集体经济比较稳定,生产有所发展,现行的生产责任制群众满意或经过改进可以使群众满意的,就不要搞包产到户。这些地方领导的主要精力应当放在如何把集体经济进一步加以巩固和发展。已经实行包产到户的,如果群众不要求改变,就应允许继续实行,然后根据情况的发展和群众的要求,因势利导,运用各种过渡形式进一步组织起来。

上述不同地区如何划分,由各省、市、自治区认真调查研究,按当地社队的状况确定。

对于包产到户的社队,应当经过工作,通过群众讨论,做到以下几点:(1)要保护集体财产,不可拆毁平分,迅速确定林权,禁止乱砍林木;(2)重申不准买卖土地,不准雇工,不准放高利贷;(3)对军烈属、五保户和其他困难户,要有妥善的照顾办法;(4)原有为群众欢迎,经济效果好的某些集体经营的生产项目要尽可能保留;(5)生产队和社员要严格履行各自承担的各项义务,债务债权应清理安排;(6)必须保持生产队的组织,加强基层党组织的核心作用。

七、要尽力做好那些经济水平和管理水平属于中间状态的社队的工作。这类社队为数很大,约占50%以上。它们内部不稳定的因素很多,容易接受外部影响,只有把这类社队的工作加强,才能稳定全局。

一部分地区长期困难和一部分社队没有办好,原因是多方面的,不要限于用包产到户一种办法去解决。有的需要从多方面调整政策,减轻负担,把多种经营搞活;有的要逐步改善生产条件,改善交通储运条件;有的要调整社队规模、精简机构和整顿领导班子;有的要适当扩大自留地等社员个人辅助经济的比例等等。总之,要对症下药解决问题。

八、要充分发挥各类手工业者、小商小贩和各行各业能手的专长,组织他们参加社队企业和各种集体副业生产;少数要求从事个体经营的,可以经过有关部门批准,与生产队签订合同,持证外出劳动和经营。要继续鼓励社员发展家庭副业,以活跃繁荣农村经济。

九、党在农村实行任何一种政策,开展任何一项工作,都必须照顾农民的经济利益和尊重农民的民主权利。在建立、健全生产责任制的工作中,违背当地群众愿望,强制推行一种形式,禁止其他形式的做法是错误的。要把坚持党的领导,同尊重社队自主权统一起来,既要发扬民主,又要善于引导。要把扩大社队自主权同加强社员民主管理结合起来,充分发挥社员代表会议和各级管理委员会的职能,一切关系社员利益的重大事项,包括建立生产责任制在内,都要经过民主讨论,由集体作出决定。

十、要加强党的领导,改善领导作风。全党同志都应当懂得,改造小生产者的思想和习惯,是一个长期而艰巨的任务,需要花一整代甚至几代的时间,经过大量地深入细致的思想政治工作和扎扎实实的经济工作才能完成。任何强迫命令的做法都是无效的、有害的。要善于运用说服教育、典型示范和经济引导的方法,不断提高农民的社会主义觉悟,密切同农民的联系。

十一、要认真训练干部,培养一大批懂得党的政策、政府法令,通晓社会主义集体经济经营管理的人才。各级从事农业工作的干部,特别是县社干部,都要深入钻研业务,不断实践,尽快使自己成为管理社会主义集体经济的内行。

十二、今冬明春,各省、市、自治区要把建立健全生产责任制和进一步搞好劳动计酬当作一项重要任务,同冬季生产和灾区的生产救灾工作统一安排。上述各项原则和方针,各省可根据当地实际情况执行。总的要求是做到稳定大局,发展大好形势,争取1981年农业的丰收。

《人民日报》发表评论员文章《要重视人民代表的提案》

五届人大三次会议的民主精神和改革精神,在群众中引起强烈的反响,给人们很大的鼓舞。会议期间,代表们在小组讨论会上的发言,报纸已经摘登了一部分;今天,我们从提交这次大会的提案中选择一小部分发表出来,以便全国人民更好地了解这次大会的情况和人民代表所做的工作。

五届人大三次会议共收到提案2300件,与上次人代会相比,数量多410件,涉及的问题更为广泛,其中有不少涉及国家制度、四化建设的重大课题,也有不少关系到城乡人民生活的实际问题。这些提案,生动地反映着人民代表行使自己职权的责任感,他们不只是在小组会上发言建议,而且经过深思熟虑成文立案,郑重提交大会受理。这些提案来自人民群众,闪烁着他们建设祖国的智慧,凝聚着他们朝思暮虑的希望,也饱含着他们对人民生活的关怀。通过这些提案,我们可以大体了解群众在想些什么,有什么困难,有什么要求。认真处理好这些提案,对于充分发挥人民群众的积极性,对于发挥人民代表大会制度的作用,对于改进政府工作,推动政治和经济方面的改革,都将起到积极的作用。

我们正在从事的社会主义现代化建设,是一项群众性的伟大事业。实现现代化和民主化,要求政府的工作体现人民群众的意愿和要求,符合绝大多数人民群众的根本利益。我们不是经常讲做人民的公仆吗?要集思广益吗?现在摆在我们面前的这些提案,是人民的呼声,有很多是经过认真思索的,也不乏妙计良策,需要引起有关部门的高度重视,用严肃认真的态度,从实际出发,积极予以处理。从五届人大二次会议提案处理的情况来看,尽管全部提案都由有关部门作了答复,不少提案已经得到实施或正在着手解决;但是也有不少提案的答复和处理,有关代表并不满意,甚至有的提案兜了一个大圈子,又回到原提案人手里。这说明对人民代表的提案不当作一回事的态度,在政府的一些部门还是存在的。如何对待人民代表的提案,关系到政府是否真正代表人民意旨的问题。对于人民代表的提案,凡是合理的、能够做到的,就要雷厉风行,落到实处,取得效果;虽然合理、暂时做不到的,既要说明困难在哪里,又要努力创造条件,有计划、有步骤地去解决;确实不合理、做不到的,要作出令人信服的解释,及时向提案人说明。这是人民政府和人民公仆对人民的呼声真正负责的态度。

把人民代表的提案公布出来,让全国人民都知道,有一个很大的好处,就是可以得到人民群众最广泛的监督。群众的监督和支持,是处理好人民代表提案的一个重要保证。我们应该从根本上改变过去那种很多有关国计民生的问题在人代会上谈过了也就没有下文了的状况。要实现这些与人民群众切身利益密切相关的提案,不光要各有关部门的领导者拿出决心和具体实施方案,还要依靠广大群众的协力合作。只有在人民群众自觉的努力中,美好的设想才能变成现实。

听取和审查人民代表的提案,并责成有关部门受理,监督检查处理提案的情况,是人民代表大会应尽的职责。从去年开始,全国人民代表大会已经这样做了,今年这方面的工作又比去年做得更好些。它标志着人民代表大会制度正在健全起来,也标志着我们的社会主义民主化有了新的发展。但这仅仅是开始。今后,不但全国人民代表大会要继续做好这方面的工作,各级人民代表大会都要做好受理人民代表提案的工作,使之经常化、制度化,推动我们的社会主义事业阔步前进。

杨述逝世

中国共产党的优秀党员、“一二·九”运动的一名老战士——杨述,因病于9月27日在北京逝世,终年67岁。

杨述是江苏淮安人。1935年“一二·九”运动中,他是“中国民族解放先锋队”的第一批队员,负责编辑《北平学生》等进步刊物。1936年参加中国共产党,长期从事党的宣传和教育工作。新中国成立前后,他积极参加筹建和领导中国新民主主义青年团,倾注心血于青年的思想教育工作。他主持恢复的《中国青年》杂志和创办的《中国青年报》,在50年代深受广大青年喜爱,他撰写的《青春漫语》《记一二·九》等书,是教育青年的好教材。在“文化大革命”中,他长期遭受林彪、“四人帮”的残酷迫害,身心受到严重损伤,得了重病,终致不起。在粉碎“四人帮”以后,杨述热情参加各种学习活动,再三要求工作,于1979年担任中国社会科学院顾问。

9月28日

《人民日报》发表评论员文章《一种大有发展前途的责任制》

陕西省米脂县朱兴庄大队孟家坪生产队,实行专业分工、包产到劳责任制,实践一年,取得显著的经济效果,证明是一种很有发展前途的责任制形式。孟家坪生产队的这个经验,以及近年来各地创造的许多有关生产责任制方面的好经验,都应该认真地加以总结。

孟家坪是陕北的一个穷山村,生产长期落后,农民生活贫困。去年,他们实行这种新责任制,既坚持生产队统一核算,发挥了集体经济的优越性,有利于集体经济的巩固和发展;又适应农副业分散和专业的特点,便于发挥劳动者的专长,调动了每个社员的积极性。这种做法,还从劳动力的分工上保证了农林牧副各业全面发展,当年生产和农业基本建设兼顾,使这个穷队得以迅速改变旧面貌。

长期以来,在农业集体经济中,个人责任制的问题一直没有得到很好的解决。早在50年代末和60年代初,有些同志曾经作过试点,由于“左”的思想干扰,被认为是“倒退”而停了下来。十年动乱期间,极左路线猖獗,认为劳动组织越大越好,集中干活的人越多越好,在分配方面搞平均主义,迫使农民吃“大锅饭”,在集体劳动中“出工不出力,干活磨洋工”。广大社员迫切要求摆脱这种混乱的落后的状况。多年的教训告诉人们,在农业集体生产中,只有把集体经营和个人负责结合起来,把劳动成果和自己的劳动报酬直接联系起来,把集体利益和个人利益紧密结合起来,责任明确,奖罚分明,才能最大限度地调动群众的生产积极性,把生产搞好。

发展农村经济,不只是单纯搞农业,更不是仅仅种粮食,还要搞林牧副渔业,搞工商业,做到全面发展。这就必须实行专业分工,科学地安排劳动力。近年来,很多地方开始建立各种形式的责任制,对调动群众积极性起了很好的作用。有些地方把劳动力适当集中在粮食生产上是必要的,但往往过分集中,对多种经营和劳动力的合理分工注意不够。从长远看,这对彻底改变农村经济面貌是不利的。孟家坪生产队实行的责任制,兼顾了各方面的需要,在生产队统一规划和经营下,使农林牧副各业一齐上,集体经济和社员家庭副业一齐上,这就有可能使农村较快地走向富裕。

孟家坪生产队的这种责任制形式,不仅适用于现在一些生产比较落后,经营比较分散的地区,而且对于一些生产发展水平较高,经营门路较多的社队,也有参考价值。农村社队随着生产力的提高,生产项目的增多,必然要向着更有社会化特点的专业分工责任制发展。孟家坪的经验提供了一个原则,各地如何运用,必须从各地的具体条件出发,不能生搬硬套。全国农村自然条件、经济条件以及农业技术、经营管理水平极不平衡,不同地区条件不同,要允许有不同的责任制形式,不能要求一个模式,搞“一刀切”。过去,我们在这方面吃过很大的苦头,我们一定要吸取这方面的教训,从当地实际出发,因地制宜地把责任制搞好,把社会主义农业经济的优越性进一步发挥出来。

中国和匈牙利技合作委员会第十九届会议议定书在北京签字

国务院副总理万里在北京会见南斯拉夫评论出版社总编辑尼伯萨·托马舍维奇和编辑拉德米拉·普特尼科维奇

中国女子体操队在意大利西西里岛举行的卡塔尼亚城第二届女子体操国际邀请赛中获5项冠军

经过9月27日和28日两天的比赛,中国队获得5项冠军:团体冠军、个人全能冠军(李英姿)、高低杠冠军(李英姿)、平衡木冠军(王萍)和自由体操冠军(杨艳丽)。

9月29日

五届全国人大常委会第十六次会议在北京闭幕

会议通过了《国务院关于老干部离职休养的暂行规定》。批准康克清代表中国政府签署的联合国《消除对妇女一切形式歧视公约》。

第五届全国人民代表大会常务委员会关于成立最高人民检察院特别检察厅和最高人民法院特别法庭审判林彪 江青反革命集团案主犯的决定

(1980年9月29日第五届全国人民代表大会常务委员会第十六次会议通过)

鉴于林彪、江青反革命集团案是特别重大案件,根据最高人民法院和最高人民检察院的建议,全国人民代表大会常务委员会特作如下决定：

一、成立最高人民检察院特别检察厅，对林彪、江青反革命集团案进行检察起诉。

任命最高人民检察院检察长黄火青兼特别检察厅厅长，最高人民检察院副检察长喻屏、人民解放军总政治部副主任史进前为副厅长，马纯一、王文林、王芳、王振中、王瀑声、王耀青（女）、冯长义、曲文达、朱宗正、江文、孙树峰、李天相、沈家良、张中如、张英杰、张肇圻、孟庆恩、图们、钟澍钦、袁同江、敬毓嵩为检察员。

二、成立最高人民法院特别法庭，审判林彪、江青反革命集团案主犯。特别法庭设两个审判庭。

任命最高人民法院院长江华兼特别法庭庭长，人民解放军副总参谋长伍修权、最高人民法院副院长曾汉周、人民解放军总政治部副主任黄玉昆为副庭长，王文正、王志道、王战平、甘英（女）、史笑谈、宁焕星、司徒擎、曲育才、朱理之、任成宏、任凌云、刘丽英（女）、刘继光、许宗祺、严信民、苏子蘅、巫宝三、李明贵、李毅、吴茂荪、沈建、张世荣、张敏、范之、费孝通、骆同启、高朝勋、高斌、黄凉尘、曹理周、翟学玺为审判员。

任命曾汉周为第一审判庭审判长、伍修权为第二审判庭审判长。

三、特别法庭公开进行审判，由各省、自治区、直辖市、各党派、各人民团体、国家机关、人民解放军派代表参加旁听。

四、特别法庭的判决是终审判决。

第五届全国人民代表大会常务委员会关于批准《国务院关于老干部离职休养的暂行规定》的决定

（1980年9月29日第五届全国人民代表大会常务委员会第十六次会议通过）

第五届全国人民代表大会常务委员会第十六次会议决定：批准《国务院关于老干部离职休养的暂行规定》，由国务院公布施行。

国务院关于老干部离职休养的暂行规定

我们国家的老干部，在长期的革命斗争和社会主义建设事业中，艰苦奋斗，努力工作，为国家和人民作出了重大贡献，是党和国家的宝贵财富。但是，随着年龄的增长，老干部当中不能坚持正常工作的将愈益增多。根据党和国家关心、爱护老干部的传统，让年老体弱、不能坚持正常工作的老干部离职休养（以下简称离休），在政治上予以尊重，生活上予以照顾，这是改革和完善我国干部制度的一项重要措施，也是社会主义制度优越性的体现。这既有利于保护老干部的健康，继续发挥他们的积极性，也有利于年轻干部的选拔成长。为此，作如下规定：

第一条　第一、二次国内革命战争时期参加革命工作的干部，抗日战争时期参加革命工作的副县长及相当职务或行政十八级以上的干部，新中国成立以前参加革命工作的行政公署副专员及相当职务或行政十四级以上的干部，年老体弱、不能坚持正常工作的，应当离休。

已经退休的干部，符合上述规定的应当改为离休。

第二条　干部离休，由所在单位按照干部管理权限，报任免机关批准。

第三条　离休干部一般可就地分散安置，也可在本人原籍或配偶所在地安置。国家鼓励离休干部到农村或中小城镇安家落户。

跨省安置的，由两省协商解决。对要求到北京、天津、上海安置的，要从严控制。在青藏等高原地区工作的内地干部离休后要求回内地安置的，有关省、自治区、直辖市应当予以安置。

第四条　对离休干部的管理，就地安置的，由原单位负责；易地安置的（包括军队已转地方的），由接受地区的干部、人事部门负责，必要时可建立小型干部休养所。

第五条　干部离休后，原标准工资（含保留工资）照发，福利待遇不变。其他各项生活待遇，都与所在地区同级在职干部一样对待，并切实给予保证。医疗、住房、用车、生活品供应等方面，应当优先照顾。

因公致残饮食起居需要人扶助的离休干部，一般可发给不超过当地普通机械行业二级工标准工资的护理费。由于瘫痪等原因，生活长期完全不能自理的，可酌情发给护理费。需要购置病残工具而本人有困难的，可酌情补助。

跨省安置的离休干部，确需新建住房的，由原工作单位将经费划拨给接受地区，由接受地区负责解决。

干部休养所和直接管理离休干部较多的部门，要配备必要的车辆，为离休干部服务。

第六条　离休干部单列编制。离休干部需要的各项经费，由原单位支付。跨省安置的，由原单位拨交接受地区的干部、人事部门掌握支付，医疗费用由原单位负责报销；过去已由接受地区负责支付的，应当由接受地区干部、人事部门列预算支付。

离休干部易地安置的，由原工作单位一次发给安置补助费一百五十元，安置到农村生产队的，发给三百元。离休干部本人及其供养的直系亲属，前往安置地点的车船费、旅馆费、行李搬运费和途中伙食补助费，都按在职干部差旅费的规定报销。

干部离休后，继续享受国家规定的探亲待遇，另外本人可报销一次探视父母、子女或回原籍的往返车船费。

第七条　离休干部去世后，其丧葬补助费、遗属抚恤费和生活困难补助等,与同级在职干部一样待遇。

第八条　各级领导和有关部门要关心离休干部的政治、文化生活,采取具体措施,保证他们能按同级在职干部规定的范围看文件、听报告,及时了解党和国家的方针政策。要定期召开离休干部座谈会或看望离休干部,倾听他们的意见和要求。

第九条　注意发挥离休干部的作用。凡是能写革命回忆录的,要为他们口述或撰写提供必要的条件。鼓励他们发扬革命传统,关心国家大事,关心人民生活,反映情况,提出建议,做些力所能及的工作。

第十条　各地区、各部门要加强对离休干部工作的领导。县以上的部门要有一名领导同志分管,干部、人事部门和其他有离休干部的单位,应当根据情况,配备专职或兼职干部,注意与有关部门密切配合,共同做好这项工作。要对有关人员加强政治思想工作,切实地及时解决离休干部的实际困难,使他们感到党和国家的温暖。要在干部和群众中形成尊重和关心离休干部的良好风气。

第十一条　本规定自颁发之月起实行,适用于党政机关、人民团体和全民所有制企业、事业单位的干部,以及因工作需要由组织委派到集体所有制企业、事业单位工作的国家干部。过去有关规定与本规定不一致的,以本规定为准。

第十二条　本规定的实施细则由国家人事局制定报国务院批准后颁发。

第五届全国人民代表大会常务委员会关于批准签署联合国《消除对妇女一切形式歧视公约》的决定

第五届全国人民代表大会常务委员会第十六次会议决定:批准康克清代表我国政府签署的联合国《消除对妇女一切形式歧视公约》;同时,确认康克清在签署公约时的声明:中华人民共和国不接受公约第二十九条第一款的约束。

消除对妇女一切形式歧视公约

(1979年12月18日第三届联大通过)

本公约缔约各国,

注意到《联合国宪章》重申对基本人权,人格尊严和价值以及男女平等权利的信念;

注意到《世界人权宣言》申明不容歧视的原则,并宣布人人生而自由,在尊严和权利上一律平等,且人人都有资格享受该宣言所载的一切权利和自由,不得有任何区别,包括基于性别的区别;

注意到有关人权的各项国际公约的缔约国有义务使男女在权利平等的基础上享有一切经济、社会、文化,公民和政治权利;

考虑到在联合国及各专门机构主持下所签署的各项国际公约旨在促进男女权利平等;

还注意到联合国和各专门机构所通过旨在促进男女权利平等的决议,宣言和建议;

关心到尽管有这些不同的文件,歧视妇女的现象仍然普遍存在;

考虑到对妇女的歧视违反权利平等和尊重人格尊严的原则,阻碍妇女与男子在平等的条件上参加本国的政治、社会、经济和文化生活,妨碍社会和家庭的繁荣发展,并使妇女更难充分发展为国家和人类服务的潜力;

关心到在贫穷情况下,妇女在获得粮食、保健、教育、训练、就业和其他需要等方面,往往机会最少;

深信基于平等和公正的新的国际经济秩序的建立,将大有助于促进男女平等;

强调彻底消除种族隔离,一切形式的种族主义。种族歧视,新老殖民主义、侵略、外国占领和外国统治、对别国内政的干预,对于男女权利的充分享受是必不可少的;

申明国际和平与安全的加强,国际紧张局势的缓和,各国不论其社会和经济制度如何彼此之间的相互合作,在严格有效的国际管制下全面彻底裁军、特别是核裁军,国与国之间关系上公平、平等和互利原则的确认,在外国和殖民统治下和外国占领下的人民取得自决与独立权利的实现,以及对各国国家主权和领土完整的尊重,都将会促进社会进步和发展,从而有助于实现男女的完全平等;

确信一国的充分和完全的发展,世界的福利以及和平的事业,需要妇女有男子同样充分参加所有各方面的工作;

念及妇女对家庭的福利和社会的发展所作出的巨大贡献至今没有充分受到公认,又念及母性的社会意义以及父母在家庭中和在养育子女方面所负任务的社会意义,并理解到妇女不应因生育的任务而受到歧视,因为养育子女是男女和整个社会的共同责任;

认识到要同时改变男子和妇女在社会上和家庭中的传统任务,才能实现男女充分的平等;

决心执行《消除对妇女歧视宣言》内载的各项原则,并为此目的,采取一切必要措施,消除一切形式和表现的这种歧视。

兹协议如下:

第一部分

第一条　为本公约的目的,“对妇女的歧视”一词是指基于性别而作的任何区别、排除和限制其作用或目的是要妨碍或破坏对在政治、经济、社会、文化、公民或任何其他方面的人权和基本自由的承认以及妇女不论已婚未婚在男女平等的基础上享有或行使这些人权和基本自由。

第二条　缔约各国谴责对妇女一切形式的歧视，协议立即用一切适当办法，推行政策，消除对妇女的歧视。为此目的，承担：

(a)男女平等的原则如尚未列入本国宪法或其他有关法律者，应将其列入，并以法律或其他适当方法，保证实现这项原则；

(b)采取适当立法和其他措施，包括适当时采取制裁，禁止对妇女的一切歧视；

(c)为妇女与男子平等的权利确立法律保护，通过各国的主管法庭及其他公共机构，保证切实保护妇女不受任何歧视；

(d)不采取任何歧视妇女的行为或做法，并保证公共当局和公共机构的行动都不违背这项义务；

(e)应采取一切适当措施，消除任何个人，组织或企业对妇女的歧视；

(f)应采取一切适当措施，包括制定法律，以修改或废除构成对妇女歧视的现行法律、规章、习俗和惯例；

(g)同意废止本国刑法内构成对妇女歧视的一切规定。

第三条　缔约各国应承担在所有领域，特别是在政治、社会、经济、文化领域，采取一切适当措施，包括制定法律，力谋妇女的充分发展和进步，以保证她们在与男子平等的基础上，行使和享有人权和基本自由。

第四条　1.缔约各国为加速实现男女事实上的平等而采取的暂行特别措施，不得视为本公约所指的歧视，亦不得因此导致维持不平等或分别的标准；这些措施应在男女机会和待遇平等的目的达到之后，停止采用。

2.缔约各国为保护母性而采取的特别措施，包括本公约所列各项措施，不得视为歧视。

第五条　缔约各国应采取一切适当措施：

(a)改变男女的社会和文化行为模式，以消除基于因性别而分尊卑观念或基于男女定型任务的偏见习俗和一切其他方法。

(b)保证家庭教育应包括正确了解母性的社会功能和确认教养子女是父母的共同责任，但了解到在任何情况下应首先考虑子女的利益。

第六条　缔约各国同意采取一切适当措施，包括制定法律，以打击一切形式贩卖妇女和迫使妇女卖淫以进行剥削的行为。

第二部分

第七条　缔约各国应采取一切适当措施，消除在本国政治和公众事务中对妇女的歧视，特别应保证妇女在与男子平等的条件下：

(a)在一切选举和公民投票中有选举权，并在一切民选机构有被选举权；

(b)参加政府政策的制定及其执行，并担任各级政府公职，执行一切公务；

(c)参加有关本国公众和政治事务的非政府组织和协会。

第八条　缔约各国应采取一切适当措施，保证妇女在与男子平等不受任何歧视的条件下，有机会在国际上代表本国政府参加各国际组织的工作。

第九条　1.缔约各国应给予妇女与男子相同的取得、改变或保留国籍的权利。它们应特别保证，与外国人结婚，或婚姻期间丈夫改变国籍，均不当然改变妻子的国籍，使她成为无国籍人，或把丈夫的国籍强加于她。

2.缔约各国在关于子女的国籍方面，应给予妇女与男子平等的权利。

第三部分

第十条　缔约各国应采取一切适当措施，消除对妇女的歧视，并保证妇女在教育方面享有与男子平等的权利，特别是在男女平等的基础上保证：

(a)在各种教育机构，不论其在农村或城市，职业和行业辅导、学习的机会和文凭的取得，条件相同。在学前教育、普通教育、技术、专业和高等技术教育以及各种职业训练方面，都应保证这种平等；

(b)课程的选择、考试、师资的标准、校舍和设备的质量相同；

(c)为消除在各级和各种方式的教育中对男女任务的任何定型观念，应鼓励实行男女同校和其他有助于实现这个目的的教育形式，并特别应修订教科书和课程，修改教学方法；

(d)领受奖学金和其他研究补助金的机会相同；

(e)接受成人教育，包括成人识字和实用识字教育的机会相同，特别是为了尽早缩短男女之间存在的教育水平上的一切差距；

(f)减少女生退学率，并为离校过早的少女和妇女办理种种方案；

(g)积极参加运动和体育的机会相同；

(h)有接受特殊教育性辅导的机会，以保障家庭健康和幸福，包括关于计划生育的知识和辅导在内。

第十一条　1.缔约各国应采取一切适当措施，消除在就业方面对妇女的歧视，以保证她们在男女平等的基础上享有相同权利，特别是：

(a)人人有不可剥夺的工作权利；

(b)享有相同就业机会的权利，包括在就业方面相同的甄选标准；

(c)享有自由选择专业和职业，升级和工作保障，

一切工作福利和服务条件,接受职业训练和再训练,包括实习训练,高等职业训练和经常训练的权利;

(d)同样价值的工作享有同等报酬(包括福利)、平等待遇的权利,在评定工作的表现方面,享有平等待遇的权利;

(e)享有社会保障的权利,特别是在退休,失业,疾病,残废和老年或其他丧失工作能力的情况下,以及享有带薪假的权利;

(f)在工作条件中享有健康和安全保障,包括保障生育机能的权利。

2. 缔约各国为使妇女不致因结婚或生育而受歧视,又为保障其有效的工作权利起见,应采取适当措施:

(a)禁止以怀孕或产假为理由予以解雇,以及以婚姻状况为理由予以解雇的歧视,违反规定者得受处分;

(b)实施带薪产假或具有同等社会福利的产假,不丧失原有工作,年资或社会津贴;

(c)鼓励提供必要的辅助性社会服务,特别是通过促进建立和发展托儿设施系统,使父母得以兼顾家庭义务和工作责任并参与公共生活;

(d)对于怀孕期间从事确实有害于健康的工作的妇女,给予特别保护。

3. 应参照科技知识,定期审查与本条所包含的内容有关的保护性法律,必要时应加以修订、废止或推广。

第十二条　1. 缔约各国应采取一切适当措施,消除在保健方面对妇女的歧视,以保证她们在男女平等的基础上取得各种保健服务,包括有关计划生育的保健服务。

2. 尽管有上面第1款的规定,缔约各国应保证为妇女提供有关怀孕,分娩和产后期间的适当服务,于必要时给予免费服务,并保证在怀孕和哺乳期间得到充分营养。

第十三条　缔约各国应采取一切适当措施,消除在经济和社会生活的其他方面对妇女的歧视,以保证她们在男女平等的基础上有相同权利,特别是:

(a)领取家属津贴的权利;

(b)银行贷款、抵押和其他形式的金融信贷的权利;

(c)参与娱乐活动、运动和文化生活所有各方面的权利。

第十四条　1. 缔约各国应考虑到农村妇女面对的特殊问题和她们对家庭生计包括她们在不具货币性质的经济部门的工作方面所发挥的重要作用;并应采取一切适当措施,保证对农村地区妇女适用本公约的各项规定。

2. 缔约各国应采取一切适当措施,消除对农村地区妇女的歧视,以保证她们在男女平等的基础上参与并受益于农村发展,尤其是保证她们有权:

(a)充分参与各级发展规划的拟订和执行工作;

(b)有权利用充分的保健设施,包括计划生育方面的知识,辅导和服务;

(c)从社会保障方案直接受益;

(d)接受各种正式和非正式的训练和教育,包括实用识字的训练和教育在内,以及除了别的以外,享受一切社区服务和推广服务的益惠,以提高她们的技术熟练程度;

(e)组织自助团体和合作社以通过受雇和自雇的途径取得平等的经济机会;

(f)参加一切社区活动;

(g)有机会取得农业信贷,利用销售设施,获得适当技术,并在土地改革和土地垦殖计划方面享有平等待遇;

(h)享受适当的生活条件,特别是在住房,卫生、水电供应、交通和通信方面。

第四部分

第十五条　1. 缔约各国应给予男女在法律面前平等的地位。

2. 缔约各国应在公民事务上,给予妇女与男子同等的法律行为能力,以及行使这种行为能力的相同机会。特别应给予妇女签订合同和管理财产的平等权利,并在法院和法庭诉讼的各个阶段给予平等待遇。

3. 缔约各国同意,旨在限制妇女法律行为能力的所有合同和其他任何具有法律效力的私人文书,应一律视为无效。

4. 缔约各国在有关人身移动和自由择居的法律方面,应给予男女相同的权利。

第十六条　1. 缔约各国应采取一切适当措施,消除在有关婚姻和家庭关系的一切事务上对妇女的歧视,并特别应保证她们在男女平等的基础上:

(a)有相同的缔婚权利;

(b)有相同的自由选择配偶和非经本人自由表示,完全同意不得结婚的权利;

(c)在婚姻存续期间以及解除婚姻关系时,有相同的权利和义务;

(d)不论婚姻状况如何,在有关子女的事务上,作为父母有相同的权利和义务。但在任何情形下,均应以子女的利益为重;

(e)有相同的权利,自由负责地决定子女人数和生育间隔,并有机会获得使她们能够行使这种权利的知识,教育和方法;

(f)在监护、看管、受托和收养子女或类似的社会

措施(如果国家法规有这些观念)方面,有相同的权利和义务。但在任何情形下,均应以子女的利益为重;

(g)夫妻有相同的个人权利,包括选择姓氏,专业和职业的权利;

(h)配偶双方在财产的所有、取得、经营、管理、享有、处置方面,不论是免费的或是收取价值酬报,具有相同的权利。

5. 童年订婚和童婚应不具法律效力,并应采取一切必要行动,包括制定法律,规定结婚最低年龄,并规定婚姻必须向正式登记机构登记。

第五部分

第十七条 1. 为审查执行本公约所取得的进展起见,应设立一个消除对妇女歧视委员会(以下简称委员会),由在本公约所适用的领域方面有崇高道德地位和能力的专家组成,其人数在本公约开始生效时为十八人,到第三十五个缔约国批准或加入后为二十三人。这些专家应由缔约各国自其国民中选出,以个人资格任职,选举时须顾及公平地域分配原则及不同文明与各主要法系的代表性。

2. 委员会委员应以无记名投票方式自缔约各国提名的名单中选出。每一缔约国得自本国国民中提名一人候选。

3. 第一次选举应自本公约生效之日起六个月后举行,联合国秘书长应于每次选举日前至少三个月时函请缔约各国与两个月内提出其所提名之人的姓名。秘书长应将所有如此提名的人员依英文字母次序,编成名单,注明推荐此等人员的缔约国,分送缔约各国。

4. 委员会委员的选举应在秘书长于联合国总部召开的缔约国会议中举行。该会议以三分之二缔约国为法定人数,凡得票最多且占出席及投票缔约国代表绝对多数票者当选为委员会委员。

5. 委员会委员任期四年。但第一次选举产生的委员中,九人的任期应于两年终了时届满,第一次选举后,此九人的姓名应立即由委员会主席抽签决定。

6. 在第三十五个国家批准或加入本公约后,委员会将按照本条第2、3、4款增选五名委员。

其中两名委员任期为两年,其名单由委员会主席抽签决定。

7. 临时出缺时,其专家不复担任委员会委员的缔约国,应自其国民中指派另一专家,经委员会核可后,填补遗缺。

8.(a)鉴于委员会责任的重要性,委员会委员应经联合国大会批准后,从联合国资源中按照大会可能决定的规定和条件取得报酬。

(b)联合国秘书长应提供必需的工作人员和设备,以便委员会按本公约规定有效地履行其职权。

第十八条 1. 缔约各国应就本国为使本公约各项规定生效所通过的立法,司法,行政或其他措施以及所取得的进展,向联合国秘书长提出报告,供委员会审议:

(a)在公约对本国生效后一年内提出,并且

(b)自此以后,至少每四年并随时在委员会的请求下提出。

2. 报告中得指出使本公约规定义务的履行受到影响的各种因素和困难。

第十九条 1. 委员会应自行制定其议事规则。

2. 委员会应自行选举主席团成员,任期两年。

第二十条 1. 委员会一般应每年开会为期不超过两星期,以审议按照本公约第十八条规定提出的报告。

2. 委员会会议通常应在联合国总部或在委员会决定的任何其他方便地点举行。

第二十一条 1. 委员会应就其活动,通过联合国经济及社会理事会,每年向联合国大会提出报告并可根据对所收到缔约各国的报告和资料的审查结果,提出意见和一般件建议。这些意见和一般性建议,应连同缔约各国可能提出的评论载入委员会所提出的报告中。

2. 秘书长应将委员会的报告转送妇女地位委员会,供其参考。

第二十二条 各专门机构对属于其工作范围内的本公约各项规定,有权派代表出席关于其执行情况的审议。委员会可邀请各专门机构就在其工作范围内各个领域对本公约的执行情况提出报告。

第六部分

第二十三条 (a)缔约各国的法律;或

(b)对该国生效的任何其他国际公约,条约或协定,如有对实现男女平等更为有利的任何规定,本公约的任何规定不得影响其效力。

第二十四条 缔约各国承担在国家一级采取一切必要措施,以充分实现本公约承认的各项权利。

第二十五条 1. 本公约开放给所有国家签署。

2. 指定联合国秘书长为本公约受托人。

3. 本公约须经批准,批准书交存联合国秘书长。

4. 本公约开放给所有国家加入,加入书交存联合国秘书长后开始生效。

第二十六条 1. 任何缔约国可以随时向联合国秘书长提出书面通知,请求修正本公约。

2. 联合国大会对此项请求,应决定所须采取的步骤。

第二十七条 1. 本公约自第二十份批准书或加入书交存联合国秘书长之日后第三十天开始生效。

2. 在第二十份批准书或加入书交存后,本公约对

于批准或加入本公约的每一国家，自该国交存其批准书或加入书之日后第三十天开始生效。

第二十八条 1. 联合国秘书长应接受各国在批准或加入时提出的保留，并分发给所有国家。

2. 不得提出与本公约目的和宗旨抵触的保留。

3. 缔约国可以随时向联合国秘书长提出通知，请求撤销保留，并由他将此项通知通知全体国家。通知收到后，当日生效。

第二十九条 1. 两个或两个以上的缔约国之间关于本公约的解释或适用方面的任何争端，如不能谈判解决，经缔约国一方要求，应交付仲裁，如果自要求仲裁之日起六个月内，当事务方不能就仲裁的组成达成协议，任何一方得依照《国际法院规约》提出请求，将争端提交国际法院审理。

2. 每一个缔约国在签署或批准本公约或加入本公约时，得声明本国不受本条第1款的约束，其他缔约国对于作出这项保留的任何缔约国，也不受本条第1款的约束。

3. 依照本条第2款的规定作出保留的任何缔约国，得随时通知联合国秘书长撤回该项保留。

第三十条 本公约阿拉伯文，中文，英文，法文，俄文和西班牙文文本具有同等效力，均应交存联合国秘书长。

下列署名的全权代表，在本公约之末签名，以昭信守。

第五届全国人民代表大会常务委员会任免人员

决定任命雍文涛为中华人民共和国林业部部长；

决定免去罗玉川的中华人民共和国林业部部长职务。

中共中央主席华国锋在人民大会堂会见赞比亚联合民族独立党总书记迈因扎·乔纳一行

中共中央副主席李先念在人民大会堂会见并宴请委内瑞拉基督教社会党总书记爱德华多·费尔南德斯和夫人以及其率领的代表团

中共中央书记处总书记胡耀邦在钓鱼台国宾馆会见委内瑞拉基督教社会党总书记爱德华多·费尔南德斯和夫人以及其率领的代表团

中共中央批转公安部 最高人民检察院 最高人民法院党组《关于"胡风反革命集团"案件的复查报告》并发出通知

通知指出："胡风反革命集团"一案，是在当时的历史条件下，混淆了两类不同性质的矛盾，将有错误言论、宗派活动的一些同志定为反革命分子、反革命集团的一件错案。中央决定，予以平反。凡定为胡风反革命分子的，一律改正，恢复名誉。凡因"胡风问题"受到株连的，要彻底纠正。

同年11月3日，北京市高级人民法院改正了1965年对胡风的判决，宣告胡风无罪。

中国人民政治协商会议章程修改委员会在全国政协礼堂举行第一次全体会议

章程修改委员会主任委员邓小平在会上讲了话。

他说，中国人民政治协商会议的章程，经历了三个阶段。

1949年9月，在中国人民革命伟大胜利的基础上召开了中国人民政治协商会议第一届全体会议。这一届会议，执行了全国人民代表大会的职权，制定了共同纲领，选举了中央人民政府委员会，代表全国人民的意志宣告了中华人民共和国的成立。这一届会议还通过了中国人民政治协商会议组织法。当时的共同纲领是中华人民共和国的根本大法。

1954年，第一届全国人民代表大会召开，颁布了中华人民共和国宪法，代替共同纲领。中国人民政治协商会议完成了代行全国人民代表大会职权的历史任务，作为团结全国各民族、各民主党派、各人民团体和各界爱国民主人士的人民民主统一战线的组织继续存在并发挥它的重要作用。在这一年的12月，二届人民政协第一次全体会议制定了中国人民政治协商会议章程，以此作为参加人民民主统一战线组织的各民主党派、各人民团体和各界爱国民主人士的共同遵守的准则。这个章程一直到十年浩劫以前都是执行得比较好的，在推动人民政协的工作、活跃国家政治生活、贯彻执行"长期共存，互相监督"的方针等方面，起了很好的作用。十年浩劫期间，由于林彪、江青两个反革命集团的破坏，人民政协的活动陷于停顿。

粉碎"四人帮"之后，在中国共产党的领导下，拨乱反正，1978年2月，召开了五届人民政协第一次全体会议，修改了1954年的章程。修改后的章程，对于恢复、重建人民政协的工作，起了积极的作用。但是限于当时的历史条件，章程有些内容有明显的错误，有些内容已不能适应新形势发展的需要。特别是中国共产党十一届三中全会以来，我国的政治、经济、文化教育和科学技术等各个方面都有了巨大的发展，国家工作着重点的转移，国内阶级状况的根本变化，使得新时期统一战线的性质、任务、方针、基本政策都发生了新的重大变化。这些发展和变化没有也不可能在现行的章程中得到反映。因此，修改章程已经成为政协全国委员会的迫切任务，五届人民政协第三次全体会议决定对它进行全面的修改，是完全必要的。

邓小平说，坚持社会主义道路，坚持无产阶级专政，坚持共产党的领导，坚持马克思列宁主义、毛泽东思想，这是人民政协的政治基础。在此基础上，人民政协应当在我们国家政治生活中充分发挥它的重要作用。人民政协是巩固和扩大我国革命的爱国的统一战线的重要组织，也是我国政治体制中发扬社会主义民主和实行互相监督的重要形式。我们应当很好地总结经验，使实践中证明是有益的东西，在修改后的章程中得到反映。

邓小平说，修改章程，要贯彻执行群众路线的工作方法。要采取各种形式征求全体委员和各民主党派、各人民团体、各方面代表人士以及地方政协的意见，在广泛征求意见和总结经验教训的基础上，做好章程的修改工作。修改草案要提请五届人民政协下一次全体会议讨论。为了有利于这一紧迫工作的进行，建议在章程修改委员会的领导下，设立秘书处，负责进行具体组织起草的工作，及时地向委员会报告请示。

邓小平说，我相信，经过大家的共同努力，修改后的章程，在人民政协全体会议讨论通过之后，我们的政协，一定能够在把我国建设成为现代化的、高度民主、高度文明的统一的社会主义强国的宏伟事业中，发挥更大的作用。

会议决定设立中国人民政治协商会议章程修改委员会秘书处，并通过了负责工作人员名单：

顾问：李维汉

秘书长：刘宁一

副秘书长：孙起孟、孙晓村、李琦、雷洁琼、熊复、孙承佩、吴江、高天、李霄路。

会议由章程修改委员会副主任委员刘澜涛主持。

国务院副总理方毅在北京会见美国加州大学（洛杉矶）余瑞础教授和夫人

国务院副总理陈慕华在北京会见匈牙利科技合作代表团

辽宁一座年产90万吨的大型煤矿建成投产

新华社报道，在辽宁省北部的煤炭基地——铁法矿区，一座年产90万吨的大型煤矿——晓南煤矿，建成投产。据勘探，晓南煤矿地下煤田面积为21平方公里，探明储量为14900多万吨。经有关技术部门鉴定，晓南煤矿的建设已达到了国家设计标准。

《人民日报》发表评论员文章《加快山区建设 实行水土林综合治理》

这篇太行山区调查值得一读。它以生动的事实说明，治理荒山要按照客观规律，贯彻水土林综合治理的方针。这是山区建设中的一个重要问题。

我国山区面积大。长期以来，有些地方由于不认识保护林草植被的重要性，乱砍滥伐，毁林毁草种粮，过去山清水秀，如今变成了光山秃岭，水土流失十分严重。这不仅使山区人民深受其害，而且还危害了平原地区的农业生产。我们应该真正吸取教训，提高认识，切实纠正过去那种错误的做法。

因地制宜是农业生产的根本原则，山区生产也不例外。实践证明，山区生产是不宜于以粮为纲的。而应当根据大山区、半山区、丘陵区的不同特点，实事求是地确定不同的生产重点，或者以林为主，或者林牧结合，或者林粮结合，开展多种经营。邢台县深山区，开头有什么树种就种什么，成活率不高。后来改种适合当地自然条件的树种，成活率高了，但在短期内收益不大。再从经济效果考虑，种了一些经济价值较高的果树和当年可以得利的荆条、酸枣等。这样从实际出发，长短结合，以短养长，就获得了比较好的经济效果。

治理荒山要水土林综合治理。邢台县深山区的寺沟，实行沟坡兼治，一方面大量植树造林；一方面挖了很多鱼鳞坑，修筑了很多水平沟、谷方坝、小塘坝，这样，基本上做到了"洪水不出沟，泥土不下山"。改造自然，工程措施和生物措施应当密切结合。采用水库、水坝、渠道、泵站等工程设施，可以对水进行拦、蓄、引、提、调度、输送。造林种草，可以对自然降水进行生物涵蓄，并调节地表径流，保持水土。据科研单位在西北黄土高原观察，在总降雨量340毫米的情况下，林地泥土冲刷量每亩为4公斤，草地为6.2公斤，耕地为238公斤，已耕农闲地高达450公斤。工程措施的作用和生物措施的作用，是相辅相成、互为补充的。任何思想认识上的片面性和绝对化，实际工作中的单打一，都会造成不利的后果。新中国成立30多年来，我国以改土治水为中心的农业基本建设，取得了很大的成绩，对防旱防涝、减轻水患，促进农牧业生产的发展，起了重要作用。但是，在相当长的一个时期里，由于缺乏经验，我们领导部门在农业基本建设的指导方针上，对造林种草等生物措施严重地忽视了。因此，目前有必要大力强调生物措施的重要性。今后，水利工程还要搞，同时要用搞水利的劲头搞林业，使工程措施和生物措施密切配合，把治山和治水统一起来。

治水要治山。我国有些江河水患频繁，造成灾害的自然因素是多方面的，有水文气象方面的因素，有河道泄洪能力方面的因素，等等。山区是大小河流的发源地,如果上游山区森林植被很少,一旦遇到集中暴雨,往往造成中、下游洪水泛滥。而在林区,河川的汛期一般比无林少林地区推迟半个月至一个月,径流的集中程度也缓和得多。群众说得好:“山上多种树,等于修水库,雨多它能吞,雨少它能吐。”我们根治水患,兴修水利,抓好河流上游山区的植树造林,是对江河水患实行综合治理的一个重要方面。海河的各支流大都发源于太行山,如果太行山区都像邢台县深山区那样栽树筑坝,很有利于治理海河,再加上中、下游的水利工程和河北平原地区绿化等措施,那么,根治海河之日就会不远了!

丁瓒追悼会在京举行

我国著名的心理学家、中国共产党党员丁瓒同志,因受林彪、“四人帮”及其在科学院的帮派势力的迫害,于1968年5月15日逝世,终年58岁。丁瓒的追悼会于9月29日下午在北京八宝山革命公墓礼堂举行。

丁瓒是江苏省南通市人,就学于南京中央大学心理系,毕业后相继在北京协和医学院、重庆中央卫生实验院等单位从事医学心理学的研究工作。1947年赴美国芝加哥大学深造。1949年曾任中苏友协副秘书长兼对外联络部部长、世界科协中国理事等职。丁瓒于1949年来中国科学院工作,历任中共科学院党组副书记、办公厅副主任、计划局副局长、心理研究所副所长等职。丁瓒是我国医学心理学的创始人之一,他重视科学人才的选拔和培养,善于发扬学术民主,善于团结同志,他为我国心理学的发展作出了宝贵贡献。

9月30日

中共中央副主席邓小平在人民大会堂会见并宴请诺罗敦·西哈努克亲王和夫人

中共中央副主席李先念同委内瑞拉基督教社会党总书记爱德华多·费尔南德斯举行会谈

《人民日报》发表社论《庄严的决定》

五届人大常委会第十六次会议作出决定,成立最高人民检察院特别检察厅和最高人民法院特别法庭,对林彪、江青反革命集团案主犯进行检察起诉和公开审判。全党、全军、全国各族人民早就盼望这一天了!这个庄严的决定,体现了全国人民的共同意愿,必将受到广大群众的衷心拥护。

林彪反革命集团和江青反革命集团,在“文化大革命”中相互勾结,狼狈为奸。整整10年时间,他们凭借手中掌握的权力,施展种种阴谋诡计,采取公开的和秘密的、文的和武的各种手段,篡党篡国,祸国殃民。他们的反革命罪行,概括起来,一是煽动、策划推翻无产阶级专政的政权;二是诬陷迫害党和国家领导人,篡党夺权;三是迫害镇压广大干部和群众,实行法西斯专政;四是谋害毛主席,策动反革命武装叛乱。粉碎“四人帮”以后,全国深入开展的揭批查运动,把他们的罪行越来越充分地揭露出来。党的十一届三中全会以后,中央纪律检查委员会又组织力量对林彪、江青一伙的问题进行了全面审查,大量事实证明他们严重触犯了刑律。他们犯下的罪行,真是罄竹难书。他们的罪行给我们国家、我们民族、我们人民造成的灾难难以估计。广大群众早就强烈要求对林彪、江青反革命集团的主要成员依法治罪,这是完全正当、完全合理的。现在人大常委会决定对他们进行公开审判,实在大得人心。对这样恶贯满盈的反革命集团的主犯如果不依法惩处,公理何在?国法何在?何以伸张正义,平民愤?

在“文化大革命”中,我们党确实犯了令人痛心的严重错误。但是对于林彪、江青一伙来说,根本不是什么犯错误的问题,而是有组织有预谋地进行反革命活动。他们的问题同我们党所犯的错误,性质截然不同;同任何一个同志犯的工作上的错误,包括路线错误,性质也截然不同。他们是一伙篡党窃国大盗,明目张胆地触犯了刑律,理所当然地要追究刑事责任。这次审理林彪、江青反革命集团案,只审判他们的反革命罪行,不涉及工作中的错误包括路线错误,这样做,十分正确。因为反革命罪行是敌我问题,工作中的错误是人民内部问题,必须严格区分,不容许把两种性质不同的问题搅在一起。只审判林彪、江青一伙的罪行,不涉及工作中的错误,更可以充分揭露他们的反革命面目,使他们无法逃脱自己的罪责。把犯罪和犯错误区别开来,我们党历来都是这样做的,即使对于犯严重路线错误、给革命事业造成重大损失的人,也是采取“惩前毖后,治病救人”,“既要弄清思想又要团结同志”的方针。实践证明,这是一个正确的方针。“文化大革命”中,林彪、江青一伙蓄意混淆犯罪和犯错误的界限,把干部在工作中的错误,甚至他们捏造的“错误”,诬陷为反革命,搞成敌我矛盾,造成了严重危害。现在我们恢复党的传统,严格区分犯罪和犯错误的问题,具有重大的原则意义和现实意义。

粉碎“四人帮”以后,特别是党的十一届三中全会以后,我们党十分注意加强民主和法制。我们努力使社会主义民主制度化、法律化,努力健全社会主义法制,不断加强立法和司法工作。这次审理林彪、江青反革命集团案件,就严格依法办事。党的纪律检查机关进行了长时间的准备,做了大量的工作。移交给司法机关后,在侦查预审和检察的过程中,有关部门又进行了充分的调查研究。坚持以事实为依据,以法律为准绳,重证据,不轻信口供。对林彪、江青一伙的诉罪,依据的都是经过检验的原始书证材料和原始物证,如档案、信件、日记、笔记、讲话记录和录音等。刑事诉讼法规定:"只有被告人供述,没有其他证据的,不能认定被告人有罪和处以刑罚;没有被告人供述,证据充分确实的,可以认定被告人有罪和处以刑罚。"司法部门正是根据这个原则行事的。这一重大案件的公开审判,对于加强我国社会主义法制将起巨大的推动作用。

公开审判林彪、江青反革命集团的10名主犯,是我们国家政治生活中的一件大事。全国人民关注这件事情,全世界关注这件事情。通过审判,林彪、江青一伙的反革命罪行大白于天下,将更加激起亿万人民对他们的仇恨,激发人们作出更大的努力挽回这一伙反革命对我国社会主义事业造成的严重损失,加快四化建设的步伐。这次审判将向全国和全世界宣告:我们国家将更加安定团结,我们的社会主义事业一定会沿着民主和法制的轨道健康发展。

国务院总理赵紫阳在人民大会堂宴会厅举行招待会庆祝中华人民共和国成立31周年

赵紫阳在招待会上祝酒时,代表中国政府和中国人民,向各位来宾表示欢迎和感谢。

他说,我们欢聚一堂,象征着中国人民同世界各国人民的友好和团结。我们向世界各国人民表示衷心的感谢——感谢大家对中华人民共和国的同情和支持。

他说,我们向港澳同胞、台湾同胞和海外侨胞表达我们大家所共有的兄弟骨肉的情谊。我们高度评价你们在支援祖国社会主义现代化建设和推动台湾回归祖国的事业中作出的贡献。

赵紫阳指出,目前,全中国人民正在同心同德地为建设一个现代化的、高度民主的、高度文明的社会主义国家而努力工作。在认真总结自己的经验、改进自己的工作的时候,我们愿意广泛地研究世界各国人民的成功经验。我们的社会主义制度,将在吸收世界各国的进步因素的过程中,逐步完善起来。我们对祖国的未来充满着信心。

他说,我们的建设事业,需要有一个和平的国际环境。我们将坚定不移地奉行和平的外交政策,为反对霸权主义、维护世界和平、发展各国人民之间的友好合作和促进人类进步的事业而奋斗。

国务院副总理谷牧、姚依林、陈慕华,全国人大常委会副委员长廖承志,外贸部部长李强,文化部部长黄镇,外交部副部长韩念龙,政府其他部门,北京市人民政府和对外友协的负责人,及各位来宾,共400多人出席了招待会。

国家工商行政管理总局海关总署《关于打击走私投机倒卖进出口物品的通告》

为了维护社会主义经济秩序,根据中华人民共和国国务院、中央军委的批示,和中华人民共和国刑法及有关政策法令,对打击走私、投机倒卖进出口物品的活动特作如下规定:

一、凡违反海关法规,进行走私和倒卖走私物品活动者,除按照海关法规没收其走私的工具和财物外,情节严重的,加处罚款,或移送司法机关依法惩办。

二、凡违反国家金融管理和工商行政管理政策法令,转手倒卖非属走私进出口的物品、外币、外汇兑换券、黄金、白银、珠宝、玉器、文物、贵重药材等物品者,除没收其倒卖的财物外,情节严重的,加处罚款,或移送司法机关依法惩办。

三、任何人出售个人进口物品,一律要到国家指定的收购单位出售,不准在市场上摆卖或黑市交易,违者,视其情节轻重,分别作补税、强制收购、罚款、没收,或移送司法机关依法惩办。

四、经营个人进口物品的商业单位,必须经县以上工商行政管理机关核准;未经核准的任何单位,不得经营外国人、华侨、港澳和台湾同胞进口的物品。违者,其非法利润,由工商行政管理机关没收上缴国库,或处以罚款。尚未出售的物品,由指定的商业单位收购。重犯者,责令停业检查,并追究领导人责任。

五、核准经营个人进口物品的商业单位,需要到口岸或侨乡进货时,只准到指定的商业单位进货。其他任何国营、集体商业或合作零售商店都不得深入口岸或侨乡采购个人进口的物品。不准搞议购议销。

六、机关、部队、团体、学校、企事业单位、人民公社、生产大队、生产队和个人,需要购买进口物品时,应一律到国家指定的经营单位购买,不准从私人手中或黑市购买。违者,视其情节轻重,分别给予补税、收购、补价、罚款或没收处理,问题严重的单位要追究领导人责任。

七、对走私、投机倒卖进出口物品的惯犯、大犯、集团首要分子,和阻挠、抗拒检查、冲击海关、工商行政管理机关,或者围攻辱骂、殴打检查人员的违法犯罪分子,依法从严惩办。

八、广大干部和群众,要积极配合公安、海关和工商行政管理机关,打击走私和投机倒把活动。对检举揭发走私和投机倒把活动的有功人员和单位,要按规定给予表扬或物质奖励。

黑龙江省国营农场总局向国家上交小麦22亿斤

《人民日报》报道,到9月底,黑龙江省国营农场总局已向国家上交小麦22亿斤,超额10%完成今年的小麦上交任务。

黑龙江省国营农场是我国重要的商品粮基地之一。今年播种的1487万亩春小麦,获得了大丰收,总产量达到42亿多斤,比去年增长两成多。为了把丰收的小麦尽快交到国家粮库,省、地、县三级粮食部门和农场总局、管理局、农场三级组成联合工作组,从麦收开始,一直奔波于场、库之间,各农场广大职工发扬对国家负责的精神,千方百计降低小麦含水量,努力提高商品粮质量。据统计,全垦区上交的小麦,90%是一等粮。

中国与斯里兰卡联合海运航线联合委员会第八次会议会谈纪要在北京签字

全国人大常委会副委员长彭真在人民大会堂会见黄文欢

国务院副总理谷牧在人民大会堂会见塞浦路斯银行总裁帕察利迪斯和夫人

10月1日

中共中央副主席李先念在北京会见并宴请赞比亚联合民族独立党总书记迈因扎·乔纳和夫人一行

首都各界群众在人民大会堂举行庆祝中华人民共和国成立31周年联欢晚会

首都各界群众15000人今晚在人民大会堂举行联欢晚会，热烈庆祝中华人民共和国成立31周年。在礼堂和一些大厅里，首都和全国的文艺、体育工作者为群众表演了歌舞、音乐、京剧、杂技、魔术、木偶戏、相声、体操、技巧。在东、西大厅和台湾厅、江西厅里，还安排有电影、棋艺等活动。首都群众兴致勃勃地观看各种节目，到处洋溢着节日的欢乐气氛。

联欢晚会是由文化部、北京市人民政府联合举办的。

新疆各族人民欢度国庆和自治区成立25周年

财政部部长王丙乾代表中国首次参加在华盛顿举行的国际货币基金组织和世界银行的联合年会并在会上发言

王丙乾在发言中介绍了中国的经济发展情况。他说，为了加速实现现代化，中国将继续主要依靠自力更生，同时努力发展对外贸易，引进先进技术，利用外贸，扩大同其他国家的经济合作和技术交流，并学习它们先进科学技术和管理技术。

谈到国际经济问题时，王丙乾说，自从这两个机构成立以来，世界上发生了很大的变化。目前的国际货币体系已经不能适应新情况的需要，必须予以改革。他表示，应当早日建立公平合理的和稳定的国际货币体系，应当取消限制发展中国家贸易的障碍。工业发达的国家应当更直截了当地承担起进一步对发展中国家提供经济和技术援助的义务。他说，这些措施对发展中国家有利，但是最终也将有助于促进发达国家本身的稳定和发展。

中国人民银行西藏自治区分行决定3年内对全区农牧业手工业贷款实行免息政策

这个决定是中国人民银行西藏自治区分行，为贯彻中央对西藏工作的指示，减轻人民负担，支持群众发展生产，经中国人民银行总行同意后作出的。这一政策实行后，估计可使全自治区社队和城镇手工业社(组)，每年增加收入130万元左右。

全国社队企业产品展销会在成都开幕

这次展销会是由农业部人民公社社队企业管理总局和各省、市、自治区社队企业局联合举办的。它是对全国社队企业的生产水平和发展成果的一次大检阅。这次展销会的5个展销馆里，陈列着来自各地的建筑材料、矿产、化工原料、农副产品的加工产品、纺织、服装、家用电器、铁木家具等上万件展品。特别是，具有地方特色的美术工艺品和供外贸出口的产品，琳琅满目，惹人喜爱，反映出各地社队企业的先进技术水平。这次展销会为期1个月。

国务院副总理张爱萍在北京会见由美国核学会主席哈里·劳罗斯基率领的美国核学会代表团

国务院副总理万里在北京会见以富塚三夫事务局长为团长的日本工会总评议会访华团

中国杭州和美国波士顿结成姊妹城市

中国音乐家协会主席吕骥就"国际音乐日"对台湾发表广播讲话

著名画家韩美林的作品在纽约展出

中国珍宝展览在苏黎世艺术宫开幕

这是中国在瑞士首次展出珍贵历史文物，展品共133件。出席展览会开幕仪式的瑞士外交部长奥贝尔发表讲话指出，这次展览必将会增进瑞中两国之间的友谊和了解。

安徽大闸蟹直运香港应市

《人民日报》报道，安徽清水大闸蟹开始由合肥直运香港应市。这种螃蟹体大、黄厚、肉嫩、味美。过去由湖北转口，不能保证新鲜，现在改由安徽省粮油食品进出口公司直接航运香港。收购时，专车发运、专库集中、日夜收货；储运过程中，按照蟹的生活习性，保持合适环境，使螃蟹能健壮上市。

10月2日

中共中央主席华国锋在人民大会堂会见委内瑞拉基督教社会党总书记爱德华多·费尔南德斯和夫人以及由费尔南德斯率领的代表团

国务院副总理方毅在北京会见委内瑞拉智力发展国务部长路易斯·阿尔贝托·马查多博士

教育部发出明年高考生物学和政治课考试范围的通知

新华社报道，教育部最近就1981年高等学校招生考试生物学和政治课考试范围问题，向各省、市、自治区教育厅局和高校招生委员会发出通知。

通知说，经教育部研究决定，从1981年起，凡报考理工农医类的高等学校考生，都要考试生物学。鉴于现行高中生物学课时有限，学的内容较少，因此，高考生物学考分按30%计入总分。关于政治课考试范围问题，通知说，从1981年起，高考时不再考《科学社会主义常识》，只考《社会发展简史》《辩证唯物主义常识》《政治经济学常识(资本主义部分)》以及时事政治。

通知还对生物学考试的范围和要求作了具体规定。通知说，1981年生物学考高中生物课本的内容。鉴于目前学生的生物学和化学的基础较差，因此全日制十年制学校高中生物课本有一些内容改为选学。选学的内容不作为考试的内容。1982年的生物学考试范围，除1981年的考试内容以外，还要包括初中生理卫生课本的内容。1983年以后考中学全部生物课内容。

中国珠宝工艺品展览在纽约城曼哈顿区中国物产展览中心开幕

500多位美国朋友和中国血统的美国人出席了开幕式。在1.6万平方英尺的展览室里，展出了中国的珠宝和其他工艺品。

中国和日本合资经营的“中国物产(美国)有限公司”在纽约开张营业

这家公司是中国工艺品进出口公司北京市分公司和在日本的三一企业公司各出资一半合资设立的，主要经营北京的景泰蓝、雕漆、牙雕、玉器、金漆镶嵌、抽纱、地毯和花丝首饰共40多个大类、上千个品种。经营方式以批发为主，兼营零售。

10月3日

《人民日报》发表社论《引进要与国内制造设备相结合》

为了实现四个现代化，从国外引进先进的技术设备，是完全必要的。对引进要采取积极的态度，同时要注意扬我国之长，避我国之短，走中国式现代化的道路。

机械工业是国民经济的装备部。我们搞四化，说到底，要靠我国自己的机械工业提供现代化的技术装备，不能买来一个现代化。积极引进外国的先进技术设备，是为了增强我们自己的制造能力。因此，在引进工作中，必须注意对我国机械工业的扶植，运用引进技术尽可能快地提高我们的技术水平和设备制造水平，提高机械工业为国民经济技术改造服务的能力。

如何看待外国先进技术，30年来有过两种不同的倾向。一种是盲目自大，闭关自守，作茧自缚，一切自己干。这样对现代化建设十分有害。一种是看不起自己，盲目追求“高、洋、大”，什么都想进口。这样对国家建设也很不利。如果一味进口成套大型设备，不努力提高自己的制造水平，就得永远依赖进口，还会造成国内机械工业任务不足，或使国内同类产品积压。

有人认为，进口设备多花几个钱不算什么，几年就可以收回。这是一种算账方法。其实，事情不是这样简单。也还有另外一种算法，自己能制造的自己干，到时候人才也培养出来了，还能长自己的志气，岂不更合算！

任何时候都不应当自己封锁自己，拒绝外国的先进技术，但是，也不能看不起自己，不相信自己。我国机械工业机床拥有量比较多，而且为国民经济各部门提供了大量技术装备，其中有农业、轻工业设备，也有矿山、发电、石油、交通运输以及制造原子弹、导弹的设备。我们机械工业力量是雄厚的，是有相当技术水平的，只要我们扎实地调整服务方向，改革内部结构，提高技术水平，改善经营管理，是能够作出更好成绩的。我们应当充分利用这个基础。

引进外国技术设备，要根据我们自己的条件，考虑综合的技术经济效果。我国人口众多，劳动力资源雄厚，从外国引进先进设备，一定要从这个实际出发，多引进一些适用技术，着力发展劳动密集型工业，不能片面追求技术先进、自动化程度高、用人少。目前有些进口的设备，技术水平确实先进，用人很少，但是由于我们具体条件的限制，并不能充分发挥作用。有些国产机械设备，技术水平虽然低些，用人多些，但是比较实用，比较适合我国情况。

进口先进设备不能过急，不能过分集中，不能认为进口越多越好。要坚持循序而进的方针，不能再干那种一拥而上的蠢事。在一个短时间里过多购进先进设备，不仅花钱多，国家负担大，而且建设力量也不适应，很难按时建成，有些即使建成了，原料材料供不上，技术也难于掌握，新建成的工厂也无法投产。

引进与国内制造相结合，必须做好设备分交工作。国内能够制造的，就留在国内制造；买国外设备的同时注意买必要的技术。上海石化总厂6个生产厂共18套装置，9套引进，9套国内配套制造，效果很好。这样既有利于提高我国机械工业制造水平，又有利于引进设备投产后的维护和修理，还可以节约大量外汇。

必须坚决贯彻少进口成套设备，多引进技术的原则。重复地进口成套设备，不利于发展自己的机械制造能力，不利于摆脱对外国的技术依赖，还可能使引进规模难以控制。今后除少数确属必需者外，应该严格控制成套设备的进口。凡属国内能制造的设备，已经引进制造技术或同时引进制造技术而能制造的设备，以及与外商合作能够制造的设备，一般都应严格控制进口。现行体制和政策，有些实际上是"鼓励"成套设备进口的，应该迅速改变。我们要采取有效措施，大力支持引进技术。这样才能少花钱多办事，并且较快地提高我国的技术水平。同时，引进技术也要注意避免重复。

对于已经引进的先进技术设备，要管理好，使用好，做好消化吸收工作。技术消化吸收并不容易做好。有的技术发达的国家，用一分力量引进技术，用几倍的力量消化吸收，才能收到较好效果。我国有些先进设备重复进口情况严重，在技术消化吸收方面下的力量很小，既多花了国家资金，又不利于我国机械工业的提高。要改变这种状况，必须集中必要的人力、物力、财力做好技术消化吸收工作，把先进技术切实掌握起来，成为我们自己的东西。已经引进尚未建成的项目，首先应该"填平补齐"，尽快建成投产，使之尽快发挥经济效益。

运用引进技术提高我们的技术水平和制造能力，引进先进技术设备与国内制造相结合，这样不仅能使引进的技术设备取得良好的经济效果，而且会保护和扶植我国机械工业的发展。当然，机械工业本身要正视与先进技术的差距，努力提高技术水平和制造能力，尽量满足使用部门的需要。

《解放日报》发表沈峻坡的文章对上海经济现状提出了尖锐批评

文章指出上海经济现状有10个全国"第一"，5个全国"倒数第一"。

这10个"第一"是：一、工业总产值占全国八分之一强，产值之大，居全国各省市的第一位；二、出口总值占全国四分之一强，其中本市产品占60%，创汇之多，居全国第一位；三、财政收入占全国总收入的六分之一，上缴国家税利占中央财政支出三分之一，居全国第一位；四、工业全员劳动生产率1979年为30013元，高于全国各省市平均数1.5倍以上，居全国第一位；五、工业每百元固定资产实现的利润，1979年全市平均63.73元，为全国平均数的4倍，居全国第一位；六、工业资金周转率为69.5天，周转之快，为全国大城市的第一位；七、按人口平均计算每人每年国民生产总值，1979年为1590美元，生产水平之高，居全国第一位；八、能源有效利用率，1979年为33%，高于全国平均28%的水平，居全国第一位；九、商品调拨量，上海商业部门调往各地的日用工业品占全国调拨量的45%，居全国第一位；十、输送技术力量，解放以来，上海迁往内地的工厂300多家并通过其他各种途径，输送技术人员、技术工人超过100万人，居全国首位。这5个全国"倒数第一"是：一、市区平均每平方公里有4.1万人，城市人口密度之大，为全国之"最"；二、建筑密度高达56%，按人口平均计算，每人拥有道路仅1.57平方米。建筑之密，厂房之挤，道路之狭，绿化之少，均为我国大城市之"最"；三、上海市区按人口平均计算，每人居住面积为4.3平方米(包括棚户、简屋、阁楼在内)，4平方米以下的缺房户有918000多户(其中困难户、结婚户、特困户、外地调沪无房户共69000多户)，占全市户数60%左右，缺房户比重之大，为全国大城市之"最"；四、上海平均每万辆车一车死亡数为42.5人，车辆事故为全国大城市之"最"；五、由于"三废"污染严重，上海市区癌症发病率之高为全国城市之"最"。

作者认为，这十个全国"第一"和五个全国"倒数第一"并存，说明上海经济的综合平衡遭到了破坏，比例严重失调，已形成"畸形状态"，这是重生产，轻消费；重挖潜，轻改造；重速度，轻效果；重积累，轻补偿造成的严重恶果。作者认为：这种畸形状态由来已久，并非从"四人帮"始。看来，经过真理标准问题的讨论和补课，"左"倾思想在政治思想战线上的市场已大为缩小，但在经济战线上，由于生产目的问题的讨论未充分展开，"左"倾思想的流毒还比较严重。我们对此切不能低估。上海要健康地发展，一定要进一步肃清"左"倾思想的流毒。

六机部在上海开设的船舶设备门市部开始营业

这家门市部是为我国上千家造船、用船单位服务的。它经营的机械设备、仪器仪表、救生用品、生活器具等船用制品达12000种，其中有2分钱一只的电缆接头，也有60多万元一台的柴油机。各种商品明码标价，敞开供应，用户可以任意选购。

中央人民广播电台和法国国家广播公司之间的广播合作协定在巴黎签字

协定中规定，双方交换时事新闻、文化生活、音乐录音材料，组织特别节目，互派采访报道组以及赞助广播文艺团队人员的互访等。

国务院副总理万里在人民大会堂会见3家美国报纸的主编

他们是《俄勒冈人报》主编理查德·诺克斯，《亨茨维尔时报》主编罗伯特·沃德,《米苏拉人报》主编萨姆·雷诺斯。

黄桥决战纪念活动筹委会在黄桥和南京举行各种纪念活动

纪念活动从3日持续到6日。6日晚上,中央军委常委许世友等和新四军老战士们一起参加了在南京举行的纪念大会。亲身参加过黄桥决战的江苏省省长惠浴宇在讲话中说:“黄桥决战已经过去40年,我们正在努力建设四个现代化,完成先烈们的遗愿,现在,我们特别应该学习当年军民们以革命为第一的精神,艰苦奋斗、勇于牺牲的精神,恢复我党我军的光荣传统,以加速四化建设”。会上,南京各文艺团体演出了黄桥决战前后流行于黄桥地区军民中的歌曲和舞蹈。

中国人民大学在首都体育馆举行庆祝建校30周年活动

中国人民大学是新中国诞生后,由党中央、国务院创办的第一所新型综合性文科大学。它的前身是陕北公学、华北联合大学、北方大学和华北大学。自陕北公学以来的历届校友6000人,喜气洋洋地参加了庆祝大会。

国务院副总理方毅,全国政协副主席、原陕北公学副校长李维汉出席大会。方毅代表中共中央、国务院向人大全体师生员工表示热烈祝贺。他说,历史的经验表明,人民大学的命运是同我们国家和人民的命运息息相关、休戚与共的。随着社会主义现代化建设事业的不断前进,人民大学也将前程似锦。方毅强调指出,多年来,我们在教育工作的指导思想上,重理工、轻文科,大学文科发展极为缓慢,甚至还一度企图取消文科。这种错误的政策,造成了严重的后果。我国四化建设中遇到的大量经济问题、管理问题、法律问题,以及人口、青年、妇女等等各种社会问题,长期没有多少人进行研究,更不用说深入研究了。人民大学是一个综合性的文科大学,它在培养这类人才方面,肩负着重大而光荣的责任。他希望人民大学在加强同社会生活的接触的同时,积极加强同自然科学的接触和交流,在这些方面都带个头,为四化建设培养出更多高质量的人才。

教育部长蒋南翔在大会上宣读了教育部给人大师生员工的贺信。人民大学校长成仿吾在会上讲了话。

10月4日

《人民日报》发表社论《加强农业技术推广工作》

实现农业现代化,关键是农业科学技术现代化。根据我国当前农业的实际情况,需要大量挖掘科学技术潜力,广泛采用科学技术成果,加快农业现代化的进程。

农业增产靠政策、靠科学。靠科学,就是靠科学技术的力量,促进农业生产的持续增长。农业技术推广是农业科技工作的重要环节。科技成果再多、再大、再好,如果停留在试验室、试验场,不推广,不应用,就没有任何实际意义,农业科技本身也不能得到发展。只有通过推广,农业科技成果才能转变为直接的生产力,达到促进农业生产的目的。新中国成立30多年来,我们曾经推广了一批农业科技成果,对我国粮食、经济作物和畜牧业生产的增长起了重大促进作用。小麦锈病曾是我国小麦生产的大威胁,经过科学工作者的努力,摸清它的传播规律,培育推广了一批抗病高产良种,结合推广综合防治方法,从1965年以来,华北、西北等主要产麦区已基本上控制了它的危害。又如我国1973年育成了水稻籼型杂交种,到1979年推广面积达7500多万亩,一般比常规稻种每亩增产100斤到150斤。

十年动乱,使我国农业科研工作元气大伤,农业技术推广工作更受到严重摧残,至今还是一个薄弱环节。这种状况如不迅速改变,将会严重阻碍农业现代化的进展。据1977年全国科学大会期间的统计,我国解放后较大的农业科技成果有3000多项,近两年多来又搞成了1000多项。但是,已经推广和广泛应用的仅仅是少部分,大部分未能推广和应用。这个损失是难以估计的。只要我们把现有科研成果认真地加以推广,就能促进当前农业生产大大地向前发展一步。

我们有些领导同志,对农业技术推广工作的重要性和复杂性认识不足。他们或者墨守成规,不注意新技术的学习和推广;或者习惯于用行政手段发号施令,搞瞎指挥,这方面的教训是很多的。如有个地方的领导同志,执意不听科技人员的正确意见,盲目引进外地有病害的棉种,结果使这种病害蔓延开来,至今束手无策。农业生产有强烈的地域性,这一地区的科技成果,不一定适宜于另一地区。推广农业科技成果一定要从各地不同的自然条件和社会经济条件出发,通过试验、示范,因地制宜地推广应用。

农业技术推广工作是一门科学,各级领导干部要认真学习农业科学,尽快地变外行为内行;同时要把优秀的农业技术干部大胆地提拔到领导岗位上来,逐步改变现有农业干部队伍的结构。

“文化大革命”前,我国大多数县有农业技术推广站,虽然并不都很健全,还是做了不少工作。在十年浩劫中,林彪、“四人帮”之流叫喊什么“开门办科研”、“贫下中农占领科技阵地”、“工农兵是科研的主力军”等极左口号,否定专业科研队伍的骨干作用,搞了很多形式主义和弄虚作假的东西,同时把县级农技推广站砍掉。这是这些年来推广工作薄弱的主要原因。现在,我们要认真研究调整农业科研和技术推广的体制。首先要重点调整和健全县级农业科技组织。县级组织以推广为主要任务,实行试验、示范、推广和技术培训相结合,加强社队基层的农技推广工作,逐步建立起从上到下的不同农业区的农业技术推广体系。

我们要建立一支宏大的农业技术推广的干部队伍,这是实现农业现代化所不可缺少的力量。建立这样一支队伍,必须有政策上的保证。我国现有十多万农技推广干部,他们长期战斗在农业生产第一线,工作艰苦,作出了很大成绩。但是,有很多地方,往往抽调这些干部去打杂,或当行政干部使用。很多农技推广干部工作了10多年、20多年,至今生活条件很差。这种状况严重地影响了这支队伍的稳定和壮大。各级领导要重视和关心这支队伍,让分散了的技术推广干部归队,按照规定及时评定他们的技术职称,逐步改善他们的工作和生活条件。对于作出了显著成绩的应予表扬和奖励。

搞好农业技术推广工作,是农业部门的主要任务之一。这些部门的同志应当认真检查一下:你那里对推广工作重视了没有?你那里还有哪些行之有效的农业技术成果没有推广?还有哪些科学技术潜力可挖?要制定规划和计划,落实措施,付诸实施。农业科研单位、农业院校和农业技术推广部门之间,要密切配合,互相协作,共同把农业技术推广工作做好。

世界粮食计划署向中国提供援助协定在北京签字

国务院副总理万里在人民大会堂会见联合国世界气象组织秘书长温·尼尔森博士

《中共党史人物传》第一卷出版

新华社报道,《中共党史人物传》第一卷已由陕西人民出版社出版,这一卷编入10位革命先烈的传记,他们是王烬美、施洋、萧楚女、蒋先云、卢德铭、何挺颖、张子清、王泰吉、阮啸仙、邓发。这一卷共27万字,并收有先烈照片各一张。

《人民日报》发表黄宗江的文章《文艺领域不能容忍官僚主义》

《人民日报》开展“改善党对文艺的领导,把文艺事业搞活”的讨论,我认为很好,许多同志也都觉得这个题目出得好,把这个讨论深入下去,对我们的文艺事业是有好处的。今天参加座谈会的,好几位是带“长”字号的。“长”者,“官”也。在“官”字上做文章,岂不有些触犯?本来,这个“官”字在社会主义社会根本是不应该存在的,尤其是所谓“文艺官员”,好像在封建社会、资本主义社会都挺少有,怎么在我们这儿添了这么一项“专业”呢?列宁说:“无可争论,文学事业最不能作机械的平均、划一、少数服从多数。”又说:“在这个领域中是最不能来一套公式主义的。”我想加上一个意思:在这个领域是不能容忍官僚主义的。大概也会像列宁所说的那样是无可争论的。

批官僚主义,不是容易的事情。1957年,好多人就是因为批官僚主义出了“问题”。现在有的人一听批官僚主义就跳,为什么要以“官僚”自居呢?现在我们要改善党对文艺工作的领导,就得克服官僚主义,克服官气。官僚主义是与社会主义不相容的。社会主义怎能容忍这个东西?一定要把官僚主义打掉,不做官,要做公仆,做朋友嘛!

周恩来同志同文艺工作者的关系是极其动人的。有一次,我偶然在长安戏院看江苏京剧团沈小梅的戏,那天只上了一成座。我偶一回头,看见周总理就坐在我后边那个座上。在当时那么个小戏园子,沈小梅那时还是个没多大名气的外地来的京剧演员,周总理却那么重视,跑来和群众一起看戏。我一直想写篇文章记下这件事,拟题作《十里长街忆长安》……

怎么领导文艺?我赞成“无为而治”。这是陈毅同志提出来的。他提得好。当然,因为它是比喻,总也有不够确切的地方。它的意思,是说不要管得太多。无为而治,不是不要领导。无为是为了有为,是为了治。所谓有为,我想最重要的就是要发扬民主,要坚持“双百”方针。放则兴,收则衰。要一直放到共产主义。说民主只是手段,这话甚至有点可怕,好像通过手段达到目的后,就无须再讲民主了。我同意,民主既是手段,也是目的。共产主义时代,也可以说是真正彻底坚持“双百”方针的时代。

“文艺官员”既为“官”,就还要讲些为“官”之道,修身养性,还是要多读书,多看报,多看戏,否则很可怕。你既然当了文艺领导,就得多看书刊,有些戏,你还是非看不可。你来不及看,咬咬牙也得看。好多书刊,好多戏,人家文艺工作者是看的,青年是看的,你当领导的不看,就麻烦,就无法领导,至少你不知道行情嘛!读收,还要废偏食,你老读《资治通鉴》,也要坏事。

我同意陈老总引用过的因果关系四句话:“善有善报,恶有恶报,不是不报,时候未到”。一切事情都有个因果报应,不过这不是佛家所说的那种报应。我们所说的因果报应,不一定是报应在一个人身上。你扶植或否定了那个戏,总会有后果的。对文艺上的一些问题,不要大惊小怪,不要卡得那么死。如爱情问题,过去日本也禁得挺厉害。1936年,日本官方发公告,禁止电影上有接吻镜头，现在日本的电影发展到差不多无片不吻，甚至无片不脱。这种物极必反，也是我们熟悉的所谓“惩罚”吧。总之，在这些问题上，不要过分紧张。越封建越遮掩就越乱。所谓不合国情云云，要作具体分析，我国古典名著《西厢记》《牡丹亭》有些词都是文雅的语言，要是翻译成大白话，是相当露骨的。封建道学先生的东西，现在在某些领导人头脑里有点变本加厉。

9月17日《人民日报》上的这篇来信很好，很中肯。我同意这文章说的形势大好。十年浩劫，总提“形势大好”；现在一听到这四个字，就有点不知如何是好。目前的形势确实是大好，但也要清醒地看到，也还有不好的事物，最突出的就是官僚主义。

北京男队和上海女队分别获得在长沙举行的1980年全国体操锦标赛男女团体冠军

全国举重达标赛在上海举行

10月5日

全国城市规划工作会议在北京举行

这次全国城市规划工作会议，有来自大、中、小城市的30多位副市长参加。会议总结了城市建设的基本经验教训，强调必须肃清极左思想的流毒。与会代表在讨论如何加强城市规划、搞好城市建设的时候，许多同志反映，城市规划和规划工作的重要性还远没有被各地政府负责同志所认识和重视。有些负责同志，连城市规划是怎么回事，也还弄不清楚。有些城市负责同志，只知道抓工业产值，不抓城市建设和人民生活，只有工业的概念，没有城市的概念，不懂得抓好城市规划、建设和管理的重大意义。有的同志甚至把城市规划看作绊脚石。代表们说，新中国成立31年来，我国城市建设取得了不少成绩，各市市长们做了大量工作，这应当充分肯定。但是，城市市长对自己的主要职责是什么，思想上是否很明确，看来不尽然。对这个问题，现在很需要有明确的答复，一致的认识。

谷牧副总理15日出席会议并讲话。

谷牧说，不能设想，建设四个现代化的国家，没有现代化的城市。而要建设现代化的城市，没有科学的城市规划是不行的。四化建设要求我国城市有一个新的发展。联系当前城市建设中存在的种种问题来看，城市规划工作已经到了非抓不可的时候了。现在不抓，势必要拖四化的后腿，甚至贻误子孙后代。他说，城市规划工作涉及城市的全局和长远发展，在指导城市建设方面具有综合职能。只有各级领导特别是市政府主要领导同志高度重视，认真去抓，才能搞好。我们提倡城市政府第一把手抓规划。有关城市的性质、规模、发展方向等大政方针问题，市委一定要抓，市政府更是责无旁贷。我看，市长的主要职责应当是规划、建设和管理好城市。

谷牧副总理说，市长肩负的任务是很繁重的。但是，即使是这样，也应当亲自过问城市规划工作，并且应当指定第一副市长负责去抓。世界上许多国家的城市市长是市民选举的。你管不好城市，解决不好城市中的问题，市民就弹劾、罢免你，另选新市长。我们正在加强社会主义民主和法制，逐步实行直接选举制度，作为一市之长，不搞好城市规划、建设和管理，怎么会受到全市人民的拥护、尊敬和爱戴呢?

参加这个会议的代表们指出，城市规划是城市各项建设的总部署，是建设城市、发展城市的总蓝图。要把城市建设好，必须有一个科学的规划，真正按城市规划进行建设和管理。但是，我国的城市规划工作，自1960年以后，几经周折，在十年动乱中几乎被完全取消。目前，相当多的一批城市还没有规划，还有不少城市的规划不怎么切合实际，一些城市虽有规划也没有很好付诸实施。因此，城市建设中积了大量的问题，这主要表现在许多城市和工矿区的建设，不讲功能分区，不作合理布局，各自为政，建设混乱；土地使用不合理，不少机关和企业单位占地过多；城市建设不配套，服务设施和文化娱乐设施等不足，分布也不适当；旧城面貌的改善十分缓慢；城市环境受到严重污染，园林和风景遭到损坏；大城市发展规模失去控制，小城市没有得到应有的发展，等等。代表们建议：首先，希望各级党委和政府的领导同志根据国民经济发展计划和各地区的具体条件，认真抓好城市规划的编制和修订工作。运用城市规划这个现代科学手段，对城市里的工业交通设施、科学教育机构、文化娱乐设施、商业服务网点、住宅以及各种市政公用设施，作出全面的安排，并统筹协调各方面在发展中的矛盾，使整个城市有良好的环境面貌，为城市人民的居住、劳动、学习、交通、休息以及各种社会活动创造良好的条件。其次，尽快地建立城市规划的法制。经过批准的城市规划，应具有法律效力。再次，要把城市建设计划与城市规划紧密衔接起来，改变长期以来城市建设计划与规划脱节的状况。最后，切实加强城市规划的管理，加强规划队伍的建设和人才的培养。工业、交通、商业等各有关部门也要大力支持城市规划工作。

会议于10月15日结束。

全国城市财政研究会第一次讨论会在上海举行

北京等15个大中城市的40多位研究财政经济的

专家、学者和财政工作者，在会上联系各地实际情况，着重对城市建设中的经济结构、城市内部结构的比例失调，同城市财政工作、资金分配结构的关系进行了分析研究，总结了经验教训。

全国水利厅(局)长会议在北京闭幕

会议期间，国务院副总理万里接见了与会的全体同志，并讲了话。

这次会议讨论了水利在国民经济中的作用，回顾了30年治水的经验教训，研究了国民经济调整时期水利工作的方针任务以及今后的改革措施。30年来，国家和人民用了很大的人力、物力、财力兴修水利，它的作用是明显的。现有的水利设施，已初步控制了普通的水旱灾害，基本保障了工农业生产的发展和城乡的安全。同时，发展了灌溉、发电、航运、养殖等事业，并为工业和城乡用水提供了水源。水浇地面积已扩大到7.1亿亩，其粮食产量占到全国粮食总产量的三分之二。

会议指出，水利工作也走了不少弯路，造成一些浪费和损失。会议分析了造成这些错误的主观和客观原因。认为从水利工作本身来说，最根本的经验就是要尊重科学，按照自然和经济两大规律办事，要以最小的代价取得最大的经济效果，并充分估计和防止可能发生的副作用。

会议强调各地要充分吸取过去的经验教训，继续批判极左路线，把水利工作搞好。

会议提出了调整时期的水利工作方针是“搞好续建配套，加强经营管理，狠抓工程实效，抓紧基础工作，提高科学水平，为今后发展做好准备”。调整时期水利工作的重点，应放在充分发挥现有工程的效益上。当前水利战线突出的问题是，基建战线过长，基本工作和管理跟不上。会议要求坚决缩短基建战线，搞好现有工程的续建和配套，积极举办社队力所能及的小型水利，大力加强工程管理工作，并逐步建成工程的管理体系，使水利工程发挥更大效益。

全国农垦农工商联合企业产品展销会在北京开幕

这个展销会展览的产品有5370多种，其中供零售给观众的产品有790多种。供企事业单位成交的产品有3470多种，是分布在28个省、市、自治区的100多个农工商联合企业和国营农场提供的。

我国最大的液态鼓风炼铜炉建成投产

我国最大的一台800吨液态鼓风炼铜炉在甘肃白银有色金属公司冶炼厂投人生产。这台大型炼铜炉设计合理，每年可节约原煤36000吨，增产硫酸6万吨。

中国地理学会沙漠分会在银川正式成立

新华社报道，新中国成立后，由于治理沙漠的需要，推动了沙漠科学研究的发展，一门新兴的学科——沙漠学已在我国逐步成长起来。这是中国地理学会沙漠分会最近在宁夏银川召开的成立大会上，与会同志的共同看法。

与会同志一致认为，沙漠的扩大，沙漠化的发展和变迁，严重地威胁着世界人民赖以生存的环境。我国要搞好环境保护，只注意工业“三废”处理是不够的，必须把沙漠化研究和防治提到重要议事日程上来。为了适应沙漠学发展的需要，便于在国际上进行学术交流，正式成立地理学会沙漠分会非常必要。现在，国家农委、科委和中国科学院已将沙漠化研究和防治作为重点项目下达到沙漠科研部门，这是摆在沙漠科研工作者面前的光荣而艰巨的任务。大家表示，要团结协作，积极开展沙漠科研工作，为加快四化建设贡献力量。

大会共收到98篇学术论文。会上选举了名誉理事长、理事长和副理事长。还选举了《世界沙漠研究》《沙漠治理》学术刊物的编辑委员会及其主编。

高温保温材料陶瓷棉研制成功

《人民日报》报道，唐山市第十瓷厂在七机部五〇二所等单位协助下，研制成功一种叫陶瓷棉的高温保温材料。这种材料在摄氏1790度以上的烈火中也不会燃烧。这种陶瓷棉属硅酸铝陶瓷短纤维，是目前世界上高级的高温保温纤维。它是把陶瓷原料熔化后，用压缩空气喷枪吹制成的，白如雪，柔似棉，富有弹性，可根据需要制成纸、毡、砖等各种制品，用作各种工业窑炉和各种电炉的保温材料。

由新华书店总店和北京市新华书店联合举办的1980年书市在北京市劳动人民文化宫开幕

在这个书市上，有来自全国107家出版社提供的12000多种展销图书，其中包括蒙古、藏、维吾尔、彝、壮、朝鲜、哈萨克、傣、傈僳、景颇10个少数民族文字图书400来种。在这次书市上，读者将可以看到，经过十年动乱曾被扫荡殆尽的中外古典文学作品、我国“五四”以来著名作家的代表作，文苑新秀的作品，台湾省部分作家的作品也将首次与祖国大陆的读者见面。这次书市从7日起正式展销，至10月21日结束。

1980年全国航海模型竞赛在广州举行

在竞赛的第一天，就有6名运动员打破一项世界纪录，其中浙江省青年学生葛萌创造了这个项目的世界最新成绩。这项最新成绩，A 三级航模(汽缸工作容积 10 毫升)12 秒 02(149.75 公里 / 小时)，噪声指标 79.2 分贝，当即为出席观看的世界航海模型运动协会主席莫里斯·费兰克签字予以承认。

1980 年全国航海模型竞赛(广州赛区)于 10 月 5 日到 10 日在广州航海俱乐部举行。全国有 21 个省、市、自治区的 72 名运动员参加。

全国赛艇锦标赛在杭州开赛

10 月 6 日

全国人大常委会委员长叶剑英在北京会见马来西亚上议院议长敦·奥马尔·翁毓麟和夫人以及由翁毓麟率领的代表团

全国马克思主义认识论座谈会在四川乐山召开

这次座谈会的会期从 10 月 6 日至 15 日，由中国社会科学院哲学研究所、《哲学研究》编辑部、四川省社会科学院哲学研究所、四川大学哲学系和西南师范学院政教系联合召开的。参加会议的有来自全国各地的哲学、教育和自然科学工作者 90 多人。

这是新中国成立以来第一次全国性的马克思主义认识论座谈会。会议着重从理论方面深入讨论了实践和实践标准问题。与会者就什么叫实践、实践可不可以分解为几个要素、目的是不是实践的要素、能动性是不是实践的一个特性、实践具有哪些形式、实践怎样检验真理、逻辑论证与实践检验的关系和怎样理解实践是检验真理的唯一标准等 8 个问题进行了认真的探讨，各种不同的观点也进行了交锋。会议还就如何全面开展马克思主义认识论的研究交换了意见。许多同志认为，不能简单地把马克思主义的认识论等同于马克思主义哲学。认识论应当有自己独立的研究对象，可以形成独立的学科。会议还听取了有关控制论、信息论、心理学和科学学中提出的某些认识论问题的专题报告。与会者一致认为，当代自然科学和社会实践的发展，给马克思主义哲学，特别是认识论提出了许多新问题，需要哲学工作者认真研究并给予回答。

中国基督教第三届全国会议在南京开幕

来自全国 25 个省、市、自治区的 176 名代表，在历时 8 天的会议中回顾了 30 年来中国基督教“三自”爱国运动的历程，修改了中国基督教“三自”爱国运动委员会的章程。会议决定成立中国基督教协会，并通过了中国基督教协会章程。

会议提出，全国基督教徒高举爱国主义旗帜，维护宗教信仰自由，坚持自治、自养、自传的原则，坚决反对任何外来势力对我国教会的干涉和控制，不允许任何人借基督教的名义进行违法活动。

中华人民共和国政府和科威特国政府贸易协定在科威特签订

中华人民共和国政府和科威特国政府，为了增进两国政府和人民之间的友谊，在平等互利的基础上发展两国贸易关系，达成协议如下：

第一条　缔约双方同意根据两国现行法律和规章，努力发展和增加两国间的贸易。

第二条　缔约双方根据本协定并按照两国现行法律和规章，相互对进口商品和劳务给予最大限度的必要便利。

第三条　两国之间的商品交换，应按照各自国家现行有关法律和规章进行。

第四条　缔约双方同意，根据本协定进行交易的商品以可兑换的自由货币支付。

第五条　缔约双方同意在各自法律和规章许可范围内，为对方举办商业展览提供一切便利。

第六条　缔约双方按照各自国家现行法律和规章，在进出口下列货物时，互免关税和其他税收：

一、样品和宣传品，其中包括宣传所必需的广告影片；

二、装配工人为修理或装配而进口的工具和设备，但不得出售；

三、永久或临时展览的物品，展后退回。

第七条　缔约双方同意成立一个由两国政府代表组成的混合委员会，负责监督本协定的良好执行。

在缔约任何一方要求下，委员会将举行会议，交换意见，研究本协定执行中可能发生的问题，并在必要时向两国政府建议一切适宜的措施。会议的时间和地点由双方商定。

第八条　本协定自缔约双方完成各自的法律程序并相互通知之日起生效，有效期为一年。在本协定期满前三个月，如缔约任何一方未以书面通知另一方要求修改或废除本协定，则本协定的有效期将自动延长一年，并依此法顺延。

本协定于 1980 年 10 月 6 日在科威特签订，正本两份，每份都用中文和阿拉伯文写成，两种文本具有同等效力。

全国人大常委会副委员长乌兰夫在北京拜会马来西亚上议院议长敦·奥马尔·翁毓麟和夫人

乌兰夫在拜会时说，自从建交以来，中马两国的友好合作关系的发展令人满意。中国将继续支持马来西亚和东盟各国为争取东南亚和全世界的和平、安全和繁荣所作的努力。翁毓麟感谢中国一贯支持马来西亚和东盟各国在东南亚建立和平、自由、中立区的目标。他说,马中两国对当前国际上许多重大问题的看法是相同的。他们表示相信,两国的友好合作关系一定会进一步获得发展。

国务院副总理兼国家农委主任万里在北京会见以国际农业经济学家协会主席西奥多·丹姆斯博士为团长的代表团

万里在会见时说,国际农业经济学家协会为促进各国农业经济的发展起了积极作用。我国为能够参加这个协会的活动感到高兴,这样可以使我们更好地学习其他国家在农业经济方面的好经验。

外交部就苏联武装人员侵入中国内蒙古自治区境内制造流血事件照会苏联驻华大使馆并提出强烈抗议

1980 年 10 月 5 日 8 时许,4 名苏联武装人员乘一艘摩托艇越过中苏界河额尔古纳河,侵入中国内蒙古自治区额尔古纳右旗吉拉林牧场,强行绑架在该地从事生产活动的中国牧民李忠,李奋力反抗,苏武装人员即开枪将李打死。中国边防人员闻声当即赶到现场,苏武装人员竟向中国边防人员开枪,中国边防人员进行自卫还击,将苏 1 名凶手击毙在中国境内,其余 3 名入侵者弃物仓皇乘艇逃回苏境。

中国方面对苏联当局不顾中方的一再警告,在中苏边境地区再次制造流血事件,打死中方人员,侵犯中国领土主权,提出强烈抗议。

中国方面要求苏联当局惩办上述流血事件的肇事者,停止在中苏边境地区的一切武装挑衅活动。必须指出,苏联方面妄图从制造边境紧张局势中捞到什么东西是徒劳的,它必须承担由此而产生一切后果的全部责任。

国防部在人民大会堂举行宴会欢迎由几内亚人民革命共和国人民军部长兰萨纳·迪亚内率领的几内亚军事代表团

国际台风学术讨论会在上海开幕

这次会议由联合国世界气象组织和亚洲、太平洋地区经济社会委员会理事会联合举办,为期 6 天,讨论会将对台风的生成、发展、路径、结构等方面的理论研究工作和业务预报技术进行交流。讨论会已经收到 40 多篇论文。

参加这次讨论会的有澳大利亚、孟加拉、英国、缅甸、加拿大、中国、洪都拉斯、印度、日本、马来西亚、新西兰、菲律宾、斯里兰卡、泰国、美国、苏联 16 国家和香港的从事热带气象学研究和业务活动的专家、气象局长。

10 月 7 日

国务院总理赵紫阳在北京会见马来西亚上议院议长敦·奥马尔·翁毓麟和夫人以及马来西亚议会代表团全体成员

政协全国常委会举行第十三次全体会议

1981 年 10 月 10 日是辛亥革命 70 周年纪念日。政协全国委员会常务委员会在政协礼堂举行会议,讨论并决定隆重纪念辛亥革命 70 周年的有关问题。

政协全国委员会副主席乌兰夫主持会议,并就隆重纪念辛亥革命 70 周年的有关问题作了说明。政协全国委员会副主席刘澜涛在讲话中阐述了辛亥革命的历史意义,赞扬了孙中山先生的伟大功绩。

会议通过了政协全国委员会关于隆重纪念辛亥革命 70 周年的决定和辛亥革命 70 周年纪念筹备委员会名单。

政协全国委员会常务委员会第十三次会议通过关于隆重纪念辛亥革命 70 周年的决定

1981 年 10 月 10 日,是辛亥革命 70 周年纪念日。

辛亥革命是孙中山先生领导的我国历史上伟大的民主革命运动,它推翻了清朝的封建统治,结束了中国两千多年的君主专制制度,使中国人民在精神上获得了空前的大解放,为以后革命的发展开辟了道路,在中国民主革命史上,具有重大的历史意义。伟大的革命先行者孙中山先生,顺应历史潮流,根据人群的需要,领导了这次伟大的民主革命。在中国新的历史时期,隆重纪念辛亥革命 70 周年,宣传辛亥革命的历史意义和孙中山先生的伟大功绩,学习和发扬辛亥革命先烈的牺牲精神。对于巩固和发展革命的爱国的统一战线,加强中华民族的大团结,促进台湾归回祖国,实现统一大业,同心同德,把祖国建设成为现代化的社会主义强国,也具有重要的现实意义。为此,本会决定:

成立辛亥革命 70 周年纪念筹备委员会,负责进行纪念活动的筹备工作。筹备委员会由中国共产党、各民主党派、人民团体和各界人士组成。

辛亥革命 70 周年纪念筹备委员会名单

主任委员　叶剑英

副主任委员

宋庆龄(女)　邓小平　胡耀邦　赵紫阳
邓颖超(女)　乌兰夫　韦国清　彭冲　廖承志
阿沛·阿旺晋美　许德珩　胡厥文　朱蕴山
史良(女)　班禅额尔德尼·确吉坚赞　刘澜涛
沈雁冰　康克清(女)　季方　周建人　庄希泉
胡子昂

委员(按姓氏笔画排列):

丁光训　于光远　于树德　马寅初　王力　王匡
王竹溪　王任重　王鲁明　王昆仑　王首道　文正一
巴金　邓初民　甘祠森　古耕虞　平杰三　叶圣陶
田桓　田富达　包尔汉　吕叔湘　朱学范　朱穆之
伍禅　任质斌　华罗庚　庄明理　刘斐　刘大年
刘宁一　刘念智　刘瑶章　关山复　汤无炳　孙起孟
孙晓村　孙越崎　严济慈　严信民　苏子蘅　杜聿明
李世璋　李纯青　李铁铮　李维汉　杨秀峰　杨拯民
杨静仁　萧克　吴茂荪　吴贻芳(女)　吴桓兴
何贤　何长工　何柱国　何思源　沙千里　沈其震
宋希濂　张杰　张冲　张天放　张申府　张执一
张孝骞　张含英　张学铭　陆定一　陈此生　陈逸松
武新宇　茅以升　林一心　林巧稚(女)　林乎加
林丽韫(女)　罗青长　罗叔章(女)　金宝善
金善宝　周扬　周士观　周叔韬　周培源　郑洞国
宗怀德　屈武　奎璧　赵朴初　赵忠尧　赵宗燠
赵祖康　荣毅仁　胡子婴(女)　胡乔木　胡愈之
钟惠澜　侯镜如　洪丝丝　费孝通　费彝民　姚依林
贾亦斌　夏衍　顾颉刚　爱新觉罗·溥杰　钱三强
钱伟长　钱学森　钱昌照　钱端升　倪志福　徐伯昕
徐彬如　高戈　高登榜　郭棣活　郭瑞人
浦洁修(女)　陶述曾　陶峙岳　黄华　黄维
黄翔　黄镇　黄一欧　黄鼎臣　萨空了　曹禺
梁必业　梁漱溟　姬鹏飞　董其武　韩英　覃异之
程子华　程思远　童小鹏　曾三　谢冰心(女)
楚图南　雷洁琼(女)　蔡啸　裴昌会　赛福鼎
缪云台　潘菽

秘书长:屈武

副秘书长:

平杰三　朱穆之　刘宁一　童小鹏　高登榜　甘祠森
吴茂荪　贾亦斌　高戈

中共中央直属机关临时党委和中央国家机关临时党委举办的党员干部轮训班在全国政协礼堂举行开学典礼

中共中央办公厅副主任、中共中央直属机关临时党委书记冯文彬和国务院副秘书长、中央国家机关临时党委书记宋一平在开学典礼上讲了话。

冯文彬说,十年动乱,林彪、"四人帮"把我们党的高、中级干部的思想搞乱了,现在迫切需要对干部进行马列主义基本理论的教育。我们要认真总结新中国成立30年来的经验教训,正本清源,把党的思想理论工作恢复到马列主义、毛泽东思想的正确轨道上来,自觉地贯彻执行党的路线、方针、政策,更好地为四化建设服务。

宋一平说,对干部进行轮训和培养,这是党组织的一项经常性的重要工作。目前,我们国家正在进行许多重要的改革,特别是国家机关体制的改革和经济体制的改革和经济体制的改革,这些改革都涉及许多基本理论问题。我们要学习和掌握马列主义,尽可能地提高自觉性,减少盲目性,使我们在工作中少走弯路,少犯错误。

这次轮训的主要对象是中直机关和中央国家机关的中层党员领导干部,学习内容按照中央党校高、中级干部轮训的学习计划,统一组织,分散学习,每期5个月。参加开学典礼的共1200多人。

《解放军报》以《党政分开会不会削弱党的领导?》为题发表一篇答读者问

答读者问说,要回答这个问题,首先要搞清楚什么叫党的领导。在这一问题上,有些同志往往从权力上考虑多,以为加强党的领导就是要由党组织决定一切、管理一切、包揽一切。这种观念的形成是有历史原因的。多年来,我们过分强调了党组织大权独揽,尤其是"文化大革命"这10年,在加强党的"一元化"领导等口号下,不适当地、不加分析地把一切权力集中于党委,特别是集中于党委一、二把手,出现了以党代政、党政不分的状况,这种情况显然是不正常的。党的领导主要是路线的领导、方针政策的领导、原则的领导;实现党的领导,主要靠强有力的思想政治工作、切实有效的组织监督工作以及充分发挥每个共产党员在各自岗位上的先锋模范作用,把党的方针政策变为群众的行动,而不是由党组织直接发号施令、包揽一切。党的领导的主要任务就是提出纲领,指明方向和道路,规定长远的目标和现阶段的任务,组织、动员广大党员和群众沿着党的路线前进。因此,党的领导是加强还是削弱,并不在于权限的大小,管的具体事情多少,而在于党的思想路线、政治路线和组织路线是否正确,党的各级组织是否坚强,党员的先锋模范作用发挥得怎样,党在群众中是否有威信。

答读者问指出,把党的工作和政府的工作切实明确地分开,是我国领导体制上的一个重大改革,不仅不会削弱党的领导,而且还会更好地改善和加强党的领导。

实行党政分开,有利于各级党组织的主要领导同志摆脱日常烦琐事务的纠缠,集中时间和精力处理党的重大问题;使各级党委能够集中力量管理党务,管党的路线、方针、政策，做好思想政治工作和组织监督工作，保证党的各项工作任务的完成。实行党政分开，有利于避免权力过分集中，防止和克服官僚主义，使党委和政府各司其职，各级党组织和政府部门的主要领导同志各负其责。实行党政分开，还有利于各级人民政府充分行使自己的职权，使国务院以下各级政府真正建立起从上到下完善有效的工作系统，管好政府职权范围的工作。政府的工作加强了，就能使党的各项路线、方针、政策更好地贯彻，使党和人民的联系进一步得到加强。这实际上也就加强了党的领导。

从表面看来，由党委包揽一切，似乎加强了党的领导，其实是把党的领导降低到了一般的行政领导，从而削弱了党的领导。

答读者问最后指出，中国共产党是全中国人民的领导核心，加强党的领导是我们的根本利益所在。我们人民的团结，社会的安定，民主的发展，国家的进步，都离不开党的领导。而实践告诉我们，要加强党的领导，必须不断地改善党的领导。把党的工作和政府的工作切实地明确地分开，正是改善和加强党的领导的一个重大措施。这一改革必将进一步加强党的领导、发挥社会主义制度的优越性，促进四个现代化的进程。

安徽量才录用解除劳教及刑满就业科技人员

《人民日报》报道，近一年多来，安徽省从解除劳动教养和刑满就业人员中，大胆地量才录用了234名科技、外语人员。这批人员分别担任了大中学校教师、外文翻译、工程师、助理工程师、技术员、医师等专业工作。各录用单位对这些人在政治上不歧视，在业务上放手使用。这些人大都努力工作，不少人在业务上起着骨干作用。

安徽省录用刑满就业的科技人员，主要看三个条件：一是拥护四项基本原则，愿为现代化建设服务；二是经过考核，确实具有大专毕业或相当于大专毕业的基础理论知识和业务水平，能独立承担本专业的科研或教学任务；三是身体健康，年龄在60岁以下。只要用人单位提名，地、市级人事部门会同有关业务部门审核，省人事局批准，就可录用。录用后即成为国家正式职工，由劳动部门拨给劳动指标，其工资待遇与其他科技人员一视同仁，授予技术职称的还可评定较高的工资级别。

全国科学大会后，安徽省一些在劳教单位就业的科技人员在党的政策的感召下，不断向省人事部门来信自荐。对此，中共安徽省委负责同志十分重视，多次指出解除劳动教养和刑满就业人员中有相当数量的科技人才，要求有关部门努力挖掘，以补充省内人才不足，并亲自批准4名刑满就业科技人员由省人事部门考核录用。但是，一些长期从事管教和人事工作的同志，担心安排使用这些人员会犯丧失阶级立场的错误。为了统一思想认识，省有关部门组织这些同志认真学习中央有关指示精神，帮助他们解除顾虑。省人事局、公安局、科委等部门的负责同志还组成调查组，深入到全省12个劳教基层单位，进行了为期3个月的调查研究。调查表明，全省解除劳教和刑满留场(厂)就业的科技、外语人员有1376人，其中一部分曾担任过正副教授、研究员、讲师、工程师和主治医师，有的有过发明创造，有的发表过学术论文和著作。经过长期劳动改造，他们中的大多数有了不小的进步。除一部分因年老体弱、专业长期荒废或表现不好不宜录用外，确实有相当数量的可用之才。

去年12月，安徽省人民政府专门发了文件，明确规定了录用刑满就业科技人员的有关政策和具体做法，使有关方面在进行这项工作时有所遵循。录用刑满就业科技人员工作比较复杂，有些具体问题如推荐、考核、审批、劳动指标、工资待遇及户口粮油关系等，涉及许多部门，不是哪一家单独能解决的。安徽省在进行这项工作时，省人事局、公安局、科委、劳动局、机械局、农垦局、财政局等有关部门密切配合。只要需用单位提名，拟录用人员又符合条件，各部门就一路开放绿灯。

《人民日报》发表评论员文章《广开才路要有胆略有办法》

录用刑满就业的科技人员，在有的地方恐怕是连想都不敢想的，而安徽这样做了。他们的经验说明，只要解放思想，采取切实的办法，广开才路是大有可为的。

随着四化建设的进展，各地都感到专业人才缺乏。广开才路，势在必行。这一方面要大力发展教育事业，加速培养新的人才；另一方面要努力发掘现有人才的潜力。两者相比，发掘现有人才的潜力来得更快。但真正实行起来，会遇到各种传统观念和习惯势力的阻挠，也会受到现行的干部制度和人事制度方面的限制。因此，要广开才路，首先面临着思想解放和改革用人制度等一系列问题。

漫长的封建统治和相当时期的“左”倾思想的影响，使得我们的一些同志对知识分子、科技人员抱着种种偏见。你说这个人有一技之长，可用，他就说这个人出身不好，社会关系复杂，要不就是犯过错误。档案中实在找不出什么问题，也可以列出骄傲自满之类的毛病来。诸如此类的习惯势力和条条框框，不知压抑了多少人才。这种“左”倾偏见不破除，是根本谈不上广开才路的。

安徽大胆录用刑满就业的科技人员，是因为他们坚持了历史唯物主义的观点。他们不像有的同志那样，一说用人就先想到查三代、翻旧账。他们认为，过去的罪犯既已刑满，取得了公民权，就是人民中的一员。这些人的一技之长，不仅仅是他们自己的本领，而且是我们国家的一份智力财富。既然是国家的财富，就不应当弃置不用。用人之道，在于用其所长，而不能求全责备。这种胆略，正是广开才路所必备的一个重要条件。

现在，在人才问题上，各种议论和见解发表得不少。总的情况是，议论多而行动少。群众议论多，确实是好现象，但各级领导如果仅仅停留在议论上而拿不出具体办法来，那就变成空谈了。安徽录用刑满就业科技人员，没有停留在一般的议论上，而是实实在在地抓了政策和措施。所谓实实在在地抓，就是领导亲自动手抓几个典型，并且组织有关部门进行详细的调查。在调查研究的基础上，制定出具体的政策、措施，规定了录用刑满就业科技人员的具体条件、审批手续及录用后的工资待遇，明确了省内人事、公安、科技、劳动、财政等部门在这项工作中各自的职责，使各部门都为之开绿灯。这种面对现实，敢于提出问题，切实解决问题的积极态度，应当大力提倡。

要广开才路，就不能消极等待。现行干部制度的改革涉及历史的和现实的许多错综复杂的矛盾，人们提起来无不皱眉头。正因为困难，全面的改革要有一个过程，这就需要各地根据实际情况，先从一件一件的具体改革做起。局部地区的小改小革多了，就为干部制度的全面改革准备了条件。如果你看我，我等你，互相等待和依赖，大家都拿不出办法，中央又如何集中呢？即使中央有了统一的规定，各地也要结合当地的实际去贯彻，到时候还得各地拿出自己的办法。因此，消极等待不足取。

据了解，有些同志抱着“等”的态度，是因为怕犯错误。这个理由不能成立。社会主义制度的优越性，在组织制度方面，应该是有利于广开才路，大量培养、发现、提拔、使用坚持四项原则的、比较年轻的、有专业知识的建设人才。符合这个方向的改革，何来错误？相反，如果对人才浪费置若罔闻，无动于衷，不去改革，倒是要犯错误，而且是历史性的错误。

上海形成几个面向全国的商品交易中心

新华社报道，上海正在形成几个以华东地区为主、面向全国的商品交易中心。这是我国经济活动的一个新的变化。

上海一向是我国的经济中心。新中国成立以来，特别是对私营工商业实行社会主义改造后，经济活动逐步转为以行政管理为主，在生产和分配上统得过死、包得过多，造成流通渠道单一，流转环节重叠。近一年多来，在国家计划的指导下，发挥市场调节的作用，上海同全国各地传统的流通渠道又逐渐恢复起来。据上海市计委经济研究室的调查，目前上海有几个市场在不同程度起着全国贸易中心的作用：

——上海生产资料交易市场。这是个综合性市场，主要经营计划外物资和多余超储备物资，也有工业原料和热销产品，品种多达4万多个。全国各地已有229个生产资料服务公司同领导这个市场的上海生产资料服务公司建立了业务关系。这个市场还和华东70多家生产资料公司一起组成了服务网，并以上海为中心建立情报网，沟通华东地区生产资料商情。这个交易市场还接受全国1.47万多个工农业生产单位和科研部门直接委托的代购、代加工业务，直接委托代销的生产单位也有成百上千个。今年在这个市场举办的春季物资交流会上，价值23亿元的资源中，外省市就占14.6亿元。

——“批、零、代”三位一体的化工商品交易市场。这个批发、零售、代购代销的交易市场和市内市外发生广泛的联系。仅同全国大多数重点化工企业和中小企业建立购销、协作关系的就有2000多个。

——上海市农副产品贸易货栈。这里主要经营农副土特产品、废旧物资和社队企业产品的代购代销，也做门市收购和自营业务。通过这个渠道，供应上海的商品有花生米、黄豆、柑橘、桐油、松香，还有多种干鲜果品、水产、小杂粮等。上海货栈目前已同27个省、市、自治区的700多个农贸货栈建立了业务关系，并且同200多个社队企业签订了302份合同，为社队企业推销七大类200多种工业品。

——上海市综合贸易信托服务公司。这个公司以经营日用工业品为主，也代购代销一部分农产品。它们通过广告宣传、函电联系、上门服务、门市接待、举办展销会、参加物资交流会等途径，与市内外1090个单位发生购销业务关系。这个生活资料的信托贸易渠道，对沟通城乡和地区间的商品交流，调剂余缺，活跃市场起了积极作用。

——上海市小商品批发市场。这个建立于1964年的批发市场，近两年来逐渐发展起来，目前经营的小商品已有240个品种、2000多个花色规格。同它挂钩的单位有1500个。其中销往外省市的商品占80%。在这个市场上产销直接见面，看样成交，有效地改变了那种“小商品大流转”的现象。

国务院副总理兼外交部部长黄华在北京会见并宴请尼泊尔前首相基尔提·尼迪·比斯塔和夫人

中国航海模型选手破一项世界最新纪录

浙江省航海模型运动员葛萌，今天在全国航海模型竞赛的A三级航模(汽缸工作容积10毫升)第三轮竞赛中，以10秒97(164.084公里/小时，噪声指标77.5分贝)的优异成绩打破了他本人在10月5日创造的世界最新纪录。

国务院批转教育部 国家劳动总局《关于中等教育结构改革的报告》

现将教育部、国家劳动总局《关于中等教育结构改革的报告》批转各地试行。

改革中等教育的结构，发展职业技术教育，适应四化建设的需要，是当前亟待解决的问题，各级人民政府、各部门都要予以高度重视，切实加强领导，希望你们根据教育部、国家劳动总局的这个报告和中共中央的有关文件精神，结合实际情况进行具体规划，充分调动各方面的积极性，努力使改革工作取得成效。

关于中等教育结构改革的报告

(1980年9月27日)

遵照中央关于中等教育结构要进行改革的指示，我们对中等教育结构的情况和如何进行改革问题进行了调查研究，并在年初教育部召开的教育工作会议上进行了讨论，又与国家计委、财政部、国家农委、农业部等有关部门进行了多次商讨。许多省、自治区、直辖市党委的统一领导下，也已将此项工作列入议事日程，拟定了改革方案，并进行了试点。

我国中等职业技术教育的基础十分薄弱。"文化大革命"以前，刘少奇同志提倡两种教育制度、两种劳动制度，是符合我国国情的，对推动当时教育结构改革起了重要的作用，但是，由于林彪、"四人帮"的破坏，不仅我国的教育制度和劳动制度没有得到改革，而且使大批中等专业学校和技工学校被迫停办，农业中学、职业学校被摧残殆尽，造成中等教育结构单一化，与国民经济的发展需要严重脱节。普通高中毕业生除少数升入大学外，每年有数百万人需要劳动就业，但又没有任何专业知识和技能；同时，各行各业亟须技术力量，对招来的新工人还得进行两三年的学徒培训，影响劳动生产率的提高。这种状况对四化建设和安定团结极为不利。中等教育结构改革势在必行。

现将我们对此项工作的意见报告如下：

一、中等教育结构改革的方针和要求

中等教育结构改革，主要是改革高中阶段的教育，要使高中阶段的教育适应社会主义现代化建设的需要，应当实行普通教育与职业、技术教育并举，全日制学校与半工半读学校、业余学校并举，国家办学与业务部门、厂矿企业、人民公社办学并举的方针，县以下教育事业应当主要面向农村，为农村和各项建设事业服务。在城乡要提倡各行各业广泛办职业(技术)学校。可适当将一部分普通高中改办为职业(技术)学校、职业中学、农业中学。经过调整改革，要使各类职业(技术)学校的在校学生数在整个高级中等教育中的比重大大增长。

二、中等教育结构改革的内容和途径

(一)改革普通高中的课程

普通高中要逐步增设职业(技术)教育课，学习科目可由学生自己选择。

(二)将部分普通高中改办为职业(技术)学校、职业中学、农业中学

职业(技术)学校招收初中毕业生，学制二年至三年，主要进行职业(技术)教育，同时开设有关普通文化课。这类学校由教育部门和业务部门联办，隶属关系不变。

农业中学、职业中学是普通教育与职业技术教育相结合的中等学校。

将部分普通高中改办为职业(技术)学校，必须注意搞好普通中学的合理布局，适当改善办学条件，统筹安排，有计划地进行。已基本普及九年义务教育的大、中城市和厂矿企业办的普通高中可以多改一些。

(三)各行各业举办职业(技术)学校

要根据发展生产和服务性行业的需要，广开学路，举办各种职业(技术)学校。主要招收初中毕业生，办学形式灵活多样。这类学校除由各行各业举办外，集体和个人也可以办。

各地还可以利用一些适合办学的关停的工厂厂房及设备举办职业(技术)学校或作为学校场所，也可留用一部分技术人员和老工人作教师或实习指导。

有条件的大、中城市还可试办职业技术教育中心，开设若干职业技术教育科目，提供专业教师，设备和实习场所。

(四)积极发展和办好技工学校

技工学校是培养中级技术工人的学校。要办好现有技工学校，并根据生产建设的需要，稳步地有计划地发展。现行的领导管理体制不变。

(五)努力办好中等专业学校

中等专业学校是培养中级技术管理人才的学校，应保持现行的领导管理体制不变。

三、进行中等教育结构改革需要解决的几个问题

(一)毕业生的安排

职业(技术)学校、职业中学、农业中学的毕业生，经过文化和技术考核，合格者发给毕业文凭。普通中学学生学习职业(技术)教育课的，成绩合格者，在毕业文凭上应给予注明。对上述各类学校的毕业生，国家

不包分配。职业(技术)学校、职业中学的毕业生,由劳动部门(或劳动服务公司)推荐,经用人单位,考核,按专业对口的原则,择优录用,也可以自由选择职业。农村职业(技术)学校、农业中学的毕业生,社队安排各种技术管理人员,择优录用。

职业(技术)学校、职业中学、农业中学的毕业生,可以报考高等院校。报考对口专业的考生,考试成绩在同一分段数内,优先录取。

(二)经费和编制

职业技术教育应有专项经费开支。各省、自治区、直辖市可根据实际情况,制定具体开支规定,在未作出规定前,经商财政部可暂按下列原则执行:

中等专业学校、技工学校经费开支渠道,仍按现行规定不变。

原有普通中学改办的,其经费开支渠道不变,即教育部门所属普通中学改办的,由教育事业费开支;原属其他部门或厂矿企业所办的普通中学改办的,由其他部门有关经费或企业营业外项目列支;几个部门联合改办的,其经费由合办单位协商解决。

社队办的,其经费由办学单位自行解决。

经批准新办的职业(技术)学校经费,分别按:事业主管部门办的,在各部门事业费开支;专业公司办的,在公司经费开支;厂矿企业办的,在"营业外支出"项目列支。

零星土建工程和设备购置,事业单位凡单项(台)价值超过二万元的,应列入基本建设投资中开支;厂矿企业凡达到固定资产标准的,应按有关规定在更新改造资金或基本建设投资中开支。

职业(技术)学校的教职员工编制,列为各主办单位事业编制,纳入各主管部门的劳动计划。

各类职业(技术)学校、职业中学、农业中学要提倡半工半读、半农半读,坚持勤俭办学勤工俭学。这方面的收入,应主要用于解决学校经费开支和办学条件,抽出一部分用于解决师生的集体福利和学生的学习费用。学校要逐步做到部分自给。

(三)教师的配备

由各业务部门和劳动部门举办的职业(技术)学校、技工学校的师资,由办学单位自行解决,教育部门给予协助。由普通中学改为职业(技术)学校、职业中学的专业课师资,由有关业务部门和协作单位帮助解决,也可聘请一定的兼课教师。

教育部门、劳动部门和有关业务部门要有计划地为发展职业技术教育培养师资。省、自治区、直辖市应积极筹办职业技术师范学院。各地师范院校和各级教育学院(教师进修学校)应开办专业课教师培训班。今后分配大专院校、中专毕业生时,要照顾到职业(技术)学校、技工学校、职业中学、农业中学的需要。

(四)开办和审批

职业(技术)学校的开办,由办学单位提出,经上级主管部门审批,报地、市以上教育行政部门、劳动部门备案。新办农业中学报县教育局审批。农村把普通中学改办为农业中学或职业(技术)学校,需经地区行署教育局审批。城市把普通中学改办为职业(技术)学校、职业中学,需经市教育局和主管业务部门审批。新办技工学校的审批手续,仍按现行的规定不变。个人办职业(技术)学校,需经县以上劳动部门和教育部门审批。

四、加强对中等教育结构改革工作的领导

职业技术教育是我国社会主义教育制度的重要组成部分。进行中等教育结构改革,是建立社会主义教育体制的一项重要任务。在改革中涉及国民经济的发展计划、劳动制度以及安排广大青年的学习和就业等问题。要搞好这项工作,只靠教育部门不行。为此,建议各省、自治区、直辖市建立领导小组,吸收有关单位参加,统管中等教育结构改革和职业技术教育。地方,特别是市、县两级,要在党委的统一领导下,把教育结构的调整改革和经济结构的调整改革结合起来,紧密结合当地经济发展和劳动就业的需要,提出职业技术教育发展规划,组织教育、劳动、计划、财政等有关部门具体实施。在业务上,凡是培养技术人员和干部的职业(技术)学校,以教育部门为主综合管理,劳动部门配合,凡是以培养后备技术工人的职业(技术)学校,以劳动部门为主综合管理,教育部门配合,对教育结构改革,态度要积极,步骤要稳妥,一定要从当地实际出发,因地制宜。在调查研究的基础上,制订出中等教育结构改革方案,认真搞好试点,总结经验,积极地有步骤地加以推广,争取到1985年使中等教育结构的改革工作取得显著成效。

以上报告,如无不妥,请批转各地试行。

第一届全国书市在北京开幕

全国排球甲级联赛分别在成都和重庆结束

卫生部等12单位联合发出《关于进一步加强工业卫生管理工作的意见》

一、工业卫生管理机构

工业卫生的管理机构,新中国成立以来几经变动,特别是在十年动乱期间,由于林彪、"四人帮"的严重破坏,把工业卫生机构撤销了,人员拆散了,使工业卫生管理工作处于瘫痪状态。

党的十一大和五届人大之后,中共中央和国务院先后发出了中发〔1978〕67号、中发〔1978〕79号、国发〔1978〕241号、国发〔1979〕100号文件，对全国工业卫生、劳动保护和环境保护工作推动很大，调动了有关部门做好工业卫生工作的积极性。目前，已有1/3的工业交通部门，恢复或健全了卫生管理机构，初步改善了工业卫生的管理状况。但是，还有2/3的工业部和绝大多数的省、市、自治区工业厅(局)没有建立卫生管理机构。这是许多厂矿企业工业卫生管理不力，职业性危害严重的一个重要原因。因此，各工业交通部门和省、市、自治区要继续贯彻中共中央、国务院有关文件，认真落实文件中所提出的各项任务。特别是工业主管部门负责生产的领导同志，要充分认识搞好生产和搞好安全、卫生的一致性，要把工业卫生工作视为实现工业现代化的一个必要的条件。要逐步掌握现代化工业的管理技术，坚持管生产必须管安全、管卫生的原则。要加强领导，采取有力措施，把各工业厅(局)的卫生管理机构迅速恢复和健全起来。其人员编制，原则上由内部调剂解决，确实困难的，可报请上级有关部门审批解决。已经建立机构的，要在国民经济调整过程中，进一步加强领导，充实力量，确实把本系统、本地区的工业卫生工作抓紧抓好。

二、工业卫生工作的分工

1954年第一届全国工业卫生工作会议之后，国务院于1957年8月15日以秘习字第303号文转发了卫生部《关于领导工业卫生工作的分工办法》。20多年来，情况有了很大变化，其中有些条文需要修改。

实践表明，工业卫生的管理工作，必须充分发挥工业部门与卫生部门两个积极性，建立分工负责制，各尽其责，大力协同，才能使工业卫生管理工作落到实处。

厂矿企业中的劳动卫生、职业病问题，是生产过程中产生的问题，其预防工作有赖于工业部门本身采取劳动保护措施，改革工艺设备，和加强企业管理不可分割。因此，此项工作，应由工业部门负责管理，卫生、劳动部门和工会组织进行监督检查。厂矿企业中的一般医疗、防疫等工作的管理问题，鉴于我国各工业部门、各地区之间情况差别很大，要从实际出发，除铁道、二机、煤炭等部门自行管理外，其他工业交通部门，原则上由卫生部门负责管理，工业交通部门要积极给予合作。卫生部门和劳动部门在劳动卫生工作方面，仍按过去分工，各有侧重，密切配合。根据以上原则，对1957年《关于领导工业卫生工作的分工办法》进行了修改(具体分工，见附件)。

三、恢复和健全国家卫生监督制度

国家早在1953年就提出要逐步推行卫生监督制度。1954年第一届全国工业卫生工作会议作出了相应的决议，并经政务院批准执行。但是长期以来，由于没有具体法规条文作依据，片面强调教育，缺乏有力措施，加上林彪、“四人帮”的长期破坏，使卫生监督有名无实。由于大多数新建企业和城市规划项目的卫生要求，如在厂址选择、工程设计、竣工验收等方面，未接受卫生、劳动、环保部门和工会组织审查就动工或投产，致使这些企业的职业性危害和“三废”污染长期不易改造和治理，这是工人中职业病发病率高、环境污染严重的重要原因之一。为此，实行有效的卫生监督，严格执行工业卫生和劳动保护法规，是搞好工业卫生工作的一个重要措施，是加强社会主义法制的一个重要内容。目前迫切需要制定国家卫生监督法。要根据宪法的有关条文，总结我国有关卫生监督的经验，起草颁发《中华人民共和国工业卫生监督条例》。

附　件(略)

卫生部　国家计委　国家经委　财政部
国家劳动总局　化工部　煤炭部　冶金部
全国总工会　五机部　国防工办
国家环境保护领导小组

第一届全国医药卫生科普大会在太原召开

这次会议是对全国医药卫生科学普及成果的一次检阅，也是新中国成立以来医学科普战线表彰先进，奖励优秀科普作品的一次盛会。会议反映出医学科普百花园地一派生气勃勃的繁荣景象。人类学家吴汝康教授撰写的《人类的起源和发展》一书，这次被评选为优秀科普作品。从事结核病研究工作30多年的天津市和平医院老专家郭德隆，从去年5月至今，先后到北京、上海、哈尔滨、广州、杭州、邯郸、太原等地，向医务人员传授和普及吸烟与肺癌、冠心病和肺气肿关系的医学知识。他还把这些医学知识制成幻灯片，在讲解时配合放映，使讲解生动形象、通俗易懂，受到了各地医务工作者的好评。这次，他作为科普积极分子参加了大会。被“四人帮”迫害致死的中华医学会科普委员会前主任委员傅连暲同志生前撰写的《健康漫谈》一书，这次又重新出版，被评选为优秀科普作品。

这次评选出的优秀科普作品，内容丰富多彩，从各个方面介绍和普及了人体生理卫生知识。江苏人民出版社出版的《心脏的秘密》和《脑的故事》，是思想性、知识性和趣味性结合得比较好的少年儿童科普读物。书中运用了大量的历史故事和古今中外的各种传说，生动有趣地介绍了生命的歌唱者——心脏“永不疲倦之谜”，脑与智慧的关系等知识，引起了小读者们的广泛兴趣。

来自各方面的代表在会上充分交流了开展医药卫生科普工作的经验。

会议认为,医药卫生的科学普及任务十分繁重,它肩负着提高全民族医学科学知识水平的重任。会议呼吁各方面尊重医药卫生科普作者的劳动,给他们应有的社会地位,同时对于医药卫生方面的学术论文和科普作品,应该一视同仁,同等对待。为了不断发展和壮大医药卫生科普队伍,提高科普创作质量,大会向全国医药卫生战线发出了倡议书。会上还讨论制定了医药科普工作试行条例和宣传要点。

这次会议是由中华医学会、中国药学会、中华护理学会、中国防痨协会、中国生理科学会、中国解剖学会联合召开的。来自全国各地的200多名代表参加了会议。会议在12日闭幕。

10月8日

国家计委 国家农委 农业部 国家统计局联合发出通知不再用“牲畜年末存栏头数”和“粮食耕地亩产量”作为考核指标

通知中指出,长期以来,在计划统计工作中,偏重使用牲畜“年末存栏头数”和“粮食耕地亩产量”作为衡量畜牧业发展和粮食生产水平的主要指标。采用这两个指标考核牲畜和粮食生产发展状况,带来了不少弊病。许多地方为了片面追求牲畜的年末存栏头数,往往不注意加速畜群的周转和出栏率、出肉率的提高,降低了畜牧业生产的实际经济效果。不少地方和社队为了使粮食产量“上纲要”、“超纲要”,搞所谓“帮忙田”,甚至采取少报耕地面积、“压亩上纲”等手段骗取荣誉,严重影响耕地面积数字的准确性。

通知中指出,考核总结农业生产,一定要注意它的实际效果。衡量粮食生产好坏,主要看总产量、商品量和每人平均产量及消费量是否增加,生产成本是否降低,粮农的收入是否上升;衡量畜牧业生产好坏,主要看畜产品的多少和成本的高低,看牧民的收入是否上升。具体到畜产品的指标,还应当根据不同牲畜的不同用途,提出不同要求。

通知中说,牲畜“年末存栏头数”和“粮食耕地亩产量”不再用作考核指标,但在农业统计报表中仍然要保留这两个指标,“牲畜存栏头数”,6月末和年末分别统计一次;“粮食耕地亩产量”改由省以上统计和农业部门填报,作为研究畜牧业生产和土地利用的参考指标。

国务院副总理康世恩在北京会见1982年世界博览会主席斯·赫·罗伯特和执行顾问金·弗·科尔

国务院副总理万里在北京会见由马达加斯加革命先锋党中央政治局委员内政部长安皮·奥古斯坦·波尔托斯率领的马达加斯加友好代表团

国务院批转教育部《全国中等专业教育工作会议纪要》并发出通知

现将教育部《全国中等专业教育工作会议纪要》转发给你们,望参照执行。

为了适应四化建设的需要,我为教育事业要力求在80年代有个大的发展。四化建设不仅需要大量的高级专业人才,而且需要数量更多的中等专业人才。望各地区、各部门要重视中等专业教育,加强领导,切实办好一批重点中等专业学校,解决一些必须解决的问题,把中等专业教育办好。

全国中等专业教育工作会议纪要

经国务院批准召开的全国中等专业教育工作会议,于1980年4月10日至25日在北京举行。这次会议总结了新中国成立30年来中等专业教育工作的基本经验;研究了中专教育在新时期的任务;讨论了如何贯彻八字方针。会议期间,方毅同志到会讲话。会议明确了中专教育的地位、作用、任务,讨论和确定了一批重点中专学校,解决了工作中的一些重要问题。与会代表认为会议是开得好的,对办好中专教育增强了信心。(中师工作,在全国师范教育会议上研究。)

一、会议认为,新中国成立以来中专教育培养了300多万名毕业生(加上中师,为五百万),他们中的大多数已成为各条战线的骨干力量,在建设事业中发挥了重要作用,是我国技术、管理干部队伍的一个重要组成部分,但在“文化大革命”期间,中专教育受到林彪、“四人帮”的极大摧残,质量一落千丈,少培养了百余万名毕业生。粉碎“四人帮”以来,在党的领导下,拨乱反正,中专教育开始走上了正轨。到1979年,全国的学校数、在校学生数,比1965年分别增加127%、82%。数量有了发展,质量逐步有所提高。会议认为。在过去30年的大部分时间里,中专教育工作的路线是正确的,成绩是主要的,取得了正反两方面的经验,为今后的发展建立了可靠的前进阵地。

二、会议讨论了新时期中专教育面临的新情况和任务。中专教育必须与经济建设和科学技术的发展相适应。我国的四化建设不仅需要大量高级专业人才,也需要数量更多的中等专业人才,以提高职工队伍中技术、管理人才的比重,使中等和高级专业人才保持合理的比例。中等专业人才数量不足,势必造成高级专业人才使用上的浪费;中专毕业生在实践中锻炼提高,不少人可以成为工程师、农艺师、医师等,以弥补高级专业人才的不足。

随着四化建设的发展，各行各业的科学技术水平和管理水平将不断提高；职工的文化、业务程度也逐步提高；实现干部队伍专业化、知识化，中专毕业生将是各行各业，特别是基层领导干部的重要来源，他们的政治质量和业务水平与四化建设的关系极大。这些新情况，对中专教育的质量提出了更高的要求。

根据上述情况，会议认为，新时期中专教育的任务就是多办和办好中等专业学校，培养德智体全面发展、又红又专的中等专业人才。必须坚持中学生的培养目标，用现代化生产所需的基础理论、专业知识和实际技能武装他们，使他们的基础知识厚一些、专业面宽一些、实际技能好一些、适应性强一些。必须从我国不同地区经济条件、教育基础和中专专业门类众多的实际情况出发，提出不同要求，采取多种办学形式。中专学校具有投资少、建设快、培养学生周期短的特点，是多快好省地培养中等专业人才的重要途径，我们要充分发挥这一优势，使中专教育在80年代有个较大的发展。

当前中专教育的形势很好，但现有学校的师资、校舍、经费、仪器设备十分缺乏。有些基础很好的老校停办后，迄今尚未复办。现有学校约有2/3是新建校。学校规模和办学条件不能与过去相比。工作中困难不少，问题很多，远远不能适应四化建设发展的需要。因此，在今后的三五年内，中专教育必须认真贯彻八字方针，着重抓好调整、改革、整顿和提高工作，并有计划地稳步发展，为今后进一步发展提高打下坚实基础。基本要求是：首先办好一批重点学校；继续恢复老校；新校初具规模；教学质量真正达到培养目标的要求；努力做到学校布局合理，专业配套。

三、认真贯彻八字方针，当前必须着重抓好以下几项工作：

（一）确定中专学制。

中等专业学校是在相当于高中文化程度的基础上进行专业技术教育，中专的高年级与大学低年级交叉，是介乎高中与大学之间的一种学校。根据我国经济文化发展不平衡和中专专业门类多、要求不一的情况，中专学制可以多样化：招收初中毕业生，一般为四年，个别五年，有的专业仍保持三年；招收高中毕业生，一般为两年，医科和工科等有些专业可为两年半或三年。少数民族地区可以从实际出发，提出不同的招生对象和学制。

中等专业教育除全日制中专外，还要积极举办半工（农）半读、业余和函授教育等。有条件的学校，还应承担干部轮训工作。

（二）全面规划，搞好调整。

培养人才，必须全面规划，搞好综合平衡。各地区各部门都要制订中专教育发展计划，把培养中等专业人才的规划纳入经济发展规划，要在保证质量的前提下有计划地稳步发展，避免大起大落。要使中专学校与高等学校的招生有适当的比例，逐步提高经济管理、政法等专业的招生比例。对需要量大的专业，各部门和地方可自己培养解决，需要量小而许多部门都要一点的专业，可由有关部委或地方统筹规划或互相之间协作代培解决。

中等专业学校存在着学校布局专业设置不合理的现象，要适当调整，缺门的专业要增设。新办学校，必须具备条件，才能招生。

中专毕业生学用不一致，是个浪费，要努力做到学用一致。

（三）切实办好重点学校。

集中力量办好一批重点学校，是办好中专学校的一项重要措施。会议讨论并确定了全国重点中专学校239所。各主管部门和地区必须加强重点学校的领导力量、充实师资和设备，逐步增加经费，改善办学条件，努力提高教学质量，为四化输送水平较高的中等专业人才。重点学校要稳定，一般不要戴帽改办成大专，对个别需要改办大学的必须从严掌握。

（四）加强师资队伍建设。

壮大和提高师资队伍，是当前需要大力解决的一个重要问题。各有关部门和学校都要拟定师资队伍建设规划。今后普通课和政治课教师应由学校所在省、自治区、直辖市负责解决，由教育部门作出规划，提请计划、人事部门从综合大学和师范院校的毕业生中分配。专业课和专业基础课教师由主管业务部门负责配备。

要采取多种形式培训和提高师资。要使尚未达到大学毕业水平的中专教师努力达到大学本科毕业水平。

要认真执行党的知识分子政策。搞好教师考核和职称的评定工作。

（五）稳定教学秩序，搞好教材建设，提高教学质量。

要建立和健全必要的规章制度，做到有章可循。学制、学校的领导关系、规模、专业设置、教学计划、大纲、教材等都要相对稳定。在学校调整整顿中，应进行四定（定学制，定规模，定专业，定编制），以便建立稳定的教学秩序。重大改革，必须经领导单位批准，进行试验。

为了把教学质量提高到一个新的水平，教育部和有关部、委应在调查研究、总结经验的基础上，借鉴外国的经验，从我国实际出发，尽快修订专业目录、制订教学计划和教学大纲，并编写出版所需的全部教材。

（六）增加学校经费，切实改善办学条件。

与会代表一致认为，目前中等专业学校的办学经费十分困难，物质条件很差，必须逐步加以解决。

当前校舍不足的问题十分严重。全国中专校被占校舍750万平方米，至今约有2/3尚未退还，其中有2/3是本系统单位挪占，移作他用。有关方面要尽快解决校舍退还问题。为了恢复办好学校，要坚决停办一些可以缓办的事情。尽可能将一些停关并转的工厂改办为学校。中等专业学校所需基建投资应按隶属关系，分别列入国务院各部委和省、自治区、直辖市基建投资计划。

要加强实验室、实习工厂（农场）、图书资料室的建设，努力充实和更新设备，要提倡学校自制仪器设备。

（七）加强领导，健全领导管理体制。

中等专业学校按照领导关系，分为国务院部属学校和地方学校。国务院部委所属学校，由有关部委领导，或由有关部委和省、自治区、直辖市双重领导，以部委为主。地方所属学校在省、自治区、直辖市人民政府领导下，由有关业务部门主管；国务院各部委对本系统地方所属学校负责业务指导，协助地方办好学校。各级教育部门要切实加强对中专教育事业的业务指导。各有关部门都要建立健全管理机构，配备好专职人员。省、自治区、直辖市教育部门的中专教育行政机构，一般可设在高教局。要按照领导人员年轻化和知识化、专业化的要求，尽快健全学校领导班子，训练领导干部，加强思想政治工作。中等专业学校一般应为县团级单位，重点学校可为地师级。省、自治区、直辖市教育行政学院应承担中专学校领导干部的培训任务。

会议要求中专教育战线的全体同志，要坚定不移地贯彻党的路线、方针和政策，发扬艰苦创业的精神，多办、办好中专学校，为实现四化作出更大贡献。

世界桥牌联合会接纳中华人民共和国桥牌协会为该联合会会员

世界桥牌联合会在宣布中国为这个组织的会员时强调："台湾桥牌组织将以'中国台北桥牌协会'的名义继续作为世界桥牌联合会会员"。世界桥牌联合会还说，他们不同意中国台北桥牌协会在世界桥联的任何比赛项目中使用台湾目前使用的所谓的"国旗"和"国歌"。

中国选手苏蔚彬在广州举行的全国航海模型分项赛中以12秒85（140.078公里/小时）的成绩创造航海模型A2级世界纪录

10月9日

中共中央主席华国锋就朝鲜劳动党第六次代表大会的召开和朝鲜劳动党成立35周年致电朝鲜劳动党中央委员会总书记金日成

电报全文如下：

朝鲜劳动党中央委员会总书记尊敬的金日成同志：

值此朝鲜劳动党第六次代表大会胜利召开和朝鲜劳动党成立35周年之际，我以中国共产党中央委员会的名义，代表中国共产党全体党员和中国人民，谨向以您为首的朝鲜劳动党中央委员会，向朝鲜劳动党全体党员和朝鲜人民，表示最热烈的兄弟般的祝贺，并致以崇高的敬意。我们衷心祝愿朝鲜劳动党第六次代表大会圆满成功！

朝鲜劳动党是具有光荣历史的马克思列宁主义党，是朝鲜人民一切胜利的组织者和领导者。35年来，以朝鲜人民的伟大领袖金日成同志为首的朝鲜劳动党，把马克思列宁主义的普遍真理创造性地运用于本国的具体实际，继承和发扬抗日武装斗争的光荣传统，引导朝鲜革命从胜利走向新的胜利。

朝鲜劳动党领导英雄的朝鲜人民，经过艰苦卓绝的斗争，创建了无产阶级专政和朝鲜民主主义人民共和国，击败了美帝国主义的武装侵略，建设了繁荣富强的社会主义国家，谱写了光辉的历史篇章。朝鲜劳动党坚持无产阶级国际主义，坚决反对帝国主义、殖民主义和支配主义，积极支援被压迫民族和被压迫人民的革命斗争，为维护世界和平和争取人类进步的事业作出了卓越的贡献。

朝鲜劳动党制定适合本国特点的自主、自立、自卫的革命路线，充分调动工人阶级和劳动人民的社会主义积极性，在战争废墟上创造了经济建设的伟大业绩。目前，勤劳、智慧的朝鲜人民正深入开展思想、技术、文化三大革命，为胜利实现宏伟的第二个七年计划而努力奋斗。朝鲜的社会主义事业在蓬勃发展，劳动人民的物质文化生活水平在不断提高。我们相信，朝鲜劳动党第六次代表大会，必将为朝鲜民主主义人民共和国指明更加辉煌的前景，必将激励朝鲜人民在新的征途中取得更大的胜利。

早日统一被人为地分裂的国家，使朝鲜以完整的、独立自主的崭新面貌出现于世界之林，是全体朝鲜人民最迫切的愿望。为了实现国家的统一，朝鲜劳动党高瞻远瞩，代表朝鲜民族的根本利益，根据形势的发展，及时制定富于原则性的正确方针，提出合情合理的方案，进行着坚持不懈的努力，从而赢得了全世界人民的广泛同情和支持。中国共产党和中国人民坚决支持朝鲜劳动党的正确方针和合理主张，坚决支持朝鲜人民反对帝国主义的侵略干涉、争取自主和平统一祖国的正义斗争。

中朝两党、两国人民在长期共同的反帝斗争中携手并肩，用鲜血凝成了伟大的友谊；在社会主义革命和建设中互相支援，建立了非常密切的友好合作关系。近年来这种友好合作关系在新的历史条件下又得到了新的发展。这对于促进两国的社会主义建设，维护亚洲和世界和平与安全，促进世界无产阶级和革命人民团结战斗的共同事业，都具有重大的现实意义。

中国共产党无比珍视伟大的中朝友谊，并将继续为它的巩固和发展作出自己的一切努力。今后，无论世界上出现什么样的风浪，中国共产党和中国人民将一如既往，同朝鲜劳动党和朝鲜人民紧密团结，相互支持，共同前进。

中国共产党中央委员会主席　华国锋

1980年10月9日于北京

党和国家领导人华国锋 胡耀邦等在人民大会堂会见少数民族文艺会演的全体人员和参观团代表

党和国家领导人华国锋、胡耀邦、乌兰夫、倪志福、赛福鼎、王任重、阿沛·阿旺晋美、杨静仁，今天下午在人民大会堂会见了参加全国少数民族文艺会演的全体人员和国庆节少数民族参观团的各族代表，以及中央民族学院干训部学员、西北民族学院的部分师生、中央团校新疆班学员。

中共中央副主席邓小平在人民大会堂会见日本松下电器公司最高顾问松下幸之助一行

中共中央副主席李先念在平壤分别拜会欧非三国领导人

李先念拜会的三国领导人是：南共联盟中央主席团委员、联邦共和国主席团委员佩塔尔·斯坦鲍利奇；罗马尼亚共产党中央政治执行委员会常设局成员政府总理伊里耶·维尔德茨；几内亚人民革命共和国总统塞古·杜尔。

全国冬季防火工作座谈会在兰州举行

新华社报道，公安部最近在兰州市召开了全国冬季防火工作座谈会，总结、交流了近几年来各地防火工作经验，提出了今年冬季防火工作的要求。

参加座谈会的各省、市、自治区和铁道部、交通部的有关负责同志，学习了国务院《关于处理“渤海2号”事故的决定》等有关文件，认为“因地制宜，早抓勤防”是搞好防火工作的一条正确原则。今后仍要坚持按照这条原则把防火工作搞好，保障人民生命财产安全和四化建设成果。

会议认为，消防工作是保证安全生产的一个重要方面，各级公安机关应当从思想、组织和工作部署上，把它摆到一个重要的位置，以极大的革命热情与高度的责任感做好这项工作。

会议要求在今年冬防工作中，必须充分发动群众，及早部署，针对冬季火灾的特点，抓住火灾严重地区和单位，严格火源火险的控制与监督管理，狠抓基层单位的防火安全的措施，力争把火灾事故大大减少下来。

中华人民共和国和美利坚合众国邮政包裹协定和国际特快专递邮件业务协定签字仪式在美国邮政管理局大楼举行

全国人大常委会副委员长谭震林在北京会见由山口县知事平井龙率领的日本山口县访华团

国务院副总理陈慕华在北京会见由奥地利前卫生和环境保护部部长英格利特·莱欧多特博士率领的奥地利友好人士代表团

国务院副总理张爱萍在北京会见由几内亚人民革命共和国人民军部长兰萨纳·迪亚内率领的几内亚军事代表团

《人民日报》发表评论员文章《不明智的行动》

“美国在台湾协会”和台湾在美国的“北美事务协调委员会”10月2日签署了一项协议，规定双方派驻对方的机构和人员享受外交特权和豁免权。这项协议，得到了美国政府的支持。在中国方面就这一事件提出批评后，美国国务院发言人在6日表示“拒绝”中国方面的“指责”，并且声称这是一件“小事”，并不违背中美建交公报的精神。美国政府这种无视国际法准则和背离中美建交原则的行为，不能不引起中国人民的强烈愤慨。

中美关系正常化的一个重要原则是，美国承认只有一个中国，台湾是中国的一部分。1979年1月1日中美建交公报明确写着：“美利坚合众国承认中华人民共和国政府是中国的唯一合法政府。在此范围内，美国人民将同台湾人民保持文化、商务和其他非官方关系。”美国政府在1978年12月15日中美建交前夕还曾公开发表声明，宣布“今后，美国人民和台湾人民将在没有官方政府代表机构，也没有外交关系的情况下保持商务、文化和其他关系”。在中美建交以后建立的“美国在台湾协会”和台湾在美国的“北美事务协调委员会”,只能是美国和台湾维持人民之间商务、文化等关系的非官方办事机构。显然,任何企图使这些维持人民之间关系的非官方机构具有官方性质的做法,都是违背中美建交原则的,因而也是绝对不能容许的。

外交特权和豁免权,是国与国政府间关系中官方代表机构和人员所享有的一种权利。这是人所共知的国际法的常识。“美国在台湾协会”和“北美事务协调委员会”既然都是非官方的民间机构,它们有什么权力授予对方以只有官方代表才能享受的特权呢?事实上,过去美国并未给予什么非官方的民间机构以这种特权,现在美国政府支持这两个机构签订这项协议,难道不是要赋予这两个机构以政府间联系的官方性质吗?尽管美国官方人士竭力辩解,企图把这说成是一件“小事”,但是台湾方面公开宣传,这项协议规定双方人员享受的特权,“相当于一般外交人员所享受的范围”;在非官方机构之间作出这样的安排,“在国际上也绝无仅有”。这就表明,这个协议已经使这两个机构实际上具有官方性质,美国政府企图把这种协议解释为仅仅是非官方关系中的安排是根本站不住脚的。

美国官方在为这个协议的合法性作辩解时,拿出了《与台湾关系法》作为根据,这是无济于事的。《与台湾关系法》在很多方面同中美建交原则相违背,中国政府早就对此表明了自己的反对态度。美国政府要把这项美国的国内法强加于中国,以此作为处理中美关系的法律基础,中国人民是绝对不会接受的。

中美两国的关系在经历了近三十年曲折崎岖的道路以后实现了正常化。由于双方的共同努力,这种关系近年来有了良好的发展。中国人民对中美两国的友好关系是重视的。但是,中国人民决不会牺牲原则,容忍美国任何方面搞“两个中国”的活动。必须指出,发展中美关系,对于反对霸权主义,维护世界和平具有重大意义。这不单是符合中国一方的利益,而且也符合美国一方的利益。美国不少政界人士就一再指出,破坏中美关系发展的进程,“可能带来灾难性的后果”。可见,是使中美关系的发展继续前进还是发生逆转,这是摆在美国领导人面前的一个重大的战略性问题。目前,美国政府支持使美台关系具有官方性质的这种做法,背弃了自己承诺的义务,违反了中美建交的基本原则。这种不明智的行动已经使中国人民的感情受到伤害,无疑将会对中美两国关系的继续发展产生不利的影响。

天津市利用多种形式组织农民学文化学技术

新华社报道,天津市重视农村业余教育,积极组织农民学习科学文化知识,取得了较好的效果。全市郊区已有一半以上的大队办起了扫盲班、业余小学、业余中学和农业技术训练班2900多个,共有7.7万多人参加学习。经验收,今年上半年已有1.7万多人脱了盲。同时,有3400多人学习了一些农业技术知识。

10月10日

中共中央副主席邓小平在人民大会堂会见以美国国际交流署署长约翰·莱因哈特为团长的美国政府文化代表团

《人民日报》发表邢贲思的文章《对当前思想解放运动的一些看法》

粉碎“四人帮”以后,在我国的大地上出现了一个气势磅礴的思想解放运动。这个运动经历了斗争,经受了考验,现在正继续向纵深发展。对于这个运动,人们有各种议论:赞颂者有之,惶惑者有之,谤毁者也有之。现在谈点个人的看法。综观中外历史,不止一次出现过思想解放运动,任何一次真正的思想解放运动的出现都不是偶然的,它都是顺应历史发展的潮流应“运”而生的。任何一个思想解放运动都不是个人心血来潮的产物,任何一个个人,即使是杰出人物,都不能“创造”出一个思想解放运动,也不能任意左右这样的运动;只有顺应这个潮流,站在这个潮流的前头或当中,才不致成为时代的落伍者。我国当前的思想解放运动发展成为一个滔滔巨流虽然是比较晚的事,但是它的酝酿阶段开始得很早,可以上溯到“四五”运动。粉碎“四人帮”以后,在新的条件下,这个思想解放运动才顺利发展起来。粉碎了“四人帮”,人们一方面欢欣鼓舞,但同时也开始思考一些问题。为什么“四人帮”这样一伙野心家、阴谋家竟能够篡夺这样的高位,横行无忌,胡作非为,推行封建法西斯专政?造成这种情况的原因究竟在哪里呢?人们痛定思痛,感到必须冷静地对过去进行认真的总结。另一方面,10多年来,由于林彪、“四人帮”的破坏,我们的政治动乱不稳,经济面临崩溃的边缘,人民的生活贫困,这样的局面再也不能继续下去了。党中央在粉碎“四人帮”以后,就着手制订各种方案,以期改变这样的情况。但是要前进却遇到了很大的阻力。阻力来自何处?一方面来自各种实际困难,另一方面更重要的是来自各种旧传统、旧习惯、旧观念。多年来,以现代迷信为特征的本本主义渗透到我们生活的各个方面,把人们的头脑完全禁锢了起来。这种思想樊篱不打破,这种精神状态不改变,就会寸步难进,任何一种改变现状的方案都不可能付诸实施,我们国家、民族的前途就有被断送的危险。问题就是这样尖锐地摆在我们党和人民的面前。人民要求总结过去,改变现状,这就是粉碎“四人帮”以后在我国所以会出现一个波澜壮阔的思想解放运动的根本原因。这个运动不是个别人头脑的产物,而是一个历史的潮流。它开始时带有某种自发性,后来发展成为一个党领导下的广大人民群众的自觉的运动。这个思想解放运动经过一段酝酿,终于通过关于真理标准的讨论而蓬勃开展起来了。可以说,真理标准的讨论是这个思想解放运动的序幕。"实践是检验真理的唯一标准"本来是马克思主义认识论中的一个常识问题,但它在1978年上半年重新提出,却具有新的意义,带上新的时代特点。它的锋芒是针对现代迷信的。人民要求从现代迷信的蒙昧主义下摆脱出来,把长期受禁锢的头脑解放出来。而在这个时候,突然出现了所谓"两个凡是"的提法,按照这种提法,过去的一切都不能动,率由旧章。这样一来,什么总结过去,改变现状,就都会落空。"两个凡是"是现代迷信在新形势下的继续,它的出现是对正在萌芽状态的思想解放运动的一种反动。因此,用"实践"的观点批判"凡是"的观点,使正在萌芽状态的思想解放运动能够顺利发展,蔚为洪流,就成了不可避免的了。关于真理标准的讨论,不仅是理论之争,而且是马克思主义的思想路线同唯心主义的思想路线之争,也是立志创新、立志改革的进步潮流同反对创新、反对改革的保守潮流之争。党的十一届三中全会的召开宣告了马克思主义思想路线的胜利。在这场斗争中,党中央站在运动的最前头,在紧要关头,对"实践是检验真理的唯一标准"的观点作了充分肯定,在三中全会上对这场讨论作了高度评价,并且把理论联系实际、一切从实际出发、实事求是的原则重新确定为党的思想路线。十一届三中全会还作出了包括党的工作重点转移在内的一系列重大决策,为全党、全国人民树立了一个解放思想的光辉榜样,推动着运动逐渐走向高潮。但是正当党的十一届三中全会引导着我们向思想解放的大道上继续迈进的时候,我们受到了来自两个方面的干扰。一方面的干扰,打的旗号也是"思想解放",而实际上是用极端自由的货色以假充真,妄图把我们的思想解放运动引向无政府主义,引入歧途。来自另一方面的干扰,则打着保卫毛泽东思想的旗号,指责真理标准的讨论"搞糟了",三中全会"开坏了",夸大社会上出现的某些混乱现象,把它们归罪于思想解放运动。我们队伍中的一些同志口头上虽也赞成思想解放,但一看到这些现象,也惊呼"思想解放之风不可长"!一场严峻的考验摆在思想解放运动的面前。是因噎废食,就此改弦更张,还是突破阻挠、排除干扰,把运动继续向前推进?党中央及时地认清了这一形势,一方面保护了思想解放这一潮流,另一方面采取了若干措施,对来自两个方面的干扰进行有力的还击,使得这个思想解放运动能够继续健康地发展。党的十一届四中全会、五中全会和最近召开的五届人大三次会议,以及这一期间所进行的许多改革,都是这一思想解放运动所结出的新的丰硕成果。

历史上任何一次思想解放运动总是要求从某种根深蒂固的传统观念下解放出来。如果把这一次思想解放运动同历史上的思想解放运动作一比较,就会发现,这次思想解放运动所要求摆脱的是现代迷信。和一切迷信都是异化现象一样,现代迷信也是异化现象,不过它不是创造了一个一般的人格神,而是把领袖当作神,并且把这个被当作神的领袖同广大人民对立起来,使他成了人民的某种异己力量。在现代迷信流行时,领袖的著作、言论被当成了膜拜的对象,被当成了不需实践检验、不要再通过实践发展的终极真理。于是,"以领袖的是非为是非"这种新的经学形态出现了。这种新经学严重窒息了我们民族的思维能力和创造活力。这种思想停滞、僵化的状态,不但使我们对于许多事物丧失了识别能力,而且使我们对于林彪、康生、"四人帮"这样一伙党内大奸的长期肆虐也丧失了判断能力,这是他们得以横行多年的一个重要原因。因此,粉碎"四人帮"以后,人们提出要用实践来衡量我们的过去,要用实践来判断一切功过是非,要用实践来解放我们的头脑,发展我们的理论,恢复我们民族的生机。这一个思想解放运动和历史上的启蒙运动不同。过去的启蒙运动以理性作为审判台,要求把人们的一切活动拿到理性这个审判台上来接受检验;现在却是要以实践作为审判台,要求把一切理论、路线、方针等等精神的东西,拿到实践这个审判台上来接受鉴别。在林彪、"四人帮"横行时,这一切都是颠倒的,那些精神的东西倒成了最高的仲裁者,人们的实践反而倒要由它作出裁决。这一次思想解放运动是以恢复实事求是这一马克思主义的基本原则为内容,用辩证唯物主义来反对唯意志论,反对现代迷信。

这一次思想解放运动的另一个特点是,它同各方面的改革始终结合在一起,相辅相成,共同前进。思想解放为各项改革开辟了道路,而各种改革又反过来推动思想解放的进一步发展。党中央最近采取了一系列改革措施,如取消领导职务的终身制,改变领导体制,把党政分开,使领导班子逐步年轻化、知识化、专业化;充分发扬人民民主,实行基层政权的直接选举,在企事业单位成立职工代表大会;健全法制,制定各种法律,结束党委对司法的干预,确保司法独立;改革经济管理体制,用经济的办法管理经济,实行计划调节同市场调节的结合;此外,在所有制、企业自主权、生产责任制、保护竞争、促进联合等方面也有许多新规定。范围这么广、幅度这么大、牵涉的方面这么多的大改革,是新中国成立以来从未有过的。这一系列改革是思想解放的产物，它一经出现，又反过来大大促进当前的思想解放运动，激励着全国人民立志创新，献身四化。解放思想，锐意进取，这是我们的国家、民族希望之所在，它顺乎历史的潮流，合乎人民的需要，已经成为不可阻挡的滚滚洪流。

这个思想解放运动还有一个特点，就是它随着实践的发展而逐步深化。这个运动的起始，人们还只限于思考一些具体问题，随着实践的发展，人们要求回答的问题越来越多，也越来越重要，终于接触到了许多带根本性的问题。人们对这些问题的认识也经历了一个从若明若暗到比较明确的过程。比如，对于多年来在我国实际存在的领导职务终身制，开始时人们因为习以为常，并没有感到是一个严重问题，至少并不认为是一个非立即改革不可的问题。后来，大家认识提高了，认为这是我们领导体制上的根本弊病，它导致权力的长期过于集中，助长了家长制、一言堂、官僚主义，对于社会主义的民主起到了严重的妨碍作用，是非改不可的陋习。从这个问题以及类似的一些问题，人们逐渐认识到我们的社会主义社会是从半封建半殖民地的社会发展过来的，我们虽然经过了民主革命，一般地说民主革命的政治、经济等方面的任务已经完成，但是在意识形态方面并没有开展对封建主义的深入批判。因此，在社会上，在党内，封建主义的遗毒相当严重，这是造成党内生活不正常，家长制、一言堂、特权、终身制等等弊端存在的根源。如果不开展对封建主义遗毒的批判，要在政治方面进行重大改革，就会遇到很大的阻力，而且这种改革很有可能半途而废。因此，随着人们认识的深化，适应政治改革的需要，肃清封建主义遗毒这一历史任务就被提上了议事日程。向全党、全国人民提出这一任务的正是党中央。

这个思想解放运动最后一个特点是，虽然它在开始时带有某种自发性，但不久就发展成为一个自觉的运动，这个运动是在党中央的领导下健康发展的。我们的党是一个久经考验的马克思主义政党，虽然近一二十年来我们历尽了曲折，饱尝了艰辛，但是我们没有被困难所压倒，经过顽强的斗争，总结了正反两方面的经验，我们的党更加成熟了，我们的党领导了这一思想解放运动，自己也受到了运动的洗礼，变得更有智慧、更富生气了。挫折并不可怕，重要的是接受教训。我们的党正是这样做的。党中央和人民心连心，站在运动的最前头领导着运动，使运动得以排除万难，胜利前进。

曾经听到有人说，主张思想解放会妨碍对马克思主义的捍卫。这种说法是毫无根据的。如果一定要说有妨碍，那只能是对本本主义的“马克思主义”有妨碍，至于创造性的马克思主义，那么思想解放运动是完全符合它的要求的。近些年来，国际国内发生了那么大的变化，马克思主义著作中的许多结论虽然经受住了实践的考验，被证明仍然是正确的，但是也有一些结论则已经被实践证明是不正确的，或者当时是正确的，但后来由于条件变了，已经不适用了。即使现在仍然有效的许多结论，也必须结合这一时期内发生的新情况、新经验加以丰富和发展。这正是马克思主义生命力之所在。马克思主义本质上是革命的、批判的，它除了承认世界上的一切事物处在绝对的运动中以外，不承认任何绝对的东西。马克思主义的这一精神当然对于它自己也是完全适用的。一部马克思主义的历史就是不断以新的结论来取代旧的结论、以新的实践来丰富它的原理的历史。为什么在现在的群众特别是青年中，产生了对马克思主义的怀疑，出现了所谓的“信仰危机”？这除了林彪、“四人帮”用现代迷信玷污了马克思主义这一原因外，还和我们不善于把马克思主义同当前的实践结合起来，回答国内外出现的一系列新问题，一句话，同我们不善于搞创造性的马克思主义有关。如果我们只会背诵100多年以前、几十年以前的结论，即使这些结论是正确的，又怎能满足人们希望对于许多新问题作出判断的要求呢？比如，人们不能满足于说我们的社会主义制度是优越的，而是要求回答为什么这种优越性没有充分发挥，以及如何才能够充分发挥。群众这样的要求当然是合理的。要回答这些问题，靠现成的本本无济于事，只能靠理论联系实际，靠实事求是，靠思想解放，也就是靠创造性的马克思主义。本本主义的“马克思主义”无论是在国际还是在国内都得不到人们的信任，既然连取信于民都发生了困难，又何论对它进行捍卫呢？只有发展马克思主义，使马克思主义不断通过新的实践得到丰富，才能使它的真理性得到人们的信任。思想解放，恰恰就是要求从本本主义中解放出来，倾听实践的呼声，倾听群众的呼声，创造性地发展马克思主义。这正是对马克思主义的科学态度，只有这种态度才能真正捍卫住马克思主义。对于那些认为思想解放不利于捍卫马克思主义的人，人们完全有理由认为，他们所要捍卫的马克思主义只能是本本主义，而创造性的马克思主义对于他们是格格不入的。这种本本主义一害国家，二害人民，谬种流传，祸害无穷。对于本本主义的“马克思主义”，我们只能深恶痛绝，决不能恋恋不舍。

这个思想解放运动已经成为一个不可阻挡的历史潮流，任何人要想从根本上使它逆转是不可能的。因为这个运动的命运是同我们国家的命运、民族的命运、人民的命运结合在一起的。当然，在前进的道路上不是没有阻力，不是不会遇到曲折。但是任何阻力、曲折都动摇不了我们立志改革、实现四化的决心。有党中央的坚强领导，有亿万人民的同心同德，思想解放运动的势头一定会继续深入下去。历史将向我们证明这一点。

农业部采取措施积极做好干部培训工作

《人民日报》报道，党的十一届三中全会以来，农业部为加强农村人民公社集体经济的经营管理，组织各省、市、自治区农业主管部门和各地农业院校的农业经济系，先后举办了15期农村人民公社经营管理干部训练班，共培训县以上的人民公社经营管理干部2600多人。

这一项工作受到各省、市、自治区党委和人民政府的重视，大部分地方都由主管农业的领导干部亲自部署检查工作。河北、辽宁、湖北、江苏、四川、云南、贵州、甘肃、青海、新疆等省、自治区都为办好训练班提供了条件，加强了领导，做了大量的工作。北京农业大学及南京、沈阳、西北、华中、西南、新疆八一等农学院的农业经济系派出了教授、讲师承担专业课程。广大学员态度积极，学习认真，经过考试，绝大部分及格，获得了农业部颁发的结业证书。

最近，农业部为了加强这项工作，又采取了一系列积极措施。主要有：(一)经国家农委批准，决定建立农业部农业经济管理干部学校，长期培训农业经营管理干部和师资。(二)从今年秋季开始，举办全国性的师资培训班，为各省、市、自治区训练自己的农业经济管理学科的教师，以逐步扩大干部训练的规模，切实保证培训的质量。(三)干部队伍，经国务院批准，在全国增加28500名人民公社经营管理干部；同时转发了《农业经济管理干部技术职称评定标准(试行草案)》，确定全国农业经济管理干部将分别按照本人学历和实际水平评为农业经济技术员、助理农业经济师、农业经济师、高级农业经济师。

中国政府正式加入保证民用航空安全的《海牙公约》和《蒙特利尔公约》

为了制止非法劫持航空器和危害民用航空安全的非法行为，国际航空法会议分别于1970年12月与1971年9月在荷兰的海牙和加拿大的蒙特利尔通过了上述两个公约。目前国际上已有100多个国家分别参加了这两项公约。

中国政府于今年9月10日向公约存档国之一的美国政府交存了中国加入这两个公约的加入书。中国政府在加入书中声明，台湾当局用中国名义对上述公约的签署和批准是非法的、无效的。同时声明，中国政府将不受这两个公约下述条款的约束，这些条款规定在对公约的解释或应用发生争端而不能谈判解决时，应将有关争端交付仲裁或提交国际法院。

中国政府高度重视保障人民的生命财产和民航的安全，一贯反对劫持飞机、劫持人质等恐怖犯罪行为，也不赞成以个人冒险行为来进行政治斗争。

经国务院批准财政部决定在新的所得税法未制定之前采取措施减轻合作商店和个体经济所得税的负担

合作商店，不分城镇和农村，可以从今年10月1日起，由现行合作商店九级超额累进税率，改为按集体手工业八级超额累进税率计征所得税；合作商店经营的饮食、服务、修理行业，改为按集体手工业八级超额累进税率计征所得税后仍有困难的，由省、市、自治区研究确定，还可以给予适当减税照顾。

个体经济可以暂不执行十四级全额累进税率和现行加成征税的办法，所得税负担水平，可以在相当于手工业八级超额累进税率负担的原则下，由省、市、自治区结合具体情况自行确定。

全国有390种轻工业产品荣获轻工业部颁发的优质产品证书

这是轻工业部继去年向425种产品颁发优质产品证书后，第二次颁发的优质产品证书。这批荣获证书的优质产品，大多数是在国内外市场上享有盛誉的产品，其中有相当一部分产品已达到或接近国际先进水平。

中国成本研究会在北京成立

中国成本研究会是我国专门研究成本经营管理的学术团体，研究会的任务是从事成本经营管理的理论研究，总结成本经营管理经验，普及成本经营管理的知识。它可以应邀为各种新建的工程项目计算工程成本，进行成本预测，为正在生产和经营的企业计算产品成本；也可以接受各地区和企业的邀请作专题学术报告。

于光远被推选为这个研究会的名誉会长。

中国国际信托投资公司同美国美洲银行在北京签署了一项关于发展这两个机构间业务合作的协议书

协议书说，美洲银行同意对中国国际信托投资公司在办理吸收、运用外国资金，引进先进技术及最新设备中，进行各种方式的协作并提供有关建议。双方同意积极相互介绍愿意发展两国间有关合资经营、合作生产、补偿贸易等经济合作方式的企业对象和合作项目，并对此提供积极协助。双方还同意在有关项目和其他直接业务合作方面，相互提供最适宜和最优惠的有关资金筹措和资金运用的便利。美洲银行准备按照中国国际信托投资公司的需要，协助进行经营管理人员的培训工作。

全国人大常委会副委员长廖承志在人民大会堂会见以瑞典斯德哥尔摩市议会主席市政委员会主席吕特盖尔·帕尔梅为团长的代表团

国务院副总理姚依林在北京会见美国美洲银行行长克劳森一行

联合国工业发展组织和我国联合举办的水泥技术区域间讨论会在北京开幕

参加会议的有亚洲、非洲和欧洲16个国家的代表共35人。会议期间,来自三大洲的各国水泥工业界代表将交流水泥工业节约能源,水泥厂的建设、生产和防止环境污染等方面的经验,探讨水泥工业发展新技术。

中国第一株人体胃腺癌细胞株在上海培育成功并通过鉴定

上海市第六人民医院和复旦大学遗传学研究所,从一名56岁女性胃癌患者胃小弯侧部的转移淋巴结中取出癌组织,在体外成功培养了这株胃腺癌细胞株,它具有恶性肿瘤细胞特征的结构形态。今年5月,中国科学院上海药物研究所将这一细胞株的一些培养细胞先后接种在兔子、小白鼠和乳犬身上,对所形成的肿块进行病理切片观察、化验,证明是所移植的癌细胞。目前,这一细胞株生长情况良好,每7天传代一次,已稳定地传到第79代。

新型舰船手术台研制成功

《人民日报》报道,一种新型的舰船手术台最近研制成功,它能在风大浪急的情况下,保证在舰船上施行医疗手术。这种手术台是人民解放军海军医学研究所研制的。它按照低位,坐姿,三固定(手术床、手术者和被手术者固定)和同步运动(手术者和被手术者同步运动)的要求设计,可以根据海上航行特点,变换体位和角度。经二十多次在大摇摆条件下进行手术试验,证明性能良好。

文化部 教育部 中国科协 全国总工会 共青团中央联合发出《关于切实解决青少年文化活动场所的意见》

意见要求各级有关部门采取必要措施,尽快解决青少年的文化活动场所问题。要求各地有关单位:(一)尽快抓紧退还被占用的青少年活动场所。据统计,1965年,全国县以上的青年宫、青年俱乐部有196所,少年宫、少年儿童活动站(室)共6850多所。现在退还和恢复活动的青年宫只有10多所,少年宫、少年儿童活动站(室)也只有1500多所。各地主管部门应将活动场所被占用的情况向省、市、自治区党委或地方党委汇报,建议党委根据中央精神,采取果断措施,责成占用单位限期归还。如退还确有实际困难,占用单位要折价退赔,应优先列入地方自筹基建计划,重新修建。一些原有被弃置或改作他用的活动场所,各主管单位应尽快修整,恢复活动,并增添新的活动内容。(二)认真办好现有的活动阵地。各级主管部门要切实加强领导,适当增拨活动经费,增添活动设施,配齐必要的专职(或兼职)人员,丰富活动内容,提高活动质量,使现有的活动阵地充分发挥作用。(三)充分利用社会上已有的文化设施,大开方便大门,为青少年服务。社会上已有的文化设施要把为青少年服务列为日常工作之一。(四)有计划地扩建和兴建一批活动场所。

各级党委和政府部门应根据中央有关文件的精神,切实把青少年活动场所的建设纳入地方基本建设计划和城市建设规划。在规划和兴建新住宅时,一定要注意文化活动场所的建设。1985年以前,各大、中城市要有计划地建设专供青少年进行业余文化、体育、科技活动的青少年宫或活动中心。城市可参照武汉市开展青少年业余文化活动的经验,逐步建立四级活动网,即市有青少年宫;区有青年俱乐部、少年之家;街道有青少年活动站;居委会有青少年活动室。农村公社、大队要逐步建立文化站、室和公社(小城镇)文化中心。有条件的地方要以大队或生产队为单位兴办青年之家,组织业余文艺演唱小组等。建议中等以上的城市和大城市的区都要设立少年儿童图书馆,县、区、市图书馆要设立少年儿童阅览室,以满足少年儿童的文化活动的要求。

这五个单位认为,鉴于我国目前的经济状况,单纯依靠国家投资兴建青少年文化活动场所是有困难的。因此,建设青少年活动阵地,要积极争取社会各方面的支持,有关部门要在财力、物力、人力上给予必要的帮助;要继续发扬艰苦创业的精神来办事业,扩建和新建的经费、材料、劳力,要因地制宜采取多种方式解决。

工矿企事业单位,应尽力设法修旧利废,就地兴建、扩建或调拨一部分房屋作活动阵地。农村中知青点的房子,已经空闲起来的,可供青少年活动使用。各级团组织可以发动青少年,通过有组织的集体劳动自筹资金,因陋就简地建设一些活动场所,增添一些设备。

中国选手葛萌在广州举行的全国航海模型分项赛中以10秒97(164.084公里/小时)的成绩创造航海模型A3级世界纪录

赵丹逝世

我国著名的人民艺术家赵丹同志因患癌症，于10月10日在北京逝世，终年65岁。

赵丹同志原名赵凤翔，祖籍山东肥城，居江苏南通，生于1915年。1957年加入中国共产党。他在中学时代，就热爱戏剧艺术。1931年考入上海美专学习国画。1933年，在白色恐怖极其严重的情况下，他参加了中国左翼戏剧家联盟，从事进步话剧运动，并进入电影界。从《琵琶春怨》开始，几年里他先后参加拍摄了20多部影片。特别是在《十字街头》《马路天使》中的演出获得很大成功，成了一位最受观众欢迎的明星。1937年，赵丹和许多电影戏剧工作者一起，积极进行抗日宣传工作。1938年，赵丹赴新疆开拓戏剧工作，遭到反动军阀盛世才的残酷迫害，系狱5年。抗战胜利后，赵丹回到上海，参加了周恩来同志直接领导的昆仑影片公司，主演了《遥远的爱》《乌鸦与麻雀》等影片。

新中国成立后，赵丹的艺术才华有了自由施展的广阔天地。他成功地塑造了李时珍、林则徐、聂耳、许云峰等艺术形象，为中国电影的表演艺术留下了可贵的财富，博得了国内外观众和影评家的赞扬。十年浩劫中，"四人帮"对他进行了骇人听闻的迫害，关押了5年多。赵丹的一生是坎坷的一生，战斗的一生。他追求真理、追求光明。他和人民心心相印，一生探索艺术的真谛。

10月11日

国务院总理赵紫阳就阿尔及利亚遭受地震灾害发电报给阿尔及利亚总统沙德利·本·杰迪德表示慰问

电报说："惊悉贵国阿斯南市发生强烈地震，造成了人员伤亡和财产损失，我代表中国政府和中国人民向你，并通过你向阿尔及利亚政府和阿尔及利亚人民以及受灾地区人民，表示深切的同情和慰问，并向遇难者家属表示诚挚的哀悼。"

全国人大常委会副委员长 中日友协会长廖承志在人民大会堂会见日本众议院议员日本妇女有权者同盟名誉会长市川房枝一行

国务院副总理姚依林在人民大会堂会见国际农业发展基金会总裁苏迪里一行

以促进科学史学科繁荣为宗旨的中国自然科学史学会在北京成立

这个学会是中国科学院自然科学史研究所等单位发起成立的。10月6日至11日在北京召开了第二次全国自然科学史学术讨论会及中国自然科学史学会成立大会。

《人民日报》发表社论《从长江抗洪看军民团结》

今年夏秋之际，长江发生了近25年来最大的一次洪水。经过沿江数百万军民持续两个多月的奋力抗争，终于把它制服了。

洪水考验了人民，人民战胜了洪水，这是人定胜天的一曲凯歌。今年夏季以来，长江流域暴雨频频，汛期来得早，持续时间长，洪水水位高。长江干流持续一个多月处于超过警戒线的高水位状态，汉口站曾前后出现六次较大洪峰。洪峰水位曾升到27.76米，仅次于特大洪水的1954年和破堤成灾的1931年，为有水文记载以来115年中的第三个高水位。但是，在沿江各级党、政、军领导机关沉着指挥下，经过广大军民协力斗争，千里长江干堤没有一处溃口，较大滨湖圩垸也没有决口，沿江城镇安然无恙，生产建设照常进行，铁路运输畅通无阻。这是中国人民抗洪斗争史上一个很大的胜利。

这次长江抗洪防汛斗争，传颂着很多军民团结的赞歌，再一次显示了军民并肩战斗的伟大力量。在这场人与大自然的搏斗中，解放军指战员不愧是一支在中国共产党培育下久经考验的英勇善战的突击队。哪里需要他们，他们就出现在哪里；哪里有困难和危险，哪里就有他们奋不顾身的勃勃英姿。为保护国家和人民生命财产的安全，为夺取抗洪救灾斗争的胜利，他们雷厉风行，一往无前，表现了不怕牺牲、不畏艰险的革命英雄主义精神和忠于人民利益的崇高品质。党和人民政府表彰他们的功绩，广大群众赞扬他们的风格，他们实在当之无愧。

我国军政军民之间，历来是团结一致、鱼水情深的。军爱民，民拥军，是我党我军我国人民在长期革命斗争中形成的光荣传统。过去浴血奋战打天下，军民团结是我们克敌制胜的法宝。历史证明，没有军队和人民长期的坚强团结，就没有中国革命的胜利，就没有我们的人民共和国。今天，我们正在从事社会主义现代化建设的伟大事业，对外希望有一个长期的国际和平环境，对内需要持久地维护安定团结的政治局面。要造成这样一个有利于四化建设的条件，就需要有一支强大的人民军队，有巩固的国防，需要军政军民之间互相支持，紧密团结，共同努力。否则全国的安定团结就没有保障，建设四化、保卫四化就只能是一句空话。

发扬优良传统，加强军政军民团结是实现四化的重要保证。在经历了造成种种灾难的"文化大革命"之后，不论是军队上的同志，还是地方上的同志，对这一点都有深刻的体会，都在努力恢复和发扬拥军爱民的优良传统。这几年来，军政军民关系有了改善和进步。我们的军队是以全心全意为人民服务为宗旨的人民子弟兵。他们来自人民，服务于人民，为人民而战斗，与人民鱼水相依，深得人民群众的拥护，享有很高的威信。但是，历史的进程是曲折的。当林彪、江青反革命集团打着"无产阶级司令部"的旗帜篡党夺权的时候，当党的路线发生了严重的偏差和错误的时候，当我们把一场空前的浩劫当作一场伟大的革命来进行的时候，在错综复杂的情况下，部队许多单位参加地方"三支两军"，也难以完全避免某些错误。我们应该历史地、全面地看待这些历史上的问题。这是当前军政军民之间改善关系、加强团结的关键。要按照党中央团结一致向前看的精神和有关文件的规定，妥善解决好这个遗留问题。

"文化大革命"中，党的威信的下降，曾经引起党内外同志的忧虑；军队威信受到影响，也曾经引起军内外同志的忧虑。现在我们看得很清楚，粉碎"四人帮"以来，通过拨乱反正，我们的党依靠自己的力量改正了错误，端正了路线，重新得到人民的信任、拥护和爱戴。我们的军队通过端正思想路线和政治路线，用模范地执行党和政府的政策、法令，积极保卫、参加和支援社会主义现代化建设等实际行动，在人民群众心目中恢复权威，重建声誉。中越边境的自卫反击战是突出的一例，这次长江防汛抗洪，又是突出的一例。

加强军政军民之间的团结，军队要切实做好拥政爱民工作，地方要切实做好拥军优属工作。人民群众是我们军队生存的依靠，成长的根基。地方各级党政领导机关和人民团体，有义务在各方面给军队提供必要的支援。要树立爱护军队、关心军队、帮助军队的思想。要加强军民一致，共同关心国防，保卫四化的观念。要认真学习解放军的革命精神和崇高品质。农村社队在推行联系产量的责任制等办法时，要对烈军属、革命残废军人等优抚对象的生产劳动和生活作出合理的安排，按照规定认真落实对他们的优待和定期定量补助，解决现役军人家属的实际困难，同时注意妥善安排军队转业、复员人员的工作和生活，为加强部队建设作出应有的贡献。

在这次长江防汛中，军民团结一致，经受了考验，取得了胜利。不断加强军政军民之间的团结，我们就能在建设四化、保卫四化的斗争中，在任何困难和任何敌人面前，永远立于不败之地。

10月12日

国务院总理赵紫阳在人民大会堂分别会见日本松下电器公司最高顾问松下幸之助和英国英中贸易委员会副主席凯瑟克爵士及其夫人

中办发出组织《关于建国以来党的若干历史问题的决议(草稿)》讨论的通知

随通知发出《关于建国以来党的若干历史问题的决议(1980年10月供党内高级干部讨论稿)》。要求15日以前发到各省、市、自治区。中央办公厅组织的这次讨论开始时预定参加的人数是4000人，实际参加的人数比原定的要多。这次大讨论从10月中旬先后开始，持续了一个多月，到11月下旬结束。

《人民日报》发表社论《正确掌握标准选好优秀中青年干部》

五届全国人大三次会议提出认真改革我国经济管理体制、改进各级政府的工作，老同志的责任更为重大，提拔锐意改革的优秀中青年干部也显得更为迫切。现在，一方面是现代化建设急需大量人才；另一方面是许多政治本质很好、思想路线端正、有一定专业知识、有一定组织领导能力的优秀中青年干部，没有被发现和提拔上来。我们当然要加紧培养人才，但是目前的主要任务是善于发现、提拔以至破格提拔德才兼备的中青年优秀干部，以满足现代化的需要。

选拔干部，我们党一贯坚持任人唯贤的路线和德才兼备的原则。在现阶段选拔优秀中青年干部的标准是：一、坚持社会主义道路和党的领导，坚决执行党的路线；二、具有一定的专业知识和组织领导才能；三、年富力强、精力充沛。这三条标准，是党中央根据国家现代化的伟大历史任务、各级领导成员普遍老化和文化科技知识偏低的客观情况提出来的，是为了保持党和政府正确领导的连续性、稳定性提出来的。离开这些标准，难以正确地考察和识别干部，不可能把党和人民信得过、靠得住的优秀人才发现和选拔出来。

我们要掌握上述三条标准的精神实质，正确加以运用，才能做到知人善任。第一条标准是考察干部的思想政治路线端正不端正。考察干部，要重现在，重要的是考察粉碎"四人帮"以来的现实表现。特别要从实际行动看干部是不是真心实意地拥护三中全会以来党的路线。我们应该历史地、全面地看待干部，对干部的错误要具体分析。特别是在"文化大革命"那样错综复杂的斗争中，更要具体分析。要区分一般错误和严重错误，还要区分认识了错误还是坚持错误。对于那些跟随林彪、江青一伙造反起家的人，帮派思想严重的人，打砸抢分子，绝对不能提到重要岗位上来，一个也不能提上来，已经提上来的，必须坚决撤下来。如果不提高警惕，让他们占据领导岗位，重新要两面派，扎根串联,隐蔽下来,即使是少数人,也可能给我们带来无法预料的祸害。第二条标准是考察干部有没有真才实学,懂不懂业务,懂不懂经营管理,懂不懂科学技术,具备不具备一定的组织领导才能。我们选拔干部,一定要注意文化,要从大专、中专毕业生中选拔。但不能光看学历,重要的是看实际工作能力。对刻苦自学的中青年优秀人才,对有实践经验能刻苦学习的工农兵干部要同样选拔。第三条标准是说选拔干部要年轻一些,身体好,能够胜任繁重的工作任务,能够带头艰苦奋斗。当然,由于各地区、各部门、各行各业的工作性质、任务和条件不一样,对干部年龄的要求不能绝对化。有的同志政治、业务很强,精力充沛,能坚持工作,只是大了几岁,该提拔的还是应当提拔。总之,要把三条标准统一运用于不同的选拔对象,不可孤立地、片面地强调某一条。应当看到,干部工作是一项十分复杂的工作,一定要从实际出发,做深入细致的思想政治工作,千万不能简单从事。

有些同志认为,干部还是一个台阶一个台阶地上好。这有一定的道理。我们决不能像十年浩劫时那样,用"坐火箭"的办法提拔干部。干部要顺着台阶上,就是要让干部有一个深入群众、熟悉专业、积累经验和经受考验的过程。过去我们对台阶的理解仅仅限于现行党政干部中区、县、地、省各级,而忽视各行各业不同的台阶、不同的职务和职称。随着建设事业的发展,我们必须打破这种台阶的旧观念,制定各个行业提升干部、使用人才的新要求、新方法。将来很多职务、职称,只要考试合格,就应当录用。这就需要创造一些适合新形势新任务的台阶,以利于大胆破格提拔优秀人才。我们这样做的目的,是为了能够把优秀的中青年干部提拔上来,快点提拔上来。当然,提拔干部不能太急,太慢了也要耽误现代化的大事。对于特别优秀的中青年干部,要给他们搭个轻便的梯子,使他们能够越级上来。这次党中央提出减少兼职过多、权力过分集中的现象,目的之一,是为了给中青年同志腾出台阶,以利于中青年干部的成长。

要选拔好优秀中青年干部,必须扩大视野,打破只从党政干部中找人才,只从周围的、熟悉的干部中找人才的框框,尤其不能搞亲亲疏疏。如果搞亲亲疏疏,亲朋故旧皆为好,其余无人可称心,必然是所亲则饰其所短,短处也成了长处,使庸碌无为之辈,受到欣赏、提拔;所疏则削其所长,再好也无一是处,必使才俊贤能之士被压制、埋没。搞亲亲疏疏必然是找"听话的"。唯唯诺诺,无所作为,被认为是"谦虚谨慎"、"忠厚老实";有知识、有创见、不随声附和、敢于提出自己见解的,则被指责为"骄傲自大"、"目无领导"。搞亲亲疏疏,搞小圈子,选拔不了优秀中青年干部,被提拔的往往是老同事、老部下、同乡、亲友。由于选拔干部不是根据党的标准,而是出于某种关系,被选拔者的荣辱得失完全取决于个别领导者,因此,他们对领导者很容易唯命是从,感恩戴德。这样,就把干部的上下级关系,实际上变成封建的人身依附关系。"文化大革命"时期盛行的就是这一套。这种做法也影响了我们的一些同志,至今遗毒尚未肃清。我们必须坚决反对搞人身依附关系,严格按党的原则办事,搞"五湖四海",出以公心,为着党的事业,搞好选拔工作。

选拔优秀中青年干部,选得准不准,关系四化的成败,关系党和国家的前途,不能由少数人关起门来做,不能搞神秘化,也不能从个人的印象、好恶和恩怨出发,应该上下结合,充分听取群众的意见。在选拔时,各级领导要通过对干部的考察,提出自己的意见。同时,应该发动群众对选拔对象进行充分的议论,把领导和群众的意见综合起来考虑,才能作出比较正确的决断。要把一个人从政治上看透,不容易;要把一个人的能力看透,培养前途看透,也不容易。现在,党中央提出了明确的标准,在政治和工作能力两方面都有比较具体的要求。经过10多年的考验,中青年同志的政治面貌和工作能力,领导和群众基本上都是清楚的。老同志还在,采取从上看和从下看相结合的办法,是应当可以选好选准的。目前有一种值得注意的现象:发现一个优秀干部并准备提拔任用的时候,常常有人写信告状,说这个同志有多少"严重问题"。其实不少是枝枝节节,有些还不是事实,有的甚至把是非功过颠倒了。为着把人才选准选好,每个同志都有义务和权利向党组织如实反映选拔对象的情况,这是发扬民主、走群众路线所必需的。但是,如若出于派性、个人恩怨或嫉贤妒能,随意对一个同志进行挑剔,那就对我们的事业有损了。这种政治生活中的反常现象,必须加以纠正。我们党有许多同志,特别是老同志,在一个符合选拔标准的干部受到不公正的对待时,敢于从党和人民的利益出发,挺身而出,实事求是地讲公道话。他们的这种精神,在选拔优秀中青年干部工作中,很有大力提倡的必要。

只要我们充分认识现代化建设的新形势新任务,进一步解放思想,冲破封建主义思想残余、对待知识分子的"左"倾思想以及唯心主义、形而上学思想方法的禁锢,我们就能够正确地掌握选拔中青年干部的标准,大胆提拔和放手使用大批优秀中青年干部,以适应现代化建设的急需,从组织上发挥社会主义的优越性。

国务院副总理谷牧会见日本亚洲交流协会顾问日本经济团体联合会副会长长谷川周重一行

国务院副总理康世恩在人民大会堂会见美国钢铁公司总裁威廉·罗伯特·罗什一行

国务院副总理薄一波在人民大会堂会见以美国波音宇航公司总裁赫伯勒为团长的美国波音宇航公司访华团

上海国际举重友好邀请赛在上海体育馆开幕

参加这次邀请赛的有澳大利亚、加拿大、法国、英国、希腊、日本、墨西哥、巴基斯坦、菲律宾、新加坡、美国和中国共12个国家的70名运动员。

邀请赛组织委员会副主任杜前在开幕式上致辞。他说,通过这次邀请赛将进一步增进各国人民和运动员之间的友谊,推动国际举重运动的发展和提高。

国际举重联合会主席戈特莱德·肖德尔也在开幕式上讲话。他说,这次比赛不仅对中国、对亚洲,而且对国际举重运动的发展将起推动作用。

我国选手蔡俊成在上海国际举重友好邀请赛中获得52公斤级抓举第一名

北京队运动员张成在武汉举行的1980年全国田径锦标赛男子撑杆跳高比赛中以5.43米的成绩打破亚洲纪录

中国红十字会对阿尔及利亚阿斯南市发生强烈地震向灾区人民表示深切的同情和慰问

10月13日

国务院总理华国锋在北京会见津巴布韦共和国总理罗伯特·穆加贝及他的部分随行人员

华国锋在会见时说,津巴布韦政府的正确的内外政策,对稳定国内局势,恢复和发展自己的经济发挥了很好的作用。他指出,巩固和发展已取得的胜利是十分重要的。他希望津巴布韦人民坚持团结,在独立自主的道路上不断总结经验,取得更大胜利。

穆加贝向华国锋详细介绍了津巴布韦人民在巩固独立和发展经济方面所取得的成就及遇到的问题。他说,我们清楚地知识,独立来之不易,我们在发展同其他国家的关系时,决不会为了经济利益而牺牲民族独立的原则。

中国基督教第三届全国会议闭幕

会议宣布成立中国基督教协会并通过协会章程。该会为中国基督教(新教)全国性教务机构,其宗旨为:团结全国基督教徒,根据自治、自养、自传原则,办好中国基督教会。

《人民日报》发表评论员文章《把统一经营和专业分工结合起来》

山西吉县东庄生产队,实行"专业分工,按能包产,联产计酬,一定五年"的生产责任制,效果很好。他们的做法,正如陕西米脂县孟家坪生产队一样,把统一经营和分工负责结合起来,发挥了集体经济的优越性,调动了社员个人的积极性,有利于增加生产,增加收入。这确实是一种优点较多、大有发展前途的责任制形式。

从东庄、孟家坪和其他地方的实践来看,专业承包联产计酬责任制,有许多优点:把发挥统一经营的优越性和调动社员从事集体生产的积极性,具体地统一起来,可以稳定生产队的经济主体地位,较好地落实按劳分配政策,满足社员联产计酬的要求;有利于农林牧副渔各业的全面发展;有利于推广科学技术,促进商品生产;可以使社员各尽所能,各得其所,对烈属、军属、干属和劳力弱的社员的生产和生活,也便于适当安排;适应社会化分工协作的生产经营特点,随着生产力的提高和生产项目的增多,便于向更科学更合理的分工责任制发展。一句话,这种形式的责任制,有利于人尽其才,物尽其用,地尽其力,提高农业生产力,使集体和社员同时富裕起来。

从各地的经验看,实行专业承包联产计酬责任制,需要做好两方面的工作:一要根据当地的自然条件和经济条件,兼顾眼前利益和长远利益,订出一个农林牧副渔各业全面发展的规划,因地制宜确定专业经营项目;二要按照社员的劳动能力和技术专长,兼顾生产需要和社员的利益与意愿,因人制宜分工承包专业生产。搞好这种责任制的关键是加强领导,统筹安排,不能放任自流;否则,责任制就建立不好,或者徒有其名,给集体和社员带来损失。但是,统一经营决不能像以往那样过分集中,统得过多过死,搞形式主义和平均主义,而是要在专业分工互相协作的基础上,实行统一经营。如果分工不清,责任不明,没有个人的责任心和积极性,统一经营是不可能真正发挥作用的,生产过程中的各项作业,哪些该统一,哪些该分工,要根据方便生产和有利经营的原则,分别到组、到人、到户,要着眼于生产力的发展,把集体利益和社员利益结合起来。

目前,农村的生产责任制,正以多种多样的形式出现,它的建立、完善和发展要有一个过程。东庄和孟家坪从单项作物联产计酬发展到专业承包联产计酬,就是依据实践效果,由社员民主商定的。这就说明,推行责任制不能"一刀切"、"一言堂",务必遵循因地因时制宜的原则,充分发扬民主。同时,落实责任制,订立合同,并要相对稳定,以利于社员作长远打算。东庄生产队社员种地的注意养地,植树的注意护树,养畜的注意繁殖,好处是很明显的。

《人民日报》发表薛暮桥的文章《计划调节与市场调节》

社会主义经济为什么要实行计划调节和市场调节相结合?计划调节和市场调节的相互关系怎样?到底应该怎样结合?这是一个重大的理论问题和现实问题。现在对这个问题的研究刚刚开始。

为什么社会主义经济必须进行计划调节和市场调节?

社会主义经济是建立在社会化大生产基础上的,而社会化大生产必须以商品经济的充分发展为前提。在社会化大生产基础上,可以发展资本主义经济,也可以发展社会主义经济。我国社会化大生产发展的水平还很低,还没有发展到高度集中、高度分工协作的水平。在广大农村,商品经济还没有充分发展,自然经济还占优势。因此,我国现在还有必要大力发展商品经济,在发展商品经济的基础上发展社会化大生产。现阶段我国的社会主义经济,是以生产资料的两种社会主义公有制(全民所有制占领导地位)为基础的、容许多种经济成分同时并存的社会主义商品经济,不同于资本主义私有制的商品经济。一方面,由于生产资料公有,我们有进行国民经济计划管理的必要性和可能性;另一方面,我们今天还要发展商品经济,发展社会化大生产,因此还要利用市场调节的作用。

马克思曾设想,社会主义可以没有商品、货币,他所设想的社会主义是在资本主义高度发展基础上建立起来的。他没有想到在资本主义中度发展,甚至像中国这样资本主义刚刚发展,小商品经济甚至自然经济还占优势的国家建设社会主义。列宁在《国家与革命》中,基本上也是马克思的观点。在十月革命初期,苏联采取战时共产主义制度,企图取消商品、货币关系,失败了。列宁总结了战时共产主义的经验,说明苏联当时还是小商品经济大量存在,还必须有商品、货币关系,要发展商业,充分发挥商业的重要作用。但列宁没有讲到社会主义改造完成后,是否还有商品经济。斯大林在苏联农业集体化后,指出社会主义社会还有两种社会主义公有制同时并存,还存在着工人阶级、农民阶级,还要进行交换。但在两种社会主义公有制之间的交换是不是商品交换,要不要利用价值规律,则没有谈。以后苏联对于两种社会主义公有制之间的交换是否商品交换,进行了长期的争论。直到斯大林晚年,《苏联社会主义经济问题》出版时,才肯定了两种社会主义公有制之间存在着商品交换,因而必须利用价值规律。在这以前的30年中,社会主义经济是否有商品交换这个问题,苏联并没有很好解决,因此也就没有很好利用价值规律,更没有充分利用市场的作用。斯大林的经济管理体制,不是按照商品经济而是按照自然经济(整个社会范围内的自足自给,计划生产,计划分配)设想的;不是把产品当作商品,进行等价交换,而是把社会主义经济当作一个不可分割的单一体,不承认企业有相对的独立性。在斯大林的晚年,总结30年的经验,正式承认还有商品交换,承认价值规律还起作用,但就在他的同一本书中又说:认为价值规律对农产原料的生产起调节作用是错误的,因为农业按照国家计划进行生产,农产原料价格都是国家规定的,价值规律不起调节作用。苏联当时所规定的农产品的征购价格,严重地违反价值规律。

集体所有制过渡到全民所有制后,是否还有商品交换?斯大林没有讲。这也是我们后来争论的问题。国营企业之间的交换仍是商品交换这个问题,直到最近在扩大企业自主权时才肯定下来。国营经济虽然是全民所有,但并不可能在整个社会、整个国家实行统一生产,统一分配。吃"大锅饭"这种管理体制,就是把社会主义全民所有制当作绝对统一体,不承认在这个整体中每个企业都是有独立生命力的细胞,必须有相对独立性,各个企业之间还要进行商品交换。这种管理体制是用自然经济思想来管理社会化大生产。我们要从理论上研究解决这个问题,就要从分析社会主义经济结构方面入手。在社会主义经济统一体中,每个企业要保持其主动性、创造性、积极性,就必须有相对独立性,在一定的范围内自负盈亏。企业之间要有一点竞争。

在第一个五年计划时期,我们是按苏联模式管理经济的。当时,因有资本主义工商业、个体经济等几种经济成分存在,所以广泛运用市场的作用。资本主义工商业及个体经济都是独立的经济组织。对这些经济组织我们不能不通过市场来领导它们,组织它们;要通过商业部门,通过加工订货等方式和它们联系。对于农业、手工业,也是通过市场,利用价值规律来引导、组织它们。我们是通过市场来与私营资本主义工商业、个体农业、小手工业联系的。这时在我们的大城市中,社会化的大生产开始发展起来了。它们按着经济联系的需要,自然形成许多经济中心,彼此之间不受行业和地区限制,直接联系,形成网络。如上海、天津、广州等城市与其他中、小城市都可以直接联系,不受行政区划限制。但是社会主义改造完成后,社会主义一统天下,由于统购包销,取消了市场作用。虽然形式上仍有商品交换,但是由于吃"大锅饭",谁都不关心自己的盈亏。社会主义集体经济生产上的自主权,基本上也被取消。全国划分为各种条条、块块,把原来的商业联系破坏了。过去企业的供产销可以直接联系,现在必须通过条条(部门)或者块块(地区)来管。过去那些符合社会化大生产的自然形成的经济联系,我们把它们抛开了,认为没有纳入国家计划,就是违反客观经济规律的。去年这种框框开始被冲破,报纸上大加提倡;但规章制度尚未及时修改,还存在"合理不合法"的情况。我们过去采取国家计划统一包揽生产、销售的办法,肯定不行,它会把经济包死。全国产品几万种、几十万种,而纳入国家计划的只有几百种、几千种,要承认他们有权通过市场互相联系。除少数必须计划收购、计划供应的产品外,要允许企业进行国家计划以外的生产,经营国家计划以外的商品交换,通过市场把它们联系起来。要改变过去的统收统支、统购包销,不考虑经济效果,生产与需要互相脱节的状况。这是我国20多年来管理体制上的一个重大问题。

现在要在体制改革上继续前进,要扩大企业的自主权,使企业成为一个相对独立的、在完成国家上缴任务后"自负盈亏"的经济实体。作为第一步,1979年我们开始采取利润分成办法。可是这个办法贯彻下去有许多困难,出现许多纠纷。要解决这些矛盾,恐怕将来还应以上缴税收来代替上缴利润。国营经济与集体经济有所不同,国营企业一般来说要保证60%甚至80%的盈利通过各种税收交给国家,完成上缴任务以后自负盈亏。

现在,按计划生产和按计划销售开始被突破,在完成国家计划后,允许按市场的需要进行生产。销售方面,除少数重要商品外,商业部门可以选购,商业不选购的,工业可以自销,把商业选购和工业自销结合起来。有些小商品可以完全自产自销,或者直接卖给零售店,市场调节作用开始发挥出来了。过去什么是畅销产品,什么是滞销产品,工业、商业部门都不管,反正按照国家计划生产和收购就行。进行市场调节后,改变了这种状况。商业部门对积压产品不再收购,多收购短缺产品;工厂也只能减产长线产品,增产短线产品。过去我国是采购员满天飞,外国是推销员满天飞。去年我们开始有了推销员,开始刊登广告。有些商品大量积压、有些商品大量缺货的情况,开始有所好转。

扩大企业自主权试点开始后,由于许多产品价格显著地背离价值,使各行业各企业利润分成多少不同,苦乐不均。同样由于价格不合理,一些长线产品因为价格高,利润大,仍在生产;有些短线产品却因为价格低而不生产。这个问题很严重。要彻底解决这个问题,就要打破一切产品都由国家定价的办法;除少数主要产品外,产销双方可以自己商订价格。现在由于许多产品供不应求,暂时还难于普遍推行。从长远来看,几十万种产品价格都由国家来调整是不可能的,必须善于利用价值规律的调节作用。

劳动制度问题也很严重。多年来城市的劳动力完全由劳动部门统一安排,不能自找就业门路,使待业青年愈来愈多,成为一个难题。许多工厂职工过多的问题,无法处理。银行、商店以及许多服务行业职工太少,不能很好为生产和人民生活服务。一方面许多事无人做,另一方面又有许多人无事做。一些单位,想要的人进不来,不想要的人却被塞进来。职工工作调动也很难。许多技术人员用非所学,多少年学来的科学知识不能为国家作出贡献。关于就业问题,劳动部门开会讨论,提出打开两扇大门:劳动部门安排就业和待业青年自找职业来解决问题。工厂招工应有自主权,待业人员就业也应有自主权,允许和鼓励待业人员自找门路,国家予以指导和帮助。

计划调节和市场调节怎样互相结合?

社会主义经济不能没有计划管理。整个生产、整个人民生活都要靠国家计划安排。但这种计划管理,在相当大程度上必须通过市场调节来实现。一方面要计划管理,一方面要通过市场调节。这两者怎么样结合?两者间的关系究竟怎样?是一个复杂的问题。看来,既不宜片面强调计划调节,也不宜过分强调市场调节,致使国家计划失去必要的控制作用。根据我们30年的经验,国家应当控制什么呢?一是建设规模,二是人民生活提高的幅度,经济建设和人民生活要统筹安排。我们的国民收入究竟多少用于经济建设,多少用于改善人民生活,改善到什么程度,要有计划。30年来,我们经济工作的失误,就在于积累和消费的比例没有控制好。第一个五年计划时期还可以,第二个五年计划,1956年周总理提出的建议是从综合平衡出发来安排生产和建设的。如果按照周总理这个计划进行建设,决不会大起大落,生产会稳步增长,人民生活也会不断提高。根据30年的经验,按我国目前的生产水平,积累率在25%左右或者稍多一点,可以高速度发展;超过30%,就要比例失调;达到40%,就要倒退。粉碎"四人帮"后,本来应当休养生息,调整失调的比例关系,可是1978年又来一个"跃进",积累率达36.5%,比例失调完全暴露出来。这次调整比较快。调整的方针是提高人民生活,压缩基本建设。这种压缩积累、提高消费的调整方针是完全对的。

前个时期讨论生产目的时,有的同志说,我们搞了几十年的经济工作,难道生产的目的是要改善人民生活还不知道?我说,知道是知道的,可是实际没有这样做。1952年到1978年,工业生产增长平均速度为

11.2%,资本主义国家,除日本在一个时期内超过10%外,没有一个国家增长速度这样高,能达到5%—6%就算高速度了。我们生产增长速度这样快,可是由于积累过高,生产的经济效果太低,人民生活从1957年以来没有多少改善。所以生产的目的是什么,这个问题事实上并没有解决。

另一方面,我们国家20年来在人民生活方面的欠账虽然现在只还了一小部分,但国家负担已经很重了。人民生活消费增长幅度,超过了生产增长幅度。有许多人不加分析地说这是错误的,我不同意。欠账要还,还账时候当然要多增加消费,减少积累。总要有几年,消费增长速度要超过积累才能还账。但现在再要多还,也有困难。把国家的困难情况(具体表现就是财政有相当大的赤字)老老实实向人民讲清楚,人民是会体谅的。基本建设和人民生活改善这个关系一定要掌握好。今后几年国民收入增长主要用于改善人民生活,包括多建住宅,经济建设规模不能再扩大。

看来积累和消费总额必须由国家计划来严格控制,国家必须控制基本建设投资总额。投资总额决定后,许多重大建设项目也要由国家来管,不能靠地方和企业。中、小型项目,特别是挖潜、革新、改造,可以利用银行资金,利用地方和企业的自有资金。在目前情况下,国家拨款的投资以占全部投资的50%—60%为好。往后应该多发挥银行的作用,不能全部依靠国家拨款。要做到重大项目由财政拨款(也要通过建设银行发放,收取利息),中、小项目等由银行贷款。财政包袱可以让给银行去背一点,有些投资让银行去给,叫银行贷款。贷款要还本付息,企业就要精打细算,一定会比财政拨款节约资金。

有些产品,国家可以少管、不管,让企业直接产销见面。指令性计划要有,如棉布、钢材等。但产品的花色、品种、规格,可以根据市场需要让产销双方自己协商,根据市场需要订收购计划,根据收购计划订生产计划。很多日用百货可以更灵活地采用这个办法。当地销售的小商品还可以自产自销,或由工厂直接卖给零售商店,国家规定个参考性指标,具体由企业自己安排。现在许多产品供不应求,国家的指令性计划只能逐步缩小,将来国民经济比例失调基本解决、产需基本平衡时,指令性指标可缩到最低程度。国家向企业提供参考性指标,提供市场情报,指导企业的生产发展方向。具体的指导方法是利用经济杠杆:价格政策,税收政策,银行信贷进行调节,等等。这样市场就可以搞活,使企业生产符合市场需要。

过去认为实行计划调节就不能实行市场调节,这是不对的。应该又是计划调节又是市场调节,计划调节大部分通过市场调节来实现。通过市场调节,保证市场供需的平衡。所谓计划调节和市场调节,并不是这些产品计划调节,另一些产品市场调节,而是许多产品都通过市场调节来实现计划调节。

这里大家最关心的是价格问题。价格起重要的调节作用。过去由于吃"大锅饭",盈亏大家都不管,价格与价值的背离越来越大。生产情况是不断变化的。如农产品、矿产品受自然条件的限制,往往产量越大成本反而增高,加工工业则相反,产量越大,成本就越低。许多产品价格长期不调整,"文化大革命"以来有12年物价冻结,加工工业产品利润越来越大,而农产品、矿产品和原料工业利润则越来越小,以致长线越来越长,短线越来越短,产品的产和销越来越不平衡。

今后,物价部门要根据价值规律来调整物价。据我当几年物价委员会主任的经验,由物价部门根据价值规律定出所有物价是不可能的。几十万种产品,你算成本算得清吗?成本算出后,生产方面说定低了,消费方面说高了,拍不下板,一拖几年定不下来,怎么管得了。机械加工工业受这种计划价格之苦,非常厉害。零配件利润大,总装成本高。现在上海机械公司搞协作价格,把零配件价格降低,使零配件利润与总装利润大体一致。协作价格是根据价值规律自发形成的。过去这不合法,现在不承认是行不通了。协作价格比计划价格合理,我看将来可以参考协作价格来调整计划价格。几十万种产品,不能都靠国家来定价,要让产销互相协商定价。有的同志说,这下可乱了,物价要涨了。我看不会。现在机械产品滞销,通过市场调节,降价肯定多于提价。钢材有的积压、有的脱销,实行市场调节,提价降价可能大体相等。而且这些产品调价,产需双方基本上都是国营企业,从国家的这个口袋到那个口袋,影响不了市场物价的稳定;就整个国家来看,也影响不了财政收支的平衡。物价的涨落有其客观规律。物价有涨有落是价值规律起作用;物价普遍上涨,是由于货币贬值。国家只要控制住货币发行量,利用价值规律调整价格,是不会引起物价普遍上涨的。不调整价格,市场调节就不能充分展开。但现在有些重要生活资料(如粮食、食油等),购销价格倒挂,一调整就影响人民生活,在国家没有力量大幅度提高工资以前,只能暂不调整,亏损由财政补贴。现在普遍调整价格还有困难,国家元气还没有完全恢复,不能动大手术,震动不能太大了。所以,对人民生活和财政收支影响不大的商品(主要是生产资料),可以早些调整;至于重要生活资料的调价,则要特别慎重。改革的方向是肯定的,但要稳步前进。物价最后调整完成了,改革也大体完成了,我们的经济情况就会大不一样了。

(原载《经济管理》1980年第10期,有删节)

中华人民共和国和德意志联邦共和国1981年文化交流计划在北京签字

计划规定了双方在科学、教育、语言培训、文艺、电影、广播、电视、体育、青年等方面的交流项目。文化部副部长姚仲明和西德外交部文化司总司长库尔特·米勒在计划上签字。

中国科协和日本科学技术与经济之会在东京签署开展科学技术交流的备忘录

这是中日两国之间的第一个民间科学技术交流备忘录。它的宗旨是:双方"在平等互惠的基础上,促进两国在科学技术领域的知识和人员的交流,以便为两国之间的和平友好与科学技术发展作出贡献"。

全国人大常委会副委员长廖承志在北京会见日本亚洲交流协会顾问日本经济团体联合会副会长长谷川周重和夫人

国务院副总理方毅在北京会见意大利国家核物理研究院院长齐吉基教授和夫人

由中央民族学院主持的《中国少数民族经济学概论》教材讨论会在北京召开

参加会议的有全国各地的民族学院、一些民族地区的大专院校,以及一些有关的研究单位,包括有蒙古、维吾尔、壮、回、朝鲜、白、满、达斡尔、汉9个民族成分的四十多名经济学教师和经济理论研究工作者。与会同志在讨论中密切联系我国少数民族经济发展的实际情况,一致认为应建立少数民族经济学的独立学科,开展理论研究,以适应少数民族地区的经济建设和四化建设的需要。

少数民族经济学在我国还是一门未经开创的学科。新中国成立以来的经验教训说明,要发展少数民族经济,必须遵循少数民族经济发展的客观规律。因此,建立和发展少数民族经济学理论,培养少数民族经济建设人才是十分迫切的任务。中央民族学院政治系政治经济学教研室的教师们克服了许多困难,在半年的时间里,写出了我国第一部《中国少数民族经济学概论》教材。这部教材虽然还很不成熟,有许多理论问题尚待进一步研究和探讨,但它为这门学科的建立,迈出了开创性的一步。与会同志对该院教师的努力给予了充分的肯定。同时要求建立一个专门的学术活动组织,以便把分散在各地的少数民族经济研究人员组织起来,加强理论研究,逐渐建立学科,为四化建设服务。

会议经过充分酝酿,决定成立中国少数民族经济研究会,并以这次教材讨论会为基础,先成立筹备委员会进行筹备工作。预计在1981年下半年召开中国少数民族经济研究会成立大会和第一次年会。

全国少数民族文艺会演的部分优秀节目在首都联合公演

这次公演持续到18日,公演的优秀节目共有6台。一台是吉林、贵州、黑龙江、内蒙古的音乐、舞蹈,在民族文化宫礼堂演出;一台是青海、广东、福建、新疆、湖南的音乐、舞蹈,在北京市工人俱乐部演出;一台是西藏、云南、甘肃的音乐、舞蹈,在二七剧场演出;一台是四川、广西、辽宁、浙江、中央民族歌舞团的音乐、舞蹈,在红塔礼堂演出。另外两台是西藏藏剧团在政协礼堂演出的七场传统藏戏《朗莎雯波》,和宁夏回族自治区代表团在民族文化宫礼堂演出的五场花儿舞剧《曼苏尔》。

中国选手在上海国际举重邀请赛中获5项第一名

中国年轻选手吴数德在56公斤级抓举比赛中,以117.5公斤的成绩打破了全国纪录并获得这项比赛的第一名。他的总成绩为255公斤,也名列第一。中国选手谭汉永获得抓举、挺举和总成绩3项第一名,成绩分别是120公斤、150公斤和270公斤。

10月14日

中共中央电贺朝鲜劳动党选出以金日成为首的新中央委员会

中国共产党中央委员会10月14日发电报给朝鲜劳动党中央委员会和金日成同志,就朝鲜劳动党第六次代表大会选出以金日成同志为首的新的中央委员会,向他们表示最热烈的祝贺。电报全文如下:

朝鲜劳动党中央委员会尊敬的金日成同志,亲爱的同志们:

欣闻朝鲜劳动党第六次代表大会圆满结束,选出了新的中央委员会,朝鲜人民的伟大领袖金日成同志再次当选为中央委员会总书记,对此,我们谨向金日成同志,向朝鲜劳动党新的中央委员会表示最热烈的祝贺。

我们衷心祝愿兄弟的朝鲜人民在以金日成同志为首的朝鲜劳动党中央委员会的领导下,在贯彻执行朝鲜劳动党第六次代表大会所提出的各项战斗任务中,在反对外来势力的干涉、争取祖国自主和平统一的事业中,在反对帝国主义、殖民主义和支配主义的斗争中,取得新的更大的胜利。

祝中朝两党、两国和两国人民的伟大友谊和战斗团结万古长青！

中国共产党中央委员会

1980年10月14日

中央纪委通报批评商业部部长王磊在饭店吃喝不照付费用的错误

7月中旬，中共中央纪律检查委员会接到陈爱武同志揭发某些领导干部和所谓"关系户"在北京丰泽园饭庄吃喝(所谓"客饭")，不照付费用的错误，其中特别指出商业部长王磊同志的错误的信件后，立即责成北京市纪律检查委员会筹备组进行调查核实。北京市纪委筹备组核实结果，证明陈爱武同志反映的问题属实，并于9月20日给中纪委写了检查报告。为了纠正违反《关于党内政治生活的若干准则》的不正之风，中纪委于10月14日就这件事发出通报，转发了北京市纪委筹备组的检查报告。

中纪委转发的北京市纪委筹备组报告中，对陈爱武同志爱护国家财产，关心四化建设，敢于揭露问题，向不正之风进行斗争的精神，特别予以鼓励和表扬。同时责成北京市第一服务局结合贯彻执行《准则》，对所属饭店、饭庄"客饭"中存在的问题，进行一次普遍检查，并制定相应的纠正措施和办法。有关单位的纪委、纪检组要监督执行，堵塞漏洞，刹住歪风。

中纪委在通报中指出，从北京市纪委筹备组的检查报告看，有三个问题很值得我们深思与警惕，希望各级纪委严重注意这些问题。

(一)有些领导干部凭借自己的地位，对于企业生产的产品，以"试用"、"试尝"等名义，化公为私，据为己有。对于服务行业，则以"首长"或领导者的名义，谋取特殊便利。这种歪风邪气曾经大量存在，严重地损害了我们党和领导干部在群众中的形象，降低了群众对我们党的信任。近年来，这种歪风邪气有所扭转。但是，值得我们深思的是：党中央再三指示纠正不正之风，仍然有不少干部不顾党的影响，把自己放在特殊地位，恣意图谋私利，追求个人享受。甚至党中央发表《关于党内政治生活的若干准则》之后，依然故我，公然违背《准则》的规定。《准则》是中央全会通过发布的，一个党员干部不执行党的决定是不允许的。希望各级党委和纪委，认真检查党员干部中违反《准则》的一切现象，根据"过去从宽，今后从严"的精神，严肃处理，坚决纠正党内的歪风邪气。要根据不同情节，除给以党纪处分外，凡涉及经济物资的事，必须退赔。

(二)所谓"关系户"问题，是另一种普遍存在的歪风邪气。这种不正之风，不仅把公家资金浪费到无数的无底洞，破坏国家正常的制度，而且这一歪风邪气还会助长敲诈之风，腐蚀很多干部。"关系户"的关系，实际是一种"变相贿赂"的关系，双方都是错误的。我们必须坚决反对这种庸俗的损害国家、腐蚀干部的歪风。对于不送礼、不给额外好处就进行刁难的人和单位，应视情节轻重，给予批评或行政、党纪处分。

(三)坚持原则的好同志，严正地反对不正之风，揭发之后，反受奚落、打击、孤立，而那里的党组织不但不支持不表扬，反而给以压力。这种现象是更加值得我们深思的。我们有些党组织竟然屈服在歪风邪气的势力之下，这怎么还能谈得上领导群众前进呢！这种状况必须迅速改变。

中国基督教三自爱国运动委员会第三届委员会和中国基督教协会第一届全国委员会在南京举行全体会议

吴贻芳当选为中国基督教三自爱国运动委员会名誉主席，丁光训当选为主席，邓裕志、王神荫、刘良模、李寿葆、孙鹏翕、罗冠宗、赵复三、唐守临、戚庆才、熊真沛为副主席，沈德溶为秘书长。会议选举丁光训为中国基督教协会会长。

根据商业部门的订货要求五机部系统明年将生产大批民用产品

新华社报道，第五机械工业部与商业部最近联合在河南新乡召开了民用产品订货会，根据商业部门的订货要求，五机部系统明年将生产自行车64万辆，缝纫机、木座钟各40万台，轻型摩托车17万台，家用电表280万只，供应市场需要。这次订货会，为军工企业生产的民品，打开了通向市场的广阔道路，给企业增加了活力。

中华人民共和国政府和阿曼苏丹国政府贸易协定在北京签订

中华人民共和国政府和阿曼苏丹国政府，为了增进两国政府和人民之间的友谊，在平等互利的基础上发展两国贸易关系，达成贸易协定。缔约双方同意根据两国现行法律和规章，努力发展和增加两国间的贸易额。缔约双方同意根据两国现行法律、规章，对商品进口、出口许可证的发给、发给手续、关税、捐税和商品进口、出口、过境、存仓、转船的海关手续，以及对缔约一方的船只进入、停泊和离开另一方港口，在捐税、费用、服务方面，均相互给予最惠国待遇。缔约双方同意，根据本协定进行交易的商品以双方同意的可兑换的货币支付。缔约双方同意相互在对方国家举办商品展览，并在各自法律和规章许可下给予对方举办商品展览的各种便利。

国务院副总理方毅在北京会见由英国皇家学会第一副会长 气象局局长约翰·梅森爵士率领的英国大气

物理专家组一行

国务院副总理万里在北京会见以农业部长阿图罗·坦科为团长的菲律宾农业代表团

北京和贝尔格莱德结为友好城市协议在贝尔格莱德正式签署

协议规定，两个友好城市在平等互利的原则下，今后将以各种形式在经济、城市建设、公共服务、卫生、文教、体育、旅游和双方感兴趣的其他方面交流经验和进行合作，以便进一步加强两国之间的友谊和两国首都人民之间的相互了解。

越南武装人员在广西边境连日制造新的流血事件

新华社报道，13日上午11时，越南武装人员向我广西防城各族自治县东兴公社北郊大队正在田间劳动的社员开枪射击，将36岁男社员黄家福打死。10月12日上午7时许，越南武装人员用冲锋枪向我广西龙州县水口镇射击；9时32分至10时58分，又向这个地区进行炮击，将水口旧街的小学炸成一片废墟。同日，还向我那坡县平孟公社边境地区开炮，击毁民房数间，毁坏农田数十亩。

中国第一台大型鼓轮式电缆机研制成功

《人民日报》报道，我国第一台大型鼓轮式电缆机最近在黄海海面进行布放和打捞电缆试验获得成功。有关专家观看了现场试验，认为这台电缆机填补了我国海缆工程的一项空白，其技术性能接近国外70年代同类型机器的先进水平。由海军4808修船厂全部采用国产设备元件自行设计制造的这台大型鼓轮式电缆机，不仅可以布设海底电缆，而且能够对海底电缆进行打捞和维修。

我国选手姚景远在上海国际举重友好邀请赛中以175公斤和137.5公斤的成绩打破两项亚洲纪录

全国计划生育办公室主任座谈会在北京闭幕

国务院副总理陈慕华出席会议并讲话。

陈慕华在谈到10年来计划生育工作取得的巨大成绩以后说，在本世纪末，我们要力争把全国总人口控制在12亿以内，这是一项艰巨的任务。但是，当前开展计划生育工作存在着许多有利因素：一是各级领导认识到人口的增长必须和物质生产的增长相适应，真正开始做到“两种生产一起抓”了，人口规划也纳入了国民经济计划；二是党政有关部门密切配合，妇联、工会、共青团、卫生部门和计划生育工作部门积极发动群众，认真落实计划生育措施，使越来越多的人拥护政府的号召，节育光荣逐步形成风气；三是学术界、舆论界积极宣传人口理论和计划生育，起到了很好的思想动员作用；特别是最近党中央发表的致全体共产党员、共青团员的公开信，已成为我们开展计划生育工作的强大思想武器，中央要求几千万党团员发挥先锋模范作用，带头只生育一个孩子，这使我们更加满怀信心地去完成既定的任务。

陈慕华说，为了达到控制人口增长的目的，必须使全国人民充分了解这项工作的意义，还要在群众中大力普及优生知识、避孕知识、妇幼卫生知识和新法接生等方面的知识。我们准备用几年的时间来深入地进行这方面的宣传教育工作。

陈慕华要求计划生育干部努力改进工作作风和工作方法，做群众的贴心人。她还说，工作中要注意实事求是，从实际出发，踏踏实实地按照客观规律办事。

会议认真学习了中共中央关于控制人口增长的公开信，座谈讨论了当前计划生育工作中的一系列具体政策问题，并将向中央提出建议。

吴机章逝世

云南省政协副主席、中国共产党的优秀党员吴机章同志，因病于10月14日在北京逝世，终年78岁。

吴机章1902年生于湖南省平江县，1927年加入中国共产党，1930年参加中国工农红军。他历任红军战士、团管理主任、鲁西军区后勤部长、冀鲁豫军区军工部长、冀鲁豫军区八分区副司令员、二野五兵团后勤部长，新中国成立以后任贵州省工商接管部部长，中国煤建公司副经理，商业部副局长，云南省服务厅厅长、轻工业厅厅长、省经济委员会副主任等职。

10月15日

中共中央副主席李先念在平壤锦绣山议事堂与朝鲜劳动党中央委员会总书记金日成举行会谈

国务院总理赵紫阳同法国总统吉斯卡尔·德斯坦在人民大会堂举行首次会谈

赵紫阳在会谈中向吉斯卡尔·德斯坦介绍了我国正在进行的政治、经济改革的情况，并同他就当前国际形势交换了看法。双方认为，一年多来的国际形势更加恶化，比人们预料的更为严重。吉斯卡尔·德斯坦表示，一个强大的中国和一个强大的欧洲有助于国际局势的稳定与和平。赵紫阳赞赏法国和其他西欧国家在国际事务中发挥独立的、积极的作用。他强调指出，各国应该加强联合以维护世界和平，反对扩张、侵略。

《人民日报》发表社论《中法友谊之花必将结出丰硕之果——热烈欢迎吉斯卡尔·德斯坦总统访问我国》

法兰西共和国总统瓦莱里·吉斯卡尔·德斯坦阁下应我国政府邀请,前来我国进行正式访问,定于今天下午到达北京。中国人民怀着喜悦的心情,热烈欢迎远道而来的法国贵宾。

法国是一个有着灿烂文化和光辉历史的伟大的国家。法国人民是酷爱自由和独立、具有光荣革命传统的伟大的人民。几个世纪以来,法国产生过许多杰出的思想家、科学家、文学家和艺术家,对人类的进步作出过不可磨灭的贡献。本世纪以来,法国曾两次蒙受战争的灾难,勇敢勤劳的法国人民不仅用鲜血和生命捍卫了自己的民族独立,而且用智慧的双手医治了战争的创伤,把国家建设成一个经济高度发达的国家。法国人民在保卫和建设祖国的事业中所取得的巨大成就,赢得了世界人民的敬佩。

法兰西共和国在当代的国际事务中发挥着重要作用。吉斯卡尔·德斯坦总统是当前世界上一位著名的政治家。近几年来,法国政府积极推动欧洲建设,倡导"南北对话",努力改善和发展同第三世界国家的关系。法国政府反对超级大国对国际事务的垄断,反对以大欺小、以强凌弱的强权政治,积极主张加强防务,维护欧洲的安全与和平。在阿富汗问题和柬埔寨问题上,法国政府谴责外来势力对这两个国家的武装侵略,主张从这两个国家撤出一切外国军队。在吉斯卡尔·德斯坦总统领导下的法国政府所奉行的这些政策,对世界和平与稳定作出了积极的贡献。

中法两国虽然地处欧亚大陆的东西两端,但是友好的联系可以上溯到一千多年前的"丝绸之路"的时代。新中国成立后,由戴高乐将军和毛泽东主席、周恩来总理在16年前确定两国正式建立外交关系时起,两国关系又在新的基础上得到了不断的、令人满意的发展。中法两国的社会制度不同,但是,捍卫民族独立、建设自己国家、维护世界和平的共同愿望把我们联系在一起。我们对许多重大国际问题有着共同或相近的看法。吉斯卡尔·德斯坦总统一向重视中法两国友好关系的发展。近年来,两国人民频繁往来,两国领导人多次互访,去年华国锋总理访问了法国,有力地加强了两国友好合作的坚实基础,为发展中法关系作出了新的贡献。今天,吉斯卡尔·德斯坦总统的访问必将进一步加强联系两国人民的历史纽带,为中法两国的友好合作开辟更加广阔的前景。

吉斯卡尔·德斯坦总统不久前说过:"法国人民对中国人民怀有深厚的感情。"总统阁下在访问我国的日子里,将会亲身感受到中国人民对法国人民的真挚情谊。事实证明,中法友好在中法两国都是深得人心的。中法友谊之花,在两国政府和人民的共同培育下,一定会结出丰硕之果。

祝愿吉斯卡尔·德斯坦总统的访问圆满成功!

《人民日报》发表评论员文章《不能对违反〈准则〉的现象熟视无睹》

《关于党内政治生活的若干准则》(以下简称《准则》),作为全党必须遵守的法规,已经付诸实施半年多了。许多党组织和共产党员,学《准则》,见行动,端正党风,严肃党纪,收到了一定的效果。看不到党风党纪方面正在发生的可喜变化,甚至认为有没有《准则》差不多,对搞好党风丧失信心,是错误的,不符合实际的。

但是,应该看到,党内确实有少数党员,竟然置党规党法于不顾,继续搞不正之风,甚至违法乱纪。特别是少数党员领导干部,一方面要求别人严格按《准则》办事,自己也嘴上大讲"从我做起";另一方面却在行动上直接违反《准则》,在群众中造成很不好的影响。对这种阳奉阴违、表里不一,违反党规党法的不良现象,决不能漠然置之,因为它是直接关系到党中央通过的《准则》究竟是否算数,党的优良传统和作风能否恢复和发扬,党的威信能否提高的大问题。因此,各级党组织,尤其是纪律检查部门,对违反《准则》的党员干部,一定要分别情况严肃处理。

应当怎样对待违反《准则》的党员干部呢?《准则》明确规定:"任何党员如果有违反本准则的行为,要进行批评教育,情节严重的必须按照党的纪律给予处分,直至开除党籍。"对于犯错误的党员,我们当然不能搞惩办主义,但是对于那些明知故犯者也决不能教育一下就算完事,而必须绳之以党的纪律。只有这样,才能向群众表明我们党是郑重的党。中共吉林省委纪律检查委员会,对在学习贯彻《准则》过程中,一些党员干部继续利用公款大吃大喝、游山玩水、侵吞侵占公款公物以及违反外事纪律等严重问题,认真进行检查,顶住一些人的说情,坚持从严处理。这样做,完全符合《准则》的要求。

可是,有些地方的党委和纪律检查部门,却不是采取这种态度。一说起整顿党纪,他们也可以慷慨激昂地讲一通,但是当真的有人违反党的纪律时,他们却不批评、不制止。有些问题,群众一再检举揭发,上级反复督促催办,他们还是不查不究;或者在查究中回避矛盾,拖延不决,使一些本来应该严肃处理的问题,迟迟得不到处理。所以发生这种有法不依、执法不严、违法失职的问题,除了帮派势力阴魂不散,或者有关部门和领导者本身不大干净,唯恐触及他人、牵动自己之外,相当多数则是官僚主义、自由主义在作怪。他们对不断发生的违法乱纪问题,见惯不惊,息事宁人,在原则面前不讲党性,"多栽花,少种刺"、"与人方便,自己方便"。这种态度是很错误的。如果任其发展下去,对那些违反《准则》的人和事一味迁就姑息,《准则》在一些地方和单位就会丧失它的权威性,甚至变成一纸空文。

有令则行,有禁即止,这是我们党严格组织纪律性的一个重要表现。只要全党积极行动起来,人人用《准则》来严格要求自己,坚决反对违反《准则》的行为,消除各种不正之风,我们党的威信就一定能够得到迅速的恢复和提高,也就能在四化建设中加强和改善党的领导。

全国城市规划工作会议在北京闭幕

参会人员在总结我国城市规划和建设经验的基础上,解放思想,从政策、体制上探讨了城市建设、发展的路子,提出了一些好的建议。

代表们认为,城市规划应该尽快建立法制。大家指出,城市规划是城市长远发展的蓝图,是城市各项建设工程设计和管理的依据。为了改变"只有人治,没有法制"的局面,国家有必要制定专门的法律,规定城市规划的任务和规划的编制、审批、管理办法并保证规划的实施。中央有关部门和各个城市要切实抓好规划的制定工作,根据本地区的自然地理环境、历史条件、资源特点,按照扬长避短、发挥优势的原则,编制出切实可行的城市规划。经过审批通过的城市规划应当具有法律效力。

会议提议,在城市建设中要实行综合开发。代表们指出,城市市政公用设施分散建议,各搞各的,浪费大,工期大,而且容易把城市建设搞乱。他们建议:今后对新建工业城市、卫星城镇和现有城市的新工业区、新住宅区和旧城成片改造地区,都应当考虑组织开发公司,实行综合开发。开发的内容,一般以市政公用设施为主,包括开发区范围内的勘测、规划、设计、征地、拆迁、安置、土地平整和所需道路、给水、排水、供电、供热等工程建设;有条件的还可以包建住宅、生活服务设施、公用建筑等,建成后成套出售建筑物,并按土地面积向使用单位收取开发费。代表们认为,实行综合开发,有利于地方政府掌握主动权,进行配套建设,实施城市规划,还能少设筹建单位,节约开支,避免重复浪费,缩短建设周期,提高投资效果。

会议强调,在城市建设中要坚定不移地贯彻控制大城市规模,合理发展中等城市,积极发展小城市的方针。会议认为,我国大城市、特别是百万人口以上特大城市,住房、交通、物资供应、用地、用水都非常紧张,环境污染严重,矛盾突出,对这些城市的规模必须严加控制。大城市发展生产,主要应靠挖潜、革新、改造,新建项目不能再往大城市挤。中等城市兼有大城市和小城市的某些优点,应当合理发展,以争取时间,加快建设速度。对发展小城市要采取积极鼓励的政策,改变不利于小城市发展的一些制度和规定,鼓励新建单位和大城市的职工到小城市去。

为了使城市规划真正能够指导建设,变规划为现实,会议认为,城市的各项建设应当由城市统一安排。今后,凡是在城市中新建或扩建的工程项目,无论部属、省属,无论中央投资、地方投资还是利用外资,其选址、用地必须经过所在城市的规划部门统一安排。由于城市规划关系城市的全局和发展,会议建议,今后城市市长的主要职责,应当是管好城市的规划、建设和管理,同时要充分发挥城市规划部门的综合职能,使他们有职有权。

全国节约市场用煤经验交流会在北京召开

会议提出,1981年市场用煤节约工作的主要任务是,积极宣传和坚决贯彻国家的能源方针政策,合理利用煤炭资源,大力开展以节煤为中心的技术改造,开辟多种途径逐步解决农村生活燃料问题,在管好煤炭供应的同时,要管使用,管节约,提高服务质量,以争取全年节煤400万吨。

这次交流会是商业部、人民解放军总后勤部和国家物资总局联合召开的。会议期间,代表们听取了上海市石油煤炭公司等14个单位的节煤经验介绍,观摩了节煤的实物表演。会议还评选出48个节约煤炭的先进单位和个人,对节煤有显著成绩的100个单位和个人给予表扬。

会议根据我国能源方针的要求和各地节煤的经验,要求今后在节约市场用煤方面抓好以下七项具体工作:一、大力推广烧用成型煤,主要是蜂窝煤。二、要继续革新烧煤炉具,大力推广先进的炉、窑、灶。三、加速研制和推广易燃煤饼和配套煤炉。四、推广联片供暖、集中供热的经验。五、大量利用低质燃料。六、目前国家供应农村生活用煤,只能满足正常需要的十分之一,而且今后也不可能更多增加,因此,要开辟利用沼气、种植薪炭林和推广省柴节煤灶等多种途径解决农村生活燃料问题。七、对市场用煤要加强管理,严格执行定量供应的制度。

商业部发出通知重申坚决禁止商品搭配供应的错误做法

通知说,最近不少地区的商业批发企业,在对零售企业和基层供销社供应商品时,采取冷热搭配的办法；有的零售企业也对消费者进行搭配，致使某些消费者不得不把搭配来的不合用的商品，再转托商店代销。这种违背自愿原则、损害群众利益的办法，是违反政策、不得人心的。特重申：一切批发、零售企业必须坚决禁止商品搭配的错误做法。

1980年秋季中国出口商品交易会在广州外贸中心开幕

全国妇联主席康克清在人民大会堂会见法国总统瓦莱里·吉斯卡尔·德斯坦的夫人

外交部副部长章文晋就美国政府支持美国和台湾的两个非官方机构签订互给对方以外交特权与豁免协议一事向美方递交抗议照会

中国农业机械学会1980年学术年会在北京举行

中国农业机械学会第二次代表大会的代表、部分论文作者、新闻、出版和工作人员共340人出席了年会。澳大利亚、奥地利、加拿大、丹麦、法国、德意志联邦共和国、意大利、日本、荷兰、南斯拉夫等十个国家和国际工程学会、联合国工发组织、国际水稻研究所等三个国际组织的14名外国专家和学者应邀参加了为期三天的年会。

全国农展馆水产馆重新开放

为了普及水产科学知识，促进我国水产事业的发展，全国农业展览馆水产馆经过整修、调整和充实内容，今天重新开放。来自全国各地近五百多种水产品的标本、实物和加工成品及五十多种名贵经济鱼类的活鱼展品，吸引了大量观众。

这次展览共分淡水渔业、海洋渔业、水族三个展厅，大量的图片、实物和模型系统地向人们介绍了我国丰富的水产资源，各种鱼类的生态特性、养殖方法，展示了我国水产事业的现状和发展的远景。

这次展出，以水族厅陈列的来自全国各地江、河、湖泊、水库五十多种名贵的淡水活鱼最吸引人。同时，还可以看到近几年来用人工方法杂交成功的新品种，如生长快、抗病力强、味道鲜美的荷包鲤、荷元鲤等。1977年我国水产工作者引进的台湾培育成功的福寿鱼，引起了观众的兴趣。

杨一辰逝世

中共八届候补中央委员、原河北省副省长杨一辰同志，因病于10月15日在郑州逝世，终年75岁。

杨一辰同志1905年生于山东省金乡县，1927年加入中国共产党。他曾担任过中共满洲临时省委组织部长、中共沈阳市委书记、中共哈尔滨市委书记、中共奉天特委书记等职。在抗日战争和解放战争时期，历任中共山东分局城工部部长、中共济南市委书记、中共中央华东局城工部部长、豫皖苏行署副主任等职。新中国成立以后，先后担任中共河南省委副书记、中共广州市委第二书记、中共中央华南分局组织部长、副书记，国务院城市服务部部长、第二商业部部长、河北省副省长等职。1958年5月被选为中共八届候补中央委员。在"文化大革命"的十年浩劫中，杨一辰同志遭受林彪、"四人帮"的残酷迫害。1980年1月党中央为杨一辰同志彻底平反，恢复了名誉。

10月16日

中共中央批转中央纪律检查委员会《关于康生问题的审查报告》和《关于谢富治问题的审查报告》

各省、市、自治区党委，各大军区、省军区、野战军党委，中央各部委，国家机关各部委党组，军委各总部、各军兵种党委，各人民团体党组：

中央纪律检查委员会关于康生问题的审查报告和关于谢富治问题的审查报告，已经中央政治局讨论批准，现转发给你们。

党的十一届三中全会决定对康生、谢富治进行审查以后，一年多来，中央纪委做了大量工作，根据确凿证据，查明康生、谢富治两人，政治品质表现恶劣，在"文化大革命"期间，直接参与林彪、江青等人篡党夺权的反革命阴谋活动，犯下严重罪行。现在中央决定把康生、谢富治的反革命罪行向全党公布，同时撤销对这两人的《悼词》，并决定开除他们的党籍。全党同志都应当从康生、谢富治的问题上汲取教训，以康生、谢富治为戒，认真地执行《关于党内政治生活的若干准则》，增强党性锻炼，注意品质修养，做真正合格的共产党员，共同努力严肃党纪，搞好党风，把我们的党建设好。

此件和关于康生、谢富治的两个审查报告，可先传达到全体党员，经过适当时间再向党外宣布。

两个审查报告各有七个罪证附件，因为很多内容涉及党和国家机密，这些附件只发给省军级参阅，不再往下传达。

中共中央

1980年10月16日

中共中央主席华国锋在北京会见法国总统吉斯卡尔·德斯坦

《人民日报》发表特约评论员文章《一定要把调查研究这门基本功掌握好》

要把工作搞好,有一个重要关键,就是要切实搞好调查研究。调查研究,这是一切干部特别是领导干部的一门基本功,我们一定要把这门基本功搞好。

现在有两个常用的口号,一个叫实事求是,一个叫解放思想。无论实事求是还是解放思想,都离不开调查研究。近几年来,实事求是的风气好多了,但是还存在一些问题,还有许多事情不那么实事求是,比如还有不少说假话的情况。为什么不说真话而要说假话呢?这就需要做具体分析。说假话的往往有两种人。一种是有意说假话,就是说,为了达到某种目的,或者由于某种顾虑,而有意识地说了假话。例如,有些在下级机关工作的同志向上级机关和领导同志说假话,是怕上级不高兴。有的县委书记当省委书记、地委书记到他们那里去了,要汇报工作时,他照例会说:"自从粉碎'四人帮'以后,特别是三中全会以来,形势越来越好……",不管具体情况究竟怎样,他总会这样讲,因为不这样讲怕上级不高兴,怕受批评。其次,他也怕完不成任务,或者怕上级再加给他不能胜任的任务。所以,他就不敢讲真话,而讲假话。对于这种情况,不能单纯责怪下面。因为过去我们有过教训,有些假话是逼出来的,这个问题现在也并没有完全解决。至于那种为了某种不正当目的而讲假话的,则另当别论。还有一种是无意地说了假话,已经成习惯了。比如说统计数目字,历来就不那么准确。这不是说我们做统计工作的同志不好,同志们辛辛苦苦的,但搞出来的数目字常常不那么准确。新中国成立初期比较好,1957年以后就基本上是一笔糊涂账了。比如,全国耕地的确切数字究竟多少?不清楚。因为上面硬性规定要亩产多少,人们就一亩半当一亩,或者一亩二分当一亩。这种做法已经习以为常,成为应付主观主义、官僚主义的一种办法。现在我们搞四化建设,要切实把工作搞好,就得搞好调查研究。比如,当前我们正在制定长远规划纲要,这就需要全面了解自然、社会、经济、文化等方面的情况和特点,以便把我们的规划建立在科学的切实可行的基础上。而要做到这一点,就非进行周密的调查研究不可。又比如,在思想战线上,我们既要肃清封建主义的遗毒,又要反对资产阶级思想的影响,但是这些东西在不同的地区和部门,在不同的问题上,在不同年龄、经历和教养的人身上,情况很不一样。因此,在解决这些问题时,千万不可不加分析地一概而论,必须进行周密的调查研究,根据不同情况,区别对待,不然又是一阵风,什么问题也解决不了。实践证明,实事求是并不是那么容易的,必须以周密的调查为基础。总之,要八个字连在一起讲:调查研究,实事求是。

解放思想也离不开调查研究。我们这几年思想解放了很多,提出了一些新的政策和措施,不少同志敢想、敢说、敢干了,这些都同我们对实际情况的调查研究直接相关。但是,我们还有许多老框框,形成了一套牢不可破的观念,似乎这些东西就是绝对真理,神圣不可侵犯。这种情况的存在正是和缺乏对实际情况的调查研究分不开的。比如,人们常常把所有制和劳动方式混为一谈,弄出很多错误观念来。例如,把单干说成就是资本主义。其实单干并不是资本主义的特征,资本主义的特征是在资本家占有生产资料的基础上使用雇佣劳动。就劳动方式来说,无论是体力劳动还是脑力劳动都有集体劳动和单独劳动的不同方式。农业劳动也好,工业劳动也好,劳动方式都有单独一个人作业的。现在我们搞各种形式的责任制,怎么能说是走资本主义道路呢?在生产资料公有制不变的前提下,某些集体单位根据自己的特殊条件把有些劳动分配给个人去干,责任到人,这不但不是走资本主义道路,而且是符合某种较落后的生产力状况的一项必要的措施。可是有些人却不分析具体情况,笼统地认为单干就是资本主义。对于这样的问题,我们好多年都没有很好地调查,没有很好地思考;有些同志可能是调查了,思考了,但不敢说。还可以举一个例子,比如进口粮食,过去"四人帮"乱扣帽子,谁主张进口粮食就说谁是"卖国主义"。这种非常荒唐的观点也束缚了我们一些人的思想。现在调查一下就发现,全世界很多国家都要进口粮食,难道都是卖国主义吗?从我们国家的情况来说,进口一些粮食,就可以使适宜于种棉花、种甘蔗的地区,多种些棉花、多种些甘蔗。这样做经济上是很合算的,这笔账很容易算清楚。许多事情,十几、20年来我们没有很好地调查研究,深思熟虑,对于很多情况粗枝大叶,若明若暗,有许多问题实际上是自己吓自己,把自己的头脑捆得死死的。因此,没有周密的调查研究,就谈不上什么不断地解放思想。思想的解放同对客观情况、客观规律的深刻认识是密切相关的。

搞好调查研究也是治疗领导机关的主观主义、官僚主义等弊病的对症良方。如果一个领导机关或领导干部是经常搞调查研究的,是熟悉情况的,那么,说假话、吹牛皮就会被揭穿。讲真话、讲老实话、对工作认真负责的良好风气就会树立起来。上上下下兴起调查研究之风,坚持下去,成为制度,主观主义、官僚主义、弄虚作假等就没有市场了。

但是,调查研究并不容易。这里我们讲的是周密的调查研究,讲的是调查研究的科学态度。要把调查研究搞好,至少要提出几个要求。

第一,要广泛地、经常不断地接触群众。要了解情况不能只接触少数人,尤其不能只接触圈子内的少数几个人(他们很熟悉上级的脾气,知道在什么样的时候讲什么样的话),而是要接触各种各样的人。要接触那些犯过错误的,接触那些敢讲话的,接触党外的,接触一些青年人,接触老年人,接触老百姓,总之凡能供给我们情况和知识的人都要去接触。当年毛泽东同志搞调查研究就不仅找了红军战士和基层干部,还找了群众中的各种人,甚至找了国民党的监狱长去了解情况。我们有些同志当了领导就不大接触群众了,身边的人员也总是说这个不保险,那个不可靠,把领导同志和群众隔绝开来,妨碍领导接触群众,在这个问题上我们有的同志过去就吃了大亏,教训是很深刻的。

第二,要放下架子,甘当小学生,真心诚意向群众请教。要以诚恳的态度待人,以平等的态度待人。这是一个学习态度问题。与人交谈或开调查会时,要记住自己是来向群众求教的,不是来摆首长威风的,也不是来走形式的。要多请别人讲,多听别人讲,特别要注意听取不同意见。自己应当少讲,要讲,也是跟别人商讨,启发别人讲。有一种人开调查会,四个小时的调查会他讲了三个多小时,80%的时间归他讲,大家只能讲半个多小时。这那里是什么调查会,分明是首长的报告会。如果把这也叫调查研究,那就等于取消了调查研究。因为这种调查徒有其名,是不可能得到什么真实情况的。

调查研究中还应注意必要的数量统计。数量和质量是对立的统一。任何质量都有一定的数量界限,没有必要的数量,质的存在就大成问题。列宁讲过,在社会现象方面没有比胡乱抽出一些个别事实和玩弄实例更糟糕更站不住脚的方法了。罗列一般例子是毫不费劲的,但这是没有任何意义的,甚至会起相反的作用,因为在具体的历史条件下,一切事情都有它个别的或例外的情况。如果从事实的全部总和,从事实的联系中去掌握事实,那么,事实不仅是"胜于雄辩的东西",而且是证据确凿的东西。如果相反,只是片面地随意地去挑选一些事实,那么,事实就只能是一种儿戏,或者连儿戏也不如。这看起来是一个方法问题,实际上是一个调查研究的态度问题。就是说,我们究竟是为了选取片断的事实来论证主观认定的某种特点,还是真正地从调查研究中去认识事物的规律。

这些方面我们是有很多教训的。在一些政治运动中,在所谓"大跃进"的年代里,人们所做的许多调查以及用这种"调查"所做的论证不是很多都是主观主义的吗?所以,调查研究一定要注意科学态度,注意必要的数量统计,注意从事实的联系和总和中去把握事实。

第三,要认真思考。思考是贯穿调查研究全过程的基本要求。准备阶段要思考。这时主要是思考调查的目的和要求,拟定调查的重点和项目(有些调查还需要尽可能完备的调查提纲),估计调查过程中可能遇到的情况和问题,等等。调查阶段亦要思考。这时主要是思考如何得到必要的材料以及对所得材料进行初步的整理、分类、核实和补充,同时还要思考如何把调查一步一步地引向深入。研究阶段更加要思考,而且是集中的思考。这时主要是在马克思主义理论的指导下,对所得材料进行进一步的加工整理,进行分析和综合,运用科学抽象的方法揭露材料之间的内在联系,发现事物的本质,引出理论性的结论,最后得出解决问题的方案。总之,认真思考必须贯穿于整个调查研究的全过程,漫不经心就谈不上真正的调查研究。

第四,要搞好调查研究,还要读点书。这里是说要向马克思主义的理论观点请教,掌握好马克思主义的思想武器。调查研究只停留在就事论事的水平上是不行的。这里需要理论思维。恩格斯说得好,没有理论的思维,就会连两件自然的事实也联系不起来。在整个调查研究过程中,马克思主义理论的指导作用是巨大的,因为理论不但可以指出方向,而且可以提供方法论的指导。没有理论指导的调查是盲目的调查,没有理论指导的思考是零乱的思考。所以不能轻视理论的作用。

此外,时代发展了,调查研究的手段、工具和方法也应当发展。调查研究的主持人在与人交谈和开调查会时,口问手写是必要的、应当的,但毕竟是有限的。为要更广泛、更迅速、更准确地搜集材料,我们还应根据条件使用通信设备和电子设备。事实上,大规模的调查也远远不是开几次调查会可以解决问题的,还必须运用其他的方式。总之,在调查研究的方法和手段方面亦应有所改革,不能停留在手工业式的水平上。

我们的党、我们的国家正处在转变时期。追溯以往,很多历史经验有待于我们去总结、去消化,也有很多的错误和失算有待于我们去改正、去克服;放眼现在和未来,更有很多的新情况、新问题有待于我们去认识、去解决。在这样的时期,全党同志拿起调查研究的武器,掌握好调查研究这门基本功,意义就显得更加重大了。只要全党同志,特别是党的各级领导机关都来认真地做周密的调查研究工作,我们就能坚持实事求是,进一步解放思想,就能使我们的路线、方针、政策更加符合我国的实际,我们的各项工作就能搞得更好。

商业部党组召开会议讨论王磊同志所犯错误

参加会议的党组成员一致认为,王磊同志身为商业部部长,犯这样的错误,对商业部机关、系统和整个社会造成了坏的影响,我们应引以为戒,决心通过王磊同志的错误,进一步检查我们存在的问题,认真改正错误，吸取教训，做好商业工作。

王磊同志初步检查了自己由于特权思想作祟，产生错误行为，表示要深刻检讨，坚决改正，并如数补足少付的款。王磊在检查中并请求组织上给予党纪处分。他还给北京市第一服务局和丰泽园饭庄写了信，检讨自己的错误，要求清查他的账目，如数照补。并欢迎对他进行批评监督。

商业部党组决定将王磊的书面检讨印发给全部干部职工，发动他们进一步揭发批判，以纠正商业部领导干部的不正之风。

《人民日报》发表王震的文章《各族人民团结起来建设富裕文明的社会主义新疆》

这次我奉党中央、人大常委会、国务院、中央军委各位领导同志之命，到新疆维吾尔自治区来慰问各族人民、各族干部和光荣的中国人民解放军驻新疆部队的广大指战员。新疆是我战斗、工作过的地方。我离开以后，仍然时刻怀念着这里的山山水水，想念着这里勤劳、勇敢、智慧的各族人民。在解放初期的艰难岁月里，中国人民解放军和各族人民同甘共苦，并肩战斗的情景，我是永远不会忘怀的。现在，我有机会再次会见老战友、老同志，拜访各族人民群众，畅谈叙旧，倾听意见，感到十分高兴。

新中国成立前，新疆各族人民处在水深火热之中，土匪流窜抢劫，经济凋敝，生产落后，许多手工生产工具、生活必需品，包括马镫子、铁钉子、坎土曼，都要仰赖内地和国外进口。部队入疆后，遵照毛泽东、周恩来、刘少奇、朱德等中央领导同志的指示，发扬延安精神，牢记我军的三大任务，同各族人民一道开发荒漠、戈壁滩，兴修水利，建设农牧场，创办工厂。经过各族人民的艰苦创业，经过多少曲折的路程，现在的新疆，已经成为粮、棉、畜和经济作物的新型生产基地，荒凉的戈壁上建起了钢铁厂、纺织厂、发电厂、农机厂、水泥厂和石油化工等数以百计的工矿企业。这些成就，是各族人民互相学习，互相支持，共同努力的结果；也是党、国家和各兄弟省、市、自治区大力支援的结果。在建设过程中，新疆的各族人民，包括进疆的老同志、驻疆部队和广大支边青年、科学技术干部，都付出了辛劳智慧，作出了贡献。

新疆地处祖国的西北边陲，战略地位十分重要。过去，老沙皇的魔爪伸进我们这块富饶之地，通过一个个不平等条约霸占去我国大片领土。今天，新沙皇继承老沙皇的衣钵，妄图扩张、侵略，称霸世界，时刻都在觊觎我国这片丰饶的土地，时刻都在利用各种手段妄图分裂我们祖国的统一，威胁着我国的安全。新疆各族军民更要百倍警惕，为保卫祖国的领土，巩固祖国的边防，守卫好祖国的西大门，团结一致，并肩战斗。这是新疆的大局，也是新疆各族人民和驻疆部队的光荣任务与神圣职责。

新疆幅员辽阔，资源丰富，有勤劳智慧的1200万各族人民，又有全国人力、人才、物力、财力的全面支援，具备着加快四化进程的各种优越条件。特别是粉碎“四人帮”后，新疆各族人民在党的三中全会、四中全会、五中全会精神指引下，在自治区党委的领导下，胜利地完成了揭批查和各项工作的整顿，落实了党的政策，平反了大批冤假错案，放宽了各项经济政策，新疆的形势和全国各地一样，是很好的。这个局面来之不易，决不容许任何人破坏。新疆有煤、有铁、有油，还有许多重要的资源，亟待开发。新疆有大片土地，需要继续兴修水利，扩大绿洲面积。新疆日照时间长，昼夜温差大，适宜发展棉花、甜菜、水果等经济作物。要把这些优势充分发挥出来，发展生产，提高各族人民的物质、文化生活水平。这是新疆各族人民的中心任务和光荣职责。

要保卫祖国，建设祖国，巩固边疆，开发边疆，在多民族的新疆就需要加强各民族的团结，需要加强军政、军民的团结。团结是新疆各族人民的生命线，是各族人民的共同利益所在，是防止苏联霸权主义者入侵的关键所在，是建设富裕、文明的社会主义新疆的关键所在。要搞好团结，必须坚持四项基本原则，就是坚持社会主义道路，坚持无产阶级专政，坚持党的领导，坚持马列主义、毛泽东思想。这是我国各族人民团结的基础。

我国是一个多民族的国家，中华民族包括汉族和各少数民族在内，是一个统一的整体。在新疆，居住着维吾尔、汉、哈萨克、蒙古、回、柯尔克孜、锡伯、塔吉克、乌孜别克、塔塔尔、达斡尔、满、俄罗斯等13个民族。他们和中华民族的其他兄弟民族一样，都有自己光荣的历史，都以勤劳、勇敢、智慧和团结著称。早在几千年前，我们中华民族就同西方各文明古国，诸如古希腊、罗马、埃及、波斯、土耳其有了交往，建立了各种联系。在东西方的政治、经济、文化、科学技术交流中，新疆起了重要的桥梁作用，形成了一条闻名于世的“丝绸之路”，对人类作出历史性的贡献。

我国各民族，历来是互相交流、互相影响、共同前进的。西汉时，张骞率领封建的中央政权使团，来到当时叫作西域的新疆，这就是有名的张骞通西域。在长期的友好交往中，我国各民族人民，共同创造了我们中华民族光荣的历史和灿烂的文化，形成了亲密团结的优良传统。在历史上，各民族之间虽然也发生过不愉快的事，但都为时短暂；和睦友好相处是悠久的。解放30年来，新疆各族人民的团结是好的，友谊是牢固的。

当年我奉党中央的命令率领人民解放军进军新疆时，新疆各族人民像对自己亲儿女一样对待子弟兵，使进驻新疆的第一野战军第一兵团顺利执行了改造国民党的起义军队，团结三区革命部队等任务。我们永远铭记新疆各族人民的关怀。这以后，新疆的工作不断取得进展，新疆各族人民的团结不断得到加强。十年浩劫期间，新疆各族人民经历了林彪、"四人帮"猖狂的破坏。但是，经过一番努力，又争得了新的安定团结的局面。我们的团结经历了严峻的考验，犹如天山上的雪莲，在风雪中傲然盛开。

当前，我们新疆维吾尔自治区各族人民，要在过去的基础上进一步增强各民族间的亲密团结。面对苏联社会帝国主义的威胁，面对全国和边疆四化建设的需要，我们一定要深刻认识团结是新疆各族人民的共同利益；没有团结就没有一切。当前，我们各级党委和政府，要把增强团结当作自己第一位的工作，动员教育群众认识加强团结给各族人民带来的好处，破坏团结给各族人民带来的损害和灾难，共同维护团结的大局。要从团结的大道理出发，解决各种具体问题，小道理要服从大道理。共产党员、共青团员、各级干部，人人要争当团结的模范。

认真贯彻执行党的民族政策，继续巩固和加强民族区域自治，是增强各族人民大团结的重要保证。要在发展生产的同时，大力培养少数民族干部和科技人才；大力发展边疆多民族地区的经济、文化、教育事业；充分尊重少数民族的风俗习惯，认真使用少数民族的语言文字，真正做到各民族政治上法律上一律平等。在新疆的广大汉族干部，要充分尊重各兄弟民族，一如既往，全心全意地为各族人民服务。各族干部和人民之间，要互相学习，互相帮助，讲友爱，讲谅解，大家和睦相处，有事情共同商量，齐心协力，团结一致，奋发图强，建设边疆。让我们各族人民之间的深厚友谊、骨肉深情世世代代传下去。

发展新疆安定团结的局面，要进一步发扬社会主义民主，健全社会主义法制，建立良好的社会秩序。我们必须清醒地看到，苏联霸权主义者正在加紧对我新疆进行颠覆破坏活动，挑拨离间，分裂我们祖国的统一；我们还必须清醒地看到，林彪，"四人帮"反革命集团虽然被粉碎了，但是，他们的余毒还没有完全肃清。安定团结是各族人民的共同愿望。各种违法行为都是人民所不答应的，是国法所不允许的。我们再也不能容许搞打砸抢，不容许坏人胡作非为。我们必须坚决打击扰乱社会治安的打砸抢分子、流氓犯罪分子。不管是什么人，是哪一个民族的，犯了罪，就要受到法律的制裁，在法律面前人人平等，决不允许姑息迁就，放弃原则，以维护和保障正常的社会秩序、工作秩序、生产秩序。

中国人民解放军是各族人民的子弟兵，是具有光荣革命传统的军队。驻守在新疆的部队继承了光荣传统，30年来作出了巨大贡献。这支部队来自五湖四海，为着保卫边疆、建设边疆这个共同目标，贡献了力量。今天，不管是干部、战士，不管是来自哪个方面的，都要讲团结，都要努力加强军队内部的团结，加强军政之间的团结，加强和各族人民之间的团结。要在加强政治教育和军事训练，学习和掌握现代军事技术，提高军事、政治素质的同时，积极协助地方维护社会治安，保护人民的利益。

农垦团场——原中国人民解放军新疆军区生产建设兵团的广大职工，是开发边疆、建设边疆的一支重要力量，也是人民解放军的强大后备力量。过去，他们在屯垦戍边中作出了巨大贡献，今后还要继续做好屯垦戍边的工作。屯垦戍边，是我们老祖宗留下来的好办法，毛主席也提倡这个办法。这个方针是正确的，不可动摇的。我希望农垦团场的同志们，特别是老同志，保持和发扬艰苦创业的光荣传统，扎根边疆，发展生产，办好农工商联合企业，在开发边疆、建设边疆、保卫边疆中作出更大的贡献。

"革命岂须桑梓地，青山处处埋忠骨。"我希望在新疆工作的同志们，都能一如既往，安心边疆，扎根边疆，把祖国边陲保卫好，把新疆建设好。我虽年过古稀，身患疾病，但是，我的心是和新疆各族人民连在一起的，我期望新疆更加繁荣昌盛。我十分拥护我们党和国家不搞党政军领导干部终身制，在我们党召开十二大的时候，倘若我还活在人间，我将申请辞去党的领导职务，退休到新疆来，和各族人民一道，共同为中华人民共和国的安全、繁荣、昌盛而奋斗到底！如果去见马克思，我已委托战友和亲属，将我的骨灰撒在天山上！在四个现代化实现之日，同新疆各族人民共享欢乐，同庆胜利。

国务院副总理万里在北京会见以美国农业部经济政策分析与预算总局长哈伍德·约特为团长的美国农业经济和统计代表团

外交部就越南当局蓄意加剧中越边境地区紧张局势并杀伤中国边境军民照会越南驻华大使馆提出强烈抗议

照会说："今年9月下旬以来，越南方面在中越边境地区制造了一系列武装挑衅事件，使中国云南和广西边境地区军民的生命和财产遭受了重大的损失。"

"在云南地区，越南武装人员不断侵犯中国马关县边境地区，并多次打死打伤中国边境居民和边防人员。

9月30日，越南当局出动武装军人数十名，再次侵入这一地区，向执行巡逻任务的中国边防战士和民兵发动突然袭击，打死打伤各3人。10月1日，越军又趁该县军民庆祝国庆之际，向金厂公社罗家坪地区发动猛烈炮击，打死打伤中国社员多人。特别严重的是，10月15日，越南军队竟肆无忌惮地向马关县罗家坪地区的中国边防军阵地发起攻击。面对越军这一猖狂挑衅行动，中国边防部队被迫进行还击，给入侵者以应得的惩罚。”

“在广西地区，10月2日，越军向中国防城县东兴公社境内开枪60余发。10月8日，越南武装人员又侵入防城县江平公社境内，打死打伤中国社员和护林人员各1人。10月12日，越南武装部队同时向那坡县平孟公社及水口镇两地发动炮击，炸毁校舍及民宅多处。10月13日，越军又向防城各族自治县东兴公社境内猛烈射击，打死一名在田间劳动的中国社员。”

照会说：“最近一个时期，越南当局蓄意加剧中越边境地区的紧张局势，不断进行武装挑衅，杀伤我边境军民，严重威胁中国边境地区的安全。这不能不引起中国政府和中国人民的极大愤慨。中华人民共和国外交部为此向越南方面提出强烈抗议。如果越南当局仍然无视中国方面的抗议和警告，继续侵犯中国领土主权和制造事端，它必将无法逃避由此引起的一切后果。”

照会最后说：“还必须指出，在第三十五届联大开会期间，越南当局不断对中国边境进行武装挑衅，制造紧张局势，显然是企图转移国际舆论的注意力，对抗联合国广大成员国和世界人民强烈要求它从柬埔寨撤军的呼声，并掩盖其加紧侵略柬埔寨和威胁东南亚地区和平与稳定的行径。但是，这一阴谋是决不会得逞的。”

10月17日

中共中央副主席邓小平在人民大会堂会见法国总统吉斯卡尔·德斯坦

中共中央电唁意大利共产党主席路易吉·隆哥逝世

中国共产党中央委员会今天发电报给意大利共产党中央委员会，对意共主席路易吉·隆哥同志逝世表示深切的哀悼。电报全文如下：

意大利共产党中央委员会：

惊悉意大利共产党主席路易吉·隆哥同志逝世。我们谨向你们表示深切的哀悼。

隆哥同志把他的一生献给了意大利人民争取社会主义的事业。他是意大利共产党杰出的领导者、国际工人运动的著名活动家，在反法西斯斗争和争取意大利的民主革新以及维护世界和平的斗争中，作出了卓越的贡献。他的逝世是意大利共产党、意大利人民和国际工人运动的重大损失。

请向隆哥同志的家属转达我们的哀悼和慰问。

中国共产党中央委员会

1980年10月17日于北京

《人民日报》发表社论《加强城市规划 搞好城市建设》

在四化建设过程中，我国城市将有新的发展。原有的城市要逐步改造，新的城市将陆续兴建。与此相适应，城市规划工作必须大力加强。

无论改造老城市还是兴建新城市，首先都要搞好城市规划。我们的祖先早就懂得这个道理。《周礼·考工纪》即载有关于城市规划的基本规定。隋唐长安城，宋代汴梁城，明清北京城，都是先搞城市规划，并严格按照规划建设起来的。今天，随着经济、文化的发展，城市的生产、流通、消费和各种社会活动，远比过去复杂得多。为了建设高度文明的现代化城市，更要有科学的城市规划。加强城市规划工作是客观规律的要求，对发展国民经济具有重大的意义。

30年来，我国城市规划工作经历了曲折的道路。“一五”期间，城市规划从无到有地创立、发展起来，工作开展得比较顺利。当时制定的一些城市规划，至今还发挥着积极的作用。从50年代末开始，由于受到国民经济中“左”倾思想的影响，城市规划事业屡遭挫折。虽经广大规划工作者做了不懈的努力，仍然每况愈下。在十年浩劫中，林彪、江青一伙推行极左路线，胡说搞城市规划就是搞修正主义，把建设城市说成是“扩大城乡差别”，影响所及，城市规划机构被撤销，资料被销毁，规划管理废弛，造成了严重后果。大城市的规模失去控制，小城市得不到应有的发展。许多城市不讲功能分区，布局很不合理，建设资金和土地浪费严重。工厂随意选址，“三废”泛滥成灾。住宅严重短缺，各项服务设施普遍不足。园林绿地风景区横遭侵占，违章建筑大量出现。不少城市搞了二三十年建设，至今没有形成几个完整的新街区，面貌改变甚微。所有这些，不仅影响了人民生活的改善，而且影响了生产的发展。我们一定要认真吸取历史的经验教训，正确认识城市和城市规划在社会主义建设中的重要地位和作用，端正指导思想，搞好城市规划，以适应四化建设的需要。

城市规划具有严肃、缜密的科学性。它要按照城市发展规律的要求，预见并合理确定城市发展方向、规模和布局，统筹处理各方面在发展中的矛盾；运用现代科学技术知识和手段,全面安排城市各项建设,使整个城市的建设和发展,在经济、技术、环境面貌方面达到良好的综合效果,为城市人民的居住、劳动、学习、交通、休息以及各种社会活动创造良好的条件。过去,由于我们对城市规划的重要性和科学性认识不足,又受到"左"倾思想的影响,片面强调"缩小城乡差别",一味提倡"先生产后生活",等等,以致长期忽视城市生活服务设施的建设,不适当地压低生活设施标准,把不少城市搞得城不城,乡不乡,很不像样子。马克思、恩格斯指出:"消灭城乡之间的对立,是社会统一的首要条件之一,这个条件又取决于许多物质前提,而且一看就知道,这个条件单靠意志是不能实现的。"(《马恩选集》第一卷, 第57页)缩小和消灭城乡差别,主要取决于生产力的高度发展。如果生产力没有达到一定的水平,单靠主观意志,用不建设城市或降低城市各项设施标准等做法来缩小城乡差别,不是无知就是歪曲。

根据各个城市的特点,确定各个城市的性质,这是规划、建设城市的基本原则。长期以来,我国许多城市片面强调发展工业,特别是重工业,甚至要搞"完整的工业体系",结果丢掉了自己的特点,走了弯路。中央书记处对北京市建设方针的四条建议,提倡根据首都的特点办事,否定了上述错误观念,对全国城市的规划和建设具有重要指导意义。每个城市都应该根据各自的地理、历史、资源条件,在规划和建设中扬长避短,发挥优势,并注意保持民族风格和地方特色。有些城市,附近拥有丰富的煤矿或铁矿资源,又有方便的运输条件,宜于发展成为钢铁、煤炭为主的工业城市;有些城市,具有优越的筑港条件,又有辽阔的腹地作为依托,宜于发展成为港口城市;有些城市,自然风景得天独厚,应当建设成为旅游城市。总之,再不能像过去那样,不问具体条件如何,千篇一律,只强调发展工业甚至重工业了。

兴办工业,必须同时搞好城市规划。工业的布点,无论是建设新企业,还是改建、扩建老企业,都会对城市的布局、规模和发展方向产生影响。一个新工业点的出现,往往就是一个城市的雏形。多年来我们的教训之一,就是在建设中只注意安排工业项目,很少考虑对城市的发展有什么影响,不注意相应地安排其他各项设施的建设。结果,许多新工业区长期不能形成各类设施比例协调、布局合理的城市,给职工生活带来困难,反过来又影响生产的发展。实践证明,搞工业建设,不能只有工厂的概念,而没有城市的概念。不能只有生产的概念,而没有生活的概念。今后,在工业建设中,一定要同时做好城市规划,认真实施,务求做到生产和生活能够协调发展。

必须控制大城市的规模,合理发展中等城市,积极发展小城市。多年来,我国城镇人口和工业主要集中在几十个大城市。城市太大,带来用水、用地、能源、交通、住宅、物资供应等一系列难以解决的问题,在产、运、销的平衡上也不合理,从长远看,很不利于生产的发展。今后一定要严格控制大城市的规模。大城市发展经济,不能再靠新建项目,主要应依靠挖潜、革新、改造,或出资金、技术、人才,与兄弟省市区举办联合企业。新建工业项目要尽可能安排到中小城市,通过工业建设,把那些资源、地理、协作条件好的中小城市发展起来。在部分大城市的周围,应当有计划地建设卫星城,将少数确实需要建在大城市的工厂和需从市区迁出的工厂放到卫星城去。依托中小城市,特别是依托小城镇发展工业,有利于生产力的合理布局,有利于产、运、销的平衡,有利于就地吸收农业剩余劳动力,有利于支援农业和促进农村经济、文化的发展。

我们是社会主义国家,无论进行生产建设,还是城市建设,根本目的是为了满足人民物质文化生活的需要。目前,我国经济落后,城市住宅、市政公用等各项设施欠账很多,小城镇的条件更差。在这样的基础上建设现代化城市,必然要经历一个相当长的过程。我们只能从实际出发,量力而行,随着生产的发展,逐步提高城市各项设施的水平,而不能急于求成,不能盲目追求过高的标准。要坚定不移地贯彻勤俭办一切事业的方针,既注意解决广大人民当前的基本需要,又要考虑今后的发展,恰当地确定城市建设的各项标准。

城市规划工作涉及城市的全局和长远发展,是城市工作一个极其重要的组成部分。各省、市、自治区都要加强对城市规划工作的领导。各城市人民政府更要把城市规划工作列入重要日程,切实抓好城市规划的编审和实施。国务院各部门给予大力支持。为了彻底改变"规划规划,不如首长一句话"的状况,保证城市规划的实施,必须尽快建立城市规划的法制,制定我国的城市规划法,以及相应的实施细则,使城市规划工作做到有法可依,违法必究。从中央到地方,上下一股劲,加强城市规划工作,为建设具有高度文明的现代化城市而努力。

国务院常务会议通过《关于开展和保护社会主义竞争的暂行规定》

党的十一届三中全会以来,随着调整、改革、整顿、提高方针的贯彻,特别是企业自主权的扩大和市场调节作用的发挥,竞争逐步开展起来,在我国经济生活中显示出它的活力,推动着经济的发展和技术的进步。社会主义的竞争和资本主义的竞争有着本质的区别,它是在生产资料公有制的基础上,在国家计划指导下开展的,是为社会主义经济服务的。它对于调动生产经营单位和劳动者的主动性、积极性,扬长避短,发挥优势,推动联合,进一步把经济搞活,不断满足人民群众的需要,加快四化建设的步伐有重大的作用。我们应当逐步改革现行的经济管理体制,积极地开展竞争,保护竞争的顺利进行。为此,特作以下暂行规定:

一、在开展竞争中,所有的生产和经营单位,都应当保证完成国家的产销计划,在改善经营管理,加强经济核算,增加花色品种,提高产品质量,减少能源和原材料消耗,降低成本和费用,提高劳动效率,改进服务工作等方面下功夫,比优劣,不断提高生产水平、技术水平和经营管理水平,以取得良好的经济效果。

二、开展竞争必须扩大企业的自主权,尊重企业相对独立的商品生产者的地位。企业根据国家政策法令所拥有的产、供、销、人、财、物等方面的权力,任何地区和部门不得任意干预。企业之间签订的合同和协议,应当互相信守,并受到国家法律的保护,毁约一方要负经济责任和法律责任。企业在保证完成国家规定的供货任务的条件下,可以根据市场需要,安排生产计划,或承担协作任务。除国家计划分配的物资以外,企业可以根据择优的原则,在国家政策法令许可的范围内,到外地外单位购买所需要的物资,有关地区和主管部门不得进行阻挠。属于国家计划分配的物资,也要逐步做到使企业有选择供货单位的余地。对一切侵犯企业自主权的做法,企业有权抵制和上诉。

三、在社会主义公有制经济占优势的情况下,允许和提倡各种经济成分之间、各个企业之间,发挥所长,开展竞争。在经济活动中,除国家指定由有关部门和单位专门经营的产品以外,其余的不得进行垄断、搞独家经营。对一些适宜于承包的生产建设项目和经营项目,可以试行招标、投标的办法。对于有利于国计民生的集体经济和个体经济,注册开业后,应当予以支持,在货源、贷款、税收、劳动力、产品销售等方面,统筹安排,给以方便。他们的正当权益,应受到国家法律的保护,任何单位、任何人都不得平调他们的资财,强加给不合理的负担,侵犯他们的利益。

四、广开商品流通渠道,为竞争开辟场所。企业超计划的和自己组织原材料生产的产品,以及试制的新产品,原则上可以自销。其中属于国家短缺的统购统销或统配产品,首先由国家收购;有些也允许企业自销一部分。自销价格要按照有关规定办理。要增加流通渠道,减少中间环节,允许企业采取多种经营形式,产需结合,加速商品流转。地区之间、城乡之间,可以互设销售机构,举办展销会,委托代销,推销产品。

五、开展竞争必须对不合理的价格逐步进行必要的调整。国家指定的一部分商品,其价格允许在规定的幅度内上下浮动。生产资料的价格,企业根据国家政策和市场的供求变化,有权在不影响财政上缴任务的条件下,自行调低;调高价格必须按照物价管理分工权限的规定,报经批准。同人民生活关系密切的重要商品价格,必须保持基本稳定。

六、开展竞争必须打破地区封锁和部门分割。任何地区和部门都不准封锁市场,不得禁止外地商品在本地区、本部门销售。对本地区出产的原材料必须保证按国家计划调出,不准进行封锁。工业、交通、财贸等有关部门对现行规章制度中妨碍竞争的部分,必须进行修改,以利于开展竞争。采取行政手段保护落后,抑制先进,妨碍商品正常流通的做法,是不合法的,应当予以废止。

七、为了鼓励革新技术和创造发明,保障有关单位和人员应有的经济利益,对创造发明的重要技术成果要实行有偿转让。国务院有关部门要制定有关政策和规定。在文件没有正式制定以前,企业之间可以互相协商解决。在竞争中,要提倡发扬社会主义协作精神,开展技术交流。

八、竞争要严格遵守国家的政策法令,采取合法的手段进行。要树立企业的信誉、企业的道德。不准弄虚作假,行贿受贿,投机倒把,牟取暴利,损害国家和人民的利益。违法乱纪的,应当根据情节轻重依法予以处理。

九、各级政府和主管部门要提高认识,跟上形势,因势利导,加强对竞争的领导,扎扎实实做好服务、协调、统筹、监督工作,及时了解新情况,解决出现的新矛盾、新问题。要学会掌握经济规律,利用价格、税收、信贷、利率等经济杠杆,制定必要的经济法规,指导竞争的健康发展。能源、原材料,要优先供应那些质量好、成本低、消耗少、竞争力强的企业。对后进企业,有些要进行整顿,帮助他们改善经营管理,努力赶上;有些要结合国民经济的调整,进行改组、转产或并厂,鼓励走联合的道路。经济上发达的地区要注意帮助经济上不发达的地区。各级经济管理部门必须加强计划指导和市场管理,做好调查研究、预测预报工作,对产品的发展趋势、市场情况等进行综合分析,指导企业搞好生产和经营,避免由于竞争可能引起的生产建设的盲目性。

十、以上暂行规定,希结合实际情况认真试行。各地区、各部门可根据本规定的精神,制定实施办法,保护竞争的开展。

财政部在北京召开全国财政厅局长座谈会

会议确定今冬和明年财政工作的主要任务是,大力组织增产增收,控制支出,压缩赤字,促进国民经济的调整,保持经济的稳定。

会议认为,今年以来,各级党委加强了财政工作的领导；各级财政部门在配合经济调整和改革财政体制，支持农业、轻工业和促进增产增收，以及在扭亏增盈、清产核资、节约非生产性开支等方面，都做了大量工作，取得了很大成绩。但是，当前的困难很多，任务很繁重，必须狠抓今后几个月的工作。一定要把该收上来的钱坚决收上来，能节省的钱尽量节省。目前，各方面的潜力很大，漏洞很多，对于年终可能发生的问题，要及早采取措施，加以防范。

会议指出，消灭财政赤字，实现收支平衡，是完成经济调整任务的主要标志之一。没有稳定的财政，就不可能有稳定的经济；没有稳定的经济，也就不可能有安定团结的政治局面。维护全国财政平衡是中央和地方的共同任务。

为了保证明年财政任务的完成，控制财政赤字，做好经济调整工作，会议认为，在广开生产门路，努力增产增收的同时，必须坚决压缩基本建设的总规模，进一步缩短基本建设战线。不论是中央的基建还是地方的基建，预算内的还是预算外的，都要压缩；银行贷款搞的基本建设同样要严格控制。其他方面的支出，也要区别情况，严格控制与压缩。

会议要求各级财政部门进一步支持轻纺工业的发展，抓紧企业整顿，实现扭亏增盈。对一些能源消耗大、成本高，长期亏损的企业，明年财政上不能再继续给予弥补；盈利企业也要进一步挖掘潜力，减少浪费，增加收入。

要加强税收工作，严格按照税法办事，依法征收，依率计征。税收的减免要按税收管理体制的规定执行，不能超越权限，任意减免；也不能弄虚作假。非法漏税、偷税、逃税的，要严肃处理。

会议认为，今年在大部分省、市试行的“划分收支、分级包干”的财政体制方向是正确的，要总结经验，使它逐步完善起来。明年全面推行企业利润留成制度，一定要兼顾国家、集体和个人的利益，比现在搞得更好。工商税制改革，各省、区可以选择一两个城市试点，但不要搞得太多。

国务院副总理姚依林到会讲了话。他认为，财政部门的同志这两年来做了很多工作，取得很大成绩。在目前困难的情况下不要气馁。要坚持正确的意见，不断地研究新情况，解决新问题，挺起腰杆做工作，为国民经济的调整和发展作出更大的贡献。

会议于10月27日闭幕。

由水利部与联合国技术合作发展部共同主办的国际防洪座谈会在郑州开幕

来自联合国和亚洲、非洲、南美洲、北美洲、欧洲16个国家的24名代表以及我国长江、黄河、淮河、珠江、海河、钱塘江等河流治理机构和有关部门的39名代表，就防洪工程规划布局、堤防的养护和加固措施、河道整治的规划和工程结构、分洪工程、防汛抢险技术措施、防汛组织6个方面的问题交流了经验。参加会议的我国专家向大会提交了12篇论文。

四川省广汉县有步骤地改革农村经济管理体制并开始向农工商综合经济迈进

《人民日报》报道，四川省广汉县按照三中全会精神，逐步改革农村经济管理体制，全县农业生产形势很好：粮食产量逐年提高；大宗经济作物和主要多种经营产品，产量和产值都比去年有大幅度增加；社队企业产值和利润也有很大增长，不少企业单位已经完成或超额完成今年的生产任务。此外，县属工业品、商品销售额、各项税收和财政总收入，也都比去年同期有较大增长，农村经济活起来了，开始向农工商综合经济迈进。

1979年8月，广汉县在向阳公社调查试点的基础上，发动干部、群众，有步骤地对全县农村经济管理体制进行改革。

一、社队集股投资联合办企业，把公社“官办”企业改为“民办”。过去农村办企业，权力集中在公社，办好办坏与生产队和社员没有直接关系，他们也不关心企业的发展。广汉县采取由生产队集股投资、年终按股分红的办法，把全县21个公社的社办企业，全部改为社队联合的“民办”企业。联办企业的最高权力机构，是入股单位选派代表组成的股东代表大会，由大会民主选举产生联合企业管理委员会，再由管委会聘请企业正副经理、厂长和管理人员，由他们负责执行股东代表大会和管委会的各项决议。更重要的是改变了过去以政代企的状况，使企业成为联合的经济组织，生产队和社员成了企业的主人，他们对企业的兴衰、管理人员的选择十分关心。企业体制改革最早的向阳公社，在改革前，每月仅盈利一两万元；改革以后，每月盈利猛增，全年盈利比上年增长1.2倍。今年1月至8月，全社已获利润40万元，比去年同期增长1倍多。

二、兴办公社商业公司，把农村商业同发展社队生产更直接地联系起来。经省委批准，全县在去冬各公社建立社队企业供销经理部的基础上，相继办起了公社商业公司。即把公社供销社改为公社的商业机构，同供销经理部联合起来，由公社统一领导，实行两个牌子，一套机构。供销社在性质、产权、任务和供销渠道不变，人员、工资福利不变的原则下，所得利润除交纳所得税外，约半数左右能返还生产队，使农民从农村商业中得到较大实惠。

三、扩大生产队自主权，发扬生产民主。今年县上对社队下达生产计划，改变过去自上而下统得太多太死的做法，只把粮食、油菜籽的总产量和多种经营总收入，作为主要考核指标，并允许粮、油产量互抵。同时，进一步搞好“分组作业，定产定工，超产奖励”的责任制。这样，生产队有了较大的自主权和灵活性，有利于发挥劳动者的积极性。各社队有了自主权，可以扬长避短，因地种植。今年他们适当减少麦田，扩大油菜面积，全县夏季作物获丰收。其中油菜籽比去年增产近1200万斤，增长四成以上。社员增收约350万元。又通过与外省议价交换，以油换粮，总计增收粮食1700多万斤。

中华人民共和国政府和法兰西共和国政府关于设立领事机构的协议在北京签字

协议规定，中国政府同意法国政府在上海设立总领事馆，其领区范围为江苏省、浙江省和上海直辖市。法国政府同意中国政府在马赛设立总领事馆，其领区范围为阿尔卑斯滨海省、阿尔代什省、罗讷河口省、加尔省、埃罗省、伊泽尔省、卢瓦尔省、罗讷省和瓦尔省。

国务院副总理方毅在北京会见英国文化委员会主席查尔斯·特劳顿爵士和夫人

文化部发出《关于加强少年儿童艺术工作的意见》并宣布成立少年儿童艺术委员会

文化部的《关于加强少年儿童艺术工作的意见》（以下简称《意见》）指出，大力加强少年儿童艺术工作，为孩子们提供更多更好的艺术作品，以满足少年儿童精神文化生活的需要，已经成为刻不容缓的问题，应该提到文化部门的重要议事日程上。《意见》提出：

一、艺术方面：建议在百万人口以上的大城市，建立少年儿童艺术剧院（团），或在艺术表演团体内建立少年儿童艺术小组，专门创作、演出描写少年儿童生活，适合少年儿童欣赏的剧目及歌舞节目。

二、电影方面：除上海美术片厂要为孩子们拍摄丰富多彩、形式多样的美术片外，各故事片厂每年都应摄制相当数量的少年儿童题材以及适合少年儿童观看的故事片（长短片不拘）。星期日儿童专场要成为一个全国实行的制度。

三、群众文化部门要将少年儿童列为重要的服务对象之一。

四、艺术教育方面：所有高、中等艺术院校及艺术表演团体，都应把辅导少年儿童艺术活动作为自己的一项重要任务。

五、凡有条件的地方，都应设立儿童剧场、儿童电影院或儿童影剧院。

六、除了有条件的地方设立少年儿童图书馆外，各地图书馆、文化馆、文化站要积极创造条件，开辟少年儿童阅览室，或专门为少年儿童安排阅览时间。

七、定期或不定期地举办少年儿童艺术评奖，对少年儿童艺术创作、表演或其他方面有贡献的人员，给予精神的和物质的奖励。

《意见》说，文化部已经成立少年儿童艺术委员会，其任务是：督促有关部门订出这方面工作的计划，检查计划执行情况，提出这方面工作的建议，组织评奖。各地如认为必要，也可以建立这样的组织。

10月18日

《人民日报》发表社论《积极组织各种形式的经济联合》

经济联合的出现和发展不是偶然的。它是适应我国当前生产力发展水平的一种新的经济组织形式，是我国社会主义商品经济发展的必然趋势。随着市场调节的开展，出现了竞争。在竞争中，迫使各行各业走联合之路。

早在1956年，周恩来同志在党的“八大”的报告中，就提出了关于在工业部门有计划地实行专业化和协作的设想。60年代中期，曾试办了13个全国性专业公司。有些地方也试办了一些地区性的专业公司。尽管这些专业公司还存在着对外垄断、对内集权过多的弊病，由于是按专业化和协作的原则组织生产，符合客观经济规律，还是取得了好的经济效果。非常可惜，经过十年浩劫，这些专业公司都夭折了。

去年下半年以来，各地出现的一些经济联合体，从形式到内容，都比60年代的联合有了很大的不同。我国广大经济工作人员在新形势下，冲破思想束缚，打破“条条”和“块块”的限制，开始自觉地按照经济规律和经济流通渠道，组织社会化生产。

实行经济联合，首先有利于轻工业的发展。有些轻工业企业，由于原料不足，生产能力本来就得不到充分发挥，现在有些地方工业和社队工业迅速发展，农产品原料更显得紧张。为了解决这个矛盾，对国家计划调拨的原材料，一定要保证完成。同时，轻工业部门和企业可以同原料产地，同社队、农场、林场签订各种协议和合同，或实行合营、联营、来料加工，或实行补偿贸易、产品交换，通过各种形式的联合，建立起稳定的原料基地或原料供应渠道。这样做，既有利于解决发展轻工业的原料供应问题，又可以解决一些地方出现的以小挤大、盲目建厂的问题。这就是说，发展轻工业要靠联合。

其次，联合有利于挖掘各方面的潜力，取得较好的经济效果。建筑在平等互利基础上的联合，能够充分发挥地方和企业的财力、物力、人力的潜力,创造新的生产力,提高经济效果。有些企业,产品质量好,市场畅销,供不应求,而要扩大生产能力,却苦于资金、厂房、劳力不足;相反,有的企业生产任务不足,厂房、设备、劳力都未能充分利用。双方实行联合,取长补短,就能在不增加或少增加投资、设备、厂房、劳力的情况下,使生产成倍地增长。

最后,联合有利于按专业化协作的原则改组工业,实行社会化大生产。工业生产的发展和科学技术的进步,要求专业化和协作。但是,在现行的经济管理体制下,企业不是归"部门所有",就是归"地方所有",企业只是上级部门的一个附属物。因此,在组织专业公司或总厂时,往往遇到部门或地方之间的矛盾,阻碍专业化协作的发展。实行经济联合,兼顾部门、地方、企业的利益,专业化协作就容易了。而且实行经济联合的办法,不是把所有生产同类产品或配套协作的工厂统统划归公司领导,改变隶属关系,而是以一批骨干企业为主,同另一些企业签订经济合同,实行联合经营或协作生产。本来成立联合公司,是为了更好地为所属工厂服务,提高整个公司的经营效果。这就要求在公司内部不要搞集权,要注意分权,给基层单位保留自主性和灵活性,实行分级核算,充分发挥他们的积极性和主动性。现在,我们有些全国性的专业公司迟迟组建不起来,其症结往往是对地方和企业的利益考虑不够。可见,坚持在自愿互利基础上组织联合的办法,比用行政手段更有利于推动按专业化协作的原则改组工业。

经济联合既然是随着经济体制的改革出现的一个新事物,就必然会产生一些新情况、新问题,需要我们不断地调查研究,总结经验,认真解决。当前,有以下的问题需要研究解决。

要给企业以更多的经营管理自主权。承认企业的经营管理自主权,这是商品生产的一个普遍原则。没有自主权,企业进行经营活动的主动性和积极性也就无从谈起。这是当前推动联合的一个关键。目前,还只是在一部分企业进行扩大企业自主权的试点,也只是在利润留成上迈出了一步,其他方面的权限还是很小的。如果不给企业更大的经营管理自主权,或者说,如果不在如计划、物资、劳资、外贸等方面进行相应的改革,企业就难以发挥优势、开展竞争、实行联合。凡是有利于发展生产、沟通供销、繁荣经济的联合,都应当放宽政策,给予支持。我们的金融、价格、税收政策,应当在推动联合中发挥经济杠杆的积极作用,而不是相反。在整个经济体制尚未全面改革以前,在保证国家财政收入的前提下,可用变通的办法,该办的事应该主动去办。

要研究改革联合企业的领导制度。联合企业是按照互惠互利原则组织起来的经济组织。因此,联合企业内部的领导体制,应当体现出协作配合、共同负责的精神。在联合企业里可试行董事会或联合委员会领导下的经理或厂长负责制度。对于董事会或联合委员会的决定,联合各方无权单方面改变,行政部门也不要任意进行干预。联合企业的党组织,应当受所在地方党委的领导,对企业的经营活动在政治上起保证和监督作用。这种领导体制,对我们来说是一种新事物,应该积极进行试点。在实践中再不断总结经验,逐步完善。

各级经济主管部门要加强领导,做好服务、协调、统筹、监督工作,坚持在国家计划指导下开展联合。有些企业对全省、全国经济情况了解不够,往往从本地区、本企业的需要出发,在扩大生产能力和投资方向上有着很大的局限性,出现一些盲目生产、盲目发展或发展新的"大而全"、"小而全"的情况。各级经济主管部门,应当加强领导,搞好综合平衡和市场预测以及产需通报工作,引导企业把搞联合的积极性同发展生产的合理性结合起来,避免盲目性,使经济联合服从国民经济调整的总方针。

我国经济生活开始打破了长期沉闷的局面,发生了前所未有的变化,推动联合能促使这一变化取得更大成果。各级领导部门一定要勇于探索,勇于改革,把经济联合搞好。

中国建筑学会第五次代表大会在北京召开

会议认为,建筑界既要敢于冲破障碍,勇于创新,又要坚持从实际出发;既要学习国外的先进经验,又要发扬我国的优秀传统,发挥社会主义制度的优越性。通过探讨和争鸣,找出我们自己的道路。

在这次代表大会上,代表们还对繁荣建筑创作提出了许多有益的意见。代表代指出,粉碎"四人帮"以来,建筑创作日趋活跃,但城市面貌千篇一律,建筑造型呆板单调的情况改变不大。这是因为,长期以来形成的种种障碍,或多或少地还束缚着建筑创作。

一是"左"倾思想的长期影响。50年代初期,批判建筑界的"结构主义"、"复古主义"、"形式主义",以后又批"高标准"、"大洋全"、"封资修"、"洋怪飞"。每搞一次政治运动,都要找出一项或几项"典型工程"进行批判。对学术上的不同意见随意上纲上线,扣上政治帽子,伤害了不少同志,搞得设计人员下笔踌躇,无所适从。十年浩劫,建筑界遭到更大灾难:思想搞乱了,设计与施工的关系被颠倒,建筑理论和建筑艺术成了禁区;到处抄袭模仿,简单化、程式化流行。影响所及,一些同志至今仍心有余悸。

二是瞎指挥盛行。一些领导同志不尊重科技人员的意见,自己不在行,却管得十分具体,甚至不问具体条件,指定一个样板,让照抄照搬。还有的以个人的好恶,作为衡量设计方案的标准,严重限制了设计人员的积极性和创造性。

三是封建主义思想的影响。在建筑设计中存在着等级观念,如一些公共建筑设计,由于对首长、外宾的过分照顾而造成了功能使用上的不合理。封建割据,自成一套,搞“独立王国”的情况也很突出。两个单位一墙之隔,锅炉房、食堂、车库和浴室都要搞两套。在一条街上,每个建筑物都要以我为主,自成轴线,竞相突出,不考虑群体效果。至于建筑设计中不重视功能要求,不讲究综合经济效果,讲排场,比阔气等做法,也与封建观念有着不可分割的联系。当前还有个倾向,就是崇洋思想有所抬头。不问具体条件,盲目抄袭外国,以为高楼大厦就是现代化。看不到自己科技人员的才能,对国内外搞的设计不能一视同仁。

代表们认为,排除这些障碍还要做许多工作,而关键在于发扬学术民主。学会要以贯彻“双百”方针为己任,促进建筑创作的繁荣。

经过民主选举,著名建筑学家杨廷宝教授当选为中国建筑学会理事长,阎子祥、陈植、金瓯卜、汪季琦、戴念慈、王华彬、张开济、何广乾、佘畯南、任震英10位同志当选为副理事长。新的理事会还为台湾省保留了5个名额。大会希望海峡两边的建筑工作者加强合作,共同为祖国建设贡献才华。

国务院副总理康世恩在北京会见由总经理迪亚斯·塞拉诺率领的墨西哥国家石油公司代表团

政协全国委员会副主席北京大学校长周培源教授在人民大会堂会见并宴请英国上议院议员富尔顿勋爵和夫人

第十次全国广播工作会议在北京闭幕

会议认为,要实现上述奋斗目标,就要坚持自己走路,发挥广播、电视的优势。就是说,要根据党的路线、方针、政策,根据国内外的形势发展,确定广播、电视每一时期的报道思想,编采或拍摄广播、电视新闻,撰写广播、电视评论,对国内外重大问题敢于和善于发表意见。要充分发挥广播文艺、电视文艺的作用,积极发展广播剧、广播小说和电视剧、电视小品。

中宣部部长王任重在会上讲话的时候,强调了思想政治工作的重要性。他说,“思想领先”、“政治工作是一切经济工作的生命线”这样的提法是对的。加强全党的思想政治工作,是保证顺利地进行经济建设的最重要的一个条件。我们在强调按劳付酬,强调实行必要的物质奖励的同时,必须加强思想政治工作,强调精神鼓励,使广大干部、广大人民团结起来同心同德搞四化。他还指出:我们现在的中心任务是经济建设。宣传工作必须围绕着经济建设的实际去进行。

10月19日

中办转发中央纪委《关于瞿秋白同志被捕问题的复查报告》

《关于瞿秋白同志被捕问题的复查报告》指出:瞿秋白同志被国民党逮捕后,坚持了党的立场,保持了革命节操,显示了视死如归、从容就义的英勇气概。“文化大革命”中把瞿秋白同志诬蔑为“叛徒”,是完全错误的,应当为他彻底平反,恢复名誉。

全国1200个县正在开展直接选举活动

新华社报道,我国县一级的直接选举工作已经全面展开。目前全国共有1200个县(不设区的市、市辖区、自治县)正在开展选举活动,610个县已经完成了选举任务。其余900多个县的直接选举工作大部分将在今冬明春进行。

由选民直接选举县级人民代表大会代表,是加强地方政权建设的一件大事。为了搞好选举,各省、自治区、直辖市都成立了领导机构,并且进行了试点工作。

一些已经结束选举活动的地方,建立了或正在建立人民代表小组,制定代表联系选民的制度,以发挥人民代表的作用。

为了进一步推动这项工作,全国县级直接选举办公室和民政部最近组成7个工作组,分赴部分省、市了解情况,总结经验。

第三季度县级以上行政区划变动情况

新华社报道,今年第三季度,国务院批准了下列县级以上行政区划变动:

一、内蒙古自治区恢复乌兰浩特市。以科尔沁右翼前旗的乌兰浩特镇及附近的居力很、乌兰哈达、义勒力特三个公社和归流河公社的三合大队为乌兰浩特市的行政区域。乌兰浩特市由兴安盟领导。

二、内蒙古自治区恢复兴安盟。兴安盟辖原呼伦贝尔盟的扎赉特旗、科尔沁右翼前旗、突泉县,以及原哲里木盟的科尔沁右翼中旗和新恢复的乌兰浩特市,盟机关驻乌兰浩特市。

三、内蒙古自治区设立鄂托克前旗。以鄂托克旗的布拉格、毛盖图、马拉迪、查汗特勒盖、吉拉、珠和、三段地、二道川、城川、芒哈图10个人民公社为鄂托克前旗的行政区域。旗机关驻敖勒召其。

四、陕西省恢复汉中市。以汉中县的行政区域为汉中市的行政区域。汉中市由汉中地区领导。撤销汉中县。

五、河南省恢复周口市。以商水县周口镇的行政区域为周口市的行政区域。周口市由周口地区领导。

六、河南省恢复驻马店市。以确山县驻马店镇及附近的烧山、塘房庄、周庄、邓瓦房四个大队为驻马店市的行政区域。驻马店市由驻马店地区领导。

七、湖南省恢复娄底市。以涟源县的娄底镇和方石、水洋、东风、民福、思塘5个生产大队为娄底市的行政区域。娄底市由涟源地区领导。

由中科院召开的国际水稻土讨论会在南京举行

我国的于天仁、李实烨、龚子同、鲁如坤、徐琪、肖泽宏、顾荣申7位土壤学家在这次国际间首次讨论水稻土的学术会议宣读了论文,引起了到会的15个国家和国际组织的科学家们的重视。

水稻土是在种植水稻的情况下形成的一种独特的土壤类型,水稻土研究,对增进土壤肥力,大面积提高稻谷产量有着重要意义。1979年我国稻谷产量占粮食总产量43%,水稻田遍布北国南疆,约占耕地面积1/4。我国土壤学家结合农业生产实际,对水稻土进行了大量研究工作,在水稻土的发生、分类及肥力演变规律、高产稳产水稻土的培育等方面,取得了一大批成果。

参加这次国际间学术交流活动的我国140多名代表中,90%以上是中青年,他们提交的论文也占论文总数的90%以上。在大会上宣读论文的7人中,有6人是四五十岁的中年科学家。

海军舰船编队进行远航训练

为适应现代海战的要求,提高海军部队整体作战的能力,10月19日至28日,人民解放军海军南海舰队组成由驱逐舰、护卫舰、油水补给船和远洋拖船共六艘船参加的舰船编队,出巴林塘海峡,到太平洋进行远航训练。

我国运动员孙毅的橡筋动力模型飞机直线速度成绩在1980年全国航空模型分项赛成都赛区以每小时156.79公里创造新的世界纪录

10月20日

中共中央副主席邓小平在北京会见由日本"中国政经恳谈会"负责人三冈健次郎率领的日中经济友好访华团全体成员

在交谈中,邓小平说:中日两国需要友好相处,也都需要和平。中国在实现四个现代化的过程中,要同世界各国的经济界、商界和财界进行合作。在这方面,中国的近邻日本可以作出更多的贡献。邓小平指出,中日两国的经济合作肯定是要发展的,但我们要不断总结经验,不仅要从经济利益上考虑,而且要从政治上考虑。

中共中央副主席李先念在人民大会堂会见南斯拉夫社会主义联邦共和国主席团委员佩塔尔·斯坦鲍利奇

李先念向斯坦鲍利奇介绍了中国工农业生产发展以及在政治、经济方面改革的情况。他指出,我们要在探索中前进,要不断总结新经验,解决新问题,其目的是发展经济,改善人民生活。

斯坦鲍利奇说,你们的五届人大三次会议很重要,你们选择的方向是正确的。

中共中央书记处会议决定在今后二三十年内一律不挂现任中央领导人的像以利于肃清个人迷信

中国伊斯兰教协会在北京举行招待会庆祝古尔邦节

30多个国家的驻华使节和他们的夫人,在京外国专家中的穆斯林,以及北京部分清真寺的阿訇等共200多人,今天出席了中国伊斯兰教协会在这里举行的庆祝古尔邦节招待会。

中国伊斯兰教协会名誉主任包尔汉主持招待会。中国伊斯兰教协会主任张杰致祝词。他代表中国伊斯兰教协会和中国的穆斯林向到会的各国穆斯林祝贺节日。他在谈到当前形势时说,中国穆斯林对发生在伊斯兰国家之间和穆斯林兄弟内部的冲突感到忧虑。我们切盼穆斯林兄弟之间的一切争端能按照伊斯兰的原则和精神,通过和平手段谋求合理解决。他希望阿拉伯国家、伊斯兰国家、各国的穆斯林,同全世界人民团结起来,反对霸权主义的侵略干涉和以色列的侵略、扩张政策,迫使外国军队无条件地撤出阿富汗和柬埔寨,迫使以色列归还它所占领的包括耶路撒冷在内的阿拉伯土地,恢复巴勒斯坦人民的民族权利,争取在一个和平环境中建设各自的国家,繁荣民族经济文化。

有关方面负责人和在京的穆斯林知名人士也出席了招待会。

由联合国工业发展组织和中国政府联合召开的发展中国家发展农机工业经验交流和合作会议在人民大会堂开幕

参加这次会议的有阿尔及利亚、阿根廷、孟加拉、贝宁、巴西、缅甸、哥伦比亚、埃及、圭亚那、肯尼亚、马达加斯加、马来西亚、尼日利亚、巴基斯坦、秘鲁、菲律宾、罗马尼亚、斯里兰卡、苏丹、坦桑尼亚、泰国、多哥、突尼斯、土耳其、南斯拉夫、赞比亚、墨西哥、尼日尔、中国、美国、澳大利亚、保加利亚、联邦德国、芬兰、匈牙利、意大利共36个国家的70多名代表。

这次会议是继去年在意大利召开的全球性第一次农机工业协商会议之后,联合国工业发展组织又一次召开的较大规模的国际性农机工业会议。会议的主要目的是交流发展农机工业的经验,评价与会各国农机工业发展的现状、存在的问题和政策,考察各国对农机产品的总需求量及未来货源的情况。在此基础上,探讨发展中国家之间、发展中国家与发达国家之间,在农机工作领域开展广泛合作的可能性,制定具体的合作建议。通过国际间的广泛合作,促进发展中国家农机工业的迅速发展。

主持开幕式的联合国工业发展组织农机工业特设工作组副主席、谈判处处长哈希尼在致辞时指出,这次会议将鼓励在发展农机工业方面大规模的和开诚布公的合作。联合国开发计划署驻中国代表夏龙也在开幕式上讲了话。

中国农机部部长杨立功在开幕式上代表中国政府和农业机械部向会议祝贺。

会议选举哈希尼和中国农机部科学技术委员会副主任陈乃隆为大会主席。

为了使其他国家代表对中国农机工作和农业机械化情况有一个概括的了解,农机部副部长项南在今天的会上作了《中国农业机械化的道路》的发言。

会议历时4天,通过了要求与会各国在农机工业方面进行更广泛国际合作的最后报告以及阿尔及利亚代表提出的在北京建立发展中国家农机工业发展中心的建议。会议期间,与会代表广泛交流了发展农机工业的经验,探讨了双边和多边合作的可能性。

国务院批转轻工部商业部粮食部《关于解决婴幼儿食品问题的报告》

当前婴幼儿食品存在着生产数量少、质量差、品种单调、供应不足、婴幼儿"吃饭难"的情况。这是一个关系婴幼儿生长发育的大问题,需要引起我们高度重视。特别是在提倡每对夫妇只生一个孩子以后,我们更应该创造条件,使婴幼儿能够健康成长。

目前,全国儿童的健康状况,总的说来比过去好,但问题不少。许多地区反映,婴幼儿由于得不到符合生长发育需要的营养食品,体质下降,佝偻病、缺铁性贫血症等疾病发病率比较高。现在,有不少年轻的孩子妈妈,在哺乳期间乳汁减少或停止,亟须补充代乳品。因此,解决好婴幼儿食品的生产和供应问题,更显得迫切。

新中国成立以来,我国婴幼儿食品生产有一定的发展。例如,在医科院等部门协助下研究成功"5410"代乳糕,品质很好,在国际上享有一定声誉。轻工部对此制定了部颁标准,商业部也铅印了小册子向全国推广。但这个产品由于蛋黄粉及优质大豆等原料供应困难,价格较高,不能正常生产。现在,全国除了北京、上海、天津等少数大城市代乳品供应较好外,其他地区普遍存在代乳品数量不足、品种不多、质量不好、价格高的问题。

为了解决好婴幼儿食品问题,最近国务院领导同志召集有关部门进行了研究,提出今后措施和意见如下:

一、加强婴幼儿食品生产的组织领导。各省、市、自治区都要因地制宜,合理布点,统筹安排婴幼儿食品的产供销问题。建议北京、上海、天津、广州、武汉、黑龙江双城县等6个市、县,首先组织代乳粉、婴儿奶粉专厂或专车间生产,争取1981年投产,供应市场。为此,轻工业部门要对老厂进行技术改造,加强科研工作,制定产品标准和卫生管理办法,提高产品质量,增加花色品种,加强企业管理,降低工业成本;粮食部门要按质按量及时供应原料粮;商业部门要改善经营管理,减少中间环节,实行厂店直接挂钩,降低销售价格。各部门之间要互相配合,密切协作,努力增产物美价廉的婴幼儿食品,满足市场需要。

二、增加婴幼儿食品的品种、数量,提高产品质量和营养成分。首先要把婴幼儿的主食,乳与乳制品及代乳品抓好。乳品厂要发展母乳化奶粉、强化奶粉、调制奶粉等;农村可利用不能集中加工的牛羊奶、鸡蛋与谷物配合,生产乳儿糕。在江、河、湖、海的水网地区,要发挥鱼、虾类蛋白质的优势,增加婴幼儿食品的营养成分。为加强代乳品的管理,轻工业部拟将代乳品列为部管产品。各地除生产以"5410"配方为标准的代乳品外,可结合当地资源,按照"科学、营养、卫生"的要求,因地制宜地研制本地区的代乳品。同时,要抓紧婴幼儿的辅助食品和强化食品的添加剂的生产。要按照婴幼儿的不同年龄(月龄),生产各种有营养的辅助食品,如果汁、果泥、果酱、胡萝卜泥、菜泥、土豆泥,以及荤蔬混合制品等。为了弥补一些天然食物中营养成分不全的缺陷,应专门建设一些食品添加剂厂或车间,生产食用维生素A、B_1、B_2、C、D和赖氨酸、植物蛋白质、钙、磷、铁等。这些工厂或车间的投资,一般应由地方解决,属于全国调拨的产品,轻工业部给予必要的补助。

三、要解决一些有关经济政策问题。经营婴幼儿食品,总的原则应该是:经济扶持,保证原料,薄利经营,搞好服务。

(一)利润和税收。生产物美价廉的婴幼儿食品,保证儿童正常发育,是有关部门应尽的责任。建议工业微利保本,商业薄利多销,不要在经营婴幼儿的食品上多赚钱;生产婴幼儿食品的工厂或车间,按规定纳税,有困难的可申请减税或免税。

(二)原料供应。各种原料供应部门,要按照生产计划保质、保量,及时供应。北京、上海、天津、广州、武汉等大城市,要在规定的黄豆调入数量指标内,优先安排婴幼儿食品生产所需。不调入黄豆的地区,要积极发展黄豆等原料粮的生产。

(三)包装物料。现有包装物料价格高,在婴幼儿食品成本中占很大比重。建议凡是儿童食品所需的纸及纸板、聚乙烯、聚丙烯等包装物料,可不通过商业环节,产销直接挂钩,定点供应,按出厂价格结算。

(四)市场供应。婴幼儿食品主要是当地产当地销,也应允许跨区供应,调剂品种。适合儿童生长需要的蔬菜、猪肝等辅食,应优先供应托儿机构。同时,应经常对生产企业、零售网点以及产品原料加强食品卫生的监督和检测工作,以保证产品质量。

此外,为了增进我国下一代人的体质健康,还要注意做好宣传教育工作,要利用广播、电视等各种宣传工具,大力宣传母乳喂养的好处,介绍婴幼儿食品的科学知识和食用方法。

以上报告,如无不当,请批转全国执行。

《人民日报》发表社论《欢迎您!吴奈温总统》

缅甸联邦社会主义共和国总统和国务委员会主席吴奈温,应我国政府邀请,前来进行友好访问,今日到达北京。我们怀着十分高兴的心情,热烈欢迎缅甸贵宾。

缅甸人民是勤劳勇敢的人民,在历史上曾经创造了灿烂的文化,为亚洲文明作出了贡献。今天,他们在缅甸政府的领导下,正在为把自己的国家建设成为一个以农业为基础的现代工业国而奋斗,并且取得了很大的成绩。

在国际事务中,缅甸政府执行独立的外交政策:反对一个国家用武力侵略另一个国家;反对帝国主义、殖民主义和霸权主义。缅甸政府本着"增长友情,消除怨恨"的原则,同所有国家特别是邻国保持和发展友好睦邻关系,与不少国家就划定边界、确定领土归属和划定海界等问题缔结了友好条约。缅甸政府为维护独立和主权,维护亚洲和世界和平作出了卓越的贡献。

中缅两国自古以来和睦相处。由于历史、地理、民族和经济等因素,两国人民一向交往频繁,关系十分密切。陈毅同志写的"我住江之头,君住江之尾。彼此情无限,共饮一江水"的诗句,充分表达了中缅两国人民间的"胞波"情谊。中缅两国领导人怀着真诚合作的愿望,进行了多次会晤。两国代表团的不断互访,增进了相互了解。通过长期的交往和接触,两国的友好合作关系,在坚实的基础上不断得到巩固和发展。这种具有悠久历史和广泛基础的友好关系,符合两国人民的根本利益,有利于亚洲和世界的和平。

吴奈温总统是我国人民尊敬的老朋友,曾经多次访问我国,为发展中缅两国友好合作关系作出过重大贡献。我们深信,吴奈温总统的这次来访,必将促进中缅两国友好合作关系的进一步发展。

全国人大常委会副委员长廖承志在人民大会堂会见并宴请美国伊伯斯公司副总裁美籍工程专家吴光叔博士

中国福州市与日本长崎市结成友好城市签字仪式在长崎市议会大厅举行

第十一次全军院校会议在北京召开

会议着重研究了提高院校教学质量、院校训练任务调整等问题。12月11日,总参谋部、总政治部、总后勤部联合印发这次会议通过的《关于经过院校培训提拔干部的规定》(以下简称《规定》)等文件。《规定》说,经中央军委批准,实行经过院校培训提拔干部的制度,未经院校培训不能提拔为干部,指挥干部为经过本级培训不能晋升职务。

这次会议于11月7日结束。

中国粒子加速器学会在上海召开成立大会

会上选出中国科学院高能物理研究所副所长力一为理事长,著名加速器专家谢家麟、中国科学院原子能研究所副所长王传英为副理事长。粒子加速器是揭开微观物质世界秘密的重要武器。粒子加速器学会成立后,将进一步加强我国各粒子加速器研究单位之间的联系、组织开展各种学术交流活动,推动粒子加速器事业的发展。

由联合国工业发展组织召开的第二次国际小水电技术应用与发展讨论会第一阶段会议在杭州举行

来自25个国家的40多名代表,就利用水力资源发展小水电的规划、设计、施工、运行管理等问题广泛地展开了讨论、发表各自的见解。我国专家在会上介绍了我国发展小水电的情况。

全国少数民族文艺会演在人民大会堂闭幕

乌兰夫、赛福鼎、阿沛·阿旺晋美、杨静仁、刘澜涛、鲍尔汉等出席了闭幕式。

这次少数民族文艺会演自9月20日开幕以来，演出了109场共四百多个文艺节目，观众达16.8万多人。会演中还开展了学习评论、学术报告和相互学习节目等活动。

闭幕式由国家民委副主任杨东生主持。文化部长黄镇在闭幕词中说，这次会演集中展现了我国少数民族民间艺术的丰富多彩，反映了少数民族艺术创作和表演艺术水平的提高。

黄镇强调，当前在民族文化工作中要进一步落实党的知识分子政策和文艺政策，努力繁荣少数民族文艺创作，鼓舞各族人民搞好民族地区的经济建设。

云南、贵州、青海、福建、中央民族歌舞团的各族代表也在会上讲话。他们谈到，这次会演体现了党对各民族文艺的关怀，是一次团结的盛会，促进各民族艺术发展的盛会，充满友谊而又令人难忘的盛会。他们表示，要为发展少数民族文艺，为巩固和加强民族大团结，为实现四化而努力奋斗。

会上还向参加演出的各民族文艺工作者发了奖。晚上，中央统战部、人大民族委员会、文化部、国家民委、中国文联为庆贺会演闭幕，在人民大会堂联合举行茶话会，招待各民族文艺工作者。

外国财经图书展览在北京中国美术馆开幕

展期10天。展出了大约3500种财经方面的图书，参加展出的有美、日、英、法、联邦德国、荷兰等国家的300多家出版公司和书商。此外，还展出了台湾和香港出版的财经管理图书。

国际人口学家北京圆桌会议在北京开幕

这次会议是根据联合国人口活动基金和中国政府签订的协议书中关于人口学研究和训练项目而进行的活动内容之一。中外人口学家将在自由的气氛中，广泛交流和平等讨论世界各地区人口的现状和发展趋势问题。

出席会议的有联合国官员，非洲、亚太、拉丁美洲和加勒比海、西亚和北非、美洲北部、欧洲等世界6个地区，中国18所高等学校，以及中国社会科学院和4个省、市社会科学院的教授、人口学者，共47人。

10月21日

中共中央主席华国锋 全国人大常委会委员长叶剑英 国务院总理赵紫阳在人民大会堂会见缅甸联邦社会主义共和国总统和国务委员会主席吴奈温一行

中共中央副主席邓小平 李先念同缅甸联邦社会主义共和国总统和国务委员会主席吴奈温在人民大会堂举行会谈

会谈开始时，邓小平说，吴奈温总统是中国人民尊敬的老朋友，对他不辞辛苦来华访问，我们表示热烈欢迎。邓小平指出，在当前国际局势非常动荡的时候，中缅两国领导人经常见面，交换意见，是很重要的。我们两国在国际事务中有很多一致的看法，多年来我们一直合作得很好。我们对吴奈温总统在发展中缅友好关系、在国际事务和亚太地区事务中所起的积极作用表示赞赏。

在会谈中就国际形势中的一些重大问题诚挚地交换了意见。

中共中央书记处书记王任重在全国妇联执委扩大会议上强调在四化建设中要更好地发挥广大妇女的作用

王任重说，为了更好地发挥广大妇女在农业、工业、文教、卫生、科学等方面的重要作用，必须肃清重男轻女的封建残余思想，提高妇女的社会地位。农村妇女是农业战线上的一支主力军，在实行各种形式的农业生产责任制的过程中，要切实实行男女同工同酬，保护妇女的健康；在城市要多办街道食堂、街道服务站、街道托儿所等，千方百计减轻女职工的家务负担，使她们更好地从事本职工作。

《人民日报》发表评论员文章《为人才的合理流动开绿灯》

中年科学家顾之玉在原单位不能充分发挥作用，主动请求调离北京，到安徽工作；中国科学院的领导和组织、人事部门了解了顾之玉的处境，积极支持他调动，为人才的合理流动开了绿灯。这件事很有意义。

目前，有相当一些单位的为数不少的科技人员希望调动工作，变换环境，一般得不到本单位领导和组织、人事部门的理解与支持。他们往往被指责为“不安心工作”、“闹个人主义”，有的甚至因此受到打击、压制。这种禁锢人才的现象，同社会主义制度的优越性是格格不入的。

一些单位的科技人员请求调动工作的原因，或者是用非所学；或者是原单位人浮于事，工作任务不饱满；也有的是像顾之玉那样，在政治上和工作上长期受到压制。无论上述哪一种情况，要求调动工作的理由都是正当的，都是有事业心、有责任感的表现，不能斥之为“闹个人主义”。如果强制他们，勉为其难，是要耽误人才、耽误事业的。

在一些单位的科技人员中,流行着这样一句话:"在家一条虫,出去一条龙。"它尖锐地反映了某些单位积压、浪费人才的严重现象。据了解,这些单位多是老所、大所、名牌所,可谓人才济济。一般说来,人才集中是好事,但有时由于人才过于密集,各人的才能反而施展不开。就好比多少匹马挤在一条跑道上,只见马头攒动,不见群马奔腾。而另一方面,有许多单位因人才缺乏,工作又铺不开。这种人才分布的不合理现象,说明了人才的合理流动是多么必要。

但是,一提到为人才的合理流动开绿灯,某些领导和搞组织、人事工作的同志就忧心忡忡。有的害怕别人来"挖墙脚",有的担心放走一个会影响一大片,于是,有的单位就下戒严令,封锁路口。这种"单位所有制"、"部门所有制"的做法对广开才路、人尽其才,是十分不利的。消极地堵截不如积极地疏导。害怕别人"挖墙脚",还不如反躬自问,检查一下本单位是不是确实有人才受压制或被积压、浪费的现象。如果有,赶快采取措施改变它。采取的措施中,就应当包括向缺乏人才的单位主动输送干部。

还有的同志担心:一开绿灯,人才就会从边远地区倒流回北京、上海等大城市。这种担心不无道理。但我们提倡的是人才的合理流动。所谓合理,就是既有利于人才的作用的发挥,又有利于科技事业的发展。不符合这个原则的不合理的倒流现象则要努力避免。我们相信绝大多数科技人员是有事业心、有觉悟的,正像顾之玉和表示愿意跟他走的40多位同志那样。另一方面,为了提倡和鼓励科技人员到科技落后地区和边远地区工作,我们的某些政策也应当作必要的调整,一些具体措施也要赶快跟上。例如:对于科技落后地区和边远地区来说,尽可能建立必要的科研装备和完善情报图书系统,适当提高科研人员的物质待遇,解决他们工作和生活中的实际困难。问题很清楚,哪里的政策对头,哪里就能吸引人才。

蔡凤兰主动辞去青海人大常委会副主任职务

新华社报道,最近召开的青海省五届人大第三次会议批准蔡凤兰辞去副主任职务。"我主张,各级党政机关干部职工人人都应干实事。我是个磨工,辞去青海省人大常委会副主任的职务,就是打算多干实事。"劳动模范蔡凤兰在辞职获准后对记者这样说。

蔡凤兰是青海重型机床厂工人,多年来一直是青海省和全国的劳动模范。1977年年底,她当选为省革委会副主任,1979年8月,又选为省人大常委会副主任。她在谈到为什么要辞职时说:我的实际工作岗位在磨床旁。我挂了省人大常委会副主任的名,除参加例会外,没有干什么实事,反而耽误了一些车间工作。享有虚名,不干实事,于心不安。所以我下决心辞掉。

辞职后,她打算当好磨工组长,搞好技术革新,更好地发挥劳动模范的作用,同大伙一起为工业现代化多做扎扎实实的工作。

全国农机厅局长会议在北京召开

会议认为,党的十一届三中全会以来,特别是去年全国农机工作会议以来,农机工业的调整取得一定成绩。会议认真分析了当前整个农机工业的现状,认为对农机工业必须进一步进行调整,坚决保一批产品对路、质量好、消耗少、成本低的骨干企业,对产品销路不好的企业,要有计划、有步骤地进行转产;要认真贯彻"发挥优势,保护竞争,推动联合"的方针,扩大企业自主权,按照企业自愿互利的原则,积极促进企业之间不同形式的经济联合和协作,试办用经济办法管理的企业性公司;要改善农机经营服务,县农机销售公司可以跨省跨地区择优选购各种产品,所有农机企业都要面向市场,广开门路,把生产、经营搞活。同时,要做好农机产品的出口工作。

面对农机工业发展的新形势,会议确定了明年农机生产的重点。

全国农垦农工商联合企业会议在北京闭幕

争取尽快使全国国营农场走上农工商联合企业的轨道,是今天结束的全国农垦农工商联合企业会议提出的要求。这次会议总结了两年的试点经验,讨论了联合企业今后的巩固和发展问题。

会议在总结经验时指出,在联合企业内部,各在农场首先注意把农业这个基础搞好,使之为加工业提供较多的原料,为商业提供较多的货源;办工业时,考虑原料、资金、设备、技术、销路等条件,有条件的便积极发展,讲究经济效益;各种联合形式,都注意贯彻自愿、互利的原则,照顾各方面的经济利益,协调各方面的关系。

这次会议提出,农垦农工商联合企业在两年试点的基础上进行有计划、有步骤地巩固和发展,争取尽快使全国国营农场基本上走上农工商联合企业的轨道,在农业现代化中发挥示范带头作用。

国务院副总理万里在会上讲话。他肯定了农垦农工商联合企业试办以来的成绩,指出这个方向是正确的,鼓励农垦系统和各地农场继续冲破阻力,坚持改革,争取更多的自主权,把农工商联合企业办得更多更好,尽快改变部分亏损农场的面貌,为国家和城乡人民提供丰富多彩、物美价廉的商品。

中国人民保卫儿童全国委员会副主席廖承志在人民大会堂会见联合国儿童基金会组织的西非和中非考察团

全国人大常委会副委员长彭冲在人民大会堂会见由汶律·乐比差率领的泰国社会行动党议员团

国务院副总理姬鹏飞在北京会见以会长冈崎平夫为团长的日本全国市长会代表团

中共中央国务院批准教育部 国家民委《关于加强民族教育工作的意见》

近两年来，我们到一些少数民族地区对民族教育的情况作了调查。深深感到加强民族教育是摆在我们面前的一个重大而紧迫的任务。

新中国成立以后，在党和国家的领导和帮助下，少数民族教育事业得到了很大发展。有的少数民族地区基本上普及了小学和初中教育。在一些少数民族地区，办了一批民族中小学。特别是为边远地区、山区、牧区和其他经济文化落后的少数民族办寄宿制民族学校，实行管住、管吃、管穿、管学习，收到了良好的效果。同时。在北京和西北、西南、中南等地办了10所民族学院，一般大专院校也注意了招收少数民族学生。通过各类学校教育，培养了相当数量的少数民族干部和一些专业人才。但是，1958年以后，民族教育事业受到了“左”倾思想的冲击，大多数民族学校被撤销或合并，民族语文教学被取消，对民族学生的公费待遇被取消或削减。在十年浩劫中。民族教育事业更遭受严重的摧残，连十所民族学院大多数也被取消和被迫停办。粉碎“四人帮”以来，经过大力拨乱反正，落实党的民族政策，民族教育开始有所恢复和发展。特别是今年4月，中央转发了西藏工作座谈会纪要之后，各有关省、自治区党委在认真研究解决政治、经济方面问题的同时，对发展民族教育给予一定重视，并采取了一些措施。

目前的基本隋况是，一部分少数民族文化教育同汉族的水平相当，而大多数少数民族，尤其是边境地区、牧区、高寒山区的少数民族，文化教育十分落后。在不少民族地区，至今在青少年中还有大量文盲，有的高达百分之八九十。有些少数民族地区的中小学教育，虚假现象和形式主义十分严重，报表上办了多少学校，学生入学率多高，实际上读到毕业的很少，合格的更少；还有不少是无校舍、无桌椅、无公办教师的“三无”学校。每年中专和大专院校招生，尽管对少数民族考生有所照顾，但升学的比例仍然很低。从全国来看，中专和大专在校学生中少数民族所占的比例逐年下降。这种严重的情况，必须大力加以扭转，决不能再任其发展下去了。

少数民族地区的四化建设和繁荣发展，需要大批建设人才，必须发展各类学校教育。靠文盲半文盲是不可能进行现代化建设的。解放初期，毛泽东同志提出：“要彻底解决民族问题，完全孤立民族反动派，没有大批从少数民族出身的共产主义干部，是不可能的。”新中国成立以来，我们确实成功地培养了一批从少数民族出身的政治干部(虽然还很不够，还必须大力培养，以适应民族区域自治和其他工作的需要)，但是比较起来，我们培养的少数民族的科学技术人才和管理人才极少，远远不能适应建设各民族自治地方的需要。这是培养少数民族干部方面一个十分突出的问题。没有大批从少数民族出身的坚持社会主义道路和党的领导的、有专业知识和能力的干部，特别是大批的科学技术人才和管理人才，要逐步消除民族间事实上的不平等，彻底解决我国的民族问题，显然是不可能的。我们大力帮助少数民族，最有远见的办法，就是要从办好教育，大力培养人才做起。应当看到，我国2.1万多公里的陆地边防线上，大多是少数民族聚居区，还有二三十个民族跨境而居，发展民族教育具有重大的战略意义。我们决不可认为，现在少数民族很穷，国家资金有限，教育顾不上。我们宁肯把用到少数民族方面的钱在别的方面少花一点，也要把少数民族教育搞上去。“百年树人”，现在着手抓起，也要到十年以后才能见效，现在再不抓，就更要贻误大事。

根据30年的经验教训，发展民族教育，必须认真贯彻执行党的民族政策，切实尊重和充分保障少数民族在政治上、经济上、文化教育上的民族平等权利和民族自治权利；必须从各民族的实际出发。不能照搬汉族地区的做法，也不能在各个少数民族之间搞“一刀切”。同时，国家应采取特殊措施，重点扶持民族教育，逐步建立适合少数民族地区特点的民族教育体系。当前，少数民族教育也要认真贯彻执行“调整、改革、整顿、提高”的方针，并在尽快恢复和进行必要调整的基础上，积极稳步地加以发展。为此，我们认为应当实行如下的方针和政策。

一、切实抓好中小学教育

中小学是教育的基础，必须按照各民族的不同情况，切实抓好。普及小学教育仍然是一个艰巨任务，应根据民族地区实际情况，制定切实可行的发展规划，逐步实现。当前，少数民族的中小学教育应注意抓质量，抓重点，讲究实效，反对形式主义。对于文化教育水平较高的民族地区，应继续普及小学教育，发展中学教育和技术、职业教育，力求早出人才，多出人才。对于大多数文化教育十分落后的民族，特别是对于边远地区、牧区、山区的民族，必须采取特殊的办法，在相当的时期内，集中力量，办好一批公办的民族中小学，给予较多的助学金，特别要大力办好一批寄宿制学校，采取由国家管住、管吃、管穿的办法。对这些民族中小学，在经费上要给予必要的照顾，调配较好的教师，校舍和教学设备也要好一些。把这批民族中小学办好了，就可以确保出一批人才，奠定进一步发展的基础。同时，还可以发挥各方面的积极性，实行多种形式办学。要注意抓好成人（特别是中青年和干部）的扫盲教育，逐步改变大多数成年人甚至基层大多数民族干部是文盲这种落后的状况。

发展民族中小学教育，一定要在教育体制、教学内容和教学方法等方面，适合少数民族的特点。最重要的是，凡有本民族语言文字的民族，应使用本民族的语文教学，学好本民族语文，同时兼学汉语汉文。为此，必须加强民族文字教材的编译出版工作。民族文字教材内容一定要注意民族特点和地区特点，要适应多种形式办学的实际需要。没有本民族文字而有独特语言的民族，也应以本民族语言辅助教学。其他如学制长短、学生入学年龄等，也要按照实际情况办事，采取灵活的办法。

二、发展少数民族的中等专业教育和高等教育

培养少数民族四化建设所需要的多方面的人才，特别是各类科学技术人才，应采取多种途径和多种办法。第一，要办好和发展民族学院。第二，加强设在民族自治地方的大专和中专院校。第三，根据国务院批转的1980年高等学校招生工作的规定，全国重点高等院校和少数民族人口较多的省的一般高等院校，要积极举办民族班。第四，在少数民族地区也要积极发展各类业余大学。这就要为少数民族学生进入这些院校积极创造条件。高考招生，应对少数民族学生实行择优录取和规定比例适当照顾相结合的办法，在各民族自治地方，少数民族学生的录取的比例应力争不低于少数民族人口比例。设在民族自治地方和少数民族较多的省内的汉族的重点中学，应当积极为少数民族学生举办高考补习班，还应尽量可能地办一些民族班。国家要采取积极措施，选派少数民族留学生出国深造，有计划地为少数民族培养高级的科技人才。

三、大力发展民族师范教育，培养一支合格的民族教师队伍

师范教育是教育的工作母机。现在民族教育中最薄弱的环节就是缺少一支比较合格的民族教师队伍。所以大力加强和发展民族师范教育已成为当务之急。各自治区和各少数民族较多的省，一定要建立并办好一批民族师范院校。这些民族师范院校均应主要招收少数民族学生和少数有志为少数民族教育服务的汉族学生。民族师范院校的招生和毕业生的分配，都要注意照顾教育基础差的广大农牧场和山区，招生条件要放宽，学制、课程设置、教学内容等，都要从实际出发，切不可生搬汉族地区一般师范院校的经验和做法。一般的师范学院和师范学校也应设民族师范班，招收少数民族学生入学。

在发展民族师范教育的同时，必须采取多种形式大力培训、提高在职的民族教师。内地有关省、市和高等学校要积极支援，并采取派专家、教授定期讲学，接受在职教师进修、代培等办法，为少数民族地区培养提高大专和中专师资。

在少数民族地区的中小学教师中，民办教师约占60%—70%。这是当前少数民族中小学教育落后的一个重要原因。应在三至五年内，逐步安排劳动指标，把经过考核合格的民办教师转为公办教师。使少数民族地区的公办教师达到70%以上。少数民族地区根据实际需要，教职工编制应适当增加。

四、解决民族教育必需的经费

少数民族地区情况特殊，发展民族教育需要较多的经费。如办一所同等规模的小学，在牧区所需资金要比农区、城镇高3倍到4倍。牧区供一名住校小学生的家长负担，相当于在城市供一名大学生。因此，除了正常的教育经费外，还必须给以特殊的补贴。最好在财政上设立少数民族教育专项补助费。此外，建议从支援经济不发达地区发展资金、边境地区事业补助费、边境地区基建补助费中划出适当比例，作为发展民族教育之用。国家拨给的民族教育经费，一定要用在少数民族身上，绝对不许克扣挪用，包括那种有了补助费就少给或不给正常经费的做法。少数民族地区教育事业所需的物资、设备，如教育专用运输车等应认真予以解决。

五、保证自治地方在教育事业上的自主权

过去，在民族教育工作中不顾民族特点，强行搬用汉族地区的一些做法，管得过多，统得过死，民族自治地方没有多少自主权可言，这是少数民族地区教育事业落后的一个重要原因。今后，必须遵照党中央真正实行民族区域自治，在中央统一领导下充分行使民族区域自治权利的精神。保证民族自治地方在教育事业上的自主权。在国家统一的教育方针指导下，教育规划，学校管理体制，办学形式，学制，教材建设，教学内容，人员编制，教师任用和招聘，经费的管理和使用等，都应由自治地方根据实际情况决定，各民族自治地方要加强民族教育立法工作。

六、恢复民族教育行政机

1952年政务院作出建立民族教育行政机构的决定，其后从教育部到各有关省、地、县都设立了机构

或专人。1958年以后,有些地区在取消民族学校的同时,削弱甚至取消了民族教育机构。十年浩劫中,更把民族教育机构一扫而光。我们认为,有必要重申1952年政务院的决定,各民族自治地方的教育机构应把发展民族教育作为主要任务;少数民族人口较多的省、地、县,应在教育行政部门内设置民族教育机构,调配热心为少数民族教育事业服务的同志,专司其事。

《人民日报》发表社论《把少数民族的文艺事业搞活》

绚丽多姿、生气勃勃的全国少数民族文艺会演,历时一个月,胜利闭幕了。这是新中国成立31年来规模最大的少数民族文艺盛会,也是打倒"四人帮"以后,我国少数民族文艺工作的一次大检阅。来自全国17个省、自治区的文艺代表团和一个在京的民族歌舞团的56个民族的2000多名文艺工作者,包括经验丰富、造诣深厚的老艺术家和初出茅庐、崭露头角的文艺新秀,为首都观众演出了400多个音乐、舞蹈、戏剧节目,反映了我国各少数民族富有特色的生活风貌和他们为四化建设而奋斗的革命精神。这些节目也生动地说明,打倒"四人帮"、批判了他们的极左的文艺路线,贯彻党的十一届三中全会精神,落实党的各项政策,我们的文艺事业,包括少数民族的文艺工作已经开始"活"起来了,文艺战线的形势越来越好。我们相信,这次会演必将促进各民族间的文化交流,推动我国少数民族文艺事业的进一步发展和繁荣。

当前,我国政治战线、经济战线和其他各条战线,在党中央的正确领导下,正在生气勃勃地认真总结经验,积极进行改革。文艺战线也要进一步解放思想,认真研究如何改善党对文艺的领导,把文艺事业搞活。这是摆在我们文艺战线的一个重要问题,也是繁荣和发展少数民族文艺的关键所在。

发展少数民族文艺,是新时期民族工作任务中的一项重要内容,必须给予充分的重视。少数民族文艺在他们的民族生活中具有特殊重要的地位,一支歌、一个舞,往往是一个民族的精神象征。各兄弟民族对整个中华民族的文化发展都曾作出巨大的贡献,少数民族文艺理所当然地应在我国文艺的百花园中占有一席地位。如果把少数民族文艺仅仅看作一般意义上的"业余文艺活动",可有可无,不予重视,是不对的。我们要努力做好工作,使那些曾经是富有特色的少数民族文艺生活,从林彪、江青、康生一伙长期禁锢形成的沉寂状态中,迅速改变,活跃起来。

发展和繁荣少数民族文艺,把文艺事业搞活,要求我们坚持文艺为人民服务、为社会主义服务的方向,认真落实党的"百花齐放,百家争鸣"方针和各项文艺政策。林彪、江青、康生一伙的极左路线,给我国社会主义文艺,包括各少数民族的文艺事业,造成了极大的破坏。打倒"四人帮"以后,我们做了许多拨乱反正的工作,取得了显著的效果。但是,在少数民族地区,落实政策的工作还有不少事情要做。当前,要继续医治林彪、江青、康生一伙给我国民族文艺事业造成的严重创伤,肃清极左路线的影响和流毒;要继续认真做好平反冤、假、错案的工作,落实文艺工作者和文艺作品的政策;要坚决打碎压在少数民族文艺工作者头上的各种精神枷锁,充分发挥他们的聪明才智,创造必要条件,让他们继续为发展和繁荣社会主义文艺事业贡献自己的力量。对那些艺术上有成就、有影响的少数民族的文学家和艺术家,更应该给予关心和爱护,在创作和艺术实践上提供适当的条件,在生活上给予适当的照顾,使他们能够全心全意地从事文艺工作,为我国少数民族文艺事业的发展作出更大的贡献。

发展和繁荣少数民族文艺,把文艺事业搞活,还要求在领导工作中充分注意民族的特点。整个文艺工作,特别是少数民族地区的文艺工作,不能统得过死。每一个民族都有不同于其他民族的历史和特点,各民族的文化艺术都有本民族喜闻乐见的民族形式。我们要充分注意和尊重各民族的特点,让各个民族采用本民族的形式表现自己的民族生活,发展民族文艺的风格和流派。对于各民族文化的继承、革新和发展,应当主要依靠少数民族自己的文艺工作者进行,其成败得失,也应当由少数民族自己作出评判。各级领导对少数民族的文艺事业,应当大力帮助和支持,要根据各民族的特点、各民族的意愿和习惯发展他们的文化,不要"一刀切",不要横加干涉,更不要去取代。要真正充分发扬民主,采取各种切实有效的措施,努力造就少数民族的文艺人才,包括文艺领导人才和各种专业人才(特别是创作人才)。同时,要从财力、物力上积极加以帮助,使少数民族文艺事业更快地发展和繁荣起来。

我国各少数民族有着悠久的、光辉的文化,她们多彩多姿的文学艺术为我们祖国的文学艺术宝库增添了光彩。我们相信,随着我国四化建设前进的步伐,少数民族的文艺事业一定会有一个大发展。

10月22日

中共中央作出《关于在民主党派负责人 无党派上层爱国人士中发展共产党员的规定》

《人民日报》发表评论员文章《要着眼于发展生产力》

我国农村不少地区,根据实事求是、一切从实际出发的思想路线,实行多种形式的生产责任制,一般都收到较好的效果,进一步解放了生产力。今天报道的贵州省贵定县两年多初步改变面貌,就是一例。

贵定县属于这样一种类型的地区:经济比较落后,群众生活贫困,全县又是多民族杂居,各社队具体情况差别很大。在这种地区应当怎样搞生产责任制呢?他们没有机械地照"本本"办事,强令推行某种划一的管理制度;而是一切从有利于发展生产力出发,从有利于改善群众生活出发,什么责任制形式对生产最有利,群众最拥护,就允许生产队采用什么形式的责任制。全县多种责任制形式同时并存,相互比较,相互促进。这个办法很有效,一个穷困山区较快地改变了旧面貌。

一切着眼于发展生产力,着眼于改善人民生活,是所有农村工作干部应当明确的一个根本指导思想;也是农村的各项改革,包括搞好生产责任制的基本出发点。在发展农业的道路上,我们面前还存在着种种困难。当前最重要的问题,是农业生产力水平低,许多农民生活贫困,扩大再生产的能力很薄弱,社会主义农业经济的优越性远远没有发挥出来。我们要采取各种有效办法来发展生产力,这是一个总的目标。从实际出发搞好生产责任制,调动广大农民的生产积极性,就是实现这个目标的一项最重要也最容易见效的措施。

贵定县等地的实践再次证明,要使生产责任制充分发挥威力,促进生产力的发展,就要使责任制形式与当地的实际生产力水平和其他具体条件相适应。贵定县的生产责任制搞得好,好就好在不是运用行政权力,自上而下套上去的,而是生产发展本身提出的要求,是群众的愿望,真正切合各个社队不同的实际,因而具有强大的生命力。

我国有些经济比较落后的地区,这两年采用了一些集体化程度比较低的责任制形式。有些同志担心,怕这样会妨碍集体经济的巩固和发展。有少数同志甚至认为这是"倒退"。这就提出了一个问题:判别一种生产责任制是先进还是落后,是"前进"还是"倒退",拿什么做标准呢?标准只能是一个,就是看它是不是有利于发展生产力。多年来,我们在农业问题上的根本教训之一,就是脱离实际,违背生产关系必须适合生产力发展水平这个客观经济规律,超越生产力水平,硬搞什么"穷过渡",结果造成了生产力的大破坏和农业的真正倒退。现在许多地方从实际出发,实行了与当地生产力水平相适应的生产责任制,生产显著上升,群众生活改善,怎能说它是"倒退"呢?

有些同志把劳动方式是集体劳动还是分散劳动,同所有制混为一谈,看到有些地方实行了包工到组一类的责任制,在一起劳动的人少了,就断定这是"倒退"。这完全是从形式上看问题。在生产队的统一领导下,根据生产的需要,实行多种形式的责任制,比如责任到人、责任到组等,合理地使用劳力,把集体生产与个人负责相结合,这恰恰是这两年劳动管理的一大进步。在极左路线为害的年月,农村里到处搞"大呼隆",几十个人拥在一起干活,名曰集体劳动,实际是集体窝工,集体磨洋工。有些地方就这样搞了一二十年,搞得农民吃不饱肚子。这种蠢事再也不能重演了。

集体经济是我国农业发展的方向,是实现农业现代化的基础,这是不能动摇的。不能设想,在我国没有巩固的集体化就能实现现代化。只有集体经济不断巩固和壮大,才能在更大程度上解放生产力,提高农业的劳动生产率和商品率,改善农民的物质和文化生活。目前我国农业集体经济所以不够强大和巩固,最根本的原因,是由于生产力发展水平低,社会主义经济的优越性没有充分表现出来。我们的农业,还是建立在手工劳动基础上的、商品生产很不发达的农业。因此,巩固和发展集体经济的根本途径,就是在现有的基础上,切切实实地发展生产力。只要生产力发展了,低水平的集体化就会向高水平发展;原来集体化不巩固的,就会逐渐巩固起来;越来越多的农民将随着生产的发展和生活的改善,集中力量于巩固和发展社会主义集体经济;目前在生产责任制方面存在的这样那样的一些问题,一定能够在发展生产的基础上,逐步得到妥善的解决。

我国第一条彩色电视机生产线在国营天津无线电厂投入试生产

这条彩色电视机生产线可生产14英寸和22英寸彩色电视机,按设计要求,年产彩色电视机15万台。这条生产线的一整套设备,共有153个工位。它广泛采用了气动机构和光电管电磁阀等控制元件,自动化程度高,外形美观,噪声小。

彩色电视机生产线是从日本胜利公司引进的。它是根据这个公司的先进生产线,并参照中国的实际情况而设计的。中、日两国技术人员密切合作,从签订合同到正式开工只用了11个月。

中华人民共和国政府和美利坚合众国政府在北京签订一项粮食贸易协议

国务院副总理姬鹏飞在北京同斐济副总理佩纳亚·加尼劳举行会谈

江苏苏州市和加拿大的维多利亚市结为一对友好城市

《人民日报》发表评论员文章《保护野生动植物》

搞好自然环境和野生动植物资源的保护，是当前需要引起充分重视的一个问题。我国早在50年代中期就注意自然保护工作，取得了一定成绩。但是，由于极左路线的长期干扰破坏，我们有些工作又没有做好，对野生动植物乱捕滥猎、乱砍滥伐、超载过牧、酷渔滥捕、盲目垦荒等现象相当严重，以致许多有经济价值和学术意义的生物濒临枯竭。据调查，野马、高鼻羚羊、新疆虎、犀牛、白臀叶猴、豚鹿、朱鹭、白鹤、黄腹角雉、台湾蓝鹇等10种珍贵鸟兽已经灭绝，大熊猫、长臂猿、黑金丝猴、灰金丝猴、海南坡鹿、老虎、野象、野骆驼、儒艮、扬子鳄等20余种珍贵动物也接近灭绝。对自然资源掠夺式的经营，引起部分地区自然生态平衡失调，水土流失严重，沙化土地扩大，水旱灾害频繁，给国家建设和人民生活带来了灾害性的恶果。我们必须为此大声疾呼：赶快采取有效措施保护自然，抢救正在遭到毁坏的各种动植物资源。

建立自然保护区，是自然保护事业的一项基本建设，是目前合理解决保护自然和利用自然这个矛盾的可行办法。这是拯救某些濒于灭绝的生物种源、保护那里的生态系统的有效措施，它将成为对野生生物资源、自然历史遗产和生态系统进行科学研究的基地。管理和建设好自然保护区，对发展科学文化教育事业，加快实现四个现代化，促进国际科学技术合作，改善人类生存环境，具有重要意义。目前，国际上要求保护自然的呼声日益强烈，对建立自然保护区十分重视。我国的自然保护工作大大落后于许多国家。当前有些国家自然保护区的总面积已占国土面积的10%甚至20%以上，一般的国家也占4%左右。我国疆域辽阔，自然条件、自然环境类型多样，野生生物资源丰富，自然保护区的总面积却只占国土面积的0.17%；即使这样少的自然保护区，还在继续遭到破坏，这种状况不能再继续下去了！我们要切实加强自然保护区的工作，不仅要管理建设好已有的自然保护区，还要根据各地自然环境、自然资源的特点和不同类型，进一步进行区划，分期分批地增建一批自然保护区，逐步在全国形成一个具有代表性的自然保护区网。

有些同志把自然保护区看成当地发展经济的包袱，这是不对的。建立自然保护区短期内不易看到经济效果，但它是为长期的经济发展提供丰富的物质资源，是为后代子孙创造优美、舒适的自然环境，保养和发展有重要价值的自然资源。我们要处理好当前利用自然和为长远护养自然的关系，把保护自然和发展经济统一起来。有些自然保护区可以适当地开展旅游事业，增加经济收入，以短养长。要采取多种形式向广大群众宣传保护自然的重要意义，普及自然保护知识；对自然保护区内和附近的群众，这种宣传教育更要做到家喻户晓，以便树立爱护自然的社会风尚。

在建立自然保护区的工作中，要注意处理同当地社队群众的关系。要兼顾国家、集体、个人三者利益，在不破坏自然环境、保护好野生动植物资源的前提下，帮助社队发展集体经济，增加副业收入，合理解决生活用材和烧柴问题。要在自然保护区管理部门的领导下，有计划地组织当地群众参加自然保护区的某些建设、经营和护养活动，给予一定报酬。总之，要善于采用经济办法把保护区的建设和当地群众的切身利益密切结合起来，使群众感到建立自然保护区能够使他们得到经济利益，提高他们对自然保护区的主人翁责任感。那种统得过死，只靠保护区少数职工，对当地广大群众严加防范的做法，是脱离群众、不利于自然保护区的发展的。要加强法制，对少数蓄意破坏自然保护区资源的人，视情节轻重，给予经济和法律制裁，并追究领导责任。

自然保护区是对野生动植物资源、自然生态系统进行科学研究的基地。重点保护区要设置精干的科研机构，配备一定的科研人员。有关科研单位和院校要充分利用自然保护区坚持经常性的科研和教学活动。这既有利于自然保护事业的发展，又为国家四化建设培养造就了人才。

全国唐史研究会在西安成立

10月23日至30日，来自全国各地70多个高等院校和社会科学研究、文物、考古、出版等单位的90多名专家、学者、研究人员汇集西安，共同听取了学术报告，交流了国内唐史研究的情况和经验。

会议通过了唐史研究会章程。经过民主协商，选举了由33名理事组成的理事会。著名的唐史研究专家、武汉大学教授唐长孺当选为会长。

这次会议，是新中国成立以来全国性唐史研究的一次盛会。会议期间共收到有关唐史研究论文40多篇。代表们畅所欲言，各抒己见。同时也就今后如何搞好唐史研究，提出了意见。

唐史研究会会址设在陕西师范大学。

10月23日

中共中央副主席邓小平在北京会见伊拉克共和国总统特使高等教育和科研部长贾西姆·穆罕默德·哈拉夫

国务院总理赵紫阳在人民大会堂分别会见斐济副总理佩纳亚·加尼劳及夫人与特立尼达和多巴哥政府代表团

中共中央发出《转发华国锋同志的信的通知》

《转发华国锋同志的信的通知》(以下简称《通知》)说,中央同意华国锋同志信中提出的,今后在公共场所不再悬挂华国锋同志的像和题词。《通知》指出,个人和家庭是否悬挂和悬挂哪位去世的或现在领导同志的像,完全由自己决定,各级组织不得以任何形式进行干预;今后全国性重大节日和重要活动时的挂像和举像问题,中央另行考虑。

中办发出《印发关于为原中央办公厅和杨尚昆等同志平反问题的请示报告的通知》

1978年党的十一届三中全会上,已审查并纠正了过去对杨尚昆所作的错误结论,但有些问题,如"私录毛主席谈话"等尚未彻底澄清。这次中央办公厅印发的《报告》指出,林彪、江青、康生一伙强加给原中央办公厅和杨尚昆等同志的一切罪名,包括所谓"私录毛主席谈话",全属不实之词,予以彻底平反,恢复名誉,消除影响。

全国妇联执委扩大会议作出宣传贯彻《消除对妇女一切形式歧视公约》的决议

这个公约是第三十四届联合国大会通过的,已由我国人大常委会批准。

决议认为,这个公约对保护妇女不受歧视、在各方面与男子享有平等权利的各项条款,与我国宪法、婚姻法和其他法律无根本抵触。公约的通过,不仅对世界各国而且对提高我国妇女的地位均有现实意义,有助于消除对妇女的各种形式的歧视,促进男女平等的实现。

决议指出,我国已成为公约的缔约国,对执行公约承担了义务,各级妇联组织,要根据我国的情况宣传贯彻公约的精神,督促政府和有关机构遵照执行。

全国供销合作总社在北京召开省市自治区供销社主任会议

会议确定,供销社当前的工作要在切实抓好国民经济调整工作和保持物价基本稳定的前提下,进一步把农村市场搞活。农副产品收购政策和管理办法,准备根据国务院的有关规定,将一部分二类农副产品改为三类,实行议购议销;对二类产品的收购、调拨、出口任务,从实际出发合理地规定基数。在完成基数以前,社队不要自销,其他部门也不要自行收购。原料产区必须按照计划保证完成调拨任务,全国要保上海、天津等地的轻纺工业生产,各省、自治区也要保所属地区主要城市的轻纺工业的生产。在此同时,也要积极搞好三类农副产品议购议销工作,办好贸易货栈。

会议认为,三中全会以来,农村经济不断发展,农村市场活跃。当前正是收购旺季,各级供销合作社要积极开展购销工作,努力把农村市场安排好,进一步调动农民发展生产的积极性。一些重要的轻纺工业原料,一定要争取多收一些,并且要千方百计完成调拨任务。要严格管理物价,防止某些紧缺商品价格的暴涨,坚决纠正擅自提价、变相提价的错误做法。

会议认真讨论和研究了供销社的体制改革问题。各省、市、自治区供销社可以根据当地的实际情况,吸取集体所有制的一些好的做法,采取不同的形式和办法进行试点。县以上农副产品经营机构也必须逐步按经济区域设置。扩大企业自主权的工作,明年将由点到面全面铺开。

会议于11月9日闭幕。

黑龙江因地制宜调整农业机械化布局加快商品粮基地建设

《人民日报》报道,今年以来,黑龙江省从当地农业自然资源丰富、地多人少的特点出发,采取因地制宜,分类指导,稳步前进的方针,进一步调整农业机械化布局,加快现代化农业基地建设。

黑龙江省的农业机械化事业有较好的基础,大中型拖拉机和农机具的保有量居全国各省市区的第一位。114个大型国营农牧场已经实现了田间耕作和非田间作业机械化。农村人民公社的翻地、播种、中耕和场上作业已有50%左右实现机械化,粮米加工等非田间作业基本上实现了机械化。农业机械化水平的不断提高,促进了生产发展,正使"北大荒"逐步变成祖国的"北大仓"。机械化还腾出大批劳动力,从事林牧副渔工等多种经营,开始改变单一经营粮食生产的局面。但是,从发展生产的需要来看,农业机械化的进程还较慢,潜力还没有充分发挥出来。现在每个农业人口平均占有耕地6亩3分(全国每个农业人口1亩8分),每个农业劳动力担负耕地24亩(全国每个农业劳动力5亩),耕作比较粗放,粮食单产不高。去年粮食丰收,平均亩产也只有264斤。30年来全省平均单产每年仅递增4斤。另外,全省还有宜农荒地5200万亩,适宜机械开发利用。过去,机械设备也没有完全按生产需要进行投放,而是到处"撒胡椒面",人少地多,荒原多的边境地区和麦豆产区投放机械较少,人多地少的杂粮产区却投放较多。

今年年初,黑龙江省针对农业机械化出现的新情况，总结了去年全省进行试点的37个大队基本实现机械化的新经验，调整了农业机械化的布局，把投放农业机械的重点，主要集中到边境地区、麦豆产区和其他地区经济条件较好的社队。9月上旬，全省召开了农业机械化和开荒会议，确定从现在起到1985年或稍长一点时间，使农村人民公社基本实现机械化。鉴于全省各地的自然条件、经济状况、作物种类和耕作方法差异较大，现有农机具的配套水平也很不一致，发展机械化必须因地制宜，分类指导，不能搞一个模式。

黑龙江省的边境地区和麦豆产区有22个县，这些地方的特点是地多人少，荒原较多，资源丰富，土地连片，只要集中成套投放农业机械，很快就能大幅度提高劳动生产率，取得较大的经济效益，给国家拿出较多的商品粮。因此，这类地区要加快机械化的速度，是全省两、三年内发展机械化的重点地区。山区半山区有13个县，有相当一部分社队有山有水有草原有荒地，发展农牧副渔的潜力很大，只要机械化上去，就能提供大批商品粮和土特产品，实现机械化的步子也可以适当大一些。全省杂粮产区的40个县市，人多地少，作物种类多，耕作方法复杂，经济基础差，多种经营的门路较窄，安排机械化代替下来的劳动力和处理马匹都需要一个过程，现有配套农机具还不能完全适应多种作物的农艺要求。因此，这里的农业机械化速度可以慢一些，时间要长一些。

《人民日报》发表评论员文章《支援全国把农业搞活的一项重要措施》

国家决定在东北建设商品粮生产基地，这是把全国农业搞活的一项重要战略措施。黑龙江省经过机械化试点，建设现代化商品粮基地有了路子，有了经验，有了措施，走出了可喜的一步。

黑龙江是我国的一块宝地。这里人少，土地多，土地肥，有一定的降雨量，交通也方便，又有多年农业机械化的基础，具有建设现代化大农业的优越条件。与全国其他地方比较，土地肥、降水多的地方，南方也有，但人多地少；人口少、土地多的地方，西北也有，但降水量少，土地瘦，都不及黑龙江推行机械化收效快收益大。黑龙江广大基层干部和社员，对于实现机械化有很高的积极性。机械化可以避人少之短，扬地多之长，大幅度提高劳动生产率和商品率，是富裕的必由之路，是群众的强烈要求。加快把黑龙江建成现代化商品粮基地，对国家利益大，对群众利益也大，符合国家的需要和群众的愿望，真是上下想到一起了。

建设黑龙江商品粮基地，把大有潜力的“北大荒”进一步建成富饶的“北大仓”，关键是实现机械化，当然，发展农业机械化，要有步骤地、有重点地进行。首先在那些群众要求最迫切、经济效益最大的地方实现，不要毫无选择地全盘铺开，到处撒胡椒面。同时，推行机械化要同作物种植区域化结合起来，以便拖带农机具容易配套，提高机械利用率，降低成本。黑龙江根据省内各地的自然条件、经济状况、作物种类、耕作方法和现有的农机具配套水平，采取因地制宜、分类指导、稳步前进的方针，确定先化后化的地区、先化后化的作物和作业项目。这样有区别有步骤地发展机械化，不搞一个模式、“一刀切”，不贪大求多，一哄而起，看起来费事一些，慢一些。其实，只要因地制宜，量力而行，化一处是一处，办一事成一事，积累经验，积以时日，就可以逐步加快步伐，大见成效。

黑龙江资源丰富，优越条件很多，宜林、宜牧，还适宜发展糖料、油料等种植业和养殖业。因此，抓粮食的同时，要注意多种经营的发展，逐步实现各业的机械化。以畜牧业为例，把牧区和农区的良好条件都利用起来，搞畜牧机械化，全省的畜牧业将有一个大发展。这样，有了毛、肉、奶，再加上粮、糖、油，就可以把食品工业带动起来，也更有条件实现农工商联合经营。

推行农业机械化，建设商品粮基地，要充分注意落实按劳分配、等价交换等经济政策。要建立宜于分工协作、实行专业化的各项生产管理责任制，切实把生产者和劳动成果联系起来，把集体和个人的利益结合起来，不断调动他们的劳动积极性，决不能只着眼于机械化的优越性，忽视了政策的重要性。特别要考虑的是，一经实现全盘机械化，劳动力紧张状况就会变成劳动力充裕，如何安排多余劳动力就会成为一个极为重要的问题。在黑龙江这样土地广阔、资源丰富的地方，除发展多种经营安排多余劳动力外，比较现实、容易做到的是扩大家庭副业，扩大自留地，这是容纳多余劳动力最快、最有效的办法。划一块地给多余劳动力，让他们去“就业”，去“绣花”，市场需要什么他们就种什么，增产商品，可以更好地发挥家庭副业对社会主义经济的补充作用。

实现机械化，开荒扩大耕地，建设商品粮基地，国营农场是个骨干力量，应当发挥带头和示范作用。农场是大企业，要真正当作企业来办，给他们自主权。如何办农工商联合企业，如何销售产品，都要给他们留有决定问题、安排工作的余地。要靠经济政策把国营农场职工的积极性充分调动起来。

事物总是不断发展变化的。推行机械化，建设商品粮基地，会出现很多新情况、新问题。及时抓住出现的苗头，摸索经验，调整工作，积极稳步地前进，黑龙江省就一定能将支援全国把农业搞活这件大事办好。全国人民对黑龙江寄予很大的希望！

全国人大常委会副委员长阿沛·阿旺晋美在北京会见以宗教教育部国务秘书斯卡尔德为团长的挪威文化代表团

国务院副总理姬鹏飞在北京会见以世界卫生组织西太平洋区办事处主任中岛宏博士为首的代表团

10月24日

中宣部发出《关于做好〈中华人民共和国婚姻法〉宣传工作的通知》和宣传要点

新华社报道，中宣部近日发出的通知说，五届人大第三次会议通过、公布的新的《中华人民共和国婚姻法》，是我国婚姻家庭关系的基本准则，是关系家家户户、男女老少切身利益的重要法律，是我国法制建设中的一件大事。各级党委宣传部门应在党委统一领导下，组织报刊、广播、电视、文艺、出版各单位，妇联、工会、共青团等群众团体以及政法部门的力量，通过各种渠道，运用各种宣传手段和宣传形式，针对各地区、各单位群众处理婚姻家庭关系中存在的问题，集中进行一次广泛深入的、生动活泼的宣传活动，并作为一项宣传任务经常进行下去，务使家喻户晓，深入人心。通过宣传，提倡婚姻、家庭关系上的社会主义新风，打击封建的、资本主义的歪风邪气，打击虐待残害妇女和老人的违法行为，增强守法观念，促进安定团结和四化建设，保证新婚姻法的顺利实施。

关于少数民族自治地方如何宣传婚姻法，通知说，由当地党委根据新婚姻法的原则和该法第三十六条的规定作出安排。

随这个通知发出的《中华人民共和国婚姻法宣传要点》，是中宣部和中华全国妇女联合会共同制定的。宣传要点共分三个部分：一、实行新婚姻法的重要意义；二、新婚姻法的主要内容；三、如何保证新婚姻法的贯彻实施。

全国人大常委会副委员长乌兰夫在北京接受苏丹新任驻中国大使马塔尔递交的国书

国务院副总理兼外交部部长黄华在北京会见特立尼达和多巴哥政府代表团

教育部在北京召开全国工读学校座谈会

各地教育部门负责人、一部分工读学校校长及中央有关部门参加的工读学校座谈会，总结交流了各地举办工读学校的经验，讨论了《关于办好工读学校的试行方案》，研究了进一步办好工读学校的措施。会议提出："要像办重点中学那样把工读学校办好。"

教育部部长蒋南翔在会上发表讲话。会议于10月31日结束。

10月25日

全国军队退休干部和退伍军人安置工作会议在北京召开

这次会议的议题是布置军队退休干部的接收安置工作，研究解决复员退伍安置工作中的问题。程子华在会议上的讲话中要求各级人民政府对军队退休干部和退伍军人的接收安置工作，要当作一件重要工作来抓。要加强领导，指定专人负责，列入政府工作议事日程。要从本地实际情况出发，采取多种形式，多种渠道，解决安置工作中的问题。各有关部门各行各业都要关心支持，作为拥军优属的一项重要内容，扎扎实实地把这项工作做好。

会议指出，做好军队退休干部的接收安置工作，是关系到提高部队战斗力，加强国防，促进安定团结，加速四化建设的一件大事，各级人民政府必须高度重视，认真做好。当前要抓紧落实两项任务：(一)要抓紧为军队退休干部建房。建房任务由各级人民政府负责，由国家计委下达建房经费和建筑材料的专项指标，由国家建委和地方建委系统承担征地、设计、施工任务。各地政府必须保证专款、专材专用，按期完成建房任务。(二)按照中央关于妥善安排军队退出现役干部的有关精神，有接受任务的地方要抓紧建立军队退休干部的管理机构，配备相应的专职干部开展工作，使军队退休干部在政治上受到尊重，生活上得到照顾，思想上不断提高，愉快地度过晚年。

会议认为，做好退伍军人的安置工作，对于加强国防建设、经济建设和促进安定团结，都有重要意义。会议要求各级人民政府、各有关部门、各行各业必须按照中央的既定政策，认真贯彻"从哪里来，回哪里去"的原则，对退伍军人切实做到"妥善安置，各得其所"。在安置工作中，要注意解决好三个问题：(一)要加强对农村退伍军人的思想政治工作，教育他们安心农业生产，为实现农业现代化贡献力量。对于少数生活上确有实际困难的，要根据情况给予适当照顾。(二)城镇退伍军人的就业安排，仍然由各级退伍军人安置办公室负责。要按系统分配任务，包干安置。(三)要建立、健全地方各级退伍安置工作机构，配备必要的专职干部。会议希望城乡广大退伍军人在各自的岗位上，为四化建设充分发挥积极作用。

参加会议的军队同志表示，一定要配合地方做好军队退休干部和退伍军人的安置工作。一是要提供确实情况，以便于地方做好接收安置前的物质和组织准备；二是做好军队退休干部、退伍军人的思想工作，使他们保持和发扬人民军队的光荣传统和荣誉感，体谅国家当前的困难，在各条战线上为进一步巩固和发展我国安定团结的大好形势，为加速四化建设，作出新的贡献。

国务院副总理杨静仁在会上讲了话。民政部副部长陈光在会议结束时作了总结。

这次会议是国务院委托民政部主持召开的，参加会议的有各省、市、自治区人民政府和省军区负责同志及有关部门的同志。

这次会议在11月4日闭会。

国务院副总理余秋里在北京会见以意大利埃尼集团研究协会主席切尔尼教授为团长的意大利埃尼集团科学家代表团

国务院副总理姚依林在北京会见以日中文化交流协会顾问日本经济新闻社顾问园城寺次郎为团长的日本产业界代表团

《人民日报》发表社论《战友情谊永葆青春——纪念中国人民志愿军赴朝作战30周年》

今天是中国人民志愿军赴朝作战30周年。中国人民满怀无产阶级国际主义的感情，和兄弟的朝鲜人民一起纪念这个光辉的日子。

30年前，美帝国主义对朝鲜发动大规模侵略战争，同时霸占我国神圣领土台湾，并且将战火燃烧到了鸭绿江边。朝鲜人民奋起抗战。中国人民志愿军肩负着祖国人民的委托，雄赳赳，气昂昂，跨过鸭绿江，投入伟大的抗美援朝斗争。中国人民志愿军全体指战员，在朝鲜人民的热情关怀下，英勇地同朝鲜人民军官兵并肩战斗。两国战友风雨同舟、生死与共，爬山卧雪、冲锋陷阵，谱写了可歌可泣的战斗诗篇。经过三年艰苦卓绝的浴血奋战，中朝两国战友终于战胜了武装到牙齿的共同敌人，迫使美国在谈判桌旁坐下来，在停战协定上签了字。停战以后，中国人民最可爱的人——中国人民志愿军又积极帮助朝鲜人民重建家园，最后带着朝鲜人民依依惜别的深情，光荣地回到亲爱的祖国。中朝两国人民团结战斗的胜利表明，两国人民紧密团结在一起，在世界人民的支持下，可以克服任何困难，能够战胜任何强大的敌对力量。

多少年来，朝鲜人民在金日成同志为首的朝鲜劳动党的领导下，在巩固无产阶级专政、建设社会主义、反对外来势力干涉和维护世界和平的斗争中，都取得了显著的成就。中国人民对此感到由衷的高兴。

目前，全体朝鲜人民仍旧面临着统一祖国的迫切任务。这个任务的合理解决，不仅可以实现朝鲜人民的最大民族宿愿，而且有利于亚洲和太平洋地区的和平与稳定。朝鲜劳动党和共和国政府为此曾经提出一系列合情合理的方案，并且进行过长期不懈的努力，赢得了世界人民的广泛同情和支持。前不久，在朝鲜劳动党第六次代表大会上，金日成同志又提出了新的统一祖国的建议和十大政纲，为适应形势发展要求、加速解决朝鲜统一问题，指明了最现实的途径。南朝鲜当局理应认清潮流，接受这一积极主张。美国政府也必须立即从南朝鲜撤走全部军队和军事装备，让朝鲜人民在没有任何外来干涉的条件下，自己解决统一祖国的问题。中国人民将一如既往，坚决支持朝鲜人民争取和平统一祖国的正义斗争。

中朝两国是山水相连、唇齿相依的友好邻邦。中朝两国人民是休戚相关、患难与共的战友和兄弟。中朝人民在长期的共同斗争中，用鲜血凝成的深厚友谊是十分宝贵的。中国人民一向无比珍视伟大的中朝友谊。我们深信，不管今后世界上可能出现什么样的狂风暴雨，中朝两国人民的战友情谊将永葆青春！

中国举重选手谭汉永在美国檀香山举行的第一届美洲杯国际举重锦标赛60公斤级比赛中以275公斤的总成绩夺得冠军

10月26日

《解放军报》发表评论员文章《继续解放思想 正确理解现行政策》

文章说，按照总政治部的布置，全军各部队正在学习中央关于进一步加强和完善农业生产责任制的文件，深入进行党的路线方针政策的教育。三中全会以来多次教育的经验表明，要正确理解和积极贯彻执行党的路线方针政策，就要不断地解放思想，使我们的认识不断地跟上发展着的形势。

文章指出，党的三中全会以来，我们在政治、经济、文化以及军事等各方面进行了许多重大的改革，制定和实行了一系列新的方针政策。党的现行政策是从我国进入新的历史时期所面临的新的情况、新的问题出发，完整地准确地运用马列主义、毛泽东思想的科学原理，吸取新中国成立30年来的经验教训而制定的，是解放思想、实事求是的产物。如果没有三中全会的解放思想、开动机器、实事求是、团结一致向前看的正确方针，不打碎林彪、江青一伙设置的种种精神枷锁，仍然搞两个“凡是”，拘泥于本本、教条、多少年沿袭不变的做法和提法，舍不得丢掉过去的老套套，现在的这些政策和办法就根本不可能提出来,我们既无法认识新的情况,更谈不上解决新的问题。不解放思想就不能认识新形势,也就提不出新政策;同样,不解放思想就不能接受新事物,也就不能理解新政策,讲改革就会是一句空话。

文章说,30年来,我们在建设社会主义的实践中有许多成功,也有不少失误。林彪、"四人帮"横行十年又把我们的错误推向了极端。长时间里,我们把许多正确的东西当作错误的东西批判了,同时把错误的东西特别是极左的一套东西,当作正确的东西加以接受,现在我们搞实事求是,要对这些东西进行纠正、改革,采取符合实际情况的新的政策和办法,有些人就感到不好理解甚至认为是"大逆不道"。文章指出,现在我们所说的"思想僵化",实质上就是指一些人的思想脱离实际,被极左的一套东西紧紧束缚着。要打破这种束缚,不在思想上来一个除旧布新是不行的。

文章强调,继续解放思想要加强学习。学习应该包括两个方面,向理论学习和向实践学习。马克思主义的基本理论是我们认识事物的锐利武器,不学不行。学习理论必须与深入实际调查研究相结合。只有调查研究,对实际情况有正确的了解,才能够实事求是。实践是检验真理的唯一标准。党的现行政策正确与否,只能看其是否有利于发展社会生产力,是否有利于改善人民的物质文化生活,是否符合最广大人民群众的根本利益。只要我们面向实际,走出去看一看,用现在的变化同过去特别是林彪、"四人帮"横行时期的情况加以对比,我们就不难看到党的现行政策的强大威力,也就不难理解党的现行政策的正确性。党的路线方针政策是党的生命,是调动全党全军和全国各族人民的革命积极性,把社会主义现代化建设推向前进的根本保证。我们要通过学习,继续解放思想,把贯彻执行党的路线方针政策的自觉性提高一步。

全国人大常委会副委员长彭冲在北京会见以社会主义青年联盟中央青年保护书记米歇尔·恩加卡拉为团长的刚果青年代表团

国务院副总理谷牧在人民大会堂会见由经济贸易部长恩基利拉·马蒂厄率领的卢旺达贸易工业考察团

国务院副总理万里在北京会见以东京都知事铃木俊一为团长的日本东京都友好代表团

中美历史学者讨论会在北京开幕

这是中美建交以来,两国历史学者第一次举行这样的学术交流。这次讨论会是根据中国社会科学院和美中学术交流委员会1980年交流项目安排的。中国社会科学院副院长宦乡在开幕式上致辞,对美国历史学者代表团表示热烈的欢迎。他说,科学家是有祖国的,但是友谊没有国界,科学没有国界。这次讨论会为我国历史学者提供了一个向美国学者学习的机会。美国学者代表团团长费维恺教授也在会上热情致辞,感谢中方学者为会议做了很好的准备。

中国选手李月久在多伦多举行的世界杯体操赛双杠比赛中以19.65的成绩获得冠军

中国选手黄玉斌在加拿大多伦多举行的第五届世界杯体操赛中获得体操男子吊环世界冠军

中国选手在美国檀香山举行的第一届美洲杯国际举重锦标赛又得两块金牌

中国选手姚景远在67.5公斤级的比赛中以302.5公斤获得冠军;中国选手马文广在82.5公斤级的比赛中以327.5公斤的总成绩为中国队夺得另一枚金牌。

10月27日

国务院总理赵紫阳同泰国总理炳·廷素拉暖在人民大会堂举行会谈

在27日、28日两天的会谈中,双方就东南亚地区的局势和柬埔寨问题,以及进一步发展两国间的经济、技术合作和贸易往来,诚挚、友好、坦率地交换了意见。双方对会谈的结果感到满意,并一致认为,炳总理这次对中国的访问加深了相互了解,加强了两国的关系。

赵紫阳在会谈中指出,越南撤军是解决柬埔寨问题的关键或基础。不撤军就谈不上柬埔寨问题的政治解决,也无法保证柬埔寨的独立、主权和中立。

他表示希望柬埔寨各方面的爱国力量,以民族利益为重,联合起来,抗击越南侵略者,迫使其全部撤出。他呼吁全世界主持正义的国家和人民继续支援柬埔寨一切爱国的抵抗力量,促使越南从柬埔寨全部撤出其占领军,让柬埔寨人民在不受外来干涉的情况下,自己解决其内部问题。

赵紫阳重申,中国一贯信守和平共处五项原则,反对霸权主义的侵略扩张,支持各国人民为维护本国独立、主权和领土完整的正义斗争。他强调指出,柬埔寨问题之所以发生,完全是由于越南在苏联支持下,搞地区霸权主义所致。

赵紫阳再次宣布:一俟越南全部撤出其侵柬部队,中国愿意同包括越南在内的有关国家共同参加一项国际保证:不占领柬埔寨领土和利用这些领土去侵犯该地区其他国家的独立和主权，不以任何方式干涉柬埔寨的内政。

炳·廷素拉暖表示，地处东南亚的泰国对本地区的和平与安全至为关注。他说，泰国和东盟各国将为贯彻执行本届联合国大会关于柬埔寨局势的决议而共同努力。中国方面对此表示支持。

泰国总理还表示，他的国家愿意和东盟其他成员国以及本地区其他国家一道，为谋求在尊重柬埔寨人民的意愿和基础上，通过政治途径解决柬埔寨问题，为维护东南亚的和平与安定，作出积极的贡献。

会谈结束时，炳总理邀请赵紫阳总理在他认为方便的时候访问泰国。赵紫阳总理愉快地接受了邀请。访问的具体时间将通过外交途径另行商定。

《人民日报》发表社论《热烈欢迎泰国贵宾》

泰王国总理炳·廷素拉暖阁下应我国政府邀请，前来进行正式友好访问，今天到达北京。中国政府和人民对来自友好近邻的泰国贵宾，表示热烈欢迎。

勤劳智慧的泰国人民，在悠久的历史中，创造了灿烂的民族文化。泰国人民一向热爱自由与和平，珍视民族独立。他们为反对殖民主义、帝国主义和霸权主义的侵略和控制，为保卫自己国家的独立主权和领土完整，建设自己的国家，进行了长期的不屈不挠的斗争，赢得全世界各国人民的敬佩。

泰国作为东南亚国家联盟的成员国，致力于维护东南亚的和平与中立。目前，由于越南在苏联的庇护和怂恿下侵略柬埔寨，侵犯泰国领土，使泰国和整个东南亚地区的和平与安全受到了直接的威胁。面对这一局势，泰国积极加强同其他东盟国家的团结合作，增强自己的自卫力量，坚决反对越南当局的侵略扩张，要求所有外国军队立即从柬埔寨撤出去，并积极维护民主柬埔寨在联合国的合法席位。泰国这种主持正义的立场，得到了全世界绝大多数国家的赞赏和支持。

中泰两国人民有着源远流长的友好关系。1975年中泰两国建立正式外交关系后，两国人民的传统友谊在新的历史条件下获得了令人满意的增进。炳·廷素拉暖阁下就任泰国总理后，一直关心中泰友谊，积极推进两国友好合作关系的发展。在当前动荡的国际形势下，中泰两国政府领导人之间加强交往，交换意见，相互支持，更为必要。这次，炳·廷素拉暖总理亲自来我国访问，必将为进一步发展两国的友好合作关系作出新的贡献。

国务院发出《关于压缩各种锅炉和工业窑炉烧油的指令》

指令说，石油是重要的战略物资。自从70年代初发生石油危机以来，合理使用和节约石油，已经成为全世界普遍关注的问题。目前，我国每年烧掉的重油和原油数量很大，其中相当一部分使用不合理。为了节约能源，必须大力压缩烧油，使石油更多地用作轻纺化工原料，并生产更多的成品油，以满足四化建设的需要。

指令要求现在烧油的工业锅炉、民用锅炉和原设计烧煤、后改为烧油的电站锅炉，要先易后难，分期分批，迅速改为烧煤，最迟要在1985年年底以前改过来。原设计烧油的电站，能够改为烧煤的，要改为烧煤。在烧油锅炉改烧煤的过程中，要讲求综合经济效果，改进烧煤锅炉的性能，提高热效率；根据技术经济条件，统筹安排，尽可能同发展集中供热结合起来，做到热电结合；并注意“三废”治理和环境保护。

指令对于压缩工业窑炉烧油、压缩油田和炼油厂的自用油，以及压缩烧油所需的资金来源和物资供应，都作了具体规定。

指令要求各地严格执行烧油计划和审批制度。

指令说，今后，未经国家计划委员会审查批准，任何地区、部门和单位，都不得擅自设计、制造、建设或引进烧油设备，都不得擅自扩大烧油范围和增加烧油数量。

中国人民建设银行工作会议在北京召开

从10月27日到11月20日召开的会议认为，建设银行要在调整国民经济和稳定经济中发挥积极的作用。当前重要任务，是根据国家计划，坚决控制压缩基本建设规模，坚持为国家守计划，把口子。

会议指出，今后凡是计划上列了的项目，安排了的投资，就拨款，贷款；没有列入计划的项目和安排投资的，就坚决不给拨款和贷款。对于地方财政拿出专款安排的基本建设贷款项目，也要执行基建程序，协助搞好综合平衡，不能拉长基建战线，冲击国家计划。对生产长线产品的基本建设、重复建设和盲目建设，要配合有关部门严格制止。基层建设银行要注意搞好本地区的综合平衡，对于不同部门在本地区新建的重复建设项目，如机械厂、铸锻厂、机修厂、汽车修理厂、船舶修理厂、电子计算机等，要建议他们组织专业化协作，避免重复建设。有些重要建设项目劝阻无效时，要及时建议计划部门撤销这些项目。

现在地方财政和企业单位直接分配使用的资金不断增加，各种渠道的建设资金也比较多。会议要求各地建设银行要采取多种方式和灵活的办法，把这些资金聚集起来，加强管理、注意引导，按照国家计划的投资方向和重点，使用到国民经济急需的方面去。

国务院副总理谷牧到会讲了话。

国务院副总理耿飚在人民大会堂会见美国前海军作战部长朱姆沃尔特一行

中共中央书记处书记王任重在人民大会堂会见以第一副总编辑德拉戈什为团长的罗马尼亚《火花报》代表团

吉林长春市与日本仙台市结成友好城市的仪式在仙台市举行

中国语言学会在武汉市成立

全国各省、市、自治区以及港澳地区的190多名语言学家参加了成立大会。这个学会的宗旨是：团结全国语言学工作者，努力发展和繁荣我国语言科学，为提高中华民族的科学文化水平，为加速实现四个现代化贡献力量。

中国举重队在第一届美洲杯国际举重锦标赛中获团体冠军

10月28日

中共中央主席华国锋在人民大会堂会见泰国总理炳·廷素拉暖上将及其随行人员

在交谈中，华国锋说，中泰两国关系历史悠久。建交以后，两国在政治、经济、文化、科学技术等方面的合作都有很大的发展。中国希望泰国繁荣昌盛起来。他表示支持泰国和东盟各国为维护东南亚地区的和平与稳定，以及谋求柬埔寨问题的政治解决所做的努力。

炳·廷素拉暖说，我们同中国领导人富有成果的会谈，表明双方在一些重大问题上的观点是一致的。我们对许多问题交换了意见，这不仅对双方有利，也对世界和平有利。他表示，泰国和东盟其他国家将严格遵循中立、和平共处五项原则的对外政策。

国务院总理赵紫阳同荷兰首相安德烈亚斯·范阿赫特在人民大会堂举行首次会谈

两位政府领导人就当前整个世界形势，特别是中东、阿富汗、柬埔寨、两伊冲突和欧洲形势等问题，交换了看法。

两位领导人对伊朗和伊拉克的冲突表示严重关切。范阿赫特认为，这场冲突如果继续扩大，就会影响世界的和平和安全。赵紫阳认为，这场冲突如果发展下去，将充满着危险，甚至导致超级大国的插手。他们希望，伊朗和伊拉克通过和平谈判的方法尽快解决两国争端。

赵紫阳谈到了中国对解决阿富汗和柬埔寨问题的三条原则立场：苏联和越南军队必须撤出；阿富汗和柬埔寨选择什么社会、政治制度应由两国人民自己决定；必须恢复阿富汗、柬埔寨独立、中立和不结盟的地位。

赵紫阳指出，阿、柬抵抗力量处于反霸斗争第一线。他们不仅是为了民族生存而战，而且是为了反对霸权主义的侵略扩张、维护世界和平正在作出重大贡献。所以，国际社会应当加强对他们的支援。

《人民日报》发表社论《热烈欢迎荷兰贵宾》

荷兰王国安德烈斯·范阿赫特首相和夫人应我国政府的邀请，前来我国进行正式访问，今天到达北京。中国人民怀着喜悦的心情，热烈欢迎荷兰政府首脑对我国的第一次访问。

荷兰是一个有着光辉历史的国家。荷兰人民在16世纪至17世纪曾为祖国的独立进行了著名的"80年战争"，在第二次世界大战中又为反对法西斯占领而进行了英勇不屈的斗争。荷兰人民在世世代代同海洋交往的过程中，不仅为人类的航海事业作出过不少贡献，而且创造了围海造田、与海洋争地的令人惊叹的业绩。荷兰王国人口十分稠密，自然条件并不优越，而荷兰人民用自己的双手，战胜了重重困难，把祖国建设成一个科学技术先进、工业和农业发达的国家。中国人民对荷兰人民勤劳勇敢、艰苦奋斗的精神和他们所取得的成就深表钦佩。

荷兰王国政府在国际事务中奉行同各国友好与合作的政策，主张加强西欧防务，以对付霸权主义日益增长的威胁，促进世界和平。荷兰王国是欧洲经济共同体最早的成员国，对西欧的政治、经济联合事业作出了积极的贡献。荷兰政府认为第三世界是一支日益重要的政治力量，注重加强同第三世界的关系。在阿富汗问题和柬埔寨问题上，荷兰政府主持正义，谴责苏联和越南的侵略行径。荷兰政府的这些政策，有利于欧洲安全和国际和平，受到世界人民的赞赏。

荷兰是最早承认中华人民共和国的西欧国家之一，早在1950年就承认我国政府为中国唯一合法的政府。中荷建交以后，两国的友好关系不断发展，各方面往来日益频繁。近年来，两国在经济、科学、文教等领域的合作更是有了迅速的发展。

安德烈斯·范阿赫特首相和夫人这次来访，带来了荷兰人民对中国人民的友好情谊。我们相信，通过这次访问，中荷两国之间的友好关系必将进一步得到巩固和发展。

祝愿荷兰贵宾的友好访问取得圆满成功。

《人民日报》发表特约评论员文章《党和国家领导制度的一项重要改革》

党的十一届五中全会提出，要废止实际存在的干部领导职务终身制。这是对我们党和国家领导制度和干部制度所作的一项重要改革。作为一个共产党员，尤其是党的干部，应当从党和人民的利益出发，正确地对待这样的问题，做自觉的促进派。

一

不论是我们的党章还是宪法，都没有领导干部终身任职的规定。但是，长期以来，我们对各级政权机构和党委的领导职务，尤其是党和国家最高领导职务，没有规定明确的期限，有些职务虽然定期改选，也是“连选连任”，没有任期的限制；另一方面，我们也没有制定领导干部的离职退休制度，尽管年老体衰，甚至丧失了工作能力，也可继续担任领导职务，不受年龄的限制。这样，一个领导干部，特别是党和国家领导人，只要不犯大的错误，或不被认为有大的问题，就可以无限期地担任领导职务，终身任职。随着时间的推移，这种实际上的领导职务终身制的弊端，越来越明显。

第一，是出现了领导干部的老化。回想新中国成立初期，在中央各部和省一级担任领导职务的同志，年龄大都在30到50之间。那时我们的各级领导班子，真是生气勃勃，精力旺盛，大家都能够亲临第一线解决问题。我们能在国民党留下的烂摊子的基础上，使国家建设事业迅速走上轨道，领导班子年富力强，是一个重要原因。30年来，由于对领导干部的任期未加限制，年轻干部进入领导班子的太少，出现了各级领导班子普遍年龄偏高的现象，许多担任高级领导职务的同志，步履蹒跚，行动艰难，即使是基层单位的领导干部，白发苍苍的也不乏其人。许多人虽然有老骥伏枥、志在千里的气概，但毕竟力不从心，不能像当年那样生龙活虎般地工作了。这种情况同四化建设的要求是一个尖锐的矛盾。如果不规定领导干部任职的期限，建立定期更换、离职、退休的制度，即使我们现在采取措施，实现了领导班子的年轻化，若干年后，又会出现新的干部老化现象，成为一种周期性的问题。

第二，领导职务的终身制阻碍了人才的培养与成长。一方面，一些人长期居于领导岗位，有真才实学的年轻人就难于进入领导班子，得不到应有的锻炼；另一方面，终身制也不利于领导干部本身的进步和成长。终身任职无异于一种职位保险，它不能激励人们奋发努力，反而使一些人得过且过，思想上、业务上、工作上进步很慢，干了多年，依然故我。

第三，终身制最大的弊病是不利于贯彻民主集中制。一个人在一个地方长期担任领导，成了“老书记”、“老部长”，而下属干部又大都是经他之手提拔任用的。这样，就容易把自己突出于领导集体和群众之上，出现上面个人专断、下面唯唯诺诺的局面。实际生活中还有这样的情况，由于在一个单位任职很久，在人事上就难免以“唯亲”的原则取代“唯贤”的原则，搞自己喜欢的一摊人，逐渐形成一种固定的摊摊或圈圈，滋长宗派主义，妨碍党组织的团结统一。

经验还告诉我们，党和国家最高领导职务的终身制，其弊端更为突出。事情的发展常常是这样的，一个国家的最高领导人任职越久，加给他的头衔也越来越多，对他的宣传也越来越突出，这就不可避免地出现个人集权的趋势，直至把党和国家的大权集于一人，使党内民主和人民民主名存实亡。个人集权与个人迷信相结合，使党和国家的命运系于一人，这种情况是很危险的。这个大权独揽的人一犯错误(在这种情况下错误几乎是难免的)，就会危及全局，而且难以纠正；如果这个主宰全国的人一旦发生变故，就会引起国家政治局面的动荡和混乱。这种情况，在共产主义运动的历史上一再出现，是应当引起我们认真注意的。特别是在我们这样一个人口众多、幅员广大、情况复杂的国家，如果让一个年事很高、精力不支的人来日理万机，不但对个人来说，是负担过重，而且工作上的严重失误就难以避免。由于最高领导职务终身制的存在，党和国家的政治生活就必然会出现种种不健康不正常的现象，在这种情况下，野心家、阴谋家就比较容易招摇撞骗，浑水摸鱼。林彪、“四人帮”的横行，对我们的教训实在是太大了。所以，废止干部领导职务终身制，最重要的又是要废止党和国家最高领导职务的终身制。

二

废止干部领导职务的终身制，对改善党和政府的领导，提高领导工作的质量与效率，克服官僚主义，搞好四化建设，具有迫切的现实意义，而且，这也是关系到完善我们国家基本政治制度的一个重要问题。

从历史上看，终身制，主要是国家最高统治者的终身制，是同专制主义的政治制度相联系的。在奴隶社会和封建社会，除了罗马共和国等个别例外情况，最高统治者都是终身任职。就我们中国封建社会的情况而言，按照“君权神授”的说法，皇帝是天帝的儿子(天子)，他的统治是受命于天，其他任何人都没有资格登那个宝座。因此，作为封建国家的首脑，皇帝不但具有至高无上的权力，而且没有任期的限制，都是终身皇帝(从历史实际看，只有少数几个例外)。直至清王朝末年搞的所谓《宪法大纲》《十九信条》，还是以“皇帝神圣不可侵犯”为基本原则。在封建国家，各级官吏不过是皇帝维持其统治的工具。一般说来，官吏是按照“因其才以取之，审其能以任之”的原则任用的，并没有规定什么终身任职的官制。相反，为了防范官吏的不轨，有些朝代还明确规定,不许在一个官位上久留,必须按时调换,或予以升迁。但是,作为封建官僚,只要能为最高统治者尽职效劳,就可以一辈子当官。所以,在封建社会,终身为官,世世为官,仍然是常见的现象,高级官吏任职终身的,不乏其例。

资产阶级兴起后,启蒙思想家对封建专制主义进行了激烈的批判。他们从天赋人权的原则出发,认为如果政府不能保护人民的利益,甚至损害人民的利益,人民就反对它,撤换它。这就不但否定了封建君主的专制统治,而且从根本上否定了国家最高职务的终身制。资产阶级的思想家还认真探讨过国家元首和官吏的任职期限问题。孟德斯鸠从古代罗马的历史看到,“每个国王在他的一生里都有野心勃勃的时期,但在这之后就会是纵情于其他享乐,甚至是懒散的时期了,然而共和国的领袖是年年更换的,他们总是想在他们的任职期间成就赫赫的功业以便重新当选,因此他们每时每刻都不放松表现自己的雄心”。(《罗马盛衰原因论》第4页)他认为,一切官职,如果任期太长,便有危险。资产阶级在推翻了封建君主的统治后,建立了共和国,制定了宪法,规定国家元首必须由选举产生,并限制了任期。列宁说:“资产阶级的共和制、议会和普选制,所有这一切,从全世界社会发展来看,是一种巨大的进步。”(《列宁选集》第4卷第55页)同封建主义的终身制比较,资产阶级这种制度的一个突出优点,就是实现了整个阶级对国家的管理,能够把本阶级中最有能力、最有才干的优秀分子挑选出来,放在国家管理岗位上,卓有成效地为自己的利益服务,而不像封建的终身制那样,由一个人无限期地进行独裁统治,而不管这个人如何昏聩,如何无能。

但是,资产阶级鼓吹的平等,不过是商品等价交换原则在政治上的反映;普选,对资产阶级来说,不过是自由竞争在政治上的表现。在自由竞争的基础上,逐渐形成了代表各个部分资本家利益的各个政客集团。资产阶级的国家政权,就是由这些政客集团轮流执掌的。议会制、普选制,这一套制度和规定,没有也不可能克服资产阶级共和国的这种局限性。

无产阶级的社会主义共和国,是新型的民主国家。按照民主原则,任何领导职务都不能是无限期的,更不能是终身的;作为共和政体,国家最高领导职务必须有明确的任职期限。这也是民主的政治制度同专制的政治制度相区别的一个重要标志。不仅如此,按照马克思主义国家学说,无产阶级的社会主义共和国不但要铲除一切封建专制制度的残余和痕迹,而且,应当克服资产阶级共和国的那种局限性,要从根本上改变那种把人分为管理者和被管理者的现象。这应当作为我们改革党和国家的领导制度、完善我们人民共和国的政治制度的基本原则和努力方向。

当前,我们要认真总结经验教训,并借鉴其他国家实行民主制度的好经验、好办法,建立、健全对各级各类领导干部的选举、招聘、任免、考核、弹劾、轮换等项制度,对干部职务的任期以及离休、退休作出明确的规定,还要采取措施,保证人民群众和他们的代表实行对各级领导干部的监督、检举、控告、罢免权。我们不但要坚定地废止领导职务的终身制,而且要努力创造比西方资产阶级共和国更高的更切实的民主制度。

三

生活中的许多事情,往往不是人们自觉地搞起来的,而是在种种因素的作用下逐渐形成的。因此,人们对这些问题的认识也必然要有一个过程。在我们政治生活中实际存在的终身制,就是属于这样的问题。

领导职务终身制的实际存在,原因是多方面的。从客观上说,如何建立社会主义的人民共和国,没有成熟的经验可以借鉴。直到新中国成立时为止,建立完备的社会主义共和国的政治制度,可以说,还是一个新课题。而我们又未能结合我国的实际,在实践中对这个问题进行深入的研究探索。

从实际情况看,在革命战争年代那样的环境和条件下,并不存在废止终身制这样的问题。新中国成立之初,我们党和国家的领导骨干,包括毛泽东、周恩来、刘少奇、朱德等领袖人物在内,绝大多数都处在年富力强的时期。当时,百废待举,这些长期以革命为职业的领导者,一个劲地为我们的事业而奋斗,不但不存在退休的问题,也不大可能去考虑自己的任职期限这样的问题。这是完全可以理解的。然而,随着岁月的流逝,情况的变化,事情就变得复杂起来。虽然,在60年代前期,我们曾经提出培养千百万无产阶级革命事业接班人的任务,开始触及这个问题。但是,在这个问题上,我们没有能够顺着正确的方向继续前进,从制度上解决问题。

作为一种制度来看,在我们政治生活中实际存在的领导职务终身制,带有明显的封建主义色彩,是封建主义残余的一种表现。历史的传统是一种巨大的惰性力。中国经历了几千年的封建专制统治,人民革命虽然把封建制度彻底摧毁了,但是,封建专制统治的影响,适应于这种专制统治的习惯、心理以至生活方式,远没有清除干净。而作为封建专制统治基础的小生产的影响,更是严重存在。这些东西,必然渗透到党和国家的政治生活中来。新中国成立以来,没有对民主制度进行深入的研究,没有制定完善的干部制度,这些都不是偶然的疏忽。在缺乏民主生活的传统和习惯的条件下,功勋卓著的领导人的终身任职,几乎是不可避免的。“文化大革命”中,林彪、康生、江青一伙,更把最高领导人的终身任职，说成是天经地义，神圣不可侵犯。在把人神化的同时，他们又竭力把人民的领袖异化为封建帝王式的人物。

多年的教训，特别是“文化大革命”的惨痛教训，使我们痛切地感到了终身制的严重危害。现在，我们的党中央不但明确地提出了肃清封建主义遗毒的任务，而且作出了废止终身制的正确决定。这是我们在前进道路上取得的又一个巨大进步。

四

废止干部领导职务终身制，是改革党和国家的领导制度，建立、健全社会主义民主制度的重要一环。解决这个问题，要从我国的实际情况出发，认真进行研究，既要确立制度，又要提高认识，积极而稳妥地进行。

首先，要对党和国家的最高领导职务的任期作出明确的规定。为了完善我们的人民共和国的政治制度，我们的宪法应当明确规定国家最高领导人的任期。作为人民共和国的执政党，我们的党章也应从政治生活民主化的要求出发，对党的最高一级领导职务的任期，作出明确的规定。

我们的党，我们的国家，应当选择那些最有经验、最有威信的领袖人物担任最高的领导职务。但是，这并不是说，领袖人物都要终身担任最高领导职务。在社会主义国家里，在正常的民主生活中，杰出的领袖人物会不断地涌现出来，我们的民主制度应当使人们能够从他们中间挑选在才能、智慧、性格和体力、精力等方面最优秀最合适的人，担任党和国家的最重要职务。另一方面，在我们这样的国家里，作为一个领袖人物和杰出的政治家，可以而且应当通过各种途径，为党为人民作出自己的贡献。

其次，对于各级各类领导干部的任职期限，应当进行具体分析，作出恰当的规定。对这些领导干部，应根据不同情况，定期进行改选或任免。某些单位由于性质和特点不同，领导者的任职期限不宜作机械的规定。但是，必须肯定，任何单位的领导职务，都不能是无限期的。因此，要有明确的适当的干部离休、退休制度，要对离休、退休干部作出妥善的安排，使他们既能愉快地离开领导岗位，又能力所能及地继续为党为人民做些有益的事。当前，这是贯彻执行党的组织路线的一个重要问题。当然，在这个问题上，也不能搞“一刀切”。能够继续工作的老干部，仍然是我们的领导骨干。

还有一条，就是要注意在党内和社会上造成尊敬老同志、关怀老同志的好风尚。目前，不但在社会上，而且在某些党组织内，也存在那种对当权者奉承拍马、对不掌权者冷眼相待的恶劣风气。改变这种风气，需要我们作出巨大的努力。今天，实际存在的领导职务终身制似乎成了一种传统和习惯，要废止它，有些人感到很勉强，很困难。

所以产生上述这种情况，原因是多方面的。从客观上说，由于多年来没有提出这个问题，现在提出要解决这个问题，对许多人来说，思想上缺乏准备；再说，对于老同志的离休、退休还缺乏一套完备的制度和办法，一些同志考虑自己今后怎么办，也是很自然的。另一方面，产生这种情况也有思想认识上的原因。这里，着重指出两点。

一个是对国家的迷信。马克思说：“从前有一种错觉，以为行政和政治管理是神秘的事情，是高不可攀的职务，只能委托给一个受过训练的特殊阶层。”（《法兰西内战》第141页）长期以来，人们总是把管理国家看得很神秘，其实，这是政治管理权的垄断者制造的一种愚昧。在我国封建社会，人们对封建国家的迷信，达到了十分荒谬的地步，除了作为封建国家首脑的皇帝被看成是真命天子外，其他文武大员也常常被说成是什么星宿下凡，只有这些非凡的神人才能管理神秘莫测的国家事务。我国革命的胜利，大批在革命实践中锻炼成长起来的普通人物参加国家管理，这些事实本身就是对那种陈腐偏见和迷信的猛烈冲击。但是，对国家的迷信根深蒂固，不易一下扫除干净。在一定条件下，这种对国家的迷信同对个人的迷信一起泛滥，就必然出现“非某莫属”的局面。人们虔诚地认为，某一重要职务只有某一特殊人物才能担任。这样，终身制就被认为是理所当然。在十年内乱时期，这种情况曾经盛极一时，大家不是记忆犹新吗？在粉碎“四人帮”以后的一段时间内，不是仍然很流行吗？今天，这种影响并没有绝迹，而在一些地方继续起着作用。因此，从思想上破除对国家的迷信，是废止领导职务终身制、改革国家领导制度的一个重要条件。

当然，我们说要破除对国家的迷信，决不是说，国家重要领导职务随便什么人都能够轻而易举地担当起来，更不是说，在决定重要人事变动时，可以采取轻率的态度。而是说，不要把对国家事务的管理神秘化。

另一个问题，就是封建主义遗毒的影响。我们绝大多数担任领导职务的同志，是勤勤恳恳为人民服务的。但是，由于我们的制度不完备，也由于有些人对自己要求不严，一些旧影响便乘虚而人，“一朝为官，终身受禄”的封建传统观念便有了市场。在一些人的思想上，做官与革命的界限逐渐模糊，不正之风在我们的队伍中日益滋长，极少数人发展到做官当老爷，迷恋权力，甚至热衷于搞特殊化的地步。因此，当党中央提出废止领导职务终身制时，就思想不通。他们不是从党和人民的利益出发，来正确对待这个问题，而是首先考虑个人的地位、待遇，考虑家属子女的利益和前途，有的甚至采取先捞一把再说的错误态度。这说明，我们有些同志中封建主义的遗毒相当深重。

现在,废止干部领导职务的终身制,全面改进我们的领导制度和干部制度,已经有了一个良好的开端。在党中央的领导下,全党同志共同努力,一定能够取得成功。

历时3个月的上海"三街一场"最佳商店最佳营业员评选结果揭晓

评出8家最佳商店、22名最佳营业(服务)员。上海市代市长汪道涵等领导同志代表评选委员会向获得光荣称号的集体和个人颁发了奖杯、证书和奖金。

这次别开生面的评选活动,有上海和外地的44万多人次的顾客直接参加,对上海商店最集中的南京路、淮海路、四川路和豫园商场的近千家商店、3万多名职工进行直接评选。

浙江华侨投资公司董事会在杭州成立

浙江省华侨投资公司成立董事会后并在杭州举行了首次董事会议。香港经济界知名人士、维大洋行董事长王宽诚任名誉董事长,香港环球航运集团董事包兆龙任名誉副董事长。董事长由浙江省副省长、浙江省华侨投资公司经理汤元炳担任。

浙江省华侨投资公司任务主要是组织吸收运用侨资、外资,引进先进技术设备,开展对外经济合作业务,促进本省国民经济的发展。

中天津与日本四日市结为友好城市签字仪式在天津举行

中美科学家在北京举行检验医学学术讨论会

由中国医学科学院和美国麦尔斯公司联合举办的"检验医学学术讨论会",于10月28日至31日在北京举行。美国麦尔斯公司执行副总裁欧文斯带队的11名美方代表参加了讨论会。4位美国医学博士在会上作了学术报告。我国有关方面的15位科学家也在会上介绍了他们的成就。

教育部 外交部 国务院科技干部局 财政部 文化部 中科院在北京联合召开出国留学人员工作会议

会议期间,国务院副总理方毅在会上讲话时说,派出留学人员是我们国家兴旺发达的表现,对四化建设有重大意义。有关部门和驻外使馆要重视和做好出国留学人员的工作,要认真贯彻执行对出国留学人员的有关政策和规定。

会议强调,要切实贯彻执行"保证质量,力争多派"的方针。保证质量,就要对留学人员的政治思想、专业程度、外语水平、身体条件这四条进行全面衡量,做到"四脚落地",缺一不可。同时,要正确处理质量和数量、国内培养和国外培养、出国学习和国内工作需要,以及重点和一般的关系。在安排出国留学人员时,还必须考虑到我国四化建设的当前需要和长远需要,国内的可能和国外接受留学人员的特点及其可能性,照顾到各类人员和各种学科的比例。

会议在总结交流选派工作经验的基础上,讨论了进一步改进留学人员选派工作问题,同时制定了若干有关出国留学人员工作的规章制度。

会议决定,今后派遣留学人员应以研究生和进修人员为主,同时也可派出少量的本科生。根据四化建设的需要,派出专业应以学习自然科学为主,同时适当增加管理科学、社会科学、外国语言等专业的派出人数。今后几年要特别注意加强管理人才的培养,要采取有力措施,从具有大学水平的自然科学基础和工商实际管理经验的人中,选派一些人出去学习。

近年来,随着公费留学人员大批出国,也有许多人通过在国外亲友的资助,申请自费出国留学。会议对这个问题也进行了讨论。会议认为,自费留学人员是我国留学人员的组成部分;也是出国学习、培养人才的一条渠道;应该以积极热情的态度给予支持。在政治上,对自费留学人员应和公费留学人员一视同仁,不得歧视。有关部门对自费留学人员出国办法等作了相应的规定,以鼓励他们学成回国后为国家四化建设作出贡献。

教育部副部长浦通修在会上作了认真做好出国留学人员工作的报告,教育部长蒋南翔就当前我国教育形势问题在会上讲了话。出席会议的有我国部分驻外使领馆,党中央和国务院有关部门,省、市和高等院校的代表,共150多人。

会议到11月8日闭会。

10月29日

中共中央副主席邓小平在人民大会堂会见泰国总理炳·廷素拉暖和外交部长西提·沙卫西拉

会见时,双方就当前的国际形势,特别是阿富汗、柬埔寨以及中东、海湾地区等问题进行了友好的交谈。双方表示,要加强中国、泰国以及东盟其他国家之间的接触,增进了解,发展友好关系。

《人民日报》发表评论员文章《老干部的新任务》

最近一个时期,年高体弱的老干部主动退居二三线的逐渐多起来了,优秀的中青年干部进入领导班子的,也逐渐多起来了。这是我们的事业生机勃勃、后继有人的一个重要标志。

选拔优秀的中青年干部到领导岗位上来，实现领导人员的年轻化、专业化，是改革党和国家领导制度的一个重要内容，是保持党和政府正确领导的连续性和稳定性的重大战略措施，也是当前一项十分紧迫的任务。多年来，我们对这个问题认识不足。新中国成立初期，领导同志都年轻，这还不是一个迫切问题，60年代前期提出了这个问题，正着手逐步解决时，不幸遭到了“文化大革命”，是非倒置，人妖颠倒，干部工作受到了极大破坏，这个问题就谈不上了。粉碎“四人帮”以后，给很多老干部安排工作，不仅对于落实干部政策是完全必要的，对于迅速扭转十年浩劫的被动局面，对于继往开来，也是完全必要的。但与此同时，也使原来已经开始的干部队伍老化的现象更加普遍，更加严重。这种状况与规模巨大的现代化建设是很不适应的；而且随着时间的推移，这种不适应将愈来愈深刻地显露出来，严重阻碍我们前进的步伐。如果我们不清醒地看到这一点，不下决心抓紧解决这个问题，那么，不要说再过十年，就是三年五年，也会给四化建设带来极大的损失。

选拔培养中青年干部，老干部负有十分重大的责任。可以说，这是老干部在新形势下的新任务。本来，在革命事业的发展中，新老干部之间的交替是一个自然交替的过程。选拔德才兼备的中青年干部担任领导职务，要靠一套包括选举、罢免等内容的民主制度，靠包括考试、考核、培训、任用、晋升、退职、免职等内容的干部制度，而不能靠上级或同级组织的领导挑选“接班人”。但是，我国的民主制度和干部制度都还很不完备。在这种情况下，帮助党组织选拔中青年干部到领导岗位上来，是老干部的一个庄严职责。为了让后来者早日在领导岗位上得到锻炼，还需要一些年高体弱的老同志退居二线。这不是对老同志的不敬，这是党和人民利益所要求。许多老同志在新形势下表现了这种高尚的风格，作出了应有的贡献。老干部是党的宝贵财富。无论是在夺取政权的战争岁月，在社会主义建设的年代，还是在粉碎“四人帮”以后拨乱反正的斗争中，他们都为党和人民的事业作出了很大的贡献。如今，在现代化建设的新形势下，老干部要继续为人民多做贡献，极其重要的一个方面，就是积极支持、培养中青年干部到领导岗位上来，实现各级领导班子的年轻化、专业化。这是时代赋予老干部不可推卸的历史责任。能够切实做好这一点，就是为四化建设作出了最好、最宝贵的贡献。

有些老同志认为，自己还可以工作，而且应当在第一线再干一阵子。确实，在一些单位还需要这样做。这种想法也是可以理解的。多年来，老干部目睹林彪、江青一伙的倒行逆施给国家和人民造成了多少灾难，深知实现四化是一项多么艰巨的任务，决心在有生之年努力为党多做工作。这种“老骥仍将万里行”的革命精神，是很值得钦佩和赞扬的。但是，新陈代谢毕竟是不可抗拒的自然规律。现在不少老同志年事已高，健康状况愈来愈难以适应繁重的工作；即使一些精力还可以的同志，也毕竟不如当年。我们是共产党人，眼光应当看得更远些。不仅要看到现在这“一阵子”，而且要看到党在今后五年、十年的情况；尤其要考虑到我们艰苦奋斗几十年才得来的领导权，能否继续掌握在真正坚持马克思主义的人手里。因此，老干部的一项十分重要的任务，就是把优秀中青年干部选拔到领导岗位上来，对他们搞好传帮带。如果现在不尽快地把中青年干部提拔到领导岗位上来，将来势必会给党和人民造成不堪设想的后果。这一点，每个老同志都应当很好地想一想，在培养优秀中青年干部问题上，积极争当促进派。

有些老同志担心，强调选拔中青年干部，会不会把帮派分子甚至打砸抢分子选上来。这种担心有一定道理。因为至今还有一些地区、一些部门的领导班子没有整顿好，一些帮派分子可能利用提拔中青年干部的名义，把他们的党羽提拔上来。中央一再提醒我们，对于林彪、江青一伙在组织上、思想上的残余不可低估。这一点，我们一定要头脑清醒。选拔中青年干部，一定要坚决贯彻执行党的路线、有专业知识和能力、年富力强这三条标准。这里尤其要正确处理德与才的关系。所谓德，就是坚持社会主义道路和党的领导。这是我们选拔干部标准的主要之点。有一些人中林彪、江青一伙的毒很深，帮派思想严重，至今仍不悔悟，尽管有一些本事，也坚决不能提拔到领导岗位上来。对于那些至今还在领导岗位上的，要坚决撤下来。如果在这个问题上不够清醒，一见四化建设迫切需要人才，便不问或忽视其政治态度，对一些紧跟林彪、江青一伙的人也委以重任，那是十分危险的。但是，我们也不能因噎废食，不能因为帮派分子可能钻进来，就把确实优秀的中青年干部挡在领导班子的大门之外。而且，只要我们严格按照三条标准行事，广泛听取群众的意见，实事求是地进行考察，是可以做到既不让帮派分子钻空子，又使大批优秀的中青年干部得到提拔的。

有些老同志觉得，提拔干部还是一个台阶、一个台阶地上好。在“四人帮”搞突击提干时，我们反对那种“火箭”式提拔干部的方法，主张干部还是一个台阶、一个台阶地往上提，使他们有一个深入群众，熟悉专业，积累经验和经受考验的过程。这当然是对的。但是，我们不能老守着关于台阶的旧观念。干部的提升，不能只限于现行党政干部中区、县、地、省一类台阶，各行各业应该有不同的台阶，不同的职务和职称。随着建设事业的发展,还要制定各个行业提升干部、使用人才的新要求、新方法。各行各业有很多职务、职称,只要考试合格,就应当录用。打破那些过时的台阶,创造一些适合新形势新任务的台阶,这就是大胆破格提拔。现在,台阶很窄,挤得满满的,中青年干部怎么上得来?

有些老同志担心,年轻人经验不够,不能胜任。这种担心是不必要的。一个人的工作经验多与少,只是相比较而言。现在有一些老干部对于四化建设中的新问题,不是也没有什么经验,有时也难免出一些差错吗?诚然,中青年干部毕竟工作时间短,经验少一些。这不是他们的过错。人的经验从实践中来。回忆老干部的成长过程,当年做大事,担负重要领导职务时,还不就是二三十岁?年轻人经验少,锻炼不够,正需要给他们锻炼的机会和条件,正需要老同志的帮助和指导。只要看准了,把他们提拔到领导岗位上来,让他们经受锻炼,他们的经验会丰富起来的,领导水平是会提高的。

选拔优秀中青年干部到领导岗位上来,现在具有很好的条件。解放31年来,我们自己培养了300多万大学毕业生和五百多万中专毕业生。一大批工农出身的中青干部,在长期的工作实践中,也提高了科学文化和管理水平,掌握了一些专业知识。此外,还有一大批刻苦自学成长起来的中青年优秀人才。上山下乡的青年中,也有不少深入群众,用功学习,很有才干的人。现在,这些优秀中青年干部在各条战线都已成为骨干,发挥着重要作用。对于这些,我们一定要有一个正确的认识,决不可低估或视而不见。一定要解放思想,大胆破格予以提拔。现在,有不少同志选拔干部时,只是看到周围熟悉的一点人,总在老熟人中打圈子,不会深入到群众中去选拔人才。这是造成前一个时期一些地区和单位选拔中青年干部进展缓慢的原因之一。

选拔培养中青年干部,是一项光荣而又艰巨的任务。对于那些年高体弱的老干部来说,退居二、三线以后,权力和职务虽然起了变化,但政治责任并没有减轻,甚至可以说更重了。老干部选拔培养中青年干部,不仅表现在主动让出位子,而且还要把党的好传统、好作风和自己的经验知识传给他们;不仅要在一些大政方针上出主意、当参谋,而且还要在具体工作实践中特别是在遇到困难挫折的时候,予以热情的支持和帮助。由于长期以来我国对领导制度一直没有进行改革,在处于顾问、参谋的地位上如何搞好传帮带,还没有积累更多的经验。这样,也给这项工作增添了新的困难和问题。但是,只要勇于实践,不断摸索,一定会创造出新经验好经验来。

我们的老干部不愧为革命的老一辈。他们出生入死,披荆斩棘,勤勤恳恳,兢兢业业,为中国革命贡献了自己的大半生。如今,面临着选拔中青年干部这一新的任务,他们也一定会拿出当年的革命热情,积极主动地把它搞好,在革命的晚年谱写出新的战斗篇章。

全国节能经验交流会在北京举行

国家经委副主任马仪出席会议并讲话。

马仪说,国务院确定,明年要进一步抓好调整工作,这是贯彻执行"八字方针",使国民经济稳步增长的关键。在经济调整工作中,能源是一个突出的问题。

为了更好地节约能源,除了继续加紧改造耗能大的落后设备和工艺,切实加强能源的科学管理以外,十分重要的一条是要继续调整工业结构和产品结构,把经济调整和节约能源结合起来。目前,我国每年消耗的能源大部分用于重工业,每亿元产值的能源消耗,重工业约为轻工业的5倍。提高轻工业生产的比重,不但可以大大节约能源,而且可以繁荣市场,改善人民生活,增加财政收入。据匡算,全国轻工业产值所占的比重提高1%,就可以节约标准煤600万吨左右,明年要在今年的基础上,把轻工业比重争取再提高1%。有些行业内部的产品结构也要进行调整。

马仪强调,对能耗高、质量差、亏损大的企业坚决实行关停并转,这是节约能源、减少亏损、提高经济效果的一个重要途径,也是经济调整的重要方面。他说,对由于经营不善而长期亏损的企业,要停止供应电力、燃料和原材料,并停止财政补贴和银行贷款。对于同大企业争原料、争燃料动力、争运输、争生产任务的小钢铁厂、小化肥厂、小铝厂、小电石厂、小机械厂、小炼油厂和小型轻纺企业等,要关停并转一批。小铁厂的焦比超过800公斤,小合成氨厂的每吨成品的原料煤和燃料煤消耗超过2800公斤、电耗超过1600度的,就要停产关闭。

他还要求按照专业化协作原则把生产进一步组织起来,以节约能源。

马仪提出,煤、油、电的分配,要继续贯彻"择优供应"的原则,让那些耗能低、产品质量好、适销对路的企业吃饱开足。

全国会计工作会议和会计学会年会在北京联合召开

这个会议由财政部主持召开的,出席会议的有各地区、各部门主管会计工作的负责人和一些基层单位的会计人员,还有一些会计方面的专家、学者。

财政部副部长、中国会计学会副会长吕培俭同志在开幕会上讲了话。他说,这次会议的主要任务,是研究会计工作如何适应新的形势,充分发挥作用,更好地为国民经济的调整和四化建设服务。

国务院副总理姚依林到会讲了话，他说，从我们国家的需要来说，会计工作的重要性完全不低于科学技术。一切部门和企业的负责同志，应自觉地重视会计工作，支持会计工作，学会会计工作。如果企业的领导不懂会计，从长期来看，就当不了企业领导。做会计工作的同志也要振奋精神，坚守岗位，努力学习，努力工作，严格执行会计制度，坚持原则，同一切违反会计制度的现象作斗争。

参加会议的代表一致认为，随着经济管理体制改革的逐步展开，大家更加关心经济效果，更加关心如何处理好国家、集体和个人的利益，要求更充分地发挥会计的重要作用，使会计不仅记录和反映经济活动情况，而且要预测经济前景，参与经济决策。因此，必须整顿会计工作秩序，提高会计工作水平和会计人员的业务水平。

会议于11月7日闭幕。

国务院副总理余秋里在人民大会堂会见委内瑞拉石油公司董事长拉斐尔·阿方索·拉瓦德将军和夫人以及由阿方索率领的代表团

国务院副总理万里在人民大会堂会见丹麦劳工大臣敖根和夫人一行

国务院副总理杨静仁在人民大会堂会见摩洛哥青年体育大臣卜杜拉·哈菲兹·卡迪里和夫人及其一行

国务院副总理姚依林在北京会见日本银行总裁前川春雄一行

中国常驻联合国代表凌青在安理会上发言呼吁伊朗和伊拉克通过谈判和平解决他们的争端

凌青说："这不仅符合伊朗和伊拉克人民的根本利益，而且也有助于海湾地区和整个中东的和平与稳定。"

他强调指出，野心勃勃的霸权主义者正在贪婪地注视着这一具有重大战略意义的地区，并且极力寻找机会加强他们对那里的渗透和扩张。两伊冲突的继续和升级只能为霸权主义者提供机会，给这个地区的人民带来灾难。国际社会必须对此保持高度的警惕。

《人民日报》发表李准的文章《领导要改善 体制要改革》

前一段，和文艺界有些同志们见面，摇头，叹口气，没有什么话可说。或者只说一句："整到一定时候，自然会解决。"这些担忧，并不是"杞人忧天"，而是对文化艺术领导方面，确有些意见，而这些意见又知道很难为某些领导们接受，因此，也只好不说了。这次五届人大三次会议上，中央立志改革、充分发扬民主的决心和气魄，使人感动。在全国激起了对四化建设的巨大热情，各条战线风起云涌，确有一种"民气昭苏"、"风樯阵马"的感觉。可是文艺界怎么样呢？大家是引颈张耳想听到些认真改革的声音，但是没有听到很多，当然文艺界人大代表有些同志也提了些意见，还有不是文艺界的代表同志，帮助文艺界提了意见，比如：恢复原国歌歌词等。但比起工业、农业、商业、财政、教育和民族等方面代表的声音，似乎要微弱得多，逊色得多。好像文化艺术领导和体制方面，没有什么问题了，不需要进行什么改革了。

果真是这样吗？我的回答是："不！"

我想有以下几个问题值得考虑一下：

一、我们的文化艺术工作是不是适应了四化建设的需要？二、现行的文艺体制是否需要改革？三、文化艺术方面的领导是不是也同样需要年轻化、知识化、专业化、制度化？四、全国四次文代会以来，文艺工作是朝着民主化方面发展，还是相反？

长期以来，我觉得我们在认识上有一个错觉，就是"文化先进"论。工业上我们承认落后，农业上也承认落后，科技和教育方面我们也认识到落后了，就是文化艺术方面，好像觉得我们仍然是世界上最先进的。我听到过电影方面几次出国考察报告，除了技术上一些问题之外，似乎都是没有什么可学和可借鉴的东西。过去十多年，我们总说某些资本主义国家人民大都处在"水深火热"之中，现在不说了。可是在文化方面，可能还是以为他们在"水深火热"中，因此，政治上要改革，经济上要改革，科学教育要改革，唯独文化艺术似乎不需要改革，只要高唱阶级斗争的革命歌曲，人的个性就可以得到极大丰富，创造力和智慧就可以得到极大发扬，先进科学技术和科学管理经济方法就会源源不断出现。

前几天，报纸上谈到长期以来在教育方面，我们只注意到理工而忽视文科教学，使我们尝到了苦果。可是作为肩负着社会上对人民进行广泛的人文教育的文化部门又怎么样呢？我们是不是认识到李白的诗句、贝多芬的音乐、达·芬奇的绘画对一个民族和国家繁荣发展来说，是不可缺少的东西？

在一个文化愚昧落后的国家，不可能建成一个先进的工业强国。在十年浩劫中，我国人民所受到的精神摧残是"史无前例"的，自从有书以来，书没有烧过这么多！自从有戏剧以来，戏没有禁过这么多！自从有电影以来，电影也没有禁演过这么多！在林彪、江青、康生一伙十年灭绝人性的践踏下，人被"异化"了。

人的个性、人的道德、人的感情、人的尊严被蹂躏得不成样子了。这些“创伤”,当然需要医治,这就给文化艺术带来了极其艰巨而又非常光荣的任务。不仅要有“春风化雨”、生动活泼的手段,还要有“匡复一代”、“兼容并蓄”的气魄和胸襟。

积怨需要疏导,愤懑需要宣泄,信心需要树立,感情需要舒畅。因为在这一场大劫之后,人们需要说说话,叹叹气,也需要笑一笑。江青把笑声赶下舞台,在“样板戏”里清除笑声,结果,人民群众中的笑声也消失了。一直到现在,有很多儿童因为身心受到摧残而不会笑的例子决不是一个。

文艺有时候是要起一种“宣泄”作用的。封建时代管文化礼乐的部门还懂得“政通人和”,还懂得“调阴阳”(即调整人民情绪,调整张弛),老是用“堵”、用“禁”的办法,总是和人民群众“拧着干”,是不行的。

拿香港和国外一些流行歌曲在青年中迅速流传这一点来说,原来是毫无准备,继之是惊慌失措。按现在的通信设备发展条件和我们国家整个的对外政策情况,国外各种文化艺术的形式、流派随之而来,是不可避免和势所必然的事。问题是要心中有数和怎样因势利导。首先,要调查一下为什么这么多人喜欢?这种“文化需求”来自何种原因?你唱了十年“下定决心,不怕牺牲”,又没有别的东西代替它,他当然要听这些!其次,要相信我们有“坚强的胃”,要相信群众的辨别能力和自然淘汰能力。我们的老祖宗能把唢呐、琵琶、胡琴、浑脱舞消化改造到如此完善优美的地步,也一定能改造流行歌曲。如果把近年来出的那么多新鲜深刻的诗歌,活泼生动的民谣收集起来,谱成曲子,既起到美化人的感情的作用,又起到讽刺时弊的作用,总比到处放“谁来爱我”录音带好一些吧。我们这个工作没有做,而是采取收录音带,禁止销毁的办法,禁得住吗!?

再拿电影来说,3年多来我们出了一些好的影片,特别是去年国庆献礼片,不管在内容上和形式上都有所进展。但整个电影水平没有超过解放后17年时的水准。特别是今年10个月的情况,就更令人担忧。据说各电影厂成立了摄制组又下马的本子,和将要成立摄制组又停止的本子不下10多部之多。这些本子是否都是“毒草”!这些本子是否都无法修改了?停拍这些本子和今年上半年推上去的本子比较,在内容上和质量上到底怎样?我建议可以作个调查,找找原因。我只举一个例子:《电影创作》去年12月曾发表一个《高楼在我们手中》的文学剧本,是两个青年人写的,内容是写反对工业战线上的官僚主义,主题思想和人物描写,我觉得是很深刻生动的,特别是写反对官僚主义这一点,是较早反映了人民情绪和愿望的。如果拍成在今年国庆时上映,是会受到广大观众欢迎的。可是这部片子没有拍。据说罪名是不利于社会主义制度,我觉得这两个青年作者是真心热爱社会主义制度,才痛心疾首地奋笔创作的。

类似《高楼在我们手中》剧本这样命运的不是这一个。我们应该打捞打捞这些被沉没的“小船”,并调查一下这些“小船”沉没的原因。

在全国四次文代会前,已明确规定电影剧本的审查权下放到各电影厂,四次文代会上,邓小平同志代表中央所作的《祝词》中明确指出不准对文艺横加干涉,而会后的半年中“横加干涉”的例子却更多起来,这些情况能不令人担忧吗!?

多少年来和多少事例都证明:哪个部门“婆婆多”,好的作品就少,或根本出不来。相反,有些部门没有那么多人去管,却能发展繁荣。近几年来,从报告文学到诗歌,特别是中、短篇小说创作,可以说达到了30年来空前未有的繁荣局面。四年前,我们当时最担心的一个问题是作家的“青黄不接、后继无人”。从现在看,这个问题可以说是解决了。仅就两年多来评选和发表的中短篇小说来看,不但产生了数量,还产生了较高的质量。全国大型文学刊物已发展到30多种,普通文学刊物一百多种,这些刊物的发行量,有些还在不断增加。有的发行量达到100多万份,阅读文学期刊,已经成为广大青年的爱好和风气。

文学创作为什么出现这种局面,电影、戏剧为什么没有出现这种局面,其中一个主要原因就是审查电影、戏剧的人要比小说多得多!也就是说那里“带枪的哨兵”太多了。一篇小说写成,两个编辑人员看了就可以发表,一部电影要经过三道、五道、甚至于十道“关卡”,结果是小说繁荣了,受到广大读者欢迎,电影却一直处于被动地位,观众怨声载道。

我想,是到了应该认真研究、大胆改革的时候了。我们国家的各条战线正在日新月异地发展,生动活泼的政治局面已经出现,作为文化艺术,她应该是这个时代潮流的潮头。如何把文艺工作搞“活”,我想只有认真地改革。

台湾山岳协会喜马拉雅山脉勘查登山队成功攀上5546米高的卡拉伯塔峰

防治地方性甲状腺肿病取得显著成绩

新华社报道,中共中央北方防治地方病领导小组副组长、卫生部副部长黄树则最近在河南省辉县举行的地方性甲状腺肿病、克汀病学术交流和科研协作会议上讲到,近年来我国北方防治地方性甲状腺肿病取得显著成绩。861个属于缺碘地区的县,已有600多个县普及碘盐供应；同时开展了大量的防治工作，使甲状腺肿病人数大幅度下降。

近年来，我国北方16个省、市、自治区组织大批甲状腺肿病专家、卫生专业人员进行了普查，查出地方性甲状腺肿病病区县861个，1.6亿多人口受到这种病的威胁，现仍有病人804万。30年来，卫生部门协同有关部门开展了防治工作，主要办法是病区食用碘盐或注射、口服碘化油、碘化钾等。目前北方已有607个病区县普及供应了碘盐，1.3亿病区人口吃上了碘盐，累计治愈现症病人近千万。黄树则说，这一工作开展得最好的是陕西省，经过5年全省普及碘盐防治工作，已经达到了国家规定的控制地方性甲状腺肿病的指标。此外，天津、北京、黑龙江、吉林、辽宁、河北、山西、河南、山东等省、市的防治工作也开展得较好，可望在不长的时间内控制地方性甲状腺肿病。

10月30日

中共中央主席华国锋 中共中央副主席邓小平在人民大会堂分别会见荷兰首相安德烈亚斯·范阿赫特及其随行人员

《人民日报》发表评论员文章《这种歪风非刹不可》

北京市的青年厨师陈爱武揭发了丰泽园饭庄的所谓吃客饭问题后，引起了强烈的反应。广大群众从这一事件得到了鼓舞。尽管社会生活中还有种种令人痛心的弊病，我们还是有信心进行改革，除弊兴利的。

现在，一些犯错误的同志作了检讨，补交了少付的饭费，北京市第一服务局还就所属饭店“客饭”制度的弊病进行了普遍的检查，制定了相应的改进措施。应该说，事情的结果相当完满，到此似乎可以告一段落了。

然而，不。围绕着“客饭”问题，在丰泽园饭庄，在北京饮食服务行业，人们仍然议论纷纷，甚至还有不少忧虑。丰泽园饭庄的一些职工就担心，取消了“客饭”，得罪了顶头上司和各种各样的“关系户”，丰泽园的原料供应还有没有保障？丰泽园的经营特色还能不能保持？丰泽园的职工翘首以待的职工宿舍还能不能如期建造？有的人甚至担心，五年之内丰泽园的元气恢复不了。

这种忧虑，不是毫无根据的。看来，丰泽园的所谓客饭，明明是十分不合理的陋规，不仅为某些领导干部多吃多占开了方便之门，而且已经成为他们日常开展业务工作的必要手段，至少也是一种补充手段，大有不如此便不能开张营业、不能立足生存之势。问题的严重性就在这里。

类似的情况，不仅存在于丰泽园、存在于饮食服务行业，而且存在于各行各业。现在，不管哪个部门，不管搞什么工作，不请客送礼就办不成事的风气实在太严重了。建筑部门盖楼修房子，不请他客，不送他礼，就不给破土动工。盖好了楼，不请一些部门，他要房子你不给他几个单元，管自来水的可以不给你接水，管电的可以不给你接电，派出所可以不给你落户口，等等，等等。这种情况到处都有。这样的局面不改变，怎么搞四化呢？

“雁过拔毛”，这是旧社会关卡林立、层层克扣的一种恶习。新中国成立以后，我们曾经有效地废除了这种陋规，使社会风气为之一新。想不到十年浩劫，这种沉渣又泛滥了，甚至还发展到对外经济活动中去，造成极坏的政治影响。这是一种敲诈勒索，是一种公开行贿，是对党和国家、对干部队伍和整个社会的一种严重的腐蚀。如果我们不能刹住这股歪风，任其发展下去，说得重一些，四化是没有希望的。

陈爱武同志可贵之处，就在于他面对着这样一种普遍存在的“不好办”、“管不了”的现象，敢于直言不讳，提出批评，直至上书中纪委。我们多么需要这种坚持原则、敢于斗争的革命精神呵！相形之下，许多同志资格可能比他老，职务可能比他高，阅历可能比他深，对这种不良现象，却采取了听之任之的态度，甚至认为是理所当然，只能如此的。有的人对陈爱武式的同志敢于揭发，不是支持、表扬，而是东挑西剔，实际上是压制打击。这是非常令人气愤的。我们希望能够对这种不正之风展开一场讨论，揭一揭它的内幕，议一议它的危害，论一论它的思想和制度的根源，找一找加以纠正的措施，特别是要大力表扬敢于同这种歪风邪气作斗争的好人好事。本报欢迎大家就这个问题发表意见，我们将选择刊登一部分。我们相信正义终将战胜邪恶，诸如此类的不正之风，在我们的国家是不能长久的。我们要依靠党依靠群众，为刹住不正之风作坚持不懈的斗争。

国务院发布《关于管理外国企业常驻代表机构的暂行规定》

第一条　为了有利于发展国际经济贸易交往，管理外国公司、企业和其他经济组织(以下简称外国企业)常驻中国的代表机构，特制定本规定。

第二条　外国企业确有需要在中国设立常驻代表机构的，必须提出申请，经过批准，办理登记手续。

未经批准、登记的，不得开展常驻业务活动。

第三条　外国企业申请在中国设立常驻代表机构时，应当提交以下证件和材料：

一、由该企业董事长或者总经理签署的申请书，内容包括常驻代表机构名称、负责人员、业务范围、驻在期限、驻在地点等；

二、由该企业所在国或者所在地区的有关当局出具的开业合法证书；

三、由同该企业有业务往来的金融机构出具的资本信用证明书；

四、该企业委任常驻代表机构人员的授权书和各该人员的简历。

金融业、保险业申请设立常驻代表机构，除应当按照前款第一、二、四项规定提交证件和材料外，还应当同时提交该总公司的资负和损益年报、组织章程、董事会董事名单。

第四条　外国企业设立常驻代表机构的申请，分别由下列机关批准：

一、贸易商、制造厂商、货运代理商，报请中华人民共和国对外贸易部批准；

二、金融业、保险业，报请中国人民银行批准；

三、海运业、海运代理商，报请中华人民共和国交通部批准；

四、航空运输业，报请中国民用航空总局批准；

五、其他行业，按照业务性质，报请中华人民共和国政府的主管委、部、局批准。

第五条　外国企业设立常驻代表机构的申请获得批准后，应当在批准之日起的30天内，持批准证件向中华人民共和国工商行政管理总局办理登记手续，填写登记表，缴纳登记费，领取登记证。逾期没有办理登记手续的，应当缴回原批准证件。

第六条　常驻代表机构按照第四条规定获得批准后，其人员和家属应当持批准证件向当地公安机关申请办理居留手续，领取居留证件。

第七条　常驻代表机构要求变更机构名称、负责人员、业务范围、驻在期限、驻在地点时，应当向原批准机关提出申请，获得批准后，持批准证件向中华人民共和国工商行政管理总局办理变更登记手续，缴纳变更登记费，并向当地公安机关申请办理居留证件的变更手续。

第八条　常驻代表机构应当持登记证，按照中国银行的有关规定，在中国银行或者中国银行指定的银行开立账户。

第九条　常驻代表机构及其人员，应当遵照中国税法规定，向当地税务机关办理纳税登记手续，照章纳税。

第十条　常驻代表机构及其人员进口所需要的办公、生活用品和交通工具，应当向中国海关申报，并照章缴纳关税和工商统一税。

进口的交通车辆船舶，应当向当地公安机关登记，领取牌照、执照，并向当地税务机关缴纳车辆、船舶使用牌照税。

上述进口物品不得私自转让、出售。需要转让、出售的，应当事先向海关提出申请，获取批准。出售进口物品，只准售予指定商店。

第十一条　常驻代表机构租用房屋，聘请工作人员，应当委托当地外事服务单位或者中国政府指定的其他单位办理。

第十二条　中华人民共和国政府依法保护常驻代表机构及其人员的合法权益，并对其正常业务活动提供方便。

第十三条　常驻代表机构不得在中国境内架设电台。对于业务需要的商业性电信线路、通信设备等，应当向当地电信局申请租用。

第十四条　常驻代表机构的人员及其家属在中国的一切活动和进出中国国境，都应当遵守中国的法律、法令和有关规定。

第十五条　常驻代表机构及其人员违反本规定或者有其他违法活动，中国有关主管机关有权进行检查和依法处理。

第十六条　常驻代表机构驻在期限届满或者提前终止业务活动，应当在终止业务活动的30天前以书面通知原批准机关，并于债务、税务和其他有关事宜清理完毕后，向原发登记证机关办理注销登记，缴销登记证。

原外国企业对其常驻代表机构的未了事宜，应当继续承担责任。

第十七条　已经批准设立的常驻代表机构，应当在本规定公布之日起的30天内，持批准证件，向中华人民共和国工商行政管理总局补办登记手续。

第十八条　本规定未尽事宜，应当根据中国有关法律、法令和规定办理。

第十九条　外国企业在中国设立常驻代表，都比照设立常驻代表机构，适用本规定。

第二十条　本规定自公布之日起施行。

《世界经济导报》刊登薛暮桥在香港“中国经济发展新趋势”研讨会的总结发言

薛暮桥说，有人认为我们提出计划调节和市场调节相结合，是向资本主义后退。如果我们走过了头，后退一两步很可能是对的。我国1958年到1961年从以公社为基本分配单位后退到以生产队为基本核算单位，现在谁都承认这是退得对的。最近一年多的发展，对于少数农业生产特别落后的地区，特别是不适宜于大规模集体劳动的山区，还是退得不够，还需要把生产单位划小一点。

他说，在城市中不能都是国营经济，在手工业、商业、饮食、服务等部门，需要放手发展自负盈亏的合作社、合作小组，还可以发展一点个体经济。20多年的实践证明，我们城市中的社会主义改造也是走过了头，需要后退一两步。陈云同志在1956年就提出这个意见，建议改造不要太彻底了，要留一点自负盈亏的小合作社、小商店。刘少奇同志也曾建议要留一点资本主义的尾巴，让他们去钻社会主义管不到的漏洞，可惜这些意见没有被采纳，吃了大亏。

薛暮桥说，这样做会不会复辟资本主义啊？只要社会主义公有制(包括全民所有制和集体所有制)占绝对优势，就不怕有一点资本主义。我们不主张资本主义死灰复燃，但对资本主义也不必过于害怕，有一点也可以，现在还不能叫资本主义绝种。50年代初期社会主义国营经济和私人资本主义经济并存。那时私营工商业者还有很多，我们只占相对优势。现在国营企业比那时候强了很多倍，私营经济或者公私合营经济微不足道。我们有强大的国营经济(特别是在市场上占优势地位的国营商业)，有国家计划的指导，此外还可以制定各种经济立法，也可以利用银行、物价政策、税收政策等等来调节经济活动，出不了大乱子。

中荷两国政府经济和技术合作协定文化合作协定在北京签字

经济和技术协定指出，两国可以在工业、采矿、能源、污水的处理和供水、商业、农业、园艺、运输方面的基本建设、通信、工程、其他劳务等方面进行合作。

文化合作协定规定，两国将促进博物、图书、美术等机构之间的合作，增加文化艺术界人士和各种艺术团体的互访，交换文化方面的视听材料和文学艺术资料，互派留学生和研究人员，并加强教育机构之间的接触与合作。

全国人大常委会副委员长彭冲在人民大会堂会见由法国上塞纳省议会议长雅克·包梅尔率领的访华团

国务院副总理余秋里在人民大会堂会见美国财政部助理部长唐纳德·卢比克为团长的代表团

国务院副总理谷牧在北京会见由无形出口委员会主席弗朗西斯·桑迪兰兹爵士率领的英国无形出口委员会代表团

张冲逝世

中国人民政治协商会议全国委员会副主席、中国共产党的优秀党员、忠诚的无产阶级革命战士、彝族人民的好儿子张冲同志因病长期医治无效，于10月30日在北京逝世，终年81岁。

张冲1900年生于云南泸西，读过私塾。后参与1927年云南“二·六政变”，任滇军旅长、师长。1937年8月，任国民党60军副军长兼184师师长。先后与罗炳辉、叶剑英见面，与八路军建立了联系。1938年，参加台儿庄战役，被提升为军长。因积极抗日，1939年被撤去军长职务。1942年任云南部队第二路军指挥官。1945年到延安。1947年2月加入中国共产党。后受党中央委派到达东北前线，先后任东北人民解放军总部高级参议、松江省人民政府副主席等职。云南解放后，任云南省人民政府副主席，西南军政委员会委员、西南民委副主任兼凉山临时军政委员会主席。1954年以后，曾任云南省副省长、云南省民委主任、中共云南省省委委员、云南省人大常委会副主任。曾当选为第一至五届全国人大代表，任全国人大民委副主任，并当选第一、第五届全国政协委员，任全国政协副主席等职。1956年以后，张冲主要致力于社会主义建设事业。“文化大革命”期间，张冲同志深受林彪、“四人帮”的迫害，但他坚信党，坚信人民群众，对“四人帮”一伙的倒行逆施进行了坚决的斗争。粉碎“四人帮”以后，他坚决拥护党的十一届三中全会、四中全会和五中全会的政治路线、思想路线和组织路线，虽然年事已高，仍然壮心不已，为实现四个现代化和促进台湾归回祖国，满怀信心，积极工作。张冲同志在生病期间十分关心我国各族人民的团结和各民族地区的自治权利，关心祖国水力资源的开发利用和各民族经济的发展。

尚小云追悼会在北京举行

杰出的京剧表演艺术家尚小云追悼会在北京八宝山革命公墓举行。尚小云曾遭林彪、“四人帮”迫害，身心受到摧残，于1976年4月19日在西安因心脏病发作逝世，终年77岁。

尚小云1899年出于河北省南宫县，是京剧“四大名旦”之一。他的嗓音刚健洪亮，吐字行腔爽朗有力，且有一身好武功，擅演艺高胆大、豪放豁达的古代妇女以及少数民族妇女。他创立的尚派表演艺术为京剧观众所喜爱。尚派名剧有《梁红玉》《汉明妃》《福寿镜》《双阳公主》《墨黛》等。尚小云用他的艺术实践为我国戏曲艺术的发展作出了重大的贡献。

尚小云生前积极从事戏曲改造，经常到基层为群众演出，还把珍藏多年的名人字画献给了国家。他十分重视培养戏曲艺术人才，对学生满腔热情，严格要求，一丝不苟。他还给秦腔、豫剧、晋剧等10多个剧种的青年演员讲学传艺。

尚小云生前曾任陕西省第三届政协常委、中国戏剧家协会理事、中国戏剧家协会陕西分会常务理事、陕西省京剧院院长等职务。

10月31日

中共中央副主席李先念在北京会见荷兰前首相比舒维尔

李先念赞扬比舒维尔为增进荷中友谊所做的贡献，感谢他在担任首相期间在支持恢复我国在联合国的合法席位并将荷中外交关系从代办级升格为大使级等方面所做的努力。

李先念向荷兰客人介绍了我国国内政治形势，并同他就广泛的国际问题交换了意见。他希望西欧联合强大，以抵御霸权主义的侵略扩张。比舒维尔说，他一贯主张西欧联合起来，建立其全球战略，增强实力，以维护欧洲和世界和平。

中共中央副主席李先念在北京会见由总书记雅克·儒尔盖率领的来自法国的马克思列宁主义共产党代表团

中国南亚学会在成都举行关于印度经济问题的学术讨论会

会议在10月31日至11月8日举行，讨论会由中国南亚学会委托四川大学南亚研究所主办。参加这次大会的有来自全国各地32个单位的60多名代表。提交会议的专题学术论文及资料30多篇。

全国人大常委会副委员长廖承志在人民大会堂会见以吴昂钦为团长的缅甸青年代表团

国务院副总理谷牧 姚依林在人民大会堂会见日本政府对外经济代表大来佐武郎

国务院副总理薄一波在北京会见美国通用电气公司燃气轮机分部总经理霍涅布兰克及其一行

中国潜水员在法国地中海畔的城市滨海维尔弗朗什创潜海深度世界纪录

3名中国潜水员在水下205米处从潜水艇中走出，这是人第一次在这一深度走出潜水艇。目前，在水下200米以内的深处从潜水艇内走出已属常见。中国潜水员是根据中法两国间的协议被派往法国接受训练的。

法国电影周在北京开幕

由文化部主办的法国电影周在首都剧场举行开幕式。从今天起的电影周，将先后在北京、上海、长春和昆明等城市放映4部法国彩色故事片：《老枪》《莫里哀》《我的舅舅》和《驴皮公主》。

11月1日

《人民日报》发表社论《因地制宜 分类指导——论进一步加强和完善农业生产责任制》

今冬明春，各地农村人民公社将要按照党中央的指示，进一步加强和完善农业生产责任制。生产责任制，表面看是个劳动管理问题，但它在集体经济中，联系着生产者和生产资料之间的结合方式和生产成果的分配方式，因而，变革生产责任制，也就是对生产关系的某种调整。这个问题受到人们的重视，是理所当然的。

根据多年来的经验，建立生产责任制，必须实行因地制宜，分类指导的方针。为什么要采取这个方针而不采用别的方针呢？这是因为：

我们国家农业的社会主义改造完成已经二十多年，其间虽然经历过一些曲折，发生过一些失误，但总的说来，成就还是主要的。二十几年经历过的事实证明，社会主义集体经济具有个体小农经济所不能比拟的优越性，是我国农业现代化赖以实现的不可动摇的基础。在小农经济基础上不可能建立现代化的大农业。因为在推进农业集体化过程中有过一些失误，就认为社会主义不如小农经济，不如资本主义，就对社会主义丧失信心，是完全错误的。农业集体化作为总的方向，是必须坚持的。摆在我们面前的问题是，怎样才能有效地坚持这个方向。

为巩固已有的集体经济，需要在群众实践的基础上创立适合我国各地不同情况和人民生活不同需要的经济组织形式和经营管理形式。长期以来，我们总是习惯于采取简单划一的形式，并以“一刀切”的办法向各地推广，对于群众所创造所拥护的各种形式未及时给以扶持，这就在很大程度上阻碍着社会主义制度优越性的不断发挥，并且因此挫伤了群众集体生产的积极性，部分地区甚至使群众丧失了对集体经济的信心。这是一个深刻的教训。这个教训启示我们：社会主义的事业，是群众自己的事业，必须得到群众的支持，通过群众实践，发扬群众的主动性和创造性，才能发展，才能巩固。

要依靠群众，必须理解和照顾群众当时当地的要求。我们是拥有8亿农村人口的大国，各地农民群众所赖以生存的经济条件，随地区不同而表现出种种差异，他们的要求和愿望也不可能是一样的。集体经济的各项政策、措施，如果做到因地制宜，就能保证党与群众的密切联系。反之，就会在或大或小的程度上脱离群众。因地制宜，既是一个工作方法问题，也是一个群众观点问题。

经过二十多年的工作之后，农村大部地区的大多数社队，集体经济是巩固的，或经过工作之后可以巩固的。这些地区的生产水平有了相当大的提高，商品经济有了一定程度的发展，公共积累和集体分配水平也有所提高。新中国成立后兴办的大批水利灌溉工程，购置的大批拖拉机、抽水机、运输工具等机械设备，大多分布于这些地区和社队。这些社队的群众要求进一步发挥集体经管的优势，改进经营管理，发展生产，开展多种经营，增加收入。在生产责任制和报酬制度方面，社员迫切希望办到：(一)在统一经营，分工协作这个前提下明确个人责任。(二)劳动报酬和产量产值直接挂钩。这两条，表明社员群众十分厌恶那种“大锅饭，大概工，一拉平，一起穷”的做法，要求彻底加以改变。这种要求是正当的、合理的，有利于生产，也有利于巩固集体经济。但过去，当“左”倾路线笼罩一切的时候，曾把群众的这种要求当资本主义倾向予以否定。这当然是错误的。近两年来，各地群众在党的三中全会路线、政策的鼓舞下，解放思想，大胆探索，创建了十多种生产责任制形式。其中如专业承包联系产量责任制、田间管理包产到劳力责任制、集体承包和个人承包混合责任制，等等，受到社员欢迎。正是由于这几种形式，能在不同程度上集中并满足社员要求，取得好的经济效果。

我国还有近一亿人口的地区，由于自然条件、工作基础和经济发展水平的限制，多年来，集体经济办得不好，长期“吃粮靠返销，生产靠贷款，生活靠救济”，群众生活极端贫困。在这些地区，群众集体生产的积极性没有得到发挥，个体生产的积极性又受到挫折，两种积极性都处于受压抑状态。在这种情况下，群众为摆脱目前境况，自发地采用包产到户的办法。包产到户的办法当中，如大包干形式，即把土地分包到户，承包者不是包产，而是包上缴——国家征购和集体提留，剩余归己。这种办法对于高级的集体化形式来说，似乎是一种后退。但这种后退，能调动当地群众的积极性，鼓励群众在小块土地上精耕细作，尽最大努力解决温饱问题，度过由于“左”倾路线和政策所造成的困难，并使党和群众的关系得到改善，为将来前进到更高级的社会主义经济形式创造条件，从这个意义来说，比原来的状况实际是一种前进。在当地条件下，这是一种好的办法。当然，部分贫困地区与贫困社队之所以贫困，原因是多方面的，除包产到户外，还须对症下药，通过多种办法去解决问题。

今天实行包产到户，和60年代政治、经济的环境条件不同。就全国而论，在社会主义工业、社会主义商业和集体农业占绝对优势的情况下，在生产队统一领导下实行的包产到户，是依存于社会主义经济，而不会脱离社会主义轨道的，不存在复辟资本主义的危险。

只要我们党坚持引导群众走社会主义集体化道路的目标,包产到户作为向这个目标重新过渡的中间形式,是可以利用的。当然,包产到户也有其时间空间的适应性,在那些经济发展水平较高,集体经济办得较好的地方,群众并没有要求包产到户,就不要硬去推行,要注意防止"一刀切"、"一阵风"。

总之,我国幅员辽阔,自然条件差异极大,经济发展又很不平衡,生产力发展水平表现为多层次状态。有的地方已实现了高度机械化,有的地方是半手工半机械化,有的地方纯属手工劳动,个别地方还是原始式的刀耕火种。这种不平衡状况,不是短期内可以改变的。这就决定了集体经济的组织形式和经营管理形式必然是多样化的。因此,应当放宽政策,肃清极左路线的流毒,鼓励干部、群众从实际情况出发,解放思想,大胆实践,大胆创造。凡有利于鼓励生产者最大限度地关心集体生产,有利于增加生产,增加收入,增加商品的责任制形式,都是好的和可行的,都应加以支持,而不可拘泥于一种模式。"一刀切"的做法,在极左路线时期曾经使我们吃够了大亏,应当彻底改变。在前进过程中,在具体工作方面犯这样那样的错误,走这样那样的弯路,这是不可避免的,也是不可怕的。可怕的是,拒绝调查研究,不从实际出发;拒绝发扬民主,不走群众路线。因此,在健全与完善农业生产责任制的工作中,有一项相辅而行的、不可忽视的任务,就是改善领导作风。多年来,由于"左"的思想和极左路线的干扰,我们党的理论联系实际,密切联系群众的优良传统,横遭破坏。有些同志遇事不从实际出发,喜欢搞"一刀切"、"一阵风",这也是造成农业生产发展缓慢,经营管理工作长期没有重大突破的重要原因之一。现在我们要加强和完善农业生产责任制,首先要端正作风。要大兴调查研究之风,实事求是,扎扎实实地了解新情况,研究新问题,总结新经验。必须建立和健全社队民主管理制度,广泛倾听群众意见,坚持群众路线的领导方法,才能把农业生产责任制,因地制宜地不断加以完善,促进农林牧副渔各业的不断发展。

天津市信托投资公司成立

第三期北京国外新产品样品陈列会在北京劳动人民文化宫开幕

这期陈列会由美国、日本、法国3个国家和中国香港的5家综合代理商参加,他们代理20余家商业公司。这次陈列的新产品样品以照相器材、摄影器材为中心,还有飞机发动机自动测试维修系统、机场导航电子设备、摩托车、电子、轻工产品以及食品等等。

国外新产品样品陈列会通过实物陈列、专业参观、专题报告会、座谈会、个别交谈、放映科技电影和录像等多种方式和手段,广泛开展了有关产品和科研项目的技术交流活动。

全国人大常委会副委员长乌兰夫在北京接受塞拉利昂共和国新任驻中华人民共和国特命全权大使谢库·博卡里·卡伍苏—康特递交的国书

解放军纪委提出贯彻《关于党内政治生活的若干准则》五条意见

新华社报道,中国共产党中国人民解放军纪律检查委员会10月中旬发出文件,提出了五条进一步贯彻执行《关于党内政治生活的若干准则》(以下简称《准则》)的意见,要求各级加强领导,逐级抓紧,并且要求领导干部身体力行。

这五条意见是:(一)继续深入进行《准则》的学习和教育;(二)要扎扎实实地照《准则》去做;(三)领导干部应带头执行《准则》;(四)同违反《准则》的各种错误倾向作坚决斗争;(五)纪委要把监督、保证《准则》的贯彻执行作为经常的重要任务。

文件说,领导干部特别是高级干部,是不是带头执行《准则》,模范地遵纪守法,直接关系到党和军队的威信,关系到群众对实现《准则》、端正党风的信心。各级领导干部要看到自身的责任,坚持高标准严要求,凡是要群众做的,自己应首先做到。对涉及老首长、老战友及自己亲属子女的问题,要坚持原则,不徇私情。

文件强调指出,领导干部对待亲属子女问题决不可掉以轻心,应当严格管教自己的子女,使他们树立坚强的法纪观念和政策观念,树立革命人生观,决不能放纵。

对于个别违法乱纪的干部子女,应坚决拥护和支持有关部门对他们的正确处理。如发现有包庇纵容子女违法乱纪,并利用职权进行袒护者,应以纪律论处。

核能工作座谈会闭幕

《人民日报》报道,在10月底召开的核能工作座谈会上,核能专家强烈呼吁,尽快在我国缺能地区建立核电站。这次会议,是由国家计委、国家能委和国家科委主持召开的。

会上,有关专家作了《从我国能源预测看核能的重要作用》《我国发展核电站的经济性》等报告。华东、广东、东北的代表,介绍了这些地区严重缺电,给国民经济带来很大损失的情况。二机部、电力部和一机部等单位的代表分别就核电站的规划设想、方针政策问题作了发言。专家们根据国内外有关资料,对建核电站的必要性、经济性、可能性和安全性进行了论证和分析。大家认为,无论从目前还是从长远看,在我国缺能地区建立核电站,力争在1990年投产,在技术上是可行的,经济上是合算的。

会上成立了由38名专家组成的国家科委核能专业组,作为国家发展核能事业的参谋咨询机构。

中国女子网球队在日本举行的女子网球特邀团体赛决赛中获得冠军

武昌与成都间首次直通快车

11月2日

《人民日报》发表评论员文章《坚持经济核算 讲求经济效果》

今冬明春,广大农村将进一步加强和完善农业生产责任制。杭锦后旗在建立生产责任制的同时,还注意整顿集体经济的财务管理,在发展生产中,杜绝浪费,节约开支,力争做到增产增收。这个问题十分重要。

在党中央两个农业文件指导下,农村人民公社的经营管理正在逐步改善。农业生产正在由单一经营逐步向农林牧副渔五业并举、农工商综合经营的方向发展;生产责任制普遍建立,因地制宜,形式多样,劳动组织日趋专业化。计划管理和财务管理的状况也都有所改善。极左路线多年干扰破坏造成的增产不增收、多劳不多得、分配不兑现的状况,有了较大的改变。全国出现了一批社员分配收入按人平均300元以上的大队。

但是,必须看到财务管理不善仍然是当前人民公社集体经济普遍存在的一个问题,生产不计成本,不讲经济效果,由此所造成的损失浪费还很严重。据一些地方的典型调查,各种损失浪费的非正常开支约占总费用的15%左右,有的比例还要大。

不计生产成本,不讲经济效果,一方面反映出我们有些同志科学知识太少,管理水平太低,但更根本的是,在极左路线的干扰破坏下,一些同志忘记了人民,不关心群众疾苦。他们只注意完成上级布置的粮食增产任务,至于群众的收入是增是减,则很少关心。有些地方群众批评说:"只顾过纲夺红旗,勤俭办社没人提。"一些社队不计成本,不抓管理,即使一时产量有所增加,但由于消耗过多,浪费很大,集体的积累和群众的收入不能相应增加。集体扩大再生产的能力不足,社员分配水平很低,生活得不到改善。社员辛苦终年,所得无几,劳动积极性怎能不受到挫伤?少数地方群众对集体经济丧失信心,这是一个重要原因。决不要把经营管理当成一件小事。一个核算单位,经营管理水平如何,结果大不相同。同样的经济和生产条件,经营管理得好,集体和群众都可以很富;管理不好,就可能搞得很穷。形势要求我们,必须把改善和加强集体经济的经营管理提到应有的地位上来,厉行节约,杜绝浪费,学会用最少的消耗取得最佳的经济效果。

有些领导生产的同志片面强调:"没有金弹子,打不下金凤凰。"就是说,要想增产,就不要怕花钱。在这种思想指导下,一些地方推广新技术、采取增产措施、搞基本建设,都不尊重科学,不注意经济效果。化肥越多越好,工程规模越大越好,盲目追求机械化程度……这是农村中出现"高产穷队"的一个重要原因。由于不按照科学办事,只重视增产措施,不注意生产成本,有些地方浪费了"金弹子",却没有打下"金凤凰"。当然,实现农业现代化,需要增加投资,是要用些"金弹子"的,问题是如何用更少的"金弹子",打下更多的"金凤凰",能用"土弹子"、"石弹子"打下"金凤凰"岂不更好!

加强财务管理,坚持经济核算,需要解决的问题很多,首先要积极推广费用定额(管理水平低的可以实行费用限额)和费用包干制度,改变目前普遍存在的费用无定额、开支无控制的状况。有了费用定额,物资和费用的消耗就有了标准,衡量节约还是浪费也有了尺度,以便逐步做到合理使用资金。根据费用定额,对包工或包产的作业组或个人实行部分或全部的费用包干,把节约费用和社员个人的经济利益联系起来,节约者得奖,浪费者受罚。只有这样,才能调动广大社员的社会主义积极性,使集体经济日益兴旺发达。

中国乒乓球运动员在威尼斯结束的意大利国际乒乓球锦标赛中夺得全部7项冠军

男女单打和混合双打3个项目的决赛都是在中国选手之间进行的。王会元以3:2战胜了施之皓获男子单打冠军。齐宝香以3:0胜耿丽娟获女单冠军。王会元还同耿丽娟合作以3:2战胜施之皓和齐宝香获混合双打冠军。

在女子双打决赛中,中国女选手齐宝香和耿丽娟以3:0战胜了匈牙利的巴洛格、博尔娃丽。在男子双打决赛中,王会元和谢赛克以3:0胜意大利的比西、康斯坦蒂尼。

男子团体决赛是10月30日在中国一队和二队之间进行的。中国二队以3:1获胜。

在10月31日举行的女子团体决赛中,中国女队以3:0战胜了匈牙利队。

11月3日

中共中央副主席李先念在人民大会堂会见由澳大利亚维多利亚州总理海默率领的维多利亚州政府友好代表团

在交谈中，李先念向澳大利亚客人介绍了新中国成立31年来取得的成就和经验教训，以及当前中国政府为发展国民经济、逐步提高人民生活所采取的措施。宾主还就发展中澳两国间的经济贸易关系进行了交谈。

《人民日报》发表韩先楚与解方的文章《抗美援朝战争中的彭总》

在抗美援朝战争中，我们跟随彭德怀同志度过了艰苦战斗的三个寒暑。他那光辉的形象，卓越的才能，崇高的品德，给我们留下了极为深刻的印象。

彭总被任命为中国人民志愿军司令员兼政治委员以后，第一次同大家见面是1950年10月上旬，在沈阳召开的志愿军高级干部会议上。

当时诞生刚满一年的中华人民共和国，遭到美国侵略者的严重威胁。美国侵略者不顾我国政府的一再警告，悍然越过“三八线”，向我国边境疯狂进犯，还出动飞机，侵犯我国领空，轰炸扫射我国人民，并一再向中国人民发出战争恫吓。面对这一严重局势，中国人民忍无可忍，要求派遣志愿军，抗美援朝，保家卫国。在朝鲜民主主义人民共和国的邀请下，当中国人民志愿军组建起来以后，大家非常关心党中央、毛主席派谁来指挥这支军队。当大家看到彭总到来的时候，非常高兴，信心倍增。

前此，党中央政治局多次研究了美国扩大侵朝战争对我国日趋严重的威胁，提出了派出中国人民志愿军，协同朝鲜人民军作战，打败美国侵略者的主张。这一正确主张，遭到了林彪和高岗的反对。他们认为在没有制空权的情况下，如果没有三倍、四倍于敌人的炮兵和装甲兵，就不可能顶住进攻的敌人。现在同美国打仗是“冒险”，是“引火烧身”、“惹祸上门”。在这种情况下，经毛主席提议，政治局会议通过，由彭德怀同志担任志愿军司令员兼政治委员。彭总在我们的国家处于危难的时刻，毅然接受了党和人民的重托。当时彭总的身体并不很好，胃病、关节炎、痔疮折磨着他。东北地区早已霜风刺骨，他因事前毫无准备，仍然身着从西安穿来的单衣，四处奔波。直到渡过鸭绿江，才换上了朝鲜人民军送来的军装。

（一）

在抗美援朝战争中，我们面对着的是世界上最强大的现代化的侵略军。他们完全掌握着制空权和制海权；我军基本上是步兵，手里又多是解放战争时期从蒋军夺取的陈旧装备，朝鲜地形狭窄，三面环海，利于敌人的海、空军活动，而不利于我军的运动作战，并对我军后方造成严重威胁；朝鲜城乡遭受战争的严重破坏，人民生活极为困苦，我军所需一切物资都要从我国运去。面对新的作战对象和作战环境，彭总经过精细的调查研究，从实际出发，在入朝作战十几天后，便提出了在战略反攻阶段以运动战为主、以阵地战和游击战为辅的作战方针。他强调指出，在新情况下，过去我军常常采用的那种大踏步前进和大踏步后退的运动战的打法，今天已不适用，而必须选择敌人的弱点打开缺口，以主力迅速向敌后预定目标猛插，大胆地实行战役战术迂回，渗透分割包围敌人，乘敌之乱，集中优势兵力，予以各个歼灭。在必要的时候，又须坚守阵地。为了避敌之长，攻敌之短，必须充分利用夜战和近战。经过连续5次战役的实践证明，这一方针是符合朝鲜战场的实际情况的，是完全行之有效的。

彭总非常重视利用各种手段进行周密的侦察，有时亲自察看地形，听取对战俘的审问，对各方面的情况进行综合分析，作出正确的判断和部署。他要求各级指挥员的位置尽量靠前，他自己的指挥所也设在距前线很近的地方。在主要作战方向上，还多次派出前进指挥所，由副司令员到前面去直接指挥。同时制定按级和越级结合的联络方法，志愿军司令部直接联络到军或师。这样来保证指挥的灵便通畅，及时把握情况，随时捕捉战机，并在必要时实行超越指挥，即使情况发生意外的变化，也能迅速扭转不利态势，使我军立于主动地位。

志愿军出国后的第一仗，是在朝鲜战局处于十分危急的情况下进行的。由于我军人生地疏，又没有对美作战的经验，原定作战计划是首先抢占平壤以北的龟城、泰川、德川、宁边一线控制要点，构筑工事，组织防御，阻止敌人的进攻，稳住局势，取得经验，然后再相机消灭敌人。但我军入朝以后，敌军前进的速度很快，我军已不可能先敌到达预定的防御地区。此时，敌人尚未发现我军入朝，仍然毫无顾忌地分兵冒进。彭总立即遵照党中央、毛主席的指示精神，顺应新的情况，迅速改变计划，作出新的部署，以部分兵力钳制东线之敌，集中主力于西线，以迅雷不及掩耳之势，向敌人展开突然而猛烈的反击。战斗中，先打战斗力较弱的伪军，后打战斗力较强的美、英军，运用战役迂回分割包围敌人，使我军一开始就掌握了战场的主动权。经过12昼夜英勇顽强的战斗，歼灭敌军15000余人，把敌人从鸭绿江边赶回清川江以南。

为了消灭敌人，彭总经常用很大的精力细致地研究敌人，熟悉敌人各方面的情况，力求避敌之长，击敌之短。他还十分注意了解敌军的指挥官，充分利用他们的弱点和在指挥上的过失。敌人遭我第一次沉重打击之后，麦克阿瑟竟集中全部兵力，发动所谓“圣诞节”总攻势，并狂妄叫嚷要在“圣诞节结束朝鲜战争”。彭总利用麦克阿瑟的骄横心理，巧妙地安排了消灭敌人的部署。我军主力隐蔽后撤，在我后方有利地区设置战场，并做好歼敌准备；以少量兵力引诱敌人，阵前制造假象，故意示弱，以扩大敌人的错觉。敌人果真按照彭总的预定计划，闯进我军预设的战场，我军当即出敌不意地给以猛烈突击，又迅速实行战役迂回，断敌退路，把敌人分割包围。正在做着圣诞节结束战争迷梦的敌军，遭此突然打击，有如晴天霹雳，当发现退路已被切断，全线动摇，纷纷从陆地、海上、空中狼狈逃窜，有的则整营整团整师地被我歼灭。我军取得了伟大的胜利，歼灭敌人36000余人，其中包括美军24000人，缴获了大量装备物资。敌人不得不撤到“三八线”以南转为防御。这次战役的结果，大大超出了我军预定的目的，麦克阿瑟老羞成怒，叫嚷要把战争扩大到中国大陆来孤注一掷。后因同美国总统发生了争吵，于1951年4月11日被杜鲁门撤销了职务，灰溜溜地下了台。

彭总常说：“了解敌人是不容易的，了解自己也不容易，受了挫折往往过低地估计自己，胜利了又往往过高地估计自己，这两种偏向都要防止。”彭总在军事指挥上的明智，突出地表现在任何时候既能冷静地观察敌人，又能清醒地估量自己。在连续取得两次战役的重大胜利之后，彭总更加强调战争的长期性和艰苦性，要求大家做好充分准备。为了不给敌人喘息的机会，遵照毛主席的指示，我军在第二次战役一结束，即于1950年除夕之夜，发动了第三次战役。中国人民志愿军和朝鲜人民军并肩作战，很快突破了敌人长期经营的坚固防线，分割了敌人。此次战役，歼敌19000余人，前进了80公里至110公里，解放了汉城，推进到“三七线”。至此，我军入朝不到两个月的时间，三战三捷，给朝中两国人民以及全世界人民以极大的鼓舞。在胜利的欢腾中，我们有些同志滋长了轻敌速胜思想，主张乘胜追击，一鼓作气，把侵略者赶下海去。彭总冷静地分析了敌我双方的情况，认为：第一，敌人虽遭我沉重打击，但主力尚未明显削弱，后备力量仍很强大，技术装备方面仍有极大优势；我军不但技术装备没有改善，而且兵员也未得到补充，敌我力量对比尚未发生明显变化，决战时机并不成熟。第二，敌人在“三八线”虽有坚固工事，但并未拼死抵抗，且有的敌军未经接触便迅速后撤，说明敌人是有组织的退却，有意保存实力，伺机反击。第三，我军运输线延长，在敌机轰炸破坏下物资供应更加困难，部队连续作战，十分疲劳，极需休整补充。在这种情况下，敌人显然是企图诱我南下，造成我东西两岸防御空虚，侧翼暴露，以便利用其海空优势，从我侧后登陆，夹击我军。一旦出现这种情况，那是危险的。因此，彭总断然决定停止战役追击，并教育部队克服轻敌速胜思想，同时严阵以待，准备随时粉碎敌人新的进攻。果然不出所料，仅仅过了一个星期，敌军就开始对我进行试探性进攻；过了20多天，在大量炮兵、坦克、航空兵的支援下，对我发起全线进攻。由于我军早已有了准备，便按预定计划开始了第四次战役。全军指战员以英勇顽强的战斗精神，展开了机动防御作战，取得了歼敌78000余人的巨大胜利。

敌人从正面进攻受挫以后，进一步加紧了向我侧后登陆的准备，企图把战线推向平壤、元山一线，置我军于困境。我志愿军和朝鲜人民军为争取时间，提早发动了第五次战役，歼灭敌人8万余人。这次战役的发动，虽然时间仓促，准备不足，但是，为了粉碎敌人向我侧后登陆的阴谋，是十分必要的，战役结果实现了这一主要目的。

彭总在作战指挥上刚毅果断，但是，在下定决心之前，总是虚心地同大家商量，听取各种不同的意见。部署一个战役，常常采用会议的形式，经过集体讨论，集中正确意见，作出最后决定。对于各副司令员和下级指挥员提出的建议，他总是认真考虑。他亲自起草的命令和报告，都要给志愿军各领导同志传阅，征得大家同意后才发出。第五次战役结束以后，彭总曾主张打第六次战役，有的同志提出不同的意见，彭总以赞赏的态度把意见转给了毛主席。后来毛主席指示不发动这次战役，彭总便乐意地撤回了自己的主张。彭总很重视发挥司令部的作用，常把参谋人员找来，说：“请诸葛亮谈谈情况。”在彭总的领导下，大家都自觉地兢兢业业地奋力工作，心情非常舒畅。对下级，他要求在统一作战部署下充分发挥各级指挥员的主观能动性，遇到意外情况时，更要能够果断处置。在严守军事机密的条件下，尽可能地让广大指战员了解有关的作战意图和作战计划，在情况许可时发动大家出主意想办法，集中群众的智慧把仗打好。他非常重视广大指战员的先进经验和新的创造，一经发现，便及时给予表彰和推广。在防御作战中发展起来的以坑道为主的防御体系，就是一个突出的实例。

第五次战役结束后，我军开始了战略防御的新阶段。彭总及时指出：在大规模运动战中歼灭敌人的可能性减少了，我们必须准备持久作战，要学会阵地攻坚与阵地防御这种阵地战的作战形式。在防御作战中应是积极防御，对每一阵地必须反复争夺；同时采取反击及小出击，歼灭敌人。在防御作战中，在敌人大数量的航空兵、炮兵、坦克的毁灭性的轰击下，能不能守得住，就成了对我军的新的严峻考验。为了有效地保存自己，杀伤敌人，火线上开展军事民主，大家出主意、想办法，开始时在野战工事里挖“猫耳洞”掩体，后来逐步挖深，形成了一条条互相连接的小型坑道。彭总发现后极为重视，并在全军推广。在统一的计划和要求下，全线掀起了构筑坑道工事的热潮。彭总还亲自到前线钻进坑道视察。经全军指战员创造性的艰苦劳动，在200多公里的防御正面和东西海岸及其纵深地带，构筑了战斗坑道总长1250余公里，经过不断增加工事的强度，完善工事的结构，逐步形成了以坑道为主与野战工事相结合的支撑点式的完整的防御体系。这一宏伟的防御体系的形成，使我军的防御获得空前的稳定，使敌人无数次的进攻归于失败。我军以此为依托，多次对防守坚固阵地的敌军进行攻坚战，其中规模最大的是歼敌12万人和收复土地240平方公里的1953年夏季进攻战役。正如毛主席在1953年9月12日的讲话中所说：“我们的军队是越战越强。今年夏天，我们已经能够在一小时内打破敌人正面21公里的阵地，能够集中发射几十万发炮弹，能够打进去18公里。如果照这样打下去，再打它两次、三次、四次，敌人的整个战线就会被打破。”（《毛泽东选集》第五卷，第102页）正是在这种情况下，敌人才被迫同我签订了停战协议。

在抗美援朝战争中，后勤保障异常复杂、艰巨。彭总就任志愿军司令员的第一天，就亲自抓后勤工作。他要求“兵马未动，粮草先行”，首先把两个月以上的作战物资提前运往朝鲜战地，并报告毛主席请求加强运输力量。部队一入朝，他就从整个战略需要出发，指出朝鲜铁路线不能适应战争的需要，立即报告金日成首相，建议中朝合建球场至德川以及金城经泰川、宁边至球场的中间铁路干线，并建议加修数条战略公路。经过批准后，他又亲自过问勘察和施工，保证了以最快的速度建成，对支援战争起了重大作用。当我军打到“三八线”附近以后，鉴于加强后勤工作的极端重要性和迫切性，志愿军党委在彭总的主持下于1951年5月认真研究了后勤工作，作出了加强后勤工作的决定。并整顿和健全了后勤组织机构，改革了供应体制，组织了强大的运输部队、装卸部队、通信部队、公安部队、防空部队和后方工程部队，指定志愿军一位副司令员兼任后勤司令员，并抽调一大批有军事指挥才能的干部到后勤工作岗位。在彭总的关怀和领导下，在各级党委、后勤战线全体同志的共同努力下，终于建设了一支坚强的后勤队伍和一条打不垮、炸不烂的钢铁运输线，有力地保证了抗美援朝战争的胜利。

（二）

彭总具有高度的军事斗争艺术和高度的政治斗争艺术，并把两者巧妙地结合起来，是杰出的军事家，又是杰出的政治家。

在战争过程中，彭总从来都把我军的全部军事活动，同整个政治斗争任务紧密结合起来，保证政治目标的实现。朝鲜战争一开始，中国政府就一再声明，提出和平解决朝鲜问题的主张。中国人民志愿军入朝作战的正义行动，其目的正是为了争取条件，使朝鲜问题得以在公正合理的基础上获得和平解决。当美国侵略者被迫接受停战谈判，中国人民志愿军派出代表参加朝中停战谈判代表团前往开城的时候，彭总就曾明确指出：谈判是打出来的，没有前线的胜利，就不可能有停战谈判；同样，要使停战谈判获得成功，仍然要靠前线的胜利。他要求参加谈判的同志积极谈，全军指战员则积极打，打得越好，谈判成功的希望就越大。在长达两年之久的迂回曲折的谈判过程中，彭总在军事上不断地粉碎敌人的进攻并进行胜利的反击，打击其猖狂的气焰；在政治上则以严正的立场击破敌人阻挠停战实现的阴谋。同时，针对敌人内部对和平解决朝鲜问题的不同态度，选定战场上打击的主要目标。当美国在英国支持下极力阻挠停战谈判时，就集中力量打击美英军队；当英法等国表示愿意接受停战时，就停止打击英法等国军队；当李承晚集团疯狂反对停战时，就集中力量狠揍伪军。1953年6月，停战谈判有了显著进展，李承晚集团却不顾全世界舆论的谴责，公然扣留我方战俘，阻挠停战谈判的签字。这时，彭总正在前线视察，他冷静地分析了形势，决定“再狠狠地教训李承晚一下”，随即发起了金城进攻战役，向伪军4个师25公里的防御正面展开猛烈突击。一小时内即全线突破敌人的防御阵地，共毙伤俘敌78000多人，活捉了伪首都师副师长，沉重打击了李承晚伪军，迫使敌人在停战协定上签了字。

彭总一贯珍视中朝两国人民和军队用鲜血凝成的战斗友谊，认为这是战胜共同敌人的政治基础。志愿军入朝后所有重大战役和重要行动，他都事先报告金日成同志，并多次到金日成同志住处汇报和请示。大家知道，彭总是一个不尚礼仪的人，但是金日成同志每次来志愿军总部，他总是亲自布置并带头搞好安全和接待工作。他要求志愿军全体指战员不能以大国的援助者身份自居，对朝鲜劳动党、人民政府、人民军队和人民群众，要切实尊重，虚心学习。他说：“对待朝鲜同志，必须看人家的优点，学习人家的优点；如果找缺点，自己就有，何必到国外来找呢？”部队一入朝，他就发现朝鲜人民军用步兵武器打飞机和设置交通调整哨的经验很好，立即发出指示，号召学习人民军的经验。彭总常常赞扬朝鲜人民军是一支作战很勇敢、战斗力很强的军队，在他的要求下，志愿军各部队多次组织参观学习组到人民军去学习先进经验。他非常赞赏朝鲜出版的中文报纸《战友》,要求作为重要读物发到部队,组织干部、战士认真阅读。他对侵略者给朝鲜人民造成的深重灾难,无限同情和关注,自己带头节衣缩食,捐助朝鲜人民度过暂时困难,并号召部队利用作战间隙,帮助驻地人民群众发展生产,重建家园。他严格要求部队切实做到爱护朝鲜人民一山一水、一草一木。

在抗美援朝战争中,彭总非常重视前线作战对国内、国际的影响。1951 年 1 月 4 日汉城解放以后,传来了北京天安门广场彻夜狂欢庆祝胜利的消息,彭总很不安,立刻把参谋长叫来,说:"以后发战报要考虑战场情况可能发生的变化,注意留有余地,不要使我们自己背上包袱。"当时,正是运动战时期,我军作战的主要目标是消灭敌人的有生力量,而不应过分重视一城一地之得失。后来,朝中人民军队为了在运动中歼灭更多的敌人,于 1951 年 3 月 14 日主动放弃汉城,彭总又特地发电报给周总理,报告我军北撤的意图,提请国内注意可能引起的波动。他关心整个国防建设和军队建设,根据抗美援朝战争经验,向党中央、毛主席提出了加强国防建设和军队建设的建议,并建议组织军队干部轮流到朝鲜战场参观学习或代职,作为培养锻炼军队干部的重要方法。他看到全国国民经济的恢复和发展,生产任务超额完成,抗美援朝运动全面展开,广大青年踊跃报名参军,常常情不自禁地唱起民歌。他说:"应该让我们的干部、战士派代表回国去看看,到实地去亲眼看一看,那同读报听广播是不一样的。"在彭总的关怀下,志愿军多次组织回国代表团,把志愿军全体指战员的心意带回祖国,又把全国人民的心意带到前线。

为了保证军队的统一指挥、统一行动,彭总特别强调党对军队的绝对领导。为了加强志愿军党委的集体领导,在他的建议下,吸收各部队的主要领导人参加志愿军的领导工作。他一向认为,要使部队思想好、作风硬、纪律严、战斗力强,关键是有好的带头人。因此,他对各级领导干部尤其是高级干部抓得很紧,要求很严。有一次一位高级干部到前线了解情况,由于炮火猛烈,只前进到团指挥所。彭总听取汇报时,质问他为什么不去第一线,并责令其立即返回前线把第一手材料带回来。对待干部,他不管你来自哪个地区,哪个野战军,有成绩就表扬,有错误就批评,从不看人行事,厚此薄彼。某军是解放战争后期起义的部队,在抗美援朝战争中,特别是在解放汉城和汉江阻击战中,英勇顽强,打得很好,他表扬说:"你们为祖国立了功,要优先改装,将来整编,也一定要保留你们这个军的番号。"后来果然给这个军优先改换装备,军队整编时,撤销了几个军的番号而保留了这个军。他非常重视人才,大胆放手地使用干部,充分发挥干部的作用和首创精神,只要你真正为革命负责、为战争负责,尽管大胆工作,一旦出了问题、犯了错误,他会替你承担责任。因此,在他领导下工作,大家勇于负责,心情舒畅。相反,假若你右倾怕死、不负责任、打滑头仗、作风不正派,不管你职务多么高,资格多么老,过去的功劳多么大,他都毫不客气地给予严厉批评,因此,也有一些人确实很怕他。但是,批评过后,当你认识、改正了错误,他又会高兴地对你说:"'人非圣贤,孰能无过?过而能改,善莫大焉',现在又该我向你作检讨了,我对你的态度不好嘛!"在彭总的领导和带动下,我军政治工作的优良传统得到了发扬。

(三)

朝鲜停战协定签字以后,朝鲜民主主义人民共和国最高人民会议常任委员会,以最高荣誉——"朝鲜人民共和国英雄"的光荣称号和一级国旗勋章、金星奖章,授予彭德怀同志。1953 年 7 月 13 日,在金日成同志亲自参加下,于平壤举行了隆重的典礼。1953 年 8 月 11 日,彭德怀同志从朝鲜凯旋归国,首都人民举行盛大集会热烈欢迎。彭德怀同志为朝鲜战争的胜利立下了不朽的功勋,受到朝中两国人民的尊敬。但是,更可尊敬的是他虚怀若谷的谦逊态度。他总是把胜利归功于英雄的朝鲜人民和朝鲜人民军,归功于朝鲜人民的领袖金日成同志和朝鲜劳动党、朝鲜人民政府,归功于中国人民和党中央、毛主席,归功于战斗在前线和后方的全体指战员。每当谈到自己,他总是说:"我向来对自己的估价是功过各半,有成绩,也有错误。"

他一向反对突出他个人。他曾批评宣传工作过多地报道他个人的活动。他说:"你们的眼睛应该向下,群众里面的好人好事多得很,应该宣传他们嘛!"许多摄影记者常为难以摄录彭总活动的照片而苦恼。不论在任何场合,每当彭总发现记者们的照相机对准他的时候,他就扭过头去,生气地说:"我有什么好照的?去给战士们照相嘛!"记者们为了完成报道任务,有时不得不通过志愿军其他领导人向彭总反复说明理由,才能得到拍摄的机会。

勇敢,是革命军人的一种美德,这在彭总身上表现得特别突出。他在朝鲜战地纵横驰奔,从来不顾个人安危。他不愿住掩蔽部而乐于住民房或临时搭的简易住房,有时敌机在头顶上盘旋扫射投弹,他照常聚精会神镇静自若地思考问题、查看地图或阅读文件,对敌机不屑一顾。一次,防空警报以后,敌机数架飞来,对准彭总住处猛烈俯冲扫射,警卫人员刚刚把他拉走,子弹便穿透屋顶把彭总的行军床打了几个窟窿,刚进防空洞,洞门又中了几发子弹。大家为他捏了一把汗,他却玩笑地说:“有马克思在天之灵,怕什么!”毛主席和周总理对彭总的安全非常关心,曾多次致电表示关切并提出要求,党中央也曾指示志愿军党委切实保障彭总的安全。为此,志愿军党委和几位领导同志曾专门开会做了研究,并指定专人负责。彭总把自己的安全置之度外,却经常为广大指战员的安全牵肠挂肚。每当去部队视察,他总要仔细察看工事构筑是否坚固适用,并和指战员们一起研究如何更好地保存自己,减少伤亡,消灭敌人,坚守阵地。

他工作起来有一股忘我的干劲,从来不知道疲倦,也从来不考虑自己的身体。医生鉴于他的身体状况,要求限制深夜工作,但是他办公室的灯光时常通宵达旦。1953年3月,他除严重的痔疮外,头部又生一肿瘤,身体日见瘦弱,大家劝他回国检查治疗。他却说:“这是小病,不要紧,死不了人!”继续照常坚持工作。后来周总理特地派人来朝鲜战地接彭总回国治病,彭总在朝鲜战局比较稳定后才动身回国。

凡是和彭总相处或者见过面的人,无不对他艰苦朴素的作风留下深刻的印象。彭总念念不忘用广大工农兵群众的生活标准来比较和约束自己。供给标准以外的东西,他从不多吃多占;供给制度以内的东西,他也尽量少领或不领。每当换发服装,他就叮嘱警卫员:“我的旧衣服还可以再穿一年。”警卫员告诉他:“你的衣服已经破了。”他说:“补一补还可以穿嘛!”他的办公室兼卧室,只有一张桌子、几个椅子和一张行军床,此外就是挂满墙壁的地图。人们为了照顾他的身体,偶尔给他单独炒个菜,他发现后总是给予严肃批评。1952年元旦,彭总在志愿军领导机关干部大会上讲话,谈到“三反”运动时联系自己说:“我和警卫员开了个会,讨论了我还有哪些方面可以再做些节约。我吸烟一个月要12万元(旧币,合新币12元),一年要144万元。如果我还能为党工作20年,那就可以节省两三千万元。我决定戒烟,棉衣也可以再穿一冬。我为革命事业贡献不多,应当尽量节约,给人民多积累一点财富,这对我个人来说也可自慰。”从此,他就再也不吸烟了。金日成同志对彭总非常关心,常常送些食品给他,国内一些老同志有时也捎给他一点地方土特产,他总是分给大家共同享用。一次,有位老同志给彭总捎来一些湖南家乡的土特产,秘书照例给他留下一份,其余分给别人,他看了认为给自己留得多了,坚持要少留,并要求分给工作特别忙的机关工作人员,让大家都尝一尝。彭总的热情关怀,使大家深受感动。

彭德怀同志是中华民族引以为荣的人民英雄。他一心为革命,一心为人民,无私无畏地南征北战,历尽艰险,在戎马倥偬中贡献了毕生的精力。他的光辉榜样,将永远激励着我们胜利前进!

《人民日报》发表评论员文章《充分发挥水利建设的经济效益》

社会主义现代化建设对水利部门提出了新的要求。农业稳定增产,需要水利设施抗御旱涝灾害;城市和工业的发展,需要充足和纯洁的水源;林业、畜牧业、渔业、卫生、航运和旅游等方面,都要求水利部门提供有效的服务。水利不仅是农业的命脉,也是发展整个国民经济的重要条件。因此,认真总结经验,积极进行改革,提高管理水平,实现以最小的投资,发挥最大的经济效益,是当前水利建设的重要课题。

新中国成立31年来,我国治水的成果,超过以往几千年的总和。目前水利设施已能够初步控制旱涝灾害,基本上保障了工农业生产发展和城乡防御洪水。历史上三年两决口的黄河,已争取到31年安澜的局面;长江中下游,今年战胜了25年来最大的洪水;北方大旱,但依靠现有水利工程使灾害有所减轻。全国各地水利设施在保证防洪、灌溉、发电、航运、水产、城乡生活及工业用水方面都起了重要作用。我们已经建成一大批水利工程,又有一支宏大的水利队伍,这是发挥水利经济效益的有利条件。

回顾31年治水的实践,我们有不少成功的经验。如北京市密云水库和官厅水库,由于注重调查研究,比较尊重科学技术人员的意见,基础工作扎实,工程配套完整,施工质量较好,运用20年来,多次削减洪峰,保障了首都防汛安全,向京、津、冀供水、发电,每年灌溉农田250多万亩。只密云水库累计减免耕地水淹灾害4000万亩,所获收益相当于该库投资的两倍。当然,我们也有深刻的教训。“大跃进”时期,由于急于求成,兴办许多水利工程,发生不少问题。十年动乱期间,水利建设受到严重干扰,盲目乱干、瞎指挥、搞形式主义尤其突出,因此虽然也取得一定成绩,但有些工程没有按照自然规律和经济规律办事,造成巨大浪费,挫伤了群众的积极性。昔阳“西水东调”是最突出的例子。由于违背客观规律,还形成水利基建战线长,尾工、险工多,效益低,甚至搞了不少无效劳动。这些缺点和问题,主要是极左路线和“左”倾思想造成的,同我们经营管理不善和科学水平不高也有关系。

水利事业上涉天文,下及地理,是跨部门、跨地区、跨学科的基础事业,必须全面规划,统筹兼顾,力求发挥多种效益,实现水尽其用,一水多用。无论是国家办的大型水利,还是民办公助的小型水利,都要为改造自然,促进生产服务,讲究经济效益。水可兴利也可为害,水的这种两重性对水利工程提出了特殊要求。要正确处理好需要与可能,长远与近期,国家、集体、个人和各种效益的关系,搞好调查研究、分析计算,做到合理开发,才能保证效益最大,费用最小。

各行各业都需要用水,都应该关心水利建设的效益。要把用水和治水结合起来,在全面规划,统一管理下,发挥综合效益,改变“喝大锅水”的现象。制定经济管理办法,保证水利建设的效益不被损害,水质不被污染。水是流动性的可以重复利用的宝贵资源,一家使用不当和污染,将影响一条线、一大片,危及一切生物,决不能只从一个单位算小账,要算全社会获得最优经济效益的大账。治水与用水是统一的,是互相促进的,只有各地区、各部门、各行业共同努力,才能将治水工程措施、生物措施、物理措施等真正结合起来。

狠抓效益要从当前做起。冬季水利建设即将陆续开始。各地要通过总结抗旱、防洪、排涝经验,合理安排近期工作,进行适当调整,加强经营管理,狠抓工程实效。该停建、缓建的项目,应早下决心停、缓,以免继续造成浪费。近期水利投资要集中使用,优先用于那些水源足、效益大、投资少、见效快的续建配套工程,充分发挥投资效果,不要“撒胡椒面”。社队自办小型水利,必须从实际出发,坚持群众自愿,合理积累,公平负担,力求实效。要保证质量,居安思危,防止千里金堤溃于一穴。

水利建设任重道远,兴利除害非一日之功。各地气候条件差异很大,降水在地区和时间上分布极不均匀,旱涝交替,灾害频繁,这种自然条件决定了水利任务的艰巨性、长期性和复杂性。水利建设一定要量力而行,尽力而为,坚持不懈地努力。社会主义制度的优越性,为按照自然规律和经济规律办水利,打破地区、部门和行业的局限性,充分发挥水利建设效益,提供了根本保证。只要认真总结经验教训,努力提高科学技术水平,提高经济管理水平,力求达到最大经济效果,水利一定能为祖国四化建设作出更大贡献。

全国节能经验交流会议在北京闭幕

会议回顾了去年开展群众性节能活动以来所取得的成绩。去年,全国共节约煤炭2300万吨、油280万吨、电78亿度,折合标准煤2360万吨。在能源产量只增长3.1%的情况下,保证了工业生产增长8.5%的发展速度。今年1—9月,全国共节约和少用标准煤2500万吨,能源产量基本上没有增长,而工业产值却比去年同期增长了11.7%。会议指出:实践充分证明,依靠节约能源,保证国民经济一定的发展速度,既是一项紧迫的任务,也是一项完全可以实现的任务。

会议总结交流了一些先进单位节约能源的经验,讨论了明年的节能任务和措施。会议认为,搞好节能工作,不光是解决眼前能源紧张的问题,而且通过节能可以促进工艺技术的改造和设备的更新换代,改革不合理的工业结构和产品结构,并且提高整个工业的管理水平。因此,节能的过程实际上是促进现代化建设的过程。1981年要在今年的基础上,进一步开展群众性的节能活动,要求全国全年节约和少用标准煤2400万吨,其中节约油450万吨,节约煤2000万吨,节约电70亿度。

为了完成这一任务,会议指出,必须在搞好能源管理的基础上,根据“先易后难,先急后缓”的原则,有计划有步骤地进行技术改造。要以节能为中心改造机电产品,加快高能耗设备的更新换代。对耗能设备的设计、制造,要尽快制定统一的能耗标准,高于标准的,不能定型生产,已经生产的要限期改型,改不过来的要坚决停产。明年机械行业要逐步淘汰高能耗、低效率的设备,消灭“煤老虎”、“油老虎”、“电老虎”。各行各业都要大力改革工艺、革新装备,推广节能新技术。今后新建工程项目,设计上就要符合节能要求,单位产品综合能耗必须达到国内先进水平,否则不准建设。

会议强调,在国民经济调整时期,随着工业结构和产品结构的调整,能源的分配也要实行相应的政策。总的原则是:优先保证轻纺工业的发展,保证上海、天津、北京和其他轻工业比较集中的地区的生产;优先保证耗能低、质量好、产品适销对路企业的生产,适当控制冶金、重化工、重型机械制造等调整限产行业的能源供应,压缩或停止能耗高、质量差、亏损大、产品积压企业的能源供应;对与大城市、大企业争原料和燃料动力的“五小”工业,要采取切实稳妥办法,进行技术改造和关停并转。

在今天的闭幕式上,还举行了授奖仪式。国家计委、国家经委和国家能源委员会授予26个企业以1980年“全国节能先进企业”的称号,并颁发了奖旗。同时,还表扬了节能工作搞得好的54个企业和单位。

工商行政管理总局召开颁发《国家著名商标证书》大会

会上,工商行政管理总局对139个工业企业所使用的129个商标,颁发了《国家著名商标证书》。这些商标在国内外市场上卓有声誉,使用这些商标的商品都获得了1979年国务院颁发的金质、银质奖章。

荣获《国家著名商标证书》的各企业代表参加了大会。

国务院副总理姚依林,国务院财贸小组组长、商业部部长王磊,国务院有关各部委负责人顾明、郭洪涛、江明、宋劭文、李如洪等,以及北京市副市长张彭,出席了大会。

工商行政管理总局局长魏今非在大会上讲话。他说,近年来,商标日益受到社会各个方面的重视,它在生产和流通中的作用日益显著。许多工业企业在改进生产技术、提高商品质量、保名牌、创名牌的活动中，取得了可喜的成绩。随着经济管理体制的改革，企业自主权的扩大，企业可以在一定范围内进行市场竞争。国家依法保护商标的专用权，是保护竞争的一项重要内容。任何企业和个人仿制或者假冒已经注册的商标，就是侵权行为，法律将予以制裁。魏今非说，在过去一个时期内，我们侧重于讲企业使用商标应当注册是个义务，却很少讲企业获准商标注册后取得的权利。现在需要把保护商标专用权置于商标管理工作的首要地位。

魏今非说，企业重视自己的商标权利，首先要对自己生产的商品的质量负责。商品质量是商标信誉的基础。名牌商品必须是质量优良、物美价廉的商品。保名牌、创名牌一定要在保证和提高商品质量上下功夫。只有这样，才能受到用户的欢迎，才能在市场上有竞争能力。

魏今非希望获得《国家著名商标证书》的企业保持这个荣誉，在商品生产上精益求精，赶超国际先进水平，为我国社会主义商品经济的发展，进一步作出贡献。

获得《国家著名商标证书》的北京化工厂和上海第二衬衫厂的代表在会上发言，表示一定要珍惜荣誉，采取切实措施，努力赶超世界先进水平，创造更多的名牌商品，为加速实现我国四个现代化建设作出新贡献。

中国80种非金属矿产资源探获储量

新华社报道，我国目前已发现非金属矿产地4300处，已探获储量的非金属矿产资源达80种，其中，硫铁矿、石膏、菱镁矿、硼、磷、砷、石棉、萤石、明矾石、岩盐等重要非金属矿的探明储量居世界前列。

全国中小钢铁企业经过调整扭亏增盈

《人民日报》报道，各地贯彻执行八字方针，对中小钢铁企业进行了有效的调整。对资源条件差、产品质量低、消耗高、亏损大的287座地县小高炉(总容积为3538立方米)先后采取了关、停、并、转措施；对经过择优选定的企业，进行挖潜、革新、改造，生产适销对路产品，满足市场及用户需要，节能增收取得很大成绩。到10月底止，这批企业所生产的钢和钢材主要产品提前完成了今年的国家生产计划。市场急需的小型材、线材、焊管、薄板等短线产品大幅度增产。能源等各种消耗显著下降。企业利润不断上升。今年1—9月，中型钢铁企业实现利润2.1亿元。各地在扭亏增盈工作中主要抓了以下几点：择优供应，保产增收；千方百计降低各种消耗；搞好市场调查，增产适销对路产品；扩大企业自主权，调动各方面的积极性。

国家计委 国家经委和国家能源委员会授予26个企业全国节能先进企业的称号并表扬54个节能单位

北京的部分经济理论工作者和经济工作者在北京举行社会主义生产目的问题讨论会

于光远、宋涛、厉以宁、赵履宽、许毅、王榕、冯兰瑞、鲍恩荣等同志先后发言，就宏观的社会主义生产目的问题、“先生产，后生活”问题以及社会主义基本经济规律的实现问题，进行了热烈的讨论。

在发言中同志们分析了提出生产目的问题的历史背景，阐述了讨论生产目的问题的重要性。去年10月、11月，北京和许多地区进行过关于社会主义生产目的的讨论，经济学界、经济工作者和一些地区的领导同志对这个问题都很重视。以后讨论中断，使经济学研究和实际工作受到某种损失。为了发展经济科学，推进经济工作，继续讨论社会主义生产目的问题十分必要。马克思主义经济学告诉我们，正如利润的生产是资本主义生产的根本属性一样，满足社会日益增长的物质和文化生活需要的生产，是社会主义生产的根本属性。这是事物的客观方面。从主观方面来说，生产目的是满足社会需要，这是在社会主义生产中负有各种领导责任的人，按照社会主义生产本性的要求，进行正确领导的实践方针。为生产而生产和不关心人的官僚主义，本质上属于同一类型、同一性质。社会主义建设的目的是为了劳动人民的幸福，而在以往一个时期中，一讲社会主义是为了人，便扣上“人性论”的帽子，一概称之为修正主义。不把这样的问题讲清楚，生产目的性问题就不能真正得到解决。

在回顾社会主义生产目的问题讨论的历史时，发言的同志说，这一问题最初是1978年到1979年春天，从按客观经济规律办事的角度提出来的在批判两个“凡是”和提出调整国民经济的任务之后，结合积累和消费的比例关系、产业结构的改革等问题，在去年10月间展开了讨论。现在，重新讨论这个问题，是和继续调整国民经济的方针、当前正在进行的体制改革中提出的问题相结合的。生产目的的讨论是很好总结新中国成立以来，包括总结粉碎“四人帮”到三中全会这一段时间内经济建设工作经验的需要。

同志们认为，社会主义生产目的首先是一个宏观经济的问题。当然，讨论的深入一定会涉及企业的生产目的问题。讨论这个问题，对企业的管理者、经营者不至于忘记企业的社会主义性质，不至于迷失方向，是很重要的。

会上，对“先生产，后生活”问题进行了讨论。大家认为，把“先生产，后生活”作为国民经济建设方针，不仅在理论上站不住脚，在实践中也带来了极为有害的后果。发言的同志用大量的、具体的事实说明“先生产,后生活”实际是“只顾生产,不顾人民生活”,“只要骨头不要肉”,不仅造成职工生活困难,使职工的劳动积极性受到挫伤,也给生产带来了严重的不利影响。例如,乌江水电站已建成投产,但是工人仍分散住在远离电站的各个招待所,一出生产事故,找人相当困难。

在讨论中,还谈了财政分配同社会主义生产目的的关系。发言人认为,近年来财政出现赤字,是和多年来我们对社会主义生产目的不明确紧密相关的。经济指导思想中的唯心主义导致了实践中的盲目生产、瞎指挥。以完成某几项指标和某些政治口号作为生产的目的,造成严重的浪费,其后果必然要在财政上表现出来。科学地运用财政分配这个重要的工具,把社会主义综合财政工作做好,对于调整好国民经济,实现社会主义生产目的,有着重要的意义。

会上,还就社会主义基本经济规律和生产按比例发展规律、价值规律等规律间关系的问题交换了意见。

国务院副总理方毅在人民大会堂会见前来我国参加“南水北调对自然环境影响”考察和学术讨论会的联合国专家

国务院副总理姬鹏飞在北京会见并宴请罗马尼亚共产党中央对外联络部副部长杜·图尔库什和夫人

国务院副总理万里在北京会见由澳大利亚维多利亚州总理海默率领的州政府友好代表团

国务院副总理黄华在北京会见由希腊总理府副部长阿·察尔达利斯率领的希腊新闻代表团

会见时,黄华向客人们介绍了目前中国在国家领导体制和经济管理体制方面的改革情况,并同他们就当前国际形势方面的问题进行了友好的谈话。

联合国大会通过决议接纳中国为联合国外层空间委员会成员国

中国人民赠送给联邦德国人民一对大熊猫交接仪式在成都市动物园举行

德意志联邦共和国驻中国大使修德到成都接受这对大熊猫。在交接仪式上,成都市副市长王忠受中国政府委托,把大熊猫“宝宝”(雄)和“天天”(雌)的两张12英寸彩色照片交给修德大使,同时还交给他一本“宝宝”和“天天”在动物园饲养期间的生活照片簿,有关大熊猫生活习性和饲养方法的资料以及“宝宝”、“天天”的健康合格证。这对熊猫将于11月4日乘专机离开成都经北京运往西柏林。

11月4日

李达同志的冤案得到彻底平反昭雪

新华社报道,中共中央书记处最近批准了中央湖北省委关于给李达同志平反的决定。湖北省委的决定指出:“文化大革命”中强加给李达同志的一切诬蔑不实之词应予推倒,为李达同志彻底平反,恢复党籍,恢复名誉。

李达同志1920年参加上海共产主义小组,随后参加了创建中国共产党的活动和党的一大的筹备工作,并作为代表出席了一大,经选举,担任党中央的宣传主任。在长期的革命斗争中,他为宣传辩证唯物主义、历史唯物主义和毛主席哲学思想作出了重要贡献,是我国著名的马克思主义哲学家。他抵制了林彪鼓吹的“顶峰论”,坚持了正确的观点。他在湖南大学、武汉大学担任校长期间,认真执行党的教育工作的路线、方针、政策,为发展教育事业作出了贡献。

在“文化大革命”初期,李达同志被诬陷为武汉大学“三家村黑头目”、“反党反社会主义反毛泽东思想的资产阶级代表人物”,被戴上“叛徒”、“地主分子”的帽子,并被开除党籍,致使李达同志于1966年8月24日含冤去世。

国务院批准北京市设立燕山区

《人民日报》报道,国务院最近批准北京市设立燕山区。燕山区区划的确定将有利于加强基层政权建设,并将按照中央书记处对北京市工作方针的四项建议的要求,逐步把石化地区建设成为文明、整洁、优美的现代化卫星城。

国务院提出今年最后两个月财经工作的迫切任务

新华社报道,国务院最近发出了《关于抓紧今年后两个月财政收支、控制财政赤字和货币投放的通知》。通知指出,抓紧今年后两个月的财政收支,努力缩小赤字,控制货币投放,是当前财政经济工作的迫切任务。要求各地区、各部门,对今年财政、信贷收支执行情况,立即进行检查,并对今后两个月的工作作出具体部署,层层落实到基层单位。力争把国家预算和信贷计划执行得更好一些,为缩小今年财政赤字和稳定国民经济作出贡献。

通知要求各地区、各部门狠抓增产节约,实现增产增收。要从产、供、销、运等各个环节,做好生产的组织和调度工作,争取完成和超额完成今年的工业增产计划。对原材料、燃料要实行择优供应的原则,确保那些消耗低、质量好、产品适销、利润水平高的先进企业增产增收。

第四季度是收入旺季,通知要求各地组织力量,抓紧旺季征收工作,开展税收和利润的检查,杜绝偷税漏税,并把欠交的收入及时催交入库,把该收的钱都收起来。

通知要求各地严格控制财政支出,防止年终突击花钱。国家计划内的基建项目,凡是今年没有条件上,或者明年准备停建、缓建的,财政部门应当及早停止拨款。地方自筹基建要按国家下达的指标严格控制,已经超过的要立即紧缩。要继续压缩社会集团购买力,特别是严格控制企业管理费用的增长。现在一些地方已经出现巧立名目,转移资金,突击花钱,滥发奖金补贴,私分商品等苗头,要及早采取措施,加以纠正和制止。

今年企业提取企业基金和利润留成,要严格按照国家的有关规定执行,该提取的一定要提,不该提取的坚决不准提取。

要防止利用财经制度的改变,弄虚作假,化大公为小公,人为地减收增支。

通知并要求各地在抓紧财政收支的同时,加强银行的信贷管理,严格控制货币投放。

国务院副总理方毅在北京会见美国加利福尼亚州佩珀代因大学董事长诺贝尔·杨博士及其一行

国务院副总理万里在北京会见印度农业部部长拉奥·比兰德拉·辛格

全国农民教育座谈会要求继续搞好扫盲教育大力发展农民技术教育

新华社报道,教育部最近在山东济南召开了全国农民教育座谈会。来自28个省、市、自治区的专管农民教育的代表认为:农村建立了各种形式的生产责任制,使农林牧副渔各项生产都有了迅速发展,农民比过去富裕了,学习的要求迫切了,为搞好农民教育提供了有利条件。

座谈会上,代表认真交流和研究了当前农民教育的新形势。大家认为,农业生产的发展迫切要求实行科学种田和科学管理,农民十分需要学习文化和科学技术知识,农民教育要适应这一新情况的需要。在组织农民学习文化时,要尽量利用业余时间,采取灵活多样的形式,不要搞一律化。

座谈会要求,在继续搞好扫盲教育的同时,要大力发展农民技术教育。技术教育的形式要多样化,既要有季节性的干啥学啥,普及农业技术知识,又要在条件许可的情况下搞一些全年性的初级或中级的专业技术学校,大城市的郊区还要抓好工、副业的技术教育。

会议还要求提高农民教育的教学质量,采取措施提高教师的业务水平,解决教材问题,有计划地开展教学研究活动,逐步将农民教育的教学研究机构建立起来。

世界卫生组织药用植物标准化与应用国际会议在天津开幕

这次学术讨论会议是世界卫生组织在中国举行的首次植物药会议。来自各国的药物专家、教授将对植物药的标准化及应用、植物药质量和植物药的命名等问题,进行讨论。

参加会议的有孟加拉、埃塞俄比亚、埃及、法国、印度、意大利、肯尼亚、日本、菲律宾、斯里兰卡、瑞士、苏丹、泰国、中国的代表和观察员。

卫生部副部长郭子恒出席开幕式并讲了话。

会议选举北京医学院药学系教授楼子岑为会议主席、埃及的侯赛因·马伦医生为副主席。

北京—香港直达定期航班正式开航

黄洛峰逝世

中国历史博物馆顾问、中国出版工作者协会副主席黄洛峰于11月4日因病在北京逝世,终年71岁。

黄洛峰是云南省鹤庆县人,1927年加入中国共产党。他的一生,主要是在党的领导下致力于革命的文化出版事业。30年代,他在上海同李公朴、艾思奇等一起,编辑出版《读书生活》杂志,创办读书生活出版社,宣传马克思主义,支持团结抗日。新中国成立前,他在上海、武汉、重庆、香港等地,先后担任读书出版社总经理,生活·读书·新知三联书店管理委员会主席。他曾经长期和邹韬奋、胡愈之等一起,团结进步作家,同国民党反动派作斗争,不断扩大革命的、进步的书刊出版阵地。新中国成立以后,他历任中央宣传部出版委员会主任委员、出版总署出版局局长、文化部出版局局长、中国社会科学院民族研究所副所长等职。他还当选过第一届全国人民代表大会代表、中共第八次全国代表大会代表和第三、四、五届全国政协委员。

11月5日

福建省委省人民政府接受报纸批评决定取消党校“读书小楼”基建计划

广州市试行扩大国营财贸企业自主权

新华社报道，广州市决定从现在起全市所有国营财贸单位试行扩大企业自主权。另外把南方大厦百货商店、妇女儿童百货商店、五金交电化工公司、针棉织品批发商店、红书肉菜市场、海珠糕点厂6个单位，作为以税代利、独立核算、自负盈亏的试点。

实行企业自主权后，全市财贸企业分别实行3种不同的利润留成办法：一是基数利润留成和增长利润分成；二是全额利润留成；三是对政策性亏损企业实行减亏分成或定额亏损包干。在工资制度方面，凡是有条件的企业可试行计件工资制。饮食服务行业可试行提成工资制。扩大企业自主权的单位可以根据国家下达的任务和市场的需要，编制本企业的经营计划；有权选择进货地点和选购商品；有权决定经营方式，扩大经营范围和增加服务项目，增设网点；有权支配使用国家拨给的资产和按规定提留的各项资金；有权根据国家规定的价格管理权限和政策，制定部分三类商品价格，包括浮动价格、议定价格和季节、地区、品质差价，以及对呆滞、残次商品削价等；有权在上级批准的编制订员和劳动计划范围内，确定机构网点设置和人员配备、择优招工、选举干部、奖惩职工等。

《人民日报》发表吴象的文章《阳关道与独木桥——试谈包产到户的由来、利弊、性质和前景》并配发编者按

编者按：最近一个时期，在一部分省、市、自治区，在干部群众中，对于可否实行包产到户（包括包干到户）的问题，开展了广泛的讨论。为了有利于工作，有利于生产，中央已经从政策上作出了规定。

本文针对关于包产到户的一些议论，就包产到户这一形式的由来、利弊、性质、前景等问题，结合实际作了一些阐述和探讨，可供参考。有不同意见，希望展开讨论。

"你走你的阳关道，我走我的独木桥。"如果明明放着阳关道不走，偏要去走独木桥，那当然很不足取；如果情况不是这样，那说这话的人，倒颇有点实事求是的精神，因为他不盲目追随别人，敢于从当地实际出发，去闯自己的路。试以此为引子，谈谈包产到户的由来、利弊、性质和前景。

一、由来

集体经济是我国农业向现代化前进的不可动摇的基本经济形式。经过20多年的努力，我国农村集体经济在多数地方已经巩固或者比较巩固，生产条件有了初步的改善。目前，全国灌溉面积有7亿亩，大中型拖拉机60多万台，各种农业机器总动力1.8亿马力，社队公共财产800多亿元，社队企业总产值已占农业总产值的1/3。总起来看，农业生产有比较大的发展，全国人口增加几近一倍，而人民生活基本稳定，这个成就是不能低估的。在我国的现实条件下，不能设想可以在小农经济的基础上，建立起现代化的农业，实现较高的劳动生产率和商品率。因此，毫无疑问，农业集体化的方向是正确的，是必须坚持的。这是一条从根本上摆脱贫困和达到共同富裕的阳关大道。

但是，我们还要看到，我国集体化即合作化运动，既有成功的经验，又经过几次曲折，存在着一些严重的问题。

在互助组、初级社时期，由于强调自愿互利的原则，强调典型示范的办法，运动的发展是健康的。1955年全国半社会主义性质的初级农业生产合作社发展到67万个，农业连年增产。可惜，1955年冬合作化高潮兴起以后步子走得过急，不少地方程度不同地发生了贪多贪大、强迫命令的错误。1955年年底参加高级社的农户只占4%，到1956年年底已猛增到98.8%，原来计划"10年到15年或者更多一些时间"完成的艰巨任务，只用了不到一年半的时间就完成了。为数甚多的农民，是从互助组甚至单干的情况下"一步登天"直接进入高级社的。

现在，回过头来看，当时全面合作化的条件并未成熟，同农民的觉悟水平和干部的管理水平，特别是生产力的发展水平并不适应。因此，1957年不少地方出现了"拉牛退社"的风潮。当时没有强调从生产力的发展水平出发，对合作社进行必要的整顿、巩固，然后再去发展，却强调反右，用所谓"两条道路大辩论"去堵击所谓的单干风。这就孕育了以后更大的错误——1958年公社化运动中的"共产风"、"浮夸风"和"瞎指挥风"，社队规模越变越大，公有化程度越拔越高。直到1961年提出"调整、巩固、充实、提高"八字方针后，才划小核算单位，强调等价交换，明确规定"三级所有，队为基础"。但1964年"四清"运动中，又把根据八字方针确定的一系列农业政策视为"右倾"和"资本主义复辟"，自上而下地进行批判，造成严重的恶果。

这种离开生产力的状况不断变革生产关系的错误，在十年动乱时期，被林彪、"四人帮"推向极端，恶性发展为普遍贫穷的假社会主义，严重挫伤了广大农民的社会主义积极性，使农业生产长期停滞不前，遭到令人痛心的破坏。据1976年、1977年统计，全国有200来个县生产水平接近解放初期，其中少数还低于解放初期。今年夏季，据全国504万个农村核算单位统计（比总数略少），每人平均收入100元以上的不到25%，50元以下的占27.3%，其余50%左右在50元至100元之间。一部分很穷的生产队中最穷的，连温饱问题也不能解决,简单再生产也很难维持,经常过着“吃粮靠返销、生产靠贷款、生活靠救济”的日子。集体经济办不好,群众就不积极;群众不积极,集体经济就办不好,形成了恶性循环。在这种恶性循环中挣扎的农业人口,达到1亿左右。这就是我们必须正视的现实。

造成这种状况的原因是多方面的,主要是“左”倾思潮、极左路线的干扰和破坏,其中最突出的是两条:一是劳动管理、生产指挥上的主观主义——干活“大呼隆”、没有自主权,打消耗战、疲劳战,时间长而效率低;二是分配上的平均主义——吃“大锅饭”、多劳不能多得,少劳不一定少得,有的不劳反而多得。这两个问题带有普遍性,在那些长期落后、贫困的社队,显得更为严重。

中国农民深受“三座大山”的沉重压迫和残酷剥削,是无产阶级最可靠的同盟军。中国农民在共产党的领导下得到了解放,得到了土地,是愿意跟着共产党走社会主义道路的。即使在那些长期落后贫困的社队,集体经济已失去吸引力,农民仍然没有表示要背弃社会主义道路,而是在社会主义许可的范围内,自发地努力寻找摆脱恶性循环的突破口,这就是包产到户的由来。

早在三年困难时期,全国许多省、区都有一些地方搞包产到户。安徽曾在全省范围内推行过“责任田”,实际上就是包产到户。尽管此后反复遭到严厉的批判,但是某些地方或明或暗的包产到户从未间断过。党的十一届三中全会以来,中央强调解放思想,放宽政策,把经济搞活,并肯定了联系产量的责任制。在这种情况下,一些暗地里搞包产到户的生产队公开了,并在贫困落后的地方迅速得到发展。包产到户一而再、再而三地出现,实质上反映了一部分农民对“左”的政策和路线的反抗。有些同志指责这是“宣传上的片面性”或者“领导提倡”的结果,显然没有抓住问题的要害。当然,不能否认领导是个重要因素,领导支持或者反对,情况可能大不相同。但是,既然包产到户在一些地方已经成为群众性的强烈要求,就不能不从客观的经济条件去分析。包产到户是不是独木桥?能不能走、应不应走这样的独木桥?也就成为不能不认真研究的问题了。

二、利弊

为什么一部分地区的农民强烈要求搞包产到户呢?一句话,它适合那些地区群众增加生产、改善生活的需要。

两年来,在三中全会精神鼓舞下,全国各地农村干部和社员群众从实际出发,解放思想,大胆探索,建立了多种形式的生产责任制。总起来可分为两类:一类是小段包工,定额计酬;一类是包工包产,联产计酬。各种形式的责任制,对于纠正主观主义和平均主义都有作用,因此都能调动社员的积极性。但是比较起来,联系产量的责任制比不联系产量的责任制更能调动社员的积极性;而在那些长期落后贫困的社队,包产到户或包产到劳又比包产到组效果更为显著。包产到户或包产到劳的具体做法一般是“三包”、“三统”:包工,包产,包费用。生产队统一计划,统一核算,统一分配。双方签订合同,超产者奖,欠产者罚。这种办法对改变落后队、贫困队的面貌,具有特别显著的作用。这一点不仅在某些社队,而且在县的范围内得到充分证明。比如,安徽省肥西县,河南省兰考县,山东省东明县,甘肃省陇西县、通渭县、会宁县,由于实行包产到户或其他类似办法,加上得力的增产措施,都结束了长期吃返销粮的历史,面貌开始大变。

今年六七月间,国家农委曾组织有关部门的理论工作者和实际工作者分组到十几个省进行调查。尽管对包产到户的利弊各有不同的看法,但是,在长期落后贫困的社队,包产到户经济效果最显著,可以迅速改变面貌,这一点却是公认的。从大量的调查材料看,联系产量责任制尤其是包产到户所以更能调动社员积极性,主要由于它有以下几点好处:

(1)能有效地贯彻按劳分配原则,保证社员的物质利益。不仅包产部分能分到合理的一份,而且超产归己,劳动越多,报酬越高,因此社员愿意把自己潜在的劳动能量最大限度地发挥出来。

(2)能有效地抵制瞎指挥,真正实现民主办社。过去“大呼隆”干活,干部往往只对国家计划和上级任务负责,管得太宽、太细、太死,压制社员的积极性、主动性。现在社员对产品产量承担了经济责任,就有理由抵制瞎指挥,也有权力用最小代价(成本,包括活劳动)取得最大效果,保证增产增收。

(3)能有效地抵制平调和多吃多占。平调和多吃多占,给农民增加了沉重负担,极大地挫伤了农民的劳动热情。实行了联产责任制,超产部分无法平调,包产部分社员心里有数,除国家规定的征购任务和该留给集体者外,再搞平调不容易了。农民劳动不白搭,心情舒畅了。

(4)能有效地促进经济核算,降低成本,提高劳动生产率。过去集体经济浪费多,开支大,成本高,是个普遍现象。现在种田责任明确,农民可以因地制宜,灵活掌握,处处精打细算,力求节约成本。“尖头户站,滑头户看,老实户气得不愿干”的现象没有了,“干到腊月二十九,吃了饺子就动手”的一年到头打疲劳战的现象也没有了。由于工效提高,还可以腾出时间发展家庭副业,增加更多的现金收入。

应当指出,各种形式的责任制都只能适应一定的条件,也都有待于完善和提高。包产到户更是如此。落后贫困的社队采取这种责任制,增产效果特别显著,但也带来了许多新的矛盾。有的地方把这些矛盾归结为"十大不利":不利于大型农机具的购置、使用、维修、管理;不利于统一管水,合理用水;不利于保护耕牛;不利于防病灭虫;不利于试验和推广科学种田;不利于统一指挥,集中力量抗灾;不利于统一规划,调配劳力进行农业基本建设;不利于发展社队企业,发展多种经营;不利于水土保持;不利于照顾四属户、五保户。新的矛盾,有些是由于分散经营造成的,但大部分属于工作上的问题,管理上的问题,又往往发生在刚搞包产到户而领导放任自流的地方,通过做好工作,是可以逐步解决的,并非包产到户必然的结果。比如,安徽省六安县许小河公社在搞包产到户时,部分生产队私分储备粮20万斤,造成耕牛死亡事故3起。公社党委及时作了处理,进一步建立、健全了各项制度,情况迅速好转。今年以来,全公社各大队和生产队新购买耕牛27头,拖拉机一台,汽车一部,榨油机一部,大型农具122件,全公社计划午季上交积累4万元,实际完成5.29万元;计划还贷款1.24万元,实际完成2.3万元。生产队存款4.3万元,社员存款2.3万元,这是近几年来所没有的。由于生产发展,生产队公益金增加,对四属户、困难户的照顾也比过去更好了一些。事实证明,在落后贫困的社队,最突出的矛盾是社员没有积极性,生产上不去。包产到户调动了社员的积极性,生产发展了,社员吃穿有了保证,解决了这个根本问题,其他问题都比较容易解决。现在的新矛盾尽管形形色色,但比生产发展不起来因而造成的重重矛盾,应该说都是枝节问题。生产不发展,集体化的程度再高、再"纯",分配再"平等",也只能造成大家普遍贫困;反之,集体化程度不那么高,不那么"纯",但因为它适应于当地生产力的状况,尽管说起来不那么动听,人们的收入也有差距,但是到头来,必然随着生产的发展,大家都富起来。我们应当权衡利弊,不可因噎废食。不管什么样的责任制,都要加强领导,及时解决问题,不断完善、提高。如果放任自流,好办法也可能会得出坏结果。

三、性质

既然包产到户利大于弊,对改变穷队的面貌有显著作用,已为大量的客观事实所证明,为什么至今还存在广泛的议论呢?这主要是由于对包产到户的性质认识上有分歧:有的同志认为它是多种多样的联系产量责任制的一种,而且是必不可少的重要的一种;有的同志却认为它把集体经营变为个体经营,背离了社会主义的道路,本质上倒退为单干,是方向性的错误。

按照列宁的说法,社会主义的基本特征,主要是公有制和按劳分配。私有制是产生剥削关系的基础。公有制则是对剥削制度的否定。公有制才能按劳分配;按劳分配是公有制的一种实现形式。这是一个问题的两个方面。只要坚持这两条,就坚持了社会主义的方向和道路,就同资本主义和一切剥削制度有了根本的区别。至于经营管理方式、劳动组织规模以及计酬方法等等,可以多种多样,应该根据实际情况决定,不能硬说哪一种是社会主义,哪一种不是社会主义。遗憾的是,多年来由于反复批判"三自一包",在理论上、思想上造成了严重的混乱,把破坏按劳分配的假社会主义当作社会主义的唯一模式,把符合实际需要、体现按劳分配的好办法当作复辟资本主义。久而久之,似乎包产到户就是分田单干,而分田单干就是搞资本主义,看见"包"字比遇到瘟疫还要害怕。其实,即使分田单干也并不等于搞资本主义,小农经济在资本主义条件下可能向资本主义发展,在社会主义条件下一般不可能发展到资本主义去。何况包产到户还不等于分田单干。在这里,不妨把包产到户和分田单干略作对比:

(1)分田单干与集体经济已割断联系,对集体经济没有权利也没有义务。包产到户则是集体经济内部的一种经济关系。它以承认生产队的存在为前提,经济主体是"生产队",承包者是"户"。"生产队"用"包"这个纽带同"户"联系起来,加强"户"的管理责任。两者各有权、责。社员个人是集体经济的一个成员,对集体经济有权利也有义务。

(2)分田单干生产资料完全归个人,是以私有制为基础的。包产到户生产资料仍然归集体所有。社员对土地只有使用权没有所有权,生产队可以定期或不定期进行必要的调整。耕牛和大农具的所有权也是集体的,经过评价后交给社员使用或几户共同使用,使用者在必要时间内,应对照原定价向生产队补足消耗部分。

(3)分田单干是单独经营,自负盈亏,自食其力。包产到户仍然坚持生产队是基本核算单位,包产部分的产品,归生产队统一分配。生产队在分配这部分产品时,首先要扣除生产成本、管理费用、公积金、公益金等,然后再分配给社员个人。超产部分是社员付出超额劳动的成果,奖给社员,这正好进一步体现了按劳分配的原则。

从以上对比可以看出,包产到户与分田单干有质的区别,它是在集体所有制的基础上,按照统一计划、统一核算的原则,在生产过程中采取的一种组织管理方法、一种责任制。它与工业上的计件工资制相类似,是比较便于考核劳动成果,比较直接体现按劳分配原则的一种管理方法或核算方法。

现在的包产到户,不像三年困难时期形式较为单一,而是多种多样的,各有其地区适应性的。基本上可分为三种:第一种是部分作物包产到户或到劳力;第二种是全部土地包产到户或到劳力,坚持统一核算、统一分配;第三种是全部土地包产到户或到劳力,社员承包的产量,除上交给国家(征购)和集体(集体积累和社会负担)的部分以外,本人所得部分不再由生产队统一分配,即所谓"大包干"或"包干到户"。这种形式简单、省事、为群众所欢迎,但是没有统一核算、统一分配,生产队容易涣散,滑向单干。因此,对包产到户特别是包干到户的社队,应当经过工作,通过社员讨论,做到以下几点:(1)要保护集体财产,不可拆毁平分,迅速确定林权,禁止乱砍林木;(2)重申不准买卖土地,不准雇工,不准放高利贷;(3)对军烈属、五保户和其他困难户,要有妥善的照顾办法;(4)原有为群众欢迎,经济效果好的某些集体经营的生产项目要尽可能保留;(5)生产队和社员要严格履行各自承担的各项义务,债务债权要认真清理;(6)必须保持生产队的组织,加强基层党组织的核心作用。只要努力做到以上各点,各种形式的包产到户都可以进一步发挥积极作用,有利于巩固和发展集体经济。因此,包产到户并不是什么独木桥,它同各种形式的责任制一样,是集体经济的阳关大道。如果一定要把它比喻为独木桥,那可以说居住在深山沟中,不走独木桥就无法行动,无法前进,就无法到平坦宽阔的阳关大道上去。在这种情况下,走独木桥正是为了走阳关道。前一段,有些地方,社员强烈要求包产到户,因为可以提高产量,吃饱肚子;有些干部坚决反对包产到户,以为方向不对,怕受批判,发生了所谓方向与产量的矛盾。其实,方向和产量应该是一致的,不能提高产量,还有什么正确的方向呢?《西游记》中,唐僧一念紧箍咒,孙悟空就头疼。现在要求建立各种生产责任制,落后贫困的社队要求包产到户,有些同志也觉得头疼,生怕"右了","倒退了","犯方向性错误"。这说明我们头上还有紧箍咒,思想还没有解放。我们应当明确认识,对边远山区和贫困落后的地区来说,实行包产到户,是联系群众、发展生产、解决温饱问题的一种必要的措施。从全国来说,在社会主义工业、社会主义商业和集体农业占绝对优势的情况下,在生产队领导下实行包产到户,是不会脱离社会主义轨道的,没有什么复辟资本主义的危险,因而并不可怕。

四、前景

我国地域辽阔,经济落后,发展又很不平衡,加上农业生产不同于工业生产,多方面受着自然条件的制约。这就要求农业生产必须坚持因地制宜的方针,在经营管理上要有更大的适应性和更多的灵活性。在不同的地方,不同的社队以至在同一个生产队,都应从实际需要和实际情况出发,允许有多种经营形式、多种劳动组织、多种计酬办法同时存在。凡有利于鼓励生产者最大限度地关心集体生产,有利于增加生产、增加收入、增加商品的责任制形式,都是好的和可行的,都应加以坚持,而不可拘泥于一种模式,搞"一刀切"。

在那些生产力水平很低、群众生活十分困难的边远山区和贫困落后的地区,群众要求包产到户的,可以包产到户,也可以包干到户,并在一个较长时间内保持稳定。

在一般地区,集体经济比较巩固,生产有所发展,就不要搞包产到户,领导的主要精力应当放在如何进一步巩固和发展集体经济。小段包工,定额计酬,只要定额合理,验收认真,也可以比较切合实际地测定劳动的数量和质量,为按劳分配提供比较可靠的依据。这种责任制比死分死记、死分活评要科学得多,适用于干部管理水平较高的地方。有些地方实行包产到组,联产计酬,群众满意或者经过改进可以使群众满意的,最好稳定下来,继续完善、提高。

目前全国搞包产到户的队约占20%。有适宜搞而没有搞的,也有不应搞或可以不搞而搞了的。对后一种社队,要允许它试验一下,搞它两年,让实践来作结论。即使搞不好,只是极少数地方。好,可能摸索出一些新的经验。

经济水平、管理水平属于中间状态的社队,在全国占一半以上。这些社队内部不稳定的因素很多,容易接受外部影响。只有加强对这类社队的工作,才能稳定全局,促进整个农业生产的发展。这种类型的社队,现行的责任制形式,凡是群众满意或者经过改进可以使群众满意的,都以稳定为好,继续完善、提高,不可轻易变来变去。

随着农业生产的发展,生产力水平的提高,责任制的形式也会有相应的发展变化。这种变化不是自上而下的,不是行政命令,而是生产发展本身必然提出的要求。最近在许多地方先后出现的专业承包、联产计酬责任制,就是一种大有发展前途的责任制。其具体做法是,在生产队统一领导、统一经营的条件下,分工协作,擅长农业的劳动力,按能力大小分包耕地;擅长林、牧、副、渔、工、商各业的劳动力,按能力大小分包各业;各业的包产,根据方便生产、有利经营的原则,分别到组,到劳力,到户;生产过程的各项作业,生产队宜统则统,宜分则分;包产部分统一分配,超产或减产分别奖罚;以合同形式确定下来当年或几年不变。比如,陕西省米脂县孟家坪生产队、山西省吉县东庄生产队、内蒙古自治区杭锦后旗红星大队、湖南省零陵县赵家生产队,都由于采用这种办法取得前所未有的进展。从这些典型材料中可以看出,这种责任制较之一般的、"小而全"的包产到户或其他形式的责任制,有个突出的优点,就是既能满足社员联产计酬的要求,调动个人的生产积极性,又能发挥集体经济统一经营、分工协作的优越性,把两方面结合起来、统一起来。它有利于发展多种经营;有利于推广科学种田和促进商品生产;有利于人尽其才,物尽其用,地尽其力;有利于社员照顾家庭副业,对四属户和困难户的生产和生活作适当的安排。这种形式,既适用于现在的困难地区,也能随着生产力的提高和生产项目的增加,向更有社会化特点的更高级的专业分工责任制发展。

还有一些从事农业的生产队,在原来田间管理、责任到人的基础上,发展为联系产量计算奖赔,也具有专业承包联产计酬责任制的某些优点,干部、群众比较熟悉,乐于接受。

在江、浙、东北等省区以及大城市郊区的一些社队,多种经营比较发达,机械化水平较高,有的已突破生产队范围,以生产大队以至公社为单位实行专业承包联产计酬责任制。这是个新的发展。辽宁省锦州市郊区西郊公社,今年对580户社员实行专业承包联产计酬责任制,推动了农、牧、副业的大发展。如唐庄子大队四队有5头奶牛,去年队里两个人饲养,共产奶8200斤,总收入1500元,除去工分、饲料,队里赔1000元。今年包给任忠善一家,全年产奶2万斤,收入4600元。同去年比,向国家多交11000斤奶,集体多收入2500元,个人纯收入1600元。

在建立生产责任制的过程中,出现了两个可喜的新事物。一个是包产合同。1978年,少数社队由于推行大包干式的联系产量责任制的需要开始试用,曾被讥为"假戏真唱",但是实践证明效果很好,已有较多的社队积极推行并逐步摸索到比较系统的经验。它把单靠行政命令办事的老习惯变为用经济办法领导经济,发展下去可能为农村工作打开新的局面。另一个是专业承包联产计酬责任制。它把发挥集体经济的优越性同调动社员的积极性主动性结合起来,统一起来,因而具有强大的生命力,可能发展成为农业生产责任制中占统治地位的形式,为集体经济的经营管理以至为我国农业的现代化闯出一条新路。

自从生产资料所有制的社会主义改造基本完成以来,我们长期间一直认为,我国的经济结构问题已经完全解决了,就是两种社会主义公有制并存,全民所有制只需要一个模式,集体所有制也只需要一个模式。这显然不符合我国生产力发展的实际情况。这种认识不但不能发挥社会主义的优越性,而且破坏社会主义的优越性。我们应该打破框框,解放思想,大胆探索,在生产资料公有制占绝对优势的前提下,允许一定数量的其他补充成分,采取多种多样的经营形式,开展竞争,发展商品经济。没有高度发展的商品生产,就没有社会化大生产。而社会主义只能是建立在社会化大生产高度发展的基础上的。因此,不论是独木桥、木板桥、石板桥、铁索桥,只要是能走人的,我们统统加以利用,加以改造,加以发展,这样才能走出沟壑纵横的深山,来到平坦广阔的原野,沿着金光灿烂的阳关大道前进。

中华人民共和国政府和奥地利联邦政府关于经济工业和技术合作的协定在维也纳签订

正在奥地利访问的中国外贸部部长李强和奥地利工商部部长施塔里巴赫分别代表两国政府在协定上签了字。

根据这项协定,中奥两国将在机械与设备制造、采矿与冶金工业、石油化工、电子与电子技术、建筑工业、食品工业和农林业等方面加强合作。协定有效期为10年。

全国人大常委会副委员长廖承志在北京会见红十字国际委员会主席亚历山大·海一行

国务院副总理万里在北京会见由泰国内政部劳工厅厅长维吉·桑通率领的泰国劳工代表团

国务院副总理姚依林在人民大会堂会见以意大利全国合作社联盟主席奥内利欧·波朗迪尼为团长的意大利全国合作社联盟友好代表团

由教育部召开的全国高等院校哲学教材讨论会在昆明闭幕

11月6日

中共中央副主席邓小平在北京会见由罗马尼亚社会主义民主和团结阵线全国委员会执行主席塔玛拉·多布林率领的代表团

会见时,邓小平说,我们在建设中面临的困难很多。当前经济建设的中心是搞经济调整工作,这不搞不行。讲大话、空话是不行的,要扎扎实实去做。他说,我们确信,党的三中全会的路线是正确的,我们看到了希望。社会主义是要使国家富强起来。

塔玛拉·多布林说,发展同中国的友好合作关系是我们一贯政策,也是我们的坚定意志和愿望。我们希望你们在现代化建设过程中取得成就,罗中两国友好合作关系不断得到发展。

国务院总理赵紫阳在北京同南斯拉夫联邦执行委员会主席韦塞林·久拉诺维奇举行会谈

双方在会谈中一致指出,中南关系目前发展很好。赵紫阳表示,中南两个社会主义国家之间的关系是一种新型的友好合作关系。他表示确信,两国关系将沿着这一轨道继续前进。久拉诺维奇指出,南中两国的关系是建立在完全平等的基础上的。两国的关系和在国际问题上的合作是非常好的。双方还就当前共同关心的国际问题交换了看法。

《人民日报》发表社论《热烈欢迎南斯拉夫人民的友好使者》

南斯拉夫联邦执行委员会主席韦塞林·久拉诺维奇应我国国务院总理赵紫阳的邀请,来我国进行正式友好访问,今天到达北京。中国人民满怀深挚的友情,热烈欢迎来自巴尔干半岛的贵宾。

久拉诺维奇主席的这次访问,是继铁托总统访华之后南斯拉夫国家领导人对我国的又一次正式访问。1977年秋,铁托总统以85岁高龄,不辞长途跋涉,对我国进行了历史性的友好访问,为发展中南两国人民、两国政府和两党的友好关系,揭开了新的篇章。第二年,华国锋主席回访南斯拉夫。中南领导人的互访,为两国友好关系长期、全面、稳定的发展奠定了坚实的基础。此后,中南两国政府和人民之间的来往日益频繁,相互的了解和友谊不断加强,双方的全面合作取得了丰硕成果。

铁托总统在今年5月不幸与世长辞,对南斯拉夫人民是一个不可估量的损失,对全世界也是一个巨大的损失。在那些悲痛的日子里,中国人民同南斯拉夫人民紧紧站在一起,并且深信,南斯拉夫各族人民一定会更加团结一致,化悲痛为力量,继承铁托同志的遗志,把社会主义自治的南斯拉夫建设得更加美好。几个月来的事实表明,英雄的南斯拉夫人民在南联邦主席团的领导下,遵循南共联盟制定的路线,正在坚定地沿着铁托开辟的道路胜利前进。他们采取了一系列坚决措施来稳定国家经济,加强全民防御和社会自卫,贯彻集体领导和集体负责的原则,使社会主义建设事业不断发展。他们高举铁托总统所倡导的不结盟的旗帜,捍卫国家的独立和主权,维护世界和平,反对帝国主义、霸权主义和一切形式的外来干涉,使南斯拉夫在国际事务中继续发挥重要的作用。

中南两国都是社会主义国家。共同的伟大理想和相似的革命斗争经历,孕育了我们之间的深厚友谊。中国人民十分珍视中南两党、两国的友谊。铁托同志生前曾经强调:“我们要继续前进,把南中友好关系发展下去。”中国人民高兴地看到,在铁托逝世后,中南两国的友好关系继续得到进一步的发展。这次南斯拉夫人民的友好使者久拉诺维奇主席的来访,是中南关系中又一件可喜的大事,它必将对两国人民友谊的进一步巩固和发展作出新的贡献。

我们衷心祝愿南斯拉夫贵宾的访问圆满成功。

中共中央为杨献珍平反

中共中央党校召开大会,大会宣读了经中共中央书记处批准的中共中央党校委员会的决定。决定说,杨献珍同志在主持中央党校工作期间,虽有某些缺点错误,但他认真贯彻执行了党中央关于干部教育和办党校的方针,成绩是显著的。康生等人给他加上的诸如所谓“反对毛泽东思想”和“制造反对社会主义的‘理论’”等反动帽子及诬陷他的各种罪名,应予全部推倒,彻底平反。

决定说,中央党校在“文化大革命”前18年的教育方针是正确的,为我党培训了大量的高、中级干部和理论宣传干部,在宣传马克思列宁主义、毛泽东思想,特别是为提高我党干部的思想理论水平方面,做了大量的工作,是有成效的。林彪、陈伯达、“四人帮”、康生强加给中央党校的“反毛泽东思想的顽固堡垒”等一切诬蔑不实之词,应当统统推倒。今天的大会宣布,恢复杨献珍同志的党籍。

《人民日报》发表特约评论员文章《进一步抓调整继续稳定经济》

去年4月,中央根据三中全会的精神提出了国民经济调整、改革、整顿、提高的方针。经过一年多来全国人民和广大干部的紧张努力,团结奋斗,重大的比例关系正在朝着协调的方向发展,整个经济在调整中不断前进。

一个时期以来,有些地方和部门,特别是某些领导同志,用较多的精力抓长期规划和体制改革,对调整抓得不够得力。抓长期规划和体制改革,无疑是必要的,今后还要大力抓,但不能因此而忽视和放松经济调整工作。

五届全国人大二次会议提出,经过三年调整,我们要努力达到下列几项主要要求。(一)要使粮食生产和其他农副产品生产的发展同人口的增长和工业的发展比较适应。(二)在轻纺工业方面,要使它们的增长速度赶上或略高于重工业的增长速度,使主要轻纺产品的增长大体同国内购买力的增长相适应,并大量增加出口。(三)要经过努力增产和厉行节约,使目前燃料动力和交通运输的紧张局面有所缓和。冶金、机械、化工等重工业部门,要在增加生产的同时,着重提高质量,增加品种。(四)基本建设要坚决缩短战线,集中力量提高工程质量,降低工程造价,缩短建设周期。(五)在发展生产的基础上,要使全国农民从集体分得的平均收入和全国职工的平均工资继续有所提高。

拿上述五条要求来衡量,我们的经济调整工作是不是搞得差不多了呢?不是的。过去一年多的调整还只是初步的,各方面比例失调的现象还没有得到根本的改变。

今年是个重灾年,粮食有较大的减产。粮食减产,会给经济带来影响。一年多来轻纺工业发展较快,增长速度已超过重工业,但仍然和大大提高了的城乡居民购买力不相适应,许多轻纺产品特别是一些高档商品还供不应求。基本建设战线仍然过长,有些该压缩的大项目压缩不下去,有些该增加的,例如能源、交通、建筑材料和科学教育设施等由于财力不足,很难满足要求。一部分重工业企业特别是机械工业企业开工不足,一部分生产资料如钢材和机电产品积压的情况还相当严重。长期积累下来的职工住宅、医疗卫生、城市公用事业和环境保护等问题,还要经过多年努力才能逐步解决。国民收入中用于积累部分虽然有了很大降低(1980年积累率将由1978年的36.5%降到30%左右),用于消费部分有了相应提高,使大多数农民、工人的生活有所改善,但一些经济长期发展缓慢的边远地区和少数民族地区,以及受灾地区的人民生活还很困难;一部分没有奖金或奖金少的科研、教学、医务和机关工作人员的收入增加不多,或者没有增加,有的实际生活水平还有所下降。去年财政出现了很大赤字,今年还有较大的赤字,明年还不可能避免赤字。所有这些情况,说明调整的重要性和紧迫性,说明调整任务的艰巨性,因而必须抓紧进行。如果稍有放松,不仅会大大拖长调整时间,而且还有可能出现预想不到的问题。

为了继续稳定经济,必须进一步抓调整。目前,国民经济比例失调仍然是继续稳定经济、进行现代化建设的主要障碍。因为按比例地分配社会劳动于不同生产部门是社会生产正常进行的不可缺少的先决条件;比例关系协调到什么程度,生产的运动就正常到什么程度,经济生活就稳定到什么程度;比例关系受到了破坏,社会生活就无法正常进行,经济生活就会发生混乱。这是不以人们的意志为转移的客观规律。20多年来,我们一再违背这条规律,付出了高昂代价,吃尽了苦头。现在,如果我们不吸取教训,继续狠抓调整,解决比例失调问题,生产建设以至整个国民经济就不能走上正常发展轨道,稳定经济就是一句空话。

那么,调整和改革的关系究竟如何摆?调整是否还是八字方针的关键?必须十分明确地肯定,现在和一年前一样,调整仍然是关键。

调整和改革是互相联系、互相促进的。进行一些必要的可能的改革,可以推动经济调整工作顺利进行。没有适当的改革,调整会遇到困难。一年来的实践也证明,改革确实促进了调整。但同时也要看到,就当前的情况来说,不首先做好国民经济的调整工作,就不可能放手进行体制改革,只有调整才能为改革创造良好的条件。第一,不着重抓调整,解决比例失调问题,改革很难顺利进行,因为在比例失调的情况下,一切经济杠杆和经济手段都不能发挥充分的作用,取得应有的效果。例如,体制改革要求建立企业的责任制,贯彻物质利益原则,使企业对自己的盈亏承担责任。但是,现在国民经济比例失调,许多企业原材料、燃料、电力供应不足,以致不少时候不得不停工减产。由于这种外部原因不能完成生产计划,减少盈利甚至亏损,不应当让企业自己负责。可见,不解决原材料、燃料、电力的供应问题,就很难对企业进行考核,并根据它的生产成绩、盈利多少实行物质奖励。第二,全面的改革必须在经济稳定中而不能在比例关系严重失调的情况下进行。一些国家经济改革的经验表明,不具备一定的条件就进行大革大改,非出乱子不可,最终会使改革归于失败。因为调整暂时要求加强中央对经济的集中统一管理,而改革则要求下放权力。为着解决这个矛盾,必须坚持在调整中改革,在改革中调整。总的说来,要先调整,后改革。把严重失调的比例关系调整过来,保持整个国民经济的稳定局面,这是进行全面改革的必需条件。我们有些同志把改革看得过于简单,以为国家一纸法令就可以实现,这种想法是不切实际的。改革必须摸着石头过河,循序渐进,并与调整工作相辅而行,才能取得成功。

今后一个时期经济工作的指导思想,总的讲,是要进一步抓调整,继续保持经济的稳定。应当认识到,进一步抓好调整,是我们经济工作由被动变为主动,从全局上把经济进一步搞活的关键,也是保持政治上安定团结局面的关键。因此,调整仍然是我们今后一个时期经济工作的首要任务,是经济战线指挥者的第一位工作,一定要下最大的决心,继续把它抓紧抓好。

国民经济进一步调整的中心环节,是要进一步解决基本建设战线过长的问题。

一年来,我们在压缩基本建设战线方面取得了初步成效,停建、缓建了295个项目。但是,目前在建的基本建设项目仍然过多,再加上1981年国家预算内和预算外的基本建设投资总额又规定为500多亿元,大大超过了国家财力物力所能承担的能力。基本建设规模过大,必然造成生产资料供应紧张,出现变相涨价和物资紧张的现象。就基本建设本身来说,战线长,必然拖长工期,增加工程造价,降低经济效果。基本建设规模过大,还会使简单再生产受到干扰和破坏。我们现在的生产,总的来说,不是生产能力不足,而是生产结构、生产技术、产品质量、品种、规格等方面存在严重的问题。我们应当在这些方面下功夫,而不要不顾财力物力的实际可能,继续大搞基本建设。因此,要分别轻重缓急,进一步压缩在建项目,包括一些引进的项目;对于新建项目,特别是大项目,一定要慎重,严加控制;对于各种渠道的基本建设资金,要加强计划指导,合理使用。

当前,特别要采取有力措施解决重复建设、盲目建设、以小挤大的问题。一个时期以来,重复建设、以小挤大的现象十分严重。大体有这样几种情况:一种是在现有企业生产能力尚未得到充分发挥的情况下,又建设生产同样产品的新厂;一种是在市场需要已经满足的情况下,再建新厂去重复生产同类产品;一种是在动力、原料不足的情况下,盲目设厂,与现有企业争动力、争原料。结果是:建新厂,关老厂;办小厂,停大厂;技术落后的厂,挤技术先进的厂。这种不合理现象,破坏了计划经济,降低了生产效果,阻碍了技术进步,造成了巨大的浪费。重复建设、以小挤大这个问题不解决,不仅基本建设规模控制不住,而且这种现象势必一年比一年严重。

重复建设、以小挤大,与地方和企业如何使用自己的资金有很大关系。实行财政分级管理、扩大企业自主权以后,地方和企业的钱一年比一年多起来,这是好事。实行这一条政策,我们要坚定不移。但是,地方和企业有了钱以后怎么使用,可以用到哪里,不能用到哪里,国家要加强计划指导,首先要在基本建设方面加强计划指导,包括国家行使必要的行政手段进行干预。国家要指导地方和企业在最近几年把钱用在解决比例失调方面,解决人民生活的欠账方面,如职工住宅、教育、必要的生活设施和安全生产等,而不要从局部利益出发,搞重复建设,进一步扩大比例失调。地方和企业把钱用来搞轻纺工业有很大积极性,因为轻纺工业资金周转快,利润比较大,又可以多安排就业。这是好的。但是,加强轻纺工业也要避免盲目性,不能不顾客观条件,无计划地去扩大生产能力。一个时期以来,各地都在搞纺织工业,一下子增加许多锭子,实际上根本没有那么多原料,厂子建成后也只好闲起来。这种搞法,一定要改变。所以,即使办轻纺工业也要作具体分析,不能盲目地扩大生产能力。

重复建设、以小挤大,还与如何理解发挥优势有很大关系。有些地方发挥自己的优势,既考虑全局的需要,又符合经济合理的原则,这是对的。但有些同志却认为,本地出产什么,就办什么厂,出产棉花的办轻纺厂,出产羊毛的办羊毛加工厂,出产烟叶的办烟厂等等,这就叫作发挥优势。这样的理解是片面的。我们国家正处在调整时期,各地区不考虑全局,不顾是否经济合理,出产什么就办什么厂,大量减少原料的外调,会增加国家的困难。对上海、天津和一些轻纺工业比较集中的城市所需要的农产原料,如棉花、羊毛、烟叶等等,产区一定要按计划进行调拨,只有超过部分,可以自己支配,进行协作。因此,各地区发挥优势,必须在统一计划指导下,放在全国一盘棋中来考虑。如果各地区离开统一的计划指导,不顾全局的需要,只追求一地之利,从全局看,不仅不能发挥优势,反而会把优势变成劣势,使整个国家受到损失。而且应当认识到,发挥各地的优势,改变生产布局,只是逐步地、经过一个相当长的发展过程才能办到,不可能一下子就完全改变过来。目前,某些农产原料价格偏低,产区得利较少,影响产区的积极性,这个问题,要采取适当措施,逐步加以解决。

压缩基本建设战线,进一步调整经济,必须加强全局观念。大家对调整的方针,总的说来是拥护的。但是,有的地方、部门和单位,考虑局部的需要和利益多,考虑全局的需要和利益少。个别的甚至一直按兵不动,我行我素。这种从局部利益出发的各自为政的分散状态,致使调整工作在一些地方进行得相当迟缓。调整是从乱到治,必须强调全国一盘棋。因为比例关系的调整,必须从整个国民经济出发,权衡利弊,进行全局的综合平衡。每一个地方、部门和单位,都要把自己作为全局的一部分,使局部服从全局。单从一个地方、一个部门、一个单位来看,有些投资,有些建设,有些生产,可能是需要的、合理的,但从全局来看,就不一定需要,不一定合理。这就要求各个局部都要服从全局的需要和利益,该上则上,该下则下,令行禁止,做到全国一盘棋,使我们的调整工作能够顺利进行,取得更大的成效。

《人民日报》发表吴敬琏 汪海波的文章《在调整中正确发挥优势——从苏州市丝绸工业的蚕茧供应谈起》

苏州市是我国的一个重要丝绸工业基地。该市生产丝绸已有2000多年的历史。新中国成立以来发展很快,目前全市有缫丝厂2家,丝织厂9家,染丝厂1家,印染厂3家,职工达16000余人;丝绸产量达5270万米,缫丝能力每年达560吨,印染能力达6912万米;已经形成了缫丝、织绸、印染等前后配套的较为完整的生产体系。苏州市的丝绸出口在全国丝绸出口中占很大比重。1978年出口丝绸约占全国出口丝绸的1/7。

按照当前加快发展轻纺工业和扩大出口贸易的要求,苏州市的丝绸工业无疑应当加速发展。但在事实上,它却由于主要原料蚕茧供应不足,连维持现有生产水平都感到十分紧张。该市的丝绸工业原来是在苏州地区吴县、吴江、沙洲、常熟、昆山、太仓6个县的养蚕业的基础上发展起来的。可是近年来这些县供应苏州市的蚕茧愈来愈少,1974年供应83500多担,1977年下降到48000担,1978年又降为39800担。苏州市的2家缫丝厂,由于蚕茧供应不足,1978年停工1个月,1979年又停工4个月,1979年生产厂丝只能满足全市用丝量的18%。本市生产的厂丝不足,使绸厂必须从外地调入相当大一部分厂丝。但调入的厂丝,特别是社队企业生产的厂丝质量不好,难于织出高档绸。所以,丝厂减产,又使绸厂的高档出口产品减少。如不采取有力措施,今后丝厂停工、绸厂高档丝供应短缺的状况还将严重。

蚕茧供应量大幅度下降的原因,一是蚕茧生产下降。前些年由于极左路线的影响,江苏桑田面积减少,养蚕业受到很大打击。粉碎"四人帮"以后,极左路线的流毒没有完全肃清,而且蚕茧的收购价格又偏低,因而蚕茧生产下降的趋势还没有得到制止。苏州地区6个县1954年有桑田28万多亩,1976年下降到18万多亩,目前只有16万亩。该地区1969年蚕茧产量是20万担,1976年下降到15万担,1978年又下降到13万担。这样,苏州市和苏州地区就由原来的"余茧户",变成了现在的"缺茧户",蚕丝也由外销变成了返销。去年苏州市用丝量1500吨左右,本省只能满足700多吨,其余800吨要靠四川等地调入。随着内地缫丝、织绸工业的发展,今后调入茧、丝也将日益困难。

二是由于近年来社队小缫丝厂迅速发展,与苏州市大丝厂争原料的矛盾越来越尖锐。如吴江县原是苏州市主要的蚕茧供应基地。该县近年来又是社办小丝厂发展最快的县,目前该县社办丝厂的产量,几乎占江苏全省社办丝厂的1/4。结果,该县1972年调入苏州市的蚕茧为47300担,1975年下降为32300担,1978年又下降到18700担。而且,有些地方往往将质量好的春茧全归社队企业自用,将缫不出高档丝的秋茧调出,这也增加了大丝厂生产高档丝的困难。

对于目前情况下是否应当发展社队办缫丝厂的问题,在江苏是有争论的。有的人认为,应当大力支持社办丝厂的发展。有的人则持相反的意见,他们反映说:目前江苏社办丝厂消耗大,产品质量低,经济效果差;市办丝厂消耗低,产品质量高,经济效果好。社办丝厂每缫一担丝平均要比市办丝厂多耗28斤蚕茧;社办丝厂的产品质量一般也要比市办丝厂低两个等级。而且,目前大厂生产能力有余,发展社办小丝厂,势必与大丝厂争原料,迫使大厂停产。于是造成一种不正常的情况:停老厂,开新厂;停大厂,开小厂;停经济效果好的厂,开经济效果差的厂。从整个社会的利益着眼,在目前江苏的情况下,不宜鼓励社办丝厂大量发展,更不能借口发挥优势,而忽视国家的整体利益。这是调整国民经济中需要解决的一个问题。

从上述具体事例看,为加强领导,做好调整工作,有两个问题值得引起注意。

第一,在没有适当的经济手段代替之前,集中统一的行政管理不能削弱。过去我国对国民经济的管理,主要依靠行政机关的行政命令。这种办法弊端很多,需要改为以利用经济手段为主的管理办法。但是,这项改革必须有步骤、有秩序地进行,如果在还没有有效的经济手段代替原有行政手段以前,取消了行政管理,就会增加经济发展的盲目性,妨碍国民经济的调整。例如目前在社队企业的问题上,过去那种对发展社队企业设立种种障碍的做法固然需要改变,但目前对社队企业的发展并无统筹安排和领导,这就会产生一定的盲目性。由于政出多门,管工业的部门认为发展某项事业有碍大工业的生产,不宜提倡,管农业的部门则认为这可以给本部门带来好处,坚决支持,结果不但原材料生产不足、加工工业能力过大的、不合理的结构得不到调整,还有发展得越来越严重的趋势。这种情况,不仅发生在丝绸生产方面,而且具有普遍意义。看来在调整工作中,领导机关必须加强集中统一领导,要进行综合平衡,否则,比例关系的调整是难于取得成效的。

第二,统筹运用各种经济杠杆指导经济发展的工作亟待加强。在转向计划调节与市场调节相结合的经济管理体制以后,国家干预和社会调节仍然是必要的,但它主要是通过各种经济杠杆来进行。我们过去对于如何运用这些经济杠杆管理经济缺乏经验,也没有专门机关对这些杠杆的运用进行协调。现在,在调整国民经济的工作中,如何熟练地运用经济杠杆进行调节的问题已经突出地提到日程上来了。

首先是价格的问题。目前价格很不合理,不利于奖励先进、鞭策落后,使企业经营活动符合社会的利益。前些年,江苏省有关领导机关为了支持社队企业,规定:在1976年到1978年期间,蚕茧售价对社办丝厂每公担是570元,对国营丝厂是832元。这就使社办丝厂虽然工物料消耗显著高于市办厂,但是货币表现的成本却低于市办厂,盈利也比市办厂高。现在3年期限已过,仍对社办企业执行优惠价格,这不能不刺激社办丝厂的盲目发展。为了使各类缫丝厂在相同的条件下进行提高经济效果的竞争,蚕茧的销售理应实行同质同价、优质优价的政策。

另外一个是税、利分配问题。在目前的财政体制下,在各部门盈利结构上表现为商业盈利很高,工业也不低,农业则盈利很少甚至有亏损。随着对集体办工业、办商业行政限制的放松，除调高农产品价格以刺激农业生产外，还必须对税、利分配办法作适当改变，否则社队工业和自营商业的盲目发展将难于避免。例如，吴江县梅堰公社的丝厂和绸厂产值都在五六十万元上下，但丝厂的利润只有35000元，而绸厂的利润则有132000元。社办丝绸厂进一步发展是完全可能的。如果任其盲目地发展下去，不仅市办的丝厂要关门，市办的绸厂也难免停工。我们认为，假如集体办的工业、商业比国营企业的经济效果好，对社会更有利，当然应当鼓励。问题在于，在目前的税、利分配结构下，集体经营显得有利，有可能并不是由于经济效果好，而只是因为工、商盈利规定得太高，使集体企业的利润除所得税外都归集体所有的缘故。针对这种情况，可否考虑：调整各种商品的流通税税率，对国营工商企业开征所得税（税率可较目前的55%适当提高），以降低利润率；同时规定，纳税后的利润大部或全部归企业支配，这样，使国营企业和社队企业处于相同的竞争条件下，让价值规律的作用制约社队企业的发展，使社队企业在发挥经济优势的过程中，在国家经济指导下有计划地得到发展。

全国人大常委会副委员长宋庆龄在北京会见由天主教社会党议员维维娜·德·梅耶率领的比利时妇女代表团

国务院副总理姚依林在北京会见由罗马尼亚国家计委第一副主席扬·图尔潘率领的罗马尼亚计划委员会代表团

中国首次成功分离登革热病毒

《人民日报》报道，登革热病毒分离工作，是人民解放军广州部队军事医学研究所在军内外有关单位协助下进行的。它的分离成功，为进一步开展这一疾病研究，探索防治方法，提供了科学依据。

“八一”男子四人造型跳伞队平一项世界纪录

在广州举行的1980年全国飞机跳伞分项赛上，由戚来全、初卫、张安刚、于守卫组成的“八一”跳伞队，在11月6日男子四人造型跳伞比赛中，一次跳伞完成13个造型图案。这个成绩平了1979年国际航空联合会公布的造型跳伞世界纪录。

11月7日

中共中央副主席邓小平 中共中央书记处总书记胡耀邦在人民大会堂会见南斯拉夫联邦执委会主席韦·久拉诺维奇

中共中央副主席邓小平在北京接受贝尔格莱德电视台记者的采访

邓小平在接受采访时说，我们很高兴地看到，南斯拉夫共产主义者联盟和人民在铁托同志逝世后，坚持了铁托同志的事业，而且坚持得非常好。你们的国家和人民在国际上享有很高的威望。我们对南共联盟和人民表示热烈祝贺。邓小平在回答记者提出的有关中国四化建设、加强民主和法制、经济政策等问题时说，中国将继续执行对外开放的政策。这样做，可以加强同各国的往来，吸取外国的经验，有利于加快中国四化建设的步伐。但我们这方面经验还不够，须不断加以总结。

邓小平说，我们要顺利地搞好四化建设，必须克服官僚主义，进行体制改革。我们提倡充分发扬社会主义民主，同时加强社会主义法制。

国务院常务会议通过《关于在对外活动中不赠礼不受礼的决定》

为改革我国在对外活动中有关赠礼、受礼的规定，特作如下决定：

一、我国各级政府、军事机关、人民团体、企业事业单位及其成员，在同外国单位和个人的交往中，除确有必要，并经授权机关批准者外，一律不向对方赠送礼品，也不接受对方的礼品。

二、在对外交往中，严禁公开示意或暗示对方赠予礼品，或以托对方代购物品为名变相敲诈勒索。违者从严处分。

三、在对外交往中，由于难以谢绝而接受的礼品，一律交公，不得自行处理。

四、国际上交换科研资料、技术资料、图书期刊，相互提供贸易样品，在特定的国际友好活动（体育比赛、艺术演出、经济文化展览、人民团体友好往来、友好城市交往等）中，交换非消费品性质的纪念品，有关国家赠予我援外人员和劳务人员的奖品，个人亲友之间的馈赠，不属于本决定范围。

《人民日报》发表评论员文章《高产为什么贫穷？》

正定县是我国北方一个有名的高产穷县。前些年，有不少地方出现过正定这样的高产穷县或高产穷队。高产本是好事，为什么和贫穷结合到一块了呢？党的三中全会以来，这些穷县穷队面貌，虽然都有了不同程度的改变，但是分析一下产生这个问题的原因，对于正确地指导发展农业，仍然是有益的。

正定县的干部和群众，为夺取粮食高产付出了艰苦的劳动,对国家作出不少贡献。按说,社员的生活理应随着生产的发展有相应的改善。然而不然。产量越高,社员却越穷,不少高产社队出现了"多劳不多得,多产不多吃,增产不增收,分配不兑现"的情况。这种现象早就引起人们的关注,可是当时在极左路线统治下,这种局面是难以改变的。

一些地方陷入高产贫穷困境的原因是多方面的,最根本的一条,是极左路线的影响。产量指标的高低,竟然和政治上的"左"、右联系起来,和干部职位的升降联系起来,因此,不少地方赛高指标,刮浮夸风,搞高征购,等等。以正定为例:五年间,粮食增产400多万斤,征购任务却增加了1700多万斤,甚至减产也要增购。在这种高指标的压力下,经营搞单打一,生产不计成本,种田不讲科学,不讲经济核算,不讲因地制宜。正定本来是粮棉集中产区,还有适于林牧的地带,由于片面强调粮食高产,公然违反自然规律和经济规律,挤棉,挤油,挤菜,砍副业。这样,粮食虽然增产了,但资金短缺,周转不灵,有些队连简单再生产也难维持;社员生活困苦,有的还背上一身债。再加上当时到处大批资本主义,"堵路"、"割尾巴",评"大概工",正定作为北方著名的"大寨县",搞这一套更不落后,连年折腾的结果,造成生产畸形发展,人民生活下降。

从正定的情况看出,极左路线严重地损害了社会主义事业,危害了群众的利益。在有些同志的思想上,生产不是为了满足人民生活的需要,而是为了某种政治需要。有些"典型"甚至成了某些领导人实现政治目的的手段。有的领导人把关心农民疾苦当作修正主义,给如实反映情况的同志扣上右倾保守的帽子。在这种思想支配下,一些人说大话、空话、假话习以为常,高指标、高征购、"鞭打快牛",竭泽而渔,等等,接踵而来,严重破坏了党和农民的关系。

党的三中全会以来,各地深入批极左,肃清流毒,纠正损害农民利益的做法,落实各项农村经济政策,农村形势逐步改观。一些高产穷县的局面,也开始有所改变。但是,应该看到,一些高产穷县过去受极左之害很深,需要深入批判极左,解放思想,认真总结经验教训,落实政策,把干部和群众的积极性调动起来。如不深入批判极左,肃清其影响,或者甚至把执行极左的一套做法,仍认为是正确的,就不可能改变面貌。同时,要破除单一经营的思想,因地制宜,合理安排作物布局,把各种资源利用起来。这样,才会较快地摆脱困境,争取农业全面发展和社员生活不断改善。

新华社发表以《加强全局观点 搞好农副业产品的收购 调拨》为题的述评

述评说,今年,虽然一些地区自然灾害严重,但是据有关部门测算,油料、甘蔗、甜菜、蚕茧、茶叶等主要经济作物的产量,都将比去年有不同程度的增长;棉花、黄麻、红麻等的产量接近去年。

但是,当前值得注意的问题是:一些主要农副业产品的收购进度慢;有些产区不按国家计划调出,而把国家急需的农副业产品留在本地,自己设厂加工,以致上海、天津等城市需要的农产品原料逐年减少。以烤烟为例,1977年各地调给上海的为129万担,1978年降到117万多担,去年则只有98万担,今年预计还将比去年减少。其他如茶叶、生漆、桐油、羊毛、牛皮、松香、羽毛等,也有下降趋势。今年调往各城市地毯厂的羊毛,就只能满足这些工厂加工能力的一半。这种状况如不迅速改变,必将影响工业生产、市场安排和出口任务的完成,最终将对整个国民经济不利。

述评说,我们强调要按客观经济规律办事,要扩大企业的自主权,要发挥优势,讲求经济效果。在强调这些问题时,指导思想上还要注意继续进行经济体制改革、搞活经济的同时,必须加强国家计划的指导。现在全国许多大中城市轻工业工厂原料不足,生产能力过剩,而有些地区还在兴办小型制革厂、丝绸厂、酿酒厂等等。这些小厂虽然一时可以增加一部分农民的收入和地方财政的收入,但从整个国家来看,则是重复建设,既浪费资金,又浪费原材料,得不偿失。

因此,在交售农副业产品这个问题上,我们一方面要注意照顾农民的利益;同时,要强调农民有义务支援国家经济建设。要动员农村社队向国家交售更多更好的农副业产品,完成和超额完成交售任务。

述评说,我国轻工业主要集中在上海、天津等大中城市,支持这些地区的轻工业,可以更快地为国家积累资金,较好地满足国内市场和出口的需要。各地计划调给这些地区的农副业产品,应从全局出发,按质按量地完成,这是符合国家整体利益的。

《人民日报》发表王诚尧的文章《充分发挥税收的经济杠杆作用》

近几年来,税收的经济杠杆作用,已逐渐为更多的人所认识。随着国民经济调整、改革、整顿、提高方针的贯彻,多种经济成分和多种经营形式的出现,计划调节与市场调节相结合原则的实行,企业自主权的扩大,以及对外经济交往的发展,税收调节生产、流通、分配、消费的作用,比以前更为重要了。

要充分发挥税收的经济杠杆作用,必须使税收制度适应新形势下经济发展的变化。可是,按照现行工商税制,由国营企业交纳的只有工商税一种,由集体企业交纳的也只有工商税、工商所得税两种。税目划分较粗,税率不少还是1956年前制定的,征税方法中也有不少问题。特别是税制同企业生产经营的许多方面，如财产占有、资源利用、成本管理、利润分配等都未直接挂钩，有些方面甚至大相违背。例如，有些产品相互对比，征税前的盈利本来就相差悬殊，而由于税率不合理，征税后更进一步扩大了利润悬殊现象，造成了企业间更大的苦乐不均。又如，现行税制对产品每经过一个工厂就按销售收入全额征税一次，造成许多协作产品重复征税，鼓励了“大而全”、“小而全”的生产，限制了专业化协作生产。再如，对外贸出口产品不退税，进口产品不征税，即外贸进出口税收采取由外贸部门大包干的办法，影响了某些应该出口的产品不得出口，该少进口的产品不适当地多进口，不利于外贸进出口业务经营中的全面核算。

为了改变以上情况，税收制度必须进行根本性的改革，建立完善的税收体系，合理调整税率，改进征收办法。改革的内容，一是对现行工商税除划出盐税这个税种继续征收外，可以依据课税对象和征税范围的不同，把工商税再划分为增值税、特种产品税和营业税三种。二是可以增加一些新税种，恢复一些旧税种。除新近已经开征的中外合资企业所得税、个人所得税以外，还可以开征资源税(如石油、天然气、煤、水电、有色金属等)，把企业由于占有丰富资源多得的级差收入收归国有，以平衡由于资源条件差异造成的企业间利润悬殊。开征土地占用税，调节城乡间、地区间的土地级差收入，促进企业少占用土地，有效地利用土地，不扩大占用耕地面积。开征城镇建设税，以适应城镇和工矿区市政建设和文化福利设施的资金需要。恢复征收印花税，以适应当前广泛推行合同制的需要；恢复征收特种消费行为税，以调节经营高价筵席等某些特种消费企业的收入；恢复对企业征收城市房地产税、车船使用牌照税，以调节占有这些财产、设备的企业的收入，促进有效使用。

要充分发挥税收的经济杠杆作用，还必须把现行国营企业上交利润制度，改革为统一的征收所得税制度，由企业自负盈亏。这是当前税收制度改革的一个中心，也是企业财务管理体制的一项根本改革。

过去对国营企业是实行“统收统支”的财务管理体制。利润全部上交国家，亏损全部由国家弥补，企业需要花钱，由国家专款拨给。企业上交的利润与国家下拨的资金，其间并无比例，企业对国家的贡献与国家对企业的补偿脱节，经营好坏与解决本身需要的资金不挂钩，导致企业和职工不关心经营成果，不重视经营管理，不讲求经济核算，阻碍生产力的发展。在这种体制下，对国营企业征收工商税，虽然也可部分调节企业收入，对于企业的生产和核算有一定作用，但由于企业利润分配上的权、责、利不结合，吃“大锅饭”，税收作用的发挥就受到很大限制。试行企业提取基金办法，特别是试行利润留成办法以后，情况有了较大变化。在一定程度上扩大了企业的自主财权，加强了企业的经济责任，也同企业、职工的物质利益有了一定联系，有利于调动积极性，重视经济效果。但是，现行利润留成制度，在一定程度上，还含有过去那种“统收统支”吃“大锅饭”的因素。利润留成比例要逐户协商，层层审批，每户比例均不相同，某些客观情况变化，影响利润变化时，还要随时调整比例，不但工作量大，协商中扯皮多，也难免会有企业苦乐不均和出现企业盲目生产经营利大产品的现象。而且由于缺乏明确的固定分配比例，企业对国家要担负多大交款义务，还是心中无数；也还没有确立企业必须以本身的收入抵付支出和承担亏损的重大经济责任。因此，从长远来看，这种办法还有缺陷，只能作为一种必要的过渡形式采用。

要使国营企业真正成为在国家计划指导下有相对独立地位的经济实体，而不是行政部门的附庸，真正能够作为商品生产者独立核算，自负盈亏，根除“大锅饭”、“铁饭碗”的积习，给企业以内在的经济动力和外在的压力，就必须改用征收所得税的办法来代替利润上交和留成办法。企业经营不善，减少利润和发生亏损的，都由企业自行承担经济责任。这就从根本上改变了国家和企业在收入分配上的关系，比较充分地扩大了企业的自主财权，并把企业的经济权力、经济责任、经济利益、经济效果从利润分配这个重要方面完整地、直接地结合起来。这样更能体现物质利益原则，兼顾国家、企业、职工三者利益，贯彻按劳分配。这样更有利于摆脱多头领导的行政束缚，让企业在国家计划指导下，独立自主地去办自己该办的事，更快地学会运用经济规律，把经济搞活。四川省5个把利润留成改为税收的工业企业试点，今年头7个月的产值、实现利润、上交财政收入、企业留利分别比去年同期增长48.8%、82.7%、48.3%、一倍多；湖北省光化县15户工业试点，1979年同1978年对比，产值、销售收入、实现利润、缴纳所得税(同上年交利比)、工商税、企业留利(同上年国家返还资金比)分别增长28.78%、41.6%、198%、128%、44.5%、92.2%。

具体地说，利润上交改为征税办法，主要有以下优越性：第一，法律保障各方面的利益分配，便于规划。所得税有法律明确规定的税率和征税原则，国家和企业对企业利润分配份额，在一个较长时期内固定下来，对国家和企业都有法定的约束力，避免相互挤占，从法律上保障了各自的正当权益，各方面对自己能有多少分配份额，多大经济利益，都在早几年就“心中有数”，有利于国家和企业制定中、长期规划和近期计划，有利于企业组织生产经营活动。第二，比较充分地扩大了企业自主财权，促进企业扩大经济效果。在利润分配份额事先固定，企业权、责、利、效紧密结合的基础上，企业经营管理越好，所得好处越大；越往后，生产能力越提高、占用国家资金越少，企业所得好处也越大。如果经营管理不善，承担的经济责任也相应加重，这就能够推动企业和职工千方百计地改善经营管理。同时，企业财权扩大后，自有资金增加了，运用灵活了，企业也就有条件来认真抓好挖潜革新改造，扩大生产能力，逐步实现技术设备的现代化，相应改善职工的物质福利生活。第三，解决企业间的苦乐不均，有利于开展竞争。同征收所得税相互配合，对少数利润高于全国平均水平的企业，区别不同情况，开征收入调节税，把企业由于客观因素多得的级差收入，再作一次总的调节，能使征税后的利润，更真实地代表企业主观努力经营成果。所得税在全国可以使用同等税率，让经营管理好、职工劳动技术高的企业多留一些利润以鼓励先进；对利润低的企业，也可使用较低税率，适当照顾某些还有需要但暂时有困难的企业。对需要鼓励发展的某些生产经营，还可以规定所得税减免征办法，让它多留一些利润，这就能在平衡税收负担，解决企业间苦乐不均的基础上，有利于开展竞争，促进企业更主动地改善经营管理。第四，国家财政收入有更多的保证。在现行税利两种缴纳形式下，国营企业上交利润的比例一般大于税收。如果企业经营不善，减少利润，对企业影响较小，绝大部分要由国家担负。改革税制后，采取多种税的征收办法，企业应当上交的财政收入，大部分都先用各种税的形式集中了，收入及时，稳定可靠，剩下的只有占比例较小的所得税一种，要按企业利润额计算征收。如果企业经营管理不善，利润下降，主要是影响企业留利，对国家财政收入影响较小。特别是征收所得税，实行自负盈亏，是建立在企业、职工积极主动基础上的，这只会促进企业扩大经济效果，增加利润，而不是相反，这也就使所得税收入有了更加可靠的保证。第五，加强了财政、税收监督。征收所得税同企业利润直接挂钩，税收管理工作可以深入到企业财务活动、成本核算的各个环节，财政、税收监督的工作面要比过去更广泛、深入；财政收入上交形式一元化，税务机构自成系统，税务人员遍及城乡、厂矿，通过税务部门业务活动，监督整个经济活动，发挥的作用也就更大。

把上交利润改为征收所得税，同整个经济管理体制的各个方面密切关联，涉及面广，政策性强，需要计划、价格、财金、工业、商业、劳动、物资等各方面管理体制改革的相互配合，不能够离开整个经济体制的现状，来孤立地谈税收制度改革和发挥经济杠杆作用问题。因此，税制改革工作应当决心大，步子稳，通过试点，取得经验，积极地逐步开展。

中国与朝鲜卫生合作协定1980—1981年度执行计划在平壤签订

中国和斯里兰卡在科伦坡签署一项关于两国文化合作的执行计划

这项计划的有效期到1981年12月底为止，涉及两国文化、教育、宗教、体育和旅游等各个领域的活动，以及代表团互访和资料交流。

全国人大常委会副委员长乌兰夫在北京会见由布拉邦省省长罗根·伊凡率领的比利时知名人士访华团一行

国务院副总理陈慕华在北京就发展中南两国贸易和经济合作问题同南斯拉夫联邦外贸部部长迈托德·罗塔尔举行会谈

国务院副总理万里在北京会见以尤素福塞博士为团长的孟加拉国人民公社经营管理考察团

中国首次研制成功数字模拟混合计算机系统

11月8日

中共中央主席华国锋在人民大会堂会见南斯拉夫联邦执委会主席韦·久拉诺维奇一行

久拉诺维奇首先转达了南共联盟主席莫伊索夫对华国锋的问候。他说，华国锋主席参加铁托总统的葬礼是对南共联盟和人民继续执行铁托制定的路线和政策的支持。久拉诺维奇说，我们南斯拉夫领导人是很团结的。我们坚定地继承铁托同志的事业。

华国锋说，铁托同志曾以85岁高龄访问中国，给我们留下了深刻印象，他确实是一位久经考验的革命家。在谈到中南两党、两国关系时，华国锋说，我们的斗争历史上有很多相同的地方。因此，中国人民对南斯拉夫人民怀有特别的感情。现在我们两党、两国的关系发展得很好，进入了全面、持久、稳定发展的新时期。久拉诺维奇同志的来访，将进一步促进中南关系的发展。华国锋请久拉诺维奇回国以后转达他对莫伊索夫主席的问候。

中共中央副主席李先念在人民大会堂会见以中央农村发展委员会副主席阿佐多贝乌·科乔·弗朗索瓦为团长的贝宁人民革命党代表团

中共中央发出《关于认真做好对外援助工作的几

点意见》

全国人大常委会副委员长乌兰夫在北京会见香港佛教联合会访问团

在亲切的交谈中，乌兰夫说，我们党的宗教政策历来是宗教信仰自由。而“四人帮”对这一政策进行了极大的破坏。很多寺庙被毁，现在我们正在进行修复。他欢迎香港佛教界同胞经常回来看看。

访问团团长黄允畋谈到他们这次在各地访问中看到被破坏的寺庙正在修复，宗教信仰自由的政策正在贯彻执行，感到由衷的高兴，并对祖国四化事业抱有很大信心。

《人民日报》发表社论《积极发展劳动密集型行业》

从实际出发，充分发挥我国劳动力资源特别丰富的优势，避免资金不足、技术条件差的劣势，逐步改变我国经济、技术落后的面貌，这是我们在现代化建设中必须考虑的一个重大问题。

要顺利进行现代化建设，必须正确认识和切实解决建设进程中的一系列矛盾，其中包括人口特多和资金不足、基础薄弱的矛盾，大量引进先进技术与出口货源有限、外汇不足的矛盾，提高劳动生产率和充分就业的矛盾，生产发展和原材料、能源不足的矛盾，等等。积极发展劳动密集型行业的生产和出口，正是克服上述矛盾的一项有效措施。

发展劳动密集型行业的生产和出口的好处是：首先，它需要的投资较少，吸收劳动力较多，有利于在资金不足的条件下，解决劳动就业问题。这不仅对解决城镇中每年新增的几百万人的劳动就业问题起着重要作用，而且有利于解决农村多余劳动力的转移问题。在一些人多地少的省、市，尤其是如此。

其次，它在国际贸易中具有较强的竞争能力，出口比例大，换汇金额多，发展前途广阔，有利于解决大量引进先进技术而产生的外汇不足问题。当前，我国的主要贸易对象是日本、美国、西欧等发达国家，发展劳动密集型行业的产品出口，正好扬长避短。用我国的工艺美术品、服装鞋帽等穿着用品和日用陶瓷、日用五金、文教体育用品等劳动密集型产品去交换发达国家的先进技术装备等技术密集型产品，比较有利，大有可为。

最后，它一般具有料轻工重、能源消耗少的特点，有利于解决原材料和能源不足的问题。许多劳动密集型行业，尤其是工艺美术行业的许多产品，可以广开原料、材料来源，单位产值的能源消耗只有重工业的几分之一以至几十分之一，值得大力发展。

积极发展劳动密集型行业，着重发展日用工艺品，就是提倡日用品工艺化，工艺品适用化。可以用较少的投资容纳较多的人就业；用来源较多的原材料和较少的燃料生产数量较多又值钱的产品；可以发挥我国劳力多的优势来和其他国家竞争；可以为市场提供更多的商品或服务，为国家积累更多的资金和外汇，为农村提供大量的商品产值和加工费收入，为城镇提供大量的就业机会。这是一举数得的好事，何乐而不为！

有些同志认为：提倡发展劳动密集型行业，实际上也就是提倡发展手工业，用降低劳动生产率的办法来解决就业问题，只能是权宜之计。这种认识是片面的。

劳动密集型行业是和资金（技术）密集型行业比较而言，它和作为现代工业（机器生产）的对立面而言的手工业有着明显的差别。我们提倡积极发展劳动密集型行业，和采用先进技术提高劳动生产率并不矛盾。当然，我们提倡发展劳动密集型行业确实包括发展某些手工业，特别是工艺美术行业在内，并且多数劳动密集型行业是从手工业基础上发展起来的日用品工业和纺织穿着用品工业。它能适应我国现代化建设的客观要求，充分调动我国的人力、物力资源，使自动化、机械化、半机械化生产和各式各样的手工劳动都得到应有的发展，不断地向生产的广度和深度进军。但是，不能因此就把发展劳动密集型行业和单纯地发展手工业等同起来。

发展劳动密集型行业比发展手工业的含义要广泛得多。不仅因为在继承和发扬手工业优良的传统技艺的同时，还需要进行必要的技术改造，而且劳动密集型行业不限于工业，它适用于国民经济的各个部门。在我国，诸如农村中的多种经营和社队企业，城镇中的建筑业、饮食业、商业、城市服务业、园林业等等，都是需要积极发展的劳动密集型行业。长期以来，由于片面强调优先发展重工业，使我国的就业结构很不合理，工业特别是重工业部门就业人数比重过大，而在轻工业、纺织工业和上述各种劳动密集型行业就业的人数比例很不相称。结果在广大农村中劳动力窝工而多种经营得不到发展，在城镇中许多工作没人干而同时许多人又没事干。要从根本上改变这些不合理现象，就需要积极发展劳动密集型行业。

发展劳动密集型行业，一定要讲究经济效果。有些重工业生产，诸如小钢铁厂、小机械厂、小化肥厂、小炼油厂等，从某种意义上讲，也可以算是劳动密集型行业。但是，二十多年来的实践证明，这些行业的绝大多数企业能源消耗大，产品质次价高，长期亏损，因而就不应该发展。比起资金（技术）密集型行业来，劳动密集型行业一般具有投资较少、技术装备程度较低和用人较多的特点。当然，不能就此得出用人越多越好、手工劳动比重越大越好的结论。不论是重工业还是轻工业，迄今还有一批技术落后、用人很多的企业，应该以较少的投资进行适当的技术改造。发展劳动密集型行业也要统筹规划，不能重复建厂、重复生产、以小挤大，像小纺织厂、小肥皂厂、小烟厂、小酒厂等，凡是现有企业的生产能力已经过剩的，就不要再去盲目铺点，特别是不要把短缺的原材料供应新建的技术落后的企业，使那些技术先进的现代工厂停工待料。总之，脱离我国的实际，片面追求先进技术是不对的；片面强调劳动就业，不讲劳动生产率，忽视经济效果也是不对的。

发展劳动密集型行业，应该因地制宜，发挥各个地区的优势，扬长避短。在工艺美术行业的各类产品中，特别要注意发挥传统产区的优势，积极发展传统名牌产品的生产，积极创造新的名牌产品；在服装鞋帽等穿着用品和以塑料、橡胶、皮革、木材等为原料的日用工业品生产中，应该积极发挥老的轻工业基地的技术优势；适合就地加工的农副产品，应该尽可能发挥当地的资源优势；出口产品应该尽可能发挥沿海和沿边地区的地理优势。各省、市的人口、资源、运输和技术条件不一样，应该根据具体情况发展哪些适宜发展的劳动密集型行业或产品，不能“一刀切”、一阵风。

积极发展劳动密集型行业，关系到整个国民经济发展的全局，不是权宜之计，对此，要有足够的认识。各地区、各部门应该通过调查研究，切实制定发展规划和具体方案；从税收、价格等各个环节和人力、物力、财力等各个方面，加以扶植和鼓励。

全国农机产品订货会在安徽省博物馆举行

这些产品来自全国28个省、市、自治区的900多个工厂，共5万多台、件。这次订货产品的范围包括各种农业机械、农副产品加工机械、牧业机械、运输车辆，以及各种农业机械配件。会上，还专门展销农机系统生产的日用工业产品，如电风扇、洗衣机、绞肉机等。同时接受各种国产和进口汽车、拖拉机、内燃机、联合收割机等机械的配件和修理业务。

中国和南斯拉夫两国政府在北京签订一项海运合作协定

这项协定规定双方在平等互利的基础上加强和促进两国间的海运合作，并确定了处理两国海运关系的原则。协定规定，两国互为对方商船和船员提供最惠国待遇。

全国人大常委会副委员长廖承志在北京会见以堀元美为团长的日本国际海洋问题研究所海洋力量研究会访华团全体成员

国务院副总理余秋里在北京会见以董事会主席兼首席执行官拉尔夫·贝利为团长的美国大陆石油公司代表团

《文艺报》举行座谈会研究改革文艺体制问题

《人民日报》报道，最近，《文艺报》编辑部邀请在京的30多位文艺工作者举行座谈会，讨论文艺体制的改革等问题。

到会同志充分肯定了近4年来文艺战线的成就，同时指出，文艺工作还不能适应当前四化建设的形势和广大群众的需要，体制上存在的某些弊病，已经成为影响文艺事业发展的尖锐问题。新中国成立以后31年的历史说明，对文艺创作粗暴干涉的现象，不只是某些文艺领导部门的思想作风、工作水平造成的，也与我们现行的文艺体制有关。

座谈会上，大家列举事实，对文艺单位普遍存在的机构庞大臃肿、官僚主义和衙门化作风等提出了批评。一些同志指出有的领导干部不懂文艺又甘居外行，于是许多该管该做的事情不管不做，不该管不该做的事情却去干预，使许多文艺事业、作品得不到扶持和支持，文艺生产力受到束缚。

会上，同志们还提出了许多改革文艺体制的具体建议和设想。

11月9日

《人民日报》发表评论员文章《国营农场办农工商联合企业前途广阔》

近两年来，全国已有1/3的国营农场建立了农工商联合企业，取得了初步成果，并积累了经验。实践表明：这种新兴的经济联合组织，符合经济发展规律，具有旺盛的生命力和广阔的发展前景。

农工商三者本来应该是互相依存、互相促进的整体。但是，这种符合经济规律的合理联系，多年来却被不合理的经济管理体制割断了，使农业长期处于单纯提供原料的地位，严重地束缚了农业的发展。国营农场也不例外，经营没有什么自主权，产品加工和流通受到种种限制，企业的内在活力被窒息了，职工的积极性受到严重影响，加上经营管理不善，致使相当一部分国营农场连年亏损。试办农工商联合企业以后，拴在这些农场身上的绳索被解开，农副产品就近加工，大搞综合利用，产销直接见面，农工商出现了蓬勃发展的局面。今年自然灾害较多，但参加试点的国营农场普遍增加了收入，增加了盈利，有的甚至增加了几倍、几十倍。由于产销直接见面，减少了中间环节，降低了商品售价，活跃了市场，方便了群众，受到群众的欢迎。事实证明,这是一项富国利民的大有前途的事业。世界上许多经济发达的国家,大都是走农工商联合经营的道路,说明这种联合经营形式是实现农业现代化的必由之路。不仅国营农场要这样办,集体所有制的社队也在试办。国营农场机械化水平和专业化水平较高,加工业有基础,理应先走一步,为办好农工商联合企业起示范带头作用。

农工商联合企业办工业、办商业,必须首先发展当地农业、林业、畜牧业优势,同时因地制宜搞好副业、渔业和各项土特产生产。这样,加工、销售才有物质基础。凡是产品有竞争能力、能为市场所欢迎、经济效果好的加工业,要积极发展。条件不具备,要争取与外界联合。不论是农垦系统内部的联合,还是与外部联合,或者两种不同所有制之间的联合,都应该遵循自愿、互利的原则,照顾各方面的经济利益。

国营农场办联合企业,应该树立全局观点,服从国家计划,讲求经济效果,防止与国家争原料,盲目建厂。如果农场生产的原料,自己加工的产品质量差,从国家整体利益来考虑不合算,那就要首先满足技术设备条件好、产品质量高的单位原料的需要。同时,加工单位也要从经济上照顾到农场的利益。在创业中,国家的帮助是重要的;但是,在目前国家财力、物力都有困难的情况下,主要的是靠自己自力更生,艰苦奋斗,努力改善企业经营管理,提高产品质量,降低产品成本,生产出更多丰富多彩、货真价实、物美价廉的商品。

办农工商联合企业,是个新兴的事业,许多人对它还不了解,也必然会出现这样那样的阻力,如地区封锁、部门分割等。热心于创办农工商联合企业的同志,要做经济体制改革的促进派,积极宣传党的政策和决定,讲清道理,主动争取有关单位和当地领导的支持和帮助,注意解决矛盾的方式和方法。大家认识统一了,事情也就好办了。同时也要知难而进,勇于闯难关。今天发表的浙江省萧山国营农场创办啤酒厂的成绩,就是冲破了重重阻力,克服了很多困难取得的。

农工商联合企业前途广阔。办农工商联合企业,是经济发展的必然趋势,也是目前我们正在进行的经济体制改革的重要内容。它不是哪一个部门的事,是各级党组织、各级政府、各有关部门的共同任务。大家要从大局出发,大力支持农工商联合企业。

中国社科院 农业经济研究所等在南宁市召开全国第一次林业经济理论讨论会

这次会议紧紧围绕森林生态经济,林业管理体制和结构,林业所有制以及如何实现中国式的林业现代化等问题,进行了热烈的讨论。

关于森林生态经济问题,着重提出了森林在维持自然生态平衡中的重要作用。代表们大声疾呼,我国森林当前正遭受着新中国成立以来的又一次大破坏,并摆出大量破坏森林、乱砍滥伐的事例,分析原因,提出了制止森林破坏的建议。代表们指出:这样迫在眉睫的问题,必须引起各级领导的充分注意,不然的话,就会受到大自然的无情惩罚。

与会代表认为,造成森林大破坏的原因是多方面的。其中一个重要原因,是人们对林业生产与自然生态和其他经济的密切关系认识不足。长期以来,对森林只看到提供木材的作用,没能认识到森林在维持生态平衡中所起的重要作用和所占的重要地位。代表们建议:要建立森林生态经济学的研究学科。

关于改革现行的林业管理体制和结构问题,大家认为,我国现行的林业管理体制不合理,也是造成森林破坏的一个重要原因。长期以来,林业多头经营,各自为政,习惯于用行政管理的办法,不讲经济效果。在林业内部长期实行以木材生产为中心的经营方针,势必造成重采轻造,采多于造,这是多年来林业发展缓慢的原因之一。代表们认为,改革林业经济管理体制,对营林要实行企业化经营,尊重客观规律,才能有效地保证森林资源的扩大再生产。

会议还讨论了林业所有制问题。与会同志认为,当前我国存在着国有林、集体林和私有林三种所有制。长期以来,由于林权不稳定,造成森林资源的严重破坏。建议有关部门,迅速处理林权纠纷,稳定林权。

林业现代化是实现四个现代化的重要组成部分。关于林业现代化的标志,有的同志提出应以森林覆被率、林木生长率、劳动生产率、森林资源利用率、林业技术装备率等为标准。也有的同志认为,指标不宜过多,只要能体现数量和质量的森林覆被率和林木生长率就可以了。林业现代化建设,必须考虑到森林的多种效益,及其在维持生态平衡中所起的重要作用。

农业科教纪录影片《草蛉》在葡萄牙圣塔伦第十届国际农业和环境电影节比赛中获得金质奖

11月10日

中共中央政治局连续召开会议讨论批准向党的十一届六中全会提出的人事更动方案

11月10日至12月5日,中共中央政治局连续召开9次会议,主要议题是讨论、批准向党的十一届六中全会提出的人事更动方案。

中共中央政治局通过3项决议:1. 向将要召开的十一届六中全会建议,同意华国锋辞去中央委员会主席、中央军委主席职务。2. 向六中全会建议,选举胡耀邦为中央委员会主席，邓小平为中央军委主席。3. 在六中全会前，暂由胡耀邦主持中共中央政治局和中央常委的工作，由邓小平主持中央军委工作，都不用正式名义。这次会议还决定，对《关于建国以来党的若干历史问题的决议（讨论稿）》，参照讨论中提出的意见进行改写，最后提请六中全会讨论通过。中共中央政治局认为：现在通过这一决议的时机已经成熟，不宜再行延迟。

国务院总理赵紫阳与新加坡总理李光耀在人民大会堂举行会谈

两位总理就当前的国际形势，特别是东南亚和柬埔寨局势，坦率地交换了意见。他们在会谈中还讨论了进一步发展中新两国的友好合作关系问题。

《解放军报》发表评论员文章《领导干部的迫切课题》

评论说，努力学习和坚决拥护党的正确路线和方针政策，这是作为领导干部必须具备的政治条件。我们军队是拿枪杆子的，尤其要强调这一点。我们说选拔干部要注意政治条件，在当前就是指要坚决拥护党的十一届三中全会以来的思想路线、政治路线、组织路线和一系列的方针政策。一个领导干部对于党的三中全会以来的路线方针政策，如果不认真地学习，不很好地理解，就做不到自觉执行，更说不上坚决维护。这样的领导干部，就不会得力，就不是人民所能信得过的。

各级领导干部首先学好党的路线方针政策，是搞好部队政治思想教育和加强各级领导班子建设的需要，是我军保持坚定正确的政治方向，加速现代化革命军队建设的需要。

评论指出，要真正学好党的三中全会以来的路线方针政策，需要继续解放思想，坚持理论联系实际的马克思主义学风。对于各级领导干部来说，有这样几个方面的问题值得注意：

要从我们所处的大转折时期的特点出发理解党的各项现行政策。党的路线方针政策，是建立在对客观形势科学分析的基础上的，弄清了当前究竟处于一种什么形势，才能理解党为什么实行这样一些方针政策。我们国家蒙受十年浩劫以后，好似大病初愈的病人需要医治、调养，我们必须采取许多能使人民休养生息的政策，调动人民群众的积极性。显然，不在各方面进行改革不行，小改小革也不行，非进行大的改革不可。这个改革已经取得了初步成效，但还是刚刚开始。我们的同志特别是各级领导同志，只要坚持从实际出发，实事求是，对党提出的各项新政策就不难正确理解了。

要从基本理论上认识党的现行政策的必要性、正确性。我们党现行的各项政策，是根据马克思主义关于生产力与生产关系、经济基础与上层建筑相互关系的理论，关于社会主义经济的学说，结合我国现实情况提出的。它符合我国现阶段生产力的发展水平，切合各地的实际需要。我们要正确地理解党的现行政策，就要认真地学点政治经济学，懂得社会主义经济发展的客观规律；就要认真地学习辩证唯物论，把思想路线搞端正，力戒主观性、片面性和表面性。

要使自己对党的现行政策的思想感情同广大人民群众的思想感情一致起来。一项政策正确与否，要看是否于发展生产有利，是否为人民群众欢迎。例如，我们党现阶段所实行的农村经济政策，在一定意义上说是要“治穷”。随着政策的贯彻落实，广大农村的生产得到恢复和发展，有的地方农民长期不得温饱的，一年两年景况就变了。实践是检验真理的唯一标准。只要亲自到前不久还是相当贫困、落后的农村去访富问甜，作点调查研究，农村的实际变化必然会帮助你了解现行政策的威力。

评论说，对党的三中全会以来的路线方针政策的贯彻执行，一定要做到言行一致，表里如一，凡是思想和行动不符合的，就要切实改正过来。

科学家建议中共中央书记处和国务院尽快设立科学顾问小组

《人民日报》报道，在几天前中国科学院召开的一次工作座谈会上，科学家们指出，领导和指挥现代化的经济建设和社会改造，需要广博、精深的现代科学技术知识，一些重大的科技政策的确定，更离不开缜密的调查研究和科学论证。这就不能仅仅依靠领导者个人的学识，还要依靠专家们集体的智慧。

科学家们列举了近几年我国经济建设中一些决策的失误，如宝钢地基问题、川气出川问题等，一些科学家早就提出不同意见，但由于缺乏一套制度和与之相应的组织形式的保证，这些正确的意见未能被决策者采纳。

科学家们认为，在中共中央书记处和国务院设立科学顾问小组，可以起到科学问题的顾问、参谋和“智囊团”作用。只要明确规定哪些问题的决定必须征询该小组的意见，逐步形成一套制度，并且长期实行下去，就能防止和避免个别领导人决策的失误，使国家的科技政策有一个必不可少的稳定性和延续性。

科学家们还建议，科学顾问小组的成员应由各学科有真才实学、真知灼见的科学家担任。

青海省超额完成绵羊毛收购任务

截至11月10日统计，今年青海省已收购绵羊毛

2616万斤,超额0.8%完成了国家收购任务。目前,牧区仍在继续交售羊毛。

青海省是我国羊毛主要产区之一。今年以来,青海省人民政府和牧区各自治州、县都加强了对羊毛收购工作的领导,在羊毛生产和收购季节,派出大批干部深入牧区社队,向干部、群众宣传全国一盘棋的思想,严格执行国家收购政策和价格政策,努力完成国家的收购任务和调拨任务。商业部门也改变了过去坐等上门的经营作风,在羊毛收购旺季,派出汽车到各个牧业点巡回收购,在交通不便的边远牧区还设立了临时收购站,方便了群众。

舞蹈家陈爱莲在天桥剧场举行个人专场晚会

新中国舞蹈家举行个人专场演出,是新中国成立以来的第一次。陈爱莲献给观众的第一个舞蹈是她的成名作《春江花月夜》,18年前她表演的这个舞蹈和也在今晚献演的《蛇舞》,都在第八届世界青年联欢节上获得金质奖章。1978年当她访美再度演出《春江花月夜》时,舆论界给予"天衣无缝"、"精彩绝伦"的高度评价。

11月11日

中共中央主席华国锋在北京会见由卡里略总书记率领的西班牙共产党代表团

华国锋主席向卡里略总书记等同志前来我国访问表示热烈的欢迎。他说,西班牙共产党是一个受到中国共产党人敬重的、具有光荣革命斗争传统的党。代表团的来访是两党关系史上的重要事件。他回顾了两党悠久的友好关系,并特别提到了30年代后期,西班牙共产党人反对佛朗哥法西斯的英勇斗争,曾经给当时正在抗击侵略者的中国共产党人及其领导的广大军民以很大的鼓舞。

华国锋说,在代表团访问期间,两党将就共同关心的问题举行会谈并实现关系正常化,这是一件很好的事情。他希望双方在会谈中将坦率地、同志式地交换意见。双方的共同点很多,不一致的方面是次要的。他说,各国共产党都是独立的、平等的,它们都应该把马克思主义的普遍真理同本国的革命实践结合起来,并制定自己的路线、方针、政策。

卡里略在回顾两党关系时指出,中国共产党人历史上的革命斗争,特别是长征的英雄业绩,对于西班牙共产党人是一个榜样。毛泽东、周恩来、朱德在西班牙是家喻户晓的人物。他说,西共很高兴同中共恢复传统友谊。

谈到各国共产党之间的关系,卡里略说,我们反对"指导党"和"领导中心",我们反对谴责中国共产党的企图,也反对干涉其他党的内政。他说,西共将努力在西班牙寻求一条不同于苏联模式的通向社会主义的道路。他说,我们两党之间的共同点远远多于不同点,两党完全可以发展十分良好的关系。

卡里略还转达了西共主席伊巴露丽对华国锋主席和中共中央其他领导同志的问候。华国锋请卡里略转达他对伊巴露丽等西共领导同志的问候,并祝她健康长寿。

双方还就国际共运中的一些问题交换了意见。

全国人大常委会委员长叶剑英在人民大会堂会见泰国众议院议长汶廷·通沙瓦和由他率领的泰国众议院议会代表团

中共中央副主席邓小平在北京会见新加坡总理李光耀

中共中央副主席李先念在人民大会堂会见并宴请以朝鲜劳动党中央政治局委员徐哲为团长的朝鲜劳动党代表团

中共中央书记处总书记胡耀邦在北京宴请卡里略总书记及其率领的西班牙共产党代表团并发表讲话

亲爱的圣地亚哥·卡里略同志

亲爱的西共代表团同志们:

以总书记卡里略同志为首的西班牙共产党代表团不远万里来我国访问,我谨代表中国共产党中央委员会,向你们表示最热烈的欢迎。

西班牙共产党是一个具有光荣斗争历史和丰富斗争经验的党。在举世闻名的反法西斯内战时期和以后的长期斗争中,西共领导西班牙人民为捍卫民族独立、争取民主自由,进行了英勇顽强的斗争,赢得了中国人民和全世界人民的同情和支持。西共在国内取得合法地位后,加强了党和群众的联系,党的队伍迅速地壮大起来。你们在团结一切进步力量,争取国家民主化的斗争中,作出了积极的贡献。你们正在努力把马克思主义同本国的实际相结合,探索走向社会主义的道路。西共在国际活动中,坚持国家的独立自主,反对帝国主义和霸权主义,维护世界和平,正发挥着积极的作用。我们中国共产党人对西共坚持独立自主的原则立场和敢于探索的精神表示赞赏。

中西两党两国人民有着传统的友谊,卡里略同志以及西共其他许多领导同志都是我们的老朋友,中西两国虽然相隔千山万水,但共产主义的崇高理想把我们紧密地连接在一起。在过去的一段时间里,我们两党关系一度中断，这已成为过去的事了。我们一致地把眼光朝着伟大的未来。这些年来，国际形势、国际工人运动和共产主义运动都发生了巨大而深刻的变化，我国政治、经济和社会形势也有了重大发展和变化。在这样的日子里，卡里略同志率西共代表团来我国访问，我们双方就共同关心的问题进行同志式的会谈，我们感到由衷的高兴。我们相信，中西两党在完全平等、独立自主、互相尊重、互相信任的基础上实现两党关系正常化，不仅是中西两党两国人民的愿望，而且也符合世界共产主义运动与世界和平的利益。

亲爱的同志们，我们希望你们在我国访问期间就像在自己的家里一样生活愉快，相信你们所到之处都会感受到我们的党员和人民对西班牙共产党人和西班牙人民的友好情谊。我祝愿代表团同志们在这次访问中获得圆满成功。

现在我提议，

为中西两党两国人民之间的友谊的进一步发展，

为代表团访问取得圆满成功，

为伊巴露丽同志的健康，

为卡里略同志的健康，

为代表团同志们的健康，

为在座的所有同志们的健康，

干杯。

国务院决定解除李国才化工部副部长职务

化学工业部根据劳动部门和群众的揭发，与中共中央纪律检查委员会、中共中央组织部、国家机关临时党委的查处意见，鉴于李国才思想作风方面错误严重，又不称职，于10月中旬向国务院写了处理意见的报告。国务院于11月11日作出决定，批准解除李国才同志化学工业部副部长职务。

民政部发布施行《婚姻登记办法》

（1980年10月23日国务院批准）

《中华人民共和国婚姻法》规定，结婚、离婚、恢复结婚都要到当地人民政府婚姻登记机关进行登记。婚姻登记机关必须严格遵照婚姻法办事，要保障婚姻自由、一夫一妻制，防止包办买卖婚姻和重婚，保障男女双方和下一代的健康，防止亲属间不应结婚的婚姻，防止患有不应结婚的疾病的婚姻及其他违反婚姻法的行为。为此，制定婚姻登记办法如下：

一、申请结婚的男女双方，须持本人户口证明和所在生产大队或工作单位出具的关于本人出生年月、民族和婚姻状况的证明，共同到一方户口所在地的婚姻登记机关申请结婚登记。

凡离过婚的申请再结婚时，还须持离婚证件。

二、男女双方自愿离婚，并对子女和财产问题已有适当处理的，应到户口所在地的婚姻登记机关申请离婚登记。

三、离婚后，男女双方自愿恢复夫妻关系的，应到一方户口所在地的婚姻登记机关申请复婚登记，并退回离婚证件。

四、婚姻登记机关的工作人员应当遵照婚姻法和本办法的有关规定，对申请结婚、离婚和复婚的男女双方进行认真的了解，做好婚姻登记工作，不得草率或拖延，更不得徇私舞弊。对于符合婚姻法规定条件的，准予登记，并发给结婚证或离婚证；对于不符合婚姻法规定条件的，不予登记。

婚姻登记机关的工作人员在办理婚姻登记的时候，应当把婚姻法中关于结婚和禁止结婚的规定，向当事人讲解清楚。

五、申请结婚、离婚或者复婚登记的男女双方，对于婚姻登记机关必须了解的情况，都应当如实地告诉婚姻登记机关。婚姻登记机关发现当事人有违反婚姻法的行为而故意隐瞒的，应当予以批评教育，情节严重的，应当提请人民法院依法处理。

六、结婚证、离婚证由省、自治区、直辖市人民政府统一印制，由县（旗）、市辖区或不设区的市人民政府加盖印章。

七、办理婚姻登记的机关，在城市是街道办事处或区人民政府；在农村是人民公社管理委员会、镇人民政府。

距离婚姻登记机关路程较远、交通不便的地方，县（旗）人民政府可以委托就近的有关基层单位办理婚姻登记工作。

八、少数民族聚居地区的婚姻登记，如果本办法不适用，省和自治区人民政府可根据本办法的原则，结合当地民族婚姻的具体情况，制定某些变通的或补充的规定，分别报民政部和国家民族事务委员会备案。

九、本办法自发布之日起施行。1955年6月1日内务部公布的《婚姻登记办法》同时废止。

中国轻工学会食品学会在上海成立

学会将组织全国食品界的科技工作者，广泛开展科学研究活动和国内外的学术交流，积极推进食品工业的科学技术现代化，为满足人民群众日益增长的生活需要作出贡献。

福建提前超额完成财政收入计划

新华社报道，福建省已在11月上旬提前超额完成今年的财政收入计划。1—10月全省财政收入与去年同期相比，按可比的口径计算，增长8%左右。

福建省轻纺工业和农业的发展,为商业提供了较充足的货源,使得商业上交的利润和税收大幅度上升。今年1—10月,商业系统上交的利润比去年同期增长了83%;供销系统上交的利润比去年同期增长175.9%。

中国和菲律宾在马尼拉签署《双方存款便利细则》

根据这项协议,两国将各提供2000万美元为期5年的存款,以促进更密切的经济和贸易关系。

国务院副总理方毅在北京会见瑞典皇家工程科学院院务主任贡·哈姆布罗斯教授和夫人

农业部和英国农业渔业食品部在北京签署一项关于农业科学技术合作谅解备忘录

越军连日向我友谊关内开炮

新华社报道,从11月9日下午到今天,越南军队不断向我友谊关内的凭祥地区开炮袭扰,给我边境军民生命财产造成重大伤害。我边防部队忍无可忍,进行了炮火还击。

《赵丹书画遗作展览》在中国美术馆揭幕

这次书画遗作展览展出赵丹的书画的代表作200余幅。其中有他早期临摹的古代名画,有他利用拍电影外景时的大量写生画,有粉碎“四人帮”以后他的倾心之作。

11月12日

中共中央主席华国锋在人民大会堂会见新加坡总理李光耀

在亲切友好的交谈中,华国锋说,自从你第一次访华以来,我们两国的关系发展得很好。两天来,你同赵紫阳总理、邓小平副主席举行了诚挚友好的会谈和会见,两国领导人在一起深入地探讨一些共同关心的问题是很有好处的。

华国锋重申中国支持东盟国家的一贯立场。

李光耀说,我们东盟国家要进一步加强团结,以维护这个地区的和平与稳定。他指出,对于东盟今后面临的危险的看法,我们同中国是很相似的。

中共中央副主席李先念在人民大会堂会见以索马里革命社会主义党中央委员优素福·易卜拉欣·卡里为团长的代表团

中共中央书记处总书记胡耀邦同西班牙共产党总书记圣地亚哥·卡里略在北京举行会谈

国务院总理赵紫阳在北京会见泰国众议院议长汶廷·通沙瓦率领的泰国众议院议会代表团

北京上海南京广州武汉各界人士举行各种活动纪念孙中山先生诞辰114周年

《人民日报》发表评论员文章《专业承包联产计酬好》

近两年来,在党的三中全会精神的鼓舞下,广大农村干部和社员群众,解放思想,大胆探索,创造了多种多样的农业生产责任制形式。其中,专业承包联产计酬责任制,将统一经营与分工协作适当结合起来,既发挥了集体经济的优越性,又调动了社员个人的积极性,有明显的经济效果,很受群众欢迎。这是农业经营管理上的一大进步。

这种专业承包联产计酬责任制,本报已介绍过陕西米脂县孟家坪生产队、山西吉县东庄生产队和内蒙古杭锦后旗红星大队三例。总的做法是:在生产队统一领导、统一经营下,根据经营内容和生产条件,实行专业分工,包工包产。擅长农业的劳动力,按能力的大小分包耕地;擅长林、牧、副、渔、工、商各业的劳动力,按能力的大小分包各业;各业的生产,根据方便生产、有利经营的原则,分别包到组、包到劳力、包到户;生产过程的各项作业,生产队宜统则统,宜分则分;包产部分统一分配,超产或减产分别奖罚;所有这些都以合同形式确定下来,当年或几年不变。

顾名思义,这种责任制有两个突出的优点:

一是在统一经营下实行专业分工,稳定了生产队的经济主体地位,改善了集体的经营管理,而且这样分工协作,与建设专业化和社会化大农业的方向相一致,大有发展前途。这有利于跳出单一经济的狭隘圈子,走上农林牧副渔全面发展、农工商综合经营的道路;有利于摆脱自给自足的“小而全”的经营方式,发展商品生产,把农村经济搞活搞富;有利于合理使用各种劳动力,挖掘劳动潜力,有本事的人从事擅长的事业,可以充分发挥所长,半劳力、辅助劳力、烈军工干四属户,也可以从事力所能及的劳动,各得其所。这样做,更便于充分利用自然资源,广开生产门路,发挥经济优势;便于推广科学技术,培养专业人才,不断提高农村生产力水平。

二是在统一分配下实行联产计酬,适应了广大社员要求劳动报酬同产量挂钩的意愿,更好地贯彻了按劳分配原则,有效地克服了劳动计酬上的平均主义。

专业组、专业人或专业户向生产队承包产量，生产队根据专业组、专业人或专业户实际完成的产量计酬计奖，这就把社员的劳动贡献与劳动收入更紧密地联系起来，把个人的经济利益同集体的经济利益更直接地结合起来，从而大大改变广大社员在参加集体生产劳动中的精神面貌。群众说："联产如联心，谁联谁操心。"这句话说明，联产计酬能够恰当地协调集体与个人的关系，调动广大社员的积极性和主动性。

我们讲责任制，是集体经济的责任制。集体经济的优越性能否发挥出来，集体经济能否巩固和发展，关键是看能否把责任制搞好。多年来，干活"大呼隆"，计酬一拉平，责任不清，奖罚不明，管理制度废弛，障碍了集体优越性的发挥，挫伤了社员从事集体生产的积极性。专业承包，联产计酬，把集体经济优越性和个人积极性结合起来，把两个积极性都调动出来，正是集体经营管理的一大进步。那种把专业承包、联产计酬，说成是"只看增产，不看方向"，是"倒退"的顾虑和非难，如果不是误解，就是对过去那套"左"的东西，还缺乏切肤之痛。其实，专业联产，是农业生产逐步走向现代化、企业化的必然趋势，它完全符合分工协作的原则和按劳分配的原则。比起"大呼隆"干活和"一拉平"计酬来，社员的劳动效率要高得多，劳动效果要好得多，这哪是什么"倒退"呢？所以，看责任制形式的正确与否，只能看它是否有利于鼓励生产者最大限度地关心集体生产，有效地促进增产增收，而不是什么空洞的"方向"。

各地实践证明，这种责任制形式，在生产项目比较单一、经营规模比较小的社队适用，在多种经营比较发达、生产规模比较大的社队也适用。特别是在那些集体经济办得很不好，生产力水平很低的地方，可以通过这种形式，逐渐增加集体经营因素，壮大集体经济力量，使那里的群众坚定依靠集体致富的信心。但是，推广这种责任制形式，要坚持因地制宜原则，尊重群众意愿，保持它的适应性和灵活性。在劳动组织上，视生产需要，人可多可少；在生产过程中，各项作业宜统则统，宜分则分；在联产计酬上，既可以联系产量，又可以联系产值，有的生产项目还可以联系纯收入。总之，因地制宜保持这种责任制的灵活性，就能充分发挥它的优点，进一步组织社员齐心协力办好集体经济。

福州市成立国际信托服务公司

这个公司的主要任务，是为来福州以及周围侨乡的海外华侨、港澳同胞、台湾同胞和外宾代购、代托运零星商品，办理侨商、外商委托催办的商业等业务，为华侨、港澳同胞代购支援侨乡建设需要的各种物资，并负责运往省内各地。同时，还经营外贸部门不经营的小批量生产、生活资料。

中国轻工学会家用电器工程学会在杭州成立

家用电器学会将组织全国家用电器工程科技人员，对我国家用电器工业的重大技术、经济政策等问题，开展学术讨论，广泛征集意见，充分发挥咨询作用。

国务院副总理谷牧在人民大会堂会见美国塞勒斯·伊顿财团代表团

国务院副总理杨静仁在人民大会堂会见联邦德国体育联合会主席维利·魏尔一行

北京师范大学前校长陈垣诞生100周年纪念会在全国政协礼堂召开

方毅、杨秀峰、楚图南、白介夫、臧伯平、郭明秋和教育界、学术界的著名教授、专家，以及陈垣的亲属和北京师范大学教职员工代表共400多人参加了纪念会。

陈垣字援庵，1880年出生于广东新会，1971年6月因病逝世于北京。陈垣从事教育工作70余年，善于启迪学生以治学门径，鼓励他们在扎实的根底上用功夫。他著述繁富，在史学研究上有很大的贡献。新中国成立后，陈垣以古稀之龄积极地学习马列主义，参加社会主义新中国的革命和建设事业。在79岁高龄时，光荣地参加了中国共产党。

陕西机械学院北京研究生部在北京成立

《人民日报》报道，一机部陕西机械学院(原北京机械学院)北京研究生部最近在京成立。这个研究生部设置机械、自动化、计算机、工业经济管理等学科，将招收二年制、四年制研究生，为机械工业培养高级科技人才和企业管理人才，以提高机械工业的技术、管理水平，适应四化建设的需要。同时，举办企业管理干部研究班、技术人员专题进修班、外语进修班。

中国青年男篮获得第六届亚洲青年篮球锦标赛冠军

北京火车站10月29日发生的爆炸案件被公安机关侦破

11月13日

《人民日报》发表评论员文章《坚决打击犯罪分子》

北京车站发生的爆炸案件，在人民群众的积极配合下，已被公安机关迅速侦破。这样一起重大案件，公安机关只用了几天时间就侦破了,这是值得赞扬的。它有力地证明:我们的忠于职守、智勇兼备的人民公安机关,是维护社会治安和保护人民利益的必不可少的和具有强大威力的人民民主专政的工具。

公安机关战斗在维护社会治安的第一线,担负着打击犯罪分子维护社会治安的光荣任务。圆满完成党和人民交给的这一光荣任务,及时侦查破获各类案件,特别是那些重大案件,是人民公安机关的一项十分重要的工作。有些犯罪分子常常错误地认为:自己不供认犯罪事实,公安机关就难以侦破。这种侥幸的心理往往只不过是犯罪分子的自我安慰而已。大家都知道,粉碎"四人帮"以来,公安队伍经过整顿,公安工作的优良传统和作风得到了不断的恢复和发扬,公安干警的业务水平和战斗力迅速提高。北京火车站的爆炸案件迅速侦破就是突出的一例。这一爆炸案的案情复杂,然而,公安机关依靠人民群众,严肃紧张、广泛深入地开展工作,侦查到大量的确凿的证据,及时查明了当场被炸死的王志刚就是作案的罪犯。这就说明,在人心思治的今天,犯罪分子的任何破坏活动,都是人民群众所绝对不能容许的。进行破坏和捣乱的任何犯罪分子,都不可能逃脱法律的制裁。同时,这起爆炸事件还告诉我们,在全国人民齐心协力建设四化的大好形势下,对于极少数反革命分子、严重破坏分子、严重犯罪分子、严重犯罪集团的破坏活动决不能麻痹大意、放松警惕。目前,要继续对各种严重犯罪分子和蓄谋犯罪分子坚决打击,以确保安定团结的政治局面。

据有关部门的调查,走上犯罪道路的人中,确有少数是由于他自己的某些愿望和要求一时得不到满足,便产生不满情绪,甚至铤而走险,走上与社会与人民为敌的犯罪道路。应该看到:我们国家大,人口多,底子薄,特别是林彪、"四人帮"十年的破坏,给国家造成很多困难。目前,有些问题已经得到解决或正在解决之中。然而,由于种种原因,有些问题并不是很快就能解决的。这就需要大家体谅国家的困难,需要继续发扬艰苦创业的精神,正确处理个人利益与国家利益的关系。我们坚定地相信,在社会主义建设不断发展的过程中,这些困难一定能够不断被克服,人民群众的物质和文化生活,一定会逐步得到改善。改善人民生活,为大多数人谋利益,是我们党和我们社会主义国家的坚定不移的根本宗旨。我们也要求各级党、团组织和领导干部,针对群众生活中的问题,一方面在可能范围内努力解决,一方面对于暂时还不能解决或不能完全解决的问题,要做深入细致的解释说服工作和思想政治工作。思想工作做得及时、认真、细致,与关心和改善群众生活密切结合,就可以防止一些矛盾的激化,就可以防止一些人走入歧途。但是,对那些严重破坏社会主义建设事业和严重破坏社会秩序的犯罪分子,必须依法惩办,决不能手软。对于少数极端个人主义者,要向他们讲明这样一个道理:个人主义的恶性发展,以致走上与社会与人民群众为敌的犯罪道路,其结果也只能是被亿万人民所痛恨和唾弃。

商业部发出做好今冬明春旺季市场购销工作通知

商业部在关于做好今冬明春旺季市场供应工作的通知中,要求各地商业单位积极做好适合旺季市场需要的商品收购和供应工作,重点是当前市场供应紧缺的商品,农村旺季市场需要的商品以及少数民族特需用品。

通知说,今年各地蔬菜供应不好,数量少、价格高,群众意见很大。搞好蔬菜供应是关系到广大人民生活的大事,各级商业部门一定要依靠当地党委把蔬菜生产抓好,切实把蔬菜供应作为安排好市场的一项重点工作来抓。蔬菜价格一定要稳住。

通知要求各地抓好生猪旺季的收购和供应工作。

要加强对工业品的收购和调拨工作。对关系国计民生的重要商品,必须严格执行国家下达的调拨计划。要积极支持供销社大力组织工业品下乡。特别是对商业经营的供应紧缺的品种,要严格执行城乡分配比例。

商业部在通知中还要求各地商业部门减少库存积压,利用旺季积极推销商品。

南方地区水稻生产经验交流会提出南方要发挥优势增加稻谷产量

新华社报道,农业部最近在浙江省嘉兴县召开的我国南方水稻生产经验交流会。南方13个省、市、自治区的农业部门的代表,在会上交流了近几年来水稻生产的经验,并就如何进一步发挥南方地区水稻生产的优势进行了探讨。

会议认为,在发挥南方水稻生产优势中,要注意处理好粮食生产与其他各业之间的关系,使之互相促进,全面发展。各地在进一步调整农业内部结构的时候,必须贯彻积极稳妥的方针,既要注意因地制宜,实事求是,又要强调量力而行,稳步前进。要在保证粮食总产逐年稳定增长的前提下,有领导地、有计划地逐步进行调整,避免粮食生产大起大落。

会议还对南方水稻地区的耕作制度问题进行了探讨。大家一致认为,应该坚持从实际出发,因地制宜的原则,决不能搞"一刀切"、"一阵风"。

各地代表还认为,要进一步发挥南方地区水稻生产的优势,必须充分调动粮农的生产积极性。要进一步落实各种生产责任制,改善经营管理,并采取一些有利于发展粮食生产的经济政策,逐步解决生产粮食成本高、收入低的问题，使农民从生产粮食中得到更多的好处。

国务院副总理薄一波在北京会见由安德烈·福蒂埃主席率领的加拿大社会科学和人文研究理事会代表团

国务院批转国家出版事业管理局 人事部《编辑干部业务职称暂行规定》

为了加强对编辑干部的培养、考核和合理使用，建立一支又红又专的编辑干部队伍，充分发挥编辑干部的积极性，鼓励他们努力钻研业务，促进社会主义科学、文化和新闻出版事业的繁荣，特制定本规定。

第一条 编辑干部的业务职称定为：编审、副编审、编辑、助理编辑。

第二条 确定和晋升业务职称的编辑干部，必须拥护中国共产党的领导，热爱社会主义祖国，努力学习马克思列宁主义、毛泽东思想，认真执行党的路线、方针、政策，刻苦钻研业务，积极工作，为实现四个现代化贡献力量。

第三条 确定和晋升编辑干部的业务职称，应以学识水平、业务能力和工作成就为主要依据，并适当考虑学历和从事专业、编辑工作的资历。

第四条 高等院校本科毕业生见习一年期满或具有同等学力的，具备下列条件，确定为助理编辑：

(一)具有本专业一定的基础理论和专业知识；

(二)初步掌握编辑业务(如联系作者，组织、整理、撰写稿件等)，有一定文字水平，能够对稿件进行初步处理；

(三)初步掌握一门外语。

第五条 助理编辑或具有同等业务水平的，具备下列条件，确定或晋升为编辑：

(一)具有本专业比较系统的基础理论和专业知识，熟悉本学科的发展动向；

(二)熟练地掌握编辑业务，有较高的文字水平，有独立处理稿件的能力，在工作中取得一定成绩；

(三)掌握一门外语。

第六条 编辑或具有同等业务水平的，具备下列条件，确定或晋升为副编审：

(一)具有较广博的科学文化知识，对某门学科有较深的研究，有一定水平的著译。

(二)编辑工作经验比较丰富，具有相当的政策、理论水平，对稿件的质量有较高的鉴别能力，能够解决编辑业务中的疑难问题；能够根据一个学科领域的发展状况和需要提出选题规划意见，或根据形势提出报道计划意见；在工作中取得显著成绩。

(三)熟练掌握一门外语。

第七条 副编审或具有同等业务水平的，具备下列条件，确定或晋升为编审：

(一)具有广博的科学文化知识，对某门学科有系统的研究和较深的造诣，有较高水平的著译；

(二)编辑工作经验丰富，有较高的政策、理论水平，能够组织、指导完成较大的编审或报道任务，解决编辑业务中的重大问题，工作成绩卓著；

(三)熟练掌握一门以上外语。

第八条 确定和晋升编辑干部的业务职称，必须经过考核。在平时考绩的基础上，每一年至三年考核一次。工作中有突出贡献或成绩特别优异者，可随时考核，破格晋升。

对各级编辑干部的考核，应当严格掌握考核条件。对不具备规定学历的，除评议其业务成绩外，还应当对本专业必需的基础理论、专业知识和外语程度进行测验。

第九条 编辑干部确定或晋升业务职称，按照干部管理权限，由相应的评审(或学术)组织评定。各级评审组织的组成，由同级主管机关批准。

第十条 确定和晋升编辑干部的业务职称，须由本人申请或组织推荐，填写业务简历表，提出业务工作报告或学术论著，经过相应的评审(或学术)组织评定后，由主管机关授予业务职称。

编审和副编审，由国务院各部委或省、自治区、直辖市人民政府授予；编辑，由相当于行政公署一级机关授予；助理编辑，由相当于县一级机关授予。对取得编辑以上业务职称的干部，颁发证书。

第十一条 本规定适用于出版、新闻单位以及经国务院各部委和各省、自治区、直辖市批准的刊物的现职编辑干部。

第十二条 国务院各部委和各省、自治区、直辖市人民政府可根据本规定，结合实际情况，制定实施细则。

11月14日

中央纪委在北京召开第三次贯彻《关于党内政治生活的若干准则》座谈会

座谈会11月14日至29日召开，胡耀邦在会上传达和阐述陈云关于执政党的党风问题是有关党的生死存亡问题的重要意见，并就搞好党风问题作了讲话。

这次座谈会，是根据中央书记处的指示精神召开的。参加会议的有各省、市、自治区，中央一级党政机关，军委直属机关、各军兵种、各大军区、军事院校纪检部门负责人和有关同志共370多人。会议由中央纪委副书记王从吾主持。在会议进行期间,中共中央副主席、中央纪委第一书记陈云对搞好党风问题提出了重要意见;中共中央政治局委员、中央纪委第二书记邓颖超出席了会议;中共中央书记处总书记胡耀邦,中央纪委常务书记黄克诚等作了重要讲话。中央书记处听取了会议情况的汇报,并对加强纪律检查工作作了重要指示。

会议根据大家的意见和建议,提出一定要把本地区本部门最突出、群众反映最强烈的不正之风刹住,使党群关系有明显的改善。会议要求全党继续认真地进行党性和党规党法的思想教育工作,组织党员联系实际,深入学习《关于党内政治生活的若干准则》(以下简称《准则》)和党章(草案);运用各种宣传舆论工具,宣传好的典型和知错改错的典型,使广大党员懂得党的优良传统和优良作风,从各方面提高党员干部的思想觉悟和抵制不正之风的自觉性;建立和健全各项制度,对不合理的制度要进行修改,堵塞搞不正之风的一切漏洞,并发动人民群众进行监督。会议强调,贯彻执行《准则》,纠正不正之风,要"从我做起","从现在做起",也要强调领导层层带头。各级党的领导机关和领导干部,尤其是省、市、自治区党委和军级以上的领导机关、领导干部,要以身作则,带头贯彻执行《准则》,给全党作出榜样。

会议指出:当前搞好党风,有许多有利条件。党中央对纠正党内不正之风很重视,决心很大。广大干部、党员和群众都希望把我们党建设好,其中还涌现一批敢于同不正之风作坚决斗争,甚至不惜牺牲生命来维护党的原则的好同志。因此,只要我们发扬积极因素,克服消极因素,党风就一定能够搞好。

会议要求纪检部门的干部,在大是大非面前要旗帜鲜明,坚持原则,铁面无私,敢于同不正之风作斗争。在处理问题时,要坚持在党纪面前人人平等,过去从宽、今后从严的原则,把查处违纪案件的重点放在《准则》公布以后的问题上。处理问题要实事求是,既要坚决,又要慎重,事实要确凿,定性要准确,手续要完备,处理要恰当。

会议结束时,王从吾代表中央纪委作了总结发言。他说,这次会议较好地发扬了我们党的优良传统,开得很好。他要求各级党委和纪委联系自己地区和部门的实际,认真贯彻会议精神,切实解决党风方面的几个问题,进一步密切党和群众的关系,提高党的战斗力。

《人民日报》发表周叔莲的文章《关于我国国内市场问题》

我国是一个近10亿人口的大国,具有广阔的国内市场。这是我国的特点,也是发展生产的有利条件。如何发挥国内市场在现代化建设中的作用,是很值得重视并需要认真加以探讨的问题。

很长时期内我们对国内市场重视不够。我们没有很好满足现有市场的需要。城乡居民的一些基本生活需要,包括衣食住行等方面的需要,长期得不到满足,相当一部分社会购买力得不到实现。企业存在着为生产而生产的倾向,因而一方面很多产品供不应求,另一方面有些产品又严重积压。我国人民收入增加得较慢,限制着国内市场的扩大。地区、部门和企业搞大而全、小而全的自给自足经济,更阻碍着国内市场的发展。我们也没有利用市场机制,来促进企业改进经营管理和实行技术革新。不但禁止重要生产资料进入市场,取消了或基本上取消了这些生产资料的国内市场,而且也曾给生活资料市场很多不必要的限制,使它的作用难以充分发挥。由于没有充分发挥国内市场的作用,给国民经济带来了种种消极后果。

我国市场上长期存在的供不应求现象,使得有些同志往往把市场当成一个包袱,把市场需求看成一种负担,看不到国内市场在国民经济发展中的重要作用。许多国家的经验表明,国内市场问题处理得好,就能促进经济的发展,处理不好,就会阻碍经济的发展。国内市场的作用是决不能忽视的,那种害怕国内市场扩大的观点更是错误的。

市场是商品生产顺利进行的条件。所谓商品就是在市场上买卖的产品。商品卖不出去,不仅难以实现扩大再生产,连简单再生产也难以维持。因此,马克思说商品的出售"是商品的惊险的跳跃"。"这个跳跃如果不成功,摔坏的不是商品,但一定是商品所有者。"(《资本论》第一卷,第124页)马克思还说:"对工业生产来说,市场的不断扩大则是它的生活条件。"(《马克思恩格斯全集》第二十六卷,第521页)这个论断非常重要,不仅适用于工业生产,也适用于其他部门的生产,不仅适用于资本主义生产,也适用于社会主义生产。为了加快社会主义建设,我国必须大力发展商品生产。怎样解决市场问题呢?从实际情况出发,我国发展生产应该主要着眼于国内市场。国内市场的容量,将对生产发展有重要的制约作用。

市场还是商品生产的一个推动力。市场不仅是商品经济发展的结果,而且对商品经济的发展有巨大的反作用。不断扩大的生产,需要一个不断扩大的市场,反过来,不断扩大的市场又能促进生产的不断扩大。这种情况,在世界经济发展史上可以看得非常清楚。美国经济发展曾经比其他国家更为迅速,一个重要原因是它有广大的国内市场,并且比较充分地利用了这个市场。我国巨大的国内市场如果得到充分而又有效的利用,必将成为促进生产发展的巨大动力,并有利于当前国民经济的调整。

市场的作用还表现在能够督促企业发展生产，减低成本，增加盈利。在商品经济中，由于价值规律的作用，企业必须不断改进经营管理和实行技术创新，才能不断降低单位产品的社会必要劳动时间，在市场竞争中取得胜利。价值规律的这种作用，也就是市场的作用。这也正是社会主义经济必须在计划调节指导下实行市场调节的原因。经验表明，社会主义经济如果不实行计划调节，就会出现生产无政府状态，如果不实行市场调节，就会使企业和整个国民经济失去活力，变得死气沉沉，这样也达不到计划调节的目的。一年来我国一些重要生产资料相继进入市场，生产这些生产资料的企业感到了市场的作用和竞争的压力，并且促使他们改善经营管理，以提高经济效果。

重视国内市场还是实现社会主义生产目的的要求。资本主义生产是以攫取剩余价值为目的，为了获得最大利润，资本家残酷剥削工人，因而必然导致生产过剩的经济危机。资本家还往往不顾国内市场的需要，甚至为了占领国外市场而损害国内消费者的利益。社会主义生产是以满足人民日益增长的物质、文化需要为目的的，要求在生产发展的基础上提高人民的收入，使国内市场随着生产的发展相应地扩大，从而既能够使人民生活不断改善，又能够避免经济危机，这是社会主义制度的巨大优越性。

在国内市场和国外市场的关系上，有的同志重视后者而忽视前者，这是没有根据的。首先，如前所说，我们现有的国内市场还没有加以利用，对此决不能忽视。其次，我们常说我国有世界上最大的国内市场，这就它的潜力来说是正确的，但目前国内市场还很小，而随着体制改革逐步实现，商品经济进一步发展，国内市场必将不断扩大。再次，如果我国像有些国家那样以对外贸易为主，则当我国经济高度发展以后，是难以找到能够容纳如此大量输出品的国外市场的。而且发展国内市场完全决定于我们自己，发展国外市场则决定于其他许多条件，利用国内市场比利用国外市场的主动权多得多。我们放着广阔的国内市场不重视利用，岂非有点像拿着金饭碗讨饭，很不明智吗？所以，我们没有任何理由忽视国内市场。国外许多有识之士，也看到了我国国内市场的意义，有的外国朋友认为我国应该建立以国内经济循环为主与有计划的国际分工相结合的经济类型，这种意见是有根据的。很多国家也非常重视我国的市场，设法和我国发展贸易关系，我们自己怎么能不重视国内市场呢？

有的同志强调我国工业产品要进入国际市场以提高竞争力。诚然，有些产品进入国际市场，不仅对于增加国家的外汇收入是必要的，对于促进企业改进管理、革新技术和提高产品竞争力也是有好处的。我们应该努力这样做。但是，也要看到，目前我国能够进入国际市场的产品和企业毕竟只是少数。对于绝大多数企业，还是要在国内市场上为它们创造条件，促使它们提高产品质量和竞争力。只有通过国内市场普遍提高产品的竞争力，也才能为进入国际市场提供有利条件。因此，从提高企业和产品的竞争力来说，也应该十分重视国内市场的作用。事实上，只有国内生产和贸易发展了，发展对外贸易才有牢固的基础和有利的条件。我们应当贯彻“国内市场为主，国外市场为辅”的方针，把国内市场和国外市场结合起来通盘安排，同时在出口产品时要全面考虑经济效果。那种单纯为外汇而出口，既不考虑国内市场的需要，又不考虑有些产品出口是否真正有利，结果往往得不偿失，这种做法是不可取的。

过去我们忽视国内市场的作用，是同把社会主义经济看成是自然经济或半自然经济，否认它是商品经济有关的。通过30年来正反两个方面的经验，我们已经认识到社会主义生产是商品生产，不仅生活资料是商品，生产资料也是商品，不仅不同所有制经济之间存在商品关系，全民所有制企业之间也存在商品关系，这就为发挥国内市场的作用提供了思想基础。

为了充分发挥国内市场的作用，需要进行多方面的工作。

第一，使产业结构适应国内市场的需要。人民的需要是我们制定国民经济的出发点，而人民的需要又是通过国内市场反映出来的。当前和今后一段时期内，要进一步搞好调整工作，这是我们由被动变主动的关键，而国内市场的需要则是调整国民经济的重要依据。随着经济发展和人民收入增加，市场需要也将发生变化。例如在我国轻工市场上，社会购买力趋向已由“吃穿用”转向“用穿吃”，对中高档商品和耐用消费品需求迫切，供需矛盾相当突出。据有关部门预测，1979年到1985年我国社会消费结构中，吃的部分将由59%下降为55%，穿的部分将由11.6%增加为13%，用的部分将由18%增加为20%。我们必须使产业结构和国内市场需要相适应，既满足生活的需要，又满足生产的需要，才能保证国民经济有计划按比例的发展。

这里有必要谈谈消费资料生产和生产资料生产的关系问题。过去曾认为社会主义社会始终应该实行生产资料优先增长，现在有的同志又认为生产资料优先增长根本不适用于社会主义社会。这两种看法都有片面性。根据列宁的分析，生产资料优先增长是技术进步和有机构成提高等条件下社会扩大再生产的要求，社会主义社会的一定时期也会出现这些条件，因此不能认为它根本不适用于社会主义社会。根据我国情况，今后一段时期内应该使消费资料比生产资料增长得更快些,要在大力增加农业生产的同时,继续优先发展轻工业,并要加快发展能源工业、交通运输和建筑业,这也是满足国内市场需要所要求的。

第二,努力扩大国内市场。我们不仅要充分利用现有的国内市场,而且要设法扩大国内市场。现在我国国内市场受到社会分工和商品生产不发达的限制,这种限制同生产力不发达有关系,但有些则属于人为的不必要的限制。例如有些地区封锁市场,不准本地的商品外出,不准外地的商品运入,这种做法是完全违背发展商品经济的要求的。很多资本主义国家曾经经过斗争建立了统一的国内市场,从而为资本主义发展提供了条件。社会主义国家同样需要有统一的国内市场,而决不能在国内地区间搞市场封锁。我国国内市场还受到城乡人民收入水平低的限制。今后我们要在努力发展生产的基础上增加人民收入,使人民收入的增加和生产的发展相适应。过去流行过种种害怕人民富裕的"理论"。资本主义国家比较有远见的政治家和经济学家也认识到要增加居民的收入以扩大国内市场,我们社会主义国家有什么理由害怕人民富裕呢?人民富裕起来,收入增加了,国内市场愈来愈扩大,生产才能愈来愈发展。

第三,建立和健全市场发挥作用的机制。国内市场必须具备必要的条件才能起推动生产的作用,这就是要让价值规律充分发挥作用,使市场有发挥作用的机制。过去我们把生产资料的统一收购和统一分配也称之为"市场",但这种市场根本不具备价值规律发挥积极作用的必要条件,因而对生产也不能起推动作用。生活资料市场也曾由于价值规律的作用受到不合理的限制而不能发挥应有的作用。目前我们还面临着为国内市场发挥积极作用创造条件的复杂任务。社会主义市场发挥作用的最重要的条件是企业要有独立自主权,企业及其职工的利益要和本单位的经营好坏紧密结合起来。这样,企业才有发展生产的动力和条件,价值规律才能通过市场对企业生产发生作用。一年多来我国扩大企业自主权的试点,对调动企业和职工积极性起了很大作用,少数企业实行"独立核算、国家征税、自负盈亏",更取得了明显的功效。我们要总结经验,有计划有步骤地加以推广。为了使国内市场发挥积极作用,还要改革计划、财政、物资、价格、信贷、税收等制度。

第四,切实做好市场调查和市场预测,加强对国内市场的领导。这样做,既是发挥市场调节作用的要求,也是发挥计划调节作用的要求,因而也才有可能把计划调节和市场调节结合起来,既充分发挥市场调节的积极作用,又防止和及时克服它可能带来的消极作用。

一百多年前,马克思和恩格斯在讲到促进资本主义国家的"商业、航海业和工业空前高涨"的因素时,就曾专门提到"中国的市场"。当时,我国不具备利用国内市场发展自己的工业、商业、交通运输业的政治经济条件。现在,这些条件已经具备了。我们一定要重视国内市场,充分发挥它在现代化建设中的作用。

全国人大常委会副委员长谭震林在北京接受加拿大新任驻中国大使米歇尔·高文递交的国书

全国人大常委会副委员长邓颖超在人民大会堂会见以代理主席坤仁瓦里·集巴滴玛为团长的泰国皇家陆军军官夫人协会代表团

会见时,邓颖超对代表团来到我国访问表示热烈欢迎。她说,近年来,中泰两国友好关系正在不断加深,代表团的这次访问是中国人民解放军军人协会同泰国陆军军官夫人协会建立友好联系的开端。她指出,军人家属工作做好了,军人家属发挥的作用是很大的。

全国人大常委会副委员长彭冲在北京会见印度报业托拉斯董事会主席罗伊和总经理钱德兰

国务院副总理方毅在人民大会堂会见罗共中央政治执行委员会委员阿内塔·斯波尔尼克一行

中央美术学院研究生毕业作品展览在北京闭幕

这次展览会,共展出44个作者的210幅国画、油画、版画和雕塑作品。展览会持续37天,中外观众达4万多人次。

义和团运动史学术讨论会在济南举行

这次会议由山东大学、山东省社会科学研究所、山东师范学院、吉林社会科学院和天津社会科学院联合举办,讨论会于11月14日至20日举行。出席这次会议的有全国28个省、市、自治区135个单位200多名代表,大会共收到论文117篇。会议本着"百家争鸣"的方针,就义和团的源流、义和团是否反封建、"扶清灭洋"的口号、盲目排外和义和团的历史作用等问题展开了热烈讨论。应邀参加会议的还有美国、日本、加拿大、澳大利亚的教授和学者。

11月15日

中共中央副主席邓小平就当前国内外一些重要问题回答美国《基督教科学箴言报》总编辑厄尔·费尔的提问

费尔:请问你对里根当选有什么看法?

邓副主席:里根当选为美国下届总统,布什当选副总统。我们表示祝贺。里根先生我也可能见过面，也可能没有，对他不熟悉。但是帮助里根先生决策的一些人，我是熟悉的，算是老朋友。比如布什先生就是我熟悉的朋友之一。

费尔：你一再指出，苏联正企图控制霍尔木兹海峡和马六甲海峡，以推行它的全球战略，你认为布什和里根对上述观点会接受到什么程度？

邓副主席：根据里根先生过去的讲话，在这一点上我们有许多共同点。

费尔：考虑上述情况，苏联一方面在印度洋扩张；另一方面也把手伸到东南亚，你认为里根在东南亚应发挥些什么作用？

邓副主席：我不说里根，而说美国。我认为美国应在亚太地区发挥作用，当然包括东南亚，这是我们的一贯态度。我们历来赞成美国在太平洋地区的存在。但是，我们认为对付苏联霸权主义，只有美国不够。美国必须加强和它的盟国的合作，还要加强同一切抵制苏联的力量，当然包括第三世界的合作。这样才能对付苏联的挑战。

费尔：不久前我见到了西德总理施密特，他对苏联的力量，以及苏在中东产石油地区的扩张表示担忧，对苏的导弹发展也很担心。它的所作所为不仅针对欧洲，而且针对土耳其、中东和中国。从你和日本铃木善幸，法国吉斯卡尔·德斯坦交谈中，你认为在多大程度上，你同意他们对苏联威胁的看法？

邓副主席：对这一点要有足够的认识，但现在还有人对这一点认识不清楚。所谓不清楚，就是认为可以采取某种策略性步骤，用温和的语调，或者是利用一些会议，如欧安会续会，就能减轻来自苏联的威胁。我看这些办法是不切实际的。我在访问美国时就一再说过，要遏制苏联的扩张，必须做些扎扎实实的工作。

费尔：我想问一下，中美在国际事务中的责任和看法上有多少共同点？因为在美国有些人担心，随着中国的四个现代化的发展，中美的共同利益将会改变，中国肯定会走自己的路。在今后几十年中，中美的共同利益延续下去的可能性如何？

邓副主席：对这个问题可以从两个角度来谈。

一方面从中苏关系的角度来谈；另一方面从中美关系的角度来谈。

中苏在50年代末就开始了分裂，主要原因是，苏联搞霸权主义，想控制中国。我们不甘心让它控制，它的目的没有达到，因而就反对中国。

如果说中苏争论开始的时候，主要是意识形态方面的问题，后来就远远超过意识形态了。

有人说勃列日涅夫是比较温和的，我看这是受了骗。赫鲁晓夫只是耍嘴皮，勃列日涅夫却是搞实力威胁的。在赫鲁晓夫时代，只有10个师的兵力驻扎在中苏边境，到了勃列日涅夫时代，就增加到54个师，100万军队。

谈到中苏关系，不能不看到苏联对中国的威胁的现实存在。苏联谋求在中国的霸权。它不仅在中苏边境驻兵100万，而且还派兵入侵阿富汗。它还在中国的邻国驻军，来威胁我们。比如在蒙古驻军。

费尔：你认为在这方面，与卡特政府相比，里根新政府是不是更有能力对付这种军事局面？

邓副主席：苏联不仅在蒙古驻军，而且还支持越南侵略印度支那各国，威胁东盟和亚太地区的和平与安全。它还直接出兵阿富汗。我国同阿富汗有共同的边界。苏联在我们邻国的所作所为，既是为了对付中国，也是对亚洲和世界各国的威胁。

这只是构成苏联全球战略的一部分。它的野心是称霸全世界。

有人向我提出，中苏关系会不会改变。我多次对国际朋友谈，我问他们，苏联扩张和霸权主义的全球战略会不会改变？它的社会帝国主义政策会不会改变？如果它的全球战略、社会帝国主义政策能改变，现在就可以改善中苏关系。为什么还要等到若干年以后呢？苏联要有实际行动表明它改变了全球战略，放弃了霸权主义，要把它的100万军队起码减少到赫鲁晓夫时代那样。

费尔：你认为有没有哪些国家和个人可以帮助你们叫苏联减少它的驻军？

邓副主席：我不知道。我想，不可能有这样的国家和人物。

刚才讲到苏联要有实际行动，它必须从阿富汗、蒙古、东南亚地区全部撤走它的军队。当然还有其他地方。而且要放弃它的霸权主义政策。今天是15号，如果它今天可以做到这些，明天16号就可以改善关系。不然，中苏关系即使十年二十年之后也改变不了。

中苏关系的改善不决定于中国是穷还是富，而是决定于苏联的霸权主义政策。如果说现在中国还比较穷，装备很落后，都敢于顶住苏联霸权主义，有什么理由认为等中国发展了，反而要向霸权主义妥协呢？这是从中苏角度来讲的。

就中美角度来讲，我听到一些美国人说，好像中国改善同美国的关系是因为中国有求于美国。我看这种看法是不对的。按照这种逻辑，中国发展了，经济和军事力量强大了，就不会考虑和美国搞好关系，共同对付世界上的挑战。这种逻辑是不正确的。

费尔：另一个问题是，中美商务关系问题。近15年来，中国的方向发生了改变，美国商人同中国进行了贸易洽谈。中国政策的多变引起了美国商人的疑虑：

中国的现行政策是否有延续性,有何保证?

邓副主席:应该说,中国人自己也有人担心我们政策的延续性。粉碎"四人帮"后四年了,我们徘徊了两年。从1978年年底,特别是我们党的三中全会,确定了党和国家的政治路线。当然,在粉碎"四人帮"后,就逐渐形成了一系列的政策。特别提出的是要改革我们某些不好的制度。不好的制度不改革,就不能保证政策的执行和政策的延续性。从政治上来讲,几年来我们强调社会主义民主与法制。不仅在政治上,而且在经济上也有个民主问题。比如从组织上废除领导人的终身制。这些都是政策延续性的保证。我们可以说,现行制度的改革,要完成这种改革,还需要很长时间。这种改革,从开始就受到人民的拥护。这不仅增强了人民的信心,并且调动了人民的积极性。我在访问美国时,好些记者和议员也都提出这个问题,我对他们说,政策能否有延续性,归根结底要看政策本身对不对,是否对国家、对人民有好处。如果这个政策不好,就没有延续的必要;如果这个政策是对的,符合国家和人民的利益,想推倒也是办不到的。政策的延续性的根本保证,就是政策本身是对的。

费尔:我们和一些中国的小组织打交道,这些组织的人士认为,有些人并不反对现代化这一总的概念,但如果这对他们的职务造成不利时,他们就将抵制。这就是说,官僚主义会阻挠中国的现代化。

邓副主席:是有这个问题。还有特权思想,不尊重科学,过分集权,还有其他。这些我们都指出来了,要逐步改革。

费尔:同审判"四人帮"相比,要解决这些问题,更不容易。"四人帮"的追随者不能对四个现代化计划构成威胁,而那些不称职的人感到自己职位受威胁,他们抓住职位不放。

邓副主席:要逐步解决这个问题。追随"四人帮"的人是一小撮。他们的面貌是清楚的。

费尔:为什么你们不让外国记者旁听对"四人帮"的审判,是不希望记者来报道,还是根据法律规定要这么办?

邓副主席:因为涉及国家的机密。国际上有议论,说这是因为我们担心审判"四人帮"会涉及毛主席的问题。其实,毛主席所犯的错误属于另一个问题。"四人帮"是犯罪分子,是有严重的刑事责任。对如何评价毛主席和审判"四人帮"是截然不同的两个问题。我们是根据法律追究"四人帮"的刑事责任。

费尔:是否可能,在追究其刑事罪责时让外国记者旁听审判,而在涉及国家机密时进行秘密审讯?

邓副主席:"四人帮"了解我们国家的最高机密,而他们又竭力把他们的责任推给别人,因此就是在审讯他们的刑事罪时,他们也会乱讲国家的机密。

费尔:我们对过去的历史很感兴趣,希望了解林彪后期的确切情况。据了解,美国前国务卿腊斯克认为,林彪坚持战争。据说林彪曾发表讲话,有个庞大的计划,说中国要向外扩张,计划扩张到印度尼西亚,这很危险。美国务院认为他的讲话和希特勒的著作有相似之处。我希望你能谈一下这方面的细节。

邓副主席:对你说的林彪的这个计划,我不知道。林彪干了很多坏事,为他上台开辟道路,打倒了一大批老革命家。在他的末期,毛主席发现了他的问题。林彪谋害毛主席,这在起诉书中是有的。这有证据。当他的阴谋被察觉后,他就乘飞机往苏联跑,结果摔死在蒙古。当时蒙古人和我驻蒙古大使都到现场看过。

费尔:根据调查,飞机失事是自然的事故,是由于飞机维修不好呢,还是别的原因?

邓副主席:据我个人判断,飞行员是个好人,因为有同样一架飞机带了大量的党和国家机密材料准备飞到苏联去。就是这架飞机的飞行员发现问题后,经过搏斗,飞机被迫降,但这个飞行员被打死了。

费尔:是不是由于你提到的那些材料,所以不能让外国记者旁听对"四人帮"的审判?这些材料是不是包括中国军事、政治和对苏的机密文件?

邓副主席:"四人帮"是长期生活在国家高级机关的人,他们知道国家的全部机密。因此审判"四人帮"不能对外公开。但国内组织几百人出席旁听。

费尔:关于历史,我是很感兴趣的。你在中国人民中德高望重,是个有贡献的人物。鉴于你在中国历史上发挥了领导作用,可否考虑一下在你生活安定的时候,写一些回忆录。你没有空,别人代你写也行。

邓副主席:没有这个时间。而且我这个人是个土包子,没有文化,我不太喜欢讲自己的事情。当然我革命几十年也干了些事,但还谈不上自己有什么了不起。我们现在要做的事情是要逐步把工作交给年富力强的人。

费尔:受教育的程度与一个人的智力和能力没有什么关系。有的人受教育不少,但对事物的判断能力很差。我总希望你写点回忆录。

邓副主席:现在没有时间。也许到退休以后作点回忆倒可能,现在不成。你希望我们政策要有延续性,我想,选好一些青年人来接班,这就能使我们的政策有延续的保证。

费尔:里根先生就任美国总统安顿后,你是否期待他到中国来访问,同你和中国总理会晤?

邓副主席:当然欢迎。这取决于里根先生的考虑和他的时间。因为中美关系是和共和党执政时尼克松先生开始恢复接触的,又是共和党福特总统发展的,后来民主党卡特总统又发展了这些关系。多次听到,发展中美关系是美国两党的政策。希望里根执政后不要使这种关系停滞,更不要倒退,需要继续发展两国的关系,这是全球战略所要求的。这是一个最富和一个最穷的国家打交道。中国虽仍然是个穷国,但从战略上来讲,还不是一个微不足道的国家。

费尔:看来,你对里根先生对台湾出售军火并不过分担心。

邓副主席:里根先生会干什么,我不知道。但我们对台湾关系法是不满意的。真正造成中美关系危机的是对台湾关系法。一句话,我们希望中美关系要发展,不要停滞,倒退。我相信美国人民的大多数会理解这一点。

费尔:预料里根将同苏联进行第三阶段限制战略核武器的会谈,以便向美国人民证明他不是战争贩子,你对这种谈判有何看法?

邓副主席:我们历来不反对谈判,但也不相信这种谈判会缓和紧张局势。如果要真正缓和,就需要我们做扎扎实实的工作。这种会谈,我们不反对,但它靠不住。我在美国访问时曾说过这些话。

费尔:关于中美关系问题,我想是不是每隔三四年,两国领导人就进行互访一次,还是通过正常外交途径来加强两国的友好关系?

邓副主席:双方领导人进行接触总是有益的。

费尔:你谈到关于建立新的体制,废除领导人终身制,这是否能防止个人迷信?

邓副主席:肯定一个领导人在一个岗位上不能太久。我们前不久就更换了总理。以后要形成制度,太长了不好。这一点人民是接受的。

费尔:再过10年、15年,会不会有人改变这个制度?

邓副主席:我们要强调民主集中制。只要搞好社会主义民主与法制,这个问题是可以得到正确解决的。

国务院在北京召开全国省长 市长 自治区主席会议和全国计划会议

会议讨论经济形势,调整1981年计划。会议指出:当前经济形势是好的,但是有潜在的危险。一是财政出现大量赤字;二是基本建设规模大大超出国家经济的可能。必须下决心狠抓调整,关键是压缩基本建设,适当控制消费,搞好关停并转,根本改变比例失调的严重局面,为今后经济的发展打下坚实的基础。今后国民经济的发展,不能再走那种"高速度、高积累、低效率、低消费"的老路,而要走另一条速度不那么高,但国民收入、社会财富增加比较多的路子。会议期间,邓小平、陈云、李先念在讲话中主要谈了调整问题,强调1981年基本建设要退够,为克服困难必须集中,财政要没有赤字,银行不增发票子。会议根据中央领导同志讲话的精神,对1981年国民经济计划作了调整,主要是将工农业总产值的指标由6955亿元减为6800亿元,比上年预计增长3.7%;财政收支平衡;基本建设投资由550亿元减为300亿元,其中国家预算内投资由242亿元减为170亿元。

会议于11月30日结束。

国务院关于同意黑龙江省设立黑河市给黑龙江省人民政府的批复

1980年9月29日请示报告悉。同意你省设立黑河市。以爱辉县的黑河镇、幸福公社和西岗子公社的西岗子煤矿、宋集屯煤矿、东方红煤矿的行政区域为黑河市的行政区域。黑河市由黑河地区领导。

最高人民检察院特别检察厅起诉 最高人民法院特别法庭受理林彪 江青反革命集团案件

起诉书列举林彪、江青反革命集团犯有4大罪状、48条罪行。

四大罪状是:(1)诬陷、迫害党和国家领导人,策划推翻无产阶级专政的政权;(2)迫害、镇压广大干部和群众;(3)谋害毛泽东主席,策动反革命武装政变;(4)策动上海武装叛乱。

特别检察厅是在对公安部今年9月移送的起诉意见书和案卷材料、证据等进行了审查,并讯问了江青等10名被告后提出起诉的。特别法庭审查了起诉书,决定受理这一案件。

起诉书说,1971年9月,以林彪为首的反革命集团阴谋杀害毛泽东主席、策动反革命武装政变失败后,以江青为首的"四人帮"反革命集团继续进行反革命阴谋活动,直到1976年10月被揭露和粉碎。

起诉书说,林彪、江青反革命集团给我们国家和民族造成了难以估量的灾难。

特别检察厅审查确认的林彪、江青反革命集团的主犯有16名,即:林彪、江青、康生、张春桥、姚文元、王洪文、陈伯达、谢富治、叶群、黄永胜、吴法宪、李作鹏、邱会作、林立果、周宇驰、江腾蛟。其中林彪、康生、谢富治、叶群、林立果、周宇驰已经死亡,依照《中华人民共和国刑事诉讼法》第十一条第(五)项的规定,不再追究刑事责任。

全国财贸工会工作会议通过决议支持职工同不正之风作斗争

《人民日报》报道,在北京举行的全国财贸工会工作会议,通过《关于支持职工群众同违反〈准则〉的不正之风作斗争的决议》,号召广大财贸职工向陈爱武同志学习,坚持原则,维护《准则》,向一切不正之风作斗争。

决议指出:广大财贸职工根据中共中央《关于党内政治生活的若干准则》的要求,维护党在人民群众中的声誉,揭露了某些领导人利用职权,谋私利、侵占国家利益的不正之风。职工群众这种为党、为国的正当行为,受到人民群众的钦佩和赞扬。但是,在一些地方和单位却遭到某些人的奚落和打击,甚至受到严重的压抑。为了保障职工的民主权利,工会组织要坚决支持职工群众抵制和揭露违反《准则》的一切不正之风,鼓励和支持职工学习北京市丰泽园饭庄青年厨师、全国劳动模范陈爱武同志敢于同特权作斗争的精神,不怕风险,毫不动摇,做立志改革的促进派。工会组织要教育职工,严格要求自己,遵守规章制度,不搞"近水楼台先得月",不走后门,不优亲厚友,搞好社会风气。

会议还通过了《关于动员职工文明经商、礼貌待客、优质服务的决议》。决议说,当前,搞好优质服务包括4个方面:(1)改善服务态度,切实做到主动、热情、耐心、周到,努力做到顾客到有迎声,问有答声,走有送声。(2)严格执行物价政策,切实做到价格准,衡量器具准、分量准,明码标价,按质分等论价,不分亲疏,公平交易。认真贯彻薄利多销的经营方针。(3)方便顾客购买。(4)认真贯彻食品卫生制度,店貌、现场要整洁美观。

中国民航正式开辟北京—伦敦国际航线

北京—伦敦航线全长14888公里,是目前中国民航开辟的国际航线中最长的一条。这条航线上的飞机,于每星期六20点20分从北京起飞,停经巴基斯坦的卡拉奇,飞越西南亚的亚丁和埃及首都开罗上空,然后停经西德的法兰克福,于次日(星期日)当地时间上午10点钟到达伦敦,全线飞行时间需18小时25分钟。中国民航将使用波音SP747宽体客机在这条航线上飞行。北京—伦敦航线的开辟,是中英两国人民共同努力和友好合作的结果。

由农机部主办的全国农机产品订货会在合肥市闭幕

这次订货会,是农机产品作为商品进入市场后的一次规模空前的交易会,成交额达10亿多元。在订货会上,通过产销见面,直接订货,反映了广大农村的需求,对于如何进一步搞好农机工业的调整,提供有益启示。

一是广大农村需要更多的优质产品。这次订货会上,手扶拖拉机和195柴油机这两种产品,优胜劣败的情况十分明显。荣获国家金质奖章的常州195柴油机订出了26000多台;无锡、武进两地的手扶拖拉机也分别订出5000台和近万台。而其他地方的小拖拉机、小柴油机就没有订出多少。

二是小型产品、半机械化产品最受欢迎。订货会上,大中型农机产品的成交额虽然大,但买主多系东北商品粮基地,需求量最大的还是小型产品、半机械化产品。这次各种小马力柴油机占柴油机成交额的69%。青岛车辆厂生产的手推胶轮车,不仅今年的60万辆很快卖光,就连明年计划生产的100万辆,也全部订了销售合同。

中国食品总公司和商业部冷藏局在北京召开全国肉类食品加工销售经验交流会

中国最大山洞冷库在长春地区建成投产

全国人大常委会副委员长廖承志在北京会见由日本青年团协议会副会长矢口秀章率领的日本青年团协议会"日中青年之翼"访华团

国务院副总理耿飚在北京会见由英国航空公司董事长罗斯·斯坦顿和贸易部驻议会次官诺尔曼·坦比特率领的访华团

国务院副总理方毅在人民大会堂会见由法国工程师学院联席会议主席拉菲特率领的法国工程师学院院长代表团

国务院副总理姬鹏飞在北京会见由意大利全国作家工会总书记阿尔多·德·雅科率领的意大利作家代表团

中国激光新材料研究协作网在厦门组成

参加协作网以自愿为原则。已经参加的有上海硅酸盐研究所、华北光电研究所、北京物理研究所、长春应用化学研究所、上海精密光学机械研究所等18个单位,由中国科学院福建物质结构研究所负责沟通各协作单位的情况。各协作单位经过协商,分别承担了一批协作研究项目,并且决定采取协作攻关、人员技术交流及培训等方式,加强协作、交流经验。

全国高等音乐院校学生声乐比赛揭晓

在全国12所高等音乐院校的45名男女选手中,有9名分别获得一、二、三等奖。技巧全面的中央音乐学院抒情女高音叶英,获得这次比赛的一等奖;上海音乐学院的抒情花腔女高音高曼华，抒情男高音刘捷，获得二等奖；获得三等奖的是：彭康亮（男，中央音乐学院）、刘旭峰（女，上海音乐学院）、陈芝莲（女，沈阳音乐学院）、赵玲（女，上海音乐学院）、古幼玲（女，四川音乐学院）、吴霜（女，中央音乐学院）。此外，还有18名选手获得鼓励奖。

由中国图书进口公司举办的英国培格曼图书展览在中国美术馆开幕

云南西双版纳发现第四纪冰川遗迹

11月16日

中共广东省委在广州中山纪念堂举行干部大会

《人民日报》报道，习仲勋同志在会上传达了中共中央的决定：习仲勋、杨尚昆同志调中央工作；任仲夷同志任中共广东省委第一书记，梁灵光同志任广东省委书记兼广州市委第一书记。

最高人民检察院特别检察厅起诉书列举大量事实指控林江反革命集团制造大批冤案 冤狱遍于全国

新华社报道，最高人民检察院特别检察厅起诉书列举大量事实，指控林彪、江青反革命集团诬陷、迫害成千上万名干部和群众，冤狱遍于全国。

林彪、江青反革命集团在北京、上海制造冤案，两市的中共市委书记、市长、副市长等30多人受到诬陷，其中刘仁、邓拓、吴晗、乐松生、曹荻秋、金仲华被迫害致死。

冀东冤案：1967年12月陈伯达污蔑中共冀东地区组织"可能是国共合作的党"，是国民党和叛徒在起作用，致使冀东地区党员干部、群众84000余人遭受诬陷、迫害，2955人被迫害致死。

"赵健民特务案"冤案：1968年1月，康生、谢富治诬陷中共云南省委书记赵健民是"叛徒"，捏造他执行"国民党云南特务组"的计划，致使云南大批干部、群众遭到诬陷、迫害，14000余人被迫害致死。

"内人党"冤案：在康生、谢富治的唆使下，内蒙古自治区因挖所谓"内人党"等冤案，致使346000多名干部、群众遭到诬陷、迫害，16222人被迫害致死。

"新疆叛徒集团"冤案：1967年，康生等诬陷1942年9月被新疆军阀盛世才逮捕关押的中共干部"投敌叛变"，是"叛徒集团"，致使92名干部受到迫害，其中26人被迫害致死。

"'东北帮'叛党投敌反革命集团"冤案：1967年至1969年，林彪、江青反革命集团诬陷吕正操等42人在1946年根据中共中央批准的中共中央东北局决定，经新华社发出通电，联名要求蒋介石释放张学良，是"妄图叛党投敌"，并诬陷他们是"'东北帮'叛党投敌反革命集团"，致使90人受到迫害，张学惠等被迫害致死。

起诉书还指控林彪、江青反革命集团诬陷在抗日战争、解放战争期间的北平、上海、天津、广东、四川、云南和全国其他地方的中共地下党组织是"国民党"、"叛徒党"、"美蒋别动队"，提出"一定要从地下党开刀"，致使当时各地曾经与敌人进行英勇斗争的大批中共地下党领导人、党员和群众受到迫害。

起诉书还指控林彪反革命集团在中国人民解放军中制造大批冤案，使8万多人遭到诬陷、迫害，1169人被迫害致死。

起诉书还指控了林彪、江青反革命集团及其帮派体系骨干诬陷、迫害各民主党派，工会、共青团、妇联等群众团体，文化、教育、科学、技术、新闻、出版、卫生、体育等各界的大批干部、群众和大批归国华侨，以致许多人致残、致死的罪行。

天津市政府授予张同书"革命烈士"称号

《人民日报》报道，天津市西郊区大寺供销社卫南洼门市部经理张同书为保护国家财产，赤手空拳地同3名手持凶器的罪犯进行搏斗，最后光荣牺牲。最近天津市人民政府授予他"革命烈士"的光荣称号。全国供销合作总社和天津市供销社号召商业战线职工向张同书学习。

四川成立两个经济联合体提高产品竞争能力

新华社报道，四川省最近成立了两个打破"条条"、"块块"界限的经济联合体。一个是生产摩托车的重庆嘉陵牌摩托车联合管理委员会；另一个是生产小轮折叠式自行车的绵阳杜鹃牌自行车联合生产委员会。

这两个经济联合体在发展联合生产中，首先注意把经济调整和专业化协作、改组工业结构紧密结合起来，参加联合体的工厂，无论是军工企业还是民用企业，今年都遇到生产任务不足的问题。他们根据市场需要和工艺相近的原则，调整了产品结构和服务方向，实行专业化协作，组织起来生产轻型摩托车和折叠式20英寸小轮自行车。这两个经济联合体的初步实践证明，一个厂不具备的优势，几个厂子联合起来，就形成了相对优势，为生产提供了较好的物质、技术基础。承担嘉陵牌轻型摩托车总装任务的嘉陵机器厂，在今年年初未开展专业化协作时，月产水平只有32辆。联合生产后，到9月份月产水平已提高到500辆，生产能力增长14.6倍。

这两个经济联合体都是就地就近组织联合,因此,组织、指挥生产灵活,配套产品运输方便,运费较低,有利于降低生产成本,提高产品竞争能力。

中国驻美国大使馆官员断然驳斥香港《中报》所载中国科学家彭加木在华盛顿出现的谣言

11月17日

国务院财贸小组 国家计委 国家经委 财政部 中国人民银行 商业部 全国供销合作总社 国家统计局修订发布《社会集团购买力管理办法》

控制社会集团购买力,节约非生产性开支,是贯彻执行"勤俭建国"方针,加快四个现代化的一项重要措施,必须长期坚持下去。为适应经济形势的发展变化,进一步做好控制管理工作,现对1977年制定的《社会集团购买力管理办法》修订如下。

一、管理范围

社会集团购买力,是指社会集团用公款在市场上购买非生产性商品的资金。具体包括范围,按1977年国家计委等4个部门印发的《社会集团购买力管理办法》附件一《关于社会集团购买力包括范围的规定》执行。

城市的街道办事处、县以下的区、镇、人民公社和它们所属的企、事业,部队营以下单位,可以只管专项控制商品,不下达控制指标,具体管理办法,由各省、市、自治区、总后勤部和边防总局确定。

二、管理措施

对社会集团购买力,采取计划管理、指标控制、专项审批、定额供应的办法。具体措施如下:

(一)计划管理。

国家每年根据发展国民经济的要求和市场平衡状况,核定社会集团购买力的控制指标,规定压缩或增长的幅度,作为国民经济计划的一项内容,分地区下达执行。

各级计划、物资、商业、外贸等部门,在安排商品生产、进口和分配计划时,要对产、供、销进行综合平衡,特别是一些专供社会集团消费的商品,要和同级审批机关共同商定。

(二)指标控制。

各省、市、自治区,应根据国家下达的控制指标,参考上年实际执行数、职工人数及事业发展等因素,在新年度开始之前,把上级分配的控制指标逐级分配到独立核算的基层单位。可以一次分配,也可分次分配(在基数尚未摸清前,最好按季分配)。分配指标时,应根据区别对待的原则,努力做到既严格控制、厉行节约,又符合政策,不影响工作;同时要把控制指标同财务指标紧密结合起来。

社会集团购买力指标实行全额管理。但对药品和医疗器械,劳动防护用品,饮水、洗澡、取暖用煤,非生产汽车用油四项按定额购买的商品,其指标可以逐级分配到基层单位,也可以留在省、市、自治区或地、县不再下达。中央各部门所属在各地的企、事业单位和外地常驻机构,其购买力由所在地区管理。

各单位对上级分配的控制指标(或称限额),要结合实际情况作出妥善安排,并落实到各使用部门。各使用部门要按期编制非生产性商品购置计划,在核定限额内购买。

各单位用各项资金购买属于社会集团购买力管理范围的商品,财务部门都要按发货票认真记《社会集团购买力辅助账》(或称登记簿)。企、事业单位先以生产性商品购入,以后又转作非生产用时,也要登记辅助账。 财务部门对非生产开支,要严格进行核算监督,不准突破控制指标,并准确及时地按上级要求统计报告执行情况。

(三)专项审批。

对专项控制商品的管理,仍按照1980年五部委颁发的《关于社会集团购买专项控制商品的规定》(其中购货本相应取消)及有关文件办理。各单位因工作需要必须购买专项控制商品时,应认真履行报批手续,未经审批机关批准,不得违章套购。凡属需要出省采购专项控制商品的,一律凭省级审批机关开给的"批准单"购买。

(四)定额供应社会集团购买有标准,按定额由供应部门归口管理的商品,各商品供应单位要严格按照标准、定额和有关规定供应,不得超标准、超计划推销。各供应单位对这部分商品的销售计划和销售情况,应抄送当地控制社会集团购买力办公室。

各地区、各部门,对有条件实行定额管理的商品和开支,应逐步建立定额管理制度。

三、依靠群众

要实行专业管理与群众管理相结合的办法。反复向群众宣传控制社会集团购买力的重大意义。依靠群众制定节约措施,清仓挖潜、修旧利废、节约代用,积极开展增产节约运动。各单位安排集团购买力支出计划和申报专项控制商品时,要征求民主管理机构和监督机构的意见,并定期公布集团购买力执行情况,广泛听取群众意见,接受群众监督。

四、严明纪律

一切机关、团体、部队、学校、企业、事业单位,都要遵守国家的财经纪律,执行本办法和有关的各项规定。

对于违反规定的,财务部门有权拒绝报账,银行有权拒绝付款、转账,商品供应部门有权拒绝供货,公安交通监理部门有权拒绝发放车辆牌照,控制社会集团购买力办公室和财政机关有权没收其乱购的商品。情节严重的,报请领导给予纪律处分。

要建立经常的检查制度,由各省、市、自治区每年要组织一两次普遍检查和重点检查;各单位各系统要建立经常的会计网活动,开展联审互查,互相学习,互相监督。

五、加强领导

县以上人民政府都要成立控制社会集团购买力领导小组和办公室。控制社会集团购买力领导小组由财办、计委、经委、财政、银行、商业、供销、统计等部门的领导同志组成,组长由人民政府指定一位领导同志担任。领导小组要定期开会、研究工作,切实加强领导。控制社会集团购买力办公室,是人民政府控制社会集团购买力领导小组领导下的常设办事机构。要固定编制,充实人员,以适应工作需要。

各主管部门和企业、事业、行政单位,都要指定专人负责这项工作。

各级计划、财政、银行、商业、供销、物资、统计、公安、交通等有关部门,要明确分工,密切协作,互相支持,互相配合。要把贯彻执行《社会集团购买力管理办法》列入财税专管人员、财务会计人员、供货部门营业人员、银行会计、出纳人员、公安、交通监理人员的岗位责任制,作为考核评比的内容。

中国人民解放军和人民边防武装警察部队系统集团购买力的管理办法,由军委总后勤部和公安部边防总局参照本办法另行规定。

本办法自1981年1月1日起执行。过去的规定与本办法有抵触的,一律按本办法执行。

全国林业育苗经验交流会建议各地采取切实措施尽快将林业育苗工作抓上去

新华社报道,林业部于本月初在湖北省咸宁地区召开了全国林业育苗经验交流会。

会议总结了新中国成立30多年来我国林业育苗工作的经验教训,认为新中国成立以来我国林业育苗工作取得了很大成绩。但是,从各地情况看,过去苗木的生产不平衡,有的地方苗木多余,有的地方十分缺乏。当前,在造林速度加快的情况下,过去缺苗木的地方更缺,就是过去苗木有余的地方也出现了短缺现象。另外,在苗木生产上还存在着树种不对路,种劣苗次等问题。这些问题不解决,势必影响当前和今后的造林速度和质量。

针对上述问题,会议建议,从现在起,要大力提倡国家、集体和社员个人都来育苗,以便在数量上保证今后造林的需要,同时,要根据当地的情况选好采种点,坚持采用良种,培育壮苗,为植树造林提供优良苗木。

会议还提出了以下建议:一是各地要根据造林计划,做好每年度的育苗安排,做到既要有一定的苗圃面积,又要保证质量。二是明确国营苗圃与社队苗圃的分工。一般来讲,南方社队苗圃主要解决集体造林用苗;国营苗圃以培育“四旁”绿化用苗和珍贵树种为主。“三北”防护林体系和北方荒山造林地区,应积极扶助发展社队育苗和办好现有国营苗圃,同时根据需要适当发展一批国营苗圃。这些地区的国营苗圃应以培育针叶树苗木为主,同时指导好社队育苗。中原、华北平原地区,集体造林用苗主要靠社队苗圃供应,国营苗圃着重繁殖、推广优良树种。国营林场和森工企业的苗圃,主要是优良树种,培育优质壮苗,提高造林质量。三是要从经济上扶持社队育苗。特别是对育苗有困难的社队,应重点扶持。扶持经费在造林补助款、育林基金和地方财政中支出。短期内有偿还能力的也可以由银行发放低息或无息贷款。四是要普及提高育苗技术。

会议强调,在有条件的地方,应该大力推广机械化育苗、大棚育苗、容器育苗等育苗技术,以便尽快地改变当前季节性育苗、季节性造林的状况,实现四季育苗造林。

国务院副总理薄一波在北京会见美国商务部副部长罗伯特·赫茨坦一行

国务院副总理姬鹏飞在人民大会堂会见并宴请以坦桑尼亚革命党全国执行委员会委员瓦卢尤巴为团长的坦桑尼亚革命党代表团

中国常驻联合国代表凌青在联大审议阿富汗局势时强调中国要求苏联无条件从阿富汗全部撤军

凌青说:“阿富汗事件不是偶发的,而是苏联蓄谋已久、精心策划的行动,不是局部性的步骤,而是它推行全球战略的重要组成部分。”

他说,“苏联的目的显然是为了实现其南下暖洋的宿愿,控制海上通道、并同它在东面沿太平洋南下,支持越南对柬埔寨和东南亚地区的侵略扩张活动相配合。”

凌青逐点批驳了苏联为其入侵阿富汗辩护而提出的种种谬论。

针对苏联把它入侵阿富汗说成是为了抵抗外来的干涉和侵略,凌青批驳说:“正是苏联当局,在短短的20个月的时间内,就在阿富汗策动了3次政变,使阿富汗的3位国家元首一个接着一个死于非命。这样的粗暴干涉还嫌不够，它为了达到完全控制和彻底占领的目的，最后不惜出动大军，对阿富汗进行了赤裸裸的武装侵略。”

针对苏联入侵阿富汗的另一个借口是所谓“使苏联南部边界的安全不致遭到直接威胁”，凌青指出：“姑且不论一个弱小的不结盟的阿富汗根本构不成对苏联这个超级大国的任何威胁，值得人们警惕的则是苏联为什么要提出这样一个借口。这是因为它不仅为其目前的侵略进行辩解，而且还为它将来的类似行径制造理论根据，而这种理论较之臭名昭著的‘有限主权论’更加蛮横和更富有侵略性。”

凌青在发言中重申，中国“赞成为阿富汗问题寻求公正、合理的解决，但是，我们坚决反对把承认侵略者所造成的既成事实，作为任何政治解决的基础”。

他指出，苏联指使喀布尔当局在5月14日提出的所谓解决阿富汗问题的建议“完全回避了撤军是解决问题的关键”。

凌青在发言中提出了中国关于解决阿富汗问题的三项基本原则：苏联必须遵照联合国有关决议，立即无条件地从阿富汗撤出它的全部军队；阿富汗人民在没有外来干涉的情况下决定自己的命运；恢复阿富汗的独立和不结盟的地位。

凌青还表示，中国支持由巴基斯坦和其他38国共同提出的决议草案，也支持草案中提出的请联合国秘书长继续出力协助，包括任命一名特别代表，以求按照本决议的规定推动政治解决。

联合国为中国举办的海洋渔业资源评估讲习班在上海水产学院正式开课

参加这期讲习班的学员有各水产研究所的研究员、副研究员、各水产院校的教授、副教授、讲师以及各省、市、自治区水产部门的技术人员共30多人。讲习班由联合国开发计划署派出5名著名的渔业专家、学者担任教员。

安徽和县发掘出完好的猿人头盖骨化石

新华社报道：在安徽和县龙潭洞遗址，最近发现了三四十万年前旧石器时代的完好的猿人头盖骨化石。据称，这样完好的猿人头盖骨化石，在华东是首次发现，在全国也是罕见的。它的发现，具有非同寻常的重大意义。

同时发现的，还有猿人的左下颌骨及牙齿等化石，以及哺乳动物、鸟类和爬行类等动物化石30多种。我国古人类学者认为，安徽和县猿人化石的发现，对于研究人类起源和发展，研究南方和北方古人类的共性和差异，以及探索中华文化的渊源和长江阶地的发育史，提供了重要的实物依据。

11月18日

广东省委召开地 市委书记会议传达中央领导同志的意见

任仲夷把中央领导同志谈话的主要精神，归纳成七个方面作了传达。这七个方面是：一、进一步解放思想，发挥广东的优势；二、重视广东的困难，避免盲目性；三、广东的工作，要从抓政策入手；四、要给群众以看得见的物质利益，调动群众的积极性；五、处理历史问题宜粗不宜细，要引导大家向前看；六、要改进领导作风，树立好的风气；七、要加强和改善党的领导。任仲夷说，中央领导同志和我们见面时，强调要发挥广东的优势，把特区办好；特区不是仅指深圳、珠海那几块地方，是指广东、福建两个省。单搞那一点地方不行，中央讲的是两个省。要充分发挥这个有利条件。对于搞特区，要摸出规律，搞出个样子来。任仲夷说，中央领导同志的这些讲话，对做好广东的工作，具有重要的指导意义。

任仲夷传达以后，结合自己的体会，就如何贯彻中央领导同志谈话精神，谈了三点想法。他首先强调团结问题，强调加强党的团结，加强干部队伍的团结。

任仲夷说，广东的优势，不光是自然条件好，中央批准广东实行特殊政策和灵活措施，这本身就是一个优势。所谓特殊政策和灵活措施，主要表现在两个方面：一是中央授权广东独立自主地解决问题，增大了地方的权力；二是允许广东对外更加开放，要使广东成为国家对外联系的一个枢纽和橱窗。实现这两条，要求我们的思想更加解放。他说，中央给了我们这么大的权力，现在就看敢不敢用这个权力，会不会用这个权力。我们应当大胆地使用它，并且学会善于使用它。不但省里这样，各地区、各部门都要这样，把手脚放开，把经济搞活，使特殊政策真特殊，灵活措施真灵活，先走一步真先走。任仲夷强调要把经济搞活，必须重视广东的困难，要经常把群众利益放在心上，给群众以看得见的利益。

任仲夷在谈到切实改进作风时说，中央领导同志提到“工作有成绩就是好干部”，我认为还应当成为考察干部、任用干部的一条重要原则。各级党委和组织部门在评价干部、选拔干部的时候，都要坚持这一条。要鼓励各级干部深入实际，调查研究，独立负责地解决问题。

任仲夷在谈到新形势下如何加强和改善党的领导时说，广东搞特区，实行特殊政策和灵活措施，必须研究在这种情况下如何坚持四项基本政治原则，如何抵制资产阶级腐朽意识形态的侵蚀。例如在广东表现特别严重的走私、行贿问题，就是资产阶级腐蚀我们的一种反映，应当认真分析研究，找出办法，更有效地同它进行斗争。

会议在11月20日结束。

国务院批转国家计委等单位《关于实行基本建设拨款改贷款的报告》

国务院同意国家计委、国家建委、财政部、中国人民建设银行关于实行基本建设拨款改贷款的报告，决定从1981年起，凡是实行独立核算、有还款能力的企业，都应该实行基建拨款改贷款的制度。

国务院的通知指出：基本建设投资试行建设银行贷款，变无偿使用为有偿使用，是用经济办法管理经济的一项重要措施。试点经验证明，这一改革有利于提高经济效果，把经济搞活，方向是正确的。

通知说：贷款能否按期归还，是检验贷款项目该不该建设，有没有实际经济价值的重要标志。各地区、各部门在安排建设项目时，应当十分慎重，认真落实各项条件。建设银行要切实把基建拨款改贷款的任务承担起来，各级人民政府要加强对建设银行的领导，督促和帮助他们把工作做好。

国家计委等四个部门的报告中，回顾了从去年8月份以来进行基建投资改为建设银行贷款的试点情况，认为试点是成功的，这项工作应当加快步伐，大力推行。

为了使工作顺利进行，他们建议：

——今后财政拨款的基建项目要严格控制。

——贷款项目所需要的投资，按照计划管理权限，分别由国务院各部委和各省、市、自治区负责安排。要量力而行，瞻前顾后，安排落实。对于不符合贷款条件的项目，建设银行有权拒绝贷款。

——扩大贷款单位的自主权，保障贷款单位的经济利益。贷款单位在不减少新增生产能力、不突破批准总投资、不推迟交工日期，不降低工程质量的前提下，有权调整建设内容，安排施工顺序，选择设计单位和施工企业，选购设备材料。主管部门和有关单位不要干涉。对于上级确定的不符合实际情况、经济效果很差的建设方案，有权提出意见，以至拒绝执行。

——必须建立明确的经济责任。为了做到贷款资金借、用、还的统一，落实经济责任，建设银行只能同将来负责生产的企业或筹建机构，签订合同。如果负责生产的企业或筹建机构不负责建设，在签订经济合同时，还应当有负责建设的单位联合签署。

基本建设贷款利率一般为年息3%。根据国民经济发展的需要和国家的经济政策，从1981年起，对煤矿、建材、邮电行业实行优惠，按年利2.4%计息；机械、轻工、纺织、原油加工、石油化工等行业，按年利3.6%计息；其他行业仍按3%计息。

——发挥建设银行的经济杠杆作用。各地建设银行在贷款前，要按照贷款条例加强对建设项目的审查，贷款后要经常了解贷款资金的使用情况，协助解决建设中出现的问题，支持和促进按期建成投产，及时收回贷款，充分发挥投资效果。

要给予建设银行必要的自主权。任何部门，任何单位不得强令建设银行发放不符合条件的贷款。建设银行吸收的各项存款，纳入国家的综合财政信贷计划，由建设银行自主地组织利用。

中国和土耳其文化交流计划在安卡拉签字

这是中土两国政府之间签订的第一个文化协定。这项1981—1982年的文化交流计划将进一步促进两国在科学、教育、文化、艺术、新闻、广播、电视和体育等方面的合作。

沈阳市和日本札幌市结成友好城市仪式在札幌市举行

全国系统工程学会正式成立

系统工程学是一门组织管理科学。它要求考虑问题必须从全局出发，强调以技术上合理、经济上合算和收效时间快为基本原则。它可综合利用自然科学、社会科学和工程技术，为国民经济建设的重大决策提供最优的选择方案。在管理工作中，系统工程学强调科学地定量地分析问题。如人口理论工作者运用系统工程的方法，通过比较精确的计算，说明一些人口政策会带来什么后果。这就有可能避免在人口管理工作中的盲目性。系统工程在企业管理应用中的一个重要方面，是全面质量管理，它强调工厂的一切人、一切生产部门、每一个部件、每一个环节都要为质量负责，最终保证产品的质量。

系统工程学的这些特点，和我国现代化建设各个领域的组织管理工作的需要是一致的。努力掌握运用这门科学，对于改变当前管理混乱的局面很有帮助。这正是越来越多的领导同志重视这门科学的原因。

在成立大会上，一批包括省委书记、市长、部长和部队司令员在内的领导干部被聘请为学会的顾问。

全国优秀短篇曲艺作品评奖揭晓

新华社报道，由《曲艺》编辑部、中央人民广播电台文艺部举办的全国优秀短篇曲艺作品评奖活动，结果最近揭晓，58篇曲艺作品分别获得一、二、三等奖。

获一等奖的作品有：相声《帽子工厂》(常宝华、常贵田作)，相声《如此照相》(姜昆、李文华作)，相声《假大空》(杨昶、陈纪业作)，湖北小曲《难忘的一课》(夏雨田作)，好来宝《敬爱的党——我慈爱的母亲》(毛依罕作)，湖北评书《挂牌成亲》(何祚欢作)，西河大鼓《春到胶林》(郝赫、郝艳芳作)，山东快书《唐僧行贿》(刘肃作)等。

这次全国优秀短篇曲艺作品评奖工作是从去年10月份开始的，得到了全国各省、市、自治区曲协分会，曲艺团体，文艺刊物，广播电台，电视台和广大曲艺作者、曲艺爱好者的积极支持。各地踊跃推荐作品，参加了评选活动。

11月19日

10名律师接受林江反革命集团5名被告的委托将出庭辩护

新华社报道，从最高人民法院特别法庭获悉，已有10名律师接受了林彪、江青反革命集团的5名被告的委托将出庭为他们辩护。

委托律师辩护的被告是陈伯达、吴法宪、李作鹏、江腾蛟；法庭应被告姚文元的要求为他指定了辩护律师。

根据我国《刑事诉讼法》有关辩护权的规定，特别法庭在本月10日送达起诉书副本给江青等10名被告时，已告知他们有辩护权，并可以委托律师辩护。

被告陈伯达、吴法宪、李作鹏、江腾蛟先后提交了委托律师的申请书，姚文元要求法庭为他指定辩护律师。特别法庭根据被告的要求，向他们推荐了来自北京、上海、武汉、西安等地富有经验的律师，有的律师从事法律工作已有50多年。从13日开始，被委托或法庭指定的律师已同被告进行了接触。

被告江青起初要求委托律师辩护。特别法庭根据她的要求，先后两次向她推荐了3名律师。在同律师接触时，江青要求律师代替她在法庭上讲话和回答问题。律师拒绝了她的非法要求，并向她指出，律师的职责是以事实为根据和以法律为准绳，维护被告人的合法权益，但是不能代替被告人在法庭上回答应该由被告本人回答的问题。最后，江青提出不要辩护律师了。

其他4名被告没有提出委托律师的申请。

据悉，被告陈伯达的辩护律师是甘雨霈(律师、北京大学法律系副教授)、傅志人(北京市律师协会秘书长)；吴法宪的辩护律师是马克昌(律师、武汉大学法律系副教授)、周亨元(律师、中国人民大学法律系讲师)；李作鹏的辩护律师是张思之(北京市律师协会副会长)、苏惠渔(律师、华东政法学院讲师)；江腾蛟的辩护律师是王舜华(律师、中国社会科学院法学研究所助理研究员)；周奎正(北京市律师协会负责人)；姚文元的辩护律师是韩学章(上海市律师协会副会长)、张中(上海市律师协会律师)。

国家经委等部门联合发出《关于严格控制生产、出售和严禁携带易燃、易爆危险品乘坐车、船、飞机的紧急通知》

各省、市、自治区经委、公安、轻工、农业、交通、民航、商业局(厅)、供销合作社，各铁路局、东北铁路办事处，国务院有关部委：

随着社会主义现代化建设的发展和人民物质文化生活水平的提高，旅客运输任务日益繁重。保证旅客运输的安全，是一件只能做好不能做坏的大事。但是这几年由于有些单位非法生产、销售拉炮、摔炮、打火纸等易燃、易爆物品，和一些旅客携带易燃、易爆物品乘坐车船而发生多次火灾、爆炸事故，旅客伤亡惨重，国家财产损失巨大，教训极为沉痛。

今年2月，国务院转发了铁道部《关于严禁旅客携带易燃、易爆危险品进站上车保证春运安全的紧急报告》，对旅客安全运输工作提出了严格要求，在执行中取得了较好效果。但是，由于旅客运输日益紧张，防范措施还不够有力，旅客携带易燃、易爆物品乘坐车、船、飞机酿成的火灾、爆炸事故仍不断发生，使人民生命财产蒙受了无法挽回的巨大损失。当前客运急剧增加，元旦、春节将更加紧张。要求各地区各有关部门必须高度重视客运安全问题，切实采取有效防范措施，努力避免火灾、爆炸事故的发生。为此特作如下通知：

一、铁路、交通、民航等部门要切实加强客运安全工作。要广泛深入地开展严禁旅客携带易燃、易爆危险品进站上车、进港上船、进场上飞机和违章托运的宣传教育。请报纸、电视台、广播电台予以适当配合，讲明意义，晓以利害，号召广大旅客互相监督，自觉遵守。各地公安、铁路、交通部门要密切配合做好查堵工作。对查出的易燃、易爆物品及时进行安全处理。

二、严格禁止使用氯酸钾、赤磷、雄黄等药物加工生产、销售打火纸、拉炮、摔炮等危险物品。这些危险品不用明火点燃，而稍加压、挤、拉、摔、摩擦即可起火爆炸，不仅在生产、运输过程中易于酿成事故，而且儿童玩耍此类物品引爆放散的毒性气体吸入喉管内脏，也有害于他们的健康发育。为此，要求烟花爆竹生产部门，坚决按照轻工、农业、公安部和国家劳动总局1978年10月联合通知和轻工、农林部1979年2月颁发的烟花爆竹安全生产管理规定，以及今年2月公安、铁道两部联合召开的春运安全会议精神，禁止烟花爆竹生产单位加工生产拉炮、摔炮和打火纸；对现有存货要停止出售，非法生产的要销毁；化工、商业、物资部门要健全销售氯酸钾、赤磷、雄黄等产品的管理办法，严格控制出售；对于文艺、体育、狩猎等专用品和外贸出口者，由各省轻工、农业部门指定专门工厂生产供应，并规定严格的销售、包装和托运办法。

三、加强易燃、易爆物品的生产管理。对未经工商行政管理部门发给营业执照的生产单位，要坚决取缔；易燃、易爆物品生产主管部门要抓紧制定和颁发生产操作规程、原料配方和成品的质量标准。生产单位必须严格按照执行，不合格产品不得出厂。

四、由于旅客擅自携带拉炮、摔炮、打火纸等危险品乘坐车、船、飞机酿成爆炸火灾事故时，除严加处分肇事者外，要追查非法生产、销售单位领导的责任。

五、现在正是烟花、爆竹等易燃、易爆物品的生产季节，要加强检查工作。由铁道、交通、公安、轻工、农业等有关部门分别组成检查组，结合以上要求，对1980年国发第39号文件和1974年国务院、中央军委《关于加强爆炸物品管理的通知》两个文件的贯彻执行情况，认真进行一次检查，制定切实有效措施，防患于未然。

国家经委　公安部　铁道部　交通部　民航总局
轻工业部　农业部　商业部　供销合作总社
1980年11月19日

国务院决定东方化工厂工程下马

《人民日报》报道，国务院对有争议的北京东方化工厂工程最近决定下马。国家建委正会同有关方面，处理善后事宜。

8月12日，《人民日报》发表正在兴建中的东方化工厂应当停建的意见后，很多读者对此十分关注，纷纷来信来稿，对这项工程是否应该继续在首都兴建，发表了不少看法。从各方的意见看，主张东方化工厂工程停建或易地建设的理由比较充分。许多同志认为：第一，根据中央对首都建设四项建议的精神，在北京市化工企业已有40多个，而且分散在西南、东南、南面各处的情况下，再在通县建设这个具有相当规模的化工点，势必形成从东、西、南三面包围北京城的局面；第二，北京水源不足，通县地下水位不断下降，“北京的水贵如油”，不应再用这些有限的水来发展早已膨胀的化工工业；第三，除丙烯原料取自北京外，其他多种原料以及大量燃料均要从外地运入，必然加剧首都运输及能源的紧张状况；第四，该厂建成后的主要产品丙烯酸酯，可用来加工10万多吨丙烯酸树脂漆，本厂只能自用1/3，其余2/3因外地的配套工程上不去，尚无出路；而且这种丙烯酸树脂漆的销路近期有困难(去年全国销售量仅600多吨)，这种漆成本也高，售价昂贵，等等。这些意见总的是说，东方化工厂这个建设项目在布局、水源、运输、产品销路等方面都存在问题。

今年6月，这个项目的前期准备工程已经基本完工。7月份，化工部向国家建委转报了工程建设指挥部全面开工的申请报告。由于各方面有争议，国家建委没有批准。此后，国家建委负责同志两次召开座谈会，听取各方面的意见。但是，化工部和北京市领导部门明知正式开工的报告尚未批准，却继续调拨资金和建筑器材，督促加紧施工。鉴于东方化工厂今年计划投资的2000万元已经花完，化工部于8月26日发文，又从山西化肥厂今年的基建计划投资中调整300万元给东方化工厂；10月11日，化工部又以基建储备资金名义核拨给东方化工厂200万元。这个期间，北京市化工局也从该局生产资金中调拨出570万元给东方化工厂，支持工地指挥部赶任务，抢进度。这样，就形成了实际上正式开工的局面。例如，丙烯酸车间和地下管网等五项正式工程均在加紧施工，企图造成欲下不能的局面。据初步了解，到11月上旬为止，工地尚存钢材、木材、水泥、有色金属材料、玻璃以及砖瓦砂石等各种建设材料近1000万元。

从事东方化工厂工程建设的广大职工，一年来付出了辛勤的劳动。职工同志们对自己的劳动成果有感情，也是情理之常，但是他们对建设这个项目不承担责任，只要讲清形势，说明道理，积极做好善后工作，下马就可以顺利进行。东方化工厂工程下马后，原属首都的施工队伍和大批建设材料，均应尽快转到为首都人民急需建设的项目上去。

《人民日报》发表评论员文章《坚决贯彻八字方针把首都建设得更好——从东方化工厂工程下马说起》

中共中央书记处对首都建设的四项建议，提出已有半年多了。半年来，首都的建设是有变化的，取得了一定的成绩。但从有争议的东方化工厂建设工程下马的曲曲折折过程来看，要真正贯彻执行中央的建议，阻力还不小，有不少事情还很难办。

东方化工厂这个工程引起各方舆论如此关注，是小题大做吗？显然不是。这项工程的争议由来已久，中央四项建议提出之后，争议更趋激烈。就事论事，争议的焦点表现在布局、水源、能源、运输、产品销路等一系列问题上，但问题的核心却在于：究竟应该用什么态度对待中央的建议？首都建设往何处去？到底要把我们国家的首都建设成什么样子？

积30年的经验教训，人们深深感到，作为我们伟大国家的首都，应当建设成为政治、文化和国际交往的中心，再也不宜继续发展自成体系的工业城市了。首都现有工业特别是重工业,已经相当膨胀,而市政建设、住宅建设、商业服务事业的建设、文教卫生事业的建设,则大大落后于实际的需要。两相对比,很不协调。生活在首都的人,以至一些过往北京的中外人士,对此都有同感。中央书记处的四项建议,正是反映了人们的迫切愿望,因而得到了广大人民群众的衷心拥护。

本来,一项建设工程刚刚在进行前期准备工作,既然有争议,既然主管基本建设的国家建委尚未批准正式开工,理当先停下来,以待中央决断。北京市和化工部的某些领导人却无视这一切,继续调拨资金,北京市化工局甚至挪用生产资金来搞基建。东方化工厂是"必保工程",是"中央直供材料工程",一时喊得很响,开足马力施工,企图造成一个欲下不能的局面。试问,全局观点何在?哪里又谈得上尊重人民群众的意见?

值得令人深思的是,一个并不是当务之急的化工项目,要钱有钱,要物有物,而首都人民迫切需要解决的建设,则往往是要钱没钱,要料没料,长期以来排不上队。厚此薄彼,可说十分鲜明。我们应当想一想,首都人民当前最需要解决的是什么问题?为什么不用有限的财力、物力去保那些最迫切需要的建设项目上马?这些建设中的指导思想和实际生活中存在的问题,很值得我们加以总结,从中吸取教训,以利于四化建设。

在首都,贯彻执行中央书记处的四项建议如何,也是衡量贯彻执行国民经济"调整、改革、整顿、提高"八字方针是否得力的标志。八字方针中,调整是关键。调整抓好了,有利于安定团结,有利于改革。首都建设的调整任务很大,其重点就是要把与中央四项建议精神不相符合的工业特别是重工业的比重调下来,首先的一步是严格控制它的发展,因此东方化工厂的下马是理所当然的。只有把某些工业项目调下来,才能把那些体现首都特点所迫切需要的建设项目调上去。7月11日,本报发表的《大家都来关心首都建设》的评论员文章明确指出,要真正贯彻执行中央四项建议,北京市的领导人非在建设首都的指导思想上,在工作重心上,来个彻底转变不可。转变不能停留在口头上、会议上、文件上,而必须见诸行动。现在看来,这种转变远远没有完成,在这方面还要下大功夫。过去由于首都的建设方针不明确,以致工业特别是重工业的摊子铺得太多太大太乱,造成了各项事业的比例严重失调,给人民的物质和文化生活带来极大的不便。现在,中央已经为首都的建设指明了方向,难道还不应当下决心加以调整吗?我们想问题,办事情,应该有全局观念,应该从人民的切身利益出发,那种偏离中央的方针,不顾群众的需求,不讲首都建设的特点,盲目建设的做法,只能给调整带来困难,也有负于党中央和人民群众的期望。

国务院决定东方化工厂工程下马,其意义远远超出了这项工程的本身,它使我们深切地感到党中央的高瞻远瞩和对首都人民的关怀。我们应该坚决贯彻"调整、改革、整顿、提高"八字方针,坚决执行党中央对首都建设的四项建议,万众一心,艰苦努力,为把首都建设成为优美、清洁、具有第一流水平的现代化城市而奋斗!

全国保险会议在北京举行

会议就国务院批准1980年开始恢复国内保险业务作了具体部署。会议于11月27日结束。

全国人大常委会副委员长廖承志在人民大会堂会见以森田富夫为团长的日本保育协会访华团

中国男女体操队在中美体操比赛中分别获得团体第一名

山东发现已失传200多年的红丝石

新华社报道,山东新近发现了一处石洞,并且从中采出了已失传200多年的红丝石。据专家们鉴定,这种石头就是被古人评为天下之砚第一名的青州红丝石砚的原料。

11月20日

最高人民法院特别法庭开庭公审林彪 江青两个反革命集团的10名主犯

林彪、江青反革命集团案的主犯是:江青、张春桥、姚文元、王洪文、陈伯达、黄永胜、吴法宪、李作鹏、邱会作、江腾蛟。

在法庭上,最高人民检察院检察长兼特别检察厅厅长黄火青宣读了长达两万多字的《中华人民共和国最高人民检察院特别检察厅起诉书》。

起诉书指出,以林彪、江青为首的反革命集团,在"文化大革命"中互相勾结,狼狈为奸,凭借其地位和权力,施展阴谋诡计,利用合法的和非法的、公开的和秘密的,文的和武的各种手段,有预谋地诬陷、迫害党和国家领导人,篡党篡国,推翻无产阶级专政的政权。林彪、江青反革命集团给我们国家和民族造成的灾难是难以估量的。

起诉书列举了这个反革命集团犯有四大罪状、48条罪行之后指出,他们所犯的严重罪行都有大量确凿的证据。根据《中华人民共和国刑法》第九条关于适用法律的规定,特别检察厅确认,10 名主犯触犯了《中华人民共和国刑法》,分别犯有颠覆政府、分裂国家罪,武装叛乱罪,反革命杀人、伤人罪,反革命诬告陷害罪,组织领导反革命集团罪,反革命宣传煽动罪,刑讯逼供罪,非法拘禁罪,应当追究刑事责任。

黄火青在在特别法庭宣读《中华人民共和国最高人民检察院特别检察厅起诉书》(特检字第一号)

林彪、江青反革命集团推翻无产阶级专政的政权案,经中华人民共和国公安部侦查终结,移送中华人民共和国最高人民检察院审查起诉。

最高人民检察院特别检察厅审查确认,以林彪、江青为首的反革命集团的主犯林彪、江青、康生、张春桥、姚文元、王洪文、陈伯达、谢富治、叶群、黄永胜、吴法宪、李作鹏、邱会作、林立果、周宇驰、江腾蛟等,在"文化大革命"中,互相勾结,狼狈为奸,凭借其地位和权力,施展阴谋诡计,利用合法的和非法的、公开的和秘密的、文的和武的各种手段,有预谋地诬陷、迫害党和国家领导人,篡党篡国,推翻无产阶级专政的政权。1971 年 9 月,林彪、叶群、林立果、周宇驰、江腾蛟等阴谋杀害毛泽东主席、策动反革命武装政变失败,林彪等叛国外逃,以林彪为首的反革命集团被揭露和粉碎。以江青为首的江青、张春桥、姚文元、王洪文"四人帮"反革命集团继续进行反革命阴谋活动,直到 1976 年 10 月被揭露和粉碎。林彪、江青反革命集团给我们国家和民族造成的灾难是难以估量的。

林彪、江青反革命集团的犯罪事实如下:

一、诬陷、迫害党和国家领导人,策划推翻无产阶级专政的政权

林彪、江青反革命集团,为了推翻无产阶级专政的政权,有预谋地诬陷、迫害党和国家领导人和各方面的领导干部。

(一)策动迫害党和国家各级领导干部,篡夺领导权。1967 年 1 月 23 日,林彪策划夺权,说:"无论上层、中层、下层都要夺。有的早夺,有的迟夺","或者上面夺,或者下面夺,或者上下结合夺"。并煽动迫害领导干部,说:"有的关起来,有的戴高帽子,有的抄家","有些方式,如搞'喷气式'","对有些人就得用这个办法,如对彭、罗、陆、杨就很需要。"

1967 年 1 月 22 日,张春桥在上海说:"'无产阶级文化大革命'自始至终就是夺权,从基层到中央,党权、政权、财权、文权以及其他权","我们对所有的权都要夺。"4 月,张春桥在上海说:老干部"他们没有一个好东西","一个也不留!"1967 年至 1975 年,张春桥在上海和北京多次说,"文化大革命"就是"改朝换代"。林彪、江青反革命集团策划夺权,提出"改朝换代",暴露了他们的反革命目的就是推翻无产阶级专政的政权。

(二)诬陷、迫害中华人民共和国主席、中共中央副主席刘少奇。1966 年 8 月刘少奇仍担任中华人民共和国主席并重新当选为中共中央政治局常务委员的时候,林彪就指使叶群于 8 月 11 日、12 日两次找中国人民解放军总参谋部作战部副部长雷英夫,把林彪、叶群捏造的诬陷刘少奇的材料口授给雷英夫,指使雷英夫写诬陷材料。8 月 13 日,林彪看了雷英夫写的诬陷材料。8 月 14 日,林彪在他的住处告诉雷英夫,用给林彪和毛泽东主席写信的形式,附上诬陷材料,由他批转毛泽东主席,并说"这样更政治化些"。当天,林彪就把雷英夫写的信和诬陷刘少奇的材料批送给江青"酌转"毛泽东主席。

1966 年 12 月 18 日下午,张春桥在北京中南海西门传达室单独接见清华大学学生蒯大富。张春桥说:"中央那一两个提出资产阶级反动路线的人至今仍不投降","你们革命小将应该联合起来,发扬彻底革命精神,痛打落水狗,把他们搞臭,不要半途而废。"在张春桥的指使下,蒯大富于 12 月 25 日在北京组织游行示威,张贴标语、大字报,散发传单,呼喊口号,公开煽动"打倒刘少奇!""打倒邓小平!"

1967 年 7 月,江青、康生、陈伯达擅自决定批斗刘少奇,并由"中央文革小组"成员戚本禹于 1967 年 7 月 18 日组织召开"批斗刘少奇大会",进行抄家,对刘少奇、王光美进行人身迫害。1967 年七八月间,康生、谢富治、戚本禹等煽动组织"揪刘火线",围困中南海,冲击国务院。

江青直接控制并伙同康生、谢富治指挥"刘少奇、王光美专案组",刑讯逼供,制造伪证,诬陷刘少奇、王光美是"叛徒"、"特务"、"反革命"。江青于 1967 年 5 月至 10 月,擅自决定逮捕关押河北省副省长杨一辰、中国人民大学教授杨承祚、天津市居民(原奉天纱厂协理)王广恩、刘少奇的炊事员郝苗等 11 人。在杨承祚病危期间,江青对专案人员说:"要突击审讯,把我们所要的东西在杨死前搞出来。"杨承祚被折磨致死,王广恩也被迫害致死。1967 年 10 月 23 日,谢富治对专案人员说:"审讯要有狠心,下得手","要集体审讯,一审几个钟头,非攻破不可。"江青、谢富治为了诬陷王光美是"特务",还指使对病势垂危的河北北京师范学院教授张重一进行刑讯。张重一被折磨致死。为了诬陷刘少奇是"叛徒",他们对 1927 年在武汉同刘少奇一起搞工人运动的丁觉群和 1929 年同刘少奇在沈阳同时被捕的孟用潜,进行逼供。

1967 年 9 月 25 日,丁觉群在狱中就申明,他被逼写的材料"是打破事实的框框写的"。孟用潜从 1967

年6月15日至1969年3月18日，在狱中先后20次书面声明，他在逼供下写的关于刘少奇的材料，“是虚构编造的”，应该撤销。但丁觉群、孟用潜的更正、申辩材料，均被扣压，不许上报。刘少奇被迫害致死。

（三）江青、康生密谋诬陷、迫害中共第八届中央委员会成员。1968年7月21日，康生亲笔写了一封绝密信，信封上署明：“要件即呈江青同志亲启。”信中说：“送上你要的名单。”在康生亲笔写的这个名单中，中共第八届中央委员、候补中央委员193名，有88名被分别诬陷为“特务”、“叛徒”、“里通外国分子”、“反党分子”。名单中，列入“靠边站的尚未列入专案的”7名和“有错误的或历史上要考查的”29名，绝大多数也先后受到康生等的诬陷、迫害。

党和国家领导人及各中共中央局第一书记被诬陷的有：

中共中央政治局委员和候补委员：刘少奇、朱德、陈云、邓小平、彭真、陈毅、彭德怀、贺龙、李先念、谭震林、李井泉、陶铸、徐向前、聂荣臻、叶剑英、乌兰夫、张闻天、陆定一、薄一波、宋任穷。

中共中央总书记邓小平，书记处书记、候补书记：彭真、王稼祥、谭震林、李先念、陆定一、罗瑞卿、陶铸、叶剑英、刘宁一、刘澜涛、杨尚昆、胡乔木。

国务院副总理：陈云、邓小平、贺龙、陈毅、乌兰夫、李先念、谭震林、聂荣臻、薄一波、陆定一、罗瑞卿、陶铸。

中共中央军委副主席：贺龙、聂荣臻、陈毅、徐向前、叶剑英。

中共中央局第一书记：宋任穷、刘澜涛、李井泉、王任重。

被诬陷的中共中央委员、候补中央委员还有：

萧劲光、粟裕、萧克、陈少敏、王震、曾山、欧阳钦、王树声、王恩茂、邓华、邓子恢、谭政、刘晓、李维汉、杨秀峰、张际春、程子华、伍修权、钱瑛、王从吾、马明方、李葆华、许光达、林铁、郑位三、徐海东、萧华、胡耀邦、习仲勋、安子文、吕正操、张经武、廖承志、叶飞、杨献珍、张鼎丞、舒同、潘自力、杨勇、黄火青、陈漫远、苏振华、冯白驹、范文澜、李坚真、高克林、钟期光、江华、李志民、杨成武、章汉夫、帅孟奇、刘仁、万毅、周扬、徐子荣、刘澜波、奎璧、区梦觉、朱德海、张启龙、马文瑞、王世泰、廖汉生、洪学智、章蕴、徐冰、廖鲁言、宋时轮、周桓、陈丕显、赵健民、钱俊瑞、蒋南翔、韩光、李昌、王鹤寿、陈正人、赵毅敏、孔原、张苏、杨一辰、赵伯平、张爱萍、姚依林、汪锋、方毅、王尚荣、刘震、张劲夫、李颉伯、廖志高、江渭清、谭启龙、张仲良、张平化。

（四）陈伯达、谢富治和吴法宪利用1967年11月在天津破获的“中共中央非常委员会”传单案，以追“后台”为名，阴谋诬陷、迫害党和国家领导人。1968年4月28日和8月19日，他们接见公安部领导小组成员赵登程等时，陈伯达说：破案“是起点”，“不是终点，老板在后台，后台不是一般人，一般人干不出来。不是仅仅一个人搞的，可能有一个组织。”谢富治说：“是起点，不是终点”，“根子就是刘、邓黑司令部的人。”吴法宪说：“还不是第二个大走资派。”1968年12月，谢富治、赵登程等在追“后台”中，制造了“中国（马列）共产党”假案，诬陷朱德是“中国（马列）共产党”中央的“书记”，陈毅是“副书记兼国防部部长”，李富春是“总理”，参加的有董必武、叶剑英、李先念、贺龙、刘伯承、徐向前、聂荣臻、谭震林、余秋里、王震、廖承志等，诬陷他们“里通外国”，“准备武装叛乱”，要搞“政变”。直到1969年8月21日，谢富治还对办案人员说：“有的目前找不到证据，下决心斗争，案犯口供也算数。”

（五）康生和他的妻子曹轶欧指使中共中央组织部负责人郭玉峰，于1968年8月23日编造《关于中央监委委员政治情况的报告》。在这个报告中，中共第八届中央监察委员会60名委员、候补委员，有37人被分别诬陷为“叛徒”、“特务”、“反革命修正主义分子”。其中有：刘澜涛、王从吾、钱瑛、刘锡五、帅孟奇、李运昌、王维纲、杨之华、李士英、李楚离、马明方、龚子荣、陈少敏、方仲如、刘亚雄、张子意、王鹤峰、刘慎之、李培之、周仲英、陈鹏、陈曾固、郑平、薛子正、高克林、吉雅泰、王世英、丘金、吴溉之、马国瑞、张鼎丞、吴德峰、张稼夫、廖苏华、龚逢春、李景膺、萧华。

（六）康生、曹轶欧指使郭玉峰，于1968年8月27日编造《关于三届全国人大常委会委员政治情况的报告》，并经康生亲笔修改、审定。在这个报告中，115名全国人大常委会委员，有60人被分别诬陷为“叛徒”、“叛徒嫌疑”、“特务”、“特务嫌疑”、“反革命修正主义分子、走资派、三反分子”、“有严重问题”。其中有：委员长朱德，副委员长彭真、李井泉、林枫、刘宁一、张治中，委员陈少敏、杨之华、帅孟奇、赵毅敏、钱瑛、刘亚雄、李达、徐立清、王世泰、胡子昂、刘澜波、徐冰、徐子荣、张经武、杨尚昆、李延禄、韩光、梅龚彬、王昆仑、南汉宸、龚饮冰、曹孟君、史良、唐生智、孔原、胡耀邦、谢扶民、罗琼、吴冷西、张苏、武新宇、马纯古、俞霭峰、刘长胜、古大存、周礼、赵寿山、胡愈之、胡乔木、梁思成、童第周、叶渚沛、陈其尤、王维舟、叶剑英、林锵云、郭健、杨蕴玉、华罗庚、赵忠尧、陈劭先、赵九章、茅以升、胡厥文。

（七）康生、曹轶欧指使郭玉峰，于1968年8月27日编造《关于四届全国政协常委会委员政治情况的报告》，并经康生亲笔修改、审定。在这个报告中，159名全国政协常委会委员，有74人被分别诬陷为“叛徒”、“叛徒嫌疑”、“特务”、“特嫌”、“国特”、“反革命修正主义分子”、“里通外国”。其中有：副主席彭真、刘澜涛、宋任穷、徐冰、高崇民，委员王从吾、刘锡五、平杰三、杨东莼、李楚离、王维纲、张子意、李运昌、龚子荣、李初梨、曹瑛、刘清扬、孔祥祯、马辉之、张友渔、章蕴、王照华、周扬、吴溉之、何长工、林修德、唐天际、朱蕴山、苏子蘅、巩天民、邹大鹏、安子文、楚图南、汪金祥、李立三、曾宪植、萨空了、张秀岩、吉雅泰、于毅夫、哈丰阿、王世英、刘晓、阎宝航、杨奇清、孙起孟、赵朴初、车向忱、班禅额尔德尼·确吉坚赞、王稼祥、伍修权、张治中、孙晓村、史良、朱学范、刘斐、张孝骞、寸树声、俞大绂、郑位三、陈国栋、高文华、王子纲、张邦英、胡克实、李昌、贺诚、钟惠澜、吴鸿宾、傅连暲、金如柏、陈其尤、熊庆来、张劲夫。

（八）诬陷、迫害中共中央副主席、国务院总理周恩来。1974年10月，江青诬陷周恩来等搞阴谋，说：“他们国务院那些人，经常借谈工作搞串联”，“总理是后台。”1974年10月17日，江青、张春桥、姚文元、王洪文“四人帮”在北京钓鱼台十七楼密谋策划，18日由王洪文到长沙向毛泽东主席诬告说：“总理现在虽然有病，住在医院，还忙着找人谈话到深夜，几乎每天都有人去，经常去总理那的有小平、剑英、先念”，“北京现在大有庐山会议的味道”，诬陷周恩来、邓小平等像林彪在1970年庐山会议一样搞篡权活动。1974年，江青、张春桥、姚文元指使清华大学党委书记迟群、中共北京市委书记谢静宜、《人民日报》总编辑鲁瑛和上海写作组负责人朱永嘉等利用舆论工具，煽动在全国范围内批“现代大儒”、批“宰相”、批“周公”，影射诬陷周恩来。

（九）诬陷、迫害中共中央副主席、全国人大常委会委员长朱德。1966年9月至1968年12月，林彪、张春桥、吴法宪和邱会作等诽谤、诬陷朱德是“黑司令”、“老机会主义者”、“军阀”，“野心很大，想当领袖”。

1967年1月底，在戚本禹的策动下，中国人民大学的一些人在北京街头贴出了“打倒朱德”的大标语。接着，成立了“揪朱联络站”，并策划召开批斗会。3月4日，戚本禹接见中国人民大学的一些人，授意继续对朱德进行迫害。戚本禹说：“你们自己搞，就搞成了；你们说是我叫你们搞的，就搞不成了。你们以为你们很聪明，其实最傻了，要不要搞，你们自己考虑。”

（十）诬陷、迫害中共中央政治局常务委员、总书记、国务院副总理邓小平。1966年12月6日，林彪诬陷邓小平是“黑帮分子”、“反党分子”。1967年1月29日，康生诽谤邓小平是“赫鲁晓夫那样的人物”。

1974年10月4日，毛泽东主席提议邓小平担任国务院第一副总理。10月17日，江青、张春桥、姚文元、王洪文在北京钓鱼台十七楼密谋策划，18日由王洪文到长沙向毛泽东主席诬告周恩来、邓小平等搞篡权活动，阻挠邓小平出任第一副总理。

1976年2月到5月，江青、张春桥、姚文元和江青反革命集团重要成员毛远新进一步诬陷邓小平。2月3日，张春桥针对1975年中共中央一号文件任命邓小平为中共中央军委副主席兼中国人民解放军总参谋长，1976年中共中央一号文件任命华国锋为国务院代总理，写道：“又是一个一号文件。去年发了一个一号文件。真是得志更猖狂。来得快、来得凶，垮得也快。”并引用古诗：“爆竹声中一岁除，春风送暖入屠苏。千门万户曈曈日，总把新桃换旧符。”这再次暴露张春桥妄图“改朝换代”的反革命野心。2月22日，毛远新对上海市革命委员会副主任马天水、徐景贤等说，邓小平“崇洋媚外，出卖主权”，“代表买办资产阶级的利益”，搞“全面回潮”，“国家性质都要改变了”。3月2日，江青在部分省、自治区负责人座谈会上，诬陷邓小平是“反革命两面派”、“谣言公司总经理”、“法西斯”、“大汉奸”、“买办资产阶级的代表”。4月26日，江青诬陷邓小平有像林彪一样的“大小舰队”，说“他们的大小舰队活动有些雷同，有些不同。小舰队有过之而无不及”。4月5日，张春桥诬陷邓小平是“纳吉”。5月16日，姚文元在《人民日报》送审的《党内确有资产阶级——天安门广场反革命政治事件剖析》文稿中，亲笔写了邓小平“就是这次反革命政治事件的总后台”。

（十一）诬陷、迫害中共中央政治局委员、国务院副总理、中共中央军委副主席陈毅。1967年8月7日，“中央文革小组”成员王力说：“揪陈毅大方向当然对”，“打倒刘、邓、陈的口号为什么不能喊”？！煽动篡夺外交领导权。1968年11月，张春桥指使王洪文、徐景贤等，借为中共第九次全国代表大会准备材料之名，编造所谓《陈毅反动言论小集》，在上海的“九大”代表学习班中散发，诬陷陈毅“投降帝修反”，“为复辟资本主义大造舆论”。同时，搜集、编造了诬陷叶剑英、李先念、陈云、陈毅、聂荣臻、李富春、谭震林等的材料共76份，1163页。

（十二）诬陷、迫害中共中央政治局委员彭德怀。1967年7月，康生、陈伯达和戚本禹接见北京航空学院学生韩爱晶等，戚本禹布置对彭德怀进行批斗迫害。1970年11月3日，黄永胜审批“同意”专案组的报告，这个报告提出要“撤销彭德怀党内外一切职务，永远开除党籍，判处无期徒刑，终身剥夺公民权利”。彭德怀被迫害致死。

（十三）诬陷、迫害中共中央政治局委员、国务院副总理、中共中央军委副主席贺龙。1966年夏，康生在北京师范大学群众大会上和“中央文革小组”会议上，诬陷贺龙和彭真“私自调动军队搞二月兵变”。1966年8月，林彪指使吴法宪编造诬陷贺龙在空军阴谋夺权的材料。9月3日，吴法宪把他写的诬陷材料送给林彪。8月下旬到9月初，叶群将她捏造的诬陷贺龙的材料，当面口授给中共中央军委办公厅警卫处处长宋治国，指使宋治国写诬陷贺龙的材料，并对宋治国说：“以你主动向我反映情况的口气写，不要以我指示叫你了解的口气写。”9月7日至24日，宋治国把他写的四份诬陷贺龙的材料送给林彪。1968年5月16日，康生说：“由贺龙的历史投敌叛变，联想贺龙现行反革命活动决不会没有，可以由历史这个此，到现实这个彼”，进一步诬陷贺龙。贺龙被迫害致死。

（十四）诬陷、迫害中共中央政治局委员、中共中央军委副主席徐向前。1967年4月，在叶群的授意下，蒯大富派人收集编造诬陷徐向前、叶剑英的材料，发表诬陷文章：《炮轰徐向前，打倒拿枪杆子的刘、邓——徐向前》。同年6月，邱会作指使总后勤部“‘文化大革命’办公室”主任王希克等，编造诬陷徐向前的材料，并编印传单，诬陷徐向前是埋藏在党内、军内的“一颗大定时炸弹，是个标准的个人野心家和阴谋家”，提出“打倒徐向前”。

（十五）诬陷、迫害中共中央政治局委员、国务院副总理、中共中央军委副主席聂荣臻。1968年4月，林彪指令北京部队召开党委扩大会，策动批判所谓“华北山头主义”，并派黄永胜、吴法宪和谢富治参加。江青、陈伯达诬陷聂荣臻是“华北山头主义”的后台，阴谋打倒聂荣臻。同年11月，黄永胜诽谤说：“聂荣臻这一辈子也没有干什么好事”，“这些人心是不会死的，一有适当气候就会出来搞名堂的。”1971年1月5日，江青又诬陷聂荣臻等在华北是“坏人当了道”。

（十六）诬陷、迫害中共中央政治局委员、中共中央书记处书记、中共中央军委副主席叶剑英。1967年6月23日，黄永胜批准广州市公安局军管会负责人报送的《关于揪叛徒调查工作的请示》和这个请示报告所附的调查叶剑英的“第一号调查方案”，阴谋陷害叶剑英。1968年6月，黄永胜利用他在广州制造的陷害广州部队副司令员文年生等的冤案，追查“黑线”，将逼供取得的假材料交给叶群，诬陷叶剑英等开“黑会”，“密谋发动反革命政变，篡夺党和国家领导权”。

1968年4月3日，李作鹏伙同海军第二政治委员王宏坤、海军政治部主任张秀川写材料，诬陷“贺、叶配合刘、邓、陶企图篡军反党”。

（十七）诬陷、迫害中共中央政治局候补委员、中共中央书记处书记、国务院副总理、中共中央宣传部部长陆定一。1966年5月，林彪捏造罪名，诬陷陆定一是“反革命分子”。江青、康生、陈伯达、谢富治和吴法宪等，诬陷陆定一是“叛徒”、“内奸”、“军统特务”。陈伯达提出要把陆定一“交红卫兵审判”。在林彪、江青反革命集团的指使、煽动下，中共中央宣传部9名副部长分别被诬陷为“叛徒”、“特务”、“国民党分子”。

（十八）诬陷、迫害中共中央书记处书记、国务院副总理、中国人民解放军总参谋长罗瑞卿。林彪、叶群、康生、谢富治、黄永胜、吴法宪、李作鹏等诬陷罗瑞卿“里通外国”，是“内奸”、“罪大恶极的反革命分子”，对海军“怀有巨大阴谋”。

（十九）林彪、江青反革命集团及其帮派体系骨干诬陷、迫害的，除本起诉书（三）（四）（五）（六）（七）条所列的以外，还有中共中央和国务院各部、各委员会、中共各省、自治区、直辖市委员会和人民政府的主要负责人、中国人民解放军高级干部：康克清、贾拓夫、周荣鑫、谷牧、吕东、高扬、段君毅、刘杰、孙志远、王诤、张霖之、刘裕民、孙大光、袁宝华、何伟、钱信忠、肖望东、万晓塘、张淮三、赵林、赵紫阳、吴芝圃、阎红彦、魏文伯、曾希圣、惠浴宇、王延春、方志纯、文敏生、卫恒、霍士廉、杨植霖、王昭、杨静仁、傅秋涛、刘少文、梁必业、刘志坚、李聚奎、饶正锡、李耀、彭嘉庆、汤平、赵尔陆、肖向荣、王平、蔡顺礼、刘道生、杜义德、陶勇、方正平、成钧、徐深吉、张廷发、聂凤智、吴富善、吴克华、欧阳毅、刘何、贺晋年、程世才、顿星云、谭友林、崔田民、傅崇碧、庄田、晏福生、陈再道、钟汉华、杨秀山、唐金龙、刘培善、刘转连、张仲翰、黄新廷、郭林祥、甘渭汉、袁升平、杨嘉瑞、秦基伟、胡荣贵、孔飞、廷懋、王其梅等。

（二十）诬陷、迫害中共中央组织部的领导干部，篡夺、控制中共中央的组织大权。1968年1月，康生指使郭玉峰，列图表，写报告，诬陷1937年以后历任中共中央组织部部长的张闻天、陈云、彭真、邓小平、安子文是“叛徒”、“特务”、“三反分子”或是“双料货”；诬陷先后担任过中共中央组织部副部长的22人是“叛徒”、“特务”、“里通外国分子”和“三反分子”。还诬陷中共中央组织部有个“反革命集团”，是“黑窝子”，在全国“建立反革命据点”，“招降纳叛，结党营私”，提出把中共中央组织部“彻底解散，宣布撤销”。

（二十一）诬陷、迫害各级公安保卫部门、检察机关、法院的领导干部，篡夺、控制专政工具。在林彪、江青反革命集团的指挥、策动下，全国公、检、法机关遭到彻底破坏。谢富治在全国煽动“砸烂公、检、法”。最高人民检察院检察长张鼎丞、最高人民法院院长杨秀峰等和全国大批公安保卫、检察、法院的干部、民警遭到诬陷、迫害。康生、谢富治等在公安部还制造了“罗瑞卿为首的地下黑公安部”等冤案。公安部除谢富治和另一名兼职副部长外，其他副部长都被逮捕、关押。副部长徐子荣被迫害致死。

(二十二)1967年1月，林彪亲笔批示"完全同意""中央文革小组"成员关锋、王力等提出的"彻底揭穿军内一小撮走资本主义道路的当权派"的口号，阴谋搞乱军队。

林彪为了控制军队，在中国人民解放军总参谋部制造冤案，诬陷、迫害大批干部、群众。1968年4月，黄永胜在总参谋部说，"总参出了不少坏人，有黄克诚、罗瑞卿、张爱萍、王尚荣"等，"他们是不能翻案的，不能翻天的"。

1967年7月25日，林彪提出"彻底砸烂总政阎王殿"。林彪、叶群多次诽谤人民解放军总政治部原主任罗荣桓、谭政，制造"罗(瑞卿)、梁(必业)反党集团"等冤案。黄永胜诬陷总政治部"是几代招降纳叛的地方"。邱会作诬陷总政治部"和国民党的特务机关差不多"，并积极参与"砸烂总政"的阴谋活动。总政治部大批干部、群众遭到诬陷、迫害，4名正副主任、20名正副部长被诬陷为"篡军反党分子"、"叛徒"、"特务"、"现行反革命分子"，受到关押审查，袁子钦、王冰等17人被迫害致死。

1974年3月5日，江青、张春桥接见总政治部文化部原副部长陈亚丁等。江青说："今天把你陈亚丁也请来了，就是要整一整军队"，"看来要夺权，陈亚丁你去把权夺过来嘛！我看军队的文化工作还是让陈亚丁管起来。"并对陈亚丁等说："你们要放火烧荒。"策动乱军夺权。

(二十三)林彪、江青反革命集团通过陈伯达、姚文元，控制宣传舆论工具，煽动推翻无产阶级专政的政权。1966年6月，陈伯达组织编写和审定的《横扫一切牛鬼蛇神》等社论，为林彪、江青反革命集团搞乱全国，乱中夺权，制造反革命舆论。1974年至1976年，江青、张春桥和姚文元指挥清华大学、北京大学的"梁效"、上海的"罗思鼎"、《红旗》杂志的"池恒"和中共中央高级党校的"唐晓文"等写作班子，进行反革命宣传煽动。1976年春，姚文元亲自修改审定，在《红旗》杂志、《人民日报》等报刊上发表从《资产阶级民主派到走资派》等文章。姚文元、张春桥还审定马天水、徐景贤的讲话稿。这些文章和讲话稿，把各级党政军领导机关的老干部诬陷为"资产阶级民主派"、"走资派"、"老走资派"，煽动加以迫害。

1976年3月底，南京群众张贴大标语反对张春桥，姚文元诬陷南京贴标语的群众是"反革命"，并对鲁瑛说："这股反革命逆流，看来有个司令部"，"要注意北京的情况。"姚文元指使鲁瑛派人到天安门广场，搜集、编写材料，这些材料经姚文元篡改，把群众反"四人帮"、悼念周恩来、拥护邓小平的革命言行诬陷为"发表反革命演说和反革命口号"，"是没落垂死势力的挣扎和疯狂反扑的一种表现"，诬陷群众是"一小撮坏人"、"反革命分子"。姚文元还主张要"枪毙一批"。

1976年1月至9月，姚文元、王洪文指使鲁瑛派人到中央一些部门和福建、江西、浙江、江苏、四川、云南、黑龙江等省，搜集诬陷党政军领导干部的材料，诬陷他们是"不肯改悔的走资派"、"还在走的走资派"，"组织还乡团"，"翻案复辟"。

二、迫害、镇压广大干部和群众

林彪、江青反革命集团，为了夺取党和国家的领导权，实行反革命统治，煽动打砸抢，挑动武斗，制造冤案，迫害、镇压广大干部和群众。

(二十四)在林彪、江青、康生和谢富治等的指使、策动下，中共北京市委书记刘仁、郑天翔、万里、邓拓等7人和北京市副市长吴晗、乐松生等6人全部被分别诬陷为"特务"、"叛徒"、"反革命修正主义分子"、"反动资本家"、"反动学术权威"。1968年1月，康生诬陷刘仁和副市长冯基平、崔月犁等"出卖党政军核心机密，叛党叛国"，并批示"对他们不能用一般对犯人的方法对待"，"应将他们铐起来，进行严厉地突击地审讯工作"。5月，康生、谢富治制造"以冯基平、邢相生为首的旧北京市公安局反革命集团"冤案，诬陷冯基平等"与美蒋特务勾结，进行特务间谍活动"。刘仁、邓拓、吴晗、乐松生被迫害致死。

(二十五)1968年1月，张春桥、姚文元诬陷中共上海市市委是"资产阶级顽固堡垒"、"黑班子"，诬陷上海市委第一书记陈丕显"是一个极其狡猾、极其阴险的反革命两面派"，"是无产阶级最危险的敌人"，诬陷上海市市委书记、市长曹荻秋是"叛徒"。在他们的指使、策动下，上海市市委书记、市长、副市长和市委常委等17人被分别诬陷为"叛徒"、"特务"、"走资派"、"反革命"。曹荻秋和副市长金仲华被迫害致死。

(二十六)1967年12月，陈伯达在唐山说：中共冀东党组织"可能是国共合作的党，实际上可能是国民党在这里起作用，叛徒在这里起作用"。在陈伯达的煽动下，制造了冀东冤案，使冀东地区的党员干部、群众84000余人遭受诬陷、迫害，张文浩等2955人被迫害致死。

(二十七)1968年1月21日，康生在京西宾馆当面诬陷中共云南省委书记赵健民，说："你是个叛徒！""我凭四十年革命的经验，有这个敏感"，"你有刻骨的阶级仇恨"，捏造赵健民执行国民党云南特务组的计划，"想乘'文化大革命'把边疆搞乱"。康生、谢富治不准赵健民申辩，由谢富治当场宣布逮捕赵健民。在康生、谢富治的煽动下，制造了"赵健民特务案"，这个冤案使云南大批干部、群众遭到诬陷、迫害，14000余人被迫害致死。

(二十八)康生等利用挖所谓"内人党"，在内蒙古诬陷、迫害广大干部、群众，破坏民族团结。1968年2月4日，康生说："内人党至今还有地下活动，开始可能揪的宽点，不要怕。"1969年2月4日，康生又说："军队也有内人党，这个问题很严重。"谢富治说："内人党明里是共产党，暗里是内人党，要把它搞掉。"在康生、谢富治的唆使下，内蒙古自治区因"内人党"等冤案，有346000多名干部、群众遭到诬陷、迫害，16222人被迫害致死。

(二十九)1967年，康生等制造"新疆叛徒集团"冤案，诬陷1942年9月被新疆军阀盛世才逮捕关押的中国共产党的干部131人"投敌叛变"，"潜伏我们党内"，是"叛徒集团"。马明方、张子意、杨之华、方志纯等92名干部受到迫害，马明方等26人被迫害致死。

(三十)1967年至1969年，林彪、江青反革命集团及其帮派体系骨干，把1946年2月吕正操、万毅、张学思、贾陶、刘澜波、栗又文、于毅夫等42人根据1945年中共中央批准的中共中央东北局决定，经延安新华社联名通电蒋介石要求释放张学良一事，诬陷为"经过长期预谋，妄图叛党投敌的一起重大反革命案件"，并制造了"'东北帮'叛党投敌反革命集团"90人的冤案，进行诬陷、迫害。张学思、贾陶、车向忱、陈先舟等被迫害致死。

(三十一)林彪、江青反革命集团诬陷在抗日战争、解放战争期间的北平、上海、天津、广东、四川、云南和全国其他地方的中国共产党的地下党组织"招降纳叛"，是"国民党"、"叛徒党"、"美蒋别动队"，提出"一定要从地下党开刀"，致使各地与敌人进行英勇斗争的大批中共地下党领导人、党员和群众被诬陷为"叛徒"、"内奸"、"日本特务"、"国民党特务"、"美国特务"、"间谍"、"反革命"。

1967年10月，黄永胜伙同广州部队政治委员刘兴元等提出对中共广东地下党进行"审查"，并组织了专门班子，诬陷中共广东地下党"招降纳叛"，混进一批"叛徒"、"特务"、"间谍"，制造了"广东地下党"冤案，使7100多人遭到诬陷、迫害，林锵云等85人被迫害致死。

(三十二)林彪反革命集团在中国人民解放军中制造了大批冤案，使8万多人遭到诬陷、迫害，1169人被迫害致死。

黄永胜伙同刘兴元从1967年5月至1970年11月，在广州部队制造"反革命集团"冤案，诬陷副司令员文年生等"夺权搞政变"，株连700多名干部，文年生等被迫害致死。

吴法宪伙同空军司令部副参谋长王飞、参谋长梁璞诬陷、迫害空军大批干部、群众。吴法宪说："你不斗倒他，再反扑过来，就要杀我们的头。"吴法宪诬陷空军的一批领导干部"搞地下活动"，要"夺权"，要"政变"。吴法宪直接诬陷、迫害的有174人，顾前、刘善本被迫害致死。

李作鹏伙同王宏坤、张秀川诬陷、迫害海军大批干部、群众。1968年1月李作鹏提出专案工作是"共产党打国民党"，同年10月又说要"猛打、猛冲、猛追"。李作鹏直接诬陷、迫害的有120人，雷永通等3人被迫害致死。

邱会作伙同总后勤部副部长陈庞等在总后勤部私设监狱，刑讯逼供。邱会作说要"狠斗"、"狠审"、"狠专"，使大批干部、群众遭到诬陷、迫害。被邱会作直接诬陷、迫害的有462人，申茂兴、王述臣等8人被迫害致死。

(三十三)1966年12月28日，张春桥为了镇压上海"工人赤卫队"群众组织，夺取上海市党政领导权，从北京打电话给他的妻子李文静，说："胜利果实不能被赤卫队夺去，要告诉造反派不能置之不理。"李文静把张春桥的电话告诉徐景贤，徐景贤传达了张春桥的电话。在张春桥等的指使下，王洪文伙同打砸抢罪犯耿金章，组织指挥一些不明真相的群众，攻打"工人赤卫队"，伤残91人，制造了康平路武斗事件。

1967年8月4日，王洪文策划、指挥了围攻"上海柴油机厂革命造反联合司令部"群众组织的武斗事件，关押、打伤650人。事后，张春桥称赞王洪文是"我们的司令"、"上海工人阶级的领袖"。

(三十四)1967年5月，张春桥、姚文元在济南支持山东省革命委员会主任王效禹镇压群众。张春桥对王效禹说："你有力量，我就支持你。"王效禹随即在5月7日制造了省革命委员会大院武斗事件，拘捕关押388人。事后，张春桥、姚文元又一次表示支持，祝贺"打了一个胜仗！"

(三十五)1966年10月，江青勾结叶群，指使江腾蛟搜查上海文艺界人士的家。叶群让吴法宪把江腾蛟找来北京，对江腾蛟说："江青同志有一封信落在郑君里、顾而已他们手里，现在究竟在谁手里不清楚，你可以组织些人搜查一下郑君里、顾而已、赵丹、童芷苓、陈鲤庭5个人的家，凡是书信、日记本、笔记本之类的东西都拿来"，"要绝对保密"。江腾蛟回上海后，组织40多人，冒充红卫兵，于10月9日凌晨，搜查了赵丹、郑君里、童芷苓、陈鲤庭和顾而已的家。江腾蛟将搜得的东西分两次送北京叶群住处。1967年1月，在江青亲自监视下，谢富治、叶群动手将搜查来的有关江青的信件、照片等烧毁。

(三十六)1967年,张春桥在上海指挥反革命特务组织"游雪涛小组"(代号"二四四"),专门从事跟踪盯梢、绑架、抄家、监禁、秘密刑讯和搜集情报等法西斯特务活动。从1967年11月至1968年3月,这个特务组织为张春桥搜集、编造诬陷中共中央华东局97名领导干部的材料,绘制了《华东局黑线人物关系图》,并编写了300期《扫雷简报》和《动态》,提供了100多万字的情报材料,制造冤案,诬陷、迫害干部、群众183人。1967年冬和1968年春,这个特务组织派人去江苏、浙江等地活动,诬陷华东地区党政军领导干部在"长江以南搞一个地下武装","密谋兵变"。1967年10月26日,上海市革命委员会副主任王少庸向游雪涛传达张春桥的话,说:"要当心,你们去搞人家的特务活动,人家也会搞你们的特务活动的。"1968年11月30日,这个特务组织在给张春桥的《一年工作总结》中写道,他们是"在一条特殊的战线上战斗","这一年来,大量的工作是同敌人进行隐蔽的斗争","从中央到地方直接间接地摸了不少老虎屁股"。张春桥在这份总结上亲笔批道:"谢谢同志们。"

(三十七)1974年至1976年,江青、张春桥和姚文元指使迟群、谢静宜利用在清华大学的活动据点,同中共中央、国务院一些部门和上海、辽宁等地的江青反革命集团帮派体系骨干秘密串联,互通情报,并搜集一些省委领导干部的讲话记录和省委文件,编写《走资派还在走》《情况反映》等诬陷党政军领导干部的材料。

(三十八)在林彪、江青反革命集团及其帮派体系骨干的指挥、煽动下,冤狱遍于全国。各民主党派,工会、共青团、妇联等群众团体,文化、教育、科学、技术、新闻、出版、卫生、体育等各界的大批干部、群众和大批归国华侨遭受诬陷、迫害,致残、致死。

各民主党派领导人遭到诬陷、迫害的有:中国国民党革命委员会中央副主席邓宝珊,中国民主同盟中央副主席高崇民、吴晗,中国民主建国会中央副主任委员孙起孟,中国民主促进会中央副主席车向忱,中国农工民主党中央主席团委员周谷城,九三学社中央副主席潘菽。各民主党派和全国工商联的中央常委、委员和候补委员大批受到诬陷、迫害,黄绍竑、梅龚彬、楚溪春、高崇民、刘清扬、潘光旦、刘王立明、刘念义、王性尧、唐巽泽、许崇清、李平心、陈麟瑞、郑天保、王家楫、刘锡瑛、张玺、王天强等被迫害致死。

文艺界,仅文化部及其直属单位受诬陷、迫害的就有2600多人。著名作家、艺术家老舍、赵树理、周信芳、盖叫天、潘天寿、应云卫、郑君里、孙维世等被迫害致死。

教育界,仅教育部所属单位和17个省、市,受诬陷、迫害的干部、教师就有142000多人。著名教授熊庆来、翦伯赞、何思敬、王守融、顾毓珍、李广田、饶毓泰、刘盼遂、马特等被迫害致死。

科学技术界,仅中国科学院直属单位、第七机械工业部两个研究院和17个省、市,受诬陷、迫害的科学技术人员就有53000多人。著名地球物理学家赵九章、冶金学家叶渚沛、理论物理学家张宗燧、昆虫学家刘崇乐、植物分类学家陈焕镛、冶金陶瓷学家周仁等被迫害致死。

卫生界,仅卫生部直属14个高等医学院、校674名教授、副教授中,受诬陷、迫害的就有500多人。著名病理学家胡正详、药理学家张昌绍、胸外科专家计苏华、针灸专家陆瘦燕、中医叶熙春、李重人等被迫害致死。

体育界,大批干部和教练员、运动员遭受诬陷、迫害。优秀教练员傅其芳、容国团、姜永宁被迫害致死。

全国劳动模范大批遭到诬陷、迫害。著名劳动模范孟泰、时传祥等被迫害致死。

归国华侨、侨眷,仅19个省、市被诬陷、迫害的就有13000多人,281人被迫害致死。方方、许立、黄洁、陈序经、黄钦书、陈曼云等侨务界著名人士被迫害致死。

全国各级党政军机关、企业事业单位、农村社队和城镇街道的干部、群众,被诬陷为"叛徒"、"特务"、"反革命"、"走资派爪牙"等,遭受迫害的难以数计。

三、谋害毛泽东主席,策动反革命武装政变

林彪反革命集团阴谋用"和平过渡的办法"篡党篡国失败后,策动反革命武装政变,阴谋杀害毛泽东主席。

(三十九)1969年10月,林彪指使吴法宪任命林彪的儿子林立果为空军司令部办公室副主任兼作战部副部长。10月18日,吴法宪将林立果、王飞和空军司令部办公室副主任周宇驰等召集在一起,对他们说:"空军的一切都要向立果同志汇报,都可以由立果同志调动、指挥。"私自把空军的指挥大权交给了林立果。周宇驰、王飞等先后在空军党委常委办公会议上和机关作了传达。林立果伙同周宇驰、王飞等组成"调研小组"。1970年5月2日晚,林彪接见林立果、周宇驰、王飞和空军司令部办公室处长刘沛丰等,林彪问:谁是你们的头? 5月3日,周宇驰、王飞等开会向林彪表忠心,并共推林立果为"头"。1970年10月,林立果为头的"调研小组"组成为"联合舰队",叶群为周宇驰、王飞等规定了人名代号。"联合舰队"是林彪谋害毛泽东主席、策动反革命武装政变的骨干力量。

从1970年到1971年9月13日,在林立果、周宇驰的指使下,空军司令部副参谋长胡萍、七三四一部队政治委员王维国、广州民航局政治委员米家农和广州

部队空军司令部参谋长顾同舟等，在北京、上海和广州建立秘密据点。林立果等利用这些据点进行联络，私藏枪支、弹药、电台、窃听器以及党和国家的机密文件。

（四十）1970年9月以后，林彪加紧了反革命武装政变的准备。1971年2月，林彪、叶群和林立果在苏州密谋后，派林立果到上海，召集“联合舰队”的主要成员周宇驰、空军司令部办公室副处长于新野以及七三四一部队政治部副处长李伟信，从3月21日至24日制订了反革命武装政变计划《“571工程”纪要》，分析了形势，规定了实施要点、口号和策略，提出“军事上先发制人”，阴谋利用“上层集会一网打尽”或“利用特种手段如轰炸、543(注：一种导弹代号)、车祸、暗杀、绑架、城市游击小分队”，发动反革命武装政变，“夺取全国政权”或制造“割据局面”，并阴谋“借苏力量钳制国内外各种力量”。

1971年3月31日，林立果根据《“571工程”纪要》建立“指挥班子”的计划，在上海召集江腾蛟、王维国、七三五〇部队政治委员陈励耘和南京部队空军副司令员周建平秘密开会，指定南京以周建平为“头”，上海以王维国为“头”，杭州以陈励耘为“头”，江腾蛟“进行三点联系，配合、协同作战”。

1971年3月，米家农在林立果的指使下，在广州组织“战斗小分队”，要队员向林彪、林立果宣誓效忠，并制定了联络密语、暗号。

1971年4月，林立果指使王维国，在上海成立了为反革命武装政变服务的“教导队”，进行捕俘、格斗、使用各种轻型武器、驾驶车辆等特种训练。

（四十一）1971年9月5日晚，周宇驰、于新野打电话给顾同舟，探听到毛泽东主席在长沙同一些负责人谈话的内容，当即密报林立果、叶群，顾同舟并书面报告叶群。6日，李作鹏在武汉得到武汉部队政治委员刘丰关于毛泽东主席在武汉同一些负责人谈话内容的密报，当天返回北京，分别告诉黄永胜、邱会作，黄永胜连夜打电话告诉在北戴河的叶群。林彪、叶群接到顾同舟、黄永胜的密报后，下决心采取行动杀害毛泽东主席。9月7日，林立果向“联合舰队”下达了一级战备的命令。9月8日，林彪下达了武装政变手令：“盼照立果、宇驰同志传达的命令办。”9月8日，林立果从北戴河带来了叶群给黄永胜的密封亲启件，让王飞送给黄永胜。9月10日上午，王飞将密封亲启件送黄永胜。9月10日，黄永胜同叶群频繁联系，五次通电话，最长的两次分别达90分钟和135分钟。同日，刘沛丰从北戴河带回林彪写给黄永胜的信，信中说：“永胜同志：很惦念你，望任何时候都要乐观，保护身体，有事时可与王飞同志面洽。”此信由林立果、周宇驰交给王飞，要王飞必要时送给黄永胜。9月8日至11日，林立果、周宇驰先后在空军学院和西郊机场的秘密据点，分别向刘沛丰、江腾蛟、王飞、李伟信和空军司令部作战部部长鲁珉、空军司令部办公室副主任刘世英、秘书程洪珍、〇一九〇部队政治委员关光烈等传达林彪的武装政变手令，具体策划部署杀害毛泽东主席，并指派江腾蛟为上海地区第一线指挥，密谋用火焰喷射器、四〇火箭筒打毛泽东主席乘坐的火车；用炸药炸苏州附近的硕放铁路桥；派飞机炸火车；炸毁专列在上海停车点附近的油库，乘混乱之机杀害毛泽东主席；或由王维国乘毛泽东主席接见时动手。

林彪、叶群同时还为南逃广州、另立中央和叛国外逃做准备，1971年9月10日指使周宇驰等从空军司令部索取了东北、华北、西北地区雷达兵部署图，可作导航用的我周围国家电台频率表，北京至乌兰巴托、伊尔库茨克航线图和机场位置、呼号、频率表，广州、福州地区机场资料。

（四十二）1971年9月11日晚，王维国打电话向林立果、周宇驰密报，毛泽东主席已离开上海回北京。林彪、叶群获悉杀害毛泽东主席的计划破产，阴谋带领黄永胜、吴法宪、李作鹏和邱会作南逃广州，另立中央，分裂国家，策划“如果要动武，就联合苏联，实行南北夹击”。9月12日，林立果、周宇驰分别向江腾蛟、王飞、于新野、胡萍和空军司令部情报部副处长王永奎等布置南逃。胡萍等安排了南逃广州的飞机8架，派256号专机送林立果去山海关，并把这架飞机供在北戴河的林彪、叶群和林立果使用。王飞、于新野和空军司令部情报部部长贺德全等拟定了南逃人员名单，研究了分工和具体行动计划。当晚10时许，周恩来总理追查256号专机去山海关的情况，命令该机立即返京。胡萍一面谎报去山海关是飞行训练，并伪称飞机发动机有故障，拒不执行命令；一面给周宇驰通风报信。

1971年9月12日深夜，林彪、叶群和林立果接到关于周恩来总理追查飞机的密报，即与刘沛丰等到山海关机场仓皇登上飞机，不等副驾驶员、领航员、通信报务员上机，飞机航行灯也没有开，就命令飞机启动滑行，于9月13日零点32分强行起飞外逃，在蒙古温都尔汗机毁人亡。

1971年9月13日3点15分，周宇驰、于新野和李伟信携带所窃取的大批国家机密文件和大量美钞，在北京沙河机场劫持3685号直升飞机外逃。驾驶员陈修文发觉后，采取措施回飞到北京市怀柔县，降落时陈修文被周宇驰杀害。

（四十三）林彪叛逃前，周恩来总理决定，256号专机必须有周恩来、黄永胜、吴法宪、李作鹏“四个人一起下命令才能飞行”。但李作鹏给海军山海关机场场站下达的命令篡改为“四个首长其中一个首长指示放飞才放飞”，并说：“谁来指示要报告我。要负责任。”9月13日零点20分，256号专机准备起飞、尚未发动时，场站领导人打电话请示李作鹏：飞机强行起飞怎么办？李作鹏不采取任何阻止起飞的措施，竟推托说：“可直接报告请示总理”，以拖延时间，使林彪得以乘机外逃。事后，李作鹏又涂改电话报告记录，掩盖罪行。

(四十四)1971年9月13日林彪叛国外逃，黄永胜、吴法宪、邱会作等为了掩盖林彪反革命集团的罪行，分别销毁了他们与林彪、叶群等来往的信件、材料以及笔记本、照片等罪证。

四、策动上海武装叛乱

张春桥、姚文元、王洪文和马天水、徐景贤、王秀珍等以上海为基地，抓武装力量，在他们面临覆灭之际，策动武装叛乱。

(四十五)1967年7月，张春桥在他审定的一份报告中提出“以枪杆子保卫笔杆子革命”，指使王洪文等在上海建立由他们控制的武装力量。1973年9月，王洪文对王秀珍说：“要建立全国民兵总指挥部，由我亲自来抓。”1974年3月，王洪文再次对王秀珍说：“军队不能领导民兵，民兵的指挥权要掌握在(上海)市委手里。”1975年1月和8月，王洪文在北京和上海，多次对马天水、徐景贤和王秀珍说：“我最担心的是军队不在我们手里。”王洪文还说：“要警惕修正主义上台”，“要准备打游击。”1976年2月，王洪文说：“上海民兵是我和春桥搞起来的”，“我是抓住不放的，你们可给我抓好”，“部队靠不大住。”

(四十六)1976年5月7日，姚文元在北京同上海写作组成员陈冀德谈话时说：“‘文化大革命’是暴力，天安门广场事件是暴力，将来的斗争也还是暴力解决问题。”陈冀德回上海后，向马天水、徐景贤等人作了传达。8月，姚文元亲自修改审定上海写作组在《红旗》杂志发表的《加强工人民兵建设》一文中，提出这支民兵武装力量“要同党内资产阶级”进行斗争，为暴力镇压和武装叛乱进行舆论准备。

(四十七)1976年8月，南京部队司令员丁盛到上海，在延安饭店和马天水、徐景贤、王秀珍作了半夜密谈。丁盛说：“我最不放心的是六四五三部队”，“这个部队我根本调不动”，“这个部队的几个师，就摆在无锡、苏州到上海这一线，我很担心”，“你们要有所准备。”马天水立即检查对民兵发枪情况。随后突击发枪74220支、炮300门、各种弹药1000多万发，为发动武装叛乱作了具体准备。9月21日，张春桥在北京单独接见徐景贤，听取了丁盛到上海与马天水、徐景贤、王秀珍密谈和上海突击发枪的情况汇报。张春桥对徐景贤说：“要谨慎小心，要注意阶级斗争的动向。”9月23日，王洪文在电话中对王秀珍说：“要提高警惕，斗争并未结束，党内资产阶级他们是不会甘心失败的，总有人会抬出邓小平的。”

(四十八)1976年10月6日，江青、张春桥、姚文元、王洪文“四人帮”被粉碎。10月8日，徐景贤、王秀珍派全国总工会筹备组负责人金祖敏的秘书缪文金到北京刺探消息，规定了联络暗号。当晚，缪文金伙同中共公安部核心小组成员祝家耀，打电话给中共上海市委警卫处政治委员康宁一转王秀珍，用“我娘心肌梗塞”的暗语通报了江青、张春桥、姚文元、王洪文发生了最严重情况。随后祝家耀又打电话给康宁一，要他转告王秀珍：“人员集中了，锁起来了，不能动了。”徐景贤、王秀珍立即召开了紧急会议，实行紧急动员，决定“要干”，“拉出民兵来，打一个礼拜不行，打五天、三天也好，让全世界都知道”。徐景贤当即下达手令，调集和部署民兵33500名，组织了武装叛乱指挥班子，并设立了两个秘密指挥点，准备武装叛乱，责成上海报社、电台在宣传上进行配合。上海警备区副政治委员李彬山和上海市民兵指挥部负责人施尚英、钟定栋等，研究了武装叛乱的初步方案，并经王秀珍同意。上海市公安局党委副书记薛干青、徐成虎制订了公安局的行动方案。10月9日，施尚英召集10个区、5个直属民兵师负责人开会，命令兵力集中，人车配套，枪弹配套，动用各种枪炮27000余件，调集车辆225辆，集中大量物资和食品，在江南造船厂、中国纺织机械厂的指挥所和各区民兵指挥部架设了15部电台，沟通了联系。钟定栋进一步制订了“捍一”、“方二”武装叛乱的作战方案，他们决定从上海外围到市中心设置三道“控制圈”，部署对上海首脑机关、车站、码头、机场、港口、浦江隧道、桥梁和其他交通要道的控制，规定了口令和暗语。10月12日，准备发表“告全市、全国人民书”，拟定了21条反革命标语。10月12日晚，王少庸、朱永嘉和上海市革命委员会工交组负责人黄涛、陈阿大等又开会进一步策划停产罢工，游行示威，控制报社、电台，封锁中央发布的消息，准备切断电网，用钢锭堵塞机场跑道，沉船堵塞吴淞口，提出“还我江青”、“还我春桥”、“还我文元”、“还我洪文”的反革命口号，要“决一死战”。

综合上述犯罪事实，林彪、江青反革命集团诬陷、迫害国家主席、全国人大常委会委员长、国务院总理、中共中央总书记及党和国家其他领导人，迫害、镇压广大干部、群众，阴谋杀害毛泽东主席，策动武装叛乱，证明他们是以推翻无产阶级专政的政权为目的的反革命集团。他们所犯的严重罪行都有大量确凿的证据。全国各族人民，特别是遭受诬陷、迫害和遭受株连的广大干部和群众，以及一度被蒙蔽、欺骗的干部、群众，都是他们罪行的见证人。

根据《中华人民共和国刑法》第九条关于适用法律的规定，本厅确认，下列10名主犯触犯了《中华人民共和国刑法》，分别犯有颠覆政府、分裂国家罪，武装叛乱罪，反革命杀人、伤人罪，反革命诬告陷害罪，组织领导反革命集团罪，反革命宣传煽动罪，刑讯逼供罪，非法拘禁罪，应当追究刑事责任，本厅依法提起公诉。

被告人江青，女，67岁，山东省诸城县人。逮捕前任中共第十届中央委员、政治局委员。在押。

被告人张春桥，男，63岁，山东省巨野县人。逮捕前任中共第十届中央委员、政治局委员、政治局常务委员，国务院副总理，中国人民解放军总政治部主任，中共上海市委第一书记、上海市革命委员会主任。在押。

被告人姚文元，男，49岁，浙江省诸暨县人。逮捕前任中共第十届中央委员、政治局委员，中共上海市委第二书记、上海市革命委员会副主任。在押。

被告人王洪文，男，45岁，吉林省长春市人。逮捕前任中共第十届中央委员、政治局委员、政治局常务委员、中央副主席，中共上海市委书记、上海市革命委员会副主任。在押。

被告人陈伯达，男，76岁，福建省惠安县人。逮捕前任中共第九届中央委员、政治局委员、政治局常务委员。在押。

被告人黄永胜，男，70岁，河北省咸宁县人。逮捕前任中共第九届中央委员、政治局委员，中国人民解放军总参谋长。在押。

被告人吴法宪，男，65岁，江西省永丰县人。逮捕前任中共第九届中央委员、政治局委员，中国人民解放军副总参谋长兼空军司令员。在押。

被告人李作鹏，男，66岁，江西省吉安县人。逮捕前任中共第九届中央委员、政治局委员，中国人民解放军副总参谋长兼海军第一政治委员。在押。

被告人邱会作，男，66岁，江西省兴国县人。逮捕前任中共第九届中央委员、政治局委员，中国人民解放军副总参谋长兼总后勤部部长。在押。

被告人江腾蛟，男，61岁，湖北省红安县人。逮捕前原任中国人民解放军南京部队空军政治委员。在押。

林彪、江青反革命集团主犯林彪、康生、谢富治、叶群、林立果、周宇驰已经死亡，依照《中华人民共和国刑事诉讼法》第十一条第五项的规定，不再追究刑事责任。本案其他人犯另行处理。

此致

中华人民共和国最高人民法院特别法庭

中华人民共和国最高人民检察院检察长
兼特别检察厅厅长　黄火青

1980年11月2日

上海经济部门决定明年大力调整工业结构

新华社报道，上海经济部门经过郑重考虑，明年上海要花大力气调整工业结构，压缩钢铁工业，整顿机械工业，加快发展轻工业、纺织工业和电子工业。国家要求上海大力发展高精尖产品，满足国内外市场的需要。节约能源、改造危险厂房、治理三废等工作也很繁重。因此，明年上海工业部门更需要迅速提高技术水平，加强经营管理，使有限的燃料动力和原材料能够取得更大的经济效果，并积极完成上缴的财政任务。

鉴于上海在国民经济中占有举足轻重的地位，国家提出要保上海，并在拟订具体的措施。上海经济领导部门提出上海也要保国家，要求全市广大干部和群众在国务院各部门、各省、市、自治区的大力支援下，振奋精神，努力工作，为全国作出应有的贡献。

牡丹江市购买电视机分期付款

新华社报道，中国人民银行牡丹江信托投资公司开办个人购买电视机借款业务后，3天之内，牡丹江电视机厂积压的2500台电视机就销售一空。

这个公司11月上旬在当地报纸上登载启事：凡在本市工作的在职职工，需要购买牡丹江产“MS31—1型”12英寸电视机的，经本人申请并由所在工作单位介绍和担保，可以办理每台电视机零售价400元的借款。从借款次月起每月扣还20元，分20个月还清，借款人不再支付利息。如果提前偿还，每提前5个月奖励5元。所购电视机实行三包，保修两年。这个启事刊出后，群众纷纷申请借款。原计划销售的2000台电视机在两天内就销完了。公司与工厂联系追加了500台，第三天又全部销完。这下解决了电视机厂产品积压、资金周转困难的难题。

中国和罗马尼亚1981年至1982年广播电视合作议定书在北京签字

全国人大常委会副委员长乌兰夫在北京分别接受加纳新任驻中国大使乔治·阿瑟和波兰新任驻中国大使瓦迪斯瓦夫·沃伊塔西克递交的国书

全国人大常委会副委员长彭冲在人民大会堂会见以法国塔尔纳—加龙省议会议长埃夫利娜·贝莱夫人为团长的法国塔尔纳—加龙省议员团

国务院副总理兼外交部部长黄华在北京会见美中关系全国委员会理事会代表团

中国自然辩证法研究会在北京举行第一次全国自然科学方法论学术讨论会

130多名自然辩证法工作者和科技工作者出席大会，向大会提交论文100多篇。与会者就现代自然科学的发展提出了哪些方法论问题，自然科学方法论的研究中提出的理论问题和今后应如何开展自然科学方法论的研究工作等进行讨论。这次讨论会是11月20日至26日举行的。

首都各界人士举行纪念罗马尼亚作家萨多维亚努和诗人阿尔盖茨诞辰100周年集会

《中国古代科学家(第三组)》纪念邮票发行

为反映我国古代科学家创造发明的伟大成就，邮电部决定发行《中国古代科学家(第三组)》纪念邮票一套。这套邮票共4枚。这4位古代科学家分别是：明代科学家徐光启，战国水利家李冰，东魏农学家贾思勰，元代纺织技术家黄道婆。

11月21日

著名法学家张友渔就审判林江反革命集团案的四个法律问题答记者问

著名法学家、中国社会科学院副院长张友渔，今天就审判林彪、江青反革命集团案的有关法律问题，回答新华社记者的提问。

问：最高人民法院特别法庭审理林彪、江青反革命集团案适用《中华人民共和国刑法》，而不适用他们的反革命行为发生时的《中华人民共和国惩治反革命条例》等法令，请问这样做有何法律依据？

答：关于适用法律的问题，我国《刑法》第九条有这样的规定："中华人民共和国成立以后本法施行以前的行为，如果当时的法律、法令、政策不认为是犯罪的，适用当时的法律、法令、政策。如果当时的法律、法令、政策认为是犯罪的，依照本法总则第四章第八节的规定应当追诉的，按照当时的法律、法令、政策追究刑事责任。但是，如果本法不认为是犯罪或者处刑较轻的，适用本法。"

按照这一条的规定，对于法律的溯及力问题，可以有以下几种情况：中华人民共和国成立以后，《刑法》施行以前的行为，如果当时的法律、法令、政策不认为是犯罪的，而《刑法》认为是犯罪，则适用当时的法律、法令、政策，《刑法》没有溯及力；如果当时的法律、法令、政策认为是犯罪，《刑法》也认为是犯罪并应追诉的，按照当时的法律、法令、政策追究刑事责任，《刑法》没有溯及力；如果当时的法律、法令、政策认为是犯罪，或者处罚较重，而《刑法》不认为是犯罪，或者认为是犯罪但处刑较轻的，适用《刑法》，在这种情况下，《刑法》有溯及力。

最高人民检察院特别检察厅起诉书认定的江青等10名主犯所犯的罪行，无论按照他们犯罪行为发生时的法律、法令、政策，还是按照现在的法律、法令、政策，都认为是犯罪。例如，他们所犯的反革命罪行，无论按照1951年制定的《惩治反革命条例》，或是按照1979年制定的《刑法》都认为是犯罪。又如，1953年由政务院政务会议批准的、具有法律效力的《第二届全国司法会议决议》中规定，对于"蓄意陷害好人的坏分子，或挟嫌报复并给了被告以重大损害的诬告分子"，在法律上"应予以追究"；"对于有意制造假案陷害好人的反革命分子……必须依法究办，最严重者并应处以死刑"。1957年全国人民代表大会第四次会议决定，由人大常委会根据代表意见加以审议修改，作为草案公布试行、各级法院实际均作为判案依据的《刑法草案》第22稿，规定了阴谋颠覆政府分裂国家罪，率领或策动武装部队叛变者，处死刑或无期徒刑。由此可见，特别检察厅起诉书中认定的10名主犯分别犯有的颠覆政府、分裂国家罪，武装叛乱罪，反革命杀人、伤人罪，反革命诬告陷害罪，组织领导反革命集团罪，反革命宣传煽动罪，刑讯逼供罪，非法拘禁罪等所有罪名，无论按当时的法律、法令、政策，或现在的《刑法》都认为是犯罪。

《刑法》第九条，规定了新旧法相较"从轻"的原则。用当时的法律、法令、政策同现在的《刑法》比较，同样的犯罪，前者定刑普遍比后者为重。《条例》定刑几乎每条都规定有死刑；而《刑法》反革命罪一章的条文中，死刑的规定较少。例如，阴谋颠覆政府、分裂国家罪，1957年的《刑法草案》第22稿规定，"处死刑或者无期徒刑"；策动武装叛乱的首要分子，《惩治反革命条例》规定"处死刑或无期徒刑"。现在的《刑法》对这两种罪规定，"处无期徒刑或者10年以上有期徒刑"，"对国家和人民危害特别严重、情节特别恶劣的，可以判处死刑"。由此可见，适用《刑法》符合"从轻原则"，是既合乎上法理，又完全有法律根据的。

需要说明的是，新法轻于旧法时具有溯及力，并不是我们国家的创造，而且是国际上的通例。具有法律知识的人，对这一点是很清楚的。

问：审判林彪、江青反革命集团10名主犯不实行人民陪审员制度，法律根据是什么？

答：《中华人民共和国人民法院组织法》(以下简称《人民法院组织法》)第九条规定："人民法院审判第一审案件实行人民陪审员陪审的制度，但是简单的民事案件、轻微的刑事案件和法律另有规定的案件除外。”

鉴于林彪、江青反革命集团案是特别重大案件，五届全国人大常委会第十六次会议决定成立最高人民法院特别法庭进行审判，并任命了特别法庭庭长、3位副庭长和31位审判员。人大常委会的这个决定，就是法令，具有法律效力。根据《人民法院组织法》第九条，林彪、江青反革命集团案属于不必实行人民陪审员陪审制度的“法律另有规定”的终审案件。

问：特别法庭限制旁听人数应作何解释？是否属于我国的独特规定？

答：法庭对旁听人数进行限制，各国皆然。对参加旁听的规定，各国也不尽相同，有的要申请登记，有的要发旁听证。我国这次采用发旁听证的办法，一证一人，发证800张以上。由各省、自治区、直辖市、各党派、各人民团体、国家机关、人民解放军派代表参加。

鉴于林彪、江青反革命集团案这一特别重大案件涉及许多国家重要机密，不给外国人发旁听证是正常的。

问：国外有人认为审理林江反革命集团案主犯是事先确定他们有罪，法院只是决定量刑轻重，因而违反“无罪推定”的原则。请问对此有何见解？

答：这是对我国刑事诉讼原则的曲解。我们坚持的原则是以事实为根据，以法律为准绳。我们的审判程序是保证贯彻执行这一原则的。法院在审理终结前，既不肯定被告有罪，也不否定被告无罪。而是在审判中根据事实来决定。根据这一原则，特别法庭在对林彪、江青反革命集团案的审理中，将按照《刑事诉讼法》规定的审讯程序，对被告有罪或无罪作出判定，如果判定有罪，然后才能决定量刑轻重。

国家经委 财政部安排的挖潜革新改造部分资金明年改国家拨款为建设银行贷款

新华社报道，为进一步管好用好挖潜、革新、改造资金，国家经委、财政部、中国人民建设银行最近发出通知，决定自1981年起，将国家经委、财政部安排的挖潜、革新、改造资金中的一部分，由国家拨款改为建设银行贷款。

通知规定，贷款要符合调整国民经济的总要求，当前的重点是：节约能源、提高产品质量、增加花色品种、增产短线产品和出口产品、加强交通运输薄弱环节等方面的革新、挖潜、改造项目。

贷款的具体条件是：花钱少、见效快、效果大；产品质量合格、适销对路；原材料、燃料、动力有保证；工艺成熟，技术过关，能降低燃料、动力、原材料单位消耗；符合专业化协作原则，有利于促进经济联合；采取有效措施，防止环境污染；材料、设备、设计、施工力量落实；有还款能力。

凡是不具备上述条件，盲目发展，盲目生产，搞“长线”产品，搞“无米之炊”，搞“大而全”、“小而全”项目的，不予贷款；即使在一个地区、部门看来是“短线”，但在全国看来是“长线”的，也不能安排。贷款期限一般不得超过4年，最长不得超过6年。贷款利率实行低息，一般为月息2厘7；节约能源和节约木材措施项目，为月息2厘1。逾期未还的贷款，要加倍计息。

国务院副总理谷牧在人民大会堂会见以野村证券公司顾问濑川美能留为团长的日本野村集团访华团

中国与日本就东海大陆架和共同开发问题举行政府间专家级会谈

双方会谈于11月21日至22日举行。会谈中，双方就大陆架问题阐明了各自的立场，并在钓鱼岛等岛屿主权归属搁置起来的情况下，对钓鱼岛等岛屿附近海域共同开发问题友好、坦率地交换了意见。

上海市与日本大阪府结成友好市府

11月22日

《人民日报》发表社论《九亿人民的审判》

最高人民法院特别法庭已于20日开庭，审判林彪、江青反革命集团案主犯。最高人民检察院特别检察厅的起诉书，也已全文公布。全国人民期待已久的对这一伙反革命元凶巨孽的公开审判正式开始了。

林彪、江青一伙是新中国成立以来罪行最重、为害最烈的反革命集团。他们为了篡党篡国，有预谋地诬陷、迫害包括国家主席、全国人大常委会委员长、国务院总理、中共中央总书记在内的党和国家领导人。一批卓越的无产阶级革命家，在长期革命斗争中，没有死于敌人的监牢和炮火，却被林彪、江青一伙折磨致死。他们残酷地迫害和镇压广大干部和群众，制造了数不清的冤狱。国家栋梁、民族精华被摧残，无辜忠良、黎民百姓遭株连的不计其数。他们为了实现“乱中夺权”，挑动大规模武斗，指挥打砸抢抓抄，肆意“砸烂公检法”，煽动毁我“长城”，疯狂破坏生产秩序、工作秩序和社会秩序，造成整个国家一片混乱，国民经济濒于崩溃。林彪、江青反革命集团不但有自己的帮派体系，而且秘密准备了自己的武装叛乱力量。在他们篡党夺权的阴谋相继败露以后，就先后策动武装叛乱。林彪一伙还冒天下之大不韪，策划谋杀毛泽东主席。这伙反革命分子要把我们这个好不容易获得解放和统一起来的祖国，重新投入黑暗痛苦和分裂内战的灾难深渊。

现在林彪、江青一伙终于被押上了审判台。提起公诉和审判他们的，是代表全国人民的人大常委会决定成立的最高人民检察院特别检察厅和最高人民法院特别法庭。林彪、江青反革命集团对全国人民犯下了滔天罪行，应该由全国人民进行审判。特别检察厅的起诉书就是9亿人民的起诉书，特别法庭的审判就是9亿人民的审判。而站在法庭上作为他们罪行的见证人的，就是全国各族人民，特别是遭受诬陷、迫害和株连的广大干部和群众。

最高人民检察院特别检察厅的起诉书，以如山铁证，控诉了林彪、江青一伙的一桩桩、一件件罪行。在起诉书的字里行间，充满了人民的血泪。这一桩桩、一件件罪行，无不令人触目惊心。它们说明，林彪、江青一伙根本不是什么政见不同，犯路线错误，而是犯下了残害成千上万人民的血淋淋罪行的反革命刑事犯。早在1966年8月，刘少奇同志仍担任国家主席并重新当选为中共中央政治局常委的时候，林彪就指使叶群找了雷英夫，把他们捏造的诬陷少奇同志的材料口授给雷，让雷写成书面材料送给林彪，再由林彪批送给江青。这完全是蓄谋陷害，哪里是什么路线斗争、路线错误？他们恶毒地给刘少奇同志罗织罪名之后，继而组织残酷批斗，最后摧残致死，这是什么路线错误？为了迫害少奇同志，单是江青就擅自决定逮捕关押了11个人，其中二人被折磨致死，这又是什么路线错误？他们制造了“中国(马列)共产党”案、“内人党”案、“冀东案”、“赵健民特务案”等许许多多冤案，使几十万人受诬陷迫害，几万人致死，这是什么路线错误？林彪一伙为了谋害毛主席、策动反革命武装政变，秘密地非法地组织所谓“联合舰队”；张春桥为了诬陷、迫害大批干部和群众，在上海建立并指挥“游雪涛小组”，专门从事跟踪盯梢、绑架、抄家、监禁、秘密刑讯和搜集情报等法西斯特务活动，这又是什么路线错误？凡此种种，充分证明林彪、江青这一伙是反革命阴谋家、野心家，他们的一切罪恶活动，都是为了一个目的，就是篡党篡国，推翻无产阶级专政的政权。

起诉书列举了48条罪行。林彪、江青反革命集团乱我中华，横行十载，作恶多端，给我们国家和人民造成空前深重的大灾难，他们及其帮派体系骨干所犯的全部罪行，当然不是起诉书所包括得了的。但是，仅这48条，已经是罪大恶极。这48条罪行，都是他们有预谋地一手犯下的。他们亲自捏造诬陷材料，亲笔拟定诬陷迫害名单；他们擅自下令逮捕无辜，直接控制专案组，进行刑讯逼供，置人死地；他们亲自煽动武斗，残害群众；他们指使人冒充红卫兵，指挥特务组织，进行抄家、绑架；他们阴谋杀害毛泽东主席；他们策动武装叛乱，等等，所有这一切，证据确凿，岂容他们推脱、抵赖。“文化大革命”中，林彪、江青一伙肆意践踏宪法和法律，不要任何证据，就可以加人以罪名；不要任何法律手续，就可以把人逮捕、关押起来；不经审判，就可以把人杀害。这种无法无天，任林彪、江青反革命帮派体系横行霸道的时代一去不复返了。现在，我国已经进入了发扬社会主义民主和加强社会主义法制的新时期。法律面前人人平等，任何人触犯了刑律，就要依法制裁。全党全国人民决不允许林彪、江青一伙恶贯满盈的犯罪分子逍遥法外。当然，我们的司法部门对于即使像林彪、江青一伙这样的罪犯，也是严格地按照法律办事，允许被告自己辩护和请律师辩护，给他们以充分的辩护权。人民的法庭将以事实为根据，法律为准绳，判处他们以应得之罪。只有这样，才能维护社会主义法制的尊严，才有利于保卫社会主义制度，巩固无产阶级专政，保障广大人民的利益。

历史是由人民写的。千秋功罪，人民自有公断。林彪、江青这一伙篡党窃国的大盗，这一伙双手沾满人民鲜血的人民公敌，这一伙祸国殃民的害人虫，终于被押上人民的审判台，接受人民的审判。与人民为敌，反对人民、压迫人民、残害人民的，都没有好下场。对人民犯下罪行的，最终都逃不脱人民的制裁。这真是大快人心事。

阿拉伯埃及共和国电影周在首都剧场举行开幕式

11月23日

中共中央主席华国锋在人民大会堂会见以朝鲜劳动党中央政治局委员 中央检阅委员会委员长徐哲为团长的朝鲜劳动党代表团

中共中央转发山西省委《关于农业学大寨运动中经验教训的检查报告》并加批语

各省、市、自治区党委，各大军区、省军区、野战军党委，中央各部委，国家机关各部委党组，军委各总部、各军兵种党委，各人民团体党组：

山西省委总结了大寨大队从农业战线的先进典型变成执行“左”倾路线的典型的经验教训，批判了省委过去在这个问题上的错误。中央认为，这个检查报告的基本精神是好的。现将报告转发给你们，请在县委召开的农村干部会议上传达、讨论，认真总结一下学大寨和三中全会以来的农业战线上的经验教训，以利于进一步肃清农业战线上“左”倾路线的影响，更好地贯彻执行三中全会以来中央制定的各项农村政策，包括最近在中发〔1980〕75号文件中规定的政策。

一、“文化大革命”以来，在山西省内推行大寨经验的错误以及由此造成的严重后果,山西省委已经承担了责任。就全国范围来说,主要的责任,在当时的党中央。应当指出,全国各地学大寨的农业先进典型绝大多数在生产上、建设上都是有成绩的,有贡献的。同样,大寨和昔阳县的绝大多数干部和群众,在农业战线上也作出过贡献。"文化大革命"以前,大寨的确是农业战线上的先进典型。周恩来同志所总结的大寨的基本经验以及这些经验在全国的推广,也曾经超过积极的作用。"文化大革命"以来,在大寨和昔阳县推行"左"倾路线以及由此造成的严重后果,主要应由陈永贵同志负责。中央希望大寨和昔阳县的干部和群众,在实事求是地批评陈永贵同志的错误(不要登报点名批判),认真地总结经验教训以后,恢复过去自力更生、艰苦创业的好作风、好传统,结合自己的实际,切实贯彻执行党在三中全会以来制定的各项政策。只要振奋精神,和农业战线的其他先进典型取长补短、互相促进,大寨和昔阳就不但能够恢复过去应有的荣誉,而且一定可以取得新的进步,同其他先进典型并驾齐驱,为祖国社会主义建设作出新的贡献。

二、表扬先进人物和先进典型,一向是我们党推进各项工作的有效方法之一。但是,必须坚持辩证唯物主义的思想路线,实事求是地把任何先进典型都看作是群众集体智慧和辛勤劳动的产物。历史已经证明,人为地树立先进典型,最终没有不失败的。先进典型,同其他事物一样,是不断地发展和变化的。对于先进典型,我们当然要努力从政治上、思想上给以正确的指导,尽可能使其避免失去先进性以至垮台,但是当它们的主观和客观条件发生了重大的变化,以致不再继续成为先进典型的时候,就不应当人为地去"保",更不允许滥用职权,动用国家财力、物力和人力去支撑所谓"先进典型"的门面,甚至弄虚作假,欺骗上级,欺骗舆论。那种把先进典型的经验模式化、绝对化、永恒化的做法,是错误的,有害的。宣传和介绍先进典型,一定要说真话,不要讲假话。那种只让人看几个事先安排好的点,只讲甚至夸大先进一面,隐瞒落后一面的做法,是很错误的。这类误人害己的事,已经很多,今后务必要引为鉴戒。我国农村地域辽阔,各地自然条件、生产情况和耕作习惯千差万别,经济发展水平也很不相同。而且,为要全面地进行农村建设,不仅要发展农业建设,还要发展林、牧、副、渔各业,发展工业、交通运输业、商业以及文化、教育、卫生等等。各个地区、各个方面的工作,都要发现、培养各种各样的先进典型。某一地区的实践证明确实是先进的、有效的经验,在其他地区推广,就不一定是或不一定完全是先进的、有效的。因此,在推广先进经验的时候,必须分析它是在什么情况下产生的,适合于哪些条件,哪些是带有普遍性的东西,哪些是不带普遍性的具体做法,绝对不能生搬硬套,强迫命令,重犯过去农业学大寨运动中的错误,不分东南西北,不分自然条件和耕作习惯,用大寨这样一个典型的经验硬性指导农村所有地区和不同行业的各项工作。同时,对先进典型也不要提不适当的、过高的要求,以免助长弄虚作假。要一分为二,经常指出不足之处,使他们不断进步。总之,要实事求是,因地、因事、因时制宜,分类指导,并且由群众当家做主、作出决定。

三、任何先进技术经验或经营管理经验,都必须同当地农民的经济利益联系起来,重视经济效果,在农民自愿接受的基础上,经过试验逐步推广。切不可用一阵风的运动方式一哄而起,更不得乱扣政治帽子,采取行政压制等手段。例如,农业建设还是要搞的,但是必须量力而行,坚持自愿互利的原则,讲求实际效果,不搞形式主义。今后各级领导机关和干部,凡未经群众同意,采取强制手段,搞瞎指挥,造成重大经济损失者,农民有权要求司法机关根据法律判处有关负责者给予一定的赔偿。

四、表扬和宣传在创造先进经验方面作出贡献的先进人物,从中发现、培养干部,也是我党推进工作的有效方法之一。劳动模范不仅是从群众中产生的优秀分子,而且由于他们往往在生产技术或生产管理方面有所革新和创造,因而也是先进生产力的代表。他们理应得到党、群众和社会的尊敬。"文化大革命"期间,林彪、"四人帮"打击劳动模范的做法,已经得到纠正。但是,一成为劳动模范,就一定要当从下到上的各级党代表、人民代表或其他代表,一定要担任从下到上的几级党政机关或群众团体的领导职务,事实证明,不仅会使一些劳动模范自己骄傲自满、脱离群众,而且会使他们陷入自己的能力和精力无法应付的会议、报告和各种政治活动中去,无法再起劳动模范的作用。这种做法,害了一批劳动模范,也给党的工作带来不应有的损失。今后我们还应当而且需要从劳动模范中选拔优秀干部,同时也要负责地对他们进行培养和教育。50年代我们把一批文化水平比较低的劳动模范抽调出来进工农速成中学,又从中选一些学得好的同志进大学,受正规教育,曾经收到良好的效果。后来我们把这套做法丢掉了。现在,我们要接受正反两方面的经验,使培养劳动模范、培养工农干部,有一套完整的、切实可行的制度,并且坚持下去。让劳动模范担负一定的领导职务,一定要考虑到,使这种职务同他的能力、水平相适应,不要让他们担任不能胜任的领导职务,更不应当一步登天,提得太高。对于应当提拔的劳动模范,必须坚持一人一职的原则,例如当了党代表的,就不要再当人民代表,担负了基层领导职务的,就不要再担负县级和县级以上的领导职务，不要使他们上下左右兼职，脱离劳动，脱离群众，以至不能继续发挥劳动模范的应有作用。请各地收到这个文件以后，检查一次劳动模范工作安排的情况，按照上述原则适当地加以调整。劳动模范本人所属单位和上级领导机关，都要切实保证执行这些原则。这些原则同样适用于工业、交通、财贸、文教、科研等单位中间的有成就的先进人物和专业人才。

中共中央

1980年11月23日

中共中央书记处总书记胡耀邦在人民大会堂同西班牙共产党总书记圣地亚哥·卡里略举行第三次会谈

中共中央书记处总书记胡耀邦在各省 市 自治区思想政治工作座谈会上发表《做一个彻底的唯物主义者》的讲话

做一个彻底的唯物主义者，这对我们广大干部，特别是做宣传工作、理论工作、报刊工作的干部，是一个根本的要求。这不是什么新问题。这是马克思主义者的根本立场、根本观点、根本方法的问题。毛泽东同志在1970年的庐山会议上讲过，是唯心主义的先验论，还是唯物主义的反映论，这是马克思主义认识论的一个根本问题。

以往的实践反复证明，是搞彻底的唯物主义，还是搞唯心主义，对于我们许多同志来说，并没有解决好。有些同志本来是正确的，后来背离唯物主义，搞唯心主义，犯了错误。有些同志主观上想搞唯物主义，实际上还是滑向了唯心主义。

这是什么原因呢？可能原因很多，其中一个最重要的原因，就是没有紧密地联系实际，联系群众。而脱离实际，脱离群众，就一定要走到脱离唯物主义。

这里，想从五个方面谈谈做彻底的唯物主义者的问题。

第一，如何用彻底的唯物主义精神对待上级的指示

对上级的指示态度不正确，往往是我们离开唯物主义、犯主观主义错误的一个重要方面。

什么是上级呢？有上级组织，上级机关，上级部门，上级负责人。这些概念有联系，又不完全是一回事情。当党内生活不健全的时候，以个人代替组织，个人代替党委，就破坏了民主集中制。所以，不能把上级负责人个人同上级画等号，不能把个人的东西都当作必须坚决奉行的东西。当然，在某一个时候，在一定的情况之下，党委没讨论，没作决定，他个人发现了问题，并提出了很好、很精辟的意见，这种情况也是常有的。但是，一般地说，经过大家讨论的意见，总是胜于个人的意见，集体的智慧总是超过个人的智慧。所以，把上级负责人个人的意见就当作上级的决定、指示，这是不妥当的。

上级的东西要不要执行？当然要执行。但是，各级党委在执行的时候，一定要把中央和上级的指示，同本地区、本单位的具体情况相结合。马克思主义的一个根本原则，就是要把马克思主义的普遍真理同本国的具体情况相结合。这个原则是普遍适用的。任何时候，如果不把中央、上级的意见，即使是正确的意见，结合本地区、本单位的情况加以具体化，满足于照抄、照转、照搬、照套，就是错误的，就不可能把工作做好。因为中央是从全国的一般情况出发的，只能讲一般的原则。中央、上级也不可能把一切都想到，把一切都安排好。特别是我们这样一个大国，情况非常复杂，事物在不断地发展，中央不可能把一切问题都想得很周密。所以，五届人大三次会议以后，中央对地方提出了四条，就是：中央没想到的，地方可以想；中央没有叫干的，地方看准了的，可以干；中央所说的不适合地方情况的，地方可以变通办理；中央决定错了的，地方可以争论。一个叫想，一个叫干，一个叫变，一个叫争。当然，按照组织原则，这几条都需要向上级、向中央及时反映汇报，或者交换意见，或者请示报告。同时，该集中的一定要集中，一定要服从统一指挥。否则，各行其是，上级和中央一点不知道，那也是会出问题的。紧密结合实际情况去贯彻上级的指示，这才叫作按唯物主义办事。

上级可不可能犯错误？中央可不可能犯错误？中央的负责同志可不可能犯错误？都有可能。中央的决定、中央的文件、中央同志的意见，在特定的条件下，也可能出现错误。50年代末期以后，由于党内缺乏正常的民主生活，缺乏正确的批评和自我批评，中央的负责同志就开始离开了自己的正确思想，犯了错误。多少年来，特别是林彪、“四人帮”横行时期，搞个人崇拜，把个人封成神，认为谁谁说的做的都是百分之百正确，不可能有错误。什么明察秋毫呀，洞悉一切呀，大救星呀，那是封建愚昧的表现。粉碎“四人帮”以后，我们还搞了一段个人崇拜。危害之烈，莫此为甚。这样搞，第一，根本不可能有党的民主集中制；第二，根本不可能做到实事求是；第三，根本不可能解放思想；第四，不可避免地要导致一言堂、家长制等封建专制主义，并被某些坏人利用搞法西斯主义。所以，个人崇拜这种根本反马克思主义的东西，必须严肃批判，以后再也不能搞了。我们共产党员，只有能力大小强弱之分，没有绝对行同绝对不行之分。不能说这个人的能力绝对行，那个人的能力绝对不行。

在相当长的时间内，不少地方几乎形成了一种习惯，传达上级指示一个字不能掉，要一层一层传下去。根本不结合本地区本单位的实际情况，认真讨论哪些要办，怎么办。认为传达了，事情就完了。这种机械的、形式主义的做法，我们要坚决废掉。这种封建性的个人崇拜，必然把我们的思想束缚得死死的，造成极不正常的政治局面。这样一来，不负责任就出来了，创造性就没有了。什么叫推？什么叫等？什么叫靠？推、等、靠，大都是这样来的。在我们党的历史上，王明路线时期出现过这种情况，后来我们把它扫了一下，思想解放了。以后这个东西又复活了。这几年扫了扫，但是不少地方还继续盛行。我们必须下最大的决心，把这种恶劣的风气纠正过来。不然，什么生动活泼的政治局面，什么朝气蓬勃的创造性，都起来不了。

第二，如何用彻底的唯物主义精神对待自己、对待自己的工作

用彻底的唯物主义精神对待自己，也确实不容易。按照马克思主义的原理，个人在历史上的作用只能有两种：当我们按照历史发展规律办事，按照人民群众的意志办事的时候，就可以多多少少起到推动历史前进的作用；反过来说，如果我们违背历史发展规律，背离人民群众的意志，就要多多少少延缓或阻挠历史的前进。

我们不能把个人放在人民群众之上，不能把个人置于历史规律之外。个人是不能随心所欲地推动历史前进的。为什么号召打倒“刘邓司令部”，十年还打倒不了呢？就是因为违反了历史发展规律，违反了党心民心。为什么“四人帮”被一举粉碎？就是因为他们违背历史发展规律，是孤家寡人，摧枯拉朽，不发一炮一弹，就被打倒了。“四人帮”祸国殃民，不得人心，早已是空架子。他们罪恶的事实教育了人民，人民早已起来作斗争了。天安门事件就为粉碎“四人帮”奠定了强大的群众基础。所以，归根到底，粉碎“四人帮”的一举，是人民群众的力量，是历史发展的必然，是人民群众推动历史前进的生动表现。中央的同志顺应党心民心，作出决策，粉碎了“四人帮”，减少了我们党的损失，是有功的。但是，这两者不能颠倒，颠倒了就是反马克思主义的，就是错误的。必须看到，历史发展规律，人心所向，还是第一位的。

关于宣传个人在历史上的作用的问题，多少年来，我们在思想、理论上相当混乱，即使到现在也还没有完全澄清。什么大救星啦，什么首长到我们这里来是莫大鼓舞、莫大鞭策、莫大教育、莫大幸福啦，诸如此类的话，以后再也不要说了。我们的一些同志往往受小生产思想的影响。小生产的软弱地位，决定了他们没有远大眼光，需要别人来代表他们。他们往往企求于大救星，把自己看成无能为力的。对小生产的狭隘眼光，对封建迷信，要做工作，要逐步使人们从这种思想枷锁中解放出来。

马克思主义认为，人民群众是历史的创造者，是历史的主人翁。正由于我们正确对待个人在历史上的作用，许多问题才搞得清楚。比如，人总是有缺点和错误的，没有完人，没有百分之百正确的人。对每个同志来说，总是既有成绩和优点，也有错误和缺点。成绩、功劳有多少之分；缺点、错误有性质和大小的不同。但一点错误都不犯的人是不会有的。再如，成绩从哪里来的？主要是党的培养，执行了党的正确路线，当然与个人的努力也是分不开的。错误从哪里来的？人们在错误路线下会犯错误，在正确路线下也可能犯错误，这里总有自己的一份责任。因此，在一定的历史条件下，每个人都有个主动性的问题。我们要发挥主动性，不要把自己看成是消极被动的。

还有一个批评和自我批评问题。我们的工作经常有成绩也有错误，要不断总结经验。总结经验就一定要搞批评和自我批评。明明不对，硬要说对，明明不好，硬要说好，这怎么叫讲真话，怎么能总结经验呢？在批评和自我批评中，要学会正确区分两类不同性质的矛盾。在我们的国家里，大量的是人民内部矛盾。人民内部矛盾处理得不好，往往可能发展为势不两立，发展为对抗。不久前《中国青年报》登了一篇通讯《爱的力量》，讲的是两个要自杀的女孩子，由于我们许多同志及时地、真诚地做了思想政治工作，最后挽救了她们。这个事例说明，只要我们做细致耐心的工作，就可以使许多人民内部矛盾不至于激化起来，并会得到妥善的解决。

中央和地方的党政各部门之间，也有人民内部矛盾，也不能采取激化的办法，要靠批评和自我批评妥善地加以解决。这个问题，我们是有深刻的历史教训的。有些事本来是人民内部矛盾，可以通过批评和自我批评求得解决，但有的同志采取激化的办法，就往往造成非常严重的后果。这里还有一点需要着重指出的，当着人民内部矛盾被错误地处理，走向激化时，我们千万要冷静，不要跟着起哄，需要忍耐一下，有意识地“钝化”一下，实行“冷处理”。常言说，宰相肚里好撑船，听听不同意见还是有好处的。根据历史经验，遇到这种情况，第一，不要躺倒不干；第二，不要急急忙忙反击。如果相信自己是对的，为什么要把自己推向不对的方面？如果觉得自己也有点不对，为什么还要坚持这些不对的东西？我们是对的，人家反对不了，推不倒；我们有缺点，人家指出了，就认错，这就很好，就比较容易解决问题。所以，对待自己要经常坚持两分法，要有批评和自我批评。不要使自己负激化矛盾的责任。

第三,如何用彻底的唯物主义精神对待我们国家的大事

我们是社会主义制度的国家。新中国成立以来,是轰轰烈烈的31年,还是乱七八糟的31年?是光明的31年,还是黑暗的31年?总的来说,从历史发展趋势来说,是轰轰烈烈的31年,是光明的31年。第一,社会主义是一个新鲜事物。从人类历史发展的长河来讲,社会主义制度在世界上诞生以来的时间还很短,实践经验还极其有限。第二,我们有占世界1/4的人口,国家很大。有的外国政治家就对我们说:你们10亿人口,按我们的标准,我们可不知道怎么办哩!这是真话。所以,不能把我们的社会主义制度说得一钱不值。社会主义、共产主义是人类历史上最先进的制度。这一条是不能动摇的。我们只能说,由于我们党内出了坏人,我们有的领导人犯了错误,我国社会主义制度的优越性有时没有得到很好的发挥。但是决不能因此否定社会主义制度本身所固有的优越性。有优越性没有很好发挥出来和根本没有优越性,这是两个不同的问题,不能混为一谈。31年来我们取得了巨大成绩,这主要是:第一,我们消灭了剥削制度,建立了社会主义公有制,初步实现了按劳分配;第二,我们有了相当大的建设社会主义的物质基础。有了这两大条成绩,我们就有了前进的阵地。不能因为讲我们的错误,就把我们的成绩甩在一边。

我们的党和国家,确实出现过严重危机。危机的顶峰是1976年天安门事件以前。粉碎"四人帮"、特别是党的十一届三中全会以后,我们就基本上结束了这个危机。现在我们还没有完全摆脱这个危机带来的后遗症。经济上还存在着许多严重的问题,要采取有效的办法认真克服。因此,对经济工作、宣传工作,我们要谨慎。总之,一个是不要自己吓自己,一个是不要自己麻痹自己。我们要坚定地相信党、相信人民,是能够采取切实措施解决各种暂时的困难和问题的。

当前,我们面临的问题很复杂,工作量很大。我们要把国家搞好,基本上是两条。第一条,力求国民经济有稳步的上升,包括人民生活有适当改善,文教事业、科学事业有所发展。搞好这一条,就要坚定不移地执行以调整为中心的八字方针:调整、改革、整顿、提高。明年要进一步调整,进一步压缩基本建设,真正退够,去掉盲目建设。经济建设是中心任务,各级党委、政府、宣传部门,都要扎扎实实地为经济建设服务。第二条,政治上发展安定团结的局面。要继续努力消除一些不利于安定团结的因素。安定团结不是什么事情也不去办,或者一切都照老规矩办,那样也安定不了。要按照法律程序同确有证据的反革命分子作坚决斗争,要把林彪、"四人帮"的帮派体系分子从领导岗位调开来,对实质上是反党反社会主义的那些人的活动,要研究和采取有效措施予以制止。要随着历史的发展,发扬安定团结的积极因素,消除不利于安定团结的消极因素。什么是积极因素?例如发扬我们党的光荣传统,健全我们的民主生活,加强我们的法制等等。什么是消极因素?例如不正之风等等。当然,发扬积极因素,克服消极因素,要讲究领导艺术,分清轻重缓急,有正确的措施、步骤和方法。

第四,如何用彻底的唯物主义精神对待群众

我们的工人、农民、知识分子,绝大多数是很好的。任何时候都不要模糊这个认识。我们有的同志成天看一些出事情的材料,集中起来就以为很多很多。实际并不是那么一回事。与我们的总人口一对比,干坏事的、闹事的,那是极少数。毛泽东同志告诉我们,人们的认识有感性认识和理性认识两个阶段,要从感性认识上升到理性认识,不能停留在感性认识上。可是,我们不少同志的思想往往被一些表面现象所迷惑,停留在感性认识上。我们要看到问题的存在,但是也要看到,有些问题只是枝节,只是极少数人的事情。这样我们就不会慌乱。我们还要说,许多问题本来是人民内部矛盾,由于我们自己没有做工作,或者处理不当,激化起来的。在这方面,我们思想工作的作用,就显得非常重要了。所以,不向群众做工作,不提高群众的思想,不引导群众前进,那是完全错误的,那就是放弃了我们共产党人的职责。我们的职责是改造社会,改造人,使人们的觉悟向更高的水平前进。

我们经常批评的官僚主义,很重要的一个表现就是只躲在房子里面办公,脱离群众。不动员我们的党组织、工会组织、青年团组织和我们的干部,到群众里面去,同群众打成一片,了解群众的情绪,反映群众的愿望和要求,就容易产生官僚主义。这一点,列宁讲过很多,毛泽东同志也讲过很多。我们一定不要同群众隔离,要更有成效地向群众做工作。我们做工作的着眼点,是激发全国各族人民同心同德、奋发图强、艰苦奋斗、实现四化、改造中国的豪情壮志和英雄气概;同时,也要提倡舍己为公、助人为乐的良好的社会风气。我们的社会制度为培养、形成这种良好的社会风气开辟了道路。在我们的社会制度下,尔虞我诈是被否定的。这种现象在我们这里并不是已经没有了,还是有,而且还可能滋长。但是,同资本主义国家比,少了不知多少倍。

我们要引导青年奋发图强,脚踏实地,为人民作出更多、更好的贡献。要防止青年人陷于目光短浅或者好高骛远的境地。人在青年时代,确有优点,也确有弱点。弱点往往是或者好高骛远,不切实际;或者目光短浅,小天小地。我们的宣传工作不要助长他们弱点的

发展。要发扬积极的东西，奋发图强，舍己为公，朝气蓬勃地前进。我们现在拨乱反正，进行四化建设，在群众里和干部中有千千万万真实的动人的事迹。我们的思想理论界、报刊新闻界、文艺界，要多反映这方面的东西。用实际生活中出现的那种建设我们伟大国家的动人事例来教育人民，这是最好的教材。这方面我们现在做得还很不够。

我们要很好地重视知识分子，重视文教事业。知识分子很重要。我们的国家，我们的人民，普遍缺少知识，而知识和知识分子是密切不可分的。我们对知识分子落实政策的工作还没有结束，对知识分子的使用还不够妥当，对他们的许多实际困难，如住房、两地分居、工资问题，也还没有很好解决。现在我们有些同志却说，我们对知识分子的待遇过头了，他们翘尾巴了。可见，这个工作阻力很大。知识分子的头刚刚抬起来，有极少数同志又想把他们压下去。这就要向有关各方面的同志做工作。多年来，在许多方面，我们对待知识和知识分子的态度不是唯物主义的，不是马克思主义的。今天，我们一定要改变歧视知识分子的状况，克服歧视知识分子的残余思想。我们要下定决心，采取措施，非把这个问题解决好不可。

现在，我们还有一些小城镇，破烂不堪。云南的保山县有一个板桥公社，粮食单产高，亩产1700斤，确实是个好公社。板桥镇原来的600户中，有120户是从事手工业、服务行业的，很热闹。现在一看，差得多了。我们的国家，经过了抗日战争、解放战争、民主改革，后来又经过了"文化大革命"，小城镇里的住户，有许多搞农业去了，很多小商小店没有了。现在我们要发展商品经济，小城镇不恢复是不行的。要使农村里面的知识分子不到大城市来，不解决小城镇问题就难以做到。如果我们的国家只有大城市、中城市，没有小城镇，农村里的政治中心、经济中心、文化中心就没有腿。城镇，首先要解决发展方向问题。要好好地搞集体所有制，搞服务行业，搞手工业，搞饮食业。在思想政治上和社会风气上，要来一个五讲：讲文明，讲礼貌，讲卫生，讲秩序，讲道德。这些工作，都要采取一些有效的办法，扎扎实实地进行，不要一哄而起。在小城镇，把照相馆、理发店、洗澡堂、娱乐场所一搞，治安也就好了。所以治安不能只懂得抓人，要想办法扩大就业面，发展教育文化娱乐事业，使青年人有事干，有书读，有地方玩。那样，社会就会繁荣安定。现在中小城市工作非常薄弱，这个问题非解决不行。要搞试点，把小城镇的建设搞起来。

第五，如何用彻底的唯物主义精神对待党的领导

社会主义的命运同党的领导是密切联系在一起的。离开党的领导去谈什么坚持社会主义道路是不可能的。我们党是中华人民共和国的中流砥柱。只有我们党能领导中华民族翻身。这是毫无疑义的。别的党不是都试过了吗？不行，国民党就不行。社会主义革命也只有我们党能领导。总的讲，我们的1800万干部，3800万党员，无论老干部、新干部，老党员、新党员，绝大多数都是好的。这是不能怀疑的。但是，主要是由于林彪、江青反革命集团的破坏，使党受到很大摧残，党的战斗力大大削弱，加上我们工作中的错误，党员思想上的灰尘，比过去、比"文化大革命"前、比延安时期增多了。相当多的党员不合格，或者不完全合格，党的形象受到很大损害。不看到这个方面是不对的，不是唯物主义的。党的威信不高，是现实的实际情况。因此，要坚持党的领导，改善党的领导。不改善党的领导，就不能坚持党的领导。

我们党的60年历史，经过两个阶段。28年搞民主革命，夺取政权；31年是执政党。执政党同地下党、非执政党有什么根本区别？党执政以后危险性在哪里？在于搞不好会蜕化变质。党执政后不能够命令群众，不能把自己变成旧社会那样的统治者，那样的统治阶级。社会主义可以蜕化为社会帝国主义，这在理论上、实践上都是说得通的。墨索里尼，开始是相信社会主义的，以后成为社会法西斯。中国也有，林彪、"四人帮"要把社会主义变成社会法西斯主义。这是一个非常严重的问题。解决这个问题，防止党蜕化变质，重要的一条就是必须认真地改善党的领导。

如何改善党的领导，需要研究一系列问题。如加强民主集中制，废除干部领导职务的终身制等。还有一条，就是坚决克服不正之风。克服不正之风，是个原则问题，是不能动摇的。当然，这项工作会遇到很大阻力，纠正、克服不正之风，方向上要坚定不移，不能有什么错觉。在方法、步骤上是要认真研究的。鉴于不正之风在一个时期相当盛行，纠正不正之风，要注意这么一些问题：第一，《关于党内政治生活的若干准则》（以下简称《准则》）公布以前发生的问题从宽。除个别民愤极大的，不要再查。《准则》公布以后、五中全会以后，特别是现在发生的问题，要认真对待，要从严。第二，对于不正之风，不管查到谁的头上，都要核实。鉴于过去的教训，不要起哄，不要当成运动来搞，不要搞成一股风。往哪里核实？当然要通过所在机关、通过党委核实。事实一定要核实清楚。没有闹清楚之前，不要急急忙忙下结论，以免误伤了好人。核实材料，要征求本单位意见，也要听取本人意见。第三，要抓重点。克服不正之风，是人人有责、级级有责的。在克服不正之风方面，每个党员都要提高自觉性，提高坚定性。我们既然是共产党人，就一定要增

强党性，不怕吃苦耐劳，有决心、有勇气、有办法去掉我们身上的一切不正之风。

我们党的绝大多数人是从小生产者出身的。这可以说是我们党内存在不正之风的一个社会根源。农村、城市的小生产者，在民主革命时期，确有革命性，轻视这种革命性是错误的。但也确有弱点，比如自私、保守、狭隘等等。所以毛泽东同志、刘少奇同志在他们的著作中，反复强调在党内要克服小生产者的思想，共产党员要有伟大的无产阶级气概、胸襟、眼光。我们同不正之风作斗争时，宣传、教育战线的同志要从正面来启发，给广大党员以思想武器。要特别注意，在党的历史上，前仆后继、英勇牺牲的榜样是大量的，过去有，现在有，将来还有。我们确实有许多模范党员、模范干部。我们的报刊要多宣传这些东西，使搞不正之风的人看后感到惭愧，我们一定要用正面形象来感染人，鼓舞人，教育人，鞭策落后者。

我们的方法主要是表扬，同时也要有批评。纠正不正之风，提高党的战斗力，各级党委、每个党员都要主动。我们党的每个细胞，都要毫无例外地为党的肌体更加健康而努力奋斗。这是我们每个党组织、每个党员的职责。

全国人大常委会副委员长谭震林在人民大会堂会见由中央常任委员长田中恭一率领的日本友爱青年联盟访华团

国务院副总理谷牧在北京会见加拿大麦吉尔大学教授林达光

中国作协和意大利全国作家工会《1981年度文学艺术交流协议书》在上海签订

11月24日

中共中央副主席邓小平在人民大会堂会见西班牙共产党总书记卡里略

在会见时，邓小平指出，党与党的关系应该是平等的和同志式的关系，不应该是“父子”关系。各国不论大小，都有自己的特点。任何国家的事务只能由那个国家的马列主义者、共产主义者自己去判断，而他们所犯的错误也应该由他们自己去纠正。任何人都不应当把自己的观点和革命经验作为“模式”强加于人。

《人民日报》接连两日发表冯文彬的文章《关于社会主义民主问题》

中国社科院和瑞典王国斯德哥尔摩大学学术交流协议在北京签字

佛山地区科委解决天然二氧化碳气脱硫难题

《人民日报》报道，广东省佛山地区二氧化碳研究所在兄弟单位协助下，成功地解决了天然二氧化碳气脱硫工艺难题，使我国第一口天然二氧化碳气井投入生产，日产液态二氧化碳15吨。这项研究成果具有投资少，见效快，技术设备适合我国现有条件等优点。

国家民委召开的民族问题五种丛书工作会议在北京举行

参加会议的有：内蒙古、新疆、广西、西藏、宁夏、云南、甘肃、青海等17个省、市、自治区和中央有关部门的代表、专家。会议研究了五种丛书编写出版工作情况，交流了经验，讨论了存在的问题，调整了编写出版工作规划。民族问题“五种丛书”，包括《中国少数民族》《中国少数民族简史丛书》《中国少数民族语言简志丛书》《中国少数民族自治地方概况丛书》《中国少数民族社会历史调查丛刊》。

会议认为，“五种丛书”是研究民族工作的一项重要内容，少数民族文化建设的一项重要工作，对提高民族自信心，促进各民族的团结和文化交流，宣传党和国家的民族政策，推动民族地区的四化建设，有着重要的意义。

会议期间，乌兰夫、杨静仁同志会见了参加会议的各民族代表，国家民委副主任江平作了民族工作方面的报告。

工作会议是11月24日至12月3日举行的。

中国农科院在延吉市召开全国蜜蜂语种经验交流会

交流会于11月24日至29日召开。参加这次会议的有18个省、市(区)科研、教学、生产(包括种蜂场)部门的代表，农业部、中国农业科学院以及新闻出版部门也派代表出席了会议，共计91人。

黄晚霞逝世

政协第五届全国委员会委员、民革中央团结委员会委员黄晚霞同志，因病于11月24日在北京逝世，终年69岁。

黄晚霞1911生于广东省人黎族，爱国民主人士。是著名爱国将领，原纺织工业部部长、民革中央常委蒋光鼐的夫人。黄晚霞在淞沪会战时曾赴前线慰问伤员，后来节衣缩食地资助中国共产党领导的广东东江游击队。新中国成立后，她积极参加各项社会活动，坚决走社会主义道路。在担任第五届政协委员期间，为促进台湾回归祖国和实现四个现代化积极工作。

11月25日

国务院总理赵紫阳在北京宴请罗马尼亚政府总理伊利耶·维尔德茨并发表讲话

在洋溢着亲切友好气氛的宴会上，两国总理先后发表了热情的讲话，盛赞中罗友谊。

赵紫阳说，“中国人民将一如既往，同罗马尼亚人民和全世界一切爱好和平的国家和人民一道，为制止侵略战争，保卫世界和平而坚决斗争。”

赵紫阳称赞罗马尼亚在国际事务中，坚决维护民族独立和国家主权，反对帝国主义的强权政治和发号施令，反对侵略、扩张、划分势力范围，为维护世界和平与各国人民的正义事业作出了积极的贡献。

他说，我们高兴地看到，罗马尼亚人民在以齐奥塞斯库同志为首的罗共领导下，根据本国的特点，坚持独立自主的发展道路，在社会主义革命和建设中取得了辉煌的成就。罗马尼亚人民正在为实现党的十二大制定的宏伟目标而奋斗。

赵紫阳对中罗两党两国的友好合作关系得到全面发展表示满意。他说，中罗关系是建立在独立、主权、平等互利和相互尊重的原则基础上的，具有广阔的发展前景。继续全面、持久地发展中罗关系是我们的共同愿望，我们将为此作出不懈的努力。他说，我们两国领导人经常接触，彼此加深了了解，相互更加信任，友谊不断增进。

在谈到我国的国内形势时，赵紫阳说，当前，我国人民正在同心协力地贯彻执行党的十一届三中全会的路线和五届人大三次会议的各项决议，扎扎实实地调整和稳定国民经济，有步骤地进行政治制度和经济体制的改革。我们已经取得了初步的成果，但还面临着许多问题和困难。中国人民有信心克服前进道路上的各种障碍，把我国建设成现代化的社会主义国家。

谈到罗中关系时，维尔德茨说，我们对中国的访问，业已举行和即将举行的会谈构成我们两党、两国人民之间友好团结与合作关系不断向前发展的一部分。他说，我们高度评价我们两国在国际范围内进行的积极合作，它对促进进步、和平与民族独立事业，对促进各国人民之间的谅解、平等的合作，对促进它们在没有外来干涉情况下的独立发展，作出了重要贡献。

他指出，罗马尼亚人民注视着中国人民在实现国家社会主义现代化和提高人民生活水平的过程中所取得的成就。他说，我们重视中国对各国人民为捍卫和巩固民族独立、争取自己决定自己命运的权利、争取对本民族财富享有主权所进行的斗争，以及对促进社会主义、和平与国际合作事业作出的贡献。

《人民日报》发表社论《热烈欢迎罗马尼亚贵宾》

罗马尼亚社会主义共和国政府总理伊利耶·维尔德茨应我国国务院总理赵紫阳的邀请，来我国进行正式友好访问，今天到达北京。中国人民满怀诚挚的情谊，热烈欢迎远道而来的罗马尼亚贵宾。

罗马尼亚解放以后，特别是1965年以来，以齐奥塞斯库同志为首的罗马尼亚共产党根据本国的特点制定了独立自主的高速度发展国民经济的方针，在发展生产、提高人民物质和文化生活方面都取得了显著的成就。1950年至1980年期间，工业总产值增长33倍，农业总产值增长3.1倍，国民收入按人口平均每年增长8.4%。罗马尼亚已从一个落后的农业国变成一个具有现代化物质技术基础的工农业和先进科学文化的社会主义国家。目前罗马尼亚人民正在为实现党的十二大制定的宏伟目标而奋斗。我们相信，罗马尼亚人民在社会主义建设中一定会取得日新月异的成绩。

在国际事务中，罗马尼亚社会主义共和国坚决捍卫民族独立和国家主权，主张大小国家一律平等，反对帝国主义、殖民主义、强权政治，支持被压迫人民和被压迫民族的正义斗争，对世界的和平与进步事业作出了积极的贡献，赢得各国人民的广泛钦佩和赞扬。

我们高兴地看到，中罗两国的亲密友谊和团结互助的关系不断获得发展。1978年，罗马尼亚共产党总书记、罗马尼亚社会主义共和国总统尼古拉·齐奥塞斯库同志来我国访问。同年，华国锋主席回访了罗马尼亚。两国最高级领导人的互访，使两党、两国和两国人民之间的友谊日益加强，双方在政治、经济、文化和科学技术各个领域的合作，得到了全面的发展。这次维尔德茨总理前来我国访问，必将为促进两国的友好关系作出新的贡献。

维尔德茨总理五年前曾经来我国访问。五年来我国发生了巨大变化。我们粉碎了“四人帮”，结束了十年动乱，初步医治了林彪、江青反革命集团给国家造成的创伤，全国人民正在满怀信心地为实现四个现代化而奋斗。维尔德茨总理这次访问我国，将会看到我们在各个方面进行的努力和取得的进展。

我们衷心祝愿罗马尼亚贵宾访问成功。

《人民日报》发表评论员文章《继续抓紧城市住宅建设》

抓紧城市、工矿区住宅建设，是逐步改善人民生活的一件大事。我们一定要继续抓紧抓好。

近几年来，在国家、地方和企业的共同努力下，全国城市、工矿区住宅建设发展较快。去年施工面积达1.2亿平方米，竣工面积达6000多万平方米，比前年增长50%。今年1—10月，施工面积10356万平方米，竣工面积3233万平方米。这充分体现了党和政府对城市人民生活的关怀。

这两年城市住宅建设速度较快，但是，同实际需要相比，仍然不相适应。多年来，由于“左”倾路线的错误，把改善群众生活看成搞修正主义，只抓生产，不抓生活，注重工业建设，忽视城市建设，“骨头”和“肉”的比例关系严重失调。特别是十年浩劫期间，遗留下来的问题更多。加上城市人口大量增加，目前城市人民居住状况仍然紧张。应该指出，有些地方、部门和单位，“先生产、后生活”的思想至今没有完全解决，还没有把住宅建设放到应有的重要位置上来。社会主义建设的最终目的，就是要逐步地使包括居住在内的人民生活不断有所改善。历史的经验证明，要让人民群众从实际上看到逐步改善生活的情况。人民生活逐步改善了，思想问题也就容易解决了，生产的积极性、主动性和创造性才能充分地发挥出来。因此，对城市住宅建设存在任何松劲情绪或安于现状的思想，都是错误的。

解决城市住宅问题要量力而行。大家知道，城市住宅问题是一个很难解决的问题。特别是在我们这个经济落后、人口众多的国家，这个困难问题，从远处说是国民党时代遗留下来的；从近处说是由于林彪、江青反革命集团的破坏，以及经济工作中“左”倾路线的影响。长期遗留下来的欠账，想很快解决是不可能的。目前，处在经济调整期间，基本建设需要进一步压缩，国家还有很多困难，不可能拿出更多的钱用于城市住宅建设。这几年党和政府已经采取了很多措施来提高人民的生活水平。生活改善只能在生产发展和劳动生产率提高的基础上量力而行，各方面多年积累下来的问题只能逐步解决。另外，现在实行两级财政，扩大企业自主权，地方和企业在今后几年内，应当而且也有可能拿出更多的钱用在城市住宅、生活设施建设等有关人民生活的方面。

抓紧城市住宅建设，困难还不小。按照我们解决城市住宅问题的近期目标，今后几年全国城市、工矿区的住宅建筑能力与实际需要还不相适应，就是一个大困难。由于大家都要建设住宅，在建筑材料供应、拆迁、征地等方面，必然产生一些新的矛盾和新的困难。只要我们切实去做，许多事情是能办好的，困难是可以克服的。我们应当在调查研究的基础上，充分挖掘各方面的潜力，认真做好住宅建设规划，组织好建筑材料的生产、供应和调剂工作，并且通过国家投资、地方投资、企业自筹、银行贷款、私人集资以及自建公助、旧房改造等多种途径，抓紧住宅建设。

采取工业生产方式，实行成批建造，可以加快城市住宅建设的步伐。有条件的城市，应当积极试行综合开发办法。即以市政公用设施为主，包括勘测、设计、征地、拆迁、安置、土地平整和道路、给水、排水、供电、供气、供热、通信等配套工程建设，由开发公司统一经营。特别是那些新开发的地方或成街成片的建设，可以采取从地产到规划、设计、施工和销售统一经营办法，成批配套地建筑住宅，按合同交付用户使用，或向单位和个人出售。

市政公用和生活服务设施跟不上，不配套，仍然是当前城市住宅建设中的一个薄弱环节。有的地方住宅楼房建成了，没有自来水、下水道，没有粮店、副食店等等，长期住不进人。配套问题不解决，房子盖得再多也用不上。今后一定要抓好配套建设，使住宅建成后可以立即住人。

建筑城市住宅，应当注意经济合理，造型美观。住宅的层高、户型和平面利用等，怎样经济合理，需要认真研究，科学设计。现在一般楼房的实际居住面积，只占整个建筑面积的一半左右，应当积极研究提高居住面积的办法。住宅要搞得多样些，美观些，克服千篇一律、色彩单调、造型呆板的现象。应当鼓励设计人员大胆创造，多设计经济、实用、美观的住宅。各级领导干部要给他们以必要的建筑创作和设计的自主权利。

中共山西省蒲县县委为所谓蒲县“武装暴乱”假案和在清查中受迫害的人平反

所谓蒲县“武装暴乱”纯属一起假案。在这一假案中所说的“盗窃军火”、“隐藏枪支”、“安凹黑会”、“柏山地道”、“蒲县之行”等是在山西省委前主要负责人的支持下，由临汾地委书记王定谟、地区公安局局长高唐侯、蒲县前县委主要负责人辛荣彪、张瑛等人，利用清查运动的机会，另立清查标准，捕风捉影，大搞刑讯逼供，凭空捏造出来的。他们把县委书记杨桂舟，副书记杨廷基，县委常委、县革委副主任郭安民定为资产阶级帮派体系挂帅人物，改组了县委，逼死了县委书记杨桂舟，先后拘捕了11人，受隔离审查和办学习班限制人身自由的98人，抄家搜查14户，免职、降职、调离42人，劳动下放134人，省、地、县、社、队一大批职工和社员群众受到株连，这是“文化大革命”以后对干部、群众的严重摧残。

为了彻底平反这一假案，在中央纪律检查委员会的督促和省、地纪律检查委员会调查组的帮助下，最近，蒲县县委经过反复查证落实，作出了《关于为所谓“武装暴乱”假案和在清查中所有受害同志彻底平反的决定》，县委副书记段光喜在25日的大会上宣读了县委的平反决定，并且当众宣布：原蒲县县委作为一级党的组织，是应当肯定的，改组蒲县县委是错误的。蒲县没有与“四人帮”篡党夺权阴谋活动有牵连的人和事，不存在“四人帮”的资产阶级帮派体系。

因子弹问题拘留、逮捕县委办公室副主任高宪阁等人是完全错误的，他们是无罪的，两次关押看庙老人桑宝珍是非法的，是党纪国法不能容忍的；杨桂舟同志生前在蒲县工作期间，坚持原则，艰苦奋斗，廉洁奉公，认真执行了党的路线、方针、政策，做了大量的工作，确系迫害致死，应该平反昭雪，开追悼会；逮捕贾俊才等人也是非法的，对这些受害者、受株连的200人予以彻底平反，强加给他们的一切诬蔑不实之词，应一律推倒，政治上恢复名誉，组织上安排工作，并向这些受害的同志赔礼道歉。要对制造假案的人，追究责任，严肃处理。目前，山西省委和临汾地委调查组同蒲县县委正对平反决定的各项工作逐步进行落实，并对假案制造者的问题进一步查证核实，然后追究应负的责任。

公安部追授柴玉玲“一级英模”光荣称号

新华社报道，公安部最近追授山西省闻喜县公安局教导员柴玉玲同志公安战线“一级英模”光荣称号。柴玉玲是今年10月30日在追捕持枪杀人凶犯刘玉、孙志国的战斗中壮烈牺牲的。

国务院批转农业部《关于改变口岸动植物检疫所管理体制的报告》

国务院同意农业部《关于改变口岸动植物检疫所管理体制的报告》，请即照此研究执行。

关于改变口岸动植物检疫所管理体制的报告

（1980年10月25日）

我国现有36个口岸动植物检疫所(站)，是代表国家在口岸行使动植物检疫法令的检查、监督机关，负责对进口的动植物及其产品，出口的动植物和植物产品，进行检疫检验和监督处理，防止危险性病、虫、杂草随农畜产品及种苗传入我国或由我国传出。多年来，这些口岸动植物检疫所，在进出口农畜产品和种苗的检疫中，发现并及时处理了多种危险性病虫害，对保护我国农、林、牧、渔业生产，保障人民身体健康，促进对外贸易发展，起了一定的作用。

目前，我国口岸动植物检疫所，实行的是“中央和地方双重领导”(即人员编制、行政事务归地方领导，业务由农业部和地方农业厅(局)领导)，这种管理体制已很不适应当前工作的需要。一是口岸动植物检疫所的工作业务，往往超出一个省、市、自治区的范围，而且有涉外工作，需要有全国统一的政策、法令、规章制度，要求遇事迅速解决，地方领导显然很难协调；二是口岸动植物检疫所的基本建设投资，以往属部商地方项目，仪器设备和物资供应，都由农业部和地方共同负责，现在随着财政体制的改革，这种办法也不能继续下去了。目前，海关、商检等单位的管理体制已经改变，口岸动植物检疫所管理体制的改变也势在必行了。

从我国当前的实际情况出发，参照其他国家的一些经验，我们拟将全国36个口岸动植物检疫所都改为农业部直属单位，实行农业部与地方双重领导以部为主的管理体制。各口岸动植物检疫所的基建投资、人员经费、物资供应，从1981年起均由农业部供应(人员经费按1981年预算基数上划，增加中央预算，减少地方预算)，现有的固定资产(包括房屋、仪器设备、职工宿舍等)随单位体制改变而划转。

改革的具体意见是：

一、口岸动植物检疫体制改变后，为了加强全国进口动植物及其产品，以及出口动植物和植物产品(包括热带作物、林木、水产)检疫工作的统一管理，农业部需设专业机构。全国动植物检疫的经费开支、基本建设投资、物资分配、大专院校毕业生分配和劳动指标等，要在农业部计划中安排。

林业部、农垦部、国家水产总局按国家农委国农科字〔1980〕10号文件《关于口岸动植物检疫工作归口统一管理问题的批复》规定，要协助农业部做好口岸动植物检疫工作，并负责有关检疫对象的调查、科研、检验、处理方法的制定，以及技术培训等。对于检疫规定以外的其他病虫害的检查和处理，由有关部门商农业部决定。

二、关于农业部与地方人民政府的职责分工：

农业部负责：(一)会同有关部门拟订有关动植物检疫的方针、政策、条例、法令、规章等；(二)统筹规划各口岸动植物检疫所的设置和撤销，提出方案报国务院审批；(三)制定检疫实施细则、操作规程及检验标准等；(四)口岸动植物检疫所正、副所长的任免由农业部征求地方意见后决定，技术干部晋升为农艺师、畜牧兽医师以上职称的由农业部审批；(五)全国动植物检疫科研管理及人员培训工作。

地方人民政府负责：(一)监督贯彻执行国家统一制定的检疫方针、政策；(二)处理协调与地方有关的紧迫问题；(三)领导口岸动植物检疫所的政治思想工作；(四)办理口岸动植物检疫所工作人员调动，以及户口、粮油关系等迁入、迁出手续。

三、设在各省、市、自治区的中华人民共和国农业部植物检疫站，其管理体制和对外行使检疫任务的职权，仍按1964年国务院(64)国农办字87号《国务院批转农业部、对外贸易部关于由农业部接管对外植物检疫工作的请示报告》文件中的规定执行，不作变更。请各省、市、自治区切实加强领导，健全机构，充实人员。

以上意见，如无不妥，请批转各省、市、自治区人民政府和国务院有关部门执行。

《财贸战线》发表社论《坚决制止商品流通中的这股暗流》

社论说，现在有些企业的领导干部对这种歪风见怪不怪，不以为非，或者也明知不对，却无可奈何。在他们看来，这是周瑜打黄盖，两相情愿的事，不这么干解决不了实际问题。因此，他们对于这种中间人居间牟利的事，睁只眼闭只眼地默许，有的甚至加以鼓励，更加助长了这种歪风的发展。要使这些同志明白，社会主义企业的购销活动，是不容许搞资本主义那一套的。如果听任或放纵一些人利用工作之便，互相拉拢，大肆牟取非法所得，必然会严重地腐蚀一批人，并且为贪污受贿、敲诈勒索、招摇撞骗等不法行为大开方便之门，使许多单位和个人上当受骗，身受其害，从而毒化我们的社会主义经济机体，败坏我们的社会风气，危害四化建设的顺利推进。因此，我们对这种现象，决不可掉以轻心。各个主管部门、各个企业的领导要对干部、职工抓紧进行政治思想教育工作，使大家明辨是非，坚持社会主义的经营作风，摒弃资本主义的陋规恶习，遵纪守法，廉洁奉公，自觉地不搞和抵制经济活动中的这种不正之风。

社论说，我们决不能因为目前还没有这方面的经济立法而对这种歪风采取观望态度。凡是出现这种歪风的地方，有关部门和工商行政管理部门都应当在当地党政领导下，及时制定有关的规定，划分某些界限，积极运用行政的办法，对企业的购销活动加强管理和监督，迅速刹住这种歪风。

社论指出，商品流通领域中出现这种问题，很重要的一个原因，是当前我们的商品流通渠道很不畅通。多年来，我们的商品流通体制存在很多缺陷，商品流通手段很少，商业情报十分闭塞，在相当程度上影响着商品的生产和交换。当前，我国多种经济成分并存，国民经济实行计划调节与市场调节相结合的方针，要更多地发挥市场调节作用，把经济搞活。在这种新形势下，生产资料开始进入市场，工业部门对一部分产品实行自销，大量的社队企业要销售自己的产品，新兴的农工商联合企业也要出售自己的商品，打破了商业部门长期对商品实行包销的局面，而新的购销关系一时却还没有相应地建立起来。于是，那些熟悉购销业务、精于此中门道的人就乘虚而入，居间牟利。因此，要解决这个问题，还必须注意运用经济的办法。有关经济部门，特别是商业部门，应当针对这种情况，积极采取经济手段，运用多种经营方式，开辟多种流通渠道，把商品流通工作搞活，以更好地适应商品生产和交换日益发展的新形势，从而取代那些居间牟利的人员。在这方面，城乡商业部门都有许多工作可做。例如，多举办一些贸易货栈、交易所、信托商店等，方便商品购销，并加强咨询服务工作，为产销单位当好媒介。另外，还可以利用报纸、广播等工具，加强商情宣传工作，刊登商品供求广告，便于各方面互通情况，直接成交。要积极进行这些工作，不要等待观望。

全国供销合作总社 商业部 物价总局联合发出通知要求各地制止任意涨价歪风

通知要求各省、市、自治区商业厅、服务局、供销社、物价局采取有效措施加强饮食服务价格管理，制止任意涨价的歪风。

通知说，饮食服务业的价格和收费标准，关系到千家万户，必须加强管理。各地饮食业在制定饭菜价格时，必须贯彻稳定物价的方针和薄利经营的原则。要纠正那种在毛利率掌握上就高不就低、投放原料上宁少勿多，以及降低质量变相涨价的偏向。对于那种不择手段牟取非法利润的行为，要认真纠正并追究责任。

通知说，饮食业用议价原材料制作的菜点，应该以这些原材料的平价计算毛利，高出平价部分的金额和税金，可以加在菜点的售价上，但不得再计毛利。

对于服务业的收费标准，通知要求要贯彻优质优价、分等论价的原则，保持合理、稳定。凡是没有按照物价管理权限报经主管部门批准而擅自提价的，要恢复原价。原来收费标准不合理，不宜恢复的，必须报主管部门审定，不得自行调高价格。

河北省已完成国家棉花收购任务的144%

新华社报道，今年河北省800多万亩棉花喜获丰收，总产量和向国家提供的商品棉都比去年增长一倍。到11月25日，全省已收购皮棉417万担，完成收购任务的144%。

河北省是我国北方主要产棉区之一，前几年由于受极左路线的干扰，棉花产量连年严重下降。今年中共河北省委和省政府在贯彻党中央、国务院关于提高棉花收购价格等有关政策的同时，决定对集中产棉县粮食征购任务一定三年不动、棉农口粮供应不低于当地余粮队的平均水平、棉籽油按棉田亩数定购。这就解决了棉区长期存在的棉花收购价格偏低、棉农口粮和吃油得不到保证等问题。棉农的种棉积极性立刻高涨起来了，纷纷想方设法多种棉、种好棉。全省植棉面积比计划面积多了20万亩。

对棉花生产实行专业化,普遍推行棉田管理联产计酬责任制,是今年河北省棉花获得丰收的另一个重要原因。

全国人大常委会副委员长廖承志在北京会见以日中文化交流协会理事长宫川寅雄为团长的日中文化交流协会代表团

解放军总政治部在济南召开全军群众工作座谈会

会议要求全军各部队都要主动采取措施,扎扎实实地开展拥政爱民活动,进一步发展军政、军民之间亲密团结,同心同德搞四化的生动局面。

会议要求各部队要继续抓好党的路线、方针、政策教育,拥政爱民和全心全意为人民服务的建军宗旨教育,以及遵纪守法教育,使指战员不断加深对党的现行政策的理解,自觉发扬人民军队的光荣传统,做坚决拥护和执行党的路线、方针、政策的模范,拥政爱民的模范,遵纪守法的模范。

这次座谈会是11月25日至12月3日举行的。

中国边防部队奋勇保卫秋收秋种

新华社报道,入秋以来,越南武装人员频繁入侵我云南、广西边境地区,破坏秋收、秋种工作。我人民解放军边防部队组成护秋小分队,深入村寨田头,奋勇保卫秋收、秋种。

9月25日至10月3日,越南武装人员不断向我云南马关县都龙公社罗家坪、田房一带开枪开炮,严重威胁当地群众秋收、秋种工作,担任护秋任务的八连指战员坚决进行还击,使当地3万多斤苞谷收获归仓。10月10日,越南4名武装特工人员潜入我河口县芹菜塘地区进行破坏,驻地边防战士迅速围剿,当场击毙、击伤敌人各1名,保护了群众秋收的顺利进行。10月17日上午10时许,越南4名武装特工人员侵入我金平县十里村公社白马河地区,抢劫我收好的粮食,当地边防部队和民兵发现后,迅速出动,将其1名击毙,其余仓皇逃跑。同一天,越南武装人员还潜入我境将5颗地雷埋设在我藤条河畔的稻田里,护秋战士冒着危险将地雷全部排除,使2万多斤稻谷归仓。11月7日,一股越南武装人员入侵我马关县小坝子公社边境地区,用枪威胁我秋收的群众,边防部队某部七连护秋分队闻讯,立即赶来保护群众把苞谷和稻谷全部收割完毕。

驻广西龙州地区边防某团护秋分队,一个多月来活跃在边境50多个生产队,同当地民兵、社员一起,保卫秋收、秋种工作。10月4日,两名越南武装人员入侵我埛桂地区,持枪威逼当地参加秋收的群众,护秋战士打死打伤敌人各1名。10月7日,越南武装人员用重机枪扫射我埛桂地区参加抢收黄豆的群众,驻地边防部队护秋分队立即开枪压制敌人火力,保卫群众抢收。10月9日至11日,越南武装人员不断向我龙州水口边境地区秋收群众开枪开炮,我边防部队英勇还击,击毁越军迫击炮2门,毙敌十余名,打击了敌人的气焰,保卫了当地大片稻田及时收割。

中国跳水运动员李孔政 陈肖霞在伦敦水晶宫举行的马蒂尼国际跳水赛中分获冠军

中国举重选手在第四届努赛尔国际举重锦标赛上获得2项冠军

韩震宇在52公斤级的比赛中总共举起210公斤获冠军;张志芳以247.5公斤的总成绩获得60公斤级第一名。

刘建勋被罢免五届全国人大代表资格

在11月25日闭幕的河南省第五届人民代表大会第三次会议上,一致通过一项关于罢免刘建勋第五届全国人民代表大会代表的决议。

决议说,刘建勋在河南省第五届人民代表大会第一次会议上被选为第五届全国人民代表大会代表。鉴于刘建勋从"文化大革命"以来,在河南犯了严重的错误和罪行,完全失去了全省人民的信任。根据《中华人民共和国全国人民代表大会和地方各级人民代表大会选举法》第四十条规定,河南省第五届人民代表大会第三次会议决定:罢免刘建勋的中华人民共和国第五届全国人民代表大会代表。

11月26日

中共中央副主席邓小平在人民大会堂会见罗马尼亚政府总理伊利耶·维尔德茨和部分随行人员

在亲切的交谈中,邓小平和维尔德茨对中罗关系的发展表示满意。邓小平说,中罗两党、两国的关系是经过考验的。这一关系今后在各个方面都会更好地发展下去。维尔德茨说,我们对罗中关系的发展给予高度的评价,希望两党、两国之间的友谊和团结以及各方面的合作关系继续向前发展。

邓小平向罗马尼亚同志介绍了我党十一届三中全会以来的政治路线,思想路线、组织路线以及国民经济调整的方针,介绍了这几年所取得的成绩和存在的问题。他说,我们必须不断总结经验教训,才能前进和发展。

中共中央书记处总书记胡耀邦在中央纪律检查委员会召开的第三次贯彻《关于党内政治生活的若干准则》座谈会上发表《搞好党风的几个问题》的讲话

我们这次贯彻《关于党内政治生活的若干准则》(以下简称《准则》)座谈会,讨论如何进一步搞好党风问题,我觉得开得是非常适时的。我想就四个问题谈一些个人的看法。

我在准备发言的时候,曾经看了陈云同志的三条很重要的意见。陈云同志这三条意见是:

第一,执政党的党风问题是有关党的生死存亡的问题,因此,党风问题必须抓紧搞,永远搞。

第二,纪委工作会有困难,但是经过统一认识是可以解决的。

第三,必须实事求是,查清问题,核实材料,再处理问题,并和本人见面。

陈云同志提醒我们、提醒全党同志高度注意的这三条重要意见,我觉得讲出了我们做好纪律检查工作、搞好党风的三个基本思想或叫三条基本原则。

我今天要讲的四个问题,就是根据陈云同志的三条意见展开来说一说。

一、要正确地评价纪委的工作

党的纪律检查委员会是三中全会决定重建的。三中全会和以后的几次全会,确立了我们的思想路线、政治路线和组织路线。重建党的纪律检查委员会,就是端正我们组织路线所采取的一个很重要的措施。从三中全会到现在,快两年了。两年来,我们党的各条战线的工作都有较大的进展,纪律检查委员会的工作也取得了比较大的成绩。纪律检查委员会的工作成绩在哪里呢?据我看来主要的有三条:第一,代中央制定了几个重大的党的法规;第二,解决了历史上的几个大的是非问题;第三,检查和处理了一批违反党纪的重大案件。

我还有这么一个看法,三中全会以来,我们党把纪律检查委员会的工作提高到了一个新的水平。可不可以这么看,就是这次恢复党的纪律检查委员会以来,我们不单单是继承了"文化大革命"以前的党的纪律检查工作的许多好的传统,而且发扬了这些传统,这就是不只是限于检查党内违反纪律的案件,而且从整个搞好党风、维护党纪上面提出问题,研究问题,解决问题。这种做法,就使我们纪律检查委员会的工作比过去站得更高、想得更深、做得更主动了。

这个时期的工作,还有一个特点,就是我们的工作总的来说,是实事求是的,是稳妥的。正是由于我们作出了比较显著的成绩,所以党的纪律检查委员会在党和人民的心目中是有威望的。

但是,也不要把成绩估计得过高,估计过高也是不符合实际的。同党的事业的要求来比,同全党同志和人民群众的希望来比,我们的工作还是做得不够的。我们不是做得很多了,而是做得还少;不是做得过分了、过火了,而是在做的过程中,拿人民群众的话来讲,还有点勇气不足,劲头不足。就全国来讲,纪律检查工作还有一个发展不平衡的问题。有些部门、有些省市好一些,有些部门、有些地方差一些。为什么会有这种差别呢?原因可能是多方面的。但是,重要的原因可能有这么一条,就是敢不敢做!纪律检查委员会的工作确实很难做,这就有个"敢"的问题。纪律检查委员会要面对严酷的事实,要得罪人,要敢于伸张正义,敢不敢?其实,我们在拨乱反正时都存在个"敢"字的问题。要使我们的事业重新蓬蓬勃勃地发展,犹犹豫豫,马马虎虎,怎么能够拨乱反正呢?不管是分清是非也好,还是克服困难也好;不管是增长才干也好,还是取得人民的信任也好,确实有个精神状态的问题。有没有该做、想做而不敢做,该主持正义、想主持正义又怕主持正义,该讲、想讲却不敢讲的精神状态呢?大家想想看,在许多情况下,为什么会出现"踢皮球"的现象呢?为什么明明应该自己负责解决的问题,又不勇于负责,而总是希望中央说话,希望中央发红头文件呢?我觉得,这不只是我们这条战线,在许多战线相当多的同志中间,都存在一个精神状态问题。所以,在肯定我们的工作取得很多成绩的时候,还是要讲讲我们工作的不足方面,并要联系到我们的精神状态来考虑这些问题。

二、要深刻认识搞好党风的巨大意义

党风好不好,是党能不能站得住、发展和存在的问题。陈云同志讲话不很多,但都是经过深思熟虑的。我很赞成他这个话:执政党的党风问题,是有关我们党的生死存亡的问题。可是,我们党的许多同志认识不到这个问题的重要性,相当多的同志的认识是不正确的。这些同志说,我经济工作都忙不过来,哪里还能够抓党风?或者说,安定团结是前提,党的纪律抓得太紧了,太严格了,可能要妨碍安定团结。这些想法实际上是把纪律,把党的纪律检查委员会的工作,搞好党风的工作,看成是可有可无的,甚至看成是同发展经济,搞好安定团结相对立的。这是完全错误的。我想根据我们党的历史,来说一说党的路线、政策同我们党内生活,同党的作风的关系。

从我们党几十年的历史来看,大体上有这么四种情况。

第一种情况,在党的路线、政策犯大错误的时期,党内生活是不正常的,叫作封建式的家长专断,因此导致革命遭到很大损失,遇到很大挫折。但是,即使在那个时候,只要党风很好,广大干部和党员英勇奋斗,前仆后继,流血牺牲,坚贞不屈,党仍然能够赢得人民的尊敬,使革命没有全部失败,而且在正确路线指引下,又生气勃勃地前进了。这主要是指1927年到1935年这一段时间。

第二种情况,路线、政策是正确的,党内生活也是正常的,但是我们的党风不够好,或者说,相当多的一部分干部,风气不大好,因此思想不一致,矛盾很多,同群众的关系也不够好。这就是我们到延安以后的几年时间,大体上是1940年到1943年。毛泽东同志那时提出我们党内主观主义、山头主义、党八股盛行。这些东西的确是严重存在的。什么叫党八股呢?用我们现在的话来讲,就是"假、大、空",讲假话、讲大话、讲空话。因此,党中央当时下决心,来了一次大规模的整风运动。整风运动又可以叫"洗脸",搞"清洁卫生"。经过整风,提高了全党的思想觉悟,端正了作风,使我们党更加生气勃勃地前进了。党的三大优良作风,即理论联系实际、密切联系群众、批评和自我批评的作风,就是在这个时期确立的。这是第二种情况,作风同路线、政策有时候不适应。

第三种情况,就是路线、政策是完全正确的,党内生活很好,搞民主集中制,党的风气也很好。在这种情况下,我们党团结一致,生动活泼,党在人民群众中的威信很高。路线政策、党内生活和党风三个方面都很好,使我们的党、使我们的革命能够大踏步地前进。这主要是指抗日战争的大部分时期、解放战争的全部时期以及新中国成立初期。

第四种情况,路线、政策是错误的,党内生活极不正常。党内生活极不正常,坏人就钻空子,甚至好人也被人家拖下水,做了些坏事。这就严重地败坏了我们的党风。投机钻营的分子吃得开,党内盲目性很大,党的威信急剧下降。这种情况,我指的是"文化大革命"的十年。

"文化大革命"的十年,党风遭到空前破坏,主要表现在两个问题上。一是个人崇拜登峰造极,达到荒谬绝伦的地步。党内出现了大大小小的救世主,大大小小的奴隶。什么民主生活,什么实事求是,什么解放思想,根本谈不上。二是"有了权就有一切",一些人拿了权到处做坏事。

我们党到明年就有整整60年的历史了,我们走过的这个路程,可不可以说,有这么四种不同的情况。王鹤寿同志在中央书记处汇报的时候提出来这么一个概念,就是党的路线、政策,同党的正常生活,同好的党风是相依为命的。根据我们党60年来走过的路程,我是赞成这个看法的。我觉得提出这个看法很有好处。只有一套正确的政治路线、政策是不够的,还要有一套正确的组织路线和好的党的作风。这两个方面结合起来才能把我们的党搞好。所以,只满足于路线、政策的正确,而忽视党的生活的建设,忽视党的作风的建设,这是站不住脚的,是错误的。这是从历史的教训来说。

再从我们执政党的地位上来说。马克思主义的党,从被压迫、被屠杀、被围剿的地位变到在全国执政的地位,这是个根本的变化。执政以后,会不会变质呢?历史的发展,向全世界的共产主义者、向国际共产主义运动提出了这个问题。100多年来共产主义运动的活生生的历史,不是说可不可能有这个问题;这不是个抽象的理论问题,而是一个实际生活的问题。这次我同西班牙共产党的总书记卡里略谈话,中心是讨论这个问题。我根据马恩的理论,分析了这100多年的历史。他赞成这个观点。由相信社会主义到蜕化为法西斯主义,历史上是有的嘛。意大利那个墨索里尼,开始是主张社会主义的,以后却变成了法西斯主义的头子。我看林彪一伙,也应该说开始是相信社会主义的,后来变成了封建法西斯分子。有的国家,不是已经从社会主义国家,变成对外扩张的霸权主义国家了吗?这些不管从理论上、实践上都是说得通的。

执政以前,形势迫使我们党要有一个好的作风。搞什么主观主义、官僚主义、脱离群众,搞特权,就会被敌人打垮、消灭。而且环境本身就很艰苦,没有多少特权可以搞,也不能像我们现在这样搞那么严重的官僚主义,一个事情一拖就是一年。尤其是在战争年代里,敌人来了,打不打,走不走?考虑考虑吧,研究研究吧,画画圈吧,那样几个小时后,你不是被俘就是呜呼哀哉。在我们没有取得全国执政党的地位之前,环境迫使我们要搞唯物论的反映论。

执政以后,我们一些革命意志薄弱的同志很容易被糖衣炮弹击中,腐败下去。在剥削制度的历史上,执政的人都是把自己变成压迫人民的统治者。共产党人和他们的根本区别之一,就在于无论担负多么重要的领导职务,都决不能从人民的公仆蜕变为骑在人民头上的老爷,变为压迫人民的统治者。党是社会主义事业的领导者,但是党如何领导,党同其他组织的关系是怎样的,党怎样不是通过强制性的命令、而是通过耐心细致的思想政治工作,通过号召、说服、教育来吸引人民群众,通过党员的模范行动来带动人民群众,今天不可能拿很多时间专门谈这些问题。我希望做实际工作和做理论工作的同志,也希望我们纪委的同志,来认真地思考研究这些问题。执政以后,把我们的党看成高居于其他组织之上,由党包揽一切,事事发号施令,把党员看成是凌驾于人民之上的统治者,这是完全错误的,是十分危险的。波兰的事件非常值得我们注意。所以我们的同志千万不能忽略,党从被压迫、被屠杀、被围剿的地位,转到了执政党的地位这个根本变化,搞得不好,就有蜕化的可能,有变质的可能。我们不要忽略了这个问题。

我们有些同志还忽略了:党风不正是我们现实工作搞得不好的一个原因。为什么我们今天经济稳步上升的工作搞得不好,安定团结的工作还有不少问题?原因在哪里?就客观上来说,有林彪、"四人帮"残余势力和其他敌对分子的存在;就我们主观上来说,则不但有思想路线的不够端正,"左"倾思想还没有完全克服的问题,而且还有我们党风不正的问题。经济工作搞得不够好只归结为一个原因,就是"左"倾思想还没有完全克服,我觉得不合乎事实。除了这"左"倾思想没有完全克服外,还有待于端正我们的党风,有待于切实解决不正之风这样一个严肃的问题。

不管从历史经验看也好,从执政党的地位变化看也好,从现实情况来看也好,我完全同意陈云同志提出的这么一个命题:执政党的党风问题,是关系我们党的生死存亡的问题。我们全党,首先是我们的干部,要认真地考虑这个问题。

三、要坚定不移地把党风搞好

我同意《座谈会纪要(讨论稿)》对当前党风情况的基本估计。我同意这个看法:"经过全党努力,我们的党风已经有了相当大的进步。但是,与新中国成立初期相比,党风还没有根本好转,不正之风还相当严重。"我觉得这个估计是合乎实际情况的。在中央书记处会议上,黄克诚同志提了个很好的意见,他说,我们党内的不正之风,是个腐蚀剂,腐蚀我们党的肌体。我完全同意这个看法。这也是《座谈会纪要(讨论稿)》上写的:"党风不正,严重破坏了党和群众关系,损害了党的威信,削弱了党的战斗力,带坏了社会风气。""带坏"这两个字似不妥当,改为助长了社会不良风气的泛滥,比较恰当些。我们党有好的作风,就是三大作风,也有不正之风。这是事实。所以不正之风这个概念是能够成立的。不正之风是个腐蚀剂。每一个热爱党、拥护党的人,不管是党员、非党员,都应该关心我们的党风,都有权利、有责任关心我们的党风。我们的国家是共产党领导的,为什么中国的公民不能关心领导者、关心我们党的党风呢?所以,不论工人、农民还是知识分子,不论老年人还是青少年,都有权利、有责任关心我们的党风。我主张在党报上公开地讲明这个问题。当然,像陈云同志讲的,一定要实事求是,查清问题,核实材料,同本人见面,有的还要同有关方面打招呼。尤其重要的是,我们自己、特别是党的高级干部应当关心党风问题,应当带头搞好党风。关心我们的党风是有党性的表现;不关心是没有党性,或者说是党性不强的表现。这没有什么可含含糊糊的,应当尖锐地把问题提出来。

不正之风是从哪里来的呢?应该说,是剥削阶级思想的影响,不能把不正之风说成是无产阶级政党固有的。是无产阶级政党受了剥削阶级思想影响,是剥削阶级思想传染到无产阶级政党里面来了。现在有些党外人士就不服这种说法。他们发问:你们党内的不正之风,怎么是别人传给你们的呢?有人提出这么个问题,为什么把剥削阶级推倒了以后,剥削阶级思想又泛滥起来?我们说,把剥削阶级推倒了,并不等于社会上、人们的头脑里剥削阶级的思想、旧的习惯势力就同时完全消失了。不正之风泛滥了这十几年,还因为我们党里面出了一伙子坏人,出了林彪、"四人帮",他们接受了剥削阶级那一套恶劣的思想、作风,并在党内推行。再加上我们领导上、包括党中央的组织生活在一个时期不健全,破坏了民主生活,党风不好,不正之风就泛滥起来。如果是这么看,我们就有理由说,搞好我们党风的这一场战斗,是肃清林彪、"四人帮"流毒的继续,是我们的好同志同林彪、"四人帮"这一伙彻底划清界限的标志。在这样严肃的、重大的问题面前,决不允许共产党员采取马马虎虎、等闲视之的态度。

我们应该怎样同不正之风作斗争呢?根据陈云同志的意见,我提两条:

第一条,继续认真地、扎扎实实地在全党进行党性、党规、党法的教育。任何时候都不能忘记思想教育。改造中国,那是非常艰巨的。旧中国是个落后的半殖民地半封建的社会,遗留下来的有封建思想,有资产阶级思想,有小资产阶级思想,有旧的不合乎历史发展要求的习惯势力,这些都不是短时间所能够消除的。按照列宁的说法,这是几代人的事情。所以,任何时候都不要放松思想教育,如果放弃思想教育那就更是错误的。

教育什么呢?要使广大党员懂得党的光荣传统和优良作风。我们现在3800万党员中有两种不好的情况:一种是老党员忘了党的优良作风;另外,还有半数以上的新党员中有不少同志不懂得什么优良作风。他们说:"你都是同我讲假话,我就不相信你们20年前就那么奉公守法,那么正人君子?"他们不相信10多年、20年、30年前,我们党那么纯洁,那么高尚。现在,我们就是要向广大的新党员宣传说明党的光荣传统,进行党的优良作风的教育;就是要继续开展《关于党内政治生活的若干准则》和党章的学习。在联系实际进行党性、党规、党法的教育中间,我还主张经常宣传现在我们党内继承优良作风的典型,宣传知错改错的事例,像今天《人民日报》头条消息,河南省平舆县在县委领导干部带动下,清退利用职权安排的子女亲朋600多人这样的事例。还要宣传移风易俗的新闻。我们现在正处在改革的时代,一方面要扭转旧的风气;另一方面还要提倡新的风尚。前天政协副主席张冲同志去世了,他在遗嘱中说,不送花圈。他那个追悼会,就没有花圈。还有集体举行婚礼也是移风易俗的东西。所以,要宣传发扬优良作风的典型,宣传知错改错的事例,宣传移风易俗的新闻,这些都是促进我们扭转不正之风的积极因素。要从多方面来提高我们抵制不正之风的自觉性。党的各级纪律检查部门应当同党的组织部门、宣传部门、报社、电台广泛配合,共同研究,要准备打一场搞好党风的思想教育的持久战。一年是搞不完的,先搞它五年再说。有的同志提出,要不要来一次整党运动?这在我们这个会上是不能定的,这只能由中央来考虑。现在我们没有可能像延安时代那样集中力量搞两三年的整风运动。新中国成立以来,毛泽东同志曾提过小整风的办法。但是,搞好党风,靠一阵风,看来是很难成功的。这是一件很细致的工作,要由组织上和领导同志个别谈话,打通思想,努力启发有不正之风的同志自觉地改正错误。主要还是要靠发动广大党员,发动人民群众,经常监督我们,切实恢复我们批评和自我批评的传统。这是我对搞好党风的第一条意见。

第二条,要认真联系实际,同现在存在着的不正之风作坚决的斗争。这个不要含糊。这就要看各级纪律检查委员会有没有这种勇气,有没有这种革命胆略。《座谈会纪要(讨论稿)》上归纳的十三条表现,我看了一下,还没有研究好,说不准。我主张要抓最重要的,要抓干部,要抓群众最不满意的。因此,提十三条好呢,还是减少一些条,把有些条文讲得更明确一点,请同志们再考虑一下。中央书记处的同志每天至少可以看到50件以上有关党风方面的材料。这两天我想了一想,根据这些年来的感受,我看主要还是先抓六个方面的问题:

第一,对党中央的路线、方针、政策采取阳奉阴违、两面三刀的态度。这里要把认识问题排除出去。三中全会以后,有相当一部分同志由于一时的不理解,有抵触,我们应该理解这种情况,不要纠缠。只要跟上就是好的,确实由于认识问题跟不上,要热情而又耐心地进行帮助。我这里是指拒不执行党的路线、方针,政策,对党的路线、方针、政策采取阳奉阴违、两面三刀的恶劣做法,使工作遭受了重大的损失的,而不是指一个时候认识不清楚的问题。

第二,利用党和人民赋予的职权,谋取私利,拉帮结派,安插私人。群众对这一条是意见很大的。

第三,丧失原则或者说不顾党的原则去搞"关系学"、"关系户",请客送礼,索礼受贿,损害党和国家的声誉,挥霍国家和集体的财产。请客送礼,这个风可是厉害得很呀!有材料说有一个省今年1—9月份,仅此一项就花掉1500万元。如果别的省都这样,全国就得三四个亿。有些单位随便可以吃夜餐,如果一顿夜餐每人是三角钱,2000万人吃100天,就是几个亿。有的人索礼受贿,搞到外国人头上,确实丢脸呀!

第四,有错误不承认,反而凭借权力、权势,诬陷和打击报复好人。这个问题是相当严重的。

第五,有意弄虚作假,专爱抬轿子吹喇叭,欺上瞒下,骗取荣誉,投机钻营。我们党里有人搞个人崇拜,可是我们党内的确也有那么一些人,专门当吹鼓手,十几年、几十年专门搞那一套。

第六,工作极端不负责任,比如订计划,进行基本建设,或者搞经营管理,都极端不负责任,从而使国家和人民的利益遭受严重损失。

我的意见,一个时期内,集中抓几件事情,面不要太宽。不是说有些事情不抓,而是说先抓那些主要的,群众最不满意的。

关于处理问题,陈云同志提出这么一个很好的原则:必须实事求是,核对材料,并和本人见面。必须实事求是,十条里有一条不实在,就去掉那一条。为着实事求是,就要核实,就要征求所属党委的意见,也务必要同本人见面。然后再考虑哪些要登报,哪些要党内通报,哪些要处分,哪些由本单位批评一下就可以了。

对于那些违反党规、党法、党纪的人的处理,对于不正之风的处理,一个重要的原则,我赞成首先抓《准则》公布以后所发生的案件。你们《座谈会纪要(讨论稿)》上是这么写的:"处理不正之风问题,一般以《准则》公布为界,过去从宽,今后从严。"我的意见是,凡属《准则》公布以前的,除了极个别的,民愤很大的,应进行适当处理以外,能不能规定一条,一般就不要再查了。因为,这会牵涉到实际工作中一个很大的问题,就是我们各级党委纪委的实际工作和精力是放在查现在的问题上,还是引导大家去查过去的问题?我个人意见,必须以我们的主要精力来查现在的,查《准则》公布以后的问题。前几年,被打成走资派,刚刚被解放,子女没有办法,走个后门安插,我看这类问题一般不要再查了。我不是说要定一条"下不为例",不是这个意思。我们许多老同志两年以前才解放出来,两年以前的情况非常复杂。有的同志染了一身泥巴,很不干净;有的同志解放出来以后,要求解决一点实际困难。听说陈云同志同王鹤寿同志谈话的时候还讲了这么一条,就是由于十年来林彪、"四人帮"的横行,我们许多干部可能大大小小都存在一点问题。陈云同志是这么说的,他说:我们干部中有不少同志是维吾尔的姑娘,小辫子不少,随便都可以抓一条。所以,处理这些问题要慎重考虑。我认为陈云同志提出这么一个问题来,是希望我们处理不正之风既要坚决,又要谨慎。对于犯错误的同志,应该诚心诚意帮助他,不要使他下不了台。假使我们采取这样的办法,我们是能够取得全党、全国人民拥护的。这样,就会使我们搞好党风的工作,一步一个脚印,不断地椎向前进。

四、我们的党一定能够以更高大的形象出现在十亿人民当中

我是有这么个坚定的信念的。去年7月22日,我曾经在纪委的一次会议上说,我们要争取这么一个目标:经过三年,三年不成就五年,把我们的党建设得更好,给我们这个光荣的正确的伟大的党,再增添一些分量。

自从粉碎"四人帮"以后,在当前,在今后的若干年,或者十几年,或者20年,我说有三股潮流是阻挡不住的。

第一股潮流是团结起来干四化。还能不能有人大规模地挑动打内战、揪走资派、搞穷过渡?个别的可能搞得起来,大规模地搞,我说搞不起来。潮流是团结起来干四化。你搞什么民族分裂,人民的分裂,我看通不过,人民不答应。

第二股潮流是健全民主和法制。能不能再出现林彪、江青反革命集团里的那种人物?让那种人物一下子来当副主席,中央委员会通得过吗?把江青式的人物奉承为旗手,搞逼供信,我看有是有,但不可能大规模地搞。潮流是广大干部,党员、群众都要求健全社会主义的民主,健全社会主义的法制,

第三股潮流是发扬党的好传统,要求改善党的领导,加强党的领导。小平同志代表政治局讲这个话的时候,一下子就得到了党内、党外的广泛拥护。要改善党的领导,要加强党的领导。只有在改善党的领导的前提下,才能够坚持党的领导。

这三股潮流汇成一股总潮流,就是建设社会主义的强大的中国。或者说:国家繁荣富强,人民安居乐业。人民要求这三条。这三股潮流只会愈来愈强,谁都阻挡不了。历史不是按照少数人的意志、不是按照少数人想怎么发展就怎么发展的。历史的发展不是以个人的主观愿望为转移的,这是马克思主义的开宗明义第一篇。我党几十年奋斗的过程,教育我们懂得了这一条。为什么"四人帮"能够一举粉碎?我们中央的一些同志出了力,做了贡献,但不是我们有些同志比毛主席还强、本事还大,而首先是"四人帮"丧失了群众,成了一个空架子。群众已经起来反对他们多少年了!为什么"渤海二号"的处理,得到这么广泛的拥护?一登报,人民高兴得很!要透过现象看人民的意志、看人民的愿望。代表人民的意志和人民的愿望的潮流是谁都阻挡不住的。

因此,我的意见,不要悲观,不要无所作为。也不要存什么侥幸心理;我们有些搞不正之风的人就是存侥幸心理。"大概不知道吧","大概我们这个党就是这个样子,睁一只眼闭一只眼吧。"有些人犯错误,总是把历史潮流估计错了。我们有些同志1975年以前没有犯错误,恰恰在1976年犯了错误。他们想,啊呀,1976年那些人把邓小平又打倒了,我们还有什么希望?1976年"批邓",这是最后一关,他看不出那个历史潮流。"四人帮"最后丧尽人心是那个"批邓"。"批邓"把"四人帮"的最后一点基础挖空了。我们一些同志的思想方法,往往对人民的力量、人民的意志、历史的潮流,看不清楚,总把暂时的黑暗看成长久的东西,或者把个人的作用看得过大。这当然也同我们十几、20年来,对个人在历史上的作用问题解释得不正确,违背了马克思主义的基本原理有关系。

我们共产党员应该心明眼亮。我们是先锋队、先锋战士,应该站在历史潮流的前头,决不要当历史前进的绊脚石。当然不能超越历史,超越历史也会犯错误。我们一定要发挥先锋战士的作用,或者叫发挥先驱者的作用。如果这么看问题,这么想问题,那么我们的纪律检查委员会的工作是很有作为的,是很能够为党、为我们的国家、为我们的民族作出一番事业的。

轻工部作出规定抵制歪风邪气不得私分和贱卖"试用品"

新华社报道,轻工业部最近作出规定,轻工业部所属单位和全体工作人员,不得以"试用"为名,直接或间接地为私人向地方和企业无偿索要或低价购买新产品,同时要求各地轻工业部门和企业,今后不要再向部机关和个人赠送或贱卖"试用品"。

轻工业部在最近发出的关于严格控制报送试用产品、样品和展品的通知中规定,凡是需要送轻工业部检验、鉴定、宣传的样品,都要按照规定报送,不符合规定报送的,一律不得接受;对新产品的试用要严格控制,要对试用的对象、数量、时间和目的提出明确要求,不得以"试用"为名,无偿或低价享用新产品。

通知还规定,对于参加展览、评比的产品必须严格管理。展览和评比结束后,展品或样品原则上退回原单位或交有关单位按规定处理,主办单位不得以任何借口私分或长期占用。通知还强调,不许用开会名义私分产品。今后轻工业部和部所属各单位召开的各种会议,都不得无偿分享或贱卖轻工业产品。如发现有违反本通知精神的情况,要坚决抵制并揭发检举。

北京上海等十大城市商业局长座谈会提出恢复和发挥大城市经济中心作用的四项建议

新华社报道,最近在武汉召开的十大城市商业局长座谈会,呼吁上下左右一齐为发挥大城市商业经济

中心作用而努力。

参加这次座谈会的北京、上海、天津、武汉、南京、广州、重庆、沈阳、哈尔滨、西安市的代表指出：作为政治、经济、文化中心的大城市，是社会发展的漫长历程中逐渐形成的。特别是因商品集散而自然形成的经济中心，是经济发展规律的表现，不是人们可以随意改变的。过去否定这种客观经济规律，使历史上形成的大城市商业经济中心作用遭到人为的破坏，商品的合理流向被打断，城乡之间、地区之间的自然经济联系被分割，结果影响了整个经济的发展，人民生活感到非常不便。

在这次会上，代表们对恢复和发挥大城市商业经济中心作用，提出了以下一些建议和意见：

一、尽快把传统的商品流通渠道恢复起来。在恢复传统流通渠道的同时，城市国营商业和集体商业必须变单一购销形式为多种购销形式，变一条渠道为多条渠道，使之货畅其流。

二、挖掘大城市商业潜力，增设网点、改善布局。目前，城市商业网点不足的情况相当突出，不仅影响城市人民生活，也不利商品流通。

三、打破行业、地区隶属关系的界限，组织工商、商商、农商等多种形式的联合企业，把生意做好做活。

四、新建城市贸易中心机构。现在，广州、武汉已筹建贸易中心大楼。沈阳市由省、市共同筹资兴建批发大楼。会议认为，这也是搞活经济，减少商品流通环节，发挥大城市经济中心作用的好办法。

中国财政学会1980年年会和第四次全国财政理论讨论会在昆明举行

我国连续两年出现财政赤字，是国民经济结构不合理、基本建设规模超过国力和基本建设投资方向错误造成的。因此，要有效地控制和消灭财政赤字，必须调整基本建设规模和投资结构。这是参加会议的200多名专家的一致看法。

这次会议收到的120多篇论文，围绕国民经济调整、改革、整顿、提高的方针，对我国财政理论进行了多方面的探讨。

与会专家们指出，当前必须抓好国民经济的调整工作，压缩基本建设规模，改善国民经济严重比例失调的局面。对已经动工、耗资大而又不能很快投产的项目和虽然近期可以投产、但投产后还会给财政背上包袱的项目，要坚决下马。

财政理论工作者还指出，目前基本建设资金渠道多，省、市、地、县、公社及各部门、各银行都有权批准基本建设项目，基本建设实际上处于失去控制的状态。因此，必须加强财政立法工作。他们建议，国家应抓紧制定预算法、审计法、投资法等法律。各级人民代表大会应该设立包括自然科学家、社会科学家、经济学家的预算委员会，作为各级人民代表大会的常设机构。基本建设的审批按法律程序办事，防止个人说了算的现象再发生。只有这样做，财政工作才能走上轨道。

参加这次会议的理论工作者还就综合财政、综合平衡、经济结构和分配结构的关系，调整和改革的关系，财政体制改革，税制改革，民族地区财政、财政史，外国财政金融等问题进行了讨论。

全国工艺美术行业劳动密集型产品展览会在北京北海团城开幕

这次展览会共展出抽纱、刺绣、玩具、美术陶瓷、烟花爆竹、金属工艺、漆器等十三大类的4000多件展品，大都是料轻工重、工精艺巧的日用品。

国务院副总理姚依林在人民大会堂会见新西兰储备银行总裁怀特一行

氢化松香在株洲试产成功

《人民日报》报道，原来靠高价进口的氢化松香，目前已由中国林业科学院南京林产化学工业研究所和株洲林产化工厂共同试验成功，并投入小批量生产。氢化松香是将松香经高温高压催化加氢而获得的一种改性产品，广泛用于电子、轻工行业的胶粘剂、助焊剂以及油墨、油漆、造纸、橡胶生产等方面。

第三次全国文史资料工作会议在北京召开

会议强调，文史资料工作是我国文化事业的一个组成部分，是一项惠及后世子孙的重要而光荣的事业。它在人民政协的整个工作中占有重要地位。在我国新的历史时期，这项工作有着承前启后、为国家四化建设服务的新的重要意义。

文史资料工作首先是征集工作。会议提出，征集的时限应自戊戌以来一直顺延到“文化大革命”结束。征集工作要抓住重点，在广征博采的同时，要重点征集我国近代史、现代史和革命史上影响较大的事件和人物的资料，能够反映社会本质的典型资料，具有现实意义的资料，可以教育后人的资料。要重视少数民族地区的文史资料工作，鼓励和发动少数民族、宗教界人士撰写回忆录，征集关于民族团结、民族关系以及少数民族经济、文化和宗教信仰方面的资料。

会议认为，征集、编写文史资料必须坚持求实、存真的方针。对所说不一的史料，要多说并存，不强求一致，不搞一言堂。

参加这次会议的有29个省、市、自治区政协文史资料机构的代表、各民主党派、人民团体及有关单位的列席代表，共200多人。政协全国委员会副主席、全国政协文史资料研究委员会主任王首道在会上作了报告。会议结束时，政协全国委员会副主席乌兰夫、刘澜涛、李维汉、许德珩、王首道、王昆仑、包尔汉等会见了与会代表，乌兰夫、李维汉、刘澜涛先后讲话，勉励大家奋发努力，把文史资料工作做得更好。

会议于12月6日结束。

由司法部和教育部委托西北政法学院主办的第一期全国法律专业师资进修班开学

由杨涛 李建国 李东强 张金相组成的中国四人造型跳伞队在广州举行的中 加 美3国跳伞友谊比赛中以16分的优异成绩创造新的世界纪录

中国跳水队在伦敦举行的马蒂尼国际跳水赛中获得团体冠军

11月27日

中共中央主席华国锋在人民大会堂会见罗马尼亚政府总理伊利耶·维尔德茨及其部分随行人员

华国锋说，进入80年代后，国际形势比过去更加动荡、紧张，在这种形势下，我们更要加强联系。他希望通过双方的努力，使两党、两国在政治、经济、贸易等方面的友好合作关系进一步发展。

维尔德茨转达了齐奥塞斯库对华国锋的良好祝愿，并面交了齐奥塞斯库给华国锋的一封信，表示希望不断发展和加强两党、两国之间的友谊和团结。维尔德茨说，在这次同中国领导人的会谈中，我们友好、坦率地谈到双边关系和各自国家的政治、经济形势。他说，我们要共同努力，加强和发展罗中友谊和合作。

华国锋请维尔德茨回国后，转达中国党政领导同志和他本人对齐奥塞斯库和其他罗马尼亚党政领导同志的问候。

双方还就共同关心的国际问题交换了意见。

首都5个研究团体在全国政协礼堂联合举办纪念恩格斯诞辰160周年学术报告会

这次报告会是由中国马列著作研究会、中国自然辩证法研究会、北京科学社会主义学会、北京市国际共产主义运动史学会和北京市历史学会联合举办的。出席报告会的，除了这些研究团体的负责人外，还有南斯拉夫驻中国大使奥斯托依奇，朝鲜民主主义人民共和国驻中国大使馆公使衔参赞裴溶在，罗马尼亚驻中国大使馆公使衔参赞罗明等，以及在京帮助工作的外国专家。

《人民日报》发表评论员文章《积极稳妥地推行基建投资的新办法》

国务院最近决定，从1981年起，在一切实行独立核算、有还款能力的企、事业单位中，全面推行基本建设投资由财政拨款改为建设银行贷款的制度。这是改革基本建设投资管理体制的一项重要措施。

一年前，各地区、各部门根据国务院的决定，开始了基建拨款改贷款的试点工作。目前，全国28个省、市、自治区的20多个行业，都有了一批试点单位。基本建设投资由拨款改为贷款，变无偿使用为有偿使用以后，许多贷款单位在选择建设方案、使用建设资金等方面都比过去谨慎多了。突出表现在：从争项目、争投资，变为主动撤销可建可不建的工程；从夸大建设项目的经济效益，变成实事求是地核算经济成果；从敞口向上要钱，变成注意精打细算。可以预料，全面推行这一制度，必将对缩短基本建设战线，提高投资效果，产生积极的影响。

现在的情况是，还没有改为贷款的单位，思想上还存在着种种疑虑。有些同志一怕增加麻烦，二怕还不起贷款，三怕承担法律责任，等等。这就要求有关部门继续大力宣传基本建设拨款改贷款的重要意义和作用。过去，基本建设由国家定进度、分投资，企业无偿使用。在这种情况下，企业既无安排项目的权力，又没有归还投资的责任，建设项目经济效果的好坏同企业也没有直接的联系。拨款改贷款以后，贷款单位在国家确定的基本建设范围之内，在不减少新增生产能力，不突破批准的投资总额，不推迟交工日期，不降低工程质量的前提下，有权安排施工顺序，调整建设进度，有权选择设计单位和施工企业。对于按期归还贷款，提前投产还清贷款的，可以有奖；对于拖延工期逾期还款的，则要受罚。这样，就把经济权力、经济责任和经济利益有机地结合起来，调动起各方面的积极性。当前，基本建设战线长，投资效果差，仍然是国民经济中的突出矛盾。我们应当积极推行拨款改贷款的新办法，使它在改善基本建设投资管理中发挥作用。

基本建设拨款改为贷款，这是基本建设投资管理体制从主要依靠行政组织、行政办法，改为主要依靠经济组织、经济办法和法律办法的一个重大转变。企业申请贷款，建设银行发放贷款，都要负经济责任和法律责任。这就要求银行对贷款单位进行认真的调查，通过贷款将基本建设项目安排得更加经济合理，切实可行。如果认为列入了计划，分到了投资，建设银行就应当给钱,或者建设银行不看实际情况,要钱就给,这样,一旦项目上了马,甚至到建成以后才发现生产工艺没有过关,原材料和燃料动力供应还没有落实,就必将给国民经济带来更大的损失和被动。在这方面是不乏其例的。贷款项目有没有偿还能力,是检验这项建设工程应不应该建设、有没有生命力的一个重要标志。对于那些建起来就要赔钱的企业,一定要严格审查。总之,在对基本建设项目贷款中,我们一定要尊重客观经济规律,注意发挥经济组织和经济手段的作用,十分重视研究建设项目的可行性,讲究经济效果。总之,态度要积极,步子要稳妥。从现在起,各地区、各部门和各级建设银行要开展调查研究,做好各项必要的准备,根据应该改为贷款的单位的实际情况,分期分批地进行改革。

国民经济是一个整体,经济改革必须互相配合。基建拨款改贷款涉及计划、财政、税收、物价、物资以及劳动、施工等各方面的管理体制,在这些方面没有改革之前,拨款改贷款会遇到一些实际困难。各有关方面应当采取积极的态度进行配合,为全面推行拨款改贷款制度创造条件。

全国人大常委会副委员长廖承志在北京会见美籍华人旅游界代表一行

复旦大学重建法律系

《人民日报》报道,最近,经教育部批准,复旦大学重建法律系。该校法律系法律专业计划从明年暑期开始招生,学制4年。法律系筹备组已经建立。复旦大学1954年曾设有法律系,1958年并入上海社会科学院政法研究所。

国家民委和国家出版局在北京召开全国少数民族文字图书出版工作座谈会

参加座谈的代表们认为,我国是一个统一的多民族的社会主义国家,大力加强少数民族文字图书出版工作,对贯彻党和国家的民族政策,加强各民族之间的思想文化交流,维护民族团结,提高各族人民的科学文化水平,加速边疆建设具有重要意义。

座谈会指出,新中国成立后,我国已出版了19种民族文字的3万多种书,印行5亿多册,深受少数民族读者的欢迎。座谈会就如何从各民族的实际情况出发,继承优秀的民族文化传统,注重发展民族文字创作,加强编译队伍的建设,大力扩充民族文字图书印刷生产能力和改革机构体制等,提出了许多建设性意见。会议期间,乌兰夫、杨静仁同志接见了参加会议的同志。

这次会议于12月6日结束。

宝鸡发现西周墓葬群

《人民日报》报道,陕西发现一处西周墓葬群。已经发掘其中11座墓葬,出土了大批珍贵的历史文物,计有青铜礼器70多件,兵器和车马器400多件,玉、骨、石、铜等制作的各种装饰品70多件。出土的器物造型别致,花纹精美,有些青铜礼器具有独特的形态和风格。

这处西周墓葬群,是宝鸡市考古工作者在益门公社竹园沟生产队发现的。考古工作者认为,已出土的器物中,不少具有巴蜀文化、羌族文化的明显特点,说明早在2000多年或3000年以前,巴蜀文化、羌族文化就与中原周族文化有着往来。

11月28日

国务院总理赵紫阳致电"国际声援巴勒斯坦人民日"第三次纪念会重申中国支持巴勒斯坦人民正义斗争

电报指出:"越来越多的国家已经认识到公正解决中东问题的重要性和迫切性。今年7月召开的巴勒斯坦问题紧急特别联大,重申了巴勒斯坦人民的不可剥夺的民族权利,要求以色列撤出1967年占领的阿拉伯领土,包括耶路撒冷。这一正义要求得到全世界一切主持正义、爱好和平的国家和人民的支持。"

电报说:"中国政府和人民对巴勒斯坦人民一向寄予深切的同情,一贯支持巴勒斯坦人民和阿拉伯各国人民的正义斗争。对联合国作出的一系列有关决议和一切爱好和平、主持正义的国家提出的有关倡议始终给予极大的关注。我们衷心希望,那些有助于实现中东和平的决议和倡议能够早日付诸实施,以结束巴勒斯坦人民蒙受的苦难和不幸。"

电报重申:"中国政府和人民将一如既往,支持巴勒斯坦人民恢复合法民族权利,包括返回家园、自决和建立独立国家的权利;主张巴勒斯坦解放组织应当作为有关一方参加中东问题的全面、公正解决。"

国务院副总理谷牧在北京会见以总裁乔伊斯为团长的英国鲍澳特有限公司代表团

美国58所大学物理系联合在中国招收研究生

《人民日报》报道,这次美国58所大学物理系联合在我国招收研究生,是由李政道教授首先发起的。

报名参加这次考试的有来自全国103个高等学校和科研单位的在校大学生、研究生、教师和科技人员共548人。考试在全国11个考区进行,实际应考的考生为479人。根据考试成绩和美方原计划招收的数目

(100名左右),经过招生考试委员会反复研究,最后确定了132人的推荐名单。

美国方面派出的2名教授近日将来我国与132位被推荐人面谈,最后的录取名单将由美国58所大学分别根据每个人的考试成绩并参考面谈的情况、平时的学习成绩、中国方面3名教授的推荐材料以及本人报的志愿予以确定。

中国自行车协会代表同中国台北自行车协会代表一起参加在日内瓦举行的国际自行车联盟代表大会

11月29日

国家收购的土副产品60%以上来自全国1000多个大型土副产品基地

新华社报道,这些生产基地,提供着麻、蚕茧、茶叶、毛竹、生漆、苹果、柑橘、黑木耳、红枣、黄花菜、棕片、芦苇、长毛兔、山羊等几十种产品。

这些生产基地,是在各地供销社的大力支持和各有关部门的积极配合下建设、发展起来的。有了这些基地,全国土副产品的生产面貌就发生了显著变化!

苹果产区,现在已遍布长江以北各省,去年全国苹果的产量比1965年增加了4.6倍,约相当于全国水果产量的1/3左右。

各地的柑橘生产发展很快,1979年的收购量比1965年增加了1.1倍。

黑木耳的产量比1965年增加2.16倍,收购量去年达8.3万多担,今年预计可收购9万担。

黄麻和红麻过去长期依靠进口。现在,我国有了30多个黄红麻生产基地县,年收购量1971年时只有550多万担,1979年就发展到2100多万担,近两年每年都出口300多万担。

现在全国已有120多个茶叶基地县,这些县每年提供的干茶,已占全国总收购量的70%。

由供销社和农业、外贸部门合作建立起来的山羊基地县已有157个。从这些基地县收购的山羊皮,目前占全国收购总量的60%。

扶持社队发展多种经营,一向是农村供销社的一项重要任务。各地供销社还设立了扶持社队发展土副产品的生产基金,无息贷给社队,目前这笔基金累计已达7.8亿多元。供销社系统目前还有13万名多种经营扶植人员活跃在土副产品生产基地的社队,帮助解决发展多种经营中存在的问题。

国务院副总理黄华在外交部分别会见波兰新任驻中国大使瓦迪斯瓦夫·沃伊塔西克和加纳新任驻中国大使乔治·阿瑟

国家科委和中国专利局开会讨论建立具有中国特点的专利法

新华社报道,为在我国建立专利制度,今年1月,国务院批转了国家科委《关于我国建立专利制度的请示报告》,正式成立了中华人民共和国专利局。去年4月,在国家科委领导下,组织了专门小组,进行专利法起草工作。经过一年多的修改,已提出了专利法草案。最近在北京举行专利法讨论会,就是在这个基础上召开的。

出席会议的有关法律、经济、科技、教育、贸易、工业各界的70多名代表,就建立专利制度的问题和专利法草案进行了广泛讨论。

到会的许多代表指出,在国家实行经济体制改革的过程中,既然要扩大企业的自主权,承认企业是具有相对独立性的商品生产者,就必须同时承认企业或个人对技术发明的所有权。专利制度就是按照法律的规定,确认和保护发明产权的一种科学方法。

我国要建立什么样的专利制度呢?代表们认为,我国的专利制度应该符合下列几个原则:第一,要具有中国的特点,适合我国的社会主义制度,保护本国的利益;第二,要能促进我国国民经济和科学技术的发展;第三,要有利于调动全国人民的积极性,兼顾国家、集体、个人三者的利益;第四,要有利于引进外国先进技术,促进国际贸易和国际科学技术交流。

《歌曲》举办优秀歌曲评选

《人民日报》报道,为了进一步推动和繁荣歌曲创作,活跃群众的文化生活,《歌曲》编辑部决定举办《歌曲》月刊1980年优秀作品评选。评选范围是:《歌曲》1月号至12月号上发表的创作歌曲,评选出15首。1981年2月公布评选结果之后,举行优秀作品音乐会,并编辑出版1980年优秀创作歌曲专集。

中国男女乒乓队在第二十三届斯堪的纳维亚国际乒乓球锦标赛团体赛中双双获得团体冠军

中国运动员李翠玲在日本名古屋举行的国际体操赛女子个人全能比赛中获得冠军

江西建立自然保护区保护好动植物资源

《人民日报》报道,江西省在庐山、井冈山、九连山、武夷山、官山建立5个自然保护区。在这5个保护区里,野生动植物资源都很丰富,而且不少是稀有珍贵的品种,如南方铁杉、红豆杉、白豆杉、竹柏杉、香果树、黄杉、观光木、半枫荷、云豹、苏门羚、白鹇、水鹿、鹰龟、棘胸蛙、大鲵、蝾螈、草鹗等等,有些更是属于国家重点保护的珍贵稀有动植物的种源。这5个区域分布在不同纬度,建立自然保护区,为开展对野生动植物资源、自然历史遗产和生态系统的科学研究提供了基地,对保护生态平衡、改善人的生存环境也有重要意义。

11月30日

国务院发布《关于紧缩基本建设支出的紧急通知》

全国科学学 人才学 未来学联合学术讨论会在合肥召开

与会同志指出,凡属正确的决策都是建立在科学的基础上的;而违反科学的决策,则给人民和国家造成严重的后果。为了避免重大决策的失误,防止决策的盲目性,保证决策的正确性,迫切需要实现决策的科学化。与会同志建议,着手筹建国家和省级专门为决策提供咨询服务的研究机构,对有关国计民生的重大问题进行独立的、自由的研究,为党和政府的决策提供意见和方案。

参加讨论会的同志还对其他问题提出了如下一些看法和意见:

把科学技术的发展和经济、社会的发展作为一个统一的系统,统筹规划,已经成为当代社会发展的潮流。建议国家邀请科学技术、经济、管理等各方面的专家,组成远景规划委员会,进行切实的、全面的调查研究,提出若干个方案或模式供抉择。

长期以来,我国对智力投资的比例太小。在国民经济调整中,需要加强对投资政策的综合研究,提高对教育和科研的投资比重。

我国现行的科技管理体制,问题甚多,急需进行改革,突破"部门所有"、"地区所有"、"单位所有"的束缚,积极推动研究所之间,研究所与生产企业或高等院校、使用单位之间,在互利互助基础上的联合或协作。建议由国家科委组织各方面的专家,经过调查研究和专题讨论,向国务院提出关于科技体制改革的试行方案。

充分发挥人才的作用,允许人才的合理流动。要给基层单位以用人的自主权,允许择优招聘、兼职等。要为人才交流制定政策和制度。

我国要实现现代化,必须有一支现代化的管理队伍,不断提高经营管理的水平和效率。要在调整、整顿现有管理队伍的基础上,有计划地开展多种形式的培训工作,加速造就新型的管理人才。

当代许多重大的经济和社会问题,比如能源、资源、生态、环境、人口等等,只有依靠自然科学和社会科学的综合研究,才能解决。因此要提倡自然科学研究和社会科学研究的结合。希望有关方面积极支持科学学、人才学、未来学这些新兴的、综合性的边缘学科。

这次联合学术讨论会是全国科学学研究联络组、人才学研究会筹备组和中国未来学研究会联合举办的,于11月30日至12月7日在安徽合肥市举行。这次会议得到了国家科委、中国科学院和中国科协的赞助,也得到安徽省党政领导部门的支持。

中国运动员在日本名古屋举行的国际体操赛上获得5个单项冠军

在女子组比赛中,中国的李翠玲以18.975分获得跳马冠军,同时她还和罗马尼亚的萨博、捷克斯洛伐克的泽玛诺娃均以18.85分的相同成绩并列平衡木冠军。中国的唐小莉以19.50分获得自由体操冠军,同时她还和德意志民主共和国的克雷克尔以19.50分的相同成绩并列高低杠冠军。在男子组的比赛中,中国的李小平获得鞍马冠军。

12月1日

林业部 司法部 公安部 最高人民检察院联合发出在重点林区建立与健全林业公安 检察 法院组织机构的通知

通知指出：我国森林资源少，长期以来又保护管理不善，执法不严，森林的破坏极其严重。新中国成立以来国家虽然根据林区的特点，先后在重点林区建立了公安保卫机构，派驻了人民法庭，在保卫林区安全方面做了大量工作，取得很大成绩，但现有的组织机构很不适应形势发展的需要。为了在林区实施《刑法》《刑事诉讼法》和《森林法》等国家法律法令，运用法律武器有效地打击敌人和各种犯罪分子的破坏活动，维护林区治安秩序，保卫林业生产建设，应当根据检察院、法院组织法的有关规定，建立与健全林业公检法机构。

通知规定如下：

一、在大面积国有林区的146个国营林业局、木材水运局所在地，已经建立的林业公安局原则上不作变动，并要进一步充实和加强，同时要建立林区检察院和森林法院。未建立林业公安局的要把林业公安、检察、法院三机关同时建立起来。林业公安局、林区检察院和森林法院行使县级公检法机关职权。

在林管局所在地或在国有森林集中连片地区，可根据实际需要建立与健全林业公安处、林区检察院分院和森林中级法院。

在自然保护区和上述林区重点国营林场、水运处、森铁处，可根据实际需要，建立林业公安派出所。在自然保护区，已建有林业公安局、处的仍保留。

二、在森林资源较多的19个省(区)的121个地区(州、盟、市)和433个县(旗)，不单独建立林业公检法机构。林区案件由当地公检法机关负责办理。如工作量过大，可在省(区)、地(州、盟、市)、县(旗)三级公检法机构内，根据实际需要，增设林业处(科)、庭或增配一定数量的干部，专管林区的公安、检察和司法工作。在上述地区的重点国营林场，可根据实际需要，建立林业公安派出所。

三、建立与健全林业公检法机构是加强社会主义法制工作的一个组成部分，希各省(区)公检法部门会同林业部门，对林业公检法机构的设置、所需人员的调配和培训作出统一部署，并抓紧做好筹建工作。

中朝两国科学院1981年至1982年科学合作计划在北京签字

中非两国政府科技合作第三次会议议定书在马尼拉签字

国务院副总理姬鹏飞在人民大会堂会见由卫生部部长通裕集滴威拉率领的泰国卫生代表团

国务院批准国务院学位委员会名单

主任委员：方　毅

副主任委员：周　扬　蒋南翔　武　衡　钱三强

委员(按姓氏笔画为序)：

于光远　王淦昌　石美鑫　冯　至　冯　康　冯德培
白寿彝　朱云谦　华罗庚　孙俊人　苏步青　李国豪
严济慈　沈　元　何　康　吕叔湘　张文佑　张文奇
张友渔　张　维　季羡林　周培源　周惠久　金善宝
侯祥麟　费孝通　夏　鼐　高景德　唐敖庆　钱信忠
钱学森　陶亨咸　黄辛白　黄家驷　黄　葳　梅　益

秘书长：黄辛白(兼)

全国教育工作座谈会在天津举行

这次会议由教育部召开的。会议提出，当前教育工作的中心任务是扎扎实实搞好调整，是整顿和加强各级各类学校的领导班子，充实和提高师资队伍，努力改善办学条件，切实提高教育质量。

参加座谈会的有各省、市、自治区主管教育工作的副省长、副市长、副主席，文教(科教)部、文教(教卫)办公室、高教与教育厅、局长的负责同志；中共中央、国务院和人民解放军有关部门主管教育工作的负责同志；教育部直属高等学校的负责同志近300人。

会议于12月13日结束。

《人民日报》发表社论《全党全国人民都要重视教育》

为了把我国建设成高度民主、高度文明的社会主义现代化强国，全党和全国人民都要高度重视教育。

我国的教育事业是有成绩的。但是，教育事业长期没有受到应有的重视，在“文化大革命”期间又受到严重的摧残，教育的现状很不适应四化建设的要求。很多同志至今仍然不认识教育事业对于社会主义建设的极端重要性，不肯在办教育上多用力量。我们用于教育的经费，在财政支出中所占的比例很低。就是这样很少的教育经费，有些地方还随意挪作他用。我们搞了31年，小学教育还未能普及，中等教育结构还很不合理，高等学校的在校学生，每一万人中只有12人。无论小学、中学、大学，在师资、校舍、设备、教学水平和学生的文化程度、身体状况等方面，都有严重的缺陷。学龄前的儿童教育也很落后。现在是到了解决这个问题的时候了。如果我们再不重视教育，再不加强教育，再不加快教育的发展,四化是没有希望的。

社会主义的现代化,归根到底,要靠有社会主义觉悟、有现代科学文化知识、有熟练劳动技能的人去建设。这就有赖于教育。教育的状况如何,直接关系到我们国家经济的发展,关系到我们国家政治的改革,关系到我们民族的文明程度和社会风貌。没有发达的文化,不可能大幅度提高社会生产力;没有发达的文化,不可能建立高度的社会主义民主;没有发达的文化,不可能有高度的文明程度和社会风貌。一句话,能否把我国建设成为有高度民主、高度文明的社会主义现代化强国,在很大程度上决定于我们能否把教育办好。

长期以来,一谈到搞建设,不少同志总是只想到搞工农业生产建设,搞物质方面的建设,很少或者根本就没有想到要搞文化教育建设。这是不对的。四化建设不单纯是工农业生产建设,教育、科学和其他文化建设也是四化建设的重要内容。发展工农业生产,也不单纯是搞设备、厂房等物质方面的建设,还必须培养人才。没有人才,物质建设也是搞不好的。为什么我们在工农业生产建设中干了那么多蠢事?为什么我们引进的许多先进设备发挥不了应有的作用?为什么我们的管理水平和劳动生产率那么低?原因虽然很多,但不重视教育,不重视培养、选拔和使用人才,是很重要的一个原因。

有些同志认为,我们的经济不发达,只能先搞生产,以后再搞教育。这也不对。教育的发展当然要受经济水平的制约,但是教育的发展反过来也极大地作用于生产,两者必须有一个合理的比例,必须互相适应,互相促进。而且,人才的培养需要较长的时间,对于培养人才的教育事业,应该早作安排,才能跟得上经济建设发展的需要。我们应该有这种远见,否则会后悔的。

我们的国民经济正在进行调整。调整,不仅要调整经济内部的关系,而且要调整经济与其他各项事业的关系。教育是薄弱的环节,调整的一个重要方面就是要加强教育。这一点,应该在国民经济计划中得到应有的反映。要把教育作为国民经济计划的一个重要部分,认真地讨论研究,不能把教育放在可有可无的地位。长远规划,调整计划,年度计划,都要包括教育规划和实施规划的措施。每年检查工作,也要检查教育规划执行的情况。可以这样说,提高教育在整个国民经济计划中的地位,这也是一项改革。当然,教育战线也要认真贯彻调整、改革、整顿、提高的方针,进一步搞好调整,使教育事业有计划按比例地稳步发展。

“办教育,没有钱。”有些同志总是这样说。是不是真的没有钱办教育呢?我们国家底子薄、资金不足,这是事实。但是,现在用于办教育的钱这样少,并不完全是因为国家穷,还因为我们对某些工业部门的基本建设投资过多,规模过大,战线过长,搞了许多盲目建设、重复建设,把很多钱浪费掉了。只要我们下决心不再搞那些盲目的、重复的建设,减少以至杜绝这方面的浪费,就能够多拿出些钱来办教育。现在中央的方针已定下来了,国务院准备在今后逐步增加教育经费,并且希望各省、市、自治区也这样做。最近几年,地方的财政节余主要应该用于非工业建设,用于偿还欠账,如市政设施、居民住宅、文化教育等。重视教育了,钱少也可以挤出一点来。不重视,还可能挤占、挪用教育经费。当然,解决教育经费少的问题,也需要有个过程,需要量力而行,不可能一下子就全都解决。各个地区的经济条件不同,也不能搞“一刀切”。经济条件比较好的地区,对教育的投资应该多些,经济条件比较差的地区,也应该从国家补助的经费中拿出一部分来办教育。有人担心,这样做会不会降低经济建设的速度?不搞那些盲目、重复的建设,从整个国家来说,是减少、杜绝浪费,而不是降低建设速度。至于某些部门,本来就是搞不切实际的高指标,现在实事求是地把速度降低一些,腾出财力、物力用于教育和其他事业,这不是坏事,而是好事,它会有利于整个四化建设事业有计划按比例地协调发展。

各级政府要重视教育,广大人民群众也要重视教育。在目前情况下,教育,包括普及小学教育,还不可能完全由国家包下来,需要采取几条腿走路的办法,在大力发展国家办学的同时,大力提倡和扶助公社大队、厂矿企业、各行各业办学;也要允许和鼓励私人办学,作为国家和集体办学的补充。教育是人民的事业,人民的事业人民办。各个方面的积极性都调动起来了,教育事业才会有大的改观。

发展教育,就要尊重教师崇高、艰苦的劳动,提高教师在社会上的地位,包括提高教师的政治地位和生活待遇。现在教师的工资待遇低,尤其是小学和中学教师的工资低,这也从一个方面反映了我们不重视教育。我们要努力改变这种状况,逐步提高教师的工资待遇。小学和中学的许多民办教师,生活和工作条件更加艰苦,希望各地党政领导同志更好地关心他们。现在民办教师的比例太大,要采取措施,逐步增加公办教师,减少民办教师的比例。这样,才有利于建立一支合格的稳定的教师队伍。

全党、全国人民都要重视教育,使我国教育事业积极地稳步地向前发展,更好地适应四化建设的需要。让我们坚持不懈地为实现这个重大任务而努力奋斗吧!

在云南禄丰县石灰坝发掘出腊玛古猿头骨化石

这一发现证明人类起源时间是在1400万年前，人类起源地点在亚洲，目前一般认为是在非洲。

12月2日

《人民日报》发表特约评论员文章《人民的政府应当是既廉洁又节约的政府》

不久前闭幕的五届人大三次会议、五届政协三次会议揭露了许多触目惊心的浪费现象。人民群众辛勤劳动创造的财富，很多白白往山洞里、沙滩上扔掉，往地里埋掉，在生产中被糟蹋，在流通中被挤压。严重的浪费，使我国社会主义建设的成果受到损伤，使社会主义制度的优越性蒙上了一层厚厚的灰尘。可是，现在许多同志对本部门、本单位、本地区严重浪费的情况还不清楚，有些同志甚至熟视无睹，麻木不仁。因此，从思想上充分认识浪费的危害，从决策、计划、管理等方面堵死浪费的口子，用法制、纪律、监督等手段同浪费作斗争，是摆在我们面前一项重要的任务。

浪费岂能有理

“贪污有罪，浪费无妨”，一些人往往这样容忍浪费。人们为浪费辩护，有各种各样的理由，例如，“我的动机是好的”，“我没有经验”，“我没有把钱塞进自己的腰包”，等等。所有这些理由，都是站不住脚的。

我国是一个社会主义大国，又是一个经济落后的穷国。1979年，按人口平均计算的国民收入只折合223美元，在世界上排在100位以后。在目前条件下糟蹋1亿元人民币，等于白白夺走29万人一年的国民收入，或者等于把新建的2万户职工的住宅付之一炬。马克思说：“节约就等于发展生产力。”(《政治经济学批判大纲》第3分册第364页)不言而喻，浪费就是对生产力的破坏。多年来，单从数字上看，我国经济发展速度之快，在全世界是少有的，但是，增产不增收或很少增收。这里除了统计数字可能有虚夸和人口增长过快等因素外，重要原因之一，就是大量的财富被浪费掉了。浪费是挡在我们四化征途上的“拦路虎”，不除掉这只“拦路虎”，四化就很难实现。所谓“浪费无妨”，说穿了，只是糟蹋的钱不是他自己的。

在现实生活中，由于贪污只能偷偷摸摸地进行，而浪费则往往可以找到各种冠冕堂皇的名义而公开地、大规模地进行，因此，它对社会造成的不良后果，远比贪污大得多。我们是辩证唯物主义的动机和效果的统一论者。你如果真想加快我国的建设，就要珍惜每一元钱的建设资金，办事情就一定要顾及可能发生的社会后果，并采取一切可能的措施，避免发生不良的后果。否则，就是过失。我国的刑法规定有过失犯罪。所谓“过失犯罪”，就是“应当预见自己的行为可能发生危害社会的结果，因为疏忽大意而没有预见，或者已经有预见而轻信能够避免，以致发生这种结果的”。我们今天发生的严重浪费，有许多是严重的官僚主义、主观主义、瞎指挥、本位主义、对国家财产严重不负责任的失职行为等错误造成的。有些可以说是完全不顾及社会后果的。例如，搞生产，明知市场不需要，也盲目增产；搞建设，明知条件不具备或现有生产能力有多余，也盲目上马建新的；引进设备，明知近期用不上，也大批买来；对国家财产不精心保管，任意堆放在露天荒野之中，任凭风吹雨打，霉烂生锈。有的在严重的浪费出现之后，也不积极补救，而是采取“事已如此，只能如此”的态度。类似这样使国家财产遭到重大损失的行为，很难说是好心。即使真是好心，也构成了过失犯罪。

没有经验是造成浪费的一个原因。应当承认，我们搞现代化是缺乏经验的。但是，整个说来，把大量的浪费归咎于没有经验，是说不通的。现在，我们的经济效果比“一五”期间低得多，浪费比“一五”期间大得多。能说今天搞建设的经验反而不如“一五”时期吗？国务院三令五申：搞基本建设要按照基本建设程序办事，不准边勘察、边设计、边施工。这是我们多年来搞建设一条重要的经验。奇怪的是，越是有经验的单位，越是违背这个程序，由于中央部门建设的一些特大的工程，也往往正是特大的“三边工程”。这能说是没有经验吗？我们党传统的工作方法就是走群众路线。你没有经验，你就应该请教专家和群众，可是，你却专横武断，要求在指定的地方找某种矿藏，只能说有，不能说无，在指定的地方建厂，只能说行，不能说不行。谁要讲点不同意见，就给扣上“绊脚石”、“出难题”之类的大帽子打回去。这能说是没有经验吗？新中国成立31年了，老用“没有经验”来解释严重的浪费，人民是通不过的。

有浪费行为的人，确实不一定把钱装进自己的腰包，但是，有些浪费却跟把钱装进腰包一样可耻。不是有人为了自己直上青云，不惜耗资几千万元，投工近500万个，搞了一个抢他人之水的“西水东调”工程吗？现在，从中央到地方，这类不惜慷国家之慨的事例难道还少吗？这些行为不叫贪污，但人民群众对它跟对贪污一样是厌恶的。

我们注意反对贪污，这是对的。但是，光反对贪污，还不能反映无产阶级政府特有的本质，因为某些资产阶级政府，甚至封建政府，也要在一定程度上、一定范围内同贪污作斗争。马克思总结巴黎公社经验时，赞扬公社“实现了所有资产阶级革命都提出的廉价政府的口号”。(《马克思恩格斯全集》第17卷第361页)

所谓“廉价政府”，就是政府的开支最节省的意思。针对封建政府的穷奢极欲，资产阶级提出廉价政府的口号，颇得人心于一时。但是，资产阶级不可能彻底实现这个口号。正像列宁指出的，能够满足人民渴望“廉价政府”这一要求的，“只有无产阶级”。(《列宁全集》第25卷第408页)根绝官僚制度，严格实行节约，是列宁关于无产阶级政权建设学说中一个重要的思想。从十月革命准备时期开始，他反复强调这个思想，直到1923年写的著名论文《宁肯少些，但要好些》，还提出：“我们应当使我们的国家机关尽量节约。我们应当把沙皇俄国及其资本主义官僚机关遗留在我们国家机关中的很多浪费现象的痕迹全部铲除干净。”(《列宁全集》第三十三卷，第454页)社会财富是工人、农民、知识分子和其他劳动者共同创造的。珍惜人民的劳动成果，是人民政府的本色，也是我们每一个国家公职人员的责任。人民政府应当既是廉洁的政府，又是节约的政府。

从多方面堵住浪费的口子

我们的浪费是多方面的，有政治上经济上“瞎折腾”造成的浪费，有计划不周、决策错误造成的浪费，有管理不善或管理制度不合理造成的浪费，有科学技术落后、生产工艺不合理造成的浪费，有大手大脚、任意挥霍国家财产造成的浪费，等等。厉行节约，反对浪费，要从各方面入手。在政治上安定团结、不发生“折腾”的情况下，最重要的就是要抓好计划和决策。

社会主义经济是计划经济，一定时期的计划，反映了这个时期的国民经济发展的方向和任务。根据正确的决策编制的合理的国民经济计划，就可以保证整个经济过程全面、长期的节约，包括物质财富的节约、人力和时间的节约。斯大林总结苏联建设经验时，得出结论：计划中每一个严重的失算都会打击整个国民经济。周恩来同志总结我国第一个五年计划建设经验时说过：“计划的好坏，对于节约或浪费起着重大作用。计划所造成的节约是最大的节约，计划造成的浪费是最大的浪费。”这些宝贵的历史经验都说明：正确的决策，周密的计划，对于厉行节约、防止浪费是极端重要的。以基本建设为例，正像一些同志说的那样，如果说施工的浪费可以用百万元的单位来计算，那么，设计上的浪费则要以千万元为单位来计算，而决策和计划上的浪费，就要以亿元为单位来计算了。

长期以来，我们的经济决策，带有明显的“左”倾蛮干的特征，因而也就经常伴随着大上大下、动荡不定的反复。我们强调以纲为纲，以工业为中心，强调大干快上、高积累、高指标，强调“三边”(边勘察、边设计、边施工)、“四当年”(当年定项目、当年设计、当年施工、当年投产)，不适当地强调各省、自治区建立独立完整的经济体系，搞“大而全”、“小而全”，万事不求人。近年来，在引进技术和设备方面，又不从中国的实际出发，不顾国力和国内的配套条件和消化能力，一哄而上，盲目追求先进又先进。这些决策上的错误上的错误已经给社会生产力造成严重的破坏。一些重大建设项目，拆了建，建了拆，或者边建边拆边迁，来回折腾。有的上马之后，骑虎难下。有的建成之日，才发现缺胳膊短腿。这一系列的问题，吃亏就吃在当初不搞调查研究，独断专行，匆忙作出决策。我们开采石油，往往在储量还没有搞清楚的情况下，就拉上大量的钻机打井，仅凭一两口出油井的产量，就定出油田储量和含油面积，结果往往建成的生产能力很大，实际上没有那么多油可采，造成巨大的浪费。我们的能源政策，忽而以烧煤为主，忽而又以烧油为主，忽而北煤南运，忽而又南方煤炭自给。决策上每变化一次，都要带来一系列基本建设和设备改装的大下和大上，造成大量的浪费。决策不稳，还常常表现在“书记换，决策变”。正像农民批评的，张书记来了叫挖，王书记来了叫填，李书记来了又叫修台田。来回折腾，劳民伤财。这些教训是深刻的，我们必须认真吸取。

搞建设，必须以最小的投资，取得最大的经济效果。这是经济学的真谛。资产阶级投资办企业，不见兔子不撒鹰。我们对待经济决策问题，也必须慎之又慎，从我国极为有限的国力出发，摸着石头过河，量力而行，力争把有限的资金用到最急需的方面，以最少的投资取得最大的效果。决不能以美丽的幻想作依据，心血来潮，匆忙拍板定案，说干就干，以致钱花了，得不到应有的经济效果。外国人把设备、技术或专利卖给我们，都是从他自己的利益出发，每笔买卖我们做不做，一定要全面权衡对我们的利弊得失。我们的算盘珠子一定要由我们自己来拨。

社会主义经济是一个错综复杂的有机体。每个大企业、大工程的经济效果，每项经济活动的利弊得失，都是由许多复杂的因素决定的，不可能一眼看清。瞎子摸象，闭塞眼睛捉麻雀，是没有不把事情弄糟的。为了尽可能避免决策失误，有关重大经济事务，应当严格按照民主集中制原则作出决定，不能由个人或几个人说了算。要采用“优选法”，从几种可行的方案中选择经济效果最大的。所有的基本建设项目，不论新建、扩建、改建，都要按照规定的基本建设程序办事。凡筹建大中型项目，事先要由建设单位组织有关技术专家、经济专家，进行“可行性研究”，选择最佳方案。在五届人大三次会议上，许多代表联名提出提案，要求制定重大基本建设项目批准程序法案，规定投资在1亿元以上重大项目要经过人大常委会批准，10亿元以上的特大建设项目或关系国计民生的重大项目，要经人民代表大会批准，才能列入计划。这对防止浪费、保证重大经济决策不致失误，是非常必要的。

有了正确的计划和决策，还要加强管理，从各方面增产节约。目前，我们许多物资和设备，一边短缺，一边挤压，部分企业长期亏损，人力大量窝工浪费，建设周期长，资金周转慢，经济效果低。这一切反映了管理工作有大量的漏洞。加强和改善管理，是厉行节约、反对浪费的重要途径。我国管理制度落后，一定要立志改革，积极地有步骤地改革经济管理体制、企业领导制度和各项经营管理制度。一定要真正弄清楚社会主义生产的目的，努力克服生产、建设和一切经济工作中的盲目性。要依靠人民，切实扫除官工、官商作风。要建立包括领导干部在内的岗位责任制，克服互相推诿和无人负责现象。近两年有大批的建设项目停建缓建，有大量的进口设备不能马上安装投入使用，一定要下大力气保护好这些引进设备和下马工程的设备器材，防止散失或损坏。我们提倡把企业经营好坏同职工物质利益结合起来，决不能放松政治思想工作，一定要对全体工作人员进行勤俭建国的教育。集腋可以成裘，聚沙可以成塔。我们要举国上下树立“节约光荣，浪费可耻”的风气，大家一齐动手，从各方面堵死浪费的口子。

用多种手段对付浪费

为了减少浪费，我们要用法律、纪律和监督等多种手段来对付浪费。

我国民主制度和法制不健全，在经济活动方面，缺乏必要的法律和经济手段的约束。这是造成社会财富大量浪费的另一个重要原因。有些国家，政府机构花几百万美元的公款，要编造详细预算，经主管部门严格审查，有的还要经过议会批准。当事人对公款的使用承担法律责任和经济责任。有的国家，部长出国住的旅馆房间超过规定标准，要自己补付超过的部分。我国长期以来，“计划计划，顶不上领导人一句话”，“预算预算，领导人怎么说就怎么算”。人民代表大会通过的国民经济计划和国家预算，领导人几句话就可以把它推翻。搞基本建设，虽然有明文的建设程序，但许多人不遵守，通常的办法是：“领导批条子，财政部门拨款子，银行出纳点票子。”你想搞个什么建设项目，只要几页纸，给领导人打个报告，领导人画个圈就行。主观主义、官僚主义、瞎指挥，把事情办糟了，钱糟蹋了，可以不负任何经济责任和法律责任。为什么计划会议常常开成争投资会议？为什么一些部门、一些企业常常进行花钱竞赛？原因就是在我国花钱可以不负责任。这是我国经济法制不健全最突出的表现。

经济法规是经济生活的规范，是调节经济关系的行为准则。我国是拥有将近10亿人口的大国。仅国营工业交通企业就有35万个，从南到北，从东到西，每时每刻、每个角落都在进行着频繁复杂的经济活动。我们有必要加强经济法制建设，从法律上明确规定：在经济活动中什么可以搞，什么不可以搞。并成立经济法庭，专门审理经济案件。对于失职渎职、违章指挥等造成重大损失的，一定要追究经济责任和法律责任。

为了减少浪费，不仅需要法律和纪律，而且需要监督。监督，在我国，有党代会、人代会、政协、党和国家专门机构和本单位党组织的党政监督；有企业职工代表大会和包括工会、共青团、妇联等群众组织在内的广泛的群众监督；还有财政、银行、税收、统计、物价等环节的经济监督。铁面无私的监督，是防止浪费的重要手段。我们的国家是共产党领导的人民当家做主的国家。把我们的经济活动置于党和国家权力机构和广大群众的切实监督之下，这是由国家的本质所决定的。财政、信贷、税收等机构天天同千千万万户的工商企业和基本建设单位发生资金往来，对经济活动反应灵敏，又有很强的制约作用。充分发挥这些机构的监督作用，不仅能够及时制止浪费，而且能够调节国民经济各部门之间某些环节的失调，弥补计划的缺陷。从中央到地方，都要建立严格的经济监督制度，充分发挥广大财务会计人员、出纳人员、统计员、保管员、管理员、采购员按党的路线、政策和《准则》办事的积极性，形成强大的经济监督网。

不久前，国务院严肃处理了“渤海2号”钻井船翻沉事件，为严肃经济法制带了个好头。在克服形式主义和繁文缛节、节约经费开支方面，也作出了样子。我们相信，只要我们认真清除经济工作中极左路线的影响，充分认识浪费的危害，努力克服主观主义、官僚主义、瞎指挥，抓好法制建设和监督检查工作，发扬民主，革除旧习，我们的政府一定能够实现既廉洁而又节约的要求，领导全国人民顺利进行现代化建设。

《人民日报》发表社论《全面实行和坚决贯彻调整方针》

党的十一届三中全会后，为了进一步克服“文化大革命”十年浩劫所造成的严重经济困难，为了纠正粉碎“四人帮”以后头两年由于对过去比例严重失调的情况认识很不够而造成的失误，党中央决定采取调整、改革、整顿、提高的八字方针。这是我国经济工作遵循实事求是的原则、走向健康发展的转折点。

一年多来，我国国民经济在调整中有所发展。这主要表现在以下五个方面：第一，农村政策的调整，进一步调动了广大社员和干部的积极性，农业内部结构渐趋合理，农村经济活动渐趋活跃。第二，工、商部门开始了经济管理体制的改革，在扩大企业自主权和实行计划指导下的市场调节方面迈出了可喜的一步，开始改变了长期以来权力过分集中于行政领导机关的状况,增强了经济活力。第三,农、轻、重关系的调整已经取得初步效果,过去那种积累率过高和重工业偏重、轻工业偏轻的状况有所扭转,现在轻工业的增长速度已大大高于重工业了,积累的比重开始降低。第四,生产的稳步增长和流通环节的初步改善,带来了城乡市场的繁荣,有些地方今年的商品供应情况是新中国成立以来最好的。第五,主要农副产品收购价格的提高和多数职工工资的增加,以及奖励制度的实行,使城乡绝大多数人民的生活都有所改善。这些事实,证明我们党确定的调整、改革、整顿、提高的方针是完全正确的。

然而,党的八字方针毕竟才付诸实施,在实施过程中还有不少的问题和困难。一方面,遇到了"左"倾思潮的或多或少、或明或暗的抵制。有少数同志带着"左"的偏见,把调整看作是消极的,是吹冷风、泼冷水;有的甚至把因为调整不力或工作失误而使原有的比例失调在某些方面更为加剧的状况,说成是调整引起的。更多的同志,包括有些经济部门的领导同志,对十年破坏所造成的困难,对打倒"四人帮"以后头两年经济工作中的失误,缺乏足够的估计,因而对调整的必要性和重要性认识不足,行动上犹豫徘徊。特别在基本建设中,该退的没有退,或者退得不够;不该上的,又挤着上,这就增加了调整的困难。另一方面,当前经济的发展中,又出现了一些事先未曾料到的新问题。今年我国南涝北旱,农业是个重灾年,粮食产量要比上年减少。能源工业内部采储失调、采掘失调的状况比原来估计的要严重,明年石油、煤炭在提高产量和增加分配方面都有困难。同时,国家财政收支今年继续有不小的赤字。对这些问题和困难,各级党政领导,各部门、各企业的同志,都应有足够的认识。对有些困难,不仅要看到当前,还要估计到今后两三年。总之一定要实事求是,把有利条件和不利条件分析清楚,郑重注意,并且根据实际情况确定克服困难的办法。应该相信,在当前党的政治路线、思想路线、组织路线都已走上正确轨道的情况下,我们面前的任何困难都是可以克服的。出现问题并不可怕,只要我们保持清醒的头脑,善于研究新情况,解决新问题,我国国民经济就能在比例关系不断趋于协调的过程中,继续稳步前进。

调整、改革、整顿、提高,调整是关键,是中心。现在看来,调整的任务不是三几年能够完成,而是要更多的时间。切切实实把基础工作做好,站稳脚跟,充足元气,我们今后才能够健步前进。这样,表面上看来发展速度会低一点,但实际的经济效果会好得多。60年代初我们实行调整方针,就是这么证明的。因此,我们要紧紧地抓住调整这个关键,统筹全局,坚定不移,该退的一定要退,而且要退够。要坚决克服不量力而行的高指标的错误作法。今后若干年,要把注意力集中在协调各种比例关系方面,特别是调整积累和消费的比例关系方面,并使人民生活逐步有所改善,使城乡人民确实能够得到看得见的物质利益,确实能够体会社会主义制度的优越性,从而同心同德,为实现四个现代化的伟大目标而奋斗。也只有这样做了,并且作出显著成绩,我们才能从根本上克服十年浩劫造成的经济困难,解决前两年由于工作方针的某些失误所造成的新问题,使我们的工作由一定程度的被动转为完全主动。

经济管理体制的改革,要继续进行,抓实抓好,利用各种优势,把基层经济搞活,取得更大的成效。但改革要服从于调整,要有利于调整。即使是那些从长远来看是合理的改革,而在当前同调整任务相矛盾的,也要放慢或暂缓进行。必须明确,我们当前是在调整中改革,调整是第一位的任务,是全局。要在全局稳定中把经济搞活,这样就可以避免局部的盲目性。

经济调整的中心环节,就是要解决基本建设战线过长的问题。今年的基本建设投资规模虽然作了压缩,但仍然大大超过目前国力的可能。过去有的同志曾经认为,国家预算内的投资已经削减了,基建规模再也不能压缩了,否则就要"伤筋动骨",以后生产就不会有速度。这种说法,有的是言过其实,想争投资,有的是目光短浅,不顾大局。现在看来,对于那些保证简单再生产和为今后扩大再生产创造先行条件的建设,如能源、交通、矿山等,要瞻前顾后地考虑。但是,对于那些消耗能源和原材料过多、当前又不急需的加工工业,减下来是不会伤筋动骨的。过去确定的项目,包括引进的项目,有一些是建立在对经济形势缺乏正确判断的基础上,没有进行可行性的比较、研究,没有进行经济效果的分析,更没有经过综合平衡,就轻率上马的。随着时间的推移,许多不明的情况逐渐明朗了,固有的各种矛盾暴露出来了,这就有必要重新研究。一个大项目该上不该上,不能只根据需要,必须考虑可能;不能只考虑一个部门、一个地区的平衡,必须考虑国民经济全局的平衡。从国外引进的大项目,还要认真研究外汇的平衡、国内的配套以及产品在国际市场上有无竞争能力等等。从现有的国力来说,对那些投资多、建设周期长、条件不完全具备的项目,要采取"唯实"的态度,打破各种框框,区别各种情况,坚决加以调整,甩掉包袱。如果不是这样,还在照顾这、照顾那,硬着头皮继续勉强去干目前不应该干和办不到的事,那么,就是自己给自己制造困难,弄不好,又会造成经济上的折腾,损失就大了。我们再也不能干那种打肿脸充胖子的蠢事了。没有经验,干一次两次,人民可以原谅。如果事实再三再四地证明这种事要不得,还要去蛮干,即使动机并不坏，也是得不到人民的原谅的。在目前情况下，为了坚决压缩基本建设战线，所有国家预算内的基建投资和大、中型项目，必须由国家统一安排，不允许各部门各地方自行其是。

在基本建设投资总额中，地方和企业的自筹资金部分占了相当的比重。这是调整基本建设的一个重要方面。随着经济管理体制的改革，经济进一步搞活，地方和企业掌握的财力越来越多，自行安排的建设项目也逐渐增多。这从发展经济总的方向来说，无疑是一件好事情，但在调整时期，必须加强计划性，克服盲目性。地方和企业自筹资金的使用方向和建设规模，一定要严加控制，建设什么，规模多大，要报经国家综合部门审查批准。

长期以来，在基本建设的安排上存在着盲目建设的问题。资源条件没有搞清楚，就急于建工厂。有些工厂由于原材料、能源供应不足，不能充分发挥能力，又急于建设同类的工厂。已有的大厂吃不饱，处于开三停四、半开半停的状况，而各地又在抢着建设相同类型的中、小厂。有些项目，明知技术不过关，设备落后，建成之日就是亏损之时，也硬着头皮上。如此等等，造成了极大的浪费，给国民经济和人民生活带来很大的困难。我们实行调整，就是要解决这样的问题，解脱自己给自己制造的麻烦。应该指出，盲目建设、以小挤大、以落后挤先进、以新厂挤老厂等错误做法，目前不但没有停止，甚至还在发展，这种状况要引起重视，加以制止。例如，有些地区生产棉花、蚕茧、烟叶，传统是供应老工业基地，可是现在一讲发挥地区优势，就自己在那里新建棉纺厂、丝绸厂、卷烟厂，继续以小挤大，造成大工厂吃不饱，而自己产品又质次成本高，吃不好。我们决不能一面在进行调整，一面又在制造新的调整课题。与其今后调整，不如当机立断，现在调整。对那些从地区、部门看来是短线，但在全国是长线的产品，决不要再去建新厂和扩大生产能力。同现有企业争原料、燃料、动力的项目，决不要再建设。就是国家需要的产品，但在一个地区、一个部门可以通过组织专业化协作扩大生产能力的，就不要另建新厂。凡是不符合上述原则的重复建设项目，不论是中央投资还是地方投资的，都应当排除各种阻力，毫无例外地停下来。就是已经建成了的项目，也要根据各方面的条件，实行“关、停、并、转”。不这样，整个基本建设规模就压不下来，缩短基本建设战线就只能是一句空话。

解决盲目建设的问题，必须正确理解发展优势的政策。现在各地正在充分考虑和利用本地的优势，来加快本地区经济的发展，这是符合政策要求的。但应该懂得，发展优势、改变工业布局、发展农工商联合体，是一个长期的任务，目前必须在服从调整国民经济比例关系这个全局的前提下，有计划有步骤地实施。发展优势，并不是要去搞自给自足的经济，搞“小而全”，而是必须在统一规划下，搞全国一盘棋，发展专业化协作。生产原料的地区，一定要从全局出发，不能中断原有的经济联系，而必须首先保证原有工业基地的需要。就是在保证上调任务的情况下，也没有必要在棉花产区县县都搞棉纺厂，在烟叶产区县县都搞卷烟厂。至于社队办烟厂、棉纺厂，应该坚决制止。已经办了的，要坚决停下来。正确的做法应该是，在原料产地发展同老工业基地的联合，先搞原材料的初级加工，为老工业基地创造增加产品数量、提高产品质量的条件。这样做了，老工业基地应分一部分利润给原料产地和初级加工单位，做到互助互利。

当然，企业和地方有了钱，总是要花的，不用在这儿，就用在那里，光堵是不行的。但要积极引导，把钱用于解决比例失调上，而决不能扩大比例失调。解决这个问题的有效办法，除了国家控制总的投资规模以外，就是要划分中央、地方、企业三者投资的方向。那些投资大、建设周期长的项目，如重大节能措施，大型的煤矿、油田和电站，铁路干线和重要港口，流域治理的大型工程等，由中央投资为主，联合地方建设。农业、轻纺工业、建材工业、城市公用设施、环境保护、商业服务行业、文教卫生等方面的建设，由地方投资为主或由若干地方与中央部门联合投资兴建。部门、企业事业单位的建设资金，主要用于建设职工宿舍，解决安全生产、环境保护、节约能源、增加品种、提高质量等方面。最近几年，各省、市、区特别要多集中一些资金，有计划地解决职工住房困难的问题。

调整国民经济，缩短基本建设战线，一个重要的原则，就是要进一步压缩长线产品，确保短线产品，特别是要使轻工业有一个较大的发展，使能源工业、建筑材料工业和交通运输业有一个稳定的发展。什么“钢铁一马当先”等等老调子，不要再唱了，而要老老实实地根据各方面的需要，增加品种，提高质量，降低消耗，做有益于国民经济调整的事情。国家计划机关要对钢铁工业和其他重工业部门提出品种、规格、质量、能耗等具体要求，并责成其坚决完成。发展轻工业，也不要光在扩大生产能力上打主意，而要根据市场情况，在提高产品质量、增加花色品种、生产高档产品上多下功夫，更好地满足人民群众的需要。这对增加财政收入、保证市场稳定、保持整个经济的持续发展，有重大的意义。

在坚决压缩基本建设的同时，还必须紧缩各方面的开支，可花可不花的钱，坚决不花；必须花的钱，也要精打细算，厉行节约，杜绝浪费，压到最低限度。只有这样，才能克服财政困难，有助于调整。

调整国民经济，除了采取各种有效的经济手段以外，还必须进行必要的行政干预。要通过国家计划和颁布政令、法令，切实解决国民经济按比例发展的问题。在社会化大生产条件下，完全排除集中统一的行政领导，也就没有计划经济。没有计划经济，也就没有社会主义。那种认为企业有了自主权，就不需要任何计划指导，就不能进行任何行政干预，否则就会使已经活动起来的经济重新搞死的看法，是完全错误的。地方、部门、企业的积极性要同社会生产的计划性相统一，局部要服从全局，这是社会主义经济发展必须遵循的一条原则。过去片面强调集中统一计划，把经济搞得死死的，当然不对。但如果反过来，认为不要统一计划了，可以各自为战，想干什么就干什么，能干什么就干什么，结果必然使这种积极性变成盲目性。

调整国民经济是一件很复杂很细致的工作。前一段时间，各地方各部门的经济领导机关，忙于考虑国民经济发展的长远规划，忙于研究经济管理体制的改革，这当然很有必要，也是十分重要的，但从现在起，要把主要精力转到调整方面。党中央和国务院决定了的方针、政策和重大措施，就要坚决去办，付诸实施，不能停留在口头上和纸面上，更不许阳奉阴违，自搞一套。各级党委和政府，各个财经部门，从现在起，都要以调整为中心，认真地抓，一抓到底，务必使我们的调整工作取得新的进展，使我国国民经济在调整中稳步前进！

中国煤矿专用设备服务总公司在北京成立

全国人大常委会副委员长乌兰夫在北京接受土耳其新任驻华大使内杰代特·泰泽尔递交的国书

国务院副总理方毅在北京会见并宴请比利时国务大臣雷蒙·谢文一行

中国常驻联合国代表凌青在联大审议巴勒斯坦问题时发言谴责以色列侵略扩张和超级大国的争夺

凌青指出，巴勒斯坦问题所以迟迟不得解决，主要是以色列当局无视国际公认的准则，无视一亿多阿拉伯人民和巴勒斯坦人民的共同的强烈愿望，无视联合国和其他国际会议的决议，继续顽固地坚持其侵略立场。

凌青说，以色列当局敢于明目张胆地向国际社会挑战，也是同超级大国在中东地区的扩张和争夺分不开的。一个超级大国不肯顺应变化了的形势，一直公开地从政治、外交、军事、经济等多方面给它以支持，助长了以色列的嚣张气焰。另一个超级大国则竭力利用这种局面，打着“支持”阿拉伯和巴勒斯坦人民斗争的旗号，暗中挑拨与分裂阿拉伯国家的团结，削弱他们的战斗力，使中东地区继续处于不战不和的状态，以利它浑水摸鱼，攫取战略要地和石油资源。

凌青认为，两个超级大国在中东地区的争夺，构成了解决中东问题的重大障碍。所以，巴勒斯坦人民和阿拉伯人民恢复民族权力、收复失地的斗争和反对超级大国在中东的扩张和争夺是紧密相连的。

凌青强调，巴勒斯坦问题是中东问题的核心，巴勒斯坦解放组织是巴勒斯坦人民的唯一合法代表。因此，作为解决中东问题的前提是以色列必须撤出1967年以来占领的包括耶路撒冷在内的阿拉伯领土；必须承认巴勒斯坦人民的民族自决权力，包括建立独立的巴勒斯坦国；巴勒斯坦解放组织完全有权参加中东问题的全面、公正解决。

中国自然博物馆协会在北京成立

上海市第一所民办业余大学——上海通用文科学院开学

这所学院是由上海外国语学院研究生方能达，上海市模范班主任、鞍山中学教师韩建平、江浦中学教师沈志屏等一批热心于教育事业的同志，自筹经费创办的。复旦大学、华东师范大学、上海交通大学和上海社会科学院的近10名教师为这所民办文科学院义务承担教学任务。

第一届亚洲象棋赛在澳门揭幕

12月3日

中日两国政府成员级首次会议在北京举行

会议期间，双方就国际形势和两国对外政策、两国的经济和财政政策以及两国合作关系交换了意见，发表了联合新闻公报，签字互换了中日两国政府关于日本政府给中国政府1980年度560亿日元贷款的换文。会议于12月5日结束。

中国和比利时科技合作会谈纪要在北京签字

广西发现6种有抗癌作用的植物

新华社报道：发现的这6种植物中有4种是其他地区没有发现过的新种。

中共中央 国务院发出《关于普及小学教育若干问题的决定》

各省、市、自治区党委和人民政府，各大军区、省军区、野战军党委，中央各部委，国家机关各部委党组，军委各总部、各军兵种党委，各人民团体党组：

新中国成立以后，我国小学教育有很大发展，但是由于工作上的种种失误，特别是"文化大革命"的破坏，我国目前五年制小学教育尚未普及，新文盲继续大量产生。这种情况，同经济发展对人才培养的要求很不适应，同建设现代化的、高度民主、高度文明的社会主义强国的要求很不适应。为了切实改变这种状况，以利于新时期总任务的实现，特对普及小学教育，作如下决定：

(一)教育事业在四化建设中具有重要作用。我们的社会主义现代化建设，不仅要建设高度的物质文明，还要建设高度的精神文明。没有文化教育事业的充分发展，就不可能有完全的社会主义。对于这个问题，过去党内从上到下都受到"左"倾思想的影响和小生产观念的束缚，存在着许多模糊、片面以至错误的认识。教育长期被忽视，教育与经济的比例不相适应，使我国长期处于文化落后、人才缺乏的状态。随着四个现代化任务的确定和党的十一届三中全会以来正确的政治路线、思想路线和组织路线的制定，使我们有必要和有可能采取切实的步骤，认真解决这个问题。

目前全国正在贯彻执行调整、改革、整顿、提高的八字方针。在这个过程中，不能只限于调整经济比例关系，还必须调整教育与经济之间的比例关系。要把加强教育事业列为调整的重要内容。在国民经济长远规划、调整计划、年度计划中，都要提出教育规划和实现规划的措施。必须逐步地提高教育投资的比重，改变教育经费过少的状况。当前经济战线调整的主要内容是压缩基本建设战线。近几年内，各省、市、自治区的地方财力，不应再用于盲目扩大基本建设，主要应当用于非工业建设，如市政设施、居民住宅、文化教育等，一定要拿出一部分钱来办教育。国家补助给经济条件较差的省份的经费，也应拿出一部分来办小学教育。

(二)在80年代，全国应基本实现普及小学教育的历史任务，有条件的地区还可以进而普及初中教育。小学教育是整个教育的基础，要提高教育质量，提高全民族的科学文化水平，必须从小学抓起。

普及小学教育应当根据各地区经济、文化基础和其他条件的不同，由各省、市、自治区进行分区规划，提出不同要求，分期分批予以实现。决不要搞"一刀切"。普及教育，涉及学制问题。中小学学制，准备逐步改为十二年制。今后一段时期，小学学制可以五年制与六年制并存，城市小学可以先试行六年制，农村小学学制暂时不动。教育部应当尽快提出学制改革方案，确定统一的基本学制。中央要求：经济比较发达、教育基础较好的地区，应在1985年前普及小学教育，其他地区一般应在1990年前基本普及。至于极少数经济特别困难、山高林深、人口稀少的地区，普及期限还可延长一些。在普及教育中允许参差不齐，但是必须注意教育质量，不搞形式主义，力争使入学儿童坚持读满修业年限，切实达到应有的文化程度。

在少数民族地区普及小学教育，任务十分艰巨。各有关地区必须制定适合民族特点的教育规划和教育体制，办学形式更要强调灵活多样。国家对少数民族地区的教育事业应给以大力扶植。对文化教育十分落后的一些少数民族，更须采取一些特殊措施；最贫困的地区要由国家包下来，实行免费教育。

(三)在我们这样一个人口众多、经济不发达的大国，普及小学教育，不可能完全由国家包下来，必须坚持"两条腿走路"的方针，以国家办学为主体，充分调动社队集体、厂矿企业等各方面办学的积极性。还要鼓励群众自筹经费办学。

农村社队办学，不应极为"平调"和不合理负担。厂矿企业办学，所需的教职工可单列编制，不计入全员劳动生产率，经费列为企业营业外项目开支。扩大企业自主权以后，在利润留成中应当设立教育科学基金。

贯彻"两条腿走路"的方针，国家应加强师范教育，负责训练合格的教师。中小学教师应主要由国家派遣，由教育行政部门管理，也允许社队、企业自行招聘。招聘的教师要经过考核，取得合格证书才能任教。目前民办教师的比例过大，应采取适当措施，逐步提高公办教师的比例。

坚持"两条腿走路"的方针，还要解决好一个重要问题，就是必须正确处理普及与提高的关系，各地应当首先集中力量办好一批重点学校，创造经验，典型示范；并应切实办好公社中心小学，使之成为农村学校的骨干，起到以点带面的作用。鉴于我国经济、文化发展很不平衡，自然环境、居住条件差异很大，必须从实际出发，因地制宜，采取多种形式办学。力求使学校布局和办学形式与群众生产、生活相适应，便于学生就近上学。在办好全日制学校的同时，还应举办一些半日制、隔日制、巡回制、早午晚班等多种形式的简易小学或教学班(组)。这类学校的学习年限和教学要求，可以不拘一格，只要学好语文、算术即可。

农村小学的校舍修建和课桌凳的购置，一般应由社队主要负责，国家酌情给以补助。国家补助费大体按所需的1/3的比例列入省、市、自治区预算，使用时根据实际情况，有的可以不补，有的可以少补，有的可以多补。中央希望，经过集体与国家共同努力，切实改善农村办学条件。用两三年或稍长一些的时间，做到"校校无危房，班班有教室，学生人人有课桌凳"，以保证教学工作的正常进行。

(四)必须造成尊师的良好社会风气,提高教师的社会地位,建设一支稳定、合格的教师队伍。我们的教师,担负着传授科学文化知识、培养社会主义新人的光荣任务,理应受到全社会的尊敬。但是,由于“左”倾思想的影响,特别是林彪、“四人帮”的摧残破坏,我国教师应有的权利横遭践踏。列宁说过:“不提高人民教师地位,就谈不上任何文化,既谈不上无产阶级文化,甚至也谈不上资产阶级文化。”我们应该为提高教师地位,形成尊师的社会风气,作出巨大努力。

现在,小学教师平均工资居于全国各行业之末,中学教师是倒数第二,这是极不合理的。必须切实改革中小学教师工资制度,适当提高他们的工资待遇。在工资制度正式改革前,应当给予一些临时补贴。与此同时,中小学要开始实行教龄津贴制度,以鼓励教师终身从事教育事业。具体方案,由国家计委、财政部、劳动总局会同教育部迅速提出。

为了改变中小学民办教师比重过大、待遇过低、队伍极不稳定的状况,应采取下列措施:(1)国家给予民办教师的补助费应该有所增加,由各地根据实际情况,作出具体规定。(2)逐步减少民办教师比例,国家每年安排一定的专用劳动指标,经过严格考核,将合格的民办教师分期分批转为公办教师。民办教师中的骨干更应早转。另外,师范院校每年都要招收一部分民办教师。通过上述办法,在几年内使民办教师比例降到30%以下。(3)国家给予民办教师的补助费应全部直接发给本人,同时,社队应按全劳力给他们记工分,切实执行男女同工同酬的原则。社队不要向民办教师派农活,也不应给他们分包产田。

各级教育部门必须大力做好教师队伍的整顿和培训、提高工作。除分期分批组织教师脱产学习之外,还应办好多种形式的在职进修。对确实不适宜做教学工作的,应由各地人事、劳动部门或社队予以妥善安置。教育部应从速制定《中小学教师工作条例》,就教师工作的性质、条件、职责、任用、进修、考核、晋升以及奖惩等问题作出规定,切实提高教师的荣誉感和责任感。

为了充实和加强教师队伍,对过去改行做机关工作的教师,各地应采取措施使他们归队。城市待业青年适合做教学工作的,经过训练合格也可到农村小学任教,有的还可以到农村初中任教。目前,有些地区以实现干部知识化为由,从中小学抽调教师,甚至把一些富有教学经验的教师也抽去做一般行政工作,这种做法必须严格禁止。

(五)必须切实改革普通教育的领导管理体制,大力加强对这一事业的领导。在国家财政体制和经济管理体制改革之后,地方对办好普通教育责任更重大了。今后普通教育的发展规划和年度计划、事业经费、基建投资、人员编制,由各省、市、自治区党委和政府统筹安排,组织实施。实行两级财政,国家要加强计划指导。今后普通教育经费要由省、市、自治区戴帽下达到县,专款专用,严禁挪用。如果违反,必须严肃处理。各级党委和政府应该把普及小学教育工作纳入重要议事日程,省、地、县党委和政府的主要负责人要亲自关心教育工作,县和公社的党、政机关要对本地普及小学教育工作切实负起责任。

为了加强对教育工作的领导,教育部要认真检查各地普及中小学教育的情况,做好调查研究工作,总结、推广典型经验,综合、制定全国普通教育事业的发展规划;拟定指导性的教学计划和大纲;组织编写出版通用教材,供各地参考选用,并积极解决课本的供应问题,努力做到“人手一册,课前到手”;抓好基本规章制度的建设。要力求把领导工作做深做细,努力克服官僚主义和形式主义。

要搞好教育立法。责成教育部立即着手研究拟定符合我国国情的《小学教育法》,尽快提交人大常委会讨论通过,公布实行。

中共中央

国务院

1980年12月3日

全国食品卫生标准审定和经验交流会在北京结束

据新华社报道考古工作者在秦始皇封土西侧发现秦始皇陵随葬的铜马车

12月4日

中共中央副主席邓小平在北京会见日本6位内阁大臣

邓小平在会见时说,这种合作形式很好,双方谈得不错。这是第一次会议,以后每年都有一次,照这个方式继续下去,肯定会促进中日两国的合作关系向前发展。

邓小平说,在经济建设方面,搞四个现代化,走什么路,我们缺乏经验,因而有些已经确定的合作项目超出了我们自己的能力。但从长远的观点来看,这只是暂时的现象。中日两国的合作,特别是在能源方面的合作是长期的事情。

伊东说,在这次会议期间,我们听取了中国方面关于经济调整的情况,了解到中国正在制订一项新的发展计划,这对进一步发展两国的合作关系很重要。

邓小平同日本朋友还就当前共同关心的国际问题交换了看法。

参加会见的6位内阁大臣是：外务大臣伊东正义、大藏大臣渡边美智雄、农林水产大臣龟冈高夫、通商产业大臣田中六助、运输大臣盐川正十郎、经济企划厅长官河本敏夫。

国务院总理赵紫阳在北京会见日本6位内阁大臣

赵紫阳在会见时说，这次在北京举行的中日政府成员级会议是中日关系史上的一个创举。这件事本身说明了中日两国的友好关系达到了新的高度。它将载入中日友谊史册。

商业部发出通知要求各地商业厅局控制商品的经营范围并整顿议销商品的价格

通知指出，议购议销主要是为了在国家计划指导下，把商品经济搞活，促进商品生产发展，丰富市场供应。对价格要正确掌握和运用，不能自流，形成无政府状态。国营商业要在经营和价格上，体现指导和平抑的作用。

通知规定，食糖、烟、酒，一律不准搞议价销售；已议价购进的，一律按照当地正常牌价供应。凡属按人按户定量供应的商品，在保证定量兑现的前提下，可以同时议价经营；没有定量供应的重要品种，商业副食店只经营平价部分，不经营议价部分。凡是已有主管单位设点经营的商品，不再重复经营这部分的议价商品。

通知要求各地在采购议价商品时，要服从当地管理，不得哄抬价格抢购。对议价商品的经营费用率、损耗率以及批零差率等都要严加控制，不能随意提高，并且应当从低打紧，合理核定。

通知还要求各地商业系统经营副食品的企业，都要搞好主管商品的经营，增加供应数量，增加花色品种，不得任意跨行业经营，不得乱行采购。对于国家规定牌价的商品，一律执行国家的规定，不得变相涨价，违反者要追究责任和进行经济制裁。

全国社会主义生产目的讨论会在北京举行

来自全国各省、市、自治区和中央有关部门以及研究机关的300多名经济理论工作者和实际工作者，在会上将就这一涉及社会主义基本经济规律的问题进行深入的探索。

经济学家于光远在讨论会上发表讲话。

在讨论会上发言的还有马沛文、鲍恩荣、王榕、吴振坤、苏绍智、汪海波、吴敬琏、周树琏、方生等。他们就新中国成立以来包括粉碎“四人帮”以后这几年我国社会主义建设的经验教训发表了自己的看法，并且对社会主义生产目的同国民经济调整工作的关系和批判经济建设中的极左路线等问题，提出了一些见解。由政治经济学社会主义部分研究会发起的这个全国性的讨论会预定举行一周左右。

于光远在全国社会主义生产目的讨论会上发表《生产目的讨论和经济调整》的讲话

为了减少财政赤字，稳定消费品价格，保障和逐步改善人民生活，我们有必要下最大的决心去缩短年年提出要缩短、而一直没有能有效地缩短下来的基本建设战线。这是调整我国国民经济的一个必须采取的重大步骤。这次我们讨论社会主义生产目的的问题，首先就要同贯彻调整国民经济的方针密切结合。我们有理由指望：这个讨论，对于在理论上、思想上提高对调整国民经济必要性的认识，明确调整国民经济的方向，改善我国国民经济的结构等，能够起重要的积极作用。

我们知道，现在我们讲的经济调整，首先是针对我国长时期内所造成的积累和消费的严重比例失调而制定的一个发展国民经济的方针。这种严重比例失调的造成，有两种性质不尽相同的原因。一是片面强调重工业，对重工业投资比重过大，重工业自我服务比重过大。结果消费品生产相对不足，而重工业部门职工购买力的需要有较大的增加，扩大了消费品需求与生产的矛盾。二是重工业上的项目太多，使大量资金长期停滞于“在建项目”的状态之中，不能为消费品生产服务。但对消费品的需求并不因基建尚未形成生产能力而不增加，这样使消费品的需求与生产矛盾进一步尖锐。第一种情况是由于对社会主义生产目的缺乏认识而产生的。而在积累和消费间的比例关系为既定时，第二种情况则属于计划管理上的不善。对社会主义生产目的缺乏认识，在这里只是间接地发生作用。在这两种原因中的第一种，是带根本性质的。因此要从根本上解决积累消费比例关系，就必须把社会主义生产目的提到首要地位。

由于长期“左”倾错误和林彪、“四人帮”的破坏，这种比例失调早已成为事实。但是在三中全会前对它的严重性估计不足，只是到1979年春天才把调整作为一个最重要的方针提了出来。调整方针的提出，对于抑止这种严重比例失调的继续发展，起了重大的作用。但是贯彻这个方针，曾经遇到不小的阻力。不论在言论上或是行动上，都有与这一方针相抵触的表现。这就使得这个方针在某些部门、某些地区得不到贯彻。产生这种阻力的原因是多方面的。其中之一就是当初促使积累和消费比例失调的一个最重要的错误观点——对社会主义生产目的缺乏正确的认识——没有得到纠正。因此开展社会主义生产目的问题的讨论，提高认识，就成为排除思想障碍、贯彻调整方针的一个重要环节。

去年9月间提议开展社会主义生产目的的讨论时的情况就是这样。如同调整方针遇到阻力相似，这个问题的讨论开始后不久，就出现这样一种议论：“我们干了这么久的经济工作，难道连生产目的都不懂得？”很遗憾，情况就是有些干了这么久经济工作的同志并不真正懂得社会主义生产目的是什么。事实上对生产目的还存在许多种看法：如“为生产而生产”，“为完成指标而生产”，“为完成政治任务而生产”，“为实现伟大号召而生产”，等等。他们不了解某个指标，某个号召等等，只在它们正确地反映了社会的需要时，我们才应该为它们的实现而努力，它们本身不能成为社会主义生产的目的。去年的讨论虽然中断了，但还是引起了人们对这个问题的注意，使人们在这一问题上进行了一番思考。这为经济调整方针的贯彻在思想上作准备起了不小的作用。

调整国民经济是一个积极的方针。这一方针的贯彻，将使我国国民经济的发展获得一个可靠的前进阵地，将使我国国民经济的结构获得改善，因而最终必将使得我国社会主义经济获得持久的比较快的向前发展。而社会主义生产目的问题讨论所要解决的就是关于这样的调整的最根本的理论问题。这是明明白白的事：开展关于社会主义生产目的问题的讨论根本不是只讲改善人民生活不讲生产，在讨论中，经济学家们研究的是如何进行生产才更好地符合我们的生产的社会主义本性的问题。关于社会主义生产目的问题的讨论本身，当然不能解决调整中提出的许许多多具体经济问题，要解决这些问题还要经过一系列的中间环节。但是，如果这个问题的讨论能够从抽象理论和从联系实际这两个方面深入，取得比较好的科学成果，那么它就可以为进一步研究和解决这些问题指明方向。

应该指出，社会主义生产目的问题的讨论，不仅应该联系国民经济调整方针的理解问题，而且应该联系经济调整的实际问题。按照社会主义的生产要以满足人民群众日益增长的需要为目的这样正确的指导思想，我们在坚决缩短基本建设战线的同时，要千方百计地挖掘潜力去发展消费品的生产，只有这样才能保障人民的生活，才能稳定物价，并增加财政收入，减少赤字。在我国今天发展消费品生产的潜力是很丰富的，而基本建设的缩短如果安排得当，就可以给发展消费品生产创造更好的条件。我们要寻找适当的办法去把这种潜力充分地挖掘出来。现在人民群众对消费品的需求不能得到很好地满足，而发展消费品生产所必需的装备和其他生产资料也不能得到满足。因此，必须努力为人民群众提供尽可能多的消费品和服务，并做好重工业为消费品生产的服务工作。做好这两种服务工作，是讨论社会主义生产目的问题时，在今天条件下把这个理论观点具体化为我们的生产实践所要解决的主要问题。而重工业为消费品生产提供必要的生产资料，是把消费品生产中的潜力挖掘出来的最重要的一个手段。同时应该坚持改革，排除现行体制中对发展消费品生产起束缚作用的那些东西。我们要把改革与调整很好地结合起来而不是把它们对立起来。这一点，对于达到社会主义生产的目的也是一个必要的前提。

天山深处建成我国第一条防雪公路

新华社报道：我国第一条有“防雪走廊”的公路最近在天山深处建成，全长135千米，北起独山子，南至乔尔马草原。

12月5日

中共中央政治局会议通报

（1980年12月5日中央政治局会议一致通过）

中央政治局在1980年11月10日、11日、13日、14日、17日、18日、19日、29日、12月5日连续开了9次会，除刘伯承、聂荣臻二同志因病未参加（聂荣臻同志来信表示同意会议内容）和陈永贵、赛福鼎二同志未通知到会外，实到政治局委员21人，候补委员1人。中央书记处书记7人列席。

这次会议的主要议题是中央政治局准备向十一届六中全会提出的人事更动方案。到会的29人都讲了话。

在8月18日到23日举行的中央政治局扩大会议以后，参加这一会议的不少同志向中央领导同志提出，华国锋同志不适宜于继续担任中央委员会主席和中央军委主席。在讨论《关于建国以来党的若干历史问题的决议（讨论稿）》的过程中，无论中央直属机关、中央国家机关或军队系统，都有多数同志提出要对建国以来历史的第四阶段进行认真的总结，指出华国锋同志在粉碎“四人帮”至1980年这四年特别是这四年的前两年工作中的一些重要错误，很多同志要求对他所担负的职务进行调整。中央常委认真地考虑了这一问题，对华国锋同志进行了批评和帮助，并认为改变他的现任职务是必要的。

在这次政治局会议的第一次会上，华国锋同志提出要求辞去中央主席、军委主席和党内的其他职务，并对粉碎“四人帮”以来的工作作了一些检查和解释。其他同志在发言中对他在过去四年工作中的错误以及他在这次会议上的发言提出了批评意见。

大家在发言中指出：华国锋同志在粉碎“四人帮”这一事件中是有功劳的，这应当肯定；但对这一事件应作历史分析，不应把功劳只归于个人。

华国锋同志提出“两个凡是”，长时间坚持这个完全违背马克思主义的错误观点。提出“两个凡是”，实际上是要把毛泽东同志晚年“左”的一套继续照搬下去。在三中全会以后，他的思想有改变，但在一些原则问题上还没有根本的改变。

华国锋同志在“十一大”前后提出的一系列政治口号，基本上还是“文化大革命”中的口号。这虽有一定的历史背景，但他有不可推卸的个人责任。除了仅仅与“四人帮”有关的一些问题以外，他从来没有主动地提出过纠正“文化大革命”错误的创议。他对解放党内大批老干部、平反历史上大批冤假错案的态度，他对中央领导层一些同志的态度，明显地违反了党内大多数同志的愿望。

华国锋同志很热心于制造和接受新的个人迷信。被称为英明领袖，把自己的像和毛泽东同志的像并挂，接受种种出格的歌颂，觉得心安理得。这种情况，甚至在今年不久以前还在继续。把个人同党和人民的关系摆错了位置，这是严重的思想问题和党性问题。

1977、1978 两年中，华国锋同志在经济问题上提出了一些“左”的口号。这两年经济工作中的冒进，造成了国民经济的严重损失和困难。这主要是一个经验不足的问题，不能由华国锋同志一个人负责，但是他确有重要的责任。

华国锋同志在过去四年中做过一些有益的工作，但是显然缺乏作为中央主席所必要的政治能力和组织能力。他对军委主席的不能胜任是大家知道的。

鉴于上述情况，中央政治局认为华国锋同志继续担任现职是不适当的。

许多同志曾提议邓小平同志担任中央主席兼军委主席，因为这是众望所归。邓小平同志认为，由他担任中央主席不相宜。从三中全会以来，中央一直致力于让比较年富力强而能坚持正确政治方向的同志担负领导工作。他认为在 60 多岁的同志中，胡耀邦同志担任中央主席比较适当。至于军委主席，暂时没有其他适当的人选，他可以担任一段时间，以便培养新的比较年轻的同志将来接替。当然，只有六中全会才能对这些问题作出决定。中央政治局一致同意了邓小平同志的意见。

在最后一天的会上，华国锋同志表示欢迎大家对他的批评。他再次提出辞去现任职务，并要求在六中全会以前，不再主持中央政治局、中央常委和中央军委的工作。中央政治局认为他确实需要集中力量考虑自己的问题，因而接受了他不再主持目前工作的意见。但是在六中全会作出有关的决定以前，他仍是中央的主席，仍要以中央主席的身份接待外宾。中央政治局并且表示希望，六中全会将继续选举华国锋同志为中央政治局常委，选举他做中央副主席。

中央政治局会议指出，华国锋同志犯了“左”的错误和其他错误，但不要说成是路线错误。路线、路线错误、路线斗争等提法没有明确的科学含义，使用这些提法过去在党内造成很不好的后果，以后要尽量少用。中央还指出，过去各级组织中的一些同志受过华国锋同志的一些错误影响，这是难免的，希望各级组织一概不要“上挂下联”，追究责任。

中央政治局会议展开了批评和自我批评，但是始终进行得平心静气，所有发言都没有强加于人的气氛。

中央政治局最后通过三项决议：(一)向六中全会建议，同意华国锋同志辞去中央主席、军委主席的职务。(二)向六中全会建议，选举胡耀邦同志为中央委员会主席，邓小平同志为军委主席。(三)在六中全会前，暂由胡耀邦同志主持中央政治局和中央常委的工作，由邓小平同志主持中央军委工作，都不用正式名义。中央政治局着重指出，(一)(二)两项都只是对六中全会的建议，全会如何作出决定，这是全会的权力。全会当然会审慎地考虑这些问题，并严格按照党内民主原则来进行讨论、表决和选举。

考虑到这是一个十分重大的问题，为了使党内军内高级干部在思想上有所准备，中央政治局决定把这次会议的内容通知省军级常委以上同志，并由他们向参加讨论党的历史问题的 4000 名同志传达。为了保证全党、全国、全军的安定团结，中央要求所有上述同志严格保密，绝对不得外泄。

在这次政治局会议上，还决定了对《关于建国以来党的若干历史问题的决议(讨论稿)》参照讨论中提出的意见进行改写。在政治局讨论并原则通过后，将仍在 4000 人范围内再讨论一次，在再次修改后提请六中全会讨论通过。中央政治局认为，现在通过这一决议的时机已经成熟，不宜再行延迟。

中共中央电贺圣马力诺共产党第十次代表大会召开

国务院总理赵紫阳就萨·卡尔内罗总理逝世发唁电致葡萄牙政府副总理弗·多阿马拉尔

《人民日报》发表社论《加强思想政治工作是实现四化的重要保证》

我们国家正处在一个伟大历史转折时期。加强思想政治工作，动员全国人民，同心同德，为推动调整和改革，促进社会主义现代化建设而奋斗，这是全党面临的一项重要的、迫切的任务。

党的十一届三中全会以来，各级党委在拨乱反正、解放思想等方面做了大量工作。总的来说,广大干部和群众的思想是活跃的、健康的、向上的。但是,由于林彪、江青反革命集团的破坏还留有许多善后工作要做;多年来的"左"倾思想的为害还需要继续肃清;封建主义和小生产的思想影响还严重存在;随着对外交往的扩大,资产阶级的腐朽思想不断渗透进来;再加上国民经济的全面调整和各项改革,许多干部和群众缺乏思想准备;很多理论问题和政策措施,还有待于进一步的摸索、阐明和完善;粉碎"四人帮"以后我们的工作也有不足之处,也免不了发生一些失误。这些都不能不在干部和群众中引起各种各样的思想认识问题,不能不产生一些错误思想和模糊认识。在大变动时期,这也是难以避免的。问题在于,不少单位和部门或者对此认识不足,放松了思想政治工作,使许多应该解决和可以解决的思想问题长期得不到解决;或者对某些问题又估计过于严重,采取简单粗暴的方法,反而弄得难于解决;有些本来不难解决的问题越拖越复杂,甚至使矛盾越来越激化。这种状况影响安定团结,影响四化建设,必须改变。

毛泽东同志曾经指出:"掌握思想教育,是团结全党进行伟大政治斗争的中心环节。如果这个任务不解决,党的一切政治任务是不能完成的。"实现四个现代化必须有党的思想政治工作的坚强保证。重视思想政治工作,是我们的革命传统。在新的历史时期,我们更应该把思想政治工作放在十分重要的地位,认真地抓起来。

加强思想政治工作,要继续解放思想,实事求是。思想政治工作,归根到底,就是用马克思主义的立场、观点、方法教育人民,团结人民,使他们从各种错误思想和观念的束缚中解放出来,使党的路线、方针、政策变成群众自觉的行动,实事求是地分析问题,解决问题,建设四化,改造中国。从这个意义来说,思想政治工作就是做人的解放思想的工作。当前,党内外部分干部和群众,所以对经济、政治等改革中的某些方针政策,如允许多种经济成分的存在,在农村实行各种联产计酬责任制等,存在着一些模糊认识以至怀疑、抵触;或者对党的领导、社会主义制度等存在着所谓信心不足的问题,就是因为受到各种错误思想特别是"左"倾思想影响,看不清已经变化了的形势,看不清问题的本质,不能按照事物的本来面目认识世界。因此,解决思想僵化半僵化的问题,固然需要解放思想;解决所谓信心不足的问题,也需要解放思想。既要继续批判林彪、"四人帮"的假社会主义,也要增强对科学社会主义的信心;既要肃清封建专制主义的思想影响,也要抵制资产阶级腐朽思想的侵袭;既要继续打破闭关锁国政策,又要防止崇洋媚外的错误,等等。总之,不能从一个极端转到另一个极端,解除了一种精神枷锁又套上另一种精神枷锁,这都是思想没有真正解放的表现。现在,政治、经济等各项调整和改革刚刚开始,新情况、新问题不断出现。要根据新的形势和任务,在全党和广大群众中,广泛深入地进行党的辩证唯物主义和历史唯物主义的思想路线的教育,学会用彻底唯物主义精神观察一切问题。特别是最近几年,要抓住思想路线教育不放,反复进行。在世界观这个根本问题上解决得比较好了,有了认识世界的正确的立场、观点、方法,思想真正比较解放了,不仅会对当前形势和新中国成立以来的历史经验教训有一个正确的认识,而且会从理论和实际的结合上,深刻理解三中全会以来党的路线、方针、政策的正确性和调整经济、实行各项改革的必要性,在实践中认真贯彻,做调整和改革的促进派。

加强思想政治工作,要和经济工作以及各项实际工作结合起来。四化建设是党的工作的重心,也是思想政治工作的重心。思想政治工作应该适应四化,服务于四化。林彪、江青反革命集团横行十年,鼓吹"政治可以冲击一切",搞反革命"空头政治","大批判开路",对国民经济造成极大的破坏,也败坏了思想政治工作的声誉。粉碎"四人帮"以来,这种状况有了改变。但是,在不少地方,思想政治工作和经济工作"两层皮"的问题并没有很好解决。我们要认真总结这方面的经验,把思想政治工作做到经济工作中去,做到生产过程的各个环节中去。在生产活动中,人的因素和物的因素是结合在一起共同起作用的。人的精神状态如何,思想路线是否端正,对于经济调整,体制改革,技术改进,管理改善,生产发展,都是关系很大的。要善于从生产实践中发现人们的思想问题,并通过思想问题的解决来推动经济工作的发展。要及时发现和表扬为四化作出优异成绩的好人好事,号召广大群众向他们学习。要对阻碍四化的种种错误想法和做法进行适当的批评和自我批评。要把群众的积极性引导到搞好本单位的生产、工作上去。把发展生产、促进四化,作为思想政治工作的出发点和归宿,使思想政治工作真正成为推动生产力发展的重要因素。

加强思想政治工作,要关心群众生活,把解决思想问题和解决实际问题结合起来,把关心群众思想觉悟的提高和关心群众物质利益的改善结合起来。存在决定意识。人们的思想问题往往是一些实际问题的反映。20年来,在群众生活方面我们欠账很多,更应注意从解决实际问题的角度来解决群众的思想问题,把关心群众生活,作为思想政治工作的重要组成部分。这也是我们党的思想政治工作的一个优良传统。这一条做好了,思想政治工作就会有更大的说服力和感染力。

有些同志一提到关心群众的生活,就想到要花钱,表示无能为力。其实,关心群众的生活是多方面的,不少单位的经验证明,在少花钱或不花钱的情况下,同样能为群众办很多好事,受到群众的拥护。当然,目前我们国家经济还很困难,人们生活上的问题,不是短期内能够完全解决的,只能在发展生产的基础上逐步解决。正因为这样,我们更要重视这方面的工作。对一切可能解决的问题认真解决了,对一些暂时不能解决的问题,不是乱许愿,而是向群众说清楚,使群众了解国家的困难,群众是通情达理的。这里,很重要的是要教育群众正确处理国家、集体、个人三者利益的关系。每个人都应有一定的物质利益,但决不可以抛开国家、集体和别人,专门为自己的物质利益奋斗。各人都向“钱”看,那是搞不好社会主义现代化建设的。要提倡三者利益兼顾。个人物质文化生活的改善,归根到底取决于四化建设的不断发展。

身教重于言教。加强思想政治工作,要认真抓好干部教育和党风教育。干部是党和群众联系的纽带,是群众的带头人。干部的思想作风如何,特别是各级领导干部的思想作风如何,对各项工作的好坏、成败,影响很大。他们的一言一行,影响到一个单位、一个部门、一个地区以至全国。目前党的思想政治工作威信不高,一个重要原因,就是由于有些党员、干部特别是领导干部,不能以身作则,存在着严重的官僚主义、特殊化以及违法乱纪的问题。欲正民风,先正党风。应该把当前加强思想政治工作的重点,放在党内,特别是放在各级领导机关包括中央机关内。要结合《准则》的学习,在全党进行党的无产阶级性质、党员标准以及党员、干部必须发挥先锋模范作用的教育。在克服某些干部、党员的官僚主义和不正之风方面,党和群众的愿望是一致的。要教育广大干部、党员自觉地接受群众的监督,同各种不正之风作斗争。干部、党员执行《准则》好的,要表扬;不好的,要批评;严重违法乱纪的,要通过纪律检查部门严肃处理。要通过恢复和发扬党的优良传统和作风,在全国带出一个社会主义的好风气。

加强思想政治工作,关键在于加强和改善党的领导。思想政治工作是全党的事情,必须全党重视,全党都来做。目前有些地方思想政治工作薄弱,根本原因就在于那里的党委工作不得法,或者不重视。在新形势下究竟如何做好思想政治工作,的确还需要摸索和改进,不少党委遇到困难是可以理解的。但是,党委应该采取积极的态度来解决,必须改变那种对思想政治工作长期不讨论、不研究、不布置、不检查的状况。这种状况,是同长期以来党政不分,以党代政,党委陷于日常事务,形成党不管党的状况分不开的。加强和改善党的领导,首先要从制度上加以改革,逐步做到党政分工。今后,党委不是通过行政命令,而是主要通过思想政治工作和党员的先锋模范作用,来实现党的领导,保证党的路线、方针、政策的贯彻执行。这是一个重大的改革,既为党委抓好思想政治工作创造空前有利的条件,也要求党委必须有更高的领导艺术。不然,不仅不能改变思想政治工作软弱无力的状况,在某些地区和单位甚至有丧失党的领导作用的危险。各级党委应该适应党政分工以后的新形势,首先要做好党委干部的思想工作,认真学习有关文件,总结过去的经验教训,研究新的工作方法,特别是要学会用主要精力抓思想政治工作,抓党的路线、方针、政策的学习和贯彻。要学会不去干预日常具体的行政、业务和技术事务。要同一切违反党的路线、方针、政策的思想行为作坚决的斗争。要充分依靠和发挥行政以及工会、共青团、妇联等群众团体的力量,发挥宣传部门的参谋和助手作用,运用报纸、广播、电影、电视、图书、文化馆、俱乐部等宣传阵地和宣传工具,以及各种群众喜闻乐见的形式,加强对干部、党员、群众的思想教育。当然,实行党政分工,是一项根本性的重大改革,我们没有经验,要在上级党委统一领导下,先搞好试点,然后有计划有步骤地推广。不要一哄而起,以免给工作造成不必要的损失。在总结试点经验、订出新的制度和条例以前,仍然照现行制度办事。当前,在新制度订出以前,也不能消极等待,撒手不管,而要尽可能地加强和改善思想政治工作。

为了适应思想政治工作的新形势,各级党委应该相应地改革一切不适应的思想、作风、工作方法和具体的规章制度。长期以来,由于强调党领导一切,无形中形成党高于一切,包办一切。党委书记、支部书记高于其他委员,党员干部高于非党群众。进行思想政治工作,也是“我打你通”,“我压你服”。各级党组织、党员和干部,应该自觉地在思想作风上来一个大的转变。到群众中去,和群众打成一片。进行思想政治工作,要实行有疏有导的方针。认真改善党和国家的民主制度,充分发扬社会主义民主,让群众敢于讲话,广开言路,集思广益。同时要正确引导,用平等、商量的态度,讨论的方法,提高人们的政治觉悟,把复杂多样的思想引导到正确的、积极的、健康的方向。历史经验证明,用压制民主、简单粗暴、“我打你通”、“我压你服”的办法来解决人民内部的思想问题,势必堵塞言路,甚至会扩大或激化人民内部矛盾。但疏而不导,听任各种错误的、消极的,以致有害的言论自由泛滥,也会造成思想混乱,影响安定团结。我们要有疏有导,既反对放任自流,也反对简单粗暴。经过长期的工作,逐步造成一个又有集中又有民主,又有纪律又有自由,又有统一意志又有个人心情舒畅、生动活泼的政治局面。这样,我们就较易克服困难,就能经得起风险,更有利于社会主义现代化建设。

国务院发布《关于坚决制止乱砍滥伐森林的紧急通知》

目前,许多地方乱砍滥伐树木、贩运倒卖木材成风,对森林资源破坏很严重,必须采取有力措施,迅速予以制止。为此,特作如下紧急通知:

一、各级人民政府要立即对省、区下达的木材、楠竹生产计划执行情况进行一次检查。凡是超计划采伐的,必须立即停止。乱砍滥伐、破坏森林严重的地方,其采伐、收购的木材、楠竹及半成品,一律实行冻结,进行清查处理。在清理工作未结束前,禁止继续砍伐,违者按破坏森林论处。

二、严格实行木材,楠竹统购统销。国营林业单位和林区社队生产的木材,由林业部门统一经营;楠竹由省、区人民政府确定的部门统一经营。任何其他部门和机关、团体、厂矿企业、学校、部队等单位和个人,都不准到林区砍伐、收购、加工木竹,已经进入林区的,要立即撤出。林区木竹自由市场一律关闭。对林区所有社队木材加工厂,要认真整顿。

三、山林权属不清或有争议的,由当地人民政府本着有利于生产、有利于团结的原则,抓紧解决;在纠纷解决之前,任何一方都不准砍伐。对蓄意制造林权纠纷,引起森林破坏的,要予以惩处。

四、加强林区木材采伐、运输管理。国营林业单位必须按照国家下达的木材生产计划进行采伐。集体林的采伐,必须由县林业行政部门按照国家下达的计划和《中华人民共和国森林法(试行)》的有关规定进行审批,发给采伐证。木材产区运输木材及其半成品出县的,必须有县林业行政部门发给的运输证明;出省、自治区的,必须有省、自治区林业行政部门发给的运输证明。没有林业行政部门的证明,铁路、交通等运输部门不得承运,违者,要严肃处理。林业部门违反规定者要从严惩处。

五、各级人民政府对侵占和抢砍盗伐林木、搞木竹投机倒把和殴打护林人员等案件,要进行检查、处理。严惩破坏森林的首要分子和打死打伤护林人员的罪犯。对纵容、支持破坏森林的领导人员,要追究责任,严肃处理。

以上通知,望各省、市、自治区认真贯彻执行,并将执行情况报告国务院。

由农业部和国家标准总局召开的全国种子标准化学术交流和种子检验标准审定会议在北京闭会

从1978年开展种子"生产专业化、加工机械化、质量标准化、品种区域化,以县为单位统一组织供种"试点以来,全国各级种子公司向社队供种量急剧增加。目前,由各级种子公司组织供种量已达37亿斤,占全国各类农作物需种量的10%以上。同时,近两年中,我国种子公司已同30多个国家的100多个种子公司开展了种子贸易工作。我国原有的检验办法,已经很不适应种子工作的需要,迫切要求全国制定一个统一的种子分级标准、检验规程和一套科学的种子检验方法。这次会议收到了有关种子标准化和检验标准等学术论文、经验报告54篇。会议希望各级种子公司尽可能快地开展正常的种子检验工作,建议有关部门,特别是有关农业院校办好种子检验技术训练班,分批分期地培训种子检验技术员。

全国水产厅(局)长会议在北京召开

会议集中研究了进一步搞好水产调整工作的有关政策。会议认为,水产在整个国民经济调整中是应该上的短线,要求各级领导落实有关政策,采取有效措施,尽快把水产事业促上去。

会议于12月19日闭幕。

由全国6个大型电气制造工厂组成的联合电气公司在北京成立

中国经济贸易展览会在纽约市哥伦布圆形广场的展览馆开幕

《人民日报》发表吴敬琏和周叔莲的文章《正确处理调整和改革的关系》

中日政府成员级会议第一次会议在北京闭幕

国务院副总理谷牧和日本外务大臣伊东正义在闭幕式上讲话时,都对这次会议取得圆满成果表示满意。双方一致认为,这种会晤是个好办法,今后要继续进行下去。谷牧说,这次会议时间短,效率高,收效大。伊东正义说,会议对促进两国的友好合作关系作出了很大贡献。

中日两国政府成员会议第一次会议发表联合新闻公报

一、中国国务院成员和日本国内阁成员级会议(简称"中日政府成员会议")第一次会议自1980年12月3日至5日在北京召开。

中国方面出席会议的有副总理兼国家基本建设委员会主任谷牧、副总理兼国家计划委员会主任姚依林、副总理兼外交部部长黄华、对外贸易部部长李强、煤炭工业部部长兼国家能源委员会副主任高扬文、铁道部部长郭维城、财政部部长王丙乾、国家计划委员会副主任顾明、国家经济委员会副主任马仪、国家农业委员会副主任杜润生、国家基本建设委员会副主任兼外国投资管理委员会副主任谢北一、交通部副部长陶琦及驻日本大使符浩等。余秋里副总理兼国家能源委员会主任会见了日本方面有关政府成员。

日本方面出席会议的有外务大臣伊东正义、大藏大臣渡边美智雄、农林水产大臣龟冈高夫、通商产业大臣田中六助、运输大臣盐川正十郎、经济企划厅长官河本敏夫及驻华大使吉田健三等。

二、日本方面政府成员于12月4日拜会了中国共产党副主席邓小平和国务院总理赵紫阳。日本方面转达了铃木总理大臣对赵紫阳总理的访日邀请。赵紫阳总理表示中国政府邀请铃木总理大臣访问中国。

三、会议以下列事项为议题进行了讨论：

(一)国际形势和中日关系总的评价；

(二)双方的经济、财政政策；

(三)两国间的合作和交流问题。

四、双方就国际形势特别是柬埔寨问题以及亚洲地区的形势，坦率地、认真地交换了意见，确认中日两国要从各自的立场出发，为维护亚洲和世界的和平与稳定继续作出努力。

五、双方认为两国间的和平友好关系自1972年邦交正常化以来，通过中日和平友好条约的缔结正在愈益扎实地发展，并对首次中日政府成员会议在这种中日友好的高潮中召开表示满意。双方确认，中日两国尽管社会制度不同，但是应该进一步增进交流，不断加深相互理解和相互信赖，发展和加深两国间的持久的、不可动摇的和平友好合作关系。

六、双方就两国的经济形势交换了意见。

中国方面就中国当前的经济形势和国民经济调整期间的方针政策，以及今后发展的重点等方面进行了说明。

日本方面就战后日本经济发展的过程、最近的经济形势和政策运用、财政政策、中期经济计划等进行了说明。

七、双方对迄今两国间贸易的顺利发展表示满意，并确认今后继续在平等互利原则的基础上扩大贸易的重要性。

双方对两国间在开发石油、煤炭等能源领域中的合作正在进展表示欢迎。日本方面希望中国方面长期稳定地对日本供应能源，中国方面说明了目前努力加强石油和煤炭开发的实际情况，表示愿尽量作出努力。

八、双方高度评价两国间迄今为止的经济合作对两国关系的全面发展作出了贡献。双方对中日政府成员会议第一次会议期间进行的关于1980年度提供不超过560亿日元贷款份额的换文，以及“中日友好医院”建设计划的顺利执行表示满意。

双方并且确认迄今在铁道、港湾等社会基础设施领域，以及在医疗保健、企业管理、水力发电等方面进行的各种技术合作的成果，希望这样的合作关系今后继续得到发展。与此相关联，日本方面认识到农业在中国经济建设上的重要作用，表示准备在农业领域中对中国东北地区三江平原开发计划进行新的技术合作。

中国方面高度评价日本方面在这个领域中的积极态度。

九、双方认为，为了中日间经济关系和人员往来的顺利发展，缔结租税条约及相互促进和保护投资的协定是有意义的，一致认为应早日开始为此目的的谈判。

十、双方对中日间海运关系的扎实发展表示满意，并同意今后继续为促进中日间货运定期航线的开设而努力。

十一、双方高度评价中日间文化交流近年来正在广泛的领域内扎实、活跃地进行，并一致认为应充实在此领域内的交流和合作，以进一步增进中日两国各阶层人民间的友好和相互理解。

十二、日本方面对中国方面为至今在中国居留的许多日本孤儿寻找亲人，为实现他们的临时回国所作出的合作表示感谢；同时，希望今后进一步给予照顾。对此，中国方面表示理解，并表明今后也将给予合作。

十三、双方同意，下次中日政府成员会议在日本召开，具体时间今后将通过外交途径商定。

日本方面对中国方面为召开首次中日政府成员会议所给予的照顾表示感谢。

中日两国政府1980年度贷款换文在北京签字

中华人民共和国政府和日本国政府关于日本政府给中国政府1980年度560亿日元贷款的换文今天在北京签字互换。贷款是根据1979年12月7日日本国总理大臣访问中国时发表的《中日联合新闻公报》第八款规定的。

全国人大常委会副委员长廖承志在北京会见以副会长古贺繁一为团长的日本国际贸易促进协会访华代表团

全国人大常委会副委员长廖承志在北京会见以会长雨果·汉森为团长的美国得克萨斯州和路易斯安那州中国文化协会代表团

香港中文图书展览在北京中国美术馆开幕

这个展览搜集了香港地区132家出版社出版的3000多种中文图书,展品的内容以科学技术和经济管理为主,还有一定数量文化教育和实用知识方面的图书。

中国男女乒乓球队在法国巴黎举行的第二十八届法国国际乒乓球锦标赛团体赛中双双获得冠军

中国病理生理学会在广州市召开成立大会并举行第三届全国病理生理学术会议

成立大会与学术会议于12月5日至12日举行。出席会议的正式代表140人,列席代表58人。代表主要来自全国各地医学院校、农林畜牧院校和有关科研单位。中国科协副主席王顺桐、中华医学会会长白希清参加了会议。

12月6日

国务院总理赵紫阳 副总理谷牧在中南海紫光阁会见以副会长古贺繁一为团长的日本国际贸易促进协会访华代表团

《人民日报》发表特约评论员文章《坚决地逐步地实现领导班子年轻化》

领导班子要年轻化,是党中央根据历史形成的各级领导班子年龄普遍偏大和一些老同志精力难以适应第一线繁重任务的实际情况,经过深思熟虑以后,连同知识化、专业化要求一起提出来的。它符合事物新陈代谢的客观规律,反映了新形势新任务对领导班子建设的要求,是从组织上保证党的事业长期延续和国家政治持久安定的一项重要决策。各级党委、首先是组织部门有责任采取积极的态度,认真把这件事情办好。

我们所讲的领导班子年轻化,当然是在党的政治路线指导下的年轻化,是为党的政治路线服务的年轻化。这个大前提在任何时候都不能忽视。怎样就算领导班子年轻化了呢?概括地说,就是各级领导班子基本上由年富力强的同志所组成。这就意味着要按照党在新时期的干部条件逐步更新各级领导班子的年龄构成。鉴于领导班子普遍老化的现状,这个总的要求,不可能一蹴而就,必须在几年之内,经过有计划有步骤地调整才能达到。那么,近期的要求是什么?中央批准下发的中央组织部《关于抓紧做好选拔优秀中青年干部工作的意见》(以下简称《意见》)说:“1982年以前,省、市、自治区党委常委和中央、国家机关正副部长的平均年龄逐步降到50岁至60岁;地(市)、州委常委的平均年龄逐步降到50岁左右;县委常委平均年龄逐步降到45岁以下。”为了实现以上目标,规定“从现在起,61岁以上的同志,除特殊需要者外,不再提拔担任省委副书记、副省长和中央国家机关的副部长。提拔担任司、局长和地委领导职务的应当更年轻一些”。《意见》还要求参照这个精神,把省、地、县政府和厂矿、院校、科研单位的领导班子,以及中央、国家机关的正副局长的平均年龄逐步降下来。这样的年龄要求,同伟大的事业和整个形势的发展相比,并不是很理想的,但从履行繁重领导任务所需要的身体条件看,一般还是可以的,大体符合我国干部队伍目前的实际情况。

有的同志说,这样提出领导班子年轻化的要求,把年龄“绝对比”、“一律化”了。这显然是一种误解,有必要加以澄清。

第一,它所要求的领导班子年轻化,是用大体的平均年龄计算的。这里讲的是一个领导集体的平均年龄,不是每个领导成员的年龄。在这个平均年龄范围内,领导班子中的每个成员的年龄不可能都一样大,而是有老有中有青。这同过去有人宣传的那种“越年轻越好”截然不同,也否定了用一个年龄去衡量每个干部的做法。

第二,它对降低各级领导班子的平均年龄,实事求是地分别提出了不同的要求。这种要求,体现了不同级别的领导岗位需要有相应的领导经验和健康条件,既可以改变目前普遍存在的上下级干部年龄“一般粗”的局面,又可以避免调整过程中对干部年龄要求搞从上到下“一刀切”。

第三,它对省、市、自治区党委常委和中央国家机关正副部长的平均年龄,以及地(市)、州委常委的平均年龄,都规定了一个机动的幅度,省级以上留的余地还不小。这种留有余地的做法,是为了便于从实际出发,灵活掌握。县委常委的平均年龄下降到45岁以下,是应当逐步做到的。如果有些地方目前达不到要求,也可变通掌握到45岁左右。

第四,厂矿、院校、科研等单位领导班子平均年龄的下降幅度,可以参照党政领导班子的要求。但参照决不是简单地比照省、地、县逐级硬套。特别是对厂矿和院校领导班子的平均年龄要求,不能用一个尺度来规定;同属厂矿企业,由于工作特点、工作条件对干部健康情况的要求不同,领导班子成员的平均年龄也应当允许有适当的差别。

第五,它要求今后提拔干部必须掌握一定的年龄限制,目的是为年富力强的优秀干部进领导班子创造条件。但这决不是说,凡超过年限的同志今后一律不提。如有特殊需要,本人身体好,即使年龄大几岁,还是可以提,只是在一个班子中不宜提得太多。

从去年9月全国组织工作座谈会部署选拔优秀中青年干部进领导班子算起，到1982年年底一共有三年多时间。在这段时间里，经过努力，能不能实现上述关于领导班子年轻化的初步要求呢？应当说是可能的。据去年年底统计，全国省委正副书记，中央、国家机关正副部长、地(市)州委常委和县委常委平均年龄，比上述要求只大几岁。只要我们在今后两年内，能够从大批优秀中青年干部中，选出两三名符合选拔条件的同志分别参加各省、市、自治区党委常委或中央机关各部委领导班子，选拔出几名同志分别参加地(市)、县委常委和厂矿、院校、科研等单位的领导班子，加上对领导班子采取必要的精干措施，那么，一般地说，各级各部门领导班子平均年龄下降到年轻化的初步要求，并不是办不到的。实际情况是，在一些“三位一体”任务抓得早、做得好的地方和单位，领导班子的平均年龄已经接近上述要求了。据今年6月底统计，已有一些省、市、自治区党委常委的平均年龄下降到60岁或60岁以下。他们的经验证明，现在可供选拔的优秀中青年干部大有人在，这是我们实现领导班子年轻化的一个有利条件。只要实事求是地承认这个条件，运用这个条件，广泛选拔优秀人才，如期完成领导班子年轻化的初步要求，一般是可以做到的。如果看不到有利条件，一味强调困难，慢慢吞吞，被动观望，反而埋怨实现领导班子年轻化的要求高了、急了，这是不正确的。当然，如果把事情看得太简单，随便对各级领导班子年轻化的平均年龄要求提得很高，规定得很死，或者只顾年轻，不考虑德才条件，那也是不对的。

这里还有一个需要认真考虑的问题，就是在当前选拔优秀中青年干部、实现领导班子年轻化的工作中，一定要注意防止和克服“左”的流毒和影响。我们有的同志挑选干部，不注意四化建设对知识和专业才能的需要，常常把党培养下成长起来的广大知识分子，包括在实践中刻苦学习掌握了科学技术才能的工农出身的同志，排除在视野之外。还有的同志，看干部的德，至今没有跳出“阶级斗争为纲”的框框，明明是坚持社会主义道路、拥护三中全会以来党的路线的好同志，仅仅因为家庭出身或历史上的某些问题，就觉得“靠不住”，不敢大胆选拔。还有的同志选人没有摆脱“以我为核心”的影响，似乎只有听从自己或跟自己亲近的人才行，别人都信不过。诸如此类的情况说明，长期存在的“左”的思想影响，确实是我们实现领导班子年轻化、做好优秀中青年干部选拔工作的一个不容忽视的障碍。各级党委和组织部门必须正视这个情况，并且通过积极的思想工作，采取必要的措施，帮助某些同志从“左”的思想的禁锢和影响下彻底解放出来。否则，要按照四化需要完成领导班子的建设，就没有可能。

从新中国成立到现在，我们党为建设强大的社会主义中国奋斗了31年，在曲折前进的道路上度过了整整一代人的时间。在历史已经转入承先启后、继往开来的关键时刻，更新各级领导班子，实现人员年轻化和知识化、专业化，已经作为一个十分紧迫而重大的政治任务和组织任务摆在全党面前。我们必须坚定不移地把这个关系党、国家、民族前途命运的任务完成好。现在，我们不但有正确的思想路线、政治路线和组织路线，而且正在从制度改革方面为选拔使用政治品质好、比较年轻、有专业知识和实践经验的干部创造条件。只要各级领导和组织部门的同志，思想解放，积极大胆而又谨慎周密地进行工作，敢于大胆放手走群众路线，善于发现和使用人才，就一定能够如期实现领导班子年轻化的初步要求；再经过几年的努力，进而使各级领导班子中年富力强的同志占大多数，也是可以达到的。到那个时候，我们的党将更加朝气蓬勃，在领导中国人民进行新的创业中显示出更加强大的活力。

中宣部在北京召开思想政治工作座谈会建议全党都来抓好思想政治工作

新华社报道，中共中央宣传部最近召开思想政治工作座谈会，着重研究了如何加强新时期的思想政治工作，保证社会主义现代化建设顺利进行的问题。

参加座谈会的有全国各省、市、自治区党委宣传部部长、中央宣传单位和有关部门主管思想政治工作的负责同志。中共中央领导同志在座谈会上作了讲话。

会议认为，粉碎“四人帮”以来，特别是党的十一届三中全会以来，各级党委在拨乱反正，解放思想，实现全党工作着重点转移等方面做了大量工作，广大干部、群众的思想是活跃的，总的来说也是健康的、向上的。但是，由于我们国家正处于新旧交替、除旧布新的历史转折和重大改革时期，政治、经济等方面的调整和改革正在进行中，不断出现了一些新的情况。因此，党内外有各种各样的思想反映，存在着错综复杂的思想矛盾和问题。这就需要认真地、有的放矢地加强思想政治工作，把广大干部和群众紧密地团结在党的周围，同心同德干四化。但是，目前许多单位和部门对此认识很不足，领导不力，思想政治工作相当薄弱。改变这种状况，是全党面临的一项十分重要而迫切的任务。

座谈会认为，在新的历史时期，必须继续坚持思想领先的原则，要把思想政治工作放在非常重要的地位。大家指出，思想政治工作是培养社会主义一代新人的工作，必须实事求是，调查研究，解放思想，疏导结合；

必须和经济工作以及各项实际工作结合起来;必须把解决群众的思想问题同解决群众的实际问题结合起来。当前思想政治工作的主要任务,是宣传马列主义、毛泽东思想和党的路线、方针、政策,统一全党和全国人民的思想,使党的路线、方针、政策变成广大群众的自觉行动,落实到做好本地区、本部门、本单位的工作上;联系工作和思想实际,做好干部、党员、群众的思想教育工作。特别在党内,要用无产阶级思想,改造和克服各种非无产阶级思想。思想政治工作首先要从党内做起。一定要纠正党内的不正之风,这是加强和改善党的领导,提高党的威信的根本措施。党风搞好了,就能带动整个社会风气。

座谈会肯定了粉碎"四人帮"以来宣传工作的成绩,同时指出了它的不足之处。会议指出,在宣传工作上,我们要关心群众的工作和生活,注意和反映他们的疾苦和要求,帮助解决他们的一些实际问题;但要注意顾全大局,对群众中一些合理的、应该解决而国家有一定困难,一时不能予以解决的实际问题,宣传上就不要随便许愿,而且要教育群众正确处理个人、集体和国家三者利益的关系。要相信群众是顾大局、识大体的,是通情达理的,是会和国家共同分忧的。

座谈会讨论了关于在报刊上开展批评的问题。许多同志称赞在报刊上开展批评和自我批评取得了很好的效果,受到了群众的热烈欢迎。这样做,也提高了报纸的威信,提高了党的威信。为了使今后报刊上的批评和自我批评搞得更好,大家认为,一要坚持;二要慎重。事实一定要核实清楚;事先要征求有关部门的意见,采取商量的办法;态度一定要与人为善;要摆事实、讲道理,从理论上思想上搞清楚问题;要允许申辩,允许反批评;如果弄虚作假或夸大渲染,要作自我批评。座谈会希望报刊成为批评和自我批评的榜样。

在座谈中,大家一致认为,加强思想政治工作,关键在于加强和改善党的领导,坚决克服党不管党的倾向。当前,首先要从制度上加以改革,逐步做到党政分工。一、各级党委,特别是主要负责人,要把思想政治工作放在首位,以主要精力抓党的路线、方针、政策的学习和贯彻执行。二、各级党委要充分依靠和发挥行政以及工会、共青团、妇联、教育等方面的力量和特长,和他们共同研究,指导他们做好思想政治工作。三、思想政治工作必须走群众路线,发动全党做、人人做,要培养一批群众积极分子,作为思想政治工作的骨干。四、身教重于言教。各级党委成员,特别是党的高级干部和主要负责人,必须以身作则,言行一致。凡是要求群众做的,必须首先从自己做起。要经常到群众中去,做群众的知心人。只有这样,才能取得领导思想政治工作的资格。

首都青年学生和老同志在人民大会堂举行"一二·九"运动45周年与"一二·一"运动35周年纪念活动

大会是由中共北京市委和共青团中央联合召开的。北京市市委第一书记林乎加主持大会,教育部部长蒋南翔在会上作了报告。他回顾了中国共产党带领全国人民和青年进行革命和建设的战斗历程。他指出,要在中国这样一个人口众多而经济、文化又十分落后的大国,建设社会主义的现代化强国,这是人类历史上空前艰巨的事业,需要好几代人的艰苦奋斗。老一辈无产阶级革命家没有完成的事业,需要我们后继者继续完成。我们决不能遇难而退,半途而废。青年是祖国的未来。希望今天的青年学生像"一二·九"、"一二·一"时代的青年那样,以天下兴亡为己任,出色地完成革命先辈所没有能够完成的任务。为祖国争光,为人类作出更大的贡献。

会上,中央领导同志向北京市高等院校、中等专业学校的276名三好学生和76个先进集体的代表颁发了奖状。大会休息期间,彭真等中央领导同志接见了21名三好学生。彭真勉励青年们要正视和正确对待当前我国在四化建设中遇到的困难,继承和发扬"一二·九"、"一二·一"运动的革命精神,团结在党中央周围,同心同德,沿着历史发展的必然道路前进。

彭真、王任重、宋任穷、胡乔木、姚依林、康克清以及当年"一二·九"运动的参加者牛荫冠、朱穆之、李昌、荣高棠、关山复、袁宝华、李颉伯、郭明秋、刘导生,当年"一二·一"运动的参加者郑伯克、马识途、王汉斌、钱端升、费孝通、楚图南和有关方面负责人贾庭三、韩英、顾大椿、白介夫、李瑞环、伍绍祖、刘达、韩天石、成仿吾、张再旺等出席了大会。

《人民日报》发表评论员文章《让群众做主完善生产责任制》

在我国江、浙一带和东北以及一些大城市郊区,有一部分社队生产水平比较高,多种经营和社队企业比较发达,农业机械化也有了相当的规模。其中有一些社队,近年来根据生产发展的需要,推行了以生产大队为单位实行专业承包联产计酬的责任制,取得了较好的经济效果。今天报道的浙江德清县陆家湾大队,就是一个例子。

搞好农业生产责任制,有两个基本前提。一是要遵循生产关系必须适合生产力发展水平的客观规律,从实际的生产力水平出发,做到因地制宜。二是要尊重社员的民主权利和生产队的自主权。我国地域辽阔,经济落后,发展又很不平衡,加上农业生产不同于工业生产,一般是手工操作为主,劳动分散,生产周期较长,多方面受着自然条件的制约。这就要求农业生产的管理有更大的适应性和灵活性,在不同的地区、不同的社队,都应当从当地的具体条件和实际需要出发,允许有多种经营形式、多种劳动组织、多种计酬办法同时并存。陆家湾大队农副业的主要部分不搞包产到户,而实行专业承包联产计酬责任制,使生产迅速得到了发展,就是因为他们所选择的管理形式与计酬方法,基本适合他们现有的生产力水平。

如何使生产责任制形式做到切合实际,符合群众的利益和愿望呢?陆家湾大队的实践告诉我们,很重要的一条,就是要发扬民主,多和群众商量,把建立和完善生产责任制的过程,成为体现尊重社员民主权利和生产队自主权的过程。这个大队去年在整顿责任制的时候,组织干部和社员开展了一次热烈的民主讨论,进行了实事求是的研究分析,最后得出了共同的意见。这种在发扬民主基础上建立起来的责任制,为群众乐意执行,有强大的生命力。生产责任制的形式关系到劳动成果的分配,与每个社员的切身利益紧密相连。他们最关心,也最有发言权,如果不认真听取他们的意见,不组织他们来参与这项工作,那是决计搞不好的。多年来,我们在指导农村工作中最大的失误之一,就是没有把尊重社员(他们是生产队的主人)的民主权利,放到应有的位置上,没有始终如一地严格执行群众自愿互利的原则,往往只凭政治强制和行政手段行事,不善于运用说服教育、民主讨论、典型示范和经济引导等方法,去提高农民的社会主义觉悟,引导农民走集体化道路。这种有害的工作作风和工作方法,至今在有些同志身上并未完全肃清和改正。他们对待加强和完善生产责任制的工作,不是深入到实际中进行调查研究,和社员们进行平等的民主讨论,找出适合本地区本社队具体情况的办法,而是凭上级的某些"杠杠"和自己的感想行事。群众有不同意见,就不加分析地一律打回去。这种做法,必然使工作陷于被动。

引导农民摆脱贫困和落后,走社会主义集体化的共同富裕道路,毫无疑问是必须坚持的。但是,不应当忘记,发展生产,摆脱贫困,只有依靠亿万农民的自觉行动,依靠他们的积极性、主动性和创造性。党在农村实行任何一项政策,开展任何一项工作,都必须从这个根本观点出发,尊重农民的要求和愿望,照顾农民的经济利益,把与他们切身利益有关的事情,交给他们去讨论去实行。请看陆家湾大队的干部和社员,关于责任制问题的讨论,摆事实,讲道理,说得合情合理,不是很切合实际,很有水平么?有些同志遇事总不喜欢让群众民主讨论,尊重群众的意见,这种状况很需要迅速改变。

改善社队的经营管理,进一步贯彻按劳分配,加强和完善生产责任制,是当前巩固集体经济,发展农业生产的一个中心环节。那种违背当地群众的愿望,强制推行一种形式,禁止采用其他形式的做法,是错误的,也是注定要碰壁的。我们一定要把坚持党的领导同尊重社队自主权统一起来,既要发扬民主,又要善于引导,把这一工作做好。

《人民日报》发表评论员文章《中日友好合作关系史上的创举》

我国国务院成员和日本国内阁成员级会议首次会议,从12月3日至5日在北京举行。双方就目前国际形势、两国的经济和财政政策以及两国之间友好合作关系等问题,进行了富有成效的会谈,取得了圆满的结果,并发表了联合新闻公报。邓小平副主席和赵紫阳总理分别会见了前来参加会议的日本内阁大臣。举行这样的会议是中日友好合作关系史上的一个创举。它标志着中日两国友好关系的发展达到了一个新的高度,对于进一步加强两国在外交、经济贸易及其他各个领域的合作关系、维护亚洲及世界的和平与安全,具有重大的意义。

回顾中日两国实现邦交正常化8年来的历程,喜看今天两国友好合作的新气象,人们对两国关系的进一步发展充满信心。中日两国虽然社会制度不同,但在两国政府和人民的共同努力下,两国之间遵循平等互利、相互尊重的原则,彼此合作、互通有无、互相补充、共同发展的领域越来越广阔。特别是在这次就经济和贸易合作问题交换意见时,双方共同希望在贸易、能源、资源、农业、运输等方面进行广泛交流和合作。中国方面表示,由于中国的经济正处于调整阶段,在短期内某些对外经济合作项目可能不像有些朋友预期的那么多,某些合作内容也要相应地作些调整,同时指出,这是暂时的现象,在调整阶段结束以后,两国的合作关系必将呈现出更为宽广的美好前景。日本方面表示理解中国实现四个现代化的远大目标及目前所采取的调整方针,认为需要确立与此相适应的合作道路和政策,使两国友好合作关系扎扎实实地向前发展。中日两国在内阁成员一级的水平上坦率诚挚地交换意见,加深相互理解,对今后两国友好合作的进一步发展,无疑将产生积极的影响。

中日两国基于建设和发展自己国家的共同愿望,都希望有一个和平与安定的国际环境。但是,当前严峻的现实是,中日两国都多了受到苏联霸权主义的严重威胁。独立的主权国家阿富汗、柬埔寨等遭到苏联、越南大小霸权主义的武装入侵和军事占领。这是苏联加紧它的南下战略部署、竭力推行它的全球战略的重大步骤。维护国家的独立和安全,这也是本届会议上双方共同关心的问题。正如大平总理大臣生前谈及中日关系的前景时所说,应该使“日中关系发展成对亚洲以及世界的和平与安全作出贡献的关系”。中日两国努力发展友好合作关系,不仅符合两国人民的共同利益,而且有利于亚洲、太平洋地区以至世界的和平、安全、稳定与繁荣。

中日两国一衣带水,隔海相望。现在,一座雄伟的友好合作的大桥已经架设。中日两国政府成员级会议首次会议的举行,为在新的历史条件下加强和促进两国间的友好合作关系走出了坚实的一步。这是中日两国的喜事,也是亚洲与世界和平之福。

国务院副总理方毅在人民大会堂会见由第一副校长吴吉方率领的朝鲜金日成综合大学代表团

国务院副总理谷牧在北京会见菲律宾欧波提玛公司董事长马科斯·巴巴夫人一行

日本著名戏剧家河原崎长十郎和其他20位日本戏剧家在首都剧场的舞台上演出郭沫若40年代创作的话剧《屈原》

中国乒乓球队在法国巴黎举行的第二十八届法国国际乒乓球锦标赛团体赛中获得混合双打和女子双打冠军

12月7日

中共中央副主席李先念在北京会见由坦桑尼亚革命党全国执行委员会委员瓦卢尤巴率领的坦桑尼亚革命党代表团

李先念向瓦卢尤巴介绍我国经济建设情况时指出,经济调整工作仍然是我国当前一项重大任务,必须继续大力压缩基建规模,解决积累与消费比例关系,适当发展轻工业,逐步改善人民生活。他还指出,在调整经济中必须解决计划经济与市场经济的关系,行政干预与按经济规律办事的关系等问题。

国务院发出《关于严格控制物价、整顿议价的通知》

最近一段时期,市场上随意提价、变相涨价、哄抬议价的情况比较严重,引起广大群众的不满。为了进一步贯彻执行今年4月中共中央、国务院《关于加强物价管理,坚决制止乱涨价和变相涨价的通知》精神,稳定经济,安定人民生活,保证社会主义建设的顺利进行,特作如下通知:

一、从本通知公布之日起,凡由国家规定牌价的工农业商品,在全国各地的零售价格,一律执行国家的规定,不得提高。12月1日以前按照物价管理权限规定有关部门已发调价通知的,按原通知继续调整。

二、各种议价商品,在全国各大城市、中等城市、小城市、工矿区、县城和县以下城镇的零售价格,一律按1980年12月7日的价格出售,只能降低、不许提高。

三、以上两条规定,适用于一切国营商业,合作商业,社队企业,农工商联合企业,信托公司,贸易货栈,国营或集体经营的自销门市部,展销会,试销专柜,城市生产服务合作社,军人服务部和代销点等全民的、集体的销售单位,以及经销国家商品的个体户。以上这些单位和个人都必须严格执行本规定,不得违反。

四、议购议销必须按照国务院规定的原则和各省、市、自治区人民政府规定的品种范围执行。国家计划调拨的生产资料,包括超产部分和自销部分,必须执行国家定价,不准议价。按照国家规定允许价格向下浮动的,可以向下浮动。

一、二类日用工业品不准搞议价。三类工业品由工商企业协商定价,品种范围要严格控制。

一、二类农副产品,在完成国家收购任务以前,不许议价成交,上集市出售,也不许把集体产品分给个人出售。到三类农副产品集中产区进行采购的单位,要向当地工商行政管理部门进行登记,服从统一管理,统一分配货源,不准互相哄抬价格。议价收购商品的最高限价,由省、市、自治区人民政府规定,并布告周知。

五、鲜活商品(如蔬菜、蛋、鱼、水果等)应当有一定的季节差价。在实行本通知时,凡是已经规定了季节差价的,仍然应当根据不同季节进行调整。国家有统一规定的,按国家的统一规定执行;国家没有统一规定的,由省、市、自治区人民政府加以规定,并布告周知。

六、一切机关、团体、部队、事业单位,不准从事倒手转卖从中渔利的活动。

七、各级税务机关必须严格照章收税,对欠缴税款的,必须立即追缴。各级人民银行要加强信贷管理和现金管理,控制货币投放。对购销活动要进行监督。发现违反本通知规定的,要在信贷、结算、支付上加以限制。

八、铁道、交通部门必须严格执行旅客携带行李的限额,不得超过。

九、集市贸易是社会主义商业的补充,要按照国家的政策,加强管理,做好工作,继续搞活,发挥它的积极作用。

十、各级人民政府在本通知发布后,要连续组织几次物价大检查,并动员广大人民群众对违反本通知的行为进行揭发检举。对于确实违反本通知的单位,可以采取罚款、停发奖金、扣发应当负责的人员工资、给予行政处分等措施。情节严重的,工商行政部门可以勒令停业,并向司法部门提出控告。物价大检查,以后应定期进行,不得放松。

要加强对一切生产单位和从事购销活动的部门的思想政治工作,使他们认识到目前随意提价、变相涨价、哄抬议价的严重危害性。教育干部和职工顾全大局,遵守纪律,全心全意为人民服务,反对只考虑本单位、本地区的局部利益,自行其是。严禁用抬高物价的办法增发奖金等违法乱纪行为。所有的企业,都要努力搞好生产,增加商品供应,认真地、切实地为稳定经济、稳定物价、安定人民生活作出应有的贡献。

各级政府接到本通知后,应立即组织有关部门进行讨论,采取具体措施,认真贯彻执行。

全国物价会议在北京举行

会议确定当前物价工作的中心任务是:集中力量,认真贯彻《国务院关于严格控制物价、整顿议价的通知》,确保市场物价的基本稳定。

会议认为,这次稳定物价是中央狠抓调整、稳定经济一整套政策措施中的重要一环,是一项具有深远意义的重大经济决策,各级物价部门必须认真坚决地贯彻执行。

会议指出,国务院通知的重点是要确保市场零售价格的稳定,严格控制国营和集体工商企业的商品价格,国营和集体工商企业经营的商品,占社会商品零售总额的90%以上,控制了这部分商品的价格,不让他们随意提价和变相涨价,就稳住了大局,在安定人民生活、巩固安定团结的政治局面等方面,都有重大的意义。

会议要求各级物价部门采取有力措施,确保市场物价稳定。凡由国家规定的工农业商品,在全国各地的零售价格,不经过国务院批准,任何地区、任何部门都无权涨价,更不准擅自提价。各种议价商品价格,也要认真进行整顿。各级物价部门要在当地人民政府的领导下,同有关部门一道,组织一支强有力的物价检查队伍,立即普遍开展物价大检查,帮助各有关商品生产、经营部门和单位,具体落实、贯彻国务院通知精神,研究解决存在的问题。物价检查要上下一齐抓,对于领导机关的问题,也要检查纠正。对于严重违法乱纪的案件,各地要抓住典型,严肃处理。

在会议讨论中,许多代表说,现在全国各条战线都在为稳定经济、稳定物价而积极努力,这对搞好物价工作、稳定市场,创造了极为有利的条件。我们要鼓足干劲,坚定信心,克服困难,把工作做好。在确保市场物价稳定的同时,要做好调查研究工作,提出进一步搞好物价工作的意见,为稳定经济、稳定物价作出贡献。会议于12月23日结束。国务院副总理姚依林到会讲了话。

西北地区农业现代化学术讨论会在兰州召开

这次多学科、综合性的大型农业学术讨论会,是受国家科委、国家农委、中国科协委托,由中国农学会、中国林学会、中国水利学会与陕西、甘肃、宁夏、青海、新疆、西藏、内蒙古、山西、四川等省、区共同召开的。400多名与农业有关的专家、教授、科技工作者以及主管农业的领导干部参加了会议。与会代表针对当前农业生产上迫切需要解决的问题以及西北地区农业现代化如何起步的问题进行了探讨,对恢复和全面发展农林牧副渔生产提出了许多宝贵建议。中共中央书记处书记王任重到会听取了专家们的学术报告,并在会上讲了话。

王任重同志说,中国在旧社会是山河破碎。解放30年来有建设,有进步。我们的粮食产量比解放初增加了将近两倍,比历史最高的1936年增加了一倍多。但30年来我们在工作中确实有不少失误,确实犯了不少错误。十年浩劫给我们带来的灾难就更加严重了。总之,旧中国留给我们的山河旧面貌还没有很大的改变,还说不上根本改变。西北的一些地方,农民还很贫困。党的十一届三中全会以来,放宽了农村政策,减轻了农民负担,广大农民的实际收入有了提高。但要从根本上改变西北地区农民的贫困状况,不是轻而易举的事,那还需要西北各族人民,特别是千百万农民,以愚公移山的精神,长期艰苦奋斗,才能彻底改变面貌。

王任重同志强调,要认真记取历史的经验教训。"左"倾蛮干给我们造成的损失和浪费是很大的、很痛心的。我们过去就说"以农业为基础",但实际上并没有把农业摆在基础的地位。我们对经济发展要求过快过急,工业基本建设的战线太长,摊子太大,对农业的投资就比较少了,而且由于积累过多,用于改善人民生活方面的就少了。这很少的投资也有许多没有用好。他回顾了30年来我国农业生产关系的变革情况后说,我们在指导思想上盲目追求"多、快",这就是主观主义,犯了急性病,不懂科学,又不尊重科学,盲目蛮干的事不少。1958年的人民公社化和"大跃进",就是这个问题,使我们吃了大亏,生产停顿了好几年。粉碎"四人帮"后,我们提出了拨乱反正。当时,国民经济被"四人帮"搞到了崩溃的边缘,本来应当休养生息,应当调整,但是,又提出"大干快上",这好像要一个大病初愈的人去赛跑,能行得通吗?不问实际情况如何,不顾需要和可能,盲目引进,这还是犯的老毛病,给我们目前的国民经济造成了很大困难。所以,我们一定再三再四地强调实事求是、群众路线。这是我们进行任何工作都不能违背的思想路线和工作方法。我们要时时刻刻想到,我们过去的"左"的路线和政策带来的损失和浪费确实很严重,要认真记取这个历史的教训,把我们的事业办得好一些。

在谈到西北地区建设方针时,王任重同志说,我赞成小平同志的意见,黄土高原地区应当发展成为林、牧业基地,首先抓好种草。整个西北地区,应当是农、林、牧并举的方针。要分别情况,因地制宜,从实际出发,各有侧重,宜农则农,宜林则林,宜牧则牧。不能认为等待粮食过了关再去种树种草,应当是农、林、牧各业并举。他强调指出,在近三五年内,要大抓种草。凡是能种草的地方,都要种上草。土洋结合,人工种草和飞机播种。有了草,就可以控制水土流失,增加饲料,提高土壤肥力,为发展农、林、牧业创造条件。目前,西北地区农业生产水平比较低,群众生活困难,由国家调进部分粮食来,使农民得以休养生息,调整农业结构这是必要的。但将来,这个地区应当做到粮食自给。我们要教育农民改变广种薄收的习惯,建设稳产高产农田,在科学种植上狠下功夫。要大力发展蚕桑、果树等经济林,发展养蜂业,发展中药材。同时切实帮助农民解决烧柴问题,搞沼气,种植薪炭林等等。

王任重同志说,开发和建设大西北,一定要重视科学技术,按客观规律办事,尊重和关心农业科学技术人员,充分发挥他们的作用。目前,不重视农业科技人员的情况,应当改变。

各方面的专家、学者和科技人员根据在西北地区的科学实践和深入考察,向大会提交了330多篇学术论文和调查报告,内容涉及农、林、牧、副各业以及农业经济、农业机械、农业教育、水利、气象等许多方面,其中不少论文有较高的学术水平。

会议于12月16日闭幕。

中华人民共和国和保加利亚人民共和国科学技术合作委员会第十八届会议议定书在北京签字

解放军总政治部发出《关于1981年新年、春节期间开展拥政爱民活动的通知》

通知说,1981年新年、春节期间,各部队要用必要的时间,深入进行人民军队宗旨和拥政爱民的教育。教育要紧密联系实际,以干部为重点,注意运用政府和人民群众关心支持部队建设、开展拥军优属工作的大量事实教育部队,加深部队对政府和人民群众的深厚感情。对影响军政军民关系的问题,要一个一个地认真研究解决,并向部队进行教育。需要军队和地方双方解决的问题,要抓紧与地方协商,本着严格要求自己,不给地方出难题,互相体谅、照顾的精神,妥善处理。

通知指出,搞好同兄弟民族的团结,对于巩固边防,反对霸权主义,加强战备,实现四化,都具有十分重要的意义。驻兄弟民族地区的部队,要重温以往军民联防的优良传统,学习中央对当地民族工作的指示,认真执行党的民族政策,维护兄弟民族的利益,尊重兄弟民族的风俗习惯,多做有利于民族团结的工作。

通知说,党中央关于进一步加强和完善农业生产责任制的文件,是党对农村工作的重要政策,也是部队支援农村社会主义建设的依据,各单位要进一步抓好这一文件的学习,提高认识,落实于行动,号召干部战士广泛向家属、亲友和驻地人民群众开展宣传活动。各部队要因地制宜,发挥优势,形式多样,支援城乡生产建设,广泛开展为人民群众做好事活动,并制定出1981年的支援规划。全体干部战士要发扬雷锋精神,讲文明,有礼貌,守纪律,带头树立社会主义新道德、新风尚。

通知要求各部队努力创造条件,在新年春节期间积极争取与地方联合召开拥政爱民、拥军优属大会或先进代表会,推动拥政爱民、拥军优属工作的深入开展。各大单位还应组织慰问团,带小型精干的文艺演出队或电影组,到灾区和革命老根据地进行慰问。

通知最后说,各级党委和政治机关,要加强对拥政爱民工作的领导。全军指战员,要提高警惕,加强战备,搞好军民联防,防止和打击国内外阶级敌人的破坏活动,保卫全国各族人民安全、愉快地欢度佳节。

中国乒乓球队在法国巴黎举行的第二十八届法国国际乒乓球锦标赛中获得男女单打冠军

南方12省 市 自治区血吸虫病防治工作会议在上海举行

12月8日

国务院发出《关于国家机械工业委员会工作任务的通知》

为了改进机关工作,明确职责权限,进一步加强对机械工业的统一领导,现将国家机械工业委员会的工作任务通知如下:

一、国务院机械工业委员会改名为中华人民共和国国家机械工业委员会,简称国家机械委。

二、国家机械委是在国务院领导下,统一领导和归口管理机械工业(包括电子工业)的综合部门。国家机械委管理一机部(包括一机部代管的国家仪器仪表工业总局)、四机部(包括四机部代管的国家广播电视工业总局、国家电子计算机工业总局)、六机部、农机部的工作,协同国防科技、工业管理机构安排国防工业企业的民品生产,组织民用机械工业企业优先保证完成合同规定的国防科研、试制、生产等任务,统一规划和协调国务院其他部门管理的民用机械制造工业和各省、市、自治区管理的民用机械工业。

三、国家机械委的工作任务是:

(1)贯彻执行中共中央、国务院关于经济工作的路线、方针、政策和指示。拟定机械工业的方针、政策和法规。调查研究,监督检查,及时向国务院反映情况,提出建议。

(2)协助国家计委组织有关部门编制机械工业长期规划和年度计划(包括生产、基本建设、科学技术等计划),并检查执行情况,解决执行中的重大问题。

(3)统筹机械工业的调整、改组工作,根据“发挥优势、保护竞争、推动联合”的方针,按照专业化协作和经济合理的原则,统一规划,合理调整,在扩大企业自主权的基础上,采用各种形式的经济联合体,把机械工业组织起来。国务院各有关部门组织全国性的或跨省、市、自治区的各种类型的机械工业公司,由国家机械委审定。严格制止一切不合理的重复生产、重复建设和重复引进。

(4)会同有关部门拟定各行业的技术装备政策。采取有效措施,保证科研先行,组织研制重大新产品,规划建设重点科研基地和科研手段。搞好机械工业的标准化工作。组织机械工业对外科学技术交流活动。

(5)统筹机械工业的技术改造,推广、应用新技术,加快设备更新,大力提高机电产品质量,节约能量和降低原材料消耗,提高经济效果。统一安排国家用于机械工业的技术措施、新技术推广等资金和贷款。

(6)会同有关部门组织重大建设项目所需设备的制造供应。搞好设备成套和服务工作,提高成套设备的自给率。

(7)组织有关部门审查机械设备进口和技术引进项目。大力组织机电产品的出口,积极发展一批重大出口产品,进入国际市场。

(8)统一规划和合理调整国务院其他部门管理的机械制造工业,并审核其基本建设、重点技术改造项目和科研、生产计划。

民政部发出《关于1981年新年、春节期间开展拥军优属活动的通知》

1981年新年、春节期间,全国各地要广泛、深入、扎实地开展拥军优属活动,发扬拥军优属的光荣传统,以进一步加强军政军民团结,鼓舞部队士气,调动广大优抚对象的积极性,同心同德为实现社会主义四个现代化而奋斗。为此,特作如下通知:

一、广泛深入地进行拥军优属的宣传教育。春节期间,要组织干部重新学习中共中央〔1979〕94号文件,进一步领会贯彻文件精神。要通过报刊、广播、电视等各种宣传工具,大力宣传人民解放军的丰功伟绩,宣传人民解放军广大指战员在保卫祖国、支援四化建设和抢险救灾斗争中,作出的新贡献;宣传烈属、军属、革命残废军人、复员退伍军人在我国革命和建设事业中作出的重大成绩。通过宣传教育,使干部和人民群众充分认识:中国人民解放军是保卫祖国、保卫四化、保卫人民利益的钢铁长城;热爱人民解放军、支持人民解放军是我国人民的优良传统,是各级人民政府义不容辞的责任;军政、军民团结一致是实现安定团结、战胜困难,加强四化建设的重要保证。从而在广大的人民群众和干部中,进一步树立拥军优属观念,发扬拥军优属的社会风尚。

二、对驻军进行走访慰问。春节期间,各地对当地驻军可进行小型走访、座谈活动。由政府领导同志出面,表达政府及人民对子弟兵的亲切关怀,感谢部队对地方工作的支援,听取部队对地方工作的意见。通过走访、座谈,切实解决军政军民关系中存在的问题,不搞形式主义。

省、自治区、直辖市所在地可举行一次军民联欢会。

对边防、海防前线部队指战员进行慰问,可放映电影和组织小型歌舞队演出。对部队医院、革命残废军人休养院伤病员,可赠送少量的慰问品。

三、检查落实农村优待工作,切实保障烈属、军属、残废军人、复员退伍军人的生活。要认真贯彻落实中共中央〔1980〕75号文件精神,在进一步加强和完善农业生产责任制中,妥善照顾好烈属、军属和残废军人。要抓住年终分配这个关键时刻,检查优抚工作的落实兑现情况。凡是实行按工分统一分配的生产队,不论采取什么形式的生产责任制,都要坚持党的优待政策,保证烈军属、残废军人和带病回乡复员退伍军人的生活不低于当地一般群众的水平。

四、农村社队、城市街道办事处和居委会,对今冬明春回来的退伍军人要普遍进行走访,召开小型欢迎会或座谈会,介绍当地情况,鼓励他们在新的岗位上为四化作出贡献。要按照有关政策,对他们进行妥善安置。

五、城市各行各业的基层组织,要召开烈属、军属、革命残废军人和复员、退伍军人代表座谈会,表扬和鼓励他们在实现四个现代化中作出新贡献,征求他们对各项工作的意见。要发动群众,在春节期间为烈属、军属、革命残废军人贴春联，并且开展为他们做好事的活动。

六、检查拥军优属公约的执行情况。春节以前，要发动群众，对去年制定的拥军优属公约执行情况，进行一次检查，并根据执行中的问题，进行必要的修改和补充，使之更加完善。对拥军优属活动中涌现出来的先进集体和个人，要给以表彰和奖励。

七、严禁请客送礼，铺张浪费。今年拥军优属活动，坚决贯彻《准则》的精神，要扎扎实实，讲求实效，反对形式主义；提倡节约简朴，严禁请客送礼，铺张浪费。

各省、自治区、直辖市民政厅、局，应根据上述要求，结合当地的具体情况，提出安排意见，报请省、自治区、直辖市人民政府进行部署，努力做好此项工作，并在结束之后，于明年2月底以前写出书面总结，报送我部。

国家物价总局发出通知要求各级物价部门坚决落实国务院通知规定的措施

通知说，贯彻执行国务院的通知，是当前各级物价部门的重要任务。要会同有关部门，在人民政府领导下，组织一支强有力的物价检查队伍，认真检查、监督物价。对检查出来的问题，不管是下面的还是上面的，都要严肃处理。对严重违法乱纪的，要从严处理。对执行物价政策好的单位和个人，要进行表扬。

国家物价总局的通知里还指出，国务院通知第一条当中提到的“零售价格”，包括国营商业、供销社和其他部门按照物价分工管理权限批准执行的价格，也包括按照物价部门批准的作价办法制定的牌价，属于这些范围的商品的价格，凡高于牌价的都要降下来。

《人民日报》发表社论《加强物价管理 保证物价稳定》

确保市场物价的基本稳定，对于保障四化建设和人民生活的安定，具有十分重大的意义。我们党和国家对稳定物价问题十分重视。今年4月，中共中央、国务院发布了《关于加强物价管理，坚决制止乱涨价和变相涨价的通知》。但是，由于有些部门、地区和单位没有认真贯彻执行中央关于稳定物价的方针，对某些生活必需品随意涨价或变相涨价，引起了广大人民群众的不满。国务院为了进一步贯彻上述通知精神，又于12月7日发出《关于严格控制物价、整顿议价的通知》。对于群众所关注的问题，各级党政领导部门必须高度重视，按照党中央和国务院的通知精神，严格控制物价，认真整顿议价，确保物价的基本稳定，切切不可掉以轻心！

打倒“四人帮”以后，全国人民不仅希望政治上有一个安定团结的局面，而且盼望实现四化，逐步提高物质和文化生活水平。这几年，特别是十一届三中全会以来，党和国家顺乎民意，对提高城乡人民生活水平，采取了一系列有力的措施，如提高部分农副产品的收购价格，提高部分职工的工资，发放奖金，增建住宅，增加劳保费用等，使得全国城乡大多数人的实际收入有所增加，生活有所改善。但是，如果市场物价不能保持基本稳定，国家为改善人民生活所作的努力，就会大受影响，人民群众已经得到的实惠就要打折扣；而那些没有增加工资或没有奖金的职工，以及商品经济不发达地区的农民，由于物价上涨，他们的生活水平就会有所下降。我们一定要认真对待这个问题，坚决防止这种情况发生。

近年来，市场调节在国民经济中发挥着越来越显著的作用。各地农贸市场的恢复和建立，对促进生产发展和改善人民生活起了良好的作用。今年以来，农贸市场价格基本稳定，这是十分可喜的现象。我们应当继续加强对农贸市场的领导和管理，进一步把农贸市场搞好搞活。国家规定三类农副产品和完成国家计划以后的一、二类农副产品，以及工业品中的小商品实行议购议销以来，对于较快地发展小商品生产、调动农民和手工业者的积极性起了积极的作用。当前的问题是，一些地区、部门和单位，不按照国家规定办事，不适当地扩大了议购议销商品的范围；一些地区在没有完成国家收购、调拨计划的情况下，大搞议价购销；有的国营和集体单位到产区收购，哄抬物价，致使产地的收购、调拨计划无法完成；对议价商品的价格缺乏必要的指导和管理，致使一些商品价格不断上涨；还有的商店把平价和议价商品混杂在一起，以议价冲击平价，从中获取非法利润。对于议价商品中出现的这些问题，必须大力整顿。今后议价商品的品种、价格，一定要限制在国家规定的范围之内，绝对不能允许把议价变成乱涨价的借口。只有严格按照国务院的通知办事，才能使市场调节更好地为国计民生和安定团结的大局服务。

另一个值得注意的情况是，有些企业不在提高质量、增加花色品种和降低消耗上下功夫，而把提高产品价格当成获得利润、奖金、福利和积累的捷径，甚至采用降低产品质量、偷工减料、巧立名目、改头换面等恶劣手法变相涨价。这是违反物价政策的，应当坚决制止。

为了确保物价的基本稳定，当前必须重申：对关系国计民生的重要商品价格实行统一的管理，任何单位和个人不能随意变动。国营商业和供销社商业是我国城乡市场的主体，对活跃市场、平抑物价起主导作用，必须模范地执行物价政策，为社队企业、工业自销、合作商店、农副产品市场、贸易货栈等作出榜样。

物价问题涉及千家万户,关系每个人每天的生活,直接影响四化建设。最近一个时期,由于部分物价上涨,人们议论纷纷。国务院《关于严格控制物价、整顿议价的通知》,正是针对当前物价中的问题采取的重要措施,这是符合国家、集体和广大人民群众的利益和愿望的,各地一定要认真贯彻执行。要加强对物价的管理,对那些继续破坏物价政策的企业和个人,对哄抬物价并造成严重后果的单位和个人,一定要进行严肃处理;对严重破坏物价政策的行为,一定要追究法律责任。

国务院副总理耿飚在北京会见由董事会主席威廉·施维路率领的美国泛美世界航空公司首航团

全军第一届舞台美术展览在中国人民革命军事博物馆展出

这是一个集中了全军舞美精华的展览。走进展览大厅,首先映入眼帘的是400多件制作精美的舞台设计画幅。这些画幅把近几年来全军上演的许多优秀剧目的舞台连成了一片,使人如在艺术长廊里漫游。

为了促进舞台艺术和技术的发展,这里还展出了轻便舞台、自动化灯光器材、惟妙惟肖的各种大小道具和五颜六色的服装等100余件实物。观众在这里可以看到自动换片幻灯机打出各种幻灯布景,还可以了解到化装师如何把年轻人变成老头、把瘦子变成胖子的化装秘密。

国务院批转国家人事局制定的《新闻记者业务职称暂行规定》

为了加强对新闻记者的培养、考核和合理使用,鼓励他们努力钻研业务,充分发挥他们的积极性和创造性,建立一支又红又专的新闻记者队伍,更好地为四个现代化建设服务,特制定本暂行规定。

第一条　新闻记者的业务职称定为:特级记者、高级记者、记者、助理记者。

第二条　确定和晋升业务职称的新闻记者,必须拥护中国共产党的领导,热爱社会主义祖国,努力学习马克思列宁主义、毛泽东思想,执行党的路线、方针和政策,实事求是,联系群众,刻苦钻研业务,为实现四个现代化建设贡献力量。

第三条　确定和晋升新闻记者的业务职称,应以学识水平、业务能力和工作成就为主要依据,并适当考虑学历和资历。

第四条　高等院校本科毕业生见习一年期满或具有同等学力的,具备下列条件,确定为助理记者:

(一)具有本专业一定的基础理论和科学文化知识;

(二)初步掌握采编业务,有一定的文字水平,能够完成一般工作任务;

(三)初步掌握一门外语。

第五条　助理记者或具有同等业务水平的,具备下列条件,确定或晋升为记者:

(一)具有本专业较系统的基础理论和科学文化知识;

(二)有独立承担采编业务的能力,有一定的政策水平,能够较熟练地处理或撰写工作所需要各类体裁的稿件,工作中有一定成绩;

(三)掌握一门外语。

第六条　记者或具有同等业务水平的,具备下列条件,确定或晋升为高级记者:

(一)具有较广博的科学文化知识,对新闻业务或某门学科有较深的研究,有一定水平的论著;

(二)新闻工作经验比较丰富,有相当的政策水平,能够掌握宣传报道方针,能够熟练地审定各类稿件或者能够组织、指导重大采访活动,能够解决工作中的疑难问题,工作成绩显著;

(三)熟练掌握一门外语。

第七条　高级记者或具有同等业务水平的,具备下列条件,确定或晋升为特级记者:

(一)具有广博的科学文化知识,对新闻业务或某门学科有系统的研究和较深的造诣,有较高水平的论著;

(二)新闻工作经验丰富,有较高的政策水平,能够根据党的路线、方针、政策,正确提出一个时期的宣传报道计划意见,能够采编和撰写重要新闻、通讯、评论等各类体裁的稿件,能够解决采编业务中的重大疑难问题,工作成绩卓著;

(三)熟练掌握一门以上外语。

第八条　确定和晋升新闻记者的业务职称,必须经过考核。考核在平时考绩基础上,每一年至三年进行一次。工作中有特殊贡献或成绩特别优异者,可随时考核,破格晋升。对不具备规定学历的,除评议其业务成绩外,还应当对本专业必需的基础理论、专业知识和外语程度进行测验。

第九条　确定和晋升新闻记者的业务职称,按干部管理权限,由相应的评审组织评定。各级评审组织的组成,由同级主管机关批准。

第十条　确定和晋升新闻记者的业务职称,须由本人申请或组织推荐,填写业务简历表,提交业务工作报告或学术论著,经过相应的评审组织评定后,由主管机关授予业务职称。

特级记者和高级记者,由国务院各部委或省、自治区、直辖市人民政府授予;记者,由相当于行政公署一级机关授予;助理记者,由相当于县一级机关授予。对取得记者以上业务职称的新闻记者,颁发证书。

第十一条　确定和晋升新闻记者的业务职称,必须实事求是,严肃认真。对营私舞弊,打击压制新闻干部或采取非法手段骗取职称的,应当按情节轻重,严肃处理。

第十二条　本暂行规定适用于通讯社、报社、广播电台和电视台的现职新闻记者。

第十三条　国务院有关部委和各省、自治区、直辖市人民政府,可根据本暂行规定,结合实际情况,制定实施细则。

《人民日报》发表评论员文章《积极发展民族出版事业》

在我们这个统一的多民族的社会主义国家,民族工作是我党长期的重要工作之一。少数民族文字图书出版工作,又是整个民族工作的一个重要组成部分。做好这项工作,对于全面贯彻落实党的民族政策,进一步密切各民族间的思想文化交流,维护民族团结,捍卫祖国统一,提高各少数民族人民的科学文化水平,推进四化建设步伐,逐步消除各民族在政治、经济、文化上存在的事实上的不平等,都有重要的意义。

新中国成立以后,少数民族出版工作在党和政府的关怀下,曾经有过较大的发展,在整个出版事业中占有重要地位。十年浩劫,使少数民族文字图书的出版几近中断。粉碎"四人帮"以来,情况虽然有了很大的变化,但由于极左思想的影响没有根除,以及我们指导工作不力,至今民族文字出版工作的困难仍然较多,发展较慢。在方针任务、机构体制、印刷发行等方面,问题很多。编译人员不足,水平不高,后继乏人,很不适应文化教育和四化建设的需要。各族人民迫切要求尽快改变这种状况。

少数民族出版事业的发展,取决于整个民族政策的全面贯彻落实。当前,党中央对民族工作作出了一系列的重要决策,为发展少数民族文字图书出版工作提供了极为有利的条件。我国现有的 55 个少数民族,除回族、满族和畲族通用汉语文外,都有自己的民族语言,有 18 个少数民族有自己的文字。使用和发展各民族的语言文字,是体现民族平等的一个重要方面。改变目前各民族经济文化的落后状况,发展民族出版事业,是一项具有深远意义的重要任务。我们应该把扶持发展民族出版事业当作贯彻落实党的民族政策的一件大事来对待。

发展少数民族出版事业,也是少数民族地区四化建设的需要。少数民族文化教育落后,是旧社会阶级和民族剥削压迫的结果。目前,民族地区的经济建设已逐步为人们所关注,而文化教育工作还没有引起应有的重视。少数民族地区的四化建设需要人才,需要普遍提高各民族人民的科学文化教育水平,也就离不开出版事业的发展。我们要把眼光放得远一些,把经济建设、文化建设结合起来,使经济建设促进文化建设,又使文化建设反过来促进经济建设。

发展民族出版事业,要从少数民族的实际情况出发,扬长避短,把工作搞活。要按照本民族的实际需要,确定出版事业的发展方向。根据各民族地区、民族文种的不同情况,提出能与四化需要相适应的长远计划,使之能够更好地为本民族人民和社会主义事业服务。在机构体制的改革中,要尊重少数民族的政治文化权利,只要是有利于民族出版事业发展的,可以作一些必要的尝试。

发展民族出版事业,必须大力培养少数民族知识分子队伍。过去,由于对少数民族知识分子的培养重视不够,加上林彪、"四人帮"的摧残,有的民族知识分子很少,单是整理民族文化遗产就很困难,要让他们用本民族的文字进行创作,就更难了。民族出版部门的编译人员,是少数民族知识分子队伍的一部分,他们是提高民族出版工作水平的基础。要认真落实党的民族政策和知识分子政策,逐步提高他们的社会地位和物质待遇,充分发挥他们的积极性。要提拔一批有经验的编译人员从事业务领导工作。

当前,用少数民族文字出版的图书,印数少,成本高,一般都有亏损,国家应该根据需要和可能给以补贴。此外,由于民族出版工作基础薄弱,目前还存在某些特殊困难,有关部门应该在人力、物力、财力方面,给予更多的帮助和照顾。

当然,民族出版工作中的问题很多,有些困难一时难以解决,从事少数民族文字出版工作的同志,要体谅国家当前的困难,尽可能多想一些办法,把工作做得更好。在党和政府以及广大民族文字出版工作者的共同努力下,民族文字图书的出版工作,定会出现一个日趋繁荣的新局面。

由中国展览公司举办的南斯拉夫现代绘画展览在中国美术馆开幕

这个展览展出了 18 位南斯拉夫美术家的 79 幅现实主义新形式的作品。文化部副部长周而复在开幕式上讲话指出,这些作品是南斯拉夫人民当前感情的一种新的表现形式,也是南斯拉夫美术家们在艺术实践中的一种新的探索。

展览会是根据中南两国文化合作计划来华展出

的。南斯拉夫驻中国大使奥斯托依奇,专程来华的萨格勒布现代艺术博物馆负责人博若·贝克和其他南斯拉夫同志出席了开幕式。奥斯托依奇也在开幕式上讲了话。

《辛亥革命史稿》第一卷出版

《人民日报》报道,金冲及、胡绳武著的多卷本《辛亥革命史稿》第一卷《中国资产阶级革命派的形成》,最近已由上海人民出版社出版。本书比较严格地按照历史事件本身发展的先后顺序,将各个时期国内外形势的变化、资产阶级革命派的宣传活动和组织活动,以及它同下层群众反抗斗争和资产阶级改良派之间的相互关系等联系在一起,综合地进行考察,清晰地勾勒出其中的历史连贯性和资产阶级革命派形成、发展的基本脉络及其独特面貌。

12月9日

全国人大常委会委员长叶剑英电贺安东尼奥·拉马略·埃亚内斯再次当选葡萄牙总统

国务院批转《全国城市规划工作会议纪要》

国务院同意《全国城市规划工作会议纪要》,现转发给你们,请研究执行。

国务院认为,这次全国城市规划工作会议提出的"控制大城市规模,合理发展中等城市,积极发展小城市"的方针,是好的,各地区、各有关部门应当认真执行。关于实行城市建设用地的综合开发和征收城镇土地使用费问题,国家建委和城建总局要继续调查研究,对这次会议提出的两个草案进行修订,报经国务院批准实施。关于城镇建设用地综合开发,有条件的城市可先行试点。

全国城市规划工作会议纪要

经国务院批准,10月5日至15日,国家建委在北京召开了全国城市规划工作会议。参加会议的有各省、市、自治区建委和城市规划、城市建设部门的负责同志,部分城市的副市长,城市规划专家,国务院有关部门和有关高等院校、设计科研单位的代表290多人。会议遵照党的十一届三中全会以来的路线、方针、政策和五届人大三次会议精神,总结交流了经验,讨论制定了《中华人民共和国规划法(草案)》,研究了城市规划工作的方针、政策和措施。谷牧同志出席了会议,并讲了话。

会议回顾了我国城市规划工作发展的历史。新中国成立以来,随着大规模的基本建设,新建了一大批工业城镇,对原有城市也进行了扩建和改造。到1979年底,我国共有3444个城镇,其中设市建制的216个。与此同时,我国的城市规划工作从无到有发展起来,取得了一定的成绩。但是,发展的道路是不平坦的。第一个五年计划期间,城市规划工作开展得比较顺利,在发展经济和方化等方面,发挥了积极作用。50年代末期,虽经广大规划工作人员作了不懈努力,但由于受国民经济中"左"倾思想的影响,城市规划工作大上大下。在"文化大革命"中,遭到林彪、"四人帮"的罪恶破坏,致使城市规划机构被撤销,队伍被解散,资料被销毁,城市规划工作实际上被取消了。粉碎"四人帮"以来,特别是党的十一届三中全会以来,城市规划工作才重新受到重视,得到恢复。

我国城市规划长期被废弛,造成了严重后果:大城市规模失去控制,小城镇没有得到应有的发展;许多城市和工矿区的建设,布局不合理,工厂随意定点,建设资金和土地浪费严重;乱占乱建成风,市容杂乱无章;"骨头"与"肉"比例失调,城市住宅和服务设施严重不足;废水、废气、废渣和噪声污染严重,不少园林、绿地和风景区被侵占,文物古迹受到破坏。所有这些,不仅影响了人民生活的改善,也影响了生产的合理发展。同时,不少地方和部门的领导同志,对城市规划在社会主义建设中的地位和作用一直缺乏认识;城市规划和建设计划互不衔接;规划的实施缺乏法律保障;城市规划技术人员严重不足,机构也不健全。这种状况亟须改变。

会议认为,当前应抓紧调整国民经济的时机,尽快把城市规划工作搞上去。需要认真吸取历史经验,端正指导思想,下功夫解决好以下几个方面的问题:

一、正确认识城市规划的地位和作用

城市规划是一定时期内城市发展的蓝图,是建设城市和管理城市的依据。要建设好城市,必须有科学的城市规划,并严格按照规划进行建设。城市规划工作是一项科学性、综合性很强的工作。它要预见并合理确定城市的发展方向、规模和布局,做好环境的预断和评价,协调各方面在发展中的矛盾,统筹安排各项建设,使整个城市的建设和发展,达到技术先进、经济合理、"骨肉"协调、环境优美的综合效果,为城市人民的居住、劳动、学习、交通、休息以及各种社会活动创造良好的条件。要清除极左思想的影响,纠正那种不顾生产力水平、急于缩小和消灭城乡差别,只抓生产,不抓生活,不要城市规划,不讲环境保护的错误做法,正确认识城市规划在社会主义建设中重要地位和作用,新生客观规律,自觉地以规划指导城市的建设和发展。

二、明确城市发展的指导方针

控制大城市规模,合理发展中等城市,积极发展小城市,是我国城市发展的基本方针。国内外经验证明,城市规模过大,带来许多难以解决的弊端。我们一定要严格控制大城市的人口和用地规模。今后,大城市和特大城市,原则上不再安排新建大中型工业项目。发展经济,主要应靠挖潜、革新、改造,或组织跨省、跨市公司,以及举办联合企业。

要合理发展中等城市,我国的中等城市数量较多,分布较均衡,在协作条件、技术力量、交通运输以及市政公用设施等方面,都具有一定的基础。利用这些城市的现有条件,有选择地搞一些工业项目,有利于争取建设时间,提高经济效果。但要注意,一般不要使其发展成为新的大城市。

要积极发展小城市。我国现有3300多个小城镇,其中设市建制的有105个。依托小城镇发展经济,有利于生产力的合理布局,有利于就地吸收农业剩余劳动力,有利于支援农业和促进当地经济文化的发展,有利于控制大城市的规模。从长远看,对逐步缩小城乡差别和工农差别,也有重要的意义。今后,应当通过经济建设发展小城市。国家安排新建项目,应优先在设市建制的小城市和资源、地理、交通、协作条件好的小城镇选厂定点。在特大城市和大城市周围有计划地建设卫星城。把少数确需安排在大城市的新建项目和需从市区迁出的工厂放到卫星城去。建设小城市和卫星城,规模要适当,人口一般以一二十万为宜。发展经济,要注意适当安排男女职工的比例,便于更多的人就业、定居。对其他城镇的建设和发展,也要加强指导,搞好规划。

与会同志建议,国家应制定鼓励发展小城镇的政策,改变多年来政策与方针矛盾,以利小城镇的发展。

为了在全国各地区科学地、合理地分布生产力和城市,使经济、文化协调地发展,为城市规划提供依据,要按照中共中央第13号文件的要求,尽快把区域规划工作开展起来。区域规划的区域划分不应受行政区划的限制,而应按经济联系划分。规划的内容可以先粗后细。各省、自治区,可先在本省、区内,进行区域规划试点。

三、根据城市特点确定城市性质

城市的性质,一般来讲,是指一个城市在全国或某一地区的主要功能和作用,根据城市的特点,正确地确定城市的性质,是规划和建设好城市的重要前提。中央书记处对北京建设方针的建设,提倡根据首都的特点办事,不仅为北京的规划和建设指明了方向,而且对全国各城市的规划和建设都有普遍指导意义。各个城市都应当从实际出发,根据当地的资源、交通、自然环境、发展历史和现实基础,科学地确定城市的性质和发展方向。在规划和建设中,注意扬长避短,发挥优势,保持民族风格和地方特色,体现时代精神。反对那种不问具体条件,在城市盲目发展工业,搞完整工业体系的错误做法。

四、尽快建立我国的城市规划法制

为了彻底改变多年来形成的“只有人治,没有法治”的局面,国家有必要制定专门的法律,来保证城市规划稳定地、连续地、有效地实施。会议认真讨论了国家建委和国家城建总局起草的《中华人民共和国城市规划法(草案)》,认为这个“草案”是好的、可行的,建议根据会议提出的意见尽快修改,报请国家批准实行。

五、加强城市规划的编制审批和管理工作

中共中央第13号文件规定,全国各城市,包括新建城镇,都要认真编制和修订城市总体规划和详细规划。这项工人要力争在1982年年底以前完成。京、津、沪三市要尽快完成城市总体规划的修订编制任务。各省、自治区要首先抓好省会和有重点建设任务的城市规划编审工作。在规划编审工作中,要加强调查研究,坚持群众路线,广泛听取人民群众和关方面的意见,充分发挥专家和技术人员的作用,进行多方案比选,以保证规划的质量。

要加强城市规划的管理,保证规划的实施。当前,各个城市都应采取有力措施,制止一切乱占乱建现象,防治环境污染。在近期规划中,要积极为调整国民经济服务。要与计划部门和工业部门密切协作,做好现有工业的调整、改组工作。对于工业项目的改建和搬迁,城市集体所有制生产单位的兴办,商业服务网点的分布,城市农贸市场的开放,都要在规划布局和城市用地上,作出合理安排。对于城市郊区兴办的农工商联合企业和工农联营企业的建设用地,也要加强规划管理,不能放任自流。有风景文物资源的城市,要抓紧做好风景区规划和重点文物保护区规划,妥善安排旅游服务设施的建设,促进旅游事业的发展。

六、搞好居住区规划,加快住宅建设

目前,有关部门和各省、市、自治区,正在多方设法,进一步加快城市住宅建设。这就要求城市规划工作先行一步,提前做好居住区和小区规划,安排好住宅建设用地。新建住宅要成组成片布局,保证住宅的合理间距,使之有良好的日照、采光、通风条件,并符合抗震、防火要求;居住区要留有足够的绿地,注意防止污染。住宅设计,既要标准化,又要多样化;风格、色彩、层数、单元组合,切忌千篇一律。既要做到经济适用,又要注意美观。要搞好市政公用和生活服务设施的配套建设,做到与住宅同时投入使用。

七、城市各项建设应根据城市规划统一安排

长期以来,城市规划难以实施,城市建设相当混乱,重要原因之一,是计划与规划脱节,条条与块块矛盾。改革的方向是扩大地方和城市的权力,充分发挥城市规划的综合指导作用。今后，凡是在城市新建或扩建的项目，无论工业、民用或市政公用设施，无论部属、省属，无论中央投资、地方投资还是利用外资，其选址、用地，必须经过所在城市规划部门的统一安排，按照城市规划的要求，分年列入相应的建设计划，逐步实施。城市的各项服务事业应逐步走向社会化，住宅和食堂、商店、学校、幼儿园、俱乐部、卫生所等，均应由城市统一布点、建设和经营管理，各地应根据具体情况积极试办。

八、关于综合开发和征收土地使用费的问题

实行综合开发和征收城镇土地使用费的政策，是用经济办法管理城市建设的一项重要改革。它有利于按照城市规划配套地进行建设，节约用地，充分发挥投资效果；有利于控制大城市规模，鼓励建设单位到小城镇去；有利于合理解决城市建设和维护资金的来源。

对新建小城市、卫星城，现有城市的新建区、段和旧城成片改造地区，都应考虑组织开发公司，实行综合开发。开发内容，包括开发区的勘测、规划、设计、征地、拆迁、安置、土地平整和所需道路、给水、排水、供电、供气、供热、通信等工程建设。有条件的地方，还可以包建住宅、生活服务设施、公共建筑、通用厂房等等。建成后成套出售建筑物，并按土地面积和设施水平各使用单位收取开发费。开发公司实行企业化经营、开发基金，即开发公司的周转资金，可以从国家和地方基本建设投资中预拨。或由建设银行贷款，也可向用户预收定金。开发所需统配材料、设备，应列入国家和地方物资分配计划，能够在市场采购的，就在市场选购。

征收城镇土地使用费，是城镇建设和维护的一个固定资金来源。在城镇规划区范围内，对占用土地的单位和个人，均应按当年实际占地面积交纳土地使用费。收费标准应根据不同地段，分等分级确定。对于不同的使用单位，收费标准也应有所不同。

会议认真讨论了国家建委和国家城建总局草拟的《关于城镇建设用地综合开发的试行办法》和《关于征收城镇土地使用费的意见》两个草案。鉴于这两项改革涉及面广，政策性强，建议由国家建委与有关部门协商一致，对草案作进一步修订后，报国务院批准实施。关于城镇建设用地的综合开发，有条件的城市可先进行试点。

在上述改革全面实行之产，提取工商利润 5% 和城市维护费，仍然是城市建设和维护的主要资金来源。这两笔钱，各城市一定要坚持专款专用，不准挪用。

九、大力加强队伍建设和人才培养

在 50 年代，我国城市规划技术人员曾达到 4000 余人。由于多年来不断削弱，目前仅剩 1000 余人，多数城市没有规划力量，许多紧迫的规划设计科研任务无人承担。加之，现有规划技术人员平均年龄较大，规划事业后继乏人。因此，必须切实加强队伍建设和人才培养。

各省、市、自治区及各城市，应参照国家建委〔1979〕建发城字第 74 号文件的规定，尽快把城市规划设施、科研和管理人员配置起来。国家城建总局要抓紧组建城市规划建设研究院。一些改了行而现在又使用不当的原城市规划专业技术人员，应当归队。还应调集一些有关专业的技术力量，充实城市规划队伍。各级人民政府和有关部门应给予大力支持。

要认真办好大专院校现有的城市规划专业，力争扩大招生和招收研究生。其他有条件的理工科及社会科学院校，也应逐步开设城市规划专业。国家城建总局要加快筹建城市建设学院。城镇较多的省、市、自治区，应建立城市建设中等专业学校，主要培养城镇和工矿区所需的规划设计管理人员。要加强对在职规划人员的培训工作，不断提高他们的技术业务水平。

要大力开展城市规划科学研究工作，探讨社会主义城市规划的基本理论，研究城市规划中的重大科研课题，不断提高城市规划的质量和管理水平。

十、加强对城市规划工作的领导

城市规划工作关系到城市的全局和长远发展，是城市工作的一个极重要的组成部分。会议希望各省、市、自治区及各城市人民政府，都能认真重视城市规划工作。要很好解决有关城市的性质、规模、发展方向等重大方针政策问题，切实抓好城市规划的编审和实施。城市市长的主要职责，是把城市规划、建设和管理好。各级政府在决定涉及城市规划问题的事项时，应吸收城市规划部门参加，听取他们的意见，支持他们的工人，使他们有职有权。各级建委和城建、规划部门，要认真负责，做好城市规划工人。国务院有关部门都要大力支持城市规划工人，尊重城市规划对各类建设项目的合理要求。

会议强调，城市是社会经济、文化发展的产物，它的发展又推动社会经济、文化的发展。建设社会主义现代化的强国，不能设想没有现代化的城市。四化建设要求城市规划工作有一个新的发展。各有关方面，一定要同心协力，团结合作，搞好城市规划工作，为把我国城市逐步建设成为具有高度文明的社会主义现代化城市而奋斗。

国务院关于同意江西省扩大宜春市郊区给江西省人民政府的批复

1980 年 8 月 16 日请示报告悉。同意将宜春县樟树公社的店前、林田、一寺、阳坑、伊村、梅木、坪田、王华、石湖、双湖10个大队和宜春县油茶林场划归宜春市管辖。

公安部向全国公安系统发出1981年新年 春节期间开展爱民月活动的通知

新华社报道:公安部最近在发出的通知中指出,1981年的爱民月活动是公安系统发扬党的优良传统的重要组成部分。要认真搞好思想教育,使全体公安干警深刻了解树立和发扬优良作风,是搞好公安队伍建设的一个根本性问题,以真正提高守法、遵纪、爱民的自觉性,做好保卫社会主义现代化的工作。

通知要求爱民月活动期间,要动员全体干警检查总结一年来依法办事、执行政策、遵纪爱民的情况。1981年全体公安人员要做到文明办事、礼貌待人。各级公安机关和业务部门都要根据自己的实际情况制定出具体措施。要结合1980年年终总结评比,表扬奖励本地区奉公守法、勤勤恳恳、为人民办好事和完成任务好、纪律作风好、敢于抵制不正之风的先进集体和个人。各省、市、自治区公安厅、局对事迹突出,堪称学习榜样的好典型,应予以记功,号召广大干警学习。对于极少数严重违法乱纪,造成恶劣影响,又尚未处理的案件,一定要抓紧查清,严肃处理。

通知号召各级公安机关,要切实加强领导。各级领导同志都要深入基层,到群众中去,研究解决实际问题,把爱民月活动搞得扎扎实实。

《人民日报》发表社论《努力扩大机电产品出口》

努力扩大机电产品出口,是当前经济工作的一项重要任务,也是机械工业改造和提高的需要。要利用国内外有利因素,加强领导,认真组织,使机电产品出口工作大步前进。

我们进行四化建设,从国外引进必要的先进技术,进口必要的设备和原材料,都要支付大量外汇。只有扩大出口,才能支持进口。这些年来,我国对外贸易有了较大发展,但与四化建设的需要相比,还是很不相称的。现在工业比较发达国家的出口额都占国民生产总值的10%左右,我国目前仅占3%,显然太少了。

我国出口额少的主要原因,是出口的产品大部分是农、副、轻工产品、工矿原料和初级加工品,数量大、技术低、收汇少,因而总的收汇额不大。要增加外汇收入,改变出口产品结构,扩大机电产品的出口,是必然的趋势。机电产品加工层次多,附加价值大,收汇率高。一些工业发达国家的机电产品出口额,在本国出口总额中占的比重是很大的。如日本占64%,西德、英、法等国占40%左右,有些中小国家也在20%以上,而我国仅占2.9%。现在很多国家都把扩大机电产品出口,增加机电产品在出口中的比重,作为发展出口贸易的一项经济决策。我们应该吸收国际上的经验,采取有效措施,迅速增加机电产品出口。

无论从国内四化建设的需要来说,还是从适应国际市场的要求来说,我国机械工业都有一个改造与提高的问题。在改造提高的过程中,使产品的质量、性能、品种、价格都能向国际水平看齐,经得起考验,提高竞争能力,才能适应四化需要,在国际市场上立住脚。

我们必须努力提高机电产品的质量,增加花色品种,在国内市场展开竞赛,并使之尽量进入国际市场,同国外产品进行比较。市场是最好的裁判员,经过市场裁判,找出差距,在研究设计、生产管理、经营销售各方面实行一系列改革,力求尽快提高我国机械工业的制造水平。也就是说,只有内外销相结合,工贸相结合,用外贸促进工业生产,用扩大机电产品出口促进机械工业技术改造,才能改变机械工业同国际市场长期脱节的局面,较快地把我国的机电产品提高到国际水平。

经过30年的建设,我国机械工业已具有相当的规模和一定的技术水平、生产水平,还培养了一支技术队伍,目前能制造3万多种产品。除供应国内市场外,还有很大余力,能够生产产品出口。我国机电产品已销往许多国家和地区,还帮助一些国家建成一些大型工厂。在制造能力和技术水平上,扩大机电产品出口是完全有条件的。在一些技术先进的国家争着生产高档产品的情况下,我国生产的中低档产品,具有一定竞争能力。不少产品在国际市场上颇受欢迎,要求购买我国产品的越来越多。只要我国生产企业和贸易机构切实地把出口机电产品的各项工作做好,增加机电产品出口的比重,改变我国出口产品的结构,大幅度增加外汇收入是完全可能的。

决定扩大出口的因素,主要是产品质地优良、适销对路、价格低廉、交货及时、服务周到。这五个因素缺一不可。由于我国处于开始进入国际市场阶段,首先要注意质量。从大多数生产企业来看,不是不能制造优质合格的产品,而是思想上对质量问题没有给以足够重视。质量第一,应该是一条纪律,要制定相应的法令加以保证。

为了保证出口产品的质量,一定要做到产品不合格不准出厂,更不能出口。只有这样,才能树立国际信誉,为扩大出口创造前提。出口产品要符合国际标准和用户要求。以我为主、闭门造车,是不能为国际市场接受的。要有严格的检验制度,认真做到一丝不苟。要严格管理商标,如果冒用商标,滥竽充数,会败坏出口产品的信誉。

扩大机电产品出口,还要大力培养对外贸易人才,学会做生意。每个市场都有它的特点,市场需求情况又经常变化,在这方面,我们还不熟悉。国际市场需要什么,我们不清楚,国外用户对我们能生产什么,也不甚了解。这说明我们在市场调查和产品宣传工作方面,还不适应国际贸易的需要。为了扩大出口,必须迅速培养一批懂技术、懂外贸、懂国际条法、懂外文的经理和销售人才。

扩大机电产品出口,还必须组织起来,统一步伐。我国机械行业部门多,企业也多,除极少数大型骨干企业可以直接对外外,应尽量按同类产品和同行业组织起来,便于同外商交往。要减少层次,简化手续,提高工作效率,克服官商作风。生产、贸易和有关部门,都把扩大机电产品出口作为一项重大任务来抓,这样,争取在几年内,提高我国机电产品的出口额是完全可能的。

全国纺织系统安全生产座谈会在北京召开

新华社报道,最近在北京举行的全国纺织系统安全生产座谈会,批判了"左"倾思想给安全生产造成的影响,决定从实际出发,采取切实措施,要大大减少各种重大事故,有计划、有步骤地解决危险厂房、仓库建设、女工劳保等问题。

通过讨论,代表们统一了思想认识,决心肃清"左"倾思想的影响,从现在开始,立即采取有效措施,切实搞好安全生产。纺织工业部提出,目前已经完成今年生产计划的企业,可以提前维修设备、培养和教育工人,为明年的安全生产做好准备;危险厂房、危险锅炉和仓库严重不足,是纺织工业安全生产的三大隐患,明年要结合调整,停建、缓建一部分在建项目,腾出必要的资金、材料来逐步解决这些问题;要抓好女工的劳动保护,尽快把女工的卫生室、哺乳室、孕妇休息室等恢复建设起来。

商业部 全国供销合作总社 粮食部分别发出要求各地相关部门认真贯彻执行国务院《关于严格控制物价、整顿议价的通知》的通知

商业部发出的通知中规定:

凡是国家规定牌价的工农业商品(包括进口的电视机、收录机、计算器、手表等),商业系统的零售企业首先必须严格执行,不得提高。现行价格高于规定零售牌价的必须立即降下来,不得借故拖延。低于规定零售牌价的,可暂维持不变,报请上级主管部门审查解决。

商业系统的批发和零售企业,除了上级指定兼营的某些商品之外,不准任意经营本行业以外的其他工农业商品。

商业系统经营的议价商品,必须符合国务院规定的原则和各省、市、自治区人民政府规定的品种范围。不该议价销售的商品,必须立即退出议价,改按平价销售。对现行议销价格,要认真审查,打紧费用,缩小差价,价格偏高的,应坚决降下来。

信托公司或货栈要严格控制经营范围,代营收费和自营利润要从低,严禁投机倒把。不得打着为工业或外贸部门代购代销的名义,变相搞工业品的议价业务。

三类工业品由工商企业协商定价,在省、市、自治区人民政府规定的品种范围内,可以由工商企业协商制定成交价格和相应制定市场零售价格;这些价格应当都是平价。

商业系统经营的松香、硫黄等生产资料,包括超产部分和自销部分,都必须执行国家定价,不准搞议价业务,必须衔接好购销调拨计划,认真执行。

蔬菜的零售价格要保持稳定,要认真安排好蔬菜的生产和供应。"大路"菜不能少,不能涨价,不搞议价。鲜蛋季节差价,由各省、市、自治区自行掌握,但不能下放管理权限。

全国供销合作总社的通知规定:

国家规定有零售牌价的工农业商品的价格,要按规定的牌价执行,高于牌价的要立即降下来。基层供销社和各级供销社所属经营单位(包括农村代购代销店),不得以零售价采购工业品;从外地采购的计划外一、二类工业品,必须按照牌价出售。

对议购议销,通知重申要按照国务院和各省、市、自治区人民政府规定的品种范围执行。凡是议销价高于当时当地集市贸易价的,必须按低于集市贸易的价格销售。

一、二类日用工业品不准搞议购议销。国家允许工业企业可以自销的二类日用工业品,贸易货栈可以代购代销,但必须执行计划价格,手续费要从低掌握。国家统一调拨的农药、化肥,包括生产这些产品的工厂超计划生产的部分,都必须执行国家规定的零售价格,不准议价出售。

通知规定农产品收购价格要严格控制,不得擅自提高。超购加价和价外补贴要按国务院的规定执行,不准扩大。棉花要坚持实行统购统销政策。二类农副产品未完成收购计划以前,不准议价成交,社队不许自销,其他部门不得插手经营。有些重要的三类农副产品,在集中产区,可以派购一部分,以保证城市必不可少的供应。供销社的经营单位,到外地采购农副产品,必须服从当地统一管理,不得抬价争购。

通知要求收购或销售农副产品,必须认真执行主管部门规定的质量标准和等级差价。不得提级提价,也不准压级压价。

关于供销社管理的饮食业，通知要求必须贯彻执行薄利多销的原则。对用议价原材料制作的饭菜等，应以这些原材料同类品种的平价计算成本，高出平价部分的金额及税金可以计入销价。议价品种的毛利率要低于平价品种的毛利率，超过的要降下来。

粮食部通知中规定：

一、粮油统销价格，一律按照国家规定执行。计划供应的粮油，必须保持质量稳定。不符合质量标准规定的不得出厂(库)。

由于原料的影响，经过努力达不到国家规定标准的粮油成品，按照依质论价的原则，经省、市、自治区物价部门和粮食部门批准，可以临时降价出售。

对于降低质量变相提价的，要追究责任，严肃处理。

二、粮油议购，必须在完成国家征超购计划后进行。议购价格要掌握在相当于超购价的水平，有些品种可略高于超购价。议销价格一律按1980年12月7日的价格执行，只能降低，不能提高。价格过高的，要适当降低。

三、要配合工商行政管理部门，加强粮油集市贸易的管理。生产队在完成国家粮油征超购任务以前，粮食、油脂油料不许上市出售，也不许把集体的粮油分给个人出售。

四、在省、市、自治区人民政府的领导下，立即组织力量，认真开展对粮油价格的检查和整顿，发现问题，及时研究解决。

中国和比利时文化合作协定在布鲁塞尔签字

全国人大常委会副委员长谭震林在北京会见日本中国农业农民交流协会会长八百板正一行

解放军总政治部主任韦国清在人民大会堂会见以朝鲜人民军总政治局副局长尹致镐中将为团长的朝鲜人民军新闻代表团

国务院批准《科学技术档案工作条例》

(1980年12月27日 国家经济委员会、国家基本建设委员会、国家科学技术委员会、国家档案局公布施行)

第一章 总 则

第一条 为了建立、健全科学技术档案工作，完整地保存和科学地管理科学技术档案(以下简称科技档案)，充分发挥科技档案在社会主义现代化建设中的作用，特制定本条例。

第二条 科技档案是指在自然科学研究、生产技术、基本建设(以下简称科研、生产、基建)等活动中形成的应当归档保存的图纸、图表、文字材料、计算材料、照片、影片、录像、录音带等科技文件材料。

第三条 科技档案工作是生产管理、技术管理、科研管理的重要组成部分，各工业、交通、基建、科研、农林、军事、地质、测绘、水文、气象、教育、卫生等单位(以下简称各单位)，都应当把科技档案工作纳入生产管理工作、技术管理工作、科研管理工作之中，加强领导。

第四条 各单位应当按照集中统一管理科技档案的基本原则，建立、健全科技档案工作，达到科技档案完整、准确、系统、安全和有效利用的要求。

第二章 科技文件材料的形成和归档

第五条 各单位应当建立、健全科技文件材料的形成、积累、整理、归档制度，做到每一项科研、生产、基建等活动，都有完整、准确、系统的科技文件材料归档保存。

第六条 各单位应当把科技文件材料的形成、积累、整理和归档纳入科技工作程序和科研、生产、基建等计划中，列入有关部门和有关人员的职责范围。

第七条 各单位在对每一项科研成果、产品试制、基建工程或其他技术项目进行鉴定、验收的时候，要有科技档案部门参加，对应当归档的科技文件材料加以验收。没有完整、准确、系统的科技文件材料的项目，不能验收。

第八条 一个科研课题、一个试制产品、一项工程或其他技术项目，在完成或告一段落以后，必须将所形成的科技文件材料加以系统整理，组成保管单位，填写保管期限，注明密级，由课题负责人、产品试制负责人、工程负责人等审查后，及时归档。

第九条 凡是需要归档的科技文件材料，都应当做到书写材料优良、字迹工整、图样清晰，有利于长久保存。

第十条 科技档案部门有责任检查和协助科技人员做好科技文件材料的形成、积累、整理和归档的工作。

第三章 科技档案的管理

第十一条 科技档案部门对接收来的科技档案，应当进行分类、编目、登记、统计和必要的加工整理。

国务院所属各工业、交通、科研、基建等专业主管机关(以下简称专业主管机关)，应当拟定本专业系统的科技档案分类大纲。

第十二条 各单位应当建立和健全图纸更改、补充的制度，更改、补充图纸，必须履行审批手续。

第十三条 科技档案部门应当及时地提供科技档案为科研、生产、基建等各项工作服务，并编制必要的检索工具和参考资料。

借阅和复制科技档案要有一定的批准手续。

第十四条　各单位应当定期对科技档案的密级进行审查,根据上级的规定,及时调整密级,扩大利用与交流的范围。

第十五条　科技档案部门对科技档案的利用效果,应当进行必要的调查和建立借阅档案的统计制度。

第十六条　国务院所属各专业主管机关,应当编制本专业的科技档案保管期限表。科技档案的保管期限,分为永久、长期、定期三种。

第十七条　各单位应当定期做好科技档案保存价值的鉴定工作。鉴定的方法是直接鉴定档案的内容。鉴定工作要在总工程师或科研负责人的领导下,由科技领导干部、熟悉有关专业的科技人员和科技档案人员共同进行。

第十八条　要销毁的科技档案,必须造具清册,经单位领导审定,报送上级主管机关备案。销毁科技档案,要指定监销人,防止失密。

第十九条　保管科技档案必须有专用库房,库房内应当保持适当的温度和湿度,并有防盗、防火、防晒、防虫、防尘等安全措施,科技档案部门应当定期检查科技档案的保管状况。对破损或变质的档案,要及时修补和复制。

第二十条　科技档案部门对重要的科技档案应当复制副本,分别保存,以保证在非常情况下科技档案的安全和提供利用。

第二十一条　引进技术和设备的档案,由引进单位的科技档案部门统一管理。

第二十二条　凡是几个单位分工协作完成的科技项目或工程,由主办单位保存一整套档案,协作单位除保存与自己承担任务有关的档案正本以外,应将复制本送交主办单位保存。

第二十三条　凡单位撤销或变动,以及建筑物、构筑物、设备、仪器等转移使用关系时,其档案要妥善整理,并经领导人批准后向接受单位办理交接手续。

第二十四条　科技档案部门增添设备和用品的费用,分别从企业、事业单位的生产费、科研费或事业费中开支。

第二十五条　新建的企业、事业单位,应当同时建设符合要求的科技档案库房。

第四章　科技档案工作管理体制

第二十六条　国家档案局和各级档案管理机关应当加强对科技档案工作的指导、监督和检查。

第二十七条　科技档案工作必须按专业实行统一管理。国务院所属的各专业主管机关和省、自治区、直辖市人民政府所属的各专业主管机关,应当建立相应的档案机构,加强对所属企业、事业单位科技档案工作的领导。

第二十八条　国务院所属的各专业主管机关,根据需要建立专业档案馆,收集和保管本专业需要长期和永久保存的科技档案。

大中城市应当建立城市基本建设档案馆,收集和保管本城市应当长期和永久保存的基本建设档案。

专业档案馆和城市基本建设档案馆是科学技术事业单位。

第二十九条　大中型企业、事业单位要设立直属的科技档案机构;小型企业、事业单位可以设立单独的科技档案室,也可以设立文书档案和科技档案统一管理的档案室,或者配备专(兼)职人员管理。

各单位的科技档案工作,由领导生产、科研的负责人或者总工程师分工领导。

第三十条　专业档案馆或各单位的科技档案机构,根据需要可以兼管科技资料工作。

第五章　科技档案干部

第三十一条　国务院所属的各专业主管机关和省、自治区、直辖市人民政府所属的各专业主管机关都应当积极建设一支坚持社会主义道路,具有科技档案专业知识和懂得有关的科学技术,有一定工作能力的科技档案干部队伍。

第三十二条　科技档案干部要努力学习马列主义、毛泽东思想,认真执行国家的方针政策,刻苦钻研业务,不断总结经验,提高管理工作水平,积极为社会主义现代化建设服务。

第三十三条　各单位要给科技档案部门配备足够数量和能胜任工作的干部,还应当配备一定数量的科技干部,以保证工作的需要。

第三十四条　各单位要经常对科技档案干部进行保守国家机密的教育,检查遵守保密制度的情况。

第六章　附　则

第三十五条　国务院所属的各专业主管机关和省、自治区、直辖市人民政府所属的各专业主管机关,可以根据本条例的精神,结合本系统、本地区科技档案工作情况,制定实施细则。

第三十六条　本条例自发布之日起施行。过去有关规定与本条例有抵触的,以本条例为准。

中国戏曲现代戏研究会在南京成立

《人民日报》发表许德珩的文章《"一二·九"的片断回忆》

中国男队和中国女运动员谢思明在澳门举行的首

届亚洲杯象棋赛中分别获得男子团体赛及女子单人赛冠军

12 月 10 日

国务院发出《关于认真贯彻执行新婚姻法的通知》

第五届全国人民代表大会第三次会议通过的《中华人民共和国婚姻法》,将从 1981 年 1 月 1 日起开始实施。这个婚姻法是在 1950 年颁布的婚姻法的基础上,根据 30 年来的实践经验和我国进入以四个现代化建设为中心任务的新时期的新情况和新问题,加以补充修改而制定的,它是我国婚姻家庭关系的基本准则,是国家的大法之一。它的贯彻实施,关系到千家万户,关系到广大人民的切身利益和整个社会的健康发展,是我国各族人民生活中的一件大事。各级人民政府都要把宣传贯彻新婚姻法当作自己应尽的职责,认真负责地把这件事抓好。为此,特作如下通知:

一、做好新婚姻法的宣传工作。中央宣传部和全国妇联编印了一个《中华人民共和国婚姻法宣传要点》,已经下发。各级人民政府要和有关方面积极配合,统筹安排,在新婚姻法实施前后集中一段时间,广泛深入地开展一次宣传活动,使新婚姻法家喻户晓。然后,转入经常性的宣传。通过宣传,大力表彰用社会主义思想处理婚姻家庭问题的好人好事,反对封建包办。买卖婚姻和资产阶级思想,公开揭露残害妇女、儿童、老人的违法行为,以打击歪风,树立正气。

二、必须依法办事。婚姻法一经生效,各地在处理有关婚姻家庭问题时,就要严格按照有关规定办事,做到有法必依,执法必严,不能随意变动。前一段时期,有些地方在婚龄、婚姻登记办法等方面各自做过一些暂行规定,自新婚姻法实施之日起,凡与该法不一致的有关规定,一律无效。

三、各级政府的干部都要模范地执行婚姻法。尤其是司法、民政部门的干部,更要奉公守法,认真学习和掌握新婚姻法的精神和条文,坚决依法办事,维护妇女、儿童、老人的合法权益,惩办违法犯罪分子;伸张社会正义,为贯彻新婚姻法作出贡献。各级政府部门都要支持工会、青年团、妇联等群众团体,共同做好宣传和贯彻执行新婚姻法的工作。

国务院正式批准成立厦门经济特区

《人民日报》报道,国务院发出通知,正式批准建设厦门经济特区,并且指定在厦门岛西北部的湖里地区划出 2.5 平方公里的土地,进行总体规划,近期先集中力量建设 1.1 平方公里。根据国务院指示精神,经济特区的建设要采取既积极又稳妥的方针,在搞好总体规划的基础上,充分利用现有的有利条件,有步骤地分期分批建设,以取得较好的经济效果。

《人民日报》发表社论《四化建设的一支生力军》

中国人民解放军一年一度的战士退伍工作即将开始。根据我国兵役法规定,每年都有一批战士退伍,回到生产建设岗位。这些同志在保卫祖国、参加社会主义建设以及支援地方抢险救灾等斗争中,经历了锻炼和考验,许多同志学到了各种技术特长。大量事实证明,广大复员退伍军人对地方生产建设是一支积极力量。据湖南、广东两省不完全统计,担任农村社队基层干部和民兵干部的复员退伍军人就有 283000 多人。安徽省淮南市 1979 年回乡的退伍军人有 60% 担任了大队或生产队干部、汽车和拖拉机驾驶员、民办教师、卫生员等。

在农业、工业、交通、商业、文教、卫生、邮电、政法等各条战线上,复员退伍军人中涌现了大批先进模范人物,其中有些在一个地区以至全国人民群众中享有很高的荣誉。复员回乡 20 多年的北京市房山县周口店公社南韩继大队党支部书记徐庆文,同社员群众一起,把一个生产落后的大队建设成为北京郊区粮食高产的先进大队。徐庆文成为全国著名的农业劳动模范,当选为全国人民代表大会代表。山东省郯城县退伍军人徐祗琦、广东省平远县退伍军人杨鉴书分别于 1970 年、1968 年复员还乡,担任社队基层干部。由于他们认真执行党在农村的各项方针政策,紧密团结社员群众钻研农业生产技术,为发展农业生产作出了贡献,最近分别被选为县委副书记。湖南省洞口县花古公社七里山大队去年年初复员退伍的战士谢和田、广西富川县茶家大队今年年初复员退伍的女战士黄秀金,都在农业生产战线作出了较好的成绩,最近也分别当选为县人民代表大会的代表。

我们的党和政府历来重视复员退伍军人在社会主义建设事业中的积极作用。但在十年动乱中,由于林彪、江青反革命集团的干扰破坏,退伍军人的安置工作被严重削弱,许多人拥军优属观念也淡薄了。粉碎"四人帮"以后,各地加强了拥军优属和复员退伍军人的安置工作,取得了显著的成绩。但是,仍有少数地方或单位对于复员退伍军人的积极作用估计不足,重视不够。少数干部甚至把退伍回来的同志看作"包袱",不肯积极热情地接收安置,或在接受安置后,不注意培养教育,大胆使用,因而使复员退伍军人的积极性得不到充分发挥。对于这种现象,有关方面必须引起重视并切实改进工作。对少数复员退伍军人本身的缺点和他们不切实际的要求,则应当进行善意的、耐心的帮助教育；对极个别违法乱纪的，也要进行严肃处理。但是，决不能夸大少数人的缺点和错误，更不能因此歧视复员退伍军人。

我国的四化建设是一项十分艰巨的任务，今后还会遇到许多困难。这就需要全国人民(包括广大复员退伍军人)发扬艰苦奋斗精神，顾大局，识大体，正确处理个人利益与国家利益的关系。广大复员退伍军人对于退伍后的光荣职责应该具有高度的自觉性。我们深信，能够在保卫祖国的战斗岗位上作出贡献的光荣战士，复员退伍后也一定能够在四化建设中作出更宝贵的贡献。复员退伍军人对于选择个人职业，要从实际出发，要有正确态度。根据我国现实情况，要把大批农村劳动力转移到城市来是不可能的。农村的复员退伍军人，应当愉快地回到农村去，安心农业生产，坚定地沿着党的十一届三中全会确定的路线，认真执行党在农村的经济政策，为发展农业生产，逐步提高农民生活，实现农业现代化做贡献。随着农村经济的发展和科学技术的推广，广大复员退伍军人在农村是大有作为的。城镇的复员退伍军人在安排工作时，也要服从政府分配。只要自己肯努力，行行都可以作出成绩来。徐庆文等同志以及其他战线上许许多多复员退伍军人，已经为我们作出了榜样。城乡新老复员退伍军人都应学先进，赶先进，以国家主人翁的态度为四化建设多做贡献。

要把复员退伍军人的积极性充分调动起来，各级政府和各基层组织，必须经常关心和了解他们的工作、生活和思想，切实解决他们在生产、生活上的实际困难，及时帮助他们解决思想认识问题，使他们能够精神饱满地为社会主义建设贡献力量。

根据“从哪里来，回哪里去”的原则，对复员退伍军人要切实做到“妥善安排，各得其所”，这是党和国家一项长期的重要政策，也是各级政府、各个部门和各人民团体一项经常性的工作。做好退伍军人的安置工作，对加强国防建设、经济建设和促进安定团结都有重要的意义。最近，在国务院委托民政部召开的全国军队退休干部和退伍军人安置工作会议上，对如何完成1981年接收安置退伍军人的任务进行了部署。各级政府要认真贯彻这次会议精神，加强对这项工作的领导。各部门和各单位要密切配合，通力协作，主动承担责任，把退伍军人接收好，安置好，教育好，使广大复员退伍军人所具有的光荣传统能够在各条战线上发扬光大。

全国棉花收购超额完成

到今日止，全国已经收购棉花4410万担，比去年同期多收735万担。

西安至乌鲁木齐直达快车通车

12月11日

《人民日报》发表社论《充分认识端正党风的极端重要性》

在中央纪委最近召开的第三次贯彻《准则》座谈会期间，陈云同志指出：执政党的党风问题，是有关党的生死存亡的问题。因此，党风问题必须抓紧搞，永远搞。学习贯彻这次会议的精神和陈云同志的意见，对于端正党风，保证党的路线、方针和政策的贯彻执行，巩固和发展安定团结的政治局面，团结全党和全国人民同心同德干四化，有着极其重大的意义。

党风问题，不论从历史经验看，还是从现实情况看，都是我们全党、特别是党的高级干部要认真考虑的重要问题。

我们党是无产阶级政党，我们不但领导全国人民推翻了国民党的反动统治，而且在取得全国政权以后，要彻底改造旧中国，建设社会主义的新中国，最后实现人类最崇高最美好的理想——共产主义。历史的经验已经证明，即使对于无产阶级政党来说，由被压迫、被围剿的地位变到在全国执政党的地位，这是一个根本性质的变化，这变化使我们面对一系列新的问题，其中如何使党的肌体不被侵蚀特别重要。

从历史上来看，当着我们党还不是全国范围的执政党的时候，即使在我们已取得政权的革命根据地，我们的党风是比较好的，这就是至今为人们所盛赞的“延安作风”。这一优良党风的形成，固然因为有党中央的正确领导、教育和培养，但和我们党当时所处的地位、环境有很大关系。当时，斗争很残酷，环境很艰苦，如果我们没有一个好的党风，人民群众就会不支持、不拥护我们，不用说不可能夺取革命战争的胜利，甚至我们党的存在、我们个人的存在都会成为问题。因此，在那个时候，我们全党上下是兢兢业业的，是艰苦奋斗的，是关心群众的疾苦、和群众保持着紧密联系的。这是中国革命所以能够胜利的一个极其重要的原因。

新中国成立初期，我们的党风还是比较好的，受到全国人民的普遍赞扬。但是，随着我们取得的胜利越来越大，党内一些同志开始滋长了骄傲情绪，他们忘记了我们党的宗旨，忘记了曾经和我们共过患难的群众，把我们党的领导地位错误地看成是统治者的地位，把自己看成是高居于人民之上的统治者。他们居功自傲，高高在上，利用党和人民赋予的职权谋取私利，搞特殊化，个别人甚至腐化堕落，违法乱纪。在十年浩劫期间，我们的党风更遭到空前严重的破坏，成为我们在新长征中不能不严肃认真地加以解决的一个重要问题。因此,在粉碎“四人帮”以后,我们党立即把端正党风作为拨乱反正的一项重要内容来抓,党中央制定并公布了《关于党内政治生活的若干准则》,其目的在于用党内立法的方式,引起全党对纠正不正之风的重视,并动员群众同不正之风作斗争。应当说,自从《准则》公布以来,我们的党风已经有了相当大的进步。但是,正如这次会议所指出的,同解放初期比较,党风并未根本好转,还需要我们做极大的努力。

粉碎“四人帮”四年多了,为什么党风未见根本好转呢?原因很多,最主要的一条,就是不少同志至今并未真正认识到党风问题对于执政党的极端重要性。有的同志根本不重视端正党风的问题,以为这是无足轻重的小事,甚至认为抓党风会妨碍安定团结;有的强调抓四化建设都忙不过来,哪里还有时间抓党风?等等。所有这些把抓党风同安定团结、同四化建设对立起来的看法,是完全错误的,非常有害的。安定团结靠什么?四化建设靠什么?都要靠广大人民群众建设社会主义的积极性和主动性。要调动群众的积极性、主动性,当然要靠党的路线、方针、政策的正确,但也必须有好的党风。反之,如果党风不正,对党的路线、方针和政策阳奉阴违,应当解决又能够解决的问题不去解决,应当办好又能够办好的事办得很糟,遇事采取主观主义、官僚主义的态度,不顾国家和人民的利益,不关心人民群众的疾苦,而对于有关自己和家庭的私利则斤斤计较、多方谋取,甚至违法乱纪,去干那些有损群众利益的种种丑事和坏事,又怎么能调动起人民群众的积极性和主动性呢?没有人民群众的积极性和主动性,哪来安定团结的政治局面,怎能搞好四化建设呢?特别值得注意的是,如果听任种种党风不正的现象继续发展,不仅搞不好安定团结,搞不好四化建设,而且会使我们党严重地脱离人民群众。这就孕育着很大的危险性。开明的封建统治者尚且懂得“水能载舟,亦能覆舟”的道理,难道我们共产党人还不懂得吗?由此看来,陈云同志提出“执政党的党风问题,是有关党的生死存亡的问题”,决不是危言耸听,而是及时地向全党敲响警钟。全党同志都应当很好地领会陈云同志这一讲话的深刻含意,下决心搞好党风,进一步密切党群关系,提高党的战斗力,使党能够担负起领导四化建设的重任。

纠正党内的不正之风,是一场尖锐复杂的斗争,会遇到来自各方面的阻力。必须发扬“敢”字当头的精神,特别是纪律检查部门的同志,要在分辨是非、坚持原则问题上,不怕得罪人,敢于伸张正义,在大是大非面前旗帜鲜明,坚持原则,铁面无私,秉公办事。要看到党风不正有着复杂的历史的和社会的根源,而且由来已久,积累的问题甚多,决不是抓一两次就能够彻底解决问题的,必须经常抓,永远抓。因此,要有计划地在全党进行党性、党规、党法的教育,使广大党员懂得党的光荣传统和优良作风;同时健全党内生活制度,联系实际开展批评与自我批评,以增强党员、干部抵制不正之风的自觉性。要选择典型事件,在报纸刊物上展开适当的批评和自我批评。要充分发扬党内民主和人民民主,动员群众监督党员,动员党员、群众监督领导干部;对于检举揭发党内不正之风的党员和群众,要予以支持和保护,坚决反对压制民主和打击报复。要把查处违纪案件的重点放在当前群众最不满意、对四化危害最大的问题上,实行过去从宽、今后从严的原则。对于违纪案件的处理,一定要实事求是,查清问题,核实材料,并和本人见面,严格按照党章和《准则》的规定办事。对于犯错误的同志,要实行惩前毖后、治病救人的方针,耐心地做好思想教育工作,尽可能化消极因素为积极因素,以利于增强党内和干部队伍的团结。

认真贯彻执行《准则》,坚决纠正不正之风,这是广大党员和人民群众的迫切要求,是全党面临的一项重大任务,需要各级党委切实加强领导。要一级抓一级,一抓到底,努力作出成绩来。各级领导干部,特别是高级领导干部,要严于律己,带头执行《准则》,模范地遵守党纪国法。党内没有特殊党员,在党纪面前人人平等。任何人,不管职务多高,资格多老,功劳多大,都必须按党章和《准则》办事,如有违反,都应接受党的批评教育以至纪律处分。古语说得好:“其身正,不令而行,其身不正,虽令不行。”各级领导干部都能以身作则,言行一致,作出样子,就会带动和鼓舞广大党员自觉地贯彻执行《准则》。党风的改进,必然影响社会风气向好的方面转变,使得我们社会的道德风尚焕然一新。

党的三中全会以来,我国的政治经济形势在一步步地好转。我们党在认真总结历史经验教训的基础上,不是变得弱小了,而是变得更加坚强了。党中央的领导是正确的,广大人民群众对我们党寄予无限的期望。只要我们全党动员,同心同德,奋发努力,就一定能够把党风扭转过来,恢复和发扬党的优良传统,我们党就会以更高大的形象出现在9亿人民群众的心目中。

致公党第七届中央委员会第二次会议(扩大)在北京举行

国务院副总理兼外交部部长黄华电贺联合国大会《给予殖民地国家和人民独立宣言》通过20周年

中国科学院和美国斯密桑宁学会在华盛顿签订一项科学合作协议

解放军三总部联合印发全军第十一次院校会议通过的《关于经过院校培训提拔干部的规定》

12月12日

国务院批转司法部《关于全国司法行政工作座谈会的报告》

国务院同意司法部《关于全国司法行政工作座谈会的报告》。司法行政工作在社会主义法制建设中担负着组织、宣传、教育和后勤等项重要任务。请各级政府加强这方面的领导,逐步把各级司法行政机关建立、健全起来。要着重抓好培训法院、检察院、司法行政、律师等干部和办好政法院校这两项基本建设,使司法行政工作在加强社会主义法制中发挥应有的作用。

1981年1月1日起,全国除极少数交通十分不便的边远地区外都要全面实施刑事诉讼法,这是关系到法律尊严,关系到党和国家信誉的大事。各级公安、司法机关要认真做好各项准备工作,努力保证刑事诉讼法的实施。

司法部关于全国司法行政工作座谈会的报告

(1980年9月30日)

全国司法行政工作座谈会于1980年7月30日至8月9日在北京召开。参加会议的有各省、市、自治区司法厅(局)长,部分地、市司法局(处)长,各政法院、校及中央有关部门负责人共137人。会议进一步学习《中共中央关于坚决保证刑法、刑事诉讼法切实实施的指示》和党的十一届五中全会公报,分析了面临的形势,总结了司法行政机构筹建以来的工作,研究了当前的主要任务,制定了措施。会前我们开了预备会,作了比较充分的准备。会议发扬了民主,做到了畅所欲言。党中央领导同志接见了到会代表,彭真、彭冲同志听取了汇报,并作了指示。一致反映会议开得好,解决了问题,提高了认识,明确了任务,鼓舞了干劲。到会同志经过讨论,一致同意李运昌同志代表司法部所作的《努力开展新时期的司法行政工作》的报告,决心在党中央、国务院领导下,加倍努力,为加强法制建设,保障四化的顺利进行作出应有的贡献。

现将需要请示批准的四个问题报告如下。

(一)

党的十一届三中全会以来,党中央、国务院强调加强社会主义法制,为加强政法工作采取了一系列措施。特别是五届人大二次会议公布了7个重要法律之后,党中央又下达了专门指示,对实施两法具有重要的指导意义。目前,全国各省、市、自治区(除西藏外)都建立了司法厅(局),并首先着手抓了政法干部的培训。全国法院、检察院一年来新增10余万人,干部队伍有了加强。已恢复的四所政法院校,在困难的条件下,努力扩大招生。教育部批准在16所重点大学设立法律系。律师制度与公证工作均在逐步恢复中,现在全国已有专职律师2500多名,法律顾问处近300个,公证工作仅去年一年就办理了涉外公证15万件。各地整顿和重建了调解委员会,一年来,解决了几百万件人民群众之间纠纷。各项工作都作出了一定成绩。

但是,在前进中还存在不少困难。主要是有些同志把加强法制建设看成仅仅是政法部门的事,把法院独立行使审判权看成"以法抗党",把重建司法行政机关看成是"多此一举"等。到会同志分析了这些情况,认为所以发生这些问题,主要是没有很好学习贯彻中央指示和中央领导同志有关讲话的精神,没有理解加强社会主义法制对于巩固和发展安定团结、生动活泼的政治局面的重大意义。与会同志一致表示,司法部门自己要坚决用文件精神武装头脑,符合文件精神的,要理直气壮地去做;违背文件精神的言行,就要坚持原则,予以抵制。同时,大家建议各级政府对贯彻文件情况进行一次认真检查,切实解决存在的问题。

(二)

会议围绕"四化"建设新时期必须加强社会主义法制的根本要求,着重讨论了司法行政工作的性质、作用及其职责范围。一致认为司法行政工作是整个司法工作的重要组成部分,司法行政机关是政府管理司法建设的一个工作部门。在社会主义法制建设中担负着组织、宣传、教育和后勤等项重要任务。50年代初期,我国司法行政机关基本上执行了中央的正确路线,对保障国家法律的实施,维护社会秩序,促进社会主义建设事业,曾经发挥了一定作用,作出了积极的贡献。1957年反右派斗争扩大化后,轻视法律的思潮有所滋长,一些正确的法制原则被不适当地加以批判,废弃了一些必要的司法制度,法学教育被削弱,随后又撤销了全国司法行政机关。这样使整个司法工作受到了严重损失。特别是在"文化大革命"中,林彪、江青反革命集团出于篡党夺权的反革命目的,疯狂践踏社会主义法制,砸烂公、检、法,使社会主义法制受到彻底破坏。三中全会以来,党中央重新确定了正确的思想路线和政治路线,总结历史教训,拨乱反正,一再强调加强社会主义法制,重建了司法部,原司法部"反党集团"案已正式平反,许多老的司法行政干部又在社会主义法制建设中发挥着作用。

现在,我国已经进入社会主义现代化建设新的历史时期,对健全社会主义法制提出了更多、更高的要求。但现在无论从干部群众的法制观念上看,还是从司法组织机构、工作制度以及物质装备上看,都很不适应新形势的要求。到会同志深深感到自己肩负的任务十分艰巨、光荣，决心奋发革命精神，坚定不移地遵照党中央的路线、方针、政策，努力完成党和国家赋予的任务。

经过讨论，会议认为，根据司法行政机关的性质、作用，当前应从现实情况出发，分别主次缓急，逐步完成下列十项任务：一、了解并掌握司法干部的思想情况，针对普遍存在的问题，进行思想政治工作，以保证司法机关认真按照法律办事，完成党和国家交给的任务；二、管理法院的机构设置、人员编制、物质装备和司法统计；三、协同法院建立与健全各项审判制度，当前要特别注意以公开审判为重点的各项审判制度的贯彻落实；四、按照党中央的规定管理司法干部；五、建设各种政法院校，大力培养法律专业人才；六、组织管理公证、律师工作；七、组织开展法制宣传工作，组织出版法律书刊；八、研究整理和编纂法规，协同科学研究单位，开展法律科学研究；九、领导人民调解委员会和基层政权司法助理员的工作；十、开展司法外事活动，发展国际友好往来，交流法学知识和司法经验。

以上十项任务，也是司法行政机关工作的职责范围。其中训练司法干部，培养法律专业人才是当前司法行政工作最重要、最迫切的任务，必须以此为重点，开展各项工作。

（三）

当前应该做好八项工作：

第一，加速司法干部的训练。目前，全国法院、检察院和司法行政机关近 20 万名干部中，大多数缺乏专业知识，已严重影响到工作质量与效率。今后两三年内，还要从其他战线抽调大批干部来补充司法队伍，如不进行必要伪训练，就很难进行工作。中央政法干校只能负责基层公、检、法、司等主要负责人的轮训，其他绝大多数司法干部要靠各地自己培训。各省、市、自治区和省属市、地都应按照 1980 年国务院对司法部《关于加强和建立地方政法干部学校报告》的批示，尽快举办政法干部学校（指党委主管政法的干部和公、检、法、司法、民政干部）或司法干部学校，统一规划，公安、司法、民政分工合作，力争在五年左右将现有全体政法干部普遍轮训一遍，并努力使他们提高到相当大专学校毕业水平。同时要做好明年大批军队转业干部的训练工作，使他们经过一年左右的训练，达到中等法律专业学校毕业的水平。各级司法机关都要加强在职干部业务教育，搞好业余学习。

第二，大力培养法律专业人才。会议认真讨论了法学教育的十年规划设想，确定进一步提高和扩大现有四所政法学院，迅速恢复中南政法学院，筹建中国政法大学和东北政法学院，建议在所有重点综合大学和有条件的文科大学设法律系。商请铁道、交通、林业、外交、外贸、国家民委等有关部门在所属高等院校中开设法律系或若干法律课程，以培养所需的法律专业人才，并请卫生部在重点医学院校中设立法医系，培养法医和法医科研人员。各省、市、自治区也应在省办的综合大学或文科大学中积极筹建法律系，并尽快筹建中等法律学校或选定若干条件较好的普通高中设立法律专业班，每年招收一批高中毕业生，经过两年专业训练，补充司法队伍。要求从明年起将这一指标列入国家教育、劳动计划，由各省、市、自治区统一分配。会议认为，努力加强法学教育已经刻不容缓，应贯彻积极发展、稳步前进的方针。要充分挖掘现有政法院系的潜力，扩大招生人数，积极采取走读、函授、电化教育、夜大学等多种形式，培训法律人才。司法部拟委托有条件的政法院校、大学法律系培训师资。鉴于目前还有相当数量的法律专业人才散处各地，用非所学，建议各地、各部门从社会主义法制建设的全局出发，尽量动员仍适合做司法工作的人员及早归队，使他们在法学教育和司法工作中发挥其专长。

第三，加强法院建设。司法部应会同最高人民法院、国家编委在年内按照实际情况，研究制订各级法院的编制方案，并协助组织、人事部门逐步选调一批质量较高的干部充实审判员，务必使法院办案人员不少于干部的 2/3。同时要注意充实、健全法院的领导班子，有步骤有计划地建立经济法庭，并逐步建立铁路、水运、林业等专门法院，以保障交通运输和生产建设的顺利进行。要协同法院进一步建立、健全以公开审判为重点的各项审判制度。发挥人民陪审员的作用，切实保障被告人的辩护权利，真正做到依法办事。

目前，贯彻刑事诉讼法和法院组织法实施的一个突出的困难是缺少法庭和经费不足，许多地区案件调查、法律宣传、干部培训等项工作缺少经费，缺乏提审押解犯人的交通工具。为此，要求国务院批准将全国的法庭建设列入国家基本建设计划，拨一笔专款，争取在几年内分批解决全国缺 3000 多个法庭的问题。司法业务经费应列入省、市、自治区财政预算，建议由省级司法厅（局）统一掌管，以利按照实际需要，调剂使用。审判员、检察员、律师出庭时没有统一的着装，公证员也没有制服，影响履行职务，拟由司法部统一设计，报国务院审批实行。此外，司法机关急需的业务经费和必需的装备器材，请国家计委列入计划，尽速解决。

第四，广泛深入地开展法制宣传教育工作。要继续宣传贯彻中央指示精神，这是健全法制的一项重要措施，应列入各级政府的议事日程。要组织各方面力量，采取多种形式，加强对干部、群众特别是青少年的法制宣传教育。要大力宣传五届人大已经颁布的各项法律，特别是《刑法》《刑事诉讼法》和婚姻法，要运用典型案例，针对当时当地存在的问题，结合搞好城市治安和公开审判等进行。各类学校特别是干部学校都应增设法律课程，以提高干部的法制观念，加强法制建设。

第五，加强司法干部的管理工作。司法工作是专业性、政治性很强的工作，应该按照专业人员的有关规定，建立相应的管理办法。对法院和司法行政机关的干部要实行二类管理。对他们的任免调动应征得上级司法机关的同意。司法行政机关应逐步建立包括任用、考试、考核、奖惩、训练、提拔、调动、退休、解职等项制度。当前主要研究确定审判员、检查员、公证员和律师的专业职称。要认真贯彻执行党的十一届五中全会制定的组织路线，选配好各级领导班子。特别要注意不拘一格选人才，把那些党性强、政治思想好，有专业知识、年富力强的中青年干部选拔到领导岗位上来。

第六，积极推行律师制度，认真开展公证工作。律师制度是人民司法制度的重要组成部分，它对于保障人民民主权利、维护社会主义法制、促进社会主义建设事业的发展都有重要作用。各地要广泛宣传律师条例，宣传我国律师制度的优越性。要抓紧律师队伍的训练和组织、业务建设。随着我国经济体制的改革和经济立法的增加，经济部门和公民为维护其合法权益，日益需要律师给予法律帮助。各地法律顾问处在搞好刑事辩护、民事代理、接待群众来访以及代书的同时，根据客观需要，逐步开展担任法律顾问和接受非讼事件当事人的委托，提供法律帮助或者担任代理人参加调解、仲裁活动等业务。各地要按照律师条例规定的条件，选调必要数量的干部，充实律师队伍，搞好律师的培养和轮训，抓紧建立、健全省、市、自治区律师协会和县、市、市辖区法律顾问处，积极创造条件，为在全国1982年1月1日全面施行《律师暂行条例》做好准备。由于律师制度刚刚恢复，各级人民政府都要关心和支持律师工作。

公证工作对保护国家财产、维护公民合法权益以及预防纠纷，减少诉讼，促进安定团结等方面都有重要作用。各地除继续办好涉外公证外，还应逐步开展国内涉及公民权利义务关系方面的公证业务。对于经济合同的公证，目前可做些调查研究工作，有条件的地方，经与当地经济和工商管理部门协商后，也可以试办。在已成立司法行政机关的市、县都应相应地逐步成立市、县公证处。其他市、县也应创造条件逐步成立公证处。

第七，进一步加强人民调解委员会和司法助理员工作。调解委员会是我国人民群众的创造，对及时解决人民内部纠纷，巩固人民团结有重要作用。各地要针对调解委员会的不同情况进行整顿、健全和加强，并进行必要的培训和解决他们的误工补助问题。同时，要尽快配齐基层司法助理员，城镇街道也要有专人抓这项工作。要有计划地培训司法助理员，提高工作水平，使人民司法工作建立在广泛的群众基础之上。

第八，重视组织和推动法学研究工作，要充分发挥高等政法院校在法学研究中的骨干作用。要逐步开展国际司法界的友好交往活动。要建立司法情报的搜集整理工作，抓紧筹建中国法学会。

（四）

司法行政机关担负的任务很重，希望各地按照1980年国务院批转的司法部《关于迅速建立省属市（地区）、县司法行政机构》的报告，以法院现有的司法行政工作机构和人员为基础，逐步建立市、县各级司法行政机关。所需编制先按去年全国组织工作座谈会下达的编制调配解决。确有困难的，由省、市、自治区政府报请国家编委解决。争取尽早把各级司法行政机关普遍建立起来。

会议要求，各级司法行政机关从一开始就要把基础打好。要坚持任人唯贤的干部路线，坚持德、才兼备的用人标准。在充分发挥老干部骨干作用的原则下，大胆使用中青年干部。领导班子的人选要特别注意三条：一是坚决执行党的路线，坚持社会主义道路；二是具有专业知识和组织领导能力；三是年富力强精力充沛。不能重用那些拒不执行党的路线，热心闹派性，饱食终日无所用心的人。

要加强司法行政机关的思想建设，联系司法实践中的思想、工作实际，认真学习中央的重要文件。当前要组织干部反复学习和深刻领会中央指示精神，肃清封建主义和资产阶级思想影响。

要坚持民主集中制。一切重大问题，必须充分发扬民主，集体讨论决定。要把集体领导与个人分工负责结合起来，提倡在集体领导下，充分发挥个人的主动性与创造性。

要恢复和发扬党的优良传统和作风。领导干部要深入群众，深入实际，调查研究，切实解决问题。坚决反对官僚主义，坚决贯彻《关于党内政治生活若干准则》，在政治上、生活上不搞特殊，艰苦朴素，密切联系群众，做遵纪守法、克己奉公的模范。

要坚持党性，根绝派性，搞好团结，包括我们司法行政机关内部的团结与兄弟部门的团结。大事要坚持原则，小事互相谦让。虚心向公、检、法的同志学习，建立密切的工作关系。

要努力把各级司法行政机关建设成为朝气蓬勃的有战斗力的真正为人民服务的机关。为开展新时期的司法行政工作，为保卫四化，建设的顺利进行而努力奋斗！

以上报告曾向国家计委、国家编委、最高人民法院、最高人民检察院、公安部、民政部、财政部、教育部等有关部门征录过意见。如无不当，请批转各省、市、自治区参照执行。

《人民日报》发表社论《抓紧粮食生产 搞好多种经营》

调整农业结构，规划农业生产，把粮食生产摆在什么位置上？如何发挥粮食生产的优势，做到农林牧副渔全面发展？这是一个关系农业全局、关系整个国民经济的重大问题，也是农业继续调整中要进一步解决的重大问题。

把农业全局搞活，毫无疑问，必须实行农林牧副渔全面发展的方针，因地制宜地将我国丰富的自然资源：农田、山林、草场、水域、荒原充分开发利用起来。这样才能为国民经济的发展和人民生活的改善提供多种丰足的产品，同时使农业内部各业之间互相协调促进，为我们民族的生存繁衍创造良好的生态环境。党的三中全会后，各地按照这个方针进行调整，农村经济生活开始活跃起来，出现了全面发展的可喜局面，受到城乡群众的拥护。应当看到，农业的调整还只是开始，有些优势还未能充分发挥，特别是山区农村的各种草食动物、各种果木树和家庭副业等多种经营，还未普遍恢复和发展起来。我们要坚定不移地执行农林牧全面发展、农工副综合经营的方针，把调整工作进一步搞好。

实践说明，各种优势的发挥，都不能不以粮食生产的发展作为基础和前提。调整农业布局，要十分重视粮食生产。粮食是实行农林牧副渔全面发展的基础。我国人口众多，解决 10 亿人吃饭的问题，是一个严重任务。新中国成立 30 年来，我国的粮食生产有了很大的发展，粮食总产量增长 1.9 倍。但是，由于人口增长过快，现在全国每人平均占有粮食还只有 600 多斤，是一个很低的水平。粮食供需矛盾还很尖锐，相当一部分农民口粮不足，城市用粮标准也不高，这是一个不容回避的实际困难。我国人民的食物构成以粮食为主，动物性食品少，应当逐步改变。我们应当充分利用草原、草坡和人类不能直接食用的农副产品发展畜牧业、渔业；发展畜牧业、渔业又需要大量粮食。如果每人平均占有粮食的数量不能逐步增加，也就拿不出足够的粮食来发展畜牧业和渔业，改变食物构成也就是一句空话。因此，今后相当长的时期内，就全国来讲，还是要把发展粮食生产放在主要位置上。

近两年来，各地肃清极左路线流毒，落实农村经济政策，实行全面发展生产的正确方针，粮食生产和其他各业都有所发展。特别是前两年，我国粮食大幅度增产，加上每年进口一部分粮食，为搞活农村经济，实行全面发展，提供了物质保证。像四川和浙江，这几年粮食增产幅度大，调整就进行得较为顺利，农村经济也日趋活跃。这说明，粮食生产仍然处在举足轻重的地位。

过去的经验教训必须记取。长期以来，许多地方受极左路线的影响，片面强调粮食生产，不注意全面发展，有些地方甚至用毁坏山林、牧场，削弱经济作物和多种经营的办法发展粮食生产，造成了严重的后果：农林牧各业之间、粮食作物和经济作物之间不能协调发展、互相促进；生态平衡遭到破坏；集体经济和社员个人不能增加收入；不但林业牧业和经济作物的发展受到影响，粮食生产本身也发展缓慢。纠正这种错误做法，需要大讲发展林业牧业以及经济作物的重要性，需要落实全面发展农业生产的方针、政策和措施。但是，要注意防止从一个片面走向另一个片面，把粮食生产放到无足轻重的地位。特别是在粮食大幅度增产以后，更要防止对粮食生产盲目乐观，掉以轻心。我们的抗灾能力还不强，农业生产经常受自然灾害的影响，如果放松粮食生产，就会牵动全局，影响农业和整个国民经济的调整与发展。

既要坚持调整农业内部结构，又要保证粮食生产稳定增长，矛盾如何解决？最有效的办法，就是把劲使在提高单位面积产量上。近两年，各地对粮食作物和经济作物的种植面积作了相当的调整，今后应当有所控制，使粮田面积大体稳定下来，努力提高单位面积产量，确保粮食稳定增产。这就需要对农村的劳动力合理分配使用，保证粮食生产有足够的劳力，能够做到精耕细作，稳产高产。要继续搞好农田基本建设，实行科学种田，认真做好健全生产责任制的工作。落实政策并提倡科学，人的积极性高了，种田的方法科学了，土地的潜力就挖掘出来了。再加上林业牧业和经济作物的发展，在肥料和资金等方面为粮食生产提供条件，那么，粮食单位面积产量的提高，粮食总产量的增加，是大有可为的。

发展粮食生产，要继续坚持按经济规律办事，采取各种有效的经济措施，提高种植粮食作物的经济收益，保护粮农的经济利益。目前，一些地区存在种植粮食作物的经济收益低于种植经济作物的现象，在一部分高产的商品粮主要产区，这个矛盾尤为突出。据统计，苏州、嘉兴、佛山、荆州、常德、温江、烟台、新乡、石家庄等十多个粮食主要产区，近年来每年提供商品粮在 150 亿斤以上。这些老商品粮产区粮食成本高于低产地区；粮食征购基数较高，超购的比例较小；这些地区又都具有发展各项生产的多种优势，因此，发展粮食生产和群众的经济利益发生矛盾。但是,比起其他地区来,这些地区发展粮食生产的条件优越得多。适当增加经济收益,是促进当地继续发展粮食生产的重要问题。从明年起,国家将逐步调整这些地区过高的粮食征购基数,提高超购比重,保证其经济收入有所增加。这些地区也应当从全局出发,继续搞好粮食生产,同时尽可能发展经济作物和多种经营。这些地区的广大群众和干部,为了给国家多提供商品粮,多年来艰苦奋斗,直至牺牲自己的一些经济利益,作出了很大的贡献,表现出很高的政治觉悟。应当表彰他们的功绩,鼓励他们为发展粮食生产继续努力。

农业的调整要在量力而行的思想指导下,既考虑需要,又考虑可能。态度要积极,步子要稳妥。要在国家计划指导下,对粮食作物和林业牧业以及经济作物统筹安排,在确保粮食作物稳定增产的前提下,逐步做到因地制宜,发挥优势。这样,农林牧副渔结合,全面发展的合理布局,就将逐步完成。

轻工部发出通知要求各地轻工业部门和企业认真整顿各种自销产品价格

国家经委发出通知要求各地铁路 交通和民用航运部门做好春节期间旅客运输工作

全国人大常委会副委员长谭震林在北京会见由议员奥腾率领的博茨瓦纳议会议员代表团

《回忆李大钊》出版

《人民日报》报道,《回忆李大钊》一书最近由人民出版社出版。这本书共收录29篇回忆李大钊的文章。

中国运动员周小玲在伦敦举行的国际体操比赛中以37.60分的成绩获得女子全能冠军

12月13日

全国农村储蓄至11月底已达104亿元

新华社报道,据有关部门统计,到11月底,全国农村储蓄存款余额达到104亿元,比去年同期增加41亿元,平均每个农业人口存款12.8元。

外交部就越南在中越边境的武装挑衅和入侵活动致越南驻华大使馆的照会

越南社会主义共和国驻华大使馆:

中华人民共和国外交部就越南方面在中越边境地区的武装挑衅和入侵活动申述如下:

越南当局在大肆进行反华仇华活动的同时,不断在中越两国边境地区制造事端,加剧紧张局势。最近一个多月来,越南方面对中国广西、云南边境地区的武装侵犯和军事挑衅活动有增无已,严重事件竟多达200余起。

在中国广西边境地区,1980年10月下旬以来,越南军队和武装人员不断侵犯中国领土,进行武装挑衅活动,肆意向中国境内打炮打枪,毁坏了许多建筑物,破坏了中国边民的正常生产劳动,打死打伤中国边民数十人。主要事件有:

10月22日,越军向龙州县水口公社打枪数百发,打伤中国边民3人。

11月5日,越军向宁明县崎浪公社、大新县硕龙公社连续射击,打伤中国边民12人。

11月7日,越南武装人员9人侵入靖西县龙邦公社境内,进行骚扰和破坏活动。

11月10日,越军用迫击炮、轻机枪、重机枪向凭祥市叫隘地区猖狂射击,发射炮弹近百发,枪弹数千发,致使这个地区的4个村庄的群众11人受伤,1所小学中弹起火,许多房屋被毁。

11月12日,越南武装人员向钦州县东郊公社2只小渔船开枪,打死中国渔民1人。

11月15日,越军使用迫击炮和机关枪向凭祥市上杨村正在从事秋收的社员射击,打伤社员4人。

11月中旬以来,越军几乎天天向防城县峒中公社开枪开炮,恣意进行挑衅,打死打伤十余人,毁坏民房数十间,给当地人民群众造成严重损失。

在中国云南边境地区,从1980年10月中旬以来,越南军队和武装人员侵犯中国领土、向中国境内打炮打枪、杀伤中国边民和边防巡逻人员的活动也十分频繁,造成中国边民和边防战士20余人的伤亡。主要事件有:

10月17日,一股全副武装的越军公然侵入金平县十里村公社白马河地区抢劫粮食,打死打伤中国边民各2人。

10月27日,越军十余人侵入马关县茅坪地区,向执行巡逻任务的中国边防人员进行突然袭击,制造了又一起流血事件。

10月29日,一股越军侵入马关县金厂地区,打伤中国值勤战士1人。

11月10日,一股越军窜至江城县曲水公社大平掌地区,打死中国社员2人,打伤4人。

11月15日,越南武装特工人员6人入侵金平县马鞍底地区,强行抓走中国边民2人。

11月18日,越军数十人侵入中国境内,袭击正在麻栗坡县边境地区巡逻的边防人员,打死中国边防战士1人。

越南方面的上述行动充分证明,加紧制造中越边境紧张局势、蓄意恶化两国关系的正是越南当局。然而,越南外交部在11月21日致中国外交部的照会中,却以贼喊捉贼的惯用手法,颠倒是非、混淆视听,妄图欺骗舆论。必须指出,越南当局正在强化侵略柬埔寨的战争,加紧在柬泰边境地区集结兵力,威胁泰国和东南亚地区的和平与安全。现在,越南方面大肆宣传纯属捏造的谎言,企图转移国际舆论对其侵略扩张活动的注意力,完全是徒劳的。

中华人民共和国外交部对越南当局在中越边境地区制造的上述种种罪恶行径提出强烈抗议,并严正要求越南方面必须停止对中国边境的武装入侵和挑衅活动口否则,由此而引起的一切后果,只能由越南当局承担全部责任。

中华人民共和国外交部

1980年12月13日于北京

中国选手在曼谷举行的第四届亚洲羽毛球邀请赛中获得4个单项冠军

中国选手周小玲在伦敦举行的国际体操比赛中以18.85分的成绩获得女子平衡木冠军

中国运动员徐志强在伦敦举行的国际体操比赛中以18.95的成绩获得男子自由体操比赛冠军

12月14日

中共中央副主席李先念和中共中央书记处总书记胡耀邦在北京分别会见以中央总书记班比斯·德拉科普洛斯为团长的希腊共产党(国内派)代表团

李先念在会见时说,发展党与党之间的关系,应该建立在相互平等、互不干涉、互相尊重、互相学习和互相交流经验的原则基础上。不管大党小党应一律平等。

李先念还向希腊同志介绍了中国共产党在革命和建设中取得的经验教训。

中共中央书记处总书记胡耀邦在北京会见希腊共产党(国内派)机关报《黎明》报主编瓦希利斯·康斯坦丁尼迪斯

财政部公布《中华人民共和国中外合资经营企业所得税法施行细则》

(1980年12月10日国务院批准)

第一条 本细则依据《中华人民共和国中外合资经营企业所得税法》(以下简称《税法》)第十七条的规定制定。

第二条 《税法》第一条所说的生产、经营所得,是指从事工、矿、交通运输、农、林、牧、渔、饲养、商业、旅游、饮食、服务以及其他行业的生产、经营所得。

《税法》第一条所说的其他所得,是指股息、红利、利息所得和出租或者转让财产、专利权、专有技术、商标权、版权等项所得。

第三条 《税法》第三条所说按应纳所得税税额附征10%的地方所得税,是指按合营企业实际缴纳的所得税税额计算征收。

由于特殊原因,需要减征或者免征地方所得税的,由合营企业所在地的省、自治区、直辖市人民政府决定。

第四条 合营企业的外国合营者,从合营企业分得的利润汇出国外时,应当向当地税务机关申报,由承办汇款单位按汇出额扣缴百分之十的所得税。不汇出的,不纳税。

第五条 《税法》第五条所说的合营企业开始获利年度,是指合营企业开办初期有亏损,但是按照《税法》第七条的规定加以弥补之后,开始有利润的年度。

第六条 合营企业的合营者,从企业分得的利润再投资于本企业或其他中外合资经营企业,期限连续不少于五年的,可凭接受投资企业的证明,报经原纳税地税务机关审查核准,退还再投资部分已纳所得税款的百分之四十。

第七条 合营企业的纳税年度,指公历每年1月1日起至12月31日止。

第八条 应纳税所得额的计算公式如下:

一、工业:

1. 本期生产成本 = 本期生产耗用的直接材料 + 直接工资 + 制造费用

2. 本期产品成本 = 期初半成品、在产品盘存 + 本期生产成本 - 期末半成品、在产品盘存

3. 产品销售成本 = 本期产品成本 + 期初产品盘存 - 期末产品盘存

4. 产品销售净额 = 产品销售总额 - (销货退回 + 销货折让)

5. 产品销售利润 = 产品销售净额 - 产品销售税金 - 产品销售成本 - (销售费用 + 管理费用)

6. 应纳税所得额 = 产品销售利润 + 其他业务利润 + 营业外收入 - 营业外支出

二、商业:

1. 销货净额 = 销货总额 - (销货退回 + 销货折让)

2. 销货成本 = 期初商品盘存 + [本期进货 - (进货退出 + 进货折让) + 进货费用] - 期末商品盘存

3. 销货利润 = 销货净额 – 销货税金 – 销货成本 –(销货费用 + 管理费用)

4. 应纳税所得额 = 销货利润 + 其他业务利润 + 营业外收入 – 营业外支出

三、服务业：

1. 业务收入净额 = 业务收入总额 –(业务收入税金 + 营业支出 + 管理费用)

2. 应纳税所得额 = 业务收入净额 + 营业外收入 – 营业外支出

四、其他行业：参照以上公式计算。

第九条　下列各项在计算应纳税所得额时，不得列为成本、费用和损失：

一、机器设备、建筑设施等固定资产的购置、建造支出；

二、购进各项无形资产的支出；

三、资本的利息；

四、所得税税款和地方所得税税款；

五、违法经营的罚金和被没收财物的损失；

六、各项税收的滞纳金和罚款；

七、风、水、火等灾害损失有保险赔款部分；

八、公益、救济性质以外的捐赠款；

九、业务上交际应酬费超过纳税年度销售收入总额千分之三或者业务收入总额千分之十以上的部分和与生产、经营业务无关的交际费。

第十条　合营企业在用的固定资产，应当按期逐年计算折旧。合营企业的固定资产，是指使用年限在一年以上的房屋、建筑物、机器、机械、运输工具和其他生产设备等。但单位价值在五百元以下、使用期限较短的物品，可以按实际使用数列为费用。

第十一条　固定资产的计价，应当以原价为准。

作为投资的固定资产，以投资时各方议定的价格作为原价。

购进的固定资产，以进价加运费、安装费和使用前所发生的有关费用作为原价。

自制、自建的固定资产，以制造、建造过程中所发生的实际支出作为原价。

第十二条　固定资产的折旧，应当先估计残值，从固定资产原价中减除，残值以原价的百分之十为原则；对于需要少留或不留残值的，应当报经当地税务机关批准。固定资产的折旧，一般应当采用直线法平均计算。

第十三条　各类固定资产，计算折旧的年限如下：

一、房屋、建筑物，最短年限为 20 年；

二、火车、轮船、机器设备和其他生产设备，最短年限为十年。

三、电子设备和火车、轮船以外的运输工具，最短年限为五年。

合营企业的固定资产，由于特殊原因，需要加速折旧或改变折旧方法的，由企业提出申请，经当地税务机关审核后，逐级转报中华人民共和国财政部批准。

第十四条　固定资产在使用过程中，因技术改造而增加价值的，所发生的支出，不得列为费用。

固定资产折旧足额后仍可继续使用的，不再计算折旧。

第十五条　合营企业变价处理固定资产的收入，减除未折旧的净额或残值后的差额，列为当年度的损益。

第十六条　作为投资的专有技术、专利权、商标权、版权、场地使用权和其他特许权等无形资产，按协议、合同规定的金额，从开始使用的年份起，分期摊销；属于作价买进的，按实际支付的金额，从开始使用的年份起，分期摊销。

前项无形资产规定有使用期限的，应当按规定期限分期摊销；没有规定使用期限的，可分十年摊销。

第十七条　合营企业在筹办期间所发生的费用，应当在开始生产、经营后分期摊销，每年的摊销额不得超过百分之二十。

第十八条　商品、原材料、在产品、半成品、产成品和副产品等的盘存，应当按成本价计算。计算方法，可以在先进先出、移动平均和加权平均等方法中由企业选用一种。需要变更计算方法的，应当报经当地税务机关批准。

第十九条《税法》第八条规定的分季预缴税额，可以按年度计划利润额或上年度所得额的四分之一计算。

第二十条　合营企业在纳税年度内无论盈利或亏损，都应当按规定期限，向当地税务机关报送所得税申报表和会计决算报表，并附送在中华人民共和国登记注册的公证会计师的查账报告。

合营企业在国内的分支机构向总机构报送的会计报表，应当同时报送当地税务机关备查。

第二十一条　合营企业应当按照税法规定期限报送纳税申报表。如遇特殊原因，不能按规定期限报送时，应当在报送期限内提出申请，经当地税务机关批准，可以适当延长。

缴纳税款期限和报送报表期限的最后一日，如遇公休假日，可以顺延。

第二十二条　合营企业所得为外国货币的，应当按照填开纳税凭证当日国家外汇管理总局公布的外汇牌价，折合成人民币缴纳税款。

第二十三条　合营企业的财务收支以实行权责发生制为原则。各项会计记录必须正确、完整，均应有合法的凭证作为记账依据。

第二十四条　合营企业的财务、会计处理办法，应当报送当地税务机关备查。

合营企业的财务、会计处理办法同税法规定有抵触的，应当按照税法规定计算纳税。

第二十五条　合营企业所用会计凭证、账簿和报表，应当使用中国文字记载，也可以使用中外两种文字。

会计凭证、账簿和报表，至少保存十五年。

第二十六条　合营企业的销货发票和营业收款凭证，应当报送当地税务机关批准后，方可使用。

第二十七条　税务机关派员对企业的财务、会计和纳税情况进行检查时，应当出示证件，并负责保密。

第二十八条　合营企业违反《税法》第九条、第十一条、第十二条规定的，税务机关根据情节轻重，可处以五千元以下的罚金。

第二十九条　合营企业违反本细则第二十五条第二款、第二十六条规定的，税务机关可处以五千元以下的罚金。

第三十条　税务机关根据税法和本细则规定处以罚金的案件，应当填发违章案件处理通知书。

第三十一条　合营企业按照《税法》第十五条的规定，提出申请复议的案件，税务机关应当在接到申请后三个月内作出处理决定。

第三十二条　合营企业及其分支机构，在中国境外的所得，已在外国缴纳的所得税，可以持纳税凭证在总机构应纳所得税税额内抵免；但抵免额不得超过国外所得额按照中国税法规定税率计算的应纳税额。

第三十三条　合营企业所得税申报表和纳税凭证，由中华人民共和国财政部税务总局统一印制。

第三十四条　本细则的解释权，属于中华人民共和国财政部。

第三十五条　本细则以《中华人民共和国中外合资经营企业所得税法》的公布施行日期为施行日期。

财政部公布《中华人民共和国个人所得税法施行细则》

（1980年12月10日国务院批准）

第一条　本细则依据《中华人民共和国个人所得税法》（以下简称《税法》）第十四条的规定制定。

第二条　《税法》第一条所说的在中华人民共和国境内居住满一年的个人，是指一个纳税年度内在中国境内居住满三百六十五日的个人。在纳税年度内临时离境的，不扣减日数。

前项纳税年度指公历每年一月一日起至十二月三十一日止。

第三条　在中华人民共和国境内居住满一年，但未超过五年的个人，其从中国境外取得的所得，只就汇到中国的部分缴纳个人所得税；居住超过五年的个人，从第六年起，应当就从中国境外取得的全部所得纳税。

第四条　《税法》第二条所说的各项所得，其范围如下：

一、工资、薪金所得，是指个人在机关、团体、学校、企业、事业等单位从事工作的工资、薪金、奖金、年终加薪等所得。

前项奖金，不包括科学、技术、文化成果奖金。

二、劳务报酬所得，是指个人从事设计、安装、制图、医疗、法律、会计、咨询、讲学、新闻、广播、投稿、翻译、书画、雕刻、电影、戏剧、音乐、舞蹈、杂技、曲艺、体育、技术服务等项劳务的所得。

三、特许权使用费所得，是指提供、转让专利权、版权及专有技术使用权等项的所得。

四、利息、股息、红利所得，是指存款、贷款及各种债券的利息和投资的股息、红利所得。

五、财产租赁所得，是指出租房屋、机器设备、机动车船及其他财产的所得。

六、其他所得，是指上述各项所得以外，经中华人民共和国财政部确定征税的所得。

第五条　下列来源于中国境内的所得，不论支付地点是否在中国境内，都应当按照税法规定纳税：

一、个人在中国境内工作、提供劳务的所得。但在中国境内连续居住不超过九十日的个人，从中国境外雇主取得的报酬，免予征税。

二、个人从中国境内取得的股息、红利。但从中外合资经营企业、城乡合作组织分得的股息、红利，免予征税。

三、中华人民共和国各级政府机关派往国外工作人员取得的报酬。

四、个人从中国境内取得的特许权使用费、利息和出租中国境内财产的租金以及经中华人民共和国财政部确定征税的其他所得。

第六条　纳税义务人兼有《税法》第二条规定的各项应纳税所得，应当分别计算纳税。

第七条　纳税义务人取得的应纳税所得，如有实物或有价证券，应当按照取得时的市场价格折算金额。

第八条　《税法》第四条第一项所说的科学、技术、文化成果奖金，是指个人在科学、技术、文化方面有发明创造的成果，由中国政府或中外科技、文化等组织发给的奖金。

第九条　《税法》第四条第二项所说的在中国的国家银行、信用社储蓄存款的利息，包括人民币和外国货币储蓄存款所得的利息、国家银行委托其他银行代办储蓄存款的利息。

对个人在中国各地建设(投资)公司的投资,不分红利,其股息不高于国家银行、信用社储蓄存款利息的,也免予征税。

第十条 《税法》第四条第七项所说的各国政府驻华使馆、领事馆的外交官员薪金所得,是指各国驻华使馆外交官、领事官和其他享受外交官待遇人员的薪金所得。

各国驻华使、领馆内其他人员的薪金所得的免税,应当以该国对中国驻该国使、领馆内的其他人员给予同等待遇为限。

第十一条 不在中国境内居住的个人,从中国境内取得的劳务报酬所得、特许权使用费所得和财产租赁所得,应当就收入全额纳税。

第十二条 《税法》第五条所说的劳务报酬所得、特许权使用费所得、财产租赁所得的每次收入,是指只有一次性的收入或完成一件事物(务)的收入,以取得该项收入为一次;属于同一项目连续性的收入,不能划分次数的,可以对一个月内连续取得的收入,合并为一次。

第十三条 两个以上的个人共同取得同一所得项目的收入,按照税法规定需要减除费用的,可以对每个人分得的收入分别减除费用。

第十四条 扣缴义务人在支付各种应当纳税的款项时,必须按照税法规定代扣税款,按时缴库,并专项记载备查。

前项所说支付各种应当纳税的款项,包括现金支付、汇拨支付、转账支付和以有价证券、实物支付时折算的金额。

第十五条 扣缴义务人和自行申报纳税人,应当按照税法规定期限报送纳税申报表。如遇特殊原因,不能按照规定期限报送时,应当在报送期限内提出申请,经当地税务机关批准,可以适当延长。

缴纳税款和报送纳税申报表期限的最后一日,如遇公休假日,可以顺延。

第十六条 在中国境内居住满一年的个人,从中国境外取得的所得,应当与中国境内应纳税所得分别计算纳税,并按《税法》第五条的规定分项减除费用,计算应纳税额。

纳税义务人在中国境外的所得,已在外国缴纳的所得税,可持纳税凭证在按照中国税法规定税率计算的应纳所得税额内申请抵免。

第十七条 个人所得为外国货币的,应当按照填开纳税凭证当日国家外汇管理总局公布的外汇牌价,折合成人民币缴纳税款。

第十八条 在中国负有纳税义务需要出境的个人,应当在未离开中国七日以前向当地税务机关缴清税款,方可办理出境手续。

第十九条 税务机关派员对扣缴义务人或自行申报纳税人的纳税情况进行检查时,应当出示证件,并负责保密。

第二十条 《税法》第十条规定付给扣缴义务人百分之一的手续费,应当由当地税务机关根据实际扣缴税款的金额,按月填开收入退还书发给扣缴义务人,向指定的银行办理退库手续。

第二十一条 扣缴义务人和自行申报纳税人违反《税法》第九条规定的,税务机关根据情节轻重,可处以五百元以下的罚金。

第二十二条 扣缴义务人和自行申报纳税人违反本细则第十四条和第十五条规定的,税务机关可处以五百元以下的罚金。

第二十三条 税务机关根据税法和本细则规定,处以罚金的案件,应当填发违章案件处理通知书。

第二十四条 扣缴义务人和自行申报纳税人按照《税法》第十三条的规定,提出申请复议的案件,税务机关应当在接到申请后三个月内作出处理决定。

第二十五条 个人所得税的纳税申报表和纳税凭证,由中华人民共和国财政部税务总局统一印制。

第二十六条 本细则的解释权,属于中华人民共和国财政部。

第二十七条 本细则以《中华人民共和国个人所得税法》的公布施行日期为施行日期。

全国化纤工业生产经验交流会在上海结束

交流会提出:要切实解决好我国10亿人口的穿衣问题,必须在抓好天然纤维生产的同时,进一步发展化学纤维的生产。明年发展化学纤维生产的重点是,提高产品质量,增加花色品种,降低能源和原材料的消耗。

这个会是纺织工业部主持召开的。会上提供的情况表明,近几年我国化学纤维生产发展较快。1978年全国化学纤维产量为28.7万吨。今年预计到年底可达到42万吨,比前年增加46%以上。这些化学纤维如果全部用来生产化纤布,全国平均每人可以得到3米,比前年增加1米。但与人民生活需要相比,还有较大差距,主要是花色品种比较单调,化纤纺织品的价格也比较高。因此,必须从提高质量、降低消耗、降低成本,增加品种方面下功夫,努力满足人民生活水平日益提高的需要。

会议还要求各有关地区、有关部门对不下马的在建工程,要尽快组织协作配套,抓紧扫尾工作,争取明年内投产。对已经试生产,但不能维持正常生产的国产维尼纶厂，也要抓紧解决供电不足、不正常等问题，使这些企业能正常生产。

《人民日报》发表社论《团结起来 乘胜前进》

20年前的今天，第十五届联合国大会以压倒多数，通过了亚非43个国家提出的一项关于给殖民地国家和人民独立的宣言。宣言严正谴责帝国主义、殖民主义对殖民地人民的一切武装行动和镇压措施，要求迅速和无条件地结束一切形式和表现的殖民主义。这个宣言反映了战后殖民地人民反帝反殖、争取民族独立的斗争的蓬勃高涨，对推动亚洲、非洲、拉丁美洲以及其他地区民族独立运动的发展产生了积极的影响。回顾过去，展望未来，中国人民向亚非拉和其他地区赢得独立的国家，以及正在为争取和维护民族独立与国家主权而斗争的各国人民致以热烈的祝贺和崇高的敬意。

历史的车轮滚滚向前。20年来，世界的面貌发生了巨大的、深刻的变化。民族独立运动席卷亚洲、非洲、拉丁美洲和其他地区，殖民体系土崩瓦解。目前，世界上除了少数几个国家和地区以外，绝大多数过去遭受殖民压迫的国家都已取得了独立。这一大批新生的国家，在维护和巩固自己的政治独立，积极发展民族经济和民族文化的同时，联合起来，为打破超级大国对国际事务的垄断，为建立国际经济新秩序进行着斗争，在国际事务中发挥着日益重要的作用。它们已成为维护世界和平的一支举足轻重的力量。

殖民地人民取得这样伟大的胜利，首先是由于各国人民在反帝反殖斗争中不畏强暴，英勇不屈，坚持战斗；其次是由于他们在斗争中联合起来，互相支援，团结战斗；最后是由于他们得到了全世界一切爱好和平、反帝反殖的各国人民的有力支持。随着越来越多的新独立国家加入联合国，亚非拉国家在这个国际机构中占据了多数，联合国在反对殖民主义的斗争中也发挥了更积极的作用。

当然，人们也注意到，殖民主义体系虽已瓦解，殖民主义的残余势力却不肯轻易退出历史舞台，仍然在进行垂死挣扎。帝国主义、南非种族主义和以色列扩张主义还在进行破坏和捣乱。要彻底肃清殖民统治造成的后果和影响，还需要进行艰苦的斗争。许多新独立的国家，由于长期遭受殖民剥削和统治，在前进的道路上还存在种种困难和问题。它们在取得政治独立之后，在为巩固独立作不懈斗争的同时，还需要争取经济上的独立。一些国家之间还存在着历史遗留下来的分歧和争端，这也需要有关各方根据公认的国际关系准则，通过和平协商，公平合理地予以解决。

最严重的问题是，亚非拉和其他地区的新独立国家刚刚摆脱帝国主义、殖民主义的统治，现在又面临着苏联社会帝国主义的威胁。

苏联为了夺取世界霸权，把它的侵略扩张的矛头首先指向亚非拉地区。这些地区的广大新独立国家，是苏联霸权主义的最早的受害者。苏联打着“社会主义”和“国际主义”的招牌，唱着“反帝、反殖和支持民族解放运动”的高调，以“天然盟友”为幌子，通过经济、军事“援助”和各种卑劣的政治手段，插手中东，挑拨和分裂阿拉伯国家的团结；它在南亚制造动乱；它破坏非洲国家的团结，派遣雇佣军武装干涉安哥拉，入侵扎伊尔，在非洲之角挑起冲突；它支持和怂恿越南侵略柬埔寨，控制老挝，威胁东南亚，直到对阿富汗进行直接的武装入侵。与此同时，苏联还到处攫取军事基地，用不平等的贸易和其他手段对第三世界进行经济掠夺。苏联为完成全球战略部署而在世界各地、特别是亚非拉地区进行的一系列侵略扩张活动，使亚非拉国家认识到，维护民族独立和国家主权的斗争，是同反对超级大国霸权主义、维护世界和平的斗争紧密相连的。

历史的经验和当前的现实告诉人们，团结起来，并肩战斗，互相支援，这是亚非拉各国人民摧毁帝国主义殖民统治、争取民族独立的有力武器，也是遏制霸权主义侵略扩张、维护民族独立和国家主权的重要法宝。面对苏联霸权主义的侵略扩张，第三世界和一切爱好和平、主持正义的国家和人民，有必要在反对霸权主义的共同基础上联合起来，协调行动，以挫败苏联的霸权阴谋，巩固各国的独立和主权，维护世界和平与安宁。联合国作为一个对维护世界和平负有庄严责任的国际组织，人们希望它在这方面能够发挥应有的作用。

中国同许多发展中国家一样，历史上曾经饱受帝国主义、殖民主义的长期侵略、剥削和掠夺，现在也面临着苏联霸权主义的威胁。中国坚决站在第三世界和被压迫人民一边，永远不谋求霸权，不做超级大国，永远反对以任何形式出现的霸权主义。中国人民将一如既往，同第三世界各国人民和全世界一切爱好和平的人民一起，在联合反霸的斗争中作出自己应有的努力。我们坚信，各国人民既然有力量摧毁帝国主义、殖民主义的残暴统治，也一定能挫败苏联社会帝国主义谋求世界霸权的阴谋，为维护世界和平的事业作出伟大的贡献。

中国通信学会第一次全国代表大会暨学术年会在天津举行

来自邮电、国防、铁道、交通、电子、广播、气象等部门和几十所大专院校从事通信科技和教学的工作者共258人出席了会议。会议讨论制定了章程，选举第一届理事会，王子刚当选为通信学会理事长。

中国皮艇队在香港举行的“1980年度亚洲区独木舟邀请赛”中以50分的总成绩荣获团体冠军

12月15日

《工人日报》发表特约评论员文章《努力提高执行〈准则〉的自觉性》(摘要)

文章说:《关于党内政治生活的若干准则》(以下简称《准则》)正式公布以来，我们的党风已有明显进步。不少同志以身作则，坚定不移地贯彻执行党在新时期的路线和政策，严格遵守党的组织原则和党的纪律，同人民群众同甘共苦，注意保持人民公仆的本色。有些同志有时在这个或那个问题上也发生违背《准则》的事情，但一经发现，他们能够虚心接受党组织和群众的批评监督，认真改正错误。也有少数同志对人严，对己宽，口号喊得很响，却不身体力行，继续发生违反《准则》的行为。有的人甚至沾染了令人厌恶的腐朽作风。对别人的揭发批评，他们总是找种种理由来搪塞、反驳、抵赖，有的人还利用职权，寻机报复。

文章指出：贯彻《准则》中出现的问题，就多数同志来说，主要反映了他们各自的党性锻炼和修养不同，遵守《准则》的自觉程度不同。怎样改变这种自觉性不高的状况呢？一要靠这些同志自己在改造客观世界的同时，不断改造主观世界；二要靠人民群众的严格监督；三要靠党组织的经常教育检查。

文章指出：我们党是工人阶级的政党，党的每一个成员都应当是为人民利益而奋斗的先锋战士。这就要求每个党员、特别是党的干部，一定要努力养成甘为人民公仆、不做人民老爷的高尚品德。这是自觉执行《准则》的思想基础。有许多同志参加党，不是为了做官，为了给自己和家属、亲友捞“油水”，而是为了更好地谋求最广大人民群众的最大利益。他们不论在什么时候、什么情况下，都能把自己放在普通劳动者的位置，同群众保持密切的联系，真心实意地为人民办好事，而不做损害人民利益的事。正因为他们不谋求私利，不患得患失，才能够在政治生活中，光明磊落，实事求是，敢于自我批评，敢于同各种不良倾向和坏人坏事作斗争，在物质生活上严格按制度办事。但是，也不能忽视确实有那么一些同志私心较重，在他们的地位越来越高、权力越来越大的时候，他们离人民群众也越来越远，滋长了官僚主义、特权思想，忘记了自己是人民的公仆，常常把自己置于党纪国法的约束之外。对这些同志来说，要认真遵守《准则》，最重要的是去掉谋取私利的杂念，心里时刻想着人民的利益，努力提高做人民公仆的自觉性。

文章认为：鼓励和支持党内外群众开展自下而上的批评，对于促使党的干部增强遵纪守法的自觉性是十分必要的。要治好十年动乱给党的肌体造成的这种内伤，非加强党内外群众的批评和监督不可，非有社会舆论的力量不可。现在党内有些同志，对于开展公开的群众批评还有某种担心。这有客观原因。“文化大革命”中，提倡用“大民主”的方法，“公开地、全面地、由下而上地发动广大群众揭发我们党的黑暗面”，结果被林彪、江青反革命集团利用来乱党乱国，篡党夺权，打击和迫害了大批干部。这个惨痛教训，应当深刻记取。我们今天强调鼓励和支持自下而上的批评和监督，决不是要重复“文化大革命”的错误做法，而是要在社会主义的民主原则指导下，引导人民群众正确地使用批评的武器，努力做到实事求是，合乎分寸，与人为善，治病救人，注意区分不同情况，合情合理地作出处理。现在人民群众渴望四化，寄希望于党的领导，严格要求党的干部，敢于批评干部的缺点错误和不正之风，直至对党和国家领导人实行批评监督，这是好事，表现了他们爱护党的干部、关心党的事业的积极性。这种积极性是十分可贵的，我们只能加以保护，不能挫伤；只能引导，不能压制。当然，在开展批评的过程中，也可能出现几个唯恐天下不乱的人乘机制造混乱，甚至借批评党的干部的缺点全盘否定党的领导。这没有什么了不起，用不着惊慌失措，只要引导得当，这类事情，也有助于我们在发扬社会主义民主、开展批评与自我批评中教育和训练干部，教育和训练群众。

文章指出：有了自下而上的批评监督，还必须有党组织的教育检查和监督，提高党员干部遵守《准则》的自觉性才会收到更好的效果。在有些部门和单位，对本部门特别是本单位领导干部中发生的问题，往往不主动解决，非要等到上级组织出面干预，领导同志亲自批示，或者拖到激怒了群众、激化了矛盾，才勉强地被动地去解决问题。这是很不应该的。所以出现这种情况，多数是因为那里的领导干部打不开情面，只考虑顾全个人的“面子”，不考虑对党的影响；有的是受“一俊遮百丑”的旧观念影响，以为只要是好干部，有错误也要“包涵”；有的是怕牵扯的人多，捅了“马蜂窝”，惹不起；还有的是同病相怜，怕触动了别人，暴露了自己，搞官官相护。必须坚决改变这种状况，帮助那里的党组织恢复活力，敢于坚持原则，伸张正义，开展批评和自我批评，加强对党员干部、特别是领导干部的教育和监督。对那些蔑视党纪，敢于以身试法的人，不管是谁，都应当揭发，坚持不改的要给予党纪处分。对干部违反纪律的错误，通报批评，给以处分，并不是要把干部打倒搞臭，而是为了挽救本人，教育大家。在林彪、江青一伙横行时期，党内党外的批评都搞得很不正常，至今给人们留下一种错觉，似乎只要公开批评某个干部的某个错误，就意味着这个干部还有严重问题，就必然要罢他的官，把他打倒，以至在一些同志看来，只有“要打其他倒的人”才会公开批评，或者非等到错误发展到不可救药的地步才去揭露，否则，就揭露不得，批评不得。现在，我们就是要改变这种不正常的做法，提倡及时的、实事求是的、与人为善的批评，做到防微杜渐。

《工人日报》特约评论员文章最后说：执政党的党风好不好的问题，是一个关系党的生死存亡的大问题。对这个问题的任何疏忽，或者把端正党风同搞四化、同安定团结对立起来，都是错误的、有害的。现在，我们端正党风的有利条件很多，只要广大党员、特别是党的干部继续努力，坚决维护党纪的严肃性，争取在不长的时间内促进党风的根本转变，是完全可能的。

商业部发出通知要求做好新年和春节的市场供应工作

通知指出，从现在到春节前后正是市场旺季，群众购买力激增，货币投放集中，搞好这个时期的商品供应工作，对满足人民生活需要，增加货币回笼，稳定市场物价，有着重要意义。

通知说，最近有些基层商业单位，怕加大明年的销售和利润任务，在完成今年销售计划后，就不再积极销售。有的甚至把紧俏商品收起来，等过年再卖。这些问题必须引起各级商业行政部门和企业单位的足够重视，立即采取措施，切实加以纠正。

通知要求各级商业部门改进供应方法，减少凭票凭证商品，扩大敞开供应范围。每个基层零售企业都要认真检查一下库存情况，凡是库里有存货的都要摆出来卖，市场需要而库里无货或货源不足的，要抓紧进货。各级批发企业都要抓紧组织好旺季工业品的收购、调拨和供应工作，加快节日商品的调运，更好地为零售企业服务。对统购统销和定量供应的商品，要努力做到花色品种齐全、适销对路，按定量供应足、供应好。为了扩大销售，决定从今年12月15日起到明年1月底止，涤棉卡其、涤棉华达呢(包括成衣)，免收布票供应，卫生衫裤减半收布票供应。对紧俏商品，如缝纫机、自行车、手表等要做到随来随卖，不留库存。

通知要求各级商业部门采取积极措施，抓紧积压商品的推销，扩大耐用消费品的供应。通知指出，元旦和春节期间，群众对副食品的需要将会大量增加，一定要做好节日副食品特别是肉食和肉制品的供应工作。凡是国家规定牌价的商品，零售价一律不得提高；议价商品的价格，只能降低，不能提高。

中国再保险(香港)有限公司开业

中日合作开发渤海油田的第一口探井开钻

国务院副总理姬鹏飞在北京会见以塞尔维亚社会主义共和国执委会委员米·米洛拉多维奇为团长的南斯拉夫政府文化代表团

由联合国亚太经社会组织的亚太地区工业研究与发展专家会议在北京开幕

国务院学位委员会在北京召开第一次扩大会议

会议于12月15日至18日召开，主要讨论研究从明年起如何实施今年2月全国人大常委会讨论通过的《中华人民共和国学位条例》的有关问题。

国务院学位委员会主任委员方毅在会上发表了讲话。

会议审议了《中华人民共和国学位条例暂行实施办法》，将报国务院批准后公布。

会议指出，我国学位制度的建立和实施，是一项重要改革，它不仅是教育界、科学界的改革，也涉及人事制度的改革。这对培养选拔科学专门人才和发展教育科学事业，有着非常重要的意义。这项工作政策性、学术性强，涉及面广，工作量大，我们又缺乏经验，但一定要认真搞好。会议要求各有关部门加强领导，密切配合，做好组织、思想工作，为逐步完善我国的学位制度作出贡献。

会议强调，1981年是我国学位条例开始实施的第一年。实施学位制度是一件非常严肃的事情，必须始终保持学术和科学的尊严；必须坚持学术标准和科学态度，要坚决防止搞照顾、搞平衡、随便送分甚至送学位等任何降低学位水平的做法。

为了做好学位授予工作，会议决定设立国务院学位委员会在学术上的工作组织——学科评议组。大家就如何组织以及评议组的任务进行了认真的谈论。

中国体育科学学会成立大会暨1980年全国体育科学学术报告会在北京举行

世界气象组织举办的亚洲西太平洋地区气候技术会议在广州开幕

来自世界气象组织、联合国粮农组织、教科文组织、开发计划署、环境署、亚洲太平洋地区经济社会委员会等国际组织,以及澳大利亚、加拿大、中国香港、印度、日本、朝鲜、马来西亚、马拉维、苏联、蒙古、尼泊尔、巴布亚新几内亚、巴基斯坦、菲律宾、葡萄牙、新加坡、斯里兰卡、瑞典、泰国、美国、中国等20多个国家和地区的120多名专家、学者,将在会上进行气候科学方面的学术交流。

12月16日

中共中央在北京举行工作会议

陈云、赵紫阳、李先念、邓小平先后在会议上讲了话。会议充分肯定了新中国成立以来取得的巨大成就,肯定了三中全会以来的好形势;同时也对新中国成立以来,特别是1957年以后经济建设中存在的"左"倾错误作了分析,决定在经济上实行进一步调整。会议决定加强党的思想政治工作,加强社会主义精神文明建设,批判违反四项基本原则的错误思潮,打击破坏社会主义事业的反革命活动,以进一步加强政治上的安定团结。会议决定的这一重大方针是三中全会以来各项方针、政策的继续和发展,对于我国从现实情况出发逐步实现四个现代化具有重大意义。会议于12月25日闭幕。

中共中央副主席陈云在中央工作会议上发表《经济形势与经验教训》的讲话(摘要)

一、"资金不够,可以借外债。"这是打破闭关自守以后的新形势。

愿意借外债给我们的国家纷纷到来。打破闭关自守的政策是正确的。今后在自力更生为主的条件下,还可以借些不吃亏的外债。引进有利的技术,也是必要的。

对外债要分析:卖机器设备占绝大多数。能借给我们自由外汇的很少,而且利息高达15%左右,这是相当高的利息。过去当铺年息是18%。这种自由外汇,我们借多了也还不起。现在应该明白了,所谓借外债,绝大多数不是借给我们现金。

很明显,这种买机器设备的外债的使用,不决定于我们的主观愿望,而决定于国内有多少财政拨款用于配套。

现在国际市场是买方市场。除非国际关系有大的变化,这种国际市场的有利条件不会失掉。

现在有些带援助性质的外债,例如国际货币基金组织和世界银行的低利自由外汇贷款,将来使用起来可能对我们有利。但使用时也是有条件的,数量也不会很大,并且现在还没有借到手。将来借到了,也要十分谨慎地使用,只能用在最关键性的项目上。

我们必须清醒地看到,外国资本家也是资本家。他们做买卖所得的利润,绝对不会低于国际市场的平均利润率。有些机器看来似乎利润低,但是同另外一些机器或费用合起来的利润,决不会低于平均利润率。世界上没有一个愿做低于平均利润率买卖的资本家。如果低于平均利润率,他为什么不把钱存在银行稳拿利息?为什么要搞冒险的投资呢?

现在离列宁所说的将来"在世界几个最大城市的街道上用金子修一些公共厕所"的时间还很远很远。

我所以一再说对外国资本家在欢迎之中要警惕,这是因为我们有些干部对这件事还很天真。

我之所以要提出这样的问题,丝毫没有不要利用外资的意思,只是敲敲警钟,提醒那些不很清醒的干部。

再重复一遍:利用外资和引进新技术,这是我们当前的一项重要政策措施,不过要头脑清醒。

二、经济形势很好。

现在既没有出现国民党时期发金圆券的形势,也没有出现解放初期财经统一、物价稳定以前那种形势。应该说,现在的经济形势是开国以来少有的很好的形势。

但要看到不利的一面。除了若干种国家规定不准涨价的商品以外,许多商品都在涨价,涨价商品的面相当大,影响人民的生活。

这种涨价的形势如果不加制止,人民是很不满意的。

经济形势的不稳定可以引起政治形势的不稳定。

三、经济体制改革产生了前所未有的好作用,大大有利于经济形势的改善。赵紫阳同志在这一方面起了极好的作用。

农村人民生活改善了,市场搞活了,这是20多年来少有的好现象。

但是也出现了一些缺点:各地区盲目地重复建设,以小挤大,以落后挤先进,以新厂挤老厂。

对于这些缺点,中央正在采取措施予以纠正。

四、按经济规律办事,这是一种好现象。但是,我们国家是以计划经济为主体的。因此,对许多方面,在一定时期内,国家干预是必要的。

粮食的收购价高,销售价低,国家要补贴。

房租很低,只能作修理费,甚至抵不了修理费。

国家补贴共计有二百多亿元。

从微观经济看,这是不合理的,似乎是不按经济规律办事。但我国是低工资制,如国家不补贴,就必须大大提高工资。

究竟哪种办法好?我看还是现在的国家补贴,低工资办法好。不补贴，大涨价，大加工资。经济上会乱套。

从最后的经济结果看来，现在的办法，小的方面不合理，但是大的方面还是按经济规律办事的。

五、目前对国营企业产品、集体企业产品的价格至少要冻结半年。在这个半年内研究各种经济问题，并且作出初步的结论。这件事也是国家干预。表面看似乎不合经济规律，实际上合乎经济规律。

六、中央财政与地方财政。

今后若干年，中央和地方财政在开支方面都要大大紧缩。地方财政结余，要由中央财政借用，财权仍归地方。

地方财政结余要冻结，否则刹不住地方随便投资搞基本建设或随便开支这股风，中央财政也平衡不了。冻结几年，要看情况。中央财政有赤字，就要向银行透支，向银行透支就是多发钞票。

一切机关、团体、部队、企业、事业单位的上年结余，都不许动用，非动用不可的，都要经过批准。这种做法就是集中。像我们这样的国家没有这样一个集中是不行的，否则就会乱套，也不利于改革。

事实也证明必须这样做。因为现在中央和地方的财力的比例变了。解放初期1953年，中央财力占70%—80%，地方财力所占比例很小。现在中央财力的比例大大缩小，地方财力的比例大大增加。今年提出的冻结和集中，反映了这个客观现实。

我们要改革，但是步子要稳。因为我们的改革，问题复杂，不能要求过急。改革固然要靠一定的理论研究、经济统计和经济预测，更重要的还是要从试点着手，随时总结经验，也就是要“摸着石头过河”。开始时步子要小，缓缓而行。

这绝对不是不要改革，而是要使改革有利于调整，也有利于改革本身的成功。

现在要为财贸金融系统恢复一点名誉。

消息灵通、反应灵敏的是：财政、金融、商业部门。

在这些部门中可以看出大局。

七、好事要做，又要量力而行。

搞经济建设的最后目的，是为了改善人民的生活。

搞国防建设，也是为了保障人民生活的改善。

因为只能量力而行，所以有些好事不能一时就办到。有些好事，只能做，不登报。

八、一切引进项目，都必须有专家参加，必须是领导干部和专家共同商量。

不同方面的专家，往往有不同的意见，要注意和考虑各方面专家的意见。

必须作出几个比较方案，择优选用。

定案时宁慢勿急。

任何一个项目，必须集体商量，不能由一个人说了算。这必须是一项规定。从公社起直到中央常委，一律照此办理。

九、节省外汇。

现在出国考察团太多，有不少是游山玩水团。必须少、小、精。

现在国际市场上出现了某些中国货降价现象。这不是正常的必须的降价，而是各省市、各部门为了取得外汇自己降价。

我们必须研究出一个既能出口又不贱卖的方案。总之一句话：“肥水不落外人田。”

十、我们要发展经济作物，同时必须保证粮食的逐步增产。

进口一定数量的粮食是必要的，这有利于各个方面，有利于改革。

不能因为扩大经济作物而挤了粮食产量。粮食还是第一位。人不吃饭，牲口不喂料，是不行的。

十一、我们是10亿人口、8亿农民的国家，我们是在这样一个国家中进行建设。

中国香港、新加坡、南朝鲜等地区没有8亿农民这个大问题。

欧美、日本各国也没有8亿农民这个大问题。

我们必须认识这一点，看到这种困难。现在真正清醒地认识到这一点的人还不很多。

十二、四个现代化如何实现？

决不要再作不切实际的预言：超英赶美等等。

我们实现现代化的基地：

现有工业是基础，在这个基础上加以改造和引进新技术。

现有技术人员是我们知识力量的基础。我们有大专学校毕业生和自学的技术人员共几百万人，他们经过了一20年的实际工作的锻炼。

必须肯定，七八十年代的技术水平，应该来自于这些五六十年代水平的技术骨干。

出国留学取得先进技术是必要的，但留学生毕竟数量有限。

实现四个现代化，必须靠我们党的领导。有人说我们现在的干部大多是“万金油”，我看，搞四化建设没有这些“万金油”干部是不行的。不要小看了这些“万金油”干部的作用。

但是干部队伍的年轻化、知识化、专业化、制度化，仍然是我们在干部政策上的大方针。我们老干部必须担负起挑选德才兼备的青年干部的责任。

十三、必须指出，开国以来经济建设方面的主要错误是“左”的错误。1957年以前一般情况比较好些，1958年以后“左”的错误就严重起来了。这是主体方面的错误。

代价是重大的。错误的主要来源是“左”的指导思想。在“左”的错误领导下,也不可能总结经验。

十四、我同意紫阳同志领导的财经小组提出的调整计划。

调整意味着某些方面的后退,而且要退够。

不要害怕这个清醒的健康的调整。

可能有些议论:“这会耽误三几年。”不怕。从鸦片战争以来,中国的经济建设已经耽误了100多年。而且这次调整不是耽误,如不调整才会造成更大的耽误。

以上列举了十四点,希望同志们提出不同的意见。因为不同意见的讨论,只会使我们的步骤更加稳妥,更加合理。

国务院总理赵紫阳在中央工作会议上发表《关于调整国民经济的几个问题》的讲话

陈云同志的讲话,分析了经济形势,总结了经验教训,提出了经济工作的许多重大原则。他讲的十四条,都贯穿着实事求是,一切从中国的国情出发的精神。照这些原则去办,对于我们度过困难,使经济建设走上正确的轨道,具有重要的作用。

现在,我根据邓小平、陈云、李先念同志11月28日讨论明年国民经济调整计划时的讲话和陈云同志这次讲话精神,代表中央财经领导小组,就国民经济调整的问题,讲几点意见。

一、为什么要对国民经济进行大的调整

在经过将近两年时间的调整工作之后,现在提出从明年起还要对国民经济进行大的调整,这是中央在对当前经济形势作了全面估量的基础上,作出的重大决策。

现在,全国的经济形势很好,但是有潜在的危险。对于三中全会以来的好形势,大家的认识是一致的。对于经济中还有困难,大家也普遍感到了。但对于困难的严重性,对于潜伏着一个很大的危险,搞得不好,可能爆发经济危机,有些同志还将信将疑。这次经济困难,同60年代初有很大不同。那次最突出的表现是,农业和工业生产大幅度下降,人们吃不饱饭,很多人得浮肿病,农村甚至饿死人,商品供应十分紧张,物价上涨很多,当时大家对经济困难都有切身的感受。这一次,工农业生产的情况是好的。三中全会以来,由于落实了农村经济政策,提高了农副产品收购价格,农民得到实惠,积极性调动起来了,广大农村是稳定的。工业生产在能源几乎没有什么增长的情况下,仍然保持了一定的增长速度。特别是轻工业生产的增长幅度较大,加上农副产品供应增多,市场供应情况是比较好的。两年来解决了1000多万名待业青年的就业问题,城镇住宅建设的规模也是空前的。城乡绝大多数人民群众的生活都有所改善。经济体制实行初步改革以后,企业和地方有了一些机动财力,增强了经济活力,景况比过去好多了。但是,从国民经济的全局来看,应该说潜伏着很大的危险性。去年财政赤字170亿元,今年大约也是170亿元,靠向银行借贷和透支过日子。这两年,银行增发了130亿元的票子,可以说货币流通量已经接近了要引起经济危机的临界点。现在物价上涨,而且商品涨价的面相当大,人民议论纷纷。如果不对经济进行大的调整,明年财政仍然要出现庞大的赤字,银行还要增发大量的票子,其结果必然是物价暴涨,整个经济就要发生危机。那样,三中全会以来农民和职工在经济上得到的好处就会失掉,就会引起很大的不满。那就不仅是经济问题,政治局势也难以稳定。对于经济中潜伏着的危险,在过去一段时间里,我们认识得很不够。随着问题的逐步暴露,经过省长、市长、自治区主席会议的讨论,进一步把矛盾摆开,问题的严重性和调整的必要性就看得越来越清楚了。

造成当前财政经济严重困难的原因是多方面的,问题的成因由来已久。长期以来,经济建设中“左”的错误一直没有得到纠正。工业生产上追求高指标,基本建设摊子铺得很大,挤了广大人民群众的生活消费。加上林彪、“四人帮”的破坏,国民经济各个方面的比例关系出现了严重失调。粉碎“四人帮”以后的头两年,我们没有足够估量十年破坏所造成的后果,也没有清理经济指导工作上“左”的错误,还是急于求成,提出了一些过高的不切实际的口号和目标,把已经超过国力的基本建设规模又搞大了。我们打破闭关自守的局面,利用外资,引进技术,这个战略决策是正确的,但是由于缺乏经验,进口成套设备的规模也搞大了,超过了实际的需要和可能。这种冒进的错误,加剧了比例关系的失调,更加重了财政经济的困难。三中全会以后,中央确定对国民经济实行调整、改革、整顿、提高的方针,这本来应当成为经济建设工作的一个根本转折。但是,这一年多来,我们对问题的严重性还是认识不够,党内思想也不一致。在提高城乡人民的消费水平以后,基本建设总规模没有退下来,22个大的引进项目该停的没有停,地方和企业又盲目地上了一批重复建设项目。国防战备费、行政管理费和各项事业费不但没有收缩,而且又增加了。这样,在分配上,积累和消费的总和超过了国民收入,国家安排的基本建设开支和各种消费开支超过了财政收入。因此,虽然经过近两年的调整,国民经济比例严重失调的情况并没有从根本上改变过来。

以上这些情况说明,中央决定对经济进行一次大的调整，是完全必要的。从当前来说，只有这样做，才能克服困难，消除潜在的危险，保证经济全局的稳定，逐步地使我们的经济工作由被动转为主动。从更深刻的意义上来说，我们自觉地进行全面的经济调整，也是要使我们的经济工作摆脱“左”的思想和做法的束缚，真正从中国的实际情况出发，办各项事业都量力而行，循序前进，讲求实效，使经济的发展同适当改善人民生活密切结合，从而避免今后再次出现经济比例的严重失调。大家知道，1958 年开始的三年“左”倾冒进，导致了比例的大失调，爆发了危机，不得不进行大调整，费了五年的时间。那时把困难度过去了，但是“左”的指导思想并没有得到清理，经济情况一好转，老的一套“左”的方针政策又继续贯彻执行起来，一直延续到粉碎“四人帮”后的前两年，以致又一次酿成了比例的严重失调，潜伏着新的经济危险。这个历史经验告诉我们，最重要的是要把经济工作的指导思想端正过来，并且坚持下去。我国的民主革命所以获得胜利，就是因为我们党经过几次失败之后摸清了中国的国情，纠正了“左”的错误，找到了一条自己的革命道路。新中国成立以后，在进行社会主义建设中，我们多次跌跤子，最根本的原因就在于我们对我国基本的国情没有清醒的认识，不了解要把我国这样落后的生产力发展水平提高为先进的生产力发展水平需要经过长期艰巨的努力。因此在指导方针上老是急于求成，老是犯“左”的错误。清醒地认识这一点，把指导方针搞端正，我们就能够较好地克服当前的经济困难，就能够使我国的经济协调地、健康地稳步发展，避免再发生大的折腾。

我想，对于当前的经济形势是否可以作这样的判断：总的来说形势是很好的，但潜伏着大的危险，只要坚决采取调整措施，危险就可以消除，三中全会以来好的形势就可以发展下去。

二、明年经济调整的要求和初步方案

根据中央常委的指示精神，为了稳定经济，明年的调整工作总的要求是三条：一是基本上做到财政收支平衡，不出赤字，而且不给后年留下窟窿。二是基本实现信贷收支平衡，不再搞财政性的货币发行。三是把物价基本稳定下来，特别是把占居民消费总支出 70% 左右的基本生活必需品的销售价格稳住。

按照这些要求，我们对省长、市长、自治区主席会议期间酝酿的盘子又作了一些调整。当时的方案是，1981 年的财政收入 976 亿元，比今年预计的财政支出少 140 亿元，为了把收支打平，支出比今年净减 90 亿元，另外发 50 亿元国库券来弥补收支差额。经过这一段研究，感到这个方案还不踏实。明年发几十亿元国库券是可以做到的，但是全部要用于弥补今年的赤字，并且后年再要发这么大数量的国库券就困难了，如果发不了，财政又会出现窟窿。因此确定，1981 年的各项支出在原方案的基础上再减少 50 亿元，同今年的预计支出相比，净减 140 亿元，把收支打平。40 亿元至 50 亿元国库券照发，用于弥补今年财政赤字。发行国库券时，各地方、各部门应尽力多承担些，有条件的个人也可以自愿认购一点，注意不要把企业挤得太狠了。

怎么减？首先减基本建设投资。国家预算内的基本建设投资，由今年的 241 亿元减为 170 亿元，减少 71 亿元。加上地方、部门和企业自筹、银行贷款、国外到货设备安装工作量以及其他建设，总规模由今年的 500 亿元，减为 300 亿元。

其次压缩国防费，压缩行政管理费。国防费由今年的 ××× 亿元减为 ××× 亿元，减少 ×× 亿元。行政管理费由 62 亿元减为 57 亿元，减少 5 亿元。

其他各项支出，有增有减。文教卫生科学事业费有所增加。增减相抵，净减 37 亿元。

这样减下来，当然许多方面困难很大。把许多事业费减下来，把国防战备费减下来，要做艰苦的工作。把基本建设投资压缩下来，大批工程要停建，大量设备要封存，要承担很大的损失。同时，能源、交通的薄弱状况得不到加强，对今后发展会有影响。这些都应当看到，并且向全党说清楚。但是，为了全局的稳定，现在只能也必须这样安排。而且在今后几年内，也不能希望基本建设投资有什么增加，国防战备费和行政费用还要继续执行精兵简政的原则，使支出的比例有所降低。

这里说一下明年中央要向地方借用一部分财政收入的问题。明年的财政收支，从全国来看是打平了，但分开中央、地方来看，中央财政还有较大的赤字，只好要求地方财政节约开支 80 亿元左右，借给中央使用。这样做，当然给地方增加了不少困难，有些需要办的事情就不能办了。但是，如果不这样做，中央赤字那么大，日子过不去，又得向银行透支，增发票子，结果还是要转嫁到地方和老百姓身上，其后果更坏。希望地方支持中央度过困难。

把财政收支搞平衡，银行就可以不再搞财政性发行，这对于稳定物价会起重大作用。但是，由于人民生活要保，对于没有奖金收入、实际生活水平下降的那一部分职工，明年还要适当加一点工资。城镇的待业人员明年还要继续安排一部分就业。随着农业生产的发展，农民的购买力还会继续提高。因此，明年社会购买力仍将有较大的增长，市场商品的供需矛盾仍然比较大。这同 60 年代初的那次调整不同，那时精减了近 2000 万名职工，财政开支和社会购买力同时大幅度降了下来。现在，要保证物价的稳定，在保证财政、信贷收支平衡的同时，必须下大力量增加消费品的生产和供应。

明年在生产上，要突出抓农业，抓轻工业，抓节约能源，明年的农业投资要减少，发展农业主要还是一靠政策，二靠科学。要看到中央关于农业的一系列方针政策的巨大作用。在农业内部的结构上，除了以畜牧业、林业为主的县旗和主要经济作物基地以外，要把粮食生产放在第一位，粮食的播种面积不宜再减少。增加经济作物产量，主要靠实行责任制，提高单位面积产量，并且要利用一些没有利用的土地，一般来说不能挤占粮田。在抓好农业的同时，要注意林、牧、副、渔等多种经营的发展。明年轻工生产增长 8% 的速度，必须保证完成，并力争超过。所有轻工企业都要努力降低消耗，提高产品质量，扩大适销对路的中高档产品的比重。钢产量比今年减少 400 万吨，腾出燃料动力和运输力保轻工。一切有条件的重工业企业，包括军工企业，都要了解市场的需要，有计划地积极地生产消费品。商业、外贸和物资部门要压缩库存，拿出一部分商品供应市场。各行各业都要继续抓紧节油、节电、节煤、节水的工作。

在计划方案确定之后，各地方、各部门都要下大力量抓生产。我们所说的退，主要是指基本建设投资要减少，各项开支要压缩，超过能源和原材料供应可能的加工工业要控制，过高的生产指标要降下来。但是在生产上要采取积极态度，不能只看不利因素，而不看到和不利用有利因素。凡是客观条件允许、经过努力可以完成的生产任务，要坚决完成。把社会需要的、有条件搞上去的生产搞上去，这也是调整的要求。在生产上，要确定两条原则：一不搞高指标；二不允许对有条件实现的指标也不接受，不努力完成。没有完成国家规定指标的，不能享受超产待遇，不能提奖分成。

调整要搞几年？把基本建设退够，消灭财政赤字，明年就要努力做到。但是要把国民经济重大比例严重失调的问题调整过来，需要更长的时间，整个第六个五年计划期间都要继续进行调整。我们要准备慢，争取快。只要把该退的退够，把脚跟站稳，将来可能前进得更好一些。

三、加强集中统一，正确处理调整与改革的关系

为了搞好调整，克服当前的困难，避免在后退中发生混乱，必须加强集中统一。这次中央常委在讨论明年国民经济调整计划时，强调了要集中统一。小平同志说，历来解决困难，权是要集中的，不是分散的，最后的落脚点是中央集中统一。

现在强调集中统一，指的是在宏观经济方面，在扭转国民经济被动状况的重大调整措施上要高度集中统一，要服从中央统一指挥。具体说，有下列几项：

1. 对于中央决定的调整的方针、政策和重大措施要集中统一，不能三心二意，不能阳奉阴违，不能顶着不办。

2. 各种渠道用于基本建设的资金，要由国家计划委员会统管起来，综合平衡。各省、市、自治区的建设规模和投资方向，要经国家计委审查，由国务院批准。国务院各部委的基本建设，由国家计委统一安排，不受原来行业之间投资比例的限制。

3. 财政税收制度和重大财政措施要集中统一。任何地方、部门和企业都必须严格遵守国家的规定，不得以任何形式截留应该上交的税收和利润，不得超越国家规定的权限减免税收。

4. 任何地方、部门和企业都必须严格遵守信贷管理制度和现金管理制度。非经人民银行总行批准，不得在计划以外增加贷款。各级党政机关不得强令银行增加贷款。

5. 国家规定的重要物资的调拨计划，包括重要的农副产品和原材料，各地方各部门各企业必须坚决完成，不能打折扣。轻纺工业的原料，全国要首先保证上海、天津、北京的需要，各省、市、自治区要保所属轻纺工业集中城市的需要。凡是同大厂争原料、争燃料动力而生产技术落后的小厂，要关停并转。

6. 坚决执行国务院 12 月 7 日发出的关于严格控制物价、整顿议价的通知，任何地方、部门和企业都不得违反。

7. 统一规定发放奖金的条件，严格检查监督制度，坚决制止滥发奖金。

8. 加强外贸和外汇的管理。外贸体制改革以后，要加强内部协调，统一对外，联合对外，防止互相拆台。对于地方、部门和企业以各种形式向外借款，要规定严格的审批办法和统一管理的制度。

以上八条，各地方、各部门、各单位都必须坚决执行。违反者，要追究责任。

搞好调整，稳定经济，安定人民生活，这是大局，是全党全国各族人民的根本利益所在。对地方的利益、部门的利益、企业的利益，应当兼顾，不能忽视，但必须服从整体的利益，服从大局。如果全国的经济不稳，通货恶性膨胀，不论哪个省、哪个单位都要波及，没有例外。我们应当在党中央、国务院的集中统一领导下，共同承担困难，战胜困难。这是我们多年来克服困难的有效的经验。上面讲的一些措施，有些是从调整时期的具体情况出发而采取的，有些也是我们进行体制改革所要研究解决的重大问题。在宏观经济方面，加强集中统一的计划管理和行政干预，是保证整个经济协调发展所必需的。

现在强调集中统一，并不是什么都要集中，把什么都搞得死死的，回到过去的老路上去。这次调整，要吸

取60年代初期调整的成功经验,同时要有新的特点。这就是在加强宏观经济计划指导和行政干预的同时,继续发挥企业和基层单位的积极性、主动性,把该搞活的事情搞活。

三中全会以来,我们对经济体制作了一些初步的改革。实践证明,改革的方向是正确的,效果是好的,对搞活经济,提高经济效益起了积极的作用。现在经济形势之所以这么好,重要原因之一就是改革调动了人们的积极性。否则,就没有今天这个局面,困难还会更大。我国国民经济中存在的许多问题,都是同经济体制不合理密切联系的。过去体制的最大的弊病,一个是权力过于集中,一个是吃"大锅饭",把企业和劳动者的积极性和主动性束缚住了,造成经济的僵化,使经济发展失去活力和弹性。这种体制如果不加以改革,我们就不可能从根本上提高经营管理的水平和经济活动的效果。因此,在改革经济体制这个问题上,我们要坚定不移。就企业来说,一方面要严格制止它盲目建设和滥发奖金;另一方面对企业应有的权益必须加以保护,不得滥加干预。在调整时期,前一段行之有效的一些改革要继续坚持,改革的成果要巩固和发展,少量的新的改革的试点也要有领导有步骤地进行。具体说来是:

1. 已经进行扩大自主权试点的6000多个企业,要继续把试点工作搞好,认真总结经验,使各项办法不断完善。试点范围不再扩大。

2. 面上没有进行试点的企业,继续实行企业基金制度,或者实行财务包干办法。亏损企业减亏增盈的,也应当给以奖励。

3. 少数企业和个别城市,已经进行"以税代利、独立核算、自负盈亏"试点的,要继续进行,取得经验,但试点的单位不要搞得太多。

4. 市场调节,要在国家计划指导下继续搞好。主管部门要加强市场预测和预报工作,加强必要的行政干预,以减少盲目性。

5. 继续促进企业的改组和联合。要利用调整的有利时机,在对企业关停并转中,按照专业化协作和经济合理的原则,改组工业,打破地区、部门所有制,组织各种形式的经济联合体,形成新的生产力。在做法上,要把自下而上的联合同自上而下的规划和协调结合起来。

6,企业内部领导体制的改革,要按照中央的规定,先在少数单位进行试点,取得经验,逐步推广。要搞好企业的民主管理,所有企业要认真发挥职工代表大会或职工大会的作用,发挥工会的作用。

7,在公有制经济占绝对优势的条件下,允许城镇个体所有制经济的发展。

这些改革搞好了,不仅不会妨碍调整,而且有利于生产的发展,有利于调整的进行。当然,在调整时期,各项改革要服从于调整。有些改革从长远来看是合理的,必须搞的,但同当前调整有矛盾的,就推迟进行,如整个价格体系的改革,近几年内不能搞了。把改革的步子放慢一点,稳一点,准一点,可以使各级领导集中精力抓好调整,也可以使改革本身健康地进行。调整搞好了,就为经济体制的全面改革创造良好的条件。

四、努力提高经济效果,走出一条发展经济的新路子

把基本建设投资减下来,会不会出现生产长期徘徊不前的局面?现在看,如果不坚决退下来,不退够,就要爆发危机,那就根本谈不上国民经济的发展,甚至影响政局的稳定。当然,退下来以后,有两种可能性。一种是,经过几年的努力,把脚跟站稳了,可以更好地前进。一种是,工作做得不好,生产就有可能长期上不去,甚至出现萎缩的局面。我们要争取前一种可能,避免后一种可能。关键就在于,在搞好调整的同时,能不能使各方面的经济效果有一个大的提高。

长时期以来,我们走的是一条重基建轻生产、高积累低效率的道路,热衷于大搞基本建设,集中大量的资金建设新厂子,特别是投资大、工期长的重工业厂子。许多基本建设的前期准备工作做得很差,各项建设之间又互不衔接,甚至搞了一大批不具备建设条件和生产条件的工程,搞了一大批已经属于长线的加工工业。其结果占用的财力物力很多,建设周期拖得很长,不能形成生产能力,或者建成了也不能正常生产。而对于已经建设起来的老企业,则不用极大的精力把它们经营管理好,不注意它们的设备更新和技术改造,以致使它们长期陷于高消耗、低质量、产品性能多少年如一日的落后状态。同时,在生产上追求产值,不顾市场需要,产销脱节,造成大量积压。生产的这种落后的、盲目的不合理状态,又造成燃料动力和原材料供应紧张,促使再去扩大基本建设的规模,特别是重工业的建设规模。这几乎成了一种顽症,使我们付出了极大的代价。这条路子,是靠紧缩人民消费、保持过高的积累率来维持的。表面上看,生产的增长速度并不算慢,但是真正创造的社会财富很少,人民得到的实惠不多。今后再也不能走这条老路了。我们应当寻找一条新的路子,不是靠多上基本建设,多铺新摊子,大量增加能源和原材料的消耗,而是主要靠发挥现有企业的作用,进行合理的技术改造,降低消耗,提高质量,提高效率,来扩大社会生产。这条路子,速度可能不那么高,但是经济效益会好,社会财富会增加得多,人民得到的实惠也会多。只有走这条路子,才能在我们这样一个人口多、底子薄的国家,处理好积累和消费的关系,处理好发展生产建

设和改善人民生活的关系，从根本上解决财政经济的困难，求得经济的稳定增长。

多年来，在经济工作中形成了一种争投资、争物资，争去以后不问使用是否合理、不问投资效果好坏、不问创造财富多少的坏习气、坏作风。拿经济效果来说，同我们过去曾经达到过的较高水平相比，大体上是，现在两块钱办的事情只相当于过去一块钱办的事情。在工业生产中，按单位产值提供的利税计算，每年国家大约少收入200多亿元。按单位产值和单位商品零售总额占用的流动资金计算，现在要多占用流动资金几百亿元。过去花三年到五年时间建成投产项目，现在要花八年到十年。在生产、基建和流通方面浪费之大，是惊人的。对于这种情况，这几年我们看到了，也做了一些工作，但是收效不大。如果我们各级领导机关和各个经济单位都能把主要精力转到抓经济核算、抓经济效果、抓减少浪费，那我们的经济局面就会大为改观。

我们要抓现有的30多万个企业，提高其经济效果，把它们的潜力发挥出来。要做到这一点，空喊不行，必须在经济发展的方针上来个转变，在人们的思想观念上来个转变，而且要有一系列的具体工作、具体措施跟上来，包括企业的整顿、企业的改组、技术的改造、产业结构的调整和经济体制的改革。

在调整的这几年里，我们要抓紧时机下功夫把现有的几十万个企业整顿好建设好，首先是把几千个大中型企业搞好。有几项工作要抓紧进行：

1. 一定要做好企业的各项基础工作，健全责任制，搞好经济核算，建立起正常的生产秩序和严格的劳动纪律。

2. 抓关停并转，结合进行企业改组，发展各种形式的联合。

3. 有计划有步骤有重点地对现有企业进行设备更新和技术改造，首先是节约能源的技术改造。要加强科学技术研究，加强新产品的试制工作，加速产品的更新换代。机械工业要由过去主要为基本建设服务转到主要为现有企业技术改造服务。这样做，机械工业就不是没有多少事情干，而是可以大有作为。今后的引进，要大大减少成套设备的进口，主要买技术、买软件，把技术引进和老企业的改造结合起来。

4. 要建立比较正规的职工教育制度，有计划地实行全员培训。

总之，在调整时期，一是要把重大比例关系失调的问题调整好，使经济结构逐步趋向合理；二是办好现有企业，提高经济效果。要经过几年的努力，使我们的现有企业在组织程度、经营管理水平、生产技术水平等方面有一个显著的提高。这是实现现代化的必由之路，是我们的希望所在。在这同时，要加强资源普查、地质勘探、规划设计、方案论证等建设前期的准备工作，为今后必要的建设创造良好的条件。今后的基本建设，同样要在提高投资效果上下功夫，用较少的投资、较短的时间，形成较多的有用的生产能力。

我认为，只要这样做了，就不会出现生产长期徘徊的局面，我们的社会主义建设事业是大有希望的。

五、做好这次调整的思想工作和组织工作

这次大的调整，是经济建设方针的根本转变。它牵动全局，影响到各个方面。同60年代的调整相比，现在物质条件比那时好，但工作难度比那时大。因此，需要把全党全民的精力集中到这方面来，上下一心，全力以赴，务期必胜。

搞好调整，从根本上说，有利于政局的稳定和安定团结局面的发展。但进行这么大的调整，必须以安定团结为前提。如果动荡不安，这里干扰一下，那里干扰一下，调整就无法进行。现在，历史上遗留下来的问题成堆，社会矛盾很多，而且在调整过程中，还不可避免地会产生一些新的问题。应当注意三条：第一，要引导干部和群众，以大局为重，维护安定团结的政治局面。其他各种问题的解决，必须服从于调整。调整搞好了，经济稳定了，生产发展了，可以为解决其他问题创造更好的条件。现在，不论有什么理由，都不允许妨碍经济调整和社会生产的正常进行。第二，我们在调整的具体政策、措施和步骤上，事先应尽量考虑得周到一些，慎重一些，力求不引发乱子。一旦发生乱子，领导干部必须履行职责，深入群众，做好工作，把问题解决在基层。第三，教育干部和群众，坚持四项基本原则，警惕极少数别有用心的人，趁调整之机，进行捣乱。对反对党的领导和反对社会主义制度的言论，决不能听之任之，应当旗帜鲜明地予以抵制和批判。对一切违反宪法破坏法制的活动，必须依法取缔。我们一定要保持良好的社会秩序，使调整得以顺利进行。

处在当前这样一个大的转变的时候，必然会有各种各样的思想问题。重要的在于统一全党的思想，特别是保持高级干部思想认识的一致。小平同志讲过，到本世纪末，经过努力，我们也只能达到小康的水平。陈云同志这次着重讲了，我们是10亿人口、8亿农民的国家，我们是在这样一个国家中进行建设的。某些在国际贸易方面具有或暂时具有特殊条件的小国和地区没有8亿农民这个大问题，欧美、日本各国也没有8亿农民这个大问题。我们必须认识这一点，看到这种困难。我认为，正确认识我国的国情，这是统一全党思想的最重要的一条。总结过去的经验，长期以来我们在社会主义建设中老是犯“左”的错误，搞冒进，受挫折，问题就出在离开了中国的国情。现在搞四化，搞经济建设，我们的指导思想，必须统一到这点上来。在我们这样一个人口多、底子薄、水平低的大国搞建设，不能急于求成，不要指望一下就出现什么奇迹，什么人也没有这个本事，只能量力而行，循序而进，进行长期的、艰苦的努力。我们讲解放思想，就是要正视中国的国情，破除那些不适合中国国情的东西。从这个基本点出发，我们才能在当前的调整工作和以后的经济建设中，提高自觉性，克服盲目性，有共同的语言和统一的行动。

实事求是地把国情讲清楚，可以使人民体谅国家的困难，理解我们的方针，增强前进的信心。现在有些不切实际的要求，有些埋怨、失望情绪，其根源也在于不了解自己的国情。大而穷，人口多，底子薄的国家，世界上只有印度和中国两个。一个是资本主义，一个是社会主义，一个是国大党领导，一个是共产党领导，很可以比较一下，印度独立30多年了，1979年国民生产总值按人口平均只有167美元，粮食按人口平均只有417斤，而且贫富悬殊。我国的情况比印度好，这是世界上公认的。如果不是几经折腾，我们的情况肯定还会好得多。现在，一方面，我们要继续总结历史经验，从过去的失误中，分清是非，吸取教训。另一方面，也必须看到：30年来，在党领导下所取得的成就是巨大的，并不是一团漆黑；粉碎"四人帮"后特别是三中全会以来，各方面都发生了显著的变化，党和政府在困难的条件下为提高人民生活水平是尽了很大努力的。我们的事业是在不断前进的，悲观的论点是没有根据的。过去，我们对自己的国情，认识得不够，考虑得不够，也宣传得不够。今后，要把这个问题向干部，群众讲清楚，使大家认识国情，看自己，比人家，办事情，提要求，都不能脱离这个现实，这在调整时期尤为必要。

为了领导和组织好这次调整，必须使党在思想上、组织上、作风上适应于新形势的要求。这次调整，对我们党的各级组织，对每个党员、干部，都是一个考验。我们要在调整过程中，端正党风，改善领导，培养干部，加强党的战斗力。要进一步恢复和发扬党的优良传统，密切党和群众的联系，与群众同甘共苦，克服特殊化、官僚主义等不正之风。要认真执行民主集中制的原则，加强党的组织性、纪律性。必须进一步发扬党内民主，健全党的生活，但是必须反对极端个人主义、无政府主义等歪风邪气，不允许涣散党的组织。现在有些干部思想波动，精神不振。有一种说法，"书记等着免，厂长等着选，干部等着减"，反映了这神情绪。各级党委要抓紧做好思想政治工作，使所有的老、中、青干部，都振作精神，团结一致，艰苦奋斗，积极工作，为调整的胜利和国家的中兴作出自己应有的贡献。要通过调整，在党的建设上出现一个新的面貌。

这次会议只能把调整的方针、调整的总盘子和一些重大措施定下来，许多具体问题要在以后的工作中认真研究，逐个解决。为了使调整工作有领导、有秩序地进行，中央准备采取一系列措施。要颁发一个向干部和群众宣讲的宣传提纲，全面地分析当前的形势，把存在的困难和克服困难的办法讲清楚，把广大干部和各族人民动员起来。根据调整的总的要求，国务院将陆续制定一些具体措施和实施细则，并将组织各部委的领导干部，带领一批得力干部下去，同省、市、自治区有关部门的同志结合在一起，抓基本建设项目的清理，抓企业的整顿、改组和联合，抓清查仓库，抓物价的检查和整顿。要切实抓好下马工程的收尾工作和关停并转企业的善后工作，尽量减少损失，避免发生混乱。要切实转变领导作风，建立严格的责任制度和检查制度，改变拖拉推诿、无人负责的现象。

以上意见是否妥当，提出的办法是否可行，请中央常委和到会的同志批评指正。

中国佛教协会第四届全国代表会议在北京政协礼堂举行

中国佛教协会名誉会长班禅额尔德尼·确吉坚赞致开幕词。他说，中国佛教协会第四届全国代表会议在伟大的人民首都——北京开幕了。我们佛教界人士及其千百万信徒在经历了十年的空前浩劫之后，今天能够高举爱国旗帜，共求进步、致力祖国的建设，深感自豪。

他说，我们佛协按照千百万各族佛教信徒的愿望，肩负着重建法幢，发展佛学，促进安定，加强团结，爱国爱教，建设四化的使命。我们一定要团结教育广大的信徒爱国守法，在祖国建设四化的新形势下，尽到我们应尽的责任。他在开幕词中还强调，要进一步加强与世界各国佛教徒和海外同胞以及其他教徒之间的联系，为反对霸权主义，制止侵略，维护世界和平共同努力。

中国佛教协会代会长赵朴初在会上作了关于《中国佛教协会第三届理事会工作报告》的报告。他在报告中说，粉碎"四人帮"以后，佛协工作开始走上了正轨，在政府的大力支持下，对全国范围内重点寺庙的恢复整修进行了各方面的协助。同时，恢复了中国佛学院，搜集、整理佛教经典和开展佛教学术研究工作。

中国佛教协会副秘书长正果在会上宣读了《中国佛教协会章程》(修改草案)并作了说明。

会上，中国伊斯兰教协会主任张杰代表其他宗教团体致了贺词，中国佛教协会副会长巨赞法师宣读了日本佛教界和其他友好团体和人士的贺电。参加这次会议的有来自全国29个省、市、自治区的佛教徒共

250多人。出席会议的有关方面代表和负责人帕巴拉·格列朗杰、张执一、肖贤法、巨赞、嘉木祥等。

《人民日报》发表特约评论员文章《正确理解选拔干部要注意文化的问题》

近年,对新时期吸收和选拔干部必须注意文化程度的问题有不少误传,说"今后吸收干部只要大中专毕业生"、"不从工农中提干部了",说"过去提干靠'造反',现在提干靠文凭,工农干部靠边站",因而引起了一些不必要的疑虑。各级党组织要根据中央有关文件的精神,积极做好宣传解释工作,消除误解,统一思想,把新时期干部队伍的建设推向前进。

关于吸收和选拔干部要注意文化程度的问题,近年来中央领导同志先后讲过多次。在今年5月中央组织部召开的选拔优秀中青年干部工作座谈会上,胡耀邦同志讲得很明确,他说:"今后,脱产干部从哪里来!主要应当根据干部条件,从大中专毕业生和具有相当文化水平的青年中挑选,一般不直接从文化低的工人农民中提拔。我认为,事情只能这么办。这不是说工人农民一个不能提,但要挑选有文化的、年轻的,经过一定的专业训练的。"经过讨论,一致同意这个精神,并且写进了会议形成的文件。今年6月,宋任穷同志在给湖南锡矿山矿务局杨尊开同志的回信中,又对这个问题作了进一步的阐述。应当说,只要我们认真地、全面地宣传解释上述文件和复信的内容,目前存在的那些误解和疑虑,是可以很快消除的。

现在吸收和选拔干部究竟有没有必要强调注意文化程度呢?从四化大计和干部队伍的现状分析,是大有必要的。事情很清楚,干部是群众中的骨干部分,他们要能够真正带领群众搞四化,本身必须知识化、专业化;而要掌握和运用现代自然科学、社会科学的专业知识,不具备大中专毕业文化程度是很困难的。

但是,由于历史的因素和以往工作指导上的过失,全国现有的1800多万名干部中,具有初中以上文化程度的只占50%左右;各级各条战线的领导班子里,真正懂得科学技术和专业知识的人很少。干部队伍文化偏低这个弱点,在全国工作重点转向四化建设以后,暴露得非常突出,同事业发展的需要日益形成尖锐的矛盾。有的干部搞工业看不懂设计图纸、不善于管理工厂,搞农业不懂作物栽培和经营管理,搞商业不懂资金运用和商品流转,办学校对教育少识少知,结果,他们管理的工作长期上不去。在那些地方,专业人才被压抑,科学发明被埋没,先进技术得不到推广,管理混乱现象在继续,得不偿失的工程一建再建,人力、物力、财力和外汇的惊人浪费不断发生。人民看到这些,是何等痛心、何等焦急啊!而对这种情况,难道我们共产党人不应当考虑从根本上改变干部队伍缺少文化这种落后的现象?恩格斯在讲到工人阶级的解放时说过:"问题在于不仅要掌管政治机器,而且要掌管全部社会生产,而在这里需要的决不是响亮的词句,而是丰富的知识。"列宁也曾在十月革命后严肃提出:"要建设共产主义,就必须掌握技术,掌握科学。"斯大林在战争危机日益增长的情况下,把问题讲得更尖锐,他说:"打落后者,打弱者——这已经成了剥削者的规律","你们愿意让我们的社会主义祖国被人打垮而丧失独立吗?如果你们不愿意,那么你们就应当在最短期间消灭它的落后状况。"毛泽东同志在新中国成立前后,也多次号召"全党努力学习科学知识",立志把贫穷落后的中国建设成为繁荣昌盛的社会主义强国。深刻领会这些道理,可能有助于那些对要求选拔干部注意文化程度感到迷惑不解的同志,面对现实,从社会主义中国的强大和后代子孙的幸福着眼,来理解党对干部队伍建设所作的正确决策。

要求吸收和选拔干部注意文化程度,是不是像有人传说的那样今后"提干靠文凭"呢?不是。一定的文凭,可以证明一个人受过何种教育和训练,大体上反映他所具有的文化程度。在"左"的路线影响下,过去一些人轻视知识和知识分子,也否认文凭的意义和作用,这是不对的。但是,一个人的文凭并不就等于他实际具有的知识和业务能力,所以我们挑选干部不能单看文凭,还要着重考核被选对象的真实文化水平和业务才能。正因为如此,中央领导同志反复指出,吸收和提拔干部,既要从大中专毕业生中挑选,又要从虽未进过大中专学校、但由于刻苦自学具备了相当文化程度、掌握了一门或几门专业知识的同志中挑选。事实上,现在也是这么做的,一些自学成才的中青年同经过考验的大中专毕业生一起受到重用,就是证明。这样做,同战争时期、土改时期挑选干部相比,当然更注意文化条件,更注意发挥具有相当文化水平和专业才能的同志的作用。其结果,必然会更加激励广大干部和群众向科学进军,提高整个民族的文化水平,这有什么不好呢!把"文化"和"文凭"混同起来,并且把我们党选拔干部的政策说成是"只看文凭",显然是不对的。

吸收和选拔干部要注意文化水平,是不是像有人传说的那样,今后"打天下的要让位"、"工农干部要靠边"呢?更不是。我们党历来认为,党的干部,不论是工农出身的同志还是知识分子,都是党和人民的宝贵财富。过去,干部中为数不多的知识分子同工农同志一起参加革命战争,在党的领导下为人民打天下,今天,广大知识分子又同工农同志一起投身新的长征,他们都是四化建设的骨干力量。尽管他们各有自己的长处和弱点，但是，彼此之间的根本利益是一致的，不应当有什么鸿沟。由于多年来“左”倾思想的影响，鄙薄知识、轻视和排斥知识分子的现象相当严重。特别是林彪、江青反革命集团的破坏，使得我们既没有抓好普遍提高干部、包括工农干部的文化科学技术水平，又没有及时地大胆地把大批有专业知识和才能的优秀干部选拔上来。这是造成目前干部结构不合理的一个重要原因。现在，为了社会主义的四个现代化建设，为了全国人民的根本利益，工农干部和知识分子干部谁也不能“靠边”，都要各得其所，各尽所能，互相尊重，互相帮助，互相学习。党的组织，一定要在这方面多做工作，带头消除干部问题上“左”倾思想的影响，按照新时期的干部条件，大胆选拔使用那些确实具有胜任工作的知识和才能的同志，而不问他们原来是学生还是工农，同时要大力抓紧培训被耽误了文化和专业学习的同志，帮助他们尽快提高。缺少文化和专业知识的同志，也不要消极地等待别人来替换自己，而应当积极向上，充分发挥具有丰富实践经验的长处，发奋学习，努力掌握应知而未知的专业才能，以期在新长征中大显身手。

今后吸收和提拔干部要注意考核文化水平，是不是不要德才兼备原则了呢？这种疑虑也是不必要的。我们党在现阶段选拔干部的标准，中央领导同志讲过多次，基本精神是一致的。归纳起来就是这样三条：一是坚持社会主义道路，坚决执行党的路线、方针和政策；二是具有一定专业知识和组织领导能力；三是年富力强，能够胜任繁重的工作任务。这三条标准，体现了我们党历来坚持的德才兼备原则，在具体运用时，对知识分子干部和工农干部应当一视同仁。现在需要特别注意的是，有些同志认为文化高、精通业务的人，政治上都不强。他们把某些知识分子爱独立思考，好发表意见，肯埋头钻研等长处，不加分析地看作是“骄傲自满”、“目无领导”、“不问政治”，并且笼统地视为德的条件不好。这种看法，显然不符合我国知识分子的现状，反映了在衡量干部德才方面长期存在的陈旧观念，是多年来干部工作中“左”倾思想影响下产生的一种偏见。当然不是说凡有文化、有专业知识的干部都十全十美，都要提拔重用，这些同志也有一个继续向马克思主义学习，向工农群众学习，从实践中学习，不断提高自己思想水平和工作能力的任务，问题是我们对待这些同志要有公正的评价和分析，要注意正确贯彻执行党的知识分子政策。

今后主要从具有大中专毕业文化程度的同志中挑选干部，能不能办到？可以办到。新中国成立以来，我们党和国家培养了几百万名大中专毕业生；正在大学和中等专业学校学习的青年，还有200多万人；前些年上山下乡和回乡的上千万名知识青年中，有相当一部分人有志于学，不断地提高了文化知识水平；在职干部有相当一批原来文化程度较低，经过实践中学习，已经掌握了一定的专业知识，并有丰富的经验。这些都说明，我们挑选有相当文化水平的干部的潜力很大，其中经过二三十年锻炼考验的优秀人才不少。看不到这个情况，不积极从中择优而用，是很可惜的，也是极不应该的。不可否认，由于我国经济文化发展不平衡，对干部管理使用长期存在不合理现象，有些地方具有大中专文化水平的人才比较集中，有些地方却很少。但是，客观条件要靠主观努力来改变，只要领导思想解放，多想办法，困难可以减少，关键在于把干部工作搞活。前一段，有些地方大胆试验，用公开招聘、招考、“毛遂自荐”、群众推荐等办法，促进人才的合理流动，就发掘和吸引了不少未被重视的有用之才。随着干部教育和学校教育的发展和加强，可供选拔的具有相当文化水平的人才肯定会越来越多，加上干部制度改革的逐步实行，选拔干部方面的某些实际困难也将更易于得到克服。这里还需要指出，不同的行业，对于干部文化水平和专业知识的要求应当有所不同，不要把干部队伍知识化、专业化简单地理解为只是选拔技术干部进领导班子。由于历史形成的地区经济、文化上的差别，目前对条件较差的地方、特别是农村边远地区，掌握干部文化水平的要求也不宜太死。一切从实际出发，实事求是，是我们做任何工作都必须遵循的一个原则。

陕西董家河煤矿正式投产

这座煤矿的设计能力为年产45万吨，从采煤、装车、提升到运输全部为机械化作业。

国务院副总理杨静仁在北京会见斯里兰卡法律协会主席赫·威·贾亚瓦德纳和他的夫人以及由他率领的斯里兰卡司法代表团

12月17日

民革全国工作会议在北京召开

国务院副总理姬鹏飞在北京会见美国劳工部部长瑞·马歇尔一行

杨献珍的《论党性》出版

《人民日报》报道，《论党性》一书最近由河南人民出版社出版。这本书包括杨献珍同志从40年代初到50年代中期论党性的基本著作。

12月18日

《人民日报》发表特约评论员文章《论党政分工》

实行党政分工，是当前我国政治生活中迫切需要解决的一个课题，是改革、完善党和国家领导制度的重要环节。这个问题的提出，既是历史经验的启示，也是现代化建设事业发展的客观要求。

长期以来，在我们党和国家的各级领导机构中，严重地存在着党政不分、以党代政的现象。如果说，在新中国成立初期，人们对这种现象还缺乏应有的认识，不觉得有什么弊端的话，那么，经过30年来的实践，特别是经过十年动乱，今天，我们的广大干部和群众，对于这种领导体制存在的弊端以及由此对社会主义事业造成的危害，已经看得越来越清楚了。

党政不分，必然使各级党委陷入日常行政事务，形成党不管党的现象。我们党执政以后，在整个国家生活和社会生活中处于领导地位。而国家事务和社会事务是千头万绪、纷繁复杂的。党、政府、经济组织、群众团体各有各的职责范围和工作权限，必须进行明确的分工，不能互相代替、互相包办。因为任何组织(包括党组织)及其领导人员的力量和经验都是有限度的，不可能是万能的。党政不分，实行党委包揽一切，在理论上，否认了社会分工，是一种落后的、倒退的表现；在实践上，使党组织陷入具体的行政事务之中，无法集中力量研究党的路线、方针、政策问题，研究党的组织建设、思想建设、作风建设中的问题，加强对党员的教育和监督，使党员在各自的岗位上发挥先锋模范作用。多年来，这种由党政不分而造成的党不管党的状况，已经给党的领导、党的战斗力、党同人民群众的联系带来了严重的损害。

党政不分，必然妨碍政府部门建立相对独立的强有力的工作系统。各级政府是国家的行政事务和经济、文化事务的主要组织者、管理者。他们在党的路线、方针、政策的统一领导下，应当有独立负责地决定、处理这些事务的职权。党政不分，党委包揽一切行政事务，各级政府就很难行使自己应有的职权，很难按照自己的职权范围确立系统的切合实际的行政法规和行政工作制度，很难摆脱奉命行事、一切等候党委指令的被动状态。这样一来，势必挫伤政府机关及其工作人员的积极性、主动性和创造性。

党政不分，必然损害党政机关的工作效率，助长官僚主义。由于党委对具体的行政事务和具体的经济、文化事务，事事都要过问，都要干预和指挥，以党代政，这不仅加重了管理行政事务和经济、文化事务的机构臃肿和层次的重叠，而且政府部门、经济组织常常不能根据实际情况作出应该由它作出的决定，事事都需要请示、报告党委，而党委又常常在来不及了解必要情况的条件下匆忙作出决定。在这种状况下，脱离实际、瞎指挥以及层层报批、公文旅行、互相推诿、办事拖拉、不讲效率等官僚主义现象的产生和滋长，是很难避免的。

在我们党和国家的领导制度中，为什么会存在党政不分的问题，而且长期得不到解决呢？这是有深刻的历史原因和认识上的原因的。

从历史原因来说，主要有以下两点。一是同我们在民主革命时期形成的党的一元化领导的传统有直接关系。那时候，党的中心任务是领导革命战争，一切为了革命战争的胜利，一切服从于革命战争。根据地开展的经济建设和文化建设，最终都是为了支援战争，夺取全国政权。军队主要是打仗，政府主要是支前。党、政、军的任务比较集中、单一。在这种情况下，强调党的一元化领导是必要的、正确的。1942年9月，我们党曾经专门作过《关于统一抗日根据地党的领导及调整各组织间关系的决定》。历史的实践充分说明，在紧张、激烈的战争环境中，实行这种党的一元化领导，对于统一指挥，集中力量，保证抗日战争和解放战争的胜利，起了重大的积极的作用。新中国成立以后，情况大大不同了。我们掌握了全国政权，面临的社会主义建设的任务，是多方面的和极其复杂的，远不像革命战争年代的任务那样集中、单一、党的一元化领导的制度已经不适应这种新的历史条件和新的任务。问题在于，我们没有随着工作任务的转变相应地改变领导制度，而是继续把一元化领导沿袭下来了。二是同我们过去不适当地进行反对分散主义、反对闹独立性的斗争分不开的。在我们党的历史上，曾经多次过分强调党的集中统一，过分强调反对分散主义、反对闹独立性，却很少强调必要的分权和自主权。新中国成立以后，虽然在中央和地方之间，我们也曾经进行过几次分权，但是，实际上都没有解决党和政府、经济组织、群众团体之间如何划分职权范围、如何分工的问题。在1953年和1958年的两次反分散主义的斗争中，还提出了“大权独揽，小权分散。党委决定，各方去办”的口号，并且把它作为党的重要的领导原则，广泛地加以宣传和实行。当然，我们这里并不是说任何情况下都不要强调党的集中统一，也不是说不要反对分散主义，不要反对闹独立性，问题在于“过分”，而且对于什么是分散主义，什么是闹独立性，也没有弄得很清楚。我们往往把政府部门和群众团体独立行使自己应有的职权，也当作分散主义、闹独立性加以批评。这种状况，就使得党政不分、权力过分集中于党委的现象愈来愈严重。从认识上的原因来说，就是长期以来我们对于如何加强党的领导、发挥党的领导作用问题，存在着一些错误观念。这主要表现在三个方面。

第一,我们常常把党对国家和社会主义各项事业的统一领导与党委包揽一切、干预一切混同起来,以为党委管的事情越多、越细,就越是加强了党的领导,因而造成这样的局面:什么事情都要党来指示,党来决定,否则什么也不能办。如果不是事事请示、报告党委,由党委一一拍板,就会被认为是不尊重党的领导,离开了党的领导。这种错误观念,不仅助长了党政不分,而且是使党的决定和工作中常常发生错误的一个重要原因。

第二,我们常常把加强党的领导与加强国家权力机关、行政机关、司法机关和群众团体的独立工作对立起来,以为从各方面提供必要的保证,使国家权力机关、行政机关能够充分行使宪法所赋予它们的权力,使司法机关能够按照宪法和法律进行独立检察、独立审判,使群众团体能够独立地工作、积极为维护群众的合法权益而斗争,会不利于党的领导,甚至会削弱党的领导。这种认识,显然是不正确的。加强党的领导与加强国家权力机关、行政机关、司法机关和群众团体的独立工作,是完全一致的,而不是互相排斥的。党要实现自己正确有效的领导,一个很重要的方面,就是要保证它们能够独立地、富有生气地、相互协调地进行工作,充分发挥各自的创造性和主动精神。

第三,我们常常把党的统一领导,理解为党可以凌驾于一切组织之上,以为强调党的领导作用,就意味着党的活动可以不受任何约束,党的权力范围可以不受任何限制,而没有认识到,党同政府和其他社会主义组织一样,必须严格地在自己和人民一起制定的国家宪法、法律的范围内进行活动。在这种不正确的观念支配下,党完全处于居高临下的状态,党员高于一切群众,党组织的书记高于其他一切干部,各级党委高于一切组织。这样一来,就把各级党委包揽一切、干预一切,看作是很自然的事情了。

应当看到,以上这些错误观念,至今在我们不少同志的思想中还不同程度地存在着。这是当前我们改革党和国家领导制度,改变以党代政,实行党政分工的思想障碍。为什么有些同志对党政分工表现得不那么积极,不那么热情,以至于疑虑重重呢?比如,有的同志说,党的一元化领导是传家宝,传家宝丢不得;有的同志担心,党政一分工,党委没什么事情可做了,党的领导会不会削弱?如此等等,一个很重要的原因,就是我们这些同志还没有从上述错误观念的束缚中解放出来,还没有从理论上和实践上弄清楚,在社会主义建设时期,党在国家生活和社会生活中所处的地位是怎样的,没有弄清楚党的职责权限和正确的活动方式是什么,也就是说,还没有弄清楚什么是党的正确领导和怎样才能实现、加强这种领导。

党的正确领导,应当是代表人民利益、执行人民意志的领导。它的中心点是要使党的各级组织都支持人民当家做主,领导人民当家做主,帮助人民认识到自己的利益,并且团结起来为实现自己的利益而奋斗。马克思主义理论和多年来正反两方面的实践经验告诉我们,党的这种领导,只有通过制定和执行正确的路线、方针、政策,通过正确处理、协调党同国家机构、经济组织和群众团体的关系,通过党的先锋模范作用,才能得到充分的实现和加强。而这三个方面都要求党政必须分工,彻底改变以党代政的状况。

只有实行党政分工,才有利于党组织深入调查研究,制定和执行正确的路线、方针、政策。党对国家和社会主义事业的领导,是政治领导。这是马克思主义的一个基本观点。所谓政治领导,就是路线、方针、政策的领导,而不是行政的、技术的、业务的管理的领导。要实现这种政治领导,党组织必须深入实际,深入群众,分析形势,研究不断变化的新情况,体察群众的情绪,倾听群众的呼声,反映群众的要求,集中群众的智慧,掌握社会主义事业发展的客观规律。这样,才能制定出符合客观规律的、代表人民群众利益的正确的路线、方针、政策,给人民指明前进的方向、目标、条件、步骤和方法,并且通过细致的宣传工作、思想工作和组织工作,使它们变成人民群众的自觉的强有力的实际行动。很显然,在党政不分、以党代政的状况下,党的各种政治领带,是很难有效地实现的。以往我们不少的党组织由于习惯于行政的、技术的、业务的、管理的领导,成天忙于具体行政事务,不能集中力量管党的路线、方针、政策,以致发生这样那样的失误和偏差,给党的领导和人民的利益造成损害,不是充分说明了这一点吗?

只有实行党政分工,才有利于正确处理、协调党同国家机构、经济组织和群众团体的关系。早在苏维埃政权建设的初期,列宁就曾经指出:“必须十分明确地划分党(及其中央)和苏维埃政权的职权;提高苏维埃工作人员和苏维埃机关的责任心和主动性;党的任务是对所有国家机关的工作进行总的领导,而不是像目前那样进行过分频繁的、不正常的、往往是对细节的干涉。”社会主义国家的各种组织,都是实现人民利益所必需的工具,都应当有职有权有责,都不是装饰品。党政实行分工,明确划分党、国家、经济组织、群众团体各自的职责权限,党就可以有力地从思想理论上和路线、方针、政策上,加强对国家机构、经济组织、群众团体的领导,加强对它们工作的保证和检查、监督;国家机构、经济组织就可以独立负责地行使自己的职权,充分发挥自己的职能,提高责任心和主动性,工会、青年团、妇联等群众团体，就可以负责地为它们所代表的群众利益进行有效的工作和斗争。总之，在建设社会主义的总目标下，党组织、国家机构、群众团体各司其职，各自负责，为实现党的路线、方针、政策，实现人民的利益，加强党同人民群众的联系而相互协调、团结一致地工作。这正是加强了党的领导，而不是削弱了党的领导。相反，如果党组织包办国家机构、经济组织和群众团体的事务，妨碍它们的独立工作，使它们有名无实，有职无权，最终只能损害党的威信，损害党同人民群众的联系，这不但不利于加强党的领导，而只能削弱党的领导。这是多年来的经验教训已经反复证明了的。

只有实行党政分工，才有利于党组织加强对党员的教育和监督，使党员在各自的岗位上真正发挥先锋模范作用。党的领导的实现和加强，既要靠党的路线、方针、政策的正确，靠党的组织工作的坚强有力，也要靠广大党员的先锋模范作用。没有这后一条，党的正确路线、方针、政策，就不可能得到很好地贯彻执行。因为党的路线，方针、政策，是靠党员的模范行动去带动、影响、吸引广大群众贯彻执行的，而不是也不可能靠强迫命令去加以推行的。如果党员自己都不能遵纪守法，模范地执行党的路线、方针、政策，怎么能希望群众很好地执行呢？要求人民群众做到的，党的组织和党员必须首先模范地做到。这是巩固党的威信、增强群众对党的领导的信任的一个重要原则。党在执政以后，党的地位、任务、工作条件都变化了，能不能继续保持广大党员的先锋模范作用，继续保持同人民群众的密切联系，这是新的重大课题。为了解决这个课题，党必须在新的历史时期，大力加强自己的建设。各级党组织必须坚持不懈地在思想意识、组织纪律、道德品质和工作作风等方面加强对党员的教育工作，增强他们的革命事业心和政治责任感，增强他们抵制形形色色的封建主义遗毒、资产阶级腐朽思想和其他非社会主义思想侵蚀的能力，使他们真正做到和人民同甘共苦，真正成为社会主义事业各条战线上的先进分子，成为执行党的路线、方针、政策的模范。这无疑是党的一项非常艰巨的任务，需要进行大量的、经常的艰苦细致的工作。显然，只有在实行党政分工，党组织摆脱了繁重的行政事务的条件下，才能把这项工作做好。那种认为实行了党政分工以后，党组织就没有什么事情可做了的看法，是没有任何根据的。

由上可见，实行党政分工，改变以党代政的现象，不是削弱党的领导，而是为了更好地坚持和加强党的领导。在我们这样一个有9亿多人口的大国里，要加强人民的团结，保持社会的安定，发展社会主义民主，巩固国家的统一，要顺利实现社会主义现代化事业，都必须坚持党的领导。这个原则是不能动摇的。问题在于，只有改善党的领导，才能坚持党的领导。实行党政分工，是改善党的领导的一个重要措施。我们一定要坚定不移地、扎扎实实地把这项改革工作做好。

公安部转发湖南省公安厅《关于表彰何仁华 彭宗志同志为抢救落水儿童英勇献身的通报》

1980年8月13日下午5时许，桃源县人民武装警察中队的干部战士从训练场返回营房的途中，突然听到“救命”的呼声。他们不顾疲劳，赶到出事地点。由于江水暴涨，浪高流急，5岁的落水小孩已被急流卷入江心，只见一对小辫在急浪中时隐时现，情况十分危急。在这紧急关头，副队长当机立断，带领6名会泅水的战士跳入江中。给养员何仁华第一个抓到小孩，刚托出水面时，一排恶浪将他卷进了漩涡。逆游而上的新战士彭宗志奋力向小孩靠拢也被急流冲走。经过他们顽强搏斗，终于救起了小孩，而何仁华、彭宗志却被卷进了江底，为抢救人民生命献出了宝贵的青春。

为了表彰何仁华、彭宗志的英雄事迹，中共桃源县委、常德行署公安处分别作出决定，号召共产党员、共青团员和公安干警向他们学习。共青团桃源县委根据彭宗志生前的要求和表现，追认他为共青团员。湖南省公安厅批准何仁华、彭宗志为革命烈士，并分别记二等功。

铁道部和公安部在北京联合召开电话会议

会议要求各地及有关部门进一步贯彻落实国家经委、公安部、铁道部等9个部、委联合发出的《关于严格控制生产、出售和严禁携带易燃、易爆危险品乘坐车、船、飞机的紧急通知》。

国务院颁发《中华人民共和国外汇管理暂行条例》

第一章　总　则

第一条　为了加强外汇管理，增加国家外汇收入，节约外汇支出，有利于促进国民经济的发展，并维护国家权益，特制定本条例。

一切外汇的收入和支出，各种外汇票证的发行和流通，以及外汇、贵金属和外汇票证等进出中华人民共和国国境，都应当遵守本条例的规定。

第二条　本条例所称外汇系指：

一、外国货币：包括钞票、铸币等；

二、外币有价证券：包括政府公债、国库券、公司债券、股票、息票等；

三、外币支付凭证：包括票据、银行存款凭证、邮政储蓄凭证等；

四、其他外汇资金。

第三条　中华人民共和国对外汇实行由国家集中管理、统一经营的方针。

中华人民共和国管理外汇的机关为国家外汇管理总局及其分局。

中华人民共和国经营外汇业务的专业银行为中国银行。非经国家外汇管理总局批准，其他任何金融机构都不得经营外汇业务。

第四条　在中华人民共和国境内，除法律、法令和本条例另有规定者外，一切中外机构或者个人的外汇收入，都必须卖给中国银行，所需外汇由中国银行按照国家批准的计划或者有关规定卖给。

在中华人民共和国境内，禁止外币流通、使用、质押，禁止私自买卖外汇，禁止以任何形式进行套汇、逃汇。

第二章　对国家单位和集体经济组织的外汇管理

第五条　中国境内的机关、部队、团体、学校，国营企业、事业单位，城乡集体经济组织(以下统称境内机构)的外汇收入和支出，都实行计划管理。

国家允许境内机构按照规定持有留成外汇。

第六条　境内机构除经国家外汇管理总局或者分局批准，不得私自保存外汇，不得将外汇存放境外，不得以外汇收入抵作外汇支出，不得借用、调用国家驻外机构以及设在外国和港澳等地区的企业、事业单位的外汇。

第七条　境内机构非经国务院批准，不得在国内外发行具有外汇价值的有价证券。

第八条　境内机构接受外国或者港澳等地区的银行、企业的贷款，必须分别由国务院主管部门或者省、市、自治区人民政府汇总，编制年度贷款计划，经国家外汇管理总局和外国投资管理委员会核报国务院批准。

贷款审批办法，另行规定。

第九条　境内机构的留成外汇，非贸易和补偿贸易项下先收后付的备付外汇，贷入的自由外汇，以及经国家外汇管理总局或者分局批准持有的其他外汇，都必须在中国银行开立外汇存款账户或者外汇额度账户，按照规定的范围使用，并受中国银行监督。

第十条　境内机构进出口货物，经办银行应当凭海关查验后的进出口许可证，或者凭进出口货物报关单，检查其外汇收支。

第十一条　国家驻外机构必须按照国家批准的计划使用外汇。

设在外国和港澳等地区的企业、事业单位从事经营所得的利润，除按照国家批准的计划可以留存当地营运者外，都必须按期调回，卖给中国银行。

一切驻外机构不得自行为境内机构保存外汇。

第十二条　临时派往外国和港澳等地区的代表团、工作组，必须分别按照各该专项计划使用外汇。公毕回国，必须将剩余的外汇及时调回，经核销后卖给中国银行。

前款代表团、工作组及其成员，从事各项业务活动所得外汇，必须及时调回；除经国家外汇管理总局或者分局批准，不得存放境外。

第三章　对个人的外汇管理

第十三条　居住在中国境内的中国人、外国侨民和无国籍人，由外国和港澳等地区汇入的外汇，除国家允许留存的部分外，必须卖给中国银行。

第十四条　居住在中国境内的中国人、外国侨民和无国籍人，存放在中国境内的外汇，允许个人持有。

前款外汇，不得私自携带、托带或者邮寄出境；如需出售，必须卖给中国银行，同时允许按照国家规定的比例留存部分外汇。

第十五条　居住在中国境内的中国人在中华人民共和国成立前、华侨在回国定居前、港澳同胞在回乡定居前，存放在外国或者港澳等地区的外汇，调回境内的，允许按照国家规定的比例留存部分外汇。

第十六条　派赴外国或者港澳等地区的工作人员、学习人员公毕返回，如汇入或者携入属于个人所有的外汇，允许全部留存。

第十七条　本条例第十三条、第十四条、第十五条规定的允许个人留存的外汇，其留存比例，另行规定。

本条例第十三条、第十四条、第十五条、第十六条规定的允许个人留存的外汇，必须存入中国银行。此项外汇存款，可以卖给中国银行，可以通过中国银行汇出境外，也可以凭中国银行证明携出境外；但是，不得将存款凭证私自携带、托带或者邮寄出境。

第十八条　来中国的外国人，短期回国的华侨、回乡的港澳同胞，应聘在中国境内机构工作的外籍专家、技术人员、职工，以及外籍留学生、实习生等，由外国或者港澳等地区汇入或者携入的外汇，可以自行保存，可以卖给或者存入中国银行，也可以汇出或者携出境外。

第十九条　居住在中国境内的中国人、外国侨民和无国籍人，如需购买外汇汇出或者携出境外，可以向当地外汇管理分局申请，经批准后，由中国银行卖给。

应聘在中国境内机构工作的外籍专家、技术人员和职工，汇出或者携出外汇，由中国银行按照合同、协议的规定办理。

第四章　对外国驻华机构及其人员的外汇管理

第二十条　各国驻华外交代表机构、领事机构、商务机构，驻华的国际组织机构和民间机构，外交官，领事官以及各该机构所属常驻人员，由外国或者港澳地区汇入或者携入的外汇，可以自行保存，可以卖给或者存入中国银行，也可以汇出或者携出境外。

第二十一条　各国驻华外交代表机构、领事机构，收取中国公民以人民币交付的签证费、认证费，如要求兑成外汇，必须经国家外汇管理总局或者分局批准。

第五章　对侨资企业、外资企业、中外合资经营企业及其人员的外汇管理

第二十二条　侨资企业、外资企业、中外合资经营企业的一切外汇收入，都必须存入中国银行；一切外汇支出，从其外汇存款账户中支付。

前款企业必须定期向国家外汇管理总局或者分局填送外汇业务报表，国家外汇管理总局或者分局有权检查其外汇收支的活动情况。

第二十三条　侨资企业、外资企业、中外合资经营企业与中华人民共和国境内的企业或者个人之间的结算，除经国家外汇管理总局或者分局核准者外，都应当使用人民币。

第二十四条　侨资企业、外资企业、中外合资经营企业的外国合营者依法纳税后的纯利润和其他正当收益，可以向中国银行申请从企业的外汇存款账户中汇出。

前款企业、外国合营者，如将外汇资本转移到中国境外，应当向国家外汇管理总局或者分局申请，从企业的外汇存款账户中汇出。

第二十五条　侨资企业、外资企业、中外合资经营企业中的外籍职工和港澳职工依法纳税后，汇出或者携出外汇，以不超过其本人工资等正当净收益的百分之五十为限。

第二十六条　依法停止营业的侨资企业、外资企业、中外合资经营企业，在中国境内的未了债务、税务事项，应当在有关主管部门和国家外汇管理总局或者分局的共同监督下，负责按期清理。

第六章　对外汇、贵金属和外汇票证等进出国境的管理

第二十七条　携带外汇、贵金属、贵金属制品进入中国国境，数量不受限制；但是，必须向入境地海关申报。

携带或者复带外汇出境，海关凭中国银行证明或者凭原入境时的申报单放行。

携带或者复带贵金属、贵金属制品出境，海关区别情况按照国家规定或者按照原入境时的申报单放行。

第二十八条　携带人民币旅行支票、旅行信用证等人民币外汇票证，入境时，海关凭申报单放行；出境时，海关凭中国银行证明或者凭原入境时的申报单放行。

第二十九条　居住在中国境内的中国人，持有境外的债券、股票、房地契，以及同处理境外债权、遗产、房地产和其他外汇资产有关的各种证书、契约，非经国家外汇管理总局或者分局批准，不得携带、托带或者邮寄出境。

第三十条　居住在中国境内的中国人、外国侨民和无国籍人所持有的人民币支票、汇票、存折、存单等人民币有价凭证，不得携带、托带或者邮寄出境。

第七章　附　则

第三十一条　对违反本条例规定者，任何单位、个人都有权检举揭发。对检举揭发有功的单位、个人，给予奖励。对违法案件，由国家外汇管理总局、分局，或者由公安部门、工商行政管理部门、海关，按其情节轻重，强制实行收兑外汇，单处或者并处罚款、没收财物，或者由司法机关依法惩处。

第三十二条　经济特区、边境贸易和边民往来的外汇管理办法，由有关省、市、自治区人民政府根据本条例规定结合当地具体情况制定，报国务院批准后施行。

第三十三条　本条例的施行细则，由国家外汇管理总局制定。

第三十四条　本条例自 1981 年 3 月 1 日起施行

《人民日报》发表评论员文章《对巴勒斯坦人民的有力支持》

12 月 15 日联合国大会通过了关于巴勒斯坦问题的五项决议。决议重申巴勒斯坦人民享有重返家园、实现民族自决、民族独立和主权以及建立他们自己国家等权利。明确宣布在“没有巴勒斯坦解放组织平等参加的情况下，任何国家都没有权力采取任何行动和措施，或者举行任何可能涉及巴勒斯坦人民的前途以及他们不可剥夺的权利和被占领的巴勒斯坦领土的谈判”。这些决议反映了全世界所有主持正义的国家一致要求，制止以色列侵略扩张，公正合理地解决巴勒斯坦问题的共同立场，是对巴勒斯坦人民和阿拉伯人民的有力支持。

巴勒斯坦问题是中东问题的核心。这个举世关注的问题所以长期得不到解决，主要原因在于以色列坚持顽固立场，推行侵略扩张政策。长期以来，以色列无视联合国的有关决议，拒不从 1967 年以来它所占领的巴勒斯坦和阿拉伯领土上撤走，并在约旦河西岸和加沙地区不断增设犹太人定居点；千方百计设置障碍，破坏关于巴勒斯坦自治问题的谈判，甚至悍然吞并耶路撒冷并把它定为“永恒的不可分割的首都”。近来，它还利用两伊战争导致海湾地区出现危机的形势，更加疯狂地轰炸和入侵黎巴嫩，加快实施吞并戈兰高地的计划。因此，要真正解决中东问题，就必须挫败以色列的侵略扩张政策。

两个超级大国在中东地区的争夺,特别是苏联军事入侵阿富汗,加紧推行南下战略,使中东地区的形势更加凶险动荡。两伊战争以来,两个超级大国在中东地区的活动更加频繁,中东地区的和平与安全面临严重的危险。在这种情况下,联合国大会通过决议解决巴勒斯坦问题,更具有重大的、现实的意义。

巴勒斯坦问题与所有中东国家利害相关。因此,这一问题的解决,需要所有中东国家协调行动,共同努力。然而,在两伊战争发生以后,中东国家存在的矛盾有所发展,这对维护和平、反对以色列侵略的共同斗争,是不利的。中东国家同属第三世界,彼此之间不存在根本的利害冲突,也没有解决不了的分歧。最近,叙利亚和约旦一度极为尖锐的矛盾得到妥善解决,就是一个很好的例证。中东国家消除分歧,加强团结,是巴勒斯坦人民和阿拉伯人民取得胜利的根本保证。

中国一向坚决支持巴勒斯坦和阿拉伯国家反对以色列侵略活动的正义斗争。中国历来主张中东问题的全面、公正解决,这就是:以色列必须撤出它在1967年中东战争中所侵占的阿拉伯全部领土,包括耶路撒冷;恢复巴勒斯坦民族权利,包括建立巴勒斯坦国;中东各国普遍享有独立生存权利。巴勒斯坦人民和阿拉伯人民可以相信,在他们为完成上述神圣事业的斗争中,必将获得中国政府和中国人民始终如一、坚定不移的支持。

全国人大常委会副委员长廖承志在人民大会堂会见日本部落解放同盟青年代表团

中国与美国合办的中国工业科技管理大连培训中心首期学员结业

12月19日

《人民日报》发表评论员文章《正确认识草食畜牧业》

发展草食畜牧业,首先要正确认识草食畜牧业的重要。今天本报发表的《发挥西南地区自然优势,放手发展草食畜牧业》的调查报告,用较详尽的调查材料,说明了发展草食畜牧业的必要和可能,以及它对于改变不合理的农业经济结构和人民食物构成的重要作用。

长时期以来,重农轻牧的思想在我国农业战线普遍存在,总以为"农业生产就是粮食生产","吃饭就是吃粮食"。搞农业只讲耕地多少,只抓农田基本建设,不讲草原、草山、草坡和灌木林的综合开发和综合利用。这不符合农林牧副渔全面发展的现代化大农业的要求,也不符合"粮、菜、瓜、豆、油、糖、蛋、果、鱼、肉、奶、酒"12字(粮食只占其中小部分)的现代食物构成的要求。持这种观点,就只看到我国耕地少的短处,看不到我国有着比耕地面积大三倍的广阔草原、草山、草坡的巨大优势;也不可能充分认识农牧业互相依存、互相促进的辩证关系。实践证明:六畜兴旺必然促进五谷丰登;农业单打一,不仅不能充分利用自然资源,也不能充分利用劳力。结果,农业和牧业都上不去,农民长期难以摆脱穷困的处境。

就现有畜牧业的发展情况来看,也存在重养猪、轻草食牲畜的现象。在粮多草少的地方提倡养猪为首是可以的,在粮少草多的地方,也要"猪为六畜之首",就违背了因地制宜和扬长避短的原则,很不合理、很不经济。过去只宣传猪浑身是宝,其实牛、羊、兔何尝不也全身是宝呢?牛可作耕作、运输用,又可挤奶。改良奶牛年产奶8000斤,就是在一边役用一边喂小牛的情况下,也可年产奶2000斤;一张牛皮制成皮鞋,可收入五六百元;筋、角、毛等都是工业原料。羊的奶、毛、皮、肠衣、角等,也都是宝。牛羊肉比猪肉营养价值高,含蛋白质多,含脂肪特别是饱含脂肪酸少,不易增加胆固醇。另外,牛羊主要吃草,比养猪费的精料少得多,草场建设得好,甚至可以不用精饲料,成本比喂猪要低得多,利润要大得多。当然,猪肉目前仍占我国肉类供应的主体,适合养猪的地方,还需要继续抓紧发展养猪业。至于养马业,在今后相当长时期内也是有发展前途的。在六70年代以前,世界发达国家因机械化的发展,马匹大量减少,但近年来由于能源危机,又在恢复马匹的役用。如美国从1974—1978年五年中马净增136万匹,达到944万匹。日本1978—1979年还向我国买马。我国的农业机械化,只是在一些繁重作业方面用机械动力代替马,但在一般耕作、运输、加工等方面,马、骡、驴仍然是不可缺少的动力。西南地区农业机械较少,交通不便,在农业生产和运输上对马的需要就更为突出。

充分利用草原、草山、草坡,放手发展草食畜牧业,无论是牧区或者农区,都要国家、集体和社员家庭一起上,实行公养私养并举。多年来,在极左思潮影响下,害怕社员个人养畜特别是养大家畜的思想,成为发展草食畜牧业的很大阻力。许多地方只强调集体畜牧业,忽视社员家庭饲养业,甚至限制和禁止社员养奶牛、母马、绵羊。原因是认为大家畜尤其母畜是生产资料,不敢叫户养;又怕社员户富起来会"走向资本主义"。这些担心都是没有根据的,因为社员养畜业的性质,属于社会主义集体经济的辅助经济,它是依附于社会主义集体经济,不是依附于资本主义而存在。纵然社员有较多的大牲畜,包括供繁殖用和生产用的大牲畜,也不能变成剥削雇佣劳动的资本。在不剥削别人,不投机违法,不损害集体的条件下,因经营家庭饲养业而富裕起来,只能对国家、对集体、对个人都有利,怎么会导向资本主义呢!

我国的地理条件是山多山大,荒滩、荒原多,向农业的广度和深度进军,就要向荒山、荒滩、荒原进军,走农林牧三结合的道路。大力发展草食畜牧业,是实现农林牧三结合很重要的一环。

全国海关货运监管工作会议在北京召开

《人民日报》报道,最近在北京召开的这次工作会议主要是要求进一步做好进出口货物监督管理工作。

中国和斯里兰卡1981年贸易议定书在科伦坡签订

中国政府贸易代表团团长、对外贸易部副部长贾石和斯里兰卡贸易和航运部秘书拉克什曼·德梅尔分别代表本国政府在议定书上签字。

天津港和澳大利亚墨尔本港结为友好港谅解书在塘沽签字

湖南人工成功繁殖出娃娃鱼

《人民日报》报道,湖南省桑植县研究所成功培育出我国第一代人工繁殖的娃娃鱼。

中国运动员苗敏在日本举行的亚洲速滑赛中获得女子1000米冠军

12月20日

民进中央在北京召开为四化建设服务经验交流会

中国和古巴两国政府间贸易议定书在北京签字

中国和古巴两国政府间1981年至1985年贸易协定、支付协定和1981年度贸易议定书下午在北京签字。中国政府贸易代表团团长、外贸部副部长王润生和古巴共和国政府贸易代表团团长、外贸部副部长何塞·德拉富恩特,分别代表本国政府在协定支付协定和议定书上签字。

亚洲西太平洋地区气候技术会议在广州闭幕

这次会议是15日开幕的。来自联合国有关机构与其他国际组织的代表以及20多个国家和地区的专家、学者,听取了世界气象组织关于世界气候计划的报告。许多国家的专家在会上作了有关气候科学理论的发展,各种气候现象和影响以及未来气候变化的趋势等方面的学术报告。会议呼吁亚太地区各国和有关国际组织加强合作,以改进天气、气候预报,更好地为人类服务。我国专家张家诚、王绍武、蒋德隆、陈家琦等在会上宣读的《气候变化对中国农业的可能影响》《中国历史上气候变迁的进一步研究》《中国东部干旱和河流流量的长期变化》等学术报告,引起了与会各国专家的兴趣。

中科院半导体研究所研制成功一种新型激光器

新华社报道:一种新型的激光器砷化镓—镓铝砷双异质结激光器,最近在中国科学院半导体研究所研制成功。这种激光器体积小、效率高、易调制、寿命长,是光纤通信理想的光源之一,在通信信息传输与处理、精密测距等方面,有着广泛的应用前景。

第二届全国青年美术作品展在北京中国美术馆展出

12月21日

外交部新闻司发言人就有关荷兰政府批准向台湾出售潜艇问题答新华社记者问

新闻司发言人说:荷兰政府不顾中国方面的一再劝告,无视中国政府的严正立场,决定批准荷兰莱因—斯凯尔特—维罗梅集团为台湾建造海军潜艇,中国政府对此表示强烈不满和极大遗憾。

新闻司发言人说,关于这家荷兰公司向台湾出售潜艇一事,早在荷兰政府作出批准决定之前,中国外交部和中国驻荷兰大使馆曾分别向荷兰方面表明了中国政府的明确立场,并要求荷兰政府以两国友好关系为重,不要予以批准。遗憾的是荷兰政府未予认真对待,仍于11月29日作了批准的决定。随后,中国政府于12月3日再次向荷兰当局进行了严正交涉,要求荷兰政府重新考虑这一决定。

新闻司发言人指出:向台湾出售武器完全超越了民间贸易的性质。荷兰政府这一决定违背了国家关系的基本准则,背离了中荷两国1972年建交公报的原则。荷兰政府这一对中国人民不友好的行动,引起了中国人民的义愤,不能不对两国关系带来消极影响。荷兰官方竟有人声称,荷政府的这一决定不会影响两国长远的经济合作,这种自欺欺人的说法显然是为其错误决定辩解。

新闻司发言人最后强调指出,中国政府在台湾问题上的原则立场是坚定不移的,任何国家在这个问题上损害中国人民的利益,都将遭到中国人民的坚决反对。

12月22日

《人民日报》发表特约评论员文章《社会主义民主和法制的里程碑——评审判林彪 江青反革命集团》

最高人民法院特别法庭对林彪、江青反革命集团的公开审判，是举世瞩目的我国政治生活中的一件大事。它将以人民的公正判决，把林彪、江青一伙丑类永远钉在历史的耻辱柱上；它将以对这伙罪犯的依法惩处，打击敌人，保护人民，伸张正义，显示国家法律的尊严；它将以社会主义民主、法制的胜利检阅，表明我国社会主义政治制度正在稳步地走向完善，进一步激励全国各族人民同心同德向四个现代化奋勇进军。

对林彪、江青反革命集团主犯进行公开审判，这是人民的伟大胜利，民主和法制的伟大胜利，社会主义的伟大胜利。民主和法制是国家的根本性问题。民主、法制的状况如何，直接影响政权的性质、国家的前途。我国作为人民民主专政即无产阶级专政的社会主义国家，应当具有高度的民主、完备的法制。但是，由于我国有两千多年封建社会的历史，封建传统根深蒂固，由于我们建设社会主义的时间还不长，社会主义民主和法制还很不健全。林彪、江青一伙正是利用我国政治制度上的这一重大缺陷，明目张胆地诬告、陷害党和国家领导人，肆无忌惮地迫害、镇压广大干部和群众，疯狂地进行推翻我国无产阶级专政的国家政权的反革命犯罪活动，把本来就很不健全的民主、法制破坏殆尽。然而，我国的社会主义民主和法制，在它的前进道路上，尽管充满艰难险阻，但它的发展终究不是任何反动势力能根本扭转的。在社会主义制度下，生产资料是公有的，这个事实从根本上决定了我们国家的政治生活和社会生活必须是民主的。所以社会主义民主的发展，并不仅仅是人们主观的善良愿望，而是社会历史发展的必然趋势。人民从来是而且永远是历史的主人。在社会主义制度下，人民可以在一个时期内由于种种原因遭到反民主的反社会主义的反动力量的迫害，甚至遭受十年动乱期间所受的那样的迫害，但是历史表明，人民终究会战胜种种困难走向自己的胜利。当中国人民一旦从林彪、江青反革命集团的法西斯暴行中看清了他们的真面目，懂得了社会主义民主和法制的极端重要性，就以大无畏的革命精神，用各种形式，为民族的生存、国家的前途，在党的领导下，或在党的影响下，奋起同他们展开了争取民主、保卫法制的殊死搏斗。1976年4月5日在全国发生的以天安门广场事件为中心的亿万人民的伟大民主运动，就是这样可歌可泣的斗争的集中表现和威武雄壮的篇章。这场运动是以广大共产党员、共青团员和同他们团结在一起的广大革命青年为骨干的，当时大批老干部由于被打倒，不可能直接参加，而是通过他们的子女、亲属以及同他们有联系的群众来参加的。1975年，邓小平同志主持党中央和国务院工作期间，同“四人帮”进行了针锋相对的斗争，对各条战线的工作开始进行了卓有成效的整顿。这对于提高人民群众的觉悟，认识“四人帮”所作所为的反革命性质，增强人民群众的斗争意志和信心，起了重要的作用。这场运动以创造历史、推动社会前进的伟大力量，进一步为同年10月粉碎“四人帮”准备了思想基础和群众基础，为今天公开审判林彪、江青一伙创造了必要的前提条件。林彪、江青反革命集团的兴亡史，中国共产党领导下的全国各族人民同这个反革命集团的斗争史，生动地证明：对林彪、江青反革命集团的审判，是按照全国各族人民的意志进行的，这是10亿人民的审判，这个审判在本质上是民主的。它又一次证明了人民必胜，民主和法制必胜，社会主义必胜，这是一条铁的历史规律。

人们也许要问，在中国大地上横行十年之久的“四人帮”，被中国人民打倒已经四年多了，为什么到今天才把林彪、江青一伙押上人民的审判台？这是因为，他们是在“文化大革命”中形成和发展起来的反革命集团，而“文化大革命”是一个十分复杂的社会历史现象。林彪、江青反革命集团的主犯当时所采取的是反革命两面派手法，因而能够钻进党和国家的领导核心，并且在相当长的时期里，是以党和国家领导人的面貌进行活动的。这就呈现出更加复杂的局面，需要耗费必要的时间和人力，来进行十分繁重而复杂的工作。举其大者来说．一是大量的问题需要审查、调查、验证、核实；一是两类不同性质的社会矛盾即工作上路线上的错误同反革命犯罪需要在弄清事实的基础上严格区分。这两项工作是紧密联系在一起的。如果不是对林彪、江青反革命集团的大量活动进行周密的、严肃的、精确的、负责的审查、调查、验证、核实，就不可能对这个案件所牵涉到的人和事，正确地区分不同性质的矛盾，正确地区分犯罪与错误。对于林彪、江青反革命集团的主犯，也要区分违反党纪和触犯刑律这两种不同的情况，分别处理。对前一种情况，要根据我们党的章程，在党内对他们进行实事求是的审查，并分别作出相应的处理；而对于他们的超出党纪范围，属于触犯国家刑律的问题，则要由国家司法机关依法审理。这次对他们的公开审判，就是审判他们的反革命犯罪问题，追究他们的刑事责任。而不涉及错误，包括路线错误。

正确地、严格地区分和处理犯罪与错误这两种不同性质的问题，是一个原则性的问题。对于任何曾经担任党和国家领导职务的人来说，尤其如此。一般说来,工作中的错误是难以避免的,包括一切革命政党及其担负领导责任的人,工作中发生错误以至发生所谓路线错误,也都是难以避免的。无产阶级政党及其领导人,为了实现无产阶级所肩负的历史使命,必须适时地正确分析革命形势,估量阶级力量变化,作出战略决策,制定路线、方针、政策,不断地把革命事业推向前进。然而,各国的情况千差万别。世界上没有也不可能有适用于任何国家的革命和建设的通用模式:要把马克思主义的一般原理同本国具体实践结合起来,找出适合本国情况的通向胜利的道路,是一项十分艰巨的任务。任何革命政党和革命领导人,都要受历史的和认识的局限以及其他主客观条件的制约,都难以避免在工作中产生这样或那样的错误,直至产生路线上的严重错误。完全不犯错误的政党和领导人是没有的。在我们党的历史上,就曾经出现过多次路线错误。例如1924年到1927年大革命后期出现过陈独秀右倾机会主义路线错误,1931年到1934年出现过王明"左"倾机会主义路线错误。尽管前者导致轰轰烈烈的第一次国内革命战争的失败,后者使白区党的组织几乎损失殆尽,苏区损失也极其严重,但是,人们只要站在革命的立场,用历史唯物主义的观点看问题,就理所当然地把这种错误看成是革命队伍内部的是非问题,看成是在争取民族的、阶级的革命利益的漫长的艰难道路上犯的错误,看成是由于在认识上离开了客观实际,也离开了马克思主义的基本原理而产生的错误。这些错误的产生甚至与个人作风品质上的某些缺点有关,但是这种错误同反革命犯罪在本质上是不同的,因而只能采取包括应有的党纪处分在内的惩前毖后、治病救人的方法来解决,而绝对不允许把这种性质的错误同反革命犯罪混为一谈。这是我们党长期采取的经过实践检验的正确方针。历史已经充分证明,这样做完全符合革命的利益,符合党和人民的利益。

毛泽东同志在他的晚年,特别是在他亲自发动和领导的"文化大革命"中,也犯了错误,给党和人民带来了很大的不幸。当然,不只是毛泽东同志犯错误,我们党内其他一些同志在不同程度上也有过错误。但是,这种错误同林彪、江青反革命集团的阴谋活动,在性质上是根本不同的。当我们谈论犯罪和错误地区别这样问题的时候,还必须指出,即使是林彪、江青反革命集团中的人,他们的活动,也并非全部都是反革命犯罪,其中也有一部分是属于各种错误。正因为"文化大革命"中存在着上述这一种错误与犯罪交错并存的复杂情况,能否正确地和严格地区分错误与犯罪,就成为一个非常重要、非常突出的问题,成为一个关系到党和人民根本利益的问题。

林彪、江青反革命集团中的人的犯罪,同其他人的错误根本的不同在什么地方呢?我们主要可以从三个方面来看。

第一,它们的性质不同。所谓错误,从根本上说是指主观与客观相分离,违背客观规律的行为。犯罪是指一切依照法律应当受刑罚惩处的危害社会的行为。而反革命犯罪则是以推翻无产阶级专政的政权和社会主义制度为目的的、危害中华人民共和国的行为。因此,错误是属于批评教育、吸取教训、党纪政纪的范畴,而犯罪则是属于应追究刑事责任、受刑罚惩处的范畴;错误是是非问题,属于人民内部的社会政治矛盾,而犯罪中的反革命罪则属于敌我矛盾(并不是一切犯罪都属于敌我矛盾)。根据我国刑法规定,颠覆政府,分裂国家,策动叛乱,以反革命目的杀人、伤人等等,都是按照刑法规定严惩不贷的反革命犯罪。林彪反革命集团经过精心策划,根据1971年9月8日林彪手令,发动武装政变,妄图夺取全国政权,或另立中央,分裂国家,同时密谋用火焰喷射器打火车,派飞机轰炸,杀害毛泽东主席;江青反革命集团经过周密准备和策划,根据张春桥、王洪文1976年9月底的指令,于同年10月8日在上海策动武装叛乱等等,都是罪大恶极的反革命犯罪,而不是什么错误,这是很清楚的。像他们的这些犯罪行为,在世界上任何国家依据法律,都不可能不构成严重犯罪:像谋杀、政变、分裂国家、武装叛乱这样的反革命犯罪,同我们上面说到的革命队伍内部、人民内部的是非问题,在为争取民族的、人民的利益的道路上犯的错误,包括造成严重后果的路线错误,是性质根本不同的两回事,这也是容易理解的。

第二,它们的手段不同。实施错误行为的手段,一般是符合正常的工作程序和组织原则,为当时的政策、法律所允许。而实施犯罪行为的手段,则是非正当的、为国家刑律所禁止的。林彪、江青一伙为达到篡党窃国的罪恶目的,是不择手段,无所不用其极的。除了搞谋杀、政变、叛乱以外,还采用各种阴谋手段陷害党和国家领导人,镇压广大干部和群众。一是蓄意诬告。按照林彪的安排,由叶群口授,雷英夫执笔,林彪批转江青,无中生有地捏造诬告材料,蓄意致刘少奇同志于死地,就是一例。二是制造伪证。比如,江青一伙对孟用潜、丁觉群进行逼供,制造"叛徒"伪证,并非法扣压孟、丁多次更正、申辩材料,对上严密封锁,明目张胆地以假乱真,就是蓄意用伪证来达到其陷害国家主席的罪恶目的。三是刑讯逼供。他们为了陷害好人、杀人灭口,按照他们的"棍棒底下出反革命"的法西斯信条,设刑室,兴冤狱,实行惨无人道的肉体和精神折磨,使千千万万革命者死于他们的酷刑之下。四是打砸抢抄抓。他们用赤裸裸的法西斯暴力镇压广大干部、群众的反抗,死伤之多,难以数计。仅1967年8月由王洪文直接指挥、张春桥亲自支持的围攻“上柴联司”的武斗事件，就打伤1000多人，绑架800多人，关押判刑5人。五是特务活动。张春桥手下的配有武器、拨有活动经费、取有代号的“游雪涛小组”，就是一个专门从事盯梢、绑架、抄家、监禁、秘密刑讯的特务组织。这一切充分表明，不仅他们陷害党和国家领导人，镇压干部、群众是预谋的反革命犯罪活动，而且为此所采取的种种手段也无一不是我国刑法所严禁的犯罪行为。显然，这同人们按照正常的组织系统、工作程序和工作手段所犯的错误，包括路线错误，毫无共同之处。

第三，它们的目的不同。犯错误，一般说是好心的，要革命的。而犯罪则相反，反革命犯罪则是有明确的反革命的目的。从法学观点看，一个人的行为是否构成反革命犯罪，是以行为人的主观有无反革命的直接故意，即反革命的目的为必要条件。根据我国刑法规定，这个目的就是“推翻无产阶级专政的政权和社会主义制度”。而林彪、江青一伙所实施的一切犯罪行为正是以此为目的。只要我们全面地分析一下他们所提出的“改朝换代”的反革命纲领；他们所实施的谋害毛泽东主席，发动武装政变，策划武装叛乱；有组织、有预谋地陷害党和国家领导人，镇压、迫害广大干部和群众的全部犯罪事实，就可以清楚看出，他们的目的就是妄图推翻人民政权，建立封建法西斯“朝代”。这同其他人从我们党不变性质、国家不变颜色的良好愿望出发而犯的工作错误和路线错误是截然不同的。

中华人民共和国最高法院特别法庭庭审调查和法庭辩论的结果证明，起诉书指控林彪、江青反革命集团十名主犯的罪行，事实是确凿的，证据是充分的。林彪、江青反革命集团决不是什么犯错误的问题，而是触犯了《中华人民共和国刑法》，分别犯有颠覆政府、分裂国家、武装叛乱罪，反革命杀人、伤人罪，反革命诬告陷害罪，组织反革命集团罪，反革命宣传煽动罪，刑讯逼供罪，非法拘禁罪。依法追究他们的刑事责任，完全是执行“违法必究”的原则。

对林彪、江青反革命集团的审判，严格区分了反革命犯罪和错误的原则界限，只判处他们的反革命罪行，而不涉及错误，这完全符合我国社会主义法制的基本要求。这样做，对于正确地、严格地区分敌我矛盾和人民内部矛盾这两类不同性质的矛盾，分清罪与非罪，准确地制裁反革命罪犯，剥夺林彪、江青反革命集团的一切借口，充分揭露他们的反革命面目，使他们难逃法网；对于恢复我们党采取批评和自我批评以及必要的党纪政纪处分等方法，处理犯了错误包括严重错误的同志的优良传统；对于我们党和国家的兴旺发达，都有着明显的利益。

林彪、江青反革命集团罪恶之大，危害之烈，迫害的人之多，为古今中外所罕见。他们擢发难数的罪行，给我们的国家、我们的民族、我们的人民造成的灾难是无法估计的。但是，我们是社会主义国家，马克思主义是指导我们思想的理论基础，我们对待林彪、江青反革命集团，不是从什么永恒的正义、不变的道德和义愤出发，而是严格根据体现着人民意志的社会主义民主和法制原则，通过法定的司法程序，对他们依法治罪。这次审判就是依照我国现行法律的基本精神和具体规定办事，经得起历史的检验，经得起子孙后代的检验。

这次审判贯彻了司法工作的独立原则。尽管此案案情特别重大，许多极其复杂的情况在前一阶段已经过党内的审查，但仍然由人民公安机关进行侦查预审，由人民检察机关进行检查起诉，由人民法院独立进行审判。最高人民法院鉴于林彪、江青反革命集团是特别重大案件，根据《法院组织法》第三十一条第二款关于最高人民法院可以设置“其他需要设的审判庭”的规定，建议成立特别法庭审理此案主犯，人大常委会对此作出了相应决定，并任命特别法庭的庭长和审判员，这是对自己法定权限的行使，而不是对司法事务的干预。对林彪、江青反革命集团主犯的审判，对被告人的定罪、量刑，完全由最高人民法院特别法庭独立决定，任何人和组织均无权非法干涉。最高人民法院特别法庭由35位审判员组成，除了绝大多数是专职审判员之外，还有少数非专职审判员，这部分审判员还能起陪审的作用，这对保证案件的公正处理是有利的。

这次审判贯彻了司法工作的民主原则。对林彪、江青一伙的审判，完全依照刑事诉讼法规定，公开进行。为了保证参加旁听的群众具有更大的普遍性，由各省、自治区、直辖市、各党派、各人民团体、国家机关、人民解放军推举代表参加旁听。鉴于这次审判涉及国家机密，因此，外国记者不便参加。在审判中，被告人的辩护权得到充分保障。他们除了自己行使辩护权以外，还可以聘请律师充当自己的辩护人。辩护人完全可以根据事实和法律，提出证明被告人无罪、罪轻、或者减轻、免除其刑事责任的意见和材料，以维护被告人的合法权益。在审判过程中，被告人的其他法定民主权利，也受到切实的保障。

这次审判贯彻了司法工作的实事求是原则。整个诉讼过程，都完全以事实为根据，以法律为准绳。是就是，非就非。是他们的罪行，一分不能少；不是他们的罪行，一分也不能多。重证据，不轻信口供。对林彪、江青一伙的诉罪，依据的都是经过验证的原始书证材料和原始物证，如档案、信件、日记、笔记、讲话记录和录音等。真理是在人民手里。我们决不搞林彪、江青一伙所惯用的“一人供听，二人供信，三人供定”那一套。我国《刑事诉讼法》规定：“只有被告人供述，没有其他证据的，不能认定被告人有罪和处以刑罚；没有被告人供述，证据充分确实的，可以认定被告人有罪和处以刑罚。”这次审判完全根据这个原则行事。

这次审判贯彻了司法工作的革命人道主义原则。实行革命人道主义原则是马克思主义的政策。我们党和政府在长期的革命战争和革命斗争中，对于主动或被迫放下武器的敌人，包括罪大恶极的敌人，历来采取这个政策。实践证明，采取这个政策是符合人民利益和社会利益的。这次审判，我们决定对被告人适用新刑法就充分体现了这一点。大家知道，关于“反革命罪”，早在1952年《惩治反革命条例》中就有明确的规定。它同五届人大二次会议公布的《中华人民共和国刑法》的规定，精神是一致的。但是，《惩治反革命条例》是在全国刚刚解放、镇压反革命运动正处在高潮中制定的，对各种反革命所规定的刑罚都比现行刑法规定的为重。根据我国《刑法》第九条规定，“中华人民共和国成立以后本法施行以前的行为”，“如果当时的法律、法令、政策认为是犯罪”，但本法“处刑较轻的”，适用本法。对林彪、江青反革命集团主犯的定罪量刑，我们将根据这一规定适用新的刑法。这不是追溯既往，而是在运用新旧法律上贯彻从轻原则。这样做有利于被告，充分体现了革命人道主义精神。

这次审判贯彻了法律面前人人平等原则。这一原则，是封建特权的对立物，是社会主义法制原则的核心。它的基本精神是：人人享有依法规定的权利，也应尽法律规定的义务；任何人都没有凌驾于法律之上、超越于法律之外的特权；不管谁犯法都要依法受到制裁，无论被告人的政治地位、社会成分、职务高低有何不同，适用法律一律平等。这次审判林彪、江青一伙，就坚决贯彻了这一原则。这10名主犯，9名曾是党的政治局委员，他们曾经是所谓“大人物”，但并未逃脱我国刑律平等地适用到他们身上；这10名主犯，个个为全国人民所切齿痛恨，但并没有因此而剥夺他们作为被告人在诉讼过程中依法应当享有的一切权利，也并不会因此违背法律规定去加重其刑罚。这次审判为坚持法律面前人人平等的原则树立一个典范。社会主义法律是人民意志和利益的体现，是不可侵犯的。一切组织，从党中央、国务院到每个基层单位；一切个人，从党和国家的领导人到每一个党员、每一个公民，都必须受自己同人民一起制定的宪法和法律的约束。任何人以身试法，违法犯罪，都将毫无例外地受到同样的制裁。在社会主义的中国，决不容许有置身于法律之外的特殊公民。

对林彪、江青反革命集团的审判，是我国民主和法制发展道路上的一个引人注目的里程碑。它充分体现以法治国的精神，坚决维护法律的崇高权威，认真贯彻社会主义民主和法制的各项基本原则，在国内外引起了强烈反响，具有除旧布新的重大意义。这次审判以令人信服的事实向全世界宣告：中国人民胜利地清除了历史的垃圾，正团结一致、满怀信心地沿着民主和法制的轨道勇往直前，用自己的全部智慧，为把祖国建设成高度民主、高度文明的社会主义现代化强国而努力奋斗。

中国与泰国科技合作混合委员会第三次会议闭幕

全国人大常委会副委员长乌兰夫在北京接受伊朗伊斯兰共和国新任驻华特命全权大使塔吉·法拉希递交的国书

外交部就目前举行中越第三轮谈判无实际意义致越南驻华大使馆的照会

越南社会主义共和国驻华大使馆：

中华人民共和国外交部谨就中越谈判问题申述如下：

中国政府一贯主张，国与国之间的争端和分歧，应当通过和平谈判求得公平合理的解决。中国方面本着这一立场，为促成中越谈判和促使谈判进展尽了巨大的努力。遗憾的是，由于越南方面的原因，谈判进行了两轮会议而毫无进展。

第二轮谈判结束以来，中国方面又曾一再提议，双方应很好地利用休会的时间，研究对方的观点和主张，寻求打破谈判僵局和解决问题的办法。如果越南方面认真对待中国方面的这些意见，本来是可以指望第三轮谈判能够早日开始的。

但是，这一个时期，越南当局一直在变本加厉地推行反华仇华政策，进一步恶化两国关系，不断加剧两国边境地区紧张局势，一直向中国边境进行猖狂的军事挑衅。同时，横蛮无理地拒绝联大决议，不但不肯从柬埔寨撤军，反而竭力加紧侵柬战争，妄图实现全面占领柬埔寨的野心，并且在柬泰边界地区集结重兵，侵犯泰国领土，严重威胁泰国及东南亚地区的和平、安全与稳定。越南当局为苏联称霸全球的政策效劳，充当苏联南下战略的工具和突击队，并向苏联提供军事基地，使西太平洋特别是东南亚各国蒙受苏联军事力量日益增长的威胁。越南当局如此倒行逆施，决不是口说什么诚意所能掩盖得了的。在这种情况和气氛下，举行中越第三轮谈判不会有什么实际意义。

中国方面希望，越南方面能以自己的实际行动，为使两国间的谈判早日复会创造必要条件。只要出现有利于谈判进行的积极因素,中国代表团将随时准备去河内同越方继续谈判。

中华人民共和国外交部

1980年12月22日于北京

中国佛学院在北京举行开学典礼

12月23日

中国价格学会在北京成立

我国电力工业已经超额完成全年发电计划且比去年同期增长6.5%

中国和几内亚在科纳克里签署中国继续向几内亚派遣医疗队的议定书

几内亚公共卫生部局长马马社·卡巴和中国驻几内亚大使馆临时代办任宏分别代表本国政府在文件上签字。这是中国政府向几内亚派遣的第七批医疗队。这支医疗队由30名成员组成,他们将在首都科纳克里和法拉纳地区的医院以及拉贝医疗中心工作。

国务院副总理陈慕华在北京会见南斯拉夫贸易代表团

12月24日

《人民日报》发表评论员文章《复查纠正冤、假、错案 巩固安定团结》

福建省高级人民法院认真做好复查案件的检查、验收工作,这是善始善终地平反和纠正冤、假、错案的一项有力措施。

在全国范围内复查平反和纠正十年浩劫期间所判处的冤、假、错案,已经进行两年多了。由于各级党委、政府的重视,有关部门做了大量的工作,取得了很大的成绩,使一大批受林彪、"四人帮"反革命集团迫害的人得到昭雪,得到了人民群众的支持和拥护。但是,有些地区和单位的复查平反工作进展迟缓,任务还很繁重。这样的地区和单位,尤其应该抓紧复查平反工作。复查平反工作基本结束的地区和单位,也还有个复查和平反是否彻底的问题。有的地区还有一些死刑案件、集团案件和疑难案件,复查得很粗糙,或者还没有复查,甚至还有少数人硬顶软磨,拖着不予纠正。福建省高级人民法院由于领导重视,措施得力,坚决执行法律,又解决了一些疑案、难案,促进了复查纠正工作,使党的政策进一步得到了落实。

复查纠正冤、假、错案,是全党的一项重要工作,各地人民法院在已经取得的成绩的基础上,一定要再接再厉,抓紧这项工作,真正做到善始善终。当前,要继续肃清极左路线流毒的影响,解放思想,打破现代迷信的精神枷锁,严格区别罪与非罪的界限,认真执行法律。有的人在林彪、"四人帮"横行时期,因为反对"四人帮"或对"四人帮"不满,或因对当时复杂的历史背景不了解而说了些错话,就被判了刑。对这类显然构不成犯罪的案件,有的却不敢纠正,或虽纠正而留下"尾巴"。有的否定原判主罪,又抓住一般性的错误定罪。有的以"热爱领袖"、"维护旗帜"为名,硬是拖着不予平反纠正。有的看到当事人已经死亡,或刑期早满,认为平反纠正"没有实际意义",而不按照法律平反纠正。有的至今还错误地认为,当时出于形势的需要,判几年刑,也无可非议,因而迟迟不予平反昭雪。这些情况说明,有的同志对平反冤、假、错案的重大意义还认识不足。善始善终地搞好这项工作,不仅使受害者的沉冤得以昭雪,而且涉及受害者家属亲友的切身利害。这是关系到许多人的积极性的问题,关系到我们国家是否能够进一步巩固安定团结局面的大问题,千万不能等闲视之。

复查纠正冤、假、错案的工作,有些地区和单位基本结束,有些地区正在进行,有些地区进行了检查、验收,进展很不平衡。各级党委和人民政府,要采取有力措施,加强对这项工作的领导。在复查平反工作中,不但要做好普通刑事案件的复查纠正工作,同时对那些纠正得不彻底、留了"尾巴"的案件也要认真复查。特别是对于一些死刑案件、集团案件和重大的疑难案件,更要按照中央有关文件的规定,把其中的冤、假、错案一一平反纠正过来,切实做到善始善终。这样,就能进一步调动更多人的积极性,就有利于巩固和发展安定团结的政治局面,就能为建设四化作出新的贡献。

国务院批转《经济专业干部业务职称暂行规定》

为了更好地培养和合理使用经济专业干部,做好考核和晋升工作,充分发挥经济专业干部的积极性,鼓励他们努力钻研业务,提高经济工作的科学管理水平,加速社会主义四个现代化建设,特制定本规定。

第一条　经济专业干部的业务职称定为:高级经济师、经济师、助理经济师、经济员。

第二条　确定或晋升业务职称的经济专业干部,必须拥护中国共产党的领导,热爱社会主义祖国,努力学习马克思列宁主义、毛泽东思想,认真贯彻执行党的路线、方针、政策,努力钻研经济理论和业务,积极为社会主义建设服务。

第三条　确定或晋升经济专业干部的业务职称，以学识水平、业务能力和工作成就为主要依据，适当考虑学历和从事经济专业工作的资历。

第四条　中等专业学校毕业生，担任经济专业干部，见习一年期满，或具有同等学力的，具备下列条件，确定为经济员：

（一）具有本专业一般的基础理论和专业知识；

（二）熟悉有关的规章制度，并能按照执行；

（三）能够对专项经济活动进行初步分析和整理，完成本职工作。

第五条　见习一年期满的高等学校本科毕业生、经济员或具有同等学力的，具备下列条件，确定或晋升为助理经济师：

（一）掌握本专业的基础理论和专业知识；

（二）熟悉有关的方针、政策和规章制度，并能贯彻执行；

（三）熟悉本职业务，能够处理本职范围内的工作，较好地完成任务；

（四）初步掌握一门外语。

第六条　助理经济师或具有同等业务水平的，具备下列条件，确定或晋升为经济师：

（一）比较系统地掌握本专业的基础理论和专业知识；

（二）具有一定的政策水平，能够正确贯彻执行有关方针、政策和规章制度；

（三）具有较丰富的实际工作经验，熟练掌握本职业务，能够独立工作，正确处理业务中较为复杂的问题，经济效果良好；

（四）掌握一门外语。

第七条　经济师或具有同等业务水平的，具备下列条件，确定或晋升为高级经济师：

（一）具有本学科系统而坚实的理论知识，对某个经济专业或领域有较深的研究和造诣，并取得较大成果，有较高水平的科学论著或工作报告；

（二）具有较高的政策水平，能够根据实际情况，提出有关经济方面的有价值的政策性意见；

（三）有丰富的实际工作经验，具有指导一个地区、一个部门或一个大型企业某一方面经济工作的能力，能够解决有关经济业务中的重大问题，在改善经营管理和培养经济人才方面，成绩显著；

（四）熟练掌握一门外语。

第八条　确定或晋升经济专业干部的业务职称，必须经过考核。在平时考绩的基础上，每一年至三年进行一次考核。对有突出成就的，可随时考核，破格晋升。对不具备规定学历的，除评议其业务成绩外，还应当对本专业必需的基础理论和专业知识以及外语程度，进行测验。

第九条　经济专业干部确定或晋升业务职称，按照干部管理权限，由相应的评审组织评定。各级评审组织的组成，由同级主管机关批准。

第十条　确定或晋升经济专业干部的业务职称，由本人申请或组织推荐，填写业务简历表，提交工作报告或学术论著，经过相应的评审组织评定后，由主管机关授予业务职称。

高级经济师，由国务院各部委或省、自治区、直辖市人民政府授予；经济师，由相当于行政公署一级机关授予；助理经济师、经济员，由相当于县一级机关授予。对取得经济师以上业务职称的干部，颁发证书。

第十一条　确定或晋升经济专业干部业务职称，必须实事求是，严肃认真。对于营私舞弊和打击压制经济专业干部的，应当按情节轻重，严肃处理。对于伪造学历、资历、谎报成果，骗取业务职称的，应当撤销其骗取的业务职称，并按情节轻重，严肃处理。

第十二条　本规定适用于经济部门和其他部门中从事经济工作的专业干部。

第十三条　国务院各部委和各省、自治区、直辖市人民政府可根据本规定，结合实际情况，制定实施细则。

中国种子协会在天津召开成立大会

新华社报道：中国种子协会最近在天津召开的成立大会，选出了第一届中国种子协会理事会，理事长为赵修。目前全国各级种子机构的种子工作者约有3.5万多人，还有农业院校、科研单位从事种子教学和科研工作的许多专家。这是农业科学技术队伍中的一支重要力量。中国种子协会将把分散在各个生产、科研、教学、行政部门的种子科技工作者组织起来，进行学术研究、交流，做好科学技术普及工作，对党和政府在种子工作方面发挥咨询和参谋作用。

华北最大的通商口岸——天津新港新建的5个万吨级码头泊位投产使用

国务院副总理兼外交部部长黄华在北京宴请巴基斯坦外长阿迦·夏希并举行会谈

黄华在欢迎宴会上说，苏联必须立即全部从阿富汗撤军，以解决阿富汗问题。

在会谈时，双方就国际形势、地区形势，特别是阿富汗问题和柬埔寨问题以及共同关心的其他问题，广泛深入地交换了意见。双方表示要为反对扩张侵略，维护亚洲的和平与安全作出自己的努力，并希望不断加强两国之间的合作。

中国写作研究会成立大会暨第一次年会在武汉召开

中国文物保护技术协会成立大会及第一次代表大会在北京举行

12月25日

中共中央副主席邓小平在中央工作会议上发表《贯彻调整方针,保证安定团结》的讲话

一

我完全同意陈云同志的讲话。这个讲话在一系列问题上正确地总结了我国三十一年来经济工作的经验教训,是我们今后长期的指导方针。

我也完全同意赵紫阳同志的讲话和中央财经小组通过的关于一九八一年计划的安排。

1978年十二月党的十一届三中全会以后,陈云同志负责财经工作,提出了调整方针,去年四月中央工作会议对此作出了决定。但因全党认识很不一致,也很不深刻,所以执行得很不得力。直到现在,这种情况才有了变化。这次调整,就是进一步贯彻这一方针。

我们这次调整,正如陈云同志说的,是健康的、清醒的调整。这次调整,在某些方面要后退,而且要退够。其他方面,主要是农业、轻工业和有关人民生活的日用品的生产。能源、交通的建设,以及科学、教育、卫生、文化事业,还要尽可能地继续发展。这些继续发展的企业、事业和建设单位,都要认真进行整顿,提高管理水平,提高职工的业务技术能力,提高劳动生产率和工作效率,发挥职工的积极性、创造性,尽力减少各种浪费。

为什么在实现四个现代化的过程中,会出现调整或部分后退的问题呢?这是因为,如果不调整,该退的不退或不退够,我们的经济就不能稳步前进。由于解放以前的历史状况,也由于第一个五年计划以后长期急于求成,我们的经济一直存在着比例严重失调的问题。加上"文化大革命"十年破坏,以及粉碎"四人帮"后的头两年对情况没有摸清,到三中全会前后,更发展成为财政不平衡、信贷不平衡、物资不平衡、外汇收支不平衡的局面。改变这种局面,是同三中全会纠正"左"倾错误、一切从实际出发的总方针完全一致的,是实现现代化的必要条件。由于过去两年执行调整方针不得力,这就造成财政大量赤字,货币发行过多,物价继续上涨。如果再不认真调整,我们就不可能顺利地进行现代化建设。只有某些方面退够,才能取得全局的稳定和主动,才能使整个经济转上健全发展的轨道。

所谓某些方面要退够,主要是说,基本建设要退够,一些生产条件不足的企业要关、停、并、转或减少生产,行政费用(包括国防开支和一切企业事业单位的行政管理费用)要紧缩,使财政收支、信贷收支达到平衡。生产建设、行政设施、人民生活的改善,都要量力而行,量入为出。这就是实事求是。下决心这样做,表明我们真正解放了思想,摆脱了多年来"左"的错误指导方针的束缚。

对于这个问题,我们党内的思想在过去两年内尚且不容易统一,要全国人民思想统一起来,显然要做大量的工作。我们要向人民说清楚,不进一步调整为什么不行,调整中可能出现什么问题,调整好了会带来什么效果。这样,人民才会理解进一步调整的必要,才会相信党和政府确实是为全体人民的根本利益着想,是为稳步实现现代化的利益着想,才会支持我们。做好这一步工作非常重要,决不能希望用三言两语的命令解决问题。

经济调整是件大事,它改变了今年全国人民代表大会通过的一九八一年的计划和预算,影响全国人民的工作和生活。所以,请国务院考虑最近向人大常委会作一次报告。报告发表了,可以作为向全国人民进行宣传解释的基础。

这次对经济作进一步调整,是为了站稳脚跟,稳步前进,更有把握地实现四个现代化,更有利于达到四个现代化的目标。至于走什么样的路子,采取什么样的步骤来实现现代化,这要继续摆脱一切老的和新的框框的束缚,真正摸准、摸清我们的国情和经济活动中各种因素的相互关系,据以正确决定我们的长远规划的原则,然后着手编制切实可行的第六个五年计划。只要全国上下团结一致地、有秩序有步骤地前进,我们就能够更有信心经过20年的时间,使我国现代化经济建设的发展达到小康水平,然后继续前进,逐步达到更高程度的现代化。

新中国成立三十一年来,我们确实犯过不少错误,包括严重的错误,其间几经折腾,使人民受到了不少损失,也延缓了社会主义建设的进程。但是,经过三十一年的努力,我们的全部工交企业单位已经发展到近四十万个,国营企业固定资产比解放初期增长近二十倍,培养了大批熟练工人和上千万专业人才,建立了比较完整的工业体系和国民经济体系。全国人民的生活比解放前好得多了。同一些比较大的发展中国家相比,我们所取得的成绩比它们大,建设的速度也比它们快。这几年来,特别是这次会议上,我们着重于检查过去的缺点、错误,正确地总结正反两方面的经验教训,使我们整个建设的部署,安排在切实可靠的基础上。依靠上述物质条件和经济工作方针,继续加强和改善党的领导,发挥社会主义制度的优越性,发挥全国各族人民的积极性和创造性,更合理地利用我们的丰富资源,不断地使我们的工作更加切合实际情况,并经常总结新的经验,努力避免和随时检查新的缺点、错误,我国的社会主义现代化建设事业就一定能够稳步地达到目的,我们的前途是无限光明的。在这个意义上,我们今天的调整不是后退,而是前进。

二

党的三中全会要求全党解放思想,开动脑筋,实事求是,团结一致向前看,研究新情况,解决新问题。两年来,我们按照这个指导思想,确定了一系列的政策,进行了一系列的改革,取得了显著的成绩。去年四月提出了调整,同时也提出了改革、整顿、提高。广大群众和干部一方面衷心拥护党的这些正确的决策;另一方面也担心政策什么时候会变。他们这种怕反复、怕折腾的心情是完全可以理解的。

那么,这次调整,是不是要改变三中全会以来的方针、政策呢?决不是。前面已经说了,这次调整是三中全会以来的各项正确方针、政策的继续和发展,是三中全会实事求是、纠正"左"倾错误的指导思想的进一步贯彻。如果要说有什么改变的话,那就是改掉我们工作中还存在的不符合三中全会精神的毛病,那就是下决心去掉不切实际的设想,去掉主观主义的高指标,而这正是三中全会的路线要求我们必须做到的。

为了保证这次调整的顺利进行,我们必须坚定不移地继续执行三中全会以来的一切行之有效的方针、政策、措施。

社会主义道路,人民民主专政即无产阶级专政,党的领导,马列主义、毛泽东思想,对于这四项基本原则,必须坚持,决不允许任何人加以动摇,并且要用适当的法律形式加以确定。

坚持四项基本原则的核心,是坚持党的领导。我们多次讲过,在中国这样一个大国,没有共产党的领导,必然四分五裂,一事无成。对于党内外任何企图削弱、摆脱、取消、反对党的领导的倾向,必须进行批评、教育以至必要的斗争。这是四个现代化能否实现的关键,也是决定这次调整成功或失败的关键。

要坚持党的领导,必须改善党的领导,改进党的作风。现在,我们党在群众中的工作,比"文化大革命"以前是有些减弱,工作方法也有一些粗糙的地方,这些都妨碍党与群众的联系。只有大力加强党与群众的联系,深入到群众中去做思想政治工作,经济调整中的许多困难才容易克服。极少数党员、干部的不正之风,非常不利于恢复党在群众中的威信。我赞成陈云同志讲的,执政党的党风问题是有关党的生死存亡的问题。要严格执行《关于党内政治生活的若干准则》,坚持不懈地纠正各种不正之风,特别要坚决反对对党中央的路线、方针、政策采取阳奉阴违、两面三刀的错误态度。

改革党和国家领导制度的方针必须坚持,但是,方法要细密,步骤要稳妥。总之,不能使一切确实还能为党做工作的同志不工作。基层单位领导制度的改革,要先在少数单位进行试点。没有制定和颁布完善的条例以前,一切非试点的基层单位,一律执行原来的制度。中央原来提出的就是这个方针。各个基层企业和其他基层单位在经济调整中的思想、政治、经济、组织等方面的工作都很繁重,很艰苦。为了使国民经济各种比例关系逐步协调,使局部利益服从整体利益,某些建设项目要下马,某些企业要关停并转,或者减少生产任务。对这三类单位所有人员需要有计划地进行培训,生活也要安排好。做好这些工作是非常不容易的。希望各级组织的同志,特别是在基层工作的同志,发扬光荣传统,同心同德,任劳任怨,为党和国家分忧,为群众分忧,不能有任何松劲的情绪。在困难面前,正是我们各级组织中的党员、干部,特别是老党员、老干部,忠心耿耿,坚守岗位,鞠躬尽瘁,又一次经受考验的时候。中央相信,各级组织的干部和党员,一定不会辜负党和人民的重托。

要继续发展社会主义民主,健全社会主义法制。这是三中全会以来中央坚定不移的基本方针,今后也决不允许有任何动摇。我们的民主制度还有不完善的地方,要制定一系列的法律、法令和条例,使民主制度化、法律化。社会主义民主和社会主义法制是不可分的。不要社会主义法制的民主,不要党的领导的民主,不要纪律和秩序的民主,决不是社会主义民主。相反,这只能使我们的国家再一次陷入无政府状态,使国家更难民主化,使国民经济更难发展,使人民生活更难改善。

在党内生活和国家政治生活中,要真正实行民主集中制和集体领导。一言堂、个人说了算,集体作了决定少数人不执行等等毛病,都要坚决纠正。在目前情况下,尤其需要重申和强调个人服从组织、少数服从多数、下级服从上级、全党服从中央的原则。在党内、军内和政府系统,要坚决反对一切不遵守党纪、军纪、政纪的现象。

在党政机关、军队、企业、学校和全体人民中,都必须加强纪律教育和法制教育。没有规定纪律或规定得不完善不合理的,要迅速规定和改善。大、中、小学的学生从入学起,工人从入厂起,战士从入伍起,工作人员从到职起,就要学习和服从各自所必须遵守的纪律。对一切无纪律、无政府、违反法制的现象,都必须坚决反对和纠正。否则我们就决不能建设社会主义,也决不能实现现代化。合理的纪律同社会主义民主不但不是互相对立的，而且是互相保证的。

要继续克服权力过分集中的弊端。要有步骤地和稳妥地实行干部离休、退休的制度，废除实际上存在的干部领导职务的终身制。退休、离休的干部，在政治待遇、生活待遇等各方面，都要逐个作出妥善安排。

中央在最近一年中多次强调，老干部要把选拔和培养中青年干部，作为第一位的、庄严的职责。别的工作做不好，固然要做自我批评，这项工作做不好，就要犯历史性的大错误。这项工作做好了，我们的事业完全有把握继续下去，我们的老干部就再一次为党、为人民作出了巨大的贡献。希望所有的老同志在这个问题上都有高度的自觉性。

要在坚持社会主义道路的前提下，使我们的干部队伍年轻化、知识化、专业化，并且要逐步制定完善的干部制度来加以保证。提出年轻化、知识化、专业化这三个条件，当然首先是要革命化，所以说要以坚持社会主义道路为前提。其次，这并不是说，不具备这三个条件或不合其中某一两个条件的德才兼备、善于学习、身体也好的同志就要调离。年龄的条件不能说得过死。如果离开了现在的干部队伍，我们的一切任务都不能完成，也就不可能实现干部队伍的年轻化等等。但是要看到，这是一个战略问题。我们的干部队伍总要变得比较年轻些，比较有知识，比较懂得业务。有些同志对这个问题的重要意义至今还认识不足，这有历史原因和实际原因，需要耐心细致地进行全面的准确的宣传解释工作。同时，在执行中还要定出妥善的步骤。

现在很多单位人浮于事。在这次经济调整中，有些企业或者会全部停工，或者会半停工。有关地方、有关部门对这些单位的干部和工人，除了安排他们轮流从事一些生产劳动，例如植树造林、修路、修水利、搞市政建设和卫生设施之外，主要应该有计划地、认真地对他们进行正规培训，提高所有受训干部、工人的政治觉悟和业务能力，并且经过考核，从中发现和选拔优秀人才。调整是实现现代化所必须采取的一项积极措施，培训就是这种积极措施的一个重要方面。大家常说要增加智力投资，利用这次机会，有计划地对大批干部、工人进行正规教育，提高他们的政治水平、文化水平、技术水平、经营管理水平，就是一种能够收到很好效果的智力投资。要使全体干部、工人充分理解这种培训的重大意义，逐步把这种培训变为适用于全体干部和工人的经常制度。

经济结构和经济体制的改革取得了很好的成绩。要巩固已有的成绩，总结已有的经验，分析和解决在改革中出现的新问题。我完全同意陈云同志和赵紫阳同志的意见，今后一段时间内，重点是要抓调整，改革要服从于调整，有利于调整，不能妨碍调整。改革的步骤需要放慢一点，但不是在方向上有任何改变。

三中全会关于农业的决定和今年中央印发的关于进一步加强和完善农业生产责任制的几个问题的文件，已经充分证明行之有效，要继续贯彻执行，大力落实，并注意随时解决执行过程中出现的问题。我国农业现代化，不能照抄西方国家或苏联一类国家的办法，要走出一条在社会主义制度下合乎中国情况的道路。

今年扩大企业自主权的试点单位，已经达到六千多个。这些单位的产值占到全部工业总产值的百分之六十左右。怎样把国家利益、企业利益、职工利益比较好地结合起来，调动各方面的积极性，我们开始找到了门路。试点的面明年不再扩大，重点放在总结经验、巩固提高方面。

在调整中实行高度的集中统一，是完全必要的。但是，已经从各方面证明行之有效的改革措施要继续实行，不能走回头路。仍然要继续把经济搞活，发挥地方、企业、职工的积极性。当然要防止盲目性，特别要防止只顾本位利益、个人利益而损害国家利益、人民利益的破坏性的自发倾向。在这方面，要规定比较详细的法令，以防止对自主权的曲解和滥用。

继续广开门路，主要通过集体经济和个体劳动的多种形式，尽可能多地安排待业人员。要切实保障集体劳动者和个体劳动者的合理利益，同时加强工商业管理工作，防止非法活动。

在广东、福建两省设置几个特区的决定，要继续实行下去。但步骤和办法要服从调整，步子可以走慢一点。

要继续在独立自主、自力更生的前提下，执行一系列已定的对外开放的经济政策，并总结经验，加以改进。在这方面由于多年闭关自守，没有经验，我们确实付出了重大的代价。责任主要在中央。我个人也要负责。

要继续执行反对霸权主义、保卫世界和平的对外政策。这个政策执行得好，我们就有可能争取较长时间的和平建设环境。

正是因为我们在三中全会以来制定和实施了上述一系列正确的方针、政策，才为这次经济调整创造了比较好的条件。只要把这些行之有效的方针、政策继续坚持下去，我们就一定可以在这次经济调整中达到预期的目的。

三

陈云同志说，经济工作搞得好不好，宣传工作搞得好不好，对经济形势和政治形势能否稳定发展，关系很大。他所以同时提出宣传工作的问题，一方面是要我们对宣传工作的成绩和缺点作出清醒的估计；另一方面是要我们今后的宣传工作能够适应经济形势和政治形势的要求，能够有助于而不是有碍于调整工作的顺利进行。

这里说的宣传工作，实际上包括党的整个思想政治工作。经济调整是一个很艰巨、很复杂的任务。现在我们已经看到存在不少问题，我们还会遇到许多现在预料不到的问题。为了完成这个任务，为了保证全党思想上行动上的一致，必须有效地加强和改善我们党的思想政治工作。

真理标准问题的讨论，对于我们这几年来在政治、经济、组织等各方面进行一系列改革，对于我们在各条战线上取得显著成绩，起了极大的推动作用。理论工作者、宣传工作者、新闻工作者、教育工作者、文艺工作者同党的各级干部一起，在这几年的富有成效的工作中，共同作出了重要的贡献，应该给予充分的肯定。总的说来，思想战线上各方面的工作，成绩是主要的。

解放思想，就是使思想和实际相符合，使主观和客观相符合，就是实事求是。今后，在一切工作中要真正坚持实事求是，就必须继续解放思想。认为解放思想已经到头了，甚至过头了，显然是不对的。

但是也必须指出，我们的宣传工作还存在严重缺点，主要是没有积极主动、理直气壮而又有说服力地宣传四项基本原则，对一些反对四项基本原则的严重错误思想没有进行有力的斗争。在一些同志的思想中也确实存在着混乱，例如有人认为，坚持四项基本原则会妨碍解放思想，健全社会主义法制会妨碍社会主义民主，对错误意见进行正确的批评是违反“双百”方针，等等。

当然，产生这类思想混乱有一定的社会历史原因，决不能用简单粗暴的方法来对待。但是这并不是说，对这种思想混乱状况可以听其自然，不需要切实有效地加以纠正。不能否认，这种混乱状况确实给一些唯恐天下不乱的人的活动，提供了一方面的有利条件。尤其严重的是，对于这些不正确的观点、错误的思潮，甚至对于一些明目张胆地反对党的领导、反对社会主义的观点，在报刊上以及党内生活中，都很少有人挺身而出进行严肃的思想斗争。最近一些与非法组织有关的人物特别活跃，他们假借种种名义放肆地发表反党反社会主义的言论。这种危险的信号，应该引起全党、全国人民和全国青年的足够警惕！

加强思想政治工作，改进宣传工作，已经作为保证这次调整的顺利实现、巩固安定团结的政治局面的一项极端重要的任务，摆在全党同志面前。

我们说改善党的领导，其中最主要的，就是加强思想政治工作。中央认为，从原则上说，各级党组织应该把大量日常行政工作、业务工作，尽可能交给政府、业务部门承担，党的领导机关除了掌握方针政策和决定重要干部的使用以外，要腾出主要的时间和精力来做思想政治工作，做人的工作，做群众工作。如果一时还不能完全做到这一点，至少也必须把思想政治工作放在重要地位上，否则党的领导既不可能改善，也不可能加强。

加强思想政治工作，要着重解决好以下几个问题：

关于新中国成立以来党的工作的评价，一定要充分肯定三十一年来的巨大成绩；缺点、错误要进行严肃的批评，但决不能说得一团漆黑。就是“文化大革命”这样严重的错误，它的确被反革命集团所利用，但也决不能简单地把这整个历史事件说成是“反革命”。必须毫不动摇地坚持这种实事求是的立场。

同样，毛泽东同志的功劳是第一位的，错误是第二位的，这个估计是合乎实际的，决不能加以怀疑和否定。毛泽东同志的错误，决不能归结为个人品质问题。如果不是这样看问题，那就不是马克思主义的态度，不是历史唯物主义的态度。很明显，感情用事地把他的错误说过头，只能损害我们党和国家的形象，只能损害党和社会主义制度的威信，只能涣散全党、全军和全国各族人民的团结。

经过实践检验证明是正确的毛泽东思想，仍然是我们的指导思想，必须结合实际加以坚持和发展，并理直气壮地进行宣传，不允许怠工。应当把毛泽东思想和毛泽东同志晚年的错误区别开来，这样可以避免许多混乱。当然，这不是说毛泽东同志晚年没有发表过正确的意见。

党内确有不正之风，确有极少数领导干部搞特殊化。中央已经下定决心，并且已经在陆续解决这方面的问题。报纸上的正确批评的作用应该肯定，但是应当注意不要把个别的现象当作普遍的现象，不要把局部的东西夸大为整体。决不是所有党员或多数党员都有不正之风，决不是所有领导干部或多数领导干部都搞特殊化。根本没有也不可能有所谓的“官僚主义者阶级”。我们的宣传，要防止在群众中造成各种不符合实际的印象。

要通过思想政治工作，加强全党的组织性、纪律性。各级组织、每个党员都要按照党章的规定，一切行动服从上级组织的决定，尤其是必须同党中央保持政治上的一致。这一点在现在特别重要。谁要违反这一点，谁就要受到党的纪律的处分。党的纪律检查工作要把这一点作为当前的重点。

要教育全党同志发扬大公无私、服从大局、艰苦奋斗、廉洁奉公的精神，坚持共产主义思想和共产主义道德。我们要建设的社会主义国家，不但要有高度的物质文明，而且要有高度的精神文明。所谓精神文明，不但是指教育、科学、文化（这是完全必要的），而且是指共产主义的思想、理想、信念、道德、纪律,革命的立场和原则,人与人的同志式关系,等等。学习和培养这些革命精神,并不需要多么好的物质条件,也不需要多么高的教育程度。我们不是靠马克思主义的科学理论和上述的革命精神参加革命到现在吗?从延安到新中国,除了靠正确的政治方向以外,不是靠这些宝贵的革命精神吸引了全国人民和国外友好人士吗?没有这种精神文明,没有共产主义思想,没有共产主义道德,怎么能建设社会主义?党和政府愈是实行各项经济改革和对外开放的政策,党员尤其是党的高级负责干部,就愈要高度重视、愈要身体力行共产主义思想和共产主义道德。否则,我们自己在精神上解除了武装,还怎么能教育青年,还怎么能领导国家和人民建设社会主义!我们在新民主主义革命时期,就已经坚持用共产主义的思想体系指导整个工作;用共产主义道德约束共产党员和先进分子的言行;提倡和表彰"全心全意为人民服务","个人服从组织","大公无私","毫不利己、专门利人","一不怕苦、二不怕死"。现在已经进入社会主义时期,有人居然对这些庄严的革命口号进行"批判",而这种荒唐的"批判"不仅没有受到应有的抵制,居然还得到我们队伍中一些人的同情和支持。每一个有党性、有革命性的共产党员,难道能够容忍这种状况继续下去吗?

毛泽东同志说过,人是要有一点精神的。在长期革命战争中,我们在正确的政治方向指导下,从分析实际情况出发,发扬革命和拼命精神,严守纪律和自我牺牲精神,大公无私和先人后己精神,压倒一切敌人、压倒一切困难的精神,坚持革命乐观主义、排除万难去争取胜利的精神,取得了伟大的胜利。搞社会主义建设,实现四个现代化,同样要在党中央的正确领导下,大大发扬这些精神。如果一个共产党员没有这些精神,就决不能算是一个合格的共产党员。不但如此,我们还要大声疾呼和以身作则地把这些精神推广到全体人民、全体青少年中间去,使之成为中华人民共和国的精神文明的主要支柱,为世界上一切要求革命、要求进步的人们所向往,也为世界上许多精神空虚、思想苦闷的人们所羡慕。

要大力加强党的组织、党员同群众的联系,要把国家的形势和困难、党的工作和政策经常真实地告诉群众。要坚决批评和纠正各种脱离群众、对群众疾苦不闻不问的错误。群众是我们力量的源泉,群众路线和群众观点是我们的传家宝。党的组织、党员和党的干部,必须同群众打成一片,绝对不能同群众相对立。如果哪个党组织严重脱离群众而不能坚决改正,那就丧失了力量的源泉,就一定要失败,就会被人民抛弃。全党同志,各级干部,特别是领导干部,必须经常记住这一点,经常用这个标准检查自己的一切言行。

一定要努力帮助群众解决一切能够解决的困难。暂时无法解决的困难,要耐心恳切地向群众解释清楚。

要继续批判和反对封建主义在党内外思想政治方面的种种残余影响,并继续制定和完善各种符合于社会主义原则的制度和法律来清除这些影响。同时,要批判和反对崇拜资本主义、主张资产阶级自由化的倾向,批判和反对资产阶级损人利己、唯利是图、"一切向钱看"的腐朽思想,批判和反对无政府主义、极端个人主义。我们继续坚持同对我们友好的西方国家交往,继续坚持学习资本主义国家一切对我们有用的东西,但是必须在思想政治领域把上述的斗争进行到底。必须发扬爱国主义精神,提高民族自尊心和民族自信心。否则我们就不可能建设社会主义,就会被种种资本主义势力所侵蚀腐化。

要加强各级学校的政治教育、形势教育、思想教育,包括人生观教育、道德教育。

要大力加强工会工作和妇联工作,大力加强共青团工作、少先队工作和学生会工作。要努力使我们的青少年成为有理想、有道德、有知识、有体力的人,使他们立志为人民做贡献,为祖国做贡献,为人类做贡献,从小养成守纪律、讲礼貌、维护公共利益的良好习惯。

要提高全党同志建设社会主义现代化强国的信心,通过各个岗位的党员的模范行动影响和吸引群众,振奋精神,团结一致,专心致志,稳步前进,实现我们的宏伟目标。我们一定要宣传、恢复和发扬延安精神,解放初期的精神,以及60年代初期克服困难的精神。我们首先要自己坚定信心,然后才能教育和团结群众提高信心。

四

安定团结的政治局面是继续巩固还是遭到破坏,是这次调整成败的关键。安定团结的政治局面如果遭到破坏,调整工作就根本无法进行。

现在有些地方已经发现,一小撮唯恐天下不乱的人正在用"文化大革命"中的办法进行煽动和闹事,有些人甚至叫嚷什么要进行第二次"文化大革命"。个别地方在坏人煽动下少数支边青年的闹事,极少数坏头头操纵的非法组织、非法刊物的积极串联,反党反社会主义言论的公开发表,反动传单的散发,政治谣言的传播,"四人帮"残余势力的活动,杀人放火、制造爆炸、抢劫偷窃、强奸轮奸等各种恶性案件的发生,走私漏税、投机倒把、行贿受贿、贪赃枉法等犯罪活动的滋长泛滥,泄露和出卖国家机密、违反规定滥发奖金、抬高物价、扰乱市场等严重违法乱纪行为的不断出现,对这一切现象,我们决不能掉以轻心。这种种情况,有的属于反革命分子的活动,有的属于林彪、"四人帮"残余势力的反扑，有的属于唯恐天下不乱者的破坏，有的属于剥削阶级残余分子的故态复萌，有的是由于封建主义、资本主义思想作风的严重腐蚀。按性质来说，一种是敌我矛盾，一种是阶级斗争在人民内部的不同程度上的反映。这说明，阶级斗争虽然已经不是我们社会中的主要矛盾，但是它确实仍然存在，不可小看。如果不及时地、有区别地给以坚决处理，而听任上述各种不同性质的问题蔓延汇合起来，就会对安定团结的局面造成很大的危害。对于这种种活动的严重性，我们有些同志还没有足够的认识，因而打击不力，有时甚至放纵不管。

因此，必须加强人民民主专政的国家机器，坚决打击和分化瓦解上述各种破坏安定团结的势力，坚决打击和分化瓦解林彪、江青反革命集团的残余势力，坚决打击和防范制止各种刑事犯罪活动。

巩固和发展安定团结的政治局面，是全国人民的共同愿望。需要向广大人民群众做好思想政治工作，动员和组织他们自觉地、积极地行动起来，同各种破坏安定团结的势力进行有效的斗争。进行这种斗争，不能采取过去搞政治运动的办法，而要遵循社会主义法制的原则。为此，除党内要发布有关的指示以外，建议人大常委会、国务院发布有关的条例、法令。必要的法律设施，加上全党的思想政治工作、报刊宣传和学校教育的配合，就可以形成全党全军全民的共同行动准则。这样，当前的一些混乱状态一定可以逐步改变。

为了保证安定团结，建议国家机关通过适当的法律、法令，规定罢工、罢课事前要经过调处；游行示威事前要经过允许，指定时间地点；禁止不同单位之间、不同地区之间的串联；禁止非法组织的活动和非法刊物的印行。

这场斗争是政治斗争，但是一定要在法律范围内进行。要有声势，但准备必须充分，步骤必须稳妥，分寸必须适当。对于一些严重的破坏活动，不仅要打击一次，而且要打击多次。全党同志和全体干部都要按照宪法、法律、法令办事，学会使用法律武器（包括罚款、重税一类经济武器）同反党反社会主义的势力和各种刑事犯罪分子进行斗争。这是现在和今后发展社会主义民主、健全社会主义法制的过程中要求我们必须尽快学会处理的新课题。

要大力加强政法、公安部门的建设和工作，提高这些部门人员的政治素质和业务素质。

要从基本建设队伍和转业军人中挑选一批好的职工、干部和战士，经过训练，扩大和加强政法公安干警队伍。

有些地方闹事严重的，如果确有必要，经过慎重考虑和周密安排，可以按照一定的批准程序宣布戒严，调动经过训练的部队，恢复和维持正常的社会秩序、生产秩序和工作秩序。对全军指战员都要进行必要的法制教育。

各级党委要加强领导，组织有关部门作出统一部署，采取得力措施，实行各条战线的总动员，坚决而又稳妥地把保证安定团结政治局面的工作做好。

有人会说，我们这样做，是要“收”，不再“放”了，是只讲专政，不讲民主了，三中全会的方针变了。完全不对。中央早就讲过，对各种反革命分子、反党反社会主义分子、刑事犯罪分子的活动，从来都没有什么“放”的问题，从来主张不能放纵他们，不能听任他们胡作非为。从中华人民共和国成立，直到最近这几年来，除了十年动乱不算以外，我们一直坚持对各种敌对势力、反革命分子、严重危害社会秩序的刑事犯罪分子实行专政，决不对他们心慈手软。

这里涉及如何理解和实行人民民主专政的问题。毛泽东同志说过，对人民内部的民主方面和对反动派的专政方面的互相结合，就是人民民主专政。这实质上也就是无产阶级专政，但是人民民主专政的提法更适合于我们的国情。人民的民主权利，在林彪、“四人帮”横行时期遭到践踏。粉碎“四人帮”以后，特别是三中全会以后，我们一直在努力发扬民主。现在这方面的工作做得还很不够，还要继续努力做。前面说过，我们各种政治制度和经济制度的改革，要坚定地、有步骤地继续进行。这些改革的总方向，都是为了发扬和保证党内民主，发扬和保证人民民主。

现在，我们在坚定不移地把发展社会主义民主的工作继续做下去的同时，要求全党同志、全国人民高度警惕和坚决打击各种反党反社会主义活动和刑事犯罪活动。这是因为，如果不对这类活动进行打击，不但经济调整很难进行，而且人民的民主权利甚至生存权利，都要遭到危害。如果放纵他们，让他们泛滥开来，到处制造混乱，有些地方、有些部门、有些单位中，大多数人民的民主权利，又会像在“文化大革命”中那样，重新受到践踏；全国安定团结、生动活泼的局面就不可能维持，更谈不上巩固和发展；我们现在已经形成的开国以来少有的很好的政治形势和经济形势，就又会受到挫折；人民生活已经得到的改善，又会重新丧失。全国绝大多数干部、绝大多数党员、绝大多数人民群众，对“文化大革命”期间的苦难，都是记忆犹新的。我们怎么能够容忍那些一直紧跟林彪、“四人帮”的“造反派”以及继承他们那一套的少数坏头头，再来搞第二次“文化大革命”呢？不用说全国，就是一个地方、一个部门、一个单位，也不能允许他们得逞。可是在个别单位、个别地方，他们已经在猖狂地捣乱了，那里的群众，已经对这种状况非常愤怒了。在这种情况下，我们还能不坚决地起来保卫人民的利益吗?

马克思主义理论和实际生活反复教育我们,只有绝大多数人民享有高度的民主,才能够对极少数敌人实行有效的专政;只有对极少数敌人实行专政,才能够充分保障绝大多数人民的民主权利。所以,在当前条件下,使用国家的镇压力量,来打击和瓦解各种反革命破坏分子、各种反党反社会主义分子、各种严重刑事犯罪分子,以便维护社会安定,是完全符合人民群众的要求的,是完全符合社会主义现代化建设的要求的。

总之,经济上实行进一步的调整,政治上实现进一步的安定,这都是为了贯彻三中全会以来的一贯方针。贯彻执行三中全会以来的一贯方针,我们的事业一定胜利。

中共中央副主席李先念在中央工作会议上发表《对经济调整工作的几点意见》的讲话

这次中央工作会议非常重要,主要是讨论了经济形势和经济调整。党的十一届三中全会以来,经济形势很好。但是现在存在着潜在的危险。要解决这个问题,必须继续认真执行国民经济以调整为中心的方针。邓小平同志的讲话,陈云同志的讲话,赵紫阳同志的讲话,都非常重要,对当前和今后的工作具有重大的指导意义,我都同意。

小平同志讲,对这几年经济工作中的错误,主要是总结经验,这是非常正确的。我在国务院主持经济方面的日常工作,对这几年的错误也有重要责任。大家对调整决心很大。真把国民经济各种比例关系调整好,要做很多艰巨复杂的工作。经济体制的改革,方向是正确的,成绩是显著的。改革要继续进行,但要有利于调整,服从调整。同志们对此发表了很好的意见,现在我只讲几点:

(一)计划工作要实事求是。

陈云同志说,过去经济建设方面的主体错误是"左"的错误。在"左"的错误领导下,也不可能总结经验。这是非常深刻的。要彻底纠正"左"的错误,就要认认真真总结经验,并在今后工作中切实加强调查研究,坚持实事求是原则。编计划,作预算,搞平衡,一定要从实际出发,一就是一,二就是二,不能做虚假文章,更不能凭主观偏见。我们过去往往在这方面吃了亏。当然完全准确不可能,但要力求符合实际,大体准确。经济部门,特别是计划部门,要认真总结这方面的经验教训,引以为鉴。

(二)财政收支要真正做到平衡。

财政收支要做到当年平衡,才是真正平衡。有的同志主张把工商业的流动资金压缩一部分用作财政性开支。节约流动资金是非常必要的,但是只能归还银行,不能当作财政性开支。

财政不能挤银行,银行也不能超过正常限度多发票子。多发票子,实际上等于财政赤字。

(三)增产节约。

对于增加生产,要作严格分析。有的要增产,有的要减产,有的要停产。生产主要应提高产品质量,强调适销对路,特别要讲究经济效果。生产的结果,一部分用于扩大再生产,大部分用于消费,目的还在于逐步改善人民的生活,不是为生产而生产,不是为了积压(合理的周转库存是必要的)。由于经济工作中的错误,现在一方面产品还在大量积压,另一方面社会急需而且需要量越来越大的产品又不够,这就应当很好地进行调整。

节约方面。要大力节约能源。石油的节约要特别抓紧。企业都要降低成本,降低原材料和能源的消耗,扭亏增盈。各方面都要节约经费开支。

一定要增收节支,这方面的潜力很大,要挖掘出来。

(四)农业生产,粮食是第一位。

解决十亿人口的吃饭问题,是个大问题,不能放松。十一届三中全会发了农业问题的两个文件,政策作了大的调整,农村形势很好。今年经济作物和副业有较大发展,这是好的。但是粮食作物面积不能减少,发展经济作物主要是提高单位面积产量。没有足够数量的粮食作物面积,就不能保证粮食增产,经济作物也得不到持续的发展,其他各业的发展也会受到影响。当然,粮食作物同样要提高单位面积产量。

还是要大力提倡节约用粮,计划用粮。

商业部的同志要我讲一下发展畜牧业,特别是发展生猪问题。当前生猪发展形势是好的,希望持续地发展,政策不要轻易改变。猪肉在副食品供应中是个大头,对市场稳定起极大的作用。

对今冬明春农村的生产、生活,希望各地抓紧抓好。

发展农业生产,要靠政策,靠科学。农业基本建设还是应当搞的,但要因地制宜搞好组织规划,量力而行,并讲求实效,不要大轰大嗡,不要搞平调,不要破坏生态平衡。

(五)要加强党的领导,做好人的思想政治工作。

由于调整,很多基建项目要停建,一批工厂要关、停、并、转,一些工厂开工不足,要影响到一部分职工的经济利益,各种实际问题和思想问题都会随之而来。如果党的领导不加强,思想政治工作跟不上,就会增加不安定的因素。

要调动广大群众和干部的积极性,充分发挥科学家、技术人员和广大知识分子的作用,提倡科研部门和生产单位密切结合，为生产服务，为社会主义的四个现代化建设多做贡献。

要继续广开门路，做好待业青年的安置工作。

这次会议又一次说明，我们党是坚强的，团结的，是有远见的。我们的领导干部，无论是老的还是比较年轻的，无论是地方的还是军队的，是顾全大局的，是拥护中央决策的。只要全党认识一致，依靠群众，经济调整的任务一定能够胜利完成，困难一定能够克服，当前的大好形势一定能够继续发展。我们一定要有这个信心。

中共中央副主席邓小平在人民大会堂会见巴基斯坦外长阿迦·夏希及其随行人员

会见时，邓小平向客人介绍了中国对一些重大国际问题的看法。夏希转达了哈克总统对邓小平的良好祝愿。邓小平请夏希转达他对哈克总统的问候。

国务院总理赵紫阳在中南海会见巴基斯坦外长阿迦·夏希及其随行人员

在交谈中，赵紫阳说，中巴两国都是发展中国家，应该互相学习，互相借鉴。发展中国家的经济建设搞得好坏，除了政治上的原因外，还要看这个国家的经济政策是不是从本国的实际出发的。他祝贺巴基斯坦人民在哈克总统领导下近年来所取得的成绩。

《人民日报》发表评论员文章《认真解决重复建设问题》

重复建设是基本建设战线长期没有解决的问题，近两年又有新的发展，应当引起高度重视。

这些重复建设项目，大体有三种类型：一种是现有企业的生产能力或设施尚未充分发挥作用，又盲目地建设新厂；再一种是生产能力虽然不足，但如果打破部门界限，开展专业化协作，是完全可以得到解决的，然而为了追求“自成体系”，盲目地进行重复建设；还有一种是有些产品产供销已经基本平衡，甚至超过了市场需要已是长线，又盲目建设新厂，同老厂争动力、争原料。例如，一机部系统拥有的锻造水压机生产能力只发挥了30%，近年来，武汉、南京、常州、嘉兴、衡阳、鞍山等地，又陆续新建这种厂子。有些省市的针织业、棉织业的加工能力已经超过了棉纱的可供量，还在遍地开花，建设小针织厂、小织布厂。去年，县以上酒厂已有1496个，生产能力达350万吨，基本上可以满足市场需要了，今年以来，四川、吉林、河南、安徽等17个省区，又办起了社队小酒厂12000多个，相当于原有酒厂的9倍。其他像卷烟、肥皂、家用电器、丝绸、塑料、皮革皮毛、乳品罐头、印刷等行业，重复建设的现象也是大量的普遍的。

这种重复建设，给国民经济带来了严重危害。

第一，加剧了比例失调。国民经济调整的中心环节，就是要进一步解决基本建设战线过长的问题。只有把基建战线退够了，使之适应国家财力和物力所能承担的能力，才能切实地贯彻先生产、后基建的原则，才能有效地集中资金和物资解决国民经济的薄弱环节问题，才能有力量逐步地改善人民生活，从而使积累和消费、生产和基建、燃料原材料工业和加工工业、生产和生活等方面的比例关系协调发展。大量的重复建设如不及时制止，基本建设摊子就会越铺越多，战线越拉越长，国民经济比例失调的状况就会更加严重，财政赤字就会不断加大。这不仅会影响经济的稳定，也会影响安定团结的政治局面。

第二，降低了经济效果。在目前能源和原材料供应紧张的情况下，努力提高能源和原材料的利用率，对于发展国民经济具有重大的现实意义。可是，越来越多的重复建设，使技术先进地区的企业开工不足，不少工厂吃不饱，甚至停产，而技术设备落后的工厂则在浪费资源。其结果，能源和原材料消耗大大增多，经济效果严重下降。比如，上海、天津等地的大烟厂，生产一箱卷烟所需烟叶只有58公斤，而一些社办小烟厂则需85公斤，多耗近50%。

第三，减少了财政收入。一些重复建设的小厂，经济效果差，往往靠免税减税过日子，直接影响了国家财政收入。据有关方面调查，目前社办小纺织厂每百元产值只能上交税金6.8元，而国营纺织厂则可上交税利24元。去年全国社办小纺织厂的产值达14亿元，使国家财政少收入2.4亿元。

大量的重复建设，不仅分散了国家有限的财力物力，造成了极大浪费，而且冲击着国民经济计划，给国民经济调整增加了新的困难。因此，我们必须采取有力措施，认真加以解决。

首先必须提高认识，肃清“左”倾思想的影响。经济建设中“左”倾思想的一个突出表现是不量力而行，盲目追求高指标、高速度，贪图虚名，不讲实效。重复建设，主观上为了高速度，实际上由于不考虑原料燃料供应、市场需要、销售方向、交通运输以及供水供电等条件，结果带来的却是比例失调；看上去似乎调动了各方面的主动性和积极性，实际上带来的是降低了经济效果。20多年来，重复建设一再出现，给国民经济造成巨大损失，都与“左”的指导思想有关。不肃清“左”倾思想影响，重复建设问题是难以解决的。

解决重复建设问题的重要途径是推动经济联合，发展专业化协作和协调原料产区与加工地区之间的关系。长期以来，“部门所有制”和“地区所有制”把完整的国民经济分割成许多条条块块，不适当地提倡建立省、区独立完整的经济体系，大家各搞一套，力求“自成体系”，这是出现重复建设的重要原因。因此，必须打破地区、部门隶属关系和所有制界限，在自愿互利的基础上，实行经济联合。要提倡以技术先进的地区为中心，组织跨部门、跨地区的专业化联合生产，积极发展专业化协作。要提倡原料产区在完成国家调拨任务后，采取联合经营或利润分成、产品返还等多种形式，将超计划的原料支援加工地区。

要解决重复建设问题固然需要运用经济办法，诸如发挥价格、税收、信贷等经济杠杆作用，但是在国民经济比例严重失调的情况下，运用经济办法在一定程度上受到了限制。因此，需要在坚持运用经济办法的同时，加强基本建设的集中统一领导。要实行行政干预，也就是要从宏观经济效果出发，对那些原材料、能源消耗高，生产技术长期不过关，产品质次价高，市场无销路，浪费严重的企业，坚决地实行关停并转。当然，对关停企业的职工要妥善安置。同时，对地方和企业的建设资金要规定其投资方向，对原料产区要下达调拨任务。地方和企业的权力有了扩大，手里的钱逐渐增多，其所有权虽然不能随意变更，但是国家对如何使用这些钱要加以引导，使其主要用在设备更新、节约能源和新产品研制等方面，禁止建设那些从地区、部门来看是短线，在全国看是长线的项目，那些同现有企业争燃料、动力、原料的项目，以及在一个地区、一个系统内通过专业化协作能够解决生产能力的项目。现在，农副产品原料供应不足，有外调原料任务的地区，一定要保证按时完成国家下达的调拨任务，不得截留或留好供次。我们一定要通过加强集中统一，把地方、部门、企业的积极性同社会主义的计划性结合起来，切实解决好重复建设的问题。

全国有40多万千瓦水电机组投产

我国今年新建并安装投产的水电站发电机组共有426250千瓦，超额完成了预定的367500千瓦的国家计划。今年投产的水电站和机组，大多数为容量35000千瓦到50000千瓦的中型发电设备。

中央军委授予党翻身“爱兵模范”称号

新华社报道：中央军委最近发布命令，授予为抢救战士而负伤的兰州部队某部排长、共产党员党翻身以“爱兵模范”的荣誉称号。

中央军委号召全军同志、特别是广大基层干部向党翻身同志学习，以深厚的无产阶级感情关心爱护战士，在党中央的领导下，坚决贯彻执行党的路线、方针、政策，坚持四项原则，发扬我军“官兵一致”、“尊干爱兵”的优良传统，大力加强政治思想工作，团结一致，同心同德，为建设现代化的革命军队努力奋斗。

我国建成第一座专用短波授时台

新华社报道，中国科学院山西天文台短波授时台建成，协调时时号发播精度，达到十万分之一秒。这是中国第一座专用授时台。

《中华人民共和国经济史稿》(1949—1957年)出版

《人民日报》报道，由中国人民大学副教授孙健所著的《中华人民共和国经济史稿》(1949—1957年)一书，已经由吉林人民出版社出版。这本书第一次系统地阐述自新中国成立以来到第一个五年计划完成时期我国国民经济恢复和发展的经济史著作。

日本沉船“阿波丸”号全部打捞完毕

顾颉刚逝世

中国著名历史学家顾颉刚因病在北京逝世，终年87岁。

顾颉刚，原名诵坤，字铭坚。1893年生于江苏苏州。1920年毕业于北京大学。后任厦门大学、燕京大学、北京大学教授，中山大学历史语言研究所主任，齐鲁大学国学研究所主任。曾当选为中央研究院院士，创办民俗学会和禹贡学会，为中国历史地理学和民俗学的开创者，亦是古史辨学派的创建人。新中国成立后，历任复旦大学教授、中国科学院历史研究所研究员、民进中央委员、全国人民代表大会代表、全国政治协商委员会委员。著有《古史辨》《尚书通检》《秦汉的方士和儒生》，主编《中国历史地图集》，并主持标点《资治通鉴》和二十四史等。

12月26日

中共中央转发中组部《关于陈永贵同志历史问题审查结论》

中国人民保卫儿童全国委员会1980年年会在北京召开

中国轻工业生产在国民经济调整中继续大幅度增长

新华社报道：据轻工业部统计，自行车、缝纫机、手表、糖、原盐、卷烟、塑料制品、机制纸及纸板、日用精铝制品、灯泡、干电池、轻工机械等14种主要轻工业产品的产量，已经完成和超额完成全年计划。自行车、缝纫机、手表的产量都比去年增加三成左右。预计，今年我国轻工业生产总值将比去年增长14%左右，超过重工业增长的速度。各地轻工业企业今年试制成功新产品有7000多种，新花色10万种，其中半数已投入批量生产。产品质量不断有所提高，又有392种产品获得了轻工业部颁发的优质产品证书。

《人民日报》发表于光远的文章《建立和发展“国土经济学”研究》

我们所说的“国土经济学”，是以一个国家的国土作为对象的经济科学。国土或领土，就是受一国主权管辖的区域；广义包括一国的陆地、河流、湖泊、内海、领海、大陆架以及它们的下层和上空。这儿所说的管辖，从消极方面来说，就是在未经本国同意时，排除别的国家对本国国土的任何侵犯。从积极方面说，就是要使这块国土发挥它的作用。国土经济学研究的目的就是为从经济的角度利用、开发、保护、治理一个国家的国土提供科学论据

国土的重要性，是用不着多说的。但在经济上如何对待自己的国土，并不都有合乎科学的认识。而各式各样的看法和做法就会影响实际，带来各种各样的后果。于是就发生一个判断对各式各样的看法和做法孰是孰非的问题。在以公有制为基础、消灭了作为阶级的资本家和地主的社会里，可以有一个统一的共同的标准来判断国土条件是优还是劣，判断我们所采取的政策和制定的措施是是还是非，有所得还是有所失。当然这个问题不是很简单的，需要有一门专门的学问从经济方面去进行研究，也需要有一支专门的队伍去进行研究。因此就需要建立和发展国土经济学这样一门专门的学问。

这门科学包括研究有关国土经济学的一般原理、一般理论、一般方法。然而它是一门要解决具体问题的科学。因此各国都建立以自己国家的国土为特定的研究范围和研究内容的科学。对于我国来说，就要以我们国家的960万平方公里的陆地(包含我国的岛屿)、18000公里的海岸线以外的领海、和由大陆延伸出去的大陆架、以及以上土地的下层和上空为对象来建立这门经济科学。

我国国土经济学研究的主要内容包括以下几点：

(一)研究既适用于世界各国又适用于我国的理论和方法。包括对这门学问的研究对象和任务的精确表述；这门学问的理论基础；这门学问的性质和有关学科之间的关系；这门学问的方法；这门学问的历史和文献；并对世界各国对这方面的研究进行比较。

(二)对我国国土的状况，包括对天然的自然界的状况与长期历史上和近31年造成的国土现状作出科学的描绘和分析。

(三)对从经济的角度如何正确对待我国国土的原则和这些原则的科学基础进行研究。

(四)研究利用、开发、保护、治理我国国土资源的措施和规划，并提出意见。

(五)从经济学的角度上研究政府管理国土的职责；研究国家应该制定什么样的有关法律以及这些法律的内容；研究为了进行国土的管理和执行已经制定的法律应该建立什么样的机构。

在这里简单地对这五点再解释一下。

第一，关于国土经济学的一般理论和方法的研究。

国土经济学要研究国土如何扮演一国生产力的源泉之一的角色。而且要具体化到一个国家的国土的各个部分，研究每一块国土在生产力形成中可能或已经发生的作用。为此，作为研究国土经济学的一般的方法论，我们就要研究国土的经济分类问题，要从经济的角度来研究国土的天然的和受人的影响而形成的地理的性质。

必须指出，国土经济学研究的目的不是描绘现状，而是要在这个基础上研究如何利用、开发、保护、治理。这就要求各门经济科学和自然科学、技术科学予以协助。政治经济学社会主义部分帮助国土经济学弄清楚国土利用的目的，经济效果学与技术经济学帮助国土经济学来计算评价可供抉择的方法和措施，确定如何最好地利用每一块国土，而在利用、开发、保护、治理国土时又需要各种有关的自然科学知识，这就是说建立和发展国土经济学急需很多自然科学知识，一定要许多自然科学家来参加。

国土，对于一国居民的生活来说，是他们的环境的一个基础的组成部分。对于一国的生产也是一样。国土经济学就要研究作为居民生活和生产环境的国土的长处和短处。所谓利用和开发，就是要发挥国土这一方面的长处；所谓保护，就是保护这种长处不使其丧失；所谓治理，就是增加这种长处，改变短处。国土经济学和环境科学的这种不可分离性，也是国土经济学一般理论和方法中的一个根本问题。

说到发挥一国国土的长处与避免短处的问题，就要有一个对国土经济研究整体性的问题。因为要对国土进行它的长处和短处的研究，既要考察每一块国土本身，又要对一国国土作整个的考察，对国土的不同部分进行比较，研究对每一块国土最好的利用方法。比如为了更好地利用国土，我们就要把土地分成宜耕地、宜牧地、宜林地。这些就不只是自然地理学和经济地理学的分类，它把我们对土地的利用的要求也包括进去了。一块土地可以用来作耕地，也可以用来作牧地

或林地，究竟是宜耕地还是宜林、宜牧，不仅取决于它的自然地理和经济地理的性质，而且还取决于全国国土的比较和国家的经济需要。

第二，关于我国国土状况的研究。

国土经济学既然是一门具体的科学，就要从具体的实际出发，研究具体的资料。在我国首先就是研究我们国家国土的现状。

目前我们对自己国土的了解是不够准确的。例如湖南省桃源县上报水田有102万亩，实测是156万亩，实际上比上报数字多53%。在中国，山地面积向来是不准的，但水田的数目是比较准的，如果水田有30%的虚头，那就决不是"测不准"的问题了。这涉及前若干年的要求各地区追求"过黄河"、"跨长江"而又不讲求实事求是的浮夸作风。关于国土的基本的资料工作并不难做，但工作量很大，花钱不少。我们一定要去进行这种基本的测算工作，否则怎么能作出关于科学地利用开发国土的规划呢？

制图是国土经济学基本资料工作。这件工作要系统地进行。我们国家有人数不小的测绘队伍和从上到下的测绘机构，我们做了许多工作。但是缺乏全面地、系统地制作整套可供国土利用开发的地图的计划，没有统一的要求。我国还没有把全国土地按照比较大的比例尺完成制图的期限。过去在科学规划中虽曾有过要求，由于十年动乱，加以没有很好的检查督促，现在有重新提出这个问题、重新部署的必要。

新中国成立以来在有关国土经济方面做了大量工作，积累了大量的材料。但是由于这件工作还是分散地由各部门、各单位自己去做的，很多资料并没有编纂成书。这样既不便研究者使用也很容易散失。事实上在十年动乱时期已经散失了许多，现在有让各有关单位进行一次检查、编制一个统一目录的必要。通过这样的工作可以弄清楚我们已经有了一些怎么样的基本资料，缺少一些怎么样的资料，以便部署下一步的工作。

当然关于我国国土状况的调查，不能停留在对基本资料的研究上面，还要根据我国现代化社会主义经济建设需要解决的问题，专门收集、整理、分析有关国土的状况。对现有资料应该严格地检查究竟是否有重要的遗漏，是否有不准确的地方。没有全面和准确的资料，就不会有经得起检验的良好的工作。

第三，对从经济角度上看如何正确对待国土的原则的研究。

要充分利用我国的国土资源，取得自然界的协力，这应该是国土经济学的第一条原则。

所谓充分利用我们的国土资源，就是不要使我国国土资源浪费掉。国土资源有两类，一类是有限的资源，比如地下的某一种矿藏是有限的。中国现在占地下资源过去没有开发的便宜，因为没有开发，所以今天还多一点。如果开发多了，我们这个优势就不存在了。所以对矿产资源决不能浪费，一定要精打细算。还有一些资源是无限的，比如水利资源。你不用的话，滚滚长江、黄河，每年都要流掉这么多能源。这些资源不开发是一种浪费，应该优先考虑它们的开发。让土地荒着也是这种性质的浪费。还有一种资源，如果我们对它处置得当，资源越开发越多。有的资源就是越开发越多，有的资源是开发不开发不变，有的资源是越开发越少，这种区别在讨论国土资源的利用时要注意。

在这里就有关于国土经济的第二条原则，就是要保护国土资源不遭受破坏。保护资源并不是说怕这种资源减少就不去开发，而只是要求不容许浪费。

关于国土经济问题的第三条原则是注意治理。按道理说，人工的环境要比天然的环境优越，因为人工环境是人有目的地设置的，而天然环境的形成是在没有人的有目的的活动的情况下发生作用的，它是不按照人的利益来形成的。因此对于国土资源在充分利用开发的同时，我们首先要做好保护工作，有可能的话，我们要用人工的方法对国土进行治理，使它对我们更为有利。

第四，关于利用、开发、保护、治理我国国土的长远规划和措施的研究。

我们国家正在制定从现在起到本世纪末国民经济发展的长远规划。我们科学工作者要积极参加这一宏伟规划的制定。在这个长远规划中要包括许多重要内容，利用、开发、保护、治理我国国土应该是其中最重要的内容之一。

制订国土利用、开发、保护、治理的计划，首先要求研究清楚这方面的潜力。这要以我们对我国国土的状况的研究为基础。举例来说，我们在制定规划时会遇到如何提高耕地单位面积产量的问题，这就要先弄清楚现有耕地面积产量。假定耕地面积的实际数字比原来统计数字多30%，那么实际单位面积产量就比原统计的单位面积产量少23%。如果按原来比较少的耕地面积来计算，那么就会得出结论，说我国耕地的单位面积产量已经很高。从这个判断出发就必然会得出一个结论，说在目前我国技术与经济水平的条件下，这个单位面积产量就难以进一步有较大幅度的提高。如果现在弄清我国耕地面积比原来统计的大得多，那么对这个问题就应该有新的认识。这样就可以根据可靠的先进的科学实验中得到的单位面积产量来考虑在规划期间提高单位面积产量的可能性。

在制定长远规划中还有一个人口问题。在讨论制定有关国土利用规划时很自然地会讨论到人口问题。

我们今天重视人口问题是非常对的。我们的人口密度是每平方公里100人，和世界103个国土在10万平方公里以上的国家(地区)相比，我们排行第十三，但是如按耕地计算，这个次序还要靠前。如我国人口密度低于英国和西德，但每人平均耕地少于英国和西德。而且在耕地中我国60%是旱地。旱地中，低产田又占一半。从这个角度看，计划生育问题是重要的。但是人口和土地问题是相对而言的。我们还有丰富的土地资源没有利用。我认为应该把土地问题提高到和人口问题同样的高度，引起人们普遍注意。

国土经济学不能只研究规划而不研究具体的措施。这种措施不但有政策方面的，有大政方针性质的，还应该包括技术方面的。国土经济学在这个方面就是要一个问题一个问题地进行研究，要一件事一件事地搞清楚，根据我国的实际情况，根据我们的力量，提出适宜的措施，在适当的时候，下决心去办。所以国土经济学不仅要研究理论和方法问题，不仅要收集资料弄清状况，不仅要提出原则，还要具体研究规划和措施。

第五，国土管理问题的研究。

管理我们这960万平方公里的国土，是我们的政府应该管理的一件大事。一直到现在，有些应该由政府管的事反而没有做，对国土的管理是其中一个。我们应该设有一个管理国土的政府机构，迅速纠正对我们国土无人管理的混乱状态，同时对全国土地资源进行系统的全面的调查，搞清家底，制定一个有利于保护和合理利用土地资源、维护生态平衡的土地法，由上述管理国土的机关作为专门执法机构监督土地法的执行。

现在我国从事国土经济学研究的部门和机构实际上是很多的，这是因为这个问题的联系面很广，很多机构都关心这个问题，都在开展这方面的工作，都在思考如何解决与本部门、本单位直接有关的国土问题的措施和政策。在我们国家的议事日程上，也经常列有有关国土经济的问题。在这方面，30年来作了大量的调查，取得了大量资料，也获得了大量正面和反面的经验。应该说，对国土经济的研究并不是什么新问题，而是已经有了相当雄厚的基础。然而，我们提出了建立和发展国土经济学这个问题以后，人们还是觉得很新鲜。这是为什么呢？原因是，到目前为止，并未把它当作一个整体来研究。各部门各单位都还只是从本身的工作出发进行调查。一方面有许多该做的工作没有做；另一方面又有很多工作是重复的，多消耗了许多人力和物力。而调查得来的很多的资料没有得到充分利用，各部门间也不能很好联系。国土问题本来带有综合性，不建立一门统一的学问，把各方面综合起来进行研究，就不能研究出应有的结论，同时我们经济界在讨论各方面问题时，从来没有把960万平方公里土地当作一个整体来进行研究。现在提出来叫作“国土经济学”，实际是老问题，新提出。而新提出专门建立国土经济学这样一门学问，就把这方面问题提到了一个新的高度，对这方面的工作可以有所推动。

我国第一台配碴整形车诞生

《人民日报》报道，由铁道部科学研究院、铁道兵科研所设计，中国人民解放军第6441工厂试制的我国第一台P2C—1型配碴整形车，最近经过调试证明，每小时可完成8公里的铁道配碴整形工序，比人工操作提高工效120倍。

中国冰球代表队在东京举行的中日友好冰球赛中以6∶4战胜日本西武铁道队

大连港建成我国迄今规模最大的客运站

大连港新建成一座我国目前规模最大的客运站。26日，经交通部和辽宁省、大连市建委等有关部门组成的验收领导小组验收完毕，决定在春节前正式交付使用。这个客运站建筑雄伟壮观，主楼建筑面积为1.64万多平方米，可以同时接待1500多名国内外旅客。

12月27日

国务院副总理方毅在人民大会堂会见美国纽约大学柯朗数学科学研究所丁汝教授

国务院副总理姬鹏飞在人民大会堂会见孟加拉国民族主义者党总书记巴德尔多扎·乔杜里教授

《周恩来选集》上卷由人民出版社出版并向全国发行

新华社报道：中共中央文献编辑委员会编辑的《周恩来选集》上卷将从1981年元旦开始在全国发行。《周恩来选集》收录了周恩来自第一次国内革命战争时期到中华人民共和国成立前新民主主义革命时期的重要著作共60篇。

首都音乐界集会纪念为中国近代音乐教育作出突出贡献的先驱萧友梅先生逝世40周年

青年农民皋宇飙被录取为江苏省社科院研究人员

《人民日报》报道：江苏省建湖县草堰公社东冈大队青年农民皋宇飙最近被中国社会科学院录取为江苏省社会科学院研究人员。皋宇飙从小对哲学有浓厚的兴趣。1972年,他高中毕业后回乡务农,8年来利用业余时间,阅读了《资本论》《政治经济学》《世界通史》《形式与逻辑》等各类书籍100多本,自学了英、日、俄3门外语。

台湾两名登山运动员从尼泊尔成功登上海拔6282米的法拉伽莫峰

12月28日

全国商品检验局局长会议决定加强进出口商品检验管理工作

新华社报道,最近闭幕的全国商品检验局局长会议,决定进一步加强进出口商品的检验管理工作,并明确商品检验的工作是:加强管理,认真检验,公正准确,维护信誉,促进外贸,为四化服务。

中国政治学会在北京成立

学会推举钱端升、邓初民为名誉会长,选举产生了以张友渔为会长的理事会。会议审议通过了《中国政治学会章程》。

中国社会科学院院长胡乔木到会表示祝贺并讲了话。他热情希望政治学会为加强我国社会主义政治建设作出积极的贡献。中国社会科学院副院长于光远也讲了话。

来自全国各地的100多名政治学研究者出席了这次成立大会。

12月29日

五届政协常委会在北京举行第十四次会议

会议听取了中国人民政治协商会议全国委员会代表团关于访问南斯拉夫的报告:听取了全国政协文史资料研究委员会召开的第三次全国文史资料工作会议情况的汇报,批准了第三次全国文史资料工作会议纪要;审议通过了提案审查委员会关于提案审查情况的报告;决定将全国政协秘书处改名为办公厅。

全国政协提案审查委员会最近完成了628件委员提案的审查工作,这些提案都是委员们在政协第五届全国委员会第三次会议期间和第三次会议闭幕后提出的。

最高人民检察院特别检察厅检察员江文关于批驳被告人江青的发言

庭长、审判长和各位审判员:

现在,我对被告人江青1980年12月21日上午,在法庭辩论时,为她的反革命罪行所作的辩解,驳斥如下:

被告人江青的辩解,完全避开了本特别检察厅指控她组织、领导反革命集团,推翻无产阶级专政的政权的犯罪事实,使用混淆黑白,颠倒是非的反革命惯用伎俩,企图转移目标,达到掩盖罪行、逃避罪责的目的。江青一再提出要法庭调与本案无关的证件和证人到庭,但对本厅指控的犯罪事实,提不出任何可以证明无罪的证据和证人。江青的无理要求被法庭驳回是理所当然的。被告人江青,在法庭而前,不仅对于本厅指控并经法庭调查证实的她的反革命罪行,拒不认罪悔罪,并且公然继续施展反革命两面派的诡辩伎俩,继续诬陷党和国家领导人,污蔑、诬陷用铁一般的事实证实她的罪行的证人,诬蔑全国各族人民对以林彪、江青为首的反革命集团进行的正义审判,目无国法,蔑视法庭和法庭规则,诽谤审判人员、检察人员及法庭其他人员。对于江青的这种新的罪行,我提请法庭严重注意。

被告人江青的全部辩护言论,集中起来,就是攻击法庭对她的审判是什么"项庄舞剑,意在沛公"。江青竟然颠倒黑白,鱼目混珠,说她的反革命行为是代表毛泽东主席的,是按照毛主席的指示办的,妄图把反革命罪责,推在毛主席身上,借以掩盖她严重危害国家和人民的反革命罪行,逃避依法应负的刑事责任。现在我列举一些事实,来揭穿江青的谎言和诡辩。

你江青在"文化大革命"时期利用各种场合策划或直接点名诬陷大批党政军干部和群众,给人扣上"叛徒"、"特务"、"反革命"等等莫须有的罪名,滥捕无辜,制造伪证,制造冤狱,难道这是毛主席叫你江青干的吗?

你江青伙同康生、谢富治指挥专案组,刑讯逼洪,亲自下令对病势垂危的杨承祚、张重一两位教授进行"突击审讯",折磨致死,难道这是毛主席叫你江青干的吗?

你伙同康生、陈伯达擅自非法决定诬陷、批斗国家主席、党的总书记和国务院副总理,并进行人身迫害,难道这是毛主席叫你江青干的吗?

1968年7月,江青为了诬陷、迫害中共第八届中央委员会成员,与康生密谋,要康生给她一份八届中委名单,把88名中共中央委员、候补委员分别诬陷为"特务"、"叛徒"、"里通外国分子"、"反党分子"。康生在给江青的亲笔信中,明明写着"送上你要的名单",江青在法庭调查中供认是康生"主动帮助"她搞的,这表明这份诬陷迫害八届中委的名单是江青和康生共谋的犯罪行为。江青在法庭上竟然狡辩说,她也向周总理要过一份名单,但同时又招供,周总理给的名单,只是标明那些人已经死亡,并"无政治情况"。江青勾结康生诬陷迫害中共八届中央委员、候补委员，难道这是毛主席叫你江肯干的吗？

江青在1976年3月2日擅自召集12省、区负责人开会，诬陷邓小平是“大汉奸”、“法西斯”、“反革命两面派”等等。江青在法庭上公然否认这一罪行，并说她“有代表毛主席去看望干部的习惯”，把责任推给毛主席。这是撒谎！当时，毛主席就斥责“江青干涉太多了，单独召集十二省讲话”。江青抵赖诬陷过邓小平是“大汉奸”，这有当时的记录为证，是赖不掉的。

江青诬陷中共中央候补委员、煤炭部部长张霖之是“彭真死党”，指使戚本禹煽动组织不明真相的群众残酷批斗张霖之40多天，张霖之被迫害致死，难道这也是毛主席叫你江青干的吗？

江青诬陷中共中央候补委员周扬是“叛徒”、“内奸”、“国民党特务”、“日本特务”，江青，这也是毛主席叫你干的吗？

江青诬陷全国劳动模范、掏粪工人时传祥是“工贼，被收买了”，时传祥被迫害致死，难道这是毛主席叫你江青干的吗？

江青诬陷迫害的人太多了，用不着再列举了！

显然，被告人江青妄图把自己犯下的反革命罪行，推到毛主席身上，借以推脱罪责，逃避法律惩处，这是绝对办不到的。

被告人江青说什么：“逮捕审判我，就是丑化毛泽东主席。”这是对毛泽东主席的恶毒诬蔑和诽谤。全国各族人民心里清楚得很，他们在“文化大革命”时期遭受的不幸，毛主席在领导方面有毋庸讳言的责任，其中包括对林彪、江青反革命集团失察的责任。但全党全军全国各族人民、男女老少，决不会因此忘记或抹杀毛主席在推翻“三座大山”、缔造中华人民共和国和开创社会主义事业中的伟大贡献。当然也不会忽视对十年“文化大革命”时期的经验教训的总结。党和国家领导人早已一再申明，毛主席在他一生的事业中，伟大功绩是第一位的，错误是第二位的。这决不是你江青和林彪一伙所能动摇、抹杀得了的。江青妄图利用毛主席的崇高威望来掩盖她的反革命罪行是徒劳的。在这个问题上，毛主席早就揭露和驳斥了你江青。

1974年7月17日，毛泽东主席在中共中央政治局会议上说：“她(指江青)并不代表我，她代表她自己”，“总而言之，她代表她自己。”

1974年12月23日，毛泽东主席严肃指出：“江青，一、不要出风头。二、不要乱批东西。三、不要参(加)组织政府。你们看她有没野心？我看有。”

1974年年底，毛泽东主席又说：“江青有野心。她是想叫王洪文做委员长，她自己做党的主席。”

1975年年初，毛泽东主席说：“我死了以后她(指江青)会闹事。”

毛泽东主席这些话已经说得很清楚了。现在，江青还要继续把她的反革命罪行说成是代表毛主席的，是按毛主席的指示办的。这种谎言是骗不了人的！

被告人江青还胡诌什么：“审判我就是丑化亿万人民。”江青，你这个严危害国家严重危害各族人民的反革命罪犯，竟然恬不知耻地以代表人民自居，这简直是对亿万人民的公开侮辱。尽管十年动乱的历史已经过去，但是全党、全军、全国各族人民至今记忆犹新。谁不记得，1976年4月5日，首都广大人民群众，聚集在天安门广场，悼念周总理，声讨“四人帮”那种正义的行动和壮阔的场面；谁不记得，当“四人帮”反革命集团被粉碎时。举国土上下，欢欣鼓舞的情景。这都充分地反映了全国人民对“四人帮”反革命集团的切齿痛恨。江青代表什么呢？不过代表一小撮阴谋家、野心家、反革命分子、刑事犯罪分子、打砸抢分子和形形色色的社会渣滓。

被告人江青还煞有介事地说什么“你们审判我就会使‘文化大革命’中的‘红卫兵’和‘红小兵’抬不起头声”这是江青颠倒黑白的胡说。特别法庭审判你江青在十年“文化大革命”期间的反革命罪行，与当年的“红卫兵”、“红小兵”有什么关系？！现在，法庭对林彪、江青反革命集团的审判，代表了全国人民，也代表着当年上当受骗受害以后起来反对你们的广大青少年，你江青休想再妄图煽动和挑拨我国青少年与党和人民政府的关系。在林彪、江青反革命集团横行的十年中，毒害了广大青少年，严重损害了年青一代人的成长。他们同广大群众一样，强烈要求清算你们的罪行。

江青还质问法庭承认不承认“九大”、“十大”和怎样看“文化大革命”，如果不承认，就是“离开重大历史背景”，“隐瞒重大历史事件”。江青，收起你这 套妄图转移目标的诡辩吧。如果要讲历史的话，你是“文化大革命”中的反革命。这就是历史事实。你所谓的“捍卫‘文化大革命’”就是要捍卫打砸抢抄抓、刑讯逼供、诬陷迫害那一套。就是要继续把中国人民投入苦难的深渊，就是要掩盖你在“文化大革命”中的累累罪行。至于党和人民如何总结“文化大革命”，如何总结“九大”、“十大”，那是党的事情、人民的事情。你江青这个早已被开除党籍的反革命分子，有什么资格妄谈党的这次大会、那次大会或者中央全会的问题，江青提出这个问题。显然是妄图借此逃避本厅指控你的反革命罪行！

庭长、审判长和各位审判员：被告人江青在辩论中，还把自己打扮成反林彪的“英雄”。她矢口否认她在“文化人革命”与林彪反革命集团互相勾结，狼狈为奸的事实，说什么“怎么能把谋害人的和被谋害的搞在一起？”这是一个弥天大谎。经过公安部的侦查预审,本特别检察厅的审查起诉和最高人民法院特别法庭的庭审调查,大量确凿的证据完全证明,林彪、江青反革命集团,在1971年9月林彪反革命集团谋杀毛主席、策动反革命武装政变被揭露和粉碎以前,为了实现共同的反革命目的,或者是公开配合,或者是秘密勾结,有预谋地诬陷、迫害党和国家领导人,镇压广大干部和群众,颠覆政府,危害中华人民共和国。在这些方面,江青一伙同林彪反革命集团是狼狈为奸,勾结在一起的。现在,让我用事实来说话吧:

1966年8月林彪、叶群指使雷英夫捏造诬陷刘少奇的材料,林彪不是首先批送给你江青的吗!诬陷、迫害刘少奇,你和林彪配合得还不密切吗?

1967年7月对刘少奇夫妇进行批斗抄家,不就是你江青和林彪互相配合,同陈伯达、康生、戚本禹非法决定策划的吗?

林彪、叶群捏造假材料诬告中共中央政治局委员、国务院副总理、中央军委副主席贺龙,诬陷贺龙是"土匪",你江青则诬陷贺龙是"坏人"、"是个大刽子手"。贺龙不正是被你江青和林彪一伙迫害致死的吗?

江青伙同陈伯达、戚本禹煽动揪斗中共中央政治局委员、中国人民解放军的创造者之一彭德怀,诬陷他是"汉奸",是"大叛徒、大反革命"。林彪反革命集团主犯黄永胜亲自审批"同意"将彭德怀"判处无期徒刑,终身剥夺公民权利"。彭德怀被残酷折磨致死,这不正是你江青和陈伯达、黄永胜等共同犯下的反革命罪行吗?

林彪、叶群诬陷中共中央书记处书记、国务院副总理罗瑞卿是"汉奸",你江青直接插手罗瑞卿专案组诬陷罗瑞卿是"大叛徒、大反革命"。

林彪捏造罪名,诬陷中共中央政治局候补委员、国务院副总理陆定一是"反革命分子"。你江青则诬陷陆定一是"军统特务"。

你们,林彪和江青一伙共同诬陷迫害了那么多党和国家领导人,还不是互相勾结、狼狈为奸的反革命集团吗?

江青为了插手军队,亲自授意陈伯达,经过叶群,由林彪任命江青为中央军委"文化大革命"小组顾问。

1966年10月,江青为了掩盖她的丑恶历史,与叶群密谋,指使吴法宪、江腾蛟非法搜查上海文艺界人士郑君里、赵丹等5人的家。并在林彪、叶群住处,由你江青亲自监督谢富治、叶群将有关你的材料烧毁。

1966年12月,江青与叶群密谋,指使江腾蛟派人揪斗原中央警卫局副局长、苏州地委副书记王敬先。王敬先被迫害致死。

1967年1月,江青伙同林彪策划揪"军内一小撮"的反革命阴谋。

1967年8月江青与叶群密谋,修改诬陷解放军报社负责人的大字报,并布置吴法宪找人抄写张贴。派人篡夺了解放军报社的领导权。第二天陈伯达以"中央文革小组"名义亲自出马,直接支持。

1968年3月,江青与叶群密谋,指派吴法宪将30年代照顾你江青生活的女用人秦桂贞骗来北京,先派陈伯达、叶群、吴法宪找秦谈话,几天后你又指使吴法宪捏造罪名,将秦桂贞逮捕关押7年之久。

江青还指使吴法宪非法逮捕上海作家协会书记处书记孙峻青。孙峻青被关押5年之久。

这么多的事实,还不能证明你江青为首的"四人帮"和林彪一伙是互相勾结、狼狈为奸的反革命集团吗?!

在林彪反革命集团被揭露和粉碎以后,江青又收罗了林彪反革命的余党,如原南京部队司令员丁盛、原吉林省军区政委王淮湘等,继续进行反革命活动。你江青赖得掉吗?!

如果说,林彪、江青反革命集团内部后来有矛盾,那不过表明他们做贼是一伙,分赃有矛盾罢了。

江青在长达近两小时的所谓辩护发言中,对本厅指控她所犯的严重反革命罪行,没有提出任何可以证明她无罪或者罪轻的证据,通篇不过是颠倒黑白,混淆视听、转移目标、掩盖罪责的谎言和诡辩。

被告人江青触犯了《中华人民共和国刑法》第九十二条、第九十八条、第一百零二条、第一百三十六条、第一百三十八条、第一百四十三条、第一百四十四条,犯有阴谋颠覆政府分裂国家罪、组织领导反革命集团罪、反革命宣传煽动罪、诬告陷害罪、非法拘禁罪、刑讯逼供罪、非法搜查罪。被告人江青所犯罪行对国家和人民危害特别严重,情节特别恶劣。为了巩固无产阶级专政的政权,维护社会主义法制的尊严,体现法律面前人人平等的原则,我代表特别检察厅再一次提请特别法庭依照《中华人民共和国刑法》第一百零三条,对被告人江青从严惩办。

中国和朝鲜关于中朝边界地区电视和调频广播业务使用频率的协定及有关附件在平壤草签

国务院副总理万里在北京会见美国众议员斯蒂芬·索拉兹和乔尔·普理查德

12月30日

国务院发出《关于严格控制派遣团 组出国和邀请外宾来访的通知》

各省、市、自治区人民政府,国务院各部委、各直属机构：

近几年来，随着我国对外关系的发展和社会主义建设的需要，中央和地方派出了很多团、组到国外考察、访问，也邀请了很多外宾前来我国访问。这些友好交往促进了我国同外国的经济合作、贸易往来和科技、文化交流，为发展我国的经济、文化建设提供了有利条件。但是，由于缺乏经验、计划不周和管理不严，在派遣团、组出国和邀请外宾来访的工作中也存在不少问题，主要是：派人出国成风，重复考察严重，人员配备不够精干，走马看花的现象比较普遍，甚至有少数人在国外游山玩水、违法乱纪，对外造成不良影响。同时，邀请来访外宾偏多。超过我们现有的物质条件和接待能力，结果花了钱，费了工夫，还引起外宾的不满。这些问题亟待整顿和改进。当前，我国经济建设处于调整时期，国家财政存在很大困难，对出访来访尤需严格控制，尽力节省外事经费和外汇开支。各级领导机关应结合本部门、本地区的实际情况，总结经验，加强管理，切实纠正不正之风，坚决贯彻"少、小、精"的原则，努力把这项工作做好。

一、要严格控制出国团、组的数量和出国人数。主管部门要加强对出国计划的审查，除政治上和业务上十分必要者外，不要派遣出国团、组，更不要多头派出，重复考察。在协议、协定、合同以外需要出国考察者，应在征得我有关驻外机构意见后再考虑报批。

二、出国团、组的规模要小，人员要精干。一般不要派遣大型的或综合性的代表团。专业考察团、组的目的要明确，人员要懂行，行政人员要尽量少去或不去。各级领导同志的出国参观活动要从严掌握。

三、要尽量缩短出国时间，旅行路线应按节约的原则选定。任何人不得借故延长在国外的停留时间或绕道游山玩水。

四、邀请外宾来访应量力而行。如无特殊需要，不要出钱资助外国人来华。对外宾应努力做好接待工作，提高服务质量。

五、对涉外人员要进行遵纪守法教育，严肃外事纪律，严格请示报告制度，认真执行外事费用开支制度和授受礼品的规定。对铺张浪费或违法乱纪者，要视其情节的轻重给予批评教育或纪律处分。

国务院

1980年12月30日

国务院托幼领导小组召开会议强调要做好托幼工作

新华社报道：国务院副总理、国务院托幼领导小组组长陈慕华在最近召开的各省、市、自治区托幼办公室主任会议上说：要从战略高度认识托幼工作的意义。做好对婴幼儿的保障和教育，是一项培育人类花朵、创造祖国未来的工作。开发智力、培养四化建设的人才，应该从孩子抓起。

这次会议着重讨论了在当前国民经济进行调整的形势下，如何根据生产和群众的需要，继续办好托幼事业。会议强调托幼工作者要继续发扬延安精神，自力更生，艰苦奋斗，肩负起培养人才的重担，依靠国家、集体、社会各个方面，采用多种办法办好托幼事业。

全国政协常委会第十四次会议决定不开新年茶话会

《人民日报》发表社论《加强外汇管理 促进四化建设》

《中华人民共和国外汇管理暂行条例》已由国务院公布。这个关于外汇管理的比较全面、系统的法令，关系到国民经济调整、改革、整顿、提高八字方针的贯彻执行。它的公布和执行将有利于促进我国国民经济的发展。

随着国际经济贸易和友好往来的不断扩大，外汇资金的积累和运用日益重要，它是平衡国际收支的主要手段之一，也是促进国际间的贸易往来和经济、技术、科学、文化交流不可缺少的条件。绝大多数国家为维护国家权益，发展本国经济，都把加强外汇管理作为一项重要的经济工作来抓。

新中国成立初期，各大行政区先后发布过《外汇管理暂行办法》(以下简称《办法》)，对外汇实行集中管理、统一经营的方针。这些《办法》有力地清除了帝国主义在我国的经济残余势力，维护了社会金融秩序，统一了人民币市场，扶持了出口，增加了侨汇，保证了社会主义建设的外汇资金需要，也维护了国家对外的良好信誉。随着我国对外经济交往的发展，外贸体制的改革和贸易、非贸易外汇留成制度的实行，外汇管理的范围和任务有了很大变化。在这种新的形势下，仍然沿用过去的外汇管理办法，显然不够了。国务院颁布的《中华人民共和国外汇管理暂行条例》(以下简称《条例》)，将使外汇管理工作能更好地有章可循，有法可依。

两年来，我国的出口和非贸易外汇收入有大幅度增长，这是党的三中全会制定正确的路线、方针、政策所取得的成果。外汇收入的增加，使我们能够办更多的事情。但是，在好的形势下，也出现一些新问题。例如，有些基本建设项目盲目引进，重复引进，造成很大浪费；少数单位出口商品后截留外汇，私存国外，搞小金库；有些地方和单位的留成外汇没有按规定使用，并报中央主管部门备案；近年来，出国考察、访问的过多，有的还违反财经纪律，挥霍浪费外汇资金。此外，逃汇套汇情况也有发生。这些情况必然影响国家的外汇收入，冲击国家外汇计划，糟蹋外汇资金，这是不能允许的。我国外汇资金还不富余，必须量入为出，合理使用，把有限的外汇资金用到能发挥最大效益的建设上去。为此，必须严格管理好国家的外汇，坚持不懈地继续执行外汇由国家集中管理、统一经营的方针。执行这个方针，不允许打丝毫折扣。我们要同形形色色违背集中管理、统一经营原则的现象和违法行为作斗争。外汇管理暂行条例，就是进行这种斗争的一个武器。

为保证执行外汇管理暂行条例的严肃性，今后任何个人无权越过外汇主管部门批条子，超计划动用外汇资金；更不得私用外汇肥己或肥小集体。是不是严格按照外汇管理暂行条例办事，要提高到党风和是否遵守党纪的高度来认识。

强调外汇资金集中管理的方针，指的是在计划、政策、法令和对外汇率等方面的集中管理，与此同时，决不能忽视保护地方、部门、企业创汇的积极性。也就是说，不但要管好外汇，还要支持一切创汇的事业，要保护地方、部门、企业的正当权益，在规定的方针和范围内，给各地方、部门、单位、个人以一定的用汇权利。例如，给地方和单位一定比例的外汇留成，但要求必须按规定的范围使用，并要使用得当，办好备案手续；允许地方、部门向国外或港澳等地区办理信贷，但必须事先按规定报经批准；对个人持有或收入的外汇，调回时允许保留一定比例自用，等等。这些规定体现了管理与促进相结合的精神，在执行国家计划的前提下，有利于搞活经济，有利于支持创汇活动，有利于发挥和保护中央各部门、地方、单位和个人的积极性。

各级政府都要加强对外汇管理工作的领导，关心和支持外汇管理工作。外汇管理工作政策性强，各地方、机关、部队、企业、事业单位和个人，都要认真按《条例》办事，积极创汇，节约用汇。国家外汇管理总局和中国银行的各级机构是国家指定管理外汇和经营外汇的机构，应在国务院和省、市、自治区人民政府的领导下，认真履行自己的职责。当前要积极开展外汇管理的宣传教育工作，鼓励机关、企事业单位和个人开展对外经济联系和合作，扩大出口，增加侨汇、旅游、航运事业等各种非贸易外汇收入，多多为国家创汇。同时，要求他们服从集中管理、统一经营的方针，这样才能利国利民，促进四化建设，不断提高我国在国际交往中的信誉和威望。

《人民日报》发表特约评论员文章《调整时期基本建设必须高度集中统一》

实施调整方针以来，我们在压缩基本建设方面做了一些工作，但基建规模仍然大大超过目前国力的可能。因此，大力压缩和控制基建规模，是能否实现财政收支平衡、顺利完成调整任务的关键。

粉碎“四人帮”以来基建规模很大，除指导上的失误以外，分散性和盲目性也是相当重要的原因。

在经济体制改革中，扩大地方和企业的权力，从方向上说，是非常必要的，也是完全正确的。但是，在目前调整时期，如果在这个问题上处理不当，就不利于缩短基本建设战线，调整比例关系。而现在进行基本建设的批准权相当分散，不但中央、省市、地区、县、公社五级都有批准权，而且各部门、各银行也有决定权，企业、地方、部门还可以互相投资，谁也不受控制。什么叫基本建设，什么叫挖改革，也没有明确的界限。这样，基本建设就成了一个“橡皮口袋”。

近年来，用于基建的资金渠道大大加强，可以说条条渠道通基建，达到难以控制的程度。去年，用于固定资产的投资有“六大战场”，即：国家预算直接安排的基建拨款；国家预算其他科目安排的投资性拨款(如“五小补助”、商业简易建筑、各种措施费等等)；地方机动财力安排的自筹建设；企业折旧基金和更新改造资金安排的工程；利用外资搞的基建；银行发放的投资性贷款等。今年，又增加了投资公司和联合办厂(社队办企业还没有考虑在内)。这样，固定资产投资就有了“八路大军”。由于资金渠道多，又没有组织综合平衡和缺少具体控制措施，结果是堵了东漏了西，按下葫芦浮起瓢。主要表现是：国内资金下来了，利用外资上去了；财政资金下来了，银行贷款上去了；预算内下来了，预算外上去了；基建投资下来了，各种技术改造措施资金上去了。下面流行这样四句话：“基建不批找技措，技措不批找贷款，建设银行不贷找人民银行，国内没钱找国外。”这样，基建战线怎么能缩短？

在基本建设的安排上长期存在重复建设、盲目建设的问题。资源条件没有搞清楚，就急于建工厂。有些工厂由于原材料、能源供应不足，不能充分发挥生产能力，又急于另建同类工厂。现有的大厂已经吃不饱，相同类型的中小厂包括一些社队企业又遍地开花。它们和大厂争原料、夺动力，有的已产生了不良的后果。这种重复建设、盲目建设、以小挤大、以落后挤先进、以新厂挤老厂等错误做法，目前不但没有停止，甚至还在发展。近年来增加了上万个企业，其中有相当一部分是盲目发展起来的。

重复引进设备的现象也很严重。据不完全统计，1972 年到 1979 年，进口两套以上的主要成套设备共计 17 项，252 套，其中金额约占同期进口设备总额的 45%。其中很多设备，国内有生产能力，还要从国外引进，造成国内机械行业闲着无活干的奇怪局面。

上述这些情况表明，由于基本建设方面权力分散，一些地区、部门、企业各顾各的利益，各讲各的优势，各摆各的摊摊，各找各的门路，结果盲目建设、重复建设、盲目引进已经发展成为一种很危险的趋势，致使基建规模失去控制，大大超过目前的国力，这是造成连续几年出现财政赤字的根本原因。

1957年，陈云同志就提出基建规模要与国力相适应。他说，“建设规模的大小必须和财力物力相适应。适应还是不适应，这是经济稳定或不稳定的界限。像我们这样一个有6亿人口的大国，经济稳定极为重要。建设的规模超过国家财力物力的可能，就是冒了，就会出现经济混乱；两者合适，经济就稳定。当然，如果保守了，妨碍了建设应有的速度也不好。但是，纠正保守比纠正冒进要容易些。因为物资多了，增加建设是比较容易的；而财力物力不够，把建设规模搞大，要压缩下来就不那么容易，还会造成严重浪费”。他还一再告诫人们，决不能用打赤字预算的办法搞建设，那样做是很危险的。这些话讲了20多年了，实际上这个问题始终没有解决。

目前的出路是狠抓调整，稳定经济。只有抓好调整，才能根本扭转比例失调的严重局面。只有抓好调整，才能为进一步改革经济体制创造必要的条件。也只有抓好调整，才能在发展生产的基础上逐步改善人民生活，巩固安定团结的政治局面。

搞调整，首先是基本建设要坚决退够，取得主动。60年代初那次调整，我们采取坚决退够的方针，经济调整任务很快地完成了。今天，我们也应当像1962年那样下最大的狠心退够，办法就是陈云同志当年所说的“砍”，而且不怕“伤筋动骨”。这样，忍痛于一时，换来的却是国民经济的休养生息，把严重失调的比例关系调整过来，把有限的财力物力集中用于当前急需的事业上，把生产搞上去。这是经济调整的唯一良策。如果不敢打破框框，坚决退够，甩掉包袱，特别是在大项目包括引进成套设备项目上手软，还照顾这照顾那，继续干那种打肿脸充胖子的蠢事，那样损失就更大，造成的后果将是不堪设想的。

退够的标准是什么？就是要退到同国家财力物力相适应的程度，坚决压缩积累率，做到财政收支平衡、信贷收支平衡、物资供应平衡，尽量缩小市场供应差额和外汇收支差额，把经济和物价稳定下来，把脚跟站稳，以便在这个基础上实事求是地稳步前进。

为了坚决退够，控制基建规模，基本建设必须实行高度集中统一。

在我们社会主义条件下，基本建设任何时候都要有更多的集中统一。这是因为基本建设是关系到工业布局的集中统一。这是因为基本建设是关系到工业布局的根本问题。工业布局合理了，就可以更加充分地利用我国国土广大、资源丰富、气候良好、人口众多等有利条件，使工业能够协调地向前发展，并且逐步地改变我国工业生产力分布不合理的状态，较快地建立起完整的工业体系，促进工业和农业、城市和乡村更好地结合。陈云同志说：“在全国范围内有计划地合理地布置工业生产力，是基本建设中具有长远性质和全面性质的问题，是一个带有战略意义的问题。对于这样的问题，如果不做长期打算、整体部署，只顾眼前方便、零敲碎打，是不可能解决得好的。我们在进行工业布局的时候，必须按照‘全国一盘棋’的精神，使目前利益同长远利益结合起来，使局部利益同全局利益结合起来。”

在经济调整时期，基本建设更要实行高度集中统一。一切建设工程包括基本建设和设备更新，都纳入基本建设计划，严格审批权限，建设银行一家管理拨款。搞计划外工程的，以违法乱纪处理。由于领导决心大，措施果断，贯彻得力，所以收效很快。在当前的调整中，为了克服基本建设的分散性和盲目性，也必须强调集中统一，树立全局观念，不论任何部门、任何地区、任何单位，都不得各自为政，各行其是。只有这样，才能真正控制基建规模。为此，必须采取一些坚决措施。

加强基建的计划管理

一切基建项目都要纳入基建计划。企业的改革项目与基建项目一定要划一条明确的界限，凡属基建性质的，都要视同基建项目管理。计划管理上的集中统一，必须辅以资金上的归口管理。一切用于基建的自筹资金，都应当由建设银行按计划监督拨款。对于使用方向不当的，违反基建程序的，建设银行有权冻结资金，停止拨款。从国务院到各部门、各地区的领导同志，都不得不经计划、基建、财政等部门的综合平衡，随意订方案、定厂址、批条子、上项目。违反程序和规定乱上项目，造成严重损失者，应当追究申报者和批准者的责任。

严格基建的审批程序

今后各种渠道用于基本建设的资金，包括预算内和预算外，国内资金和国外资金，以及各种银行贷款等，都要综合计算、统筹安排，指导其使用方向，规定其限额。经过批准的基建计划下达后，各地区、各部门要严格执行，不能搞计划外工程，不能擅自扩大基建规模，不能任意变更建设项目的主要工程内容和工程效益。

改革投资分配方法

消减以后的中央投资的分配，要从计划建设项目的实际情况出发，综合考虑，不受原来行业之间投资分配比例的限制，也不再按“部门法”、“水平法”分配投资。要打破部门、地区的框框。今后大中型建设项目，由综合部门统一安排，然后再落实到部门。这样安排，可以做到量力而行。地方投资的分配，也应按这个原则办事。这种投资方法的改革，实际上是投资分配政策和分配制度的改革，它有利于集中统一地、合理有效地使用投资。

中央、地方和企业投资建设的项目要有分工

那些投资大、建设周期长的项目，如重大节能措施，大型的煤矿、油田和电站，铁路干线和重要港口，流域治理的大型工程等，由中央投资为主，联合地方建设。农业、轻纺工业、建材工业、城市公用设施、环境保护、商业服务行业、文教卫生等方面的建设，由地方投资为主或由若干地方与中央部门联合投资兴建。部门、企事业单位的建设资金，主要用于建设职工宿舍，解决安全生产、环境保护、节约能源、增加品种、提高质量等方面的问题。目前我国加工工业的生产能力不是小，而是大了，今后几年地方的基建资金，原则上不要再搞加工工业，要多集中一些资金，有计划地解决职工住房困难的问题。中央、地方、企业投资方向的划分，可以保证投资重点，防止盲目建设、重复建设，有利于把钱用到解决比例失调上。

为了保证令行禁止，还应当实行必要的行政干预

不顾国家政策法令，不顾全局利益，想建什么就建什么，是不行的。例如，从地区、部门看是短线，但在全国是长线的产品，不准建厂或扩大生产能力；同现有企业争原料、燃料、动力的，不准新建、扩建；在一个地区、一个部门内通过专业化协作能够解决生产能力不足问题的，不准新建、扩建；各地方、各部门和企业以各种方式利用外资，必须按规定审批，不准盲目引进和重复引进。这些都应当作为基本建设纪律严格遵守和执行。

对基本建设实行高度集中统一，是为了有效地控制基建规模，切实搞好调整，稳定经济而采取的重大措施。不如此，盲目建设、重复建设就难以制止，基本建设战线就难以缩短，财政收支就难以平衡，国民经济的被动局面就难以根本转变。

在调整时期，实行高度集中统一，实际上不限于基本建设方面，其他一些方面也应这样做。如某些重要物资，包括重要的农产原料和原材料，只有完成国家计划调拨后，各地才能自行处理；各地必须严格执行统一的财政纪律，不得擅自提高利润留成的比例或截留应该上交的利润，不得超越国家规定的权限任意减免税收；必须严格执行国家的价格政策，国家有明确规定的商品价格和非商品收费标准，不得以任何理由为借口随便提高，违反者要给以行政处分和经济制裁。

当前，我们强调集中统一，只是在一些重大调整措施上统一行动，统一中央的有关政策，而不是退回到过去那种把经济统得过多、管得过死的老路上。现在有一种看法，一讲搞活经济，就反对集中统一，排斥必要的行政干预，这是错误的。改变过去那种高度集中的管理方式，努力把经济搞活，这是非常必要的。但在搞活经济的同时，还一定要加强计划指导和综合平衡。并进行必要的行政干预，才能保证整个国民经济的健康发展。有些事情，从微观、从局部上看是有利的，但从宏观上、从全局上看可能是不利的，是违反经济规律的。遇有这种情况，就要通过计划指导或不要的行政干预，使局部服从全局，保证全局能够按照经济规律办事。否则，我们的经济就会成为无计划的经济。而没有计划经济，也就没有社会主义。因此，地方、部门和企业的积极性要同社会主义的计划性相统一，这是社会主义经济发展必须遵循的一条重要原则。

国务院批转财政部《关于进出口商品征免工商税收的规定》并发出通知

现将财政部《关于进出口商品征免工商税收的规定》发给你们，请依照执行。外贸部所属企业经营的进口商品1981年暂按原办法执行，缓征工商税。

各地区、各部门在执行中遇到什么新的问题，望及时告诉财政部，以便研究改进。

关于进出口商品征免工商税收的规定

为了有利于保护国内生产和发展出口贸易，有利于引进外资和先进技术、设备，有利于保证国家财政收入、加强税收管理，特对进出口商品征免工商税收的问题，作如下规定。

一、关于出口商品征免工商税

(一)出口的工业产品和应当纳税的农、林、牧、水产品，应当依照国家税法的规定，在工业产品出厂环节或农、林、牧、水产品采购环节，缴纳工商税。

(二)对国家准予出口的商品，按照扣除税金计算，换汇成本高于当年贸易外汇内部结算价格的，免征工商税；低于当年贸易外汇内部结算价格的，可以酌情减征工商税。减免税收均应依照现行税收管理体制的规定，报经财政部或省、市、自治区人民政府批准。

(三)经过批准给予减税或者免税的出口商品，供货单位在销售给出口部门时，应当按扣除减免税金后的价格进行结算(供货单位由于生产出口商品亏损较大而申请的减免税不包括在内)。

(四)已经缴纳工商税的商品转给出口部门外销时，无论出口亏损有多大，都不再退还已缴工商税款。已经减、免工商税的出口商品转为内销时，税率在20%以上的，应照章补税；税率在19%以下的，除另有规定者外，不再补缴工业环节或采购环节的工商税。

(五)出口部门和生产经营单位在申请减税或免税时,必须向当地税务机关提供有关出口商品的价格、成本、盈亏和出口换汇成本等资料。

二、关于进口商品征免工商税

外贸部门和其他国营企业、集体企业、中外合资经营企业、机关、团体、事业单位等从国外进口的商品,都应当依照国家税法规定,缴纳工商税。但对下列进口商品免征工商税:

(一)经国家批准引进的先进技术和样机;

(二)中外合资经营企业中的外国合营者,按照合同规定,作为资本投资进口的机器设备、零部件和原材料;

(三)国家批准的建设经济特区所进口的设备、器材、运输装卸工具,以及经济特区的企业为生产出口商品而进口的机器设备、零部件和原材料;

(四)外商、侨商和港澳工商业者来料加工、来件装配和中小型补偿贸易,根据合同规定,生产以上所需进口的原材料、零部件和设备;

(五)直接用于科学研究、科学实验和教学方面的仪器和设备;

(六)经国家批准由财政补贴的政策性亏损商品,如粮食、原糖、农药、化学肥料等。

为加工出口商品而进口的原材料、辅助材料、包装材料和零部件,免征工商税。但是,加工出口转为内销的商品所耗用的进口原材料、辅助材料、包装材料和零部件,应补征进口的工商税。

外国来华举办经济、文化、科技等展览会的展览品,在展览结束后三个月以内复运出口的,不征税;留购的,应照章征税。

三、关于接受来料加工、来件装配的企业征免工商税和所得税

凡是外商、侨商和港澳工商业者来料、来件部分占产品的原材料、辅助材料和零部件总值不足20%的,对加工、装配出来的产品和加工、装配所得的收入,均应照章征收工商税和所得税。20%以上的,对其产品免征工商税;对其加工、装配所得的收入,从所得第一笔收入之月起,在三年内,国营企业免缴工商税,集体企业免缴工商税和所得税。

接受来料加工、来件装配的企业,如果转托其他工厂加工、装配,在外商来料加工、来件装配所签的合同范围以内的,也可比照上述原则办理。

上述免税进口的原材料、辅助材料、零部件和制成的商品转为内销时,应当按照规定补税。

烟、酒为高税率产品,应当按照一般规定征税。

四、关于某些有贷款建设项目的企业征免工商税和所得税

企业用外汇贷款引进的建设项目(包括国内配套基建贷款),中小型补偿贸易项目和专为生产出口商品的专厂、专车间基建贷款项目投产后所生产的产品,都应当照章缴纳工商税。

在归还贷款期间的各个年度,国营企业可以用贷款项目新增加的产品利润、固定资产折旧基金和应缴的固定资金占用费归还贷款本息;实行利润留成制度的企业,可以按照国家核定的基数留成比例,先提取职工福利基金和奖励基金,然后再归还贷款,但不得再提取生产发展基金和增长利润留成资金。城镇集体企业可以用贷款项目新增加的产品利润(指缴纳所得税前的利润)和固定资产折旧基金归还贷款本息;企业主管部门在归还贷款期间,不得从所属企业的贷款项目中提取利润和各项基金。

企业用上述款项归还当年应付的贷款本息后,如果有结余的,其结余部分,应照章缴纳所得税或上交利润;如果不足的,其不足部分,报经税务机关审查同意,还可以用贷款项目新增加产品应纳的工商税归还。

企业在全部还清贷款本息后,应立即恢复照章纳税缴利。

企业申请使用专项贷款时,须将有关文件抄送当地税务机关备查。

本规定自1981年1月1日起执行。过去所作的规定与本规定有抵触的,以本规定为准。

全国人大常委会副委员长乌兰夫在北京接受泰王国新任驻华特命全权大使哥颂·信他递交的国书

国务院副总理兼外交部部长黄华在北京饭店举行酒会同各国驻华使节共庆新年

《人民日报》发表白寿彝的文章《要继承这份遗产》

中国女排在联邦德国哈根举行的第九届施韦尔特国际女子排球赛中以四战四胜的成绩夺得冠军

北京工人体育场和工人体育馆正式由北京市体委归还北京市总工会

12月31日

《人民日报》转发《北京日报》特约评论员文章《努力把党的形象搞得更好》

提出我们党的形象这样一个问题,可能会遭到非议。但是,如果尊重客观现实,就应当承认,在广大群众中,我们党的形象不如过去了。共产党人"应当善

于正视现实，不管现实多么令人不愉快”。(《斯大林全集》第十二卷，第11页)对于这样的问题，我们不应该采取回避的态度。

我们的党在刚建立时不过是一个影响不大的小组织。在长期的革命斗争过程中，党的组织不断成长、发展、壮大，人民群众也在斗争中逐渐认识我们党，靠拢我们党，团结在党的周围。人们把我们的党视为中华各民族人民的中流砥柱。中国革命的胜利，新中国的成立，使我们党的形象空前地光辉高大。在广大群众的心目中，我们的党不但是伟大的，而且是可敬、可爱、可信的。党在群众中具有很高的威信，“共产党员”成了无上光荣的称号。

党的形象和崇高威信，是怎样形成的呢？

首先，是因为我们党能够代表人民和民族的利益，并且在实践中逐步认识了中国革命的特点和规律，制定出了一条正确的路线，以及与之相适应的一整套战略策略，在极其艰难困苦的条件下，取得了一个又一个的胜利。我们党的光辉形象，就是这众多的胜利之光的凝聚。

其次，就是我们党始终抓紧了自身的建设。在异常艰苦的斗争中，党严格要求自己的党员和干部，逐渐形成了一整套优良作风。他们冲锋在前，不怕流血牺牲；他们密切联系群众，与群众同甘共苦；他们谦虚谨慎，戒骄戒躁；他们坚持真理，随时修正自己的错误；他们认真调查研究，注意工作方法；等等。我们党的光辉形象，也是这一整套优良作风和广大党员的模范行动的结晶。

党的高大形象一旦形成，本身就是一种巨大的力量，成为我们党无比宝贵的财富，成为领导人民取得胜利的不可缺少的条件。在那艰苦的战争岁月里，在那极其复杂的政治斗争中，我们党提出的许多号召，都赢得了人民群众的热烈拥护；广大人民群众不惜付出巨大的代价，想尽一切办法去完成党提出的各项斗争任务，并以此引以为光荣、自豪。

令人十分痛心的是，相当长的一个时期内，尤其是在十年动乱中，我们党的高大形象没有能够继续增添光辉，反而受到了损害，党的威信下降了。这种情况是怎么产生的呢？原因基本上也是两条。

一是从1957年以后，我们的政治路线便出现了许多“左”的错误，在政治上伤害了一些干部和群众，使得一些人对党组织畏而远之。这种错误，到了“文化大革命”中，更发展到极为严重的地步。在这期间，林彪、江青反革命集团利用了党的错误，干了大量反党反人民的罪恶勾当，弄得冤狱遍于国中，国民经济面临崩溃的边缘，使全党和全国人民都深受其害。而这一切，他们又都是窃据着党的高位，打着党的旗号干的，因而使党的形象在人们的心目中受到了进一步的损害。

党的形象受到损害的另一个不可忽视的原因，就是党内的不正之风日益滋长。这也是由来已久的。从50年代后期“大跃进”中浮夸风开始，党内出现了虚报成绩、说假话等不良风气。另外，由于对执政党地位缺乏清醒的认识，一些领导人变得骄横起来，不能平等待人，颐指气使，搞强迫命令，瞎指挥。在和平环境中，一些人在生活上不那么艰苦了，开始搞特殊化了。但是，在“文化大革命”前，这些情况和问题在一定程度上得到了纠正。十年浩劫时期，党的组织实际上处于瘫痪和被肢解状态，林彪、江青、康生一伙，以及几乎遍布全国的帮派分子，窃据了党组织的许多领导职位。他们手中拿着党票，搞打砸抢，争权夺利，攫取特权，胡作非为，搞得乌烟瘴气。他们在相当大的程度上腐蚀了我们的党，败坏了党风，使我们党的肌体受到极大的损伤，党的形象遭到严重的损害。

当然，必须指出，由于我们党多年来领导人民进行斗争取得了伟大的胜利，同广大群众有着鱼水般的亲密关系，即使在我们党处于最困难、最危险的时刻，广大群众也没有对我们党失去信心，而是满怀希望地等待党的复兴。这一点，从我们党粉碎“四人帮”后广大群众那种欢欣鼓舞的情绪中，得到最充分的证明。

我们党没有辜负人民群众的期望，在粉碎“四人帮”后的四年多来，我们在错综复杂、困难重重的条件下，拨乱反正，冷静而坚决地克服前进道路上的一个个障碍。党的十一届三中全会以来，我们恢复了实事求是的优良传统，制定了符合广大人民要求的正确的政治路线；我们的经济工作开始改变了长期不切实际的指导思想，取得了明显的成效。在党的组织上，我们清楚了“四人帮”的帮派分子，又抓了党风党纪的整顿。所有这些，使党的形象有了很大的变化，党在人民群众中的威信不断上升，尤其是我们的党中央，在全国人民中的威信不断提高。但是，应当看到，党组织在人民群众中的威信还不很高，我们党的形象还不那么光彩。

首先是，我们的经济工作虽然已经扭转了错误的指导思想，但在实际工作中，还不能很快铲除以往的积弊，管理不善、严重浪费的现象依然普遍存在，真正把经济搞上去还是一个艰巨的过程，人民生活中存在的许多实际困难只能逐步解决，限于目前的条件，我们为广大人民谋的实际利益还不多。这是一个基本的原因。

党在人民群众中的形象还不大光彩的一个突出问题是，侵蚀我们党的肌体的许多歪风邪气还没有得到有力的清除。

现在，利用职权搞特殊化，化公为私，慷国家之慨，请客送礼，白吃多占，违反规章制度安插亲属子女，假工作之名游山玩水，借考察之名游览外国，等等，这些不正之风还没有完全刹住。而且,贪污受贿、索要礼物一类丑事,还时有发生。再加上一些人在工作上严重的官僚主义,办事拖拉,好说空话,互相推诿,不负责任,尸位素餐,不但办事效率很低,而且往往人为地造成巨大的损失。存在于某些人身上的这些不良现象,决不是一个对人民高度负责的、朝气蓬勃的革命政党应当具有的形象,有些甚至是反映了败家子、没落者的特征。

观察一下生活就可以发现,有些人并不是不重视"形象"问题,而是很注意自己的"形象"。有的千方百计掩盖自己的缺点和错误,或者强词夺理,不认账,甚至添油加醋,弄虚作假,企图为自己搞一个"一贯正确"的形象;有的人很注意自己的身份,讲排场,摆阔气,前呼后拥,威风凛凛,以为这才像个领导者的样子,其实这是官老爷的形象。如此等等。这些人有一个共同特点,就是他们对共产党人应当具有什么样的形象这个严肃问题不感兴趣,或者是严重地忽视了。

党的形象,总是要通过具体的人和事表现出来。人们把我们某些领导干部的不正之风同党的形象联系起来是很自然的。有的党外同志看到一些党员不是为了共产主义事业奋斗,而是谋私利,说现在党与过去不一样了。对我们党的这种判断,虽然言过其实,但作为一个共产党员,尤其是党的领导干部,听了这样的反映,是应当感到痛心的。在我们党内,确有一些担任领导职务的同志,在这样那样的问题上不能严格要求自己,甚至明知故犯,习以为常。对此,人民群众和广大党员议论颇多,我们应当平心静气地听一听,不要找种种理由进行辩护,互相宽容,而拒绝批评。

某些领导干部的不正之风确实是严重败坏了党的声誉,损害了党的形象。今天,我们要坚持党的领导,不但要改善党的领导,还要改善党的形象,而其关键就是要下决心搞好党风。

一个党的形象,是它的根本性质、成熟程度、主要特征的综合表现。我们说要搞好党的形象,决不能像某些资产阶级政党那样,故作姿态,摆样子,表面一套,实际又是一套。今天,我们搞好党的形象,也不是"丢掉肮脏的衬衫,穿起整洁的衣服"的问题,而是要切切实实地洗净污垢,挤掉脓包,增强体质。

克服不正之风,搞好党的形象,最重要的是党的领导干部要层层带头,尤其是高级领导干部要做好的样子。值得庆幸的是,最近一个时期,在这方面动人的事例越来越多了。德高望重的党和国家领导人邓颖超同志,就是突出的一个。今年6月,邓颖超同志率代表团出国访问,从北京到乌鲁木齐,从乌鲁木齐到国外,不坐专机坐班机,不坐红旗轿车而同大家一起坐面包车,在宾馆,她睡硬板床,同大家在一起吃饭(见《半月谈》第六期)。邓颖超同志这种严于律己的模范行动,教育了干部和群众,为我们党增添了光彩。应当说,有关方面原来为邓颖超同志的行止所作的安排,并未出格,按照那样的安排行事,群众不会有任何非议。而邓颖超同志并不满足于按制度办事,她严格要求自己,做得比制度规定得更严一些,这样的事实,只能用高度的自觉、纯正的党性来解释。如果我们广大的领导干部,特别是高级领导干部,都能在各方面严格要求自己,作出人民群众可以看得见的好榜样,对扭转党风,搞好党的形象,将起极大的作用,这本身就是对党的重要贡献。

可是,在党内,也有这样一些同志,他们为革命奋斗了几十年,为人民作出过重要贡献,党的高大形象中有他们的一份功劳。当年,他们的理想是很纯洁的,行动是很高尚的。但是,在新的历史条件下,他们却不能随着时代的步伐继续前进。他们的行为多少背叛了原来那种崇高而纯洁的理想,使人们感到失望。

为了搞好党风,尽快地把我们党的形象搞好,还有一条,就是要坚持原则,严肃党纪。搞不光彩行为的人,违法乱纪的人,什么时候都会有,只要党组织坚持原则,采取鲜明的态度,这些丑恶行为就不可能玷污党的纯洁形象。新中国成立初期,党内一些干部受资产阶级侵蚀,贪污腐化。有些人也预言,共产党进城以后,一定经不住金钱的引诱,一定会变。我们党及时开展了"三反"斗争,坚决地同贪污腐化现象作斗争。经过这样的斗争,群众就把一些人的不正当行为同党组织区分开来了,党的形象反而更高大了,威信更高了。这是一条很重要的历史经验。最近的实践经验也一再证明了这一点。因此,对现在还在搞不正之风的人,对那些违法乱纪的人,一定要从严处理,如果这些人是领导干部,就更要严格。有的要在报纸上公开揭露,有的要在党内通报,该处分的就要处分,触犯刑律的,一定要依法制裁,决不能因职位高、资历深或者因上头有人为之说话而加以袒护,不敢按原则进行审查处理。

现在有一种说法,叫作多栽花,少栽刺。在它的舆论影响下,一些人在是非面前,对不正之风,没有鲜明的态度;对违法乱纪的行为,也是睁一只眼,闭一只眼,你好我好,相安无事。群众批评他们是官官相护,不是没有道理。还有一种人,抱着家丑不可外扬的心理,对某些人的错误甚至违法行为,遮遮掩掩,压缩在一个极小的范围内处理,草草了事,总不愿公开揭露批评。他们的理由无非是照顾影响,便于犯错误者今后的工作之类。这些所谓的理由,其实都是似是而非的。揭露错误,批评缺点,如果涉及党和国家的机密或者其他不宜公开处理的特殊问题,当然要限制在适当范围内,但除此而外的问题,尤其是在群众中已经造成不良影响的问题,只要事实属实,就不应当惧怕公开批评。由于多年来缺乏正常的批评与自我批评，而一些人又缺乏纠正不正之风的自觉性，为了帮助有错误的同志，使更多的同志从中吸取教训，为了挽回不良影响，选择一些具有普遍意义的事例，采取公开的批评，包括对高级领导干部的公开批评，现在尤有必要。为保全某些人的面子而放弃原则，把错误包起来，那既不能教育犯错误的人，又会损害党的威信。对于那种劣迹昭著、声名狼藉的人，如果无原则地加以保护，更是无异于把病毒保存于肌体，损毁党的形象。我们应当克服那种腐朽的观念，对搞不正之风和违法乱纪的人，一定要采取坚定的严肃的态度。

搞好党风，我们已有了明确的方针，制定了党内政治生活的《准则》，只要全党上下紧紧依靠群众，继续努力，我们相信，在不太长的时间内，把党风从根本上扭转过来，恢复我们党的高大形象，是有希望的。

国务院 中央军委联合发出《关于1981年新年 春节期间开展拥军优属 拥政爱民工作的通知》

通知强调指出，为了发展安定团结的大好形势，必须继续开展拥军优属、拥政爱民工作，进一步加强军政军民的团结。通知说，1980年，全国军民认真执行党的三中全会以来的路线、方针、政策，政治形势和经济形势发展是很好的。地方政府和军队积极主动做了大量工作，拥军优属、拥政爱民工作都取得了很大成绩，军政军民关系有了很大改善。通知对在1981年新年、春节期间开展拥军优属、拥政爱民工作，提出了四点要求：

一、认真检查总结拥军优属、拥政爱民工作，在肯定成绩的基础上，对存在的主要问题，统一认识，研究解决办法，并狠抓落实，把拥军优属、拥政爱民工作搞得更生动、更扎实。

二、通过各种形式广泛深入地进行拥军优属、拥政爱民宣传教育，统一思想，提高认识。新年春节期间，军队要向全体指战员进行人民军队宗旨教育，使广大干部战士牢固树立尊重政府、热爱人民的思想，宣传地方政府和人民群众一心搞四化和拥军优属的动人事迹，以鼓舞士气。地方要向人民群众进行国防教育和拥军优属教育，使大家增强国防观念和战备观念，爱护和支持自己的子弟兵。宣传人民解放军广大指战员在保卫祖国、进行现代化革命军队建设、参加和支援四化建设以及抢险救灾中作出的贡献和英雄模范事迹。通过拥军优属、拥政爱民教育，深刻认识军政军民团结对于安定团结、建设四化和做好反侵略战争准备的重大意义，进一步提高拥军优属和拥政爱民的自觉性。

三、要以党的现行政策为依据，研究新情况下的新问题，主动做好团结工作，扎扎实实解决存在的问题。

在农业实行生产责任制的情况下，地方政府要加强和改进优属工作、采取适当的优待办法，切实保障烈属、军属、残废军人的生活。部队要帮助驻地群众治穷致富，因地制宜地搞好支援活动。

各级政府，要教育广大群众注意保护军事设施，支持部队军政训练、战备执勤、国防施工、生产等各项任务的顺利完成；驻军要尊重当地政府，在不影响战备和训练的前提下，要积极支持地方发展经济，改善人民生活。遇有灾情，必须大力进行抢救。

在民族自治地方，自治机关和各少数民族广大群众都要积极支持驻军战备工作，加强军民联防；驻军要积极维护党的民族区域自治政策，尊重当地兄弟民族的风俗习惯，学习民族语言，多做有利于民族团结的工作。

在国民经济实行调整改革中，地方政府和军队双方无论对历史遗留的问题或遇到的新矛盾，都应当本着有利于安定团结、有利于国计民生、有利于战备工作的原则，以互谅互让的精神，共同协商，妥善解决。

地方和军队都要为树立社会主义新道德、新风尚而努力，做到讲文明、懂礼貌、有秩序、守纪律。

要认真负责地做好部队转业干部和退伍战士的安置工作。

四、搞好慰问联欢，广泛开展做好事活动，发扬军政一致、军民一致的光荣传统。地方政府应号召广大人民群众争做拥军优属的好事、军队应广泛开展为人民群众做好事的活动，互相学习，互相推进，使之到处呈现出军爱民、民拥军的新气象。各级地方政府和部队要认真贯彻执行《关于党内政治生活的若干准则》，对联欢慰问活动进行必要的改革，坚决反对借机轮番宴请和铺张浪费的现象。

新年春节期间，要提高警惕，加强战备，严防国内外敌人的破坏和捣乱，使全国军民安全愉快地过好节日。

九三学社中央在北京召开为四化建设服务经验交流会

会议于12月24日至31日召开。来自全国22个省、市、自治区的近百名九三学社成员和各地组织负责人出席了会议。九三学社中央主席许德珩主持了开幕式，副主席周培源、茅以升、严济慈、金善宝、孙承佩等出席了会议。

40多名从事高等教育、科学研究、医药卫生、工程技术工作的九三学社成员在会上介绍了他们近年来为四化建设服务的先进事迹和经验。35个地方组织交流了推动和组织社员为四化建设服务的组织工作的经验。会议期间，中共中央统战部部长乌兰夫等负责人会见了出席会议的全体同志。

全国总工会 中国人民银行 财政部发出关于严格按《工会法》规定拨交工会经费的通知

国家为了保障工会工作和职工群众文化教育体育活动的顺利进行，在1950年6月颁布的《工会法》中，规定凡建立工会组织的企业、事业、机关单位的行政方面，应按月向工会组织拨交工会经费。十年浩劫中，工会组织遭到破坏，拨交工会经费的规定中止执行。工会“九大”以后，1978年12月22日财政部与中华全国总工会发出联合通知，恢复执行拨交工会经费的规定。据各地反映，恢复拨交工会经费以来，大多数单位能够按规定拨交，但也有少数单位虽经多次催缴仍不按规定拨交。个别企、事业单位的主管部门对所属单位拨交工会经费不加督促，甚至进行阻挠。由于不少地方的工会组织经费收得不好，影响了职工群众正常活动及工会工作的恢复和发展。

为了使国家的规定得到切实执行，保证工会经费按期如数拨交，提出以下意见和办法，并已报经国务院批准，请按照执行。

(一)所有已建立工会组织的单位，都必须严格按《工会法》的规定和财政部、全国总工会1978年12月22日联合通知的规定，向工会拨交工会经费。上级主管部门要负责对所属单位拨交工会经费进行督促检查。

(二)对逾期不交工会经费的单位，工会组织应向其讲明拨交工会经费的意义和规定，并及时催收追缴。经屡次催收无效的，由县或城市的区工会(产业工会管理经费的，由基层的上一级工会)以文件正式通知缴款单位的开户银行，由银行从单位的存款中扣交，并按欠交金额每日5‰扣收滞纳金。

(三)至于在国民经济调整时期，国家正式决定关闭并已停止生产的企业，除负担基层工会的必要开支外，可免拨工会经费；国家确定的停产企业，确有实际困难，暂时拨不出经费的，应向上一级工会说明理由，征得同意后，可在一定期限内停交工会经费，停交期间基层工会的必要开支由企业行政解决。

1980年全国国内生产总值稳步上升

据国家统计局统计，1980年全年国内生产总值为4517.8亿元，比上年增长7.8%，其中，第一产业下降1.5%；第二产业增长13.6%；第三产业增长5.9%。全国国有单位完成基本建设投资总额558.89亿元，比上年增长6.8%。全国财政收入为1159.93亿元，比上年增长1.2%；财政支出为1228.83亿元，比上年下降4.1%。全年商品零售价格总指数上升6.0%。全国进出口贸易总额为381.4亿美元，比上年增长30%。其中，出口181.2亿美元，进口200.2亿美元，分别比上年增长32.7%和27.8%。全年实际利用外资6.17亿美元，比上年增长37.4%。社会商品零售总额2140亿元，比上年增长18.9%。全国职工年平均工资762元，指数为113.2。国民经济稳步发展，较好地完成了国家计划，但是，由于基本建设规模过大，物价有所上涨，一部分人民的生活受到影响。

全国年产石油1亿吨以上

据石油工业部初步统计：到今天为止，1980年全国原油产量达到1.058亿吨，天然气产量达到137亿立方米，都完成了全年国家计划。原油加工也完成了国家计划，汽油、煤油、柴油、润滑油、化工轻质油等的总产量比去年增长1%以上，其中发展轻工业所需的化工轻质油产量有了较大幅度的增长。

全国农垦系统今年粮食 棉花 油料 糖料获得全面丰收

今年农垦系统的粮食播种面积虽比去年有所减少，但总产量仍达到145.7亿多斤，比去年增长3.5%，棉花总产达167万担，比去年增长4%；油料总产220万担，比去年增长4.7%；糖料增产幅度较大，总产达2823万担，比去年增长21%。

国务院批转国家人事局等部门《关于提高中等专业学校毕业生定级工资水平的请示》

国务院同意国家人事局、国家劳动总局、财政部、教育部《关于提高中等专业学校毕业生定级工资水平的请示》，现发给你们，请遵照办理。

关于提高中等专业学校毕业生定级工资水平的请示

(1980年12月11日)

现行中等专业学校毕业生的定级工资，基本上是按照1957年国务院议字第57号文件和1958年国务院人事局〔1958〕国人事字第429号文件的规定执行的。即修业两年以上毕业的，见习一年后定为国家机关行政二十五级(六类工资区为38元)或技术十六级。多年来，普遍反映中专毕业生的定级工资偏低，比大学专科毕业生低两级，比大学本科毕业生低三级，从中等专业学校现行学制、课程设置、教学内容来看，差距过大。各地区、各部门一致认为，在工资制度改革以前，适当提高中专毕业生的定级工资，是非常必要的。为此，我们提出如下意见：

一、中等专业学校修业两年以上的毕业生，见习期满后的定级工资可在现行定级水平的基础上提高一级。即分配到国家机关做行政工作的，可定为国家机关行政二十四级(六类工资区为43元)；做技术工作的，可定为国家机关技术十五级；分配到事业、企业单位工作的，可以按照现行各类人员工资标准，比照上述定级水平定级；分配当工人的，可按同期、同等学力的毕业生定级，并发给相同的工资额，不得按1971年国发第90号文件规定的相似级进行套级。中专毕业生见习期间的临时工资待遇，按附表规定执行。入学前原为工作满一年的国家正式职工，毕业分配工作后，不再实行见习期临时工资，可以直接定级。如定级工资低于本人入学前原标准工资的，可保持原标准工资，并按调动后工资处理办法办理。

二、对过去已经定级的中等专业学校毕业生，现行标准工资低于上述定级水平的，可调整到上述定级水平。

三、中等专业学校的结业生、肄业生的工资待遇，可在略低于毕业生工资待遇的前提下，由各省、市、自治区自行确定。

四、提高中等专业学校毕业生的定级工资，从1980年11月1日起执行。调整后所增加的工资，由毕业生现所在单位开支，并列入工资计划。

五、分配到集体所有制单位的中等专业学校毕业生，其见习期临时工资和定级工资待遇，亦参照上述精神办理。

以上报告当否，请批示。

附：

中等专业学校毕业生见习期间的临时工资标准

工资区类别	四	五	六	七	八	九	十	十一
工资标准(元)	33.5	34.5	35.0	36.0	37.0	37.5	38.5	39.5

1980年我国摄制完成82部故事片

据文化部电影局的统计，1980年我国共摄制完成了82部故事片和舞台艺术片，比1979年增加20%以上，平均每四天多就摄制完成一部新故事片。

我国电影事业在庆祝新中国成立30周年时赢得了良好的转机。1980年又继续前进，电影创作题材和样式更加多样，一些故事片比1979年获奖片又有新的进步，如《天云山传奇》《巴山夜雨》《第二次握手》《法庭内外》《第十个弹孔》《与魔鬼打交道的人》《梅花巾》《残雪》等，都受到了好评。近年来，电影界新生力量迅速成长，涌现出一批有才华的中青年编剧、导演、演员以及摄影、作曲、美工等人员，许多人已成为活跃在影坛上的骨干力量。他们勇于探讨，富于创新精神，为繁荣社会主义电影事业作出了积极的贡献。

《体育报》编辑部评选出1980年中国十大体育新闻

一、国际奥委会恢复中国的合法席位后，中国冰雪健儿第一次参加冬季奥运会，五星红旗在第十三届冬季奥运会上冉冉升起。

二、中国和许多国家一起，为反对苏联出兵侵略阿富汗，抵制在莫斯科举行的第二十二届夏季奥运会。

三、中国男子羽毛球选手韩健在与印度尼西亚对抗赛中，击败世界羽毛球王林水镜。

四、中国乒乓球队在台北桃园机场停留和台湾同胞欢叙。中国田径运动员在美国圣安东尼奥与台湾运动员一起参加比赛。

五、截瘫9年的中国著名田径运动员胡祖荣，身残志坚，刻苦著书，荣获“体育运动荣誉奖章”。

六、中国乒乓健儿今年参加11次重大国际比赛，囊括全部男女团体冠军。在有16个世界名手参加的第一届世界杯男子单打比赛中，郭跃华、李振恃分别获冠亚军。

七、中国棋坛新秀和老将大换班，蝉联第十届全国象棋冠军的胡荣华降级到乙组。

八、中国女篮在亚洲女子篮球锦标赛上以33分之差败于南朝鲜队。

九、中国体操健儿在具有第一流水平的世界杯比赛中获得2枚金牌、1枚银牌、2枚铜牌。

十、中国第一次较大规模的研究青少年儿童生长发育规律，在16个省、市、自治区对249000多青少年儿童进行了身体形态、机能、素质3个方面的测试研究工作，取得了可喜成绩。

黄绍竑追悼会在北京举行

中国人民政治协商会议第四届全国委员会委员、中国国民党革命委员会中央委员黄绍竑同志，因受林彪、江青反革命集团的迫害，于1966年8月31日在北京逝世，终年71岁。黄绍竑追悼会12月31日在全国政协礼堂举行。

黄绍竑1895年生于广西容县，早年毕业于保定军官学校。解放前，他曾任国民党政府内政部部长，浙江省、湖北省政府主席，监察院副院长，立法委员，军长、战区副司令长官等职。1949年4月，黄绍竑同志任国民党当局和平谈判代表团代表来到北京。他赞同中国共产党提出的“国内和平协定”，希望结束战争，恢复和平，并由和谈代表团推定他回南京，劝告国民党当局接受“和平协定”，终因南京国民党当局拒绝接受“和平协定”，导致和谈破裂。对此，他深为不满，随即去香港，联合44位国民党人士，在香港发表《我们对于现阶段中国革命的认识与主张》的声明，与国民党政府公开决裂。1949年8月，他由香港到北京，参加了中国人民政治协商会议第一届全体会议。中华人民共和国成立后，他历任政务院政务委员，中国人民政治协商会议第一、二、三届全国委员会委员，第一届全国人民代表大会常务委员会委员，法案委员会委员，民革中央常委兼和平解放台湾工作委员会副主任等职。1957年，黄绍竑曾被划为右派分子，经过复查，已予改正。